ISBN 978-0-265-91748-0
PIBN 10909454

SÆCULUM III. ANNUS 253.

ΩΡΙΓΕΝΟΥΣ

ΤΑ ΕΥΡΙΣΚΟΜΕΝΑ ΠΑΝΤΑ.

ORIGENIS

OPERA OMNIA,

EX VARIIS EDITIONIBUS ET CODICIBUS MANU EXARATIS, GALLICIS, ITALICIS, GERMANICIS ET ANGLICIS COLLECTA ATQUE ADNOTATIONIBUS ILLUSTRATA, CUM COPIOSIS INDICIBUS, VITA AUCTORIS ET MULTIS DISSERTATIONIBUS,

OPERA ET STUDIO

DD. CAROLI ET CAROLI VINCENTII DELARUE,

Presbyterorum et monachorum Benedictinorum e congregatione S. Mauri:

ACCURANTE ET DENUO RECOGNOSCENTE J.-P. MIGNE,

Bibliothecæ Cleri universæ,

SIVE

CURSUUM COMPLETORUM IN SINGULOS SCIENTIÆ ECCLESIASTICÆ RAMOS EDITORE.

PARS TERTIA TOMI SEXTI,

CONTINENTIS PARTEM ALTERAM HEXAPLORUM QUÆ AD PRIMITIVUM REDUXIT ORDINEM, NEMPE VERE HEXAPLAREM, INNUMERISQUE OMNIS GENERIS EXPURGAVIT ERRORIBUS, NOVIS AUXIT INTERPRETUM LECTIONIBUS, NOTISQUE ILLUSTRAVIT SUIS NON PAUCIS

P. L. B. DRACH,

S. CONGR. DE PROPAGANDA FIDE BIBLIOTHECARIUS HONORARIUS; PHILOSOPHIÆ ET LITTERARUM DOCTOR; PONTIFICIARUM ACADEMIARUM RELIGIONIS CATHOLICÆ ET ARCADUM SOCIUS, NECNON SOCIETATIS NANCEIÆ FIDEI ET LUCIS, PARISIENSISQUE SOCIETATIS ASIATICÆ; LITTERARUM GRÆCARUM AC LATINARUM PROFESSOR; EQUES ORDINUM PIANI, GALLICÆ LEGIONIS HONORIS, S. GREGORII MAGNI, S. SYLVESTRI, S. LUDOVICI CIVILIS MERITI LUCENSIS SECUNDÆ CLASSIS, ETC., OLIM VERO, DUM IN SYNAGOGA, RABBINUS LEGISQUE DOCTOR, ET SCHOLÆ CONSISTORIALIS PARISIENSIS DIRECTOR.

HUIC VOLUMINI ACCEDIT

LIBER CONTRA HÆRESES QUI INSCRIBITUR : ΦΙΛΟΣΟΦΟΥΜΕΝΑ.

VENEUNT 9 VOLUMINA 95 FRANCIS GALLICIS.

EXCUDEBATUR ET VENIT APUD J.-P. MIGNE EDITOREM,
IN VIA DICTA *D'AMBOISE*, OLIM PROPE PORTAM LUTETIÆ PARISIORUM VULGO *D'ENFER* NOMINATAM, SEU *PETIT-MONTROUGE*, NUNC VERO INTRA MŒNIA PARISINA.

1863

ELENCHUS

AUCTORUM ET OPERUM QUI IN HAC TOMI XVI PARTE TERTIA CONTINENTUR.

ORIGENES.

MONITUM.

Quintus jam effluxit annus ex quo Origenis Hexapla primigeniæ formæ restituta recudendi laborem arduum, et quantorum sumptuum! suscepimus, qui tandem in hoc volumine absolvitur. Sequitur liber qui inscribitur *Philosophumena*, de cujus auctore multis disputatum est. Hippolyto Portuensi tribuunt editores Gottingenses novissimi et doctores plerique Ultrarhenani; Caio alii, alii Epiphanio, Didymo etiam Alexandrino. Quibus ut contradicamus et Origeni adjudicemus, facit codicum manu exaratorum consensus, quos in Præfatione recenset doctissimus editor, D. Emmanuel Millerus, qui opus ex codice montis Sancti exscripsit et primus edidit. Præclare de hoc libro disputarunt doctissimi æque ac reverendissimi viri DD. Darboy, olim Parisiensis Ecclesiæ vicarius generalis, postea episcopus Nanceiensis, nunc Parisiensis archiepiscopus; et Cruice, olim Scholæ ecclesiasticæ Superiorum Studiorum, quæ audit *Carmelitarum*, præpositus, nunc episcopus Massiliensis. Plura Auctoris nostri loca excussit D. Alfred Maury in Ephemeridibus quæ inscribuntur: *Revue archéologique* (*Etudes sur les documents mythologiques contenus dans les* Philosophumena *d'Origène*. Année VIIIe (Paris, 1851), p. 233, 364 et 365; année IXe (Paris, 1852), p. 144.

Parisiis. — Ex Typis MIGNE.

HEXAPLORUM

QUÆ SUPERSUNT

LIBER EZECHIELIS.

IN EZECHIELEM MONITUM.

—

His usi sumus manuscriptis editisque libris, in colligendis veterum interpretum lectionibus.
Codice RR. PP. Jesuitarum unde multa excerpsimus.
Codice Coislimiano in Ezechielem, pervetusto.
Codice Regio bombycino XIII sæculi.
Codice San-Germanensi antiquissimo Langobardicis litteris descripto, ubi S. Hieronymi Comment. in Ezechielem.
Origene multis in locis.
Gregorio Neocæsariensi in Ezechielem.
Eusebio De locis Hebraicis.
Athanasii edito semel.
Hieronymi edito Comment. in Ezechielem.

—

EZECHIELIS CAPUT PRIMUM.

ΤΟ ΕΒΡΑΙΚΟΝ.	ΤΟ ΕΒΡΑΙΚΟΝ Ἑλληνικοῖς γράμμασι.	ΑΚΥΛΑΣ.
1 הגולה	1.	1.
3 עליו שם	3.	3.
4 רוח סערה	4.	4. (Ἄνεμος λαίλαπος.)
ונגה לו סביב ומתוכה כעין החשמל מתוך האש Ὁ Ἑβραῖος, φῶς γὰρ ἐν μέσῳ αὐτοῦ ὡς ὅρασις ἴριδος, καὶ αὕτη διειδὴς ἦν ἐν μέσῳ αὐτῶν.		
6 וארבע כנפים לאחת להם	6.	6. ※ Αὐτοῖς.
7 ורגליהם רגל ישרה	7.	7.
וכף רגליהם ככף רגל עגל		Τὸ δὲ ἴχνος τῶν ποδῶν αὐτῶν ὡς ἴχνος στρόγγυλον.
8, 9 וכנפיהם לארבעתם : חברת אשה אל־אחותה כנפיהם לא־יסבו	8, 9.	8, 9. ※ Καὶ αἱ πτέρυγες αὐτῶν τῶν τεσσάρων ἐχόμεναι ἑτέρα τῆς ἑτέρας, καὶ αἱ πτέρυγες αὐτῶν οὐκ ἐπεστρέφοντο.
11 ופניהם	11.	11.
12 לא יסבו בלכתן	12.	12.

VERSIO HEBRAICI TEXT.	VULGATA LATINA.	AQUILA.
1. Transmigrationis.	1. Captivorum.	..
3. Super eum ibi.	3. Super eum ibi.	3.
4. Ventus turbinis.	4. Ventus turbinis.	4. Ventus turbinis.
Et splendor ei undique, et de medio ejus veluti species crepitantis flammæ, de medio ignis. *Hebræus int.*, lumen quippe in medio ejus quasi aspectus iridis, et ipsa perspicua erat in medio eorum.	Et splendor in circuitu ejus : et de medio ejus quasi species electri, id est, de medio ignis.	
6. Et quatuor alæ unicuique eis.	6 Et quatuor pennæ uni.	6. Eis.
7. Et pes eorum, pes rectus.	7. Pedes eorum pedes recti.	7.
Et planta pedum eorum veluti planta pedis vituli.	Et planta pedis eorum quasi planta pedis vituli.	Vestigium vero pedum eorum veluti vestigium rotundum.
8, 9. Et alæ eorum in quatuor ipsis. Junctæ alia ad aliam, alæ eorum non revertebantur.	8, 9. Et pennas per quatuor partes habebant. Junctæque erant pennæ eorum alterius ad alterum : non revertebantur.	8, 9. Et alæ eorum quatuor junctæ alia ad aliam, et alæ eorum non revertebantur.
11. Et facies eorum.	11. Facies eorum.	11.
12. Non revertebantur in ambulando illa.	12. Nec revertebantur cum ambularent.	12.

IN EZECHIELEM MONITUM.

Theodoreti edito in Ezechielem.

Notis Romanæ editionis et Drusii.

[*In additionibus nostris plura nobis suppeditavit volumen cui titulus : « Iczeciel secundum Septuaginta ex Tetraplis Origenis e singulari Chisiano codice annorum circiter* ɪↄcccc, *Opera et studio R. D. Vincentii de Regibus etc.» Romæ typis cusum anno* 1840, *cujus splendidissimæ editionis exemplar grato animo servamus ex dono piæ eruditæque memoriæ Rmi. P. Ungarelii, ex illa doctissima illustrissimaque Congregatione Barnabitarum, quam nobilitant cll. nomm. Eminentissimorum cardinalium Gerdilii, Lambruschinii, R. P. Vercellone, aliorumque insignium virorum. Eam autem editionem, quod valde dolendum, non pauca deturpant typographica menda, quibus vix una vel altera vacat pagina.*

Novas interpretum lectiones, ut et variantes, e codice Chisiano excerptas signamus litera C, *e codice vero Barberino, litera* B. Drach.]

EZECHIELIS CAPUT PRIMUM.

ΣΥΜΜΑΧΟΣ.	Ο'.	ΘΕΟΔΟΤΙΩΝ.
..	1. Τῆς αἰχμαλωσίας. *Οἱ λοιποὶ*, τῆς μετοικεσίας.	1.
3.	3. Ἐπ' ἐμὲ ※ ἐκεῖ.	3.
4. Πνεῦμα καταιγίζον.	4. Πνεῦμα ἐξαῖρον.	4. . .
	Καὶ φέγγος κύκλῳ αὐτοῦ, καὶ πῦρ ἐξαστράπτον, καὶ ἐν τῷ μέσῳ αὐτοῦ ὡς ὅρασις ἠλέκτρου ἐν μέσῳ τοῦ πυρός.	
6.	6. Καὶ τέσσαρες πτέρυγες τῷ ἑνί.	6. ※ Αὐτοῖς.
7.	7. Καὶ τὰ σκέλη αὐτῶν, ※ σκέλη ⁝ ὀρθά.	7.
Τὸ δὲ ἴχνος τῶν ποδῶν αὐτῶν ὡς ἴχνος μόσχου.	*Prorsus alia.*	
8, 9.	8, 9. *Partim vacat, partim non convenit.*	8, 9. ※ Καὶ αἱ πτέρυγες αὐτῶν τῶν τεσσάρων ἐχόμεναι ἑτέρα τῆς ἑτέρας, καὶ αἱ πτέρυγες αὐτῶν οὐκ ἐπεστρέφοντο.
11.	11. ※ Καὶ τὰ πρόσωπα αὐτῶν.	11.
12.	12. Καὶ οὐκ ἐπέστρεφον ※ ἐν τῷ ἐκπορεύεσθαι αὐτά.	12.

SYMMACHUS.	LXX INTERPRETES.	THEODOTIO.
..	1. Captivitatis. *Reliqui*, transmigrationis.	1.
3.	3. Super me ibi.	3.
4. Spiritus procellosus.	4. Spiritus auferens.	4. Flatus tempestatis.
	Et splendor in circuitu ejus, et ignis fulgurans, et in medio ejus quasi visio electri, in medio ignis.	
6.	6. Et quatuor alæ uni.	6. Eis.
7.	7. Et crura eorum crura recta.	7.
Vestigium autem pedum eorum quasi vestigium vituli.	*Prorsus alia.*	
8, 9.	8, 9. *Partim vacat, partim non convenit.*	8, 9. Et alæ eorum quatuor junctæ alia ad aliam, et alæ eorum non revertebantur.
11.	11. Et facies eorum.	11.
12.	12 Et non revertebantur in exeundo ipsa.	12.

ΤΟ ΕΒΡΑΙΚΟΝ.	ΤΟ ΕΒΡΑΙΚΟΝ Ἑλληνικοῖς γράμμασι.	ΑΚΥΛΑΣ.
14 והחיות רצוא ושוב כמראה הבזק	14.	14. (Καὶ τὰ ζῶα ἔτρεχον καὶ ἀνέκαμπτον) ὡς εἶδος ἀποῤῥοίας ἢ ἀστραπῆς.
16 ומעשיהם כעין תרשיש	16.	16. Καὶ αἱ ποιήσεις αὐτῶν ὡς ὀφθαλμὸς χρυσολίθου.
ודמות אחד לארבעתן ומראיהם ומעשיהם		
17 על־ארבעת רבעיהן בלכתם ילכו	17.	17.
18 ויראה להם	18.	18.
24 כקול־שדי בלכתם קול המלה כקול מחנה	24.	24.
בעמדם תרפינה כנפיהן		
26 וממעל לרקיע אשר על־ראשם	26.	26.
27 כמראה־אש בית־לה סביב	27.	27. ※ Ὡς ὅρασις πυρὸς ἔσωθεν αὐτοῦ κύκλῳ.

VERSIO HEBRAICI TEXT.	VULGATA LATINA.	AQUILA.
14. Et animalia currere et redire, secundum aspectum coruscationis.	14. Et animalia ibant et revertebantur, in similitudinem fulguris coruscantis.	14. (Et animalia currebant et reflectebant) quasi species fluxus aut fulguris.
16. Et opus earum quasi aspectus tharsis.	16. Et opus earum, quasi visio maris.	16. Et operationes earum quasi oculus chrysolithi.
Et similitudo una quatuor ipsis : et aspectus earum, et opus earum.	Et una similitudo ipsarum quatuor : et aspectus earum, et opera.	
17. Super quatuor quadrilateris suis in eundo ipsarum ibant.	17. Per quatuor partes earum euntes ibant.	17.
18. Et pavor propter eas.	18. Et horribilis aspectus.	18.
24. Tanquam vocem Saddai in eundo ipsa, vocem loquelæ tamquam vocem castrorum.	24. Quasi sonum sublimis Dei : cum ambularent quasi sonus erat multitudinis, ut sonus castrorum.	24.
Cum starent, demittebant alas suas.	Stabant et submittebant alas suas.	
26. Et desuper firmamentum, quod super caput eorum.	26. Et super firmamentum, quod erat imminens capiti eorum.	26.
27. Tanquam aspectus ignis domus ipsi circum.	27. Velut aspectum ignis, intrinsecus ejus per circuitum.	27. Quasi visio ignis intra ipsum in circuitu.

Notæ et variæ lectiones ad cap. I Ezechielis.

V. 1. *Οἱ λοιποὶ*, τῆς μετοικεσίας. Drusius. In hunc vero locum Hieronymus : « Significantiusque juxta Hebræos et cæteros interpretes *transmigratio* dicitur Joachim, et non *captivitas*, quod LXX transtulerunt. Non enim captus urbe superata, sed voluntate se tradens, ductus est in Babylonem. Igitur Joachim, i. e. Jechoniæ, dicitur prima *transmigratio* : Sedeciæ autem secunda, vel extrema, *captivitas*. » Hic codex Jes. has nominum propriorum interpretationes adfert, Χοβὰρ, βαρυσμός ; Ἰωακεὶμ, Ἰαὼ ἑτοιμάσιος ; Ἰεζεκιὴλ, κράτος Θεοῦ ; Βουζὶ, πεφαυλισμένος. [Hebr. et Vulg., in trigesimo anno. LXX, ἐν τῷ τριακοστῷ ἔτει. B, *ἄλλος*, τριακοστῷ πέμπτῳ τῆς αἰχμαλωσίας. — LXX, Χοβάρ. Sed χωβάρ C et B, qui posterior ad marginem, βαρυσμός (*aggravatio*), sine interpretis nomine, ubi nonnullæ aliæ propriorum nominum interpretationes leguntur, videlicet ad vocem Ἰεζεκιὴλ, κράτος τοῦ Θεοῦ ; ad Βουζεὶ, *ἄλλος*, πεφαυλισμένος. *Ἄλλος*, Βουζί.—LXX, ἴδον. C, εἶδον. Sic etiam Ald. et quidam codd — LXX, ὁράσεις. C, ὅρασιν. — B, *ἄλλος*, ὁράσεις. *Οἱ λοιποὶ*, ὀπτασίαν ἢ ὅρασιν, ubi videntur binæ interpretationes. Drach.]

V. 2. Οʹ, τοῦτο τὸ ἔτος. C, τοῦτο ἔτος. — Οʹ, ποταμοῦ τοῦ *χοβάρ*. C, π. χωβάρ. Drach.

V. 3. Ἐκεῖ. Ms. Jes., cum asterisco. [Itemque C in textu. Drach.]

V. 4. Hieronymus : *Aq.*, ventus turbinis (quem sequitur ipse Hieron.). *Sym. et Theodotio*, flatus ac spiritus tempestatis. Aquila Græce haud dubie habuisse videtur ἄνεμος λαίλαπος. Symmachi lectionem Græce adfert Theodoretus. [Aliter habentur trium lectiones apud L. Bos, nimirum, Ἀκ., ἄνεμος πρηστῆρος. Σύμ., πνοὴ θυέλλης. Θεοδ., πνεῦμα θυέλλης. B vero, Ἀ., πνεῦμα καταιγίς. Σ., πνοὴ καταιγιζομένη. Θ., πνεῦμα καταιγίδος. — Οʹ, καὶ ἴδον. C, καὶ εἶδον, ut Ald. Drach.]

Ibid. *Ὁ Ἑβραῖος*, φῶς γὰρ etc. Ms. Reg. bombycinus, similiterque Coislinianus ex Polychronio. [Qui addit, φῶς γὰρ ἐν μέσῳ αὐτοῦ ὡς ὅρασις ἴριδος, καὶ αὕτη διειδὴς (perspicua) ἦν ἐν μέσῳ αὐτῶν. B vero ad vocem τῶν LXX ὅρασις, ante ἠλέκτρου, habet, Ἀ., ὀφθαλμός. Σ., εἶδος. *Ἄλλος*, ὁμοίωμα. Drach.]

V. 5. B : Οʹ, ὅρασις αὐτῶν. Σ., ὀπτασία αὐτῶν. — Οʹ, ὁμοίωμα. Σ., ὁμοίωσις. Drach.

V. 6. Ἀ., Θ., αὐτοῖς. Ms. Jes., cum asterisco. [Pro להם. Et ita C in textu, sed de more sine interprete. B vero adfert : Σ., εἶχεν κατὰ ἓν ἕκαστον αὐτοῦ. Drach.

ΣΥΜΜΑΧΟΣ.	Ο'.	ΘΕΟΔΟΤΙΩΝ.
14. (Καὶ τὰ ζῶα ἔτρεχον καὶ ἀνέκαμπτον) ὡς εἶδος ἀκτῖνος ἀστραπῆς.	14. *Vacat.*	14. ⋇ Καὶ τὰ ζῶα ἔτρεχον καὶ ἀνέκαμπτον ὡς εἶδος τοῦ Βεζέκ.
16. . . . ὡς ὅρασις ὑακίνθου.	16. Ὡς εἶδος θαρσεῖς.	16. Καὶ αἱ ποιήσεις αὐτῶν ὡς εἶδος θαρσείς.
	Καὶ ὁμοίωμα ἐν τοῖς τέσσαρσιν, καὶ τὸ ἔργον αὐτῶν.	⋇ Καὶ ἡ ὅρασις αὐτῶν ⁝ καὶ τὸ ἔργον αὐτῶν.
17.	17. Ἐπὶ τὰ τέσσαρα μέρη αὐτῶν ἐπορεύοντο.	17. ⋇ Ἐν τῷ πορεύεσθαι αὐτοὺς ⁝ ἐπορεύοντο.
18.	18. Καὶ ἴδον αὐτά. Ἄλλος, καὶ φοβεροὶ ἦσαν.	18.
24.	24. *Vacat.*	24. ⋇ Ὡς φωνὴν ἱκανοῦ ἐν τῷ πορεύεσθαι αὐτὰ, φωνὴ τοῦ λόγου ὡς φωνὴ παρεμβολῆς.
	Ἐν τῷ ἑστάναι αὐτὰ, κατέπαυον αἱ πτέρυγες αὐτῶν.	⋇ Ἐν τῷ ἑστάναι αὐτὰ ἀνιόντα, αἱ πτέρυγες αὐτῶν.
26.	26. *Vacat.*	26. ⋇ Καὶ ὑπεράνω τοῦ στερεώματος τοῦ ὑπὲρ κεφαλῆς αὐτῶν.
27.	27. *Vacat.*	27. ⋇ Ὡς ὅρασις πυρὸς ἔσωθεν αὐτοῦ κύκλῳ.

SYMMACHUS.	LXX INTERPRETES.	THEODOTIO.
14. (Et animalia currebant et reflectebant) quasi species radii fulguris.	14. *Vacat.*	14. Et animalia currebant et reflectebant quasi species Bezec.
16. ... quasi visio hyacinthi.	16. Quasi species tharsis.	16. Et operationes earum quasi species tharsis.
	Et similitudo una (illis) quatuor, et opus earum.	Et visio earum et opus earum.
17.	17. Ad quatuor partes ipsarum procedebant.	17. In procedendo ipsos procedebant.
18.	18. Et vidi ea. *Al.*, et terribiles erant.	18.
24.	24. *Vacat.*	24. Tanquam vocem potentis cum ambularent ipsa, vox verbi tanquam vox castrorum.
	Cum ipsa starent, cessabant alæ eorum.	Cum starent ipsa remittentia, alæ eorum.
26.	26. *Vacat.*	26. Et supra firmamentum quod super caput eorum.
27.	27. *Vacat.*	27. Quasi visio ignis intra ipsum in circuitu.

Notæ et variæ lectiones ad cap. I Ezechielis.

V. 7. Σκέλη (alterum) ⁝ Ms. Jes., cum asterisco [Al., ὄρθια. C, καὶ τὰ σκέλη αὐτῶν ⋇ σκέλος ὀρθόν. Dr.]

Ibid. Gregorius Neocæsariensis in Ezechielem cap. I, qui Commentarius etiam Gregorio Nazianzeno falso adscribitur : τὸ ἴχνος δὲ τῶν ποδῶν, ὡς μὲν ὁ Σύμμαχος, μόσχου διὰ τὸ γεωπόνον· ὡς δὲ Ἀκύλας, στρογγυλον, διὰ τὸ κάλλιστον τῶν σχημάτων. τὸ εἶδος δὲ τῶν τροχῶν, ὡς μὲν ὁ Σύμμαχος, ὑακίνθινον. [Senum versio non convenit cum fonte Hebr. L. Bos, Aq., καὶ τὸ ἴχνος τῶν ποδῶν αὐτῶν κυκλοτερές. B, Ἀ., καὶ τὸ ἴχνος τῶν ποδῶν αὐτοῦ στρόγγυλον. Σ., καὶ ὡς ἴχνος ποδὸς μόσχου. In O' vacat. C in textu, οἱ πόδες αὐτῶν ⋇ ὡς ἴχνος μόσχου ⁝ Drach.]

V. 8, 9. Ἀ., Θ., καὶ αἱ πτέρυγες etc. Ms. Jes., cum asterisco. [C, καὶ τὰ πρόσωπα αὐτῶν (ופניהם, *et facies eorum*), ⋇ καὶ πτέρυγες αὐτῶν ⁝ τῶν τεσσάρων ἐχόμεναι ἑτέρα ⋇ τῆς ἑτέρας, καὶ αἱ πτέρυγες αὐτῶν οὐχ ἐπεστρέφοντο. Et ita fere Alex. et Aldina, vel ut dicit Rom. ed., *cæteri*. C constanter omittit nomina interpretum in textu.—Aliæ variæ lectiones. Vers. 8. O', τῶν πτερύγων αὐτῶν. C omittit αὐτῶν. B : O', ἐπὶ τὰ τέσσαρα μέρη αὐτῶν. Σ., τετραμένως. V. 9. O', ἀπέναντι. C, κατέναντι. Ita etiam B, Alex., Ald., Complut. — B : O', οὐχ ἐπεστρέφοντο. Ἀ., οὐ μετετρέποντο. Θ., οὐχ ἀνετρέποντο. — O', κατέναντι τοῦ προσώπου αὐτῶν ἐπορεύοντο. Λοιποί, κατὰ πρόσωπον αὐτοῦ ἐπορεύετο. Drach.]

V. 10. O', καὶ ὁμοίωσις. C cum Alex., καὶ ἡ ὁμ. — O', πρόσωπον τοῦ λέοντος. C cum Alex. absque τοῦ.—O', καὶ πρόσωπον ἀετοῦ τοῖς τέσσαρσι. C addit, καὶ πρόσωπα αὐτῶν, quod habent initio commatis sequentis Hebr., Vulg. et, ut vides, Marchal. codex, cum additione articuli τά, necnon B. Drach.

V. 11. Καὶ τὰ πρόσωπα αὐτῶν. Ms. Jes., cum asterisco. [B in textu, καὶ πρόσωπα αὐτῶν. Ad marginem vero, Λοιποί, ταῦτα τὰ πρόσωπα αὐτῶν, καὶ πτέρυγες, etc. Sic etiam Theodor. Idem, O', ἐκτεταμέναι (Hebr., divisæ. Vulg., extentæ). Ἀ., διωρισμέναι (disterminatæ). Θ., κεχωρισμέναι (separatæ). Idem, O', ἑκατέρῳ (Hebr., לאיש. Vulg., unicuique). Σ., ἑκάστῳ. Ita etiam C ἑκάστῳ in textu. —O', ἐπάνω. C, ἐπάνωθεν. Drach.]

V. 12. O', ἑκάτερον. C, ἕκαστον. — O', οὗ ἂν ἦν. C, οὗ ἂν ᾖ. — O'. καὶ οὐχ ἐπέστρεφον. C addit, ⋇ ἐν τῷ πορεύεσθαι αὐτά, quod habent Hebr. et Vulg., *cum ambularent*.—B : O', καὶ ἕκαστον. Ἄλλος, καὶ ἑκάτερον. — O', οὗ ἂν ᾖ τὸ πνεῦμα. Σ., ὅπου ᾖ ἡ ὁρμὴ τοῦ πνεύματος. — Ο΄, καὶ οὐκ ἐπέστρεφον. Οἱ λοιποὶ, ἐν τῷ πορεύεσθαι αὐτά. Drach.

V. 13. Ο΄, ὡς ὄψις λαμπάδων. C addit, ⋇ ἔστι (sic). Respondet τῷ Hebr. היא. — Ο΄, ἀστραπή. C, ὡς ἀστρ. Hebr. autem et Vulg. simpliciter, *fulgur.* — B unus, Ο΄, καὶ ἐν μέσῳ τῶν ζώων. Ἀ., καὶ ὁμοιώσεις τ. ζ. (Hebr. et Vulg., et similitudo animalium). Idem, Ο΄, ὡς ὄψις. Θ., ὅρασις. Σ., εἰδέα (Hebr. et Vulg., quasi aspectus). Idem, Ο΄, συστρεφομένων (discurrentium). Σ., διερχομένη (pertransiens). Θ., διεπορεύετο (Hebr., perambulans). Idem, Ο΄, ἀναμέσον τῶν ζώων. Ἄλλος, ἀναμέσον τῶν λαμπάδων. Idem.

V. 14. Θ., καὶ τὰ ζῶα, etc., cum asterisco. Hæc ex ms. Jes., Drusio, et Hieronymo, qui sic habet : « Quodque sequitur, *et animalia currebant, et revertebantur quasi species Bezec*, de editione Theodotionis in LXX additum est. » Et paulo post : « Essetque quæstio, nisi sequeretur, *in similitudinem fulguris coruscantis*, quod Hebraico sermone dicitur *Bezec*, et interpretatus est Symmachus, *quasi species radii fulguris.* »

Drusius hæc notat in vocem בזק : scholion, τὸ βεζὲκ ἀστραπὴν σημαίνει. Greg. Naz., *Bezec, fulgur.* Hieron., *fulgur coruscans.* Philo in Nom. ex libro Judicum, *fulgur micans.* Idem, *Adonibezec, Dominus meus fulgurans*, vel, *Dominus fulminis.* [Theodotionis versio legitur in Alex., Ald. et Complut., necnon apud Theodoretum. C sic exhibet, ⋇ καὶ τὰ ζ. ἐτρ., ⋇ καὶ ἀνεκ. ὡς εἶδος τοῦ ⋇ Βεζέκ. — B in margine ad vocem Βεζέκ habet, Ἀ., ἀποῤῥοίας. Σ., ἀκτῖνος. Θ., ἀστραπῆς. Drach.]

V. 15. B : Ο΄, ἐχόμενος. Ἀ., Σ., πλησίον. Hebr., Vulg., *juxta.* Drach.

V. 16. Ms. Jes., Ἀ., Θ., καὶ αἱ ποιήσεις αὐτῶν ὡς εἶδος θαρσείς. Ubi priora tantum verba, καὶ αἱ ποιήσεις αὐτῶν, Aquilæ esse possunt. Nam posteriora, nisi ex altera ejus editione prodierint, Aquilæ esse nequeunt : notat enim idem codex, Ἀ., ὡς ὀφθαλμὸς χρυσολίθου. Σ., ὡς ὅρασις ὑακίνθου. Hanc vero lectionem asserit supra Gregorius Neocæsariensis, ubi ait, ὡς μὲν ὁ Σύμμαχος, ὑακίνθινον. Quamobrem cum ait Hieronymus : Pro *tharsis*, quam nos in *mare* vertimus, Aquila *hyacinthum* posuit, qui lapis cœli habet similitudinem ; vel memoria labitur, vel a librariis vitiatus videtur. Scholion, τὸ θαρσεὶς χρυσόλιθόν φησιν, ἢ ὑάκινθον, quod ex edit. Rom. habet Drusius. [LXX addidimus, nonnisi enim prima desideratur vox Hebraici fontis, ומעשיהם, *et opera earum.* C, ⋇ καὶ ποίησις αὐτῶν. Complut., καὶ ποίημα αὐτῶν. Apud S. Hieron. in LXX, *et factura earum.* B : Οἱ λοιποὶ, ἡ ποίησις αὐτῶν. Σ., καὶ κατασκευὴ (et apparatus) αὐτῶν. Et ita suppleatur lacuna quam reliquit Montf. Drach.]

Ibid. Θ., καὶ ἡ ὅρασις αὐτῶν. Ms. Jes., cum asterisco. [Hæc eadem leguntur in quibusd. ll. et apud Theodoretum. C habet sub asterisco.— B : Ἀ., Σ., κατασκοπὴ χαρᾶς (speculatio gaudii) χρυσολίθου. Σ., ὑακίνθου (in alia ejusd. editione, ut suspicamur). Θ., ὡς εἶδος θαρσείς. — , Ο΄, ἐν τῷ τροχῷ. Ἀ., Θ., ἐν μέσῳ τροχοῦ. Σ., ἐντός. Drach.]

V. 17. Θ., ἐν τῷ πορεύεσθαι αὐτούς. Ms. Jes., cum asterisco. [C similiter. B ad ἐπὶ τὰ τεσσ. μ. αὐτῶν, habet, Ἄλλος, τετραπρόσωπον. Drach.]

V. 18. Ἄλλος, καὶ φοβεροὶ ἦσαν. Drusius, qui addit : Legitur in quibusdam libris, et apud Theodoretum, nec Hieron. agnoscit in versione. [Lege, nec non Hier.— LXX, quorum addidimus versionem, legerunt, וארא אתם. In C utraque versio simul exhibetur : καὶ φοβεροὶ ἦσαν· καὶ εἶδον αὐτά.— *Pro* οὐδ᾽ οἱ in LXX, Complut. habet, καὶ δ᾽ οἱ. *Al.*, καὶ οἱ. — B : Ο΄, νῶτοι (prius). Ἀ., αὐχένες (colla). — Ο΄, καὶ ὕψος. Ἀ., μετεωρότης (sublimitas). Σ., τὰ ἀναστήματα. Drach.]

Montf. edidit : « V. 19. ילכו האופנים אצלם. Ο΄, ἐξῄροντο. ⋇ Ἀ, Θ., οἱ τροχοὶ ἐν αὐτοῖς. » Et in nota ; « Ms. Jes. » Perperam applicuit Hebr. textum ; ἐξῄροντο enim respondet τῷ ינשאו. Præterea hic nihil desideratur in senum versione quod aliunde compleatur. Verum enimvero lectio msti. Jes. pertinet ad versiculum 21 infra, ubi Hebr. habet, ינשאו האופנים לעמתם, *elevabantur rotæ juxta illa*, LXX solummodo, ἐξῄροντο, σὺν αὐτοῖς (cf. ỳ. 20, לעמתם, σὺν αὐτοῖς). Ibi ms. Jes. addit ex Aq. et Th., οἱ τροχοί, præligens asteriscum. Eodem etiam

EZECHIELIS CAPUT II.

ΤΟ ΕΒΡΑΙΚΟΝ.	ΤΟ ΕΒΡΑΙΚΟΝ Ἑλληνικοῖς γράμμασι.	ΑΚΥΛΑΣ.
3, 4 פשעו בי עד־עצם היום הזה : והבנים קשי פנים וחזקי־לב אני שולח אותך אליהם	3, 4.	3, 4.
אדני יהוה Ὁ Ἑβραῖος, Ἀδωναΐ Ἐλωΐ.		
7 יחדלו	..	7.
10 וכתוב אליה קינים והגה והי	10	10. Καὶ γεγραμμένον ἦν ἐν αὐτῷ κτίσις καὶ ἀντίβλησις, καὶ ἔσται.

VERSIO HEBRAICI TEXT.	VULGATA LATINA.	AQUILA.
3, 4. Prævaricati sunt in me usque ad corpus diei istius : et filii duri facie, et duri corde : ego mittens te ad eos.	3, 4. Prævaricati sunt pactum meum usque ad diem hanc. Et filii dura facie et indomabili corde sunt, ad quos ego mitto te.	3, 4.
Dominus Deus. *Hebræus*, Adonai Eloi.	Dominus Deus.	
7. Cessent.	7. Quiescant.	7.
10. Et scriptum in ea lamentationes et gemitus, et væ.	10. Et scriptæ erant in eo lamentationes et carmen et væ.	10. Et scriptum erat in ea creatio et collatio, et erit.

Notæ et variæ lectiones ad cap. II Ezechielis.

V. 1. Ο΄, εἶπε (πρός με). C, εἶπεν. Additionale ν ante consonantem. Et ita sæpenumero.—B : Ο΄, καὶ λαλήσω. Σύμ., ἵνα λ. Drach.

V. 2. Ο΄, ἐπὶ τοὺς πόδας. C, ἐπὶ πόδας. Idem.

V. 3, 4. Θ., ⋇ ἠθέτησαν ἐν ἐμοὶ etc. Ms. Jes. Eamdem porro lectionem sequitur Theodoretus, qui tamen habet θρασυκάρδιοι, pro στερεοκάρδιοι. Hieronymus in Comment. ait hæc apud LXX non

loco addit codex C, οἱ τροχοί sub asterisco, absque nomine interpretum ut solet. Cæteroqui, per caliginem oculorum legit Montf. ἐν pro σύν. Sic igitur reponendum est : V. 21. Hebr., ־ןי. Ο', ἐξῄροντο. Σ., Θ., ※ οἱ τροχοὶ ⁚ σὺν αὐτοῖς.—Versus 19 variæ lectiones. Unus C : Ο', καὶ ἐν τῷ ἐξαίρειν. Σ., ἐπαιρομένων. — Ο', ἐξῄροντο. Σ., συνεπῄροντο. Drach.

V. 20. Ο', ἐκεῖ τὸ πνεῦμα. C : ἐκεῖ ὥρμα τὸ πνεῦμα. B, *οἱ λοιπ.*, ὥρμα. — Ο', ἐπορεύοντο οἱ τροχοί. C, ἐπορεύοντο τὰ ζῶα, καὶ οἱ τροχοί. Similiter Alex., Ald. et Complut. — B : Ο', ἐξῄροντο. Σ., ἐπῄροντο. Idem.

V. 21. Vide supra ad ỳ 19. Idem.

V. 22. Ο', ὑπὲρ κεφαλῆς αὐτῶν. C, ὑ. κ. αὐτοῖς. Sic etiam Alex., Ald., abest vero a Compl. Hebr., super capitibus animalis.—Ο', ὡς ὅρασις κρυστάλλου. C, ὡς ὅρ. κρ. ※ φοβεροῦ (horribilis). B : Σ., οἱ Γ', Ο', φοβεροῦ. Etiam hic vides οἱ Γ' præter Symmachum. Edit. Rom. et Polyglotten-Bibel testantur in quibusd. codd. legi φοβερόν. Idem.

V. 23. Ο', καὶ ὑποκάτωθεν. C, ut et Alex., καὶ ὑποκάτω.—B : Ο', ἐκτεταμέναι. Σ., ὀρθαί. Θ., εὐθεῖς. Hebr. et Vulg., rectæ. — Ο', ἐπικαλύπτουσαι. *Ἄλλος*, συνεζευγμέναι (conjunctæ). Alii, Alex., Ald., συνεζευγμέναι ἐπικαλύπτουσαι. Sed duplex est versio τοῦ מכסות, *tegentes.*—Ο', τὰ σώματα αὐτῶν. C addit, ※ καὶ δύο ἀποκαλύπτουσαι αὐτοῖς ※ τὰ σώματα αὐτῶν ⁚ (et duæ tegentes sibi corpora sua). Idem.

V. 24. Θ., ὡς φωνὴν Ἱκανοῦ etc. Ms. Jes., sub asterisco. Aquila item et Symmachus ἱκανόν vertunt, ut ait Theodoretus. [Non erit supervacaneum adscribere totum comma 24, quod Hebraice ita sonat : Et audivi sonum alarum eorum quasi sonum aquarum multarum, sicut vocem Saddai in ire eorum ; vocem tumultus, sicut vocem castrorum ; in stare eorum remittebant alas suas. LXX autem : Et audivi vocem alarum ipsorum, dum ipsa irent, quasi vocem aquæ multæ : cumque ipsa starent, cessabant alæ eorum. Videsis utrumque textum. C, καὶ ἤκουον τὴν φωνὴν τῶν πτερύγων αὐτῶν ÷ ἐν τῷ πτερύσσεσθαι (lege πτερύσσεσθαι, *in alas quatiendo*) αὐτά, ⁚ ὡς φωνὴν ὕδατος πολλοῦ, ὡς φωνὴν Ἱκανοῦ, ἐν τῷ πορεύεσθαι αὐτά, φωνὴ τοῦ Λόγου (*Verbi*, nempe, הַמִּלָּה, pro massoretico הֲמֻלָּה, *tumultus*), ὡς φωνὴ παρεμβολῆς· καὶ ἐν τῷ ἑστάναι αὐτά, κατέπαυον αἱ πτέρυγες αὐτῶν.—B ad vocem Ἱκανοῦ, habet, *λοιποί*, Θεοῦ Σαδδαΐ. — Apud Theodoretum est, φωνὴν ὑδάτων πολλῶν· ὡς φωνὴν Θεοῦ Σαδαΐ. Et in explanatione, Θεοῦ Σαδαΐ· ὅπερ Ἀ. καὶ Σ. *Ἱκανοῦ* ἡρμήνευσαν. Atque in quibusd. exempll. est, Θεοῦ Σαδαΐ Ἱκανοῦ. LXX apud S. Hieron., *et quasi vocem Fortis.* Scil., *Ἱκανοῦ*, quod etiam habet Complut. Theodoretus aliique non pauci, pro κατέπαυον (αἱ πτέρυγες), habent ἀνίεντο, *demittebantur.* Drach.]

V. 25. Haud integrum reddunt LXX hunc versum ; et recte observat S. Hieron., « multaque et in hoc et in aliis capitulis ab eis (senibus) prætermissa. » Cæterum, hæc non pertinent ad institutum nostrum. Post κεφαλῆς αὐτῶν, C addit itemque Alex. et Ald., ※ ἐν τῷ ※ ἑστάναι αὐτά, ἀνίεντο αἱ πτέρυγες ※ αὐτῶν ⁚ καὶ ὑπεράνω τοῦ στερεώματος τοῦ ὑπὲρ ※ κεφαλῆς αὐτῶν ⁚ Quibus consonat Theodoretus, qui tamen post στερεώματος ita continuat, τοῦ ὄντος ὑπὲρ κεφαλὴν αὐτῶν. Drach.

Ibid. et v. 26. Θ., ἐν τῷ ἑστάναι etc. Ms. Jes., cum asterisco. [Vide ad ỳ præcedentem. Drach.]

V. 27. Ἀ., Θ., ὡς ὅρασις etc. Ms. Jes., cum asterisco. [C bis pro ἴδον, εἶδον, quod sæpe contingit hoc in libro. Post ἠλέκτρου addit idem codex, cum Alex., Ald., Complut. et Theodor., ※ ὡς ὅρασις (Alex., Ald., Complut. et Theodor., ὅρασιν) πυρὸς ἔσωθεν αὐτοῦ ※ κύκλῳ ⁚ — B : Ο', ὡς ὄψιν. Ἀ., ὀφθαλμόν. Σ., Θ., εἶδος. *Ἄλλος*, ὅρασιν. — Ο', ὀσφύος. Ἀ., νώτου. —, Ο', καὶ τὸ φέγγος. Σ., περιφεγγόμενον. Drach.]

V. 28. Ο', ἐν ἡμέραις. C, Ald. et Complut., ἐν ἡμέρᾳ. Hebr. et Vulg., die.—B : Ο', ἡ στάσις. Ἀ., Θ., ὅρασις. Σ., εἶδος. Hebr. et Vulg., aspectus. Theodoretus quoque legit, ἡ ὅρασις. Drach.

EZECHIELIS CAPUT II.

ΣΥΜΜΑΧΟΣ.	Ο'.	ΘΕΟΔΟΤΙΩΝ.
3, 4.	3, 4.	3, 4. ※ Ἠθέτησαν ἐν ἐμοὶ ἕως τῆς σήμερον ἡμέρας, καὶ υἱοὶ σκληροπρόσωποι καὶ στερεοκάρδιοι· ἐγὼ ἀποστέλλω σε πρὸς αὐτούς.
	Κύριος Κύριος.	
7.	7. Πτοηθῶσιν. *Οἱ λοιποί*, κοπάσουσιν.	7.
10. Θρῆνος καὶ κατάλεγμα καὶ μέλος πενθικόν.	10. Θρῆνος καὶ μέλος καὶ οὐαί.	10. Θρῆνος καὶ μέλος καὶ οὐαί.

SYMMACHUS.	LXX INTERPRETES.	THEODOTIO.
3, 4.	3, 4.	3, 4. Prævaricati sunt in me usque ad hanc diem : et filii duri facie et graves corde : ego mitto te ad eos.
	Dominus Dominus.	
7.	7. Timeant. *Reliqui*, cessent.	7.
10. Lamentatio et querimonia, et carmen lugubre.	10. Lamentatio et carmen et væ.	10. Lamentatio et carmen et væ

Notæ et variæ lectiones ad cap. II Ezechielis.

haberi. [Montf. bis edidit men lose ἐτέθησαν. Theodotionis versionem habent in textu C, Alex., Ald. et Complut. Textus τῶν Ο' Rom., quem non dedit Montf., sic est : ἕως τῆς σήμερον ἡμέρας. Ald. et Complut. habent ἀποστελῶ pro ἀποστέλλω.—Lectiones variantes. V. 3. Ο', εἶπε πρός. C, εἶπεν π., ut supra. — B : Ο', παρεπίκραναν. Ἀ., ἀπέστησαν. Θ., ἀφεστηκότα. — V. 4. Ο', Κύριος. C, Alex., Ald.,

Complut , κύριος κύριος. B : Ἀ., Σ., ΠΙΠΙ ὁ Θεός. Θ., ἀδωναΐ πιπι. In quibusd. est, Κύριος Ἀδοναΐ. Apud Theodoretum, Ἀδοναΐ Κύριος, qui id sic explicat, τὸ δὲ Ἀδοναΐ, καὶ αὐτὸ τὸ Κύριος σημαίνει. Ἔχει δὲ καὶ σμικράν τινα ἑτέραν ἔμφασιν (habet autem et aliam quamdam emphasim). Drach.]

Ibid. *Ὁ Ἑβραῖος*, Ἀδωναΐ Ἐλωΐ. Ita Regius codex bombycinus.

V. 5. Cod. B : Οʹ, ἐὰν ἄρα. Σ., ἐάν πως.— Οʹ, πτοηθῶσι. Ἀ., Σ., παύσωσι. — Οʹ, παραπικραίνων. Ἀ., Σ., προσεριστής (contentiosa). Drach.

V. 6. Οʹ, διότι παροιστρήσουσι, *insanient* (aliter, ὀργισθήσονται, *irascentur*), καὶ ἐπισυστήσονται, *congregabuntur* (C., ἐπισυστήσουσιν, *conspirabunt*), ἐπὶ σέ. B : Σ., ἰταμοὶ (crudeles) γὰρ καὶ ἀπόῤῥητοι (secreti) εἰσι πρὸς σέ. Θ., δύσκολοι (dyscoli) καὶ ἀπειθεῖς μετὰ σοῦ. — Οʹ, τοὺς λόγους αὐτῶν. Θ., ἀπὸ τῶν λόγων αὐτῶν. — Οʹ, ἐκστῇς. Ἀ., πλήξῃς, *expavescas*. Σ., καταπλαγῇς, *consterneris*. Θ., πτοηθῇς, *formides*. Idem.

V. 7. *Οἱ λοιπ.*, κοπάσουσιν. Ita Reg. cod. bomb. [B : Ἀ., Σ., παύσωνται. Et pro τῶν LXX, παραπικραίνων. Ἀ., Σ., προσεριστής, ut supra. Drach.]

V. 8. B : Οʹ, (φάγε) ὃ, *quod*. Alex., Ald. et Compl., ἃ, *quæ*. Vulg., quæcumque. Ἀ., τὰ ὅσα. Σ., ὅσα. Drach.

V. 9. Οʹ, κεφαλὶς βιϐλίον. S. Hieron., pro *involuto libro*, LXX *capitulum libri* transtulerunt.

EZECHIELIS CAPUT III.

TO EBPAIKON.	TO EBPAIKON Ἑλληνικοῖς γράμμασι.	AKYΛAΣ.
1 את אשר־תמצא אכול	1.	..
7 חזקי־מצח	7.	7. ※ Ἰσχυροὶ μετώπῳ.
9 נתתי מצחך	9.	9.
ולא־תחת		
13 וקול	13.	13.
15 תל אביב	15.	15. Θὴλ ἀϐίϐ.
משמים		Ἠρεμάζων.
16 ויהי דבר־יהוה אלי לאמר	16.	16. ※ Καὶ ἐγένετο λόγος Κυρίου πρὸς μὲ λέγων.
17 והזהרת	17.	17.
18 לחיותו	18.	18. Τοῦ σῶσαι αὐτόν.
20 מכשול	20.	20.
כי לא הזהרתו		
26 אל־חכך	26.	26.
ונאלמת		
27 השמע ישמע והחדל יחדל	27.	27. Ὁ ἀκούων ἀκουσθήσεται, καὶ ὁ καταλείπων καταλειφθήσεται.

VERSIO HEBRAICI TEXT.	VULGATA LATINA.	AQUILA.
1. Quodcumque inveneris comede.	1. Quodcumque inveneris comede.	1.
7. Rigidi fronte.	7. Attrita fronte.	7. Fortes fronte.
9. Dedi frontem tuam	9. Dedi faciem tuam.	9.
Neque consterneris.	Neque metuas.	
13. Et vocem.	13. Et vocem.	13.
15. Thel abib.	15. Ad acervum novarum frugum.	15. Thel abib.
Stupefactus.	Mœrens.	Quiescens.
16. Et fuit verbum Domini ad me, dicendo.	16. Factum est verbum Domini ad me, dicens.	16. Et factum est verbum Domini ad me, dicens.
17. Et admonebis.	17. Et annuntiabis.	17.
18. Ad vivificandum eum.	18. Et vivat.	18. Ad salvandum eum.
20. Offendiculum.	20. Offendiculum.	20.
Quia non admonuisti eum.	Quia non annuntiasti ei.	
26. Ad palatum tuum.	26. Palato tuo.	26.
Et eris mutus.	Et eris mutus.	
27. Audiens audiat, et cessans cesset.	27. Qui audit, audiat : et qui quiescit, quiescat.	27. Qui audit audietur, et qui relinquit relinquetur.

Notæ et variæ lectiones ad cap. III Ezechielis.

V. 1. Οἱ Γʹ, ὃ ἐὰν εὕρῃς φάγε. Ms. Jes. [Hebr. et Vulg., quodcumque inveneris comede. Comede volumen istud. Οʹ tantum κατάφαγε τὴν κεφαλίδα ταύτην. Montf. non animadvertit hoc senum κατάφαγε respicere alterum *comede*, et adscripsit ad prius, quo minime pertinet; ideo delevimus. C habet in textu versionem τῶν Γʹ, prænotans asteriscum. Complut. sic, κατάφαγε ὅ, τι εὕρῃς, καὶ φάγε τὴν κεφ. τ. Drach.]

V. 2. Hebr. et Vulg., et cibavit me volumine illo.

Scholiou, *κεφαλὶς δὲ βιβλίου*, ἀντὶ τοῦ *τόμος*· οὕτω γὰρ τὸν τόμον Ἑβραῖοι προσαγορεύουσιν (nuncupant).—B : Σ., εἱλητὸν (cum aspero) τεῦχος, *involutus liber*. Idem.

V. 10. Ἀ., καὶ γεγραμμένον ἦν etc. Hæ lectiones prodeunt ex notis edit. Romanæ, et ex Regio bombycino, ubi legitur κτίσις, et et in edit. Rom., sed male pro κτῆσις : nam קינים derivat Aquila a קנה possedit. In versione Symmachi κατάλεγμα legitur, cujus vocis interpretationem non satis assequor. Jeremiæ xxv, 30, idem habet, κατάληγμα, sed exprimit ibi vocem Hebraicam הידד. [Confitetur noster se non assequi posse interpretationem vocis κατάλεγμα. Item Drusius : « Quid sit κατάλεγμα aliis inquirendum relinquo. » Sed apprime interpretatus est Nobilius in edit. Rom., *querimonia*. Videsis quæ adnotavimus supra ad Jerem xxv, 30, ubi similiter κατάλεγμα, non vero κατάληγμα, legendum. Verbum Hebr. קנה et *creo* et *emo* sonat; κτίζω et κτάομαι. Unde non mirum si κτίσις et κτῆσις pari jure exprimant nomen Hebr. קנין, ut legit Aquila, quod palam est. Cf. Ps. civ, 24, ubi eamdem vocem קנין LXX ipsi interpretantur κτίσις. Male igitur correxit Montf., et nos in textu reposuimus κτίσις sicut habent Origenes et codex Regius. Drach]

EZECHIELIS CAPUT III.

ΣΥΜΜΑΧΟΣ.	Ο'.	ΘΕΟΔΟΤΙΩΝ.
1.	1. *Vacat. Οἱ Γ'*, ὃ ἐὰν εὕρῃς φάγε.	1.
7. Ἀναιδεῖς μετώπῳ.	7. Φιλόνεικοι.	7.
9.	9. *Vacat.*	9. ⋇ Δέδωκα τὸ μέτωπόν σου.
⋇ Μηδὲ ὑπενδῷς.	Μηδὲ πτοηθῇς.	
13. Καὶ σύγκρουσιν.	13. Φωνήν.	13.
15. Θὴλ ἀβίβ.	15. Μετέωρος, καὶ περιῆλθον.	15. Θὴλ ἀβίβ.
	Ἀναστρεφόμενος.	Θαυμάζων.
16. ⋇ Καὶ ἐγένετο λόγος Κυρίου πρὸς μὲ λέγων.	16. Λόγος Κυρίου πρὸς μὲ λέγων.	16. ⋇ Καὶ ἐγένετο λόγος Κυρίου πρὸς μὲ λέγων.
17. Καὶ προφυλάξεις.	17. Καὶ διαπειλήσῃ.	17.
18.	18. Τοῦ ζῆσαι αὐτόν.	18.
20.	20. Βάσανον. *Οἱ λοιποί*, σκάνδαλον.	20. Ἀσθένειαν.
⋇ Ἐπειδὴ μὴ προεφύλαξας αὐτόν.	Ὅτι οὐ διεστείλω αὐτῷ.	
26.	26. *Vacat.*	26. ⋇ Πρὸς τὸν λάρυγγά σου.
Καὶ ἄλαλος ἔσῃ.	Καὶ ἀποκωφωθήσῃ.	
27.	27. Ὁ ἀκούων ἀκουέτω, καὶ ὁ ἀπειθῶν ἀπειθείτω.	27.

SYMMACHUS.	LXX INTERPRETES.	THEODOTIO.
..	1. *Vacat. Tres Int.*, quod inveneris comede.	1.
7. Impudentes fronte.	7. Contentiosi.	7.
9.	9. *Vacat.*	9. Dedi frontem tuam.
Neque cadas.	Neque metuas.	
13. Et concussionem.	13. Vocem.	13.
15. Thel abib.	15. Sublimis, et circuivi.	15. Thel abib.
	Conversans.	Admirans.
16. Et factum est verbum Domini ad me, dicens.	16. Verbum Domini ad me dicens.	16. Et factum est verbum Domini ad me, dicens.
17. Et custodies.	17. Et comminaberis.	17.
18.	18. Ut vivat.	18.
20.	20. Tormentum. *Reliqui*, scandalum.	20 Infirmitatem.
Quia non custodisti eum.	Quia non distinxisti ei.	
26.	26. *Vacat.*	26. Ad guttur tuum.
Et eris mutus.	Et mutus evades.	
27.	27. Qui audit, audiat, et qui est inobediens, non obediat.	27.

Notæ et variæ lectiones ad cap. III Ezechielis.

Ο', καὶ ἐψώμισέ με τὴν κεφαλίδα. C et Complut. itemque nonnulli mss. addunt, ταύτην. Idem.

V. 3. Hebr., ventrem tuum ciba. LXX, τὸ στόμα οὐ φάγεται (comedet). Sed sciendum στόμα et σῶμα sæpe confusa reperiri in codd. versionis LXXviralis. Hac de re docte disserit Schleusnerus in Thesauro, sub voce στόμα. Hic probabiliter primitus jacebat σῶμα, et φάγεται induxit librarios ad corrigendum στόμα. —B : Ο', τῆς δεδομένης εἰς σέ. Σ., οὐ δέδωκά σοι, *quod dedi tibi*. — Ο', γλυκάζον.

dulcescens. 'A., τῇ γλυκύτητι, *dulcedine*. IDEM.

V. 4. Hebr., vade, veni. LXX, βάδιζε καὶ εἴσελθε. C cum Alex. et Complut., βάδιζε. εἴσελθε. IDEM.

V. 5. Hebr., (ad populum) profundorum labio, et gravium lingua. O', βαθύγλωσσον (ad populum) *profundæ linguæ*. C cum Alex., Ald., Compl., βαθύχειλον καὶ (Ald., ἢ) βαρύγλωσσον, *profundi sermonis et difficilis linguæ*. Alii, βαρύγλωσσον καὶ βαθύγλωσσον. Et pro hoc ultimo, alii melius, βραδύγλωσσον, *tardiloquum*. IDEM.

Ibid. O', πρὸς τὸν οἶκον τοῦ Ἰσραήλ. Alii, ἀλλὰ πρὸς etc. C non habet τοῦ. IDEM.

V. 6. B : O', ἀλλοφώνους. Οἱ Γ', βαθυχείλους.—O', στιβαρούς, *graves* (*lingua*). 'A., βαρεῖς, *graves*. IDEM.

V. 7. 'A., ἰσχυροὶ μετώπῳ. Σ., ἀναιδεῖς μετώπῳ. Ms. Jes. [Plenius affert B Symmachi locum : ἀναιδεῖς μετώπῳ καὶ θρασεῖς (et audaces). Pro hoc ultimo habent LXX, καὶ σκληροκάρδιοι. DRACH.]

V. 8. Cod. B : O', κατέναντι. 'A. *συμφώνως*. Videlicet, concordat cum LXX.—O', τὸ νῖκός σου, *pervicaciam tuam*. Θ., μέτωπόν σου.—O', τοῦ νίκους. Θ., τοῦ μετώπου αὐτῶν. IDEM.

V. 9. Θ., δέδωκα etc. Ms. Jes. [Theodotionis versionem habet C in textu sub asterisco. Eamdem lectionem habet Theodoretus. Alex. autem et Ald., δέδωκα τὸ νεῖκός (Ald., νῖκός) σου. DRACH.]

Ibid. Σ., μηδὲ ὑπενδῷς. Ms. Jes.

V. 10. Hebr. et Vulg., assume (in corde tuo). O', λάβε. Cod. autem C, βάλε, *mitte*. Sed videtur lapsus amanuensis. DRACH.

V. 11. Hebr., Adonai Jehova Vulg., Dominus Deus. O', Κύριος. C cum Alex., Ald. et Complut., Κύριος Κύριος. Quidam codd., Ἀδωναΐ Κύριος. — Cod. unus B : O', αἰχμαλωσίαν. 'A., μετοικεσίαν. Σ., ἐξοικισμόν. Θ., ἀποικίαν. — O', ἐνδῶσι. 'A., Σ., παύσωνται. Θ., κοπάσωσι. IDEM.

V. 13. Σ., καὶ σύγκρουσιν. Ms. Jes. [Pertinet hæc lectio ad primum וקול, quod ter comparet hoc in commate. B autem aliam exhibet Symmachi versionem; scilicet, ψόφον, *strepitum*, pro τῶν LXX φωνήν.— Idem codex, O', πτερυσσομένων. 'A., συναπτομένων, *contingentium*. Σ., προσπιπτουσῶν, *accidentium*. Θ., προσκρουομένων, *percutientium*. — O', σεισμοῦ, *commotionis* (Hebr. vero et Vulg., commotionis magnæ). 'A., Θ. addunt, τοῦ μεγάλου, quod habet C in textu, prænotato asterisco. Complut. eamdem habet additionem, absque τοῦ. DR.]

V. 14. Hebr. et Vulg., (et abii) amarus in indignatione (spiritus mei). O', (καὶ ἐπορεύθην) ἐν ὁρμῇ, *in impetu*. C addit μετέωρος, *sublimis*, post ἐπορεύθην, sine asterisco. Sic etiam Theodoretus et Complut. editio, quæ non habet ἐν. LXX apud S. Hieron., et abii sublimis in impetu. B istas fert lectiones : 'A., πικρὸς ἐν χόλῳ, *amarus in ira* Σ., πεπικραμένος θυμῷ, *exacerbatus furore*. DRACH.

V. 15. 'A., Σ., Θ., θὴλ ἀβίβ. Hieronymus : « Pro eo quod nos posuimus, *acervus novarum frugum*, Aquila, Symmachus et Theodotio ipsa verba posuere Hebraica. » Et paulo post : « Nos autem ab Hebræis didicimus *Thel abib* significare quando nova frumenta vel hordea congregantur. » [Cod. B, οἱ Γ', θελαβίβ, una voce, et per ε. — C scribit,

EZECHIELIS CAPUT IV.

ΤΟ ΕΒΡΑΙΚΟΝ.	ΤΟ ΕΒΡΑΙΚΟΝ Ἑλληνικοῖς γράμμασι.	ΑΚΥΛΑΣ.
לבנה 1	1.	1.
שלש-מאות ותשעים יום 5	5.	5.
שנית 6	6.	6. ⋇ Δεύτερον.
וכסמים 9	9.	9. Ζέας.
לחמם טמא 13	13.	13.
אהה אדני יהוה 14	14.	14. 'Α, ἀ, ἀ.
את-צפועי הבקר 15	15.	15. ⋇ Τὰ ; βόλβιτα βοῶν.
מטה-לחם 16	16.	16. 1... 2. Στερέωμα ἄρτου.

VERSIO HEBRAICI TEXT.	VULGATA LATINA.	AQUILA.
1. Laterem.	1. Laterem.	1.
5. Trecentos et nonaginta dies.	5. Trecentos et nonaginta dies.	5.
6. Secundo.	6. Secundo.	6. Secundo.
9. Et speltas.	9. Viciam.	9. Speltam.
13. Panem suum pollutum.	13. Panem suum pollutum.	13.
14. Ahah, Domine Deus.	14. A, a, a, Domine Deus.	14. A, a, a.
15. Stercora boum.	15. Fimum boum.	15. Stercora boum.
16. Baculum panis.	16. Baculum panis.	16. 1. Baculum panis. 2. Firmamentum panis.

Notæ et variæ lectiones ad cap. IV Ezechielis.

V. 1. Hieronymus : « Pro *latere*, qui Græce dicitur feminino genere ἡ πλίνθος, Symmachus manifestius interpretatus est πλίνθιον, quem nos *laterculum* et *abacum* appellare possumus. In cujus pulvere solent geometræ γράμμας, i. e. lineas radiosque describere. » [Omnes alii sic referunt lectionem Symmachi, πλινθεῖον. Altera forma scribitur πλίνθιον et πλινθίον. — B : O', καὶ διαγράψεις. Σ., χαράξεις, *sculpes*. Θ., γλύψεις, *sculpes*. DRACH.]

V. 2. Hebr., עליה (ושים). (Et pone) contra eam. O' vacat. C et quidam mss., ἐπ' αὐτήν. Polygl.-Bibel.—O', χάρακα. C, τάφρον, *aggerem*, *vallum*. B : 'A., Σ., Θ., πρόσχωμα, *aggerem*. Ἄλλος, χάρακα, *vallum*. — O', βελοστάσεις, *machinas missilium*. 'A. ἄρνας Σ., τύρσεις, *turres*. Θ., προμαχῶνας, *propugnacula*. DRACH.

V. 3. O', τοῖχον. C et B : τεῖχος. Item, B., Θ., τεῖχος. Ἄλλος, ὡς τοῖχον. —O', καὶ ἑτοιμάσεις. Σ., γωδάρ. Et B, Ἄλλος, βαρυσμός, aggravatio. DRACH.]

Ibid. Hieronymus: « Pro eo quod nos diximus, mœrens, et in Hebræo scriptum est, MASMIM, Theodotio transtulit, admirans: Aquilæ vero secunda editio, quam Hebræi κατὰ ἀκρίβειαν nominant, transtulit, ἠρεμάζων, id est, quiescens, et seorsum positus. » [B, Σ. ἀδημονῶν, animo concidens. DRACH.]

V. 16. Ἀ., Σ., Θ., καὶ ἐγένετο etc. Ms. Jes. [Trium lectionem habet in textu C sub asterisco. Ald. et Complut absque asterisco. DRACH.]

V. 17. Σ., καὶ προφυλάξεις Ms. Jes. [B: Ο', σκοπόν, Ἀ., σκοπευτὴν — Ο', δέδωκά σε. C, ἔδωκά σε. B, Σ., ἔταξά σε, ordinavi te.—B: Ο', καὶ διαπειλήσῃ, et comminaberis. Ἀ., διαστελῇ, mandabis. Σ., προφυλάξεις, custodies. DRACH.]

V. 18. Ἀ., τοῦ σῶσαι αὐτόν. Ms. Jes. [Hebr., et non admonueris eum, nec locutus fueris ad monendum impium a via sua impia. Col. B: Ο', καὶ οὐ διεστείλω (Ἀ., διαστελῇ, mandaveris) αὐτῷ οὐδὲ ἐλάλησας τοῦ διαστείλασθαι τῷ ἀνόμῳ, τοῦ ἀποστρέψαι αὐτὸν ἀπὸ τῶν ὁδῶν αὐτοῦ. Σ., μὴ προφυλάξῃς αὐτὸν, μηδὲ λαλήσῃς, ὥστε ἀποστρέψαι αὐτὸν τῆς ὁδοῦ αὐτοῦ. Non custodieris eum, neque locutus fueris, ut avertatur ipse a via sua — Quidam mss., καὶ ἐὰν μὴ διαστείλῃ αὐτῷ μηδὲ λαλήσῃς. Polyglotten-Bibel. — Edit. Rom non habet οὐδὲ ἐλάλησας, habent autem C, B, Alex., Ald. et Complut. — Ultimam vocem textus Hebr, impia, una reddit Complut. editio, (ὁδῶν αὐτοῦ) ἀδίκων. DRACH]

V. 19. B: Ο', διαστείλῃ. Σ., προφυλάξῃς. DRACH.

V. 20. Οἱ λοιποί, σκάνδαλον. Ms. Jes. Θ., ἀσθένειαν. Ex Hieronymo, qui ait Theodotionem vertisse, infirmitatem. [B: οἱ Γ', σκάνδαλον. — Hebr. et Vulg., (justitiæ ejus) quas fecit. In Ο' vacat. C autem, ἃς ἐποίησε. Alex., Ald. et Complut., ἃς ἐποίησεν. DRACH.]

Ibid. Σ., ἐπειδὴ μὴ προεφύλαξας. Ms. Jes.

V. 21. B. Ο' διεστείλω Ἀ., διεστάλθη, mandatum fuit. Σ., διεστάλη, discretum fuit. DRACH.

V. 22. Hebr, (et facta est) ibi. In Ο' vacat. Complut., ἐκεῖ. IDEM.

V. 23. Ο', καθὼς ἡ ὅρασις. καί. Hæc in C obelo notantur, et revera non jacent in Hebr. Similiterque absunt a Theodoreto, a Complut. et a Vulgata. IDEM.

V. 24. B: Ο', καὶ ἦλθεν ἐπ' ἐμέ. Ἀ., Θ., εἰσῆλθεν ἐν ἐμοί. —Ο', καὶ ἔστησέ με. C, καὶ ἀνέστησέ με.— Ο', ἐν μέσῳ. Σ., ἐντός. IDEM.

V. 25. B. Ο', δεσμοί. Σ., βρόχοι, laquei. IDEM.

V. 26. Θ, πρὸς τὸν λάρυγγά σου. Ms. Jes. [B ad hanc lectionem, οἱ Γ' καὶ λοιποί. C habet in textu sub asterisco. Complut., τῷ λάρυγγί σου. — B: Ο', ἐλέγχοντα. Ἄλλος, εὐθύνοντα, dirigentem. DRACH.]

Ibid. Σ., καὶ ἄλλος ἔσῃ. Ms. Jes.

V. 27. Hebr., (dicit) Adonai Jehova. Vulgata, Dominus Deus. Ο', Κύριος. C, Ἀδωναΐ Κύριος. Alex., Ald. et Complut., Κύριος Κύριος. B, Π., ※ Ἀδωναΐ ⁚ Κύριος, omnes, Adonai Dominus. DRACH.

Ibid Aquilæ editionis secundæ versionem Latine adfert Hieronymus, qui audit audietur etc.

EZECHIELIS CAPUT IV.

ΣΥΜΜΑΧΟΣ.	Ο'.	ΘΕΟΔΟΤΙΩΝ.
1. Πλίνθιον.	1. Πλίνθον.	1.
5.	5. Ἐνενήκοντα καὶ ἑκατὸν ἡμέρας. Οἱ λοιποί, ※ τριακοσίας καὶ ἐνενήκοντα ἡμέρας.	5.
6.	6. Vacat.	6. ※ Δεύτερον.
9. Ζέας.	9. Ὀλύραν.	9. Ὀλύραν.
13.	13. Ἀκάθαρτα. Οἱ Γ', ※ τὸν ἄρτον αὐτῶν ἀκάθαρτον.	13.
14. Μηδαμῶς.	14. Μηδαμῶς, Κύριε Θεὲ Ἰσραήλ.	14. Ὦ, Κύριε Θεός.
15.	15. Βόλβιτα βοῶν.	15. ※ Τὰ ⁚ βόλβιτα βοῶν.
16. Στερέωμα ἄρτου.	16. Στήριγμα ἄρτου.	16. Στερέωμα ἄρτου.
SYMMACHUS.	LXX INTERPRETES.	THEODOTIO.
1. Laterculum.	1. Laterem.	1.
5.	5. Nonaginta et centum dies. Reliqui, trecentos et nonaginta dies.	5.
6.	6. Vacat.	6. Secundo.
9. Speltam.	9. Olyram.	9. Olyram.
13.	13. Immunda. Tres Int., panem suum pollutum.	13.
14. Nequaquam.	14. Nequaquam, Domine Deus Israel.	14. O Domine Deus.
15.	15. Stercora boum.	15 Stercora boum.
16. Firmamentum panis.	16. Fulcimentum panis	16. Firmamentum panis.

Notæ et variæ lectiones ad cap. IV Ezechielis.

στρέψεις, vertes.—Ο', ἐν συγκλεισμῷ. Ἀ., Θ., περιοχῇ, munitione. Σ., πολιορκουμένη, obsessa.—Ο', καὶ συγκλείσεις. Ἀ., καὶ περιέξεις, et circumdabis. Σ., ἀποτειχίσεις, vallabis. Θ., πολιορκήσεις, obsidebis. IDEM.

V. 4. Ο', ἡμερῶν πεντήκοντα καὶ ἑκατόν. Sic etiam Theodoretus; sed absunt a plerisque, nec leguntur in Hebr., in Vulg., in Ald. et in Complut. Quidam post ἑκατὸν sic habent: ἡμέρας κοιμηθήσῃ ἐπ' αὐτοῦ. C, ⁒ ἐνενήκοντα καὶ ἑκατόν ⁚ Montf. hanc adfert notam ex ms. Jes. ⁒ πεντήκοντα καὶ ἑκατόν, οὐ κεῖται παρ' Ἑβραίοις. IDEM.

V. 5. Hebr. et Vulg., annos iniquitatis eorum. Ο', τὰς ἀδικίας αὐτῶν. C, cum Theodoreto, Alex., Ald. et Complut., τὰς δύο ἀδικίας αὐτῶν. Nimirum Hebr. שני pariter annos et duo significat. IDEM.

Ibid. Οἱ λοιποί. ※ τριακοσίας etc. Hic dies pro annis habendos putat Hieronymus, qui hæc fusissime pertractat in Commentario, dicitque post alia multa : « Satisque miror cur Vulgata exemplaria *centum nonaginta annos* habeant; et in quibusdam scriptum sit, *centum quinquaginta*; cum perspicue et Hebraicum, et Aquila, Symmachusque et Theodotio *trecentos nonaginta annos* teneant; et apud ipsos *LXX* qui tamen non sunt scriptorum vitio depravati, idem numerus reperiatur. » Et sane in notis edit. Rom. dicitur quædam exemplaria sic habere, et Polychronium ita legisse, ἐνενήκοντα καὶ τριακοσίας ἡμέρας. [Theodoretus ut textus noster senum. At Complut. habet τριακοσίων, et ponit ante ἐνενήκοντα. Ald., ἐνενήκοντα καὶ τριακοσίας ἡμέρας, quo modo etiam legit Polychronius, qui et hæc notat : ἄλλη ἔκδωσις περιέχει *ἐνενήκοντα καὶ ἑκατὸν ἡμέρας*. Origenes : οὐκ ἀγνοοῦμεν δὲ τινὰ τῶν ἀντιγράφων ἔχειν ρʹ καὶ νʹ ἡμέρας· καὶ ἄλλας, ϟʹ καὶ ἑκατὸν ἡμέρας. καὶ τὰ πλείονα δὲ ϟʹ καὶ ρʹ ἡμέρας. Ἀλλ' ἐπισκεψάμενοι τὰς λοιπὰς ἐκδόσεις εὕρομεν τʹ εἶναι καὶ ϟʹ ἡμέρας. I. e., Non ignoramus autem quædam exemplaria habere 100 et 50 dies, et alios, 90 et 100 dies : et plura quidem 90 et 100 dies. Sed consideratis cæteris editionibus invenimus esse 300 et 90 dies. Hanc notam partim eruimus ex ed. Rom.—Cod. B : Ἀ., Σ., Θ., τ̄ καὶ ϛ̄ ἡμέρας, *trecentos et nonaginta dies*. Drach.]

V. 6. Ἀ., Θ., ⋇ δεύτερον. Ms. Jes. [C habet in textu δεύτερον, prænotato asterisco. — B : Ἀ., τὸ ἀριστερόν. Ἄλλος, δεύτερον.—Hebr., Chetib, הימיני, Keri, הימני, lege *haimani*. Drach.]

V. 7. B : Οʹ, στερεώσεις. Θ., ἀποκάλυψον, *revela*. — Οʹ, ἐπ' αὐτήν, nimirum, Jerusalem. C, ἐπ' αὐτόν. Drach.

V. 9. Hieronymus : « Quam nos *viciam* interpretati sumus, pro quo in Hebræo dicitur CHASAMIM, *LXX* Theodotioque posuerunt ὄλυραν, quam alii *avenam*, alii *secalem* [Martianæus *sigalam*, ms. Sangermanensis antiquissimus *sicalam*] putant. Aquilæ autem prima editio et Symmachus ζέας sive ζεΐας interpretati sunt : quas nos vel *far*, vel gentili Italiæ Pannoniæque sermone *spicam speltam*que dicimus. » [Notat etiam apud LXX dictum esse III Reg. xix, 6, *panem*, ὀλυρίτην. — B : Ἀ., Σ., ζέαν. Οʹ, Θ., ὄλυραν.—Etiam hic eadem numerorum discrepantia deprehenditur, quæ supra versu 5. Hebr. et Vulg., trecentis et nonaginta diebus. Οʹ, ἐνενήκοντα καὶ ἑκατὸν ἡμέρας. Ald., ἐνενήκοντα, καὶ τριακοσίας. Complut., τριακοσίας ἐνενήκοντα. Drach.]

V. 10. Hebr., (et cibus tuus) quem (comedes eum). In LXX non est illud *quem*. Habent autem C et tres editt., scil., Alex., Ald. et Compl., ὃ (φάγεσαι).—B : Οʹ, σίκλους. Σ., στατῆρα.—Οʹ, ἕως. Σ., εἰς. — Polychronius, εἴκοσι σίκλοι ποιοῦσι τρεῖς οὐγκίας, μικρόν τι πρός (et aliquid plus). Scholion, στατῆρες εἴκοσι, οἵπερ εἰσὶ δραχμαὶ πʹ (drachmæ 80). Scholion aliud, τὸν σίκλον, δραχμὴν εἶναί φασι. Δράχμα δέ ἐστι γράμματα τρία. S. Hieron., « siclus autem, id est, stater, habet drachmas quatuor. » Contendunt docti utrum hic de profano agatur siclo,

EZECHIELIS CAPUT V.

ΤΟ ΕΒΡΑΙΚΟΝ.	ΤΟ ΕΒΡΑΙΚΟΝ Ἑλληνικοῖς γράμμασι.	ΑΚΥΛΑΣ.
1 לך	1.	1. ⋇ Σεαυτῷ.
2 את־השלשית אריק	2	2. Τὸ τρίτον.
3 בכנפיך	3.	3.
5 זארת ירושלם בתוך הגוים שמתיה וסביבותיה ארצות	5.	5.
6 ותמר את־משפטי לרשעה מן־הגוים ואת־חקותי מן־הארצות אשר סביבותיה כי במשפטי מאסו חקותי לא־הלכו בהם	6.	6.
7 יען המנכם מן־הגוים אשר סביבותיכם	7.	7. . .
11 תועבתיך	11	11.

VERSIO HEBRAICI TEXT.	VULGATA LATINA.	AQUILA.
1. Tibi.	1. Tibi.	1. Tibi ipsi.
2. Tertiam partem. Evacuabo.	2. Tertiam partem. Nudabo.	2. Tertiam partem.
3. In alis tuis.	3. In summitate pallii tui.	3.
5. Hæc Jerusalem, in medio gentium posui eam, et circuitibus ejus terræ.	5. Ista est Jerusalem, in medio gentium posui eam, et in circuitu ejus terras.	5.
6. Et mutavit judicia mea in impietatem præ gentibus, et statuta mea præ terris quæ in circuitu ejus; quia in judiciis meis reprobaverunt, et statutis meis non ambulaverunt in eis.	6. Et contemsit judicia mea, ut plus esset impia quam gentes; et præcepta mea ultra quam terræ quæ in circuitu ejus sunt : judicia enim mea projecerunt, et in præceptis meis non ambulaverunt.	6.
7. Quia multiplicastis præ gentibus, quæ in circuitu vestro.	7. Quia superastis gentes, quæ in circuitu vestro sunt.	7. Eo quod numerati estis in gentibus, quæ in circuitu vestro sunt.
11. Abominationibus tuis	11 Abominationibus tuis.	11.

an de sacro, qui duplo majoris pretii erat. Drach.

V. 11. B., O', εἶν. C., ἶν. Ald., οἶνου. Complut., ὂν (aliter, ἶν). Theodoretus, τὸ δὲ εἶν μέτρον ἦν παρ' αὐτοῖς οὗ τὸ ἕκτον κατὰ τὸν Σύρον ἥμισυ ἐχώρει ξέστου (juxta Syrum dimidium capiebat sexti). Polychronius autem : τὸ ἶν, Ἑβραϊκὸν ὄν, σημαίνει τοῦ ξέστου καὶ ὄγδοον. Apollinarius, τὸ ἶν ποιεῖ χόεις δύο. S Hieron., « Porro *hin* duos χόας Atticos facit, quos nos appellare possumus, duos sextarios Italicos, ita ut *hin* mensura sit Judaici sextarii, nostrique castrensis, cujus sexta pars facit tertiam partem sextarii Italici. » Idem.

V. 12. Post κρίθινον addit C, ἕως καιροῦ, *usque ad tempus*, quod non legitur in Hebr. et in Vulg. —B : O', ἐγκρυφίαν. Σ., διαρτισμόν, *subactum*. —O', βολβίτοις κόπρου. Σ., ἐν σκυβάλοις διαχωρήσεως, *in stercoribus excrementi*. Idem.

V. 13. Οἱ Γ', ⋇ τὸν ἄρτον etc. Ms. Jes. [Hebr. et Vulg., et dixit Dominus : Sic comedent filii Israel panem suum pollutum inter gentes, ad quas ejiciam eos. O', καὶ ἐρεῖς· (non habet Complut. Et revera obelo signanda) Τάδε λέγει Κύριος ὁ Θεὸς τοῦ Ἰσραήλ· Οὕτως φάγονται οἱ υἱοὶ τοῦ Ἰσραὴλ ἀκάθαρτα ἐν τοῖς ἔθνεσιν. C ita : καὶ ἐρεῖς· Τάδε λέγει Κύριος ÷ ὁ Θεὸς ÷ τοῦ Ἰσραήλ· οὕτως φάγονται οἱ υἱοὶ τοῦ Ἰσραὴλ ⋇ τὸν ἄρτον αὐτῶν ⁝ ἀκάθαρτα ἐν τοῖς ἔθνεσιν, ⋇ οὗ διασκορπίσω αὐτοὺς ἐκεῖ ⁝. Ed. Ald., οὗ διασκορπιῶ αὐτούς (al. add., ἐκεῖ). Complut., (ἔθνεσιν) εἰς ἃ ἐκβαλῶ αὐτούς. B ita : O', καὶ ἐρεῖς· Τάδε λέγει Κύριος ÷ ὁ Θεὸς ÷ τοῦ Ἰσραήλ, ⁝ Οὕτως... Ἀ., Σ., Θ., καὶ εἶπε Κύριος πρὸς μὲ, Οὕτως... Drach.]

V. 14. Aquila, *ah, ah, ah*. Sym., LXX, μηδαμῶς, Hieron. [C ponit sub obelo ἐν ἀκαθαρσίᾳ et πᾶν, quæ non sunt in Hebr. In initio versiculi, μηδαμῶς, Κύριε ὁ Θεὸς τοῦ Ἰσραήλ, et in fine habet cum Alex., βέβηλον pro ἕωλον. In quibusdam et apud Theodoretum, utrumque conjungitur, ἕωλον, καὶ βέβηλον —Plenius adfert Lamb. Bos locum Aquilæ, ἃ ἃ ἃ, Κύριε Κύριε, ἰδοὺ ἡ ψυχή. Th., ὦ Κύριε. — B : O', et. Ἀ., Σ., Θ., ἰδού. — O', βέβηλον. Ἄλλως, ἕωλον. Θ., φεγγούλ. Effer, *pheggul*. Drach.]

V. 15. Ἀ., Θ., τὰ βόλβιτα. Ms. Jes. in textu cum asterisco, quia articulus τά ex Ἀ., Θ. additur. [C ita, ⋇ τὰ ⁝ βόλβιτα ⋇ τῶν ⁝ βοῶν. Et post ἄρτους, ita ut Complut., non habet σου.— B : O', βολβίτων. Σ., σκυβάλων.— Hebr. Chetib, צפועי. Keri, צפיעי. Drach.]

V. 16. Hieronymus : « Verbum Hebraicum MATE, prima Aquilæ editio *baculum*; secunda, et Symmachus, Theodotioque στερέωμα, id est, *firmamentum*. interpretati sunt. » [Lamb. Bos, Aquila 1 ed., ῥάβδον 2 ed. et Sym., στερέωμα. B autem, Ἀ., ῥάβδον ἄρτου. Idem cod., O', καὶ ἐν ἐνδείᾳ. Ἀ., μερίμνῃ, *cura*. Σ., μετὰ ἀκηδίας, *cum tristitia*. Drach.]

V 17. B : O', καὶ ἐνδεεῖς γένωνται ἄρτου. Σ., λιπόμενος, *deficiens*. —Pro ἐνταχήσονται, C, ἐκταχήσονται. Alex., ταχήσονται. Drach.

EZECHIELIS CAPUT V.

ΣΥΜΜΑΧΟΣ.	Ο'.	ΘΕΟΔΟΤΙΩΝ.
1.	1. *Vacat.*	1. ⋇ Σεαυτῷ.
2.	2. Τὸ τέταρτον.	2. Τὸ τρίτον.
Γυμνώσω.	Ἐκκενώσω.	
3. Ἐν ἄκρῳ τοῦ ἱματίου σου.	3. Τῇ ἀναβολῇ σου.	3.
5.	5. Αὕτη ἡ Ἰερουσαλὴμ, ἐν μέσῳ τῶν ἐθνῶν τέθεικα αὐτὴν, καὶ τὰς κύκλῳ αὐτῆς χώρας.	5.
6. . .	6. Καὶ ἐρεῖς τὰ δικαιώματά μου τῇ ἀνόμῳ ἐκ τῶν ἐθνῶν, καὶ τὰ νόμιμά μου τῶν χωρῶν τῶν κύκλῳ αὐτῆς· διότι τὰ δικαιώματά μου ἀπώσαντο, καὶ ἐν τοῖς νομίμοις μου οὐκ ἐπορεύθησαν ἐν αὐτοῖς.	6.
7. . .	7. Ἀνθ' ὧν ἡ ἀφορμὴ ὑμῶν ἐκ τῶν ἐθνῶν τῶν κύκλῳ ὑμῶν.	7.
11.	11.	11. ⋇ Τοῖς προσοχθίσμασί σου.

SYMMACHUS.	LXX INTERPRETES.	THEODOTIO.
1.	1. *Vacat.*	1. Tibi ipsi.
2.	2. Quartam partem.	2. Tertiam partem.
Nudabo.	Evacuabo.	
3. In summitate vestimenti tui.	3. Indumento tuo.	3.
5. Hæc Jerusalem, quam in medio nationum posui, et circa eam regiones.	5. Hæc Jerusalem, in medio gentium posui eam, et quæ sunt in circuitu ejus terras.	5.
6. Commutavit judicia impietatibus, quas didicit a gentibus, et justificationes meas a regionibus, quæ sunt in circuitu ejus : quia legitima mea reprobaverunt, et in judiciis meis non ambulaverunt.	6. Et dices justificationes meas ipsi iniquæ ex gentibus, et legitima mea de regionibus, quæ sunt in circuitu ejus : justificationes enim meas projecerunt, et in legitimis meis non ambulaverunt in eis.	6.
7. Multitudo vestra fuit ex gentibus, quæ in circuitu vestro sunt.	7. Quia occasio vestra de gentibus, quæ in circuitu vestro.	7.
11.	11.	11. Abominationibus tuis.

ΤΟ ΕΒΡΑΙΚΟΝ.	ΤΟ ΕΒΡΑΙΚΟΝ Ἑλληνικοῖς γράμμασι.	ΑΚΥΛΑΣ.
12 והשלשית בחרב יפלו	12.	12.
והשלשית לכל־רוח אזרה		⁎ Καὶ τὸ τέταρτόν σου εἰς πάντα ἄνεμον σκορπιῶ αὐτούς.
13 והנחמתי	13.	13.
14 ולחרפה בגוים אשר סביבותיך	14.	14.
15 וגדופה	15.	15. Βλασφημία.
מוסר ומשמה		
באף ובחמה		
16 הרעים	16.	16.
אשר אשלח אותם לשחתכם ורעב אסף עליכם		

VERSIO HEBRAICI TEXT.	VULGATA LATINA.	AQUILA.
12. Et tertia pars in gladio cadent.	12. Et tertia pars tui in gladio cadet.	12.
Et tertiam partem in omnem ventum dispergam.	Tertiam vero partem in omnem ventum dispergam.	Et quartam partem tuam in omnem ventum dispergam illos.
13. Et consolatus ero.	13. Et consolabor.	13.
14. Et in opprobrium in gentibus, quæ in circuitu tuo.	14. Et in opprobrium gentibus, quæ in circuitu tuo sunt.	14.
15. Et convitium.	15. Blasphemia.	15. Blasphemia.
Castigatio et stupor.	Exemplum et stupor.	
In furore et in ira.	In furore et in indignatione.	
16. (Sagittas famis) malas.	16. Pessimas.	16.
Quos mittam eos ad disperdendum vos, et famem colligam super vos.	Quas mittam ut disperdam vos: et famem congregabo super vos.	

Notæ et variæ lectiones ad cap. V Ezechielis.

V. 1. Ο', καὶ λήμψη (sic sæpe). Ἀ., Θ., ⁎ σεαυτῷ ⁒ ζυγόν. Ms. Jes. In vetustissimis codicibus λήμψη pro λήψη passim legitur. [C, καὶ λήψη ⁎ σεαυτῷ ⁒ ζυγόν, *et assumes tibi ipsi jugum*. Hebr., et capies tibi bilances. Vulg., et assumes tibi stateram. — Aliæ variantes lectiones e cod. B : Ο', κτήση αὐτήν. Ἀ., Θ., λήψη, *accipies*, ut Hebr.—Ο', σταθμίων. Ἀ., σταθμίου, *ponderis*, ut Hebr. et Vulg.—Ο', καὶ διαστήσεις (Ἀ., Σ., Θ., μερίσεις) αὐτούς, *et divides eos*. Sic etiam Hebr. et Vulg. Drach.]

V. 2. Ἀ., Θ., τὸ τρίτον, et sic quater in eodem versu in notis editionis Romanæ. [De hujusmodi falsa quaternitate nullam invenies mentionem in edit. Rom. cujus nota digna est ut integre hic adducatur : « Aq. et Theod., τὸ τρίτον, *tertiam*, et sic deinceps : de qua re legendi sunt S. Hieron. et Theodoretus. S. Hieron. quidem ea quæ sequuntur, *et assumes quartam, et combures eam in medio ejus*, videtur prope quarto loco apud LXX legisse, a quibus inquit addita de suo. » Perperam putavit Montf. hæc verba, *et sic deinceps* significare Aquilam et Theodotionem quater posuisse τὸ τρίτον, de Hebr. enim transtulerunt, שלשית, *tertiam partem*, quod in textu originali ter tantum legitur. Lamb. Bos ad duo priora τὸ τέταρτον adnotat : Aq. et Th., τὸ τρίτον. Cod. autem B. ad primum. Ἀ., Σ., Θ., τὸ τρίτον, addens Symmachum. Sed non prætereunda S. Hieronymi ipsa verba in hunc et 12 infra versiculum. ỳ 2 « Pro tribus partibus capillorum et pilorum, LXX quatuor partes interpretati sunt. Cumque dixissent : *quartam partem ligni combures in medio civitatis, et quartam concides gladio in circuitu ejus, et quartam disperges in ventum*, quia remanebat eis quarta pars alia, addiderunt de suo : *et quartam partem assumes, et combures eam in medio civitatis* : quasi non sit ipsa quæ prima, et aliud quid in prima dixerit, aliud in ista quæ addita est. ỳ 12. « Septuaginta quia supra quatuor partes posuerant, in hoc quoque loco eamdem primam partem diviserunt in duas, ut dicerent : *Quarta pars tui morte alteretur, et quarta pars tui fame consumetur in medio tui, et quarta pars tui in gladio cadet in circuitu tuo, et quartam partem tui in omnem ventum dispergam* : licet hoc quod posuimus, *et quarta* (perspicuè legendum, *tertia*. Sic Drusius. Non assentimur) *pars tui in gladio cadet*, de Theodotionis editione sub asteriscis additum sit. Perspicuum est autem, ut Hebræa veritas continet, tres esse partes. De quarum prima dicatur : *et tertia tui pars peste morietur, et fame consumetur in medio tui*. Multoque melius fuerat transferre quod scriptum est, quam rei male translatæ patrocinium quærere. Nec hoc dicimus ab illis factum, quibus vetustas auctoritatem dedit : sed per multa sæcula, scriptorum atque lectorum vitio depravatum. Quamquam et Aristeus (l. Aristeas) et Josephus, et omnis schola Judæorum, quinque tantum libros Moysi a Septuaginta translatos asserant. » Adi quæ de hoc articulo S. Doctor ad Michæam II, 9 et 10.—Variæ lectiones. Ο', ἀνακαύσεις C, ἀναλώσεις. — Ο', κατὰ τὴν πλήρωσιν τῶν ἡμερῶν. Ἄλλος, συμπλήρωσιν. Σ., ἕως ἂν πληρωθῶσι αἱ ἡμέραι. B.—Ο', ἐν μέσῳ αὐτῆς καὶ τὸ τέταρτον etc. C, ἐν μέσῳ ÷ αὐτῆς, καὶ τὸ τέταρτον ⁒ etc. — Ο', τῷ πνεύματι. Ἀ., Σ., Θ., εἰς ἄνεμον. B. — Ο', ὀπίσω αὐτῶν. Ἀ., Σ., Λοιποί, ἐν μέσῳ αὐτῶν. Idem. Drach.]

Ibid. Σ., γυμνώσω. Ms. Reg. bombycinus et ms. Jes.

V. 3. Σ., ἐν ἄκρῳ. Ms. Jes. [Cod. B aliam adfert

ΣΥΜΜΑΧΟΣ.	Ο'.	ΘΕΟΔΟΤΙΩΝ.
12.	12. Καὶ τὸ τέταρτόν σου εἰς πάντα ἄνεμον σκορπιῶ αὐτούς.	12. ※ Καὶ τὸ τέταρτόν σου ἐν μαχαίρᾳ πεσεῖται.
13.	13. *Vacat.*	13. ※ Καὶ παρακληθήσομαι.
14.	14. ※ Καὶ εἰς ὄνειδος ἐν τοῖς ἔθνεσι τοῖς κύκλῳ σου.	14.
15. Βλασφημία.	15. Καὶ δηλαϊστή. *Vacat.*	15. Καὶ δηλαϊστή. ※ Παιδεία καὶ ἀφανισμός. ※ Ἐν ὀργῇ καὶ θυμῷ.
16.	16. (Βολίδας λιμοῦ) ※ τὰς πονηράς.	16. ※ Ἃς ἀποστελῶ αὐτὰς διαφθεῖραι ὑμᾶς, καὶ λιμὸν συνάξω ἐφ' ὑμᾶς.

SYMMACHUS.	LXX INTERPRETES.	THEODOTIO.
12.	12. Et quartam partem tuam in omnem ventum dispergam illos.	12. Et quarta pars tui in gladio cadet.
13.	13. *Vacat.*	13. Et consolatus ero.
14.	14. Et in opprobrium in gentibus quæ in circuitu tuo.	14.
15. Blasphemia.	15 Et misera. *Vacat.*	15. Et misera. Eruditio et destructio. In ira et furore.
16.	16. (Sagittas famis) malas.	16. Quas mittam eas ad perdendum vos, et famem congregabo super vos.

Notæ et variæ lectiones ad cap. V Ezechielis.

Symmachi lectionem : ἐν τοῖς κρασπέδοις, *in fimbriis*; additque, Ἀ., ἐν τοῖς πτερυγίοις σου, *in alis tuis*. Idemque codex, Ο', καὶ συμπεριλήψῃ. Θ., καὶ δήσεις, *et ligabis*. Drach.]

V. 4. In fine versiculi, Hebr. et Vulg., ex eo egredietur ignis ad (Vulg., in) omnem domum Israel. LXX, ἐξ αὐτῆς ἐξελεύσεται πῦρ. Καὶ ἐρεῖς παντὶ οἴκῳ Ἰσραήλ. Theodoretus autem et Aldina sic habent : ἐξ α. ἐξελ. πῦρ εἰς πάντα οἶκον Ἰσραήλ. C vero utramque admittit lectionem, præfigens obelum, quem librarius haud ad proprium posuit locum, et sic rescribendum : ἐξ α. ἐξελ. πῦρ εἰς πάντα οἶκον Ἰσραήλ, ÷ καὶ ἐρεῖς πάντι οἴκῳ Ἰσραήλ ⁚ Sic etiam in aliis, ut testatur edit. Rom. Porro scholion : *καὶ ἐρεῖς παντὶ οἴκῳ Ἰσραὴλ* οὐ κεῖται παρ' Ἑβραίοις. Idemque scholion adfert Montf. e cod. Marchal. Drach.

V. 5. Hujus et sequentis versus interpretationem Latine adfert Hieronymus dicens : « *Quod pulchre interpretatus est Symmachus : Hæc, inquiens*, Jerusalem *etc.* » ut supra. [Hebr., Adonai Jehova. Vulg., Dominus Deus. LXX, Κύριος C, Ἀδοναΐ Κύριος. Alex., Ald., Complut., Ἀδωναΐ Κ. Sic etiam in sqq. ℣℣ 7, 8, 11. Drach.]

V. 6. Priora verba hujus versiculi sic habet C, καὶ ἐρεῖς, ÷ ἤλλαξε ⁚ τὰ δικαιώματά μου. Librariorum vitio irrepsit obelus pro asterisco; quod liquidum, Hebr. enim habet ותמר, *et mutavit*. B has præfert lectiones : Ἀ., καὶ προσήρισε τὸ κρίμα μου. Σ., ἀντικατηλλάξαντο δέ. Θ., καὶ ἤλλαξαν τὰ κρίματά μου. Pro χωρῶν, C et Complut., χωρίων. Apud Theodoretum : ἤλλαξε τὰ δικαιώματά μου εἰς ἀνομίαν ἐκ τῶν ἐθνῶν, καὶ τὰ νόμιμά μου ἐκ τῶν χωρῶν. Drach.

V. 7. Secundæ Aquilæ editionis, et Symmachi lectiones Latine adfert Hieronymus. [Eas ita Græce exhibet Lamb. Bos : Σ., τὸ πλῆθος ὑμῶν. Ἀκ. ed. 2, ὅτι ἠριθμήθητε ἐν τοῖς ἔθνεσι τοῖς κύκλῳ ὑμῶν. B vero : Ο', ἡ ἀφορμὴ ὑμῶν. Θ., οἱ λογισμοὶ ὑμῶν. Drach.]

V. 8. Hebr., etiam ego, et faciam. Vulg., et ipse ego faciam. LXX, καὶ ποιήσω. C, καὶ ἐγὼ ποιήσω. B autem : Ἀ., Θ., ※ καίγε ἐγώ. Σ., ※ καὶ αὐτὸς ἐγὼ ⁚ ποιήσω. Idem cod. ad Κύριος, *Ἄλλος*, Κύριος, Κύριος. Drach.

Ibid. Ο', κρῖμα. C cum Ald., κρίματα. Hebr. et Vulg., judicia. Idem.

V. 9. Ο', ἃ. Ἀ., τὰ ὅσα, *quæcumque*. B. Idem.

V. 10. Hebr. et Vulg., (Ideo patres comedent) filios (in medio tui, et filii comedent) patres suos. LXX, τέκνα... πατέρας. C, τέκνα αὐτῶν... πατέρας. Sed suspicamur transpositum esse illud αὐτῶν, cujus legitimus locus est post πατέρας, juxta Hebraicam veritatem. Nonnulli vero codd., ut testatur Polyglotten-Bibel, habent αὐτῶν post utrumque. Idem.

V. 11. Ο', ἦ μήν, *profecto*. C cum Alex., εἰ μή, *nisi*. Vide etiam notam nostram supra ad ℣ 5. Idem.

Ibid. Θ., τοῖς προσοχθίσμασί σου. Ms. Jes. [Hebr., בכל־שקוציך ובכל־תועבתיך, *in omnibus idolis tuis et in omnibus abominationibus tuis*. LXX habent tantum, ἐν πᾶσι τοῖς βδελύγμασί σου, *in omnibus abominationibus tuis*. Quod autem deficiebat in LXX e Theodotione suppletum est, ut videre licet in C, qui habet, ※ ἐν πᾶσι τοῖς προσοχθίσμασί σου ⁚, *in omnibus idolis tuis*. Sic etiam, absque tamen asterisco, in Alex. et in Complut. Hebr. שקוץ proprie valet, *res abominanda;* maxime vero usurpatur de *idolis*. Adi *catholicum* nostrum *lexicon hebraicum*. Idem etiam dicendum de Græco προσόχθισμα, a προσοχθίζω : et recte observat Suidas, *προσοχθίσματα* ἡ γραφὴ καλεῖ τὰ εἴδωλα. Unde liquet quantum erraverit Montf. qui ad Theodotionis locum adscripsit תועבותיך, et in eamdem foveam quo ipse cecidit attraxit editorem Tetraplorum Clusianorum. —Ο', κἀγώ (prius). 'Α., Θ., καίγε ἐγώ. Σ., αὐτός. B. — Ο', κἀγώ (alterum). 'Α., Θ., καίγε ἐγώ. B. Pro utroque κἀγώ, Alex., καὶ ἐγώ. C tantum pro altero. Drach.]

V. 12. Θ., καὶ τὸ τέταρτον etc. Ms. Jes. [Cf. quæ adnotavimus ad ℣ 2. — C,... καὶ τὸ τέταρτόν ⋇ σου ⁝ ἐν λιμῷ συντελεσθήσεται ἐν μέσῳ σου, ⋇ καὶ τὸ τέ⋇ταρτόν (sic) σου ἐν ῥομφαίᾳ πεσοῦνται κύκλῳ σου, ⁝ καὶ τὸ τέταρτόν σου εἰς πάντα ἄνεμον σκορπιῶ αὐτούς. Et ita melius quam cætera exemplaria observat ordinem textus Hebraici. Scholion : *τὸ τέταρτόν σου* οὐ κεῖται παρ' Ἑβραίοις. — B : Ο', συντελεσθήσεται. Σ., ἀναλωθήσεται. — Ο', ἐκκενώσω. Σ., γυμνώσω, *nudabo*. Drach.]

Ibid. 'Α., καὶ τὸ τέταρτόν σου etc. Ms. Jes. Quæ lectio hodie in τοῖς Ο' habetur, ex Aquila, ut videtur, desumta. [Ante leves, *crede*, pascentur in æthere cervi, quam Aquila, κατὰ ἀκρίβειαν interpres, tantum quantum hoc abscedat ab Hebr. textu. Drach.]

V. 13. Θ., καὶ παρακληθήσομαι. Idem ms. Jes. [C addit cum asterisco. Habent etiam Ald. et Complut. B vero sic : 'Α., Σ., Θ., Ο', παρακληθήσομαι. Idem cod., Ο', καὶ ἡ ὀργή μου ἐπ' αὐτούς. 'Α., Σ., Θ., ⋇ καὶ καταπαύσω, *et quiescere faciam*. Scilicet, sic vertunt tres Interpretes verbum Hebr. והנחותי, quod desideratur in LXX. Drach.]

V. 14. Καὶ εἰς ὄνειδος etc. Ms. Jes. Quod abesse a LXX testificatur Hieronymus. [LXX pro his prorsus aliter : καὶ τὰς θυγατέρας σου κύκλῳ σου. C, ⋇ καὶ εἰς ὀνειδισμὸν ἐν τοῖς ἔθνεσι ⋇ (sic) τοῖς κύκλῳ σου, ⁝ καὶ τὰς θυγατέρας σου κύκλῳ σου. B : 'Α., Σ., Θ., Ο', καὶ εἰς ὄνειδος ἐν τοῖς ἔθνεσι τοῖς κύκλῳ σου. Ald. habet ut C, et Theodoretus ut B et Marchal. Drach.]

V. 15. Hieronymus : « In *LXX* legitur : *Et erit* στεναχτή, i. e. *gemibilis*. Et de Theodotione additum est, καὶ δηλαϊστή, cujus verbi notitiam non habemus. Pro quo tres alii Interpretes, *blasphemiam*, transtulerunt, quæ in Hebraico dicitur, GEDDUPHA. » Et paulo post : « δηλαϊστήν et δηλαίαν, quidam *infelicem*, et *miseram* : alii *perspi-*

EZECHIELIS CAPUT VI.

ΤΟ ΕΒΡΑΙΚΟΝ.	ΤΟ ΕΒΡΑΙΚΟΝ Ἑλληνικοῖς γράμμασι.	ΑΚΥΛΑΣ.
4 ונשמו מזבחותיכם ונשברו חמניכם	.	4. Καὶ ἀφανισθήσεται τὰ θυσιαστήρια ὑμῶν, καὶ συντριβήσεται τὰ τεμένη ὑμῶν.
5 ונתתי את־פגרי בני ישראל לפני גלוליהם	5.	5.
6 ונשבתו ונמחו מעשיכם	6.	6.
8 והותרתי	8.	8.
9 אשר־סר	9.	9.
10 לא אל־חנם דברתי לעשות להם הרעה הזאת	10.	10.
11 ואמר־אח	11.	11. Ἆ, ἆ.
12 והנשאר	12.	12.
13 בכל ׀ ראשי ההרים	13.	13.
ותחת כל־אלה עבתה		Καὶ ὑποκάτω πάσης δρυὸς δασείας.

VERSIO HEBRAICI TEXT.	VULGATA LATINA.	AQUILA.
4. Et desolabuntur altaria vestra, et confringentur statuæ vestræ.	4. Et demoliar aras vestras, et confringentur simulacra vestra.	4. Et destruentur altaria vestra et conterentur delubra vestra.
5. Et dabo cadavera filiorum Israel ad facies idolorum eorum.	5. Et dabo cadavera filiorum Israel ante faciem simulacrorum vestrorum.	5.
6. Et cessabunt.	6. Et cessabunt.	6.
Et delebuntur opera vestra.	Et delebuntur opera vestra.	
8. Et remanere faciam.	8. Et relinquam.	8.
9. Quod declinavit.	9. Et recedens.	9.
10. Non gratis locutus sum ad faciendum eis malum hoc.	10. Non frustra locutus sum ut facerem eis malum hoc.	10.
11. Et dic, Heu.	11. Et dic, Heu.	11. A, a.
12. Et relictus.	12. Et qui relictus fuerit.	12.
13. In cunctis capitibus montium.	13. Et in cunctis summitatibus montium.	13.
Et subtus omnem quercum implicatam.	Et subtus universam quercum frondosam.	Et sub omni quercu frondosa.

cuam et *expositam ad miserius* intelligi volunt. » Drusius legit δειλαϊστή, sed melius δηλαϊστή, et sic habent optimi mss. Hieronymi. Quid autem intelligat per tres alios Interpretes, seclusis O' et Θ, divinandum relinquitur. Putaverim esse Aquilæ primam, et secundam, atque Symmachum; vel fortassis Aquilam, Syrum et Symm., vel quintæ, sextæ et septimæ lectionem esse. Certe sic possunt tres illi alii Interpretes indicari. Mirum tamen erit hoc tantum Ezechielis loco memorari tres illos Interpretes. Quare in dubio res versatur.

Ibid. O', δηλαϊστή. C, δήλη, *manifesta*. B, 'A., Σ., Θ., βλασφημία. O', δηλαϊστή. *Ἄλλος*, δηλαία. Alex., δηλαία. Ald., δειλαία. Complut., δήλη ἔσται. Theodoretus, δήλη. DRACH.

Ibid. Θ., παιδεία καὶ ἀφανισμός. Ms. Jes. [Sic etiam C sub asterisco. B adscribit Aquilæ pariter et Theodotioni. Theodoretus melius : (δήλη) παιδεία καὶ ἀφανισμοῖς. DRACH.]

Ibid. Θ., ἐν ὀργῇ καὶ θυμῷ. Ms. Jes. [C, ※ ἐν ὀργῇ μου καὶ ἐν θυμῷ. Alex., Ald. et Complut., ἐν ὀργῇ καὶ ἐν θυμῷ. DRACH.]

Ibid. O', θυμοῦ μου (Θ., juxta Marchal., σου). Istud μου non habet Hebraica lectio, neque Vulgata, et abest a C et Complut. DRACH.

V. 16. O', ἀποστεῖλαί με βολίδας. C, ἐξαποστεῖλαί με τὰς βολίδας. Et ita etiam Alex. Pro βολίδας, 'A., Σ., Θ., βέλη. B. IDEM.

Ibid. Τὰς πονηράς. Ms. Jes. [C, ※ τὰς πονηράς ⁚ —Hebr., (cum misero tela famis) mala in eos, quæ facta sunt in vastatorem. Vulg., (quando misero sagittas famis) pessimas in eos, quæ erunt mortiferæ. LXX,... ἐπ' αὐτούς, καὶ ἔσονται εἰς ἔκλειψιν. Ad hæc B : Θ., ※ τὰ πονηρὰ ἐν αὐτοῖς ἃ ἐγένοντο εἰς διαφθοράν. DRACH.]

Ibid. Θ., ἀποστελῶ etc. C, ἃ ἀποστέλλω αὐτὰ ※ διαφθεῖραι ὑμᾶς, καὶ λιμὸν συνάξω ⁚ ἐφ' ὑμᾶς. B, 'A., ※ (ἃ) ἀποστελῶ αὐτὰ διαφθεῖραι ὑμᾶς, καὶ λιμὸν συνάξω ἐφ' ὑμᾶς. Apud Theodoretum et in Complut., (post ἔκλειψιν) καὶ ἀποστελῶ αὐτοὺς διαφθεῖραι ὑμᾶς, καὶ λ. συν. ἐφ' ὑ. DRACH.

Ibid. B : O', καὶ συντρίψω. *Ἄλλος*, ※ ὑμῖν ⁚ στήριγμα. Hebr. et Vulg., et conteram (Vulg., in) vobis baculum. IDEM.

V. 17. O', διελεύσονται (Ald., διελεύσεται) ἐπὶ σέ. B, Σ., ὁδεύσει διὰ σοῦ. Hebr., transibit per te. IDEM.

Ibid. O', κυκλόθεν. Hebr. non habet, et abest a Complut. IDEM.

Ibid. O', λελάληκα. C, ἐλάλησα. IDEM.

EZECHIELIS CAPUT VI.

ΣΥΜΜΑΧΟΣ.	Ο'.	ΘΕΟΔΟΤΙΩΝ.
4.	4. Καὶ συντριβήσονται τὰ θυσιαστήρια ὑμῶν, καὶ τὰ τεμένη ὑμῶν.	4. Καὶ ἀφανισθήσεται τὰ θυσιαστήρια ὑμῶν, καὶ συντριβήσεται τὰ τεμένη ὑμῶν.
5.	5.	5. ※ Καὶ δώσω τὰ σώματα τῶν υἱῶν Ἰσραὴλ κατὰ πρόσωπον τῶν εἰδώλων αὐτῶν.
6.	6. Καὶ συντριβήσονται.	6. Καὶ καταπαύσουσιν.
		※ Καὶ ἐξαλειφθῶσιν τὰ ἔργα ὑμῶν.
8.	8. *Vacat.*	8. ※ Καὶ ἀπολείψομαι.
9.	9. *Vacat.*	9. ※ Καὶ ἀποστάσῃ.
10.	10.	10. ※ Οὐκ εἰς δωρεὰν λελάληκα τοῦ ποιῆσαι αὐτοῖς ἅπαντα τὰ κακὰ ταῦτα.
11. Σχετλίασον.	11. Καὶ εἰπὸν, Εὖγε, εὖγε.	11. Εὖγε.
12.	12. *Vacat.*	12. ※ Καὶ ὁ ὑπολειφθείς.
13.	13.	13. ※ Καὶ ἐν πάσαις κορυφαῖς τῶν ὀρέων.
Καὶ ὑποκάτω πάσης δρυὸς δασείας.		Καὶ ὑποκάτω πάσης δρυὸς δασείας.

SYMMACHUS.	LXX INTERPRETES.	THEODOTIO.
	4. Et conterentur altaria vestra, et delubra vestra.	4. Et destruentur altaria vestra, et conterentur delubra vestra.
5.	5.	5. Et dabo corpora filiorum Israel ad faciem idolorum eorum.
6.	6. Et conterentur.	6. Et cessabunt.
		Et delebuntur opera vestra.
8.	8. *Vacat.*	8. Et relinquam.
9.	9. *Vacat.*	9. Et deficienti.
10.	10.	10. Non gratis locutus sum ad facienda eis omnia mala hæc.
11. Plange.	11. Et dic, Euge, euge.	11. Euge.
12.	12. *Vacat.*	12. Et relictus.
13.	13.	13. Et in omnibus cacuminibus montium.
Et sub omni quercu frondosa.		Et sub omni quercu frondosa.

Notæ et variæ lectiones ad cap. VI Ezechielis.

V. 2. B : O', στήρισον (Complut., στήριξον). 'A., Σ., θές. Θ., τάξον. Drach.

V. 3. Hebr., (verbum) Adonai Jehovæ. (Sic dixit) Adonai Jehova. LXX, Κυρίου... Κύριος. C, 'Αδωναΐ Κυρίου... 'Αδωναΐ Κύριος. Alex., Ald., Complut., 'Αδωναΐ Κ...'Αδωναΐ Κ. Idem codex anteponit νάπαις voci φάραγξι, cui addit ν euphonicum.—Codex B : O', καὶ ταῖς νάπαις. 'A., καὶ τοῖς χειμάῤῥοις, *et torrentibus*. (Quod proprie respondet Hebraico לאפיקים. Cæterum νάπαις vertendum *vallibus*, quem significatum neque vox Hebraica nostra respuit, potius quam *rupibus*, ut reddidit Nobilius. Sanctus autem Hieron. qui ex Hebr. transtulit *rupibus*, haud dubie aliquid aliud legit, forsitan, לכיפים). O', ἰδοὺ ἐγὼ ἐπάγω. 'A.,... ⋇ εἰμι (ἐπάγων). Σ., ⋇ αὐτός. Nimirum expressius voluere reddere τὸ אני. — O', καὶ ἐξολοθρευθήσεται. Ἄλλος, καὶ ἐξολοθρευθήσονται. Hebr. autem et Vulg., et disperdam (excelsa vestra). Idem.

V. 4. 'A., Θ., καὶ ἀφανισθήσεται etc. Ms. Jes. [C, καὶ ἀφανισθήσεται τὰ θυσιαστήρια ὑμῶν, ⋇ καὶ ⋇ συντριβήσεται ⁚ τὰ τεμένη ὑμῶν. — B : Π. (πάντες), ⋇ ἀφανισθήσονται.—'A, Θ., O', καὶ συντριβήσονται. Σ., συγκλασθήσονται. — O', τεμένη ὑμῶν. 'A., ξόανα ὑμῶν. Binas igitur habemus Aquilæ versiones —O', τραυματίας ὑμῶν 'A., ανηρημένους ὑμῶν, *interfectos vestros*. Drach.]

V. 5. Θ., καὶ δώσω τὰ σώματα etc. Drusius legit πτώματα, quod idipsum significat. Hieronymus : « *Hoc quod nos posuimus* : Et dabo cadavera filiorum Israel ante faciem simulacrorum vestrorum, *in LXX non habetur*. » [C, καὶ δώσω τὰ ⋇ πτώματα τῶν υἱῶν Ἰσραὴλ κα ⋇ τὰ (sic) πρόσωπον τῶν εἰδώλων αὐτῶν ⁚ Sic etiam Alex., Ald., Complut. absque asteriscis.—B., O', εἰδώλων αὐτῶν. 'A., καθαρμάτων αὐτῶν, *purgamentorum eorum*, quasi, *deorum stercoreorum eorum*. Similiter reddit eamd. vocem גלולים Deut. xix, 17. Drach.]

V. 6. Quod in textu Hebr. massoretico initium est hujus commatis, codex Vaticanus, antiquissimus omnium nobilissimusque, a cl. cardinale Ang. Majo doctæ piæque memoriæ typis diligentissime expressus, cujus exemplar nuper hunc dono posthumo Eminentissimi olim optimique Patroni nostri ad manus pervenit nostras, connectit cum fine commatis antecedentis, et conjungit ita : καὶ διασκορπιῶ τὰ ὀστᾶ ὑμῶν κύκλῳ τῶν θυσιαστηρίων ὑμῶν ἐν πάσῃ τῇ κατοικίᾳ ὑμῶν. ϒ 6. Αἱ πόλεις etc. Sic etiam S. Hieron. Comment. in Ezech., « et dispergam ossa vestra circa aras vestras in omnibus habitationibus vestris. 6. Urbes, etc. » Nota hujus codicis tibi erit, benigne lector, VM, i. e., Vaticanus Maji.

Ibid. Ms. Jes. post ἐξολοθρευθήσῃ, quod legitur in O', Θ, ⋇ καὶ πλημμελήσουσι (*), et post συντριβήσονται, Θ., ⋇ καὶ καταπαύσουσιν. [C, ⋇ καὶ συντριβήσονται καὶ καταπαύσωσι ⁚ B : Θ., καὶ καταπαύσουσι, sine asterisco. Alii, καταπαυσθῇ. Edit. Rom. Drach.]

Ibid. Θ., καὶ ἐξαλειφθῶσι etc. Ms. Jes. Multa autem in hoc capitulo a LXX prætermissa fuisse testificatur Hieronymus. [C, καὶ ⋇ ἐξαλειφθῶσι τὰ ἔργα ⋇ ὑμῶν ⁚ Habet quoque Alex. absque asteriscis.—Aliæ variantes lectiones e cod. B. : O', κατοικίᾳ ὑμῶν. 'A., καθέδραις ὑμῶν. —O', καὶ τὰ ὑψηλά. 'A., καὶ τὰ ὑψώματα. — O', ἀφανισθήσεται. Ἄλλος, ἀφανισθήσονται — O', εἴδωλα ὑμῶν. 'A., καθάρματα ὑμῶν. — O', τεμένη ὑμῶν. 'A., ξόανα ὑμῶν. Drach.]

V. 8. Θ., καὶ ἀπολείψομαι. Ms. Jes. [C., ⋇ καὶ ὑπολείψομαι ⁚ ἐν τῷ γενέσθαι. Sic etiam Alex. et Complut. B : 'A., διαλείψουσι. Theodoretus videtur habuisse καὶ ἀναλήψομαι. Alii pro ἐν τῷ γ., habent τοῦ γ. Ex edit. Rom. Drach.]

V. 9. O', ὀμόμοκα τῇ καρδίᾳ αὐτῶν. Nimirum, pro נשברתי, *fractus sum*, legerunt נשבעתי, *juravi*. C, ὅτι ὀμ. etc. It. ex B, 'A., Θ., συνέτριψα Σ., συγκατέαξα (*confregi*) τὴν καρδίαν αὐτῶν. Drach.

Ibid. Θ., καὶ ἀποστάσῃ. Ms. Jes. [C, ⋇ τῇ ἀποστάσῃ. Sic etiam Alex. et Complut. — B : O', τῇ ἐκπορνευούσῃ. Ἄλλος, τῇ ἀποστάσῃ. Σ., τῇ ἐκνευσάσῃ, *declinanti*. — O', ἐκπορνευόυσιν. C et VM., πορνεύουσιν. — O', καὶ κόψονται πρόσωπα αὐτῶν.

(*) Eamque lectionem habet C præfigens asteriscum, sublatoque nomine interpretis, ut ubique. B vero adscribit Aquilæ. Respondet autem verbo Hebr. תישמנה, *devastabuntur*, quod prætermiserunt senes. Drach.

EZECHIELIS CAPUT VII.

ΤΟ ΕΒΡΑΙΚΟΝ.

3 עתה הקץ עליך ושלחתי אפי
בך ושפטתיך כדרכיך ונתתי עליך
את כל־תועבתיך

4 ולא־תחום עיני עליך ולא אחמול
כי דרכיך עליך אתן ותועבותיך בתוכך
תהיין וידעתם כי־אני יהוה

ΤΟ ΕΒΡΑΙΚΟΝ Ἑλληνικοῖς γράμμασι.

3.

4.

ΑΚΥΛΑΣ.

3.

VERSIO HEBRAICI TEXT.

3. Nunc finis super te, et mittam furorem meum in te, et judicabo te juxta vias tuas, et dabo super te omnes abominationes tuas.

4. Et non parcet oculus meus super te, nec indulgebo : nam vias tuas super te dabo, et abominationes tuæ in medio tui erunt, et scietis quod ego Dominus.

VULGATA LATINA.

3. Nunc finis super te, et immittam furorem meum in te : et judicabo te juxta vias tuas, et ponam contra te omnes abominationes tuas.

4. Et non parcet oculus meus super te, et non miserebor : sed vias tuas ponam super te, et abominationes tuæ in medio tui erunt : et scietis quia ego Dominus.

AQUILA.

3.

4.

Notæ et variæ lectiones ad cap. VI Ezechielis.

B, 'A., δυσαρεστηθήσονται, *displicebunt*. Θ., προσοχθιοῦσι κατὰ πρόσωπον αὐτῶν, *moleste ferent ante faciem suam*. Complut., κατὰ πρόσωπον ἑαυτῶν. Sciendum ונקטו esse passivum niphal verbi קוט, quod et *fastidire* et *præcidere*, *abscindere* sonat. Adi, sodes, catholicum nostrum lexicon Hebr. בפניהם autem proprie significat, *in facie eorum*. —Hebr., ob mala quæ fecerunt, quoad omnes abominationes eorum. Vulg., super malis q. f. in universis abominationibus suis. LXX tantum, ἐν πᾶσι τοῖς βδελύγμασιν αὐτῶν. Alex., Ald., Complut., περὶ τῶν κακιῶν ὧν ἐποίησαν ἐν πᾶσι etc. C autem, ※ περὶ τῶν κακιῶν ὧν ἐπενόησαν (excogitaverunt) ἐν πᾶσι etc. B ita, Ἄλλος, τῶν κακιῶν ὧν ἐποίησαν ἐν πᾶσι τοῖς βδελύγμασιν αὐτῶν, καὶ ἐν πᾶσι τοῖς ἐπιτηδεύμασιν αὐτῶν. Ita etiam Alex. Ista additio, καὶ ἐν πᾶσι τοῖς ἐπιτ., quæ obelo signanda, duplex versio est pro lectione codicis C. Drach.]

V. 10. Θ., οὐκ εἰς δωρεὰν etc. Ms. Jes. [Ita etiam Alex., Ald., Compl. Hæc ultima autem habet πάντα, pro ἅπαντα. C ita, ※ οὐκ εἰς δωρεὰν λελάληκα τοῦ ποιῆσαι αὐτοῖς ※ ἅπαντα τὰ κακὰ ταῦτα ⁝ Ad hæc editor Tetraplorum adnotat : « Θ., οὐκ εἰς δωρεὰν etc. Ms. Jes. Verbum pro verbo exstat in textu Chisiani, excepto uno αὐτοῖς post ποιῆσαι, et interprete. » Sed istud αὐτοῖς ipse edidit in textu, unde nunc dicit abesse.—In B habetur, Σ., εἰκῇ (pro εἰς δωρεάν). Drach.]

V. 11. Hebr., Adonai Jehova. Vulg., Dominus Deus. LXX, Κύριος. C, Ἀδωναΐ Κ. Alex. et Ald., Ἀδωναΐ Κ. — B : Ο', καὶ ψόφησον. Σ., πάταξον. Drach.

Ibid. Hieronymus : « *Quod ostenditur verbo*, heu : *pro quo Aquila interpretatus est*, ἆ, ἆ, *Symmachus* σχετλίασον, *quod significat* lamentare, *vel* plange; *LXX et Theodotio* εὖγε, *quod magis insultantis est, quam plangentis.* » [C semel habet εὖγε, ut Th. Origenes, τὸ, *καὶ εἰπὸν*, *Εὖγε*, παραφράζων ὁ Σύμμαχος, πεποίηκε, *καὶ σχετλίασον*. Schol., *ola* ἔχει καλῶς. Cod. B : 'A., ἆ, ἆ, ἆ (ter) σχετλίασον. Ἄλλος, εὖγε. Drach.]

Ibid. Hebr. et Vulg., ad omnes abominationes malorum (domus Israel). LXX, ἐπὶ πᾶσι τοῖς βδελύγμασιν. C addit, ※ κακῶν ⁝ Et B, ※ κακιῶν. Idem B, ad vocem Ἰσραήλ, 'A.,... ὅσοι. Σ.,... ※ τῶν. Θ..... ※ οἵτινες. Drach.

Ibid. Hebr. et Vulg., fame et peste. LXX, ἐν θανάτῳ καὶ ἐν λιμῷ (VM, λειμῷ hic et in ℣ sq.). C et Complut., ἐν λ. καὶ ἐν θ. Idem.

V. 12. Hebr. et Vulg., qui longe est, peste morietur, qui autem prope, gladio corruet. LXX, ὁ ἐγγὺς ἐν ῥομφαίᾳ πεσεῖται, ὁ δὲ μακρὰν ἐν θανάτῳ τελευτήσει C autem et Complut., ὁ μακρὰν... ὁ δὲ ἐγγὺς .. B : Ο', ἐν θανάτῳ. 'A., Σ., λοιμῷ. Idem.

Ibid. Θ., καὶ ὁ ὑπολειφθεὶς etc. Ms. Jes [C, ※ καὶ ὁ ὑπολειφθείς ⁝ In quibusd., καὶ ὁ περιλειφθείς. B, *Λοιποί*, καὶ περιλειφθείς. Et ad συντελεσθήσεται, 'A., Σ., Θ, ἀποθανεῖται, quod cohæret voci Hebr., ימות. Drach.]

V. 13. Ο', ὑψηλόν. Θ., μετέωρον, sublimem. Ex cod. B. Drach.

Ibid. Θ., καὶ ἐν πάσαις etc. Ms Jes. [Post ὀρέων addit Montf., συσκίου. Σ., εὐθαλές, sed manifeste pertinent ad stichum subsequentem, sic : Ο', συσκίου. Σ., εὐθαλές. Quæ Symmachi versio adprime recte exprimit Hebr. רענן. C, ※ καὶ ἐν πάσαις κορυφαῖς ※ τῶν ὀρέων ⁝ Habent etiam Alex., Ald., Complut., sine autem asteriscis ut constanter. Hæc prætermiserunt senes Alexandrini, ut asserit S. Hier. B ad marginem : 'A., κεφαλαῖς (pro κορυφαῖς). Drach]

Ibid. 'A., Σ., Θ., καὶ ὑποκάτω. Ms. Jes. Hæc porro a LXX prætermissa fuisse testificatur Hieronymus [Habet C, absque asterisco, cum Alex. et Complut. B ad marg., 'A, τερεβίντῳ (sic) ἰθαρατόπῳ. Forte ἰθαρῷ τόπῳ. Vide Hesychium, necnon Stephani Thesaurum, ed. Didot, ad vocem ἰθαρός. — Ο', εἰδώλοις αὐτῶν. 'A., καθάρμασιν, ut supra. — Hoc etiam monere volumus lectorem, pro tribus ὑμῶν senum, textum Hebraicum suffixum habere possessivi tertiæ personæ pl. masc. הם, *eorum*. Drach.]

V. 14. Ο', καὶ θήσομαι τὴν γῆν. B ita : Σ., δώσω. 'A., ※ σὺν ⁝ τὴν γῆν. Σύν pro particula Hebr. את, quæ accusativum casum denotat, ut sæpe Aquilas. — Ο', Δεβλαθά. VM, Δεβλαθᾶ. — Ο', τῆς κατοικεσίας αὐτῶν· ἐπιγνώσεσθε (*αὐτῶν* abest a VM). C, τῆς κατοικίας αὐτῶν· καὶ ἐπιγν. Alex., τῆς κατοικίας, καὶ ἐπιγν. Complut., τῆς κατοικεσίας αὐτοῦ. Drach.

EZECHIELIS CAPUT VII.

ΣΥΜΜΑΧΟΣ.

3.

Ο'.

3. Ἄλλος, νῦν τὸ πέρας πρὸς σέ· καὶ ἀποστελῶ ἐγὼ ἐπὶ σὲ, καὶ ἐκδικήσω ἐν ταῖς ὁδοῖς σου, καὶ δώσω ἐπὶ σὲ πάντα τὰ βδελύγματά σου.

4. Ἄλλος, οὐ φείσεται ὁ ὀφθαλμός μου ἐπὶ σὲ, οὐδὲ μὴ ἐλεήσω, διότι τὴν ὁδόν σου ἐπὶ σὲ δώσω, καὶ τὰ βδελύγματά σου ἐν μέσῳ σου ἔσται, καὶ γνώσῃ ὅτι ἐγὼ Κύριος.

ΘΕΟΔΟΤΙΩΝ.

3.

4.

SYMMACHUS.

3.

LXX INTERPRETES.

3. *Alius*, nunc terminus ad te, et mittam ego super te, et ulciscar in viis tuis, et dabo super te omnes abominationes tuas.

4. *Alius*, non parcet oculus meus super te, nec miserebor, quia viam tuam super te dabo, et abominationes tuæ in medio tui erunt, et cognosces quia ego Dominus.

THEODOTIO.

3.

4.

Notæ et variæ lectiones ad cap. VI Ezechielis.

V. 2. B : O', στήρισον (Complut., στήριξον). 'A., Σ., θές. Θ., τάξον. DRACH.

V. 3. Hebr., (verbum) Adonai Jehovæ. (Sic dixit) Adonai Jehova. LXX, Κυρίου... Κύριος. C, 'Αδωναΐ Κυρίου... 'Αδωναΐ Κύριος. Alex., Ald., Complut., 'Αδωναΐ Κ...'Αδωναΐ Κ. Idem codex anteponit νάπαις voci φάραγξι, cui addit ν euphonicum.—Codex B : O', καὶ ταῖς νάπαις. 'A., καὶ τοῖς χειμάῤῥοις, *et torrentibus*. (Quod proprie respondet Hebraico לאפיקים. Cæterum νάπαις vertendum *vallibus*, quem significatum neque vox Hebraica nostra respuit, potius quam *rupibus*, ut reddidit Nobilius. Sanctus autem Hieron. qui ex Hebr. transtulit *rupibus*, haud dubie aliquid aliud legit, forsitan, לכיפים). O', ἰδοὺ ἐγὼ ἐπάγω. 'A.,... ※ εἰμι (ἐπάγων). Σ., ※ αὐτός. Nimirum expressius voluere reddere τὸ אני. — O', καὶ ἐξολοθρευθήσεται. Ἄλλος. καὶ ἐξολοθρευθήσονται. Hebr. autem et Vulg., et disperdam (excelsa vestra). IDEM.

V. 4. 'A., Θ., καὶ ἀφανισθήσεται etc. Ms. Jes. [C, καὶ ἀφανισθήσεται τὰ θυσιαστήρια ὑμῶν, ※ καὶ ※ συντριβήσεται ⁚ τὰ τεμένη ὑμῶν. — B : Π. (πάντες), ※ ἀφανισθήσονται.— 'A, Θ., O', καὶ συντριβήσονται. Σ., συγκλασθήσονται. — O', τεμένη ὑμῶν. 'A., ξόανα ὑμῶν. Binas igitur habemus Aquilæ versiones.—O', τραυματίας ὑμῶν 'A., ἀνῃρημένους ὑμῶν, *interfectos vestros*. DRACH.]

V. 5. Θ., καὶ δώσω τὰ σώματα etc. Drusius legit πτώματα, quod idipsum significat. Hieronymus : « *Hoc quod nos posuimus*. Et dabo cadavera filiorum Israel ante faciem simulacrorum vestrorum, *in LXX non habetur*. » [C, καὶ δώσω τὰ ※ πτώματα τῶν υἱῶν Ἰσραὴλ κα ※ τα (sic) πρόσωπον τῶν εἰδώλων αὐτῶν ⁚ Sic etiam Alex., Ald., Complut. absque asteriscis.—B., O', εἰδώλων αὐτῶν. 'A., καθαρμάτων αὐτῶν, *purgamentorum eorum*, quasi, *deorum stercoreorum eorum*. Similiter reddit eamd. vocem גלולים Deut. xix, 17. DRACH.]

V. 6. Quod in textu Hebr. massoretico initium est hujus commatis, codex Vaticanus, antiquissimus omnium nobilissimusque, a cl. cardinale Ang. Majo doctæ piæque memoriæ typis diligentissime expressus, cujus exemplar nuperrime dono posthumo Eminentissimi olim optimique Patroni nostri ad manus pervenit nostras, connectit cum fine commatis antecedentis, et conjungit ita : καὶ διασκορπιῶ τὰ ὀστᾶ ὑμῶν κύκλῳ τῶν θυσιαστηρίων ὑμῶν ἐν πάσῃ τῇ κατοικίᾳ ὑμῶν. ℣ 6. Αἱ πόλεις etc. Sic etiam S. Hieron. Comment. in Ezech., « et dispergam ossa vestra circa aras vestras in omnibus habitationibus vestris. 6. Urbes, etc. » Nota hujus codicis tibi erit, benigne lector, VM, i. e., Vaticanus Maji.

Ibid. Ms. Jes. post ἐξολοθρευθήσῃ. quod legitur in O', Θ, ※ καὶ πλημμελήσουσι (*), et post συντριβήσονται, Θ., ※ καὶ καταπαύσουσιν. [C, ※ καὶ συντριβήσονται καὶ καταπαύσωσι ⁚ B : Θ., καὶ καταπαύσουσι, sine asterisco. Alii, καταπαυσθῇ. Edit. Rom. DRACH.]

Ibid. Θ., καὶ ἐξαλειφθῶσι etc. Ms. Jes. Multa autem in hoc capitulo a LXX prætermissa fuisse testificatur Hieronymus. [C, καὶ ※ ἐξαλειφθῶσι τὰ ἔργα ※ ὑμῶν ⁚ Habet quoque Alex. absque asteriscis.—Aliæ variantes lectiones e cod. B. : O', κατοικία ὑμῶν. 'A., καθέδραις ὑμῶν. —O', καὶ τὰ ὑψηλά. 'A., καὶ τὰ ὑψώματα.— O', ἀφανισθήσεται. Ἄλλος. ἀφανισθήσονται. — O', εἴδωλα ὑμῶν. 'A., καθάρματα ὑμῶν. — O', τεμένη ὑμῶν. 'A., ξόανα ὑμῶν. DRACH.]

V. 8. Θ, καὶ ἀπολείψομαι. Ms. Jes. [C., ※ καὶ ὑπολείψομαι ⁚ ἐν τῷ γενέσθαι. Sic etiam Alex. et Complut. B : 'A., διαλείψουσι. Theodoretus videtur habuisse καὶ ἀναλήψομαι. Alii pro ἐν τῷ γ., habent τοῦ γ. Ex edit. Rom. DRACH.]

V. 9. O', ὀμώμοκα τῇ καρδίᾳ αὐτῶν. Nimirum, pro נשברתי, *fractus sum*, legerunt נשבעתי, *juravi*. C, ὅτι ὀμ. etc. Et ex B., 'A, Θ., συνέτριψα. Σ., συγκατέαξα (*confregi*) τὴν καρδίαν αὐτῶν. DRACH.

Ibid. Θ., καὶ ἀποστάσῃ. Ms. Jes. [C, ※ τῇ ἀποστάσῃ. Sic etiam Alex. et Complut. — B : O', τῇ ἐκπορνευούσῃ. Ἄλλος. τῇ ἀποστάσῃ. Σ., τῇ ἐκνευσάσῃ, *declinanti*. — O', ἐκπορνεύουσιν. C et VM., πορνεύουσιν. — O', καὶ κόψονται πρόσωπα αὐτῶν.

(*) Eamque lectionem habet C præfigens asteriscum, sublatoque nomine interpretis, ut ubique. B vero adscribit Aquilæ. Respondet autem verbo Hebr. תישמנה, *devastabuntur*, quod prætermiserunt senes. DRACH.

EZECHIELIS CAPUT VII.

ΤΟ ΕΒΡΑΙΚΟΝ.	ΤΟ ΕΒΡΑΙΚΟΝ Ἑλληνικοῖς γράμμασι.	ΑΚΥΛΑΣ.
3 עתה הקץ עליך ושלחתי אפי בך ושפטתיך כדרכיך ונתתי עליך את כל־תועבתיך	3.	3.
4 ולא־תחוס עיני עליך ולא אחמול כי דרכיך עליך אתן ותועבותיך בתוכך תהיין וידעתם כי־אני יהוה	4.	

VERSIO HEBRAICI TEXT.	VULGATA LATINA.	AQUILA.
3. Nunc finis super te, et mittam furorem meum in te, et judicabo te juxta vias tuas, et dabo super te omnes abominationes tuas.	3. Nunc finis super te, et immittam furorem meum in te : et judicabo te juxta vias tuas, et ponam contra te omnes abominationes tuas.	3.
4. Et non parcet oculus meus super te, nec indulgebo : nam vias tuas super te dabo, et abominationes tuæ in medio tui erunt, et scietis quod ego Dominus.	4. Et non parcet oculus meus super te, et non miserebor : sed vias tuas ponam super te, et abominationes tuæ in medio tui erunt : et scietis quia ego Dominus.	4.

Notæ et variæ lectiones ad cap. VI Ezechielis.

B, Ἀ., δυσαρεστηθήσονται, *displicebunt*. Θ., προσοχθιοῦσι κατὰ πρόσωπον αὐτῶν, *moleste ferent ante faciem suam*. Complut., κατὰ πρόσωπον ἑαυτῶν. Sciendum ונקטו esse passivum niphal verbi קוט, quod et *fastidire* et *præcidere*, *abscindere* sonat. Adi, sodes, catholicum nostrum lexicon Hebr. בפניהם autem proprie significat, *in facie eorum*. —Hebr., ob mala quæ fecerunt, quoad omnes abominationes eorum. Vulg., super malis q. f. in universis abominationibus suis. LXX tantum, ἐν πᾶσι τοῖς βδελύγμασιν αὐτῶν. Alex., Ald., Complut., περὶ τῶν κακιῶν ὧν ἐποίησαν ἐν πᾶσι etc. C autem, ⋇ περὶ τῶν κακιῶν ὧν ἐπενόησαν (excogitaverunt) ἐν πᾶσι etc. B ita, Ἄλλος, τῶν κακιῶν ὧν ἐποίησαν ἐν πᾶσι τοῖς βδελύγμασιν αὐτῶν, καὶ ἐν πᾶσι τοῖς ἐπιτηδεύμασιν αὐτῶν. Ita etiam Alex. Ista additio, καὶ ἐν πᾶσι τοῖς ἐπιτ., quæ obelo signanda, duplex versio est pro lectione codicis C. Drach.]

V. 10. Θ., οὐκ εἰς δωρεὰν etc. Ms. Jes. [Ita etiam Alex., Ald., Compl. Hæc ultima autem habet πάντα, pro ἅπαντα. C ita, ⋇ οὐκ εἰς δωρεὰν λελάληκα τοῦ ποιῆσαι αὐτοῖς ⋇ ἅπαντα τὰ κακὰ ταῦτα ⁝ Ad hæc editor Tetraplorum adnotat: « Θ., οὐκ εἰς δωρεὰν etc. Ms. Jes. Verbum pro verbo exstat in textu Chisiani, excepto uno αὐτοῖς post ποιῆσαι, et interprete. » Sed istud αὐτοῖς ipse edidit in textu, unde nunc dicit abesse.—In B habetur, Σ., εἰκῆ (pro εἰς δωρεάν). Drach.]

V. 11. Hebr., Adonai Jehova. Vulg., Dominus Deus. LXX, Κύριος. C, Ἀδωναΐ Κ. Alex. et Ald., Ἀδωναΐ Κ. — B: Ο', καὶ ψόφησον. Σ., πάταξον. Drach.

Ibid. Hieronymus: « *Quod ostenditur verbo*, heu: *pro quo Aquila interpretatus est*, ἆ, ἆ, *Symmachus* σχετλίασον, *quod significat* lamentare, *vel* plange; *LXX et Theodotio* εὖγε, *quod magis insultantis est, quam plangentis.* » [C semel habet εὖγε, ut Th. Origenes, τὸ, *καὶ εἰπὸν*, *Εὖγε*, παραφράζων ὁ Σύμμαχος, πεποίηκε, *καὶ σχετλίασον*. Schol., *οἷα* ἔχει καλῶς. Cod. B: Ἀ., ἆ, ἆ, ἆ (ter) σχετλίασον. Ἄλλος, εὖγε. Drach.]

Ibid. Hebr. et Vulg., ad omnes abominationes malorum (domus Israel) LXX, ἐπὶ πᾶσι τοῖς βδελύγμασιν. C addit, ⋇ κακῶν ⁝ Et B, ⋇ κακιῶν. Idem B, ad vocem Ἰσραήλ, Ἀ.,... ὅσοι. Σ.,... ⋇ τῶν. Θ..... ⋇ οἵτινες. Drach.

Ibid. Hebr. et Vulg., fame et peste. LXX, ἐν θανάτῳ καὶ ἐν λιμῷ (VM, λειμῷ hic et in ℣ sq.). C et Complut., ἐν λ. καὶ ἐν θ. Idem.

V. 12. Hebr. et Vulg., qui longe est, peste morietur, qui autem prope, gladio corruet. LXX, ὁ ἐγγὺς ἐν ῥομφαίᾳ πεσεῖται, ὁ δὲ μακρὰν ἐν θανάτῳ τελευτήσει. C autem et Complut., ὁ μακρὰν... ὁ δὲ ἐγγὺς.. B: Ο', ἐν θανάτῳ. Ἀ., Σ., λοιμῷ. Idem.

Ibid. Θ., καὶ ὁ ὑπολειφθεὶς etc. Ms. Jes. [C, ⋇ καὶ ὁ ὑπολειφθεὶς ⁝ In quibusd., καὶ ὁ περιλειφθείς. B, *Λοιποί*, καὶ περιλειφθείς. Et ad συντελεσθήσεται, Ἀ., Σ., Θ., ἀποθανεῖται, quod cohæret voci Hebr., ימות. Drach.]

V. 13. Ο', ὑψηλόν. Θ., μετέωρον, sublimem. Ex cod. B. Drach.

Ibid. Θ., καὶ ἐν πάσαις etc. Ms. Jes. [Post ὀρέων addit Montf, συσκίου. Σ., εὐθαλές, sed manifeste pertinent ad stichum subsequentem, sic: Ο', συσκίου. Σ., εὐθαλές. Quæ Symmachi versio adprime recte exprimit Hebr. רענן. C, ⋇ καὶ ἐν πάσαις κορυφαῖς ⋇ τῶν ὀρέων ⁝ Habent etiam Alex., Ald., Complut., sine autem asteriscis ut constanter. Hæc prætermiserunt senes Alexandrini, ut asserit S. Hier. B ad marginem: Ἀ., κεφαλαῖς (pro κορυφαῖς). Drach.]

Ibid. Ἀ., Σ., Θ., καὶ ὑποκάτω. Ms. Jes. Hæc porro a LXX prætermissa fuisse testificatur Hieronymus. [Habet C, absque asterisco, cum Alex. et Complut. B ad marg., Ἀ, τερεβίντῳ (sic) ἰθαρατόπῳ. Forte ἰθαρῷ τόπῳ. Vide Hesychium, necnon Stephani Thesaurum, ed. Didot, ad vocem ἰθαρός. — Ο', εἰδώλοις αὐτῶν. Ἀ., καθάρμασιν, ut supra. — Hoc etiam monere volumus lectorem, pro tribus ὑμῶν senum, textum Hebraicum suffixum habere possessivi tertiæ personæ pl. masc. הם, *eorum*. Drach.]

V. 14. Ο', καὶ θήσομαι τὴν γῆν. B ita: Σ., δώσω. Ἀ., ⋇ σὺν ⁝ τὴν γῆν. Σύν pro particula Hebr. את, quæ accusativum casum denotat, ut sæpe Aquilas. — Ο', Δεβλαθά. VM, Δεβλαθᾶ. — Ο', τῆς κατοικεσίας αὐτῶν· ἐπιγνώσεσθε (*αὐτῶν* abest a VM). C, τῆς κατοικίας αὐτῶν· καὶ ἐπιγν. Alex., τῆς κατοικίας, καὶ ἐπιγν. Complut., τῆς κατοικεσίας αὐτοῦ. Drach.

EZECHIELIS CAPUT VII.

ΣΥΜΜΑΧΟΣ.	Ο'.	ΘΕΟΔΟΤΙΩΝ.
3.	3. Ἄλλος, νῦν τὸ πέρας πρὸς σέ· καὶ ἀποστελῶ ἐγὼ ἐπὶ σὲ, καὶ ἐκδικήσω ἐν ταῖς ὁδοῖς σου, καὶ δώσω ἐπὶ σὲ πάντα τὰ βδελύγματά σου.	3.
4.	4. Ἄλλος, οὐ φείσεται ὁ ὀφθαλμός μου ἐπὶ σὲ, οὐδὲ μὴ ἐλεήσω, διότι τὴν ὁδόν σου ἐπὶ σὲ δώσω, καὶ τὰ βδελύγματά σου ἐν μέσῳ σου ἔσται, καὶ γνώσῃ ὅτι ἐγὼ Κύριος.	4.

SYMMACHUS.	LXX INTERPRETES.	THEODOTIO.
3.	3. *Alius*, nunc terminus ad te, et mittam ego super te, et ulciscar in viis tuis, et dabo super te omnes abominationes tuas.	3.
	4. *Alius*, non parcet oculus meus super te, nec miserebor, quia viam tuam super te dabo, et abominationes tuæ in medio tui erunt, et cognosces quia ego Dominus.	4.

TO ΕΒΡΑΙΚΟΝ.	TO ΕΒΡΑΙΚΟΝ Ἑλληνικοῖς γράμμασι.	ΑΚΥΛΑΣ.
5 כה אמר אדני יהוה רעה אחת רעה הנה באה	5.	5.
6 קץ בא בא הקץ הקיץ אליך	6.	6.
7 באה הצפירה אליך	7.	7. Ἡ προσκόπησις.
בא העת קרוב היום מהומה ולא־הד הרים		
10 הנה היום הנה באה יצאה הצפרה צץ המטה פרח הזדון	10.	10.
11 ולא מהמהם ולא־נה בהם	11.	11.
12 כי חרון אל־כל־המונה	12.	12.
13 לא ישוב ועוד בחיים חיתם כי־חזון אל־כל־המונה לא ישוב	13.	13.
14 ואין הלך למלחמה כי חרוני אל־כל־המונה	14.	14.
16 כיוני הגאיות	16.	16.
כלם המות איש בעונו		
17 תלכנה מים 'Ο 'Εβρ. παραλυθήσονται ὡς ὕδωρ.	17.	17.
19 כספם וזהבם לא־יוכל להצילם ביום עברת יהוה	19.	19.
20 שקוציהם עשו בו	20.	20.

VERSIO HEBRAICI TEXT.	VULGATA LATINA.	AQUILA.
5. Sic dixit Dominus Deus, Malum unum, malum ecce venit.	5. Hæc dicit Dominus Deus, Afflictio una, afflictio ecce venit.	5.
6. Finis venit, venit finis: evigilavit adversum te.	6. Finis venit, venit finis : evigilavit adversum te.	6.
7. Venit cidaris ad te.	7. Venit contritio super te.	7. Prospectio.
Venit tempus, propinqua dies tumultus, et non repercussio montium.	Venit tempus, prope est dies occisionis, et non gloriæ montium.	
10. Ecce dies, ecce venit : egressa est cidaris, floruit virga, germinavit superbia.	10. Ecce dies, ecce venit: egressa est contritio, floruit virga, germinavit superbia.	10.
11. Neque e tumultu eorum, et non lamentum in eis.	11. Neque ex sonitu eorum : et non erit requies in eis.	11.
12. Quia ira ad omnem turbam ejus.	12. Quia ira super omnem populum ejus.	12.
13. Non revertetur. Et etiam in viventibus vita eorum, quia visio ad omnem turbam ejus non revertetur.	13. Non revertetur, et adhuc in viventibus vita eorum : visio enim ad omnem multitudinem ejus non regredietur.	13.
14. Et non est procedens ad bellum, nam ira mea ad omnem turbam ejus.	14. Et non est qui vadat ad prælium : ira enim mea super universum populum ejus.	14.
16. Veluti columbæ vallium.	16. Quasi columbæ convallium.	16.
Universi ipsi gementes, unusquisque in iniquitate sua.	Omnes trepidi, unusquisque in iniquitate sua.	
17. Ibunt aquæ. *Hebræus Int.*, dissolventur ut aqua.	17. Fluent aquis.	17.
19. Argentum eorum, et aurum eorum non valebit liberare eos in die furoris Domini.	19. Argentum eorum, et aurum eorum non valebit liberare eos in die furoris Domini.	19.
20. Spurcitiarum suarum (imagines) fecerunt ex eo.	20. Simulacrorum (imagines) fecerunt ex eo.	20.

ΣΥΜΜΑΧΟΣ.

5. Κάκωσις.

6.

7.

....

10...

11.

12.

13.

14.

16.

17.

19.

20.

Ο'.

5. *Ἄλλος*, διότι τάδε λέγει Ἀδωναῒ Κύριος.

6.

7.

Ἥκει ὁ καιρὸς, ἤγγικεν ἡ ἡμέρα ἡ μετὰ θορύβων, οὐδὲ μετ' ὠδίνων.

10. *Ἄλλος*, ἰδοὺ ἡμέρα Κυρίου ἥκει, ἐξῆλθεν ἡ πλοκὴ, καὶ ἤνθησεν ἡ ῥάβδος, ἐξανέστηκεν ἡ ὕβρις.

11.

12.

13. ※ Καὶ οὐκέτι ἐν ζωῇ τὸ ζῆν αὐτῶν, ὅτι ὅρασις εἰς πᾶν τὸ πλῆθος αὐτῆς οὐκ ἀνακάμψει.

14.

16.

Καὶ πάντας ἀποκτενῶ, ἕκαστον ἐν ταῖς ἀδικίαις αὐτοῦ.

17. Μολυνθήσονται ὑγρασίᾳ.

19.

20.

ΘΕΟΔΟΤΙΩΝ.

5. ※ Κακία μία, κακία ἰδοὺ πάρεστι.

6. ※ Τὸ πέρας ἥκει, ἥκει τὸ πέρας, ἐξεγέρθη πρὸς σέ.

7. ※ Ἰδοὺ ἥκει ἡ πλοκὴ ἐπὶ σέ.

....

10.

11. ※ Καὶ οὐκ ἐξ αὐτῶν εἰσιν, οὔτε ὡραϊσμὸς ἐν αὐτοῖς.

12. ※ Ὅτι ὀργὴ εἰς πᾶν τὸ πλῆθος αὐτῆς.

13.

14. ※ Καὶ οὐκ ἔστιν ὁ πορευόμενος εἰς πόλεμον, ὅτι ἡ ὀργή μου εἰς πᾶν τὸ πλῆθος αὐτῆς.

16. ※ Ὡς περιστεραὶ μελετητικαί.

......;

17.

19. ※ Τὸ ἀργύριον αὐτῶν, καὶ τὸ χρυσίον αὐτῶν οὐ δυνήσεται ἐξελέσθαι αὐτοὺς ἐν ἡμέρᾳ ὀργῆς Κυρίου.

20. ※ Προσοχθίσματα αὐτῶν ἐποίησαν ἐξ αὐτῶν.

SYMMACHUS.

5. Afflictio.

6.

7.

Venit tempus, prope est dies festinationis, et non recrastinationis.

10. Inspectio.

11.

12.

13.

14.

16.

17.

19

20.

LXX INTERPRETES.

5. *Alius*, quia hæc dicit Adonai Dominus.

6.

7.

Venit tempus, appropinquavit dies, quæ cum tumultibus, et non cum doloribus.

10. *Alius*, ecce dies Domini venit, exiit nexus, et floruit virga, surrexit contumelia.

11.

12.

13. Et non ultra in vita vivere eorum, quia visio ad omnem multitudinem ejus non revertetur.

14.

16.

Et omnes occidam, unumquemque in iniquitatibus suis.

17. Polluentur humore.

19.

20.

THEODOTIO.

5. Malitia una, malitia ecce adest.

6. Finis venit, venit finis: exsuscitatus est ad te.

7. Ecce venit nexus ad te.

Venit tempus, prope est dies famis, et non gloriæ montium.

10.

11. Et non ex eis sunt, neque pulchritudo in eis.

12. Quia ira in omnem multitudinem ejus.

13.

14. Et non est procedens ad bellum, quia ira mea in omnem multitudinem ejus.

16. Ut columbæ meditantes.

Omnes mussitantes, unaquæque in iniquitate sua.

17.

19. Argentum eorum, et aurum eorum non valebit liberare eos in die iræ Domini.

20. Offendicula sua fecerunt ex iis.

ΤΟ ΕΒΡΑΙΚΟΝ.	ΤΟ ΕΒΡΑΙΚΟΝ Ἑλληνικοῖς γράμμασι.	ΑΚΥΛΑΣ.
למדה		
22 פריצים	22.	22.
וחללוה		Λαϊκώσουσι.
23 הרתוק	23.	23. . . . . .
משפט דמים		
24 והבאתי רעי גוים וירשו את־בתיהם	24.	24.
והשבתי גאון		Καὶ καταπαύσω ὑπερηφανείαν.
25 קפדה בא •	25.	25. . . . . . .
27 המלך יתאבל	27.	27. ⋇ Βασιλεὺς πενθήσει.

VERSIO HEBRAICI TEXT.	VULGATA LATINA.	AQUILA.
In separationem, *vel* in menstruatam.	In immunditiam.	
22. Effractores.	22. Emissarii.	22.
Et profanabunt illud.	Contaminabunt illud.	Profanabunt.
23. Catenam.	23. Conclusionem.	23. Conclusionem.
Judicio sanguinum.	Judicio sanguinum.	
24. Et adducam pessimos gentium, et possidebunt domos eorum.	24. Et adducam pessimos de gentibus, et possidebunt domos eorum.	24.
Et cessare faciam superbiam.	Et quiescere faciam superbiam.	Et cessare faciam superbiam.
25. Præcisio venit.	25. Angustia superveniente.	25. Adest angustia.
27. Rex lugebit.	27. Rex lugebit.	27. Rex lugebit.

Notæ et variæ lectiones ad cap. VII Ezechielis.

Hieronymus : « In hoc capitulo juxta LXX Interpretes ordo mutatus est atque confusus : ita ut prima novissima sint, et novissima vel prima, vel media, ipsaque media nunc ad extrema, nunc ad principia transferantur. Ex quo nos et ipsum Hebraicum, et cæteros secuti interpretes, ordinem posuimus veritatis. »

A tertio autem usque ad septimum versum, lectiones mutuamur ex ms. Jes. ubi textus paululum differt a LXX.

V. 2. Ο', εἰπέν, *dic*. Deest in C, Complut., Hebr. et Vulg. — Idem C, τάδε λέγει Ἀδοναΐ Κύριος τῇ γῇ τοῦ Ἰσραήλ· πέρας ἥκει etc. *Adonai Dominus* habent omnes editt. præter Rom. et cod. VM, qui tantum, Κύριος.—Heb. et Vulg., plagas. LXX, πτέρυγας, *alas*. Σ., ἄκρα, *summitates*. B. Drach.

V. 3. Ἄλλος, νῦν τὰ πέρας etc. Eadem habet C ad ỷ 5, sed post καὶ ἐκδικήσω addit σε, *te*, quod etiam habent Hebr., Vulg., Orig., Alex. aliaque exemplaria Græca. In B ad marginem, ut Ἄλλος, usque ad ἐν ταῖς ὁδοῖς σου, pro quo Σ. et Θ., κατὰ τὰς ὁδούς σου. Cætera vero omittuntur. In eod. cod. pro πάντα, Aq., ⋇ σὺν ⁏ πάντα. Hic habet C, sub obelo, ÷ ἥκει τὸ πέρας ut in edit. Rom. usque ad βδελύγματά σου. Idem.

V. 4. C, οὐ φείσεται ὁ ὀφθαλμός σου (primus amanuensis emendavit, μου, sed secunda manus reposuit σου), οὐδὲ μὴ ἐλεήσῃ Cætera ut in edit. Rom. usque ad τύπτων. Sed potius respicit ỷ 9 textus Hebr., qui parum differt a ỷ 4, nisi quod in fine addit, מכה, *percutiens*, τύπτων. Ad versus autem 6. 7 habet ut hic Ἄλλος, sed pro ἐλεήσω, iterum ἐλεήσῃ. et pro ὅτι, διότι.— B ad marginem, Σ., θήσω σοι, pro ἐπὶ σὲ δώσω. Idem.

V. 5. Σ., κάκωσις. Drusius ex edit. Rom. [C, ỷ 8. Διότι τάδε λέγει Κύριος Κύριος· ⋇ κακία μία ἰδοὺ πάρεστι. — B vocibus Ἀδωναΐ Κύριος præfigit Ἀ., Σ., Θ. Drach.]

V. 6. Θ., τὸ πέρας etc. Ita etiam C, sub asterisco, ad ỷ 9. Drach.

V. 7. Hieronymus : « Venit *contractio*, quæ in Hebraico dicitur SEPHPHIRA, et quam Aquila interpretatus est προσκόπησιν, i. e. *contemplationem*, et *prospectionem*, quam semper pavida tibi venire metuebas; et quam interpretatus est Theodotio πλοκήν, *i. e.* ordinem contextumque malorum omnium. »

Ibid. Hieronymus : « Verbum Hebraicum ADARIM, quod nos in duo verba divisum, primum AD, secundum ARIM, juxta Theodotionem, *gloriam montium* interpretati sumus, Symmachus vertit, *et recrastinationem*, dixitque, *Et tempus prope est : dies festinationis, et non recrastinationis*. Porro *LXX* ita transtulerunt : *Venit tempus, appropinquavit dies, non cum perturbatione, neque cum doloribus*. Theodotio : *Venit tempus, prope est dies famis, et non gloriæ montium*. » [C, ỷ 9. ⋇ τὸ πέρας ἥκει... πρὸς σέ. ỷ 3. ÷ ἥκει τὸ πέρας... μετ' ὠδίνων, ut edit. Rom. Cf. supra ad ỷ 3.— B, באה. באה, *venit*, *venit* (ỷỷ 6 et 7). Ἀ., Σ., ⋇ ἦλθεν, ἦλθεν. הצפירה, *cidaris*. Ἀ., Σ., προσκόπησις, *prospectio*. Ἀ., συστολή, *contractio*. Binas vides ejusdem vocis versiones Aquilæ. — Item C, ỷ 10, ἰδοὺ ἥκει ⋇ ἡ πλοκή, absque ἐπὶ σέ. Drach.]

V. 8. LXX, ἐν ταῖς ὁδοῖς σου, legerunt בדרכיך. pro כדרכיך. Drach.

V. 9. Vide supra ad ỷ 4. Idem.

V. 10. Ἄλλος, ἰδοὺ ἡμέρα etc. Drusius. Hieronymus vero in hunc locum hæc habet : « Locus difficilis, et inter Hebraicum et *LXX* multum discrepans, quibus pleraque de Theodotionis editione addita sunt, ut aliquam habere consequentiam viderentur. »

Ibid. Symmachus, *inspectio*. Ex Hieronymo. [Lamb. Bos : « Pro ἡ πλοκή, Aq., ἡ προσκόπησις. Sym. πρόσοψις, » *inspectio*, ut vertit S. Hier. Cf. supra ỷ 7. Evidenter legerunt צפיה pro צפירה. C. ỷ 10. Ἰδοὺ ἡ ἡμέρα ÷ κύει ⁏ ἰδοὺ τὸ πέρας ἥκει. ⋇ ἐξῆλθεν ἡ πλοκή, καὶ ἠσθένησεν ἡ ῥάβδος, ἐβλάστησεν ἡ ὑπερηφάνεια ⁏ ἐξανέστηκεν ἡ ὕβρις. *Ecce dies parit, ecce finis venit : exiit complexio, et infirmata est virga, germinavit superbia, suscitata est injuria*. B vero verbis ἐβλάστησεν ἡ ὑπ. præfigit, Ἀ., Θ. Drach.]

V. 11. H. et V., Iniquitas surrexit in virga impietatis. Ἀ., ἀδικία ἀνέστη εἰς ῥάβδον ἀθεσίας, *iniquitas surrexit in virgam prævaricationis*. Σ., ἡ

ΣΥΜΜΑΧΟΣ.	Ο'.	ΘΕΟΔΟΤΙΩΝ.
....	Εἰς ἀκαθαρσίαν.	
22. ..	22. Ἀφυλάκτως.	22. ..
	Καὶ βεβηλώσουσιν αὐτά.	
23. Καθήλωσιν.	23. Φυρμόν.	23. Καθήλωσιν.
	Λαῶν. Ἄλλος, κρίσεως αἱμάτων.	
24.	24.	24. ※ Καὶ ἄξω πονηροὺς ἐθνῶν, καὶ κληρονομήσουσι τοὺς οἴκους αὐτῶν.
Ἀνεντρέπω.	Καὶ ἀποστρέψω τὸ φρύαγμα.	
25.	25. Καὶ ἐξιλασμὸς ἥξει.	25. .....
27.	27.	27. ※ Βασιλεὺς πενθήσει.

SYMMACHUS.	LXX INTERPRETES.	THEODOTIO.
In nauseam.	In immunditiam.	
22. Irrumpentes.	22. Incaute.	22. Pestilentes.
	Et contaminabunt ea.	
23. Confixionem.	23. Permixtionem.	23. Confixionem.
	Populorum. *Alius*, judicii sanguinum.	
24.	24.	24. Et adducam malos gentium, et hæreditate possidebunt domos eorum.
Everto.	Et avertam arrogantiam.	
25. Mœror.	25. Et propitiatio veniet.	25. Adest angustia.
27.	27.	27. Rex lugebit.

Notæ et variæ lectiones ad cap. VII Ezechielis.

πλεονεξία ἕστηκεν εἰς πρόκλησιν ἀνομίας, *avaritia stetit ad advocationem iniquitatis*. Ο', ἐξανέστηκεν ἡ ὕβρις, καὶ συντρίψει στήριγμα ἀνόμου, *surrexit contumelia, et conteret firmamentum iniqui*. Codex B. DRACH.

Ibid. Θ., καὶ οὐκ ἐξ αὐτῶν etc. Ms. Jes. [Accinit ad verbum C, excepto nomine interpretis, ut de more. B ad illud οὔτε ὡραϊσμὸς adnotat, Σ., ἐκ τοῦ κάλλους. — Pro נה, Sym. et Theod. legerunt, נוה, Vulgatæ autem auctor, נה —Item B : Ἀ, (οὐ μετὰ) φαγεδαίνης, καὶ οὐκ ἐπιδοξότης, *non cum edacitate, et non magnificentia*. Θ., οὐκ ἐξ αὐτῶν, οὐδὲ ἐκ τοῦ πλήθους αὐτῶν, *non ex eis, neque a multitudine eorum*. Ο', καὶ οὐ μετὰ θορύβου (Ἄλλως, θορύβων), οὐδὲ μετὰ σπουδῆς (Ἄλλως, οὐδὲ μετὰ ὠδινῶν), *et non cum tumultu* (*Aliter*, tumultibus), *neque cum festinatione* (*Aliter*, neque cum doloribus). Ita B. Hebr. ut Theod. Vulg., non ex eis, et non ex populo. DRACH.]

V. 12. Ὅτι ὀργὴ etc. Ms. Jes. Quod in LXX non haberi testatur Hieronymus. [Consonat C in textu, præter διότι pro ὅτι.—הגיע, *advenit*. B : Ἀ., κατήντησεν, *occurrit*. Σ., ※ ἐνέστη, *institit*. Θ, ἔφθασεν, *venit*. Ο', ἰδού. LXX legerunt הנה. DRACH.]

V. 13. Hebr. et Vulg., quia qui vendit ad id quod vendidit non revertetur. Aliud quid legerunt LXX qui verterunt, διότι ὁ κτώμενος πρὸς τὸν πωλοῦντα οὐκέτι μὴ ἐπιστρέψει, *quia emens ad vendentem non ultra revertetur*. DRACH.

Ibid. Καὶ οὐκέτι ἐν ζωῇ etc. Ms. Jes. Drusius melius, καὶ ἔτι, *et adhuc*. Quod etiam in LXX non exstare ait Hieronymus. [C, ※ καὶ ἔτι ἐν ζωῇ... ἀνακάμψει. DRACH.]

V. 14. Hebr., clanxerunt (buccina) in Thakoa, et præparando omnia. B Ἀ., Θ, ἑτοιμάσατε, *præparate*. LXX legerunt תקעו, *clangite*, pro תקעו. DRACH.

Ibid. Θ., καὶ οὐκ ἔστιν etc. Ms. Jes. Et desiderabantur in LXX, teste Hieronymo. [C, καὶ οὐκ ἔστι πορευόμενος ※ εἰς τὸν πόλεμον, ὅτι ἡ ὀργή μου εἰς πᾶν τὸ πλῆθος ※ αὐτῆς. Ita, binis illuminantibus asteriscis. DRACH.]

V. 15. B : Ἄλλος, οἱ ἐν τῷ πεδίῳ ἐν ῥομφαίᾳ τελευτήσουσιν, *qui in campo, in gladio morientur*.— Ο', συντελέσει. Ἀ., καταφάγεται, *devorabit*. DRACH.

V. 16. Ο', ἀνασωζόμενοι. B : Σ., ἐκφεύγοντες, *fugientes*, quod melius quadrat ad Hebr. IDEM.

Ibid. Θ., ὡς περιστεραὶ μελετητικαί. Ms. Jes., ὡς περιστερὰ μελετ-. Ibi Hieronymus : « *LXX, columbas convallium*, sive ut Theodotio transtulit, *meditantes*, omnino tacuerunt. » [C, ※ ὡς περ. μελ. B : Ἄλλος, ὡς περιστεραί. Ἀ., τῶν φαράγγων, *vallium*. Σ., ἐν φάραγξιν, *in vallibus*. DRACH.

Ibid. Th., *Omnes mussitantes unaquæque in iniquitate sua*. Hieronymus, qui hæc fusius ibidem prosequitur. [*Mussitantes* egregie reddit Hebr. המות. LXX vero interpretantes ἀποκτενῶ, legerunt אמית, quod palam. DRACH.]

V. 17. Ὁ Ἑβραῖος, παραλυθήσονται etc. Sic ms. Regius bombycinus et Coislin. et scholion Rom. editionis. [B : Σ., ῥεύσει ὕδατα, *fluent aquæ*. DRACH.]

V. 19. Hebr., לנדה, ut ỳ 20 seq. B : Ἀ., εἰς χωρισμόν, *in separationem*. Σ., εἰς σίκχος, *in nauseam*. Θ., εἰς ἀκαθαρσίαν, *in immunditiam*. Ο', ὑπεροφθήσεται, *despicietur*. DRACH.

Ibid. Θ, τὸ ἀργύριον etc. Ms. Jes. Hoc autem apud LXX non exstare testatur Hieronymus. [C, ※ τὸ ἀργ- αὐτοὺς ※ ἐν ἡμ. ὀργῆς K. ✓ — Heb. et V., saturabunt. LXX, ἐμπλησθῶσι, *saturabuntur*. Θ., χορτασθήσεται, *saturabitur*. B.— Hebr., מכשול, *offendiculum*. Ἀ., Σ., σκάνδαλον, *scandalum*. Θ., κόλασις, *punitio*. Ο', βάσανος, *cruciatus*. B. DRACH.]

V. 20. Hebr., et decus ornatus sui in superbiam posuit eum. B : Σ., τὸν κόσμον τῶν περιθεμάτων αὐτῶν (ἄλλως, αὐτοῦ) ἕκαστος εἰς ὑπερηφανίαν ἔταξεν, *ornamentum circumpositionem suarum* (*al. ejus*) *unusquisque in superbiam posuit*. Ο', ἐκλεκτὰ κόσμου εἰς ὑπερηφανίαν ἔθεντο αὐτά, *electa mundi in superbiam posuerunt ea*. DRACH.

Ibid. Θ, προσοχθίσματα etc. Ms. Jes. Apud Theodoretum legitur, προσοχθισμάτων. In hunc vero locum Hieronymus : « Illudque quod sequitur, *offendicula eorum*, sciamus de Theodotione additum. » [C, ※ προσοχθίσματα αὐτῶν ✓ Quæ autem sequuntur ἐποίησαν ἐξ αὐτῶν, in LXX leguntur

ΤΟ ΕΒΡΑΙΚΟΝ.	ΤΟ ΕΒΡΑΙΚΟΝ Ἑλληνικοῖς γράμμασι.	ΑΚΥΛΑΣ.
למדה		
22 פריצים	22.	22.
וחללוה		Λαϊκώσουσι.
23 הרתוק	23.	23. . . . . .
משפט דמים		
24 והבאתי רעי גוים וירשו את־בתיהם	24.	24.
והשבתי גאון		Καὶ καταπαύσω ὑπερηφανείαν.
25 קפדה בא	25.	25. . . . . . .
27 המלך יתאבל	27.	27. ⋇ Βασιλεὺς πενθήσει.

VERSIO HEBRAICI TEXT.	VULGATA LATINA.	AQUILA.
In separationem, *vel* in menstruatam.	In immunditiam.	
22. Effractores.	22. Emissarii.	22.
Et profanabunt illud.	Contaminabunt illud.	Profanabunt.
23. Catenam.	23. Conclusionem.	23. Conclusionem.
Judicio sanguinum.	Judicio sanguinum.	
24. Et adducam pessimos gentium, et possidebunt domos eorum.	24. Et adducam pessimos de gentibus, et possidebunt domos eorum.	24.
Et cessare faciam superbiam.	Et quiescere faciam superbiam.	Et cessare faciam superbiam.
25. Præcisio venit.	25. Angustia superveniente.	25. Adest angustia.
27. Rex lugebit.	27. Rex lugebit.	27. Rex lugebit.

Notæ et variæ lectiones ad cap. VII Ezechielis.

Hieronymus : « In hoc capitulo juxta LXX Interpretes ordo mutatus est atque confusus : ita ut prima novissima sint, et novissima vel prima, vel media, ipsaque media nunc ad extrema, nunc ad principia transferantur. Ex quo nos et ipsum Hebraicum, et cæteros secuti interpretes, ordinem posuimus veritatis. »

A tertio autem usque ad septimum versum, lectiones mutuamur ex ms. Jes. ubi textus paululum differt a LXX.

V. 2. Ὁ', εἰπέν, *dic*. Deest in C, Complut., Hebr. et Vulg. — Idem C, τάδε λέγει Ἀδωναῒ Κύριος τῇ γῇ τοῦ Ἰσραήλ· πέρας ἥκει etc. *Adonai Dominus* habent omnes editt. præter Rom. et cod. VM, qui tantum, Κύριος.—Heb. et Vulg., plagas. LXX, πτέρυγας, *alas*. Σ., ἄκρα, *summitates*. B. Drach.

V. 3. Ἄλλος, νῦν τὰ πέρας etc. Eadem habet C ad ỳ 5, sed post καὶ ἐκδικήσω addit σε, *te*, quod etiam habent Hebr., Vulg., Orig., Alex. aliaque exemplaria Græca. In B ad marginem, ut Ἄλλος, usque ad ἐν ταῖς ὁδοῖς σου, pro quo Σ. et Θ., κατὰ τὰς ὁδούς σου. Cætera vero omittuntur. In eod. cod. pro πάντα, Aq., ⋇ σὺν ⁒ πάντα. Hic habet C, sub obelo, ÷ ἥκει τὸ πέρας ut in edit. Rom. usque ad βδελύγματά σου. Idem.

V. 4. C, οὐ φείσεται ὁ ὀφθαλμός σου (primus amanuensis emendavit, μου, sed secunda manus reposuit σου), οὐδὲ μὴ ἐλεήσῃ Cætera ut in edit. Rom. usque ad τύπτων. Sed potius respicit ỳ 9 textus Hebr., qui parum differt a ỳ 4, nisi quod in fine addit, מכה, *percutiens*, τύπτων. Ad versus autem 6, 7 habet ut hic Ἄλλος, sed pro ἐλεήσω, iterum ἐλεήσῃ, et pro ὅτι, διότι.— B ad marginem, Σ., θήσω σοι, pro ἐπὶ σὲ δώσω. Idem.

V. 5. Σ., κάκωσις. Drusius ex edit. Rom. [C, ỳ 8. Διότι τάδε λέγει Κύριος Κύριος· ⋇ κακία μία ἰδοὺ πάρεστι. — B vocibus Ἀδωναῒ Κύριος præfigit Ἀ., Σ., Θ. Drach.]

V. 6. Θ., τὸ πέρας etc. Ita etiam C, sub asterisco, ad ỳ 9. Drach.

V. 7. Hieronymus : « Venit *contractio*, quæ in Hebraico dicitur SEPHPHIRA, et quam Aquila interpretatus est προσκόπησιν, i. e. *contemplationem*, et *prospectionem*, quam semper pavida tibi venire metuebas; et quam interpretatus est Theodotio πλοκήν, *i. e.* ordinem contextumque malorum omnium. »

Ibid. Hieronymus : « Verbum Hebraicum ADARIM, quod nos in duo verba divisum, primum AD, secundum ARIM, juxta Theodotionem, *gloriam montium* interpretati sumus, Symmachus vertit, *et recrastinationem*, dixitque, *Et tempus prope est : dies festinationis, et non recrastinationis.* Porro *LXX* ita transtulerunt : *Venit tempus, appropinquavit dies, non cum perturbatione, neque cum doloribus.* Theodotio : *Venit tempus, prope est dies famis, et non gloriæ montium.* » [C, ỳ 9. ⋇ τὸ πέρας ἥκει... πρὸς σέ. ỳ 3. ÷ ἥκει τὸ πέρας... μετ' ὠδίνων, ut edit. Rom. Cf. supra ad ỳ 3.— B, באה. באה, *venit, venit* (ỳỳ 6 et 7). Ἀ., Σ., ⋇ ἦλθεν, ἦλθεν. הצפירה, *cidaris*. Ἀ., Σ., προσκόπησις, *prospectio*. Ἀ., συστολή, *contractio*. Binas vides ejusdem vocis versiones Aquilæ. — Item C, ỳ 10, ἰδοὺ ἥκει ⋇ ἡ πλοκή, absque ἐπὶ σέ. Drach.]

V. 8. LXX, ἐν ταῖς ὁδοῖς σου, legerunt בדרכיך, pro כדרכיך. Drach.

V. 9. Vide supra ad ỳ 4. Idem.

V. 10. Ἄλλος, ἰδοὺ ἡμέρα etc. Drusius. Hieronymus vero in hunc locum hæc habet : « Locus difficilis, et inter Hebraicum et *LXX* multum discrepans, quibus pleraque de Theodotionis editione addita sunt, ut aliquam habere consequentiam viderentur. »

Ibid. Symmachus, *inspectio*. Ex Hieronymo. [Lamb. Bos : « Pro ἡ πλοκή, Aq., ἡ προσκόπησις. Sym. πρόσοψις, » *inspectio*, ut vertit S. Hier. Cf. supra ỳ 7. Evidenter legerunt צפיה pro צפירה. C. ỳ 10. Ἰδοὺ ἡ ἡμέρα ÷ κύει ⁒ ἰδοὺ τὸ πέρας ἥκει. ⋇ ἐξῆλθεν ἡ πλοκή, καὶ ἠσθένησεν ἡ ῥάβδος, ἐβλάστησεν ἡ ὑπερηφάνεια ⁒ ἐξανέστηκεν ἡ ὕβρις. *Ecce dies parit, ecce finis venit : exiit complexio, et infirmata est virga, germinavit superbia, suscitata est injuria.* B vero verbis ἐβλάστησεν ἡ ὑπ. præfigit, Ἀ., Θ. Drach.]

V. 11. H. et V., Iniquitas surrexit in virga impietatis. Ἀ., ἀδικία ἀνέστη εἰς ῥάβδον ἀθεσίας, *iniquitas surrexit in virgam prævaricationis.* Σ., ἡ

ΣΥΜΜΑΧΟΣ.	Ο'.	ΘΕΟΔΟΤΙΩΝ.
....	Εἰς ἀκαθαρσίαν.	
22. ..	22. Ἀφυλάκτως.	22. ..
	Καὶ βεβηλώσουσιν αὐτά.	
23. Καθῆλωσιν.	23. Φυρμόν.	23. Καθῆλωσιν.
	Λαῶν. Ἄλλος, κρίσεως αἱμάτων.	
24.	24.	24. ※ Καὶ ἄξω πονηροὺς ἐθνῶν, καὶ κληρονομήσουσι τοὺς οἴκους αὐτῶν.
Ἀνεντρέπω.	Καὶ ἀποστρέψω τὸ φρύαγμα.	
25.	25. Καὶ ἐξιλασμὸς ἥξει.	25. .....
27.	27.	27. ※ Βασιλεὺς πενθήσει.

SYMMACHUS.	LXX INTERPRETES.	THEODOTIO.
In nauseam.	In immunditiam.	
22. Irrumpentes.	22 Incaute.	22. Pestilentes.
	Et contaminabunt ea.	
23. Confixionem.	23. Permixtionem.	23. Confixionem.
	Populorum. *Alius*, judicii sanguinum.	
24.	24.	24. Et adducam malos gentium, et hæreditate possidebunt domos eorum.
Everto.	Et avertam arrogantiam.	
25. Mœror.	25. Et propitiatio veniet.	25. Adest angustia.
27.	27.	27. Rex lugebit.

Notæ et variæ lectiones ad cap. VII Ezechielis.

πλεονεξία ἕστηκεν εἰς πρόκλησιν ἀνομίας, *avaritia stetit ad advocationem iniquitatis*. Ο', ἐξανέστηκεν ἡ ὕβρις, καὶ συντρίψει στήριγμα ἀνόμου, *surrexit contumelia, et conteret firmamentum iniqui*. Codex B. Drach.

Ibid. Θ., καὶ οὐκ ἐξ αὐτῶν etc. Ms. Jes. [Accinit ad verbum C, excepto nomine interpretis, ut de more. B ad illud οὔτε ὡραϊσμὸς adnotat, Σ., ἐκ τοῦ κάλλους. — Pro נה, Sym. et Theod. legerunt, נוה, Vulgatæ autem auctor, נה —Item B : Ἀ., (οὐ μετὰ) φαγεδαίνης, καὶ οὐκ ἐπιδοξότης, *non cum edacitate, et non magnificentia*. Θ., οὐκ ἐξ αὐτῶν, οὐδὲ ἐκ τοῦ πλήθους αὐτῶν, *non ex eis, neque a multitudine eorum*. Ο', καὶ οὐ μετὰ θορύβου (Ἄλλως, θορύβων), οὐδὲ μετὰ σπουδῆς (Ἄλλως, οὐδὲ μετὰ ὠδινῶν), *et non cum tumultu* (*Aliter*, tumultibus), *neque cum festinatione* (*Aliter*, neque cum doloribus). Ita B. Hebr. ut Theod. Vulg., non ex eis, et non ex populo. Drach.]

V. 12. Ὅτι ὀργὴ etc. Ms. Jes. Quod in LXX non haberi testatur Hieronymus. [Consonat C in textu, præter διότι pro ὅτι.—הגיע, *advenit*. B : Ἀ., κατήντησεν, *occurrit* Σ., ※ ἐνέστη, *institit*. Θ, ἔφθασεν, *venit*. Ο', ἰδού. LXX legerunt הנה. Drach]

V. 13. Hebr. et Vulg., quia qui vendit ad id quod vendidit non revertetur. Aliud quid legerunt LXX qui vertunt, διότι ὁ κτώμενος πρὸς τὸν πωλοῦντα οὐκέτι μὴ ἐπιστρέψει, *quia emens ad vendentem non ultra revertetur*. Drach.

Ibid. Καὶ οὐκέτι ἐν ζωῇ etc. Ms. Jes. Drusius melius, καὶ ἔτι, *et adhuc*. Quod etiam in LXX non exstare ait Hieronymus. [C, ※ καὶ ἔτι ἐν ζωῇ... ἀνακάμψει. Drach.]

V. 14. Hebr., clanxerunt (buccina) in Thakoa, et præparando omnia. B Ἀ., Θ, ἑτοιμάσατε, *præparate*. LXX legerunt תקעו, *clangite*, pro תקעו. Drach.

Ibid. Θ., καὶ οὐκ ἔστιν etc. Ms. Jes. Et desiderabantur in LXX, teste Hieronymo. [C, καὶ οὐκ ἔστι πορευόμενος ※ εἰς τὸν πόλεμον, ὅτι ἡ ὀργή μου εἰς πᾶν τὸ πλῆθος ※ αὐτῆς. Ita, binis illuminantibus asteriscis. Drach.]

V. 15. B : Ἄλλος, οἱ ἐν τῷ πεδίῳ ἐν ῥομφαίᾳ τελευτήσουσιν, *qui in campo, in gladio morientur*.— Ο', συντελέσει. Ἀ., καταφάγεται, *devorabit*. Drach.

V. 16. Ο', ἀνασωζόμενοι. B : Σ., ἐκφεύγοντες, *fugientes*, quod melius quadrat ad Hebr. Idem.

Ibid. Θ., ὡς περιστεραὶ μελετητικαί. Ms. Jes., ὡς περιστερὰ μελετ-. Ibi Hieronymus : « *LXX*, *columbas convallium*, sive ut Theodotio transtulit, *meditantes*, omnino tacuerunt. » [C, ※ ὡς περ. μελ. B : Ἄλλος, ὡς περιστεραί. Ἀ., τῶν φαράγγων, *vallium*. Σ., ἐν φάραγξιν, *in vallibus*. Drach.

Ibid. Th., *Omnes mussitantes unaquæque in iniquitate sua*. Hieronymus, qui hæc fusius ibidem prosequitur. [*Mussitantes* egregie reddit Hebr. המות. LXX vero interpretantes ἀποκτενῶ, legerunt אמית, quod palam. Drach]

V. 17. Ὁ Ἑβραῖος, παραλυθήσονται etc. Sic ms. Regius bombycinus et Coislin. et scholion Rom. editionis. [B : Σ, ῥεύσει ὕδατα, *fluent aquæ*. Drach.]

V. 19. Hebr., לנדה, ut ỳ 20 seq. B : Ἀ., εἰς χωρισμόν, *in separationem*. Σ., εἰς αἶσχος, *in nauseam*. Θ., εἰς ἀκαθαρσίαν, *in immunditiam*. Ο', ὑπεροφθήσεται, *despicietur*. Drach.

Ibid. Θ, τὸ ἀργύριον etc. Ms. Jes. Hoc autem apud LXX non exstare testatur Hieronymus. [C, ※ τὸ ἀργ- αὐτοὺς ※ ἐν ἡμ. ὀργῆς K. ⁚ —Heb. et V., saturabunt. LXX, ἐμπλησθῶσι, *saturabuntur*. Θ., χορτασθήσεται, *saturabitur*. B.— Hebr., מכשול, *offendiculum*. Ἀ., Σ., σκάνδαλον, *scandalum*. Θ., κόλασις, *punitio*. Ο', βάσανος, *cruciatus*. B. Drach.]

V. 20. Hebr., et decus ornatus sui in superbiam posuit eum. B : Σ., τὸν κόσμον τῶν περιθεμάτων αὐτῶν (*ἄλλως*, αὐτοῦ) ἕκαστος εἰς ὑπερηφανίαν ἔταξεν, *ornamentum circumpositionem suarum* (*al. ejus*) *unusquisque in superbiam posuit*. Ο', ἐκλεκτὰ κόσμου εἰς ὑπερηφανίαν ἔθεντο αὐτά, *electa mundi in superbiam posuerunt ea*. Drach.

Ibid. Θ, προσοχθίσματα etc. Ms. Jes. Apud Theodoretum legitur, προσοχθισμάτων. In hunc vero locum Hieronymus : « Illudque quod sequitur, *offendicula eorum*, sciamus de Theodotione additum. » [C, ※ προσοχθίσματα αὐτῶν ⁚ Quæ autem sequuntur ἐποίησαν ἐξ αὐτῶν, in LXX leguntur etiam edit. Romanæ, neque a Theod. mutuata sunt, ut testatur S. Hier. — B : Σ., σίκχη αὐτῶν, *nauseas suas*. Θ., προσοχθ. αὐτῶν. DRACH.]

Ibid. Sym., *in nauseam*. Hieronymus. [B : Σ., (εἰς) σίκχος, ut ỳ præcedenti. DRACH.]

V. 21. Hebr. et Vulg., et impiis. Ο', καὶ τοῖς λοιμοῖς, *et pestilentibus*. B : Ἀ., Σ., Θ., (καὶ τοῖς) ἀσεβέσι, (*et*) *impiis*. — Ο', εἰς σκῦλα, *in spolia*. C, εἰς σκύβαλα, *in stercora*. — Hebr. et Vulg., et contaminabunt illud. LXX, ut ỳ 22 seq. B : Σ., καὶ μιανοῦσιν αὐτά, *et polluent ea*. DRACH.

V. 22. Hebr., absditum meum. LXX, τὴν ἐπισκοπήν μου, *visitationem meam*. B : Ἀ., τὸν ἀπόκρυφόν μου, *abditum meum*. IDEM.

Ibid. Hieronymus : « *Et introibunt in illam emissarii*, sive, ut *LXX* transtulerunt, ἀφυλάκτως, i. e. *temere*, vel ut Symm. et Theodotio, *irrumpentes et pestilentes*. » [B : Ἀ., διακόπτοντες, *diffringentes*. Θ., λοιμοί, *pestilentes*. DRACH.]

Ibid. Ἀ., λαϊκώσουσι. Ms. Jes.

V. 23. Hieronymus : « Verbum Hebraicum, ARETHIC, Aquila, *conclusionem* ; Symm. et Theodotio, καθήλωσιν, i. e. *confixionem*, interpretati sunt. Pro quo *LXX* posuere φυρμόν, quod nos in *perturbationem* vertimus. » [B : Σ., Θ., καθήλωσιν. DRACH.]

Ibid. Ἄλλος, κρίσεως αἱμάτων. Drusius. [Ita etiam C in textu, sed absque ulla præfixa nota. LXX

EZECHIELIS CAPUT VIII.

ΤΟ ΕΒΡΑΙΚΟΝ.	ΤΟ ΕΒΡΑΙΚΟΝ Ἑλληνικοῖς γράμμασι.	ΑΚΥΛΑΣ.
1 ויהי בשנה הששית בששי בחמשה לחדש	1.	1. Ἔτει ς', μηνὶ ε', ἡμέρᾳ ε'.
ותפל עלי שם יד אדני יהוה		
2 דמות כמראה־אש	2.	2.
כממאה־זהר כעין החשמלה		Ὡς ὅρασις φέγγουσα.
3 בציצת ראשי	3.	3. ※ Τοῦ κρασπέδου τῆς κορυφῆς μου.
הפנימית		
אשר־שם מושב סמל הקנאה המקנה		
6 אשר ביה־ישראל ׀ עשים	6.	6. ※ Ἃς ὁ οἶκος Ἰσραὴλ ποιοῦσιν.
7 ואראה והנה חר־אחד בקיר	7.	7.
8 חתר־נא בקיר ואחתר בקיר	8.	8. ※ Ὄρυξον δὴ ἐν τῷ τοίχῳ : καὶ ὤρυξα ἐν τῷ τοίχῳ.
9 וראה את־התעבות הרעות	9.	9. ※ Τὰς πονηράς.
10 והנה כל־תבנית רמש ובהמה	10.	10.
על־הקיר סביב ׀ סביב		
11 ועתר ענן־הקטרת	11.	11.

VERSIO HEBRAICI TEXT.	VULGATA LATINA.	AQUILA.
1. Et fuit in anno sexto, in sexto, in quinta mensis.	1. Et factum est in anno sexto, in sexto mense, in quinta mensis.	1. Anno sexto, mense quinto, die quinta.
Et cecidit super me ibi manus Domini Dei.	Et cecidit ibi super me manus Domini Dei.	
2. Similitudo quasi aspectus ignis.	2. Similitudo quasi aspectus ignis.	2.
Quasi aspectus splendoris, quasi species crepitantis flammæ.	Quasi aspectus splendoris, ut visio electri.	Quasi visio splendens.
3. In cincinno capitis mei.	3. In cincinno capitis mei.	3. Fimbriæ verticis mei.
Interioris.	Interius.	
Ubi habitatio imaginis zeli zelare facientis.	Ubi erat statutum idolum zeli ad procurandam æmulationem.	
6. Quas domus Israel facientes.	6. Quas domus Israel facit.	6. Quas domus Israel faciunt.
7. Et vidi, et ecce foramen unum in pariete.	7. Et vidi, et ecce foramen unum in pariete.	7.
8. Fode nunc in parietem, et fodi in parietem.	8. Fode parietem. Et cum fodissem parietem.	8. Fode quæso in muro, et fodi in muro.
9. Et vide abominationes pessimas.	9. Vide abominationes pessimas.	9. Malas.
10. Et ecce omnis similitudo reptilis et animalis.	10. Et ecce omnis similitudo reptilium et animalium.	10.
Super parietem circum circum.	In pariete in circuitu per totum.	
11. Et vapor nebulæ suffimenti.	11. Et vapor nebulæ de thure.	11.

interpretantes λαῶν legerunt עמים pro דמים, nec habuerunt משפט, *judicio* vel *judicii*. DRACH.]

V. 24. Θ., καὶ ἄξω etc. Ms. Jes. [C, ※ καὶ ἄξω ※ πονηροὺς... οἴκους αὐτῶν ⁞, duabus illuminantibus stellis. DRACH.]

Ibid. 'Α., καὶ καταπαύσω etc. Ms. Jes. [In cod. B ad marginem habetur tantum, 'Α., Σ., τὴν ὑπερηφανείαν. DRACH.]

V. 25. Hieronymus: « Juxta superiorem ordinem recte Aq et Theodotio interpretati sunt, *adesse angustiam*; Symmachus, *mœrorem*. » Et mox: « Nos autem juxta Symmachum priorem sententiam cum posteriore conjunximus, ut diceremus, *Angustia superveniente requirent pacem, et non erit.* » [B: Σ., ἀθυμία, *mœror*. Θ., συνοχὴ, *angustia*. DR.]

V. 27. 'Α., Θ., ὁ βασιλεὺς πενθήσει. Ms. Jes. Hieronymus: « Nescio quid volentes *LXX* hoc quod de Hebraico expressimus, *rex lugebit*, omnino tacuerunt. » Quod hic adfertur ex Origene, τὸ, ὁ βασιλεὺς πενθήσει, συνήθως ἱστόρηται, recte jam ab aliis emendatum fuit, ἠστέρισται, i. e. *asterisco de more notatum est*. [C in textu ut Aq. et Th. præter nomina interpretum. — Ο', ἐνδύσεται ἀφανισμόν, *induetur interitu*. Σ., ἀφανισθήσεται ἀδημονίᾳ, *destruetur desperatione*. — Ο', ἐκδικήσω, *ulciscar*. 'Α., Σ., Θ., κρινῶ, *judicabo*. E cod. B. — LXX interpretantes κατὰ τὰς ὁδοὺς αὐτῶν legerunt כדרכם p o מדרכם. DRACH.]

EZECHIELIS CAPUT VIII.

ΣΥΜΜΑΧΟΣ.	Ο'.	ΘΕΟΔΟΤΙΩΝ.
1.	1. Καὶ ἐγένετο ἐν τῷ ἕκτῳ ἔτει, ἐν τῷ πέμπτῳ μηνὶ, πέμπτῃ τοῦ μηνός.	1.
['Ενέπεσέ μοι ἡ χεὶρ Κυρίου.]	Καὶ ἐγένετο ἐπ' ἐμὲ χεὶρ Κυρίου.	
2.	2. 'Ομοίωμα ※ ὡς εἶδος ⁞ ἀνδρός.	2.
'Ως ὅρασις φέγγουσα.	'Ως ὅρασις ἠλέκτρου.	'Ως ὅρασις αὔρας, ὡς εἶδος ἠλέκτρου.
3. Μάλλου.	3. Τῆς κορυφῆς μου. Ἄλλος, τῆς κεφαλῆς μου.	3. ※ Τοῦ κρασπέδου τῆς κορυφῆς μου.
	Vacat. Ἄλλος, τῆς ἐσωτέρας.	
'Εκτύπωμα παραζηλώσεως.	Οὗ ἦν ἡ στήλη τοῦ κτωμένου. Ἄλλος, περιχόρου.	※ Τῆς εἰκόνος τοῦ ζήλου μου.
6. ※ Ἃς ὁ οἶκος Ἰσραὴλ ποιοῦσιν.	6. *Vacat*.	6. ※ Ἃς ὁ οἶκος Ἰσραὴλ ποιοῦσιν.
7.	7. *Vacat*.	7. ※ Καὶ εἶδον, καὶ ἰδοὺ ὀπὴ μία ἐν τῷ τοίχῳ.
8.	8. Ὄρυξον, καὶ ὤρυξα.	8.
9. ※ Τὰς πονηράς.	9. Καὶ ἴδε τὰς ἀνομίας.	9. ※ Τὰς πονηράς.
10.	10.	10. ※ Καὶ ἰδοὺ πᾶσα ὁμοίωμα ἑρπετοῦ καὶ κτήνους.
※ ('Επὶ) τοῦ τοίχου κύκλῳ.	'Επ' αὐτοὺς κύκλῳ.	※ ('Επὶ) τοῦ τοίχου κύκλῳ.
11.	11. Καὶ ἡ ἀτμὶς τοῦ θυμιάματος.	11. ※ Τῆς νεφέλης.

SYMMACHUS.	LXX INTERPRETES.	THEODOTIO.
..	1. Et factum est in sexto anno, in quinto mense, quinta mensis.	1.
Incidit mihi manus Domini.	Et facta est super me manus Domini.	
2.	2. Similitudo quasi species viri.	2.
Quasi visio splendens.	Quasi visio electri.	Quasi visio auræ, quasi species electri.
3. Comæ.	3. Vertice meo. *Alius*, capitis mei.	3. Fimbriæ verticis mei.
	Vacat. *Alius*, interioris.	
Simulacrum æmulationis.	Ubi erat statua possidentis. *Alius*, ambitus.	Imaginis zeli mei.
6. Quas domus Israel faciunt.	6. *Vacat*.	6. Quas domus Israel faciunt.
7.	7. *Vacat*.	7. Et vidi, et ecce foramen unum in muro.
8.	8. Fode, et fodi.	8.
9. Malas.	9. Et vide iniquitates.	9. Malas.
10.	10.	10. Et ecce omnis similitudo reptilis et jumenti.
(Super) murum in circuitu.	Super eos in circuitu.	(Super) murum in circuitu.
11.	11. Et vapor thymiamatis.	11. Nubis.

ΤΟ ΕΒΡΑΙΚΟΝ.	ΤΟ ΕΒΡΑΙΚΟΝ Ἑλληνικοῖς γράμμασι.	ΑΚΥΛΑΣ.
12 אין יהוה ראה אתנו עזב	12.	12. (Οὐχ ὁρᾷ ὁ Κύριος) ※ ἡμᾶς.
13 עוד תשוב תראה	13.	13. ※ Ἐπιστρέψας.
את־התמוז 14 Ὁ Σύρος, θαμμούζ	14.	14.
האלם 16 Ὁ Σύρος, κιγκλίδα.	16.	16. 1. Προστάδα. 2. Αἰλάμ.
כעשרים וחמשה		
והמה משתחויתם קדמה לשמש		
17 וישבו להכעיסני	17.	17.
והנם שלחים את־הזמורה אל־אפם		Πρὸς μυκτῆρα αὐτῶν.
18 וקראו באזני קול גדול ולא אשמע אותם	18.	18.

VERSIO HEBRAICI TEXT.	VULGATA LATINA.	AQUILA.
12. Non Dominus videns nos, dereliquit.	12. Non videt Dominus nos, dereliquit.	12. (Non videt Dominus) nos.
13. Adhuc converteris, videbis.	13. Adhuc conversus videbis.	13. Conversus.
14. Thammuz. *Syrus*, *idem*.	14. Adonidem.	14.
16. Vestibulum. *Syrus*, cancellum.	16. Vestibulum.	16. 1. Porticum. 2. Ælam.
Quasi viginti et quinque.	Quasi viginti quinque.	
Et ipsi incurvantes se ad ortum solis.	Et adorabant ad ortum solis.	
17. Et conversi sunt ad irritandum me.	17. Et conversi sunt ad irritandum me.	17.
Et ecce ipsi mittentes ramum ad nasum suum.	Et ecce applicant ramum ad nares suas.	Ad nasum suum.
18. Et clamabunt in auribus meis voce magna, et non exaudiam eos.	18. Et cum clamaverint ad aures meas voce magna, non exaudiam eos.	18.

Notæ et variæ lectiones ad cap. VIII Ezechielis.

V. 1. 'A., ἔτει ϛ' etc. Ms. Jes.

Ibid. Hieronymus: « *Pro eo quod nos diximus*, cecidit super me manus Domini, *Symmachus transtulit*, incidit mihi manus Domini, *quod in Hebraico dicitur* THEPHPHOL. » Codex Sangermanensis antiquissimus Hieronymi in Ezechielem THEPPOL. [C, καὶ ἐγένετο ἐν τῷ ἔτει τῷ ἕκτῳ (sic etiam Complut. et ita Hebr. et Vulg.), ἐν τῷ πέμπτῳ ÷ μηνὶ (*mense* abest ab Hebr.), πέμπτῃ τοῦ μηνὸς, ἐγὼ ἐκαθήμην ἐν τῷ οἴκῳ μου (μου addit etiam Compl. H. et V., in domo mea), καὶ οἱ πρεσβύτεροι Ἰούδα ἐκάθηντο ἐνώπιον· (edit. Rom., ἐνώπιόν μου, Alex., ἐμοῦ. H. et V., coram me) καὶ ἐγένετο ἐπ' ἐμὲ ※ ἐκεῖ ⁚ (H. et V., ibi) χεὶρ Ἀδωναῒ Κυρίου (Alex., Ald., Complut., χ. Ἀδωναῒ K. Hebr., manus Adonai Jehova. Vulg., manus Domini Dei). Habemus hic Origenis notam minime prætermittendam. Ἐν τισὶ δὲ γέγραπται *χεὶρ Κυρίου Κυρίου*, καίγε ἐν ἄλλοις εἰρήκαμεν, ὅτι πολλαχοῦ τὸ ἐκφωνούμενον ἐν τῇ *Κύριος* φωνῇ τὸ σεβάσμιον παρ' Ἑβραίοις ἐστὶν ὄνομα τοῦ Θεοῦ, ὅ τιπερ οὐ ταχέως προφέρονται. Πλὴν ἔσθ' ὅτε τὸ *κύριος* τάσσεται καὶ ἐπὶ κυρίου τῶν δούλων. Ἔνθα οὖν κεῖται τὸ *Κύριος*, *Κύριος*, χρὴ εἰδέναι ὅτι τὸ μὲν ἕτερον οἱονεὶ τὸ κύριον ὄνομα καὶ ἄῤῥητόν ἐστι τοῦ Θεοῦ. Τὸ δὲ λοιπὸν τὸ *Κύριος*, Ἑβραῖοι *Ἀδωναῒ* ἐπὶ τοῦ Κυρίου τάσσουσιν· ὅτε μὲν προφερόμενοι τὴν φωνὴν ἐπὶ τοῦ ἀῤῥήτου ὀνόματος, ὅτε δὲ οἱονεὶ ἐπὶ τοῦ κυρίου τῶν δούλων. Τὸ οὖν *Ἀδωναῒ Κυρίου* τῷ νοήσαντι τὰ εἰρημένα ἐπὶ τοῦ ἀῤῥήτου ὀνόματος, οὐδὲν διαφέρει τοῦ *Κυρίου*, ὡς ἐκδεδώκαμεν. I. e., « In quibusdam autem scriptum est, *manus Domini Domini*. Atqui in aliis diximus id quod exprimitur in ista voce *Dominus* sæpe venerandum esse illud apud Hebræos nomen Dei, quod quidem non cito proferunt (nimirum nomen יהוה, *Jehova*). Verumtamen est etiam cum istud *dominus* usurpatur in domino servorum. Ubi igitur ponitur *Dominus*, *Dominus*, intelligendum est alterum quidem esse quasi proprium et ineffabile nomen Dei (scil., *Jehova*). Reliquum vero Dominus, Hebræi *Adonai* in Domino ponunt (deest hic aliquid, sed sententia manifesta est; scil. Hebræi superstitiosi pro *Jehova* efferunt *Adonai*): interdum quidem proferentes vocem istam in nomine ineffabili (id est, loco nominis ineffabilis), interdum vero quasi in domino servorum. Illud igitur *Adonai Domini*, intelligenti quæ dicta sunt de ineffabili nomine, nihil differt a *Domino*, ut edidimus. »

Videsis quæ fuse disseruimus de nomine ineffabili *Jehova*, SS. et individuam denotante Trinitatem Personarum unius Dei, in opere nostro, *De l'harmonie entre l'Eglise et la Synagogue*, tom. I. Drach.]

V. 2. ※ ὡς εἶδος. Ms. Jes. [Ita etiam C sub asterisco, et Ald. Drach.]

Ibid. Θ., ὡς ὅρασις αὔρας etc. Ex Drusio et ex ms. Jes. Hieronymus: « *Pro* splendore, *qui in Hebraico dicitur* ZOR, auram *Theodotio transtulit*. » [C, ὡς ὅρασις ※ αὔρας, ὡς εἶδος ⁚ τοῦ ἠλέκτρου. B ad marginem refert tantum, 'A., ὡς ὀφθαλμός,

ΣΥΜΜΑΧΟΣ.	Ο'.	ΘΕΟΔΟΤΙΩΝ.
12. (Οὐχ ὁρᾷ ὁ Κύριος) ※ ἡμᾶς.	12. Οὐχ ὁρᾷ ὁ Κύριος, ἐγκαταλέλοιπε.	12.
13.	13. Ἔτι ὄψει.	13. ※ Ἐπιστρέψας.
14.	14. Θαμμούζ. Ἄλλ., παροξυσμούς. Ἄλλος, βδελύγματα.	14.
16. Πρόπυλον.	16. Αἰλάμ. Ἄλλος, πρόθυρον.	16. Οὐλάμ.
	Εἴκοσι.	Εἴκοσι καὶ πέντε.
	Καὶ οὗτοι προσκυνοῦσι τῷ ἡλίῳ.	※ Κατ' ἀνατολάς.
17.	17. *Vacat.*	17. ※ Καὶ ἐπέστρεψαν τοῦ παροργίσαι με.
Καὶ ὡς ἀφιέντες εἰσὶν ἐπῆχον ὡς ᾆσμα διὰ τῶν μυκτήρων αὐτῶν. *Ἄλλως*, ἦγον ὡς ἆσθμα διὰ τῶν μυκτήρων ἑαυτῶν.	Καὶ ἰδοὺ αὐτοὶ ὡς μυκτηρίζοντες.	Εἰς τὸν μυκτῆρα αὐτῶν.
18.	18. *Vacat.*	18. ※ Καὶ καλέσουσιν ἐν τοῖς ὠσί μου φωνῇ μεγάλῃ, καὶ οὐ μὴ εἰσακούσω αὐτῶν.

SYMMACHUS.	LXX INTERPRETES.	THEODOTIO.
12. (Non videt Dominus) nos.	12. Non videt Dominus, dereliquit.	12.
13.	13. Adhuc videbis.	13. Conversus.
14.	14. Thammuz. *Alius*, irritationes. *Alius*, abominationes.	14.
16. Vestibulum.	16. Ælam. *Alius*, vestibulum.	16. Ulam.
	Viginti.	Viginti et quinque.
	Et ipsi adorant solem.	Ad orientem.
17.	17. *Vacat.*	17. Et converterunt se ad irritandum me.
Et quasi emittentes sunt sonitum quasi canticum per nares suas. *Aliter*, sonitum ut anhelitum per nares suas.	Et ecce ipsi quasi subsannantes.	In nasum suum.
18.	18. *Vacat.*	18. Et vocabunt in auribus meis voce magna, et non exaudiam eos.

Notæ et variæ lectiones ad cap. VIII Ezechielis.

quod respicit verbum Hebr. כעין, quod proprie sonat, *sicut oculus*. Complut., ὅρασις φέγγους, ὡς εἶδος τοῦ ἠλ. Sic etiam apud Theodor. DRACH]

V. 3. Ἀ., Θ., τοῦ κρασπέδου etc. Ms. Jes. [B: Ἀ., τοῦ κρασπέδου τῆς κορυφῆς μου. Σ., μάλλου. Complut., ἐπὶ τοῦ κρασπ. τ. κ. μ. C non habet, καὶ ἀνέλαβέ με τ. κ. μ. DRACH]

Ibid. Τῆς ἐσωτέρας. Drusius. [Accinit C, sed prænotans asteriscum. Sequitur in eod. cod., ut et in Alex., Ald., Complut., τῆς βλεπούσης πρὸς Βοῤῥᾶν, pro τῆς βλ. εἰς B. Romanæ editionis. DRACH.]

Ibid. Θ., ※ τῆς εἰκόνος τοῦ ζήλου etc. Hæ lectiones prodeunt ex ms. Jes., Hieronymo et editione Romana. Hieronymus sic habet: « ※ *et in statua imaginem zeli* ⁏ de Theodotione additum est. » In editis *cœli* legitur pro *zeli*, sed perperam. Schol., εἰκὼν ζήλου, *imago zeli*. Hic Drusius: *Æmulationis vel zelotypiæ. Cæterum Senes videntur legisse* הקנה. *Nam vertunt*, possidentis. *Hieron.*, porro quia zelus et possessio, quod Hebraice dicitur קנאה eodem appellantur nomine, pro statua zeli LXX statuam possidentis interpretati sunt. *Hæc cum judicio legenda: nam quod ait zelum et possessionem eodem nomine appellari, aperte falsum est. Possessio enim* קנין *dicitur, non* קנאה. *Hoc a* קנא *deducitur, illud a* קנה. Hactenus Drusius. Verum Hieronymus hic non Hebraicis litteris posuit קנאה: sed CENA, ut restituit Martianæus, quam vocem secundum similitudinem soni, non litterarum, ait zelum et possessionem eodem appellari nomine. Nam alibi quoque Hieronymus parem similitudinem observat, et a sono tantum ac pronuntiatione accipiendam esse monet. [C. τῆς εἰκόνος τοῦ ζήλους (sic), absque asterisco et absque μου quod non legitur in Hebr. — B: Ἀ., Θ., ※ καθέδρα εἰδώλου τοῦ ζήλους (sic) ⁏ τοῦ κτωμένου, *sedes idoli zeli possidentis*. Σ., ἐκτύπωμα παραζηλώσεως, *simulacrum æmulationis*. DRACH.]

V. 5. Vide editionem Rom. C, καὶ εἶπεν (sic) πρός με· Υἱὲ ἀνθρώπου, ἀνάβλεψον τοῖς ὀφθαλμοῖς (Ald., τοὺς ὀφθαλμούς) σου πρὸς Βοῤῥᾶν· [καὶ ανέβλεψα τοῖς ὀφθαλμοῖς μου (Ald. iterum τοὺς ὀφθαλμούς, et sic Hebr. hic et supra) πρὸς Βοῤῥᾶν·] (Hæc verba uncis inclusa non habentur in textu codicis C, sed secunda manu cod. Alexandrino aut Vaticano suppleta videntur) καὶ ἰδοὺ ἀπὸ Βοῤῥᾶ ἐπὶ τὴν πύλην ✠ τὴν πρὸς ἀνατολὰς (hæc tria verba non leguntur in Hebr.) ※ τοῦ θυσιαστηρίου ἡ εἰκὼν τοῦ ζήλους (sic) ※ τούτου, ἐν τῷ εἰσπορεύεσθαι ※ αὐτήν ⁏ Alex., πύλην ※ τοῦ θυσιαστηρίου, ἡ εἰκὼν τοῦ ζήλους (sic) τούτου ἐν τῷ εἰσπορεύεσθαι αὐτὴν (τὴν βλέπουσαν) πρὸς ἀνατολάς (de his quinque verbis nihil in Hebr.). Ald. et Complut., πύλην τὴν πρὸς ἀνατολάς, ἡ (al., οὗ ἡ) εἰκὼν τοῦ ζήλου (Ald., ξύλου) τούτου ἐν τῷ εἰσπορεύεσθαι αὐτήν. Complut. addit, πρὸς ἀνατολάς. — B: Ἀ., εἴδωλον. Σ., *οἱ λοιποί*, ἐκτύπωμα. Ο', εἰκών. DRACH.

V. 6. 'A., Σ., Θ., ὡς ὁ οἶκος Ἰσραὴλ ποιοῦσι. Ms. Jes. [Et ita Alex., Ald., Complut. In textu vero codicis C, ※ ὡς ὁ οἶκος Ἰσραὴλ ⁚ Sic denotans hæc tantum in LXX defuisse, illud vero ποιοῦσιν habitum. — Post τοῦ ἀπέχεσθαι Complut. et quidam codd. addunt, αὐτούς, *ut abstineant se*. Vulgata autem, *ut procul recedam*. Hebr. ambiguum est. — B, ad idem verbum : 'A., Θ., τοῦ μακρυνθῆναι, *ad longe recedendum*. — Hebr. et Vulg., et adhuc conversus videbis. LXX, καὶ ἔτι ὄψει. B : Σ., ※ πάλιν. 'A., Θ., ἐπιστρέψας ⁚ ὄψει. — LXX, ἀνομίας. B : 'A., Σ., Θ., βδελύγματα. Drach.]

V. 7. Θ., καὶ ἴδου etc. Ms. Jes. [Ita etiam C, cum asterisco, nec non aliqui codd. Alex., Ald., Compl., parum inter se diversi. Drach.]

V. 8. 'A., ὄρυξον δὴ etc. Ms. Jes. [Ita etiam codd., Ald., Complut. et Alex. Hic autem non habet alterum ἐν τῷ τοίχῳ. C, ὄρυξον ※ δὴ ἐν τ. τ. ⁚ καὶ ὤρ. ἐν τ. τ. — Post θύρα, iidem omnes addunt μία. Hebr. et Vulg., ostium unum. Drach.]

V. 9. Οἱ Γ', ※ τὰς πονηράς. Ms. Jes. [C, cum Alex., Ald., Complut. et codd., τὰς ἀνομίας τὰς πονηράς. C habet lineam terminalem cuspidatam (quæ valet ⁚) post πονηράς, ita ut manifestum sit librarium incogitanter omisisse asteriscum ante τὰς articulum præcedentem.—Post ὧδε alii addunt σήμερον, *hodie*, quod non est in Hebr. — B, ad τὰς ἀνομίας, 'A., Σ., Θ, τὰ βδελύγματα. Drach.]

V. 10. Θ., καὶ ἰδοὺ πᾶσα etc. Ms. Jes. Hæc porro teste Hieronymo deerant in LXX. [Lectionem Theod. habent, absque nomine, C, sub asterisco, Alex., Ald., Complut.—B : 'A., Σ., προσοχθίσματα, *abominationes*. — Idem, LXX, διαγεγραμμένα. Σ., καταγεγραμμένα. Drach.]

Ibid. Σ., Θ., ※ (ἐπὶ) τοῦ τοίχου κύκλῳ. Ms. Jes. Edit. Rom., ἐπ' αὐτούς. [C, ἐπ' αὐτοῦ κύκλῳ κύκλῳ. Sic etiam in aliquo libro Vaticano, in quo ab alia manu additum est alterum κύκλῳ. Complut., ἐπὶ τοῦ τοίχου κύκλῳ διόλου, *in pariete in circuitu per totum*. Et ita Theodoretus. B : Σ., ※ διόλου ⁚ κύκλῳ. *Π*, ἐν μέσῳ. 'A., Θ., κύκλῳ. Drach.]

V. 11. Θ, ※ τῆς νεφέλης. Ms. Jes. [C, † 11. Καὶ ἑβδομήκοντα ἄνδρες ἐκ τῶν πρεσβυτέρων οἴκου Ἰσραὴλ ※ καὶ ⁚ Ἰεζονίας (ita etiam Alex., Hebr. et Vulg.) ὁ τοῦ Σαφὰν εἱστήκει ἐν μέσῳ αὐτῶν, εἱστήκεισαν πρὸ προσώπου αὐτῶν, καὶ ἕκαστος θυμιατήριον αὐτοῦ εἶχεν (hoc verbum non est in Hebr.) ἐν τῇ χειρὶ (Hebr. addit, *sua*. Alex., ἐν χειρὶ αὐτοῦ), καὶ ἡ ἀτμὶς ※ τῆς νεφέλης ⁚ τοῦ θυμιάματος ἀνέβαινε. Cf. editionem Rom. — B. O', καὶ ἡ ἀτμίς. 'A., Θ., τῆς νεφέλης /. τοῦ θυμιάματος. Quod Marchal. uni adscribit Theodotioni, B etiam Aquilæ, et absque asterisco. Linea cuspidata indicat finem lectionis duorum interpretum. Drach.]

V. 12. Phrasis Hebr. est interrogativa. *Num vidisti?* — H. et V., in tenebris. In LXX nostris deest. C, ※ ἐν τῷ σκότει ⁚. Complut., ἐν σκότει. Hebr. autem habet articulum. B : 'A., Θ., ※ ἐν τῷ σκότει. Σ., σκοτεινῷ ⁚ Drach.

Ibid. 'A., Σ., ※ ἡμᾶς. Ms. Jes. [C, ※ ἡμᾶς ⁚ B, οἱ Γ', ※ ἡμᾶς ⁚ Θ., οὐχ ἐφορᾷ. Habent in textu ἐφορᾷ Alex. et Ald. — B : O', Κύριος. 'A., ※ σὺν ⁚ τὴν γῆν. Drach.]

V. 13. 'A., Θ., ※ ἐπέστρεψας. Ms. Jes. [C, ἔτι ※ ἐπιστρέψας ⁚ ὄψει.— B : O', ἀνομίας. Οἱ Γ', βδελύγματα. Drach.]

V. 14. Ἄλλος, παροξυσμούς. Ἄλλος, βδελύγματα. Cod. Reg. Hieronymus : « *Quem nos Adonidem interpretati sumus, et Hebræus et Syrus sermo* THAMUZ *vocat.* » [Theodoretus : ὁ Θαμμοὺζ, ὁ Ἄδωνίς ἐστι κατὰ τὴν Ἑλλάδα φωνήν. *Thammuz, est Adonis secundum Græcam linguam*. Drach.]

V. 15. Iterum interrogativa est phrasis. Hebr., sic : num vidisti, fili hominis? Sola Polygl. Bibel habet signum interrogationis in textu Græco. C, ἑώρακας, υἱὲ ἀνθρώπου, et ita Ald., Complut. Edit.

EZECHIEL CAPUT IX.

ΤΟ ΕΒΡΑΙΚΟΝ.	ΤΟ ΕΒΡΑΙΚΟΝ Ἑλληνικοῖς γράμμασι.	ΑΚΥΛΑΣ.
2 בדים וקסת הספר במתניו Ὁ Ἑβραῖος, μέλαν καὶ κάλαμος γραφέως ἐπὶ τῆς ὀσφύος αὐτοῦ.	2.	2. 1. . . . . κάστυ γραμματέως [ἐν τῇ χειρὶ αὐτοῦ]. 2. μελανοδοχεῖον γραφέως ἐπὶ τῆς ὀσφύος αὐτοῦ.
3 מעל הכרוב	3.	3.
אל מפתן הבית		
4 בתוך העיר בתוך ירושלם	4.	
והתוית תו על־מצחות		Σημείωσις τοῦ θαῦ ἐπὶ τὰ μέτωπα.
6 אשר־עליו התו	6.	6. Ἐφ' ὃν ἐπ' αὐτῷ τὸ θαῦ.
וממקדשי		Ἀπὸ τοῦ ναοῦ.

VERSIO HEBRAICI TEXT.	VULGATA LATINA.	AQUILA.
2. Lineis et tabella scribæ in renibus ejus. *Hebræus Int.*, atramentum et calamus scribæ super renes ejus.	2. Lineis, et atramentarium scriptoris ad renes ejus.	2. 1. Præcipua, casty scribæ in manu ejus. 2. Atramentarium scribæ ad lumbos ejus.
3. Desuper Cherub.	3. De Cherub.	3.
Ad limen domus.	Ad limen domus.	
4 In medio civitatis, in medio Jerusalem.	4. Per mediam civitatem, in medio Jerusalem.	4.
Et signabis thau super frontes.	Et signa thau super frontes.	Signum thau super frontes.
6. Super quem thau.	6. Super quem videritis thau.	6. Super quem super ipso thau.
Et a sanctuario meo.	Et a sanctuario meo.	A templo.

autem Rom. et Alex., υἱὲ ἀνθρ., ἑώρ. — Hebr. et Vulg., adhuc conversus videbis. LXX nostri, καὶ ἔτι ὄψει. C, καὶ ἔτι (※) ἐπιστρέψας ⁚ ὄψει. — B : Ο', ἐπιτηδεύματα. Οἱ Γ', βδελύγματα. DRACH.

V. 16. Hieronymus : « *Quod nos* vestibulum *juxta Symmachum interpretati sumus, qui* πρόπυλον *posuit, pro eo quod LXX et Theodotio ipsum verbum Hebraicum transtulerunt,* (*) *Aquilæ prima editio* προστάδα, *secunda* αἰλὰμ templi *interpretata est : quam nos* porticum templi *exprimere possumus, sive* intectum atrium, *quod inter templum et altare erat.* » Alibi legitur τοῦ Οὐλάμ, alibi τῶν Αἰλάμ. Scholion, τὸ ἀναμέσον τῶν αἰλὰμ καὶ τῶν προθύρων φησὶ, ἤτοι τῶν καγκέλλων. Αἰλὰμ δὲ τὸ προπύλαιον ἐκάλεσε τοῦ θείου ναοῦ, πρὸ αὐτοῦ γὰρ ἵδρυτο τὸ χαλκοῦν θυσιαστήριον. Αἰλὰμ γὰρ τὸ προπύλαιον ὁ Σύρος τὴν κιγκλίδα καλεῖ, ἥτις λέγεται παρὰ τοῖς πολλοῖς κάγκελλον. [B : 'Α., προστάδος, *porticus*. Σ., προθύρου, *vestibuli*. Lamb. Bos : 'Α., edit. 1, τῆς προστάδος. Σ., τοῦ προπυλαίου, *vestibuli*. DRACH.]

Ibid. Θ., εἴκοσι καὶ πέντε. Hieronymus ait illud πέντε in LXX ex Theodotione additum fuisse. [Καὶ πέντε habet C absque asterisco ; et ita Alex., Ald., Complut.— In B, post illa senum versionis, τὰ ὀπίσθια αὐτῶν, affertur ad marginem, Σ., ἔχοντες. *Ἄλλος*, δεδωκότες, relate ad ἄνδρες. DRACH.]

Ibid. Θ., ※ κατ' ἀνατολάς. Ms. Jes. [B : 'Α., ἀρχῆθεν δὲ, *ab initio autem*. Σ., πρὸς ἀνατολήν. Θ., κατ' ἀνατολάς. C, ※ κατὰ ἀνατολάς. DRACH.]

V. 17. Σ., καὶ ὡς ἀφιέντες etc. Has lectiones exhibet ms. Jes. Itemque Coislinianus, qui habet, Σύμμ., ὡς ἀφιέντες εἰσὶν ἦχον, ὡς ᾆσμα διὰ μυκτήρων. Hieronymus : « *Pro eo quod nos diximus :* Et ecce applicant ramum ad nares suas; *LXX transtulerunt,* Et ecce ipsi sicuti subsannantes ; *quibus de Theodotione additum est,* extendunt ramum; *ut sit totum pariter :* Et ecce ipsi extendunt ramum quasi subsannantes. *Pro quo interpretatus est Symmachus* quasi emittens sonitum in similitudinem cantici per nares suas. » [Edit. Rom. : « S. Hieron. apud Symmachum videtur legisse, ᾆσμα, ita enim interpretatur, *in similitudinem cantici*. DRACH.]

Origenes, τὸ μὲν, *ἐκτενοῦσι τὸ κλῆμα*, μὴ κείμενον παρὰ τοῖς Ο' ἀπὸ Θεοδοτίωνος προσεθήκαμεν. Ἰστέον δὲ ὅτι *μωρὰ* ἑβραϊστὶ καὶ *ἦχον* καὶ *κλῆμα* σημαίνει. [I. e. « Illud quidem ἐκτ. τ. κλ., *extendent ramum*, quod non jacet apud LXX, addidimus ex Theod. Sciendum autem quod *mora* hebraice et *sonum* et *ramum* significat. » Hoc in loco Origenis mendose μωρά positum est pro זמורה, *zemora*. DR.]

Ibid. Iterum phrasis Hebr. interrogative ponitur : Num vidisti, fili hominis? Et ita textus Græcus in Polygl.-Bibel. C post τῷ οἴκῳ Ἰούδα, addit, τούτῳ, sed non habet Hebr. — Idem cod., ※ καὶ ἐπέστρεψαν τοῦ παροργίσαι με ⁚ καὶ ἰδοὺ αὐτοὶ ※ ἐκτείνουσι, *extendunt*, τὸ κλῆμα ⁚ ὡς μυκτηρίζοντες. Et ita Alex., Ald., Complut. editiones, parum inter se diversæ.—B : Ο', ἀνομίας. Οἱ Γ', ἀδικίας. Et postea, Σ., καὶ ὡς ἀφιέντες εἰσὶν ἦχον, *sonitum*, ὡς ᾆσμα διὰ τῶν μυκτήρων, absque αὐτῶν. DRACH.

V. 18. Θ, ※ καὶ καλέσουσι etc. Ms. Jes. [C, οὐδὲ οὐ μὴ ἐλεήσω · ※ καὶ καλέσουσιν ἐν τοῖς ὠσί μου, ※ φωνῇ μεγάλῃ, ※ καὶ οὐ μὴ εἰσακούσω αὐτῶν ⁚. Alex., Ald., Complut., καὶ καλέσουσιν ἐν τοῖς ὠσίν (sic) μου (Alex., Ald. addunt, φωνῇ μεγάλῃ), καὶ οὐ μὴ εἰσακούσω αὐτῶν (Ald., καὶ οὐκ εἰσακούσομαι αὐτῶν). — B. ad marg., *Ἄλλος*, καὶ οὐκ εἰσακούσομαι. Θ., καὶ οὐ μή. *Οἱ λοιποὶ*, ※ μή. DRACH.]

(*) Hic habet S. Hieronymi textus, *Ælam*. Sed expungunt Montfauconius et Vallarsius, cujus vide notam ad h. l. DRACH.

EZECHIELIS CAPUT IX.

ΣΥΜΜΑΧΟΣ.	Ο'.	ΘΕΟΔΟΤΙΩΝ.
2. . . . καὶ πινακίδιον γραφέως ἔχων ἐπὶ τῆς ὀσφύος αὐτοῦ.	2. Ποδήρη, καὶ ζώνη σαπφείρου ἐπὶ τῆς ὀσφύος αὐτοῦ.	2. Βαδδὶμ, κάστυ γραμματέως [ἐν τῇ χειρὶ αὐτοῦ].
3.	3. Ἀπὸ τῶν Χερουβίμ. *Ἄλλως*, ἀπὸ τοῦ Χερούβ.	3.
	Εἰς τὸ αἴθριον τοῦ οἴκου.	Εἰς τὸ αἴθριον τοῦ οἴκου.
4.	4. Μέσην Ἰερουσαλήμ. *Ἄλλως*, μέσην τὴν πόλιν, μέσην Ἰερουσαλήμ.	4.
	Καὶ δὸς σημεῖον ἐπὶ τὰ μέτωπα.	Σημείωσις τοῦ θαῦ ἐπὶ τὰ μέτωπα.
6.	6. Ἐφ' οὓς ἐστι τὸ σημεῖον.	6. Ἐφ' ὃν τὸ θαῦ.
	Ἀπὸ τῶν ἁγίων μου.	Ἀπὸ τοῦ ναοῦ.

SYMMACHUS.	LXX INTERPRETES.	THEODOTIO.
2. Lineis, et tabulas scriptoris habens in renibus suis.	2. Talari, et zona sapphiri super lumbum ejus.	2. Baddim, casty scribæ in manu ejus.
3.	3. De Cherubim. *Aliter*, de Cherub.	3.
	In subdio domus.	In subdio domus.
	4. Mediam Jerusalem. *Aliter*, mediam civitatem, mediam Jerusalem.	4.
	Et da signum super frontes.	Signum thau super frontes.
6.	6. Super quos est signum.	6. Super quem thau.
	A sanctis meis.	A templo.

ΤΟ ΕΒΡΑΙΚΟΝ.	ΤΟ ΕΒΡΑΙΚΟΝ Ἑλληνικοῖς γράμμασι.	ΑΚΥΛΑΣ.
אל־החצרות 7 Ὁ Ἑβρ., τὰς αὐλάς. צאו ויצאו והכו בעיר	7.	
כהכותם ונאשאר אני 8	8.	8.
דמים 9	9.	9. Αἱμάτων.
הבדים 11	11.	11. . . . .

VERSIO HEBRAICI TEXT.	VULGATA LATINA.	AQUILA.
7. Atria. *Hebr. Int.*, *id.* Egredimini. Et egressi sunt, et percutiebant in civitate.	7. Atria. Egredimini. Et egressi sunt, et percutiebant eos qui erant in civitate.	7.
8. Cum percuterent, et remansi ego.	8. Et cæde completa, relictus sum ego.	8.
9. Sanguinibus.	9. Sanguinibus.	9. Sanguinibus.
11. Lineis.	11. Lineis.	11. Præcipua.

Notæ et variæ lectiones ad cap. IX Ezechielis.

V. 1. B : Ο', τῆς ἐξολοθρεύσεως ἐν χειρὶ αὐτοῦ. Οἱ Γ', διαφθορᾶς, *perditionis*. Θ., ἐν τῇ χειρὶ αὐτοῦ. Drach.

V. 2. Hieronymus : « Et pro *lineis*, quod nos juxta Symmachum interpretati sumus, *LXX*, ποδήρη, Theodotio ipsum verbum Hebraicum BADDIM ; Aquila, *præcipua*, interpretati sunt. »

Ibid. Hebraici lectionem adfert codex Regius bombycinus. De reliquis interpretationibus hæc Hieronymus : « Rursum ubi nos diximus, *et atramentarium scriptoris ad renes ejus*; LXX posuerunt, *Et zona sapphirina super renes ejus :* Theodotio, κάστυ *scribæ in manu ejus;* Aquila, μελανοδοχεῖον, id est, *atramentarium scribæ ad lumbos ejus* ; Symmachus, *tabulas scriptoris habebat in renibus suis.* »

Quibusdam interpositis Hieronymus : « Quodque Aquilæ prima editio et Theodotio dixerant, κάστυ, pro quo in Hebræo legitur CESATH, cum ab Hebræo quærerem quid significaret, respondit mihi Græco sermone appellari καλαμάριον, ab eo quod in illo calami recondantur. Nos *atramentarium*, ex eo quod atramentum habeat, dicimus. Multi significantius *thecas* vocant, ab eo quod thecæ sint scribentium calamorum. » Codex Regius bombycinus, itemque Coislinianus, 'Α. καὶ Θ., κάστυ γραμματέως, quod ex Origene sumtum est. Ait autem idem Origenes, οὐδὲν γὰρ ἡγοῦμαι σημαίνεσθαι παρ' Ἕλλησιν ἐκ τῆς κάστυ φωνῆς, τῶν δὲ Ἑβραίων τις ἔλεγε τὸ καλούμενον καλαμάριον εἶναι τὸ κάστυ. I. e. Nihil autem voce κάστυ apud Græcos significari puto : Hebræus autem quidam dicebat *casty* esse id quod dicitur *calamarium*. [B legit, 'Α., Θ., γραμματέως. Drach.]

C, ἀνὴρ εἷς, et ita Complut., Hebr. et Vulg. Rom. autem edit., εἷς ἀνήρ.— ἐνδεδυμένος, pro nostro ἐνδεδυκώς.— ζώνην, pro nostro ζώνη.— εἰσῆλθον, pro εἰσήλθοσαν. — Et in fine versus, ἔστησαν ἐχόμενα (absque τοῦ θυσιαστηρίου) τοῦ χαλκοῦ.—B : Ο', τῆς ὑψηλῆς. Θ., τῆς ἄνω, *quæ supra*. — Ο', πέλυξ. 'Α., Σ., σκεῦος ⋇ διασκορπισμοῦ αὐτοῦ, *vas dispersionis suæ*. Hebr., vas dissipationis suæ. — Ο', ἐνδεδυκώς. Οἱ Γ', ἐνδεδυμένος.— Ο', ποδήρη. 'Α., ἐξαίρετα, *præcipuis*. Σ., λινά, *lineis*. Θ., βαδδίμ. — Ο', ἐχόμενα. 'Α., πλησίον, *prope*. — Lamb. Bos : 'Α., ἐξαίρετον. Σ., λινῆν. Θ., βαδδείμ. Aquilæ et Symmachi non habuit Montf. verba Græca. Attamen ipse dedit easdem lectiones nostrorum interpretum ad II Reg. vi, 14. Vult Lud. Cappellus Aquilam legisse בר pro בד; sed probe evincit Buxtorfius in *Anticritica*, p. 703, nihil mutandum. בד enim primitive significat, *singularis;* et inde, *eximius*, *præcipuus* et *byssinus*. Cf. etiam Michaelis supplementa n. 202. Drach.

V. 3. Ἄλλος, ἀπὸ τοῦ χερούβ. Sic ms. Jes. in textu. [C, καὶ δόξα τοῦ Θεοῦ Ἰσραὴλ ἀνέβη ἀπὸ τοῦ Χερούβ, ἡ οὖσα ἐπ' αὐτῷ.—B : Ο', ἀπὸ τῶν Χερουβίμ. Ἄλλως, ἀπὸ τοῦ Χερούβ. — Ο', εἰς τὸ αἴθριον. 'Α., Σ., τῶν οὐδῶν, *liminum*. Drach.]

Ibid. Hieronymus : « Et ubi nos transtulimus, *limen domus*, *LXX* et Theodotio τὸ αἴθριον, i. e. *sub divo*, posuere *vestibulum*. »

V. 4. Μέσην τὴν πόλιν etc. Ms. Jes. [C, διῆλθε μέσην ⋇ τὴν ⋇ πόλιν μέσην, ⁝ Ἱερουσαλήμ. Sic interpungit. — B : Ο', ἐν μέσῳ αὐτῶν. Ἄλλως, ἐν μέσῳ αὐτῆς. Et ita Alex., Hebr. et Vulg., in medio ejus (scil. τῆς Jerusalem). — In principio versiculi, C, καὶ εἶπεν (sic) Κύριος πρὸς αὐτόν. Et ita Alex., Ald., Compl., Hebr. et Vulg. Drach.]

Ibid. 'Α., Θ., σημείωσις τοῦ θαῦ etc. Ex Origene. Ibi puto Origenem de altera Aquilæ editione agere, ubi θαῦ legebatur ut infra : nam quod ait Hieronymus, ad alteram spectare debet : « Pro *signo* (sic ille) quod *LXX*, Aquila et Symmachus transtulerunt, Theodotio ipsum verbum Hebraicum posuit THAU. » Et aliquanto post : « *Antiquis Hebræorum literis, quibus usque hodie utuntur Samaritani, extrema Thau litera crucis habet similitudinem : quæ in Christianorum frontibus pingitur, et frequenti manus inscriptione signatur.* » Non prætermittenda Origenis annotatio insignis, quæ habetur in Coisliniano codice, necnon in Regio bombycino : Οἱ μὲν Ο' τῷ ἐνδεδυμένῳ φασὶ τὸν ποδήρη προστετάχθαι ὑπὸ τῆς δόξης τοῦ Κυρίου, σημεῖον δοῦναι ἐπὶ τὰ μέτωπα τῶν καταστεναζόντων καὶ τῶν κατοδυνωμένων. Πυνθανομένων δὲ τῶν Ἑβραίων, εἴ τι πάτριον ἔχοιεν περὶ τοῦ θαῦ λέγειν μάθημα, ταῦτα ἠκούσαμεν. Τινὸς μὲν φάσκοντος, ὅτι τὸ θαῦ ἓν τῶν παρ' Ἑβραίοις εἰκοσιδύο στοιχείων ἐστὶ τὸ τελευταῖον, ὡς πρὸς τὴν παρ' αὐτοῖς τάξιν τῶν γραμμάτων. Τὸ τελευταῖον οὖν εἴληπται στοιχεῖον εἰς παράστασιν τῆς τελειότητος τῶν διὰ τὴν ἐν αὐτοῖς ἀρετὴν στεναζόντων, καὶ ὀδυνωμένων ἐπὶ τοῖς ἁμαρτανομένοις ἐν τῷ λαῷ, καὶ συμπλαιόντων τοῖς παρανομοῦσι. Ἕτερος δὲ ἔλεγε, σύμβολον εἶναι τὸ θαῦ τῶν τὸν νόμον τετηρηκότων· ἐπείπερ ὁ νόμος παρ' Ἑβραίοις *θωρὰ* καλεῖται, καὶ τὸ πρῶτον αὐτοῦ στοιχεῖόν ἐστι τὸ θαῦ· καὶ σύμβολον οὖν ἐστι τῶν κατὰ τὸν νόμον βεβιωκότων. Τρίτος δέ τις φάσκων τῶν καὶ εἰς τὸν Σωτῆρα πεπιστευκότων, ἔλεγε τὰ ἀρχαῖα στοιχεῖα

ΣΥΜΜΑΧΟΣ.	Ο'.	ΘΕΟΔΟΤΙΩΝ.
7.	7. Τὰς ὁδούς. Ἐκπορευόμενοι, καὶ κόπτετε ※ καὶ πατάξατε τὴν πόλιν, καὶ ἐξελθόντες ἔτυπτον τὴν πόλιν.	
8.	8. Ἐν τῷ κόπτειν αὐτούς.	8. ※ Καὶ ὑπελείφθην ἐγώ.
9. Αἱμάτων.	9. Λαῶν πολλῶν.	9. Αἱμάτων.
11.	11. Ποδήρη.	11. Βαδδίμ.

SYMMACHUS.	LXX INTERPRETES.	THEODOTIO.
7.	7. Vias. Exeuntes, et percutite et percutite urbem : et egressi percutiebant urbem.	7.
8.	8. In percutiendo ipsos.	8. Et relictus sum ego.
9. Sanguinibus.	9. Populis multis.	9. Sanguinibus.
11. Lineis.	11. Talari.	11. Baddim.

Notæ et variæ lectiones ad cap. IX Ezechielis.

ἐμφερὲς ἔχειν τὸ θαῦ τῷ τοῦ σταυροῦ χαρακτῆρι· καὶ προφητεύεσθαι περὶ τοῦ γενομένου ἐν Χριστιανοῖς ἐπὶ τοῦ μετώπου σημείου· ὅπερ ποιοῦσιν οἱ πεπιστευκότες πάντες οὑτινοσοῦν προκαταρχόμενοι πράγματος, καὶ μάλιστα εὐχῶν ἢ ἁγίων ἀναγνωσμάτων. Ὁ δὲ Ἀκύλας καὶ Θεοδοτίων φασὶ, *σημείωσις τὸ θαῦ*. Sensus est : Septuaginta dicunt, ei qui talari veste indutus erat, a gloria Domini præceptum fuisse, ut signum daret in frontibus gementium et dolentium. Interrogatis autem Hebræis, num quam a majoribus sibi traditam circa *thau* notitiam haberent, hæc audivimus. Unus quidem dicebat, *thau* unum ex viginti duobus Hebræorum elementis esse, ipsumque ultimum secundum ordinem literarum suarum : ideoque ultimum elementum propositum fuisse, ad declarationem perfectionis eorum, qui ob insitam virtutem gemebant, et de peccatis populi dolebant, et conciliebant cum delinquentibus (i. e. ne conciderent.) Alius autem dicebat, *thau* symbolum eorum esse, qui legem servaverant ; quoniam apud Hebræos lex *thora* [תורה] vocatur, et primum vocis hujus elementum est *thau* : quapropter symbolum est eorum, qui secundum legem vixerant. Tertius, e numero eorum qui in Salvatorem crediderant, dicebat vetera elementa *thau* crucis formæ simile habere : ac prophetice enuntiari signum quo Christiani in frontibus insigniendi erant : quod sane omnes qui in Christum crediderunt, efformare solent initio cujusque operis, maxime autem orationum et lectionum sacrarum. Aquila autem et Theodotio dicunt, *signum thau*. [In cod. autem B ad marginem legitur, Ἀ., Θ., καὶ σημειώσεις τὸ θαῦμα, *mirabile*. Σ., καὶ σημείωσαι σημεῖον.—In iis quibus Samaritani utuntur literis, *thau* non habet formam crucis ; sed in vetustis Hebræorum nummis tribus his modis comparet : [illegible], [illegible], [illegible]. et in numinis monumentisque Phœniciis, +, X, †. Cf. annotationem nostram ad Biblia quæ edidimus latine et gallice. Cæterum, apposite Cartright (in mellificio Hebr. l. i. c. 4) reponi vult in versione Aq. et Theod, σημειώσεις τὸ vel τῷ θαῦ, *signabis thau*, ut fert Hebraica veritas. Drach.]

V. 5. C, εἰς τὴν πόλιν ὀπίσω αὐτοῦ. Et ita Ald., Complut., Hebr. et Vulg. Drach.

V. 6 Ἀ., ἐφ' ὃν ἐπ' αὐτῷ τὸ θαῦ etc. Ms. Jes. [B vero tantum sic, Θ., τὸ θαῦμα. Drach.]

Ibid. Ἀ., Θ., ἀπὸ τοῦ ναοῦ. Drusius. C, καὶ ἀπὸ τῶν ἁγίων μου. Et ita Alex., Ald., Complut., Hebr. et Vulg. Et mox, ἀπὸ τῶν ἀνδρῶν ※ τῶν πρεσβυτέρων ⁝ — B : Ο', ἀπὸ τῶν ἁγ. μ. Οἱ Γ', τοῖς ἁγίοις μου. Drach.

V. 7. *Ὁ Ἑβραῖος*, τὰς αὐλάς. Ibi Hieronymus : « Pro *atriis*, quæ Hebraice dicuntur ASEROTH, *LXX* posuere *vias*. [Lectio Hebraici prodit e scholio. Notat etiam S. Hier. Drach.]

Ibid. ※ καὶ πατάξατε etc. Ms. Jes. [C, ἐκπορευόμενοι, καὶ κόπτετε ※ καὶ πατάξατε τὴν πόλιν ⁝ Cætera non legit Nonnulli codd., καὶ ἐξελθόντες ἔτυπτον (aliter, ἔκοπτον) τὴν πόλιν. Ex Polyglotten-Bibel. Et ita melius ; Hebr. enim habet וְהִכּוּ, *et percusserunt*, non autem וְהַכּוּ, *et percutite*, ut supponit textus receptus τῶν LXX. — B : Ο', μιάνατε. Ἀ., σὺν /. τὸν οἶκον. Drach.]

V. 8 ※ Θ., καὶ ὑπελείφθην ἐγώ. Drusius ex ms. Jes [C, ※ ὑπελείφθην ἐγώ ⁝ absque καὶ quod tamen habet Hebr. Et mox, οἴμοι Ἀδωναῒ Κύριε, et ita Alex., Ald. et Complut. (Ἀδωναῒ Κ). Hebr., ahah, Adonai Jehova. Vulg., heu, Domine Deus.— B : Ο', ἐν τῷ κόπτειν αὐτούς. Ἀ., Σ, ※ ὑπελείφθην ἐγώ. Ο', ἐξαλείψεις ; *Ἄλλως*, ἐξαλείψεις ; *deles?* *Ἄλλος*, εἰς ἐξάλειψιν σὺ ποιεῖς ; *ad perditionem tu facis?* Drach.]

V. 9. Ἀ., Σ., Θ., αἱμάτων. Drusius. [C utramque habet lectionem λαῶν, αἱμάτων, absque πολλῶν, quod non est in Hebr., et potius glossatoris sapit manum. Cæterum LXX interpretantes λαῶν, legerunt עמים pro דמים. — B : οἱ Γ', αἱμάτων. Et ad marg., ad ἀκαθαρσίας textus LXX, οἱ Γ', ἐκκλίσεως, *declinatione*. Ἀ., ※ σφάλμου, *errore*. Ο', Κύριος. Ἀ., σὺν /. τὴν γῆν Οἱ Γ', καὶ /. οὐκ In LXX ita, Κύριος τὴν γῆν, οὐκ. Hebr. et Vulg., Dominus terram, et non. Drach.]

V. 10. Ο', καί. B : Ἀ., ※ καίγε. *Ἄλλος*, καὶ ἐγώ εἰμι. Hebr., et etiam ego. Drach.

V. 11. Vide supra versu 2. Idem.

Ibid. C iterum, ἐνδεδυμένος, pro ἐνδεδυκώς Rom. editionis. Mox, ἀπεκρίνατο ※ λόγον ⁝ λέγων et ita Alex., sed absque asterisco. Hebr. et Vulg., respondit verbum, dicens.—B : Ο', ὁ ἐνδεδυμένος. *Ἄλλος*, ὁ ἐνδεδυκώς. — Ο', τὸν ποδήρη. Ἀ., τὰ ἐξαίρετα. Σ., τὰ λινά (Montf. latine tantum attulit) Θ., τὸ βαδδίμ. — Ο', καὶ ἐζωσμένας τῇ ζώνῃ τὴν ὀσφὺν αὐτοῦ. Ἀ., οὗ μελανοδοχεῖον τοῦ γραμματέως ἐν νώτῳ αὐτοῦ, *cujus atramentarium scribæ in dorso ejus*. Σ., ὁ τὴν πινακίδα ἐν ὀσφύϊ ἔχων, *qui tabulam in renibus habens*. Hebr., qui tabella in lumbis ejus. Idem.

EZECHIELIS CAPUT X.

TO EBPAIKON.	TO EBPAIKON Ἑλληνικοῖς γράμμασι.	ΑΚΥΛΑΣ.
1 כבראה דכות כסא נראה עלידם	1.	
5 כקול אל־שדי	5.	5. Ἱκανοῦ.
7 וישלח הכרוב את־ידו מבינית לכרובים	7.	7.
9 כעין אבן תרשיש	9.	9. Ὡς . . . . χρυσολίθου.
11 כי המקים אשר־יפנה הראש	11.	11.
אחריו ילכו		Ὀπίσω αὐτοῦ ἐπορεύοντο.
12 וכל־בשרם	12.	12.
13 הגלגל	13.	13. Τροχός.
14 וארבעה פנים לאחד פני האחד פני הכרוב ופני השני פני אדם והשלישי פני אריה והרביעי פני־נשר	14.	14.
16 גם־הם מאצלם	16.	16.
18 מעל מפתן הבית	18.	18.
21 ארבעה ארבעה פנים	21.	21. Τέσσαρα τέσσαρα πρόσωπα.
22 מראיהם	22.	22.

VERSIO HEBRAICI TEXT.	VULGATA LATINA.	AQUILA.
Veluti aspectus similitudinis solii apparuit super eos.	1. Quasi species similitudinis solii, apparuit super ea.	1.
5. Sicut vox Dei Saddai.	5. Quasi vox Dei Omnipotentis.	5. Potentis.
7. Et misit Cherub manum suam de inter Cherubim.	7. Et extendit Cherub manum de medio Cherubim.	7.
9. Tanquam oculus lapidis tharsis.	9. Quasi visio lapidis chrysolithi.	9. Tanquam .... chrysolithi.
11. Nam locum quo vertebat se caput.	11. Sed ad locum, ad quem ire declinabat quæ prima erat.	11.
Post illud ibant.	Sequebantur et cæteræ.	Post illud ibant.
12. Et omnis caro earum.	12. Et omne corpus earum.	12.
13. O rota.	13. Volubiles.	13. Rota.
14. Et quatuor facies unicuique, facies unius facies Cherub: et facies secundi facies hominis, et tertii facies leonis, et quarti facies aquilæ.	14. Quatuor autem facies habebat unum : facies una, facies Cherub : et facies secunda, facies hominis : et in tertio facies leonis : et in quarto facies aquilæ.	14.
16. Etiam ipsæ ab apud eos.	16. Sed et ipsæ juxta erant.	16.
18. De super limine domus.	18. A limine templi.	18.
21. Quatuor quatuor facies.	21. Quatuor vultus.	21. Quatuor quatuor facies.
22 Aspectus eorum.	22. Intuitus eorum.	22.

Notæ et variæ lectiones ad cap. X Ezechielis.

V. 1. ※ ὡς ὅρασις etc. Ms. Jes. [C, ὡς ὅρασις ⁚ ὁμοίωμα θρόνου ὤφθη ἐπ' αὐτῶν. — B : Σ., Θ., ὡς εἶδος ὁμοιώματος, *quasi species similitudinis*. Ἀ., ※ ὡς ὅρασις. Idem : Ἀ., ὠράθη, *visa est*. Σ., Θ., ὤφθη. In LXX nostris deest. Hebr., visa est. Vulg. apparuit. DRACH.]

V. 2. C, ... στολὴν ※ καὶ εἶπεν ⁚ (Hebr. et Vulg., et ait), εἴσελθε εἰς τὸ μέσον τῶν τροχῶν, καὶ ὑπο-

EZECHIELIS CAPUT X.

ΣΥΜΜΑΧΟΣ.	Ο'.	ΘΕΟΔΟΤΙΩΝ.
	1. Ὁμοίωμα θρόνου ἐπ' αὐτῶν. *Ἄλλως*, ※ ὡς ὅρασις ὁμοίωμα θρόνου ὤφθη ἐπ' αὐτῶν.	1.
5. Ὡς βροντὴ Θεοῦ Ἱκανοῦ.	5. Ὡς φωνὴ Θεοῦ Σαδδαΐ.	5. Ὡς βροντὴ Θεοῦ Ἱκανοῦ.
7.	7. Καὶ ἐξέτεινεν ὁ Χερουβ τὴν χεῖρα αὐτοῦ.	7. ※ Ἐκ τῶν ἀναμέσον τῶν Χερουβίμ.
9. Ὡς εἶδος ὑακίνθου.	9. Ὡς ὄψις λίθου ἄνθρακος.	9.
11.	11. Ὅτι εἰς ὃν ἂν τόπον ἐπέβλεψεν ἡ ἀρχὴ ἡ μία. *Ἄλλος*, εἰς ὃν ἂν τόπον, οὗ ἐπιβλέψει ἡ κεφαλή. *Ἄλλος*, οὗ ἂν ἔκλινε ὁ πρῶτος. *Ἄλλος*, οὗ ἐτρέπετο ὁ ἀρχηγός.	11.
	Ἐπορεύοντο.	Ὀπίσω αὐτοῦ ἐπορεύοντο.
12.	12. *Vacat.* *Ἄλλος*, καὶ πᾶσα ἡ σὰρξ αὐτῶν.	12.
13. . .	13. Γέλγελ. *Ἄλλως*, ※ κυλίσματα.	13.
14.	14. *Vacat.*	14. ※ Καὶ τέσσαρα πρόσωπα τῷ ἑνί· τὸ πρόσωπον τοῦ ἑνὸς πρόσωπον τοῦ Χερουβ, καὶ τὸ πρόσωπον τοῦ ἑνὸς πρόσωπον ἀνθρώπου, καὶ τρίτον πρόσωπον λέοντος, καὶ τὸ τέταρτον πρόσωπον ἀετοῦ.
16.	16. ※ Καίγε αὐτοὶ ἀπὸ τῶν ἐχόμενα αὐτῶν.	16.
18.	18. Ἀπὸ τοῦ οἴκου. *Ἄλλ.*, ἀπὸ τοῦ αἰθρίου τοῦ οἴκου.	18.
21.	21. Τέσσαρα πρόσωπα.	21. Τέσσαρα τέσσαρα πρόσωπα.
22.	22. *Vacat.*	22. ※ Τὴν ὅρασιν αὐτῶν.

SYMMACHUS.	LXX INTERPRETES.	THEODOTIO.
	1. Similitudo throni super eos. *Aliter*, sicut visio similitudo throni visa est super eos.	1.
5. Sicut tonitru Dei Potentis.	5. Sicut vox Dei Saddai.	5. Sicut tonitru Dei potentis.
7.	7. Et extendit Cherub manum suam.	7. De medio Cherubim.
9. Quasi species hyacinthi.	9. Quasi aspectus lapidis carbunculi.	9.
11	11. Quoniam in quemcumque locum respiciebat principium unum. *Alius*, in quemcumque locum quo respiciet caput. *Alius*, quocumque declinabat primus. *Alius*, quo vertebatur dux.	11.
	Ibant.	Post illud ibant.
12.	12. *Vacat.* *Alius*, et omnis caro earum.	12.
13. Volubiles.	13. Gelgel. *Aliter*, volubilitates.	13.
14.	14. *Vacat.*	14. Et quatuor facies uni: facies unius facies Cherub, et facies unius facies hominis; et tertium, facies leonis, et quartum, facies aquilæ.
16.	16. Etiam ipsi ab apud eos.	16.
18.	18. A domo. *Alius*, de subdio domus.	18.
21.	21. Quatuor vultus.	21. Quatuor quatuor facies.
22.	22. *Vacat.*	22. Visionem eorum.

Notæ et variæ lectiones ad cap. X Ezechielis.

κάτω τοῦ Χερουβίμ. Pro δράκας, Alex. et Ald., χεῖρας. — B : Ο', τὴν στολήν. Ἀ., ἐξαίρετα τὰ μόνα, *præcipuis singularibus* (cf. quæ adnotavimus ad ℣ 2 antecedentis cap.). Σ., τὰ λινά. Θ., βαδδίν. — Ο', τὰς δράκας σου. *Ἄλλος*, τὰς χεῖράς σου. — Ο', ἐκ. Σ., Θ., ※ τοῦ /. μέσου. Jam monuimus /. indicare finem additionis. Drach.

V. 4. C, καὶ ἀπῆρεν ἡ δόξα Κυρίου ἀπὸ τοῦ Χεῥούβ. B : Ἀ., ὑψώθη. — Ο', καὶ ἔπλησε τὸν οἶκον ἡ νεφέλη. Θ., ἐπλήσθη ὁ οἶκος τῆς νεφέλης. IDEM.

V. 5. Σ., Θ., βροντὴ Θεοῦ Ἱκανοῦ. Drusius et Coislin. Hieronymus vero ait : « *Saddai* Aquila, Symmachus et Theodotio Ἱκανόν, quod *fortem* *potentem*que significat, transtulerunt. » Vide cap. I, v. 24. [Pro ἕως, alii legunt πρό. Ex Lamb. Bos. DRACH.]

V. 6. Ο', ἐκ μέσου. Complut., ἐκ τοῦ μεταξύ. — B : Ο', τὴν στολήν. Ἀ., τὰ ἐξαίρετα. Σ., τὰ λινά. Θ., τὰ βαδδίν. Idem : Σ., ※ τοῦ τροχοῦ. Ο', Θ., ※ τῶν ⁚ τροχῶν. — Ο', ἐχόμενος. Ἀ., πλησίον, *prope*. DRACH.

V. 7. Θ., ἐκ τῶν ἀναμέσον etc. Ms. Jes. Edit. Rom. variat. [Edit. Rom., καὶ ἐξέτεινε τὴν χεῖρα. C, καὶ ἐξέτ. ὁ Χερούβ (et ita Alex. et Complut. Ald., ὁ Χερουβίμ) τὴν χεῖρα αὐτοῦ ※ ἐκ τῶν ἀναμέσον τῶν ※ Χερουβὶμ ⁚ εἰς μέσον τοῦ πυρὸς τοῦ ὄντος ἐν μέσῳ (etiam Complut., ἐν μέσῳ) τῶν Χ. DRACH.]

V. 9. Edit. Rom., καὶ ἴδον, καὶ ἰδοὺ τροχοὶ τέσσαρες. C, καὶ εἶδον, καὶ ἰδοὺ τέσσαρες τροχοὶ (etiam Complut. τέσ. τρ. ut Hebr. et Vulg., quatuor rotæ) εἱστήκεισαν ἐχόμενοι τῶν Χερουβίμ· τροχὸς εἷς ἐχόμενος Χερούβ ἑνὸς ※ καὶ τροχὸς εἷς ἐχόμενος Χερούβ ἑνός ⁚ (et ita Alex., Hebr. et Vulg. In edit. Rom. desiderantur quæ hic sub asterisco). DRACH.

Ibid. Theodoretus Symmachi versionem adfert. Hieronymus vero ait : « Juxta *LXX quasi visio* λίθου ἄνθρακος, i. e. *carbunculi*, licet in Hebraico THARSIS scriptum sit : quod Aq. *chrysolithum*, Symm. *hyacinthum* transtulerunt. » [B habet tantum, Ἀ., ὀφθαλμῶν, interpretatio vocis Hebraicæ כעין. Idem cod. : Ο', ἐχόμενος. Ἀ., πλησίον. Pro ὄψις, in ultimo loco, alii, ὅρασις. Ex Lamb. Bos. DRACH.]

V. 10. B : Ο', καὶ ἡ ὄψις αὐτῶν (ita Alex. C autem ut et edit. Rom. absque articulo. Complut., καὶ ἡ θεωρία αὐτῶν). Ἀ., Θ., ἡ ὅρασις. Σ., τὸ εἶδος. DRACH.

V. 11. Ἄλλος, εἰς ὃν ἂν τρόπον etc. Has omnes lectiones exhibet ms. Jes.

Ibid. Ἀ., Θ., ὀπίσω etc. Ms. Jes. [C, ὀπίσω αὐτοῦ ⁚ — B : Ο', οὐκ ἐπέστρεφον. Σ., οὐ μετετρέποντο, *non convertebantur*. — Ο', ἐπέβλεψεν ἡ ἀρχὴ ἡ μία. Ἀ., νεύει κεφαλή, *vergit caput*. Ἄλλος, ἐπιβλέψει ἡ κεφαλή, *respicit caput*. Σ., ἐτρέπετο ὁ ἀρχηγός, *vertebatur dux*. Θ., ἐκλίνετο ὁ πρῶτος, *declinabat primus*. Ἄλλος, ἔκλινε ὁ πρῶτος, *declinabat*. — Isti τῶν Ο', ἐπορεύοντο, præponit hanc Theodotionis lectionem, ὀπίσω αὐτοῦ. DRACH.]

V. 12. Ἄλλος, καὶ πᾶσα etc. Drusius. [C, ※ καὶ πᾶσαι αἱ σάρκες αὐτῶν ⁚ Scholion in ed. Rom, καὶ πᾶσαι αἱ σάρκες αὐτοῦ. Complut. ut ἄλλος noster. — B : Ἀ., Σ., Θ., Ο', καὶ πᾶσαι αἱ σάρκες αὐτῶν, ut C in textu. Sed Hebr., *caro*. DRACH.]

V. 13. Hieronymus : « Rotæ quoque ipsæ appellatæ sunt lingua Hebraica GELGEL, quod Symm. *volubiles*, Aquila *rotam* interpretatus est. » Ms. Jes. habet, ※ κυλίσματα, quæ est forte versio Symmachi. [B : Ο', Γελγέλ. Σ., κυλίσματα, ut suspicamus

EZECHIELIS CAPUT XI.

ΤΟ ΕΒΡΑΙΚΟΝ.

11 היא לא־תהיה לכם לסיר ואתם תהיו בתוכה לבשר אל־גבול ישראל אשפט אתכם

12 וידעתם כי־אני יהוה אשר בחקי לא הלכתם ומשפטי לא עשיתם וכמשפטי הגוים אשר סביבותיכם עשיתם

15 אחיך אחיך אנשי

כלה

ΤΟ ΕΒΡΑΙΚΟΝ Ἑλληνικοῖς γράμμασι.

11.

12.

15.

ΑΚΥΛΑΣ.

11.

12.

15. ※ Ἀδελφοί σου, ἀδελφοί σου οἱ ἄνδρες.

(Σύμπαντες.)

VERSIO HEBRAICI TEXT.

11. Hæc non erit vobis in lebetem, et vos eritis in medio ejus in carnem. In termino Israel judicabo vos.

12. Et scietis quia ego Dominus, quia in statutis meis non ambulastis, et judicia mea non fecistis : sed juxta judicia gentium, quæ in circuitu vestro, fecistis.

15. Fratres tui, fratres tui, viri. Ipsa tota.

VULGATA LATINA.

11. Hæc non erit vobis in lebetem, et vos non eritis in medio ejus in carnes : in finibus Israel judicabo vos.

12. Et scietis quia ego Dominus : quia in præceptis meis non ambulastis, et judicia mea non fecistis, sed juxta judicia gentium, quæ in circuitu vestro sunt, estis operati.

15. Fratres tui, fratres tui, viri. Universi.

AQUILA.

11.

12.

15. Fratres tui, fratres tui, viri. Universi.

Notæ et variæ lectiones ad cap. XI Ezechielis.

V. 1. Pro τῆς πύλης, *portæ*, ut etiam Hebr. et Vulg., C habet, τῆς αὐλῆς, *atrii*. Mox, εἶδον, et ita quasi constanter, pro ἴδεν editionis Rom. — Hebr., Jaazaniam filium Azzur. Vulg., Jezoniam filium Azur. Edit. Rom., Ἰεχονίαν τὸν τοῦ Ἐζέρ. C., Ἰεζονίαν τὸν τοῦ Ἀζούρ. Alex. et Ald., Ἰαζέρ. — Hebr., filium Banaiahu. Vulg., filium Banaiæ. LXX, τὸν τοῦ Βαναίου. C, τὸν τοῦ Βανέου. — B : Ο', τὸν τοῦ Ἀζούρ. Ἄλλος, Ἰαζέρ. Οἱ Γ, τὸν υἱὸν Ἀζούρ. — Ο', τὸν τοῦ Βανέου. Ἄλλος, τὸν υἱὸν τοῦ Βαναίου. — Ο', τοὺς ἀφηγουμένους. Οἱ Γ, τοὺς ἄρχοντας. DRACH.

V. 2. Ο', καὶ εἶπεν Κύριος. Illud Κύριος deest in Complut. nec habet Hebr. — B : Ο', καὶ βουλευομένους. Σ., καὶ συμβουλεύοντας, *et consulentes*. IDEM.

V. 3. B : Ο', προσφάτως, *recenter*. Σ., ἀρτίως, *modo*. Editor Romanus libri Jezecel Tetraplorum vertit, *perfecte* ; sed non quadrat. IDEM.

V. 5. Ο', λέγε. C, εἰπέ (non εἶπε, ut edi jussit idem editor). IDEM.

est Montf. Lamb. Bos : 'Α., τροχός. Σ., εὔστροφα, hanc vocem Græcam non habuit Montf., qui Latinam tantum dedit ex S. Hieron. Drach.]

V. 14. Θ., καὶ τέσσαρα πρόσωπα etc. Ms. Jes. Drusius vero sic sine interpretis nomine : καὶ τέσσαρα πρόσωπα εἶχεν ἕκαστον τῶν ζώων· τὸ πρόσωπον τὸ ἓν πρόσωπον Χερούβ, καὶ τὸ πρόσωπον τὸ δεύτερον πρόσωπον ἀνθρώπου, καὶ τὸ τρίτον etc. Hieronymus vero ait : Porro quod sequitur, *audiente me*, usque ad eum locum ubi scriptum est, *elevati sunt Cherubim*, in *LXX* non habetur, sed de Hebraico additum est. » [Ita etiam C, omnia sub asteriscis ; sed pro altero τοῦ ἑνός habet, τοῦ δευτέρου, ut Hebr., השני, *secundi*. Cæterum, τὸ τρίτον πρόσ. et τὸ τέταρτον πρόσ. forsan melius verteretur, *tertia facies*, *quarta facies*. Alex., Ald., Complut., τέσσαρα (Alex., τέσσερα) πρόσωπα τῷ ἑνί· (pro τῷ ἑνί Complut. habet, εἶχεν ἕκαστον τῶν ζώων) τὸ πρόσωπον τοῦ ἑνὸς (Complut., τὸ ἓν) πρόσωπον Χερούβ (Ald., τοῦ Χερουβίμ) καὶ τὸ πρόσωπον τοῦ δευτέρου (Complut., τὸ δεύτερον) πρόσωπον ἀνθρώπου, καὶ τὸ πρόσωπον τοῦ τρίτου (Ald. et Complut., καὶ τὸ τρίτον πρόσ.) πρόσωπον λέοντος, καὶ τὸ τέταρτον πρόσωπον ἀετοῦ. Drach.]

V. 15. Hebr. et Vulg., et elevata sunt Cherubim. Ipsum est animal... C, καὶ ἐπῆραν τὰ Χερουβίμ· τοῦτο τὸ ζῶον... Alex., Ald., Complut., καὶ ἐπῆραν (Ald., ἀπῆραν. Complut., ἐπήρθη) τὰ Χερουβείν (Ald., Complut., τὰ Χερουβίμ)· τ. τ. ζ. Romana autem edit. non quadrat cum Hebr. Sequitur in C, ὃ εἶδον ἐπὶ τοῦ ποταμοῦ τοῦ Χωβάρ. Drach.

V. 16. ※ καίγε αὐτοὶ etc. Ms. Jes. [C ita : ※ καίγε αὐτοὶ ἀπὸ τῶν ἐχόμενα ※ αὐτῶν ⁏ Sic etiam Alex., Ald. et Complut. editt., parum inter se diversæ. — B : Ο', καὶ ἐν τῷ ἐξαίρειν. Σ., καὶ ἐν τῷ ἐπαίρειν. Ἄλλος, ἐπαιρόντων. — Ο', τοῦ μετεωρίζεσθαι ἀπὸ τῆς γῆς. Σ., τοῦ ὑψοῦσθαι ἐπάνωθεν, *elevari desuper*. Idem in marg. ad vocem ἐχόμενα, 'Α., πλησίον. Drach.]

V. 17. Pro nostro μετεωρίζοντο, C habet ἐμετεωρίζοντο. — B : Ο', ζωῆς. 'Α., τοῦ ζώου. Drach.

V. 18. Ἄλλος, ἀπὸ τοῦ αἰθρίου etc. Drusius. [C, ἀπὸ ※ τοῦ αἰθρίου ⁏ τοῦ οἴκου. — B : 'Α., Σ., τῶν οὐδῶν, *liminibus*. Drach.]

V. 19. B : Ο', ἐνώπιον ἐμοῦ. 'Α., κατ' ὀφθαλμούς μου, ut Hebr., לעיני, *ad oculos meos*. — Ο', τῆς ἐπέναντι (?). Σ., τῆς ἀνατολικῆς, *orientalis*. Θ., κατ' ἀνατολάς, *ad orientem*. Drach.

V. 20. C, ἐπὶ τοῦ ποταμοῦ ÷ τοῦ ⁏ Χωβάρ, per ω. Idem.

V. 21. 'Α., Θ., τέσσαρα τέσσαρα πρόσωπα. Ms. Jes. [C, ※ τέσσαρα ⁏ τέσσαρα πρόσ. Et mox, ὁμοίωμα χειρῶν ἀνθρώπου. Et ita Alex. Hebr. et Vulg., hominis. — B : Ἄλλος, τ. τ. πρ. Drach.]

V. 22. Θ., τὴν ὅρασιν αὐτῶν. Ms. Jes. [C, καὶ ὁμοίωμα τῶν προσώπων αὐτῶν, ταῦτα τὰ πρόσωπά ἐστιν, ἃ εἶδον ÷ ὑποκάτω τῆς δόξης Θεοῦ Ἰσραὴλ ⁏ (Hebr. non habet) ἐπὶ τοῦ ποταμοῦ τοῦ Χωβὰρ ※ τὴν ὅρασιν ※ αὐτῶν ⁏. Etiam Alex., Ald., Complut., τὴν ὅρ. α., pro quo Sym. in cod. B, τοῦ εἴδους, *speciei*. Drach.]

EZECHIELIS CAPUT XI.

ΣΥΜΜΑΧΟΣ.	Ο'.	ΘΕΟΔΟΤΙΩΝ.
11.	11. Ἄλλος, αὕτη ὑμῖν οὐκ ἔσται εἰς λέβητα, καὶ ὑμεῖς οὐ μὴ γένησθε ἐν μέσῳ αὐτῆς εἰς κρέα, ἐπὶ τῶν ὁρίων τοῦ Ἰσραὴλ κρινῶ ὑμᾶς.	11.
12.	12. Ἄλλος, καὶ ἐπιγνώσεσθε ὅτι ἐγὼ Κύριος, ὅτι ἐν τοῖς δικαιώμασί μου οὐκ ἐπορεύθητε, καὶ τὰ κρίματά μου οὐκ ἐποιήσατε· ἀλλὰ κατὰ τὰ κρίματα τῶν ἐθνῶν τῶν περικύκλῳ ὑμῶν ἐποιήσατε.	12.
15. ※ Ἀδελφοί σου, ἀδελφοί σου, οἱ ἄνδρες.	15. Οἱ ἀδελφοί σου καὶ οἱ ἄνδρες.	15. ※ Ἀδελφοί σου, ἀδελφοί σου, οἱ ἄνδρες.
(Σύμπαντες.)	Συντετέλεσται.	(Σύμπαντες.)

SYMMACHUS.	LXX INTERPRETES.	THEODOTIO.
11.	11. *Alius*, hæc vobis non erit in lebetem, et vos non eritis in medio ejus in carnes : super terminos Israel judicabo vos.	11.
12.	12. *Alius*, et cognoscetis quia ego Dominus, quia in justificationibus meis non ambulastis, et judicia mea non fecistis, sed secundum judicia gentium, quæ in circuitu vestro, fecistis.	12.
15. Fratres tui, fratres tui, viri.	15. Fratres tui, et viri.	15. Fratres tui, fratres tui, viri.
Universi.	Consummata est.	Universi.

Notæ et variæ lectiones ad cap. XI Ezechielis.

V. 6. Ο', καὶ ἐνεπλήσατε τὰς ὁδοὺς αὐτῶν. C, καὶ ἐπλήσατε τὰς ὁδοὺς αὐτῆς. Illud αὐτῆς habent Alex. et Ald. Hebr. et Vulg., ejus, *d'elle*. Idem.

V. 7. Pro Κύριος, C, Ἀδωναΐ K. Alex. quoque, Ald. et Complut., Ἀδωναΐ K. Hebr., Adonai Jehova. Vulg., Dominus Deus. Sic etiam in præsenti cap. ℣℣ 13, 16, 17, 21. Idem.

V. 8. Ο', Κύριος. C, K. K. Alex., Ald., Complut., Hebr. et Vulg., ut ℣ anteced. Idem.

V. 10. C, ὁρίων. Ita et Complut. Hebr. et Vulg. simililer, *finibus*. Quod autem in edit. Rom. aliisque non paucis exemplaribus, necnon apud Theodoretum, legitur, ὀρέων, *montibus*, ἁμάρτημα γραφικόν videtur esse librariorum. Apposite Drusius : « Nam proclivis sane lapsus de ὁρίων in ὀρέων. » Idem.

V. 11. Ἄλλος, αὕτη ὑμῖν etc. Drusius. [C habet ut *alius*, absque ulla præfixa nota; sed pro γένησθε, legit γενήσεσθε. Istam varietatem non observavit editor textus Tetraplorum. — B, in margine, ad vocem γενήσεσθε, οἱ Γ', ἔσεσθε. Etiam Alex. et Complut. ut *alius*; sed Alex. pro ὁρίων, legit, ὀρέων. Drach.]

V. 12. Ἄλλος, καὶ ἐπιγνώσεσθε. Drusius. Notatque Hieronymus hæc in LXX non haberi, sed ex Hebræo addita fuisse : quæ tamen ille Latine tantum adfert. [C ita : καὶ ἐπιγνώσεσθε ὅτι ἐγὼ Κύριος · (quæ sequuntur sunt etiam in B) ※ ὅτι ἐν .. οὐκ ἐποιήσατε ※ καὶ τὰ κρίματα τῶν ἐθνῶν τῶν περικύκλῳ ὑμῶν ἐποιήσατε ⁚. Et ita Complut., nisi quod legit, ὅτι ἐν ταῖς ἐντολαῖς. Alii exhibent alterum stichum bina cum negatione : ἀλλ' οὐδὲ κατὰ τὰ κρίματα... οὐκ ἐποιήσατε. Sed S. Hieron. versio Latina hujus loci, et Hebr. textus, sine negatione : *sed juxta judicia gentium, quæ in circuitu vestro sunt, estis operati*. Drach.]

V. 13. B : O', ὁ· Οἱ Γ', υἱὸς /. τοῦ Βαναίου.— O', οἴμοι. Ἄλλως, οἴμοι, οἴμοι (sic, circumfl.). Οἱ Γ' ὤμοι.— O', εἰς συντέλειαν. Σ., εἰς ἀνάλωσιν, *in excidium*. — O', τοὺς καταλοίπους. Σ., τὸ λείψανον, *reliquias*. Drach.

V. 15. ※ οἱ Γ', ἀδελφοί σου etc. Ms. Jes. [Et ita C, sed absque asterisco. Et mox legit : ἡμῖν ※ αὐτοῖς ⁚ δέδοται. — B : O', αἰχμαλωσίας σου. Ἀ., ἀγχιστείας σου, *propinquitatis tuæ*. O', συντετέλεσται. Ἄλλος, πάντες. O', μακρὰν ἀπέχετε. Θ., μακρύνθητε, *procul recedite*. O', ἡμῖν. Ἀ., Θ., αὕτη /. δέδοται, *ipsa data est*. Drach.]

Ibid. Hieronymus : « Pro *universis*, illi (scil. LXX) posuerunt, *consummata est*, propter litterarum et verbi ambiguitatem : CHULLO enim quod Aq., Sym. et Theod. *universos* interpretati sunt, illi verterunt, *consummata est*, quod juxta sensum

EZECHIELIS CAPUT XII.

ΤΟ ΕΒΡΑΙΚΟΝ.	ΤΟ ΕΒΡΑΙΚΟΝ Ἑλληνικοῖς γράμμασι.	ΑΚΥΛΑΣ.
בתוך בית־המרי 2	2.	2.
בית מרי 3	3.	3.
הנשיא המשא 10	10.	10.
אריק אחריהם 14	14.	14.
ברעש 18	18.	18.
המשל 22	22.	22.
ואבד		
חלק 24	24.	24.

VERSIO HEBRAICI TEXT.	VULGATA LATINA.	AQUILA.
2. In medio domus rebellionis.	2. In medio domus exasperantis.	2.
3. Domus rebellionis.	3. Domus exasperans.	3.
10. Principi onus.	10. Super ducem onus.	10.
14. Evacuabo post eos.	14. Evaginabo post eos.	14.
18. In tremore.	18. In conturbatione.	18.
22. Proverbium.	22. Proverbium.	22.
Et peribit.	Et peribit.	
24. Lenientis.	24. Ambigua.	24.

Notæ et variæ lectiones ad cap. XII Ezechielis.

V. 2. Ἄλλος, ἐν μέσῳ οἴκου παραπ-. Drusius. Hieronymus vero hæc notat : « Pro eo quod nos vertimus, *in medio domus exasperantis tu habitas*, *LXX* posuerunt : *In medio iniquitatum eorum tu habitas*. » [Οἴκου legitur etiam apud Theodoretum. —B : O', Σ., Θ., τοῦ βλέπειν. Ἄλλος, τοῦ δρᾷν, *ad faciendum*. Lapsus manifestus pro ὁρᾷν. Et ita Alex. et Ald., ὁρᾷν. O', οἶκος παραπικραίνων. Ἀ., Σ., οἶκος προσεριστής, *domus contentiosa*. (Edit. Rom. ad hunc ŷ, Theodoretus ex Symm., προσεριστής.) Drusius autem ad ŷ 3 seq. refert, et, ut de more, Montfauconium post se trahit. Cæterum Aquilæ pariter, uti vides, tribuenda est lectio. Drach.]

V. 3. Σ., οἶκος προσεριστής. Drusius.

Ibid. C ita : σκεύη αἰχμαλωσίας, καὶ αἰχμαλωτίσθητι. Ita etiam Alex. et Ald. Complut. autem, αἰχμαλωτεύθητι. Hebr. et Vulg., vas transmigrationis, et transmigrabis. Mox, εἰς τόπον ἕτερον. Ita etiam Complut., Hebr. et Vulg.— B : O', αἰχμαλωσίας. Ἀ., μετοικεσίας, *transmigrationis*. O', ἐστί. Ἄλλοι, εἰσίν. Et ita Hebr., sunt. Drach.

V. 4. C, ἑσπέρας ἐνώπιον αὐτῶν, ὡς ἐκπορεύεται αἰχμάλωτος. Eumdem ordinem verborum habent Hebr., Vulg., Alex., Ald. et Complut., quem haud servat Rom. edit. Idem.

V. 5. Hebr., ad oculos eorum. In LXX nostris desunt. C. ※ εἰς ὀφθαλμοὺς ※ αὐτῶν ⁚. — B : O', εἰς τὸν τοῖχον. Ἄλλος, ἐν τῷ τοίχῳ, *in pariete*. Et ita Hebr. Idem.

V. 6. B : O', ἀναληφθήσῃ. Ἀ., ἀρθήσῃ, *tolleris*. Θ., ἀρεῖς, *portabis* Hebr., portabis. — O', τέρας. Ἄλλος, πέρας, *terminum*. Sed *alius* lectio lapsus est librarii, quod palam. Idem.

omnino non resonat. › Codex noster vetustissimus habet CHOLLO. [Extulerunt LXX כָּלָּה, *cala* pro *cullo*. Drach.]

V. 16. Post εἰς τὰ ἔθνη C addit : καὶ διασκορπιῶ αὐτοὺς εἰς τὰ ἔθνη. Supervacanea et obelo notanda. Mox, εἰς πᾶσαν τὴν γῆν. Artic. τὴν etiam in Alex. legitur. — B : Ο', ἀπώσομαι αὐτούς. Σ., μακρὰν ποιήσω αὐτούς, *procul faciam eos*. — Ο', οὗ. Σ., εἰς ἃς, *ad quas*. Drach.

V. 17. B : Ο', οὗ. Σ., ὅπου. Idem.

V. 18. B : Ο', πάντα. 'Α., ※ σὺν /. πάντα.—Ο', τὰ βδελύγματα αὐτῆς. Σ., τὰ αἴσχη αὐτῆς. Idem.

V. 19. B : Ο', ἑτέραν (legerunt אחר). 'Α., Σ., Θ., μίαν, *unam*. Et ita Hebr., אחד, et Vulg. — Θ', δώσω ἐν αὐτοῖς. Σ., (δώσω) εἰς τὰ ἔγκατα ὑμῶν, *in viscera vestra*. Ad lit. ex Hebr., בקרבכם. Idem.

V. 20. B : Ο', ἐν τοῖς προστάγμασί μου. 'Α., ἐν ταῖς ἀκριβείαις μου, *in accuratis statutis meis*. Idem.

V. 21. B : Ο', καὶ εἰς τὴν καρδίαν τῶν βδελυγμάτων αὐτῶν. Ἄλλως, καὶ κατὰ τὰς καρδίας..., *et secundum corda*... Σ., ὧν δὲ πρὸς τὴν ἐνθύμησιν τῶν βδελυγμάτων αὐτῶν, *quorum autem* (cor) *ad cogitationem abominationum suarum*. Idem.

V. 22. B : Ο', ἐχόμενοι αὐτῶν. 'Α., συμφώνως. Idem.

V. 24. LXX, καὶ ἀνέλαβέ με πνεῦμα. C vero cum Complut., καὶ πν. ἀνέλ. με. Et ita Hebr. et Vulg.— B : Ο', καὶ ἀνέβην ἀπὸ τῆς ὁράσεως, ἧς. Σ., καὶ ἀνελήφθη ἀπ' ἐμοῦ ἡ ὅρασις ἣν. Hebr., et ascendit desuper me visio, quam. Idem.

V. 25. B : Ο', πρὸς τὴν αἰχμαλωσίαν. 'Α., σὺν/. πάντας. Idem.

EZECHIELIS CAPUT XII.

ΣΥΜΜΑΧΟΣ.	Ο'.	ΘΕΟΔΟΤΙΩΝ.
2.	2. Ἐν μέσῳ τῶν ἀδικιῶν αὐτῶν. Ἄλλος, ἐν μέσῳ οἴκου παραπικραίνοντος.	2.
3. Οἶκος προσεριστής.	3. Οἶκος παραπικραίνων.	3.
10.	10. Ὁ ἄρχων καὶ ὁ ἀφηγούμενος. Ἄλλος, τῷ ἄρχοντι καὶ τῷ ἀφηγουμένῳ.	10.
14. Γυμνώσω ὀπίσω αὐτῶν.	14. Ἐκκενώσω ὀπίσω αὐτῶν. Ἄλλος, ἐκχεῶ ὀπίσω αὐτῶν.	14.
18.	18. Μετὰ ὀδύνης. Ἄλλος, μετ' ἐνδείας.	18.
22. Παροιμία.	22. Παραβολή. Οἱ λοιποί, idem.	22.
Διαπνεύσει.	Ἀπόλωλεν.	
24.	24. Τὰ πρὸς χάριν. Οἱ λοιποί, ...	24.

SYMMACHUS.	LXX INTERPRETES.	THEODOTIO
2.	2. In medio iniquitatum ipsorum. *Alius*, in medio domus exasperantis.	2.
3. Domus contentiosa.	3. Domus exasperans.	3.
10.	10. Princeps et dux. *Alius*, principi et duci.	10.
14. Nudabo post eos.	14. Evacuabo post eos. *Alius*, effundam post eos.	14.
18.	18. Cum dolore. *Alius*, cum penuria.	18.
22. Proverbium.	22. Parabola. *Reliqui, idem*.	22.
Dissipabitur in vaporem.	Periit.	
24.	24. Juxta gratiam. *Reliqui*, lubrica.	24.

Notæ et variæ lectiones ad cap. XII Ezechielis.

V. 7. Hebr. et Vulg., quasi vasa. In LXX nostris deest. C, cum Alex., Ald. et Theodor., ὡς σκεύη. Complut., σκεύη. - Hebr. et Vulg., manu. In LXX nostris deest. C, cum Alex., Ald. et Complut., τῇ χειρί. — Pro ἐπ' ὤμων, C legit, ἀπ' ὤμων. Hebr., super humero. — B : Ο', καὶ κεκρυμμένος. 'Α., ἐν ἀχλύϊ, *in caligine*. Σ., ἐν σκοτίᾳ, *in tenebris*. Θ., ἐν σκότει, *id*. Idem.

V. 8. C, πρός με τοπρωΐ. Idem ordo verborum in Alex. et in Hebr. Idem.

V. 9. Pro εἶπαν, *dixerunt*, C legit, εἶπον, *dixi*. Hebr. autem, dixerunt. Mox, non habet articulum ὁ ante παραπικραίνων. Idem.

V. 10. Ἄλλος, τῷ ἄρχοντι etc. Ms. Jes. [Alex., εἰπὸν τῷ ἄρχοντι καὶ τῷ ἀφηγουμένῳ Ἱερουσαλήμ. Ita etiam Ald. et Complut. Sed non habent εἰπόν, et ante Ἱερουσ. addunt ἐν. — Pro Κύριος Κύριος, Complut., Ἀδωναΐ Κ.—B : ὁ ἄρχων καὶ ὁ ἀφηγούμενος. 'Α., τῷ ἐπηρμένῳ τὸ ἄρμα τοῦτο, *sublato onus hoc*. Σ., περὶ τοῦ ἄρχοντος τὸ λῆμμα τοῦτο, *de principe assumptio hæc*. Θ., οἱ λοιποί, ὁ ἄρχων ὁ ἀφηγούμενος οὗτος, *princeps dux hic*. Ἄλλος, τῷ ἄρχοντι καὶ τῷ ἀφηγουμένῳ. Drach.]

V. 11. B : Ο', αὐτῷ. 'Α., ὑμῖν (legit, לכם, *vobis*). Σ., Θ., αὐτοῖς, *ipsis*. Hebr., להם, *eis*. Drach.

V. 12. C ita : καὶ ὁ ἄρχων ὁ ἐν μέσῳ αὐτῶν. Hebr. et Vulg., et dux qui est in medio eorum. In fine commatis, pro τὴν γῆν, habet C, τὴν ὀργήν, sed perperam.—B : 'Α., σὺν /. τὴν γῆν. Idem.

V. 13. B : Ο', ἐν τῇ περιοχῇ μου. 'Α., ἀμφιβλήστρῳ μου, *retiaculo meo*. Σ., σαγήνῃ μου, *sagena mea*. Idem.

V. 14. Σ., γυμνώσω etc. Ms. Jes. [C ut *alius*, et ita Alex., Ald. et Complut. — B : Ο', τοὺς ἀντιλαθομένους αὐτοῦ. Ἀ., ἀγάλματα αὐτοῦ, *simulacra ejus*. Σ., τὰ πτερὰ αὐτοῦ, *alas ejus*. Θ., τὰ ὑποστηρίγματα αὐτοῦ, *sustentacula ejus*. Et ad marginem, pro ὀπίσω αὐτῶν, habet ἀκολουθοῦσαν αὐτοῖς, *persequentem illos*, quod refertur ad præcedentem vocem ῥομφαίαν, *gladium*. Drach.]

V. 16. B : O', καὶ ὑπολείψομαι. Ἄλλος, καὶ ὑπολήψομαι, *et suscipiam*. O', καὶ ἐκ θανάτου. Ἀ., Σ., καὶ ἐκ λοιμοῦ, *et a peste*, uti et Hebr. Drach.

V. 18. Ἄλλος, μετ' ἐνδείας. Ms. Jes. [Et ita C cum Ald. — B : Ἀ., ἐν σεισμῷ, *in commotione*. Σ., ἐν ἀκαταστασίᾳ, *in instabilitate*. Θ., ἐν σάλῳ, *in commotione*. Idem cod. : O', μετὰ βασάνου, *cum tormento*. Ἀ., ἐν κλόνοις, *in commotionibus*. Σ., μετὰ σάλου, *cum commotione*. Θ., σπουδῆς, *sollicitudine*. Drach.]

V. 19. Pro λέγει Κύριος, C, cum Alex., Ald., Complut., λ. Ἀδ. Κ. Hebr. et Vulg. similiter ut sæpe indicatum. — Pro πάντες οἱ κατοικοῦντες, Complut. melius, πάντων τῶν κατοικούντων, *omnium qui habitant*; ita enim fert Hebr. veritas, et sic vertit Vulg. — C, ἀφανισθῇ ἡ γῆ συμπληρώματι, pro σὺν πληρώματι, editionum cæterarum. — B : O', μετ' ἐνδείας, *cum egestate*. Ἀ., Θ., ἐν μερίμνῃ, *in sollicitudine*. Σ., μετ' ἀκαταστασίας, *cum instabilitate*. O', μετ' ἀφανισμοῦ, *cum dissipatione*. Σ., ἀδημονίας, *desperatione*. O', σὺν πληρώματι αὐτῆς. Σ., ἀπὸ πληρώματος αὐτῆς, *a plenitudine sua* (et ita Hebr.). Ἄλλος, ἐν τῷ πληρώματι. O', ἐν ἀσεβείᾳ γὰρ πάντες οἱ κατοικοῦντες, *in impietate enim omnes qui habitant*. Σ., διὰ ἀδικίαν πάντων τῶν κατοικούντων, *propter iniquitatem omnium inhabitantium*. Drach.

V. 20. B : O', ἐξερημωθήσονται, *in desolationem erunt*. Ἀ., καθαιρεθήσονται, *destruentur* (et ita Hebr.). Σ., κενωθῶσιν, *evacuabuntur*. O', εἰς ἀφανισμόν, *in dissipationem*. Σ., ἄτακτος, *inordinata*. Idem.

V. 22. Hieronymus : « Quod nos diximus, *proverbium*, juxta Symmachum, omnes alii interpretes *parabolam* transtulerunt, quæ Hebraice appellatur MASAL. »

EZECHIELIS CAPUT XIII.

ΤΟ ΕΒΡΑΙΚΟΝ.	ΤΟ ΕΒΡΑΙΚΟΝ Ἑλληνικοῖς γράμμασι.	ΑΚΥΛΑΣ.
2 הנבאים ואמרת לנביאי מלבם	2.	2. ※ Τοὺς προφητεύοντας, καὶ ἐρεῖς τοῖς προφήταις τοῖς προφητεύουσιν ἀπὸ καρδίας αὐτῶν.
3 אשר הלכים אחר רוחם	3.	3.
4 כשעלים בחרבות נביאיך ישראל	4.	4. Ὡς ἀλώπεκες ἐν ταῖς ἐρήμοις οἱ προφῆταί σου, Ἰσραήλ.
5 לא עליתם בפרצות ותגדרו גדר על־בית ישראל לעמד במלחמה ביום יהוה	5.	5.
7 ואמרים נאם־יהוה ואני לא דברתי	7.	7.
9 בסוד	9.	9.
10. 11 טחים אתו תפל : אמר	10, 11.	10, 11. (Ἀλείφουσιν) αὐτὸν ἄναλον, εἰπόν.

VERSIO HEBRAICI TEXT.	VULGATA LATINA.	AQUILA.
2. Prophetantes : et dices prophetantibus de corde suo.	2. Qui prophetant : et dices prophetantibus de corde suo.	2. Prophetantes : et dices prophetis prophetantibus de corde suo.
3. Qui euntes post spiritum suum.	3. Qui sequuntur spiritum suum.	3.
4. Tamquam vulpes in desertis prophetæ tui, Israel.	4. Quasi vulpes in desertis prophetæ tui, Israel.	4. Quasi vulpes in desertis prophetæ tui, Israel.
5. Non ascendistis in fracturas, et sepivistis sepem super domum Israel ad standum in bello in die Domini.	5. Non ascendistis ex adverso, neque opposuistis murum pro domo Israel, ut staretis in prælio in die Domini.	5.
7. Et dicentes : Dixit Dominus, et ego non locutus sum.	7. Et dicitis, Ait Dominus, cum ego non sim locutus.	7.
9. In secreto.	9. In consilio.	9.
10, 11. Oblinentes eum insulso : Dic.	10, 11. Liniebant eum luto absque paleis. Dic.	10, 11. Liniunt cum absque sale. Dic.

Ibid. Hieronymus : « *Omnis visio peribit :* vel juxta Symmachum, διαπνεύσει, id est, *in ventum et auram tenuem dissolvetur.* » [In fine commatis. Hebr. et Vulg., omnis visio. C, πᾶσα ὅρασις, et ita Ald. et Complut. In Rom. et Alex. deest πᾶσα. Drach.]

V. 23. C, λέγει Ἀδων. K. Et ita Alex., Ald. et Complut. Hebr. et Vulg., ut de more.—B : *Πάντες*, ΠΙΠΙ. Idem cod. : Ο', καὶ ἀποστρέψω, *et avertam.* Σ, παύσω, *quiescere faciam.* Ο', ὅτι. Ἀ., ※ ἀλλ' ἤ, *sed etiam.* Ο', καὶ λόγος. Σ., καιρός. Ita etiam Complut. Drach.

V. 24. Hieronymus : « Ubi a nobis editum est, *neque erit divinatio ambigua*, vertere *LXX*, *neque divinans juxta gratiam :* pro quo omnes *lubricum* interpretati sunt, quod nos *ambiguum* diximus. » [B : Σ., ὀλισθηρόν, *lubricum* (en tibi Græcum *omnium* S. Hieronymi). Θ., λεῖα, *mollia.* Idem cod. : Ο', ψευδής. Ἀ., εἰκῇ, *temere.* Σ., Θ., ματαία, *vana.* Drach.]

V. 25. Vide edit. Rom. C, Διότι ἐγὼ Κύριος λαλήσω, λαλήσω τοὺς λόγους μου καὶ ποιήσω, καὶ οὐ μηκυνῶ ἔτι· ὅτι ἐν ταῖς ἡμέραις ὑμῶν, οἶκος ὁ παραπικραίνων, λαλήσω λόγον καὶ ποιήσω, λέγει Ἀδωνάϊ Κύριος (Alex., Ald. et Complut., Ἀδωναΐ K.). — B : Ο', μηκυνῶ. Σ., παροικισθήσεται, *peregrinabitur.* Ο', παραπικραίνων. Ἀ., προσεριστής. Drach.

V. 27. C ita : Ἰδοὺ ὁ οἶκος Ἰσραὴλ ÷ ὁ παραπικραίνων ÷ λέγοντες ⁚ λέγουσιν quæ hic obelo signantur non sunt in Hebr. textu. Idem.

V. 28. C congruit cum Hebr., exceptis duobus quæ notabimus. Διὰ τοῦτο εἰπὸν (Complut., εἰπὲ) πρὸς αὐτούς. Τάδε λέγει Ἀδωνάϊ Κύριος· (Alex., Ald. et Complut, Ἀ-αΐ K.) Οὐ μὴ μηκυνοῦσιν οὐκ ἔτι πάντες οἱ λόγοι μου, οὓς ἂν λαλήσω· λαλήσω (hoc alterum λαλήσω deest in Hebr.) λόγον καὶ ποιήσω (Hebr., fiet), λέγει Ἀδωνάϊ Κύριος. (Alex., Ald., Complut., Ἀ-αΐ K.) Idem.

EZECHIELIS CAPUT XIII.

ΣΥΜΜΑΧΟΣ.	Ο'.	ΘΕΟΔΟΤΙΩΝ.
2.	2.	2. ※ Τοὺς προφητεύοντας, καὶ ἐρεῖς τοῖς προφήταις τοῖς προφητεύουσιν ἀπὸ καρδίας αὐτῶν.
3.	3.	3. ※ Τοῖς πορευομένοις ὀπίσω τοῦ πνεύματος αὐτῶν.
4. Ὡς ἀλώπεκες ἐν ἐρειπίοις οἱ προφῆταί σου, Ἰσραήλ.	4. Ὡς ἀλώπεκες ἐν ταῖς ἐρήμοις οἱ προφῆταί σου, Ἰσραήλ.	4. Ὡς ἀλώπεκες ἐν ἐρειπίοις οἱ προφῆταί σου, Ἰσραήλ.
5. Οὐκ ἀνέβητε εἰς τὰς διακοπὰς, οὐδὲ περιεφράξατε φραγμὸν περὶ τοὺς υἱοὺς Ἰσραήλ, ὑπὲρ τοῦ στῆναι ἐν πολέμῳ ἐν ἡμέρᾳ Κυρίου.	5. Οὐκ ἔστησαν ἐν στερεώματι· καὶ συνήγαγον ποίμνια ἐπὶ τὸν οἶκον τοῦ Ἰσραήλ· οὐκ ἀνέστησαν οἱ λέγοντες, Ἐν ἡμέρᾳ Κυρίου.	5.
7.	7. *Ἄλλος*, καὶ ἐλέγετε, Φησὶ Κύριος, καὶ ἐγὼ οὐκ ἐλάλησα.	7.
9. Ἐν ὁμιλίᾳ.	9. Ἐν παιδείᾳ.	9.
10, 11. (Ἀλείφοντες) αὐτὸν ἀναρτύτῳ, εἰπέ.	10, 11. Ἀλείφουσιν αὐτὸν, πεσεῖται, εἰπόν.	10, 11. Ἀλείφουσιν αὐτὸν ἀφροσύνῃ, εἰπόν.

SYMMACHUS.	LXX INTERPRETES.	THEODOTIO.
2.	2.	2. Prophetantes : et dices prophetis prophetantibus de corde suo.
3.	3.	3. Euntibus post spiritum suum.
4. Sicut vulpes in parietinis prophetæ tui, Israel.	4. Quasi vulpes in desertis prophetæ tui, Israel.	4. Sicut vulpes in parietinis prophetæ tui, Israel.
5. Non ascendistis ad intercisiones, neque obsepivistis sepem circa filios Israel, ad standum in prælio in die Domini.	5. Non steterunt in firmamento, et congregaverunt greges super domum Israel : non resurrexerunt dicentes, In die Domini.	5.
7.	7. *Al.*, et dicebatis, Dicit Dominus : et ego non locutus sum.	7.
9. In colloquio.	9. In disciplina.	9.
10, 11. Linientes eum absque temperamento. Dic.	10, 11. Liniunt eum : cadet. Dic.	10, 11. Liniunt eum stultitia. Dic.

ΤΟ ΕΒΡΑΙΚΟΝ.	ΤΟ ΕΒΡΑΙΚΟΝ Ἑλληνικοῖς γράμμασι.	ΑΚΥΛΑΣ.
18 הוי למתפרות כסתות על ׀ כל־ אצילי ידי ועשות המספחות על־ראש כל־קומה לצודד נפשות. Ὁ Ἑϐρ., οὐαὶ ταῖς ποιούσαις φυλακτήρια, καὶ κρεμαζούσαις ἐπὶ τοῖς βραχίοσιν αὐτῶν, καὶ ἐπιτιθεμέναις αὐτὰς ἐπάνω κεφαλῆς ἑκάστης ἡλικίας, τοῦ διαστρέφειν τὰς ψυχάς.	18.	18.
22 יען הכאות	22.	22. . . . . ἐχειμάζετε.

VERSIO HEBRAICI TEXT	VULGATA LATINA.	AQUILA.
18. Væ consuentibus pulvinaria super omnibus axillis manuum mearum, et facientibus velamina super caput omnis staturæ ad venandum animas. *Hebræus int.*, væ facientibus phylacteria et appendentibus super brachia ipsarum, et imponentibus illa supra caput uniuscujusque staturæ, ad subvertendum animas.	18. Væ quæ consuunt pulvillos sub omni cubito manus : et faciunt cervicalia sub capite universæ ætatis ad capiendas animas.	18.
22. Ad conterendum.	22. Pro eo quod mœrere fecistis.	22. .. fluctuare faciebatis.

Notæ et variæ lectiones ad cap. XIII Ezechielis.

V. 2. Ἀ., Θ., τοὺς προφητεύοντας etc. Ms. Jes. quæ a LXX prætermissa fuisse testificatur Hieronymus. [C ita : υἱὲ ἀνθρώπου, προφήτευσον ἐπὶ τοὺς προφήτας τοῦ Ἰσραὴλ ※ τοὺς προφητεύοντας, καὶ ※ ἐρεῖς τοῖς προφήταις τοῖς προφητεύουσιν ἀπὸ καρδίας αὐτῶν, ⁚ ÷ καὶ προφητεύσεις, καὶ ἐρεῖς πρὸς αὐτούς· ⁚ (obelo notata non sunt in Hebr.) Ἀκούσατε λόγον Κυρίου. Et ita Alex., Ald. et Complut., cum parvo discrimine. Drach.]

V. 3. Heb., Adonai Jehova. C cum Alex. et Complut., Ἀδωναΐ Κύριος. Drach.

Ibid. Θ., τοῖς πορευομένοις etc. Ms. Jes. [C ※ τοῖς πορ. ὀπ. τοῦ ※ πνεύμ. α. ita et Complut. B : Σ., τοῖς ἀκολουθήσασι τῷ πνεύματι ἑαυτῶν, *sequentibus spiritum suum.* Ο', Θ., τοῖς πορευομένοις ὀπίσω τοῦ πνεύματος αὐτῶν. Id. cod. B : Ο', τοῖς προφητεύουσιν ἀπὸ καρδίας αὐτῶν (legerunt, ut videtur, מלבם pro nostro הנבלים, et quidem longe melius). Ἀ., ... ἀποῤῥέοντας,... *diffluentes.* Θ., ἐπὶ τοὺς προφήτας τοὺς ἄφρονας, *super prophetas stultos* (legit הנבלים). Ο', καὶ τὸ καθόλου μὴ βλέπουσιν. Ἄλλος, καὶ τοῖς καθόλου μὴ βλέπουσιν, *et iis omnino non videntibus.* Σ., μηδέν. *nihil.* Drach.]

V. 4. Σ., ὡς ἀλώπεκες etc. Theodoretus, ταῦτα ὁ Σύμμαχος σαφέστερον ἡρμήνευσεν, ὡς *ἀλώπεκες* etc. Hieron. « Prophetæ Israel vulpium similes sunt, quotidie domesticarum avium furta facientes, qui habitant, juxta Aquilam et *LXX*, in desertis ; juxta Symmachum et Theod. *in parietinis*, atque *ruinosis.* » [C ut Ἀ., Ο', sed post Ἰσραὴλ addit, ※ ἦσαν ⁚ In B ad marg. post ἀλώπεκες notatur sic : Ἀ., Σ., ※ ἐγένοντο. Θ., ※ ἦσαν. Drach.]

V. 5. Σ., οὐκ ἀνέϐητε etc. Ex Theodoreto. [C non habet, ἐπὶ τὸν οἶκον Ἰσραὴλ, quod tamen legitur in Heb. — B ad marg. : Ἀ., Θ., διακοπαῖς. Θ., καὶ οὐκ ᾠκοδομήσαντο φραγμὸν ἐπὶ τὸν οἶκον Ἰσραὴλ, τοῦ στῆναι ἐν πολέμῳ ἐν ἡμέρᾳ. Σ., ὑπὲρ τοῦ ἐνστῆναι ὡς ἐν πολέμῳ ἐν ἡμέρᾳ Κυρίου. Drach.]

V. 6. Manifesto lapsus est scriba codicis C. Pro μάταια scripsit incogitanter μαντεῖα, et hoc ἁμάρτημα aggravavit corrector typographicus, qui poni jussit μαντεία. In eod. cod. legitur, καὶ ἐγὼ Κύριος οὐκ ἀπέσταλκεν αὐτούς. Illud ἐγώ non est in Hebr. et præterea discrepat cum verbo tertiæ personæ. Primus amanuensis et [illegible] emendarunt, ἀπέσταλκα, *misi*, sed secunda manus ἀπέσταλκεν reposuit. Ald. legit, ἐγὼ οὐκ ἀπέσταλκα. — B : Ο', τοῦ ἀναστῆναι. Σ., κυρῶσαι, *firmare*, Θ., στῆσαι, *stare.* Drach.

V. 7. Ἄλλος, καὶ ἐλέγετε. Hieronymus vero hæc habet : « Quodque sequitur, *Et dicebatis, Dicit Dominus, et ego non sum loquutus*, in *LXX* non habetur. » [C ut *alius*, sed præfixo asterisco. Et ita Ald., Alex. et Complut. Duo posteriores, λέγετε (Alex. non λέγεται, ut perperam asserit L. Bos). B : Ἄλλος, καὶ λέγετε. Id. B : Ο', οὐχ. Ἀ., ※ μήτι ; *numquid ?* Ἄλλ., οὐχί ; *nonne ?* Idem, Σ, ἐμοῦ μὴ λαλήσαντος. Ἄλλος, καὶ ἐγὼ οὐκ ἐλάλησα. Drach.]

V. 8. Heb., Adonai Jehova. LXX, Κύριος. C, Κύριος Ἀδωναΐ. Alex., Ald., Compl., Ἀδ. Κ. Et in fine nostri comınatis, C, Ἀδ. Κ., ut tres editiones. Sic etiam ꝟꝟ 9, 13, 16, 18.

V. 9. Σ., ἐν ὁμιλίᾳ. Drusius.

Ibid. Heb. et Vulg., et in scriptura domus Israel non scribentur, LXX οὐδὲ ἐν γραφῇ οἴκου Ἰσραὴλ οὐ γραφήσονται. C tantum, οὐ δὲ ἐγγραφήσονται. — B : Ο', καὶ τοὺς ἀποφθεγγομένους. Α., Σ., Θ., μαντευομένους, *vaticinantes.* Ο', ἐν παιδείᾳ. Ἀ., ἐν ἀποῤῥήτῳ, *in secreto.* Σ., ἐν ὁμιλίᾳ, *in colloquio.* Θ., ἐν βουλῇ, *in consilio.* Hebr. בסוד, uniuscujusque trium versionis sensum habet. Drach.

V. 10, 11. Ms. Jes. Ἀ., αὐτὸν ἄναλον, εἰπόν. Σ., ἀναρτύτῳ, εἰπέ. Hieronymus vero in hunc locum : « Ipsumque parietem, qui in sequentibus CIR appellatur, linebant pseudoprophetæ *absque temperamento*, ut interpretatus est Symmachus, hoc est, puro luto, et quod paleas non haberet, ut nec præbere posset aliquam fortitudinem. Ut vero *LXX* et Theodotio, linunt eum *stultitia :* Aquila autem verbum Hebraicum THAPHEL, interpretatus est ἄναλα, [in aliis libris est, ἀνάλῳ vel ἄναλον] quod significat *absque sale.* » Quod vero ait Hieronymus LXX vertisse *stultitia*, ut Theodotio reddidit, intelligendum videtur de Editione τῶν Ο' Hexaplari. Nam in editis legitur πεσεῖται. Et in edit. Complut. utraque lectio adhibetur, ἀφροσύνῃ πεσεῖται. Huc respicit nota Anonymi in codice Coisliniano : ὁ Ἑϐραῖος ἔχει, χρίουσι τὸν τοῖχον πηλὸν ἄνευ ἀχύρων. [C habet ut Θ. Scholion codicis Coisl. sic verte : *linunt parietem luto absque paleis.* — B : Ο', ἀνθ' ὧν. Θ., ※ καί ⁚.

ΣΥΜΜΑΧΟΣ.	Ο'.	ΘΕΟΔΟΤΙΩΝ.
18. Οὐαὶ ταῖς συῤῥαπτούσαις ὑπαγκώνια, ὑπὸ πάντα ἀγκῶνα χειρὸς, καὶ ποιούσαις ὑπαυχένια πρὸς κεφαλῆς πάσης ἡλικίας εἰς τὸ θηρεύειν ψυχάς.	18. Οὐαὶ ταῖς συῤῥαπτούσαις προσκεφάλαια ὑπὸ πάντα ἀγκῶνα χειρὸς, καὶ ποιούσαις ἐπιβόλαια ἐπὶ πᾶσαν κεφαλὴν πάσης ἡλικίας, τοῦ διαστρέφειν ψυχάς.	18.
22.	22. Ἀνθ' ὧν διεστρέφετε.	22.

SYMMACHUS.	LXX INTERPRETES.	THEODOTIO.
18. Væ consuentibus pulvinaria sub omni cubito manus, et facientibus cervicalia ad caput omnis ætatis, ad venandum animas.	18. Væ iis quæ consuunt cervicalia sub omni cubito manus, et quæ faciunt velamina super omne caput universæ ætatis, ut pervertant animas.	18.
22.	22. Pro eo quod pervertebatis.	22.

Notæ et variæ lectiones ad cap. XIII Ezechielis.

Ο', ἀλείφουσιν. Σ., ἀπέχριον, inungebant. DRACH.]

V. 11. C post ἀλείφοντας, addit ἀφροσύνη. Et post πετροβόλους, ÷ εἰς τοὺς ἐνδεσμοὺς αὐτῶν ⁚. Notat obelo, non enim est in Hebr. — B ad marg. : πρὸς τοὺς ἀλείφοντας· πεσεῖται. Σ., ἀνάρτυτον, (ad eos qui liniunt) absque temperamento. Θ., ἀφροσύνη. Ἄλλος, et. Ἀ., ἀναλωθήσεται, consummabitur. Ἀ., Θ., καὶ πεσεῖται. Σ., ὅτι. Ο', πετροβόλους. Σ., χαλάζης, grandinis. Ο', ἐξαῖρον, auferens. Σ., καταιγίδος, procellæ. DRACH.

V. 12. B : Ο', καὶ οὐκ ἐροῦσι. Ἀ., ※ μήτι οὐκ ἐρῆ; numquid non dicet? Σ., ※ ἆρα οὐ λεχθήσεται; forte non dicetur? IDEM.

V. 13. Heb. et Vulg., in furore meo. LXX, μετὰ θυμοῦ. C addit, μου. Et ita alii codd., ut testatur Polygl.-Bibel. — B : Ο', καὶ ῥήξω. Ἀ., Σ., σχίσω, scindam. Ο', ἐξαίρουσαν. Ἀ., λαιλάπων, turbinum. Σ., Θ., καταιγίδος, procellæ. IDEM.

V 14. Pro συντελεσθήσεσθε, C legit, συντελεσθήσεται. Et ita Alex. et Ald. Sed Hebr., consumemini. — B : Ἀ., Σ., Ο', καὶ ἀποκαλυφθήσεται. Ἄλλος, καὶ ἀνακαλυφθήσεται. Ο', μετ' ἐλέγχων, cum increpationibus. Οἱ Γ', ἐν μέσῳ αὐτῆς, in medio ejus. (LXX legerunt בתוכחה. Tres vero interpretes, ut exemplaria hodierna, בתוכה.) IDEM.

V. 15. B : Ο', πεσεῖται, cadet. Ἀ., ἀνάλῳ, absque sale. Σ., ἀναρτύτῳ, absque temperamento. Θ., ἀφροσύνη, stultitia. (Hebr. תפל LXX extulerunt thippol, et idem dicendum de πεσεῖται antecedentis versus; cæteri vero, thaphel.) IDEM.

V. 16. Hebr. et Vulg., visionem. Ο', εἰρήνην, pacem. B : Ἀ., ὁραματισμόν, visionem. Σ., Θ., ὅρασιν. IDEM.

V. 17. Hebr. et Vulg., pone. LXX, στήρισον, obfirma. B : Ἀ., Θ., θές, pone. Σ., τάξον, ordina. IDEM.

V. 18. Ὁ Ἑβραῖος, οὐαὶ ταῖς ποιούσαις etc. Lectio Hebræi Interpretis prodit ex codice Regio, Symmachi ex Theodoreto. [Lectionem Hebræi exhibet pariter B. In his autem discrepat a codice regio : ἐπὶ τοὺς βραχίους, pro ἐπὶ τοῖς βραχίοσιν; subinde ἐπιτιθέασιν αὐτά, pro ἐπιτιθεμέναις αὐτάς; ante κεφαλῆς addit πάσης, et quæ sequuntur omittit. Postea refert has lectiones : Σ., ὑποστρώματα (ad προσκεφάλαια); Σ., Θ., ἐπαυχένια (ad ἐπιβόλαια); Ἀ., Σ., Θ., τοῦ θηρεύειν (ad τοῦ διαστρέφειν). Id. cod. : Ο', καὶ ψυχάς. Θ., ※ ἑαυτῷ ⁚ περιεποιοῦντο, sibi ipsi salvabant. DRACH.]

V. 19. Hebr. et Vulg., panis. LXX, ἄρτων, panum. C, cum Alex. et Ald., ἄρτου, panis. — B : Ο', καὶ ἕνεκεν κλασμάτων, et propter frugmenta (panis). Θ., ἐν ψωμοῖς, in frustulis. Ο', τοῦ ἀποκτεῖναι. Ἄλλος, ὥστε ἀποκτεῖναι. Ο', καὶ τοῦ περιποιήσασθαι, et salvarent. Σ., περισώζειν, servare. Ἀ., Θ., τοῦ ζωῶσαι, ut vivificarent. Ἄλλος, καὶ περιεποιοῦντο, et salvabant. Ο', ἐν τῷ ἀποφθέγγεσθαι ὑμᾶς, dum loquimini vos. Ἀ., Θ., ἐν τῷ διαψεύδεσθαι ὑμᾶς, dum mentimini vos. Heb., in mentiendo vos. DRACH.

V. 20. B : Ο', συστρέφετε, colligitis. Οἱ Γ', θηρεύετε, venamini. Heb., venantes. Ο', ψυχάς (primo loco). Ἀ., ※ σὺν ⁚ τὰς ψυχὰς ※ τὰς πετομένας, animas volantes. Σ., εἰς τὸ πέτεσθαι, ad volandum. Θ., ※ εἰς ἔκλυσιν, ad dissolutionem. Hebr., animas ad volandum. Ο', τὰς ψυχάς. Ἀ., ※ σὺν ⁚ τ. ψ. Ο', ἐκστρέφετε, pervertitis. Ἀ., παγιδεύετε, illaqueatis. Σ., θηρεύετε, venamini. Ἄλλος, ἐξεστρέφετε, pervertebatis. Ο', εἰς διασκορπισμόν, in dispersionem. Σ., τὸ ἀναπετασθῆναι, ad volandum. Θ., εἰς ἔκλυσιν. IDEM.

V. 21. B : Ο', εἰς συστροφὴν, in congregationem. Ἀ., εἰς παγιδευθῆναι, ad illaqueandum. Θ., εἰς θηρευθῆναι, ad venandum. Σ., εἰς θήρευμα, in venationem. Et ita Hebr. IDEM.

V. 22. Hebr. et Vulg., (cor justi) mendaciter. In LXX nostris deest. C, cum tribus editt. sæpe memoratis, ἀδίκως, injuste. — Hebr. et Vulg., ut non reverteretur a via sua mala. LXX, τὸ καθόλου μὴ ἀποστρέψαι ἀπὸ τῆς ὁδοῦ αὐτοῦ. C, τὸ καθ. μὴ ἀποστρ. αὐτὸν ἀπὸ τῆς ἀνομίας αὐτοῦ τῆς πονηρᾶς. Et ita Complut. — B : Ο', διεστρέφετε. Ἀ., ἠμαυρώθη, obscuratum est. Quo sensu verbum הכאות sumi potest. Pertinet enim ad vicinam radicem כהה, ut apposite observat Gesenius. Cf. idem verbum Deuter. xxxiv, 7, ubi LXX, οὐκ ἠμαυρώθησαν οἱ ὀφθαλμοὶ αὐτοῦ. Ο', τὸ καθόλου μή. Ἀ., Σ., τοῦ καθ' ὅλου μή. Θ., ἵνα. Ο', καὶ ζῆσαι αὐτόν. Ἀ., τοῦ ζῆσαι αὐτόν. In codice B, deficientibus nonnullis foliis, capp. xiv, xv et cap. xvi usque ad ℣ 48 inclusive desiderantur. Cui lacunæ, utique deplorandæ, medelam ex parte affert codex Syro-Hexaplaris, quem dabimus infra, Deo auxiliante. DRACH.

EZECHIELIS CAPUT XIV.

ΤΟ ΕΒΡΑΙΚΟΝ.	ΤΟ ΕΒΡΑΙΚΟΝ Ἑλληνικοῖς γράμμασι.	ΑΚΥΛΑΣ.
1 מזקני ישראל	1.	
3 האנשים האלה העלו גלוליהם על־לבם ומכשול עונם נתנו נכח פניהם	3.	3. Οἱ ἄνδρες οὗτοι ἀνήνεγκαν τὰ εἴδωλα αὐτῶν ἐπὶ καρδίας αὐτῶν, καὶ σκάνδαλον ἀνομίας αὐτῶν ἔδωκαν ἀπέναντι τοῦ προσώπου αὐτῶν.
4 את־גלוליו	4.	4. Τὰ εἴδωλα αὐτοῦ.
8 לאות	8.	8.
9 והנביא כי־יפתה ודבר דבר	9.	9.
10 כעון הנביא יהיה	10.	10.

VERSIO HEBRAICI TEXT.	VULGATA LATINA.	AQUILA.
1. De senioribus Israel.	1. Seniorum Israel.	..
3. Viri isti ascendere fecerunt idola sua super cor suum, et offendiculum iniquitatis suæ dederunt contra facies suas.	3. Viri isti posuerunt immunditias suas in cordibus suis, et scandalum iniquitatis suæ statuerunt contra faciem suam.	3. Viri isti obtulerunt idola sua in corde suo, et scandalum iniquitatis suæ posuerunt contra faciem suam.
4. Idola sua.	4. Immunditias suas.	4. Idola sua.
8. In signum.	8. In exemplum.	8.
9. Et propheta cum seductus fuerit, et locutus fuerit verbum.	9. Et propheta cum erraverit, et locutus fuerit verbum.	9.
10. Sic iniquitas prophetæ erit.	10. Sic iniquitas prophetæ erit.	10.

Notæ et variæ lectiones ad cap. XIV Ezechielis.

V. 1. Ἄλλ., ἐκ τῶν πρεσβ- Drusius. [C habet ut *alius* noster. Alii, pro ἐκ, legunt ἀπό. Drach.]

V. 2. Hebr., verbum Domini ad me. LXX, πρὸς μὲ λόγος Κυρίου. C vero, cum Alex., servat ordinem verborum textus Hebr. Drach.

V. 3. Ἀ., οἱ ἄνδρες etc. Ex Theodoreto. Hieronymus autem ait: « *Posuerunt immunditias suas in cordibus suis*, sive *cogitationes*; et juxta Symm. et Theodotionem, *idola*, et *scandalum*. Ms. Jes. οἱ Γ', εἴδωλα. [Pro τὴν κόλασιν LXX senum Theod. vertit τὸ πρόσκομμα. Lamb. Bos. Igitur *scandalum* loci S. Hier. modo allati ad Theodotionem pertinet. Drach.]

V. 4. Hebr., Adonaï Jehova. LXX, Κύριος. C cum Alex., Ald. et Compl., Ἀδωναΐ Κύριος. Ita etiam ⁊⁊ 11, 14, 16, 18, 20, 21, 23. Drach.

Ibid. Ἀ., Σ., Θ., τὰ εἴδωλα αὐτοῦ. Drusius, qui Aquilam non memorat; sed ita vertisse et hoc loco, certum videtur ex superioribus.

Ibid. Post προφήτην addit C ita, τοῦ ἐπερωτῆσαι αὐτὸν ἐν ἐμοί ⁏ *ut interroget ipsum in me*. Incogitanter omisit, ut videtur, librarius obelum. Hæc enim non exstant in Hebr. Vulg. tamen Latina habet, interrogans per eum me. Et in comment. S. Hier., LXX viris tribuitur, *ut interroget eum per me*. Drach.

Ibid. LXX, αὐτῷ ἐν οἷς, C, αὐτῷ ἐν αὐτοῖς ἐν οἷς. Et ita Ald. et Complut. Idem.

V. 6. Pro εἰς τὸν οἶκον, C, cum tribus edit., habet, πρὸς τ. ο. Hebr. et Vulg., ad domum. Idem.

Ibid. In fine commatis, post ὑμῶν addit C, cum Ald. πρὸς μέ, quod non habet Hebr. Apud S. Hier., LXX, (et convertite facies vestras) ad me. Idem.

V. 8. Ἄλλ., εἰς σημεῖον. Drusius. [C non habet καὶ εἰς ἀφανισμόν. — Etiam Aldina et nonnulli

EZECHIELIS CAPUT XV.

ΤΟ ΕΒΡΑΙΚΟΝ.	ΤΟ ΕΒΡΑΙΚΟΝ Ἑλληνικοῖς γράμμασι.	ΑΚΥΛΑΣ.
4 הנה לאש נתן	4.	..
שני קצותיו		Δύο ἔσχατα αὐτοῦ.

VERSIO HEBRAICI TEXT.	VULGATA LATINA.	AQUILA.
4. Ecce igni datum est.	4. Ecce igni datum est.	--
Duas extremitates ejus.	Utramque partem ejus.	Duo novissima ejus.

Notæ et variæ lectiones ad cap. XV Ezechielis.

V. 2. C ita: ÷ καὶ σύ ⁏ υἱὲ ἀνθρ. Illud καὶ σύ non exstat in Hebr. neque habet Alex. Drach.

V. 4. Ἄλλ., ἰδοὺ πυρὶ δέδοται. Drusius.

Ibid. Hieronymus: « Ambiguitas enim verbi Hebraici SENE, quod tribus literis scribitur, SIN et NUN et IOD: si legatur SENE, *duo* significat; si SANE, *annos*. Unde factum est, ut pro *duabus sum-*

EZECHIELIS CAPUT XIV.

ΣΥΜΜΑΧΟΣ.	Ο'.	ΘΕΟΔΟΤΙΩΝ.
	1. Ἐκ τῶν πρεσβυτέρων ἄνδρες τοῦ λαοῦ Ἰσραήλ. Ἄλλος, ἐκ τῶν πρεσβυτέρων τοῦ Ἰσραήλ.	1.
3. Εἴδωλα αὐτῶν.	3. Οἱ ἄνδρες οὗτοι ἔθεντο τὰ διανοήματα αὐτῶν ἐπὶ τὰς καρδίας αὐτῶν, καὶ τὴν κόλασιν τῶν ἀδικιῶν αὐτῶν ἔθηκαν πρὸ προσώπου αὐτῶν.	3. Εἴδωλα αὐτῶν.
4. Τὰ εἴδωλα αὐτοῦ.	4. Τὰ διανοήματα αὐτοῦ.	4. Τὰ εἴδωλα αὐτοῦ.
8.	8. Ἄλλ., εἰς σημεῖον.	8.
9.	9. Καὶ ὁ προφήτης ἐὰν πλανήσῃ καὶ λαλήσῃ. ※ Οἱ Γ', λόγον.	9.
10.	10. Καὶ κατὰ τὸ ἀδίκημα ὁμοίως τῷ προφήτῃ ἔσται. Ἄλλος, ὡσαύτως καὶ τὸ ἀδίκημα τοῦ προφήτου ἔσται.	10.

SYMMACHUS.	LXX INTERPRETES.	THEODOTIO.
..	1. De senioribus viri populi Israel. *Al.*, de senioribus Israel.	1.
3. Idola sua.	3. Viri isti posuerunt cogitationes suas in cordibus suis : et tormentum iniquitatum suarum posuerunt ante faciem suam.	3. Idola sua.
4. Idola sua.	4. Cognitiones suas.	4. Idola sua.
8.	8. *Alius*, in signum.	8.
9.	9. Et propheta cum errare fecerit, et locutus fuerit. *Tres Int.*, verbum.	9.
10.	10. Et juxta iniquitatem similiter prophetæ erit. *Alius*, similiter et iniquitas prophetæ erit.	10.

Notæ et variæ lectiones ad cap. XIV Ezechielis.

codd. habent εἰς σημεῖον. Hebr., in signum et in proverbia. Drach.]

V. 9. ※ Οἱ Γ', λόγον. Ms. Jes. [C ita, ἐὰν πλανηθῇ, *si erraverit*, καὶ λαλήσῃ ※ λόγον ; Sic etiam Compl. Hebr., propheta autem quando persuaderi sibi passus fuerit ut loquatur verbum. Drach.]

V. 10. Ἄλλ., ὡσαύτως etc. Drusius. [Ita etiam Theodoretus et Complut., et juxta Polygl.-Bibel, quidam mss. Drach.]

V. 13. Hebr. et Vulg., et jumentum. LXX, καὶ κτήνη. C, καὶ κτῆνος. Sic etiam Complut. et aliqui mss. Drach.

V. 15. Post ἀφανισμόν addit C, καί. Et ita Alex., sed Hebr. non habet. Idem.

V. 17. C ita : εἰ καὶ ῥομφαίαν νέαν, *gladium novum* (De *novo* gladio nihil in textu Hebr. Liquet νέαν vocem esse vitiatam ; nimirum librarii oscitantia ἐάν transformatum est in νέαν), ἐπάγω ἐπὶ τὴν γῆν ἐκείνην, καὶ εἴπω ῥομφαία, (lege : εἴπω· Ῥομφαία, absque virgula. Interpres Latinus editionis Tetraplorum textus, male reddit, dixero *gladio*,) διελθέτω (et ita codd., Ald. et Complut. pro nostro διελθάτω) διὰ τῆς γῆς, καὶ ἐξαρῶ ἐξ αὐτῆς (ita etiam Alex. Hebr., ex ea. Vulg., de ea. Ed. autem Rom. cæteræque, ἐξ αὐτῶν)... Idem.

V. 18. Post αὐτῆς addit C, ὦσιν. Sic etiam Alex. et Ald. Vulg., fuerint. — Pro ῥύσονται, C, ῥύσωνται, ut Alex. Idem.

V. 19. Hebr. et Vulg., immisero. LXX nostri, ἐπαποστέλλω. C, ἐπαποστελῶ. Ita etiam Ald. et codd. Alex., ἐπάγω. Idem.

V. 20. Post αὐτῆς addit C ὦσιν, ut Alex. et Ald. Vulg., fuerint. Cf. supra ℣ 18. Idem.

V. 22. C ita : καὶ ἰδοὺ ὑπολελειμμένοι ἐν αὐτῇ οἱ ἀνασεσωσμένοι ἐξ αὐτῆς υἱοὺς καὶ θυγατέρας, ἰδοὺ αὐτοὶ ἐκπορεύονται. Cætera ut in ed. R. Idem.

EZECHIELIS CAPUT XV.

ΣΥΜΜΑΧΟΣ.	Ο'.	ΘΕΟΔΟΤΙΩΝ.
..	4 Πάρεξ ὃ πυρὶ δέδοται. Ἄλλος, ἰδοὺ πυρὶ δέδοται.	4.
Δύο ἄκρα αὐτοῦ.	Τὴν κατ' ἐνιαυτὸν κάθαρσιν ἀπ' αὐτῆς.	Δύο ἄκρα αὐτοῦ.

SYMMACHUS.	LXX INTERPRETES.	THEODOTIO.
..	4. Præter id quod igni datum est. *Al.*, ecce igni datum est.	4.
Duas summitates ejus.	Annuam purgationem ex ea.	Duas summitates ejus.

Notæ et variæ lectiones ad cap. XV Ezechielis.

mitatibus ejus, quod nos interpretati sumus, *utramque partem ejus*, *LXX* interpretarentur, *annuam purgationem ejus*, cum Aquila dixerit, *duo novissima ejus* : Symm. et Theodotio, *duas summitates ejus*. »

[Duorum locum Græce addidimus ex Lamberto Bo... C omittit ἀπ' ante αὐτῆς. Drach.]

V. 5. C, εἰ ἔσται ἔτι εἰς ἐργασίαν; Complut. melius, εἰ ποιηθήσεται εἰς ἐργ. Et ita varii codd., quorum nonnulli addunt, ἔτι. Ex Polygl.-Bibel. Hebr., et fiet adhuc ad opus. Drach.

EZECHIELIS CAPUT XVI.

ΤΟ ΕΒΡΑΙΚΟΝ.	ΤΟ ΕΒΡΑΙΚΟΝ Ἑλληνικοῖς γράμμασι.	ΑΚΥΛΑΣ.
4 לא־כרת שרך	4.	4.
6 בדמיך Ὁ Ἑβρ., ἐν ὑγρασίᾳ.	6.	6.
7 ותגדלי ותבאי בעדי עדיים Ὁ Ἑβρ., καὶ ἤκμασας, καὶ ἦλθες εἰς ὥραν καλλωπισμοῦ.	7.	7.
8 עת דדים Ὁ Ἑβρ., καιρὸς τοῦ διαπαρθενευθῆναί σε.	8.	8. 1. Καιρὸς μασθῶν. 2. Καιρὸς συναλλαγῆς.
כנפי Ὁ Ἑβρ., τὸ πτερύγιόν μου.		
10 תחש	10.	10. . . . .
משי		1. Ψηλαφητόν. 2. Ἄνθιμον.
11 ורביד	11.	11. 2. Καὶ κλοιόν.
12 נזם	12.	12.
תפארת		
13 ומשי	13.	13. Καὶ ἄνθιμον.
ותיפי במאד מאד		
14 ויצא לך שם בגוים ביפיך כי כליל הוא בהדרי אשר־שמתי עליך נאם אדני יהוה	14.	14.
16 ותקחי מבגדיך ותעשי־לך במות טלאות ותזני עליהם לא באות ולא יהיה	16.	16. Ἐμβολίσματα.

VERSIO HEBRAICI TEXT.	VULGATA LATINA.	AQUILA.
4. Non præcisus fuisset umbilicus tuus.	4. Non est præcisus umbilicus tuus.	4
6. In sanguinibus tuis. *Hebr. Int.*, in humore.	6. In sanguine tuo.	6.
7. Et grandis facta es, et venisti in ornamentum ornamentorum. *Hebr. Int.*, et adulta facta es, et venisti in tempus ornamenti.	7. Et grandis effecta, et ingressa es, et pervenisti ad mundum muliebrem.	7
8. Tempus amantium. *Hebr. Interpr.*, tempus devirginandi te.	8. Tempus amantium.	8. 1 Tempus uberum. 2. Tempus sponsalium.
Alam meam. *Hebr. Int.*, oram meam.	Amictum meum.	
10. Taxo.	10. Ianthino.	10. Ianthina.
Serico.	Subtilibus.	1. Palpabili. 2. Florido.
11. Et torquem.	11. Et torquem.	11. 2. Et torquem.
12. Inaurem.	12. Inaurem.	12.
Gloriæ.	Decoris.	
13. Et sericum.	13. Et polymito.	13. Et floridum.
Et pulcra facta es valde valde.	Et decora facta es vehementer nimis.	
14. Et egressum est tibi nomen in gentes propter speciem tuam, quia perfecta ipsa in decore meo, quem posueram super te, dixit Dominus Deus.	14. Et egressum est nomen tuum in gentes propter speciem tuam: quia perfecta eras in decore meo, quem posueram super te, dicit Dominus Deus.	14.
16. Et sumpsisti de vestimentis tuis, et fecisti tibi excelsa maculosa, et fornicata es super eis, non ventura et non erit.	16. Et sumens de vestimentis tuis, fecisti tibi excelsa hinc inde consuta: et fornicata es super eis, sicut non est factum, neque futurum est.	16. Embolismata.

V. 6. Εἰπόν, *dic*, non legitur in Hebr. et in Vulg., et deest in Complut. — C addit τῷ ante πυρί, et ita Alex. Etiam Hebr. habet articulum. — Hoc in commate ut etiam ŷ 8 C legit Ἀδωναῒ Κύριος, pro Κύριος. Idem.

EZECHIELIS CAPUT XVI.

ΣΥΜΜΑΧΟΣ.	Ο'.	ΘΕΟΔΟΤΙΩΝ.
4.	4. Δ', οὐκ ἐτμήθη ὀμφαλός σου.	4.
6.	6. Ἐν τῷ αἵματί σου.	6.
7. . .	7. Καὶ ἐμεγαλύνθης, καὶ εἰσῆλθες εἰς πόλεις πόλεων.	7. . . .
8. Καιρὸς ἀγαπῆς.	8. Καιρὸς καταλυόντων.	8.
	Τὰς πτέρυγάς μου.	
10. . . .	10. Ὑάκινθον.	10. Ὑακίνθινα.
Ἐπένδυμα.	Τριχάπτῳ. Ἄλλ., περιδέρραιον.	Μεσσὶ, vel μεσσί.
11. Καὶ κλοιόν.	11. Καὶ κάθεμα.	11. Καὶ κάθεμα.
12. Ἐπιρρίνιον.	12. *Οἱ λοιποὶ*, ἐνώτιον.	12.
. . . . .	*Οἱ λοιποὶ*, καυχήσεως.	
13. Καὶ πολύμιτον.	13. Καὶ τριχαπτά.	13. Καὶ μεσσί.
	Καὶ ἐγένου καλὴ σφόδρα ⋇ σφόδρα.	
14. (Καὶ ἐξῆλθέ σου ὄνομα εἰς τὰ ἔθνη, ὅπερ τέλειον ἦν διὰ τὸ ἀξίωμά μου, ὅπερ. . . . λέγει Κύριος ὁ Θεός.)	14. Καὶ ἐξῆλθέ σου ὄνομα ἐν τοῖς ἔθνεσιν ἐν τῷ κάλλει σου, διότι συντετελεσμένον ἦν ἐν εὐπρεπείᾳ ἐν τῇ ὡραιότητι ᾗ ἔταξα ἐπὶ σὲ, λέγει Κύριος.	14.
16. . .	16. Καὶ ἔλαβες ἐκ τῶν ἱματίων σου, καὶ ἐποίησας σεαυτῇ εἴδωλα ῥαπτὰ, καὶ ἐξεπόρνευσας ἐπ' αὐτὰ, καὶ οὐ μὴ εἰσέλθῃς, οὐδὲ μὴ γένηται.	16. Ἐμβολίσματα.

SYMMACHUS.	LXX INTERPRETES.	THEODOTIO.
—	4. IV, non est præcisus umbilicus tuus.	4.
6.	6. In sanguine tuo.	6.
7. ...et pervenisti ad ornatum mulierum.	7. Et magnificata es, et ingressa es in civitates civitatum.	7. Et ingressa es ad ornamentum ornamentorum.
8. Tempus amoris.	8. Tempus divertentium.	8.
	Alas meas.	
10. Ianthina.	10. Hyacintho.	10. Hyacinthina.
Indumentum.	Trichapto. *Alius*, amictu pelliceo.	Messe, *vel* messi.
11. Et torquem.	11. Et torquem.	11. Et torquem.
12. Ornamentum naris.	12. *Reliqui*, inaurem.	12.
Decoris.	*Reliqui*, gloriationis.	
13. Et polymitum.	13. Et trichapta.	13. Et messi.
	Et facta es pulcra valde valde.	
14. Et egressum est nomen tuum in gentes, quod perfectum erat propter dignitatem meam, quam posueram super te, dicit Dominus Deus.	14. Et exivit nomen tuum in gentes in specie tua: quia completum erat in decore, in pulchritudine, quam posui super te, dicit Dominus.	14.
16. Cumque tulisses de vestibus tuis, fecisti tibi excelsa multicoloria, et fornicata es in eis, non facta, neque futura.	16. Et tulisti de vestibus tuis: et fecisti tibi idola consuta: et fornicata es super eis, et non ingredieris, neque fiet.	16. Embolismata.

TO EBPAIKON.	TO EBPAIKON Ἑλληνικοῖς γράμμασι.	AKYΛΑΣ.
21 ותתנים בהעביר אותם	21.	21. . .
23 אוי אוי לך נאם אדני יהוה	23.	23. Οὐαί σοι, οὐαί σοι, λέγει Ἀδωναῒ Κύριος.
24 גב	24.	24. Βόθυνον.
רמה		Ὑψηλόν.
27 זמה	27.	27.
29 את־תזנותך	29.	29.
אל־ארץ כנען כשדימה		
30 מה אמלה לבתך נאם אדני יהוה	30.	30.
זונה שלטת		
31 ורמתך	31.	31.
33 לכל־זנות יתנו־נדה ואת נתת את־נדניך לכל־מאהביך	33.	33.
ותשחדי אותם		Καὶ ἐδωροδότεις αὐτούς.
34 ואחריך לא זונה	34.	34.
47 כמעט קט	47.	47.
ותשחתי מהן		Καὶ διέφθειρας ὑπὲρ αὐτάς.

VERSIO HEBRAICI TEXT.	VULGATA LATINA.	AQUILA.
21. Et dedisti eos in transire faciendo eos.	21. Et dedisti, illos consecrans.	21. Transtulisti et transduxisti eos.
23. Væ, væ tibi, dicit Dominus Deus.	23. Væ, væ tibi, ait Dominus Deus.	23. Væ tibi, væ tibi, dicit Adonai Deus.
24. Fornicem.	24. Lupanar.	24. Foveam.
Excelsum.	Prostibulum.	Excelsum, sive sublime.
27. Scelerata.	27. Scelerata.	27.
29. Fornicationem tuam.	29. Fornicationem tuam.	29.
In terra Chanaan, in Chasdim.	In terra Chanaan cum Chaldæis.	
30. Quam infirmatum est cor tuum, dixit Dominus Deus.	30. In quo mundabo cor tuum, ait Dominus Deus.	30.
Meretricis imperiosæ.	Meretricis et procacis.	
31. Et excelsum tuum.	31. Et excelsum tuum.	31.
33. Omnibus meretricibus dabunt donum: et tu dedisti præmia tua omnibus amatoribus tuis.	33. Omnibus meretricibus dantur mercedes: tu autem dedisti mercedes cunctis amatoribus tuis.	33.
Et remunerabas illos.	Et dona donabas eis.	Et dona dabas illis.
34. Et post te non fornicatum fuit.	34. Et post te non erit fornicatio.	34.
47. Quasi paululum pauxillum.	47. Pauxillum minus.	47.
Et corrupta es præ illis.	Pene sceleratiora fecisti illis.	Et corrupta es super illas.

ΣΥΜΜΑΧΟΣ.

21. . . . .

23. Οὐαί σοι, οὐαί σοι, λέγει Ἀδωναῒ Κύριος.

24. Πορνεῖον.

Ὑψηλόν.

27. . . . .

29.

30.

31.

33.

Καὶ ἐδομάτιζες αὐτούς.

34. Καὶ μετὰ σὲ οὐκ ἔσται πορνεία.

47.

Καὶ διέφθειρας ὑπὲρ αὐτάς.

Ο'.

21. Καὶ ἔδωκας αὐτὰ ἐν τῷ ἀποτροπιάζεσθαί σε αὐτά.

23. Λέγει Κύριος.

24. Οἴκημα πορνικόν.

Ἔκθεμα.

27. Ἧς ἠσέβησας.

29. Τὰς διαθήκας σου. Ἄλλος, τὰς πορνείας σου.

Πρὸς γῆν Χαλδαίων. Ἄλλος, πρὸς γῆν Χαναὰν, καὶ εἰς τοὺς Χαλδαίους.

30. Τί διαθῶ τὴν θυγατέρα σου, λέγει Κύριος. Ἄλλως, τί διαθῶ τὴν καρδίαν σου, λέγει Κύριος. Δ', τίνα καθαριῶ.

Πόρνης.

31. Καὶ τὴν βάσιν σου. Ἄλλως, καὶ τὸ ἔκθεμά σου.

33. Πᾶσι τοῖς ἐκπορνεύσασιν αὐτὴν προσεδίδου μισθώματα· καὶ σὺ δέδωκας μισθώματα πᾶσι τοῖς ἐρασταῖς σου. Ἄλλ., πάσαις πόρναις δίδοται μισθώματα, σὺ δὲ προσέδωκας μισθώματά σου πᾶσι τοῖς ἐρασταῖς σου.

Καὶ ἐφόρτιζες αὐτούς.

34. Καὶ μετὰ σοῦ πεπορνεύκασιν.

47. Παρὰ μικρόν. Ἄλλως, κατὰ μικρὸν ὅσον.

Καὶ ὑπέρκεισαι αὐτάς.

ΘΕΟΔΟΤΙΩΝ.

21. . . .

23. Οὐαί σοι, οὐαί σοι, λέγει Ἀδωναῒ Κύριος.

24. Πορνεῖον.

Ὑψηλόν.

27. Ζεμμά.

29.

30.

※ Πόρνης παρρησιαζομένης.

31.

33.

34.

47.

Καὶ διέφθειρας ὑπὲρ αὐτάς.

SYMMACHUS.

21. Transtulisti et transduxisti eos.

23. Væ tibi, væ tibi, dicit Adonai Dominus.

24. Lupanar.

Excelsum, *sive* sublime.

27. Scelerata.

29.

30.

31.

33.

Et munera dabas illis.

34. Et post te non erit fornicatio.

47.

Et corrupta es super illas.

LXX INTERPRETES.

21. Et dedisti eos in expiando te ipsos.

23. Dicit Dominus.

24. Habitaculum fornicationis.

Prostibulum.

27. Qua impie egisti.

29. Testamenta tua. *Al.*, fornicationes tuas.

Ad terram Chaldæorum. *Al.*, ad terram Chanaan, et in Chaldæos.

30. Quomodo disponam filiam tuam, dicit Dominus. *Aliter*, quomodo disponam cor tuum, dicit Dominus. IV, in quo mundabo.

Fornicariæ.

31. Et basin tuam. *Aliter*, et prostibulum tuum.

33. Omnibus qui fornicabantur cum ea dabat mercedes : et tu dedisti mercedes omnibus amatoribus tuis. *Al.*, omnibus meretricibus dantur mercedes : tu autem dedisti mercedes tuas omnibus amatoribus tuis.

Et onerabas illos.

34. Et tecum fornicatæ sunt.

47. Paulo minus. *Aliter*, paulum quantulum.

Et supergressa es eas.

THEODOTIO.

21. Transtulisti et transduxisti eos.

23. Væ tibi, væ tibi, dicit Adonai Dominus.

24. Lupanar.

Excelsum, *sive* sublime.

27. Zemma.

29.

30.

Meretricis confidentis.

31.

33.

34.

47.

Et corrupta es super illas.

TO EBPAIKON.	TO EBPAIKON Ἑλληνικοῖς γράμμασι.	AKYΛAΣ.
53 ושבתי שבית סדם שבית שמרון	53.	53. Αἰχμαλωσίαν Σοδόμης. Αἰχμαλωσίαν Σαμαρείας.
54 למען תשאי	54.	54.
56 ולוא היתה סדם אחתך לשמועה בפיך ביום גאוניך	56.	56.
57 בטרם תגלה רעתך כמו עת חרפת בנות־ארם וכל־סביבותיה בנות פלשתים השאטות אותך מסביב	57.	57.
58 את־זמתך ואת־תועבותיך את נשאתים נאם יהוה	58.	58.
61 לבנות	61.	61.

VERSIO HEBRAICI TEXT.	VULGATA LATINA.	AQUILA.
53. Et convertam. Captivitatem Sodom. Captivitatem Samariæ.	53. Et convertam. Conversionem Sodomorum. Captivitatem Samariæ.	53. Captivitatem Sodom. Captivitatem Samariæ.
54. Ut portes.	54. Ut portes.	54.
56. Et non fuit Sodom soror tua in auditu in ore tuo in die superbiarum tuarum.	56. Non fuit autem Sodoma soror tua audita in ore tuo in die superbiæ tuæ.	56.
57. Antequam revelaretur malitia tua sicut tempore opprobrii filiarum Aram, et omnium circuituum ejus, filiarum Philistim spernentium te undique.	57. Antequam revelaretur malitia tua sicut hoc tempore in opprobrium filiarum Syriæ, et cunctarum in circuitu tuo filiarum Palæstinarum, quæ ambiunt te per gyrum.	57.
58. Scelus tuum et abominationes tuas tu portasti ea, dixit Dominus.	58. Scelus tuum et abominationem tuam tu portasti, ait Dominus Deus.	58.
61. In filias.	61. In filias.	61.

Notæ et variæ lectiones ad cap. XVI Ezechielis.

V. 3. Heb., Adonaï Jehova. O', Κύριος. C. ut et Complut., 'Αδωναῒ K. Sic etiam ẏẏ 8, 14, 23, 30, 36, 59, 63. — Pro Χεττία, C unum tantum scribit τ. Et ita Origen. in Catenis. Sed in Hebr. geminatur littera ת. Drach.

V. 4. Δ', οὐκ ἐτμήθη etc. Ms. Jes. Δ', vero significat quatuor Interpretes, A., S., LXX, Th. In LXX autem hodie non habetur; sed forte in editione Hexaplari τῶν O' additum fuerat, vel forte, et quidem probabilius, Δ' significat τετραπλᾶ, ut sensus sit sic in Tetraplis legi. Qua de re frequenter in libro Job. [Codex Chisianus, qui textum exhibet LXX virorum ab Origenis Tetraplis summa fide desumptum, istam non habet lectionem, neque codex Syro-Hexaplaris nec in textu, nec nomine cujusquam trium interpretum. Ad aliam igitur hic recurrendum est explicationem τοῦ Δ'. Nos interea, in versione Latina, pro Montfauconii, *quatuor int. vel Tetrapla*. reposuimus simpliciter, IV. — Heb., non præcisus est (umbilicus tuus). Formam enim passivam indicat punctum dagesch insolite in littera ר inscriptum. LXX, οὐκ ἔδησας τοὺς μαστούς σου, *non ligavisti mamillas tuas*. Legerunt שדך, pro nostro שרך. C, ut et Alex. Ald., ἔδησαν. Complut., οὐκ ἐτμήθη ὁ ὀμφαλός σου. Ald. utramque præfert versionem, καὶ οὐκ ἔδησαν τοὺς μαστούς σου, ὁ ὀμφαλός σου οὐ περιετμήθη. Et ita LXX apud S. Hier., non ligaverunt mamillas tuas, et umbilicus tuus non est præcisus. Ita etiam Vetus Italica apud Sabatier. Similiter auctor op. imp. in Matth. Homil. 33, non est præcisus tuus umbilicus, et non alligaverunt mamillas tuas. Sanctus tamen Hier. in ep. ad Eustoch. constanter habet, non est præcisus umbilicus tuus. Drach.]

Ibid. Hebr. et Vulg., et aqua non es lota in salutem. למשעי, juxta Joseph Kimkhi, aliosque rabbinos, sonat, *ad munditiem*, a radice שעש. Paraphr. chald., ad emundandum. Cf. Buxtorfii lex. thalm. chald. sub נקר. Sed facile deduci potest a radice ישע, *salvare*. Duobus vero efferri potest modis: vel *lemischi* (pro *lemischith*, forma chaldaica), et significat, *ad salutem*, vel *lemoschui*, et significat, ad Salvatorem meum. Hinc emerserunt duæ variæ versiones, quarum nullam tamen habet edit. Rom. C, ※ εἰς σωτηρίαν ↙, *in salutem*. Ita etiam LXX apud S. Hier., Orig., Theodor. et Complut. Vetus Italica, et hodierna Vulg., *in salutem*. Et ita auctor operis imp. modo memoratus. Alex. autem cod., τοῦ Χριστοῦ μου, *Christi mei*. Aperte ad futurum salutarissimum S. Baptismum alludit, ut apposite exponunt S. Hier. et Theodor. Auctor op. imp. etiam S. Chrisma legit nostro in commate: *neque oleo uncta es*, ita ut habeamus hæc tria baptismatis, aquam, sal et oleum. Sed *neque oleo* etc. quod, ut videtur, in aliquib. vett. exemplaribus legebatur, ab Isaia 1,

ΣΥΜΜΑΧΟΣ.	Ο'.	ΘΕΟΔΟΤΙΩΝ.
53 Καὶ ἀποκαθιστῶ.	53. Καὶ ἀποστρέψω.	53.
	Τὴν ἀποστροφὴν Σοδόμων.	
Αἰχμαλωσίαν Σαμαρείας.	Ἀποστροφὴν Σαμαρείας.	
54.	54. Ὅπως κομίσῃ. *Ἄλλος*, ἵνα κομίσω.	54.
56. . .	56. Καὶ εἰ μὴ ἦν Σόδομα ἡ ἀδελφή σου εἰς ἀκοὴν ἐν τῷ στόματί σου ἐν ταῖς ἡμέραις ὑπερηφανίας σου.	56. . . .
57. . .	57. Πρὸ τοῦ ἀποκαλυφθῆναι τὰς κακίας σου, ὃν τρόπον νῦν ὄνειδος εἶ θυγατέρων Συρίας, καὶ πάντων τῶν κύκλῳ αὐτῆς θυγατέρων ἀλλοφύλων τῶν περιεχουσῶν σε κύκλῳ.	57. . . .
58. . .	58. Τὰς ἀσεβείας σου καὶ τὰς ἀνομίας σου σὺ κεκόμισαι αὐτάς, λέγει Κύριος.	58. . . .
61.	61. Εἰς οἰκοδομήν. *Ἄλλος*, εἰς δοκιμήν.	61.

SYMMACHUS.	LXX INTERPRETES.	THEODOTIO.
53. Et restituam.	53. Et convertam.	53.
	Conversionem Sodomorum.	
Captivitatem Samariæ.	Conversionem Samariæ.	
54.	54. Ut portes. *Alius*, ut portem.	54.
56. Quia non fuit Sodoma soror tua in auditu per os tuum in die superbiæ tuæ.	56. Et nisi fuisset Sodoma soror tua in auditum in ore tuo, in diebus superbiæ tuæ.	56. Et non erat Sodoma soror tua in auditu oris tui, in die superbiæ tuæ.
57. Antequam revelaretur ignominia tua, sicut in tempore opprobrii filiarum Syriæ, et omnium quæ in circuitu tuo sunt filiarum Palæstinarum quæ te ambiunt per gyrum.	57. Antequam revelarentur malitiæ tuæ, sicut nunc opprobrium es filiarum Syriæ, et omnium quæ in circuitu ejus filiarum alienigenarum, quæ circumdant te per gyrum.	57. Antequam revelaretur malitia tua sicut tempus opprobrii filiarum Syriæ, et omnium per circuitum ejus filiarum alienigenarum, quæ abominantur te per gyrum.
58. Sceles tuum et nefas tuum tu portatura es, dicit Dominus.	58. Impietates tuas et iniquitates tuas tu portasti eas, dicit Dominus.	58. Fornicationem tuam et contaminationes tuas tu portasti, dicit Dominus.
61.	61. In ædificationem. *Alius*, in probationem.	61.

Notæ et variæ lectiones ad cap. XVI Ezechielis.

6, desumptum, huc illatum fuisse dicendum. DRACH.]

V. 5. C, οὐδὲ ἐφείσατο ἐπὶ σοὶ ὁ ὀφθαλμός ✚ σου ⁚, *neque pepercit super te oculus tuus*. Etiam Orig. et aliquot mss., ὁ ὀφθαλμός σου. LXX apud S. Hier., et Vetus Italica, super te oculus tuus. Ed. autem Rom. cæteraque exemplaria, ὁ ὀφθαλμός μου, *oculus meus*. Hebr. et Vulg. tantum, *non pepercit super te oculus*. Vulgo exprimi potest : Nul ne t'a regardée d'un œil de pitié. — In fine versus, C, ἐν ᾗ ἡμέρᾳ ἐτέχθης. IDEM.

V. 6. Schol. edit. Romanæ, ὁ *Ἑβραῖος*, ἐν τῇ ὑγρασίᾳ ἔχει. Ὑγρασίαν καλέσας τὸν περικείμενον ἰχῶρα [i. e., Ita vocans circumjacentem ichorem].

Hebr., et dixi tibi, In sanguine tuo vive; et dixi tibi, In sanguine tuo vive. C, καὶ εἶπά σοι· Ἐκ τοῦ αἵματός σου ζωή, ⋇ καὶ εἶπά σοι· Ἐκ τοῦ *αἵματός* σου ζωή ⁚ Complut., ζῆσον, *vive*, καὶ εἶπόν σοι· Σὺν τῷ αἵματί σου ζωή. Alex. ut ed. Rom. Sed post ζωή addit σου. DRACH.]

V. 7. Hebræi Interpretis lectionem habet Theodoretus ex codice Regio. De reliquis audi Hieronymum : « Porro quod interpretatus est Symmachus, *et pervenisti ad ornatum mulierum*; sive ut Theodotio, *et ingressa es ad ornatum ornamentorum*, pro quo nos sequuti sensum Hebraicum diximus, *et pervenisti ad mundum muliebrem* etc. » [Lamb. Bos : Pro πόλεις πόλεων, Sym., κόσμον γυναικῶν. Th., κόσμον τῶν κόσμων. DRACH.]

V. 8. Lectio Hebræi Interpretis ex Theodoreto. Cætera ex Hieronymo, cujus verba adferre compendii causa nolumus : nihil quippe aliud, quam quod in textu vides, exhibent. [Lamb. Bos : Aq. ed. 1, et Theod., καιρὸς μαστῶν. DRACH.]

Ibid. *Ὁ Ἑβραῖος*, τὸ πτερύγιον. Item ex Hieronymo.

V. 10. « A. et S., *ianthina*. *LXX* et Theodotio, *hyacinthina* transtulerunt. Pro quo in Hebræo scriptum est THAS. » Hieronymus. [L. Bos : Pro ὑάκινθον, Aq. et Sym., ἰάνθινα. DRACH.]

Ibid. Hieronymus : « *Trichapto* pro quo Aquila *florido*, sive *palpabili*, Symmachus *indumento*, Theodotio ipsum verbum Hebraicum posuit MESSE, vel MESSI. » Paulo post ait Hieronymus illud, *florido*, esse secundæ editionis Aquilæ. *Ἀλλ.*, περιδέῤῥαιον. Regius codex. Origenes vero ait, alios interpretes vertisse ἐπένδυμα, et ἄνθιμον. Prima lectio est Symmachi, secunda Aquilæ. De Τριχάπτῳ multa disputat Hieronymus, atque esse vocem a LXX compositam. Theodoretus dicit esse plexum e capillis factum, qui capiti mulierum circumponitur. Codex Coisl. Ἀκύλας· Τρίχαπτόν ἐστι τὸ ψηλαφητόν, quod respondet voci *palpabili*, ab Hieronymo allatæ. Ibidem ex Origene, Τρίχαπτον ἡρμήνευσαν οἱ ἄλλοι ἑρμηνευταί, *ἄνθιμον* καὶ *ἐπένδυμα*. Aliud scholion, Πλέξις ᾗ τινι αἱ τρίχες συμπλέκονται. Τρίχαπτον δὲ λέγει τὸ ἀπὸ χ[illegible]κατεσκευασμένον, ἵνα εἴπῃ ἀπὸ χρυσονήματος. Λέγει δὲ τὴν ἐκ χρυσοῦ διάζωδον ἐσθῆτα. I. e. *Plexus, quo capilli complicantur. Trichaptum autem dicit quod ex auro concinnatum est, quasi dicat, ex aureo filo. Loquitur autem de veste figuris ani nalium ex auro intertexta.* [Lamb. Bos : Th., μεσσί. Sym., ἐνδύματι. Aq. ed. 1. ἀνθίμῳ, ed. 2. ψηλαφήτῳ. Drach.]

V. 11. Ἀ. 2., Σ., καὶ κλοιόν etc. Hieronymus : « Pro *torque*, quam juxta Aquilæ secundam edit. et Symmachum interpretati sumus, LXX et Theodotio κάθεμα transtulerunt. Quod non solum hic, sed etiam in Hesaia scriptum est. . . . Puto autem κάθεμα ab eis dictum ex variis gemmis in pectus mulierum monile descendens, qui et ipse ornatus pulcherrimus mulierum est. » [L. Bos : Pro κάθεμα, Aq. et Sym., στρεπτόν, *torquem*. Drach.]

V. 12. Σ., ἐπιῤῥίνιον. Hieronymus, qui ait Alios *inaurem* transtulisse.

Ibid. Hieronymus : *Decorem* juxta Symmachum ob sensus elegantiam interpretati sumus. Alioqui et in Hebræo est THOPHERTH, et in reliquis Interpretibus καύχησις, *gloriatio* dicitur. » [L. Bos : Pro καυχήσεως, Sym., κάλλους. Drach.]

V. 13. Hieron. : « Verbum Hebraicum MESSI, et hic Theodotio ipsum ut supra posuit, Aquila ἄνθιμον, Symmachus *polymitum* etc. »

Ibid. ⋇ σφόδρα. Ms. Jes.

Ibid. καὶ κατηυθύνθης εἰς βασίλειαν. Drusius. Hieronymus vero : « Hoc in LXX non habetur, qui forsitan Alexandriæ in Græcum sermonem Scripturas ex Hebraica veritate vertentes, timuerunt hoc edere, ne regem Ægypti viderentur offendere, dum a Deo Jerusalem debitum regnum esse commemorarent : quamquam eruditi solos quinque libros Moysi ab eis interpretatos putant. » [C, καὶ ἐγένου καλὴ σφόδρα σφόδρα, ⋇ καὶ κατηυθύνθης εἰς βασιλείαν ⁚ *et directa es in regnum*. Et ita Complut., qui pro altero σφόδρα habet, σφοδρῶς. Alex. tantum σφόδρα σφόδρα, quod etiam geminatur in Hebr., *nimis, nimis*. Postea pergit, ut et Vulg., et *profecisti in regnum*. — L. Bos : Pro βύσσινα, Aq., ἄνθιμα. Sym., πολύμιτα. Th., ἐκ μεσσί. Sed ista potius pro τρίχαπτα. Drach.]

V. 14. Hieronymus : « Hunc locum manifestius interpretatus est Symmachus, *Et egressum est* etc. » Ibi LXX, loco τοῦ בהדרי ἐν εὐπρεπείᾳ ἐν τῇ ὡραιότητι. Ubi duæ interpretationes in unam coaluere ; quod sæpe contigit. [C, non habet ἐν τῇ ὡρ. — L. Bos ita exhibet Symmachi lectionem : Καὶ ἐξῆλθε τὸ ὄνομά σου εἰς τὰ ἔθνη διὰ τὸ κάλλος σου· ὅπερ τέλειον ἦν διὰ τὴν εὐπρέπειάν μου ἣν ἔθηκα ἐπὶ σέ. Drach.]

V. 15. In fine commatis Hebr., לו־יהי, *ipsi erat*, vel *fiebat*. In LXX nostris vacat. C, αὐτῷ ἐγίνετο, et ita alii codd. ut testificatur Polygl.-Bibel. Complut., similiter, et aliter αὐτῷ ἐγένετο. Alex., ὃ οὐκ ἔσται. Nimirum legit לא. Drach.

V. 16. Sym., *cumque tulisses* etc. Hieronymus, qui adjicit : « Pro *consutis et versicoloribus*, Aquila et Theodotio ἐμβολίσματα transtulerunt, quod significat divulsos pannos hinc et inde consutos, et instar emplastri factum idolum, quasi πολύῤῥαφον *vestimentum*. » [Symmachi Græca ita leguntur apud Lambertum Bos : Καὶ αἴρουσα ἐκ τῶν ἱματίων σου ἐποίησας σεαυτῇ ὑψηλὰ ποικίλα, καὶ ἐπόρνευσας ἐπ' αὐτά· οὐ γενηθέντα, οὐδὲ γενησόμενα. Idem Bos addit : « Pro ῥαπτά, Aq. et Th. habent, ἐμβολισμάτων, i. e. secundo casu. Sed forsan pro ῥαπτά melius cum Bielio legas ῥαντά, *variis distincta coloribus*. Ita enim melius quadraret ad Hebraicum טלאות, quod Sym. optime transtulit ποικίλα. Drach.]

V. 17. Hebr., de auro meo atque de argento meo. LXX, ἐκ τοῦ χρυσίου μου καὶ ἐκ τοῦ ἀργυρίου μου. C, ἐκ τοῦ ἀργ. καὶ ἐκ τοῦ χρ. μου. Et ita Complut., qui tamen habet ἀργ. μου. Drach.

V 18. Pro αὐτάς, C, cum Alex., habet αὐτά. Idem.

V. 19. Hebr., et factum est, ait Adonai Jehova. LXX, καὶ ἐγένετο, λέγει Κύριος. C, καὶ ἐγένετο μετὰ ταῦτα, λέγει Ἀδωναῒ K. Alex. et Ald. habent μετὰ ταῦτα, Orig. et Compl., Ἀδ. K. Idem

V. 20. Pro ἔλαβες, Aq. et Th., μετήνεγκας, *transduxisti*. Sym., μετήγαγες, *transtulisti*. Ex L. Bos. Idem.

Ibid. Hebr. et Vulg., (et filias tuas) quas generasti mihi. LXX, ἃς ἐγέννησας. C, ἃς ἐγέννησάς ⋇ μοι ⁚ Et ita nonnulli codd. Idem.

V. 21. Hieronymus : « LXX, transtulerunt, *et dedisti eos ad placandum*, sive *expiandum* ; A., S. et Th. posuerunt, *transtulisti et transduxisti eos*, quia ethnici per ignem filios suos vel transferunt parvulos, vel adultos transire compellunt. » [Vide notam priorem ad versum præcedentem, ubi habes Græca istarum lectionum. Utrum huc an illuc referenda ? Nihil decernere audemus. Drach.]

V. 22. Hebr., omnibus tamen cum abominationibus tuis, et scortationibus tuis non recordata es dierum juventutis tuæ, cum esses nuda et denudata, (et) conculcata in sanguine tuo esses. LXX edit. Rom. parum concinunt. C, Τοῦτο παρὰ πᾶσαν τὴν πορνείαν σου, ⋇ καὶ τὰ βδελύγματά σου, ⁚ καὶ οὐκ ἐμνήσθης τῆς ἡμέρας τῆς νηπιότητός σου, ὅτι ἦσθα γυμνὴ καὶ ἀσχημονοῦσα, πεφυρμένη ἐν τῷ αἵματί σου ἔζησας. Orig., Alex., Ald., Complut. habent illud καὶ τὰ βδελύγματά σου. Similiter, Ald., Compl., τῆς, Alex., τὰς ἡμέρας τῆς νηπ. LXX apud S. Hier., et abominationes tuas... diei infantiæ tuæ. — Senes interpretantes ἔζησας, *vixisti*, legerunt חיית pro nostro היית. Cf. textum Hebr. supra, versu 6. Drach.

V. 23. Οἱ Γ', ⋇ οὐαί σοι etc. Ms. Jes. Quod ex Theodotionis editione additum fuisse τοῖς Ο', docet Hieronymus. [C, ⋇ οὐαὶ οὐαί σοι, ⁚ λέγει Ἀδωναῒ Κύριος. Alex., Ald., Compl., οὐαὶ οὐαί σοι. Drach.]

V. 24. Hieronymus : « Rursumque ubi nos diximus, *Et ædificasti tibi lupanar*, pro quo LXX transtulerunt, *Et ædificasti tibi habitaculum fornicationis*, Sym. et Theod., πορνεῖον interpretati sunt ; Aquila volens exprimere etymologiam sermonis Hebraici, GOB, posuit βόθυνον, quod nos dicere possumus *foveam*, ut significet ganeam ad defossum specum atque tenebrosum, in quo prostitutarum libido versatur. » Postea vero vocis Hebraicæ RAMA interpretationes, quales supra in textu exhibentur, refert Hieronymus. Vox autem *Rama* significat *excelsum*, atque hic *prostibulum* significare, ut volentibus fornicari procul appareat fornicationis locus. Polychronius autem, Ἔκθεμα λέγει οἷον τὸ προαγώγιον, ἔνθα τὰς πόρνας τρέφειν εἰώθασι. I. e. Ecthema dicit, quasi *prostibulum*, ubi solent scorta alere.

V. 27. Hieronymus : « Quod nos interpretati sumus juxta Symm. *scelerata*, Theodotio ipsum verbum Hebraicum posuit ZEMMA. »

Ibid. Hebr., et ecce extendi (manum meam). LXX, ἐὰν δὲ ἐκτείνω. Compl., καὶ ἰδοὺ ἐκτείνω. Ita etiam aliquot codd., quorum nonnulli, ἐκτενῶ. Ex Polygl.-Bibel. Drach.

Ibid. Post παραδώσω addit C, σε, *te*, quod habent Hebr. et Vulg., Orig., Alex., LXX apud S. Hier. vetusque Italica. Idem.

V. 28. Hebr., (et fornicata es) ad filios Assur. LXX, ἐπὶ τὰς θυγατέρας Ἀσσούρ. C autem, cum Orig. et Compl., ἐπὶ τοὺς υἱοὺς Ἀ. LXX apud S. Hier., et vetus Ital., in filios Assur. Idem.

Ibid. Pro ἐνεπίπλω, C legit ἐνεπίμπλω. Et ita Ald. Complut. autem, ἐπλήσθης (aliter, ἐνεπλήσθης). Idem.

V. 29. Ἄλλος, τὰς πορνείας. Sic quædam exemplaria. Theodoretus vero, τὰ πορνεῖα. Nescio quid legerint LXX qui verterunt, τὰς διαθήκας.

Ibid. Ἄλλος, γῆν Χαναὰν καὶ εἰς τοὺς Χαλδαίους. Ms. Jes. [C, καὶ ἐπλήθυνας τὰς πορνείας σου πρὸς γῆν ⋇ Χαναὰν ⁚ Χαλδαίων. Compl., τὰς πορνείας...

Χαναάν, καὶ εἰς τοὺς Χαλδαίους. Alex., Χαναίων καὶ Χαλδαίων. Ald., Χαναὰν καὶ Χαλδαίων. Drach.]

V. 30. Τί διαθῶ τὴν θυγατέρα etc. Qui ita vertit לבתך, legit ac si ל esset præpositio, et בת filiam significaret ut vulgo. Illud autem Δ', τίνι καθαριῶ perplexe jacet in Ms. Jes. ita ut nonnisi divinando exscribi possit: nam legi videtur κιωρίω, quod nihil significat. Δ' autem Tetrapla significare puto. Vide in libro Job, et in Præliminaribus. [C ita habet versum integrum: Τί διαθῶ τὴν καρδίαν σου, λέγει Ἀδωναΐ Κύριος, ἐν τῷ ποιῆσαί σε πάντα ταῦτα ἔργα γυναικὸς πόρνης ※ παῤῥησιαζομένης; ⁚ ἐξεπόρνευσας τρισσῶς ÷ ἐν ταῖς θυγατράσι σου. ⁚ Merito signat obelo hæc ultima verba; duplex enim, et quidem falsa, est interpretatio verbi בבנותיך a sequenti commate huc translati. Significat vero, non *in filiabus tuis*, sed *in ædificante te*, vel ut apprime Complut., ἐν τῷ οἰκοδομῆσαί σε. Neque *et fornicata es tripliciter* legitur in Hebr. fonte, qui habet שלטת, *vehemens, procax, impudens*, παῤῥησιαζομένη, ut interpretantur Theod., Complut. et C, pro quo LXX perperam legerunt שלשת (schelischith). Apposite S. Hier.: « Quod dixere LXX, *et fornicata es tripliciter in filiabus tuis*, in Hebraico non habetur, nec aliorum interpretum quisquam posuit. » Drach.]

Ibid. Θ., ※ πόρνης παῤῥη- etc. Ms. Jes.

V. 31. Ἄλλος, καὶ τὸ ἔχθεμά σου. Idem. [Et ita apud Theodoretum. Drach.]

Ibid. Hebr. et Vulg, nec facta es (quasi meretrix). LXX, καὶ ἐγένου. C autem, Theodor., Complut et aliqui codd., καὶ οὐκ ἐγένου. S. Hier., LXX, et vetus Italica, *et non fuisti*. Drach.

V. 32. Ante ὁμοία σοι, præfigit C obelum. Merito, non enim habetur in Hebraico. S. Hier.: « Hoc quod in LXX scriptum est, *similis tui*, in Hebr. non habetur, et lectionis conturbat ordinem. » Idem.

V. 33. Ἄλλος, πάσαις ταῖς πόρναις etc. Drusius. [C, (δέδωκας) ※ τὰ ⁚ μισθώματα. Drach.]

Ibid. Ἀ., καὶ ἐδωρ- Lectionem Aquilæ mutuamur ex Ms. Jes., Symmachi ex cod. Reg.

V. 34. Hieronymus: « Juxta Symmachum interpretati sumus, *et post te non erit fornicatio*. » [C, καὶ μετὰ σὲ οὐ πεπορνεύκασιν. Eamdem negationem habent Hebr., Vulg., vetus Italica, Theodor., Ald., LXX apud S. Hier. et Compl., quæ legit, cum Theodor., οὐ πορνεύσουσιν, *non fornicabuntur*. Drach]

V. 36. C non habet σου post αἰσχύνη. Sed exstat in Hebr. Drach.

V. 37. Pro ἐγὼ ἐπισυνάγω, C, ἐγὼ ἐπὶ ÷ σὲ ⁚ συνάγω. Illud σέ non fertur in textu Hebr. Attamen habent Alex., Ald. et Compl. LXX apud S. Hier. et vet. Ital., ego super te congregabo. Idem.

V. 38. Post ἐκδικήσει, C ita: μοιχαλίδων καὶ ἐκχεουσῶν αἷμα, καὶ θήσω etc. Ita etiam Theodor. et Compl. Hebr. et Vulg., LXX apud S. Hier. et vet. Ital., *adulterarum et effundentium sanguinem*. Idem.

V. 41. Hebr. et Vulg., non dabis. LXX, οὐ μὴ δώσω. C, Theodor., Alex., οὐ μὴ δῷς. Compl., οὐ μὴ προσδῷς. LXX ap. S. Hier., non dabis. Idem.

V. 43. Hebr. et Vulg., (non fueris recordata) dierum adolescentiæ tuæ. LXX tantum, τῆς νηπιότητός σου. C, cum Alex., Ald. et Compl., τὴν ἡμέραν τῆς ν. σ. LXX ap. S. Hier. et vet. Ital., diei infantiæ tuæ. Et mox, C, λέγει Ἀδωναΐ Κύριος. Hebr., Adonai Jehova. LXX ap. S. Hier. et vet. Ital., Adonai Dominus. Idem.

V. 44, 45. Hebr. et Vulg., sicut mater, ita et filia ejus. Filia matris tuæ es tu. C, καθὼς ἡ μήτηρ καὶ ἡ θυγάτηρ. Θυγάτηρ τῆς μητρὸς σὺ εἶ, absque σου post μητρός. Apud autem S. Hier. LXX, sicut mater, et filia. Filia matris tuæ tu es. — In v. 44, pro ἐν παραβολῇ, Symmachus, ἐν παροιμίᾳ. Ex Lamb. Bos. — In versu 45, C ita legit: ἡ μήτηρ ὑμῶν Χεθθαία (sic), καὶ ὁ πατὴρ ὑμῶν Ἀμοῤῥαῖος. Alterum ὑμῶν, quod exprimit Hebr., habent Alex. et Complut. Idem.

V. 46. Pro καὶ αἱ θυγατέρες αὐτῆς, C, contra textum Hebr., καὶ θυγάτηρ αὐτῆς. Idem.

V. 47. Ἄλλος, κατὰ μικρὸν ὅσον. Ms. Jes. [C, κατὰ μικρὸν ※ ὅσον. ⁚ Drach.]

Ibid. Οἱ Γ', καὶ διέφθειρας etc. Ms. Jes.

V. 48. C, Ζῶ ἐγὼ, λέγει Ἀδωναΐ Κύριος, εἰ ἐποίησε Σόδομα ἡ ἀδελφή σου, αὐτὴ etc. Hebr., dicit Adonai Jehova, si fecit S. soror tua. Alex., Ald., Complut., Σόδ. ἡ ἀδελφή σου. S. Hier., LXX, dicit Adonai Dominus, si fecit Sodoma soror tua. Drach.

V. 49. C, Πλὴν τοῦτο ※ ἦν ⁚ ἀνομ... ἐσπατάλων αὐτὴ καὶ... (Rom. et Alex., αὕτη. Ald. et Compl., αὐτή) ÷ τοῦτο ὑπῆρχεν ⁚ — B: Ο', καὶ χεῖρα πτωχοῦ καὶ πένητος οὐκ ἀντελαμβάνοντο. Σ., καὶ χεῖρα πτωχῷ καὶ πένητι οὐκ ὤρεγον, *non porrigebant*. Id.

V. 50. C, καθὼς εἶδες, *sicut vidisti*. Hebr. autem, *sicut vidi*. — B: Ο', ἴδον. Ἄλλος, εἶδον, *vidi*. Non *viderunt*, ut nonnulli Latine vertunt. Οἱ Γ', εἶδος, speciem. Idem.

V. 52. B: Ο', καὶ σύ. Ἀ., Θ., καί ※ γε ⁚ σύ. — Ο', ἔφθειρας. Σ., ὑπερέβαλες, *exsuperasti*. Idem.

V. 53. Σ., ἀποκαθιστῶ. Ms. Reg. [B: Σ., οὖν ἀποκαθιστῶν, *igitur restituens*. Drach.]

Ibid. Ἀ., αἰχμαλωσίαν Σοδομ.... Hieronymus: « Primum restituitur *conversio*, sive *captivitas Sodomæ*, ut interpretatus est Aquila: secundo *captivitas Samariæ*, ut idem Aquila et Symmachus transtulerunt. » [B: Ἀ., τὴν αἰχμαλωσίαν Σοδόμης. Lamb. autem Bos ad τὰς ἀποστροφάς, adnotat: « Aq. et Sym., τὴν αἰχμ. » Drach.]

Ibid. Pro priore τῶν θυγατέρων, C legit τῶν ἀδελφῶν, *sororum*; sed repugnante textu Hebr. Drach.

V. 54. Ἄλλος, ἵνα κομίσω. Ms. Jes.

Ibid. B: Ο', τὴν βάσανόν σου. Ἀ., ἐντροπήν σου, *confusionem tuam*. Σ., Θ., *ignominiam tuam*. — Ο', καὶ ἀτιμωθήσῃ. Ἀ., Θ., καὶ ἐντραπῇς, *et confundaris*. Σ., καὶ καταισχυνθῇς, *et erubescas*. — Ο', ἐν τῷ σε (istud σε non habent C et ed. Rom, sed addunt Alex., Ald., Compl.) παροργίσαι με. Σ., παρηγοροῦσα αὐτάς, *consolans eas*. Hebr., *in consolando te eas*. Drach.

V. 55. Post ἀπ' ἀπαρχῆς, C addit, καὶ Σαμάρεια καὶ αἱ θυγατέρες αὐτῆς ἀποκατασταθήσονται, καθὼς ἦσαν ἀπ' ἀρχῆς. Eadem habent, parvo cum discrimine, Alex., Ald., Compl. Theodor. tamen non legit, nec habet cod. Vatic. Sed ubi hæc deficiunt, procul dubio ex ὁμοιοτελεύτῳ scribarum vitio prætermissa sunt. Hebr. et Vulg., et Samaria et filiæ ejus revertentur ad antiquitatem suam. Apud S. Hier. LXX, et Samaria et filiæ ejus restituentur sicut fuerant a principio. — B: Ο', ἀποκατασταθήσονται. Ἀ., ἐπιστρέψουσιν, *revertentur*. — Ο', καθὼς ἦσαν ἀπ' ἀρχῆς. Ἀ., Θ., εἰς τὸ ἀρχαῖον αὐτῶν, *ad antiquitatem suam*. Idem.

V. 56. Hujus et sequentium versuum interpretationes ex Hieronymo mutuamur Latine: Græca vero nusquam exstant. [Lamb. Bos sic exhibet Symmachi et Theodotionis, et insuper Aquilæ, lectiones: Σ., ὅτι οὐκ ἦν Σόδομα ἡ ἀδελφή σου ἐν ἀκοῇ διὰ στόματός σου. Θ., καὶ οὐκ ἦν Σόδ., ἡ ἀδ. σ. ἐν ἀκοῇ στόματός σου. Ἀ., οὐκ ἦν δὲ Σόδ. ἡ ἀδ. σ. ἠχουσμένη ἐν τῷ στόματί σου. Tribus adde, ἐν τῇ ἡμέρᾳ ὑπερηφανίας σου. — Hic S. Hier.: « Editioni Aquilæ congruit nostra translatio. » Scil. quæ nunc in Vulg. Lat. Quod et dicendum de seqq. vv. 57, 58. — Præterea, ad hæc verba τῶν Ο', καὶ εἰ μὴ ἦν, notat B: Σ., ὅτι οὐκ ἐγένετο. Drach.]

V. 57. B voci priori θυγατέρων præponit, Π., ※ τῶν. Et ad vocem περιεχουσῶν, refert, Ἀ., πατδευουσῶν. Θ., βδελυσσομένων. — Lamb. Bos: « Pro τὰς κακίας, Sym., τὴν αἰσχύνην, Aq. et Th., τὴν κακίαν. Post, Sym., ὥσπερ ἐν χρόνῳ ὀνείδους τῶν θυγατέρων. Th., ὡς χρόνος ὀνείδους τῶν θυγ. Aq., ὥσπερ ἐν τῷ χρόνῳ τούτῳ εἰς ὄνειδος τῶν θυγ. » Et ad ἀλλοφύλων, « Aq. et Sym., Παλαιστίνων. Post, Th., τῶν βδελυσσομένων σε. » Drach.]

V. 58. Pro κεκόμισαι, alii habent, κόμισαι, *porta*,

χρυσονήματος. Λέγει δὲ τὴν ἐκ χρυσοῦ διάζωδον ἐσθῆτα. I. e. *Plexus, quo capilli complicantur. Trichaptum autem dicit quod ex auro concinnatum est, quasi dicat, ex aureo filo. Loquitur autem de veste figuris animalium ex auro intertexta.* [Lamb. Bos : Th., μεσσί. Sym., ἐνδύματι. Aq. ed. 1. ἀνθίμῳ, ed. 2. ψηλαφήτῳ. DRACH.]

V. 11. Ἀ. 2., Σ., καὶ κλοιόν etc. Hieronymus : « Pro *torque*, quam juxta Aquilæ secundam edit. et Symmachum interpretati sumus, LXX et Theodotio κάθεμα transtulerunt. Quod non solum hic, sed etiam in Hesaia scriptum est.... Puto autem κάθεμα ab eis dictum ex variis gemmis in pectus mulierum monile descendens, qui et ipse ornatus pulcherrimus mulierum est. » [L. Bos : Pro κάθεμα, Aq. et Sym., στρεπτόν, *torquem*. DRACH.]

V. 12. Σ., ἐπιῤῥίνιον. Hieronymus, qui ait Alios *inaurem* transtulisse.

Ibid. Hieronymus : *Decorem* juxta Symmachum ob sensus elegantiam interpretati sumus. Alioqui et in Hebræo est THOPHERTH, et in reliquis Interpretibus καύχησις, *gloriatio* dicitur. » [L. Bos : Pro καυχήσεως, Sym., κάλλους. DRACH.]

V. 13. Hieron. : « Verbum Hebraicum MESSI, et hic Theodotio ipsum ut supra posuit, Aquila ἄνθιμον, Symmachus *polymitum* etc. »

Ibid. ⋇ σφόδρα. Ms. Jes.

Ibid. καὶ κατηυθύνθης εἰς βασίλειαν. Drusius. Hieronymus vero : « Hoc in LXX non habetur, qui forsitan Alexandriæ in Græcum sermonem Scripturas ex Hebraica veritate vertentes, timuerunt hoc edere, ne regem Ægypti viderentur offendere, dum a Deo Jerusalem debitum regnum esse commemorarent : quamquam eruditi solos quinque libros Moysi ab eis interpretatos putant. » [C, καὶ ἐγένου καλὴ σφόδρα σφόδρα, ⋇ καὶ κατηυθύνθης εἰς βασιλείαν ↓ *et directa es in regnum*. Et ita Complut., qui pro altero σφόδρα habet, σφοδρῶς. Alex. tantum σφόδρα σφόδρα, quod etiam geminatur in Hebr., *nimis, nimis*. Postea pergit, ut et Vulg., et *profecisti in regnum*. — L. Bos : Pro βύσσινα, Aq., ἄνθιμα. Sym., πολύμιτα. Th., ἐκ μεσσί. Sed ista potius pro τρίχαπτα. DRACH.]

V. 14. Hieronymus : « Hunc locum manifestius interpretatus est Symmachus, *Et egressum est* etc. » Ibi LXX, loco τοῦ בהדרי ἐν εὐπρεπείᾳ ἐν τῇ ὡραιότητι. Ubi duæ interpretationes in unam coaluere ; quod sæpe contigit. [C, non habet ἐν τῇ ὡρ. — L. Bos ita exhibet Symmachi lectionem : Καὶ ἐξῆλθε τὸ ὄνομά σου εἰς τὰ ἔθνη διὰ τὸ κάλλος σου· ὅπερ τέλειον ἦν διὰ τὴν εὐπρέπειάν μου ἣν ἔθηκα ἐπὶ σέ. DRACH.]

V. 15. In fine commatis Hebr., לו־יהי, *ipsi erat*, vel *fiebat*. In LXX nostris vacat. C, αὐτῷ ἐγίνετο, et ita alii codd. ut testificatur Polygl.-Bibel. Complut., similiter, et aliter αὐτῷ ἐγένετο. Alex., ὃ οὐκ ἔσται. Nimirum legit לא. DRACH.

V. 16. Sym., *cumque tulisses* etc. Hieronymus, qui adjicit : « Pro *consutis et versicoloribus*, Aquila et Theodotio ἐμβολίσματα transtulerunt, quod significat divulsos pannos hinc et inde consutos, et instar emplastri factum idolum, quasi πολύῤῥαφον *vestimentum*. » [Symmachi Græca ita leguntur apud Lambertum Bos : Καὶ αἴρουσα ἐκ τῶν ἱματίων σου ἐποίησας σεαυτῇ ὑψηλὰ ποικίλα, καὶ ἐπόρνευσας ἐπ' αὐτά· οὐ γενηθέντα, οὐδὲ γενησόμενα. Idem Bos addit : « Pro ῥαπτά, Aq. et Th. habent, ἐμβολισμάτων, i. e. secundo casu. Sed forsan pro ῥαπτά melius cum Bielio legas ῥαντά, *variis distincta coloribus*. Ita enim melius quadraret ad Hebraicum טלאות, quod Sym. optime transtulit ποικίλα. DRACH.]

V. 17. Hebr., de auro meo atque de argento meo. LXX, ἐκ τοῦ χρυσίου μου καὶ ἐκ τοῦ ἀργυρίου μου. C, ἐκ τοῦ ἀργ. καὶ ἐκ τοῦ χρ. μου. Et ita Complut., qui tamen habet ἀργ. μου. DRACH.

V 18. Pro αὐτάς, C, cum Alex., habet αὐτά. IDEM.

V. 19. Hebr., et factum est, ait Adonai Jehova. LXX, καὶ ἐγένετο, λέγει Κύριος. C, καὶ ἐγένετο μετὰ ταῦτα, λέγει Ἀδωναΐ Κ. Alex. et Ald. habent μετὰ ταῦτα, Orig. et Compl., Ἀδ. Κ. IDEM

V. 20. Pro ἔλαβες, Aq. et Th., μετήνεγκας, *transduxisti*. Sym., μετήγαγες, *transtulisti*. Ex L. Bos. IDEM.

Ibid. Hebr. et Vulg., (et filias tuas) quas genuisti mihi. LXX, ἃς ἐγέννησας. C, ἃς ἐγέννησάς ⋇ μοι ↓ Et ita nonnulli codd. IDEM.

V. 21. Hieronymus : « LXX, transtulerunt, *et dedisti eos ad placandum*, sive *expiandum* ; A., S. et Th. posuerunt, *transtulisti et transduxisti eos*, quia ethnici per ignem filios suos vel transferunt parvulos, vel adultos transire compellunt. » [Vide notam priorem ad versum præcedentem, ubi habes Græca istarum lectionum. Utrum huc an illuc referenda ? Nihil decernere audemus. DRACH.]

V. 22. Hebr., omnibus tamen cum abominationibus tuis, et scortationibus tuis non recordata es dierum juventutis tuæ, cum esses nuda et denudata, (et) conculcata in sanguine tuo esses. LXX edit. Rom. parum concinunt. C, Τοῦτο παρὰ πᾶσαν τὴν πορνείαν σου, ⋇ καὶ τὰ βδελύγματά σου, ↓ καὶ οὐκ ἐμνήσθης τῆς ἡμέρας τῆς νηπιότητός σου, ὅτι ἦσθα γυμνὴ καὶ ἀσχημονοῦσα, πεφυρμένη ἐν τῷ αἵματί σου ἔζησας. Orig., Alex., Ald., Complut. habent illud καὶ τὰ βδελύγματά σου. Similiter, Ald., Compl., τῆς, Alex., τὰς ἡμέρας τῆς νηπ. LXX apud S. Hier., et abominationes tuas... diei infantiæ tuæ. — Senes interpretantes ἔζησας, *vixisti*, legerunt חיית pro nostro היית. Cf. textum Hebr. supra, versu 6. DRACH.

V. 23. Οἱ Γ', ⋇ οὐαί σοι etc. Ms. Jes. Quod ex Theodotionis editione additum fuisse τοῖς Ο', docet Hieronymus. [C, ⋇ οὐαί οὐαί σοι, ↓ λέγει Ἀδωναΐ Κύριος. Alex., Ald., Compl., οὐαὶ οὐαί σοι. DRACH.]

V. 24. Hieronymus : « Rursumque ubi nos diximus, *Et ædificasti tibi lupanar*, pro quo LXX transtulerunt, *Et ædificasti tibi habitaculum fornicationis*, Sym. et Theod., πορνεῖον interpretati sunt ; Aquila volens exprimere etymologiam sermonis Hebraici, GOB, posuit βόθυνον, quod nos dicere possumus *foveam*, ut significet ganeam ad defossum specum atque tenebrosum, in quo prostitutarum libido versatur. » Postea vero vocis Hebraicæ RAMA interpretationes, quales supra in textu exhibentur, refert Hieronymus. Vox autem *Rama* significat *excelsum*, aitque hic *prostibulum* significare, ut volentibus fornicari procul appareat fornicationis locus. Polychronius autem, Ἔκθεμα λέγει οἷον τὸ προαγώγιον, ἔνθα τὰς πόρνας τρέφειν εἰώθασι. *I. e.* Ecthema dicit, quasi *prostibulum*, ubi solent scorta alere.

V. 27. Hieronymus : « Quod nos interpretati sumus juxta Symm. *scelerata*, Theodotio ipsum verbum Hebraicum posuit ZEMMA. »

Ibid. Hebr., et ecce extendi (manum meam). LXX, ἐὰν δὲ ἐκτείνω. Compl., καὶ ἰδοὺ ἐκτείνω. Ita etiam aliquot codd., quorum nonnulli, ἐκτενῶ. Ex Polygl.-Bibel. DRACH.

Ibid. Post παραδώσω addit C, σε, *te*, quod habent Hebr. et Vulg., Orig., Alex., LXX apud S. Hier. vetusque Italica. IDEM.

V. 28. Hebr., (et fornicata es) ad filios Assur. LXX, ἐπὶ τὰς θυγατέρας Ἀσσούρ. C autem, cum Orig. et Compl., ἐπὶ τοὺς υἱοὺς Ἀ. LXX apud S. Hier., et vetus Ital., in filios Assur. IDEM.

Ibid. Pro ἐνεπίπλω, C legit ἐνεπίμπλω. Et ita Ald. Complut. autem, ἐπλήσθης (aliter, ἐνεπλήσθης). IDEM.

V. 29. Ἄλλος, τὰς πορνείας. Sic quædam exemplaria. Theodoretus vero, τὰ πορνεῖα. Nescio quid legerint LXX qui verterunt, τὰς διαθήκας.

Ibid. Ἄλλος, γῆν Χαναὰν καὶ εἰς τοὺς Χαλδαίους. Ms. Jes. [C, καὶ ἐπλήθυνας τὰς πορνείας σου πρὸς γῆν ⋇ Χαναὰν ↓ Χαλδαίων. Compl., τὰς πορνεί ...

Χαναάν, καὶ εἰς τοὺς Χαλδαίους. Alex., Χαναίων καὶ Χαλδαίων. Ald., Χαναὰν καὶ Χαλδαίων. Drach.]

V. 30. Τί διαθῶ τὴν θυγατέρα etc. Qui ita vertit לבתך, legit ac si ל esset præpositio, et בת filiam significaret ut vulgo. Illud autem Δ', τίνι καθαριῶ perplexe jacet in Ms. Jes. ita ut nonnisi divinando exscribi possit: nam legi videtur κιωρίω, quod nihil significat. Δ' autem Tetrapla significare puto. Vide in libro Job, et in Præliminaribus. [C ita habet versum integrum: Τί διαθῶ τὴν καρδίαν σου, λέγει Ἀδωναῒ Κύριος, ἐν τῷ ποιῆσαί σε πάντα ταῦτα ἔργα γυναικὸς πόρνης ※ παῤῥησιαζομένης; ⁚ ἐξεπόρνευσας τρισσῶς ÷ ἐν ταῖς θυγατράσι σου. ⁚ Merito signat obelo hæc ultima verba; duplex enim, et quidem falsa, est interpretatio verbi בבנותיך a sequenti commate huc translati. Significat vero, non *in filiabus tuis*, sed *in ædificante te*, vel ut apprime Complut., ἐν τῷ οἰκοδομῆσαί σε. Neque *et fornicata es tripliciter* legitur in Hebr. fonte, qui habet שלטת, *vehemens, procax, impudens*, παῤῥησιαζομένη, ut interpretantur Theod., Complut. et C, pro quo LXX perperam legerunt שלשית (schelischith). Apposite S. Hier.: « Quod dixere LXX, *et fornicata es tripliciter in filiabus tuis*, in Hebraico non habetur, nec aliorum interpretum quisquam posuit. » Drach.]

Ibid. Θ., ※ πόρνης παῤῥη- etc. Ms. Jes.

V. 31. Ἄλλος, καὶ τὸ ἔκθεμά σου. Idem. [Et ita apud Theodoretum. Drach.]

Ibid. Hebr. et Vulg, nec facta es (quasi meretrix). LXX, καὶ ἐγένου. C autem, Theodor., Complut. et aliqui codd., καὶ οὐκ ἐγένου. S. Hier., LXX, et vetus Italica, *et non fuisti*. Drach.

V. 32. Ante ὁμοία σοι, præfigit C obelum. Merito, non enim habetur in Hebraico. S. Hier.: « Hoc quod in LXX scriptum est, *similis tui*, in Hebr. non habetur, et lectionis conturbat ordinem. » Idem.

V. 33. Ἄλλος, πάσαις ταῖς πόρναις etc. Drusius. [C, (δέδωκας) ※ τὰ ⁚ μισθώματα. Drach.]

Ibid. Ἀ., καὶ ἐδωρ- Lectionem Aquilæ mutuamur ex Ms. Jes., Symmachi ex cod. Reg.

V. 34. Hieronymus: « Juxta Symmachum interpretati sumus, *et post te non erit fornicatio*. » [C, καὶ μετὰ σὲ οὐ πεπορνεύκασιν. Eamdem negationem habent Hebr., Vulg., vetus Italica, Theodor., Ald., LXX apud S. Hier. et Compl., quæ legit, cum Theodor., οὐ πορνεύσουσιν, *non fornicabuntur*. Drach.]

V. 36. C non habet σου post αἰσχύνη. Sed exstat in Hebr. Drach.

V. 37. Pro ἐγὼ ἐπισυνάγω, C, ἐγὼ ἐπὶ ÷ σὲ ⁚ συνάγω. Illud σέ non fertur in textu Hebr. Attamen habent Alex., Ald. et Compl. LXX apud S. Hier. et vet. Ital., ego super te congregabo. Idem.

V. 38. Post ἐκδικήσει, C ita: μοιχαλίδων καὶ ἐκχεουσῶν αἷμα, καὶ θήσω etc. Ita etiam Theodor. et Compl. Hebr. et Vulg., LXX apud S. Hier. et vet. Ital., *adulterarum et effundentium sanguinem*. Idem.

V. 41. Hebr. et Vulg., non dabis. LXX, οὐ μὴ δώσω. C, Theodor., Alex., οὐ μὴ δῷς. Compl., οὐ μὴ προσδῷς. LXX ap. S. Hier., non dabis. Idem.

V. 43. Hebr. et Vulg., (non fueris recordata) dierum adolescentiæ tuæ. LXX tantum, τῆς νηπιότητός σου. C, cum Alex., Ald. et Compl., τὴν ἡμέραν τῆς ν. σ. LXX ap. S. Hier. et vet. Ital., diei infantiæ tuæ. Et mox, C, λέγει Ἀδωναῒ Κύριος. Hebr., Adonai Jehova. LXX ap. S. Hier. et vet. Ital., Adonai Dominus. Idem.

V. 44, 45. Hebr. et Vulg., sicut mater, ita et filia ejus. Filia matris tuæ es tu. C, καθὼς ἡ μήτηρ καὶ ἡ θυγάτηρ. Θυγάτηρ τῆς μητρὸς σὺ εἶ, absque σου post μητρός. Apud au[illegible] LXX, sicut mater, et filia. Filia m[illegible] In v. 44, pro ἐν παραβολῇ, [illegible] Ex Lamb. Bos. — In [illegible] ὑμῶν Χετθαία (sic [illegible] Alterum ὑμῶν, q[illegible] et Complut. Idem.

V. 46. Pro καὶ αἱ θυγατέρες αὐτῆς, C, contra textum Hebr., καὶ θυγάτηρ αὐτῆς. Idem.

V. 47. Ἄλλος, κατὰ μικρὸν δσον. Ms. Jes. [C, κατὰ μικρὸν ※ ὅσον, ⁚ Drach.]

Ibid. Οἱ Γ', καὶ διέφθειρας etc. Ms. Jes.

V. 48. C, Ζῶ ἐγὼ, λέγει Ἀδωναῒ Κύριος, εἰ ἐποίησε Σόδομα ἡ ἀδελφή σου, αὐτὴ etc. Hebr., dicit Adonai Jehova, si fecit S. soror tua. Alex., Ald., Complut., Σόδ. ἡ ἀδελφή σου. S. Hier., LXX, dicit Adonai Dominus, si fecit Sodoma soror tua. Drach.

V. 49. C, Πλὴν τοῦτο ※ ἦν ⁚ ἀνομ... ἐσπατάλων αὐτὴ καὶ... (Rom. et Alex., αὕτη. Ald. et Compl., αὐτή) ÷ τοῦτο ὑπῆρχεν ⁚ — B: O', καὶ χεῖρα πτωχοῦ καὶ πένητος οὐκ ἀντελαμβάνοντο. Σ., καὶ χεῖρα πτωχῷ καὶ πένητι οὐκ ὤρεγον, *non porrigebant*. Id.

V. 50. C, καθὼς εἶδες, *sicut vidisti*. Hebr. autem, *sicut vidi*. — B: O', ἴδον. Ἄλλος, εἶδον, *vidi*. Non *viderunt*, ut nonnulli Latine vertunt. Οἱ Γ', εἶδος, speciem. Idem.

V. 52. B: O', καὶ σύ. Ἀ., Θ., καί ※ γε ⁚ σύ. — O', ἔφθειρας. Σ., ὑπερέβαλες, *exsuperasti*. Idem.

V. 53. Σ., ἀποκαθιστῶ. Ms. Reg. [B: Σ., οὖν ἀποκαθιστῶν, *igitur restituens*. Drach.]

Ibid. Ἀ., αἰχμαλωσίαν Σοδομ.... Hieronymus: « Primum restituitur *conversio*, sive *captivitas Sodomæ*, ut interpretatus est Aquila: secundo *captivitas Samariæ*, ut idem Aquila et Symmachus transtulerunt. » [B: Ἀ., τὴν αἰχμαλωσίαν Σοδόμης. Lamb. autem Bos ad τὰς ἀποστροφάς, adnotat: « Aq. et Sym., τὴν αἰχμ. » Drach.]

Ibid. Pro priore τῶν θυγατέρων, C legit τῶν ἀδελφῶν, *sororum*; sed repugnante textu Hebr. Drach.

V. 54. Ἄλλος, ἵνα κομίσω. Ms. Jes.

Ibid. B: O', τὴν βάσανόν σου. Ἀ., ἐντροπήν σου, *confusionem tuam*. Σ., Θ., *ignominiam tuam*. — O', καὶ ἀτιμωθήσῃ. Ἀ., Θ., καὶ ἐντραπῇς, *et confundaris*. Σ., καὶ καταισχυνθῇς, *et erubescas*. — O', ἐν τῷ σε (istud σε non habent C et ed. Rom, sed addunt Alex., Ald., Compl.) παροργίσαι με. Σ., παρηγοροῦσα αὐτάς, *consolans eas*. Hebr., *in consolando te eas*. Drach.

V. 55. Post ἀπ' ἀπαρχῆς, C addit, καὶ Σαμάρεια καὶ αἱ θυγατέρες αὐτῆς ἀποκατασταθήσονται, καθὼς ἦσαν ἀπ' ἀρχῆς. Eadem habent, parvo cum discrimine, Alex., Ald., Compl. Theodor. tamen non legit, nec habet cod. Vatic. Sed ubi hæc deficiunt, procul dubio ex ὁμοιοτελεύτῳ scribarum vitio prætermissa sunt. Hebr. et Vulg., et Samaria et filiæ ejus revertentur ad antiquitatem suam. Apud S. Hier. LXX, et Samaria et filiæ ejus restituentur sicut fuerant a principio. — B: O', ἀποκατασταθήσονται. Ἀ., ἐπιστρέψουσιν, *revertentur*. — O', καθὼς ἦσαν ἀπ' ἀρχῆς. Ἀ., Θ., εἰς τὸ ἀρχαῖον αὐτῶν, *ad antiquitatem suam*. Idem.

V. 56. Hujus et sequentium versuum interpretationes ex Hieronymo mutuamur Latine: Græce vero nusquam exstant. [Lamb. Bos sic exhibet Symmachi et Theodotionis, et insuper Aquilæ, lectiones: Σ., ὅτι οὐκ ἦν Σόδομα ἡ ἀδελφή σου ἐν ἀκοῇ διὰ στόματός σου. Θ., καὶ οὐκ ἦν Σόδ., ἡ ἀδ. σ. ἐν ἀκοῇ στόματός σου. Ἀ., οὐκ ἦν δὲ Σόδ. ἡ ἀδ. σ. ἠχουσμένη ἐν τῷ στόματί σου. Tribus adde, ἐν τῇ ἡμέρᾳ ὑπερηφανίας σου. — Hic S. Hier.: « Editioni Aquilæ congruit nostra translatio. » Scil. quæ nunc in Vulg. Lat. Quod et dicendum de seqq. vv. 57, 58. — Præterea, ad hæc verba τῶν O', καὶ εἰ μὴ ἦν, notat B: Σ., ὅτι οὐκ ἐγένετο. Drach.]

V. 57. B voci priori θυγατέρων præponit, Π., ※ τῶν. Et ad vocem περιεχουσῶν, refert, Ἀ., καὶ θυουσῶν. Θ., βδελυσσομένων. — Lamb. Bos: « Pro τὰς κακίας, Sym., τὴν αἰσχύνην, Aq. et Th., τὴν κακίαν. Post, Sym., ὥσπερ ἐν χρόνῳ ὀνείδους τῶν θυγατέρων. Th., ὡς χρόνος ὀνείδους τῶν θυγ. Aq., ὥσπερ ἐν τῷ χρόνῳ τούτῳ εἰς ὄνειδος τῶν θυγ. » Et ad ἀλλοφύλων, « Aq. et Sym., Παλαιστίνων. Post, Th., τῶν βδελυσσομένων σε. » Drach.]

V. 58. Pro κεκόμισαι, alii habent, κόμισαι, *porta*,

fer. Et ita apud S. Hier. et Theod. Lamb. Bos : « Α., τὸ ἀνόμημά σου, καὶ τὴν ἀτιμίαν σου. Th., τὴν πορνείαν σου, καὶ τὰ μιάσματά σου. Pro κεκόμισαι vero, Th., ἐκόμισας. S., κομίσῃ. » Hebr., *scelus tuum, et abominationes tuas, tu portasti ea.* — B : Ο', τὰς ἀσεβείας. 'Α., τὴν συνταγήν. Σ., μυσαρίαν σου. Θ., πορνείαν. — Ο', καὶ τὰς ἀνομίας σου σὺ κεκόμισαι. *Ἄλλος*, καὶ ταῖς ἀνομίαις σου. Π., ἔλαβες. I. e., pro κεκόμισαι, *Omnes* habent ἔλαβες. DRACH.

V. 59. C, ⋇ Ὅτι ⁚ (τάδε λέγει). Hebr. et Vulg., Quia (hæc dicit). — B : Ο', ἠτίμωσας ταῦτα. 'Α., Σ., (ἠτίμωσας) τὴν ἀράν. Θ., τὸν ὅρκον. Nimirum, LXX legerunt אֵלֶּה, *elle;* tres autem interpp., אָלָה, *ala*, ut punctarunt masorethæ. Hebr. et Vulg., *despexisti juramentum.* Ald. et Compl., ἀράν. IDEM.

V. 60. B : Ο', νηπιότητός σου. Οἱ Γ', νεότητός σου. — Ο' καὶ Π., σοι. *Ἄλλος*, ἐμαυτῷ. Ita etiam Complut., ἐμαυτῷ. Hebr. tamen, *tibi.* IDEM.

EZECHIELIS CAPUT XVII.

ΤΟ ΕΒΡΑΙΚΟΝ.	ΤΟ ΕΒΡΑΙΚΟΝ Ἑλληνικοῖς γράμμασι.	ΑΚΥΛΑΣ.
3 ארך האבר	3.	3. Μήκιστα τὰ μετάφρενα.
5 קח	5.	5.
7 מערגות מטעה	7.	7.
12 אמר הנה־בא מלך	12.	12. Εἰπὸν αὐτοῖς, Ἰδοὺ ἥξει ὁ βασιλεύς.
16 במקום המלך הממליך	16.	16.
20, 21 והביאותיהו בבלה ונשפטתי אתו שם מעלו אשר מעל־בי ; ואת כל־מברחו בכל־אגפיו	20, 21.	20, 21.
22 ונתתי מראש ינקותיו	22.	22.

VERSIO HEBRAICI TEXT.	VULGATA LATINA.	AQUILA.
3. Larga penna.	3. Longo membrorum ductu.	3. Longissima dorsa.
5. Tulit.	5. Ut firmaret radicem.	5.
7. De lineis plantationis suæ.	7. De areolis germinis sui.	7.
12. Dic, Ecce venit rex.	12. Dic, Ecce venit rex.	12. Dic eis, Ecce veniet rex.
16. In loco regis regnare facientis.	16. In loco regis, qui constituit eum regem.	16.
20, 21. Et adducere faciam eum in Babel, et judicabor cum eo ibi, prævaricatione ejus, qua prævaricatus est contra me: et omnes profugi ejus cum omnibus alis suis.	20, 21. Et adducam eum in Babylonem, et judicabo eum ibi in prævaricatione qua despexit me. Et omnes profugi ejus cum universo agmine suo.	20, 21.
22. Et dabo de capite ramorum ejus.	22. Et ponam de vertice ramorum ejus.	22.

Notæ et variæ lectiones ad cap. XVII Ezechielis.

V. 2. Pro διήγημα, Aq., αἴνιγμα, juxta Lambertum Bos. B autem ita : Ο', διήγησαι διήγημα. 'Α, Θ., πρόβλημα. Σ., αἴνιξαι αἴνιγμα. DRACH.

V. 3. C, λέγει Ἀδωναΐ Κύριος. Ita etiam vv. 9, 16, 19, 22. In omnibus his locis Hebr., Adonai Jehova. Apud S. Hier., Adonai Dominus. IDEM.

Ibid. 'Α., μήκιστα τὰ μετ- Cod. Reg. [B : Ο', ὁ μακρὸς τῇ ἐκτάσει. 'Α., μήκιστος τὰ μετάφρενα. Σ., εὐμήκης τοῖς μέλεσι. *Ἄλλος*, τῇ ἐκστάσει.— Ο', ὀνύχων. 'Α., πτερύγων. — Ο', τὸ ἥγημα. 'Α., Σ., Θ., τὴν ποικιλίαν. — Ο', τὰ ἐπίλεκτα. 'Α., τὸ ἄκρον. Σ., τὸ ἐγκάρδιον. Θ., τὸν καυλόν, *scapum*, vel *cacumen*. Cf. infra XXXI, 14 ubi eod. modo reddit Th. vocem צמרת, quæ etiam hic. Perperam edidit editor Iezechielis ex Tetraplis, καῦλον. Καῦλος loci nomen est. Adi Steph. Thes. Gr. ed. Didot. Lamb. Bos ita exhibet Aquilæ versionem : μακρόπτερος, μεγάλη τῶν μελῶν ἐκτάσει, πλήρης πτίλων καὶ ποικιλίας. DRACH.]

V. 4. B : Ο', τῆς ἁπαλότητος. Σ., τῶν θαλλῶν. Θ., τῶν παραφυάδων. — Ο', ἀπέκνισε. 'Α., ἔκλασεν. — Ο', εἰς πόλιν τετειχισμένην. 'Α., (εἰς πόλιν) ἐμπόρων. Θ., μεταβόλων. DRACH.

V. 5. Θ., ⋇ ληπτόν. Ms. Jes. ubi vox ληπτόν punctis undequaque cingitur, ut spuria, quæ tamen respondere videtur voci Hebraicæ קח. [C, (εἰς τὸ πεδίον φυτὸν) ⋇ ληπτόν.—B : Ο', εἰς τὸ πεδίον φυτόν. Σ., ἐν χώρᾳ σπορίμῃ λαβεῖν ῥίζωσιν, *in regione seminali ad accipiendum radicationem.* — Ο', ἐπιβλεπόμενον. Οἱ Γ', ἐπιπόλαιον, *in superficie.* Compl. et apud Theodor., πεδίον σπόριμον (sativum) λαβεῖν ῥίζωσιν φυτόν. DRACH.]

V. 6. C post μικράν addit, τῷ μεγέθει, *magnitudine.* Et ita Alex., Ald., Compl. Apud S. Hier., *parvulam magnitudine.* Hebr., *humilem proceritate.* — B : Ο', ἀχρεία (ita in textu), *inutilis.* 'Α., σωρήχ. Σ., ἡπλωμένη, *expansa.* *Ἄλλως*, εὐθηνοῦσαν, *prosperam.* *Ἄλλως*, ἀσθηνοῦσαν. — Ο', τοῦ ἐπιφαίνε-

V. 61. Ms. Jes. in textu, εἰς δοκιμήν, ad marg. vero, Δ', γρ. εἰς οἰκοδομήν, quo significatur, ni fallor, in Tetraplis scribi εἰς οἰκοδομήν. [C, εἰς δοκιμήν. Et ita Alex. Apud S. Hier., *in probationem*. Heb., לבנות. Si efferas *lebanoth*, ut hodie punctatur, *in filias* sonat; si *libnoth*, *in ædificationem*; si autem addas ח, sic, לבחנות, *in probationem*. — B : Ο', καὶ ἐξατιμωθήσῃ. 'Α., Θ., καὶ ἐντραπήσῃ. Σ., καταγνώσῃ σαυτῆς, *reprehendes teipsam*. — Ο', ἐν τῷ ἀναλαβεῖν σε. 'Α., μιμήσασθαι, *imitari*. — Ο', εἰς οἰκοδομήν. Οἱ Γ', εἰς θυγατέρας σου. Ἄλλος, εἰς δοκιμήν. — Ο', καὶ οὐκ ἐκ διαθήκης σου. Σ., ἀλλ' οὐκ ἀπὸ (διαθ. σου). Drach.]

V. 63. C, ἀνοῖξαι στόμα ἀπό. — B : Ο', ἀτιμίας σου. 'Α., Θ., ἐντροπῆς σου, *confusionis tuæ*. Σ., αἰσχύνης σου. — Ο', ἐν τῷ ἐξιλάσκεσθαί με σοί. Σ., ὅταν ἐξιλασθῶ σοι. Drach.

EZECHIELIS CAPUT XVII.

ΣΥΜΜΑΧΟΣ.	Ο'.	ΘΕΟΔΟΤΙΩΝ.
3.	3. Μακρὸς τῇ ἐκτάσει.	3.
5.	5. *Vacat.*	5. ⋇ Ληπτόν ⁑
7.	7. Σὺν τῷ βώλῳ τῆς φυτείας αὐτῆς. Ἄλλος, σὺν τῷ βώλῳ ἀπὸ τοῦ πρέμνου.	7.
12.	12. Εἰπὸν, Ὅταν ἔλθῃ βασιλεύς.	12.
16.	16. Ἐν τόπῳ ὁ βασιλεὺς ὁ βασιλεύσας. Ἄλλος, ἐν τόπῳ τοῦ βασιλέως τοῦ βασιλεύσαντος.	16.
20, 21.	20, 21. ⋇ Καὶ ἄξω αὐτὸν εἰς Βαβυλῶνα, καὶ διακριθήσομαι μετ' αὐτοῦ ἐκεῖ τὴν ἀδικίαν αὐτοῦ, ἣν ἠδίκησεν ἐν ἐμοὶ, καὶ πάσας φυγαδείας αὐτοῦ ἐν πάσῃ τῇ παρατάξει, καὶ πάντες οἱ ἐκλεκτοὶ αὐτοῦ σὺν αὐτῷ.	20, 21.
22.	22.	22. ⋇ Καὶ δώσω ἀπὸ κεφαλῆς παραφυάδων αὐτῆς.

SYMMACHUS.	LXX INTERPRETES.	THEODOTIO.
3.	3. Longus extensione.	3.
5.	5. *Vacat.*	5. Captum.
7.	7. Cum gleba plantationis suæ. *Alius*, cum gleba a caudice.	7.
12.	12. Dic, Cum venerit rex.	12.
16.	16. In loco ubi rex qui regnare fecit. *Alius*, in loco regis, qui regnare fecit.	16.
20, 21.	20, 21. Et ducam eum in Babylonem, et dijudicabor cum eo ibi de iniquitate ejus, qua injuste egit erga me, et de omnibus fugitivis ejus in omni acie : et omnes electi ejus cum eo.	20, 21.
22.	22.	22. Et dabo de capite ramorum ejus.

Notæ et variæ lectiones ad cap. XVII Ezechielis.

σθαι.... αὐτό. 'Α., ἵνα τετραμμένοι (*conversi*) ὦσιν οἱ κλάδοι αὐτῆς πρὸς αὐτόν. — Ο', ἀπώρυγας. 'Α., κλήματα. Σ., παραφυάδας. Θ., κλάδους. — Ο', τὴν ἀναδενδράδα αὐτῆς. Drach.

V. 7. Ἄλλος, σὺν τῷ βώλῳ ἀπὸ τοῦ πρέμνου. Ms. Jes. [Ed. Rom. et Complut., βόλῳ. C et Alex., βώλῳ. — B : Ο', ὄνυξι. 'Α., πτεροῖς. Σ., Θ., πτίλοις, *pennis*. — Ο', ἐξαπέστειλεν αὐτῷ. Σ., πρὸς αὐτόν. — Ο', σὺν τῷ βώλῳ (sic) τῆς φυτείας αὐτῆς. 'Α., ἀπὸ τῶν πρασιῶν, *de areolis*. Σ., ἀπὸ τοῦ πρέμνου. Θ., ἐκφυάδων. Drach.]

V. 9. Ms. Jes., ὁ καρπὸς αὐτῆς ξηρανθήσεται. Et ad marg. σαπήσεται. [Ed. Rom., ὁ καρπὸς σαπήσεται. C et Compl., ὁ καρπὸς αὐτῆς σαπ. Hebr., fructum ejus. Apud S. Hier., et fructus illius. Mox, προανατέλλοντα αὐτῆς ⋇ ξηρανθήσεται. ⁑ — B : Ο', εἰπόν. 'Α., Σ, εἰπέ. Et ita Complut. — Ο', εἰ (κατευθυνεῖ). Ἄλλος, ἄρα ⁑ — Ο', σαπήσεται. Σ., ἀποψύξει, *siccabit*. — Ο', πάντα τὰ προανατέλλοντα αὐτῆς. Σ., σὺν πᾶσι τοῖς φύλλοις τοῖς βλαστήσασιν αὐτῇ. Drach.]

V. 10. C, ξηρανθήσεται ξηρασίᾳ; (Ita etiam Alex., Ald., Compl. Hebr., exarescet exarescendo. Apud S. Hier., siccabitur ariditate) σὺν τῷ βώλῳ ἀνατολῆς (absque αὐτῆς) ξηρανθήσεται. — B : Ο', πιαίνεται. Σ., Θ., πεφύτευται. — Ο', μὴ (κατευθυνεῖ). Σ., ἄρα ⁑ Θ., οὐ ⁑ — Ο', τὸν καύσωνα. 'Α., ἀπηλιώτην, *subsolanum*. — Ο', σὺν τῷ βώλῳ ἀνατολῆς αὐτῆς. 'Α., ἐπὶ ταῖς πρασιαῖς βλαστοῦ αὐτῆς. Et ita Hebr., *super areolis germinis illius*. Drach.

V. 12. 'Α., εἰπὸν αὐτοῖς, ἰδοὺ etc. Ex Ms. Jes. [C, ὅτ' ἔλθῃ ὁ βασ. Complut. et apud Theodor., ἰδοὺ ἔρχεται. A principio commatis, C, ÷ υἱὲ ἀνθρώπου ⁑ Recte obelo præsignatur, non enim jacet in Hebraica veritate. — B : Ο', παραπικραίνοντα. 'Α., ἀλλάσσοντα. Σ., προσεριστήν. — Ο', οὐκ (ἐπίστασθε). Σ., ⋇ ἄρα ⁑ — Ο', τί ἦν ταῦτα. Ἄλλος, τί ἐστιν. Drach.]

V. 13. B : Ο', καὶ διαθήσεται. Σ., συντελέσει, *perficiet.* Drach.

V. 14. B : Ο', τοῦ γενέσθαι. Σ., ὑπὲρ τοῦ εἶναι.— Ο', τὸ καθόλου μὴ ἐπαίρεσθαι. 'Α., Θ., τοῦ μὴ ἐπ. Σ., ἵνα μή. Idem.

V. 15. Post ἀγγέλους C, Ald. et Complut. non habent ἑαυτοῦ. Hebr. tamen, *nuncios suos.* — B : Ο', τοῦ δοῦναι. Σ., ἵνα δοθῶσιν. — Ο', εἰ κατευθυνεῖ. Σ., μὴ κατ. — Ο', διασωθήσεται. 'Α., Θ., καὶ διασ. Idem.

V. 16. Ἄλλος, ἐν τόπῳ etc. Sic Theodoretus et Ms. Jes. [Theodoretus, ἐν τῷ τόπῳ. Ita etiam C et Alex. — B : Ο', ἐὰν μή. 'Α., Θ., εἰ μή. Σ., ὅτι. Drach.]

V. 17. Post ψυχάς, C cum Complut. addit πολλάς. Hebr. et Vulg., animas multas. — B : Ο', ἐν χαρακοβολίᾳ. 'Α., ἐν τῷ ἐκχῶσαι πρόσχωμα, *in effundendo aggerem* (et sic sonat Hebr.). Σ., ἐν περιβολῇ τάφρου, *in circumvallatione densitatis.* Ἄλλος, ἐν χαρακοβουλίᾳ. — Ο', βελοστάσεων. Σ., ἀποτειχίσματος. Ἄλλος, βελοστασιῶν. — Ο', τοῦ ἐξᾶραι. Οἱ Γ', τοῦ ἐξολεθρεῦσαι. — Ο', ψυχάς. Π., ψ. ⋇ πολλάς. Drach.

V. 18. C, ἐποίησεν ÷ αὐτῷ, ⁚ Jure adponitur obelus; Hebr. enim non habet *ei.* — B : Ο', δέδωκα. Ἄλλος, δέδωκε (etiam Hebr. et Vulg., dedit). — Ο', μή. Οἱ Γ', οὐ. Idem.

V. 19. B : Ο', ὁρκωμοσίαν μου. 'Α., Σ., Θ., ἀράν μου. Ο', (καὶ δώσω) αὐτήν (i. e. διαθήκην). Ἄλλος, αὐτά. Hebr., illud (i. e. fœdus). Idem.

V. 20. ⋇ καὶ ἄξω αὐτόν etc. Ms. Jes. [C, ⋇ καὶ

EZECHIELIS CAPUT XVIII.

ΤΟ ΕΒΡΑΙΚΟΝ.	ΤΟ ΕΒΡΑΙΚΟΝ Ἑλληνικοῖς γράμμασι.	ΑΚΥΛΑΣ.
2 תקהינה	2.	2.
10 פריץ	10.	10. 2. Ἁμαρτωλόν.
15 גלולי	15.	15. Εἴδωλα.
17 לא לקח משפטי עשה	17.	17. Οὐκ ἔλαβεν, δικαιοσύνην ἐποίησε.
25 לא יתכן	25.	25.
30 לכן איש כדרכיו אשפט	30.	30. ⋇ Διὰ τοῦτο ἕκαστον κατὰ τὴν ὁδὸν αὐτοῦ κρινῶ.

VERSIO HEBRAICI TEXT.	VULGATA LATINA.	AQUILA.
2. Obstupescent.	2. Obstupescunt.	2.
10. Effractorem.	10. Latronem.	10. 2. Peccatorem.
15. Idola.	15. Idola.	15. Idola.
17. Non acceperit, judicia mea fecerit.	17. Non acceperit, judicia mea fecerit.	17. Non accepit, justitiam fecit.
25. Non dirigetur.	25. Non est æqua.	25.
30. Idcirco unumquemque juxta vias suas judicabo.	30. Idcirco unumquemque juxta vias suas judicabo.	30. Idcirco unumquemque juxta viam suam judicabo.

Notæ et variæ lectiones ad cap. XVIII Ezechielis.

V. 1. C ita : 1. Καὶ ἐγένετο λόγος ÷ Κυρίου πρὸς μὲ, λέγων· 2. Υἱὲ ἀνθρώπου, ⁚ Drach.

V. 2. Σ., Ο', ἐγομφίασαν. Ἄλλος, ἐμωδίασαν. Primam lectionem exhibet Drusius ex edit. Rom., secundam Ms. Jes. Apud Athanasium et alios frequenter legitur etiam ὠμωδίασαν, et quidem melius, ni fallor. [Verbum est αἱμωδιάω, a nomine αἱμωδία, *stupor dentium.* Idcirco videtur ὠμωδίασαν corrupte scriptum, pro ᾑμωδίασαν. Id vero probari potest ex ipso Senum textu, qui habet, Hierem. cap. XXXVIII (Hebr., XXXI) ŷŷ 29 et 30, ᾑμωδίασαν et αἱμωδιάσουσιν. — Theodor. tribuit Symmacho lectionem ἐγομφίασαν. — B : Ο', ἡ παραβολή. 'Α., ἡ παροιμία. — Ο', ἐγομφίασαν. Σ., ἐμοδίασαν (sic, per o). Drach.]

V. 3. Hebr., dicit Adonai Jehova. C, cum Alex. et Complut., λέγει Ἀδωναῒ Κύριος. Sic etiam infra ŷŷ 8, 9, 30, 32. Drach.

V. 4. C non habet καὶ ante οὕτως, quod tamen jacet in Hebr. — B : Ο', ὅτι. 'Α., Σ., ἰδού. Idem.

V. 5. Ed. Rom., κρῖμα καί. C, κρίματα καί (non animadvertit editor Tetraplorum). Hebr., judicium et. In VM deest utrumque verbum. — B : Ο', κρίματα. Ἄλλος, κρίμα. (Et ita melius scribitur.) Idem.

V. 6. B : Ο', ἐνθυμήματα. Οἱ Γ', εἴδωλα. — Ο', οὐ μὴ μιάνῃ. Θ., οὐκ ἐμίανεν. Idem.

V. 7. Ο' ed. Rom., τὸν ἄρτον αὐτοῦ τῷ πεινῶντι δώσει, καὶ γυμνὸν περιβαλεῖ. C, τὸν ἄρτον πειν. δ., καὶ γ. περιβ. ἱμάτιον. Istud ἱμάτιον adjicitur similiter in Alex., Ald., Compl. et apud S. Hier. Hebr. et Vulg., panem suum esurienti dederit, et nudum operuerit vestimento.—B : Ο', οὐ μὴ καταδυναστεύσῃ. 'Α., οὐ μὴ θλίψῃ. Σ., οὐ μὴ ὀδυνήσῃ. Θ., οὐ μὴ κακώσῃ. Idem.

V. 8. C ita : ÷ καὶ τὸ ἀργύριον αὐτοῦ ⁚ (ὠβελισμένα, quia in Hebr. desunt) ἐπὶ τόκῳ οὐ δώσει, καὶ πλεονασμὸν οὐ λήψεται (VM, λήμψεται)· ἐξ (Rom. ed. καὶ ἐξ. Sed καί deest in Hebr., Ald. et Compl.) ἀδικίας.... ἀναμέσον ἀνδρὸς καὶ ÷ ἀναμέσον ⁚ (deest in Hebr. et in Compl.) τοῦ πλησίον αὐτοῦ. — B : Ο', κρίμα δίκαιον ποιήσει. Σ., (κρ.) ἀληθὲς π. Idem.

V. 9. C non habet καὶ ante τά, sed legitur in Hebr. Et mox, ἐστιν, ζωῇ, cum ν euph. ante conson., quod frequentissime per totum textum in VM, ut hic, προστάγμασίν μου. — B : τοῦ ποιῆσαι αὐτά. Σ., (τοῦ π.) ἀληθῶς. Idem.

V. 10. Hieronymus : « Pro *latrone*, in Hebraico scriptum habet PHARIS, quod Aquilæ secunda editio *peccatorem*, Symmachus *transgressorem*, Septuaginta et Theodotio *pestilentem* interpretati sunt. » [Pro ἁμαρτήματα, C legit ἁμάρτημα. Sed veritas Hebr. ita habet : unum (אח, idem quod אחד) de uno ex istis. S. Hier. : « *et feceris unum de istis*, sive ut LXX transtulerunt, *et fecerit peccata.* » Aquila autem in cod. B : καὶ ποιήσει ἄφενος (ἀφ' ἑνὸς) ⋇ ἀπὸ πάντων τούτων ⁚ Drach.]

V. 11. Hebr. a principio commatis, ⁚ et ille omnia ista non fecerit. S. Hier. : « *et hæc quidem omnia non facientem.* Sive ut LXX transtulerunt, *in via*

ἄξω αὐτὸν εἰς Βαβυλῶνα, καὶ διακριθήσομαι μετ' αὐτοῦ ἐκεῖ τὴν ἀδικίαν αὐτοῦ, ἣν ἠδίκησεν ἐν ἐμοί, 21. καὶ πάσας φυγαδείας (sic) αὐτοῦ, ⁚ ἐν πάσῃ τῇ παρατάξει. Cætera ut sequuntur in ed. Rom. Ita etiam Alex., Ald., Complut., aliquatenus tantum discrepantes. — Ad illud τὴν ἀδικίαν αὐτοῦ, B habet in margine, Σ., περὶ τῆς καταφρονήσεως αὐτοῦ. Drach.]

V. 22. Θ., ⋇ καὶ δώσω etc. Idem, et Drusius. Hieronymus item, qui ait : « Quod in LXX legitur, *et dabo de capite ramorum ejus*, de Theodotionis editione additum est. » [C, ⋇ καὶ δώσω ἀπὸ κεφαλῆς τῶν παραφυάδων αὐτῆς, ⁚ — B : Ο', ἐκ κορυφῆς. Οἱ Γ', τῆς ὑψηλῆς. — Ο', ἀπὸ κεφαλῆς τῶν παραφυάδων. Σ., ἀπὸ τοῦ ἄκρου. Θ., θαλλῶν. — Ο', καρδίας αὐτῶν. Οἱ Γ', ἁπαλόν. — Ο', ἀποκνιῶ. Ἀ., περικλάσω. Drach.]

V. 23. C, ÷ καὶ τὰ κλήματα αὐτοῦ ἀποκατασταθήσονται ⁚ S. Hier. : « Quod sequitur, *et rami ejus restituentur*, obelo prænotandum est, quia in Hebraico non habetur. » Pro eo textus Hebr. habet, in umbra ramorum illius habitent. — B : Ο', μετεώρῳ. Ἀ., ὕψους. Σ., ἐπηρμένῳ. — Ο', καὶ ἐξοίσει βλαστόν. Σ., καὶ βλαστήσει θαλλόν. — Ο', καὶ ἀναπαύσεται. Ἀ., καταπτήσεται, *devolabit*. Σ., κατασκηνώσει. Ο', Π., ὄρνεον. Ἄλλος, θηρίον. Hebr. autem, avis. Drach.

V. 24. Post ultimum verbum hujus commatis, C ponit obelum, sic : ποιήσω. ÷ — B : τοῦ πεδίου, διότι. Π., ἀγροῦ, ὅτι. Idem.

EZECHIELIS CAPUT XVIII.

ΣΥΜΜΑΧΟΣ.	Ο'.	ΘΕΟΔΟΤΙΩΝ.
2. Ἐγομφίασαν.	2. Ἐγομφίασαν. *Ἄλλος*, ἐμωδίασαν. *Ἄλλος*, ὠμωδίασαν.	2.
10. Παραβάτην.	10. Λοιμόν.	10. Λοιμόν.
15. Εἴδωλα.	15. Ἐνθυμήματα.	15. Εἴδωλα.
17. Οὐκ ἔλαβεν, δικαιοσύνην ἐποίησε.	17. Οὐκ ἔλαβεν, δικαιοσύνην ἐποίησε.	17.
25.	25. Οὐ κατευθύνει. *Ἄλλος*, οὐ κατορθοῖ.	25.
30. ⋇ Διὰ τοῦτο ἕκαστον κατὰ τὴν ὁδὸν αὐτοῦ κρινῶ.	30. Ἕκαστον κατὰ τὴν ὁδὸν αὐτοῦ κρινῶ.	30. ⋇ Διὰ τοῦτο ἕκαστον κατὰ τὴν ὁδὸν αὐτοῦ κρινῶ.

SYMMACHUS.	LXX INTERPRETES.	THEODOTIO.
2. Obstupuerunt.	2. Obstupuerunt. *Alius*, hebetes facti sunt *Alius*, *idem*.	2.
10. Transgressorem.	10. Pestilentem.	10. Pestilentem.
15. Idola.	15. Cogitationes.	15. Idola.
17. Non accepit, justitiam fecit.	17. Non accepit, justitiam fecit.	17.
25.	25. Non recte perget. *Alius*, non recta est.	25.
30. Idcirco unumquemque juxta viam suam judicabo.	30. Unumquemque juxta viam suam judicabo.	30. Idcirco unumquemque juxta viam suam judicabo.

Notæ et variæ lectiones ad cap. XVIII Ezechielis.

patris sui justi non ambulaverit. » Complut., καὶ ταῦτα οὐ ποιοῦντα. — B : Ο', ἐν τῇ ὁδῷ τοῦ πατρὸς αὐτοῦ τοῦ δικαίου οὐκ ἐπορεύθη. Ἀ., καὶ αὐτὸς σύμπαντα (σὺν πάντα?) ταῦτα οὐκ ἐποίησε. — Ο', ἀλλὰ καί. Ἀ., ὅτι καίγε. Drach.

V. 13. B : Ο', ἐπ' αὐτόν. Οἱ Γ', ἐν αὐτῷ. Idem.

V. 14. B : Ο', κατὰ ταύτας (ita etiam C. Ed. Rom., κατ' αὐτάς. Compl., κατὰ ταῦτα). Ἀ., ὡς αὐτά. Σ., ὅμοια αὐταῖς. Hebr., *sicut illa*. Idem.

V. 15. Οἱ Γ', εἴδωλα. Ms. Jes. [Sic etiam B, οἱ Γ', εἴδωλα. — C non habet αὐτοῦ post ὀφθαλμούς, sed fertur in Hebr. Drach.]

V. 16. C, οὐκ ἐκατεδυνάστευσε. Et in fine versus post περιέβαλεν, addit, cum Ald. et Complut., ⋇ ἱμάτιον ⁚. Hebr. et Vulg., *vestimento*. — B : Ο', καὶ ἄνθρωπον. Ἀ., καὶ ἄνδρα. — Ο', ἐνεχυρασμὸν . . . . ἥρπασε. Ἀ., ἐνέχυρον οὐκ ἐνεχύρασε, καὶ βίαν οὐκ ἐβιάσατο. Drach.

V. 17. Ἀ., Σ., Ο', οὐκ ἔλαβεν etc. Ms. Jes. [B, ad δικαιοσύνην, Σ., Θ., τὰ κρίματά μου. Hebr. et Vulg., *judicia mea*. — C, τόκον καὶ πλεονασμόν. Hebr. et Vulg., *usuram et superabundantiam*. Post ἐπορεύθη, addit, οὗτος, quod est in Hebr. — B ita : Ο', ἐπορεύθη. Ἀ., Σ., Θ., ⋇ οὗτος ⋇ αὐτὸς /. οὐ. Drach.]

V. 18. Ed. Rom., ἅρπαγμα, ἐναντία. C, ἅρπαγμα ⋇ ἀδελφοῦ καὶ τὰ ⁚ ἐναντία. Hebr., rapinam fratris, et quod non bonum. — B : Ο', ἅρπαγμα. Οἱ Γ', ⋇ ἀδελφοῦ. — Ο', τὰ ἐναντία. Οἱ Γ', καὶ τὸ μὴ ἀγαθόν. — H. et V., (in medio) populi sui. LXX, τοῦ λαοῦ μου. Complut. autem, τ. λ. αὐτοῦ. — VM, ἐὰν θλείψει θλίψῃ, cum hac in margine adnotatione Card. Maji : « Ita cod. θλει, θλι. » Drach.

V. 19. C, οὐκ ἔλαβεν ὁ υἱὸς τὴν ἀδικίαν. Quem ordinem verborum servant Hebr., Vulg. et Ald. Et mox, ἔλεος καὶ δικαιοσύνην. Melius Compl., κρῖμα καὶ δικ. Hebr. enim sonat, *judicium et justitiam*. Idem.

V. 20. C, Ἡ δὲ (absque alt. ἡ) ψυχὴ ἁμαρτάνουσα, ⋇ αὐτὴ ⁚ (Hebr. et Vulg., *ipsa*. Alex., αὕτη) ἀποθανεῖται· ὁ δὲ υἱὸς οὐ λήψεται (VM, λήμψεται) τὴν ἀδικίαν τοῦ πατρὸς αὐτοῦ (hoc αὐτοῦ, quod non habet ed. Rom., non exprimitur in textu Hebr. Habet tamen Alex.), οὐ δὲ πατὴρ λήψεται (VM, λήμψεται) τὴν ἀδικίαν τοῦ υἱοῦ· δικαιοσύνη δικαίου (etiam Alex., Ald. et Compl., δικαίου. H. et V., *justi*) ἐπ' αὐτὸν ἔσται, καὶ ἀνομία ἀνόμου (etiam Alex., Ald., Compl., ἀνόμου. H. et V., *impii*) ἐπ' αὐτὸν ἔσται. Idem.

V. 21. C, ἐὰν ἐπιστρέψῃ. Et mox Complut. iterum, κρῖμα καὶ δικαιοσύνην, ut ℣ 19. In fine versus, VM, οὐ μὴ ἀποθάνῃ, absque καί, quod non habet textus Hebr. Idem.

V. 22. C, οὐ μὴ μνησθήσεται ⋇ αὐτῷ ⁚ — B : Θ., οὐ μὴ μνησθῶ. Ἄλλ., οὐ μὴ μνησθήσονται ⋇ αὐτῷ. Et ita Hebr., *non memorabuntur ei*. Idem.

V. 23. C, λέγει Κύριος Κύριος. Mox, ἐπιστρέψαι. — B. Ο', μὴ θελήσει θελήσω. Σ., ἄρα θελήματι. Ἀ., θέλω. — Ο', Κύριος. Π., Ἀδωναΐ Κ. — Hebr., sec.

chethib, a via sua; sec. aut'em keri, a viis suis. LXX, ἐκ τῆς ὁδοῦ. Alex., Ald. et Compl. addunt αὐτοῦ. Idem.

V. 24. C, Ἐν δὲ τῷ ἀποστρέψαι δίκαιον ἐκ τῆς δικαιοσύνης αὐτοῦ, καὶ ποιήσῃ (ita et Alex., καὶ ποιήσῃ. Hebr., *et fecerit*) ἀδικίαν κατὰ πάσας τὰς ἀνομίας, ἃς ἐποίησεν ὁ ἄνομος ※ καὶ ποιήσῃ, ※ καὶ ζήσεται; (Heb., fecerit, num vivet?) — B : Ο', ἐν δὲ τῷ ἀποστρέψαι. Σ., καὶ ἐὰν ἐντράπῃ. Ο', Ἀ., τὰς ἀνομίας. Ἄλλος, τὰς ἀδικίας. Idem.

V. 25. C, Καὶ εἴπατε, Οὐ κατευθυνεῖ (ed. Rom., κατευθύνει) ἡ ὁδὸς Κυρίου. Ἀκούσατε δὴ, οἶκος Ἰσραήλ· (absque πᾶς ὁ, quod non habet Hebr. Deest pariter in VM et in Complut.) Μὴ ἡ ὁδός μου οὐ κατευθυνεῖ; οὐχὶ ἡ ὁδὸς ὑμῶν οὐ (etiam Alex., οὐ. Hebr., *non*) κατευθύνει; — B : Ο', οὐ κατευθύνει. Ἀ., Θ., οὐχ εὐθεῖα. Ἄλλος, οὐ κατορθοῖ. — Ο', οὐ κατευθυνεῖ (*bis*). Ἄλλος, οὐ κατορθοῖ. Idem.

V. 28. C, ※ καὶ εἶδεν (sic), ⁝ καὶ ἀπέστρεψεν. (Alex., καὶ ἴδεν. Ald. et Complut., καὶ εἶδε. Hebr., et videt.) Et mox, ἐν ζωῇ ζήσεται. — B : Ο', καὶ

EZECHIELIS CAPUT XIX.

ΤΟ ΕΒΡΑΙΚΟΝ.	ΤΟ ΕΒΡΑΙΚΟΝ Ἑλληνικοῖς γράμμασι.	ΑΚΥΛΑΣ.
לביא 2	2.	2.
וישמעו אליו גוים 4	4.	4.
ויתנו עליו 8	8.	8.
ויתנהו בסוגר בחחים ויבאהו אל־מלך בבל 9	9.	9.
ממטה בדיה 14	14.	14.
מטה עז		

VERSIO HEBRAICI TEXT.	VULGATA LATINA.	AQUILA.
2. Leæna.	2. Leæna.	2.
4. Et audierunt ad eum gentes.	4. Et audierunt de eo gentes.	4.
8. Et dederunt super eum.	8. Et convenerunt adversus eum.	8.
9. Et dederunt eum in claustrum in hamis: et adduxerunt eum ad regem Babel.	9. Et miserunt eum in caveam, in catenis adduxerunt eum ad regem Babylonis.	9.
14. De virga membrorum ejus.	14. De virga ramorum ejus.	14.
Virga roboris.	Virga fortis.	

Notæ et variæ lectiones ad cap. XIX Ezechielis.

V. 1. Alex. et Ald., Καὶ σὺ, υἱὲ ἀνθρώπου, λάβε. Hebr. et Vulg., Et tu assume. Drach.

V. 2. Ἄλλος, λέαινα. Ms. Jes. [Ita etiam apud Theodor. — B : Ο', ἐπλήθυνε. Ἀ., Θ., ἐξέθρεψεν, *enutrivit*. Drach.]

V. 3. B : Ο', καὶ ἀπεπήδησεν εἷς. Ἀ., ἀνήνεγκεν. Θ., καὶ ἀνεβίβασεν ἕνα. Drach.

V. 4. Ἄλλος, καὶ ἤκουσαν περὶ αὐτοῦ ἔθνη. Ms. Jes. [C, καὶ ἤκουον. — B : Ο', καὶ ἤκουον (ut C) κατ' αὐτοῦ. Σ., Θ., περὶ αὐτοῦ. Ἄλλος, καὶ ἤκουσαν. — Ο', ἐν διαφθορᾷ (sic absque τῇ) αὐτῶν. Ἀ., ἐν βόθρῳ αὐτῶν, *in scrobe eorum*. Ἄλλως, ἐν τῇ διαφορᾷ (contentione) αὐτῶν. — Ο', ἐν χημῷ. Ἀ., ἐν πέδαις. — VM ad marg. : « Sec. m., χιμῷ. Sic et infra. » I. e. ♈ 9. Drach.]

V. 5. B : Ο', ἀπῶσται. Ἀ., ἐτρώθη, *vulnerata est*. Σ., ἠσθένησεν. — Ο', ἡ ὑπόστασις αὐτῆς. Ἀ., ἡ προσδοκία. Θ., ἐλπίσιν. — Ο', ἔταξεν αὐτόν. Ἀ., ἔθετο αὐτόν. — VM, ἴδεν. Et ad marg., 2 m., εἶδεν. Drach.

V. 6. C, καὶ ἀνετρέφετο, et enutriebatur. Sed Hebr., *et incedebat*. Melius ed. Rom., καὶ ἀνεστρέφετο. — B : Ο', καὶ ἀνεστρ. Ἀ., καὶ ἐμπεριεπάτησεν. Ἄλλος, ἀνετρέφετο. Idem.

V. 7. C, ὠρύματος (pro ὠρυώματος editionis Rom.). VM ad marg. : « 1 m. ὠρυμ., 2 m. ὠρυωμ. » Sic per ο. — B : Ο', καὶ ἐνέμετο τῷ θράσει αὐτοῦ. Σ., καὶ ἔγνωσεν χήρας ποιεῖν. Ἀ., καὶ ἐκάκωσε χώρας (legit, וירע ארצותיו). Θ., καὶ ἔγνω βάρεις (*palatia*. Scil. legit, ארמנותיו) αὐτοῦ. — Ο', ὠρύματος (ut C) αὐτοῦ. Σ., βρυχήματος αὐτοῦ. Idem.

V. 8 Ἄλλ., καὶ ἐπέθεντο αὐτῷ. Ms. Jes. [C, καὶ ἔδωκεν. Ita etiam in Ald. et apud S. Hier., sed invito Hebr. textu, qui fert *et dederunt*. — Κυκλόθεν ἐκ χωρῶν. Recte, juxta ordinem Hebr. veritatis. — Ἐν διαφορᾷ (pro διαφθορᾷ). — B : Ο', καὶ ἔδωκαν ἐπ' αὐτόν. Σ., καὶ ἐπέθεντο αὐτῷ. — Ο', ἐν διαφορᾷ. Ἀ., ἐν βόθρῳ αὐτῶν. Ἄλλως, διαφθορᾷ αὐτῶν. Drach.]

ἀπέστρεψεν. Ἀ., καὶ ἐπιστρέψει. Θ., καὶ ἀποστραφῇ. Idem.

V. 29. In hoc et in sequenti versu, Hebr. et Vulg., via Domini, viæ meæ, viæ vestræ, juxta vias suas. O', semper in sing. numero posuerunt. Idem.

V. 30. Οἱ Γ', ※ διὰ τοῦτο etc. Ms. Jes. [Ita etiam C sub asterisco. — B : O', ἐπιστράφητε καὶ ἀποστρέψατε. Ἄλλος, ἀποστράφητε καὶ ἐπιστρέψατε. Dr.]

V. 31. C, ἀποῤῥίψατε ἀπὸ ἑαυτῶν. Et ita Alex. et VM. — Omnia exemplaria, εἰς ἐμέ, sed textus Hebr., *in eis*. Vulg., *in quibus*. — B : O', ἀποθνήσκετε. Ἄλλος, ἀποθνήσκεται. Drach.

V. 32. Post Κύριος, C addit, καὶ ἐπιστρέψατε ※ καὶ ζήσατε. ※ Et ita Alex. sed absque his binis asteriscis. Hebr., et revertimini et vivite. — B : Οἱ Γ', καὶ ζήσεσθε. Ἄλλος, καὶ ζήσετε. — In quibusd. ll, ita est in extremo cap. : διότι οὐ βούλομαι τὸν θάνατον τοῦ ἁμαρτωλοῦ, λέγει Ἀδωναῒ Κύριος, ὡς τὸ ἐπιστρέψαι αὐτὸν ἀπὸ τῆς ὁδοῦ, καὶ ζῆν τὴν ψυχὴν αὐτοῦ, λέγει Ἀδωναῒ Κύριος. Ἐπιστρέψετε οὖν καὶ ζήσεσθε. Et ita fere habet Theodor. Sed nihil de hoc in Hebr. Idem.

EZECHIELIS CAPUT XIX.

ΣΥΜΜΑΧΟΣ.	Ο'.	ΘΕΟΔΟΤΙΩΝ.
2.	2. Σχύμνος. Ἄλλος, λέαινα.	2.
4.	4. Καὶ ἤκουσαν κατ' αὐτοῦ ἔθνη. Ἄλλος, καὶ ἤκουσαν περὶ αὐτοῦ ἔθνη.	4.
8.	8. Καὶ ἔδωκαν ἐπ' αὐτόν. Ἄλλος, καὶ ἐπέθεντο αὐτῷ.	8.
9.	9. Καὶ ἐν γαλεάγρᾳ ἦλθεν ※ καὶ ἤγαγον αὐτὸν ⁝ πρὸς βασιλέα Βαβυλῶνος.	9.
14.	14. Καὶ ῥάβδου ἐκλεκτῶν αὐτῆς. Ἄλλος, ἐκ τῶν ῥάβδων τῶν ἐκλεκτῶν αὐτῆς.	14.
	Ῥάβδος ἰσχύος. Ἄλλος, σκῆπτρον εἰς τὸ ἐξουσιάζειν.	

SYMMACHUS.	LXX INTERPRETES.	THEODOTIO.
2.	2. Catulus leonis. *Alius*, leæna.	2.
4	4. Et audierunt contra eum gentes. *Alius*, et audierunt de eo gentes.	4.
	8. Et dederunt super eum. *Alius*, et irruerunt in eum.	8
9.	9. Et in cavea venit et adduxerunt eum ad regem Babylonis.	9.
14.	14. Et virga electorum ejus. *Alius*, ex virgis electorum ejus.	14.
	Virga fortitudinis. *Alius* sceptrum ad imperandum.	

Notæ et variæ lectiones ad cap. XIX Ezechielis.

V. 9. ※ καὶ ἤγαγον αὐτόν. Idem.

Ibid. C, ἡ φωνὴ αὐτοῦ ἔτι (hoc ἔτι adjicitur etiam in Compl., quæ pariter habet additionem καὶ ἤγαγον αὐτόν, et apud S. Hier. Heb. et Vulg., vox ejus ultra) ἐπὶ τὰ ὄρη Ἰσραήλ. Drach.

V. 10. C non ponit καὶ post ἄμπελος. — B : O', ἐν ῥοᾷ (legerunt ברמון). Σ., Θ., ἐν τῷ αἵματί σου. Idem.

V. 11. C, ῥάβδος ἰσχύος. Hoc ἰσχύος, quod habet Hebr., additur etiam in Alex., Ald., Compl. necnon apud S. Hier. — Pro καὶ ἐγένετο αὕτη, melius legit Alex., καὶ ἐγένοντο αὐτῇ. Hebr. enim, ut et Vulg., et factæ sunt ei (virgæ etc.). B : O', ἐν μέσῳ στελεχῶν. Ἀ., Θ., ἐν μέσῳ δασέων. Σ., συμφύτων. — O', κλημάτων αὐτῆς. Ἀ., ἀναδενδράδων. Σ., κλάδων. Θ., παραφυάδων. Idem.

V. 12. Pro ἐξήρανε, C ἐξῆραν. Sed hoc ἁμάρτημα γραφικόν. — B : O', τὰ ἐκλεκτὰ αὐτῆς. Οἱ Γ', καρπὸν αὐτῆς. Hebr. et Vulg., fructum ejus. — O', ἐξεδικήθησαν. Ἀ., Σ., διελύθησαν. Θ., διεχύθη. Trium versiones melius quadrant ad Hebr., quam interpretatio Senum. Idem.

V. 13. B : O', ἐν γῇ ἀνύδρῳ. Ἀ., Σ., ※ καὶ διψώσῃ. Ita etiam Complut., ἀνύδρῳ καὶ διψώσῃ. Hebr., in terra ariditatis et sitis. Idem.

V. 14. Ἄλλος, ἐκ τῶν ῥάβδων etc. Idem.

Ibid. Ἄλλος, σκῆπτρον etc. Drusius. Videtur autem esse Aquilæ, qui vocem שבט sic vertere solet. In aliquot exemplaribus legitur φυλὴ σκῆπτρον, quæ sunt duæ ejusdem vocis interpretationes. [Jam observatum a S. Hier., et a Nobilio in ed. Rom. « Nam, inquit Drusius, שבט tam *tribum* significat quam *sceptrum*. » — B : O', εἰς παραβολήν. Ἀ., εἰς ἐξουσίαν. Σ., εἰς τὸ ἐξουσιάζειν. Θ., τοῦ ἄρξαι. — VM habet (παραβολὴν) θρόνου. Lapsus typographi, ut liquidum est. Drach.]

EZECHIELIS CAPUT XX.

ΤΟ ΕΒΡΑΙΚΟΝ.	ΤΟ ΕΒΡΑΙΚΟΝ Ἑλληνικοῖς γράμμασι.	ΑΚΥΛΑΣ.
בחמשי בעשור לחדש 1	1.	
אם־אדרש לכם 3	3.	3.
צבי 6 Ὁ Ἑβρ., κάλλιστον.	6.	6. 1. Στερέωμα. 2. . . .
שקוצי 7 ובגלולי	7.	7. 2. Ἀποκόμματα. 1. . . . 2. Καὶ ἐν εἰδώλοις.
ולא אבו לשמע אלי 8	8.	8.
וימרו־בי בית־ישראל במדבר 13	13.	13
והשבתי את־ידי 22	22.	22. ※ Καὶ ἐπέστρεψα τὴν χεῖρά μου αὐτοῖς.
וגם־אני נתתי להם חקים לא 25 טובים ומשפטים לא יחיו בהם	25.	25.
ואטמא אותם במתנותם 26 בהעביר כל־פטר רחם למען אשמם למען אשר ידעו אשר אני יהוה	26.	26. Καὶ ἐμίανα αὐτοὺς ἐν τοῖς δόγμασιν αὐτῶν ἐν τῷ παραγαγεῖν πᾶν διανοῖγον μήτραν. . . .
ויתנו־שם כעס קרבנם וישימו 28 שם ריח ניחוחיהם	28.	28.
מה הבמה 29. Ὁ Σύρος, λίθος;	29.	29.
הברית 37	37.	37. ※ Τῆς διαθήκης.

VERSIO HEBRAICI TEXT.	VULGATA LATINA.	AQUILA.
1. In quinto, in decima mensis.	1. In quinto, in decima mensis.	1.
3. Si requirar vobis.	3. Non respondebo vobis.	3.
6. Ornamentum. *Hebr. Int.*, optimum.	6. Quæ est egregia.	6. 1. Firmamentum. 2. Inclytum.
7 Abominationes. Et in idolis.	7. Offensiones. Et in idolis.	7. 2. Abscissiones. 1. Et inquinamentis. 2. Et in idolis.
8. Nolueruntque audire me.	8. Nolueruntque audire me.	8.
13. Et rebellaverunt in me domus Israel in deserto.	13. Et irritaverunt me domus Israel in deserto.	13.
22. Et averti manum meam.	22. Averti autem manum meam.	22. Et converti manum meam ipsis.
25. Et etiam ego dedi eis statuta non bona, et judicia non vivent in eis.	25. Ergo et ego dedi eis præcepta non bona, et judicia in quibus non vivent.	25.
26. Et pollui eos in muneribus suis, in transire faciendo omnem aperitionem vulvæ propter delicta eorum, ut scirent quia ego Dominus.	26. Et pollui eos in muneribus suis, cum offerrent omne quod aperit vulvam, propter delicta sua, et scient quia ego Dominus.	26. Et pollui eos in dogmatibus suis in producendo omne aperiens vulvam...
28. Et dederunt ibi iram oblationis suæ, et posuerunt ibi odorem requiei suæ.	28. Et dederunt ibi irritationem oblationis suæ, et posuerunt ibi odorem suavitatis suæ.	28.
29. Quid est excelsum? *Syrus*, lapis?	29. Quid est excelsum?	29.
37. Fœderis.	37. Fœderis.	37. Testamenti.

EZECHIELIS CAPUT XX.

ΣΥΜΜΑΧΟΣ.	Ο'.	ΘΕΟΔΟΤΙΩΝ.
	1. Τῇ πεντεκαιδεκάτῃ τοῦ μηνός. *Ἄλλος*, ἐν τῷ πέμπτῳ μηνὶ δεκάτῃ τοῦ μηνός.	1.
3. Οὐκ ἀποκριθήσομαι ὑμῖν.	3. Εἰ ἀποκριθήσομαι ὑμῖν.	3.
6. Στάσιν.	6. Κηρίον.	6. . . .
7. Τὰ αἴσχη.	7. Βδελύγματα.	7. Προσοχθίσματα.
Καὶ ἐν εἰδώλοις.	Καὶ ἐν τοῖς ἐπιτηδεύμασιν.	Καὶ ἐν εἰδώλοις.
8.	8. Καὶ οὐκ ἠθέλησαν εἰσακοῦσαί μου.	8.
13.	13. Καὶ εἶπα πρὸς τὸν οἶκον Ἰσραὴλ ἐν τῇ ἐρήμῳ· Ἐν τοῖς προστάγμασί μου πορεύεσθε. *Ἄλλος*, καὶ παρεπίκρανάν με οἶκος Ἰσραὴλ ἐν τῇ ἐρήμῳ.	13.
22. ※ Καὶ ἐπέστρεψα τὴν χεῖρά μου αὐτοῖς.	22. *Vacat.*	22. ※ Καὶ ἐπέστρεψα τὴν χεῖρά μου αὐτοῖς.
25.	25. Καὶ ἐγὼ ἔδωκα αὐτοῖς προστάγματα οὐ καλὰ, καὶ δικαιώματα ἐν οἷς οὐ ζήσονται ἐν αὐτοῖς.	25.
26. . .	26. Καὶ μιανῶ αὐτοὺς ἐν τοῖς δόγμασιν αὐτῶν, ἐν τῷ διαπορεύεσθαί με πᾶν διανοῖγον μήτραν, ὅπως ἀφανίσω αὐτούς.	26.
28.	28.	28. ※ Καὶ ἔταξαν ἐκεῖ θυμὸν δώρων αὐτῶν, καὶ ἔθεντο ἐκεῖ ὀσμὴν εὐωδίας αὐτῶν.
29. Τί ἐστι βαμά;	29. Τί ἐστιν ἀβαμά;	29.
37.	37. *Vacat.*	37. ※ Τῆς διαθήκης.

SYMMACHUS.	LXX INTERPRETES.	THEODOTIO.
..	1. Decima quinta mensis. *Alius*, quinto mense, decima mensis.	1.
3. Non respondebo vobis.	3. Si respondebo vobis.	3.
6. Stationem.	6. Favus.	6. Fundamentum.
7. Nauseas.	7. Abominationes.	7. Offendicula.
Et in idolis.	Et in adinventionibus.	Et in idolis.
8. Et non acquieverunt mihi.	8. Et noluerunt exaudire me.	8.
13.	13. Et dixi ad domum Israel in deserto : In præceptis meis ambulate. *Al.*, et exacerbaverunt me domus Israel in deserto.	13.
22. Et converti manum meam ipsis.	22. *Vacat.*	22. Et converti manum meam ipsis.
25. Igitur et ego dabo eis præcepta non bona, et judicia propter quæ non vivent.	25. Et ego dedi eis præcepta non bona, et justificationes in quibus non vivent in ipsis.	25.
26. Et polluam eos propter munera sua, quia consecrant et transducunt omne quod aperit vulvam, et scient quia ego Dominus.	26. Et polluam eos in dogmatibus eorum, in transducendo me omne adaperiens vulvam, ut delerem eos.	26.
28.	28.	28. Et statuerunt ibi furorem munerum suorum, et posuerunt ibi odorem fragrantiæ suæ.
29. Quid est Bama?	29. Quid est abama?	29.
37.	37. *Vacat.*	37. Testamenti.

ΤΟ ΕΒΡΑΙΚΟΝ.	ΤΟ ΕΒΡΑΙΚΟΝ Ἑλληνικοῖς γράμμασι.	ΑΚΥΛΑΣ.
39 איש גלוליו לכו עבדו ואחר אם־אינכם שמעים אלי ואת־שם קדשי לא תחללו־עוד במתנותיכם ובגלוליכם	39.	39. . .
40 כי בהר־קדשי בהר מרום ישראל נאם אדני יהוה שם יעבדני כל־בית ישראל	40.	40. . .
43 ונקטתם בפניכם בכל־רעותיכם אשר עשיתם	43.	43. ※ Καὶ δυσαρεστηθήσεσθε... αἷς ἐποιήσατε.
44 נאם אדני יהוה	44.	44. ※ Λέγει Κύριος.
46 בן־אדם שים פניך דרך תימנה והטף אל־דרום והנבא אל־יער השדה נגב	46.	46.
47 ונצרבו־בה כל־פנים מנגב צפונה. Ὁ Ἑβρ., καὶ καυθήσεται πᾶν πρόσωπον ἐν αὐτοῖς διὰ τοῦ ἀπὸ βοῤῥᾶ ἐρχομένου πυρός.	47.	47.

VERSIO HEBRAICI TEXT.	VULGATA LATINA.	AQUILA.
39. Vir (ad) idola sua ambulate, servite: et post si non vos audientes ad me: et si nomen sanctitatis meæ non polluetis ultra in donis vestris et in idolis vestris.	39. Singuli post idola vestra ambulate et servite eis, quod si et in hoc non audieritis me, et nomen meum sanctum pollueritis ultra in muneribus vestris et in idolis vestris.	39. Ite post idola vestra, et servite eis. Quod si nequaquam audieritis me, sed nomen sanctum meum pollueritis idolis vestris.
40. Quia in monte sanctitatis meæ in monte altitudinis Israel, dixit Dominus Deus, ibi servient mihi omnis domus Israel.	40. In monte excelso Israel, ait Dominus Deus, ibi serviet mihi domus Israel.	40. Quia in monte sancto meo, in monte excelso Israel, dicit Dominus Deus, ibi serviet mihi omnis domus Israel.
43. Fastidietis in facie vestra ob omnia mala vestra, quæ fecistis.	43. Et displicebitis vobis in conspectu vestro in omnibus malitiis vestris, quas fecistis.	43. Et displicebitis vobis . quæ fecistis.
44. Dixit Dominus Deus.	44. Ait Dominus Deus.	44. Dicit Dominus.
46. Fili hominis, pone facies tuas viam ad austrum, et stilla ad austrum: propheta ad sylvam agri meridiei.	46. Fili hominis, pone faciem tuam contra viam austri, et stilla ad africum, et propheta ad saltum agri meridiani.	46.
47. Et comburentur in ea omnes facies a meridie ad aquilonem. *Hebræus int.*, et comburetur omnis facies in illis per ignem ab aquilone venientem.	47. Et comburetur in ea omnis facies ab austro usque ad aquilonem.	47.

Notæ et variæ lectiones ad cap. XX Ezechielis.

V. 1. *Ἄλλος*, ἐν τῷ πέμπτῳ etc. Drusius. [Habent ut *ἄλλος*, C, Alex., Ald. et Complut. Mox C habet ἐκάσισαν, lapsus librarii pro ἐκάθισαν. — B: Οʹ, ἐπερωτῆσαι. Ἀ., Θ., ἐκζητῆσαι. Drach.]

V. 3. Σ., οὐκ ἀποκριθήσομαι ὑμῖν. Hieron.: « Symmachus manifestius transtulit, *non respondebo vobis*. » [C, λάλησον πρὸς τοὺς πρεσβυτέρους τοῦ Ἰσραὴλ (absque τοῦ οἴκου). Hebr. et Vulg., loquere senioribus Israel. Et in eod. versu bis, λέγει Ἀδωναΐ Κύριος. Sic etiam versibus 5, 27, 31, 33, 44. — B: Οʹ, εἰ ἐπερωτῆσαι. Σ., ἆρα /. ἐπερωτῆσαι. — Οʹ, εἰ ἀποκριθήσομαι. Σ., οὐκ ἀποκρ. Drach.]

V. 4. B: Οʹ, εἰ ἐκδικήσω αὐτοὺς ἐκδικήσει. Ἀ., ἢ κρίθητι πρὸς αὐτούς, ἢ κρίθητι. — Οʹ, τὰς ἀνομίας. *Ἄλλος*, τὰς ἁμαρτίας. H. et V., abominationes. — Οʹ, διαμάρτυραι αὐτοῖς. Οἱ Γʹ, γνώρισον αὐτοῖς. Dr.

V. 5. C, Ἰσραὴλ, ἐγνωρίσθην (absque καί). Et mox, ἐν γῇ Αἰγύπτῳ. — B: Οʹ, ᾑρέτισα. Οἱ Γʹ, ἐξελεξάμην. Idem.

V. 6. Hieronymus: « Pro eo quod dixere LXX, *factus est ultra omnes terras*, pro quo nos interpretati sumus, *egregia est inter omnes terras*, Aquilæ prima editio etc. » ut supra. Hanc porro notam exhibent codex Regius et editio Romana: Κηρίον ὁ Ἑβραῖος *κάλλιστον* εἶπεν· Σύμμ., *στάσις ἐστὶν*, ἔφη, στάσιν καλέσας τὸ αὐτόθι τὴν ἱερατείαν ἀνακεῖσθαι Θεῷ. I. e. Hebræus dixit, *optimum*, Symm., *statio est*, stationem vocans, eo quod ibi sacerdotium dicatum Deo esset. Cur autem Hieronymus στάσιν verterit *regionem*, non video: forte aliud legerit. [Lamb. Bos: Aq. 1 ed., στερέωμα. 2 ed., ἔνδοξον. Th., κραταίωμα, aliter, κοσμιωτάτη. — B ad marg.: Ἀ., στάσεις. Σ., θρησκεία. Θ., δυνάμεις. Drach.]

V. 7. Ms. Jes. Ἀ., ἀποκόμματα. Σ., τὰ αἴσχη. Θ., προσοχθίσματα. Hieronymus vero: « Pro *offensionibus*, quæ Hebraice dicuntur SECUSE, Symmachus interpretatus est, *nauseas*; Aquilæ 2 editio, *abscisiones*. »

Ibid. Hieron.: « GELULE quoque verbum Hebraicum est, quod LXX *adinventiones*, Aq 1 edit. *inquinamenta*, secunda, Symm. et Theodotio, *idola* interpretati sunt. » [C, μιαίνεσθε, Κύριος. Absque ἐγώ, quod tamen habet Hebr. — B: Οʹ, ἀποῤῥίψατε.

ΣΥΜΜΑΧΟΣ.

39. . .

40. . .

43. . . . .

44. ⋇ Λέγει Κύριος.

46. Υἱὲ ἀνθρώπου, στήρισον τὸ πρόσωπόν σου ἐπὶ τὸν νότον ὁδὸν λιβὸς, καὶ προφήτευσον περὶ τοῦ δρυμοῦ τῆς χώρας τῆς μεσημβρινῆς.

47. Ἀπὸ μεσημβρίας.

Ο'.

39. Ἕκαστος τὰ ἐπιτηδεύματα αὐτοῦ ἐξάρατε· καὶ μετὰ ταῦτα εἰ ὑμεῖς εἰσακούετέ μου, καὶ τὸ ὄνομά μου τὸ ἅγιον οὐ βεβηλώσετε οὐκέτι ἐν τοῖς δώροις ὑμῶν, καὶ ἐν τοῖς ἐπιτηδεύμασιν ὑμῶν.

40. Διότι ἐπὶ τοῦ ὄρους ἁγίου μου, ἐπ' ὄρους ὑψηλοῦ, λέγει Κύριος Κύριος, ἐκεῖ δουλεύσουσί μοι πᾶς οἶκος Ἰσραήλ.

43. Καὶ κόψεσθε τὰ πρόσωπα ὑμῶν ἐν πάσαις ταῖς κακίαις ὑμῶν.

44. Λέγει Κύριος.

46. Υἱὲ ἀνθρώπου, στήρισον τὸ πρόσωπόν σου ἐπὶ Θαιμὰν, καὶ ἐπίβλεψον ἐπὶ Δαρὼμ, καὶ προφήτευσον ἐπὶ δρυμὸν ἡγούμενον Ναγέβ.

47. Καὶ κατακαυθήσεται ἐν αὐτῇ πᾶν πρόσωπον ἀπὸ ἀπηλιώτου ἕως βοῤῥᾶ.

ΘΕΟΔΟΤΙΩΝ.

39.

40.

43. ⋇ Καὶ προσοχθιεῖτε. . . αἷς ἐποιήσατε.

44. ⋇ Λέγει Κύριος.

46.

47.

SYMMACHUS.

39. Unusquisque idolis suis euntes servite, quia noluistis audire me: nomen autem meum sanctum nolite ultra polluere per munera vestra atque simulacra.

40. Quia in monte sancto meo, in monte excelso Israel, dicit Dominus Deus, ibi serviet mihi omnis domus Israel.

43. Et parvuli vobis videmini propter omnes malitias quas fecistis.

44. Dicit Dominus.

46. Fili hominis, firma faciem tuam super austrum viam africi, et propheta de sylva regionis meridianæ.

47. A meridie.

LXX INTERPRETES.

39. Unusquisque adinventiones suas afferte: et post hæc, si vos exaudieritis me, et nomen meum sanctum non pollueritis ultra in muneribus vestris, et in studiis vestris.

40. Quia in monte sancto meo, in monte excelso, dicit Dominus Dominus, ibi servient mihi omnis domus Israel.

43. Et percutietis facies vestras in omnibus malitiis vestris.

44. Dicit Dominus.

46. Fili hominis, obfirma faciem tuam super Thæman, et respice super Darom, et propheta super saltum ducem Nageb.

47. Et ardebit in ea omnis facies a subsolano usque ad aquilonem.

THEODOTIO.

39.

40.

43. Et offendetis... quas fecistis.

44. Dicit Dominus.

46.

47.

Notæ et variæ lectiones ad cap. XX Ezechielis.

Ἄλλος, ἀποῤῥίψατε. — Ο', ἐν τοῖς ἐπιτηδεύμασιν. Οἱ Γ', ἐν εἰδώλοις. DRACH.]

V. 8. Symmachi lectionem exhibet Hieronymus. [B vero, Σ., ἠπείθησαν δέ μοι. Ἀ., ἤλλαξαν τὸ ῥῆμά μου. Lamb. Bos: Symm., οὐκ ἀναπαύσαντό μοι. Prælerea B: Ο', βδελύγματα. Ἀ., ἀποκόμματα. Σ., αἴσχη. Θ., προσοχθίσματα. Sed Lamb. Bos: Symm., τὰς ναυτίας (nauseas). Aq. ed. 2, τὰς ἀποτμήσεις. — C ita, ⋇ ἕκαστος ⁒ τὰ βδελύγματα. Ἕκαστος, quod jacet in Hebr., habent pariter Ald., Compl. et aliquot mss. Mox idem codex, cum Alex. et Compl., ἐν μέσῳ γῆς Αἰγύπτου. Hebr. et Vulg., in medio terræ Ægypti. DRACH.]

V. 9. Pro ἐν οἷς, C, οἷς. — B: Ο', ὅπως τὸ ὄνομά μου τὸ παράπαν μὴ βεβηλωθῇ. Ἀ., διὰ τὸ ὄνομά μου τοῦ μὴ βεβηλωθῆναι. DRACH.

V. 10. C: Καὶ ἐξήγαγον αὐτοὺς ἐκ γῆς Αἰγύπτου (hæc additio, quæ deest in ed. Rom., habetur in Alex., Ald. et Compl. Hebr., et eduxi eos e terra Ægypti), καὶ ἤγαγον αὐτοὺς εἰς γῆν ἔρημον. Hebr., deduxique eos in desertum. IDEM.

V. 11. B: Ο', καὶ τὰ δικαιώματά μου. Οἱ Γ', τὰ κρίματά μου. — Ο', ὅσα ποιήσει. Σ., ἃ ποιήσας. — Ο', ἐν αὐτοῖς. Σ., δι' αὐτῶν. IDEM.

V. 12. B: Ο', καὶ τὰ σάββατά μου. Ἀ., ⋇ καίγε σὺν ⁒. τὰ σ. μ. — Ο', τοῦ γνῶναι. Σ., Θ., τοῦ εἰδέναι. — C legit, τοῦ γν. αὐτά. IDEM.

V. 13. Ἄλλος, καὶ παρεπικρ- Drusius. [Compl. παρεπ. με ὁ οἶκος. — C ita: Καὶ εἶπα πρὸς τὸν οἶκον (sine τοῦ) Ἰσραὴλ ἐν τῇ ἐρήμῳ· Ἐν τοῖς προστάγμασί μου. ÷ πορεύεσθε ⁒ (ὀβελίζεται. Hebr. enim tantum, *non ambulaverunt*, quod sequitur in LXX). — B: Ο', καὶ τὰ δικαιώματά μου ἀπώσαντο. Ἄλλος, καὶ τὰ δικ. μου φυλάσσετε τοῦ ποιεῖν αὐτά. DRACH.]

V. 14. B: Ο', καὶ ἐποίησα. Ἀ., καὶ οὐκ ἐπ. Mirum; hanc enim negationem non habet Hebr. DR.

V. 15. C: Καὶ ἐγὼ ἐξῆρα τὴν χεῖρά μου ἐπ' αὐτοὺς ἐν τῇ ἐρήμῳ ÷ τὸ παράπαν ⁒ (deest in Hebr. textu) τοῦ μὴ εἰσαγαγεῖν αὐτοὺς εἰς γῆν ἔδωκα (Rom. ed., τὴν γῆν ἣν ἐδ.) ÷ αὐτοῖς, γῆν ⁒ (desunt in Hebr.) ῥέουσαν etc. — B: Ο', καί. Ἀ., Θ., ⋇ γε ⁒. ἐγώ. — Ο', ἐξῆρα. Ἀ., Σ., ἔλαβον, ἐπῆρα. Arbitramur ἔλαβον Aquilæ tribuendum. — Ο', χηρίον. Ἀ., στάσις. Σ., θρησκεία. IDEM.

V. 16. C pro καρδίας habet τῶν καρδιῶν. Ita etiam Alex., Ald., Compl. Hebr. autem prorsus aliter: quia post idola eorum cor eorum ambulat. Et ita 'A., Θ., quorum interpretationem sic exhibet B: ὅτι ὀπίσω τῶν εἰδώλων αὐτῶν ἡ καρδία αὐτῶν πορεύεται. Idem.

V. 17. LXX, τοῦ ἐξαλεῖψαι αὐτούς. Complut. et apud Theodor. melius: τοῦ μὴ ἐξ. Et ita apud S. Hier. Hebr ad verbum, a non perdere eos. — B: Ο', ἐπ' αὐτούς. Σ., Θ., ἐπ' αὐτῶν. Idem.

V. 18. C ita: (καὶ ἐν τοῖς ἐπιτηδεύμασιν αὐτῶν) ÷ μὴ ἀναμίγνυσθε (ed. Rom., συναναμίσγεσθε) καὶ ⁚ Merito hæc signantur obelo, quæ desunt in Hebr. — B. Ο'. ἐν τοῖς νομίμοις. Ἄλλος, ἐν τοῖς νόμοις. — 'A., Σ., Ο', Θ., καὶ ἐν τοῖς ἐπιτηδεύμασιν αὐτῶν. Ἄλλοι, Αἰγύπτου. quæ additio non est in Hebr. Id.

V. 19 et 20. Pro φυλάσσεσθε, C (apud quem incipit ŷ 20 ab his verbis, καὶ τὰ δικαιώματα) habet φυλάσσετε. Et pro καὶ ἔστω habet, cum Complut., καὶ ἔσται. Post, καὶ ※ ἀναμέσον ⁚ ὑμῶν (sic rescribendum). Alex. et Complut., καὶ ἀναμ. ὑ. Hebr., et inter vos. — B: Ο', καὶ ἔστω. 'A., Θ., καὶ ἔσονται. Hebr., et erunt. Idem.

V. 21. C, ÷ καὶ ⁚ τὰ τέκνα (καὶ abest ab Hebr.). Mox, ἃ ποιήσει ※ αὐτά ⁚. Alex. et Ald., αὐτά. Hebr., ea. Et ponit in extremo versu ἐν τῇ ἐρήμῳ, ut in textu Hebr. — B: Ο', ἃ ποιήσει. Θ., ὅσα ποιήσῃ αὐτά. Idem.

V. 22. Οἱ Γ', ※ καὶ ἐπέστρεψα etc. Ms. Jes. [Ita etiam C, sub asterisco, et Complut. B autem ad marg. melius: 'A., Σ., Ο', Θ., ※ καὶ ἐπέστρεψα τὴν χεῖρά μου ÷ αὐτοῖς. Hoc enim ultimum verbum non exprimitur in Hebr. Simul indicat B, ut et C, hæc in Hexaplis et Tetraplis exstitisse sub asterisco, excepto, juxta B, uno ÷ αὐτοῖς. — Mox C, ὧν ἐξήγαγον, et ita Alex. et Ald. Complut. autem, ἀφ' ὧν ἐξήγ. Drach.]

V. 23. C, ※ Καὶ ἐγὼ ⁚ ἐξῆρα. Et ita Ald. VM autem, ut et Alex., Complut., καὶ ἐξῆρα. — B ita: 'A., Θ., ※ γε ἐγὼ /. ἐξῆρα.—C, cum Ald. et Compl., καὶ διασπεῖραι. Drach.

V. 24. B: ἀπώσαντο. Σ., ἀπεδοκίμασαν, reprobarunt. Idem.

V. 25. Hujus et sequentis versus lectionem ex Symmacho profert Hieronymus. [Ad illud τῶν Ο', ἐν οἷς, B in marg., Σ., δι' ὧν. Drach.]

V. 26. 'A., καὶ ἐμίανα etc. Theodoretus. [C, ἐν τοῖς δόμασιν αὐτῶν, in muneribus eorum. Ita quoque Theodor. et Alex. Confidimus neminem inficias iturum esse scriptorum errore δόγμασιν pro δόμασιν irrepsisse in aliquot exemplaria. — In fine commatis adjicit C cum Alex. et Ald., ※ ἵνα γνῶσιν ὅτι ἐγὼ Κύριος. Heb., ut cognoscant quod ego Dominus. S. Hier.: « Illudque quod sequitur, et scient quia ego sum Dominus, in LXX non habetur. »—B: Σ., διὰ τὰ δόματα. Ἄλλος, ἐν τοῖς δόμασιν αὐτῶν. — Ο', ἐν τῷ διαπορεύεσθαι etc. 'A., Σ., διαγαγεῖν, παραγαγεῖν. Θ., διάγειν ἕνεκεν πλημμελείας αὐτῶν. Drach.

V. 27. B: Ο', ἕως τούτου. Οἱ Γ', ἔτι τοῦτο. Σ., ※ καὶ ἕως τ. — Ο', ἐν παραπτώμασιν αὐτῶν. ἐν οἷς παρεπίκρανσαν εἰς ἐμέ. Σ., καταφρονήσαντές μου καταφρόνησιν. Hebr., dum prævaricarentur in me prævaricationem. Drach.

V. 28. Θ., ※ ἔταξαν ἐκεῖ etc. Ms. Jes. Horum quædam habentur in Ο' edit. Romanæ [C, Καὶ εἰσήγαγον αὐτοὺς εἰς τὴν γῆν εἰς ἣν ἦρα τὴν χεῖρα (VM, τὴν χ. τὴν χ.) μου τοῦ δοῦναι αὐτὴν αὐτοῖς· καὶ εἶδον πάντα βουνὸν ὑψηλὸν, καὶ πᾶν ξύλον κατάσκιον, καὶ ἔθυσαν ἐκεῖ τοῖς θεοῖς (forte lapsus amanuensium, pro τὰς θυσίας. Hebr., sacrificia sua. Vide versionem Aquilæ mox afferendam) αὐτῶν, καὶ ἔταξαν ἐκεῖ θυμὸν ※ (asteriscus retroducendus ad θυμόν) δώρων αὐτῶν καὶ ἔθεν※το (sic) ἐκεῖ ⁚ ὀσμὴν εὐωδίας ※ αὐτῶν, ⁚ καὶ ἔπεισαν ἐκεῖ τὰς σπονδὰς αὐτῶν. — B: Ο', τοῦ δοῦναι αὐτήν. Σ., ἵνα δῶ αὐτήν. — Ο', κατάσκιον. 'A., Σ., δασύ. Θ., ἀλσῶδες, nemorosum vel frondosum. (Editor autem Tetraplorum vertit, amœnum. Nescimus quare.)—Ο'. καὶ ἔθυσαν. 'A., ※ συνθυσιάσματα /. ἐκεῖ τοῖς θεοῖς αὐτῶν. Aquilæ versio ita est: καὶ ἔθυσαν ἐκεῖ σὺν θυσιάσματα αὐτῶν. — Ο', καὶ ἔταξαν ἐκεῖ. Θ., ※ θυμὸν δώρων αὐτῶν καὶ ἔθεντο ἐκεῖ /. ὀσμήν. Σ., παροργισμὸν προσφορᾶς αὐτῶν. Drach.

V. 29. Σ., τί ἐστι βάμα. Theodoretus. Scholium quoddam sic habet: κατὰ μὲν Σύρους, λίθος· ὁ δὲ Ἑβραῖος, τί ἐστι βαμμὰ (Coislin. βάμα), ἔχει, ὅτι καλεῖται θυσιαστήριον εἰδώλων· τὰ γὰρ θεοῦ θυσιαστήρια βεσμὰ καλεῖται. Suspicatur Drusius hic βεσμὰ ex μεσβὰ factum, voce deducta ex מזבח. Aliud scholion Ἀββανὰ, λίθος ἑρμηνεύεται. In hanc vocem Hieronymus multa edisserit, aitque BAMA significare excelsum. In LXX, alia editione legi ἀββανὰ. In libris Regum et Paralip. BAMA et BAMOTH excelsa significant. [Pro priore ἀβαμά, C ἀββανά, et pro altero, βαμά. VM in utroque loco, ἀβανᾶ. Juxta B, 'A., τὸ ὕψωμα. — Alia scholia habes in ed. Rom. — B: Ο', ὅτι ὑμεῖς. 'A., Σ., εἰς ἣν /. ὑμεῖς. Drach.]

V. 30. C, ut et Alex., Κύριος, Κύριος. Ald. et Compl., Ἀδωναῒ Κύριος. Hebr., Adonai Jehova. Drach.

V. 31. C, καὶ ἐν ταῖς ἀπαρχαῖς τῶν δογμάτων (rectius aliæ editt., δομάτων) ὑμῶν, ἐν τοῖς ἀφορισμοῖς ※ τῶν υἱῶν ὑμῶν ἐν πυρὶ ⁚ ὑμεῖς μιαίνεσθε etc. — B: Ο', καὶ ἐν ταῖς ἀπαρχαῖς. Σ., καὶ ἐν ταῖς λήμμασιν. — Ο', ἐν τοῖς ἀφορισμοῖς τῶν υἱῶν ὑμῶν. 'A., ἐν τῷ παραγαγεῖν τους υἱοὺς ὑμῶν. Hebr., in transire faciendo filios vestros. (Montf. hanc afferens lectionem Theodotionis ex Marchaliano cod., ※ ...

EZECHIELIS CAPUT XXI.

ΤΟ ΕΒΡΑΙΚΟΝ.	ΤΟ ΕΒΡΑΙΚΟΝ Ἑλληνικοῖς γράμμασι.	ΑΚΥΛΑΣ.
3 חרבי	3.	3. Ῥομφαίαν μου.
12 מגורי אל־חרב היו את־עמי	12.	12.

VERSIO HEBRAICI TEXT.	VULGATA LATINA.	AQUILA.
3. Gladium meum.	3. Gladium meum.	3. Frameam meam.
12. Timores ob gladium fuerunt populo meo.	12. Qui fugerant, gladio traditi sunt cum populo meo.	12.

πυρὶ ⁚ ὑμεῖς μιαίνεσθε.) — Ο', τοῖς ἐνθυμήμασιν ὑμῶν. Οἱ Γ', τοῖς εἰδώλοις ὑμῶν. — Ο', εἰ ἀποκριθήσομαι. Σ., ὅτι οὐκ ἀπ. IDEM.

V. 32. C, ὑμεῖς ἐλέγετε. — B : Ο', καὶ εἰ ἀναβήσεται ἐπὶ τὸ πνεῦμα ὑμῶν τοῦτο, καὶ οὐκ ἔσται. Σ., οὐδὲ τὸ ἐνθύμημα ὑμῶν γινόμενον ἔσται. Hebr., et quod ascendit super spiritum vestrum esse non erit. — Ο', ὑμεῖς λέγετε. Ἄλλος, ὑμεῖς ἐλέγετε. — Ο', ὡς αἱ φυλαὶ (C, ὡς φυλαί). Ἀ., ὡς αἱ συγγένειαι. Θ., ὡς αἱ πατριαί. IDEM.

V. 33. C, ÷ Διὰ τοῦτο, ⁚ (in Hebr. deest) ζῶ ἐγώ etc. — In hoc et sequenti versu, VM scribit βραχείονι. IDEM.

V. 34. B : Σ., Θ., Ο', καὶ ἀθροίσω. Ο' ἄλλως, καὶ ἐξάξω IDEM.

V. 35. B : Ο', κατὰ πρόσωπον. Π., πρὸς πρ. IDEM.

V. 36. C, ἐν τῇ ἐρήμῳ, ὅτε ἐξήγαγον αὐτοὺς ἐκ γῆς Αἰγύπτου. Ita etiam Alex. et Ald. Montf. ex Marchal. cod., ⋇ ὅτε ἐξήγαγεν αὐτούς. Hebr. et Vulg., in deserto terræ Ægypti. — In extremo versu C, λέγει Κύριος Κύριος. IDEM.

V. 37. Ἀ., Θ., ⋇ τῆς διαθήκης. Ms. Jes. Aquila tamen ברית solet vertere συνθήκην. [Et ita C, sub asterisco. Habent etiam plerique libri et Eus. in Demonstratione, lib. II, p. 85, § 60. — B : Ο', καὶ διάξω. Ἀ., Σ., καὶ παράξω. — Ο', καὶ εἰσάξω ὑμᾶς ἐν ἀριθμῷ. Ἀ., ἐν δεσμοῖς ⋇ τῆς διαθήκης. Σ., καὶ καθαρῶ ὑμᾶς διὰ κλοιοῦ (per torquem) ⋇ τῆς συνθήκης. Θ., ἐν τῇ παραδόσει (traditione) ⋇ τῆς διαθήκης. DRACH.]

V. 38. VM, Καὶ ἐλέγξω- C, τοὺς ἀφεστηκότας καὶ τοὺς ἀσεβεῖς. Idem ordo verborum apud Euseb. loco modo citato. — In fine versus, semel Κύριος, ut textus Hebr. In VM sic desinit versus : καὶ ἐπιγνώσεσθε διότι ἐγὼ Κύριος Κύριος, καὶ ὑμεῖς οἶκος Ἰσραήλ. ℣ 39 incipit, Τάδε λέγει. — B : Ο', καὶ τοὺς ἀφεστηκότας. Ἀ., Θ. (addunt), ἐν ἐμοί. Hebr. in me. — B : Ο', τὴν γῆν. Ἀ., Θ., ἄδαμα. I. e., ipsum verbum Hebr., האדמה. DRACH.

V. 39. Interpretationem Symmachi et Aquilæ Latine adfert Hieronymus, hujus videlicet ac sequentis versus. Sed in versione Aquilæ magis sensum quam verba respexisse videtur. Drusius ex verbis Hieron. veram Aquilæ lectionem elicere studuit, qualem nos damus. [C, εἰ μὴ ὑμεῖς εἰσακούσατέ μου. Hebr., si non fueritis obedientes mihi. VM. 1 m. (prima manus), εἰ μή, sed μὴ abrasum. Et mox, 1 m., βεβηλώσεται. — Lamb. Bos : Aq., πορεύεσθε ὀπίσω τῶν εἰδώλων ὑμῶν. Symm., ἕκαστος τοῖς εἰδώλοις αὐτοῦ πορευόμενοι δουλεύετε. Διότι ὑμεῖς οὐκ ἠθελήσατε ἀκούειν μου, (καὶ τὸ ὄνομά μου τὸ ἅγιον) οὐκέτι βεβηλώσατε τοῖς δώροις ὑμῶν, καὶ τοῖς εἰδώλοις ὑμῶν. — B : Ἀ., εἴδωλα ἀπελθόντες λατρεύετε· μετὰ τὸ μὴ βούλεσθαι ὑμᾶς ἀκούειν μου. Σ., ἕκαστος τοῖς εἰδώλοις αὐτοῦ ἀπελθόντες λατρ., reliqua ut Aq. DRACH.]

V. 40. C, ἐπ' ὄρους ὑψηλοῦ ÷ Ἰσραήλ. Amanuensis prave posuit obelum pro asterisco; addendum enim erat Ἰσραήλ communi Senum textui, in quo deest, habet autem Hebr. Exstat in Ald. et Compl. — B : (Hebr., tota [domus] in terra. In LXX *vacat.*) Ἀ., ὁ πᾶς ⋇ ἐν τῇ γῇ ἐκείνῃ. Σ., σύμπας ⋇ ἐν τῇ ἐκείνῃ. — Ο', ἐπισκέψομαι. Οἱ Γ', ἐκζητήσω. — Ο', τὰς ἀπαρχὰς ὑμῶν. Σ., Θ., ἀφαιρέματα ὑμῶν. — Ο', ἀφορισμὸν ὑμῶν. Ἀ., δεκάτων ὑμῶν. Σ., δομάτων ὑμῶν. Θ., λημμάτων ὑμῶν. — Ο', ἁγιάσμασιν ὑμῶν. Οἱ Γ', ἁγίοις ὑμῶν. DRACH.

V. 41. B : Ο', εὐωδίας. Σ., εὐαρεστήσεως. — Ο', κατ' ὀφθαλμούς Ἀ., Σ., ἐνώπιον. IDEM.

V. 43. Hic etiam lectionem Symmachi Latine adfert Hieronymus. Ἀ., Θ., αἷς ἐποιήσατε. Ms. Reg. Idem ubi LXX κόψεσθε habent, ait Aquilam vertisse δυσαρεστηθήσεσθε, Theodotionem autem προσοχθιεῖτε. [Etiam C, sub asterisco, αἷς ἐποιήσατε. — B : Ο', καί. Ἀ., Θ., (addunt) πάντα /. (quod habet Hebr.) τὰ ἐπιτηδεύματα ὑμῶν. — Ο', καὶ κόψεσθε τὰ πρόσωπα ὑμῶν. Ἀ., δυσαρεστηθήσεσθε. Σ., μικροὶ φανήσεσθε ἐν αὐτοῖς. Θ., προσοχθιεῖτε κατέναντι αὐτῶν. — Ο', κακίας ὑμῶν. Ἀ., Σ., Θ., Ο' (addunt), αἷς ἐποιήσατε. Ἄλλος, ἀδικίαις. DRACH.]

V. 44. Οἱ Γ', ⋇ λέγει Κύριος. Ms. Jes. [C ita : ⋇ οἶκος Ἰσραήλ, λέγει Ἀδωναῒ Κ. Et B : Οἱ Γ', οἶκος Ἰσραήλ. Hebr., domus Israel. — B : Ο', ὅπως τὸ ὄνομά μου, μὴ (C præponit asteriscum voci μή). Ἀ., Θ., διὰ τὸ ὄνομά μου. Οἱ Γ', ⋇ οὐ. — Ο', καὶ κατὰ τὰ ἐπιτηδεύματα ὑμῶν. Σ., καὶ κατὰ τὰς ἐννοίας ὑμῶν. DRACH.]

V. 46. Σ., υἱὲ ἀνθρώπου etc. Drusius et Ms. Jes. ubi legitur ἐπὶ δρυμόν, pro περὶ τοῦ δρυμοῦ. [Pro Δαρόμ Rom. editionis, C Δαρώμ. VM, Δαγών. — B : Ο', θαιμάν. Ἀ., ὁδὸν νότου. Σ., ὁδὸν λιβός. — Ο', ἐπὶ Δαρώμ (ut C). Ἀ., ἐπὶ νότον. Ἄλλος, ἐπὶ Δαγών. — Ο', ἡγούμενον Ναγέβ. Ἀ., τοῦ ἀγροῦ νότου. Σ., τῆς χώρας τῆς μεσημβρινῆς. Θ., ἀγροῦ τοῦ Νεγβαί. Ἄλλος, Ναγεβί. DRACH.]

V. 47. Ὁ Ἑβραῖος, καὶ καυθήσεται etc. Ms. Reg. et Coislin. Σ., ἀπὸ μεσημβρίας. Coislin. [C, τάδε λέγει Κύριος. — VM, καταφάγεται ἐν σοὶ ξύλον, absque πᾶν, quod tamen habet Hebr. — B. Ο', ἀπὸ ἀπηλιώτου. Ἀ., Θ., ἀπὸ νότου. Σ., ἀπὸ μεσημβρίας. DRACH.]

V. 48. C, ÷ καὶ ⁚ οὐ σβεσθήσεται. Deest in Hebr. καί, et in C omissa linea cuspidata, quæ ⁚ valet. DRACH.

V. 49. B : Ο', καὶ εἶπα· Μηδαμῶς. Οἱ Γ', ὦ . Κύριε. — Ο', πρός με· Οὐχὶ παραβολή ἐστι λεγομένη αὕτη; Σ., περὶ ἐμοῦ· ⋇ Ἄρα /. οὐχὶ παραβολὰς παραβάλλει οὗτος; Hebr., mihi : Nonne parabolas parabolizat hic? IDEM.

EZECHIELIS CAPUT XXI.

ΣΥΜΜΑΧΟΣ.	Ο'.	ΘΕΟΔΟΤΙΩΝ.
3. Τὴν μάχαιράν μου.	3. Τὸ ἐγχειρίδιόν μου.	3. Τὴν μάχαιράν μου.
12.	12. Παροικήσουσιν, ἐπὶ ῥομφαίᾳ ἐγένετο ἐν τῷ λαῷ μου. Ἄλλος, οἱ παροικοῦντες εἰς ῥομφαίαν ἐγένοντο σὺν τῷ λαῷ μου.	12.

SYMMACHUS.	LXX INTERPRETES.	THEODOTIO.
3. Machæram meam.	3. Gladium meum.	3. Machæram meam.
12.	12. Inhabitabunt, propter gladium fuit in populo meo. *Alius*, inhabitantes in gladium fuerunt cum populo meo.	12.

ΤΟ ΕΒΡΑΙΚΟΝ.	ΤΟ ΕΒΡΑΙΚΟΝ Ἑλληνικοῖς γράμμασι.	ΑΚΥΛΑΣ.
13 כי בחן	13.	13. Ὅτι ἠρεύνησεν.
19 ברא	19.	19. Κεντοῦσα.
21 לקסם *Ὁ Ἑβρ.*, ῥίψαι.	21.	21.
בתרפים		Ἐν τοῖς θαραφείν.
22 קול בתרועה	22.	22.
23 שבעי שבעות להם	23.	23.
עון להתפש		
25 ואתה חלל רשע נשיא ישראל אשר־בא יומו בעת עון קץ	25.	25.
26 כה אמר אדני יהוה הסיר המצנפת והרים העטרה זאת לא־זאת השפלה הגבה והגבה השפיל	26.	26.
27 עוה עוה עוה אשימנה גם־זאת לא היה עד־בא אשר־לו המשפט ונתתיו	27.	27.
30 אל־תערה	30.	30.
31 זעמי	31.	31. Ἀπειλήν μου.

VERSIO HEBRAICI TEXT.	VULGATA LATINA.	AQUILA.
13 Quia probatio.	13. Quia probatus est.	13. Quia investigavit.
19. Elige.	19. Capiet.	19. Confodiens.
21. Ad divinandum. *Hebræus Int.*, ad conjiciendum.	21. Divinationem quærens.	21.
In theraphim.	Idola.	In tharaphin.
22. Vocem in vociferatione.	22. Vocem in ululatu.	22.
23. Jurantes juramenta eis.	23. Sabbatorum otium imitantes.	23.
Iniquitatis ad capiendum.	Iniquitatis ad capiendum.	
25. Et tu profane, impie, dux Israel, cujus venit dies ejus in tempore iniquitatis finis.	25. Tu autem profane, impie, dux Israel: cujus venit dies in tempore iniquitatis præfinita.	25.
26. Sic dixit Dominus Deus: Remove cidarim, et leva diadema: hæc non hæc: humilem sublevando, et altum humiliando.	26. Hæc dicit Dominus Deus: Aufer cidarim, tolle coronam: nonne hæc est quæ humilem sublevavit, et sublimem humiliavit?	26.
27. Perversam, perversam, perversam ponam eam: etiam hoc non fuit, donec veniat cui ei judicium, et tradam eum.	27. Iniquitatem, iniquitatem, iniquitatem ponam eam: et hoc non factum est, donec veniret cujus est judicium, et tradam ei.	27.
30. Ad vaginam suam.	30. Ad vaginam tuam.	30.
31. Indignationem meam.	31. Indignationem meam.	31. Comminationem meam.

Notæ et variæ lectiones ad cap. XXI Ezechielis.

V. 2. C, cum Ald., non habet, διὰ τοῦτο προφήτευσον, quæ etiam desunt in Hebr. — B: Ο', στήρισον. Ἀ., Θ., θές. Σ., τάξον. — Ο', ἐπὶ τὰ ἅγια αὐτῶν. Οἱ Γ', ἐπὶ τὰ ἁγιάσματα. DRACH.

V. 3. Ἀ., ῥομφαίαν etc. Ms. Jes. [B: Ἀ., ῥομφαίαν μου. Σ., Θ., μάχαιράν μου. — C, λέγει Κύριος Κύριος. Hebr., Jehova. Et in fine versiculi, ἄδικον καὶ ÷ ἄνομον. Et ita, absque obelo, VM et Alex. Hebr. habet, *justum et impium*, ut vertit S. Hier., qui addit: « pro quo nescio quid, volentes LXX *iniquum et injustum* interpretati sunt, quasi non idem utrumque significet. » DRACH.]

ΣΥΜΜΑΧΟΣ.	Ο.	ΘΕΟΔΟΤΙΩΝ.
13.	13. Ὅτι δεδικαίωται.	13.
19. Κεντοῦσα.	19. *Vacat.*	19. Ἑτοιμάσαι.
21.	21. Ἀναβράσαι.	21.
Τὰ εἴδωλα.	Ἐν τοῖς γλυπτοῖς.	
22.	22. Φωνὴν μετὰ κραυγῆς. Ἄλλ., μετὰ φωνῆς σάλπιγγος.	22.
23.	23. *Vacat.*	23. ※ Ἑβδομάζοντες ἑβδομάδας αὐτοῖς.
	Ἀδικίας αὐτοῦ μνησθῆναι. Ἄλλος, ἀνομίαν αὐτῶν τοῦ συλληφθῆναι.	
25. .	25. Καὶ σὺ βέβηλε, ἄνομε, ἀφηγούμενε τοῦ Ἰσραὴλ, οὗ ἥκει ἡ ἡμέρα ἐν καιρῷ ἀδικίας, πέρας.	25.
26. . . .	26. Τάδε λέγει Κύριος· Ἀφείλου τὴν κίδαριν, καὶ ἐπέθου τὸν στέφανον, αὐτὴ οὐ τοιαύτη ἔσται. Ἐταπείνωσας τὸ ὑψηλὸν, καὶ ὕψωσας τὸ ταπεινόν.	26.
27. . .	27. Ἀδικίαν, ἀδικίαν, ἀδικίαν θήσομαι αὐτὴν, οὐαὶ αὐτῇ, τοιαύτη ἔσται ἕως οὗ ἔλθῃ ᾧ καθήκει, καὶ παραδώσω αὐτῷ. *Οἱ Γ'*, ἀδικίαν, ἀδικίαν, ἀδικίαν θήσομαι αὐτὴν, οὐδ' αὕτη τοιαύτη.	27.
30.	30. Μὴ καταλύσῃς. *Ἄλλος*, εἰς τὸν κολεὸν αὐτοῦ.	30.
31. Ἐμβρίμησίν μου.	31. Ὀργήν μου.	31. Ἐμβρίμημά μου.

SYMMACHUS.	LXX INTERPRETES.	THEODOTIO.
13.	13. Quia justificatus est.	13.
19. Confodiens.	19. *Vacat.*	19. Ad præparandum.
21.	21. Ad exsilire faciendum.	21.
Idola.	In sculptilibus.	
22.	22. Vocem cum clamore. *Alius*, cum voce tubæ.	22.
23.	23. *Vacat.*	23. Hebdomazontes hebdomadas ipsis.
	Iniquitatis ejus ad recordandum. *Alius*, iniquitatem eorum ut comprehendantur.	
25. Tu autem profane, inique, dux Israel, cujus venit dies in tempore iniquitatis constitutus.	25. Et tu profane, inique, dux Israel, cujus venit dies in tempore iniquitatis, finis.	25.
26. Hæc dixit Dominus Deus: Abstulit cidarim, et tulit coronam: neque hoc neque illud: humilem sublevabit, et sublimem humiliabit.	26. Hæc dicit Dominus: Abstulisti cidarim, et imposuisti coronam, ei non erit talis. Humiliasti excelsum, et sublevasti humilem.	26.
27. Iniquitatem, iniquitatem, iniquitatem faciam illud: et hoc non fuit iste, cujus judicium est, quem daturus sum.	27. Iniquitatem, iniquitatem, iniquitatem ponam eam: væ illi; talis erit donec venerit cui convenit, et tradam ei. *Tres int.*, iniquitatem, iniquitatem, iniquitatem ponam eam, neque ipsa talis.	27.
30.	30. Ne maneas. *Al.*, ad vaginam suam.	30.
31. Fremitum meum.	31. Iram meam.	31. Fremitum meum.

Notæ et variæ lectiones ad cap. XXI Ezechielis.

V. 4. C, iterum ἄδικον καὶ ÷ ἄνομον. Hebr., justum et impium.—B : Ο', οὕτως. Οἱ Γ', διὰ τοῦτο. Drach.

V. 5. B : Ο', ἀποστρέψει. Ἀ., ἐπιστρέψει. Σ., Θ., ἀναστρέψει. Idem.

V. 6. C, ὀσφύος ÷ σου ⁚ Et revera Hebr. non habet σου.—B : Ο', ἐν συντριβῇ. Σ., ἐν κατάγματι, *fractura*. Idem.

V. 7. C, ἕνεκα τίνος ※ σὺ στενάξεις;... καὶ παραλυθήσονται πᾶσαι χεῖρες (ita etiam Hebr.), καὶ ἐκψύξει ÷ πᾶσα σὰρξ καὶ ⁚ (non jacent in Hebr.) πᾶν πνεῦμα... ἰδοὺ ἔρχεται καὶ ἔσται (etiam Alex., Ald.,

Compl. addunt καὶ ἔσται, quod habet Hebr. Apud S. Hier., *et erit*. Vulg., *et fiet*), λέγει Κύριος Κύριος. Ita et VM, K. K. — B : O', καὶ θραυσθήσεται. 'A., καὶ ταχήσεται, *tabescet*. Σ., διαλυθήσεται. — O', καὶ παραλυθήσονται. Σ., καὶ παρεθήσονται, *remittentur*. — O', καὶ ἐκψύξει. 'A., καὶ ἀσθενήσει. Σ., καὶ ἀμβλυνθήσεται, *hebetabitur*. Θ., καὶ ἀμαυρωθήσεται, *obscurabitur*. — O', μολυνθήσονται ὑγρασίᾳ. Σ., ῥεύσει ὕδατα. Et ita Vulg., *fluent aquæ*. IDEM.

V. 9. C, cum tribus editt., λέγει Ἀδωναΐ Κύριος (sed Hebr. non habet Adonai). Sequitur in C, καὶ εἰπόν. Hoc καί deest in Hebr. IDEM.

V. 10. C, σφάζε, ἐξουθένει (sic, per θ), ⋇ υἱέ μου ⁚ (Hebr., בני) ἀπώθου (sic, per ω et melius quam ed. Rom.) πᾶν ξύλον. — B : O', εἰς στίλβωσιν. Οἱ Γ', εἰς ἀστραπήν. — O', ἑτοίμη εἰς παράλυσιν· σφάζε, ἐξουδένει, ἀπόθου (ita ed. Rom.). Θ., ἐστιλβωμένη, εἰ κινοῦσα ῥάβδον υἱῶν μου, ἀποθουμένη (sic. Melius legas, ἀπωθ.) *quæ resplenduit, si movens virgam filiorum meorum, repellens*. Sed Hebr. prorsus aliter : *expolitus* (est) : *aut* (nunc) *lætabimur ?* (Atqui) *virga filii mei* (esse) *renuit omne lignum*. Sic optime vertit Seb. Schmidius. IDEM.

V. 11. C, ἐξηκονήθη ῥομφαία. Absque ἡ. Neque Hebr. habet articulum. — B : O', ἑτοίμην. 'A., ἠκονημένην. Σ., ἐξεσπαμένην (sic, pro ἐξεσπασμ.), *extractum*. — O', χεῖρα αὐτοῦ. Σ., ⋇ ἐστιν. Ἄλλος, εἰς χεῖρας αὐτοῦ. — O', τοῦ δοῦναι αὐτὴν εἰς χεῖρα. Ἄλλος, τοῦ δοθῆναι εἰς χεῖρας. Sed Hebr., in manum. — O', ἀποκεντοῦντος, *transfigentis, perfodientis* (frustra contendunt Cappellus aliique legendum esse ἀποκτείνοντος). 'A., φονευτοῦ. Σ., ἀναιροῦντος. IDEM.

V. 12. Ἄλλος, οἱ παροικοῦντες etc. Ms. Jes. et Theodoretus. Ubi Hieronymus : Rursum, ait, ubi nos diximus, *qui fugerant, gladio traditi sunt*, et illi et Alii transtulerunt : *Hospites mei*, sive *habitatores*. [Pro ἐπὶ ῥομφαίᾳ ἐγένετο ἐν τῷ..., C legit ἐπεὶ (*quoniam*) ῥομφαία ἐγ. τῷ... Hebr., ob gladium erunt apud populum meum. — B : O' παροικήσουσιν. 'A., συγκεκλεισμένοι, *conclusi*. — VM ita terminat versum 12 : ἐπὶ τὴν χεῖρά σου, ὅτι δεδικαίωται. Et postea sic inchoat versum 13 : Καὶ φυλὴ ἀπωσθῇ, absque καὶ τί et Rom. editionis. Sed Hebr., *Et quid si etiam*. DRACH.]

V. 13. 'A., ὅτι ἠρεύνησεν. Drusius et Ms. Jes. [C, οὐκ ἔστι. DRACH.]

V. 14. B : O', καὶ διπλασίασον ῥομφαίαν. Σ., ἐπιδιπλωθήσεται (*duplicabitur*) γὰρ μάχαιρα. — O', καὶ ἐκστήσεις αὐτούς. 'A., οἱ θαμβοί, *illi stupefacti*. VM bis τραυματιῶν, ut ipsa Rom. ed. infra ℣ 29. DRACH.]

V. 15. C, ὅπως θραυσθῇ (absque negatione μή, quæ deest in Hebr. ut et in Alex., Ald. et Complut.) .... ἐπὶ πᾶσαν πύλην ⋇ αὐτῶν ⁚ (Hebr., eorum. Tres editt., αὐτῶν)... εὖ γέγονεν εἰς στίλβωσιν, εὖ γέγονεν εἰς σφαγήν. — B : O', παραδίδονται. Ἄλλος, παραδέδονται. — O', εὖ γέγονεν. 'A., ὀξεία γ. — O', εἰς στίλβωσιν. Σ., ὡς ἀστραπή. IDEM.

V. 16. C non habet καί, quod deest in Hebr., in Alex. necnon in Compl. et Vulg. IDEM.

V. 19. 'A., Σ., κεντοῦσα. Ms. Jes. [C habet ut Θ., præmisso asterisco. — B ita : 'A., κεντῶσαν, *confodientem*. Σ., ἡτοίμασεν. Ἄλλος, ἡτοιμάσουσιν. — Ed. Rom. « Nonnulli ac Theodoretus, ἑτοίμασαι χεῖρα κεντοῦσαν, ἐν ἀρχῇ ὁδοῦ ἑκάστης πόλεως κεντοῦσαν, *para manum pungentem, in principio viæ cujusque civitatis pungentem*. Ubi ἑτοίμασαι et κεντοῦσαν duæ videntur interpretationes ; atque illud ἑκάστης redundat... Hoc autem loco S. Hier. inquit LXX ab Hebraico non tam sensu quam verbis in plerisque discordare. » — B : O', αἱ δύο. Ἄλλος, ἀρχαὶ δύο. — Voci πόλεως Senum præponit Σ., ⋇ ἑκάστης, ut legit Theodor., sed deest in Hebr. — O', ἐπ' ἀρχῆς (legerunt בראש, loco ברא) ὁδοῦ διατάξεις (20) τοῦ εἰσελθεῖν. Ἄλλος, ⋇ καὶ σύ, ἑτοίμασον, καὶ διάταξον ὁδὸν ⁚ τοῦ εἰσελθεῖν. — In C incipit versus 20 a τοῦ εἰσελθεῖν ῥομφαίαν βασιλέως, et desinit his verbis, ἐν μέσῳ αὐτῆς. DRACH.]

EZECHIELIS CAPUT XXII.

ΤΟ ΕΒΡΑΙΚΟΝ.	ΤΟ ΕΒΡΑΙΚΟΝ Ἑλληνικοῖς γράμμασι.	ΑΚΥΛΑΣ.
4 ותקריבי ימיך	4.	
5 יתקלסו־בך	5.	5.
9 אנשי רכיל	9.	9.
16 ונחלת בך לעיני גוים	16.	16. 1...
18 לסוג	18.	18. 1. Εἰς στέμφυλον, γίγαρτον. 2. Ἀναμεμιγμένοι.
ועפרת בתוך כור		

VERSIO HEBRAICI TEXT.	VULGATA LATINA.	AQUILA.
4. Et appropinquare fecisti dies tuos.	4. Et appropinquare fecisti dies tuos.	4.
5. Subsannabunt in te.	5. Triumphabunt de te.	5.
9. Viri delationis.	9. Viri detractores.	9.
16. Et hæreditabis in te in oculis gentium.	16. Et possidebo te in conspectu gentium.	16. 1. Et contaminabo te in conspectu gentium.
18. In scoriam.	18. In scoriam.	18. 1. In acinum vinacci. 2. Commixti.
Et plumbum in medio fornacis.	Et plumbum in medio fornacis.	

V. 20. B : O', ἐπὶ Ῥαββὰθ υἱῶν. Ἄλλος, Ῥαββὰθ ἐπὶ υἱῶν — O', ἐν μέσῳ αὐτῆς. Ἀ., περιοχῆς, *munitionis*. Σ., ἐν πολιορκίᾳ, *in obsidione*. Θ., ὀχυρωμένη. DRACH.

V. 21. Polychronius, ἀντὶ τοῦ ῥίψαι βέλη, ταύτῃ γὰρ τῇ λέξει ἐχρήσατο καὶ ὁ Ἑβραῖος. [B : Ἀ., Σ., Θ., παρατάξαι (ad instruendum) τοῖς βέλεσιν. DRACH.]

Ibid. Ἀ., ἐν τοῖς θαραφεὶν. Σ., τὰ εἴδωλα. Ms. Jes. [B : Ἀ., Θ., θεραφεὶν. — Idem superius : O', ἐπὶ τὴν ἀρχαίαν ὁδόν. Ἀ., ἐπὶ τὴν δίοδον, *bivium*. — Pro κατασκοπήσασθαι, C legit, ἡπατοσκοπήσασθαι. Et sic corrigendum dicit editio Rom. Complut., ἥπατι σκοπήσασθαι. Hebr., inspexit jecur. DRACH.]

V. 22. Ἄλλος, μετὰ φωνῆς σάλπιγγος. Ms. Jes. [Pro φωνήν, C, φωνῇ. — Idem Codex, ÷ Καὶ ⁚ ἐγένετο. Illud καί, quod habent Ald. et Compl., non exsistit in Hebr. — B : O', χάρακα. Σ., τύρσεις. Θ., προμαχῶνας. — O', χῶμα. Ἀ., Θ., πρόσχωμα. Σ., τάφρον, *vallum*. — Ἀ. 1., O', βελοστάσεις. Ἀ. 2., τεῖχος. Binas vides Aquilæ interpretationes ejusdem vocis, nempe פרק. Θ., χαράκωσιν. DRACH.]

V. 23. Θ., ※ ἑβδομάζοντες ἑβδομάδας αὐτοῖς. Drusius, Ms. Jes. [C ita : ※ ἑβδομάζοντος (non — ες) ※ ἑβδομάδας αὐτοῖς, ⁚ duabus illuminantibus stellis. B autem : O', Θ., ※ ἑβδομάζοντες ἑβδομάδας αὐτῶν. Ἀ., ※ ἑπτὰ ἑβδομάδες αὐτοῖς. Idem B : O', μαντείαν. Ἀ., κενά. Σ., μάταια. DRACH.]

Ibid. Ἄλλος, ἀνομίαν αὐτῶν etc. Ms. Jes. [B vero Aquilæ tribuit τοῦ συλληφθῆναι. DRACH.]

Trium sequentium versuum lectionem ex Symmacho affert Hieronymus.

V. 24. C, λέγει Κύριος Κύριος. Mox, τοῦ ὁραθῆναι ἁμαρτίας ὑμῶν ÷ ἐν πάσαις ÷ ταῖς ἀσεβείαις ὑμῶν, καὶ ⁚ ἐν πᾶσι τοῖς (Hebr., in omnibus) ἐπιτηδεύμασιν ὑμῶν. Scholion in editione Rom., necnon in cod. Regio bombyc., *ἐν πάσαις ταῖς ἀσεβείαις ὑμῶν*, οὐ κεῖται παρ' Ἑβραίοις. — B : O', ἀνθ' ὧν ἀνεμνήσατε, ἐν τούτοις ἁλώσεσθε. Σ., διὰ τὸ μνημονευθῆναι ὑμᾶς ἐν χειρὶ συλληφθήσεσθε. Heb., propter recordari vestrum, *vel*, pro eo quod recordati estis, in vola capiemini. DRACH.

V. 25. VM, ἄνομε. βέβηλε. Lamb. Bos. « Pro πέρας, Sym., συνταχθεῖσα. DRACH.

V. 26. C, λέγει Κύριος Κύριος. Et paulo post, αὕτη οὐ τοιαύτη ἔσται, *hæc non talis erit.* — Quæ hic Montfauconio non suppetebant Symmachi Græca, plene exhibet L. Bos : (Τάδε λέγει Κύριος ὁ Θεός·) Ἀφείλετο τὴν κίδαριν, καὶ ἤνεγκε στέφανον· οὐδὲ τοῦτο, οὐδὲ ἐκεῖνο, τὸν ταπεινὸν ἐπαρεῖ, καὶ τὸν ὑψηλὸν ταπεινώσει. — Pro ἀφείλου et ἐπέθου, Theodor. aliaque exemplaria, ἀφελοῦ et ἀπόθου. IDEM.

V. 27. Οἱ Γ', ※ ἀδικίαν etc. Ms. Jes. Hujus item versus ex Symmacho lectionem affert Hieronymus. Licet autem Symmachus sit unus e tribus, et ejus versio a trium versione aliquantum discrepet, nihil mirum, quando certum est parvam illam differentiam neglectam fuisse : qua de re in Præliminaribus. [Juxta L. Bos, Sym : ἀδικίαν, ἀδικίαν, ἀδικίαν ποιήσω τοῦτο· καὶ τοῦτο οὐκ ἦν οὗτος οὗ τὸ κρῖμά ἐστι, ὃν ἐγὼ δώσω. — C ita : Ἀδικίαν, ※ ἀδικίαν, ⁚ ἀδικίαν (LXX bis tantum apud S. Hier., qui in comment. addit : « juxta LXX bis ») θήσομαι αὐτήν, οὐδὲ αὕτη τοιαύτη ἔσται, ἕως οὗ ἔλθῃ ὃ καθήκει, καὶ παραδώσω αὐτῷ. DRACH.]

V. 28. C, λέγει Κύριος Κύριος. Et pro εἰς σφάγια, εἰς σφαγήν. DRACH.

V. 29. C, ita et tres editt., ὧν ἥκει. Exprimitur etiam in Hebr. relativum ὧν. — B : O', ἐν τῇ ὁράσει σου τῇ ματαίᾳ. Ἀ., Σ., ἐν τῷ ὁρᾶν σε μάταια. IDEM.

V. 30. Ἄλλος, εἰς τὸν κολεὸν αὐτοῦ. Drusius. [B vero : Οἱ Γ', ἐπίστρεψον εἰς τὸν κολεόν σου. Hebr. autem, ut vidisti supra, in vaginam *suam*. — Pro ᾧ γεγέννησαι, C, ὡς γ., *ut genitus es*. DRACH.]

V. 31. Ἀ., ἀπειλήν μου etc. Ms. Jes. [B tantum : Ἀ., ἀπειλήν μου. Idem cod. : O', ἐμφυσήσω. Ἀ., ἀνάψω. — O', βαρβάρων. Οἱ Γ', ἀφρόνων. Et ita sonat Hebr. — C, καὶ ἐκχεῶ ἐπὶ σοί. Et ita Alex. et Complut., σοί. In fine versus, διαφθοράν. Ita etiam Alex. et Ald. DRACH.]

EZECHIELIS CAPUT XXII.

ΣΥΜΜΑΧΟΣ.	O'.	ΘΕΟΔΟΤΙΩΝ.
4. Καὶ ἐσπάσω τῆς θλίψεώς σου τὸν καιρόν.	4. Καὶ ἤγγισας τὰς ἡμέρας σου.	4.
5.	5. Καὶ ἐμπαίξονταί ἐν σοί. Ἄλλος, ※ καὶ βοήσουσιν ἐπὶ σοί.	5.
9. [Ἄνδρες δόλιοι.]	9. Ἄνδρες λησταί.	9. [Ἄνδρες δόλιοι.]
16. . . .	16. Καὶ κατακληρονομήσω ἐν σοὶ κατ' ὀφθαλμοὺς τῶν ἐθνῶν.	16. . . .
18. Εἰς σκωρίαν.	18. Ἀναμεμιγμένοι.	18.
	Καὶ μολίβῳ ἐν μέσῳ. *Οἱ Γ'*, ※ καμίνου.	

SYMMACHUS.	LXX INTERPRETES.	THEODOTIO.
4. Et attraxisti tribulationis tuæ tempus.	4. Et appropinquare fecisti dies tuos.	4.
5.	5. Et illudent in te. *Alius*, et clamabunt super te.	5.
9. Viri dolosi.	9. Viri latrones.	9. Viri dolosi.
16. Et vulnerabo te, *sive* confodiam te, in conspectu gentium.	16. Et hæreditabo in te ante oculos gentium.	16. Et contaminabo te in conspectu gentium.
18. In scoriam.	18. Commixti.	18.
	Et plumbo in medio. *Tres int.*, camini.	

ΤΟ ΕΒΡΑΙΚΟΝ.	ΤΟ ΕΒΡΑΙΚΟΝ Ἑλληνικοῖς γράμμασι.	ΑΚΥΛΑΣ.
28 טחו להם תפל Ὁ Ἑβραῖος, ἤλειφον αὐτοὺς πηλῷ ἄνευ ἀχύρου.	28.	28. Ἀνάλῳ.
30 ועמד בפרץ לפני	30.	30.

VERSIO HEBRAICI TEXT.	VULGATA LATINA.	AQUILA.
28. Liniebant eos insulso. *Hebræus Int.*, liniebant eos luto absque palea.	28. Liniebant eos absque temperamento.	28. Insulso.
30. Et stantem in fractura ante faciem meam.	30. Et staret oppositus contra me.	30.

Notæ et variæ lectiones ad cap. XXII Ezechielis.

V. 1. VM constanter scribit πρός με, quæ forma non raro deprehenditur in vett. codicibus, et in impressis. Sed de tali inclinatione nihil definitum inter antiquos grammaticos. Ea de re celeberrimus grammaticus Germanus, Buttmann, § 67. 2 : « Sogar, πρός με, und die ganze Sache ist noch nicht aufgeklært. DRACH.

V. 2. C, εἰ κρινεῖς εἰ (εἰς ?) τὴν πόλιν τῶν αἱμάτων; παράδειξον. Absque καί, quod tamen habet Hebr. In eod. desinit ℣ 2 cum his verbis, ἀνομίας αὐτῆς. — B : Ο', εἰ κρινεῖς τὴν πόλιν; , Ἀ., Σ., Θ., κρίθητι (Σ., Θ., τῇ πόλει). Ad marginem vero : Ἀ., Σ., Θ., Ο', οὐ κρινεῖς; Hebr., num judicabis, num judicabis (bis) urbem sanguinum? IDEM.

V. 3. VM ad ἐλθεῖν adnotat : 1 m., εἰσελθεῖν. Postea habet, καθ' αὐτῆς, et protrahit versiculum 3 usque ad οἷς ἐξέχεας inclusive. — B : Ο', καὶ παράδειξον αὐτῇ. Ἀ., Σ., καὶ γνωριεῖς αὐτῇ. IDEM.

V. 4. Σ., καὶ ἐσπάσω etc. Ms. Reg. [B : Ο', καὶ ἤγγισας. Σ., ἐγγὺς ἐποίησας. — Pro ἐποίεις, C et Complut., ἐποίησας. Hebr. et Vulg., fecisti. Pro ὀνειδισμόν, C, ut et VM, Alex., ὄνειδος. Præterea VM legit, ἐμειαίνου, et concludit hunc versum cum ἐτῶν σου. — B : Ο', παραπέπτωκας. Ἀ., Σ., Θ., ἐπλημμέλησας. — Ο', καὶ ἤγαγες καιρὸν ἐτῶν σου. Θ., ἐνστῆναι (ut constituerentur) τὰ ἔτη σου. DRACH]

V. 5. ※ καὶ βοήσουσιν ἐπὶ σοί. Ms. Jes. Est alia interpretatio. [Pro ἐγγιζούσαις, C mendose ἐγγιρούσαις. — B : Ο', ἐγγιζούσαις. Ἀ., Σ., ἐγγύς. DRACH.]

V. 6. B : Ο', πρὸς τοὺς συγγενεῖς αὐτοῦ (nempe legerunt in Hebr., *lezar-o*). Ἀ., Σ., Θ., ἐν βραχίονι αὐτοῦ (extulerunt cum punctis masoriticis hodiernis, *lizro-o*). — Ad συνεφύροντο, VM in marg., ἐνεφύραντο. DRACH.

V. 7. C, καὶ (deest in Hebr.) ὀρφανὸν καὶ χήραν κατεδυνάστευον ἐν σοί. Illud ἐν σοί habent pariter Alex., Ald., Complut. Hebr., *in te*. — B : ἐκακολόγουν. Ἀ., ὕβρισαν. Σ., Θ., ἠτίμασαν. Hebr., vilipenderunt. — VM, ad marg. : 1 m., καὶ προσήλυτον, sed καί non est in Hebr. Mox, ad marg. : 1 m., ἀδικείαις. IDEM.

V. 8. VM, ad marg. : 2 m., ἁγιασμόν (pro ἅγια). Et in textu, ἐξουδένουν. IDEM.

V. 9. Hieronymus : « *Viri detractores*, sive juxta Sym. et Theod. *dolosi*, quod in Hebræo dicitur RACHIL. » [C, Ἄνδρες λησταὶ ※ ἦσαν ⁚ (hoc verbum habent tres editt. et Hebr.) . . . καὶ ἐπὶ τῶν ὀρέων ἤσθοσαν (sic) ἐν σοί. Alex. et Complut., ἐν σοί. Hebr., *in te*. VM : ἤσθοσαν (2 m., ἤσθιον) ἐν σοί. — B : Ο', λησταί. Οἱ Γ', δόλιοι. — Ο', ἀνόσια. Ἀ., συνταγήν, *conventum*. Σ., μῦσος, *abominationem*. Θ., ζέμμα. I. e., ipsa vox Hebraica, זמה. Cf. supra XVI, 27, et Levit. XX, 14. Editor autem Tetraplorum ridicule pariter et inscite, hic et ℣ 11, vertit, *decoctum*, quod non ζέμμα sed ζέμα scribitur. DRACH.]

V. 11. B : Ο', ἠνομοῦσαν. Οἱ Γ', ἐποίησαν βδέλυγμα. — Ο', ἐν ἀσεβείᾳ. Ἀ., ἐν συνταγῇ, *conventu*. Σ., ἐν μύσει, *abominatione*. Θ., ζέμμα, quæ est ipsa vox Hebraica Græcis descripta litteris. Vide adnotationem nostram ad ℣ 9. DRACH.

V. 12. C, ut et Complut., bis ἐλάμβανον loco ἐλαμβάνοσαν. Et mox, συντέλειαν κακίας σου. In fine commatis, λέγει Κύριος Κύριος. Hebr., Adonai Jehova. — B : Ο', καὶ συντελέσω συντέλειαν κακίας σου, τὴν ἐν καταδυναστείᾳ. Σ., Θ., καὶ ἐπλεονέκτεις (fraudabas) τοὺς πλησίον σου ἐν συκοφαντίᾳ. Hebr., et lucrum captasti a proximis tuis per violentiam. IDEM.

V. 13. C, Ἐὰν δὲ πατάξω χεῖρά μου πρὸς χεῖρά μου, ἐφ' οἷς συντελέσαι (Rom. ed., συντετέλεσται). — B : Ο', ἐὰν δὲ πατάξω χεῖρά μου (ita ed. Rom.). Θ., καὶ ἰδοὺ ἐκρότησα χεῖρά μου. Hebr., et ecce percussi manum meam. IDEM.

V. 14. B : Ο', εἰ ὑποστήσεται; Σ., Θ., μὴ (numquid) ὑπ.; — Ο', εἰ κρατήσουσιν; Οἱ Γ', εἰ ἰσχύσουσιν; IDEM.

V. 15. C, καὶ διασπερῶ σε εἰς τὰς χώρας. IDEM.

V. 16. Has versiones adfert Hieronymus, ut nos referimus. [Juxta Lambertum Bos Græca : Ἀ., 1 ed. et Θ., (καὶ) μιανῶ σε (ἐνώπιον τῶν ἐθνῶν). Σ., (καὶ) θραύσω (σε ἐνώπιον τῶν ἐθνῶν). — B vero ita : Ἀ., καὶ κληροδοτήσω, quæ lectio probabilior. Legit, ונחלתי. Σ., καὶ καταστρώσω σε. Θ., καὶ βεβηλωθήσῃ. DRACH.]

V. 18. S. Hier. : « Verbum Hebraicum SIG Symmachus *scoriam*, Aquilæ prima editio στέμφυλον et γίγαρτον, quod utrumque *acinum vinacei* significat,

EZECHIELIS CAPUT XXIII.

ΤΟ ΕΒΡΑΙΚΟΝ	ΤΟ ΕΒΡΑΙΚΟΝ Ἑλληνικοῖς γράμμασι.	ΑΚΥΛΑΣ.
3 בנעוריהן זנו	3.	3.
ושם עשו דדי בתוליהן		

VERSIO HEBRAICI TEXT.	VULGATA LATINA.	AQUILA.
3. In adolescentia sua fornicatæ sunt.	3. In adolescentia sua fornicatæ sunt.	3.
Et ibi compresserunt mammas virginitatis earum.	Fractæ sunt mammæ pubertatis earum.	

ΣΥΜΜΑΧΟΣ.	Ο'.	ΘΕΟΔΟΤΙΩΝ.
28. Ἀναρτύτῳ.	28. Ἀλείφοντες αὐτοὺς πεσοῦνται. *Ἄλλος*, ※ ἤλειφον αὐτοὺς πήλῳ ἄνευ ἀχύρων.	28.
30.	30. Καὶ ἑστῶτα ὁλοσχερῶς πρὸ προσώπου μου ※ ἐν διακοπῇ φραγμοῦ.	30.

SYMMACHUS.	LXX INTERPRETES.	THEODOTIO.
28. Absque temperamento.	28. Ungentes eos cadent. *Alius*, liniebant eos luto absque paleis.	28.
30.	30. Et staret integre ante faciem meam in scissura maceriæ.	30.

Notæ et variæ lectiones ad cap. XXII Ezechielis.

interpretati sunt. [Lamb. Bos : Sym., εἰς σχορίαν (sic. Utroque modo scribitur, per o et per ω, teste Schleusnero). Aq. 1 ed., στέμφυλον, aut, ut alibi, γίγαρτον. (Apprime).—C, καὶ κασσιτέρῳ. καὶ σιδήρῳ (et ita Complut., Hebr. et Vulg.), καὶ μολίβδῳ (ita etiam Alex.), ἐν μέσῳ ※ καμίνου ⁚ (etiam Complut., καμίνου) ἀργυρίου ἀναμιγμένον (sic) ἐστί. Compl., ἀναμεμιγμένοι εἰσίν. Hebr., scoriæ argenti fuerunt. — B : O', ἐν μέσῳ. Οἱ Γ', καμίνου. — O', ἀναμιγμένος (ut C) ἐστί. 'A., κράμα (*mixtura*. Hic et ÿ 19 rescribe, κρᾶμα) ἀργυρίου ἦσαν. Σ., σκωρία ἀργυρίου ἐγένοντο. Θ., γιγαρτῶδες ἀργύριον ἐγενήθησαν. Drach.]

Ibid. Οἱ Γ', ※ καμίνου. Ms. Jes.

V. 19. C, ἀνθ' ὧ ἐγένεσθε πάντες. Etiam Alex., Ald., Complut., πάντες. Hebr., omnes vos. Et mox, εἰσδέξομαι ὑμᾶς. — VM, Κύριος semel. — B : εἰς σύγκρασιν. 'A., εἰς κράμα. Σ., εἰς σκωρίαν. Θ., εἰς γίγαρτα. — O', διὰ τοῦτο. *Ἀλλ.*, ἰδοὺ /. ἐγώ. Drach.

V. 20. C, καὶ μόλιβος (ita hic), καὶ κασσίτερος (Hebr., et plumbum, et stannum)... οὕτως εἰσδέχομαι (sed Hebr. in futuro tempore) ἐν ※ τῇ ⁚ ὀργῇ μου ※ καὶ ἐν τῷ θυμῷ μου, ⁚ (hanc additionem habent pariter Alex. et Complut. Hebr., in ira mea et in furore meo) καὶ συνάξω καὶ χωνεύσω ὑμᾶς. ※ καὶ συνάξω ὑμᾶς, ⁚ Hæc additio deest in omnibus quæ nobis videre contigit exemplaribus ; probe autem reddit Hebraicum ונכנסתי אתכם, quod legitur in initio proxime sequentis commatis. Solus cum nostro C vertit Sym. cujus lectionem ita exhibet B, ※ καὶ ἀθροίσω ὑμᾶς. Vulg., et congregabo vos. — VM hic et ÿ 22, καμείνου. — B : O', τοῦ χωνευθῆναι. Σ., εἰς τὸ χ. — 'A., ※ καὶ ἀναπαύσομαι. O', vacat. In cæteris autem exemplaribus, O', καὶ συνάξω. Hebr., et relinquam. Vulg. ut Aquila, *et requiescam*. Idem.

V. 24. B : O', οὐ βρεχομένη. Σ., μὴ καθαρηθεῖσα. Et ita sonat Hebr., *non mundata*. Idem.

V. 25. C, καὶ αἱ χῆραί σου. Ita etiam VM. — B : O', οἱ ἀφηγούμενοι αὐτῆς. 'A., σύστρεμμα (*cœtus vel* conjuratio. Editor autem Tetraplorum vertit Latine, *globus*, quod minime quadrat). Σ., συνωμοσία. Θ., συστροφὴ προφητῶν αὐτῆς. Aquilæ versio, ut et Symmachi, solam respicit vocem קשר. Idem.

V. 26. B : O', καὶ βεβήλου. Σ., λαϊκοῦ. — O', οὐ διέστελλον. 'A., οὐκ ἐγνώρισαν. Et ita Hebr., *non fecerunt scire*. Σ., οὐκ ἐδίδασκον. — O', παρεκάλυπτον. Σ., παρέβλεπον. *Ἄλλος*, ὑπερίδον. — O', Θ., καὶ ἐβεβηλούμην ἐν μέσῳ αὐτῶν. O' *ἄλλως*, ÷ καὶ τὰ σάββατά μου ἐβεβήλουν ἐν μέσῳ αὐτῶν. Idem.

V. 27. C, τοῦ ἐκχέαι αἷμα, ※ τοῦ ἀπολέσαι ψυχάς, ⁚ Ita etiam Complut. absque asterisco de more. B : Π., ※ τοῦ ἀπολέσαι ψυχάς. Hebr., ad perdendum animas. — B præterea : O', ὅπως. Σ., ὥστε. Idem.

V. 28. *Ὁ Ἑβραῖος*, ἤλειφον αὐτούς etc. Drusius ex editione Romana. [Schol., ὁ *Ἑβρ.*, οὕτω λέγει· ἤλειφον etc. Drach.]

Ibid. 'A., ἀνάλῳ etc. Ex Hieron. [B : 'A., ἀνάλῳ. Σ., ἀναρτύτῳ. Θ., ἀφροσύνῃ. Trium versio cohæret voci, תפל, quam LXX acceperunt quasi a verbo נפל, *cadere*. — C, μαντευόμενοι ※ αὐτοῖς ⁚ (Hebr. et Vulg., eis) ψευδῆ, λέγοντες· Τάδε λέγει Ἀδωναῒ Κύριος (Hebr., Adonai Jehova), καὶ Κύριος οὐ λελάληκε. VM et Compl., οὐ λελάληκεν. — B : O', ἀλείφοντες. Σ., ἐπέχριον. — O', μαντευόμενοι. Σ. (addit), αὐτοῖς. — 'A., Ἀδωναΐ. In LXX deest. Drach.]

V. 29. C, λαὸς (Heb. ambiguum, *populus* vel *populum*) τῆς γῆς ἐκπιεζοῦντες ἀδικίαν. Ald. et Compl., ἀδικίαν. — B : O', ἐκπιεζοῦντες ἀδικίᾳ (ut ed. Rom.). 'A., ἐσυκοφάντησαν συκοφαντίαν. — O', καταδυναστεύοντες. 'A., ἐβιάζοντο. — O', οὐκ ἀναστρεφόμενοι μετὰ κρίματος. Σ., ἐσυκοφάντησαν ἀκρίτως, sine judicio. Drach.

V. 30. ※ ἐν διακοπῇ φραγμοῦ. Ms. Jes. In editione τῶν O' Romana legitur, καὶ ἑστῶτα πρὸ προσώπου μου ὁλοσχερῶς ἐν τῷ καιρῷ τῆς ὀργῆς. [C, καὶ ἑστῶτα ὁλοσχερῶς (VM, 1 m., ὁλεσχ.) πρὸ (etiam Complut. ponit ὁλοσχερῶς ante πρό, ut Hebr. et Vulg.) προσώπου μου ἐν καιρῷ (absque τῷ, quod pariter deest in VM). — Plerique libri ac Theodoretus : ἑστῶτα ἐν διακοπῇ φραγμοῦ πρὸ προσώπου μου. — B : O', ἀναστρεφόμενον ὀρθῶς καὶ ἑστῶτα ὁλοσχερῶς. Θ., οἰκοδομοῦντα φραγμὸν καὶ ἑστῶτα ἐν τῇ διακοπῇ. Drach.]

V. 31. C, τοῦ συντελέσαι ※ αὐτούς ⁚ Etiam Alex. et Compl. habent αὐτούς. Hebr., eos. B: Σ., τοῦ ἀναλῶσαι. Οἱ Γ' (addunt), ※ αὐτούς. Drach.

EZECHIELIS CAPUT XXIII.

ΣΥΜΜΑΧΟΣ.	Ο'.	ΘΕΟΔΟΤΙΩΝ.
3.	3. Ἐν τῇ νεότητι αὐτῶν. *Οἱ Γ'*, ※ ἐπόρνευσαν. Ἐκεῖ διεπαρθενεύθησαν ※ τίτθοι παρθενείων αὐτῶν.	3.

SYMMACHUS.	LXX INTERPRETES.	THEODOTIO.
3.	3. In juventute sua. *Tres int.*, fornicatæ sunt. Ibi devirginatæ sunt mammæ virginitati'	3.

ΤΟ ΕΒΡΑΙΚΟΝ.	ΤΟ ΕΒΡΑΙΚΟΝ Ἑλληνικοῖς γράμμασι.	ΑΚΥΛΑΣ.
5 קרובים	5.	5.
6 לבשי תכלת	6.	6.
11 עגבתה	11.	11. Ἐπιπόθησιν.
14 בששר	14.	14.
15 סרוחי טבולים	15.	15.
מראה שלישים כלם		Ὅρασις σκυλευτῶν πάντες.
20 וזרמת סוסים זרמתם Ὁ Ἑβρ., καὶ αἱ διεγέρσεις αὐτῶν ὡς ἵππων.	20.	20.
23 פקוד ושוע וקוע	23.	23. Ἐπισκέπτην καὶ τύραννον καὶ κορυφαῖον.
וסגנים כלם שלשים		
24 ובגלגל ובקהל עמים צנה ומגן וקובע ישימו עליך סביב	24.	24.
29 כל־יגיעך	29.	29.
32 תהיה לצחק וללעג	32.	32.
34 ומצית ואת־חרשיה תגרמי ושדיך תנתקי	34.	34.
38 טמאו את־מקדשי ביום ההוא	38.	38.

VERSIO HEBRAICI TEXT.	VULGATA LATINA.	AQUILA.
5. Propinquos.	5. Propinquantes.	5.
6. Indutos hyacintho.	6. Vestitos hyacintho.	6.
11. Amorem suum.	11. Libidine.	11. Concupiscentiam.
14. In minio.	14. Coloribus.	14.
15. Tiaras tinctas.	15. Tiaras tinctas.	15.
Aspectus triariorum (est aspectus) omnium eorum.	Formam ducum omnium.	Aspectus prædonum omnes.
20. Et fluxus equorum fluxus eorum. *Hebr. int.*, et arrectiones eorum quasi equorum.	20. Et fluxus equorum fluxus eorum.	20.
23. Phacud, et Sue, et Cue,	23. Nobiles, tyrannosque, et principes.	23. Inspectorem, et tyrannum, et ducem.
Et magistratus ipsos universos triarios.	Duces et magistratus universos, principes principum.	
24. Et rota, et in cœtu populorum scutum, et clypeum et galeam ponent contra te circumcirca.	24. Et rota, multitudo populorum: lorica et clypeo, et galea armabuntur contra te undique.	24.
29. Omnem laborem tuum.	29. Omnes labores tuos.	29.
32. Eris in derisum et in subsannationem.	32. Eris in derisum et in subsannationem.	32.
34. Et exprimes, et testas ejus confringes, et ubera tua evelles.	34. Et epotabis usque ad fæces, et fragmenta ejus devorabis, et ubera tua lacerabis.	34.
38. Polluerunt sanctuarium meum in die illa.	38. Polluerunt sanctuarium meum in die illa.	38.

ΣΥΜΜΑΧΟΣ.	Ο'.	ΘΕΟΔΟΤΙΩΝ.
5.	5. Τοὺς ἐγγίζοντας αὐτῇ. Ἄλλ., τοὺς ἐγγὺς αὐτῆς.	5.
6. Ἠμφιεσμένους ἐν κατασκευῇ.	6. Ἐνδεδυκότας ὑακίνθινα.	6. Ἐνδεδυμένους παντοίας.
11.	11. Ἐπίθεσιν.	11.
14.	14. Ἐν γραφίδι. Ἄλλ., ἐν χρώμασιν.	14.
15.	15. Παραβαπτά. Ἄλλος, καὶ τιάραι βαπταί.	15.
Εἰδέα τριστατῶν πάντων.	Ὄψις τρισσὴ πάντων.	
20.	20. Καὶ αἰδοῖα ἵππων τὰ αἰδοῖα αὐτῶν.	20.
23. Φακοὺδ καὶ Σουὲ, καὶ Κουέ.	23. Φακοὺδ καὶ Σουὲ, καὶ Κουέ.	23. Φακοὺδ καὶ Σουὲ, καὶ Κουέ.
	Καὶ στρατηγοὺς πάντας τρισσούς. Ἄλλος, πάντας τριστάτας.	
24.	24. Καὶ τροχοὶ μετ' ὄχλου λαῶν ※ καὶ θώρακας καὶ ἀσπίδας καὶ περικεφαλαίας ἐνδύσονται ⁚ ἐπὶ σὲ κύκλῳ.	24.
29.	29. Πάντας τοὺς πόνους σου καὶ τοὺς μόχθους σου.	29.
32.	32. *Vacat.*	32. ※ Καὶ ἔσται εἰς γέλωτα καὶ εἰς μυκτηρισμόν.
34.	34. Καὶ τὰς ἑορτὰς καὶ νουμηνίας αὐτῆς ἀποστρέψω. *Ἄλλ.*, καὶ ἐκστραγγιεῖς, καὶ τὰ ὄστρακα αὐτοῦ καταφαγῇ, καὶ τοὺς μασθοὺς σου κατατιλεῖς. *Ἄλλος*, καὶ τὰ ὄστρακα αὐτοῦ κατατρώξεις.	34.
38.	38. Τὰ ἅγιά μου ἐμίαινον. *Οἱ Γ'*, ※ ἐν τῇ ἡμέρᾳ ἐκείνῃ.	38.

SYMMACHUS.	LXX INTERPRETES.	THEODOTIO.
5.	5. Propinquantes ipsi. *Alius*, eos qui prope ipsam.	5.
6. Amictos in apparatu.	6. Indutos hyacinthinis.	6. Indutos varia veste.
11.	11. Applicationem.	11.
14.	14. In stylo. *Alius*, in coloribus.	14.
15.	15. Tincta. *Alius*, et tiaræ tinctæ.	15.
Species tristatarum omnium.	Aspectus triplex omnium.	
20.	20. Et verenda equorum verenda eorum.	20.
23. Phacud, et Sue, et Cue.	23. Phacud, et Sue, et Cue.	23. Phacud, et Sue, et Cue.
	Et duces omnes triarios. *Al.*, omnes tristatas.	
24.	24. Et rotæ cum tumultu populorum et thoracas, et scuta et galeas induentur contra te in circuitu.	24.
29.	29. Omnes labores tuos, et ærumnas tuas.	29.
32.	32. *Vacat.*	32. Et erit in derisum et in subsannationem.
34.	34. Et festivitates et neomenias ejus auferam. *Alius*, et exprimes, et testas ejus devorabis, et ubera tua evelles. *Alius*, et testas ejus comedes.	34.
38.	38. Sancta mea polluerunt. *Tres int.*, in die illa.	38.

ΤΟ ΕΒΡΑΙΚΟΝ.	ΤΟ ΕΒΡΑΙΚΟΝ Ἑλληνικοῖς γράμμασι.	ΑΚΥΛΑΣ
39 ויבאו אל־מקדשי ביום ההוא	39.	39.
42 סבאים	42.	42.
45 שפכות	45.	45.

VERSIO HEBRAICI TEXT.	VULGATA LATINA.	AQUILA.
39. Et ingrediebantur in sanctuarium meum in die illa.	39. Et ingrederentur sanctuarium meum in die illa.	39.
42. Sabæi.	42. Et veniebant.	42.
45. Effundentium.	45. Effundentium.	45.

Notæ et variæ lectiones ad cap. XXIII Ezechielis.

V. 2. C, δύο γυναῖκες θυγατέρες μητρὸς μιᾶς ἦσαν. Drach.

V. 3. Οἱ Γ', ※ ἐπόρνευσαν. Ms. Jes. [C, ἐν τῇ νεότητι αὐτῶν ※ ἐπόρνευσαν ⁝ Drach.]

Ibid. ※ τίτθοι παρθενείων αὐτῶν. Idem. [C, διεπαρθενεύθησαν ※ τιτθοὶ ※ παρθενιῶν αὐτῶν ⁝ duabus illuminantibus stellis, ut non raro. B ita : Ἄλλος, ἤκμασαν, maturuerunt, τιτθοὶ παρθενειῶν (sic) αὐτῆς. — Idem B: Ο', ἔπεσον. Ἀ., ἐκλάσθησαν, fracta sunt. Σ., ἐμαλάχθησαν, emollita sunt. Drach.]

V. 4. C, Τὰ δὲ ὀνόματα αὐτῶν ἡ Ὀόλα (sic etiam in sqq., paroxytonum) ἡ πρεσβυτέρα, καὶ Ὀολίβα (item paroxyt. per totum caput. In fine autem hujus commatis, Ολίβα, cum unico ο et absque spiritu, perspicue lapsus est typographicus) ἡ (in Complut. et apud Theodor. additur hic, νεωτέρα ἡ. Hebr. non habet)... Σαμάρεια ἡ Ὀόλα, καὶ Ἱερουσαλὴμ ἡ Ὀλίβα (lege, Ὀολίβα). — VM, Ὀολλά. Sed ⁑ 5 et 33 cum unica λ. In fine hujus commatis Ὀολιβάν. — Alex. cod., Ὀλλά et Ὀλιβά. Drach.

V. 5. Ἄλλος, τοὺς ἐγγὺς αὐτῆς. Sic Ms. Jes. in textu. [B : Ο', καὶ ἐπέθετο. Ἀ., καὶ ἐπεποίθησεν, confidit. Σ., καὶ ἠριθεύσατο, contendit. Θ., καὶ ὥρμησεν, irruit. Drach.]

V. 6. Σ, ἠμφιεσμένους etc. Ex eodem. [C, νεανίσκοι ἐπίλεκτοι, absque καί, quod neque Hebr. habet. — B : Ο', ἐπίλεκτοι. Σ., Θ., ἐπιθυμητοί, desiderabiles. Drach.]

V. 7. C, ἐπὶ πάντας ἐφ' οὓς ἐπέθετο. Et mox ἐνθυμήμασιν αὐτῶν. Ita et Hebr. et Vulg., eorum. — B : Ο', ἐπέθετο. Ἀ., ἐπεποίθησεν. Σ., ἥδετο, delectabatur. Sed ⁑ 5 aliter reddiderat verbum עגב, adamavit. Drach.

V. 8. C, οὐ κατέλιπεν, ὅτι μεθ' αὐτῆς (lege μετ') ἐκοιμῶντο ἐν τῇ νεότητι αὐτῆς. Idem.

V. 9. B : Ο', ἐπετίθετο. Ἀ., ἐπεποίθησεν. Σ., προσηριθεύσατο. Idem.

V. 10. C, καὶ ἐκδικήσεις ἐποίησα. Eumdem ordinem servant VM et Complut., sed melius habent ἐποίησαν. Hebr., et judicia fecerunt. Vulg., et j. perpetraverunt. — B : Ο', καὶ ἐγένετο λάλημα. Σ., καὶ ἐγ. ὀνομαστή. — Ο', καὶ ἐκδικήσεις (ut C). Ἀ., Θ., καὶ κρίματα. Idem.

V. 11. Ἀ., ἐπιπόθησιν. Ex Theodoreto. [B : Σ., τὴν ἐριθείαν, contentionem, αὐτῆς. Θ., ὁρμήν, impetum, αὐτῆς. — VM, καὶ ἴδεν, et 2 m., καὶ εἶδεν. Ita etiam ⁑ 13, 14. Drach.]

V. 12. C, εὐπάφυρα. Perperam. — B : Ο', ἐπέθετο. Σ., ἠριθεύσατο. — Ο', εὐπάρυφα. Ἀ., συντέλειαν. Σ., ἐν κατασκευῇ. Θ., παντοῖα. — L. Bos : « Scholion, εὐπάρυφα, ἀντὶ τοῦ κεκοσμημένα. Aliud schol., διαπόρφυρα ποικιλτά. Drach.

V. 13. C, καὶ εἶδον. Idem.

V. 14. Ἄλλος, ἐν χρώμασιν. Ex edit. Rom. [Scil., apud Theodor. et in quibusdam legitur, ἐν χρώμασιν, ἐν γραφίδι ἐξωσμένους· ποικίλματα ἐπὶ τὰς ὀσφύας αὐτῶν. Ita interpungunt. Sed sciendum χρώμασι et γραφίδι duas esse interpretationes ejusdem vocabuli Hebr. בששר. — B : Ο', ἄνδρας ἐζωγραφημένους. Ἀ., ἀνδρῶν μίμημα. — Ο', εἰκόνας. Ἀ., εἴδωλα. — Ο', ἐν γραφίδι. Θ., ἐν χρώμασιν. Drach.]

V. 15. Ἄλλος, καὶ τιάραι βαπταί. Drusius. [Ed. Rom. : « Apud Theodoretum est καὶ τιάραι βαπταί. In quibusdam vero codd. conjungitur utrumque, παραβαπτὰ καὶ τιάραι βαπταί. » C legit, καὶ τιάραι βαπτά. B : Σ., περιβλήματα, indumento. Θ., χαλάσματα ἀναδεδεμένα, catenulas ligatas. Idem cod. Ο', ποικίλματα. Σ., ζώνας. Drach.]

Ibid. Ἀ., ὅρασις σκυλευτῶν πάντες. Σ., εἶδέα τριστατῶν πάντων. Sic Ms. Jes. Drusius vero sic, Σ., ὄψις σκυλευτῶν πάντων. De his multa Hieronymus, qui dicit : « Tristata autem nomen est apud Græcos secundi gradus post regiam dignitatem. » [Theodor. ex Symmacho, ὄψις σκυλευτῶν πάντων. Alter, ὄψις τριστατῶν. B hæc tantum : Ἀ., σκυλευτῶν. Σ., τριστατῶν. Θ., τρισσῶν. — C, ὁμοίωμα υἱῶν ※ Βαβυλῶνος ⁝ Χαλδαίων. Et ita Complut. B : Ο', υἱῶν. Π., Βαβυλῶνος. Hebr., (filiorum) Babylonis, Chaldæorum. — Pro (πατρίδος) αὐτοῦ, in plerisque, ut in Alex., αὐτῶν. Hebr., eorum. Drach.]

V. 17. C, καὶ ἦλθον πρὸς αὐτήν. Ita etiam tres edit. — B : Ο', καταλυόντων. Ἀ., συζυγίας. Θ., τιτθῶν, legit in Hebr., daddim. Hebr., amores (dodim). — Ο', ἡ ψυχὴ αὐτῆς ἀπ' αὐτῶν. Ἄλλος, ἡ ψυχή μου ἀπ' αὐτῆς. Sed Hebr., anima ejus (d'elle) ab illis. — Ed. Rom. : « In aliquo est, (ἐν τῇ πορνείᾳ) αὐτῶν. » Sic etiam Hebr. Drach.

V. 18. C, καὶ ἐπεκάλυψεν αἰσχύνην. Idem.

V. 19. C (ἀναμνῆσαι) ἡμέρας. Ita et Alex., Hebr. et Vulg., dies. Idem.

V. 20. Polychronius, ὁ Ἑβραῖος, καὶ αἱ διεγέρσεις αὐτῶν ὡς ἵππων. [B in marg., Ἀ., καὶ βρόμος. Σ., καὶ ὅρμημα. — Idem cod. : Ο', καὶ ἐπέθου. Σ., ἠριθεύσω. Et post ita : Ο', οἱ Γ', ※ αἱ σάρκες αὐτῶν. Drach.]

V. 21. C, οὗ οἱ μαστοὶ ἔπεσον νεότητός σου. Apud Theodor. legitur quoque ἔπεσον, sed post σου. Alex., ἔπεσαν νεότητος. Ald., οὗ ἔπεσαν. Complut., νεότητός σου ἔπεσαν. — Ο', τὴν ἀνομίαν. Ἀ., συνταγήν. Σ., τὸ μῦσος. Θ., τὴν πορνείαν. — Ο', ἃ ἐποίεις ἐν Αἰγύπτῳ ἐν τῷ καταλύματί σου, οὗ οἱ μαστοὶ ἔπεσαν (ut Alex.) νεότητός σου. Ἀ., ἐν τῷ ποιῆσαι Αἰγυπτον συζύγους σου... dum faceret Ægyptus copulationes tuas.... Σ., ὁπότε ἤκμασαν, maturuerunt, ἀπ' Αἰγύπτου οἱ τιτθοί σου, ἕνεκεν μαστῶν νεότητός σου. דדי extulit Aq., dodaikh ; Sym. vero, daddaikh, cum punctis hodiernis masorethicarum. Hebr., cum contrectarentur ab Ægypto mammæ tuæ, propter ubera adolescentiæ tuæ. Drach.]

V. 22. C, λέγει Κύριος Κύριος. Mox, ἡ ψυχή μου. Sed Hebr. et Vulg., anima tua. — B : Ο', ἀφ' ὧν ἀπέστη. Ἀ, οἷς προσώχθησεν, quibus indignata est. Idem.

V. 23. Ἀ., ἐπισκέπτην, etc. Drusius. Hieronymus vero sic habet : « In Hebraico habetur, PHACUD et SUE et CUE, quas multi gentes Orientales intelligunt : cum hujusmodi nomina nec in Regum volumine, nec in Paralip. neque in Jeremia quidem

ΣΥΜΜΑΧΟΣ.	Ο'.	ΘΕΟΔΟΤΙΩΝ.
39.	39. Καὶ εἰσεπορεύοντο εἰς τὰ ἅγιά μου. *Οἱ Γ'*, ※ ἐν τῇ ἡμέρᾳ ἐκείνῃ.	39.
42.	42. *Vacat.* Ἄλλος, οἰνωμένους.	42.
45.	45. *Vacat.* Ἄλλος, ἐκχεουσῶν.	45.

SYMMACHUS.	LXX INTERPRETES.	THEODOTIO.
39.	39. Et ingrediebantur in sancta mea. *Tres int.*, in die illa.	39.
42.	42. *Vacat.* *Alius*, vino ebrios.	42.
45.	45. *Vacat.* *Alius*, effundentium.	45.

Notæ et variæ lectiones ad cap. XXIII Ezechielis.

qui describunt captivitatem Jerusalem, aut in aliquo loco Scripturæ sanctæ inveniamus. Nec mirum si LXX ipsa Hebraica posuerunt nomina, cum Sym. quoque et Theod. in eadem verba consentiant. » [Ex ed. Rom. expiscatus est Drusius locum Aquilæ, quem B ἄλλῳ tribuit. — C, ※ Φακοὺθ, καὶ Σούε (paroxyt.), καὶ Κούε. Heic mire variant cætera exemplaria. Alex., καὶ Φοὺδ, καὶ Σοὺδ, καὶ Λοὺδ. Ald., Φακοὺθ, καὶ Συὲ, καὶ Κοὺθ. Complut., Φαδοὺδ, καὶ Σουδὲ, καὶ Κουδέ. Drach.]

Ibid. Ἄλλ., πάντας τριστάτας. Ms. Jes. [B : Ἀ., σκυλευτάς. Σ., τριστάτας. Theodor. habet τριστάτας. In aliquot libris conjungitur duplex interpretatio, τριστάτας τρισσούς.-B: Ο', ἱππεύοντας.Σ., ἐπιβάτας.— Post ἵππων addit C, πάντες. Hebr., omnes ii. Drach.]

V. 24. ※ καὶ θώρακας etc. Idem. [Eamd. lectionem habet Complut., nisi pro ἐνδύσονται, legit περιθήσονται. Ita etiam apud Theodor. qui legit, καὶ περικεφαλίδας περιθήσονται. Ed. Rom. : καὶ τροχοὶ μετ' ὄχλου λαῶν, θυρεοὶ καὶ πέλται, καὶ βαλεῖ φυλακὴν ἐπὶ σὲ κύκλῳ. — B : Ο', καὶ πέλται. Σ., καὶ ἀσπίδες. — Ο', καὶ βαλεῖ φυλακήν. Σ., Θ., καὶ περικεφαλαίαν θήσονται. Ἄλλος, βαλοῦσι. — In C incipit hic versus ab ἥξουσιν. Drach.]

V. 25. C, καὶ τὰ ὦτά σου. — VM, μυκτῆράς σου. Sed Hebr., nasum. Mox, λήμψονται, et ita ỷỷ 26, 29; et ỷ 49, λήμψεσθε. — B : Ο', καὶ ἐκδικήσουσί σε. Ἀ., Σ., Θ., καὶ κρινοῦσί σε. — Ο', καὶ τοὺς καταλοίπους σου. Ἀ., Σ., καὶ ἔσχατά σου. — Ο', καταφάγεται πῦρ (ita etiam C). Ο' ἄλλως, ἐμπρήσουσιν ἐν πυρί. Ἄλλος, ἐν πυρὶ ἀναλώσουσι. Drach.

V. 26. B : Ο', καυχήσεώς σου. Σ., ἐμπρεπείας σου. Θ., δόξης σου. Idem.

V. 27. B : Ο', καὶ ἀποστρέψω. Οἱ Γ', καὶ καταπαύσω. Alii cum aliis legerunt punctis verbum Hebr. — Ο', ἀσεβείας σου. Ἀ., συνταγήν σου. Σ., μυσαρίαν σου. Θ., πορνείαν σου. Idem.

V. 28. VM, μείσεις, et ỷ 29, μείσει. — B : Ο', εἰς χεῖρας. Ἀ., Θ., ※ ἐν χειρί. Σ., εἰς χεῖρα. Hebr., *in manum*, et *in manu*. Idem.

V. 29. Ο', πάντας τοὺς πόνους σου, καὶ τοὺς μόχθους σου. Videntur esse duæ vocis יגיע interpretationes. In LXX duas conjunctim reperiri sæpe contingit. [C ita : τοὺς πόνους σου ÷ καὶ τοὺς μόχθους σου ⁑ B : Ἀ., Σ., πάντας τοὺς κόπους σου. — Complut. omittit καὶ τοὺς μόχθους σου, uti spurium ac aliunde advectum. — B : Ο', καὶ ἀσέβεια σου. Ἀ., συνταγή σου. Σ., καὶ μυσαρία σου. Θ., ζέμμα σου. Nimirum ipsa vox Hebraica. Drach.]

V. 30. B : Ο', καὶ ἐμιαίνου. Ἀ., ※ ἐπὶ οὓς /. Θ., ※ ἐφ' οἷς /. ἐμιαίνου. Hebr., super quibus polluisti te. — Ο', ἐν τοῖς ἐνθυμήμασιν αὐτῶν. Οἱ Γ', ἐν τοῖς εἰδώλοις αὐτῶν. Drach.

V. 32. ※ καὶ ἔσται εἰς γέλωτα etc. Ms. Jes. [Alex., Ald. et Complut. habent ut Theod. C inserit in textum sub asterisco. — Vocem שכרון, quæ in textu Hebr. est in principio versus sequentis, adjungunt LXX fini præsentis, et vertunt, τὸ πλεονάζον (scil., ποτήριον) τοῦ συντελέσαι μέθην. Symm. autem, juxta B, ἡ (Ooliba) πολλοὺς χωροῦσα, *capiens*, μέθης. Dr.]

V. 33. C, ποτήριον ※ ἀφανείας καὶ ⁑ ἀφανισμοῦ. Hebr., *calice devastationis* (vel *stuporis*) *et desolationis*. — B : Ο', καὶ ἐκλύσεως. Σ., καὶ ἀνιάσεως, *insanabilitate*. — Ο', ποτήριον ἀφανισμοῦ. Ἀ., ἐρημίας. Σ., ἀδημονίας ※ καὶ ἀθυμίας. Θ., ποτήριον ※ ἀφανίας καὶ /. ἀφανισμοῦ. Drach.

V. 34. Ἄλλος, καὶ ἐκστραγγιεῖς etc. Drusius, et partim Ms. Jes. Edit. Complut. habet κατατρώξῃ pro καταφαγῇ. Hieron. : « *et fragmenta ejus devorabis, et ubera tua lacerabis*; sive ut LXX transtulerunt, *festivitates et neomenias ejus auferam*. [Prioris alius versio est apud Theodoretum.-C, καὶ (etiam VM habet καὶ) πίεσαι αὐτὸ, ※ καὶ ἐκστραγγιεῖς, καὶ τὰς ἑορτάς etc. ut ed. Rom., nisi in fine λέγει Ἀδωναῒ Κύριος. B : Ἀ., Σ., Θ., καὶ τὰ ὄστρακα αὐτοῦ κατατρώξεις, ὡς ὄστεα, καὶ τοὺς μαστούς σου κατατιλεῖς. Drach.]

V. 35. C, λέγει Ἀδωναῒ Κύριος. — B : Ο', λάβε. Ἀ., πίε. Legit שתי. Drach.

V. 36. LXX, οὐ κρινεῖς. Ed. Rum. « In multis εἰ κρ. » Theodoretus : τὸ *εἰ κρινεῖς* (etiam ille legit εἰ, et sic Hebr. interrogative) οἱ ἄλλοι ἑρμηνευταὶ *κρίθητι* ἡρμήνευσαν. C alterutrum ponit, εἰ οὐ κρ., et mox legit, ἀπαγγελεῖς. — B : Ἀ., κρίθητι μετὰ Ὀόλας (sic). Idem.

V. 37. C, καὶ αἷμα ἐν ταῖς χερσὶν αὐτῶν καὶ τὰ ἐνθυμ. Mox, διῆγον αὐτοὶ δι' ἐμπύρων. — B : Ο', καὶ τὰ ἐνθυμήματα αὐτῶν (ut C). Ἀ., Σ., Θ., καὶ εἴδωλα αὐτῶν. — Ο', ἐγέννησάν. Θ., ※ γέ /. μοι. — Ο', διῆγον (ut C) αὐτοῖς δι' ἐμπύρων. Ἀ., Σ., Θ., βρῶσιν. Ἄλλος, διήγαγον αὐτοὶ διὰ πυρός. Idem.

V. 38. Οἱ Γ', ※ ἐν τῇ ἡμέρᾳ ἐκείνῃ. Ms. Jes. et similiter versu sequenti. [Ita etiam B, et C in textu sub asterisco. Hic initio versiculi, ἕως ταῦτα. Hebr., adhuc ista. Drach.]

V. 39. C, ※ ἐν τῇ ἡμέρᾳ ἐκείνῃ ⁑ quæ B Πᾶσι adscribit sub asterisco. Habent pariter, sed absque nota, Alex. et Complut. — B : Ο', καὶ ὅτι. Οἱ Γ', καὶ ἰδού. Hebr., et ecce. Drach.

V. 40. C, VM et Ald. legunt ἐξαπέστελλον, pro ἐξαπέστειλαν. Præterea C non habet καὶ ἅμα τῷ ἔρχεσθαι αὐτούς, quæ sunt in Hebr. — B : Ο', οἷς ἀγγέλους. Σ., Θ., πρὸς οὓς ἀγγέλους. — Ο', καὶ ἐστιβίζου. Ἀ., Θ., ἐστιμίσω. Ἄλλος, ἐστιλβίζου. Idem.

V. 41. VM, ἐπὶ κλείνης. C, τὸ θυμίαμά μου. Et ita Alex., Complut., Hebr. et Vulg. — B : Ο', εὐφραίνοντο. Ἀ., Θ., ἐπέθηκαν, Hebr. et Vulg., posuisti. Idem.

V. 42. Ἄλλος, οἰνωμένους. Drusius et Ms. Jes. [C, ἐκ πλήθους ἥκοντας ※ οἰνωμένους ⁑ In communi Senum textu vacat, nam quod ex eo inconsiderate adscripsit Montf., ἥκοντας, et nos omisimus, cohæret verbo præcedenti מובאים, Cf. textum codicis C modo allatum. — Etiam Alex., Ald., Complut. habent οἰνωμένους, *inebriatos*; juxta chethib, סבאים (adducti) *ebriosi*. Keri autem est סבאים, *Sabæi*. Ἀ., μεθυόντων, *inebriantium*, juxta B, qui et hæc habet : Ο', ἁρμονίας. Ἀ., πλήθους. Σ., ὄχλου. — Ο', ἁρμονίας ἀνεκρούοντο. Θ., ἦχους εὐθηνίας ἐν αὐτῇ. — C, VM et Alex., ψέλια, cum uno λ. Drach.]

V. 43. C, αὐτῆς (ἐξεπόρνευσε), perperam. — B : Ο', οὐκ ἐν τούτοις μοιχεύουσι ; 'Α., καὶ τοῦ κατατρῖψαι, ut conterat, μοιχείας. Σ., παλαιοῦται, ut antiquetur, μοιχεία. Θ., τῇ παλαιούσῃ, inveteratæ, μοιχείας. — Ο', καὶ ἔργα πόρνης. 'Α., νῦν πορνεύουσιν. Σ., καιρὸς πορνείας. DRACH.

V. 44. B : Ο', τοῦ ποιῆσαι ἀνομίαν (legerunt עשת). 'Α., τὰς γυναῖκας τῆς συνταγῆς. IDEM.

V. 45. Ἄλλος, ἐκχεουσῶν αἷμα. Drusius. [Apud Theodoretum et in Complut. est ἐκχέουσιν, sed melius in vetusto codice, ut testificantur Nobilius et Polygl.-Bibel, ἐκχεουσῶν. B ita : Οἱ Γ, καὶ χειρὶ ἐκχεουσῶν. — C,... αὐτοὶ ἐκδικήσουσιν αὐτὰς ἐκδικήσει μοιχαλίδων. — B : Ο', ἐκδικήσουσιν. 'Α., Θ.,

EZECHIELIS CAPUT XXIV.

TO EBPAIKON.	TO EBPAIKON Ἑλληνικοῖς γράμμασι.	AKYΛAΣ.
2 את־שם היום	2.	2.
7 על־צחיח סלע	7.	7. Λείαν πέτρας.
9 אוי עיר הדמים	9.	9. ⋇ Οὐαὶ πόλις τῶν αἱμάτων
10 והעצמות יחרו	10.	10.
11 על־גחליה רקה	11.	11.
בתוכה טמאתה		Συνταγή.
13 זמה	13.	13.
ולא טהרת מטמאתך		⋇ Καὶ οὐκ ἐκαθαρίσθης ἐκ ἀκαθαρσίας σου.
14 ולא אנחם	14.	14.
16 את־מחמד עיניך 'Ο 'Εβραῖος, ἐπιθύμημα τῶν ὀφθαλμῶν σου.	16.	16.
ולא תבוא דמעתך		
17 האנק ׀ דם	17.	17.
מתים אבל לא־תעשה		
18 ותמת אשתי בערב	18.	18.

VERSIO HEBRAICI TEXT.	VULGATA LATINA.	AQUILA.
2. Nomen diei.	2. Nomen diei.	2.
7. Super fastigium læve petræ.	7. Super lævissimam petram.	7. Lævem petræ.
9. Væ civitati sanguinum.	9. Væ civitati sanguinum.	9. Væ civitas sanguinum.
10. Et ossa comburantur.	10. Et ossa tabescent.	10.
11. Super prunas ejus vacuam.	11. Super prunas vacuam.	11.
In medio ejus immunditia ejus.	In medio ejus inquinamentum ejus.	Constitutum.
13. Fœditas.	13. Execrabilis.	13.
Et non mundata es ab immunditia tua.	Et non es mundata a sordibus tuis.	Et non mundata es ab immunditia tua.
14. Et non pœnitentia ducar.	14. Nec placabor.	14.
16. Desiderium oculorum suorum. *Hebr. interpr., idem.*	16. Desiderabile oculorum tuorum.	16.
Neque veniat lacryma tua.	Neque fluant lacrymæ tuæ.	
17. Clamando tace.	17. Ingemisce tacens.	17.
Mortuorum luctum non facies.	Mortuorum luctum non facies.	
18. Et mortua est uxor mea in vespera.	18. Et mortua est uxor mea vespere.	18.

Notæ et variæ lectiones ad cap. XXIV Ezechielis.

V. 1. C, πρὸς μὲ λέγων. Et mox, ἐνάτῳ. Ita etiam scribit VM, ἐνάτῳ. DRACH.

V. 2. Ἄλλ., τὸ ὄνομα τῆς ἡμέρας. Drusius. [Ita in quibusd. codd., in Compl. et apud Theodor. B : Οἱ Γ, τὸ ὄνομα ⋇ τῆς ἡμέρας. Idem cod. : Ο', ἀπηρείσατο. 'Α., ἀπέστη. Θ., προέθετο. DRACH.]

V. 3. C, ἐπίστησον τὸν λέβητα, ⋇ ἐπίστησον. Quæ repetitio verbi ἐπιστ. in Complut., in Hebr. et in Vulg. B : Π., ⋇ καὶ ἐπίστησον. — Idem B : Ο', καὶ εἰπόν. 'Α., καὶ παροιμιάσῃ, proverbialiter loque-

κρινοῦσιν. DRACH.

V. 46. C, Ὅτι τάδε λέγει etc. Hebr., quia. DRACH.

V. 47. Ed. Rom. : « Multi καὶ κατακεντήσουσιν. Aliqui et Theodoretus, λιθοβοληθήτωσαν, *lapidentur*, ἐν λίθοις ὄχλων, καὶ κατακεντείτωσαν, *confodiant*. » Hebr., ut lapident eas lapide congregatio, et discindant eas gladiis suis. — B : Ο', ὄχλων. Ἀ., Θ., ἡ ἐκκλησία. — In fine versus, C, ἐν πυρὶ ἐμπρήσουσι. Etiam Hebr., in igne. IDEM.

V. 48. C, καὶ οὐ μὴ ποιήσωσι. — B : Ο', κατὰ τὰς ἀσεβείας αὐτῶν. Ἀ., συνταγὴ αὐτῶν. Σ., μύση αὐτῶν. Θ., πορνείαν αὐτῶν. IDEM.

V 49. C, ἐγὼ Κύριος Κύριος. IDEM.

EZECHIELIS CAPUT XXIV.

ΣΥΜΜΑΧΟΣ.	Ο'.	ΘΕΟΔΟΤΙΩΝ.
2.	2. Ἄλλος, τὸ ὄνομα τῆς ἡμέρας.	2.
7.	7. Ἐπὶ λεωπετρίαν.	7.
9.	9. *Vacat.*	9. ⋇ Οὐαὶ πόλις τῶν αἱμάτων.
10.	10. *Vacat.* Ἄλλος, καὶ τὰ ὀστᾶ συντριβήσονται.	10.
11.	11. Ἐπὶ τοὺς ἄνθρακας. Ἄλλος, ἐπὶ τοὺς ἄνθρακας αὐτῆς κενή.	11.
Συνταγή.	Ἐν τῇ ἀκαθαρσίᾳ αὐτῆς. Ἄλλως, ἐν μέσῳ ἀκαθαρσίας αὐτῆς.	Συνταγή.
13.	13. Ἄλλος, ζέμα.	13.
		⋇ Καὶ οὐκ ἐκαθαρίσθης ἀπὸ ἀκαθαρσίας σου.
14.	14. *Vacat.*	14. ⋇ Μὴ παρακληθῶ.
16.	16. Ἐπιθυμήματα τῶν ὀφθαλμῶν σου.	16.
	Vacat.	⋇ Οὐδ' οὐ μὴ ἔλθῃ δάκρυά σοι.
17.	17. Στεναγμὸς αἵματος. Ἄλλος, στέναζε σιγῶν.	17.
	Ἄλλος, ἀνθρώπινον πένθος οὐ ποιήσῃ.	
18.	18. Ὃν τρόπον ἐνετείλατό μοι ἑσπέρας. Ἄλλος, καὶ ἀπέθανεν ἡ γυνή μου ἑσπέρας.	18.

SYMMACHUS.	LXX INTERPRETES.	THEODOTIO.
2.	2. *Alius*, nomen diei.	2.
7.	7. Super lævissimam petram.	7.
9.	9. *Vacat.*	9. Væ civitas sanguinum.
10.	10. *Vacat. Alius*, et ossa conterentur.	10.
11.	11. Super carbones. *Al.*, super prunas ejus vacua.	11.
Constitutum.	In immunditia ejus. *Aliter*, in medio immunditiæ ejus.	Constitutum.
13.	13. *Al.*, zema.	13.
		Et non mundata es ab immunditia tua.
14.	14. *Vacat.*	14. Neque consolabor.
16.	16. Desideria oculorum tuorum.	16.
	Vacat.	Neque veniant lacrymæ tibi.
17.	17. Gemitus sanguinis. *Al.*, geme tacens.	17.
	Al., humanum luctum ne facias.	
18.	18. Sicut præceperat mihi vesperi. *Al.*, et mortua est uxor mea vespere.	18.

Notæ et variæ lectiones ad cap. XXIV Ezechielis.

ris. Σ., καὶ παροιμίασαι. Θ., καὶ παραβαλοῦ. Hebr., et paraboliza. Vulg., et dices per proverbium. — Ο', τὸν παραπικραίνοντα. Ἀ., τὸν ἐλλάσσοντα. Corrige ἀλλ. et verte, *rebellantem*. Cf. LXX, Nehem. IX, 26. Non autem audiendus editor Tetraplorum, qui vertit, *instabilem*. DRACH.

V. 4. B : Ο', τὰ διχοτομήματα. Ἀ., Σ., Θ., μέλη. — Ο', πᾶν διχοτόμημα. Οἱ Γ', πᾶν μέλος. — Ο', σκέλος. Οἱ Γ', μηρόν. — Hebr., imple. Ο', *vacat*. Ἀ., ⋇ πλήρης. Σ., πλήρωσον. Θ., πλήρη. IDEM.

V. 5. C, ἔζεσεν ἔζεσε. Compl., ἔζεσεν (sic) καὶ ἐξέζεσεν. Hebr., *fervefac fervefactiones ejus*. Vulg., *efferbuit coctio ejus*. Quo sensu pariter, intelligi potest Hebr. — In VM incipit hic versiculus a καὶ ὑπόκαιε. Et in textu ἥψηθαι, ad marg. vero : cod., ἥψηται. — B : O', εἰλημμένων usque ad αὐτῶν. Σ., λάβε ἅλας, *sales*, καὶ σύνθες τὰ ὀστᾶ κυκλοτέρως. Idem.

V. 6. C, λέγει Ἀδωναῒ Κύριος. Sic etiam ℣℣ 9, 14, 24. Mox, καὶ ἰός, absque ὁ. — B : O', καὶ ὁ ἰός. Ἄλλος, καὶ ὁ οἶος. Sed lapsus videtur librarii. — O', ἐξήνεγκεν. Οἱ Γ' (addunt), ※ αὐτήν. Hebr. et Vulg., *eam*. Idem.

V. 7. Ἀ., λείαν πέτρας. Ms. Jes. forte pro λείαν πέτραν. Idem in textu, πετρίαν. [B ita : Ἀ., λείαν πέτραν. — Cod. Alex., λεοπετρίαν. Hesychius, λεωπέτρα, λίθος λεῖος. Suidas, λεωπετρία, λεῖος λίθος. Nonnulli putant scribendum esse λειόπετρία, haud male. Πετρία autem nihil est. Mendosam suspicamur scriptionem, pro πέτρα. Theodoretus, infra ad cap. xxvi, interpretatur λεωπετρίαν, læves lapides, in quibus piscatores explicare solent sagenas. Scholion vero ibidem, γῆν πεπατημένην, *calcatam*, καὶ συμπεπιλημένην, *constipatam*. Cf. infra xxvi, 14, ubi dicitur, καὶ δώσω σε λεωπετρίαν, ψυγμὸς, *siccatio*, σαγηνῶν ἔσῃ. — VM, ὅτι αἵματα. Sed 2 m., αἷμα. Drach.]

V. 9. Ἀ., Θ., ※ οὐαὶ πόλις τῶν αἱμάτων. Ms. Jes. et Drusius : sed hic postremus sine interpretum nomine. [C, ※ οὐαὶ πόλις ※ τῶν αἱμάτων, ⁚ Ita etiam apud Theodor. et in Alex. (qui πόλεις), Ald., Compl. Pro οὐαί, aliter, ὦ. — Pro δαλόν, cod. VM, λαόν, et ita legit Complut. Sed invito textu Hebr. — B : O', καὶ ἐγώ. Ἀ., Θ., ※ καίγε ⁄. ἐγώ. Drach.]

V. 10. Ἄλλος, καὶ τὰ ὀστᾶ etc. Drusius. [Eamd. habet lectionem C sub asterisco. Item tres editiones; sed Alex., συμφρυγήσωνται. Ald., συντριβήσονται. Aliter, συμφρυγῇ. Apud S. Hieron., et ossa concrementur. — B : O' ταχῇ. Ἀ., συντελέσω. Σ., ἀναλωθήσεται. Θ., ἐκλείψῃ. — O', ὁ ζυμός. Ἀ., ἕψησις. Drach.]

V. 11. Ἄλλος, ἐπὶ τοὺς ἀνθρ- Drusius.

Ibid. Ἀ., Σ., Θ., συνταγή. Ms. Jes. quæ lectio suspecta mihi (*). Idem in textu habet, ἐν τῇ ἀκαθαρσίᾳ. [C, καὶ στῇ ἐπὶ τοὺς ἄνθρακας ※ ἐ ἐξεφθη, ⁚ ὅπως προσκαυθῇ καὶ θερμανθῇ, ※ φρυγῇ ⁚ ὁ χαλκὸς αὐτῆς, καὶ ταχῇ ἐν μέσῳ ※ ἀκαθαρσία αὐτῆς καὶ ἐκλίπῃ ὁ ἰὸς αὐτῆς· ※ τα θήσεται ὁ ἰός. ⁚ Editio Rom. : « In multis (i. e., post ἄνθρακας) αὐτῆς, et apud S. Hier. in quibusd. et apud Theodor. præterea, κενή, (respondet Hebraico רקה). In his etiam quæ tur, magna varietas. In aliquot codd., et apud doretum, sic habent, ἐξεφθη, ὅπως προσκαυ θερμανθῇ, καὶ ἐκφρυγῇ ὁ χαλκὸς αὐτῆς, καὶ μέσῳ αὐτῆς ἡ ἀκαθαρσία αὐτῆς, καὶ ἐκλίπῃ ὁ τῆς, καὶ ταπεινωθήσεται ὁ ἰὸς αὐτῆς. » — LXX S. Hier. : et stet super carbones suos. Incen ut exuratur et frigatur æs ejus, et concre (sic) in medio illius immunditia ejus, et defe ligo ejus : humiliabitur rubigo, ℣ 12, et mu etc. Textus Hebr. sonat : et colloca eam supe nas ejus vacuam, ut incalescat et fervescat æ et liquescat in ea immunditia ejus; consu spuma ejus. — B : O', καὶ ἐκλίπῃ. Σ., Drach.]

V. 12. C, post alterum αὐτῆς, ita termina versum, καὶ (deest in Hebr.) καταισχυνθήσεται αὐτῆς. — B : O', πολὺς ὁ ἰὸς αὐτῆς. Ἀ., *micitia*, ἰοῦ αὐτῆς ἐν πυρί. Drach.

V. 13. Ἄλλος, ζέμα. Ms. Jes. in textu, et sius. De hac voce supra. Heic ex Theodotione tum ait Hieronymus.

Ibid. Ἀ., Θ., καὶ οὐκ ἐκαθαρίσθης etc. Ms [C, ℣ 13, ※ ἐν τῇ ἀκαθαρσίᾳ σου ζέμμα ὧν ἐμιαίνου σὺ, ※ καὶ οὐκ ἐκαθαρίσθης ἀπὸ θαρσίας σου· ⁚ καὶ τί ἐὰν μὴ καθαρισθῇς ἐμπλήσω τὸν θυμόν μου ἐν σοί; Eadem apud dor., qui legit ζέμα. Drusius scribit ζεμά et sic rectius, nam nomen Hebraicum זמה est oxytonum, et ultima syllaba producta. LXX S. Hier. : Immunditia tua ZEMMA, pro eo contaminata es tu, et non es emundata ab im ditia tua. Et quid erit si non fueris emundata donec impleam furorem meum in te? Et addit : « Quorum pleraque de Theodotione sunt, et verbum Hebraicum ZEMMA, pro quo *exsecrabilem immunditiam* interpretati sunt

(*) Hæc lectio extra locum suum posita in ms. Jes., pertinet ad ℣ 13, ubi cohæret voci זמה. Dra

EZECHIELIS CAPUT XXV.

ΤΟ ΕΒΡΑΙΚΟΝ.	ΤΟ ΕΒΡΑΙΚΟΝ Ἑλληνικοῖς γράμμασι.	ΑΚΥΛΑΣ.
לבני־קדם 4	4.	
ושעיר 8	8.	8. ※ Καὶ Σηείρ.
בעל מעון וקריתמה 9	9.	9.
ונתתיה 10	10.	10.
בגוים		※ Ἐν τοῖς ἔθνεσι.
ודדנה 13	13.	13

VERSIO HEBRAICI TEXT.	VULGATA LATINA.	AQUILA.
4. Filiis Orientis.	4. Filiis Orientalium.	
8. Et Seir.	8. Et Seir.	8, Et Seir.
9. Beelmeon, et Cariathaim.	9. Beelmeon, et Cariathaim.	9.
10. Et dabo eam.	10. Et dabo eam.	10.
In gentibus.	In gentibus.	In gentibus.
13. Et Dedan.	13. Et qui sunt in Dedan.	13.

br. : In immunditia tua facinus (zimma), quia
ındavi te, et non mundata es ; ab inmunditia tua
n mundaberis adhuc, donec quiescere fecero fu-
·em meum in te. — B : 'A., Σ., συνταγή. Θ., μυ-
›ά. Cohæret voci הזמ, quam prætericrunt LXX,
S. Hier. teste, Symm. reddidit, ζέμμα. DRACH.]
V. 14. Θ., ⁜ μὴ παρακληθῶ. Ms. Jes. [C, ⁜ οὐδ' οὐ
παρακληθῶ. ⁚ (Complut., καὶ οὐ μὴ παρακληθῶ.
apud S. Hier., nec deprecabilis ero.) Mox præfigit
:los a διὰ τοῦτο usque ad finem commatis. S.
ır. : « Illudque ab eis additum est, quod in He-
ıico non habetur, et obelo prænotandum est :
›pterea *ego judicabo te juxta sanguinem tuum* (le-
αἷμά σου), *et juxta cogitationes tuas judicabo te,*
nunda atque (legit heic καὶ) *famosa et nimia ad*
itandum. B : O', οὐ διαστελῶ. 'A., Θ., οὐ διασκε-
πω. Σ., οὐχ ὑπερβήσομαι. — Pro οὐδ' οὐ μὴ πα-
ιληθῶ, Π., οὐδὲ μὴ φείσομαι. — O', καὶ κατὰ τὰ
ιυμήματά σου. *Ἄλλος*, καὶ κατὰ τὰ ἐπιτηδεύματά
ι. DRACH.]

V. 16. *Ὁ Ἑβρ.*, ἐπιθύμημα τῶν ὀφθ- Ex Theodo-
o.

Ibid. Θ., ⁜ οὐδ' οὐ μὴ ἔλθῃ etc. Ms. Jes. et Dru-
s. [C, ἐπιθυμήματα ὀφθαλμῶν σου, absque τῶν.
adit Theodor. in comment. ad h. l. quædam
:mplaria habere, τὰ ἐνθυμήματα τῶν ὀ. σ. — Post
ıυσθῇς addit C hæc, quæ desiderantur in ed.
m., et in ms. Jes. habentur aliquanto aliter nomine
eodotionis : ⁜ οὐδὲ μὴ ἔλθῃ δάκρυά σοι, ⁚ Hebr.,
jue veniat lacryma tua. Complut., οὐδὲ μὴ ἔλθῃ
δάκρυα. Apud S. Hier., nec venient lacrymæ
i. — B : O', 'A., Σ., Θ., ⁜ οὐδ' οὐ μὴ δακρύσῃς.
m B : O', ἐν παρατάξει. 'A., ἐν πληγῇ. Hebr., in
ga. DRACH.]

V. 17. *Ἄλλος*, στέναζε σιγῶν. Drusius.

Ibid. *Ἄλλος*, ἀνθρώπινον etc. Idem [Ita et apud
odor., στέναζε (aliter, στέναξαι) σιγῶν. Hebr. et
ılg., ingemisce tacens. Vocabulum דם (*dom*) extu-
unt LXX, *dam*. — B : O', στεναγμὸς αἵματος,
ρύος πένθος ἔσῃ· (C, πένθους ἐστίν·) οὐκ ἔσται τὸ
χωμά σου συμπεπλεγμένον ἐπὶ σέ. Σ., στέναζε
'ων, ἀνθρώπινον πένθους οὐ ποιήσῃς, ὁ στέφανός
ἐπικείσθω σοι. Hebr., ingemisce tacens, mortuorum luctum ne facias, tiaram tuam liga super
te. DRACH.]

V. 18. *Ἄλλος*, καὶ ἀπέθανεν etc. Drusius. [Ita etiam
apud Theodoretum, in tribus editt. et in C, absque
ulla nota. Qui posterius ita : 18. καὶ ἐλάλησα πρὸς
τὸν λαὸν τοπρωῒ ÷ ὃν τρόπον ἐνετεί ÷ λατό (sic) μοι, ⁚
καὶ ἀπέθανεν ἡ γ. μ. ἑ. DRACH.]

V. 19. C, cum Complut., ἀπαγγέλλεις. Mox, τί
ἐστι ταῦτα ⁜ ἡμῖν ⁚ Hebr., quid ista nobis. — O',
ἃ σὺ ποιεῖς. 'A., ὅτι σὺ ποιεῖς. Hebr., quia tu facis.
DRACH.

V. 20. VM, πρός με ἐγένετο. IDEM.

V. 21. C, εἰπὸν πρὸς τὸν οἶκον Ἰσραήλ· Τάδε λέγει
Κύριος Κύριος. Et mox, ἐπιθυμητὰ ὀφθαλμῶν ὑμῶν.
— B : O', φρύαγμα. 'A., καύχημα. — O', καὶ ὑπὲρ
ὧν φείδονται. Σ., καὶ σπλαγχνίζονται. IDEM.

V. 22. C, καὶ ποιήσατε. — B : O', ἀπὸ στόματος
αὐτῶν οὐ παρακληθήσεσθε. Σ., περὶ τὰ χείλη οὐ μὴ
περιβάλεσθε. Hebr., super mystacem non obvolvetis. IDEM.

V. 23. B : O', καὶ αἱ κόμαι ὑμῶν. 'A., καὶ οἱ
κόσμοι ὑμῶν. Σ., καὶ στέφανοι ὑμῶν. Hebr., et ornamentum vestrum. — O', καὶ ἐντακήσεσθε. Σ., ἀλλὰ
ἐντ. IDEM.

V. 24. C, κατὰ πάντα ὅσα ἐποίησε. Etiam Complut., ἐποίησε. Hebr., Vulg., et apud S. Hier., fecit.
— VM ad ποιήσετε adnotat in marg., 1 m., ἐποιήσατε ποιήσεται. IDEM.

V. 25. C, τὴν ἰσχὺν ⁜ αὐτῶν ⁚ παρ' αὐτῶν, καὶ
ἔπαρσιν τῆς καυχ. Mox, καὶ ἔπαρσιν ψυχῆς. — B : O',
οὐχί. Σ., ὅρα. — O', τὴν ἔπαρσιν. 'A., τὸ ἀγαλλίαμα.
Hebr., Vulg., gaudium. — O', τῆς καυχήσεως αὐτῶν.
Ἄλλος, τῆς κατισχύσεως αὐτῶν. — O', καὶ τὴν
ἔπαρσιν. 'A., καὶ τὸ λῆμμα. Respicit vocem משא,
quam alibi passim Aquila in ἄρμα, Symm. et Theod.
in λῆμμα vertunt. IDEM.

V. 26. In hoc et sequenti versu VM, ἐν ἐκείνῃ τῇ
ἡμέρᾳ. IDEM.

V. 27. C, καὶ λαλήσεις. Etiam tres editiones,
Hebr. et Vulg. habent, *et*. — B : O', πρὸς ἀνασωζό-
μενον. Σ., πρὸς τὸν ἀναφεύγοντα. Hebr., fuga
elapsum. IDEM.

EZECHIELIS CAPUT XXV.

ΣΥΜΜΑΧΟΣ.	O'.	ΘΕΟΔΟΤΙΩΝ.
	4. Τοῖς υἱοῖς Κεδέμ. *Ἄλλοι*, Σαρακηνῶν. *Οἱ Γ'*, τοῖς υἱοῖς ἀνατολῶν.	4.
8. ⁜ Καὶ Σηείρ.	8. *Vacat.*	8. ⁜ Καὶ Σηείρ.
9.	9. Ἐπάνω πηγῆς πόλεως παραθαλασσίας. *Ἄλλος*, τὴν Βαελμών, καὶ τὴν Καριαθέμ.	9.
10.	10. Δέδωκα αὐτῷ. *Ἀλλ.*, δέδωκα αὐτήν.	10.
	Vacat.	⁜ Ἐν τοῖς ἔθνεσι.
13.	13. Διωκόμενοι. *Ἄλλος*, καὶ ἐκ Δαιδάν.	13.

SYMMACHUS.	LXX INTERPRETES.	THEODOTIO.
	4. Filiis Cedem. *Alii*, Saracenorum. *Tres interpr.*, filiis Orientis.	4.
8. Et Seir.	8. *Vacat.*	8. Et Seir.
9.	9. Super fontem urbis maritimæ. *Al.*, Baelmon et Cariathem.	9.
10.	10. Dedi ei. *Al.*, dedi eam.	10.
	Vacat.	In gentibus.
13.	13. Fugientes. *Al.*, et ex Dædan.	13.

TO EBPAIKON.	TO EBPAIKON Ἑλληνικοῖς γράμμασι.	AKYΛAΣ.
צנה		
9 בחרבותיו	9.	9.
13 והשבתי	13.	13.
17 אבדת נושבת מימים העיר ההללה אשר היתה חזקה בים היא וישביה	17.	17.
18 ונבהלו האיים אשר־בים מצאתך	18.	18.
21 ותבקשי ולא־תמצאי	21.	21.

VERSIO HEBRAICI TEXT.	VULGATA LATINA.	AQUILA.
Scutum.	Clypeum.	
9. In gladiis suis.	9. In armatura sua.	9.
13. Et cessare faciam.	13. Et quiescere faciam.	13.
17. Periisti habitata a maribus, urbs laudata, quæ fuit fortis in mari ipsa et habitatores ejus	17. Periisti quæ habitas in mari, urbs inclyta, quæ fuisti fortis in mari, cum habitatoribus tuis, quos formidabant universi.	17.
18. Et terrebantur insulæ quæ in mari ab egrediendo te.	18. Et turbabantur insulæ in mari, eo quod nullus egrediatur ex te.	18.
21. Et requireris, et non invenieris.	21. Et requisita non invenieris.	21.

Notæ et variæ lectiones ad cap. XXVI Ezechielis.

V. 1. B : O', ἐν τῷ ἑνδεκάτῳ. Ἄλλος, ἐν τῷ δεκάτῳ Hebr., in undecimo. — O', μιᾷ. Σ., πρώτῃ. Drach.

V. 2. Οἱ λοιποί, Τύρος. Ms. Jes. Ait Hieronymus Tyrum Hebraico Syroque sermone appellari *Sor*. [C, ἀνθ' ὧν εἶπεν Σόρ. — B : O', ἀνθ' οὗ. Σ., ⋇ ὅτι. — O', Σόρ. Οἱ λοιποί, Τύρος. — O', τὰ ἔθνη. Οἱ Γ', αἱ θύραι τῶν λαῶν. Hebr. et Vulg., portæ populorum. — O', ἠρήμωται. Σ., ἐκενώθη. Drach.]

V. 3. C, τάδε λέγει Ἀδωναῒ Κύριος. Ita enim ℣℣ 7, 14. Mox, ἡ θάλασσα ἐν τοῖς κύμασιν αὐτοῖς. — B : O', Σόρ. Οἱ Γ', Τύρε. Drach.

V. 4. Ἄλλος, καθελοῦσι. Ms. Jes. [B : Ἀ., Σ., O', Θ., σου. Ἄλλως, Σόρ. — Ἀ., O', Θ., (εἰς) ⋇ πέτρας. O' ἄλλως, εἰς λεωπετρίαν. Vide quæ adnotavimus supra ad XXIV, 7. Drach.]

V. 5. C, ὅτι ἐγὼ ἐλάλησα, λέγει Κύριος Κύριος. — B : O', ἐγὼ λελάληκα (ut edit. Rom.). Ἄλλος, ἐγὼ Κύριος λελάληκα. Hebr., ego locutus sum. — O', εἰς προνομήν. Ἀ., Σ., εἰς διαρπαγήν. Drach.

V. 6. C, καὶ αἱ θυγατέρες αὐτῆς ⋇ αἵ ⁚ Hebr. et Vulg., quæ. Idem.

V. 7. C, ἐθνῶν πολλῶν ÷ σφόδρα ⁚ Et deest in Hebr. B : O', καὶ συναγωγῆς. Ἀ., Θ., καὶ ἐκκλησίας. Idem.

V. 8. Ἄλλ., καὶ βελοστάσεις. Non indicat Montf. unde hauserit; est autem lectio Alexandrini cod. Idem.

Ibid. Ἄλλος, τοὺς κριούς. Ms. Jes. [C, ÷ καὶ περιοικοδομήσει, ⁚ καὶ ποιήσει ἐπὶ σέ etc., et, καὶ τὰς λόγχας ÷ αὐτοῦ ⁚ Hebr., et fundet contra te etc., et scutum (absque *suum*). — B : O', προφυλακήν. Ἀ., τεῖχος. Σ., ἀποτείχισμα. Θ., χαράκωσιν. Hebr., antemurale. — O', χάρακα. Ἀ., Θ., πρόσχωμα. Σ., τάφρον, *vallum*. Hebr., vallum. Drach.]

V. 9. Ἄλλος, ἐν τοῖς ὅπλοις. Ms. Jes. [Ita apud Theodoretum. — B : O', καὶ τὰς λόγχας ÷ αὐτοῦ (ut in C) ἀπέναντί σου δώσει. Ἀ., καὶ προσδρομὴν αὐτοῦ.... Θ., καὶ πρόσκρουσμα ἐνσεισμοῦ, *et offendiculum concussionis*, αὐτοῦ δώσει ἐν τοῖς τείχεσί σου. Hebr., et arietem suum dabit in muros tuos. Hæc in LXX inserta sunt in ℣ 8. Drach.]

V. 10. B : O', εἰς πόλιν ἐκ πεδίου. *Legerunt* מִבְקָעָה. Ἀ., πόλιν ἐρρηγμένην. Σ., πόλιν περιεσχισμένην. Hebr. cum punctis masorethicis, *urbis perruptæ* vel *disruptæ*. — Montf. ita edidit in Hexaplis O', εἰσπορευόμενος εἰς πόλιν. Ἄλλος, εἰσπορευομένου αὐτοῦ τὰς πύλας σου. Quod valde ineptum; utrumque enim legitur in Seuûm textu Græco, et in Hebr. textu, qui ita sonat : *ingrediente illo per portas tuas, sicut ingressus in urbem* (disruptam). LXX, εἰσπορευομένου αὐτοῦ τὰς πύλας σου, ὡς εἰσπορευόμενος εἰς πόλιν (πεδίου). Drach.

V. 11. C, ⋇ σὺν ⁚ πάσας τὰς πλατείας σου. Et mox, σου τῆς ἰσχύος. Etiam VM, σου. τ. l. — B : O', πλατείας σου. Ἀ., ἐξώτατά, *extima*, σου. Σ., ἀμφόδα σου. Θ., ἐξόδους σου. — O', καὶ τὴν ὑπόστασιν. Θ., καὶ τὰς στήλας. Hebr. et Vulg., et statuæ. Idem.

V. 12. C, καὶ προνομεύσουσι. Hebr., et diripient. Vulg., vastabunt,.... σου τὰ τείχη. Ita etiam VM...

ΣΥΜΜΑΧΟΣ.	Ο'.	ΘΕΟΔΟΤΙΩΝ.
	Τὰς λόγχας. Ἄλλ., τοὺς κριούς.	
9.	9. Ἐν ταῖς μαχαίραις αὐτοῦ. Ἄλλος, ἐν τοῖς ὅπλοις αὐτοῦ.	9.
13.	13. Καὶ καταλύσει. Ἄλλ., καὶ καταλύσω.	13.
17.	17. Κατελύθης ἐκ θαλάσσης, ἡ πόλις ἡ ἐπαινετή. ἡ δοῦσα τὸν φόβον αὐτῆς πᾶσι τοῖς κατοικοῦσιν αὐτήν.	17. ※ Καὶ ἀπώλου καὶ κατελύθης ἐκ θαλάσσης ἡ πόλις ἡ ἐπαινετή, ἥτις ἐγενήθη ἰσχυρὰ ἐν θαλάσσῃ, αὐτὴ καὶ οἱ κατοικοῦντες αὐτήν.
18.	18. Καὶ φοβηθήσονται αἱ νῆσοι ἀπὸ ἡμέρας πτώσεώς σου.	18. ※ Καὶ ταραχθήσονται αἱ νῆσοι ἐν τῇ θαλάσσῃ ἀπὸ τῆς ἐξόδου σου.
21.	21. *Vacat.*	21. ※ Καὶ ζητηθήσῃ καὶ οὐχ εὑρεθήσῃ.

SYMMACHUS.	LXX INTERPRETES.	THEODOTIO.
	Lanceas. *Alius*, arietes.	
	9. In gladiis suis. *Alius*, in armis suis.	9.
13.	13. Et cessare faciet. *Alius*, et dissolvam.	13.
17.	17. Dissipata es a mari, urbs laudata, quæ dedit timorem suum omnibus habitatoribus ejus.	17. Et periisti, et expulsa es a mari, urbs laudata, quæ fuit fortis in mari, ipsa et inhabitantes eam.
18.	18. Et formidabunt insulæ a die ruinæ tuæ.	18. Et turbabuntur insulæ in mari ab exitu tuo.
21.	21. *Vacat.*	21. Et quæreris, et non invenieris.

Notæ et variæ lectiones ad cap. XXVI Ezechielis.

τοὺς οἴκους τοὺς ἐπιθυμητούς σου. Ita etiam VM. Post ξύλα et θαλάσσης deest σου. IDEM.

V. 13. Ἄλλ., καὶ καταλύσω. Drusius. [Ed. Rom. : « Multi, καταδύσει, *deprimet* In aliquo est, καταλύσω. » Hebr. et Vulg., et requiescere faciam. Varie, ut vides, redditur Latine in his duobus versibus, 13 et 17, verbum καταλύω.— B : Ο', τῶν ψαλτηρίων. Θ., τῶν ὀργάνων. —Ο', ἔτι. Ἄλλος, ἐν σοὶ ἔτι. Sed Hebr. non habet *in te*. DRACH.]

V. 14. C, εἰς λεωπετρίαν. Hebr. et Vulg., *in*..... ἐγὼ λελάληκα. Sed Hebr., ego Jehova locutus sum. — B : Ο', Ἀ., Θ., ※ πέτρας. Ο' ἄλλως, λεωπετρίαν. Σ., ψιλὴν πέτραν. Vid-sis ad XXIV, 7. DR.

V. 15. C, τραυματίας σου. Etiam Alex. et Complut. addunt σου. Non autem habet Hebr. B : Ο', τῇ Σόρ· Οὐχ. Οἱ Γ', Τύρῳ. Ἄλλος, Οὐχί. — Ο', πτώσεώς σου. Σ., ψόφου, *strepitus*, σου Hebr., casus tui. — Ο', ἐν τῷ σπάσαι μάχαιραν. Θ., ἐν τῷ ἀνῃρῆσθαι ἀνῃρημένον. Hebr., in occidendo occidionem. IDEM.

V. 16. C ita : πάντες οἱ ἄρχοντες ÷ ἐκ τῶν ἐθνῶν ⁝ (desunt in Hebr)... τὰς μίτρας ÷ ἀπὸ τῶν κεφαλῶν ⁝ (etiam hæc desunt in Hebr., qui præterea pro *mitras*, habet, *amicula*)... ἐπὶ τὴν γῆν. Etiam Hebr. habet articulum. Apud S. Hier. LXX : omnes principes maris, et auferent coronas suas, et vestimentis etc. —B : Ἀ., τὰς ἐφαπτίδας, *connexiones*, αὐτῶν. Σ., τὰ ἐπενδύματα αὐτῶν. Θ., τὰς ἐπενδύτας αὐτῶν. Ο', τὰς μίτρας ÷ ἀπὸ τῶν κεφαλῶν ⁝ (ut C) αὐτῶν. — Ο', ἐκστάσει ἐκστήσονται. Σ., ἔκπληξιν ἐνδύσονται. Hebr., terroribus induentur. — Ο', τὴν ἀπώλειαν αὐτῶν. Σ., περὶ τῶν αἰφνιδίων de repentibus. IDEM.

V. 17. Θ., καὶ ἀπώλου etc. Ms Jes. [C ita, καὶ ἐροῦσί ※ σοι· Πῶς ἀπώλου, καὶ κατελύθης ἐκ θαλάσσης, ἡ πόλις ἡ ἐπαινετή, ※ ἥτις ἐγενήθη ἰσχυρὰ ἐν θ※αλάσσῃ, αὐτὴ καὶ ※ οἱ κατοικοῦντες αὐτήν, ⁝ ἡ δοῦσα etc. Apud S. Hier., quomodo periisti et dissipata es in mari, urbs laudata, quæ fuisti (non *fuit*) fortis in mari, ipsa et habitatores ejus, quæ dedit etc —B : Ἀ., Θ., ※ σὺ ἀπώλου /. Σ., κατῳκισμένη... ἡ κρατοῦσα τῆς θαλάσσης.... DRACH.]

V. 18. Θ., καὶ ταραχθήσονται etc. Ms. Jes. [C, ※ καὶ ταραχθήσονται νῆσοι (absque articulo, quem habet Hebr.) ἐν τῇ θαλάσσῃ ⁝ ἀπὸ τῆς ἐξοδίας, *egressione*, σου. B : Ο', ἀπὸ τῆς ἐξοδίας σου (ut C). Ο' ἄλλως, πτώσεώς σου. Ἀ., ἐξόδου σου. Σ., ἀπὸ τοῦ μὴ προέρχεσθαι ἀπὸ σοῦ. In quibusdam et apud Theodoretum est, ἀπὸ τῆς ἐξουσίας, *potestate*, σου. In uno libro ad ἐξουσίας appositum est ἐξοδίας, et schol. in marg., ἐξοδίαν φησὶ τὴν τὰ ἐναντία τῆς δόξης μεταβολήν, *commutationem gloriæ in contraria*. LXX apud S. Hier.: et turbabuntur insulæ in mari in exitu tuo. —Ad ἀπὸ (C, ἀφ') ἡμέρας, B : Σ., ἐν τῇ ἡμέρᾳ. Hebr., die. Vulg., in die. DRACH.]

V. 19. C, ὅτ' ἂν δῶ σε πόλιν... κατοικηθησομένας. VM, κατακαλύψῃ. DRACH.

V. 20. B : Ο', εἰς βόθρον. Ἀ., Σ., Θ., λάκκον. — Ο', εἰς βάθη τῆς γῆς. Ἀ., Σ., Θ., ἐν γῇ κατωτάτῃ.— Ο', ἐπὶ γῆς ζωῆς. Ἀ., Θ., ἐν γῇ τῶν ζώντων. Σ., ἐν τῇ γῇ τῶν ζώντων. H. et V., in terra viventium. ID.

V. 21. Θ., ※ καὶ ζητηθήσῃ etc. Ms. Jes. [C ita, ※ καὶ ζητηθήσῃ, ※ καὶ οὐχ εὑρεθήσῃ ⁝ B : Ο', ἔτι. Ἀ., Σ., οὐκέτι. DRACH.]

EZECHIELIS CAPUT XXVII.

ΤΟ ΕΒΡΑΙΚΟΝ.	ΤΟ ΕΒΡΑΙΚΟΝ Ἑλληνικοῖς γράμμασι.	ΑΚΥΛΑΣ.
4 בלב ימים גבליך בניך כללו יפיך	4.	
6 קרשך	6.	6.
בת־אשרים		Σανίσι κεκαλυμμένας.
8 ישבי 'Ο Ἑβρ. καὶ Σύρος, οἱ γείτονές σου.	8.	8.
11 על חומותיך סביב	11.	11.
וגמדים		1. Καὶ πυγμαῖοι.
12 תרשיש 'Ο Σύρος καὶ Ἑβρ., Θαρσεῖς.	12.	12. Θαρσεῖς.
14 ופרדים	14.	14.
15 בני דדן	15.	15. Υἱοὶ Δαδὰν.
16 ארם	16.	16.
בנפך		Συναλλαγή σου.
ארגמן		
ובוץ		
וראמות		
וכדכד		
17 ופנג	17.	17. Καὶ φανάγ.
18 ביין חלבון	18.	18. . . . . .
וצמר צחר		(Καὶ ἐρίοις Σοόρ.)
19 ודן ויון מאוזל בעזבוניך	19.	19. . . . . .
23 שבא אשור	23.	23.

VERSIO HEBRAICI TEXT.	VULGATA LATINA.	AQUILA.
4. In corde marium termini tui. Ædificatores tui perfecerunt decorem tuum.	4. Finitimi tui, qui te ædificaverunt, impleverunt decorem tuum.	4.
6. Tabulatum tuum.	6. Transtra tua.	--
Filia Assurim.	(Ex ebore) Indico.	Tabulis contectas.
8. Habitatores. *Hebr. et Syrus int.*, vicini tui.	8. Habitatores.	8.
11. Super muros tuos in circuitu.	11. Super muros tuos in circuitu.	11.
Et pygmæi.	Et pygmæi.	1. Et pygmæi.
12. Tharsis. *Syrus et Hebræus int., idem.*	12. Carthaginenses.	12. Tharsis.
14. Et mulos.	14. Et mulos.	14.
15. Filii Dedan.	15. Filii Dedan.	15. Filii Dadan.
16. Aram.	16. Homines.	16.
In carbunculo.	Gemmam.	Commutatio tua.
Purpuram.	Purpuram.	
Et bysso.	Et byssum.	
Et coralliis.	Et sericum.	Et serica *vel* subtilia.
Et rubinum.	Et Chodchod.	
17. Et phannag.	17. Balsamum.	17. Et phanag.
18. In vino Chelbon.	18. In vino pingui.	18. Vinum de Helbon
Et lana alba.	In lanis coloris optimi.	(Et lanis Soor.)
19. Et Dan, et Javan vagus in nundinis tuis.	19. Dan, et Græcia, et Mosel, in nundinis tuis.	19. De Uzal.
23. Saba, Assur.	23. Saba, Assur.	23.

EZECHIELIS CAPUT XXVII.

ΣΥΜΜΑΧΟΣ.	Ο'.	ΘΕΟΔΟΤΙΩΝ.
	4. Ἐν καρδίᾳ θαλάσσης τῷ Βεελεὶμ υἱοί σου ※ οἱ ὅμοροί σοι οἰκοδομοῦντές σε συνετέλεσαν τὸ κάλλος σου.	4.
6.	6. Τὰ ἱερά σου. *Οἱ λοιποί*, τὸ κέρας σου.	6.
	Οἴκους ἀλσώδεις.	
8.	8. Οἱ ἄρχοντές σου οἱ κατοικοῦντες.	8.
11.	11. Ἐπὶ τῶν τειχέων σου ※ κύκλῳ.	11.
Ἀλλὰ καὶ Μῆδοι.	Φύλακες.	Γαμμαδείμ.
12. Θαρσείς.	12. Καρχηδόνιοι.	12. Θαρσείς.
14.	14. *Vacat.* *Ἀλλ.*, καὶ ἡμιόνους.	14.
15. Υἱοὶ Δαδάν.	15. Υἱοὶ Ῥοδίων.	15. Υἱοὶ Δαδάν.
16.	16. Ἀνθρώπους. *Ἄλλοι*, ὁ Σύρος.	16.
Πολύμιγα (*aliter*, πολύμιτα)	※ Ἐν Ἀφέχ.	Ἐν Ναφέκ.
	Στακτήν. *Οἱ λοιποί*, πορφύραν.	
	Καὶ ποικίλματα ἐκ Θαρσείς. *Π.*, καὶ βύσσον.	
	Καὶ Ῥαμώθ.	
	Καὶ Χορχόρ. *Π.*, καὶ Χοδχόδ.	
17. Καὶ φανάγ.	17. Καὶ μύρων.	17. Καὶ φανάγ.
18. Οἶνος λιπαρός.	18. Οἶνος ἐκ Χελβών.	18. . . . . . .
	Καὶ ἔρια ἐκ Μιλήτου.	(Καὶ ἐρίοις Σοόρ.)
19. . .	19. Ἐξ Ἀσήλ.	19. . . . . .
23.	23. Ἀσσούρ. *Ἄλλος*, Σαβὰ καὶ Ἀσσούρ.	23.

SYMMACHUS.	LXX INTERPRETES.	THEODOTIO.
	4. In corde maris ipsi Beelim, filii tui contermini, qui ædificabant te, consummaverunt decorem tuum.	4.
6.	6. Templa tua. *Reliqui*, cornu tuum.	6.
	Domos sylvestres.	
8.	8. Principes tui qui habitabant.	8.
11.	11. Super muros tuos circum.	11.
Sed etiam Medi.	Custodes.	Gammadim.
12. Tharsis.	12. Carthaginenses.	12. Tharsis.
14.	14. *Vacat. Al.*, et mulos.	14.
15. Filii Dadan.	15. Filii Rhodiorum.	15. Filii Dadan.
16.	16. Homines. *Alii*, Syrus.	16.
Polymita.	In Aphech.	In Naphec.
	Stacten. *Reliqui*, purpuram.	
	Et varietates ex Tharsis. *Omnes*, et byssum.	
	Et Rhamoth.	
	Et Chorchor. *Omnes*, et Chodchod.	
17. Et phanag.	17. Et unguentorum.	17. Et phanag.
18. Vinum pingue.	18. Vinum de Chelbon.	18. Vinum de Helbon.
	Et lanas de Mileto.	(Et lanis Soor.)
19. Deferens.	19. Ex Asel.	19. Dan, et Javan, et Meozel in nundinis tuis.
23.	23. Assur. *Al.*, Saba et Assur.	23.

ΤΟ ΕΒΡΑΙΚΟΝ.	ΤΟ ΕΒΡΑΙΚΟΝ Ἑλληνικοῖς γράμμασι.	ΑΚΥΛΑΣ.
24 במכללים בגלומי תכלת	24.	24. Ἐγκατασκεύοις εἰλήμμασι ὑακίνθου.
ורקמה ובגנזי ברמים 'Ο Σύρος, ἐν ἀποκρύφοις σκεύεσι.		Καὶ ποικιλίας (*aliter*,.....) καὶ ἐν μαγώζοις συγκειμένοις.
31 והקריחו אליך קרחה וחגרו שקים ובכו אליך במר־נפש מספד מר	31.	31.
32 ונשאו אליך בניהם קינה וקוננו עליך מי כצור כדמה בתוך הים	32.	32.
36 סחרים בעמים שרקו עליך	36.	36.

VERSIO HEBRAICI TEXT.	VULGATA LATINA.	AQUILA.
24. In universitatibus in involucris hyacinthi.	24. Multifariam involucris hyacinthi.	24. Constructis involucris hyacinthi.
Et recamationis, et in thesauris vestium pretiosarum. *Syrus*, in occultis vasis.	Et polymitorum gazarumque pretiosarum.	Et varietatis (*aliter*, polymitis) et in magosis compositus.
31. Et decalvabunt ad te calvitium, et accingent se saccis : et flebunt ad te in amaritudine animæ, planctu amaro.	31. Et radent super te calvitium, et accingentur ciliciis : et plorabunt te in amaritudine animæ ploratu amarissimo.	31.
32. Et tollent ad te in querimoniis suis lamentum, et lamentabuntur super te.	32. Et assument super te carmen lugubre, et plangent te.	32.
Quis sicut Sor, sic succisa in medio maris ?	Quæ est ut Tyrus, quæ obmutuit in medio maris ?	
36. Negotiatores in populis sibilaverunt super te.	36. Negotiatores populorum sibilaverunt super te.	36.

Notæ et variæ lectiones ad cap. XXVII Ezechielis.

V. 2. C, ※ καὶ σὺ, ⁏ υἱὲ ἀνθρώπου. VM, υἱὲ ἀνθρ., καὶ σύ. Drach.

V. 3. Sunt qui autument legendum esse ἐπὶ νήσων, loco ἀπὸ νήσων : textus enim Hebr. non habet *de*, sed *ad*. B autem : Ἀ., Θ., εἰς νήσους, et Vulg., ad insulas. Nos potius in LXX εἰς reponi velimus.— B præterea : Ο', ἐγὼ περιέθηκα ἐμαυτῇ κάλλος μου. Σ., ἐγὼ τελείᾳ καλῇ, *perfecta pulchritudine*. Θ., ἐγὼ στέφανος κάλλους. Hebr., ego (sum) perfecta pulchritudine. — C, λέγει Κύριος Κύριος. Idem.

V. 4. ※ Οἱ ὅμοροι etc. Ms. Jes. [B : Ἀ., τὰ ὅριά σου... (pro Senum τῷ Βεελεὶμ) Σ., ὅμοροί, *contermini*, σου, οἰκοδομοῦντες συνετέλεσαν τὸ κάλλος σου. Hebr., (In medio maris) termini tui, ædificatores tui perfecerunt decorem tuum. LXX transferentes, *filii tui*, legerunt in textu Hebr., *banaich*. Sed cum punctis masoreticis efferendum, *bonaich* (ædificatores tui). Drach.]

V. 5. C scribit Σανίρ. VM, ἐλήμφθησαν. — B : Ο', κυπαρίσσου. Ἄλλος, κυπάρισσοι. — Ο', τοῦ ποιῆσαί σοι ἱστούς. Ἀ., (τοῦ π.) ἐπὶ σὲ πρίνινα, *ilicea*. — Ο', ταινίαι σανίδων. Σ., πάσαις σανίσιν. — Ad hanc Senum vocem, ἐλατίνους, B adnotat : τουτέστιν, ὑψηλοὺς, ὃν τρόπον τοὺς ἐλατίνους · λέγεται γὰρ ὑψηλότατον εἶναι τὸ δένδρον. — Opinatur Schleusnerus, et quidem haud male, Senes scripsisse ταναΐαι, *longas tabulas et crassas*, quod huic loco admodum conveniat. Vox ταναΐαι reperitur apud Theophrastum in Hist. Plant. lib. IV, cap. 1. Ita etiam reposuit Meibomius, Fabr. Trirem. p. 127. Thesaurus Græcus, edit. Didot : ταναΐαι, *porrecta tigna*. Ex vitioso græco exemplari Hieron. transtulit, *tenues tabellas cyprissinas*. Drach.

V. 6. *Οἱ λοιποὶ*, τὸ κέρας σου. Ms. Jes. [B : Ἀ., κέρας σου. Schleusnerus : « Fortasse legendum est κεραία σου, *antenna tua*. » Et pro ἱερά Senum, reponi vult, ζυγά, h. e., *transtra tua fecerant ex ebore*. — C, ἐξ ἐλάφαντος (sic) et Χεττιείμ. VM, Βασανείτιδος et Χεττείν. Drach.]

Ibid. Ἀ., σανίσι κεκαλυμμένας. Theodoretus.

V. 7. C, ... στρωμνή σοι, τοῦ περιθεῖναί σοι δόξαν ÷ καὶ περιβαλεῖ ÷ σε, ⁏ ὑάκινθος καὶ πορφύρα ἐκ τῶν νήσων Ἐλισαὶ (sic) ἐγένετο (absque καὶ) περιβόλαιά σου. Apud S. Hier. : de insulis Elissa facta sunt operimenta tua. Hebr., Byssus in acupictura ex Ægypto fuit expansio tua, ut esset tibi in signum. Hyacinthinum et purpura ex insulis Elisa fuit tegumentum tuum. — B : στρωμνή σοι (ut C). Θ., διαπετάσματά, *expansio*, σου Drach.

V. 8. *Ἑβραῖος* καὶ *Σύρος*, οἱ γείτονές σου. Theodor. [VM, Σιδῶνα. — C, ÷ Καὶ οἱ ἄρχοντές σου ⁏ Et reapse nihil de hoc in Hebr. — B : Ο', κυβερνῆται. Ἀ., ῥωποπῶλαι, *scrutarii*, i. e. rerum minutarum venditores : Gallice, merciers. Nomen enim nostrum Hebr. verti potest, *funis*, *funiculus* — Ostendit Dœderlein in singulari scriptione, *Quis sit ὁ Σύρος* V. T *Græcus interpres*, Syri nomine intelligi, non interpretem Syriacum, sed Sophronium Patriarcham Constantinopolitanum, qui Hieronymi interpretationem ex Hebræo factam Græce vertit. Cf. supra T. I, col. 37, 38, quæ hac de re Montfauconius. Drach.]

V. 9. Post alterum αὐτῶν, additur apud Theodo-

ΣΥΜΜΑΧΟΣ.	Ο'.	ΘΕΟΔΟΤΙΩΝ.
24. . .	24. Φέροντες ἐμπορίαν ὑάκινθον.	24. Ἐν Μαχαλὶμ καὶ Γαλιμὰ ὑάκινθον.
. . . .	Καὶ θησαυροὺς ἐκλεκτούς.	
31.	31. *Vacat.*	31. ※ Καὶ φαλακρώσουσιν (ἄλλως, καὶ ξυρήσονται) ἐπὶ σὲ φαλάκρωμα· καὶ περιζώσονται σάκκον, καὶ κλαύσονται περὶ σοῦ ἐν πικρασμῷ ψυχῆς, καὶ κοπετὸν πικρὸν λήψονται ἐπὶ σέ.
32.	32. Καὶ λήψονται οἱ υἱοὶ αὐτῶν ἐπὶ σὲ θρῆνον, θρήνημα Σόρ.	32. ※ Καὶ λήψονται ἐπὶ σὲ υἱοὶ αὐτῶν θρῆνον, θρήνημά σοι.
	Vacat. Ἄλλος, τίς ὥσπερ Τύρος κατασιγηθεῖσα ἐν μέσῳ θαλάσσης;	
36.	36. Ἔμποροι ἀπὸ ἐθνῶν ἐσύρισάν σε. Ἄλλος, ἔμποροι ἐθνῶν συριοῦσιν ἐπὶ σοί.	36.

SYMMACHUS.	LXX INTERPRETES.	THEODOTIO.
24. Pretiosis involucris.	24. Ferentes negotiationem hyacinthum.	24. In Machalim et Galima hyacinthum.
Polymita.	Et thesauros electos.	
31.	31. *Vacat.*	31. Et decalvabunt (*aliter*, et radent) super te calvitium, et circumcingentur sacco : et flebunt super te in amaritudine animæ, et luctum amarum assument super te.
32.	32. Et assument filii eorum super te lamentum, lamentationem Sor.	32. Et assument super te filii eorum planctum : lamentum tibi.
	Vacat. Alius, quis sicut Tyrus, quæ conticuit in medio maris?	
36.	36. Negotiatores de gentibus sibilaverunt te. *Al.*, negotiatores gentium sibilabunt super te.	36.

Notæ et variæ lectiones ad cap. XXVII Ezechielis.

retum, inque aliis libris, ἦσαν ἐν σοὶ ἀμειβόμενοι τῇ ἐπιμιξίᾳ σου, *permutantes commercio tuo*, καὶ ἐγένοντο etc. Sed potius respicit Hebr. לערב מערבך in fine versiculi, *ad negotiandum negotiationem tuam*. Cf. Symmachum mox afferendum. — B : Ο', Βιβλίων. Ἀ. Σ., Βίβλου Θ., Γεβάλ, i. e. ipsa vox Hebr. — Ο', κωπηλάται. Ἀ., ναῦται. — Ο', ἐπὶ δυσμὰς δυσμῶν. Quasi a מערב *Occidens*. Ἀ., εἰς πλῆθος συναλλαγῆς, *commercii*, σου. Σ., οἱ ἀμειβόμενοι τῇ ἐπιμιξίᾳ σου. Θ., συμμῖξαι συμμίκτοις σου. DRACH.

V. 10. B : Ο', καὶ Λίβυες. Οἱ Γ', Φοὺδ Hebr., *Phut*. — Ο', πέλτας. Ἀ., θυρεόν. Σ., ἀσπίδα. IDEM.

V. 11. ※ Κύκλῳ. Ms. Jes. [Ita etiam C sub asterisco. Apud S. Hier : in circuitu. DRACH.]

Ibid. Hieronymus : « Verbum GAMADIM Aquilæ prima editio *pygmæos*, Symm. *Medos*, LXX *custodes*, Theod. *Gomadim*. » Plena Symmachi versio erat, ἀλλὰ καὶ Μῆδοι, ac si lectum fuisset גם מדים. Ita habet Ms. Jes. [B : Ἀ., τετελεσμένοι. Nimirum, legit *resch* pro littera *daleth*. Σ., Μῆδοι Θ., Γομαδείμ. — Ο', τῶν ὅρμων σου. (Editor Tetraplorum male ὅρμων, Latine enim reddit, [super] *propugnacula*.) Οἱ Γ', τῶν τειχῶν σου. — In multis, et apud Theodor. est, ὤμων (super) *commissuras*, vel *humeros*. — Pro οὗτοι, C αὐτοί. DRACH.]

V. 12. Ὁ *Σύρος* καὶ ὁ *Ἑβρ.*, Θαρσεὶς. Theodoretus [B : Ἀ., Σ., Θ., Θαρσεῖς. — Ο', ἰσχύος. Οἱ Γ', πλούτου. Hebr., opum. — C obelo signat ÷ καὶ χρυσίον ⁝ quod in Hebr. deest. DRACH.]

V. 13. C iterum pro οὗτοι, αὐτοί. Et in fine commatis ita : ※ τὴν ἐμπορίαν σου. — B : Ο'. ἡ Ἑλλὰς .... παρατείνοντα. Ἀ., Ἠανθοβὲλ καὶ Μοσὸχ Σ., Ἰωνία .. — Ο', ἐμπορίαν σου. Eamd. habes vocem Hebr. מערבך, quam supra ℣ 9. Et hic aliter, sed rectius, interpretantur Senes. Ἀ., συναλλαγήν σου. Σ., ἐπιμιξίαν σου. Θ., σύμμικτόν σου. DRACH.

V. 14. Ἄλλος, καὶ ἡμιόνους. Drusius. [C, ἵππους καὶ ἱππεῖς ※ καὶ ἡμιόνους ⁝ ἔδωκαν. Et ita Hebr. apudque S. Hier. : equos et equites et mulos dederunt. Editio Rom. : « Theodoretus : Phrygiam interpretantur, τὸν οἶκον τοῦ Θογαρμᾶ (sic. VM autem Θαιγραμᾶ, et C, Θογραμά). — B : Ο', ἀγοράν σου. Ἀ., ἐγκατάλιμμά του, *reliquias tuas*. Nempe deducit vocabulum עזבוניך, a verbo עזב, *reliquit*. DRACH.]

V. 15. Ἀ., Σ., Θ., υἱοὶ Δαδάν. Hieron. : « Pro quo nescio quid volentes LXX *filios Rhodiorum* interpretati sunt : nisi forte primæ litteræ falsi similitudine, ut pro *Dudan* legerent *Radan* : et ipsa Cycladum maxima est, et in Ionio mari quondam urbs potentissima etc. » Et mox : « Sed melius est *Dadan* alterius loci nomen accipere, ut et in Hebraico et apud cæteros Interpretes habetur. » [B : Οἱ Γ', υἱοὶ Δαδάν. — Ο', ὀδόντας. Οἱ Γ', κέρατα. Scilicet addunt κέρατα, juxta textum Hebr., qui utrumque habet. Plerique libri atque Theodor., κέρατα καὶ ὀδόντας ἐλεφαντίνους. Subjungit Theodor. : *κέρατα ὁ Σύμμαχος ἐβένους ἡρμήνευσεν, ἀφ' ὧν τὰ ἐβένια καλούμενα*, *quæ ebenia vocantur*, γίνεται. — Ο', καὶ τοῖς εἰσαγομένοις ἀντεδίδους τοὺς μισθούς σου Σ., καὶ ἐβένους ἀντέδωκαν ἀμείψεις σου, *et ebenos rependerunt remunerationes tuas*. Hebr., et ebena reddiderunt munus tuum. Hinc evincitur errasse Theodoretum. Symmachi enim ἐβένους non est pro κέρατα, Hebr., קרנות, sed refertur ad והובנים (cujus Keri est, והבנים). LXX vero interpretantes, καὶ τοῖς εἰσαγομένοις, legerunt והבאים DRACH.]

V. 16. LXX legerunt אדם qui vertunt ἀνθρώπους, ד pro ר ut sæpe alibi.

Ibid. Ms. Jes. ⋇ ἐν Ἀφέχ. Ἀ., συναλλαγή σου. Σ., πολύμιγα, seu πολύμιτα. Hieron. : « *In Naphec*, quod de Theodotionis edit. in LXX additum est : pro quo Symmachus vertit, *polymita*. » Quod autem in quibusdam libris Latine legitur, *in Aphec*, et Græce, ἐν Ἀφέχ, cum sit legendum *Naphec* secundum Hebræum, id ex concursu duarum N factum est, ut sæpe contingit; nam tunc altera a librariis omitti solet. [Drusius : « Th., ἐν Νάφεχ (paroxyt.). Est cur malim Νάφεχ, cum χ in ultima, cui respondet *caph* apud Hebræos. Vulgata scriptura, ἐν Ἀφέχ (oxyt.). mendum continet, quale ἦν ὠκήδ, pro Νωκήδ, utrobique ultima similis exclusit sequentem. » Ἦν νωκήδ, est apud LXX, IV Reg. III, 4; pro quo Complut., παιδάρια. — C, ἐν Ἀφέγ. Complut., ἐν Ἀφέχ. Apud S. Hier., in Aphec. Et in commentario suo scribit in Aphech. DRACH.]

Ibid. *Οἱ λοιποὶ*, πορφύραν. Ex Hieronymo. [Apud Theodor., in Complut. et in quibusd. aliis utrumque ponitur, στακτὴν καὶ πορφύραν. Et tunc στακτή est interpretatio vocis Hebr. נפך (νόφεχ et melius νώφεχ, et quidem paroxytonum ut in Hebr.) quæ derivatur a פוך, *stibium, antimonium*. Στακτήν, inquit Theodor., ὀνομάζει τὸ καλούμενον *βάλσαμον*. Alibi vero est gemmæ species. Vide quæ de hac voce docte disputat J. Braunius in cel. opere, *De restitu sacerdotum Hebr.* lib. II, cap. 11. Πορφύραν autem habet textus Hebr. Itaque non possumus assentiri S. Hieronymo scribenti : « Stacten quoque, pro quo omnes alii *purpuram* interpretati sunt, quæ Hebraice dicitur ARGAMAN. » DRACH.]

Ibid. *Omnes*, καὶ βύσσον. Item ex Hieronymo. [Ed. Rom., Θαρσίς. Cod. Alex., Θάρβεις. Ald. et Complut., Θαρσεὶς. C et VM, Θαρσεὶς. Qui posterior addit καὶ Λαμώθ. Alex., Ῥαμμώθ. Ald., Δαμώθ. Compl., Ῥααμώθ. — Iterum apud Theodor. utrumque ponitur, καὶ βύσσον καὶ ποικ. Et ita Complut. DRACH.]

Ibid. Aq., *serica*; vel *subtilia*. Hieronymus.

Ibid. *Omnes*, Chodchod. Hieronymus, qui ait hanc vocem obscurissimam ab Hebræis pro mercibus quibuscumque pretiosissimis haberi. [Lectiones desumptæ e cod. B : Ο', ἀνθρώπους ἐμπορίαν (C, ἐμπορίας) σου. Ἀ., Ἐδώμ (etiam ille legit ד pro ר, et habent ד perplura exemplaria, quæ sequuntur Arabs et Syrus Hexaplaris. Vide De-Rossi *varias lectiones*) ἔμποροί σου. Σ., Θ., Συρία (legit per ר).... — Ο', τοῦ συμμίκτου σου. Ἀ., ποιημάτων τῶν ἔργων σου. Hebr. habet tantum, *operum tuorum*. — Ο', Θ., ἐν Ἀφέχ. Ἀ., συναλλαγὴν (quarto casu) σου. Σ., πολύμιτα. — Ο', στακτήν. Οἱ Γ', πορφύραν. Ἀ., ἴασπιν. Hæc Aquilæ versio palam ad נפך refertur. Vide quæ adnotavimus supra hoc in versu. — Ο', καὶ ποικίλματα. Οἱ Γ', πορφύραν. Id est, addunt πορφ. ante ποικίλματα. Et perperam ead. lectio modo ad στακτήν adscripta est. Hebr., purpuram et acupictum. — Ο', χορχόρ. Ἄλλος, χορχόρ, τὸ Ἑβραίοις Ἀράμ, *quod Hebræis est* Aram. In aliis ll. legitur, χόρ, χορχορύ; et χοδχόδ. — Ο', τὴν ἀγοράν σου. Ἀ., ἐν ἐγκαταλίμμασί σου. Videsis adnotationem nostram ad ℣ 14. DRACH.]

V. 17. Ἀ., Σ., Θ., καὶ φανάγ. Hieron. : « Verbum Hebraicum PHANAG A. S. Th. ita ut apud Hebræos positum est, transtulerunt : pro quo LXX *unguenta*, nos *balsamum* vertimus. » [B : Ἀ., πανέγ. Σ., φανάγ. Θ., φενέν. — Ο', εἰς τὸν σύμμικτον σου. Ἀ., συναλλαγήν σου. Et ita interpretatur eamdem vocem Hebr. supra ℣ 13. — C, καὶ υἱοί, absque οἱ... ἐν σίτου πράσει. Ita etiam VM... ÷ καὶ κασίας ÷ καὶ πρῶτον μέλι ⁚ — VM, ῥητείνην, et mox, in, σύμμεικτον, ut et alibi interdum. DRACH.]

V. 18. Hieron. : « Pro *vino pingui*, quod interpretatus est Symmachus, et apud Aquilam et Theod. et in ipso Hebraico habet, *vinum de Helbon*. Alii, *Chelbon*. » Theodoretus et Polychronius aiunt Symmachum vertisse χαλβάνην, quæ est forte alien Symmachi interpretatio, ut alibi non infrequenter. [B : Ἀ., ἐν οἴνῳ Χαλβάνῃ. Σ., ἐν οἴνῳ λιπαρῷ. Apud Theodor. utrumque conjungitur, οἶνος λιπαρὸς ὁ Χελβών, et idem Theodor. tribuit Symmacho lectionem Χαλβάνῃ. Verba ejus sunt : τὸ δὲ Χελβών, Χαλβάνην ὁ Σύμ. ἡρμήνευσε. DRACH.]

Ibid. A., Th., *et lanis Suor*. Hieronymus. [B : Ο', ἔρια ἐκ Μιλήτου (VM, 1 m., ἔρεια et Μειλήτου). Ἀ., (ἔρια ἐκ) Σοόρ. Σ., (ἔρια) στιλβῆς, *splendoris*. Lamb. Bos : « Aq. et Th., ἐν ἐρίοις Σοόρ. » Quæ autem supra in textu, Montf. de suo fecit Græce. Hebr., lana *candida*, vel, ut vult Bochartus in Hieroz. parte I lib. II, cap. 45; collato Arabico צחר, *lana summe candida*. Miletum vero in Hebræo non habetur. Ald., ἔρια στιλβὰ ἐκ M. Complut., ἔριον στιλβὸν ἐκ M. — C ita : Δαμασκὸς ἔμπορός σου ⋇ ἐν πλήθει ἔργων σου, ⁚ ἐκ πλήθους πάσης δυνάμεώς σου· οἶνος ἐκ χελβών, καὶ ἔρια ἐκ Μιλήτου, ÷ καὶ οἶνον. ⁚ καὶ Δὰν καὶ Ἰωυιὰν ⋇ Μεωζὴλ, ⁚ εἰς τὴν ἀγοράν σου ÷ ἔδωκαν. ℣ 19. Ἐξ Ἀσὴλ ⁚ etc. Hebr., Damascus negotiatrix tua in multitudine operum tuorum, præ multitudine omnis fortitudinis (i. e. omnium opum) in vino Chelbon et lana candida. ℣ 19. Et Dan et que Javan *Meuzzal* (quæ vox Hebraica a variis varie interpretatur) in negotiationibus tuis dederunt : ferrum etc. — In multis et apud Theodor. est, καὶ Ἰωνὰν, καὶ Μεωζὲλ εἰς τὴν ἀγοράν σου ἔδωκαν. Lamb. Bos : « (Pro Μεωζέλ) Aq., ἐξ Οὐζάλ. Symm., ἀποφέρων. » (Quæ Græca non suppetebant Montfauconio.) Utrumque haud male respondet Hebraico. Theodoretus ait quosdam putare *Azel* esse Asiam. S. Hier., ⋇ Dan et Javan et Mozel in nundinis tuis ⁚ quæ in editione eorum (LXX) de Theodotione addita sunt. — B : Ο', Ἀ., Σ., Θ., ἐν πλήθει ἔργων σου (Ο', ut in C). — Ο', δυνάμεώς σου; Οἱ Γ', πλούτου, et absque σοῦ, quod deest in Hebr., ut vidisti supra. — Ο', οἶνος ἐκ Χελβών. Ἀ., ἐν οἴνῳ χαλβάνῃ. Σ., ἐν οἴνῳ λιπαρῷ. DRACH.]

V. 19 Th., *Dan et Javan* etc. Hæc quoque ex Hieronymo. [Adi quæ adnotavimus ad versum præcedentem. — C, καὶ τροχὸς (ed. Rom., τροχιάς. VM, τροχειάς) ἐν τῷ συμμίκτῳ ἐστίν (sic, et absque σου, quod tamen exprimitur in Hebr.). — B : Ἀ., Θ., ⋇ καὶ Δὰν, καὶ Ἰευὰν ἀπὸ Ἰουζάν. Σ., ... ἀπηνεγμένα (pro Μεωζέλ, vel Οὐζάλ, vel Ἰουζάν). — Ο', εἰς τὴν ἀγοράν σου. Ἀ., ἐν τῷ ἐγκαταλίμματί σου. — Ο', *vacat*. Ἀ., σπαρτίον. Σ., στακτήν. Θ., καδδά. I. e., ipsum verbum Hebr. קדה, *casia* significans. — Ο', καὶ τροχίας. Οἱ Γ', καὶ κάλαμος. Hebr., *calamus*. — Ο', ἐστί. Ἀ., ἦν. Σ., ἐγένετο. Θ., ἐγενήθη. DR.]

V. 20. B : Ο', μετὰ κτηνῶν ἐκλεκτῶν. Ἀ., ἐν ἱματισμῷ ἐλευθερίας. (Hebr., *in vestibus libertatis*. Quid autem legerint Senes, difficile divinatu.) Σ., ἐν ἐνδύμασιν ἐπιβλήτοις. Θ., (ἐν ἱματισμῷ vel ἱματίῳ) ἐπικαλύπτῳ. Verbum חפש et in *libertatem* et in *strationem* (a sterno) verti potest, secundum diversitatem vocalium. DRACH.

V. 21. C, Ἡ Ἀραβία, καὶ πάντες ÷ οἱ ⁚ ἄρχοντες Κηδάρ, οὗτοι ἔμποροι (absque σου) διὰ χειρός σου, καμήλους καὶ κριούς, καὶ ἀμνούς, (ita etiam VM, qui scribit χρειούς. Hebr., per agnos, et arietes, et hircos) ἐν οἷς ἐμπορεύονταί σοι. IDEM.

V. 22. C, Σαβᾶ, καὶ Ῥαγμά. VM, Σαβᾶ καὶ Ῥαμᾶ. — B : Ἀ., ※ ὡς /. Σ., Θ, ※ οἱ /. Ο', ἔμποροι. (Ex quo conficitur, ὡς οἱ ἐμπ.) — Ο', ἡδυσμάτων. Ἀ., ἀρωμάτων. Hebr., aromatis. — Ο', χρηστῶν. Ἀ., Σ., Θ., τιμίων. IDEM.

V. 23. Σαβᾶ καὶ Ἀσσούρ. Drusius. [C, Χαῤῥάν, καὶ Χαννά, (VM, Χαῤῥᾶ καὶ Χαναᾶ. Aliique aliter) ※ καὶ Δαδάν, (alii Δεδάν et Αἰδάν) οὗτοι ⁚ ἔμποροί σου· ※ Σαβᾶ, ⁚ Ἀσσοὺρ (apud S. Hier., Sabba, Assur) καὶ Χαλμὰδ (VM, χαλμᾶν), ἔμποροί σου. Hebr., Haran, et Channe, et Eden, negotiatores Saba. Assur, Chilmad negotiatrix tua. — B : Οἱ Γ', Σαβᾶ. Absque nota. DRACH.]

V. 24. Aquilæ versionem adfert Theodoretus, itemque Theodotionis, et infra Syri etiam Interpretis. Hieron. vero : « Quod autem de Theodotione in LXX additum est, in *Machalim et Galima*, Symm., *pretiosis involucris*. » Theodoretus vero hæc adjicit : Ἐν ἀποκρύφοις σκεύεσι· οὕτω γὰρ καὶ ὁ Σύρος νοήσας ἡρμήνευσεν· εὐθὺς δέ φησι πολυτελῆς, καὶ ποικίλη διὰ πολυτίμων εἰλημάτων κεκαλυμμένη, καὶ ἐν σκεύεσιν ἄριστα ἠσκημένοις ἀποκειμένη, καὶ ἐν σχοινίοις καταδεδεμένη ἐνομίζετό σοι.

Ibid. Ἀ., καὶ ποικιλίας, καὶ ἐν μαγώζοις. Theodoretus, qui ait, σημαίνει δὲ ἐν ἀποκρύφοις σκεύεσι. [Pro illis Senum ab ὑάκινθον usque ad ἐνεπλήσθης sequentis commatis, in aliquot codd. et apud Theodoretum habentur ista : ἐν Μαχαλὶμ, καὶ Γαλιμὰ, ὑάκινθον καὶ ποικιλίαν, καὶ θησαυροὺς ἐκλεκτοὺς, ἐν μαγώζοις (ipsum verbum Hebr. גנזי, *thesauri*, paululum deflexum, ut mox dicetur) συγκειμένους, καταδεδεμένους ἐν σχοίνοις (aliter, δεδεμένους σχοιν.), καὶ ἐν κυπαρισσίνοις πλοίοις (aliter, καὶ κυπαρίσσινα πλοῖα) ἐν αὐτοῖς (aliter, ἐν οἷς) ἡ ἐμπορία σου, πλοῖα Καρχηδονίων ἐν τῇ ἐμπορίᾳ σου, ἐν τῷ πλήθει τῶν συμμίκτων (aliter, τῷ συμμίκτῳ) σου. Ac Theodoretus : τὸ δὲ *ἐν Μαχαλὶμ*, ὁ Ἀκ. οὕτως ἡρμήνευσεν· *ἐν κατασκευοῖς εἰλήμασι* (sic, non ut ex exemplaribus mendosis mendose exscripsit Montf. supra in textu) : τὸ δὲ *ἐν μαγώζοις* ἀπὸ τοῦ Ἑβραίου ἐξελληνίζει, *Græcum facit*, σημαίνει δὲ, ἐν ἀποκρύφοις σκεύεσι· οὕτως γὰρ καὶ ὁ Σύρος ἡρμήνευσεν. Hinc liquido patet Montfauconium perperam substravisse priori sticho Syri versionem, quam nos, ut res ipsa clamat, ad alterum stichum transtulimus. — Lamb. Bos : « Σ., ἐν τιμίοις περιειλήμασι. Pro πορφύραν, Aq. et Symm., πολύμιτα. (Quæ Græca non suppetebant Montfauconio.) Th., ποικιλίας, aliter ποικίλματα. — C, φέροντες ἐμπορίαν ※ ἐν Μαλαχεὶμ καὶ ἐν Γ※αλιμά, ⁚ ὑάκινθον, καὶ ποικιλίαν, ※ καὶ θησαυροὺς ἐκλεκτοὺς, σχοινίοις ※ δεδεμένους καὶ κυπαρίσσινα ※ ἐν αὐτοῖς ※ ἡ ἐμπορία σου, ⁚ — B : Ο', φέροντες ἐμπορίαν. Ἀ., Σ., αὐτοὶ ἔμποροί σου. Hebr. et Vulg., ipsi negotiatores tui. — Ἀ., Σ., ἐν ἐγκατασκευοῖς εἰλήμμασι (l. εἰλήμασι). Θ., ἐν Μαχαλὶμ καὶ Γαλιμά. Hebr., in perfectionibus in involucris. Ο', vacat. — Ο', καὶ θησαυροὺς ἐκλεκτούς. Ἀ., Σ., καὶ ἐν μαγώζοις ἐγκειμένοις. Θ., καὶ ἐν γάζαις Βαραμεὶμ. Βαρ. est ipsa vox Hebr., quæ sonat, *vestes pretiosæ*. — Ο', καὶ κυπαρίσσινα· πλοῖα ἔμποροί σου, ἐν τῷ πλήθει (ut ed. Rom., sed aliter interpungitur). Ἀ., καὶ κέδρος ἐν ταῖς ἐμπορίαις σου· πλοῖα Θαρσεὶς ἐλειτούργει σοι. Hebr., et cedrina in mercatu tuo. ℣ 25. Naves Tharsis turmæ tuæ, i. e., turmatim veniebant. DRACH.]

Ibid. A., S., *polymita*. Ex Hieronymo.

V. 25. C, συμμίκτῳ ※ σου, ⁚ — B : Ο', καὶ ἐβαρύνθης σφόδρα. Ἀ., Θ., καὶ ἐδοξάσθης σφόδρα. Utrumque sensum admittit textus Hebr. DRACH.

V. 27. Pro ἦσαν, in quibusd., αἱ. Pro καὶ οἱ σύμμικτοί σου ἐκ τῶν συμμίκτων σου, nonnulli, καὶ οἱ ἐπιμιγνύντες, *commiscentes*, τὴν ἐπιμιξίαν, *commistionem*, σου. — B : Ο', ἦσαν δυνάμεις σου. Ἀ., Θ., πλοῦτός σου. Σ., ὕπαρξίς σου. Nullum horum sensuum respuit Hebr. — Ο', καὶ ὁ μισθός σου, καὶ τῶν συμμίκτων σου. Ἀ., καὶ ἐγκατάλιμμά σου. συναλλαγαί σου. Σ., τὰ ἀποθέματά σου, καὶ ἡ ἐπιμιξία σου. Θ., καὶ ἀγορὰ ὁ σύμμικτός σου. — Ο', καὶ οἱ σύμβουλοί σου. Ἀ., οἱ ἰσχυροποιοῦντες τὴν ἐπισκευήν σου. Θ., οἱ κρατύναντες τὸ βεδὲκ σου. Hebr., confirmantes fissuram (Hebraice, *bedek*) tuam. — Ο', καὶ οἱ σύμμικτοί σου ἐκ τῶν συμμίκτων σου. Σ., καὶ ἐπιμιγνύντες τὴν ἐπιμιξίαν σου. Ο', συναγωγή σου. Θ., ἐκκλησία σου. — C, ÷ ἦσαν ⁚ Et mox, οἱ πολεμισταί σου ἐν σοί· καὶ πᾶσα ἡ συναγωγή σου, ※ ἡ ⁚ ἐν μέσῳ σου. IDEM.

V. 28. C, ※ πρὸς ⁚ τὴν φωνὴν τῆς κραυγῆς σου. Hebr., ad vocem clamoris. — B : Ο', φόβῳ φοβηθήσονται. Σ., σεισθήσονται οἱ ἄπωθεν. Θ., σαλευθήσονται αἱ πατριαί. IDEM.

V. 29. C, ἀπὸ τῶν πλοίων ※ αὐτῶν ⁚ Hebr., ex navibus suis. — B : Ο', καὶ οἱ ἐπιβάται. Σ., ναῦται. Absque καὶ οἱ, quæ desunt in Hebr. — Ο', καὶ οἱ πρωρεῖς. Οἱ Γ', ※ πάντες /. κυβερνῆται. Quasi κυβερνῆται in textu Senum, ut etiam habent Hebr. et Vulg. IDEM.

V. 30. C, ἐπὶ σὲ φωνῇ, absque τῇ. — B : Ο', καὶ ἀλαλάξουσιν. Ἀ., Θ., καὶ ἀκουτίσουσιν. Σ., καὶ ἀκουστὴν ποιήσωσιν. Hebr., et audire facient. — Ο', πικρόν. Θ., πικρῶς. — Ο', στρώσονται. Ἀ., κυλισθήσονται. *volventur*. Ἄλλος, ὑποστρώσονται. IDEM.

V. 31. Θ., ※ καὶ φαλακρώσουσιν etc. Ms. Jes. et Drusius, qui legit, καὶ ξυρήσονται. Horum et sequentium meminit Hieronymus, qui ait de Theodotione in LXX addita fuisse.

V. 32. Θ., ※ καὶ λήψονται etc. Ms. Jes. Ed. R. parum differt.

Ibid. Ἄλλος, τίς ὥσπερ Τύρος etc. Drusius. [℣℣ 31 et 32. Omnia Theodotionis et Alius, habet C sub asterisco. Legit φαλακρώσουσιν. Et ℣ 32, ÷ οἱ ⁚ υἱοὶ αὐτῶν, expungens οἱ. Eadem agnoscuntur etiam apud Theodoretum. — B : Hebr., sicut succisa, *vel* ad silentium redacta. Ο', *vacat*, sed, ut jam dictum, Alius et C atque apud Theodor., κατασιγηθεῖσα. Ἀ., ὡς ὕψος αὐτῆς. Nimirum, legit, כרמה, per *resch*. — VM, καὶ λήμψονται ἐπὶ σὲ οἱ υἱοὶ αὐτῶν. DRACH.]

V. 33. C, ÷ πάντας ⁚ (in Hebr. deest) βασιλεῖς. — B : Ο', πόσον τινὰ εὗρες μισθὸν ἀπὸ τῆς θαλάσσης. Ἀ., ἐν τῷ ἐξελθεῖν ἐγκατάλιμμά σου (ἀπὸ τ. θ.). Σ., ἐν τῷ προβαλέσθαι τὴν προσθήκην, *cum proferretur additamentum*, σου (ἀπὸ τ. θ.). Θ., ἐν τῷ ἐμπορεύεσθαι τὴν ἀγοράν σου ἐξ ἡμερῶν. Hebr., *in exeundo negotiationes tuæ ex maribus*. Et juxta Theodotionem, qui Hebr., *iammim*, cum aliis legit punctis, *iâmim*, *a diebus*. — Ο', ἀπὸ τοῦ πλήθους σου. Ἀ., Θ., ἀπὸ τοῦ πλούτου σου. — Ο', καὶ ἀπὸ τοῦ συμμίκτου σου. Ἀ., καὶ ἀπὸ τῆς συναλλαγῆς σου. DRACH.

V. 34. C, ἐν βάθει ὑδάτων. — B : Ο', ὁ σύμμικτός σου. Ἀ., ἡ συναλλαγή σου. IDEM.

V. 35. In nonnullis et apud Theodor. ita habetur : ἐκστάσει ἐκστήσονται, καὶ δακρύσει τὸ πρόσωπον αὐτῶν. Hebr., horruerunt horrore, turbatæ sunt facies. — C, ἔπεσαν· ÷ πάντες οἱ κωπηλάται σου, ⁚ Et revera absunt ab Hebr. — B : Ο', ἐστύγνασαν. Θ., ἐθαύμασαν. — Ο', ἐκστάσει ἐξέστησαν. Σ., ὀρθοτριχήσουσι φρίκῃ. IDEM.

V. 36. Ἄλλος, ἔμποροι ἐθνῶν etc. Drusius. [Et ita apud Theodoretum. — C, ἐσύρισαν ἐπὶ σέ. — B : Ο', ἐσύρισαν ἐπὶ σέ (ut C). Σ., συριοῦσιν ἐπὶ σέ. — Ο', ἀπώλεια ἐγένου, καὶ οὐκέτι ἔσῃ εἰς τὸν αἰῶνα. Θ., σπουδασμὸς ἐγένου, καὶ οὐχ ὑπάρξεις εἰς τ. α. DR.]

EZECHIELIS CAPUT XXVIII.

ΤΟ ΕΒΡΑΙΚΟΝ.	ΤΟ ΕΒΡΑΙΚΟΝ Ἑλληνικοῖς γράμμασι.	ΑΚΥΛΑΣ.
4 ותעש	4.	--
9 ביד מחלליך	9.	9.
10 מותי ערלים תמות	10.	10.
12 מלא חכמה	12.	12.
13 כל־אבן יקרה מסכתך	13.	13.
מלאכת תפיך		
14 כנפי את־כרוב ממשח הסוכך	14.	14.
התהלכת		Ἐμπεριπατήσας.
15 תמים	15.	15. Τέλειος.
16 רכלתך	16.	16.
ואבדך כרוב הסוכך		Ἀπολέσω σε τὸ Χερουβ τὸ συσκιάζον.
18 חללת מקדשיך	18.	18.
לאפר		
23 ושלחתי־בה דבר ודם	23.	23.
בתוכה		※ Ἐν μέσῳ αὐτῆς.
25 את־בית ישראל	25.	25.

VERSIO HEBRAICI TEXT.	VULGATA LATINA.	AQUILA.
4. Et fecisti.	4. Acquisisti.	4.
9. In manu sauciantis te.	9. Coram interficientibus te.	9.
10. Mortibus incircumcisorum morieris.	10. Morte incircumcisorum morieris.	10.
12. Plenus sapientia.	12. Plenus sapientia.	12.
13. Omnis lapis pretiosus operimentum tuum.	13. Omnis lapis pretiosus operimentum tuum.	13.
Opus tympanorum tuorum.	Opus decoris tui.	
14. Præparata sunt. Tu Cherub unctus tegens.	14. Præparata sunt. Tu Cherub extentus et protegens.	14.
Ambulasti.	Ambulasti.	Circumambulans.
15. Perfectus.	15. Perfectus.	15. Perfectus.
16. Negotiationis tuæ.	16. Negotiationis tuæ.	16.
Et perdam te Cherub tegens.	Perdidi te, o Cherub protegens.	Perdam te Cherub obumbrans.
18. Polluisti sanctuaria tua.	18. Polluisti sanctificationem tuam.	18.
In cinerem.	In cinerem.	
23 Et mittam in eam pestilentiam et sanguinem.	23. Et immittam ei pestilentiam et sanguinem.	23.
In medio ejus.	In medio ejus	In medio ejus.
25. Domum Israel.	25. Domum Israel.	25.

Notæ et variæ lectiones ad cap. XXVIII Ezechielis.

V. 2. C, τάδε λέγει Κύριος Κύριος. Hebr., Adonai Iehova. Mox, ἡ καρδία σου. — B : O', εἰπόν. Οἱ Γ', εἰπέ. O', Θεός. Θ., Ἰσχυρός. Hebr., Potens. — O', κατοικίαν. Ἀ., καθέδραν. Hebr., sedem. — O', σύ

EZECHIELIS CAPUT XXVIII.

ΣΥΜΜΑΧΟΣ.	Ο'.	ΘΕΟΔΟΤΙΩΝ.
	4. *Vacat.* Ἄλλος, καὶ περιεποιήσω.	4.
	9. *Vacat.* Ἄλλος, ἐν χειρὶ τραυματιζόντων σε. Ἄλλος, τιτρωσκόντων.	9.
10.	10. Ἐν πλήθει ἀπεριτμήτων ἀπολῇ. Ἄλλος, θανάτοις ἀπεριτμήτων ἀποθάνῃ.	10.
12.	12. *Vacat.* Οἱ Γ', ※ πλήρης σοφίας.	12.
13. . .	13. Πάντα λίθον χρηστὸν ἐνδέδεσαι.	13.
. . . .	Ἐνέπλησας τοὺς θησαυρούς σου.	
14. Ἡτοίμασαν μετὰ τοῦ Χερούβ κεχρισμένου, καταμεμετρημένου.	14. Σὺ μετὰ τοῦ Χερούβ.	14. ※ Ἡτοίμασαν μετὰ τοῦ Χερούβ κεχρισμένου, τοῦ κατασκηνοῦντος.
	Vacat.	
15.	15. Ἄμωμος.	15.
16.	16. Ἐμπορίας σου. Ἄλλος, περιδρομῆς σου.	16.
Ἀπολέσει σε, Χερούβ ὁ σκέπων.		Τὸ Χερούβ τὸ συσκιάζον.
18. Ἐβεβήλωσας τὸν ἁγιασμόν σου.	18. Ἐβεβήλωσα τὰ ἱερά σου.	18.
	Σποδόν. Ἄλλ., εἰς σποδόν.	
23.	23. Αἷμα καὶ θάνατος. Ἄλλος, καὶ ἐξαποστελῶ ἐπ' αὐτὴν θάνατον καὶ αἷμα.	23.
※ Ἐν μέσῳ αὐτῆς.	*Vacat.*	※ Ἐν μέσῳ αὐτῆς.
25.	25. Τὸν Ἰσραήλ. Οἱ Γ', ※ τὸν οἶκον Ἰσραήλ.	25.

SYMMACHUS.	LXX INTERPRETES.	THEODOTIO.
4.	4. *Vacat.* *Alius*, et acquisisti.	4.
9.	9. *Vacat.* *Alius*, in manu vulnerantium te. *Alius*, sauciantium.	9.
10.	10. In multitudine incircumcisorum morieris. *Alius*, mortibus incircumcisorum morieris.	10.
12.	12. *Vacat.* *Tres Int.*, plenus sapientia.	12.
13. Omni lapide pretioso vinctus atque constrictus fuisti.	13. Omni lapide bono circumdatus es.	13.
Opus tympanorum tuorum.	Replesti thesauros tuos.	
14. Præpararunt cum Cherub uncto, commensurato.	14. Tu cum Cherub.	14. Præparaverunt cum Cherub uncto, inhabitante.
	Vacat.	
15.	15. Immaculatus.	15.
16.	16. Negotiationis tuæ. *Alius*, circumcursationis tuæ.	16.
Perdet te, Cherub tegens.		Cherub obumbrans.
18. Polluisti sanctificationem tuam.	18. Contaminavi sancta tua.	18.
	Cinerem. *Alius*, in cinerem.	
23.	23. Sanguis et mors. *Alius*, et mittam in eam mortem et sanguinem.	23.
In medio ejus.	*Vacat.*	In medio ejus.
25.	25. Israel. *Tres Int.*, domum Israel.	25.

Notæ et variæ lectiones ad cap. XXVIII Ezechielis.

δὲ εἶ ἄνθρωπος. Οἱ Γ', σὺ δὲ εἶ ἄνθρ. — Θ', καὶ οὐ Θεός. Θ., καὶ οὐκ Ἰσχυρός. Hebr., et non Potens. Dr.

V. 3. VM non habet ἢ ante σοφοί. Deest etiam ἢ apud Theodor. Edit. Rom. : « In multis est ἢ σο-

φοί, quod ἣ etiam in nostram per errorem irrepsit, ac delendum est. » In Hebr, nihil de sophis, atque enunciatio est absoluta, sic : Ecce sapiens tu præ Daniele (videlicet, secundum opinionem tuam), ullum occultum, *vel* arcanum tibi non absconderunt (ita dicitur Hebraice, pro, *non absconditum fuit*). Cui textui probe quadrat Theodotionis versio, quam exhibet B : πᾶν κρυφίον (sic edit. Tetraplor. pro κρύφιον) οὐχ ὑπερεῖχέ, *superavit*, σε. IDEM.

V. 4. Ἄλλος. καὶ περιεποιήσω Ex Drusio. [Ed. Rom. : « Multi, καὶ ἐποίησας χρυσίον, et apud S. Hier., *et fecisti aurum*. In aliquo est, περιεποιήσω. » C, ⋇ καὶ ἐποίησας χρυσόν. Id. cod., ἣ ἐν τῇ φρονήσει. — B : Ο', ἐν τῇ ἐπιστήμῃ. Ἀ., Σ., Θ., ἐν τῇ σοφίᾳ. DRACH.]

V. 5. C, ἣ ἐν τῇ πολλῇ. Etiam Alex.; Ald., Complut. habent ἣ. Mox, ⋇ καὶ ⁝ ὑψώθη. Hebr., et elatum est. DRACH.

V. 6. C, τάδε λέγει Κύριος Κύριος. IDEM.

V. 7 C, τὰς μαχαίρας αὐτῶν ÷ ἐπὶ σὲ, καὶ ⁝ ἐπὶ τὸ κάλλος. Hebr., gladios suos super pulchritudinem. Librarius male collocavit obelum : ÷ αὐτῶν ἐπὶ σέ ⁝ — B : Ο', λοιμούς. Ἀ., δυνατούς. Σ., ἀκαταμαχήτους, *inexpugnabiles*. Θ., ὑψηλούς. Hebr., robustos, *vel* violentos. — Ο', καὶ ἐκκενώσουσι. Σ., καὶ γυμνώσουσι. — Ο', καὶ στρώσουσι. Θ., καὶ βεβηλώσουσι. Hebr., et profanabunt. — Ο', εἰς ἀπώλειαν. Οἱ Γ', εἰς διαφθοράν. IDEM.

V. 9. Ἄλλος, ἐν χειρὶ τραυματιζόντων σε. Ms. Jes. Drusius vero, τιτρωσκόντων. [Edit. Rom. : « Plerique, ἐν χειρὶ τιτρωσκόντων σε. » C, ἐν πλήθει ⋇ τραυματιζόντων σε. ỹ 10. θανάτοις ⁝ Apud S. Hier. ut C, in multitudine vulnerantium te. DRACH.]

V. 10. Ἄλλος, θανάτοις etc. Ex Drusio. [Potius ex edit. Romana, quæ monet eadem haberi et apud Theodor. Ita etiam C, cum linea cuspidata, quæ in textu valet ⁝, post θανάτοις, ut modo vidisti. DRACH.]

V. 11. B : Ο', ἐπὶ τὸν ἄρχοντα. Οἱ Γ', ἐπὶ τὸν βασιλέα. DRACH.

V. 12. Οἱ Γ', πλήρης σοφίας. Ms. Jes. [Ita ... C, sub asterisco, et apud Theodor. Et B. ... πλ. σοφ., absque nota. Apud S. Hier., plenus ... pientia. — B præterea : Ο', καὶ εἰπόν. Οἱ Γ' ... ἐρεῖς. Hebr., et dices. — Ο', ἀποσφράγισμα ... σεως. Ἀ., σφραγὶς ἑτοιμασιῶν. præparationum ... ὁμοιώματος. Θ..... ἑτοιμασίας. Hebr., ... demensum, *vel* summam. Pro Hebr., *hhothem*, ... ticipio verbi, quæ nunc est communis lectio, ... et Aq. legerunt nomen *hhotham*, quod habent ... pauca exemplaria, et est lectio Ben-Aser, quam ... non recensetur inter varias lectiones Ben-Aser ... Ben-Naphthali. De qua voce consul... *varias lec*... J. Bernardi De-Rossi, et librum *Minhhath-Sch*... Salomonis Norzi. Porro, LXX et Aq. legerunt ... *bnith*, pro recepto *thochnith*. Sed neque in hac ... cordant exemplaria. DRACH.]

V. 13. Hieronymus : « Hoc observandum est ... omni lapide pretioso regem Tyri fuisse circum... tum; sive opertum, et ut Symmachus trans... *vinctum atque constrictum* : sed omnem lapidem ... quem habuit princeps Tyri, fuisse *pretiosum* ... paulo post : « Sed et A., S. et Th. in præsenti ... multum inter se et LXX Interpr. non solum ... ne, sed et numero discrepant atque nomini... Et multis interpositis : « Porro Symmachi inter... tatio istum principem Tyri, quasi pretiosum ... monile lapidibus scribit esse *distinctum*. ... *auri tympanum* vocat, in quo infixi sunt lapides ... Hinc Drusius putat, sed non sine dubio ... Symmachum vertisse, *opus tympanorum* ... quod mihi etiam verisimile videtur. [C, ἐγεν... Et mox obelo expungit ÷ καὶ ἀργύριον καὶ χρ... quæ desunt in Hebr. — Lamb. Bos : Σymm., ἐπ... ξαι, *fuisti distinctus* (perf. pass. verbi διαστίζω ... Senum ἐνδέδεσαι. Cf. S. Hieronymum, *cujus* ... modo attulit Montf., (principem lapidibus) *esse* ... *tinctum*. — B : Ο', τοῦ παραδείσου. Θ., τοῦ κήπ... Ο', πάντα λίθον χρηστὸν ἐνδέδεσαι. Σ., πᾶς ... τίμιος περιέφραξέ σε. — Ο', ἐνέπλησας τοὺς θη...

EZECHIELIS CAPUT XXIX.

ΤΟ ΕΒΡΑΙΚΟΝ.	ΤΟ ΕΒΡΑΙΚΟΝ Ἑλληνικοῖς γράμμασι.	ΑΚΥΛΑΣ.
בשנה העשירית 1	1.	
בשנים עשר		
דבר ואמרת 3	3.	3.
הנני עליך פרעה מלך־מצרים		
התנים הגדול Ὁ Ἑβραῖος, τὸ κῆτος τὸ μέγα.		
לי יארי		
חחיים 4	4.	

VERSIO HEBRAICI TEXT.	VULGATA LATINA.	
1. In anno decimo.	1. In anno decimo.	
In duodecimo.	In undecima.	
3. Loquere et dices.	3. Loquere et dices.	3.
Ecce ego super te, Pharao rex Ægypti.	Ecce ego ad te, Pharao rex Ægypti.	
Draco magnus. *Hebræus int.*, cetum magnum.	Draco magne.	
Mihi fluvius meus.	Meus est fluvius.	
4 Hamos.	4. Frenum.	

ούς σου. Ἀ., Θ., ἔργον τοῦ κάλλους σου. Legerunt, יפי. Σ., ἔργον τοῦ τυμπάνου σου. Hebr., opus tympanorum tuorum. — Ο', καὶ τὰς ἀποθήκας σου. Ἀ., καὶ τρήσεων σου. Hebr., et foraminum tuorum. DRACH.]

V. 14. Σ., Θ., ἡτοίμασαν etc. Ms. Jes. Alius legit, ἡτοιμάσθησαν. Conveniunt autem Symm. et Theod. usque ad κεχρισμένου. Vocem autem הסוכך ex Scholiaste Romano, Θ., κατασκηνοῦντος, Σ., καταμεμετρημένου. Sed ms. Jes. habet, Σ., τοῦ κατασκηνοῦντος. Cod ex Coislin. habet, Σ., τοῦ Χερουβ καταμεμετρημένου. [In scholio notatur Theodotionem legisse ἡτοιμάσθησαν. Etiam Hebr. et Vulg. passive, præparata sunt. — C, ※ ἡτοίμασαν μετὰ τοῦ Χερουβ κεχρισμένου τοῦ κατασκηνοῦντος· καὶ ἔδωκά σε ⁚ ἐν ὄρει etc. — B : Ο', ἐκτίσθης. Ἀ., ※ ἑτοίμασας ἐν σοί. — Ο', σὺ μετὰ τοῦ Χερουβ. Σ., καὶ μετὰ Χερουβ καταμεμετρημένος. Θ., ※ κεχρισμένου κατασκηνοῦντος. DRACH.]

Ibid. Ἀ., ἐμπεριπατήσας. Drusius. [Scholiastes in ed. Rom. DRACH.]

V. 15. Ἀ., τέλειος. Idem. Mox, *Ἄλλος*, περιδρομῆς. Ms. Jes. [Aquilæ lectionem exhibet ed. Rom. — C, ἄμωμος σὺ ἐν ταῖς. Hoc σύ deest in VM. Mox C, ἕως οὗ, ut etiam Complut. — B : Ο', ἐν ταῖς ἡμέραις σου. Οἱ Γ', ἐν ταῖς ὁδοῖς σου. Hebr. et Vulg., in viis tuis. — Ο', ἐν σοί. Π., (τὰ ἀδικήματά) ※ σου. Sed Hebr. et Vulg., (iniquitas) in te. DRACH.]

V. 16. Ἀ., ἀπολέσω σε τὸ Χερουβ τὸ συσκιάζον. Ms. Jes. Drusius vero, Χερουβ ὁ συσκιάζων. Coislin. autem habet, Ἀ., ἀπώλεσέ σε Χερουβ ὁ συσκιάζων. Σ., ἀπολέσει σε Χερουβ ὁ σκέπων. [Aquila in ed. Rom., ὁ συσκιάζων. Theodor. legit in textu συσκιάζον, et apud S. Hier., obumbrans. C, ※ τὸ σκιάζον. — B : Ο', ταμεῖά σου. Ἀ., Σ., ἐντός σου — Ο', καὶ ἤγαγέ σε τὸ Χερούβ. Ἀ., καὶ πτερύγια Χερουβ ἐσκέπασέ σε. Σ., καὶ ἀπολέσει σε Χερουβ ※ ὁ σκεπάσας σε. Θ., ※ τὸ συσκιάζον. — Ο', πυρίνων, Ἀ., πυρός. Hebr., (lapides) ignis. DRACH.]

V. 17. C ita, ÷ διὰ πλῆθος ἁμαρτιῶν σου ⁚ Et desunt in Hebr. DRACH.

V. 18. Σ., ἐβεβήλωσας etc. Ms. Jes. [B : *Ἄλλος*, ἐβεβήλωσας. Ed. Rom. : In multis est, ἐβεβήλωσας. — B : Ο', τὰ ἱερά σου. Σ., τὸν ἁγιασμόν σου. Ed. Rom. : In quibusd. et apud Theodor., τὸν ἁγιασμόν σου. DRACH.]

Ibid. *Ἄλλος*, εἰς σποδόν. Drusius. [Ed. Rom., unde hausit Drusius : Multi, εἰς σπ. Ita etiam C cum tribus editt. Apud S. Hier., in cinerem. DRACH.]

V. 19. Pro στενάζουσιν, C, στυγνάσουσιν, *contristabuntur*. Et ita Alex., Ald. et Complut. Apud S. Hier., contristabuntur. B : Ο' *ἄλλως*, στυγνάσουσιν. Θ., ἐθαύμασαν. H. et V., obstupescent. — B : Ο', ἀπώλεια ἐγένου. Θ., ἐθανατώθης, *morti traditus es*. DRACH.

V. 21. VM, Σειδῶνα. Et in versu seq., Σειδών. IDEM.

V. 22. C, τάδε λέγει Ἀδωναῒ Κύριος. Hebr., Adonai Jehova. Ita etiam ✝ 25. Et mox, ὅτι ἐγώ ÷ εἰμι ⁚ Hebr. non exprimit *sum*. — B : Οἱ Γ', Ο', καὶ ἐρεῖς. *Ἄλλως*, καὶ εἰπόν. IDEM.

V. 23. *Ἄλλος*, καὶ ἐξαποστελῶ etc. Drusius. [C, καὶ ἐξαποστελῶ ἐπὶ σὲ θάνατον, καὶ αἷμα ἐν ταῖς πλ. Et ita apud Theodoretum. DRACH.]

Ibid. Ἀ., Σ., Θ., ἐν μέσῳ αὐτῆς. Ms. Jes. [C, ※ ἐν μέσῳ αὐτῆς ⁚ DRACH.]

V. 24. C, ἐν τῷ οἴκῳ Ἰσραὴλ σκόλοψ. Etiam VM scribit σκόλοψ. Et mox, ἀπὸ πάντων τῶν περικύκλῳ. Et, ἐγώ εἰμι Ἀδωναῒ Κύριος. — B : Ο', ἀτιμασάντων. Ἀ., μαστιγούντων, *flagellantium*. Nimirum deducit verbum Hebr. a שוט, *flagellum*. DRACH.

V 25. Οἱ Γ', τὸν οἶκον Ἰσραήλ. Idem. [C, τὸν ※ οἶκον ⁚ Ἰσραήλ. Mox, ἐνώπιον ÷ τῶν ÷ λαῶν, καὶ ⁚ τῶν ἐθνῶν. Quæ hic obelo expunguntur desunt in Hebr. Et post, ἐπὶ τῆς γῆς αὐτῶν, ἧς ἔδωκα. — B : Ο', ἐκ, Θ., ※ πάντων ⁚ τῶν ἐθνῶν. Sed hæc Theodotionis additio, πάντων, non est in Hebr. DRACH.]

V 26. C, ÷ καὶ ὁ Θεὸς τῶν ⁚ Quæ desunt in Hebr. DRACH.

EZECHIELIS CAPUT XXIX.

ΣΥΜΜΑΧΟΣ.	Ο'.	ΘΕΟΔΟΤΙΩΝ.
	1. Ἐν τῷ ἔτει τῷ δωδεκάτῳ. *Ἄλλος*, δεκάτῳ.	1.
	Δεκάτῳ. *Ἄλλος*, ἐν τῷ δωδεκάτῳ.	
	3. Καὶ εἰπόν. *Οἱ Γ'*, ※ λάλησον ⁚ καὶ εἰπόν.	3.
	Ἰδοὺ ἐγὼ ἐπὶ σὲ, Φαραὼ ※ βασιλεῦ Αἰγύπτου.	
	Τὸν δράκοντα τὸν μέγαν.	
	Ἐμοί εἰσιν οἱ ποταμοί. *Ἄλλοι*, ἐμοὶ ὁ ποταμός μου.	
	4. Παγίδας. *Ἄλλος*, χαλινόν.	4.

SYMMACHUS.	LXX INTERPRETES.	THEODOTIO.
	1. In anno duodecimo. *Alius*, decimo.	1.
	Decimo. *Alius*, in duodecimo.	
	3. Et dic. *Tres Int.*, loquere et dic.	3.
	Ecce ego super te, Pharao rex Ægypti.	
	Draconem magnum.	
	Mihi sunt fluvii. *Alii*, mihi fluvius meus.	
	4. Laqueos. *Al*, frenum.	4.

φοί, quod ἣ etiam in nostram per errorem irrepsit, ac delendum est. » In Hebr, nihil de sophis, atque enunciatio est absoluta, sic : Ecce sapiens tu præ Daniele (videlicet, secundum opinionem tuam), ullum occultum, *vel* arcanum tibi non absconderunt (ita dicitur Hebraice, pro, *non absconditum fuit*). Cui textui probe quadrat Theodotionis versio, quam exhibet B : πᾶν κρυφίον (sic edit. Tetraplor. pro κρύφιον) οὐχ ὑπερεῖχέ, *superavit*, σε. Idem.

V. 4. Ἄλλος. καὶ περιεποιήσω Ex Drusio. [Ed. Rom. : « Multi, καὶ ἐποίησας χρυσίον, et apud S. Hier , *et fecisti aurum*. In aliquo est, περιεποιήσω. » C, ⋇ καὶ ἐποίησας χρυσόν. Id. cod., ἣ ἐν τῇ φρονήσει. — B : O', ἐν τῇ ἐπιστήμῃ. Ἀ., Σ., Θ., ἐν τῇ σοφίᾳ. Drach.]

V. 5. C, ἣ ἐν τῇ πολλῇ. Etiam Alex., Ald., Complut. habent ἣ. Mox, ⋇ καὶ ⁏ ὑψώθη. Hebr., et elatum est. Drach.

V. 6. C, τάδε λέγει Κύριος Κύριος. Idem.

V. 7 C, τὰς μαχαίρας αὐτῶν ÷ ἐπὶ σὲ, καὶ ⁏ ἐπὶ τὸ κάλλος. Hebr., gladios suos super pulchritudinem. Librarius male collocavit obelum : ÷ αὐτῶν ἐπὶ σέ ⁏ — B : O', λοιμούς. Ἀ., δυνατούς. Σ., ἀκαταμαχήτους, *inexpugnabiles*. Θ., ὑψηλούς. Hebr., robustos, *vel* violentos. — O', καὶ ἐκκενώσουσι. Σ., καὶ γυμνώσουσι. — O', καὶ στρώσουσι. Θ., καὶ βεβηλώσουσι. Hebr., et profanabunt. — O', εἰς ἀπώλειαν. Οἱ Γ', εἰς διαφθοράν. Idem.

V. 9. Ἄλλος, ἐν χειρὶ τραυματιζόντων σε. Ms. Jes. Drusius vero, τιτρωσκόντων. [Edit. Rom. : « Plerique, ἐν χειρὶ τιτρωσκόντων σε. » C, ἐν πλήθει ⋇ τραυματιζόντων σε. ℣ 10. θανάτοις ⁏ Apud S. Hier. ut C, in multitudine vulnerantium te. Drach.]

V. 10. Ἄλλος, θανάτοις etc. Ex Drusio. [Potius ex edit. Romana, quæ monet eadem haberi et apud Theodor. Ita etiam C, cum linea cuspidata, quæ in textu valet ⁏, post θανάτοις, ut modo vidisti. Drach.]

V. 11. B : O', ἐπὶ τὸν ἄρχοντα. Οἱ Γ', ἐπὶ τὸν βασιλέα. Drach.

V. 12. Οἱ Γ', πλήρης σοφίας. Ms. Jes. [Ita et C, sub asterisco, et apud Theodor. Et B : O
πλ. σοφ., absque nota. Apud S. Hier., plenu
pientia. — B præterea : O', καὶ εἰπόν. Οἱ Γ,
ἐρεῖς. Hebr., et dices. — O', ἀποσφράγισμα ὁ
σεως. Ἀ., σφραγὶς ἑτοιμασιῶν. præparation
... ὁμοιώματος Θ..... ἑτοιμασίας. Hebr., obsig
demensum, *vel* summam. Pro Hebr., *khothe*
ticipio verbi, quæ nunc est communis lectio,
et Aq. legerunt nomen *khotham*, quod haben
pauca exemplaria, et est lectio Ben-Aser, quæ
non recensetur inter varias lectiones Ben-A
Ben-Naphthali. De qua voce consule varias lect
J. Bernardi De-Rossi, et librum *Minkhath-Sch*
Salomonis Norzi. Porro, LXX et Aq. legerunt
bnith, pro recepto *thocknith*. Sed neque in hac
cordant exemplaria. Drach.]

V. 13. Hieronymus : « Hoc observandum est,
omni lapide pretioso regem Tyri fuisse circu
tum, sive opertum ; et ut Symmachus trans
vinctum atque constrictum : sed omnem lap
quem habuit princeps Tyri, fuisse *pretiosum*.
paulo post : « Sed et A., S. et Th. in præsent
multum inter se et LXX Interpr. non solum
ne, sed et numero discrepant atque nomin
Et multis interpositis · « Porro Symmachi inter
tatio istum principem Tyri, quasi pretiosissi
monile lapidibus scribit esse *distinctum*. Dei
auri tympanum vocat, in quo infixi sunt lapid
Hinc Drusius putat, sed non sine dubio quid
Symmachum vertisse, *opus tympanorum* lap
quod mihi etiam verisimile videtur. [C, ἐγεν
Et mox obelo expungit ÷ καὶ ἀργύριον καὶ χρ
quæ desunt in Hebr. — Lamb. Bos : Symm., ἀπ
ξαι, *fuisti distinctus* (perf. pass. verbi διαστίζω
Senum ἐνδέδεσαι. Cf. S. Hieronymum, cujus ve
modo attulit Montf., (principem lapidibus) *esse*
tinctum. — B : O', τοῦ παραδείσου. Θ., τοῦ κήπ
O', πάντα λίθον χρηστὸν ἐνδέδεσαι. Σ., πᾶς λί
τίμιος περιέφραξέ σε. — O', ἐνέπλησας τοὺς θησ

EZECHIELIS CAPUT XXIX.

ΤΟ ΕΒΡΑΙΚΟΝ.	ΤΟ ΕΒΡΑΙΚΟΝ Ἑλληνικοῖς γράμμασι.	ΑΚΥΛΑΣ.
בשנה העשירית 1	1.	
בשנים עשר		
דבר ואמרת 3	3.	3.
הנני עליך פרעה מלך־מצרים		
התנים הגדול 'Ο Ἑβραῖος, τὸ κῆτος τὸ μέγα.		
לי יארי		
והחיים 4	4.	

VERSIO HEBRAICI TEXT.	VULGATA LATINA.	
1. In anno decimo.	1. In anno decimo.	
In duodecimo.	In undecima.	
3. Loquere et dices.	3. Loquere et dices.	3.
Ecce ego super te, Pharao rex Ægypti.	Ecce ego ad te, Pharao rex Ægypti.	
Draco magnus. *Hebræus int.*, cetum magnum.	Draco magne.	
Mihi fluvius meus.	Meus est fluvius.	
4 Hamos.	4. Frenum.	

πούς σου. Ἀ., Θ., ἔργον τοῦ κάλλους σου. Legerunt, יפי. Σ., ἔργον τοῦ τυμπάνου σου. Hebr., opus tympanorum tuorum. — Ο', καὶ τὰς ἀποθήκας σου. Ἀ., καὶ τρήσεων σου. Hebr., et foraminum tuorum. Drach.]

V. 14. Σ., Θ., ἡτοίμασαν etc. Ms. Jes. Alius legit, ἡτοιμάσθησαν. Conveniunt autem Symm. et Theod. usque ad κεχρισμένου. Vocem autem הסוכך ex Scholiaste Romano, Θ., κατασκηνοῦντος, Σ., καταμεμετρημένου. Sed ms. Jes. habet, Σ., τοῦ κατασκηνοῦντος. Codex Coislin. habet, Σ., τοῦ Χερούβ καταμεμετρημένου. [In scholio notatur Theodotionem legisse ἡτοιμάσθησαν. Etiam Hebr. et Vulg. passive, præparata sunt. — C, ※ ἡτοίμασαν μετὰ τοῦ Χερούβ κεχρισμένου τοῦ κατασκηνοῦντος· καὶ ἔδωκά σε ⁚ ἐν ὄρει etc. — B : Ο', ἐκτίσθης. Ἀ., ※ ἑτοίμασας ἐν σοί. — Ο', σὺ μετὰ τοῦ Χερούβ. Σ., καὶ μετὰ Χερούβ καταμεμετρημένος. Θ., ※ κεχρισμένου κατασκηνοῦντος. Drach.]

Ibid. Ἀ., ἐμπεριπατήσας. Drusius. [Scholiastes in ed. Rom. Drach.]

V. 15. Ἀ., τέλειος. Idem. Mox, *Ἄλλος*, περιδρομῆς. Ms. Jes. [Aquilæ lectionem exhibet ed. Rom. — C, ἄμωμος σὺ ἐν ταῖς. Hoc σύ deest in VM. Mox C, ἕως οὗ, ut etiam Complut. — B : Ο', ἐν ταῖς ἡμέραις σου. Οἱ Γ', ἐν ταῖς ὁδοῖς σου. Hebr. et Vulg., in viis tuis. — Ο', ἐν σοί. Π., (τὰ ἀδικήματά) ※ σου. Sed Hebr. et Vulg., (iniquitas) in te. Drach.]

V. 16. Ἀ., ἀπολέσω σε τὸ Χερούβ τὸ συσκιάζον. Ms. Jes. Drusius vero, Χερούβ ὁ συσκιάζων. Coislin. autem habet, Ἀ., ἀπώλεσέ σε Χερούβ ὁ συσκιάζων. Σ., ἀπολέσει σε Χερούβ ὁ σκέπων. [Aquila in ed. Rom., ὁ συσκιάζων. Theodor. legit in textu συσκιάζον, et apud S. Hier., obumbrans. C, ※ τὸ σκιάζον⁚ — B : Ο', ταμεῖά σου. Ἀ., Σ., ἐντός σου — Ο', καὶ ἤγαγέ σε τὸ Χερούβ. Ἀ., καὶ πτερύγια Χερούβ ἐσκέπασέ σε. Σ., καὶ ἀπολέσει σε Χερούβ ※ ὁ σκεπάσας σε. Θ., ※ τὸ συσκιάζον. — Ο', πυρίνων, Ἀ., πυρός. Hebr., (lapides) ignis. Drach.]

V. 17. C ita, ÷ διὰ πλῆθος ἁμαρτιῶν σου ⁚ Et desunt in Hebr. Drach.

V. 18. Σ., ἐβεβήλωσας etc. Ms. Jes. [B : *Ἄλλος*, ἐβεβήλωσας. Ed. Rom. : In multis est, ἐβεβήλωσας. — B : Ο', τὰ ἱερά σου. Σ., τὸν ἁγιασμόν σου. Ed. Rom. : In quibusd. et apud Theodor., τὸν ἁγιασμόν σου. Drach.]

Ibid. *Ἄλλος*, εἰς σποδόν. Drusius. [Ed. Rom., unde hausit Drusius : Multi, εἰς σπ. Ita etiam C cum tribus editt. Apud S. Hier., in cinerem. Drach.]

V. 19. Pro στενάζουσιν, C, στυγνάσουσιν, *contristabuntur*. Et ita Alex., Ald. et Complut. Apud S. Hier., contristabuntur. B : Ο' *ἄλλως*, στυγνάσουσιν. Θ., ἐθαύμασαν. H. et V., obstupescent. — B : Ο', ἀπώλεια ἐγένου. Θ., ἐθανατώθης, *morti traditus es*. Drach.

V. 21. VM, Σειδῶνα. Et in versu seq., Σειδών. Idem.

V. 22. C, τάδε λέγει Ἀδωναῒ Κύριος. Hebr., Adonai Jehova. Ita etiam ﾠ 25. Et mox, ὅτι ἐγώ ÷ εἰμι⁚ Hebr. non exprimit *sum*. — B : Οἱ Γ', Ο', καὶ ἐρεῖς. *Ἄλλως*, καὶ εἰπόν. Idem.

V. 23. *Ἄλλος*, καὶ ἐξαποστελῶ etc. Drusius. [C, καὶ ἐξαποστελῶ ἐπὶ σὲ θάνατον, καὶ αἷμα ἐν ταῖς πλ. Et ita apud Theodoretum. Drach.]

Ibid. Ἀ., Σ., Θ., ἐν μέσῳ αὐτῆς. Ms. Jes. [C, ※ ἐν μέσῳ αὐτῆς ⁚ Drach.]

V. 24. C, ἐν τῷ οἴκῳ Ἰσραὴλ σκόλοψ. Etiam VM scribit σκόλοψ. Et mox, ἀπὸ πάντων τῶν περικύκλῳ. Et, ἐγώ εἰμι Ἀδωναῒ Κύριος. — B : Ο', ἀτιμασάντων. Ἀ., μαστιγούντων, *flagellantium*. Nimirum deducit verbum Hebr. a שוט, *flagellum*. Drach.

V. 25. Οἱ Γ', τὸν οἶκον Ἰσραήλ. Idem. [C, τὸν ※ οἶκον ⁚ Ἰσραήλ. Mox, ἐνώπιον ÷ τῶν ÷ λαῶν, καὶ ⁚ τῶν ἐθνῶν. Quæ hic obelo expunguntur desunt in Hebr. Et post, ἐπὶ τῆς γῆς αὐτῶν, ἧς ἔδωκα. — B : Ο', ἐκ, Θ., ※ πάντων /. τῶν ἐθνῶν. Sed hæc Theodotionis additio, πάντων, non est in Hebr. Drach.]

V. 26. C, ÷ καὶ ὁ Θεὸς τῶν ⁚ Quæ desunt in Hebr. Drach.

EZECHIELIS CAPUT XXIX.

ΣΥΜΜΑΧΟΣ.

Ο'.

1. Ἐν τῷ ἔτει τῷ ἰωδεκάτῳ. 1.
Ἄλλος, δεκάτῳ.

Δεκάτῳ. *Ἄλλος*, ἐν τῷ δωδεκάτῳ.

3. Καὶ εἰπόν. *Οἱ Γ'*, ※ λάλησον ⁚ 3.
καὶ εἰπόν.

Ἰδοὺ ἐγὼ ἐπὶ σὲ, Φαραὼ ※ βασιλεῦ Αἰγύπτου.

Τὸν δράκοντα τὸν μέγαν.

Ἐμοί εἰσιν οἱ ποταμοί. *Ἄλλοι*, ἐμοὶ ὁ ποταμός μου.

4. Παγίδας. *Ἄλλος*, χαλινόν. 4.

ΘΕΟΔΟΤΙΩΝ.

SYMMACHUS.

LXX INTERPRETES.

1. In anno duodecimo. *Alius*, 1.
decimo.

Decimo. *Alius*, in duodecimo.

3. Et dic. *Tres Int.*, loquere et 3.
dic.

Ecce ego super te, Pharao rex Ægypti.

Draconem magnum.

Mihi sunt fluvii. *Alii*, mihi fluvius meus.

4. Laqueos. *Al.*, frenum.

THEODOTIO.

ΤΟ ΕΒΡΑΙΚΟΝ.	ΤΟ ΕΒΡΑΙΚΟΝ Ἑλληνικοῖς γράμμασι.	ΑΚΥΛΑΣ.
ואת כל-דגת יאריך בקשקשתיך תדבק		
5 ונטשתיך המדברה אותך ואת כל-דגת יאריך	5.	5.
10 לחרבות חרב שממה	10.	10.
ממגדל 'Ο Ἑβραῖος, ἀπὸ Μαγδάλ.		
19 ונשא המנה	19.	19.

VERSIO HEBRAICI TEXT.	VULGATA LATINA.	AQUILA.
Et omnis piscis fluminum tuorum in squamis tuis adhærebit.	Et agglutinabo pisces fluminum tuorum squamis tuis.	
5. Et derelinquam te in deserto, te et omnem piscem fluminum tuorum.	5. Et projiciam te in desertum, et omnes pisces fluminis tui.	5.
10. In solitudines, solitudinis, desolationis.	10. In solitudines, gladio dissipatam.	10.
A turre. *Hebr. int.*, a Magdal.	A turre.	
19. Et tollet multitudinem ejus.	19. Et accipiet multitudinem ejus.	19.

Notæ et variæ lectiones ad cap. XXIX Ezechielis

V. 1. Ἄλλος, δεκάτῳ. Drusius. [Perperam edidit Montf., LXX δεκάτῳ. Alius δωδεκάτῳ. Drusius enim et ed. Rom. τῷ Ἄλλῳ adscribunt δεκάτῳ. LXX autem habent δωδεκάτῳ. Quem errorem imprudenter descripsit editor Tetraplorum. — C, ἐν τῷ ἔτει τῷ δεκάτῳ. Drach.]

Ibid. Ἄλλος, ἐν τῷ δωδεκάτῳ. Idem. [Etiam hic perperam adscripsit Montf., et post illum editor Tetraplorum, LXX, δεκάτῳ. Senes enim habent, μιᾷ. Ecce textum Hebr. : In anno decimo, in decimo (subaudi, *mense*), in duodecimo (subaudi, *die*) mensis. Pro quo LXX : ἐν τῷ ἔτει τῷ δωδεκάτῳ, ἐν τῷ δεκάτῳ μηνὶ, μιᾷ τοῦ μηνός. Et pro Senum μιᾷ, Drusius affert Alius lectionem, ἐν τῷ δωδεκάτῳ, quæ concinit cum Hebr., et est lectio Theodoreti. — VM, ἑνδεκάτῳ μηνί. Et ita Vulgata, undecima die. Dr.]

V. 2. B : Ο', στήρισον. Ἀ., Θ., θές. Σ., τάζον (ita edit Tetraplorum. Forte reponendum τάξον). Hebr. et Vulg., pone. Drach.

V. 3. Οἱ Γ', λάλησον καὶ εἰπόν. Ms. Jes. [C. ※ λάλησον ⁚ καὶ εἶπον· Τάδε λέγει Κύριος Κύριος. Dr.]

Ibid. ※ βασιλεῦ Αἰγύπτου. Idem. Ed. Rom. ἐπὶ Φαραώ. [C. Ἰδοὺ ἐγὼ ἐπὶ σὲ Φαραὼ ※ βασιλεῦ Αἰγύπτου, ⁚ Et præsignat asterisco ultimam partem versiculi, a voce ἐμοί, absque linea cuspidata. Dr.]

Ibid. Ὁ Ἑβρ., τὸ κῆτος τὸ μέγα. Drusius. Ms. vero Jes. habet : τὸ Ἑβραϊκὸν, τὸ κῆτος, ἔχει, ἵνα ἐμφανῇ τὸν κροκόδειλον. I. e., Hebraicum habet *cetum*, ut significet *crocodilum*.

Ibid. Scholion a Drusio allatum sic habet : Τινὲς τῶν ἑρμηνευτῶν ἑνικῶς εἶπαν, τὸν ποταμόν, οἱ δὲ Ο', πληθυντικῶς. I. e., « Quidam Interpretum singulariter *fluvium* dixerunt; LXX vero pluraliter. » Quæ verba non alium quam hunc locum respicere posse videntur. [Est scholion Theodoreti. — B : Ο', τὸν ἐγκαθήμενον. Ἀ., τὸν ἐγκοιμώμενον, *incubantem*. Hebr., qui recubat. — Ο', ἐποίησα αὐτούς. Ἀ., ἐποίησά με. Σ., ἐμαυτόν. Hebr. et Vulg., feci metipsum. Drach.]

V. 4. Ἄλλος, χαλινόν. Ms. Jes. [Etiam apud Theodor., χαλινόν. B : Σ., Θ., χαλινόν. Ἀ., ἀκίδας, *acumina*. Drach.]

Ibid. Ἄλλος, καὶ πάντες οἱ ἰχθύες etc. Drusius. [Hæc sunt etiam apud Theodoretum. Alter, καὶ πάντας τοὺς ἰχθύας. — C, τοὺς ἰχθῦς. Et ita VM. In fine versu, post σου, addit C. ※ καὶ πάντας τοὺς ἰχθύας τοῦ ποταμοῦ etc. ut ἄλλος. — B : Ο'. τοῦ ποταμοῦ. Θ., ※ σου. Respicit alterum τοῦ ποταμοῦ, nempe additionis Tetraplorum et Alius. Hebr., fluminis *tui*. — Et post : Ἀ., ※ ἐν τοῖς λεπίσι σου κολληθήσονται. Drach.]

V. 5. Ἄλλος, καὶ ἀποῤῥίψω σε etc. Idem. [Ed. Rom., unde deprompsit Drusius : « In aliquo libro, et apud Theodoretum : καὶ ἀποῤῥίψω σε εἰς γῆν (abest γῆν a Theodor. ut et ab Hebr.) ἔρημον, καὶ πάντας etc. ut supra in textu. — B : Ο', ἐν τάχει. Οἱ Γ', ἐν τῇ ἐρήμῳ. — Post ἐν τάχει, addit C, ※ καὶ σέ, ⁚ Hebr., te. Et post τοῦ ποταμοῦ, non habet σου, quod tamen est in Hebr. — B : Ο', συναχθῇς. Σ., εἰσενεχθήσῃ. — Ἀ., Ο'. ※ κατὰ /. κατάβρωμα. Ο' ἄλλως, εἰς κατάβρωμα. Drach.]

V. 7. Pro ἐπεκρότησεν (VM, ἐκρότησεν, sed 2 m., ἐπεκρ.), C legit, ἐπεκράτησεν, *tenuit*. — B : Ο', καὶ ὅτε ἐπεκρότησεν ἐπ' αὐτοὺς πᾶσα χείρ. Ἀ., καὶ διέῤῥηξας, *disrupisti*, αὐτοῖς πάντα ὦμον. Hebr., et perfodisti eis omnem, *vel* totum, humerum. — Ο', καὶ ὅτε ἐπανεπαύσαντο. Σ., καὶ ἐπιστηριχθέντων αὐτῶν, *et cum innixi fuerint*. Hebr., et innitentibus eis. Drach.

V. 8. C, Κύριος, Κύριος. Ita etiam iteratur K. ℣℣ 13, 19. — B : Ο'. ἀνθρώπους. Οἱ Γ', ἄνθρωπον. Hebr. et Vulg., hominem. — VM ita : ἀνθρώπους ἀπὸ σοῦ. Idem.

V. 9. C expungit obelo αὐτούς, quia non est in Hebr. — Juxta B, pro Senum, ἀντὶ τοῦ, Σ., διότι. Idem.

ΣΥΜΜΑΧΟΣ.	Ο'.	ΘΕΟΔΟΤΙΩΝ.
	Vacat. Ἄλλος, καὶ πάντες οἱ ἰχθύες τοῦ ποταμοῦ ταῖς λεπίσι σου προσκολληθήσονται.	
5.	5. Καὶ καταβαλῶ σε ἐν τάχει, καὶ πάντας τοὺς ἰχθύας τοῦ ποταμοῦ σου. Ἄλλος, καὶ ἀποῤῥίψω σε εἰς ἔρημον, καὶ πάντας τοὺς ἰχθύας τοῦ ποταμοῦ.	5.
10.	10. Εἰς ἔρημον καὶ ῥομφαίαν καὶ ἀπώλειαν. Ἄλλος, εἰς ἔρημον κενὴν καὶ ἠφανισμένην.	10.
	Ἀπὸ Μαγδωλοῦ.	
19.	19. *Vacat.* Ἄλλος, καὶ λήψεται τὸ πλῆθος αὐτῆς.	19.

SYMMACHUS.	LXX INTERPRETES.	THEODOTIO.
	Vacat. Al., et omnes pisces fluminis squamis tuis adhærebunt.	
5.	5. Et projiciam te velociter, et omnes pisces fluminis tui. *Alius*, et projiciam te in desertum, et omnes pisces fluminis.	5.
10.	10. In solitudinem et gladium et perditionem. *Al.*, in desertum vacuum et desolatum.	10.
	A Magdolo.	
19.	19. *Vacat. Al.*, et accipiet multitudinem ejus.	19.

Notæ et variæ lectiones ad cap. XXIX Ezechielis.

V. 10. Ἄλλος, εἰς ἔρημον κενὴν etc. Drusius, i suspicatur legendum esse ξηρήν. Melius diceret ρὰν: quamquam non video cur opus sit hic menm suspicari, cum ἔρημον κενὴν optime exprimat חרבות ת desertum vacuum et inane. Pergit deinde usius: *LXX et Hieronymus legerunt* חרב (cum plici segol), *nam verterunt* ῥομφαίαν, gladium *Sic riant codices Ps.* IX. *Nam in aliis est* חרבות *harth*, gladii, *quod legerunt Græci. In aliis vero* חרבות im camets hatheph) *horboth*, destructiones, vatates. *Porro* חרבו *Ps.* VII, 13. *Symmachus interpreur* τὴν μάχαιραν αὐτοῦ. ממגדל *Schol.* ὁ Ἑβραῖος, ὁ Μάγδαλ. *Sic videtur etiam legisse Hieronymus*; *m ait*: Pro *turre*, quæ Hebraice MAGDAL dicitur, X loci nomen posuerunt, ut Μαγδωλὸν scriberent. rris autem Syene usque hodie permanet, castrum ioni Romanæ subdi um, ubi sunt Nili cataractæ, usque ad quem locum de nostro mari Nilus naabilis est. *Sed forte Hieronymus scripsit Magdol. m et hæc vox appellative sumitur pro turri. Aliindo est proprium loci.* Hactenus Drusius. [B: γῆν. Ἀ., Σ. (addunt), τήν. — Ο', ἀπὸ Μαγδώλου. , Σ. ἀπὸ πύργου. Drach.]

V. 11. B: Ο', ἐν αὐτῇ. Ἄλλος, δι' αὐτῆς. Drach.

V. 12. C, τὴν γῆν αὐτῆς [εἰς] (sic) ἀπώλειαν..... ἀφανισμὸς ⁚ τεσσαράκοντα ἔτη. Hebr., vastatio... τὴν ⁚ Αἴγυπτον. — B: Οἱ Γ', ※ τὴν /. Ο', Αἰγυν. — Ο', εἰς τὰς χώρας. Θ., ἐν ταῖς γαίαις. Idem.

V. 13. C, συνάξω τοὺς Αἰγυπτίους. — B: Οἱ Γ', ὅτι /. Ο', τάδε. Idem.

V. 14. C, καὶ κατοικιῶ... καὶ ἔσται ※ ἐκεῖ ⁚ ἡ ταπεινή. Ita et B: Οἱ Γ', ※ ἐκεῖ /. ἡ βασιλεία. est, Tres addunt ἐκεῖ, et loco vocis ἀρχὴ vertunt σιλεία. Hebr., ibi regnum. Idem B: Ο', Φαθω-. Θ, Φαθουρῆς. Idem.

V. 15. C, παρὰ πάσας τὰς ἀρχὰς ※ ἔσται ταπει- ⁚ Et B: Οἱ Γ', ※ ἔσται ταπεινή. Hebr., eris milis. In LXX autem nostris desideratur. — Idem B: Ο', παρὰ πάσας τὰς ἀρχάς. Θ., παρὰ τὰς βασιλείας. Hebr. non habet *omnes*. — Ο', τοῦ μὴ εἶναι αὐτοὺς πλείονας. Σ., ※ ἵνα μὴ ἐπιτάσσουσι, *præcipiant*. Hebr., ad non nominandum. Idem.

V. 16. VM, καὶ οὐκ ἔσονται ἔτι. C, καὶ οὐκ ἔσονται ἐπί. Sed conjicimus ἐπὶ librarii oscitantia pro ἔτι positum esse. Mox, ἐγώ εἰμι Ἀδωναΐ Κύριος. — B: Ο', ἐν τῷ ἀκολουθῆσαι αὐτοὺς ὀπίσω αὐτῶν. Σ., προσφευγόντων αὐτῶν ἀκολουθεῖν αὐτοῖς. Idem.

V. 17. C, ἐν τῷ εἰκοστῷ καὶ ἑβδόμῳ ἔτει. Hebr. et Vulg., in vigesimo et septimo anno. Idem.

V. 18 LXX, καὶ τῆς δουλείας. In quibusdam et apud Theodoretum, καὶ τῇ δουλείᾳ Ex ed. Rom.— B· Σ, ὑπὲρ τῆς ἐργασίας. Hebr., super servitutem. Præterea B: Ο', κατεδουλεύσατο (nostri autem, κατεδουλώσατο). Σ., ἐργάζεσθαι ἐποίησεν. — Ο', Θ., φαλακρά. — Ο'. μαδῶν. Ἀ., ἀπεῤῥευκώς, *diffluens*. — Ο', καὶ τῇ δυνάμει αὐτοῦ. Σ (addit), οὐδὲ Ἀ., εὐπορίᾳ αὐτοῦ. — Paulo superius, VM, αὐτοῦ τὴν δύναμιν. Idem.

V. 19. Ἄλλος, καὶ λήψεται etc. Drusius. [Drusii lectiones plerumque prodeunt ex notis Rom. editionis. Nostram habent C, Complut. et Alex. qui scribit λήμψεται. — C, ※ διὰ τοῦτο ⁚ τάδε λέγει Κύριος Κύριος· Ἰδοὺ ※ ἐγὼ ⁚ δίδωμι τῷ Ν. β. B. ※ τὴν ⁚ γῆν A. B: Οἱ Γ', ※ τὴν /. γῆν. Hebr., Propterea hæc dicit Adonai Jehova, Ecce ego dans Nabuchodonosor regi Babylonis terram Ægypti, et tollet multitudinem ejus. Drach.]

V. 20. C, δέδωκα αὐτῷ τὴν γῆν Αἰγύπτου, ※ ὅσα ἐποίησέ μοι, ⁚ ÷ τάδε ⁚ λέγει Κ. Κ. Hebr., dedi ei terram Ægypti, pro eo quod opus fecerint mihi, ait Adonai Jehova. — B: Ο', ἀντὶ τῆς λειτουργείας αὐτοῦ. Ἄλλος, ἀντὶ τῆς δουλείας αὐτοῦ. — Ο', γῆν. Οἱ Γ', ※ τὴν /. γῆν. — Ο', ※ ἀνθ' ὧν (ἐποίησε). Θ., ἐν αὐτῷ. Drach.

EZECHIELIS CAPUT XXX.

ΤΟ ΕΒΡΑΙΚΟΝ.	ΤΟ ΕΒΡΑΙΚΟΝ Ἑλληνικοῖς γράμμασι.	ΑΚΥΛΑΣ.
2 הילילו	2.	2.
3 יום ענן	3.	3.
עת גוים יהיה		
4 ולקחו המונה	4.	
5 וכל־הערב	5.	5.
9 מלפני	9.	9.
בצים		Ἐν Σεὶμ.
בטח		Τὴν πεποιθυῖαν.
12 ומכרתי את־הארץ ביד־רעים	12	12. ⋇ Καὶ ἀποδώσομαι τὴν γῆν ἐν χειρὶ πονηρῶν.
13 והאבדתי גלולים והשבתי	13	13.
14 בנא	14.	14. Ἐν Νώ.
16 ונף צרי יומם	16.	16.
21 לא־חבשה	21.	21. Οὐκ ἐμοτώθη.
לחבשה לחזקה		
22 את־החזקה ואת־הנשברת	22.	22. Τὸν ἰσχυρὸν καὶ ὑψηλόν.

VERSIO HEBRAICI TEXT.	VULGATA LATINA.	AQUILA.
2. Ululate.	2. Ululate.	2.
3. Dies nubis.	3. Dies nubis.	3.
Tempus gentium erit.	Tempus gentium erit.	
4. Et tollent turbam ejus.	4. Et ablata fuerit multitudo illius.	4.
5. Et omne vulgus.	5. Et omne reliquum vulgus.	5.
9. A facie mea.	9. A facie mea.	9.
In navibus.	In trieribus.	In Sim.
Confidenter.	Confidentiam.	Confidentem.
12. Et vendam terram in manum malignorum.	12. Et tradam terram in manus pessimorum.	12. Et tradam terram in manus malignorum.
13 Et perdam simulacra, et cessare faciam.	13. Et disperdam simulacra, et cessare faciam.	13.
14. In No.	14. In Alexandria.	14. In No.
16. Et ipsi Noph tormina interdiu.	16. Et in Memphis angustiæ quotidianæ.	16.
21. Non est alligatum.	21. Non est obvolutum.	21. Non est curatum.
Ad alligandum ad roborandum illud.	Ut fasciaretur linteolis, ut recepto robore.	
22. Fortem et fractum.	22. Forte sed confractum.	22. Robustum et excelsum.

Notæ et variæ lectiones ad cap. XXX Ezechielis.

V. 2. Ἄλλος, ὀλολύξατε. Drusius ex Complutensi edit. ut et alia. [Ita et apud Theodoretum. B : Σ., Θ., ὀλολύζετε. Supra jam monuimus plerasque Drusii lectiones prodire ex ed. Rom. — C, Ἀδωναῒ Κύριος. DRACH.]

V. 3. Οἱ Γ', ⋇ ἡμέρα νεφέλης. Et sic O' hodie, quia multa ex edit. Hexaplari in κοινῇ remanserunt. [C ita : ὅτι ἐγγὺς ἡμέρα, καὶ ἐγγὺς ἡμέρα τοῦ Κυρίου, ἡμέρα ⋇ νεφέλης ⁝ Apud S. Hier., quoniam juxta est dies, et juxta via Domini, dies nubis. Hebr., quia propinqua est dies, et propinqua dies Jehovæ, dies nubis. B : Ἀ., O', Θ., ⋇ ὅτι ἐγγὺς ἡμέρα. Σ. (ad hæc addit). ⋇ καὶ ἐγγίζει ἡμέρα. Quod pariter additur apud Theodoretum, hoc modo, καὶ ἐγγίζει ἡ ἡμέρα νεφέλης. DR.]

Ibid. Ἄλλος, καιρὸς ἐθνῶν ἔσται. Drusius. [Ita et apud Theodoretum. In VM deest vox νεφέλης. DR.

V. 4. Ἄλλος, καὶ λήψονται etc. Idem. [C, ⋇ καὶ λήψονται τὸ πλῆθος ⋇ αὐτῆς, ⁝ Et ita apud Theodoretum. Al., ληφθήσεται. Al., αὐτῶν. Ex ed. Rom. — Apud S. Hier., et auferent multitudinem ejus. — C præterea : καὶ ἔσται ταραχὴ ἐν Αἰθιοπίᾳ (absque ה quod deest in Hebr.), καὶ πεσοῦνται. DRACH.)

V. 5. Σ., καὶ πᾶσα ἡ Ἀραβία. Idem. Hic autem Hieronymus, cum ait : « In commune de variis populis et *Chuth*, quod Symmachus vertit *in Arabiam*, » labi sane videtur : nam Arabia hic haud dubie respondet voci Hebraicæ ערב, non autem voci proxime antecedenti כוש vel subsequenti כוב. Hoc autem non Librarii mendo scriptum est : nam multis interpositis Hieronymus ait, « et *Chub*, i. e. Arabes. » [Montf. male exscripsit *Chuth*, et ita post eum edi-

EZECHIELIS CAPUT XXX.

ΣΥΜΜΑΧΟΣ.	Ο΄.	ΘΕΟΔΟΤΙΩΝ.
2.	2. Ἄλλος, ὀλολύξατε.	2.
3.	3. ※ Ἡμέρα νεφέλης. Οἱ Γ΄, *id.*	3.
	Πέρας ἐθνῶν ἔσται. Ἄλλος, καιρὸς ἐθνῶν ἔσται.	
4.	4. *Vacat.* Ἄλλος, καὶ λήψονται τὸ πλῆθος αὐτῆς.	4.
5. Καὶ πᾶσα ἡ Ἀραβία.	5. Καὶ πάντες οἱ ἐπίμικτοι.	5.
9.	9. *Vacat.*	9. Ἐκ προσώπου μου.
Ἐν ἐπείξει.	Σπεύδοντες.	Ἐν Σεὶμ.
	Vacat.	Τὴν ἐλπίδα.
12.	12. *Vacat.*	12. ※ Καὶ ἀποδώσομαι τὴν γῆν ἐν χειρὶ πονηρῶν.
13.	13. Καὶ ἀπολῶ (μεγιστᾶνας).	13. ※ Καὶ ἀπολῶ βδελύγματα καὶ καταπαύσω (μεγιστᾶνας).
14. Ἐν Νῶ.	14. Ἐν Διοσπόλει.	14. Ἐν Νῶ.
16.	16. *Vacat.* Ἄλλος, καὶ ἐν τῇ Μέμφει πολέμιοι αὐθημερινοί.	16.
21. Οὐκ ἐπεδέθη.	21. Οὐ κατεδέθη.	21.
	Τοῦ δοθῆναι ἰσχύν. Ἄλλος, τοῦ δεθῆναι τοῦ κατισχύσαι.	
22.	22. Τοὺς ἰσχυροὺς, καὶ τοὺς τεταμένους.	22. Τὸν ἰσχυρὸν καὶ μέγαν.

SYMMACHUS.	LXX INTERPRETES.	THEODOTIO.
2.	2. *Alius*, ululate.	2.
3.	3. *Tres et LXX int.*, dies nubis.	3.
	Finis gentium erit. *Alius*, tempus gentium erit.	
4.	4. *Vacat. Al.*, et accipient multitudinem ejus.	4.
5. Et omnis Arabia.	5. Et omnes commisti.	5.
9.	9. *Vacat.*	9. A facie mea.
In festinatione.	Festinantes.	In Sim.
	Vacat.	Spem.
12.	12. *Vacat.*	12. Et tradam terram in manum malignorum.
13.	13 Et perdam (optimates).	13. Et perdam abominationes, et cessare faciam (optimates).
14. In No.	14. In Diospoli.	14. In No.
16.	16. *Vacat. Alius*, et in Memphi inimici eo ipso die.	16.
21. Non est alligatum.	21. Non est ligatum.	21.
	Ad dandum robur. *Al.*, ad ligandum et roborandum.	
22.	22. Fortia et extenta	22. Robustum et magnum,

Notæ et variæ lectiones ad cap. XXX Ezechielis.

tor Tetraplorum, cum tamen S. Hier. habeat, *Chub*. — B : Ἀ., καὶ πᾶσα Ἄραβα. Σ., Ἀραβία. Apud Theodor., καὶ Αἰθίοπες, καὶ πᾶσα ἡ Ἀραβία. — B : Ο΄, Πέρσαι καὶ Κρῆτες. Ἀ., Σ., Θ., Αἰθιοπία καὶ Φοὺδ. — Ἀ., Σ., Θ., ※ καὶ Χουβάλ. Hæc lectio palam respicit Hebr. וכוב. Quomodo autem reddant LXX, non in promptu est dicere, invertunt enim ordinem. Non autem omittunt, ut credit Rosenmullerus, qui non attendit tot exprimere nationes LXX quot textus Hebr., nimirum, sex. — Οἱ Γ΄, ※ γῆς. i. e. addunt γῆς ante διαθήκης. — C, ἐν αὐτῇ μαχαίρᾳ πεσοῦνται. Drach.]

V. 6. C, ※ τάδε λέγει Ἀδωναΐ Κύριος. ✓ καὶ πεσοῦνται etc. Hebr., sic dixit Jehova. B : Π., ※ τάδε λέγει ΠΙΠΙ, sic melius. Et mox C obelo expungit ὡς Συήνης, quod tamen est in Hebr. — B : Ο΄, τὰ ἀντιστηρίγματα. Ἀ., Σ., οἱ ὑποστηρίζοντες. — Ο΄, καὶ καταβήσεται. Θ., καὶ καθαιρεθήσεται, *destruetur*. — Ο΄, ἡ ὕβρις. Ἀ., Σ., ἡ ὑπερηφανία. — Ο΄, ἀπὸ Μαγδωλοῦ. Ἀ., Σ., ἀπὸ πύργου. Cf. supra XXIX, 10 Drach.

V 7. C, ἐν μέσῳ χωρῶν ※ ἠφανισμένων (etiam Alex. ἠφ.), ※ καὶ ἀπολεῖς αὐτοὺς (scriptoris vitium, pro καὶ αἱ πολεῖς αὐτῶν) ἐν μέσῳ πόλεων ✓ — B : Ο΄, χωρῶν. Ἄλλος, πόλεων. Idem.

V. 8. B : Ο΄, συντριβῶσι. Ἄλλος, συντριβήσονται. Idem.

V. 9. Θ., ἐκ προσώπου μου etc. Hæ lectiones ex Drusio et ex ms. Jes. prodeunt. Hieronymus, « A., Th., *in Sim*. Sym., *festinantes*. » Hic ms. Jes. sic habet : ἐκ προσώπου μου ἐσσεὶμ (sic). Σ, ἐν ἐπείξει. Drusius vero sic : « Scholiastes hoc loco ex

Theodotione videtur referre ἐγκαθισμός, *insessio*. Theodoretus vero, ἐν σεἰμ, quod in multis libris ait Græca lingua significare ἐν ἰσχύϊ, *in robore*. » At non video quid affinitatis habeat ἐγκαθισμός cum בצים. [In textu separavimus voces מלפני et בצים, quorum versiones Montf. ita confudit ut non facile scire possit lector quo spectent, neque animadvertit Senum σπεύδοντες, quod addidimus, cohærere alteri harum vocum. Pro priore, in plerisque ll. est, ἀπὸ προσώπου μου. Alterius retinuerunt Aq. et Th. ipsam formam Hebr. LXX et Symm. reddiderunt quasi a verbo ארץ, *festinavit*, *ursit*. ב est littera servilis. Legerunt ergo, באצים, ut conjici potest e lectione Tetraplorum mox afferenda. — C, ἐξελεύσονται ἄγγελοι ※ ἐκ προσώπου μου Ἐσσὶμ ⁚ σπεύδοντες ἀφανίσαι τὴν Αἰθιοπίαν ※ τὴν ※ ἐλπίδα, ⁚ καὶ ἔσται ταραχὴ etc. — B : Ο', Θ., ἐκ προσώπου μου Ἐσσὶμ (ut C). Ἀ., ἐν ἐτιεἰμ. Σ., ἐν ἐπείξει. — Ο', ἀφανίσαι τὴν Αἰθιοπίαν. Σ., τοῦ ἐκπλῆξαι τῆς Αἰθιοπίας τὴν ἀφοβίαν. — Ο', Θ., ※ τὴν ἐλπίδα (ut C). Ἀ., τὴν πεποιθυῖαν.—Ο', ὅτι ἰδού. Σ., ※ πάντως. DRACH.]

Ibid. Ἀ., τὴν πεποιθυῖαν. Θ., τὴν ἐλπίδα. Drusius.

V. 10. C, ἀπολῶ τὸ πλῆθος. B : Οἱ Γ', τὸ, Ο', πλῆθος. DRACH.

V. 11. C, λαοῦ αὐτοῦ ※ μετ' αὐτοῦ, ⁚ Hebr. et Vulg., cum eo. B : Σ., μετ' αὐτοῦ. Mox C, ἐκκενώσουσι ÷ πάντες ⁚ Deest *omnes* in Hebr. et in Vulg. — B : Ο', λοιμοὶ ἀπὸ ἐθνῶν ἀπεσταλμένοι. Ἀ., ἰσχυροὶ... Σ., ἀκαταμάχητοι, *inexpugnabiles*, ἐθνῶν ἀχθήσονται. Hebr., fortissimi gentium. — Ο', καὶ ἐκκενώσουσι. Σ., καὶ γυμνώσουσι. — Ο', τραυματιῶν. Σ., τρώσεων. IDEM.

V. 12. Ἀ., Θ., ※ καὶ ἀποδώσομαι etc. Ms. Jes. [Legitur etiam apud Theodoretum. Apud S. Hier., et tradam terram in manu pessimorum. DRACH.]

V. 13. Θ., ※ καὶ ἀπολῶ βδελύγματα. Idem. [Ea lectio trium editionum, i. e. Alex., Ald., Complut. S. pariter Hier., in comment., ex LXX, et perdam abominationes, et deficere faciam optimates. C eadem habet sub asterisco. Idem C, καὶ ἄρχοντας ἐκ γῆς Αἰγύπτου, καὶ οὐκ ἔσονται ἔτι · ※ καὶ δώσω φόβον ἐκ γῆς Αἰγύπτου, (Alex. et Complut autem, ἐν γῇ A.) ⁚ Hebr., et princeps e terra Ægypti non erit amplius : et dabo timorem in terra Ægypti. — B : Σ., Θ., εἴδωλα. Pro βδελύγματα Tetraplorum. Dr.]

V. 14. Ἀ., Σ., Θ., ἐν Νώ. In hæc verba Hieronymus : « *Faciamque*, ait, *judicia tua in Alexandria*, quæ hodie sic vocatur. Cæterum, pristinum nomen habet *No*, quod Aq., Sym., Th. sicut in Hebræo positum est, transtulerunt. Pro quo nescio quid volentes LXX dixere *Diospolim*, quæ Ægypti parva civitas est. Nos autem pro *No*, *Alexandriam* posuimus per anticipationem, quæ Græce πρόληψις appellatur, juxta illud Virgilianum, *Laviniaque venit littora :* non quod eo tempore, quando venit Æneas in Latium, *Lavina* dicerentur; sed quæ postea *Lavina* nuncupata sunt, ut manifestior locus fieret lectoris intelligentiæ. » [Lamb. Bos habet Νῶ. B : Ἀ., Βανῶ. I. e., nomen Hebr., *No*, cum littera servili ב affixa. Σ., Ἐν Νό. Θ., ἐν Νοι (absque accen-

EZECHIELIS CAPUT XXXI.

ΤΟ ΕΒΡΑΙΚΟΝ.	ΤΟ ΕΒΡΑΙΚΟΝ Ἑλληνικοῖς γράμμασι.	ΑΚΥΛΑΣ.
3 ארז	3.	3.
וחרש מצל		
עבתים		Δασέων.
5 ותארכנה פארתיו	5.	5.
בשלחו		
8 לא עממהו	8.	8.
9 יפה עשיתיו ברב דליותיו	9.	9.
10 ורם לבבו בגבהו	10.	10.

VERSIO HEBRAICI TEXT.	VULGATA LATINA.	AQUILA.
3. Cedrus.	3. Cedrus.	3.
Et sylva inumbrans.	Et frondibus nemorosus.	
Implicata.	Densas frondes.	Condensorum.
5. Et prolongati sunt rami ejus.	5. Et elevati sunt rami ejus.	5.
In mittendo ipsam.	Cumque extendisset.	
8. Non obscuraverunt eam.	8. Non fuerunt altiores illo.	8.
9. Pulcrum feci eum in multitudine ramorum ejus.	9. Quoniam speciosum feci eum, et multis condensisque frondibus.	9.
10. Et elevatum est cor ejus in altitudine sua.	10. Et elevatum est cor ejus in altitudine sua.	10.

tu). — Pro communi Φαθωρῆς, C habet Φαθουρῆς. Alex., Παθουρῆς. Drach.]

V. 15. C scribit Σάϊν. — B : Ο', καὶ ἀπολῶ. Ἄλλος, καὶ ἀπολεῖται, *peribit*. Hebr., et succidam. — Ο', Μέμφεως. Ἀ., Νώ. Σ., Νό. Θ., Νόεως. Drach.

V. 16. Ἄλλος, καὶ ἐν τῇ Μέμφει etc. Drusius. [Juxta ed. Rom., hæc in quibusd. codd. et apud Theodoretum. Pro πολέμιοι, aliter πόλεμοι, *prælia*, ut apud Theodor. — Pro Συήνη, C habet Σάϊς. Ald. et Complut., Σαΐς. — B : Ο', ἔκρηγμα, καὶ διαχυθήσεται ὕδατα. Σ., ἀνάῤῥηξις, καὶ ἐν Μέμφει πολέμιοι αὐθημερινοί. — VM, καὶ ταραχὴν ταραχθήσεται. Drach.]

V. 17. B : Ο', Ἡλιουπόλεως. Ἀ., Ὢν. Σ., Θ., Αὔν. — Ο', καὶ αἱ γυναῖκες. Ἀ., καὶ αὐτοί. Sed Hebr., et ipsæ; unde arbitramur in Aq. reponendum esse καὶ αὐταί. Idem.

V. 18. C, καὶ ἐν Τάφνας... ἡ ὕβρις τῆς ἰσχύος... αἰχμάλωτοι ἀχθήσονται. Etiam VM, Alex. et Complut., ἀχθ. Et apud S. Hier., ducentur. Idem.

V. 19. C, καὶ ποιήσω κρίματα. Ita etiam Complut. Hebr., Vulg. et apud S. Hier., judicia. Idem.

V. 21. Ἀ., οὐκ ἐμοτώθη etc. Drusius. [Ed. Rom., οὐ κατεδεήθη, *non deprecatus est*, sed C ut et, juxta notas ed. Rom., plerique, κατεδέθη. — B : Ο', κατεδέθη (ut C et Complut.). Ἀ., οὐκ ἐμοτώθη. Θ., ἐπεδέθη. Drach.]

Ibid. Ἄλλος, τοῦ δεθῆναι etc. Idem ex Complut. [C, οὐ κατεδέθη τοῦ δοθῆναι ἐπ' αὐτὸν μάλαγμα, τοῦ δοθῆναι ἰσχὺν ἐπιλαβέσθαι μαχαίρας. Hebr., non obligatum est, ad dandum sanationes, ad ponendum fasciam, ad obligandum illud, ad tenendum gladium. — VM hic et ⁂ 22, 24, 25 bis, βραχείονας, ες. Idem scribit συνέτρειψα. — B : Ο', ἴασιν. Σ., θεραπείαν. — Hebr. ad obligandum illud. Ο', *vacat*. Ἀ., ※ εἰς ἐπίδεσμον. Σ., ※ ὥστε ἐπιδῆσαι. Θ., ※ τοῦ καταδῆσαι. Dr.]

V. 22. Ἀ., τὸν ἰσχυρόν etc. Drusius. In hunc locum Hieronymus : « Illud autem quod in LXX dicitur τεταγμένα, scriptorum vitio depravatum est. Ibi enim interpretati sunt, non τεταγμένα, sed τεταμένα, hoc est, non, *disposita*, sed *extenta*. Pro quo juxta consuetudinem suam, alii Interpretes *excelsa* posuerunt. » [Senum versionem adscripsimus nos. C, καὶ τοὺς τεταγμένους ※ καὶ τοὺς ⁚ συντριβομένους, καὶ καταβαλῶ τὴν μάχαιραν (absque αὐτοῦ) ἐκ τῆς χειρὸς αὐτοῦ. Hebr., et fractum, et cadere faciam gladium e manu ejus. — B : Ἀ., τὸν κραταιὸν καὶ ὑψηλόν. Θ., τὸν ἰσχυρὸν καὶ τὸν μέγαν. Dr.]

V. 23. C, καὶ διασπερῶ ※ τὴν ⁚ Αἴγυπτον. — B : Ἀ., καὶ ῥίψω. Σ., Θ., ※ τὴν /. Αἴγυπτον. Drach.

V. 24. B : Ο', καὶ ἐπάξει usque σκῦλα αὐτῆς. Θ., καὶ συντρίψει τοὺς βραχίονας Φαραὼ, καὶ στενάξει στεναγμοὺς τραυματίου. Hebr., et frangam brachia Pharaonis, et ingemiscet gemitibus confossi coram illo. Istud *coram illo* desideratur in LXX, sed juxta B vertunt Ἀ., Θ., ※ ἐνώπιον αὐτοῦ. Idem.

V. 25. C præfigit asteriscum huic versiculo, sine linea cuspidata. Mox, ἐν τῷ δοῦναί με. Hebr., in dando me. Idem.

V. 26. C, ※ τὴν ⁚ Αἴγυπτον. Et mox, καὶ γνώσονται ÷ πάντες ⁚. Et revera *omnes* abest ab Hebr. Id.

EZECHIELIS CAPUT XXXI.

ΣΥΜΜΑΧΟΣ.	Ο'.	ΘΕΟΔΟΤΙΩΝ.
3.	3. Κυπάρισσος. Ἄλλος, κέδρος.	3.
	Vacat. Ἄλλος, καὶ πυκνὸς ἐν τῇ σκέπῃ.	
	Νεφελῶν.	Δασέων.
5.	5.	5. ※ Καὶ ὑψώθησαν αἱ παραφυάδες αὐτοῦ.
	Vacat. Ἄλλος, ἐν τῷ ἐκτεῖναι αὐτόν.	
8.	8. Ἄλλος, οὐχ ὑπερῆραν αὐτόν.	8.
9.	9. Διὰ τὸ πλῆθος τῶν κλάδων αὐτοῦ. Ἄλλος, καλὸν ἐποίησα αὐτὸν ἐν τῷ πλήθει τῶν κλάδων αὐτοῦ.	9.
10	10. Καὶ εἶδον ἐν τῷ ὑψωθῆναι αὐτόν. Ἄλλος, καὶ ἐπήρθη ἡ καρδία αὐτοῦ ἐπὶ τῷ ὕψει αὐτοῦ.	10.

SYMMACHUS.	LXX INTERPRETES.	THEODOTIO.
3.	3. Cyparissus. *Alius*, cedrus.	3.
	Vacat. *Alius*, et densus in tegmine.	
	Nubium.	Condensorum.
5.	5.	5. Et elevatæ sunt propagines ejus.
	Vacat. *Alius*, cum extenderet.	
8.	8. *Alius*, non superaverunt, *vel*, extulerunt, eum.	8.
9.	9. Propter multitudinem ramorum ejus. *Alius*, pulcrum feci eum in multitudine ramorum ejus.	9.
10.	10. Et vidi dum ipse exaltaretur. *Alius*, et elevatum est cor ejus in altitudine sua.	10.

EZECHIELIS CAPUT XXVIII.

TO EBPAIKON.	TO EBPAIKON Ἑλληνικοῖς γράμμασι.	AKYΛAΣ.
ותעש 4	4.	4.
ביד מחללך 9	9.	9.
מותי ערלים תמות 10	10.	10.
מלא חכמה 12	12.	12.
כל־אבן יקרה מסכתך 13	13.	13.
מלאכת תפיך		
כנו את־כרוב ממשח הסוכך 14	14.	14.
התהלכת		Ἐμπεριπατήσας.
תמים 15	15.	15. Τέλειος.
רכלתך 16	16.	16.
ואבדך כרוב הסוכך		Ἀπολέσω σε τὸ Χερουβ τὸ συσκιάζον.
חללת מקדשיך 18	18.	18.
לאפר		
ושלחתי־בה דבר ודם 23	23.	23.
בתוכה		※ Ἐν μέσῳ αὐτῆς.
אל־בית ישראל 25	25.	25.

VERSIO HEBRAICI TEXT.	VULGATA LATINA.	AQUILA.
4. Et fecisti.	4. Acquisisti.	4.
9. In manu sauciantis te.	9. Coram interficientibus te.	9.
10. Mortibus incircumcisorum morieris.	10. Morte incircumcisorum morieris.	10.
12. Plenus sapientia.	12. Plenus sapientia.	12.
13. Omnis lapis pretiosus operimentum tuum.	13. Omnis lapis pretiosus operimentum tuum.	13.
Opus tympanorum tuorum.	Opus decoris tui.	
14. Præparata sunt. Tu Cherub unctus tegens.	14. Præparata sunt. Tu Cherub extentus et protegens.	14.
Ambulasti.	Ambulasti.	Circumambulans.
15. Perfectus.	15. Perfectus.	15. Perfectus.
16. Negotiationis tuæ.	16. Negotiationis tuæ.	16.
Et perdam te Cherub tegens.	Perdidi te, o Cherub protegens.	Perdam te Cherub obumbrans.
18. Polluisti sanctuaria tua.	18. Polluisti sanctificationem tuam.	18.
In cinerem.	In cinerem.	
23 Et mittam in eam pestilentiam et sanguinem.	23. Et immittam ei pestilentiam et sanguinem.	23.
In medio ejus.	In medio ejus	In medio ejus.
25. Domum Israel.	25. Domum Israel.	25.

Notæ et variæ lectiones ad cap. XXVIII Ezechielis.

V. 2. C, τάδε λέγει Κύριος Κύριος. Hebr., Adonai Iehova. Mox, ἡ καρδία σου. — B: O', εἰπόν. Οἱ Γ', εἶπε. O', Θεός. Θ., Ἰσχυρός. Hebr., Potens. — O', κατοικίαν. Ἀ., καθέδραν. Hebr, sedem. — O', σὺ

EZECHIELIS CAPUT XXVIII.

ΣΥΜΜΑΧΟΣ.	Ο'.	ΘΕΟΔΟΤΙΩΝ.
4.	4. *Vacat.* Ἄλλος, καὶ περιεποιήσω.	4.
9.	9. *Vacat.* Ἄλλος, ἐν χειρὶ τραυματιζόντων σε. Ἄλλος, τιτρωσκόντων.	9.
10.	10. Ἐν πλήθει ἀπεριτμήτων ἀπολῇ. Ἄλλος, θανάτοις ἀπεριτμήτων ἀποθάνῃ.	10.
12.	12 *Vacat.* Οἱ Γ', ※ πλήρης σοφίας.	12.
13. . .	13. Πάντα λίθον χρηστὸν ἐνδέδεσαι.	13.
. . . .	Ἐνέπλησας τοὺς θησαυρούς σου.	
14. Ἡτοίμασαν μετὰ τοῦ Χερούβ κεχρισμένου, καταμεμετρημένου.	14. Σὺ μετὰ τοῦ Χερούβ.	14. ※ Ἡτοίμασαν μετὰ τοῦ Χερούβ κεχρισμένου, τοῦ κατασκηνοῦντος.
	Vacat.	
15.	15. Ἄμωμος.	15.
16.	16. Ἐμπορίας σου. Ἄλλος, περιδρομῆς σου.	16.
Ἀπολέσει σε, Χερούβ ὁ σκέπων.		Τὸ Χερούβ τὸ συσκιάζον.
18. Ἐβεβήλωσας τὸν ἁγιασμόν σου.	18. Ἐβεβήλωσα τὰ ἱερά σου.	18.
	Σποδόν. Ἄλλ., εἰς σποδόν.	
23.	23. Αἷμα καὶ θάνατος. Ἄλλος, καὶ ἐξαποστελῶ ἐπ' αὐτὴν θάνατον καὶ αἷμα.	23.
※ Ἐν μέσῳ αὐτῆς.	*Vacat.*	※ Ἐν μέσῳ αὐτῆς.
25.	25. Τὸν Ἰσραήλ. Οἱ Γ', ※ τὸν οἶκον Ἰσραήλ.	25.

SYMMACHUS.	LXX INTERPRETES.	THEODOTIO.
4.	4. *Vacat.* *Alius*, et acquisisti.	4.
9.	9. *Vacat.* *Alius*, in manu vulnerantium te. *Alius*, sauciantium.	9.
10.	10. In multitudine incircumcisorum morieris. *Alius*, mortibus incircumcisorum morieris.	10.
12.	12. *Vacat.* *Tres Int.*, plenus sapientia.	12.
13. Omni lapide pretioso vinctus atque constrictus fuisti.	13. Omni lapide bono circumdatus es.	13.
Opus tympanorum tuorum.	Replesti thesauros tuos.	
14. Præpararunt cum Cherub uncto, commensurato.	14. Tu cum Cherub.	14. Præparaverunt cum Cherub uncto, inhabitante.
	Vacat.	
15.	15. Immaculatus.	15.
16.	16. Negotiationis tuæ. *Alius*, circumcursationis tuæ.	16.
Perdet te, Cherub tegens.		Cherub obumbrans.
18. Polluisti sanctificationem tuam.	18. Contaminavi sancta tua.	18.
	Cinerem. *Alius*, in cinerem.	
23.	23. Sanguis et mors. *Alius*, et mittam in eam mortem et sanguinem.	23.
In medio ejus.	*Vacat.*	In medio ejus.
25.	25. Israel. *Tres Int.*, domum Israel.	25.

Notæ et variæ lectiones ad cap. XXVIII Ezechielis.

δὲ εἶ ἄνθρωπος. Οἱ Γ', σὺ δὲ ἦν ἄνθρ. — Ο', καὶ οὐ Θεός. Θ., καὶ οὐχ Ἰσχυρός. Hebr., et non Potens. Dr.

V. 3. VM non habet ἢ ante σοφοί. Deest etiam ἢ apud Theodor. Edit. Rom. : « In multis est ἢ σο-

EZECHIELIS CAPUT XXVIII.

ΤΟ ΕΒΡΑΙΚΟΝ.	ΤΟ ΕΒΡΑΙΚΟΝ Ἑλληνικοῖς γράμμασι.	ΑΚΥΛΑΣ.
ותעשׂ 4	4.	4.
ביד מחללך 9	9.	9.
מותי ערלים תמות 10	10.	10.
מלא חכמה 12	12.	12.
כל־אבן יקרה מסכתך 13	13.	13.
מלאכת תפיך		
כוננו את־כרוב ממשח הסוכך 14	14.	14.
התהלכת		Ἐμπεριπατήσας.
תמים 15	15.	15. Τέλειος.
רכלתך 16	16.	16.
ואבדך כרוב הסכך		Ἀπολέσω σε τὸ Χερουβ τὸ σκιάζον.
חללת מקדשיך 18	18.	18.
לאפר		
ושלחתי־בה דבר ודם 23	23.	23.
בתוכה		※ Ἐν μέσῳ αὐτῆς.
את־בית ישראל 25	25.	25.

VERSIO HEBRAICI TEXT.	VULGATA LATINA.	AQUILA.
4. Et fecisti.	4. Acquisisti.	4.
9. In manu sauciantis te.	9. Coram interficientibus te.	9.
10. Mortibus incircumcisorum morieris.	10. Morte incircumcisorum morieris.	10.
12. Plenus sapientia.	12. Plenus sapientia.	12.
13. Omnis lapis pretiosus operimentum tuum.	13. Omnis lapis pretiosus operimentum tuum.	13.
Opus tympanorum tuorum.	Opus decoris tui.	
14. Præparata sunt. Tu Cherub unctus tegens.	14. Præparata sunt. Tu Cherub extentus et protegens.	14.
Ambulasti.	Ambulasti.	Circumambulans.
15. Perfectus.	15. Perfectus.	15. Perfectus.
16. Negotiationis tuæ.	16. Negotiationis tuæ.	16.
Et perdam te Cherub tegens.	Perdidi te, o Cherub protegens.	Perdam te Cherub obumbrans.
18. Polluisti sanctuaria tua.	18. Polluisti sanctificationem tuam.	18.
In cinerem.	In cinerem.	
23. Et mittam in eam pestilentiam et sanguinem.	23. Et immittam ei pestilentiam et sanguinem.	23.
In medio ejus.	In medio ejus	In medio ejus.
25. Domum Israel.	25. Domum Israel.	25.

Notæ et variæ lectiones ad cap. XXVIII Ezechielis.

V. 2. C, τάδε λέγει Κύριος Κύριος. Hebr., Adonai Jehova. Mox, ἡ καρδία σου. — B : Ο', εἰπόν. Οἱ Γ', εἰπέ. Ο', Θεός. Θ., Ἰσχυρός. Hebr., Potens. — Ο', κατοικίαν. Ἀ., καθέδραν. Hebr., sedem. — Ο', σύ

EZECHIELIS CAPUT XXVIII.

ΣΥΜΜΑΧΟΣ.	Ο'.	ΘΕΟΔΟΤΙΩΝ.
	4. *Vacat*. Ἄλλος, καὶ περιεποιήσω.	4.
	9. *Vacat*. Ἄλλος, ἐν χειρὶ τραυματιζόντων σε. Ἄλλος, τιτρωσκόντων.	9.
10.	10. Ἐν πλήθει ἀπεριτμήτων ἀπολῇ. Ἄλλος, θανάτοις ἀπεριτμήτων ἀποθάνῃ.	10.
12.	12 *Vacat*. *Οἱ Γ'*, ※ πλήρης σοφίας.	12.
13. . .	13. Πάντα λίθον χρηστὸν ἐνδέδεσαι.	13.
. . . .	Ἐνέπλησας τοὺς θησαυρούς σου.	
14. Ἡτοίμασαν μετὰ τοῦ Χερούβ κεχρισμένου, καταμεμετρημένου.	14. Σὺ μετὰ τοῦ Χερούβ.	14. ※ Ἡτοίμασαν μετὰ τοῦ Χερούβ κεχρισμένου, τοῦ κατασκηνοῦντος.
	Vacat.	
15.	15. Ἄμωμος.	15.
16.	16. Ἐμπορίας σου. Ἄλλος, περιδρομῆς σου.	16.
Ἀπολέσει σε, Χερούβ ὁ σκέπων.		Τὸ Χερούβ τὸ συσκιάζον.
18. Ἐβεβήλωσας τὸν ἁγιασμόν σου.	18. Ἐβεβήλωσα τὰ ἱερά σου.	18.
	Σποδόν. Ἄλλ., εἰς σποδόν.	
23.	23. Αἷμα καὶ θάνατος. Ἄλλος, καὶ ἐξαποστελῶ ἐπ' αὐτὴν θάνατον καὶ αἷμα.	23.
※ Ἐν μέσῳ αὐτῆς.	*Vacat*.	※ Ἐν μέσῳ αὐτῆς.
25.	25. Τὸν Ἰσραήλ. Οἱ Γ', ※ τὸν οἶκον Ἰσραήλ.	25.

SYMMACHUS.	LXX INTERPRETES.	THEODOTIO.
4.	4. *Vacat*. *Alius*, et acquisisti.	4.
9.	9. *Vacat*. *Alius*, in manu vulnerantium te. *Alius*, sauciantium.	9.
10.	10. In multitudine incircumcisorum morieris. *Alius*, mortibus incircumcisorum morieris.	10.
12.	12 *Vacat*. *Tres Int.*, plenus sapientia.	12.
13. Omni lapide pretioso vinctus atque constrictus fuisti.	13. Omni lapide bono circumdatus es.	13.
Opus tympanorum tuorum.	Replesti thesauros tuos.	
14. Præpararunt cum Cherub uncto, commensurato.	14. Tu cum Cherub.	14. Præparaverunt cum Cherub uncto, inhabitante.
	Vacat.	
15.	15. Immaculatus.	15.
16.	16. Negotiationis tuæ. *Alius*, circumcursationis tuæ.	16.
Perdet te, Cherub tegens.		Cherub obumbrans.
18. Polluisti sanctificationem tuam.	18. Contaminavi sancta tua.	18.
	Cinerem. *Alius*, in cinerem.	
23.	23. Sanguis et mors. *Alius*, et mittam in eam mortem et sanguinem.	23.
In medio ejus.	*Vacat*.	In medio ejus.
25.	25. Israel. *Tres Int.*, domum Israel.	25.

Notæ et variæ lectiones ad cap. XXVIII Ezechielis.

δὲ εἶ ἄνθρωπος. Οἱ Γ', σὺ δὲ εἶ ἄνθρ. — Ο', καὶ οὐ Θεός. Θ., καὶ οὐχ Ἰσχυρός. Hebr., et non Potens. Dr.

V. 3. VM non habet ἢ ante σοφοί. Deest etiam ἢ apud Theodor. Edit. Rom. : « In multis est ἢ σο-

EZECHIELIS CAPUT XXVIII.

TO EBPAIKON.	TO EBPAIKON 'Ελληνικοῖς γράμμασι.	ΑΚΥΛΑΣ.
4 ותעשי	4.	4.
9 ביד מחללך	9.	9.
10 מותי ערלים תמות	10.	10.
12 מלא חכמה	12.	12.
13 כל־אבן יקרה מסכתך	13.	13.
מלאכת תפיך		
14 כננו את־כרוב ממשח הסוכך	14.	14.
התהלכת		'Εμπεριπατήσας.
15 תמים	15.	15. Τέλειος.
16 רכלתך	16.	16.
ואבדך כרוב הסוכך		'Απολέσω σε τὸ Χερούβ τὸ σκιάζον.
18 חללת מקדשיך	18.	18.
לאפר		
23 ושלחתי־בה דבר ודם	23.	23.
בתוכה		※ 'Εν μέσῳ αὐτῆς.
25 את־בית ישראל	25.	25.

VERSIO HEBRAICI TEXT.	VULGATA LATINA.	AQUILA.
4. Et fecisti.	4. Acquisisti.	4.
9. In manu sauciantis te.	9. Coram interficientibus te.	9.
10. Mortibus incircumcisorum morieris.	10. Morte incircumcisorum morieris.	10.
12. Plenus sapientia.	12. Plenus sapientia.	12.
13. Omnis lapis pretiosus operimentum tuum.	13. Omnis lapis pretiosus operimentum tuum.	13.
Opus tympanorum tuorum.	Opus decoris tui.	
14. Præparata sunt. Tu Cherub unctus tegens.	14. Præparata sunt. Tu Cherub extentus et protegens.	14.
Ambulasti.	Ambulasti.	Circumambulans.
15. Perfectus.	15. Perfectus.	15. Perfectus.
16. Negotiationis tuæ.	16. Negotiationis tuæ.	16.
Et perdam te Cherub tegens.	Perdidi te, o Cherub protegens.	Perdam te Cherub obumbrans.
18. Polluisti sanctuaria tua.	18. Polluisti sanctificationem tuam.	18.
In cinerem.	In cinerem.	
23. Et mittam in eam pestilentiam et sanguinem.	23. Et immittam ei pestilentiam et sanguinem.	23.
In medio ejus.	In medio ejus	In medio ejus.
25. Domum Israel.	25. Domum Israel.	25.

Notæ et variæ lectiones ad cap. XXVIII Ezechielis.

V. 2. C, τάδε λέγει Κύριος Κύριος. Hebr., Adonai Iehova. Mox, ἡ καρδία σου. — B : O', εἰπόν. Oἱ Γ', εἰπέ. O', Θεός. Θ., 'Ισχυρός. Hebr., Potens. — O', κατοικίαν. 'A., καθέδραν. Hebr., sedem. — O', σύ

EZECHIELIS CAPUT XXVIII.

ΣΥΜΜΑΧΟΣ.	Ο'.	ΘΕΟΔΟΤΙΩΝ.
4.	4. *Vacat.* Ἄλλος, καὶ περιεποιήσω.	4.
9.	9. *Vacat.* Ἄλλος, ἐν χειρὶ τραυματιζόντων σε. Ἄλλος, τιτρωσκόντων.	9.
10.	10. Ἐν πλήθει ἀπεριτμήτων ἀπολῇ. Ἄλλος, θανάτοις ἀπεριτμήτων ἀποθάνῃ.	10.
12.	12 *Vacat.* Οἱ Γ', ※ πλήρης σοφίας.	12.
13. . .	13. Πάντα λίθον χρηστὸν ἐνδέδεσαι.	13.
. . . .	Ἐνέπλησας τοὺς θησαυρούς σου.	
14. Ἡτοίμασαν μετὰ τοῦ Χερουβ κεχρισμένου, καταμεμετρημένου.	14. Σὺ μετὰ τοῦ Χερούβ.	14. ※ Ἡτοίμασαν μετὰ τοῦ Χερουβ κεχρισμένου, τοῦ κατασκηνοῦντος.
	Vacat.	
15.	15. Ἄμωμος.	15.
16.	16. Ἐμπορίας σου. Ἄλλος, περιδρομῆς σου.	16.
Ἀπολέσει σε, Χερουβ ὁ σκέπων.		Τὸ Χερουβ τὸ συσκιάζον.
18. Ἐβεβήλωσας τὸν ἁγιασμόν σου.	18. Ἐβεβήλωσα τὰ ἱερά σου.	18.
	Σποδόν. Ἄλλ., εἰς σποδόν.	
23.	23. Αἷμα καὶ θάνατος. Ἄλλος, καὶ ἐξαποστελῶ ἐπ' αὐτὴν θάνατον καὶ αἷμα.	23.
※ Ἐν μέσῳ αὐτῆς.	*Vacat.*	※ Ἐν μέσῳ αὐτῆς.
25.	25. Τὸν Ἰσραήλ. Οἱ Γ', ※ τὸν οἶκον Ἰσραήλ.	25.

SYMMACHUS.	LXX INTERPRETES.	THEODOTIO.
4.	4. *Vacat.* *Alius*, et acquisisti.	4.
9.	9. *Vacat.* *Alius*, in manu vulnerantium te. *Alius*, sauciantium.	9.
10.	10. In multitudine incircumcisorum morieris. *Alius*, mortibus incircumcisorum morieris.	10.
12.	12. *Vacat.* *Tres Int.*, plenus sapientia.	12.
13. Omni lapide pretioso vinctus atque constrictus fuisti.	13. Omni lapide bono circumdatus es.	13.
Opus tympanorum tuorum.	Replesti thesauros tuos.	
14. Præpararunt cum Cherub uncto, commensurato.	14. Tu cum Cherub.	14. Præparaverunt cum Cherub uncto, inhabitante.
	Vacat.	
15.	15. Immaculatus.	15.
16.	16. Negotiationis tuæ. *Alius*, circumcursationis tuæ.	16.
Perdet te, Cherub tegens.		Cherub obumbrans.
18. Polluisti sanctificationem tuam.	18. Contaminavi sancta tua.	18.
	Cinerem. *Alius*, in cinerem.	
23.	23. Sanguis et mors. *Alius*, et mittam in eam mortem et sanguinem.	23.
In medio ejus.	*Vacat.*	In medio ejus.
25.	25. Israel. *Tres Int.*, domum Israel.	25.

Notæ et variæ lectiones ad cap. XXVIII Ezechielis.

δὲ εἶ ἄνθρωπος. Οἱ Γ', σὺ δὲ ἦν ἄνθρ. — Ο', καὶ οὐ Θεός. Θ., καὶ οὐχ Ἰσχυρός. Hebr., et non Potens. Dr.

V. 3. VM non habet ἢ ante σοφοί. Deest etiam ἢ apud Theodor. Edit. Rom. : « In multis est ἢ σο-

φοί, quod ἢ etiam in nostram per errorem irrepsit, ac delendum est. » In Hebr, nihil de sophis, atque enunciatio est absoluta, sic : Ecce sapiens tu præ Daniele (videlicet, secundum opinionem tuam), ullum occultum, *vel* arcanum tibi non absconderunt (ita dicitur Hebraice, pro, *non absconditum fuit*). Cui textui probe quadrat Theodotionis versio, quam exhibet B : πᾶν κρυφίον (sic edit. Tetraplor. pro κρύφιον) οὐχ ὑπερεῖχέ, *superavit*, σε. Idem.

V. 4. Ἄλλος, καὶ περιεποιήσω Ex Drusio. [Ed. Rom. : « Multi, καὶ ἐποίησας χρυσίον, et apud S. Hier, *et fecisti aurum*. In aliquo est, περιεποιήσω. » C, ※ καὶ ἐποίησας χρυσόν. Id. cod., ἢ ἐν τῇ φρονήσει. — B : Ο', ἐν τῇ ἐπιστήμῃ. Ἀ., Σ., Θ., ἐν τῇ σοφίᾳ. Drach.]

V. 5. C, ἢ ἐν τῇ πολλῇ. Etiam Alex., Ald., Complut. habent ἢ. Mox, ※ καὶ ⁚ ὑψώθη. Hebr., et elatum est. Drach.

V. 6. C, τάδε λέγει Κύριος Κύριος. Idem.

V. 7 C, τὰς μαχαίρας αὐτῶν ÷ ἐπὶ σὲ, καὶ ⁚ ἐπὶ τὸ κάλλος. Hebr., gladios suos super pulchritudinem. Librarius male collocavit obelum : ÷ αὐτῶν ἐπὶ σὲ ⁚ — B : Ο', λοιμούς. Ἀ., δυνατούς. Σ., ἀκαταμαχήτους, *inexpugnabiles*. Θ., ὑψηλούς. Hebr., robustos, *vel* violentos. — Ο', καὶ ἐκκενώσουσι. Σ., καὶ γυμνώσουσι. — Ο', καὶ στρώσουσι. Θ., καὶ βεβηλώσουσι. Hebr., et profanabunt. — Ο', εἰς ἀπώλειαν. Οἱ Γ', εἰς διαφθοράν. Idem.

V. 9. Ἄλλος, ἐν χειρὶ τραυματιζόντων σε. Ms. Jes. Drusius vero, τιτρωσκόντων. [Edit. Rom. : « Plerique, ἐν χειρὶ τιτρωσκόντων σε. » C, ἐν πλήθει ※ τραυματιζόντων σε. ⁚ 10. θανάτοις ⁚ Apud S. Hier. ut C, in multitudine vulnerantium te. Drach.]

V. 10. Ἄλλος, θανάτοις etc. Ex Drusio. [Potius ex edit. Romana, quæ monet eadem haberi et apud Theodor. Ita etiam C, cum linea cuspidata, quæ in textu valet ⁚, post θανάτοις, ut modo vidisti. Drach.]

V. 11. B : Ο', ἐπὶ τὸν ἄρχοντα. Οἱ Γ', ἐπὶ τὸν βασιλέα. Drach.

V. 12. Οἱ Γ', πλήρης σοφίας. Ms. Jes. [Ita ... C, sub asterisco, et apud Theodor. Et B: ... πλ. σοφ., absque nota. Apud S. Hier., plenus ... pientia. — B præterea : Ο', καὶ εἰπόν. Οἱ Γ', ἐρεῖς. Hebr., et dices. — Ο', ἀποσφράγισμα ὁμ... σεως. Ἀ., σφραγὶς ἑτοιμασιῶν. præparationum ... ὁμοιώματος Θ..... ἑτοιμασίας. Hebr., obsi... demensum, *vel* summam. Pro Hebr., *hhotham*, ... incipio verbi, quæ nunc est communis lectio, ... et Aq legerunt nomen *hhotham*, quod habent ... pauca exemplaria, et est lectio Ben-Aser, quamq... non recensetur inter varias lectiones Ben-Aser ... Ben-Naphthali. De qua voce consul- *varias lect...* J. Bernardi De-Rossi, et librum *Minhhath-Sche...* Salomonis Norzi. Porro, LXX et Aq. legerunt ... *bnith*, pro recepto *thochnith*. Sed neque in hac ... cordant exemplaria. Drach.]

V. 13. Hieronymus : « Hoc observandum est, ... omni lapide pretioso regem Tyri fuisse circum... tum, sive opertum, et ut Symmachus transtu... *vinctum atque constrictum* : sed omnem lapi... quem habuit princeps Tyri, fuisse *pretiosum*. ... paulo post : « Sed et A., S. et Th. in præsenti lo... multum inter se et LXX Interpr. non solum se... ne, sed et numero discrepant atque nominibus ... Et multis interpositis : « Porro Symmachi interpre... tatio istum principem Tyri, quasi *pretiosum* ... monile lapidibus scribit esse *distinctum*. Breve ... *auri tympanum* vocat, in quo infixi sunt lapides ... Hinc Drusius putat, sed non sine dubio quidem, ... Symmachum vertisse, *opus tympanorum* ... quod mihi etiam verisimile videtur. [C, ἐγενήθ... Et mox obelo expungit ÷ καὶ ἀργύριον καὶ χρυσίον, quæ desunt in Hebr. — Lamb. Bos : Symm., ἐσ... ξαι, *fuisti distinctus* (perf. pass. verbi διαστίζω). ... Senum ἐνδέδεσαι. Cf. S. Hieronymum, cujus verba ... modo attulit Montf., (principem lapidibus) *esse di...* *stinctum*. — B : Ο', τοῦ παραδείσου. Θ., τοῦ κήπου ... Ο', πάντα λίθον χρηστὸν ἐνδέδεσαι. Σ., πᾶς λίθος ... τίμιος περιέφραξέ σε. — Ο', ἐνέπλησας τοὺς θησ...

EZECHIELIS CAPUT XXIX.

TO EBPAIKON.	TO EBPAIKON Ἑλληνικοῖς γράμμασι.	ΑΚΥΛΑΣ.
בשנה העשירית 1	1.	
בשנים עשר		
דבר ואמרת 3	3.	3.
הנני עליך פרעה מלך־מצרים		
התנים הגדול Ὁ Ἑβραῖος, τὸ κῆτος τὸ μέγα.		
לי יארי		
חחיים 4	4.	

VERSIO HEBRAICI TEXT.	VULGATA LATINA.	
1. In anno decimo.	1. In anno decimo.	
In duodecimo.	In undecima.	
3. Loquere et dices.	3. Loquere et dices.	3.
Ecce ego super te, Pharao rex Ægypti.	Ecce ego ad te, Pharao rex Ægypti.	
Draco magnus. *Hebræus int.*, cetum magnum.	Draco magne.	
Mihi fluvius meus.	Meus est fluvius.	
4 Hamos.	4. Frenum.	

πύς σου. Ἀ., Θ., ἔργον τοῦ κάλλους σου. Legerunt, יפי. Σ., ἔργον τοῦ τυμπάνου σου. Hebr., opus tympanorum tuorum. — Ο', καὶ τὰς ἀποθήκας σου. Ἀ., καὶ τρήσεων σου. Hebr., et foraminum tuorum. Drach.]

V. 14. Σ., Θ., ἡτοίμασαν etc. Ms. Jes. Alius legit, ἡτοιμάσθησαν. Conveniunt autem Symm. et Theod. usque ad κεχρισμένου. Vocem autem הסכך ex Scholiaste Romano, Θ., κατασκηνοῦντος, Σ., καταμεμετρημένου. Sed ms. Jes. habet, Σ., τοῦ κατασκηνοῦντος. Codex Coislin. habet, Σ., τοῦ Χεροὺβ καταμεμετρημένου. [In scholio notatur Theodotionem legisse ἡτοιμάσθησαν. Etiam Hebr. et Vulg. passive, præparata sunt. — C, ⁜ ἡτοίμασαν μετὰ τοῦ Χεροὺβ κεχρισμένου τοῦ κατασκηνοῦντος· καὶ ἔδωκά σε ⁝ ἐν ὄρει etc. — B : Ο', ἐκτίσθης. Ἀ., ⁜ ἑτοίμασας ἐν σοί. — Ο', σὺ μετὰ τοῦ Χερούβ. Σ., καὶ μετὰ Χεροὺβ καταμεμετρημένος. Θ., ⁜ κεχρισμένου κατασκηνοῦντος. Drach.]

Ibid. Ἀ., ἐμπεριπατήσας. Drusius. [Scholiastes in ed. Rom. Drach.]

V. 15. Ἀ., τέλειος. Idem. Mox, Ἄλλος, περιδρομῆς. Ms. Jes. [Aquilæ lectionem exhibet ed. Rom. — C, ἄμωμος σὺ ἐν ταῖς. Hoc σύ deest in VM. Mox C, ἕως οὗ, ut etiam Complut. — B : Ο', ἐν ταῖς ἡμέραις σου. Οἱ Γ', ἐν ταῖς ὁδοῖς σου. Hebr. et Vulg., in viis tuis. — Ο', ἐν σοί. Π., (τὰ ἀδικήματά) ⁜ σου. Sed Hebr et Vulg., (iniquitas) in te. Drach.]

V. 16. Ἀ., ἀπολέσω σε τὸ Χεροὺβ τὸ συσκιάζον. Ms. Jes. Drusius vero, Χεροὺβ ὁ συσκιάζων. Coislin. autem habet, Ἀ., ἀπώλεσέ σε Χεροὺβ ὁ συσκιάζων. Σ., ἀπολέσει σε Χεροὺβ ὁ σκέπων. [Aquila in ed. Rom., ὁ συσκιάζων. Theodor. legit in textu συσκιάζον, et apud S. Hier., obumbrans. C, ⁜ τὸ σκιάζον. — B : Ο', ταμεῖά σου. Ἀ., Σ., ἐντός σου — Ο', καὶ ἤγαγέ σε τὸ Χερούβ. Ἀ., καὶ πτερύγια Χεροὺβ ἐσκέπασέ σε. Σ., καὶ ἀπολέσει σε Χεροὺβ ⁜ ὁ σκεπάσας σε. Θ., ⁜ τὸ συσκιάζον. — Ο', πυρίνων, Ἀ., πυρός. Hebr., (lapides) ignis. Drach.]

V. 17. C ita, ÷ διὰ πλῆθος ἁμαρτιῶν σου ⁝ Et desunt in Hebr. Drach.

V. 18. Σ., ἐβεβήλωσας etc. Ms. Jes. [B : Ἄλλος, ἐβεβήλωσας. Ed. Rom. : In multis est, ἐβεβήλωσας. — B : Ο', τὰ ἱερά σου. Σ., τὸν ἁγιασμόν σου. Ed. Rom. : In quibusd. et apud Theodor., τὸν ἁγιασμόν σου. Drach.]

Ibid. Ἄλλος, εἰς σποδόν. Drusius. [Ed. Rom., unde hausit Drusius : Multi, εἰς σπ. Ita etiam C cum tribus editt. Apud S. Hier., in cinerem. Drach.]

V. 19. Pro στενάζουσιν, C, στυγνάσουσιν, contristabuntur. Et ita Alex., Ald. et Complut. Apud S. Hier., contristabuntur. B : Ο' ἄλλως, στυγνάσουσιν. Θ., ἐθαύμασαν. H. et V., obstupescent. — B : Ο', ἀπώλεια ἐγένου. Θ., ἐθανατώθης, morti traditus es. Drach.

V. 21. VM, Σειδῶνα. Et in versu seq., Σειδών. Idem.

V. 22. C, τάδε λέγει Ἀδωναῒ Κύριος. Hebr., Adonai Jehova. Ita etiam ỷ 25. Et mox, ὅτι ἐγώ ÷ εἰμι⁝ Hebr. non exprimit sum. — B : Οἱ Γ', Ο', καὶ ἐρεῖς. Ἄλλως, καὶ εἰπόν. Idem.

V 23. Ἄλλος, καὶ ἐξαποστελῶ etc. Drusius. [C, καὶ ἐξαποστελῶ ἐπὶ σὲ θάνατον, καὶ αἷμα ἐν ταῖς πλ. Et ita apud Theodoretum. Drach.]

Ibid. Ἀ., Σ., Θ., ἐν μέσῳ αὐτῆς. Ms. Jes. [C, ⁜ ἐν μέσῳ αὐτῆς ⁝ Drach.]

V. 24. C, ἐν τῷ οἴκῳ Ἰσραὴλ σκόλοψ. Etiam VM scribit σκόλοψ. Et mox, ἀπὸ πάντων τῶν περικύκλῳ. Et, ἐγώ εἰμι Ἀδωναῒ Κύριος. — B : Ο', ἀτιμασάντων. Ἀ., μαστιγούντων, flagellantium. Nimirum deducit verbum Hebr. a שוט, flagellum. Drach.

V. 25. Οἱ Γ', τὸν οἶκον Ἰσραήλ. Idem. [C, τὸν ⁜ οἶκον ⁝ Ἰσραήλ. Mox, ἐνώπιον ÷ τῶν ÷ λαῶν, καὶ ⁝ τῶν ἐθνῶν. Quæ hic obelo expunguntur desunt in Hebr. Et post, ἐπὶ τῆς γῆς αὐτῶν, ἧς ἔδωκα. — B : Ο', ἐκ, Θ., ⁜ πάντων /. τῶν ἐθνῶν. Sed hæc Theodotionis additio, πάντων, non est in Hebr. Drach.]

V 26. C, ÷ καὶ ὁ Θεὸς τῶν ⁝ Quæ desunt in Hebr. Drach.

EZECHIELIS CAPUT XXIX.

ΣΥΜΜΑΧΟΣ.	Ο'.	ΘΕΟΔΟΤΙΩΝ.
	1. Ἐν τῷ ἔτει τῷ δωδεκάτῳ. Ἄλλος, δεκάτῳ.	1.
	Δεκάτῳ. Ἄλλος, ἐν τῷ δωδεκάτῳ.	
	3. Καὶ εἰπόν. Οἱ Γ', ⁜ λάλησον ⁝ καὶ εἰπόν.	3.
	Ἰδοὺ ἐγὼ ἐπὶ σὲ, Φαραὼ ⁜ βασιλεῦ Αἰγύπτου.	
	Τὸν δράκοντα τὸν μέγαν.	
	Ἐμοί εἰσιν οἱ ποταμοί. Ἄλλοι, ἐμοὶ ὁ ποταμός μου.	
	4. Παγίδας. Ἄλλος, χαλινόν.	4.

SYMMACHUS.	LXX INTERPRETES.	THEODOTIO.
	1. In anno duodecimo. Alius, decimo.	1.
	Decimo. Alius, in duodecimo.	
	3. Et dic. Tres Int., loquere et dic.	3.
	Ecce ego super te, Pharao rex Ægypti.	
	Draconem magnum.	
	Mihi sunt fluvii. Alii, mihi fluvius meus.	
	4. Laqueos. Al., frenum.	4.

ΤΟ ΕΒΡΑΙΚΟΝ.	ΤΟ ΕΒΡΑΙΚΟΝ Ἑλληνικοῖς γράμμασι.	ΑΚΥΛΑΣ.
ואת כל־דגת יאריך בקשקשתיך תדבק		
15 ונטשתיך המדברה אותך ואת כל־דגת יאריך	5.	5.
10 לחרבות חרב שממה	10.	10.
ממגדל 'Ο Ἑβραῖος, ἀπὸ Μαγδάλ.		
19 ונשא המנה	19.	19.

VERSIO HEBRAICI TEXT.	VULGATA LATINA.	AQUILA.
Et omnis p scis fluminum tuorum in squamis tuis adhærebit.	Et agglutinabo pisces fluminum tuorum squamis tuis.	
5. Et derelinquam te in deserto, te et omnem piscem fluminum tuorum.	5. Et projiciam te in desertum, et omnes pisces fluminis tui.	5.
10. In solitudines, solitudinis, desolationis.	10. In solitudines, gladio dissipatam.	10.
A turre. *Hebr. int.*, a Magdal.	A turre.	
19. Et tollet multitudinem ejus.	19. Et accipiet multitudinem ejus.	19.

Notæ et variæ lectiones ad cap. XXIX Ezechielis

V. 1. Ἄλλος, δεκάτῳ. Drusius. [Perperam edidit Montf., LXX δεκάτῳ. Alius δωδεκάτῳ. Drusius enim et ed. Rom. τῷ Ἄλλῳ adscribunt δεκάτῳ. LXX autem habent δωδεκάτῳ. Quem errorem imprudenter descripsit editor Tetraplorum. — C, ἐν τῷ ἔτει τῷ δεκάτῳ. Drach]

Ibid. Ἄλλος, ἐν τῷ δωδεκάτῳ. Idem. [Etiam hic perperam adscripsit Montf., et post illum editor Tetraplorum, LXX, δεκάτῳ Senes enim habent, μιᾷ. Ecce textum Hebr. : In anno decimo, in decimo (subaudi, *mense*), in duodecimo (subaudi, *die*) mensis. Pro quo LXX : ἐν τῷ ἔτει τῷ δωδεκάτῳ, ἐν τῷ δεκάτῳ μηνὶ, μιᾷ τοῦ μηνός. Et pro Senum μιᾷ, Drusius affert Alius lectionem, ἐν τῷ δωδεκάτῳ, quæ concinit cum Hebr., et est lectio Theodoreti. — VM, ἑνδεκάτῳ μηνί Et ita Vulgata, undecima die. Dr.]

V. 2. B : O', στήρισον. Ἀ., Θ., θές Σ., τάζον (ita edit Tetraplorum. Forte reponendum τάξον). Hebr. et Vulg., pone. Drach.

V. 3. Οἱ Γ', λάλησον καὶ εἰπόν. Ms. Jes. [C. ※ λάλησον ⁝ καὶ εἶπον· Τάδε λέγει Κύριος Κύριος. Dr.]

Ibid. ※ βασιλεῦ Αἰγύπτου. Idem. Ed. Rom. ἐπὶ Φαραώ. [C, Ἰδοὺ ἐγὼ ἐπὶ σὲ Φαραὼ ※ βασιλεῦ Αἰγύπτου, ⁝ Et præsignat asterisco ultimam partem versiculi, a voce ἐμοί, absque linea cuspidata. Dr]

Ibid. Ὁ Ἑβρ., τὸ κῆτος τὸ μέγα. Drusius. Ms. vero Jes. habet : τὸ Ἑβραϊκὸν, τὸ κῆτος. ἔχει, ἵνα ἐμφανῇ *τὸν κροκόδειλον*. I. e., Hebraicum habet *cetum*, ut significet *crocodilum*.

Ibid. Scholion a Drusio allatum sic habet : Τινὲς τῶν ἑρμηνευτῶν ἑνικῶς εἶπαν, *τὸν ποταμὸν*, οἱ δὲ O', πληθυντικῶς. I. e., « Quidam Interpretum singulariter *fluvium* dixerunt ; LXX vero pluraliter. » Quæ verba non alium quam hunc locum respicere posse videntur. [Est scholion Theodoreti. — B : O', τὸν ἐγκαθήμενον. Ἀ., τὸν ἐγκοιμώμενον, *incubantem*. Hebr., qui recubat. — O', ἐποίησα αὐτούς. Ἀ., ἐποίησά με. Σ., ἐμαυτόν. Hebr. et Vulg., feci metipsum. Drach.]

V. 4. Ἄλλος, χαλινόν. Ms. Jes. [Etiam apud Theodor., χαλινόν. B : Σ., Θ., χαλινόν. Ἀ., ἀκίδας, *[illegible]mina*. Drach.]

Ibid. Ἄλλος, καὶ πάντες οἱ ἰχθύες etc. Drusius. [Hæc sunt etiam apud Theodoretum. Alius, καὶ πάντας τοὺς ἰχθύας. — C, τοὺς ἰχθῦς. Et ita VM. In fine versus, post σου, addit C. ※ καὶ πάντας τοὺς ἰχθύας τοῦ ποταμοῦ etc. ut ἄλλος. — B : O'. τοῦ ποταμοῦ. Θ., ※ σου Respicit alterum τοῦ ποταμοῦ, nempe additionis Tetraplorum et Alius. Hebr., fluminis *tui*. — Et post : Ἀ., ※ ἐν τοῖς λεπίσι σου [illegible] ληθήσονται. Drach.]

V. 5. Ἄλλος, καὶ ἀποῤῥίψω σε etc. Idem. [Ed. Rom., unde deprompsit Drusius : « In aliquo libro et apud Theodoretum : καὶ ἀποῤῥίψω σε εἰς [illegible] (abest γῆν a Theodor. ut et ab Hebr.) ἔρημον, [illegible] πάντας etc. ut supra in textu. — B : O', ἐν τάχει. Οἱ Γ', ἐν τῇ ἐρήμῳ. — Post ἐν τάχει, addit C, ※ [illegible] σέ, ⁝ Hebr., te. Et post τοῦ ποταμοῦ, non [illegible] σου, quod tamen est in Hebr. — B : O', συναχθῆς. Σ., εἰσενεχθήσῃ. — Ἀ., O'. ※ κατὰ /. κατάβρωμα. O' ἄλλως, εἰς κατόβρωμα. Drach]

V. 7. Pro ἐπεκρότησεν (VM, ἐκρότησεν, sed 2 m. ἐπεκρ.), C legit, ἐπεκράτησεν, *tenuit* — B : O', καὶ ὅτε ἐπεκρότησεν ἐπ' αὐτοὺς πᾶσα χείρ. Ἀ., καὶ διέῤῥηξας, *disrupisti*, αὐτοῖς πάντα ὦμον. Hebr., et perfodisti eis omnem, *vel* totum, humerum. — O', καὶ ὅτε ἐπαναπαύσαντο. Σ., καὶ ἐπιστηριχθέντων αὐτῶν, *et cum innixi fuerint*. Hebr., et innitentibus eis. Drach.

V. 8. C, Κύριος, Κύριος. Ita etiam iteratur K. ṽṽ 13, 19. — B : O', ἀνθρώπους. Οἱ Γ', ἄνθρωπον. Hebr. et Vulg., hominem. — VM ita : ἀνθρώπους ἀπὸ σοῦ. Idem.

V. 9. C expungit obelo αὐτούς, quia non est in Hebr. — Juxta B, pro Senum, ἀντὶ τοῦ, Σ., διότι. Idem.

ΣΥΜΜΑΧΟΣ.	Ο'.	ΘΕΟΔΟΤΙΩΝ.
	Vacat. *Ἄλλος*, καὶ πάντες οἱ ἰχθύες τοῦ ποταμοῦ ταῖς λεπίσι σου προσκολληθήσονται.	
5.	5. Καὶ καταβαλῶ σε ἐν τάχει, καὶ πάντας τοὺς ἰχθύας τοῦ ποταμοῦ σου. *Ἄλλος*, καὶ ἀποῤῥίψω σε εἰς ἔρημον, καὶ πάντας τοὺς ἰχθύας τοῦ ποταμοῦ.	5.
10.	10. Εἰς ἔρημον καὶ ῥομφαίαν καὶ ἀπώλειαν. *Ἄλλος*, εἰς ἔρημον κενὴν καὶ ἠφανισμένην.	10.
	Ἀπὸ Μαγδώλου.	
19.	19. *Vacat.* *Ἄλλος*, καὶ λήψεται τὸ πλῆθος αὐτῆς.	19.

SYMMACHUS.	LXX INTERPRETES.	THEODOTIO.
	Vacat. Al., et omnes pisces fluminis squamis tuis adhærebunt.	
5.	5. Et projiciam te velociter, et omnes pisces fluminis tui. *Alius*, et projiciam te in desertum, et omnes pisces fluminis.	5.
10.	10. In solitudinem et gladium et perditionem. *Al.*, in desertum vacuum et desolatum.	10.
	A Magdolo.	
19.	19. *Vacat. Al.*, et accipiet multitudinem ejus.	19.

Notæ et variæ lectiones ad cap. XXIX Ezechielis.

V. 10. *Ἄλλος*, εἰς ἔρημον κενὴν etc. Drusius, qui suspicatur legendum esse ξηρήν. Melius diceret ἠρήν: quamquam non video cur opus sit hic mendum suspicari, cum ἔρημον κενὴν optime exprimat חרבות חרב desertum vacuum et inane. Pergit deinde Drusius: *LXX et Hieronymus legerunt* חרב (cum duplici segol), *nam verterunt* ῥομφαίαν, gladium. *Sic variant codices Ps.* IX. *Nam in aliis est* חרבות *haroth*, gladii, *quod legerunt Græci. In aliis vero* חרבות (cum cametz hatheph) *horboth*, destructiones, vastitates. *Porro* חרבו *Ps.* VII, 13. *Symmachus interpretatur* τὴν μάχαιραν αὐτοῦ. ממגדל *Schol.* ὁ Ἑβραῖος, ἀπὸ Μάγδαλ. *Sic videtur etiam legisse Hieronymus; nam ait*: Pro turre, quæ Hebraice MAGDAL dicitur, LXX loci nomen posuerunt, ut Μαγδωλὸν scriberent. Turris autem Syene usque hodie permanet, castrum ditioni Romanæ subditum, ubi sunt Nili cataractæ, et usque ad quem locum de nostro mari Nilus navigabilis est. *Sed forte Hieronymus scripsit Magdol. Nam et hæc vox appellative sumitur pro turri. Aliquando est proprium loci.* Hactenus Drusius. [B: Γ', γῆν. Ἀ., Σ. (addunt), τήν. — Ο', ἀπὸ Μαγδώλου. Ἀ., Σ, ἀπὸ πύργου. DRACH.]

V. 11. B: Ο', ἐν αὐτῇ. *Ἄλλος*, δι' αὐτῆς. DRACH.

V. 12. C, τὴν γῆν αὐτῆς [εἰς] (sic) ἀπώλειαν..... ⋇ ἀφανισμὸς ⁚ τεσσαράκοντα ἔτη. Hebr., vastatio... ⋇ τὴν ⁚ Αἴγυπτον. — B: Οἱ Γ', ⋇ τὴν /. Ο', Αἴγυπτον. — Ο', εἰς τὰς χώρας. Π., ἐν ταῖς γαίαις. IDEM.

V. 13. C, συνάξω τοὺς Αἰγυπτίους. — B: Οἱ Γ', ⋇ ὅτι /. Ο', τάδε. IDEM.

V. 14. C, καὶ κατοικιῶ... καὶ ἔσται ⋇ ἐκεῖ ⁚ ἀρχὴ ταπεινή. Ita et B: Οἱ Γ', ⋇ ἐκεῖ /. ἡ βασιλεία. Id est, Tres addunt ἐκεῖ, et loco vocis ἀρχὴ vertunt βασιλεία. Hebr., ibi regnum. Idem B: Ο', Φαθωρῆς. Θ, Φαθουρῆς. IDEM.

V. 15. C, παρὰ πάσας τὰς ἀρχὰς ⋇ ἔσται ταπεινή ⁚ Et B: Οἱ Γ', ⋇ ἔσται ταπεινή. Hebr., eris humilis. In LXX autem nostris desideratur. — Idem B: Ο', παρὰ πάσας τὰς ἀρχάς. Θ., παρὰ τὰς βασιλείας. Hebr. non habet *omnes*. — Ο', τοῦ μὴ εἶναι αὐτοὺς πλείονας. Σ., ⋇ ἵνα μὴ ἐπιτάσσουσι, *præcipiant*. Hebr., ad non nominandum. IDEM.

V. 16. VM, καὶ οὐκ ἔσονται ἔτι. C, καὶ οὐκ ἔσονται ἐπί. Sed conjicimus ἐπὶ librarii oscitantia pro ἔτι positum esse. Mox, ἐγώ εἰμι Ἀδωναῒ Κύριος. — B: Ο', ἐν τῷ ἀκολουθῆσαι αὐτοὺς ὀπίσω αὐτῶν. Σ., προσφευγόντων αὐτῶν ἀκολουθεῖν αὐτοῖς. IDEM.

V. 17. C, ἐν τῷ εἰκοστῷ καὶ ἑβδόμῳ ἔτει. Hebr. et Vulg., in vigesimo et septimo anno. IDEM.

V. 18. LXX, καὶ τῆς δουλείας. In quibusdam et apud Theodoretum, καὶ τῇ δουλείᾳ Ex ed. Rom. — B: Σ, ὑπὲρ τῆς ἐργασίας. Hebr., super servitutem. Præterea B: Ο', κατεδουλεύσατο (nostri autem, κατεδουλώσατο). Σ., ἐργάζεσθαι ἐποίησεν. — Ο', Θ., φαλακρά. — Ο'. μαδῶν. Ἀ., ἀπεῤῥευκώς, *diffluens*. — Ο', καὶ τῇ δυνάμει αὐτοῦ. Σ (addit), οὐδὲ Ἀ., εὐπορίᾳ αὐτοῦ. — Paulo superius, VM, αὐτοῦ τὴν δύναμιν. IDEM.

V. 19. *Ἄλλος*, καὶ λήψεται etc. Drusius. [Drusii lectiones plerumque prodeunt ex notis Rom. editionis. Nostram habent C, Complut. et Alex. qui scribit λήμψεται. — C, ⋇ διὰ τοῦτο ⁚ τάδε λέγει Κύριος Κύριος· Ἰδοὺ ⋇ ἐγὼ ⁚ δίδωμι τῷ Ν. β. B. ⋇ τὴν ⁚ γῆν A. B: Οἱ Γ', ⋇ τὴν /. γῆν. Hebr., Propterea hæc dicit Adonai Jehova, Ecce ego dans Nabuchodonosor regi Babylonis terram Ægypti, et tollet multitudinem ejus. DRACH.]

V. 20. C, δέδωκα αὐτῷ τὴν γῆν Αἰγύπτου, ⋇ ὅσα ἐποίησέ μοι, ⁚ ÷ τάδε ⁚ λέγει Κ. Κ. Hebr., dedi ei terram Ægypti, pro eo quod opus fecerint mihi, ait Adonai Jehova. — B: Ο', ἀντὶ τῆς λειτουργείας αὐτοῦ. *Ἄλλος*, ἀντὶ τῆς δουλείας αὐτοῦ. — Ο', γῆν. Οἱ Γ', ⋇ τὴν /. γῆν. — Ο', ⋇ ἀνθ' ὧν (ἐποίησε). Θ, ἐν αὐτῷ. DRACH.

EZECHIELIS CAPUT XXX.

ΤΟ ΕΒΡΑΙΚΟΝ.	ΤΟ ΕΒΡΑΙΚΟΝ Ἑλληνικοῖς γράμμασι.	ΑΚΥΛΑΣ.
2 הילילו	2.	2.
3 יום ענן	3.	3.
עת גוים יהיה		
4 ולקחו המונה	4.	
5 וכל־הערב	5.	5.
9 מלפני	9.	9.
בצים		Ἐν Σείμ.
בטח		Τὴν πεποιθυῖαν.
12 ומכרתי את־הארץ ביד־רעים	12	12. ⋇ Καὶ ἀποδώσομαι τὴ[ν] ἐν χειρὶ πονηρῶν.
13 והאבדתי גלולים והשבתי	13	13.
14 בנא	14.	14. Ἐν Νώ.
16 ונף צרי יומם	16.	16.
21 לא־חבשה	21.	21. Οὐκ ἐμοτώθη.
לחבשה לחזקה		
22 את־החזקה ואת־הנשברת	22.	22. Τὸν ἰσχυρὸν καὶ ὑψη[λὸν]

VERSIO HEBRAICI TEXT.	VULGATA LATINA.	AQUILA.
2. Ululate.	2. Ululate.	2.
3. Dies nubis.	3. Dies nubis.	3.
Tempus gentium erit.	Tempus gentium erit.	
4. Et tollent turbam ejus.	4. Et ablata fuerit multitudo illius.	4.
5. Et omne vulgus.	5. Et omne reliquum vulgus.	5.
9. A facie mea.	9. A facie mea.	9.
In navibus.	In trieribus.	In Sim.
Confidenter.	Confidentiam.	Confidentem.
12. Et vendam terram in manum malignorum.	12. Et tradam terram in manus pessimorum.	12. Et tradam terram in ma[nu] malignorum.
13 Et perdam simulacra, et cessare faciam.	13. Et disperdam simulacra, et cessare faciam.	13.
14. In No.	14. In Alexandria.	14. In No.
16. Et ipsi Noph tormina interdiu.	16. Et in Memphis angustiæ quotidianæ.	16.
21. Non est alligatum.	21. Non est obvolutum.	21. Non est curatum.
Ad alligandum ad roborandum illud.	Ut fasciaretur linteolis, ut recepto robore.	
22. Fortem et fractum.	22. Forte sed confractum.	22. Robustum et excelsum

Notæ et variæ lectiones ad cap. XXX Ezechielis.

V. 2. Ἄλλος, ὀλολύξατε. Drusius ex Complutensi edit. ut et alia. [Ita et apud Theodoretum. B : Σ., Θ., ὀλολύζετε. Supra jam monuimus plerasque Drusii lectiones prodire ex ed. Rom. — C, Ἀδωναῒ Κύριος. Drach.]

V. 3. Οἱ Γ', ⋇ ἡμέρα νεφέλης. Et sic Ο' hodie, quia multa ex edit. Hexaplari in κοινῇ remanserunt. [C ita : ὅτι ἐγγὺς ἡμέρα, καὶ ἐγγὺς ἡμέρα τοῦ Κυρίου, ἡμέρα ⋇ νεφέλης ⁝ Apud S. Hier., quoniam juxta est dies, et juxta via Domini, dies nubis. Hebr., quia propinqua est dies, et propinqua dies Jehovæ, dies nubis. B : Ἀ., Ο', Θ., ⋇ ὅτι ἐγγὺς ἡμέρα. Σ. (ad hæc addit), ⋇ καὶ ἐγγίζει ἡμέρα. Quod pariter additur apud Theodoretum, hoc modo, καὶ ἐγγίζει ἡ ἡμέρα νεφέλης. Dr.]

Ibid. Ἄλλος, καιρὸς ἐθνῶν ἔσται. Drusius. [Ita et apud Theodoretum. In VM deest vox νεφέλης.]

V. 4. Ἄλλος, καὶ λήψονται etc. Idem. [C, κ[αὶ] λήψονται τὸ πλῆθος ⋇ αὐτῆς, ⁝ Et ita apud Theodoretum. Al., ληφθήσεται. Al., αὐτῶν. Ex ed. ... Apud S. Hier., et auferent multitudinem ejus. ... præterea : καὶ ἔσται ταραχὴ ἐν Αἰθιοπίᾳ (absque ... quod deest in Hebr.), καὶ πεσοῦνται. Drach.]

V. 5. Σ., καὶ πᾶσα ἡ Ἀραβία. Idem. Hic ... Hieronymus, cum ait : « In commune de variis ... pulis et *Chuth*, quod Symmachus vertit in Arabiam ... labi sane videtur : nam Arabia hic haud dubie ... spondet voci Hebraicæ ערב, non autem voci præ... antecedenti כוש vel subsequenti כוב. Hoc autem ... Librarii mendo scriptum est : nam multis inte... sitis Hieronymus ait, « et *Chub*, i. e. Arabia ... [Montf. male exscripsit *Chuth*, et ita post eum ...

EZECHIELIS CAPUT XXX.

ΣΥΜΜΑΧΟΣ.	Ο'.	ΘΕΟΔΟΤΙΩΝ.
2.	2. Ἄλλος, ὀλολύξατε.	2.
3.	3. ※ Ἡμέρα νεφέλης. Οἱ Γ', id.	3.
	Πέρας ἐθνῶν ἔσται. Ἄλλος, καιρὸς ἐθνῶν ἔσται.	
--	4. Vacat. Ἄλλος, καὶ λήψονται τὸ πλῆθος αὐτῆς.	4.
5. Καὶ πᾶσα ἡ Ἀραβία.	5. Καὶ πάντες οἱ ἐπίμικτοι.	5.
9.	9. Vacat.	9. Ἐκ προσώπου μου.
Ἐν ἐπείξει.	Σπεύδοντες.	Ἐν Σεἰμ.
	Vacat.	Τὴν ἐλπίδα.
12.	12. Vacat.	12. ※ Καὶ ἀποδώσομαι τὴν γῆν ἐν χειρὶ πονηρῶν.
13.	13. Καὶ ἀπολῶ (μεγιστᾶνας).	13. ※ Καὶ ἀπολῶ βδελύγματα καὶ καταπαύσω (μεγιστᾶνας).
14. Ἐν Νώ.	14. Ἐν Διοσπόλει.	14. Ἐν Νώ.
16.	16. Vacat. Ἄλλος, καὶ ἐν τῇ Μέμφει πολέμιοι αὐθημερινοί.	16.
21. Οὐκ ἐπεδέθη.	21. Οὐ κατεδέθη.	21.
	Τοῦ δοθῆναι ἰσχύν. Ἄλλος, τοῦ δεθῆναι τοῦ κατισχύσαι.	
22.	22. Τοὺς ἰσχυροὺς, καὶ τοὺς τεταμένους.	22. Τὸν ἰσχυρὸν καὶ μέγαν.

SYMMACHUS.	LXX INTERPRETES.	THEODOTIO.
2.	2. *Alius*, ululate.	2.
3.	3. *Tres et LXX int.*, dies nubis.	3.
	Finis gentium erit. *Alius*, tempus gentium erit.	
--	4. *Vacat. Al.*, et accipient multitudinem ejus.	4.
5. Et omnis Arabia.	5. Et omnes commisti.	5.
9.	9. *Vacat.*	9. A facie mea.
In festinatione.	Festinantes.	In Sim.
	Vacat.	Spem.
12.	12. *Vacat.*	12. Et tradam terram in manum malignorum.
13.	13 Et perdam (optimates).	13. Et perdam abominationes, et cessare faciam (optimates).
14. In No.	14. In Diospoli.	14. In No.
16.	16. *Vacat. Alius*, et in Memphi inimici eo ipso die.	16.
21. Non est alligatum.	21. Non est ligatum.	21.
	Ad dandum robur. *Al.*, ad ligandum et roborandum.	
22.	22. Fortia et extenta	22. Robustum et magnum.

Notæ et variæ lectiones ad cap. XXX Ezechielis.

or Tetraplorum, cum tamen S. Hier. habeat, *Chub.* — B : Ἀ., καὶ πᾶσα Ἀραβα. Σ., Ἀραβία. Apud Theodor., καὶ Αἰθίοπες, καὶ πᾶσα ἡ Ἀραβία. — B : Ο', Πέρσαι καὶ Κρῆτες. Ἀ., Σ., Θ., Αἰθιοπία καὶ Λούδ. — Ἀ., Σ., Θ., ※ καὶ Χουβάλ. Hæc lectio palam respicit Hebr. כוב. Quomodo autem reddunt LXX, non in promptu est dicere, invertunt enim ordinem. Non autem omittunt, ut credit Rosennmulerus, qui non attendit tot exprimere nationes LXX quot textus Hebr., nimirum, sex. — Οἱ Γ', ※ γῆς. i. e. addunt τῆς ante διαθήκης. — C, ἐν αὐτῇ μαχαίρᾳ πεσοῦνται. Drach.]

V. 6. C, ※ τάδε λέγει Ἀδωναῒ Κύριος. ⁚ καὶ πεσοῦνται etc. Hebr., sic dixit Jehova. B : Π., ※ τάδε λέγει ΠΙΠΙ, sic melius. Et mox C obelo expungit ὡς Συήνης, quod tamen est in Hebr. — B : Ο', τὰ ἀντιστηρίγματα. Ἀ., Σ., οἱ ὑποστηρίζοντες. — Ο', καὶ καταβήσεται. Θ., καὶ καθαιρεθήσεται, *destruetur*. — Ο', ἡ ὕβρις. Ἀ., Σ., ἡ ὑπερηφανία. — Ο', ἀπὸ Μαγδωλοῦ. Ἀ., Σ., ἀπὸ πύργου. Cf. supra XXIX, 10 Drach.

V 7. C, ἐν μέσῳ χωρῶν ※ ἠφανισμένων (etiam Alex. ἠφ.), ※ καὶ ἀπολεῖς αὐτοὺς (scriptoris vitium, pro καὶ αἱ πολεῖς αὐτῶν) ἐν μέσῳ πόλεων ⁚ — B : Ο', χωρῶν. Ἄλλος, πόλεων. Idem.

V. 8. B : Ο', συντριβῶσι. Ἄλλος, συντριβήσονται. Idem.

V. 9 Θ., ἐκ προσώπου μου etc. Hæ lectiones ex Drusio et ex ms. Jes. prodeunt. Hieronymus, « A., Th., *in Sim.* Sym., *festinantes.* » Hic ms. Jes. sic habet : ἐκ προσώπου μου ἐσσίμ (sic). Σ, ἐν ἐπείξει. Drusius vero sic : « Scholiastes hoc loco ex

Theodotioni videtur referre ἐγκαθισμός, *insessio*. Theodoretus vero, ἐν σεὶμ, quod in multis libris ait Græca lingua significare ἐν ἰσχύϊ, *in robore*. » At non video quid affinitatis habeat ἐγκαθισμός cum בצים. [In textu separavimus voces מלפני et בצים, quorum versiones Montf. ita confudit ut non facile scire possit lector quo spectent, neque animadvertit Senum σπεύδοντες, quod addidimus, cohærere alteri harum vocum. Pro priore, in plerisque ll. est, ἀπὸ προσώπου μου. Alterius retinuerunt Aq. et Th. ipsam formam Hebr. LXX et Symm. reddiderunt quasi a verbo ארץ, *festinavit*, *ursit*. ב est littera servilis. Legerunt ergo, באצים, ut conjici potest e lectione Tetraplorum mox afferenda. — C, ἐξελεύσονται ἄγγελοι ※ ἐκ προσώπου μου Ἐσσὶμ ⁏ σπεύδοντες ἀφανίσαι τὴν Αἰθιοπίαν ※ τὴν ※ ἐλπίδα, ⁏ καὶ ἔσται ταραχὴ etc. — B : Ο', Θ., ἐκ προσώπου μου Ἐσσὶμ (ut C). Ἀ., ἐν ἐτιεὶμ. Σ., ἐν ἐπείξει. — Ο', ἀφανίσαι τὴν Αἰθιοπίαν. Σ, τοῦ ἐκπλῆξαι τῆς Αἰθιοπίας τὴν ἀφοβίαν. — Ο', Θ., ※ τὴν ἐλπίδα (ut C). Ἀ., τὴν πεποιθυῖαν.—Ο', ὅτι ἰδού. Σ., ※ πάντως. DRACH.]

Ibid. Ἀ., τὴν πεποιθυῖαν. Θ., τὴν ἐλπίδα. Drusius.

V. 10. C, ἀπολῶ τὸ πλῆθος. B : Οἱ Γ', τὸ, Ο', πλῆθος. DRACH.

V. 11. C, λαοῦ αὐτοῦ ※ μετ' αὐτοῦ, ⁏ Hebr. et Vulg., cum eo. B : Σ., μετ' αὐτοῦ. Mox C, ἐκκενώσουσι ÷ πάντες ⁏ Deest *omnes* in Hebr. et in Vulg. — B : Ο', λοιμοὶ ἀπὸ ἐθνῶν ἀπεσταλμένοι. Ἀ., ἰσχυροὶ... Σ., ἀκαταμάχητοι, *inexpugnabiles*, ἐθνῶν ἀχθήσονται. Hebr., fortissimi gentium.—Ο', ἐκκενώσουσι. Σ., καὶ γυμνώσουσι. —Ο', τραυματιῶν... τρώσεων. IDEM.

V. 12. Ἀ., Θ., ※ καὶ ἀποδώσομαι ... [Legitur etiam apud Theodoretum. Apud ... et tradam terram in manu pessimorum ...

V. 13. Θ., ※ καὶ ἀπολῶ βδελύγματα ... lectio trium editionum, i. e. Alex., Ald., ... S. pariter Hier., in comment., ex LXX, ... abominationes, et deficere faciam ... dem habet sub asterisco. Idem C, καὶ ... γῆς Αἰγύπτου. καὶ οὐκ ἔσονται ἔτι · ※ ... δον ἐκ γῆς Αἰγύπτου, (Alex. et Complut. ... γῇ A.) ⁏ Hebr., et princeps e terra Ægypti ... amplius ; et dabo timorem in terra Ægypti ... Σ., Θ., εἴδωλα. Pro βδελύγματα Tetrapla ...

V. 14. Ἀ., Σ., Θ., ἐν Νώ. In hæc verba ... mus : « *Faciamque*, ait, *judicia* ... in ... quæ hodie sic vocatur. Cæterum, pristinum ... habet *No*, quod Aq., Sym., *Th.* sicut in ... situm est, transtulerunt. Pro quo ... lentes LXX dixere *Diospolim*, quæ ... civitas est. Nos autem pro *No*, *Alexandria* ... mus per anticipationem, quæ Græce ... pellatur, juxta illud Virgilianum, *Lavinaque littora* : non quod eo tempore, quando ... in Latium, *Lavina* dicerentur ; sed quæ ... vina nuncupata sunt, ut manifestius ... lectoris intelligentiæ. » [*Lamb.* Bos habet ... Ἀ., Βανῶ. l. e., nomen Hebr., *No*, cum ... servili ב affixa. Σ., Ἐν Νό. Θ., ἐν Νω (absque ...

EZECHIELIS CAPUT XXXI.

ΤΟ ΕΒΡΑΙΚΟΝ.	ΤΟ ΕΒΡΑΙΚΟΝ Ἑλληνικοῖς γράμμασι.	ΑΚΥΛΑΣ.
3 ארז	3.	3.
חרש מצל		
עבתים		Δασέων.
5 ותארכנה פארתיו	5.	5.
בשלחו		
8 לא עממהו	8.	8.
9 יפה עשיתיו ברב דליותיו	9.	9.
10 ורם לבבו בגבהו	10.	10.

VERSIO HEBRAICI TEXT.	VULGATA LATINA.	AQUILA.
3. Cedrus.	3. Cedrus.	3.
Et sylva inumbrans.	Et frondibus nemorosus.	
Implicata.	Densas frondes.	Condensorum.
5. Et prolongati sunt rami ejus.	5. Et elevati sunt rami ejus.	5.
In mittendo ipsam.	Cumque extendisset.	
8. Non obscuraverunt eam.	8. Non fuerunt altiores illo.	8.
9. Pulcrum feci eum in multitudine ramorum ejus.	9. Quoniam speciosum feci eum, et multis condensisque frondibus.	9.
10. Et elevatum est cor ejus in altitudine sua.	10. Et elevatum est cor ejus in altitudine sua.	10.

Pro communi Φαθωρῆς, C habet Φαθουρῆς. Παθουρῆς. Drach.]

5. C scribit Σάϊν. — B : Ο', καὶ ἀπολῶ. *Ἄλλ*- αὶ ἀπολεῖται, *peribit*. Hebr., et succidam. — μφεως. Ἀ., Νώ. Σ., Νό. Θ., Νόεως. Drach.

6. *Ἄλλος*, καὶ ἐν τῇ Μέμφει etc. Drusius. ed. Rom., hæc in quibusd. codd. et apud oretum. Pro πολέμιοι, aliter πόλεμοι, *prælia*, ud Theodor. — Pro Συήνη, C habet Σάϊς. Ald. plut., Σαΐς. — B : Ο', ἔκρηγμα, καὶ διαχυθήδατα. Σ., ἀνάῤῥηξις, καὶ ἐν Μέμφει πολέμιοι ερινοί. — VM, καὶ ταραχὴν ταραχθήσεται.]

17. B : Ο', Ἡλιουπόλεως. Ἀ., Ὤν. Σ., Θ., Αὔν. καὶ αἱ γυναῖκες. Ἀ., καὶ αὐτοί. Sed Hebr., et unde arbitramur in Aq. reponendum esse καὶ Idem.

18. C, καὶ ἐν Τάφνας... ἡ ὕβρις τῆς ἰσχύος... άλωτοι ἀχθήσονται. Etiam VM, Alex. et Com-, ἀχθ. Et apud S. Hier., ducentur. Idem.

19. C, καὶ ποιήσω κρίματα. Ita etiam Complut. ., Vulg. et apud S. Hier., judicia. Idem.

21. Ἀ., οὐκ ἐμοτώθη etc. Drusius. [Ed. Rom., κατεδεήθη, *non deprecatus est*, sed C ut et, juxta s ed. Rom., plerique, κατεδέθη. — B : Ο', κατε- (ut C et Complut.). Ἀ., οὐκ ἐμοτώθη. Θ., ἐπε-. Drach.]

-bid. *Ἄλλος*, τοῦ δεθῆναι etc. Idem ex Complut. οὐ κατεδέθη τοῦ δοθῆναι ἐπ' αὐτὸν μάλαγμα, τοῦ ῆναι ἰσχὺν ἐπιλαβέσθαι μαχαίρας. Hebr., non igatum est, ad dandum sanationes, ad ponendum ciam, ad obligandum illud, ad tenendum gladium. — VM hic et ℣℣ 22, 24, 25 bis, βραχείονας, ες. Idem scribit συνέτρειψα. — B : Ο', ἴασιν. Σ., θεραπείαν. — Hebr. ad obligandum illud. Ο', *vacat*. Ἀ., ⋇ εἰς ἐπίδεσμον. Σ., ⋇ ὥστε ἐπιδῆσαι. Θ., ⋇ τοῦ καταδῆσαι. Dr.]

V. 22. Ἀ., τὸν ἰσχυρόν etc. Drusius. In hunc locum Hieronymus : « Illud autem quod in LXX dicitur τεταγμένα, scriptorum vitio depravatum est. Ibi enim interpretati sunt, non τεταγμένα, sed τεταμένα, hoc est, non, *disposita*, sed *extenta*. Pro quo juxta consuetudinem suam, alii Interpretes *excelsa* posuerunt. » [Senum versionem adscripsimus nos. C, καὶ τοὺς τεταγμένους ⋇ καὶ τοὺς ⁑ συντριβομένους, καὶ καταβαλῶ τὴν μάχαιραν (absque αὐτοῦ) ἐκ τῆς χειρὸς αὐτοῦ. Hebr., et fractum, et cadere faciam gladium e manu ejus. — B : Ἀ., τὸν κραταιὸν καὶ ὑψηλόν. Θ., τὸν ἰσχυρὸν καὶ τὸν μέγαν. Dr.]

V. 23. C, καὶ διασπερῶ ⋇ τὴν ⁑ Αἴγυπτον. — B : Ἀ., καὶ ῥίψω. Σ., Θ., ⋇ τὴν ⁑ Αἴγυπτον. Drach.

V. 24. B : Ο', καὶ ἐπάξει usque σκῦλα αὐτῆς. Θ., καὶ συντρίψει τοὺς βραχίονας Φαραὼ, καὶ στενάξει στεναγμοὺς τραυματίου. Hebr., et frangam brachia Pharaonis, et ingemiscet gemitibus confossi coram illo. Istud *coram illo* desideratur in LXX, sed juxta B vertunt Ἀ., Θ., ⋇ ἐνώπιον αὐτοῦ. Idem.

V. 25. C præfigit asteriscum huic versiculo, sine linea cuspidata. Mox, ἐν τῷ δοῦναί με. Hebr., in dando me. Idem.

V. 26. C, ⋇ τὴν ⁑ Αἴγυπτον. Et mox, καὶ γνώσονται ÷ πάντες ⁑. Et revera *omnes* abest ab Hebr. Id.

EZECHIELIS CAPUT XXXI.

ΣΥΜΜΑΧΟΣ.	Ο'.	ΘΕΟΔΟΤΙΩΝ.
3.	3. Κυπάρισσος. *Ἄλλος*, κέδρος.	3.
	Vacat. *Ἄλλος*, καὶ πυκνὸς ἐν τῇ σκέπῃ.	
	Νεφελῶν.	Δασέων.
5.	5.	5. ⋇ Καὶ ὑψώθησαν αἱ παραφυάδες αὐτοῦ.
	Vacat. *Ἄλλος*, ἐν τῷ ἐκτεῖναι αὐτόν.	
8.	8. *Ἄλλος*, οὐχ ὑπερῆραν αὐτόν.	8.
9.	9. Διὰ τὸ πλῆθος τῶν κλάδων αὐτοῦ. *Ἄλλος*, καλὸν ἐποίησα αὐτὸν ἐν τῷ πλήθει τῶν κλάδων αὐτοῦ.	9.
10	10. Καὶ εἶδον ἐν τῷ ὑψωθῆναι αὐτόν. *Ἄλλος*, καὶ ἐπήρθη ἡ καρδία αὐτοῦ ἐπὶ τῷ ὕψει αὐτοῦ.	10.

SYMMACHUS.	LXX INTERPRETES.	THEODOTIO.
3.	3. Cyparissus. *Alius*, cedrus.	3.
	Vacat. *Alius*, et densus in tegmine.	
	Nubium.	Condensorum.
5.	5.	5. Et elevatæ sunt propagines ejus.
	Vacat. *Alius*, cum extenderet.	
8.	8. *Alius*, non superaverunt, *vel*, extulerunt, eum.	8.
9.	9. Propter multitudinem ramorum ejus. *Alius*, pulcrum feci eum in multitudine ramorum ejus.	9.
10.	10. Et vidi dum ipse exaltaretur. *Alius*, et elevatum est cor ejus in altitudine ...	10.

ΤΟ ΕΒΡΑΙΚΟΝ	ΤΟ ΕΒΡΑΙΚΟΝ Ἑλληνικοῖς γράμμασι.	ΑΚΥΛΑΣ
ועשׂ יעשׂה לו כרשעו גרשתיהו 11	11.	11.
את־צמרתם 14	14.	14. Τὸ ἄκρον αὐτῶν.
בארץ תחתית 16	16.	16.
בכבוד ובגדל בעצי־עדן 18	18.	18.

VERSIO HEBRAICI TEXT.	VULGATA LATINA.	AQUILA.
11. Faciendo faciet ei : juxta impietatem ejus ejeci eum.	11. Faciens faciet ei : juxta impietatem ejus ejeci eum.	11.
14. Cacumen suum.	14. Sublimitatem suam.	14. Cacumen ipsorum.
16. In terra infima.	16. In terra infima.	16.
18. In gloria et in magnitudine inter ligna Eden.	18. O inclyte atque sublimis inter ligna voluptatis.	18.

Notæ et variæ lectiones ad cap. XXXI *Ezechielis*.

V. 1. B : Ο', μιᾷ. Σ., πρώτῃ. Omnes fere lectiones nomine Drusii allatæ hoc in capite, conspiciuntur in edit. Rom. Sic et alibi, ut jam monuimus. DRACH.

V. 2. B : Ο', εἰπόν. Ἀ., Σ., εἰπέ. IDEM.

V. 3. *Ἄλλος*, κέδρος. Drusius. [B : Ο', κυπάρισσος. Σ., ὡς κέδρος. DRACH.]

Ibid. *Ἄλλος*, πυκνὸς ἐν τῇ σκέπῃ. Idem. [C ita : ⋇ καὶ ⋇ πυκνὸς ἐν τῇ σκέπῃ. ⁚ Pro quo Σ., juxta B : καὶ εὔσκιος ἦν. Mox C, καὶ εἰς μέσον. Etiam Hebr. addit, *et*. — B : Ο', παραφυάσι. Ἀ., Θ., κλάδοις. Σ., θαλλοῖς. DR.]

Ibid. Ἀ., Θ., δασέων. Ms. Jes. [B : Ἀ., δασέων. Σ., πικαζόντων (lege, πυκ.), *densantium*. Idem B : Ο', ἀρχὴ αὐτοῦ. Ἀ., ἄκρον αὐτοῦ. DRACH.]

V. 4. B : Ο', τοὺς ποταμοὺς αὐτῆς ἤγαγε κύκλῳ. Σ., οἱ ποταμοὶ αὐτῆς διήρχοντο, *transibant*, κύκλῳ. — Ο', καὶ τὰ συστήματα αὐτῆς. Θ., ὑδραγωγούς. Hebr., aquæductus suos. — Ο', πεδίου. Οἱ Γ', ἀγροῦ. DRACH.

V. 5. Θ., καὶ ὑψώθησαν etc. Ms. Jes. [Ita etiam C sub asterisco. — B : Ο', ἀφ' ὕδατος. Θ., ἐξ ὑδάτων. DRACH.]

Ibid. *Ἄλλος*, ἐν τῷ ἐκτεῖναι etc. Drusius ex Complut. [Ita etiam apud Theodoretum. C habet sub asterisco. B : Ο', Θ., ⋇ ἐν τῷ ἐκτεῖναι αὐτόν. Ἀ., ⋇ ἐν τῷ ἐξαποστεῖλαι αὐτόν. Σ., ἐκταθείσης αὐτῆς. DRACH.]

V. 6. C, πᾶν τὸ πλῆθος ἐθνῶν. — B : Ο', κλάδων αὐτοῦ. Σ., Θ., παραφυάδων αὐτοῦ. Hebr., ramis ejus. DRACH.

V. 7. C, διὰ τὸ μῆκος (Hebr., longitu... κλάδων αὐτοῦ. — B : Ο', τῶν κλάδων αὐτοῦ ... ἀναδενδράδων αὐτοῦ, *arbustorum suorum*. Ra... morum suorum. IDEM.

V. 8. *Ἄλλος*, οὐχ ὑπερῆραν etc. Drusius ... apud Theodor. — B : Ο', οὐχ ὅμοιαι (ab... νοντο). Θ., οὐχ ὡμοιώθησαν. *Hebr.*, non fuerunt ... les. — Ο', καὶ ἐλάται. Ἀ., ἁρμωνεὶμ ... Hebr., quæ diverse interpretatur, *castaneas* ... *platanos*). Θ., πλάτανοι. — Ο', ἐν τῷ παραδείσῳ ... Θ., ἐν τῷ κήπῳ. DRACH.]

V. 9. *Ἄλλος*, καλὸν ἐποίησα. *Idem*. [Ea... ctionem affert B, nomine Ἀ. et Θ., sub aste... C, πάντα τὰ ξύλα, et non habet, διὰ τὸ πλῆ... κλάδων αὐτοῦ. DR.]

V. 10. *Ἄλλος*, καὶ ἐπήρθη. Idem. [Ita etiam ... Theodor. — B ita : Ἀ., καὶ ὑψώθη. Θ., καὶ ... τοῦ. Id. B : Ο', νεφελῶν. Σ., πυκαζόντων. Ο' ... ỳ 3. — C, λέγει Κ. Κ. Et mox ἔδωκε pro ... etiam in aliquo codice, ut testatur ed. Rom. ...

V. 11. *Ἄλλος*, ἐποίησε αὐτῷ. *Idem* ... apud Theodor. et in quibusd. B autem : ... ποιήσει αὐτῷ κατὰ τὴν ἀσέβειαν αὐτοῦ ... Ο', ἄρχοντος. Οἱ Γ', ἰσχυροῦ. — *C* addit ... sus sub asterisco, ut et apud Theodor. ... αὐτόν. Hebr. et Vulg., *ejeci eum*. DRACH.]

V. 12. C, ἀπὸ τῆς σκέπης αὐτοῦ. Edit. Rom. ...

EZECHIELIS CAPUT XXXII

ΤΟ ΕΒΡΑΙΚΟΝ.	ΤΟ ΕΒΡΑΙΚΟΝ Ἑλληνικοῖς γράμμασι.	ΑΚΥΛΑΣ.
בשתי עשרה שנה בשני־עשר חדש 1	1.	
כתנים 2	2.	2. Ὡς λευιαθάν.
ומלאתי הגאיות רמותך 5	5.	5.

VERSIO HEBRAICI TEXT.	VULGATA LATINA.	AQUILA.
1. In duodecimo anno, in duodecimo mense.	1. Duodecimo anno in mense duodecimo.	1.
2. Sicut cetus.	2. Draconi.	2. Sicut leviathan.
5. Et implebo valles celsitudine tua.	5. Et implebo colles tuos sanie tua.	5.

ΣΥΜΜΑΧΟΣ.	Ο'.	ΘΕΟΔΟΤΙΩΝ.
11.	11. Καὶ ἐποίησε τὴν ἀπώλειαν αὐτοῦ. *Ἄλλος*, ἐποίησε αὐτῷ κατὰ τὴν ἀσέβειαν αὐτοῦ, καὶ ἐξέβαλον αὐτὸν ἐγώ.	11.
14. Τὰς καρδίας αὐτῶν.	14. Τὴν ἀρχὴν αὐτῶν.	14. Τὸν καυλὸν αὐτῶν.
16.	16. Ἐν γῇ. *Ἄλλος*, ἐν γῇ κατωτάτῃ.	16.
18.	18. *Ἄλλος*, ἐν δόξῃ καὶ ἐν μεγέθει, ἐν τοῖς ξύλοις τῆς τρυφῆς.	18.

SYMMACHUS.	LXX INTERPRETES.	THEODOTIO.
11.	11. Et fecit perditionem ejus. *Alius*, fecit ei secundum impietatem ejus: et ejeci eum ego.	11.
14. Corda eorum.	14. Principium suum.	14. Scapum suum.
16.	16. In terra. *Alius*, in terra infima.	16.
18.	18. *Alius*, in gloria et in magnitudine, in lignis voluptatis.	18.

Notæ et variæ lectiones ad cap. XXXI Ezechielis.

τῶν. Sed Hebr., *ejus*.—B: Ο', ἀλλότριοι. Σ., ἄσπλαγχνοι, *immisericordes*. — Ο', οἱ κλάδοι αὐτοῦ. Ἀ., αἱ ἀναδενδράδες αὐτοῦ. Σ., αἱ παραφυάδες αὐτοῦ. Cf. supra ℣ 7. — Ο', καὶ ἐδάφισαν αὐτόν. Σ., ἀφῆκεν αὐτόν. — Perperam adscripsit Montf. ad ויטשהו versionem *Alius*, καὶ ἐξωλόθρευσαν αὐτόν, *ex Drusio*, qui ad ויכרתהו· refert hanc lectionem; estque ead. cum lectione LXX nostrorum, non autem *Alius*. DRACH.

V. 13. Pro ἐγίνοντο, C, ἐγένοντο. — B: Ο', ἐπὶ τὰ στελέχη αὐτοῦ. Οἱ Γ', ἐπὶ τοὺς κλάδους αὐτοῦ. Hebr., et ad ramos ejus. IDEM.

V. 14. Ἀ., τὸ ἄκρον αὐτῶν etc. Ms. Jes. Versu autem 15, sic legitur in eodem cod.: ἐπένθησεν αὐτὸν ἡ ἄβυσσος, ἐκάλεσε τοὺς ποταμοὺς αὐτῆς, καὶ ἐκύκλωσε. [V. 14. C, καὶ οὐκ ἔδωκαν (sic in multis, ut testatur ed. Rom. In aliquo et apud Theodor., καὶ οὐ μὴ δῶσιν. Hebr., et non dabunt, *vel* dent) τὴν ἀρχὴν αὐτῶν εἰς μέσον νεφελῶν, καὶ οὐκ ἔστησαν ⋇ πρὸς αὐτὰ ⁝ ἐν τῷ ὕψει αὐτῶν πάντες οἱ πίνοντες ὕδωρ, ὅτι (hoc ὅτι additur etiam apud Theodor. et in B tribuitur τοῖς Γ' sub asterisco) πάντες ἐδόθησαν εἰς θάνατον, εἰς γῆς βάθος, ἐν μέσῳ υἱῶν ἀνθρώπων ἀνθρώπων (sic, bis) πρὸς καταβαίνοντας (apud Theodor., καταγομένων) εἰς βόθρον. — B: Ο', νεφελῶν. Σ., πυκάσματα, *condensa*. DRACH.]

V. 15. C, εἰς ᾅδου ἐπένθησεν, ἐπέστησα ἐπ' αὐτὸν τὴν ἄβυσσον, καὶ ἐκώλυσα πλῆθος etc. Pro ἐκώλυσα, Theodor., διεκύκλωσε, *circumdedit*. — B: Ο', ἐπένθησεν αὐτὸν ἡ ἄβυσσος. Ἀ., Θ., ἐκάλυψα, *operui*, ἐπ' αὐτὸν τὴν ἄβυσσον. Οἱ Γ', ἐκάλυψεν ἡ ἄβυσσος. — Ο', καὶ ἀπέστησα. Οἱ Γ', καὶ ἐκώλυσα. — Ο', καὶ ἐκώλυσα. Ἀ., ἐξέλειπεν. — Ο', καὶ ἐσκότασεν. *Λοιποί*, ἐπένθησεν. Θ., ἐσκυθρώπασεν. — Ο', ἐξελύθησαν. Ἀ., ἐκρότησαν, *colliserunt*. Σ., ἠλλομόρφωσεν, *transformata sunt*. DRACH.

V. 16. Ed. Rom.: Plerique, ἐν γῇ κατωτάτῃ. C, ἐν γῇ κατωτάτω. B: Οἱ Γ', κατωτάτῳ. Et mox id. C, τὰ ἐκλεκτά, ⋇ καὶ τὰ κάλλιστα ⁝ Hebr., selectio et præcipuum. B: Ἀ., Σ., Ο', Θ., ⋇ καὶ τὰ κάλλιστα. IDEM.

V. 18. *Ἄλλος*, ἐν δόξῃ etc. Drusius. [Ed Rom.: In plerisque et apud Theodor., ἐν δυνάμει (scil., בכח, *in virtute*, pro בכב, *sic*) καὶ ἐν δόξῃ etc. B vero: Ἀ., Ο', Θ., ⋇ ἐν δόξῃ, ἐν μεγαλειότητι, ἐν ξύλοις τρυφῆς. C, ⋇ ἐν ἰσχύϊ, ἐν δόξῃ, ἐν μεγαλειότητι, ἐν ξύλοις τρυφῆς. Et hinc usque ad finem versus sequitur ita: καὶ κατάβηθι μετὰ τῶν ξύλων τῆς τρυφῆς εἰς γῆς βάθος, *in profundum terræ*, ἐν μέσῳ ἀπεριτμήτων κοιμηθήσῃ μετὰ τῶν τραυματιῶν μαχαίρας, οὕτως ⋇ ἐστὶν ⁝ Φαραὼ καὶ πᾶν τὸ πλῆθος ÷ τῆς ἰσχύος ⁝ αὐτοῦ, λέγει Κύριος Κύριος. — B: Ο', οὕτως (ut C et VM). *Ἄλλος*, οὗτος. Θ., ⋇ ἐστίν. DRACH.]

Ibid. והורדהו Ο', κατάβηθι καὶ καταβιβάσθητι. Sunt, ut videtur, duæ interpretationes vocis Hebraicæ, ut sæpe contingit in LXX.

EZECHIELIS CAPUT XXXII.

ΣΥΜΜΑΧΟΣ.	Ο'.	ΘΕΟΔΟΤΙΩΝ.
	1. Ἐν τῷ δεκάτῳ ἔτει, ἐν τῷ δεκάτῳ μηνί. *Οἱ λοιποί*, ἐν τῷ δεκάτῳ ἔτει, ἐν τῷ δωδεκάτῳ μηνί.	1.
2.	2. Ὡς δράκων.	2.
5.	5. Καὶ ἐμπλήσω ἀπὸ τοῦ αἵματός σου. Οἱ Γ', καὶ ἐμπλήσω ⋇ τὰς φάραγγας ⁝ ἀπὸ τοῦ αἵματός σου.	5.

SYMMACHUS.	LXX INTERPRETES.	THEODOTIO.
	1. In decimo anno in decimo mense. *Reliqui*, in decimo anno, in duodecimo mense.	1.
2.	2. Quasi draco.	2.
5.	5. Et implebo sanguine tuo. *Tres int.*, et implebo valles sanguine tuo	5.

ΤΟ ΕΒΡΑΙΚΟΝ.	ΤΟ ΕΒΡΑΙΚΟΝ Ἑλληνικοῖς γράμμασι.	ΑΚΥΛΑΣ.
6 מדמך 'Ο 'Εβρ., ἀπὸ τῶν ἰχώρων σου.	6.	6.
8 כל־מאורי אור בשמים	8.	
14 נהרותם	14.	14.
17 ויהי בשתי עשרה שנה בחמשה עשר לחדש	17.	17.
18 על־המון מצרים	18.	18.
19 ממי נעמת רדה והשכבה את־ערלים	19.	19.
23 אשר נתנו קברתיה בירכתי־בור ויהי קהלה סביבות קברתה כלם חללים נפלים בחרב 'Ο 'Εβραῖος, ἐν μήκει λάκκου.	23.	23.
26 משך תבל	26.	26.
28 תשבר ותשכב	28.	28.
29 שמה אדום מלכיה וכל־נשיאיה	29.	29.
30 וכל־צדני אשר־ירדו את־חללים בחתיתם מגבורתם בושים וישכבו	30.	30. ※ Αἰσχυνόμενοι ἐκοιμήθησαν.

VERSIO HEBRAICI TEXT.	VULGATA LATINA.	AQUILA.
6. De sanguine tuo. *Hebr. int.*, de sanie tua.	6. Fœtore sanguinis tui.	6.
8. Omnia luminaria lucis in cœlis.	8. Omnia luminaria cœli.	8.
14. Et flumina eorum.	14. Et flumina eorum.	14.
17. Et fuit in duodecimo anno, in quinta decima mensis.	17. Et factum est in duodecimo anno, quintadecima mensis.	17.
18. Super turbam Ægypti.	18. Super multitudinem Ægypti.	18.
19. Quo jucundior fuisti? descende et jace cum præputiatis.	19. Quo pulchrior es? descende, et dormi cum incircumcisis.	19.
23. Cujus posita sunt sepulcra ejus in lateribus lacus: et fuit cœtus ejus circuitus sepulcri ejus: omnes ipsi interfecti cadentes in gladio. *Hebr. int.*, in longitudine lacus.	23. Quorum data sunt sepulcra in novissimis laci: et facta est multitudo ejus per gyrum sepulcri ejus: universi interfecti, cadentesque gladio.	23.
26. Mosoch Thubal.	26. Mosoch, et Thubal.	26.
28. Contereris et dormies.	28. Contereris et dormies.	28.
29. Ibi Edom, rex ejus, et omnes principes ejus.	29. Ibi Idumæa, et reges ejus, et omnes duces ejus.	29.
30. Et omnis Sidonius, qui descenderunt cum interfectis in terrore suo a fortitudine sua erubescentes: et jacebant.	30. Et universi venatores qui deducti sunt cum interfectis, paventes, et in sua fortitudine confusi: qui dormierunt.	30. Pudefacti dormierunt.

ΣΥΜΜΑΧΟΣ.

6.

8.

14.

17.

18.

19.

23.

26. . .

28.

29.

30.

Ο'.

6. Ἀπὸ τῶν προχωρημάτων σου.

8. Πάντα τὰ φαίνοντα φῶς ἐν τῷ οὐρανῷ. Ἄλλος, πάντας τοὺς ἀστέρας τοῦ οὐρανοῦ.

14. Καὶ οἱ ποταμοὶ αὐτῶν. Ἄλλος, καὶ αἱ διώρυγες αὐτῶν.

17. Καὶ ἐγενήθη ἐν τῷ δωδεκάτῳ ἔτει ÷ ἐν τῷ α' μηνὶ ⁚ (ἄλλως, τοῦ πρώτου μηνὸς), πεντεκαιδεκάτη τοῦ μηνός.

18. Ἐπὶ τὴν ἰσχὺν Αἰγύπτου. Ἄλλος, ἐπὶ τὸ πλῆθος Αἰγύπτου.

19. Τίνος κρείττων εἶ; Ἄλλος, οὐ γὰρ σὺ τινὸς βελτίων.

23. Ἐκεῖ ἐδόθησαν, καὶ ἡ ταφὴ αὐτῶν ἐν βάθει βόθρου, καὶ ἐγενήθη ἡ συναγωγὴ αὐτοῦ περικύκλῳ τοῦ μνήματος αὐτοῦ. Πάντες οἱ τραυματίαι οἱ πεπτωκότες μαχαίρᾳ.

26. Μοσὸχ καὶ Θοβέλ.

28. Ἄλλος, συντριβήσῃ καὶ κοιμηθήσῃ.

29. Ἐκεῖ ἐδόθησαν οἱ ἄρχοντες Ἀσσούρ.

30. Πάντες στρατηγοὶ Ἀσσοὺρ οἵτινες κατήχθησαν μετὰ τραυματιῶν σὺν τῷ φόβῳ αὐτῶν, αἰσχυνόμενοι ἐκοιμήθησαν. ※ Πάντες στρατηγοὶ Ἀσσοὺρ καὶ τῇ ἰσχύϊ αὐτῶν.

ΘΕΟΔΟΤΙΩΝ.

6.

8.

14.

17.

18.

19. ※ Ἐξ ὑδάτων εὐπρεπῶν κατάβηθι, καὶ κοιμήθητι μετὰ ἀπεριτμήτων.

23. ※ Οἳ ἔδωκαν τὰς ταφὰς αὐτῆς ἐν μηροῖς λάκκου· καὶ ἐγενήθη ἐκκλησία περικύκλῳ τῆς ταφῆς αὐτοῦ. Πάντες αὐταὶ τραυματίαι πίπτοντες μαχαίρᾳ.

26. . . . .

28.

29. ※ Ἐκεῖ Ἐδὼμ, καὶ οἱ βασιλεῖς αὐτῆς, καὶ πάντες οἱ ἄρχοντες αὐτῆς.

30. ※ Αἰσχυνόμενοι ἐκοιμήθησαν.

SYMMACHUS.

8.

14.

17.

18.

19.

23.

26. Cubile eorum.

28.

29.

30.

LXX INTERPRETES.

6. De stercoribus tuis.

8. Omnia ostendentia lumen in cœlo. *Alius*, omnes stellas cœli.

14. Et flumina eorum. *Al.*, et canales eorum.

17. Et factum est in duodecimo anno in primo mense (*aliter*, primi mensis) quintadecima mensis.

18. Super fortitudinem Ægypti. *Alius*, super multitudinem Ægypti.

19. Quo melior es? *Alius*, non enim tu quopiam præstantior.

23. Ibi dati sunt, et sepulcrum eorum in profundo foveæ: et facta est congregatio ejus in circuitu sepulcri ejus: omnes vulnerati qui ceciderunt gladio.

26. Mosoch et Thobel.

28. *Al.*, contereris et dormies.

29. Ibi dati sunt principes Assur.

30. Omnes duces Assur, qui dejecti sunt cum vulneratis cum timore eorum, pudefacti erubescentes dormierunt. Omnes duces Assur et fortitudine eorum.

THEODOTIO.

6.

8.

14.

17.

18.

19. Ex aquis decentibus descende, et cuba cum incircumcisis.

23. Qui dederunt sepulcra ejus in lateribus lacus, et facta est congregatio in circuitu sepulcri ejus: omnes ipsi vulnerati cadentes gladio.

26. Cubile eorum.

28.

29. Ibi Edom et reges ejus, et omnes principes ejus.

30. Pudefacti dormierunt.

ΤΟ ΕΒΡΑΙΚΟΝ.	ΤΟ ΕΒΡΑΙΚΟΝ Ἑλληνικοῖς γράμμασι.	ΑΚΥΛΑΣ.
32 את־חללי־חרב פרעה וכל־המונה	32.	32.

VERSIO HEBRAICI TEXT.	VULGATA LATINA.	AQUILA.
32. Cum interfectis gladio, Pharao et omnis turba ejus.	32. Cum interfectis gladio, Pharao et omnis multitudo ejus.	32.

Notæ et variæ lectiones ad cap. XXXII Ezechielis.

V. 1. *Οἱ λοιποί*, ἐν τῷ δεκάτῳ etc. Drusius ex Hieronymo, qui ait : « In multis exemplaribus juxta LXX, *duodecimus annus et mensis decimus* ponitur : juxta cæteros autem Interpretes, *decimus annus et duodecimus mensis.* » [Ed. Rom., ἐν τῷ δωδεκάτῳ ἔτει, ἐν τῷ δεκάτῳ μηνί. VM autem et C,... δεκάτῳ ...δεκάτῳ. In B ad marg. legitur tantum, Ἀ., ἐν τῷ δεκάτῳ ἔτει. Σ., ἐν δεκάτῳ ἔτει. Drach.]

V. 2. Ἀ., ὡς λευιαθάν. Item ex Hieronymo. [Quidam, ἐν ποταμοῖς. Hebr. et Vulg., in fluminibus. — C, ὡς δράκων ἐν τῇ... — B : Ο', λάβε. Σ., Θ., ⋇ ἀνάλαβε. — Ο', καὶ ἐκεράτιζες. Ἀ., καὶ παρέταξας. Nimirum legit ותגח. Drach.]

V. 3. C, τάδε λέγει Κύριος Κύριος· Καὶ περιβαλῶ ἐπὶ σὲ τὰ δίκτυά ⋇ μου ⋇ ἐν ἐκκλησίᾳ ⁚ λαῶν etc. Quæ similiter afferuntur in notis Rom. editionis. B : Σ., ἐν συναγωγῇ. Drach.

V. 4. C, πλησθήσεταί σου. Etiam Theodor. legit σου. Apud S. Hieronymum, *tui*. Mox, καὶ ἐμπλήσω ἐκ σοῦ πάντα etc. Apud Theodor., ἐκ μέσου σου. In VM desideratur τοῦ οὐρανοῦ. Idem.

V. 5. Οἱ Γ', καὶ ἐμπλήσω τὰς φάραγγας etc. Ms. Jes. [C, ⋇ τὰς φάραγγας ⁚ — B : Σ., καὶ πλήσω τὰς φάραγγάς σου ἀπὸ τοῦ αἵματός σου. Οἱ Γ', καὶ ἐμπλήσω etc. ut supra, sed absque asterisco. LXX et cæteri omnes legerunt ד pro ר. Drach.]

V 6. In ms. Jes. ad marg. legitur, σαφέστερον ὁ Ἑβρ. ἀπὸ τῶν ἰχώρων σου. Hæc autem, ut et aliæ quædam ejusdem ms. notæ, recentiore manu scripta sunt ab annis circiter 700, et quidem, ut videtur, Latina manu ; nam characteres non expediti sunt. [B : Ο', ἀπὸ τῶν προχωρημάτων σου. Σ., τῷ ἰχῶρί σου. Οἱ Γ', ἀπὸ τοῦ αἵματός σου. Drach.]

V. 8. *Ἄλλος*, πάντας τοὺς etc. Cod. Reg. [C, ἐπὶ τὴν γῆν σου. Hebr. et Vulg., super terram tuam. B : Π., ⋇ σου. Idem : Ο', συσκοτάσουσιν. *Ἄλλος*, οὐ δώσουσι τὸ φῶς. Dr.]

V. 9. C, καρδίαν πολλῶν, absque λαῶν. — B : Ο', αἰχμαλωσίαν σου. Σ., συντριβήν σου. Hebr. et Vulg., contritionem tuam. — VM, pro ἄν, 2 m., ἐάν. Dr.

V. 10. C, ἐκστάσει ⋇ ἐπὶ σὲ ⁚ ἐκστήσονται ἐν τῷ πετασθῆναι (apud Theodor., ἐκπάσαι με) τὴν ῥομφαίαν μου ἐπὶ πρόσωπον αὐτῶν. — B : Ο', ἐν τῷ πετᾶσθαι (sic). Ἀ., Σ., Θ., ἐν τῷ ἐκπετάσαι με. — Ο', προσδεχόμενοι τὴν πτῶσιν αὐτῶν. Ἀ., καὶ ταραχθήσονται εἰς ταραχὴν ἕκαστος τῇ ψυχῇ αὐτοῦ. — Ο', ἀφ' ἡμέρας. Ἀ., Θ., ἐν ἡμέρᾳ. Idem.

V. 12. B : Ο', γιγάντων. Ἀ., Θ., δυνατῶν. Σ., ἀνδρείων. — Ο', λοιμοί. Ἀ., ἰσχυροί. Σ., ἀκαταμάχητοι. — Ο', τὴν ὕβριν Αἰγύπτου. Σ., τὸ μεγαλαύχημα Αἰγύπτου. Idem.

V. 13. C non habet ἔτι post ἀνθρώπου. — B : Ο', καὶ οὐ μὴ ταράξῃ αὐτό. Σ., ἵνα μὴ τ. α. — Ο', ἀνθρώπου. Ἀ., Θ., ⋇ ἔτι. Σ., ⋇ μηκέτι. Idem.

V. 14. *Ἄλλος*, καὶ αἱ διώρυγες αὐτῶν. Cod. Reg. [Pro οὕτως, C, ÷ οὗτος. Hebr. non habet. Et mox, λέγει Ἀδωναῒ Κύριος. — Pro πορεύσονται, in nonnullis, ῥεύσονται. Dr.]

V. 15. C, δῶ τὴν Αἴγυπτον. Et pro διασπερῶ, διασπείρω. Etiam VM, διασπείρω. — B : δτ' ἂν διασπερῶ. Ἀ., Σ., ἐν τῷ παρατάξαι. Legendum videtur πατάξαι, Hebr. enim, in *percutiendo* me. Dr.

V. 16. C, καὶ θρηνήσει αὐτὸν, καὶ θυγατέρες. B post, θρηνήσουσιν αὐτόν. Sed Hebr., αὐτήν. Attamen B : Ο', αὐτήν. *Ἄλλως*, αὐτόν. Idem.

V. 17. Ο', καὶ ἐγενήθη ἐν τῷ δωδεκάτῳ ἔτει [al marg. ἐν τῷ πρώτῳ μηνί] πεντεκαιδεκάτῃ τοῦ μηνός. Ita ms. Jes. qui hanc notam habet in margine : Ἐν τῇ τῶν Ο' ἐκδόσει οὕτω φέρεται· Καὶ ἐγένετο ἐν τῷ ιβ' ἔτει, ἐν τῷ α' μηνὶ ιε' τοῦ μηνός· τὸ δὲ, ἐν τῷ α' *μηνὶ*, ὠβελισθὲν περιεῖλεν Ὠριγένης. Ταῦτα δὲ κατὰ λέξιν εἶπεν ἐν τῷ ιθ' τόμῳ τῶν εἰς τὸν Ἰεζεκιὴλ ἐξηγητικῶν· Ἔοικεν ἡ προφητεία αὕτη ἑξῆς τῇ πρὸ αὐτῆς τεταγμένη καὶ αὐτὴ τῷ ιβ' λελέχθαι ἔτει, ὁμοίως μὲν ἐκείνῃ, καὶ κατὰ τὸ ἐν τῷ ιβ' μηνὶ πεπροφητεῦσθαι. Οὐκέτι δὲ ὁμοίως κατὰ τὴν ἡμέραν. ἡ μὲν γὰρ μιᾷ τοῦ μηνὸς ἐλέλεκτο· αὕτη δὲ ιε' τοῦ μηνὸς, διόπερ τὸ, *τοῦ α' μηνὸς* ὠβελισθὲν ἐτολμήσαμεν περιελεῖν, ὡς πάντη ἀλόγως προκείμενον. I. e. : « In editione LXX Interpretum sic habetur : *Et factum est in* XII *anno, in primo mense, decimaquinta mensis.* Illud autem, *in primo mense*, obelo notatum abstulit Origenes. Hæc autem ad verbum dicit in 19 tomo Commentariorum in Iezeciel : *Videtur hæc prophetia consequenter post præcedentem posita, et ipsa anno* XII *prolata fuisse, atque etiam in duodecimo mense quemadmodum et illa prodiisse : sed non similiter in die conveniunt ; illa quippe prima mensis pronuntiata fuit, hæc vero decimaquinta mensis. Quamobrem illud*, in primo mense, *utpote omnino temere positum, obelo notatum auferre ausi sumus.* » [C, ἐν τῷ δεκάτῳ ἔτει, πεντεκαιδεκάτῃ etc. Et B ad marg., Ἀ., Θ., ἐν τῷ δεκάτῳ ἔτει. Drach.]

V. 18. *Ἄλλος*, ἐπὶ τὸ πλῆθος etc. Drusius. [B : Θ., εἰπὸν μέλος ἐπὶ τὸ πλῆθος Αἰγύπτου. — Ο', τὰ ἔθνη. *Ἄλλος*, τῶν ἐθνῶν. Drach.]

V. 19. *Ἄλλος*, οὐ γὰρ σύ etc. Ms. Reg. [Hanc Senum versionem quæ, ut et versio *Alius*, refertur ad ממי נעמת, nullus habet editorum nostrorum, neque ipse C, qui raro omittit quæ in Hebr. feruntur. Dr.]

Ibid. Hieron. : « Porro sub asteriscis additum est, *de aqua pulcherrima descende, et dormi cum incircumcisis.* » Et paulo ante : « Multum in hoc loco LXX Interpretum editio, et ordine, et translatione discordat, et quædam in ea de Theodotione addita sunt. » [Apud Theodor. ead. leguntur quæ Theodotioni tribuuntur. Qui hoc sensu interpretati sunt legerunt ממים, *de aquis*. — C ita : ℣ 19 ⋇ ἐξ ὕδατος εὐπρεποῦς ⁚ κατάβηθι (sic), καὶ κοιμήθητι μετὰ ἀπεριτμήτων, ⁚ ἐν μέσῳ τραυματιῶν μαχαίρᾳ πεσοῦνται μετ' αὐτοῦ. Quæ ultima post alterum obelum habet ed. Rom. in ℣ 20. — B : Ο', τίνος κρείττων εἶ ; (nota, ut ms. Regius.) Ἀ., ὑπὲρ τίνα ὡραιώθης ; Σ., τίνος βελτίων εἶς ; Drach.]

V. 20. B : Ο', μαχαίρᾳ πεσοῦνται μετ' αὐτοῦ (omnia sic), καὶ κοιμηθήσεται πᾶσα ἡ ἰσχὺς αὐτοῦ. Ἀ., ἐν ῥομφαίᾳ ἐδόθη· ἐξείλκυσαν αὐτὴν, καὶ τὸ πᾶν πλῆθος αὐτῆς. Hebr., gladio data est, extraxerunt eam et omnes multitudines ejus. Drach.

V. 21. C non habet καί ante κατάβηθι. Pro βόθρου, VM legit θορύβου, sed repugnante Hebr. ve-

ΣΥΜΜΑΧΟΣ.	Ο'.	ΘΕΟΔΟΤΙΩΝ.
32	32. Μετὰ τραυματιῶν μαχαίρας Φαραὼ, καὶ πᾶν τὸ πλῆθος αὐτοῦ μετ' αὐτοῦ.	32. ※ Τραυματίαι μαχαίρας Φαραὼ, καὶ πᾶσα ἡ δύναμις αὐτῶν.

SYMMACHUS.	LXX INTERPRETES.	THEODOTIO.
32.	32. Cum vulneratis gladio Pharao: et omnis multitudo ejus cum eo.	32. Vulnerati gladii Pharao, et omnis virtus eorum.

Notæ et variæ lectiones ad cap. XXXII Ezechielis.

ritate. Hic nonnulla, quæ non habet Hebr., addita sunt ex Theodotione et leguntur apud Theodoretum. De quibus adi notas Rom. editionis et S. Hieronymi comment. — B: 'Α., σὺν τοῖς βοηθοῖς αὐτῶν κατέβησαν. LXX non quadrant ad Hebr. textum, qui sonat: *cum adjutoribus suis descenderunt*. Idem.

V. 22. In C ita est: Ἐκεῖ Ἀσσοὺρ καὶ πᾶσα ἡ συναγωγὴ αὐτοῦ, ÷ πάντες τραυματίαι ἐκεῖ ἐδόθησαν, καὶ ἡ ταφὴ αὐτῶν ἐν βάθει βόθρου, καὶ ἐγενήθη ÷ (sic iteratur obelus) συναγωγὴ αὐτοῦ περὶ ⁏ κύκλῳ τοῦ μνήματος αὐτοῦ, πάντες οἱ τραυματίαι οἱ πεπτωκότες μαχαίρᾳ. — Ο', συναγωγὴ αὐτοῦ. 'Α., Θ., ἐκκλησία. — (Ο'), ※ περικύκλῳ ※ τοῦ μνήματος ※ αὐτοῦ. 'Α., κύκλῳ αὐτοῦ τάφοι αὐτοῦ. Hebr., in circuitibus ejus sepulcra ejus. Idem.

V. 23. Θ., ※ οἱ ἔδωκαν etc. Drusius et ms. Jes. Hieronymus vero: « Et iterum de Theod. editione sub asteriscis additum est, *qui dederunt* etc. »

Ibid. Ὁ Ἑβραῖος, ἐν μήκει λάκκου. Ms. Jes. et Drusius ex Origene. Confundit hic Interpres ירך *latus*, cum ארך *longitudo*. [C, ℣ 23. ※ οἱ ἔδωκαν τὰς ※ ταφὰς αὐτῆς ἐν μηροῖς λάκκου, καὶ ἐγενήθη ἐκ※κλησία περικύκλῳ τῆς ταφῆς αὐτοῦ, ※ πάντες αὐτοὶ τραυματίαι πίπτοντες ※ μαχαίρᾳ, ⁏ οἱ δόντες τὸν φόβον αὐτῶν ἐπὶ γῆς ζωῆς. — B: Ο', καὶ ἡ ταφὴ αὐτῶν. 'Α., ※ ταφάς. Ο' (sic), Σ., Θ., αὐτοῦ. Hebr., *sepulcra ejus*. — Ο', ἐν βάθει. Σ., ἐν τοῖς κατωτάτοις. — Ο', συναγωγὴ αὐτοῦ. 'Α., Θ., ἐκκλησία. — Ο', ἐπὶ γῆς ζωῆς. 'Α., Σ., Θ., ἐν γῇ ζώντων. Vox Hebraica et *vitæ* et *viventium* significat. Drach.]

V. 24. C, δεδωκότες φόβον αὐτῶν. — B: Ο', καὶ οἱ καταβαίνοντες. 'Α., οἱ κατέβησαν. Hebr., qui descenderunt. — Ο', βάσανον αὐτῶν. 'Α., Σ., αἰσχύνην αὐτῶν. Θ., ἀτιμίαν αὐτῶν. Drach.

V. 25. C præponit voci ἐκεῖ asteriscum, quem non sequitur linea cuspidata. Idem cod. legit ἡ ἰσχὺς αὐτῶν. Sed Hebr. ut edit. Rom., *ejus*. — Duos editionis Rom. versus 25 et 26 in unum cohibet ℣ 25 cod. C. — VM, ἐπὶ τῆς ζωῆς, cum hac Cardinalis nota in marg.: « Ita heic et postea cod., non γῆς. » I. e. ℣ 32. — B: 'Α., Λ. (λοιποί), ※ ἐκεῖ κοίτην αὐτῇ ἐν παντὶ τῷ πλήθει αὐτοῦ· πάντες αὐτοὶ ἀπερίτμητοι ἀνῃρημένοι μαχαίραις, ὅτι ἐδόθη πτῆξις, *consternatio*, αὐτῶν ἐν γῇ ζώντων, καὶ ἀροῦσιν ἐντροπὴν, *confusionem*, αὐτῶν σὺν καταβαίνουσι λάκκον ἐν μέσῳ ἀνῃρημένων, *interfectorum*. Idem.

V. 26. Hieron.: « Pro *Mosoch Thubal*, Sym. et Theod. interpretati sunt, *cubile eorum*. » Si משך תבל sic reddiderint Symmachus et Theodotio, aliud sane legerint oportet. In prima voce משכב pro משך legisse conspicuum; secundam horum interpretationi aptare nequeo. [℣ 26 Rom. editionis. B: Ο', Μοσὸχ καὶ Θοβέλ. Π., Μεσὲχ καὶ Θουβάλ. Et sic punctatur Hebr. punctis vocalibus *Mesech, Thubal*. — Ο', καὶ πᾶσα ἡ ἰσχὺς αὐτοῦ. Ἄλλος, πάντες οἱ ὄχλοι αὐτῆς. Hebr., et omnis multitudo ejus (d'elle. Melius Germanice: und *ihre* ganze Volksmenge.) — Ο', ἀπερίτμητοι. Οἱ Γ', ἀκρόβυστοι. — Ο', οἱ δεδωκότες. Οἱ Γ', ὅτι δεδωκότες. Hebr. et Vulg., quia dederunt. Dr.]

V. 27. Drusius, Ἄλλος, καὶ φόβος δυναστευόντων ἐγένετο ἐν τῇ γῇ τῶν ζώντων. [Juxta Rom. editionem hæc adduntur in fine commatis. Sunt etiam apud Theodoretum. — Hic versus est ℣ 26 in C, qui habet sequentia: ※ οὐκ ἐκοιμήθησαν ⁏ (apud S. Hier., non dormierunt. Hebr. et Vulg., et non dormient) . . ἐν ὅπλοις πολεμικοῖς αὐτῶν. (Hebr., in vasis belli suis)... ἐπὶ τῶν ὀστῶν. Ita etiam VM, ὀστῶν. Pro πάντας, C habet γίγαντας. Ita etiam apud Theodor. Apud S. Hier., gigantes. Hebr., potentes. — B: Ο', μετὰ τῶν γιγάντων. Οἱ Γ', μετὰ τῶν δυνατῶν. Hebr., cum potentibus. — Ο', ἀπ' αἰῶνος (legerunt מעולם). Οἱ Γ', ἀπὸ ἀκροβύστων. Hebr., de præputiatis. — Ο', ἐν ὅπλοις. Οἱ Γ', ἐν σκεύεσι. Hebr., *in vasis*, ut modo dedimus. Drach.]

V. 28. Ἄλλος, συντριβήσῃ etc. Idem. In LXX omnia confusa sunt. [Apud S. Hier., contereris et dormies. C, ℣ 27, ※ Καὶ σὺ ἐν μέσῳ ἀπεριτμήτων ※ συντριβήσῃ, καὶ κοιμηθήσῃ ⁏ μετὰ τετραυματισμένων μαχαίρᾳ. — B, ℣ 28: Ο', ἀπεριτμήτων. Οἱ Γ', ἀκροβύστων. Drach.]

V. 29. Θ., ※ ἐκεῖ Ἐδὼμ etc. Ms. Jes. [Ita, juxta ed. Rom., in plerisque et apud Theodor. Pro priore αὐτῆς, alii αὐτοῦ, sed Hebr., αὐτῆς. Pro altero αὐτῆς, alii Ἀσσούρ, sed Hebr. iterum αὐτῆς. Apud S. Hier., Ibi Edom et reges ejus, et omnes principes Assur. C, ℣ 28, Ἐκεῖ Ἐδὼμ οἱ βασιλεῖς αὐτῆς, ※ καὶ πάντες ⁏ οἱ ἄρχοντες αὐτῆς, οἱ δόντες etc. Reliqua ut in nostris. — B: Οἱ ἄρχοντες Ἀσσούρ. Οἱ Γ', ἐπηρμένοι αὐτῆς. — Ο', τὴν ἰσχὺν αὐτοῦ. 'Α., Σ., Θ., αὐτῆς. — Ο', μετὰ τραυματιῶν. Οἱ Γ', σὺν ἀκροβύστοις. Hebr., cum præputiatis. Drach.]

V. 30. Ο', πάντες στρατηγοὶ Ἀσσοὺρ etc. Ex Drusio, et partim ex ms. Jes. Hic multum variat edit. Romana, quæ sic habet: Πάντες στρατηγοὶ Ἀσσοὺρ οἱ καταβαίνοντες τραυματίαι, σὺν τῷ φόβῳ αὐτῶν καὶ τῇ ἰσχύϊ αὐτῶν ἐκοιμήθησαν ἀπερίτμητοι. [Quæ dedit supra Montf. sunt etiam apud Theodor., qui prælerea post φόβῳ αὐτῶν, addit cum aliquot libris, ἡττηθέντες ἀπὸ τῆς ἰσχύος αὐτῶν. — C, ℣ 29, ut edit. Rom. ℣ 30, nisi quod in his duobus differt: πάντες αὐτοὶ στρατηγοί, et τῇ ἰσχύϊ αὐτῶν ※ αἰσχυνόμενοι ⁏ — B: Ο', οἱ ἄρχοντες. 'Α., καθεστάμενοι, *constituti*. — Ο', τοῦ βορρᾶ. 'Α., Σ., Σιδώνιοι. Hebr., aquilonis. — Ο', καὶ τῇ ἰσχύϊ αὐτῶν. 'Α., Σ., Θ. (addunt, ut C), ※ αἰσχυνόμενοι. Drach.]

V. 31 (C, ℣ 30.) In C ita integrum comma: Ἐκείνους ὄψεται Φαραὼ (absque βασιλεύς, quod deest in Hebr.), καὶ παρακληθήσεται ἐπὶ πᾶσαν τὴν ἰσχὺν αὐτῶν· ※ καὶ τραυματίαι μαχαίρᾳ Φαραὼ, ※ καὶ πᾶσα ἡ δύναμις αὐτοῦ, ⁏ λέγει Κύριος Κύριος. — B: Ο', ἐπὶ πᾶσαν τὴν ἰσχὺν αὐτῶν. Οἱ Γ', ἐπὶ πάντας ὄχλους αὐτοῦ. Hebr., super omni multitudine sua (d'elle, *Germanice*, ihre). Drach.

V. 32. Θ., ※ τραυματίαι μαχαίρας etc. Ms. Jes. et Drusius. [Eamdem lectionem exhibet ed. Rom., ex qua Drusius, nomine *plerorumque*, sed ἡ δύναμις αὐτοῦ, ut C in ℣ antecedenti. In C ita desinit versus noster, καὶ πᾶν τὸ πλῆθος αὐτοῦ, λέγει Κύριος. — B: Ο', φόβον αὐτοῦ. Σ., μου. Heb., secundum Chethib, (terrorem) ejus; sec. Keri, meum. — Ο', ἐπὶ γῆς ζωῆς. 'Α., Σ., Θ., ἐν γῇ ζώντων. Drach.]

EZECHIELIS CAPUT XXXIII.

TO EBPAIKON.	TO EBPAIKON Ἑλληνικοῖς γράμμασι.	ΑΚΥΛΑΣ.
7 והזהרת אתם ממני	7.	7.
8 רשע	8.	8.
12 ביום חטאתו	12.	12. ⋇ Ἐν ἡμέρᾳ ἁμαρτίας αὐτοῦ.
25 לכן אמר אלהם כה־אמר אדני יהוה על־הדם תאכלו ועינכם תשאו אל־גלוליכם ודם תשפכו והארץ תירשו	25.	25.
26 עמדתם על־חרבכם עשיתן תועבה ואיש את־אשת רעהו טמאתם והארץ תירשו	26.	26.
27 כה־תאמר אלהם כה־אמר אדני יהוה	27.	27.
30 איש את־אחיו	30.	30. Εἷς σὺν ἑνί.
31 עמי הלך	31.	31. ⋇ Ὁ λαός μου. ⋇ Πορεύεται.

VERSIO HEBRAICI TEXT.	VULGATA LATINA.	AQUILA.
7. Et præmonebis eos ex me.	7. Annuntiabis eis ex me.	..
8. Impie.	8. Impie.	8.
12. In die qua peccaverit.	12. In quacumque die peccaverit.	12. In die peccati sui.
25. Idcirco dic ad eos : Sic dixit Dominus Deus : Super sanguine comedetis, et oculos vestros levabitis ad idola vestra : et sanguinem effundetis, et terram possidebitis?	25. Idcirco dices ad eos : Hæc dicit Dominus Deus : Qui in sanguine comeditis, et oculos vestros levatis ad immunditias vestras, et sanguinem funditis : numquid terram hæreditate possidebitis?	25.
26. Stetistis super gladio vestro, fecistis abominationem, et unusquisque uxorem socii sui polluistis : et terram possidebitis?	26. Stetistis in gladiis vestris, fecistis abominationes, et unusquisque uxorem proximi sui polluit, et terram hæreditate possidebitis?	26.
27. Sic dices ad eos : Sic dixit Dominus Deus.	27. Hæc dices ad eos : Sic dicit Dominus Deus.	27.
30. Unusquisque cum fratre suo.	30. Vir ad proximum suum.	30. Unus cum uno.
31. Populus meus. Ambulans.	31. Populus meus. Sequitur.	31. Populus meus. Ambulat.

Notæ et variæ lectiones ad cap. XXXIII Ezechielis.

V. 2. B : Ο', τοῖς υἱοῖς. Οἱ Γ', πρὸς τοὺς υἱούς. — Pro δῶσιν, VM, 2 m., δώσουσιν. Drach.

V. 3. B : Ο', καὶ σημάνῃ τῷ λαῷ. Ἀ., Σ., καὶ προφυλάξει τὸν λαόν. Idem.

V. 4. C, ὁ ἀκούσας τὴν φωνήν. Ita etiam VM et Alex — B : Ο', σάλπιγγος. Σ., κερατίνης. — Ο', Θ., καὶ οὐκ ἐφυλάξατο. Ἄλλος, καὶ οὐκ ἐφύλαξε. — Ο' ἄλλως, καὶ μὴ φυλάξηται. Idem.

V. 5. Pro ἐξείλατο, C legit ἐξείλετο. — B : Ο', ἐπ' αὐτοῦ. Σ., κατ' αὐτοῦ. — Ο', καὶ οὗτος ὅτι ἐφυλάξατο, τὴν ψυχὴν αὐτοῦ ἐξείλατο. Σ., καὶ οὗτος ἐὰν δὲ φυλάξηται, τὴν ψυχὴν αὐτοῦ περιέσωσεν. Idem.

V. 6. Pro αὕτη, C habet αὐτή. Et mox, ἐκ τῆς χειρός. — B : Ο', καὶ τὸ αἷμα. Οἱ Γ' (addunt), ⋇ αὐτοῦ. Hebr., ejus. Idem.

V. 7. ⋇ καὶ διαφυλάξεις etc. Ms. Jes. Drusius legit, καὶ προσφυλάξῃς. Complut., καὶ ἀναγγελεῖς. [C ut ms. Jes. sub asterisco. Ed. Rom. : « In aliquo cod. et apud Theodoretum sequitur, καὶ προσ[...] αὐτοὺς (al., αὐτὸν) παρ' ἐμοῦ. » B : Ἀ., καὶ [...]ξεις αὐτοὺς παρ' ἐμοῦ. Drach.]

V. 8. Ἄλλος, ἁμαρτωλέ. Drusius. Vocem [...] ἁμαρτωλός vertit Aquila Psalm. ix, 10. Hic ve[...]dem vox repetita postremo loco omittitur a LX[...] [Non postremo, sed primo loco, ut videre licet [...] habet ἁμαρτωλέ sub asterisco. Est etiam apud Th[eo]doretum. — VM, ἐν τῷ εἶπαι. Et 2 m., εἰπεῖν [...] ⅌⅌ 13 et 14. Drach.]

V. 9. C, Σὺ δὲ ἄν. Pro οὗτος, αὐτός, et pro [...]τοῦ, σεαυτοῦ — B : Ο', προαπαγγείλῃς. Ἄλλος, [...]στείλῃ, mandaveris. — Ο', ἀπ' αὐτῆς. Οἱ Γ', ἀπ[ὸ τῆς] ὁδοῦ. Hebr., ab ipsa. — Ο', τὴν ψυχὴν σαυτοῦ ἐξ[είλα]σαι. Ἀ., Θ., τὴν ψυχήν σου ἐῤῥύσω. Drach.

V. 10. B : Ο', εἰπόν. Ἀ., Σ. εἰπέ. — Ο', ἐφ' [...] Σ., καθ' ἡμῶν. Idem.

V. 11. C, Ζῶ ἐγώ, λέγει Ἀδωναῒ Κύριος...

EZECHIELIS CAPUT XXXIII.

ΣΥΜΜΑΧΟΣ.	Ο'.	ΘΕΟΔΟΤΙΩΝ.
7.	7. *Vacat.* Ἄλλος, ⋇ καὶ διαφυλάξεις αὐτοὺς παρ' ἐμοῦ.	7.
8.	8. *Vacat.* Ἄλλος, ἁμαρτωλέ.	8.
12.	12. *Vacat.*	12. ⋇ Ἐν ἡμέρᾳ ἁμαρτίας αὐτοῦ.
25.	25. *Vacat.*	25. ⋇ Διὰ τοῦτο εἰπὸν αὐτοῖς· Τάδε λέγει Κύριος· Ἐπεὶ τοῦ αἵματος ἐσθετε, καὶ τοὺς ὀφθαλμοὺς ὑμῶν αἴρετε πρὸς τὰ εἴδωλα ὑμῶν, καὶ αἷμα ἐκχέετε, καὶ τὴν γῆν κληρονομήσετε;
26.	26. *Vacat.*	26. ⋇ Ἔστητε ἐπὶ τῆς μαχαίρας ὑμῶν, ἐποιήσατε βδέλυγμα, καὶ ἕκαστος τὴν γυναῖκα τοῦ πλησίον αὐτοῦ ἐμιάνατε, καὶ τὴν γῆν κληρονομήσετε;
27.	27. Διὰ τοῦτο εἰπὸν αὐτοῖς, Τάδε λέγει Κύριος Κύριος.	27. ⋇ Οὕτως ἐρεῖς πρὸς αὐτούς, Τάδε λέγει Ἀδωναῒ Κύριος.
30.	30. Ἄνθρωπος τῷ ἀδελφῷ αὐτοῦ.	30. Εἷς σὺν ἑνί.
31. ⋇ Ὁ λαός μου.	31. *Vacat.* *Vacat.*	31. ⋇ Ὁ λαός μου. Πορεύεται.

SYMMACHUS.	LXX INTERPRETES.	THEODOTIO.
7.	7. *Vacat.* *Alius*, et custodies eos a me.	7.
8.	8. *Vacat.* *Alius*, peccator.	8.
12.	12. *Vacat.*	12. In die peccati sui.
25.	25. *Vacat.*	25. Propterea dic eis: Hæc dicit Dominus: Quia de sanguine comeditis, et oculos vestros levatis ad idola vestra, et sanguinem effunditis, et terram hæreditate possidebitis?
26.	26. *Vacat.*	26. Stetistis super gladio vestro, fecistis abominationem, et unusquisque uxorem proximi sui polluistis: et terram hæreditate possidebitis?
27.	27 Propterea dic eis: Hæc dicit Dominus Dominus.	27. Sic dices ad eos: Hæc dicit Adonai Dominus.
30.	30. Homo fratri suo.	30. Unus cum uno.
31. Populus meus.	31. *Vacat.* *Vacat.*	31. Populus meus. Ambulat.

Notæ et variæ lectiones ad cap. XXXIII Ezechielis.

ἀποστρέψαι... ἀπὸ τῆς ὁδοῦ ὑμῶν ⋇ τῆς πονηρᾶς· (Hebr., a viis vestris pravis) καὶ ἱνατί ⋇ ἀποθνήσκετε ↓ οἶκος Ἰσραήλ; — B: Ο', οὐ βούλομαι. Σ., ⋇ ὅτι ↓ οὐ β. — Ο', ὡς ἀποστρέψαι τὸν ἀσεβῆ ἀπὸ τῆς ὁδοῦ αὐτοῦ, καὶ ζῆν αὐτόν. Σ., ἀλλ' ἵνα ἀποστρέψας ὁ παράνομος ἀπὸ τῆς ὁδοῦ αὐτοῦ ζήσῃ. Hebr., sed ut convertatur impius a via sua et vivat. IDEM.

V. 12. Ἀ., Θ., ⋇ ἐν ἡμέρᾳ etc. Ms. Jes. Drusius vero totum locum sic: οὐ μὴ δύνηται ζῆσαι διὰ τῆς δικαιοσύνης αὐτοῦ, ἐν ᾗ ἂν ἡμέρᾳ ἁμάρτῃ [Drusius deprompsit ex edit. Rom., quæ sic: « In uno autem pervetusto est, οὐ μὴ δύνηται etc. — VM, οὐ μὴ ἐξελῆται (sic, et C, ἐξέληται), et mox, οὐ μὴ δύναται. — C habet in textu lectionem Ἀ., Θ., præeunte asterisco in cod. cod ita incipit comma nostrum, ⋇ καὶ σὺ υἱὲ ἀνθρώπου, ↓ quæ etiam referuntur in edit. Rom., sed Hebr. non habet, et pro asterisco obelus reponendus. — B: Ο', οὐ μὴ κακώσῃ αὐτόν, Ἀ., οὐ μὴ συντρίψῃ αὐτόν. — Ο', ᾗ ἂν ἡμέρᾳ ἀποστρέψῃ. Σ., ᾗ ἂν ἡμέρᾳ μετανοήσῃ. DRACH.]

V. 13. C, Ἐν τῷ εἰπεῖν με τῷ δικαίῳ ⋇ ζωῇ ζήσῃ, καὶ οὗτος ⋇ πέποιθεν etc. absque linea cuspidata. Hebr., vivendo vivet. Mox, καὶ ποιήσῃ ἀνομίαν. Etiam VM, ποιήσῃ. — B: Ο', ἐν τῷ εἰπεῖν με τῷ δικαίῳ. Σ., κἂν εἴπω περὶ τοῦ δικαίου. — Ο', πέποιθεν ἐπὶ τῇ δικαιοσύνῃ αὐτοῦ. Σ., πεποιθὼς ἐπὶ τῇ δικαιοσύνῃ ἑαυτοῦ. — Ο', ἀνομίαν. Ἄλλος, ἀδικίαν. DRACH.

V. 14. C et VM, καὶ ἀποστρέψῃ... καὶ ποιήσῃ. — B: Ο', καὶ ἐν τῷ εἰπεῖν με. Σ., ἐὰν εἴπω. IDEM.

V. 15. C, ⋇ καὶ ἅρπαγμα ἀποτίσῃ (etiam VM ἀποτίσῃ), ἐν προστάγματι ζωῆς. — B: Ο', ἀποδοῖ. Σ., Θ., παράνομος Hebr., reddiderit impius. IDEM.

V. 16. C, οὐ μὴ ἀναμνησθῶσιν ⋇ αὐτοῦ. B: Οἱ Γ', αὐτῷ. Hebr., non commemorabuntur ei. — C, ζωῇ ἐν αὐταῖς ζήσεται. B: Σ., Θ., ζῶν ζήσεται.

Hebr., *vivendo vivet*, absque ἐν αὐταῖς, quod neque exprimit Vulg., quæ tantum habet, vita vivet. IDEM.

V. 17. C, ἡ ὁδὸς Κυρίου. — B : Ο', καὶ αὕτη. Σ., αὐτῶν δέ. Hebr., et ipsi via eorum. IDEM.

V. 18. Pro καὶ ποιήσει, VM καὶ ποιήσῃ. Sic etiam versu sequenti. IDEM.

V. 19. B : Ο', ἐν αὐτοῖς. Σ., δι' αὐτῶν. IDEM.

V. 20. C præfigit asteriscum ante αὐτοῦ, absque linea cuspidata. — B : Ο', ὃ εἴπατε οὐκ εὐθεῖα. Σ., κἂν λέγηται (lege λέγητε) ⋇ ὅτι ⁄. οὐ βέβαια. Θ., οὐ κατορθοῖ. — Ο', ἐν ταῖς ὁδοῖς αὐτοῦ (legerunt בדרכיו). Οἱ Γ', κατὰ τὰς ὁδοὺς αὐτοῦ. Hebr. et Vulg., juxta vias suas. IDEM.

V. 21. C, ἐν τῷ δεκάτῳ ἔτει (ita etiam VM, et ed. Rom.), ἐν τῷ δεκάτῳ μηνί. B : Σ., Ο', ἐν τῷ δεκάτῳ ἔτει. Ἄλλος, ἐν τῷ δωδεκάτῳ ἔτει. — Hoc in versu exsistit versio τοῦ Σύρου : τῷ ἑνδεκάτῳ ἔτει καὶ τῷ δωδεκάτῳ μηνί. Eam exhibet Theodoretus, addens, καὶ μᾶλλον ἀκολούθως, τῷ γὰρ ἑνδεκάτῳ ἔτει ἥλω ἡ πόλις. IDEM.

V. 22. Apposite observat ed. Rom. ὡς hic, ut et alibi, idem valere atque ἕως, *donec*, quod reipsa est in nonnullis. — B : Ο', οὐ συνεσχέθη. Ἀ., καὶ οὐκ ἤμην ἄλαλος. Hebr., et non obmutui. IDEM.

V. 24. In C ita totum hoc comma : υἱὲ ἀνθρώπου, οἱ κατοικοῦντες τὰς ἐρημωμένας (sed legendum ἠρη...) ⋇ ταύτας ⁚ ἐπὶ τῆς γῆς τοῦ Ἰσραὴλ λέγουσι ⋇ λέγοντες· ⁚ Εἷς ἦν Ἀβραάμ, καὶ κατέσχε τὴν γῆν, καὶ ἡμεῖς πλείους ÷ ἐσμέν, ⁚ ἡμῖν δέδοται ἡ γῆ εἰς κατάσχεσιν. B : Ο', ἠρημωμένας. Σ., ἐρείπια. — Ο', λέγουσι. Ἀ., Σ., ⋇ λέγοντες. — Ο', καὶ κατέσχε... Γ', καὶ ἐκληρονόμησεν. DRACH.

V. 25. Θ., ⋇ διὰ τοῦτο etc. Hunc et sequentes duos versus sic habet ms. Jes. Drusius vero ex... Διὰ τοῦτο εἰπὲ πρὸς αὐτούς, Τάδε λέγει Ἀδωναῒ Κύριος, Ἐπειδὴ τοῦ αἵματος ἐσθίετε, καὶ τοὺς ὀφθαλμοὺς ὑμῶν αἴρετε πρὸς τὰ εἴδωλα ὑμῶν, καὶ αἷμα ἐκχεῖτε, καὶ τὴν etc. Ibi vero Hieronymus : « Primum sciendum, quod octo plus minus versus ab eo loco quem posuimus, *Qui in sanguine comeditis, et oculos vestros levatis ad immunditias vestras*, usque ad eum locum, ubi scriptum est : *Hæc dices ad eos. Sic dicit Dominus Deus*; in LXX non habentur, qui cum multis aliis et hæc prætermiserunt : sive interpretata ab eis scriptorum paulatim sublata sunt vitio. » Ubi adjicit Drusius ad illud, *octo plus minus* versus, imo duo tantum : ignorans scilicet versiculos tempore Hieronymi perquam brevissimos fuisse. (...

EZECHIELIS CAPUT XXXIV.

ΤΟ ΕΒΡΑΙΚΟΝ.	ΤΟ ΕΒΡΑΙΚΟΝ Ἑλληνικοῖς γράμμασι.	ΑΚΥΛΑΣ.
2 אליהם	2.	2.
4 ואת־החולה לא־רפאתם	4.	4.
ובחזקה רדיתם אתם ובפרך		
10 ודרשתי את־צאני	10.	10.
23 הוא ירעה אתם	23.	23. ⋇ Καὶ αὐτὸς ⁚ ποιμανεῖ αὐτούς.
25 וישנו ביערים	25.	25. Καὶ ὑπνώσουσιν ἐν τοῖς δρυμοῖς.
26 ברכה	26.	26. ⋇ (Τοῦ ὄρους μου) εὐλογ...
27 את־מטות עלם	27.	27.
29 לשם	29.	29.
30 אתם	30.	30. ⋇ Μετ' αὐτῶν.
31 ואתן צאני צאן מרעיתי אדם אתם	31.	31.

VERSIO HEBRAICI TEXT.	VULGATA LATINA.	AQUILA.
2. Ad eos.	2. *Vacat.*	2.
4. Et infirmum non sanastis.	4. Et quod ægrotum non sanastis.	4.
Et in robore dominati estis eis et cum crudelitate.	Sed cum austeritate imperabatis eis, et cum potentia.	
10. Et requiram gregem meum.	10. Et requiram gregem meum.	10.
23. Ipse pascet eos.	23. Ipse pascet eas.	23. Et ipse pascet eos.
25. Et dormient in sylvis.	25. Dormient in saltibus.	25. Et dormient in saltibus.
26. Benedictionem.	26. Benedictionem.	26. (Collis mei) benedictio.
27. Vectes jugi eorum.	27. Catenas jugi eorum.	27.
29. In nomen.	29. Nominatum.	29.
30. Cum eis.	30. Cum eis.	30. Cum eis.
31. Et vos grex meus, grex pascuæ meæ, homo vos.	31. Vos autem greges mei, et greges pascuæ meæ, homines estis.	31.

e re in Præliminaribus, et frequenter in libro Job, ctum est. [Theodotionis versionem ad verbum habet C sub asteriscis, sed λέγει Κύριος Κύριος. Utroique ἔσθετε idem est atque ἐσθίετε. Hebr., ut et Vulg., *comeditis*. Supervacaneum est dicere Drusii lectionem ex edit. Rom. emergere. Et est, præter lios, apud Theodoretum. — B ad marg. : Ο', Θ., ἐπὶ τοῦ *αἵματος* ἔσθετε. *Ἄλλος*, ἐπὶ *αἵματι* φάγεσθε. — Ο', Θ., *αἴρετε*. *Ἄλλος*, λήψεσθε. Drach.]

V. 26. C ad verbum, et sub asteriscis, ut Theod. ro τῆς *μαχαίρας*, ed. Rom. τῆς *ῥομφαίας*. B autem d marg., *Ἄλλος*, τῇ *ῥομφαίᾳ* ὑμῶν. Drach.

V. 27. C, οὕτως ἐρεῖς πρὸς αὐτούς· ※ Τάδε λέγει Ἀδωναῒ Κύριος· ↙ Ζῶ ἐγώ etc. — B ad marg. : Α., Σ., Ο', Θ., ※ οὕτως ἐρεῖς πρὸς αὐτούς. — Idem : Ο', εἰ μήν. Σ., ὅτι. — Ο', μαχαίραις. *Ἄλλος*, μαχαίρᾳ. Hebr., in gladio. — Ο', ἐπὶ προσώπου. Θ., ἐν μέσῳ. — Ο', ἐν ταῖς τετειχισμέναις. Ἀ., ὀχύροις. Σ., κρυφίοις. Θ., περιοχαῖς. Idem.

V. 28. C, καὶ δώσω τὴν γῆν ἔρημον ※ καὶ ἠφανισμένην, ↙ Hebr., et dabo terram desolationem et vastitatem. — B : Ο', ἡ ὕβρις. Ἀ., ὑπερηφανία. Hebr., superbia. — Ο', διὰ τὸ μὴ εἶναι διαπορευόμενον. Σ., μηδενὸς παροδεύοντος. Idem.

V. 30. Θ., εἷς σὺν ἑνί. Ms. Jes. [C, καὶ ἐν τοῖς πυλῶσι τῶν οἴκων, καὶ ἐλάλουν εἷς ※ σὺν ἑνὶ, ↙ ἄνθρωπος τῷ ἀδελφῷ αὐτῶν, λέγοντες· Συνέλθωμεν δὴ, καὶ ἀκούσωμεν ※ τὰ ῥήματα, ↙ τὰ ἐκπορευόμενα παρὰ Κυρίου. — B : Ο', ἄνθρωπος. Σ., Θ., εἷς ἑνὶ, ἕκαστος. Hebr., unus ad unum, vir etc. — Ο', συνέλθωμεν. Οἱ Γ' (addunt), ※ δή. Drach.]

V. 31. Σ., Θ., ※ ὁ λαός μου. Idem. [Ita etiam C, prænotato asterisco. Drach.]

Ibid. Ἀ., Θ., ※ πορεύεται. Idem. [Est etiam apud Theodoretum. C, ※ πορεύεται. — B : Ἀ., Ο', Θ., ※ πορεύεται. — Idem C, καὶ αὐτὰ οὐ μὴ ποιήσωσιν, ὅτι ψεῦδος ἐν τῷ στόματι αὐτῶν ※ αὐτοὶ ※ ποιοῦσιν, ↙ καὶ ὀπίσω τῶν μιασμάτων αὐτῶν etc. — B : Ο', τὰ ῥήματά σου. Π., μου. Hebr. autem, *tua*. — Ο', ἐν τῷ στόματι αὐτῶν. Θ. (addit), ※ αὐτοὶ ποιοῦσιν. Hebr., ipsi faciunt. — Ο', καὶ ὀπίσω τῶν μιασμάτων αὐτῶν (ut C). Ἀ., ὀπίσω τῶν δώρων αὐτῶν. Σ., Θ., ὀπίσω τῆς πλεονεξίας αὐτῶν. Drach.]

V. 32. C, τὰ ῥήματά σου, καὶ οὐ μὴ ποιήσωσιν αὐτά. — B :- Ο', εὐαρμόστου. Θ., καλῶς κιθαρίζων. Hebr., et excellens pulsare. Drach.

V. 33. C, Καὶ ἡνίκα ἂν ἔλθῃ ÷ ἐροῦσί σοι ↙ Deest in Hebr. Idem.

EZECHIELIS CAPUT XXXIV.

ΣΥΜΜΑΧΟΣ.	Ο'.	ΘΕΟΔΟΤΙΩΝ.
2.	2. *Vacat.* Οἱ Γ', ※ πρὸς αὐτούς.	2.
4.	4. Καὶ τὸ κακῶς ἔχον οὐκ ἐσωματοποιήσατε.	4. ※ Καὶ τὸ ἀῤῥωστον οὐκ ἰάσασθε.
	Καὶ τὸ ἰσχυρὸν κατειργάσασθε μόχθῳ. *Ἄλλος*, καὶ ἐν κράτει ἐπαιδεύσατε αὐτὰ, καὶ ἐν παιγνίῳ.	
10. ※ Αὐτὸς ἐκζητήσω τὰ πρόβατα.	10. Καὶ ἐκζητήσω τὰ πρόβατά μου.	10.
23.	23. *Vacat.*	23. ※ Καὶ αὐτὸς ↙ ποιμανεῖ αὐτούς.
25.	25. Καὶ ὑπνώσουσιν ἐν τοῖς δρυμοῖς.	25. Καὶ ὑπνώσουσιν ἐν τοῖς δρυμοῖς.
26.	26. *Vacat.*	26. ※ (Τοῦ ὄρους μου) εὐλογία.
27.	27. Τὸν ζυγὸν αὐτῶν. *Ἄλλος*, τοὺς κλοιοὺς τοῦ ζυγοῦ αὐτῶν.	27.
29.	29. Εἰρήνης. *Ἄλλος*, εἰς ὄνομα.	29.
30.	30. *Vacat.*	30. ※ Μετ' αὐτῶν.
31.	31. Πρόβατά μου καὶ πρόβατα ποιμνίου μου ἐστέ. *Ἄλλος*, καὶ ὑμεῖς πρόβατά μου καὶ πρόβατα νομῆς μου, ἄνθρωποι ἐστέ.	31.

SYMMACHUS.	LXX INTERPRETES.	THEODOTIO.
2.	2. *Vacat. Tres Interpr.*, ad eos.	2.
4.	4. Et quod male habebat non corpore curastis.	4. Et infirmum non sanastis.
	Et quod forte afflixistis labore. *Al.*, et vi castigastis ea, et in illusione.	
10. Ipse requiram oves.	10. Et requiram oves meas.	10.
23.	23. *Vacat.*	23. Et ipse pascet eos.
25.	25. Et dormient in saltibus.	25. Et dormient in saltibus.
26.	26. *Vacat.*	26. (Collis mei) benedictio.
27.	27. Jugum eorum. *Alius*, vectes jugi eorum.	27.
29.	29. Pacis. *Alius*, in nomen.	29.
30.	30. *Vacat.*	30. Cum eis.
31.	31. Oves meæ, et oves gregis mei estis. *Alius*, et vos oves meæ, et oves pascuæ meæ, homines estis.	31.

Notæ et variæ lectiones ad cap. XXXIV Ezechielis.

V. 2. Οἱ Γ, πρὸς αὐτούς. Ms. Jes. [C, καὶ εἰπὸν ⋇ πρὸς αὐτούς, τοῖς ποιμέσι etc. Mox, μὴ βόσκουσιν οἱ ποιμένες. — B : Ο', ὦ ποιμένες Ἰσραὴλ, μὴ βόσκουσι ποιμένες ἑαυτούς. Ἀ., Θ., οὐαὶ ἐπὶ τοὺς ποιμένας Ἰσραὴλ Σ, οἱ ποιμαίνοντες ἑαυτούς. Hebr., væ pastoribus Israel, qui fuerunt pascentes seipsos. Drach]

V. 3. C, τὸ γάλα κατεσθίετε. Drach.

V 4. Θ., καὶ τὸ ἄῤῥωστον etc. Ms. Jes. et Drusius. [C utramque habet interpretationem sub asteriscis, et pariter utraque apud Theodor. C mox, κατειργάσασθε ⋇ αὐτοῖς ⁏ μόχθῳ. — B : Ο', τὸ ἠσθενηκὸς οὐκ ἐνισχύσατε. Θ., τὸ ἐνοχλούμενον, perturbatum, οὐκ ἐνισχ. — Ἀ., Ο', Θ., καὶ τὸ ἄῤῥωστον οὐκ ἰάσασθε. Ο' ἄλλως, καὶ τὸ κακῶς ἔχον etc. — Ο', καὶ τὸ ἰσχυρὸν κατειργάσασθε μόχθῳ. Σ., καὶ μετὰ κράτους ἐπετάσσετε αὐτοῖς. Drach]

Ibid. Ἄλλος, καὶ ἐν κράτει etc. Drusius. [Omnes Drusii lectiones hoc in capite, ut plerumque alibi, profert edit Romana, i. e., Nobilius in notis ad eamd. adjectis Drach.]

V. 6. C, ⋇ καὶ διεσπάρη, καὶ ἠγνόησαν, erraverunt (Hebr. et Vulg., erraverunt) ⁏ τὰ πρόβατά μου ... καὶ ἐπὶ ⋇ παντὸς προσώπου τῆς γῆς (Hebr. et Vulg., et super omnem faciem terræ) διεσπάρη ⋇ τὰ πρόβατά μου ⁏ καὶ οὐκ ἦν etc. — B : Ο', Θ., ⋇ καὶ ἠγνόησαν. Drach.

V. 7. C, ἀκούσατε ⋇ τὸν ⁏ λόγον Κυρίου. Idem.

V. 8. C, λέγει Ἀδωναῒ Κύριος. — B : Ο', εἰ μὴν ἀντὶ τοῦ γενέσθαι. Θ., ἀνθ' ὧν ἐγενήθη. Idem.

V. 9. Ἀντὶ τούτου, ποιμένες ⋇ ἀκούσατε λόγον Κυρίου ⁏ Hebr. et Vulg., audite verbum Domini. Idem.

V. 10. Σ., ⋇ αὐτὸς ἐκζητήσω etc. Ms. Jes. [C, καὶ οὐ βόσκουσιν ἔτι (sed lapsus videtur scribæ, et reponendum βοσκήσουσιν). Mox, καὶ οὐκ ἔσονται αὐτοῖς εἰς κατάβρωμα. Absque ἔτι, quod non Hebr. — B : Ο', καὶ ἀποστρέψω αὐτούς (est verbum Hebr., vahaschibothim). Σ., καὶ παύσω, cessare faciam, αὐτούς. Hebr. juxta lectionem punctatorum, et cessare faciam eos Drach]

V. 11. C, ἰδοὺ ἐγὼ ⋇ αὐτός ⁏ Hebr. et Vulg., ego ipse. Drach.

V. 12. C, ἐν μέσῳ προβάτων ⋇ αὐτοῦ ⁏ Hebr. et Vulg., in medio ovium suarum. Idem.

V. 13. B : Ο', καὶ βοσκήσω αὐτούς. Ἀ., Θ., ποιμανῶ αὐτούς. — Ο', καὶ ἐν ταῖς φάραγξι, καὶ τοῖς χειμάῤῥοις. Σ., ἐν τοῖς ὀχετοῖς, canalibus, ταῖς ἀφέσεσιν. Idem.

V. 14. C ita : ÷ καὶ κοιμηθήσονται ÷ καὶ ἀναπαύσονται etc. Idem.

V. 15. C, ÷ καὶ γνώσονται ὅτι ÷ ἐγώ εἰμι Κύριος. ⁏ — B : Ο', βοσκήσω. Οἱ λοιποί, ποιμανῶ.

Hic editor Romanus Tetraplorum textus ex codicis : « Hucusque lectiones variantes Aquilæ, Symmachi, Theodotionis quæ ad marg. codicis Barberini appositæ erant : cæteræ vero usque ad finem hujus prophetæ desiderantur, quia codex mutilus est. » Idem.

EZECHIELIS CAPUT XXXV.

TO EBPAIKON.	TO EBPAIKON Ἑλληνικοῖς γράμμασι.	ΑΚΥΛΑΣ.
6 דם שנאת ודם ירדפך	6.	
7 עבר ושב	7.	
11 וכקנאתך אשר עשיתה משנאתיך בם	11.	11.
13 והעתרתם עלי דבריכם	13.	13.
15 כשמחתך לנחלת בית־ישראל וכל־אדום כלה	15.	15.

VERSIO HEBRAICI TEXT.	VULGATA LATINA.	AQUILA.
6. Sanguinem odio habueris, et sanguis persequetur te.	6. Et cum sanguinem oderis, sanguis persequetur te.	6.
7. Transeuntem et redeuntem.	7. Euntem et redeuntem.	7.
11. Et secundum zelum tuum, quem fecisti propter odia tua in eos.	11. Et secundum zelum tuum, quem fecisti, odio habens eos.	11.
13. Et auxistis super me verba vestra.	13. Et derogastis adversum me verba vestra.	13.
15. Juxta lætitiam tuam ob hæreditatem domus Israel. Et omnis Edom ipsa tota.	15. Sicuti gavisus es super hæreditatem domus Israel. Et Idumæa omnis.	15.

Notæ et variæ lectiones ad cap. XXXV Ezechielis.

V. 2 C, καὶ προφήτευσον ἐπ' αὐτό. Drach.

V. 3. C, δώσω σε ἔρημον. Absque εἰς, quod in VM nisi 2 m. additum. Idem.

V. 4. C, et apud Theodor., καὶ ἐν ταῖς πόλεσί σου.

Notæ et variæ lectiones ad cap. XXXIV Ezechielis.

V. 16. C, τὸ πλανώμενον ἐπιστρέψω. Ita etiam Ex., Ald., Complut. Mox, ἐνισχύσω, ※ καὶ τὸ πίον,⁝ Hebr. et Vulg., et quod pingue. Idem.

V. 17. C, Καὶ ὑμεῖς πρόβατά ※ μου, ⁝ Hebr. et apud S. Hier., oves meæ. Mox, pro διαχρινῶ, ἀναχρινῶ. VM autem hic et versibus 20, 22 habet διακρίνω. — Theodoretus habet, κριὸν καὶ τράγον. Hebr. ita sonat : inter pecudem et pecudem, sive arietum sive hircorum. Cui nostræ versioni consonat Vulg. Lat. Idem.

V. 18. Pro ἐταράσσατε, VM, ἐταράσσετο. Idem.

V. 19. C, ἀπὸ τῶν ποδῶν ὑμῶν. Idem.

V. 20. C, τάδε λέγει Κύριος Κύριος ※ πρὸς αὐτούς ⁝ (Hebr., ad eos) ἰδοὺ ἐγὼ ἀναχρινῶ. Idem.

V. 21. C ita : καὶ τοῖς κέρασιν ὑμῶν ἐκερατίζετε πᾶν τὸ ἐκλεῖπον ※ ἕως οὗ ⁝ ἐξεθλίψατε ※ αὐτὰ ἔξω ⁝ Eadem habent Theodoretus et quidam, sed pro ἐξεθλίψατε, ἐξώσατε, *expulistis*. Hebr., et cornibus vestris feritis omnes infirmatas, donec disperseritis eas foras. Idem.

V. 23. 'Α., Θ., ※ καὶ αὐτός. Ms. Jes. [C, Δαυὶδ, οὗτος ποι※μανεῖ αὐτοὺς, ⁝ καὶ ἔσται αὐτῶν ποιμήν. Drach.]

V. 25. 'Α., Θ., καὶ ὑπνώσουσιν ἐν τοῖς δρυμοῖς. Sic etiam legitur hodie in τοῖς Ο' Rom. edit. [C, ἐν τῇ ἐρήμῳ ※ πεποιθότες, ⁝ quæ additio etiam apud Theodoretum. Hebr., fidenter. Drach.]

V. 26. 'Α., Θ., ※ εὐλογία. Idem. [C, τοῦ ὄρους μου ※ εὐλογίαν, ⁝ καὶ δώσω τὸν ὑετὸν ὑμῖν, ὑετοὶ εὐλογίας ※ ἔσονται ⁝ Apud Theodoretum, καὶ καταβιβάσω τὸν ὑετὸν ὑμῖν ἐν καιρῷ αὐτοῦ, ὑετοὶ εὐλογίας ἔσονται. Hebr., et demittam pluviam in tempore suo; pluviæ benedictionis erunt. Drach.]

V. 27. Ἄλλος, τοὺς κλοιοὺς τοῦ ζυγοῦ αὐτῶν. Drusius. In Complutensi vero, τὴν σειράν. [Apud Theodor. ut Ἄλλος. C autem, τὸν κλοιὸν τοῦ ζ. α. Drach.]

V. 28. C, καὶ τὰ θηρία τῆς γῆς οὐκέτι φανῶσιν αὐτοῖς. Hanc mutationem verbi φάγωσιν in φανῶσιν, quod non habet veritas Hebr., libenter tribuemus temeritati scriptoris; imperitia enim quid non audet? Drach.

V. 29. Ἄλλος, εἰς ὄνομα. LXX qui vertunt εἰρήνης, legisse videntur שלם inversis literis. [C, λιμῷ ἐν τῇ γῇ. Et ita Complut. Drach.]

V. 30. 'Α., Θ., ※ μετ' αὐτῶν. Ms. Jes. [Ita etiam C in textu, sub asterisco. Idem in fine versus, λέγει Κύριος Κύριος. Drach.]

V. 31. Ἄλλος, καὶ ὑμεῖς πρόβατά μου etc. Drusius. [C, Καὶ ὑμεῖς πρόβατά μου, καὶ πρόβατα τοῦ ποιμνίου μου ※ ἄνθρωποι ⁝ ἐστὲ, καὶ ἐγὼ Κύριος ὁ Θεὸς ὑμῶν, λέγει Κύριος (semel K.). Eadem apud Theodor., nisi quod habet, πρόβατα νομῆς μου. — Ex his verbis textus Hebraici, *homo vos*, i. e., homo estis, quæ desunt in LXX nostris, colligunt rabbini in thalmude, in zohar alibique frequenter, solos Judæos esse *homines*, omnes autem cæterarum gentium personas nihil aliud quam bestias. Drach.]

EZECHIELIS CAPUT XXXV.

ΣΥΜΜΑΧΟΣ.	Ο'.	ΘΕΟΔΟΤΙΩΝ.
6. Τὸ αἷμά σου ἐμίσησας, καὶ τὸ αἷμα ἐκδιώξεταί σε.	6. *Vacat.*	6.
7.	7. Ἀνθρώπους καὶ κτήνη. Ἄλλ., παραπορευόμενον καὶ ἀναστρέφοντα.	7.
11.	11. *Vacat.*	11. ※ Καὶ κατὰ τὸν ζῆλόν σου, ὃν ἐποίησας ἐκ τοῦ μεμισηκέναι σε ἐν αὐτοῖς.
13.	13. *Vacat.*	13. ※ Καὶ ἐβοήσατε ἐπ' ἐμὲ λόγους ὑμῶν.
15.	15. *Vacat.*	15. ※ Καθὼς ηὐφράνθης εἰς κληρονομίαν οἴκου Ἰσραήλ.
	Καὶ πᾶσα ἡ Ἰδουμαία καὶ ἐξαναλωθήσεται. Ἄλλος, καὶ πᾶσα ἡ Ἰδουμαία ἐξαναλωθήσεται. Ἄλλ, ἐξολοθρευθήσεται.	

SYMMACHUS.	LXX INTERPRETES.	THEODOTIO.
6. Sanguinem tuum odisti, et sanguis persequetur te.	6. *Vacat.*	6.
7.	7. Homines et jumenta. *Alius*, prætergredientem et redeuntem.	7.
11.	11. *Vacat.*	11. Et secundum zelum tuum, quem fecisti eo quod oderis eos.
13.	13. *Vacat.*	13. Et clamastis super me verba vestra.
15.	15. *Vacat.*	15. Sicuti gavisus est super hæreditatem domus Israel.
	Et omnis Idumæa et consumetur. *Alius*, et omnis Idumæa consumetur. *Alius*, exterminabitur.	

Notæ et variæ lectiones ad cap. XXXV Ezechielis.

Hebr., urbes tuas (vastitatem ponam). Idem.

V. 5. C, Ἀντὶ τοῦ γενέσθαι σε (Theodor., ἐν σοὶ) ἔχθραν αἰώνιον, καὶ ἐνεκάθισας τῷ οἴκῳ Ἰσραὴλ ÷ δόλῳ ⁝ (in Hebr. deest) ἐν χειρὶ ÷ ἐχθρῶν ⁝ (in H deest) μαχαίρᾳ ἐν καιρῷ ⋇ θλίψεως ⋇ αὐτῶν, ἐν καιρῷ ↙ (Ita etiam apud Theodor. Hebr., in tempore afflictionis eorum, in tempore) ἀδικίας, ἐπ' ἐσχάτῳ Ita etiam apud Theodor. hæc extrema ab ἐχθρῶν. IDEM.

Drusius, post edit. Romanam, ex versu 4 adfert, ἐν ταῖς πόλεσί σου, ubi LXX edit. Rom., καὶ ταῖς πόλεσί σου. Ex versu 5, ἐν σοὶ ἐχθρὰν αἰώνιον, ubi LXX σὲ ἐχθρὰν αἰώνιον. Indidem ἐν χειρὶ μαχαίρας, ubi LXX ἐν χειρὶ ἐχθρῶν μαχαίρᾳ. Quæ monuisse satis esto. Hæ vero Drusii lectiones, in Notis editionis Romanæ allatæ, in Complutensi habentur, cum tantillo discrimine ad versum 5, ubi ἐν σοὶ habetur.

V. 6. Σ., τὸ αἷμά σου etc. Drusius. Latinam Symmachi versionem Hieronymus. [In fine addit C, ⋇ εἰ μὴ αἷμα ἐμίσησας καὶ αἷμα διώξεταί σε ↙ Quam additionem habet etiam Theodoretus; autem desiderantur in LXX nostris; nam quod scripsit Montf. : Ο', εἰς αἷμα ἥμαρτες, καὶ αἷμα διώξεταί σε, respicit quæ præcedunt in Hebr., אשם דם ירדפך. DRACH.]

V. 7. Ἄλλος, παραπορ- etc. Drusius. Hieronymus vero Latine, euntem et redeuntem. [Apud Theodoretum]

EZECHIELIS CAPUT XXXVI.

ΤΟ ΕΒΡΑΙΚΟΝ.	ΤΟ ΕΒΡΑΙΚΟΝ Ἑλληνικοῖς γράμμασι	ΑΚΥΛΑΣ.
2 ובמות	2.	2.
5 כל־לבב	5.	5.
11 ורבו ופרו	11.	11. ⋇ Καὶ αὐξηθήσονται καὶ πληθυνθήσονται.
15 וגויך לא תכשלי־עוד	15.	15.
18 על־הדם אשר־שפכו על־הארץ ובגלוליהם טמאוה	18.	18. ⋇ Περὶ τοῦ αἵματος οὗ ἐξέχεαν ἐπὶ τὴν γῆν, καὶ ἐν τοῖς εἰδώλοις αὐτῶν ἐμίαναν αὐτήν.
19 וכעלילותם	19.	19.

VERSIO HEBRAICI TEXT.	VULGATA LATINA.	AQUILA.
2. Et excelsa.	2. Altitudines.	2.
5. Omnis cordis.	5. Toto corde.	5.
11. Et multiplicabuntur et crescent.	11. Et multiplicabuntur et crescent.	11. Et augebuntur et multiplicabuntur.
15. Et gentem tuam non impingere facies adhuc.	15. Et gentem tuam non amittes amplius.	15.
18. Super sanguinem quem fuderunt super terram, et in idolis suis polluerunt eam.	18. Pro sanguine, quem fuderunt super terram, et in idolis suis polluerunt eam.	18. De sanguine quem effuderunt super terram, et in idolis suis polluerunt eam.
19. Et juxta studia eorum.	19. Juxta vitas eorum.	19.

Notæ et variæ lectiones ad cap. XXXVI Ezechielis.

V. 2. Ἄλλος, καὶ τὰ ὑψηλά. Drusius, qui hæc notat : Hieron. altitudines, sive solitudines. Idem alibi : Bama singulariter excelsum, et Bamoth excelsa significat. Eusebius de Locis : Bama Aquila semper ὑψηλὸν reddit.

V. 3. C, ἀντὶ τοῦ ⋇ καὶ ἀντὶ τοῦ ↙ (quæ repetitio etiam in Hebr.) Non habet μισηθῆναι, pro quo Hebr., absorbere. DRACH.

V. 4. C, Διὰ τοῦτο, ὄρη Ἰσραὴλ, ἀκούσατε λόγον Ἀδωναῒ Κυρίου· Τάδε λέγει Κύριος Κύριος τοῖς ἔθνεσι, καὶ τοῖς βουνοῖς, καὶ τοῖς χειμάῤῥοις, ⋇ καὶ ταῖς φάραγξι, καὶ τοῖς ἐξηρημωμένοις ÷ καὶ ἠφανισμένοις, καὶ ταῖς πόλεσι ταῖς ἐγκαταλελειμμέναις, αἳ (etiam Theodoretus αἳ) ἐγένοντο εἰς προνομὴν καὶ εἰς καταπάτημα τοῖς καταλειφθεῖσιν ἔθνεσι, ἔθνεσι περιχύκλῳ. IDEM.

V. 5. Ἄλλος, ἐξ ὅλης καρδίας. Drusius. [Etiam apud Theodoretum. DRACH.]

V. 6. C, τάδε λέγει Κύριος Κύριος. DRACH.

V. 7. C, Διὰ τοῦτο ⋇ τάδε λέγει ⋇ Ἀδωναῒ Κύριος. Quæ etiam ad verbum apud Theodoretum. IDEM.

V. 8. C, τὴν σταφυλὴν ⋇ δώσετε ↙ Et ὁ λαός ⋇ Ἰσραὴλ, ↙ IDEM.

V. 11. Ἀ., Θ., ⋇ καὶ αὐξηθήσονται etc. Ms. Jes. [Sic etiam apud Theodoretum. C habet sub asteriscis. DRACH.]

V. 13. C, κατέσθουσα ἀνθρώπους εἶ σύ. Quod autem apud Theodoretum aliosque additur ante verbum, nimirum γῆ, Hebr. non habet. DRACH.

V. 15. Ἄλλ., καὶ τὸ ἔθνος etc. Drusius. [Sic etiam apud Theodor. C habet sub asteriscis. DRACH.]

V. 17. C, ἐν τῇ ὁδῷ αὐτῶν, ÷ καὶ ἐν τοῖς εἰδώλοις αὐτῶν, καὶ ταῖς ἀκαθαρσίαις αὐτῶν, ↙ καὶ κατὰ τὴν ἀκαθαρσίαν etc. DRACH.

V. 18. Ἀ., Θ., ⋇ περὶ τοῦ αἵματος etc. Ms. Jes. [Ita etiam C sub asterisco. DRACH.]

V. 19. Ἄλλος, καὶ κατὰ τὰ ἐπιτηδεύματα αὐτῶν

tum utraque interpretatio. — C, τὸ ὄρος Σηείρ. Dr.]

V. 8. C, καὶ ἐμπλήσω ⋇ τὰ ὄρη αὐτοῦ ⁚ τῶν τραυματιῶν σου, τοὺς βουνούς σου etc. Drach.

V. 11. Θ., καὶ μετὰ τὸν ζῆλον etc. Ms. Jes. et Drusius. [Eadem in C sub asterisco, necnon apud Theodoretum. Drach.]

V. 12. C, τὰ ὄρη Ἰσραὴλ ⋇ λέγων ⁚ ἐρημία ἡμῖν etc. Melius autem apud Theodor., Ἔλεγες περὶ τῶν ὀρέων Ἰσραὴλ, λέγων. Hebr., dixisti contra montes Israelis, dicendo. Drach.

V. 13. Θ., καὶ ἐδοήσατε etc. Ms. Jes. [Eadem habet C sub asterisco. Apud Theodor. melius ad Hebr., καὶ ἐπλήθυνας, et multiplicasti. — C et VM, ἐμεγαλορημ. Drach.]

V. 14. C, λέγει Κύριος Κύριος. Drach.

V. 15. Θ., καθὼς ηὐφράνθης etc. Drusius. Hieronymus vero dicit hæc ex Theodotione sub asteriscis τοῖς Ο' addita fuisse. [C, ⋇ Καθὼς ηὐφράνθης εἰς κληρονομίαν οἴκου Ἰσραὴλ, ὅτι ἠφανίσθη, οὕτως ποιήσω σοι, ⁚ ἔρημον ἔσῃ ὄρος Σηείρ, καὶ πᾶσα ἡ Ἰδουμαία ÷ ἐξαναλωθήσονται, ⁚ καὶ γνώσονται ὅτι ἐγώ εἰμι Κύριος ÷ ὁ Θεὸς ÷ αὐτῶν. Drach.]

Ibid. Ἄλλος, καὶ πᾶσα ἡ Ἰδουμαία ἐξαναλωθήσεται. Drusius Al., ἐξολοθρευθήσεται.

EZECHIELIS CAPUT XXXVI.

ΣΥΜΜΑΧΟΣ.	Ο'.	ΘΕΟΔΟΤΙΩΝ.
2.	2. Ἔρημα. Ἄλλος, καὶ τὰ ὑψηλά.	2.
5.	5. *Vacat.* Ἄλλος, ἐξ ὅλης καρδίας.	5.
11.	11. *Vacat.*	11. ⋇ Καὶ αὐξηθήσονται καὶ πληθυνθήσονται.
15.	15. *Vacat.* Ἄλλος, καὶ τὸ ἔθνος σου οὐκ ἀτεκνωθήσεται ἔτι.	15.
18.	18. *Vacat.*	18. ⋇ Περὶ τοῦ αἵματος οὗ ἐξέχεαν ἐπὶ τὴν γῆν, καὶ ἐν τοῖς εἰδώλοις αὐτῶν ἐμίαναν αὐτήν.
19.	19. Καὶ κατὰ τὴν ἁμαρτίαν αὐτῶν. Ἄλλος, καὶ κατὰ τὰ ἐπιτηδεύματα αὐτῶν.	19.

SYMMACHUS.	LXX INTERPRETES.	THEODOTIO.
2.	2. Deserta. *Alius*, et excelsa.	2.
5.	5. *Vacat.* *Alius*, ex toto corde.	5.
11.	11. *Vacat.*	11. Et augebuntur et multiplicabuntur.
15.	15. *Vacat.* *Alius*, et gens tua absque liberis ultra non erit.	15.
18.	18. *Vacat.*	18. De sanguine quem effuderunt super terram, et in idolis suis polluerunt eam.
19.	19. Et juxta peccatum eorum. *Alius*, et juxta studia eorum.	19.

Notæ et variæ lectiones ad cap. XXXVI Ezechielis.

Drusius. [Sic etiam Theodoretus. Drach.]

Deinde ad versum 20 notat Drusius, ἐν τῷ λέγεσθαι αὐτοῖς, ubi LXX ἐν τῷ λέγεσθαι αὐτούς. Et ad ℣ 38, προβάτων ἀνθρώπων, quod similiter in LXX enuntiatur. Quæ lectiones in notis edit. Romanæ habentur.

V. 22. C, λέγει Κύριος Κύριος. Mox, ἀλλὰ διὰ τὸ ὄνομα. Drach.

V. 23. C, ὅτι ἐγώ εἰμι Κύριος, ⋇ λέγει Ἀδωναΐ Κύριος, ⁚ Et sic Hebr. Idem.

V. 25. Ante καθαριῶ, C non habet καί, quod deest in Hebr. Idem.

V. 27. Pro πορεύησθε, C, πορεύσησθε. Mox, καὶ ποιήσετε ⋇ αὐτά ⁚ Sed potius obelo notandum. Idem.

V. 28. C, καὶ κατοικήσητε. Idem.

V. 30. C, καὶ τὰ γενήματα (sic) τοῦ ἀγροῦ, ὅπως ἂν μὴ λάβητε ⋇ ἔτι ⁚ Etiam Theodor., ἔτι. Hebr. et Vulg., ultra. Idem.

V. 31. Κατὰ πρόσωπον αὐτῶν. Verte, ante faciem vestram ipsorum. Alii melius, ὑμῶν Hebr., ante faciem vestram. Idem.

V. 32. VM, 2 m., λέγει Ἀδωναΐ Κύριος. Idem.

V. 33. C, Τάδε λέγει Κύριος Κύριος· Ἐν ἡμέρᾳ ᾗ καθαρίσω ὑμᾶς ἐκ τῶν ἀνομιῶν ὑμῶν, καὶ κατοικιῶ τὰς πόλεις, καὶ οἰκοδομηθήσονται αἱ ἔρημοι. Id

V. 35. C, ἡ γῆ ἐκείνη ἡ ἠφανισμένη. Et mox, καὶ ἠφανισμένη (lege — μέναι) κατεσκαμμέναι. Absque altero καί. Idem.

V. 36. In fine commatis, C, καὶ ἐποίησα. Hebr., et feci. Idem.

V. 37. C, Τάδε λέγει Κύριος Κύριος. Mox, τοῦ ποιῆσαι αὐτοῖς. Hebr. et Vulg., *eis*. — Adde ex Theodoreti commentario: Ο', ζητηθήσομαι. Σ., εὑρεθήσομαι. Hebr., *inveniar*. Idem.

V. 38. C, ὡς πρόβατα τῆς Ἱερουσαλήμ. Idem.

EZECHIELIS CAPUT XXXVII.

ΤΟ ΕΒΡΑΙΚΟΝ.	ΤΟ ΕΒΡΑΙΚΟΝ Ἑλληνικοῖς γράμμασι.	ΑΚΥΛΑΣ.
1 ויוציאני ברוח יהוה	1.	
9 מארבע רוחות באי הרוח	9.	9. Ἐκ τῶν τεσσάρων ἀνέμων ἐλθὲ, πνεῦμα.
ופחי בהרוגים האלה		Καὶ ἐμφύσησον ἐν τοῖς πεφονευμένοις τούτοις.
10 חיל גדל	10.	10. Δύναμις μεγάλη.
12 אתכם מקברותיכם עמי	12.	12.
22 לכלם למלך	22.	22
23 ובשקוציהם ובכל פשעיהם	23.	23.
25 ובניהם ובני בניהם	25.	25. ※ Καὶ οἱ υἱοὶ αὐτῶν, καὶ οἱ υἱοὶ τῶν υἱῶν αὐτῶν.
26 ונתתים והרביתי אותם	26.	26. ※ Καὶ δώσω αὐτοὺς καὶ πληθυνῶ αὐτούς.

VERSIO HEBRAICI TEXT.	VULGATA LATINA.	AQUILA.
1. Et eduxit me in spiritu Domini.	1. Et eduxit me in spiritu Domini.	1.
9. A quatuor ventis veni, spiritus.	9. A quatuor ventis veni, spiritus.	9. A quatuor ventis veni, spiritus.
Et insuffla super interfectos istos.	Et insuffla super interfectos istos.	Et insuffla super interfectos istos.
10. Virtus magna.	10. Exercitus grandis.	10. Exercitus magnus.
12. Vos ex sepulcris vestris, popule mi.	12. Vos de sepulcris vestris, populus meus.	12.
22 Omnibus illis in regem.	22. Omnibus imperans.	22.
23. Et in fœditatibus suis, et in cunctis prævaricationibus suis.	23. Et abominationibus suis, et cunctis iniquitatibus suis.	23.
25. Et filii eorum, et filii filiorum eorum.	25. Et filii eorum, et filii filiorum eorum.	25. Et filii eorum, et filii filiorum eorum.
26. Et dabo eos, et multiplicabo eos.	26. Et fundabo eos, et multiplicabo.	26. Et dabo eos, et multiplicabo eos.

Notæ et variæ lectiones ad cap. XXXVII Ezechielis.

V. 1. In hunc locum notat Drusius : ויוציאני ברוח יהוה « Verba hæc ambigua sunt. Nam verti possunt, *et eduxit me in spiritu* DOMINUS : et, *eduxit me*, nempe manus DOMINI, *in spiritu* DOMINI. Utraque interpretatio exstat in codicibus Græcis. Hieron. autem hanc postremam in versione sua secutus est. Cur infirmandæ verbum masculinum ויוציא eduxit, cum nomen יד quod *manum* significat, in communi usu femininum sit. Verba Hieron. in comment. *Et eduxit me in spiritu Domini*, subauditur, *manus Domini*. Cui favet locus Sophoniæ III, 16, ubi יד masculine constituitur. R. David annotat alium reperiri in quinque Megillis. » [C habet ut Alius. In fine commatis expungit obelo ÷ ἀνθρωπίνων, quod deest in Hebr. DRACH.]

V. 2. C, καὶ ἰδοὺ ξηρὰ σφόδρα. Hebr., et ecce arida valde. DRACH.

V. 3 C, σὺ ἐπίστασαι ÷ ταῦτα. ⁏ Hebr. tantum, *tu nosti*. IDEM.

V. 4. C, Καὶ εἶπεν πρός με, Υἱὲ ἀνθρώπου, προφήτευσον. Et apud S. Hier., Fili hominis. Sed Hebr. non habet *fili hominis*. IDEM.

V. 5. C, Τάδε λέγει Κύριος Κύριος. Et mox, cum VM, φέρω εἰς ὑμᾶς. IDEM.

V. 6. C, ἀνάξω ἐφ' ὑμᾶς σάρκας. Et ita VM. Vulg., carnes. IDEM.

V. 7. Notat Drusius, καὶ ἐγένετο φωνή, ubi LXX καὶ ἐγένετο tantum habent. Sed קול φωνή exprimitur in Hebræo. [C, καθὼς ἐνετείλατό μοι Κύριος (Hebr., sicut præceptum erat mihi), καὶ ἐγένετο ※ φωνή. ⁏ (Apud S. Hier., et facta est vox.) ... καὶ προσήγαγε τὰ ὀστᾶ ὀστοῦν πρὸς τὴν ἁρμονίαν αὐτοῦ. DRACH.]

V. 8. C, Καὶ εἶδον,... καὶ ἀνέβαινεν ἐπ' αὐτὰ δέρμα ἐπάνω, καὶ πνεῦμα οὐκ ἦν ἐν αὐτοῖς. DRACH.

V. 9. Ἀ., ἐκ τῶν τεσσάρων etc. Ms Reg. [C. Τάδε λέγει Κύριος Κύριος· Ἐκ τῶν τεσσάρων πνευμάτων ἐλθὲ ※ τὸ πνεῦμα ⁏ Apud S. Hier., spiritus. DRACH.]

Ibid. Ἀ., καὶ ἐμφύσησον etc. Idem.

V. 10. Ἀ, Σ., Θ., δύναμις μεγάλη. Drusius, Ἀ., Θ. Sed et Symmachi esse monet Regius. Ibid. notat Drusius, σφόδρα σφόδρα, pro מאד מאד ubi LXX

EZECHIELIS CAPUT XXXVII.

ΣΥΜΜΑΧΟΣ.	Ο'.	ΘΕΟΔΟΤΙΩΝ.
	1. Καὶ ἐξήγαγέ με ἐν πνεύματι Κύριος. *Ἄλλος*, καὶ ἐξήγαγέ με ἐν πνεύματι Κυρίου.	1.
9.	9. Ἐκ τῶν τεσσάρων πνευμάτων ἐλθέ.	9.
	Καὶ ἐμφύσησον εἰς τοὺς νεκροὺς τούτους.	
10. Δύναμις μεγάλη.	10. Συναγωγὴ πολλή.	10. Δύναμις μεγάλη.
12.	12. Ὑμᾶς ἐκ τῶν μνημάτων ὑμῶν. *Ἄλλος*, ὑμᾶς ἐκ τῶν τάφων ὑμῶν, λαός μου.	12.
22.	22. Αὐτῶν. *Ἄλλος*, πάντων αὐτῶν εἰς βασιλέα.	22.
23.	23. ※ Καὶ ἐν τοῖς προσοχθίσμασιν αὐτῶν, καὶ ἐν πάσαις ταῖς ἀσεβείαις αὐτῶν.	23.
25.	25. *Vacat.*	25. ※ Καὶ οἱ υἱοὶ αὐτῶν, καὶ οἱ υἱοὶ τῶν υἱῶν αὐτῶν.
26.	26. *Vacat.*	26. ※ Καὶ δώσω αὐτοὺς καὶ πληθυνῶ αὐτούς.

SYMMACHUS.	LXX INTERPRETES.	THEODOTIO.
	1. Et eduxit me in spiritu Dominus. *Alius*, et eduxit me in spiritu Domini.	1.
9.	9. A quatuor ventis veni.	9.
	Et insuffla in mortuos istos.	
10. Exercitus magnus.	10. Synagoga multa.	10. Exercitus magnus.
12.	12. Vos de monumentis vestris. *Alius*, vos de sepulcris vestris, populus meus.	12.
22.	22. Eorum. *Al.*, omnium ipsorum in regem.	22.
23.	23. Et in offendiculis eorum, et in omnibus impietatibus eorum.	23.
25.	25. *Vacat.*	25. Et filii eorum, et filii filiorum eorum.
26.	26. *Vacat.*	26. Et dabo eos, et multiplicabo eos.

Notæ et variæ lectiones ad cap. XXXVII Ezechielis.

σφόδρα semel. [C, συναγωγὴ πολλὴ σφόδρα ※ σφόδρα. ⁚ Apud S. Hier., vehementer nimis. Hebr., virtus magna valde valde. DRACH.]

V. 11. C, αὐτοὶ λέγουσι, absque *καί*, quod deest etiam in Hebr. et Vulg. DRACH.

V. 12. *Ἄλλος*, ὑμᾶς ἐκ τῶν etc. Drusius. [C, ἐκ τῶν μνημάτων ὑμῶν, ※ λαός μου ⁚ Apud S. Hier., de sepulcris vestris, populus meus. Et superius C, καὶ εἰπὸν ※ πρὸς αὐτούς· ⁚ Τάδε λέγει Κύριος Κύριος. DRACH.]

V. 13. C, ※ καὶ γνώ※σεσθε ⁚ ὅτι... τοῦ ἀναγαγεῖν με ※ ὑμᾶς ⁚ ἐκ τῶν τάφων ※ ὑμῶν, ⁚ λαός μου. DRACH.

V. 14. C, Καὶ δώσω τὸ πνεῦμά μου.... ὅτι ἐγὼ Κύριος ἐλάλησα καὶ ποιήσω, λέγει Κύριος Κύριος. IDEM.

V. 16. C, ※ καὶ σὺ, ⁚ υἱὲ ἀνθρώπου (Hebr. et Vulg., et tu fili hominis), λάβε σεαυτῷ ῥάβδον ※ μίαν, ⁚ (Hebr. et Vulg., lignum unum)... καὶ γράψεις ἐπ' αὐτὴν (Hebr. et Vulg., et scribe super illud). IDEM.

V. 17. C, τοῦ δῆσαι ÷ αὐτάς. Etiam VM αὐτάς. IDEM.

V. 18. C, οἱ υἱοὶ τοῦ λαοῦ σου, ※ λέγοντος ⁚ (Hebr., dicendo), οὐκ ἀναγγελεῖς (etiam Hebr. in futuro tempore) ἡμῖν. IDEM.

V. 19. C, τάδε λέγει Κύριος Κύριος ... εἰς ῥάβδον μίαν, ※ καὶ ἔσονται μία (Hebr. et Vulg., unum, et erunt unum) ἐν τῇ χειρὶ Ἰούδα. IDEM.

V. 21. C ita : ἀπὸ ÷ πάντων ⁚ (deest in Hebr.) τῶν περικύκλῳ αὐτῶν. IDEM.

Ad versum 22. Drusius, εἰς ἔθνος ἕν. Ubi LXX ἕν omittunt ob concursum ἐν præpositionis sequentis. Quod monuisse satis erit. [C, εἰς ἔθνος ἕν. Apud S. Hier., Hebr. et Vulg., in gentem unam. DRACH.]

Ibid. πάντων αὐτῶν εἰς βασιλέα. Sic legit Theodoretus. Verisimileque est sic olim habuisse LXX Interpretes : Hieronymus quippe in LXX legit, *omnium istorum in regem*. [Ita etiam Theodoretus. C, καὶ ἄρχων εἷς ἔσται αὐτῶν ※ εἰς βασιλέα, ⁚ DR.]

V. 23. ※ Καὶ ἐν τοῖς προσοχθίσμασιν etc. Ms. Jes. [Eadem habet C sub asterisco. Apud S. Hier., et in offendiculis suis, et in omnibus impietatibus suis. DRACH.]

V. 24. C, ἐν μέσῳ αὐτῶν, καὶ ποιμὴν εἷς ἔσται πάντων ※ αὐτῶν, ↓ Quæ omnia ita in Hebr. Dr.]

V. 25. Ἀ., Θ., καὶ οἱ υἱοὶ αὐτῶν etc. Ms. Jes. [C eadem habet sub asterisco, et insuper addit, ἕως αἰῶνος. Hebr. et Vulg., in sempiternum. Apud S. Hier., filii eorum, et filii filiorum eorum usque in

EZECHIELIS CAPUT XXXVIII.

ΤΟ ΕΒΡΑΙΚΟΝ.	ΤΟ ΕΒΡΑΙΚΟΝ Ἑλληνικοῖς γράμμασι.	ΑΚΥΛΑΣ.
2 נשיא ראש משך ותבל Ὁ Σύρος, κεφαλῆς.	2.	2. Ἄρχοντα κεφαλῆς Μοσὸχ καὶ Θοβέλ.
4 ושובבתיך ונתתי חחים בלחייך קהל רב צנה ומגן תפשי חרבות כלם	4.	4.
5 פרס כוש ופוט אתם כלם מגן וכובע	5.	
6 ואת־כל־אגפיו	6.	
9 כשואה	9.	..
13 וסחרי תרשיש Ὁ Ἑβρ. καὶ ὁ Σύρος, ἔμποροι Θαρσεῖς. וכל־כפיריה	13.	13.
17 הנבאים	17.	17.
18 באפי	18.	18.
21 וקראתי עליו לכל־הרי חרב	21.	21.

VERSIO HEBRAICI TEXT.	VULGATA LATINA.	AQUILA.
2. Principem capitis Mosoch et Thubal. *Syrus*, capitis.	2. Principem capitis Mosoch et Thubal.	2. Principem capitis Mosoch et Thobel.
4. Et reducam te, et dabo hamos in maxillis tuis.	4. Et circumagam te, et ponam frenum in maxillis tuis.	4.
Cœtus multus scutum et clypeum, tenentes gladios omnes ipsi.	Multitudinem magnam, hastam et clypeum arripientium et gladium.	
5. Paras, Chus et Phuth cum eis, omnes ipsi clypeum et galeam.	5. Persæ, Æthiopes, et Libyes cum eis, omnes scutati et galeati.	5.
6. Et omnes alæ ejus.	6. Et universa agmina ejus.	6.
9. Quasi tempestas.	9. Quasi tempestas.	9.
13. Et negotiatores Tharsis. *Hebr. int. et Syrus, idem.*	13. Et negotiatores Tharsis.	13.
Et omnes leunculi ejus.	Et omnes leones ejus.	
17. Prophetantium.	17. Qui prophetaverunt.	17.
18. In ira mea.	18. In furore meo.	18.
21. Et vocabo super eum in cunctis montibus meis gladium.	21. Et convocabo adversus eum in cunctis montibus meis gladium.	21.

sempiternum. Drach.]

Ibid. Drusius, ἄρχων αὐτῶν ἔσται, ubi LXX ἄρχων tantum habent. [Etiam C habet ἔσται, sed præmisso obelo, quia in Hebr. deest. Drach.]

V. 26. Ἀ., Θ., καὶ δώσω αὐτούς etc. Ms. Jes. Ms. vero Reg. et Drusius habent, καὶ τάξω αὐτούς etc. [Apud Theodor., καὶ τάξω αὐτούς etc. C, ※ καὶ δώσω αὐτούς, καὶ πληθυνῶ αὐτούς, ⁚ Apud S. Hier., et dabo eos, et multiplicabo eos. Drach.]

EZECHIELIS CAPUT XXXVIII.

ΣΥΜΜΑΧΟΣ.	Ο'.	ΘΕΟΔΟΤΙΩΝ.
2. Ἄρχοντα Ῥώς, Μοσὸχ καὶ Θοβέλ.	2. Ἄρχοντα Ῥώς, Μεσὸχ καὶ Θοβέλ.	2. Ἄρχοντα Ῥώς, Μοσὸχ καὶ Θοβέλ.
4.	4. *Vacat.*	4. ※ Καὶ περιστρέψω σε, καὶ δώσω χαλινὸν εἰς τὰς σιαγόνας σου.
	※ Συναγωγὴ πολλὴ, πέλτας καὶ ἀσπίδας, καὶ μαχαίρας πάντες αὐτοὶ ἔχοντες.	
5.	5. Πέρσαι καὶ Αἰθίοπες, καὶ Λίβυες, πάντες περικεφαλαίαις καὶ πέλταις. Ἄλλος, Πέρσαι καὶ Αἰθίοπες, καὶ Λίβυες μετ' αὐτῶν, πάντες οὗτοι ἀσπίδας καὶ περικεφαλαίας ἔχοντες.	5.
6.	6. Καὶ πάντες οἱ περὶ αὐτόν. Ἄλλος, καὶ πάντα τὰ ὑποστηρίγματα αὐτοῦ.	6.
9.	9. Ὡς νεφέλη. Ἄλλος, ὡς καταιγίς.	9.
13.	13. Ἔμποροι Καρχηδόνιοι.	13.
	Καὶ πᾶσαι αἱ κῶμαι αὐτῶν.	Καὶ πᾶσαι αἱ κῶμαι αὐτῆς.
17.	17. *Vacat.* Ἄλλος, τῶν προφητευσάντων.	17.
18.	18. *Vacat.*	18. ※ Ἐν ὀργῇ μου.
21.	21. Καὶ καλέσω ἐπ' αὐτὸ καὶ πᾶν φόβον (sic). Ἄλλος, καὶ καλέσω ἐπ' αὐτὸν εἰς πάντα τὰ ὄρη μου μάχαιραν.	21.

SYMMACHUS.	LXX INTERPRETES.	THEODOTIO.
2. Principem Ros, Mosoch et Thobel.	2. Principem Ros, Mesoch et Thobel.	2. Principem Ros, Mosoch et Thobel.
4.	4. *Vacat.*	4. Et circumagam te, et ponam frenum in maxillis tuis.
	Congregatio magna, peltas et clypeos et gladios omnes hi habentes.	
5.	5. Persæ, et Æthiopes, et Libyes, omnes galeis et peltis. *Alius*, Persæ et Æthiopes, et Libyes cum ipsis, omnes hi clypeos et galeas habentes.	5.
6.	6. Et omnes qui circa ipsum. *Alius*, et omnia sustentacula ejus.	6.
9.	9. Quasi nubes. *Alius*, quasi tempestas.	9.
13.	13. Negotiatores Carthaginenses.	13.
	Et omnes villæ eorum.	Et omnes villæ ejus.
17.	17. *Vacat. Alius*, qui prophetaverunt.	17.
18.	18. *Vacat.*	18. In ira mea.
21.	21. Et vocabo super ipsum et omnem timorem. *Al.*, et vocabo super eum in omnes montes meos gladium.	21.

V. 23. ※ Καὶ ἐν τοῖς προσοχθίσμασιν etc. Ms. Jes. [Eadem habet C sub asterisco. Apud S. Hier., et in offendiculis suis, et in omnibus impietatibus suis. Drach.]

V. 24. C, ἐν μέσῳ αὐτῶν, καὶ ποιμὴν εἷς ἔσται πάντων ※ αὐτῶν, ⁝ Quæ omnia ita in Hebr. Dr.]

V. 25. Ἀ., Θ., καὶ οἱ υἱοὶ αὐτῶν etc. Ms. Jes. [C eadem habet sub asterisco, et insuper addit, ἕως αἰῶνος. Hebr. et Vulg., in sempiternum. Apud S. Hier., filii eorum, et filii filiorum eorum usque in

EZECHIELIS CAPUT XXXVIII.

ΤΟ ΕΒΡΑΙΚΟΝ.	ΤΟ ΕΒΡΑΙΚΟΝ Ἑλληνικοῖς γράμμασι.	ΑΚΥΛΑΣ.
2 נשיא ראש משך ותבל Ὁ Σύρος, κεφαλῆς.	2.	2. Ἄρχοντα κεφαλῆς Μοσὸχ καὶ Θοβέλ.
4 ושובבתיך ונתתי חחים בלחייך קהל רב צנה ומגן תפשי חרבות כלם	4.	4.
5 פרס כוש ופוט אתם כלם מגן וכובע	5.	
6 ואת־כל־אגפיו	6.	
9 כשואה	9.	..
13 וסחרי תרשיש Ὁ Ἑβρ. καὶ ὁ Σύρος, Ἔμποροι Θαρσεῖς.	13.	13.
וכל־כפיריה		
17 הנבאים	17.	17.
18 באפי	18.	18.
21 וקראתי עליו לכל־הרי חרב	21.	21.

VERSIO HEBRAICI TEXT.	VULGATA LATINA.	AQUILA.
2. Principem capitis Mosoch et Thubal. *Syrus*, capitis.	2. Principem capitis Mosoch et Thubal.	2. Principem capitis Mosoch et Thobel.
4. Et reducam te, et dabo hamos in maxillis tuis.	4. Et circumagam te, et ponam frenum in maxillis tuis.	4.
Cœtus multus scutum et clypeum, tenentes gladios omnes ipsi.	Multitudinem magnam, hastam et clypeum arripientium et gladium.	
5. Paras, Chus et Phuth cum eis, omnes ipsi clypeum et galeam.	5. Persæ, Æthiopes, et Libyes cum eis, omnes scutati et galeati.	5.
6. Et omnes alæ ejus.	6. Et universa agmina ejus.	6.
9. Quasi tempestas.	9. Quasi tempestas.	9.
13. Et negotiatores Tharsis. *Hebr. int. et Syrus, idem.*	13. Et negotiatores Tharsis.	13.
Et omnes leunculi ejus.	Et omnes leones ejus.	
17. Prophetantium.	17. Qui prophetaverunt.	17.
18. In ira mea.	18. In furore meo.	18.
21. Et vocabo super eum in cunctis montibus meis gladium.	21. Et convocabo adversus eum in cunctis montibus meis gladium.	21.

sempiternum. DRACH.]

Ibid. Drusius, ἄρχων αὐτῶν ἔσται, ubi LXX ἄρχων tantum habent. [Etiam C habet ἔσται, sed præmisso obelo, quia in Hebr. deest. DRACH.]

V. 26. Ἀ., Θ., καὶ δώσω αὐτούς etc. Ms. Jes. Ms. vero Reg. et Drusius habent, καὶ τάξω αὐτούς etc. [Apud Theodor., καὶ τάξω αὐτούς etc. C, ※ καὶ δώσω αὐτούς, καὶ πληθυνῶ αὐτούς, ⁚ Apud S. Hier., et dabo eos, et multiplicabo eos. DRACH.]

EZECHIELIS CAPUT XXXVIII.

ΣΥΜΜΑΧΟΣ.	Ο'.	ΘΕΟΔΟΤΙΩΝ.
2. Ἄρχοντα Ῥῶς, Μοσὸχ καὶ Θοβέλ.	2. Ἄρχοντα Ῥῶς, Μεσὸχ καὶ Θοβέλ.	2. Ἄρχοντα Ῥῶς, Μοσὸχ καὶ Θοβέλ.
4.	4. *Vacat.*	4. ※ Καὶ περιστρέψω σε, καὶ δώσω χαλινὸν εἰς τὰς σιαγόνας σου.
	※ Συναγωγὴ πολλὴ, πέλτας καὶ ἀσπίδας, καὶ μαχαίρας πάντες αὐτοὶ ἔχοντες.	
5.	5. Πέρσαι καὶ Αἰθίοπες, καὶ Λίβυες, πάντες περικεφαλαίαις καὶ πέλταις. Ἄλλος, Πέρσαι καὶ Αἰθίοπες, καὶ Λίβυες μετ' αὐτῶν, πάντες οὗτοι ἀσπίδας καὶ περικεφαλαίας ἔχοντες.	5.
6.	6. Καὶ πάντες οἱ περὶ αὐτόν. Ἄλλος, καὶ πάντα τὰ ὑποστηρίγματα αὐτοῦ.	6.
9.	9. Ὡς νεφέλη. Ἄλλος, ὡς καταιγίς.	9.
13.	13. Ἔμποροι Καρχηδόνιοι.	13.
	Καὶ πᾶσαι αἱ κῶμαι αὐτῶν.	Καὶ πᾶσαι αἱ κῶμαι αὐτῆς.
17.	17. *Vacat.* Ἄλλος, τῶν προφητευσάντων.	17.
18.	18. *Vacat.*	18. ※ Ἐν ὀργῇ μου.
21.	21. Καὶ καλέσω ἐπ' αὐτὸ καὶ πᾶν φόβον (sic). Ἄλλος, καὶ καλέσω ἐπ' αὐτὸν εἰς πάντα τὰ ὄρη μου μάχαιραν.	21.

SYMMACHUS.	LXX INTERPRETES.	THEODOTIO.
2. Principem Ros, Mosoch et Thobel.	2. Principem Ros, Mesoch et Thobel.	2. Principem Ros, Mosoch et Thobel.
4.	4. *Vacat.*	4. Et circumagam te, et ponam frenum in maxillis tuis.
	Congregatio magna, peltas et clypeos et gladios omnes hi habentes.	
5.	5. Persæ, et Æthiopes, et Libyes, omnes galeis et peltis. *Alius*, Persæ et Æthiopes, et Libyes cum ipsis, omnes hi clypeos et galeas habentes.	5.
6.	6. Et omnes qui circa ipsum. *Alius*, et omnia sustentacula ejus.	6.
9.	9. Quasi nubes. *Alius*, quasi tempestas.	9.
13.	13. Negotiatores Carthaginenses.	13.
	Et omnes villæ eorum.	Et omnes villæ ejus.
17.	17. *Vacat.* *Alius*, qui prophetaverunt.	17.
18.	18. *Vacat.*	18. In ira mea.
21.	21. Et vocabo super ipsum et omnem timorem. *Al.*, et vocabo super eum in omnes montes meos gladium.	21.

Notæ et variæ lectiones ad cap. XXXVIII Ezechielis.

V. 2. Ἀ., ἄρχοντα etc. Has omnes lectiones mutuamur ex Theodoreto, Drusio et ex Ms. Jes. Sic autem habet Hieronymus : « Porro quod in exercitu Gog, sive Magog, qui juxta LXX, Sym. et Th., princeps est *Ros, Mosoch et Thubal :* primam gentem *Ros*, Aquila interpretatur *caput*, quem et nos secuti sumus, ut sit sensus, *principem capitis* Mosoch et Thubal. » Theodoretus vero, τὸ δὲ *Ῥὼς*, *κεφαλὴν* ὁ Σύρος ἡρμήνευσεν, καὶ ὁ Ἀκύλας δὲ *κεφαλὴν* Μοσὸχ, τὸ *Ῥὼς* Μοσὸχ ἡρμήνευσεν. [C, Ῥὼς, καὶ Μεσόχ. Drach.]

V. 3. C, ἐπὶ σὲ, Γὼγ, ἄρχοντα. Hebr. et Vulg., ad te, Gog, principem. Drach.

V. 4. Θ., καὶ περιστρέψω etc. Ms. Jes. [Eadem sub asterisco in C. Eadem pariter Theodoretus, nisi quod addit κυκλόθεν ante καὶ δώσω. Sed hoc κυκλόθεν non est in Hebr. Drach.]

Ibid. ※ Συναγωγὴ etc. Drusius. In aliis libris legitur πέλτας, καὶ περικεφαλαίας, καὶ μαχαίρας ἀσπίδας. In Ο΄ edit. Rom., συναγωγῇ πολλῇ, πέλται καὶ περικεφαλαῖαι καὶ μάχαιραι. [C, καὶ μάχαιραι ※ πάντες ※ αὐτοὶ, ⁚ duabus illuminantibus stellis, ut non raro. Etiam apud Theodoretum, πάντες αὐτοί. Heb., omnes ii. Drach.]

V. 5. Ἄλλος, Πέρσαι etc. Drusius, καὶ Αἴθιοπες; Theodoretus, καὶ Φούτ. In aliis legitur, καὶ Αἴθ..., καὶ Λίβυες, καὶ Φρύγες. [C, καὶ Λίβυες ※ μετ' αὐτῶν, ⁚ Etiam Theodor. legit μετ' αὐτῶν. Drach.]

V. 6. Ἄλλος, καὶ πάντα etc. Drusius. [C et Vulg., οἶκος τοῦ Θεργαμά.—Theodor. legit ut Alius noster, πάντα τὰ ὑποστηρίγμ. Drach.]

V. 7. Pro ἡ συνηγμένη, C habet, οἱ συνηγμένοι, Hebr., qui congregati. Drach.

Ad versum 8. Drusius alteram lectionem adfert corruptam, quæ nihil pene differt a LXX habeturque in notis edit. Romanæ his verbis : ἑτοιμάσθητι, καὶ ἐπ' ἐσχάτου τῶν ἐτῶν ἥξεις, καὶ ἥξεις εἰς γῆν, εἰς τὴν γῆν ἀπεστραμμένην ἀπὸ μαχαίρας, ἠθροισμένην ἀπὸ λαῶν πολλῶν. Sicque legitur apud Theodoretum. [Pro συνηγμένων, C, συνηγμένην. Hebr., congregatam. Drach.]

V. 9. Ἄλλος, ὡς καταιγίς. Ms. Jes.

V. 11. C, ἥξω ἐφ' ἡσυχάζοντας ἐν ἡσυχίᾳ, absque

EZECHIELIS CAPUT XXXIX.

ΤΟ ΕΒΡΑΙΚΟΝ.	ΤΟ ΕΒΡΑΙΚΟΝ Ἑλληνικοῖς γράμμασι.	ΑΚΥΛΑΣ.
3 והכיתי קשתך	3.	3.
6 ושלחתי־אש במגוג	6.	6.
9 ובערו והשיקו בנשק ומגן וצנה בקשת ובחצים ובמקל יד וברמח	9.	
11 קדמת הים	11.	11.
12 וקברו שם	12.	12.
13 והיה להם לשם יום הכבדי	13.	13.
14 יבדילו	14.	14.

VERSIO HEBRAICI TEXT.	VULGATA LATINA.	AQUILA.
3. Et percutiam arcum tuum.	3. Et percutiam arcum tuum.	3.
6. Et mittam ignem in Magog.	6. Et immittam ignem in Magog.	6.
9. Et succendent, et comburent in armatura, et clypeum et scutum in arcu et in sagittis, et in baculo manus, et in lancea.	9. Et succendent, et comburent arma, clypeum, et hastas, arcum et sagittas, et baculos manuum, et contos.	9.
11. Ad orientem maris.	11. Ad orientem maris.	11.
12. Et sepelient ibi.	12. Et sepelient ibi.	12.
13. Et erit eis in nomen dies in qua glorificabor.	13. Et erit eis nominata dies in qua glorificatus sum.	13.
14. Seligent.	14. Constituent.	14.

Notæ et variæ lectiones ad cap. XXXVIII Ezechielis.

τῇ, quod neque habet VM. Et in fine versus, οὐκ εἰσὶν αὐταῖς. DRACH.

V. 12. C, χεῖράς μου εἰς γῆν (Hebr. non habet *terram*) ἠρημωμένην, ἣ κατοικισθῇ (sic, et male, et VM, κατοικίσθη, pro κατῳκ.), καὶ ἐπὶ ἔθνος.... κτήσεις ⋇ καὶ ὕπαρξιν. ⁚ Etiam apud Theodor. additur ὕπαρξιν, *substantiam*. Hebr., et possessionem. IDEM.

V. 13. Ὁ Ἑβρ. καὶ ὁ Σύρος, ἔμποροι Θαρσεῖς. Theodoretus.

Ibid. Θ., καὶ πᾶσαι αἱ κῶμαι αὐτῆς. Drusius. Sic autem Hieronymus loquitur: « Ut autem pro *catulis leonum*, qui Hebraice dicuntur CHAPHIR, LXX et Theod. ponerent *villas*, error perspicuus est. Si enim per *Chi* litteram scribas, appellatur *catulus leonis*; sin autem cum *ce*, qui Hebraice dicitur *Coph*, *ager* appellatur et *villæ*. » Sic restituit Martianæus noster ex mss. quorum unus Sangermanensis habet *cum ce*, Editi *per ce*. [Palam liquet hunc S. Hieronymi locum aliquid passum esse vitio amanuensium. Etenim *catulus leonis* Hebraice dicitur, כפיר, *chephir*, et *villa* vel *pagus*, כפר, *chaphar*. Utraque nuncupatio per idem elementum כ. — Lamb. Bos: Aq. et Sym., καὶ πάντες οἱ σκύμνοι, *catuli leonis*, αὐτῶν. — C, Σαβὰ, καὶ Δαδάν. In fine commatis, post σκῦλα, addit μεγάλα. Hebr., spolium magnum. DRACH.]

V. 14. In fine commatis, pro ἐγερθήσῃ, quidam et Theodor., γνώσῃ. Hebr., cognosces. DRACH.

V. 16. C, ἐνώπιον αὐτῶν ⋇ Γώγ. ⁚ Hebr., in oculis eorum, Gog. IDEM.

V. 17. Ἄλλος, τῶν προφητευσάντων. Tacet Montf. unde sit expiscatus; sed juxta ed. Rom. est apud Theodor. Habet etiam C, prænotato asterisco. — Pro ἀναγαγεῖν, C, ἀγαγεῖν. IDEM.

V. 18. Θ., ἐν ὀργῇ μου. Ms. Jes. [Ita etiam C sub asterisco. DRACH.]

V. 20. C, καὶ σεισθήσονται ἀπὸ προσώπου μου. Hebr. et Vulg., et commovebuntur a facie mea. DRACH.

V. 21. Ἄλλος, καὶ καλέσω etc. Drusius. [C, Καὶ καλέσω ἐπ' αὐτὸν πάντα φόβον μαχαίρας, λέγει Κύριος Κύριος. DRACH.]

V. 23. C expungit obelo ÷ καὶ ἐνδοξασθήσομαι, ⁚ quia non est in Hebr. veritate. DRACH.

EZECHIELIS CAPUT XXXIX.

ΣΥΜΜΑΧΟΣ.	Οʹ.	ΘΕΟΔΟΤΙΩΝ.
3.	3. Καὶ ἀπολῶ τὸ τόξον σου. *Ἄλλος*, καὶ ἀποτινάξω τὸ τόξον σου.	3.
6.	6. Καὶ ἀποστελῶ πῦρ ἐπὶ Γώγ. *Ἄλλος*, καὶ ἀποστελῶ πῦρ εἰς Μαγώγ.	6.
	9. Καὶ καύσουσιν ἐν τοῖς ὅπλοις, πέλταις καὶ κόντοις, καὶ τόξοις, καὶ τοξεύμασι, καὶ ῥάβδοις χειρῶν καὶ λόγχαις. *Ἄλλος*, καὶ ἐκκαύσουσι καὶ ἀνάψουσιν ἐν τοῖς ὅπλοις, θυρεοῖς καὶ πέλταις, καὶ τόξοις, καὶ βέλεσι καὶ βακτηρίαις χειρῶν, καὶ λόγχαις.	9. ⋇ Καὶ ἐκκαύσουσιν καὶ καύσουσι ἐν τοῖς ὅπλοις, πέλταις....
11.	11. Πρὸς τῇ θαλάσσῃ. *Ἄλλος*, ἐξ ἀνατολῆς τῆς θαλάσσης.	11.
12.	12. Κατορύξουσιν ἐκεῖ. *Ἄλλος*, καὶ θάψουσιν ἐκεῖ.	12.
13.	13. Καὶ ἔσται αὐτοῖς ὀνομαστὴ, ᾗ ἡμέρᾳ ἐδοξάσθη. *Ἄλλος*, καὶ ἔσται αὐτοῖς εἰς ὄνομα ἡ ἡμέρα, ἐν ᾗ ἐνδοξασθήσομαι.	13.
14.	14. Διαστελοῦσι. *Ἄλλος*, ἀποστελοῦσι.	14.

SYMMACHUS.	LXX INTERPRETES.	THEODOTIO.
3.	3. Et perdam arcum tuum. *Al.*, et excutiam arcum tuum.	3.
-	6. Et emittam ignem in Gog. *Al.*, et immittam ignem in Magog.	6.
9.	9. Et succendent in armis, peltis, et contis, et arcubus, et sagittis, et baculis manuum, et lanceis. *Alius*, et comburent, et incendent in armis, et scutis, et peltis, et arcubus, et jaculis, et baculis manuum, et lanceis.	9. Et incendent et comburent in armis, peltis...
11.	11. Ad mare. *Al.*, ex oriente maris.	11.
12	12. Et defodient ibi. *Al.*, et sepelient ibi.	12.
13.	13. Et erit eis nominata, qua die glorificatus fuerit. *Al.*, et erit eis in nomen dies, in qua glorificabor.	13.
14.	14. Secernent. *Alius*, mittent.	14.

ΤΟ ΕΒΡΑΙΚΟΝ.	ΤΟ ΕΒΡΑΙΚΟΝ Ἑλληνικοῖς γράμμασι.	ΑΚΥΛΑΣ.
16 המונה	16.	16.
18 אילים כרים ועתודים פרים מריאי בשן כלם	18.	18.
27 מארצות איביהם	27.	27.
28 וכנסתים אל־אדמתם ולא־אותיר עוד מהם שם	28.	28.
29 את־רוחי	29.	29.

VERSIO HEBRAICI TEXT.	VULGATA LATINA.	AQUILA.
16. Hamona.	16. Hamona.	16.
18. Arietum, agnorum et hircorum, vitulorum bubalorum Basan, cunctorum ipsorum.	18. Arietum, et agnorum, et hircorum, taurorumque et altilium, et pinguium omnium.	18.
27. De terris inimicorum suorum.	27. De terris inimicorum suorum.	27.
28. Et congregarem eos ad terram suam, et non relinquam ultra ex eis ibi.	28. Et congregaverim eos super terram suam et non derelinquam quempiam ex eis ibi.	28.
29. Spiritum meum.	29. Spiritum meum.	29.

Notæ et variæ lectiones ad cap. XXXIX Ezechielis.

V. 1. C, τάδε λέγει Κύριος Κύριος. Mox, Μοσόχ. DRACH.

V. 2. C, καὶ ἀναβιβάσω. IDEM.

V. 3. Ἄλλος, καὶ ἀποτινάξω etc. etc. Drusius.

V. 4. C, ἐπὶ τὰ ὄρη Ἰσραήλ, absque altero τὰ Rom. editionis. DRACH.

V. 5. C, ἐπὶ πρόσωπον, et λέγει Κύριος Κύριος. IDEM.

V. 6. Ἄλλος, καὶ ἀποστελῶ etc. [Non indicat Montf. unde deprompserit istam lectionem Græcam, quam Drusius non exhibet. Edit. Rom. tantum: « In plerisque Magog. » C, ἐπὶ Μαγώγ. DRACH.]

V. 8. Pro (ἡμέρα) ἐν ῇ, Theodor., ἦν. Hebr., quam. DRACH.

V. 9. Θ., καὶ ἐκκαύσουσι etc. Ms. Jes. Alteram vero lectionem adfert Drusius. [C, ※ καὶ ἐκκαύσουσι, ⁚ καὶ καύσουσιν etc. DRACH.]

V. 10. C, ἀλλὰ τὰ ὅπλα. Et in fine commatis, λέγει Κύριος Κύριος. DRACH.

V. 11. Ἄλλος, ἐξ ἀνατολῆς etc. Drusius. [Est lectio apud Theodoretum. DRACH.]

V. 13. Ἄλλος, καὶ θάψουσιν ἐκεῖ. Idem. [Sic etiam pro duobus κατορύξουσιν proxime sequentis versus, Alii θάψουσι. DRACH.]

V. 13. Ἄλλος, καὶ ἔσται αὐτοῖς εἰς ὄνομα etc. Idem. Editio Romana, ὀνομαστόν. [Etiam C et VM ὀνομαστόν. Alius lectio est apud Theodoretum. In fine commatis C, Κύριος Κύριος. DRACH.]

V. 14. Ἄλλος, ἀποστελοῦσι. Ms. Jes. qui mox habet πᾶσαν ante τὴν γῆν. [C, ἐπιπορευομένους πᾶσαν τὴν γῆν, θάψαι ※ καὶ τοὺς παραπορευομένους, prætereuntes. In notis ed. Rom.: « In plerisque, μετὰ τῶν περιερχομένων, cum circumeuntibus. » In ed. Rom. et VM desideratur. Hebr. et cum transeuntibus, et τοὺς transeuntes verti potest. In fine commatis C, καὶ ζητήσουσι. Sed Hebr. non habet καί. DRACH.]

EZECHIELIS CAPUT XL.

ΤΟ ΕΒΡΑΙΚΟΝ.	ΤΟ ΕΒΡΑΙΚΟΝ Ἑλληνικοῖς γράμμασι.	ΑΚΥΛΑΣ.
1 בראש השנה ויבא אתי שמה : במראות אלהים	1.	

VERSIO HEBRAICI TEXT.	VULGATA LATINA.	AQUILA.
1. In capite anni. Et adduxit me illuc. In visionibus Dei.	1. In exordio anni. Et adduxit me illuc. In visionibus Dei.	1.

ΣΥΜΜΑΧΟΣ.	Ο'.	ΘΕΟΔΟΤΙΩΝ.
16.	16. Πολυάνδριον. *Ἄλλος*, Ἀμωνά.	16.
18.	18. Κριοὺς, καὶ μόσχους καὶ τράγους, καὶ οἱ μόσχοι ἐστεατωμένοι πάντες. *Ἄλλος*, κριῶν καὶ μόσχων, καὶ τράγων, καὶ ἀρνῶν, καὶ ταύρων ἐστεατωμένων πάντων.	18.
27	27. Ἐκ τῶν χωρῶν τῶν ἐθνῶν. *Ἄλλ.*, ἐκ τῶν χωρῶν τῶν ἐχθρῶν αὐτῶν.	27.
28.	28. *Vacat*. *Ἄλλ.*, ⋇ καὶ συνάξω αὐτοὺς ἐπὶ τὴν γῆν αὐτῶν, καὶ οὐ καταλείψουσιν ἔτι ἀπ' αὐτῶν ἐκεῖ. *Ἄλλος*, καὶ οὐ καταλείψω ἀπ' αὐτῶν οὐκέτι.	28.
29.	29. Τὸν θυμόν μου. *Ἄλλος*, τὸ πνεῦμά μου.	29.

SYMMACHUS.	LXX INTERPRETES.	THEODOTIO.
16.	16. Polyandrion. *Al.*, Amona.	16.
18.	18. Arietes, et vitulos et hircos, et vituli adipati omnes. *Al.*, arietum et vitulorum, et hircorum et agnorum, et taurorum adipatorum omnium.	18.
27.	27. De terris gentium. *Alius*, de terris inimicorum suorum.	27.
28.	28. *Vacat*. *Alius*, et congregabo eos in terram suam, et non derelinquent amplius eorum quempiam ibi. *Al.*, et non derelinquam amplius eorum quempiam.	28.
29.	29. Furorem meum. *Alius*, spiritum meum.	29.

Notæ et variæ lectiones ad cap. XXXIX Ezechielis.

V. 15. C, οἰκοδομήσει παρ' αὐτὸ (sic) σημεῖον ἕως ὅτου θάψουσιν αὐτὸ οἱ θάπτοντες εἰς τὸ Γὲ τὸ πολυάνδριον τοῦ Γώγ. Nobilius : « In multis est τόγε. Dr.

V. 16. *Ἄλλος*, Ἀμωνά. Quod cum aspirata scribendum putat Drusius, qui hæc Hieronymi loca adfert : « Nomen autem civitatis appellari *Amona*, quæ Græce dicitur πολυάνδριον, hoc est, *multitudo hominum sepultorum*. » Rursum : « Sepulcrum Gog non erit in montibus, sed in depressis vallibus et in confragosis locis, quæ Hebraice appellantur *Gai* sive *Gæ*. » Et mox : « Nomen autem civitatis....... appellabitur *Amona*, sive *polyandrion*. » Idem.

V. 17. C, Καὶ σὺ υἱὲ ἀνθρώπου· τάδε λέγει Κύριος Κύριος· εἰπὸν παντὶ... συνάχθητε ἀπὸ ÷ πάντων ⁚ (Hebr. non habet *omnibus*) τῶν περικύκλῳ ἐπὶ τὴν θυσίαν μου ἣν ⋇ ἐγὼ ⁚ (Hebr., ego) τέθυκα etc. Idem.

V. 18. *Ἄλλος*, κριῶν καὶ μόσχων etc. Drusius. Hic invertuntur quædam : sic enim Hebraica series postularet, κριῶν, καὶ ἀρνῶν, καὶ τράγων, καὶ μόσχων etc.

V. 20. C non habet καὶ ante γίγαντα, neque Hebr. Et in fine commatis Κύριος Κύριος. Drach.

V. 25. C, Νῦν ἀναστρέψω τὴν αἰχμαλωσίαν Ἰακώβ. Ed. Rom. : « Illud *in* (Jacob) abest a plerisque. » Hebr. et Vulg., reducam captivitatem Jacob. Idem.

V. 26. C, τὴν ἀτιμίαν ἑαυτῶν. Drusius.

V. 27. *Ἄλλος*, ἐκ τῶν χωρῶν τῶν etc. Idem.

V. 28. ⋇ Καὶ συνάξω etc. Ms. Jes. et Drusius. [C ita : ⋇ καὶ συνάξω αὐτοὺς ⋇ ἐπὶ τὴν γῆν αὐτῶν, καὶ οὐ καταλείψω οὐκέτι ἀπ' αὐτῶν ἐκεῖ, ⁚ Drach.]

V. 29. *Ἄλλος*, τὸ πνεῦμά μου. Drusius. Ubi LXX, τὸν θυμόν μου, quam τῶν Ο' interpretationem memorat Hieronymus, aitque RUHI non *furorem meum*, sed *spiritum meum* significare. [C, ἀνθ' οὗ ἐξέχεα τὸν θυμόν μου. Drach.]

EZECHIELIS CAPUT XL.

ΣΥΜΜΑΧΟΣ.	Ο'.	ΘΕΟΔΟΤΙΩΝ.
1.	1. Ἐν τῷ πρώτῳ μηνί. ⋇ Καὶ ἤγαγέν με ἐκεῖ ἐν ὁράσει Θεοῦ.	1. [Ἐν νέῳ ἔτει.]

SYMMACHUS.	LXX INTERPRETES.	THEODOTIO.
	1. In primo mense. Et adduxit me illuc in visione Dei.	1. In novo anno.

ΤΟ ΕΒΡΑΙΚΟΝ.	ΤΟ ΕΒΡΑΙΚΟΝ Ἑλληνικοῖς γράμμασι.	ΑΚΥΛΑΣ.
2 מנגב	2.	2. Ἐξέναντι τοῦ βοῤῥᾶ.
3 בידו וקנה המדה והוא עמד בשער	3.	3. ※ Ἐν τῇ χειρὶ αὐτοῦ, (καὶ κάλαμος μέτρου) καὶ αὐτὸς εἱστήκει ἐπὶ τὴν πύλην.
5 חומה	5.	5. Τεῖχος.
את־רחב הבנין		Τὸ πλάτος τῆς οἰκοδομῆς.
וקומה		Καὶ ἀνάστημα.
6 ויעל במעלתו	6.	6.
סף		Πρόθυρον.
7 וסף	7.	7. Καὶ πρόθυρον.
אלם *Ὁ Σύρος*, τὴν κιγκλίδα.		
9 את־אלם השער	9.	9.
ואילו		
10 ותאי השער דרך הקדים	10.	10.
11 השער	11.	11.
12 וגבול לפני התאות אמה־אחת	12.	12. Στηριγμάτων.
והתא		
14 ואל־איל החצר	14.	14. Καὶ κρίωμα...
15 על־לפני אלם השער	15.	15. . . . .
16 וחלנות אטמות	16.	16.
התאים		Στήριγμα.
אליהמה		
לאלמות		
17 לשכות	17.	17. Γαζοφυλάκια.

VERSIO HEBRAICI TEXT.	VULGATA LATINA.	AQUILA.
2. A meridie.	2. Ad Austrum.	2. Ex adverso Aquilonis.
3. In manu ejus, et calamus mensuræ: et ipse stans in porta.	3. In manu ejus, et calamus mensuræ in manu ejus: stabat autem in porta.	3. In manus ejus, (et calamus mensuræ) et ipse stabat in porta.
5. Murus.	5. Murus.	5. Murus.
Latitudinem ædificii.	Latitudinem ædificii.	Latitudinem ædificii.
Et altitudinem.	Et altitudinem.	Et altitudinem.
6. Et ascendit in gradus ejus.	6. Et ascendit per gradus.	6.
Limen.	Limen.	Vestibulum.
7. Et limen.	7. Et limen.	7. Et vestibulum.
Vestibulum. *Syrus*, cancellum.	*Vacat.*	
9. Vestibulum portæ.	9. Vestibulum portæ.	9.
Et postes ejus.	Et frontem.	
10. Et thalami portæ viam orientis.	10. Porro thalami portæ ad viam orientalem.	10.
11. Portæ.	11. Portæ.	11.
12. Et terminum ante thalamos cubito uno.	12. Et marginem ante thalamos cubiti unius.	12. [Ante] sustentacula.
Et thalamus.	Thalami autem.	
14. Et ad postem atrii.	14. Et ad frontem atrium.	14. Et frontem (atrii).
15. Super faciem vestibuli portæ.	15. Et ante faciem portæ.	15. Ante faciem postium portæ.
16. Et fenestræ clausæ.	16. Et fenestras obliquas.	16.
Thalamis.	Thalamis.	Sustentaculum.
Postibus eorum.	Postibus eorum.	
In vestibulis.	In vestibulis.	
17. Cubicula.	17. Gazophylacia.	17. Gazophylacia.

ΣΥΜΜΑΧΟΣ.	Ο'.	ΘΕΟΔΟΤΙΩΝ.
2. Ἀπὸ νότου ἀπὸ μεσημβρίας.	2. Ἀπέναντι.	2. Ἀπὸ νότου ἀπὸ μεσημβρίας.
3.	3. Καὶ ἐν τῇ χειρὶ αὐτοῦ ἦν σπαρτίον οἰκοδόμων, καὶ κάλαμος μέτρον, (ἄλλως, μέτρου,) καὶ αὐτὸς εἱστήκει ἐπὶ τῆς πύλης.	3. ※ Ἐν τῇ χειρὶ αὐτοῦ, (καὶ κάλαμος μέτρου) καὶ αὐτὸς εἱστήκει ἐπὶ τὴν πύλην.
5 Περίβολος.	5. Περίβολος.	5. Τεῖχος.
Τὸ πλάτος τῆς οἰκοδομῆς.	Τὸ προτείχισμα.	
Καὶ ἀνάστημα.	Καὶ τὸ ὕψος.	
6. Καὶ ἀνέβη δι' ἀναβαθμῶν.	6. Ἐν ἑπτὰ ἀναβαθμοῖς.	6.
Οὐδόν.		Πρόθυρον.
7. Καὶ οὐδόν.	7.	7. Καὶ πρόθυρον.
Πρόπυλον.	Αἰλάμ.	
9. Πρόπυλον τῆς πυλῶνος.	9. Αἰλὰμ τοῦ πυλῶνος.	9.
	Καὶ τὰ αἰλεῦ. Ἄλλος, τὸ περὶ αὐτό. Ἄλλος, τῆς πύλης στήριγμα.	
10. Αἱ δὲ παραστάδες τῆς θύρας ἐπὶ τὴν ὁδὸν τὴν ἀνατολικήν.	10. Καὶ τὰ θεὲ τῆς πύλης.	10.
11.	11. Τοῦ πυλῶνος. Ἄλλως, τοῦ προπυλαίου.	11.
12. Καὶ ὅριον ἔμπροσθεν τῶν παραστάδων πήχεος ἑνός.	12.	12. ※ Πήχεος ἑνός.
Καὶ αἱ παραστάδες.	Καὶ τὸ θεέ.	
14. Καὶ παραστάσεις.	14.	14.
15.	15. Καὶ τὸ αἴθριον τῆς πύλης.	15.
16. Καὶ πεφραγμέναι τοξικαί.	16. Καὶ θυρίδες κρυπταί.	16.
Παραστάδας.	Τὸ θεείμ.	
Ταῖς περιστάσεσι.	Τοῖς αἰλαμμώθ. Ἄλλως, τὰ αἰλάμ.	
Ταῖς περιστάσεσι.	Ἐπὶ τὰ αἰλάμ.	
17. Ἐξέδρας.	17. Παστοφόρια.	17.

SYMMACHUS.	LXX INTERPRETES.	THEODOTIO.
2. Ab Austro a meridie.	2. E regione.	2. Ab Austro a meridie.
3.	3. Et in manu ejus erat funiculus cæmentariorum, et calamus mensura (*aliter*, mensuræ), et ipse stabat in porta.	3. In manu ejus, (et calamus mensuræ) et ipse stabat in porta.
5. Septum.	5. Septum.	5. Murus.
Latitudinem ædificii.	Antemurale.	
Et altitudinem.	Et altitudinem.	
6. Et ascendit per gradus.	6. In septem gradibus.	6.
Limen.		Vestibulum.
7. Et limen.	7.	7. Et vestibulum.
Antiliminare.	Ælam.	
9. Vestibulum portæ.	9. Ælam portæ.	9.
	Et æleu. *Al.*, quod circa eum. *Al.*, portæ sustentaculum.	
10. Postes autem januæ ad viam orientalem.	10. Et thee portæ.	10.
11.	11. Portæ. *Aliter*, vestibuli.	11.
12. Et terminum ante postes cubiti unius.	12.	12. Cubiti unius.
Et postes.	Et ipsum thee.	
14. Et parastases, *vel* postes.	14.	14.
15. Contra faciem vestibuli portæ.	15. Et sub divo portæ.	15.
16. Et munitæ arcuatæ.	16. Et fenestræ absconditæ.	16.
Postes.	Theim.	
Circumstantiis.	Ælammoth. *Aliter*, ælam.	
Circumstantiis.	Super ælam.	
17. Exedras.	17. Pastophoria.	17.

TO EBPAIKON.	TO EBPAIKON Ἑλληνικοῖς γράμμασι.	AKYΛAΣ.
ורצפה עשוי לחצר סביב סביב		...Κύκλῳ ※ κύκλῳ.
21 ותאו	21.	21. Παραστάδας.
ואילו		
ואלמו		
22 ובמעלות	22.	22.
ואילמו		
24 דרך הדרום	24.	24.
אילו		Τὰ στηρίγματα αὐτῆς.
29 ואלמו סביב ׀ סביב	29.	29. Καὶ τῷ αιλαμμὼθ κύκλῳ ※ κύκλῳ.
32 אל־החצר הפנימי דרך הקדים	32.	32.
34 לחצר החיצונה	34.	34.
38 שם ידיחו את־העלה	38.	38.
39 ובאלם השער שנים שלחנות מפו ושנים שלחנות מפה	39.	39.
העלה והחטאת		
40 ואל־הכתף מחוצה לעולה לפתח השער	40.	40. Καὶ πρὸς τῇ ὠμίᾳ τῇ ἔξωθεν, τῇ ἀναβαινούσῃ πρὸς τὴν θύραν τῆς πύλης.
43 והשפתים	43.	43. 1. Ἐπιστάσεις. 2. χείλη.
45 זה הלשכה	45.	45. Τὸ γαζοφυλάκιον.

VERSIO HEBRAICI TEXT.	VULGATA LATINA.	AQUILA.
Et pavimentum factum atrio circum circum.	Et pavimentum stratum lapide per circuitum.	Circum circa.
21. Et latitudinem ejus, et thalami ejus.	21. Quam in latitudine. Et thalamos ejus.	21. Postes.
Et postes ejus.	Et frontem ejus.	
Et vestibula ejus.	Et vestibulum ejus.	
22. Et in gradibus.	22. Et graduum.	22.
Et vestibula ejus.	Et vestibulum.	
24. Viam austri.	24. Ad viam australem.	24.
Postes ejus.	Frontem ejus.	Sustentacula ejus.
29. Et vestibula ejus circum circum.	29. Et vestibulum ejus in circuitu.	29. Et ælammoth circum circa.
32. Ad atrium interius via orientis.	32. In atrium interius per viam orientalem.	32.
34. Atrio exteriori.	34. Atrii exterioris.	34.
38. Ibi abluent holocaustum.	38. Ibi lavabunt holocaustum.	38.
39. Et in vestibulo portæ, duæ mensæ hinc, et duæ mensæ inde.	39. Et in vestibulo portæ, duæ mensæ hinc, et duæ mensæ inde.	39.
Holocaustum et sacrificium pro peccato.	Holocaustum et pro peccato.	
40. Et ad humerum extra gradum ad ostium portæ.	40. Et ad latus exterius, quod ascendit ad ostium portæ.	40. Et ad latus exterius, quod ascendit ad ostium portæ.
43. Et cremathræ.	43. Labia.	43. 1. Epistases. 2. labia.
45. Hoc cubiculum.	45. Gazophylacium.	45. Gazophylacium.

ΣΥΜΜΑΧΟΣ.

※ Καὶ περίστυλα πεποιημένα τῆς αὐλῆς κύκλῳ.

21.

Καὶ ὑπερόχησις.

22.

24. Εἰς λίβα.

Τὰ περὶ αὐτήν.

29.

32.

34. . .

38

39.

40. Καὶ πρὸς τῇ ὠμίᾳ τῇ ἔξωθεν, τῇ ἀναβαινούσῃ πρὸς τὴν θύραν τῆς πύλης.

43. Χείλη.

45. Ἡ ἐξέδρα.

Ο'.

Καὶ περίστυλα.

21. Καὶ τὸ πλάτος ※ αὐτῆς ⁝ καὶ τὸ θεέ.

Καὶ τὸ αἰλεῦ. *Οἱ Γ'*, καὶ τὰ ὑπέρθυρα.

Καὶ τὰ αἰλαμώθ.

22. Καὶ κλιμακτῆρσιν. *Ἄλλος*, καὶ βαθμοῖς.

Καὶ τὰ αἰλαμμώθ (*aliter*, αἰλουμμών). *Ἄλλος*, καὶ πρόπυλον.

24. Κατὰ νότον. *Ἄλλος*, κατὰ τὴν ὁδὸν τὴν πρὸς νότον.

Τὰ αἰλεῦ.

29. Καὶ τῷ αἰλαμμὼθ κύκλῳ.

32. Εἰς τὴν πύλην τὴν βλέπουσαν κατὰ ἀνατολάς. *Ἄλλος*, εἰς τὴν αὐλὴν τὴν ἐσωτέραν ὁδῷ κατ' ἀνατολάς.

34. Εἰς τὴν αὐλὴν τὴν ἐσωτέραν.

38. *Vacat.*

39. Ἐν δὲ τῷ αἰλὰμ τῆς πύλης ※ τῆς δευτέρας ⁝ δύο τράπεζαι ἔνθεν καὶ δύο τράπεζαι ἔνθεν.

Vacat.

40.

43.

45. Ἡ ἐξέδρα.

ΘΕΟΔΟΤΙΩΝ.

※ Καὶ περίστυλα πεποιημένα τῆς αὐλῆς κύκλῳ ※ κύκλῳ.

21. Παραστάδας.

22.

24.

29. Καὶ τῷ αἰλαμμὼθ κύκλῳ ※ κύκλῳ.

32.

34.

38. ※ Ἐκεῖ πλυνοῦσι τὴν ὁλοκαύτωσιν.

39.

※ Τὴν ὁλοκαύτωσιν καὶ τὰ ὑπὲρ ἁμαρτίας.

40.

43. Χείλη.

45. Ὁ θάλαμος.

SYMMACHUS.

Et intercolumnia facta atrii circum.

21.

Et eminentia.

22.

24. Ad africum.

Quæ circa eam.

29.

32.

34. Atrii interioris.

38.

39.

40. Et ad latus exterius, quod ascendit ad ostium portæ.

43. Labia.

45. Exedra.

LXX INTERPRETES.

Et intercolumnia.

21. Et latitudinem ejus, et thee.

Et æleu. *Tres interpr.*, et superliminaria.

Et ælamoth.

22. Et gradibus. *Alius, idem.*

Et ælammoth. *Alius*, et antiliminare.

24. Ad austrum. *Alius*, ad viam quæ ad austrum.

Æleu.

29. Et ælammoth circum.

32. In portam respicientem ad orientem. *Alius*, in atrium interius via ad orientem.

34. In atrium interius.

38. *Vacat.*

39. In ælam vero portæ secundæ duæ mensæ hinc, et duæ mensæ inde.

Vacat.

40.

43.

45. Excdra.

THEODOTIO.

Et intercolumnia facta atrii circum circum.

21. Postes.

22.

24.

29. Et ælammoth circum circum.

32.

34.

38. Ibi lavabunt holocautosin.

39.

Holocautosin et quæ pro peccato.

40.

ΤΟ ΕΒΡΑΙΚΟΝ.	ΤΟ ΕΒΡΑΙΚΟΝ Ἑλληνικοῖς γράμμασι.	ΑΚΥΛΑΣ.
ובמעלות אשר יעלו אליו 49	49.	49. 1. . . . 2. . . .

VERSIO HEBRAICI TEXT.	VULGATA LATINA.	AQUILA.
49. Et in gradibus quibus ascendent ad illud.	49. Et octo gradibus ascendebatur ad eam.	49. 1. Et gradibus in quibus ascendebatur ad eam. 2. Gradibus undecim.

Notæ et variæ lectiones ad cap. XL Ezechielis.

V. 1. Hieronymus: « Qui (Theodotio) in eo loco ubi nos posuimus, *in exordio anni*, interpretatus est, *in novo anno*, *decima mensis*. Novus autem annus apud Hebræos vocatur mensis septimus, qui apud eos habet vocabulum, THESRI. » [C, ÷ Καὶ ἐγένετο ⁚ (deest in Hebr.) ἐν τῷ εἰκοστῷ πέμπτῳ ἔτει... ἐν τῷ τεσσαρικαιδεκάτῳ. (VM, 2 m. τεσσαρισκ. Adi Maji spicilegium Rom. T. 2. fin.) Drach.]

Ibid. ※ Καὶ ἤγαγεν etc. Ms. Jes. Hæc porro habentur in edit. Rom. ubi ἐκεῖ non adest. [C, καὶ ἤγαγέ με ※ ἐκεῖ ⁚ Drach.]

V. 2. Hieronymus: « LXX et Aq. *e regione et ex adverso Aquilonis*. Th. et Symm. *vergentis ad Austrum*. » Interpretum lectionem Græcam mutuamur ex codice Regio. [C tantum sequentia habet hoc in versu: ἐν ὁράσει Θεοῦ, καὶ ἤγαγέ με ἐπ' ὄρους ὑψηλοῦ σφόδρα, καὶ ἐπ' αὐτοῦ ὡσεὶ οἰκοδομὴ πόλεως ἀπέναντι. Quæ autem hic desiderantur habentur in Hebr. et in LXX nostris. Drach.]

V. 3. Ἀ., Θ., ἐν τῇ χειρί etc. Ms. Jes. ubi illud, καὶ κάλαμος μέτρου, omittitur. [In C prænotatur obelo ÷ στίλβοντος, ⁚ quia non adest in Hebr. — Mox, καὶ κάλαμος μέτρον ※ ἐν τῇ χειρὶ αὐτοῦ, ⁚ Drach.]

V. 4. C, καὶ εἶπεν πρὸς μὲ ὁ ἀνήρ· ÷ Ἑώρακας, ⁚ (deest in Hebr.) υἱὲ ἀνθρώπου, ἴδε τοῖς ὀφθαλμοῖς σου, καὶ ἐν τοῖς ὠσί σου ἄκουε, καὶ τάξον ÷ εἰς ⁚ (abest ab Hebr.) τὴν καρδίαν σου πάντα etc. Drach.

V. 5. Ἀ., Θ., τεῖχος. Σ., Ο', περίβολος. Hieron.: « Pro *muro*, quem Aq. et Th. interpretati sunt, Sym. et LXX posuere περίβολον. »

Ibid. Ἀ., Σ., τὸ πλάτος τῆς οἰκοδομῆς. Drusius. Regius vero codex pro τῆς οἰκοδομῆς, habet τῶν ἀναβαθμῶν.

Ibid. Ἀ., Σ., καὶ ἀνάστημα. Drusius.

V. 6. Σ., καὶ ἀνέβη etc. Drusius. In hunc locum Hieron.: « Propterea per gradus ingreditur, imo conscendit, quos soli LXX *septem* nominant; cum et in Hebræo et in cæteris translationibus, gradus tantum absque numero legerimus. » [C, κατὰ ἀνατολὰς ἐν ÷ ἑπτὰ ⁚ ἀναβαθμοῖς, καὶ διεμέτρησε τὸ Θεὲ ἓξ ἓξ, τὸ Αἰλάμ etc. Drach.]

V. 7. Ἀ., Θ., καὶ πρόθυρον. Σ., καὶ οὐδόν. Ms. Jes. ex Origene, et Drusius ex hoc Hieronymi loco: « *Limen* igitur *portæ* sive θεὲ, imo SEPH, quod Symm. οὐδόν, Aq. et Th. πρόθυρον interpretati sunt. » [Ed. Rom. et Lamb. Bos: Pro καὶ τὸ θεέ, Symm. vertit, τὸν δὲ οὐδόν. Drach.]

Ibid. התאים LXX, παραστάδες. Ubi hæc notat Drusius: « Singularis (vox) תא ex quo factum putaverim θεὲ, quod in editione τῶν Ο'. Id cum סף confundunt, et *limen* interpretantur. In edit. Rom. τὸ θεὲ, A. S. Th. πρόθυρον, *vestibulum*, οὐδόν, *limen*. Theodoretus annotat apud Syrum se reperisse θεὲ et *limen* et *superliminare* significare; *Theim* vero eadem numero multitudinis. Hieron. *limen portæ*, sive θεὲ, imo SAPH. Et mox: Post *limen autem portæ*, juxta Hebraicum, mensus est *thalamum*, sive *cubiculum*, ut Symm. transtulit, παραστάδας, i. e. *postes*. Et post aliquanto: *Extrema thalamorum*, vel ut Sym. transtulit, παραστάδων. *Thalami* autem, sive παραστάδες, et ut LXX de suo posuere, θεηλάθ. Et deinde: *Mensusque est portam a tecto thalami*, sive παραστάδος: et *cubicula* autem, id est, *thalami*, (παραστάδες. Hic vides θεεὶμ corruptum esse in θεηλάθ. Nam, ut ait Hieronymus, omnia prope verba Hebraica, et nomina quæ in Græca et Latina translatione sunt posita, nimia vetustate corrupta, Scriptorumque vitio depravata, et dum de inemendatis scribuntur inemendatiora, de verbis Hebraicis facta esse Sarmatica, imo nullius gentis, dum et Hebræa esse desierint, et aliena esse non cœperint. »

Ibid. Σ., πρόπυλον. Ms. Jes. ex Origene, et Drusius. Ὁ Σύρος, τὴν κιγκλίδα. Ms. Jes. Hieronymus: « *Post limen portæ* etc. quod LXX Αἰλὰμ transtulerunt, quod in sequentibus Sym. *antelimінare* interpretatus est. » [Ubi edit. Rom. πλάτος et μῆκος, C et VM, μῆκος et πλάτος. — C, καὶ τὸ Αἰλὰμ ἀναμέσον τοῦ θαεὶμ (VM, θεηλαθὰ. Ed. Rom., θεηλάθ). In fine commatis, καὶ τὸ Αἰλ πηχῶν πέντε. Drach.]

V. 8. In C ita: καὶ τὸ Θεὲ τὸ τρίτον, ἴσον τῷ καλάμῳ τὸ πλάτος, καὶ ἴσον τῷ καλάμῳ μῆκος. Et nihil amplius. Drach.

V. 9. Σ., πρόπυλον τοῦ πυλῶνος. Ex Ms. Jes.

Ibid. Ἄλλος, τὸ περὶ αὐτοῦ. Ἄλλος, τῆς πύλης στήριγμα. Ms. Jes. Hieron. eadem ipsa exprimit ELAU, *circa eum*, sive *sustentacula*. Prima versio Symmachi esse videtur, ut infra v. 24 et cap. XLI, v. 3. [In C ita ☩ 8, καὶ τὸ Αἰλ τοῦ πυλῶνος πλησίον τοῦ Αἰλὰμ τῆς πύλης ὀκτὼ πηχῶν, καὶ τὰ Ἐλὰμ δύο πηχῶν· καὶ τὸ Αἰλὰμ τῆς πύλης τῆς ἔσωθεν. Drach.]

V. 10. Σ., αἱ δὲ παραστάδες τῆς θύρας etc. Drusius. [C, καὶ τὰ Θεὲ τῆς πύλης κατέναντι, τρεῖς ἔνθεν καὶ τρεῖς ἔνθεν, μέτρον ἐν etc. Drach.]

V. 11. Ἄλλος, τοῦ προπυλαίου. Ex scholio Romanæ edit.

Ibid. τὸ μῆκος τῆς πύλης. Hanc lectionem τοῖς Ο' tribuit scholion edit. Rom. Verum illi habent εὖρος, et Hieronymus testificatur legi in LXX *latitudinem*.

V. 12. Σ., καὶ ὅριον etc. Hoc quasi scholion adfert Drusius; at est versio Symmachi, ut colligitur e codice Jes. qui habet, Σ., παραστάδων. Unde etiam reliquas interpretationes mutuamur.

Ibid. Σ., καὶ αἱ παραστάδες. Drusius. [In C totus noster versus ita: Καὶ πῆχυς ἐπισυναπτόμενος (sic), *continuabat*, ἐπὶ [κατὰ] πρόσωπον τῶν Θεεὶμ ※ πήχεως ἑνὸς, καὶ πήχεως ἑνὸς ὅριον ἔνθεν καὶ ἔνθεν, ⁚ καὶ τὸ Θαῦ πηχῶν ἓξ ἔνθεν ÷ καὶ πηχῶν ἓξ ἔνθεν. ⁚ Drach.]

V. 13. Hieron., *a tecto thalami*, sive παραστάδος. [C, ἀπὸ τοῦ τοίχους. Etiam Alex. τοίχους. Mox, πλάτος εἰκοσιπέντε. Drach.]

V. 14. Hieron.: « Symmachus hunc locum sic interpretatus est, *et fecit* παραστάσεις, *pro quibus* in Hebraico habet ELIM, quæ Aq. interpretatus est κρίωμα, et nos *in fronte* vertimus. » Verum hæc suspicione non vacant: nam mira perturbatio hoc Capite. Ibid. pro illo τῶν Ο', τὸ αἴθριον Αἰλὰμ, Ms. Jes. ad marg. πρόπυλον. [In C ☩ 14 ita: καὶ τὸ αἴθριον τοῦ Αἰλὰμ τῆς πύλης ἑξήκοντα πήχεις, καὶ Θαεὶμ τῆς αὐλῆς τῆς πύλης κύκλῳ ※ κύκλῳ, ⁚ Drach.]

V. 15. Hieronymus: « Sub divo quoque Ailam portæ. Aq., *ante faciem postium portæ*, Sym., *contra faciem vestibuli portæ*, interpretati sunt. » [C, καὶ τὸ αἴθριον τῆς αὐλῆς. Drach.]

ΣΥΜΜΑΧΟΣ.	Ο'.	ΘΕΟΔΟΤΙΩΝ.
49. . .	49. Καὶ ἐπὶ δέκα ἀναβαθμῶν ἀνέβαινον ἐπ' αὐτό.	49. . . .

SYMMACHUS.	LXX INTERPRETES.	THEODOTIO.
49. Gradibus octo.	49. Et super decem gradus ascendebant ad illud.	49. Gradibus undecim.

Notæ et variæ lectiones ad cap. XL Ezechielis.

V. 16. Σ., καὶ πεφραγμέναι τοξικαί. Cod. Reg. bombycinus. Hieron. item: « *Fenestras absconditas*, quæ Hebraice appellantur ATEMOTH, Sym. τοξικὰς transtulit. » Et infra: « *Et hæ fenestræ erant in thalamis*, hoc est, in cubiculis singulis et porticibus, quæ ante cubicula tendebantur, obtinentes cubitos 50. Quæ fenestræ *obliquæ*, sive τοξικαὶ, idcirco a *sagittis* vocabulum perceperunt, quod instar *sagittarum* angustum in ædes lumen immittant, et intrinsecus dilatentur. »

Ibid. 'Α., στήριγμα. Σ., παραστάδας. Ms. Jes. Longe aliter Drusius האילים S., postes. A., thalamos.

Ibid. Σ., ταῖς περιστάσεσι. Ms. Jes. Drusius vero: A., *frontes eorum*. S., *circumstantias*. Sic ex Hieronymo.

Ibid. Σ., ταῖς περιστάσεσι. Ms. Jes. ubi hæc nota additur, τουτέστι, ταῖς περιεστηκυίαις περὶ τὴν αὐλὴν, καὶ λεγομέναις ὑπὸ Ἀκύλου στηρίγμασιν. 'Ωρ. i. e., 'Ωριγένης. [C, Καὶ θυρίδες κρυπταὶ ἐπὶ τὰ Θαιείμ. Mox, καὶ ὡσαύτως τοῖς Αἰλαμμὼθ, καὶ θυρίδας κύκλῳ ⋇ κύκλῳ ⁒ ἔσωθεν, καὶ ἐπί etc. Dr.]

V. 17. 'Α., γαζοφυλάκια. Σ., ἐξέδρας. Ex Hieronymo.

Ibid. Σ., Θ., ⋇ πεποιημένα τῆς αὐλῆς κύκλῳ ⋇ κύκλῳ. Ms. Jes. [C, καὶ περίστυλα ⋇ πεποιημένα ⁒ τῆς αὐλῆς κύκλῳ ⋇ κύκλῳ, ⁒ τριάκοντα etc. Drach.]

V. 18. C, καὶ στοαὶ κατὰ Νότου (per o) τῶν πυλῶν. Drach.

V. 19. C, καὶ διεμέτρησε τὸ πλάτος ÷ τῆς αὐλῆς ⁒ ἀπὸ τοῦ αἰθρίου τῆς πύλης τῆς βλεπούσης ἔξω, πήχεις ἑκατὸν ÷ τῆς βλεπούσης (sic) κατ' ἀνατολάς· καὶ εἰσήγαγέ με ἐπὶ Βοῤῥᾶν. Idem.

V. 20. C, καὶ διεμέτρησεν ÷ αὐτὸν, ⁒ τὸ μῆκος αὐτῆς καὶ τὸ πλάτος αὐτῆς. Idem.

V. 21. Καὶ τὸ πλάτος ⋇ αὐτῆς, καὶ τὸ θεέ. 'Α., Θ., παραστάδας. Idem.

Ibid. Οἱ Γ, καὶ τὰ ὑπέρθυρα. Ms. Jes. Ex Origene schol. Romanus, τὰ ὑπέρθυρα καὶ ὑποχωρήσεις αὐτῆς.

Ibid. Σ., καὶ ὑπερόχησις. Idem: an ὑποχώρησις, ut supra? [C, καὶ τὸ θεὲ ⋇ αὐτῆς ⁒ τρεῖς ἔνθεν καὶ τρεῖς ἔνθεν, καὶ τὰ Αἰλεῦ, καὶ τὰ Αἰλαμμὼν, ÷ καὶ τοὺς φοίνικας αὐτῆς· ⁒ καὶ ἐγένετο.... πεντήκοντα πηχῶν τὸ μῆκος αὐτῆς, καὶ τὸ εὖρος αὐτῆς πηχῶν εἴκοσι καὶ πέντε. Drach.]

V. 22. *Ἄλλος*, καὶ πρόπυλον. Ms. Jes. ex Origene. [C, τὰ Αἰλαμμὼθ. Sed in fine versus, Αἰλαμμώ. Drach.]

V. 23. C, τῆς πύλης ⋇ τῆς βλεπούσης. Drach.

V. 24. *Ἄλλος*, καὶ τὴν ὁδὸν etc. Ex Drusio.

Ibid. 'Α., τὰ στηρίγματα etc. Ms. Jes. ex Origene. [C, καὶ τὰ Αἰλαμμώθ. Drach.]

V. 26. C, καὶ κλιμακτῆρες ἑπτὰ αὐτῆς, καὶ Αἰλαμμὼ ἔσωθεν, καὶ φοίνικες αὐτῆς, εἰς ἔνθεν etc. Drach.

V. 27. C, Καὶ πύλη ÷ κατέναντι πύλης ⁒ τῆς αὐλῆς... ἀπὸ πύλης ἐπὶ πύλην πρὸς Νότον, πήχεις ἑκατὸν ÷ τὸ ÷ εὖρος. ⁒ Idem.

V. 28. C, καὶ διεμέτρησε τὴν πύλην ⋇ τὴν πρὸς νότον ⁒ κατὰ τὰ μέτρα ταῦτα· ⁒ Idem.

V. 29. 'Α., Θ., ⋇ κύκλῳ. M[...] αὐτῆς, καὶ τῷ Αἰλαμμὼ κύκ[...]

V. 30. Comma hoc desider[...]

C ita: καὶ Αἰλὰμ ⋇ κύκλῳ κύκλῳ μῆκος πέντε καὶ εἴκοσι πήχεων. Ad quæ adjiciendum complementum ex Alex., καὶ πλάτος πέντε πήχεων. Drach.

V. 31. C, καὶ Αἰλαμμὼ ⁒ (claudit asteriscum versus præcedentis) εἰς τὴν αὐλὴν... καὶ ὀκτὼ κλιμακτῆρες ⋇ ἀναβάσεις αὐτοῦ. ⁒ Idem.

V. 32. *Ἀλλ.*, εἰς τὴν αὐλὴν etc. Drusius ex edit. Complutensi. [C, τὴν βλέπουσαν ⋇ ὁδὸν ⁒ κατ' ἀνατολάς. Drach.]

Versu sequenti ita legitur in Ms. Jes.: εἴκοσι πέντε καὶ Αἰλαμμώθ. Θ., ⋇ κύκλῳ κύκλῳ μῆκος ε' καὶ κ' πήχεων καὶ Αἰλαμμώθ. [C ita ✝ 33, καὶ τὰ Θεὲ, καὶ τὰ Αἰλεῦ, καὶ τὰ Αἰλαμμὼ κατὰ τὰ μέτρα ταῦτα, καὶ θυρίδες αὐτῇ, καὶ Αἰλαμμὼ κύκλῳ κύκλῳ, ⁒ πήχεις πεντήκοντα μῆκος αὐτῆς, καὶ εὖρος πήχεις εἰκοσιπέντε. Drach.]

V. 34. Hieron.: « *Atrii exterioris*, pro quo LXX et Sym. *interiorem* posuerunt. » [C, καὶ Αἰλαμμὼ .... κλιμακτῆρες, per *iota*, ut pluries. Drach.]

V. 35. C, πρὸς τὴν πύλην. Drach.

V. 36. Καὶ τὰ Θεὲ, καὶ τὰ Αἰλεῦ, καὶ τὰ Αἰλαμμὼ, καὶ θυρίδες αὐτῆς κύκλῳ ⋇ κύ⋇κλῳ ⁒, ÷ καὶ τῷ Αἰλαμμὼ ⁒ μήκους αὐτῆς πεντήκοντα πήχεις, καὶ εὖρος πέντε καὶ εἴκοσι πήχεις. Idem.

V. 37. Καὶ τὰ Αἰλαμμὼ (ita etiam versu seq.).... κλιμακτῆρες. Idem.

V. 38. Θ., ἐκεῖ πλυνοῦσι etc. Drusius et ms. Jes. [C habet sub asterisco. Drach.]

V. 39. 'Εν δὲ τῷ Αἰλὰμ etc. Drusius. Hieron. vero ait: « Pro ÆLAM, in Hebræo positum est, ULAM. » In edit. Romana, ubi multa perplexe jacent hoc Capite, legitur, καὶ τὰ Αἰλαμμὼν αὐτῆς ἐπὶ τῆς πύλης τῆς δευτέρας ἔκρυσις.

Ibid. Θ., ⋇ τὴν ὁλοκαύτωσιν etc. Ms. Jes. Hieronymus ait ex Theodotione additum esse in LXX. [C ita: ÷ ἐν δὲ τῷ Αἰλὰμ τῆς πύλης ÷ τῆς δευτέρας ἔκρυσις, δύο τράπεζαι ἔνθεν, ⁒ καὶ δύο τράπεζαι ἔνθεν, ὅπως σφάζωσιν ἐν αὐτῇ ⋇ τὴν ὁλοκαύτωσιν, καὶ ⁒ τὰ ὑπὲρ ἁμαρτίας, καὶ ὑπὲρ ἀγνοίας. Drach.]

V. 40. 'Α., Σ., καὶ πρὸς τῇ ὠμίᾳ etc. Drusius. In edit. Romana omnia perplexa sunt. [C, καὶ κατὰ νότου τοῦ ῥόακος τῶν ὁλοκαυτωμάτων ⋇ εἰς θύραν πύλης ⁒ τῆς βλεπούσης πρὸς Βοῤῥᾶν, δύο τράπεζαι ÷ πρὸς ἀνατολάς, ⁒ κατὰ νότου (per o) τῆς ἑτέρας, καὶ τοῦ Αἰλὰμ τῆς πύλης δύο τράπεζαι ÷ κατ' ἀνατολάς. ⁒ Drach.]

V. 41. C ita habet hunc versum: Τέσσαρες τράπεζαι ἔνθεν, καὶ τέσσαρες τράπεζαι ἔνθεν, κατὰ νότου (per o) τῆς πύλης τῶν ὀκτὼ τραπεζῶν ÷ τῶν ÷ θυμάτων, ⁒ ἐπ' αὐτὰ σφάζουσι τὰ θύματα ÷ κατέναντι. ⁒ Drach.

V. 42. C,... λελαξευμέναι, τὸ μῆκος πήχεως ἑνὸς καὶ ἡμίσους, καὶ τὸ πλάτος πήχεως ἑνὸς καὶ ἡμίσους, καὶ ἐπὶ πῆχυν τὸ ὕψος ⋇ ἑνός, ⁒ ÷ ἐπ' αὐτὰ ἐπιθήσουσι etc. Drach.

V. 43. 'Α., 1. ἐπιστάσεις etc. Has lectiones ex Hieronymo mutuamur, quemadmodum et sequentes usque ad finem. [✝ 43 ita in C, καὶ Γεῖσος παλαιστὴν ἕξουσι λελαξευμένον ἔσωθεν κύκλῳ κύκλῳ, καὶ ἐπὶ τὰς τραπέζας ἐπάνωθεν στέγας, τοῦ καλύπτεσθαι ÷ ἀπὸ τοῦ ÷ ὑετοῦ, καὶ ἀπὸ τῆς ξηρασίας. ⁒ Dr.]

V. 44. C, ÷ καὶ εἰσήγαγέ με..., καὶ ἰδοὺ ἐξέδραι δύο. Deinde bis κατὰ νότου, per o. Drach.

V. 46. C, ἐκεῖνοί εἰσιν οἱ Σαδδούκ, absque υἱοί. IDEM.

V. 47. C, καὶ εὖρος πήχεων ἑκατόν. IDEM.

V. 48. C,... καὶ διεμέτρησε τὸ Αἰλὰμ πηχῶν πέντε

EZECHIELIS CAPUT XLI.

ΤΟ ΕΒΡΑΙΚΟΝ.	ΤΟ ΕΒΡΑΙΚΟΝ Ἑλληνικοῖς γράμμασι.	ΑΚΥΛΑΣ.
1 את־האילים	1.	1.
רחב האהל		⋇ Πλάτος τῆς σκηνῆς.
2 וכתפות	2.	2. Καὶ ὦμοι.
3 איל־הפתח	3.	3. Στήριγμα τῆς θύρας.
הפתח שתים אמות		⋇ Καὶ θύραν δύο πήχεις.
4 עשרים אמה *Ὁ Ἑβρ. καὶ ὁ Σύρος*, πηχῶν εἴκοσι.	4.	4.
8 וראיתי לבית גבה סביב ׀ סביב מיסדות הצלעות	8.	8.
10 ובין הלשכות	10	10. Καὶ ἀναμέσον τῶν γαζοφυλακίων.
11 ורחב מקום	11.	11.
12 הגזרה	12	12. 1. .... 2. Γαζερά.
15 וההיכל הפנימי	15	15.
20 עד־מעל הפתח	20.	20.
התמרים		
26 והעבים	26.	26.

VERSIO HEBRAICI TEXT.	VULGATA LATINA.	AQUILA.
1. Postes.	1. Frontes.	1.
Latitudinem tabernaculi.	Latitudinem tabernaculi.	Latitudinem tabernaculi.
2. Et humeri.	2. Et latera.	2. Et humēri.
3. Postem ostii.	3. In fronte portæ.	3. Sustentaculum portæ.
Ostii duobus cubitis.	[In fronte] portæ cubitorum duorum.	Et portam duos cubitos.
4. Viginti cubitus. *Hebr. int. et Syrus*, viginti cubitorum.	4. Viginti cubitorum.	4.
8. Et vidi in domo altitudinem circum circum fundamenta costarum.	8. Et vidi in domo altitudinem per circuitum fundata latera.	8.
10. Et inter cubicula.	10. Et inter gazophylacia.	10, Et inter gazophylacia.
11. Et latitudo loci.	11. Et latitudinem loci.	11.
12. Tabulati sepositi.	12. Separatum.	12. 1. Separatum. 2. Gazera.
15. Et templum interius.	15. Et templum interius.	15.
20. Usque ad desuper ostium.	20. Usque ad superiora portæ.	20.
Et palmæ.	Et palmæ.	
26. Et trabes.	26. *Vacat.*	26.

Notæ et variæ lectiones ad cap. XLI Ezechielis.

V. 1. Hieronymus : « *Et mensus est frontem templi ; pro quo ælam* LXX, et *ælim* Th., et *in circuitu* Sym. transtulerunt. » Sym. *in circuitu*, τὰ περὶ, ut supra c. 40, v. 24 et infra v. 3.

Ibid. Ἀ., πλάτος τῆς σκηνῆς. Ms. Jes. [Habet etiam, sub asterisco, C, qui sic legit initium versus : καὶ πηχῶν ἓξ τὸ εὖρος ἔνθεν, absque τοῦ αἰλάμ. DRACH.]

V. 2. Ἀ., καὶ ὦμοι etc. Idem.

V. 3. Ἀ., στήριγμα τῆς θύρας. Σ., τὸ περὶ τὴν θύραν. Idem. Hieronymus vero ait Aquilam vertisse *ostium*. [C,... τοῦ θυρώματος δύο πηχῶν, ⋇ καὶ τὴν θύραν ἓξ πή⋇χεις, ∶ καὶ τὰς ἐπωμίδας τοῦ θυρώματος πηχῶν ἑπτὰ ἔνθεν, ∶ absque καὶ πηχῶν ἑπτὰ ἔνθεν. DRACH.]

V. 4. Ὁ Ἑβρ. καὶ ὁ Σύρος, πηχῶν εἴκοσι. Theodoretus. [C, ut et VM, καὶ εὖρος, absque τό. Præterea C, καὶ εἶπεν (sic) ⋇ πρὸς μέ· ∶ τοῦτο etc. DRACH.]

V. 5. C,... κυκλόθεν ⋇ τῷ οἴκῳ ⋇ κύκλῳ, ∶ DR.

V. 6. C,... τριάκοντα καὶ τρεῖς δίς· καὶ διάστημα (per ε) ἐν τῷ τοίχῳ τοῦ οἴκου ἐν τοῖς πλευροῖς κύκλῳ ⋇ κύκλῳ. ∶ IDEM.

÷ τὸ πλάτος ⁚ ἔνθεν, καὶ πηχῶν πέντε ἔνθεν, καὶ εὖρος τοῦ θυρώματος ÷ πηχῶν ÷ δεκατεσσάρων, καὶ ἐπωμίδες τῆς ÷ θύρας τοῦ Αἰλὰμ ⁚ πηχῶν τριῶν etc. DRACH.

EZECHIELIS CAPUT XLI.

ΣΥΜΜΑΧΟΣ.	Ο'.	ΘΕΟΔΟΤΙΩΝ.
1.	1. Τὸ αἰλάμ.	1. Αἰλίμ.
	Vacat.	
2. Καὶ ὠμίαι.	2. Καὶ ἐπωμίδες.	2. Καὶ ὦμια.
3. Τὸ περὶ τὴν θύραν.	3. ΑΠ.	3. ΑΠ.
※ Καὶ θύραν δύο πήχεις.	Θυρώματος πηχῶν δύο.	
4.	4. Πηχῶν μ'.	..
8.	8. Καὶ τὸ θραὲλ τοῦ οἴκου ὕψος κύκλῳ διάστημα τῶν πλευρῶν. *Ἄλλος*, καὶ εἶδον κατὰ τὸν οἶκον ἐν ὕψει περικύκλῳ πλευρῶν.	8.
10. Καὶ ἀναμέσον τῶν ἐξεδρῶν.	10. Καὶ ἀναμέσον τῶν ἐξεδρῶν.	10.
11.	11. Καὶ τὸ εὖρος τοῦ φωτός. *Ἄλλος*, καὶ τὸ εὖρος τοῦ τόπου.	11.
12. . .	12. Τοῦ ἀπολοίπου.	12. Γαζερά.
15.	15. Καὶ ὁ ναός. *Ἄλλος*, καὶ ὁ ναὸς ὁ ἐσώτερος.	15.
20.	20. Ἕως τοῦ φατνώματος. *Ἄλλος*, ὑπεράνω τῆς θύρας.	20.
	Καὶ οἱ φοίνικες.	Καὶ φοίνιξ.
26.	26. Ἐζυγωμένα. *Ἄλλος*, καὶ τὰ πάχη.	26.

SYMMACHUS.	LXX INTERPRETES.	THEODOTIO.
1. In circuitu.	1. Ælam.	1. Ælim.
	Vacat.	
2. Et humeri.	2. Et superhumeralia.	2. Et humeri.
3. Quod circum portam.	3. Ail.	3. Ail.
Et portam duos cubitos.	Portæ cubitorum duorum.	
4.	4. Cubitorum quadraginta.	4.
8.	8. Et thrael domus altitudo in circuitu distantia laterum. *Alius*, et vidi in domo in altitudine in circuitu laterum.	8.
10. Et inter exedras.	10. Et inter exedras.	10.
11.	11. Et latitudo luminis. *Alius*, et latitudo loci.	11.
12. Separatum.	12. Reliqui.	12. Gazera.
15.	15. Et templum. *Alius*, et templum interius.	15.
20.	20. Usque ad laquear. *Alius*, supra portam.	20. Et palma.
	Et palmæ.	
26.	26. Æqui ponderis. *Alius*, et crassitudines.	26.

Notæ et variæ lectiones ad cap. XLI Ezechielis.

V. 7. C, Καὶ τὸ εὖρος τῆς ἀνωτέρας κατὰ πρόσθεμα τῶν πλευρῶν ἐκ τοῦ τοίχου πρὸς τὴν ἀνωτέραν ※ κύκλῳ ⁚ κύκλῳ τοῦ οἴκου, ὅπως διαπλατύνηται ὁ οἶκος ἄνωθεν, καὶ ἐκ τῶν κάτωθεν ἀναβαίνωσιν ἐπὶ τὰ ὑπερῷα ÷ καὶ ἐκ τῶν μέσων ÷ ἐπὶ τὰ ÷ τριώροφα. IDEM.

V. 8. *Ἄλλος*, καὶ εἶδον etc. Drusius ex editionis Romanæ notis. « Illud θραὲλ, vel θραήλ, LXX Interpretum, ut omnino spurium rejicit Hieronymus, aitque cæteros Interpretes vertisse, *et vide*. Hebraicum est יִרְאִיתִי. » [C,... ὕψος κύκλῳ ※ κύκλῳ, ⁚ καὶ διάστημα. Mox, πήχεων. Sic etiam VM qui cod., quod notandum, constanter facit hanc vocem paroxytonam, πηχέων. DRACH.]

V. 9. C,... τῆς πλευρᾶς ※ εἰς τὸ ⁚ ἔξωθεν. Mox, τὰ ἀπόλοιπα ἀναμέσον, absque altero τά. DRACH.

V. 10. 'A., καὶ ἀναμέσον τῶν γαζ- Ex Hieronymo. [C,...κύκλῳ ※ κύκλῳ. ⁚ DRACH.]

V. 11. *Ἄλλος*, καὶ τὸ εὖρος etc. Ex Drusio. [C, καὶ τὸ εὖρος τοῦ φωτὸς τόπος τοῦ ἀπολοίπου πηχῶν πέντε ÷ πλάτος ⁚ κυκλόθεν. DRACH.]

V. 12. Has versiones Latine ad verbum refert

Hieronymus. [C, τοῦ ἀπολοίπου ※ ὁδὸν, ⁝ ὡς πρὸς θαλάσσου ※ πλάτους ⁝ πηχῶν ἑβδομήκοντα, πλάτος τοῦ τοίχου τοῦ διορίζοντος etc. Et in fine commatis, ἐνενήκοντα πήχεων. Drach.]

V. 13. C, Καὶ διεμέτρησε ÷ κατέναντι ⁝ τοῦ οἴκου μῆκος ἑκατὸν πηχῶν. Drach.

V. 15. Hieronymus : « ἐκθέτας (Alii, *ethecas*, quod habet Vulg. Latina) autem Romæ appellant Solaria de cœnaculorum mœnibus eminentia, sive Meniana, ab eo qui ea primus invenit, quæ nonnulli Græcorum ἐξώστρας vocant. » Cæterum sive ἐκθέτας legas, sive *ethecas*, ex voce Hebraica אתיק expressum videtur.

Ibid. Ἄλλος, καὶ ὁ ναός etc. Hanc et sequentes omnes lectiones ex Drusio mutuamur. [V. 15. C, π... χῶν ἑκατὸν ÷ τὸ μῆκος. Et in fine commatis ... πατνωμένα. Drach.]

V. 16. C,... ἐξυλωμένα κύκλῳ ※ κύκλῳ, ⁝ ... τὸ ἔδαφος, ÷ καὶ ἐκ τοῦ ἐδάφους ⁝ ἕως τῶν θυρίδ...

EZECHIELIS CAPUT XLII.

ΤΟ ΕΒΡΑΙΚΟΝ.	ΤΟ ΕΒΡΑΙΚΟΝ Ἑλληνικοῖς γράμμασι.	ΑΚΥΛΑΣ.
1 ויוציאני אל־החצר החיצונה	1.	1.
הלשכה		Γαζοφυλάκιον.
הגזרה		1.... 2. Γαζερά.
2 אל־פני	2.	2.
3 אתיק אל־פני־אתיק בשלשים	3.	3.
4 אל־הפנימית דרך אמה אחת	4.	..
6 כי משלשות הנה	6.	6.
נאצל מהתחתונות		
7 וגדר	7.	7.
14 ושם יניחו בגדיהם	14.	14.
20 לארבע רוחות מדדו	20.	20.

VERSIO HEBRAICI TEXT.	VULGATA LATINA.	AQUILA.
1. Et eduxit me in atrium exterius.	1. Et eduxit me in atrium exterius.	1.
Cubiculum.	Gazophylacium.	Gazophylacium.
Tabulatum sepositum.	Separatum.	1. Separatum. 2. Gazera.
2. Ad faciem.	2. In facie.	2.
3. Angulus ad faciem anguli in tertiis.	3. Ubi erat porticus juncta porticui triplici.	3.
4. Ad interius, via cubiti unius.	4. Ad interiora respiciens viæ cubiti unius.	4.
6. Quia tertiata ipsa.	6. Tristega enim erant.	6.
Separatum est ab inferioribus.	Eminebant de inferioribus.	
7. Et maceriæ.	7. Et peribolus.	7.
14. Et ibi reponent vestimenta sua.	14. Et ibi reponent vestimenta sua.	14.
20. Ad quatuor ventos mensus est ipsum.	20. Per quatuor ventos mensus est.	20.

Notæ et variæ lectiones ad cap. XLII Ezechielis.

V. 1. Ἄλλος, καὶ ἐξήγαγέ με etc. Drusius.

Ibid. Hieronymus : « Eductus autem est in *gazophylacium*, sive ut Sym. et LXX transtulerunt, *exedram*, vel ut Th. παστοφόριον, quod in *thalamum* vertitur. » Gazophylacium autem, ut liquet, est versio Aquilæ, etsi hic non memoretur. Edit. Rom. ἐξέδραι πέντε.

Ibid. Variorum interpretationes vocis Hebraicæ גזרה exprimit Hieronymus, quales nos edidimus : aitque in istis locis multum interesse discriminis Hebraicum inter et LXX *non solum ordine, sed numero verborum, et interpretatione.* [Versio ἐξέδρας quam Montf. sub Symmachi nomine exhibet, τῷ Σύρῳ tribuitur a Theodoreto, cujus verba sunt: τὰ δὲ παστοφόρια ὁ Σύρος ἐξέδρας ὠνόμασεν. — C,... τὴν ἐσωτέραν ÷ κατὰ ἀνατολάς, ⁝ κατέναντι.... καὶ ἰδοὺ ἐξέδραι ÷ πέντε ἐχόμεναι etc. Drach.]

V. 2. Ἄλλος, κατὰ πρόσωπον. Drusius. [Et in ...

καὶ αἱ θυρίδες ἀναπτυσσόμεναι + τρισσῶς, ⁚ εἰς τὸ διακύπτειν. Drach.

V. 17. C, καὶ ἕως τοῦ οἴκου τῆς ἐσωτέρας, καὶ ἕως τῆς ἐξωτέρας, καὶ ἐφ' ὅλον τὸν τοῖχον κύκλῳ ⋇ κύκλῳ ⁚ ἐν τῷ ἔσωθεν καὶ τῷ ἔξωθεν ⋇ μέτρα. Idem.

V. 18. C, καὶ ⁚ γεγλυμμένα... ἀναμέσον Χερούβ καὶ Χερούβ, absque altero ἀναμέσον. Idem.

V. 19. C,... καὶ ἔνθεν, ⋇ διαγεγλυμμένος ὅλος ὁ οἶκος κυκλόθεν. Idem.

V. 20. Pro φατνώματος, C, παθνώματος. Idem.

V. 22. C,... καὶ τὸ μῆκος πηχῶν δώδεκα, + καὶ τὸ εὖρος πηχῶν δύο, ⁚ καὶ πέρατα εἶχεν (sic, ut mox εἶπεν) καὶ etc. Idem.

V. 23. C tantum hæc: καὶ τῷ ἁγίῳ δύο θυρώματα. Idem.

V. 24. C, τοῖς θυρώμασι τοῖς δυσὶ τοῖς στροφωτοῖς. Idem.

V. 25. VM, χερουβεὶν. Idem.

EZECHIELIS CAPUT XLII.

ΣΥΜΜΑΧΟΣ.	Ο'.	ΘΕΟΔΟΤΙΩΝ.
	1. Καὶ εἰσήγαγέ με εἰς τὴν αὐλὴν τὴν ἐσωτέραν. Ἄλλος, καὶ ἐξήγαγέ με εἰς τὴν αὐλὴν τὴν ἐξωτέραν.	1.
Ἐξέδραν.	Ἐξέδραν.	Παστοφόριον.
. . . . .	Ἀπολοίπου.	Γαζερά.
2.	2. *Vacat.* Ἄλλος, κατὰ πρόσωπον.	2.
3.	3. Ἀντιπρόσωποι στοαὶ τρισσαί. Ἄλλος, ἔκθετον πρὸς πρόσωπον ἐκθέτου ἐν τρισσοῖς.	3.
..	4.	4. ⋇ Εἰς τὸ ἐσώτερον ὁδὸν πήχεος ἑνός.
6. Τρίστεγα γὰρ ἦν.	6. Διότι τριπλαῖ ἦσαν.	6.
	Ἐξείχοντο τῶν ὑποκάτωθεν.	Ἐπισυνήχθησαν ὑπὲρ κατώτερα.
7.	7. Καὶ φῶς. Ἄλλος, καὶ φλιά.	7.
14.	14. *Vacat.* Ἄλλος, καὶ ἐκεῖ ἀποθήσονται τὰ ἱμάτια αὐτῶν.	14.
20.	20. Τὰ τέσσαρα μέρη τοῦ αὐτοῦ καλάμου. Ἄλλος, τὰ τέσσαρα μέρη τῷ αὐτῷ καλάμῳ ἐμέτρησεν.	20.

SYMMACHUS.	LXX INTERPRETES.	THEODOTIO.
1.	1. Et induxit me in atrium interius. *Alius*, et eduxit me in atrium exterius.	1.
Exedram.	Exedram.	Pastophorium.
Separatum.	Reliqui.	Gazera.
2.	2. *Vacat. Alius*, juxta faciem.	2.
3.	3. E regione invicem positæ porticus ternæ. *Alius*, solarium ad faciem solarii in triplicibus.	3.
..	4.	4. In interius via cubiti unius.
6. Tristega enim erant.	6. Quia triplices erant.	6.
	Eminebant ab iis quæ erant inferius.	Collecti sunt supra inferiora.
7.	7. Et lumen. *Alius*, et limen.	7.
14.	14. *Vacat. Alius*, et ibi reponent vestimenta sua.	14.
20.	20. Quatuor partes ejusdem calami. *Alius*, quatuor partes eodem calamo mensus est.	20.

Notæ et variæ lectiones ad cap. XLII Ezechielis.

C sub asterisco. Drach.]

V. 3. Ἄλλος, ἔκθετον etc. Drusius. Vide supra cap. 41.

V. 4. Θ., εἰς τὸ ἐσώτερον etc. Ms. Jes. Drusius legit, πρὸς τὴν ἐσωτέραν ὁδὸν... [C, . . . τὸ πλάτος, + ἐπὶ πήχεις ἑκατὸν τὸ + μῆκος, ⁚ ⋇ εἰς τὸ ἐσώτερον ⁚ ὁδὸν etc. Drach.]

V. 5. C, .. καὶ + τὸ διάστημα, ⁚ οὕτως περίστυλον, καὶ διά+στημα, καὶ οὕτως στοαί, ⁚ absque δύο. Drach.

V. 6. Σ., τρίστεγα γὰρ ἦν. Drusius.

Ibid. Θ., ἐπισυνήχθησαν. Idem. [C,... ἀπὸ τῆς γῆς ⋇ πεντήκοντα. ⁚ Quæ additio etiam in Vulg., sed in Hebr. deest. Drach.]

V. 7. Ἄλλος, καὶ φλιά. Idem. [C,... τῶν ἐξεδρῶν + τῶν πρὸς Βοῤῥᾶν, ⁚ etc. Drach.]

V. 8. C,... καὶ αὗται εἰσιν ἀντιπρόσωποι. Drach.

V. 10. C,... ἐν ἀρχῇ τοῦ περιπάτου... καὶ ἐξέδραι. Idem.

V. 11. C,... κατὰ τὰ μέτρα τῶν ἐξεδρῶν ※ τὴν ὁδὸν ⁚ τῶν πρὸς Βοῤῥᾶν, καὶ τὸ μῆκος αὐτῶν, καὶ κατὰ τὸ εὖρος αὐτῶν, ※ καὶ κατὰ πάσας τὰς ἐπιστροφὰς etc. absque linea terminali cuspidata. Idem.

V. 12. C,... τὰ θυρώματα τὰ ἀπ' ἀρχῆς. Et mox, διαστέματος, per ε. Idem.

V. 13. C,... αἱ πρὸς Νότον, αἱ οὖσαι... οἱ ἱερεῖς οἱ υἱοὶ Σαδδούχ... καὶ τὰ ὑπὲρ ἀγνοίας, διότι τόπος ἅγιος. Idem.

V. 14. Ἄλλ., καὶ ἐκεῖ ἀποθήσονται etc. Idem. [C,... ÷ ὅπως διαπαντὸς ἅγιοι ὦσιν ÷ οἱ προσιόντες, ⁚ Drach.]

EZECHIELIS CAPUT XLIII.

ΤΟ ΕΒΡΑΙΚΟΝ.	ΤΟ ΕΒΡΑΙΚΟΝ Ἑλληνικοῖς γράμμασι.	ΑΚΥΛΑΣ.
2 כקל מים רבים Ὁ Ἑβραῖος καὶ ὁ Σύρος, ὡς φωνὴ ὑδάτων πολλῶν.	2.	2.
3 בבאי לשחת את־העיר Ὁ Ἑβρ. καὶ ὁ Σύρος, ὅτε εἰσῆλθον ἀπολέσαι τὴν πόλιν.	3.	3.
8 ביני וביניהם	8.	8.
9 ופגרי מלכיהם	9.	9.
10 ויכלמו	10.	10.
11 ותכונתו ומוצאיו ומובאיו וכל־צורתו ואת כל־חקתיו	11.	11.
12 זאת תורת הבית	12.	12.
13 באמות אמה אמה וטפח וחיק	13.	13. ※ Πήχεως ⁚ τὸν πῆχυν, [illegible]μα τὸ κόλπωμα ἦν.
וגבולה		Καὶ τὸ ὅριον.
14 ומחיק הארץ עד־העזרה התחתונה	14.	14. Καὶ ἀπὸ τοῦ κόλπου τῆς γῆς ἕως τοῦ κρηπιδώματος τοῦ κατωτάτου.

VERSIO HEBRAICI TEXT.	VULGATA LATINA	AQUILA.
2. Quasi vox aquarum multarum. *Hebr. int. et Syrus, idem.*	2. Quasi vox aquarum multarum.	2.
3. In veniendo me ad perdendam urbem. *Hebr. int. et Syrus,* cum ingressus sum ad perdendam urbem.	3. Quando venit ut disperderet civitatem.	3.
8. Inter me et inter eos.	8. Inter me et inter eos.	8.
9. Et cadavera regum suorum.	9. Et ruinas regum suorum.	9.
10. Et erubescent.	10. Et confundantur.	10.
11. Et dispositionem ejus, et exitus ejus, et introitus ejus, et omnes figuras ejus, et omnia statuta ejus.	11. Et fabricæ ejus, exitus et introitus, et omnem discrepationem ejus, et universa præcepta ejus.	11.
12. Ista est lex domus.	12. Ista est lex domus.	12.
13. In cubitis cubitus, cubitus, et palmus et sinus.	13. In cubito verissimo, qui habebat cubitum et palmum: in sinu.	13. Cubiti cubitum, cubitalis mensura sinuositas erat.
Et terminus ejus.	Et definitio.	Et terminus.
14. Et a sinu terræ usque ad atrium auxilii inferius.	14. Et de sinu terræ usque ad crepidinem novissimam.	14. Et a sinu terræ usque ad crepidinem infimam.

V. 15. Pro πρὸς ἀνατολάς, VM legit κατὰ ἀνατολάς. DRACH.

V. 16 C, κατὰ νότου τῆς πύλης. IDEM.

V. 18. C, πενταχοσίους ※ ἐν τῷ καλάμῳ τοῦ μέτρου ※ κύκλῳ. ⁏ IDEM.

V. 20. Ἄλλος, τὰ τέσσαρα etc. Ms. Jes. ubi frequenter legitur τέσσερα pro τέσσαρα. [In VM non raro occurrit 1 m. τέσσερα, 2 vero m. τέσσαρα adscribitur vel superscribitur. — Prima pars hujus commatis ita est in C, καὶ περίβολον αὐτῷ κύκλῳ, τὰ τέσσαρα μέρη τοῦ αὐτοῦ καλάμου· καὶ διέταξεν αὐτὴν πενταχοσίων, καὶ εὖρος πενταχοσίων πηχῶν, τοῦ διαστέλλειν etc. DRACH.]

EZECHIELIS CAPUT XLIII.

ΣΥΜΜΑΧΟΣ.	Ο'.	ΘΕΟΔΟΤΙΩΝ.
2.	2. Ὡς φωνὴ διπλασιαζόντων πολλῶν.	2.
3.	3. Ὅτε εἰσεπορευόμην τοῦ χρίσαι τὴν πόλιν. *Ἄλλος*, εἰσπορευομένου αὐτοῦ διαφθεῖραι τὴν πόλιν.	3.
8.	8. Ὡς συνεχόμενον ἐμοῦ καὶ αὐτῶν. *Ἄλλος*, ἀναμέσον ἐμοῦ καὶ αὐτῶν.	8.
9.	9. Καὶ τοὺς φόνους τῶν ἡγουμένων αὐτῶν. *Ἄλλος*, καὶ πτώματα (τῶν βασιλέων αὐτῶν.)	9.
10.	10. Καὶ κοπάσουσιν. *Ἄλλος*, εἴπως ἐντραπῶσιν.	10.
11.	11. Καὶ τὰς ἐξόδους αὐτοῦ, καὶ τὴν ὑπόστασιν αὐτοῦ, καὶ πάντα τὰ προστάγματα αὐτοῦ. Οἱ Γ', ※ καὶ τὰς εἰσόδους αὐτοῦ ⁏ καὶ τὰ νόμιμα αὐτοῦ ⁏ ※ καὶ πάντας τοὺς νόμους αὐτοῦ. ⁏	11. ※ Καὶ τὴν ἑτοιμασίαν αὐτοῦ ⁏ καὶ τὰς ἐξόδους αὐτοῦ.
12.	12. *Vacat.* *Ἄλλος*, οὗτος ὁ νόμος τοῦ οἴκου.	12.
13. Πήχισμα πεπηχισμένον.	13. Ἐν πήχει τοῦ πήχεως καὶ παλαιστῆς, κόλπωμα.	13. ※ Καὶ πήχεως.
Καὶ περιορισμόν.	Καὶ γεῖσος.	Καὶ τὸ ὅριον.
14. Περιδρομήν.	14. Ἐκ βάθους τῆς ἀρχῆς τοῦ κοιλώματος αὐτοῦ, πρὸς τὸ ἱλαστήριον τὸ μέγα τοῦτο.	14. Ἀζαρά.

SYMMACHUS.	LXX INTERPRETES.	THEODOTIO.
2.	2. Quasi vox geminantium multorum.	2.
3.	3. Quando ingrediebar ut ungerem civitatem. *Alius*, ingrediente illo ad destruendam urbem.	3.
8.	8. Ut connexum meum et eorum. *Alius*, inter me et eos.	8.
9.	9. Et homicidia ducum suorum. *Alius*, et ruinas regum suorum.	9.
10.	10. Et cessabunt. *Alius*, si forte erubescant.	10.
11.	11. Et exitus ejus, et substantiam ejus, et omnia præcepta ejus. *Tres interpr.*, et ingressus ejus, et legitima ejus, et omnes leges ejus.	11. Et præparationem ejus et exitus ejus.
12.	12. *Vacat.* *Alius*, ista est lex domus.	12.
13. Cubitalis dimensio cubito dimensa.	13. In cubito cubiti et palmæ: sinus.	13. Et cubiti.
Et definitio.	Et gisus.	Et terminus.
14. Circuitum.	14. A profundo exordii cavitatis ejus ad propitiatorium magnum hoc.	14. Azara.

ΤΟ ΕΒΡΑΙΚΟΝ.	ΤΟ ΕΒΡΑΙΚΟΝ 'Ελληνικοῖς γράμμασι.	ΑΚΥΛΑΣ.
ומהעזרה הקטנה עד העזרה הגדולה		Καὶ ἀπὸ κρηπιδήματος τοῦ μικροῦ ἕως τοῦ κρηπιδήματος τοῦ μεγάλου.
16 רחב	16.	16.
17 והעזרה	17.	17.
והחיק לה		
19 פר	19.	19.
20 וכפרתהו	20.	20.
26 ומלאו ידו	26.	26. . . .

VERSIO HEBRAICI TEXT.	VULGATA LATINA.	AQUILA.
Et ab atrio auxilii minore usque ad atrium auxilii magnum.	Et a crepidine minore usque ad crepidinem magnam.	Et a crepidine minore usque ad crepidinem magnam.
16. Latitudo.	16. Latitudinis.	16.
17. Et atrium auxilii.	17. Et crepido.	17.
Et sinus ei.	Sinus ejus.	
19. Vitulum.	19. Vitulum.	19.
20. Et expiabis ipsum.	20. Et expiabis.	20.
26. Et implebunt manum ejus.	26. Et implebunt manum ejus.	26. Et implebunt manus ejus.

Notæ et variæ lectiones ad cap. XLIII Ezechielis.

V. 1. C, ✠ καὶ ἐξήγαγέ με· ⁑ Deest in Heb. Drach.

V. 2. *'Ο 'Εδρ.* καὶ *ὁ Σύρος*, ὡς φωνὴ etc. Theodoretus. [In fine commatis C, ἀπὸ τῆς δόξης Κυρίου κυκλόθεν. Hebr. nonnisi, *a gloria ejus*. Drach.]

V. 3. *'Ο 'Εδρ.* καὶ *ὁ Σύρος*, ὅτε εἰσῆλθον. Item Theodoretus. [Pro ἴδον, quod quater occurrit, C, εἶδον. Drach.]

V. 5. C et VM, δόξης Κυρίου ὁ οἶκος. Drach.

V. 7. C, ἐν μέσῳ οἴκου 'Ισραὴλ εἰς τὸν αἰῶνα. Sic etiam ꝟ 9. εἰς τὸν αἰ. Idem.

V. 8. *"Αλλος*, ἀναμέσον ἐμοῦ etc. Drusius. In aliis libris, ex duabus lectionibus una efficitur, συνεχόμενον ἀναμέσον ἐμοῦ καὶ αὐτῶν.

V. 9. *"Αλλος*, καὶ πτώματα. Drusius.

V. 10. *"Αλλος*, εἴ πως ἐντραπῶσιν. Ms. Jes. et Drusius.

V. 11. Θ., καὶ τὴν ἑτοιμασίαν αὐτοῦ etc. Ms. Jes. [C, καὶ διαγράψεις τὸν οἶκον, ⋇ καὶ ⋇ τὴν ἑτοιμασίαν αὐτοῦ, ⁑ καὶ τὰς ἐξόδους αὐτοῦ, ⋇ καὶ εἰσόδους αὐτοῦ, ⁑ καὶ τὴν ὑπόστασιν αὐτοῦ, καὶ πάντα τὰ προστάγματα αὐτοῦ, καὶ πάντα τὰ νομίματα αὐτοῦ, καὶ πάντας ⋇ τοὺς νόμους αὐτοῦ ⁑ γνωρίσεις αὐτοῖς etc. Drach.]

V. 12. *"Αλλος*, οὗτος ὁ νόμος etc. Drusius. [In C desinit versus ita: ἅγια ἁγίων ⋇ εἰσὶν, οὗτος ὁ νόμος τοῦ οἴκου. ⁑ Hebr., sanctum sanctorum: ecce hæc lex domus. Drach.]

V. 13. 'Α., Θ., ⋇ καὶ πήχεως. Ms. Jes.

Ibid. 'Α., πήχεως τὸν πῆχυν etc. Idem. Drusius ibidem: « אמה וטפח πῆχυς καὶ παλαιστής, *cubitus et palmus*. Sunt qui utuntur voce Græca παλαιστής, ut antiqua versione apud Hieronymum, *cubitus et palæstes*. Hieronymus in sua, *cubitum*, sive *palmum*, sive παλαιστήν. Dicitur et παλαιστή. Idem in comment. Cui jungitur palmus, id est, παλαιστή, sextam habens partem cubiti. Lexicon vetus, παλαιστή, χειρός, palmus, palma. Hieronymus distinguit Palmus, inquit, Græce dicitur παλαιστή, et est sexta pars cubiti. Alioquin palmus σπιθαμή sonat, quam nonnulli pro distinctione palmum, porro παλαιστήν palmum nominare consueverunt. »

Ibid. 'Α., Θ., καὶ ὅριον etc. Ms. Jes. Hieronymus vero, Aq., Sym., Th., *terminus*. LXX, γεῖσος. Cujus verbi significationem ignorare se fatetur Hieronymus. [C, ἐν πήχει τοῦ πήχεως, ⋇ καὶ πήχεως καὶ παλαιστῆς, κόλπωμα βάθος (sic) ἐπὶ πῆχυν. Καὶ κυκλόθεν σπιθαμῆς ⋇ μιᾶς, ⁑ Hebr. et Vulg., palmus unus. Drach.]

V. 14. 'Α., καὶ ἀπὸ τοῦ κόλπου etc. Drusius. Legitur etiam κρηπιδήματος. Idem עזרה Σ., περίδρομος

EZECHIELIS CAPUT XLIV.

ΤΟ ΕΒΡΑΙΚΟΝ.	ΤΟ ΕΒΡΑΙΚΟΝ 'Ελληνικοῖς γράμμασι.	ΑΚΥΛΑΣ.
3 נשיא	3.	3.
אולם השער		
4 מלא כבוד יהוה	4.	

VERSIO HEBRAICI TEXT.	VULGATA LATINA.	AQUILA.
3. Princeps.	13. Princeps.	3.
Vestibuli portæ.	Portæ vestibuli.	
4. Implevit gloria Domini.	4. Implevit gloria Domini.	4.

ΣΥΜΜΑΧΟΣ.	Ο'.	ΘΕΟΔΟΤΙΩΝ
	Καὶ ἀπὸ τοῦ ἱλαστηρίου τοῦ μικροῦ ἐπὶ τὸ ἱλαστήριον τὸ μέγα.	
16.	16. *Vacat.* Ἄλλος, πλάτος.	16.
17. Καὶ ἡ περιδρομή.	17. Καὶ τὸ ἱλαστήριον.	17. Καὶ Ἀζαρά.
(Συντέλεια αὐτοῦ.)	Καὶ τὸ γεῖσος αὐτῷ,	
19. Ταῦρον.	19. Μόσχον.	19. Μόσχον.
20.	20. ※ Καὶ περιφαντιεῖς αὐτό.	20.
26.	26. Καὶ πλήσουσι χεῖρας αὐτῶν.	26. . . . .

SYMMACHUS.	LXX INTERPRETES.	THEODOTIO.
	Et a propitiatorio minore ad propitiatorium majus.	
16.	16. *Vacat. Alius*, latitudo.	16.
17. Et circuitus.	17. Et propitiatorium,	17. Et Azara.
Consummatio ejus.	Et gisus ei.	
19. Taurum.	19. Vitulum.	19. Vitulum.
20.	20. Et expiabis ipsum.	20.
26. Et implebunt manus ejus.	26. Et implebunt manus suas.	26. Et implebunt manus ejus.

Notæ et variæ lectiones ad cap. XLIII Ezechielis.

μήν. Th., *Asara*. Ex Hieronymo.

V. 15. Ms. Jes. ad vocem ἀριήλ, sic habet : φῶς μου Θεός, ἤτοι ὅρος Θεοῦ, διὸ τὸ θυσιαστήριον οὕτως ἐκάλεσεν. [Eusebius : ἑρμηνεύεσθαί φασι τὸ *ἀριὴλ*, *λέων Θεοῦ*. Polychronius : τὸ *ἀριὴλ*, *ὅρος Θεοῦ*. Theodor., τὸ *ἀριὴλ* σημαίνει τῇ Ἑβραίων φωνῇ, *ὅρος Θεοῦ*, ἢ κατ' ἄλλην ἑρμηνείαν, *φῶς Θεοῦ*. Dr.]

V. 16. Ἄλλος, πλάτος. Drusius. [Etiam C supplet πλάτος, absque asterisco. Drach.]

V. 17. Σ., καὶ ἡ περιδρομή. Idem ex Hieronymo, qui duas Symmachi interpretationes, easque varias affert. An ex duabus ejusdem editionibus? Ejus verba sunt : « *Et corona in circuitu ejus dimidii cubiti*, pro qua rursum LXX γεῖσον interpretati sunt : et *sinus*, sive juxta Symmachum, *consummatio ejus* atque *perfectio* cubiti unius per circuitum. » Et postea : « *Et sinus ipsius propitiatorii*, sive *consummatio* atque *perfectio*, quam Symmachus interpretatus est περιδρομήν, habebat unum cubitum. » [Hic manifestus evadit error Drusii, qui, ut plerumque in errorem suum attraxit Montfauconium. Etenim patet omnibus, καὶ τὸ γεῖσος Senum pertinere ad וְהַגְּבוּל, non autem ad וְחֵיק (proprie, *et sinus*), quod interpretati sunt, καὶ τὸ κύκλωμα, *et circuitus*, et supra, ℣ 13, κόλπωμα, *sinus*. Et pro hoc nostro κύκλωμα, Symmachus vertit, ut testatur Lamb. Bos, καὶ τὸ τελείωμα. Præterea alias duas lectiones exhibet hic idem Bos, quæ egregie quadrant ad Hebr., nimirum, κοίλωμα et κόλπωμα. — C, ἐπὶ τὰ τέσσαρα μέρη αὐτοῦ. Mox, rursum κλιμακτῆρες. Drach.]

V. 18. C, τάδε λέγει Κύριος Κύριος. Drach.

V. 19. Hieronymus : S., *taurus*. Th., *vitulus*. [C mendose habet ἐγγίσουσι, pro ἐγγίζ. Mox, λέγει Κύριος Κύριος. Drach.]

V. 20. C, καὶ ἐπὶ τὴν βάσιν κύκλῳ, ※ καὶ περὶ ἁμαρτιῶν εἰς αὐτό, ⁝ (Hebr., ut a peccatis mundes illud) καὶ ἐξιλάσονται αὐτό. Drach.

V. 21. C, τὸν μόσχον τὸν ὑπὲρ ἁμαρτίας. Idem.

V. 22. C, ὑπὲρ ἁμαρτίας, καὶ ἐξιλάσαντο ἐν τῷ μόσχῳ, et nihil amplius. Idem.

V. 23. C, συντελέσαι σε τὸν ἐξιλασμόν... καὶ κριὸν ἐκ τῶν προβάτων ἄμωμον. Sic etiam ℣ 25 ἐκ τῶν προβ. Idem.

V. 26. A., S., Th., *et implebunt manus ejus*. Hieron.

V. 27. Ante καὶ ἔσται, C addit ※ καὶ συντελέσουσι τὰς ἡμέρας, ⁝ Apud S. Hier. LXX, et consummabunt dies. Hebr., et absolverunt dies. Idem.

EZECHIELIS CAPUT XLIV.

ΣΥΜΜΑΧΟΣ.	Ο'.	ΘΕΟΔΟΤΙΩΝ.
3.	3. Ἡγούμενος. Οἱ Γ', ἄρχων.	3.
	Αἰλὰμ τῆς πύλης. Ἄλλος, πρόθυρον πύλης.	
	4. Πλήρης δόξης. Οἱ Γ', πλήρης δόξης ※ Κυρίου. ⁝	4.

SYMMACHUS.	LXX INTERPRETES.	THEODOTIO.
3.	3. Dux. *Tres int.*, princeps.	3.
	Ælam portæ. *Al.*, vestibulum portæ.	
	4. Plena gloria. *Tres int.*, plena gloria Domini.	4.

ΤΟ ΕΒΡΑΙΚΟΝ.	ΤΟ ΕΒΡΑΙΚΟΝ Ἑλληνικοῖς γράμμασι.	ΑΚΥΛΑΣ.
6 אל־מרי	6.	6. Πρὸς ἐριστὴν καὶ φιλόνεικ
7. חלב	7.	7.
8 ולא שמרתם משמרת קדשי	8.	8.
10 אשר רחקו מעלי	10.	10.
בתעות ישראל אשר תעו מעלי אחרי גלוליהם		
11 והיו במקדשי משרתים פקדות אל־שערי הבית ומשרתים את־הבית המה ישחטו את־העלה ואת־הזבח לעם והמה יעמדו לפניהם לשרתם	11.	11.
12 יען אשר ישרתו אותם לפני גלוליהם והיו לבית־ישראל למכשול עון על־כן	12.	12.

VERSIO HEBRAICI TEXT.	VULGATA LATINA.	AQUILA.
6. Ad rebellem.	6. Ad exasperantem.	6. Ad contentiosum et pervicacem.
7. Adipem.	7. Adipem.	7.
8. Et non servastis custodiam sanctitatum mearum.	8. Et non servastis præcepta sanctuarii mei.	8.
10. Qui elongaverunt se a me.	10. Qui longe recesserunt a me.	10.
In errando Israel, qui erraverunt a me post idola sua.	In errore filiorum Israel, et erraverunt a me post idola sua.	
11. Et erunt in sanctuario meo ministri præfecturæ ad portas domus, et ministri domus : ipsi mactabunt holocaustum et victimam populo, et ipsi stabunt ante faciem eorum ad ministrandum eis.	11. Erunt in sanctuario meo æditui, et janitores portarum domus, et ministri domus : ipsi mactabunt holocausta et victimas populi : et ipsi stabunt in conspectu eorum, ut ministrent eis.	11.
12. Pro eo quod ministraverunt illis in conspectu idolorum suorum, et facti sunt domui Israel in offendiculum iniquitatis : idcirco.	12. Pro eo quod ministraverunt illis in conspectu idolorum suorum, et facti sunt domui Israel in offendiculum iniquitatis : idcirco.	12.

ΣΥΜΜΑΧΟΣ.	Ο'.	ΘΕΟΔΟΤΙΩΝ.
6. Πρὸς ἐριστὴν καὶ φιλόνεικον.	6. Πρὸς τὸν οἶκον τὸν παραπικραίνοντα.	6. Πρὸς ἐριστὴν καὶ φιλόνεικον.
7.	7. Σάρκας. *Ἀλλ.*, στέαρ.	7.
8.	8. *Vacat.*	8. ※ Καὶ οὐκ ἐπεφυλάξασθε τὴν φυλακὴν τῶν ἁγίων μου.
10.	10. Οἵτινες ἀφήλαντο ἀπ' ἐμοῦ. *Ἄλλος*, οἱ μακρυνθέντες ἀπ' ἐμοῦ. Ἐν τῷ πλανᾶσθαι τὸν Ἰσραὴλ ἀπ' ἐμοῦ κατόπισθεν τῶν ἐνθυμημάτων αὐτῶν. *Ἄλλος*, ἐν τῇ πλάνῃ τῶν υἱῶν Ἰσραὴλ τῶν πλανηθέντων ὀπίσω τῶν εἰδώλων αὐτῶν.	10.
11.	11. Καὶ ἔσονται ἐν τοῖς ἁγίοις μου λειτουργοῦντες, θυρωροὶ ἐπὶ τῶν πυλῶν τοῦ οἴκου, καὶ λειτουργοῦντες τῷ οἴκῳ· οὗτοι σφάξουσι τὰς θυσίας καὶ τὰ ὁλοκαυτώματα τῷ λαῷ, καὶ οὗτοι στήσονται ἐναντίον τοῦ λαοῦ, τοῦ λειτουργεῖν αὐτοῖς. *Ἄλλος*, καὶ ἦσαν ἐν τῷ ἁγιάσματί μου λειτουργοῦντες τὰς ἐπισκοπὰς κατὰ τὰς πύλας τοῦ οἴκου ... αὐτοὶ ἔσφαζον τὴν ὁλοκαύτωσιν καὶ τὴν θυσίαν τῷ λαῷ, καὶ αὐτοὶ εἱστήκεισαν ἐνώπιον αὐτῶν λειτουργεῖν αὐτοῖς.	11.
12.	12. Ἀνθ' ὧν ἐλειτούργουν αὐτοῖς πρὸ προσώπου τῶν εἰδώλων αὐτῶν, καὶ ἐγένετο τῷ οἴκῳ Ἰσραὴλ εἰς κόλασιν ἀδικίας. Ἕνεκα τούτου. *Ἄλλος*, ἀνθ' ὧν οὖν ἐλειτούργησαν αὐτοῖς ἐνώπιον τῶν εἰδώλων αὐτῶν, καὶ ἐγενήθησαν εἰς κόλασιν ἀνομίας. Ἕνεκα τούτου.	12.

SYMMACHUS.	LXX INTERPRETES.	THEODOTIO.
6. Ad contentiosum et pervicacem.	6. Ad domum exasperantem.	6. Ad contentiosum et pervicacem.
7.	7. Carnes. *Alius*, adipem.	7.
8.	8. *Vacat.*	8 Et non custodistis custodiam sanctorum meorum.
10.	10. Qui resilierunt a me. *Alius*, qui elongati sunt a me. Cum erraret Israel a me post cogitationes suas. *Alius*, in errore filiorum Israel, qui erraverunt post idola sua.	10.
11.	11. Et erunt in sanctis meis ministrantes, ostiarii in portis domus, et ministri domus : isti immolabunt sacrificia et holocausta populo : et isti stabunt ante populum, ut ministrent eis. *Alius*, et erant in sanctuario meo ministrantes præfecturas obeuntes in portis domus.... ipsi mactabant holocaustum et victimam populo : et ipsi steterunt coram eis, ut ministrarent illis.	11.
12.	12. Pro eo quod ministraverunt eis ante faciem idolorum suorum, et factum est domui Israel in tormentum iniquitatis. Propterea. *Alius*, pro eo quod igitur ministraverunt illis in conspectu idolorum suorum, et facti sunt in pœnam iniquitatis. Ideo.	12.

ΤΟ ΕΒΡΑΙΚΟΝ.	ΤΟ ΕΒΡΑΙΚΟΝ Ἑλληνικοῖς γράμμασι.	ΑΚΥΛΑΣ.
ונשאו עונם		
14 ונתתי אותם שמרי משמרת הבית לכל עבדתו ולכל אשר יעשה בו	14.	14.
17 הפנימית	17.	17. Καὶ ἔσω.
18 ביזע	18.	18. 1. . . . 2. Βουζά.
20 לא ישלחו Ὁ Σύρος καὶ ὁ Ἑβρ., οὐ θρέψουσι.	20.	20.
25 ואל־מת Ὁ Ἑβρ. καὶ ὁ Σύρος, καὶ ἐπὶ νεκρῷ.	25.	25.
29 המנחה	29.	29. Δῶρον.
חרם		Ἀνάθημα.

VERSIO HEBRAICI TEXT.	VULGATA LATINA.	AQUILA.
Et portabunt iniquitatem suam.	Et portabunt iniquitatem suam.	
14. Et dabo eos custodes custodiæ domus in omni servitio ejus, et in omni quod fiet in eo.	14. Et dabo eos janitores domus in omni ministerio ejus, et in omnia quæcumque fecerint.	14.
17. Interioris.	17. Interioris.	17. Et intra.
18. In sudore.	18. In sudore.	18. 1. In sudore. 2. Buza.
20. Non demittent. *Syrus et Hebræus*, non nutrient.	20. Neque comam nutrient.'	20.
25. Et ad mortuum. *Hebræus et Syrus*, et super mortuo.	25. Et ad mortuum.	25.
29. Munus.	29. Victimam.	29. Donum.
Anathema.	Votum.	Anathema.

Notæ et variæ lectiones ad cap. XLIV Ezechielis.

V. 2. C, καὶ οὐδεὶς οὐ μή, et Θεὸς τοῦ Ἰσραήλ. Drach.

V. 3. Οἱ Γ, ἄρχων. Ms. Jes. [C utrumque ponit, sic : διότι ὁ ἡγούμενος ※ ἄρχων, ⁏ Drach.]

Ibid. Ἄλλος, πρόθυρον πύλης. Drusius. [Ad vocem Senum αἰλάμ, adnotat Lamb. Bos, Sym., προπυλαίου. Schol., αἰλὰμ ἑρμηνεύεται πρόθυρον πύλης. Drach.]

V. 4. Οἱ Γ, ※ Κυρίου. Idem. [Et ita C, πλήρης δόξης Κυρίου. Drach.]

V. 5. C, καὶ ἴδε τοῖς ὀφθαλμοῖς σου (Hebr., Vulg. et apud S. Hier., oculis tuis), καὶ τοῖς ὠσί σου ἄκουε ※ σὺν ⁏ πάντα ὅσα... προστάγματα οἴκου Κυρίου... εἰς τὴν ὁδὸν (ed. Rom., εἴσοδον) τοῦ οἴκου etc. Drach.

V. 6. Ἀ., Σ., Θ., πρὸς ἐριστὴν etc. Drusius ex scholio edit. Rom. ubi legitur una voce προσεριστήν, sed male. Non putandum autem singulos ex tribus eandem vocem מרי duabus illis vocibus ἐριστὴν καὶ φιλόνεικον expressisse : sed significari in scholio singulos ex tribus, vel ἐριστήν, vel φιλόνεικον edidisse. [C ita : Καὶ ἐρεῖς ÷ πρὸς ÷ τὸν οἶκ. (obelo prænotata absunt ab Hebr.) τὸν παρ. Et mox, τάδε λέγει Κύριος Κύριος. Drach.]

V. 7. Ἄλλος, στέαρ. Idem. [C, τοὺς ἄρτ. ※ μου. ⁏ στέαρ καὶ αἷμα. Et pro nostro βεβηλοῦν habet ἐβεβήλουν. Drach.]

V. 8. Θ., ※ καὶ οὐκ ἐπεφυλάξασθε etc. Drusius et Ms. Jes. qui habet, καὶ οὐκ ἔτι φυλάξασθε, male. [Totum hoc comma ita in C : ※ καὶ ※ οὐκ ἐφυλάξασθε τὴν φυλακὴν ※ τῶν ἁγίων μου, ⁏ καὶ διετάξατε τοῦ φυλάσσειν φυλακὰς τοῖς ἁγίοις μου. Drach.

V. 9. C, τάδε λέγει Κύριος Κύριος· *Πᾶς ὁ υἱὸς ἀλλογενὴς* etc. Drach.

V. 10. Ἄλλ., οἱ μακρυνθέντες etc. Drusius.

Ibid. Ἄλλος, ἐν τῇ πλάνῃ etc. Idem. [C, οἵτινες ἀφείλοντο ἀπ' ἐμοῦ ἐν τῷ πλανᾶσθαι τὸν Ἰσραήλ, ※ οἳ ἐπλανήθησαν ⁏ (Hebr., qui aberraverunt) ἀπ' ἐμοῦ etc. Drach.]

V. 11. Ἄλλος, καὶ ἦσαν etc. Idem.

EZECHIELIS CAPUT XLV.

ΤΟ ΕΒΡΑΙΚΟΝ.	ΤΟ ΕΒΡΑΙΚΟΝ Ἑλληνικοῖς γράμμασι.	ΑΚΥΛΑΣ.
1 עשרה	1.	

VERSIO HEBRAICI TEXT.	VULGATA LATINA.	AQUILA.
1. Decem.	1. Decem.	

ΣΥΜΜΑΧΟΣ.	Ο'.	ΘΕΟΔΟΤΙΩΝ.
		⁎ Καὶ λήψονται τὴν ἀνομίαν αὐτῶν.
14. ..	14. Κατάξουσιν αὐτοὺς φυλάσσειν φυλακὰς τοῦ οἴκου εἰς πάντα τὰ ἔργα αὐτοῦ, καὶ εἰς πάντα ὅσα ἂν ποιήσωσιν. Ἄλλος, δέδωκα γὰρ αὐτοὺς τοῦ φυλάσσειν τὴν φυλακὴν τοῦ οἴκου εἰς πᾶσαν λατρείαν αὐτοῦ, καὶ εἰς πάντα γινόμενα ἐν αὐτῷ.	14.
17.	17. Τῆς ἐσωτέρας.	17. Καὶ ἔσω.
18. ..	18. Βίᾳ.	18. Ἐν Ἰαζή.
20.	20. Οὐ ψιλώσουσι.	20.
25.	25. Καὶ ἐπὶ ψυχήν.	25.
29. Δῶρον.	29. Καὶ τὰς θυσίας.	29.
Ἀνάθημα.	Ἀφόρισμα.	Ἀνάθημα.

SYMMACHUS.	LXX INTERPRETES.	THEODOTIO.
		Et accipient iniquitatem suam.
14. Posueram enim eos custodes januarum domus universi ministerii ejus, et cunctorum quæ fiunt in ea.	14. Demittent eos ut servent custodias domus in omnia opera ejus, et in universa quæcumque fecerint. *Alius*, dedi enim eos ad custodiendam custodiam domus in universum ministerium ejus, et in omnia quæ fiunt in ea.	14.
17.	17. Interioris.	17. Et intra.
18. In sudore.	18. Violenter.	18. In Jaze.
20.	20. Non ad pressum tondebunt.	20.
25.	25. Et super animam.	25.
29. Donum.	29. Et sacrificia.	29.
Anathema.	Separatio.	Anathema.

Notæ et variæ lectiones ad cap. XLIV Ezechielis.

V. 12. *Ἄλλος*, ἀνθ' ὧν οὖν ἐλειτούργησαν etc. Sunt qui hæc omnia sumpta suspicantur ex editione Symmachi. Vide notas ad editionem Romanam.

Ibid. Θ., ⁎ καὶ λήψονται etc. Ms. Jes. qui habet λήμψονται, et alibi sæpe. [In fine versus, post Θεός, addit C: ⁎ καὶ λήψονται ἀτιμίαν ⁎ αὐτῶν, ⁚ Apud S. Hier.: et accipient iniquitatem suam. Etiam VM ubique scribit λήμψ. DRACH.]

V. 13. C, πρὸς πάντα τὰ ἅγια ÷ υἱῶν Ἰσραὴλ (Hebr., ad omnia sancta mea; et non habet, *filiorum Israel*). Et mox, ἀτιμίαν ἑαυτῶν. DRACH.

V. 14. S., *Posueram* etc. Ex Hieronymo. Græca autem, δέδωκα γὰρ αὐτούς etc. Latinis Symmachi non penitus respondent: quare crediderim alterius esse versionem Græcam. [C, ut Sym., addit in fine commatis: ⁎ ἐν αὐτῷ, ⁚ DRACH.]

V. 15. C expungit obelo vocem ÷ θυσίαν ⁚, quia non adest in Hebraico. DRACH.

V. 17. Ἀ., Θ., καὶ ἔσω. Ms. Jes.

V. 18. Has versiones ad verbum refert Hieronymus. [Lamb. Bos: « Pro βίᾳ, Aq. 2 ed., βαιῆζα. Idem 1 ed. et Sym., ἐν ἱδρῶτι. Th., ἰάζα. » — C legit ἐπὶ τὰς κεφαλάς et ἐπὶ ταῖς ὀσφύσιν. DRACH.]

V. 20. Lectiones Syri et Hebræi hujus et 25 versus ex Theodoreto.

V. 22. C, ἐκ τοῦ σπέρματος οἴκου Ἰσραὴλ (Hebr., domus Israel). Mox, καὶ χήρα ἐὰν γένηται ⁎ χήρα ⁚ ἐξ ἱερέως. Hebr., et viduam (LXX, χήρα, quia non adest in Hebr. particula casus accusandi, את), quæ fuerit vidua a sacerdote. DRACH.

V. 27. C, εἰσπορεύονται (sic, per ο) ⁎ εἰς τὸ ἅγιον ⁚ εἰς τὴν αὐλήν. Hebr., ad sanctuarium ad atrium. Et mox, προσοίσει ἱλασμόν. Hebr. et Vulg., offeret. IDEM.

V. 28. C, ÷ ὅτι ⁚ sub obelo, quia deest in Hebr. IDEM.

V. 29. A., S., donum. Hieronymus. Quod Hebraice dicitur MANAA.

Ibid. Ἀ., Σ., Θ., ἀνάθημα. Quod Hebraice dicitur HEREM. Hieronymus.

EZECHIELIS CAPUT XLV.

ΣΥΜΜΑΧΟΣ.	Ο'.	ΘΕΟΔΟΤΙΩΝ.
	1. Εἴκοσι. Ἄλλος, δέκα.	

SYMMACHUS.	LXX INTERPRETES.	THEODOTIO.
	1. Viginti. *Alius*, decem.	

ΤΟ ΕΒΡΑΙΚΟΝ.	ΤΟ ΕΒΡΑΙΚΟΝ Ἑλληνικοῖς γράμμασι.	ΑΚΥΛΑΣ.
2 הקדש	2.	2.
מגרש		
3 המקדש קדש קדשים	3.	3.
4 קדש מן־הארץ הוא	4.	4.
5 לשכת	5.	5. Ἐξέδρας.
11 האיפה	11.	11.
12 עשרה וחמשה	12.	12.
13 מחמר	13.	13.
14 וחק	14.	14.
מעשר הבת מן־הכר עשרת הבתים חמר כי־עשרת הבתים חמר		Ὁ βάτος ὁ μετρήτης ἀπὸ τοῦ κό-ρου· ὅτι οἱ ι' μετρῆται κόρος.
15 ממשקה ישראל	15.	15. Ἀπὸ τῶν ὑδάτων Ἰσραήλ.
17 ואת־המנחה	17.	17. Καὶ δῶρον.
18 פר	18.	18.
19 העזרה	19.	19.
20 מאיש שגה ומפתי	20.	20.
25 בחמשה עשר יום	25.	25.

VERSIO HEBRAICI TEXT.	VULGATA LATINA.	AQUILA.
2. Sanctificationem.	2. Sanctificatum.	
Suburbanum.	Suburbana.	
3. Sanctuarium sanctitas sanctitatum.	3. Templum sanctumque sanctorum.	3.
4. Sanctitas de terra ipsa.	4. Sanctificatum de terra erit.	4.
5. Cubicula.	5. Gazophylacia.	5. Exedras.
11. Epha.	11. Ephi.	11.
12. Decem et quinque.	12. Quindecim.	12.
13. De chomor.	13. De coro.	13.
14. Et statutum.	14. Mensura.	14.
Decimum bati de coro : decem bati chomor, quia decem bati chomor.	Decima pars cori est : et decem bati corum faciunt, quia decem bati implent corum.	Batus metretes a coro, quia decem metretæ corus.
15. De irriguo Israel.	15. De his quæ nutriunt Israel.	15. De aquis Israel.
17. Et munus.	17. Et sacrificium.	17. Et donum.
18. Vitulum.	18. Vitulum.	18.
19. Atrii auxilii.	19. Crepidinis altaris.	19.
20. A viro errante et a simplici.	20. Pro unoquoque qui ignoravit, et errore deceptus est.	20.
25. In quinta decima die.	25. Quintadecima die.	25.

Notæ et variæ lectiones ad cap. XLV Ezechielis.

V. 1. Ἄλλος, δέκα. Drusius. [Etiam C, cum Ald. et Complut., δέκα. Idem C, ἀπὸ τῆς γῆς πέντε ※ μῆκος, ⁏ Hebr., longitudo. Drach.]

V. 2. Ἄλλος, ἁγίασμα. Ἄλλος, ἅγιον. Idem. [C, Καὶ ἔσται ἐκ τούτου ※ εἰς τὸ ⁏ ἁγίασμα. Drach.]
Ibid. Hieronymus : « Præcipit ut 50 cubitis per

ΣΥΜΜΑΧΟΣ.	Ο'.	ΘΕΟΔΟΤΙΩΝ.
	2. Ἁγιάσματα. Ἄλλος, ἁγίασμα. Ἄλλος, ἅγιον.	2.
. .	Διάστημα.	Ἀφόρισμα.
3.	3. Ἅγια τῶν ἁγίων. Ἄλλος, τὸ ἁγίασμα τὸ ἅγιον τῶν ἁγίων.	3.
	4. Ἀπὸ τῆς γῆς ἔσται. Ἄλλος, ἅγιον ἀπὸ τῆς γῆς τοῦτο.	4.
5. . .	5. Πόλεις.	5.
11.	11. Τὸ μέτρον. Ἄλλος, οἰφι.	11.
12.	12. Δέκα καὶ πεντήκοντα. Οἱ Γ', πεντεκαίδεκα.	12.
13.	13. Ἀπὸ τοῦ γομόρ. Οἱ Γ', ἀπὸ τοῦ κόρου.	13.
14.	14. Καὶ τὸ πρόσταγμα. Ἄλλος, καὶ τὸ δικαίωμα.	14.
	Ἀπὸ δέκα κοτυλῶν, ὅτι αἱ δέκα κοτύλαι εἰσὶ γομόρ. Ἄλλως, δεκατοτυλῶν αἱ δεκατοτύλαι γομόρ· αἱ δεκατοτύλαι εἰσὶ γομόρ.	Ὁ βάτος ὁ μετρητὴς ἀπὸ τοῦ κόρου, οἱ ι' βάτοι κόρος.
15. Ἀπὸ τῶν ὑδάτων Ἰσραήλ.	15. Ἐκ πασῶν τῶν πατριῶν τοῦ Ἰσραήλ. Ἀπὸ τῶν ποτιστηρίων Ἰσραήλ.	15. Ἀπὸ τῶν ποτιστηρίων Ἰσραήλ.
17. Καὶ δῶρον.	17. Καὶ τὴν θυσίαν.	17.
18.	18. Μόσχον.	18.
19.	19. Τοῦ ἱεροῦ.	19. Τοῦ ἀζαρά.
20. ※ Ἀγνοοῦντος καὶ ἀπὸ νηπίου.	20.	20. ※ Ἀγνοοῦντος καὶ ἀπὸ νηπίου.
25.	25. Πεντεκαιδεκάτη. Οἱ Γ', πεντεκαιδεκάτῃ ※ ἡμέρᾳ.	25.

SYMMACHUS.	LXX INTERPRETES.	THEODOTIO.
2.	2. Sanctificationes. *Alius*, sanctificationem. *Alius*, sanctum.	2.
Terminus.	Spatium.	Separatio.
3.	3. Sancta sanctorum. *Alius*, sanctificatio sanctum sanctorum.	3.
. .	4. De terra erit. *Alius*, sanctum de terra hoc.	4.
5. Thalamos.	5. Civitates.	5.
11.	11. Mensura. *Alius*, œphi.	11.
12.	12. Decem et quinquaginta. *Tres int.*, quindecim.	12.
13.	13. De gomor. *Tres interpr.*, de coro.	13.
14.	14. Et præceptum. *Alius*, et justificatio.	14.
	De decem cotylis, quia decem cotylæ sunt gomor. *Aliter*, decatotylarum, decatotylæ gomor: decatotylæ sunt gomor.	Batus metretes de coro, decem bati corus.
15. De aquis Israel.	15. Ex omnibus patriis Israel. De canalibus Israel.	15. De canalibus Israel.
17. Et donum.	17. Et sacrificium.	17.
18. Taurum.	18. Vitulum.	18.
19.	19. Templi.	19. Azara.
20. Ignorante et a parvulo.	20.	20. Ignorante et a parvulo.
25.	25. Quintadecima. *Tres interpr.*, quintadecima die.	25.

Notæ et variæ lectiones ad cap. XLV Ezechielis.

irecuitum terra sit vacua in suburbana, vel ut Sym. t Th. et LXX transtulerunt in *terminum*, et *separationem*, et *spatium*. » Prima igitur versio est Symmachi, secunda Theodot., tertia LXX. [Lamb. Bos: « Pro διάστημα, Symm., ὅριον, Th., διορισμός. » Drach.]

V. 3. Ἄλλ., τὸ ἁγίασμα etc. Drusius. [Ita etiam C. Apud S. Hier. LXX, sanctumque sanctorum. — Idem C, ut supra ℣ 2, καὶ εὖρος δέκα (ed. Rom., εἴκοσι. Hebr. et Vulg., decem) χιλιάδας. Drach.]

V. 4. Ἄλλ., ἅγιον ἀπὸ τῆς etc. Idem. Edit. Compl. ἡγιασμένον. [C, Ἅγιον ἀπὸ τῆς γῆς ἔσται τοῖς ἱερεῦσι etc. Apud S. Hier., sanctum etc. Drach.]

V. 5. A., *exedras*. S., *thalamos*. Th., *civitatem*. Hieronymus. Vide supra cap. 41. [Lamb. Bos : « Pro πόλεις, Aq., ἐξέδραι εἴκοσι. Sym., θάλαμοι εἴκοσι. Th., γαζηραὶ εἴκοσι. Alius, γαζοφυλάκια. » Hebr., in possessionem viginti cubiculos. Vulg., possidebunt viginti gazophylacia. — C iterum hic, καὶ εὖρος δέκα χιλιάδες. Drach.]

V. 7. C, καὶ ἀπὸ τῶν πρὸς θάλασσαν ※ κα ※ τ' ἀνατολάς, ⁚ πρὸς ἀνατολάς. Hebr., versus mare, et ab angulo orientis versus orientem. Vulg., usque ad mare et a latere orientis usque ad orientem. Drach.

V. 9. C, Τάδε λέγει Κύριος Κύριος. Et in fine commatis, λέγει Κύριος ὁ Θεός. Idem.

V. 10. C, Ζυγὸν δίκαιον, primo casu. Idem.

V. 11. Ἄλλ., οἰφι, vel οἰφί. Drusius. Hieronymus vero : « Pro *Ephi*, LXX interpretati sunt *mensuram*. » [C, ※ τοῦ οἰφι ⁚ Drach.]

V. 12. Ms. Jes., πεντεκαίδεκα εἰς τοὺς Γ' ἐγέγραπτο καὶ διώρθωσα πέντε καὶ εἴκοσι, οἱ ε' σίκλοι ἔν τισι. [Totus hic versus ita in C : Καὶ στάθμια, καὶ ὀβολοὶ, εἴκοσι σίκλοι, πέντε καὶ εἴκοσι σίκλοι, δέκα καὶ πέντε σίκλοι ἡ μνᾶ ἔσται ὑμῖν. Drach.]

V. 13. Οἱ Γ', ἀπὸ τοῦ κόρου. Idem. Hieronymus vero : « Qui supra pro *Ephi mensuram*, et pro *bato chœnica* dixerant, et pro *coro Gomor*, pro ... *pendiculum*, et hic pro *Ephi* posuere ... et pro *coro* nunc *gomor*, nunc ipsum ... mensura olei pro *bato* κοτύλην, i. e. ... [Bis occurrit מכחור hoc in commate. LXX ... prius, ἀπὸ τοῦ γομόρ, alterum vero, ἀπὸ ... — C, ἕκτον τοῦ οἰφι, absque αὐτοῦ. Drach.]

V. 14. Ἄλλος, καὶ τὸ δικαίωμα. Ms. Jes.

Ibid. Ms. Jes., ἐλαίου δέκατον. Θ., μετρή...

Ibid. Ἀ., ὁ βάτος ὁ μετρήτης etc. Has lec... exhibet Ms. Jes. [Totus versiculus 14 ita in C ... τὰ προστάγματα τοῦ ἐλαίου κοτύλην ἐλαίου ※ ... την ⁚, ※ ἀπὸ δέκα κοτυλῶν αἱ δέκα κοτυλῶν, ... κοτύλαι γομόρ, ⁚ ὅτι αἱ δέκα κοτύλαι εἰσὶ ... Drach.]

V. 15. Hieronymus : « Quod nos interpreta... mus, *de his quæ nutriunt Israel* (*al.* nutrit), ... braico scriptum est MEMMASCE, quod Aq... interpretati sunt, ἀπὸ τῶν ὑδάτων. LXX a... ἀπὸ τῶν ποτιστηρίων : quorum alterum de irri... alterum de canalibus, sive piscinis sonat. » Dr... suspicabatur legendum ποτιστηρίων [hoc S. Hiero]nymi loco], et quidem optime : nam sic habe[t] noster Sangermanensis antiquissimus chara[ct.] Saxonico; editi vero, ποτηρίων. Lectio LXX ... ἐκ πασῶν τῶν πατριῶν, corruptissima est. [Sc...]nerus post hæc S. Hieronymi verba allata, q... Unde igitur venit nostra lectio? Nimirum, S... πατριῶν. Responditque : πατριῶν pro ... irrepsit, et sciolus infersit πασῶν. — Ad ... versionis τῶν LXX, Lamb. Bos : « Pro θυσια... et Sym., δῶρα. Th., μαναά. » — C, Καὶ πρόσ...

EZECHIELIS CAPUT XLVI.

ΤΟ ΕΒΡΑΙΚΟΝ.	ΤΟ ΕΒΡΑΙΚΟΝ Ἑλληνικοῖς γράμμασι.	ΑΚΥΛΑΣ.
2 מחוץ	2.	2.
5 ומנחה איפה — Ὁ Σύρος, καὶ Μανά.	5.	5. Καὶ δῶρον.
6 בן־בקר	6.	6.
12 נדבה	12.	12.
13 תמים	13.	13. Τέλειον.
14 ומנחה לרס	14.	14. Καὶ δῶρον.
16 תהיה אחזתם היא	16.	16.
17 הדרור	17.	17.
18 להונתם	18.	18. . . . .
23 המירות	23.	23. Στιβάδας.

VERSIO HEBRAICI TEXT.	VULGATA LATINA.	AQUILA.
2. Deforis.	2. Deforis.	2.
5. Et munus. *Syrus*, et manaa. Epha.	5. Et sacrificium. Ephi.	5. Et donum.
6. Filium bovis.	6. De armento.	6.
12. Spontaneum.	12. Spontaneum.	12.
13. Integrum.	13. Immaculatum.	13. Perfectum.
14. Et munus. Ad subigendam (similam).	14. Et sacrificium. Ut misceatur (similæ).	14. Et donum.
16. Erit possessio eorum ipsa.	16. Filiorum suorum erit : possidebunt eam.	16.
17. Libertatis.	17. Remissionis.	17.
18. Ad opprimendum eos.	18. Per violentiam.	18. Ut affligat eos atque contristet.
23. Parietes.	23. Culinæ.	23. Stibadas.

ἀπὸ τῶν προβάτων ἀπὸ τῶν διακοσίων ✢ ἀφαίρεμα πασῶν, ⁚ ἀπὸ τῶν ποτιστηρίων τοῦ Ἰσραὴλ, εἰς σίας, καὶ ὁλοκαυτώματα (absque εἰς), καί etc. ACH.]

V. 16. C, καὶ πᾶς ὁ λαὸς ⁎ τῆς γῆς ⁚ Hebr. et lg., omnis populus terræ. Mox, ἀφηγουμένῳ τῷ ραήλ. DRACH.

V. 17. A., S., *donum*. Hieronymus. [Cf. quæ adavimus ad ỿ 15. — C, οἴκου Ἰσραὴλ· ὁ αὐτοῖς ιήσει τὰ ὑπὲρ ἁμαρτίας, καὶ τὴν θυσίαν, καὶ τὰ ›καυτώματα, absque τοῦ, etc. DRACH.]

V. 18. S., *taurum*. Hieronymus. Et mox idem: ., *Azara*. [C, in ỿ 18, τάδε λέγει Κύριος ὁ Θεός. ACH.]

V. 20. Θ., Σ., ⁎ ἀγνοοῦντος etc. Ms. Jes. [In C us ỿ 20 ita: καὶ οὕτως ποιήσεις ἐν τῇ ἑβδόμῃ τοῦ νὸς ⁎ παρ' ἑκάστου ⁎ ἀγνοοῦντος καὶ ἀπονήτου ge ἀνοήτου), ⁚ καὶ ἐξιλάσασθαι (ἐξιλάσεσθε?) τὸν κον. DRACH.]

V. 21. C, τέσσαρες καὶ δεκάτῃ ⁎ ἡμέρᾳ ⁚ τοῦ ηνός. Hebr. et Vulg., quartadecima die mensis. RACH.

V. 22. C, ἐν ἐκείνῃ τῇ ἡμέρᾳ ὑπὲρ ἑαυτοῦ ✢ καὶ οῦ οἴκου, ⁚ Quæ sub obelo, desunt in Hebr. Mox, όσχον ἐκ βοῶν. Hebr. duntaxat, *juvencum*. IDEM.

V. 24. [C, καὶ πέμμα τῷ μόσχῳ, καὶ πέμμα (ed. om., πέμματα, Hebr., *et epha*. Vulg., *et ephi*) τῷ ριῷ ποιήσεις, καὶ ἐλαίου τὸ ἲν (ed. Rom., εἶν) τῷ έμματι. DRACH.] — Schol. σεμίδαλιν. Drusius ad ocem מנחה ubi LXX habent, πέμμα. Quæ vox vere on ad מנחה refertur, hæc enim præmittitur in edione τῶν O', sed ad sequentem איפה quam LXX ab אפה *coquere*, derivantes vertunt πέμμα, *coctionem*. Male igitur in editione Romana, ut ait Drusius, ad vocem πέμμα notant ex Theodoreto: μαναὰ est sacrificium σεμιδάλεως, nam hæc pertinent ad præcedentem vocem מנחה quæ in LXX non exprimitur. Hic autem Hieronymus: « Pro *Ephi*, quæ est decima pars cori, LXX transtulerunt πέμμα, quod in nostra lingua *coctionem* sonat. »

Ibid. Drusius: הין εἶν, *hin*. Theodoretus, τὸ εἶν παρὰ τῷ Σύρῳ ἡμίναν εὗρον. Quæ verba significant pro *hin* Syrum *heminam* transtulisse, aut exposuisse. Idem Ezech. 4, τὸ δὲ εἶν μέτρον ἦν παρ' αὐτοῖς, οὗ τὸ ἕκτον κατὰ τὸν Σύρον ἥμισυ ξέστου ἐχώρει. (*I. e.* Hin autem mensura erat apud illos, cujus sexta pars secundum Syrum, dimidium Sextarii capiebat.) Polychronius: τὸ ἲν Ἑβραϊκὸν ὂν, σημαίνει τοῦ ξέστου τὸ ὄγδοον. (*I. e.* Hin Hebraicum, significat Sextarii octavam partem.) Apollinarius: τὸ ἲν ποιεῖ δύο χόεις. (*I. e.* Hin duo choas facit.) Hactenus Drusius, cujus annotationi Græcorum locorum interpretationes adjecimus. Hic autem vides Theodoretum nec sibi ipsi, nec Polychronio consentire circa mensuram hin. Apollinarius vero cum secundo Theodoreti loco convenit, ubi dicitur hin esse sextam dimidii Sextarii, seu heminæ, partem. Nam chus est cotylæ duodecima pars: cotyla autem dimidium sextarii: unde sequitur choas duos esse sextam partem dimidii Sextarii. Vide Analecta Græca nostra, p. 395.

V. 25. Οἱ Γ', ⁎ ἡμέρᾳ. Ms. Jes. [C, Καὶ ἐν τῷ ἑβδόμῳ, πέντε καὶ δεκάτῃ ⁎ ἡμέρᾳ ⁚ τοῦ μηνός. DRACH.]

EZECHIELIS CAPUT XLVI.

ΣΥΜΜΑΧΟΣ.	Ο'.]	ΘΕΟΔΟΤΙΩΝ.
2.	2. Τῆς ἔσωθεν. Ἄλλος, ἔξωθεν.	2.
5.	5. Καὶ Μαναά.	5. Καὶ θυσία.
	Πέμμα. Ἄλλος, οἰφί.	
6.	6. *Vacat.*	6. ⁎ Υἱὸν βουκολίου.
12.	12. Ὁμολογίαν. Ἄλλος, ἑκούσιον.	12.
13.	13. Ἄμωμον.	13.
14. Καὶ δῶρον.	14. Καὶ μαναά.	14. Καὶ θυσία.
.....	Τοῦ ἀναμίξαι.	
16.	16. Ἔσται κατάσχεσις.	16. Ἔσται κατάσχεσις ⁎ αὐτῶν αὕτη.
17.	17. Ἀφέσεως.	17. Δερώρ.
18.	18. Τοῦ καταδυναστεῦσαι αὐτούς.	18.
23. Περιφράγματα.	23. Μαγειρεῖα.	23. Τειρώθ.

SYMMACHUS.	LXX INTERPRETES.	THEODOTIO.
2.	2. Interioris. *Alius*, deforis.	2.
5.	5. Et manaa.	5. Et sacrificium.
	Coctionem. *Alius*, œphi.	
6.	6. *Vacat.*	6. Filium bucolii.
12.	12. Confessionem. *Alius*, spontaneum.	12.
13.	13. Immaculatum.	13.
14. Et donum.	14. Et manaa.	14. Et sacrificium.
Ut aspergatur.	Et miscendam.	
16.	16. Erit possessio.	16. Erit possessio eorum hæc.
17.	17. Remissionis.	17. Deror.
18. Ut affligat eos atque consistet.	18. Opprimendo eos.	18.
23. Septa.	23. Culinæ.	23. Tiroth.

Notæ et variæ lectiones ad cap. XLVI Ezechielis.

V. 1. C, ἐν δὲ τῇ ἡμέρᾳ τῶν σαββάτων ἀνοιχθήσεται. Quæ hic desiderantur post σαββάτων, scil., ἀνοιχθῇ, καὶ ἐν τῇ ἡμέρᾳ τῆς νουμενίας, omissa sunt a scriptore ex ὁμοιοτελεύτῳ verbi ἀνοίγω, et formæ ἀνοιχθ. Drach.

V. 2. Ἄλλος, ἔξωθεν. Drusius. [Lamb. Bos : « Pro τὰ ὁλοκαυτώματα αὐτοῦ, Sym., τὴν προσφορὰν αὐτοῦ. » Drach.]

V. 3. Hujus versus binas dant LXX versiones. Quarum altera, quæ tamen in C obelo prænotatur, sola ad verbum concinit cum Hebraico textu. Dr.

V. 4. C, Καὶ τὰ ὁλοκαυτώματα ἃ προσοίσει. Heb., et holocaustum quod offeret. Idem.

V. 5. Ἀ., καὶ δῶρον etc. Drusius. Ibid. Ἄλλος, οἰφί. Idem. Hieron. vero : « Ubi nos diximus *sacrificium*, LXX ipsum Hebraicum verbum posuere μαναά, quod A., *donum*, vel *sacrificium*, Th., *sacrificium* transtulit. » Theodoretus, μαναὰ ὁ Σύρος ἡρμήνευσε τὴν ἐκ σεμιδάλεως θυσίαν. [Ad καὶ μαναά adnotat L. Bos : « Syrus, θυσίαν τῆς σεμιδά[λεως]. C, δόμα τῆς χειρός, et mox, τὸ ἴν. Drach.]

V. 6. Θ., υἱὸν βουκολίου. Ms. Jes. [C, ※ βοὸς υἱὸν βουκολίου, ⁚ ἄμωμον, ÷ καὶ ἓξ ... καὶ κριὸν, ἄμωμα ἔσται. Hebr., integri erunt.

V. 7. Ad vocem μαναά, Theodoretus, ... ἡρμήνευσε, τὴν τῆς σεμιδάλεως θυσίαν. — μόσχῳ... κριῷ, ut Hebr. et Vulg. Mox ἴν, c... stanter. Drach.

V. 9. C, τῆς πύλης τῆς πρὸς Βοῤῥᾶν... τῆς πρὸς Νότον... οὐκ ἀναστρέψει κατὰ τὴν ὁδὸν τῆς πύλης, ἧ εἰσελήλυθεν. Idem.

V. 10. C, ÷ μετ' αὐτῶν ⁚ Deest in Hebr.

V. 12. Ἄλλ., ἑκούσιον. Drusius. [Bis ... vox נדבה hoc in versu ; prius reddit textus C, ὁμολογίαν, alterum ἑκούσιον. C enim ... δὲ ποιήσῃ ὁ ἀφηγούμενος ὁμολογίαν (נדבה) ... τωμα, ※ ἢ σωτηρίου ἑκούσιον ⁚ (נדבה). — ...

EZECHIELIS CAPUT XLVII.

ΤΟ ΕΒΡΑΙΚΟΝ.	ΤΟ ΕΒΡΑΙΚΟΝ Ἑλληνικοῖς γράμμασι.	ΑΚΥΛΑΣ.
1 יוצאים מתחת מפתן הבית	1.	1.
3 בצאת־האיש Ὁ Ἑβρ., καὶ ἰδοὺ ἐν τῷ ἐξιέναι τινὰ ἄνθρωπον, εἴστηκεν ἐξ ἐναντίας.	3.	3.
אלף באמה		
4 אפסים	4.	4. Ἕως ἀστραγάλων.
ברכים		
5 אלף נחל	5.	5. Χιλίους ※ χειμάῤῥους.
8 האלה יוצאים אל־הגלילה Ὁ Ἑβρ., τοῦτο τὸ ὕδωρ πρῶτον ἐκπορεύεται εἰς τὴν Γαλιλαίαν.	8.	8.
על־הערבה Ὁ Ἑβραῖος, ἐπὶ δυσμάς.		Εἰς ὁμαλήν.
המוצאים Ὁ Ἑβραῖος, τῆς ἁλμυρᾶς τῆς θαλάσσης.		
11 ולא ירפאו למלח נתנו	11.	11.

VERSIO HEBRAICI TEXT.	VULGATA LATINA.	AQUILA.
1. Egredientes de sub limine domus.	1. Egrediebantur subter limen domus.	1.
3. In egrediendo virum. *Hebr. interpr.*, et ecce cum exiret quidam homo, stetit ex adverso.	3. Cum egrederetur vir.	3.
Mille cubitos.	Mille cubitos.	
4. Talorum.	4. Usque ad talos.	4. Usque ad talos.
Poplitum.	Usque ad genua.	
5. Mille, torrens.	5. Mille, torrentem.	5. Mille torrentes.
8. Istæ egredientes ad tumulum. *Hebræus*, hæc aqua primum egreditur in Galilæam.	8. Aquæ istæ quæ egrediuntur ad tumulos sabuli.	8.
Super planitiem. *Hebræus*, in Occidentem.	Ad plana deserti.	In planitiem.
Eductæ. *Hebræus int.*, salsuginis maris.	Et exibunt.	
11. Et non sanabuntur, in salem dabuntur.	11. Et in paluatribus non sanabuntur, in salinas dabuntur.	11.

Notæ et variæ lectiones ad cap. XLVI Ezechielis.

Bos etiam Aquilam, Sym. et Th. habere
v. DRACH.]
.. 'A., τέλειον. Drusius. Hieronymus item,
fectum. [C geminat πρωΐ, ut Hebr. DRACH.]
. 'A., Σ., καὶ δῶρον. Drusius ex Hieronymo,
a.
S., ut aspergatur. Hieronymus. [Quæ Græca
ppetebant Montfauconio exhibet Lamb. Bos
m., τοῦ ἐπιῤῥάναι τὴν σεμίδαλιν, *ad asper-*
similam. — C, τὸ πρωΐ πρωΐ... πρόσταγμα
νιον ⁚ διαπαντός. Hebr., statuta æternitatis
. DRACH.]
6. Θ., ⁜ αὐτῶν αὕτη. Ms. Jes. [Ita etiam C,
sso asterisco. — Idem C, τάδε λέγει Κύριος
; · Ἐὰν δῷ ὁ ἀφηγούμενος δόματα. Sed Hebr.,
. DRACH.]
7. Th., *deror*. Hieronymus, « *remissionis*.
psum verbum Hebraicum posuit. » [C, Ἐὰν δὲ
μα ⁜ ἐκ τῆς κληρονομίας αὐτοῦ. Hebr. et

Vulg., de hæreditate sua. Mox ἀποδοθήσεται, pro communi ἀποδώσει. DRACH.]

V. 18. A., S., *ut affligat* etc. Hieronymus. [Lamb. Bos : « Aq., τοῦ θλίψαι, *ut affligat*. Sym., τοῦ λυπῆσαι. *ut contristet*. » — C, ἐκ τῆς κληρονομίας τοῦ λαοῦ αὐτοῦ (hoc αὐτοῦ non exprimitur in Hebr.)... ἐκ τῆς κατασχέσεως αὐτοῦ, ⁜ ἀπὸ τῆς ⁜ κληρονομίας αὐτοῦ ⁚ Hebr., de hæreditate eorum ; de hæreditate (vero) sua etc. DRACH.]

V. 22. C, ÷ κατὰ τὸ κλίτος αὐλὴ, αὐλή ⁚ (hæc ὠβελισμένα desunt in Hebr.) ἐπὶ τὰ τέσσαρα κλίτη τῆς αὐλῆς, αὐλὴ μικρὰ, καὶ μῆκος σεράκοντα (l. τεσσεράκοντα) πηχῶν, καὶ εὖρος etc. DRACH.

V. 23. Hieron. : « *accubita*, quæ Aq. στιβάδας interpretatus est : S., περιφράγματα, Th. ipsum verbum Hebraicum posuit THUROTH. » Ms. noster habet TUROTH ; litera enim ט non aspiratur. [L. Bos : « Aq., πλησίον τῶν στιβάδων. Symm., περιφραγμάτων. Th., τειρώθ. » DRACH.]

EZECHIELIS CAPUT XLVII.

ΣΥΜΜΑΧΟΣ.	Ο'.	ΘΕΟΔΟΤΙΩΝ.
	1. Ἐξεπορεύετο ὑποκάτωθεν τοῦ αἰθρίου. *Ἄλλος*, ἐξεπορεύετο ἀπὸ τοῦ οὐδοῦ τῆς θύρας.	1.
	3. Καθὼς ἔξοδος ἀνδρὸς ἐξεναντίας.	3.
	Χιλίους ⁜ πήχεις ⁚ ἐν τῷ μέτρῳ.	
Ἕως ἀστραγάλων.	4. Ἀφέσεως.	4. Ἕως ἀστραγάλων.
	Ἕως τῶν μηρῶν. *Ἄλλος*, ἕως τῶν γονάτων.	
	5. Χιλίους.	5. Χιλίους ⁜ χειμάῤῥους. ⁚
	8. Τὸ ὕδωρ τοῦτο τὸ ἐκπορευόμενον εἰς τὴν Γαλιλαίαν.	8.
Ἐπὶ τὴν ἀοίκητον.	Ἐπὶ τὴν Ἀραβίαν.	Ἀραβά.
	Τῆς διεκβολῆς.	
	11. Οὐ μὴ ὑγιάσωσιν· εἰς ἅλας δέδονται. *Ἄλλος*, τὰ ἐξώτερα τῆς θαλάσσης οὐκ ἰαθήσεται. *Ἄλλος*, καὶ οὐ μὴ ἰαθῇ, εἰς ἅλας δοθήσονται.	11.

SYMMACHUS.	LXX INTERPRETES.	THEODOTIO.
1.	1. Egrediebatur de subdio. *Alius*, egrediebatur e limine portæ.	1.
3.	3. Sicut exitus viri ex adverso.	3.
	Mille cubitos in mensura.	
4. Usque ad talos.	4. Remissionis.	4. Usque ad talos.
	Usque ad femora. *Alii*, usque ad genua.	
5.	5. Mille.	5. Mille torrentes.
8.	8. Aqua ista egrediens in Galilæam.	8.
In inhabitabilem.	In Arabiam.	Araba.
	Exitus.	
11.	11. Non sanabunt : in sales data sunt. *Al.*, exteriora maris non sanabuntur. *Alius*, et non sanabuntur, in salem dabuntur.	11.

ΤΟ ΕΒΡΑΙΚΟΝ.	ΤΟ ΕΒΡΑΙΚΟΝ Ἑλληνικοῖς γράμμασι.	ΑΚΥΛΑΣ.
12 לא־יבול עלהו	12.	12.
לחדשיו יבכר		
פריו		Ὁ καρπὸς ※ αὐτοῦ.
16 חצר התיכון	16.	16.
17 צפונה וגבול חמת ואת פאת צפון	17.	17.
18 חורן	18.	18.
19 מתמר	19.	19.

VERSIO HEBRAICI TEXT.	VULGATA LATINA.	AQUILA.
12. Non defluet folium ejus.	12. Non defluet folium ex eo.	12.
In mensibus suis maturabit.	Per singulos menses afferet primitiva.	
Fructus ejus.	Fructus ejus.	Fructus ejus.
16. Chaser medium.	16. Domus Tichon.	16.
17. Ad Aquilonem, et terminum Hemath, et angulum Aquilonis.	17. Ad Aquilonem : terminus Emath, plagæ Septentrionalis.	17.
18. Hauran.	18. Auran.	18.
19. A Thamar.	19. A Thamar.	19.

Notæ et variæ lectiones ad cap. XLVII Ezechielis.

V. 1. Ἄλλος, ἐξεπορεύετο etc. Drusius ex Polychronio. [Post αἰθρίου addit C, τοῦ οἴκου. Mox, ἐπέβλεψε κατὰ ἀνατολάς, καὶ ὕδωρ κατέβαινεν ἀπὸ τοῦ κλίτους ※ τοῦ οἴκου ⁚ Hebr., a latere domus. Dr.]

V. 2. C, Καὶ ἐξήγαγέ με κατὰ τὴν ὁδὸν τῆς πύλης πρὸς Βοῤῥᾶν, καὶ περιήγαγέ με τὴν ὁδὸν πύλης ἔξωθεν ※ πρὸς τὴν πύλην τὴν ἔξω ⁚ τῆς αὐλῆς τῆς βλεπούσης etc. Drach.

V. 3. Ὁ Ἑβρ., καὶ ἰδοὺ etc. Ex Polychronio.

Ibid. ※ Πήχεις. Ms. Jes. [C, καὶ διεμέτρισε (sic) χιλίους πήχεις. Drach.]

V. 4. Ἀ., Σ., Θ., ἕως ἀστραγάλων. Ms. Jes. sine nomine Interpretum. Verum Hieronymus : « A., S., Th., ἀστραγάλους interpretati sunt. » Ubi accusativum casum ad seriem suam adaptat, ut sæpe alibi. [L. Bos : « Pro ἀφέσεως, Aq., Sym., Th., ἕως τῶν ἀστραγάλων. » — C, καὶ διεμέτρησε χιλίους ἐν τῷ μέτρῳ. Sed Hebr. non fert *in mensura*. Drach.]

Ibid. Ἄλλος, ἕως τῶν γονάτων. Ex Ms. Jes.

V. 5. Ἀ., Θ., ※ χειμάῤῥους. Ex eodem. Ibid. ἐξυβρίζων. Ms. Jes. ad marg., ἐκβράζον. [C, καὶ διεμέτρησε χιλίους χειμάῤῥους, καὶ οὐκ ἠδύνατο διελθεῖν, ὅτι ἐξύβριζον (l. ἐξύβρισεν) τὸ ὕδωρ, etc. Drach.]

V. 6. C, καὶ ἀπήγαγέ με, ※ καὶ ἀπέστρεψέ με ⁚ ἐπὶ etc. Drach.

V. 7. C non habet ἐπὶ τοῦ χείλους τοῦ ποταμοῦ, quæ tamen exsistunt in Hebr. Idem.

V. 8. Ὁ Ἑβραῖος, τοῦτο τὸ ὕδωρ etc. Ms. Jes. Hieron. vero : « Deinde pro *Galilæa*, quæ Hebraice dicitur GALILA, Aq., θῖνας... quod *tumulos* significat *arenarum*, S., μεθόριον, quod nos possumus transferre *confinium*. » In ms. nostro legitur θῖνας, et μεθόριον recte, secus quam in editis nonnullis, ubi θηνὰς et μετόριον legitur. Nota vero ms. Jes. sic habet : Σαφέστερον παρὰ τῷ Ἑβραϊκῷ ἡ ῥῆσις· φησὶ γάρ, τοῦτο τὸ ὕδωρ πρῶτον ἐκπορεύεται εἰς τὴν Γαλιλαίαν. I. e. Clarius effertur sententia apud Hebraicum ; dicitur enim, *Hæc aqua primo egreditur in Galilæam*. [L. Bos : « Pro εἰς τὴν Γαλιλαίαν, Aq., εἰς θῖνας ἀνατολικάς. Sym., εἰς τὸ μεθόριον ἀνατολῆς. » — C, τὸ ὕδωρ τοῦτο et Ἀῤῥαβίαν. Drach.]

Ibid. Ἀ., εἰς ὁμαλήν. Σ., ἐπὶ τὴν ἀοίκητον. Ἀ., Ἀραβά. Hieronymus : « Pro *Arabia* quoque Sym., *inhabitabilem*, Aq., *humilia*, vel *plana*, Th., Arabam (in editis legitur *arabas*). Ms. vero Jes. in hæc verba, κατέβαινεν ἐπὶ τὴν Ἀραβίαν, hæc notat in margine : *ἀοίκητον*. Ὁ δὲ Ἑβραῖος, ἐπὶ ἑσπέραν φησίν. Ἡ δὲ ἀσάφεια ἀπὸ τοῦ τὸ Ἀραβὰ καὶ ἑσπέρας δηλοῦν, καὶ *ἀοίκητον*. Ἔοικεν δὲ τὸ ... καὶ ὁ Ἑλληνικὸς σημαίνειν προσθεὶς τὸ, ἤρχετο ἐπὶ τὴν θάλασσαν. Ἡ γὰρ Γραφὴ πολλάκις τὴν θάλασσαν ἐπὶ τοῦ τῆς δύσεως μέρους λαμβάνει. Ἐπιστητέον δὲ μὴ τὸ, *κατέβαινεν ἐπὶ τὴν Ἀραβίαν*, τὴν ἀρχὴν ἐπὶ τὴν Ἀραβὰ ἐξεδόθη, τὴν Ἑβραϊκὴν θέντων φωνὴν τῶν ἑρμηνευσάντων. I. e. *Inhabitabilem*. Hebræus vero, *ad Occidentem* ait. Obscuritas autem hinc procedit, quod *Araba* et *Occidentem* significet et *inhabitabilem*. Videtur porro illud Græcum etiam textus significare, adjiciens, *veniebat usque ad mare*. Nam Scriptura plerumque mare pro Occidentali parte accipit. Animadvertendum autem est, non illud, *descendebat in Arabia*, sic initio positum fuerit, *in Araba* : vocem Hebraicam ponentibus Interpretibus.

Ibid. Ὁ Ἑβραῖος, τῆς ἁλμυρᾶς. Ms. Jes. sic habet : Ὁ Ἑβραῖος ἀντὶ τῆς διεκβολῆς, τῆς ἁλμυρᾶς τῆς θαλάσσης ἔχει. I. e. Hebræus pro *exitus*, habet *salsuginis maris*.

V. 9. C, καὶ ζήσεται πᾶν ἐφ' ᾧ ἂν ἐπέλθῃ ※ ἐκεῖ ὁ ποταμὸς, καὶ ζήσεται. Drach.

V. 10. C, Καὶ στήσονται ἐπ' αὐτοῦ ἁλιεῖς, ἀπὸ Ἰνγαδδὶ ἕως Αἰνγαλλίμ... Mire variant hic exemplaria. Alex. et Theodor., Ἐνγαδδεὶν. Aliter, juxta

ΣΥΜΜΑΧΟΣ.	Ο'.	ΘΕΟΔΟΤΙΩΝ.
	12. Οὐ μὴ παλαιωθῇ ἐπ' αὐτοῦ. *Ἄλλος*, οὐκ ἀποῤῥυήσεται τὸ φύλλον αὐτοῦ.	12.
	Τῆς καινότητος αὐτοῦ πρωτοβολήσει. *Ἄλλος*, εἰς τοὺς μῆνας αὐτοῦ πρωτογεννήσει.	
	Ὁ καρπός.	Ὁ καρπὸς ⋇ αὐτοῦ.
	16. Αὐλὴ τοῦ Σαυνάν. *Ἄλλος*, αὐλαὶ τῶν Θίχων.	16.
	17. *Vacat.*	17. ⋇ Κατὰ Βοῤῥᾶν καὶ τὸ ὅριον Αἰμὰθ, καὶ τὸ ὅριον Βοῤῥᾶν.
	18. Ἀωρανίτιδος. *Ἄλλος*, Αὐράν.	18.
	19. Καὶ φοινικῶνος. *Οἱ λοιποὶ*, ἀπὸ Θαμάρ.	19.

SYMMACHUS.	LXX INTERPRETES.	THEODOTIO.
	12. Non veterascet in eo. *Alius*, non defluet folium ejus.	12.
	Renovationis suæ primitiva dabit. *Alius*, in menses suos primogenita afferet.	
	Fructus.	Fructus ejus.
16. Atrium medium.	16. Atrium Saunan. *Al.*, atria Thichon.	16.
17.	17. *Vacat.*	17. Ad Aquilonem, et terminum Æmath, et terminum Aquilonem.
18.	18. Aoranitidis. *Alius*, Auran.	18.
19.	19. Et palmeto. *Reliqui*, a Thamar.	19.

Notæ et variæ lectiones ad cap. XLVII Ezechielis.

bilium, apud Theodor., Ἡνγαδδί. Ald., Ἀγαδδίν. Complut., Ἐγγαδδί. Ed. Rom., Ἰνγαδείν. Et pro eadem editionis Ἐναγαλλείμ, VM et Alex., Ἐναλείμ. IDEM.

V. 11. Ms. Jes., ἀντὶ τοῦ, τὰ τέλη αὐτοῦ, ἢ τὰ ἐξώτερα τῆς θαλάσσης οὐκ ἰαθήσεται, οὕτως γὰρ καὶ Ἑβραῖος ἔχει. [C, ÷ καὶ ἐν τῇ ἐπιστροφῇ αὐτοῦ, ⁚ Merito hæc ὀβελίζονται, quorum ne vestigium quidem in Hebr. veritate. DRACH.]

V. 12. *Ἄλλος*, οὐκ ἀποῤῥυήσεται etc. Drusius. Hieronymus vero : *Non defluet folium ex eo*, sive *non veterascet ex eo*.

Ibid. *Ἄλλος*, εἰς τοὺς μῆνας etc. Drusius. Ms. vero Jes. ἐν ἄλλοις, *εἰς τοὺς μῆνας αὐτοῦ πρωτογεννήσει*. Hieron. : « *Per singulos menses afferet primitiva* : sive, ut in LXX scriptum est, *fructus ejus in renovatione sui primitiva dabit*. » [C, καὶ ἔσται ὁ καρπὸς αὐτοῦ εἰς βρῶσιν, καὶ ἀνάβασις αὐτοῦ εἰς ὑγίειαν. Hebr., et erit fructus ejus in cibum et folium ejus in medicamentum. DRACH.]

Ibid. Ἀ., Θ., ⋇ αὐτοῦ. Ms. Jes.

V. 13. C, Τάδε λέγει Κύριος ὁ Θεός· Ταῦτα τὰ ὅρια, ἃ κατακληρονομήσετε, Hebr. terminus, quem hæreditabitis. DRACH.

V. 14. C, ἦρα πρῶτον, *primum*, τοῦ δοῦναι etc. Sed Hebr., levavi manum meam. IDEM.

V. 15. C ita claudit versum : τῆς εἰσόδου Σεδδαδά. Hebr., ad veniendum in Sedad. Vulg., venientibus Sedada. IDEM.

V. 16. S., *atrium medium*. Hieronymus. Complut., αὐλαὶ τῶν Θίχων. Ubi exprimitur vox Hebraica תִּיכוֹן. [Lamb. Bos : « Complut., Θιχιών, quod Theodotionis est. Sym., ἡ μέση. — Totus versus noster in C ita : Ἐμὰθ, Βηρωθὰ, Σαβαρὶμ τὴν ἀναμέσον ὁρίων Δαμασκοῦ, καὶ ἀναμέσον ὁρίων Ἡμὰθ, αὐλαὶ τοῦ Θιχὼν, αἵ εἰσιν ἐπάνω τῶν ὁρίων Ἀβρανίτιδος. DRACH.]

V. 17. Θ., ⋇ κατὰ Βοῤῥᾶν etc. Ms. Jes. [C, ἀπὸ τῆς αὐλῆς τοῦ Ἡνᾶν, ὅρια Δαμασκοῦ, καὶ τὰ πρὸς Βοῤῥᾶν ⋇ κατὰ Βοῤῥᾶν· ⋇ καὶ τὸ ὅριον Ἀσιμὰθ, καὶ τὸ ὅριον Βοῤῥᾶ. DRACH.]

V. 18. Hieron. : « *Auran*, quam LXX in Græcum vertere sermonem, *Auranitidis*, quod *iracundiam* sonat. » [Edit. Rom., Λωρανίτιδος. Hoc nomen male, quia nimis cursim, legit Montf. Ἀωρονίτιδος. VM, Λωρανείτιδος. Alex., Ὡρανίτιδος. Ald. et Compl., ut etiam C, necnon apud S. Hier., Αὐρανίτιδος. — Pro Γαλααδίτιδος editionis Rom., C habet Γαλαδίτιδος. DRACH.]

V. 19. *Οἱ λοιποὶ*, ἀπὸ Θαμάρ. Drusius. Hieronymus in libro Locorum. [Addenda hic Syri lectio, quæ fugit Montfauconium. Eam autem suppeditat Theodoretus, qui diserte in commentario ad hunc locum : *ἕως ὑδάτων ἀντιλογίας*· οὕτω γὰρ τὸ *Μαριμὼθ* (Senum) ὁ Σύρος ἡρμήνευσεν. — C, ... ἀπὸ Θαιμὰν ÷ καὶ φοινικῶνος ⁚ ἕως ὕδατος Μαριμὼθ Κάδης, παρεκτεῖνον etc. DRACH.]

V. 20. C, τῆς θαλάσσης, ⋇ θαλάσσης ⁚ (geminatur etiam in Hebr.) τῆς μεγάλης ὁρίζει, ἕως κατέναντι τῆς εἰσόδου Ἡμὰθ ÷ ἕως εἰσόδου αὐτοῦ, ⁚ ταῦτά ἐστι τὰ πρὸς θάλασσαν ÷ Ἡμάθ. ⁚ Quæ obelo præsignantur absunt ab Hebr. DRACH.

V. 21. C, διαμετρήσετε. IDEM.

V. 22. C, καὶ ἔσονται ὑμῖν ὡς αὐτόχθονες. Etiam Hebr. et Vulg., *vobis*. Mox, μεθ' ὑμῶν ἔσονται ἐν κληρονομίᾳ. Hebr., vobiscum cadent. I. e., sorte divident. IDEM.

V. 23. C, καὶ ἔσονται ἐν φωνῇ. Sed manifestum ἁμάρτημα γραφικόν, pro φυλῇ. Hebr. et Vulg., tribu. IDEM.

EZECHIELIS CAPUT XLVIII.

ΤΟ ΕΒΡΑΙΚΟΝ.	ΤΟ ΕΒΡΑΙΚΟΝ Ἑλληνικοῖς γράμμασι.	ΑΚΥΛΑΣ
2 גבול דן	2.	2. Τὸ ὅριον τοῦ Δάν.
9 עשרת אלפים	9.	9.
10 ולאלה תהיה תרומת־הקדש לכהנים	10.	10.
רחב עשרת אלפים וקדימה רחב עשרת אלפים ונגבה ארך חמשה ועשרים אלף		
15 חל ולמגרש	15.	15. Βέβηλον.
21 אל־פני	21.	21.
24 גבול	24.	24. Τὸ ὅριον.
28 מריבת	28.	28. Διαδικασμοῦ.
30 תוצאת	30.	30. Διέξοδοι.

VERSIO HEBRAICI TEXT.	VULGATA LATINA.	AQUILA.
2. Terminum Dan.	2. Terminum Dan.	2. Terminum Dan.
9. Decem millium.	9. Decem millibus.	9.
10. Et istis erit oblatio sanctitatis sacerdotibus.	10. Hæ autem erunt primitiæ sanctuarii sacerdotibus.	10.
Latitudinis decem millia, et ad Orientem latitudinis decem millia; et ad meridiem longitudinis quinque et viginti millia.	Latitudinis decem millia, sed et ad Orientem latitudinis decem millia, et ad Meridiem longitudinis viginti quinque millia.	
15. Profanum.	15. Profana.	15. Profanum.
Et in suburbanum.	Et in suburbana.	
21. Ad facies.	21. E regione.	21.
24. Terminum.	24. Terminum.	24. Terminum.
28. Contradictionis.	28. Contradictionis.	28. Litis.
30. Egressus.	30. Egressus.	30. Exitus.

Notæ et variæ lectiones ad cap. XLVIII Ezechielis.

V. 1. Αὐλῆς Αἰναν. Drusius. Complut. vero, Αἰνών. [Hebr., חצר־עינן. Vulg., atrium Enan. LXX, αὐλῆς τοῦ Αἰλάμ. Ita etiam C et VM. Alex., αὐλῆς τοῦ Αἰνάν.—C, κατὰ μέρος Ἡμὰθ ✢ αὐλῆς, ⁏ Deest *atrii* in Hebr. Drach.]

V. 2. Ἀ., Σ., τὸ ὅριον τοῦ Δάν. Idem Drusius. Et ✝ 9. Ἄλλος, ἀπαρχή. Idem, ex Complut.

V. 2, 3. C, Ἀσήρ. Et sic ✝ 34. Drach.

V. 6, 7. C, Ῥουβίν. Idem.

V. 8. C, Καὶ ἀπὸ τῶν ὁρίων Ἰούδα, ἀπὸ τῶν πρὸς ἀνατολὰς, ἕως τῶν πρὸς θάλασσαν. Hebr., usque ad angulum versus mare. Vulg., usque ad plagam maris. Idem.

V. 9. Ἄλλος, δέκα χιλιάδες. Drusius. [C, ἀπαρχὴ, ἣν ἀφοριοῦσι. Et mox, καὶ εὖρος πέντε χιλιάδες. Drach.]

V. 10. Ἄλλος, καὶ αὗται etc. Idem.

Ibid. ⋇ εὖρος etc. Idem. [C, καὶ πρὸς θάλασσαν πλάτος δέκα χιλιάδες, καὶ πρὸς Νότον μῆκος εἴκοσι πέντε χιλιάδες, καὶ ἔσται τὸ ὄρος τῶν ἁγίων ἐν μέσῳ αὐτοῦ. Drach.]

V. 11. C, ἐν τῇ πλανήσει Ἰσραήλ, absque quod tamen legitur in Hebr. Drach.

V. 13. C, in fine commatis, καὶ εὖρος ... Rom., εἴκοσι) χιλιάδες. Hebr. et Vulg., ... decem mil. Idem.

V. 15. Ἀ., Βέβηλον etc. Hieronymus: « Quod vertimus in *profanum*, pro quo Aquila, ... Sym. et Th. λαϊκόν transtulerunt, LXX dixerunt ... τείχισμα, quod *antemurale* possumus dicere. *Profanum* autem est et *laicum*, i. e. *vulgare*, ... omni populo habitare passim licet. » [LXX legere חֵל, cum vocali tsere. Vide Catholicum nostrum lexicon Hebr. Drach.]

Ibid. Hieronymus: « Pro *suburbanis*, quæ Hebraice dicuntur MAGRAS, rursum LXX, διάστημα, i. e. *spatium*, transtulerunt. » *His addit Drusius*: « Josue xxi, 1. Hieron., *suburbana*, Symm., ...

EZECHIELIS CAPUT XLVIII.

ΣΥΜΜΑΧΟΣ.	Ο'.	ΘΕΟΔΟΤΙΩΝ.
Τὸ ὅριον τοῦ Δάν.	2. Τῶν ὁρίων τοῦ Δάν.	2.
	9. Πέντε χιλιάδες. Ἄλλος, δέκα χιλιάδες.	9.
	10. Τούτων ἔσται ἡ ἀπαρχὴ τῶν ἁγίων τοῖς ἱερεῦσι. Ἄλλος, καὶ αὗται αἱ ἀπαρχαὶ τοῦ ἁγιάσματος τοῖς ἱερεῦσιν.	10.
	※ Εὖρος δέκα χιλιάδες, καὶ πρὸς ἀνατολὰς πλάτος δέκα χιλιάδες, καὶ πρὸς νότον μῆκος εἴκοσι καὶ πέντε χιλιάδες.	
. Λαϊκόν.	15. Προτείχισμα.	15. Λαϊκόν.
	Καὶ εἰς διάστημα. Ἄλλος, καὶ εἰς προάστεια.	
.	21. *Vacat.*	21. ※ Κατὰ πρόσωπον.
. Τὸ ὅριον.	24. Τῶν ὁρίων.	24.
. Ἀντιλογίας.	28. Μαριβώθ.	28.
. Διέξοδοι.	30. Διεκβολαί.	30. Διέξοδοι.

SYMMACHUS.	LXX INTERPRETES.	THEODOTIO.
. Terminum Dan.	2. Terminis Dan.	2.
	9. Quinque millia. *Alius*, decem millia.	9.
0.	10. Horum erunt primitiæ sanctorum sacerdotibus. *Alius*, et hæ primitiæ sanctificationis sacerdotibus.	10.
	Latitudo decem millia, et ad Orientem latitudo decem millia, et ad Austrum longitudo viginti et quinque millia.	
15. Laicum.	15. Antemurale.	15. Laicum.
	Et in spatium. *Alius*, et in suburbana.	
21.	21. *Vacat.*	21. Ad faciem.
24. Terminum.	24. Terminis.	24.
28. Contradictionis.	28. Mariboth.	28.
30. Exitus.	30. Egressus.	30. Exitus.

Notæ et variæ lectiones ad cap. XLVIII Ezechielis.

τεια. Supra XLV, 2. (LXX, διάστημα) Symm., Th., *rminus et separatio*, i. e. ἀφόρισμα. Hinc liquet, ς προάστεια, quod in nonnullis codicibus, non enum esse, sed Symmachi, vel alterius interpretis. »

V. 21. Θ., ※ κατὰ πρόσωπον. Ms. Jes. [Habet tiam C sub asterisco. Idem codex non habet καὶ ἐκ τούτου, quod tamen est in Hebr. Et mox, καὶ πρὸς θάλασσαν ἐπὶ ※ πρόσωπον ⁝ ἐπὶ πέντε καὶ εἴκοσι etc. Hebr., ad facies quinque et viginti. DRACH.]

V. 22. In C ita inchoat versus noster : καὶ ἀπὸ τῆς κατασχέσεως τῶν λευϊτῶν, καὶ ἀπὸ τῆς κατασχέσεως τῆς πόλεως ἐν μέσῳ etc. Et ita Hebr. In fine commatis, C, cum Ald. et Complut., τῷ ἀφηγουμένῳ ἔσται. Hebr., principi erit. DRACH.

V. 23. LXX, μία. Aq. et Sym., ἐν. Ex L. Bos. IDEM.

V. 24. Ἀ., Σ., τὸ ὅριον. Hieronymus : de cujus sensu sine causa ambigit Drusius, ut quisque videre possit.

V. 28. Nescimus unde eruerit lectiones Aquilæ et Symmachi Montfauconius, qui nihil adnotat ad hunc versum. — Edit. Rom. et VM, Βαριμώθ. Ald. et C, Μαριμώθ. Compl., Μαριβώθ. IDEM.

V. 29. Pro ἐν κλήρῳ, C, ἐν κληρονομίᾳ. IDEM.

V. 30. Ἀ., Σ., Θ., διέξοδοι. Hier. [C, αἱ πρὸς Βοῤῥᾶν πεντακόσιοι καὶ τετρακισχίλιοι μέτρῳ. Hebr. et Vulg., quingentos et quatuor millia. DRACH.]

V. 31. C, Ῥουβίμ. DRACH.

V. 35. Stichus alter hujus commatis ita habetur in C : καὶ τὸ ὄνομα τῆς πόλεως, ἐφ' ἧς Κύριος ἐκεῖ, ἔσται τὸ ὄνομα αὐτῆς. Et in fine libri additur : Ἰεζεκιὴλ (sic) κατὰ τοὺς Ō. ἐγράφη κατὰ ⳩ ἐξ ὧν καὶ παρετέθη. I. e., « Jezeciel juxta LXX descriptus est secundum Origenem, cum quibus etiam collatus est. » Cf. notam ad Is. XIV, 6. IDEM.

EZECHIELIS CAPUT XLVIII.

ΤΟ ΕΒΡΑΙΚΟΝ.	ΤΟ ΕΒΡΑΙΚΟΝ Ἑλληνικοῖς γράμμασι.	ΑΚΥΛΑΣ
2 גבול דן	2.	2. Τὸ ὅριον τοῦ Δάν.
9 עשרת אלפים	9.	9.
10 ולאלה תהיה תרומת-הקדש לכהנים	10.	10.
רחב עשרת אלפים וקדימה רחב עשרת אלפים ונגבה ארך חמשה ועשרים אלף		
15 חל ולמגרש	15.	15. Βέϐηλον.
21 אל-פני	21.	21.
24 גבול	24.	24. Τὸ ὅριον.
28 מריבת	28.	28. Διαδικασμοῦ.
30 תוצאת	30.	30. Διέξοδοι.

VERSIO HEBRAICI TEXT.	VULGATA LATINA.	AQUILA.
2. Terminum Dan.	2. Terminum Dan.	2. Terminum Dan.
9. Decem millium.	9. Decem millibus.	9.
10. Et istis erit oblatio sanctitatis sacerdotibus.	10. Hæ autem erunt primitiæ sanctuarii sacerdotibus.	10.
Latitudinis decem millia, et ad Orientem latitudinis decem millia; et ad meridiem longitudinis quinque et viginti millia.	Latitudinis decem millia, sed et ad Orientem latitudinis decem millia, et ad Meridiem longitudinis viginti quinque millia.	
15. Profanum.	15. Profana.	15. Profanum.
Et in suburbanum.	Et in suburbana.	
21. Ad facies.	21. E regione.	21.
24. Terminum.	24. Terminum.	24. Terminum.
28. Contradictionis.	28. Contradictionis.	28. Litis.
30. Egressus.	30. Egressus.	30. Exitus.

Notæ et variæ lectiones ad cap. XLVIII Ezechielis.

V. 1. Αὐλῆς Αἰναν. Drusius. Complut. vero, Αἰνών. [Hebr., חצר־עינן. Vulg., atrium Enan. LXX, αὐλῆς τοῦ Αἰλάμ. Ita etiam C et VM. Alex., αὐλῆς τοῦ Αἰνάν.—C, κατὰ μέρος Ἡμάθ ✠ αὐλῆς, ⁏ Deest *atrii* in Hebr. DRACH.]

V. 2. Ἀ., Σ., τὸ ὅριον τοῦ Δάν. Idem Drusius. Et ℣ 9. Ἄλλος, ἀπαρχή. Idem, ex Complut.

V. 2, 3. C, Ἀσήρ. Et sic ℣ 34. DRACH.

V. 6, 7. C, Ῥουβίν. IDEM.

V. 8. C, Καὶ ἀπὸ τῶν ὁρίων Ἰούδα, ἀπὸ τῶν πρὸς ἀνατολὰς, ἕως τῶν πρὸς θάλασσαν. Hebr., usque ad angulum versus mare. Vulg., usque ad plagam maris. IDEM.

V. 9. Ἄλλος, δέκα χιλιάδες. Drusius. [C, ἀπαρχὴ, ἣν ἀφοριοῦσι. Et mox, καὶ εὖρος πέντε χιλιάδες. DRACH.]

V. 10. Ἄλλος, καὶ αὗται etc. Idem.

Ibid. ※ εὖρος etc. Idem. [C, καὶ πρὸς θάλασσαν πλάτος δέκα χιλιάδες, καὶ πρὸς Νότον μῆκος εἴκοσι πέντε χιλιάδες, καὶ ἔσται τὸ ὄρος τῶν ἁγίων ἐν μέσῳ αὐτοῦ. DRACH.]

V. 11. C, ἐν τῇ πλανήσει Ἰσραήλ, absque ..., quod tamen legitur in Hebr. DRACH.

V. 13. C, in fine commatis, καὶ εὖρος δέκα (Rom., εἴκοσι) χιλιάδες. Hebr. et Vulg., et lat. decem mil. IDEM.

V. 15. Ἀ., Βέϐηλον etc. Hieronymus: « Quod nos vertimus in *profanum*, pro quo Aquila, βέϐηλον, Sym. et Th. λαϊκόν transtulerunt, LXX dixere προτείχισμα, quod *antemurale* possumus dicere. *Profanum* autem est et *laicum*, i. e. *vulgare*, quod omni populo habitare passim licet. » [LXX legerunt חֵל, cum vocali tsere. Vide Catholicum nostrum lexicon Hebr. DRACH.]

Ibid. Hieronymus: « Pro *suburbanis*, quæ Hebraice dicuntur MAGRAS, rursum LXX, διάστημα, i. e. *spatium*, transtulerunt. » His addit Drusius « Josue XXI, 1. Hieron., *suburbana*, Symm., προα-

EZECHIELIS CAPUT XLVIII.

ΣΥΜΜΑΧΟΣ.	Ο'.	ΘΕΟΔΟΤΙΩΝ.
. Τὸ ὅριον τοῦ Δάν.	2. Τῶν ὁρίων τοῦ Δάν.	2.
	9. Πέντε χιλιάδες. Ἄλλος, δέκα χιλιάδες.	9.
	10. Τούτων ἔσται ἡ ἀπαρχὴ τῶν ἁγίων τοῖς ἱερεῦσι. Ἄλλος, καὶ αὗται αἱ ἀπαρχαὶ τοῦ ἁγιάσματος τοῖς ἱερεῦσιν.	10.
	※ Εὖρος δέκα χιλιάδες, καὶ πρὸς ἀνατολὰς πλάτος δέκα χιλιάδες, καὶ πρὸς νότον μῆκος εἴκοσι καὶ πέντε χιλιάδες.	
5. Λαϊκόν.	15. Προτείχισμα.	15. Λαϊκόν.
	Καὶ εἰς διάστημα. Ἄλλος, καὶ εἰς προάστεια.	
21.	21. *Vacat.*	21. ※ Κατὰ πρόσωπον.
24. Τὸ ὅριον.	24. Τῶν ὁρίων.	24.
28. Ἀντιλογίας.	28. Μαριβώθ.	28.
30. Διέξοδοι.	30. Διεκβολαί.	30. Διέξοδοι.

SYMMACHUS.	LXX INTERPRETES.	THEODOTIO.
2. Terminum Dan.	2. Terminis Dan.	2.
9.	9. Quinque millia. *Alius*, decem millia.	9.
10.	10. Horum erunt primitiæ sanctorum sacerdotibus. *Alius*, et hæ primitiæ sanctificationis sacerdotibus.	10.
	Latitudo decem millia, et ad Orientem latitudo decem millia, et ad Austrum longitudo viginti et quinque millia.	
15. Laicum.	15. Antemurale.	15. Laicum.
	Et in spatium. *Alius*, et in suburbana.	
21.	21. *Vacat.*	21. Ad faciem.
24. Terminum.	24. Terminis.	24.
28. Contradictionis.	28. Mariboth.	28.
30. Exitus.	30. Egressus.	30. Exitus.

Notæ et variæ lectiones ad cap. XLVIII Ezechielis.

...τεια. Supra XLV, 2. (LXX, διάστημα) Symm., Th., ...rminus et *separatio*, i. e. ἀφόρισμα. Hinc liquet, ...ς προάστεια, quod in nonnullis codicibus, non ...enum esse, sed Symmachi, vel alterius interpre...is. »

V. 21. Θ., ※ κατὰ πρόσωπον. Ms. Jes. [Habet etiam C sub asterisco. Idem codex non habet καὶ ἐκ ...ούτου, quod tamen est in Hebr. Et mox, καὶ πρὸς ...θάλασσαν ἐπὶ ※ πρόσωπον ⁏ ἐπὶ πέντε καὶ εἴκοσι etc. Hebr.: ad facies quinque et viginti. DRACH.]

V. 22. In C ita inchoat versus noster : καὶ ἀπὸ τῆς κατασχέσεως τῶν λευϊτῶν, καὶ ἀπὸ τῆς κατασχέσεως τῆς πόλεως ἐν μέσῳ etc. Et ita Hebr. In fine commatis, C, cum Ald. et Complut., τῷ ἀφηγουμένῳ ἔσται. Hebr., principi erit. DRACH.

V. 23. LXX, μία. Aq. et Sym., ἕν. Ex L. Bos. IDEM.

V. 24. Ἀ., Σ., τὸ ὅριον. Hieronymus : de cujus sensu sine causa ambigit Drusius, ut quisque videre possit.

V. 28. Nescimus unde eruerit lectiones Aquilæ et Symmachi Montfauconius, qui nihil adnotat ad hunc versum. — Edit. Rom. et VM, Βαριμώθ. Ald. et C, Μαριμώθ. Compl., Μαριβώθ. IDEM.

V. 29. Pro ἐν κλήρῳ, C, ἐν κληρονομίᾳ. IDEM.

V. 30. Ἀ., Σ., Θ., διέξοδοι. Hier. [C, αἱ πρὸς Βοῤῥᾶν πεντακόσιοι καὶ τετρακισχίλιοι μέτρῳ. Hebr. et Vulg., quingentos et quatuor millia. DRACH.]

V. 31. C, Ῥουβίμ. DRACH.

V. 35. Stichus alter hujus commatis ita habetur in C : καὶ τὸ ὄνομα τῆς πόλεως, ἐφ' ἧς Κύριος ἐκεῖ, ἔσται τὸ ὄνομα αὐτῆς. Et in fine libri additur : Ἰεζεκιὴλ (sic) κατὰ τοὺς Ο̄. ἐγράφη κατὰ ⳨ ἐξ ὧν καὶ παρετέθη. I. e., « Jezeciel juxta LXX descriptus est secundum Origenem, cum quibus etiam collatus est. » Cf. notam ad Is. XIV, 6. IDEM.

CODEX SYRIACO-HEXAPLARIS

AMBROSIANO-MEDIOLANENSIS.

PROPHETIA HEZECIELIS.

Cap. I, 1. Et factum est in anno trigesimo in mense
quarto, quinto mensis, (*a*) et ego ÷ sum : fui in
medio captivitatis super fluvium Chobar, et aperti
sunt cœli, et vidi visiones Dei. 2. quinto mensis :
hic annus quintus captivitatis regis Joacim : et
factum est verbum Domini ad Hezecielem filium
Buzi, sacerdotem in terra Chaldæorum super fluvium Chobar. 3. Et facta est super me ※ ibi :
manus Domini, 4. (*b*) et vidi, et ecce spiritus ※ (*c*)
Domini : tollens veniebat ab aquilone, et nubes
magna in eo, et splendor circa eum, et ignis fulgurans : et in medio ejus quasi visio electri in
medio ignis, et splendor in eo. 5. Et in medio
quasi similitudo quatuor animalium : et hæc visio
eorum, sicut similitudo hominis super eis. 6. Et
quatuor facies uni, et quatuor alæ uni ※ ex eis :.
7. et crura eorum ※ crura : recta, et pedes eorum
alati, ※ sicut ungulæ tauri :, (*d*) et scintillæ, quasi
æs fulgurans; et leves alæ eorum, 8. et manus
hominis sub alis eorum super quatuor partes eorum : et facies eorum, ※ et alæ eorum : quatuor
ipsorum 9. propinquæ una alteri, ※ (*e*) et alæ eorum : non revertebantur, cum incederent : unumquodque ex eis ante faciem suam ibant. 10. Et
similitudo facierum eorum, facies hominis, et facies
leonis a dextra quatuor iis, et facies tauri a sinistra quatuor iis, et facies aquilæ quatuor iis. 11.
(*f*) Et facies eorum, et alæ eorum extensæ desuper
quatuor iis; unicuique duæ simul junctæ ad se invicem, et duæ tegebant super corpus eorum, 12. et
unumquodque ex eis coram facie sua ibat : quocumque ibat spiritus, ibant, et non revertebantur,
※ cum irent :. 13. Et in medio animalium visio
quasi carbonum ignis ardentium, (*g*) quasi visio
lampadum ※ est : se circumagentium in medio
animalium, et splendor ignis, et ex igne egrediebatur sicut fulgur : 14. ※ et animalia currebant,
et redibant, (*h*) sicut visio Bezec :. 15. Et vidi, et

A ecce rota una super terra, propinqua a[nimalibus]
quatuor ipsis. 16. Et adspectus *rotarum*, ※
earum : sicut adspectus (*i*) tharsis, et s[imilitudo]
una quatuor ipsis : ※ et *visio earum* :,
earum erat, quasi esset rota in rota. 17.
quatuor partes eorum, ※ *cum irent* :, *ibant*
revertebantur, cum irent, 18. neque dorsa
(*k*) et altitudo erat eis. Et vidi ea, *et dorsa*
plena oculis circumcirca quatuor ipsis. 19.
irent animalia, ibant rotæ juxta *ea : et cum*
rentur animalia de terra, elevabantur rotæ.
Ubicumque erat nubes, illuc ibat *spiritus*
animalia, et rotæ, et *elevabantur* cum e[is]
spiritus vitæ in rotis. 21. Cum irent, *ibant*, e[t]
starent, stabant, et cum *elevarentur* de terr[a]
B vabantur ※ rotæ : cum eis; quia *spiritus*
erat in rotis. 22. Et simili*tudo* super caput a[ni]-
malium quasi firmamentum, quasi adspectus
stalli terribilis, extensum *super alas* eorum
per : 23. et sub firmamento alæ eorum
volantes altera alteri : unicui*que duæ*
ventes, obvolventes corpora eorum, ※
gentes sibi corpora sua :. 24. *Et* aud[ivi]
alarum eorum, quasi vocem aquæ m[ultæ]
vocem (*m*) sufficientis : cum irent, *vox*
quasi vox castrorum, et cum starent,
alæ eorum. 25. (*n*) Et ecce vox *super* fir[mamen]-
tum, quod erat super caput eorum, ※ cum st[arent]
cessabant alæ eorum, 26. et super firmam[entum]
C quod super caput eorum :, quasi adspectus la[pidis]
saphiri, similitudo throni super eo, et super si[mi]-
litudine throni similitudo quasi adspectus hom[inis]
desuper. 27. Et vidi quasi adspectum electri,
quasi adspectum ignis ※ intrinsecus ejus cir[cum]-
circa : a visione lumbi, et supra : et a vis[ione]
lumbi, et usque deorsum vidi *visionem* ignis,
splendor ejus circumcirca, 28. sicut visio arc[us]
quando fuerit in nube in die *pluviæ*, *sic*

(*a*) *S*., cum essem in demigratione. (*b*) *S*., vidi vero sicut flatum procellosum. (*c*) *Heb*. Domini. (*d*) *S*., et fulgurabant, sicut aspectus laminæ politæ æris. (*e*) et facies eorum quatuor ipsorum. (*f*) *S*., contra facies eorum alæ eorum, (*g*) *S*., erat autem et sicut visio lampadum hæc transiens. (*h*) *S*., visio splendoris fulguris. Cum inspicerem autem animalia, visa est rota una in terra juxta animalia habens quatuor facies. (*i*) *S*., hyacinthi. (*k*) *S*., et statio erat animalibus, et altitudo. (*l*) *S*., *quocumque* ferebat spiritus impetum ad eundum, eo cum iret spiritus, etiam rotæ simul elevabantur similiter eis. (*m*) ΣΑΔΔΑΙ', Sadjo potentis. (*n*) S., et cum fieret vox super firmamentum, quod erat super caput eorum, stabant, et cessabant alæ eorum.

ndoris circumcirca. Hæc visio similitudinis et iæ Domini : et vidi, et cado super faciem meam, adivi vocem loquentis.

ap. II, 1. Et dixit ad me : Fili hominis, sta er pedes tuos, (o) et loquar ad te. 2. Et venit er me spiritus, et assumsit me, et elevavit me, tatuit me super pedes meos, et audiebam eum entem ad me. 3. Et dixit ad me : Fili hominis, o te ego ad domum Israelis, exacerbantes me, exacerbarunt me, ipsi et patres eorum ⋇ peregerunt in me ⁚ usque ad diem hodiernum. ⋇ Et filii duri facie, et duri corde : ego (p) to te ad eos ⁚. Et dices ad eos : Hæc dicit Dous. 5. (q) Si forte audiant, aut paveant, quia nus irritans est, et scient, quod propheta es tu medio eorum. 6. Et tu, fili hominis, ne timeas , et a facie eorum ne obstupescas ; (r) quia vent in impetu cum insania, et insurgent super circumcirca, et in medio scorpionum tu habitas : ba eorum ne timeas, et a facie eorum ne obpescas ; quia domus irritans est. 7. Et loqueris ba mea ad eos, si forte audiant, aut trepident ; ia domus irritans est. 8. Et tu, fili hominis, audi uentem ad te : ne sis irritans, sicut domus irris : aperi os tuum, et comede quod ego do tibi. Et vidi, et ecce manus extensa ad me, et in ea (s) pitulum libri. 10. Et expandit illud coram me : in eo scripta erant a fronte ejus et a tergo ejus : scriptum erat in eo lamentatio, et (t) canticum, væ.

Cap. III, 1. Et dixit ad me : Fili hominis, ⋇ quodmque inveneris, ede ⁚, comede capitulum hoc, et de, et loquere ad filios Israelis. 2. Et aperit os eum, et edere fecit me capitulum hoc. 3. Et dixit me : Fili hominis, os tuum edet, et venter tuus nplebitur capitulo hoc dato in te. Et edi illud, et ctum est in ore meo, sicut mel dulce. 4. Et dixit d me : Fili hominis, vade, ingredere ad domum sraelis, et loquere verba mea ad eos. 5. Quoniam on ad populum profundum labio et gravem lingua u mitteris ad domum Israelis : 6. neque ad populos nultos alienos vocibus, aut alienos lingua, neque ui sunt obfirmati lingua, quorum ne audias sernones eorum : et si ad tales mitterem te, hi obelirent tibi. 7. Domus autem Israelis non volent xaudire te, quia non volunt exaudire me ; quia omnis domus Israelis litigiosi sunt, et duri corde. 8. Et ecce dedi faciem tuam potentem contra facies eorum, et contentionem tuam corroborabo adversus contentionem eorum, 9. et erit, semper duriorem petra ⋇ dedi (u) frontem tuam ⁚ : ne timeas eos, neque paveas a facie eorum, quia domus irritans est. 10. Et dixit ad me : Fili hominis, omnes sermones, quos locutus sum tecum, assume in cor tuum, et auribus tuis audi : 11. et vade, ingredere in captivitatem ad filios populi tui, et loqueris ad eos, et dices ad eos : Hæc dicit Dominus Dominus : si forte audiant, si forte concedant. 12. Et assumsit me spiritus, et audivi a tergo meo vocem commotionis magnæ, dicentium : Benedicta gloria Domini de loco suo. 13. Et vidi (x) vocem alarum animalium volantium una ad alteram, et vox rotarum coram eis, et vox commotionis ⋇ magnæ ⁚. 14. Et spiritus elevavit me, et sustulit me, et abii sublimis aere in impetu spiritus mei, (y) et manus Domini facta est super me potens. 15. Et ingressus sum in captivitatem sublimis aere, et circuivi habitantes super fluvium Chobar, eos qui erant ibi : et sedi ibi septem dies, (z) conversans in medio eorum. 16. Et factum est post hos septem dies ⋇ et factum est ⁚ verbum Domini ad me, dicens : 17. Fili hominis, speculatorem dedi te domui Israelis, et audies ex ore meo verbum, (a) et comminaberis eis a me, 18. cum dixero iniquo : Morte morieris : et non distinxisti, neque locutus es ad distinguendum iniquo, ut revertatur a viis suis, ut vivat : iniquus ille (b) in injustitia sua morietur, et sanguinem ejus de manu tua requiram. 19. Et tu, si distinxeris iniquo, nec reversus fuerit ab iniquitate sua, et a via sua, iniquus ille in injustitia sua morietur, et tu animam tuam liberabis. 20. Et cum se averterit justus a justitiis suis, et fecerit delictum, etiam dabo tormenta in faciem ejus : ipse morietur, quia non distinxisti ei : et in peccatis suis morietur, quia non commemorabuntur ei justitiæ ejus, quas fecit, et sanguinem ejus de manu tua requiram. 21. (c) Tu autem si distinxeris justo, ut ne peccet, et ipse non peccaverit, justus vita vivet, quia distinxisti ei, et tu animam tuam liberabis. 22. Et facta est super me ⋇ ibi ⁚ manus Domini, et dixit ad me : Surge, et egredere in campum, et ibi allocutio fiet ad te. 23. Et surrexi, et egressus sum in campum : et ecce ibi gloria Domini stabat, sicut ÷ adspectus, et sicut ⁚ gloria, quam vidi super fluvium Chobar. Et cado super faciem meam, 24. et venit super me spiritus, et statuit me super pedes meos, et locutus est ad me, et dixit mihi : Ingredere, et includere in medio domus tuæ. 25. Et tu, fili hominis, ecce data sunt super te vincula, et vincient te in eis, et non egredieris de medio eorum. 26. Et linguam tuam simul ligabo ⋇ ad guttur tuum ⁚, et obmutesces, et non eris eis in virum objurgantem ; quia domus irritans est. 27. Et cum locutus fuero ad te, aperiam os tuum, et dices ad eos : Hæc dicit (d) Adonai Dominus : Qui audit, audiat, et qui rebellis est, rebellet ; quia domus irritans est.

Cap. IV. — 1. Et tu, fili hominis, sume tibi la-

(o) quod loquar ad te. Et ingressus est in medium mei spiritus. (p) Dominus. (q) si quemadmodum audiverint, acquieverint. (r) S., impudentes enim sunt, et sine s[illegible] S., scriptoria tabula rotunda. (t) S., planctus. (u) contentionem. (x) S., pulsationem si[illegible] [illegible]sionem) alarum. (y) S., manus enim Domini erat super me. (z) S., Th., habitans ego [illegible] [illegible]ies monebis eos a me. (b) in iniquitate. (c) S., Th., si vero prævenci is monueris justu[illegible] Dominus.

CODEX SYRIACO-HEXAPLARIS

AMBROSIANO-MEDIOLANENSIS.

PROPHETIA HEZECIELIS.

Cap. I, 1. Et factum est in anno trigesimo in mense A quarto, quinto mensis, (*a*) et ego ÷ sum ⁚ fui in medio captivitatis super fluvium Chobar, et aperti sunt cœli, et vidi visiones Dei, 2. quinto mensis : hic annus quintus captivitatis regis Joacim : et factum est verbum Domini ad Hezecielem filium Buzi, sacerdotem in terra Chaldæorum super fluvium Chobar. 3. Et facta est super me ※ ibi ⁚ manus Domini, 4. (*b*) et vidi, et ecce spiritus ※ (*c*) Domini ⁚ tollens veniebat ab aquilone, et nubes magna in eo, et splendor circa eum, et ignis fulgurans : et in medio ejus quasi visio electri in medio ignis, et splendor in eo. 5. Et in medio quasi similitudo quatuor animalium : et hæc visio eorum, sicut similitudo hominis super eis. 6. Et quatuor facies uni, et quatuor alæ uni ※ ex eis ⁚: B 7. et crura eorum ※ crura ⁚ recta, et pedes eorum alati, ※ sicut ungulæ tauri ⁚, (*d*) et scintillæ, quasi æs fulgurans ; et leves alæ eorum, 8. et manus hominis sub alis eorum super quatuor partes eorum : et facies eorum, ※ et alæ eorum ⁚ quatuor ipsorum 9. propinquæ una alteri, ※ (*e*) et alæ eorum ⁚ non revertebantur, cum incederent : unumquodque ex eis ante faciem suam ibant. 10. Et similitudo facierum eorum, facies hominis, et facies leonis a dextra quatuor iis, et facies tauri a sinistra quatuor iis, et facies aquilæ quatuor iis. 11. (*f*) Et facies eorum, et alæ eorum extensæ desuper quatuor iis; unicuique duæ simul junctæ ad se invicem, et duæ tegebant super corpus eorum, 12. et C unumquodque ex eis coram facie sua ibat : quocumque ibat spiritus, ibant, et non revertebantur, ※ cum irent ⁚. 13. Et in medio animalium visio quasi carbonum ignis ardentium, (*g*) quasi visio lampadum ※ est ⁚ se circumagentium in medio animalium, et splendor ignis, et ex igne egrediebatur sicut fulgur : 14. ※ et animalia currebant, et redibant, (*h*) sicut visio Bezec ⁚. 15. Et vidi, et

A ecce rota una super terra, propinqua ani-
quatuor ipsis. 16. Et adspectus rotarum, ※
earum ⁚ sicut adspectus (*i*) tharsis, et sim-
una quatuor ipsis : ※ et visio earum ⁚, et
earum erat, quasi esset rota in rota. 17.
quatuor partes eorum, ※ cum irent ⁚, ibant
revertebantur, cum irent, 18. neque dorsa
(*k*) et altitudo erat eis. Et vidi ea, et dorsa
plena oculis circumcirca quatuor ipsis. 19.
irent animalia, ibant rotæ juxta ea : et cum
rentur animalia de terra, elevabantur rotæ.
Ubicumque erat nubes, illuc ibat spiritus
animalia, et rotæ, et elevabantur cum eis
spiritus vitæ in rotis. 21. Cum irent, ibant,
starent, stabant, et cum elevarentur de terra
B vabantur ※ rotæ ⁚ cum eis ; quia spiritus
erat in rotis. 22. Et similitudo super caput
malium quasi firmamentum, quasi adspectus
stalli terribilis, extensum super alas eorum
per : 23. et sub firmamento alæ eorum
volantes altera alteri : unicuique duæ sim-
ventes, obvolventes corpora eorum, ※
gentes sibi corpora sua ⁚. 24. Et audi-
alarum eorum, quasi vocem aquæ mu-
vocem (*m*) sufficientis : cum irent, vox
quasi vox castrorum, et cum starent,
alæ eorum. 25. (*n*) Et ecce vox super firma-
tum, quod erat super caput eorum, ※ cum
cessabant alæ eorum, 26. et super firmamen-
quod super caput eorum ⁚, quasi adspectus
C saphiri, similitudo throni super eo, et super si-
litudine throni similitudo quasi adspectus hom-
desuper. 27. Et vidi quasi adspectum electri
quasi adspectum ignis ※ intrinsecus ejus circumcirca ⁚ a visione lumbi, et supra : et a visi-
lumbi, et usque deorsum vidi visionem ignis,
splendor ejus circumcirca, 28. sicut visio arcus
quando fuerit in nube in die pluviæ, sic su-

(*a*) *S.*, cum essem in demigratione. (*b*) *S.*, vidi vero sicut flatum procellosum. (*c*) *Heb.* Domini. (*d*) *S.*, et fulgurabant, sicut aspectus laminæ politæ æris. (*e*) et facies eorum quatuor ipsorum. (*f*) *S.*, contra facies eorum alæ eorum, (*g*) *S.*, erat autem et sicut visio lampadum hæc transiens. (*h*) *S.*, sicut visio splendoris fulguris. Cum inspicerem autem animalia, visa est rota una in terra juxta animal., habens quatuor facies. (*i*) *S.*, hyacinthi. (*k*) *S.*, et statio erat animalibus, et altitudo. (*l*) *S.*, quorumque ferebat spiritus impetum ad eundum, eo cum iret spiritus, etiam rotæ simul elevabantur similiter eis. (*m*) ΣΑΔΔΑΙ, Sadjo potentis. (*n*) S., et cum fieret vox super firmamentum, quod erat super caput eorum, stabant, et cessabant alæ eorum.

...oris circumcirca. Hæc visio similitudinis et
...e Domini : et vidi, et cado super faciem meam,
...divi vocem loquentis.

...p. II, 1. Et dixit ad me : Fili hominis, sta
...r pedes tuos, (o) et loquar ad te. 2. Et venit
...r me spiritus, et assumsit me, et elevavit me,
...atuit me super pedes meos, et audiebam eum
...entem ad me. 3. Et dixit ad me : Fili hominis,
... te ego ad domum Israelis, exacerbantes me,
...exacerbarunt me, ipsi et patres eorum ⋇ per-
...egerunt in me ⁏ usque ad diem hodiernum.
...⋇ Et filii duri facie, et duri corde : ego (p)
...o te ad eos ⁏. Et dices ad eos : Hæc dicit Do-
...us. 5. (q) Si forte audiant, aut paveant, quia
...us irritans est, et scient, quod propheta es tu
...medio eorum. 6. Et tu, fili hominis, ne timeas
..., et a facie eorum ne obstupescas ; (r) quia ve-
...nt in impetu cum insania, et insurgent super
...circumcirca, et in medio scorpionum tu habitas :
...ba eorum ne timeas, et a facie eorum ne ob-
...pescas ; quia domus irritans est. 7. Et loqueris
...rba mea ad eos, si forte audiant, aut trepident ;
...ia domus irritans est. 8. Et tu, fili hominis, audi
...uentem ad te : ne sis irritans, sicut domus irri-
...as : aperi os tuum, et comede quod ego do tibi.
... Et vidi, et ecce manus extensa ad me, et in ea (s)
...pitulum libri. 10. Et expandit illud coram me :
... in eo scripta erant a fronte ejus et a tergo ejus :
... scriptum erat in eo lamentatio, et (t) canticum,
... væ.

... Cap. III, 1. Et dixit ad me : Fili hominis, ⋇ quod-
...umque inveneris, ede ⁏, comede capitulum hoc, et
...ade, et loquere ad filios Israelis. 2. Et aperit os
...neum, et edere fecit me capitulum hoc. 3. Et dixit
...d me : Fili hominis, os tuum edet, et venter tuus
...mplebitur capitulo hoc dato in te. Et edi illud, et
...actum est in ore meo, sicut mel dulce. 4. Et dixit
...d me : Fili hominis, vade, ingredere ad domum
...sraelis, et loquere verba mea ad eos. 5. Quoniam
...non ad populum profundum labio et gravem lingua
...tu mitteris ad domum Israelis : 6. neque ad populos
...multos alienos vocibus, aut alienos lingua, neque
...qui sunt obfirmati lingua, quorum ne audias ser-
... mones eorum : et si ad tales mitterem te, hi obe-
... dirent tibi. 7. Domus autem Israelis non volent
... exaudire te, quia non volunt exaudire me ; quia
... omnis domus Israelis litigiosi sunt, et duri corde.
... 8. Et ecce dedi faciem tuam potentem contra facies
... eorum, et contentionem tuam corroborabo adversus
... contentionem eorum, 9. et erit, semper duriorem
petra ⋇ dedi (u) frontem tuam ⁏ : ne timeas eos,
neque paveas a facie eorum, quia domus irritans
est. 10. Et dixit ad me : Fili hominis, omnes sermones, quos locutus sum tecum, assume in cor

A tuum, et auribus tuis audi : 11. et vade, ingredere
in captivitatem ad filios populi tui, et loqueris ad
eos, et dices ad eos : Hæc dicit Dominus Dominus :
si forte audiant, si forte concedant. 12. Et assumsit me spiritus, et audivi a tergo meo vocem commotionis magnæ, dicentium : Benedicta gloria Domini de loco suo. 13. Et vidi (x) vocem alarum
animalium volantium una ad alteram, et vox rotarum coram eis, et vox commotionis ⋇ magnæ ⁏.
14. Et spiritus elevavit me, et sustulit me, et abii
sublimis aere in impetu spiritus mei, (y) et manus
Domini facta est super me potens. 15. Et ingressus
sum in captivitatem sublimis aere, et circuivi habitantes super fluvium Chobar, eos qui erant ibi :
B et sedi ibi septem dies, (z) conversans in medio
eorum. 16. Et factum est post hos septem dies ⋇
et factum est ⁏ verbum Domini ad me, dicens : 17.
Fili hominis, speculatorem dedi te domui Israelis,
et audies ex ore meo verbum, (a) et comminaberis
eis a me, 18. cum dixero iniquo : Morte morieris :
et non distinxisti, neque locutus es ad distinguendum iniquo, ut revertatur a viis suis, ut vivat :
iniquus ille (b) in injustitia sua morietur, et sanguinem ejus de manu tua requiram. 19. Et tu, si
distinxeris iniquo, nec reversus fuerit ab iniquitate
sua, et a via sua, iniquus ille in injustitia sua morietur, et tu animam tuam liberabis. 20. Et cum se
averterit justus a justitiis suis, et fecerit delictum,
etiam dabo tormenta in faciem ejus : ipse morietur,
C quia non distinxisti ei : et in peccatis suis morietur, quia non commemorabuntur ei justitiæ ejus,
quas fecit, et sanguinem ejus de manu tua requiram. 21. (c) Tu autem si distinxeris justo, ut ne
peccet, et ipse non peccaverit, justus vita vivet,
quia distinxisti ei, et tu animam tuam liberabis.
22. Et facta est super me ⋇ ibi ⁏ manus Domini,
et dixit ad me : Surge, et egredere in campum, et
ibi allocutio fiet ad te. 23. Et surrexi, et egressus
sum in campum : et ecce ibi gloria Domini stabat,
sicut ÷ adspectus, et sicut ⁏ gloria, quam vidi
super fluvium Chobar. Et cado super faciem meam,
24. et venit super me spiritus, et statuit me super
pedes meos, et locutus est ad me, et dixit mihi :
Ingredere, et includere in medio domus tuæ. 25. Et
D tu, fili hominis, ecce data sunt super te vincula,
et vincient te in eis, et non egredieris de medio
eorum. 26. Et linguam tuam simul ligabo ⋇ ad
guttur tuum ⁏, et obmutesces, et non eris eis in-
virum objurgantem ; quia domus irritans est. 27.
Et cum locutus fuero ad te, aperiam os tuum, et
dices ad eos : Hæc dicit (d) Adonai Dominus : Qui
audit, audiat, et qui rebellis est, rebellet ; quia
domus irritans est.

Cap. IV. — 1. Et tu, fili hominis, sume tibi la-

(o) quod loquar ad te. Et ingressus est in medium mei spiritus. (p) Dominus. (q) si quemadmodum audiverint, acquieverint. (r) S., impudentes enim sunt, et sine spe ad te. (s) S., scriptoria tabula rotunda. (t) S., planctus. (u) contentionem. (x) S., pulsationem simul (i. e. *complosionem*) alarum. (y) S., manus enim Domini erat super me. (z) S., Th., habitans ego. (a) S., et prævenies monebis eos a me. (b) in iniquitate. (c) S., Th., si vero præveneris monueris justum, ut ne peccet. (d) Dominus.

CODEX SYRIACO-HEXAPLARIS

AMBROSIANO-MEDIOLANENSIS.

PROPHETIA HEZECIELIS.

Cap. I, 1. Et factum est in anno trigesimo in mense
quarto, quinto mensis, (a) et ego ⸓ sum ⁚ fui in
medio captivitatis super fluvium Chobar, et aperti
sunt cœli, et vidi visiones Dei, 2. quinto mensis :
hic annus quintus captivitatis regis Joacim : et
factum est verbum Domini ad Hezecielem filium
Buzi, sacerdotem in terra Chaldæorum super fluvium Chobar. 3. Et facta est super me ⁜ ibi ⁚
manus Domini, 4. (b) et vidi, et ecce spiritus ⁜ (c)
Domini ⁚ tollens veniebat ab aquilone, et nubes
magna in eo, et splendor circa eum, et ignis fulgurans : et in medio ejus quasi visio electri in
medio ignis, et splendor in eo. 5. Et in medio
quasi similitudo quatuor animalium : et hæc visio
eorum, sicut similitudo hominis super eis. 6. Et
quatuor facies uni, et quatuor alæ uni ⁜ ex eis ⁚ :
7. et crura eorum ⁜ crura ⁚ recta, et pedes eorum
alati, ⁜ sicut ungulæ tauri ⁚, (d) et scintillæ, quasi
æs fulgurans ; et leves alæ eorum, 8. et manus
hominis sub alis eorum super quatuor partes eorum : et facies eorum, ⁜ et alæ eorum ⁚ quatuor
ipsorum 9. propinquæ una alteri, ⁜ (e) et alæ eorum ⁚ non revertebantur, cum incederent : unumquodque ex eis ante faciem suam ibant. 10. Et
similitudo facierum eorum, facies hominis, et facies
leonis a dextra quatuor iis, et facies tauri a sinistra quatuor iis, et facies aquilæ quatuor iis. 11.
(f) Et facies eorum, et alæ eorum extensæ desuper
quatuor iis; unicuique duæ simul junctæ ad se invicem, et duæ tegebant super corpus eorum, 12. et
unumquodque ex eis coram facie sua ibat : quocumque ibat spiritus, ibant, et non revertebantur,
⁜ cum irent ⁚. 13. Et in medio animalium visio
quasi carbonum ignis ardentium, (g) quasi visio
lampadum ⁜ est ⁚ se circumagentium in medio
animalium, et splendor ignis, et ex igne egrediebatur sicut fulgur : 14. ⁜ et animalia currebant,
et redibant, (h) sicut visio Bezec ⁚. 15. Et vidi, et
ecce rota una super terra, propinqua an[imalibus]
quatuor ipsis. 16. Et adspectus rotarum, ⁜ e[t]
earum ⁚ sicut adspectus (i) tharsis, et si[militudo]
una quatuor ipsis : ⁜ et visio earum ⁚, et [opus]
earum erat, quasi esset rota in rota. 1[7. ...]
quatuor partes eorum, ⁜ cum irent ⁚, ibant [et non]
revertebantur, cum irent, 18. neque dorsa [...]
(k) et altitudo erat eis. Et vidi ea, et dorsa [...]
plena oculis circumcirca quatuor ipsis. 19 [...]
irent animalia, ibant rotæ juxta ea : et cu[m ...]
rentur animalia de terra, elevabantur rotæ. [20.]
Ubicumque erat nubes, illuc ibat spiritus [...]
animalia, et rotæ, et elevabantur cum [...]
spiritus vitæ in rotis. 21. Cum irent, ibant, e[t cum]
starent, stabant, et cum elevarentur de terr[a, ele-]
vabantur ⁜ rotæ ⁚ cum eis ; quia spiritu[s ...]
erat in rotis. 22. Et similitudo super capit[e ani-]
malium quasi firmamentum, quasi adspectu[s cry-]
stalli terribilis, extensum super alas eorum [desu-]
per : 23. et sub firmamento alæ eorum [ex-]
volantes altera alteri : unicuique duæ sim[ul ...]
ventes, obvolventes corpora eorum, ⁜ et [...]
gentes sibi corpora sua ⁚. 24. Et audi[vi vocem]
alarum eorum, quasi vocem aquæ m[ultæ, ...]
vocem (m) sufficientis : cum irent, vox [...]
quasi vox castrorum, et cum starent, [...]
alæ eorum. 25. (n) Et ecce vox super fir[mamen-]
tum, quod erat super caput eorum, ⁜ cum st[arent,]
cessabant alæ eorum, 26. et super firmame[ntum,]
quod super caput eorum ⁚, quasi adspectus lap[idis]
saphiri, similitudo throni super eo, et super si[mi-]
litudine throni similitudo quasi adspectus ho[minis]
desuper. 27. Et vidi quasi adspectum electr[i,]
quasi adspectum ignis ⁜ intrinsecus ejus circ[um-]
circa ⁚ a visione lumbi, et supra : et a visi[one]
lumbi, et usque deorsum vidi visionem ignis, [et]
splendor ejus circumcirca, 28. sicut visio arc[us]
quando fuerit in nube in die pluviæ, sic su[...]

(a) S., cum essem in demigratione. (b) S., vidi vero sicut flatum procellosum. (c) Heb. Domini. [...] S., et fulgurabant, sicut aspectus laminæ politæ æris. (e) et facies eorum quatuor ipsorum. (f) S., [...] contra facies eorum alæ eorum, (g) S., erat autem et sicut visio lampadum hæc transiens. (h) S., s[icut] visio splendoris fulguris. Cum inspicerem autem animalia, visa est rota una in terra juxta animali[a] habens quatuor facies. (i) S., hyacinthi. (k) S., et statio erat animalibus, et altitudo. (l) S., quocumque ferebat spiritus impetum ad eundum, eo cum iret spiritus, etiam rotæ simul elevabantur similiter eis. (m [...] ΣΑΔΔΑΙ', Sadjo potentis. (n) S., et cum fieret vox super firmamentum, quod erat super caput eorum [...] stabant, et cessabant alæ eorum.

oris circumcirca. Hæc visio similitudinis et
Domini : et vidi, et cado super faciem meam,
vi vocem loquentis.

II, 1. Et dixit ad me : Fili hominis, sta
pedes tuos, (o) et loquar ad te. 2. Et venit
me spiritus, et assumsit me, et elevavit me,
it me super pedes meos, et audiebam eum
em ad me. 3. Et dixit ad me : Fili hominis,
ego ad domum Israelis, exacerbantes me,
cerbarunt me, ipsi et patres eorum ⋇ per-
erunt in me ⁒ usque ad diem hodiernum.
Et filii duri facie, et duri corde : ego (p)
te ad eos ⁒. Et dices ad eos : Hæc dicit Do-
. 5. (q) Si forte audiant, aut paveant, quia
s irritans est, et scient, quod propheta es tu
dio eorum. 6. Et tu, fili hominis, ne timeas
et a facie eorum ne obstupescas ; (r) quia ve-
. in impetu cum insania, et insurgent super
rcumcirca, et in medio scorpionum tu habitas :
a eorum ne timeas, et a facie eorum ne ob-
escas ; quia domus irritans est. 7. Et loqueris
a mea ad eos, si forte audiant, aut trepident ;
domus irritans est. 8. Et tu, fili hominis, audi
entem ad te : ne sis irritans, sicut domus irri-
s : aperi os tuum, et comede quod ego do tibi.
Et vidi, et ecce manus extensa ad me, et in ea (s)
pitulum libri. 10. Et expandit illud coram me :
in eo scripta erant a fronte ejus et a tergo ejus :
scriptum erat in eo lamentatio, et (t) canticum,
væ.

Cap. III, 1. Et dixit ad me : Fili hominis, ⋇ quod-
umque inveneris, ede ⁒, comede capitulum hoc, et
ade, et loquere ad filios Israelis. 2. Et aperit os
eum, et edere fecit me capitulum hoc. 3. Et dixit
d me : Fili hominis, os tuum edet, et venter tuus
mplebitur capitulo hoc dato in te. Et edi illud, et
actum est in ore meo, sicut mel dulce. 4. Et dixit
d me : Fili hominis, vade, ingredere ad domum
sraelis, et loquere verba mea ad eos. 5. Quoniam
non ad populum profundum labio et gravem lingua
tu mitteris ad domum Israelis : 6. neque ad populos
multos alienos vocibus, aut alienos lingua, neque
qui sunt obfirmati lingua, quorum ne audias sermones eorum : et si ad tales mitterem te, hi obe-
dirent tibi. 7. Domus autem Israelis non volent
exaudire te, quia non volunt exaudire me ; quia
omnis domus Israelis litigiosi sunt, et duri corde.
8. Et ecce dedi faciem tuam potentem contra facies
eorum, et contentionem tuam corroborabo adversus
contentionem eorum, 9. et erit, semper duriorem
petra ⋇ dedi (u) frontem tuam ⁒ : ne timeas eos,
neque paveas a facie eorum, quia domus irritans
est. 10. Et dixit ad me : Fili hominis, omnes sermones, quos locutus sum tecum, assume in cor

tuum, et auribus tuis audi : 11. et vade, ingredere
in captivitatem ad filios populi tui, et loqueris ad
eos, et dices ad eos : Hæc dicit Dominus Dominus :
si forte audiant, si forte concedant. 12. Et assumsit me spiritus, et audivi a tergo meo vocem commotionis magnæ, dicentium : Benedicta gloria Domini de loco suo. 13. Et vidi (x) vocem alarum
animalium volantium una ad alteram, et vox rotarum coram eis, et vox commotionis ⋇ magnæ ⁒.
14. Et spiritus elevavit me, et sustulit me, et abii
sublimis aere in impetu spiritus mei, (y) et manus
Domini facta est super me potens. 15. Et ingressus
sum in captivitatem sublimis aere, et circuivi habitantes super fluvium Chobar, eos qui erant ibi :
et sedi ibi septem dies, (z) conversans in medio
eorum. 16. Et factum est post hos septem dies ⋇
et factum est ⁒ verbum Domini ad me, dicens : 17.
Fili hominis, speculatorem dedi te domui Israelis,
et audies ex ore meo verbum, (a) et comminaberis
eis a me, 18. cum dixero iniquo : Morte morieris :
et non distinxisti, neque locutus es ad distinguendum iniquo, ut revertatur a viis suis, ut vivat :
iniquus ille (b) in injustitia sua morietur, et sanguinem ejus de manu tua requiram. 19. Et tu, si
distinxeris iniquo, nec reversus fuerit ab iniquitate
sua, et a via sua, iniquus ille in injustitia sua morietur, et tu animam tuam liberabis. 20. Et cum se
averterit justus a justitiis suis, et fecerit delictum,
etiam dabo tormenta in faciem ejus : ipse morietur,
quia non distinxisti ei : et in peccatis suis morietur, quia non commemorabuntur ei justitiæ ejus,
quas fecit, et sanguinem ejus de manu tua requiram. 21. (c) Tu autem si distinxeris justo, ut ne
peccet, et ipse non peccaverit, justus vita vivet,
quia distinxisti ei, et tu animam tuam liberabis.
22. Et facta est super me ⋇ ibi ⁒ manus Domini,
et dixit ad me : Surge, et egredere in campum
ibi allocutio fiet ad te. 23. Et surrexi, et
sum in campum : et ecce ibi gloria Domini
sicut ⋇ adspectus, et sicut ⁒ gloria
super fluvium Chobar. Et cado [illegible]
24. et venit super me spiritus, [illegible]
pedes meos, et locutus est [illegible] :
Ingredere, et includere [illegible]
tu, fili hominis, ecce [illegible]
et vincient te [illegible]
eorum. 26. Et [illegible]
guttur tuum [illegible]
virum [illegible]
Et cum [illegible]
dices ad eos : [illegible]
audit, [illegible]
domus [illegible]

Cap. [illegible]

(o) quod loquar ad te. Et ingressus est in medium [illegible]
dum audiverint, acquieverint. (r) S., impudentes [illegible]
bula rotunda. (t) S., planctus. (u) contentionem. [illegible]
(y) S., manus enim Domini erat super me. (z) S. [illegible]
a me. (b) in iniquitate. (c) S., Th., si vero [illegible]

CODEX SYRIACO-HEXAPLARIS

AMBROSIANO-MEDIOLANENSIS.

PROPHETIA HEZECIELIS.

Cap. I, 1. Et factum est in anno trigesimo in mense quarto, quinto mensis, (a) et ego ÷ sum ⁚ fui in medio captivitatis super fluvium Chobar, et aperti sunt cœli, et vidi visiones Dei, 2. quinto mensis : hic annus quintus captivitatis regis Joacim : et factum est verbum Domini ad Hezecielem filium Buzi, sacerdotem in terra Chaldæorum super fluvium Chobar. 3. Et facta est super me ※ ibi ⁚ manus Domini, 4. (b) et vidi, et ecce spiritus ※ (c) Domini ⁚ tollens veniebat ab aquilone, et nubes magna in eo, et splendor circa eum, et ignis fulgurans : et in medio ejus quasi visio electri in medio ignis, et splendor in eo. 5. Et in medio quasi similitudo quatuor animalium : et hæc visio eorum, sicut similitudo hominis super eis. 6. Et quatuor facies uni, et quatuor alæ uni ※ ex eis ⁚ : 7. et crura eorum ※ crura ⁚ recta, et pedes eorum alati, ※ sicut ungulæ tauri ⁚, (d) et scintillæ, quasi æs fulgurans ; et leves alæ eorum, 8. et manus hominis sub alis eorum super quatuor partes eorum : et facies eorum, ※ et alæ eorum ⁚ quatuor ipsorum 9. propinquæ una alteri, ※ (e) et alæ eorum ⁚ non revertebantur, cum incederent : unumquodque ex eis ante faciem suam ibant. 10. Et similitudo facierum eorum, facies hominis, et facies leonis a dextra quatuor iis, et facies tauri a sinistra quatuor iis, et facies aquilæ quatuor iis. 11. (f) Et facies eorum, et alæ eorum extensæ desuper quatuor iis; unicuique duæ simul junctæ ad se invicem, et duæ tegebant super corpus eorum, 12. et unumquodque ex eis coram facie sua ibat : quocumque ibat spiritus, ibant, et non revertebantur, ※ cum irent ⁚. 13. Et in medio animalium visio quasi carbonum ignis ardentium, (g) quasi visio lampadum ※ est ⁚ se circumagentium in medio animalium, et splendor ignis, et ex igne egrediebatur sicut fulgur : 14. ※ et animalia currebant, et redibant, (h) sicut visio Bezec ⁚. 15. Et vidi, et

A ecce rota una super terra, propinqua a[…] quatuor ipsis. 16. Et adspectus rotarum, ※ […] earum ⁚ sicut adspectus (i) tharsis, et […] una quatuor ipsis : ※ et visio earum ⁚, […] earum erat, quasi esset rota in rota. 17 […] quatuor partes eorum, ※ cum irent ⁚, ibant […] revertebantur, cum irent, 18. neque dorsa […] (k) et altitudo erat eis. Et vidi ea, et dorsa e[…] plena oculis circumcirca quatuor ipsis. 19 […] irent animalia, ibant rotæ juxta ea : et cum […] rentur animalia de terra, elevabantur rotæ : […] Ubicumque erat nubes, illuc ibat spiritus […] animalia, et rotæ, et elevabantur cum ea […] spiritus vitæ in rotis. 21. Cum irent, ibant, […] starent, stabant, et cum elevarentur de ter[…]

B vabantur ※ rotæ ⁚ cum eis ; quia spiritus erat in rotis. 22. Et similitudo super capite […] malium quasi firmamentum, quasi adspectus […] stalli terribilis, extensum super alas eorum […] per : 23. et sub firmamento alæ eorum […] volantes altera alteri : unicuique duæ sim[…] ventes, obvolventes corpora eorum, ※ et […] gentes sibi corpora sua ⁚. 24. Et aud[…] alarum eorum, quasi vocem aquæ m[…] vocem (m) sufficientis : cum irent, vox […] quasi vox castrorum, et cum starent, […] alæ eorum. 25. (n) Et ecce vox super fir[…] tum, quod erat super caput eorum, ※ cum st[…] cessabant alæ eorum, 26. et super firmament[…] quod super caput eorum ⁚, quasi adspectus lap[…]

C saphiri, similitudo throni super eo, et super si[…] litudine throni similitudo quasi adspectus ho[…] desuper. 27. Et vidi quasi adspectum electri, […] quasi adspectum ignis ※ intrinsecus ejus circum[…] circa ⁚ a visione lumbi, et supra : et a visione […] lumbi, et usque deorsum vidi visionem ignis […] splendor ejus circumcirca, 28. sicut visio ar[…] quando fuerit in nube in die pluviæ, sic s[…]

(a) S., cum essem in demigratione. (b) S., vidi vero sicut flatum procellosum. (c) Heb. Domini. […] S., et fulgurabant, sicut aspectus laminæ politæ æris. (e) et facies eorum quatuor ipsorum. (f) S., […] contra facies eorum alæ eorum, (g) S., erat autem et sicut visio lampadum hæc transiens. (h) S., […] visio splendoris fulguris. Cum inspicerem autem animalia, visa est rota una in terra juxta animali[…] habens quatuor facies. (i) S., hyacinthi. (k) S., et statio erat animalibus, et altitudo. (l) S., quocumque […] ferebat spiritus impetum ad eundum, eo cum iret spiritus, etiam rotæ simul elevabantur similiter eis. (m) […] ΣΑΔΔΑΙ, Sadjo potentis. (n) S., et cum fieret vox super firmamentum, quod erat super caput eorum, […] stabant, et cessabant alæ eorum.

... circumcirca. Hæc visio similitudinis et
...e Domini : et vidi, et cado super faciem meam,
...divi vocem loquentis.
...p. II, 1. Et dixit ad me : Fili hominis, sta
...r pedes tuos, (o) et loquar ad te. 2. Et venit
...r me spiritus, et assumsit me, et elevavit me,
...atuit me super pedes meos, et audiebam eum
...entem ad me. 3. Et dixit ad me : Fili hominis,
...) te ego ad domum Israelis, exacerbantes me,
...exacerbarunt me, ipsi et patres eorum ⁎ per-
...egerunt in me : usque ad diem hodiernum.
...< Et filii duri facie, et duri corde : ego (p)
...o te ad eos :. Et dices ad eos : Hæc dicit Do-
...us. 5. (q) Si forte audiant, aut paveant, quia
...us irritans est, et scient, quod propheta es tu
...nedio eorum. 6. Et tu, fili hominis, ne timeas
..., et a facie eorum ne obstupescas ; (r) quia ve-
...t in impetu cum insania, et insurgent super
...ircumcirca, et in medio scorpionum tu habitas :
...a eorum ne timeas, et a facie eorum ne ob-
...escas ; quia domus irritans est. 7. Et loqueris
...a mea ad eos, si forte audiant, aut trepident ;
...a domus irritans est. 8. Et tu, fili hominis, audi
...uentem ad te : ne sis irritans, sicut domus irri-
...s : aperi os tuum, et comede quod ego do tibi.
...Et vidi, et ecce manus extensa ad me, et in ea (s)
...itulum libri. 10. Et expandit illud coram me :
...in eo scripta erant a fronte ejus et a tergo ejus :
...scriptum erat in eo lamentatio, et (t) canticum,
...væ.
Cap. III, 1. Et dixit ad me : Fili hominis, ⁎ quod-
...mque inveneris, ede :. comede capitulum hoc, et
...ade, et loquere ad filios Israelis. 2. Et aperit os
...icum, et edere fecit me capitulum hoc. 3. Et dixit
...d me : Fili hominis, os tuum edet, et venter tuus
...mplebitur capitulo hoc dato in te. Et edi illud, et
...actum est in ore meo, sicut mel dulce. 4. Et dixit
...d me : Fili hominis, vade, ingredere ad domum
...sraelis, et loquere verba mea ad eos. 5. Quoniam
...non ad populum profundum labio et gravem lingua
...u mitteris ad domum Israelis : 6. neque ad populos
multos alienos vocibus, aut alienos lingua, neque
qui sunt obfirmati lingua, quorum ne audias sermones eorum : et si ad tales mitterem te, hi obe-
dirent tibi. 7. Domus autem Israelis non volent
exaudire te, quia non volunt exaudire me ; quia
omnis domus Israelis litigiosi sunt, et duri corde.
8. Et ecce dedi faciem tuam potentem contra facies
eorum, et contentionem tuam corroborabo adversus
contentionem eorum, 9. et erit, semper duriorem
petra ⁎ dedi (u) frontem tuam :: ne timeas eos,
neque paveas a facie eorum, quia domus irritans
est. 10. Et dixit ad me : Fili hominis, omnes sermones, quos locutus sum tecum, assume in cor

A tuum, et auribus tuis audi : 11. et vade, ingre...
in captivitatem ad filios populi tui, et loqueris
eos, et dices ad eos : Hæc dicit Dominus Domin...
si forte audiant, si forte concedant. 12. Et assum...
sit me spiritus, et audivi a tergo meo vocem commotionis magnæ, dicentium : Benedicta gloria Domini de loco suo. 13. Et vidi (x) vocem alarum
animalium volantium una ad alteram, et vox rotarum coram eis, et vox commotionis ⁎ magnæ :.
14. Et spiritus elevavit me, et sustulit me, et abii
sublimis aere in impetu spiritus mei, (y) et manus
Domini facta est super me potens. 15. Et ingressus
sum in captivitatem sublimis aere, et circuivi habitantes super fluvium Chobar, eos qui erant ibi :
B et sedi ibi septem dies, (z) conversans in medio
eorum. 16. Et factum est post hos septem dies ⁎
et factum est :. verbum Domini ad me, dicens : 17.
Fili hominis, speculatorem dedi te domni Israelis,
et audies ex ore meo verbum, (a) et comminaberis
eis a me, 18. cum dixero iniquo : Morte morieris :
et non distinxisti, neque locutus es ad distinguendum iniquo, ut revertatur a viis suis, ut vivat.:
iniquus ille (b) in injustitia sua morietur, et sanguinem ejus de manu tua requiram. 19. Et tu, si
distinxeris iniquo, nec reversus fuerit ab iniquitate
sua, et a via sua, iniquus ille in injustitia sua morietur, et tu animam tuam liberabis. 20. Et cum se
averterit justus a justitiis suis, et fecerit delictum,
etiam dabo tormenta in faciem ejus : ipse morietur,
C quia non distinxisti ei : et in peccatis suis morietur, quia non commemorabuntur ei justitiæ ejus,
quas fecit, et sanguinem ejus de manu tua requiram. 21. (c) Tu autem si distinxeris justo, ut ne
peccet, et ipse non peccaverit, justus vita vivet,
quia distinxisti ei, et tu animam tuam liberabis.
22. Et facta est super me ⁎ ibi :. manus Domini,
et dixit ad me : Surge, et egredere in campum, et
ibi allocutio fiet ad te. 23. Et surrexi, et egressus
sum in campum : et ecce ibi gloria Domini stabat,
sicut ⁎ adspectus, et sicut :. gloria, quam vidi
super fluvium Chobar. Et cado super faciem meam,
24. et venit super me spiritus, et statuit me super
pedes meos, et locutus est ad me, et dixit mihi :
Ingredere, et includere in medio domus tuæ. 25. Et
D tu, fili hominis, ecce data sunt super te vincula,
et vincient te in eis, et non egredieris de medio
eorum. 26. Et linguam tuam simul ligabo ⁎ ad
guttur tuum :, et obmutesces, et non eris eis in
virum objurgantem ; quia domus irritans est. 27.
Et cum locutus fuero ad te, aperiam os tuum, et
dices ad eos : Hæc dicit (d) Adonai Dominus : Qui
audit, audiat, et qui rebellis est, rebellet ; quia
domus irritans est.
Cap. IV. — 1. Et tu, fili hominis, sume tibi la-

(o) quod loquar ad te. Et ingressus est in medium mei spiritus. (p) Dominus. (q) si quemadmodum audiverint, acquieverint. (r) S., impudentes enim sunt, et sine spe ad te. (s) S., scriptoria tabula rotunda. (t) S., planctus. (u) contentionem. (x) S., pulsationem simul (i. e. *complosionem*) alarum.
(y) S., manus enim Domini erat super me. (z) S., Th., habitans ego. (a) S., et prævenies monebis eos
a me. (b) in iniquitate. (c) S., Th., si vero prævenieris monueris justum, ut ne peccet. (d) Dominus.

CODEX SYRIACO-HEXAPLARIS

AMBROSIANO-MEDIOLANENSIS.

PROPHETIA HEZECIELIS.

Cap. I, 1. Et factum est in anno trigesimo in mense
quarto, quinto mensis, (a) et ego ÷ sum ⁚ fui in
medio captivitatis super fluvium Chobar, et aperti
sunt cœli, et vidi visiones Dei, 2. quinto mensis :
hic annus quintus captivitatis regis Joacim : et
factum est verbum Domini ad Hezecielem filium
Buzi, sacerdotem in terra Chaldæorum super fluvium Chobar. 3. Et facta est super me ※ ibi ⁚
manus Domini, 4. (b) et vidi, et ecce spiritus ※ (c)
Domini ⁚ tollens veniebat ab aquilone, et nubes
magna in eo, et splendor circa eum, et ignis fulgurans : et in medio ejus quasi visio electri in
medio ignis, et splendor in eo. 5. Et in medio
quasi similitudo quatuor animalium : et hæc visio
eorum, sicut similitudo hominis super eis. 6. Et
quatuor facies uni, et quatuor alæ uni ※ ex eis ⁚ :
7. et crura eorum ※ crura ⁚ recta, et pedes eorum
alati, ※ sicut ungulæ tauri ⁚, (d) et scintillæ, quasi
æs fulgurans ; et leves alæ eorum, 8. et manus
hominis sub alis eorum super quatuor partes eorum : et facies eorum, ※ et alæ eorum ⁚ quatuor
ipsorum 9. propinquæ una alteri, ※ (e) et alæ eorum ⁚ non revertebantur, cum incederent : unumquodque ex eis ante faciem suam ibant. 10. Et
similitudo facierum eorum, facies hominis, et facies
leonis a dextra quatuor iis, et facies tauri a sinistra quatuor iis, et facies aquilæ quatuor iis. 11.
(f) Et facies eorum, et alæ eorum extensæ desuper
quatuor iis; unicuique duæ simul junctæ ad se invicem, et duæ tegebant super corpus eorum, 12. et
unumquodque ex eis coram facie sua ibat : quocumque ibat spiritus, ibant, et non revertebantur,
※ cum irent ⁚. 13. Et in medio animalium visio
quasi carbonum ignis ardentium, (g) quasi visio
lampadum ※ est ⁚ se circumagentium in medio
animalium, et splendor ignis, et ex igne egrediebatur sicut fulgur : 14. ※ et animalia currebant,
et redibant, (h) sicut visio Bezec ⁚. 15. Et vidi, et

A ecce rota una super terra, propinqua
quatuor ipsis. 16. Et adspectus rotarum, ※
earum ⁚ sicut adspectus (i) tharsis, et
una quatuor ipsis : ※ et visio earum ⁚
earum erat, quasi esset rota in rota. 17
quatuor partes eorum, ※ cum irent ⁚, ibant
revertebantur, cum irent, 18. neque dorsa
(k) et altitudo erat eis. Et vidi ea, et dorsa
plena oculis circumcirca quatuor ipsis. 19. Et
irent animalia, ibant rotæ juxta ea : et cum
rentur animalia de terra, elevabantur rotæ.
Ubicumque erat nubes, illuc ibat spiritus
animalia, et rotæ, et elevabantur cum
spiritus vitæ in rotis, 21. Cum irent, ibant
starent, stabant, et cum elevarentur de terra
B vabantur ※ rotæ ⁚ cum eis ; quia spiritus
erat in rotis. 22. Et similitudo super caput
malium quasi firmamentum, quasi adspectus
stalli terribilis, extensum super alas eorum
per : 23. et sub firmamento alæ eorum
volantes altera alteri : unicuique duæ
ventes, obvolventes corpora eorum, ※
gentes sibi corpora sua ⁚. 24. Et
alarum eorum, quasi vocem aquæ
vocem (m) sufficientis : cum irent, vox
quasi vox castrorum, et cum starent,
alæ eorum. 25. (n) Et ecce vox super
tum, quod erat super caput eorum, ※ cum
cessabant alæ eorum, 26. et super firmamentum
quod super caput eorum ⁚, quasi adspectus
C saphiri, similitudo throni super eo, et super
litudine throni similitudo quasi adspectus
desuper. 27. Et vidi quasi adspectum electri
quasi adspectum ignis ※ intrinsecus ejus circumcirca ⁚ a visione lumbi, et supra : et a
lumbi, et usque deorsum vidi visionem ignis
splendor ejus circumcirca, 28. sicut visio
quando fuerit in nube in die pluviæ, sic

(a) S., cum essem in demigratione. (b) S., vidi vero sicut flatum procellosum. (c) Heb. Domini
S., et fulgurabant, sicut aspectus laminæ politæ æris. (e) et facies eorum quatuor ipsorum. (f) S.,
contra facies eorum alæ eorum, (g) S., erat autem et sicut visio lampadum hæc transiens. (h) S.,
visio splendoris fulguris. Cum inspicerem autem animalia, visa est rota una in terra juxta animalia
habens quatuor facies. (i) S., hyacinthi. (k) S., et statio erat animalibus, et altitudo. (l) S., quocumque
ferebat spiritus impetum ad eundum, eo cum iret spiritus, etiam rotæ simul elevabantur similiter eis.
ΣΑΔΔΑΙ, Sadjo potentis. (n) S., et cum fieret vox super firmamentum, quod erat super caput eorum
stabant, et cessabant alæ eorum.

loris circumcirca. Hæc visio similitudinis et
: Domini : et vidi, et cado super faciem meam,
livi vocem loquentis.
». II, 1. Et dixit ad me : Fili hominis, sta
pedes tuos, (o) et loquar ad te. 2. Et venit
· me spiritus, et assumsit me, et elevavit me,
tuit me super pedes meos, et audiebam eum
ntem ad me. 3. Et dixit ad me : Fili hominis,
te ego ad domum Israelis, exacerbantes me,
xacerbarunt me, ipsi et patres eorum ⋇ per-
gerunt in me ⁑ usque ad diem hodiernum.
. Et filii duri facie, et duri corde : ego (p)
› te ad eos ⁑. Et dices ad eos : Hæc dicit Do-
s. 5. (q) Si forte audiant, aut paveant, quia
us irritans est, et scient, quod propheta es tu
edio eorum. 6. Et tu, fili hominis, ne timeas
et a facie eorum ne obstupescas ; (r) quia ve-
t in impetu cum insania, et insurgent super
ircumcirca, et in medio scorpionum tu habitas :
ba eorum ne timeas, et a facie eorum ne obpescas ; quia domus irritans est. 7. Et loqueris
ba mea ad eos, si forte audiant, aut trepident ;
a domus irritans est. 8. Et tu, fili hominis, audi
uentem ad te : ne sis irritans, sicut domus irri-
s : aperi os tuum, et comede quod ego do tibi.
Et vidi, et ecce manus extensa ad me, et in ea (s)
itulum libri. 10. Et expandit illud coram me :
in eo scripta erant a fronte ejus et a tergo ejus :
scriptum erat in eo lamentatio, et (t) canticum,
væ.

Cap. III, 1. Et dixit ad me : Fili hominis, ⋇ quodmque inveneris, ede ⁑, comede capitulum hoc, et
de, et loquere ad filios Israelis. 2. Et aperit os
eum, et edere fecit me capitulum hoc. 3. Et dixit
l me : Fili hominis, os tuum edet, et venter tuus
nplebitur capitulo hoc dato in te. Et edi illud, et
ctum est in ore meo, sicut mel dulce. 4. Et dixit
l me : Fili hominis, vade, ingredere ad domum
raelis, et loquere verba mea ad eos. 5. Quoniam
on ad populum profundum labio et gravem lingua
u mitteris ad domum Israelis : 6. neque ad populos
nultos alienos vocibus, aut alienos lingua, neque
ui sunt obfirmati lingua, quorum ne audias sernones eorum : et si ad tales mitterem te, hi obe-
lirent tibi. 7. Domus autem Israelis non volent exaudire te, quia non volunt exaudire me ; quia omnis domus Israelis litigiosi sunt, et duri corde. 8. Et ecce dedi faciem tuam potentem contra facies eorum, et contentionem tuam corroborabo adversus contentionem eorum, 9. et erit, semper duriorem petra ⋇ dedi (u) frontem tuam ⁑ : ne timeas eos, neque paveas a facie eorum, quia domus irritans est. 10. Et dixit ad me : Fili hominis, omnes sermones, quos locutus sum tecum, assume in cor

A tuum, et auribus tuis audi : 11. et vade, ingredere in captivitatem ad filios populi tui, et loqueris ad eos, et dices ad eos : Hæc dicit Dominus Dominus : si forte audiant, si forte concedant. 12. Et assumsit me spiritus, et audivi a tergo meo vocem commotionis magnæ, dicentium : Benedicta gloria Domini de loco suo. 13. Et vidi (x) vocem alarum animalium volantium una ad alteram, et vox rotarum coram eis, et vox commotionis ⋇ magnæ ⁑. 14. Et spiritus elevavit me, et sustulit me, et abii sublimis aere in impetu spiritus mei, (y) et manus Domini facta est super me potens. 15. Et ingressus sum in captivitatem sublimis aere, et circuivi habitantes super fluvium Chobar, eos qui erant ibi : et sedi ibi septem dies, (z) conversans in medio

B eorum. 16. Et factum est post hos septem dies ⋇ et factum est ⁑ verbum Domini ad me, dicens : 17. Fili hominis, speculatorem dedi te domui Israelis, et audies ex ore meo verbum, (a) et comminaberis eis a me, 18. cum dixero iniquo : Morte morieris : et non distinxisti, neque locutus es ad distinguendum iniquo, ut revertatur a viis suis, ut vivat : iniquus ille (b) in injustitia sua morietur, et sanguinem ejus de manu tua requiram. 19. Et tu, si distinxeris iniquo, nec reversus fuerit ab iniquitate sua, et a via sua, iniquus ille in injustitia sua morietur, et tu animam tuam liberabis. 20. Et cum se averterit justus a justitiis suis, et fecerit delictum, etiam dabo tormenta in faciem ejus : ipse morietur,

C quia non distinxisti ei : et in peccatis suis morietur, quia non commemorabuntur ei justitiæ ejus, quas fecit, et sanguinem ejus de manu tua requiram. 21. (c) Tu autem si distinxeris justo, ut ne peccet, et ipse non peccaverit, justus vita vivet, quia distinxisti ei, et tu animam tuam liberabis. 22. Et facta est super me ⋇ ibi ⁑ manus Domini, et dixit ad me : Surge, et egredere in campum, et ibi allocutio fiet ad te. 23. Et surrexi, et egressus sum in campum : et ecce ibi gloria Domini stabat, sicut ÷ adspectus, et sicut ⁑ gloria, quam vidi super fluvium Chobar. Et cado super faciem meam, 24. et venit super me spiritus, et statuit me super pedes meos, et locutus est ad me, et dixit mihi : Ingredere, et includere in medio domus tuæ. 25. Et

D tu, fili hominis, ecce data sunt super te vincula, et vincient te in eis, et non egredieris de medio eorum. 26. Et linguam tuam simul ligabo ⋇ ad guttur tuum ⁑, et obmutesces, et non eris eis in virum objurgantem ; quia domus irritans est. 27. Et cum locutus fuero ad te, aperiam os tuum, et dices ad eos : Hæc dicit (d) Adonai Dominus : Qui audit, audiat, et qui rebellis est, rebellet ; quia domus irritans est.

Cap. IV. — 1. Et tu, fili hominis, sume tibi la-

(o) quod loquar ad te. Et ingressus est in medium mei spiritus. (p) Dominus. (q) si quemadmodum audiverint, acquieverint. (r) *S.*, impudentes enim sunt, et sine spe ad te. (s) *S.*, scriptoria tabula rotunda. (t) *S.*, planctus. (u) contentionem. (x) *S.*, pulsationem simul (i. e. *complosionem*) alarum. (y) *S.*, manus enim Domini erat super me. (z) *S.*, *Th.*, habitans ego. (a) *S.*, et prævenies monebis eos a me. (b) in iniquitate. (c) *S.*, *Th*, si vero prævenciis monueris justum, ut ne peccet. (d) Dominus.

terem, et pones eum ante faciem tuam, et describes A super eo urbem Jerusalem : 2. et dabis super eam (e) inclusionem, et ædificabis super eam (f) propugnacula, et jacies super eam fossam, et dabis super eam castra, et ordinabis stationes et balistas in gyro. 3. Et tu sume tibi sartaginem ferri, et ponas eam parietem ferri inter te et inter urbem, (g) et parabis faciem tuum super eam, (h) et erit in conclusione, et concludes eam : signum est hoc filiis Israelis. 4. Et tu cubabis super latus tuum sinistrum, et pones injustitias domus Israelis super eo, juxta numerum dierum ÷ nonaginta et centum ⁚, quos cubabis super eo, et assumes injustitias eorum. 5. Et ego dedi tibi duas injustitias eorum in numerum dierum, et centum dies, et assumes injustitias domus Israelis. 6. Et consummabis hæc ÷ B omnia ⁚, et cubabis super latus tuum dextrum ※ secundo ⁚, et assumes injustitias domus Judæ quadraginta dies : diem in annum posui tibi. 7. Et in conclusionem Jerusalem (i) parabis faciem tuam, et brachium tuum corroborabis, et prophetabis super eam. 8. Et ego ecce dedi super te vincula, et ne convertas te de latere tuo in latus tuum, donec completi fuerint dies conclusionis tuæ. 9. Et tu sume tibi triticum, et hordeum, et fabas, et lentes, et milium, et speltam, et mittes ea in vas unum ÷ testaceum ⁚ : et facies ea tibi in panes, et juxta numerum dierum, quos tu dormis super latere tuo, nonaginta et centum dies comedes ea. 10. Et cibus tuus, quem comedes, in pondere viginti siclos die : a tempore usque ad tempus comedes ea. — 11. Et C aquam in mensura bibes, sextam partem in a tempore usque ad tempus bibes. 12. Et (k) panem subcineritium hordei comedes ea : in fimo stercoris humani abscondes ea ante oculos eorum, 13. et dices : Hæc dicit Dominus ÷ Deus Israelis ⁚ : Sic comedent filii Israelis ※ panem ⁚ suum non mundum (l) in gentibus, quo dispergam eos illuc. 14. Et dixi : Nequaquam, Domine Deus Israelis : si anima mea non polluta ÷ in immunditia ⁚, et morticinium, et captum a feris non comedi a nativitate mea usque nunc, neque ingressus est in os meum ÷ omnis ⁚ caro immunda. 15. Et dixit ad me : Ecce dedi tibi ※ τὰ ⁚ stercora boum pro stercoribus humanis, et facies panes tuos super eis. 16. Et D dixit ad me : Fili hominis, ecce ego confringo fulcimentum panis in Jerusalem, et comedent panem etiam in pondere, et in penuria : et aquam in mensura, et (m) in exitio bibent, 17. ut egeni fiant

panis, et aquæ : et corrumpetur hom... ejus, et liquescent in injustitiis suis.

Cap. V. — Et tu, fili hominis, sume tibi ... acutum plus quam novacula tonsoris, ... eum tibi, et inducas eum super caput tuum, ... barbam tuam : et sumes ※ tibi ⁚ stateram ... rum, et divides ea : 2. quartam partem in ... dissipabis in medio urbis, (o) juxta compl... dierum conclusionis : et sumes quartam par... et combures eam in medio ejus : et quartam p... concides in gladio circum eam : et quartam ... disperges vento : et gladium evacuabo p... 3. Et sumes inde paucos in numero, et sina... ves eos indumento tuo. 4. Et ex his sumes ... et projicies ea in medium ignis, et combur... igne : ex ea egredietur ignis : ÷ et dices ... domui Israelis : 5. Hæc dicit Adonai Domin... Jerusalem, (p) in medio gentium posui ea... giones quæ circa eam. 6. (q) Et dices (*) ... (ipsi) inique ex gentibus, et legitima mea ... nibus, quæ circa eam ; quia jura mea rep... et in legibus meis non ambularunt in eis. 7. ... hoc hæc dicit Adonai Dominus : Pro eo ... occasio vestra ex gentibus, quæ in circuitu ... et in legitimis meis non ambulastis, et judi... nes meas non fecistis, sed neque juxta justitia... gentium, quæ in circuitu vestro, fecistis ... pter hoc hæc dicit Adonai Dominus : Ecce ego ... vos, et ego faciam in medio tui judicia cor... tibus, 9. et faciam in te, quæ non feci, et q... faciam similia eis amplius juxta omnes abo... tiones tuas. 10. Propter hoc patres comede... in medio tui, et filii comedent patres : et fa... te judicia, et dispergam omnes residuos tu... omnem ventum. 11. Propter hoc vivo ... Adonai Dominus, nisi pro eo quod Sancta m... taminasti in omnibus ※ (s) abominationib... et in omnibus ⁚ inquinamentis tuis, et ... expellam te : non parcet oculus meus, ... miserebor. 12. Quarta pars tui in morte ... tur : ÷ et quarta pars tui ⁚ in fame cons... medio tui : ※ et quarta pars tui in gla... circa te ⁚ : et quartam partem tui in omnem ... tum dispergam eos : et gladium evacuabo p... 13. Et complebitur furor meus, et ira mea ... eos, ※ et consolabor (**) ⁚, et cognosces, q... Dominus locutus sum in zelo meo, cum imp... iram meam in eis. 14. Et ponam te in desert... in opprobrium, ※ in gentibus, quæ circa te ...

(e) S., ambitum belli (i. e. *obsidionem*). (f) S., munimentum muri. (g) S., et conv... (h) S., ut sit conclusa. (i) S., ordinabis faciem tuam, et brachium tuum nudum. (k) S., complemen... (l) S., a contactu gentium. (m) S., cum violentia, ut, cum egeni sunt panis et aquæ, confractio e... combures. (o) S., cum completi fuerint dies. (p) S., erat in medio gentium. (q) S., mutarunt vero judiciis meis impietates, quas a gentibus. (*) Pro ותמר, *et mutavit*, legerunt LXX ותאמר, *et dices*. lectio absurda, sicut et ea quæ sequuntur. Sensus enim Hebr. veritatis est : et mutavit (Jerusalem) ... cia mea in impietatem præ gentibus. Drach. (r) S., multitudo vestra fuit. (s) S., po... tuis. (**) Passive, a verbo *consolo* (cf. Forcellini lexicon). Ita reposuimus ut respondeat Syro ... et Græco Tetraplorum, ※ καὶ παρακληθήσομαι. Drach.

tuas circa te coram omni viatore. 15. Et eris bunda, ⁎ et manifesta (*) in disciplina (u) et uctio ⁏ in gentibus, quæ circa te, cum fecero judicia ⁎ in ira mea, et in furore ⁏ et in ultiororis: ego Dominus locutus sum. 16. Quando ro sagittas ⁎ malas ⁏ famis super eos, et erunt :fectionem, ⁎ quas mittam eas, ad disperdenvos : et famem congregabo ⁏ super vos, et eram fulcimentum panis tui. 17. Et emittam sute (x) famem, et bestias malas, (y) et ponam in ıt tuum (**), et mors et sanguis transibunt super et gladium inducam super te undique : ego Doıus locutus sum.

ap. VI.— 1. Et factum est verbum Domini ad me, ens: 2. Fili hominis, pone faciem tuam super ıtes Israelis, et propheta super eos, 3. et dices: ıtes Israelis, audite verbum Adonai Domini: c dicit Adonai Dominus montibus, et collibus, et salebris, et vallibus : Ecce ego induco super gladium, et delebuntur excelsa vestra, 4. (a) et rdentur altaria vestra, ⁎ et conterentur ⁏ templa ıtra, et dejiciam cadavera vestra coram idolis ıtris. 5. ⁎ Et dabo cadavera filiorum Israelis te faciem idolorum eorum ⁏, et dispergam ossa stra circa altaria vestra. 6. In omni habitatione ıtra urbes desertæ erunt, et excelsa abolebuntur, deleantur, ⁎ (b) et conculcabuntur (***) altaria vera, et conterentur, et cessabunt ⁏ idola vestra, et ılentur delubra vestra, ⁎ et delebuntur opera vera ⁏, 7. et cadent occisi in medio vestri, et co-ıoscetis, quod ego Dominus. 8. ⁎ Et residuum ciam ⁏, dum fuerint ex vobis evadentes a gladio ı gentibus, et in dispersione vestra et in regioniıs : 9. et recordabuntur mei, qui evaserint ex voia in gentibus, quo captivi ducti fuerint illuc: uia juravi cordi eorum fornicanti, ⁎ ei, quod ecessit ⁏ a me, et oculis eorum fornicantibus post tudia sua : (c) et percutient facies suas, ⁎ propter ıala, quæ fecerunt in omnibus ⁏ abominationibus uis ⁎ et in omnibus studiis suis ⁏. 10. Et cognocent, quod ego Dominus ⁎ non frustra locutus um, ut facerem eis omnia mala hæc ⁏. 11. Hæc dicit Adonai Dominus: Plaude manu, et obstrepe pedibus, (d) et dic : bene quidem, super omnibus abominationibus ⁎ malorum ⁏ domus Israelis : in gladio, et in fame, et in morte cadent. 12. Qui longe, in morte morietur, qui vero prope, in gladio cadet, ⁎ et qui relictus fuerit ⁏, (e) et qui conclusus, in

A fame consumetur : et complebo iram meam super eos. 13. Et scietis, quod ego Dominus, cum fuerint occisi vestri inter idola vestra circa altaria vestra : super omnem collem excelsum, ⁎ et super omnibus verticibus montium ⁏, et subter omnem arborem umbrosam, et subter omnem quercum densam, locum ubi dederunt ibi odorem suavem omnibus idolis suis. 14. Et extendam manum meam super eos, et ponam terram (f) in exitium, et in deletionem a deserto Deblatha ex omni habitatione eorum, et cognoscetis, quod ego Dominus.

Cap. VII. — 1. Et factum est verbum Domini ad me, dicens : 2. Et tu, fili hominis, hæc dicit Adonai Dominus terræ Israelis : Finis venit, finis venit super quatuor alas terræ. 7. ÷ Venit finis ⁏ super te, B qui habitas super terra : venit tempus, appropinquavit dies non cum præcipitationibus, (g) et non cum doloribus. 8. Nunc de propinquo effundam iram meam super te, et complebo furorem meum in te, et judicabo te in viis tuis, et dabo super te omnes abominationes tuas. 9. Non parcet oculus meus, neque miserebor; quia vias tuas super te dabo, et abominationes tuæ in medio tui erunt, et cognosces, quod ego sum Dominus, qui percutio. 3. Nunc finis ad te, et mittam ego super et, et ulciscar te in viis tuis, et dabo super te omnes abominationes tuas. 4. Non parcet oculus meus (****) super te, neque miserebor; quia vias tuas super te dabo, et abominationes tuæ in medio tui erunt, et C scies, quod ego Dominus. 5. Quia hæc dicit Dominus Dominus : ⁎ malitia una ecce (h) propinqua. 6. Finis venit, venit finis, evigilavit ad te ⁏. Ecce venit complexio : 10. ecce dies ÷ parit ⁏, ecce finis venit : ⁎ egressa est complexio, et floruit virga, et progerminavit superbia ⁏, evigilavit contumelia: 11. et conteret fulcrum iniqui, et non cum perturbatione, neque cum festinatione, ⁎ et non ex eis sunt, neque decor in eis ⁏. 12. Venit tempus, ecce dies : qui emit, non lætetur, et qui vendit, non lugeat: ⁎ quia ira in omnem multitudinem ejus ⁏. 13. Quia emens ad vendentem non amplius revertetur : ⁎ (i) et amplius in vita vivere eorum; quia visio in omnem multitudinem ejus non redibit ⁏; et homo in oculo vitæ suæ non obtinebit. 14. (k) D Clangite in tuba, et judicate omnia, ⁎ et non est proficiscens in bellum ; quia ira mea in omnem multitudinem ejus ⁏. 15. Bellum in gladio foris, et fames et mors intrinsecus : qui in campo, in gladio

(t) S., confregi te. (*) Pro ודידיעא, quod perperam edidit Norberg, et ex ingenio vertit, *miserabilis*, quia in LXX nostris vidit δηλαΐστή, reponendum est in Syriaco textu ודידיעא, *et manifesta*. Et reipsa Tetrapla habent, ⁎ καὶ δήλη. DRACH. (u) S., et ambiguitate. (x) S., gladium. (**) I. e., et puniam te. Senes : καὶ τιμωρήσομαί σε. DRACH (y) S., quæ reddent te sine liberis. (z) S., et completus. *Th.*, rivulis. (a) S., et confringentur. (b) S., et abolebunt. (***) Verbum Syr. ונתבסין potius significat, *et contemnentur*. Tetrapla ⁎ καὶ πλημμελήσωσι. DRACH. (c) S., ut reprehendant semetipsos. (d) S., et contristare. (e) S., et qui subactus in urbe. (f) S., corruptam, et iterum corrumpendam. (g) S., et non cum recrastinatione. (****) Edidit Norberg, *oculus tuus*, adnotavitque : « דילי *meus*, pro דילך *tuus*, certe legendum. » Hebr., oculus meus. LXX nostri et Tetrapla, ὁ ὀφθαλμός μου. DRACH. (h) A., venit. (i) S., sed et amplius nec in viventibus vita eorum. (k) S., clanxerunt hi in tuba, quod præparaverint omnia.

conficietur, eos autem, qui in urbe, fames, et mors consumet. 16. (*l*) Et salvi evadent, (*m*) qui evaserint ex eis, et erunt super montibus, ※ sicut columbæ concreditæ ⁚ : omnes occidam, unumquemque in injustitiis suis. 17. Omnes manus dissolventur, (*n*) et omnia femora polluentur humore : 18. et accingent se saccis, et operiet eos stupor ; et super omnem faciem pudor super eos, et super omne caput calvitium. 19. Argentum eorum in plateis projicietur, et aurum eorum (*o*) contemnetur : ※ argentum eorum, et aurum eorum non valebit eripere eos in die iræ Domini ⁚ : animæ eorum non saturabuntur, et ventres eorum non implebuntur ; quia cruciatus injustitiarum eorum fuit. 20. Electa mundi in superbiam posuerunt ea, et imagines abominationum suarum res offendicula sua fecerunt ex eis : propter hoc dedi ea eis in immunditiem. 21. Et tradam ea in manus alienorum, ut diripiant ea, et corruptoribus terræ in prædam, et polluent ea. 22. Et avertam faciem meam ab eis, (*p*) et polluent visitationem meam, et ingredientur in ea (*q*) non provide, et contaminabunt ea. 23. (*r*) Et facient permixtionem ; quia terra plena (*s*) judicii sanguinum, et urbs plena iniquitatis. 24. ※ Et adducam malos gentium, et hæreditabunt domos eorum ⁚ : et avertam jactantiam (*t*) fortitudinis eorum, et polluentur Sancta eorum. 25. (*u*) Expiatio veniet, (*x*) et quæret pacem, et non erit. 26. Væ super væ erit, et nuntius super nuntium erit, et quæretur visio de propheta, et lex peribit a sacerdote, et consilium a senioribus. 27. ※ Rex lugebit ⁚, et princeps induet (*y*) exitium, et manus populi terræ remittentur : secundum vias eorum faciam eis, (*z*) et in judiciis eorum ulciscar eos, et scient, quod ego Dominus.

Cap. VIII. — 1. Et factum est in anno sexto ÷ in mense quinto ⁚ ; quinto mensis, ego sedebam in domo mea, et seniores Judæ sedebant coram me : et facta est super me ※ ibi ⁚ manus Adonai Domini, 2. et vidi, et ecce similitudo, ※ quasi adspectus ⁚ viri : a lumbo ejus et usque deorsum ignis, et a lumbo ejus et supra eum ※ quasi adspectus ⁚ flatus lenis, quasi adspectus electri. 3. Et extendit similitudinem manus, et sustulit me ventus inter terram et inter cœlum, et adduxit me in Jerusalem in visione Dei ante vestibulum portæ interioris, respicientis ad aquilonem, (*a*) ubi erat statua ※ imaginis zeli ⁚ possidentis. 4. Et ecce ibi erat gloria Domini Dei Israelis, secundum visionem, quam vidi in campo. 5. Et dixit ad me : Fili hominis, aperi inspice oculis tuis ad aquilonem : et aperui

A inspexi oculis meis ad aquilonem, et ecce ab aquilone ad portam, quæ versus orientem ※ (*b*) altaris imago zeli hujus, cum ingreditur ⁚ (*c*). 6. Et dixit ad me : Fili hominis, ※ vidisti ⁚, quid hi faciunt? iniquitates magnas, quas domus Israelis ⁚ faciunt hic, ut se elongent a Sanctis meis, et adhuc videbis iniquitates majores. 7. Et introduxit me ad vestibulum atrii, ※ et vidi, et ecce foramen unum in pariete ⁚. 8. Et dixit ad me : Fili hominis, fode ※ nunc in pariete ⁚ : et fodi in pariete, et ecce ostium unum. 9. Et dixit ad me : Ingredere, et vide iniquitates ※ malas ⁚, quas hi faciunt hic hodie. 10. Et ingressus sum, et vidi, et ecce ※ omnis similitudo reptilis et jumenti ⁚, abominationes vanæ, et omnia idola domus Israelis descripta super

B pariete circumquaque. 11. Et septuaginta viri de senioribus domus Israelis, ※ et Jezonia filius Saphan stabat ⁚ in medio eorum, et stabant (*d*) ante faciem eorum : et unusquisque thuribulum suum erat ei in manu, et vapor ※ nebulæ ⁚ suffimenti ascendebat. 12. Et dixit ad me : Vidisti, fili hominis, quæ seniores domus Israelis faciunt ÷ hic ⁚, in tenebris ⁚ unusquisque eorum in cubiculo abscondito suo ; quia dixerunt : Non videt ※ nos ⁚ Dominus, dereliquit Dominus terram. 13. Et dixit ad me : Adhuc ※ conversus ⁚ videbis iniquitates majores, quas isti faciunt. 14. Et introduxit me ad vestibulum (*e*) portæ domus Domini, quæ respicit ad aquilonem : et ecce ibi mulieres sedentes, plangentes Thammuz. 15. Et dixit ad me : Vidisti, fili

C hominis, et adhuc ※ cum converteris ⁚, videbis adinventiones majores his. 16. Et introduxit me in atrium interius domus Domini : et super vestibulo templi Domini (*f*) inter Ælam et inter altare, quasi viginti ※ et quinque ⁚ viri, posteriora eorum ad templum Domini, et facies eorum (*g*) contra : et hi adorant ※ versus orientem ⁚ solem. 17. Et dixit ad me : Vidisti, fili hominis : numquid parva domui (*h*) Judæ huic, ut facerent iniquitates, quas fecerunt hic! quia repleverunt terram iniquitatibus, ※ et conversi sunt ⁚ ad irritandum me : (*i*) et ecce ipsi ※ extendunt palmitem ⁚ quasi subsannantes. 18. Et ego faciam eis cum furore : non parcet oculus meus, neque miserebor : ※ et vocabunt in auribus meis voce

D magna, et non exaudiam eos ⁚.

Cap. IX. — 1. Et clamavit in aures meas voce magna dicens : (*k*) Appropinquavit ultio urbis : et unusquisque erant ei vasa deletionis in manu sua. 2. Et ecce sex viri veniebant ex via portæ excelsæ, quæ respicit ad aquilonem, et uniuscujusque securis in manu sua : et vir unus in medio eorum, il

(*l*) *S.*, et qui fugerint ex eis. (*m*) *S.*, homines, qui fugerint ex eis. (*n*) *S.*, et omnia genua fluent [Græce in cod. B. ῥεύσει ὕδατα. DRACH.] aquæ. (*o*) *S.*, unus siclus erit. (*p*) *S.*, qui profanant arcanum (לתשׁשׁתא *arcanum* pro לבשׁיבותא legendum puto) meum. (*q*) *S.*, dum irruperunt. (*r*) *S.*, fecerunt paxillum. (*s*) Ex populis. (*t*) *S.*, inverecundorum. (*u*) *S.*, cum mœror venit. (*x*) Et quæres pacem. (*y*) *S.*, mœrorem. (*z*) *S.*, et in judiciis eorum judicabo eos. (*a*) *S.*, eo, quo fixus erat typus zeli zelotypi. (*b*) *S.*, ab ea quæ versus altare, typus zeli, hic in introitu. (*c*) Ejus, quæ respicit in orientem. (*d*) *S.*, ante picturas. (*e*) *S.*, in porta domus Domini. (*f*) *S.*, inter vestibulum et altare. (*g*) *S.*, ad orientem. (*h*) Israelis. (*i*) *S.*, et sunt, quasi dimittentes sonum sicut cantum in naribus eorum. (*k*) *S.*, appropinquarunt ad visitationem urbis, et unusquisque vas corruptionis erit, est ei in manu ejus.

indutus (*l*) podere, et zona saphiri super lumbo **A** ejus : et ingressi sunt, et steterunt juxta ÷ altare ⁝ æris. 3. Et gloria Dei Israelis descendit de Cherubim, quæ erat super eis, in limen domus : et vocavit virum indutum podere, cui erat super lumbo ejus zona. 4. Et dixit Dominus ad eum : Transi ※ per mediam urbem mediam ⁝ Jerusalem, et da signum super frontes virorum gementium, et lamentantium super omnibus iniquitatibus, quæ fiunt in medio (*m*) eorum. 5. Et illis dixit, audiente me : Ite in urbem post eum, et percutite, ne parcatis oculis vestris, nec misereamini 6. senioris, et infantis, et virginis : et parvulos, et mulieres occidite in internecionem; omnibus vero, super quibus est signum, ne appropinquetis, et a sanctis meis incipite : et inceperunt a viris ※ senioribus ⁝, qui **B** erant intus in domo. 7. Et dixit ad eos : Contaminate domum, et implete vias mortuis exeuntes, et cædite ※ et percutite urbem ⁝. 8. Et factum est, dum percuterent, ※ relictus sum ego ⁝, et cado super faciem meam, et clamavi, et dixi : Væ mihi. Adonai Domine, delevisti tu residuos Israelis, effundens furorem tuum super Jerusalem ? 9. Et dixit ad me : Injustitia domus Israelis et Judæ magnificata est valde valde; quia repleta est terra populis, et urbs repleta est injustitia et immunditia, quia dixerunt : Dereliquit Dominus terram, nec inspicit Dominus : 10. ÷ et ego sum superne ⁝, non parcet oculus meus, neque miserabor : vias eorum in capita eorum dedi. 11. Et ecce vir qui indutus erat **C** (*n*) podere, et accinctus lumbum suum zona, et respondit ※ verbum ⁝, dicens : Feci, sicut præcepisti mihi.

Cap. X. — 1. Et vidi, et ecce super firmamento, quod supra caput Cherubim, quasi lapis saphiri, ※ quasi visio ⁝ similitudo throni ※ apparuit ⁝ super eis. 2. Et dixit ad virum indutum stola ※, et ait ⁝ : Ingredere in medium rotarum, et subtus Cherubim, et imple pugnos tuos carbonibus ignis de medio Cherubim, et disperge super urbem : et ingressus est coram me, 3. et Cherubim stabant a dextera domus, cum ingrederetur vir : et nubes implevit atrium interius. 4. Et elevata est gloria Domini de Cherubim in limen domus, et implevit domum nubes : et atrium impletum est splendore gloriæ Domini. **D** 5. Et vox alarum Cherubim audiebatur usque ad atrium exterius, quasi vox Dei Saddai loquentis. 6. Et factum est, cum præciperet viro induto stola sancta, dicens, Sume ignem de medio rotarum, de medio Cherubim; et ingressus est, et stetit a latere rotarum. 7. Et extendit Cherub manum suam ※ de medio Cherubim ⁝ in medium ignis existentis in medio Cherubim, et sumsit, et dedit in manus induti stola sancta : et accepit, et egressus est. 8. Et vidi Cherubim similitudinem manuum hominis subter alas eorum. 9. Et vidi, et ecce quatuor rotæ stabant a latere Cherubim : rota una a latere Cherub unius, ※ et rota una a latere Cherub unius ⁝ : et adspectus rotarum quasi adspectus lapidis (*o*) carbunculi. 10. Et adspectus earum similitudo una quatuor ipsis, quemadmodum cum fuerit rota in medio rotæ. 11. Cum irent, in quatuor partes suas ibant, non revertebantur, cum irent : (*p*) quia in locum quem respiciebat unum principium ※ post illud ⁝ ibant, et non convertebantur, cum irent. 12. ※ Et omnis caro eorum ⁝, et dorsa eorum, et manus eorum, et alæ eorum, et rotæ plenæ oculis per circuitum quatuor rotis eorum. 13. Rotis autem istis (*q*) invocatum est Gelgel, audiente me. 14. ※ Et quatuor facies uni : facies unius facies Cherub, et facies secundi facies hominis, et facies tertia leonis, et facies quarta aquilæ ⁝. 15. Et sustulerunt se Cherubim, hoc ipsum animal, quod vidi super fluvium Chobar. 16. Et cum irent Cherubim, ibant rotæ, et hæ propinquæ eis : et cum tollerent Cherubim alas suas, ut se elevarent a terra, non (*r*) revertebantur rotæ eorum, ※ etiam ipse ※ ab eis, quæ a latere eorum ⁝. 17. Cum starent, stabant, et cum se efferrent, se efferebant cum eis; quia spiritus vitæ in eis erat. 18. Et egressa est gloria Domini ※ a limine ⁝ domus, et ascendit super Cherubim. 19. Et sustulerunt Cherubim alas suas, et se elevarunt de terra coram me, dum egrediebantur quoque rotæ a latere eorum : et steterunt ante vestibulum portæ domus Domini, (*s*) quæ e regione, et gloria Dei Israelis erat super eis desuper. 20. Hoc animal est, quod videram subter Deum Israelis super fluvium Chobar, et cognovi, quod Cherub esset. 21. Quatuor facies uni et quatuor alæ uni : et similitudo manuum hominis sub alis eorum. 22. Et similitudo facierum eorum : hæ facies sunt, quas vidi ※ sub gloria Dei Israelis ⁝ super fluvium Chobar ※ adspectum eorum ⁝ : et hæc unumquodque e regione faciei suæ ibant.

Cap. XI, 1. Et assumpsit me spiritus et duxit me super portam domus Domini, quæ e regione mei, (*t*) respicientem in orientem : et ecce ante vestibulum portæ quasi viginti et quinque viri, et vidi in medio eorum Jazaniam filium Azur, et Phaltiam filium Banææ, qui sunt in principatu populi. 2. Et dixit Dominus ad me : Fili hominis, hi viri, qui cogitant vana, et consulunt consilium malum in urbe ista, 3. qui dicunt : Nonne recenter ædificatæ sunt domus? Hæc est olla, nos autem carnes. 4. Propter hoc propheta super eos, propheta, fili hominis. 4. Et cecidit super me spiritus Domini, et dixit ad me : Dic : Hæc dicit Dominus : sic dixistis, domus Israelis, et cogitationes spiritus vestri ego (*u*) novi : 6. multiplicastis (*x*) mortuos vestros in urbe hac, et implevistis vias ejus occisis. 7. Propter

(*l*) S., linteum, cui erat tabula scriptoris. (*m*) ejus. (*n*) S., linteum, cui erat scriptoria tabula in lumbis ejus. (*o*) S., hyacinthi. *Hebr.*, *Th.*, chrysolithi. (*p*) S., in quemcumque enim locum inclinabat caput, in eum post id adhærebant. (*q*) S., invocatum fuit nomen volutationes. (*r*) S., remanebant. (*s*) S., *versus* orientem. (*t*) S., orientalem. (*u*) S., præveni, novi. (*x*) S., percussos a vobis.

hoc hæc dicit Adonai Dominus : Mortuos vestros, A quos percussistis in medio ejus, hi sunt carnes, hæc autem est olla, et vos educam de medio ejus. 8. Gladium timetis, et gladium inducam super vos, ait (y) Dominus Dominus. 9. Et educam vos de medio ejus, et tradam vos in manus alienorum, et faciam in vobis judicia : 10. in gladio cadetis, super (z) montibus Israelis judicabo vos, et scietis, quod ego Dominus. 11. Hæc vobis non erit in ollam, et vos non eritis in medio ejus in carnes : super montibus Israelis judicabo vos. 12. Et cognoscetis, quod ego Dominus; ⋇ quia in justificationibus meis non ambulastis, et judicia mea non fecistis, et secundum judicia gentium, quæ circa vos, fecistis ⁚. 13. Et factum est, cum prophetarem, et Phaltia filius Banææ mortuus est : et cecidi super faciem meam, et B exclamavi voce magna, et dixi : Væ mihi, væ mihi, Adonai Domine, consummationem tu facis residuum Israelis? 14. Et factum est verbum Domini ad me, dicens : 15. Fili hominis, (a) hi fratres tui, fratres tui, et viri captivitatis tuæ, et omnis domus Israelis consummata est, quibus dixerunt eis habitatores Jerusalem : Longe abestis a Domino, nobis ⋇ nostra ⁚ data est terra in hæreditatem. 16. Propter hoc dic : Hæc dicit Adonai Dominus : Quod repellam eos in gentes, et dispergam eos in gentes (b), et dispergam eos in omnem terram, et ero eis in sanctuarium parvum in regionibus, quocumque fuerint ingressi illuc. 17. Propter hoc dic : Hæc dicit Adonai Dominus : Et suscipiam eos de gentibus, C et congregabo eos de regionibus, quibus dispersi eos in eis, et dabo eis terram Israelis : 18. et ingredientur illuc, et auferent omnes abominationes ejus, et omnes iniquitates ejus de ea. 19. Et dabo eis cor aliud, et spiritum novum dabo in eis, et extraham cor eorum lapideum ex carne eorum, et dabo eis cor carneum, 20. ut in præceptis meis ambulent, et justificationes meas custodiant, et faciant ea; et erunt mihi in populum, et ego ero eis in Deum, ⳼ dicit Dominus ⁚. 21. (c) Et secundum cor abominationum suarum et iniquitatum suarum, quo modo cor eorum ibat, vias eorum in capita eorum dedi, dicit Adonai Dominus. 22. Et sustulerunt Cherubim alas suas, et rotæ a latere eorum, et gloria Dei Israelis super iis supra eos. 23. Et ascendit gloria D Domini de medio urbis, et stetit super monte, (p) qui erat e regione urbis. 24. Et spiritus sustulit me, et duxit me in terram Chaldæorum ad captivitatem in visione in spiritu Dei. Et ascendi a visione, quam vidi. 25. Et locutus sum ad captivitatem omnia verba Domini, quæ ostenderat mihi.

Cap. XII, 1. Et factum est verbum Domini ad me, dicens : 2. Fili hominis, in medio (d) ... tatum eorum tu habitas, quibus sunt oculi ... dendum, et non vident, et aures sunt eis ... diendum, et non audiunt, quia domus irritans ... 3. Et tu, fili hominis, fac tibi vasa captivitatis ... captivare interdiu coram eis, et captivaberis de ... tuo in locum alium coram eis, ut videant, ... domus irritans est. 4. Et proferes vasa tua, ... captivitatis, interdiu (f) ad oculos eorum, ... egredieris vespere coram eis, ⋇ sicut egre... captivus ⁚. 5. Ad oculos eorum perfode ... parietem, et egredieris per eum. 6. Coram eis ... humeris (g) portaberis, et absconditus egre... faciem tuam cooperies, et non videbis terra... quia portentum dedi te domui Israelis. 7. Et ... ita, juxta omnia, quæ præceperat mihi ... protuli, quasi vasa captivitatis interdiu, et ve... perfodi mihi parietem manu mea, et abscon... egressus sum, super humeris (h) portatus sum co... ram eis. 8. Et factum est verbum Domini ad ... mane, dicens : 9. Fili hominis, nonne dixi (*) ... domus Israelis, domus irritans est, quid tu fac... 10. Dic ad eos : Hæc dicit Dominus Dominus ... principi et duci in Jerusalem, et omni domui Israe... lis, qui sunt in medio eorum, 11. dic, quod ... portenta facio in medio ⁚ : quemadmodum ... sic erit ei, in demigratione, et in captivitate ... 12. et princeps, qui in medio eorum, super hume... ris portabitur, et absconditus egredietur per pa... tem, et perfodiet, ut egrediatur per eum : faci... suam cooperiet, ut ne videatur oculo, et ipse terr... non videbit. 13. Et expandam rete meum sup... eum, et capietur in septo meo, et ducam eum ... Babylonem, in terram Chaldæorum, et ipsam ... videbit, et ibi morietur. 14. Et omnes, qui circ... eum, auxiliatores ejus, (k) et omnes prolegentes ... eum dispergam in omnem ventum, et gladium ... fundam post eos. 15. Et scient, quod ego Dominus, quando dispersero eos in gentibus, et dispersero eos in regionibus. 16. Et relinquam residuum ... eis viros in numero a gladio, et a fame, et a morte, ut sint narrantes omnes iniquitates eorum in gen... tibus, quo ingressi fuerint illuc, et scient, quod ego Dominus. 17. Et factum est verbum Domini ad me, dicens : 18. Fili hominis, panem tuum (l) cum pe... nuria comedes, et aquam cum cruciatu angustia... bibes. 19. Et dices ad populum terræ : Hæc dicit Adonai Dominus habitantibus in Jerusalem super terra Israelis : Panes suos (m) cum penuria comedent, et aquam suam (n) cum exitio bibent, (o) ...

(y) Adonai. (z) Finibus. (a) A., propter fratres tuos, fratres tuos, viros propinquos genus tu... omnium domuum Israelis, omnes, quibus dixerunt habitatores Jerusalem. (b) Et dispergentur. (c) S., quorum autem ad cogitationes profunditatum suarum et abominationum suarum cor eorum ivit, vias eorum in caput eorum posui. (d) Th., qui ab oriente. (e) Domus irritantis. (f) Coram eis. (g) Assumes. (h) S., gestavi. (*) Hic Norberg : « אמרו, *dixerunt*, pro אמרתי *dixi*, legendum videtur. Textus Tetraplorum, εἶπον ambiguum est. Omnia alia exemplaria, εἶπαν. Hebr. et Vulg., dixerunt. Drach. (i) S., propter principem onus hoc. (k) S., et omnes alas ejus dispergam. Th., fulcra ejus. (l) Cum dolore. (m) S., cum non ordine. (n) S., cum mœrore. (o) S., ut non ornata sit terra.

rrumpatur terra cum plenitudine ejus; in impie-
e enim omnes, qui habitant in ea. 20. Et urbes
rum, quæ habitantur, vastabuntur, et terra (p)
exitium erit, et cognoscetis, quod ego Dominus.
. Et factum est verbum Domini ad me, dicens:
2. Fili hominis, quæ parabola hæc vobis super
rra Israelis, dicentibus vobis: Longi dies, periit
nis visio? 23. Propter hoc dic ad eos: Hæc
cit Adonai Dominus: (q) Et avertam parabolam
tam et non ultra dicent parabolam istam domus
raelis; quia loqueris ad eos, ∞ dicens ⁑: Ap-
ropinquarunt dies, et verbum omnis visionis.
4. Quia non erit ultra omnis visio falsa, (r) et di-
nans quæ pulchritudinis in medio filiorum Israe-
s. 25. Quia ego Dominus loquar, loquar verba
nea, et faciam, et non prolongabo amplius; quia
n diebus vestris domus ∞ Israelis ⁑ irritans; lo-
uar verbum, et faciam, dicit Adonai Dominus.
26. Et factum est verbum Domini ad me, dicens:
27. Fili hominis, ecce domus Israelis irritans, dicendo dicunt: Visio, quam hic videt, in dies multos,
et in tempora longa iste prophetat. 28. Propter hoc
dic ad eos: Hæc dicit Adonai Dominus: Non pro-
longabuntur ultra omnia verba mea, quæcumque
locutus fuero: loquar verbum, (s) et faciam, dicit
Adonai Dominus.

Cap. XIII, 1. Et factum est verbum Domini ad
me, dicens: 2. Fili hominis, propheta super prophetas Israelis, qui prophetant, ※ et dices prophetis, qui prophetant de corde suo, et prophetabis,
et dices ad eos ⁑: Audite verbum Domini. 3. Hæc
dicit Adonai Dominus: Væ his qui prophetant de
corde suo, ※ ambulantibus post spiritum suum ⁑,
et omnino non vident. 4. Sicut vulpes in desertis
prophetæ tui, Israel, ※ erant ⁑: 5. (t) non steterunt in firmitate: et congregarunt greges super
domum Israelis: non resurrexerunt, qui dicunt in
die Domini, 6. videntes mendacia, (u) divinantes
vana qui dicunt: Dicit Dominus; et Dominus non
misit eos, et cœperunt suscitare sermonem. 7.
Nonne visionem falsorum vidistis, et divinationes
vanas dixistis? ※ et dixistis: Dicit Dominus; et
ego non locutus sum ⁑. 8. Propter hoc dic: Hæc
dicit Adonai Dominus: Pro eo quod verba vestra
mendacia, et divinationes vestræ vanæ, propter
hoc ecce ego super vos, dicit Adonai Dominus,
9. et extendam manum meam super prophetas, qui
vident mendacia, et qui cæsim loquuntur vana: in
disciplina populi mei non erunt, ∞ et in scriptura
domus Israelis ⁑ non scribentur, et in terram
Israelis non ingredientur, et scient, quod ego sum
Adonai Dominus. 10. Pro eo quod deceperunt populum meum, dicentes: Pax, et non erat pax: (x)
et iste ædificat parietem, et isti linunt eum sine
ratione, ∞ heus cadet ⁑. 11. Dic ad eos, qui linunt
sine ratione: Cadet, et erit pluvia inundans, et
dabo lapides prægrandes ÷ in juncturas eorum ⁑,
cadent, et ventum auferentem, et disrumpetur.
12. Et ecce cecidit paries, (y) et non dicent ad vos:
Ubi est litura vestra, quam linivistis? 13. Propter
hoc hæc dicit Adonai Dominus: Etiam projiciam
flatum auferentem cum furore meo, et pluvia inundans in ira mea erit, et lapides prægrandes in furore inducam in consummationem: 14. et evertam
parietem, quem linivistis, ut cadat: et ponam eum
super terram, et detegentur fundamenta ejus, et
cadet, et consumetur cum reprehensionibus, et
cognoscetis, quia ego Dominus. 15. Et complebo
furorem meum super parietem, et super eos, qui
linunt eum, et cadet. Et dixi ad vos: Non est paries, neque qui linunt eum. 16. (z) Prophetæ
Israelis, qui prophetant super Jerusalem, et qui
vident ei pacem, et pax non est, dicit Adonai Dominus. 17. Et tu, fili hominis, obfirma faciem
tuam super filias populi tui, qui prophetant de
corde suo, et propheta super eas, 18. et dices: Hæc
dicit Adonai Dominus: Væ his, qui consuunt (a)
cervicalia subter omnem cubitum manus, et faciunt
velamina (b) super omne caput omnis staturæ, ad
perturbandum animas: (c) animæ perturbatæ sunt
populi mei, et animas liberabant. 19 Et profanabant me ad populum meum propter pugillum
hordei, et propter fragmenta panis, ad occidendum
animas, quas non oportuit mori, et ad liberandum
animas, quas non oportuit vivere, cum cæsim loquimini populo audienti concisa verba vana. 20.
Propter hoc hæc dicit Dominus Dominus: Ecce ego
super cervicalia vestra, super quæ (d) perturbatis
ibi animas: et discindam ea de brachiis vestris, (e)
et emittam animas, quas vos evertitis animas eorum in dispersionem: et discindam velamina vestra, et liberabo populum meum e manu vestra,
et non erunt ultra in manibus vestris in conturba-
tionem: et cognoscetis, quod ego Dominus. 22. (f)
Pro eo quod perturbabatis cor justi injuste, et ego
non perturbabam eum, et ad corroborandum manus iniqui, ut omnino non se averteret ∞ ab injustitia sua, et ⁑ a via sua mala, et viveret; 23. propter hoc mendacia non videbitis, et divinationes
non divinabitis amplius: et liberabo populum meum
de manu vestra, et cognoscetis, quia ego Dominus.
Cap. XIV, 1. Et venerunt ad me viri de seniori-

(p) S., non ordinata erit. (q) S., etiam quiescere faciam. (r) S., et non divinatio lubricitatis. (s) S., et simul fiet. (t) S., non ascendistis in rupturas neque sepivistis sepem circa filios Israelis, pro eo quod starent, sicut in bello, in die Domini. (u) In divinatione. (x) S., et ipse quidem ædificabat parietem sicut firmum; illi autem liniebant eum non condito. (y) S., annon dicetur vobis: ubi litura quam linivistis? (z) S., sed prophetæ Israelis. (a) S., strata. (b) S., subter omnem cervicem. (c) S., animas venabantur populo meo; animas autem vobis dixistis (i. e. *studuistis*) liberare. (d) S., venamini animas, quasi volarent. (e) S., et dimittam. (f) S., ob id quod torquebatis.

bus Israelis, et sederunt coram facie mea. 2. Et
factum est verbum Domini ad me, dicens : 3. Fili
hominis, viri isti posuerunt (*g*) cogitationes suas
super corda sua, et ponere in capita (i. e. *attrahere
pœnam*) injustitiarum suarum posuerunt (*h*) coram
faciebus suis : si respondendo respondebo eis ?
4. Propter hoc loquere eis, et dices ad eos : Hæc
dicit Adonai Dominus : Homo, homo de domo
Israelis, qui posuerit cogitationes super cor suum,
et tormentum injustitiæ suæ ordinaverit coram
facie sua, et venerit ad prophetam, ※ ad interrogandum eum in me ⁘, ego Dominus (*i*) respondebo
ei in his, in quibus tenetur mens ejus, 5. (*k*) ut (*l*)
averteret domum Israelis secundum corda eorum,
quæ abalienatæ sunt a me cogitationes eorum.
6. Propter hoc dic ad domum Israelis : hæc dicit
Dominus Dominus : convertimini, et recedite a
studiis vestris, et ab omnibus impietatibus vestris,
et convertite facies vestras ÷ ad me ⁘. 7. Quia
homo, homo de domo Israelis, et de advenis, qui
additi sunt in Israele, quicumque abalienatus fuerit
a me, et posuerit cogitationes suas super cor suum,
et ponere in caput (i. e. *attrahere pœnam*) justitiæ
suæ ordinaverit coram facie sua, et venerit ad
prophetam, ad interrogandum eum in me, (*m*) ego
Dominus respondebo ei in eo quo tenetur in ipso.
8. Et obfirmabo faciem meam super hominem illum, (*n*) et ponam eum (*o*) in desertum, ÷ et in
corruptionem ⁘, et tollam eum de medio populi
mei, et cognoscetis, quod ego Dominus. 9. Et propheta si erraverit, et locutus fuerit ※ verbum ⁘,
ego Dominus errare feci prophetam illum, et extendam manum meam super eum, et abolebo eum
de medio populi mei Israel. 10. Et accipient injustitiam suam, secundum injustitiam interrogantis :
(*p*) et secundum injustitiam similiter prophetæ erit,
11. ut ne erret ultra domus Israelis a me, et ut ne
contaminentur adhuc in omnibus delictis suis : et
erunt mihi in populum, et ego ero eis in Deum,
dicit Adonai Dominus. 12. Et factum est verbum
Domini ad me, dicens : 13. Fili hominis, terra si
peccaverit mihi, (*q*) delinquendo delictum, et extendam manum meam super eam, et confringam
fulcrum panis ejus, et immittam super eam famem,
et tollam de ea hominem et jumentum. 14. Et si
fuerint isti tres viri in medio ejus, Noe, et Daniel,
et Job, ipsi in justitia sua servabuntur, dicit Adonai
Dominus. 15. Si et bestias malas induxero super
terram, et posuero in caput (i. e. *puniam*) ejus, (*r*)
et erit in exitium, et non erit transiens viam a
facie bestiarum, 16. et isti tres viri in medio ejus
fuerint ; vivo ego, dicit Adonai Dominus, si filii

A eorum, aut filiæ eorum servabuntur, sed
soli servabuntur, terra autem erit in perdi[tionem].
17. Aut si (*s*) etiam gladium inducam super
illam, et dicam : Gladius transeat per terram, [et tol]
lam de ea hominem et jumentum. 18. Et [tres]
isti in medio ejus fuerint, vivo ego, dicit
Dominus, non liberabunt filios, aut filias, [sed]
ipsi soli servabuntur. 19. Aut (*t*) si quoque
tem immittam super terram illam, et ef[fudero]
furorem meum super eam in sanguine, ad
dum ex ea hominem et jumentum, 20. et [Noe]
Daniel, et Job in medio ejus, vivo ego, dicit
Dominus, si filii, aut filiæ relinquentur,
justitia sua liberabunt animas suas. 21. Hæ[c]
Adonai Dominus : Si autem et quatuor [plagas]
B meas malas, gladium, et famem, et bestias
et mortem immisero super Jerusalem, ad dis[perdendum]
ex ea hominem et jumentum. 22. (*u*) Et ecce
dui in ea, qui servati ex ea, ipsi educent fi[lios et]
filias, ecce ipsi egredientur ad vos, (*x*) et vi[debitis]
vias eorum, et (*y*) cogitationes eorum, et pœn[itebit]
vos super malis, quæ induxi super Jerusalem
omnibus malis, quæ induxi super eam. 23. Et [con]
solabuntur vos, quia videbitis vias eorum [et]
cogitationes eorum, et scietis quod non [frustra]
feci omnia, quæ feci in ea, dicit Adonai Dom[inus].

Cap. XV, 1. Et factum est verbum Domi[ni ad]
me, dicens : 2. Et tu, fili hominis, quid fiet [lignum]
vitis ex omnibus lignis (*a*) palmitum, qui sunt [in]
C lignis silvæ ? 3. Si sument de ea lignum ad fac[ien]
dum in opus ? si sument de ea paxillum ad sus[pen]
dendum super eo omne vas ? 4. (*b*) Præterq[uam]
quod igni data est in consumptionem : purgatio[nem]
ejus, quæ in omni anno, consumit ignis, et de[ficiet]
in finem : numquid utile erit in opus ? 5. Nequ[e]
adhuc dum est integrum, non erit in opus ? quan[to]
magis si etiam ignis consumpserit illud in finem,
si erit adhuc in opus ? 6. Propter hoc ... [hæc]
dicit Adonai Dominus : Quemadmodum lignum vitis
in lignis silvæ, quod dedi illud igni in consumptionem, sic dedi habitantes in Jerusalem. 7. (*c*) E[t]
dabo faciem meam super eos : de igne egredientur
et ignis devorabit eos, et scient, quod ego Do[mi]
nus, cum obfirmavero faciem meam super eos.
D 8. Et dabo terram in desolationem, pro eo qu[od]
deliquerunt delicto, dicit Adonai Dominus.

Cap. XVI. — 1. Et factum est verbum Domini
ad me, dicens : 2. Fili hominis, testificare Hierusa-
lymæ iniquitates ejus, 3. et dices : Hæc dicit Adonai Dominus ad Jerusalem : (*d*) Radix tua, et generatio tua de terra Chanaan : pater tuus Amorræus
et mater tua Hettæa. 4. (*e*) Et generatio tua in die

(*g*) *S.*, *Th.*, idola sua. (*h*) *S.*, contra. (*i*) *S.*, respondebo ei ob multitudinem idolorum suorum. (*k*) Ne. (*l*) Averterent. (*m*) *S.*, respondebo ei ego per manum meam. (*n*) *S.*, et notum. (*o*) In
signum. (*p*) *S.*, sic iniquitas prophetæ erit. (*q*) *S.*, cum contempsit contemptum. (*r*) *S.*, et erit non
pervia, eo quod non sit transiens in via propter bestias. (*s*) Autem. (*t*) Autem. (*u*) *S.*, verumtamen
relinquentur in ea fugitivi, isti homines, qui educent filios et filias. (*x*) *S.*, ut videatis. (*y*) *S.*, astu-
tias. (*z*) *S.*, super omnibus, quæ induxi super eam. (*a*) *S.*, palmite, qui si fuerit in lignis sylvæ. (*b*)
S., nonne igni data est in consumptionem ? duas extremitates ejus consumpsit ignis, et medium ejus
adurens : num proderit ad opus ? (*c*) Et obfirmabo. (*d*) *S.*, datio. (*e*) *S.*, et cum nata es.

• nata es, non ligarunt mamillas tuas, et in aqua ı lota es (f) in salutem, nec sale salita es, et fa- ıs non fasciata es : 5. nec pepercit oculus meus er te, ad faciendum tibi unum ex his omnibus, patiendum quippiam super te : et projecta es su- faciem campi perversitate animæ tuæ, in die, o nata es. 6. Et transivi super te, et vidi te entatam in sanguine tuo, et dixi tibi : ex san- ine tuo vivendo vive. 7. Multiplicare : sicut ortus ri dedi te, et multiplicata es, et magnificata es, et ingressa es in urbes urbium : ubera tua ere- a- sunt, et pilus tuus ortus est, tu autem eras da, et discooperta. 8. Et transivi super te, et vidi : et ecce tempus tuum, et tempus (h) diverten- am : et expandi alas super te, et operui pudenda a, et juravi tibi : et ingressus sum in testamen- m tecum, dicit Adonai Dominus : et facta es ihi, 9. et lavi te in aqua, et ablui sanguinem tuum te, et unxi te in oleo. 10. Et indui te versicolori- us, et calceavi te hyacintho, et accinxi te bysso,) et circumdedi te trichapto, 11. et ornavi te orna- ento, et posui armillas super manus tuas, et (k) rquem in collum tuum : 12. et dedi inaurem (l) d narem tuam, et rotulas super aures tuas, et co- onam gloriationis super caput tuum : 13. et ornata s auro et argento, et vestimenta tua byssi, et ichapta, et (m) versicoloria : similam, et mel, et leum comedisti, et facta es pulchra valde valde, n) et recta ivisti ⋇ in regnum ⁝ : 14. et exivit omen tuum in gentibus de pulchritudine tua, uia completum erat in pulchritudine decoris, uam constitui super te, dicit Adonai Dominus. 15. Et confisa fuisti super pulchritudine tua, et scortata s super nomine tuo, et effudisti scortationem tuam uper omnem viatorem : ipsi eras. 16. Et tulisti de estibus tuis, et fecisti tibi (o) idola consuta, et cortata es super ea, (p) et non ingredieris, neque iet. 17. Et sumsisti vasa gloriationis tuæ de argento neo, et de auro meo, de iis, quæ dedi tibi, et fecisti ibi imagines masculinas, et scortata es in eis, 18. t sumsisti vestimentum tuum varium, et operuisti as, et oleum meum, et aromata mea posuisti ante aciem earum : 19. et panes meos, quos dedi tibi, imilam, et oleum, et mel edere te feci, et posuisti a ante faciem earum in odorem suavem. Et factum st post hæc, dicit Adonai Dominus, 20. et sumsisti filios tuos, et filias tuas, quas genuisti ⋇ mihi ⁝, et sacrificasti ea eis in consumtionem : quasi parum scortata sis, 21. et mactasti filios tuos, et dedisti eos, cum reduxisti ab eis eos. 22. Hoc plus quam omnis scortatio tua, ⋇ et abominationes tuæ ⁝ : et non recordata es diei pueritiæ tuæ, dum eras

A nuda et discooperta, et dum cruentata tu in sanguine tuo vixisti. 23. Et factum est, post (q) omnes malitias tuas, ⋇ væ, væ tibi ⁝, dicit Adonai Dominus, 24. et ædificasti tibi domum scortationis, et fecisti tibi habitaculum in omni platea, 25. et super principio omnis viæ ædificasti lupanar tuum, et corrupisti pulchritudinem tuam : et divaricasti crura tua omni viatori, et multiplicasti scortationem tuam, 26. et scortata es super filios Ægypti, vicinos tuos, magnæ carnis, et multum scortata es ad irritandum me. 27. Si autem extendero manum meam super te, et tollam legitima tua, et tradam te in animas odientium te, filias alienigenarum, quæ declinare te faciunt (r) a via tua, impie egisti. 28. Et scortata es super (s) filios Assur, et non sic satiata es, et scortata es, et non satiata fuisti, 29. et multiplicasti (t) scortationes tuas ⋇ ad terram Chanaan, et ⁝ Chaldæorum, nec in his expleta es. 30. (u) Quid ponam (x) cor tuum, dicit Adonai Dominus? cum facias hæc omnia opera mulieris fornicariæ, ⋇ (y) confidenter agentis ⁝, scortata es tripliciter super filiabus tuis ⁝ : 31. quando ædificasti lupanar tuum super principio omnis viæ, et habitaculum tuum fecisti in omni platea, et non facta es sicut meretrix (z) congregans mercedes, 32. (a) mulier adulterans desubter viro suo cum alienis similis tibi, quæ a viro suo accipit mercedes, 33. et omnibus scortantibus cum ea addens dat mercedes : et tu dedisti ⋇ mercedes omnibus ⁝ amatoribus tuis, et onerabas eos, ut venirent ad te e circuitu tuo in scortatione tua. 34. (b) Et facta est in te perversitas plus quam in mulieribus, in scortatione tua, et post te non scortatæ sunt, in eo, quod adderes dans mercedes, et tibi mercedes non datæ sunt, et facta sunt in te perversa. 35. Propter hoc, meretrix, audi verbum Domini. 36. Hæc dicit Adonai Dominus : Pro eo quod effudisti æs tuum, etiam revelabitur turpitudo scortationis tuæ ad amatores tuos, et in omnes cogitationes iniquitatum tuarum, et in sanguinibus filiorum tuorum, quos dedisti eis. 37. Propter hoc + ecce ego super te ⁝ congrego omnes amatores tuos, in quibus te commiscuisti in eis, et omnes, quos amasti, cum omnibus, quos oderas : et congregabo eos super te undique, et revelabo malitias tuas ad eos, et videbunt omnem turpitudinem tuam. 38. Et ulciscar te ultione adulterarum, et effundentium sanguinem, et ponam te in sanguinem furoris, et zeli. 39. Et tradam te in manus eorum, et subvertent lupanar tuum, et exstirpabunt (c) habitaculum tuum, et exuent te vestimentis tuis, et tollent vasa gloriationis tuæ, et dimittent te nudam, et discoopertam. 40. Et addu-

(f) S., Th., in impudentiam. (g) S., et ingressa es in ornamentum ornamentorum. (h) S., amoris. (i) S., et velavi te velamine. (k) S., collare. (l) S., super narem tuam. (m) S., textoriorum multorum. (n) S., et extendisti te. (o) S., excelsa multicoloria. (p) S., quæ non facta sunt, neque futura sunt. (q) Omnes injustitias tuas. (r) S., extra a viis tuis sordidis. (s) S., filias, quia non satiata es. (t) Testamenta. (u) S., in quo mundabo cor tuum. (x) Filias. (y) S., imperiosæ domi. (z) S., in æquitate fidei congregans mercedes. (a) S., o mulier adultera accipiens desubter viro suo alienos. Omnibus scortis mercedes dantur: tu autem cum hoc dedisti. (b) S., et factum est in te quod in opposito. (c) S., altitudinem tuam.

cent super te turbas, et lapidabunt te in lapidibus, et occident te in gladiis suis. 41. Et comburent domos tuas in igne, et facient in te ultiones coram mulieribus multis : et avertam te a scortatione tua, et mercedes non dabis ultra. 42. Et dimittam furorem meum super te, et tolletur zelus meus a te : et requiescam, et non curabo amplius; 43. pro his quod non recordata es dierum adolescentiæ tuæ, (*d*) et tristitia afficiebas me in his omnibus : et ego ecce vias tuas in caput tuum dedi, dicit Adonai Dominus : (*e*) et sic fecisti impietatem super omnes iniquitates tuas. 44. Hæc sunt omnia, quæ dixerunt super te in parabola, dicentes : Sicut mater, etiam filia. 45. Filia matris tuæ tu es, quæ repulit virum suum, et filios suos, (*f*) et sororem sororum tuarum, quæ (*g*) repulerunt viros suos, et filios suos : mater vestra Hethæa, et pater vester (*h*) Amoræus. 46. 46. Soror vestra senior Samaria, hæc, et filiæ ejus, quæ habitant a sinistra tua : et soror tua junior te, quæ habitat a dextra tua Sodoma, et filiæ ejus. 47. Sed non sic quidem in viis earum ambulasti, neque secundum iniquitates earum egisti paullominus ※ sicut dicere ⁚, et transgrederis eas in omnibus viis tuis. 48. Vivo ego, dicit Adonai Dominus, si fecit Sodoma soror tua ipsa, et filiæ ejus, quemadmodum fecisti tu, et filiæ tuæ. 49. Verumtamen hæc ※ est ⁚ fuit iniquitas Sodomæ sororis tuæ, superbia in saturitate panum, et in abundantiis vini delicate vivebant, ipsa et filiæ ejus : ÷ hoc erat ei ⁚, et filiis ejus (*i*) et manum pauperis et egeni non apprehendebant, 50. et magna gloriabantur, et fecerunt iniquitates coram me, et abstuli eas, sicut vidi. 51. Et Samaria secundum dimidium peccatorum tuorum non peccavit : et multiplicasti iniquitates tuas plus quam eæ, et justificasti sorores tuas in omnibus iniquitatibus tuis, quas fecisti. 52. (*k*) Et tu sustine tormentum tuum in eo, quod corruperis sorores tuas in peccatis tuis, quibus inique egisti plus, quam eæ, et justificasti eas plus quam te : et tu erubesce, et suscipe ignominiam tuam, eo quod justificaveris sorores tuas. 53. Et convertam reversionem earum, conversionem Sodomæ, (*l*) et sororum ejus : et convertam reversionem Samariæ, et filiarum ejus : et convertam conversionem tuam in medio earum ; 54. ut portes tormentum tuum, (*m*) et contemneris ex omnibus, quæ fecisti, ad irritandum me. 55. Et soror tua Sodoma, et filiæ ejus restituentur, sicut erant a principio : et tu, et filiæ tuæ restituemini, sicut eratis a principio. 56. Et nisi fuisset Sodoma soror tua in auditum in ore tuo, in diebus superbiæ tuæ, 57. antequam revelarentur malitiæ tuæ, quemadmodum nunc opprobrium es filiarum Syriæ, et omnium, quæ in circuitu ejus, filiarum alienigenarum, quæ circumdant te circumcirca te, 58. (*n*) impietates tuas, et iniquitates tuas tu portasti eas, dicit Dominus. 59. ※ Quia ⁚ hæc dicit Adonai Dominus : Etiam faciam in te, sicut fecisti, sicut despexisti hæc, ut transgredereris testamentum meum : 60. et recordabor ego testamenti mei, quod tecum in diebus pueritiæ tuæ, et suscitabo tibi testamentum sempiternum. 61. (*o*) Et recordaberis viæ tuæ, et contemneris, cum receperis sorores tuas majores te cum junioribus te, et dabo eas tibi in probationem, et non ex testamento tuo. 62. Et suscitabo ego testamentum meum tecum, et cognosces, quod ego Dominus ; 63. ut recorderis, et erubescas, et non sit tibi ultra aperire os ※ tuum ⁚ a facie ignominiæ tuæ, cum propitius fuero tibi juxta omnia, quæ fecisti, dicit Adonai Dominus.

Cap. XVII. — 1. Et factum est verbum Domini ad me, dicens : 2. Fili hominis, narra narrationem, et dic parabolam ad domum Israelis. 3. et dices Hæc dicit Adonai Dominus : Aquila magna, magna alis, longa extensione, plena unguium, cui est impetus intrandi in Libanum : et sumpsit (*p*) electa cedri, 4. (*q*) summitates teneritudinis infirmavit, et adduxit eas in terram Chanaan, (*r*) in urbe munita posuit eas. 5. Et sumsit de semine terræ, et dedit illud (*s*) in campo plantationem ※ acceptam ⁚ super aquam multam : visibile ordinavit illud. 6. Et ortum est, et factum est in vitem infirmam, et parvam magnitudine, ut viderentur palmites ejus super eam : et radices ejus sub ea erant : et facta est in vineam magnam, et fecit (*t*) propagines, et extendit virgas suas. 7. Et facta est aquila altera magna, magna alis, multa unguibus : et ecce vitis hæc implicata ad eam, et radices ejus ad eam et *palmites* suos subter se emisit ei, ut irrigaret eam (*u*) cum bolo plantationis suæ. 8. In campo bono super aquam multam hæc impinguatur, ut faciat virgulta, et ut afferat fructum, ut sit in vineam magnam. 9. Propter hoc dic : Hæc dicit Adonai Dominus : (*x*) Si dirigatur, nonne radices teneritudinis ejus, et fructus ejus putrescent ? et arescent omnia, quæ præveniunt germinant ex ea, ※ arescent ⁚, et non in brachio magno, neque in populo multo, ad evellendum eam e radicibus suis. 10. Et ecce impinguatur : numquid dirigetur ? Nonne simul ac tetigerit eam ventus uredinis, arescet ariditate ? (*y*) cum bolo germinis arescet. 11. Et factum est verbum Domini ad me, dicens : 12. Fili hominis, dic

(*d*) *Th.*, et ad iram provocabas me. (*e*) *S.*, et non feci juxta abominationes tuas. (*f*) et sorores. (*g*) Quæ vendiderunt. (*h*) *S.*, ut subeatis judicium, reæ estis, quarum enim in judicio filiæ videmini (*Hæc obscura, et incertum, quo pertineant*). (*i*) *S.*, manum vero pauperi et egeno non porrigebant. (*k*) *S.*, etiam tu itaque porta pudorem tuum, sicut quidem superasti sorores tuas peccatis tuis. (*l*) *S.*, et filiarum (*m*) *S.*, et erubesces pro omnibus quæ fecisti, consolans eas. (*n*) *S.*, abominationes tuas. (*o*) *S.*, et cum in memoriam revocaveris vias tuas, reprehendes temetipsam. (*p*) *Th.*, capitella. (*q*) *S.*, summitates ramorum. *Th.*, virgulta (*r*) *S.*, in urbe mercatoria. *Th.*, adducentium sarcinas. (*s*) *S.*, in regione sata, ad capiendum firmitatem radicis super aquas. (*t*) *S.*, radices. (*u*) *S.*, ex structura plantationis suæ. *Th.*, ex phiala. (*x*) *S.*, num extendatur. (*y*) *S.*, cum natura.

ad domum Israelis irritantem : Non scitis, quid sint hæc, quæ dixi? dic eis : (z) Ecce veniet rex Babylonis super Jerusalem, et capiet eam, et regem ejus, et principes ejus, et ducet eos ad semetipsum in Babylonem. 13. Et sumet de semine regni, et disponet ad eum testamentum, et introducet eum in maledictione, et principes terræ capiet, 14 (a) ut sit in regnum infirmum, quod omnino non elevabitur, ad custodiendum testamentum ejus, et statuet illud. 15. Et recedet ab eo, mittendo nuntios in Ægyptum, ad dandum ei equos, et populum multum. Si dirigetur, si servabitur, qui facit contraria? (b) et qui transgreditur testamentum, si salvabitur? 16. Propter hoc vivo ego, dicit Adonai Dominus, nisi in loco regis, qui regnare fecit eum, qui sprevit maledictionem meam, et qui transgressus est testamentum meum, cum eo in medio Babylonis morietur. 17. Et non in virtute magna, neque in turba multa faciet adversus eum Pharao bellum, in jactu fossæ, et in structura stationum et balistarum, ut dejiciat animas multas. 18. Et sprevit juramentum, ut transgrederetur testamentum : et ecce (c) dedit manum suam, et omnia hæc fecit ✠ ei ⁏ : num salvabitur? 19. Propter hoc dic : Hæc dicit Adonai Dominus : Vivo ego, nisi juramentum meum, quod sprevit, et testamentum meum, quod trangressus est, et dabo illud in caput ejus : 20. et extendam super eum rete meum, et capietur in gyro ejus : ✠ et ducam eum in Babylonem, et dijudicabo cum eo ibi injustitiam ejus, quam injuste egit in me : 21. (d) et omnes profugi ejus ⁏ in omni instructione belli ejus in gladio cadent : (e) et residuos eorum in omnem ventum disseminabo, et cognoscetis, quia ego Dominus locutus sum. 22. Propter hoc hæc dicit Adonai Dominus : Et sumam ego de electis cedri de vertice, ⋇ et dabo de capite propaginum ejus ⁏, corda eorum infirmabo, et plantabo ego super montem excelsum, 23. et suspendam eum in monte sublimi Israelis. Et plantabo, (f) et proferet germen, et faciet fructum, et erit in cedrum magnam : et requiescet sub ea (g) omnis avis, et omne volatile sub umbra ejus ✠ requiescet ⁏, et palmites ejus restituentur, 24. et scient omnia ligna campi; quia ego Dominus, qui humilio lignum excelsum, et exalto lignum humile, et arefacio lignum viride, et denuo virescere faciam lignum aridum. Ego Dominus locutus sum, et quoque faciam.

CAP. XVIII. — 1. Et factum est verbum Domini ad me dicens : 2. Fili hominis, quid vobis parabola hæc (h) in filiis Israelis, dicentes : Patres comederunt uvas acerbas, et dentes filiorum stupuerunt *. 3. Vivo ego, dicit Adonai Dominus : si fuerit amplius dicenda parabola hæc in Israele; 4. quia omnes animæ meæ sunt, quemadmodum anima patris, ita et anima filii, meæ sunt : anima quæ peccaverit, (i) ipsa morietur. 5. Homo autem, qui fuerit justus, qui facit judicium et justitiam, 6. super montibus non comederit, et oculos suos non sustulerit ad (k) cogitationes domus Israelis, et uxorem proximi sui non polluerit, et ad mulierem, quæ est in menstruo, non accesserit, 7. et hominem non subegerit, pignus debitoris reddiderit, et rapinam non rapuerit, panem suum esurienti dederit, et nudum operuerit veste, 8. et argentum suum super usura non dederit, et superfluum non sumserit, ab injustitia averterit manum suam, judicium justum fecerit inter virum et ✠ inter ⁏ proximum ejus, 9. et in præceptis meis ambulaverit, et justificationes meas custodiverit, ut faciat eas; justus hic est, vita vivet, dicit Adonai Dominus. 10. Et si genuerit filium (l) corruptorem, effundentem sanguinem, et facientem peccata, 11. in via patris sui justi non ambulavit, sed et super montibus comedit, et uxorem (m) proximi sui polluit, 12. et egenum et pauperem subegit, et rapinam rapuit, et pignus non reddidit, et in idola posuit oculos suos, iniquitatem fecit, 13. cum usura dedit, et superfluum sumsit; (n) hic vita non vivet : omnes has iniquitates fecit, morte mortificabitur : sanguis ejus super ipsum erit. 14. Si autem genuerit filium, et viderit omnia peccata patris sui, quæ fecit, et timuerit, et non fecerit secundum ea, 15. super montibus non comedit, et oculos suos non posuit ad cogitationes domus Israelis, et uxorem proximi sui non polluit, 16. et hominem non subegit, et pignus non sumsit, et rapinam non rapuit, panem suum esurienti dedit, et nudum operuit ⋇ veste ⁏, 17. et ab injustitia avertit manum suam, usuram et superfluum non sumsit, justitiam fecit, et in præceptis meis ambulavit; hic non morietur in injustitiis patris sui, vita vivet. — 18. Pater ejus autem si afflictione afflixerit, et rapuerit rapinam ⋇ fratris ⁏, et contraria fecerit in medio populi mei; etiam morietur in injustitia sua. 19. (o) Et dicitis : Quid est quod non tulit filius injustitiam patris sui? Quia filius misericordiam et justitiam fecit, omnia legitima mea custodivit, et fecit ea : vita vivet. 20. Anima autem peccans ⋇ ipsa ⁏ morietur; filius autem non accipiet injustitiam patris, neque pater accipiet injustitiam filii sui : justitia justi super ipsum erit, et iniquitas iniqui super ipsum erit. 21. Iniquus si se converterit ab omnibus iniquitatibus suis, quas

(z) Quando. (a) *S.*, pro eo quod esset regnum humile, ut ne se efferret, sed custodiret fœdus ejus, ut statueret illud. Recessit autem ab eo, dum misit legatos in Ægyptum, ut darentur ei equi. (b) Et qui transgreditur testamentum, si effugiet. (c) Dedi. (d) *S.*, et omnes profugi ejus cum omnibus pennis ejus. (e) Et omnes. (f) *S.*, et portabit ramos. (g) Omnes bestiæ. (h) Super terra. (*) Perperam vertit Norberg verbum Syriacum ברקין in *fulgurarunt*. ברק enim significat etiam *stupuit*; teste nomine ברקותא, *stupor dentium*. Drach. (i) Et ejus, qui comederit uvas acerbas, ejus obstupescent dentes. (k) Idola. (l) *S.*, transgredientem fœdus. (m) *S.*, fratris. (n) *S.*, num vivet? non vivet. (o) *S.*, et dixistis autem : [illegible] simul non portavit filius iniquitatem patris sui?

fecit, et custodierit omnia præcepta mea, et fecerit justitiam et misericordiam, vita vivet, et non morietur: 22. (p) omnia delicta ejus, quæ fecit, non commemorabuntur ⋇ ei, sed ⁚ in justitia sua, quam fecit, vivet. 23. Numquid volendo volam mortem iniqui, dicit Dominus Dominus, sicut id quod se convertat a via sua mala et vivet? 24. Cum vero se averterit justus a justitia sua, et fecerit injustitiam, secundum omnes iniquitates, quas fecit iniquus, si fecerit, non vivet, omnes justitiæ ejus, quas fecit, non commemorabuntur ei: in delicto suo, in quod cecidit, et in peccatis suis, quæ peccavit, in eis morietur. 25. Et dixistis : Non recta it via Domini : audite autem, domus Israelis : numquid via mea non recta it? Nonne via vestra non recta it? 26. Cum averterit se justus a justitia sua, et fecerit delictum, et morietur in delicto, quod fecit, in eo morietur. 27. Et cum averterit se iniquus ab iniquitate sua, quam fecit, et fecerit judicium, et justitiam, hic animam suam custodivit. 28. ⋇ Et vidit ⁚, et se avertit ab omnibus impietatibus suis, quas fecit, vita vivet, non morietur. 29. Et dicunt domus Israelis, Non recta it via Domini. Numquid via mea non recta it, domus Israelis? Nonne via vestra non recta it? 30. ⋇ Propter hoc ⁚ unumquemque secundum viam suam judicabo vos, domus Israelis, dicit Adonai Dominus. Convertimini, et avertite vos ab omnibus impietatibus vestris, et non erunt vobis in tormentum injustitiæ. 31. Projicite a vobis omnes impietates vestras, quas impie egistis in me, et facite vobis cor novum, et spiritum novum, et facite omnia præcepta mea : et quare moriemini, domus Israelis? dicit Dominus. 32. Quia non volo mortem morientis, dicit Adonai Dominus : ⋇ et convertimini, et vivite ⁚.

CAP. XIX. — 1. Et tu fili hominis, sume lamentationem (q) super principem Israelis, 2. et dices : Quare mater tua catula in medio leonum (r) facta est? in medio leonum (s) multiplicavit catulos suos. 3. Et subsilivit unus ex catulis ejus, leo factus est, et didicit rapere rapinas : homines comedit. 4. Et audierunt (t) super eo gentes : in corruptione eorum captus est, et adduxerunt eum in camo in terram Ægypti. 5. Et vidit, quod repulsus esset ab ea, et periisset (u) substantia ejus, et sumsit alium de catulis suis, leonem constituit eum. 6. Et conversabatur in medio leonum : leo factus est, et didicit rapere rapinas : homines comedit : 7. et pascebatur in audacia sua, et urbes eorum desolavit, et vastavit terram, et plenitudinem ejus a voce rugitus sui. (x) 8. Et dederunt super eum gentes undique e regionibus, et expanderunt super eum retia sua : in corruptione eorum captus est. 9. Et posuerunt eum in camo, et in cavea : venit ad regem Babylonis, et introduxit eum (y) in carcerem, ut non audiretur vox ejus super montes Israelis. 10. Mater tua sicut vitis, sicut flos in malogranato, plantata in aqua : fructus ejus, et germen ejus factum ex aqua multa. 11. Et facta est ei virga roboris in tribum ducum, et exaltata est in magnitudine in medio (z) propaginum. Et vidit magnitudinem suam in multitudine palmitum suorum : 12. et confracta est in furore, super terram projecta, et ventus urendinis arefecit electa ejus : vindicata sunt, et exaruerunt virgæ roboris ejus : ignis consumsit eam : 13. et nunc plantarunt eam in deserto, in terra sine aqua. 14. Et exivit ignis e virga electorum ejus, et comedit eam, et non erat in ea virga roboris : (b) in tribum, in parabolam lamentationis est, et erit in lamentationem.

CAP. XX. — 1. Et factum est in anno septimo, mense quinto, decimo mensis, venerunt viri ex senioribus domus Israelis, ad interrogandum Dominum, et sederunt ante faciem meam. 2. Et factum est verbum Domini ad me, dicens : 3. Fili hominis, loquere ad seniores domus Israelis, et dices ad eos : Hæc dicit Adonai Dominus : Si ad interrogandum me vos venitis? Vivo ego, si respondero vobis, dicit Adonai Dominus, 4. si ultus fuero eos ultione, fili hominis, (c) iniquitates patrum eorum contestare eis, 5. et dices ad eos : Hæc dicit (d) Dominus Dominus : Ex die quo elegi domum Israelis, (e) et innotui semini domus Jacobi, et innotui eis in terra Ægypti, et cepi eos manu mea, dicens : Ego Dominus Deus vester; 6. in die illo cepi eos manu mea, ut educerem eos ex terra Ægypti in terram, quam paravi eis, terram fluentem lacte, et melle, (g) illustris est plus quam omnis terra. 7. Et dixi ad eos : Unusquisque abominationes ab oculis suis projiciat, et in studiis Ægypti ne polluamini : ego Dominus Deus vester. 8. Et recesserunt a me, et non voluerunt exaudire me : ⋇ unusquisque unus ⁚ abominationes ab oculis suis non projecerunt, et studia Ægypti non reliquerunt. Et dixi, et effundam furorem meum super eos, ad implendum iram meam in eis in medio terræ Ægypti. 9. Et feci, ut nomen meum omnino non profanaretur coram gentibus, quarum ipsi sunt in medio earum, in quibus innotui ad eos coram eis, ut educerem eos ex terra Ægypti. 10. Et eduxi eos ex terra Ægypti, et adduxi eos in terram desertum, 11. et dedi eis præcepta mea, et justificationes meas notas feci eis, quæ faciet ea homo, et (h) vivet in eis. 12. Et sabbata mea dedi eis, ut essent in signum inter me et inter eos, ut scirent quia ego Dominus, sanctificans eos. 13. Et dixi ad domum Israelis in deserto.

(p) Omnes injustitiæ ejus. (q) S., propter principes. Th., in principes. (r) S., sedit. (s) S., educavit. (t) S., Th. de eo. (u) S., exspectatio ejus. Th., spes ejus. (x) S., et posuerunt super eum. (y) S., in Ægyptum. (z) S., plantatorum cum ea. Th., umbrosorum. (a) Th., ramorum ejus. (b) S., in virgam regiam. (c) Peccata. (d) Adonai. (e) Deus. (f) S., et levavi manum pro semine domus. (g) S., quæ est timor adorationis omnibus terris. Th., fortitudo est omnibus terris. (h) S., vivet per ea.

in præceptis meis ambulate, et justificationes meas A
custodite, ut faciatis eas, quas faciet eas homo, et
vivet in eis. Et irritarunt me domus Israelis in deserto : in præceptis meis non ambularunt, et justificationes meas repulerunt, quas faciet eas homo, et
vivet in eis : et sabbata mea profanarunt valde. Et
dixi : Et effundam furorem meum super eos in deserto, et consumam eos. 14. Et feci, ut nomen
meum omnino non profanaretur coram gentibus,
quarum eduxi eos ante oculos earum. 15. Et ego
levavi manum meam super eos in deserto, ut omnino non introducerem eos in terram, quam dedi
eis, terram fluentem lacte et melle : (i) favus est
plus quam omnis terra. 16. Pro eo quod justificationes meas repulerunt, et in præceptis meis non B
ambularunt in eis, et sabbata mea profanarunt, (k)
et post cogitationes cordium suorum ambulaverunt,
17. et pepercit oculus meus super eos, ad delendum eos, et non feci eos in consummationem in
deserto. 18. Et dixi ad filios eorum in deserto : In
legitimis patrum vestrorum ne incedatis, et justificationes eorum ne custodiatis, et studiis (l) eorum
⁜ ne simul misceamini, et ⁚ ne polluamini. 19. Ego
Dominus Deus vester : in præceptis meis ambulate,
et justificationes meas custodite, et facite eas. 20.
Et sabbata mea sanctificate, et sint in signum inter
me et ⋇ inter ⁚ vos, ut sciatis, quia ego Dominus
Deus vester. 21. Et exarcerbarunt me, ⁜ et ⁚ filii
eorum in præceptis meis non ambularunt, et justificationes meas non custodierunt, ad faciendum C
eas quas faciet ⋇ eas ⁚ homo, et vivet in eis, et
sabbata mea profanarunt. Et dixi effundere furorem
meum super eos, ad complendum iram meam super
eos in deserto. 22. ⋇ Et converti eis manum
meam ⁚, et feci, ut nomen meum super omne non
profanaretur coram populis, quorum eduxi eos ante
oculos eorum. 23. Et ⋇ ⁚ levavi manum meam super eos in deserto, ad dispergendum eos in gentibus, et ad disseminandum eos in regionibus, 24.
pro eo quod justificationes meas non fecerunt, et
præcepta mea repulerunt, et sabbata mea profanarunt, (m) et post cogitationes patrum suorum erant
oculi eorum. 25. Et ego dedi eis præcepta non
bona, et justificationes, quibus non vivent in eis.
26. Et polluam eos in muneribus suis, quando D
traduxero omne (n) aperiens uterum, ut (o) abole-
am eos, ⋇ ut ⁚ sciant, quod ego Dominus. 27. Propter hoc loquere ad domum Israelis, fili hominis,
et dices ad eos : Hæc dicit Adonai Dominus : Usque
ad hoc ad iracundiam provocarunt me patres vestri
in delictis suis, in quibus deliquerunt in me. 28. Et
introduxi eos in terram, super quam levavi manum
meam, ut darem eam illis. Et viderunt omnem collem excelsum, et omnem arborem umbrosam, et
sacrificarunt ibi diis suis, ⁜ et constituerunt ibi
spiraculum donorum suorum ⁚, et posuerunt ibi odorem suavem suum, et libaverunt libamina sua. 29.
Et dixi ad eos : Quid est (p) Abana, quod vos intra-
tis illuc ? Et vocarunt nomen ejus (q) Abana, usque
ad diem hodiernum. 30. Propter hoc dic ad domum
Israelis : Hæc dicit Dominus (r) Dominus : Si in iniquitatibus patrum vestrorum vos polluimini, et post
abominationes eorum vos scortamini, 31. et in primitiis munerum vestrorum in separationibus vestris, cum traducitis filios vestros in igne, vos polluimini in omnibus cogitationibus vestris usque ad
diem hodiernum : et ego respondebo vobis, domus
Israelis? Vivo ego, dicit Adonai Dominus, si respondebo vobis, et si ascendet super spiritum vestrum hoc, 32. et non erit, quemadmodum vos dicitis : Erimus sicut gentes, et sicut tribus terræ, ad
colendum ligna, et lapides. 33. ⁜ Propter hoc ⁚ vivo
ego, dicit Adonai Dominus, nisi in manu potenti, et
in brachio excelso, et in furore effuso regnavero
super vos, 34. et educam vos ex populis, et recipiam vos e regionibus, quibus dispersi estis in eis,
in manu potenti, et in brachio excelso, et in furore
effuso. 35. Et adducam vos in desertum populorum,
et judicio contendam adversus vos ibi facie contra
faciem. 36. Quemadmodum judicio contendi adversus patres vestros in deserto, cum eduxi eos ex terra
Ægypti, sic judicabo vos, dicit Dominus (s) Dominus. 37. Et traducam vos sub virga mea, (t) et introducam vos in numero ⋇ testamenti ⁚, 38. et eligam e vobis apostatas et impios ; quia e terra inco-
latus eorum educam eos, et in terram Israelis non
ingredientur, et cognoscetis, quod ego Dominus.
39. Et vos, domus Israelis, hæc dicit Dominus (u)
Dominus : Unusquisque (x) studia sua tollite, et
post hæc si vos non audieritis me, et nomen meum
sanctum non profanaveritis amplius in donis vestris, et in studiis vestris ; 40. quia super monte
sanctitatis meæ ; super monte excelso Israelis, dicit
Dominus Dominus, ibi colent servitium omnis domus Israelis usque ad finem : et ibi suscipiam, et
ibi visitabo primitias vestras, et primitias separatio-
num vestrarum in omnibus sanctificationibus vestris. 41. In odore suavi suscipiam ego vos, cum
eduxero vos ex gentibus, et suscepero vos e regionibus, quibus dispersi estis in eis, et sanctificabor
in vobis ante oculos populorum. 42. Et cognoscetis,
quia ego Dominus, cum introduxero vos in terram
Israelis, in terram, quam levavi manum meam super eam, ad dandum eam patribus vestris. 43. (y) Et

(i) *S.*, quæ est timor adorationis omnibus terris. *Th.*, fortitudo est omnibus terris. (k) *S.*, adhærescebat enim cor eorum idolis eorum. (l) Ægypti. (m) *S.*, et adhærescebant oculi eorum idolis patrum eorum. (n) *Th.*, primogenitum uteri. (o) *S.*, delinquent. (p) ABANA. (q) Heb., Bama BAMA. (r) Deus. (s) Deus. (t) *S.*, et purificabo vos in annulo fœderis. *Th.*, et traducam vos in traditione fœderis. (u) Deus. (x) *S.*, idolis suis ite servite, postquam non vultis audire me. (y) *S.*, et cum in memoriam revocaveritis ibi vias et consilia vestra, in quibus vos polluistis, parvuli videbimini in eis (vox בהם, *in eis*, mihi transposita, et proxime a *polluistis* collocanda videtur), propter omnes malitias vestras, quas fecistis, et scietis, quod ego Domin[illegible] [illegible]e vobis propter nomen meum.

recordabimini ibi viarum vestrarum, et studiorum vestrorum, in quibus polluti estis in eis, (*z*) et videbitis facies vestras in omnibus malitiis vestris, ⋇ quas fecistis ⁚, 44. et scietis, quia ego Dominus, cum fecero vobis sic, ut nomen meum ⋇ non profanetur ⁚ secundum vias vestras malas, et secundum studia vestra corrupta, domus Israelis, dicit Adonai Dominus. 45. Et factum est verbum Domini ad me, dicens : 46. Fili hominis, obfirma faciem tuam (*a*) super Thæman, et respice super (*b*) Darom, et propheta super silvam ducem Nageb, 47. et dices silvæ Nageb : Audi verbum Domini : hæc dicit Adonai Dominus : Ecce ego succendo in te ignem, et devorabit in te omne lignum viride, et omne lignum aridum : non extinguetur flamma, quæ succensa est, et ardebit in ea omnis facies ab oriente usque ad aquilonem. 48. (*c*) Et cognoscent omnis caro, quod ego Dominus, et succendi eam, et non extinguetur. 49. Et dixi : Nequaquam, Domine, Domine, illi dicunt ad me : Nonne hæc parabola est, quæ dicitur hæc?

CAP. XXI.—1. Et factum est verbum Domini ad me, dicens : 2. Fili hominis, obfirma faciem tuam super Jerusalem, et respice super Sancta eorum, et prophetabis super terram Israelis, 3. et dices ad terram Israelis : Hæc dicit Dominus Dominus : Ecce ego ad te, et evaginabo cultrum manualem meum e vagina sua, et exsiccabo ex te injustum et iniquum. 4. (*d*) ÷ Pro eo quod perdam ex te injustum et iniquum ⁚, sic egredietur culter manualis meus e vagina sua super omnem carnem ab oriente usque ad aquilonem : 5. et cognoscet omnis caro, quia ego Dominus evaginavi cultrum manualem meum e vagina sua, et non revertetur amplius. 6. Et tu, fili hominis, ingemisce (*e*) in contritione lumbi ÷ tui ⁚, et doloribus gemes ante oculos eorum. 7. Et erit, si dixerint ad te : Quare tu gemis? et dices, Pro nuntio, quia venit, et percutietur omne cor, et dissolventur omnes manus, et exibit anima ÷ omnis ÷ carnis, et ⁚ omnis spiritus, (*f*) et omnia latera polluentur humore : ecce venit, et erit, dicit Dominus Dominus. 8. Et factum est verbum Domini ad me, dicens : 9. Fili hominis, propheta et dices : Hæc dicit Adonai Dominus : Dic, gladie, gladie, acuere, et furore exardesce, 10. ut macies mactationes : acuere, ut sis in polimen, (*g*) paratus ad dissolutionem : occide, contemne, ÷ fili mi ⁚, (*h*) repelle omne lignum. 11. Et dedit eum paratum ad tenendum manibus ipsius : expolitus est gladius, est paratus, ut detur in manum confodientis. 12. Clama, et ulula, fili hominis; quia hoc factum est in populo meo, hoc in omnibus ducibus Israelis inhabitabunt, quia gladius fuit populo meo : propter hoc plaude super manum tuam, 13. (*i*) quia justificatus est : et quid si etiam tribus repulsa fuerit? Non erit, dicit Dominus Dominus. 14. Et tu, fili hominis, propheta, et complode manum super manum, (*k*) et duplica gladium : gladius tertius occisorum est, gladius occisorum magnus : et terrebit eos, 15. ut percutiatur omne cor (*l*), et multiplicentur infirmi super omnem portam ⋇ eorum ⁚ (*m*) traditi sunt in occisiones gladii : bene factus est ad splendorem, bene factus est ad mactationes. 16. Vade, exacuere a dextra, et a sinistra, quocumque facies tua excitata fuerit. 17. Et ego autem complodam manum meam ad manum meam, et immittam furorem meum : ego Dominus locutus sum. 18. Et factum est verbum Domini ad me, dicens : 19. Et tu fili hominis, ordina tibi ipsi duas vias, 20. ut ingrediatur gladius regis Babylonis ex regione una egredientur principatus duo, et manus ⋇ ad parandum ⁚ in principio viæ urbis : super principio viæ ordinabis, ut ingrediatur gladius super Rabbath, super filios Ammon, et super Judæam et super Jerusalem (*n*) in medio ejus. 21. Quia stabit rex Babylonis (*o*) super viam antiquam, super principio duarum viarum, ad divinandum divinationem, (*p*) ad concutiendum virgam, et ad interrogandum in sculptilibus, et ad explorandum viscinium jecoris a dextra sua. 22. ÷ Et ⁚ facta est divinatio super Jerusalem, ad jaciendum (*q*) fossam, et ad aperiendum os in clamore, ad exaltandum vocem super clamore, (*r*) ad jaciendum foveam super portas ejus, et ad jaciendum cespitem, et ad ædificandum machinas jaculatrices. 23. Et ipse erit quasi divinans divinationem coram eis, ⋇ et sabbatizabit sabbata eis ⁚, et ipse commonefaciens de nomine justitiam ejus ad recordandum. 24. Propter hoc hæc dicit Dominus (*s*) Dominus : Pro eo quod in memoriam revocastis injustitias vestras in revelatione impietatum vestrarum, ut viderentur peccata vestra, in omnibus impietatibus vestris, ÷ et ⁚ in omnibus studiis vestris, pro eo quod in memoriam revocastis; in istis capiemini. 25. Et tu profane inique, dux Israelis, cujus venit dies, in tempore (*t*) finis injustitiæ. 26. Hæc dicit Dominus Dominus : Abstulisti a te cidarim, et posuisti super te coronam hanc, non talis erit : humiliasti excelsum, et exa...

(*z*) et percutietis. (*a*) super Thæman et Darom. *S.*, super austrum viam austri, curam habe, et propheta de sylva regionis austri et dices. (*b*) Dagun. (*c*) Et cognoscet. (*d*) Hæc, super quibus est obeliscus, ad finem reperiuntur in Hebræo. (*e*) *S.*, sicut in fractione lumbi. (*f*) *S.*, et per omnia genua fluent aquæ. (*g*) *S.*, evaginatus, vel fugiemus a virga, fili mi. (*h*) *S.*, aversatus es ab omni ligno; sedabitur ei evaginatus, ut capiatur manu. (*i*) *S.*, et quid probatio? et quid etiam si virga. (*k*) *S.*, duplicabitur enim gladius, tertius autem ejus gladius percussorum hic est gladius percussionis magnæ qui super eos manumissus est. (*l*) Eorum. (*m*) *S.*, dedi gladium probatum, acutum : factus est acutus, ipse sicut fulgur notus est, ad jugulandum transiit : revertimini, ascendite ad dextram, transi (pro עבר *transi* legendum עברו *transite* puto) ad sinistram. (*n*) *S.*, in inclusione. *Th.*, munitam. (*o*) *Th.*, super principium viæ, super principio duarum viarum. (*p*) *Th.*, ad concutiendum sagittas. (*q*) *S.*, turres murorum. *Th*, turres. (*r*) *S.*, ad fodiendum lapidem, et ad ædificandum sepimentum. (*s*) Deus. (*t*) *S.*, iniquitas definita termino.

tasti humile. 27. Injustitiam, ⋇ injustitiam ⁚, injustitiam ponam eam, nec hæc talis erit, donec veniat, cui convenit, et tradam ei. 28. Et tu, fili hominis, propheta, et dices : Hæc dicit Dominus (*u*) Dominus ad filios Ammon, et ad opprobrium eorum, et dices : Gladius, gladius evaginatus ad mactationem, et evaginatus ad consummationem, surge, ut fulgeas, 29. in visione tua vana, et cum divinabis falsa, ad tradendum te super colla occisorum iniquorum, quorum venit dies in tempore finis injustitiæ. 30. Revertere, ne hospiteris in loco hoc, quo natus es, in terra (*x*) tua judicabo te, 31. et effundam super te furorem meum, in igne iræ meæ sufflabo super te : et tradam te in manus virorum barbarorum conflantium corruptionem. — 32. In igne eris cibus, sanguis tuus erit in medio terræ tuæ : non erit memoria tui, quia ego Dominus locutus sum.

CAP. XXII. — 1. Et factum est verbum Domini ad me, dicens : 2. Et tu, fili hominis, si judicas, aut non judicas urbem sanguinum? et ostende ei omnes iniquitates suas, 3. et dices : Hæc dicit (*y*) Dominus (*z*) Dominus : O urbs effundens sanguines in medio sui, ut veniat tempus ejus, et faciens cogitationes contra semetipsam, ad polluendum se. 4. In sanguinibus eorum, quos effudisti, cecidisti : et in cogitationibus tuis, quas fecisti, polluta fuisti : et appropinquare fecisti dies tuos, et adduxisti tempus annorum tuorum. Propter hoc dedi te in opprobrium gentibus, et in irrisionem omnibus regionibus, 5. quæ prope sunt ad te, et quæ procul remotæ sunt a te, (*a*) et illudent in te, immunda ista nominata, et multa in iniquitatibus. 6. Ecce duces domus Israelis, unusquisque ad cognatos suos, miscuerunt se in te, ut effundant sanguinem. 7. Patrem et matrem maledicebant in te, et adversus advenam conversabantur in injustitiis in te : pupillum et viduam opprimebant in te : 8. et Sancta mea spernebant, et sabbata mea polluebant in te. 9. Viri latrones ⋇ erant ⁚ in te, ut effunderent in te sanguinem : et super montibus comedebant in te : (*b*) non sancta faciebant in medio tui. 10. Pudenda patris retexerunt in te, et in immunditiis menstruatam humiliabant in te. 11. Unusquisque uxorem proximi sui inique ignominia affecit, et unusquisque nurum suam contaminavit in impietate, et unusquisque sororem suam, filiam patris sui, humiliabant in te. 12. Munus accipiebant in te, ut effunderent sanguinem : usuram et superfluum accipiebant in te : et consummasti consummationem malitiæ tuæ, quæ in oppressione : mei autem

A oblita es, dicit Dominus Dominus. 13. Si autem percussero manum meam ad manum meam (*c*) super iis, quæ consummasti, quæ fecisti, et super sanguinibus tuis, qui facti sunt in medio tui, 14. si sustinebit cor tuum? si detinebunt manus manus tuæ in diebus, quos ego facio in te? Ego Dominus locutus sum, et faciam. 15. Et dispergam te in gentibus, et disseminabo te in regionibus, et deficiet immunditia tua a te : 16. (*d*) et hæreditabo in te ante oculos gentium, et scietis, quia ego Dominus. 17. Et factum est verbum Domini ad me, dicens : 18. Fili hominis, ecce facti sunt mihi domus Israelis (*e*) misti omnes ære, et ferro, et stanno, et plumbo in medio ⋇ camini ⁚ (*f*) misti argento sunt. 19. Propter hoc dic : Hæc dicit Dominus Dominus :

B Pro eo quod facti estis omnes in unam commistionem, propter hoc ecce ego recipiam vos in medio Jerusalem. 20. Sicut recipitur argentum, et æs, et ferrum, et stannum, et plumbum in medium camini, ad sufflandum in illud ignem, ut confletur, ita recipiam vos in ira mea, ⋇ et in furore ⁚, et congregabo, et conflabo vos, 21. ⋇ et congregabo vos ⁚, et sufflabo super vos in igne iræ meæ, et conflabimini in medio ejus. 22. Quemadmodum conflatur argentum in medio camini, ita conflabimini in medio ejus, et cognoscetis, quia ego Dominus effudi furorem meum super vos. 23. Et factum est verbum Domini ad me, dicens : 24. Fili hominis, dic ei : Tu es terra (*g*) non compluta, neque pluvia facta

C est super te in die iræ. 25. Cujus duces in medio ejus, sicut leones rugientes, rapientes rapinas, animas devorantes in potentia, et pretia accipientes in injustitia. Et viduæ tuæ multiplicatæ sunt in medio tui. 26. Et sacerdotes ejus (*h*) prævaricati sunt legi meæ, et polluebant Sancta mea : inter sanctum (*i*) et profanum non distinguebant, et inter immundum et mundum non distinguebant, a sabbatis meis operiebant oculos suos : (*k*) et profanabar in medio eorum. 27. Principes ejus in medio ejus, sicut lupi rapientes rapinas, ad effundendum sanguinem, ⋇ ad perdendum animas ⁚, ut avaritia lucrentur. 28. Et prophetæ ejus, (*l*) ungentes eos, cadent, videntes vana, divinantes ⋇ eis ⁚ mendacia, dicentes : Hæc dicit Adonai Dominus, et

D Dominus non locutus est : 29. populum terræ prementes injusto, et diripientes rapinas, egenum et pauperem opprimentes, et erga advenam (*m*) non conversantes cum judicio. 30. Et quærebam ex eis virum, (*n*) qui conversaretur recte, et qui staret ex toto ante faciem meam in tempore (*o*) iræ, ut ne in finem delerem eam, et non inveni. 31. Et effudi

(*u*) Deus. (*x*) *S.*, possessa tua. *Th.*, stabilimenti radicis tuæ. (*y*) Adonai. (*z*) Deus. (*a*) *S.*, signum edere facientes manus super te, clamabunt tibi : immunda, valde nominata. (*b*) *S.*, abominationes. *Th.*, ZEMMA (i. e. Hebr. זמה *scelus*). (*c*) *S.*, defraudatione tua, quam fecisti. (*d*) *S.*, et pungam te coram gentibus. (*e*) *S.*, permistio tetra. *Th.*, in calculum. (*f*) *S.*, permistio tetra. *Th.*, in argentum scoriæ factæ sunt. (*g*) *S.*, quæ non mundata est, super quam hiems non facta est, in die increpationis. Juramenta quæ simul (i. e. *conjurationes*) prophetarum ejus in medio ejus. (*h*) *S.*, qui ducebant in violentia legem meam. (*i*) *S.*, mundanum. (*k*) Et sabbata mea profanabant. (*l*) *S.*, qui liniebant eos non condimento. *Th.*, stultitia. (*m*) *S.*, oppresserunt inique. (*n*) *S.*, qui ædificaret sepem. (*o*)

recordabimini ibi viarum vestrarum, et studiorum vestrorum, in quibus polluti estis in eis, (z) et videbitis facies vestras in omnibus malitiis vestris, ⋇ quas fecistis ⁚, 44. et scietis, quia ego Dominus, cum fecero vobis sic, ut nomen meum ⋇ non profanetur ⁚ secundum vias vestras malas, et secundum studia vestra corrupta, domus Israelis, dicit Adonai Dominus. 45. Et factum est verbum Domini ad me, dicens: 46. Fili hominis, obfirma faciem tuam (a) super Thæman, et respice super (b) Darom, et propheta super silvam ducem Nageb, 47. et dices silvæ Nageb: Audi verbum Domini: hæc dicit Adonai Dominus: Ecce ego succendo in te ignem, et devorabit in te omne lignum viride, et omne lignum aridum: non extinguetur flamma, quæ succensa est, et ardebit in ea omnis facies ab oriente usque ad aquilonem. 48. (c) Et cognoscent omnis caro, quod ego Dominus, et succendi eam, et non extinguetur. 49. Et dixi: Nequaquam, Domine, Domine, illi dicunt ad me: Nonne hæc parabola est, quæ dicitur hæc?

CAP. XXI.—1. Et factum est verbum Domini ad me, dicens: 2. Fili hominis, obfirma faciem tuam super Jerusalem, et respice super Sancta eorum, et prophetabis super terram Israelis, 3. et dices ad terram Israelis: Hæc dicit Dominus Dominus: Ecce ego ad te, et evaginabo cultrum manualem meum e vagina sua, et exsiccabo ex te injustum et iniquum. 4. (d) ÷ Pro eo quod perdam ex te injustum et iniquum ⁚, sic egredietur culter manualis meus e vagina sua super omnem carnem ab oriente usque ad aquilonem: 5. et cognoscet omnis caro, quia ego Dominus evaginavi cultrum manualem meum e vagina sua, et non revertetur amplius. 6. Et tu, fili hominis, ingemisce (e) in contritione lumbi ÷ tui ⁚, et doloribus gemes ante oculos eorum. 7. Et erit, si dixerint ad te: Quare tu gemis? et dices, Pro nuntio, quia venit, et percutietur omne cor, et dissolventur omnes manus, et exibit anima ÷ omnis ÷ carnis, et ⁚ omnis spiritus, (f) et omnia latera polluentur humore: ecce venit, et erit, dicit Dominus Dominus. 8. Et factum est verbum Domini ad me, dicens: 9. Fili hominis, propheta et dices: Hæc dicit Adonai Dominus: Dic, gladie, gladie, acuere, et furore exardesce, 10. ut macles mactationes: acuere, ut sis in polimen, (g) paratus ad dissolutionem: occide, contemne, ÷ fili mi ⁚, (h) repelle omne lignum. 11. Et dedit eum paratum ad tenendum manibus ipsius: expolitus est gladius, est paratus, ut detur in manum confodientis. 12. Clama, et ulula, fili hominis; quia hoc factum est in populo meo, hoc in omnibus ducibus Israelis inhabitabunt, quia gladius fuit populo meo: propter hoc plaude super manum tuam, 13. (i) quia justificatus est: et quid si etiam tribus repulsa fuerit? Non erit, dicit Dominus Dominus. 14. Et tu, fili hominis, propheta, et complode manum super manum, (k) et duplica gladium: gladius tertius occisorum est, gladius occisorum magnus: et terrebit eos, 15. ut percutiatur omne cor (l), et multiplicentur infirmi super omnem portam ⋇ eorum ⁚ (m) traditi sunt in occisiones gladii: bene factus est ad splendorem, bene factus est ad mactationem. 16. Vade, exacuere a dextra, et a sinistra, quocumque facies tua excitata fuerit. 17. Et ego etiam complodam manum meam ad manum meam, et immittam furorem meum: ego Dominus locutus sum. 18. Et factum est verbum Domini ad me, dicens: 19. Et tu fili hominis, ordina tibi ipsi duas vias, 20. ut ingrediatur gladius regis Babylonis: e regione una egredientur principatus duo, et manum ⋇ ad parandum ⁚ in principio viæ urbis: super principio viæ ordinabis, ut ingrediatur gladius super Rabbath, super filios Ammon, et super Judæam, et super Jerusalem (n) in medio ejus. 21. Quia stabit rex Babylonis (o) super viam antiquam, super principio duarum viarum, ad divinandum divinationem, (p) ad concutiendum virgam, et ad interrogandum in sculptilibus, et ad explorandum vaticinium jecoris a dextra sua. 22. ÷ Et ⁚ facta est divinatio super Jerusalem, ad jaciendum (q) fossam et ad aperiendum os in clamore, ad exaltandum vocem super clamore, (r) ad jaciendum foveam super portas ejus, et ad jaciendum cespitem, et ad ædificandum machinas jaculatrices. 23. Et ipse eis quasi divinans divinationem coram eis, ⋇ et sabbatizabit sabbata eis ⁚, et ipse commonefaciens de injustitiam ejus ad recordandum. 24. Propter hoc hæc dicit Dominus (s) Dominus: Pro eo quod in memoriam revocastis injustitias vestras in revelatione impietatum vestrarum, ut viderentur peccata vestra, in omnibus impietatibus vestris, ÷ et ⁚ in omnibus studiis vestris, pro eo quod in memoriam revocastis; in istis capiemini. 25. Et tu profane, inique, dux Israelis, cujus venit dies, in tempore (t) finis injustitiæ. 26. Hæc dicit Dominus Dominus: Abstulisti a te cidarim, et posuisti super te coronam hanc, non talis erit: humiliasti excelsum, et exaltasti

(z) et percutietis. (a) super Thæman et Darom. *S.*, super austrum viam austri, curam habe, et propheta de sylva regionis austri et dices. (b) Dagun. (c) Et cognoscet. (d) Hæc, super quibus est obeliscus, ad finem reperiuntur in Hebræo. (e) *S.*, sicut in fractione lumbi. (f) *S.*, et per omnia genua fluent aquæ. (g) *S.*, evaginatus, vel fugiemus a virga, fili mi. (h) *S.*, aversatus es ab omni ligno; sed dabitur ei evaginatus, ut capiatur manu. (i) *S.*, et quid probatio? et quid etiam si virga. (k) *S.*, duplicabitur enim gladius, tertius autem ejus gladius percussorum hic est gladius percussionis magnæ, qui super eos manumissus est. (l) Eorum. (m) *S.*, dedi gladium probatum, acutum: factus est acutus, ipse sicut fulgur notus est, ad jugulandum transiit: revertimini, ascendite ad dextram, transite (pro עבר *transi* legendum עברו *transite* puto) ad sinistram. (n) *S.*, in inclusione. *Th.*, munitam. (o) *Th.*, super principium viæ, super principio duarum viarum. (p) *Th.*, ad concutiendum sagittas. (q) *S.*, turres murorum. *Th.*, turres. (r) *S.*, ad fodiendum lapidem, et ad ædificandum sepimentum. (s) Deus. (t) *S.*, iniquitas definita termino.

tasti humile. 27. Injustitiam, ※ injustitiam ⁒, injustitiam ponam eam, nec hæc talis erit, donec veniat, cui convenit, et tradam ei. 28. Et tu, fili hominis, propheta, et dices : Hæc dicit Dominus (*u*) Dominus ad filios Ammon, et ad opprobrium eorum, et dices : Gladius, gladius evaginatus ad mactationem, et evaginatus ad consummationem, surge, ut fulgeas, 29. in visione tua vana, et cum divinabis falsa, ad tradendum te super colla occisorum iniquorum, quorum venit dies in tempore finis injustitiæ. 30. Revertere, ne hospiteris in loco hoc, quo natus es, in terra (*x*) tua judicabo te, 31. et effundam super te furorem meum, in igne iræ meæ sufflabo super te : et tradam te in manus virorum barbarorum conflantium corruptionem. — 32. In igne eris cibus, sanguis tuus erit in medio terræ tuæ : non erit memoria tui, quia ego Dominus locutus sum.

CAP. XXII.— 1. Et factum est verbum Domini ad me, dicens : 2. Et tu, fili hominis, si judicas, aut non judicas urbem sanguinum? et ostende ei omnes iniquitates suas, 3. et dices : Hæc dicit (*y*) Dominus (*z*) Dominus : O urbs effundens sanguines in medio sui, ut veniat tempus ejus, et faciens cogitationes contra semetipsam, ad polluendum se. 4. In sanguinibus eorum, quos effudisti, cecidisti : et in cogitationibus tuis, quas fecisti, polluta fuisti : et appropinquare fecisti dies tuos, et adduxisti tempus annorum tuorum. Propter hoc dedi te in opprobrium gentibus, et in irrisionem omnibus regionibus, 5. quæ prope sunt ad te, et quæ procul remotæ sunt a te, (*a*) et illudent in te, immunda ista nominata, et multa in iniquitatibus. 6. Ecce duces domus Israelis, unusquisque ad cognatos suos, miscuerunt se in te, ut effundant sanguinem. 7. Patrem et matrem maledicebant in te, et adversus advenam conversabantur in injustitiis in te : pupillum et viduam opprimebant in te : 8. et Sancta mea spernebant, et sabbata mea polluebant in te. 9. Viri latrones ※ erant ⁒ in te, ut effunderent in te sanguinem : et super montibus comedebant in te: (*b*) non sancta faciebant in medio tui. 10. Pudenda patris retexerunt in te, et in immunditiis menstruatam humiliabant in te. 11. Unusquisque uxorem proximi sui inique ignominia affecit, et unusquisque nurum suam contaminavit in impietate, et unusquisque sororem suam, filiam patris sui, humiliabant in te. 12. Munus accipiebant in te, ut effunderent sanguinem : usuram et superfluum accipiebant in te : et consummasti consummationem malitiæ tuæ, quæ in oppressione : mei autem oblita es, dicit Dominus Dominus. 13. Si autem percussero manum meam ad manum meam (*c*) super iis, quæ consummasti, quæ fecisti, et super sanguinibus tuis, qui facti sunt in medio tui, 14. si sustinebit cor tuum? si detinebunt manus manus tuæ in diebus, quos ego facio in te? Ego Dominus locutus sum, et faciam. 15. Et dispergam te in gentibus, et disseminabo te in regionibus, et deficiet immunditia tua a te : 16. (*d*) et hæreditabo in te ante oculos gentium, et scietis, quia ego Dominus. 17. Et factum est verbum Domini ad me, dicens : 18. Fili hominis, ecce facti sunt mihi domus Israelis (*e*) misti omnes ære, et ferro, et stanno, et plumbo in medio ※ camini ⁒ (*f*) misti argento sunt. 19. Propter hoc dic : Hæc dicit Dominus Dominus : Pro eo quod facti estis omnes in unam commistionem, propter hoc ecce ego recipiam vos in medio Jerusalem. 20. Sicut recipitur argentum, et æs, et ferrum, et stannum, et plumbum in medium camini, ad sufflandum in illud ignem, ut confletur, ita recipiam vos in ira mea, ※ et in furore ⁒, et congregabo, et conflabo vos, 21. ※ et congregabo vos ⁒, et sufflabo super vos in igne iræ meæ, et conflabimini in medio ejus. 22. Quemadmodum conflatur argentum in medio camini, ita conflabimini in medio ejus, et cognoscetis, quia ego Dominus effudi furorem meum super vos. 23. Et factum est verbum Domini ad me, dicens : 24. Fili hominis, dic ei : Tu es terra (*g*) non compluta, neque pluvia facta est super te in die iræ. 25. Cujus duces in medio ejus, sicut leones rugientes, rapientes rapinas, animas devorantes in potentia, et pretia accipientes in injustitia. Et viduæ tuæ multiplicatæ sunt in medio tui. 26. Et sacerdotes ejus (*h*) prævaricati sunt legi meæ, et polluebant Sancta mea : inter sanctum (*i*) et profanum non distinguebant, et inter immundum et mundum non distinguebant, a sabbatis meis operiebant oculos suos : (*k*) et profanabar in medio eorum. 27. Principes ejus in medio ejus, sicut lupi rapientes rapinas, ad effundendum sanguinem, ※ ad perdendum animas ⁒, ut avaritia lucrentur. 28. Et prophetæ ejus, (*l*) ungentes eos, cadent, videntes vana, divinantes ※ eis ⁒ mendacia, dicentes : Hæc dicit Adonai Dominus, et Dominus non locutus est : 29. populum terræ prementes injusto, et diripientes rapinas, egenum et pauperem opprimentes, et erga advenam (*m*) non conversantes cum judicio. 30. Et quærebam ex eis virum, (*n*) qui conversaretur recte, et qui staret ex toto ante faciem meam in tempore (*o*) iræ, ut ne in finem delerem eam, et non inveni. 31. Et effudi

(*u*) Deus. (*x*) *S.*, possessa tua. *Th.*, stabilimenti radicis tuæ. (*y*) Adonai. (*z*) Deus. (*a*) *S.*, signum edere facientes manus super te, clamabunt tibi : immunda, valde nominata. (*b*) *S.*, abominationes. *Th.*, ZEMMA (i. e. Hebr. זמה *scelus*). (*c*) *S.*, defraudatione tua, quam fecisti. (*d*) *S.*, et pungam te coram gentibus. (*e*) *S.*, permistio tetra. *Th.*, in calculum. (*f*) *S.*, permistio tetra. *Th.*, in argentum scoriæ factæ sunt. (*g*) *S.*, quæ non mundata est, super quam hiems non facta est, in die increpationis. Juramenta quæ simul (i. e. *conjurationes*) prophetarum ejus in medio ejus. (*h*) *S.*, qui ducebant in violentia legem meam. (*i*) *S.*, mundanum. (*k*) Et sabbata mea profanabant. (*l*) *S.*, qui liniebant eos non condimento. *Th.*, stultitia. (*m*) *S.*, oppresserunt inique. (*n*) *S.*, qui ædificaret sepem. (*o*) Terræ.

super eam furorem meum in igne iræ meæ ad consummandum ⋇ eos ⁚ : vias eorum in capita eorum dedi, dicit Dominus Dominus.

CAP. XXIII.—1. Et factum est verbum Domini ad
me, dicens : 2. Fili hominis, duæ mulieres erant
filiæ matris unius, 3. et fornicatæ sunt in Ægypto,
in adolescentia sua ⋇ fornicatæ sunt ⁚ : ibi ceciderunt ubera earum, (p) et ibi devirginatæ sunt nutrices virginitatum earum. 4. Nomina autem earum
Obola senior, et Oholiba soror ejus. Et factæ sunt
mihi, et pepererunt filios, et filias : et nomina earum, Samaria Ohola, et Jerusalem Oholiba. 5. Et
fornicata est Ohola a me, (q) et se apposuit post
amatores suos, post Assyrios vicinos ei, 6. indutos
hyacinthinis, principes, et duces : juvenes electi,
omnes equites equitantes super equis. 7. Et dedit
fornicationem suam super eos : electi filii Assyriorum omnes, et super omnes, super quos se imposuit : in omnibus cogitationibus (r) eorum polluta
facta est. 8. Et fornicationem suam ex Ægypto non
reliquit; quia cum ipsa dormiebant in adolescentia
ejus, et ipsi devirginarunt (s) eam, et effunderunt
fornicationem suam super eam. 9. Propter hoc tradidi eam in manus amatorum ejus, in manus filiorum Assyriorum, super eos, post quos se apposuit.
10. Isti retexerunt (t) pudenda ejus, filios, et filias
ejus sumserunt, et eam in gladio occiderunt : et
facta est sermo in mulieres, et ultionem (u) feci in
ea ✣ in filias ejus ⁚. 11. Et vidit soror ejus Oholiba,
et corrupit impositionem suam plus quam ea, et fornicationem suam plus quam fornicatio sororis suæ.
12. Post filios Assyriorum se apposuit, principes, et
duces vicinos ei, indutos (x) hyacinthinis, equites
equitantes super equos : adolescentes electi omnes.
13. Et vidi, quod pollutæ essent, via una ambarum : 14. et adjecit ad fornicationem suam, et vidit
viros depictos super pariete, imagines Chaldæorum
depictos (y) in stylo, 15. accinctos variegatis super
lumbos suos, (z) et pilei tincti super capitibus eorum, (a) facies triplex omnium, similitudo filiorum
Babylonis, terræ Chaldæorum, regionis ejus. 16. Et
se posuit post eos in adspectu oculorum suorum :
et misit nuntios ad eos in terram Chaldæorum. 17. Et
venerunt ad eam filii Babylonis, ad cubile divertentium, et polluebant eam in fornicatione ejus, (b)
et polluta est in eis, et recessit anima ejus ab illis.
18. Et retexit fornicationem suam, et retexit pudorem. Et recessit anima mea ab ea, quemadmodum
recessit anima mea a sorore ejus. 19. Et multiplicasti fornicationem tuam, (c) ad recordandum dies
adolescentiæ tuæ, in quibus fornicata es in Ægypto :
20. (d) et te apposuisti post Chaldæos, quorum
sicut asinorum carnes eorum, et verenda equorum
verenda eorum : 21. et visitasti (e) iniquitates adolescentiæ tuæ, quæ faciebas in Ægypto (f) in diversorio tuo, ubi ubera adolescentiæ tuæ ceciderunt.
22. Propter hoc Oholiba, hæc dicit Dominus Dominus : Ecce ego suscito amatores tuos super te, a
quibus recessit anima tua ab eis : et adducam eos
super te undique, 23. filios Babylonis, et omnes
Chaldæos, Phut, et Sud, et Coa, et omnes filios
Assyriorum cum eis, juvenes electos, duces, et præfectos, omnes triarios, et nominatos, equitantes
super equis omnes. 24. Venient super te ab aquilone, currus, et rotæ cum multitudine populorum, et
clypei, peltæ : et mittet custodiam super te circumcirca. 25. Et dabo ante faciem eorum judicium, et
ulciscentur te in judiciis suis : et dabo zelum meum
in te, et facient tecum in ira furoris. Nasum tuum,
et aures tuas auferent, et residuos tuos in gladio
dejicient : isti filios tuos, et filias tuas capient, et
residuos tuos (g) devorabit ignis : 26. et exuent te
vestibus tuis, et capient vasa gloriationis tuæ. 27.
(h) Et avertam impietates tuas a te, et fornicationem
tuam (i) de terra Ægypti : et non elevabis oculos
tuos super eos, et Ægypti non recordaberis amplius. 28. Quia hæc dicit Dominus Dominus : Ecce
ego trado te in manus eorum, quos odio habes, a
quibus recessit anima vestra ab eis. 29. Et facient
in te in odio, et sument omnes labores tuos, ✣ et
molestias tuas ⁚, et eris nuda, et ignominiæ plena,
et revelabitur ignominia fornicationis tuæ, (k) et impietatis tuæ : et fornicatio tua. 30. fecit hæc tibi
cum scortata es post gentes, et polluta es in cogitationibus earum. 31. In via sororis tuæ ambulasti,
et dabo calicem ejus in manus tuas. 32. Hæc dicit
Dominus Dominus : Calicem sororis tuæ bibes, (l)
profundum, et latum, ⋇ et erit in derisum, et
ludibrium ⁚, abundantem ad complendum ebrietatem, 33. et dissolutione repleberis : calicem ⋇ corruptionis, et ⁚ exitii, calicem sororis tuæ Samariæ, 34. et
bibes eum, ⋇ et exprimes eum ⁚, (m) et festivitates
et novilunia ejus avertam; quia ego locutus sum, dicit
Adonai Dominus. 35. Propter hoc hæc dicit Adonai
Dominus : Pro eo quod oblita es mei, et projecisti me
post corpus tuum, et tu (n) accipe impietatem tuam,
et fornicationem tuam. 36. Et dixit Dominus ad
me : Fili hominis, (o) si judicabis Obolam et Oholibam, et annuntiabis eis iniquitates earum; 37.
quia mœchabantur, et sanguis in manibus earum,
(p) et cogitationes earum mœchabantur, et filios
suos, quos pepererunt mihi, traducebant per ignem,

(p) S., et ibi adoleverunt. (q) S., et se effudit. (r) Ejus. (s) S., Th., virgines ejus. (t) Pudorem. (u) Fecerunt. (x) S., compositis. (y) S., in coloribus. (z) S., velamen. Th., et cidares inclinatæ. (a) S., adspectus ternorum statorum. (b) S., et decerpta est. (c) S., per id quod recordata sis. (d) S., et te effundebas ad opera eorum. Th., et subsiliisti super electos eorum. (e) S., abominationem. (f) S., quandocumque adoleverint de Ægypto nutrices tuæ. (g) Consument in igne. (h) S., et cessare faciam abominationem tuam a te. (i) S., eam, quæ de terra. (k) S., et abominatio tua, et fornicatio tua : erunt hæc tibi. (l) S., profunda, et spatiosa, eris in risum, et in sermonem, quæ multos contines. Ebrietate, et non curatione repleberis. (m) S., et testas ejus comedes, sicut ossa, et ubera tua depilabis; quia ego locutus sum. (n) S., porta abominationem tuam. (o) Nonne. (p) S., et ad idola sua mœchabantur.

38. donec et hæc fecerunt mihi : polluebant Sancta mea ⁜ in die illo ⁒, et sabbata mea profanabant, 39. (q) et cum jugularent filios suos idolis suis, et ingrediebantur in Sanctuaria mea ⁜ in die illo ⁒ ad profanandum ea : et quod sic faciebant in medio domus meæ, 40. et quod viris venientibus e longinquo, quibus nuntios miserant ad eos, et statim ubi venissent, lavabaris, et collyrio liniebas oculos tuos, et ornabaris ornatu, 41. et sedebas super lecto strato, et mensa instructa ante faciem ejus : et thymiama meum, et oleum meum, lætabantur in eis, 42. (r) et voces harmoniæ pulsabant, et ad viros ex cœtu hominum venientes ⁜ inebriatos ⁒ e deserto : et dabant armillas in manus earum, et coronam gloriationis super capita earum. 43. Et dixi : (s) Nonne in his mœchabantur? et opera meretricum etiam ipsa fornicata est? 44. Et ingrediebantur ad eam, quemadmodum ingrediuntur ad mulierem meretricem, ita ingrediebantur ad Oholam, et ad Oholibam, ut facerent iniquitatem. 45. Et viri justi, hi ulciscentur eas ultione adulterarum, et ultione sanguinis; quia adulteræ sunt, et sanguis in manibus earum. 46. Quia hæc dicit Dominus Dominus : Adduc (t) super eos cœtum, et da in eis tumultum et rapinam, 47. et lapida super eas in lapidibus turbarum, (u) et confodite eas in gladiis eorum : filios earum, et filias earum occident, et domos earum in igne incendent. 48. (x) Et avertam impietatem de terra, et erudientur omnes mulieres, et non facient secundum impietates earum. 49. Et dabitur impietas vestra super vos, et peccata cogitationum vestrarum accipietis, et scietis, quia ego Dominus Dominus.

CAP. XXIV. — 1. Et factum est verbum Domini ad me in anno nono, in mense decimo, decimo mensis, dicens : 2. Fili hominis, scribe tibi in diem (y) a die hoc, a quo se extulit rex Babylonis super Jerusalem, a die hodierno. 3. Et dic super domum irritantem parabolam, et dices ad eos : Hæc dicit Dominus Dominus : Pone ollam, ⁜ pone ⁒, et infunde in eam aquam, 4. et mitte in eam segmenta, omne segmentum decorum, crus, et humerum, abscissa ab ossibus, 5. de jumento electo (z) sumta : et incende ossa sub eis. Ferbuit, efferbuit, et cocta sunt ossa ejus in medio illius. 6. Propter hoc hæc dicit Adonai Dominus : O urbs sanguinum, olla, in qua est ærugo, et ærugo non exiit ex ea, membratim protulit, non cecidit super eam sors. 7. Quia sanguis ejus in medio illius est, super petram læ-

A vem constitui eum : non effudi eum super terram ut tegeret super eum terra, 8. ut ascenderet furor in vindictam ut vindicaretur : dedi sanguinem ejus super petram lævem, ut ne tegeret eum. 9. Propter hoc hæc dicit Adonai Dominus : ⁜ Væ urbs sanguinum ⁒, et ego magnificabo (a) torrem, 10. et multiplicabo ligna, et succendam ignem, ut liquescant carnes (b), et imminuatur jusculum, ⁜ et ossa simul exurentur ⁒. 11. et stet super prunas ⁜ ejus, inflammata est ⁒, ut comburatur, ⁜ ut simul exuratur ⁒ æs ejus, et liquescat in medio ⁜ ejus ⁒ immunditia ejus, et deficiat ærugo ejus, ⁜ (c) deprimatur ærugo ⁒. 12. Et non exibit de ea multa ærugo ejus, et erubescet ærugo ejus. 13. ⁜ In immunditia tua * elixatio ⁒, pro iis quod te

B contaminasti tu, ⁜ et non purificata es ab immunditia tua ⁒ : et quid si non purificata fueris amplius, donec et impleam furorem meum in te? 14. Ego Dominus locutus sum, et veniet, et faciam (d), non differam, nec miserebor, ⁜ obtemperabo ⁒ : secundum vias tuas, et secundum (e) cogitationes tuas judicabo te, dicit Adonai Dominus. ÷ Propter hoc ego judicabo te secundum sanguines tuos, et secundum cogitationes tuas judicabo te, immunda, et nominata, et multa ad irritandum ⁒. 15. Et factum est verbum Domini ad me, dicens : 16. Fili hominis, ecce ego tollo (f) desideria oculorum tuorum in instructione belli, non planges, neque defleberis, neque venient tibi lacrimæ. 17. (g) Gemitus san-

C guinis, lumbi luctus est hæc : non erunt crines tui conserti super te, et calceamenta tua in pedibus tuis : non consolationem accipies in labiis eorum, et panem virorum non comedes. 18. Et locutus sum ad populum mane, ÷ quemadmodum præcepit mihi ⁒, et mortua est uxor mea vespere, et feci mane, quemadmodum præceptum fuit mihi. 19. Et dixit ad me populus : Non dicis nobis, quid sint ⁜ nobis ⁒ hæc, quæ tu facis? 20. Et dixi ad eos : Verbum Domini factum est ad me, dicens : 21. Dic ad domum Israelis : Hæc dicit Dominus Dominus : Ecce ego profanabo Sancta mea, jactantiam fortitudinis vestræ, desiderabilia oculorum vestrorum, et pro quibus parcunt animæ vestræ : et filii vestri, et filiæ vestræ, quos reliquistis, in gladio

D cadent, 22. et facite, quemadmodum feci : (h) ab ore eorum non accipietis consolationem, et panem virorum non comedetis, 23. et cincinni vestri super capite vestro, et calceamenta vestra in pedibus vestris : nec plangetis, neque flebitis, et liquescetis

(q) S., et cum sacrificarent filios suos idolis suis, ingrediebantur. (r) S., et vox cœtus affluentis erat in ea. (s) Th., ei, cujus ab antiquo est tempus scortationis meretricis meretricium. (t) Super eas. (u) Th., et expurgabit eas in gladiis eorum. (x) S., quod cessare faciam abominationem a terra. (y) S., in ipso die hoc antevertit constituit. (z) S., sume sal, et pone circumcirca ossa sub eis. (a) Th., et inflammationem. (b) S., simul coquetur stabilimentum. (c) S., in amore laboris fuit cum molestia, et non exivit de ea multitudo æruginis ejus. (*) Hic lapsus est interpres Syriacus, qui vocem Græcam ζέμμα, quæ est Hebraicum זמה, elementis Græcis scriptum, accepit ut nomen Græcum ζέμα, a verbo ζέω, et vertit שלקא, *elixatio*. Cf. supra notam ad xxii, 9. DRACH. (d) S., non retrocedam. (e) Studia. (f) S., fortunam oculorum tuorum in percussione. (g) S., geme, dum siles, et luctum humanum ne facias : corona tua fuit posita tibi, et calceasti pedes tuos, et non obvolvas labia tua, et cœnam. (h) S., labia tua (pro דילך, *tua*, דילכון, *vestra*, legendum credo) obvolvetis.

super eam furorem meum in igne iræ meæ ad consummandum ※ eos ⁚ : vias eorum in capita eorum
dedi, dicit Dominus Dominus.

CAP. XXIII.—1. Et factum est verbum Domini ad
me, dicens : 2. Fili hominis, duæ mulieres erant
filiæ matris unius, 3. et fornicatæ sunt in Ægypto,
in adolescentia sua ※ fornicatæ sunt ⁚ : ibi ceciderunt ubera earum, (p) et ibi devirginatæ sunt nutrices virginitatum earum. 4. Nomina autem earum
Ohola senior, et Oholiba soror ejus. Et factæ sunt
mihi, et pepererunt filios, et filias : et nomina earum, Samaria Ohola, et Jerusalem Oholiba. 5. Et
fornicata est Ohola a me, (q) et se apposuit post
amatores suos, post Assyrios vicinos ei, 6. indutos
hyacinthinis, principes, et duces : juvenes electi,
omnes equites equitantes super equis. 7. Et dedit
fornicationem suam super eos : electi filii Assyriorum omnes, et super omnes, super quos se imposuit : in omnibus cogitationibus (r) eorum polluta
facta est. 8. Et fornicationem suam ex Ægypto non
reliquit; quia cum ipsa dormiebant in adolescentia
ejus, et ipsi devirginarunt (s) eam, et effunderunt
fornicationem suam super eam. 9. Propter hoc tradidi eam in manus amatorum ejus, in manus filiorum Assyriorum, super eos, post quos se apposuit.
10. Isti retexerunt (t) pudenda ejus, filios, et filias
ejus sumserunt, et eam in gladio occiderunt : et
facta est sermo in mulieres, et ultionem (u) feci in
ea ÷ in filias ejus ⁚. 11. Et vidit soror ejus Oholiba,
et corrupit impositionem suam plus quam ea, et fornicationem suam plus quam fornicatio sororis suæ.
12. Post filios Assyriorum se apposuit, principes, et
duces vicinos ei, indutos (x) hyacinthinis, equites
equitantes super equos : adolescentes electi omnes.
13. Et vidi, quod pollutæ essent, via una ambarum : 14. et adjecit ad fornicationem suam, et vidit
viros depictos super pariete, imagines Chaldæorum
depictos (y) in stylo, 15. accinctos variegatis super
lumbos suos, (z) et pilei tincti super capitibus eorum, (a) facies triplex omnium, similitudo filiorum
Babylonis, terræ Chaldæorum, regionis ejus. 16. Et
se posuit post eos in adspectu oculorum suorum :
et misit nuntios ad eos in terram Chaldæorum. 17. Et
venerunt ad eam filii Babylonis, ad cubile divertentium, et polluebant eam in fornicatione ejus, (b)
et polluta est in eis, et recessit anima ejus ab illis.
18. Et retexit fornicationem suam, et retexit pudorem. Et recessit anima mea ab ea, quemadmodum
recessit anima mea a sorore ejus. 19. Et multiplicasti fornicationem tuam, (c) ad recordandum dies
adolescentiæ tuæ, in quibus fornicata es in Ægypto :

A 20. (d) et te apposuisti post Chaldæos, quorum
sicut asinorum carnes eorum, et verenda equorum
verenda eorum : 21. et visitasti (e) iniquitates adolescentiæ tuæ, quæ faciebas in Ægypto (f) in diversorio tuo, ubi ubera adolescentiæ tuæ ceciderunt.
22. Propter hoc Oholiba, hæc dicit Dominus Dominus : Ecce ego suscito amatores tuos super te, a
quibus recessit anima tua ab eis : et adducam eos
super te undique, 23. filios Babylonis, et omnes
Chaldæos, Phut, et Sud, et Coa, et omnes filios
Assyriorum cum eis, juvenes electos, duces, et præfectos, omnes triarios, et nominatos, equitantes
super equis omnes. 24. Venient super te ab aquilone, currus, et rotæ cum multitudine populorum, et
clypei, peltæ: et mittet custodiam super te circum-
B circa. 25. Et dabo ante faciem eorum judicium, et
ulciscentur te in judiciis suis : et dabo zelum meum
in te, et facient tecum in ira furoris. Nasum tuum,
et aures tuas auferent, et residuos tuos in gladio
dejicient : isti filios tuos, et filias tuas capient, et
residuos tuos (g) devorabit ignis : 26. et exuent te
vestibus tuis, et capient vasa gloriationis tuæ. 27.
(h) Et avertam impietates tuas a te, et fornicationem
tuam (i) de terra Ægypti : et non elevabis oculos
tuos super eos, et Ægypti non recordaberis amplius. 28. Quia hæc dicit Dominus Dominus: Ecce
ego trado te in manus eorum, quos odio habes, a
quibus recessit anima vestra ab eis. 29. Et facient
in te in odio, et sument omnes labores tuos, ÷ et
molestias tuas ⁚, et eris nuda, et ignominiæ plena.
C et revelabitur ignominia fornicationis tuæ, (k) et impietatis tuæ : et fornicatio tua. 30. fecit hæc tibi,
cum scortata es post gentes, et polluta es in cogitationibus earum. 31. In via sororis tuæ ambulasti,
et dabo calicem ejus in manus tuas. 32. Hæc dicit
Dominus Dominus : Calicem sororis tuæ bibes, (l)
profundum, et latum, ※ et erit in derisum, et in
ludibrium ⁚, abundantem ad complendum ebrietatem, 33. et dissolutione repleberis : calicem ※ corruptionis, et ⁚ exitii, calicem sororis tuæ Samariæ, 34. et
bibes eum, ※ et exprimes eum ⁚, (m) et festivitates,
et novilunia ejus avertam; quia ego locutus sum, dicit
Adonai Dominus. 35. Propter hoc hæc dicit Adonai
Dominus : Pro eo quod oblita es mei, et projecisti me
D post corpus tuum, et tu (n) accipe impietatem tuam,
et fornicationem tuam. 36. Et dixit Dominus ad
me : Fili hominis, (o) si judicabis Oholam et Oholibam, et annuntiabis eis iniquitates earum; 37.
quia mœchabantur, et sanguis in manibus earum,
(p) et cogitationes earum mœchabantur, et filios
suos, quos pepererunt mihi, traducebant per ignem,

(p) S., et ibi adoleverunt. (q) S., et se effudit. (r) Ejus. (s) S., Th., virgines ejus. (t) Pudorem.
(u) Fecerunt. (x) S., compositis. (y) S., in coloribus. (z) S., velamen. Th., et cidares inclinatæ.
(a) S., adspectus ternorum statorum. (b) S., et decerpta est. (c) S., per id quod recordata sis.
(d) S., et te effundebas ad opera eorum. Th., et subsiliisti super electos eorum. (e) S., abominationem.
(f) S., quandocumque adoleverint de Ægypto nutrices tuæ. (g) Consument in igne. (h) S., et cessare
faciam abominationem tuam a te. (i) S., eam, quæ de terra. (k) S., et abominatio tua, et fornicatio
tua : erunt hæc tibi. (l) S., profunda, et spatiosa, eris in risum, et in sermonem, quæ multos continet.
Ebrietate, et non curatione repleberis. (m) S., et testas ejus comedes, sicut ossa, et ubera tua depilabis; quia ego locutus sum. (n) S., porta abominationem tuam. (o) Nonne. (p) S., et ad idola
sua mœchabantur.

38. donec et hæc fecerunt mihi : polluebant Sancta mea ⋇ in die illo ⁒, et sabbata mea profanabant, 39. (*q*) et cum jugularent filios suos idolis suis, et ingrediebantur in Sanctuaria mea ⋇ in die illo ⁒ ad profanandum ea : et quod sic faciebant in medio domus meæ, 40. et quod viris venientibus e longinquo, quibus nuntios miserant ad eos, et statim ubi venissent, lavabaris, et collyrio liniebas oculos tuos, et ornabaris ornatu, 41. et sedebas super lecto strato, et mensa instructa ante faciem ejus : et thymiama meum, et oleum meum, lætabantur in eis, 42. (*r*) et voces harmoniæ pulsabant, et ad viros ex cœtu hominum venientes ⋇ inebriatos ⁒ e deserto : et dabant armillas in manus earum, et coronam gloriationis super capita earum. 43. Et dixi : (*s*) Nonne in his mœchantur? et opera meretricum etiam ipsa fornicata est? 44. Et ingrediebantur ad eam, quemadmodum ingrediuntur ad mulierem meretricem, ita ingrediebantur ad Oholam, et ad Oholibam, ut facerent iniquitatem. 45. Et viri justi, hi ulciscentur eas ultione adulterarum, et ultione sanguinis; quia adulteræ sunt, et sanguis in manibus earum. 46. Quia hæc dicit Dominus Dominus : Adduc (*t*) super eos cœtum, et da in eis tumultum et rapinam, 47. et lapida super eas in lapidibus turbarum, (*u*) et confodite eas in gladiis eorum : filios earum, et filias earum occident, et domos earum in igne incendent. 48. (*x*) Et avertam impietatem de terra, et erudientur omnes mulieres, et non facient secundum impietates earum. 49. Et dabitur impietas vestra super vos, et peccata cogitationum vestrarum accipietis, et scietis, quia ego Dominus Dominus.

CAP. XXIV. — 1. Et factum est verbum Domini ad me in anno nono, in mense decimo, decimo mensis, dicens : 2. Fili hominis, scribe tibi in diem (*y*) a die hoc, a quo se extulit rex Babylonis super Jerusalem, a die hodierno. 3. Et dic super domum irritantem parabolam, et dices ad eos : Hæc dicit Dominus Dominus : Pone ollam, ⋇ pone ⁒, et infunde in eam aquam, 4. et mitte in eam segmenta, omne segmentum decorum, crus, et humerum, abscissa ab ossibus, 5. de jumento electo (*z*) sumta : et incende ossa sub eis. Ferbuit, efferbuit, et cocta sunt ossa ejus in medio illius. 6. Propter hoc hæc dicit Adonai Dominus : O urbs sanguinum, olla, in qua est ærugo, et ærugo non exiit ex ea, membratim protulit, non cecidit super eam sors. 7. Quia sanguis ejus in medio illius est, super petram læ-

A vem constitui eum : non effudi eum super terram ut tegeret super eum terra, 8. ut ascenderet furor in vindictam ut vindicaretur : dedi sanguinem ejus super petram lævem, ut ne tegeret eum. 9. Propter hoc hæc dicit Adonai Dominus : ⋇ Væ urbs sanguinum ⁒, et ego magnificabo (*a*) torrem, 10. et multiplicabo ligna, et succendam ignem, ut liquescant carnes (*b*), et imminuatur jusculum, ⋇ et ossa simul exurentur ⁒. 11. et stet super prunas ⋇ ejus, inflammata est ⁒, ut comburatur, ⋇ ut simul exuratur ⁒ æs ejus, et liquescat in medio ⋇ ejus ⁒ immunditia ejus, et deficiat ærugo ejus, ⋇ (*c*) deprimatur ærugo ⁒. 12. Et non exibit de ea multa ærugo ejus, et erubescet ærugo ejus. 13.
B ⋇ In immunditia tua * elixatio ⁒, pro iis quod te contaminasti tu, ⋇ et non purificata es ab immunditia tua ⁒ : et quid si non purificata fueris amplius, donec et impleam furorem meum in te? 14. Ego Dominus locutus sum, et veniet, et faciam (*d*), non differam, nec miserebor, ⋇ obtemperabo ⁒ : secundum vias tuas, et secundum (*e*) cogitationes tuas judicabo te, dicit Adonai Dominus. ÷ Propter hoc ego judicabo te secundum sanguines tuos, et secundum cogitationes tuas judicabo te, immunda, et nominata, et multa ad irritandum ⁒. 15. Et factum est verbum Domini ad me, dicens : 16. Fili hominis, ecce ego tollo (*f*) desideria oculorum tuorum in instructione belli, non planges, neque defleberis, neque venient tibi lacrimæ. 17. (*g*) Gemitus san-
C guinis, lumbi luctus est hæc : non erunt crines tui conserti super te, et calceamenta tua in pedibus tuis : non consolationem accipies in labiis eorum, et panem virorum non comedes. 18. Et locutus sum ad populum mane, ÷ quemadmodum præcepit mihi ⁒, et mortua est uxor mea vespere, et feci mane, quemadmodum præceptum fuit mihi. 19. Et dixit ad me populus : Non dicis nobis, quid sint ⋇ nobis ⁒ hæc, quæ tu facis? 20. Et dixi ad eos : Verbum Domini factum est ad me, dicens : 21. Dic ad domum Israelis : Hæc dicit Dominus Dominus : Ecce ego profanabo Sancta mea, jactantiam fortitudinis vestræ, desiderabilia oculorum vestrorum, et pro quibus parcunt animæ vestræ : et filii vestri, et filiæ vestræ, quos reliquistis, in gladio
D cadent, 22. et facite, quemadmodum feci : (*h*) ab ore eorum non accipietis consolationem, et panem virorum non comedetis, 23. et cincinni vestri super capite vestro, et calceamenta vestra in pedibus vestris : nec plangetis, neque flebitis, et liquescetis

(*q*) *S.*, et cum sacrificarent filios suos idolis suis, ingrediebantur. (*r*) *S.*, et vox cœtus affluentis erat in ea. (*s*) *Th.*, ei, cujus ab antiquo est tempus scortationis meretricis meretricium. (*t*) Super eas. (*u*) *Th.*, et expurgabit eas in gladiis eorum. (*x*) *S.*, quod cessare faciam abominationem a terra. (*y*) *S.*, in ipso die hoc antevertit constituit. (*z*) *S.*, sume sal, et pone circumcirca ossa sub eis. (*a*) *Th.*, et inflammationem. (*b*) *S.*, simul coquetur stabilimentum. (*c*) *S*, in amore laboris fuit cum molestia, et non exivit de ea multitudo æruginis ejus. (*) Hic lapsus est interpres Syriacus, qui vocem Græcam ζέμα, quæ est Hebraicum זמה, elementis Græcis scriptum, accepit ut nomen Græcum ζέμα, a verbo ζέω, et vertit שולקא, *elixatio*. Cf. supra notam ad XXII, 9. DRACH. (*d*) *S.*, non retrocedam. (*e*) Studia. (*f*) *S.*, fortunam oculorum tuorum in percussione. (*g*) *S.*, geme, dum siles, et luctum humanum ne facias : corona tua fuit posita tibi, et calceasti pedes tuos, et non obvolvas labia tua, [illegible].
(*h*) *S.*, labia tua (pro דילך, *tua*, דילכן, *vestra*, legendum credo) obvolvetis.

in injustitia vestra (*i*) (*k*) et consolabimini unusquisque fratrem suum. 24. Et erit Hezeciel vobis in portentum : secundum omnia, quæ fecit, facietis, cum venerint hæc, et cognoscetis, quoniam ego Adonai Dominus. 25. Et tu, fili hominis, nonne in die, quando sumsero robur ⋇ eorum ⁚ ab eis, et elationem gloriationis eorum, desiderabilia oculorum eorum, et elationem animæ eorum, filios eorum, et filias eorum, 26. in die illo veniet, qui salvus factus fuerit, ad te, ut dicat tibi in aures tuas? 27. In die illo aperietur os tuum ad eum, qui salvus factus fuerit, et loqueris, nec obmutesces amplius, et eris eis in portentum, et cognoscent, quoniam ego Dominus.

CAP. XXV. — 1. Super filios Ammon. Et factum est verbum Domini ad me, dicens : 2. Fili hominis, obfirma faciem tuam super filios Ammon, et propheta super eos, 3. et dices filiis Ammon : Audite verbum Adonai Domini : hæc dicit Adonai Dominus (*l*): Pro eo quod gavisi estis super Sancta mea, quod profanata sunt, et super terram Israelis, quod desolata est, et super domum Judæ, quod abierunt in captivitate; 4. propter hoc ecce ego trado vos (*m*) filiis Cedem in hæreditatem, et castrametabuntur in supellectile sua in te, et dabunt in te tentoria sua : isti comedent fructus tuos, et isti bibent adipem tuam. 5. Et dabo urbem Ammon in pascuum camelorum, et filios Ammon in pascuum ovium, et cognoscetis, quia ego Adonai Dominus. 6. Quia hæc dicit Adonai Dominus : Pro eo quod plausisti manu tua, et strepuisti pede tuo, et gavisa es ex anima tua super terram Israelis; 7. propter hoc ⋇ ecce ego ⁚ extendam manum meam super te, et dabo te in direptionem in gentibus, et delebo te ex populis, et perdam te e regionibus perditione, et cognoscetis, quia ego Dominus. 8. Super Moab et Seir. Hæc dicit Adonai Dominus : Pro eo quod dixit Moab, ⋇ et Seir ⁚ : Ecce, quemadmodum omnes gentes, domus ÷ Israelis et Judæ. 9. Propter hoc ecce ego dissolvo humerum Moab ex urbibus extremarum altitudinum ejus, terram electam, domum Beth Asimuth super fontem urbis, quæ apud mare : 10. filios Cedem super filios Ammon dedi ei (*n*) in hæreditatem, ut non memoria sit filiorum Ammon ⋇ in gentibus ⁚ . 11. Et in Moab faciam ultionem, et cognoscent, quoniam ego Dominus. 12. Super Idumæam. Hæc dicit Adonai Dominus : Pro eo quod fecit Idumæa, cum ulciscerentur ultione in domum Judæ, et custodierunt excandescentiam, et ulti sunt ultione; 13. propter hoc hæc dicit Adonai Dominus : Et extendam manum meam super Idumæam, et pessundabo de ea hominem et jumentum, et ponam eam desertam : et ex Thæman et Dadan persecutionem patientes in gladio cadent. 14. Et dabo ultionem meam super Idumæam in manu populi mei Israelis : et facient in Idumæa juxta iram meam, et juxta furorem meum, et cognoscent ultionem meam, dicit Adonai Dominus. 15. Super alienigenas. Propter hoc hæc dicit Adonai Dominus : Pro eo quod fecerunt alienigenæ in ultione, et excitarunt ultionem, gaudentes ex anima, (*o*) ut delerent usque in æternum; 16. propter hoc hæc dicit Adonai Dominus : Ecce ego extendo manum meam super alienigenas, et pessundabo (*p*) Cretenses, et perdam reliquos ÷ habitantes ⁚ super ora marina. 17. Et faciam in eos ultiones magnas ⋇ in redargutionibus furoris ⁚, et cognoscent, quia ego Adonai Dominus, cum dedero ultionem meam super eos.

CAP. XXVI. — 1. Super Tyrum. Et factum est in anno undecimo, uno mensis, factum est verbum Domini ad me, dicens : 2. Fili hominis : pro eo quod dixit Tyrus super Jerusalem : Ah, bene, confracta est, periit, gentes conversæ sunt ad me, quæ plena, deserta est; 3. propter hoc hæc dicit Adonai Dominus : ⋇ Ecce ego ⁚ super te, Tyre, et ascendere faciam super te gentes multas, sicut ascendit mare in fluctibus suis. 4. Et dejicient muros Tyri, et dejicient turres tuas : et ventilabo pulverem ejus de ea, et dabo eam in petram lævem. 5. Expansio retium erit in medio maris; quia ego locutus sum, dicit Dominus Dominus : et erit in direptionem gentibus : 6. ⋇ et filiæ ejus hæ ⁚, quæ in campo, gladio occidentur, et scient, quia ego Dominus. 7. Quia hæc dicit Adonai Dominus : ecce ego adduco super te, Tyre, Nabuchodonosorem regem Babylonis ab aquilone, rex regum est, cum equis, et curribus, et equitibus, et cœtu gentium multarum ÷ valde ⁚. 8. Hic filias tuas, quæ in campo, gladio occidet, et dabit super te ÷ excubias ⁚, et ædificabit circa te, et faciet super te in circuitu fossam, et tumultuariam stationem armorum, et lanceas suas contra te dabit. 9. Muros tuos, et turres tuas diruet in gladiis suis. 10. A multitudine equorum ejus operiet te pulvis eorum : a voce equitum ejus, et rotarum curruum ejus concutientur muri tui : cum ingreditur portas tuas, sicut ingrediens in urbem ex campo. 11. In ungulis equorum suorum conculcabunt omnes plateas tuas : populum tuum gladio occidet : et substantiam fortitudinis tuæ super terram deducet. 12. Et deportabit potentiam tuam, et spoliabit quæ possides, et jaciet deorsum muros tuos : et domos tuas desiderabiles, et lapides tuos, et ligna tua, et pulverem tuum in medium maris injiciet. 13. Et destruet multitudinem instrumentorum musicæ tuæ, et vox cithararum tuarum non audietur in te amplius. 14. Et dabo te in petram lævem, et expansio retium eris : non ædificaberis amplius, quia ego locutus sum, dicit Adonai Dominus. 15. Quia hæc dicit

(*i*) Nec (hæc vox ad notam proxime præcedentem pertinere videtur). (*k*) *S.*, et consolationem accipietis unusquisque per fratrem suum. *Th.*, et gemetis. (*l*) *S.*, pro eo quod dixisti, ah bene! (*m*) *Th.*, filiis orientis. (*n*) *S.*, in elatum. (*o*) *S.*, in corruptionem in inimicitia æterna. (*p*) *S.*, destructores.

Dominus Dominus Tyro : Nonne a voce ruinæ tuæ, A cum ingemuerint occisi tui, cum evaginatus fuerit gladius in medio tui, commovebuntur insulæ? 16. Et descendent de soliis suis omnes principes ⋇ ex gentibus ⁏ maris, et tollent cidares de capitibus suis, et vestimenta varia sua exuent : stupore stupebunt, super terram sedebunt, et formidabunt perditionem suam, et gement super te : 17. et assument super te lamentationem, et dicent ⋇ tibi ⁏ : Quomodo periisti, et dissoluta es ex mari, urbs celebrata, ⋇ quæ facta erat fortis in mari, ipsa, et inhabitantes eam ⁏, quæ dedit timorem suum omnibus habitantibus in ea? 18. Et timebunt insulæ a die ruinæ tuæ, ⋇ et perturbabuntur insulæ in mari ⁏ (q) ab exitu comite tui. 19. Quia hæc dicit Dominus Dominus : Quando dedero te urbem desolatam, B sicut urbes, quæ non habitantur, cum adduxero super te abyssum, et operiet te aqua multa. 20. Et descendere faciam te ad eos, qui descendunt in foveam ad populum sempiternum, et habitare faciam te in profundis terræ, sicut solitudinem sempiternam cum his, qui descendunt in foveam, ut ne habiteris (r), neque resurgas super terra vitæ. 21. Perditionem dabo te, et non exsistes amplius, ⋇ et requireris, et non invenieris ⁏, in sempiternum, dicit Dominus Dominus.

CAP. XXVII. — 1. Et factum est verbum Domini ad me, dicens : 2. Et tu, fili hominis, assume super Tyrum lamentationem, 3. et dices Tyro habitanti super introitum maris, emporio populorum ex C insulis multis : Hæc dicit Dominus Dominus Tyro : Tu dixisti : Ego posui mihi (s) decorem meum, 4. in corde maris (t) Beelimo : filii tui posuerunt tibi decorem. 5. Cedrus ex Sanir ædificata est tibi : zonæ asserum cypressi ex Libano sumtæ sunt, ad faciendum tibi malos abiegnos, 6. e regione Bajsan fecerunt remos tuos, templa tua fecerunt ex ebore, domos densas ex insulis Chethæorum. 7. Byssus cum varietate ex Ægypto facta est tibi stratum, ad ponendum tibi (u) gloriam, ÷ et ad operiendum te ⁏ hyacintho, et purpura, ex insulis Elisæ, facta sunt operimenta tua. 8. ÷ Et principes tui ⁏, habitantes in Sidone, et Arudii fuerunt ductores remorum tuorum : sapientes tui, Tyre, qui erant in te, D hi nautæ tui. 9. Seniores (x) bibliorum, et sapientes eorum, qui erant in te, hi corroborabant consilium tuum : et omnes naves maris, et ductores remorum earum facti sunt tibi ab occasuum occasu. 10. Persæ, et Lydi, et Libyes erant in potentia tua, viri bellatores tui clypeos et galeas suspenderunt in te, hi dederunt gloriam tuam. 11. Filii Arudiorum, et potentia tua super muris tuis ⋇ in circuitu ⁏ : (y) custodes in turribus tuis erant, pharetras suas suspenderunt super portus tuos in circuitu : hi perfecerunt decorem tuum. 12. Carthaginenses negotiatores tui a multitudine omnis roboris tui, argentum, et aurum, et æs, et ferrum, et stannum, et plumbum dederunt nundinas tuas. 13. Græcia, et universa, et regiones extensæ, isti negotiabantur tibi in animabus hominum, et vasa æris dederunt mercatum tuum. 14. E domo Thorgama equos, et equites, et mulos dederunt nundinas tuas. 15. Filii Rhodiorum negotiatores tui ex insulis multiplicarunt mercatum tuum dentes elephantinos, et his introductis reddebas mercedes tuas, 16. homines, mercatum tuum a multitudine commisti tui, (z) benafeg (Hebr. בנפג *) stacten, et varietates ex Tharsis, et Damoth**, et Chorchor dederunt nundinas tuas. 17. Juda, et filii Israelis, hi negotiatores tui in venditione frumenti, et unguentorum, ÷ et casiæ : et mel primum ⁏, et oleum, et resinam dederunt in commistum tuum. 18. Damascus negotiatores tui in multitudine operum tuorum, ex multitudine omnis potentiæ tuæ : (a) vinum ex Helbon, ÷ et lanam ex Mileto, et vinum ⁏, ⋇ et Dan, et Javan ex Ozel ⁏ ÷ in nundinas tuas dederunt ⁏. 19. Ex Asel ferrum opere factum, et rota in commisto tuo est. 20. Dadan negotiatores tui cum jumento electo ad currus. 21. Arabia, et omnes principes Cedar, hi negotiatores per manum tuam, camelos, et arietes, et agnos, in quibus mercabantur tibi. 22. Negotiatores Sabæ, et Raamæ, hi negotiatores tui cum aromatibus primis, et lapidibus bonis, et aurum dederunt nundinas tuas. 23. Haran, et Chanaan, ⋇ et Dadan, ⁏ ÷ hi ⁏ negotiatores tui : ⋇ Saba ⁏, Assur, et Chalmun negotiatores tui, 24. ferentes mercatum ⋇ in Machalim, et in Galima ⁏ hyacinthum ⋇ (b) et variegatum ⁏, et thesauros electos, ligatos funibus, et naves 25. cupressorum in eis ⋇ negotiatio tua ⁏ Carthaginenses negotiatores tui in multitudine negotiatorum tuorum, in commisto tuo. Et repleta es, et aggravata es valde in corde maris : 26. in aqua multa adduxerunt te ductores remorum tuorum, spiritus austri confregit te in corde maris : 27. erant virtutes tuæ, et merces tua, et commistorum tuorum, et ductores remorum tuorum, et gubernatores tui, et consiliarii tui, et commisti tui ex commistis tuis, et omnes bellatores tui, qui in te : et omnis cœtus tuus, ⋇ qui ⁏ in medio tui, cadent in corde maris :

(q) *S.*, ab eo quod non sit egredi a te. (r) *Th.*, et dabo robur in terra viventium. (s) *S.*, perfecta in decore. *Th.*, corona decoris. (t) *S.*, vicini tui, et qui ædificant te, perfecerunt decorem tuum. (u) *S.*, velum. (x) *Th.*, Hebraice; Gæbal, ΓΑΒΑΛ. *S.*, solventes mixturam tuam. (y) *S.*, sed et Medi. *Th.*, et Guma din. *A.*, Sun est, et non est (quo hæc obscura pertineant, non intelligo). (z) *S.*, varie intextæ purpuræ. (*) ב in Hebr. et in Syr. servile est, significatque, *in*. Theodotio : ἐν ναφέχ. Cf. supra notam ad hunc locum. Syriaca vox textus nostri, non *benafeg*, sed *in nafeg* vertenda est. DRACH. (**) Syr. scriptor, ut nobis videtur, posuit ד pro ר, et Ramoth legendum. DRACH. (a) *S.*, in vino pingui, et in lana splendida. Et Dan, et Javan, vadentes ad nundinas tuas, addiderunt ferrum : stacte, et calamus commercia tua fuerunt. (b) Et purpuras.

in die ruinæ tuæ, 28. ad vocem clamoris tui gubernatores tui (c) timendo timebunt. 29. Et descendent de navibus suis omnes ductores remorum
tuorum, et epibatæ, et sedentes in prora navis maris super terram stabunt, 30. et ululabunt super te
voce sua, et clamabunt amare, et jacient pulverem
super caput suum, et cinerem sternent sibi. 31.
⋇ Et decalvabunt super te calvities, et accingent
saccos, et flebunt pro te in amaritudinibus animæ,
et planctum amarum : 32. sument super te filii
eorum lamentationem, lamentum Tyri : quis sicut
Tyrus, quæ obmutuit in medio maris? ⁏ 33. Quantam, quam mercedem invenisti de mari? saturasti
gentes ex multitudine tua, et a commisto tuo
ditasti omnes reges terræ. 34. Nunc confracta es in
mari, in profundo aquæ commistum tui, et omnis
cœtus tuus in medio tui. 35. Ceciderunt omnes
ductores remorum tuorum, omnes habitantes in
insulis contristati sunt super te, et reges eorum
stupore obstupuerunt (d), et lacrimata est facies
eorum super te. 36. Negotiatores e gentibus sibila-
verunt super te : perditio facta es, et non amplius
eris in sæculum, dicit Adonai Dominus.

CAP. XXVIII.—1. Super principes Tyri. Et factum
est verbum Domini ad me, dicens : 2. Et tu, fili
hominis, dic principi Tyri : Hæc dicit Dominus
Dominus : Pro eo quod elevatum est cor tuum, et
dixisti : Deus sum ego, habitaculum Dei inhabitavi
in corde maris, tu autem es homo, et non Deus, et
dedisti cor tuum, sicut cor Dei ; 3. numquid
sapiens es plus quam Daniel? aut (e) sapientes non
erudierunt te in scientia sua? 4. Nunquid in scientia
tua, aut in sagacitate tua fecisti tibi fortitudinem,
et fecisti aurum, et argentum in thesauris tuis?
5. aut in scientia tua multa, et in negotiatione
multiplicasti fortitudinem tuam : elatum est cor
tuum in fortitudine tua. 6. Propter hoc hæc dicit
Dominus Dominus : Quia dedisti cor tuum, sicut
cor Dei, 7. pro hoc ecce ego adduco super te corruptores alienos e gentibus, et evacuabunt gladios
suos super te, et super decorem scientiæ tuæ, et
sternent decorem tuum in perditionem, 8. et descendere facient te, et morieris morte occisorum in
corde maris. 9. Numquid dicendo dices : Deus sum
ego, coram occidentibus te? tu autem es homo, et
non Deus in multitudine homicidarum tuorum.
10. Mortibus incircumcisorum morieris in manibus
alienorum, quia ego locutus sum, dicit Adonai
Dominus. 11. Et factum est verbum Domini ad me,
dicens : 12. Fili hominis, sume lamentationem
super principem Tyri, et dic ei : Hæc dicit Dominus Dominus : Tu es sigillum (f) similitudinis, ⋇
plenus sapientia ⁏, et corona decoris 13. in voluptate faciei Dei fuisti, omnem lapidem bonum cin-
gens, sardium, et topazium, et smaragdum, et
carbunculum, et saphirum, et jaspidem, ÷ et
argentum, et aurum ⁏, et ligurium, et achatem, et
amethystum, et chrysolithum, et beryllum, et ony-
chem, et auro implevisti thesauros tuos, et horrea
tua tibi. 14. A die, quo creatus es, ⋇ (g) præpara-
runt ⁏ cum ⋇ Cherub uncto, commoranti in tabernaculo ⁏ : et dedi te in monte sancto Dei, factus es
in medio lapidum igneorum. 15. Fuisti sine macula
tu in diebus tuis, a die, quo tu creatus es, donec
inventæ sunt injustitiæ tuæ in te. 16. A multitudine
negotiationis tuæ implevisti (h) cellaria tua iniquitate, et peccasti, et percussus es a monte Dei : et
adduxit te Cherub ⋇ obumbrans ⁏ de medio lapidum
igneorum. 17. Elatum est cor tuum super decore
tuo, corrupta est scientia tua cum decore tuo : ÷
propter multitudinem peccatorum tuorum ⁏ super
terram projeci te, coram regibus dedi te, ut illude-
reris. 18. Propter multitudinem (i) peccatorum
tuorum, et injustitiarum negotiationis tuæ (k) pollu-
(l) sacra tua, et educam ignem de medio tui, hic
devorabit te : et dabo te in cinerem super terra tua
coram omnibus videntibus te. 19. Et omnes, qui
noverunt te in gentibus, contristabuntur super te :
perditio factus es, et non exsistes amplius in sæculum. 20. Super Sidonem. Et factum est verbum
Domini ad me, dicens : 21. Fili hominis, pone
faciem tuam super Sidonem, et propheta super
eam, 22. et dic : Hæc dicit Adonai Dominus : Ecce
ego super te, Sidon, et glorificabor in te, et scies,
quia ego ÷ sum ⁏ Dominus, quando fecero in te
judicia, et sanctificabor in te. 23. Et mittam super
te mortem, et sanguinem in plateis tuis, et cadent
occisi ⋇ in medio ejus ⁏ in gladiis in te circa te, et
scient, quia ego sum Dominus. 24. Et non erit
amplius in domo Israelis stimulus amaritudinis, et
spina miseriæ ab omnibus, qui circa eos, qui spreverunt eos, et scient, quia ego sum Adonai Dominus. 25. Hæc dicit Adonai Dominus : Et congregabo
domum Israelis ex gentibus, quo dispersi sunt illuc,
et sanctificabor in eis coram gentibus et populis.
26. Et habitabunt super terra sua, quam dedi
servo meo Jacobo, et habitabunt super ea in spe,
et ædificabunt domos, et plantabunt vineas, et
habitabunt in spe, cum fecero judicium in omnibus,
qui contemserint eos in circuitu eorum, et scient,
quod ego sum Dominus Deus eorum, et Deus
patrum eorum.

CAP. XXIX. —1. Super Ægyptum et Pharaonem.
In anno (m) decimo, in mense decimo, uno mensis,
factum est verbum Domini ad me, dicens : 2. Fili
hominis, obfirma faciem tuam super Pharaonem
regem Ægypti, et propheta super eum, et super
Ægyptum omnem, 3. ⋇ loquere et ⁏ dic : Hæc

(c) *S.*, commovebuntur, qui procul. *Th.*, commovebuntur regiones. (d) *S.*, permutabuntur imagines facierum mercatorum. (e) *S.*, omne ineffabile non transiit te. In sapientia tua, et in intelligentia tua. (f) *Th.*, præparationis. (g) *S.*, stabilitum est. (h) *S.*, medium tui. (i) Iniquitatis tuæ. (k) Polluisti. (l) Sanctuarium tuum. (m) Duodecimo, in mense duodecimo.

dicit Dominus Dominus : Ecce ego super te, Pharao, A ※ rex Ægypti ⁚, draconem magnum, sedentem in medio fluminum (n) suorum, dicentem : Mea sunt flumina, et ego feci ea. 4. Et ego dabo (o) laqueum in maxillas tuas, et agglutinabo pisces fluminis tui ad alas tuas, et educam te de medio fluminis tui, et omnes pisces fluminis squamis tuis adhærebunt. 5. Et projiciam te velociter, ※ et te ⁚, et omnes pisces fluminis : super faciem campi tui cades, et non congregaberis, neque colligeris : bestiis terræ, et volucribus cœli dedi te in cibum. 6. Et cognoscent omnes inhabitantes Ægyptum, quia ego sum Dominus, pro eo quod factus es virga arundinea domui Israelis : 7. cum apprehenderunt te manu sua, confractus es, et cum prævaluit super eos B omnis manus, et quando requieverunt super te, confractus es, et contrivisti omnem lumbum eorum. 8. Propter hoc hæc dicit Dominus Dominus : Ecce ego induco super te gladium, et perdam de te homines et jumenta. 9. Et erit terra Ægypti perditio, et solitudo : et scient, quod ego sum Dominus : pro eo quod dicis : Flumina mea ⁚sunt, et ego feci ea. 10. Propter hoc ecce ego super te, et super omnia flumina tua, et dabo terram Ægypti in solitudinem, et in gladium, et in perditionem, a Magdol, et Suinus, et usque ad terminos Æthiopum. 11. Non transibit in ea pes hominis, et pes jumenti non transibit eam, et non habitabitur quadraginta annos. 12. Et dabo terram ejus perditionem in medio terræ desertæ, et urbes ejus in medio urbium deser- C tarum erunt ※ corruptio ⁚ quadraginta annos : et disseminabo Ægyptum in gentibus, et ventilabo eos in regiones. 13. Quia hæc dicit Dominus Dominus : Post quadraginta annos congregabo Ægyptios ex gentibus, quo dispersi erant illuc : 14. et reducam captivitatem Ægyptiorum, et habitare faciam eos in terra Pathros (p), in terra, unde sumti sunt, et erit ※ ibi ⁚ principatus humilis : 15. plus quam omnes principatus erit ※ humilis ⁚, non se efferet amplius super gentes, et paucos eos faciam, ne sint plures inter gentes : 16. et non erunt amplius domui Israelis in spem, in memoriam revocantem iniquitatem (q), cum adhærescunt post corda eorum, et scient, quod ego sum Adonai Dominus. 17. Et factum est in anno vigesimo et septimo, uno men- D sis primi, factum est verbum Domini ad me, dicens : 18. Fili hominis, Nabuchodonosor rex Babylonis (r) servire fecit exercitum suum, servitute magna super Tyrum, (s) omne caput calvum, et omnis humerus depilatus : et merces non fuit ei, et exercitui ejus super Tyrum, et servitutis, quam coluerunt super eam. 19. ※ Propter hoc ⁚ hæc dicit Dominus Dominus : Ecce ※ ego ⁚ do Nabuchodonosori regi Babylonis ※ τὴν ⁚ terram Ægypti, et sumet multitudinem ejus, et prædabitur prædam ejus, et captivam ducet captivitatem ejus ; et erit merces virtuti ejus : 20. (*) pro servitu ejus, quo cultu servitutis servivit super Tyrum, dedi ei terram Ægypti. ※ pro ⁚ omnibus, quæ fecerunt mihi. ÷ Hæc ⁚ dicit Dominus Dominus : 21. In die illo orietur cornu omni domui Israelis, et tibi dabo os apertum in medio eorum, et scient, quod ego sum Dominus.

Cap. XXX. — 1. Et factum est verbum Domini ad me, dicens : 2. Fili hominis, propheta, et dic : Hæc dicit Adonai Dominus : O, o dies, 3. quia propinquus dies, et propinquus dies Domini, dies ※ nubis ⁚, finis gentium erit. 4. Et veniet gladius super Ægyptios, et erit perturbatio in Æthiopia, et cadent occisi in Ægypto, ※ et capient multitudinem ejus ⁚, et cadent simul fundamenta ejus. 5. Persæ, et Cretenses, et Lydi, et Libyes, et omnes commisti, et filiorum testamenti mei, ipso gladio cadent. 6. ※ Hæc dicit Adonai Dominus ⁚ : et cadent sustentacula Ægypti, et descendet contumelia fortitudinis ejus a Magdol ÷ usque ad Suna ⁚ gladio cadent in ea, dicit Adonai Dominus. 7. Et desolabitur in medio regionum ※ depravatarum ⁚, et urbes eorum in medio urbium desolatarum erunt, 8. et scient, quod ego sum Dominus, quando dedero ignem super Ægyptum, et contriti fuerint omnes, qui auxiliantur ei. 9. In die illo egredientur nuntii ※ a facie mea Assim ⁚ festinantes depravare Æthiopiam ※ τὴν spem ⁚, et erit perturbatio in eis in die Ægypti, quia ecce venit. 10. Hæc dicit Dominus Dominus : Et disperdam multitudinem Ægyptiorum per manum Nabuchodonosoris regis Babylonis, 11. ipsius, et populi ejus ※ cum eo ⁚, corruptores, qui e gentibus missi sunt ad perdendum terram : et evacuabunt ÷ omnes ⁚ gladios suos super Ægyptum, et replebitur terra occisis : 12. et dabo flumina eorum deserta, ※ et tradam terram in manu malorum ⁚, et disperdam terram, et plenitudinem eorum cum plenitudine ejus, in manibus alienorum, quia ego Dominus locutus sum. 13. Quia hæc dicit Dominus Dominus : Et perdam abominationes, et cessare faciam optimates de Memphis, et principes de terra Ægypti, et non erunt amplius : ※ et dabo terrorem ex terra Ægypti ⁚. 14. Et disperdam terram Pathros, et dabo ignem super Tanin, et faciam ultionem in Diospoli. 15. Et effundam furorem meum super Sain robur Ægypti, et disperdam multitudinem Mempheos, 16. et dabo ignem super Ægyptum, et perturbatione perturbabitur Sais, et in Diospoli erit scissura, et diffundentur aquæ. 17. Juvenes urbis solis, et Bubasti, in gladio cadent, et mulieres in captivitate ibunt, 18. et in Thahphis obtenebrescet dies, quando contrivero ibi sceptra regni Ægypti, et peribit ibi contumelia roboris ejus, et hanc nubes operiet, et filiæ ejus captivæ ducentur. 19. Et faciam judicia in Ægypto,

(n) Ægypti. (o) *Th.*, frenum. (p) *Th.*, in terra nativitatis eorum. (q) *S.*, cum confugiunt, ut adhæreant eis. (r) *S.*, colere fecit exercitum suum opus magnum in Tyro. (s) Omne caput calvitics. (*) Ab hoc versu usque ad Cap. XXXI, 7, margo codicis cum omnibus suis notis præcisus est.

et scient, quód ego sum Dominus. 20. Et factum
est in anno undecimo, in mense primo, septimo
mensis, factum est verbum Domini ad me, dicens :
21. Fili hominis, brachia Pharaonis regis Ægypti
contrivi, et ecce non obligatus est, ad dandum ei
medelam, ut daretur super eum malagma, ad dandum robur, ut teneret gladium. 22. Propter hoc
hæc dicit Dominus Dominus : Ecce ego super Pharaonem regem Ægypti, et conteram brachia ejus
fortia, et disposita, ⋇ et eos ⁚ qui contriti, et dejiciam gladium de manu ejus : 23. et disseminabo
⋇ τὴν ⁚ Ægyptum in gentes, et ventilabo eos in
regiones : 24. et corroborabo brachia regis Babylonis, et dabo gladium meum in manum ejus, et
inducet eum super Ægyptum, et deportabit captivitatem ejus, et prædabitur prædam ejus. 25. Et
corroborabo brachia regis Babylonis ; brachia autem Pharaonis cadent. Et scient, quod ego sum
Dominus, cum dedero gladium meum in manus
regis Babylonis, et eduxerit eum super terram
Ægypti. 26. Et disseminabo ⋇ τὴν ⁚ Ægyptum in
gentes, et ventilabo eos in regiones, et scient ÷
omnes Ægyptii ⁚, quod ego sum Dominus.

Cap. XXXI. — 1. Et ecce in anno undecimo, in
mense tertio, uno mensis, factum est verbum Domini ad me, dicens : 2. Fili hominis, dic ad Pharaonem regem Ægypti, et multitudini ejus : Cui
assimilasti te in altitudine tua? 3. Ecce Assur cypa-
rissus in Libano, et pulcher virgultis, ⋇ et densus
in umbraculo ⁚, et excelsus magnitudine, et in
medio nubium factum est principium ejus. 4. Aqua
nutrivit eum, abyssus exaltavit eum, fluvios suos
eduxit circa plantas suas, et lacunas emisit in
omnia ligna campi. 5. Propter hoc elevata est magnitudo ejus plus, quam omnia ligni campi, et di-
latati sunt rami ejus, et se extulerunt virgulta ejus
super aquam multam, ⋇ cum se extenderet ⁚. 6. In
virgultis ejus nidificaruut omnes volucres cœli, et
sub ramis ejus genuerunt omnes bestiæ campi, in
umbra ejus habitavit omnis multitudo gentium.
7. Et erat pulcher in altitudine sua propter longitudinem ramorum suorum, quia erant radices ejus
in aqua multa. 8. Et cyparissi non (*t*) tales in paradiso Dei, et cedri non similes virgultis ejus, et
abietes non fuerunt similes ramis ejus : omne lignum in paradiso Dei non assimilatum est ei in pulchritudine sua, 9. (*u*) propter multitudinem ramorum ejus : (*x*) et æmulata sunt eam omnia ligna paradisi jucunditatis ⋇ Dei ⁚. 10. Propter hoc hæc dicit
Dominus Dominus : Pro eo quod factus es magnus
magnitudine, et dedisti principium tuum in medium
(*y*) nubium (*z*), et vidi, cum exaltaretur, 11. et tradidi eum in manus principis gentium, et fecit perditionem ejus : juxta impietates ejus ⋇ ejiciam

A eum ⁚. 12. Et perdiderunt eum, et deleverunt eum
alieni corruptores de gentibus, et dejecerunt eum
super montibus : in omnibus convallibus ceciderunt
rami ejus, et contritæ sunt propagines ejus (*a*) in
omni campo terræ, et descenderunt de umbraculo (*b*) ejus omnes gentes populorum, (*c*) et dimise-
runt eum. 13. Super ruinam ejus requieverunt
omnes volucres cœli, et super propagines ejus fuerunt omnes bestiæ arvi, 14. ut ne se efferant super
magnitudine sua omnia ligna, quæ in aqua : et non
dederunt principium suum in medium nubium, et
steterunt ⋇ ad ea ⁚ in altitudine sua omnes bibentes aquam ; quia omnes dati sunt in mortem
in profundum terræ in medio filiorum hominum, ad
eos, qui descendunt in foveam. 15. Hæc dicit Do-
B minus (*d*) Dominus : In die, quo descendit in infernum, (*e*) feci lugere, constitui super eum abyssum,
et cohibui flumina ejus, et cohibui multitudinem
aquæ : et obtenebratus est super eum Libanus,
omnia ligna campi super eo (*f*) dissoluta sunt.
16. A voce ruinæ ejus tremuerunt gentes, cum
descendere facerent eum in infernum cum descendentibus in foveam : (*g*) et consolabantur eum in
terra infima omnia ligna deliciarum, et electa, ⋇
et pulchra ⁚ Libani omnia, quæ bibunt aquam.
17. Etenim isti cum eo descenderunt in infernum
in occisis a gladio, et semen ejus, habitantes in
umbraculo ejus in medio vitæ suæ perierunt.
18. Cui assimilatus es ⋇ Th., in fortitudine, ⁚
C in gloria, et in magnitudine in lignis deliciarum ;
et descende, et deducere cum lignis deliciarum in
profundum terræ : in medio non circumcisorum
dormies cum occisis gladio. Sic Pharao, et omnis
multitudo ÷ fortitudinis ⁚ ejus, dicit Dominus Dominus.

Cap. XXXII. — 1. Et factum est in anno undecimo, in mense decimo, uno mensis, factum est
verbum Domini ad me, dicens : 2. Fili hominis,
assume lamentum super Pharaonem regem Ægypti,
et dices ei : (*h*) Leoni gentium assimilatus es tu, et
sicut draco in mari, et cornupetebas fluminibus tuis,
et conturbabas aquam pedibus tuis, (*i*) et concul-
cabas flumina tua. 3. Hæc dicit Dominus Dominus :
Et jaciam super te retia ⋇ mea, in cœtu ⁚ gentium
D multarum, et extraham te in hamo meo, 4. (*k*) et
extendam te super terram . campi implebuntur te,
et subsidere faciam super te omnes volucres cœli,
et saturabo de te omnes bestias omnis terræ.
5. et dabo carnem tuam super montes, et implebo
⋇ valles ⁚ (*l*) de sanguine tuo, 6. et irrigabitur
terra (*m*) stercoribus tuis a multitudine tua super
montibus : valles implebo te, 7. et cooperiam, cum
exstinctus fueris, cœlum, et tenebrescere faciam
stellas ejus, solem in nube operiam, et luna non

(*t*) Non superarunt eam. (*u*) *Th.*, pulchram feci eam in multitudine ramorum ejus. (*x*) *S.*, ita ut
æmularentur ei. (*y*) *S.*, opaca. *Th.*, spissa. (*z*) Et elatum est cor ejus super altitudine sua. (*a*) *S.*, et
consummabunt. *Th.*, in omnibus incultis terræ. (*b*) Eorum. (*c*) Et relinquent eum. (*d*) Adonai.
(*e*) *S.*, feci lugere. (*f*) *S.*, mutarunt speciem. (*g*) *S.*, et consolationem accepit. (*h*) *S.*, perditor.
(*i*) *S.*, calcitrabas. (*k*) *Th.*, et conteram te. (*l*) *S.*, vermiculis tuis. (*m*) *S.*, stercus tuum sanguinis tui.

lucere faciet lumen ejus. 8. Omnia lucere facientia lumen cœli obtenebrescent super te, et dabo tenebras super terram tuam, dicit Dominus Dominus. 9. Et irritabo cor gentium multarum, cum adduxero captivitatem tuam in gentes, in terram quam non novisti. 10. (n) Et contristabuntur super te gentes multæ, et reges eorum (o) stupore ⋇ super te ⁚ stupescent, cum volaverit gladius meus super facies eorum, (p) exspectantes ruinam suam a die ruinæ tuæ. 11. Quia hæc dicit Dominus Dominus : Gladius regis Babylonis veniet tibi, 12. in gladiis gigantum, et dejiciam fortitudinem tuam : corruptores omnes de gentibus, et perdent contumeliam Ægypti, et conteretur omnis fortitudo ejus. 13. Et perdam omne jumentum ejus ab aqua multa, (q) et non perturbabit eam pes hominis, et vestigium jumenti non conculcabit eam. 14. ÷ Sic ⁚ tunc quiescent aquæ eorum, et flumina eorum quasi oleum fluent, dicit Adonai Dominus. 15. Cum dedero Ægyptum in perditionem, et vastata fuerit terra cum plenitudine sua, cum dispersero omnes habitantes in ea, et scient, quia ego sum Dominus. 16. Lamentatio est, et lamentabuntur eam, et filiæ gentium lamentabuntur eam super Ægyptum, et super omnem fortitudinem ejus lamentabuntur eam, dicit Dominus Dominus. 17. Et factum est in anno duodecimo, in mense primo, quindecimo mensis, factum est verbum Domini ad me, dicens : 18. Fili hominis, (r) lamentare lamentationem super fortitudinem Ægypti, et descendere facient filias ejus gentes mortuas in profundum terræ, ad eos, qui descendant in foveam. 19. ⋇ Ab aquis pulchris decore ⁚ descende, et dormi cum non circumcisis, in medio occisorum gladio cadent cum eo, 20. et dormiet omne robur ejus. 21. Et dicent tibi gigantes : In profundo foveæ esto : quo melior es? descende, et dormi cum non circumcisis in medio occisorum gladiis. 22. Ibi Assur, et omnis congregatio ejus, ÷ omnes ⁚ occisi ibi dati sunt, et sepulcrum eorum in profundo foveæ : et facta est ÷ congregatio ejus ⁚, circa sepulcrum ejus omnes occisi, qui ceciderunt gladio : 23. ⋇ qui dederunt sepulcra ejus in lateribus foveæ : (s) et factus est cœtus circa sepulcrum ejus : omnes occisi, cadentes gladio ⁚ qui dederunt timorem suum super terra vitæ. 24. Ibi Ælam, et omnis fortitudo ejus circa sepulcrum ejus : omnes occisi, qui ceciderunt gladio, et qui descendunt non circumcisi in profundum terræ, qui dederunt timorem suum super terra vitæ, et acceperunt tormentum suum cum iis, qui descendunt in foveam 25. in medio occisorum. 26. Ibi dati sunt Mosoch, et Thobel, et omne robur ejus circa sepulcrum ejus, omnes occisi ejus, omnes

A non circumcisi, occisi a gladio, qui dederunt terrorem suum super terra vitæ. 27. ⋇ Et non ⁚ dormierunt cum gigantibus, qui ceciderunt ab æterno, qui descenderunt in infernum in armis ⋇ eorum ⁚ bellicis, (t) et posuerunt gladios suos sub capitibus suis, et factæ sunt iniquitates eorum super ossibus eorum, quia terruerunt fortes in vita sua. 28. Et tu in medio non circumcisorum ⋇ contereris ⁚, et dormies cum occisis gladio. 29. Ibi (u) Edom, ⋇ et reges ejus ⁚, et omnes principes ejus, qui dederunt robur suum in percussionem gladii : isti cum occisis dormierunt, cum descendentibus in foveam. 30. Ibi (x) principes aquilonis, omnes duces Assur, descendentes occisi (y) cum terrore suo, et in robore suo ⋇ confusi ⁚ dormierunt non circumcisi B cum occisis gladio, et acceperunt tormentum suum cum descendentibus in foveam. 31. Eos videbit Pharao, et consolationem accipiet cum omni robore eorum, ⋇ occisi gladio Pharaonis, et omnis potentia ejus ⁚, dicit Dominus Dominus. 32. Quia dedi metum ejus super terra vitæ, et dormiet in medio non circumcisorum cum occisis gladio Pharao, et omnis multitudo ejus, dicit Dominus Dominus.

Cap. XXXIII. — 1. Et factum est verbum Domini ad me, dicens : 2. Fili hominis, loquere filiis populi tui, et dices ad eos : Terra, super quam induxero gladium, et sumserit populus ejus terræ hominem unum (z) ex eis, et dederint eum sibi in C speculatorem, 3. et viderit gladium venientem super terram, et clanxerit tuba, et significaverit populo, 4. et audiverit audiens vocem tubæ, et non se custodiverit, et venerit super eum gladius, et apprehenderit eum, sanguis ejus super caput ipsius erit; 5. quia vocem tubæ cum audivit, non se custodivit, sanguis ejus super eum erit : et hic, quia se custodivit, animam suam liberavit. 6. Et speculator si viderit gladium venientem, et non significaverit per tubam, et populus non se custodiverit, et cum venit gladius, tulerit ex eis animam, illa propter iniquitatem suam capta est, et sanguinem e manu speculatoris requiram. 7. Et tu, fili hominis, speculatorem dedi te domui Israelis, et audies ex ore meo verbum, ⋇ et custodies eos a me ⁚. 8. Cum dico D peccatori : ⋇ Peccator ⁚, morte morieris, et non locutus fueris, ut se custodiat impius a via sua, ille iniquus in iniquitate sua morietur; sanguinem autem ejus e manu tua requiram. 9. Tu vero si præveneris annuntiaveris impio viam suam, ut se avertat ab ea, et non se averterit a via sua, hic impietate sua morietur, et tu animam tuam liberasti. 10. Et tu, fili hominis, dic domui Israelis : Sic locuti estis, dicentes : Errores nostri, et iniqui-

(n) S., et stupescere faciam propter te gentes multas. (o) S., se eriget capillus eorum. Th., inhorrescent. (p) S., et obstupescent propter hæc, quæ subito fient, unusquisque propter animam suam. (q) S., ita ut non perturbet. (r) S., Th., dic canticum de multitudine Ægypti, et inclinans prolonga eam, et filias gentium discerne in turmam. (s) S., facta est multitudo ejus uniuscujusque circa sepulcra ejus. (t) S., et ponentur gladii eorum sub capitibus eorum. (u) Dati sunt. (x) S., uncti. (y) S., cum victi sunt a robore suo. (z) Th., a parte eorum.

tates nostræ super nos sunt, et in eis nos lique-scimus, et quomodo vivemus? 11. dic eis : Vivo ego, dicit Adonai Dominus, non volo mortem impii, sicut illud, ut se avertat impius a via sua, et vivat : revertendo revertimini a via vestra ⁜ mala : et quare moriemini ⁚, domus Israelis? 12. ⁜ Et tu, fili hominis ⁚, dic ad filios populi tui : Justitia justi non liberabit eum in die, quo erraverit : et iniquitas (*a*) iniqui non (*b*) nocebit ei in die, quo se converterit ab iniquitate sua : et justus non poterit (*c*) salvari ⁜ in die peccati sui ⁚. 13. Cum dixero justo, Vita vives, et hic confidens super justitia sua, et fecerit iniquitatem, omnes justitiæ ejus non memorabuntur, in injustitia sua, quam fecit, in ea morietur. 14. Et cum dixero impio, Morte morieris, et se averterit a peccato suo, et fecerit judicium, et justitiam, 15. et pignus debitoris reddiderit, et rapinam rependerit, in præceptis vitæ ambulaverit, ut ne faciat injustum, vita vivet, et non morietur. 16. Omnia peccata ejus, quæ peccavit, non memorabuntur ⁜ ei ⁚ : quia judicium et justitiam fecit, in eis vivet. 17. Et dicent filii populi tui : (*d*) Non recta via Domini : et hæc via eorum (*e*) non recta. ⁜ Audite autem, domus Israelis : num via mea non recta non fuit? viæ vestræ non rectæ ⁚. 18. Cum se averterit justus a justitia sua, et fecerit (*f*) iniquitates, et morietur in eis. 19. Et cum se averterit (*g*) peccator ab iniquitate sua, et fecerit judicium et justitiam, in eis ipse vivet. 20. Et hoc est, quod dixistis : Non recta via Domini : unumquemque (*h*) juxta vias ejus judicabo vos, domus Israelis. 21. Et factum est in anno (*i*) decimo, in mense duodecimo, quinto mensis captivitatis nostræ, venit ad me, qui salvatus fuit de Jerusalem, dicens : Subacta est urbs. 22. Et manus Domini facta est super me vespere, antequam veniret, et aperuit os meum, donec venit ad me mane : et cum apertum est os meum, non se continuit amplius. 23. Et factum est verbum Domini ad me, dicens : 24. Fili hominis, qui habitant in desertis ⁜ istis ⁚ super terra Israelis, dicunt ⁜ dicentes ⁚ : Unus erat Abraham, et tenuit terram : et nos multi ÷ sumus ⁚, nobis data est terra in possessionem. 25. Propter hoc dic (*k*) eis : Hæc dicit Dominus Dominus : ⁜ Super sanguine comeditis, et oculos vestros tollitis ad idola vestra, et sanguinem effunditis : et terram hæreditabitis? 26. Stetistis super gladiis vestris, fecistis abominationes, et unusquisque uxorem proximi sui polluistis : et terram hæreditabitis? 27. Sic propter hoc dic (*l*) ad eos : Hæc dicit Adonai Dominus ⁚ : Vivo ego, nisi qui habitant in desertis, gladio cadent, et qui super facie campi, bestiis arvi dabuntur in cibum, et eos, qui in munitis, et eos, qui in speluncis, morte occidam. 28. Et dabo ter-

A ram desertam et desolatam, (*m*) et peribit contumelia roboris ejus, et vastabuntur montes Israelis, propter id quod non sit, qui ambulet in eis. 29. Et scient, quia ego sum Dominus : et faciam terram eorum desertam, et vastabitur propter omnes abominationes eorum, quas fecerunt. 30. Et tu, fili hominis, filii populi tui loquentes de te juxta muros et in liminibus domorum, et loquuntur unus cum uno ⁚ homo fratri (*n*) eorum, dicentes : Accedamus, et audiamus ⁜ verba ⁚ quæ egrediuntur a Domino. 31. Et veniunt ad te, sicut venit populus, et sedent contra te ⁜ populus meus ⁚, et audiunt verba tua, et ea non facient; (*o*) quia mendacium in ore eorum ⁜ illi faciunt ⁚, et post abominationes eorum cor eorum ⁜ ambulat ⁚. 32. Et

B sis eis, sicut vox citharæ suavis sono, bene concinnæ, et audient verba tua, et non facient ea, ⁜ quia mendacium in ore eorum ⁚. 33. Et cum venerint, ÷ dicent ⁚, ecce veniunt, et scient, quia propheta erat in medio eorum.

Cap. XXXIV. — 1. Et factum est verbum Domini ad me, dicens : 2. Fili hominis, propheta super pastores Israelis, propheta, et dic ⁜ (*p*) ad eos ⁚ pastoribus : Hæc dicit Dominus Dominus : O pastores Israelis, num quid pascunt pastores semetipsos? nonne oves pascunt pastores? 3. Ecce lac comeditis, et lana vos tegitis, et crassum mactatis, et oves meas non pascitis? 4. Quod infirmum non confortastis, ⁜ et quod ægrotum non sanastis ⁚, et quod

C confractum non alligastis, et quod errabat non reduxistis, et quod perierat non quæsivistis, (*q*) et quod forte fatigastis ⁜ ea ⁚ labore. 5. Et dispersæ sunt oves meæ, quia non sunt pastores, et factæ sunt in cibum omnibus bestiis arvi (*r*). 6. (*s*) Et disseminatæ sunt, ⁜ et non noverunt ⁚ oves meæ in omni monte, et super omnem collem excelsum, ⁜ et super omni facie terræ disseminatæ sunt oves meæ ⁚, et non erat, qui requireret, neque qui reduceret. 7. Propter hoc, pastores, audite ⁜ τὸν ⁚ (λόγον) verbum Domini. 8. Vivo ego, dicit (*t*) Adonai Dominus, nisi pro eo quod factæ sunt oves meæ in prædam, et factæ sunt oves meæ in cibum omnibus bestiis campi, eo quod non erant pastores, (*u*) et non quæsierunt pastores oves meas, et paverunt

D pastores semetipsos, oves autem meas non paverunt; 9. ⁜ pro hoc, pastores, audite verbum Domini ⁚ : 10. hæc dicit Dominus Dominus : Ecce ego super pastores, et requiram oves meas de manibus eorum, et avertam eos, ne pascant oves meas, et non pascent eas amplius pastores : et liberabo oves meas ex ore eorum, et non erunt eis in cibum 11. Quia hæc dicit Dominus Dominus : Ecce ⁜ ipse ⁚ ego requiram oves meas, et visitabo eas 12. Sicut quærit pastor gregem suum, in die quando fuerit

(*a*) Impii. (*b*) Occidet eum. (*c*) Vivere. (*d*) S., non firmata. (*e*) A., non stabilita. (*f*) Delictum (*g*) Iniquus. (*h*) Sicut. (*i*) Duodecimo. (*k*) Ad eos. (*l*) Eis. (*m*) S., et peribit superbia. (*n*) Ejus. (*o*) S., quia canticum in ore eorum. Th., quia suaviter. (*p*) Pastoribus. (*q*) S., et cum potestate imperabatis eis, dum in deliciis vivebatis. Th., et in potestate erudivistis. (*r*) Et volucribus cœli. (*s*) S., et non noverunt, et erraverunt. (*t*) Dominus. (*u*) S., non enim quæsierunt.

caligo, et nubes (x) in medio ovium ejus separatarum, sic requiram oves meas, (y) et eripiam eas ex omni loco, quo dispersæ sunt illuc in die nubis et caliginis. 13. Et educam eos ex gentibus, et colligam eos ex regionibus, et introducam eos in terram suam, et pascam eos super montes Israelis, et in vallibus, et in omni habitatione terræ : 14. in pascuo bono pascam eos, in monte excelso Israelis, et erunt caulæ eorum ibi, ÷ et dormient, et ibi ⁚ requiescent in deliciis bonis, et in pascuo pingui pascentur super montibus Israelis. 15. Ego pascam oves meas, et ego faciam requiescere eas, ÷ et scient, quod ego sum Dominus ⁚ : hæc dicit Dominus Dominus. 16. Quod perierat, requiram, et quod errabat, reducam, et quod confractum, alligabo, et quod imbecillum, corroborabo, ⋇ et quod pingue ⁚, et quod forte, custodiam, et pascam eas cum judicio. 17. Et vos, oves meæ, hæc dicit Dominus Dominus : ecce ego dijudicabo inter ovem et ovem, arietum et hircorum. 18. Et nonne sufficiens vobis, quod pascuum pulchrum depascebatis, (z) et residuum pascui vestri conculcabatis pedibus vestris, et aquam limpidam bibebatis, et residuum pedibus vestris turbabatis? 19. Et oves meæ conculcationes pedum vestrorum pascebant, et aquam a pedibus vestris turbatam bibebant. 20. Propter hoc hæc dicit Dominus Dominus ⋇ ad eos ⁚ : Ecce ego dijudicabo inter ovem fortem, et inter ovem infirmam. 21. In lateribus, et in humeris vestris prosternebatis, et cornibus vestris cornupetebatis, omne quod deficit ⋇ donec ⁚ contrivistis eas ⋇ foras ⁚. 22. Et salvabo oves meas, et non erunt amplius in prædam, et judicabo inter arietem ad arietem, 23. et constituam super eos pastorem unum, et pascet eos, servum meum Davidem : ⋇ ille pascet eos ⁚, et erit pastor eorum : 24. et ego Dominus ero eis in Deum, et David in medio eorum princeps. Ego Dominus locutus sum. 25. Et constituam Davidi testamentum pacis, et perdam bestias malas de terra, et habitabunt in deserto ⋇ (a) in confidentia ⁚, et dormient in silvis. 26. Et dabo eos in circuitu montis mei ⋇ (b) benedictionem ⁚ : et dabo pluviam vobis, pluviam benedictionis ⋇ erunt ⁚. 27. Et ligna quæ in campo, dabunt fructum suum, et terra dabit virtutem suam : et habitabunt super terra sua (c) in spe pacis, et scient, quod ego sum Dominus, cum contrivero vinculum jugi eorum : et eripiam eos de manu eorum, qui fecerunt servire eos. 28. Et non erunt amplius in prædam gentibus, et bestiæ terræ non amplius (d) devorabunt eos : et habitabunt in spe, et non erit, qui exterreat eos. 29. Et suscitabo eis plantationem pacis, et non amplius erunt pereuntes fame (e) in terra, neque portabunt amplius opprobrium gentium, 30. et scient, quod ego sum Dominus Deus

A eorum ⋇ cum eis ⁚, et illi populus meus : domus Israelis, dicit Dominus Dominus. 31. Et vos oves meæ, et oves gregis mei, ⋇ homines estis ⁚, et ego Dominus Deus vester, dicit Dominus Dominus.

Cap. XXXV. — 1. Super Seir. Et factum est verbum Domini ad me, dicens : 2. Fili hominis, converte faciem tuam super montem Seir, et propheta super eum, 3. et dic ei : Hæc dicit Dominus Dominus : Ecce ego super te, mons Seir, et extendam manum meam super te, et dabo te (f) desertum, et vastaberis : 4. et in urbibus tuis desolationem faciam, et tu desertum eris, et scies, quod ego sum Dominus. 5. Pro eo quod fueris inimicitia sempiterna, (g) et sederis in domo Israelis in dolo, in manu inimicorum gladius in tempore afflictionis B eorum, in tempore (h) injustitiæ, ad finem : 6. propter hoc vivo ego, dicit Dominus Dominus, nisi (i. e., quoniam. Et ita mox) in sanguinem peccasti, et sanguis persequetur te, ⋇ nisi sanguinem odio habuisti, et sanguis persequetur te ⁚. 7. Et dabo montem Seir in desertum et vastatum, et disperdam de eo homines et jumenta, 8. et implebo ⋇ montes ejus ⁚ occisis tuis, et colles tuos, et valles tuas, et in omnibus campis tuis occisi gladio cadent in te. 9. Desertum sempiternum ponam te, et urbes tuæ non habitabuntur amplius, et scies, quod ego sum Dominus. 10. Quia dixisti : Duæ gentes, et duæ regiones meæ erunt, et hæreditabo eas, (i) et Dominus ibi est : 11. propter hoc vivo ego, dicit Do- C minus Dominus, et faciam tibi secundum inimicitiam tuam, ⋇ et secundum zelum tuum, quem fecisti, eo quod odisti in eis ⁚, et innotescam tibi, cum judicavero te, 12. et scies, quod ego sum Dominus : audivi vocem blasphemiarum tuarum, et dixisti : Montes Israelis, ⋇ dicens ⁚, deserti nobis dati sunt in cibum, 13. et superbe elatus es super me ore tuo, ⋇ (k) et clamastis super me verba vestra ⁚, ego audivi. 14. Hæc dicit Dominus Dominus : In lætitias omnis terræ desertum te faciam. 15. ⋇ Sicut gavisus es in hæreditatem Israelis, quia corrupta est, sic faciam tibi ⁚ : desertum eris, mons Seir, et omnis Idumæa consumentur, et scient, quod ego sum Dominus Deus eorum.

Cap. XXXVI. — 1. Et tu, fili hominis, propheta D super montes Israelis, et dic montibus Israelis : Audite verbum Domini. 2. Hæc dicit Dominus Dominus : Pro eo quod dixit inimicus super vos : Ah, bene, solitudines sempiternæ in possessionem nostram factæ sunt. 3. Propter hoc propheta, et dic : Hæc dicit Dominus Dominus : Pro eo quod fuistis in corruptionem omnibus gentibus, ⋇ et pro eo quod ⁚ despecti estis, et odio habiti estis, ab omnibus gentibus, quæ circa vos, ut essetis in possessionem gentibus reliquis, (l) et ascendistis loquela linguæ, et in opprobrium gentibus, 4. propter hoc,

(x) *Th.*, cum est in medio ovium ejus. (y) Et colligam. Et persequar. (z) *S.*, nisi et residuum. (a) *S.*, sine sollicitudine. (b) *S.*, benedictos. (c) *S.*, non timentes. (d) Videbuntur eis. (e) Super. (f) *S.*, corruptum et depravatum. (g) *S.*, et congregatus es. (h) *S.*, limitato. (i) *S.*, et Dominus ibi erat. (k) Et multiplicastis. (l) Et facti estis.

montes Israelis, audite verbum Adonai Domini : hæc dicit Dominus Dominus montibus, et collibus, et torrentibus, et vallibus, et vastatis, ÷ et depravatis ⁚, et urbibus derelictis, quæ factæ sunt in direptionem, et in conculcationem, gentibus, quæ relictæ sunt per circuitum. 5. Propter hoc hæc dicit Dominus Dominus : Nisi in igne furoris mei locutus sum super reliquias gentium, et super Idumæam omnem; quia dederunt terram meam sibimetipsis in possessionem cum gaudio, (m) cum contemserunt animas, ut corrumperent in præda. 6. Propter hoc propheta super terram Israelis, et dic montibus, et collibus, et valleculis, et vallibus : Hæc dicit Dominus Dominus : Ecce ego in zelo meo, et in furore meo locutus sum, pro eo quod opprobrium gentium sustinuistis. 7. Propter hoc ※ hæc dicit Adonai Dominus ⁚ : ecce ego levabo manum meam super gentes, quæ circa vos : hi contemtum suum accipient. 8. Vestram autem, montes Israelis, (n) uvam dabitis, et fructum vestrum comedet populus meus ※ Israel ⁚; quia sperant venire. 9. Quia ecce ego super vos, et respiciam super vos, et colemini, et seremini : 10. et multiplicabo super vos homines, omnem domum Israelis in finem, et habitabuntur urbes vestræ, et quæ desolatæ, ædificabuntur. 11. Et multiplicabo super vos homines, et jumenta, et crescent, ※ et multiplicabuntur ⁚, et habitare faciam vos, sicut ab initio vestro, et bene faciam vobis, (o) sicut ab antiquo vestro, et scietis, quod ego sum Dominus. 12. Et generabo super vos homines, populum meum Israelem, et hæreditabunt vos, et eritis eis in possessionem, et non addetis amplius orbari ab eis. 13. Hæc dicit Dominus Dominus : Pro eo quod dixerunt tibi gentes : Devoratrix hominum es tu, et orba a gente tua facta es; 14. (p) propter hoc homines non amplius comedes, et gens tua non orbabit te amplius ※, et gens tua non orbabitur amplius ⁚, dicit Dominus Dominus. 15. Et non audietur amplius super vos contemtus gentium, et opprobrium populorum non sustinebitis, ※ et populus tuus non orbabitur amplius ⁚, dicit Dominus Dominus. 16. Et factum est verbum Domini ad me, dicens : 17. Fili hominis, domus Israelis habitarunt super terra sua, et contaminarunt eam in viis suis, et in idolis suis, ÷ et in immunditiis suis ⁚ : juxta immunditiam constitutæ in menstruo facta est via eorum coram facie mea : 18. et effudi furorem meum super eos, ※ propter sanguinem, quem effuderunt super terram, et in idolis suis polluerunt eam ⁚, 19. et disseminavi eos in gentes, et ventilavi eos in regiones : secundum viam eorum, et secundum peccatum eorum judicavi eos. 20. Et ingressi sunt inter gentes, quo ingressi sunt illuc, et polluerunt nomen sanctum meum, cum dicebantur, gens Domini hi, et ex terra ejus egressi sunt. 21. Et peperci eis propter nomen sanctum meum, quod polluerunt domus Israelis inter gentes, quo ingressi sunt illuc. 22. Propter hoc dic domui Israelis : Hæc dicit Dominus Dominus : Non vobis ego facio, domus Israelis, nisi propter nomen sanctum meum, quod polluistis inter gentes, quo ingressi estis illuc. 23. Et sanctificabo nomen meum magnum, quod profanatum est inter gentes, quod polluistis in medio earum, et scient gentes, quod ego sum Dominus, ※ dicit Adonai Dominus ⁚, cum sanctificatus fuero in vobis ante oculos earum, 24. et tollam vos de gentibus, et congregabo vos ex omnibus terris, et introducam vos in terram vestram, 25. et aspergam super vos aquam mundam, et mundabimini ab omnibus immunditiis vestris, et ab omnibus idolis vestris mundabo vos. 26. Et dabo vobis cor novum et spiritum novum dabo in vobis, et auferam cor lapideum de carne vestra, et dabo vobis cor carneum, 27. et spiritum meum dabo in vobis, et faciam, ut in justificationibus meis ambuletis et judicia mea custodiatis, et faciatis ea. 28. Et habitabitis super terra, quam dedi patribus vestris, et eritis mihi in populum, et ego ero vobis in Deum. 29. Et salvabo vos ex omnibus immunditiis vestris, et vocabo frumentum, 30. et multiplicabo illud, et non dabo super vos famem : et multiplicabo fructum ligni, (q) et proventus agri, ut ne portetis ※ amplius ⁚ opprobrium famis inter gentes. 31. Et recordabimini viarum vestrarum malarum, et studiorum vestrorum non bonorum, (r) et abominabile erit vobis ante faciem eorum in iniquitatibus vestris, et super abominationibus (s) eorum. 32. Non propter vos ego facio, dicit Dominus Dominus, notum erit vobis : erubescite, et pudore afficimini de viis vestris, domus Israelis. 33. Hæc dicit (t) Adonai Dominus : In die, quo mundabo vos ab omnibus iniquitatibus vestris, et habitari faciam urbes, et ædificabuntur infœcunda, 34. et terra depravata coletur, pro eo quod desolata erat sub oculos omnis viatoris, 35. et dicent : Terra illa depravata facta est, ut hortus deliciarum, et urbes vastatæ, et depravatæ, et subversæ, munitæ sederunt. 36. Et scient gentes omnes, quæ derelictæ fuerint circa vos, quod ego Dominus ædificavi destructas, et plantavi depravatas : ego Dominus locutus sum, et feci. 37. Hæc dicit Dominus Dominus : Adhuc hoc (u) quærar domui Israelis, ut faciam eos : multiplicabo eos, sicut oves, homines, 38. sicut oves sanctas, sicut oves Jerusalem in solennitatibus ejus : sic erunt urbes vastatæ, plenæ ovium hominum, et scient, quod ego Dominus.

Cap. XXXVII. — 1. (x) Et facta est super me manus Domini, et eduxit me in spiritu Domini, et posuit me in medio campi, et hic erat plenus ossium

(m) *S.*, pro eo quod reprobam facient eam, et ad diripiendum. (n) *S.*, ramos vestros dabitis. (o) *S.*, sicut a principio vestro. (p) *Th.*, et non infirmabitur. *Hoc Theodotionis non positum est in translationibus aliis.* (q) *S.*, et fructus. ΚΑΙ ΤΑ ΓΕΝΗΜΑΤΑ. (r) *S.*, et diminuemini coram eis. (s) Vestris. (t) Dominus. (u) *A.*, *S.*, *Th.*, petitum ponam. (x) De resurrectione mortuorum.

÷ humanorum ⁚ : 2. et circumduxit me super ea A per gyrum in circuitu, et ecce multa valde super faciem campi, et ecce sicca admodum. 3. Et dixit ad me : Fili hominis, si vivent ossa hæc ? Et dixi : Domine Domine, tu nosti ÷ hæc ⁚. 4. Et dixit ad me : Fili hominis, propheta super ossa hæc, et dices eis : Ossa arida, audite verbum Domini. 5. Hæc dicit Dominus Dominus ossibus his : Ecce ego (y) fero super vos spiritum vitæ, 6. et dabo super vos nervos, et adducam super vos carnes, et extendam super vos pellem, et dabo in vos spiritum meum, et vivetis, et scietis, quod ego sum Dominus. 7. Et prophetavi, sicut præcepit mihi Dominus. Et facta est ※ vox ⁚, cum ego prophetarem, et ecce commotio, et admovit ossa os ad connexionem suam. B 8. Et vidi : et ecce super ea nervi, et carnes germinabant, et ascendebat super ea pellis desuper, et spiritus non erat in eis. 9. Et dixit ad me : Propheta super spiritum, propheta, fili hominis, et dic spiritui : Hæc dicit Dominus Dominus : A quatuor spiritibus veni, ※ spiritus ⁚, et insuffla in mortuos hos, et vivant. 10. Et prophetavi, sicut præcepit mihi : et intravit in eos spiritus, et vixerunt, et steterunt super pedibus suis, (z) congregatio multa valde ※ valde ⁚. 11. Et locutus est Dominus ad me, dicens : Fili hominis, ossa hæc omnis domus Israelis est, illi dicunt : Arida facta sunt ossa nostra, periit spes nostra, irriti facti sumus. 12. Propter hoc propheta, et dic ※ ad eos ⁚ : Hæc dicit Dominus Dominus : Ecce ego aperio sepulcra vestra, C et educam vos ex sepulcris vestris, ※ popule mi ⁚, et introducam vos in terram Israelis. 13. ※ et scietis ⁚, quod ego sum Dominus, cum aperuero sepulcra vestra, ut educam vos de sepulcris ※ vestris ⁚, popule mi. 14. (a) Et dabo spiritum meum in vos, et vivetis, et ponam vos super terram vestram, et scietis, quod ego Dominus locutus sum, et faciam, dicit Dominus Dominus. 15. Et factum est verbum Domini ad me, dicens : 16. ※ Et tu ⁚, fili hominis, sume tibimetipsi virgam ※ unam ⁚, et scribe super eam Judam, et filios Israelis adjunctos ei : et virgam secundam sumes tibimetipsi, et scribes eam Josepho, virgam Ephræm, et omnibus filiis Israelis, qui adjuncti sunt ei. 17. Et conjunges eas invicem tibimetipsi in virgam unam, ÷ ut liges D eas ⁚, et erunt in manu tua. 18. Et erit, cum dixerint ad te filii populi tui, ※ dicentes ⁚ : Non annuntias nobis, quid sint hæc tibi ? 19. Et dices ad eos : Hæc dicit Dominus Dominus : Ecce ego sumam tribum Joseph, quæ in manu Ephræm, et tribus Israelis, quæ adjunctæ sunt ei, (b) et dabo eos super tribum Judæ, et erunt in virgam unam, ※ et erunt unum ⁚ in manu Judæ. 20. Et erunt virgæ, super quibus tu scripsisti super eis, in manu tua coram eis. 21. Et dices eis : Hæc dicit Dominus Dominus : Ecce ego sumo omnem domum Israelis de medio gentium, quo intrarunt illuc, et congregabo eos ex omnibus, qui in circuitu eorum, et introducam eos in terram Israelis, 22. et dabo eos in gentem unam in terra mea, et in montibus Israelis : et princeps unus erit eorum ※ in regem ⁚, et non erunt amplius in duas gentes, nec dividentur amplius in duo regna, 23. ut ne contaminentur amplius in idolis suis, ※ et in abominationibus suis, et in omnibus impietatibus suis ⁚ : et eripiam eos ex omnibus (c) iniquitatibus eorum, quibus peccarunt in eis, et mundabo eos, et erunt mihi in populum, et ego ero eis in Deum. 24. Et servus meus David princeps in medio eorum, et pastor unus erit omnium ※ eorum ⁚, quia in præceptis meis ambulabunt, et judicia mea custodient, et facient ea, 25. et habitabunt super terra sua, quam ego dedi servo meo Jacobo, quo habitarunt ibi patres eorum, et habitabunt super ea ipsi, et filii eorum, et filii filiorum eorum, usque in sempiternum : et David servus meus princeps eorum ※ erit ⁚ in sempiternum. 26. Et ponam eis testamentum pacis, testamentum, quod in sæcula, erit cum eis : ※ (d) et dabo eos, et multiplicabo eos ⁚ : et ponam Sancta mea in medio eorum in sempiternum, 27. et erit tabernaculum meum in eis, et ero eis Deus, et illi erunt mihi populus. 28. Et scient gentes, quod ego sum Dominus, sanctificans eos, quando fuerint Sancta mea.

Cap. XXXVIII. — 1. Super Gog et Magog. Et factum est verbum Domini ad me, dicens : 2. Fili hominis, (e) pone faciem tuam super Gog, et terram Magog, principem Ros, et Mosoch, et Thobel, et propheta super eum, 3. et dic ei : Hæc dicit Dominus Dominus : Ecce ego super te Gog, principem Ros, Mosoch et Thobel, 4. ※ et circumagam te, et dabo frenum in maxillas tuas ⁚, et congregabo te, et omnem virtutem tuam, equos, et equites vestitos loricis omnes, congregationem multam, clypeos, et galeas, et gladios, ※ omnes hi ⁚ 5. Persæ, et Æthiopes, et Lydi, et Libyes ※ cum eis ⁚ : omnes galeis, et clypeis, 6. Gomer, et omnes qui apud eum, domus Thergama ab extremo aquilonis, (f) et omnes qui apud eum, et gentes multæ (g) cum eo. 7. Præparare, præpara temetipsum, tu, et omnis congregatio tua, qui collecti sunt tecum, et eris mihi in custodiam. 8. A diebus multis præparabitur, et in extremo annorum veniet, et veniet in terram, quæ perversa est a gladio, congregatam ex gentibus multis, super terram Israelis, quæ facta est deserta omnino, et hic ex gentibus exivit, et habitabunt super pace omnes. 9. Et ascendes (h) sicut pluvia, et venies sicut nubes, et operies terram, et eris tu, et omnes, qui apud te, et gentes multæ cum te. 10. Hæc dicit Dominus Dominus : Et erit in die illo, ascendent verba super cor tuum, et cogitabis cogitationes malas, 11. et dices : Ascendam super terram expulsam, veniam super quiescentes in quiete, et habi-

(y) Introduco in vos. (z) S., Th., virtus. (a) S., et ponam. (b) S., et dabo eas cum illa, ut intelligat tribus regia Judæ. (c) S., aversionibus. (d) S., et confirmabo eos. (e) S., ordina. (f) Th., et omnia sustentacula ejus. (g) Cum te. (h) S., subito. Th., sicut turbo.

tantes super pace, omnes inhabitantes terram, in qua non est murus, neque vectes, et portæ non sunt eis, 12. ad captivandum captivitatem, et ad prædandum prædam] eorum, ad convertendum manum meam in terram desolatam, quæ habitata est, et super gentem congregatam ex gentibus multis, qui fecerunt possessiones, ※ et acquisitionem ↙, habitantes super umbilicum terræ. 13. Saba, et Dadan, et negotiatores Carthaginenses, (i) et omnes villæ eorum dicent tibi: Captivitatem ad captivam ducendam tu venis, et ad prædandum prædam: congregasti congregationem tuam, ad tollendum argentum et aurum, ad acquirendum acquisitionem, ad prædandum prædam ※ (k) magnam ↙. 14. Propter hoc propheta, fili hominis, et dic ad Gog: Hæc dicit Dominus Dominus: Nonne in die illo, cum habitaverit populus meus Israel super pace, surges? 15. Et venies ex loco tuo ab extremo aquilonis, et gentes multæ cum te: ascensores equorum omnes, congregatio magna, et virtus multa. 16. Et ascendes super populum meum Israelem, sicut nubes, ut operias terram: in extremo dierum erit, et adducam te super terram tuam, ut sciant omnes gentes me, cum sanctificatus fuero in te coram eis, ※ Gog ↙. 17. Hæc dicit Dominus Dominus ÷ ad Gog ↙: Tu es, de quo locutus sum ante dies, qui ab antiquo, per manum servorum meorum prophetarum Israelis, ※ qui ↙ prophetarunt in diebus istis, et annis, ut adducerem te super eos. 18. Et erit in die illo, in die, quo venerit Gog super terram Israelis, dicit Dominus Dominus, ascendet furor meus ※ in ira mea ↙, 19. et zelus meus, in igne iræ meæ locutus sum, nisi in die illo erit commotio magna super terra Israelis, 20. et commovebuntur a facie (l) mea pisces maris, et volucres cœli, et bestiæ campi, et omne reptile, quod repit super terra, et omnes homines, qui super facie terræ, et discerpentur montes, et cadent (m) valles, et omnis murus super terram cadet: 21. et vocabo super eum omnem formidinem gladii ※ in omnibus montibus meis ↙, dicit Dominus Dominus: gladius hominis super fratrem suum erit. 22. Et judicabo eum morte, et sanguine, et pluvia inundante, et lapidibus grandinis et ignem, et sulphur pluere faciam super eum, et super omnes, qui cum eo, et super gentes multas cum eo. 23. Et magnificabor, et sanctificabor, ÷ et glorificabor ↙, et innotescam coram gentibus multis, et scient, quod ego sum Dominus.

Cap. XXXIX. — 1. Et tu, fili hominis, propheta super Gog, et dic: Hæc dicit Dominus Dominus: Ecce ego super te, Gog, principem Ros, Mosoch, et Thobel, 2. et congregabo te, et deducam te, et faciam ascendere te ab extremo aquilonis, et adducam te super montes Israelis. 3. (n) Et perdam arcum tuum de manu tua sinistra, et sagittas tuas de manu dextra tua, et dejiciam te 4. super montes Israelis, et cades tu, et omnes, qui apud te, et gentes, quæ cum te, dabuntur in multitudinem avium, omni volucri, et omnibus bestiis campi dedi te ad devorandum. 5. Super facie campi cades, quia ego locutus sum, dicit Dominus Dominus. 6. Et mittam ignem super Magog, et habitabuntur insulæ super pace, et scient, quod ego sum Dominus. 7. Et nomen sanctum meum innotescet in medio populi mei Israelis, et non polluetur nomen sanctum meum amplius, et scient (o) gentes, quod ego sum Dominus sanctus Israelis. 8. Ecce venit, et scies, quod erit, dicit (p) Dominus Dominus. Hic est dies, in quo locutus sum. 9. Egredientur habitantes in urbibus Israelis, ※ et incendent ↙ et comburent in armis, in clypeis, et in lanceis, et in arcubus, et in sagittis, et in baculis manuum, et in hastis, et succendent in eis ignem septem annis, 10. et non sument ligna ex campo, neque cædent ex silvis, sed arma comburent igne: et captivos ducent hos, qui captivos duxerunt eos, et prædabuntur hos, qui prædati sunt eos, dicit Dominus Dominus. 11. Et erit in die illo, dabo Gog locum nominatum, sepulcrum in Israele (q) sepulcra eorum, qui ceciderunt super eam quæ apud mare, et ædificabant obstaculum ori vallis. 12. (r) Et defodient eum ibi Gog, et omnem multitudinem ejus, et vocabitur Terra sepulcri Gog. 13. Et defodient eos domus Israelis, ut mundetur terra in septem mensibus, et defodient eos omnis populus terræ, et erit eis in celebritatem dies, quo glorificatus sum, dicit Dominus Dominus. 14. Et viros semper secernent, qui circumeunt terram, ut sepeliant ※ cum circumeuntibus ↙ eos, qui remanserint super facie terræ, ut mundent eam post septem menses, et quærent. 15. Omnes transeuntes terram, et cum viderit os hominis, ædificabit apud illum signum, donec sepeliant illud sepelientes in Terra sepulcri Gog. 16. Etenim nomen urbis (s) Sepulcrum: et mundabitur terra. 17. Et tu, fili hominis, hæc dicit Dominus Dominus: Dic omni avi volatili, et ad omnes bestias campi: Congregamini, et venite, congregamini ab omnibus, quæ per circuitum, super victimam meam, quam ego immolavi vobis, victimam magnam super montes Israelis, et comedetis carnes, et bibetis sanguinem. 18. Carnes gigantum comedetis, et sanguinem principum terræ bibetis, arietes, et vitulos, et hircos, et agnos, (t) et vituli pingues omnes, 19. et comedetis adipem ad saturitatem, et bibetis sanguinem ad ebrietatem de victima mea, quam immolavi vobis. 20. Et implebimini super mensa mea, equum, ascensorem, robustum, et omnem virum bellatorem, dicit Dominus Dominus. 21. Et dabo gloriam meam in vobis, et videbunt omnes gentes judicium meum, quod feci, et manum meam, quam induxi super eos,

(i) *S.*, et omnes perniciosi leones ejus. (k) *S.*, multa. (l) Domini. (m) *S.*, valleculæ. *Th.*, sepes. (n) *S.*, et excutiam. (o) Omnes. (p) Adonai. (q) *S.*, vallem transituum ab oriente maris, quæ claudit transitus. (r) Et sepelient eum. (s) *S.*, multitudo. *Th.*, Heb. Amona. (t) *S.*, vitulorum cibatorum pulchrorum.

22. et scient domus Israelis, quod ego sum Dominus Deus eorum a die hoc, et deinceps. 23. Et scient omnes gentes, quod propter peccata sua captivi ducti fuerunt domus Israelis, pro eo quod prævaricati sunt in me, et averti faciem meam ab eis, et tradidi eos in manum inimicorum eorum, et ceciderunt gladio omnes. 24. Secundum immunditias eorum, et secundum iniquitates eorum feci eis, et averti faciem meam ab eis. 25. Propter hoc hæc dicit Dominus Dominus : Nunc reducam captivitatem Jacobi, et miserebor domus Israelis, (u) et zelo afficiar propter nomen sanctum meum. 26. Et capient ignominiam suam, et injustitiam, qua injuste egerunt, cum habitaverint illi super terram suam super pace, et non erit, qui exterreat, 27. cum reduxero eos ex gentibus, et congregavero eos ex regionibus gentium : et sanctificabor in eis coram gentibus. 28. Et scient, quod ego sum Dominus Deus eorum, cum apparuero eis in gentibus, ※ et congregabo eos ⁚ super terram eorum, ※ et non relinquam amplius ab eis ibi ⁚ : 29. et non avertam amplius faciem meam ab eis, (x) pro eo quod effuderim furorem meum super domum Israelis, dicit Dominus Dominus.

Cap. XL. — 1. Et factum est in anno vigesimo et quinto captivitatis nostræ, (y) in mense primo, decimo mensis, in anno quarto decimo, post subjugationem urbis, in die illo facta est super me manus Domini, et adduxit me ※ illuc ⁚. 2. in visione Dei, et adduxit me autem in terram Israelis, (z) et posuit me super montem excelsum valde, et super eo quasi ædificium urbis (a) e regione mei. 3. Et introduxit me illuc : et ecce vir, et adspectus æris ※ splendentis ⁚, et erat funiculus architectorum in manu ejus, et calamus mensura ※ in manu ejus ⁚ : et ipse stabat super porta. 4. Et dixit ad me vir : ÷ Vidisti ⁚, fili hominis, vide in oculis tuis, et in auribus tuis audi, et dispone ※ in ⁚ cor tuum omnia, quæ ego ostendero tibi ; (b) quia gratia ostendendi tibi, ingressus es huc, et ostendes omnia, quæ tu vides, domui Israelis. 5. Et ecce sepimentum extra domum per gyrum, (c) et in manu viri calamus mensuræ sex cubitorum in cubito et palmus. Et mensus est antemurale, latitudinem æqualem calamo, et altitudinem ejus æqualem calamo. 6. Et ingressus est in portam, respicientem versus orientem in septem gradibus, et mensus est (d) Thee sex et sex, et Ælam portæ æqualem calamo, 7, 8. et Thee æqualem calamo longitudine, et æqualem calamo latitudine, et Ælam in medio Thelam cubitorum sex : et Thee secundum æqualem calamo latitudine, et æqualem calamo longitudine, et Æl cubitorum quinque, et Thee tertium æqualem calamo longitudine, et æqualem calamo latitudine, et Æl liminis e regione Ælam portæ, octo cubitorum, 9. (e) et Eleu duorum cubitorum, (f) et Ælam portæ intrinsecus ; 10. et Thee portæ e regione ejus, tres hinc, et tres inde ; et mensura una tribus, et mensura una Ælam hinc et inde. 11. Et mensus est latitudinem portæ luminis, decem cubitorum, et latitudinem portæ, tredecim cubitorum, 12. (g) et cubitus contrahebatur versus faciem Theim, ※ cubiti unius, et cubiti unius, terminus hinc et inde ⁚. (h) et Thau cubitorum sex hinc, et cubitorum sex inde. 13. Et mensus est portam a muro Thee usque ad parietem Thee, latitudinem viginti et quinque cubitorum : hæc porta super portam, 14. (i) et subdiale Ælam portæ, sexaginta ※ et quinque ⁚ cubiti extrinsecus, et Theim atrii portæ per circuitum, 15. (k) et subdiale (l) atrii extrinsecus, in subdiale Ælam portæ intrinsecus, quinquaginta cubitorum. 16. (m) Et fenestræ absconditæ super Theim, et super Ælam intra portam atrii per circuitum : et similiter ipsis Ælam et fenestræ per circuitum ※ per circuitum ⁚ intrinsecus, et super Ælam palmæ hinc et inde. 17. Et introduxit me in atrium interius, et ecce (n) exedræ, et intercolumnia ※ facta ⁚ in circuitu atrii, triginta exedræ intercolumniis, 18. et porticus ad austrum (o) portarum, secundum longitudinem portarum intercolumnium inferius. 19. Et mensus est latitudinem atrii, (p) a subdiali portæ exterioris intrinsecus super subdiale portæ respicientis foras, cubitos centum respicientis in orientem : et introduxit me super aquilonem, 20. et ecce porta respiciens in aquilonem atrio exteriori, et mensus est eam, longitudinem ejus, et latitudinem ejus, 21. (q) Thee ejus tres hinc, et tres inde, (r) et Æleu (s) et Ælammo, et palmas ejus : et factum est secundum mensuras atrii respicientis in orientem, quinquaginta cubitorum longitudo ejus : et latitudo ejus cubitorum viginti et quinque, 22. et fenestræ ejus, et Ælammo, et palmæ ejus, sicut porta respiciens in orientem : et in septem gradibus scalæ ascendebant super eum, et Ælammo intrinsecus : 23. et porta atrio interiori respiciens super portam aquilonis, quemadmodum ÷ porta ⁚, quæ respicit in orientem : et

(u) S., zelo affectus sum enim pro nomine sancto meo. Et portarunt ignominiam suam, et omnes incurias suas. (x) S., et effundam spiritum meum super domum Israelis. (y) S., in mense quinto. (z) S., et quiescere fecit me. (a) S., ab austro. (b) S., propter enim id, ut ostendatur tibi, introductus es huc. (c) S., qui vero erat in manu viri calamus mensorius, sex cubitorum erat ex cubito et palmo. (d) S., limen. (e) ΕΛΕΥ. S., quod apud illud, duorum cubitorum. (f) S., limen vero portæ intrinsecus ; parastades autem portæ versus viam orientalem, tres hinc, et tres inde, unius mensuræ tres illæ, ÷ et e contrario mensuræ unius, et mensura una liminis hinc et inde ⁚. (g) S., et terminum ante parastades. (h) ΘΑΥ. S., parastades vero sex cubitorum ab omni latere. (i) S., et fecit peristases septem cubitorum, et in his, quæ ad atrium portæ per circuitum. (k) S., versus faciem vero portæ antiquæ contra faciem vestibuli portæ interioris. (l) Portæ. (m) S., et fenestræ obliquæ ad parastades, et ad peristases. (n) S., exedræ, et pavimentum. (o) Columnarum. (p) S., ab eo quod ante. (q) S., et parastades ejus. (r) S., et limen, quod supra portam. (s) S., ante portam (i. e. *vestibulum*).

mensus est atrium a portâ ad portam centum cubitos. 24. Et duxit me ad austrum, et ecce porta respiciens ad austrum, et mensus est eam, et Thee, (*t*) et Æleu, et Ælammo, secundum mensuras has. 25. Et fenestræ ejus, et Ælammo circumcirca, sicut fenestræ Ælam, quinquaginta cubitorum longitudo ejus, et latitudo ejus cubitorum viginti et quinque, 26. et gradus scalæ septem ejus, (*u*) et Ælammo intrinsecus, et palmæ ejus, una hinc, et una inde ÷ super Æleu ↙. 27. Et porta (*x*) e regione portæ atrii interioris ad austrum : et mensus est atrium a porta ad portam, latitudinem cubitos centum ad austrum. 28. Et introduxit me in atrium interius portæ, quæ ad austrum, et mensus est portam, ※ quæ ad orientem ↙, secundum mensuras has. 29. Et Thee, et Æleu, et Ælammo, secundum mensuras has, et fenestræ ejus, et Ælammo in circuitu ※ in circuitu ↙ : quinquaginta cubiti longitudo ejus, et latitudo cubiti vinginti et quinque. 30. (*y*) Et Ælam in circuitu ※ in circuitu ↙, longitudo quinque et viginti cubitorum, et latitudo quinque ※ cubitorum ↙ : 31. (*z*) et Ælammo in atrium exterius, et palmæ (*a*) ipsi Æleu, et octo gradus scalæ ※ ascensus ejus ↙. 32. Et introduxit me in portam respicientem ※ viam ↙ ad orientem, et mensus est eam secundum mensuras has, 33. (*b*) et Thee, et Æleu, (*c*) et Ælammo, secundum mensuras has, et fenestræ ei, et Ælammo in circuitu ※ in circuitu ↙, cubiti quinquaginta longitudo ejus, et latitudo cubiti viginti et quinque. 34. Et Ælammo in atrium interius, et palmæ ante Æleu hinc et inde, et octo gradus scalæ ei. 35. Et introduxit me ad portam, quæ ad aquilonem, et mensus est secundum mensuras has. 36. Et Thee, et Æleu, et Ælammo, et fenestræ ei in circuitu ※ in circuitu ↙ : et Ælammo, longitudo ejus quinquaginta cubiti, et latitudo quinque et viginti cubiti, 37. et Ælammo in atrium exterius, et palmæ Æleu hinc et inde, et octo gradus scalæ ei. 38. Et exedræ ejus, et portæ ejus, et Ælammo ejus super portis, ÷ ibi lavant holocaustum ↙. 39. In Ælam autem portæ secundæ exitus aquæ duæ mensæ hinc ↙, et duæ mensæ inde, ut immolent in ea ※ holocaustum, et ↙ quæ (*d*) pro peccato, et quæ pro ignorantia. 40. Et ad austrum rivuli holocaustorum, ※ in limine portæ ↙ respicientis ad aquilonem, duæ mensæ ad orientem in austrum alterius, et Ælam portæ duæ mensæ ad orientem. 41. Quatuor mensæ hinc, et quatuor mensæ inde ad austrum portæ australis, mensæ ÷

A victimarum super quas jugulabunt victimas : e regione 42. et quatuor mensæ holocaustorum lapideæ dolatæ', longitudo ex cubito uno et dimidio ejus, et latitudo ex cubito uno et dimidio ejus, et super cubitum ※ unum ↙ altitudo : super eas imponent vasa, in quibus jugulant ibi holocausta, et victimas. 43. (*e*) Et gisus palmus erunt eis, dolatus intrinsecus per circuitum ※ per circuitum ↙, et super mensas desuper tecta, ut operiantur ※ a pluvia, et a siccitate ↙. 44. Et introduxit me in atrium interius, et ecce exedræ (*f*) duæ in atrio interiori, una ab austro portæ, respicientis ad aquilonem, quæ fert ad austrum, et una ab austro portæ, quæ ad austrum, respicientis vero ad aquilonem. 45. Et dixit ad me : Exedra hæc, quæ B respicit ad austrum, sacerdotibus custodientibus custodiam domus · 46. et exedra, respiciens ad aquilonem, sacerdotibus custodientibus custodiam altaris : ibi sunt filii Sadduc, qui accedunt de Levi ad Dominum, ad ministrandum ei. 47. Et mensus est atrium, longitudo cubitorum centum, et latitudo cubitorum centum, super quatuor partes ejus, et altare e regione domus. 48. Et introduxit me (*g*) in Ælam domus : et mensus est Ælam, cubitorum quinque ÷ latitudo ↙ hinc, et cubitorum quinque inde, et latitudo portæ ÷ cubitorum quatuordecim, et latera portæ Ælam ↙ trium cubitorum hinc, et trium cubitorum inde. 49. Et longitudo Ælam viginti cubitorum, et latitudo cubitorum undecim : et super decem gradus ascendebant super C illud, et columnæ erant (*h*) super Ælam una hinc, et una inde.

Cap. XLI. — 1. Et introduxit me in templum, cui mensus est Ælam, cubitorum sex latitudo hinc, 2. et cubitorum sex latitudo inde ※ latitudo tabernaculi, et ↙ latitudo ostii cubitorum decem, et latera ostii quinque cubitorum hinc, et quinque cubitorum inde. Et mensus est longitudinem ejus cubitorum quadraginta, et latitudinem cubitorum viginti. 3. Et ingressus est in atrium interius, et mensus est (*i*) Æl portæ, duorum cubitorum, ※ et portam sex cubitos, ↙, et latera portæ cubitorum septem ÷ hinc, et cubitorum septem inde ↙. 4. Et mensus est longitudinem portarum cubitos (*k*) viginti, et latitudinem cubitorum viginti, versus faciem D templi. Et dixit ※ ad me ↙ : Hoc Sanctum Sanctorum. 5. Et mensus est parietem domus cubitorum sex, et latitudinem lateris cubitorum quatuor circumcirca ※ domui per circuitum ↙, 6. et latera latus super latus triginta et tria duabus vicibus, (*l*) et in-

(*t*) *S.*, quæ apud eam, et vestibulum ejus. (*u*) *S.*, et vestibulum ejus coram eis. (*x*) *S.*, in ea, quæ apud portam atrii interioris, et super eam, quæ intrinsecus, in austrum. (*y*) *S.*, et vestibulum. (*z*) *S.*, vestibulum vero. (*a*) *S.*, ad ea, quæ apud eam. (*b*) *S.*, et parastades, et ea quæ apud eam, et vestibula ejus. (*c*) *S.*, et vestibula. (*d*) Propter. (*e*) *S.*, et labia palmi unius. (*f*) *S.*, laudatoribus in atrio exteriori, quod super latus portæ, quæ versus septentrionem ; facies autem earum versus viam, quæ versus austrum, una super latus portæ orientalis, quæ spectat versus viam septentrionalem. (*g*) *S.*, in vestibulum (*h*) *S.*, super ea quæ apud illud. (*i*) *S.*, quod apud portam. (*k*) Quadraginta. (*l*) *S.*, et circumibant transitus propter hoc per parietem domus super latera per gyrum ad apprehendendum, ut ne contingerent parietem domus : et platea erat circumiens ascendens super latera ; quoniam cingebat domum ascensus, educens sursum circa domum. Propter hoc erat ei latitudo domui superne. Sic igitur ab inferiori ascendebatur ad superius ejus usque ad medium.

tervallum unum parieti domus in lateribus per circuitum ※ per circuitum ⁚, ut esset apprehendentibus ad videndum, ut omnino non contingerent parietes domus. 7. Et latitudo lateris superioris juxta additamentum laterum ex pariete ad superius per circuitum ※ per circuitum ⁚ domus, ut dilatetur domus desuper, et ex inferiori ascendant ad superiora, et ex mediis super ÷ habentia tria tecta 8. et Thrael ⁚ domus altitudo per circuitum ※ per circuitum ⁚, (m) et intervallum laterum æquale calamo cubitorum sex, (n) intervallum. 9. Et latitudo parietis lateris ÷ in iis ⁚ quæ extrinsecus cubitorum quinque, (o) et reliqua inter latera domus, 10. et inter exedras, latitudo cubitorum viginti, circumferentia domui per circuitum ※ per circuitum ⁚. 11. (p) Et portæ exedrarum super reliquum portæ unius, quæ ad aquilonem : et ostium unum ad austrum, et latitudo luminis reliqui loci oratorii, cubitorum quinque ÷ latitudo circumcirca ⁚. 12. (q) Et quod separat ante faciem reliqui ※ via ⁚ sicut ad mare, ※ latitudinis ⁚ cubitorum septuaginta latitudo, parietis separantis cubitorum quinque latitudo circumcirca, et longitudo ejus nonaginta cubitorum. 13. Et mensus est ※ contra ⁚ domum : longitudo cubitorum centum, (r) et reliqua, et separantia, et parietes eorum, longitudo cubitorum centum. 14. Et latitudo ante faciem domus, (s) et reliqua, quæ contra, cubitorum centum. 15. Et mensus est longitudinem separantis ante faciem reliqui eorum, quæ post domum illam, et reliqua hinc et inde, cubitorum centum ÷ longitudo ⁚ : et templum, et anguli, (t) et Ælam exterius, obumbrata. 16. Et fenestræ retium sublucentia per circuitum trium, sicut ad prospiciendum : et domus, et quæ in propinquo obducta lignis per circuitum ※ per circuitum ⁚, ÷ et terram domus ⁚, et a terra domus usque ad fenestras : et fenestræ patentes tripliciter, sicut ad prospiciendum, 17. et usque ad domum (u) propinquam interioris, et usque ad exteriorem : et super omnem parietem per circuitum ※ per circuitum ⁚ intrinsecus, et extrinsecus ※ mensuræ, 18. et ⁚ Cherubim cælata, et palmæ, et palma inter Cherub et Cherub : duæ facies Cherubo, 19. facies hominis ad palmam hinc et hinc, et facies leonis ad palmam inde et inde, cælata tota domus circumcirca. 20. A terra (x) usque ad laqueare, Cherubim, et palmæ cælatæ (y). 21. Et sanctuarium, et templum (z) patens quadrangulum, ante faciem Sanctorum visio, sicut frons 22. altaris ligni, cubitorum trium altitudo ejus, et longitudo cubitorum duorum, ※ et latitudo ⁚ cubitorum duorum : et cornua erant ei, et basis ejus, et parietes ejus lignei. Et dixit ad me : Hæc mensa, quæ coram facie Domini : et duæ fores templo, et Sanctuario (a) duæ fores, 23. 24. duabus foribus circumeuntibus super cardinibus : duæ fores uni, et duæ fores portæ secundæ : 25. et cælatura super eis, et super fores templi Cherubim, et palmæ juxta cælaturam Sanctorum, (b) et ligna impudentiæ contra faciem Ælam forinsecus, 26. et fenestræ absconditæ : et mensus est hinc et inde, in laquearia Ælam, (c) et latera domus copulata.

Cap. XLII. — 1. Et introduxit me in atrium interius ÷ versus orientem ⁚ contra portam, quæ ad aquilonem : et introduxit me, et ecce exedræ ÷ quinque ⁚ propinquæ reliquo, et propinquæ separanti ad aquilonem, 2. ※ (d) versus faciem ⁚ super cubitos centum longitudo ad aquilonem, et latitudo quinquaginta cubitorum : 3. descriptæ, quemadmodum portæ atrii interioris, et quemadmodum intercolumnia atrii exterioris ordinatæ contra faciem sui invicem porticus trinæ : 4. et contra exedras ambulacrum cubitorum decem latitudo, ÷ super cubitos centum longitudo ⁚, ※ (e) in interius ⁚ viam ulnæ unius, et ostia earum ad aquilonem, 5. et ambulacra superiora similiter : quia exibat intercolumnium, ex eo, ex inferiori ÷ intercolumnio, et intervallum ⁚ : sic intercolumnium, et intervallum, 6. ÷ et sic porticus ⁚ : quia (f) triplices erant, et columnæ non erant eis, sicut columnæ exteriorum : propter hoc (g) exibant foras ab inferioribus, et mediis e terra ※ quinquaginta ⁚. 7. Et lumen forinsecus, quemadmodum exedræ atrii exterioris, respicientes contra exedras, ÷ quæ ad aquilonem ⁚, longitudo cubitorum quinquaginta. 8. Quia longitudo exedrarum respicientium in atrium exterius erat cubitorum quinquaginta, et hæ sunt contra faciem his : omne cubitorum centum. 9. Et portæ exedrarum harum, introitus qui ad orientem, sicut ad ingrediendum super iis ex atrio exteriori, 10. versus lumen, quod in principio ambulacri ; et quæ ad austrum versus faciem austri, versus faciem reliqui, ÷ et versus faciem separantis ⁚, et exedræ, 11. et ambulacrum contra faciem earum, juxta mensuras exedrarum ※ in viam ⁚ quæ ad aquilonem, secundum longitudinem earum, et secundum latitudinem earum, et secundum omnes exitus earum, et secundum omnes reditus earum, (h) et secundum lumina earum, et secundum ostia earum, 12. exedrarum, quæ contra austrum,

(m) *S.*, a fundamento lateribus. (n) *S.*, juxta cubitum, illa latitudo. (o) *A.*, intrinsecus vero domus latera domus. *Th.*, et quod est quies, locus laterum domus. (p) *S.*, porta autem, lateri in orationem. (q) *S.*, latitudo autem loci orationis. *Th.*, quietis. (r) *Th.*, et Gazera, et quod in medio. (s) *S.*, et sectionis ad orientem. (t) *S.*, et exedræ atrii superliminarium. (u) Prope. (x) *Th.*, usque ad supra portam. (y) *S.*, sicut paries templi. (z) *S.*, superliminare quadrangulum ; facies autem similitudo Sanctuarii. (a) *S.*, duarum vero portarum unaquæque porta erat duæ patentes invicem. (b) *S.*, et crassitudo ligni, quod ante vestibulum forinsecus, super quo fenestræ. (c) *S.*, secundum latera domus, et crassitudines. (d) *S.*, ante longitudinem centum cubitorum. (e) *S.*, ad interiora respiciens. (f) *S.*, habentia tria tecta enim erant. (g) *Th.*, colligebantur simul plus inferioribus, et plus mediis. (h) *S.*, et talium modorum vero et tales portæ earum secundum ostia exedrarum.

et secundum (i) ostia, quæ a principio ambulacri, usque ad lumen momenti calami, et versus orientem ad ingrediendum super iis. 13. Et dixit ad me : Exedræ quæ ad aquilonem, et exedræ quæ ad austrum, quæ sunt versus faciem intervallorum, hæ sunt exedræ Sanctuarii, in quibus comedent ibi sacerdotes, filii Sadduc, appropinquantes ad Dominum, in sancta Sanctorum, et ibi ponent Sancta sanctorum, et sacrificium, et quæ pro peccato, et quæ pro ignorantia, quia locus sanctus est. 14. Non ingredientur illuc præter sacerdotes, non egredientur ex Sanctuario in atrium exterius, ÷ ut semper sancti sint, qui offerunt ⁚ : (k) et non tangent stolas eorum, quibus ministrant in eis, quia sancta sunt : et induent vestimenta alia, quando tangent populum. 15. Et consummata est mensuratio domus intrinsecus. Et eduxit me super via portæ, respicientis ad orientem, et mensus est exemplum domus circumcirca in ordine. 16. Et stetit versus austrum portæ, respicientis ad orientem, et mensus est quingentos in calamo mensuræ. 17. Et se vertit ad aquilonem, et mensus est id quod ante faciem aquilonis, cubitos quingentos in calamo mensuræ 18. Et se vertit ad mare, et mensus est quod versus faciem maris, quingentos in calamo mensuræ ※ per circuitum ⁚. 19. Et se vertit ad austrum, et mensus est versus austrum, quingentos in calamo mensuræ, 20. in quatuor vero partes mensus est eodem calamo : et disposuit ipsum, et sepem eorum per circuitum, quingentorum cubitorum ad orientem, et quingentorum cubitorum latitudinem, ad distinguendum inter Sancta et inter antemurale, quod ordinis domus.

Cap. XLIII. — 1. Et adduxit me super portam respicientem in orientem, ÷ et duxit me ⁚. 2. Et ecce gloria Dei Israelis veniebat super via portæ respicientis versus orientem, et vox castrorum, sicut vox multorum duplicantium : et terra lucebat sicut splendor a gloria Domini circumcirca, 3. et visio, quam vidi, secundum visionem, quam vidi, (l) quum ingrederer ad ungendum urbem. Et visio ÷ currus ⁚ quem vidi, secundum visionem, quam vidi super fluvium Chobar : et cado super faciem meam, 4. et gloria Domini ingressa est in domum, super via portæ respicientis in orientem. 5. Et sustulit me spiritus, et introduxit me in atrium interius : et ecce plena gloriæ Domini domus. 6. ÷ Et steti ⁚, et ecce vox loquentis ad me e domo, et vir stabat prope ad me, 7. et dixit ad me : Fili hominis, vidisti locum throni mei, et locum vestigii pedum meorum ? in quibus habitabit nomen meum in medio domus Israelis in sempiternum. Et non profanabunt amplius domus Israelis nomen sanctum meum, ipsi, et duces eorum in scortatione sua, (m) et in cædibus ducum in medio sui, 8. et qui ponebant limen meum in liminibus suis, et superliminaria mea propinqua superliminaribus suis : et dederunt parietem meum sicut connexionem mei et sui, et profanarunt nomen sanctum meum in iniquitatibus suis, quas faciebant : et consumsi eos in furore meo, ÷ et in occisione ⁚. 9. Nunc repellant scortationem suam, et cædes ducum suorum a me, et commorabor in medio eorum in sempiternum. 10. Et tu, fili hominis, ostende domui Israelis domum, et se cohibebunt a peccatis suis : (n) et visionem ejus, et ordinem ejus, 11. et illi accipient tormentum suum pro omnibus, quæ fecerunt. Et describes domum, ※ et præparationem ejus ⁚, et exitus ejus, ※ et introitus ejus ⁚ (o) et substantias ejus, et omnia præcepta ejus, et omnia legitima ejus, ※ et omnes leges ejus ⁚ cognoscere facies eos, et describes coram eis, et custodient omnia justificationes meas, et omnia præcepta mea, et facient ea. 12. et descriptionem domus super vertice montis, omnes termini ejus circumcirca Sancta Sanctorum ※ sunt : hæc lex domus ⁚. 13. Et hæc mensuræ altaris in cubito cubiti ※ et cubiti ⁚, et palmi (p) sinus profunditas super cubitum, et cubitus latitudo, et gisus super labio ejus circumcirca palmi ※ unius ⁚. Et hæc altitudo altaris 14. a profundo exordii profunditatis ejus ad propitiatorium magnum, hoc subter, cubitorum duorum, et latitudo cubiti : et a propitiatorio parvo super propitiatorium magnum, cubiti quatuor, et latitudo cubitus. 15. Et Ariel cubitorum quatuor, et ab Ariel et super cornua cubitus. 16. Et ipsum Ariel, cubitorum duodecim longitudo, super cubitos duodecim latitudo, quadrangulum super quatuor partes ejus. 17. Et propitiatorium, cubitorum quatuordecim longitudo, super cubitos quatuordecim latitudo, quadrangulum super quatuor partes ejus : (q) et gisus ejus circumcirca gyrans illud dimidium cubiti (r) et circuitus ejus cubitus circumcirca, et gradus ejus respicientes versus orientem. 18. Et dixit ad me : Fili hominis, hæc dicit Dominus Dominus : Hæc præcepta altaris in die effectionis ejus, ad offerendum super eo (s) holocausta, et ad effundendum ad illud sanguinem. 19. Et dabis sacerdotibus Levitis, qui ex semine Sadduc, appropinquantibus ad me, dicit Dominus Dominus, et ministrent mihi vitulum e bobus pro peccato : 20. et sument ex sanguine ejus, et ponent super quatuor (t) cornua altaris, et super

(i) *S.*, ostium in principio viæ. quæ via erat ante septum domus transmigrationis, versus viam orientalem ingredienti. (k) *S.*, et ibi deponent vestimenta sua. (l) *S.*, quum ingrederer ad corrumpendum portam. *Th.*, quum ingrederetur. (m) *Th.*, et in cadaveribus regum suorum prostratorum. (n) *S.*, ut mensuretur exemplar, et pœnitebit eos omnium, quæ fecerunt : descriptionem domus, et perfectionem, quæ simul, ejus. *Th.*, et metiantur cum exemplari suo, et erubescant de omnibus, quæ fecerunt, a furore (anceps hæreo, annon [illegible] *determinatio* pro [illegible] *furor* legendum sit) domus, et a præparatione ejus. (o) *S.*, et descriptiones ejus, et omnes terminos cum descriptionibus ejus. (p) *S.*, in inclusione, cubiti et cubiti latitudo, et terminus ad labium ejus. (q) *S.*, et terminus in circuitu ejus. (r) *S.*, et inclusio ejus cubitulina. (s) *S.*, oblationem. (t) Partes quatuor angulos propitiatorii, et super basin per circuitum, ※ et adsperges super illud :., et expiabunt illud; 21. et sument vitulum, qui pro peccato, et comburetur in loco separato domus extra Sancta. 22. Et die secundo sument hædos duos caprarum sine macula pro peccato, et expiabunt altare, sicut expiarunt in vitulo. 23. Et postquam (u) absolvisti expiationem, offerent vitulum sine macula de bobus, et arietem sine macula de ovibus, 24. et offeretis coram Domino: et aspergent sacerdotes super ea sal, et offerent ea holocausta Domino. 25. Septem diebus facies hædum pro peccato quotidie, et vitulum ex bobus, et arietem ex ovibus sine macula facient 26. septem diebus: et expiabunt altare, et mundabunt illud, et implebunt manus suas. 27. ※ Et consummabunt dies :., et erit a die octavo, et deinceps, facient sacerdotes super altare holocausta vestra, et quæ salutis vestræ: et suscipiam vos, dicit Dominus Dominus.

Cap. XLIV. — 1. Et convertit me super viam portæ Sanctorum exterioris, respicientis versus orientem, et hæc erat clausa. 2. Et dixit ad me Dominus: Porta hæc clausa erit, non aperietur, nec quis transibit per eam, quia Dominus Deus Israelis ingredietur per eam, et erit clausa. 3. Quia dux ※ princeps ipse sedebit in ea, ut comedat panem coram Domino: super viam (x) Ælam portæ ingredietur, et super viam ejus egredietur. 4. Et introduxit me (y) super viam portæ, quæ ad aquilonem contra domum: et vidi, et ecce plena gloriæ Domini domus Domini: et cado super faciem meam. 5. Et dixit Dominus ad me: Fili hominis, dispone in cor tuum, et vide oculis tuis, et auribus tuis audi omnia, quæ ego loquor cum te (z) secundum omnia præcepta domus Domini, et omnia legitima ejus. Et dispones cor tuum in introitum domus secundum omnes exitus ejus, et in omnibus Sanctis. 6. Et dices ÷ ad domum :. irritantem, ad domum Israelis: Hæc dicit Dominus Dominus: Sufficiat vobis de omnibus iniquitatibus vestris, domus Israelis, 7. eo quod inducitis filios alienigenas non circumcisos corde, et non circumcisos carne, ut sint in Sanctis meis, et profanabant ea, cum offertis panes meos, adipem, et sanguinem: et transgressi estis testamentum meum in omnibus iniquitatibus vestris, 8. ※ et non custodiistis custodiam Sanctorum meorum :., et disposuistis custodire custodias in Sanctis meis. 9. Propter hoc hæc dicit Dominus Dominus: Omnis filius alienigena (a) non circumcisus corde, nec circumcisus carne, non ingredietur in Sancta mea in omnibus filiis alienigenarum, qui sunt in medio domus Israelis, 10. (b) sed Levitæ, qui recesserunt a me, cum erraret Israel, ※ qui erraront :. a me post cogitationes suas, et accipient

A injustitiam suam, 11. et erunt in Sanctis meis ministrantes, ostiarii super portis domus, et ministri domui: isti immolabunt holocausta, et sacrificia populo, et isti stabunt ante populum, ut ministrent eis, 12. pro eo quod ministrabant eis ante faciem idolorum suorum; et factum est domui Israelis in tormentum injustitiæ. Propter hoc levavi manum meam super eos, dicit Dominus Deus, ※ et accipient iniquitatem suam :.: 13. et non accedent ad me, ut sacerdotio fungantur mihi, neque ut offerant ad omnia Sancta ÷ filiorum Israelis :., nec ad Sancta Sanctorum meorum: et accipient ignominiam suam in errore, quo erraruni. 14. (c) Et deducent eos, ut custodiant custodias domus in omnia opera ejus, et in omnia quæ fecerint in ea 15. sa- B cerdotes (d) Levitæ filii Sadduc, qui custodierunt custodias Sanctorum meorum, cum erraret domus Israelis a me: hi accedent ad me, ut ministrent mihi, et stabunt coram facie mea, ut offerant mihi ÷ sacrificium :., adipem, et sanguinem, dicit Dominus Deus. 16. Isti ingredientur in Sancta mea, et isti ingredientur ad mensam meam, ut ministrent mihi, et custodient custodias meas. 17. Et erit, cum ingrediuntur portas atrii interioris, stolas lini induent, non induent lanam, quando ministrant a porta atrii interioris, et ※ intrinsecus :.. 18. (e) Cidares lini erunt eis super capitibus eorum, et subligacula lini erunt eis super lumbis eorum, et non se accingent (f) violenter. 19. Et quando egrediuntur in atrium exterius ad populum, se exuent C stolis suis, in quibus ministrant in eis, et ponent eas in exedris Sanctorum, et induent stolas alias, et (g) non sanctificabunt populum in stolis suis. 20. Et capita sua non tondent, et capillos suos non radent, operient capita sua. 21. Et vinum non bibent omnis sacerdos, quando ingrediuntur in atrium interius. 22. Et viduam, et repudiatam non sument sibi in uxores, sed virginem e semine domus Israelis: et viduam, si fuerit ※ vidua :. de sacerdote, sument. 23. Et populum meum docebunt inter sanctum et profanum, et inter non mundum et mundum cognitum facient eis. 24. Et de judicio sanguinis ipsi stabunt ad discernendum: justificationes meas ÷ justificabunt :., et judicia mea judicabunt, et legitima mea, et præcepta mea in omnibus so- D lennitatibus meis custodient, et sabbata mea sanctificabunt. 25. Et super animam hominis non ingredientur, ad polluendum se, sed super patre, et super matre, et super filio, et super filia, et super fratre, et super sorore sua, quæ non fuit viro, se polluet. 26. Et postquam mundatus fuerit, septem dies numerabit ipse sibi. 27. Et die quo ingrediatur ※ in Sanctuarium :. in atrium interius, ad ministrandum in Sancto, offeret expiationem, dicit Dominus (h) Deus,

(u) Completa est. (x) S., vestibuli. (y) S., per viam. (z) S., de. (a) S., non purus corde, nec purus carne. (b) S., et Levitæ enim, qui procul fuerunt a me, cum errarent filii Israelis, qui errarunt a me, ut adhærescerent idolis suis, accipient iniquitatem suam. (c) S., disposui eos enim custodes custodiæ domus. (d) Autem. (e) S., ornamenta lini erunt. (f) S., in sudore. (g) S, non erunt, sanctificantes cum sunt, cum populo in vestimentis sæcularibus, nec capillum relinquent, sed radendo radent capita sua. (h) Adonai.

et secundum (*i*) ostia, quæ a principio ambulacri, usque ad lumen momenti calami, et versus orientem ad ingrediendum super iis. 13. Et dixit ad me : Exedræ quæ ad aquilonem, et exedræ quæ ad austrum, quæ sunt versus faciem intervallorum, hæ sunt exedræ Sanctuarii, in quibus comedent ibi sacerdotes, filii Sadduc, appropinquantes ad Dominum, in sancta Sanctorum, et ibi ponent Sancta sanctorum, et sacrificium, et quæ pro peccato, et quæ pro ignorantia, quia locus sanctus est. 14. Non ingredientur illuc præter sacerdotes, non egredientur ex Sanctuario in atrium exterius, ÷ ut semper sancti sint, qui offerunt ⁚ : (*k*) et non tangent stolas eorum, quibus ministrant in eis, quia sancta sunt : et induent vestimenta alia, quando tangent populum. 15. Et consummata est mensuratio domus intrinsecus. Et eduxit me super via portæ, respicientis ad orientem, et mensus est exemplum domus circumcirca in ordine. 16. Et stetit versus austrum portæ, respicientis ad orientem, et mensus est quingentos in calamo mensuræ. 17. Et se vertit ad aquilonem, et mensus est id quod ante faciem aquilonis, cubitos quingentos in calamo mensuræ 18. Et se vertit ad mare, et mensus est quod versus faciem maris, quingentos in calamo mensuræ ※ per circuitum ⁚. 19. Et se vertit ad austrum, et mensus est versus austrum, quingentos in calamo mensuræ, 20. in quatuor vero partes mensus est eodem calamo : et disposuit ipsum, et sepem eorum per circuitum, quingentorum cubitorum ad orientem, et quingentorum cubitorum latitudinem, ad distinguendum inter Sancta et inter antemurale, quod ordinis domus.

Cap. XLIII. — 1. Et adduxit me super portam respicientem in orientem, ÷ et duxit me ⁚. 2. Et ecce gloria Dei Israelis veniebat super via portæ respicientis versus orientem, et vox castrorum, sicut vox multorum duplicantium : et terra lucebat sicut splendor a gloria Domini circumcirca, 3. et visio, quam vidi, secundum visionem, quam vidi, (*l*) quum ingrederer ad ungendum urbem. Et visio ÷ currus ⁚ quem vidi, secundum visionem, quam vidi super fluvium Chobar : et cado super faciem meam, 4. et gloria Domini ingressa est in domum, super via portæ respicientis in orientem. 5. Et sustulit me spiritus, et introduxit me in atrium interius : et ecce plena gloriæ Domini domus. 6. ÷ Et steti ⁚, et ecce vox loquentis ad me e domo, et vir stabat prope ad me, 7. et dixit ad me : Fili hominis, vidisti locum throni mei, et locum vestigii pedum meorum ? in quibus habitabit nomen meum in medio domus Israelis in sempiternum. Et non profanabunt amplius domus Israelis nomen sanctum meum, ipsi, et duces eorum in scortatione sua, (*m*) et in cædibus ducum in medio sui, 8. et qui ponebant limen meum in liminibus suis, et superliminaria mea propinqua superliminaribus suis : et dederunt parietem meum sicut connexionem mei et sui, et profanarunt nomen sanctum meum in iniquitatibus suis, quas faciebant : et consumsi eos in furore meo, ÷ et in occisione ⁚. 9. Nunc repellant scortationem suam, et cædes ducum suorum a me, et commorabor in medio eorum in sempiternum. 10. Et tu, fili hominis, ostende domui Israelis domum, et se cohibebunt a peccatis suis : (*n*) et visionem ejus, et ordinem ejus, 11. et illi accipient tormentum suum pro omnibus, quæ fecerunt. Et describes domum, ※ et præparationem ejus ⁚, et exitus ejus, ※ et introitus ejus ⁚ (*o*) et substantiam ejus, et omnia præcepta ejus, et omnia legitima ejus, ※ et omnes leges ejus ⁚ cognoscere facies eos, et describes coram eis, et custodient omnia justificationes meas, et omnia præcepta mea, et facient ea. 12. et descriptionem domus super vertice montis, omnes termini ejus circumcirca Sancta Sanctorum ※ sunt : hæc lex domus ⁚. 13. Et hæc mensuræ altaris in cubito cubiti ※ et cubiti ⁚, et palmi (*p*) sinus profunditas super cubitum, et cubitus latitudo, et gisus super labio ejus circumcirca palmi ※ unius ⁚. Et hæc altitudo altaris 14. a profundo exordii profunditatis ejus ad propitiatorium magnum, hoc subter, cubitorum duorum, et latitudo cubiti : et a propitiatorio parvo super propitiatorium magnum, cubiti quatuor, et latitudo cubitus. 15. Et Ariel cubitorum quatuor, et ab Ariel et super cornua cubitus. 16. Et ipsum Ariel, cubitorum duodecim longitudo, super cubitos duodecim latitudo, quadrangulum super quatuor partes ejus. 17. Et propitiatorium, cubitorum quatuordecim *longitudo*, super cubitos quatuordecim *latitudo*, quadrangulum super quatuor partes ejus : (*q*) et gisus ejus circumcirca gyrans illud dimidium cubiti : (*r*) et circuitus ejus cubitus circumcirca, et gradus ejus respicientes versus orientem. 18. Et dixit ad me : Fili hominis, hæc dicit Dominus Dominus : Hæc præcepta altaris in die effectionis ejus, ad offerendum super eo (*s*) holocausta, et ad effundendum ad illud sanguinem. 19. Et dabis sacerdotibus Levitis, qui ex semine Sadduc, appropinquantibus ad me, dicit Dominus Dominus, et ministrent mihi vitulum ex bobus pro peccato : 20. et sument ex sanguine ejus, et ponent super quatuor (*t*) cornua altaris, et super

(*i*) *S.*, ostium in principio viæ, quæ via erat ante septum domus transmigrationis, versus viam orientalem ingredienti. (*k*) *S.*, et ibi deponent vestimenta sua. (*l*) *S.*, quum ingrederer ad corrumpendum portam. *Th.*, quum ingrederetur. (*m*) *Th.*, et in cadaveribus regum suorum prostratorum. (*n*) *S.*, ut mensuretur exemplar, et pœnitebit eos omnium, quæ fecerunt : descriptionem domus, et perfectionem, quæ simul, ejus. *Th.*, et metiantur cum exemplari suo, et erubescant de omnibus, quæ fecerunt, a furore (anceps hæreo, annon תחרית *determinatio* pro חרון *furor* legendum sit) domus, et a præparatione ejus. (*o*) *S.*, et descriptiones ejus, et omnes terminos cum descriptionibus ejus. (*p*) *S.*, in inclusione, cubiti et cubiti latitudo, et terminus ad labium ejus. (*q*) *S.*, et terminus in circuitu ejus. (*r*) *S.*, et inclusio ejus cubitulina. (*s*) *S.*, oblationem. (*t*) Partes quatuor angulos propitiatorii, et super basin per circuitum, ⋇ et adsperges super illud ⁚, et expiabunt illud; 21. et sument vitulum, qui pro peccato, et comburetur in loco separato domus extra Sancta. 22. Et die secundo sument hædos duos caprarum sine macula pro peccato, et expiabunt altare, sicut expiarunt in vitulo. 23. Et postquam (u) absolvisti expiationem, offerent vitulum sine macula de bobus, et arietem sine macula de ovibus, 24. et offeretis coram Domino: et aspergent sacerdotes super ea sal, et offerent ea holocausta Domino. 25. Septem diebus facies hædum pro peccato quotidie, et vitulum ex bobus, et arietem ex ovibus sine macula facient 26. septem diebus: et expiabunt altare, et mundabunt illud, et implebunt manus suas. 27. ⋇ Et consummabunt dies ⁚, et erit a die octavo, et deinceps, facient sacerdotes super altare holocausta vestra, et quæ salutis vestræ: et suscipiam vos, dicit Dominus Dominus.

Cap. XLIV. — 1. Et convertit me super viam portæ Sanctorum exterioris, respicientis versus orientem, et hæc erat clausa. 2. Et dixit ad me Dominus: Porta hæc clausa erit, non aperietur, nec quis transibit per eam, quia Dominus Deus Israelis ingredietur per eam, et erit clausa. 3. Quia dux ⋇ princeps ipse sedebit in ea, ut comedat panem coram Domino: super viam (x) Ælam portæ ingredietur, et super viam ejus egredietur. 4. Et introduxit me (y) super viam portæ, quæ ad aquilonem contra domum: et vidi, et ecce plena gloriæ Domini domus Domini: et cado super faciem meam. 5. Et dixit Dominus ad me: Fili hominis, dispone in cor tuum, et vide oculis tuis, et auribus tuis audi omnia, quæ ego loquor cum te (z) secundum omnia præcepta domus Domini, et omnia legitima ejus. Et dispones cor tuum in introitum domus secundum omnes exitus ejus, et in omnibus Sanctis. 6. Et dices ÷ ad domum ⁚ irritantem, ad domum Israelis: Hæc dicit Dominus Dominus: Sufficiat vobis de omnibus iniquitatibus vestris, domus Israelis, 7. eo quod inducitis filios alienigenas non circumcisos corde, et non circumcisos carne, ut sint in Sanctis meis, et profanabant ea, cum offertis panes meos, adipem, et sanguinem: et transgressi estis testamentum meum in omnibus iniquitatibus vestris, 8. ⋇ et non custodiistis custodiam Sanctorum meorum ⁚, et disposuistis custodire custodias in Sanctis meis. 9. Propter hoc hæc dicit Dominus Dominus: Omnis filius alienigena (a) non circumcisus corde, nec circumcisus carne, non ingredietur in Sancta mea in omnibus filiis alienigenarum, qui sunt in medio domus Israelis, 10. (b) sed Levitæ, qui recesserunt a me, cum erraret Israel, ⋇ qui erraverunt ⁚ a me post cogitationes suas, et accipient

A injustitiam suam, 11. et erunt in Sanctis meis ministrantes, ostiarii super portis domus, et ministri domui: isti immolabunt holocausta, et sacrificia populo, et isti stabunt ante populum, ut ministrent eis, 12. pro eo quod ministrabant eis ante faciem idolorum suorum; et factum est domui Israelis in tormentum injustitiæ. Propter hoc levavi manum meam super eos, dicit Dominus Deus, ⋇ et accipient iniquitatem suam ⁚: 13. et non accedent ad me, ut sacerdotio fungantur mihi, neque ut offerant ad omnia Sancta ÷ filiorum Israelis ⁚, nec ad Sancta Sanctorum meorum: et accipient ignominiam suam in errore, quo erraverunt. 14. (c) Et deducent eos, ut custodiant custodias domus in omnia opera ejus, et in omnia quæ fecerint in ea 15. sa-

B cerdotes (d) Levitæ filii Sadduc, qui custodierunt custodias Sanctorum meorum, cum erraret domus Israelis a me: hi accedent ad me, ut ministrent mihi, et stabunt coram facie mea, ut offerant mihi ÷ sacrificium ⁚, adipem, et sanguinem, dicit Dominus Deus. 16. Isti ingredientur in Sancta mea, et isti ingredientur ad mensam meam, ut ministrent mihi, et custodient custodias meas. 17. Et erit, cum ingrediuntur portas atrii interioris, stolas lini induent, non induent lanam, quando ministrant a porta atrii interioris, et ⋇ intrinsecus ⁚. 18. (e) Cidares lini erunt eis super capitibus eorum, et subligacula lini erunt eis super lumbis eorum, et non se accingent (f) violenter. 19. Et quando egrediuntur in atrium exterius ad populum, se exuent

C stolis suis, in quibus ministrant in eis, et ponent eas in exedris Sanctorum, et induent stolas alias, et (g) non sanctificabunt populum in stolis suis. 20. Et capita sua non tondent, et capillos suos non radent, operient capita sua. 21. Et vinum non bibent omnis sacerdos, quando ingrediuntur in atrium interius. 22. Et viduam, et repudiatam non sument sibi in uxores, sed virginem e semine domus Israelis: et viduam, si fuerit ⋇ vidua ⁚ de sacerdote, sument. 23. Et populum meum docebunt inter sanctum et profanum, et inter non mundum et mundum cognitum facient eis. 24. Et de judicio sanguinis ipsi stabunt ad discernendum: justificationes meas ÷ justificabunt ⁚, et judicia mea judicabunt,

D et legitima mea, et præcepta mea in omnibus solennitatibus meis custodient, et sabbata mea sanctificabunt. 25. Et super animam hominis non ingredientur, ad polluendum se, sed super patre, et super matre, et super filio, et super filia, et super fratre, et super sorore sua, quæ non fuit viro, se polluet. 26. Et postquam mundatus fuerit, septem dies numerabit ipse sibi. 27. Et die quo ingrediatur ⋇ in Sanctuarium ⁚ in atrium interius, ad ministrandum in Sancto, offeret expiationem, dicit Dominus (h) Deus,

(u) Completa est. (x) *S.*, vestibuli. (y) *S.*, per viam. (z) *S.*, de. (a) *S.*, non purus corde, nec purus carne. (b) *S.*, et Levitæ enim, qui procul fuerunt a me, cum errarent filii Israelis, qui erraverunt a me, ut adhærescerent idolis suis, accipient iniquitatem suam. (c) *S.*, disposui eos enim custodes custodiæ domus. (d) Autem. (e) *S.*, ornamenta lini erunt. (f) *S.*, in sudore. (g) *S.*, non erunt, sanctificantes cum sunt, cum populo in vestimentis sæcularibus, nec capillum relinquent, sed radendo radent capita sua. (h) Adonai.

28. (*i*) et erit eis in hæreditatem : ego hæreditas A
eis, et possessio eis non dabitur in filiis Israelis;
⋇ quia ⁚ ego possessio eorum. 29. Et sacrificia, et
quæ pro peccatis, et quæ pro ignorantia, hi comedent : et omnis separatio in Israele eis erit : 30.
primitiæ omnium, et primogenita omnium, et se-
parationes omnes, de omnibus primitiis vestris,
sacerdotibus erunt : (*k*) et primitias proventus vestri dabitis sacerdoti, ut ponat benedictiones super
domos vestras. 31. Et omne mortuum, et captum a
bestiis de ave, et de jumento, non comedent sacerdotes.

Cap. XLV. — 1. Et cum metimini terram in
hæreditate, separabitis primitias Domino, sanctum
de terra, quinque et viginti millia longitudinem, et
latitudinem decem millia : sanctum erit in omnibus B
terminis ejus per circuitum. 2. Et erit ex hoc ⋇
in ⁚ Sanctuarium quingenti super quingentos quadrangulum per circuitum, et cubiti quinquaginta (*l*)
spatium eorum per circuitum. 3. Et a mensura
hac mensurabis longitudinem quinque et viginti
millia, et latitudinem (*m*) decem millia : et in ipsa
erit Sanctuarium, Sancta Sanctorum. 4. Sanctum
de terra erit sacerdotibus ministrantibus in Sancto,
et erit eis, qui accedunt ad ministrandum Domino :
et erit eis locus in domos separatas Sancto eorum,
5. (*n*) viginti et quinque millia longitudo, et latitudo (*o*) decem millia erunt, et Levitis, qui ministrant domui, eis in possessionem (*p*) urbes ad ha-
bitandum. 6. Et possessionem urbis dabis, quinque
millia latitudinem, et longitudinem quinque et vi- C
ginti millia, quemadmodum et primitiæ Sanctorum
omni domui Israelis erunt, 7. et duci ex hoc : et
ex hoc in primitias Sanctorum, in possessionem
urbis, contra faciem primitiarum Sanctorum, et
contra faciem possessionis urbis, quæ ad mare, et
ab iis quæ ad mare ⋇ versus orientem ⁚ ad orientem : et longitudo sicut una ex partibus a terminis
qui ad mare : et longitudo super terminos qui ad
orientem terræ. 8. Et erit ei in possessionem in
Israele, et non oppriment amplius duces Israelis
populum meum, et terram hæreditabunt domus
Israelis secundum tribus suas. 9. Hæc dicit Dominus Dominus : Sufficiat vobis, duces Israelis, injustitiam et depressionem auferte, et judicium et D
justitiam facite : (*q*) tollite oppressionem de populo
meo, dicit Dominus (*r*) Deus. 10. (*s*) Statera justa,
et mensura justa, et chœnix justus erit vobis mensuræ : 11. et chœnix similiter unus erit ad accipiendum : decima pars Gomor, chœnix : et decima
pars, et Gomor ⋇ Ophi ⁚, sicut Gomor erit æquale.
12. Et pondera viginti oboli, viginti sicli, quinque
et (*t*) viginti sicli, decem et quinque sicli mina erit
vobis. 13. Et hæ primitiæ, quas separabitis : sextam
partem (*u*) mensuræ de (*x*) Gomor tritici, et sextam
partem ophi de coro hordei. 14. (*y*) Et præceptum
olei, pateram olei, ⋇ decimum ⁚ (*z*) de decem pa-
teris, ⋇ (*a*) decem pateræ Gomor ⁚, quia decem
pateræ sunt gomor. 15. Et ovem unam ex (*b*) decem
ovibus, ÷ separatio ex omnibus ⁚ ex aquagio
Israelis, in sacrificia, et in holocausta, et in ea quæ
salutis, ad expiandum pro vobis, dicit Dominus
Deus. 16. Et omnis populus ⋇ terræ ⁚ (*c*) dabit
primitias has duci Israelis, 17. et per ducem erunt
holocausta, et sacrificia, et libamina in solennitatibus, et in noviluniis, et in sabbatis, et in omnibus
solennitatibus domus Israelis : ille faciet quæ pro
peccato, et sacrificium, et holocausta, et quæ salutis, ad expiandum pro domo Israelis. 18. Hæc dicit
Dominus Deus : In mense primo, uno mensis, su-
metis juvencum de bobus sine macula ad expiandum Sanctuarium. 19. Et sumet sacerdos de sanguine ejus expiationis, et dabit super limina domus,
et super quatuor angulos (*d*) templi, et super altare,
et super limina portæ atrii interioris. 20. Et sic
facies in mense septimo, uno mensis, sumes ab
unoquoque ⋇ (*e*) qui errat sibi ⁚, et ab infante (i.
e., simplici) : et expiabitis domum. 21. Et in mense
primo, ⋇ in die ⁚ quarto decimo mensis, erit
vobis Pascha solennitas : septem diebus azymum
comedetis. 22. Et faciet dux in illo die pro se, et
pro ÷ domo ⁚, et pro omni populo terræ juvencum
pro peccato. 23. Et septem diebus solennitatis faciet holocausta Domino septem juvencos, et septem
arietes sine macula quotidie his septem diebus, et
pro peccato hædum caprarum quotidie, et sacrificium. 24. (*f*) Et satum juvenco, (*f*) et satum arieti
facies, et olei (*g*) In sato. 25. Et in mense *septimo*,
die quintodecimo mensis, in solennitate *facies* juxta
ipsa hæc septem diebus, sicut quæ pro peccato, et
sicut holocausta, et sicut satum, et sicut oleum.

Cap. XLVI. — 1. Hæc dicit Dominus Deus :
Porta, quæ in atrio interiori, respiciens ad orientem, erit clausa sex diebus, quæ sunt operis : in die
autem sabbatorum aperietur, 2. et ingredietur
dux (*h*) super via Ælam portæ exterioris, et stabit
super vestibulo portæ, et facient sacerdotes holocausta ejus, et quæ salutis ejus. 3. Et adorabit ante
vestibulum portæ, et egredietur, et porta non clau-
detur usque ad vesperam : (*i*) et adorabit populus
terræ versus vestibulum portæ illius, in sabbatis, et
in noviluniis coram Domino. 4. Et holocausta quæ

(*i*) *S.*, apprehensio sortis autem hoc, quod erit eis. (*k*) *S.*, et primitias ciborum vestrorum dabitis sacerdoti. (*l*) *S.*, terminus circum. (*m*) Viginti. (*n*) *S.*, hæc autem viginti et quinque millia longitudinis, sedecim millia latitudo erit Levitis. (*o*) Viginti. (*p*) viginti exedræ. (*q*) *S.*, transferte terminos vestros. (*r*) Adonai. (*s*) Ophi et bati pondus unum erit, in variatione decima pars bati corus. et decima pars cori ophi; sicut eo us erit pondus uniuscujusque. Statera vero viginti oboli, viginti appensi. (*t*) Decem. (*u*) Ophi. (*x*) Coro. (*y*) Et jus. (*z*) Mensura de coro. (*a*) Decem mensuræ corus. (*b*) Ducentis. (*c*) *S.*, ordo erit ei secundum separationem hanc principi Israelis : tollentur vero super principem oblationes, et donum, et libamina. (*d*) *S.*, stadii. (*e*) *S.*, qui non scit, et errat. (*f*) Et ophi. (*g*) In. (*h*) *S.*, per viam vestibuli. (*i*) *S.*, sed adorabunt.

offeret dux Domino in die sabbatorum, sex agnos sine macula, et arietem sine macula, 5. (*k*) et manaa, satum arieti, et agnis sacrificium, donum manus suæ, et (*l*) in olei sato. 6. Et in die novilunii juvencum ⋇ filium bovis ⁏ sine macula, et sex agnos, et aries sine macula erunt, 7. et satum juvenco, et satum arieti erit manaa, et agnis, sicut sufficerit manus ejus, et in oleo sati. 8. Et quando ingredietur dux, super via Ælam portæ ingredietur, (*m*) et super via portæ egredietur. 9. Et quando ingredietur populus terræ coram Domino in solennitatibus, qui ingreditur super via portæ, quæ ad septentrionem, ut adoret, egredietur super via portæ, quæ ad austrum : et qui ingreditur super via portæ, quæ ad austrum, egredietur super via portæ, quæ ad septentrionem : non revertetur super via portæ, in quam ingressus est, sed e regione ejus recte egredietur. 10. Et dux in medio eorum, quando ingredientur, ingredietur ÷ cum eis ⁏, et quando egredientur, egredietur ⋇ cum eis ⁏. 11. In solennitatibus, et in festis erit manaa (*n*) satum juvenco, et satum arieti, et agnis, sicut sufficerit manus ejus, et in olei sato. 12. Si autem fecerit dux confessionem, holocaustum aut (*o*) salutaris ⋇ voluntarium ⁏ Domino, et aperiet sibi ipsi portam respicientem versus orientem, et faciet holocaustum suum, et quæ salutis suæ, quemadmodum facit in die sabbatorum : et egredietur, et claudet portas, postquam egressus fuerit, 13. et agnum anniculum sine macula faciet in holocaustum quotidie Domino, mane mane faciet eum, 14. (*p*) et manaa faciet super eo : mane mane sextam partem mensuræ, et oleum tertiam partem in ad miscendum similam manaa Domino, præceptum ⋇ quod in sæculum ⁏ jugiter 15. facietis agnum : et manaa, et oleum facietis mane, holocaustum jugiter. 16. Hæc dicit Adonai Dominus : Si dederit dux donum uni ex filiis suis de hæreditate sua, hoc filiis ejus erit : possessio ⋇ eorum ipsa ⁏ in hæreditate. 17. Si autem dederit donum ⋇ de hæreditate sua ⁏ uni ex servis suis, et erit ei usque ad annum dimissionis, et redibit ad ducem, præter hæreditatem filiorum ejus eis erit. 18. Et non sumet dux de hæreditate populi sui ad opprimendum eos : de possessione sua ⋇ de hæreditate sua ⁏ hæredes faciet filios suos, ut ne dispergatur populus meus unusquisque de possessione sua. 19. Et introduxit me in ingressum, quæ contra austrum, portæ, in exedram Sanctorum, sacerdotum, respicientem ad aquilonem : et ecce ibi locus separatus, 20. et dixit ad me : Hic locus est, ubi coquent ibi sacerdotes quæ pro ignorantia, et quæ pro peccato, et ibi depsent manaa omnino, non efferent in atrium exterius, ad sanctificandum populum. 21. Et eduxit me in atrium exterius, et circumduxit me super quatuor partes atrii : et ecce atrium (*q*) super latera atrii, 22. ÷ super latus atrii ⁏ atrium, super quatuor latera atrii (*r*) atrium parvum, longitudo cubitorum quadraginta, et latitudo cubitorum triginta, mensura [משחותא pro משחודא sane legendum] una ipsis quatuor. 23. (*s*) Et exedræ per circuitum in eis, per circuitum ipsis quatuor : (*t*) et culinæ, quæ factæ erant, sub exedris per circuitum. 24. Et dixit ad me : Hæ domus culinarum, ubi coquent ibi, qui ministrant (*u*) domui sacrificia populi.

Cap. XLVII. — 1. Et introduxit me super vestibulum domus, et ecce aqua egrediebatur desub subdiali domus versus orientem, quia facies domus respiciebat versus orientem, et aqua descendebat (*x*) a latere ⋇ domus ⁏ dextro, ab austro super altare. 2. Et eduxit me super via portæ, quæ ad aquilonem, et circumduxit me ad viam portæ foras ad portam ⋇ exteriorem ⁏ atrii respicientis versus orientem : et ecce aqua descendebat a latere dextro, 3. (*y*) sicut exitus viri ex adverso : et mensura, in manu ejus, et mensus est mille in mensura et transiit in aqua (*z*) aquam remissionis, 4. et mensus est (*a*) mille, et transiit in aqua aquam usque ad latera : et mensus est mille, et transivit aqua usque ad lumbum. 5. Et mensus est mille, et ecce torrens, quem non potuit transire, quia (*b*) pluit, diffluebat aqua, sicut impetus torrentis, qui non poterit transiri. 6. Et dixit ad me : Si vidisti, fili hominis? Et duxit me, ⋇ et convertit me ⁏ super labium fluvii, 7. in conversione mea : et ecce super labio fluvii arbores multæ admodum hinc et inde. 8. Et dixit ad me : Aqua hæc, quæ egreditur in (*c*) Galilæam, quæ ad orientem, et descendebat super Arabiam, et veniebat usque ad mare super aquam exitus : et sanabit aquas : 9. et erit omnis anima animalium leprosorum factorum, super omnia, quæ venerit super ea ille fluvius, vivet : et erunt ibi pisces multi admodum, quia veniet illuc aqua hæc, et sanabit, et vivet, quicquid venerit super illud fluvius, ⋇ ibi ⁏ vivet. 10. Et stabunt (*d*) super eo piscatores ⋇ multi ⁏ ab In-god et usque ad In-eglin : (*e*) expansio retium erit, a se et sibi erit : et pisces ejus sicut pisces maris magni, multitudo multa valde. 11. (*f*) Et in exitu ejus, ÷ et in conversione ejus ⁏, et in superflua elatione ejus non (*g*) sanabunt : in

(*k*) MANAA. (*l*) In. (*m*) *S.*, et super eadem via ejus. (*n*) Ophi. (*o*) Pacificum. (*p*) Et sacrificium. (*q*) *Th.*, in angulo atrii. (*r*) *S.*, atrium adhærens. (*s*) *S.*, ordo per circuitum erat in eis. (*t*) *S.*, sepimenta. (*u*) *S.*, Domino. (*x*) *S.*, *Th.*, desub humero dextro domus. (*y*) Egrediebatur vir versus orientem, cui erat funiculus mensuræ super manu : et cum mensus esset mille cubitos, traduxit me per aquam usque ad talos : et cum mensus esset mille, traduxit me per aquam usque ad genua : et cum mensus esset mille, traduxit me per aquam usque ad lumbum : et cum mensus esset mille, rivum, quem non potui transire, quia prævalebat aqua profunda rivi, qui non poterat transiri. (*z*) Usque ad talos. (*a*) In mensura. (*b*) Superbientes. Prævalentes. (*c*) *S.*, terminum orientalem, et descendit super *terram*, quæ non est habitabilis. (*d*) Ibi. (*e*) Extensiones retium erunt. (*f*) *S.*, cum vero egredientur ad ea, quæ propinqua, non sanabuntur. (*g*) Sanctificabunt

sal data sunt, 12. et super fluvio (*h*) ascendet super labio ejus hinc et inde omne lignum esculentum, non veterascet super eo, neque deficiet : fructus ejus novitatis primitias dabit, quia aquæ eorum ex Sanctuario hæ egrediuntur, et erit fructus eorum in cibum, et germen eorum in sanitatem. 13. Hæc dicit Dominus Deus : Hi sunt termini terræ, quos hæreditabitis, duodecim tribubus filiorum Israelis (*i*) augmentum funiculi. 14. Et hæreditabitis eam unusquisque, sicut frater ejus, super quam levavi manum meam, ad dandum eam patribus eorum : et cadet terra hæc vobis in hæreditatem. 15. Et hi termini terræ, quæ ad aquilonem, a mari magno descendente et discindente, introitus Sedad, 16. (*k*) Hamath, Beruthsepharvaim inter terminos Damasci et inter terminos Hamath, atrium (*l*) Thichon, quæ sunt supra terminos Hauran. 17. Hi termini a mari : ab atrio Ænan, termini Damasci, et qui ad aquilonem ⋇ super aquilonem, et terminus (*m*) ⋇ Asimoth, et terminus septentrionis. 18. Versus faciem orientis ⁒ inter Hauran, et inter Damascum, et inter Galaaditiden, et inter terram Israelis, Jordanis disterminat super mare, quod ad orientem palmeti. Hi qui ad orientem. 19. Et qui ad austrum et africum a Thæman, ÷ et palmeto usque ad aquam Mariboth Cadis, (*n*) se extendens super mare magnum. 20. Hæc pars austri et africi, hæc pars maris ⋇ maris ⁒ magni disterminat usque contra introitum Hamath, ÷ usque ad introitum ejus ⁒. Hi sunt, qui ad mare ÷ Hamath ⁒. 21. Et dividetis terram hanc eis, tribubus Israelis. 22. Mittetis eam in sorte vobis, et advenis commorantibus in medio vestri, qui genuerunt filios in medio vestri, et erunt vobis quasi nati regionis in filiis Israelis : cum vobis erunt in hæreditate in medio tribuum Israelis, 23. et erunt in tribu advenarum in advenis, qui cum eis : ibi dabitis hæreditatem eis, dicit Dominus Deus.

Cap. XLVIII. — 1. Et hæc nomina tribuum ab initio, quod ad aquilonem, super partem descensus discindentis super introitum Hamath atrii Ælam, terminus Damasci ad aquilonem versus partem Hamath ÷ atrii ⁒ : et erunt eis, quæ ad orientem usque ad mare, Dan una. 2. Et a terminis Dan, ab iis quæ ad orientem usque ad ea quæ ad mare, Asser una. 3. Et a terminis Asser, ab iis quæ ad orientem usque ad ea quæ ad mare, Nephthali una. 4. Et a terminis Nephthali, ab oriente usque ad ea quæ ad mare, Manasse una. 5. Et a terminis Manasse, ab iis quæ ad orientem usque ad ea quæ ad mare, Ephræm una. 6. Et a terminis Ephræm, ab iis quæ ad orientem usque ad ea quæ ad mare, Rubel una. 7. Et a terminis Rubel ab iis quæ ad orientem usque ad ea quæ ad mare, Judæ una. 8. Et a terminis Judæ, ab iis quæ ad orientem usque ad ea quæ ad mare, (*o*) erunt primitiæ separationis, viginti et quinque millia latitudo, et longitudo sicut una ex partibus ab iis quæ ad orientem, et usque ad ea quæ ad mare : et erit Sanctuarium in medio eorum. (9). Primitiæ, quas separabunt Domino, longitudo quinque et viginti millia, et latitudo (*p*) decem millia. 10. Horum erunt primitiæ Sanctorum sacerdotum ad septentrionem quinque et viginti millia, et ad mare latitudo decem millia, ⋇ et ad orientem latitudo decem millia ⁒, et ad austrum longitudo viginti et quinque millia, (*q*) et erit mons Sanctorum in medio ejus 11. sacerdotibus, sanctificatis filiis Sadduc, custodientibus custodias domus, qui non erraverunt in errore filiorum Israelis, quemadmodum erraverunt Levitæ. 12. Et erunt eis primitiæ datæ ex primitiis terræ, Sanctum Sanctorum de terminis Levitarum. 13. Levitis autem quæ propinqua terminis Sacerdotum, quinque et viginti millia longitudo et latitudo decem millia : omnis longitudo quinque et viginti millia, et latitudo decem millia. 14. Non vendetur ex eis, et (*r*) non mensurabuntur, nec separabuntur (*s*) primitiæ proventuum terræ, quia Sanctum est Domino. 15. Quinque autem millia superflua quæ super latitudine super viginti et quinque millibus, antemurale erit urbi in habitaculum, et in intervallum ejus : et erit urbs in medio ejus. 16. Et hæ mensuræ ejus : ab (*t*) iis quæ ad aquilonem, quingenti et mille quater, et ab iis quæ ad austrum, quingenti et millia quatuor, et ab iis quæ ad orientem, quingenti et millia quatuor, et ab iis quæ ad mare, quingenti et mille quater. 17. Et erit (*u*) intervallum urbi ad aquilonem ducenti et quinquaginta, et ad austrum ducenti et quinquaginta, et ad orientem ducenti et quinquaginta, et ad mare ducenti et quinquaginta. 18. Et superfluum longitudinis, (*x*) quod propinquum primitiis Sanctuarii, decem millia ad orientem, et decem millia ad mare : et erunt primitiæ Sanctuarii, et erunt proventus ejus in panes iis, qui operantur urbi. 19. Qui autem operantur urbi, operabuntur ei ex omnibus tribubus Israelis. 20. Omnes primitiæ quinque et viginti millia super quinque et viginti millia : (*y*) quadrangulum separabitis ejus in primitias Sanctuarii (*z*) a possessione urbis. 21. Quod autem superfluum, duci ex hoc et ex hoc a primitiis Sanctuarii, et in possessionem urbis, ⋇ contra faciem ⁒ (*a*) super quinque et viginti millia longitudo, usque ad terminos eorum, quæ ad orientem et ad mare, ⋇ super ⁒ faciem quinque et viginti millia, usque ad terminos eorum, quæ ad mare, in propinquo partium ducis : et erunt primitiæ Sanctorum, et Sanctuarium domus in medio ejus : 22. et de possessione Levitarum, et de possessione urbis in medio, ducis erit inter terminos Judæ, et

(*h*) *S.*, naturale fuit. (*i*) *S.*, Joseph funiculus protensus. (*k*) Adinab Thiras, Ephrim Aliam. (*l*) Eunan. (*m*) Hamath. (*n*) *S.*, apprehensio sortis. (*o*) *S.*, dabitis primitias. (*p*) Viginti et quinque. (*q*) *S.*, ita ut sit Sanctuarium Domini in medio ejus. (*r*) Non permutabunt (*s*) *Th.*, primitiæ terræ. (*t*) *S.*, facie. (*u*) *Th.*, distantia. (*x*) *S.*, secundum primitias Sanctuarii. *Th.*, contra primitias. (*y*) *S.*, quartam partem (*z*) *S.*, *Th.*, ad possessionem urbis. (*a*) *S.*, viginti et quinque millium.

inter terminos Benjamin, ducis erit. 23. Et superfluum tribuum, ab his quæ ad orientem usque ad ea quæ ad mare, Benjamin, una. 24. Et a terminis Benjamin, ab his quæ ad orientem usque ad ea quæ ad mare, Simeon una. 25. Et a terminis Simeon, ab his quæ ad orientem usque ad ea quæ ad mare, Issachar, una. 26. Et a terminis Issachar, ab his quæ ad orientem usque ad ea quæ ad mare, Zabulon, una. 27. Et a terminis Zabulon, ab his quæ ad orientem usque ad ea quæ ad mare, Gad, una. 28. Et a terminis Gad usque ad ea quæ ad austrum : et erunt termini ejus a Thæman, (*b*) et ab aqua Mariboth Cades, hæreditas usque ad mare magnum. 29. Hæc terra, quam mittetis in hæreditate tribubus Israelis : et hæ divisiones earum, dicit Dominus Deus. 30. Et hæ plateæ urbis quæ ad aquilonem A quater mille et quingenti mensura. 31. Et portæ urbis super nominibus tribuum Israelis : portæ tres quæ ad aquilonem, porta Rubel, una : et porta Judæ, una : et porta Levi, una. 32. Et quæ ad orientem, quater mille et quingenti : et portæ tres, porta Joseph, una : et porta Benjamin, una : et porta Dan, una. 33. Et quæ ad austrum, quater mille et quingenti mensura : et portæ tres, porta Simeon, una : porta Issachar, una : porta Zabulon, una. 34 Et quæ ad mare, quater mille et quingenti mensura : portæ tres, porta Gad, una : ✢ et ⁞ porta Asser, una : ✢ et ⁞ porta Nephthali, una. 35. Circuitus, octodecim millia : et nomen urbis, (*c*) a die quo facta fuerit, Dominus ibi, erit nomen ejus.

(*b*) S., in aqua contradictionis. (*c*) S., ab illo die Dominus ibi. *Th.*, die suo Domini nomen ibi.

IN DANIELEM MONITUM.

« Lectorem admoneo, (*inquit Hieronymus præfat. in Dan.*) Danielem non juxta LXX Interpretes, sed juxta Theodotionem Ecclesias legere, qui utique post adventum Christi incredulus fuit : licet eum quidam dicant Ebionitam, qui altero genere Judæus est. Sed et Origenes de Theodotionis opere in editione Vulgata asteriscos posuit, docens defuisse quæ addita sunt ; et rursus quosdam versus obelis prænotavit, superflua quæque designans. Cumque omnes Christi Ecclesiæ tam Græcorum, quam Latinorum, Syrorumque et Ægyptiorum hanc sub asteriscis et obelis editionem legant ; ignoscant invidi labori meo, qui volui habere nostros quod Græci in Aquilæ et Theodotionis ac Symmachi editionibus lectitant. Et si illi in tantis divitiis doctrinarum non contemnunt studia hominum Judæorum ; cur latina paupertas despiciat hominem Christianum, cujus si opus displiceat, certe voluntas recipienda est? » Hæc Hieronymus, cujus postrema verba non carent difficultate, quæ in Præliminaribus excussa. Cum autem, ut ille ait, Ecclesiæ Danielem, non secundum LXX, sed secundum Theodotionem legerent, hic contigit ut editio τῶν Ο' prorsus exciderit, et Theodotionis sola remanserit. Varias autem lectiones et Interpretationes mutuati sumus ex codicibus et libris quorum catalogum subjicimus.

Codex Regius XIII sæculi bombycinus, qui est catena in prophetas omnes, de quo in monitis supra.
Codex antiquissimus IX sæculi San-Germanensis, olim Corbeiensis, Hieronymi in Danielem.
Eusebius in Demonstratione Evangelica.
Joannes Chrysostomus in Danielem editus a Cotelerio anno 1661.
Hieronymus in Danielem editus a Joanne Martianæo nostro.
Theodoretus in Danielem.
Polychronius ex Catenis.
Chronicon Alexandrinum.
Editionis Romanæ et Drusii notæ.

[Textum LXX Senum, item genuinum Theodotionis, præmisimus ex editione Vincentii de Regibus, qui utrumque descripsit e codice Chisiano. Cum autem reliquorum interpretum versiones plerumque deficiant, et inde paginæ nimis vacuæ evasuræ sint, statuimus librum Danielis eadem forma edere qua dedit Montfauconius. i. e., continua serie absque distributione per columnas. DRACH.]

ΔΑΝΙΗΛ

ΚΑΤΑ ΤΟΥΣ ΕΒΔΟΜΗΚΟΝΤΑ ΕΚ ΤΩΝ ΤΕΤΡΑΠΛΩΝ ΩΡΙΓΕΝΟΥΣ.

DANIEL

SECUNDUM SEPTUAGINTA, EX TETRAPLIS ORIGENIS,

Eruit e singulari Chisiano codice annorum supra ɪɔccc, et edidit Romæ anno 1772

R. D. Vincentius de regibus.

TESTIMONIA DE CODICE CHISIANO.

LEONIS ALLATII.

Codex est antiquissimus, correctissimus et absolutissimus, et, ut ipse judico, ante millesimum et ducentesimum annum scriptus. Auro contra carior et patera aurea, gemmis gravi, pretiosior existimandus.

CARDINALIS BONÆ.

Utinam haberemus integra Origenis Tetrapla, Hexapla et Octapla; non tot quæstiones exortæ fuissent de Græcis sacræ Scripturæ editionibus, earumque fide et sinceritate. Sed quandoquidem illa perierunt, et nunc emersit hoc fragmentum continens iv majores Prophetas juxta versionem LXX Interpretum ex ipsis Hexaplis Origenis transcriptos, operæ pretium fore existimarem si typis evulgarentur. Nam Origenes textum LXX ex Autographo Alexandriæ reperto descripsit, ejusque puram editionem exhibuit, quæ ab omnibus, atque etiam ab ipso S. Hieronymo, pro sincera habita fuit. Quia vero post versionem LXX, quam ante Christum annis cclxxviii factam fuisse docet Petavius, tres aliæ secutæ sunt, nimirum Aquilæ Pontici ex Christiano Judæi circa annum Christi cxxx, Theodotionis Ephesii, ex Christiano et Ebionita Judæi circa annum clxxxv, et Symmachi Samaritani ex Judæo Christiani et Ebionitæ circa annum cc, has una cum translatione LXX per columnas disposuit, et Tetrapla appellavit. Adeptus postea linguæ Hebraicæ cognitionem addidit textum Hebraicum, characteribus in una columna Hebraicis, in altera Græcis: unde Hexapla. Demum repertis quinta et sexta translationibus, illa Hierichunte in doliis sub Caracalla, hac Nicopoli ad Actium promontorium tempore Alexandri Severi, eas cæteris adjunxit, et Octapla nominavit. Commendant hunc Origenis laborem Hieronymus, et Epiphanius, tametsi ipsi infensi, hic lib. de Ponderibus et mensuris, ille in cap. iii Epist. ad Titum: et de eo disserit ipsemet Origenes tract. 8 in Matth., et epist. ad Julium Africanum. Cum autem Hexapla nonnisi magnis sumptibus describi possent, Eusebius Cæsariensis et Pamphilus Martyr solam versionem LXX ex ipsis Hexaplis emendatissime descripserunt, quæ pura, et immaculata in Ecclesiis Orientalibus conservata est, teste D. Hieronymo Epist. ad Suniam et Fretelam, qui etiam de hac re legi debet epist. 107, ad Chromatium. Constat hinc evidenter, hunc Codicem quantivis pretii esse, tum ob raritatem, tum quia credendum est textum LXX purum hic et sincerum ex Hexaplis exhiberi.

ANONYMI JUDICIUM.

Septuaginta ut vocant versionem magni semper habitam fuisse, a nemine, quod sciam, rerum illarum perito in dubium revocatur. Utrum vero modo exstet illa versio, nonnulli dubitant; longe tamen probabilius est illam etiamnum exstare; a Veteribus enim multa illius loca citantur, quæ in nostris Codicibus Græcis hodienum legimus: non negarim tamen multa in eam vitia irrepsisse, tum ex ignorantia, et negligentia Scriptorum, tum ex hæreticorum malitia, ita ut Latinos et Hebraicos textus, auctore Bellarmino lib. ii de Verbo Dei cap. 6, ex Græcis Codicibus emendare jam tutum non sit: nec mirum si prædicta versio vitiata sit hoc sæculo, quam D. Hieronymus a mille ducentis quinquaginta annis corruptam esse pronuntiavit, Præfat. in Paralip. et Esdr.

Inde autem, opinor, errores in eam irrepserunt, quod cum multæ versiones essent, commistæ deinde inter se, atque adeo valde confusæ manserint: nam præter versionem LXX, fuerunt tres aliæ, Aquilæ Sylicet, Theodotionis, et Symmachi, Judæorum, vel hæreticorum hominum ; ex quibus Origenes Tetrapla sua composuit, quibus addidit Hierichuntinam, et Nicopolitanam, ut jam non Tetrapla, sed Hexapla essent ; sed tandem Octapla evaserunt, addito Hebraico textu litteris Græcis et Hebraicis. Alia item versio ex prædictis ab Origene compilata fuit, seu compacta, ut testatur Hieronymus epist. 89 ad Augustin., cui accesserunt tres aliæ, Luciani scilicet Martyris, Hesychii, et Hieronymi ex Latino in Græcum versi, teste ipsomet Hieronymo in lib. de Vir. Illustr. in Sophronio, et lib. II contra Ruffinum : addi posset alia quam Κοινὴν, seu Communem vocant, nisi forte eadem sit cum alia prædicta ab Origene compacta, quam idem auctor suis asteriscis et obelis distinxerat, qui tamen temporum injuria et Scriptorum incuria exciderunt.

Anno vero elapsi proxime sæculi 1587, jussu et auctoritate Sixti V versio LXX edita fuit ex Codice Vaticano antiquissimo, cum multis aliis summa diligentia collato, cui alius omnino similis ex magna Græcia in Urbem delatus est, qui deinde penes Anton. Caraffam S. R. E. cardinalem remansit, cujus præsertim curæ et industriæ dicta editio commissa fuerat, quo factum est ut antiquo fere nitori restituta, saltem ut auctor in præfatione testatur, prodierit.

His præmissis, de Codice Chigiano dicendum restat, qui cum ab editione Sixtina, de qua supra, in nonnullis discrepet; quæ tamen ex antiquissimo Codice Vaticano, ante Hieronymi ætatem, ut aiunt, exarato, ac proinde sinceriore, excerpta est, non nemo forte putaret aliud quidpiam esse a LXX versione : accedit quod cum Vulgata nostra in multis consentit, non modo secundum verborum contextum, verum etiam secundum capitum ordinem, in quo convenit cum Vulgata, differt a Sixtina, ut videre est in Jeremia et Daniele.

At certissimum est Codicem ex ipsismet Hexaplis exscriptum esse, cum hoc expresse legatur fol. 130, pag. 1, fol. 167, p. 1, fol. 135, p. 1, fol. 315, p. 2 et alibi, ac fere semper idem sit verborum et sententiarum tenor, quem in Sixtina observamus : nec obstat aliqua diversitas, tum verborum, tum etiam ordinis rerum et capitum; quia cum certum non sit Codicem Vaticanum sinceram LXX Versionem continere, certum etiam non est, Chigianum ab ea diversum esse, quamvis alioquin a Vaticano in multis discrepet : nec obest discrimen ordinis seu dispositionis, hæc enim in antiquis manuscriptis varia est.

Cum vero in hoc Codice maximam asteriscorum et obelorum silvam habeamus, quibus ea designantur, quæ in Vaticano, seu Sixtina editione desiderantur, quæ tamen legimus in nostra Vulgata, imo addita illa signis præfixis, eumdem aliquando sensum aliis repetant verbis, cujus rei luculentum exemplum exstat fol. 112, pag. 1, in fine Jeremiæ : inde forte conjicere possumus hunc Codicem complecti antiquam illam Vulgatam Græcorum ab iis Κοινὴν dictam, quam Origenes contexuit, ut supra diximus; nempe Origenes postquam Hexapla et Octapla edidisset, ut sumptibus parceret solam LXX Versionem emendatam ex iis excerpsit, additis quæ deerant ex Theodotione aliisque versionibus, præfixis asteriscis atque obelis, eamque edidit ad instar novæ versionis.

Hanc autem non receptam modo, et in omnes Bibliothecas admissam, verum etiam maximopere probatam fuisse testatur Hieronymus epist. 89, ad August. : imo idem Hieronymus præfat. lib. XVI in Isaiam, dicit eamdem esse cum illa communi, seu vulgata quam Græci Κοινὴν vocant, et licet aliter sentire videatur in epist. ad Suniam et Fretelam his verbis : « Sciatis, inquit, aliam esse editionem quam Origenes, et Cæsariensis Eusebius, omnesque Græci tractatores Κοινὴν appellant, atque vulgatam et a plerisque nunc Λουκιανός dicitur, aliam Interpretum, quæ in Ἐξαπλοῖς Codicibus reperitur : » ex quibus non nemo forte deduceret, diversam ab ea fuisse, quam Origenes contexuit, cum Origenes illam pro diversa habere videatur; hoc tamen non obstat; quia Origenes ex Hieronymo, non dicit, aliam esse ab ea quam ipse composuit, sed a versione LXX. Loquitur autem hoc loco Hieronymus de Psalterio illo communi, seu vulgato, quod, inquit, Origenes emendarat, et post eum Lucianus Martyr : itaque teste Hieronymo, certum est antiquam illam Κοινὴν Græcorum eamdem esse cum illa, quam Origenes ex versione LXX emendata, additis multis ex aliis versionibus, composuit. Conjectura autem in eo fundatur, quod cum versione LXX emendata, alia etiam ex aliis versionibus conjuncta sint, suis asteriscis et obelis designata, tum in prædicta versione Origenis, tum in Codice Chigiano. Quod vero addita illa in vulgata nostra legantur, adeo mirum non est ; nam cum vulgata nostra sit Hieronymi, quod longe verisimilius est, vel antiqua illa, quam Augustin. lib. II, Doctr. Christ. cap. 15. Italam vocat, et aliis omnibus præferendam esse judicat, ab Hieronymo deinde ex Hebraico textu, ac præsertim ex Theodotionis versione emendata, nil mirum si ea, quæ præfixis asteriscis in Codice Chigiano notata fuerunt, et LXX versioni ex Theodotione aliisque addita, in vulgata nostra legantur.

Restat igitur ut dicamus in hoc Codice LXX versionem contineri, Sixtinæ tamen dissimilem, in iis scilicet, in quibus ab Origene post Hexapla edita, emendata fuit; multis ex Theodotione et Hebraico textu additis, et asterisco vel obelo signatis, quæ in vulgata nostra leguntur : quia hæc, ut dixi, vel est Hieronymi, ac proinde ex textu Hebraico, vel antiqua illa Itala, ab eodem Hieronymo ex Hebraico emendata, et forte ex antiqua illa Græcorum communi de qua supra : unde, meo judicio, recte dicitur Chigianus Codex ex Tetraplis, vel Hexaplis exscriptus, ex quibus etiam ultima versio Origenis excerpta fuerat, multis licet additis aucta, asterisco signatis, quæ in hoc Codice iisdem signis notata, ut et in Vulgata nostra legimus.

Ex his manifestum fit quanti faciendus sit Chigianus Codex, qui nobis aperit primos illos fontes, ex quibus Vulgata nostra, quam Concil. Tridentinum authenticam declaravit, si non prodiit, saltem emendata fuit, ac proinde Codici Vaticano impar esse non videtur, imo forte illi anteponendus, quia certi sumus illum ex ipsis Hexaplis excerptum fuisse, non ita forte Codicem Vaticanum.

Codicis antiquitas probari potest ex asteriscis, et obelis, item ex characteribus, et ex charta, denique in fine Isaiæ notatur hic numerus, ,ςτωη', qui videtur esse annus æræ vulgaris inter Græcos ab orbe condito, quo amanuensis voluerit consignare tempus descriptionis hujus, sicque difficultas est in tertia littera, quæ non potest esse ω ; hæc enim littera nota est centenarii octavi, cum tamen in hac penultima sede requiratur nota alicujus denarii : scriptum igitur a librario videtur per errorem, aut calami lapsum, ω pro π : π autem significat octoginta ; si hoc sequamur, numerus hic erit 6388, ex quo si detrahamus 5508, qui est annus Christi nati ab orbe creato, secundum Græcos, residuus 880 erit annus Christi, quo hæc scripta esse dicuntur; conspectus porro ipse chartæ, et manus hanc ætatem hujus scripturæ facile suadet.

Omittendum non est, in hoc Codice contineri præter iv Prophetas majores, ut vocant, a fol. 172 ad fol. 188. breve Commentarium in somnium Nabuchodonosor a S. Hippolyto Martyre episcopo Portuensi compositum, cujus meminit Hieronymus in lib. Script. ecclesiast., Eusebius item et alii; dicit enim Hieronymus Hippolytum, præter alia multa, scripsisse in Danielem. Hoc opus in lucem huc usque editum non fuit, cui simile in Vaticana asservatur.

Denique operæ pretium fore putarem, hunc Codicem typis mandari, adhibita peritissimorum industria quæ omnino necessaria esse videtur ad emendationem et collationem.

Huc usque Testimonia in ipso Codice Chisiano asservantur.

D. JOANNIS MABILLONII

Iter Italicum, pag. 92.

Omnibus præstat Codex Græcus insignis ab annis minimum octingentis scriptus, continens quatuor Prophetas majores, item breve Commentarium in somnium Nabuchodonosoris a sancto Hippolyto Martyre et episcopo compositum, cujus meminit Eusebius, et post eum Hieronymus aliique. Hic Codex videtur ex ipsismet Origenis Hexaplis excerptus, uti diserte legitur fol. 130 recto, item fol. 135, 167, et fol. 3.. verso, ut Holstenius qui Codicem viderat et fere integrum descripserat observavit. Appositi sunt passim asterisci et obeli. Huic similis est alter Codex in Bibliotheca Vaticana. Denique in fine Isaiæ apponuntur quidam numeri quibus tempus seu annum scripti Codicis designari quidam ab Alexandro VII consulti existimarunt. At numerum versuum his notis significari non dubitamus HCAIAC STI. T ΩK, id est, Isaiæ στίχοι (στίχοι) seu versus tria millia octingenti ac viginti.

D. BERNARDI MONTFAUCONII

Diarium Italicum, pag. 237.

Prophetæ omnes Græce cum Commentariis Origenis et Hesychii, ac Epistolis, Præfationibusque antiquis. Codex x sæculi eximiæ notæ membranaceus, Romæ in Bibliotheca Ghiggiana. Codex bombycinus alius, Prophetas item omnes complectens cum obelis et asteriscis, ac quibusdam Hexaplorum lectionibus ad marginem.

CARDINALIS QUIRINI

Ex Epistola ad A. S. Mazocchium xvi Kal. Dec. 1742.

Præsto mihi adest admodum opportune antiquiss. Codex Ms. Chisianæ Bibliothecæ, quem ex singulari inclytæ ejus familiæ beneficio in manibus modo habeo, ac servabo, donec Brixiæ mihi repetendæ tempus advenerit. Is quatuor Prophetas majores ex Origenianis Hexaplis accurate exscriptos complectens, auro contra carior, et patera aurea gemmis gravi pretiosior existimandus, ut loquitur Leo Allatius... Inde itaque depromere animus mihi est Jeremiæ prophetæ, qui primo loco inter quatuor illos ibi occurrit, caput unum in specimen propensæ meæ voluntatis in suppeditandis ex ipso, quæcumque studiis iisdem tuis quaqua ratione conducere posse cognosces. Hexaplaris vero textus ille præter obelos et asteriscos Origenianos, notis etiam marginalibus lectiones ex Aquilæ et Symmachi versionibus sed aliunde depromptas præferentibus exornatur in apographo ex vetustiss. illo Cod. derivato, cum profecto Leonis Allatii, cui opus illud integrum evulgandi Alexander VII P. M. provinciam demandaverat.

A. S. MAZOCHII

Ex Epistola ad card. Quirinum prid. Kal. Mart. 1743,

adjunctaque Diatriba pag. xxvi.

Pudet me, Quirine Card. Amplissime, qui quod de Diptychis priore loco dixerim, Chisiano exemplari ad ultimum reservato (neque id sine turpi ὑστερολογίᾳ; quandoquidem in epistola illa altera tua eruditissima, cui nunc respondere adnitor, Codex Chisianus prior procedebat, pone Diptychon sequebatur), nunc demum spatiis exclusus iniquis, ut ille ait, reperiar. Etenim qui plura omnino, quam necesse fuerat, de Diptychis disseruerim, de Codice illo optimo ac præclarissimo qui nunc possim pro dignitate eloqui? — Mearum nunc partium erit, quæ de Codicis illius indole (quantum quidem ex fragmentis ad me missis potui judicare) adnotaverim, ne forte indignissimus tanto munere fuisse videar, breviter indicare. Ac primum omnium Codicis Chisiani textus merito Hexaplaris appellabitur, quia ex LXXvirali textu illo emendatissimo in Hexaplis apposito fideliter descriptus. Nam etsi Theodotionea quædam additamenta sub asteriscis inserta haberet: tamen quia demptis pannis illis, quos sub asterisco adsuerat Adamantius, textus Hexaplaris redibat, Codex Chisianus rectissime Hexaplaris dicetur. Quo spectat illud Hieronymi, « Vis amator esse verus LXX Interpretum? non legas ea, quæ sub asteriscis sunt. » Qui certe asterisci ab Hexaplari Seniorum contextu aberant.

EJUSDEM

Spicilegii Biblici tom. I, pag. 315.

Hieronymus (Præfatione in Danielem) jam olim monuerat, Prophetam hunc non juxta LXX Interpp., sed juxta Theodotionem Ecclesias legere, additis tamen ab Origene asteriscis et obelis. Ex quibus verbis arguitur non aliam fuisse causam cur processu temporis textus Prophetæ ex LXX deperierit, quam quia lectionis Danielicæ juxta LXXviros desuetudinem mox consecuta fuerit et ejus Prophetæ transcribendi desuetudo, in tantum ut eo tandem deventum fuerit ut Seniorum Danielicus textus rarissimus ac ferme pro deplorato haberetur; et in Græcis omnibus Biblior. LXXviralium editionibus Daniel non ille prostaret, quem ipsi LXX dedissent, sed quem Theodotion elucubraverat, qui mature admodum in locum LXXvirorum invaserat.

Et eo jam res loci erat, cum ecce auditum fuit anno superiore in Chisiano Seniorum quantivis pretii Codice exstare LXXviralem Danielis interpretationem a Theodotionea distinctam.

APPROBATIONES.

Prodit tandem in publicam lucem, studio et opera viri Hebraice, Græce, et Latine doctissimi, Prophetiæ Danielis diu multumque a sacrarum Litterarum studiosis exspectata Septuaginta Interpretum Versio. Diuturni desiderii exspectationem explebunt præclaræ adnotationes singulis ejusdem Prophetiæ capitibus subjectæ, in quibus singularis apparet clariss. viri linguarum, Græcæ præsertim peritia, et illustris multiplici doctrina ingenii judiciique lumen elucet. Apologia vero, quam in quinque Dissertationes distribuit pro sententia Patrum de Septuaginta virali Versione, incredibilem habet, quæ ad sacram profanamque eruditionem pertinent, pulcherrimarum rerum varietatem et copiam, et in iis quædam etiam, quæ viris in hoc studiorum genere versatis ipsa sui novitate se commendabunt. Librum igitur omni eruditionis genere abundantem, mandato Rmi Patris Ricchinii Sac. Palatii Apostolici Magistri cupidissime et diligentissime legi; eumque tum Catholicæ Fidei tum bonis moribus reperi congruentem, et sacrorum studiorum cultoribus utilissimum fore confido. Quamobrem dignissimum censeo, qui typis impressus in publicum proferatur. Datum Romæ IX Kal. Maii CIↃIↃCCLXXII.

M. Ang. Giacomellus archiepisc. Chalcedonensis.

Quod cupide expetendum erat, ut Prophetiæ Danielis Græcam Septuaginta Senum Interpretationem, quam multi temporum injuria intercidisse arbitrabantur, unus aliquis Hebraice, Græce, Latineque doctus *tineis trucibusque blattis* ereptam vulgaret; id nunc demum incredibili meo lætitiæ, atque voluptatis sensu perfectum video cl. viri opera, qui non modo Græcam eamdem Versionem Latinam fieri curavit, sed egregiis etiam illustravit adnotationibus; hisque addidit Dissertationes, quarum hæc est Inscriptio, *Apologia Sententiæ Patrum de Septuagintavirali Versione.* Id ego tam præclarum opus a Rmo P. Fr. Thoma Augustino Ricchinio Sacri Palatii Apostolici Magistro jussus, diligenter legi; cumque orthodoxæ doctrinæ, rectæque morum institutioni consonum, plenumque reconditioris eruditionis, ac proinde gloriæ Auctori suo, et Ecclesiæ catholicæ utilitati atque ornamento futurum, perspexerim, dignum luce publica judicavi.

Dabam Romæ in Cœnobio S. Mariæ sup. Minerv. XII Kal. Oct. 1771.

Fr. Thomas Maria Mamachius Ord. Prædic.
Theologus Casanatensis.

[In recudendo septuagintavirali et Theodotionis textu tanta cum religione editionem Romanam sequi placuit, ut vel iis quæ vitiosa apparent, parcendum esse censuerimus. Hac de re lectorem benevolum semel monuisse sufficiat. DRACH.]

ΔΑΝΙΗΛ

ΚΑΤΑ ΤΟΥΣ Ο.

ΚΕΦΑΛΑΙΟΝ Α'.

1. Ἐπὶ βασιλέως Ἰωακεὶμ τῆς Ἰουδαίας ἔτους τρίτου παραγενόμενος Ναβουχοδονόσορ βασιλεὺς Βαβυλῶνος εἰς Ἱερουσαλὴμ ἐπολιόρκει αὐτήν.

2. Καὶ παρέδωκεν αὐτὴν Κύριος εἰς χεῖρας αὐτοῦ, καὶ Ἰωακεὶμ τὸν βασιλέα τῆς Ἰουδαίας, καὶ μέρος τι τῶν ἱερῶν σκευῶν τοῦ Κυρίου, καὶ ἀπήνεγκεν αὐτὰ εἰς Βαβυλῶνα εἰς γῆν Σενάαρ εἰς οἶκον τοῦ θεοῦ αὐτοῦ /. καὶ τὰ σκεύη /. καὶ ἀπηρείσατο αὐτὰ ἐν τῷ εἰδωλείῳ αὐτου.

3. Καὶ εἶπεν ὁ βασιλεὺς Ἀβιεσδρὶ τῷ ἑαυτοῦ ἀρχιευνούχῳ, ἀγαγεῖν αὐτῷ ἐκ τῶν υἱῶν τῶν μεγιστάνων τοῦ Ἰσραὴλ, καὶ ἐκ τοῦ βασιλικοῦ γένους, καὶ ἐκ τῶν ἐπιλέκτων,

4. Νεανίσκους ἀμώμους, καὶ εὐειδεῖς, καὶ ἐπιστήμονας ἐν πάσῃ σοφίᾳ, καὶ γραμματικοὺς, καὶ συνετοὺς, καὶ σοφοὺς, καὶ ἰσχύοντας, ὥστε εἶναι ἐν τῷ οἴκῳ τοῦ βασιλέως, καὶ διδάξαι αὐτοὺς γράμματα, καὶ διάλεκτον Χαλδαϊκήν.

5 Καὶ δίδοσθαι αὐτοῖς ἔκθεσιν ἐκ τοῦ οἴκου τοῦ βασιλέως καθ' ἑκάστην ἡμέραν, καὶ ἀπὸ τῆς βασιλικῆς τραπέζης, καὶ ἀπὸ τοῦ οἴνου, οὗ πίνει ὁ βασιλεὺς, καὶ ἐκπαιδεῦσαι αὐτοὺς ἔτη τρία, καὶ ἐκ τούτων στῆσαι ἔμπροσθεν τοῦ βασιλέως.

6. Καὶ ἦσαν ἐκ τοῦ γένους τῶν υἱῶν Ἰσραὴλ τῶν ἀπὸ τῆς Ἰουδαίας, Δανιὴλ, Ἀνανίας, Μισαὴλ, Ἀζαρίας.

DANIEL

JUXTA LXX.

CAPUT I.

1. Sub Joacim rege Judææ anno tertio cum advenisset Nabuchodonosor rex Babylonis in Jerusalem, obsidebat eam.

2. Et tradidit eam Dominus in manus ejus, et Joacim regem Judææ, et partem quamdam sacrorum vasorum Domini, et asportavit ea in Babylonem in terram Senaar in domum dei sui et vasa, et collocavit ea in templo idoli sui.

3 Et dixit rex Abiesdri principi suorum eunuchorum, ut adduceret sibi de filiis optimatum Israel, et de regio semine, et de electis,

4. Adolescentulos, immaculatos, et speciosos forma, et peritos in omni sapientia literisque excultos, et intelligentes, et sapientes, et robustos, ut essent in domo regis, et doceret eos literas, et dialectum Chaldaicam.

5. Utque daretur eis, quod mandatum erat ex domo regis per singulos dies, et de regia mensa, et de vino, quod bibit rex, et erudiret eos tribus annis, deindeque starent in conspectu regis.

6. Et fuerunt de genere filiorum Israel, qui erant de Judæa, Daniel, Ananias, Misael, Azarias.

7. Et imposuit eis princeps eunuchorum nomina : Danieli quidem Baltasar, Ananiæ Sedrach, et Misaeli Misach, et Azariæ Abdenago.

8. Et cogitavit Daniel in corde, ne pollueretur in cibo regis, et in vino, quod bibit : et rogavit principem eunuchorum, ne coinquinaretur.

9. Et dedit Dominus Danieli honorem et gratiam in conspectu principis eunuchorum.

10. Et dixit princeps eunuchorum Danieli, Angor metu domini mei regis, qui ordinavit cibum vestrum, et potum vestrum, ne videat facies vestras diversas et infirmas præ adolescentulis alienigenarum, qui aluntur vobiscum, et periculum proprii colli subeam.

11. Et dixit Daniel Abiesdri, qui declaratus fuerat archieunuchus super Danielem, Ananiam, Misaelem, Azariam:

12. Tenta, quæso, pueros tuos per dies decem, et detur nobis de leguminibus terræ, ut comedamus, et aquam bibamus.

13. Et si appareat aspectus noster diversus ab aliis adolescentulis, qui edunt de regia cœna, sicut volueris, sic utere servis tuis.

14. Fecitque eis hoc modo, et tentavit eos diebus decem.

15. Post decem dies apparuit aspectus eorum pulcher, et habitus corporis melior aliis adolescentulis, qui edebant regiam cœnam.

16. Et erat Abiesdri tollens cœnam eorum, et vinum eorum, et pro his dabat eis de leguminibus.

17. Et adolescentulis dedit Dominus scientiam, et intelligentiam, et prudentiam in omni arte literaria : Danieli vero dedit intelligentiam in omni verbo, et visione, et somniis, et in omni sapientia.

18. Post autem dies istos jussit rex introduci eos : et introducti sunt a principe eunuchorum ad regem Nabuchodonosor.

19. Cumque eis collocutus est rex ; et non inventus est in sapientibus similis Danieli, et Ananiæ, et Misaeli, et Azariæ, erantque apud regem.

20. Et in omni verbo, et intelligentia, et disciplina quæcumque sciscitatus est ab eis rex, deprehendit eos sapientiores decuplum super sophistas, et philosophos, qui erant in omni regno ejus, et glorificavit eos rex, et constituit eos principes, et declaravit eos sapientes super omnes, qui erant in negotiis ejus in universa terra ejus, et in regno ejus.

21. Et fuit Daniel usque ad primum annum regni Cyri regis Persarum.

CAPUT II.

1. Et in anno secundo regni Nabuchodonosor accidit, ut in visiones et somnia incideret rex, et turbaretur insomnio suo, et somnus ejus fugit ab eo.

A 7. Καὶ ἐπέθηκεν αὐτοῖς ὁ ἀρχιευνοῦχος ὀνόματα, τῷ μὲν Δανιὴλ Βαλτάσαρ, τῷ δὲ Ἀνανίᾳ Σεδρὰχ, καὶ τῷ Μισαὴλ Μισὰχ, καὶ τῷ Ἀζαρίᾳ Ἀβδεναγώ.

8. Καὶ ἐνεθυμήθη Δανιὴλ ἐν τῇ καρδίᾳ, ὅπως μὴ ἀλισγηθῇ ἐν τῷ δείπνῳ τοῦ βασιλέως, καὶ ἐν ᾧ πίνει οἴνῳ· καὶ ἠξίωσε τὸν ἀρχιευνοῦχον, ἵνα μὴ συμμολυνθῇ.

9. Καὶ ἔδωκε Κύριος τῷ Δανιὴλ τιμὴν καὶ χάριν ἐναντίον τοῦ ἀρχιευνούχου.

10. Καὶ εἶπεν ὁ ἀρχιευνοῦχος τῷ Δανιὴλ, Ἀγωνιῶ τὸν κύριόν μου τὸν βασιλέα, τὸν ἐκτάξαντα τὴν βρῶσιν ὑμῶν, καὶ τὴν πόσιν ὑμῶν, ἵνα μὴ ἴδῃ τὰ πρόσωπα ὑμῶν διατετραμμένα καὶ ἀσθενῆ παρὰ τοὺς συντρεφομένους ὑμῖν νεανίας τῶν ἀλλογενῶν, καὶ κινδυνεύσω τῷ ἰδίῳ τραχήλῳ.

B 11. Καὶ εἶπεν Δανιὴλ Ἀβιεσδρὶ τῷ ἀναδειχθέντι ἀρχιευνούχῳ ἐπὶ τὸν Δανιὴλ, Ἀνανίαν, Μισαὴλ, Ἀζαρίαν·

12. Πείρασον δὴ τοὺς παῖδάς σου ἐφ' ἡμέρας δέκα, καὶ δοθήτω ἡμῖν ἀπὸ τῶν ὀσπρίων τῆς γῆς, ὥστε κάπτειν, καὶ ὑδροποτεῖν.

13. Καὶ ἐὰν φανῇ ἡ ὄψις ἡμῶν διατετραμμένη παρὰ τοὺς ἄλλους νεανίσκους τοὺς ἐσθίοντας ἀπὸ τοῦ βασιλικοῦ δείπνου, καθὼς ἐὰν θέλῃς, οὕτω χρῆσαι τοῖς παισί σου.

14. Καὶ ἐχρήσατο αὐτοῖς τὸν τρόπον τοῦτον, καὶ ἐπείρασεν αὐτοὺς ἡμέρας δέκα.

15. Μετὰ τὰς δέκα ἡμέρας, ἐφάνη ἡ ὄψις αὐτῶν καλὴ, καὶ ἡ ἕξις τοῦ σώματος κρείσσων τῶν ἄλλων νεανίσκων τῶν ἐσθιόντων τὸ βασιλικὸν δεῖπνον.

C 16. Καὶ ἦν Ἀβιεσδρὶ ἀναιρούμενος τὸ δεῖπνον αὐτῶν, καὶ τὸν οἶνον αὐτῶν, καὶ ἀντεδίδου αὐτοῖς τῶν ὀσπρίων.

17. Καὶ τοῖς νεανίσκοις ἔδωκεν ὁ Κύριος ἐπιστήμην, καὶ σύνεσιν, καὶ φρόνησιν ἐν πάσῃ γραμματικῇ τέχνῃ· καὶ τῷ Δανιὴλ ἔδωκε σύνεσιν ἐν παντὶ ῥήματι καὶ ὁράματι, καὶ ἐνυπνίοις, καὶ ἐν πάσῃ σοφίᾳ.

18. Μετὰ δὲ τὰς ἡμέρας ταύτας, ἐπέταξεν ὁ βασιλεὺς εἰσαγαγεῖν αὐτοὺς, καὶ εἰσήχθησαν ἀπὸ τοῦ ἀρχιευνούχου πρὸς τὸν βασιλέα Ναβουχοδονόσορ.

19. Καὶ ὡμίλησεν αὐτοῖς ὁ βασιλεύς· καὶ οὐχ εὑρέθη ἐν τοῖς σοφοῖς ὅμοιος τῷ Δανιὴλ, καὶ Ἀνανίᾳ, καὶ Μισαὴλ, καὶ Ἀζαρίᾳ, καὶ ἦσαν παρὰ τῷ βασιλεῖ.

20. Καὶ ἐν παντὶ λόγῳ, καὶ συνέσει, καὶ παιδείᾳ,
D ὅσα ἐζήτησε παρ' αὐτῶν ὁ βασιλεὺς, κατέλαβεν αὐτοὺς ÷ σοφωτέρους /. δεκαπλασίως ὑπὲρ τοὺς σοφιστὰς, καὶ τοὺς φιλοσόφους τοὺς ἐν πάσῃ τῇ βασιλείᾳ αὐτοῦ ÷ καὶ ἐδόξασεν αὐτοὺς ὁ βασιλεὺς, καὶ ※ κατέστησεν αὐτοὺς ἄρχοντας, καὶ ἀνέδειξεν αὐτοὺς ※ σοφοὺς παρὰ πάντας τοὺς αὐτοῦ ἐν πράγμασιν ※ ÷ ἐν πάσῃ τῇ γῇ αὐτοῦ, καὶ ἐν τῇ βασιλείᾳ αὐ-※ τοῦ /.

21. Καὶ ἦν Δανιὴλ ἕως τοῦ πρώτου ἔτους τῆς βασιλείας Κύρου βασιλέως Περσῶν.

ΚΕΦΑΛΑΙΟΝ Β'.

1. Καὶ ἐν τῷ ἔτει τῷ δευτέρῳ τῆς βασιλείας Ναβουχοδονόσορ, συνέβη εἰς ὁράματα καὶ ἐνύπνια ἐμπεσεῖν τὸν βασιλέα, καὶ ταραχθῆναι ἐν τῷ ἐνυπνίῳ αὐτοῦ· καὶ ὁ ὕπνος αὐτοῦ ἐγένετο ἀπ' αὐτοῦ.

2. Καὶ ἐπέταξεν ὁ βασιλεὺς εἰσενεχθῆναι τοὺς A
ἐπαοιδοὺς, καὶ τοὺς μάγους, καὶ τοὺς φαρμακοὺς τῶν Χαλδαίων, ἀναγγεῖλαι τῷ βασιλεῖ τὰ ἐνύπνια αὐτοῦ· καὶ παραγενόμενοι ἔστησαν παρὰ τῷ βασιλεῖ.

3. Καὶ εἶπεν αὐτοῖς ὁ βασιλεύς· Ἐνύπνιον ἑώρακα, καὶ ἐκινήθη μου τὸ πνεῦμα· ἐπιγνῶναι οὖν θέλω τὸ ἐνύπνιον.

4. Καὶ ἐλάλησαν οἱ Χαλδαῖοι πρὸς τὸν βασιλέα συριστί· Κύριε βασιλεῦ, τὸν αἰῶνα ζῆθι· ἀνάγγειλον τὸ ἐνύπνιόν σου τοῖς παισί σου, καὶ ἡμεῖς σοὶ φράσομεν τὴν σύγκρισιν αὐτοῦ.

5. Ἀποκριθεὶς δὲ ὁ βασιλεὺς εἶπε τοῖς Χαλδαίοις ⋇ Ὁ λόγος ἀπ' ἐμοῦ ἀπέστη /. διότι ἐὰν μὴ ἀπαγγείλητέ μοι ἐπ' ἀληθείας τὸ ἐνύπνιον, καὶ τὴν τούτου σύγκρισιν δηλώσητέ μοι, παραδειγματισθήσεσθε, καὶ
B ἀναληφθήσεται ὑμῶν τὰ ὑπάρχοντα εἰς τὸ βασιλικόν.

6. Ἐὰν δὲ τὸ ἐνύπνιον διασαφήσητέ μοι, καὶ τὴν τούτου σύγκρισιν ἀναγγείλητε, λήψεσθε δόματα παντοῖα, καὶ δοξασθήσεσθε ὑπ' ἐμοῦ· δηλώσατέ μοι τὸ ἐνύπνιον, καὶ κρίνατε.

7. Ἀπεκρίθησαν δὲ ἐκ δευτέρου λέγοντες· Βασιλεῦ, τὸ ὅραμα εἰπὸν, καὶ οἱ παῖδές σου κρινοῦσι πρὸς ταῦτα.

8. Καὶ εἶπεν αὐτοῖς ὁ βασιλεὺς, Ἐπ' ἀληθείας οἶδα, ὅτι καιρὸν ὑμεῖς ἐξαγοράζετε· καθάπερ ἑωράκατε, ὅτι ἀπέστη ἀπ' ἐμοῦ τὸ πρᾶγμα· ✠ καθάπερ οὖν ✠ προστέταχα, οὕτως ἔσται /.

9. Ἐὰν μὴ τὸ ἐνύπνιον ἀπαγγείλητέ μοι ἐπ' ἀληθείας ✠ καὶ τὴν τούτου σύγκρισιν δηλώσητε /. θανάτῳ περιπεσεῖσθε· συνείπασθε γὰρ λόγους ψευδεῖς
C ποιήσασθαι ἐπ' ἐμοῦ, ἕως ἂν ὁ καιρὸς ἀλλοιωθῇ. Νῦν οὖν ἐὰν τὸ ῥῆμα εἴπητέ μοι ✠ ὃ τὴν νύκτα ἑώρακα /. γνώσομαι, ὅτι καὶ τὴν τούτου κρίσιν δηλώσητε.

10. Καὶ ἀπεκρίθησαν οἱ Χαλδαῖοι ἐπὶ τοῦ βασιλέως, ὅτι Οὐδεὶς τῶν ἐπὶ τῆς γῆς δυνήσεται εἰπεῖν τῷ βασιλεῖ ὃ ἑώρακε, καθάπερ σὺ ἐρωτᾷς· καὶ πᾶς βασιλεὺς, καὶ πᾶς δυνάστης τοιοῦτο πρᾶγμα οὐκ ἐπερωτᾷ πάντα σοφὸν, καὶ μάγον, καὶ Χαλδαῖον.

11. Καὶ ὁ λόγος, ὃν ζητεῖς, βασιλεῦ, βαρύς ἐστι ✠ καὶ ἐπίδοξος /. καὶ οὐδείς ἐστιν ὃς δηλώσει ταῦτα τῷ βασιλεῖ, εἰ μή τις ἄγγελος, οὗ οὐκ ἔστι κατοικητήριον μετὰ πάσης σαρκός· ὅθεν οὐκ ἂν δέχεται γενέσθαι, καθάπερ οἴει.

12. Τότε ὁ βασιλεὺς στυγνὸς γενόμενος, καὶ περί- D
λυπος προσέταξεν ἐξαγαγεῖν πάντας τοὺς σοφοὺς τῆς Βαβυλωνίας.

13. Καὶ ἐδογματίσθη πάντας ἀποκτεῖναι· ἐζητήθη δὲ ὁ Δανιὴλ καὶ πάντες οἱ μετ' αὐτοῦ χάριν τοῦ συναπολέσθαι.

14. Τότε Δανιὴλ εἶπε βουλὴν καὶ γνώμην, ἣν εἶχεν, Ἀριωχῇ τῷ ἀρχιμαγείρῳ τοῦ βασιλέως, ᾧ προσέταξεν ἐξαγαγεῖν τοὺς σοφιστὰς τῆς Βαβυλωνίας.

15. Καὶ ἐπυνθάνετο αὐτοῦ λέγων, ⋇ Ἄρχων τοῦ βασιλέως / περὶ τίνος δογματίζεται πικρῶς παρὰ τοῦ βασιλέως; Τότε τὸ πρόσταγμα ἐσήμανεν ὁ Ἀριώχης τῷ Δανιήλ.

16. Ὁ δὲ Δανιὴλ εἰσῆλθε ταχέως πρὸς τὸν βασι-

2. Et jussit rex, ut introducerentur incantatores et magi, et malefici Chaldæorum ad annuntiandum regi somnia ejus: et advenientes steterunt coram rege.

3. Et dixit eis rex: Somnium vidi, et turbatus est spiritus meus: volo igitur scire somnium.

4. Et locuti sunt Chaldæi ad regem Syriace: Domine rex, in sempiternum vive: indica somnium tuum servis tuis, et nos tibi dicemus interpretationem ejus.

5. Respondens autem rex dixit Chaldæis: Sermo a me recessit. Ideoque nisi indicaveritis mihi in veritate somnium, et interpretationem ejus ostenderitis mihi, omnibus exemplo eritis, et redigentur substantiæ vestræ in regium fiscum.

6. Si autem somnium manifestum feceritis mihi, et interpretationem ejus indicaveritis, accipietis præmia omne genus, et honorem a me: ostendite mihi somnium, atque discernite.

7. Responderunt autem secundo dicentes: Rex, visionem dic; et pueri tui posthac interpretabuntur.

8. Et dixit eis rex: In veritate novi, quod tempus vos redimitis, prout vidistis, quod recesserit a me res. Quemadmodum igitur præcepi, sic erit.

9. Nisi somnium indicaveritis mihi in veritate et interpretationem ejus ostenderitis, morte cadetis: inter vos enim loquimini, ut verba mendacia componatis in me, donec tempus pertranseat. Nunc igitur si verbum dixeritis mihi quod nocte vidi, cognoscam, quod etiam interpretationem hujus ostendetis.

10. Et responderunt Chaldæi coram rege: quod Nemo ex his qui sunt in terra, poterit dicere regi quod vidit, sicut tu sciscitaris: et omnis rex, et omnis dynasta hujuscemodi rem minime sciscitatur ab omni sapiente, et mago, et Chaldæo.

11. Et sermo, quem quæris, rex, gravis est et sublimis, et nullus est qui ostendet hæc regi, nisi aliquis angelus, cujus non est commoratio cum omni carne, unde non potest fieri, quemadmodum opinaris.

12. Tunc rex mœstus, et supra modum dolore affectus præcepit, ut educerent omnes sapientes Babyloniæ.

13. Et edictum promulgatum est, ut omnes interficerentur: quæsitus est autem Daniel, et omnes qui cum eo erant, ut simul perirent.

14. Tunc Daniel dixit consilium, et sententiam, quam habebat, Ariocho principi militiæ regis, cui mandaverat, ut educeret sophistas Babylonis.

15. Et sciscitabatur ab eo dicens, Princeps regis, quare decernitur severe a rege? Tunc mandatum indicavit Ariochus Danieli.

16. Daniel autem in[illegible]riter ad re-

gem, et rogavit, ut daretur sibi tempus a rege; et ostenderet omnia coram rege.

17. Tunc revertens Daniel in domum suam, Ananiæ, et Misaeli, et Azariæ consociis enarravit omnia.

18. Et indixit jejunium, et deprecationem et ÷ afflictionem ad quærendum a Domino altissimo de mysterio hoc, ut non traderentur Daniel, et qui cum eo, in perditionem simul cum sophistis Babylonis.

19. Tunc Danieli in visione in ipsa nocte mysterium regis patefactum est clare: tunc Daniel benedixit Domino altissimo, et exclamans dixit:

20. Sit nomen Domini magni benedictum in sæculum, quia sapientia et magnificentia ejus sunt.

21. Et ipse mutat tempora et ætates, transferens reges, et constituens: dans sapientibus sapientiam, et intelligentiam his, qui sunt in scientia.

22. Revelans profunda et obscura, et cognoscens quæ in tenebris, et quæ in lumine; et apud ipsum est solutio.

23. Tibi, Domine patrum meorum, confiteor, ac te laudo, quia sapientiam et prudentiam dedisti mihi: et nunc declarasti mihi quæ rogavi, ut ostenderem regi postea.

24. Ingressus autem Daniel ad Arioch, qui constitutus fuerat a rege, ut interficeret omnes sophistas Babylonis, dixit ei: Sophistas quidem Babylonis ne perdas: sed introduc me ad regem, et singula regi aperiam.

25. Tunc Arioch cum festinatione introduxit Danielem ad regem, et dixit ei: Inveni hominem sapientem de captivitate filiorum Judææ, qui regi aperiet singula.

26. Respondens autem rex dixit Danieli, qui cognominabatur Chaldaice Baltasar: Poteris indicare mihi visionem, quam vidi, et interpretationem ejus?

27. Exclamans autem Daniel coram rege ait: Mysterii, quod vidit rex, non est sapientum, et maleficorum, et incantatorum, et gazarenorum explicatio.

28. Sed est Deus in cœlo revelans mysteria, qui significavit regi Nabuchodonosor quæ oportet fieri in novissimis diebus.

29. Et qui revelat mysteria, ostendit tibi quæ oportet fieri.

30. Mihi vero non propter sapientiam, quæ sit in me super omnes homines, mysterium hoc apertum est, sed explanatum est mihi, ut nota fierent regi, quæ concepisti animo tuo in cognitione.

31. Et tu, rex, vidisti, et ecce imago una, et erat imago illa magna nimis, et aspectus ipsius sublimis stabat contra te, et visio imaginis terribilis.

A λέα, καὶ ἠξίωσεν, ἵνα δοθῇ αὐτῷ χρόνος παρὰ τοῦ βασιλέως, καὶ δηλώσῃ πάντα ἐπὶ τοῦ βασιλέως.

17. Τότε ἀπελθὼν Δανιὴλ εἰς τὸν οἶκον αὐτοῦ, τῷ Ἀνανίᾳ, καὶ Μισαὴλ, καὶ Ἀζαρίᾳ τοῖς συνεταίροις ὑπέδειξε πάντα.

18. Καὶ παρήγγειλε νηστείαν καὶ δέησιν ÷ καὶ τιμωρίαν ζητῆσαι /. παρὰ τοῦ Κυρίου τοῦ ὑψίστου περὶ τοῦ μυστηρίου τούτου, ὅπως μὴ ἐκδοθῶσι Δανιὴλ καὶ οἱ μετ' αὐτοῦ εἰς ἀπώλειαν ἅμα τοῖς σοφισταῖς Βαβυλῶνος.

19. Τότε τῷ Δανιὴλ ἐν ὁράματι ἐν αὐτῇ τῇ νυκτὶ τὸ μυστήριον τοῦ βασιλέως ἐξεφάνθη εὐσήμως· τότε Δανιὴλ εὐλόγησεν τὸν Κύριον τὸν ὕψιστον, καὶ ἐκφωνήσας εἶπεν·

B 20. Ἔστω τὸ ὄνομα τοῦ Κυρίου τοῦ μεγάλου εὐλογημένον εἰς τὸν αἰῶνα, ὅτι ἡ σοφία καὶ ἡ μεγαλωσύνη αὐτοῦ ἐστι.

21. Καὶ αὐτὸς ἀλλοιοῖ καιροὺς καὶ χρόνους, μεθιστῶν βασιλεῖς, καὶ καθιστῶν, διδοὺς σοφοῖς σοφίαν, καὶ σύνεσιν τοῖς ἐν ἐπιστήμῃ οὖσιν.

22. Ἀνακαλύπτων τὰ βαθέα καὶ σκοτεινὰ, καὶ γινώσκων τὰ ἐν τῷ σκότει, καὶ τὰ ἐν τῷ φωτὶ, καὶ παρ' αὐτῷ κατάλυσις.

23. Σοὶ, Κύριε τῶν πατέρων μου, ἐξομολογοῦμαι, καὶ αἰνῶ, ὅτι σοφίαν καὶ φρόνησιν ἔδωκάς μοι, καὶ νῦν ἐσήμανάς μοι ὅσα ἠξίωσα, τοῦ δηλῶσαι τῷ βασιλεῖ πρὸς ταῦτα.

24. Εἰσελθὼν δὲ Δανιὴλ πρὸς τὸν Ἀριὼχ τὸν κατασταθέντα ὑπὸ τοῦ βασιλέως ἀποκτεῖναι πάντας τοὺς

C σοφιστὰς τῆς Βαβυλωνίας, εἶπεν αὐτῷ, Τοὺς μὲν σοφιστὰς τῆς Βαβυλωνίας μὴ ἀπολέσῃς, εἰσάγαγε δέ με πρὸς τὸν βασιλέα, καὶ ἕκαστα τῷ βασιλεῖ δηλώσω.

25. Τότε Ἀριὼχ κατὰ σπουδὴν εἰσήγαγε τὸν Δανιὴλ πρὸς τὸν βασιλέα, καὶ εἶπεν αὐτῷ, ὅτι Εὕρηκα ἄνθρωπον σοφὸν ἐκ τῆς αἰχμαλωσίας τῶν υἱῶν τῆς Ἰουδαίας, ὃς τῷ βασιλεῖ δηλώσει ἕκαστα.

26. Ἀποκριθεὶς δὲ ὁ βασιλεὺς εἶπε τῷ Δανιὴλ, ἐπικαλουμένῳ δὲ Χαλδαϊστὶ Βαλτάσαρ· Δυνήσῃ ἐμοὶ δηλῶσαί μοι τὸ ὅραμα ὃ εἶδον, καὶ τὴν τούτου σύγκρισιν;

27. Ἐκφωνήσας δὲ ὁ Δανιὴλ ἐπὶ τοῦ βασιλέως, εἶπε· Τὸ μυστήριον ὃ ἑώρακεν ὁ βασιλεὺς, οὐκ ἔστι σοφῶν καὶ φαρμακῶν, καὶ ἐπαοιδῶν, καὶ γαζαρηνῶν ἡ δήλωσις.

D 28. Ἀλλ' ἔστι Θεὸς ἐν οὐρανῷ ἀνακαλύπτων μυστήρια, ὃς ἐδήλωσε τῷ βασιλεῖ Ναβουχοδονόσορ, ἃ δεῖ γενέσθαι ἐπ' ἐσχάτων τῶν ἡμερῶν.

29. Καὶ ἀνακαλύπτων μυστήρια ἐδήλωσέ σοι ἃ δεῖ γενέσθαι.

30. Κἀμοὶ δὲ οὐ παρὰ τὴν σοφίαν, τὴν οὖσαν ἐν ἐμοὶ ὑπὲρ πάντας τοὺς ἀνθρώπους, τὸ μυστήριον τοῦτο ἐξεφάνθη, ἀλλ' ἕνεκεν τοῦ δηλωθῆναι τῷ βασιλεῖ ἐσημάνθη μοι, ἃ ὑπέλαβες τῇ καρδίᾳ σου ἐν γνώσει.

31. Καὶ σὺ, βασιλεῦ, ἑώρακας, καὶ ἰδοὺ εἰκὼν μία, καὶ ἦν ἡ εἰκὼν ἐκείνη μεγάλη σφόδρα, καὶ ἡ πρόσοψις αὐτῆς ὑπερφερὴς ἑστήκει ἐναντίον σου, καὶ ἡ πρόσοψις τῆς εἰκόνος φοβερά.

32. Καὶ ἦν κεφαλὴ αὐτῆς ἀπὸ χρυσίου χρηστοῦ, A τὸ στῆθος καὶ οἱ βραχίονες ἀργυροῖ, ἡ κοιλία καὶ οἱ μηροὶ χαλκοῖ.

33. Τὰ δὲ σκέλη σιδηρᾶ, οἱ πόδες μέρος μέν τι σιδήρου, μέρος δέ τι ὀστράκου.

34. Ἑώρακας ἕως ὅτου ἐτμήθη λίθος ἐξ ὄρους ἄνευ χειρῶν, καὶ ἐπάταξε τὴν εἰκόνα ἐπὶ τοὺς πόδας τοὺς σιδηροῦς, καὶ ὀστρακίνους, καὶ κατήλεσεν αὐτά.

35. Τότε λεπτὰ ἐγένετο ἅμα ὁ σίδηρος καὶ τὸ ὄστρακον, καὶ ὁ χαλκὸς, καὶ ὁ ἄργυρος, καὶ τὸ χρυσίον· καὶ ἐγένετο ὡσεὶ λεπτότερον ἀχύρου ἐν ἅλωνι· καὶ ἐῤῥίπισεν αὐτὰ ὁ ἄνεμος, ὥστε μηδὲν καταλειφθῆναι ἐξ αὐτῶν, καὶ ὁ λίθος ὁ πατάξας τὴν εἰκόνα ἐγένετο ὄρος μέγα, καὶ ἐπάταξε πᾶσαν τὴν γῆν.

36. Τοῦτο τὸ ὅραμα, καὶ τὴν κρίσιν δὲ ἐροῦμεν B ἐπὶ τοῦ βασιλέως.

37. Σὺ, βασιλεῦ, βασιλεὺς βασιλέων, καὶ σοὶ ὁ Κύριος τοῦ οὐρανοῦ τὴν ἀρχὴν, καὶ τὴν βασιλείαν, καὶ τὴν ἰσχὺν, καὶ τὴν τιμὴν, καὶ τὴν δόξαν ἔδωκεν ἐν πάσῃ τῇ οἰκουμένῃ.

38. Ἀπὸ ἀνθρώπων, καὶ θηρίων ἀγρίων, καὶ πετεινῶν οὐρανοῦ ✢ καὶ τῶν ✢ ἰχθύων τῆς θαλάσσης/. παρέδωκεν ὑπὸ τὰς χεῖράς σου κυριεύειν πάντων· σὺ εἶ ἡ κεφαλὴ ἡ χρυσῆ.

39. Καὶ μετὰ σὲ ἀναστήσεται βασιλεία ἐλάττων σου, καὶ τρίτη βασιλεία ἄλλη χαλκῆ, ἡ κυριεύσει πάσης τῆς γῆς.

40. Καὶ βασιλεία τετάρτη ἰσχυρὰ ⋇ ὡς ὁ σίδηρος/. ὥσπερ ὁ σίδηρος ὁ δαμάζων πάντα, καὶ ⋇ ὡς ὁ σίδηρος πᾶν δένδρον ἐκκόπτων· καὶ σεισθήσεται πᾶσα C ἡ γῆ.

41. Καὶ ὡς ἑώρακας τοὺς πόδας αὐτῆς ⋇ καὶ τοὺς δακτύλους, μέρος μέν τι ὀστράκου κεραμικοῦ, μέρος δέ τι σιδήρου, βασιλεία ἄλλη διμερὴς ἔσται ἐν αὐτῇ, καθάπερ εἶδες τὸν σίδηρον ἀναμεμιγμένον ἅμα τῷ πηλίνῳ ὀστράκῳ.

42. Καὶ οἱ δάκτυλοι τῶν ποδῶν μέρος μέν τι σιδηροῦν, μέρος δέ τι ὀστράκινον· μέρος δέ τι τῆς βασιλείας ἔσται ἰσχυρὸν, καὶ μέρος τι ἔσται συντετριμμένον.

43. Καὶ ὡς εἶδες τὸν σίδηρον ἀναμεμιγμένον ἅμα τῷ πηλίνῳ ὀστράκῳ, συμμιγεῖς ἔσονται εἰς γένεσιν ἀνθρώπων, οὐκ ἔσονται δὲ ὁμονοοῦντες, οὔτε εὐνοοῦντες ἀλλήλοις, ὥσπερ οὐδὲ ὁ σίδηρος δύναται συγκραθῆναι τῷ ὀστράκῳ. D

44. Καὶ ἐν τοῖς χρόνοις τῶν βασιλέων τούτων στήσει ὁ Θεὸς τοῦ οὐρανοῦ βασιλείαν ἄλλην, ἥ τις ἔσται εἰς τοὺς αἰῶνας, καὶ οὐ φθαρήσεται, καὶ αὕτη ἡ βασιλεία ἄλλο ἔθνος οὐ μὴ ἐάσῃ, πατάξει δὲ καὶ ἀφανίσει τὰς βασιλείας ταύτας, καὶ αὐτὴ στήσεται εἰς τὸν αἰῶνα.

45. Καθάπερ ἑώρακας ἐξ ὄρους τμηθῆναι λίθον ἄνευ χειρῶν, καὶ συνηλοίησε τὸ ὄστρακον, τὸν σίδηρον, καὶ τὸν χαλκὸν, καὶ τὸν ἄργυρον, καὶ τὸν χρυσόν· ὁ Θεὸς ὁ μέγας ἐσήμανε τῷ βασιλεῖ τὰ ἐσόμενα ἐπ' ἐσχάτων τῶν ἡμερῶν· καὶ ἀκριβὲς τὸ ὅραμα, καὶ πιστὴ ἡ τούτου κρίσις.

46. Τότε Ναβουχοδονόσορ ὁ βασιλεὺς πεσὼν ἐπὶ

32. Et erat caput ejus ex auro optimo, pectus et brachia argentea, venter et femora ærea.

33. Crura autem ferrea, pedes pars quædam ferri, pars autem testæ.

34. Vidisti quoadusque scissus est lapis de monte sine manibus : et percussit imaginem super pedes ferreos, et testaceos, et demolitus est ea.

35. Tunc comminuta sunt simul ferrum, et testa, et æs, et argentum, et aurum, et facta sunt quasi minutius paleæ in area, et dispersit ea ventus, ita ut nihil relictum sit ex eis : et lapis qui percusserat imaginem, factus est mons magnus, et percussit universam terram.

36. Hæc est visio : sed etiam interpretationem dicemus coram rege.

37. Tu, o rex, rex regum es : et tibi Dominus cœli principatum, et regnum, et fortitudinem, et honorem, et gloriam dedit in universo terrarum orbe.

38. Homines, et bestias feras, et volucres cœli, et pisces maris tradidit sub manus tuas, ut domineris omnium : tu es caput aureum.

39. Et post te consurget regnum minus tuo : et tertium regnum aliud æreum, quod imperabit universæ terræ.

40. Et regnum quartum forte ut ferrum, sicut ferrum domans omnia, et sicut ferrum omnem arborem excidens ; et turbabitur universa terra.

41. Et ut vidisti pedes ejus et digitos, partem quidem aliquam testæ fictilis, partem vero aliquam ferri ; regnum aliud divisum erit in ipso, prout vidisti ferrum admixtum simul luteæ testæ.

42. Et digiti pedum pars quidem aliqua ferrea, pars vero aliqua testea : pars quædam regni erit fortis, et pars quædam erit contrita.

43. Et sicut vidisti ferrum admixtum simul luteæ testæ, commixti erunt in generatione hominum, sed non erunt consentientes, neque invicem convenientes, sicut neque ferrum potest commisceri testæ.

44. Et in temporibus regum istorum statuet Deus cœli regnum aliud, quod erit in sæcula, et non dissipabitur, et hoc regnum aliam gentem non patietur : percutiet autem, et desolabit regna hæc, et ipsum stabit in æternum.

45. Quemadmodum vidisti de monte scissum lapidem sine manibus, et comminuit testam, ferrum, et æs, et argentum, et aurum ; Deus magnus significavit regi quæ futura sunt in novissimis diebus : et certa est visio, et fidelis hujus interpretatio.

46. Tı nosor rex cadens in faciem

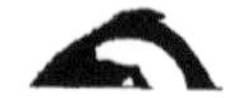

46. Tunc Nabuchodonosor rex cadens in faciem

humi, adoravit Danielem, et præcepit, ut sacrificia et libamina facerent ei.

47. Et exclamans rex ad Danielem dixit : Vere est Deus vester Deus deorum, et Dominus regum, qui patefacit mysteria abscondita solus, quia potuisti manifestare mysterium hoc.

48. Tunc rex Nabuchodonosor Danielem magnificans, et dans dona magna et multa, constituit super negotia Babylonis, et declaravit eum principem et ducem omnium sophistarum Babylonis.

49. Et Daniel rogavit regem, ut constituerentur super negotia Babylonis Sedrach, Misach, Abdenago : et Daniel erat in regia aula.

CAPUT III.

1. Anno decimoctavo Nabuchodonosor rex gubernans civitates, et regiones, et omnes habitantes super terram ab India usque ad Æthiopiam fecit imaginem auream : altitudo ejus cubitorum sex : et statuit eam in campo vivarii regionis Babylonis.

2. Et Nabuchodonosor rex regum et imperans orbi terrarum toti, misit ad congregandum universas gentes, et tribus, et linguas, satrapas, duces, toparchas, et consules, præfectos, et eos, qui in potestatibus constituti per regionem, et universos, qui erant per orbem terrarum, ut venirent ad dedicationem imaginis aureæ, quam statuerat Nabuchodonosor rex.

3. Tunc congregati sunt consules, duces, toparchæ, prætores, tyranni, magni in potestatibus, et omnes principes regionum, ut venirent ad dedicationem imaginis, quam statuerat Nabuchodonosor rex, et steterunt qui adscripti erant in conspectu imaginis quam statuerat Nabuchodonosor.

4. Et præco promulgavit turbis : Vobis edicitur, gentes et regiones, populi, et linguæ.

5. Ut cum audieritis vocem tubæ, fistulæ, et citharæ, sambucæ, et psalterii, symphoniæ, et universi generis musicorum, cadentes adoretis imaginem auream, quam statuit Nabuchodonosor rex.

6. Quicumque autem non cadens adoraverit, eadem hora injicient eum in fornacem ignis ardentem.

7. Et in tempore illo, quando audierunt omnes gentes vocem tubæ, fistulæ, et citharæ, sambucæ et psalterii et omnis sonitus musicorum, cadentes omnes gentes, tribus, et linguæ adoraverunt imaginem auream, quam statuerat Nabuchodonosor rex, in conspectu ejus.

8. In illo tempore accedentes viri Chaldæi calumniati sunt Judæos.

9. Et suscipientes dixerunt Nabuchodonosor regi : Domine rex, in æternum vive.

πρόσωπον χαμαὶ, προσεκύνησε τῷ Δανιὴλ, καὶ ἐπέταξε θυσίας καὶ σπονδὰς ποιῆσαι αὐτῷ.

47. Καὶ ἐκφωνήσας ὁ βασιλεὺς πρὸς τὸν Δανιὴλ εἶπεν· Ἐπ' ἀληθεῖ ἐστιν ὁ Θεὸς ὑμῶν Θεὸς τῶν θεῶν, καὶ Κύριος τῶν βασιλέων, ὁ ἐκφαίνων μυστήρια κρυπτὰ μόνος, ὅτι ἐδυνάσθης δηλῶσαι τὸ μυστήριον τοῦτο.

48. Τότε ὁ βασιλεὺς ⁜ Ναβουχοδονόσορ /. Δανιὴλ μεγαλύνας, καὶ δοὺς δωρεὰς μεγάλας καὶ πολλὰς κατέστησεν ἐπὶ τῶν πραγμάτων τῆς Βαβυλωνίας, καὶ ἀπέδειξεν αὐτὸν ἄρχοντα καὶ ἡγούμενον πάντων τῶν σοφιστῶν Βαβυλωνίας.

49. Καὶ Δανιὴλ ἠξίωσε τὸν βασιλέα, ἵνα κατασταθῶσιν ἐπὶ τῶν πραγμάτων τῆς Βαβυλωνίας Σεδρὰχ, Μισὰχ, Ἀβδεναγώ· καὶ Δανιὴλ ἦν ἐν τῇ βασιλικῇ αὐλῇ.

ΚΕΦΑΛΑΙΟΝ Γ'.

1. ⁜ Ἔτους ὀκτωκαιδεκάτου /. Ναβουχοδονόσορ βασιλεὺς ⁜ διοικῶν πόλεις ⁜ καὶ χώρας ÷, καὶ πάντας τοὺς κατοικοῦντας ἐπὶ τῆς γῆς ἀπὸ Ἰνδικῆς ἕως Αἰθιοπίας /. ἐποίησεν εἰκόνα χρυσῆν· τὸ ὕψος αὐτῆς πηχῶν ἕξ· καὶ ἔστησεν αὐτὴν ἐν πεδίῳ τοῦ περιβόλου χώρας Βαβυλωνίας.

2. Καὶ Ναβουχοδονόσορ βασιλεὺς ⁜ βασιλέων ⁜ καὶ κυριεύων τῆς οἰκουμένης ⁜ ὅλης /. ἀπέστειλεν ἐπισυναγαγεῖν ⁜ πάντα τὰ ἔθνη, καὶ φυλὰς καὶ γλώσσας /. σατράπας, στρατηγοὺς, τοπάρχας, καὶ ὑπάτους, διοικητὰς, καὶ τοὺς ἐπ' ἐξουσιῶν κατὰ χώραν, καὶ πάντας τοὺς κατὰ τὴν οἰκουμένην, ἐλθεῖν εἰς τὸν ἐγκαινισμὸν τῆς εἰκόνος τῆς χρυσῆς, ἣν ἔστησεν Ναβουχοδονόσορ ὁ βασιλεύς.

3. ⁜ Τότε συνήχθησαν ὕπατοι, στρατηγοὶ, τοπάρ⁜ χαι, ἡγούμενοι, τύραννοι, μεγάλοι ἐπ' ἐξουσιῶν, ⁜ καὶ πάντες οἱ ἄρχοντες τῶν χωρῶν, τοῦ ἐλθεῖν εἰς ⁜ τὸν ἐγκαινισμὸν τῆς εἰκόνος, ἧς ἔστησε Ναβουχο⁜ δονόσορ ὁ βασιλεὺς /. ⁜ καὶ ἔστησαν οἱ προγεγραμμένοι κατέναντι τῆς εἰκόνος ⁜ ἧς ἔστησε Ναβουχοδονόσορ /.

4. Καὶ ὁ κήρυξ ἐκήρυξε τοῖς ὄχλοις· Ὑμῖν παραγγέλλεται, ἔθνη, καὶ χῶραι, λαοὶ, καὶ γλῶσσαι.

5. Ὅτ' ἂν ἀκούσητε τῆς φωνῆς τῆς σάλπιγγος, σύριγγος, καὶ κιθάρας, σαμβύκης, καὶ ψαλτηρίου, συμφωνίας, καὶ παντὸς γένους μουσικῶν, πεσόντες προσκυνήσατε τῇ εἰκόνι τῇ χρυσῇ, ἣν ἔστησε Ναβουχοδονόσορ βασιλεύς.

6. Καὶ πᾶς ὃς ἂν μὴ πεσὼν προσκυνήσῃ ⁜ αὐτῇ τῇ ὥρᾳ ἐμβαλοῦσιν αὐτὸν εἰς τὴν κάμινον τοῦ πυρὸς τὴν καιομένην.

7. Καὶ ἐν τῷ καιρῷ ἐκείνῳ, ὅτε ἤκουσαν πάντα τὰ ἔθνη τῆς φωνῆς τῆς σάλπιγγος ⁜ σύριγγός τε καὶ κιθάρας, σαμβύκης ⁜ τε καὶ ψαλτηρίου /. καὶ παντὸς ἤχου μουσικῶν, πίπτοντα πάντα τὰ ἔθνη, φυλαὶ, καὶ γλῶσσαι προσεκύνησαν τῇ εἰκόνι τῇ χρυσῇ, ἣν ἔστησε Ναβουχοδονόσορ ⁜ ὁ βασιλεὺς, κατέναντι τούτου.

8. Ἐν ἐκείνῳ τῷ καιρῷ προσελθόντες ἄνδρες Χαλδαῖοι διέβαλον τοὺς Ἰουδαίους.

9. Καὶ ὑπολαβόντες εἶπον ⁜ Ναβουχοδονόσορ τῷ βασιλεῖ· Κύριε βασιλεῦ, εἰς τὸν αἰῶνα ζῆθι.

10. Σὺ, βασιλεῦ, προσέταξας καὶ ἔκρινας, ἵνα πᾶς ἄνθρωπος, ὃς ἂν ἀκούσῃ τῆς φωνῆς τῆς σάλπιγγος ⋇ σύριγγός τε καὶ σαμβύκης ⋇ κιθάρας, ψαλτηρίου /. καὶ παντὸς ἤχου μουσικῶν, πεσὼν προσκυνήσῃ τῇ εἰκόνι τῇ χρυσῇ.

11. Καὶ ὃς ἂν μὴ πεσὼν προσκυνήσῃ, ἐμβληθήσεται εἰς τὴν κάμινον τοῦ πυρὸς τὴν καιομένην.

12. Εἰσὶ δέ τινες ἄνδρες Ἰουδαῖοι, οὓς κατέστησας ἐπὶ τῆς χώρας τῆς Βαβυλωνίας, Σεδρὰχ, Μισὰχ, Ἀβδεναγὼ, οἱ ἄνθρωποι ἐκεῖνοι οὐκ ἐφοβήθησάν σου τὴν ἐντολὴν, καὶ τῷ εἰδώλῳ σου οὐκ ἐλάτρευσαν, καὶ τῇ εἰκόνι σου τῇ χρυσῇ, ᾗ ἔστησας, οὐ προσεκύνησαν.

13. Τότε Ναβουχοδονόσορ θυμωθεὶς ὀργῇ προσέταξεν ἀγαγεῖν τὸν Σεδρὰχ, Μισὰχ, Ἀβδεναγώ. Τότε οἱ ἄνθρωποι ἤχθησαν πρὸς τὸν βασιλέα.

14. Οὓς καὶ συνιδὼν Ναβουχοδονόσορ ὁ βασιλεὺς εἶπεν αὐτοῖς, Διατί, Σεδρὰχ, Μισὰχ, Ἀβδεναγὼ, τοῖς θεοῖς μου οὐ λατρεύετε, καὶ τῇ εἰκόνι τῇ χρυσῇ, ἣν ἔστησα, οὐ προσκυνεῖτε;

15. Καὶ νῦν εἰ μὲν ἔχετε ἑτοίμως ἅμα τῷ ἀκοῦσαι τῆς σάλπιγγος ⋇ σύριγγός τε καὶ κιθάρας, σαμβύ- ⋇ κης τε, καὶ ψαλτηρίου καὶ συμφωνίας /. καὶ παντὸς ἤχου μουσικῶν, πεσόντες προσκυνῆσαι τῇ εἰκόνι τῇ χρυσῇ /. ᾗ ἔστησα· εἰ δὲ μήγε, γινώσκετε, ὅτι μὴ προσκυνησάντων ὑμῶν, αὐθωρὶ ἐμβληθήσεσθε εἰς τὴν κάμινον τοῦ πυρὸς τὴν καιομένην· καὶ ποῖος Θεὸς ἐξελεῖται ὑμᾶς ἐκ τῶν χειρῶν μου;

16. Ἀποκριθέντες δὲ Σεδρὰχ, Μισὰχ, Ἀβδεναγὼ, εἶπαν τῷ βασιλεῖ Ναβουχοδονόσορ· Βασιλεῦ, οὐ χρείαν ἔχομεν ἡμεῖς ἐπὶ τῇ ἐπιταγῇ ταύτῃ ἀποκριθῆναί σοι.

17. Ἔστι γὰρ Θεὸς ✛ ἐν οὐρανοῖς εἷς Κύριος /. ἡμῶν, ὃν φοβούμεθα, ὅς ἐστι δυνατὸς ἐξελέσθαι ἡμᾶς ἐκ τῆς καμίνου τοῦ πυρὸς ⋇ τῆς καιομένης /. καὶ ἐκ τῶν χειρῶν σου, βασιλεῦ, ἐξελεῖται ἡμᾶς.

18. Καὶ τότε φανερόν σοι ἔσται ⋇ βασιλεῦ /. ὅτι οὔτε τῷ εἰδώλῳ σου λατρεύομεν, οὔτε τῇ εἰκόνι σου τῇ χρυσῇ, ἣν ἔστησας, οὐ προσκυνοῦμεν.

19. Τότε Ναβουχοδονόσορ ἐπλήσθη θυμοῦ, καὶ ἡ μορφὴ τοῦ προσώπου αὐτοῦ ἠλλοιώθη ἐπὶ Σεδρὰχ, Μισὰχ, καὶ Ἀβδεναγὼ, καὶ ἐπέταξε καῆναι τὴν κάμινον ἑπταπλασίως, παρ' ὃ ἔδει αὐτὴν καῆναι.

20. Καὶ ἄνδρας ἰσχυροτάτους τῶν ἐν τῇ δυνάμει ἐπέταξε, συμποδίσαντας ⋇ τὸν Σεδρὰχ, Μισὰχ, Ἀβδεναγὼ /. ἐμβαλεῖν εἰς τὴν κάμινον τοῦ πυρὸς τὴν καιομένην.

21. Τότε οἱ ἄνδρες ἐκεῖνοι συνεποδίσθησαν, ἔχοντες τὰ ὑποδήματα αὐτῶν, καὶ τὰς τιάρας αὐτῶν ἐπὶ τῶν κεφαλῶν αὐτῶν σὺν τῷ ἱματισμῷ αὐτῶν, καὶ ἐβλήθησαν εἰς τὴν κάμινον ⋇ τοῦ πυρὸς τὴν καιομένην.

22. Ἐπειδὴ τὸ πρόσταγμα τοῦ βασιλέως ἤπειγε· καὶ ἡ κάμινος ἐξεκαύθη ὑπὲρ τὸ πρότερον ἑπταπλασίως, καὶ οἱ ἄνδρες οἱ προχειρισθέντες, συμποδίσαντες αὐτοὺς καὶ προσαγαγόντες τῇ καμίνῳ ἐνεβάλοσαν εἰς αὐτήν.

23. Τοὺς μὲν οὖν ἄνδρας τοὺς συμποδίσαντας τοὺς περὶ τὸν Ἀζαρίαν ἐξελθοῦσα ἡ φλὸξ ἐκ τῆς καμίνου,

10. Tu, rex, mandasti et decrevisti, ut omnis homo, qui audierit vocem tubæ, fistulæ, et sambucæ, citharæ, psalterii et omnis sonitus musicorum, cadens adoret imaginem auream.

11. Et qui non procidens adoraverit, immissus sit in fornacem ignis ardentem.

12. Sunt autem quidam viri Judæi, quos constituisti super regionem Babylonis, Sedrach, Misach, Abdenago: homines isti non timuerunt tuum decretum, et idolum tuum non coluerunt, et imaginem tuam auream, quam statuisti, non adoraverunt.

13. Tunc Nabuchodonosor succensus ira, præcepit, ut adducerent Sedrach, Misach, Abdenago: tunc homines adducti sunt ad regem.

14. Quos etiam conspicatus Nabuchodonosor rex dixit eis: Quare, Sedrach, Misach, Abdenago, deos meos non colitis, et imaginem auream, quam statui, non adoratis?

15. Et nunc siquidem estis parati, statim ac audieritis tubam, fistulam, et citharam, sambucam, et psalterium, et symphoniam et omnem sonitum musicorum, procidentes adorate imaginem auream quam statui: si vero non, scitote, quod non adorantes vos, eadem hora immittemini in fornacem ignis ardentem: et quis Deus eripiet vos de manibus meis?

16. Respondentes autem Sedrach, Misach, Abdenago dixerunt regi Nabuchodonosor: Rex, non opus habemus nos in mandato hoc respondere tibi.

17. Est enim Deus in cœlis unus Dominus noster, quem timemus, qui est potens eripere nos de fornace ignis ardente, et de manibus tuis, rex, liberabit nos.

18. Et tunc manifestum tibi erit, rex, quia neque idolum tuum colimus, neque imaginem tuam auream, quam statuisti, adoramus.

19. Tunc Nabuchodonosor repletus est furore, et aspectus faciei ejus immutatus est super Sedrach, Misach, et Abdenago: et præcepit ut succenderetur fornax septuplum ultra quod oportebat ipsam succendi.

20. Et viris fortissimis eorum, qui erant in exercitu præcepit, ut colligatis pedibus Sedrach, Misach, Abdenago injicerent in fornacem ignis ardentem.

21. Tunc viri illi compedibus vincti sunt, habentes calceamenta sua, et tiaras suas super capita sua cum vestimento suo, et missi sunt in fornacem ignis ardentem.

22. Quia mandatum regis urgebat: et fornax succensa erat plus quam antea septuplum; et viri, qui jussi fuerant cum revinxissent eos, et adduxissent ad fornacem, immiserunt in eam.

23. Viros igitur, qui compedibus vinxerant eos, qui erant cum Azaria, egressa flamma de fornace

incendit, et interfecit, ipsi autem conservati sunt.

24. Sic ergo precatus est Ananias, et Azarias, et Misael, et laudaverunt Dominum, quando eos rex jussit immitti in fornacem.

25. Stans autem Azarias precatus est sic, et aperiens os suum, confitebatur Domino simul cum sodalibus suis in medio igne fornacis succensæ a Chaldæis vehementer, et dixerunt :

26. Benedictus es, Domine Deus patrum nostrorum, et laudabile et gloriosum nomen tuum in sæcula.

27. Quia justus es in omnibus, quæ fecisti nobis, et omnia opera tua vera, et viæ tuæ rectæ, et omnia judicia tua vera.

28. Et judicia veritatis fecisti secundum omnia, quæ adduxisti nobis, et super civitatem tuam sanctam patrum nostrorum Jerusalem : quoniam in veritate et judicio fecisti omnia hæc propter peccata nostra.

29. Quoniam peccavimus in omnibus, et inique egimus discedendo a te, et peccavimus in omnibus.

30. Et mandatis legis tuæ non obaudivimus, neque observavimus, neque fecimus sicut præcepisti nobis, ut bene nobis esset.

31. Et nunc omnia quæcumque nobis induxisti, et omnia quæcumque fecisti nobis in vero judicio fecisti.

32. Et tradidisti nos in manus inimicorum nostrorum iniquorum, et inimicissimorum apostatarum, et regi iniquo et nequissimo supra omnem terram.

33. Et nunc non licet nobis aperire os : confusio et exprobratio facta est servorum tuorum, et colentium te.

34. Ne tradas nos in finem propter nomen tuum et ne dissipes testamentum tuum.

35. Et ne avertas misericordiam tuam a nobis propter Abraham dilectum a te, et propter Isaac servum tuum, et Israel sanctum tuum.

36. Quemadmodum loquutus es ad eos, dicens, quod multiplicaretur semen eorum quasi stellæ cœli multitudine, et quasi arena, quæ est ad oram maris.

37. Quia, Domine, minorati sumus præ omnibus gentibus, et sumus humiles in omni terra hodie propter peccata nostra.

38. Et non est in tempore hoc princeps, et propheta, neque dux, neque holocaustum, neque sacrificium, neque oblatio, neque incensum, neque locus offerendi in conspectu tuo.

39. Et inveniendi misericordiam : sed in anima contribulata, et spiritu humiliato suscipiamur.

40. Quasi in holocaustis arietum, et taurorum, et quasi in millibus agnorum pinguium : sic fiat sacrificium nostrum in conspectu tuo hodie

A ἐνεπύρισε καὶ ἀπέκτεινεν, αὐτοὶ δὲ συνετηρήθησαν.

24. Οὕτως οὖν προσηύξατο Ἀνανίας, καὶ Ἀζαρίας, καὶ Μισαὴλ· καὶ ὕμνησαν τῷ Κυρίῳ, ὅτε αὐτοὺς ὁ βασιλεὺς προσέταξεν ἐμβληθῆναι εἰς τὴν κάμινον.

25. Στὰς δὲ Ἀζαρίας προσηύξατο οὕτως, καὶ ἀνοίξας τὸ στόμα αὐτοῦ, ἐξωμολογεῖτο τῷ Κυρίῳ ἅμα τοῖς συνεταίροις αὐτοῦ, ἐν μέσῳ τῷ πυρὶ ὑποκαιομένης τῆς καμίνου ὑπὸ τῶν Χαλδαίων σφόδρα, καὶ εἶπαν·

26. Εὐλογητὸς εἶ, Κύριε ὁ Θεὸς τῶν πατέρων ἡμῶν, καὶ αἰνετὸν καὶ δεδοξασμένον τὸ ὄνομά σου εἰς τοὺς αἰῶνας.

27. Ὅτι δίκαιος εἶ ἐπὶ πᾶσιν, οἷς ἐποίησας ἡμῖν,
B καὶ πάντα τὰ ἔργα σου ἀληθινὰ, καὶ αἱ ὁδοί σου εὐθεῖαι, καὶ πᾶσαι αἱ κρίσεις σου ἀληθιναί.

28. Καὶ κρίματα ἀληθείας ἐποίησας κατὰ πάντα ἃ ἐπήγαγες ἡμῖν, καὶ ἐπὶ τὴν πόλιν σου τὴν ἁγίαν τὴν τῶν πατέρων ἡμῶν Ἱερουσαλήμ. Διότι ἐν ἀληθείᾳ καὶ κρίσει ἐποίησας πάντα ταῦτα διὰ τὰς ἁμαρτίας ἡμῶν.

29. Ὅτι ἡμάρτομεν ἐν πᾶσι, καὶ ἠνομήσαμεν ἀποστῆναι ἀπό σου καὶ ἐξημάρτομεν ἐν πᾶσι.

30. Καὶ τῶν ἐντολῶν τοῦ νόμου σου οὐχ ὑπηκούσαμεν, οὐδὲ συνετηρήσαμεν, οὐδὲ ἐποιήσαμεν, καθὼς ἐνετείλω ἡμῖν, ἵνα εὖ ἡμῖν γένηται.

31. Καὶ νῦν πάντα ὅσα ἡμῖν ἐπήγαγες, καὶ πάντα ὅσα ἐποίησας ἡμῖν, ἐν ἀληθινῇ κρίσει ἐποίησας.

C

32. Καὶ παρέδωκας ἡμᾶς εἰς χεῖρας ἐχθρῶν ἡμῶν ἀνόμων, καὶ ἐχθίστων ἀποστατῶν, καὶ βασιλεῖ ἀδίκῳ καὶ πονηροτάτῳ παρὰ πᾶσαν τὴν γῆν

33. Καὶ νῦν οὐκ ἔστιν ἡμῖν ἀνοῖξαι τὸ στόμα· αἰσχύνη καὶ ὄνειδος ἐγενήθη τῶν δούλων σου καὶ τῶν σεβομένων σε.

34. Μὴ παραδῷς ἡμᾶς εἰς τέλος διὰ τὸ ὄνομά σου, καὶ μὴ διασκεδάσῃς σου τὴν διαθήκην.

35. Καὶ μὴ ἀποστήσῃς τὸ ἔλεός σου ἀφ' ἡμῶν διὰ Ἀβραὰμ τὸν ἠγαπημένον ὑπό σου, καὶ διὰ Ἰσαὰκ τὸν δοῦλόν σου, καὶ Ἰσραὴλ τὸν ἅγιόν σου.

36. Ὡς ἐλάλησας πρὸς αὐτοὺς λέγων, πολυπληθῦναι
D τὸ σπέρμα αὐτῶν ὡς τὰ ἄστρα τοῦ οὐρανοῦ τῷ πλήθει, καὶ ὡς τὴν ἄμμον τὴν παρὰ τὸ χεῖλος τῆς θαλάσσης.

37. Ὅτι, Δέσποτα, ἐσμικρύνθημεν παρὰ πάντα τὰ ἔθνη, καὶ ἐσμὲν ταπεινοὶ ἐν πάσῃ τῇ γῇ σήμερον διὰ τὰς ἁμαρτίας ἡμῶν.

38. Καὶ οὐκ ἔστιν ἐν τῷ καιρῷ τούτῳ ἄρχων καὶ προφήτης, οὐδὲ ἡγούμενος, οὐδὲ ὁλοκαύτωσις, οὐδὲ θυσία, οὐδὲ προσφορὰ, οὐδὲ θυμίαμα, οὐδὲ τόπος τοῦ καρπῶσαι ἐνώπιόν σου.

39. Καὶ εὑρεῖν ἔλεος· ἀλλ' ἐν ψυχῇ συντετριμμένῃ, καὶ πνεύματι τεταπεινωμένῳ προσδεχθείημεν.

40. Ὡς ἐν ὁλοκαυτώμασι κριῶν καὶ ταύρων, καὶ ὡς ἐν μυριάσιν ἀρνῶν πιόνων· οὕτω γενέσθω ἡμῶν ἡ θυσία ἐνώπιόν σου σήμερον, καὶ ἐξιλάσαι ὄπισθέν

σου, ὅτι οὐκ ἔστιν αἰσχύνη τοῖς πεποιθόσιν ἐπί σοι ⁜ καὶ τελειῶσαι ὄπισθέν σου /.

41. Καὶ νῦν ἐξακολουθοῦμεν ἐν ὅλῃ καρδίᾳ ἡμῶν, καὶ φοβούμεθά σε, καὶ ζητοῦμεν τὸ πρόσωπόν σου.

42. Μὴ καταισχύνῃς ἡμᾶς, ἀλλὰ ποίησον μεθ' ἡμῶν ἔλεος /. κατὰ τὴν ἐπιείκειάν σου, καὶ κατὰ τὸ πλῆθος τοῦ ἐλέους σου.

43. Καὶ ἐξελοῦ ἡμᾶς κατὰ τὰ θαυμάσιά σου, καὶ δὸς δόξαν τῷ ὀνόματί σου, Κύριε.

44. Καὶ ἐντραπείησαν πάντες οἱ ἐνδεικνύμενοι τοῖς δούλοις σου κακὰ, καὶ καταισχυνθείησαν ἀπὸ πάσης δυναστείας, καὶ ἡ ἰσχὺς αὐτῶν συντριβείη.

45. Γνώτωσαν ὅτι σὺ εἶ μόνος Κύριος ὁ Θεὸς, καὶ ἔνδοξος ἐφ' ὅλην τὴν οἰκουμένην.

46. Καὶ οὐ διέλιπον οἱ ἐμβάλλοντες αὐτοὺς ὑπηρέται τοῦ βασιλέως, καίοντες τὴν κάμινον· καὶ ἡνίκα ἐνεβάλοσαν τοὺς τρεῖς εἰσάπαξ εἰς τὴν κάμινον, καὶ ἡ κάμινος ἦν διάπυρος κατὰ τὴν θερμασίαν αὐτῆς ἑπταπλασίως· καὶ ὅτε αὐτοὺς ἐνεβάλοσαν, οἱ μὲν ἐμβάλλοντες αὐτοὺς ἦσαν ὑπεράνω αὐτῶν, οἱ δὲ ὑπέκαιον ὑποκάτωθεν αὐτῶν νάφθαν, καὶ στυπίον, καὶ πίσσαν, καὶ κληματίδα.

47. Καὶ διεχεῖτο ἡ φλὸξ ἐπάνω τῆς καμίνου ἐπὶ πήχεις τεσσαρακονταεννέα.

48. Καὶ διεξώδευσεν, καὶ ἐνεπύρισεν οὓς εὗρε περὶ τὴν κάμινον τῶν Χαλδαίων.

49. Ἄγγελος δὲ Κυρίου συγκατέβη ἅμα τοῖς περὶ τὸν Ἀζαρίαν εἰς τὴν κάμινον, καὶ ἐξετίναξε τὴν φλόγα τοῦ πυρὸς ἐκ τῆς καμίνου.

50. Καὶ ἐποίησε τὸ μέσον τῆς καμίνου ὡσεὶ πνεῦμα δρόσου διασυρίζον, καὶ οὐχ ἥψατο αὐτῶν καθόλου τὸ πῦρ, καὶ οὐκ ἐλύπησε, καὶ οὐ παρηνώχλησεν αὐτούς.

51. Ἀναλαβόντες δὲ οἱ τρεῖς ὡς ἐξ ἑνὸς στόματος ὕμνουν, καὶ ἐδόξαζον, καὶ εὐλόγουν ⁜ καὶ ἐξύψουν /. τὸν Θεὸν ἐν τῇ καμίνῳ, λέγοντες·

52. Εὐλογητὸς εἶ, Κύριε ὁ Θεὸς τῶν πατέρων ἡμῶν, καὶ αἰνετὸς, καὶ ὑπερυψούμενος εἰς τοὺς αἰῶνας· καὶ εὐλογημένον τὸ ὄνομα τῆς δόξης σου τὸ ἅγιον, καὶ ὑπεραινετὸν, καὶ ὑπερυψωμένον εἰς πάντας τοὺς αἰῶνας.

53. Εὐλογημένος εἶ ἐν τῷ ναῷ τῆς ἁγίας δόξης σου, καὶ ὑπερυμνητὸς, καὶ ὑπερένδοξος εἰς τοὺς αἰῶνας.

54. Εὐλογητὸς εἶ ἐπὶ θρόνου δόξης τῆς βασιλείας σου, καὶ ὑμνητὸς, καὶ ὑπερυψωμένος εἰς τοὺς αἰῶνας.

55. Εὐλογητὸς εἶ ὁ βλέπων ἀβύσσους, καθήμενος ἐπὶ Χερουβὶμ, καὶ αἰνετὸς, καὶ δεδοξασμένος εἰς τοὺς αἰῶνας.

56. Εὐλογητὸς εἶ ἐν τῷ στερεώματι ⁜ τοῦ οὐρανοῦ, καὶ ὑμνητὸς, καὶ δεδοξασμένος εἰς τοὺς αἰῶνας.

57. Εὐλογεῖτε πάντα τὰ ἔργα τοῦ Κυρίου τὸν Κύριον, ὑμνεῖτε, καὶ ὑπερυψοῦτε αὐτὸν εἰς τοὺς αἰῶνας.

58. Εὐλογεῖτε ἄγγελοι Κυρίου τὸν Κύριον, ὑμνεῖτε, καὶ ὑπερυψοῦτε αὐτὸν εἰς τοὺς αἰῶνας.

59. Εὐλογεῖτε οὐρανοὶ τὸν Κύριον, ὑμνεῖτε, καὶ ὑπερυψοῦτε αὐτὸν εἰς τοὺς αἰῶνας.

60. Εὐλογεῖτε ὕδατα, καὶ πάντα τὰ ἐπάνω τοῦ οὐ-

A post te, quia non est confusio confidentibus in te et perficere post te.

41. Et nunc exsequimur in toto corde nostro, et timemus te, et quærimus faciem tuam.

42. Ne confundas nos, sed fac nobiscum misericordiam secundum mansuetudinem tuam, et secundum multitudinem miserationis tuæ.

43. Et libera nos secundum mirabilia tua, et da gloriam nomini tuo, Domine.

44. Et confundantur omnes, qui ostendunt servis tuis mala, et confundantur ab omni potentia, et fortitudo eorum conteratur.

45. Cognoscant, quoniam tu es solus Dominus Deus, et gloriosus super universum orbem terrarum.

B 46. Et non cessabant, qui injiciebant eos, ministri regis succendentes fornacem: et quando immiserunt tres simul in fornacem, etiam fornax erat succensa secundum inflammationem suam septuplum, et quando injecerunt eos, qui quidem injiciebant eos, erant supra eos; alii vero succendebant subter eos naphtham, et stupam, et picem, et sarmenta.

47. Et effundebatur flamma super fornacem ad cubitos quadraginta novem.

48. Et pervagata est, et incendit quos reperit circa fornacem de Chaldæis.

49. Angelus autem Domini descendit simul cum eis, qui erant cum Azaria in fornacem, et excussit flammam ignis de fornace.

C 50. Et fecit medium fornacis quasi spiritum roris flantem, et non tetigit eos prorsus ignis, neque contristavit, neque molestiam intulit eis.

51. Assumentes autem tres quasi ex uno ore hymnum dicebant et glorificabant, et benedicebant, et exaltabant Deum in fornace dicentes:

52. Benedictus es, Domine Deus patrum nostrorum, et laudabilis, et superexaltatus in sæcula: et benedictum nomen gloriæ tuæ sanctum, et superlaudabile, et superexaltatum in omnia sæcula

53. Benedictus es in templo sanctæ gloriæ tuæ, et superlaudabilis, et supergloriosus in sæcula.

D 54. Benedictus es in throno gloriæ regni tui, et laudabilis, et superexaltatus in sæcula.

55. Benedictus es qui cernis abyssus, sedens super Cherubim, et laudabilis, et gloriosus in sæcula.

56. Benedictus es in firmamento cœli, et laudabilis, et gloriosus in sæcula.

57. Benedicite, omnia opera Domini, Domino, hymnum dicite, et superexaltate eum in sæcula.

58. Benedicite, angeli Domini, Domino, hymnum dicite, et superexaltate eum in sæcula.

59. Benedicite, cœli, Domino, hymnum dicite, et superexaltate eum in sæcula.

60. Benedicite, aquæ, et omnia, quæ super cœlum

sunt, Domino, hymnum dicite, et superexaltate eum in sæcula.

61. Benedicite, omnes virtutes Domini, Domino, hymnum dicite, et superexaltate eum in sæcula.

62. Benedicite, sol, et luna, Domino, laudate, et superexaltate eum in sæcula.

63. Benedicite, stellæ cœli, Domino, hymnum dicite, et superexaltate eum in sæcula.

64. Benedicite, omnis imber et ros, Domino, laudate, et superexaltate eum in sæcula.

65. Benedicite, omnes spiritus, Domino, laudate, et superexaltate eum in sæcula.

66. Benedicite, ignis et æstus, Domino, laudate, et superexaltate eum in sæcula.

67. Benedicite, gelu et frigus, Domino, laudate, et superexaltate eum in sæcula.

68. Benedicite, rores et nives, Domino, laudate, et superexaltate eum in sæcula.

69. Benedicite, glacies et frigus, Domino, laudate, et superexaltate eum in sæcula.

70. Benedicite, pruinæ et nives, Domino, laudate, et superexaltate eum in sæcula.

71. Benedicite, noctes et dies, Domino, laudate, et superexaltate eum in sæcula.

72. Benedicite, lux et tenebræ, Domino, laudate, et superexaltate eum in sæcula.

73. Benedicite, fulgura et nubes, Domino, laudate, et superexaltate eum in sæcula.

74. Benedicat terra Domino, laudet, et superexaltet eum in sæcula.

75. Benedicite, montes et colles, Domino, hymnum dicite, et superexaltate eum in sæcula.

76. Benedicite, omnia nascentia in terra, Domino, hymnum dicite, et superexaltate eum in sæcula.

77. Benedicite, pluviæ et fontes, Domino, hymnum dicite, et superexaltate eum in sæcula.

78. Benedicite, maria et flumina, Domino, hymnum dicite, et superexaltate eum in sæcula.

79. Benedicite, cete et omnia, quæ moventur in aquis, Domino, hymnum dicite, et superexaltate eum in sæcula.

80. Benedicite, omnes volucres cœli, Domino hymnum dicite, et superexaltate eum in sæcula.

81. Benedicite, omnes feræ et jumenta quadrupeda, et bestiæ terræ, Domino, hymnum dicite, et superexaltate eum in sæcula.

82. Benedicite, filii hominum, Domino, hymnum dicite, et superexaltate eum in sæcula.

83. Benedicite, Israel, Domino, hymnum dicite, et superexaltate eum in sæcula.

84. Benedicite, sacerdotes servi Domini, Domino, hymnum dicite, et superexaltate eum in sæcula.

85. Benedicite, servi, Domino, hymnum dicite, et superexaltate eum in sæcula.

86. Benedicite, spiritus, et animæ justorum, Domino, hymnum dicite, et superexaltate eum in sæcula.

A ρανοῦ τὸν Κύριον, ὑμνεῖτε, καὶ ὑπερυψοῦτε αὐτὸν εἰς τοὺς αἰῶνας.

61. Εὐλογεῖτε πᾶσαι αἱ δυνάμεις Κυρίου τὸν Κύριον, ὑμνεῖτε, καὶ ὑπερυψοῦτε αὐτὸν εἰς τοὺς αἰῶνας.

62. Εὐλογεῖτε ἥλιος, καὶ σελήνη τὸν Κύριον, ὑμνεῖτε, καὶ ὑπερυψοῦτε αὐτὸν εἰς τοὺς αἰῶνας.

63. Εὐλογεῖτε ἄστρα τοῦ οὐρανοῦ τὸν Κύριον, ὑμνεῖτε, καὶ ὑπερυψοῦτε αὐτὸν εἰς τοὺς αἰῶνας.

64. Εὐλογεῖτε πᾶς ὄμβρος, καὶ δρόσος τὸν Κύριον, ὑμνεῖτε, καὶ ὑπερυψοῦτε αὐτὸν εἰς τοὺς αἰῶνας.

65. Εὐλογεῖτε πάντα τὰ πνεύματα τὸν Κύριον, ὑμνεῖτε, καὶ ὑπερυψοῦτε αὐτὸν εἰς τοὺς αἰῶνας.

66. Εὐλογεῖτε πῦρ, καὶ καῦμα τὸν Κύριον, ὑμνεῖτε, καὶ ὑπερυψοῦτε αὐτὸν εἰς τοὺς αἰῶνας.

67. Εὐλογεῖτε ῥῖγος, καὶ ψύχος τὸν Κύριον, ὑμνεῖ-
B τε, καὶ ὑπερυψοῦτε αὐτὸν εἰς τοὺς αἰῶνας.

68. Εὐλογεῖτε δρόσοι, καὶ νιφετοὶ τὸν Κύριον, ὑμνεῖτε, καὶ ὑπερυψοῦτε αὐτὸν εἰς τοὺς αἰῶνας.

69. Εὐλογεῖτε πάγοι, καὶ ψύχος τὸν Κύριον, ὑμνεῖτε, καὶ ὑπερυψοῦτε αὐτὸν εἰς τοὺς αἰῶνας.

70. Εὐλογεῖτε πάχναι, καὶ χιόνες τὸν Κύριον, ὑμνεῖτε, καὶ ὑπερυψοῦτε αὐτὸν εἰς τοὺς αἰῶνας.

71. Εὐλογεῖτε νύκτες, καὶ ἡμέραι τὸν Κύριον, ὑμνεῖτε, καὶ ὑπερυψοῦτε αὐτὸν εἰς τοὺς αἰῶνας.

72. Εὐλογεῖτε φῶς, καὶ σκότος τὸν Κύριον, ὑμνεῖτε, καὶ ὑπερυψοῦτε αὐτὸν εἰς τοὺς αἰῶνας.

73. Εὐλογεῖτε ἀστραπαὶ, καὶ νεφέλαι τὸν Κύριον, ὑμνεῖτε, καὶ ὑπερυψοῦτε αὐτὸν εἰς τοὺς αἰῶνας.

74. Εὐλογείτω ἡ γῆ τὸν Κύριον, ὑμνείτω, καὶ ὑπερυψούτω αὐτὸν εἰς τοὺς αἰῶνας.

C 75. Εὐλογεῖτε ὄρη, καὶ βουνοὶ τὸν Κύριον, ὑμνεῖτε, καὶ ὑπερυψοῦτε αὐτὸν εἰς τοὺς αἰῶνας.

76. Εὐλογεῖτε πάντα τὰ φυόμενα ἐπὶ τῆς γῆς τὸν Κύριον, ὑμνεῖτε, καὶ ὑπερυψοῦτε αὐτὸν εἰς τοὺς αἰῶνας.

77. Εὐλογεῖτε ὄμβροι, καὶ αἱ πηγαὶ τὸν Κύριον, ὑμνεῖτε, καὶ ὑπερυψοῦτε αὐτὸν εἰς τοὺς αἰῶνας.

78. Εὐλογεῖτε θάλασσαι, καὶ ποταμοὶ τὸν Κύριον, ὑμνεῖτε, καὶ ὑπερυψοῦτε αὐτὸν εἰς τοὺς αἰῶνας.

79. Εὐλογεῖτε κήτη, καὶ πάντα τὰ κινούμενα ἐν τοῖς ὕδασι τὸν Κύριον, ὑμνεῖτε, καὶ ὑπερυψοῦτε αὐτὸν εἰς τοὺς αἰῶνας.

80. Εὐλογεῖτε πάντα τὰ πετεινὰ τοῦ οὐρανοῦ τὸν Κύριον, ὑμνεῖτε, καὶ ὑπερυψοῦτε αὐτὸν εἰς τοὺς
D αἰῶνας.

81. Εὐλογεῖτε πάντα τὰ θηρία, καὶ τὰ κτήνη τετράποδα, καὶ θηρία τῆς γῆς τὸν Κύριον, ὑμνεῖτε, καὶ ὑπερυψοῦτε αὐτὸν εἰς τοὺς αἰῶνας.

82. Εὐλογεῖτε οἱ υἱοὶ τῶν ἀνθρώπων τὸν Κύριον, ὑμνεῖτε, καὶ ὑπερυψοῦτε αὐτὸν εἰς τοὺς αἰῶνας.

83. Εὐλογεῖτε Ἰσραὴλ τὸν Κύριον, ὑμνεῖτε, καὶ ὑπερυψοῦτε αὐτὸν εἰς τοὺς αἰῶνας.

84. Εὐλογεῖτε ἱερεῖς δοῦλοι Κυρίου τὸν Κύριον, ὑμνεῖτε, καὶ ὑπερυψοῦτε αὐτὸν εἰς τοὺς αἰῶνας.

85. Εὐλογεῖτε δοῦλοι τὸν Κύριον, ὑμνεῖτε, καὶ ὑπερυψοῦτε αὐτὸν εἰς τοὺς αἰῶνας.

86. Εὐλογεῖτε πνεύματα, καὶ ψυχαὶ δικαίων τὸν Κύριον, ὑμνεῖτε, καὶ ὑπερυψοῦτε αὐτὸν εἰς τοὺς αἰῶνας.

A

87. Εὐλογεῖτε ὅσιοι, καὶ ταπεινοὶ καρδίᾳ τὸν Κύριον, ὑμνεῖτε, καὶ ὑπερυψοῦτε αὐτὸν εἰς τοὺς αἰῶνας.

88. Εὐλογεῖτε Ἀνανία, Ἀζαρία, Μισαὴλ τὸν Κύριον, ὑμνεῖτε, καὶ ὑπερυψοῦτε αὐτὸν εἰς τοὺς αἰῶνας. Ὅτι ἐξείλετο ἡμᾶς ἐξ ᾅδου, καὶ ἔσωσεν ἡμᾶς ἐκ χειρὸς θανάτου, καὶ ἐῤῥύσατο ἡμᾶς ἐκ μέσου καιομένης φλογὸς, καὶ ἐκ τοῦ πυρὸς ἐλυτρώσατο ἡμᾶς.

89. Ἐξομολογεῖσθε τῷ Κυρίῳ, ὅτι χρηστὸς, ὅτι εἰς τὸν αἰῶνα τὸ ἔλεος αὐτοῦ.

90. Εὐλογεῖτε πάντες οἱ σεβόμενοι τὸν Κύριον τὸν Θεὸν τῶν θεῶν, ὑμνεῖτε, καὶ ἐξομολογεῖσθε, ὅτι εἰς τὸν αἰῶνα τὸ ἔλεος αὐτοῦ ÷ καὶ εἰς τὸν ÷ αἰῶνα τῶν αἰώνων.

91. Καὶ ἐγέ÷νετο ἐν τῷ ἀκοῦσαι τὸν βασιλέα ÷ ὑμνούντων αὐτῶν ÷ καὶ ἑστὼς ἐθεώρει αὐτοὺς ζῶντας /. Τότε Ναβουχοδονόσορ ὁ βασιλεὺς ἐθαύμασε,

B

καὶ ἀνέστη σπεύσας, καὶ εἶπεν τοῖς φίλοις αὐτοῦ÷ ※Οὐχὶ ἄνδρας τρεῖς ἐβάλομεν εἰς μέσον τοῦ πυρὸς πεπεδημένους, Καὶ εἶπον τῷ βασιλεῖ· Ἀληθῶς, βασιλεῦ.

92. Καὶ εἶπεν ὁ βασιλεύς /. Ἰδοὺ ἐγὼ ὁρῶ ἄνδρας τέσσαρας λελυμένους περιπατοῦντας ἐν τῷ πυρὶ, καὶ φθορὰ οὐδεμία ἐγενήθη ἐν αὐτοῖς, καὶ ἡ ὅρασις τοῦ τετάρτου ὁμοίωμα ἀγγέλου Θεοῦ.

93. Καὶ προσελθὼν ὁ βασιλεὺς πρὸς τὴν θύραν τῆς καμίνου καιομένης τῷ πυρὶ, ἐκάλεσεν αὐτοὺς ἐξ ὀνόματος· Σεδρὰχ, Μισὰχ, Ἀβδεναγὼ, οἱ παῖδες τοῦ Θεοῦ τῶν θεῶν τοῦ ὑψίστου, ἐξέλθετε ἐκ τοῦ πυρός. Οὕτως οὖν ἐξῆλθον οἱ ἄνδρες ἐκ μέσου τοῦ πυρός.

94. Καὶ συνήχθησαν οἱ ὕπατοι, τοπάρχαι, καὶ ἀρχιπατριῶται, καὶ οἱ φίλοι τοῦ βασιλέως, καὶ ἐθεώρουν

C

τοὺς ἀνθρώπους ἐκείνους, ὅτι οὐχ ἥψατο τὸ πῦρ τοῦ σώματος αὐτῶν, καὶ αἱ τρίχες αὐτῶν οὐ κατεκάησαν, καὶ τὰ σαράβαρα αὐτῶν οὐκ ἠλλοιώθησαν, οὐδὲ ὀσμὴ τοῦ πυρὸς ἦν ἐν αὐτοῖς.

95. Ὑπολαβὼν δὲ Ναβουχοδονόσορ ὁ βασιλεὺς εἶπεν· Εὐλογητὸς Κύριος τοῦ Σεδρὰχ, Μισὰχ, Ἀβδεναγὼ, ὃς ἀπέστειλε τὸν ἄγγελον αὐτοῦ, καὶ ἔσωσε τοὺς παῖδας αὐτοῦ, τοὺς ἐλπίσαντας ἐπ' αὐτόν. Τὴν γὰρ προσταγὴν τοῦ βασιλέως ἠθέτησαν, καὶ παρέδωκαν τὰ σώματα αὐτῶν ÷ εἰς ἐμπυ÷ρισμὸν /. ἵνα μὴ λατρεύσωσι, μηδὲ προσκυνήσωσι Θεῷ ἑτέρῳ, ἀλλ' ἢ τῷ Θεῷ αὐτῶν.

96. Καὶ νῦν ἐγὼ κρίνω, ἵνα πᾶν ἔθνος, καὶ πᾶσαι φυλαὶ, καὶ πᾶσαι γλῶσσαι, ὃς ἂν βλασφημήσῃ εἰς

D

τὸν Κύριον τὸν Θεὸν Σεδρὰχ, Μισὰχ, Ἀβδεναγὼ, διαμελισθήσεται, καὶ ἡ οἰκία αὐτοῦ δημευθήσεται· διότι οὐκ ἔστι Θεὸς ἕτερος, ὃς δυνήσεται ἐξελέσθαι οὕτως.

97. Οὕτως οὖν βασιλεὺς τῷ Σεδρὰχ, Μισὰχ, Ἀβδεναγὼ, ἐξουσίαν δοὺς ἐφ' ὅλης τῆς χώρας, κατέστησεν αὐτοὺς ἄρχοντας ※.

98. Ἀρχὴ τῆς Ἐπιστολῆς ※ ΝΑΒΟΥΧΟΔΟΝΟΣΟΡ
※ ὁ βασιλεὺς, πᾶσι τοῖς λαοῖς, φυλαῖς, καὶ γλώσ-
※ σαις, τοῖς οἰκοῦσιν ἐν πάσῃ τῇ γῇ· εἰρήνη ὑμῖν
※ πληθυνθείη.

99. ※ Τὰ σημεῖα καὶ τὰ τέρατα ἃ ἐποίησε μετ'
※ ἐμοῦ ὁ Θεὸς ὁ ὕψιστος, ἤρεσεν ἐναντίον μου ἀναγ-
※ γεῖλαι ὑμῖν, ὡς μεγάλα καὶ ἰσχυρά.

100. ÷ Ὡς μεγάλη καὶ ἰσχυρὰ ἡ βασιλεία αὐτοῦ /.

87. Benedicite, sancti, et humiles corde, Domino, hymnum dicite, et superexaltate eum in sæcula.

88. Benedicite, Anania, Azaria, Misael, Domino, hymnum dicite, et superexaltate eum in sæcula. Quoniam eripuit nos de inferis, et salvos fecit nos de manu mortis, et liberavit nos de medio flammæ ardentis, et de igne redemit nos.

89. Confitemini Domino quoniam bonus, quoniam in sæculum misericordia ejus.

90. Benedicite, omnes colentes Dominum Deum deorum, laudate, et confitemini, quoniam in sæculum misericordia ejus et in sæculum sæculorum.

91. Et factum est, cum audiret rex laudantes illos et stans videret eos viventes. Tunc Nabuchodonosor rex obstupuit, et surrexit festinus, et dixit amicis suis : Nonne viros tres misimus in medium ignis vinctos? Et dixerunt regi : Vere, rex.

92. Et dixit rex : Ecce ego video viros quatuor solutos deambulantes in igne, et corruptio nulla facta est in eis, et aspectus quarti similitudo angeli Dei.

93. Et cum accessisset rex ad ostium fornacis ardentis igne, vocavit eos ex nomine : Sedrach, Misach, Abdenago, servi Dei deorum excelsi, egredimini de igne. Sic igitur egressi sunt viri de medio ignis.

94. Et congregati sunt consules, toparchæ, et principes familiarum, et amici regis, et contemplabantur homines illos, quoniam non tetigit ignis corpus eorum, et capilli eorum non adusti sunt, et sarabara eorum non immutata sunt, neque odor ignis erat in eis.

95. Respondens autem Nabuchodonosor rex dixit : Benedictus Dominus Sedrach, Misach, Abdenago, qui misit angelum suum, et salvavit pueros suos, qui speraverunt in eum; mandatum enim regis spreverunt, et tradiderunt corpora sua in combustionem ne colerent, neque adorarent deum alium præter Deum suum.

96. Et nunc ego decerno, ut omnis gens, et omnes tribus, et omnes linguæ, quicumque blasphemaverit in Dominum Deum Sedrach, Misach, Abdenago, membratim concidatur, et domus ejus publicetur, quia non est Deus alius, qui possit ita liberare.

97. Sic igitur rex, Sedrach, Misach, Abdenago, potestatem dans super universam regionem, constituit eos principes.

98. Initium Epistolæ. NABUCHODONOSOR rex omnibus populis, tribubus, et linguis habitantibus in universa terra; pax vobis multiplicetur.

99. Signa, et ostenta, quæ fecit mecum Deus excelsus, placuit in conspectu meo annuntiare vobis, eo quod magna, et fortia.

100. Quam magnum et potens regnum ejus, re-

gnum ejus, regnum sempiternum, potestas ejus in generationem et generationem.

CAPUT IV.

1. Anno decimo octavo regni Nabuchodonosor dixit : Pacificus eram in domo mea, et felix in throno meo.

2. Somnium vidi, et veritus sum, et timor cecidit super me.

7. In cubili meo dormiebam : et ecce arbor excelsa, quæ nascebatur super terram, et aspectus ejus magnus, et non erat alia similis ei.

9. Rami ejus longitudine quasi stadiorum triginta, et subter eam habitabant omnes bestiæ terræ, et in ea volucres cœli nidificabant; fructus ejus multus, et bonus, et subministrabat omnibus animalibus.

8. Et species ejus magna, vertex illius appropinquabat usque ad cœlum, et truncus ejus usque ad nubes, replens ea, quæ subter cœlum : sol et luna erant, in ea habitabant, et illuminabant universam terram.

10. Contemplabar in somno meo, et ecce Angelus missus est in fortitudine de cœlo.

11. Et clamavit, et dixit ei : Succidite eam, et destruite eam : mandatum enim est ab Altissimo, ut eradicetur, et inutilis fiat ipsa.

12. Et sic dixit : Radicem unam ejus relinquite in terra, ut cum bestiis terræ in montibus fœno sicut bos pascatur.

13. Et de rore cœli corpus ejus immutetur, et septem annis pascatur cum eis.

14. Donec cognoverit Dominum cœli potestatem habere omnium, quæ sunt in cœlo, et omnium, quæ super terram, et quæcumque voluerit facere, facit in eis.

15. In conspectu meo succisa est in die una, et destructio ejus in hora una diei, et rami ejus dati sunt ad omnem ventum, et extracta est, et projecta est : et fœnum terræ comedebat, et in custodiam tradita est, et in compedibus, et in manicis æreis ligata est ab eis. Vehementer admiratus sum super his, et somnus meus recessit ab oculis meis : et surgens mane de cubili meo vocavi Danielem principem sophistarum, et ducem interpretantium somnia, et enarravi ei somnium, et demonstravit mihi omnem interpretationem ejus.

16. Magnopere vero obstupuit Daniel, et conjectura conturbabat eum; et expavescens, quum tremor apprehendisset eum, et immutatus esset aspectus ejus, movens caput, hora una admiratus, respondit mihi voce leni : Rex, somnium istud his, qui te oderunt, et interpretatio ejus super hostes tuos veniat.

17. Arbor, quæ in terra nata est, cujus aspectus est magnus, tu es, rex.

18. Et omnes volucres cœli, quæ nidificabant in ea, fortitudo terræ, et gentium, et linguarum om-

A ※ ἡ βασιλεία αὐτοῦ, βασιλεία αἰώνιος, ἡ ἐξουσία αὐ-
※ τοῦ εἰς γενεὰν καὶ γενεάν.

ΚΕΦΑΛ. Δ'.

1. ÷ Ἔτους ὀκτωκαιδεκάτου τῆς βασιλείας ✓. Να-βουχοδονόσορ εἶπεν· Εἰρηνεύων ἤμην ἐν τῷ οἴκῳ μου, καὶ εὐθηνῶν ἐπὶ τοῦ θρόνου μου.

2. Ἐνύπνιον εἶδον, καὶ εὐλαβήθην, καὶ φόβος μοι ἐπέπεσεν.

7. Ἐπὶ τῆς κοίτης μου ἐκάθευδον, καὶ ἰδοὺ δένδρον ὑψηλὸν φυόμενον ἐπὶ τῆς γῆς, καὶ ἡ ὅρασις αὐτοῦ μεγάλη, καὶ οὐκ ἦν ἄλλο ὅμοιον αὐτῷ.

9. Οἱ κλάδοι αὐτοῦ τῷ μήκει ὡς σταδίων τριάκοντα, καὶ ὑποκάτω αὐτοῦ ἐσκίαζον πάντα τὰ θηρία τῆς γῆς, καὶ ἐν αὐτῷ τὰ πετεινὰ τοῦ οὐρανοῦ ἐνόσσευον· ὁ καρπὸς αὐτοῦ πολὺς, καὶ ἀγαθὸς, καὶ ἐχορήγει B πᾶσι τοῖς ζώοις ÷.

8. ⁒ Καὶ ἡ ὅρασις αὐτοῦ μεγάλη, ἡ κορυφὴ αὐτοῦ ⁒ ἤγγισεν ἕως τοῦ οὐρανοῦ, καὶ τὸ κύτος αὐτοῦ ἕως ⁒ τῶν νεφελῶν, πληροῦν τὰ ὑποκάτω τοῦ οὐρανοῦ· ⁒ ὁ ἥλιος καὶ ἡ σελήνη ἦν, ἐν αὐτῷ ᾤκουν καὶ ἐφώ-⁒ τιζον πᾶσαν τὴν γῆν.

10. Ἐθεώρουν ἐν τῷ ὕπνῳ μου, καὶ ἰδοὺ ἄγγελος ἀπεστάλη ἐν ἰσχύϊ ἐκ τοῦ οὐρανοῦ.

11. Καὶ ἐφώνησε, καὶ εἶπεν αὐτῷ· Ἐκκόψατε αὐτὸ καὶ καταφθείρατε αὐτό· προστέτακται γὰρ ἀπὸ τοῦ Ὑψίστου ἐκριζῶσαι καὶ ἀχρειῶσαι αὐτό.

12. Καὶ οὕτως εἶπε· Ῥίζαν μίαν ἄφετε αὐτοῦ ἐν τῇ γῇ, ὅπως μετὰ τῶν θηρίων τῆς γῆς ἐν τοῖς ὄρεσι χόρτον ὡς βοῦς νέμηται.

C 13. Καὶ ἀπὸ τῆς δρόσου τοῦ οὐρανοῦ τὸ σῶμα αὐτοῦ ἀλλοιωθῇ, καὶ ἑπτὰ ἔτη βοσκηθῇ σὺν αὐτοῖς.

14. Ἕως ἂν γνῷ τὸν Κύριον τοῦ οὐρανοῦ ἐξουσίαν ἔχειν πάντων τῶν ἐν τῷ οὐρανῷ, καὶ τῶν ἐπὶ τῆς γῆς, καὶ ὅσα ἂν θέλῃ ποιεῖν, ποιεῖ ἐν αὐτοῖς.

15. Ἐνώπιόν μου ἐξεκόπη ἐν ἡμέρᾳ μιᾷ, καὶ ἡ καταφθορὰ αὐτοῦ ἐν ὥρᾳ μιᾷ τῆς ἡμέρας, καὶ οἱ κλάδοι αὐτοῦ ἐδόθησαν εἰς πάντα ἄνεμον, καὶ εἱλκύσθη, καὶ ἐῤῥίφη. Καὶ τὸν χόρτον τῆς γῆς ἤσθιε, καὶ εἰς φυλακὴν παρεδόθη, καὶ ἐν πέδαις, καὶ ἐν χειροπέδαις χαλκαῖς ἐδέθη ὑπ' αὐτῶν. Σφόδρα ἐθαύμασα ἐπὶ τούτοις, καὶ ὁ ὕπνος μου ἀπέστη ἀπὸ τῶν ὀφθαλμῶν μου, καὶ ἀναστὰς τὸ πρωῒ ἐκ τῆς κοίτης μου, ἐκάλεσα τὸν Δανιὴλ τὸν ἄρχοντα τῶν σοφιστῶν, καὶ D τὸν ἡγούμενον τῶν κρινόντων τὰ ἐνύπνια, καὶ διηγησάμην αὐτῷ τὸ ἐνύπνιον, καὶ ὑπέδειξέ μοι πᾶσαν τὴν σύγκρισιν αὐτοῦ.

16. Μεγάλως δὲ ἐθαύμασεν ὁ Δανιὴλ, καὶ ὑπόνοια κατέσπευδεν αὐτόν· καὶ φοβηθεὶς, τρόμου λαβόντος αὐτὸν, καὶ ἀλλοιωθείσης τῆς ὁράσεως αὐτοῦ, κινήσας τὴν κεφαλὴν, ὥραν μίαν ἀποθαυμάσας, ἀπεκρίθη μοι φωνῇ πραείᾳ· Βασιλεῦ, τὸ ἐνύπνιον τοῦτο τοῖς μισοῦσί σε, καὶ ἡ σύγκρισις αὐτοῦ τοῖς ἐχθροῖς σου ἐπέλθοι.

17. Τὸ δένδρον, τὸ ἐν τῇ γῇ πεφυτευμένον, οὗ ἡ ὅρασις μεγάλη, σὺ εἶ, βασιλεῦ.

18. Καὶ πάντα τὰ πετεινὰ τοῦ οὐρανοῦ τὰ νοσσεύοντα ἐν αὐτῷ, ἡ ἰσχὺς τῆς γῆς, καὶ τῶν ἐθνῶν, καὶ

τῶν γλωσσῶν πασῶν ἕως τῶν περάτων τῆς γῆς, καὶ πᾶσαι αἱ χῶραι σοὶ δουλεύσουσι.

19. Τὸ δὲ ἀνυψωθῆναι τὸ δένδρον ἐκεῖνο, καὶ ἐγγίσαι τῷ οὐρανῷ, καὶ τὸ κύτος αὐτοῦ ἅψασθαι τῶν νεφελῶν, σὺ, βασιλεῦ, ὑψώθης ὑπὲρ πάντας τοὺς ἀνθρώπους, τοὺς ὄντας ἐπὶ προσώπου πάσης τῆς γῆς· ὑψώθη σου ἡ καρδία ὑπερηφανίᾳ καὶ ἰσχύϊ ὑπὲρ τὰ πρὸς τὸν ἅγιον καὶ τοὺς ἀγγέλους αὐτοῦ· τὰ ἔργα σου ὤφθη, καθ' ὅτι ἐξηρήμωσας τὸν οἶκον τοῦ Θεοῦ τοῦ ζῶντος ἐπὶ ταῖς ἁμαρτίαις τοῦ λαοῦ τοῦ ἡγιασμένου.

20. Καὶ ἡ ὅρασις, ἣν εἶδες, ὅτι ἄγγελος ἐν ἰσχύϊ ἀπεστάλη παρὰ τοῦ Κυρίου, καὶ ὅτι εἶπεν· Ἐξᾶραι τὸ δένδρον, καὶ ἐκκόψαι, ἡ κρίσις τοῦ Θεοῦ τοῦ μεγάλου ἥξει ἐπὶ σέ.

21. Καὶ ὁ Ὕψιστος, καὶ οἱ ἄγγελοι αὐτοῦ ἐπὶ σὲ κατατρέχουσιν, εἰς φυλακὴν ἀπάξουσί σε, καὶ εἰς τόπον ἔρημον ἀποστελοῦσί σε.

23. Καὶ ἡ ῥίζα τοῦ δένδρου, ἡ ἀφεθεῖσα, ἐπεὶ οὐκ ἐξεῤῥιζώθη, ὁ τόπος τοῦ θρόνου σου σοὶ συντηρηθήσεται εἰς καιρὸν καὶ ὥραν. Ἰδοὺ ἐπὶ σὲ ἑτοιμάζονται, καὶ μαστιγώσουσί σε, καὶ ἐπάξουσι τὰ κεκριμένα ἐπί σε. Κύριος ζῇ ἐν οὐρανῷ, καὶ ἡ ἐξουσία αὐτοῦ ἐπὶ πάσῃ τῇ γῇ.

24. Αὐτοῦ δεήθητι περὶ τῶν ἁμαρτιῶν σου, καὶ πάσας τὰς ἀδικίας σου ἐν ἐλεημοσύναις λύτρωσαι, ἵνα ἐπιείκεια δοθῇ σοι, καὶ πολυήμερος γένῃ ἐπὶ τοῦ θρόνου τῆς βασιλείας σου, καὶ μὴ καταφθείρῃ σε.

25. Τούτους τοὺς λόγους ἀγάπησον· ἀκριβὴς γάρ μου ὁ λόγος, καὶ πλήρης ὁ χρόνος σου. Καὶ ἐπὶ συντελείᾳ τῶν λόγων Ναβουχοδονόσορ, ὡς ἤκουσε τὴν κρίσιν τοῦ ὁράματος, τοὺς λόγους ἐν τῇ καρδίᾳ συνετήρησε.

26. Καὶ μετὰ μῆνας δώδεκα ὁ βασιλεὺς ἐπὶ τῶν τειχῶν τῆς πόλεως μετὰ πάσης τῆς δόξης αὐτοῦ περιεπάτει, καὶ ἐπὶ τῶν πύργων αὐτῆς διεπορεύετο, καὶ ἀποκριθεὶς εἶπεν·

27. Αὕτη ἐστὶ Βαβυλὼν ἡ μεγάλη, ἣν ἐγὼ ᾠκοδόμησα, καὶ οἶκος βασιλείας μου ἐν ἰσχύϊ κράτους μου κληθήσεται εἰς τιμὴν τῆς δόξης μου.

28. Ἔτι τοῦ λόγου ἐν τῷ στόματι τοῦ βασιλέως ὄντος, ἐπὶ συντελείας τοῦ λόγου αὐτοῦ, φωνὴν ἐκ τοῦ οὐρανοῦ ἤκουσε· Σοὶ λέγεται, Ναβουχοδονόσορ βασιλεῦ, ἡ βασιλεία Βαβυλῶνος ἀφῄρηταί σου, καὶ ἑτέρῳ δίδοται ἐξουθενημένῳ ἀνθρώπῳ ἐν τῷ οἴκῳ σου.

Ἰδοὺ ἐγὼ καθίστημι αὐτὸν ἐπὶ τῆς βασιλείας σου, καὶ τὴν ἐξουσίαν σου, καὶ τὴν δόξαν σου, καὶ τὴν τρυφήν σου παραλήψεται· ὅπως ἐπιγνῷς, ὅτι ἐξουσίαν ἔχει ὁ Θεὸς τοῦ οὐρανοῦ ἐν τῇ βασιλείᾳ τῶν ἀνθρώπων, καὶ ᾧ ἐὰν βούληται, δώσει αὐτήν· ἕως δὲ ἡλίου ἀνατολῆς, βασιλεὺς ἕτερος εὐφρανθήσεται ἐν τῷ οἴκῳ σου, καὶ κρατήσει τῆς δόξης σου, καὶ τῆς ἰσχύος σου, καὶ τῆς ἐξουσίας σου.

29. Καὶ οἱ ἄγγελοι διώξονταί σε ἐπὶ ἔτη ἑπτὰ, καὶ οὐ μὴ ὀφθῇς, οὐδ' οὐ μὴ λαλήσῃς μετὰ παντὸς ἀνθρώπου, χόρτον ὡς βοῦν σε ψωμίσουσι, καὶ ἀπὸ τῆς χλόης τῆς γῆς ἔσται ἡ νομή σου. Ἰδοὺ ἀντὶ τῆς δόξης σου δήσουσί σε, καὶ τὸν οἶκον τῆς τρυφῆς σου, καὶ τῆς βασιλείας σου ἕτερος ἕξει.

nium usque ad terminos terræ, et omnes regiones servient tibi.

19. Quod autem exaltata fuerit arbor illa, et appropinquaverit cœlo, et truncus ejus tetigerit nubes : tu, rex, elevatus es super omnes homines, qui sunt super faciem universæ terræ : elevatum est cor tuum superbia, et fortitudine supra ea, quæ sancti sunt, et angelorum ejus. Opera tua inspecta sunt, secundum quod devastasti domum Dei viventis propter peccata populi sanctificati.

20. Et visio, quam vidisti, quia angelus in fortitudine missus est a Domino, et quia dixit : Tolle arborem, et succide : judicium Dei magni veniet super te.

21. Et Altissimus, et angeli ejus in te incurrunt, in custodiam abducent te, et in locum desertum mittent te.

23. Et radix arboris, quæ relicta est, quoniam eradicata non est, locus throni tui tibi conservabitur ad tempus, et horam. Ecce super te præparantur, et flagellabunt te, et inducent, quæ decreta sunt super te : Dominus vivit in cœlo, et potestas ejus in universa terra.

24. Ipsum deprecare pro peccatis tuis, et omnes injustitias tuas eleemosynis redime, ut mansuetudo detur tibi, et multis diebus sis super thronum regni tui, et non disperdat te.

25. Hos sermones observa : certus enim est meus sermo, et completum tempus tuum. Et in fine verborum Nabuchodonosor, postquam audivit interpretationem visionis, verba in corde conservavit.

26. Et post menses duodecim rex super muros civitatis cum omni majestate sua deambulabat, et super turres ejus pertransibat, et respondens dixit :

27. Hæc est Babylon magna, quam ego ædificavi, et domus regni mei in fortitudine potentiæ meæ vocabitur ad honorem gloriæ meæ.

28. Cum adhuc sermo in ore regis esset, in fine sermonis sui vocem de cœlo audivit : Tibi dicitur, Nabuchodonosor rex : regnum Babylonis ablatum est a te, et alteri datur abjecto homini in domo tua.

Ecce ego constituo eum super regnum tuum, et potestatem tuam, et gloriam tuam, et delicias tuas accipiet, ut noscas, quia potestatem habet Deus cœli in regno hominum, et cui voluerit, dabit illud. Usque ad solis ortum rex alter lætabitur in domo tua, et obtinebit gloriam tuam, et fortitudinem tuam, et potestatem tuam.

29. Et angeli persequentur te ad annos septem : et non aspicieris, neque loqueris cum omni homine : fœno ut bovem pascent te, et de gramine terræ erit pabulum tuum. Ecce pro gloria tua ligabunt te, et domum deliciarum tuarum, et regni tui alter habebit.

30. Sed usque mane omnia implebuntur super te, Nabuchodonosor rex Babylonis, et non deerit de omnibus istis quidquam. Ego Nabuchodonosor rex Babylonis septem annis colligatus fui, fœno ut bovem paverunt me, et de herba terræ comedebam.

31. Et post annos septem dedi animam meam ad obsecrationem, et rogavi pro peccatis meis in facie Domini Dei cœli, et pro ignorantiis meis Deum deorum magnum deprecatus sum : et capilli mei facti sunt quasi alæ aquilæ, et ungues mei quasi leonis, immutata est caro mea et cor meum, nudus ambulabam cum bestiis terræ.

32. Somnium vidi, et suspiciones me occupaverunt, et ex tempore somnus gravis me apprehendit, et dormitatio cecidit super me. Et in fine septem annorum tempus redemptionis meæ venit, et peccata mea et ignorantiæ meæ completæ sunt in conspectu Dei cœli, et obsecravi pro ignorantiis meis Deum deorum magnum. Et ecce angelus unus vocavit me de cœlo dicens : Nabuchodonosor, servito Deo cœli sancto, et da gloriam Altissimo. Regnum gentis tuæ tibi redditur.

33. In illo tempore restitutum est regnum meum mihi, et gloria mea reddita est mihi.

34. Altissimo confiteor, et laudo : Creatori cœli, et terræ, et maris, et fluminum, et omnium, quæ in eis sunt, confiteor, et laudo, quia ipse est Deus deorum, et Dominus dominantium, et rex regum, quoniam ipse facit signa et ostenta, et mutat tempora et ætates, auferens regnum regum, et constituens alios pro eis. Ex hoc tempore ipsum colam, et a timore ejus tremor apprehendit me, et omnes sanctos ejus laudo : dii enim gentium non habent in semetipsis virtutem transferendi regnum regis in alium regem, et interficiendi, vivificandi, et operandi signa, et mirabilia magna et terribilia, et permutandi ultra modum res, sicut fecit in me Deus cœli, et permutavit in me magnas res.

Ego cunctis diebus regni mei pro anima mea sacrificia Altissimo offeram in odorem suavitatis Domino : et quod placitum est in conspectu ejus, faciam ego, et populus meus, gens mea, et regiones meæ, quæ sunt in potestate mea. Et quicumque loquuti fuerint contra Deum cœli, et quicumque deprehensi fuerint loquentes aliquid, hos morte damnabo.

Scripsit autem rex Nabuchodonosor epistolam circularem omnibus per locum gentibus, et regionibus, et linguis omnibus habitantibus in cunctis regionibus, generationibus et generationibus.

Dominum Deum cœli laudate, et sacrificium et oblationem offerte ei gloriose.

Ego rex regum confiteor ei magnifice, quia sic fecit mecum.

In ipsa die collocavit me supra thronum meum,

30. Ἕως δὲ πρωῒ πάντα τελεσθήσεται ἐπί σε, Ναβουχοδονόσορ βασιλεῦ Βαβυλῶνος, καὶ οὐχ ὑστερήσει ἀπὸ πάντων τούτων οὐθέν. Ἐγὼ Ναβουχοδονόσορ βασιλεὺς Βαβυλῶνος ἑπτὰ ἔτη ἐπεδήθην, χόρτον ὡς βοῦν ἐψώμισάν με, καὶ ἀπὸ τῆς χλόης τῆς γῆς ἤσθιον.

31. Καὶ μετὰ ἔτη ἑπτὰ ἔδωκα τὴν ψυχήν μου εἰς δέησιν, καὶ ἠξίωσα περὶ τῶν ἁμαρτιῶν μου κατὰ πρόσωπον Κυρίου τοῦ Θεοῦ τοῦ οὐρανοῦ, καὶ περὶ τῶν ἀγνοιῶν μου τοῦ Θεοῦ τῶν θεῶν τοῦ μεγάλου ἐδεήθην· καὶ αἱ τρίχες μου ἐγένοντο ὡς πτέρυγες ἀετοῦ, οἱ ὄνυχές μου ὡσεὶ λέοντος, ἠλλοιώθη ἡ σάρξ μου καὶ ἡ καρδία μου, γυμνὸς περιεπάτουν μετὰ τῶν θηρίων τῆς γῆς.

32. Ἐνύπνιον εἶδον, καὶ ὑπόνοιαί με εἰλήφασι, καὶ διὰ χρόνου ὕπνος με ἔλαβε πολὺς, καὶ νυσταγμὸς ἐπέπεσέ μοι. Καὶ ἐπὶ συντελείᾳ τῶν ἑπτὰ ἐτῶν ὁ χρόνος μου τῆς ἀπολυτρώσεως ἦλθε, καὶ αἱ ἁμαρτίαι μου καὶ αἱ ἄγνοιαί μου ἐπληρώθησαν ἐναντίον τοῦ Θεοῦ τοῦ οὐρανοῦ· καὶ ἐδεήθην περὶ τῶν ἀγνοιῶν μου τοῦ Θεοῦ τῶν θεῶν τοῦ μεγάλου. Καὶ ἰδοὺ ἄγγελος εἷς ἐκάλεσέ με ἐκ τοῦ οὐρανοῦ, λέγων· Ναβουχοδονόσορ, δούλευσον τῷ Θεῷ τοῦ οὐρανοῦ τῷ ἁγίῳ, καὶ δὸς δόξαν τῷ Ὑψίστῳ. Τὸ βασίλειον τοῦ ἔθνους σου σοὶ ἀποδίδοται.

33. Ἐν ἐκείνῳ τῷ καιρῷ ἀποκατεστάθη ἡ βασιλεία ÷ μου ἐμοὶ, καὶ ἡ δόξα μου ἀπεδόθη μοι/.

34. Τῷ Ὑψίστῳ ἀνθομολογοῦμαι, καὶ αἰνῶ· τῷ κτίσαντι τὸν οὐρανὸν, καὶ τὴν γῆν, καὶ τὰς θαλάσσας, καὶ τοὺς ποταμοὺς, καὶ πάντα τὰ ἐν αὐτοῖς, ἐξομολογοῦμαι, καὶ αἰνῶ, ὅτι αὐτός ἐστι Θεὸς τῶν θεῶν καὶ Κύριος τῶν κυρίων, καὶ Βασιλεὺς τῶν βασιλέων, ὅτι αὐτὸς ποιεῖ σημεῖα καὶ τέρατα, καὶ ἀλλοιοῖ καιροὺς καὶ χρόνους, ἀφαιρῶν βασιλείαν βασιλέων, καὶ καθιστῶν ἑτέρους ἀντ' αὐτῶν· ἀπὸ τοῦ νῦν αὐτῷ λατρεύσω, καὶ ἀπὸ τοῦ φόβου αὐτοῦ τρόμος εἴληφέ με, καὶ πάντας τοὺς ἁγίους αὐτοῦ αἰνῶ· οἱ γὰρ θεοὶ τῶν ἐθνῶν οὐκ ἔχουσιν ἐν ἑαυτοῖς ἰσχὺν ἀποστρέψαι βασιλείαν βασιλέως εἰς ἕτερον βασιλέα, καὶ ἀποκτεῖναι καὶ ζῆν ποιῆσαι, καὶ ποιῆσαι σημεῖα, καὶ θαυμάσια μεγάλα καὶ φοβερὰ, καὶ ἀλλοιῶσαι ὑπερμεγέθη πράγματα, καθὼς ἐποίησεν ἐν ἐμοὶ ὁ Θεὸς τοῦ οὐρανοῦ, καὶ ἠλλοίωσεν ἐπ' ἐμοὶ μεγάλα πράγματα.

Ἐγὼ πάσας τὰς ἡμέρας τῆς βασιλείας μου περὶ τῆς ψυχῆς μου τῷ Ὑψίστῳ θυσίας προσοίσω εἰς ὀσμὴν εὐωδίας τῷ Κυρίῳ, καὶ τὸ ἀρεστὸν ἐνώπιον αὐτοῦ ποιήσω ἐγὼ, καὶ ὁ λαός μου, τὸ ἔθνος μου, καὶ αἱ χῶραί μου, αἱ ἐν τῇ ἐξουσίᾳ μου. Καὶ ὅσοι ἐλάλησαν εἰς τὸν Θεὸν τοῦ οὐρανοῦ, καὶ ὅσοι ἂν καταληφθῶσι λαλοῦντές τι, τούτους κατακρινῶ θανάτῳ.

Ἔγραψε δὲ ὁ βασιλεὺς Ναβουχοδονόσορ ἐπιστολὴν ἐγκύκλιον πᾶσι τοῖς κατὰ τόπον ἔθνεσι, καὶ χώραις, καὶ γλώσσαις πάσαις ταῖς οἰκούσαις ἐν πάσαις ταῖς χώραις, γενεαῖς καὶ γενεαῖς.

Κυρίῳ τῷ Θεῷ τοῦ οὐρανοῦ αἰνεῖτε, καὶ θυσίαν καὶ προσφορὰν προσφέρετε αὐτῷ ἐνδόξως.

Ἐγὼ βασιλεὺς βασιλέων ἀνθομολογοῦμαι αὐτῷ ἐνδόξως, ὅτι οὕτως ἐποίησε μετ' ἐμοῦ.

Ἐν αὐτῇ τῇ ἡμέρᾳ ἐκάθισέ με ἐπὶ τοῦ θρόνου

του, καὶ τῆς ἐξουσίας μου, καὶ τῆς βασιλείας μου· ἐν τῷ λαῷ μου ἐκράτησα, καὶ ἡ μεγαλωσύνη μου ἀποκατεστάθη μοι.

Ναβουχοδονόσορ βασιλεὺς πᾶσι τοῖς ἔθνεσι, καὶ πάσαις ταῖς χώραις, καὶ πᾶσι τοῖς οἰκοῦσιν ἐν αὐταῖς· Εἰρήνη ὑμῖν πληθυνθείη ἐν παντὶ καιρῷ. Καὶ νῦν ὑποδείξω ὑμῖν τὰς πράξεις, ἃς ἐποίησε μετ' ἐμοῦ ὁ Θεὸς ὁ μέγας· ἔδοξε δέ μοι ἀποδεῖξαι ὑμῖν, καὶ τοῖς σοφισταῖς ὑμῶν, ὅτι ἔστι Θεὸς, καὶ τὰ θαυμάσια αὐτοῦ μεγάλα· τὸ βασίλειον αὐτοῦ, βασίλειον εἰς τὸν αἰῶνα· ἡ ἐξουσία αὐτοῦ ἀπὸ γενεῶν εἰς γενεάς. Καὶ ἀπέστειλεν ἐπιστολὰς περὶ πάντων τῶν γενηθέντων αὐτῷ ἐν τῇ βασιλείᾳ αὐτοῦ, πᾶσι τοῖς ἔθνεσι τοῖς οὖσιν ὑπὸ τὴν βασιλείαν αὐτοῦ.

ΚΕΦΑΛ. Ε'

1. Βαλτάσαρ ὁ βασιλεὺς ἐποίησε δοχὴν μεγάλην ἐν ἡμέρᾳ ἐγκαινισμοῦ τῶν βασιλειῶν αὐτοῦ· ἐκάλεσεν ἄνδρας δισχιλίους.

4. Ἐν τῇ ἡμέρᾳ ἐκείνῃ Βαλτάσαρ ἐνυψούμενος ἀπὸ τοῦ οἴνου, καὶ καυχώμενος ἐπῄνεσε πάντας τοὺς θεοὺς τῶν ἐθνῶν, τοὺς χωνευτοὺς, καὶ γλυπτοὺς ἐν τῷ τόπῳ αὐτοῦ, καὶ τῷ Θεῷ τῷ ὑψίστῳ οὐκ ἔδωκεν αἴνεσιν.

5. Ἐν αὐτῇ τῇ νυκτὶ ἐξῆλθον δάκτυλοι ὡσεὶ ἀνθρώπου, καὶ ἐπέγραψαν ἐπὶ τοῦ τοίχου οἴκου αὐτοῦ ἐπὶ τοῦ κονιάματος κατέναντι τοῦ λύχνους. *Μανὴ, Φάρες, Θεκέλ*. Ἔστι δὲ ἡ ἑρμηνεία αὐτῶν· ΜΑΝΗ ἠρίθμηται, ΦΑΡΕΣ ἐξῆρται, ΘΕΚΕΛ ἕσταται.

1. Βαλτάσαρ ὁ βασιλεὺς ἐποίησεν ἑστιατορίαν μεγάλην τοῖς ἑταίροις αὐτοῦ.

2. Καὶ ἔπινεν οἶνον, καὶ ἀνυψώθη ἡ καρδία αὐτοῦ, καὶ εἶπεν ἐνέγκαι τὰ σκεύη τὰ χρυσᾶ, καὶ τὰ ἀργυρᾶ τοῦ οἴκου τοῦ Θεοῦ, ἃ ἤνεγκε Ναβουχοδονόσορ ὁ πατὴρ αὐτοῦ ἀπὸ Ἱερουσαλὴμ, καὶ οἰνοχοῆσαι ἐν αὐτοῖς τοῖς ἑταίροις αὐτοῦ.

3. Καὶ ἠνέχθη, καὶ ἔπινον ἐν αὐτοῖς, καὶ ηὐλόγουν τὰ εἴδωλα τὰ χειροποίητα αὐτῶν.

4. Καὶ τὸν Θεὸν τοῦ αἰῶνος οὐκ εὐλόγησαν, τὸν ἔχοντα τὴν ἐξουσίαν τοῦ πνεύματος αὐτῶν.

5. Ἐν αὐτῇ τῇ ὥρᾳ ἐκείνῃ ἐξῆλθον δάκτυλοι, ὡσεὶ χειρὸς ἀνθρώπου, καὶ ἔγραψαν ἐπὶ τοῦ τοίχου τοῦ οἴκου αὐτοῦ ἐπὶ τοῦ κονιάματος κατέναντι τοῦ φωτὸς ἔναντι τοῦ βασιλέως Βαλτάσαρ, καὶ εἶδε χεῖρα γράφουσαν.

6. Καὶ ἡ ὅρασις αὐτοῦ ἠλλοιώθη, καὶ φόβοι καὶ ὑπόνοιαι αὐτὸν κατέσπευδον. Ἔσπευσεν οὖν ὁ βασιλεὺς, καὶ ἐξανέστη, καὶ ἑώρα τὴν γραφὴν ἐκείνην, καὶ οἱ συνεταῖροι κύκλῳ αὐτοῦ ἐκαυχῶντο.

7. Καὶ ὁ βασιλεὺς ἐφώνησε φωνῇ μεγάλῃ, καλέσαι τοὺς ἐπαοιδοὺς, καὶ φαρμακοὺς, καὶ Χαλδαίους, καὶ γαζαρηνοὺς, ἀπαγγεῖλαι τὸ σύγκριμα τῆς γραφῆς. Καὶ εἰσεπορεύοντο ἐπὶ θεωρίαν, ἰδεῖν τὴν γραφὴν, καὶ τὸ σύγκριμα τῆς γραφῆς οὐκ ἐδύναντο συγκρῖναι τῷ βασιλεῖ. Τότε ὁ βασιλεὺς ἐξέθηκε πρόσταγμα, λέγων· Πᾶς ἀνὴρ ὃς ἂν ὑποδείξῃ τὸ σύγκριμα τῆς γραφῆς, στολιεῖ αὐτὸν πορφύραν, καὶ μανιάκην χρυσοῦν περιθήσει αὐτῷ, καὶ δοθήσεται αὐτῷ ἐξουσία τοῦ τρίτου μέρους τῆς βασιλείας.

8. Καὶ εἰσεπορεύοντο οἱ ἐπαοιδοὶ καὶ οἱ φαρμακοὶ,

et potestatem meam, et regnum meum; in populo meo regnavi, et magnificentia mea restituta est mihi.

Nabuchodonosor rex omnibus gentibus, et cunctis regionibus, et universis habitantibus in eis. Pax vobis multiplicetur in omni tempore. Et nunc manifestabo vobis opera, quæ fecit mecum Deus magnus: visum est autem mihi ostendere vobis, et sophistis vestris, quia est Deus, et mirabilia ejus magna: regnum ejus regnum in æternum: potestas ejus a generationibus in generationes. Et misit epistolas de omnibus, quæ evenerant sibi in regno suo omnibus gentibus, quæ erant sub regno ejus.

CAPUT V.

1. Baltasar rex fecit convivium magnum in die dedicationis regnorum suorum; vocavit viros bis mille.

4. In die illa Baltasar elatus a vino, et glorians laudavit omnes deos gentium conflatiles, et sculptiles in loco suo, et Deo excelso non dedit laudem.

5. In eadem nocte exierunt digiti quasi hominis, et scripserunt in muro domus ejus super albario parietis e regione lucernæ: *Mane, Phares, Thecel.* Est autem interpretatio eorum: MANE numeratum est, PHARES ablatum est, THECEL appensum est.

1. Baltasar rex fecit convivium magnum amicis suis.

2. Et bibebat vinum, et elevatum est cor ejus, et dixit afferri vasa aurea, et argentea domus Dei, quæ asportaverat Nabuchodonosor pater ejus de Jerusalem, et ministrari in eis vinum amicis suis.

3. Et allata sunt; et bibebant in eis, et benedicebant idolis suis manufactis.

4. Et Deo sæculi non benedixerunt, qui habebat potestatem spiritus eorum.

5. In ipsa hora illa exierunt digiti quasi manus hominis, et scripserunt in muro domus ejus super albario parietis e regione luminis in conspectu regis Baltasar; et vidit manum scribentem.

6. Et aspectus ejus immutatus est, et timores et suspiciones eum incitabant. Festinavit itaque rex, et surrexit, et videbat scripturam illam; et amici in circuitu ejus gloriabantur.

7. Et rex voce magna clamavit, ut vocarent incantatores, et maleficos, et Chaldæos, et gazarenos ad annuntiandam interpretationem scripturæ. Et ingressi sunt ad spectaculum, ut viderent scripturam, et interpretationem scripturæ non potuerunt interpretari regi. Tunc rex edidit edictum dicens: Omnis vir quicumque demonstraverit interpretationem scripturæ, vestietur ipse purpura, et torques aureus circumponetur ei, et dabitur ei potestas tertiæ partis regni.

8. Et introibant incantatores, et malefici, et gaza-

30. Sed usque mane omnia implebuntur super te, Nabuchodonosor rex Babylonis, et non deerit de omnibus istis quidquam. Ego Nabuchodonosor rex Babylonis septem annis colligatus fui, fœno ut bovem paverunt me, et de herba terræ comedebam.

31. Et post annos septem dedi animam meam ad obsecrationem, et rogavi pro peccatis meis in facie Domini Dei cœli, et pro ignorantiis meis Deum deorum magnum deprecatus sum : et capilli mei facti sunt quasi alæ aquilæ, et ungues mei quasi leonis, immutata est caro mea et cor meum, nudus ambulabam cum bestiis terræ.

32. Somnium vidi, et suspiciones me occupaverunt, et ex tempore somnus gravis me apprehendit, et dormitatio cecidit super me. Et in fine septem annorum tempus redemptionis meæ venit, et peccata mea et ignorantiæ meæ completæ sunt in conspectu Dei cœli, et obsecravi pro ignorantiis meis Deum deorum magnum. Et ecce angelus unus vocavit me de cœlo dicens : Nabuchodonosor, servito Deo cœli sancto, et da gloriam Altissimo. Regnum gentis tuæ tibi redditur.

33. In illo tempore restitutum est regnum meum mihi, et gloria mea reddita est mihi.

34. Altissimo confiteor, et laudo : Creatori cœli, et terræ, et maris, et fluminum, et omnium, quæ in eis sunt, confiteor, et laudo, quia ipse est Deus deorum, et Dominus dominantium, et rex regum, quoniam ipse facit signa et ostenta, et mutat tempora et ætates, auferens regnum regum, et constituens alios pro eis. Ex hoc tempore ipsum colam, et a timore ejus tremor apprehendit me, et omnes sanctos ejus laudo : dii enim gentium non habent in semetipsis virtutem transferendi regnum regis in alium regem, et interficiendi, vivificandi, et operandi signa, et mirabilia magna et terribilia, et permutandi ultra modum res, sicut fecit in me Deus cœli, et permutavit in me magnas res.

Ego cunctis diebus regni mei pro anima mea sacrificia Altissimo offeram in odorem suavitatis Domino : et quod placitum est in conspectu ejus, faciam ego, et populus meus, gens mea, et regiones meæ, quæ sunt in potestate mea. Et quicumque loquuti fuerint contra Deum cœli, et quicumque deprehensi fuerint loquentes aliquid, hos morte damnabo.

Scripsit autem rex Nabuchodonosor epistolam circularem omnibus per locum gentibus, et regionibus, et linguis omnibus habitantibus in cunctis regionibus, generationibus et generationibus.

Dominum Deum cœli laudate, et sacrificium et oblationem offerte ei gloriose.

Ego rex regum confiteor ei magnifice, quia sic fecit mecum.

In ipsa die collocavit me supra thronum meum,

A 30. Ἕως δὲ πρωῒ πάντα τελεσθήσεται ἐπί σε, Ναβουχοδονόσορ βασιλεῦ Βαβυλῶνος, καὶ οὐχ ὑστερήσει ἀπὸ πάντων τούτων οὐθέν. Ἐγὼ Ναβουχοδονόσορ βασιλεὺς Βαβυλῶνος ἑπτὰ ἔτη ἐπεδήθην, χόρτον ὡς βοῦν ἐψώμισάν με, καὶ ἀπὸ τῆς χλόης τῆς γῆς ἤσθιον.

31. Καὶ μετὰ ἔτη ἑπτὰ ἔδωκα τὴν ψυχήν μου εἰς δέησιν, καὶ ἠξίωσα περὶ τῶν ἁμαρτιῶν μου κατὰ πρόσωπον Κυρίου τοῦ Θεοῦ τοῦ οὐρανοῦ, καὶ περὶ τῶν ἀγνοιῶν μου τοῦ Θεοῦ τῶν θεῶν τοῦ μεγάλου ἐδεήθην· καὶ αἱ τρίχες μου ἐγένοντο ὡς πτέρυγες ἀετοῦ, οἱ ὄνυχές μου ὡσεὶ λέοντος, ἠλλοιώθη ἡ σάρξ μου καὶ ἡ καρδία μου, γυμνὸς περιεπάτουν μετὰ τῶν θηρίων τῆς γῆς.

32. Ἐνύπνιον εἶδον, καὶ ὑπόνοιαί με εἰλήφασι, καὶ διὰ χρόνου ὕπνος με ἔλαβε πολὺς, καὶ νυσταγμὸς
B ἐπέπεσέ μοι. Καὶ ἐπὶ συντελείᾳ τῶν ἑπτὰ ἐτῶν ὁ χρόνος μου τῆς ἀπολυτρώσεως ἦλθε, καὶ αἱ ἁμαρτίαι μου καὶ αἱ ἄγνοιαί μου ἐπληρώθησαν ἐναντίον τοῦ Θεοῦ τοῦ οὐρανοῦ· καὶ ἐδεήθην περὶ τῶν ἀγνοιῶν μου τοῦ Θεοῦ τῶν θεῶν τοῦ μεγάλου. Καὶ ἰδοὺ ἄγγελος εἷς ἐκάλεσέ με ἐκ τοῦ οὐρανοῦ, λέγων· Ναβουχοδονόσορ, δούλευσον τῷ Θεῷ τοῦ οὐρανοῦ τῷ ἁγίῳ, καὶ δὸς δόξαν τῷ Ὑψίστῳ. Τὸ βασίλειον τοῦ ἔθνους σου σοὶ ἀποδίδοται.

33. Ἐν ἐκείνῳ τῷ καιρῷ ἀποκατεστάθη ἡ βασιλεία ÷ μου ἐμοὶ, καὶ ἡ δόξα μου ἀπεδόθη μοι ⁄.

34. Τῷ Ὑψίστῳ ἀνθομολογοῦμαι, καὶ αἰνῶ· τῷ κτίσαντι τὸν οὐρανὸν, καὶ τὴν γῆν, καὶ τὰς θαλάσσας, καὶ τοὺς ποταμοὺς, καὶ πάντα τὰ ἐν αὐτοῖς, ἐξομολο-
C γοῦμαι, καὶ αἰνῶ, ὅτι αὐτός ἐστι Θεὸς τῶν θεῶν, καὶ Κύριος τῶν κυρίων, καὶ Βασιλεὺς τῶν βασιλέων· ὅτι αὐτὸς ποιεῖ σημεῖα καὶ τέρατα, καὶ ἀλλοιοῖ καιροὺς καὶ χρόνους, ἀφαιρῶν βασιλείαν βασιλέων, καὶ καθιστῶν ἑτέρους ἀντ' αὐτῶν· ἀπὸ τοῦ νῦν αὐτῷ λατρεύσω, καὶ ἀπὸ τοῦ φόβου αὐτοῦ τρόμος εἴληφέ με, καὶ πάντας τοὺς ἁγίους αὐτοῦ αἰνῶ· οἱ γὰρ θεοὶ τῶν ἐθνῶν οὐκ ἔχουσιν ἐν ἑαυτοῖς ἰσχὺν ἀποστρέψαι βασιλείαν βασιλέως εἰς ἕτερον βασιλέα, καὶ ἀποκτεῖναι, καὶ ζῆν ποιῆσαι, καὶ ποιῆσαι σημεῖα, καὶ θαυμάσια μεγάλα καὶ φοβερὰ, καὶ ἀλλοιῶσαι ὑπερμεγέθη πράγματα, καθὼς ἐποίησεν ἐν ἐμοὶ ὁ Θεὸς τοῦ οὐρανοῦ, καὶ ἠλλοίωσεν ἐπ' ἐμοὶ μεγάλα πράγματα.

Ἐγὼ πάσας τὰς ἡμέρας τῆς βασιλείας μου περὶ τῆς ψυχῆς μου τῷ Ὑψίστῳ θυσίας προσοίσω εἰς ὀσμὴν
D εὐωδίας τῷ Κυρίῳ, καὶ τὸ ἀρεστὸν ἐνώπιον αὐτοῦ ποιήσω ἐγὼ, καὶ ὁ λαός μου, τὸ ἔθνος μου, καὶ αἱ χῶραί μου, αἱ ἐν τῇ ἐξουσίᾳ μου. Καὶ ὅσοι ἐλάλησαν εἰς τὸν Θεὸν τοῦ οὐρανοῦ, καὶ ὅσοι ἂν καταληφθῶσι λαλοῦντές τι, τούτους κατακρινῶ θανάτῳ.

Ἔγραψε δὲ ὁ βασιλεὺς Ναβουχοδονόσορ ἐπιστολὴν ἐγκύκλιον πᾶσι τοῖς κατὰ τόπον ἔθνεσι, καὶ χώραις, καὶ γλώσσαις πάσαις ταῖς οἰκούσαις ἐν πάσαις ταῖς χώραις, γενεαῖς καὶ γενεαῖς.

Κυρίῳ τῷ Θεῷ τοῦ οὐρανοῦ αἰνεῖτε, καὶ θυσίαν καὶ προσφορὰν προσφέρετε αὐτῷ ἐνδόξως.

Ἐγὼ βασιλεὺς βασιλέων ἀνθομολογοῦμαι αὐτῷ ἐνδόξως, ὅτι οὕτως ἐποίησε μετ' ἐμοῦ.

Ἐν αὐτῇ τῇ ἡμέρᾳ ἐκάθισέ με ἐπὶ τοῦ θρόνου

μου, καὶ τῆς ἐξουσίας μου, καὶ τῆς βασιλείας μου· ἐν τῷ λαῷ μου ἐκράτησα, καὶ ἡ μεγαλωσύνη μου ἀποκατεστάθη μοι.

Ναβουχοδονόσορ βασιλεὺς πᾶσι τοῖς ἔθνεσι, καὶ πάσαις ταῖς χώραις, καὶ πᾶσι τοῖς οἰκοῦσιν ἐν αὐταῖς· Εἰρήνη ὑμῖν πληθυνθείη ἐν παντὶ καιρῷ. Καὶ νῦν ὑποδείξω ὑμῖν τὰς πράξεις, ἃς ἐποίησε μετ' ἐμοῦ ὁ Θεὸς ὁ μέγας· ἔδοξε δέ μοι ἀποδεῖξαι ὑμῖν, καὶ τοῖς σοφισταῖς ὑμῶν, ὅτι ἔστι Θεὸς, καὶ τὰ θαυμάσια αὐτοῦ μεγάλα· τὸ βασίλειον αὐτοῦ, βασίλειον εἰς τὸν αἰῶνα· ἡ ἐξουσία αὐτοῦ ἀπὸ γενεῶν εἰς γενεάς. Καὶ ἀπέστειλεν ἐπιστολὰς περὶ πάντων τῶν γενηθέντων αὐτῷ ἐν τῇ βασιλείᾳ αὐτοῦ, πᾶσι τοῖς ἔθνεσι τοῖς οὖσιν ὑπὸ τὴν βασιλείαν αὐτοῦ.

ΚΕΦΑΛ. Ε'

1. Βαλτάσαρ ὁ βασιλεὺς ἐποίησε δοχὴν μεγάλην ἐν ἡμέρᾳ ἐγκαινισμοῦ τῶν βασιλειῶν αὐτοῦ· ἐκάλεσεν ἄνδρας δισχιλίους.

4. Ἐν τῇ ἡμέρᾳ ἐκείνῃ Βαλτάσαρ ἐνυψούμενος ἀπὸ τοῦ οἴνου, καὶ καυχώμενος ἐπῄνεσε πάντας τοὺς θεοὺς τῶν ἐθνῶν, τοὺς χωνευτοὺς, καὶ γλυπτοὺς ἐν τῷ τόπῳ αὐτοῦ, καὶ τῷ Θεῷ τῷ ὑψίστῳ οὐκ ἔδωκεν αἴνεσιν.

5. Ἐν αὐτῇ τῇ νυκτὶ ἐξῆλθον δάκτυλοι ὡσεὶ ἀνθρώπου, καὶ ἐπέγραψαν ἐπὶ τοῦ τοίχου οἴκου αὐτοῦ ἐπὶ τοῦ κονιάματος κατέναντι τοῦ λύχνους. *Μανὴ, Φάρες, Θεκέλ*. Ἔστι δὲ ἡ ἑρμηνεία αὐτῶν· ΜΑΝΗ ἠρίθμηται, ΦΑΡΕΣ ἐξῆρται, ΘΕΚΕΛ ἕσταται.

1. Βαλτάσαρ ὁ βασιλεὺς ἐποίησεν ἑστιατορίαν μεγάλην τοῖς ἑταίροις αὐτοῦ.

2. Καὶ ἔπινεν οἶνον, καὶ ἀνυψώθη ἡ καρδία αὐτοῦ, καὶ εἶπεν ἐνέγκαι τὰ σκεύη τὰ χρυσᾶ, καὶ τὰ ἀργυρᾶ τοῦ οἴκου τοῦ Θεοῦ, ἃ ἤνεγκε Ναβουχοδονόσορ ὁ πατὴρ αὐτοῦ ἀπὸ Ἱερουσαλὴμ, καὶ οἰνοχοῆσαι ἐν αὐτοῖς τοῖς ἑταίροις αὐτοῦ.

3. Καὶ ἠνέχθη, καὶ ἔπινον ἐν αὐτοῖς, καὶ ηὐλόγουν τὰ εἴδωλα τὰ χειροποίητα αὐτῶν.

4. Καὶ τὸν Θεὸν τοῦ αἰῶνος οὐκ εὐλόγησαν, τὸν ἔχοντα τὴν ἐξουσίαν τοῦ πνεύματος αὐτῶν.

5. Ἐν αὐτῇ τῇ ὥρᾳ ἐκείνῃ ἐξῆλθον δάκτυλοι, ὡσεὶ χειρὸς ἀνθρώπου, καὶ ἔγραψαν ἐπὶ τοῦ τοίχου τοῦ οἴκου αὐτοῦ ἐπὶ τοῦ κονιάματος κατέναντι τοῦ φωτὸς ἔναντι τοῦ βασιλέως Βαλτάσαρ, καὶ εἶδε χεῖρα γράφουσαν.

6. Καὶ ἡ ὅρασις αὐτοῦ ἠλλοιώθη, καὶ φόβοι καὶ ὑπόνοιαι αὐτὸν κατέσπευδον. Ἔσπευσεν οὖν ὁ βασιλεὺς, καὶ ἐξανέστη, καὶ ἑώρα τὴν γραφὴν ἐκείνην, καὶ οἱ συνεταῖροι κύκλῳ αὐτοῦ ἐκαυχῶντο.

7. Καὶ ὁ βασιλεὺς ἐφώνησε φωνῇ μεγάλῃ, καλέσαι τοὺς ἐπαοιδοὺς, καὶ φαρμακοὺς, καὶ Χαλδαίους, καὶ γαζαρηνοὺς, ἀπαγγεῖλαι τὸ σύγκριμα τῆς γραφῆς. Καὶ εἰσεπορεύοντο ἐπὶ θεωρίαν, ἰδεῖν τὴν γραφὴν, καὶ τὸ σύγκριμα τῆς γραφῆς οὐκ ἐδύναντο συγκρῖναι τῷ βασιλεῖ. Τότε ὁ βασιλεὺς ἐξέθηκε πρόσταγμα, λέγων· Πᾶς ἀνὴρ ὃς ἂν ὑποδείξῃ τὸ σύγκριμα τῆς γραφῆς, στολιεῖ αὐτὸν πορφύραν, καὶ μανιάκην χρυσοῦν περιθήσει αὐτῷ, καὶ δοθήσεται αὐτῷ ἐξουσία τοῦ τρίτου μέρους τῆς βασιλείας.

8. Καὶ εἰσεπορεύοντο οἱ ἐπαοιδοὶ καὶ οἱ φαρμακοὶ,

A et potestatem meam, et regnum meum; in populo meo regnavi, et magnificentia mea restituta est mihi.

Nabuchodonosor rex omnibus gentibus, et cunctis regionibus, et universis habitantibus in eis. Pax vobis multiplicetur in omni tempore. Et nunc manifestabo vobis opera, quæ fecit mecum Deus magnus: visum est autem mihi ostendere vobis, et sophistis vestris, quia est Deus, et mirabilia ejus magna: regnum ejus regnum in æternum: potestas ejus a generationibus in generationes. Et misit epistolas de omnibus, quæ evenerant sibi in regno suo omnibus gentibus, quæ erant sub regno ejus.

CAPUT V.

B 1. Baltasar rex fecit convivium magnum in die dedicationis regnorum suorum; vocavit viros bis mille.

4. In die illa Baltasar elatus a vino, et glorians laudavit omnes deos gentium conflatiles, et sculptiles in loco suo, et Deo excelso non dedit laudem.

5. In eadem nocte exierunt digiti quasi hominis, et scripserunt in muro domus ejus super albario parietis e regione lucernæ: *Mane, Phares, Thecel*. Est autem interpretatio eorum: MANE numeratum est, PHARES ablatum est, THECEL appensum est.

1. Baltasar rex fecit convivium magnum amicis
C suis.

2. Et bibebat vinum, et elevatum est cor ejus, et dixit afferri vasa aurea, et argentea domus Dei, quæ asportaverat Nabuchodonosor pater ejus de Jerusalem, et ministrari in eis vinum amicis suis.

3. Et allata sunt; et bibebant in eis, et benedicebant idolis suis manufactis.

4. Et Deo sæculi non benedixerunt, qui habebat potestatem spiritus eorum.

5. In ipsa hora illa exierunt digiti quasi manus hominis, et scripserunt in muro domus ejus super albario parietis e regione luminis in conspectu regis Baltasar; et vidit manum scribentem.

D 6. Et aspectus ejus immutatus est, et timores et suspiciones eum incitabant. Festinavit itaque rex, et surrexit, et videbat scripturam illam; et amici in circuitu ejus gloriabantur.

7. Et rex voce magna clamavit, ut vocarent incantatores, et maleficos, et Chaldæos, et gazarenos ad annuntiandam interpretationem scripturæ. Et ingressi sunt ad spectaculum, ut viderent scripturam, et interpretationem scripturæ non potuerunt interpretari regi. Tunc rex edidit edictum dicens: Omnis vir quicumque demonstraverit interpretationem scripturæ, vestietur ipse purpura, et torques aureus circumponetur ei, et dabitur ei potestas tertiæ partis regni.

8. Et introibant incantatores, et malefici, et gaza-

reni, et nemo poterat interpretationem scripturæ A
annuntiare.

9. Tunc rex vocavit reginam propter hoc signum, et ostendit ei, quam magnum esset, et quod nullus homo posset annuntiare regi interpretationem scripturæ.

10. Eodem tempore regina mentionem Danielis apud eum fecit, qui erat de captivitate Judææ.

11. Et dixit regi : Homo scientia præditus erat, et sapiens, et superans omnes sapientes Babylonis, et Spiritus sanctus in eo est : et in diebus patris tui regis interpretationes sublimes demonstravit Nabuchodonosor patri tuo.

13. Tunc Daniel introductus est ad regem, et respondens rex dixit ei :

14. O Daniel, potes indicare mihi interpretationem B
scripturæ?

16. Et vestiam te purpura, et torque aureo circumdabo te, et habebis potestatem tertiæ partis regni mei.

17. Tunc Daniel stetit e regione scripturæ, et legit, et sic respondit regi : Hæc est scriptura : Numeratum est, computatum est, ablatum est : et stetit manus scribens, et hæc est interpretatio eorum.

23. Rex, tu fecisti convivium amicis tuis, et bibebas vinum, et vasa domus Dei viventis allata sunt tibi, et bibebatis in eis, tu et optimates tui, et laudastis omnia idola hominum manufacta, et Deo
viventi non benedixistis, et spiritus tuus in manu C
ejus, et regnum tuum ipse dedit tibi, et non benedixisti ei, neque laudasti eum.

26. Hæc est interpretatio scripturæ : Numeratum est tempus regni tui.

27. Finit regnum tuum; præcisum est, et consummatum est.

28. Regnum tuum Medis et Persis datur.

29. Tunc Baltasar rex induit Danielem purpura, et torquem aureum circumposuit ei, et dedit potestatem ei tertiæ partis regni sui.

30. Et interpretatio venit super Baltasar regem :
et regnum ablatum est a Chaldæis, et datum est D
Medis, et Persis.

31. Et Artaxerxes Medus accepit regnum, et Darius plenus dierum, et gloriosus in senectute.

CAPUT VI.

1. Et constituit satrapas centum viginti septem super universum regnum suum.

2. Et super eos, viros tres duces eorum : et Daniel unus erat ex tribus viris,

3. Super omnes habens potestatem in regno.

4. Daniel autem erat indutus purpura, et magnus et honoratus in conspectu Darii regis, propterea quod esset celebris, et scientia præditus, et intelli-

καὶ γαζαρηνοί, καὶ οὐκ ἠδύνατο οὐδεὶς τὸ σύγκριμα τῆς γραφῆς ἀπαγγεῖλαι.

9. Τότε ὁ βασιλεὺς ἐκάλεσε τὴν βασίλισσαν περὶ τούτου σημείου, καὶ ὑπέδειξεν αὐτῇ, ὡς μέγα ἐστὶ, καὶ ὅτι πᾶς ἄνθρωπος οὐ δύναται ἀπαγγεῖλαι τῷ βασιλεῖ τὸ σύγκριμα τῆς γραφῆς.

10. Τότε ἡ βασίλισσα ἐμνήσθη πρὸς αὐτὸν περὶ τοῦ Δανιὴλ, ὃς ἦν ἐκ τῆς αἰχμαλωσίας τῆς Ἰουδαίας.

11. Καὶ εἶπε τῷ βασιλεῖ· Ὁ ἄνθρωπος ἐπιστήμων ἦν καὶ σοφὸς, καὶ ὑπερέχων πάντας τοὺς σοφοὺς Βαβυλῶνος, καὶ Πνεῦμα ἅγιον ἐν αὐτῷ ἐστι, καὶ ἐν ταῖς ἡμέραις τοῦ πατρός σου τοῦ βασιλέως συγκρίματα ὑπέρογκα ὑπέδειξε Ναβουχοδονόσορ τῷ πατρί σου.

13. Τότε Δανιὴλ εἰσήχθη πρὸς τὸν βασιλέα· καὶ ἀποκριθεὶς ὁ βασιλεὺς εἶπεν αὐτῷ·

14. Ὦ Δανιὴλ, δύνῃ μοι ὑποδεῖξαι τὸ σύγκριμα τῆς γραφῆς;

16. Καὶ στολιῶ σε πορφύραν, καὶ μανιάκην χρυσοῦν περιθήσω σοι, καὶ ἕξεις ἐξουσίαν τοῦ τρίτου μέρους τῆς βασιλείας μου.

17. Τότε Δανιὴλ ἔστη κατέναντι τῆς γραφῆς, καὶ ἀνέγνω, καὶ οὕτως ἀπεκρίθη τῷ βασιλεῖ· Αὕτη ἡ γραφὴ, Ἠρίθμηται, κατελογίσθη, ἐξῆρται, καὶ ἔστη ἡ γράψασα χεὶρ, καὶ αὕτη ἡ σύγκρισις αὐτῶν.

23. Βασιλεῦ, σὺ ἐποιήσω ἑστιατορίαν τοῖς φίλοις σου, καὶ ἔπινες οἶνον, καὶ τὰ σκεύη τοῦ οἴκου τοῦ Θεοῦ τοῦ ζῶντος ἠνέχθη σοι, καὶ ἐπίνετε ἐν αὐτοῖς, σὺ καὶ οἱ μεγιστᾶνές σου, καὶ ᾐνέσατε πάντα τὰ εἴδωλα τὰ χειροποίητα τῶν ἀνθρώπων, καὶ τῷ Θεῷ τῷ ζῶντι οὐκ εὐλογήσατε, καὶ τὸ πνεῦμά σου ἐν τῇ χειρὶ αὐτοῦ, καὶ τὸ βασίλειόν σου αὐτὸς ἔδωκέ σοι ÷ · καὶ οὐκ εὐλόγησας αὐτὸν, οὐδὲ ᾔνεσας αὐτῷ.

26. Τοῦτο τὸ σύγκριμα τῆς γραφῆς· Ἠρίθμηται ὁ χρόνος σου τῆς βασιλείας.

27. Ἀπολήγει ἡ βασιλεία σου· συντέτμηται, καὶ συντετέλεσται.

28. Ἡ βασιλεία σου τοῖς Μήδοις καὶ τοῖς *Πέρσαις* δίδοται.

29. Τότε Βαλτάσαρ ὁ βασιλεὺς ἐνέδυσε τὸν Δανιὴλ πορφύραν, καὶ μανιάκην χρυσοῦν περιέθηκεν αὐτῷ, καὶ ἔδωκεν ἐξουσίαν αὐτῷ τοῦ τρίτου μέρους τῆς βασιλείας αὐτοῦ.

30. Καὶ τὸ σύγκριμα ἐπῆλθε Βαλτάσαρ τῷ βασιλεῖ· καὶ τὸ βασίλειον ἐξῆρται ἀπὸ τῶν Χαλδαίων, καὶ ἐδόθη τοῖς Μήδοις καὶ τοῖς Πέρσαις.

31. Καὶ Ἀρταξέρξης ὁ τῶν Μήδων παρέλαβε τὴν βασιλείαν, καὶ Δαρεῖος πλήρης τῶν ἡμερῶν, καὶ ἔνδοξος ἐν γήρει.

ΚΕΦΑΛ. Ϛ'.

1. Καὶ κατέστησε σατράπας ἑκατὸν εἴκοσι ἑπτὰ ἐπὶ πάσης τῆς βασιλείας αὐτοῦ.

2. Καὶ ἐπ' αὐτῶν ἄνδρας τρεῖς ἡγουμένους αὐτῶν· καὶ Δανιὴλ εἷς ἦν τῶν τριῶν ἀνδρῶν.

3. Ὑπὲρ πάντας ἔχων ἐξουσίαν ἐν τῇ βασιλείᾳ.

4. Καὶ Δανιὴλ ἦν ἐνδεδυμένος πορφύραν, καὶ μέγας καὶ ἔνδοξος ἔναντι Δαρείου τοῦ βασιλέως, καθότι ἦν ἔνδοξος, καὶ ἐπιστήμων, καὶ συνετὸς, καὶ Πνεῦμα

ἅγιον ἐν αὐτῷ ✠, καὶ εὐ✠οδούμενος ἐν ταῖς πραγματείαις ✠ τοῦ βασιλέως, αἷς ἔπρασσε.

Τότε ὁ βασιλεὺς ἐβουλεύσατο καταστῆσαι τὸν Δανιὴλ ἐπὶ πάσης τῆς βασιλείας αὐτοῦ, καὶ τοὺς δύο ἄνδρας, οὓς κατέστησε μετ' αὐτοῦ, καὶ σατράπας ἑκατὸν εἴκοσι ἑπτά. Ὅτε δὲ ἐβουλεύσατο ὁ βασιλεὺς καταστῆσαι τὸν Δανιὴλ ἐπὶ πάσης τῆς βασιλείας αὐτοῦ.

5. Τότε βουλὴν καὶ γνώμην ἐβουλεύσαντο ἐν ἑαυτοῖς οἱ δύο νεανίσκοι πρὸς ἀλλήλους λέγοντες (ἐπεὶ οὐδεμίαν ἁμαρτίαν οὐδὲ ἄγνοιαν ηὕρισκον κατὰ τοῦ Δανιὴλ, περὶ ἧς κατηγορήσουσιν αὐτοῦ πρὸς τὸν βασιλέα), καὶ εἶπαν· Δεῦτε, στήσωμεν ὁρισμὸν καθ' ἑαυτῶν, ὅτι πᾶς ἄνθρωπος οὐκ ἀξιώσει ἀξίωμα, καὶ οὐ μὴ εὔξηται εὐχὴν ἀπὸ παντὸς θεοῦ ἕως ἡμερῶν τριάκοντα, ἀλλ' ἢ παρὰ Δαρείου τοῦ βασιλέως· εἰ δὲ μὴ, ἀποθανεῖται· ἵνα ἡττήσωσι τὸν Δανιὴλ ἐναντίον τοῦ βασιλέως, καὶ ῥιφῇ εἰς τὸν λάκκον τῶν λεόντων. Ἤιδεισαν γὰρ, ὅτι Δανιὴλ προσεύχεται, καὶ δεῖται Κυρίου τοῦ Θεοῦ αὐτοῦ τρὶς τῆς ἡμέρας.

6. Τότε προσήλθοσαν οἱ ἄνθρωποι ἐκεῖνοι, καὶ εἶπαν ἐναντίον τοῦ βασιλέως.

7. Ὁρισμὸν καὶ στάσιν ἐστήσαμεν, ὅτι πᾶς ἄνθρωπος, ὃς ἂν εὔξηται εὐχὴν, ἢ ἀξιώσῃ ἀξίωμά τι παρὰ παντὸς θεοῦ ἕως ἡμερῶν τριάκοντα, ἀλλ' ἢ παρὰ Δαρείου τοῦ βασιλέως.

8. Ῥιφήσεται εἰς τὸν λάκκον τῶν λεόντων.

9. Καὶ οὕτως ὁ βασιλεὺς Δαρεῖος ἔστησε, καὶ ἐκύρωσεν.

10. Ἐπιγνοὺς δὲ Δανιὴλ τὸν ὁρισμὸν, ὃν ἔστησε κατ' αὐτοῦ, θυρίδας ἤνοιξεν ἐν τῷ ὑπερῴῳ αὐτοῦ κατέναντι Ἱερουσαλήμ· καὶ ἔπιπτεν ἐπὶ πρόσωπον αὐτοῦ τρὶς τῆς ἡμέρας, καθὼς ἐποίει ἔμπροσθεν, καὶ ἐδεῖτο.

11. Καὶ αὐτοὶ ἐτήρησαν τὸν Δανιὴλ, καὶ κατελάβοσαν αὐτὸν εὐχόμενον τρὶς τῆς ἡμέρας καθ' ἑκάστην ἡμέραν.

12. Τότε οὗτοι οἱ ἄνθρωποι ἐνέτυχον τῷ βασιλεῖ, καὶ εἶπαν· Δαρεῖε βασιλεῦ, οὐχ ὁρισμὸν ὥρισω, ἵνα πᾶς ἄνθρωπος μὴ εὔξηται εὐχὴν, μηδὲ ἀξιώσῃ ἀξίωμα παρὰ παντὸς Θεοῦ ἕως ἡμερῶν τριάκοντα, ἀλλὰ παρὰ σοῦ, βασιλεῦ; εἰ δὲ μὴ, ῥιφήσεται εἰς τὸν λάκκον τῶν λεόντων.

13. Ἀποκριθεὶς δὲ ὁ βασιλεὺς εἶπεν αὐτοῖς, Ἀκριβὴς ὁ λόγος, καὶ μενεῖ ὁ ὁρισμός. Καὶ εἶπον αὐτῷ· Ὁρκίζομέν σε τοῖς Μήδων καὶ Περσῶν δόγμασιν, ἵνα μὴ ἀλλοιώσῃς τὸ πρόσταγμα, μηδὲ θαυμάσῃς πρόσωπον· καὶ ἵνα μὴ ἐλαττώσῃς τι τῶν εἰρημένων, ἀλλὰ καὶ κολάσῃς τὸν ἄνθρωπον, ὃς οὐκ ἐνέμεινε τῷ ὁρισμῷ τούτῳ. Καὶ εἶπεν· Οὕτως ποιήσω, καθὼς λέγετε, καὶ ἕστηκέ μοι τοῦτο.

14. Καὶ εἶπαν· Ἰδοὺ εὕρομεν Δανιὴλ τὸν φίλον σου εὐχόμενον καὶ δεόμενον τοῦ προσώπου τοῦ Θεοῦ αὐτοῦ τρὶς τῆς ἡμέρας. Καὶ λυπούμενος ὁ βασιλεὺς, εἶπεν ῥιφῆναι τὸν Δανιὴλ εἰς τὸν λάκκον τῶν λεόντων, κατὰ τὸν ὁρισμὸν ὃν ἔστησε κατ' αὐτοῦ. Τότε ὁ βασιλεὺς σφόδρα ἐλυπήθη ἐπὶ τὸν Δανιὴλ, καὶ ἐβοή-

gens, et Spiritus sanctus in eo, et prospere agens in negotiis regis quæ gerebat.

Tunc rex decrevit constituere Danielem super universum regnum suum, et duos viros, quos constituit cum eo, et satrapas centum viginti septem. Quando autem deliberavit rex constituere Danielem super omne regnum suum.

5 Tunc consilium et sententiam inierunt illi duo adolescentes inter se loquentes invicem (quoniam nullum delictum, neque ignorantiam inveniebant contra Danielem, de qua accusarent eum apud regem) et dixerunt : Venite, statuamus definitam legem contra nosmetipsos, quod nullus homo rogabit petitionem, neque deprecabitur qualemcunque deum usque ad dies triginta, præterquam Darium regem : quod ni faciat, morietur; ut vincerent Danielem in conspectu regis, et projiceretur in lacum leonum. Noverant enim, quod Daniel oraret, et deprecaretur Dominum Deum suum ter in die.

6. Tunc accesserunt homines illi, et dixerunt coram rege.

7. Definitam legem, et constitutionem statuimus, quod omnis homo quicumque oraverit, et rogaverit petitionem aliquam ab omni deo usque ad dies triginta, nisi a Dario rege,

8. Projicietur in lacum leonum.

9. Et ita rex Darius statuit, et ratum fecit.

10. Cum autem Daniel cognovisset constitutionem, quam statuerat contra se, fenestras aperuit in summa ædium suarum parte contra Jerusalem, et procidebat super faciem suam ter in die, sicut faciebat antea, et deprecabatur.

11. Et ipsi observarunt Danielem, et deprehenderunt eum orantem ter in die quotidie.

12. Tunc isti homines convenerunt regem, et dixerunt : Darie rex, nonne legem statuisti, ut omnis homo non oret, neque roget petitionem ab omni Deo usque ad dies triginta, nisi a te, rex : secus vero, projiciatur in lacum leonum?

13. Respondens autem rex dixit eis : Certus est sermo, et manebit lex. Et dixerunt ei : Adjuramus te per Medorum et Persarum decreta, ut non permutes præceptum, neque admireris personam : et ut non detrahas quidquam ex his, quæ decreta sunt; quin imo punias hominem, quicumque non steterit constitutioni huic. Et dixit : Ita faciam, quemadmodum dicitis, et ratum est mihi istud.

14. Et dixerunt : Ecce invenimus Danielem amicum tuum orantem, et deprecantem faciem Dei sui ter in die. Et contristatus rex, dixit ut projiceretur Daniel in lacum leonum juxta constitutionem, quam statuerat adversus eum. Tunc rex vehementi dolore affectus est super Danielem, et adjuvabat

usque ad occasum solis, ut eriperet eum de manibus satraparum.

15. Et non potuit liberare eum ab eis.

16. Exclamans autem Darius rex dixit Danieli: Deus tuus, quem tu colis jugiter ter in die, ipse eripiet te de manu leonum; usque mane confide.

17. Tunc Daniel projectus est in lacum leonum. Et allatus est lapis, et positus est super os laci; et obsignavit rex annulo suo, et annulis optimatum suorum, ut non ab illis tolleretur Daniel, aut rex extraheret eum de lacu.

18. Tunc reversus est rex in regiam suam, et pernoctavit jejunus, et erat mœstus propter Danielem. Tunc Deus Danielis, curam habens illius, conclusit ora leonum, et molestiam non attulerunt Danieli.

19. Et rex Darius surrexit diluculo, et assumpsit secum satrapas, et abiens stetit super os laci leonum.

20. Postea rex vocavit Danielem voce magna cum fletu dicens: O Daniel, si forte vivis, et Deus tuus, quem colis semper, servavit te de leonibus, et non contriverunt te?

21. Tunc Daniel clamavit voce magna, et dixit:

22. Rex, adhuc sum vivens, et liberavit me Deus de leonibus, eo quod justitia in me inventa est coram eo; sed et in conspectu tuo, rex, neque ignorantia, neque delictum deprehensum est in me: tu autem audisti homines, qui seducunt reges, et projecisti me in lacum leonum ad perditionem.

23. Eodem tempore congregati sunt omnes magistratus, et intuebantur Danielem, quomodo nullam molestiam attulissent ei leones.

24. Tunc duo homines illi, qui adversus Danielem testimonium dixerant, ipsi, et uxores eorum, et filii eorum projecti sunt leonibus, et leones interfecerunt eos, et comminuerunt ossa eorum.

25. Tunc Darius scripsit omnibus gentibus, et linguis, et regionibus, et habitantibus in universa terra ejus, dicens:

26. Omnes homines, qui sunt in regno meo, sint adoratores, et cultores Dei Danielis: ipse enim est Deus manens, et vivens in generationes generationum usque in æternum.

27. Ego Darius ero adorans eum, et serviens cunctis diebus meis. Idola enim manufacta non possunt servare, sicut liberavit Deus Danielis Danielem.

28 Et rex Darius appositus est ad genus suum, et Daniel constitutus est super regnum Darii. Et Cyrus Persa suscepit regnum ejus.

CAPUT VII.

1. Anno primo imperante Baltasar regionibus Babylonis, Daniel visionem vidit supra caput in

A θει τοῦ ἐξελέσθαι αὐτὸν ἕως δυσμῶν ἡλίου ἀπὸ τῶν χειρῶν τῶν σατραπῶν.

15. Καὶ οὐκ ἠδύνατο ἐξελέσθαι αὐτὸν ἀπ' αὐτῶν.

16. Ἀναβοήσας δὲ Δαρεῖος ὁ βασιλεὺς εἶπε τῷ Δανιήλ· Ὁ Θεός σου, ᾧ σὺ λατρεύεις ἐνδελεχῶς, τρὶς τῆς ἡμέρας, αὐτὸς ἐξελεῖταί σε ἐκ χειρὸς τῶν λεόντων, ἕως πρωῒ θάῤῥει.

17. Τότε Δανιὴλ ἐῤῥίφη εἰς τὸν λάκκον τῶν λεόντων, καὶ ἠνέχθη λίθος, καὶ ἐτέθη εἰς τὸ στόμα τοῦ λάκκου, καὶ ἐσφραγίσατο ὁ βασιλεὺς ἐν τῷ δακτυλίῳ ἑαυτοῦ, καὶ ἐν τοῖς δακτυλίοις τῶν μεγιστάνων αὐτοῦ, ὅπως μὴ ἀπ' αὐτῶν ἀρθῇ ὁ Δανιὴλ ÷, ἢ ὁ βασιλεὺς αὐτὸν ἀνασπάσῃ ἐκ τοῦ λάκκου /

18. Τότε ὑπέστρεψεν ὁ βασιλεὺς εἰς τὰ βασίλεια αὐτοῦ, καὶ ηὐλίσθη νῆστις, καὶ ἦν λυπούμενος περὶ
B τοῦ Δανιήλ. Τότε ὁ Θεὸς τοῦ Δανιήλ, πρόνοιαν ποιούμενος αὐτοῦ, ἀπέκλεισε τὰ στόματα τῶν λεόντων, καὶ οὐ παρηνώχλησαν τῷ Δανιήλ.

19. Καὶ ὁ βασιλεὺς Δαρεῖος ὤρθρισε πρωῒ, καὶ παρέλαβε μεθ' ἑαυτοῦ τοὺς σατράπας, καὶ πορευθεὶς ἔστη ἐπὶ τοῦ στόματος τοῦ λάκκου τῶν λεόντων.

20. Τότε ὁ βασιλεὺς ἐκάλεσε τὸν Δανιὴλ φωνῇ μεγάλῃ μετὰ κλαυθμοῦ, λέγων· Ὦ Δανιήλ, εἰ ἄρα ζῇς, καὶ ὁ Θεός σου, ᾧ λατρεύεις ἐνδελεχῶς, σέσωκέ σε ἀπὸ τῶν λεόντων, καὶ οὐκ ἠχρείωκάν σε;

21. Τότε Δανιὴλ ἐπήκουσε φωνῇ μεγάλῃ, καὶ εἶπεν·

22. Βασιλεῦ, ἔτι εἰμὶ ζῶν, καὶ σέσωκέ με ὁ Θεὸς ἀπὸ τῶν λεόντων, καθ' ὅτι δικαιοσύνη ἐν ἐμοὶ εὑρέθη ἐναντίον αὐτοῦ· καὶ ἐναντίον δέ σου, βασιλεῦ, οὔτε
C ἄγνοια, οὔτε ἁμαρτία εὑρέθη ἐν ἐμοί· σὺ δὲ ἤκουσας ἀνθρώπων πλανώντων βασιλεῖς, καὶ ἔῤῥιψάς με εἰς τὸν λάκκον τῶν λεόντων εἰς ἀπώλειαν.

23. Τότε συνήχθησαν πᾶσαι αἱ δυνάμεις, καὶ εἶδον τὸν Δανιήλ, ὡς οὐ παρηνώχλησαν αὐτῷ οἱ λέοντες.

24. Τότε οἱ δύο ἄνθρωποι ἐκεῖνοι οἱ καταμαρτυρήσαντες τοῦ Δανιήλ, αὐτοὶ, καὶ αἱ γυναῖκες αὐτῶν, καὶ τὰ τέκνα αὐτῶν ἐῤῥίφησαν τοῖς λέουσι, καὶ οἱ λέοντες ἀπέκτειναν αὐτοὺς, καὶ ἔθλασαν τὰ ὀστᾶ αὐτῶν.

25. Τότε Δαρεῖος ἔγραψε πᾶσι τοῖς ἔθνεσι, καὶ γλώσσαις, καὶ χώραις, τοῖς οἰκοῦσιν ἐν πάσῃ τῇ γῇ αὐτοῦ, λέγων·

26. Πάντες οἱ ἄνθρωποι, οἱ ὄντες ἐν τῇ βασιλείᾳ
D μου, ἔστωσαν προσκυνοῦντες καὶ λατρεύοντες τῷ Θεῷ τοῦ Δανιήλ· αὐτὸς γάρ ἐστι Θεὸς μένων, καὶ ζῶν εἰς γενεὰς γενεῶν ἕως τοῦ αἰῶνος.

27. Ἐγὼ Δαρεῖος ἔσομαι αὐτῷ προσκυνῶν, καὶ δουλεύων πάσας τὰς ἡμέρας μου· τὰ γὰρ εἴδωλα τὰ χειροποίητα οὐ δύνανται σῶσαι, ὡς ἐλυτρώσατο ὁ Θεὸς τοῦ Δανιήλ, τὸν Δανιήλ.

28. Καὶ ὁ βασιλεὺς Δαρεῖος προσετέθη πρὸς τὸ γένος αὐτοῦ ÷, καὶ Δανιὴλ ÷ κατεστάθη ἐπὶ τῆς βασιλείας Δαρείου /. καὶ Κῦρος ὁ Πέρσης παρέλαβε τὴν βασιλείαν αὐτοῦ.

ΚΕΦΑΛ. Ζ'.

1. Ἔτους πρώτου βασιλεύοντος Βαλτάσαρ χώρας Βαβυλωνίας, Δανιὴλ ὅραμα εἶδε παρὰ κεφαλὴν ἐπὶ

τῆς κοίτης αὐτοῦ. Τότε Δανιὴλ τὸ ὅραμα, ὃ εἶδεν, A
ἔγραψεν εἰς κεφάλαια λόγων.

2. Ἐπὶ τῆς κοίτης μου ἐθεώρουν καθ' ὕπνους νυκτός· καὶ ἰδοὺ τέσσαρες ἄνεμοι τοῦ οὐρανοῦ ἐνέπεσον εἰς τὴν θάλασσαν τὴν μεγάλην.

3. Καὶ τέσσαρα θηρία ἀνέβαινον ἐκ τῆς θαλάσσης, διαφέροντα ἓν παρὰ τὸ ἕν.

4. Τὸ πρῶτον ὡσεὶ λέαινα ἔχουσα πτερὰ ὡσεὶ ἀετοῦ. Ἐθεώρουν ἕως ὅτου ἐτίλη τὰ πτερὰ αὐτῆς, καὶ ἤρθη ἀπὸ τῆς γῆς, καὶ ἐπὶ ποδῶν ἀνθρωπίνων ἐστάθη, καὶ ἀνθρωπίνη καρδία ἐδόθη αὐτῇ.

5. Καὶ ἰδοὺ μετ' αὐτὴν ἄλλο θηρίον ὁμοίωσιν ἔχον ἄρκου, καὶ ἐπὶ τοῦ ἑνὸς πλευροῦ ἐστάθη. καὶ τρία πλευρὰ ἦν ἐν τῷ στόματι αὐτῆς ※ ἐν μέσῳ ὀδόντων αὐτῆς ↙. καὶ οὕτως εἶπεν· Ἀνάστα, κατάφαγε σάρκας πολλάς. B

6. Καὶ μετὰ ταῦτα ἐθεώρουν θηρίον ἄλλο ὡσεὶ πάρδαλιν, καὶ πτερὰ τέσσαρα ἐπέτεινον ἐπάνω αὐτοῦ, καὶ τέσσαρες κεφαλαὶ τῷ θηρίῳ.

7. Μετὰ δὲ ταῦτα ἐθεώρουν ἐν ὁράματι τῆς νυκτὸς θηρίον τέταρτον φοβερὸν, καὶ ὁ φόβος αὐτοῦ ὑπερφέρων ἰσχύϊ, ἔχον ὀδόντας σιδηροῦς μεγάλους, ἐσθίον καὶ κοπανίζον, κύκλῳ τοῖς ποσὶ καταπατοῦν, διαφόρως χρώμενον παρὰ πάντα τὰ πρὸ αὐτοῦ θηρία· εἶχε δὲ κέρατα δέκα, καὶ βουλαὶ πολλαὶ ἐν τοῖς κέρασιν αὐτοῦ.

8. Καὶ ἰδοὺ ἄλλο ἓν κέρας ἀνεφύη ἀναμέσον αὐτῶν μικρὸν ἐν τοῖς κέρασιν αὐτοῦ, καὶ τρία τῶν κεράτων τῶν πρώτων ἐξηράνθησαν δι' αὐτοῦ· καὶ ἰδοὺ ὀφθαλμοὶ ὥσπερ ἀνθρώπινοι ἐν τῷ κέρατι τούτῳ, καὶ στόμα λαλοῦν μεγάλα ÷ καὶ ἐποίει πόλεμον πρὸς τοὺς ÷ ἁγίους ↙. C

9. Ἐθεώρουν ἕως ὅτε θρόνοι ἐτέθησαν, καὶ Παλαιὸς ἡμερῶν ἐκάθητο, ἔχων περιβολὴν ὡσεὶ χιόνα, καὶ τὸ τρίχωμα τῆς κεφαλῆς αὐτοῦ, ὡσεὶ ἔριον λευκὸν καθαρὸν, ὁ θρόνος ὡσεὶ φλὸξ πυρὸς ※ τροχοὶ αὐτοῦ πῦρ καιόμενον.

10. ※ Ποταμὸς πυρὸς ἕλκων, καὶ ἐξεπορεύετο κατὰ πρόσωπον αὐτοῦ ποταμὸς πυρός· χίλιαι χιλιάδες ἐθεράπευον αὐτὸν, καὶ μύριαι μυριάδες παρειστήκεισαν αὐτῷ, καὶ κριτήριον ἐκάθισε, καὶ βίβλοι ἠνεῴχθησαν.

11. Ἐθεώρουν τότε τὴν φωνὴν τῶν λόγων τῶν μεγάλων, ὧν τὸ κέρας ἐλάλει· θεωρῶν ἤμην, καὶ ἀπετυμπανίσθη τὸ θηρίον, καὶ ἀπώλετο τὸ σῶμα αὐτοῦ, D
καὶ ἐδόθη εἰς καῦσιν πυρός.

12. Καὶ τοὺς κύκλῳ αὐτοῦ ἀπέστησε τῆς ἐξουσίας αὐτῶν, καὶ χρόνος ζωῆς ἐδόθη αὐτοῖς ἕως χρόνου καὶ καιροῦ.

13. Ἐθεώρουν ἐν ὁράματι τῆς νυκτὸς, καὶ ἰδοὺ ἐπὶ τῶν νεφελῶν τοῦ οὐρανοῦ, ὡς υἱὸς ἀνθρώπου ἤρχετο, καὶ ὡς Παλαιὸς ἡμερῶν παρῆν, καὶ οἱ παρεστηκότες παρῆσαν — αὐτῷ.

14. Καὶ ἐδόθη αὐτῷ ἐξουσία ※ καὶ ※ τιμὴ βασιλικὴ ↙. καὶ πάντα τὰ ἔθνη τῆς γῆς κατὰ γένη, καὶ πᾶσα δόξα αὐτῷ λατρεύουσα, καὶ ἡ ἐξουσία αὐτοῦ, ἐξουσία αἰώνιος, ἥτις οὐ μὴ ἀρθῇ, καὶ ἡ βασιλεία αὐτοῦ, ἥτις οὐ μὴ φθαρῇ.

15. Καὶ ἀκηδιάσας ἐγὼ Δανιὴλ ἐν τούτοις ἐν τῷ

cubili suo. Tunc Daniel visionem, quam vidit, scripsit in capitibus sermonum.

2. In cubili meo videbam per somnos noctis : et ecce quatuor venti cœli irruerunt in mare magnum.

3. Et quatuor bestiæ ascendebant de mari, differentes una ab alia.

4. Prima quasi leæna habens alas sicut aquilæ. Aspiciebam donec evulsæ sunt alæ ejus, et sublata est de terra, et super pedes humanos stetit, et humanum cor datum est ei.

5. Et ecce post eam alia bestia similitudinem habens ursi, et in latere uno stetit : et tria latera erant in ore ejus in medio dentium ejus, et sic dixit : Surge, manduca carnes multas.

6. Et post hæc aspiciebam bestiam aliam sicut pardum, et alæ quatuor extendebantur super eam, et quatuor capita bestiæ.

7. Post autem hæc aspiciebam in visione noctis bestiam quartam terribilem, et terror ejus excedebat fortitudine : quæ habebat dentes ferreos magnos, manducans, et comminuens, in circuitu pedibus conculcans, diverse operans ab omnibus, quæ fuerunt ante eam, bestiis; habebat autem cornua decem, et consilia multa in cornibus ejus.

8. Et ecce aliud unum cornu renatum est in medio eorum parvum in cornibus ejus : et tria de cornibus primis exaruerunt propter illud : et ecce oculi, sicut oculi humani in cornu isto, et os loquens magna, et faciebat bellum adversus sanctos.

9. Videbam, quoadusque throni positi sunt, et Vetustus dierum sedebat, habens amictum sicut nivem, et capillitium capitis sui sicut lanam candidam mundam; thronus sicut flamma ignis, rotæ ejus ignis ardens.

10. Flumen ignis trahens, et egrediebatur ante faciem ejus fluvius ignis; mille millia serviebant ei, et dena millia denum millium assistebant ei, et judicium sedit, et libri aperti sunt.

11. Contemplabar tunc vocem sermonum magnorum, quos cornu loquebatur : aspiciens eram, et fustibus cæsa est bestia, et periit corpus ejus, et datum est in combustionem ignis.

12. Et ab iis, qui in circuitu ejus erant, abstulit potestatem eorum, et tempus vitæ datum est eis usque ad tempus et opportunitatem.

13. Videbam in visione noctis, et ecce super nubes cœli sicut filius hominis veniebat, et sicut Vetustus dierum aderat, et adstantes aderant ei.

14. Et data est ei potestas et honor regius, et omnes gentes terræ secundum genera, et omnis gloria serviens ei : et potestas ejus, potestas perpetua, quæ non auferetur, et regnum ejus, quod non destruetur.

15. Et cum mœrore gravi affectus essem ego Da-

niel super his in visione noctis conturbabant me cogitationes meæ.

16. Accessi ad unum stantium, et veritatem quærebam ab eo super omnibus his. Respondens autem dicit mihi, et interpretationem sermonum declaravit mihi.

17. Hæ bestiæ magnæ sunt quatuor regna, quæ peribunt de terra.

18. Et accipient regnum sancti Altissimi, et obtinebunt regnum usque in sæculum sæculorum.

19. Eodem tempore volui quærere diligenter de bestia quarta destruente omnia, et horribili valde: et ecce dentes ejus ferrei, et ungues ejus æerei, quæ devorabat omnes in circuitu, et conculcabat pedibus.

20. Et de decem cornibus ejus, quæ erant super caput, et de uno alio, quod adnatum fuerat, et deciderant propter illud tria, et cornu illud habebat oculos, et os loquens magna, et aspectus ejus superabat alia.

21. Et considerabam cornu illud, quod bellum faciebat adversus sanctos, et fugabat eos.

22. Quoadusque venit Vetustus dierum, et judicium dedit sanctis Altissimi, et tempus datum est, et regnum obtinuerunt sancti.

23. Et dictum est mihi de quarta bestia, quia regnum quartum erit super terram, quod eminebit supra omnem terram, et devorabit omnem terram, et subvertet eam, et concidet eam.

24. Et decem cornua regni, decem reges stabunt: et alius rex post eos stabit, et ipse malis superabit primos, et tres reges humiliabit.

25. Et verba contra Altissimum loquetur, et sanctos Altissimi conteret: et assumet mutare tempora, et legem, et tradentur omnia in manibus ejus usque ad tempus, et tempora, et usque ad dimidium temporis.

26. Et judicium sedebit, et potestatem destruent, et deliberabunt contaminare, et perdere usque in finem.

27. Et regnum, et potestatem, et magnificentiam eorum, et principatum omnium sub cœlo regnorum, dedit populo sancto excelso ad regnandum regno sempiterno, et omnes potestates ei subjicientur, et obedient ei usque ad finem sermonis.

28. Ego Daniel multo stupore correptus sum, et forma mea immutata est super me, et verbum in corde meo firmiter statui.

CAPUT VIII.

1. Anno tertio regnante Baltasar, visio, quam vidi ego Daniel, postquam vidissem primam.

2. Et vidi in visione somnii mei, cum ego essem in Susis civitate, quæ est in Elymaide regione, et vidi in visione, cum adhuc essem juxta portam Aelam.

ὁράματι τῆς νυκτὸς ※ ἐτά※ρασσόν με οἱ διαλογισμοί μου.

16. Προσῆλθον πρὸς ἕνα τῶν ἑστώτων, καὶ τὴν ἀκρίβειαν ἐζήτουν παρ' αὐτοῦ ὑπὲρ πάντων τούτων· ἀποκριθεὶς δὲ λέγει μοι, καὶ τὴν κρίσιν τῶν λόγων ἐδήλωσέ μοι.

17. Ταῦτα τὰ θηρία τὰ μεγάλα εἰσὶ τέσσαρες βασιλεῖαι, αἳ ἀπολοῦνται ἀπὸ τῆς γῆς.

18. Καὶ παραλήψονται τὴν βασιλείαν ἅγιοι Ὑψίστου, καὶ καθέξουσι τὴν βασιλείαν ἕως τοῦ αἰῶνος τῶν αἰώνων.

19. Τότε ἤθελον ἐξακριβώσασθαι περὶ τοῦ θηρίου τοῦ τετάρτου, τοῦ διαφθείροντος πάντα, καὶ ὑπερφόβου· καὶ ἰδοὺ οἱ ὀδόντες αὐτοῦ σιδηροῖ, καὶ οἱ ὄνυχες αὐτοῦ χαλκοῖ, κατεσθίοντος πάντας κυκλόθεν, καὶ καταπατοῦντος τοῖς ποσί.

20. Καὶ περὶ τῶν δέκα κεράτων αὐτοῦ τῶν ἐπὶ τῆς κεφαλῆς, καὶ τοῦ ἑνὸς τοῦ ἄλλου τοῦ προσφυέντος, καὶ ἐξέπεσαν δι' αὐτοῦ τρία, καὶ τὸ κέρας ἐκεῖνο εἶχεν ὀφθαλμούς, καὶ στόμα λαλοῦν μεγάλα· καὶ ἡ πρόσοψις αὐτοῦ ὑπερέφερε τὰ ἄλλα.

21. Καὶ κατενόουν τὸ κέρας ἐκεῖνο πόλεμον συνιστάμενον πρὸς τοὺς ἁγίους, καὶ τροπούμενον αὐτούς.

22. Ἕως τοῦ ἐλθεῖν τὸν Παλαιὸν ἡμερῶν, καὶ τὴν κρίσιν ἔδωκε τοῖς ἁγίοις τοῦ Ὑψίστου· καὶ ὁ καιρὸς ἐδόθη, καὶ τὸ βασίλειον κατέσχον οἱ ἅγιοι.

23. Καὶ ἐῤῥέθη μοι περὶ τοῦ θηρίου τοῦ τετάρτου, ὅτι βασιλεία τετάρτη ἔσται ἐπὶ τῆς γῆς, ἥτις διοίσει παρὰ πᾶσαν τὴν γῆν ※, καὶ καταφάγεται πᾶσαν τὴν γῆν ↙. καὶ ἀναστατώσει αὐτὴν, καὶ καταλεανεῖ αὐτήν.

24. Καὶ τὰ δέκα κέρατα τῆς βασιλείας, δέκα βασιλεῖς στήσονται· καὶ ὁ ἄλλος βασιλεὺς μετὰ τούτους στήσεται, καὶ αὐτὸς διοίσει κακοῖς ὑπὲρ τοὺς πρώτους, καὶ τρεῖς βασιλεῖς ταπεινώσει.

25. Καὶ ῥήματα εἰς τὸν Ὕψιστον λαλήσει, καὶ τοὺς ἁγίους τοῦ Ὑψίστου κατατρίψει, καὶ προσδέξεται ἀλλοιῶσαι καιροὺς καὶ νόμον, καὶ παραδοθήσεται πάντα εἰς τὰς χεῖρας αὐτοῦ ἕως καιροῦ καὶ καιρῶν, καὶ ἕως ἡμίσους καιροῦ.

26. Καὶ ἡ κρίσις καθίσεται, καὶ τὴν ἐξουσίαν ἀπολοῦσι, καὶ βουλεύσονται μιᾶναι καὶ ἀπολέσαι ἕως τέλους.

27. Καὶ τὴν βασιλείαν, καὶ τὴν ἐξουσίαν, καὶ τὴν μεγαλειότητα αὐτῶν, καὶ τὴν ἀρχὴν πασῶν τῶν ὑπὸ τὸν οὐρανὸν βασιλειῶν, ἔδωκε λαῷ ἁγίῳ Ὑψίστῳ βασιλεῦσαι βασιλείαν αἰώνιον, καὶ πᾶσαι ἐξουσίαι αὐτῷ ὑποταγήσονται, καὶ πειθαρχήσουσιν αὐτῷ ἕως καταστροφῆς τοῦ λόγου.

28. Ἐγὼ Δανιὴλ σφόδρα ἐκστάσει περιειχόμην, καὶ ἡ ἕξις μου διήνεγκεν ἐμοὶ, καὶ τὸ ῥῆμα ἐν καρδίᾳ μου ἐστήριξα.

ΚΕΦΑΛ. Η'

1. Ἔτους τρίτου βασιλεύοντος Βαλτάσαρ, ὅρασις, ἣν εἶδον ἐγὼ Δανιὴλ, μετὰ τὸ ἰδεῖν με τὴν πρώτην.

2. Καὶ εἶδον ἐν τῷ ὁράματι τοῦ ἐνυπνίου μου, ἐμοῦ ὄντος ἐν Σούσοις τῇ πόλει, ἥτις ἐστὶν ἐν Ἐλυμαΐδι χώρᾳ ※ καὶ εἶδον ἐν ὁράματι ↙. ἔτι ὄντος μου πρὸς τῇ πύλῃ Αἰλάμ.

3. Ἀναβλέψας εἶδον κριὸν ἕνα μέγαν ἑστῶτα ἀπέναντι τῆς πύλης· καὶ εἶχε κέρατα, ※ καὶ τὰ κέρατα ※ ὑψηλὰ, καὶ τὸ ἓν ὑψηλότερον τοῦ ἑτέρου, καὶ τὸ ὑψηλότερον ἀνέβαινε.

4. Μετὰ δὲ ταῦτα εἶδον τὸν κριὸν κερατίζοντα πρὸς ἀνατολὰς, καὶ πρὸς βοῤῥᾶν, καὶ πρὸς δυσμὰς, καὶ μεσημβρίαν· καὶ πάντα τὰ θηρία οὐχ ἔστησαν ὀπίσω αὐτοῦ, καὶ οὐκ ἦν ὁ ῥυόμενος ἐκ τῶν χειρῶν αὐτοῦ, καὶ ἐποίει ὡς ἤθελε, καὶ ὑψώθη.

5. Καὶ ἐγὼ διενοούμην, καὶ ἰδοὺ τράγος αἰγῶν ἤρχετο ἀπὸ δυσμῶν ἐπὶ προσώπου τῆς γῆς· καὶ ἦν τοῦ τράγου κέρας ἓν ※ θεωρητὸν /. ἀναμέσον τῶν ὀφθαλμῶν αὐτῶν /.

6. Καὶ ἦλθεν ἐπὶ τὸν κριὸν τὸν τὰ κέρατα ἔχοντα, ὃν εἶδον ἑστῶτα πρὸς τῇ πύλῃ, καὶ ἔδραμε πρὸς αὐτὸν ἐν θυμῷ ὀργῆς.

7. Καὶ εἶδον αὐτὸν προσάγοντα πρὸς τὸν κριὸν, καὶ ἐθυμώθη ἐπ' αὐτὸν, καὶ ἐπάταξε ※ τὸν κριὸν, καὶ συνέτριψε τὰ δύο κέρατα αὐτοῦ, καὶ οὐκ ἔτι ἦν ἰσχὺς ἐν τῷ κριῷ στῆναι κατέναντι τοῦ τράγου, καὶ ἐσπάραξεν αὐτὸν ἐπὶ τὴν γῆν, καὶ συνέτριψεν αὐτὸν, καὶ οὐκ ἦν ὁ ῥυόμενος τὸν κριὸν ἀπὸ τοῦ τράγου.

8. Καὶ ὁ τράγος τῶν αἰγῶν κατίσχυσε σφόδρα, καὶ ὅτε κατίσχυσε, συνετρίβη αὐτοῦ τὸ κέρας τὸ μέγα, καὶ ἀνέβη ἕτερα τέσσαρα κέρατα κατόπισθεν αὐτοῦ εἰς τοὺς τέσσαρας ἀνέμους τοῦ οὐρανοῦ.

9. Καὶ ἐξ ἑνὸς αὐτῶν ἀνεφύη κέρας ἰσχυρὸν ἓν, καὶ κατίσχυσε, καὶ ἐπάταξεν ἐπὶ μεσημβρίαν, ἐπὶ νότον, καὶ ἐπ' ἀνατολὰς, καὶ ἐπὶ βοῤῥᾶν.

10. Καὶ ὑψώθη ἕως τῶν ἀστέρων τοῦ οὐρανοῦ· καὶ ἐῤῥάχθη ἐπὶ τὴν γῆν ἀπὸ τῶν ἀστέρων, καὶ ἀπὸ αὐτῶν κατεπατήθη.

11. Ἕως ὁ ἀρχιστράτηγος ῥύσεται τὴν αἰχμαλωσίαν· καὶ δι' αὐτὸν τὰ ὄρη τὰ ἀπ' αἰῶνος ἐῤῥάχθη· καὶ ἐξήρθη ὁ τόπος αὐτῶν, καὶ θυσία· καὶ ἔθηκεν αὐτὴν ἕως χαμαὶ ἐπὶ τὴν γῆν, καὶ εὐωδώθησαν, καὶ ἐγενήθη· καὶ τὸ ἅγιον ἐρημωθήσεται.

12. Καὶ ἐγενήθησαν ἐπὶ τῇ θυσίᾳ αἱ ἁμαρτίαι, καὶ ἐῤῥίφη χαμαὶ ἡ δικαιοσύνη· καὶ ἐποίησε, καὶ εὐωδώθη.

13. Καὶ ἤκουον ἑτέρου ἁγίου λαλοῦντος· καὶ εἶπεν ὁ ἕτερος ἅγιος/. τῷ Φελμουνὶ τῷ λαλοῦντι· Ἕως τίνος τὸ ὅραμα στήσεται, καὶ ἡ θυσία ἡ ἀρθεῖσα, καὶ ἡ ἁμαρτία ἐρημώσεως ἡ δοθεῖσα, καὶ τὰ ἅγια ἐρημωθήσεται εἰς καταπάτημα;

14. Καὶ εἶπεν αὐτῷ· Ἕως ἑσπέρας, καὶ πρωῒ, ἡμέραι δισχίλιαι τριακόσιαι, καὶ καθαρισθήσεται τὸ ἅγιον.

15. Καὶ ἐγένετο ἐν τῷ θεωρεῖν με ἐγὼ Δανιὴλ τὸ ὅραμα, ἐζήτουν διανοηθῆναι, καὶ ἰδοὺ ἔστη κατεναντίον μου, ὡς ὅρασις ἀνθρώπου.

16. Καὶ ἤκουσα φωνὴν ἀνθρώπου ἀναμέσον τοῦ Οὐλαΐ· καὶ ἐκάλεσε, καὶ εἶπεν· Γαβριὴλ, συνέτισον ἐκεῖνον τὴν ὅρασιν ÷ καὶ ἀναβοήσας εἶπεν ὁ ἄνθρωπος ÷ ἐπὶ τὸ πρόσταγμα ἐκεῖνο ἡ ὅρασις /.

17. Καὶ ἦλθε, καὶ ἔστη ἐχόμενός μου τῆς στάσεως, καὶ ἐν τῷ ἔρχεσθαι αὐτὸν ἐθορυβήθην, καὶ ἔπεσα ἐπὶ

3. Suspiciens vidi arietem unum magnum stantem e regione portæ, et habebat cornua, et cornua excelsa, et unum excelsius altero, et excelsius ascendebat.

4. Post autem hæc vidi arietem cornibus ventilantem ad orientem, et ad aquilonem, et ad occidentem, et ad meridiem : et cunctæ bestiæ non steterunt post eum, et non erat qui liberaret de manibus ejus, et faciebat, sicut volebat, et exaltatus est.

5. Et ego animadvertebam : et ecce hircus caprarum veniebat ab occidente super faciem terræ; et erat hirci cornu unum spectabile in medio oculorum suorum.

6. Et venit ad arietem, qui cornua habebat, quem videram stantem juxta portam, et cucurrit contra eum in furore iræ.

7. Et vidi eum accedentem ad arietem, et indignatus est contra eum, et percussit arietem, et contrivit duo cornua ejus, et non amplius erat fortitudo in ariete standi coram hirco : et dilaniavit eum super terram, et contrivit eum, et non erat qui liberaret arietem ab hirco.

8. Et hircus caprarum prævaluit valde, et postquam roboratus fuit, contritum est ejus cornu magnum, et ascenderunt alia cornua quatuor post illud in quatuor ventos cœli.

9. Et de uno illorum renatum est cornu forte unum, et prævaluit, et percussit ad meridiem, ad austrum, ad orientem, et ad aquilonem.

10. Et elevatum est usque ad stellas cœli, et detraxit super terram e stellis, atque de eis conculcavit.

11. Donec princeps militiæ liberabit captivitatem, et per ipsum montes, qui a sæculo sunt, effracti sunt : et ablatus est locus eorum, et sacrificium : et posuit illud usque ad humum super terram, et prospere evenerunt, et facta sunt, et sanctuarium desolabitur.

12. Et fuerunt in sacrificio peccata, et projecta est in terra justitia, et fecit, et prospere cessit.

13. Et audivi alium sanctum loquentem : et dixit alius sanctus Phelmuni loquenti : Usquequo visio stabit, et sacrificium, quod ablatum est, et peccatum desolationis, quod datum est, et sancta desolabuntur in conculcationem?

14. Et dixit ei : Usque ad vesperam, et mane, dies duo millia trecenti, et mundabitur sanctum.

15. Factum est autem, cum viderem ego Daniel visionem, quærebam intelligere : et ecce stetit coram me veluti aspectus hominis.

16. Et audivi vocem viri inter Ulai : et vocavit, et dixit : Gabriel, fac illum intelligere visionem, et exclamans ait homo, ad mandatum illud visio.

17. Et venit, et stetit prope stationem meam. Et cum ille venisset, perturbatus sum, et corrui in

faciem meam, et dixit mihi : Animadverte, fili hominis, adhuc enim ad horam temporis ista visio.

18. Cumque loqueretur ipse mecum, cubavi super faciem humi; et cum tetigisset me, erexit me super locum, et dixit mihi :

19. Ecce ego annuntio tibi, quæ erunt in novissimo iræ filiis populi tui : adhuc enim ad horas temporis consummationis manebunt.

20. Aries, quem vidisti habentem cornua, rex Medorum et Persarum est.

21. Et hircus caprarum, rex Græcorum est, et cornu grande, quod erat inter oculos ejus, ipse est rex primus.

22. Quod autem confracto illo, etiam ascenderunt post illud quatuor cornua, quatuor reges de gente ejus consurgent, non juxta fortitudinem suam.

23. Et in novissimo regni eorum, completis peccatis ipsorum exsurget rex impudens facie, excogitans ænigmata.

24. Et roborabitur fortitudo ejus, sed non in virtute sua : et mirabiliter destruet, et prosperabitur, et faciet, et exterminabit principes et populum sanctorum.

25. Et super sanctos cogitatio ejus : et prosperabitur mendacium in manibus ejus, et cor ejus elevabitur, et dolo disperdet multos ; et in perditione virorum stabit, et congregabit exercitum, et retribuet.

26. Visio, quæ est vespere, et mane, inventa est in veritate : sed nunc occlusa est visio, adhuc enim ad dies multos.

27. Ego Daniel ægrotavi diebus multis : cumque surrexissem, administrabam rursus regia negotia, et deficiebam super visione, et nemo erat qui intelligeret.

CAPUT IX.

1. Anno primo sub Dario Xerxis filio de genere Medorum, qui regnarunt in imperio Chaldæorum.

2. Anno primo regni ejus ego Daniel excogitavi in libris numerum annorum, quando factum est decretum terræ ad Jeremiam prophetam, ut suscitarentur ad completionem opprobrii Jerusalem septuaginta anni.

3. Et dedi faciem meam ad Dominum Deum, ut invenirem deprecationem, et misericordiam in jejuniis, et sacco, et cinere.

4. Et precatus sum ad Dominum Deum, confessus sum, et dixi : Ecce, Domine, tu es Deus magnus, et fortis, et terribilis, servans testamentum, et misericordiam diligentibus te, et custodientibus mandata tua.

5. Peccavimus, iniquitatem fecimus, impie egimus, et recessimus, et transgressi sumus mandata tua et judicia tua.

6. At non audivimus pueros tuos prophetas, qui locuti sunt in nomine tuo ad reges nostros, et ma-

A πρόσωπόν μου, καὶ εἶπέν μοι· Διανοήθητι, υἱὲ ἀνθρώπου· ἔτι γὰρ εἰς ὥραν καιροῦ τοῦτο τὸ ὅραμα.

18. Καὶ λαλοῦντος αὐτοῦ μετ' ἐμοῦ, ἐκοιμήθην ἐπὶ πρόσωπον χαμαί, καὶ ἁψάμενός μου ἤγειρέ με ἐπὶ τοῦ τόπου, καὶ εἶπέ μοι·

19. Ἰδοὺ ἐγὼ ἀπαγγέλλω σοι ἃ ἔσται ἐπ' ἐσχάτου τῆς ὀργῆς τοῖς υἱοῖς τοῦ λαοῦ σου· ἔτι γὰρ εἰς ὥρας καιροῦ συντελείας μενεῖ.

20. Τὸν κριὸν, ὃν εἶδες, τὸν ἔχοντα τὰ κέρατα, βασιλεὺς Μήδων καὶ Περσῶν ἐστι.

21. Καὶ ὁ τράγος τῶν αἰγῶν, βασιλεὺς τῶν Ἑλλήνων ἐστί· καὶ τὸ κέρας τὸ μέγα τὸ ἀνάμεσον τῶν ὀφθαλμῶν αὐτοῦ, αὐτὸς ὁ βασιλεὺς ὁ πρῶτος.

22. Καὶ τοῦ συντριβέντος, καὶ ἀναβάντα ὀπίσω αὐτοῦ τέσσαρα κέρατα· τέσσαρες βασιλεῖς τοῦ ἔθνους
B αὐτοῦ ἀναστήσονται, οὐ κατὰ τὴν ἰσχὺν αὐτῶν.

23. Καὶ ἐπ' ἐσχάτου τῆς βασιλείας αὐτῶν, πληρουμένων τῶν ἁμαρτιῶν αὐτῶν, ἀναστήσεται βασιλεὺς, ἀναιδὴς προσώπῳ, διανοούμενος αἰνίγματα.

24. Καὶ στερεωθήσεται ἡ ἰσχὺς αὐτοῦ, καὶ οὐκ ἐν τῇ ἰσχύϊ αὐτοῦ, καὶ θαυμαστῶς φθερεῖ, καὶ εὐοδωθήσεται, καὶ ποιήσει, καὶ φθερεῖ δυνάστας καὶ δῆμον ἁγίων.

25. Καὶ ἐπὶ τοὺς ἁγίους τὸ διανόημα αὐτοῦ, καὶ εὐοδωθήσεται τὸ ψεῦδος ἐν ταῖς χερσὶν αὐτοῦ, καὶ ἡ καρδία αὐτοῦ ὑψωθήσεται, καὶ δόλῳ ἀφανιεῖ πολλοὺς, καὶ ἐπὶ ἀπωλείας ἀνδρῶν στήσεται· καὶ ποιήσει συναγωγὴν χειρὸς, καὶ ἀποδώσεται ∸

C 26. Τὸ ὅραμα τὸ ἑσπέρας καὶ πρωῒ, ηὑρέθη ἐπ' ἀληθείας, καὶ νῦν πεφραγμένον τὸ ὅραμα· ἔτι γὰρ εἰς ἡμέρας πολλάς.

27. Ἐγὼ Δανιὴλ ἀσθενήσας ἡμέρας πολλὰς, καὶ ἀναστὰς ἐπραγματευόμην πάλιν βασιλικὰ, καὶ ἐξελυόμην ἐπὶ τῷ ὁράματι, καὶ οὐδεὶς ἦν ὁ διανοούμενος.

ΚΕΦΑΛ. Θ'.

1. Ἔτους πρώτου ἐπὶ Δαρείου τοῦ Ξέρξου ἀπὸ τῆς γενεᾶς τῆς Μηδικῆς, οἳ ἐβασίλευσαν ἐπὶ τὴν βασιλείαν τῶν Χαλδαίων.

2. Τῷ πρώτῳ ἔτει τῆς βασιλείας αὐτοῦ, ἐγὼ Δανιὴλ διενοήθην ἐν ταῖς βίβλοις τὸν ἀριθμὸν τῶν ἐτῶν, ὅτε ἐγένετο πρόσταγμα τῇ γῇ ἐπὶ Ἱερεμίαν τὸν προ-
D φήτην, ἐγεῖραι εἰς ἀναπλήρωσιν ὀνειδισμοῦ Ἱερουσαλὴμ ἑβδομήκοντα ἔτη.

3. Καὶ ἔδωκα τὸ πρόσωπόν μου ἐπὶ Κύριον τὸν Θεὸν, εὑρεῖν προσευχὴν, καὶ ἔλεος ἐν νηστείαις, καὶ σάκκῳ, καὶ σποδῷ.

4. Καὶ προσηυξάμην πρὸς Κύριον τὸν Θεὸν, ἐξωμολογησάμην, καὶ εἶπα· Ἰδοὺ, Κύριε, σὺ εἶ ὁ Θεὸς ὁ μέγας, καὶ ὁ ἰσχυρὸς, καὶ ὁ φοβερὸς, τηρῶν τὴν διαθήκην, καὶ τὸ ἔλεος τοῖς ἀγαπῶσί σε, καὶ τοῖς φυλάσσουσι τὰ προστάγματά σου.

5. Ἡμάρτομεν, ἠδικήσαμεν, ἠσεβήσαμεν, καὶ ἀπέστημεν, καὶ παρέβημεν τὰς ἐντολάς σου καὶ τὰ κρίματά σου.

6. Καὶ οὐκ ἠκούσαμεν τῶν παίδων σου τῶν προφητῶν, οἳ ἐλάλησαν ἐπὶ τῷ ὀνόματί σου ἐπὶ τοὺς

βασιλεῖς ἡμῶν, καὶ δυνάστας ἡμῶν, καὶ πατέρας ἡμῶν, καὶ παντὶ ἔθνει ἐπὶ τῆς γῆς.

7. Σοὶ, Κύριε, ἡ δικαιοσύνη, καὶ ἡμῖν ἡ αἰσχύνη τοῦ προσώπου κατὰ τὴν ἡμέραν ταύτην ἀνθρώποις Ἰούδα, καὶ καθημένοις ἐν Ἰερουσαλὴμ, καὶ παντὶ τῷ λαῷ Ἰσραὴλ, τῷ ἔγγιστα, καὶ τῷ ἀπωτέρω, ἐν πάσαις ταῖς χώραις, εἰς ἃς διεσκόρπισας αὐτοὺς ἐκεῖ, ἐν τῇ πλημμελείᾳ, ᾗ ἐπλημμέλησαν ἐναντίον σου.

8. Δέσποτα, ἡμῖν ἡ αἰσχύνη τοῦ προσώπου, καὶ τοῖς βασιλεῦσιν ἡμῶν, καὶ δυνάσταις, καὶ τοῖς πατράσιν ἡμῶν, ὅτι ἡμάρτομέν σοι.

9. Τῷ Κυρίῳ ἡ δικαιοσύνη καὶ τὸ ἔλεος, ὅτι ἀπέστημεν ἀπὸ σοῦ.

10. Καὶ οὐκ ἠκούσαμεν τῆς φωνῆς Κυρίου τοῦ Θεοῦ ἡμῶν, κατακολουθῆσαι τῷ νόμῳ σου, ᾧ ἔδωκας ἐνώπιον Μωσῆ καὶ ἡμῶν, διὰ τῶν παίδων σου τῶν προφητῶν.

11. Καὶ πᾶς Ἰσραὴλ ἐγκατέλιπε τὸν νόμον σου, καὶ ἀπέστησαν, τοῦ μὴ ἀκοῦσαι τῆς φωνῆς σου· καὶ ἐπῆλθεν ἐφ' ἡμᾶς ἡ κατάρα, καὶ ὁ ὅρκος ὁ γεγραμμένος ἐν τῷ νόμῳ Μωσῆ παιδὸς τοῦ Θεοῦ, ὅτι ἡμάρτομεν αὐτῷ.

12. Καὶ ἔστησεν ἡμῖν τὰ προστάγματα αὐτοῦ, ὅσα ἐλάλησεν ἐφ' ἡμᾶς, καὶ ἐπὶ τοὺς κριτὰς ἡμῶν, ὅσα ἔκρινας ἡμῖν ἐπαγαγεῖν ἐφ' ἡμᾶς κακὰ μεγάλα, οἷα οὐκ ἐγενήθη ὑπὸ τὸν οὐρανὸν, καθ' ὅτι ἐγενήθη ἐν Ἰερουσαλήμ.

13. Κατὰ τὰ γεγραμμένα ἐν διαθήκῃ Μωσῆ, πάντα τὰ κακὰ ἐπῆλθεν ἡμῖν· καὶ οὐκ ἐξεζητήσαμεν τὸ πρόσωπον Κυρίου Θεοῦ ἡμῶν, ἀποστῆναι ἀπὸ τῶν ἁμαρτιῶν ἡμῶν, καὶ διανοηθῆναι τὴν δικαιοσύνην σου, Κύριε.

14. Καὶ ἠγρύπνησε Κύριος ὁ Θεὸς ἐπὶ τὰ κακὰ, καὶ ἐπήγαγεν ἐφ' ἡμᾶς, ὅτι δίκαιος Κύριος ὁ Θεὸς ἡμῶν ἐπὶ πάντα ὅσα ἂν ποιήσῃ, καὶ οὐκ ἠκούσαμεν τῆς φωνῆς αὐτοῦ.

15. Καὶ νῦν, Δέσποτα Κύριε ὁ Θεὸς ἡμῶν, ὁ ἐξαγαγὼν τὸν λαόν σου ἐξ Αἰγύπτου τῷ βραχίονί σου τῷ ὑψηλῷ, καὶ ἐποίησας σεαυτῷ ὄνομα κατὰ τὴν ἡμέραν ταύτην· ἡμάρτομεν, ἠγνοήκαμεν.

16. Δέσποτα, κατὰ τὴν δικαιοσύνην σου, ἀποστραφήτω ὁ θυμός σου, καὶ ἡ ὀργή σου ἀπὸ τῆς πόλεώς σου Ἰερουσαλὴμ, ὄρους τοῦ ἁγίου σου, ὅτι ἐν ταῖς ἁμαρτίαις ἡμῶν, καὶ ἐν ταῖς ἀγνοίαις τῶν πατέρων ἡμῶν, Ἰερουσαλὴμ, καὶ ὁ δῆμός σου, Κύριε, εἰς ὀνειδισμὸν ἐν πᾶσι τοῖς περικύκλῳ ἡμῶν.

17. Καὶ νῦν ἐπάκουσον, Δέσποτα, τῆς προσευχῆς τοῦ παιδός σου καὶ ἐπὶ τὰς δεήσεις μου, καὶ ἐπιβλεψάτω τὸ πρόσωπόν σου ἐπὶ τὸ ὄρος τὸ ἅγιόν σου, τὸ ἔρημον ἕνεκεν τῶν δούλων σου, Δέσποτα.

18. Πρόσχες, Κύριε, τὸ οὖς σου, καὶ ἐπάκουσόν μου· ἄνοιξον τοὺς ὀφθαλμούς σου, καὶ ἴδε τὴν ἐρήμωσιν ἡμῶν, καὶ τῆς πόλεώς σου, ἐφ' ἧς ἐπεκλήθη τὸ ὄνομά σου ἐπ' αὐτῆς· οὐ γὰρ ἐπὶ ταῖς δικαιοσύναις ἡμῶν, ἡμεῖς δεόμεθα ἐν ταῖς προσευχαῖς ἡμῶν ἐνώπιόν σου, ἀλλὰ διὰ τὸ σὸν ἔλεος, Κύριε, σὺ ἱλάτευσον.

19. Κύριε, ἐπάκουσον καὶ ποίησον, καὶ μὴ χρονί-

A gistratus nostros, et patres nostros, et omni genti super terram.

7. Tibi, Domine, justitia, nobis autem confusio faciei secundum diem hanc hominibus Juda, et sedentibus in Jerusalem, et omni populo Israel, qui prope est, et ei, qui procul in universis regionibus, ad quas dispersisti eos illuc propter iniquitatem, quia improbe se gesserunt in conspectu tuo.

8. Domine, nobis confusio faciei, et regibus nostris, et principibus, et patribus nostris, quia peccavimus tibi.

9. Domino justitia et misericordia, quoniam recessimus a te.

10. Et non audivimus vocem Domini Dei nostri,
B ut sequeremur legem tuam, quam dedisti coram Mose et nobis, per pueros tuos prophetas.

11. Et omnis Israel dereliquit legem tuam: et recesserunt, ne audirent vocem tuam, et supervenit super nos maledictio, et jusjurandum, quod scriptum est in lege Mosis pueri Dei, quia peccavimus ei.

12. Et statuit nobis præcepta sua quæcumque locutus est super nos, et super judices nostros, quæcumque judicasti nobis superinducere in nos mala magna, qualia non facta sunt sub cœlo, sicut facta sunt in Jerusalem.

13. Juxta ea, quæ scripta sunt in testamento
C Mosis, omnia mala venerunt super nos; et non exquisivimus faciem Domini Dei nostri, ut recederemus a peccatis nostris, et cogitaremus justitiam tuam, Domine.

14. Et vigilavit Dominus Deus super mala, et adduxit super nos, quoniam justus Dominus Deus noster in omnibus quæ fecerit, et non audivimus vocem ejus.

15. Et nunc, Domine Deus noster, qui eduxisti populum tuum de Ægypto, brachio tuo excelso, et fecisti tibi nomen secundum diem hanc; peccavimus, ignoravimus.

16. Domine, secundum justitiam tuam avertatur furor tuus, et ira tua a civitate tua Jerusalem, monte sancto tuo. Quia in peccatis nostris, et in
D ignorantiis patrum nostrorum, Jerusalem, et populus tuus, Domine, est in opprobrium omnibus, qui in circuitu nostro sunt.

17. Et nunc exaudi, Domine, orationem pueri tui, et super preces meas: et respiciat facies tua super montem sanctum tuum, qui desertus est propter servos tuos, Domine.

18. Intende aurem tuam, Domine, et exaudi me: aperi oculos tuos, et vide desolationem nostram, et civitatis tuæ, super quam invocatum est nomen tuum super eam; non enim in justitiis nostris nos oramus in precibus nostris in conspectu tuo, sed propter misericordiam tuam, Domine, tu propitius esto.

19. Domine, exaudi, et fac, et ne tardaveris

propter temetipsum, Domine, quoniam nomen tuum invocatum est super civitatem tuam Sion, et super populum tuum Israel.

20. Et dum ego loquebar orans, et confitens peccata mea, et peccata populi mei Israel, et orans in deprecationibus coram Domino Deo meo etiam pro monte sancto Dei nostri.

21. Et adhuc me loquente in oratione mea, et ecce vir, quem vidi in somno meo ab initio Gabriel, cito veniens appropinquavit mihi in hora sacrificii vespertini.

22. Et accessit, et loquutus est mecum, et dixit: Daniel, nunc exivi ostendere tibi sensum.

23. In principio obsecrationis tuæ exivit decretum a Domino, et ego veni, ut demonstrem tibi, quia misericordiam consecutus es; et animadverte mandatum.

24. Septuaginta hebdomades decretæ sunt super populum tuum, et super civitatem Sion, ut consummetur peccatum, et deficiant iniquitates, et deleantur injustitiæ, et intelligatur visio, et detur justitia sempiterna, et consummentur visiones et propheta, et lætetur Sanctus sanctorum.

25. Et scies, et intelliges, et lætaberis, et invenies præcepta, ut respondeatur: et ædificabis Jerusalem civitatem Domino.

26. Et post septem et septuaginta, et sexaginta duos deficiet unctio, et non erit: et regnum gentium destruet civitatem, et sanctuarium cum uncto: et veniet consummatio ejus cum furore, et usque ad tempus consummationis a bello oppugnabitur.

27. Et prævalebit testamentum in multis, et rursus revertetur, et reædificabitur in latitudine, et longitudine, et juxta consummationem temporum: et post septem et septuaginta tempora, et sexaginta duo annorum, usque ad tempus consummationis belli, et auferetur desolatio in prævalendo testamento ad multas hebdomadas, et in fine hebdomadæ auferetur sacrificium, et libamen, et in templo abominatio desolationum erit usque ad consummationem: et consummatio dabitur super desolationem.

CAPUT X.

1. In anno primo Cyri regis Persarum mandatum demonstratum est Danieli, cui impositum fuerat nomen Baltasar, et vera visio, et mandatum; et multitudo fortis intelliget mandatum, et intellexi illud in visione.

2. In diebus illis ego Daniel eram lugens tres hebdomadas.

3. Panem desideriorum non comedi, et caro, et vinum non introierunt in os meum: oleo non unctus sum, donec consummarem ego tres hebdomadas dierum.

4. Et factum est die quarta et vigesima mensis primi, et ego eram super labium fluvii magni, qui est Tigris.

5. Et levavi oculos meos, et vidi, et ecce homo

A σης ἕνεκα σεαυτοῦ, Δέσποτα, ὅτι τὸ ὄνομά σου ἐπεκλήθη ἐπὶ τὴν πόλιν σου Σιών, καὶ ἐπὶ τὸν λαόν σου Ἰσραήλ.

20. Καὶ ἕως ἐγὼ ἐλάλουν προσευχόμενος, καὶ ἐξομολογούμενος τὰς ἁμαρτίας μου, καὶ τὰς ἁμαρτίας τοῦ λαοῦ μου Ἰσραήλ, καὶ δεόμενος ἐν ταῖς προσευχαῖς ἐναντίον Κυρίου Θεοῦ μου, καὶ ὑπὲρ τοῦ ὄρους τοῦ ἁγίου τοῦ Θεοῦ ἡμῶν.

21. Καὶ ἔτι λαλοῦντός μου ἐν τῇ προσευχῇ μου, καὶ ἰδοὺ ὁ ἀνὴρ, ὃν εἶδον ἐν τῷ ὕπνῳ μου τὴν ἀρχὴν Γαβριὴλ, τάχει φερόμενος προσήγγισέ μοι ἐν ὥρᾳ θυσίας ἑσπερινῆς.

22. Καὶ προσῆλθε, καὶ ἐλάλησε μετ' ἐμοῦ, καὶ εἶπεν· Δανιὴλ, ἄρτι ἐξῆλθον ὑποδεῖξαί σοι διάνοιαν.

23. Ἐν ἀρχῇ τῆς δεήσεώς σου ἐξῆλθε πρόσταγμα
B παρὰ Κυρίου, καὶ ἐγὼ ἦλθον ὑποδεῖξαί σοι, ὅτι ἐλεηνὸς εἶ, καὶ διανοήθητι τὸ πρόσταγμα.

24. Ἑβδομήκοντα ἑβδομάδες ἐκρίθησαν ἐπὶ τὸν λαόν σου, καὶ ἐπὶ τὴν πόλιν Σιὼν συντελεσθῆναι τὴν ἁμαρτίαν, καὶ τὰς ἀδικίας σπανίσαι, καὶ ἀπαλεῖψαι τὰς ἀδικίας, καὶ διανοηθῆναι τὸ ὅραμα, καὶ δοθῆναι δικαιοσύνην αἰώνιον, καὶ συντελεσθῆναι τὰ ὁράματα ※ καὶ ※ προφήτην, καὶ εὐφρᾶναι Ἅγιον ἁγίων.

25. Καὶ γνώσῃ, καὶ διανοηθήσῃ, καὶ εὐφρανθήσῃ, καὶ εὑρήσεις προστάγματα ἀποκριθῆναι, καὶ οἰκοδομήσεις Ἱερουσαλὴμ πόλιν Κυρίῳ.

26. Καὶ μετὰ ἑπτὰ καὶ ἑβδομήκοντα, καὶ ἑξήκοντα δύο ἀποσταθήσεται χρίσμα, καὶ οὐκ ἔσται, καὶ βασι-
C λεία ἐθνῶν φθερεῖ τὴν πόλιν, καὶ τὸ ἅγιον μετὰ τοῦ χριστοῦ· καὶ ἥξει ἡ συντέλεια αὐτοῦ μετ' ὀργῆς, καὶ ἕως καιροῦ συντελείας, ἀπὸ πολέμου πολεμηθήσεται.

27. Καὶ δυναστεύσει ἡ διαθήκη εἰς πολλοὺς, καὶ πάλιν ἐπιστρέψει, καὶ ἀνοικοδομηθήσεται εἰς πλάτος, καὶ μῆκος, καὶ κατὰ συντέλειαν καιρῶν· καὶ μετὰ ἑπτὰ καὶ ἑβδομήκοντα καιροὺς, καὶ ξβʹ ἐτῶν, ἕως καιροῦ συντελείας πολέμου, καὶ ἀφαιρεθήσεται ἡ ἐρήμωσις ἐν τῷ κατισχῦσαι τὴν διαθήκην ἐπὶ πολλὰς ἑβδομάδας, καὶ ἐν τῷ τέλει τῆς ἑβδομάδος ἀρθήσεται ἡ θυσία, καὶ ἡ σπονδὴ, καὶ ἐπὶ τὸ ἱερὸν βδέλυγμα τῶν ἐρημώσεων ἔσται ἕως συντελείας, καὶ συντέλεια δοθήσεται ⁜ ἐπὶ τὴν ἐρήμωσιν.

ΚΕΦΑΛ. Ι'.

D 1. Ἐν τῷ ἐνιαυτῷ τῷ πρώτῳ Κύρου τοῦ βασιλέως Περσῶν πρόσταγμα ἐδείχθη τῷ Δανιὴλ, ὃς ἐπεκλήθη τὸ ὄνομα Βαλτάσαρ· καὶ ἀληθὲς τὸ ὅραμα, καὶ τὸ πρόσταγμα· καὶ τὸ πλῆθος τὸ ἰσχυρὸν διανοηθήσεται τὸ πρόσταγμα, καὶ διενοήθην ⁜ αὐτὸ ἐν ὁράματι /.

2. Ἐν ταῖς ἡμέραις ἐκείναις ἐγὼ Δανιὴλ ἤμην πενθῶν τρεῖς ἑβδομάδας.

3. Ἄρτον ἐπιθυμιῶν οὐκ ἔφαγον, καὶ κρέας, καὶ οἶνος οὐκ εἰσῆλθεν εἰς τὸ στόμα μου, ἔλαιον οὐκ ἠλειψάμην, ἕως τοῦ συντελέσαι με τὰς τρεῖς ἑβδομάδας τῶν ἡμερῶν.

4. Καὶ ἐγένετο τῇ ἡμέρᾳ τῇ τετάρτῃ καὶ εἰκάδι τοῦ μηνὸς τοῦ πρώτου, καὶ ἐγὼ ἤμην ἐπὶ τοῦ χείλους τοῦ ποταμοῦ τοῦ μεγάλου, ὅς ἐστι Τίγρης.

5. Καὶ ἦρα τοὺς ὀφθαλμούς μου, καὶ εἶδον, καὶ ἰδοὺ

ἄνθρωπος εἷς ἐνδεδυμένος βύσσινα, καὶ τὴν ὀσφὺν A περιεζωσμένος βυσσίνῳ, καὶ ἐκ μέσου αὐτοῦ φῶς, καὶ τὸ στόμα αὐτοῦ ὡσεὶ θαλάσσης.

6. Καὶ τὸ πρόσωπον αὐτοῦ ὡσεὶ ὅρασις ἀστραπῆς, καὶ οἱ ὀφθαλμοὶ αὐτοῦ ὡσεὶ λαμπάδες πυρὸς, καὶ οἱ βραχίονες αὐτοῦ, καὶ οἱ πόδες ὡσεὶ χαλκὸς ἐξαστράπτων, καὶ φωνὴ λαλιᾶς αὐτοῦ ὡσεὶ φωνὴ θορύβου.

7. Καὶ εἶδον ἐγὼ Δανιὴλ τὴν ὅρασιν τὴν μεγάλην ταύτην, καὶ οἱ ἄνθρωποι οἱ ὄντες μετ' ἐμοῦ οὐκ εἴδοσαν τὴν ὅρασιν ταύτην, καὶ φόβος ἰσχυρὸς ἐπέπεσεν ἐπ' αὐτοὺς, καὶ ἀπέδρασαν ἐν σπουδῇ.

8. Καὶ ἐγὼ κατελείφθην μόνος, καὶ εἶδον τὴν ὅρασιν τὴν μεγάλην ταύτην, καὶ οὐ κατελείφθη ἐν ἐμοὶ ἰσχύς· καὶ ἰδοὺ πνεῦμα ἐπεστράφη ἐπ' ἐμὲ εἰς φθοράν, καὶ οὐ κατίσχυσα.

B 9. Καὶ οὐκ ἤκουσα τὴν φωνὴν λαλιᾶς αὐτοῦ· ἐγὼ ἤμην πεπτωκὼς ἐπὶ πρόσωπόν μου ἐπὶ τὴν γῆν.

10. Καὶ ἰδοὺ χεῖρα προσήγαγέ μοι, καὶ ἤγειρέ με ἐπὶ τῶν γονάτων ἐπὶ τὰ ἴχνη τῶν ποδῶν μου.

11. Καὶ εἶπέν μοι· Δανιὴλ, ἄνθρωπος ἐλεηνὸς εἶ, διανοήθητι τοῖς προστάγμασιν οἷς ἐγὼ λαλῶ ἐπὶ σὲ, καὶ στῆθι ἐπὶ τοῦ τόπου σου· ἄρτι γὰρ ἀπεστάλην ἐπί σε· καὶ ἐν τῷ λαλῆσαι αὐτὸν μετ' ἐμοῦ τὸ πρόσταγμα τοῦτο, ἔστην τρέμων.

12. Καὶ εἶπεν πρός με· Μὴ φοβοῦ, Δανιὴλ, ὅτι ἀπὸ τῆς ἡμέρας τῆς πρώτης, ἧς ἔδωκας τὸ πρόσωπόν σου διανοηθῆναι, καὶ ταπεινωθῆναι ἐναντίον Κυρίου τοῦ Θεοῦ σου, εἰσηκούσθη τὸ ῥῆμά σου, καὶ ἐγὼ εἰσῆλθον τῷ ῥήματί σου.

C 13. Καὶ ὁ στρατηγὸς βασιλέως Περσῶν ἀνθειστήκει ἐναντίον μου εἴκοσι καὶ μίαν ἡμέραν· καὶ ἰδοὺ Μιχαὴλ εἷς τῶν ἀρχόντων τῶν πρώτων ἐπῆλθε βοηθῆσαί μοι, καὶ αὐτὸν ἐκεῖ κατέλιπον μετὰ τοῦ στρατηγοῦ τοῦ βασιλέως Περσῶν.

14. Καὶ εἶπέν μοι· Ἦλθον ὑποδεῖξαί σοι τί ὑπαντήσεται τῷ λαῷ σου ἐπ' ἐσχάτου τῶν ἡμερῶν· ἔτι γὰρ ὅρασις εἰς ἡμέρας.

15. Καὶ ἐν τῷ αὐτὸν λαλῆσαι μετ' ἐμοῦ τὰ προστάγματα ταῦτα, ἔδωκα τὸ πρόσωπόν μου ἐπὶ τὴν γῆν, καὶ ἐσιώπησα.

16. Καὶ ἰδοὺ ὡς ὁμοίωσις χειρὸς ἀνθρώπου ἥψατό μου τῶν χειλέων, καὶ ἤνοιξα τὸ στόμα μου, καὶ ἐλάλησα, καὶ εἶπα τῷ ἑστηκότι ἀπέναντί μου· Κύριε· καὶ ὡς ὅρασις ἐπεστράφη ἐπὶ τὸ πλευρόν μου ἐπ' ἐμὲ, D καὶ οὐκ ἦν ἐπ' ἐμοὶ ἰσχύς.

17. Καὶ πῶς δυνήσεται ὁ παῖς λαλῆσαι μετὰ τοῦ Κυρίου αὐτοῦ; Καὶ ἐγὼ ἠσθένησα, καὶ οὐκ ἔστιν ἐν ἐμοὶ ἰσχὺς, καὶ πνεῦμα οὐ κατελείφθη ἐν ἐμοί.

18. Καὶ προσέθηκε, καὶ ἥψατό μου ὡς ὅρασις ἀνθρώπου, καὶ κατίσχυσέ με.

19. Καὶ εἶπέν μοι· Ἄνθρωπος ἐλεηνὸς εἶ, μὴ φοβοῦ, ὑγίαινε, ἀνδρίζου, καὶ ἴσχυε· καὶ ἐν τῷ λαλῆσαι αὐτὸν μετ' ἐμοῦ ἴσχυσα, καὶ εἶπα· Λαλησάτω ὁ Κύριός μου, ὅτι ἐνίσχυσέ με.

20. Καὶ εἶπεν πρός με· Γινώσκεις τί ἦλθον πρὸς σέ; καὶ νῦν ἐπιστρέψω διαμάχεσθαι μετὰ τοῦ στρατηγοῦ βασιλέως τῶν Περσῶν. Καὶ ἐγὼ ἐξεπορευόμην, καὶ ἰδοὺ στρατηγὸς Ἑλλήνων εἰσεπορεύετο.

21. Καὶ μάλα ὑποδείξω σοι τὰ πρῶτα ἐν ἀπογραφῇ

A unus vestitus byssinis, et renes accincti byssino; et de medio ejus lux, et os ejus quasi maris.

6. Et facies ejus quasi species fulguris, et oculi ejus quasi lampades ignis, et brachia ejus et pedes quasi æs refulgens: et vox loquelæ ejus quasi vox turbæ.

7. Et vidi ego Daniel visionem hanc magnam, et homines, qui erant mecum non viderunt visionem hanc: et terror vehemens irruit super eos, et aufugerunt celeriter.

8. Et ego derelictus sum solus, et vidi visionem magnam hanc: et non relicta est in me fortitudo, et ecce spiritus conversus est in me ad mortem; et non habui vires.

9. Et non audivi vocem loquelæ ejus: ego eram lapsus in faciem meam super terram.

10. Et ecce manum applicuit mihi, et erexit me in genubus super plantas pedum meorum.

11. Et dixit mihi: Daniel, homo misericordiæ es, animadverte mandata, quæ ego loquor ad te, et sta in loco tuo; modo enim missus sum ad te. Cumque loqueretur ipse mecum mandatum hoc, steti tremens.

12. Et dixit ad me: Ne timeas, Daniel, quia ex die prima, qua dedisti faciem tuam ad recogitandum et affligendum te coram Domino Deo tuo, exauditum est verbum tuum, et ego adveni verbo tuo.

13. Et dux regis Persarum restitit ex adverso mihi viginti et uno diebus: et ecce Michael unus de principibus primis supervenit ad auxiliandum mihi, et ipsum ibi reliqui cum duce regis Persarum.

14. Et dixit mihi: Veni, ut demonstrarem tibi, quid obveniet populo tuo in novissimo dierum; adhuc enim visio in dies.

15. Cumque ipse loqueretur mecum mandata hæc, dedi faciem meam super terram, et silui.

16. Et ecce quasi similitudo manus hominis tetigit labia mea, et aperui os meum, et locutus sum, et dixi ei, qui stabat coram me: Domine; et tanquam visio conversa est in latus meum super me, et non fuit in me fortitudo.

17. Et quomodo poterit servus loqui cum Domino suo? Et ego defeci, et non est in me fortitudo, et spiritus non relictus est in me.

18. Et apposuit, et tetigit me quasi visio hominis, et confortavit me.

19. Et dixit mihi: Homo misericordiæ es, ne timeas: vale, viriliter age, et confortare. Cumque loqueretur ipse mecum, confortatus sum, et dixi: Loquatur Dominus meus, quia confortavit me.

20. Et dixit ad me: Cognoscis quare venerim ad te? Et nunc revertar ad pugnandum cum duce regis Persarum. Et ego exivi, et ecce dux Græcorum introivit.

21. Et sane ostendam tibi præcipua in scr'

veritatis : et nemo erat, qui adjuvaret me super his, nisi Michael angelus.

CAPUT XI.

1. Et anno primo Cyri regis dixit mihi, ut confortarer, et viriliter agerem.

2. Et nunc veni, ut veritatem demonstrarem tibi. Ecce tres reges restiterunt in Perside, et quartus ditabitur divitiis magnis super omnes : et cum roboratus fuerit ipse in divitiis suis, insurget super omnem regem Græcorum.

3. Et stabit rex potens, et dominabitur dominatione multa, et faciet sicut voluerit.

4. Et cum exaltatus fuerit ipse, concidetur regnum ejus, et dividetur in quatuor ventos cœli, non secundum vires ejus, neque juxta dominationem ejus, qua dominatus est, quia deficiet regnum ejus, et alios docebunt ista.

5. Et confortabitur regnum Ægypti, et unus de principibus prævalebit ei, et dominabitur : dominatio magna, dominatio ejus.

6. Et in finem annorum adducet eos : et ingredietur rex Ægypti in regnum Aquilonis facturus fœdera, et non prævalebit, quia brachium ejus non stabit fortitudine, et brachium ejus torpescet, et eorum, qui conveniunt cum eo ; et manebit ad horas.

7. Et surget germen de radice ejus pro ipso : et veniet ad exercitum ejus in fortitudine sua rex Aquilonis, et faciet tumultum, et prævalebit.

8. Et deos eorum subvertet cum conflatilibus eorum, et turbas eorum cum vasis desideriorum suorum, argentum et aurum in captivitate asportabunt in Ægyptum ; et erit annus regi Aquilonis.

9. Et ingredietur in regnum rex Ægypti ad dies, et revertetur ad terram suam.

10. Et filius ejus etiam provocabitur, et colliget congregationem turbæ multæ, et ingredietur cum ea adversus Syros, pertransibit, et revertetur.

11. Et exacerbabitur vehementer, et indignabitur rex Ægypti et egredietur. Et pugnabit cum rege Aquilonis, et statuet turbam multam, et tradetur congregatio in manus ejus.

12. Et capiet congregationem, et exaltabitur cor ejus, et turbabit multos, et non timebit

13. Et revertetur rex Aquilonis, et congregabit civitatis congregationem majorem ultra priorem, secundum consummationem temporis anni : et ingredietur in eam adversus eum in turba multa, et in opibus multis.

14. In temporibus illis cogitationes surgent super regem Ægypti, et reparabit ruinas gentis tuæ : et excitabitur, ut surgere faciat prophetiam ; et impingent.

15. Et superveniet rex Aquilonis, et convertet arma sua, et capiet urbem munitam : et brachia

A ἀληθείας· καὶ οὐδεὶς ἦν ὁ βοηθῶν μετ' ἐμοῦ ὑπὲρ τούτων, ἀλλ' ἢ Μιχαὴλ ὁ ἄγγελος.

ΚΕΦΑΛ. ΙΑ'.

1. Καὶ ἐν τῷ ἐνιαυτῷ τῷ πρώτῳ Κύρου τοῦ βασιλέως εἶπέν μοι ἐνισχύσαι, καὶ ἀνδρίζεσθαι.

2. Καὶ νῦν ἦλθον τὴν ἀλήθειαν ὑποδεῖξαί σοι· Ἰδοὺ τρεῖς βασιλεῖς ἀνθεστήκασιν ἐν τῇ Περσίδι, καὶ ὁ τέταρτος πλουτήσει πλοῦτον μέγαν παρὰ πάντας· καὶ ἐν τῷ κατισχῦσαι αὐτὸν ἐν τῷ πλούτῳ αὐτοῦ, ἐπαναστήσεται παντὶ βασιλεῖ Ἑλλήνων.

3. Καὶ στήσεται βασιλεὺς δυνατὸς, καὶ κυριεύσει κυρείας πολλῆς, καὶ ποιήσει καθὼς ἂν βούληται.

4. Καὶ ἐν τῷ ἀναστῆναι αὐτὸν συντριβήσεται ἡ βασιλεία αὐτοῦ, καὶ μερισθήσεται εἰς τοὺς τέσσαρας ἀνέμους τοῦ οὐρανοῦ· οὐ κατὰ τὴν ἀλκὴν αὐτοῦ οὐδὲ B κατὰ τὴν κυρείαν αὐτοῦ, ἣν ἐδυνάστευσε, ὅτι ἀποσταθήσεται ἡ βασιλεία αὐτοῦ, καὶ ἑτέρους διδάξει ταῦτα.

5. Καὶ ἐνισχύσει βασιλείαν Αἰγύπτου, καὶ εἷς ἐκ τῶν δυναστῶν κατισχύσει αὐτὸν, καὶ δυναστεύσει· δυναστεία μεγάλη ἡ δυναστεία αὐτοῦ.

6. Καὶ εἰς συντέλειαν ἐνιαυτῶν ἄξει αὐτούς· καὶ εἰσελεύσεται βασιλεὺς Αἰγύπτου εἰς τὴν βασιλείαν τὴν Βοῤῥᾶ ποιήσασθαι συνθήκας, καὶ οὐ μὴ κατισχύσει, ὅτι ὁ βραχίων αὐτοῦ οὐ στήσει ἰσχὺν, καὶ ὁ βραχίων αὐτοῦ ναρκήσει, καὶ τῶν συμπορευομένων μετ' αὐτοῦ, καὶ μενεῖ εἰς ὥρας.

7. Καὶ ἀναστήσεται φυτὸν ἐκ τῆς ῥίζης αὐτοῦ καθ' ἑαυτὸν, καὶ ἥξει ἐπὶ τὴν δύναμιν αὐτοῦ ἐν ἰσχύϊ αὐτοῦ βασιλεὺς Βοῤῥᾶ, καὶ ποιήσει ταραχὴν, καὶ κατ- C ισχύσει.

8. Καὶ τοὺς θεοὺς αὐτῶν καταστρέψει μετὰ τῶν χωνευτῶν αὐτῶν, καὶ τοὺς ὄχλους αὐτῶν μετὰ τῶν σκευῶν τῶν ἐπιθυμημάτων αὐτῶν, τὸ ἀργύριον καὶ τὸ χρυσίον ἐν αἰχμαλωσίᾳ ἀποίσουσιν εἰς Αἴγυπτον, καὶ ἔσται ἔτος βασιλεῖ Βοῤῥᾶ.

9. Καὶ εἰσελεύσεται εἰς βασιλείαν βασιλεὺς Αἰγύπτου ἡμέρας, καὶ ἐπιστρέψει ἐπὶ τὴν γῆν αὐτοῦ.

10. Καὶ ὁ υἱὸς αὐτοῦ καὶ ἐρεθισθήσεται, καὶ συνάξει συναγωγὴν ὄχλου πολλοῦ, καὶ εἰσελεύσεται κατ' αὐτὴν κατὰ Σύρων, παρελεύσεται, καὶ ἐπιστρέψει.

11. Καὶ παροξυνθήσεται ἐπὶ πολὺ, καὶ ὀργισθήσεται βασιλεὺς Αἰγύπτου ※ καὶ ἐξελεύσεται /. καὶ πολεμήσει μετὰ βασιλέως Βοῤῥᾶ ※ καὶ στήσει ὄχλον πολὺν /. καὶ παραδοθήσει ἡ συναγωγὴ εἰς τὰς χεῖ- D ρας αὐτοῦ.

12. Καὶ λήψεται τὴν συναγωγὴν, καὶ ὑψωθήσεται ἡ καρδία αὐτοῦ, καὶ ταράξει πολλοὺς, καὶ οὐ μὴ φοβηθῇ.

13. Καὶ ἐπιστρέψει βασιλεὺς Βοῤῥᾶ, καὶ συνάξει πόλεως συναγωγὴν μείζονα παρὰ τὴν πρώτην, κατὰ συντέλειαν καιροῦ ἐνιαυτοῦ, καὶ εἰσελεύσεται εἰς αὐτὴν ἐπ' αὐτὸν ἐν ὄχλῳ πολλῷ, καὶ ἐν χρήμασι πολλοῖς.

14. Καὶ ἐν τοῖς καιροῖς ἐκείνοις διάνοιαι ἀναστήσονται ἐπὶ τὸν βασιλέα Αἰγύπτου, καὶ ἀνοικοδομήσει τὰ πεπτωκότα τοῦ ἔθνους σου, καὶ ἀναστήσεται εἰς τὸ ἀναστῆσαι τὴν προφητείαν, καὶ προσκόψουσι.

15. Καὶ ἐπελεύσεται βασιλεὺς Βοῤῥᾶ, καὶ ἐπιστρέψει τὰ δόρατα αὐτοῦ, καὶ λήψεται τὴν πόλιν τὴν ὀχυ-

ρὰν, καὶ οἱ βραχίονες βασιλέως Αἰγύπτου στήσονται μετὰ τῶν δυναστῶν αὐτοῦ, καὶ οὐκ ἔσται αὐτῷ ἰσχὺς εἰς τὸ ἀντιστῆναι αὐτῷ.

16. Καὶ ποιήσει ὁ εἰσπορευόμενος ἐπ' αὐτὸν κατὰ τὸ θέλημα αὐτοῦ, καὶ οὐκ ἔσται ὁ ἀνθεστηκὼς ἐναντίον αὐτοῦ· καὶ στήσεται ἐν τῇ χώρᾳ, καὶ ἐπιτελεσθήσεται πάντα τὰ ἐν ταῖς χερσὶν αὐτοῦ.

17. Καὶ δώσει τὸ πρόσωπον αὐτοῦ ἐπελθεῖν βίᾳ τὸ ἔργον αὐτοῦ, καὶ συνθήκας μετ' αὐτοῦ ποιήσεται· καὶ θυγατέρα ἀνθρώπου δώσει αὐτῷ εἰς τὸ φθεῖραι αὐτὴν, καὶ οὐ πείσεται, καὶ οὐκ ἔσται.

18. Καὶ δώσει τὸ πρόσωπον αὐτοῦ ἐπὶ τὴν θάλασσαν, καὶ λήψεται πολλοὺς, καὶ ἐπιστρέψει ὀργὴν ὀνειδισμοῦ αὐτῶν ἐν ὅρκῳ κατὰ τὸν ὀνειδισμὸν αὐτοῦ.

19. Ἐπιστρέψει τὸ πρόσωπον αὐτοῦ εἰς τὸ κατισχῦσαι τὴν χώραν αὐτοῦ, καὶ προσκόψει, καὶ πεσεῖται, καὶ οὐχ εὑρεθήσεται.

20. Καὶ ἀναστήσεται ἐκ τῆς ῥίζης αὐτοῦ φυτὸν βασιλείας εἰς ἀνάστασιν, ἀνὴρ τύπτων δόξαν βασιλέως.

21. Καὶ ἐν ἡμέραις ἐσχάταις συντριβήσεται, καὶ οὐκ ἐν ὀργῇ, οὐδὲ ἐν πολέμῳ· καὶ ἀναστήσεται ἐπὶ τὸν τόπον αὐτοῦ εὐκαταφρόνητος, καὶ οὐ δοθήσεται ἐπ' αὐτὸν δόξα βασιλέως, καὶ ἥξει ἐξάπινα· κατισχύσει βασιλεὺς ἐν κληροδοσίᾳ αὐτοῦ.

22. Καὶ τοὺς βραχίονας τοὺς συντριβέντας συντρίψει ἀπὸ προσώπου αὐτοῦ.

23. Καὶ μετὰ τῆς διαθήκης, καὶ δήμου συνταγέντος μετ' αὐτοῦ, ποιήσει ψεῦδος, καὶ ἐπὶ ἔθνος ἰσχυρὸν ἐν ὀλιγοστῷ ἔθνει.

24. Ἐξάπινα ἐρημώσει πόλιν, καὶ ποιήσει ὅσα οὐκ ἐποίησαν οἱ πατέρες αὐτοῦ, οὐδὲ οἱ πατέρες τῶν πατέρων αὐτοῦ· προνομὴν καὶ σκῦλα καὶ χρήματα αὐτοῖς δώσει, καὶ ἐπὶ τὴν πόλιν τὴν ἰσχυρὰν διανοηθήσεται, καὶ οἱ λογισμοὶ αὐτοῦ εἰς μάτην.

25. Καὶ ἐγερθήσεται ἡ ἰσχὺς αὐτοῦ, καὶ ἡ καρδία αὐτοῦ ἐπὶ τὸν βασιλέα Αἰγύπτου ἐν ὄχλῳ πολλῷ, καὶ ὁ βασιλεὺς Αἰγύπτου ἐρεθισθήσεται εἰς πόλεμον ἐν ὄχλῳ ἰσχυρῷ σφόδρα λίαν, καὶ οὐ στήσεται, ὅτι διανοηθήσεται ἐπ' αὐτὸν διάνοια.

26. Καὶ καταναλώσουσιν αὐτὸν μέριμναι αὐτοῦ, καὶ ἀποστρέψουσιν αὐτὸν, καὶ παρελεύσονται, καὶ κατασυριεῖ, καὶ πεσοῦνται τραυματίαι πολλοί.

27. Καὶ δύο βασιλεῖς μόνοι δειπνήσουσιν ἐπὶ τὸ αὐτὸ, καὶ ἐπὶ μιᾶς τραπέζης φάγονται, καὶ ψευδολογήσουσι, καὶ οὐκ εὐοδωθήσονται· ἔτι γὰρ συντέλεια εἰς καιρόν.

28. Καὶ ἐπιστρέψει εἰς τὴν χώραν αὐτοῦ ἐν χρήμασι πολλοῖς, καὶ ἡ καρδία αὐτοῦ ἐπὶ τὴν διαθήκην τοῦ ἁγίου· ποιήσει, καὶ ἐπιστρέψει ἐπὶ τὴν χώραν αὐτοῦ.

29. Εἰς καιρὸν ※ ἐπιστρέψει /. καὶ εἰσελεύσεται εἰς Αἴγυπτον, καὶ οὐκ ἔσται ὡς ἡ πρώτη καὶ ἡ ἐσχάτη.

30. Καὶ ἥξουσι Ῥωμαῖοι, καὶ ἐξώσουσιν αὐτὸν, ÷ καὶ ἐμβριμήσονται αὐτῷ ✢ καὶ ἐπιστρέψει, καὶ ὀργισθήσεται /. ἐπὶ τὴν διαθήκην τοῦ ἁγίου, καὶ ποιήσει, καὶ ἐπιστρέψει, καὶ διανοηθήσεται ἐπ' αὐτοὺς, ἀνθ' ὧν ἐγκατέλιπον τὴν διαθήκην τοῦ ἁγίου.

regis Ægypti stabunt cum principibus suis, et non erunt ei vires ad resistendum ei.

16. Et faciet, qui ingreditur adversus eum, juxta voluntatem suam, et non erit, qui resistat coram eo : et stabit in regione, et perficientur omnia, quæ in manibus ejus sunt.

17. Et dabit faciem suam, ut veniat per vim ad opus suum, et fœdera cum eo faciet, et filiam hominis dabit ei ad perdendam eam ; et non persuadebit, et non erit.

18. Et dabit faciem suam super mare, et capiet multos, et convertet iram opprobrii eorum in jurejurando secundum opprobrium suum

19. Convertet faciem suam ad corroborandam regionem suam, et offendet, et cadet, et non invenietur.

20. Et surget de radice ejus planta regni ad restaurandum, vir percutiens gloriam regis.

21. Et in diebus novissimis conteretur, et non in ira, neque in bello. Et surget super locum ejus contemptibilis, et non dabitur super eum gloria regis, et veniet repente ; corroborabitur rex in hæreditate sua.

22. Et brachia, quæ contrita sunt, conteret a facie sua.

23. Et cum testamento, et populo secum conjuncto, faciet dolum : et contra gentem fortem in paucissima gente.

24. Statim devastabit civitatem, et faciet, quæ non fecerunt patres ejus, neque patres patrum ejus: deprædationem, et spolia, et pecunias eis dabit, et super urbem fortem cogitabit ; sed cogitationes ejus in vanum.

25. Et excitabitur fortitudo ejus, et cor ejus super regem Ægypti in turba multa : et rex Ægypti provocabitur ad bellum in multitudine forti valde nimis : et non stabit, quia excogitabitur super eum consilium.

26. Et consument eum sollicitudines ejus, et avertent eum, et transibunt, et buccina canet, et cadent vulnerati multi.

27. Et duo reges soli convivabuntur pariter, et super unam mensam comedent, et mendaciter loquentur, et non prosperabuntur : adhuc enim consummatio ad tempus.

28. Et revertetur in regionem suam in opibus multis, et cor ejus super testamentum sancti ; faciet, et revertetur in regionem suam.

29. Ad tempus revertetur et ingredietur in Ægyptum : et non erunt sicut priora etiam novissima.

30. Et venient Romani, et expellent eum, et acriter comminabuntur ei, et revertetur, et indignabitur super testamentum sancti, et faciet : et revertetur, et cogitabit super eos, eo quod [illegible] testamentum sancti.

31 Et brachia ex eo stabunt, et polluent sanctum timoris; et amovebunt sacrificium, et dabunt abominationem desolationis.

32. Et in peccatis testamenti polluent in duro populo : et populus sciens hæc, confortabitur et faciet.

33. Et prudentes de gente intelligent in multos, et impingent gladio, et inveterascent in eo, et in captivitate, et in directione dierum maculabuntur.

34. Cumque afflicti fuerint, congregabunt vires exiguas : et aggregabuntur ad eos multi in civitate, et multi tanquam in partium divisione.

35. Et de intelligentibus cogitabunt ad mundandum seipsos, et ut seligantur, et purificentur usque ad consummationem temporis : adhuc enim tempus in horas.

36. Et faciet juxta voluntatem suam rex, et irritabitur, et extolletur super omnem Deum, et adversus Deum deorum magnifica loquetur : et prosperabitur, donec consummetur ira; in ipsum enim consummatio fit.

37. Et super deos patrum suorum non intelliget, et in concupiscentia fœminæ non excogitabit, quia in omni elevabitur, et subjcientur ei gentes fortes.

38. Super locum suum excitabit, et Deum, quem non cognoverunt patres ejus, honorabit in auro, et argento, et lapide pretioso.

39. Et in concupiscentiis aget civitatum, et in munitionem fortem veniet cum deo alieno, quem cum cognoverit, multiplicabit gloriam, et dominabitur ei multum, et dividet regionem in dono.

40. Et in hora consummationis impetet cornu suo eum rex Ægypti : et impetuose feretur in eum rex Aquilonis cum curribus, et equis multis, et in navibus multis, et ingredietur in regionem Ægypti.

41. Et invadet regionem meam, et multæ scandalizabuntur, et hæ salvabuntur de manu ejus, Edom, et Moab, et caput filiorum Ammon.

42. Et mittet manum suam in terras, et in regione Ægypti non erit in ea qui salvetur.

43. Et obtinebit locum auri, et locum argenti, et omnem concupiscentiam Ægypti, et Libyes Æthiopesque erunt in turba ejus.

44. Et rumor turbabit eum ab Oriente, et Aquilone, et egredietur in furore vehementi et gladio, ad disperdendum et interficiendum multos.

45. Et statuet tabernaculum suum tunc inter maria, et montem voluntatis sancti : et veniet hora consummationis ejus, et non erit, qui adjuvet eum.

CAPUT XII.

1. Et per regionem illam transibit Michael an-

31. Καὶ βραχίονες παρ' αὐτοῦ στήσονται καὶ μιανοῦσι τὸ ἅγιον τοῦ φόβου · καὶ ἀποστήσουσι τὴν θυσίαν, καὶ δώσουσι βδέλυγμα ἐρημώσεως.

32. Καὶ ἐν ἁμαρτίαις διαθήκης μιανοῦσιν ἐν σκληρῷ λαῷ · καὶ ὁ δῆμος ὁ γινώσκων ταῦτα κατισχύσουσι καὶ ποιήσουσι.

33. Καὶ ἐννοούμενοι τοῦ ἔθνους συνήσουσιν εἰς πολλοὺς, καὶ προσκόψουσι ῥομφαίᾳ, καὶ παλαιωθήσονται ἐν αὐτῇ, καὶ ἐν αἰχμαλωσίᾳ, καὶ ἐν προνομῇ ἡμερῶν κηλιδωθήσονται.

34. Καὶ ὅτ' ἂν συντρίβωνται, συνάξουσιν ἰσχὺν βραχεῖαν, καὶ ἐπισυναχθήσονται ἐπ' αὐτοὺς πολλοὶ ἐπὶ πόλεως, καὶ πολλοὶ ὡς ἐν κληροδοσίᾳ.

35. Καὶ ἐκ τῶν συνιέντων διανοηθήσονται εἰς τὸ καθαρίσαι ἑαυτοὺς, καὶ εἰς τὸ ἐκλεγῆναι, καὶ εἰς τὸ καθαρισθῆναι ἕως καιροῦ συντελείας· ἔτι γὰρ καιρὸς εἰς ὥρας.

36. Καὶ ποιήσει κατὰ τὸ θέλημα αὐτοῦ ὁ βασιλεὺς, καὶ παροργισθήσεται, καὶ ὑψωθήσεται ἐπὶ πάντα Θεὸν, καὶ ἐπὶ τὸν Θεὸν τῶν θεῶν ἔξαλλα λαλήσει, καὶ εὐοδωθήσεται, ἕως ἂν συντελεσθῇ ἡ ὀργή · εἰς αὐτὸν γὰρ συντέλεια γίνεται.

37. Καὶ ἐπὶ τοὺς θεοὺς τῶν πατέρων αὐτοῦ οὐ μὴ προνοηθῇ, καὶ ἐν ἐπιθυμίᾳ γυναικὸς οὐ μὴ προνοηθῇ, ὅτι ἐν παντὶ ὑψωθήσεται, καὶ ὑποταγήσεται αὐτῷ ἔθνη ἰσχυρά.

38. Ἐπὶ τὸν τόπον αὐτοῦ κινήσει, καὶ Θεὸν ὃν οὐκ ἔγνωσαν οἱ πατέρες αὐτοῦ τιμήσει ἐν χρυσίῳ, καὶ ἀργυρίῳ, καὶ λίθῳ πολυτελεῖ.

39. Καὶ ἐν ἐπιθυμήμασι ποιήσει πόλεων, καὶ εἰς ὀχύρωμα ἰσχυρὸν ἥξει μετὰ θεοῦ ἀλλοτρίου · οὗ ἐὰν ἐπιγνῷ, πληθυνεῖ δόξαν, καὶ κατακυριεύσει αὐτοῦ ἐπὶ πολὺ, καὶ χώραν ἀπομεριεῖ εἰς δωρεάν.

40. Καὶ καθ' ὥραν συντελείας συγκερατισθήσεται αὐτῷ ὁ βασιλεὺς Αἰγύπτου, καὶ ἐποργισθήσεται αὐτῷ βασιλεὺς Βορρᾶ ἐν ἅρμασι, καὶ ἐν ἵπποις πολλοῖς, καὶ ἐν πλοίοις πολλοῖς, καὶ εἰσελεύσεται εἰς χώραν Αἰγύπτου.

41. Καὶ ἐπελεύσεται εἰς τὴν χώραν μου ※, καὶ πολλαὶ ※ σκανδαλισθήσονται, καὶ αὗται σωθήσονται ἀπὸ χειρὸς αὐτοῦ /. Ἐδὼμ, καὶ Μωὰβ, καὶ παλαιὸν υἱῶν Ἀμμών.

42. Καὶ ἀποστελεῖ χεῖρα αὐτοῦ ἐν ταῖς γαίαις /. καὶ ἐν χώρᾳ Αἰγύπτου οὐκ ἔσται ἐν αὐτῇ διασῳζόμενος.

43. Καὶ κρατήσει τοῦ τόπου τοῦ χρυσίου, καὶ τοῦ τόπου τοῦ ἀργυρίου, καὶ πάσης τῆς ἐπιθυμίας Αἰγύπτου, καὶ Λιβύες καὶ Αἰθίοπες ἔσονται ἐν τῷ ὄχλῳ αὐτοῦ.

44. Καὶ ἀκοὴ ταράξει αὐτὸν ἀπὸ ἀνατολῶν καὶ βορρᾶ · καὶ ἐξελεύσεται ἐν θυμῷ ἰσχυρῷ καὶ ῥομφαίᾳ, ἀφανίσαι καὶ ἀποκτεῖναι πολλούς.

45. Καὶ στήσει αὐτοῦ τὴν σκηνὴν τότε ἀνάμεσον τῶν θαλασσῶν, καὶ τοῦ ὄρους τῆς θελήσεως τοῦ ἁγίου, καὶ ἥξει ὥρα τῆς συντελείας αὐτοῦ, καὶ οὐκ ἔσται ὁ βοηθῶν αὐτῷ.

ΚΕΦΑΛ. ΙΒ'.

1. Καὶ κατὰ τὴν χώραν ἐκείνην παρελεύσεται Μι-

χαὴλ ὁ ἄγγελος ὁ μέγας, ὁ ἑστηκὼς ἐπὶ τοὺς υἱοὺς τοῦ λαοῦ σου· ἐκείνη ἡ ἡμέρα θλίψεως, οἵα οὐκ ἐγενήθη, ἀφ' οὗ ἐγενήθησαν ἕως τῆς ἡμέρας ἐκείνης. Καὶ ἐν ἐκείνῃ τῇ ἡμέρᾳ ὑψωθήσεται πᾶς ὁ λαὸς, ὃς ἂν εὑρεθῇ ἐγγεγραμμένος ἐν τῷ βιβλίῳ.

2. Καὶ πολλοὶ τῶν καθευδόντων ἐν τῷ πλάτει τῆς γῆς ἀναστήσονται, οἱ μὲν εἰς ζωὴν αἰώνιον, οἱ δὲ εἰς ὀνειδισμὸν, οἱ δὲ εἰς διασπορὰν, καὶ αἰσχύνην αἰώνιον.

3. Καὶ οἱ συνιέντες φανοῦσιν ὡς φωστῆρες τοῦ οὐρανοῦ, καὶ οἱ κατισχύοντες τοὺς λόγους μου, ὡσεὶ τὰ ἄστρα τοῦ οὐρανοῦ εἰς τὸν αἰῶνα τοῦ αἰῶνος.

4. Καὶ σὺ, Δανιὴλ, κάλυψον τὰ προστάγματα, καὶ σφράγισαι τὸ βιβλίον ἕως καιροῦ συντελείας, ἕως ἂν ἀπομανῶσιν οἱ πολλοὶ, καὶ πλησθῇ ἡ γῆ ἀδικίας.

5. Καὶ εἶδον ἐγὼ Δανιὴλ, καὶ ἰδοὺ δύο ἕτεροι εἱστήκεισαν, εἷς ἔνθεν τοῦ ποταμοῦ, καὶ εἷς ἔνθεν.

6. Καὶ εἶπα τῷ ἑνὶ τῷ περιβεβλημένῳ τὰ βύσσινα τῷ ἐπάνω τοῦ ὕδατος τοῦ ποταμοῦ· Πότε οὖν συντέλεια ὧν εἴρηκάς μοι τῶν θαυμαστῶν; ÷ καὶ ὁ καθαρισμὸς ÷ τούτων /.

7. Καὶ ἤκουσα τοῦ περιβεβλημένου τὰ βύσσινα, ὃς ἦν ἐπάνω τοῦ ὕδατος τοῦ ποταμοῦ· Ἕως καιροῦ συντελείας· καὶ ὕψωσε τὴν δεξιὰν καὶ τὴν ἀριστερὰν εἰς τὸν οὐρανὸν, καὶ ὤμοσε τὸν ζῶντα εἰς τὸν αἰῶνα Θεὸν, ὅτι εἰς καιρὸν καὶ καιροὺς, καὶ ἥμισυ καιροῦ ἡ συντέλεια χειρῶν ἀφέσεως λαοῦ ἁγίου, καὶ συντελεσθήσεται πάντα ταῦτα.

8. Καὶ ἐγὼ ἤκουσα, καὶ οὐ διενοήθην παρ' αὐτὸν τὸν καιρὸν, καὶ εἶπα· Κύριε, τίς ἡ λύσις τοῦ λόγου τούτου, καὶ τίνος αἱ παραβολαὶ αὗται;

9. Καὶ εἶπέ μοι· Ἀπότρεχε, Δανιὴλ, ὅτι κατακεκαλυμμένα, καὶ ἐσφραγισμένα τὰ προστάγματα, ἕως ἂν πειρασθῶσι καὶ ἁγιασθῶσι πολλοί.

10. Καὶ ἁμάρτωσιν οἱ ἁμαρτωλοὶ, καὶ οὐ μὴ διανοηθῶσι πάντες οἱ ἁμαρτωλοὶ, καὶ οἱ διανοούμενοι προσέξουσιν.

11. Ἀφ' οὗ ἂν ἀποσταθῇ ἡ θυσία διαπαντὸς, καὶ ἑτοιμασθῇ δοθῆναι τὸ βδέλυγμα τῆς ἐρημώσεως, ἡμέρας χιλίας διακοσίας ἐνενήκοντα.

12. Μακάριος ὁ ἐμμένων καὶ συνάξει εἰς ἡμέρας χιλίας τριακοσίας τριάκοντα πέντε.

13. Καὶ σὺ βάδιζον, ἀναπαύου ÷ ἔτι γάρ εἰσιν ἡμέραι καὶ ὧραι εἰς ἀναπλήρωσιν συντελείας /. καὶ ἀναπαύσῃ, καὶ ἀναστήσῃ ἐπὶ τὴν δόξαν σου εἰς συντέλειαν ἡμερῶν.

Δανιὴλ κατὰ τοὺς Ο', ἐγράφη ἐξ ἀντιγράφου ἔχοντος τὴν ὑποσημείωσιν ταύτην· Ἐγράφη ἐκ τῶν Τετραπλῶν ἐξ ὧν καὶ παρετέθη.

ΚΕΦΑΛ. ΙΓ'

Σουσάννα.

1. ※ Καὶ ἦν ἀνὴρ οἰκῶν ἐν Βαβυλῶνι, καὶ ὄνομα ※ αὐτῷ Ἰωακείμ.

2. ※ Καὶ ἔλαβε γυναῖκα, ᾗ ὄνομα Σουσάννα, θυγάτηρ Χελκίου, καλὴ σφόδρα, καὶ φοβουμένη τὸν ※ Κύριον.

3. ※ Καὶ οἱ γονεῖς αὐτῆς δίκαιοι, καὶ ἐδίδαξαν ※ τὴν θυγατέρα αὐτῶν κατὰ τὸν νόμον Μωϋσῆ.

4. ※ Καὶ ἦν Ἰωακεὶμ πλούσιος σφόδρα, καὶ ἦν

A gelus magnus, qui stat super filios populi tui: illa (erit) dies tribulationis, qualis non facta est, ex quo factæ sunt (gentes) usque ad diem illam. Et in illa die exaltabitur omnis populus, qui inventus fuerit inscriptus in libro.

2. Et multi dormientium in latitudine terræ exsurgent, alii quidem in vitam æternam, alii vero in opprobrium, alii vero in dispersionem, et confusionem sempiternam.

3. Et intelligentes splendebunt sicut luminaria cœli: et confirmantes sermones meos quasi astra cœli in sæculum sæculi.

4. Tu autem, Daniel, absconde mandata, et signa librum usque ad tempus consummationis, donec insaniant multi, et impleatur terra iniquitatis.

B 5. Et vidi ego Daniel, et ecce duo alii stabant, unus ab una parte fluminis, et alius ab altera

6. Et dixi uni, qui indutus erat byssinis, qui stabat supra aquam fluminis: Quando igitur consummatio istorum, quæ dixisti mihi mirabilium, et mundatio istorum?

7. Et audivi eum, qui indutus erat byssinis, qui erat super aquam fluminis: Usque ad tempus consummationis: et elevavit dextram et sinistram in cœlum, et juravit per viventem in æternum Deum, quia in tempus, et tempora, et dimidium temporis consummatio manuum dimissionis populi sancti; et consummabuntur omnia hæc.

8. Et ego audivi, et non intellexi circa ipsum
C tempus, et dixi: Domine, quænam solutio sermonis hujus, et cujus parabolæ istæ?

9. Et dixit mihi: Revertere, Daniel, quia obtecta et obsignata sunt mandata, quoadusque tententur et sanctificentur multi.

10. Et peccent peccatores, et non intelligant omnes peccatores, et intelligentes attendent.

11. Ex quo tempore defecerit sacrificium juge, et paratum fuerit, ut detur abominatio desolationis, dies mille ducenti nonaginta.

12. Beatus qui exspectat, et congregabit ad dies mille trecentos triginta quinque.

13. Tu autem vade, requiesce, adhuc enim sunt dies, et horæ ad completionem consummationis.
D Requiesces autem, et resurges super gloriam tuam in consummatione dierum.

Daniel juxta LXX descriptus est ab exemplari habente subscriptionem hanc: Descriptus est ex Tetraplis cum quibus etiam collatus est.

CAPUT XIII.

Susanna.

1. Et erat vir habitans in Babylone, et nomen ejus Joacim.

2. Et accepit uxorem, cui nomen Susanna, filia Chelciæ pulchra valde, et timens Dominum.

3. Et parentes ejus justi; et docuerunt filiam suam secundum legem Moysi.

4. Erat autem Joacim dives valde, et e

num vicinum domui suæ; et ad ipsum accedebant A
Judæi, eo quod esset honorabilior omnibus.

5. Et declarati sunt duo seniores de populo judices in anno illo, de quibus loquutus est Dominus: Quia egressa est iniquitas de Babylone a senioribus judicibus, qui videbantur regere populum.

6. Et veniebant controversiæ de aliis civitatibus ad eos.

7. Isti cum viderent mulierem elegantem forma, mulierem fratris sui de filiis Israel nomine Susannam, filiam Chelciæ, uxorem Joacim, deambulantem in pomario viri sui tempore pomeridiano.

8. Et cum concupissent eam. B

9. Perverterunt mentem suam, et declinaverunt oculos suos, ne aspicerent in cœlum, neque recordarentur judiciorum justorum.

10. Et ambo erant stimulis agitati erga eam, et alter alteri dissimulabat malitiam, quæ possidebat eos propter ipsam; neque mulier cognoverat rem hanc.

12. Et statim diluculo venientes fallebant se invicem, accelerantes quis appareret ei prior, et loqueretur ad eam.

13. Et ecce ipsa juxta consuetudinem deambulabat, et unus de senioribus venerat; et ecce alius advenit, et unus alium interrogavit, dicens: Quare tu ita mane egressus es, non accipiens me? C

14. Et confessi sunt unusquisque inter se dolorem suum.

19. Et dixit unus alteri: Eamus ad eam. Et conjuncti accesserunt ad eam, et vim faciebant in eam.

22. Et dixit illis Judæa: Novi quia si egero hoc, mors mihi est, et si non egero, non effugiam manus vestras.

23. Sed honestius mihi est non facientem incidere in manus vestras, quam peccare in conspectu Domini.

28. Iniqui autem viri reversi sunt comminantes in semetipsis, et insidias parantes, ut morte afficerent eam. Et venerunt ad Synagogam civitatis, ubi habitabant, et consederunt, qui erant ibi omnes D filii Israel.

29. Et surgentes duo seniores et judices dixerunt: Mittite ad Susannam filiam Chelciæ, quæ est uxor Joacim. Illi autem statim vocaverunt eam.

30. Ut autem advenit mulier cum patre suo, et matre, et servi, et ancillæ ejus, cum essent numero quinquaginta, adfuerunt et filioli Susannæ quatuor.

31. Erat autem mulier delicata nimis.

32. Et jusserunt iniqui discooperiri eam, ut satiarentur decore concupiscentiæ ejus.

33. Et fleverunt sui omnes, et qui eam noverant omnes.

A ※ αὐτῷ παράδεισος γειτνιῶν τῷ οἴκῳ αὐτοῦ· καὶ
※ πρὸς αὐτὸν προσήγοντο οἱ Ἰουδαῖοι, διὰ τὸ εἶναι
※ αὐτὸν ἐνδοξότερον πάντων.

5. ※ Καὶ ἀπεδείχθησαν δύο πρεσβύτεροι ἐκ τοῦ ※ λαοῦ κριταὶ ἐν τῷ ἐνιαυτῷ ἐκείνῳ /. περὶ ὧν ἐλάλησεν ὁ Δεσπότης· Ὅτι ἐξῆλθεν ἀνομία ἐκ Βαβυλῶνος ἐκ πρεσβυτέρων κριτῶν, οἳ ἐδόκουν κυβερνᾷν τὸν λαόν.

6. Καὶ ἤρχοντο κρίσεις ἐξ ἄλλων πόλεων πρὸς αὐτούς.

7. Οὗτοι ἰδόντες γυναῖκα ἀστείαν τῷ εἴδει, γυναῖκα ἀδελφοῦ αὐτῶν ἐκ τῶν υἱῶν Ἰσραὴλ ὄνομα Σουσάνναν, θυγατέρα Χελκίου, γυναῖκα Ἰωακεὶμ, περιπατοῦσαν ἐν τῷ παραδείσῳ τοῦ ἀνδρὸς αὐτῆς τὸ δειλινόν.

B 8. Καὶ ἐπιθυμήσαντες αὐτῆς.

9. Διέστρεψαν τὸν νοῦν αὐτῶν, καὶ ἐξέκλιναν τοὺς ὀφθαλμοὺς αὐτῶν, τοῦ μὴ βλέπειν εἰς τὸν οὐρανὸν, μηδὲ μνημονεύειν κριμάτων δικαίων.

10. Καὶ ἀμφότεροι ἦσαν κατανενυγμένοι περὶ αὐτῆς, καὶ ἕτερος τῷ ἑτέρῳ οὐ προσεποιεῖτο τὸ κακὸν τὸ ἔχον αὐτοὺς περὶ αὐτῆς, οὐδὲ ἡ γυνὴ ἔγνω τὸ πρᾶγμα τοῦτο.

12. Καὶ ὡς ἐγίνετο ὄρθρος, ἐρχόμενοι ἔκλεπτον ἀλλήλους σπεύδοντες, τίς φανήσεται αὐτῇ πρότερος, καὶ λαλήσει πρὸς αὐτήν.

13. Καὶ ἰδοὺ αὕτη κατὰ τὸ εἰωθὸς περιεπάτει· καὶ ὁ εἷς τῶν πρεσβυτέρων ἐληλύθει, καὶ ἰδοὺ ὁ ἕτερος παρεγένετο, καὶ εἷς τὸν ἕτερον ἀνέκρινε, λέγων· Τί
C σὺ οὕτως ὄρθρου ἐξῆλθες οὐ παραλαβών με;

14. Καὶ ἐξωμολογήσαντο πρὸς ἀλλήλους ἑκάτερος τὴν ὀδύνην αὐτοῦ.

19. Καὶ εἶπεν τὶς τῷ ἑτέρῳ· Πορευθῶμεν πρὸς αὐτήν. Καὶ συνθέμενοι προσήλθοσαν αὐτῇ, καὶ ἐξεβιάζοντο αὐτήν.

22. Καὶ εἶπεν αὐτοῖς ἡ Ἰουδαία· Οἶδα, ὅτι ἐὰν πράξω τοῦτο, θάνατός μοι ἐστί· καὶ ἐὰν μὴ πράξω, οὐκ ἐκφεύξομαι τὰς χεῖρας ὑμῶν.

23. Κάλλιον δέ με μὴ πράξασαν ἐμπεσεῖν εἰς τὰς χεῖρας ὑμῶν, ἢ ἁμαρτεῖν ἐνώπιον Κυρίου.

28. Οἱ δὲ παράνομοι ἄνδρες ἀπέστρεψαν ἀπειλοῦντες ἐν ἑαυτοῖς, καὶ ἐνεδρεύοντες, ἵνα θανατώσουσιν αὐτήν· καὶ ἐλθόντες ἐπὶ τὴν Συναγωγὴν τῆς πόλεως
D οὗ παρῴκουν, καὶ συνήδρευσαν οἱ ὄντες ἐκεῖ πάντες οἱ υἱοὶ Ἰσραήλ.

29. Καὶ ἀναστάντες οἱ δύο πρεσβύτεροι καὶ κριταὶ εἶπαν· Ἀποστείλατε ἐπὶ Σουσάνναν θυγατέρα Χελκίου, ἥτις ἐστὶ γυνὴ Ἰωακείμ. Οἱ δὲ εὐθέως ἐκάλεσαν αὐτήν.

30. Ὡς δὲ παρεγενήθη ἡ γυνὴ σὺν τῷ πατρὶ ἑαυτῆς, καὶ τῇ μητρὶ, καὶ οἱ παῖδες, καὶ αἱ παιδίσκαι αὐτῆς ὄντες τὸν ἀριθμὸν πεντηκοστοὶ, παρεγένοντο καὶ τὰ παιδία Σουσάννας τέσσαρα.

31. Ἦν δὲ ἡ γυνὴ τρυφερὰ σφόδρα.

32. Καὶ προσέταξαν οἱ παράνομοι ἀποκαλύψαι αὐτήν, ἵνα ἐμπλησθῶσι κάλλους ἐπιθυμίας αὐτῆς.

33. Καὶ ἔκλαιοσαν οἱ παρ' αὐτῆς πάντες, καὶ ὅσοι αὐτὴν ᾔδεισαν πάντες.

34. Ἀναστάντες δὲ οἱ πρεσβύτεροι καὶ κριταὶ ἐπέθηκαν τὰς χεῖρας αὐτῶν ἐπὶ τῆς κεφαλῆς αὐτῆς. A

35. Ἡ δὲ καρδία αὐτῆς ἐπεποίθει ἐπὶ Κυρίῳ τῷ Θεῷ αὐτῆς, καὶ ἀνακύψασα, ἔκλαυσεν ἐν αὐτῇ λέγουσα· Κύριε ὁ Θεὸς ὁ αἰώνιος, ὁ εἰδὼς τὰ πάντα πρὶν γενέσεως αὐτῶν, σὺ οἶδας, ὅτι οὐκ ἐποίησα ἃ πονηρεύονται οἱ ἄνομοι οὗτοι ἐπ' ἐμοί. Καὶ εἰσήκουσε Κύριος τῆς δεήσεως αὐτῆς.

36. Οἱ δὲ δύο πρεσβύτεροι εἶπαν· Ἡμεῖς περιεπατοῦμεν ἐν τῷ παραδείσῳ τοῦ ἀνδρὸς αὐτῆς.

37. Καὶ κυκλοῦντες τὸ στάδιον, εἴδομεν ταύτην ἀναπαυομένην μετὰ ἀνδρὸς, καὶ στάντες ἐθεωροῦμεν αὐτοὺς ὁμιλοῦντας ἀλλήλοις.

38. Καὶ αὐτοὶ οὐκ ᾔδεισαν, ὅτι εἱστήκειμεν· τότε συνειπάμεθα ἀλλήλοις λέγοντες· Μάθωμεν τίνες εἰσὶν οὗτοι. B

39. Καὶ προσελθόντες ἐπέγνωμεν αὐτήν· ὁ δὲ νεανίσκος ἔφυγε συγκεκαλυμμένος.

40. Ταύτης δὲ ἐπιλαβόμενοι, ἐπηρωτῶμεν αὐτήν, τίς ὁ ἄνθρωπος, καὶ οὐκ ἀπήγγειλεν ἡμῖν τίς ἦν. Ταῦτα μαρτυροῦμεν.

41. Καὶ ἐπίστευσεν αὐτοῖς ἡ Συναγωγὴ πᾶσα, ὡς πρεσβυτέρων ὄντων καὶ κριτῶν τοῦ λαοῦ.

45. Καὶ ἰδοὺ ἄγγελος Κυρίου, ἐκείνης ἐξαγομένης ἀπολέσθαι, καὶ ἔδωκεν ὁ ἄγγελος, καθὼς προσετάγη, πνεῦμα συνέσεως νεωτέρῳ ὄντι Δανιήλ.

48. Διαστείλας δὲ Δανιὴλ τὸν ὄχλον, καὶ στὰς ἐν μέσῳ αὐτῶν εἶπεν· Οὕτως, μωροὶ υἱοὶ Ἰσραήλ, οὐκ ἀνακρίναντες, οὐδὲ τὸ σαφὲς ἐπιγνόντες, ἀπεκτείνατε C θυγατέρα Ἰσραήλ;

51. Καὶ νῦν διαχωρίσατέ μοι αὐτοὺς ἀπ' ἀλλήλων μακρὰν, ἵνα ἐτάσω αὐτούς· ὡς δὲ διεχωρίσθησαν, εἶπεν Δανιὴλ τῇ συναγωγῇ· Νῦν μὴ βλέψητε, ὅτι οὗτοι εἰσὶ πρεσβύτεροι, λέγοντες· Οὐ μὴ ψεύσωνται, ἀλλὰ ἀνακρινῶ αὐτοὺς κατὰ τὰ ὑποπίπτοντά μοι.

52. Καὶ ἐκάλεσε τὸν ἕνα αὐτῶν, καὶ προσήγαγον τὸν πρεσβύτερον τῷ νεωτέρῳ, καὶ εἶπεν αὐτῷ Δανιήλ· Ἄκουε, ἄκουε, πεπαλαιωμένε ἡμερῶν κακῶν, νῦν ἥκασί σου αἱ ἁμαρτίαι ἃς ἐποίεις τὸ πρότερον.

53. Πιστευθεὶς ἀκούειν, καὶ κρίνειν κρίσεις θάνατον ἐπιφερούσας, καὶ τὸν μὲν ἀθῷον κατέκρινας, τοὺς δὲ ἐνόχους ἠφίεις, τοῦ Κυρίου λέγοντος· Ἀθῷον καὶ δίκαιον οὐκ ἀποκτενεῖς.

54. Νῦν οὖν ὑπὸ τί δένδρον, καὶ ποταπῷ τοῦ παραδείσου τόπῳ ἑώρακας αὐτοὺς ὄντας σὺν ἑαυτοῖς; Καὶ εἶπεν ὁ ἀσεβής· Ὑπὸ σχῖνον. D

55. Εἶπεν δὲ ὁ νεώτερος· Ὀρθῶς ἔψευσαι εἰς τὴν σεαυτοῦ ψυχήν· ὁ γὰρ ἄγγελος Κυρίου σχίσει σου τὴν ψυχὴν σήμερον.

56. Καὶ τοῦτον μεταστήσας εἶπε προσαγαγεῖν αὐτῷ τὸν ἕτερον· καὶ τούτῳ δὲ εἶπεν· Διὰ τί διεστραμμένον τὸ σπέρμα σου ὡς Σιδῶνος, καὶ οὐχ ὡς Ἰούδα; τὸ κάλλος σε ἠπάτησεν, ἡ μικρὰ ἐπιθυμία.

57. Καὶ οὕτως ἐποιεῖτε θυγατράσιν Ἰσραήλ· καὶ ἐκεῖναι φοβούμεναι, ὡμιλοῦσαν ὑμῖν· ἀλλ' οὐ θυγάτηρ Ἰούδα ὑπέμεινε τὴν νόσον ὑμῶν ἐν ἀνομίᾳ ὑπενεγκεῖν.

58. Νῦν οὖν λέγε μοι· Ὑπὸ τί δένδρον, καὶ ἐν ποίῳ

34. Consurgentes autem seniores et judices imposuerunt manus suas super caput ejus.

35. Cor autem ejus fiduciam habebat in Domino Deo suo, et suspiciens flevit in seipsa, dicens: Domine Deus æterne, qui nosti omnia antequam fierent, tu scis, quia non feci, quæ malitiose componunt iniqui isti in me. Et exaudivit Dominus deprecationem ejus.

36. Duo autem seniores dixerunt: Nos deambulabamus in pomario viri ejus.

37. Et circumeuntes stadium, vidimus hanc quiescentem cum viro, et stantes contemplabamur eos consuetudinem habentes inter se.

38. Et ipsi non noverant, quod adstaremus; tunc simul loquuti sumus ad invicem dicentes: Deprehendamus qui sunt isti.

39. Et accedentes cognovimus eam; adolescens vero fugit coopertus.

40. Hanc autem cum apprehendissemus, interrogavimus eam, quisnam esset homo, et non indicavit nobis quis erat: hæc testamur.

41. Et credidit eis Synagoga omnis, eo quod essent presbyteri et judices populi.

45. Et ecce angelus Domini, cum adduceretur illa, ut periret: et dedit angelus, sicut mandatum erat, spiritum intelligentiæ adolescentulo, qui erat Daniel.

48. Cum autem Daniel separaret turbam, et staret in medio eorum, ait: Sic, stulti filii Israel, non interrogantes, neque quod manifestum est cognoscentes, morte multatis filiam Israel?

51. Et nunc separate mihi eos ab invicem procul, ut examinem eos. Postquam autem separati sunt, dixit Daniel multitudini: Nunc ne respiciatis, quia isti sunt presbyteri, dicentes, Non mentiuntur, sed interrogabo eos juxta ea, quæ mihi se offerunt.

52. Et vocavit unum ex eis, et adduxerunt seniorem adolescentulo, et dixit ei Daniel: Audi, audi, inveterate dierum malorum, nunc venerunt peccata, quæ faciebas antea.

53. Cum tibi commissum fuerit audire, et discernere judicia mortem afferentia, et innocentem quidem condemnasti, reos autem dimittebas, dicente Domino: Innocentem et justum non interficies.

54. Nunc igitur sub qua arbore, et quali pomarii loco vidisti eos secum commorantes? Et dixit impius: Sub schino.

55. Dixit autem adolescentulus: Recte mentitus es in animam tuam, angelus autem Domini scindet animam tuam hodie.

56. Et cum hunc removisset, dixit, ut adducerent sibi alterum, et huic ait: Quare perversum est semen tuum sicut Sidonis, et non sicut Juda? species seduxit te, parva concupiscentia.

57. Et sic faciebatis filiabus Israel, et illæ timentes conversabantur vobiscum: sed filia Juda non sustinuit morbum vestrum in iniquitate sufferre.

58. Nunc ergo dic mihi: Sub qua arbore, et in

quali loco horti comprehendisti eos inter se consuetudinem habentes? Qui vero ait, Sub prino.

59. Dixitque Daniel : Inique, nunc angelus Domini stetit gladium habens, ut dissecet te, donec populus exterminaverit vos.

60. Et omnis synagoga exclamavit super adolescentulum ; quia ex ore proprio convicit eos ambos confessos falsos testes.

61. Et ut lex præcipit, fecerunt eis, quemadmodum improbe egerunt in sororem.

62. Et colligaverunt eos capistro, et abducentes projecerunt in vallem. Eodem tempore angelus Domini immisit ignem inter eos, et salvatus est sanguis innoxius in die illa.

63. Ideo juniores dilecti sunt Jacobo in simplicitate sua.

64. Et nos attendamus ad filios potentes juniores : pietatem enim exercebunt juniores, et erit in eis spiritus scientiæ et intelligentiæ in sæculum sæculi.

CAPUT XIV.

Ex Prophetia Ambacum filii Jesu de tribu Levi.

1. Homo quidam erat sacerdos, cui nomen Daniel, filius Abal, conviva regis Babylonis.

2. Et erat idolum Bel, quod colebant Babylonii : impendebantur autem in eo per singulos dies similæ artabæ duodecim, et oves quatuor, et olei metretæ sex.

3. Et rex colebat eum, et ibat rex per singulos dies, eumque adorabat. Daniel autem orabat ad Dominum. Dixitque rex Danieli : Quare non adoras Bel?

4. Et dixit Daniel ad regem : Neminem colo ego, nisi Dominum Deum, qui creavit cœlum et terram, et habet omnis carnis dominationem.

5. Dixit autem rex ei : Hic igitur non est Deus? non vides quanta in eum consumantur per singulos dies?

6. Et dixit ei Daniel : Nequaquam, nullus te decipiat : hic enim intrinsecus quidem luteus est, forinsecus autem æreus ; juro vero tibi per Dominum Deum deorum, quod nihil comedit unquam iste.

7. Et iratus rex vocavit præfectos templi, et dixit eis : Indicate illum, qui comedit, quæ parantur Bel, secus vero moriemini.

8. Aut Daniel, qui asseverat non comedi hæc ab eo. Hi autem dixerunt : Ipse Bel est, qui devorat ista. Daniel autem dixit ad regem : Fiat ita ; nisi ostendero, quod non sit Bel, qui manducat ista, moriar ego, et omnes mei.

9. Erant autem sacerdotes Bel septuaginta absque uxoribus et filiis. Duxerunt autem regem ad delubrum idoli.

10. Et appositæ sunt escæ in conspectu regis et Danielis ; et vinum mixtum introductum est, et appositum est Belo.

A τοῦ κήπου τόπῳ κατέλαβες αὐτοὺς ὁμιλοῦντας ἀλλήλοις; Ὁ δὲ εἶπεν· Ὑπὸ πρῖνον.

59. Καὶ εἶπεν Δανιήλ· Ἁμαρτωλὲ, νῦν ὁ ἄγγελος Κυρίου τὴν ῥομφαίαν ἕστηκεν ἔχων, ἕως ὁ λαὸς ἐξολοθρεύσει ὑμᾶς, ἵνα καταπρίσῃ σε.

60. Καὶ πᾶσα ἡ συναγωγὴ ἀνεβόησεν ἐπὶ τῷ νεωτέρῳ, ὡς ἐκ τοῦ ἰδίου στόματος ὁμολόγους αὐτοὺς κατέστησεν ἀμφοτέρους ψευδομάρτυρας.

61. Καὶ ὡς ὁ νόμος διαγορεύει, ἐποίησαν αὐτοῖς, καθὼς ἐπονηρεύσαντο κατὰ τῆς ἀδελφῆς.

62. Καὶ ἐφίμωσαν αὐτοὺς, καὶ ἐξαγαγόντες ἔῤῥιψαν εἰς φάραγγα· τότε ὁ ἄγγελος Κυρίου ἔῤῥιψε πῦρ διὰ μέσου αὐτῶν, καὶ ἐσώθη αἷμα ἀναίτιον ἐν τῇ ἡμέρᾳ ἐκείνῃ.

63. Διὰ τοῦτο οἱ νεώτεροι ἀγαπητοὶ Ἰακὼβ ἐν τῇ
B ἁπλότητι αὐτῶν.

64. Καὶ ἡμεῖς φυλασσώμεθα εἰς υἱοὺς δυνατοὺς νεωτέρους· εὐσεβήσουσι γὰρ νεώτεροι, καὶ ἔσται ἐν αὐτοῖς πνεῦμα ἐπιστήμης καὶ συνέσεως εἰς αἰῶνα αἰῶνος.

ΚΕΦΑΛ. ΙΔ'.

Ἐκ προφητείας Ἀμβακοὺμ υἱοῦ Ἰησοῦ ἐκ τῆς φυλῆς Λευΐ.

1. Ἄνθρωπός τις ἦν ἱερεὺς, ᾧ ὄνομα Δανιὴλ, υἱὸς Ἄβαλ, συμβιωτὴς τοῦ βασιλέως Βαβυλῶνος.

2. Καὶ ἦν εἴδωλον Βὴλ, ὃ ἐσέβοντο οἱ Βαβυλώνιοι· ἀνηλίσκετο δὲ αὐτῷ καθ' ἑκάστην ἡμέραν σεμιδάλεως ἀρτάβαι δεκαδύο, καὶ πρόβατα τέσσαρα, καὶ ἐλαίου μετρηταὶ ἕξ.

3. Καὶ ὁ βασιλεὺς ἐσέβετο αὐτὸν, καὶ ἐπορεύετο ὁ
C βασιλεὺς καθ' ἑκάστην ἡμέραν, καὶ προσεκύνει αὐτῷ· Δανιὴλ δὲ προσηύχετο πρὸς Κύριον, καὶ εἶπεν ὁ βασιλεὺς τῷ Δανιήλ· Διατί οὐ προσκυνεῖς τῷ Βήλ;

4. Καὶ εἶπε Δανιὴλ πρὸς τὸν βασιλέα· Οὐδένα σέβομαι ἐγὼ, εἰ μὴ Κύριον τὸν Θεὸν τὸν κτίσαντα τὸν οὐρανὸν καὶ τὴν γῆν, καὶ ἔχοντα πάσης σαρκὸς κυρείαν.

5. Εἶπεν δὲ ὁ βασιλεὺς αὐτῷ· Οὗτος οὖν οὐκ ἔστι Θεός; οὐχ ὁρᾷς ὅσα εἰς αὐτὸν δαπανᾶται καθ' ἑκάστην ἡμέραν;

6. Καὶ εἶπεν αὐτῷ Δανιήλ· Μηδαμῶς, μηδείς σε παραλογιζέσθω· οὗτος γὰρ ἔσωθεν μὲν πήλινός ἐστιν, ἔξωθεν δὲ χαλκοῦς· ὀμνύω δέ σοι Κύριον τὸν Θεὸν τῶν θεῶν, ὅτι οὐθὲν βέβρωκε πώποτε οὗτος.

7. Καὶ θυμωθεὶς ὁ βασιλεὺς ἐκάλεσε τοὺς προεστη-
D κότας τοῦ ἱεροῦ, καὶ εἶπεν αὐτοῖς· Παραδείξατέ μοι τὸν ἐσθίοντα τὰ παρασκευαζόμενα τῷ Βήλ· εἰ δὲ μή γε, ἀποθανεῖσθε.

8. Ἢ Δανιὴλ ὁ φάσκων μὴ ἐσθίεσθαι αὐτὰ ὑπ' αὐτοῦ. Οἱ δὲ εἶπαν· Αὐτὸς ὁ Βὴλ ἐστιν ὁ κατεσθίων αὐτά. Εἶπε δὲ Δανιὴλ πρὸς τὸν βασιλέα· Γινέσθω οὕτως· ἐὰν μὴ παραδείξω, ὅτι οὐκ ἔστιν ὁ Βὴλ ὁ κατεσθίων ταῦτα, ἀποθανοῦμαι, καὶ πάντες οἱ παρ' ἐμοῦ.

9. Ἦσαν δὲ τῷ Βὴλ ἱερεῖς ἑβδομήκοντα χωρὶς γυναικῶν καὶ τέκνων· ἤγαγον δὲ τὸν βασιλέα εἰς τὸ εἰδωλεῖον.

10. Καὶ παρετέθη τὰ βρώματα ἐνώπιον τοῦ βασιλέως καὶ τοῦ Δανιήλ· καὶ οἶνος κερασθεὶς εἰσηνέχθη, καὶ παρετέθη τῷ Βήλ.

11. Καὶ εἶπεν Δανιήλ· Σὺ αὐτὸς ὁρᾷς, ὅτι κεῖται A ταῦτα, βασιλεῦ.

12. Σὺ οὖν ἐπισφραγίσεις τὰς κλεῖδας τοῦ ναοῦ, ἐπὰν κλεισθῇ· ἤρεσε δὲ ὁ λόγος τῷ βασιλεῖ.

13. Ὁ δὲ Δανιὴλ ἐκέλευσε τοὺς παρ' αὐτοῦ, ἐκβαλόντας πάντας ἐκ τοῦ ναοῦ, καταστῆσαι ὅλον τὸν ναὸν σποδῷ, οὐδενὸς τῶν ἐκτὸς αὐτοῦ εἰδότος. Καὶ τότε σφραγισάμενος τὸν ναὸν ἐκέλευσε σφραγίσαι τῷ τοῦ βασιλέως δακτυλίῳ, καὶ τοῖς δακτυλίοις τινῶν ἐνδόξων ἱερέων· καὶ ἐγένετο οὕτως.

14. Καὶ ἐγένετο, τῇ ἐπαύριον παρεγένοντο ἐπὶ τὸν τόπον· οἱ δὲ ἱερεῖς τοῦ Βὴλ διὰ ψευδοθυρίδων εἰσελθόντες, κατεφάγοσαν πάντα τὰ παρακείμενα τῷ Βὴλ, καὶ ἐξέπιον τὸν οἶνον.

15. Καὶ εἶπεν Δανιήλ· Ἐπίδετε τὰς σφραγῖδας ὑμῶν, εἰ μένουσιν, ἄνδρες ἱερεῖς· καὶ σὺ δὲ, βασιλεῦ, B σκέψαι, μή τί σοι ἀσύμφωνον γεγένηται.

16. Καὶ εὗρον ὡς ἦν σφραγὶς, καὶ ἀπέβαλον τὴν σφραγῖδα.

17. Καὶ ἀνοίξαντες τὰς θύρας, εἴδοσαν δεδαπανημένα πάντα τὰ παρατεθέντα, καὶ τὰς τραπέζας κενάς· καὶ ἐχάρη ὁ βασιλεὺς, καὶ εἶπεν πρὸς τὸν Δανιήλ· Μέγας ἐστὶν ὁ Βὴλ, καὶ οὐκ ἔστι παρ' αὐτῷ δόλος.

18. Καὶ ἐγέλασε Δανιὴλ σφόδρα, καὶ εἶπεν τῷ βασιλεῖ· Δεῦρο ἴδε τὸν δόλον τῶν ἱερέων. Καὶ εἶπεν Δανιήλ· Βασιλεῦ, ταῦτα τὰ ἴχνη τίνος ἐστί;

19. Καὶ εἶπεν ὁ βασιλεύς· Ἀνδρῶν, καὶ γυναικῶν, καὶ παιδίων.

20. Καὶ ἐπῆλθεν ἐπὶ τὸν οἶκον ἐν ᾧ ἦσαν οἱ ἱερεῖς καταγινόμενοι, καὶ εὗρε τὰ βρώματα τοῦ Βὴλ, καὶ C τὸν οἶνον, καὶ ἐπέδειξε Δανιὴλ τῷ βασιλεῖ τὰ ψευδοθύρια, δι' ὧν εἰσπορευόμενοι οἱ ἱερεῖς, ἐδαπάνων τὰ παρατιθέμενα τῷ Βήλ.

21. Καὶ ἐξήγαγεν αὐτοὺς ὁ βασιλεὺς ἐκ τοῦ Βηλίου, καὶ παρέδωκεν αὐτοὺς τῷ Δανιήλ, καὶ τὴν δαπάνην τὴν εἰς αὐτὸν ἔδωκε τῷ Δανιήλ· τὸν δὲ Βὴλ κατέστρεψε.

22. Καὶ ἦν δράκων ἐν τῷ αὐτῷ τόπῳ, καὶ ἐσέβοντο οἱ Βαβυλώνιοι.

23. Καὶ εἶπεν ὁ βασιλεὺς τῷ Δανιήλ· Μὴ καὶ τοῦτον ἐρεῖς, ὅτι χαλκοῦς ἐστιν; ἰδοὺ ζῇ, καὶ ἐσθίει, καὶ πίνει, προσκύνησον αὐτῷ.

25. Καὶ εἶπεν Δανιήλ· Βασιλεῦ, δός μοι τὴν ἐξουσίαν, καὶ ἀνελῶ τὸν δράκοντα ἄνευ σιδήρου καὶ D ῥάβδου. Καὶ συνεχώρησεν αὐτῷ ὁ βασιλεὺς, καὶ εἶπεν αὐτῷ· Δέδοταί σοι.

26. Καὶ λαβὼν Δανιὴλ πίσσης μνᾶς τριάκοντα, καὶ στέαρ, καὶ τρίχας, ἥψησεν ἐπὶ τὸ αὐτὸ, καὶ ἐποίησε μάζαν, καὶ ἐνέβαλεν εἰς τὸ στόμα τοῦ δράκοντος, καὶ φαγὼν διεῤῥάγη, καὶ ἔδειξεν αὐτὸν τῷ βασιλεῖ, λέγων· Οὐ ταῦτα σέβεσθε, βασιλεῦ;

27. Καὶ συνήχθησαν οἱ ἀπὸ τῆς χώρας πάντες ἐπὶ τὸν Δανιὴλ, καὶ εἶπαν· Ἰουδαῖος γέγονεν ὁ βασιλεύς· τὸν Βὴλ κατέστρεψε, καὶ τὸν δράκοντα ἀπέκτεινε.

29. Καὶ ἰδὼν ὁ βασιλεὺς, ὅτι ἐπισυνήχθη ὁ ὄχλος τῆς χώρας ἐπ' αὐτὸν, ἐκάλεσε τοὺς συμβιωτὰς αὐτοῦ, καὶ εἶπεν· Δίδωμι τὸν Δανιὴλ εἰς ἀπώλειαν.

11. Et dixit Daniel : Tu ipse vides, quia proposita sunt ista, rex.

12. Tu ergo obsignabis claves templi, postquam clausum fuerit. Placuit autem sermo regi.

13. Daniel vero jussit his, qui cum eo erant, ut ejectis omnibus de templo, conspergerent cinerem per totum templum, nemine eorum, qui foris erant, sciente. Et eodem tempore clauso templo præcepit, ut obsignarent annulo regis, et annulis quorumdam insignium sacerdotum ; et factum est ita.

14. Et factum est, postero die venerunt ad locum : sacerdotes autem Bel per falsas fores ingressi, comederunt omnia, quæ parata fuerant Bel, et biberunt vinum.

15. Et dixit Daniel : Inspicite sigilla vestra, an maneant, viri sacerdotes : sed etiam tu, rex, considera, ne quid tibi contrarium factum fuerit.

16. Et invenerunt sicut erat signaculum, et abjecerunt sigillum.

17. Et aperientes januas, viderunt absumpta omnia, quæ apposita fuerant, et mensas vacuas ; et gavisus est rex, et dixit ad Danielem : Magnus est Bel, et non est in eo dolus.

18. Et risit Daniel vehementer ; et dixit regi : Accede, vide dolum sacerdotum. Et dixit Daniel : Rex, hæc vestigia cujus sunt?

19. Et dixit rex : Virorum, et mulierum, et puerorum.

20. Et abiit in domum, in qua sacerdotes versabantur, et invenit escas Belis, et vinum ; et indicavit Daniel regi falsas fores, per quas ingredientes sacerdotes absumebant quæ apponebantur Bel.

21. Et ejecit eos rex de templo Bel, et tradidit eos Danieli, et impensam, quæ in eum erogabatur, dedit Danieli ; Bel autem evertit.

22. Et erat draco in ipso loco, et colebant Babylonii.

23. Et dixit rex Danieli : Numquid et hunc dices, quod æreus sit? ecce vivit, comedit, et bibit, adora eum.

25. Et dixit Daniel : Rex, da mihi potestatem, et interficiam draconem absque ferro et fuste. Et permisit ei rex ; et dixit ei : Data est tibi.

26. Et accipiens Daniel picis mnas triginta, et adipem, et pilos, coxit omnia simul, et fecit massam, et misit in os draconis, et comedens disruptus est, et ostendit eum regi, dicens : Nonne hæc colitis, rex?

27. Et congregati sunt de regione omnes adversus Danielem, et dixerunt : Judæus factus est rex. Bel evertit, et draconem interfecit.

29. Et videns rex, quod congregata esset multitudo regionis adversus se, vocavit convivas suos, et dixit : Trado Da[illegible]m.

31. Erat autem lacus, in quo nutriebantur leones septem, quibus tradebantur insidiatores regis, et subministrabantur eis quotidie condemnatorum duo corpora. A

30. Et injecerunt Danielem turbæ in illum lacum, ut devoraretur, et neque sepulturæ compos fieret. Et erat in lacu Daniel diebus sex.

32. Et factum est in die sexta, et erat Ambacum habens panes intritos in alveolo in pulmento, et vas vini mixti, et ibat in campum ad messores.

33. Et loquutus est angelus Domini ad Ambacum, dicens : Hæc tibi dicit Dominus Deus : Prandium, quod habes, affer Danieli in lacum leonum in Babylone.

34. Et dixit Ambacum : Domine Deus, non vidi Babylonem, et lacum nescio ubi sit. B

35. Et apprehendens ipsum Ambacum angelus Domini coma capitis ejus, posuit eum super lacum, qui erat Babylone.

36. Et dixit Ambacum ad Danielem : Surgens comede prandium, quod misit tibi Dominus Deus.

37. Et ait Daniel : Recordatus est enim mei Dominus Deus, qui non dereliquit diligentes se.

38. Et comedit Daniel. Angelus autem Domini restituit Ambacum, unde ipsum assumpserat eadem die : Dominus vero Deus recordatus est Danielis.

39. Porro egressus est rex post hæc plorans Danielem, et inspiciens in lacum, videt eum sedentem.

40. Et exclamans ait rex : Magnus est Dominus Deus, et non est præter eum alius. C

41. Et eduxit rex Danielem de lacu, et auctores perditionis ejus immisit in lacum in conspectu Danielis, et devorati sunt.

DANIEL
JUXTA THEODOTIONEM.
CAPUT I.

1. In anno tertio regni Joakim regis Juda, venit Nabuchodonosor rex Babylonis in Jerusalem, et obsidebat eam.

2. Et dedit Dominus in manu ejus Joakim regem Juda, et de parte vasorum domus Dei : et asportavit ea in terram Senaar in domum dei sui, et vasa intulit in domum thesauri dei sui. D

3. Et dixit rex Asphanex præposito eunuchorum suorum, ut introduceret de filiis captivitatis filiorum Israel, et de semine regni, et de phorthommin.

4. Pueros, in quibus non est in eis macula, pulchros specie, et intelligentes in omni sapientia, et scientes scientiam, et cogitantes prudentiam, et quibus est robur in eis standi in domo regis, et ut doceret eos litteras, et linguam Chaldæorum.

5. Et constituit eis rex dimensum diurnum,

31. Ἦν δὲ λάκκος ἐν ᾧ ἐτρέφοντο λέοντες ἑπτὰ, οἷς παρεδίδοντο οἱ ἐπίβουλοι τοῦ βασιλέως, καὶ ἐχορηγεῖτο αὐτοῖς καθ' ἑκάστην ἡμέραν τῶν ἐπιθανατίων σώματα δύο.

30. Καὶ ἐνεβάλοσαν τὸν Δανιὴλ οἱ ὄχλοι εἰς ἐκεῖνον τὸν λάκκον, ἵνα καταβρωθῇ, καὶ μηδὲ ταφῆς τύχῃ. Καὶ ἦν ἐν τῷ λάκκῳ Δανιὴλ ἡμέρας ἕξ.

32. Καὶ ἐγένετο τῇ ἡμέρᾳ τῇ ἕκτῃ, καὶ ἦν Ἀμβακοὺμ ἔχων ἄρτους ἐντεθρυμμένους ἐν σκάφῃ ἐν ἑψήματι, καὶ στάμνον οἴνου κεκερασμένου, καὶ ἐπορεύετο εἰς τὸ πεδίον πρὸς τοὺς θεριστάς.

33. Καὶ ἐλάλησεν ἄγγελος Κυρίου πρὸς Ἀμβακοὺμ, λέγων· Τάδε λέγει σοὶ Κύριος ὁ Θεός· Τὸ ἄριστον ὃ ἔχεις, ἀπένεγκε Δανιὴλ εἰς τὸν λάκκον τῶν λεόντων ἐν Βαβυλῶνι.

34. Καὶ εἶπεν Ἀμβακούμ· Κύριε ὁ Θεὸς, οὐχ ἑώρακα τὴν Βαβυλῶνα, καὶ τὸν λάκκον οὐ γινώσκω ποῦ ἐστι.

35. Καὶ ἐπιλαβόμενος αὐτοῦ ὁ ἄγγελος Κυρίου τοῦ Ἀμβακοὺμ τῆς κόμης αὐτοῦ τῆς κεφαλῆς, ἔθηκεν αὐτὸν ἐπάνω τοῦ λάκκου τοῦ ἐν Βαβυλῶνι.

36. Καὶ εἶπεν Ἀμβακοὺμ πρὸς Δανιήλ· Ἀνάστα, φάγε τὸ ἄριστον, ὃ ἀπέστειλέ σοι Κύριος ὁ Θεός.

37. Καὶ εἶπεν Δανιήλ· Ἐμνήσθη γάρ μου Κύριος ὁ Θεὸς, ὁ μὴ ἐγκαταλείπων τοὺς ἀγαπῶντας αὐτόν.

38. Καὶ ἔφαγε Δανιήλ. Ὁ δὲ ἄγγελος Κυρίου κατέστησε τὸν Ἀμβακοὺμ ὅθεν αὐτὸν ἔλαβε τῇ αὐτῇ ἡμέρᾳ· ὁ δὲ Κύριος ὁ Θεὸς ἐμνήσθη τοῦ Δανιήλ.

39. Ἐξῆλθε δὲ ὁ βασιλεὺς μετὰ ταῦτα πενθῶν τὸν Δανιὴλ, καὶ ἐγκύψας εἰς τὸν λάκκον, ὁρᾷ αὐτὸν καθήμενον.

40. Καὶ ἀναβοήσας, εἶπεν ὁ βασιλεύς· Μέγας ἐστὶ Κύριος ὁ Θεὸς, καὶ οὐκ ἔστιν πλὴν αὐτοῦ ἄλλος.

41. Καὶ ἐξήγαγεν ὁ βασιλεὺς τὸν Δανιὴλ ἐκ τοῦ λάκκου, καὶ τοὺς αἰτίους τῆς ἀπωλείας αὐτοῦ ἐνέβαλεν εἰς τὸν λάκκον ἐνώπιον τοῦ Δανιὴλ, καὶ κατεβρώθησαν.

ΔΑΝΙΗΛ
ΚΑΤΑ ΤΟΝ ΘΕΟΔΟΤΙΩΝΑ.
ΚΕΦΑΛΑΙΟΝ Α'.

1. Ἐν ἔτει τρίτῳ τῆς βασιλείας Ἰωακεὶμ, βασιλέως Ἰούδα, ἦλθε Ναβουχοδονόσορ, βασιλεὺς Βαβυλῶνος, εἰς Ἱερουσαλὴμ, καὶ ἐπολιόρκει αὐτήν.

2. Καὶ ἔδωκε Κύριος ἐν χειρὶ αὐτοῦ τὸν Ἰωακεὶμ βασιλέα Ἰούδα, καὶ ἀπὸ μέρους τῶν σκευῶν οἴκου τοῦ Θεοῦ, καὶ ἤνεγκε αὐτὰ εἰς γῆν Σενναὰρ τὸν οἶκον τοῦ θεοῦ αὐτοῦ, καὶ τὰ σκεύη εἰσήνεγκεν εἰς τὸν οἶκον τοῦ θησαυροῦ τοῦ θεοῦ αὐτοῦ.

3. Καὶ εἶπεν ὁ βασιλεὺς Ἀσφανὲξ τῷ ἀρχιευνούχῳ αὐτοῦ, εἰσαγαγεῖν ἀπὸ τῶν υἱῶν τῆς αἰχμαλωσίας τῶν υἱῶν Ἰσραὴλ, καὶ ἀπὸ τοῦ σπέρματος τῆς βασιλείας, καὶ ἀπὸ τῶν φορθομμείν.

4. Νεανίσκους, ἐν οἷς οὐκ ἔστιν ἐν αὐτοῖς μῶμος, καὶ καλοὺς τῇ ὄψει, καὶ συνιόντας ἐν πάσῃ σοφίᾳ, καὶ γινώσκοντας γνῶσιν, καὶ διανοουμένους φρόνησιν, καὶ οἷς ἐστιν ἰσχὺς ἐν αὐτοῖς τοῦ ἑστάναι ἐν τῷ οἴκῳ τοῦ βασιλέως, καὶ τοῦ διδάσκειν αὐτοὺς γράμματα, καὶ γλῶσσαν Χαλδαίων.

5. Καὶ διέταξεν αὐτοῖς ὁ βασιλεὺς τὸ τῆς ἡμέρας

καθ' ἡμέραν, ἀπὸ τῆς τραπέζης τοῦ βασιλέως, καὶ ἀπὸ τοῦ οἴνου τοῦ ποτοῦ αὐτοῦ, καὶ ἐκθρέψαι αὐτοὺς ἔτη τρία, καὶ μετὰ ταῦτα στῆναι αὐτοὺς ἐνώπιον τοῦ βασιλέως.

6. Καὶ ἐγένοντο ἐν αὐτοῖς ἐκ τῶν υἱῶν Ἰούδα Δανιὴλ, καὶ Ἀνανίας, καὶ Ἀζαρίας, καὶ Μισαήλ.

7. Καὶ ἐπέθηκεν αὐτοῖς ὁ ἀρχιευνοῦχος ὀνόματα, τῷ Δανιὴλ Βαλτάσαρ, καὶ τῷ Ἀνανίᾳ Σεδρὰχ, καὶ τῷ Ἀζαρίᾳ Ἀβδεναγὼ, καὶ τῷ Μισαὴλ Μισάχ.

8. Καὶ ἔθετο Δανιὴλ ἐπὶ τὴν καρδίαν αὐτοῦ τοῦ μὴ ἀλισγηθῆναι ἐν τῇ τραπέζῃ τοῦ βασιλέως, καὶ ἐν τῷ οἴνῳ τοῦ ποτοῦ αὐτοῦ· καὶ ἠξίωσε τὸν ἀρχιευνοῦχον, ὅπως μὴ ἀλισγηθῇ.

9. Καὶ ἔδωκεν ὁ Θεὸς τὸν Δανιὴλ εἰς ἔλεον, καὶ εἰς οἰκτιρμὸν ἐνώπιον τοῦ ἀρχιευνούχου.

10. Καὶ εἶπεν ὁ ἀρχιευνοῦχος τῷ Δανιήλ· Φοβοῦμαι ἐγὼ τὸν κύριόν μου τὸν βασιλέα, τὸν ἐκτάξαντα τὴν βρῶσιν ὑμῶν, καὶ τὴν πόσιν ὑμῶν, μήποτε ἴδῃ τὰ πρόσωπα ὑμῶν σκυθρωπὰ παρὰ τὰ παιδάρια τὰ συνήλικα ὑμῶν, καὶ καταδικάσητε τὴν κεφαλήν μου τῷ βασιλεῖ.

11. Καὶ εἶπεν Δανιὴλ πρὸς Ἀμελλασὰρ, ὃν κατέστησεν ὁ ἀρχιευνοῦχος ἐπὶ Δανιὴλ, Ἀζαρίαν, Ἀνανίαν, καὶ Μισαήλ.

12. Πείρασον δὴ τοὺς παῖδάς σου ἡμέρας δέκα, καὶ δότωσαν ἡμῖν ἀπὸ τῶν σπερμάτων τῆς γῆς, καὶ φαγόμεθα, καὶ ὕδωρ πιόμεθα.

13. Καὶ ὀφθήτωσαν ἐνώπιόν σου αἱ ἰδέαι ἡμῶν, καὶ αἱ ἰδέαι τῶν παιδαρίων τῶν ἐσθιόντων τὴν τράπεζαν τοῦ βασιλέως, καὶ καθὼς ἐὰν ἴδῃς ποίησον μετὰ τῶν παίδων σου.

14. Καὶ εἰσήκουσεν αὐτῶν εἰς τὸ ῥῆμα τοῦτο, καὶ ἐπείρασεν αὐτοὺς ἡμέρας δέκα.

15. Καὶ μετὰ τὸ τέλος τῶν δέκα ἡμερῶν, ὡράθησαν αἱ ἰδέαι αὐτῶν ἀγαθαὶ, καὶ αὐτοὶ ἰσχυροὶ ταῖς σαρξὶν ὑπὲρ τὰ παιδάρια τὰ ἐσθίοντα τὴν τράπεζαν τοῦ βασιλέως.

16. Καὶ ἐγένετο Ἀμελλασὰρ ἀναιρούμενος τὸ δεῖπνον αὐτῶν, καὶ τὸν οἶνον τοῦ πόματος αὐτῶν, καὶ ἐδίδου αὐτοῖς σπέρματα.

17. Καὶ τοῖς παιδαρίοις τοῖς τέσσαρσιν ἔδωκεν αὐτοῖς ὁ Θεὸς σύνεσιν, καὶ φρόνησιν ἐν πάσῃ γραμματικῇ καὶ σοφίᾳ· καὶ Δανιὴλ συνῆκεν ἐν πάσῃ ὁράσει καὶ ἐνυπνίοις.

18. Καὶ μετὰ τὸ τέλος τῶν ἡμερῶν, ὧν εἶπεν ὁ βασιλεὺς εἰσαγαγεῖν αὐτοὺς, καὶ εἰσήγαγεν αὐτοὺς ὁ ἀρχιευνοῦχος ἐναντίον Ναβουχοδονόσορ.

19. Καὶ ἐλάλησε μετ' αὐτῶν ὁ βασιλεὺς, καὶ οὐχ εὑρέθησαν ἐκ πάντων αὐτῶν ὅμοιοι Δανιὴλ, καὶ Ἀνανίᾳ, καὶ Ἀζαρίᾳ, καὶ Μισαήλ· καὶ ἔστησαν ἐνώπιον τοῦ βασιλέως.

20. Καὶ ἐν παντὶ ῥήματι σοφίας, καὶ ἐπιστήμης, ὑπὲρ ὧν ἐζήτησε παρ' αὐτῶν ὁ βασιλεὺς, εὗρεν αὐτοὺς δεκαπλασίονας ὑπὲρ πάντας τοὺς ἐπαοιδοὺς, καὶ τοὺς μάγους, τοὺς ὄντας ἐν πάσῃ τῇ βασιλείᾳ αὐτοῦ.

21. Καὶ ἐγένετο Δανιὴλ ἕως ἔτους ἑνὸς Κύρου τοῦ βασιλέως.

A quotidie de mensa regis, et de vino potus ipsius, ut nutriret eos annis tribus, et postea starent ipsi coram rege.

6. Et fuerunt in eis de filiis Juda Daniel, et Ananias, et Azarias, et Misael.

7. Et imposuit eis præpositus eunuchorum nomina; Danieli Baltasar; et Ananiæ Sedrach; et Azariæ Abdenago; et Misaeli Misach.

8. Et posuit Daniel in corde suo, ut non pollueretur in mensa regis, et in vino potus ejus: et rogavit eunuchorum præpositum, ne contaminaretur.

9. Et dedit Deus Danielem in misericordiam, et
B in miserationem in conspectu principis eunuchorum.

10. Et dixit princeps eunuchorum Danieli: Timeo ego dominum meum regem, qui constituit cibum vestrum, et potum vestrum, ne forte videat facies vestras tristes præ puerulis coævis vestris, et condemnetis caput meum regi.

11. Et dixit Daniel ad Amellasar, quem constituerat princeps eunuchorum super Danielem, Azariam, Ananiam, et Misael.

12. Tenta, obsecro, pueros tuos diebus decem, et dentur nobis de seminibus terræ, et comedemus, et aquam bibemus.

13. Et appareant coram te facies nostræ, et facies puerulorum, qui edunt mensam regis: et sic-
C ut videris, facito cum pueris tuis.

14. Et exaudivit eos in verbo hoc, et tentavit eos diebus decem.

15. Et post finem decem dierum, apparuerunt vultus eorum boni; et ipsi robusti carnibus super puerulos, qui edebant mensam regis

16. Et fuit Amellasar tollens cibum eorum, et vinum potus eorum, et dabat eis legumina.

17. Et puerulis quatuor dedit eis Deus intellectum et prudentiam in omni literatura, et sapientia; et Daniel intellexit in omni visione et som-
D niis.

18. Et post finem dierum, quando dixerat rex introduci eos, et introduxit eos præpositus eunuchorum in conspectu Nabuchodonosor.

19. Et loquutus est cum eis rex, et non sunt inventi de universis ipsis similes Danieli, et Ananiæ, et Azariæ, et Misael: et steterunt in conspectu regis.

20. Et in omni verbo sapientiæ et scientiæ, de quibus sciscitatus est ab eis rex, invenit eos decuplo potiores, præ omnibus incantatoribus et magis, qui erant in universo regno ejus.

21. Et fuit Daniel usque ad annum unum Cyri regis.

CAPUT II.

1. In anno secundo regni Nabuchodonosor, somniavit Nabuchodonosor somnium, et obstupuit spiritus ejus, et somnus ejus recessit ab eo.

2. Et dixit rex, ut vocarent ariolos, et magos, et maleficos, et Chaldæos ad annuntiandum regi somnium ejus. Et ingressi sunt, et steterunt coram rege.

3. Et dixit eis rex : Somniavi somnium, et obstupuit spiritus meus ad cognoscendum somnium.

4. Et loquuti sunt Chaldæi regi Syriace . Rex, in sempiternum vive ; tu dic somnium pueris tuis, et interpretationem ejus indicabimus.

5. Respondit rex, et dixit Chaldæis : Sermo recessit a me ; nisi igitur indicaveritis mihi somnium, et conjecturam ejus, in perditionem eritis, et domus vestræ diripientur.

6. Si autem somnium et conjecturam ejus indicaveritis mihi, præmia, et dona, et multum honorem accipietis a me : ceterum somnium et conjecturam ejus indicate mihi.

7. Responderunt secundo, et dixerunt regi : Rex, dic somnium tuum pueris tuis, et interpretationem ejus indicabimus.

8. Et respondit rex, et dixit : In veritate novi, quod tempus vos redimitis, secundum quod novistis, quia recessit a me verbum.

9. Si ergo somnium non indicaveritis mihi, una est sententia vestra, et novi, quia verbum falsum et corruptum simul dicturi estis coram me, donec tempus pertranseat. Somnium meum dicite mihi, et sciam, quia etiam interpretationem ejus indicabitis mihi.

10. Responderunt rursus Chaldæi coram rege, et dixerunt : Non est homo super aridam, qui possit notum facere verbum regis : sicut omnis rex magnus et princeps verbum hujusmodi non sciscitatur ab omni ariolo, mago, et Chaldæo.

11. Quia sermo, quem interrogat rex, gravis est : et alius non est, qui indicet illum in conspectu regis, nisi dii, quorum non est habitatio sua cum omni carne, unde non potest fieri sicut putas.

12. Tunc rex in furore et ira multa dixit, ut perderent sapientes Babylonis

13. Et sententia egressa est, et sapientes occidebantur : et quæsierunt Danielem et amicos ejus ad interficiendum.

14. Tunc Daniel interrogavit de consilio et sententia Arioch principem coquorum regis, qui egressus fuerat ad interficiendos sapientes Babylonis.

15. Et sciscitabatur ab eo, dicens : Princeps regis, quare egressa est sententia impudens hæc a

ΚΕΦΑΛ. Β'.

1. Ἐν τῷ ἔτει τῷ δευτέρῳ τῆς βασιλείας Ναβουχοδονόσορ, ἐνυπνιάσθη Ναβουχοδονόσορ ἐνύπνιον, καὶ ἐξέστη τὸ πνεῦμα αὐτοῦ, καὶ ὁ ὕπνος αὐτοῦ ἀπεγένετο ἀπ' αὐτοῦ.

2. Καὶ εἶπεν ὁ βασιλεὺς τοῦ καλέσαι τοὺς ἐπαοιδοὺς, καὶ τοὺς μάγους, καὶ τοὺς φαρμακοὺς, καὶ τοὺς Χαλδαίους, τοῦ ἀναγγεῖλαι τῷ βασιλεῖ τὸ ἐνύπνιον αὐτοῦ, καὶ εἰσῆλθον, καὶ ἔστησαν ἐνώπιον τοῦ βασιλέως.

3. Καὶ εἶπεν αὐτοῖς ὁ βασιλεύς· Ἐνυπνιάσθην ἐνύπνιον, καὶ ἐξέστη τὸ πνεῦμά μου, τοῦ γνῶναι τὸ ἐνύπνιον.

4. Καὶ ἐλάλησαν οἱ Χαλδαῖοι τῷ βασιλεῖ Συριστί· Βασιλεῦ, εἰς τοὺς αἰῶνας ζῆθι· σὺ εἰπὲ τὸ ἐνύπνιον τοῖς παισί σου, καὶ τὴν σύγκρισιν αὐτοῦ ἀπαγγελοῦμεν.

5. Ἀπεκρίθη ὁ βασιλεὺς, καὶ εἶπεν τοῖς Χαλδαίοις· Ὁ λόγος ἀπέστη ἀπ' ἐμοῦ· ἐὰν οὖν μὴ γνωρίσητέ μοι τὸ ἐνύπνιον, καὶ τὴν σύγκρισιν αὐτοῦ, εἰς ἀπώλειαν ἔσεσθε, καὶ οἱ οἶκοι ὑμῶν διαρπαγήσονται.

6. Ἐὰν δὲ τὸ ἐνύπνιον καὶ τὴν σύγκρισιν αὐτοῦ γνωρίσητέ μοι, δόματα, καὶ δωρεὰς, καὶ πολλὴν τιμὴν λήψεσθε παρ' ἐμοῦ· πλὴν τὸ ἐνύπνιον καὶ τὴν σύγκρισιν αὐτοῦ ἀπαγγείλατέ μοι.

7. Ἀπεκρίθησαν τὸ δεύτερον, καὶ εἶπαν τῷ βασιλεῖ· Βασιλεῦ, εἰπὲ τὸ ἐνύπνιόν σου τοῖς παισί σου, καὶ τὴν σύγκρισιν αὐτοῦ ἀπαγγελοῦμεν.

8. Καὶ ἀπεκρίθη ὁ βασιλεὺς, καὶ εἶπεν· Ἐπ' ἀληθείας οἶδα, ὅτι καιρὸν ὑμεῖς ἐξαγοράζετε, καθ' ὅτι οἴδατε, ὅτι ἀπέστη ἀπ' ἐμοῦ τὸ ῥῆμα.

9. Ἐὰν οὖν τὸ ἐνύπνιον μὴ ἀπαγγείλητέ μοι, ἕν ἐστι τὸ δόγμα ὑμῶν, καὶ οἶδα ὅτι ῥῆμα ψευδὲς καὶ διεφθαρμένον συνέσεσθε εἰπεῖν ἐνώπιόν μου, ἕως οὗ ὁ καιρὸς παρέλθῃ· τὸ ἐνύπνιόν μου εἴπατέ μοι, καὶ γνώσομαι, ὅτι καὶ τὴν σύγκρισιν αὐτοῦ ἀναγγελεῖτέ μοι.

10. Ἀπεκρίθησαν πάλιν οἱ Χαλδαῖοι ἐνώπιον τοῦ βασιλέως, καὶ εἶπον· Οὐκ ἔστιν ἄνθρωπος ἐπὶ τῆς ξηρᾶς, ὅστις δυνήσεται γνωρίσαι τὸ ῥῆμα τοῦ βασιλέως, καθότι πᾶς βασιλεὺς μέγας καὶ ἄρχων ῥῆμα τοιοῦτον οὐκ ἐπερωτᾷ πάντα ἐπαοιδὸν, μάγον, καὶ Χαλδαῖον.

11. Ὅτι ὁ λόγος, ὃν ἐπερωτᾷ ὁ βασιλεὺς, βαρὺς, καὶ ἕτερος οὐκ ἔστιν, ὃς ἀναγγελεῖ αὐτὸν ἐνώπιον τοῦ βασιλέως, ἀλλ' ἢ θεοὶ, ὧν οὐκ ἔστιν ἡ κατοικία αὐτῶν μετὰ πάσης σαρκὸς, ※ ὅθεν οὐκ ἐνδέχεται γενέσθαι καθάπερ οἴει.

12. Τότε ὁ βασιλεὺς ἐν θυμῷ καὶ ὀργῇ πολλῇ εἶπεν τοῦ ἀπολέσαι τοὺς σοφοὺς Βαβυλῶνος.

13. Καὶ τὸ δόγμα ἐξῆλθε, καὶ οἱ σοφοὶ ἀπεκτείνοντο· καὶ ἐζήτησαν τὸν Δανιὴλ καὶ τοὺς φίλους αὐτοῦ ἀνελεῖν.

14. Τότε Δανιὴλ ἀπεκρίθη βουλὴν καὶ γνώμην τῷ Ἀριὼχ τῷ ἀρχιμαγείρῳ τοῦ βασιλέως, ὃς ἐξῆλθεν ἀνελεῖν τοὺς σοφοὺς Βαβυλῶνος.

15. Καὶ ἐπυνθάνετο αὐτοῦ, λέγων· Ἄρχων τοῦ βασιλέως, περὶ τίνος ἐξῆλθεν ἡ γνώμη ἡ ἀναιδὴς αὕτη

ἐκ προσώπου τοῦ βασιλέως; Τότε τὸ ῥῆμα ἐγνώρισεν A
ὁ Ἀριὼχ τῷ Δανιήλ.

16. Καὶ Δανιὴλ εἰσῆλθε, καὶ ἠξίωσε τὸν βασιλέα, ὅπως χρόνον δῷ αὐτῷ, καὶ τὴν σύγκρισιν ἀπαγγείλῃ τῷ βασιλεῖ τοῦ ἐνυπνίου αὐτοῦ.

17. Καὶ εἰσῆλθε Δανιὴλ εἰς τὸν οἶκον αὐτοῦ, καὶ τῷ Ἀνανίᾳ, καὶ τῷ Ἀζαρίᾳ, καὶ τῷ Μισαὴλ τοῖς φίλοις αὐτοῦ ἐγνώρισε τὸ ῥῆμα.

18. Καὶ οἰκτιρμοὺς ἐζήτουν παρὰ τοῦ Θεοῦ τοῦ οὐρανοῦ ὑπὲρ τοῦ μυστηρίου τούτου, ὅπως ἂν μὴ ἀπόλωνται Δανιὴλ καὶ οἱ φίλοι αὐτοῦ μετὰ τῶν ἐπιλοίπων σοφῶν Βαβυλῶνος.

19. Τότε τῷ Δανιὴλ ἐν ὁράματι τῆς νυκτὸς τὸ μυστήριον ἀπεκαλύφθη· καὶ ηὐλόγησε τὸν Θεὸν τοῦ οὐρανοῦ ὁ Δανιήλ, καὶ εἶπεν· B

20. Εἴη τὸ ὄνομα τοῦ Θεοῦ εὐλογημένον ἀπὸ τοῦ αἰῶνος, καὶ ἕως τοῦ αἰῶνος, ὅτι ἡ σοφία καὶ ἡ σύνεσις αὐτοῦ ἐστι.

21. Καὶ αὐτὸς ἀλλοιοῖ καιροὺς καὶ χρόνους, καθιστᾷ βασιλεῖς καὶ μεθιστᾷ, διδοὺς σοφίαν τοῖς σοφοῖς, καὶ φρόνησιν τοῖς εἰδόσι σύνεσιν.

22. Αὐτὸς ἀποκαλύπτει βαθέα καὶ ἀπόκρυφα, γινώσκων τὰ ἐν τῷ σκότει, καὶ τὸ φῶς μετ' αὐτοῦ ἐστι.

23. Σοὶ, ὁ Θεὸς τῶν πατέρων μου, ἐξομολογοῦμαι καὶ αἰνῶ, ὅτι σοφίαν καὶ δύναμιν ἔδωκάς μοι, καὶ νῦν ἐγνώρισάς μοι ἃ ἠξιώσαμεν παρὰ σοῦ, καὶ ὅτι τὸ ὅραμα τοῦ βασιλέως ἐγνώρισάς μοι.

24. Καὶ εὐθέως ἦλθε Δανιὴλ πρὸς Ἀριὼχ, ὃν κατέστησεν ὁ βασιλεὺς ἀπολέσαι τοὺς σοφοὺς Βαβυλῶ- C
νος, καὶ εἶπεν αὐτῷ· Τοὺς σοφοὺς Βαβυλῶνος μὴ ἀπολέσῃς, εἰσάγαγε δέ με ἐνώπιον τοῦ βασιλέως, καὶ τὴν σύγκρισιν τοῦ ὁράματος ἀναγγελῶ τῷ βασιλεῖ.

25. Τότε ὁ Ἀριὼχ ἐν σπουδῇ εἰσήγαγε τὸν Δανιὴλ ἐνώπιον τοῦ βασιλέως, καὶ εἶπεν αὐτῷ· Εὕρηκα ἄνδρα ἐκ τῶν υἱῶν τῆς αἰχμαλωσίας τῆς Ἰουδαίας, ὅστις τῷ βασιλεῖ τὸ σύγκριμα ἀναγγελεῖ.

26. Καὶ ἀπεκρίθη ὁ βασιλεὺς, καὶ εἶπε τῷ Δανιὴλ, οὗ τὸ ὄνομα Βαλτάσαρ· Εἰ δύνασαί μοι ἀναγγεῖλαι τὸ ἐνύπνιον ὃ εἶδον, καὶ τὴν σύγκρισιν αὐτοῦ;

27. Καὶ ἀπεκρίθη Δανιὴλ ἐνώπιον τοῦ βασιλέως, καὶ εἶπεν· Τὸ μυστήριον ὃ ὁ βασιλεὺς ἐπερωτᾷ, οὐκ ἔστι σοφῶν, μάγων, ἐπαοιδῶν, γαζαρηνῶν δύναμις ἀναγγεῖλαι τῷ βασιλεῖ.

28. Ἀλλ' ἢ ἐστι Θεὸς ἐν οὐρανῷ ἀποκαλύπτων D
μυστήρια, καὶ ἐγνώρισε τῷ βασιλεῖ Ναβουχοδονόσορ ἃ δεῖ γενέσθαι ἐπ' ἐσχάτων τῶν ἡμερῶν· τὸ ἐνύπνιόν σου, καὶ αἱ ὁράσεις τῆς κεφαλῆς σου ἐπὶ τῆς κοίτης σου, τουτέστι.

29. Βασιλεῦ, οἱ διαλογισμοί σου ἐπὶ τῆς κοίτης σου ἀνέβησαν, τί δεῖ γενέσθαι μετὰ ταῦτα· καὶ ὁ ἀποκαλύπτων μυστήρια, ἐγνώρισέ σοι ἃ δεῖ γενέσθαι.

30. Καὶ ἐμοὶ οὐκ ἐν σοφίᾳ τῇ οὔσῃ ἐμοὶ παρὰ πάντας τοὺς ζῶντας τὸ μυστήριον τοῦτο ἀπεκαλύφθη, ἀλλ' ἕνεκεν τοῦ τὴν σύγκρισιν τῷ βασιλεῖ γνωρίσαι, καὶ ἵνα γνῷς τοὺς διαλογισμοὺς τῆς καρδίας σου.

31. Σὺ, βασιλεῦ, ἐθεώρεις, καὶ ἰδοὺ εἰκὼν μία μεγάλη πολλή· ἡ εἰκὼν ἐκείνη μεγάλη, καὶ ἡ πρόσοψις

facie regis? Tunc verbum indicavit Arioch Danieli.

16. Et Daniel ingressus est, et rogavit regem, ut tempus daret sibi, et conjecturam indicaret regi somnii sui.

17. Et ingressus est Daniel in domum suam, et Ananiæ, et Azariæ, et Misael amicis suis indicavit verbum.

18. Et miserationes quærebant a Deo cœli pro mysterio hoc, ut non perirent Daniel et amici ejus cum cæteris sapientibus Babylonis.

19. Tunc Danieli in visione noctis mysterium revelatum est: et benedixit Deum cœli Daniel, et dixit:

20. Sit nomen Dei benedictum a sæculo et usque in sæculum: quia sapientia et intelligentia ejus sunt.

21. Et ipse mutat tempora et ætates, constituit reges et destituit, dans sapientiam sapientibus, et prudentiam intelligentibus disciplinam.

22. Ipse revelat profunda et abscondita, cognoscens quæ in tenebris, et lux cum eo est.

23. Tibi, Deus patrum meorum, confiteor et laudem do, quia sapientiam et fortitudinem dedisti mihi, et nunc ostendisti mihi, quæ rogavimus te, et quia visionem regis notam fecisti mihi.

24. Et statim venit Daniel ad Arioch, quem constituerat rex, ut perderet sapientes Babylonis, et dixit ei: Sapientes Babylonis ne perdas, sed introduc me in conspectu regis, et conjecturam visionis narrabo regi.

25. Tunc Arioch in festinatione introduxit Danielem in conspectu regis, et dixit ei: Inveni virum de filiis captivitatis Judææ, qui regi conjecturam indicabit.

26. Et respondit rex, et dixit Danieli, cujus nomen erat Baltasar: Si potes mihi indicare somnium, quod vidi, et interpretationem ejus?

27. Et respondit Daniel coram rege, et dixit: Mysterium, quod rex interrogat, non est sapientium, magorum, ariolorum, gazarenorum virtus indicare regi.

28. Sed est Deus in cœlo revelans mysteria, et nota fecit regi Nabuchodonosor, quæ oportet fieri in novissimis diebus. Somnium tuum, et visiones capitis tui in cubiculo tuo, hæc sunt.

29. O rex, cogitationes tuæ in cubiculo tuo ascenderunt, quid futurum sit post hæc: et qui revelat mysteria, ostendit tibi, quæ oportet fieri.

30. Et mihi non in sapientia, quæ sit mihi præ omnibus viventibus, mysterium hoc revelatum est: sed ut interpretationem regi manifestam faciam, et ut scias cogitationes cordis tui.

31. Tu, rex, videbas, et ecce imago una magna nimis; imago illa magna, et aspectus ipsius subli-

mis; stans ante faciem tuam, et visio ejus terribilis.

32. Imago, cujus caput erat ex auro puro, manus, et pectus, et brachia ejus argentea, venter et femora ærea.

33. Et tibiæ ferreæ, pedes, pars quædam ferri, pars autem testæ.

34. Videbas, donec abscissus est de monte lapis sine manibus: et percussit imaginem super pedes ferreos, et figlinos, et comminuit eos ad finem.

35. Tunc comminuta sunt pariter ferrum, testa, æs, argentum, aurum, et facta sunt quasi pulvis de area æstiva, et sustulit eum multitudo spiritus, et omnis locus non est inventus eis: et lapis, qui percusserat imaginem factus est in montem magnum, et implevit universam terram. •

36. Hoc est somnium: et interpretationem ejus dicemus coram rege.

37. Tu, rex regum, cui Deus cœli regnum forte, et validum, et honoratum dedit in omni loco.

38. Ubi habitant filii hominum; bestias pariter agri, et volucres cœli, et pisces maris dedit in manu tua, et constituit te dominum omnium. Tu es caput aureum.

39. Et post te consurget regnum aliud minus te: et regnum tertium, quod est æs, quod imperabit universæ terræ.

40. Et regnum quartum erit forte veluti ferrum: quomodo enim ferrum comminuit et domat, sic omnia comminuet et domabit.

41. Et quia vidisti pedes, et digitos, partem quidem aliquam ferri, partem vero quamdam testæ, regnum divisum erit in se, quemadmodum vidisti ferrum commixtum testæ luteæ.

42. Et digiti pedum pars quædam ferrea, pars autem quædam regni erit fortis, et de eo conteretur.

43. Et quia vidisti ferrum admixtum testæ luteæ, commixti erunt in semine hominum, et non adhærebunt alter alteri, sicut ferrum non miscetur cum testa.

44. Et in diebus regum illorum suscitabit Deus cœli regnum, quod in sæcula non dissipabitur: et regnum ejus populo alteri non tradetur; comminuet et ventilabit universa regna, et ipsum stabit in sæcula.

45. Sicut vidisti, quod de monte abscissus est lapis sine manibus, et comminuebat testam, ferrum, æs, argentum, aurum, Deus magnus ostendit regi, quæ oportet fieri post hæc: et verum est somnium, et fidelis interpretatio ejus.

46. Tunc rex Nabuchodonosor cecidit in faciem, et Danielem adoravit, et manaa, et suavitas odoris, dixit ut libarentur.

47. Et respondens rex dixit Danieli: In veritate

A αὐτῆς ὑπερφερής, ἑστῶσα πρὸ προσώπου σου, καὶ ἡ ὅρασις αὐτῆς φοβερά.

32. Εἰκὼν, ἧς ἡ κεφαλὴ χρυσίου καθαροῦ, αἱ χεῖρες, καὶ τὸ στῆθος, καὶ οἱ βραχίονες αὐτῆς ἀργυραῖ· ἡ κοιλία καὶ οἱ μηροὶ χαλκοῖ.

33. Καὶ αἱ κνῆμαι σιδηραῖ, οἱ πόδες μέρος μέν τι σιδήρου, μέρος δέ τι ὀστράκου.

34. Ἐθεώρεις ἕως ὅτου ἀπεσχίσθη ἀπὸ ὄρους λίθος ἄνευ χειρῶν, καὶ ἐπάταξε τὴν εἰκόνα ἐπὶ τοὺς πόδας τοὺς σιδηροῦς, καὶ ὀστρακίνους, καὶ ἐλέπτυνεν αὐτοὺς εἰς τέλος.

35. Τότε ἐλεπτύνθησαν εἰσάπαξ ὁ σίδηρος, τὸ ὄστρακον, ὁ χαλκὸς, ὁ ἄργυρος, ὁ χρυσός· καὶ ἐγίνοντο ὡσεὶ κονιορτὸς ἀπὸ ἅλωνος θερινῆς· καὶ ἐξῆρεν αὐτὸν τὸ πλῆθος τοῦ πνεύματος, καὶ ※ πᾶς /. τόπος

B οὐχ εὑρέθη αὐτοῖς, καὶ ὁ λίθος ὁ πατάξας τὴν εἰκόνα ἐγένετο εἰς ὄρος μέγα, καὶ ἐπλήρωσε πᾶσαν τὴν γῆν.

36. Τοῦτό ἐστι τὸ ἐνύπνιον, καὶ τὴν σύγκρισιν αὐτοῦ ἐροῦμεν ἐνώπιον τοῦ βασιλέως.

37. Σὺ, βασιλεῦ βασιλέων, ᾧ ὁ Θεὸς τοῦ οὐρανοῦ βασιλείαν ἰσχυρὰν, καὶ κραταιὰν, καὶ ἔντιμον δέδωκεν ἐν παντὶ τόπῳ.

38. Ὅπου κατοικοῦσιν οἱ υἱοὶ τῶν ἀνθρώπων· θηρία τε ἀγροῦ, καὶ πετεινὰ οὐρανοῦ, καὶ ἰχθύας θαλάσσης ἔδωκεν ἐν τῇ χειρί σου, καὶ κατέστησέ σε κύριον πάντων· σὺ εἶ ἡ κεφαλὴ ἡ χρυσῆ.

39. Καὶ ὀπίσω σου ἀναστήσεται βασιλεία ἑτέρα ἥττων σου, καὶ βασιλεία τρίτη, ἥ ἐστιν ὁ χαλκὸς, ἣ κυριεύσει πάσης τῆς γῆς.

40. Καὶ βασιλεία τετάρτη ἔσται ἰσχυρὰ ὡς σίδηρος· ὃν τρόπον γὰρ ὁ σίδηρος λεπτύνει καὶ δαμάζει,
C οὕτως πάντα λεπτυνεῖ καὶ δαμάσει.

41. Καὶ ὅτι εἶδες τοὺς πόδας, καὶ τοὺς δακτύλους, μέρος μέν τι σιδήρου, μέρος δέ τι ὀστράκου, βασιλεία διῃρημένη ἔσται ἐν αὐτῇ, ὃν τρόπον εἶδες τὸν σίδηρον ἀναμεμιγμένον τῷ ὀστράκῳ τῷ πηλίνῳ.

42. Καὶ οἱ δάκτυλοι τῶν ποδῶν μέρος μέν τι σιδηροῦν, μέρος δέ τι τῆς βασιλείας ἔσται ἰσχυρὸν, καὶ ἀπ' αὐτῆς ἔσται συντριβόμενον.

43. Καὶ ὅτι εἶδες τὸν σίδηρον ἀναμεμιγμένον τῷ ὀστράκῳ τῷ πηλίνῳ, συμμιγεῖς ἔσονται ἐν σπέρματι ἀνθρώπων, καὶ οὐκ ἔσονται προσκολλώμενοι οὗτος μετὰ τούτου, καθὼς ὁ σίδηρος οὐκ ἀναμίγνυται μετὰ τοῦ ὀστράκου.

D 44. Καὶ ἐν ταῖς ἡμέραις τῶν βασιλέων ἐκείνων ἀναστήσει ὁ Θεὸς τοῦ οὐρανοῦ βασιλείαν, ἥτις εἰς τοὺς αἰῶνας οὐ διαφθαρήσεται, καὶ ἡ βασιλεία αὐτοῦ λαῷ ἑτέρῳ οὐχ ὑπολειφθήσεται· λεπτυνεῖ καὶ λικμήσει πάσας τὰς βασιλείας, καὶ αὕτη ἀναστήσεται εἰς τοὺς αἰῶνας.

45. Ὃν τρόπον εἶδες, ὅτι ἀπὸ ὄρους ἐτμήθη λίθος ἄνευ χειρῶν, καὶ ἐλέπτυνε τὸ ὄστρακον, τὸν σίδηρον, τὸν χαλκὸν, τὸν ἄργυρον, τὸν χρυσόν· ὁ Θεὸς ὁ μέγας ἐγνώρισε τῷ βασιλεῖ ἃ δεῖ γενέσθαι μετὰ ταῦτα· καὶ ἀληθινὸν τὸ ἐνύπνιον, καὶ πιστὴ ἡ σύγκρισις αὐτοῦ.

46. Τότε ὁ βασιλεὺς Ναβουχοδονόσορ ἔπεσεν ἐπὶ πρόσωπον, καὶ τῷ Δανιὴλ προσεκύνησε, καὶ μαναὰ καὶ εὐωδίαν εἶπεν σπεῖσαι.

47. Καὶ ἀποκριθεὶς ὁ βασιλεὺς, εἶπεν τῷ Δανιὴλ·

Ἐπ' ἀληθείας ὁ Θεὸς ὑμῶν αὐτός ἐστι Θεὸς θεῶν, καὶ Κύριος τῶν βασιλέων, καὶ ἀποκαλύπτων μυστήρια, ὅτι ἐδυνήθης ἀποκαλύψαι τὸ μυστήριον τοῦτο.

48. Καὶ ἐμεγάλυνεν ὁ βασιλεὺς τὸν Δανιὴλ, καὶ δόματα μεγάλα καὶ πολλὰ ἔδωκεν αὐτῷ, καὶ κατέστησεν αὐτὸν ἐπὶ πάσης τῆς χώρας Βαβυλῶνος, καὶ ἄρχοντα σατραπῶν, καὶ ἐπὶ πάσης τῆς χώρας Βαβυλῶνος.

49. Καὶ Δανιὴλ ᾐτήσατο παρὰ τοῦ βασιλέως, καὶ κατέστησεν ἐπὶ τὰ ἔργα τῆς χώρας Βαβυλῶνος τὸν Σεδρὰχ, Μισὰχ, Ἀβδεναγώ· καὶ Δανιὴλ ἦν ἐν τῇ αὐλῇ τοῦ βασιλέως.

ΚΕΦΑΛ. Γ'.

1. Ἔτους ὀκτωκαιδεκάτου Ναβουχοδονόσορ ὁ βασιλεὺς ἐποίησεν εἰκόνα χρυσῆν· ὕψος αὐτῆς πηχῶν ἑξήκοντα, καὶ εὖρος αὐτῆς πηχῶν ἕξ· καὶ ἔστησεν αὐτὴν ἐν πεδίῳ Δεειρᾶ, ἐν χώρᾳ Βαβυλῶνος.

2. Καὶ Ναβουχοδονόσορ ὁ βασιλεὺς ἀπέστειλε συναγαγεῖν πάντας τοὺς ὑπάτους, καὶ τοὺς στρατηγοὺς, καὶ τοὺς τοπάρχας, ἡγουμένους, καὶ τυράννους, καὶ τοὺς ἐπ' ἐξουσιῶν, καὶ πάντας τοὺς ἄρχοντας τῶν χωρῶν, ἐλθεῖν εἰς τὰ ἐγκαίνια τῆς εἰκόνος, ἧς ἔστησε Ναβουχοδονόσορ ὁ βασιλεύς.

3. Καὶ συνήχθησαν οἱ τοπάρχαι, ὕπατοι, στρατηγοὶ, ἡγούμενοι, τύραννοι μεγάλοι, οἱ ἐπ' ἐξουσιῶν, καὶ πάντες οἱ ἄρχοντες τῶν χωρῶν, τοῦ ἐλθεῖν εἰς τὸν ἐγκαινισμὸν τῆς εἰκόνος, ἧς ἔστησε Ναβουχοδονόσορ ὁ βασιλεύς· καὶ εἱστήκεισαν ἐνώπιον τῆς εἰκόνος, ἧς ἔστησεν ὁ Ναβουχοδονόσορ.

4. Καὶ ὁ κήρυξ ἐβόα ἐν ἰσχύϊ· Ὑμῖν λέγεται, ἔθνη, λαοὶ, φυλαὶ, γλῶσσαι.

5. Ἧ ἂν ὥρᾳ ἀκούσητε φωνῆς σάλπιγγος, σύριγγός τε καὶ κιθάρας, σαμβύκης, καὶ ψαλτηρίου, καὶ συμφωνίας, καὶ παντὸς γένους μουσικῶν, πίπτοντες προσκυνεῖτε τῇ εἰκόνι τῇ χρυσῇ, ἣν ἔστησεν Ναβουχοδονόσορ ὁ βασιλεύς.

6. Καὶ ὃς ἐὰν μὴ πεσὼν προσκυνήσῃ, αὐτῇ τῇ ὥρᾳ βληθήσεται εἰς τὴν κάμινον τοῦ πυρὸς τὴν καιομένην.

7. Καὶ ἐγένετο ὅτε ἤκουον οἱ λαοὶ τῆς φωνῆς τῆς σάλπιγγος, σύριγγός τε καὶ κιθάρας, σαμβύκης, καὶ ψαλτηρίου, καὶ συμφωνίας, καὶ παντὸς γένους μουσικῶν, πίπτοντες οἱ λαοὶ, φυλαὶ, γλῶσσαι, προσεκύνουν τῇ εἰκόνι τῇ χρυσῇ, ἣν ἔστησεν Ναβουχοδονόσορ ὁ βασιλεὺς, κατέναντι τούτου.

8. Τότε προσῆλθον ἄνδρες Χαλδαῖοι, καὶ διέβαλον τοὺς Ἰουδαίους.

9. Καὶ ἀποκριθέντες εἶπον τῷ βασιλεῖ Ναβουχοδονόσορ· Βασιλεῦ, εἰς τοὺς αἰῶνας ζῆθι.

10. Σὺ, βασιλεῦ, ἔθηκας δόγμα, πάντα ἄνθρωπον, ὃς ἂν ἀκούσῃ τῆς φωνῆς τῆς σάλπιγγος, σύριγγός τε καὶ κιθάρας, σαμβύκης τε καὶ ψαλτηρίου, καὶ συμφωνίας, καὶ παντὸς γένους μουσικῶν, πεσεῖται, καὶ προσκυνήσει τῇ εἰκόνι τῇ χρυσῇ.

11. Καὶ ὃς ἐὰν μὴ πεσὼν προσκυνήσῃ, ἐμβληθήσεται εἰς τὴν κάμινον τοῦ πυρὸς τὴν καιομένην.

12. Εἰσὶν οὖν ἄνδρες Ἰουδαῖοι, οὓς κατέστησας ἐπὶ τὰ ἔργα τῆς χώρας Βαβυλῶνος, Σεδρὰχ, Μισὰχ, Ἀβδεναγώ· οἱ ἄνδρες ἐκεῖνοι οὐχ ὑπήκουσαν τῷ

Deus vester ipse est Deus deorum, et Dominus regum, et revelans mysteria; quoniam potuisti revelare mysterium hoc.

48. Et magnificavit rex Danielem, et munera magna et multa dedit ei: et constituit eum super universam regionem Babylonis, et principem satraparum, et super omnem provinciam Babylonis.

49. Et Daniel postulavit a rege, et constituit super opera provinciæ Babylonis Sedrach, Misach, Abdenago: et Daniel erat in aula regis.

CAPUT III.

1. Anno decimo octavo Nabuchodonosor rex fecit imaginem auream: altitudo ipsius cubitorum sexaginta, et latitudo ejus cubitorum sex; et statuit eam in campo Deira in provincia Babylonis.

2. Et Nabuchodonosor rex misit ad congregandos omnes consules, et duces, et toparchas, præfectos, et tyrannos, et eos, qui erant in potestatibus constituti, et omnes principes regionum, ut venirent ad dedicationem imaginis, quam statuerat Nabuchodonosor rex.

3. Et congregati sunt toparchæ, consules, duces, præfecti, tyranni magni, qui erant in potestate constituti, et omnes principes regionum, ut venirent ad dedicationem imaginis, quam statuerat Nabuchodonosor rex: et steterunt in conspectu imaginis, quam statuerat Nabuchodonosor.

4. Et præco clamabat valide: Vobis dicitur, gentes, populi, tribus et linguæ.

5. Quacumque hora audieritis vocem tubæ, et fistulæ et citharæ, sambucæ, et psalterii, et symphoniæ, et omnis generis musicorum, cadentes adorate imaginem auream quam statuit Nabuchodonosor rex.

6. Quicumque autem non cadens adoraverit, eadem hora mittetur in fornacem ignis ardentem.

7. Et factum est, quando audiebant populi vocem tubæ, et fistulæ, et citharæ, sambucæ, et psalterii, et symphoniæ, et omnis generis musicorum, cadentes populi, tribus, linguæ adorabant imaginem auream, quam statuerat Nabuchodonosor rex in conspectu ipsius.

8. Tunc accesserunt viri Chaldæi, et accusaverunt Judæos.

9. Et respondentes dixerunt regi Nabuchodonosor: Rex, in sæcula vive.

10. Tu, rex, posuisti decretum, ut omnis homo, quicumque audierit vocem tubæ, et fistulæ, et citharæ, et sambucæ, et psalterii, et symphoniæ, et omnis generis musicorum, cadat, et adoret imaginem auream.

11. Et quicumque non cadens adoraverit, mittetur in fornacem ignis ardentem.

12. Sunt igitur viri Judæi, quos constituisti super opera regionis Babylonis,
Abdenago: viri illi non obedie

et deos tuos non colunt, et imaginem auream, quam statuisti, non adorant.

13. Tunc Nabuchodonosor in furore et ira dixit, ut adducerent Sedrach, Misach, et Abdenago : et viri illi adducti sunt in conspectu regis.

14. Et respondit Nabuchodonosor, et dixit eis : An vere Sedrach, Misach, et Abdenago deos meos non colitis, et imaginem auream, quam statui, non adoratis?

15. Nunc ergo si estis parati, ut in quocumque tempore audieritis vocem tubæ, et fistulæ, et citharæ, sambucæ, et psalterii, et symphoniæ, et omnis generis musicorum, cadentes adoretis imaginem, quam feci : quod si non adoraveritis, eadem hora mittemini in fornacem ignis ardentem : et quis est Deus, qui eripiet vos de manibus meis?

16. Et responderunt Sedrach, Misach, et Abdenago, et dixerunt Nabuchodonosor regi : Non opus habemus nos de verbo hoc respondere tibi.

17. Est enim Deus noster in cœlo, quem nos colimus, potens eripere nos de fornace ignis ardente, et de manibus tuis, o rex, liberabit nos.

18. Et si non, notum sit tibi, o rex, quia deos tuos non colimus, et imaginem auream, quam statuisti, non adoramus.

19. Tunc Nabuchodonosor repletus est furore, et aspectus faciei illius immutatus est super Sedrach, Misach, Abdenago, et dixit : Succendite fornacem septuplum, donec in finem ardeat.

20. Et viris robustis fortitudine dixit, ut ligantes Sedrach, Misach, et Abdenago, mitterent in fornacem ignis ardentem.

21. Tunc illi viri vincti sunt cum sarabaris suis, et tiaris, et tibialibus, et vestimentis suis, et missi sunt in medium fornacis ignis ardentis.

22. Nam verbum regis urgebat : et fornax succensa erat nimis. Et viros illos, qui accusaverant Sedrach, Misach, et Abdenago, interfecit eos flamma ignis in circuitu.

23. Et viri illi tres Sedrach, Misach, et Abdenago ceciderunt in medio camino ignis ardente compedibus vincti.

24. Et ambulabant in medio flammæ, laudantes Deum, et benedicentes Dominum.

25. Stans autem cum illis Azarias, oravit sic : et aperiens os suum in medio ignis, dixit :

26. Benedictus es, Domine Deus patrum nostrorum, et laudabile, et gloriosum nomen tuum in sæcula.

27. Quia justus es in omnibus, quæ fecisti nobis, et universa opera tua vera, et rectæ viæ tuæ, et omnia judicia tua vera.

A δόγματί σου, βασιλεῦ, καὶ τοῖς θεοῖς σου οὐ λατρεύουσι, καὶ τῇ εἰκόνι τῇ χρυσῇ ᾗ ἔστησας, οὐ προσκυνοῦσι.

13. Τότε Ναβουχοδονόσορ ἐν θυμῷ καὶ ὀργῇ εἶπεν ἀγαγεῖν τὸν Σεδρὰχ, Μισὰχ, καὶ Ἀβδεναγώ· καὶ οἱ ἄνδρες ἐκεῖνοι ἤχθησαν ἐνώπιον τοῦ βασιλέως.

14. Καὶ ἀπεκρίθη Ναβουχοδονόσορ, καὶ εἶπεν αὐτοῖς· Εἰ ἀληθῶς Σεδρὰχ, Μισὰχ, καὶ Ἀβδεναγὼ τοῖς θεοῖς μου οὐ λατρεύετε, καὶ τῇ εἰκόνι τῇ χρυσῇ, ᾗ ἔστησα, οὐ προσκυνεῖτε;

15. Νῦν οὖν εἰ ἔχετε ἑτοίμως, ἵνα ὡς ἂν ἀκούσητε τῆς φωνῆς τῆς σάλπιγγος, σύριγγός τε καὶ κιθάρας, σαμβύκης τε καὶ ψαλτηρίου, καὶ συμφωνίας, καὶ παντὸς γένους μουσικῶν, πεσόντες προσκυνεῖτε τῇ εἰκόνι, ᾗ ἐποίησα· ἐὰν δὲ μὴ προσκυνήσητε, ταύτῃ B τῇ ὥρᾳ ἐμβληθήσεσθε εἰς τὴν κάμινον τοῦ πυρὸς τὴν καιομένην· καὶ τίς ἐστι Θεὸς, ὃς ἐξελεῖται ὑμᾶς ἐκ τῶν χειρῶν μου;

16. Καὶ ἀπεκρίθησαν Σεδρὰχ, Μισὰχ, καὶ Ἀβδεναγὼ, καὶ εἶπον τῷ βασιλεῖ Ναβουχοδονόσορ· Οὐ χρείαν ἔχομεν ἡμεῖς περὶ τοῦ ῥήματος τούτου ἀποκριθῆναί σοι.

17. Ἔστι γὰρ ὁ Θεὸς ἡμῶν ἐν οὐρανῷ, ᾧ ἡμεῖς λατρεύομεν, δυνατὸς ἐξελέσθαι ἡμᾶς ἐκ τῆς καμίνου τοῦ πυρὸς τῆς καιομένης, καὶ ἐκ τῶν χειρῶν σου, βασιλεῦ, ῥύσεται ἡμᾶς.

18. Καὶ ἐὰν μὴ, γνωστὸν ἔστω σοι, βασιλεῦ, ὅτι τοῖς θεοῖς σου οὐ λατρεύομεν, καὶ τῇ εἰκόνι τῇ χρυσῇ, ἣν ἔστησας, οὐ προσκυνοῦμεν.

C 19. Τότε Ναβουχοδονόσορ ἐπλήσθη θυμοῦ, καὶ ἡ ὄψις τοῦ προσώπου αὐτοῦ ἠλλοιώθη ἐπὶ Σεδρὰχ, Μισὰχ, Ἀβδεναγὼ, καὶ εἶπεν· Ἐκκαύσατε τὴν κάμινον ἑπταπλασίως, ἕως εἰς τέλος ἐκκαῇ.

20. Καὶ ἄνδρας ἰσχυροὺς τῇ ἰσχύϊ εἶπεν, πεδήσαντας τὸν Σεδρὰχ, Μισὰχ, καὶ Ἀβδεναγὼ, ἐμβαλεῖν εἰς τὴν κάμινον τοῦ πυρὸς τὴν καιομένην.

21. Τότε οἱ ἄνδρες ἐκεῖνοι ἐπεδήθησαν σὺν τοῖς σαραβάροις αὐτῶν, καὶ τιάραις, καὶ περικνημῖσι, καὶ τοῖς ἐνδύμασιν αὐτῶν, καὶ ἐβλήθησαν εἰς μέσον τῆς καμίνου τοῦ πυρὸς τῆς καιομένης.

22. Ἐπεὶ τὸ ῥῆμα τοῦ βασιλέως ὑπερίσχυε· καὶ ἡ κάμινος ἐξεκαύθη ἐκ περισσοῦ· καὶ τοὺς ἄνδρας ἐκείνους τοὺς ἐνδιαβάλλοντας τὸν Σεδρὰχ, Μισὰχ, καὶ Ἀβδεναγὼ ἀπέκτεινεν αὐτοὺς ἡ φλὸξ τοῦ πυρὸς D κύκλοθεν.

23. Καὶ οἱ ἄνδρες ἐκεῖνοι οἱ τρεῖς Σεδρὰχ, Μισὰχ, καὶ Ἀβδεναγὼ ἔπεσον εἰς μέσον τῆς καμίνου τοῦ πυρὸς τῆς καιομένης πεπεδημένοι.

24. Καὶ περιεπάτουν ἐν μέσῳ τῆς φλογὸς, ὑμνοῦντες τὸν Θεὸν, καὶ εὐλογοῦντες τὸν Κύριον.

25. Καὶ συστὰς αὐτοῖς Ἀζαρίας προσηύξατο οὕτως· καὶ ἀνοίξας τὸ στόμα αὐτοῦ ἐν μέσῳ τοῦ πυρὸς, εἶπεν :

26. Εὐλογητὸς εἶ, Κύριε, ὁ Θεὸς τῶν πατέρων ἡμῶν, καὶ αἰνετὸν, καὶ δεδοξασμένον τὸ ὄνομά σου εἰς τοὺς αἰῶνας.

27. Ὅτι δίκαιος εἶ ἐπὶ πᾶσιν οἷς ἐποίησας ἡμῖν, καὶ πάντα τὰ ἔργα σου ἀληθινὰ, καὶ εὐθεῖαι αἱ ὁδοί σου, καὶ πᾶσαι αἱ κρίσεις σου ἀληθιναί.

28. Καὶ κρίματα ἀληθείας ἐποίησας κατὰ πάντα, A ἃ ἐπήγαγες ἡμῖν, καὶ ἐπὶ τὴν πόλιν τὴν ἁγίαν τὴν τῶν πατέρων ἡμῶν Ἱερουσαλήμ. Ὅτι ἐν ἀληθείᾳ καὶ κρίσει ἐπήγαγες πάντα ταῦτα ἐφ' ἡμᾶς διὰ τὰς ἁμαρτίας ἡμῶν.

29. Ὅτι ἡμάρτομεν, καὶ ἠνομήσαμεν ἀποστάντες ἀπὸ σοῦ, καὶ ἐξημάρτομεν ἐν πᾶσι.

30. Καὶ τῶν ἐντολῶν σου οὐκ ἠκούσαμεν, οὐδὲ ἐφυλάξαμεν αὐτὰς, οὐδὲ ἐποιήσαμεν καθὼς ἐνετείλω ἡμῖν, ἵνα εὖ ἡμῖν γένηται.

31. Καὶ πάντα ὅσα ἐποίησας ἡμῖν, ἐν ἀληθινῇ κρίσει ἐποίησας.

32. Καὶ παρέδωκας ἡμᾶς εἰς χεῖρας ἐχθρῶν ἀνόμων, ἐχθίστων ἀποστατῶν, καὶ βασιλεῖ ἀδίκῳ, καὶ πονηροτάτῳ παρὰ πᾶσαν τὴν γῆν παρέδωκας ἡμᾶς. B

33. Καὶ νῦν οὐκ ἔστιν ἡμῖν ἀνοῖξαι τὸ στόμα· αἰσχύνη καὶ ὄνειδος ἐγένετο τοῖς δούλοις σου, καὶ τοῖς σεβομένοις σε.

34. Μὴ δὴ παραδῷς ἡμᾶς εἰς τέλος διὰ τὸ ὄνομά σου, καὶ μὴ διασκεδάσῃς τὴν διαθήκην σου.

35. Καὶ μὴ ἀποστήσῃς τὸ ἔλεός σου ἀφ' ἡμῶν διὰ Ἀβραὰμ τὸν ἠγαπημένον ὑπό σου, καὶ διὰ Ἰσαὰκ τὸν δοῦλόν σου, καὶ Ἰσραὴλ τὸν ἅγιόν σου.

36. Οἷς ἐλάλησας αὐτοῖς λέγων· Πληθυνῶ τὸ σπέρμα ὑμῶν, ὡσεὶ τὰ ἄστρα τοῦ οὐρανοῦ, καὶ ὡς τὴν ἄμμον τὴν παρὰ τὸ χεῖλος τῆς θαλάσσης.

37. Ὅτι, Δέσποτα, ἐσμικρύνθημεν παρὰ πάντα τὰ ἔθνη, καὶ ἐσμὲν ταπεινοὶ ἐν πάσῃ τῇ γῇ σήμερον διὰ τὰς ἁμαρτίας ἡμῶν. C

38. Καὶ οὐκ ἔστιν ἐν τῷ καιρῷ τούτῳ ἄρχων, καὶ προφήτης, καὶ ἡγούμενος, οὐδὲ ὁλοκαύτωσις, οὐδὲ θυσία, οὐδὲ προσφορὰ, οὐδὲ θυμίαμα, τόπος τοῦ καρπῶσαι ἐναντίον σου, καὶ εὑρεῖν ἔλεον.

39. Ἀλλ' ἐν ψυχῇ συντετριμμένῃ, καὶ πνεύματι ταπεινώσεως προσδεχθείημεν.

40. Ὡς ἐν ὁλοκαυτώσει κριῶν, καὶ ταύρων, καὶ ὡς ἐν μυριάσιν ἀρνῶν πιόνων, οὕτω γενέσθω ἡ θυσία ἡμῶν σήμερον ἐνώπιόν σου, καὶ τοῦ ἐκτελέσαι ὄπισθέν σου· ὅτι οὐκ ἔστιν αἰσχύνη τοῖς πεποιθόσιν ἐπὶ σοί.

41. Καὶ νῦν ἐξακολουθοῦμέν σοι ἐν ὅλῃ καρδίᾳ, καὶ φοβούμεθά σε, καὶ ζητοῦμεν τὸ πρόσωπόν σου.

42. Μὴ καταισχύνῃς ἡμᾶς, ἀλλὰ ποίησον μεθ' D ἡμῶν κατὰ τὴν ἐπιείκειάν σου, καὶ κατὰ τὸ πλῆθος τοῦ ἐλέους σου.

43. Καὶ ἐξελοῦ ἡμᾶς κατὰ τὰ θαυμάσιά σου, καὶ δὸς δόξαν τῷ ὀνόματί σου, Κύριε.

44. Καὶ ἐντραπείησαν πάντες οἱ ἐνδεικνύμενοι τοῖς δούλοις σου κακὰ, καὶ καταισχυνθείησαν ἀπὸ πάσης δυναστείας, καὶ ἡ ἰσχὺς αὐτῶν συντριβείη.

45. Γνώτωσαν, ὅτι σὺ εἶ Κύριος ὁ Θεὸς μόνος, καὶ ὁ ἔνδοξος ἐφ' ὅλην τὴν οἰκουμένην.

46. Καὶ οὐ διέλιπον οἱ ἐμβάλλοντες αὐτοὺς ὑπηρέται τοῦ βασιλέως καίοντες τὴν κάμινον νάφθαν, καὶ στίππυον, καὶ πίσσαν, καὶ κληματίδα.

47. Καὶ διεχεῖτο ἡ φλὸξ ἐπάνω τῆς καμίνου ἐπὶ πήχεις τεσσαρακονταεννέα.

28. Et judicia veritatis fecisti juxta omnia, quæ induxisti super nos, et super civitatem sanctam patrum nostrorum Jerusalem; quia in veritate et judicio induxisti omnia hæc super nos propter peccata nostra.

29. Peccavimus enim, et inique egimus recedentes a te, et deliquimus in omnibus.

30. Et mandata tua non audivimus, neque custodivimus ea, neque fecimus, sicut mandaveras nobis, ut bene nobis esset.

31. Et omnia, quæ fecisti nobis, in vero judicio fecisti.

32. Et tradidisti nos in manus inimicorum iniquorum, inimicissimorum apostatarum, et regi injusto, et pessimo super omnem terram tradidisti nos.

33. Et nunc non est nobis aperire os: confusio et exprobratio facta est servis tuis, et colentibus te.

34. Sed ne tradas nos in finem propter nomen tuum, et ne dissipes testamentum tuum.

35. Et ne avertas misericordiam tuam a nobis propter Abraham dilectum tuum, et propter Isaac servum tuum, et Israel sanctum tuum.

36. Quibus locutus es eis dicens: Multiplicabo semen vestrum sicut stellas cœli, et sicut arenam, quæ est in littore maris.

37. Quia, Domine, imminuti sumus ultra omnes gentes, et sumus humiles in universa terra hodie propter peccata nostra.

38. Et non est in tempore hoc princeps, et propheta, et dux, neque holocaustum, neque sacrificium, neque oblatio, neque thymiama, neque locus primitias offerendi coram te, et inveniendi misericordiam.

39. Sed in anima contrita, et spiritu humilitatis suscipiamur.

40. Sicut in holocausto arietum, et taurorum, et sicut in millibus agnorum pinguium; sic fiat sacrificium nostrum hodie in conspectu tuo, et ut perficiatur post te, quoniam non est confusio confidentibus in te.

41. Et nunc sequimur te in toto corde, et timemus te, et quærimus faciem tuam.

42. Ne confundas nos, sed fac nobiscum juxta mansuetudinem tuam, et secundum multitudinem misericordiæ tuæ.

43. Et erue nos juxta mirabilia tua, et da gloriam nomini tuo, Domine.

44. Et confundantur omnes, qui ostendunt servis tuis mala, et confundantur ab omni potentia, et robur eorum conteratur.

45. Cognoscant, quia tu es Dominus Deus solus, et gloriosus super universum orbem terrarum.

46. Et non cessabant, qui injecerant eos ministri regis, succendentes fornacem naphtha, et stupa, et pice, et sarmentis.

47. Et effundebatur flamma super fornacem ad cubitos quadraginta novem.

48. Et erupit, et incendit, quos invenit circa fornacem de Chaldæis.

49. Angelus autem Domini simul descendit cum iis, qui erant cum Azaria in fornacem, et excussit flammam ignis de fornace, et fecit medium fornacis, quasi spiritum roris flantem.

50. Et non tetigit eos omnino ignis, neque contristavit eos, neque molestiam intulit eis.

51. Tunc tres quasi ex uno ore laudabant, et glorificabant, et benedicebant Deum in fornace dicentes:

52. Benedictus es, Domine Deus patrum nostrorum, et laudabilis, et superexaltatus in sæcula: et benedictum nomen gloriæ tuæ sanctum, et laudabile, et superexaltatum in sæcula.

53. Benedictus es in templo sanctæ gloriæ tuæ, et superlaudabilis, et supergloriosus in sæcula.

54. Benedictus es in throno gloriæ regni tui, et superlaudabilis, et superexaltatus in sæcula.

55. Benedictus es, qui intueris abyssos, sedens super Cherubim, et laudabilis, et superexaltatus in sæcula.

56. Benedictus es in firmamento cœli, et laudabilis, et gloriosus in sæcula.

57. Benedicite omnia opera Domini Domino, laudate, et superexaltate eum in sæcula.

58. Benedicite angeli Domini Domino, laudate, et superexaltate eum in sæcula.

59. Benedicite cœli Domino, laudate, et superexaltate eum in sæcula.

60. Benedicite aquæ omnes, quæ super cœlos sunt, Domino, laudate, et superexaltate eum in sæcula.

61. Benedicite omnes virtutes Domini Domino, laudate, et superexaltate eum in sæcula.

62. Benedicite sol, et luna Domino, laudate, et superexaltate eum in sæcula.

63. Benedicite stellæ cœli Domino, laudate, et superexaltate eum in sæcula.

64. Benedicite omnis imber, et ros Domino, laudate, et superexaltate eum in sæcula.

65. Benedicite omnes spiritus Domino, laudate, et superexaltate eum in sæcula.

66. Benedicite ignis, et æstus Domino, laudate, et superexaltate eum in sæcula.

67. Benedicite frigus, et æstus Domino, laudate, et superexaltate eum in sæcula.

68. Benedicite rores, et pruinæ Domino, laudate, et superexaltate eum in sæcula.

69. Benedicite gelu et frigus Domino, laudate, et superexaltate eum in sæcula.

70. Benedicite glacies, et nives Domino, laudate, et superexaltate eum in sæcula.

71. Benedicite noctes, et dies Domino, laudate, et superexaltate eum in sæcula.

72. Benedicite lux, et tenebræ Domino, laudate, et superexaltate eum in sæcula.

A 48. Καὶ διώδευσε, καὶ ἐνεπύρισεν οὓς εὗρε περὶ τὴν κάμινον τῶν Χαλδαίων.

49. Ὁ δὲ ἄγγελος Κυρίου ἅμα συνκατέβη τοῖς περὶ τὸν Ἀζαρίαν εἰς τὴν κάμινον, καὶ ἐξετίναξε τὴν φλόγα τοῦ πυρὸς ἐκ τῆς καμίνου, καὶ ἐποίησε τὸ μέσον τῆς καμίνου, ὡς πνεῦμα δρόσου διασυρίζον.

50. Καὶ οὐχ ἥψατο αὐτῶν τὸ καθ' ὅλου τὸ πῦρ, καὶ οὐκ ἐλύπησεν αὐτοὺς, καὶ οὐ παρηνώχλησεν αὐτοῖς.

51. Τότε οἱ τρεῖς ὡς ἐξ ἑνὸς στόματος ὕμνουν, καὶ ἐδόξαζον, καὶ εὐλόγουν τὸν Θεὸν ἐν τῇ καμίνῳ λέγοντες.

52. Εὐλογητὸς εἶ, Κύριε, ὁ Θεὸς τῶν πατέρων ἡμῶν, καὶ αἰνετὸς, καὶ ὑπερυψούμενος εἰς τοὺς αἰῶνας· καὶ εὐλογημένον τὸ ὄνομα τῆς δόξης σου τὸ ἅγιον,
B καὶ αἰνετὸν, καὶ ὑπερυψούμενον εἰς τοὺς αἰῶνας.

53. Εὐλογημένος εἶ ἐν τῷ ναῷ τῆς ἁγίας δόξης σου, καὶ ὑπερυμνητὸς, καὶ ὑπερένδοξος εἰς τοὺς αἰῶνας.

54. Εὐλογημένος εἶ ἐπὶ θρόνου δόξης τῆς βασιλείας σου, καὶ ὑπερυμνητὸς, καὶ ὑπερυψούμενος εἰς τοὺς αἰῶνας.

55. Εὐλογημένος εἶ ὁ βλέπων ἀβύσσους, καθήμενος ἐπὶ Χερουβὶμ, καὶ αἰνετὸς, καὶ ὑπερυψούμενος εἰς τοὺς αἰῶνας.

56. Εὐλογημένος εἶ ἐν τῷ στερεώματι τοῦ οὐρανοῦ, καὶ ὑμνητὸς, καὶ δεδοξασμένος εἰς τοὺς αἰῶνας.

57. Εὐλογεῖτε πάντα τὰ ἔργα Κυρίου τὸν Κύριον, ὑμνεῖτε, καὶ ὑπερυψοῦτε αὐτὸν εἰς τοὺς αἰῶνας.

58. Εὐλογεῖτε ἄγγελοι Κυρίου τὸν Κύριον, ὑμνεῖτε,
C καὶ ὑπερυψοῦτε αὐτὸν εἰς τοὺς αἰῶνας.

59. Εὐλογεῖτε οὐρανοὶ τὸν Κύριον, ὑμνεῖτε, καὶ ὑπερυψοῦτε αὐτὸν εἰς τοὺς αἰῶνας.

60. Εὐλογεῖτε ὕδατα πάντα τὰ ἐπάνω τοῦ οὐρανοῦ τὸν Κύριον, ὑμνεῖτε, καὶ ὑπερυψοῦτε αὐτὸν εἰς τοὺς αἰῶνας.

61. Εὐλογεῖτε πᾶσαι αἱ δυνάμεις Κυρίου τὸν Κύριον, ὑμνεῖτε, καὶ ὑπερυψοῦτε αὐτὸν εἰς τοὺς αἰῶνας.

62. Εὐλογεῖτε ἥλιος, καὶ σελήνη τὸν Κύριον, ὑμνεῖτε, καὶ ὑπερυψοῦτε αὐτὸν εἰς τοὺς αἰῶνας.

63. Εὐλογεῖτε ἄστρα τοῦ οὐρανοῦ τὸν Κύριον, ὑμνεῖτε, καὶ ὑπερυψοῦτε αὐτὸν εἰς τοὺς αἰῶνας.

64. Εὐλογεῖτε πᾶς ὄμβρος, καὶ δρόσος τὸν Κύριον, ὑμνεῖτε, καὶ ὑπερυψοῦτε αὐτὸν εἰς τοὺς αἰῶνας.

65. Εὐλογεῖτε πάντα τὰ πνεύματα τὸν Κύριον,
D ὑμνεῖτε, καὶ ὑπερυψοῦτε αὐτὸν εἰς τοὺς αἰῶνας.

66. Εὐλογεῖτε πῦρ, καὶ καῦμα τὸν Κύριον, ὑμνεῖτε, καὶ ὑπερυψοῦτε αὐτὸν εἰς τοὺς αἰῶνας.

67. Εὐλογεῖτε ψῦχος, καὶ καῦμα τὸν Κύριον, ὑμνεῖτε, καὶ ὑπερυψοῦτε αὐτὸν εἰς τοὺς αἰῶνας.

68. Εὐλογεῖτε δρόσοι, καὶ νιφετοὶ τὸν Κύριον, ὑμνεῖτε, καὶ ὑπερυψοῦτε αὐτὸν εἰς τοὺς αἰῶνας.

69. Εὐλογεῖτε πάγοι, καὶ ψῦχος τὸν Κύριον, ὑμνεῖτε, καὶ ὑπερυψοῦτε αὐτὸν εἰς τοὺς αἰῶνας.

70. Εὐλογεῖτε πάχνη, καὶ χιόνες τὸν Κύριον, ὑμνεῖτε, καὶ ὑπερυψοῦτε αὐτὸν εἰς τοὺς αἰῶνας.

71. Εὐλογεῖτε νύκτες, καὶ ἡμέραι τὸν Κύριον, ὑμνεῖτε, καὶ ὑπερυψοῦτε αὐτὸν εἰς τοὺς αἰῶνας.

72. Εὐλογεῖτε φῶς, καὶ σκότος τὸν Κύριον, ὑμνεῖτε, καὶ ὑπερυψοῦτε αὐτὸν εἰς τοὺς αἰῶνας.

73. Εὐλογεῖτε ἀστραπαὶ, καὶ νεφέλαι τὸν Κύριον, A ὑμνεῖτε, καὶ ὑπερυψοῦτε αὐτὸν εἰς τοὺς αἰῶνας.

74. Εὐλογήτω ἡ γῆ τὸν Κύριον, ὑμνείτω, καὶ ὑπερυψούτω αὐτὸν εἰς τοὺς αἰῶνας.

75. Εὐλογεῖτε ὄρη, καὶ βουνοὶ τὸν Κύριον, ὑμνεῖτε, καὶ ὑπερυψοῦτε αὐτὸν εἰς τοὺς αἰῶνας.

76. Εὐλογεῖτε πάντα τὰ φυόμενα ἐν τῇ γῇ τὸν Κύριον, ὑμνεῖτε, καὶ ὑπερυψοῦτε αὐτὸν εἰς τοὺς αἰῶνας.

77. Εὐλογεῖτε αἱ πηγαὶ τὸν Κύριον, ὑμνεῖτε, καὶ ὑπερυψοῦτε αὐτὸν εἰς τοὺς αἰῶνας.

78. Εὐλογεῖτε θάλασσαι, καὶ ποταμοὶ τὸν Κύριον, ὑμνεῖτε, καὶ ὑπερυψοῦτε αὐτὸν εἰς τοὺς αἰῶνας.

79. Εὐλογεῖτε κήτη, καὶ πάντα τὰ κινούμενα ἐν τοῖς ὕδασι τὸν Κύριον, ὑμνεῖτε, καὶ ὑπερυψοῦτε αὐτὸν εἰς τοὺς αἰῶνας. B

80. Εὐλογεῖτε πάντα τὰ πετεινὰ τοῦ οὐρανοῦ τὸν Κύριον, ὑμνεῖτε, καὶ ὑπερυψοῦτε αὐτὸν εἰς τοὺς αἰῶνας.

81. Εὐλογεῖτε πάντα τὰ θηρία, καὶ τὰ κτήνη τὸν Κύριον, ὑμνεῖτε, καὶ ὑπερυψοῦτε αὐτὸν εἰς τοὺς αἰῶνας.

82. Εὐλογεῖτε υἱοὶ τῶν ἀνθρώπων τὸν Κύριον, ὑμνεῖτε, καὶ ὑπερυψοῦτε αὐτὸν εἰς τοὺς αἰῶνας.

83. Εὐλογεῖτε υἱοὶ Ἰσραὴλ τὸν Κύριον, ὑμνεῖτε, καὶ ὑπερυψοῦτε αὐτὸν εἰς τοὺς αἰῶνας.

84. Εὐλογεῖτε ἱερεῖς τὸν Κύριον, ὑμνεῖτε, καὶ ὑπερυψοῦτε αὐτὸν εἰς τοὺς αἰῶνας.

85. Εὐλογεῖτε δοῦλοι Κυρίου τὸν Κύριον, ὑμνεῖτε, καὶ ὑπερυψοῦτε αὐτὸν εἰς τοὺς αἰῶνας. C

86. Εὐλογεῖτε πνεύματα, καὶ ψυχαὶ δικαίων τὸν Κύριον, ὑμνεῖτε, καὶ ὑπερυψοῦτε αὐτὸν εἰς τοὺς αἰῶνας.

87. Εὐλογεῖτε ὅσιοι, καὶ ταπεινοὶ τῇ καρδίᾳ τὸν Κύριον, ὑμνεῖτε, καὶ ὑπερυψοῦτε αὐτὸν εἰς τοὺς αἰῶνας.

88. Εὐλογεῖτε Ἀνανία, Ἀζαρία, Μισαὴλ τὸν Κύριον, ὑμνεῖτε, καὶ ὑπερυψοῦτε αὐτὸν εἰς τοὺς αἰῶνας. Ὅτι ἐῤῥύσατο ἡμᾶς ἐξ ᾅδου, καὶ ἐκ χειρὸς θανάτου ἔσωσεν ἡμᾶς· καὶ ἐῤῥύσατο ἡμᾶς ἐκ μέσου καιομένης φλογὸς, καὶ ἐκ μέσου πυρὸς ἐῤῥύσατο ἡμᾶς.

89. Ἐξομολογεῖσθε τῷ Κυρίῳ, ὅτι χρηστὸς, ὅτι εἰς τὸν αἰῶνα τὸ ἔλεος αὐτοῦ.

90. Εὐλογεῖτε πάντες οἱ σεβόμενοι τὸν Κύριον, D Κύριον τὸν Θεὸν τῶν θεῶν, ὑμνεῖτε, καὶ ἐξομολογεῖσθε, ὅτι εἰς πάντας τοὺς αἰῶνας τὸ ἔλεος αὐτοῦ.

91. Καὶ Ναβουχοδονόσορ ἤκουσεν ὑμνούντων αὐτῶν, καὶ ἐθαύμασε, καὶ ἐξανέστη ἐν σπουδῇ, καὶ εἶπε τοῖς μεγιστᾶσιν αὐτοῦ· Οὐχὶ ἄνδρας τρεῖς ἐβάλομεν εἰς μέσον τοῦ πυρὸς πεπεδημένους; καὶ ἀποκριθέντες λέγουσι τῷ βασιλεῖ· Ἀληθῶς, βασιλεῦ.

92. Καὶ ἀποκριθεὶς εἶπεν ὁ βασιλεύς· Ὧδε ἐγὼ ὁρῶ ἄνδρας τέσσαρας λελυμένους περιπατοῦντας ἐν μέσῳ τοῦ πυρὸς, καὶ διαφθορὰ οὐκ ἔστιν αὐτοῖς, καὶ ἡ ὅρασις τοῦ τετάρτου ὁμοία υἱῷ Θεοῦ.

93. Τότε προσῆλθε Ναβουχοδονόσορ πρὸς τὴν θύραν τῆς καμίνου τοῦ πυρὸς τῆς καιομένης, καὶ εἶπε· Σεδρὰχ, Μισὰχ, Ἀβδεναγὼ, οἱ δοῦλοι τοῦ Θεοῦ τοῦ

73. Benedicite fulgura, et nubes Domino, laudate, et superexaltate eum in sæcula.

74. Benedicat terra Domino, laudet, et superexaltet eum in sæcula.

75. Benedicite montes, et colles Domino, laudate, et superexaltate eum in sæcula.

76. Benedicite universa germinantia in terra Domino, laudate, et superexaltate eum in sæcula.

77. Benedicite fontes Domino, laudate, et superexaltate eum in sæcula.

78. Benedicite maria, et flumina Domino, laudate, et superexaltate eum in sæcula.

79. Benedicite cete, et omnia, quæ moventur in aquis Domino, laudate, et superexaltate eum in sæcula.

80. Benedicite omnes volucres cœli Domino, laudate, et superexaltate eum in sæcula.

81. Benedicite omnes bestiæ, et pecora Domino, laudate, et superexaltate eum in sæcula.

82. Benedicite filii hominum Domino, laudate, et superexaltate eum in sæcula.

83. Benedicite filii Israel Domino, laudate, et superexaltate eum in sæcula.

84. Benedicite sacerdotes Domino. laudate, et superexaltate eum in sæcula.

85. Benedicite servi Domini Domino, laudate, et superexaltate eum in sæcula.

86. Benedicite spiritus, et animæ justorum Domino, laudate, et superexaltate eum in sæcula.

87. Benedicite sancti, et humiles corde Domino, laudate, et superexaltate eum in sæcula

88. Benedicite Anania, Azaria, Misael Domino, laudate, et superexaltate eum in sæcula. Quia eruit nos de inferno, et de manu mortis salvos fecit nos, et liberavit nos de medio ardentis flammæ, et de medio ignis eruit nos.

89. Confitemini Domino, quoniam bonus, quoniam in æternum misericordia ejus.

90. Benedicite omnes colentes Dominum, Domino Deo deorum, laudate, et confitemini, quoniam in omnia sæcula misericordia ejus.

91. Et Nabuchodonosor audivit laudantes illos, et obstupuit, et surrexit propere, et ait optimatibus suis: Nonne viros tres misimus in medium ignis compeditos? et respondentes dicunt regi: Vere, rex.

92. Et respondens dixit rex: Hic ego video viros quatuor solutos ambulantes in medio ignis, et corruptio non est in eis, et species quarti similis filio Dei.

93. Tunc accessit Nabuchodonosor ad ostium [illegible] ..., et dixit: Sedrach, Misach, [illegible] ...ccelsi, egredimini, et venite.

Et egressus est Sedrach, Misach, Abdenago de medio ignis.

94. Et congregantur satrapæ, et duces, et toparchæ, et potentes regis, et contemplabantur viros, quoniam nihil potestatis habuisset ignis in corpore eorum, et capillus capitis eorum non esset adustus, et sarabara eorum non fuissent immutata, et odor ignis non esset in eis.

95. Et adoravit in conspectu eorum rex Dominum, et respondit Nabuchodonosor, et dixit: Benedictus Deus Sedrach, Misach, Abdenago, qui misit angelum suum, et eruit servos suos, quia crediderunt in eum; et verbum regis immutaverunt, et tradiderunt corpora sua in ignem, ne servirent, neque adorarent omnem deum, præter Deum suum.

96. Et ego propono decretum, ut omnis populus, tribus, lingua, quæcumque loquuta fuerit blasphemiam contra Deum Sedrach, Misach, Abdenago, in perditionem erunt, et domus eorum in direptionem erunt: propterea quod non est Deus alius, qui possit salvare eos ita.

97. Tunc rex promovit Sedrach, Misach, Abdenago in regione Babylonis, et auxit eos, et dignos habuit ipsos, qui præessent omnibus Judæis, qui erant in regno suo.

98. Nabuchodonosor rex omnibus populis, tribubus, linguis, habitantibus in universa terra: pax vobis multiplicetur.

99. Signa, et ostenta, quæ fecit mecum Deus excelsus, placuit in conspectu meo annuntiare vobis, quam magna, et fortia.

100. Regnum ejus regnum sempiternum, et potestas ejus in generationem et generationem.

CAPUT IV.

1. Ego Nabuchodonosor abundans eram in domo mea, et florens in throno meo et pinguis in populo meo.

2. Somnium vidi, et perterruit me, et turbatus sum in cubili meo, et visiones capitis mei conturbaverunt me.

3. Et a me propositum est decretum, ut introducerentur in conspectu meo omnes sapientes Babylonis, ut interpretationem somnii indicarent mihi.

4. Et ingrediebantur arioli, magi, gazareni, Chaldæi, et somnium dixi ego in conspectu eorum, et interpretationem ejus non indicarunt mihi.

5. Donec alius ingressus est in conspectu meo, Daniel, cujus nomen Baltasar secundum nomen Dei mei, qui Spiritum Dei sanctum habet in semetipso; et somnium coram eo dixi.

6. Baltasar princeps ariolorum, quem novi, quod Spiritus Dei sanctus sit in te, et omne sacramentum non est impossibile tibi; audi visionem somnii, quod vidi, et interpretationem ejus dic mihi.

7. Et visiones capitis mei in cubili meo videbam, et ecce arbor una in medio terræ, et altitudo ejus multa.

A ὑψίστου, ἐξέλθετε, καὶ δεῦτε· καὶ ἐξῆλθε Σεδράχ, Μισάχ, Ἀβδεναγὼ ἐκ μέσου τοῦ πυρός.

94. Καὶ συνάγονται οἱ σατράπαι, καὶ οἱ στρατηγοί, καὶ οἱ τοπάρχαι, καὶ οἱ δυνάσται τοῦ βασιλέως, καὶ ἐθεώρουν τοὺς ἄνδρας, ὅτι οὐκ ἐκυρίευσε τὸ πῦρ τοῦ σώματος αὐτῶν, καὶ ἡ θρὶξ τῆς κεφαλῆς αὐτῶν οὐκ ἐφλογίσθη, καὶ τὰ σαράβαρα αὐτῶν οὐκ ἠλλοιώθη, καὶ ὀσμὴ πυρὸς οὐκ ἦν ἐν αὐτοῖς.

95. Καὶ προσεκύνησεν ἐνώπιον αὐτῶν ὁ βασιλεὺς τῷ Κυρίῳ· καὶ ἀπεκρίθη Ναβουχοδονόσορ, καὶ εἶπεν· Εὐλογητὸς ὁ Θεὸς τοῦ Σεδράχ, Μισάχ, Ἀβδεναγὼ, ὃς ἀπέστειλε τὸν ἄγγελον αὐτοῦ, καὶ ἐξείλατο τοὺς παῖδας αὐτοῦ, ὅτι ἐπεποίθεισαν ἐπ' αὐτῷ· καὶ τὸ ῥῆμα τοῦ βασιλέως ἠλλοίωσαν, καὶ παρέδωκαν τὰ σώματα αὐτῶν εἰς πῦρ, ὅπως μὴ λατρεύσωσι, μηδὲ

B προσκυνήσωσι παντὶ θεῷ, ἀλλ' ἢ τῷ Θεῷ αὐτῶν.

96. Καὶ ἐγὼ ἐκτίθεμαι δόγμα, ὅπως πᾶς λαὸς, φυλὴ, γλῶσσα, ἣ ἐὰν εἴπῃ βλασφημίαν κατὰ τοῦ Θεοῦ Σεδράχ, Μισάχ, Ἀβδεναγὼ, εἰς ἀπώλειαν ἔσονται, καὶ οἱ οἶκοι αὐτῶν εἰς διαρπαγὴν ἔσονται· καθότι οὐκ ἔστι Θεὸς ἕτερος, ὅστις δυνήσεται ῥύσασθαι αὐτοὺς οὕτως.

97. Τότε ὁ βασιλεὺς κατεύθυνε τὸν Σεδράχ, Μισάχ, Ἀβδεναγὼ, ἐν τῇ χώρᾳ Βαβυλῶνος, καὶ ηὔξησεν αὐτούς, καὶ ἠξίωσεν αὐτοὺς ἡγεῖσθαι πάντων τῶν Ἰουδαίων, τῶν ὄντων ἐν τῇ βασιλείᾳ αὐτοῦ.

98. Ναβουχοδονόσορ ὁ βασιλεὺς πᾶσι τοῖς λαοῖς, φυλαῖς, γλώσσαις, τοῖς οἰκοῦσιν ἐν πάσῃ τῇ γῇ, εἰρήνη ὑμῖν πληθυνθείη.

99. Τὰ σημεῖα, καὶ τὰ τέρατα, ἃ ἐποίησε μετ'

C ἐμοῦ ὁ Θεὸς ὁ ὕψιστος, ἤρεσεν ἐναντίον μου ἀναγγεῖλαι ὑμῖν, ὡς μεγάλη, καὶ ἰσχυρά.

100. Ἡ βασιλεία αὐτοῦ βασιλεία αἰώνιος, καὶ ἡ ἐξουσία αὐτοῦ εἰς γενεὰν καὶ γενεάν.

ΚΕΦΑΛΑΙΟΝ Δ'.

1. Ἐγὼ Ναβουχοδονόσορ εὐθηνῶν ἤμην ἐν τῷ οἴκῳ μου, καὶ εὐθαλῶν ἐπὶ τοῦ θρόνου μου ※ καὶ πίων ※ ἐν τῷ λαῷ μου.

2. Ἐνύπνιον εἶδον, καὶ ἐφοβέρισέ με· καὶ ἐταράχθην ἐπὶ τῆς κοίτης μου, καὶ αἱ ὁράσεις τῆς κεφαλῆς μου συνετάραξάν με.

3. Καὶ παρ' ἐμοῦ ἐξετέθη δόγμα, τοῦ εἰσαγαγεῖν ἐνώπιόν μου πάντας τοὺς σοφοὺς Βαβυλῶνος, ὅπως τὴν σύγκρισιν τοῦ ἐνυπνίου γνωρίσωσί μοι.

4. Καὶ εἰσεπορεύοντο οἱ ἐπαοιδοὶ, μάγοι, γαζαρηνοὶ,

D Χαλδαῖοι, καὶ τὸ ἐνύπνιον εἶπον ἐγὼ ἐνώπιον αὐτῶν, καὶ τὴν σύγκρισιν αὐτοῦ οὐκ ἐγνώρισάν μοι.

5. Ἕως οὗ ἕτερος εἰσῆλθεν ἐνώπιόν μου, Δανιὴλ, οὗ τὸ ὄνομα Βαλτάσαρ κατὰ τὸ ὄνομα τοῦ Θεοῦ μου, ὃς Πνεῦμα Θεοῦ ἅγιον ἔχει ἐν ἑαυτῷ· καὶ ἐνύπνιον ἐνώπιον αὐτοῦ εἶπον.

6. Βαλτάσαρ ὁ ἄρχων τῶν ἐπαοιδῶν, ὃν ἔγνων ὅτι Πνεῦμα Θεοῦ ἅγιον ἐν σοὶ, καὶ πᾶν μυστήριον οὐκ ἀδυνατεῖ σοι, ἄκουσον τὴν ὅρασιν τοῦ ἐνυπνίου οὗ εἶδον, καὶ τὴν σύγκρισιν αὐτοῦ εἰπέ μοι.

7. Καὶ τὰς ὁράσεις τῆς κεφαλῆς μου ἐπὶ τῆς κοίτης μου ἐθεώρουν, καὶ ἰδοὺ δένδρον ἓν ἐν μέσῳ τῆς γῆς, καὶ τὸ ὕψος αὐτοῦ πολύ.

8. Ἐμεγαλύνθη τὸ δένδρον, καὶ ἴσχυσε, καὶ τὸ A
ὕψος αὐτοῦ ἔφθασεν ἕως τοῦ οὐρανοῦ, καὶ τὸ κύτος
αὐτοῦ εἰς τὰ πέρατα πάσης τῆς γῆς.

9. Τὰ φύλλα αὐτοῦ ὡραῖα, καὶ ὁ καρπὸς αὐτοῦ
πολὺς, καὶ τροφὴ πάντων ἐν αὐτῷ. καὶ ὑποκάτω αὐτοῦ κατεσκήνουν τὰ θηρία τὰ ἄγρια, καὶ ἐν τοῖς κλάδοις αὐτοῦ κατῴκει τὰ ὄρνεα τοῦ οὐρανοῦ· ἐξ αὐτοῦ
ἐτρέφετο πᾶσα σάρξ.

10. Ἐθεώρουν ἐν ὁράματι τῆς νυκτὸς ἐπὶ τῆς
κοίτης μου, καὶ ἰδοὺ Εἲρ, καὶ ἅγιος ἀπὸ οὐρανοῦ
κατέβη.

11. Καὶ ἐφώνησεν ἐν ἰσχύϊ, καὶ οὕτως εἶπεν· Ἐκκόψατε τὸ δένδρον, καὶ ἐκτίλατε τοὺς κλάδους αὐτοῦ,
καὶ ἐκτινάξατε τὰ φύλλα αὐτοῦ, καὶ διασκορπίσατε
τὸν καρπὸν αὐτοῦ· σαλευθήτω τὰ θηρία ὑποκάτωθεν
αὐτοῦ, καὶ τὰ ὄρνεα ἀπὸ τῶν κλάδων αὐτοῦ. B

12. Πλὴν τὴν φυὴν τῶν ῥιζῶν αὐτοῦ ἐν τῇ γῇ ἐάσατε, καὶ ἐν δεσμῷ σιδηρῷ, καὶ χαλκῷ, καὶ ἐν τῇ
χλόῃ τῇ ἔξω, καὶ ἐν τῇ δρόσῳ τοῦ οὐρανοῦ αὐλισθήσεται, καὶ μετὰ τῶν θηρίων ἡ μερὶς αὐτοῦ ἐν τῷ
χόρτῳ τῆς γῆς.

13. Ἡ καρδία αὐτοῦ ἀπὸ τῶν ἀνθρώπων ἀλλοιωθήσεται, καὶ καρδία θηρίου δοθήσεται αὐτῷ, καὶ
ἑπτὰ καιροὶ ἀλλαγήσονται ἐπ' αὐτήν.

14. Διὰ συγκρίματος Εἲρ, ὁ λόγος, καὶ ῥῆμα ἅγιον
τὸ ἐπερώτημα, ἵνα γνῶσιν οἱ ζῶντες, ὅτι Κύριός
ἐστιν ὁ Ὕψιστος τῆς βασιλείας τῶν ἀνθρώπων, καὶ
ᾧ ἂν δόξῃ, δώσει αὐτήν, καὶ ἐξουθένημα ἀνθρώπων
ἀναστήσει ἐπ' αὐτήν.

15. Τοῦτο τὸ ἐνύπνιον εἶδον ἐγὼ ὁ βασιλεὺς Να- C
βουχοδονόσορ, καὶ σὺ, Βαλτάσαρ, τὸ σύγκριμα εἰπὲ
κατέναντι, ὅτι πάντες οἱ σοφοὶ τῆς βασιλείας μου οὐ
δύνανται τὸ σύγκριμα αὐτοῦ δηλῶσαί μοι· σὺ δὲ δύνασαι, ὅτι Πνεῦμα Θεοῦ ἅγιον ἐν σοί.

16. Τότε Δανιὴλ, οὗ τὸ ὄνομα Βαλτάσαρ, ἀπηνεώθη
ὡσεὶ ὥραν μίαν, καὶ οἱ διαλογισμοὶ αὐτοῦ συνετάρασσον αὐτόν· ἀπεκρίθη ὁ βασιλεὺς, καὶ εἶπεν· Βαλτάσαρ, τὸ ἐνύπνιον, καὶ ἡ σύγκρισις μὴ κατασπευσάτω σε· ἀπεκρίθη Βαλτάσαρ, καὶ εἶπεν· Κύριέ
μου, τὸ ἐνύπνιον τοῖς μισοῦσί σε, καὶ ἡ σύγκρισις
αὐτοῦ τοῖς ἐχθροῖς σου.

17. Τὸ δένδρον ὃ εἶδες τὸ μεγαλυνθὲν, καὶ τὸ ἰσχυ-
κὸς, οὗ τὸ ὕψος ἔφθασεν εἰς τὸν οὐρανὸν, καὶ τὸ κύτος
αὐτοῦ εἰς πᾶσαν τὴν γῆν.

18. Καὶ τὰ φύλλα αὐτοῦ εὐθαλῆ, καὶ ὁ καρπὸς αὐ- D
τοῦ πολὺς, καὶ τροφὴ πᾶσιν ἐν αὐτῷ· ὑποκάτω αὐτοῦ κατῴκει τὰ θηρία τὰ ἄγρια, καὶ ἐν τοῖς κλάδοις
αὐτοῦ κατεσκήνουν τὰ ὄρνεα τοῦ οὐρανοῦ.

19. Σὺ εἶ, βασιλεῦ, ὅτι ἐμεγαλύνθης καὶ ἴσχυσας,
καὶ ἡ μεγαλωσύνη σου ἐμεγαλύνθη, καὶ ἔφθασεν εἰς
τὸν οὐρανὸν, καὶ ἡ κυρεία σου εἰς τὰ πέρατα τῆς γῆς.

20. Καὶ ὅτι εἶδεν ὁ βασιλεὺς Εἲρ, καὶ ἅγιον καταβαίνοντα ἐκ τοῦ οὐρανοῦ, καὶ εἶπεν, Ἐκτίλατε τὸ δένδρον, καὶ διαφθείρατε αὐτὸ, καὶ πλὴν τὴν φυὴν τῶν
ῥιζῶν αὐτοῦ ἐν τῇ γῇ ἐάσατε, καὶ ἐν δεσμῷ σιδηρῷ,
καὶ χαλκῷ, καὶ ἐν τῇ χλόῃ τῇ ἔξω, καὶ ἐν τῇ δρόσῳ
τοῦ οὐρανοῦ αὐλισθήσεται, καὶ μετὰ τῶν θηρίων
ἀγρίων ἡ μερὶς αὐτοῦ, ἕως ἑπτὰ καιροὶ ἀλλοιωθῶσιν
ἐπ' αὐτόν.

8. Et magnificata est arbor, et invaluit, et altitudo ejus pervenit usque ad cœlum, et latitudo ejus
ad terminos universæ terræ.

9. Folia ejus pulchra, et fructus ejus multus, et
esca universorum in ea; et subter eam habitabant
bestiæ agrestes, et in ramis ejus habitabant volucres
cœli: ex ea nutriebatur omnis caro

10. Videbam in visione noctis in cubili meo, et
ecce Hir, et Sanctus de cœlo descendit.

11. Clamavitque in fortitudine, et sic ait: Succidite arborem, et evellite ramos ejus, et excutite
folia ejus, et dispergite fructum ejus: abigantur
bestiæ subter eam, et volucres de ramis ejus.

12. Verumtamen germen radicum ejus in terra
sinite, et in vinculo ferreo, et æreo, et in herba, quæ
foris est, et in rore cœli commorabitur, et cum feris
pars ejus in herba terræ.

13. Cor ejus ab hominibus commutabitur, et cor
feræ dabitur ei; et septem tempora mutabuntur
super eam.

14. Per decretum Hir sermo, et verbum sanctum
petitio, ut cognoscant viventes, quod Dominus est
ipse Altissimus regni hominum, et quicumque voluerit, dabit illud, et quod pro nihilo habetur ab
hominibus, eriget super illud.

15. Hoc somnium vidi ego rex Nabuchodonosor,
et tu, Baltasar, interpretationem dicito coram: quia
omnes sapientes regni mei non possunt interpretationem ejus declarare mihi; tu autem potes, quia
Spiritus Dei sanctus est in te.

16. Tunc Daniel, cujus nomen Baltasar, obmutuit quasi hora una, et cogitationes ejus conturbabant eum. Respondit rex, et dixit: Baltasar, somnium, et interpretatio ne sollicitum te reddat; respondit Baltasar, et dixit: Domine mi, somnium sit
his, qui te oderunt, et interpretatio ejus hostibus
tuis.

17. Arbor quam vidisti magnificatam, et corroboratam, cujus altitudo pervenit ad cœlum, et latitudo ejus in universam terram.

18. Et folia ejus florentia, et fructus ejus multus, et esca omnibus in ea: subter eam habitabant bestiæ agri, et in ramis ejus commorabantur
aves cœli.

19. Tu es, o rex, quia magnificatus es, et invaluisti, et magnitudo tua magnificata est, et pervenit ad cœlum, et potentia tua ad terminos terræ.

20. Quod autem vidit rex Hir, et sanctum descendentem de cœlo, et dixit: Evellite arborem, et
destruite eam, attamen germen radicum ejus in
terra dimittite, et in vinculo ferreo, et æreo, et in
herba quæ foris, et in rore cœli commorabitur, et
cum bestiis agrestibus pars ejus, donec septem
tempora mutentur super eum.

tnis; stans ante faciem tuam, et visio ejus terribilis.

32. Imago, cujus caput erat ex auro puro, manus, et pectus, et brachia ejus argentea, venter et femora ærea.

33. Et tibiæ ferreæ, pedes, pars quædam ferri, pars autem testæ.

34. Videbas, donec abscissus est de monte lapis sine manibus: et percussit imaginem super pedes ferreos, et figlinos, et comminuit eos ad finem.

35. Tunc comminuta sunt pariter ferrum, testa, æs, argentum, aurum, et facta sunt quasi pulvis de area æstiva, et sustulit eum multitudo spiritus, et omnis locus non est inventus eis: et lapis, qui percusserat imaginem factus est in montem magnum, et implevit universam terram.

36. Hoc est somnium: et interpretationem ejus dicemus coram rege.

37. Tu, rex regum, cui Deus cœli regnum forte, et validum, et honoratum dedit in omni loco.

38. Ubi habitant filii hominum; bestias pariter agri, et volucres cœli, et pisces maris dedit in manu tua, et constituit te dominum omnium. Tu es caput aureum.

39. Et post te consurget regnum aliud minus te: et regnum tertium, quod est æs, quod imperabit universæ terræ.

40. Et regnum quartum erit forte veluti ferrum: quemodo enim ferrum comminuit et domat, sic omnia comminuet et domabit.

41. Et quia vidisti pedes, et digitos, partem quidem aliquam ferri, partem vero quamdam testæ, regnum divisum erit in se, quemadmodum vidisti ferrum commixtum testæ luteæ.

42. Et digiti pedum pars quædam ferrea, pars autem quædam regni erit fortis, et de eo conteretur.

43. Et quia vidisti ferrum admixtum testæ luteæ, commixti erunt in semine hominum, et non adhærebunt alter alteri, sicut ferrum non miscetur cum testa.

44. Et in diebus regum illorum suscitabit Deus cœli regnum, quod in sæcula non dissipabitur: et regnum ejus populo alteri non tradetur; comminuet et ventilabit universa regna, et ipsum stabit in sæcula.

45. Sicut vidisti, quod de monte abscissus est lapis sine manibus, et comminuebat testam, ferrum, æs, argentum, aurum, Deus magnus ostendit regi, quæ oportet fieri post hæc: et verum est somnium, et fidelis interpretatio ejus.

46. Tunc rex Nabuchodonosor cecidit in faciem, et Danielem adoravit, et manaa, et suavitas odoris, dixit ut libarentur.

47. Et respondens rex dixit Danieli: In veritate

A αὐτῆς ὑπερφερής, ἑστῶσα πρὸ προσώπου σου, καὶ ἡ ὅρασις αὐτῆς φοβερά.

32. Εἰκὼν, ἧς ἡ κεφαλὴ χρυσίου καθαροῦ, αἱ χεῖρες, καὶ τὸ στῆθος, καὶ οἱ βραχίονες αὐτῆς ἀργυροῖ ἡ κοιλία καὶ οἱ μηροὶ χαλκοῖ.

33. Καὶ αἱ κνῆμαι σιδηραῖ, οἱ πόδες μέρος μέν τι σιδήρου, μέρος δέ τι ὀστράκου.

34. Ἐθεώρεις ἕως ὅτου ἀπεσχίσθη ἀπὸ ὄρους λίθος ἄνευ χειρῶν, καὶ ἐπάταξε τὴν εἰκόνα ἐπὶ τοὺς πόδας τοὺς σιδηροῦς, καὶ ὀστρακίνους, καὶ ἐλέπτυνεν αὐτοὺς εἰς τέλος.

35. Τότε ἐλεπτύνθησαν εἰσάπαξ ὁ σίδηρος, τὸ ὄστρακον, ὁ χαλκὸς, ὁ ἄργυρος, ὁ χρυσός· καὶ ἐγένοντο ὡσεὶ κονιορτὸς ἀπὸ ἅλωνος θερινῆς· καὶ ἐξῆρεν αὐτὸν τὸ πλῆθος τοῦ πνεύματος, καὶ ⋇ πᾶς /. τόπος
B οὐχ εὑρέθη αὐτοῖς, καὶ ὁ λίθος ὁ πατάξας τὴν εἰκόνα ἐγένετο εἰς ὄρος μέγα, καὶ ἐπλήρωσε πᾶσαν τὴν γῆν.

36. Τοῦτό ἐστι τὸ ἐνύπνιον, καὶ τὴν σύγκρισιν αὐτοῦ ἐροῦμεν ἐνώπιον τοῦ βασιλέως.

37. Σὺ, βασιλεῦ βασιλέων, ᾧ ὁ Θεὸς τοῦ οὐρανοῦ βασιλείαν ἰσχυρὰν, καὶ κραταιὰν, καὶ ἔντιμον δέδωκεν ἐν παντὶ τόπῳ.

38. Ὅπου κατοικοῦσιν οἱ υἱοὶ τῶν ἀνθρώπων· θηρία τε ἀγροῦ, καὶ πετεινὰ οὐρανοῦ, καὶ ἰχθύας θαλάσσης ἔδωκεν ἐν τῇ χειρί σου, καὶ κατέστησέ σε κύριον πάντων· σὺ εἶ ἡ κεφαλὴ ἡ χρυσῆ.

39. Καὶ ὀπίσω σου ἀναστήσεται βασιλεία ἑτέρα ἥττων σου, καὶ βασιλεία τρίτη, ἥ ἐστιν ὁ χαλκὸς, ἣ κυριεύσει πάσης τῆς γῆς.

40. Καὶ βασιλεία τετάρτη ἔσται ἰσχυρὰ ὡς σίδηρος·
C ὃν τρόπον γὰρ ὁ σίδηρος λεπτύνει καὶ δαμάζει, οὕτως πάντα λεπτυνεῖ καὶ δαμάσει.

41. Καὶ ὅτι εἶδες τοὺς πόδας, καὶ τοὺς δακτύλους, μέρος μέν τι σιδήρου, μέρος δέ τι ὀστράκου, βασιλεία διηρημένη ἔσται ἐν αὐτῇ, ὃν τρόπον εἶδες τὸν σίδηρον ἀναμεμιγμένον τῷ ὀστράκῳ τῷ πηλίνῳ.

42. Καὶ οἱ δάκτυλοι τῶν ποδῶν μέρος μέν τι σιδηροῦν, μέρος δέ τι τῆς βασιλείας ἔσται ἰσχυρὸν, καὶ ἀπ' αὐτῆς ἔσται συντριβόμενον.

43. Καὶ ὅτι εἶδες τὸν σίδηρον ἀναμεμιγμένον τῷ ὀστράκῳ τῷ πηλίνῳ, συμμιγεῖς ἔσονται ἐν σπέρματι ἀνθρώπων, καὶ οὐκ ἔσονται προσκολλώμενοι οὗτος μετὰ τούτου, καθὼς ὁ σίδηρος οὐκ ἀναμίγνυται μετὰ τοῦ ὀστράκου.

D 44. Καὶ ἐν ταῖς ἡμέραις τῶν βασιλέων ἐκείνων ἀναστήσει ὁ Θεὸς τοῦ οὐρανοῦ βασιλείαν, ἥτις εἰς τοὺς αἰῶνας οὐ διαφθαρήσεται, καὶ ἡ βασιλεία αὐτοῦ λαῷ ἑτέρῳ οὐχ ὑπολειφθήσεται· λεπτυνεῖ καὶ λικμήσει πάσας τὰς βασιλείας, καὶ αὕτη ἀναστήσεται εἰς τοὺς αἰῶνας.

45. Ὃν τρόπον εἶδες, ὅτι ἀπὸ ὄρους ἐτμήθη λίθος ἄνευ χειρῶν, καὶ ἐλέπτυνε τὸ ὄστρακον, τὸν σίδηρον, τὸν χαλκὸν, τὸν ἄργυρον, τὸν χρυσόν· ὁ Θεὸς ὁ μέγας ἐγνώρισε τῷ βασιλεῖ ἃ δεῖ γενέσθαι μετὰ ταῦτα· καὶ ἀληθινὸν τὸ ἐνύπνιον, καὶ πιστὴ ἡ σύγκρισις αὐτοῦ.

46. Τότε ὁ βασιλεὺς Ναβουχοδονόσορ ἔπεσεν ἐπὶ πρόσωπον, καὶ τῷ Δανιὴλ προσεκύνησε, καὶ μαναὰ καὶ εὐωδίαν εἶπεν σπεῖσαι.

47. Καὶ ἀποκριθεὶς ὁ βασιλεὺς, εἶπεν τῷ Δανιήλ·

Ἐπ' ἀληθείας ὁ Θεὸς ὑμῶν αὐτός ἐστι Θεὸς θεῶν, καὶ Κύριος τῶν βασιλέων, καὶ ἀποκαλύπτων μυστήρια, ὅτι ἐδυνήθης ἀποκαλύψαι τὸ μυστήριον τοῦτο.

48. Καὶ ἐμεγάλυνεν ὁ βασιλεὺς τὸν Δανιὴλ, καὶ δόματα μεγάλα καὶ πολλὰ ἔδωκεν αὐτῷ, καὶ κατέστησεν αὐτὸν ἐπὶ πάσης τῆς χώρας Βαβυλῶνος, καὶ ἄρχοντα σατραπῶν, καὶ ἐπὶ πάσης τῆς χώρας Βαβυλῶνος.

49. Καὶ Δανιὴλ ᾐτήσατο παρὰ τοῦ βασιλέως, καὶ κατέστησεν ἐπὶ τὰ ἔργα τῆς χώρας Βαβυλῶνος τὸν Σεδρὰχ, Μισὰχ, Ἀβδεναγώ· καὶ Δανιὴλ ἦν ἐν τῇ αὐλῇ τοῦ βασιλέως.

ΚΕΦΑΛ. Γ'.

1. Ἔτους ὀκτωκαιδεκάτου Ναβουχοδονόσορ ὁ βασιλεὺς ἐποίησεν εἰκόνα χρυσῆν· ὕψος αὐτῆς πηχῶν ἑξήκοντα, καὶ εὖρος αὐτῆς πηχῶν ἕξ· καὶ ἔστησεν αὐτὴν ἐν πεδίῳ Δεειρᾷ, ἐν χώρᾳ Βαβυλῶνος.

2. Καὶ Ναβουχοδονόσορ ὁ βασιλεὺς ἀπέστειλε συναγαγεῖν πάντας τοὺς ὑπάτους, καὶ τοὺς στρατηγοὺς, καὶ τοὺς τοπάρχας, ἡγουμένους, καὶ τυράννους, καὶ τοὺς ἐπ' ἐξουσιῶν, καὶ πάντας τοὺς ἄρχοντας τῶν χωρῶν, ἐλθεῖν εἰς τὰ ἐγκαίνια τῆς εἰκόνος, ἧς ἔστησε Ναβουχοδονόσορ ὁ βασιλεύς.

3. Καὶ συνήχθησαν οἱ τοπάρχαι, ὕπατοι, στρατηγοὶ, ἡγούμενοι, τύραννοι μεγάλοι, οἱ ἐπ' ἐξουσιῶν, καὶ πάντες οἱ ἄρχοντες τῶν χωρῶν, τοῦ ἐλθεῖν εἰς τὸν ἐγκαινισμὸν τῆς εἰκόνος, ἧς ἔστησε Ναβουχοδονόσορ ὁ βασιλεύς· καὶ εἱστήκεισαν ἐνώπιον τῆς εἰκόνος, ἧς ἔστησεν ὁ Ναβουχοδονόσορ.

4. Καὶ ὁ κήρυξ ἐβόα ἐν ἰσχύϊ· Ὑμῖν λέγεται, ἔθνη, λαοὶ, φυλαὶ, γλῶσσαι.

5. Ἧ ἂν ὥρᾳ ἀκούσητε φωνῆς σάλπιγγος, σύριγγός τε καὶ κιθάρας, σαμβύκης, καὶ ψαλτηρίου, καὶ συμφωνίας, καὶ παντὸς γένους μουσικῶν, πίπτοντες προσκυνεῖτε τῇ εἰκόνι τῇ χρυσῇ, ἣν ἔστησεν Ναβουχοδονόσορ ὁ βασιλεύς.

6. Καὶ ὃς ἐὰν μὴ πεσὼν προσκυνήσῃ, αὐτῇ τῇ ὥρᾳ βληθήσεται εἰς τὴν κάμινον τοῦ πυρὸς τὴν καιομένην.

7. Καὶ ἐγένετο ὅτε ἤκουον οἱ λαοὶ τῆς φωνῆς τῆς σάλπιγγος, σύριγγός τε καὶ κιθάρας, σαμβύκης, καὶ ψαλτηρίου, καὶ συμφωνίας, καὶ παντὸς γένους μουσικῶν, πίπτοντες οἱ λαοὶ, φυλαὶ, γλῶσσαι, προσεκύνουν τῇ εἰκόνι τῇ χρυσῇ, ἣν ἔστησεν Ναβουχοδονόσορ ὁ βασιλεὺς, κατέναντι τούτου.

8. Τότε προσῆλθον ἄνδρες Χαλδαῖοι, καὶ διέβαλον τοὺς Ἰουδαίους.

9. Καὶ ἀποκριθέντες εἶπον τῷ βασιλεῖ Ναβουχοδονόσορ· Βασιλεῦ, εἰς τοὺς αἰῶνας ζῆθι.

10. Σὺ, βασιλεῦ, ἔθηκας δόγμα, πάντα ἄνθρωπον, ὃς ἂν ἀκούσῃ τῆς φωνῆς τῆς σάλπιγγος, σύριγγός τε καὶ κιθάρας, σαμβύκης τε καὶ ψαλτηρίου, καὶ συμφωνίας, καὶ παντὸς γένους μουσικῶν, πεσεῖται, καὶ προσκυνήσει τῇ εἰκόνι τῇ χρυσῇ.

11. Καὶ ὃς ἐὰν μὴ πεσὼν προσκυνήσῃ, ἐμβληθήσεται εἰς τὴν κάμινον τοῦ πυρὸς τὴν καιομένην.

12. Εἰσὶν οὖν ἄνδρες Ἰουδαῖοι, οὓς κατέστησας ἐπὶ τὰ ἔργα τῆς χώρας Βαβυλῶνος, Σεδρὰχ, Μισὰχ, Ἀβδεναγώ· οἱ ἄνδρες ἐκεῖνοι οὐχ ὑπήκουσαν τῷ

Deus vester ipse est Deus deorum, et Dominus regum, et revelans mysteria; quoniam potuisti revelare mysterium hoc.

48. Et magnificavit rex Danielem, et munera magna et multa dedit ei: et constituit eum super universam regionem Babylonis, et principem satraparum, et super omnem provinciam Babylonis.

49. Et Daniel postulavit a rege, et constituit super opera provinciæ Babylonis Sedrach, Misach, Abdenago: et Daniel erat in aula regis.

CAPUT III.

1. Anno decimo octavo Nabuchodonosor rex fecit imaginem auream: altitudo ipsius cubitorum sexaginta, et latitudo ejus cubitorum sex; et statuit eam in campo Deira in provincia Babylonis.

2. Et Nabuchodonosor rex misit ad congregandos omnes consules, et duces, et toparchas, præfectos, et tyrannos, et eos, qui erant in potestatibus constituti, et omnes principes regionum, ut venirent ad dedicationem imaginis, quam statuerat Nabuchodonosor rex.

3. Et congregati sunt toparchæ, consules, duces, præfecti, tyranni magni, qui erant in potestate constituti, et omnes principes regionum, ut venirent ad dedicationem imaginis, quam statuerat Nabuchodonosor rex: et steterunt in conspectu imaginis, quam statuerat Nabuchodonosor.

4. Et præco clamabat valide: Vobis dicitur, gentes, populi, tribus et linguæ.

5. Quacumque hora audieritis vocem tubæ, et fistulæ et citharæ, sambucæ, et psalterii, et symphoniæ, et omnis generis musicorum, cadentes adorate imaginem auream quam statuit Nabuchodonosor rex.

6. Quicumque autem non cadens adoraverit, eadem hora mittetur in fornacem ignis ardentem.

7. Et factum est, quando audiebant populi vocem tubæ, et fistulæ, et citharæ, sambucæ, et psalterii, et symphoniæ, et omnis generis musicorum, cadentes populi, tribus, linguæ adorabant imaginem auream, quam statuerat Nabuchodonosor rex in conspectu ipsius.

8. Tunc accesserunt viri Chaldæi, et accusaverunt Judæos.

9. Et respondentes dixerunt regi Nabuchodonosor: Rex, in sæcula vive.

10. Tu, rex, posuisti decretum, ut omnis homo, quicumque audierit vocem tubæ, et fistulæ, et citharæ, et sambucæ, et psalterii, et symphoniæ, et omnis generis musicorum, cadat, et adoret imaginem auream.

11. Et quicumque non cadens adoraverit, mittetur in fornacem ignis ardentem.

12. Sunt igitur viri Judæi, quos constituisti super opera regionis Babylonis, Sedrach, Misach, Abdenago: viri illi non obedierunt decreto tuo, rex,

et deos tuos non colunt, et imaginem auream, quam statuisti, non adorant.

13. Tunc Nabuchodonosor in furore et ira dixit, ut adducerent Sedrach, Misach, et Abdenago : et viri illi adducti sunt in conspectu regis.

14. Et respondit Nabuchodonosor, et dixit eis : An vere Sedrach, Misach, et Abdenago deos meos non colitis, et imaginem auream, quam statui, non adoratis?

15. Nunc ergo si estis parati, ut in quocumque tempore audieritis vocem tubæ, et fistulæ, et citharæ, sambucæ, et psalterii, et symphoniæ, et omnis generis musicorum, cadentes adoretis imaginem, quam feci : quod si non adoraveritis, eadem hora mittemini in fornacem ignis ardentem : et quis est Deus, qui eripiet vos de manibus meis?

16. Et responderunt Sedrach, Misach, et Abdenago, et dixerunt Nabuchodonosor regi : Non opus habemus nos de verbo hoc respondere tibi.

17. Est enim Deus noster in cœlo, quem nos colimus, potens eripere nos de fornace ignis ardente, et de manibus tuis, o rex, liberabit nos.

18. Et si non, notum sit tibi, o rex, quia deos tuos non colimus, et imaginem auream, quam statuisti, non adoramus.

19. Tunc Nabuchodonosor repletus est furore, et aspectus faciei illius immutatus est super Sedrach, Misach, Abdenago, et dixit : Succendite fornacem septuplum, donec in finem ardeat.

20. Et viris robustis fortitudine dixit, ut ligantes Sedrach, Misach, et Abdenago, mitterent in fornacem ignis ardentem.

21. Tunc illi viri vincti sunt cum sarabaris suis, et tiaris, et tibialibus, et vestimentis suis, et missi sunt in medium fornacis ignis ardentis.

22. Nam verbum regis urgebat : et fornax succensa erat nimis. Et viros illos, qui accusaverant Sedrach, Misach, et Abdenago, interfecit eos flamma ignis in circuitu.

23. Et viri illi tres Sedrach, Misach, et Abdenago ceciderunt in medio camino ignis ardente compedibus vincti.

24. Et ambulabant in medio flammæ, laudantes Deum, et benedicentes Dominum.

25. Stans autem cum illis Azarias, oravit sic : et aperiens os suum in medio ignis, dixit :

26. Benedictus es, Domine Deus patrum nostrorum, et laudabile, et gloriosum nomen tuum in sæcula.

27. Quia justus es in omnibus, quæ fecisti nobis, et universa opera tua vera, et rectæ viæ tuæ, et omnia judicia tua vera.

A δόγματί σου, βασιλεῦ, καὶ τοῖς θεοῖς σου οὐ λατρεύουσι, καὶ τῇ εἰκόνι τῇ χρυσῇ ᾗ ἔστησας, οὐ προσκυνοῦσι.

13. Τότε Ναβουχοδονόσορ ἐν θυμῷ καὶ ὀργῇ εἶπεν ἀγαγεῖν τὸν Σεδρὰχ, Μισὰχ, καὶ Ἀβδεναγώ· καὶ οἱ ἄνδρες ἐκεῖνοι ἤχθησαν ἐνώπιον τοῦ βασιλέως.

14. Καὶ ἀπεκρίθη Ναβουχοδονόσορ, καὶ εἶπεν αὐτοῖς· Εἰ ἀληθῶς Σεδρὰχ, Μισὰχ, καὶ Ἀβδεναγὼ τοῖς θεοῖς μου οὐ λατρεύετε, καὶ τῇ εἰκόνι τῇ χρυσῇ, ᾗ ἔστησα, οὐ προσκυνεῖτε;

15. Νῦν οὖν εἰ ἔχετε ἑτοίμως, ἵνα ὡς ἂν ἀκούσητε τῆς φωνῆς τῆς σάλπιγγος, σύριγγός τε καὶ κιθάρας, σαμβύκης τε καὶ ψαλτηρίου, καὶ συμφωνίας, καὶ παντὸς γένους μουσικῶν, πεσόντες προσκυνεῖτε τῇ εἰκόνι, ᾗ ἐποίησα· ἐὰν δὲ μὴ προσκυνήσητε, ταύτῃ
B τῇ ὥρᾳ ἐμβληθήσεσθε εἰς τὴν κάμινον τοῦ πυρὸς τὴν καιομένην· καὶ τίς ἐστι Θεὸς, ὃς ἐξελεῖται ὑμᾶς ἐκ τῶν χειρῶν μου;

16. Καὶ ἀπεκρίθησαν Σεδρὰχ, Μισὰχ, καὶ Ἀβδεναγὼ, καὶ εἶπον τῷ βασιλεῖ Ναβουχοδονόσορ· Οὐ χρείαν ἔχομεν ἡμεῖς περὶ τοῦ ῥήματος τούτου ἀποκριθῆναί σοι.

17. Ἔστι γὰρ ὁ Θεὸς ἡμῶν ἐν οὐρανῷ, ᾧ ἡμεῖς λατρεύομεν, δυνατὸς ἐξελέσθαι ἡμᾶς ἐκ τῆς καμίνου τοῦ πυρὸς τῆς καιομένης, καὶ ἐκ τῶν χειρῶν σου, βασιλεῦ, ῥύσεται ἡμᾶς.

18. Καὶ ἐὰν μὴ, γνωστὸν ἔστω σοι, βασιλεῦ, ὅτι τοῖς θεοῖς σου οὐ λατρεύομεν, καὶ τῇ εἰκόνι τῇ χρυσῇ, ἣν ἔστησας, οὐ προσκυνοῦμεν.

C 19. Τότε Ναβουχοδονόσορ ἐπλήσθη θυμοῦ, καὶ ἡ ὄψις τοῦ προσώπου αὐτοῦ ἠλλοιώθη ἐπὶ Σεδρὰχ, Μισὰχ, Ἀβδεναγὼ, καὶ εἶπεν· Ἐκκαύσατε τὴν κάμινον ἑπταπλασίως, ἕως εἰς τέλος ἐκκαῇ.

20. Καὶ ἄνδρας ἰσχυροὺς τῇ ἰσχύϊ εἶπεν, πεδήσαντας τὸν Σεδρὰχ, Μισὰχ, καὶ Ἀβδεναγὼ, ἐμβαλεῖν εἰς τὴν κάμινον τοῦ πυρὸς τὴν καιομένην.

21. Τότε οἱ ἄνδρες ἐκεῖνοι ἐπεδήθησαν σὺν τοῖς σαραβάροις αὐτῶν, καὶ τιάραις, καὶ περικνημῖσι, καὶ τοῖς ἐνδύμασιν αὐτῶν, καὶ ἐβλήθησαν εἰς μέσον τῆς καμίνου τοῦ πυρὸς τῆς καιομένης.

22. Ἐπεὶ τὸ ῥῆμα τοῦ βασιλέως ὑπερίσχυε· καὶ ἡ κάμινος ἐξεκαύθη ἐκ περισσοῦ· καὶ τοὺς ἄνδρας ἐκείνους τοὺς ἐνδιαβάλλοντας τὸν Σεδρὰχ, Μισὰχ, καὶ Ἀβδεναγὼ ἀπέκτεινεν αὐτοὺς ἡ φλὸξ τοῦ πυρὸς
D κύκλοθεν.

23. Καὶ οἱ ἄνδρες ἐκεῖνοι οἱ τρεῖς Σεδρὰχ, Μισὰχ, καὶ Ἀβδεναγὼ ἔπεσον εἰς μέσον τῆς καμίνου τοῦ πυρὸς τῆς καιομένης πεπεδημένοι.

24. Καὶ περιεπάτουν ἐν μέσῳ τῆς φλογὸς, ὑμνοῦντες τὸν Θεὸν, καὶ εὐλογοῦντες τὸν Κύριον.

25. Καὶ συστὰς αὐτοῖς Ἀζαρίας προσηύξατο οὕτως· καὶ ἀνοίξας τὸ στόμα αὐτοῦ ἐν μέσῳ τοῦ πυρὸς, εἶπεν:

26. Εὐλογητὸς εἶ, Κύριε, ὁ Θεὸς τῶν πατέρων ἡμῶν, καὶ αἰνετὸν, καὶ δεδοξασμένον τὸ ὄνομά σου εἰς τοὺς αἰῶνας.

27. Ὅτι δίκαιος εἶ ἐπὶ πᾶσιν οἷς ἐποίησας ἡμῖν, καὶ πάντα τὰ ἔργα σου ἀληθινὰ, καὶ εὐθεῖαι αἱ ὁδοί σου, καὶ πᾶσαι αἱ κρίσεις σου ἀληθιναί.

28. Καὶ κρίματα ἀληθείας ἐποίησας κατὰ πάντα, ἃ ἐπήγαγες ἡμῖν, καὶ ἐπὶ τὴν πόλιν τὴν ἁγίαν τὴν τῶν πατέρων ἡμῶν Ἱερουσαλήμ. Ὅτι ἐν ἀληθείᾳ καὶ κρίσει ἐπήγαγες πάντα ταῦτα ἐφ' ἡμᾶς διὰ τὰς ἁμαρτίας ἡμῶν. A

29. Ὅτι ἡμάρτομεν, καὶ ἠνομήσαμεν ἀποστάντες ἀπὸ σοῦ, καὶ ἐξημάρτομεν ἐν πᾶσι.

30. Καὶ τῶν ἐντολῶν σου οὐκ ἠκούσαμεν, οὐδὲ ἐφυλάξαμεν αὐτὰς, οὐδὲ ἐποιήσαμεν καθὼς ἐνετείλω ἡμῖν, ἵνα εὖ ἡμῖν γένηται.

31. Καὶ πάντα ὅσα ἐποίησας ἡμῖν, ἐν ἀληθινῇ κρίσει ἐποίησας.

32. Καὶ παρέδωκας ἡμᾶς εἰς χεῖρας ἐχθρῶν ἀνόμων, ἐχθίστων ἀποστατῶν, καὶ βασιλεῖ ἀδίκῳ, καὶ πονηροτάτῳ παρὰ πᾶσαν τὴν γῆν παρέδωκας ἡμᾶς. B

33. Καὶ νῦν οὐκ ἔστιν ἡμῖν ἀνοῖξαι τὸ στόμα· αἰσχύνη καὶ ὄνειδος ἐγένετο τοῖς δούλοις σου, καὶ τοῖς σεβομένοις σε.

34. Μὴ δὴ παραδῷς ἡμᾶς εἰς τέλος διὰ τὸ ὄνομά σου, καὶ μὴ διασκεδάσῃς τὴν διαθήκην σου.

35. Καὶ μὴ ἀποστήσῃς τὸ ἔλεός σου ἀφ' ἡμῶν διὰ Ἀβραὰμ τὸν ἠγαπημένον ὑπό σου, καὶ διὰ Ἰσαὰκ τὸν δοῦλόν σου, καὶ Ἰσραὴλ τὸν ἅγιόν σου.

36. Οἷς ἐλάλησας αὐτοῖς λέγων· Πληθυνῶ τὸ σπέρμα ὑμῶν, ὡσεὶ τὰ ἄστρα τοῦ οὐρανοῦ, καὶ ὡς τὴν ἄμμον τὴν παρὰ τὸ χεῖλος τῆς θαλάσσης.

37. Ὅτι, Δέσποτα, ἐσμικρύνθημεν παρὰ πάντα τὰ ἔθνη, καὶ ἐσμὲν ταπεινοὶ ἐν πάσῃ τῇ γῇ σήμερον διὰ τὰς ἁμαρτίας ἡμῶν. C

38. Καὶ οὐκ ἔστιν ἐν τῷ καιρῷ τούτῳ ἄρχων, καὶ προφήτης, καὶ ἡγούμενος, οὐδὲ ὁλοκαύτωσις, οὐδὲ θυσία, οὐδὲ προσφορὰ, οὐδὲ θυμίαμα, τόπος τοῦ καρπῶσαι ἐναντίον σου, καὶ εὑρεῖν ἔλεον.

39. Ἀλλ' ἐν ψυχῇ συντετριμμένῃ, καὶ πνεύματι ταπεινώσεως προσδεχθείημεν.

40. Ὡς ἐν ὁλοκαυτώσει κριῶν, καὶ ταύρων, καὶ ὡς ἐν μυριάσιν ἀρνῶν πιόνων, οὕτω γενέσθω ἡ θυσία ἡμῶν σήμερον ἐνώπιόν σου, καὶ τοῦ ἐκτελέσαι ὄπισθέν σου· ὅτι οὐκ ἔστιν αἰσχύνη τοῖς πεποιθόσιν ἐπὶ σοί.

41. Καὶ νῦν ἐξακολουθοῦμέν σοι ἐν ὅλῃ καρδίᾳ, καὶ φοβούμεθά σε, καὶ ζητοῦμεν τὸ πρόσωπόν σου.

42. Μὴ καταισχύνῃς ἡμᾶς, ἀλλὰ ποίησον μεθ' ἡμῶν κατὰ τὴν ἐπιείκειάν σου, καὶ κατὰ τὸ πλῆθος τοῦ ἐλέους σου. D

43. Καὶ ἐξελοῦ ἡμᾶς κατὰ τὰ θαυμάσιά σου, καὶ δὸς δόξαν τῷ ὀνόματί σου, Κύριε.

44. Καὶ ἐντραπείησαν πάντες οἱ ἐνδεικνύμενοι τοῖς δούλοις σου κακὰ, καὶ καταισχυνθείησαν ἀπὸ πάσης δυναστείας, καὶ ἡ ἰσχὺς αὐτῶν συντριβείη.

45. Γνώτωσαν, ὅτι σὺ εἶ Κύριος ὁ Θεὸς μόνος, καὶ ὁ ἔνδοξος ἐφ' ὅλην τὴν οἰκουμένην.

46. Καὶ οὐ διέλιπον οἱ ἐμβάλλοντες αὐτοὺς ὑπηρέται τοῦ βασιλέως καίοντες τὴν κάμινον νάφθαν, καὶ στίπυον, καὶ πίσσαν, καὶ κληματίδα.

47. Καὶ διεχεῖτο ἡ φλὸξ ἐπάνω τῆς καμίνου ἐπὶ πήχεις τεσσαρακονταεννέα.

28. Et judicia veritatis fecisti juxta omnia, quæ induxisti super nos, et super civitatem sanctam patrum nostrorum Jerusalem; quia in veritate et judicio induxisti omnia hæc super nos propter peccata nostra.

29. Peccavimus enim, et inique egimus recedentes a te, et deliquimus in omnibus.

30. Et mandata tua non audivimus, neque custodivimus ea, neque fecimus, sicut mandaveras nobis, ut bene nobis esset.

31. Et omnia, quæ fecisti nobis, in vero judicio fecisti.

32. Et tradidisti nos in manus inimicorum iniquorum, inimicissimorum apostatarum, et regi injusto, et pessimo super omnem terram tradidisti nos.

33. Et nunc non est nobis aperire os: confusio et exprobratio facta est servis tuis, et colentibus te.

34. Sed ne tradas nos in finem propter nomen tuum, et ne dissipes testamentum tuum.

35. Et ne avertas misericordiam tuam a nobis propter Abraham dilectum tuum, et propter Isaac servum tuum, et Israel sanctum tuum.

36. Quibus locutus es eis dicens: Multiplicabo semen vestrum sicut stellas cœli, et sicut arenam, quæ est in littore maris.

37. Quia, Domine, imminuti sumus ultra omnes gentes, et sumus humiles in universa terra hodie propter peccata nostra.

38. Et non est in tempore hoc princeps, et propheta, et dux, neque holocaustum, neque sacrificium, neque oblatio, neque thymiama, neque locus primitias offerendi coram te, et inveniendi misericordiam.

39. Sed in anima contrita, et spiritu humilitatis suscipiamur.

40. Sicut in holocausto arietum, et taurorum, et sicut in millibus agnorum pinguium; sic fiat sacrificium nostrum hodie in conspectu tuo, et ut perficiatur post te, quoniam non est confusio confidentibus in te.

41. Et nunc sequimur te in toto corde, et timemus te, et quærimus faciem tuam.

42. Ne confundas nos, sed fac nobiscum juxta mansuetudinem tuam, et secundum multitudinem misericordiæ tuæ.

43. Et erue nos juxta mirabilia tua, et da gloriam nomini tuo, Domine.

44. Et confundantur omnes, qui ostendunt servis tuis mala, et confundantur ab omni potentia, et robur eorum conteratur.

45. Cognoscant, quia tu es Dominus Deus solus, et gloriosus super universum orbem terrarum.

46. Et non cessabant, qui injecerant eos ministri regis, succendentes fornacem naphtha, et stupa, et pice, et sarmentis.

47. Et effundebatur flamma super fornacem ad cubitos quadraginta novem.

48. Et erupit, et incendit, quos invenit circa fornacem de Chaldæis.

49. Angelus autem Domini simul descendit cum iis, qui erant cum Azaria in fornacem, et excussit flammam ignis de fornace, et fecit medium fornacis, quasi spiritum roris flantem.

50. Et non tetigit eos omnino ignis, neque contristavit eos, neque molestiam intulit eis.

51. Tunc tres quasi ex uno ore laudabant, et glorificabant, et benedicebant Deum in fornace dicentes:

52. Benedictus es, Domine Deus patrum nostrorum, et laudabilis, et superexaltatus in sæcula: et benedictum nomen gloriæ tuæ sanctum, et laudabile, et superexaltatum in sæcula.

53. Benedictus es in templo sanctæ gloriæ tuæ, et superlaudabilis, et supergloriosus in sæcula.

54. Benedictus es in throno gloriæ regni tui, et superlaudabilis, et superexaltatus in sæcula.

55. Benedictus es, qui intueris abyssos, sedens super Cherubim, et laudabilis, et superexaltatus in sæcula.

56. Benedictus es in firmamento cœli, et laudabilis, et gloriosus in sæcula.

57. Benedicite omnia opera Domini Domino, laudate, et superexaltate eum in sæcula.

58. Benedicite angeli Domini Domino, laudate, et superexaltate eum in sæcula.

59. Benedicite cœli Domino, laudate, et superexaltate eum in sæcula.

60. Benedicite aquæ omnes, quæ super cœlos sunt, Domino, laudate, et superexaltate eum in sæcula.

61. Benedicite omnes virtutes Domini Domino, laudate, et superexaltate eum in sæcula.

62. Benedicite sol, et luna Domino, laudate, et superexaltate eum in sæcula.

63. Benedicite stellæ cœli Domino, laudate, et superexaltate eum in sæcula.

64. Benedicite omnis imber, et ros Domino, laudate, et superexaltate eum in sæcula.

65. Benedicite omnes spiritus Domino, laudate, et superexaltate eum in sæcula.

66. Benedicite ignis, et æstus Domino, laudate, et superexaltate eum in sæcula.

67. Benedicite frigus, et æstus Domino, laudate, et superexaltate eum in sæcula.

68. Benedicite rores, et pruinæ Domino, laudate, et superexaltate eum in sæcula.

69. Benedicite gelu et frigus Domino, laudate, et superexaltate eum in sæcula.

70. Benedicite glacies, et nives Domino, laudate, et superexaltate eum in sæcula.

71. Benedicite noctes, et dies Domino, laudate, et superexaltate eum in sæcula.

72. Benedicite lux, et tenebræ Domino, laudate, et superexaltate eum in sæcula.

A 48. Καὶ διώδευσε, καὶ ἐνεπύρισεν οὓς εὗρε περὶ τὴν κάμινον τῶν Χαλδαίων.

49. Ὁ δὲ ἄγγελος Κυρίου ἅμα συγκατέβη τοῖς περὶ τὸν Ἀζαρίαν εἰς τὴν κάμινον, καὶ ἐξετίναξε τὴν φλόγα τοῦ πυρὸς ἐκ τῆς καμίνου, καὶ ἐποίησε τὸ μέσον τῆς καμίνου, ὡς πνεῦμα δρόσου διασυρίζον.

50. Καὶ οὐχ ἥψατο αὐτῶν τὸ καθ' ὅλου τὸ πῦρ, καὶ οὐκ ἐλύπησεν αὐτοὺς, καὶ οὐ παρηνώχλησεν αὐτοῖς.

51. Τότε οἱ τρεῖς ὡς ἐξ ἑνὸς στόματος ὕμνουν, καὶ ἐδόξαζον, καὶ εὐλόγουν τὸν Θεὸν ἐν τῇ καμίνῳ λέγοντες.

52. Εὐλογητὸς εἶ, Κύριε, ὁ Θεὸς τῶν πατέρων ἡμῶν, καὶ αἰνετὸς, καὶ ὑπερυψούμενος εἰς τοὺς αἰῶνας· καὶ εὐλογημένον τὸ ὄνομα τῆς δόξης σου τὸ ἅγιον,
B καὶ αἰνετὸν, καὶ ὑπερυψούμενον εἰς τοὺς αἰῶνας.

53. Εὐλογημένος εἶ ἐν τῷ ναῷ τῆς ἁγίας δόξης σου, καὶ ὑπερυμνητὸς, καὶ ὑπερένδοξος εἰς τοὺς αἰῶνας.

54. Εὐλογημένος εἶ ἐπὶ θρόνου δόξης τῆς βασιλείας σου, καὶ ὑπερυμνητὸς, καὶ ὑπερυψούμενος εἰς τοὺς αἰῶνας.

55. Εὐλογημένος εἶ ὁ βλέπων ἀβύσσους, καθήμενος ἐπὶ Χερουβὶμ, καὶ αἰνετὸς, καὶ ὑπερυψούμενος εἰς τοὺς αἰῶνας.

56. Εὐλογημένος εἶ ἐν τῷ στερεώματι τοῦ οὐρανοῦ, καὶ ὑμνητὸς, καὶ δεδοξασμένος εἰς τοὺς αἰῶνας.

57. Εὐλογεῖτε πάντα τὰ ἔργα Κυρίου τὸν Κύριον, ὑμνεῖτε, καὶ ὑπερυψοῦτε αὐτὸν εἰς τοὺς αἰῶνας.

58. Εὐλογεῖτε ἄγγελοι Κυρίου τὸν Κύριον, ὑμνεῖτε,
C καὶ ὑπερυψοῦτε αὐτὸν εἰς τοὺς αἰῶνας.

59. Εὐλογεῖτε οὐρανοὶ τὸν Κύριον, ὑμνεῖτε, καὶ ὑπερυψοῦτε αὐτὸν εἰς τοὺς αἰῶνας.

60. Εὐλογεῖτε ὕδατα πάντα τὰ ἐπάνω τοῦ οὐρανοῦ τὸν Κύριον, ὑμνεῖτε, καὶ ὑπερυψοῦτε αὐτὸν εἰς τοὺς αἰῶνας.

61. Εὐλογεῖτε πᾶσαι αἱ δυνάμεις Κυρίου τὸν Κύριον, ὑμνεῖτε, καὶ ὑπερυψοῦτε αὐτὸν εἰς τοὺς αἰῶνας.

62. Εὐλογεῖτε ἥλιος, καὶ σελήνη τὸν Κύριον, ὑμνεῖτε, καὶ ὑπερυψοῦτε αὐτὸν εἰς τοὺς αἰῶνας.

63. Εὐλογεῖτε ἄστρα τοῦ οὐρανοῦ τὸν Κύριον, ὑμνεῖτε, καὶ ὑπερυψοῦτε αὐτὸν εἰς τοὺς αἰῶνας.

64. Εὐλογεῖτε πᾶς ὄμβρος, καὶ δρόσος τὸν Κύριον, ὑμνεῖτε, καὶ ὑπερυψοῦτε αὐτὸν εἰς τοὺς αἰῶνας.

65. Εὐλογεῖτε πάντα τὰ πνεύματα τὸν Κύριον,
D ὑμνεῖτε, καὶ ὑπερυψοῦτε αὐτὸν εἰς τοὺς αἰῶνας.

66. Εὐλογεῖτε πῦρ, καὶ καῦμα τὸν Κύριον, ὑμνεῖτε, καὶ ὑπερυψοῦτε αὐτὸν εἰς τοὺς αἰῶνας.

67. Εὐλογεῖτε ψῦχος, καὶ καῦμα τὸν Κύριον, ὑμνεῖτε, καὶ ὑπερυψοῦτε αὐτὸν εἰς τοὺς αἰῶνας.

68. Εὐλογεῖτε δρόσοι, καὶ νιφετοὶ τὸν Κύριον, ὑμνεῖτε, καὶ ὑπερυψοῦτε αὐτὸν εἰς τοὺς αἰῶνας.

69. Εὐλογεῖτε πάγοι, καὶ ψῦχος τὸν Κύριον, ὑμνεῖτε, καὶ ὑπερυψοῦτε αὐτὸν εἰς τοὺς αἰῶνας.

70. Εὐλογεῖτε πάχνη, καὶ χιόνες τὸν Κύριον, ὑμνεῖτε, καὶ ὑπερυψοῦτε αὐτὸν εἰς τοὺς αἰῶνας.

71. Εὐλογεῖτε νύκτες, καὶ ἡμέραι τὸν Κύριον, ὑμνεῖτε, καὶ ὑπερυψοῦτε αὐτὸν εἰς τοὺς αἰῶνας.

72. Εὐλογεῖτε φῶς, καὶ σκότος τὸν Κύριον, ὑμνεῖτε, καὶ ὑπερυψοῦτε αὐτὸν εἰς τοὺς αἰῶνας.

A

73. Εὐλογεῖτε ἀστραπαὶ, καὶ νεφέλαι τὸν Κύριον, ὑμνεῖτε, καὶ ὑπερυψοῦτε αὐτὸν εἰς τοὺς αἰῶνας.

74. Εὐλογήτω ἡ γῆ τὸν Κύριον, ὑμνείτω, καὶ ὑπερυψούτω αὐτὸν εἰς τοὺς αἰῶνας.

75. Εὐλογεῖτε ὄρη, καὶ βουνοὶ τὸν Κύριον, ὑμνεῖτε, καὶ ὑπερυψοῦτε αὐτὸν εἰς τοὺς αἰῶνας.

76. Εὐλογεῖτε πάντα τὰ φυόμενα ἐν τῇ γῇ τὸν Κύριον, ὑμνεῖτε, καὶ ὑπερυψοῦτε αὐτὸν εἰς τοὺς αἰῶνας.

77. Εὐλογεῖτε αἱ πηγαὶ τὸν Κύριον, ὑμνεῖτε, καὶ ὑπερυψοῦτε αὐτὸν εἰς τοὺς αἰῶνας.

78. Εὐλογεῖτε θάλασσαι, καὶ ποταμοὶ τὸν Κύριον, ὑμνεῖτε, καὶ ὑπερυψοῦτε αὐτὸν εἰς τοὺς αἰῶνας.

79. Εὐλογεῖτε κήτη, καὶ πάντα τὰ κινούμενα ἐν τοῖς ὕδασι τὸν Κύριον, ὑμνεῖτε, καὶ ὑπερυψοῦτε αὐτὸν εἰς τοὺς αἰῶνας.

B

80. Εὐλογεῖτε πάντα τὰ πετεινὰ τοῦ οὐρανοῦ τὸν Κύριον, ὑμνεῖτε, καὶ ὑπερυψοῦτε αὐτὸν εἰς τοὺς αἰῶνας.

81. Εὐλογεῖτε πάντα τὰ θηρία, καὶ τὰ κτήνη τὸν Κύριον, ὑμνεῖτε, καὶ ὑπερυψοῦτε αὐτὸν εἰς τοὺς αἰῶνας.

82. Εὐλογεῖτε υἱοὶ τῶν ἀνθρώπων τὸν Κύριον, ὑμνεῖτε, καὶ ὑπερυψοῦτε αὐτὸν εἰς τοὺς αἰῶνας.

83. Εὐλογεῖτε υἱοὶ Ἰσραὴλ τὸν Κύριον, ὑμνεῖτε, καὶ ὑπερυψοῦτε αὐτὸν εἰς τοὺς αἰῶνας.

84. Εὐλογεῖτε ἱερεῖς τὸν Κύριον, ὑμνεῖτε, καὶ ὑπερυψοῦτε αὐτὸν εἰς τοὺς αἰῶνας.

85. Εὐλογεῖτε δοῦλοι Κυρίου τὸν Κύριον, ὑμνεῖτε, καὶ ὑπερυψοῦτε αὐτὸν εἰς τοὺς αἰῶνας.

C

86. Εὐλογεῖτε πνεύματα, καὶ ψυχαὶ δικαίων τὸν Κύριον, ὑμνεῖτε, καὶ ὑπερυψοῦτε αὐτὸν εἰς τοὺς αἰῶνας.

87. Εὐλογεῖτε ὅσιοι, καὶ ταπεινοὶ τῇ καρδίᾳ τὸν Κύριον, ὑμνεῖτε, καὶ ὑπερυψοῦτε αὐτὸν εἰς τοὺς αἰῶνας.

88. Εὐλογεῖτε Ἀνανία, Ἀζαρία, Μισαὴλ τὸν Κύριον, ὑμνεῖτε, καὶ ὑπερυψοῦτε αὐτὸν εἰς τοὺς αἰῶνας. Ὅτι ἐῤῥύσατο ἡμᾶς ἐξ ᾅδου, καὶ ἐκ χειρὸς θανάτου ἔσωσεν ἡμᾶς· καὶ ἐῤῥύσατο ἡμᾶς ἐκ μέσου καιομένης φλογὸς, καὶ ἐκ μέσου πυρὸς ἐῤῥύσατο ἡμᾶς.

89. Ἐξομολογεῖσθε τῷ Κυρίῳ, ὅτι χρηστὸς, ὅτι εἰς τὸν αἰῶνα τὸ ἔλεος αὐτοῦ.

90. Εὐλογεῖτε πάντες οἱ σεβόμενοι τὸν Κύριον, Κύριον τὸν Θεὸν τῶν θεῶν, ὑμνεῖτε, καὶ ἐξομολογεῖσθε, ὅτι εἰς πάντας τοὺς αἰῶνας τὸ ἔλεος αὐτοῦ.

D

91. Καὶ Ναβουχοδονόσορ ἤκουσεν ὑμνούντων αὐτῶν, καὶ ἐθαύμασε, καὶ ἐξανέστη ἐν σπουδῇ, καὶ εἶπε τοῖς μεγιστᾶσιν αὐτοῦ· Οὐχὶ ἄνδρας τρεῖς ἐβάλομεν εἰς μέσον τοῦ πυρὸς πεπεδημένους; καὶ ἀποκριθέντες λέγουσι τῷ βασιλεῖ· Ἀληθῶς, βασιλεῦ.

92. Καὶ ἀποκριθεὶς εἶπεν ὁ βασιλεύς· Ὧδε ἐγὼ ὁρῶ ἄνδρας τέσσαρας λελυμένους περιπατοῦντας ἐν μέσῳ τοῦ πυρὸς, καὶ διαφθορὰ οὐκ ἔστιν αὐτοῖς, καὶ ἡ ὅρασις τοῦ τετάρτου ὁμοία υἱῷ Θεοῦ.

93. Τότε προσῆλθε Ναβουχοδονόσορ πρὸς τὴν θύραν τῆς καμίνου τοῦ πυρὸς τῆς καιομένης, καὶ εἶπε· Σεδρὰχ, Μισὰχ, Ἀβδεναγὼ, οἱ δοῦλοι τοῦ Θεοῦ τοῦ

73. Benedicite fulgura, et nubes Domino, laudate, et superexaltate eum in sæcula.

74. Benedicat terra Domino, laudet, et superexaltet eum in sæcula.

75. Benedicite montes, et colles Domino, laudate, et superexaltate eum in sæcula.

76. Benedicite universa germinantia in terra Domino, laudate, et superexaltate eum in sæcula.

77. Benedicite fontes Domino, laudate, et superexaltate eum in sæcula.

78. Benedicite maria, et flumina Domino, laudate, et superexaltate eum in sæcula.

79. Benedicite cete, et omnia, quæ moventur in aquis Domino, laudate, et superexaltate eum in sæcula.

80. Benedicite omnes volucres cœli Domino, laudate, et superexaltate eum in sæcula.

81. Benedicite omnes bestiæ, et pecora Domino, laudate, et superexaltate eum in sæcula.

82. Benedicite filii hominum Domino, laudate, et superexaltate eum in sæcula.

83. Benedicite filii Israel Domino, laudate, et superexaltate eum in sæcula.

84. Benedicite sacerdotes Domino. laudate, et superexaltate eum in sæcula.

85. Benedicite servi Domini Domino, laudate, et superexaltate eum in sæcula.

86. Benedicite spiritus, et animæ justorum Domino, laudate, et superexaltate eum in sæcula.

87. Benedicite sancti, et humiles corde Domino, laudate, et superexaltate eum in sæcula

88. Benedicite Anania, Azaria, Misael Domino, laudate, et superexaltate eum in sæcula. Quia eruit nos de inferno, et de manu mortis salvos fecit nos, et liberavit nos de medio ardentis flammæ, et de medio ignis eruit nos.

89. Confitemini Domino, quoniam bonus, quoniam in æternum misericordia ejus.

90. Benedicite omnes colentes Dominum, Domino Deo deorum, laudate, et confitemini, quoniam in omnia sæcula misericordia ejus.

91. Et Nabuchodonosor audivit laudantes illos, et obstupuit, et surrexit propere, et ait optimatibus suis: Nonne viros tres misimus in medium ignis compeditos? et respondentes dicunt regi: Vere, rex.

92. Et respondens dixit rex: Hic ego video viros quatuor solutos ambulantes in medio ignis, et corruptio non est in eis, et species quarti similis filio Dei.

93. Tunc accessit Nabuchodonosor ad ostium fornacis ignis ardentis, et dixit: Sedrach, Misach, Abdenago, servi Dei excelsi, egredimini, et venite.

Et egressus est Sedrach, Misach, Abdenago de medio ignis.

94. Et congregantur satrapæ, et duces, et toparchæ, et potentes regis, et contemplabantur viros, quoniam nihil potestatis habuisset ignis in corpore eorum, et capillus capitis eorum non esset adustus, et sarabara eorum non fuissent immutata, et odor ignis non esset in eis.

95. Et adoravit in conspectu eorum rex Dominum, et respondit Nabuchodonosor, et dixit : Benedictus Deus Sedrach, Misach, Abdenago, qui misit angelum suum, et eruit servos suos, quia crediderunt in eum ; et verbum regis immutaverunt, et tradiderunt corpora sua in ignem, ne servirent, neque adorarent omnem deum, præter Deum suum.

96. Et ego propono decretum, ut omnis populus, tribus, lingua, quæcumque loquuta fuerit blasphemiam contra Deum Sedrach, Misach, Abdenago, in perditionem erunt, et domus eorum in direptionem erunt : propterea quod non est Deus alius, qui possit salvare eos ita.

97. Tunc rex promovit Sedrach, Misach, Abdenago in regione Babylonis, et auxit eos, et dignos habuit ipsos, qui præessent omnibus Judæis, qui erant in regno suo.

98. Nabuchodonosor rex omnibus populis, tribubus, linguis, habitantibus in universa terra : pax vobis multiplicetur.

99. Signa, et ostenta, quæ fecit mecum Deus excelsus, placuit in conspectu meo annuntiare vobis, quam magna, et fortia.

100. Regnum ejus regnum sempiternum, et potestas ejus in generationem et generationem.

CAPUT IV.

1. Ego Nabuchodonosor abundans eram in domo mea, et florens in throno meo et pinguis in populo meo.

2. Somnium vidi, et perterruit me, et turbatus sum in cubili meo, et visiones capitis mei conturbaverunt me.

3. Et a me propositum est decretum, ut introducerentur in conspectu meo omnes sapientes Babylonis, ut interpretationem somnii indicarent mihi.

4. Et ingrediebantur arioli, magi, gazareni, Chaldæi, et somnium dixi ego in conspectu eorum, et interpretationem ejus non indicarunt mihi.

5. Donec alius ingressus est in conspectu meo, Daniel, cujus nomen Baltasar secundum nomen Dei mei, qui Spiritum Dei sanctum habet in semetipso ; et somnium coram eo dixi.

6. Baltasar princeps ariolorum, quem novi, quod Spiritus Dei sanctus sit in te, et omne sacramentum non est impossibile tibi ; audi visionem somnii, quod vidi, et interpretationem ejus dic mihi.

7. Et visiones capitis mei in cubili meo videbam, et ecce arbor una in medio terræ, et altitudo ejus multa.

A ὑψίστου, ἐξέλθετε, καὶ δεῦτε· καὶ ἐξῆλθε Σεδρὰχ, Μισὰχ, Ἀβδεναγὼ ἐκ μέσου τοῦ πυρός.

94. Καὶ συνάγονται οἱ σατράπαι, καὶ οἱ στρατηγοὶ, καὶ οἱ τοπάρχαι, καὶ οἱ δυνάσται τοῦ βασιλέως, καὶ ἐθεώρουν τοὺς ἄνδρας, ὅτι οὐκ ἐκυρίευσε τὸ πῦρ τοῦ σώματος αὐτῶν, καὶ ἡ θρὶξ τῆς κεφαλῆς αὐτῶν οὐκ ἐφλογίσθη, καὶ τὰ σαράβαρα αὐτῶν οὐκ ἠλλοιώθη, καὶ ὀσμὴ πυρὸς οὐκ ἦν ἐν αὐτοῖς.

95. Καὶ προσεκύνησεν ἐνώπιον αὐτῶν ὁ βασιλεὺς τῷ Κυρίῳ· καὶ ἀπεκρίθη Ναβουχοδονόσορ, καὶ εἶπεν· Εὐλογητὸς ὁ Θεὸς τοῦ Σεδρὰχ, Μισὰχ, Ἀβδεναγὼ, ὃς ἀπέστειλε τὸν ἄγγελον αὐτοῦ, καὶ ἐξείλατο τοὺς παῖδας αὐτοῦ, ὅτι ἐπεποίθεισαν ἐπ' αὐτῷ· καὶ τὸ ῥῆμα τοῦ βασιλέως ἠλλοίωσαν, καὶ παρέδωκαν τὰ σώματα αὐτῶν εἰς πῦρ, ὅπως μὴ λατρεύσωσι, μηδὲ
B προσκυνήσωσι παντὶ θεῷ, ἀλλ' ἢ τῷ Θεῷ αὐτῶν.

96. Καὶ ἐγὼ ἐκτίθεμαι δόγμα, ὅπως πᾶς λαὸς, φυλὴ, γλῶσσα, ἣ ἐὰν εἴπῃ βλασφημίαν κατὰ τοῦ Θεοῦ Σεδρὰχ, Μισὰχ, Ἀβδεναγὼ, εἰς ἀπώλειαν ἔσονται, καὶ οἱ οἶκοι αὐτῶν εἰς διαρπαγὴν ἔσονται· καθότι οὐκ ἔστι Θεὸς ἕτερος, ὅστις δυνήσεται ῥύσασθαι αὐτοὺς οὕτως.

97. Τότε ὁ βασιλεὺς κατεύθυνε τὸν Σεδρὰχ, Μισὰχ, Ἀβδεναγὼ, ἐν τῇ χώρᾳ Βαβυλῶνος, καὶ ηὔξησεν αὐτοὺς, καὶ ἠξίωσεν αὐτοὺς ἡγεῖσθαι πάντων τῶν Ἰουδαίων, τῶν ὄντων ἐν τῇ βασιλείᾳ αὐτοῦ.

98. Ναβουχοδονόσορ ὁ βασιλεὺς πᾶσι τοῖς λαοῖς, φυλαῖς, γλώσσαις, τοῖς οἰκοῦσιν ἐν πάσῃ τῇ γῇ, εἰρήνη ὑμῖν πληθυνθείη.

99. Τὰ σημεῖα, καὶ τὰ τέρατα, ἃ ἐποίησε μετ'
C ἐμοῦ ὁ Θεὸς ὁ ὕψιστος, ἤρεσεν ἐναντίον μου ἀναγγεῖλαι ὑμῖν, ὡς μεγάλη, καὶ ἰσχυρά.

100. Ἡ βασιλεία αὐτοῦ βασιλεία αἰώνιος, καὶ ἡ ἐξουσία αὐτοῦ εἰς γενεὰν καὶ γενεάν.

ΚΕΦΑΛΑΙΟΝ Δ'.

1. Ἐγὼ Ναβουχοδονόσορ εὐθηνῶν ἤμην ἐν τῷ οἴκῳ μου, καὶ εὐθαλῶν ἐπὶ τοῦ θρόνου μου ※ καὶ πίων ※ ἐν τῷ λαῷ μου.

2. Ἐνύπνιον εἶδον, καὶ ἐφοβέρισέ με· καὶ ἐταράχθην ἐπὶ τῆς κοίτης μου, καὶ αἱ ὁράσεις τῆς κεφαλῆς μου συνετάραξάν με.

3. Καὶ παρ' ἐμοῦ ἐξετέθη δόγμα, τοῦ εἰσαγαγεῖν ἐνώπιόν μου πάντας τοὺς σοφοὺς Βαβυλῶνος, ὅπως τὴν σύγκρισιν τοῦ ἐνυπνίου γνωρίσωσί μοι.

4. Καὶ εἰσεπορεύοντο οἱ ἐπαοιδοὶ, μάγοι, γαζαρη-
D νοὶ, Χαλδαῖοι, καὶ τὸ ἐνύπνιον εἶπον ἐγὼ ἐνώπιον αὐτῶν, καὶ τὴν σύγκρισιν αὐτοῦ οὐκ ἐγνώρισάν μοι.

5. Ἕως οὗ ἕτερος εἰσῆλθεν ἐνώπιόν μου, Δανιὴλ, οὗ τὸ ὄνομα Βαλτάσαρ κατὰ τὸ ὄνομα τοῦ Θεοῦ μου, ὃς Πνεῦμα Θεοῦ ἅγιον ἔχει ἐν ἑαυτῷ· καὶ ἐνύπνιον ἐνώπιον αὐτοῦ εἶπον.

6. Βαλτάσαρ ὁ ἄρχων τῶν ἐπαοιδῶν, ὃν ἔγνων ὅτι Πνεῦμα Θεοῦ ἅγιον ἐν σοὶ, καὶ πᾶν μυστήριον οὐκ ἀδυνατεῖ σοι, ἄκουσον τὴν ὅρασιν τοῦ ἐνυπνίου οὗ εἶδον, καὶ τὴν σύγκρισιν αὐτοῦ εἰπέ μοι.

7. Καὶ τὰς ὁράσεις τῆς κεφαλῆς μου ἐπὶ τῆς κοίτης μου ἐθεώρουν, καὶ ἰδοὺ δένδρον ἓν ἐν μέσῳ τῆς γῆς, καὶ τὸ ὕψος αὐτοῦ πολύ.

8. Ἐμεγαλύνθη τὸ δένδρον, καὶ ἴσχυσε, καὶ τὸ ὕψος αὐτοῦ ἔφθασεν ἕως τοῦ οὐρανοῦ, καὶ τὸ κύτος αὐτοῦ εἰς τὰ πέρατα πάσης τῆς γῆς.

9. Τὰ φύλλα αὐτοῦ ὡραῖα, καὶ ὁ καρπὸς αὐτοῦ πολύς, καὶ τροφὴ πάντων ἐν αὐτῷ, καὶ ὑποκάτω αὐτοῦ κατεσκήνουν τὰ θηρία τὰ ἄγρια, καὶ ἐν τοῖς κλάδοις αὐτοῦ κατῴκει τὰ ὄρνεα τοῦ οὐρανοῦ· ἐξ αὐτοῦ ἐτρέφετο πᾶσα σάρξ.

10. Ἐθεώρουν ἐν ὁράματι τῆς νυκτὸς ἐπὶ τῆς κοίτης μου, καὶ ἰδοὺ Εἰρ, καὶ ἅγιος ἀπὸ οὐρανοῦ κατέβη.

11. Καὶ ἐφώνησεν ἐν ἰσχύϊ, καὶ οὕτως εἶπεν· Ἐκκόψατε τὸ δένδρον, καὶ ἐκτίλατε τοὺς κλάδους αὐτοῦ, καὶ ἐκτινάξατε τὰ φύλλα αὐτοῦ, καὶ διασκορπίσατε τὸν καρπὸν αὐτοῦ· σαλευθήτω τὰ θηρία ὑποκάτωθεν αὐτοῦ, καὶ τὰ ὄρνεα ἀπὸ τῶν κλάδων αὐτοῦ.

12. Πλὴν τὴν φυὴν τῶν ῥιζῶν αὐτοῦ ἐν τῇ γῇ ἐάσατε, καὶ ἐν δεσμῷ σιδηρῷ, καὶ χαλκῷ, καὶ ἐν τῇ χλόῃ τῇ ἔξω, καὶ ἐν τῇ δρόσῳ τοῦ οὐρανοῦ αὐλισθήσεται, καὶ μετὰ τῶν θηρίων ἡ μερὶς αὐτοῦ ἐν τῷ χόρτῳ τῆς γῆς.

13. Ἡ καρδία αὐτοῦ ἀπὸ τῶν ἀνθρώπων ἀλλοιωθήσεται, καὶ καρδία θηρίου δοθήσεται αὐτῷ, καὶ ἑπτὰ καιροὶ ἀλλαγήσονται ἐπ' αὐτήν.

14. Διὰ συγκρίματος Εἰρ, ὁ λόγος, καὶ ῥῆμα ἅγιον τὸ ἐπερώτημα, ἵνα γνῶσιν οἱ ζῶντες, ὅτι Κύριός ἐστιν ὁ Ὕψιστος τῆς βασιλείας τῶν ἀνθρώπων, καὶ ᾧ ἂν δόξῃ, δώσει αὐτήν, καὶ ἐξουθένημα ἀνθρώπων ἀναστήσει ἐπ' αὐτήν.

15. Τοῦτο τὸ ἐνύπνιον εἶδον ἐγὼ ὁ βασιλεὺς Ναβουχοδονόσορ, καὶ σύ, Βαλτάσαρ, τὸ σύγκριμα εἰπὲ κατέναντι, ὅτι πάντες οἱ σοφοὶ τῆς βασιλείας μου οὐ δύνανται τὸ σύγκριμα αὐτοῦ δηλῶσαί μοι· σὺ δὲ δύνασαι, ὅτι Πνεῦμα Θεοῦ ἅγιον ἐν σοί.

16. Τότε Δανιήλ, οὗ τὸ ὄνομα Βαλτάσαρ, ἀπηνεώθη ὡσεὶ ὥραν μίαν, καὶ οἱ διαλογισμοὶ αὐτοῦ συνετάρασσον αὐτόν· ἀπεκρίθη ὁ βασιλεύς, καὶ εἶπεν· Βαλτάσαρ, τὸ ἐνύπνιον, καὶ ἡ σύγκρισις μὴ κατασπευσάτω σε· ἀπεκρίθη Βαλτάσαρ, καὶ εἶπεν· Κύριέ μου, τὸ ἐνύπνιον τοῖς μισοῦσί σε, καὶ ἡ σύγκρισις αὐτοῦ τοῖς ἐχθροῖς σου.

17. Τὸ δένδρον ὃ εἶδες τὸ μεγαλυνθέν, καὶ τὸ ἰσχυκός, οὗ τὸ ὕψος ἔφθασεν εἰς τὸν οὐρανόν, καὶ τὸ κύτος αὐτοῦ εἰς πᾶσαν τὴν γῆν.

18. Καὶ τὰ φύλλα αὐτοῦ εὐθαλῆ, καὶ ὁ καρπὸς αὐτοῦ πολύς, καὶ τροφὴ πᾶσιν ἐν αὐτῷ· ὑποκάτω αὐτοῦ κατῴκει τὰ θηρία τὰ ἄγρια, καὶ ἐν τοῖς κλάδοις αὐτοῦ κατεσκήνουν τὰ ὄρνεα τοῦ οὐρανοῦ.

19. Σὺ εἶ, βασιλεῦ, ὅτι ἐμεγαλύνθης καὶ ἴσχυσας, καὶ ἡ μεγαλωσύνη σου ἐμεγαλύνθη, καὶ ἔφθασεν εἰς τὸν οὐρανόν, καὶ ἡ κυρεία σου εἰς τὰ πέρατα τῆς γῆς.

20. Καὶ ὅτι εἶδεν ὁ βασιλεὺς Εἰρ, καὶ ἅγιον καταβαίνοντα ἐκ τοῦ οὐρανοῦ, καὶ εἶπεν, Ἐκτίλατε τὸ δένδρον, καὶ διαφθείρατε αὐτό, καὶ πλὴν τὴν φυὴν τῶν ῥιζῶν αὐτοῦ ἐν τῇ γῇ ἐάσατε, καὶ ἐν δεσμῷ σιδηρῷ, καὶ χαλκῷ, καὶ ἐν τῇ χλόῃ τῇ ἔξω, καὶ ἐν τῇ δρόσῳ τοῦ οὐρανοῦ αὐλισθήσεται, καὶ μετὰ τῶν θηρίων ἀγρίων ἡ μερὶς αὐτοῦ, ἕως ἑπτὰ καιροὶ ἀλλοιωθῶσιν ἐπ' αὐτόν.

8. Et magnificata est arbor, et invaluit, et altitudo ejus pervenit usque ad cœlum, et latitudo ejus ad terminos universæ terræ.

9. Folia ejus pulchra, et fructus ejus multus, et esca universorum in ea; et subter eam habitabant bestiæ agrestes, et in ramis ejus habitabant volucres cœli : ex ea nutriebatur omnis caro

10. Videbam in visione noctis in cubili meo, et ecce Hir, et Sanctus de cœlo descendit.

11. Clamavitque in fortitudine, et sic ait : Succidite arborem, et evellite ramos ejus, et excutite folia ejus, et dispergite fructum ejus : abigantur bestiæ subter eam, et volucres de ramis ejus.

12. Verumtamen germen radicum ejus in terra sinite, et in vinculo ferreo, et æreo, et in herba, quæ foris est, et in rore cœli commorabitur, et cum feris pars ejus in herba terræ.

13. Cor ejus ab hominibus commutabitur, et cor feræ dabitur ei; et septem tempora mutabuntur super eam.

14. Per decretum Hir sermo, et verbum sanctum petitio, ut cognoscant viventes, quod Dominus est ipse Altissimus regni hominum, et quicumque voluerit, dabit illud, et quod pro nihilo habetur ab hominibus, eriget super illud.

15. Hoc somnium vidi ego rex Nabuchodonosor, et tu, Baltasar, interpretationem dicito coram : quia omnes sapientes regni mei non possunt interpretationem ejus declarare mihi; tu autem potes, quia Spiritus Dei sanctus est in te.

16. Tunc Daniel, cujus nomen Baltasar, obmutuit quasi hora una, et cogitationes ejus conturbabant eum. Respondit rex, et dixit : Baltasar, somnium, et interpretatio ne sollicitum te reddat; respondit Baltasar, et dixit: Domine mi, somnium sit his, qui te oderunt, et interpretatio ejus hostibus tuis.

17. Arbor quam vidisti magnificatam, et corroboratam, cujus altitudo pervenit ad cœlum, et latitudo ejus in universam terram.

18. Et folia ejus florentia, et fructus ejus multus, et esca omnibus in ea : subter eam habitabant bestiæ agri, et in ramis ejus commorabantur aves cœli.

19. Tu es, o rex, quia magnificatus es, et invaluisti, et magnitudo tua magnificata est, et pervenit ad cœlum, et potentia tua ad terminos terræ.

20. Quod autem vidit rex Hir, et sanctum descendentem de cœlo, et dixit : Evellite arborem, et destruite eam, attamen germen radicum ejus in terra dimittite, et in vinculo ferreo, et æreo, et in herba quæ foris, et in rore cœli commorabitur, et cum bestiis agrestibus pars ejus, donec septem tempora mutentur super eum.

21. Hæc interpretatio ejus, o rex, et sententia Altissimi est, quæ pervenit super dominum meum regem, et te ejicient ab hominibus, et cum bestiis agrestibus erit habitatio tua.

22. Et fœno ut bovem pascent te, et de rore cœli corpus tuum aspergetur, et septem tempora mutabuntur super te, donec scias, quod dominatur Excelsus super regnum hominum, et cuicumque voluerit, dabit illud.

23. Quod autem dixit: Dimittite germen radicum arboris: regnum tuum tibi manebit, postquam cognoveris potestatem cœlestem.

24. Quamobrem, rex, consilium meum placeat tibi, et peccata tua in eleemosynis redime, et injustitias tuas in miserationibus pauperum: fortasse erit longanimitas pro delictis tuis.

25. Hæc omnia venerunt super te Nabuchodonosor regem.

26. Post menses duodecim in templo regni sui Babylone deambulabat.

27. Et respondit rex, et dixit: Nonne hæc est Babylon magna, quam ego ædificavi in domum regni, in robore fortitudinis meæ?

28. Cum adhuc sermo esset in ore regis, vox de cœlo facta est: Tibi dicitur, Nabuchodonosor rex: regnum tuum transiit a te.

29. Et ab hominibus te ejicient, et cum bestiis agrestibus habitatio tua, et fœno ut bovem cibabunt te, et septem tempora mutabuntur super te donec scias, quod dominatur Excelsus super regnum ipsorum hominum, et cuicumque voluerit, dabit illud.

30. Eadem hora sermo completus est super Nabuchodonosor, et ex hominibus ejectus est, et fœnum ut bos comedit, et de rore cœli corpus ejus infectum est, donec capilli ejus quasi leonum creverunt, et ungues ejus quasi avium.

31. Et post finem dierum ego Nabuchodonosor oculos meos ad cœlum levavi, et sensus mei ad me reversi sunt, et Altissimo benedixi, et viventem in sempiternum laudavi, et glorificavi, quia potestas ejus potestas sempiterna, et regnum ejus in generationem et generationem.

32. Et omnes habitatores terræ quasi nihil computati sunt, et juxta voluntatem suam facit in virtute cœli, et in habitatione terræ. Et non est, qui resistat manui ejus, et dicat ei: Quid fecisti?

33. Ipso tempore sensus mei reversi sunt in me, et ad honorem regni mei veni, et figura mea reversa est ad me: et tyranni, et magnates mei quærebant me, et in regno meo confortatus sum, et magnificentia amplior addita est mihi.

34. Et nunc ego Nabuchodonosor laudo, et exalto, et glorifico regem cœli, quia omnia opera

A 21. Τοῦτο ἡ σύγκρισις αὐτοῦ, βασιλεῦ, καὶ σύγκριμα Ὑψίστου ἐστὶν, ὃ ἔφθασεν ἐπὶ τὸν κύριόν μου τὸν βασιλέα, καὶ σὲ ἐκδιώξουσιν ἀπὸ τῶν ἀνθρώπων, καὶ μετὰ θηρίων ἀγρίων ἔσται ἡ κατοικία σου.

22. Καὶ χόρτον ὡς βοῦν ψωμίσουσί σε, καὶ ἀπὸ τῆς δρόσου τοῦ οὐρανοῦ τὸ σῶμά σου βαφήσεται, καὶ ἑπτὰ καιροὶ ἀλλαγήσονται ἐπὶ σὲ, ἕως οὗ γνῷς, ὅτι κυριεύει ὁ Ὕψιστος τῆς βασιλείας τῶν ἀνθρώπων, καὶ ᾧ ἂν δόξῃ, δώσει αὐτήν.

23. Καὶ ὅτι εἶπεν, Ἐάσατε τὴν φυὴν τῶν ῥιζῶν τοῦ δένδρου· ἡ βασιλεία σου σοὶ μενεῖ, ἀφ' ἧς ἂν γνῷς τὴν ἐξουσίαν τὴν οὐράνιον.

24. Διὰ τοῦτο, βασιλεῦ, ἡ βουλή μου ἀρεσάτω σοι, καὶ τὰς ἁμαρτίας σου ἐν ἐλεημοσύναις λύτρωσαι, καὶ τὰς ἀδικίας σου ἐν οἰκτιρμοῖς πενήτων· ἴσως D ἔσται μακροθυμία τοῖς παραπτώμασί σου.

25. Ταῦτα πάντα ἔφθασεν ἐπὶ σὲ Ναβουχοδονόσορ τὸν βασιλέα.

26. Μετὰ δωδεκάμηνον ἐν τῷ ναῷ τῆς βασιλείας αὐτοῦ ἐν Βαβυλῶνι περιπατῶν ἦν.

27. Καὶ ἀπεκρίθη ὁ βασιλεὺς, καὶ εἶπεν, Οὐχ αὕτη ἐστὶ Βαβυλὼν ἡ μεγάλη, ἣν ἐγὼ ᾠκοδόμησα εἰς οἶκον βασιλείας ἐν τῷ κράτει τῆς ἰσχύος μου;

28. Ἔτι τοῦ λόγου ἐν τῷ στόματι τοῦ βασιλέως ὄντος, φωνὴ ἀπ' οὐρανοῦ ἐγένετο· Σοὶ λέγεται, Ναβουχοδονόσορ βασιλεῦ, ἡ βασιλεία σου παρῆλθεν ἀπὸ σοῦ.

29. Καὶ ἀπὸ τῶν ἀνθρώπων σὲ ἐκδιώξουσι, καὶ μετὰ θηρίων ἀγρίων ἡ κατοικία σου, καὶ χόρτον ὡς βοῦν ψωμίσουσί σε, καὶ ἑπτὰ καιροὶ ἀλλαγήσονται C ἐπὶ σοὶ, ἕως οὗ γνῷς, ὅτι κυριεύει ὁ Ὕψιστος τῆς βασιλείας αὐτῶν τῶν ἀνθρώπων, καὶ ᾧ ἐὰν δόξῃ, δώσει αὐτήν.

30. Αὐτῇ τῇ ὥρᾳ ὁ λόγος συνετελέσθη ἐπὶ Ναβουχοδονόσορ, καὶ ἀπὸ τῶν ἀνθρώπων ἐξεδιώχθη, καὶ χόρτον ὡς βοῦς ἤσθιε, καὶ ἀπὸ τῆς δρόσου τοῦ οὐρανοῦ τὸ σῶμα αὐτοῦ ἐβάφη, ἕως οὗ αἱ τρίχες αὐτοῦ ὡς λεόντων ἐμεγαλύνθησαν, καὶ οἱ ὄνυχες αὐτοῦ ὡς ὀρνέων.

31. Καὶ μετὰ τὸ τέλος τῶν ἡμερῶν ἐγὼ Ναβουχοδονόσορ τοὺς ὀφθαλμούς μου εἰς τὸν οὐρανὸν ἔλαβον, καὶ αἱ φρένες μου ἐπ' ἐμὲ ἐπεστράφησαν, καὶ τὸν Ὕψιστον εὐλόγησα, καὶ τὸν ζῶντα εἰς τοὺς αἰῶνας ᾔνεσα, καὶ ἐδόξασα, ὅτι ἡ ἐξουσία αὐτοῦ, ἐξουσία αἰώνιος, καὶ ἡ βασιλεία αὐτοῦ εἰς γενεὰν καὶ γε- B νεάν.

32. Καὶ πάντες οἱ κατοικοῦντες τὴν γῆν ὡς οὐδὲν ἐλογίσθησαν· καὶ κατὰ τὸ θέλημα αὐτοῦ ποιεῖ ἐν τῇ δυνάμει τοῦ οὐρανοῦ, καὶ ἐν τῇ κατοικίᾳ τῆς γῆς. Καὶ οὐκ ἔστιν ὃς ἀντιστήσεται τῇ χειρὶ αὐτοῦ, καὶ ἐρεῖ αὐτῷ· Τί ἐποίησας;

33. Αὐτῷ τῷ καιρῷ αἱ φρένες μου ἐπεστράφησαν ἐπ' ἐμοὶ, καὶ εἰς τὴν τιμὴν τῆς βασιλείας μου ἦλθον, καὶ ἡ μορφή μου ἐπέστρεψεν ἐπ' ἐμὲ, καὶ οἱ τύραννοί μου, καὶ οἱ μεγιστᾶνές μου ἐζήτουν με, καὶ ἐπὶ τὴν βασιλείαν μου ἐκραταιώθην, καὶ μεγαλωσύνη περισσοτέρα προσετέθη μοι.

34. Καὶ νῦν ἐγὼ Ναβουχοδονόσορ αἰνῶ, καὶ ὑψῶ, καὶ δοξάζω τὸν βασιλέα τοῦ οὐρανοῦ, ὅτι πάντα τὰ

ἔργα αὐτοῦ ἀληθινὰ, καὶ αἱ τρίβοι αὐτοῦ κρίσις, καὶ πάντας τοὺς πορευομένους ἐν ὑπερηφανίᾳ, δύναται ταπεινῶσαι.

ΚΕΦΑΛΑΙΟΝ Ε'.

1. Βαλτάσαρ ὁ βασιλεὺς ἐποίησε δεῖπνον μέγα τοῖς μεγιστᾶσιν αὐτοῦ χιλίοις, καὶ κατέναντι τῶν χιλίων ὁ οἶνος.

2. Πίνων Βαλτάσαρ ὁ βασιλεὺς εἶπεν ἐν τῇ γεύσει τοῦ οἴνου, τοῦ ἐνεγκεῖν τὰ σκεύη τὰ χρυσᾶ, καὶ τὰ ἀργυρᾶ, ἃ ἐξήνεγκε Ναβουχοδονόσορ ὁ πατὴρ αὐτοῦ ἐκ τοῦ ναοῦ τοῦ ἐν Ἱερουσαλὴμ, καὶ πιέτωσαν ἐν αὐτοῖς ὁ βασιλεὺς, καὶ οἱ μεγιστᾶνες αὐτοῦ, καὶ αἱ παράκοιτοι αὐτοῦ, καὶ αἱ παλλακαὶ αὐτοῦ.

3. Καὶ ἠνέχθη τὰ σκεύη τὰ ἀργυρᾶ, καὶ τὰ χρυσᾶ, ἃ ἐξήνεγκε Ναβουχοδονόσορ ἐκ τοῦ ναοῦ τοῦ Θεοῦ τοῦ ἐν Ἱερουσαλὴμ, καὶ ἔπινον ἐν αὐτοῖς ὁ βασιλεὺς, καὶ οἱ μεγιστᾶνες αὐτοῦ, καὶ παράκοιτοι αὐτοῦ, καὶ αἱ παλλακαὶ αὐτοῦ.

4. Καὶ ἔπινον οἶνον, καὶ ᾔνεσαν τοὺς θεοὺς τοὺς χρυσοῦς, καὶ ἀργυροῦς, καὶ χαλκοῦς, καὶ σιδηροῦς, καὶ ξυλίνους, καὶ λιθίνους· καὶ τὸν Θεὸν τοῦ οὐρανοῦ οὐκ εὐλόγησαν, τὸν ἔχοντα ἐξουσίαν τοῦ πνεύματος αὐτῶν.

5. Ἐν αὐτῇ τῇ ὥρᾳ ἐξῆλθον δάκτυλοι χειρὸς ἀνθρώπου, καὶ ἔγραφον κατέναντι τῆς λαμπάδος ἐπὶ τὸ κονίαμα τοῦ τοίχου τοῦ οἴκου τοῦ βασιλέως· καὶ ὁ βασιλεὺς ἐθεώρει τοὺς ἀστραγάλους τῆς χειρὸς τῆς γραφούσης.

6. Τότε τοῦ βασιλέως ἡ μορφὴ ἠλλοιώθη, καὶ οἱ διαλογισμοὶ αὐτοῦ συνετάρασσον αὐτὸν, καὶ οἱ σύνδεσμοι τῆς ὀσφύος αὐτοῦ διελύοντο, καὶ τὰ γόνατα αὐτοῦ ※ τοῦτο τούτῳ /. συνεκρούετο.

7. Καὶ ἐβόησεν ὁ βασιλεὺς ἐν ἰσχύϊ τοῦ εἰσαγαγεῖν μάγους, Χαλδαίους, γαζαρηνούς· καὶ ἀπεκρίθη ὁ βασιλεὺς, καὶ εἶπεν τοῖς σοφοῖς Βαβυλῶνος, ὅτι Πᾶς ἄνθρωπος, ὃς ἐὰν ἀναγνῷ τὴν γραφὴν ταύτην, καὶ τὴν σύγκρισιν αὐτῆς γνωρίσῃ μοι, πορφύραν ἐνδύσεται, καὶ ὁ μανιάκης ὁ χρυσοῦς ἐπὶ τοῦ τραχήλου αὐτοῦ, καὶ τρίτος ἐν τῇ βασιλείᾳ μου ἄρξει.

8. Καὶ εἰσεπορεύοντο πάντες οἱ σοφοὶ τοῦ βασιλέως, καὶ οὐκ ἠδύναντο τὴν γραφὴν ἀναγνῶναι, οὐδὲ τὴν σύγκρισιν γνωρίσαι τῷ βασιλεῖ.

9. Καὶ ὁ βασιλεὺς Βαλτάσαρ ἐταράχθη, καὶ ἡ μορφὴ αὐτοῦ ἠλλοιώθη ἐπ' αὐτῷ, καὶ οἱ μεγιστᾶνες αὐτοῦ συνεταράσσοντο.

10. Καὶ ἡ βασίλισσα κατέναντι τῶν λόγων τοῦ βασιλέως, καὶ τῶν μεγιστάνων αὐτοῦ εἰς τὸν οἶκον τοῦ πότου εἰσῆλθεν, καὶ ἀπεκρίθη ἡ βασίλισσα, καὶ εἶπεν· Βασιλεῦ, εἰς τοὺς αἰῶνας ζῆθι· μὴ ταρασσέτωσάν σε οἱ διαλογισμοί σου, καὶ ἡ μορφή σου μὴ ἀλλοιούσθω.

11. Ἔστιν ἀνὴρ ἐν τῇ βασιλείᾳ σου, ἐν ᾧ Πνεῦμα Θεοῦ ἅγιον ἐν αὐτῷ, καὶ ἐν ταῖς ἡμέραις τοῦ πατρός σου γρηγόρησις καὶ σύνεσις εὑρέθη ἐν αὐτῷ, καὶ ὁ βασιλεὺς Ναβουχοδονόσορ ὁ πατήρ σου ἄρχοντα ἐπαοιδῶν, μάγων, Χαλδαίων, γαζαρηνῶν κατέστησεν αὐτόν.

12. Ὅτι πνεῦμα περισσὸν ἐν αὐτῷ, καὶ φρόνησις, καὶ σύνεσις, συγκρίνων ἐνύπνια, καὶ ἀναγγέλλων κρατούμενα· καὶ ὁ βασιλεὺς ἐπέθηκεν αὐτῷ ὄνομα Βαλ-

A ejus vera, et semitæ ejus judicium, et omnes gradientes in superbia potest humiliare.

CAPUT V.

1. Baltasar rex fecit grande convivium optimatibus suis mille, et e regione ipsorum mille, vinum.

2. Bibens Baltasar rex dixit in gustu vini, ut afferrentur vasa aurea, et argentea, quæ asportaverat Nabuchodonosor pater ejus de templo, quod erat in Jerusalem, et biberent in eis rex, et optimates ejus, et concubinæ ejus, et scorta ejus.

3. Et allata sunt vasa argentea, et aurea, quæ asportaverat Nabuchodonosor de templo Dei, quod
B fuerat in Jerusalem: et bibebant in eis rex, et optimates ejus, et concubinæ ejus, et scorta ejus.

4. Et bibebant vinum, et laudabant deos aureos, et argenteos, et æreos, et ferreos, ligneosque, et lapideos: et Deo cœli non benedixerunt habenti potestatem spiritus eorum.

5. In eadem hora egressi sunt digiti manus hominis, et scribebant e regione lampadis in tectorio parietis domus regis; et rex contemplabatur articulos manus scribentis.

6. Tunc regis forma immutata est, et cogitatio-
C nes ejus conturbabant eum, et compages renum ejus dissolvebantur, et genua ejus alterum alteri collidebantur.

7. Et clamavit rex in fortitudine, ut introducerent magos, Chaldæos, gazarenos. Et respondit rex, et dixit sapientibus Babylonis, quod Omnis homo quicumque legerit scripturam hanc, et conjecturam ejus manifestam mihi fecerit, purpura vestietur, et torques aurea super collum ejus, et tertius in regno meo princeps erit.

8. Et ingrediebantur omnes sapientes regis, et non poterant scripturam legere, neque significationem indicare regi.

9. Et rex Baltasar turbatus est, et forma ejus immutata est in illo, et optimates ejus conturba-
D bantur.

10. Et regina propter verba regis, et optimatum ejus in domum convivii ingressa est, et respondit regina, et dixit: Rex, in æternum vive: non conturbent te cogitationes tuæ, et forma tua non immutetur.

11. Est vir in regno tuo, in quo est Spiritus Dei sanctus in eo, et in diebus patris tui vigilantia et intelligentia inventæ sunt in eo; et rex Nabuchodonosor pater tuus principem incantatorum, magorum, Chaldæorum, gazarenorum constituit eum.

12. Quia spiritus amplior in eo, et prudentia, et intellectus conjiciens somnia, et indicans ostenta: et rex imposuit ei nomen Baltasar: nunc itaque

vocetur Daniel, et conjecturam ejus indicabit tibi.

13. Tunc Daniel introductus est coram rege, et dixit rex Danieli: Tu es Daniel, qui de filiis captivitatis Judææ, quam adduxit rex pater meus de Judæa?

14. Et audivi de te, quia Spiritus Dei sanctus in te, et vigilantia, et intelligentia, et sapientia amplior inventæ sunt in te.

15. Et nunc ingressi sunt in conspectu meo sapientes, magi, gazareni, ut scripturam hanc legerent, et conjecturam ejus indicarent mihi, et non potuerunt interpretationem sermonis hujus indicare mihi.

16. Et ego audivi de te, quia potes judicia interpretari, et solvere perplexa: et nunc si poteris legere scripturam, et conjecturam ejus indicare mihi, purpura vestieris, et torques aureus erit super collum tuum, et tertius in regno meo princeps eris.

17. Tunc respondit Daniel, et dixit coram rege: Munera tua tibi erunt, et donum regni tui alteri da: ego autem scripturam legam regi, et conjecturam ejus ostendam tibi, o rex.

18. Deus altissimus regnum, et magnificentiam, et honorem, et gloriam dedit Nabuchodonosor patri tuo.

19. Et a magnificentia, quam dedit ei, omnes populi, tribus, linguæ erant trementes, et metuentes a facie ejus: quos volebat ipse interficiebat, et quos volebat ipse servabat, et quos volebat ipse exaltabat, et quos volebat ipse humiliabat.

20. Et quando elevatum est cor ejus, et spiritus ejus obfirmatus est ad superbiendum, depositus est de solio regni sui.

21. Et honor ejus ablatus est ab eo, et ex hominibus ejectus est, et cor ejus cum bestiis datum est, et cum onagris habitatio ejus: et fœno ut bovem cibaverunt eum, et de rore cœli corpus ejus madefactum est, donec cognovit, quia dominatur Deus altissimus super regnum hominum, et cuicumque voluerit, dabit illud.

22. Et tu filius ejus Baltasar non humiliasti cor tuum coram Deo, cujus omnia hæc noras.

23. Et super Dominum Deum cœli elevatus es, et vasa domus ejus attulerunt coram te, et tu, et optimates tui, et concubinæ tuæ, et scorta tua bibebatis vinum in eis, et deos aureos, et argenteos, et æneos, et ferreos, et ligneos, et lapideos, qui non vident, et non audiunt, et non sentiunt, laudasti; et Deum, cujus respiratio tua in manu ejus, et omnes viæ tuæ, ipsum non glorificasti.

24. Idcirco a facie ejus missus est articulus manus, et scripturam hanc ordinavit.

A τάσαρ· νῦν οὖν κληθήτω Δανιὴλ, καὶ τὴν σύγκρισιν αὐτοῦ ἀναγγελεῖ σοι.

13. Τότε Δανιὴλ εἰσήχθη ἐνώπιον τοῦ βασιλέως, καὶ εἶπεν ὁ βασιλεὺς τῷ Δανιήλ· Σὺ εἶ Δανιὴλ, ὁ ἀπὸ τῶν υἱῶν τῆς αἰχμαλωσίας τῆς Ἰουδαίας, ἧς ἤγαγεν ὁ βασιλεὺς ὁ πατήρ μου ἀπὸ τῆς Ἰουδαίας;

14. Καὶ ἤκουσα περὶ σοῦ, ὅτι Πνεῦμα Θεοῦ ἅγιον ἐν σοὶ, καὶ γρηγόρησις, καὶ σύνεσις, καὶ σοφία περισσὴ εὑρέθη ἐν σοί.

15. Καὶ νῦν εἰσῆλθον ἐνώπιόν μου οἱ σοφοὶ, μάγοι, γαζαρηνοὶ, ἵνα τὴν γραφὴν ταύτην ἀναγνῶσι, καὶ τὴν σύγκρισιν αὐτῆς γνωρίσωσί μοι, καὶ οὐκ ἠδυνήθησαν τὴν σύγκρισιν τοῦ λόγου τούτου ἀναγγεῖλαί μοι.

16. Καὶ ἐγὼ ἤκουσα περὶ σοῦ, ὅτι δύνασαι συγκρί-
B ματα συγκρίνειν, καὶ λύειν συνδέσμους· καὶ νῦν ἐὰν δυνηθῇς ἀναγνῶναι τὴν γραφὴν, καὶ τὴν σύγκρισιν αὐτῆς γνωρίσαι μοι, πορφύραν ἐνδύσῃ, καὶ ὁ μανιάκης ὁ χρυσοῦς ἔσται ἐπὶ τὸν τράχηλόν σου, καὶ τρίτος ἐν τῇ βασιλείᾳ μου ἄρξεις.

17. Τότε ἀπεκρίθη Δανιὴλ, καὶ εἶπεν ἐνώπιον τοῦ βασιλέως· Τὰ δόματά σου σοὶ ἔσται, καὶ τὴν δωρεὰν τῆς βασιλείας σου ἑτέρῳ δός· ἐγὼ δὲ τὴν γραφὴν ἀναγνώσομαι τῷ βασιλεῖ, καὶ τὴν σύγκρισιν αὐτῆς γνωρίσω σοὶ, βασιλεῦ.

18. Ὁ Θεὸς ὁ ὕψιστος τὴν βασιλείαν, καὶ τὴν μεγαλωσύνην, καὶ τὴν τιμὴν, καὶ τὴν δόξαν ἔδωκε Ναβουχοδονόσορ τῷ πατρί σου.

19. Καὶ ἀπὸ τῆς μεγαλωσύνης, ἧς ἔδωκεν αὐτῷ, πάντες οἱ λαοὶ, φυλαὶ, γλῶσσαι ἦσαν τρέμοντες, καὶ
C φοβούμενοι ἀπὸ προσώπου αὐτοῦ· οὓς ἐβούλετο αὐτὸς ἀνῄρει, καὶ οὓς ἐβούλετο αὐτὸς ἔσωζε, καὶ οὓς ἐβούλετο αὐτὸς ὕψου, καὶ οὓς ἐβούλετο αὐτὸς ἐταπείνου.

20. Καὶ ὅτε ὑψώθη ἡ καρδία αὐτοῦ, καὶ τὸ πνεῦμα αὐτοῦ ἐκραταιώθη τοῦ ὑπερηφανεύεσθαι, κατηνέχθη ἀπὸ τοῦ θρόνου τῆς βασιλείας αὐτοῦ.

21. Καὶ ἡ τιμὴ αὐτοῦ ἀφῃρέθη ἀπ' αὐτοῦ, καὶ ἀπὸ τῶν ἀνθρώπων ἐξεδιώχθη, καὶ ἡ καρδία αὐτοῦ μετὰ τῶν θηρίων ἐδόθη, καὶ μετὰ ὄνων ἀγρίων ἡ κατοικία αὐτοῦ, καὶ χόρτον ὡς βοῦν ἐψώμιζον αὐτὸν, καὶ ἀπὸ τῆς δρόσου τοῦ οὐρανοῦ τὸ σῶμα αὐτοῦ ἐβάφη, ἕως οὗ ἔγνω, ὅτι κυριεύει ὁ Θεὸς ὁ ὕψιστος τῆς βασιλείας τῶν ἀνθρώπων, καὶ ᾧ ἐὰν δόξῃ δώσει αὐτήν.

D 22. Καὶ σὺ ὁ υἱὸς αὐτοῦ Βαλτάσαρ, οὐκ ἐταπείνωσας τὴν καρδίαν σου κατενώπιον τοῦ Θεοῦ, οὗ πάντα ταῦτα ἔγνως.

23. Καὶ ἐπὶ τὸν Κύριον τὸν Θεὸν τοῦ οὐρανοῦ ὑψώθης, καὶ τὰ σκεύη τοῦ οἴκου αὐτοῦ ἤνεγκαν ἐνώπιόν σου, καὶ σὺ καὶ οἱ μεγιστᾶνές σου, καὶ αἱ παράκοιτοί σου, καὶ αἱ παλλακαί σου ἐπίνετε οἶνον ἐν αὐτοῖς, καὶ τοὺς θεοὺς τοὺς χρυσοῦς, καὶ ἀργυροῦς, καὶ χαλκοῦς, καὶ σιδηροῦς, καὶ ξυλίνους, καὶ λιθίνους, οἳ οὐ βλέπουσι, καὶ οὐ γινώσκουσιν, ᾔνεσας, καὶ τὸν Θεὸν οὗ ἡ πνοή σου ἐν τῇ χειρὶ αὐτοῦ, καὶ πᾶσαι αἱ ὁδοί σου, αὐτὸν οὐκ ἐδόξασας.

24. Διὰ τοῦτο ἐκ προσώπου αὐτοῦ ἀπεστάλη ἀστράγαλος χειρὸς, καὶ τὴν γραφὴν ταύτην ἐνέταξεν.

25. Καὶ αὕτη ἡ γραφὴ ἡ ἐντεταγμένη· ΜΑΝΗ, ΘΕΚΕΛ, ΦΑΡΕΣ.

26. Καὶ τοῦτο τὸ σύγκριμα τοῦ ἐρωτήματος· ΜΑΝΗ, ἐμέτρησεν ὁ Θεὸς τὴν βασιλείαν σου, καὶ ἐπλήρωσεν αὐτήν.

27. ΘΕΚΕΛ, ἐστάθη ἐν ζυγῷ, καὶ εὑρέθη ὑστεροῦσα.

28. ΦΑΡΕΣ, διήρηται ἡ βασιλεία σου, καὶ ἐδόθη Μήδοις, καὶ Πέρσαις.

29. Καὶ εἶπεν Βαλτάσαρ, καὶ ἐνέδυσαν τὸν Δανιὴλ πορφύραν, καὶ τὸν μανιάκην τὸν χρυσοῦν περιέθηκαν περὶ τὸν τράχηλον αὐτοῦ, καὶ ἐκήρυξε περὶ αὐτοῦ, εἶναι αὐτὸν ἄρχοντα τρίτον ἐν τῇ βασιλείᾳ αὐτοῦ.

30. Ἐν ταύτῃ τῇ νυκτὶ ἀνῃρέθη Βαλτάσαρ ὁ βασιλεὺς ὁ Χαλδαῖος.

31. Καὶ Δαρεῖος ὁ Μῆδος παρέλαβεν τὴν βασιλείαν, ὢν ἐτῶν ἑξήκοντα δύο.

ΚΕΦΑΛΑΙΟΝ Ϛʹ.

1. Καὶ ἤρεσεν ἐνώπιον Δαρείου, καὶ κατέστησεν ἐπὶ τῆς βασιλείας σατράπας ἑκατὸν καὶ εἴκοσι, τοῦ εἶναι αὐτοὺς ἐν ὅλῃ τῇ βασιλείᾳ αὐτοῦ.

2. Καὶ ἐπάνω πάντων αὐτῶν τακτικοὺς τρεῖς· καὶ ἦν Δανιὴλ εἷς ἐξ αὐτῶν, τοῦ ἀποδιδόναι αὐτοῖς τοὺς σατράπας λόγον, ὅπως ὁ βασιλεὺς μὴ ἐνοχλῆται.

3. Καὶ ἦν Δανιὴλ ὑπερνικῶν ὑπὲρ τοὺς τακτικοὺς καὶ τοὺς σατράπας κατέναντι, ὅτι πνεῦμα περισσὸν ἦν ἐν αὐτῷ.

4. Καὶ ὁ βασιλεὺς κατέστησεν αὐτὸν ἐφ' ὅλης τῆς βασιλείας αὐτοῦ· καὶ οἱ τακτικοὶ καὶ οἱ σατράπαι ἐζήτουν πρόφασιν εὑρεῖν κατὰ Δανιὴλ ἐκ τῆς βασιλείας, καὶ πᾶσαν πρόφασιν καὶ παράπτωμα οὐχ εὗρον κατ' αὐτοῦ, ὅτι πιστὸς ἦν.

5. Καὶ εἶπον οἱ τακτικοὶ ἐκεῖνοι, Οὐχ εὑρήσομεν κατὰ Δανιὴλ πρόφασιν, εἰ μὴ ἐν νομίμοις Θεοῦ αὐτοῦ.

6. Τότε οἱ τακτικοὶ καὶ σατράπαι παρέστησαν τῷ βασιλεῖ, καὶ εἶπον αὐτῷ· Δαρεῖε βασιλεῦ, εἰς τοὺς αἰῶνας ζῆθι.

7. Συνεβουλεύσαντο πάντες οἱ ἐπὶ τῆς βασιλείας σου στρατηγοὶ, καὶ σατράπαι, ὕπατοι, καὶ τοπάρχαι, τοῦ στῆσαι στάσιν βασιλικὴν, καὶ ἐνισχύσαι ὁρισμὸν, ὅπως ὃς ἐὰν αἰτήσῃ αἴτημα παρὰ παντὸς θεοῦ, ἢ ἀνθρώπων, ἕως ἡμερῶν τριάκοντα, ἀλλ' ἢ παρὰ σοῦ, βασιλεῦ, ἐμβληθήσεται εἰς τὸν λάκκον τῶν λεόντων.

8. Νῦν οὖν, βασιλεῦ, στῆσον τὸν ὁρισμὸν, καὶ ἔκθες γραφὴν, ὅπως μὴ ἀλλοιωθῇ τὸ δόγμα Μήδων καὶ Περσῶν, ὅπως μὴ παραλλαγῇ κατέναντι τούτου.

9. Τότε ὁ βασιλεὺς Δαρεῖος ἐπέταξε γραφῆναι τὸ δόγμα.

10. Καὶ Δανιὴλ ἡνίκα ἔγνω, ὅτι ἐνετάγη τὸ δόγμα, εἰσῆλθεν εἰς τὸν οἶκον αὐτοῦ, καὶ θυρίδες ἀνεῳγμέναι αὐτῷ ἐν τοῖς ὑπερῴοις αὐτοῦ κατέναντι Ἱερουσαλὴμ, καὶ καιροὺς τρεῖς τῆς ἡμέρας ἦν κάμπτων ἐπὶ τὰ γόνατα αὐτοῦ, καὶ προσευχόμενος, καὶ ἐξομολογούμενος ἐναντίον τοῦ Θεοῦ αὐτοῦ, καθὼς ἦν ποιῶν ἔμπροσθεν.

11. Τότε οἱ ἄνδρες ἐκεῖνοι παρετηρήσαντο, καὶ εὗρον τὸν Δανιὴλ ἀξιοῦντα, καὶ δεόμενον ἔμπροσθεν τοῦ Θεοῦ αὐτοῦ.

A

25. Et hæc scriptura, quæ ordinata est: MANE, THECEL, PHARES.

26. Et hæc est interpretatio interrogationis: MANE, mensus est Deus regnum tuum, et complevit illud.

27. THECEL, appensum est in statera, et inventum est minus habens.

28. PHARES, divisum est regnum tuum et datum est Medis, et Persis.

29. Et dixit Baltasar, et induerunt Danielem purpura, et torquem aureum circumdederunt collo ejus, et prædicavit de eo, esse ipsum principem tertium in regno suo.

30. In eadem nocte interfectus est Baltasar rex Chaldæus.

B

31. Et Darius Medus assumpsit regnum annos natus sexaginta duos.

CAPUT VI.

1. Et placuit in conspectu Darii, et constituit super regnum satrapas centum et viginti, ut essent in toto regno suo.

2. Et super omnes eos, præfectos tres: et erat Daniel unus ex eis: ut satrapæ illis redderent rationem, ut rex non sustineret molestias.

3. Et erat Daniel prævalens super præfectos et satrapas coram, quia spiritus amplior erat in eo.

4. Et rex constituit eum super omne regnum suum: et præfecti et satrapæ quærebant invenire occasionem contra Danielem de regno; et omnem occasionem et delictum non invenerunt contra eum, eo quod fidelis erat.

C

5. Et dixerunt præfecti illi: Non inveniemus contra Danielem occasionem, nisi in legitimis Dei sui.

6. Tunc præsides et satrapæ astiterunt regi, et dixerunt ei: Dari rex, in æternum vive.

7. Consilium inierunt omnes, qui super regnum tuum duces et satrapæ, consules et toparchæ, statuere decretum regium, et confirmare constitutionem, ut quicumque petierit petitionem a quocumque deo, aut ab hominibus usque ad triginta dies, nisi a te, rex, mittatur in lacum leonum.

D

8. Nunc igitur, rex, statue constitutionem, et propone scripturam, ut non immutetur decretum Medorum et Persarum, neque violetur super hoc.

9. Tunc rex Darius jussit scribi decretum.

10. Et Daniel quando cognovit constitutum esse decretum, ingressus est in domum suam: et fenestris apertis ei in cœnaculis suis contra Jerusalem, et tribus temporibus diei erat flectens se super genua sua, et orans, et confitens coram Deo suo, sicut ante facere consueverat.

11. Tunc viri illi observarunt, et invenerunt Danielem obsecrantem et orantem coram Deo suo.

12. Et accedentes dicunt regi: Rex, nonne constitutionem posuisti, ut omnis homo quicumque petierit a quocumque deo et hominibus petitionem usque ad triginta dies, nisi a te, rex, mittatur in lacum leonum?

13. Et dixit rex, Verus est sermo, et decretum Medorum et Persarum non contemnetur.

14. Tunc responderunt, et dicunt coram rege: Daniel, qui de filiis captivitatis Judææ, non subdidit se decreto tuo circa legem, quam statuisti: et tribus temporibus diei petit a Deo suo petitiones suas. Tunc rex, ut audivit verbum, valde contristatus est in eo: et pro Daniele decertabat ad liberandum eum, et usque ad occasum solis laborabat, ut erueret eum.

15. Tunc viri illi animadverterunt super regem, et dicunt regi: Scito, rex, quia decretum Medis et Persis est, ut omnem legem et statutum, quodcumque rex statuerit, non oporteat immutari.

16. Tunc rex dixit: et adduxerunt Danielem, et miserunt eum in lacum leonum, et dixit rex Danieli: Deus, quem tu colis semper, ipse liberabit te.

17. Et attulerunt lapidem unum, et imposuerunt super os laci: et obsignavit rex in annulo suo, et annulo optimatum suorum, ne quid secus fieret in Danielem.

18. Et abiit rex in domum suam, et dormivit incœnatus, et cibos non attulerunt ei, et somnus recessit ab eo: et conclusit Deus ora leonum, et non affecerunt molestia Danielem.

19. Tunc rex surrexit mane diluculo, et in festinatione venit ad lacum leonum.

20. Et cum appropinquaret ipse lacui, Danieli in voce forti clamavit, et respondit rex, et dixit Danieli: Daniel serve Dei viventis, Deus tuus, cui tu servis semper, num potuit liberare te de ore leonum?

21. Et loquutus est Daniel regi, et ait: Rex, in sæcula vive.

22. Deus meus misit angelum suum, et obstruxit ora leonum, et non nocuerunt mihi, quia coram eo rectitudo inventa est mihi: sed et coram te, rex, delictum non feci.

23. Tunc rex vehementer gavisus est super eo, et Danielem jussit educi de lacu; et eductus est Daniel de lacu, et nulla læsio inventa est in eo, quia credidit Deo suo.

24. Et dixit rex, et adduxerunt viros, qui accusaverant Danielem, et in lacum leonum missi sunt ipsi, et filii eorum, et uxores eorum: et non pervenerunt ad pavimentum laci, donec dominati sunt eorum leones, et omnia ossa eorum comminuerunt.

A 12. Καὶ προσελθόντες λέγουσι τῷ βασιλεῖ· Βασιλεῦ, οὐχ ὁρισμὸν ἔταξας, ὅπως πᾶς ἄνθρωπος ὃς ἐὰν αἰτήσῃ παρὰ παντὸς θεοῦ καὶ ἀνθρώπων αἴτημα, ἕως ἡμερῶν τριάκοντα, ἀλλ' ἢ παρὰ σοῦ, βασιλεῦ, ἐμβληθήσεται εἰς τὸν λάκκον τῶν λεόντων;

13. Καὶ εἶπεν ὁ βασιλεύς, Ἀληθινὸς ὁ λόγος, καὶ τὸ δόγμα Μήδων καὶ Περσῶν οὐ παρελεύσεται.

14. Τότε ἀπεκρίθησαν, καὶ λέγουσιν ἐνώπιον τοῦ βασιλέως· Δανιὴλ, ὁ ἀπὸ τῶν υἱῶν τῆς αἰχμαλωσίας τῆς Ἰουδαίας, οὐχ ὑπετάγη τῷ δόγματί σου περὶ τοῦ ὁρισμοῦ, οὗ ἐνέταξας, καὶ καιροὺς τρεῖς τῆς ἡμέρας αἰτεῖται παρὰ τοῦ Θεοῦ αὐτοῦ αἰτήματα αὐτοῦ. Τότε ὁ βασιλεὺς ὡς τὸ ῥῆμα ἤκουσε, πολὺ ἐλυπήθη ἐπ' αὐτῷ, καὶ περὶ τοῦ Δανιὴλ ἠγωνίσατο τοῦ ἐξελέσθαι αὐτὸν, καὶ ἕως πρὸς δυσμαῖς ἡλίου ἦν ἀγωνιζόμενος
B ἐξελέσθαι αὐτόν.

15. Τότε οἱ ἄνδρες ἐκεῖνοι παρετηρήσαντο ἐπὶ τὸν βασιλέα, καὶ λέγουσι τῷ βασιλεῖ· Γνῶθι, βασιλεῦ, ὅτι τὸ δόγμα τοῖς Μήδοις καὶ Πέρσαις, τοῦ πάντα ὁρισμὸν, καὶ στάσιν, ἣν ἐὰν ὁ βασιλεὺς στήσῃ, οὐ δεῖ παραλλάξαι.

16. Τότε ὁ βασιλεὺς εἶπεν· καὶ ἤγαγον τὸν Δανιὴλ, καὶ ἐνέβαλον αὐτὸν εἰς τὸν λάκκον τῶν λεόντων, καὶ εἶπεν ὁ βασιλεὺς τῷ Δανιήλ· Ὁ Θεὸς ᾧ σὺ λατρεύεις ἐνδελεχῶς, αὐτὸς ἐξελεῖταί σε.

17. Καὶ ἤνεγκαν λίθον ἕνα, καὶ ἐπέθηκαν ἐπὶ τὸ στόμα τοῦ λάκκου, καὶ ἐσφραγίσατο ὁ βασιλεὺς ἐν τῷ δακτυλίῳ αὐτοῦ, καὶ ἐν τῷ δακτυλίῳ τῶν μεγιστάνων αὐτοῦ, ὅπως μὴ ἀλλοιωθῇ τὸ πρᾶγμα ἐν τῷ Δανιήλ.

C 18. Καὶ ἀπῆλθεν ὁ βασιλεὺς εἰς τὸν οἶκον αὐτοῦ, καὶ ἐκοιμήθη ἄδειπνος, καὶ ἐδέσματα οὐκ εἰσήνεγκαν αὐτῷ, καὶ ὁ ὕπνος ἀπέστη ἀπ' αὐτοῦ· καὶ ἀπέκλεισεν ὁ Θεὸς τὰ στόματα τῶν λεόντων, καὶ οὐ παρηνώχλησαν τῷ Δανιήλ.

19. Τότε ὁ βασιλεὺς ἀνέστη τὸ πρωῒ ἐν τῷ φωτὶ, καὶ ἐν σπουδῇ ἦλθεν ἐπὶ τὸν λάκκον τῶν λεόντων.

20. Καὶ ἐν τῷ ἐγγίζειν αὐτὸν τῷ λάκκῳ, τῷ Δανιὴλ ἐν φωνῇ ἰσχυρᾷ ἐβόησε, καὶ ἀπεκρίθη ὁ βασιλεὺς, καὶ εἶπεν τῷ Δανιήλ· Δανιὴλ ὁ δοῦλος τοῦ Θεοῦ τοῦ ζῶντος, ὁ Θεός σου ᾧ σὺ λατρεύεις ἐνδελεχῶς, εἰ ἐδυνήθη ἐξελέσθαι σε ἀπὸ στόματος τῶν λεόντων;

21. Καὶ ἐλάλησε Δανιὴλ τῷ βασιλεῖ, καὶ εἶπεν· Βασιλεῦ, εἰς τοὺς αἰῶνας ζῆθι.

D 22. Ὁ Θεός μου ἀπέστειλε τὸν ἄγγελον αὐτοῦ, καὶ ἐνέφραξεν τὰ στόματα τῶν λεόντων, καὶ οὐκ ἐλυμήναντό με, ὅτι κατέναντι αὐτοῦ εὐθύτης εὑρέθη μοι, καὶ ἐνώπιον δὲ σοῦ, βασιλεῦ, παράπτωμα οὐκ ἐποίησα.

23. Τότε ὁ βασιλεὺς πολὺ ἠγαθύνθη ἐπ' αὐτῷ, καὶ τὸν Δανιὴλ εἶπεν ἀνενεγκεῖν ἐκ τοῦ λάκκου· καὶ ἀνηνέχθη Δανιὴλ ἐκ τοῦ λάκκου, καὶ πᾶσα διαφθορὰ οὐχ εὑρέθη ἐν αὐτῷ, ὅτι ἐπίστευσε τῷ Θεῷ αὐτοῦ.

24. Καὶ εἶπεν ὁ βασιλεύς, καὶ ἤγαγον τοὺς ἄνδρας τοὺς διαβαλόντας τὸν Δανιὴλ, καὶ εἰς τὸν λάκκον τῶν λεόντων ἐνεβλήθησαν αὐτοὶ, καὶ οἱ υἱοὶ αὐτῶν, καὶ αἱ γυναῖκες αὐτῶν· καὶ οὐκ ἔφθασαν εἰς τὸ ἔδαφος τοῦ λάκκου, ἕως οὗ ἐκυρίευσαν αὐτῶν οἱ λέοντες, καὶ πάντα τὰ ὀστᾶ αὐτῶν ἐλέπτυναν.

25. Τότε Δαρεῖος ὁ βασιλεὺς ἔγραψε πᾶσι τοῖς A λαοῖς, φυλαῖς, γλώσσαις, τοῖς οἰκοῦσιν ἐν πάσῃ τῇ γῇ· Εἰρήνη ὑμῖν πληθυνθείη.

26. Ἐκ προσώπου ἐτέθη δόγμα ἐν πάσῃ ἀρχῇ τῆς βασιλείας μου, τοῦ εἶναι τρέμοντας καὶ φοβουμένους ἀπὸ προσώπου τοῦ Θεοῦ Δανιὴλ, ὅτι αὐτός ἐστι Θεὸς ζῶν, καὶ μένων εἰς τοὺς αἰῶνας, καὶ ἡ βασιλεία αὐτοῦ οὐ διαφθαρήσεται, καὶ κυρεία αὐτοῦ ἕως τέλους.

27. Ἀντιλαμβάνεται, καὶ ῥύεται, καὶ ποιεῖ σημεῖα καὶ τέρατα ἐν οὐρανῷ, καὶ ἐπὶ τῆς γῆς, ὅστις ἐξείλετο τὸν Δανιὴλ ἐκ στόματος τῶν λεόντων.

28. Καὶ Δανιὴλ οὗτος κατεύθυνεν ἐν τῇ βασιλείᾳ Δαρείου, καὶ ἐν τῇ βασιλείᾳ Κύρου τοῦ Πέρσου.

ΚΕΦΑΛΑΙΟΝ Ζ'.

1. Ἐν τῷ πρώτῳ ἔτει Βαλτάσαρ βασιλέως Χαλ- B δαίων, Δανιὴλ ἐνύπνιον εἶδε, καὶ αἱ ὁράσεις τῆς κεφαλῆς αὐτοῦ ἐπὶ τῆς κοίτης αὐτοῦ, καὶ τὸ ἐνύπνιον ἔγραψεν· ἀρχὴ λόγων αὐτοῦ, καὶ ἀποκριθεὶς εἶπεν.

2. Ἐγὼ Δανιὴλ ἐθεώρουν ἐν τῇ ὁράσει μου τῆς νυκτός· καὶ ἰδοὺ οἱ τέσσαρες ἄνεμοι τοῦ οὐρανοῦ προσέβαλλον εἰς τὴν θάλασσαν τὴν μεγάλην.

3. Καὶ τέσσαρα θηρία μεγάλα ἀνέβαινον ἐκ τῆς θαλάσσης διαφέροντα ἀλλήλων.

4. Τὸ πρῶτον ὡσεὶ λέαινα, καὶ πτερὰ αὐτοῦ ὡσεὶ ἀετοῦ· ἐθεώρουν ἕως οὗ ἐξετίλη τὰ πτερὰ αὐτοῦ· καὶ ἐξήρθη ἀπὸ τῆς γῆς, καὶ ἐπὶ ποδῶν ἀνθρώπου ἐστάθη, καὶ καρδία ἀνθρώπου ἐδόθη αὐτῇ.

5. Καὶ ἰδοὺ θηρίον ἕτερον ὅμοιον ἄρκῳ, καὶ εἰς μέρος ἓν ἐστάθη, καὶ τρία πλευρὰ ἐν τῷ στόματι αὐ- C τῆς, ἀνάμεσον τῶν ὀδόντων αὐτῆς· καὶ οὕτως ἔλεγον αὐτῇ, Ἀνάστηθι, φάγε σάρκας πολλάς.

6. Ὀπίσω τούτου ἐθεώρουν ἐν ὁράματι τῆς νυκτός· καὶ ἰδοὺ ἕτερον θηρίον ὡσεὶ πάρδαλις· καὶ αὐτῇ πτερὰ τέσσαρα πετεινοῦ ὑπεράνω αὐτῆς, καὶ τέσσαρες κεφαλαὶ τῷ θηρίῳ, καὶ ἐξουσία ἐδόθη αὐτῷ.

7. Ὀπίσω τούτου ἐθεώρουν ἐν ὁράματι τῆς νυκτός· καὶ ἰδοὺ θηρίον τέταρτον φοβερὸν, καὶ ἔκθαμβον, καὶ ἰσχυρὸν περισσῶς, καὶ οἱ ὀδόντες αὐτοῦ σιδηροῖ, καὶ μεγάλοι, ἐσθίον, καὶ λεπτύνον, καὶ τὰ ἐπίλοιπα τοῖς ποσὶν αὐτοῦ συνεπάτει, καὶ αὐτὸ διέφερε περισσῶς παρὰ πάντα τὰ θηρία τὰ ἔμπροσθεν αὐτοῦ, καὶ κέρατα αὐτῷ δέκα.

8. Προσενόουν τοῖς κέρασιν αὐτοῦ, καὶ ἰδοὺ κέρας ἕτερον μικρὸν ἀνέβαινεν ἐν μέσῳ αὐτῶν, καὶ τρία D κέρατα τῶν ἔμπροσθεν αὐτοῦ ἐξεριζώθη ἀπὸ προσώπου αὐτοῦ· καὶ ἰδοὺ ὀφθαλμοὶ, ὡσεὶ ὀφθαλμοὶ ἀνθρώπου ἐν τῷ κέρατι τούτῳ, καὶ στόμα λαλοῦν μεγάλα.

9. Ἐθεώρουν ἕως ὅτε θρόνοι ἐτέθησαν, καὶ Παλαιὸς ἡμερῶν ἐκάθητο, καὶ τὸ ἔνδυμα αὐτοῦ, ὡσεὶ χιὼν λευκὸν, καὶ ἡ θρὶξ τῆς κεφαλῆς αὐτοῦ, ὡσεὶ ἔριον καθαρὸν, ὁ θρόνος αὐτοῦ φλὸξ πυρὸς, οἱ τροχοὶ αὐτοῦ πῦρ φλέγον.

10. Ποταμὸς πυρὸς εἷλκεν ἐκπορευόμενος ἔμπροσθεν αὐτοῦ· χίλιαι χιλιάδες ἐλειτούργουν αὐτῷ, καὶ μύριαι μυριάδες παρειστήκεισαν ἔμπροσθεν αὐτοῦ· κριτήριον ἐκάθισε, καὶ βίβλοι ἀνεγνώσθησαν.

11. Ἐθεώρουν τότε ἀπὸ φωνῆς τῶν λόγων, ὧν τὸ

25. Tunc Darius rex scripsit omnibus populis, tribubus, linguis, habitantibus in universa terra: Pax vobis multiplicetur.

26. A facie positum est decretum in omni principatu regni mei, ut sint trementes et metuentes a facie Dei Danielis, quia ipse est Deus vivens, et manens in sæcula : et regnum ejus non destruetur, et dominatio ejus usque in finem.

27. Suscipit, et liberat, et facit signa et prodigia in cœlo, et in terra : qui liberavit Danielem de ore leonum.

28. Et Daniel ipse prospere agebat in regno Darii, et in regno Cyri Persæ.

CAPUT VII.

1. In anno primo Baltasar regis Chaldæorum, Daniel somnium vidit, et visiones capitis ejus in cubiculo ejus, et somnium scripsit : principium sermonum ejus, et respondens dixit.

2. Ego Daniel videbam in visione mea noctis, et ecce quatuor venti cœli irruebant in mare magnum.

3. Et quatuor bestiæ grandes ascendebant de mari diversæ inter se.

4. Prima quasi leæna, et alæ ejus sicut aquilæ: aspiciebam, donec evulsæ sunt alæ ejus, et sublata est de terra, et super pedes hominis stetit, et cor hominis datum est ei.

5. Et ecce bestia alia similis urso, et in parte una stetit, et tria latera in ore ejus inter dentes ejus, et sic dicebant ei : Surge, comede carnes multas.

6. Post hanc aspiciebam in visione noctis, et ecce alia bestia quasi pardus, et huic alæ quatuor volucris super ipsam, et quatuor capita bestiæ, et potestas data est ei.

7. Post hanc aspiciebam in visione noctis, et ecce bestia quarta terribilis, atque mirabilis, et fortis nimis, et dentes ejus ferrei, et magni, comedens, atque comminuens, et reliqua pedibus suis conculcabat; et ipsa differebat nimis præ omnibus bestiis, quæ ante eam (fuerant), et cornua ei decem.

8. Considerabam cornua ejus, et ecce cornu aliud parvum ascendebat in medio eorum : et tria cornua eorum, quæ erant ante ipsum, evulsa sunt a facie ejus : et ecce oculi quasi oculi hominis in cornu isto, et os loquens magna.

9. Aspiciebam, donec throni positi sunt, et Antiquus dierum sedit, et vestimentum ejus quasi nix candidum, et capillus capitis ejus quasi lana munda : thronus ejus flamma ignis, rotæ ejus ignis flagrans.

10. Flumen ignis trahebat egrediens in conspectu ejus : millia millium deserviebant ei, et dena millia denum millium adstabant ante eum : judicium sedit, et libri lecti sunt.

11. Aspiciebam tunc a voce sermonum, quos

cornu illud loquebatur, aspiciens eram, quoad usque interfecta est bestia, et periit, et corpus ejus datum est in combustionem ignis.

12. Et cæterarum bestiarum translatus est principatus, et longitudo vitæ data est eis usque ad tempus et opportunitatem.

13. Aspiciebam in visione noctis, et ecce cum nubibus cœli quasi Filius hominis veniens erat, et usque ad Antiquum dierum pervenit, et in conspectu ejus oblatus est ei.

14. Et ipsi datus est principatus, et honor, et regnum, et omnes populi, tribus, linguæ ipsi servient: et potestas sempiterna, quæ non pertransibit, et regnum ejus non destruetur.

15. Horruit spiritus meus, ego Daniel in habitu meo, et visiones capitis mei conturbabant me.

16. Et accessi ad unum assistentium, et veritatem quærebam ab eo discere de omnibus his: et dixit mihi veritatem, et interpretationem sermonum declaravit mihi.

17. Hæ bestiæ magnæ quatuor, quatuor regna surgent in terra, quæ auferentur.

18. Et suscipient regnum sancti Altissimi, et obtinebunt illud usque in sæculum sæculorum.

19. Et quærebam diligenter de bestia quarta, quia erat dissimilis ab omni bestia, et terribilis nimis: dentes ejus ferrei, et ungues ejus ærei: comedens, et comminuens, et reliqua pedibus suis conculcabat.

20. Et de cornibus ejus decem, quæ in capite ejus, et alio quod ascendit, et excussit de prioribus tria: et cornu illud, cui oculi sunt ei, et os loquens grandia, et aspectus eorum major cæteris.

21. Aspiciebam, et cornu illud faciebat bellum cum sanctis, et prævalebat adversus eos.

22. Quoad usque venit Antiquus dierum, et judicium dedit sanctis Altissimi, et tempus advenit, et regnum obtinuerunt sancti.

23. Et dixit sic: Bestia quarta regnum quartum erit in terra, quod eminebit super omnia regna, et devorabit universam terram, et conculcabit eam, et concidet eam.

24. Et decem cornua ejus, decem reges consurgent: et post eos consurget alius, qui superabit malis omnes priores, et tres reges humiliabit.

25. Et sermones contra Excelsum loquetur, et sanctos Altissimi antiquabit, et cogitabit mutare tempora, et legem, et dabitur in manu ejus usque ad tempus, et tempora, et dimidium temporis.

26. Et judicium sedit, et principatum ejus transferent ad exterminandum et perdendum usque in finem.

27. Et regnum, et potestas, et magnitudo re-

A κέρας ἐκεῖνο ἐλάλει, θεωρῶν ἤμην, ἕως ἀνῃρέθη τὸ θηρίον, καὶ ἀπώλετο, καὶ τὸ σῶμα αὐτοῦ ἐδόθη εἰς καῦσιν πυρός.

12. Καὶ τῶν λοιπῶν θηρίων μετεστάθη ἡ ἀρχή, καὶ μακρότης ζωῆς ἐδόθη αὐτοῖς ἕως χρόνου καὶ καιροῦ.

13. Ἐθεώρουν ἐν ὁράματι τῆς νυκτὸς, καὶ ἰδοὺ μετὰ τῶν νεφελῶν τοῦ οὐρανοῦ, ὡς Υἱὸς ἀνθρώπου ἐρχόμενος ἦν, καὶ ἕως τοῦ Παλαιοῦ τῶν ἡμερῶν ἔφθασε, καὶ ἐνώπιον αὐτοῦ προσηνέχθη αὐτῷ.

14. Καὶ αὐτῷ ἐδόθη ἡ ἀρχὴ, καὶ ἡ τιμὴ, καὶ ἡ βασιλεία, καὶ πάντες οἱ λαοὶ, φυλαὶ, γλῶσσαι αὐτῷ δουλεύουσιν· καὶ ἡ ἐξουσία αἰώνιος, ἥ τις οὐ παρελεύσεται, καὶ ἡ βασιλεία αὐτοῦ οὐ διαφθαρήσεται.

15. Ἔφριξε τὸ πνεῦμά μου, ἐγὼ Δανιὴλ ἐν τῇ ἕξει
B μου, καὶ αἱ ὁράσεις τῆς κεφαλῆς μου ἐτάρασσόν με.

16. Καὶ προσῆλθον ἑνὶ τῶν ἑστηκότων, καὶ τὴν ἀκρίβειαν ἐζήτουν παρ' αὐτοῦ μαθεῖν περὶ πάντων τούτων· καὶ εἶπέ μοι τὴν ἀκρίβειαν, καὶ τὴν σύγκρισιν τῶν λόγων ἐγνώρισέ μοι.

17. Ταῦτα τὰ θηρία τὰ μεγάλα τὰ τέσσαρα, τέσσαρες βασιλεῖαι ἀναστήσονται ἐπὶ τῆς γῆς, αἳ ἀρθήσονται.

18. Καὶ παραλήψονται τὴν βασιλείαν ἅγιοι Ὑψίστου, καὶ καθέξουσιν αὐτὴν ἕως αἰῶνος, καὶ ἕως αἰῶνος τῶν αἰώνων.

19. Καὶ ἐζήτουν ἀκριβῶς περὶ τοῦ θηρίου τοῦ τετάρτου, ὅτι ἦν διάφορον παρὰ πᾶν θηρίον, καὶ φοβερὸν περισσῶς· οἱ ὀδόντες αὐτοῦ σιδηροῖ, καὶ οἱ ὄνυχες αὐτοῦ χαλκοῖ, ἐσθίον, καὶ λεπτύνον, καὶ τὰ κατά-
C λοιπα τοῖς ποσὶν αὐτοῦ συνεπάτει.

20. Καὶ περὶ τῶν κεράτων αὐτοῦ τῶν δέκα τῶν ἐν τῇ κεφαλῇ αὐτοῦ, καὶ τοῦ ἑτέρου τοῦ ἀναβάντος, καὶ ἐκτινάξαντος τῶν προτέρων τρία, καὶ τὸ κέρας ἐκεῖνο, ᾧ ὀφθαλμοὶ αὐτῷ, καὶ στόμα λαλοῦν μεγάλα, καὶ ἡ ὅρασις αὐτῶν μείζων τῶν λοιπῶν.

21. Ἐθεώρουν, καὶ τὸ κέρας ἐκεῖνο ἐποίει πόλεμον μετὰ τῶν ἁγίων, καὶ ἴσχυσε πρὸς αὐτούς.

22. Ἕως οὗ ἦλθεν ὁ Παλαιὸς τῶν ἡμερῶν, καὶ τὸ κρῖμα ἔδωκεν ἁγίοις Ὑψίστου, καὶ ὁ καιρὸς ἔφθασε, καὶ τὴν βασιλείαν κατέσχον οἱ ἅγιοι.

23. Καὶ εἶπεν οὕτως· Τὸ θηρίον τὸ τέταρτον βασιλεία τετάρτη ἔσται ἐν τῇ γῇ, ἥτις ὑπερέξει πάσας τὰς βασιλείας, καὶ καταφάγεται πᾶσαν τὴν
D γῆν, καὶ συμπατήσει αὐτὴν, καὶ κατακόψει αὐτήν.

24. Καὶ τὰ δέκα κέρατα αὐτοῦ, δέκα βασιλεῖς ἀναστήσονται, καὶ ὀπίσω αὐτῶν ἀναστήσεται ἕτερος, ὃς ὑπεροίσει κακοῖς πάντας τοὺς ἔμπροσθεν, καὶ τρεῖς βασιλεῖς ταπεινώσει.

25. Καὶ λόγους πρὸς τὸν Ὕψιστον λαλήσει, καὶ τοὺς ἁγίους Ὑψίστου παλαιώσει, καὶ ὑπονοήσει τοῦ ἀλλοιῶσαι καιροὺς, καὶ νόμον, καὶ δοθήσεται ἐν χειρὶ αὐτοῦ ἕως καιροῦ, καὶ καιρῶν, καὶ ἥμισυ καιροῦ.

26. Καὶ τὸ κριτήριον ἐκάθισε, καὶ τὴν ἀρχὴν αὐτοῦ μεταστήσουσι τοῦ ἀφανίσαι, καὶ τοῦ ἀπολέσαι ἕως τέλους.

27. Καὶ ἡ βασιλεία, καὶ ἡ ἐξουσία, καὶ ἡ μεγα-

λωσύνη τῶν βασιλέων, τῶν ὑποκάτω παντὸς τοῦ οὐρανοῦ, ἐδόθη ἁγίοις Ὑψίστου· καὶ ἡ βασιλεία αὐτοῦ βασιλεία αἰώνιος, καὶ πᾶσαι αἱ ἀρχαὶ αὐτῷ δουλεύσουσι, καὶ ὑπακούσονται. Ἕως ὧδε πέρας τοῦ λόγου.

28. Ἐγὼ Δανιὴλ οἱ διαλογισμοί μου ἐπὶ πολὺ συνετάρασσόν με, καὶ ἡ μορφή μου ἠλλοιώθη, καὶ τὸ ῥῆμα ἐν τῇ καρδίᾳ μου συνετήρησα.

A gum, qui sub omni cœlo (sunt) data sunt sanctis Altissimi : et regnum ejus, regnum sempiternum, et omnes principatus ipsi servient, et obedient. Huc-usque finis sermonis.

28. Ego Daniel cogitationes meæ multum conturbabant me, et forma mea mutata est, et verbum in corde meo conservavi.

ΚΕΦΑΛΑΙΟΝ Η'.

1. Ἐν ἔτει τρίτῳ τῆς βασιλείας Βαλτάσαρ, ὅρασις ὤφθη πρὸς μέ· Ἐγὼ Δανιὴλ μετὰ τὴν ὀφθεῖσάν μοι τὴν ἀρχήν.

2. Καὶ εἶδον ἐν τῇ ὁράσει, καὶ ἐγένετο ἐν τῷ ἰδεῖν με, καὶ ἤμην ἐν Σούσοις τῇ βάρει, ἥ ἐστιν ἐν χώρᾳ Αἰλάμ· καὶ εἶδον ἐν ὁράματι, καὶ ἤμην ἐπὶ τοῦ Οὐβαλοῦλα.

3. Καὶ ἦρα τοὺς ὀφθαλμούς μου, καὶ εἶδον· καὶ ἰδοὺ κριὸς εἷς ἑστηκὼς πρὸ τοῦ Οὐβαλοῦλα, καὶ αὐτῷ κέρατα, καὶ τὰ κέρατα ὑψηλά· καὶ τὸ ἓν ὑψηλότερον τοῦ ἑτέρου, καὶ τὸ ὑψηλὸν ἀνέβαινεν ἐπ' ἐσχάτῳ.

4. Καὶ εἶδον τὸν κριὸν κερατίζοντα κατὰ θάλασσαν, καὶ βοῤῥᾶν, καὶ νότον, καὶ πάντα τὰ θηρία οὐ στήσονται ἐνώπιον αὐτοῦ, καὶ οὐκ ἦν ὁ ἐξαιρούμενος ἐκ χειρὸς αὐτοῦ καὶ ἐποίησε κατὰ τὸ θέλημα αὐτοῦ, καὶ ἐμεγαλύνθη.

5. Καὶ ἐγὼ ἤμην συνιῶν, καὶ ἰδοὺ τράγος αἰγῶν ἤρχετο ἀπὸ Λιβὸς ἐπὶ πρόσωπον τῆς γῆς πάσης· καὶ οὐκ ἦν ἁπτόμενος τῆς γῆς· καὶ τῷ τράγῳ ἐκείνῳ κέρας θεωρητὸν ἀνάμεσον τῶν ὀφθαλμῶν αὐτοῦ.

6. Καὶ ἦλθεν ὁ τράγος ἕως τοῦ κριοῦ τοῦ τὰ κέρατα ἔχοντος, ὃν εἶδον ἑστῶτα ἐνώπιον τοῦ Οὐβαλοῦλα, καὶ ἔδραμε πρὸς αὐτὸν, ἐν ὁρμῇ τῆς ἰσχύος αὐτοῦ.

7. Καὶ εἶδον αὐτὸν φθάσαντα ἕως τοῦ κριοῦ, καὶ ἐξηγριώθη πρὸς αὐτὸν, καὶ ἔπαισε τὸν κριὸν, καὶ συνέτριψεν ἀμφότερα τὰ κέρατα αὐτοῦ, καὶ οὐκ ἦν ἰσχὺς τῷ κριῷ τοῦ στῆναι ἐνώπιον αὐτοῦ· καὶ ἔῤῥιψεν αὐτὸν ἐπὶ τὴν γῆν, καὶ συνεπάτησεν αὐτὸν, καὶ οὐκ ἦν ὁ ἐξαιρούμενος τὸν κριὸν ἐκ τῆς χειρὸς αὐτοῦ.

8. Καὶ ὁ τράγος τῶν αἰγῶν ἐμεγαλύνθη σφόδρα· καὶ ἐν τῷ ἰσχῦσαι αὐτὸν, συνετρίβη τὸ κέρας αὐτοῦ τὸ μέγα, καὶ ἀνέβη τέσσαρα κέρατα ἕτερα ὑποκάτωθεν αὐτοῦ εἰς τοὺς τέσσαρας ἀνέμους τοῦ οὐρανοῦ.

9. Καὶ ἐκ τοῦ ἑνὸς αὐτῶν ἐξῆλθε κέρας ἓν ἰσχυρὸν, καὶ ἐμεγαλύνθη περισσῶς πρὸς τὸν νότον, καὶ πρὸς ἀνατολὴν, καὶ πρὸς τὴν δύναμιν.

10. Καὶ ἐμεγαλύνθη ἕως τῆς δυνάμεως τοῦ οὐρανοῦ· καὶ ἔπεσεν ἐπὶ τὴν γῆν ἀπὸ τῆς δυνάμεως, καὶ ἀπὸ τῶν ἀστέρων, καὶ συνεπάτησεν αὐτούς.

11. Καὶ ἕως ἄρχοντος τῆς δυνάμεως ἡδρύνθη, καὶ ἕως οὗ ὁ ἀρχιστράτηγος ῥύσηται τὴν αἰχμαλωσίαν, καὶ δι' αὐτὸν θυσία ἐταράχθη παραπτώματι· καὶ ἐγενήθη, καὶ κατευωδώθη αὐτῷ· καὶ τὸ ἅγιον ἐρημωθήσεται.

12. Καὶ ἐδόθη ἐπὶ τὴν θυσίαν ἁμαρτία, καὶ ἐῤῥί-

CAPUT VIII.

1. In anno tertio regni Baltasar, visio apparuit mihi : ego Daniel post eam, quæ apparuerat mihi in principio.

2. Et vidi in visione, et factum est cum viderem, et eram in Susis castro, quod est in regione Ælam :
B et vidi in visione, et eram super Ubalula.

3. Et levavi oculos meos, et vidi : et ecce aries unus stans ante Ubalula, et ei cornua, et cornua excelsa ; et unum excelsius altero, et excelsum ascendebat in novissimo.

4. Et vidi arietem cornibus ventilantem contra mare, et aquilonem et austrum, et omnes bestiæ non stabant coram eo : et non erat qui erueret de manu ejus, fecitque secundum voluntatem suam, et magnificatus est.

5. Et ego eram intelligens : et ecce hircus caprarum veniebat ab Africo super faciem terræ universæ, et non erat tangens terram : et hirco illi
C cornu conspicuum inter oculos ejus.

6. Et venit hircus usque ad arietem, qui habebat cornua, quem videram stantem ante Ubalula, et cucurrit ad eum in impetu fortitudinis suæ.

7. Et vidi eum venientem usque ad arietem, et efferatus est in eum, et percussit arietem, et contrivit duo cornua ejus, et non erat fortitudo arieti standi coram eo : et projecit eum in terram, et conculcavit eum, et non erat qui liberaret arietem de manu ejus.

8. Et hircus caprarum magnificatus est valde : et, dum invalesceret, contritum est cornu illius magnum, et ascenderunt quatuor cornua alia subter
D illud per quatuor ventos cœli.

9. Et de uno ex eis egressum est cornu unum forte, et magnificatum est nimis contra austrum, et contra orientem, et contra fortitudinem.

10. Et magnificatum est usque ad virtutem cœli ; et dejecit in terram de fortitudine, et de stellis, et conculcavit eas.

11. Et usque ad principem virtutis grande evasit, et quoadusque dux militiæ liberaverit captivitatem, et propter eum sacrificium turbatum est delicto : et factum est, et prospere cessit ei ; et sanctuarium desolabitur

12. Et datum est super sacrificium peccatum, et

projecta est humi justitia, et fecit, et prospere cessit.

13. Et audivi unum sanctum loquentem : et dixit unus sanctus Phelmuni loquenti : Usquequo visio stabit, et sacrificium ablatum, et peccatum desolationis, quod datum est, et sanctuarium, et fortitudo conculcabitur?

14. Et dixit ei : Usque ad vesperam, et mane dies duo mille, et trecenti : et mundabitur sanctuarium.

15. Et factum est, cum viderem ego Daniel visionem, quærebam intelligentiam : et ecce stetit in conspectu meo quasi species viri.

16. Et audivi vocem viri inter Ubalula, et vocavit, et dixit : Gabriel, fac istum intelligere visionem.

17. Et venit, et stetit prope stationem meam : et cum venisset ipse expavi, et corruo in faciem meam : et dixit ad me : Intellige, fili hominis, adhuc enim in temporis finem visio.

18. Cumque loqueretur ipse mecum, cado in faciem meam super terram : et tetigit me, et statuit me super pedes meos, et dixit :

19. Ecce ego ostendo tibi quæ futura sunt in novissimis iræ : adhuc enim in temporis finem.

20. Aries, quem vidisti, qui habebat cornua, rex Medorum est, et Persarum.

21. Et hircus caprarum rex Græcorum, et cornu grande, quod erat inter oculos ejus, ipse est rex primus.

22. Quod autem contritum est, et steterunt quatuor cornua subter illud, quatuor reges consurgent de gente ejus, et non in fortitudine sua.

23. Et in novissimo regni eorum, completis peccatis eorum, cum obsignata fuerint delicta eorum, consurget rex impudens facie, et intelligens propositiones.

24. Et robusta fortitudo ejus, sed non in robore suo : et mirabiliter vastabit, et prosperabitur, et faciet, et exterminabit fortes, et populum sanctum.

25. Et jugum vinculi ejus dirigetur : dolus in manu ejus, et in corde ejus magnificabitur : et dolo corrumpet multos, et in perditione multorum stabit ※ et contra principem ※ principum consurget, et quasi ova in manu conteret eos.

26. Et visio vespere, et mane, quæ dicta est, vera est : et tu signa visionem, quia in dies multos erit.

27. Et ego Daniel decubui, et elangui per dies : et surrexi, et faciebam opera regis, et admirabar visionem, et non erat qui intelligeret.

CAPUT IX.

1. In primo anno Darii filii Assueri de semine Medorum, qui regnavit super regnum Chaldæorum :

2. In anno uno regni ejus, ego Daniel intellexi

A φη χαμαὶ ἡ δικαιοσύνη, καὶ ἐποίησε, καὶ εὐωδώθη.

13. Καὶ ἤκουσα ἑνὸς ἁγίου λαλοῦντος· καὶ εἶπεν εἷς ἅγιος τῷ Φελμουνὶ τῷ λαλοῦντι· Ἕως πότε ἡ ὅρασις στήσεται, καὶ ἡ θυσία ἡ ἀρθεῖσα, καὶ ἡ ἁμαρτία τῆς ἐρημώσεως ἡ δοθεῖσα, καὶ τὸ ἅγιον, καὶ ἡ δύναμις συμπατηθήσεται;

14. Καὶ εἶπεν αὐτῷ· Ἕως ἑσπέρας, καὶ πρωῒ ἡμέραι δισχίλιαι, καὶ τριακόσιαι, καὶ καθαρισθήσεται τὸ ἅγιον.

15. Καὶ ἐγένετο ἐν τῷ ἰδεῖν με, ἐγὼ Δανιὴλ, τὴν ὅρασιν, ἐζήτουν σύνεσιν, καὶ ἰδοὺ ἔστη ἐνώπιόν μου, ὡς ὅρασις ἀνδρός.

16. Καὶ ἤκουσα φωνὴν ἀνδρὸς ἀνάμεσον τοῦ Οὐβαλοῦλα, καὶ ἐκάλεσε, καὶ εἶπε· Γαβριὴλ, συνέτισον
B ἐκεῖνον τὴν ὅρασιν.

17. Καὶ ἦλθε, καὶ ἔστη ἐχόμενα τῆς στάσεώς μου· καὶ ἐν τῷ ἐλθεῖν αὐτὸν ἐθαμβήθην, καὶ πίπτω ἐπὶ πρόσωπόν μου· καὶ εἶπεν πρός με· Σύνες, υἱὲ ἀνθρώπου, ἔτι γὰρ εἰς καιροῦ πέρας ἡ ὅρασις.

18. Καὶ ἐν τῷ λαλεῖν αὐτὸν μετ' ἐμοῦ, πίπτω ἐπὶ πρόσωπόν μου ἐπὶ τὴν γῆν, καὶ ἥψατό μου, καὶ ἔστησέ με ἐπὶ τοὺς πόδας μου, καὶ εἶπεν·

19. Ἰδοὺ ἐγὼ γνωρίζω σοι τὰ ἐσόμενα ἐπ' ἐσχάτων τῆς ὀργῆς· ἔτι γὰρ εἰς καιροῦ πέρας.

20. Ὁ κριὸς ὃν εἶδες, ὁ ἔχων τὰ κέρατα, βασιλεὺς Μήδων, καὶ Περσῶν.

21. Καὶ ὁ τράγος τῶν αἰγῶν, βασιλεὺς Ἑλλήνων, καὶ τὸ κέρας τὸ μέγα, ὃ ἦν ἀνάμεσον τῶν ὀφθαλμῶν
C αὐτοῦ, αὐτός ἐστιν ὁ βασιλεὺς ὁ πρῶτος.

22. Καὶ ὅτι συνετρίβη, καὶ ἔστη τέσσαρα κέρατα ὑποκάτωθεν αὐτοῦ, τέσσαρες βασιλεῖς ἀναστήσονται ἀπὸ τοῦ ἔθνους αὐτοῦ, καὶ οὐκ ἐν τῇ ἰσχύϊ αὐτοῦ.

23. Καὶ ἐπ' ἐσχάτῳ τῆς βασιλείας αὐτῶν, πληρουμένων τῶν ἁμαρτιῶν αὐτῶν, ὡς ἂν σφραγίζονται τὰ παραπτώματα αὐτῶν, ἀναστήσεται βασιλεὺς ἀναιδὴς προσώπῳ, καὶ συνιῶν προβλήματα.

24. Καὶ κραταιὰ ἡ ἰσχὺς αὐτοῦ, καὶ οὐκ ἐν τῇ ἰσχύϊ αὐτοῦ· καὶ θαυμαστὰ διαφθερεῖ, καὶ κατευθυνεῖ, καὶ ποιήσει, καὶ διαφθερεῖ ἰσχυροὺς, καὶ λαὸν ἅγιον.

25. Καὶ ὁ ζυγὸς τοῦ κλοιοῦ αὐτοῦ κατευθυνεῖ· δόλος ἐν τῇ χειρὶ αὐτοῦ, καὶ ἐν καρδίᾳ αὐτοῦ μεγαλυνθήσεται, καὶ δόλῳ διαφθερεῖ πολλοὺς, καὶ ἐπ'
D ἀπωλείᾳ πολλῶν στήσεται ※ καὶ ἐπὶ ἄρχοντα ※ ἀρχόντων στήσεται, καὶ ὡς ᾠὰ ἐν χειρὶ συντρίψει αὐτούς.

26. Καὶ ἡ ὅρασις τῆς ἑσπέρας, καὶ τῆς πρωΐας, τῆς ῥηθείσης ἀληθής ἐστι· καὶ σὺ σφράγισαι τὴν ὅρασιν, ὅτι εἰς ἡμέρας πολλὰς ἔσται.

27. Καὶ ἐγὼ Δανιὴλ ἐκοιμήθην, καὶ ἐμαλακίσθην ἡμέρας, καὶ ἀνέστην, καὶ ἐποίουν τὰ ἔργα τοῦ βασιλέως, καὶ ἐθαύμαζον τὴν ὅρασιν, καὶ οὐκ ἦν ὁ συνιῶν.

ΚΕΦΑΛΑΙΟΝ Θ'.

1. Ἐν τῷ πρώτῳ ἔτει Δαρείου τοῦ υἱοῦ Ἀσσουήρου ἀπὸ τοῦ σπέρματος Μήδων, ὃς ἐβασίλευσεν ἐπὶ τὴν βασιλείαν Χαλδαίων·

2. Ἐν ἔτει ἑνὶ τῆς βασιλείας αὐτοῦ, ἐγὼ Δανιὴλ

συνῆκα ἐν ταῖς βίβλοις τὸν ἀριθμὸν τῶν ἐτῶν, ὃς ἐγενήθη λόγος Κυρίου πρὸς Ἱερεμίαν τὸν προφήτην, εἰς συμπλήρωσιν ἐρημώσεως Ἱερουσαλὴμ ἑβδομήκοντα ἔτη.

3. Καὶ ἔδωκα τὸ πρόσωπόν μου πρὸς Κύριον τὸν Θεὸν, τοῦ ἐπιζητῆσαι προσευχὴν, καὶ δέησιν, ἐν νηστείαις, καὶ ἐν σάκκῳ, καὶ σποδῷ.

4. Καὶ προσηυξάμην πρὸς Κύριον τὸν Θεόν μου, καὶ ἐξωμολογησάμην, καὶ εἶπον· Κύριε ὁ Θεὸς ὁ μέγας, καὶ θαυμαστὸς, ὁ φυλάσσων τὴν διαθήκην καὶ τὸν ἔλεον τοῖς ἀγαπῶσί σε, καὶ φυλάσσουσι τὰς ἐντολάς σου.

5. Ἡμάρτομεν, ἠδικήσαμεν, ἠσεβήσαμεν, καὶ ἀπέστημεν, καὶ ἐξεκλίναμεν ἀπὸ τῶν ἐντολῶν σου, καὶ ἀπὸ τῶν κριμάτων σου.

6. Καὶ οὐχ ἠκούσαμεν τῶν δούλων σου τῶν προφητῶν, οἳ ἐλάλουν ἐν τῷ ὀνόματί σου πρὸς τοὺς βασιλεῖς ἡμῶν, καὶ πρὸς τοὺς ἄρχοντας ἡμῶν, καὶ πατέρας ἡμῶν, καὶ πρὸς πάντα τὸν λαὸν τῆς γῆς.

7. Σοὶ, Κύριε, ἡ δικαιοσύνη, καὶ ἡμῖν ἡ αἰσχύνη τοῦ προσώπου, ὡς ἡ ἡμέρα αὕτη, ἀνδρὶ Ἰούδα, καὶ τοῖς κατοικοῦσιν ἐν Ἱερουσαλὴμ, καὶ παντὶ Ἰσραὴλ, τοῖς ἐγγὺς, καὶ τοῖς μακρὰν ἐν πάσῃ τῇ γῇ, οὗ διέσπειρας αὐτοὺς ἐκεῖ ἐν ἀθεσίᾳ αὐτῶν ᾗ ἠθέτησαν ἐν σοί.

8. Κύριε, ἡμῖν αἰσχύνη τοῦ προσώπου, καὶ τοῖς βασιλεῦσιν ἡμῶν, καὶ τοῖς ἄρχουσιν ἡμῶν, καὶ τοῖς πατράσιν ἡμῶν, οἵτινες ἡμάρτομέν σοι.

9. Τῷ Κυρίῳ Θεῷ ἡμῶν οἱ οἰκτιρμοὶ, καὶ οἱ ἱλασμοὶ, ὅτι ἀπέστημεν.

10. Καὶ οὐκ εἰσηκούσαμεν τῆς φωνῆς Κυρίου τοῦ Θεοῦ ἡμῶν, πορεύεσθαι ἐν τοῖς νόμοις αὐτοῦ, οἷς ἔδωκε κατὰ πρόσωπον ἡμῶν ἐν χειρὶ τῶν δούλων αὐτοῦ τῶν προφητῶν.

11. Καὶ πᾶς Ἰσραὴλ παρέβησαν τὸν νόμον σου, καὶ ἐξέκλιναν τοῦ μὴ ἀκοῦσαι τῆς φωνῆς σου, καὶ ἐπῆλθεν ἐφ' ἡμᾶς ἡ κατάρα, καὶ ὁ ὅρκος ὁ γεγραμμένος ἐν νόμῳ Μωσῆ δούλου τοῦ Θεοῦ, ὅτι ἡμάρτομεν αὐτῷ.

12. Καὶ ἔστησε τοὺς λόγους αὐτοῦ, οὓς ἐλάλησεν ἐφ' ἡμᾶς, καὶ ἐπὶ τοὺς κριτὰς ἡμῶν, οἳ ἔκρινον ἡμᾶς ἐπαγαγεῖν ἐφ' ἡμᾶς κακὰ μεγάλα, οἷα οὐ γέγονεν ὑποκάτω παντὸς τοῦ οὐρανοῦ, κατὰ τὰ γενόμενα ἐν Ἱερουσαλήμ.

13. Καθὼς γέγραπται ἐν τῷ νόμῳ Μωσῆ, πάντα τὰ κακὰ ταῦτα ἦλθεν ἐφ' ἡμᾶς· καὶ οὐκ ἐδεήθημεν τοῦ προσώπου Κυρίου τοῦ Θεοῦ ἡμῶν, ἀποστρέψαι ἀπὸ τῶν ἀδικιῶν ἡμῶν, καὶ τοῦ συνιέναι ἐν πάσῃ ἀληθείᾳ.

14. Καὶ ἐγρηγόρησε Κύριος ὁ Θεὸς ἡμῶν ἐπὶ τὴν κακίαν ἡμῶν, καὶ ἤγαγεν αὐτὴν ἐφ' ἡμᾶς, ὅτι δίκαιος Κύριος ὁ Θεὸς ἡμῶν ἐπὶ πᾶσαν τὴν ποίησιν αὐτοῦ, ἣν ἐποίησε, διότι οὐκ εἰσηκούσαμεν τῆς φωνῆς αὐτοῦ.

15. Καὶ νῦν Κύριε ὁ Θεὸς ἡμῶν, ὃς ἐξήγαγες τὸν λαόν σου ἐκ γῆς Αἰγύπτου ἐν χειρὶ κραταιᾷ, καὶ ἐποίησας σεαυτῷ ὄνομα ὡς ἡ ἡμέρα αὕτη, ἡμάρτομεν, ἠνομήσαμεν.

16. Κύριε, ἐν πάσῃ ἐλεημοσύνῃ σου, ἀποστραφήτω

in libris numerum annorum, qui factus est sermo Domini ad Jeremiam, prophetam in completionem desolationis Jerusalem septuaginta annis.

3. Et dedi faciem meam ad Dominum Deum, ut quærerem preces, et obsecrationem in jejuniis, et in sacco, et cinere.

4. Et oravi ad Dominum Deum meum, et confessus sum, et dixi : Domine Deus magne, et mirabilis, custodiens testamentum, et misericordiam diligentibus te, et custodientibus mandata tua.

5. Peccavimus, iniquitatem fecimus, impie egimus, et recessimus, et declinavimus a mandatis tuis, et a judiciis tuis.

6. Et non audivimus servos tuos prophetas, qui loquebantur nomine tuo ad reges nostros, et ad principes nostros, et patres nostros, et ad omnem populum terræ.

7. Tibi, Domine, justitia, nobis autem confusio faciei, sicut dies hæc, viro Juda, et habitantibus in Jerusalem, et omni Israel, his qui prope sunt, et his qui procul in universa terra, quo dispersisti eos illuc, in prævaricatione eorum, qua prævaricati sunt in te.

8. Domine, nobis confusio faciei, et regibus nostris, et principibus nostris, et patribus nostris, qui peccavimus in te.

9. Domino Deo nostro miserationes, et propitiationes, quia recessimus.

10. Et non exaudivimus vocem Domini Dei nostri, ut ambularemus in legibus ejus, quas dedit ante faciem nostram in manu servorum suorum prophetarum.

11. Et omnis Israel prævaricati sunt legem tuam, et declinaverunt, ne audirent vocem tuam, et supervenit super nos maledictio, et juramentum quod scriptum est in lege Mosi servi Dei, quia peccavimus ei.

12. Et statuit sermones suos, quos locutus est super nos, et super judices nostros, qui judicarunt nos, ut superinducerent super nos mala magna, qualia non fuerunt sub omni cœlo, secundum ea, quæ facta sunt in Jerusalem.

13. Sicut scriptum est in lege Mosi, omnia mala hæc venerunt super nos : et non rogavimus faciem Domini Dei nostri, ut reverteremur ab iniquitatibus nostris, et ut intelligeremus in omni veritate.

14. Et vigilavit Dominus Deus noster super malitiam nostram, et adduxit eam super nos : quia justus Dominus Deus noster in omni opere suo, quod fecit : quia non exaudivimus vocem ejus.

15. Et nunc, Domine Deus noster, qui eduxisti populum tuum de terra Ægypti in manu forti, et fecisti tibi nomen sicut dies hæc : peccavimus, impie egimus.

16. Domine, in omni misericordia tua, averta-

tur, obsecro, furor tuus, et ira tua a civitate tua Jerusalem, monte sancto tuo. Quia propter peccata nostra, et propter iniquitates nostras, et patrum nostrorum, Jerusalem, et populus tuus in opprobrium factus est omnibus, qui in circuitu nostro sunt.

17. Et nunc exaudi, Domine Deus noster, orationem servi tui, et preces ejus, et ostende faciem tuam super sanctuarium tuum, quod desertum est, propter te, Domine.

18. Inclina, Deus meus, aurem tuam, et audi: aperi oculos tuos, et vide desolationem nostram, et civitatis tuæ, in qua invocatum est nomen tuum in ea: quia non in justificationibus nostris nos prosternimus miserationem coram te, sed super miserationes tuas multas, Domine.

19. Exaudi, Domine, propitiare, Domine, attende, Domine, fac, Domine: et ne moreris propter te ipsum, Deus meus: quoniam nomen tuum invocatum est super civitatem tuam, et super populum tuum.

20. Et adhuc me loquente, et orante, et confitente peccata mea, et peccata populi mei Israel, et prosternente miserationem meam coram Domino Deo meo, pro monte sancto sancti Dei mei.

21. Et adhuc me loquente in oratione, et ecce vir Gabriel, quem videram in visione mea in principio, volans, et tetigit me quasi hora sacrificii vespertini.

22. Et intelligere fecit me, et locutus est mecum, et dixit: Daniel, nunc exivi imbuere te intelligentia.

23. In principio obsecrationis tuæ exivit sermo: et ego veni, ut annuntiem tibi, quia vir desideriorum es tu; et recogita in verbo.

24. Septuaginta hebdomades abbreviatæ sunt super populum tuum, et super civitatem sanctam, quoadusque antiquetur delictum, et consummetur peccatum, et obsignentur peccata, et deleantur impietates, et propitientur iniquitates, et adducatur justitia sempiterna, et signetur visio, et propheta, et ungatur Sanctus sanctorum.

25. Et scies, et intelliges, ab exitu sermonum ad respondendum, et ut ædificetur Jerusalem usque ad Christum ducem, hebdomades septem, et hebdomades sexaginta duæ: et revertetur, et ædificabitur platea, et circummurale, et evacuabuntur tempora.

26. Et post hebdomadas sexaginta duas exterminabitur unctio: et judicium non est in eo. Et civitatem, et sanctuarium dissipabit cum duce adveniente, et excindentur quasi in diluvio, et usque ad finem belli concisi desolationibus. Confirmabit autem testamentum multis hebdomada una: et dimidium hebdomadæ cessare faciet thymiama, et sacrificium, et libamen, et super pinnaculum ordine desolationis, et usque ad consummationem, et festinationem ordine, destructione.

A δὴ ὁ θυμός σου, καὶ ἡ ὀργή σου ἀπὸ τῆς πόλεώς σου Ἱερουσαλὴμ ὄρους ἁγίου σου· ὅτι ἐν ταῖς ἁμαρτίαις ἡμῶν, καὶ ἐν ταῖς ἀδικίαις ἡμῶν καὶ τῶν πατέρων ἡμῶν, Ἱερουσαλὴμ, καὶ ὁ λαός σου εἰς ὀνειδισμὸν ἐγένετο ἐν πᾶσι τοῖς περικύκλῳ ἡμῶν.

17. Καὶ νῦν εἰσάκουσον, Κύριε ὁ Θεὸς ἡμῶν, τῆς προσευχῆς τοῦ δούλου σου, καὶ τῶν δεήσεων αὐτοῦ, καὶ ἐπίφανον τὸ πρόσωπόν σου ἐπὶ τὸ ἁγίασμά σου ἔρημον, ἕνεκέν σου, Κύριε.

18. Κλῖνον, ὁ Θεός μου, τὸ οὖς σου, καὶ ἄκουσον· ἄνοιξον τοὺς ὀφθαλμούς σου, καὶ ἴδε τὸν ἀφανισμὸν ἡμῶν, καὶ τῆς πόλεώς σου, ἐφ' ἧς ἐπικέκληται τὸ ὄνομά σου ἐπ' αὐτῇ· ὅτι οὐκ ἐπὶ ταῖς δικαιοσύναις ἡμῶν ἡμεῖς ῥίπτομεν τὸν οἰκτιρμὸν ἐνώπιόν σου, B ἀλλ' ἐπὶ τοὺς οἰκτιρμούς σου τοὺς πολλοὺς, Κύριε.

19. Εἰσάκουσον Κύριε, ἱλάσθητι Κύριε, πρόσχες Κύριε, ποίησον Κύριε, καὶ μὴ χρονίσῃς ἕνεκέν σου ὁ Θεός μου, ὅτι τὸ ὄνομά σου ἐπικέκληται ἐπὶ τὴν πόλιν σου, καὶ ἐπὶ τὸν λαόν σου

20. Καὶ ἔτι ἐμοῦ λαλοῦντος, καὶ προσευχομένου, καὶ ἐξαγορεύοντος τὰς ἁμαρτίας μου, καὶ τὰς ἁμαρτίας τοῦ λαοῦ μου Ἰσραὴλ, καὶ ῥίπτοντος τὸν ἔλεόν μου ἐναντίον Κυρίου τοῦ Θεοῦ μου περὶ τοῦ ὄρους τοῦ ἁγίου τοῦ ἁγίου τοῦ Θεοῦ μου.

21. Καὶ ἔτι ἐμοῦ λαλοῦντος ἐν τῇ προσευχῇ, καὶ ἰδοὺ ὁ ἀνὴρ Γαβριὴλ, ὃν εἶδον ἐν τῇ ὁράσει μου ἐν τῇ ἀρχῇ, πετόμενος. καὶ ἥψατό μου, ὡσεὶ ὥραν θυσίας ἑσπερινῆς.

C 22. Καὶ ἐσυνέτισέ με, καὶ ἐλάλησε μετ' ἐμοῦ, καὶ εἶπεν· Δανιὴλ, νῦν ἐξῆλθον συμβιβάσαι σε σύνεσιν.

23. Ἐν ἀρχῇ τῆς δεήσεώς σου ἐξῆλθεν ὁ λόγος, καὶ ἐγὼ ἦλθον τοῦ ἀναγγεῖλαί σοι, ὅτι ἀνὴρ ἐπιθυμιῶν εἶ σὺ, καὶ ἐννοήθητι ἐν τῷ ῥήματι.

24. Ἑβδομήκοντα ἑβδομάδες συνετμήθησαν ἐπὶ τὸν λαόν σου, καὶ ἐπὶ τὴν πόλιν τὴν ἁγίαν, ἕως τοῦ παλαιωθῆναι τὸ παράπτωμα, καὶ τοῦ συντελεσθῆναι ἁμαρτίαν, καὶ τοῦ σφραγίσαι ἁμαρτίας, καὶ τοῦ ἀπαλεῖψαι ἀνομίας, καὶ τοῦ ἐξιλάσασθαι ἀδικίας, καὶ τοῦ ἀγαγεῖν δικαιοσύνην αἰώνιον, καὶ τοῦ σφραγίσαι ὅρασιν, καὶ προφήτην, καὶ τοῦ χρῖσαι Ἅγιον ἁγίων.

25. Καὶ γνώσῃ, καὶ συνήσεις, ἀπὸ ἐξόδου λόγων D τοῦ ἀποκριθῆναι, καὶ τοῦ οἰκοδομηθῆναι Ἱερουσαλὴμ, ἕως Χριστοῦ ἡγουμένου, ἑβδομάδες ἑπτὰ, καὶ ἑβδομάδες ἑξήκοντα δύο· καὶ ἐπιστρέψει, καὶ οἰκοδομηθήσεται πλατεῖα, καὶ περίτειχος, καὶ ἐκκενωθήσονται οἱ καιροί.

26. Καὶ μετὰ τὰς ἑβδομάδας τὰς ἑξήκοντα δύο ἐξολοθρευθήσεται χρίσμα, καὶ κρῖμα οὐκ ἔστιν ἐν αὐτῷ· καὶ τὴν πόλιν, καὶ τὸν ἅγιον διαφθερεῖ σὺν τῷ ἡγουμένῳ τῷ ἐρχομένῳ, καὶ ἐκκοπήσονται ὡς ἐν κατακλυσμῷ, καὶ ἕως τέλους πολέμου συντετμημένου ἀφανισμοῖς. Καὶ δυναμώσει διαθήκην πολλοῖς ἑβδομὰς μία· καὶ ἥμισυ τῆς ἑβδομάδος καταπαύσει θυμίαμα, καὶ θυσίαν, καὶ σπονδὴν, καὶ ἐπὶ πτερύγιον τάξει ἀφανισμοῦ, καὶ ἕως συντελείας, καὶ σπουδῆς τάξει ἀφανισμῷ.

27. Καὶ δυναμώσει διαθήκην πολλοῖς ἑβδομὰς μία, καὶ ἐν τῷ ἡμίσει τῆς ἑβδομάδος ἀρθήσεται θυσία, καὶ σπονδὴ, καὶ ἐπὶ τούτοις, ἐπὶ τὸ ἱερὸν βδέλυγμα τῆς ἐρημώσεως, καὶ ἕως συντελείας καιροῦ συντέλεια δοθήσεται ἐπὶ τὴν ἐρήμωσιν.

27. Et confirmabit testamentum multis hebdomada una, et in dimidio hebdomadis auferetur sacrificium, et libamen, et post hæc in templo abominatio desolationis: et usque ad consummationem temporis consummatio dabitur super desolationem.

ΚΕΦΑΛΑΙΟΝ Ι'.

CAPUT X.

1. Ἐν ἔτει τρίτῳ Κύρου τοῦ βασιλέως Περσῶν λόγος ἀπεκαλύφθη τῷ Δανιὴλ οὗ τὸ ὄνομα ἐπεκλήθη Βαλτάσαρ· καὶ ἀληθινὸς ὁ λόγος, καὶ δύναμις μεγάλη, καὶ σύνεσις ἐδόθη αὐτῷ ἐν τῇ ὀπτασίᾳ.

2. Ἐν ταῖς ἡμέραις ἐκείναις ἐγὼ Δανιὴλ ἤμην πενθῶν τρεῖς ἑβδομάδας ἡμερῶν.

3. Ἄρτον ἡμερῶν οὐκ ἔφαγον, καὶ κρέας, καὶ οἶνος οὐκ εἰσῆλθεν εἰς τὸ στόμα μου, καὶ ἄλειμμα οὐκ ἠλειψάμην, ἕως πληρώσεως τριῶν ἑβδομάδων ἡμερῶν.

4. Καὶ ἐν ἡμέρᾳ εἰκοστῇ καὶ τετάρτῃ τοῦ μηνὸς τοῦ πρώτου ἐν τῷ τρίτῳ ἔτει, ἐγὼ ἤμην ἐχόμενα τοῦ ποταμοῦ τοῦ μεγάλου, αὐτός ἐστι Τίγρις.

5. Καὶ ἦρα τοὺς ὀφθαλμούς μου, καὶ εἶδον, καὶ ἰδοὺ ἀνὴρ εἷς ἐνδεδυμένος βαδδὶν, καὶ ἡ ὀσφὺς αὐτοῦ περιεζωσμένη χρυσίῳ Ὠφὰζ, καὶ τὸ σῶμα αὐτοῦ ὡσεὶ Θαρσεῖς.

6. Καὶ τὸ πρόσωπον αὐτοῦ ὡσεὶ ὅρασις ἀστραπῆς, καὶ οἱ ὀφθαλμοὶ αὐτοῦ ὡσεὶ λαμπάδες πυρὸς, καὶ οἱ βραχίονες αὐτοῦ, καὶ τὰ σκέλη ὡς ὅρασις χαλκοῦ στίλβοντος, καὶ ἡ φωνὴ τῶν λόγων αὐτοῦ ὡς φωνὴ ὄχλου.

7. Καὶ εἶδον ἐγὼ Δανιὴλ μόνος τὴν ὀπτασίαν, καὶ οἱ ἄνδρες οἱ μετ' ἐμοῦ οὐκ εἶδον τὴν ὀπτασίαν, ἀλλ' ἡ ἔκστασις μεγάλη ἐπέπεσεν ἐπ' αὐτοὺς, καὶ ἔφυγον ἐν φόβῳ.

8. Καὶ ἐγὼ ὑπελείφθην μόνος, καὶ οὐχ ὑπελείφθη ἐν ἐμοὶ ἰσχὺς, καὶ ἡ δόξα μου μετεστράφη εἰς διαφθορὰν, καὶ οὐκ ἐκράτησα ἰσχύος.

9. Καὶ ἤκουσα τὴν φωνὴν τῶν λόγων αὐτοῦ· καὶ ἐν τῷ ἀκοῦσαί με τὴν φωνὴν τῶν ῥημάτων αὐτοῦ, ἤμην κατανενυγμένος ἐπὶ πρόσωπόν μου, καὶ τὸ πρόσωπόν μου ἐπὶ τὴν γῆν.

10. Καὶ ἰδοὺ χεὶρ ἁπτομένη μου, καὶ ἤγειρέ με ἐπὶ τὰ γόνατά μου, καὶ ἐπὶ τὰ ἴχνη τῶν ποδῶν μου.

11. Καὶ εἶπεν πρὸς μέ· Δανιὴλ ἀνὴρ ἐπιθυμιῶν, σύνες ἐν τοῖς λόγοις οἷς ἐγὼ λαλῶ πρὸς σὲ, καὶ στῆθι ἐπὶ τῇ στάσει σου, ὅτι νῦν ἀπεστάλην πρὸς σέ. Καὶ ἐν τῷ λαλῆσαι αὐτὸν πρὸς μὲ τὸν λόγον τοῦτον, ἀνέστην ἔντρομος.

12. Καὶ εἶπεν πρὸς μέ· Μὴ φοβοῦ Δανιὴλ, ὅτι ἀπὸ τῆς πρώτης ἡμέρας ἧς ἔδωκας τὴν καρδίαν σου τοῦ συνιέναι, καὶ κακωθῆναι ἐναντίον Κυρίου τοῦ Θεοῦ σου, ἠκούσθησαν οἱ λόγοι σου, καὶ ἐγὼ ἦλθον ἐν τοῖς λόγοις σου.

13. Καὶ ὁ ἄρχων βασιλείας Περσῶν εἱστήκει ἐξεναντίας μου εἴκοσι καὶ μίαν ἡμέραν· καὶ ἰδοὺ Μιχαὴλ εἷς τῶν ἀρχόντων τῶν πρώτων ἦλθε βοηθῆσαί μοι, καὶ αὐτὸν κατέλιπον ἐκεῖ μετὰ τοῦ ἄρχοντος βασιλέως Περσῶν.

1. In anno tertio Cyri regis Persarum, verbum revelatum est Danieli, cujus nomen vocatum est Baltasar, et verum verbum, et fortitudo magna, et intelligentia data est ei in visione.

2. In diebus illis ego Daniel eram lugens tres hebdomadas dierum.

3. Panem dierum non comedi, et caro, et vinum non introierunt in os meum, et unguento non sum unctus: usque ad completionem trium hebdomadarum dierum.

4. Et in die vigesima, et quarta mensis primi in anno tertio, ego eram juxta fluvium magnum, ipse est Tigris.

5. Et elevavi oculos meos, et vidi, et ecce vir unus vestitus baddin, et renes ejus accincti auro Ophaz, et corpus ejus quasi Tharsis.

6. Et facies ejus veluti species fulguris, et oculi ejus ut lampades ignis, et brachia ejus, et crura quasi species æris candentis: et vox sermonum ejus ut vox multitudinis.

7. Et vidi ego Daniel solus visionem: et viri, qui erant mecum, non viderunt visionem, sed terror magnus irruit super eos, et fugerunt in timore.

8. Et ego relictus sum solus: et non remansit in me fortitudo, et gloria mea conversa est in interitum: et non retinui fortitudinem.

9. Et audivi vocem sermonum ejus: et cum audirem vocem verborum ejus, eram compunctus super faciem meam, et facies mea super terram.

10. Et ecce manus tangens me, erexit me super genua mea, et super plantas pedum meorum.

11. Et dixit ad me: Daniel vir desideriorum, intellige in verbis, quæ ego loquor ad te: et sta in gradu tuo: quia nunc missus sum ad te: cumque dixisset ipse ad me sermonem istum, surrexi tremens.

12. Et dixit ad me: Noli metuere, Daniel, quia ex primo die, quo posuisti cor tuum ad intelligendum, et affligendum te coram Domino Deo tuo, audita sunt verba tua: et ego veni in verbis tuis.

13. Et princeps regni Persarum stetit ex adverso mihi vigenti et uno diebus; et ecce Michael unus de principibus primis venit ad auxiliandum mihi, et ipsum reliqui ibi cum principe regis Persarum.

14. Et veni, ut docerem te, quæ ventura sunt A
populo tuo in novissimis diebus, quoniam ecce visio in dies.

15. Cumque loqueretur ipse mecum secundum hujuscemodi verba, dedi faciem meam in terram, et compunctus sum.

16. Et ecce quasi similitudo filii hominis tetigit labia mea: et aperui os meum, et locutus sum, et dixi ad eum, qui stabat contra me: Domine in visione tua conversa sunt interiora in me, et ecce non habeo fortitudinem.

17. Et quomodo poterit servus tuus, Domine, loqui cum Domino isto? et ego amodo non stabit in me fortitudo, halitus non remansit in me.

18. Et addidit, et tetigit me quasi visio hominis, B
et confortavit me.

19. Et dixit mihi: Noli timere, vir desideriorum: pax tibi: viriliter age, et confortare. Cumque loqueretur ipse mecum, convalui, et dixi: Loquatur Dominus meus, quia confortasti me.

20. Et dixit: Scisne, quare venerim ad te? et nunc revertar, ut prælier cum principe Persarum: et ego egrediebar, et princeps Græcorum veniebat.

21. Verumtamen annuntiabo tibi, quod constitutum est in scriptura veritatis: et non est unus adhærens mihi de his, nisi Michael princeps vester.

CAPUT XI.

1. Et factum est in anno primo Cyri, stabam ad C
robur, et fortitudinem.

2. Et nunc annuntio tibi veritatem: ecce adhuc tres reges surgent in Perside, et quartus ditabitur divitiis magnis super omnes; et cum invaluerit ipse divitiis, insurget super omnia regna Græcorum.

3. Et surget rex potens, et dominabitur dominatione multa, et faciet secundum voluntatem suam.

4. Et cum steterit regnum ejus, conteretur, et dividetur in quatuor ventos cœli, et non in novissima sua, neque secundum dominationem suam, qua dominatus est: quia exstirpabitur regnum ejus, et dabitur aliis præter istos.
D

5. Et confortabitur rex austri: et unus de principibus ejus prævalebit super eum, et dominabitur dominatione multa præter potestatem suam.

6. Et post annos illius commiscebuntur: filiaque regis austri ingredietur ad regem aquilonis facere fœdera cum eo, et non obtinebit fortitudinem brachii, nec stabit semen ejus, et tradetur ipsa, et qui adducebant eam, et adolescentula, et qui confortabat eam in temporibus.

7. Et surget de flore radicis ejus præparationis illius: et veniet ad virtutem, et ingredietur in propugnacula regis aquilonis: et faciet in eis, et obtinebit.

14. Καὶ ἦλθον συνετίσαι σε ὅσα ἀπαντήσεται τῷ λαῷ σου ἐπ' ἐσχάτων τῶν ἡμερῶν, ὅτι ἰδοὺ ἡ ὅρασις εἰς ἡμέρας.

15. Καὶ ἐν τῷ λαλῆσαι αὐτὸν μετ' ἐμοῦ κατὰ τοὺς λόγους τούτους, ἔδωκα τὸ πρόσωπόν μου εἰς τὴν γῆν, καὶ κατενύγην.

16. Καὶ ἰδοὺ ὡς ὁμοίωσις υἱοῦ ἀνθρώπου ἥψατο τῶν χειλέων μου, καὶ ἤνοιξα τὸ στόμα μου, καὶ ἐλάλησα, καὶ εἶπον πρὸς τὸν ἑστῶτα ἐναντίον μου· Κύριε, ἐν τῇ ὁράσει σου ἐστράφη τὰ ἐντός μου ἐν ἐμοὶ, καὶ ἰδοὺ οὐκ ἔχω ἰσχύν.

17. Καὶ πῶς δυνήσεται ὁ παῖς σου, Κύριε, λαλῆσαι μετὰ τοῦ Κυρίου τούτου; καὶ ἐγὼ, ἀπὸ τοῦ νῦν οὐ στήσεται ἐν ἐμοὶ ἰσχὺς, καὶ πνοὴ οὐχ ὑπελείφθη ἐν ἐμοί.

18. Καὶ προσέθετο, καὶ ἥψατό μου ὡς ὅρασις ἀνθρώπου, καὶ ἐνίσχυσέ με.

19. Καὶ εἶπέν μοι· Μὴ φοβοῦ, ἀνὴρ ἐπιθυμιῶν, εἰρήνη σοι· ἀνδρίζου, καὶ ἴσχυε· καὶ ἐν τῷ λαλῆσαι αὐτὸν μετ' ἐμοῦ, ἐνίσχυσα, καὶ εἶπον· Λαλείτω ὁ Κύριός μου, ὅτι ἐνίσχυσάς με.

20. Καὶ εἶπεν, εἰ οἶδας τί ἦλθον πρὸς σέ; καὶ νῦν ἐπιστρέψω τοῦ πολεμῆσαι μετὰ ἄρχοντος Περσῶν· καὶ ἐγὼ ἐξεπορευόμην, καὶ ὁ ἄρχων τῶν Ἑλλήνων ἤρχετο.

21. Ἀλλ' ἢ ἀναγγελῶ σοι τὸ τεταγμένον ἐν γραφῇ ἀληθείας, καὶ οὐκ ἔστιν εἷς ἀντεχόμενος μετ' ἐμοῦ περὶ τούτων, ἀλλ' ἢ Μιχαὴλ ὁ ἄρχων ὑμῶν.

ΚΕΦΑΛΑΙΟΝ ΙΑ'.

1. Καὶ ἐγένετο ἐν ἔτει πρώτῳ Κύρου, ἔστην εἰς κράτος καὶ ἰσχύν.

2. Καὶ νῦν ἀναγγέλλω σοι ἀλήθειαν· ἰδοὺ ἔτι τρεῖς βασιλεῖς ἀναστήσονται ἐν τῇ Περσίδι, καὶ ὁ τέταρτος πλουτήσει πλοῦτον μέγαν παρὰ πάντας, καὶ μετὰ τὸ κρατῆσαι αὐτὸν τοῦ πλούτου, ἐπαναστήσεται πάσαις ταῖς βασιλείαις τῶν Ἑλλήνων.

3. Καὶ ἀναστήσεται βασιλεὺς δυνατὸς, καὶ κυριεύσει κυρείας πολλῆς, καὶ ποιήσει κατὰ τὸ θέλημα αὐτοῦ.

4. Καὶ ὡς ἂν στῇ ἡ βασιλεία αὐτοῦ συντριβήσεται, καὶ διαιρεθήσεται εἰς τοὺς τέσσαρας ἀνέμους τοῦ οὐρανοῦ, καὶ οὐκ εἰς τὰ ἔσχατα αὐτοῦ, οὐδὲ κατὰ τὴν κυρείαν αὐτοῦ, ἣν ἐκυρίευσεν, ὅτι ἐκτιλήσεται ἡ βασιλεία αὐτοῦ, καὶ δοθήσεται ἑτέροις ἐκτὸς τούτων.

5. Καὶ ἐνισχύσει ὁ βασιλεὺς τοῦ νότου, καὶ εἷς ἐκ τῶν ἀρχόντων αὐτοῦ ἐνισχύσει ἐπ' αὐτὸν, καὶ κυριεύσει κυρείας πολλῆς ἐκτὸς ἐξουσίας αὐτοῦ.

6. Καὶ μετὰ τὰ ἔτη αὐτοῦ συμμιγήσονται· καὶ ἡ θυγάτηρ βασιλέως τοῦ νότου εἰσελεύσεται πρὸς βασιλέα τοῦ βοῤῥᾶ ποιῆσαι συνθήκας μετ' αὐτοῦ, καὶ οὐ κρατήσει ἰσχύος βραχίονος, καὶ οὐ στήσεται τὸ σπέρμα αὐτοῦ, καὶ παραδοθήσεται αὐτὴ, καὶ οἱ φέροντες αὐτὴν, καὶ νεᾶνις, καὶ ὁ κατισχύων αὐτὴν ἐν τοῖς καιροῖς.

7. Καὶ ἀναστήσεται ἐκ τοῦ ἄνθους τῆς ῥίζης αὐτῆς τῆς ἑτοιμασίας αὐτοῦ, καὶ ἥξει πρὸς τὴν δύναμιν, καὶ εἰσελεύσεται εἰς τὰ ὑποστηρίγματα τοῦ βασιλέως τοῦ βοῤῥᾶ, καὶ ποιήσει ἐν αὐτοῖς, καὶ κατισχύσει.

8. Καί γε τοὺς θεοὺς αὐτῶν μετὰ τῶν χωνευτῶν αὐτῶν, πᾶν σκεῦος ἐπιθυμητὸν αὐτῶν, ἀργυρίου, καὶ χρυσίου, μετὰ αἰχμαλωσίας εἰσοίσει εἰς Αἴγυπτον, καὶ αὐτὸς στήσεται ὑπὲρ βασιλέως τοῦ βοῤῥᾶ.

9. Καὶ εἰσελεύσεται εἰς τὴν βασιλείαν τοῦ βασιλέως τοῦ νότου, καὶ ἀναστρέψει εἰς τὴν γῆν αὐτοῦ.

10. Καὶ οἱ υἱοὶ αὐτοῦ συνάξουσιν ὄχλον δυνάμεων πολλῶν, καὶ συνάξουσι, καὶ εἰσελεύσεται ἐρχόμενος, καὶ κατακλύζων, καὶ παρελεύσεται, καὶ καθιεῖται, καὶ οὐ πλεκήσεται ἕως τῆς ἰσχύος αὐτοῦ.

11. Καὶ ἀγριωθήσεται βασιλεὺς τοῦ νότου, καὶ ἐξελεύσεται, καὶ πολεμήσει μετὰ τοῦ βασιλέως τοῦ Βοῤῥᾶ, καὶ στήσει ὄχλον πολὺν, καὶ παραδοθήσεται ὁ ὄχλος ἐν χειρὶ αὐτοῦ.

12. Καὶ λήψεται τὸν ὄχλον, καὶ ὑψωθήσεται ἡ καρδία αὐτοῦ, καὶ καταβαλεῖ μυριάδας, καὶ οὐκ ἀντισχύσει.

13. Καὶ ἐπιστρέψει ὁ βασιλεὺς τοῦ βοῤῥᾶ, καὶ ἄξει ὄχλον πολὺν ὑπὲρ τὸν πρότερον· καὶ εἰς τὸ τέλος τῶν ἡμερῶν ἐπελεύσεται εἰσόδια ἐν δυνάμει μεγάλῃ, καὶ ἐν ὑπάρξει πολλῇ.

14. Καὶ ἐν τοῖς καιροῖς ἐκείνοις πολλοὶ ἐπαναστήσονται ἐπὶ βασιλέα τοῦ νότου, καὶ οἱ υἱοὶ τῶν λοιμῶν τοῦ λαοῦ σου ἐπαρθήσονται, τοῦ στῆσαι ὅρασιν, καὶ ἀσθενήσουσι.

15. Καὶ εἰσελεύσεται βασιλεὺς τοῦ βοῤῥᾶ, καὶ ἐκχεεῖ πρόσχωμα, καὶ συλλήψεται πόλεις ὀχυρὰς, καὶ βραχίονες βασιλέως τοῦ νότου στήσονται, καὶ ἀναστήσονται οἱ ἐκλεκτοὶ αὐτοῦ, καὶ οὐκ ἔσται ἰσχὺς τοῦ στῆναι.

16. Καὶ ποιήσει ὁ εἰσπορευόμενος πρὸς αὐτὸν κατὰ τὸ θέλημα αὐτοῦ, καὶ οὐκ ἔστιν ἑστὼς κατὰ πρόσωπον αὐτοῦ· καὶ στήσεται ἐν τῇ γῇ τοῦ Σαβεὶρ, καὶ συντελεσθήσεται ἐν τῇ χειρὶ αὐτοῦ.

17. Καὶ τάξει τὸ πρόσωπον αὐτοῦ, εἰσελθεῖν ἐν ἰσχύϊ πάσης τῆς βασιλείας αὐτοῦ, καὶ εὐθέα πάντα μετ' αὐτοῦ ποιήσει· καὶ θυγατέρα τῶν γυναικῶν δώσει αὐτῷ τοῦ διαφθεῖραι αὐτὴν, καὶ οὐ μὴ παραμείνῃ, καὶ οὐκ αὐτῷ ἔσται.

18. Καὶ ἐπιστρέψει τὸ πρόσωπον αὐτοῦ εἰς τὰς νήσους, καὶ συλλήψεται πολλὰς, καὶ κατακαύσει ἄρχοντας ὀνειδισμοῦ αὐτῶν, πλὴν ὁ ὀνειδισμὸς αὐτοῦ ἐπιστρέψει αὐτῷ.

19. Καὶ ἐπιστρέψει τὸ πρόσωπον αὐτοῦ εἰς τὴν ἰσχὺν τῆς γῆς αὐτοῦ, καὶ ἀσθενήσει, καὶ πεσεῖται, καὶ οὐχ εὑρεθήσεται.

20. Καὶ ἀναστήσεται ἐκ τῆς ῥίζης αὐτοῦ φύλλον βασιλείας ἐπὶ τὴν ἑτοιμασίαν αὐτοῦ, παραβιβάζων, καὶ πράσσων δόξαν βασιλείας.

21. Καὶ ἐν ταῖς ἡμέραις ἐκείναις συντριβήσεται, καὶ οὐκ ἐν προσώποις, οὐδὲ ἐν πολέμῳ, καὶ στήσεται ἐπὶ τὴν ἑτοιμασίαν αὐτοῦ· ἐξουδενώθη, καὶ οὐκ ἐδόθη ἐπ' αὐτὸν δόξα βασιλείας, καὶ ἥξει ἐν εὐθηνίᾳ, καὶ κατισχύσει βασιλείας ἐν ὀλισθήμασι.

22. Καὶ βραχίονες τοῦ κατακλύζοντος κατακλυσθήσονται ἀπὸ προσώπου αὐτοῦ, καὶ συντριβήσονται, καί γε ἡγούμενος διαθήκης.

8. Etiam deos eorum cum fusilibus eorum omne vas desiderabile eorum argenti, et auri cum captivitate asportabit in Ægyptum: et ipse stabit super regem aquilonis.

9. Et intrabit in regnum regis austri, et revertetur in terram suam.

10. Et filii ejus congregabunt turbam exercituum multorum, et conjungent et ingredietur veniens, et inundans, et pertransibit, et sedebit, et non congredietur usque ad fortitudinem ejus.

11. Et rex austri efferabitur, et egredietur, et pugnabit cum rege aquilonis, et faciet stare turbam multam, et tradetur turba in manu ejus.

12. Et capiet multitudinem, et exaltabitur cor ejus, et dejiciet myriades, et non prævalebit.

13. Et convertetur rex aquilonis, et adducet turbam multam super priorem: et in fine dierum ingredietur vias in virtute magna, et in apparatu multo.

14. Et in temporibus illis multi consurgent super regem austri: et filii pestilentium populi tui extollentur, ut statuant visionem, et infirmabuntur.

15. Et ingredietur rex aquilonis, et effundet aggerem, et capiet civitates munitas, et brachia regis austri stabunt, et consurgent electi ejus, et non erit fortitudo ad standum.

16. Et faciet ingrediens adversus eum secundum voluntatem suam, et non est, qui stet contra faciem ejus: et stabit in terra Sabir, et consumetur in manu ejus.

17. Et ponet faciem suam, ut ingrediatur in fortitudine totius regni ejus, et recta omnia cum eo faciet: et filiam feminarum dabit ei, ut perdat illam: et non permanebit, et non erit ei.

18. Et convertet faciem suam ad insulas, et capiet multas: et consumet principes opprobrii sui, verumtamen opprobrium ejus convertetur ei.

19. Et convertet faciem suam ad fortitudinem terræ suæ, et infirmabitur, et cadet, et non invenietur.

20. Et surget de radice ejus germen regni ad præparationem ipsius transferens, et faciens gloriam regni.

21. Et in diebus illis conteretur, et non in personis, neque in bello: et stabit super præparationem ejus: contemptus fuit, et non data est super eum gloria regni, et veniet in tranquillitate, et obtinebit regnum in lubricitatibus.

22. Et brachia inundantis inundabuntur a facie ejus, et conterentur: et dux testamenti.

23. Et ex commistionibus adversus eum faciet dolum, et ascendet, et prævalebit in eum in modica gente.

24. Et in prosperitatem, et in plures regiones veniet : et faciet quæ non fecerunt patres ejus, et patres patrum ejus ; direptionem, et spolia, et substantiam eis dissipabit, et super Ægyptum cogitabit cogitationes suas, et usque ad tempus.

25. Et excitabitur fortitudo ejus, et cor ejus super regem austri in virtute magna : et rex austri conjunget prælium cum eo in virtute magna, et forti nimis, et non stabit, quia cogitabunt super eum cogitationes.

26. Et comedent necessaria ejus, conterent eum, et virtutes ejus inundabit : et cadent interfecti multi.

27. Et utrique reges, corda eorum ad malitiam, et ad mensam unam mendacia loquentur, et non proficient : quia adhuc finis in tempus.

28. Et revertetur in terram suam in substantia multa : et cor ejus super testamentum sanctum, et faciet, et revertetur in terram suam.

29. Ad tempus revertetur, et veniet ad austrum : et non erit sicut prima, et sicut novissima.

30. Et ingredientur ad illum egredientes, et equitatus, et humiliabitur, et revertetur, et indignabitur super testamentum sanctum, et faciet, et revertetur, et intelliget super eos, qui reliquerunt testamentum sanctum.

31. Et brachia ex his stabunt, et polluent sanctificationem fortitudinis, et transferent juge sacrificium, et dabunt in abominationem desolatam.

32. Et eos, qui impie agunt in testamentum, adducent in lubricitates : et populus cognoscens Deum suum obtinebit, et faciet.

33. Et intelligentes de populo intelligent in multa : et infirmabuntur in gladio, et in flamma, et in captivitate, et in rapina dierum.

34. Cumque infirmati fuerint ipsi adjuvabuntur adjumento parvulo : et applicabuntur eis multi in lubricitatibus.

35. Et de intelligentibus infirmabuntur ad conflandum in eis, et dealbandum usque ad temporis terminum, quia adhuc in tempus.

36. Et faciet juxta voluntatem suam rex, et elevabitur, et magnificabitur adversus omnem deum, et adversus Deum deorum, et loquetur superba, et dirigetur, donec compleatur ira : in consummationem enim, et festinationem fit.

37. Et super omnes deos patrum suorum intelliget, et concupiscentiam feminarum, et super omnem deum non intelliget : quia super omnes magnificabitur.

38. Et deum Mazoim in loco suo glorificabit, et deum, quem ignoraverunt patres ejus, glorificabit in argento, et auro, et lapide pretioso, et in concupiscentiis.

39. Et faciet in munitionibus confugiorum cum

23. Καὶ ἀπὸ τῶν συμμίξεων πρὸς αὐτὸν ποιήσει δόλον, καὶ ἀναβήσεται, καὶ ὑπερισχύσει αὐτοῦ ἐν ὀλίγῳ ἔθνει.

24. Καὶ ἐν εὐθηνίᾳ, καὶ ἐν πλείοσι χώραις ἥξει, καὶ ποιήσει ἃ οὐκ ἐποίησαν οἱ πατέρες αὐτοῦ, καὶ οἱ πατέρες τῶν πατέρων αὐτοῦ· προνομὴν καὶ σκῦλα καὶ ὕπαρξιν αὐτοῖς διασκορπιεῖ, καὶ ἐπ' Αἴγυπτον λογιεῖται λογισμοὺς αὐτοῦ, καὶ ἕως καιροῦ.

25. Καὶ ἐξεγερθήσεται ἡ ἰσχὺς αὐτοῦ, καὶ ἡ καρδία αὐτοῦ ἐπὶ βασιλέα τοῦ νότου ἐν δυνάμει μεγάλῃ, καὶ ὁ βασιλεὺς τοῦ νότου συνάψει πόλεμον πρὸς αὐτὸν ἐν δυνάμει μεγάλῃ, καὶ ἰσχυρᾷ σφόδρα, καὶ οὐ στήσεται, ὅτι λογιοῦνται ἐπ' αὐτὸν λογισμούς.

26. Καὶ φάγονται τὰ δέοντα αὐτοῦ, συντρίψουσιν αὐτὸν, καὶ δυνάμεις αὐτοῦ κατακλύσει, καὶ πεσοῦνται τραυματίαι πολλοί.

27. Καὶ ἀμφότεροι οἱ βασιλεῖς, αἱ καρδίαι αὐτῶν ἐπὶ πονηρίαν, καὶ ἐπὶ τραπέζῃ μιᾷ ψευδῆ λαλήσουσι, καὶ οὐ κατευθυνεῖ, ὅτι ἔτι πέρας εἰς καιρόν.

28. Καὶ ἐπιστρέψει εἰς τὴν γῆν αὐτοῦ ἐν ὑπάρξει πολλῇ, καὶ ἡ καρδία αὐτοῦ ἐπὶ διαθήκην ἁγίαν, καὶ ποιήσει, καὶ ἐπιστρέψει εἰς τὴν γῆν αὐτοῦ.

29. Εἰς τὸν καιρὸν ἐπιστρέψει, καὶ ἥξει ἐν τῷ νότῳ, καὶ οὐκ ἔσται ὡς ἡ πρώτη, καὶ ὡς ἡ ἐσχάτη.

30. Καὶ εἰσελεύσονται ἐν αὐτῷ οἱ ἐκπορευόμενοι καὶ ἵπποι, καὶ ταπεινωθήσεται, καὶ ἐπιστρέψει, καὶ ὀργισθήσεται ἐπὶ διαθήκην ἁγίαν, καὶ ποιήσει, καὶ ἐπιστρέψει, καὶ συνήσει ἐπὶ τοὺς καταλιπόντας διαθήκην ἁγίαν.

31. Καὶ βραχίονες ἐξ αὐτῶν στήσονται, καὶ βεβηλώσουσι τὸ ἁγίασμα τῆς δυναστείας, καὶ μεταστήσουσι τὸν ἐνδελεχισμὸν, καὶ δώσουσιν εἰς τὸ βδέλυγμα ἠφανισμένον.

32. Καὶ τοὺς ἀνομοῦντας διαθήκην ἀπάξουσιν ἐν ὀλισθήμασι· καὶ λαὸς γινώσκοντες Θεὸν αὐτοῦ κατισχύσουσιν, καὶ ποιήσουσι.

33. Καὶ οἱ συνετοὶ τοῦ λαοῦ συνήσουσιν εἰς πολλὰ, καὶ ἀσθενήσουσιν ἐν ῥομφαίᾳ, καὶ ἐν φλογὶ, καὶ ἐν αἰχμαλωσίᾳ, καὶ ἐν διαρπαγῇ ἡμερῶν.

34. Καὶ ἐν τῷ ἀσθενῆσαι αὐτοὺς βοηθηθήσονται βοήθειαν μικρὰν, καὶ προστεθήσονται πρὸς αὐτοὺς πολλοὶ ἐν ὀλισθήμασι.

35. Καὶ ἀπὸ τῶν συνιέντων ἀσθενήσουσι, τοῦ πυρῶσαι ἐν αὐτοῖς, καὶ τοῦ ἐκλευκᾶναι ἕως καιροῦ πέρας, διότι ἔτι εἰς καιρόν.

36. Καὶ ποιήσει κατὰ τὸ θέλημα αὐτοῦ ὁ βασιλεὺς, καὶ ὑψωθήσεται, καὶ μεγαλυνθήσεται ἐπὶ πάντα θεὸν, καὶ ἐπὶ τὸν Θεὸν τῶν θεῶν, καὶ λαλήσει ὑπέρογκα, καὶ κατευθυνεῖ μέχρι τοῦ συντελεσθῆναι τὴν ὀργὴν, εἰς γὰρ συντέλειαν καὶ σπουδὴν γίνεται.

37. Καὶ ἐπὶ πάντας τοὺς θεοὺς τῶν πατέρων αὐτοῦ συνήσει, καὶ ἐπιθυμίαν γυναικῶν, καὶ ἐπὶ πάντα θεὸν οὐ συνήσει, ὅτι ἐπὶ πάντας μεγαλυνθήσεται.

38. Καὶ θεὸν Μεζωεὶμ ἐπὶ τόπου αὐτοῦ δοξάσει, καὶ θεὸν, ὃν οὐκ ἔγνωσαν οἱ πατέρες αὐτοῦ, δοξάσει ἐν ἀργυρίῳ, καὶ χρυσίῳ, καὶ λίθῳ τιμίῳ, καὶ ἐπιθυμήμασιν.

39 Καὶ ποιήσει ἐν τοῖς ὀχυρώμασι τῶν καταφυ-

γῶν μετὰ θεοῦ ἀλλοτρίου, ὃν οὐκ ἐγνώρισε, καὶ πληθυνεῖ δόξαν, καὶ ὑποτάξει αὐτοῖς πολλοὺς, καὶ γῆν διελεῖ ἐν δώροις.

40. Καὶ ἐν καιροῦ πέρατι συνθήκας θήσεται μετὰ τοῦ βασιλέως τοῦ νότου, καὶ συναχθήσεται ἐπ' αὐτὸν βασιλεὺς τοῦ βοῤῥᾶ ἐν ἅρμασι, καὶ ἐν ἱππεῦσι, καὶ ἐν ναυσὶ πολλαῖς, καὶ εἰσελεύσεται εἰς τὴν γῆν ἐν ταῖς κατακλύσεσι, καὶ συντρίψει, καὶ παρελεύσεται.

41. Καὶ εἰσελεύσεται εἰς τὴν γῆν τοῦ Σαβεὶμ, καὶ πολλοὶ ἀσθενήσουσι, καὶ οὗτοι διασωθήσονται ἐκ χειρὸς αὐτοῦ, Ἐδὼμ, καὶ Μωὰβ, καὶ ἀρχὴ υἱῶν Ἀμμών.

42. Καὶ ἐκτενεῖ τὴν χεῖρα αὐτοῦ ἐπὶ τὴν γῆν, καὶ ἡ γῆ Αἰγύπτου οὐκ ἔσται εἰς σωτηρίαν.

43. Καὶ κυριεύσει ἐν τοῖς ἀποκρύφοις τοῦ χρυσίου, καὶ τοῦ ἀργυρίου, καὶ ἐν πᾶσιν ἐπιθυμητοῖς Αἰγύπτου, καὶ Λιβύων, καὶ Αἰθιόπων, καὶ ἐν τοῖς ὀχυρώμασιν αὐτῶν.

44. Καὶ ἀκοαὶ, καὶ σπουδαὶ ταράξουσιν αὐτὸν ἐξ ἀνατολῶν καὶ βοῤῥᾶ· καὶ ἥξει ἐν θυμῷ πολλῷ τοῦ ἀφανίσαι, καὶ τοῦ ἀναθεματίσαι πολλούς.

45. Καὶ πήξει τὴν σκηνὴν αὐτοῦ ἐν Ἀπαδανῷ, ἀνάμεσον τῶν θαλασσῶν, εἰς ὄρος Σαβεὶν ἅγιον, καὶ ἥξει ἕως μέρους αὐτοῦ, καὶ οὐκ ἔστιν ὁ ῥυόμενος αὐτόν.

A deo alieno, quem non cognovit, et multiplicabit gloriam, et subjiciet ipsis multos, et terram dividet in donis.

40. Et in temporis fine fœdera faciet cum rege austri, et congregabitur super eum rex aquilonis in curribus, et in equitibus, et in navibus multis, et ingredietur in terram in inundationibus, et conteret et pertransibit.

41. Et ingredietur in terram Sabim, et multi infirmabuntur, et hi salvabuntur de manu ejus, Edom, et Moab, et principium filiorum Ammon.

42. Et extendet manum suam super terram, et terra Ægypti non erit in salutem.

43. Et dominabitur in reconditis auri, et argen-
B ti, et in omnibus desiderabilibus Ægypti, et Libum, et Æthiopum, et in munitionibus eorum.

44. Et rumores, et festinationes turbabunt eum ab oriente, et aquilone, et veniet in furore multo ad disperdendum, et interficiendum multos.

45. Et figet tabernaculum suum in Apadano in medio marium in monte Sabin sancto, et veniet usque ad partem ejus : et non est, qui eruat eum.

ΚΕΦΑΛΑΙΟΝ ΙΒ'.

1. Καὶ ἐν τῷ καιρῷ ἐκείνῳ ἀναστήσεται Μιχαὴλ ὁ ἄρχων ὁ μέγας, ὁ ἐφεστηκὼς ἐπὶ τοὺς υἱοὺς τοῦ λαοῦ σου· καὶ ἔσται καιρὸς θλίψεως, θλίψις οἵα οὐ γέγονεν ἀφ' οὗ γεγένηται ἔθνος ἐπὶ τῆς γῆς, καὶ ἕως τοῦ καιροῦ ἐκείνου. Καὶ ἐν τῷ καιρῷ ἐκείνῳ σωθήσεται ὁ λαός σου πᾶς ὁ εὑρεθεὶς γεγραμμένος ἐν τῇ βίβλῳ.

2. Καὶ πολλοὶ τῶν καθευδόντων ἐν γῆς χώματι ἐξεγερθήσονται, οὗτοι εἰς ζωὴν αἰώνιον, καὶ οὗτοι εἰς ὀνειδισμὸν, καὶ εἰς αἰσχύνην αἰώνιον.

3. Καὶ οἱ συνιέντες ἐκλάμψουσιν ὡς ἡ λαμπρότης τοῦ στερεώματος, καὶ ἀπὸ τῶν δικαίων τῶν πολλῶν ὡς οἱ ἀστέρες εἰς τοὺς αἰῶνας.

4. Καὶ σὺ, Δανιὴλ, ἔμφραξον τοὺς λόγους, καὶ σφράγισαι τὸ βιβλίον ἕως καιροῦ συντελείας, καὶ διδαχθῶσι πολλοὶ, καὶ πληθυνθῇ ἡ γνῶσις.

5. Καὶ εἶδον ἐγὼ Δανιὴλ, καὶ ἰδοὺ δύο ἕτεροι εἱστήκεισαν, εἷς ἐντεῦθεν τοῦ χείλους τοῦ ποταμοῦ, καὶ εἷς ἐντεῦθεν.

6. Καὶ εἶπον τῷ ἀνδρὶ τῷ ἐνδεδυμένῳ τὸ βαδδὶν, ὃς ἦν ἐπάνω τοῦ ὕδατος τοῦ ποταμοῦ· Ἕως πότε τὸ πέρας ὧν εἴρηκας τῶν θαυμασίων, καὶ ὁ καθαρισμὸς τούτων;

7. Καὶ ἤκουσα τοῦ ἀνδρὸς τοῦ ἐνδεδυμένου τὸ βαδδὶν, ὃς ἦν ἐπάνω τοῦ ὕδατος τοῦ ποταμοῦ, καὶ ὕψωσε τὴν δεξιὰν αὐτοῦ, καὶ τὴν ἀριστερὰν αὐτοῦ εἰς τὸν οὐρανὸν, καὶ ὤμοσε τῷ ζῶντι εἰς τὸν αἰῶνα, ὅτι εἰς καιρὸν, καὶ καιροὺς, καὶ ἥμισυ καιροῦ ἐν τῷ συντελεσθῆναι διασκορπισμὸν χειρὸς λαοῦ ἡγιασμένου, γνώσονται ἅγιον, καὶ συντελεσθήσονται ἅπαντα ταῦτα.

8. Καὶ ἐγὼ ἤκουσα, καὶ συνῆκα, καὶ εἶπον· Κύριε, τί τὰ ἔσχατα τούτων;

CAPUT XII.

1. Et in tempore illo consurget Michael princeps magnus, qui stat pro filiis populi sui : et erit tempus tribulationis, tribulatio qualis non fuit, ex quo facta est gens in terra, et usque ad tempus illud.
C Et in tempore illo salvabitur populus tuus omnis, qui inventus fuerit scriptus in libro.

2. Et multi de his, qui dormiunt in terræ pulvere, evigilabunt : alii in vitam æternam, et alii in opprobrium, et in confusionem æternam.

3. Et intelligentes fulgebunt sicut splendor firmamenti, et de justis plurimis quasi stellæ in sæcula.

4. Tu autem, Daniel, claude sermones, et signa librum usque ad tempus consummationis, et doceantur multi, et multiplicetur scientia.

5. Et vidi ego Daniel, et ecce duo alii stabant unus hinc super labium fluminis, et alius inde.

D

6. Et dixi viro, qui indutus erat baddin, qui stabat super aquam fluminis : Usquequo finis eorum quæ dixisti mirabilium, et expiatio istorum?

7. Et audivi virum, qui indutus erat baddin, qui stabat super aquam fluminis, et elevavit dexteram, et sinistram suam in cœlum, et juravit viventi in æternum, quia in tempus, et tempora, et dimidium temporis, cum consummata fuerit dispersio manus populi sanctificati, cognoscent sanctum, et consummabuntur omnia hæc.

8. Et ego audivi, et intellexi, et dixi : Domine, quid novissima horum?

9. Et dixit : Huc usque Daniel, quia clausi, signatique sunt sermones usque ad temporis finem.

10. Donec eligantur, et dealbentur, et per ignem probentur multi, et impie agent impii, neque intelligent omnes impii, et docti intelligent.

11. Et a tempore mutationis jugis sacrificii, et cum data fuerit abominatio desolationis, dies mille ducenti nonaginta.

12. Beatus qui exspectat, et pervenit ad dies mille trecentos triginta quinque.

13. Tu autem, vade, et quiesce : adhuc enim dies in completionem consummationis, et requiesces, et resurges in sorte tua in consummatione dierum. Et rex Astyages appositus est ad patres suos, et suscepit Cyrus Perses regnum ejus. Et erat Daniel conviva regis, et honoratus super omnes amicos ejus.

CAPUT XIII.

1. Et erat vir habitans in Babylone, et nomen ei Joakim.

2. Et accepit uxorem, cui nomen Susanna filia Chelciæ, pulchra nimis, et timens Dominum.

3. Et parentes ejus justi, et erudierunt filiam suam juxta legem Mosi.

4. Erat autem Joakim dives valde, et erat ei pomarium vicinum domui suæ, et apud ipsum congregabantur Judæi, eo quod esset ipse honoratior omnibus.

5. Et designati sunt duo senes de populo judices in anno illo : de quibus locutus est Dominus : Quia egressa est iniquitas de Babylone a senioribus judicibus, qui videbantur regere populum.

6. Isti frequentabant domum Joakim, et veniebant ad eos omnes, qui habebant judicia.

7. Et factum est, quando populus recedebat per meridiem, ingrediebatur Susanna, et deambulabat in pomario viri sui.

8. Et videbant eam senes quotidie ingredientem, et deambulantem, et exarserunt in concupiscentiam ejus.

9. Et everterunt sensum suum, et declinaverunt oculos suos, ne aspicerent in cœlum, neque meminissent judiciorum justorum.

10. Erant ergo ambo vulnerati amore ejus, nec indicaverunt sibi invicem dolorem suum.

11. Erubescebant enim indicare concupiscentiam suam, quia volebant concumbere cum ea.

12. Et observabant quotidie sollicite videre eam : et dixerunt alter ad alterum :

13. Eamus domum, quia prandii est hora : et egressi recesserunt a se mutuo.

14. Cumque revertissent, venerunt in unum, et sciscitantes ad invicem, quænam esset causa, confessi sunt inter se concupiscentiam suam : et tunc in commune statuerunt tempus, quando eam possent invenire solam.

15. Et factum est cum observarent ipsi diem

A 9. Καὶ εἶπεν· Δεῦρο Δανιὴλ, ὅτι ἐμπεφραγμένοι καὶ ἐσφραγισμένοι οἱ λόγοι ἕως καιροῦ πέρατος.

10. Ἕως ἐκλεγῶσι, καὶ ἐκλευκανθῶσι, καὶ ἐκπυρωθῶσι πολλοί· καὶ ἀνομήσουσιν ἄνομοι, καὶ οὐ συνήσουσι πάντες ἀσεβεῖς, καὶ οἱ νοήμονες συνήσουσι.

11. Καὶ ἀπὸ καιροῦ παραλλάξεως τοῦ ἐνδελεχισμοῦ, καὶ τοῦ δοθῆναι βδέλυγμα ἐρημώσεως, ἡμέραι χίλιαι διακόσιαι ἐνενήκοντα.

12. Μακάριος ὁ ὑπομένων, καὶ φθάσας εἰς ἡμέρας χιλίας τριακοσίας τριακονταπέντε.

13. Καὶ σὺ δεῦρο, καὶ ἀναπαύου· ἔτι γὰρ ἡμέραι εἰς ἀναπλήρωσιν συντελείας, καὶ ἀναπαύσῃ, καὶ ἀναστήσῃ εἰς τὸν κλῆρόν σου εἰς συντέλειαν ἡμερῶν. Καὶ ὁ βασιλεὺς Ἀστυάγης προσετέθη πρὸς τοὺς πα-
B τέρας αὐτοῦ· καὶ παρέλαβε Κῦρος ὁ Πέρσης τὴν βασιλείαν αὐτοῦ, καὶ ἦν Δανιὴλ συμβιωτὴς τοῦ βασιλέως, καὶ ἔνδοξος ὑπὲρ πάντας τοὺς φίλους αὐτοῦ.

ΚΕΦΑΛΑΙΟΝ ΙΓ'.

1. Καὶ ἦν ἀνὴρ οἰκῶν ἐν Βαβυλῶνι, καὶ ὄνομα αὐτῷ Ἰωακείμ.

2. Καὶ ἔλαβε γυναῖκα, ᾗ ὄνομα Σουσάννα, θυγάτηρ Χελκίου, καλὴ σφόδρα, καὶ φοβουμένη τὸν Κύριον.

3. Καὶ οἱ γονεῖς αὐτῆς δίκαιοι, καὶ ἐδίδαξαν τὴν θυγατέρα αὐτῶν κατὰ τὸν νόμον Μωσῆ.

4. Καὶ ἦν Ἰωακεὶμ πλούσιος σφόδρα, καὶ ἦν αὐτῷ παράδεισος γειτνιῶν τῷ οἴκῳ αὐτοῦ, καὶ πρὸς αὐτὸν συνήγοντο οἱ Ἰουδαῖοι, διὰ τὸ εἶναι αὐτὸν ἐνδοξότερον
C πάντων.

5. Καὶ ἀπεδείχθησαν δύο πρεσβύτεροι ἐκ τοῦ λαοῦ κριταὶ ἐν τῷ ἐνιαυτῷ ἐκείνῳ, περὶ ὧν ἐλάλησεν ὁ Δεσπότης ὅτι ἐξῆλθεν ἀνομία ἐκ Βαβυλῶνος ἐκ πρεσβυτέρων κριτῶν, οἳ ἐδόκουν κυβερνᾷν τὸν λαόν.

6. Οὗτοι προσεκαρτέρουν τῇ οἰκίᾳ Ἰωακεὶμ, καὶ ἤρχοντο πρὸς αὐτοὺς πάντες οἱ κρινόμενοι.

7. Καὶ ἐγένετο ἡνίκα ἀπέτρεχεν ὁ λαὸς μέσον ἡμέρας, εἰσεπορεύετο Σουσάννα, καὶ περιεπάτει ἐν τῷ παραδείσῳ τοῦ ἀνδρὸς αὐτῆς.

8. Καὶ ἐθεώρουν αὐτὴν οἱ πρεσβύτεροι καθ' ἡμέραν εἰσπορευομένην, καὶ περιπατοῦσαν, καὶ ἐγένοντο ἐν ἐπιθυμίᾳ αὐτῆς.

9. Καὶ διέστρεψαν τὸν ἑαυτῶν νοῦν, καὶ ἐξέκλιναν τοὺς ὀφθαλμοὺς αὐτῶν, τοῦ μὴ βλέπειν εἰς τὸν οὐρα-
D νὸν, μηδὲ μνημονεύειν κριμάτων δικαίων.

10. Καὶ ἦσαν ἀμφότεροι κατανενυγμένοι περὶ αὐτῆς, καὶ οὐκ ἀπήγγειλαν ἀλλήλοις τὴν ὀδύνην αὐτῶν.

11. Ὅτι ᾐσχύνοντο ἀπαγγεῖλαι τὴν ἐπιθυμίαν αὐτῶν, ὅτι ἤθελον συγγενέσθαι αὐτῇ.

12. Καὶ παρετήρουν καθ' ἡμέραν φιλοτίμως τοῦ ὁρᾷν αὐτήν· καὶ εἶπον ἕτερος τῷ ἑτέρῳ·

13. Πορευθῶμεν εἰς οἶκον, ὅτι ἀρίστου ἐστὶν ὥρα· καὶ ἐξελθόντες διεχωρίσθησαν ἀπ' ἀλλήλων.

14. Καὶ ἀνακάμψαντες ἦλθον ἐπὶ τὸ αὐτὸ, καὶ ἀνετάζοντες ἀλλήλους, τίς ἡ αἰτία, ὡμολόγησαν ἀλλήλοις τὴν ἐπιθυμίαν αὐτῶν· καὶ τότε κοινῇ συνετάξαντο καιρὸν, ὅτε αὐτὴν δυνήσονται εὑρεῖν μόνην.

15. Καὶ ἐγένετο ἐν τῷ παρατηρεῖν αὐτοὺς ἡμέραν

A εὔθετον, καθὼς χθὲς, καὶ τρίτην ἡμέραν, εἰσῆλθέ ποτε ἡ Σουσάννα μετὰ δύο μόνων κορασίων, καὶ ἐπεθύμησε λούσασθαι ἐν τῷ παραδείσῳ, ὅτι καῦμα ἦν.

16. Καὶ οὐκ ἦν οὐδεὶς ἐκεῖ, πλὴν οἱ δύο πρεσβύτεροι κεκρυμμένοι, καὶ παρατηροῦντες αὐτήν.

17. Καὶ εἶπεν τοῖς κορασίοις· Ἐνέγκατε δή μοι ἔλαιον, καὶ σμῆγμα, καὶ τὰς θύρας τοῦ παραδείσου κλείσατε, ὅπως λούσωμαι.

18. Καὶ ἐποίησαν καθὼς καὶ εἶπεν, καὶ ἀπέκλεισαν τὰς θύρας τοῦ παραδείσου, καὶ ἐξῆλθον κατὰ τὰς πλαγίους θύρας, ἐνεγκεῖν τὰ προστεταγμένα αὐταῖς, καὶ οὐκ εἶδον τοὺς πρεσβυτέρους, ὅτι ἦσαν ἐγκεκρυμμένοι.

19. Καὶ ἐγένετο ὡς ἐξῆλθον τὰ κοράσια, καὶ ἀνέστησαν οἱ δύο πρεσβύτεροι, καὶ ἐπέδραμον αὐτῇ,
B καὶ εἶπον·

20 Ἰδοὺ αἱ θύραι τοῦ παραδείσου κέκλεινται, καὶ οὐδεὶς θεωρεῖ ἡμᾶς, καὶ ἐν ἐπιθυμίᾳ σού ἐσμεν· διὸ συγκατάθου ἡμῖν, καὶ γενοῦ μεθ' ἡμῶν.

21. Εἰ δὲ μὴ, καταμαρτυρήσομέν σου, ὅτι ἦν μετὰ σοῦ νεανίσκος, καὶ διὰ τοῦτο ἐξαπέστειλας τὰ κοράσια ἀπὸ σοῦ.

22. Καὶ ἀνεστέναξεν Σουσάννα, καὶ εἶπεν· Στενά μοι πάντοθεν· ἐάν τε γὰρ τοῦτο πράξω, θάνατός μοί ἐστιν· ἐάν τε μὴ πράξω, οὐκ ἐκφεύξομαι τὰς χεῖρας ὑμῶν.

23. Αἱρετώτερόν μοί ἐστι μὴ πράξασαν ἐμπεσεῖν εἰς τὰς χεῖρας ὑμῶν, ἢ ἁμαρτεῖν ἐνώπιον Κυρίου.

24. Καὶ ἀνεβόησε Σουσάννα φωνῇ μεγάλῃ· ἀν-
C εβόησαν δὲ καὶ οἱ δύο πρεσβύται κατέναντι αὐτῆς.

25. Καὶ δραμὼν ὁ εἷς, ἤνοιξε τὰς θύρας τοῦ παραδείσου.

26. Ὡς δὲ ἤκουσαν τὴν κραυγὴν τὴν ἐν τῷ παραδείσῳ οἱ οἰκέται τῆς κυρίας, εἰσεπήδησαν διὰ τῆς πλαγίας θύρας ἰδεῖν τὸ συμβεβηκὸς αὐτῇ.

27. Ἡνίκα δὲ εἶπαν οἱ πρεσβύτεροι τοὺς λόγους αὐτῶν, κατῃσχύνθησαν οἱ δοῦλοι σφόδρα, ὅτι οὐδέ πώποτε ἐῤῥέθη λόγος τοιοῦτος περὶ Σουσάννας.

28. Καὶ ἐγένετο τῇ ἐπαύριον συνῆλθον ὁ λαὸς πρὸς τὸν ἄνδρα τῆς Σουσάννας τὸν Ἰωακεὶμ, καὶ ἦλθον οἱ δύο πρεσβύτεροι πλήρεις τῆς ἀνόμου αὐτῶν ἐννοίας κατὰ Σουσάννας, τοῦ θανατῶσαι αὐτήν.

29 Καὶ εἶπαν ἔμπροσθεν τοῦ λαοῦ, ἀποστείλατε
D ἐπὶ Σουσάνναν τὴν θυγατέρα Χελκίου, ἥτις ἐστὶ γυνὴ Ἰωακείμ. Οἱ δὲ ἀπέστειλαν.

30. Καὶ ἦλθον αὐτὴ, καὶ οἱ γονεῖς αὐτῆς, καὶ τὰ τέκνα αὐτῆς, καὶ πάντες οἱ συγγενεῖς αὐτῆς.

31. Ἡ δὲ Σουσάννα ἦν τρυφερὰ σφόδρα, καὶ καλὴ τῷ εἴδει.

32. Οἱ δὲ παράνομοι ἐκέλευσαν ἀποκαλύψαι αὐτὴν, ἦν γὰρ κατακεκαλυμμένη, ὅπως ἐμπλησθῶσι τοῦ κάλλους αὐτῆς.

33. Ἔκλαιον δὲ οἱ παρ' αὐτῆς, καὶ πάντες οἱ εἰδότες αὐτήν.

34. Καὶ ἀναστάντες οἱ δύο πρεσβύτεροι ἐν μέσῳ τοῦ λαοῦ, ἔθηκαν τὰς χεῖρας αὐτῶν ἐπὶ τὴν κεφαλὴν αὐτῆς.

aptum, sicut heri, et nudius tertius, ingressa est aliquando Susanna cum duabus solis puellis, voluitque lavari in pomario : æstus quippe erat.

16. Et non erat ibi quisquam præter duos senes absconditos, et contemplantes eam.

17. Et dixit puellis : Afferte jam mihi oleum, et smegma, et ostia pomarii claudite, ut laver.

18. Et fecerunt sicuti etiam dixerat : et clauserunt ostia pomarii, et egressæ sunt per posticas fores, ut afferrent quæ mandata fuerant sibi : et non viderunt senes, quia erant absconditi.

19. Et factum est, posquam egressæ sunt puellæ,
et surrexerunt duo senes, et accurrerunt ad eam, et dixerunt :

20. Ecce ostia pomarii clausa sunt, et nemo videt nos, et in concupiscentia tua sumus : quamobrem assentire nobis, et commiscere nobiscum.

21. Quod si nolueris, dicemus contra te testimonium, quod fuerit tecum juvenis, et ob hanc causam emiseris puellas a te.

22. Et ingemuit Susanna, et ait : Angustiæ sunt mihi undique : si enim hoc egero, mors mihi est; nisi autem egero, non effugiam manus vestras.

23. Melius est mihi absque opere incidere in manus vestras, quam peccare in conspectu Domini.

24. Et exclamavit Susanna voce magna : exclamaverunt autem et duo senes adversus eam.

25. Et currens unus aperuit ostia pomarii.

26. Ut autem audierunt clamorem in pomario famuli dominæ, irruerunt per posticas fores, ut viderent quidnam accidisset ei.

27. Postquam autem senes dixerunt sermones suos, erubuerunt servi vehementer : quia nequaquam unquam dictus fuerat sermo hujuscemodi de Susanna.

28. Et factum est die crastina, cum convenisset populus ad virum Susannæ Joakim, venerunt etiam duo senes pleni iniqua sua cogitatione adversus Susannam, ut morte afficerent eam.

29. Et dixerunt coram populo : Mittite ad Susannam filiam Chelciæ, quæ est uxor Joakim. Illi vero miserunt.

30. Et venerunt ipsa, et parentes ejus, et filii ejus, et omnes cognati ejus.

31. Porro Susanna erat delicata nimis, et pulchra specie.

32. At iniqui jusserunt, ut discooperirent eam (erat enim cooperta), ut satiarentur decore ejus.

33. Flebant igitur sui, et omnes, qui noverant eam.

34. Consurgentes autem duo presbyteri in medio populi, posuerunt manus suas super caput ejus.

35. Quæ vero flens suspexit in cœlum : erat enim A
cor ejus fiduciam habens in Domino.

36. Et dixerunt presbyteri : Deambulantibus nobis in pomario solis, ingressa est ista cum duabus puellis, et clausit ostia pomarii, et dimisit puellas.

37. Venitque ad eam adolescens, qui erat absconditus, et concubuit cum ea.

38. Porro nos cum essemus in angulo pomarii, videntes iniquitatem, cucurrimus ad eos, et noscentes eos commisceri :

39. Illum quidem nequivimus comprehendere, quia fortior ipse nobis erat, et apertis ostiis exsilivit.

40. Hanc autem cum apprehendissemus, interrogavimus quisnam esset adolescens, et noluit indi- B
care nobis : hæc testamur.

41. Et credidit eis multitudo, ut presbyteris populi, et judicibus, et condemnaverunt eam ad mortem.

42. Exclamavit autem voce magna Susanna, et dixit : Deus æterne, qui absconditorum es cognitor, qui nosti omnia antequam ipsa fierent.

43. Tu scis, quoniam falsum contra me tulerunt testimonium : et ecce morior, cum nihil eorum fecerim, de quibus isti testimonium dixerunt adversus me.

44. Et exaudivit Dominus vocem ejus

45. Cumque duceretur ipsa, ut periret, suscitavit Deus Spiritum sanctum pueri junioris, cujus C
nomen Daniel.

46. Et exclamavit voce magna : Mundus ego sum a sanguine hujus.

47. Conversus est autem populus omnis ad eum, et dixerunt : Quis est sermo iste, quem tu locutus es ?

48. Qui vero cum staret in medio eorum ait : Sic fatui filii Israel, non judicantes, neque quod manifestum est cognoscentes, condemnatis filiam Israel ?

49. Revertimini igitur ad judicium ; falsum enim testimonium isti locuti sunt adversus eam.

50. Et reversus est populus cum festinatione, et dixerunt ei presbyteri : Veni, et sede in medio nostrum, et indica nobis, quia tibi dedit Deus hono- D
rem senectutis.

51. Et dixit ad eos Daniel : Separate eos procul ab invicem, et dijudicabo eos.

52. Cum ergo divisi essent alter ab altero, vocavit unum de eis, et dixit ad eum : Inveterate dierum malorum, nunc venerunt peccata tua, quæ faciebas prius,

53. Judicans judicia injusta, et innocentes quidem condemnans, dimittens autem reos, dicente Domino : Innocentem, et justum non interficies.

54. Nunc ergo hanc si vidisti, dic sub qua arbore vidisti eos colloquentes invicem. Qui dixit : Sub schino.

55. Dixit autem Daniel . Recte mentitus es in

35. Ἡ δὲ κλαίουσα ἀνέβλεψεν εἰς τὸν οὐρανὸν, ὅτι ἦν ἡ καρδία αὐτῆς πεποιθυῖα ἐπὶ τὸν Κύριον.

36. Εἶπον δὲ οἱ πρεσβύτεροι· Περιπατούντων ἡμῶν ἐν τῷ παραδείσῳ μόνων, εἰσῆλθεν αὕτη μετὰ δύο παιδισκῶν, καὶ ἀπέκλειτε τὰς θύρας τοῦ παραδείσου, καὶ ἀπέλυσε τὰς παιδίσκας.

37. Καὶ ἦλθε πρὸς αὐτὴν νεανίσκος, ὃς ἦν κεκρυμμένος, καὶ ἀνέπεσε μετ' αὐτῆς.

38. Ἡμεῖς δὲ ὄντες ἐν τῇ γωνίᾳ τοῦ παραδείσου, ἰδόντες τὴν ἀνομίαν, ἐδράμομεν ἐπ' αὐτούς, καὶ ἰδόντες συγγινομένους αὐτούς,

39. Ἐκείνου μὲν οὐκ ἠδυνήθημεν ἐγκρατεῖς γενέσθαι, διὰ τὸ ἰσχύειν αὐτὸν ὑπὲρ ἡμᾶς, καὶ ἀνοίξαντα τὰς θύρας ἐκπεπηδηκέναι.

40. Ταύτης δὲ ἐπιλαβόμενοι, ἐπηρωτῶμεν, τίς ἦν ὁ νεανίσκος, καὶ οὐκ ἠθέλησεν ἀπαγγεῖλαι ἡμῖν· ταῦτα μαρτυροῦμεν.

41. Καὶ ἐπίστευσεν αὐτοῖς ἡ συναγωγὴ ὡς πρεσβυτέροις τοῦ λαοῦ, καὶ κριταῖς, καὶ κατέκριναν αὐτὴν ἀποθανεῖν.

42. Ἀνεβόησε δὲ φωνῇ μεγάλῃ Σουσάννα, καὶ εἶπεν· ὁ Θεὸς ὁ αἰώνιος, ὁ τῶν κρυπτῶν γνώστης, ὁ εἰδὼς τὰ πάντα πρὶν γενέσεως αὐτῶν,

43 Σὺ ἐπίστασαι, ὅτι ψευδῆ μου κατεμαρτύρησαν, καὶ ἰδοὺ ἀποθνήσκω μὴ ποιήσασα μηδὲν, ὧν οὗτοι κατεμαρτύρησαν κατ' ἐμοῦ.

44. Καὶ εἰσήκουσε Κύριος τῆς φωνῆς αὐτῆς.

45. Καὶ ἀπαγομένης αὐτῆς ἀπολέσθαι, ἐξήγειρεν ὁ Θεὸς τὸ Πνεῦμα τὸ ἅγιον παιδαρίου νεωτέρου, ᾧ ὄνομα Δανιήλ.

46. Καὶ ἐβόησε φωνῇ μεγάλῃ· Καθαρὸς ἐγὼ ἀπὸ τοῦ αἵματος ταύτης.

47. Ἐπέστρεψε δὲ πᾶς ὁ λαὸς πρὸς αὐτὸν, καὶ εἶπον· Τίς ὁ λόγος οὗτος, ὃν σὺ λελάληκας;

48. Ὁ δὲ σταθεὶς ἐν μέσῳ αὐτῶν, εἶπεν· Οὕτως μωροὶ υἱοὶ Ἰσραὴλ, οὐκ ἀνακρίναντες, οὐδὲ τὸ σαφὲς ἐπιγνόντες κατεκρίνατε θυγατέρα Ἰσραήλ;

49. Ἀναστρέψατε οὖν εἰς τὸ κριτήριον, ψευδῆ γὰρ οὗτοι κατεμαρτύρησαν αὐτῆς.

50. Καὶ ἀνέστρεψεν ὁ λαὸς μετὰ σπουδῆς, καὶ εἶπαν αὐτῷ οἱ πρεσβύτεροι· Δεῦρο, καὶ κάθισον ἐν μέσῳ ἡμῶν, καὶ ἀπάγγειλον ἡμῖν, ὅτι σοι δέδωκεν ὁ Θεὸς τὸ πρεσβεῖον.

51. Καὶ εἶπεν πρὸς αὐτοὺς Δανιήλ· Διαχωρίσατε αὐτοὺς μακρὰν ἀπ' ἀλλήλων, καὶ ἀνακρινῶ αὐτούς.

52. Ὡς δὲ διεχωρίσθησαν εἷς ἀπὸ τοῦ ἑνὸς, ἐκάλεσε τὸν ἕνα αὐτῶν, καὶ εἶπεν πρὸς αὐτόν· Πεπαλαιωμένε ἡμερῶν κακῶν, νῦν ἥκασιν αἱ ἁμαρτίαι σου, ἃς ἐποίεις τὸ πρότερον,

53. Κρίνων κρίσεις ἀδίκους, καὶ τοὺς μὲν ἀθώους κατακρίνων, ἀπολύων δὲ τοὺς αἰτίους, λέγοντος τοῦ Κυρίου· Ἀθῶον καὶ δίκαιον οὐκ ἀποκτενεῖς.

54. Νῦν οὖν ταύτην εἴπερ οἶδας, εἰπὲ, ὑπὸ τί δένδρον εἶδες αὐτοὺς ὁμιλοῦντας ἀλλήλοις. Ὁ δὲ εἶπεν· Ὑπὸ σχῖνον.

55. Εἶπε δὲ Δανιήλ· Ὀρθῶς ἔψευσαι εἰς τὴν σεαυ-

τοῦ κεφαλήν· ἤδη γὰρ ἄγγελος τοῦ Θεοῦ λαβὼν παρὰ A τοῦ Θεοῦ σχίσει σε εἰς μέσον.

56. Καὶ μεταστήσας αὐτὸν, ἐκέλευσε προσάγειν τὸν ἕτερον, καὶ εἶπεν αὐτῷ· Σπέρμα Χαναὰν, καὶ οὐχὶ Ἰούδα, τὸ κάλλος ἠπάτησέ σε, καὶ ἡ ἐπιθυμία διέστρεψε τὴν καρδίαν σου.

57. Οὕτως ἐποιεῖτε θυγατράσιν Ἰσραὴλ, καὶ ἐκεῖναι φοβούμεναι ὡμίλουν ὑμῖν· ἀλλ' οὐ θυγάτηρ Ἰούδα ὑπέμεινε τὴν ἀνομίαν ὑμῶν.

58. Νῦν οὖν λέγε μοι, ὑπὸ τί δένδρον κατέλαβες αὐτοὺς ὁμιλοῦντας ἀλλήλοις; Ὁ δὲ εἶπεν· Ὑπὸ πρῖνον.

59. Εἶπεν δὲ αὐτῷ Δανιήλ· Ὀρθῶς ἐψεύσω καὶ σὺ εἰς τὴν σεαυτοῦ κεφαλήν· μένει γὰρ ὁ ἄγγελος τοῦ Θεοῦ, τὴν ῥομφαίαν ἔχων πρίσαι σε μέσον, ὅπως ἐξολοθρεύσῃ ὑμᾶς.

60. Καὶ ἀνεβόησε φωνῇ μεγάλῃ πᾶσα ἡ συναγωγὴ, καὶ εὐλόγησαν τῷ Θεῷ τῷ σώζοντι τοὺς ἐλπίζοντας ἐπ' αὐτόν.

61. Καὶ ἀνέστησαν ἐπὶ τοὺς δύο πρεσβυτέρους, ὅτι συνέστησεν αὐτοὺς Δανιὴλ ἐκ τοῦ στόματος αὐτῶν ψευδομαρτυρήσαντας· καὶ ἐποίησαν αὐτοῖς ὃν τρόπον ἐπονηρεύσαντο ποιῆσαι τῷ πλησίον, κατὰ τὸν νόμον Μωσῆ.

62. Καὶ ἀπέκτειναν αὐτοὺς, καὶ ἐσώθη αἷμα ἀναίτιον ἐν τῇ ἡμέρᾳ ἐκείνῃ.

63. Χελκίας δὲ καὶ ἡ γυνὴ αὐτοῦ ᾔνεσαν περὶ τῆς θυγατρὸς αὐτῶν Σουσάννας μετὰ Ἰωακεὶμ τοῦ ἀνδρὸς αὐτῆς, καὶ τῶν συγγενῶν πάντων, ὅτι οὐχ εὑρέθη ἐν αὐτῇ ἄσχημον πρᾶγμα.

64. Καὶ Δανιὴλ ἐγένετο μέγας ἐνώπιον τοῦ λαοῦ ἀπὸ τῆς ἡμέρας ἐκείνης, καὶ ἐπέκεινα.

65. Καὶ ὁ βασιλεὺς Ἀστυάγης προσετέθη πρὸς τοὺς πατέρας αὐτοῦ· καὶ παρέλαβε Κῦρος ὁ Πέρσης τὴν βασιλείαν αὐτοῦ.

ΚΕΦΑΛΑΙΟΝ ΙΔ'.

1. Καὶ ἦν Δανιὴλ συμβιωτὴς τοῦ βασιλέως, καὶ ἔνδοξος ὑπὲρ πάντας τοὺς φίλους αὐτοῦ.

2. Καὶ ἦν εἴδωλον τοῖς Βαβυλωνίοις, ᾧ ὄνομα Βήλ, καὶ ἐδαπανῶντο εἰς αὐτὸν ἑκάστης ἡμέρας σεμιδάλεως ἀρτάβαι δώδεκα, καὶ πρόβατα τεσσαράκοντα, καὶ οἴνου μέτρα ἕξ.

3. Καὶ ὁ βασιλεὺς ἐσέβετο αὐτὸν, καὶ ἐπορεύετο ὁ βασιλεὺς καθ' ἑκάστην ἡμέραν προσκυνεῖν αὐτῷ. Δανιὴλ δὲ προσεκύνει τῷ Θεῷ αὐτοῦ· καὶ εἶπεν αὐτῷ ὁ βασιλεὺς, διατί οὐ προσκυνεῖς τῷ Βήλ;

4. Ὁ δὲ εἶπεν αὐτῷ, ὅτι οὐ σέβομαι εἴδωλα χειροποίητα, ἀλλὰ μᾶλλον τὸν Θεὸν τὸν ζῶντα, τὸν κτίσαντα τὸν οὐρανὸν καὶ τὴν γῆν, καὶ ἔχοντα πάσης σαρκὸς κυρείαν.

5. Καὶ εἶπεν αὐτῷ ὁ βασιλεύς· Οὐ δοκεῖ σοι ὁ Βὴλ εἶναι θεὸς ζῶν; ἢ οὐχ ὁρᾷς ὅσα ἐσθίει, καὶ πίνει καθ' ἑκάστην ἡμέραν;

6. Καὶ εἶπε Δανιὴλ γελάσας· Μὴ πλανῶ, βασιλεῦ, οὗτος γὰρ ἔσωθέν ἐστι πηλὸς, ἔξωθεν δὲ χαλκὸς, καὶ οὐ βέβρωκεν οὐδέποτε.

7. Καὶ θυμωθεὶς ὁ βασιλεὺς ἐκάλεσε τοὺς ἱερεῖς αὐτοῦ, καὶ εἶπεν αὐτοῖς· Ἐὰν μὴ εἴπητέ μοι, τίς ὁ κατεσθίων τὴν δαπάνην ταύτην, ἀποθανεῖσθε.

caput tuum: ecce enim angelus Dei accipiens a Deo, scindet te medium.

56. Et amoto eo jussit adduci alium, et dixit ei: Semen Chanaan, et non Juda, species seduxit te, et concupiscentia subvertit cor tuum.

57. Sic faciebatis filiabus Israel, et illæ timentes loquebantur vobis: sed non filia Juda sustinuit iniquitatem vestram.

58. Nunc ergo dic mihi; sub qua arbore comprehendisti eos loquentes invicem? Qui vero ait: Sub prino.

59. Dixit autem Daniel: Recte mentitus es et tu in caput tuum: manet enim angelus Dei gladium habens ad secandum te medium, ut exterminet B vos.

60. Et exclamavit voce magna omnis synagoga, et benedixerunt Deo, qui salvat sperantes in se.

61. Et consurrexerunt adversus duos presbyteros (convicerat enim Daniel ex ore ipsorum, falsum dixisse testimonium), et fecerunt eis sicut malitiose egerant adversus proximum secundum legem Mosi.

62. Et interfecerunt eos, et salvatus est sanguis innoxius in die illa.

63. Chelcias autem, et uxor ejus laudaverunt pro filia sua Susanna, cum Joakim marito ejus, et cognatis omnibus, quia non esset inventa in ea res C turpis.

64. Et Daniel factus est magnus in conspectu populi a die illa, et deinceps.

65. Et rex Astyages appositus est ad patres suos, et suscepit Cyrus Perses regnum ejus.

CAPUT XIV.

1. Et erat Daniel conviva regis, et honoratus super omnes amicos ejus.

2. Et erat idolum Babyloniis, cui nomen Bel: et impendebantur in eo per singulos dies similæ artabæ duodecim, et oves quadraginta, et vini mensuræ sex.

3. Et rex colebat eum, et ibat rex per singulos dies adorare eum: porro Daniel adorabat Deum D suum. Dixitque ei rex: Quare non adoras Bel?

4. At ille dixit ei: Quia non colo idola manufacta, sed magis Deum viventem, qui creavit cœlum, et terram, et habet potestatem omnis carnis.

5. Et ait rex ad eum: Non videtur tibi Bel esse Deus vivens? An non vides, quanta comedat, et bibat quotidie?

6. Et ait Daniel ridens: Ne erres, rex: iste enim intrinsecus est luteus, forinsecus autem æreus, neque comedit aliquando.

7. Et iratus rex vocavit sacerdotes ejus, et ait eis: Nisi dixeritis mihi quis est, qui comedit impensas has, moriemini.

8. Si autem ostenderitis quoniam Bel comedat A hæc, morietur Daniel, quia blasphemavit in Bel. Et dixit Daniel regi : Fiat juxta verbum tuum.

9. Erant autem sacerdotes Bel septuaginta, exceptis uxoribus, et filiis : et venit rex cum Daniele in domum Belis.

10. Et dixit sacerdos Belis : Ecce nos egredimur foras : tu autem rex appone escas, et vinum miscens pone, et claude ostium, et signa annulo tuo.

11. Et veniens mane, nisi inveneris omnia comesta a Bel, moriemur, vel Daniel, qui mentitus est adversus nos.

12. Ipsi autem contemnebant, quia fecerant sub mensa absconditum introitum, et per illum ingre- B diebantur continuo, et auferebant ea.

13. Et factum est, postquam exivit inde, et rex apposuit cibos ante Bel : præcepit Daniel pueris suis, et attulerunt cinerem, et sparserunt per totum templum coram rege : et egressi clauserunt ostium, et signaverunt annulo regis, et abierunt.

14. Sacerdotes autem ingressi sunt nocte juxta consuetudinem suam ipsi, et uxores eorum, et filii eorum, et comederunt omnia, et biberunt.

15. Surrexit autem rex primo diluculo, et Daniel cum eo.

16. Et ait rex : Salva sunt signacula, Daniel ? At ille dixit : Salva, rex.

17. Et factum est simul ac aperuit ostia, aspi- C ciens rex super mensam, exclamavit voce magna : Magnus es Bel, et non est apud te ullus dolus.

18. Et risit Daniel, et tenuit regem, ne ingrederetur intro, et dixit : Vide nunc pavimentum, et animadverte, cujus vestigia sunt hæc.

19. Et dixit rex : Video vestigia virorum, et mulierum, et parvulorum : et iratus rex.

20. Tunc apprehendit sacerdotes, et uxores eorum, et filios eorum : et ostenderunt ei abscondita ostia, per quæ ingrediebantur, et consumebant quæ erant in mensa.

21. Occidit ergo illos, et Bel tradidit in potestatem Danielis, qui subvertit eum, et templum ejus. D

22. Et erat draco magnus in loco et colebant eum Babylonii.

23. Et dixit rex Danieli : Ecce nunc non potes dicere, quia non sit iste Deus vivens : adora ergo eum.

24. Et dixit Daniel : Dominum Deum meum adorabo : quia ipse est Deus vivens.

25. Tu autem, rex, da mihi potestatem, et interficiam draconem absque gladio, et fuste. Et ait rex : Do tibi.

26. Tulit ergo Daniel picem, et adipem, et pilos, et coxit pariter, fecitque massas, et dedit in os

8. Ἐὰν δὲ δείξητε, ὅτι ὁ Βὴλ κατεσθίει αὐ[illegible] ἀποθανεῖται Δανιὴλ, ὅτι ἐβλασφήμησεν εἰς τὸν Β[illegible] καὶ εἶπεν Δανιὴλ τῷ βασιλεῖ· Γενέσθω κατὰ τὸ ῥ[illegible] σου.

9. Καὶ ἦσαν ἱερεῖς τοῦ Βὴλ ἑβδομήκοντα ἐκτὸς γ[illegible]ναικῶν, καὶ τέκνων· καὶ ἦλθεν ὁ βασιλεὺς μετὰ Δα[illegible]νιὴλ εἰς τὸν οἶκον τοῦ Βήλ.

10. Καὶ εἶπεν ὁ ἱερεὺς Βήλ· Ἰδοὺ ἡμεῖς ἀπερ[illegible]χομεν ἔξω· σὺ δὲ, βασιλεῦ, παράθες τὰ βρώμ[illegible] καὶ τὸν οἶνον κεράσας θὲς, καὶ ἀπόκλεισον τὴ[illegible]ραν, καὶ σφράγισον τῷ δακτυλίῳ σου.

11. Καὶ ἐλθὼν πρωῒ, ἐὰν μὴ εὕρῃς πάντα βεβ[illegible]μένα ὑπὸ τοῦ Βὴλ, ἀποθανούμεθα, ἢ Δανιὴλ ὁ ψε[illegible]μενος καθ' ἡμῶν.

12. Αὐτοὶ δὲ κατεφρόνουν, ὅτι πεποιήκεισαν [illegible] B τὴν τράπεζαν κεκρυμμένην εἴσοδον, καὶ δι' αὐτ[illegible] εἰσεπορεύοντο διόλου, καὶ ἀνήλουν αὐτά.

13. Καὶ ἐγένετο ὡς ἐξῆλθεν ἐκεῖθεν, καὶ ὁ βα[illegible]λεὺς παρέθηκε τὰ βρώματα τῷ Βήλ· καὶ ἐπέτ[illegible] Δανιὴλ τοῖς παιδαρίοις αὐτοῦ, καὶ ἤνεγκαν τέφ[illegible] καὶ κατέσεισαν ὅλον τὸν ναὸν ἐνώπιον τοῦ βασιλ[illegible] καὶ ἐξελθόντες ἔκλεισαν τὴν θύραν, καὶ ἐσφράγισ[illegible] ἐν τῷ δακτυλίῳ τοῦ βασιλέως, καὶ ἀπῆλθον.

14. Οἱ δὲ ἱερεῖς εἰσῆλθον τὴν νύκτα κατὰ τὸ ἔ[illegible] αὐτῶν αὐτοὶ, καὶ αἱ γυναῖκες αὐτῶν, καὶ τὰ τέ[illegible] αὐτῶν, καὶ κατέφαγον πάντα, καὶ ἐξέπιον.

15. Καὶ ὤρθρισεν ὁ βασιλεὺς τὸ πρωῒ, καὶ Δα[illegible] μετ' αὐτοῦ.

16. Καὶ εἶπεν ὁ βασιλεύς· Σῶοι αἱ σφραγῖδες, [illegible] νιήλ; Ὁ δὲ εἶπεν· Σῶοι, βασιλεῦ.

C 17. Καὶ ἐγένετο ἅμα τὸ ἀνοῖξαι τὰς θύρας, [illegible] βλέψας ὁ βασιλεὺς ἐπὶ τὴν τράπεζαν, ἐβόησε φ[illegible] μεγάλῃ· Μέγας εἶ Βὴλ, καὶ οὐκ ἔστι παρὰ σοὶ [illegible] οὐδὲ εἷς.

18. Καὶ ἐγέλασε Δανιὴλ, καὶ ἐκράτησε τὸν βα[illegible]λέα, τοῦ μὴ εἰσελθεῖν ἔσω, καὶ εἶπεν· Ἴδε δὴ τὸ ἔ[illegible]φος, καὶ γνῶθι, τίνος τὰ ἴχνη ταῦτα.

19. Καὶ εἶπεν ὁ βασιλεύς· Ὁρῶ ἴχνη ἀνδρῶν, κα[illegible] γυναικῶν, καὶ παιδίων· καὶ ὀργισθεὶς ὁ βασιλεὺ[illegible]

20. Τότε συνέλαβε τοὺς ἱερεῖς, καὶ τὰς γυναῖκας αὐτῶν, καὶ τὰ τέκνα αὐτῶν, καὶ ἔδειξαν αὐτ[illegible] κρυπτὰς θύρας, δι' ὧν εἰσεπορεύοντο, καὶ ἐδαπάν[illegible] τὰ ἐπὶ τῇ τραπέζῃ.

21. Καὶ ἀπέκτεινεν αὐτοὺς, καὶ τὸν Βὴλ ἔδω[illegible] D ἔδωκε τῷ Δανιὴλ, καὶ κατέστρεψεν αὐτὸν, καὶ τ[illegible] ναὸν αὐτοῦ.

22. Καὶ ἦν δράκων μέγας ἐν τῷ τόπῳ, καὶ ἐσ[illegible]βοντο αὐτὸν οἱ Βαβυλώνιοι.

23. Καὶ εἶπεν ὁ βασιλεὺς τῷ Δανιήλ· Ἰδοὺ οὐ [illegible] δύνασαι εἰπεῖν, ὅτι οὐκ ἔστιν αὐτὸς θεὸς ζῶν, κα[illegible] προσκύνησον αὐτῷ.

24. Καὶ εἶπεν Δανιήλ· Κυρίῳ τῷ Θεῷ μου προσ[illegible]κυνήσω, ὅτι οὗτός ἐστιν ὁ Θεὸς ὁ ζῶν.

25. Σὺ δὲ, βασιλεῦ, δός μοι τὴν ἐξουσίαν, κα[illegible] ἀποκτενῶ τὸν δράκοντα ἄνευ μαχαίρας, καὶ ῥάβδ[illegible] καὶ εἶπεν ὁ βασιλεύς· Δίδωμί σοι.

26. Καὶ ἔλαβε Δανιὴλ πίσσαν, καὶ στέαρ, καὶ τρ[illegible]χας, καὶ ἥψησεν ἐπὶ τὸ αὐτό· καὶ ἐποίησεν μάζα[illegible]

καὶ ἔδωκεν εἰς τὸ στόμα τοῦ δράκοντος, καὶ διεῤῥάγη ὁ δράκων, καὶ εἶπεν Δανιήλ· Ἴδε τὰ σεβάσματα ὑμῶν.

27. Καὶ ἐγένετο, ὡς ἤκουσαν οἱ Βαβυλώνιοι, ἠγανάκτησαν λίαν, καὶ συνεστράφησαν ἐπὶ τὸν βασιλέα, καὶ εἶπον· Ἰουδαῖος γέγονεν ὁ βασιλεὺς, τὸν Βὴλ κατέσπασε, καὶ τὸν δράκοντα ἀπέκτεινε, καὶ τοὺς ἱερεῖς κατέσφαξεν.

28. Καὶ εἶπον πρὸς τὸν βασιλέα· Παράδος ἡμῖν τὸν Δανιὴλ, εἰ δὲ μὴ, ἀποκτενοῦμέν σε, καὶ τὸν οἶκόν σου.

29. Καὶ εἶδεν ὁ βασιλεὺς, ὅτι κατεπείγουσιν αὐτὸν σφόδρα, καὶ ἀναγκασθεὶς παρέδωκεν αὐτοῖς τὸν Δανιήλ.

30. Οἱ δὲ ἔβαλον αὐτὸν εἰς τὸν λάκκον τῶν λεόντων, καὶ ἦν ἐκεῖ ἡμέρας ἕξ.

31. Ἦσαν δὲ ἐν τῷ λάκκῳ ἑπτὰ λέοντες, καὶ ἐδίδοντο αὐτοῖς τῆς ἡμέρας δύο σώματα, καὶ δύο πρόβατα· τότε δὲ οὐκ ἐδόθη αὐτοῖς, ἵνα καταφάγωσι τὸν Δανιήλ.

32. Καὶ ἦν Ἀμβακοὺμ ὁ προφήτης ἐν τῇ Ἰουδαίᾳ, καὶ αὐτὸς ἥψησεν ἕψημα, καὶ ἐνέθρυψεν ἄρτους εἰς σκάφην, καὶ ἐπορεύετο εἰς τὸ πεδίον ἀπενεγκεῖν τοῖς θερισταῖς.

33. Καὶ εἶπεν ἄγγελος Κυρίου τῷ Ἀμβακούμ· Ἀπένεγκε τὸ ἄριστον ὃ ἔχεις εἰς Βαβυλῶνα τῷ Δανιὴλ εἰς τὸν λάκκον τῶν λεόντων.

34. Καὶ εἶπεν Ἀμβακούμ. Κύριε, Βαβυλῶνα οὐχ ἑώρακα, καὶ τὸν λάκκον οὐ γινώσκω.

35. Καὶ ἐπελάβετο ὁ ἄγγελος Κυρίου τῆς κορυφῆς αὐτοῦ, καὶ βαστάσας τῆς κόμης τῆς κεφαλῆς αὐτοῦ, ἔθηκεν αὐτὸν εἰς Βαβυλῶνα ἐπάνω τοῦ λάκκου, ἐν τῷ ῥοίζῳ τοῦ πνεύματος αὐτοῦ.

36. Καὶ ἐβόησεν Ἀμβακοὺμ λέγων· Δανιὴλ, λάβε τὸ ἄριστον, ὃ ἀπέστειλέ σοι ὁ Θεός.

37. Καὶ εἶπεν Δανιήλ· Ἐμνήσθης γάρ μου ὁ Θεὸς, καὶ οὐκ ἐγκατέλιπες τοὺς ἀγαπῶντάς σε.

38. Καὶ ἀναστὰς Δανιὴλ ἔφαγεν· ὁ δὲ ἄγγελος τοῦ Θεοῦ ἀπεκατέστησε τὸν Ἀμβακοὺμ παραχρῆμα ἐπὶ τὸν τόπον αὐτοῦ.

39. Ὁ δὲ βασιλεὺς ἦλθε τῇ ἡμέρᾳ τῇ ἑβδόμῃ πενθῆσαι τὸν Δανιὴλ, καὶ ἦλθεν ἐπὶ τὸν λάκκον, καὶ ἀνέβλεψε, καὶ ἰδοὺ Δανιὴλ καθήμενος.

40. Καὶ ἀνεβόησεν ὁ βασιλεὺς φωνῇ μεγάλῃ, καὶ εἶπεν· Μέγας εἶ, Κύριε ὁ Θεὸς τοῦ Δανιήλ.

41. Καὶ ἀνέσπασεν αὐτόν. Τοὺς δὲ αἰτίους τῆς ἀπωλείας αὐτοῦ ἐνέβαλε, καὶ κατεβρώθησαν παραχρῆμα ἐνώπιον αὐτοῦ.

A draconis, et disruptus est draco: et dixit Daniel: Ecce quæ vos colitis.

27. Et factum est ut audierunt Babylonii, indignati sunt vehementer, et conversi adversus regem dixerunt: Judæus factus est rex: Bel destruxit, et draconem interfecit, et sacerdotes occidit.

28. Et dixerunt ad regem: Trade nobis Danielem, alioquin interficiemus te, et domum tuam.

29. Vidit ergo rex, quod incitarentur in se vehementer: et necessitate compulsus tradidit eis Danielem.

30. Illi autem miserunt eum in lacum leonum, et erat ibi diebus sex.

B 31. Porro erant in lacu septem leones, et dabantur eis quotidie duo corpora, et duæ oves: tunc autem non sunt data eis, ut devorarent Danielem.

32. Erat autem Ambacum propheta in Judæa, et ipse coxerat pulmentum, et intriverat panes in alveolo: et ibat in campum, ut afferret messoribus.

33. Dixitque angelus Domini ad Ambacum: Fer prandium, quod habes, in Babylonem Danieli in lacum leonum.

34. Et dixit Ambacum: Domine, Babylonem non vidi, et lacum nescio.

35. Et apprehendit angelus Domini verticem ejus, C et portans coma capitis ejus, posuit eum in Babylone supra lacum in impetu spiritus sui.

36. Et clamavit Ambacum, dicens: Daniel, tolle prandium, quod misit tibi Deus.

37. Et ait Daniel: Recordatus es quippe mei Deus, et non dereliquisti diligentes te.

38. Surgensque Daniel comedit. Porro angelus Dei restituit Ambacum confestim in locum ejus.

39. Rex autem venit die septimo, ut lugeret Danielem, et venit ad lacum, et respexit, et ecce Daniel D sedens.

40. Et exclamavit rex voce magna, et ait: Magnus es, Domine Deus Danielis.

41. Et extraxit eum. Porro illos, qui perditionis ejus causa fuerant, injecit, et devorati sunt in momento coram eo.

HEXAPLORUM QUÆ SUPERSUNT.

DANIELIS CAPUT PRIMUM.

ארץ שנער 2 Θ. Εἰς γῆν Σενναάρ. Ἄλλος, εἰς γῆν Βαβυλῶνος.

לאשפנז רב סריסיו 3 Θ. τῷ Ἀσφανὲζ τῷ ἀρχιευνούχῳ αὐτοῦ. Ἄλλος, Ἀβδιεζδρὶ διδασκάλῳ εὐνούχων αὐτοῦ.

2. Heb. in terram Senar. Th. Vulg. in terram Sennaar. *Alius*, in terram Babylonis.

3. Heb. Asphenez magistro eunuchorum suorum. Th. Asphanez præposito eunuchorum suorum. *Alius*, Abdiezdri magistro eunuchorum suorum. Vulg. Asphenez præposito eunuchorum.

הפרתמים 'Ο Ἑβραῖος, τῶν εὐγενῶν. 'Α. 1. Ο'. ἐπιλέκτων. 'Α. 2. τυράννων. Σ. Πάρθων. Θ. Φορθομμίν.

יתגאל 8 Θ. ἀλισγηθῇ. Ἄλλος, μιανθῇ.

שר הסריסים 10 Θ. ἀρχιευνοῦχος.

וחיבתם Θ. καὶ καταδικάσητε. Ἄλλος, καταδικασθῆναι ποιήσητε.

נס 12 Θ. πείρασον. Ἄλλος, δοκίμασον.

את־עבדיך Θ. τοὺς παῖδάς σου. Ἄλλος, τοὺς δούλους σου.

וינסם 14 Θ. καὶ ἐπείρασεν αὐτούς. Ἄλλος, καὶ ἐδοκίμασε τὴν ἰδέαν αὐτῶν.

ובריאי בשר 15 Θ. καὶ ἰσχυροὶ ταῖς σαρξίν. Ἄλλος, καὶ αὐτοὶ ἰσχυροὶ ταῖς σαρξίν.

זרעים 16 Θ. σπέρματα. Ἄλλος, ὄσπρια.

בכל־ספר 17 'Α. ἐν παντὶ τῷ βιβλίῳ. Σ.... Θ. ἐν πάσῃ γραμματικῇ.

לפני נבכדנצר 18 Θ. ἐναντίον Ναβουχοδονόσορ. Ἄλλος, πρὸς Ναβουχοδονόσορ.

החרטמים האשפים 20 Ο'. σοφιστὰς καὶ φιλοσόφους. Θ. τοὺς ἐπαοιδοὺς καὶ τοὺς μάγους.

A Heb. principibus. *Hebræus*, nobilium. *A.* 1. LXX. electorum *A.* 2. Vulg. tyrannorum. S. Parthorum. Th. Phorthommin.

8. Heb. pollueret se. Th. Vulg. pollueretur. *Alius*, contaminaretur.

10. Heb. Th. Vulg. princeps eunuchorum.

Heb. et condemnabitis. Th. et condemnetis. *Alius*, et condemnari faciatis. Vul. condemnabitis.

12. H. Th. Vul. tenta. *Alius*, proba.

H. *Alius*, Vul. servos tuos. Th. pueros tuos

14. Heb. Th. et tentavit eos. *Alius*, et probavit ideam, [*i.* vultum] eorum. Vul. tentavit eos

15. Heb. et pinguiores carne. Th. et robusti carnibus. *Alius*, et ipsi robusti carnibus. Vul. et corpulentiores. B

16. H. Th. semina. *Alius*, Vul. leguinina.

17. Heb. *A.* Vul. in omni libro. S. in omni arte grammatica. Th. in omni litteratura.

18. H. ad facies Nebuchadnesar. Th. Vul. in conspectu Nabuchodonosor. *Alius*, ad Nabuchodonosor.

20. H. genethliacos sophos. LXX. sophistas et philosophos. Th. incantatores et magos. Vul. ariolos et magos.

Notæ et variæ lectiones ad cap. I Danielis.

V. 1. Sciendum Montfauconium afferre juxta Biblia nostra Theodotionis textum, qui in multis abcedit a textu Theodotionis Chisiano quem dedimus supra. Drach.

V. 2. Schol. Βαβυλῶνος, apud Drusium ex edit. Romana, estque haud dubie altera versio. Hieronymus in comment. « *Terra Sennaar locus est Babylonis, in quo fuit campus Dura, et turris, quam usque ad cœlum hi, qui ab Oriente moverant pedes suos, ædificare nisi sunt.* »

V. 3. Ἄλλος, 'Αβδιεζδρὶ διδασκάλῳ εὐνούχων αὐτοῦ. Cod. regius Bombycinus. Hanc lectionem memorat Hieronymus, qui ait : « Pro *Asphanez*, in editione Vulgata 'Αβριεσδρὶ scriptum reperi. » Codex noster antiquissimus Corbeiensis habet litteris latinis, *Abiesdri*.

Ibid. 'Ο Ἑβρ· τῶν εὐγενῶν. Idem ms. reg. De reliquis versionibus hæc Hieronymus : « Et pro φορθομμίν, quod Theodotio posuit, *LXX.* et Aquila *electos* transtulerunt; Symmachus, *Parthos*, pro verbo nomen gentis intelligens, quod nos juxta editionem Hebræorum, quæ κατ' ἀκρίβειαν legitur, in *tyrannos* vertimus. » Priora hujus loci verba sic habet ms. Corbeiensis noster, « Et pro *Porthommim*, quod Theodotio posuit. »

V. 8. Ἄλλος, μιανθῇ. Drusius.

V. 10. Θ, ἀρχιευνοῦχος. Hieron. « Non solum præpositus Eunuchorum, sive magister, et ut alii transtulerunt, ὁ ἀρχιευνοῦχος, sanctis immutat nomina, sed et Pharao Joseph in Ægypto, etc. »

Ibid. Ἄλλος, καταδικασθῆναι ποιήσητε. Id Drusius quasi scholion affert.

V. 12. Ἄλλος, δοκίμασον. Drus. Ibid. Clarius τοὺς δούλ.

V. 14. Ἄλλος, καὶ ἐδοκίμασε, etc. Drusius. Qui sunt alterius interpretis, cujus nomen tacetur.

V. 15. Ἄλλος, καὶ αὐτοὶ ἰσχ. Ex Jo. Chrysostomo in Danielem.

V. 16. Ἄλλος, ὄσπρια. Ex Drusio.

V. 17. 'Α, ἐν παντὶ τῷ βιβλίῳ. Ms. reg. et Polychronio. Drusius ex edit. Rom. Schol. ἐν παντὶ τῷ βίβλῳ, mendose : nam βίβλος est feminini generis. « Pro quo, inquit Hieronymus, Symmachus interpretatus est, *artem grammaticam*. »

V. 18. Ἄλλος, πρὸς Ναβουχ. Ex Chrysostomo in Danielem

V. 20. Ms. reg. Ο', σοφιστὰς καὶ φιλοσόφους. Hieronymus : « Pro *hariolis et magis*, Vulgata editio, *sophistas et philosophos* transtulit. »

DANIELIS CAPUT II.

לחרטמים 2 'Α. Σ. Ο'. Θ. ἐπαοιδούς. 'Ο *Σύρος*, σοφούς.

ותתפעם 3 Σ. καὶ διηπόρει. Θ. καὶ ἐξέστη.

עדנא אנתון זבנין 8 Θ. καιρὸν ὑμεῖς ἐξαγοράζετε.

אזדא מני 'Ο *Σύρος*, ἀπατᾷ με. Θ. ἀπέστη ἀπ' ἐμοῦ.

ענה ואמר 15 Θ. *vacat*. Ἄλλος, καὶ ἐπυνθάνετο αὐτὸν λέγων.

2. Heb. genethliacos. *A.* S. LXX. Th. incantatores. *Syrus*, sophos. Vul. arioli.

3. H. et consternatus est. S. et hæsitabat. Th. et obstupuit. Vulg. et mente confusus.

8. H. tempus vos ementes. Th. tempus vos redimitis. Vulg. tempus redimitis.

11. effluxerit a me. *Syrus*, decipit me. Th. discessit a me. Vulg. recesserit a me.

15. Heb. respondit et dixit. Th. *vacat*. *Alius*, et interrogabat eum dicens. Vulg. et interrogavit eum.

וגבורתא 20 Θ. καὶ ἡ σύνεσις. Ἄλλος, καὶ ἡ ἰσχύς.

גזרין 27 Σ. θύτας. Θ. γαζαρηνῶν.

באחרית יומיא 28 Ο' ἐν ἐσχάταις ἡμέραις. Θ. ἐπ' ἐσχάτων τῶν ἡμερῶν.

צלם 31 Οἱ λοιποί, εἰκών. Σ. ἀνδριάς.

די־דהב טב 32 Θ. χρυσίου χρηστοῦ. Ἄλλος, ἐκ χρυσίου καθαροῦ.

התגזרת 34 Θ. ἀπεσχίσθη. Ἄλλος, ἀπετμήθη.

ומנחה 46 Ἄλλοι, καὶ δῶρον. Θ. καὶ μαναά.

20. Hebr. *Alius* et Vulg. et fortitudo. Th. et prudentia.

27. H. Vulg. aruspices. S. sacrificos. Th. gazarenorum.

28. H. in novissimo dierum. LXX, Th. in novissimis diebus. Vulg. in novissimis temporibus.

31. H. et *reliqui*, imago. S. Vulg. statua.

32. Heb. Th. ex auro bono *Alius*, ex auro puro. Vulg. ex auro optimo.

34. H. Th Vulg. abscissus est. *Alius*, excisus est.

46. Hebr. et munus. *Alii*, et donum. Th. et manaa. Vulg. et hostias.

Notæ et variæ lectiones ad cap. II Danielis.

V. 2. Ἀ. Σ. Ο'. Θ. ἐπαοιδούς. Ex Hieronymo, cujus hæc sunt verba : « Quos nos *hariolos*, cæteri ἐπαοιδοὺς interpretati sunt, i. e. *incantatores*. Ergo videntur mihi incantatores esse, qui verbis rem peragunt : Magi, qui de singulis philosophantur : Malefici, qui sanguine utuntur et victimis, et sæpe contingunt corpora mortuorum. Porro in Chaldæis γενεθλιαλόγους significari puto, quos vulgus *mathematicos* vocat. » Hujus autem loci initium sic habetur in ms. Corbeiensi, nunc nostri Monasterii : « *Præcepit ergo rex ut convocarentur arioli, et magi, et malefici*, ※ id est, incantatores. Ergo videntur etc. » Drusius ex Polychronio addit, ὁ Σύρος συντόμως λέγει τοὺς σοφοὺς τῆς Βαβυλῶνος. i. e. *Syrus compendio dicit Sophos Babylonis*. Quibus indicatur, illa Magorum et incantatorum varii generis nomina, quæ in Hebraico enumerantur, uno τῶν σοφῶν nomine comprehendi.

V. 5. Σ. καὶ διηπόρει. Sic ms. regius et Polychronio, et Drusius.

V. 8. Θ. καιρὸν ὑμεῖς ἐξαγοράζετε. In hæc verba scholion affertur in edit. Rom. τουτέστιν ὑπέρθεσιν θηρᾶσθε, διασκεδάσαι τῇ ἀναβολῇ τοῦ καιροῦ σκοποῦντες τὸ παρ' ὑμῶν ζητούμενον. i. e. *Prorogationem venamini, studentes dilatione temporis dissolvere quod quæritur a vobis*.

Ibid. ὁ Σύρος, ἀπατᾷ με. Hoc suspectum habet Drusius : at non semel Syrus Interpres a litera, imo nonnunquam a sensu discedit.

V. 15. Ἄλλος, καὶ ἐπυνθάνετο. Jo Chrysost. in Danielem. [Quæ vacant in textu communi Theodotionis, i. e. Bibliorum nostrorum, plerumque habentur in ejusdem interpretis textu genuino Chisiano. Quod semel monuisse sufficiat. DRACH.]

V. 20. Ἄλλος, καὶ ἡ ἰσχύς. Idem.

V. 27. Hieron. : « Pro *Haruspicibus*, quod nos vertimus, in Hebræo *GAZARENOS* habet, quod solus Symmachus θύτας interpretatus est, quos Græci solent ἡπατοσκόπους appellare : qui exta inspiciunt, ut ex his futura prædicant. » Locus corruptus in editis et in mss. Editi habent θυάς. Ms. Corbeiensis noster. E A S. Sed θύτας legendum esse constat, ut videas infra cap. 4. nota ad versum 4. Ms. Corbeiensis habet, *prædicant*, sic cum accentu recte ; editi, *prædicent*.

V. 28. Hieronymus : « *LXX dies novissimos*, transtulerunt. »

V. 31. Hieron. : « Pro *statua*, i. e. ἀνδριάντι, quod solus interpretatus est Symmachus, cæteri *imaginem* transtulerunt, volentes hoc nomine similitudinem ostendere futurorum. » Alius legit, ἀνδριάντη. Ms. vero Corbeiensis, *pro* ἀνδριάντε. Quæ si vera lectio sit, sane Hieronymus voci Græcæ terminationem Latinam dederit, ut cum præpositione *pro* quadraret.

V. 32. Ἄλλος, ἐκ χρυσίου καθαροῦ. Jo. Chrysost.

V. 34. Ἄλλος, ἀπετμήθη. Idem.

V. 46. Ἄλλοι, καὶ δῶρον. Drusius. Schol. δῶρον.

DANIELIS CAPUT III.

דורא 1 Σ. (Δουραῦ.) Ο', περίβολον. Θ. Δεειρᾷ.

די הקים נבוכדנצר מלכא 3 Θ. ἣς ἔστησεν Ναβουχοδονόσορ ὁ βασιλεύς.

עממיא אמיא ולשניא 4 Ἄλλος, ἔθνη, λαοὶ καὶ γλῶσσαι. Θ. λαοί, φυλαί, γλῶσσαι.

סומפניה 5 Ἄλλος, συμφωνίας. *In* Θ. *vacat*.

ולצלם דהבא 18 Οἱ λοιποί, καὶ εἰκόνι χρυσῇ. Σ. καὶ ἀνδριάντι χρυσῷ.

בסרבליהון 21 Ἀ. Θ. σὺν τοῖς σαραβάροις αὐτῶν. Σ. σὺν ταῖς ἀναξυρίσιν αὐτῶν.

גבריא אלך די הסקו לשדרך מישך ועבד נגו 22 קטל המון שביבא די נורא Ἄλλος, καὶ τοὺς ἄνδρας ἐκείνους τοὺς ἐμβαλόντας Σιδρὰχ, Μισὰχ καὶ Ἀβδεναγὼ ἀπέκτεινεν αὐτοὺς φλὸξ τοῦ πυρός.

1. H. Vulg. Dura. S. Durau. LXX, septum. T. Deira.

3. Hebr. Vulg. quam erexerat Nabuchodonosor rex. Th. quam statuerat Nabuchodonosor rex.

4. Heb. populis, nationibus et linguis. *Alius*, gentes, populi et linguæ. Th. populi, tribus, linguæ. Vulg. populis, tribubus et linguis.

5. Heb. *Alius*, Vulg. symphoniæ. In Th *vacat*.

18. Hebr. *Reliqui*, et imagini aureæ. S. Vulg. statuæ aureæ.

21. Hebr. in sarabalis suis. A. Th. cum sarabaris suis. S. cum femoralibus suis. Vul. cum braccis suis.

22. Hebr. viros illos qui ascendere fecerunt Sidrach, Misach, et Abed-nego occidit illos flamma ignis. *Alius*, et viros illos qui injecerant Sidrach, Misach, et Abdenago, occidit eos flamma ignis. Vulg. porro viros illos qui miserant Sidrach, Misach, et Abdenago, interfecit flamma ignis.

וגבריא אלך תלתהון שדרך מישך ועבד נגו נפלו 23 לגוא־אתון־נורא יקדתא מכפתין Ἀ. καὶ οἱ ἄνδρες

23. Heb. et viri illi tres Sidrach, Misach et Abed-nego ceciderunt in medium fornacis ignis ar-

ἐκεῖνοι οἱ τρεῖς, Σεδρὰχ, Μισὰχ, Ἀβδεναγὼ ἔπεσον εἰς μέσον τοῦ πυρὸς πεπεδημένοι. Θ. καὶ οἱ τρεῖς οὗτοι, Σεδρὰχ, Μισὰχ, καὶ Ἀβδεναγὼ, ἔπεσον εἰς μέσον τῆς καμίνου τῆς καιομένης πεπεδημένοι.

dentis ligati. A. et viri illi tres, Sedrach, Misach, Abdenego ceciderunt in medium ignis colligati. Th. et tres isti, Sedrach, Misach, et Abdenago, ceciderunt in medium camini ardentis ligati. Vulg. viri autem hi tres, id est, Sidrach, Misach, et Abdenago, ceciderunt in medio camino ignis ardentis colligati.

24 אדין נבוכדנצר מלכא תוה וקם בהתבהלה ענה ואמר להדברוהי Ἀ. ὁ βασιλεὺς ὁ Ναβουχοδονόσορ ἐθαύμασε, καὶ ἀνέστη ἐν σπουδῇ, καὶ ἀπεκρίθη καὶ εἶπε τοῖς μεγιστᾶσιν αὐτοῦ. Θ. καὶ Ναβουχοδονόσορ ἤκουσεν ὑμνούντων αὐτῶν, καὶ ἐθαύμασε καὶ ἐξανέστη ἐν σπουδῇ, καὶ εἶπε τοῖς μεγιστᾶσιν αὐτοῦ.

24. Hebr. Tunc Nabuchadnesar rex obstupuit, et surrexit in festinando, respondit et dixit magnatibus suis. A. rex Nabuchodonosor miratus est, et surrexit festinanter, et respondit, dixitque optimatibus suis. Th. et Nabuchodonosor audivit hymnos canentes ipsos, et miratus est, et surrexit propere, et ait magnatibus suis. Vulg. Tunc Nabuchodonosor rex obstupuit, et surrexit propere, et ait optimatibus suis.

25 ורוה די רביעיא דמה לבר־אלהין Ἀ..... ὅμοιος υἱῷ Θεοῦ. Σ..... Ο'.... ἀγγέλῳ Θεοῦ. Θ. καὶ ἡ ὅρασις τοῦ τετάρτου ὁμοία υἱῷ Θεοῦ.

25. H. et species quarti similis est filio Dei. A........ similis filio Dei. S. species autem quarti, similitudo filiorum deorum. LXX..... angelo Dei. Th. Vul. et species quarti, similis filio Dei.

Notæ et variæ lectiones ad cap. III Danielis.

V. 1. Ex Hieronymo, qui sic habet in ms. Corbeiensi : « Pro *Dura* Theudocio (*sic*) *Deira*, Symmachus *Durau*, *LXX* περίβολον. » Ubi *Dura*, *Deira*, *Durau* legendum, non *Duraum*, ut in editis : nam lineæ supra positæ in ms. hic non indicant *m* in fine.

V. 3. Θ., ἧς ἔστησε etc. Sic editi.

V. 4. Ἄλλος, ἔθνη, λαοὶ, καὶ γλῶσσαι. Drusius.

V. 5. Ἄλλος, συμφωνίας. Drusius, qui hanc notam adfert : « Elias in libro ubi vocum Chaldaicarum sensa explicat : *Nomen est instrumenti musici, quod italice vocatur* Symphonia, *et Germanice* Lier, i. e. Lyra. » *Isidorus* : Symphonia appellatur lignum cavum, ex utraque parte pelle extensa, quam virgulis hic inde musici feriunt etc. »

V. 18. Symmachus, *statua aurea*. Ex Hieronymo.

V. 21. Hieronymus : « Pro *braccis*, quas Symmachus ἀναξυρίδας *vocat*, Aq. et Theodotio *saraballa* dixerunt, et non, ut corrupte legitur, *sarabara*. Lingua autem Chaldæorum *saraballa*, *crura* hominum vocantur et *tibiæ* : et ὁμωνύμως etiam *braccæ* eorum quibus crura teguntur et tibiæ, quasi *crurales* et *tibiales* appellatæ sunt. » Drusius hoc loco sic annotat :

Quid de hoc loco Hieronymi sentiendum sit, diximus alibi. In Vulgata Scriptura Codices plerumque consentiunt. Quocirca satius ut dicamus λ *in* ρ *mutasse; nam hæ literæ de facili alternant. Sic* ארה *et* אלה *quod Græce est* ἀρὰ, maledictio, diræ. *Sic* κλίβανος *et* κρίβανος. *Sic* sarabala, sarabara, *Chaldaice* סרבלא. *An Aquila scripserit*, σὺν τοῖς σαραβάλοις αὐτῶν, *nescio. Hoc scio, vocem* sarabara, *etiam profanis auctoribus usitatam esse, quod alias a me probatum. Nunc moneo minus recte scriptum esse in Hieronymo* saraballa *cum* l *duplici, cum unicum dumtaxat sit in scriptura Chaldaica. Qui habent, adeant ad Quæstiones meas, ubi plura de hac voce. Scholion* : τινὲς σαραβάρα εἰρήκασι, τὰ μὲν παρὰ τῶν πολλῶν λεγόμενα μωχία, παρὰ δὲ τοῖς Ἕλλησιν ἀναξυρίδες προσαγορευόμενα. *Dictio*, μωχία, *sonat ridicula : sed fortasse legendum* βραχία *Theodoretus Sarabara scribit esse vestimenti Persici genus : a quibus distinguit* ἀναξυρίδας, *quæ putat esse ipsas* περικνημίδας. Hactenus Drusius, de cujus conjectura circa μωχία judicent eruditi.

Consequenter idem Drusius. *In Compl. est* σαραβάλοις. *Tertullianus autem de Oratione*, Sarabaris, *habet. Idem de carne Domini, cum bracis suis. Sequitur*, καὶ τιάραις καὶ περικνημίσι, *quæ legi malim ordine inverso, ut* פטשין *sint* περικνημῖδες, *et* כרבלין τιάραι. *Est autem* τιάρα, *teste Hieronymo, genus pilei, quo Persarum Chaldæorumque gens utitur. Locus iste valde debilitat opinionem Hieronymi de Sarabaris. Nam si* περικνημῖδες, *ut recte censet Theodoretus, sunt ipsæ* ἀναξυρίδες, *aut aliud dicunt Sarabaræ, aut minus absurde* ταυτολογεῖ ὁ Θεοδοτίων.

V. 22. Ἄλλος, καὶ τοὺς ἄνδρας etc. Drusius.

V. 23 et 24. Lectio Aquilæ prodit ex epist. Origenis ad Africanum.

V. 25. Hieronymus : « Speciem autem quarti, quem similem dicit Filio Dei, vel Angelum debemus accipere, ut *LXX*, transtulerunt, vel certe, ut plerique arbitrantur, Dominum Salvatorem, Sed nescio quomodo rex impius Dei Filium videre meruatur. Ergo juxta Symm. qui interpretatus est. *Species autem quarti similitudo filiorum*, non Dei, sed, *deorum*, angeli sentiendi sunt, qui vel dii et deorum, vel Dei filii sæpissime nuncupantur. »

DANIELIS CAPUT IV.

1 ורענן בהיכלי Ἄλλος, καὶ εὐθαλῶν ἐπὶ τοῦ θρόνου μου. Θ. καὶ εὐθαλῶν.

1. Heb. et frondosus in palatio meo. *Alius*, et florens in throno meo. Th. et florens. Vulg. et florens in palatio meo.

4 חרטמיא אשפיא כשדיא וגזריא Θ. οἱ ἐπαοιδοὶ, μάγοι, Γαζαρηνοὶ, Χαλδαῖοι.

4. Heb. genethliaci, sophi, Chasdim, et divini. Th. incantatores, magi, Gazareni, Chaldæi. Vulg. arioli, magi, Chaldæi, et aruspices.

5 ועד אחרין על קדמי דניאל Θ. ἕως ἦλθε Δανιήλ.

5. Heb. et usque ad novissimum intravit coram

"Αλλος, ἕως οὗ ἕτερος εἰσῆλθεν ἐνώπιόν μου Δανιήλ.

לא־אנס לך 6 Θ. οὐκ ἀδυνατεῖ σε. "Αλλος, οὐκ ἀδυνατεῖ σοι.
וחזוי ראשי 7 "Αλλος, καὶ αἱ ὁράσεις τῆς κεφαλῆς μου. *In* Θ. *vacat.*
וחזותה 8 Θ. καὶ τὸ κῦτος αὐτοῦ.

לסוף Οἱ λοιποὶ, εἰς τὰ πέρατα. Θ, εἰς τὸ πέρας.

עיר 10 'Α. Σ. ἐγρήγορος. Ο', ἄγγελος. Θ. εἶρ.
יצטבע 12 Θ. κοιτασθήσεται. "Αλλος, αὐλισθήσεται.
כל־קבל די 15 "Αλλος, κατέναντι. Θ. ὅτι.

אשתומם 16 Θ. ἀπηνεώθη.

ענה מלכא ואמר בלטשאצר חלמא ופשרא אל־יבהלך "Αλλος, καὶ ἀπεκρίθη βασιλεὺς καὶ εἶπε, Βαλτάσαρ, τὸ ἐνύπνιον καὶ ἡ σύγκρισις μὴ κατασπευσάτω σε. *In* Θ. *vacat.*

לך מצבעין 22 "Αλλος, τὸ σῶμά σου βαφήσεται. Θ. αὐλισθήσῃ.
הן תהוה ארכא 24 Θ. ἴσως ἔσται μακρόθυμος. "Αλλος, ἴσως ἔσται μακροθυμία.

me Daniel. Th. donec venit Danieli. *Alius*, donec alius intravit coram me Daniel. Vul. donec collega ingressus est in conspectu meo Daniel

6. Heb. non facit negotium tibi. Th *Alius*, Vul. non est impossibile tibi.
7. Hebr. *Alius*, et visiones capitis mei. In Th. *vacat*. Vul. visio capitis mei.
8. Heb. et aspectus ejus. Th. et moles ejus. Vul. aspectus illius.
Heb. ad finem. *Reliqui*, ad terminos. Th. ad terminum. Vul. usque ad terminos.
10. Heb. A. S. Vul. vigil. LXX, angelus. Th. ir.
12. H. Vul. tingatur. Th. cubabit. *Alius*, manebit.
15. Heb. omni respectu quia. *Alius*, e regione. Th. Vul. quia.
16. H. obstupefactus est. Th. obstupuit. Vul. cœpit intra semetipsum tacitus cogitare.
Hebr. Respondit rex, et dixit, Baltasar, somnium et interpretatio ejus non terreat te. *Alius*, et respondit rex, et dixit, Baltasar, somnium et interpretatio ejus, ne sollicitum te reddat. *In* Th. *vacat.* Vul. respondens autem rex ait, Baltasar, somnium et interpretatio ejus non conturbent te.
22. Hebr. te tingentes. *Alius*, corpus tuum intingetur. Th. commoraberis. Vul. infunderis.
24. Heb. ecce erit prolongatio. Th. forte erit longaminis. *Alius*, forte erit longanimitas. Vul. forsitan ignoscet delictis tuis.

Notæ et variæ lectiones ad cap. IV Danielis.

V. 1. Hieronymus : « Quietus eram in domo mea, et *florens* in palatio meo, sive *in throno*, ut interpretatus est Theodotio. » Verba illa ἐπὶ τοῦ θρόνου μου absunt a plerisque exemplaribus, excidisseque videntur.

V. 4. Θ., οἱ ἐπαοιδοὶ etc. In has voces hoc scholion adfert Drusius ex edit. Romana : Ἐπαοιδοὺς ἐκάλουν τοὺς ἐξαιρέτως περὶ τὰς ἐπαοιδὰς καὶ ἐπικλήσεις τῶν δαιμόνων σχολάζοντας· μάγους δὲ τοὺς τοῦ πυρὸς μέχρι καὶ νῦν θεραπευτὰς παρ' αὐτοῖς, καὶ τοὺς ἁγνισμοὺς ἐπιτελοῦντας, καὶ περὶ τὴν τῶν ἄστρων κατασκοπὴν, ὡς δοκοῦσιν ἐπιστημόνως ἔχοντας· Χαλδαίους δὲ τοὺς ἐν τῇ Χαλδαϊκῇ χώρᾳ, ἀφ' ἧς Ἀβραὰμ ὥρμητο· μέρος γὰρ αὕτη τῶν Ἀσσυρίων· ἀστεροσκοπίᾳ καὶ οἰωνοσκοπίᾳ προσέχοντας· Γαζαρηνοὺς δὲ τοὺς τὰς θυσίας λειτουργοῦντας· θύτας γὰρ ἀντὶ Γαζαρηνῶν Θεοδοτίων ἐξέδωκεν. I. e. : *Incantatores vocabant eos, qui potissimum incantationibus, et invocationibus dæmonum vacabant : Magos autem eos qui apud ipsos usque in hodiernum diem cultores ignis sunt, et purificationes perficiunt, et in stellarum contemplatione, ut ipsi putant, perite versantur : Chaldæos autem, qui in regione Chaldaica, ex qua Abraham profectus est : pars autem hæc Assyriorum : stellarum speculationi et auspicio dant operam : Gazarenos autem eos qui sacrificia offerunt : nam Theodotio pro Gazarenis* θύτας *sive sacrificulos vocat.* Hic haud dubie Theodotionem pro Symmacho posuisse videtur, nam Theodotio Γαζαρηνοὶ habet. Vide supra Daniel. II, 7.

V. 5. "Αλλος, ἕως οὗ ἕτερος etc. Hieronymus : « Exceptis LXX translatoribus, qui hæc omnia nescio qua ratione prætermiserunt, tres reliqui *collegam* interpretati sunt. Unde judicio magistrorum Ecclesiæ editio eorum in hoc volumine repudiata est, et Theodotionis vulgo legitur, quæ et Hebræo et cæteris translatoribus congruit. » Legerit ergo Hieronymus ἑταῖρον, qui vertit *collegam*, ut auspicatur Drusius, quæ lectio non quadrare videtur ad vocem Chaldaicam אחרין, quæ significat, *alium ;* sed fortasse ille ἑταῖρον pro ἕτερον legerit.

Ibid. Th., Θεοῦ ἁγίου. Drusius. [Non conspicitur in textu supra. Respicit אלהין קדישין, *Deorum sanctorum*. Et ita vertit Vulg. Lat. DRACH.]

V. 6. "Αλλος, οὐκ ἀδυνατεῖ σοι. Ex Drusio.

V. 7. "Αλλος, καὶ αἱ ὁράσεις etc. Idem.

V. 8. Hieron. : « Quod autem ait juxta Theodotionem, τὸ κῦτος, *altitudo ejus*, sive ἡ κυρεία, ut postea ipse interpretatus est, i. e. *dominatio*, pro quo nos vertimus *aspectus ejus* etc. »

Ibid. Οἱ λοιποὶ, εἰς τὰ πέρατα. Drusius.

V. 10. Hieron.: « Pro *vigili* Theodotio ipsum Chaldaicum posuit HIR, quod per tres litteras, AIN, IOD et RES scribitur : significat autem *Angelos* etc. » HIR legit Martianæus noster itemque ms. Corbeiensis. Scholion Romanæ edit. τὸ δὲ εἶρ οὐδὲν ἕτερον ἢ ἐγρήγορος καὶ ἄγρυπνος ἑρμηνεύεται. Aliud scholion, ἀντὶ τοῦ εἶρ οἱ Ο' ἄγγελον ἡρμήνευσαν, οἱ δὲ λοιποὶ, ἐγρήγορον. His addit Drusius: *quod in mente habuit Hieronymus, cum ad hunc locum hæc annotaret :* consuetudo autem Græci Latinique sermonis "Ιριν vocat, quæ per multicolorem arcum ad terras descendere dicitur.

V. 15. "Αλλος, κατέναντι. Drusius.

V. 16. Θ., ἀπηνεώθη. Polychronius, τουτέστι ἐξεπλάγη ἐπὶ τῷ παραδόξῳ τῶν δειχθέντων, καὶ σύννους ἐγένετο. Id est, *consternatus est super mira novitate rerum ostensarum, et cogitabundus fuit.*

Ibid. "Αλλος, καὶ ἀπεκρίθη etc. Drusius.

V. 22. "Αλλος, τὸ σῶμά σου βαφήσεται. Idem Joannes Chrysostomus comment. in Danielem legit, βαφήσεται τὸ σῶμά σου.

V. 24. "Αλλος, ἴσως ἔσται μακροθυμία. Joann. Chrysost. in Danielem.

DANIELIS CAPUT V.

ולקבל אלפא חמרא שתה 1 Οἱ λοιποί, ... Θ. καὶ κατέναντι τῶν χιλίων, ὁ οἶνος, καὶ πίνων.

ותלתי 7 Θ. καὶ τρίτος.

רוח אלהין קדישין 11 Οἱ λοιποί, πνεῦμα Θεοῦ ἁγίου. Σ. πνεῦμα θεῶν ἁγίων. Θ. πνεῦμα Θεοῦ.

אחידן 12 Θ. κρατούμενα. Ἄλλος, κρυπτόμενα.

יקרון 15 Θ. ἀναγνῶσι. Ἄλλος, γνωρίσωσι.

וקטרין למשרא 16 Θ. *vacat*. Ἄλλος, καὶ λύειν συνδέσμους.

1. Heb. et contra mille vinum bibebat. *Reliqui*, et coram mille vinum bibebat. Th. et e regione ipsorum mille, vinum, et bibens. Vul. et unusquisque secundum suam bibebat ætatem.

7. H. Th. Vul. et tertius.

11. Hebr. S. spiritus deorum sanctorum. *Reliqui*, spiritus Dei sancti. Th. spiritus Dei. Vul. spiritum deorum sanctorum.

12. Heb. ænigmatum. Th. detenta. *Alius*, abscondita. Vul. secretorum.

15. Hebr. Th. Vul. legerent. *Alius*, cognoscerent.

16. Heb. et nodos solvere. Th. *vacat*. *Alius*, et vincula solvere. Vul. et ligata dissolvere.

Notæ et variæ lectiones ad cap. Danielis V.

V. 1. Hieronymus : « *Unusquisque autem principum vocatorum juxta suam bibebat ætatem* : sive ut cæteri Interpretes transtulerunt, bibebat ipse rex vinum coram principibus quos vocaverat. » Non verba cæterorum Interpretum hic adfert Hieronymus, sed sensum dumtaxat, ut liquet ex versione Theodotionis, qui unus ex cæteris est, cujus tamen postrema verba nunc variant.

V. 7. Hieron. : « Vel *tertius post me*, vel *unus e tribus principibus*, quos alibi τριστάτας legimus. »

V. 11. Οἱ λοιποί, πνεῦμα Θεοῦ ἁγίου etc. Drusius. Hieronymus vero sic habet : « Præter Symmachum, qui Chaldaicam veritatem secutus est, cæteri *spiritum Dei* interpretati sunt. »

V. 12. In editione Theodotionis legitur κρατούμενα ex אחד Chaldaice, κρατέω pro Hebr., אחז mutato ז in ד de more. Chronicon etiam Alexandrinum habet κρατούμενα. In edit. Complut. habetur κρυπτόμενα, quæ videtur esse alia versio.

V. 15. Ἄλλος, γνωρίσωσι. Ex Chronico Alexandrino.

V. 16. Ἄλλος, καὶ λύειν συνδέσμους. Joann. Chrysost. in Danielem.

DANIELIS CAPUT VI

דריוש 1 Ο', Ἀρταξέρξου. Θ. Δαρείου.

סרכין 2 Ἀ. συνεκτικούς. Σ. ἄρχοντας. Ο', δύο ἄνδρας. Θ. τακτικούς.

עשית להקמותה 3 Ἄλλος, προσεδοκᾶτο καταστῆσαι αὐτόν. Θ. κατέστησεν αὐτόν.

מצד מלכותא 4 Ἄλλος, ἐκ πλαγίων βασιλείας. *In* Θ. *vacat*. Ἄλλ., ἐκ τῆς βασιλείας.

ושחיתה Ἀ. καὶ ἀμβλάκημα. Θ. καὶ ἀμπλάκημα (al. ἀμβλάκημα).

די־לא תעדא כל־קבל דנה 8 Ἄλλος, ὅπως ἂν μὴ παραγραφῇ κατέναντι τούτου. *In* Θ. *vacat*.

ועל אסרא די רשמת 13 Ἀ. καὶ περὶ τοῦ ὁρισμοῦ οὗ ἔταξας. Θ. *vacat*.

ועד מעלי שמשא 14 Ἄλλος, καὶ ἕως πρὸς δυσμὰς ἡλίου. Θ. καὶ ἕως ἑσπέρας.

הרגשו על־מלכא 15 Ἄλλος, παρετηρήσαντο ἐπὶ τὸν βασιλέα. Θ. *vacat*.

מן־יד אריותא 27 Θ. ἐκ χειρὸς τῶν λεόντων.

1. Hebr. Darius. LXX, Artaxerxe. Th. Vul. Dario.

2. Heb. præsides. A. præfectos. S. Vul. principes. LXX, duos viros. Th. ordinatores, *seu* præfectos ordinum.

3. Hebr. Vul. cogitabat constituere eum *Alius*, in animo habebat constituere eum. Th. constituit eum.

4. Hebr. ex parte regni. *Alius*, ex lateribus regni. *In* Th. *vacat*. *Alius*, ex regno. Vul. ex latere regis.

Heb. et corruptela. A. Th. et peccatum. Vul. et suspicio.

8. Hebr. ut non transgrediatur : omni respectu hoc. *Alius*, ut non violetur e conspectu ejus. *In* Th. *vacat*. Vul. nec prævaricari cuiquam liceat. Porro.

13. Heb. et super obvinctione, quam designasti. *Alius*, et circa decretum quod statuisti. Th. *vacat*. Vul. et de edicto, quod constituisti.

14. H. *Alius*, Vul. et usque ad occasus solis. Th. et usque ad vesperam. Vul. et usque ad occasum solis

15. Hebr. tumultuario venerunt ad regem. *Alius*, observarunt super regem. Th. *vacat*. Vul. intelligentes regem.

27. Heb. Th. de manu leonum. Vul. de lacu leonum.

Notæ et variæ lectiones ad cap. VI Danielis.

V. 1. Hieronymus : « Pro *Dario*, *LXX Artaxerxem* interpretati sunt. » Sic etiam interpretantur nomen אחשורוש in historia Esther. [Qui versus in LXX signatur 1, est in Hebr. ỷ 2. Et sic deinceps per totum hoc caput. Drach.]

V. 2. Hier. : « Pro *principibus*, quod Symmachus

translulit, Theodotio, τακτικούς, A. συνεκτικούς interpretatus est. Cumque quærerem qui essent isti principes τακτικοί, vel συνεκτικοί, in LXX editione lexi manifestius, qui dixerunt: *et duos viros quos constituit cum eo, et satrapæ centum viginti.* »

V. 3. Ἄλλος, προσεδοκᾶτο etc. Drusius.

V. 4. Ἄλλος, ἐκ πλαγίων βασιλείας. Drusius ex notis edit. Rom. ubi dicitur in aliquot exemplaribus Theodoretum habere ἐκ τῆς βασιλείας: et sic habet Chrysost. in Danielem.

Ibid. Hieronymus: « Pro *suspicione* Theodotio et Aq. ἀμβλάκημα interpretati sunt; quæ Chaldaice dicitur ESSAITHA. Cumque ab Hebræo quærerem quid significaret, respondit vim verbi sonare δέλεαρ, quam nos *illecebram* sive σφάλμα, hoc est, *errorem*, dicere possumus. Porro Euripides in Medea ἀμπλακίας, per π, et non per β, ἁμαρτίας, id est, *peccata* appellat. »

V. 8. Ἄλλος, ὅπως ἂν μὴ etc. Joann. Chrysost.

V. 13. Ἄλλος, καὶ περὶ τοῦ etc. Idem.

V. 14. Ἄλλος, καὶ ἕως πρὸς etc. Idem.

V. 15. Ἄλλος, παρετηρήσαντο etc. Idem.

V. 27. Θ., ἐκ χειρὸς τῶν λεόντων. Theodotio hic Hebraismum servavit, ut LXX in Psalmis, *de manu canis*. Aliqui, ἐκ στόματος τῶν λεόντων.

DANIEL CAPUT VII.

ראש מלין אמר 1 Ἄλλος, καὶ τὸ κεφάλαιον τῶν λόγων εἶπεν. Ἄλλος, ἀρχὴ λόγων αὐτοῦ, καὶ ἀποκριθεὶς εἶπεν. Θ. *vacat*.

1. Hebr. caput verborum dixit. *Alius*, et caput verborum dixit. *Alius*, principium sermonum ejus, et respondens dixit. Th. *vacat*. Vul. brevi sermone comprehendit.

בחזוי עם־ליליא 2 Ἄλλος, ἐν ὁράματί μου τῆς νυκτός. Ἄλλος, ἐν τῇ ὁράσει μου τῆς νυκτός. Θ. *vacat*.

2. Heb. in visione mea cum nocte. *Alius*, in visione mea noctis. *Alius*, *idem*. Th. *vacat*. Vul. in visione mea nocte.

רברבן 7 Ἄλλος, μεγάλοι. Θ. *vacat*.

7. Hebr. *Alius*, magni. Th. *vacat*. Vul. magnos (dentes).

ועתיק יומין 9 Ἄλλος, καὶ ὁ παλαιῶν τὰς ἡμέρας. Θ. καὶ παλαιὸς ἡμερῶν.

9. Hebr. Th. Vul. et antiquus dierum. *Alius*, et antiquans dies.

נגד ונפק מן־קדמוהי 10 Ἄλλος, εἷλκεν ἐκπορευόμενος. Θ. εἷλκεν ἔμπροσθεν αὐτοῦ.

10. Heb. trahens et egrediens a coram eo. *Alius*, trahebat egrediens. Th. trahebat in conspectu ejus. Vul. rapidusque egrediebatur a facie ejus.

וקדמוהי הקרבוהי 13 Ἄλλος, καὶ ἐνώπιον αὐτοῦ προσηνέχθη. Θ. καὶ προσήχθη αὐτῷ.

13. H. et coram eo appropinquare fecerunt eum. *Alius*, et coram eo oblatus est. Th. et oblatus est ei. Vul. et in conspectu ejus obtulerunt eum.

חיותא רברבתא 17 Ἄλλος, τὰ θηρία τὰ μεγάλα. Θ. θηρία.

17. H. *Alius*, Vul. bestiæ magnæ. Th. bestiæ.

ומלין לצד עליא ימלל 25 Σ. (καὶ λόγους ὡς Θεὸς λαλήσει.) Θ. καὶ λόγους πρὸς τὸν Ὕψιστον λαλήσει.

25. Heb. et sermones contra Altissimum loquetur. S. et sermones quasi Deus loquetur. Th. et sermones contra Altissimum loquetur. Vul. et sermones contra Excelsum loquetur.

יבלא Θ. παλαιώσει. Ἄλλος, καταστρέψει. Ἄλλος, ταπεινώσει.

H. abolebit. Th. faciet veterascere. *Alius*, evertet. *Alius*, humiliabit. Vul. (et sanctos Altissimi) conteret.

ויסבר Θ. καὶ ὑπονοήσει. Ἄλλος, καὶ προσδοκήσει. Ἄλλος, καὶ προσδέξεται.

H. Vul. et putabit. Th. et cogitabit. *Alius*, et sperabit. *Alius*, et exspectabit.

וזיוי ישתנון עלי 28 Ἄλλος, καὶ ἡ λέξις διήνεγκεν ἐμοί. Θ. καὶ ἡ μορφή μου ἠλλοιώθη.

28. Hebr. et splendores immutati sunt super me. *Alius*, et sermo diversus fuit mihi. Th. et forma mea mutata est. Vul. et facies mea mutata est in me.

Notæ et variæ lectiones ad cap. VII Danielis.

V. 1. Ἄλλος, καὶ τὸ κεφ. Drusius, qui addit: « *Alibi est*, ἀρχὴ λόγων αὐτοῦ: *et apud Theodoretum additur*, καὶ ἀποκριθεὶς εἶπεν. » Et sic legit Chrysostomus.

V. 2. Ἄλλος, ἐν ὁράματί μου etc. Drusius. Chrysost. ἐν τῇ ὁράσει.

V. 7. Ἄλλος, μεγάλοι. Drusius.

V. 9. Ἄλλος, καὶ ὁ παλαιῶν τὰς ἡμέρας. Theodoretus, τινὲς τῶν ἑρμηνευτῶν... ἀντὶ τοῦ, *παλαιὸς τῶν ἡμερῶν*, *ὁ παλαιῶν τὰς ἡμέρας* τεθείκασι.

V. 10. Ἄλλος, εἷλκεν ἐκπορευόμενος. Drusius.

V. 13. Ἄλλος, καὶ ἐνώπιον αὐτοῦ προσηνέχθη. Idem.

V. 17. Ἄλλος, τὰ θηρία τὰ μεγάλα. Idem.

V. 25. Hieronymus: « Symm., *et sermones quasi Deus loquetur.* »

Ibid. Θ., παλαιώσει etc. Has lectiones adfert Drusius, atque in aliis πλανήσει legi cum hoc scholio in margine, τουτέστι σκυλμὸν αὐτοῖς ποιήσει.

Ibid. Θ., καὶ ὑπονοήσει. Schol. προσδοκήσει. Justinus habet προσδέξεται.

V. 28 Ἄλλος, καὶ ἡ λέξις etc. Drusius.

DANIELIS CAPUT VIII.

ואראה בחזון ויהי בראותי 2 Ἄλλος, καὶ ἴδον ἐν

2. Hebr. et vidi in visione, et fuit in videndo

τῇ ὁράσει, καὶ ἐγένετο ἐν τῷ ἰδεῖν με. Θ. *vacat.*

אשר בעילם המדינה Σ. . . . . . Ο'. . . . . Θ. ἥ ἐστιν ἐν χώρᾳ Αἰλάμ.

על־אובל אולי Ἀ. . . . . . . Σ. . . . . . . Ο'. . . . . . Θ. ἐπὶ τοῦ Οὐβάλ.

והגבוה 3 Ἄλλος, καὶ ὑψηλότερον. Θ. καὶ τὸ ὑψηλόν.

קרן חזות בין עיניו 5 Ἄλλος, κέρας θεωρητὸν ἀναμέσον τῶν ὀφθαλμῶν αὐτοῦ. Θ. κέρας μέσον τῶν ὀφθαλμῶν αὐτοῦ.

עמד 6 Ἄλλος, ἑστῶτος. Θ. ἑστώς.

מצעירה 9 Θ. ἰσχυρόν.

ואל־המזרח Ἄλλος, καὶ πρὸς τὴν ἀνατολήν. Θ. *vacat.*

ואל־הצבי Θ. καὶ πρὸς τὴν δύναμιν. Ἄλλος, καὶ πρὸς τὴν δύσιν.

ותפל 10 Θ. καὶ ἔπεσε.

מן־הצבא Θ. ἀπὸ τῆς δυνάμεως τοῦ οὐρανοῦ.

ותרמסם Θ. καὶ συνεπάτησεν αὐτά. Ἄλλος, αὐτούς.

ועד שר־הצבא הגדיל 11 Ἄλλος, καὶ ἕως ἄρχοντος τῆς δυνάμεως ἡδρύνθη. Θ. καὶ ἕως οὗ ὁ ἀρχιστράτηγος ῥύσηται τὴν αἰχμαλωσίαν.

בפשע 12 Ἄλλος, ἐν παραπτώματι. Θ. ἡ ἁμαρτία.

לפלמוני 13 Ἀ. Ο', Θ. τῷ φελμωνί. Σ. τινί ποτε.

ושלש מאות 14 Ἄλλος, τριακόσιαι. Θ. τετρακόσιαι.

באחרית הזעם 19 Ἄλλος, ἐπ' ἐσχάτῳ τῆς ὀργῆς. Θ. ἐπ' ἐσχάτων τῆς ὀργῆς.

ולא בכחו 24 Ἄλλος, καὶ οὐκ ἐν τῇ ἰσχύϊ αὐτοῦ. Θ. *vacat.*

ועל שר־שרים יעמד 25 Ἄλλος, καὶ ἐπὶ ἄρχοντα ἀρχόντων στήσεται. Θ. καὶ ἐπὶ ἀπωλείας πολλῶν στήσεται.

ימים 27 Ἄλλος, ἡμέρας. Θ. *vacat.*

me. *Alius*, et vidi in visione, et factum est cum viderem. *In* Th. *vacat*. Vul. vidi in visione mea.

Hebr. quæ in Elam provincia. S. quæ est in Elam civitate. LXX, quæ est in Elimaide regione. Th. quod est in regione Ælam. Vul. quod est in Ælam regione.

H. super rivum Ulai. A. super Ubal Ulai. S. super paludem Ulai. LXX, super portam Ulai. Th. super Ubal. Vul. super portam Ulai.

3. H. Th. et excelsum. *Alius*, et excelsius. Vul., et unum excelsius altero.

5. H. cornu visionis inter oculos ejus. *Alius*, cornu conspicuum inter oculos ejus. Th. cornu medium oculorum ejus. Vul. cornu insigne inter oculos suos.

6. H. Vul. stantem. *Alius*, stantis. Th. stans.

9. H. parvum. Th. forte. Vulg. modicum.

Hebr. *Alius*, et ad Orientem. *In* Th. *vacat*. Vul. et contra Orientem.

H. et ad ornatum. Th. Vul. et contra fortitudinem. *Alius*, et ad Occidentem.

10. Hebr. Vul. et dejecit. Th. et cecidit, *vel* dejecit.

H. de exercitu. Th. de virtute cœli. Vul. de fortitudine.

H. Vul. et conculcavit eas. Th. et conculcavit ea. *Al.* eos

11. H. et usque ad principem exercitus magnificatum est. *Alius*, et usque ad principem virtutis grande evasit. Th. et quoadusque dux exercitus liberaverit captivitatem. Vul. et usque ad principem fortitudinis magnificatum est.

12. Heb. in prævaricatione. *Alius*, in delicto. Th. peccatum. Vul. propter peccata.

13. Heb. cuidam. A. LXX. Th. Phelmoni. S. nescio cui. Vul. alteri nescio cui.

14. Hebr. et trecentis. *Alius*, Vul. trecenti. Th. quadringenti.

19. Heb. *Alius*, in novissimo iræ. Th. in novissimis iræ. Vul. in novissimo maledictionis.

24. Heb. et non in fortitudine sua. *In* Th. *vacat*. Vul. sed non in viribus suis.

25. H. et super principem principum stabit. *Alius*, Vulg. et contra principem principum consurget. Th. et super perditiones multorum stabit.

27. H, *Alius*, Vul. per dies. *In* Th. *vacat*.

Notæ et variæ lectiones ad cap. VIII Danielis.

V. 2. Ἄλλος, καὶ ἴδον ἐν τῇ ὁράσει etc. Drusius.

Ibid. Hieron. : « Sive ut Symmachus interpretatus est, *civitate* : a qua etiam regio nomen accepit. . . . pro qua LXX *Elimaidem* interpretati sunt. » [Lamb. Bos : Sym., ἐν Αἰλὰμ πόλει. Drach.]

Ibid. Hieronymus : « *Super portam Ulai* : pro quo Aq. transtulit, *super Ubal Ulai* : Symm., *super paludem Ulai*. LXX, *super portam Ulai*. Sciendum est autem *Ulai* nomen esse loci, sive portæ, ut in Troia, σκαιά *porta*, et apud Romanos, *Carmentalis*. » [Lamb. Bos : Sym., τῆς λίμνης Οὐλαΐ. Drach.]

V. 3. Ἄλλος, καὶ ὑψηλότερον. Drusius. Sic etiam habet Chrysostomus in Danielem.

V. 5. Ἄλλος, κέρας θεωρητόν etc. Idem, et Chrysostomus.

V. 6. Ἀλλ., ἑστῶτος. Idem.

V. 9. Θ., ἰσχυρόν, nescio quid legerit qui ita vertit, nam מצעירה significat *parvum*, *modicum*, ut Vulgata vertit.

Ibid. Ἄλλος, καὶ πρὸς τὴν ἀνατολήν. Idem et Chrysostomus.

Ibid. Ἀλλ., καὶ πρὸς τὴν δύσιν. Sic Chrysostomus et Complut.

V. 10 Θ., καὶ ἔπεσε. Sunt qui exponant transitive, *et dejecit*, sive *cadere fecit*, aut *deturbavit*. Drusius.

Ibid. Θ., ἀπὸ τῆς δυνάμεως τοῦ οὐρανοῦ. Polychronius, ὁ Σύρος τὸ, *ἀπὸ τῆς δυνάμεως*, οὐκ ἔχει.

Ibid. Ἄλλος, αὐτούς. Idem Drusius.

V. 11. Ἀλλ., καὶ ἕως ἄρχοντος etc. Idem, et

Chrysostomus.

V. 12. Ἄλλος, παραπτώματι. Idem.

V. 13. Hieron. : « Pro *altero nescio quo*, quod Symmachus interpretatus est τινί ποτε, A. et Th. et LXX, φελμωνί, ipsum verbum Hebraicum posuere. » Ms. Corbeiensis habet Latinis literis PHELMONI.

V. 14. Hieron. : « Quidam pro *duobus millibus trecentis, duo millia ducentos* legunt, ne sex anni et tres menses superesse videantur. »

Sequentes item hujus capitis lectiones ex Drusio et ex edit. Romana prodeunt.

DANIELIS CAPUT IX

בשנת אחת למלכו 2 Ἄλλος, ἐν ἔτει ἑνὶ τῆς βασιλείας αὐτοῦ. Θ. *vacat*.

2. Heb. *Alius*, in anno uno regni ejus. Th. *vacat*. Vul. anno uno regni ejus.

ואפר 3 Θ. *vacat*. Ἄλλος, καὶ σποδῷ.

3. H. *Alius*, Vul. et cinere. Th. *vacat*

ועוינו הרשענו 5 Ἄλλος, ἠδικήσαμεν, ἠσεβήσαμεν. Θ. ἠδικήσαμεν, ἠνομήσαμεν.

5. H. et prævaricati sumus, et impie egimus. *Alius*, inique egimus, impie egimus. Th. injuste egimus, inique egimus. Vul. iniquitatem fecimus, impie egimus.

החמודות 23 Σ. ἀνὴρ ἐπιθυμητέ. Θ. ἀνὴρ ἐπιθυμιῶν.

23. Hebr. desideriorum. S. vir desiderabilis. Th. Vul. vir desideriorum.

נחתך 24 Ἄλλος, ἐδοκιμάσθησαν. Ἄλλος, ἐκρίθησαν. Θ. συνετμήθησαν.

24. H. decisæ. *Alius*, probatæ sunt. *Alius*, decretæ sunt. Th. Vul. abbreviatæ sunt.

על־עמך ועל־עיר קדשך Ἀ. ἐπὶ τὸν λαόν σου, καὶ ἐπὶ πόλιν ἡγιασμένην σου. Σ. κατὰ τοῦ λαοῦ σου, καὶ τῆς πόλεως τῆς ἁγίας σου. Θ. ἐπὶ τὸν λαόν σου, καὶ ἐπὶ τὴν πόλιν τὴν ἁγίαν.

Heb. super populum tuum, et super civitatem sanctitatis tuæ. A. super populum tuum, et super civitatem sanctificatam tuam. S. contra populum tuum, et civitatem sanctam tuam. Th. super populum tuum, et super civitatem sanctam. Vul. super populum tuum, et super urbem sanctam tuam.

לכלא הפשע ולחתם חטאות Ἀ. τοῦ συντελέσαι τὴν ἀθεσίαν, καὶ τοῦ τελειῶσαι ἁμαρτίαν. Θ. τοῦ συντελεσθῆναι ἁμαρτίαν, καὶ τοῦ σφραγίσαι ἁμαρτίας.

H. ad consumendum prævaricationem, et ad sigillandum peccata. A. ad consummandam prævaricationem, et consummandum peccatum. Th. ut consummetur peccatum, et obsignentur peccata. Vul. ut consummetur prævaricatio, et finem accipiat peccatum

ולכפר עון Ἀ. καὶ τοῦ ἐξιλάσασθαι ἀνομίαν. Θ. καὶ ἀπαλεῖψαι τὰς ἀδικίας, καὶ τοῦ ἐξιλάσασθαι ἀδικίας.

H. A. et ad expiandam iniquitatem. Th. et deleantur iniquitates, et expientur iniquitates. Vul. et deleatur iniquitas.

ולחתם חזון ונביא ולמשח קדש קדשים Ο', Θ. καὶ τοῦ σφραγίσαι ὅρασιν καὶ προφήτην, καὶ τοῦ χρίσαι ἅγιον ἁγίων.

H. et ad signandam visionem et prophetiam, et ad ungendam sanctitatem sanctitatum. LXX, Th. et signetur visio et propheta, et ungatur sanctus sanctorum. Vul. et impleatur visio et prophetia. et ungatur sanctus sanctorum.

ואחרי השבעים ששים ושנים יכרת משיח 26
ואין לו Ἀ. καὶ μετὰ τὰς ἑπτὰ ἑβδομάδας, καὶ ἑξήκοντα δύο, ἐξολοθρευθήσεται ἠλειμμένος, καὶ οὐκ ἔστιν αὐτῷ. Σ. καὶ μετὰ τὰς ἑβδομάδας ἑπτὰ καὶ ἑξήκοντα δύο, ἐκκοπήσεται Χριστὸς, καὶ οὐχ ὑπάρξει αὐτῷ. Θ. καὶ μετὰ τὰς ἑβδομάδας τὰς ἑξήκοντα δύο, ἐξολοθρευθήσεται χρίσμα, καὶ κρίμα οὐκ ἔστιν ἐν αὐτῷ

26. Hebr. et post hebdomadas sexaginta et duas, excidetur unctus et non ei. A. et post septem hebdomadas et sexaginta duas, exterminabitur unctus, et non est ei. S. et post hebdomadas septem et sexaginta duas, exscindetur Christus, et non exsistet ei. Th. et post hebdomadas sexaginta duas, exterminabitur unctio, et judicium non est in eo. Vul. et post hebdomadas sexaginta duas occidetur Christus : et non erit ejus populus.

והעיר והקדש ישחית עם נגיד הבא Ἀ. καὶ τὴν πόλιν καὶ τὸ ἅγιον διαφθερεῖ λαὸς ἡγουμένου ἐρχομένου. Θ. καὶ τὴν πόλιν καὶ τὸ ἅγιον διαφθερεῖ σὺν τῷ ἡγουμένῳ τῷ ἐρχομένῳ.

Heb. et civitatem et sanctitatem destruet populus ducis venturi. A. et civitatem et sanctum corrumpet populus ducis venturi. Th. et civitatem et sanctuarium destruet cum duce adveniente. Vul. et civitatem et sanctuarium dissipabit populus cum duce venturo

Notæ et variæ lectiones ad cap. IX Danielis.

V. 2. Ἄλλος, ἐν ἔτει ἑνὶ τῆς βασιλείας etc. Drusius ex ed. Romana.

V. 3. Ἄλλ., καὶ σποδῷ. Joannes Chrysostomus in Danielem.

V. 5. Ἄλλ., ἠδικήσαμεν, ἠσεβήσαμεν. Drusius.

V. 23. Σ., ἀνὴρ ἐπιθυμητέ. Idem.

V. 24. Ἄλλος, ἐδοκιμάσθησαν. Sic ex Theodoreto.

Ibid. Ἀ., ἐπὶ τὸν λαόν etc. Has omnes Aquilæ et Symmachi lectiones usque ad finem capitis, ex Demonstratione evangelica Eusebii proferimus.

Ibid. Ο', Θ., καὶ τοῦ σφραγίσαι etc. Adde ex Lamberto Bos: Aq., καὶ τοῦ τελέσαι ὁραματισμὸν καὶ προφήτην, τοῦ ἀλεῖψαι ἡγιασμένον ἡγιασμένων. DRACH

DANIELIS CAPUT X.

חדקל 4 Θ. Τίγρις Ἐδδεκέλ. — 4. Hebr. Heddekel. Th. Tigris Eddecel. Vul. Tigris.

והנה איש 5 Θ. καὶ ἰδοὺ ἀνήρ. Σ. (ὡς ἀνήρ) — 5. Hebr. Th. Vul. et ecce vir. S. quasi vir.

בדים Ἀ. . . . . Σ. ἐξαίρετα. Ο'. . . . . Θ. βαδδίν. — Hebr. A. Vulg. lineis. S. præcipuis. LXX, byssinis. Th. baddin.

ומתניו חגרים בכתם אופז Ἀ. . . . . Ὠφάζ. Θ. καὶ ἡ ὀσφὺς αὐτοῦ περιεζωσμένη ἐν χρυσίῳ Ὠφάζ. — Hebr. et lumbi ejus accincti in massa auri obrizi. A. et lumbi ejus accincti erant colore Ophaz. Th. et renes ejus accincti auro Ophaz. Vul. et renes ejus accincti auro obrizo.

וגויתו כתרשיש 6 Ἀ. (καὶ τὸ σῶμα αὐτοῦ ὡσεὶ χρυσόλιθος.) Σ. Θ. καὶ τὸ σῶμα αὐτοῦ ὡσεὶ Θαρσίς. Ο', καὶ τὸ σῶμα αὐτοῦ ὡσεὶ θάλασσα. — 6. Hebr. et corpus ejus sicut Tharsis. A. Vul. et corpus ejus quasi chrysolithus. S. Th. et corpus ejus quasi Tharsis. LXX, et corpus ejus quasi mare.

את־קול דבריו 9 Ἄλλος, φωνὴν ῥημάτων αὐτοῦ. Θ. τὴν φωνὴν τῶν λόγων αὐτοῦ. — 9. Hebr. *Alius*, vocem verborum ejus. Th. Vul. vocem sermonum ejus.

וכפות ידי 10 Ἄλλος, καὶ ταρσοὺς χειρῶν μου. Θ. *vacat*. — 10. Heb. et palmas manuum mearum. *Alius*, et articulos manuum mearum. Th. *vacat*. Vul. et super articulos manuum mearum.

איש־חמדות 11 Σ. ἀνὴρ ἐπιθυμητέ. Θ. ἀνὴρ ἐπιθυμιῶν. — 11. Hebr. Th. Vul. vir desideriorum. S. vir desiderabilis.

אחד השרים הראשנים 13 Ἄλλος, εἷς τῶν ἀρχόντων τῶν πρώτων. Θ. εἷς τῶν ἀρχόντων. — 13. Heb. *Alius*, unus principum primorum. Th. unus de principibus. Vul. unus de principibus primis.

אדני 16 Θ. Κύριε. Ἄλλος, Κύριέ μου. — 16. H. *Alius*, Vul. Domine mi. Th. Domine.

Notæ et variæ lectiones ad cap. X Danielis.

V. 4. Θ., Τίγρις Ἐδδεκέλ. Videntur esse duæ interpretationes. Tigris Chaldæis est Diglath. Plinius ait vocari ab incolis Diglito. In quibusdam vero codicibus, Τίγρις, in aliis vero Heddekel tantum reperitur. Hæc annotavit Drusius.

V. 5. Hieronymus: « Pro eo autem quod nos juxta Hebraicum vertimus, *ecce vir*, Symmachus posuit, *quasi vir*. Non enim vir erat, sed viri habebat similitudinem. »

Ibid. Hieron.: « Pro *lineis* quod interpretatus est Aquila, Theodotio BADDIM posuit. LXX, *byssina*; Sym., ἐξαίρετα, id est, *præcipua*. » [Polychronius autem: Οἱ Ο', *βύσσινα*, Ἀκύλας δὲ *ἐξαίρετα* λέγει. Aquilæ tribuens lectionem, quam S. Hier. Symmacho. DRACH.]

Ibid. Hieron.: « *Auro obryso*. Pro quo in Hebræo legitur OPHAZ, quod Aq. ita interpretatus est: *Et lumbi ejus accincti erant colore* ὠφάζ. » Ms. Corbeiensis habet, in Hebræo legitur OPAZ, et postea, pro quo Aq. interpretatus est: *et lumbi ejus accincti erant colore ophaz*.

V. 6. Hieron.: « Pro *Chrysolitho*, qui unus est de duodecim lapidibus qui ponuntur in logio Pontificis, in Hebræo habet THARSIS: quod Theod. et Symmachus eodem verbo interpretati sunt, LXX vero *mare* appellaverunt. »

V. 9. Ἄλλ., φωνὴν ῥημάτων αὐτοῦ. Drusius.

V. 10. Ἄλλος, καὶ ταρσοὺς χειρῶν μου. Idem.

V. 11. Hieron.: « Pro *viro desideriorum* Symm. interpretatus est *virum desiderabilem*. »

V. 13. Ἄλλος, εἷς τῶν ἀρχόντων τῶν πρώτων. Θ., εἷς τῶν ἀρχόντων. Sic unus.

V. 16. Hieron.: « *Domine mi, in visione tua conversa sunt anteriora mea in me*. Sic Theod. interpretatus est. »

DANIELIS CAPUT XI.

חילים רבים 10 Ἄλλος, δυνάμεων πολλῶν. Θ. ἀναμέσον πολλῶν. — 10. Hebr. Vulg. exercituum plurimorum. *Alius*, virtutum multarum. Th. inter medium plurimorum.

בארץ־הצבי 16 Ἀ. . . . . Σ. ἐν τῇ γῇ τῆς δυνάμεως. Ο', ἐν τῇ γῇ θελήσεως. Θ. ἐν τῇ γῇ τοῦ Σαβεί. — 16. H. in terra ornamenti. A. Vul. in terra inclyta. S. in terra fortitudinis. LXX, in terra voluntatis. Th. in terra Sabei.

ולא־תהיה כראשנה וכאחרנה 29 Ὁ Σύρος, καὶ οὐ ποιήσει ὡς τὰ πρῶτα καὶ τὰ ἔσχατα. Θ. καὶ οὐκ ἔσται ὡς ἡ πρώτη καὶ ἡ ἐσχάτη. — 29. Heb. et non erit sicut prius, et sic posterius. *Syrus*, et non faciet ut prima etiam novissima. Th. et non erit sicut prima etiam novissima. Vul. et non erit priori simile novissimum.

ונכאה 30 Ἄλλος, ... Θ. καὶ ταπεινωθήσεται. — 30. Heb. Th. et humiliabitur. *Alius*, et comminabuntur. Vul. et percutietur.

ויבן על־עזבי ברית קדש Ἀ. . . . . Θ. καὶ συνήσει — Hebr. et intelliget super derelinquentes pactum

ἐπὶ τοὺς καταλιπόντας διαθήκην ἁγίαν.

sanctitatis A. et cogit bi, ut deseratur pactum sanctuarii. Th. Vulg. et cogitabit adversum eos qui dereliquerunt testamentum sanctuarii (Th. testamentum sanctum).

31 וזרעים Ἄλλος, καὶ βραχίονες. Θ. καὶ σπέρματα.

31. Hebr. *Alius*, Vul. et brachia. Th. et semina.

36 ועל אל אלים Ἄλλος, καὶ ἐπὶ τὸν Θεὸν τῶν θεῶν. Θ. *vacat*.

36. Heb. *Alius*, et super Deum deorum. Th. *vacat*. Vulg. et adversus Deum deorum.

כי־נחרצה נעשתה Ἄλλος, ... Θ. εἰς γὰρ συντέλειαν γίνεται. Ἄλλος, καὶ σπουδήν.

H. quia decisa est, facta est. Al. in ipso enim erit consummatio. Th. in consummationem enim fit. *Al.* et festinationem. Vul. perpetrata quippe est definitio.

37 ועל־אלהי אבתיו לא יבין ועל־חמדת נשים ועל־כל־אלוה לא יבין Ἀ. καὶ ἐπὶ Θεὸν πατέρων αὐτοῦ οὐ συνήσει, καὶ ἐπὶ ἐπιθυμίαν γυναικῶν, καὶ ἐπὶ πάντα θεὸν οὐ συνήσει. Ο'. . . . . . Θ. καὶ ἐπὶ πάντας θεοὺς τῶν πατέρων αὐτοῦ οὐ συνήσει, καὶ ἐπιθυμίᾳ γυναικῶν, καὶ ἐπὶ πᾶν θεὸν οὐ συνήσει.

37. H. et super Deum patrum suorum non intelliget, et super desiderium mulierum, et super omnem deum non intelliget. A et super Deum patrum suorum non intelliget, et super concupiscentiam mulierum, et super omnem deum non intelliget. LXX, et concupiscentiis mulierum non subjacebit. Th. et super omnes deos patrum suorum non intelliget : et concupiscentia mulierum, et super omne deum non intelliget. Vul. et Deum patrum suorum non reputabit : et erit in concupiscentiis fœminarum, nec quemquam deorum curabit.

38 ולאלה מעזים Ἀ. . . . . Ο'. . . . . Θ. Θεὸν Μαωζείμ.

38. Heb. Th. et deum Maozim. A. Deo fortitudinum. LXX, Deum fortissimum. Vul. Deum autem Maozim.

39 ועשה למבצרי מעזים עם־אלוה נכר אשר הכיר ירבה כבוד והמשילם ברבים ואדמה יחלק במחיר Θ. καὶ ποιήσει τοῖς ὀχυρώμασι τῶν καταφυγῶν μετὰ θεοῦ ἀλλοτρίου, καὶ πληθυνεῖ δόξαν, καὶ ὑποτάξει αὐτοῖς πολλοὺς, καὶ γῆν διελεῖ ἐν δώροις.

39. H. Et faciet munitionibus Maozim cum deo alieno, quem agnoscet : multiplicabit gloriam, et dominari faciet eos in multis : et terram dividet in pretio. Th. Et faciet in munitionibus confugiorum cum deo alieno : et multiplicabit gloriam : et subjiciet ipsis multos : et terram dividet in donis. Vul. Et faciet ut muniat Maozim cum deo alieno, quem cognovit, et multiplicabit gloriam, et dabit eis potestatem in multis, et terram dividet gratuito.

40 ושטף Θ. καὶ συντρίψει. Ἄλλος, ἐν ταῖς κατακλύσεσι.

40. Heb. et inundabit. Th. Vul. et conteret. *Alius*, in inundationibus.

41 בארץ הצבי Θ. εἰς τὴν γῆν τοῦ Σαβαείμ.

41. Hebr. in terram decoris. Th. in terram Sabaim. Vul. in terram gloriosam

ורבות יכשלו Ἀ. . . . . Σ. . . . . Θ. καὶ πολλοὶ ἀσθενήσουσιν.

H. A. Vul. et multæ corruent. S. et multa millia corruent. Th. et multi infirmabuntur.

45 ויטע אהלי אפדנו בין ימים להר צבי־קדש ובא עד־קצו Ἀ. . . . . Σ. καὶ ἐκτενεῖ τὰς σκηνὰς ἱπποστασίου αὐτοῦ μεταξὺ τῶν θαλασσῶν εἰς τὸ ὄρος τῆς δυνάμεως τὸ ἅγιον, καὶ ἥξει ἕως ἄκρου αὐτοῦ. Ο'. . . . . Θ. καὶ πήξει τὴν σκηνὴν αὐτοῦ ἐφαδανῷ, ἀναμέσον θαλασσῶν εἰς ὄρος Σαβαεὶμ ἅγιον, ἥξει ἕως μέρους αὐτοῦ.

45. H. Et plantabit tabernacula palatii sui inter maria in monte decoris sanctitatis, et veniet usque ad summitatem ejus. A. Et plantabit tabernaculum prætorii sui in ἀφαδανῷ inter maria in monte Sabin glorioso et sancto, et veniet usque ad finem ejus. Symm. *ex Hieronymo*. Et extendet papiliones equitatus sui inter maria super montem fortitudinis sanctum, et veniet usque ad verticem montis. LXX, Et statuet tabernaculum suum tunc inter maria, et montem voluntatis sanctum, et veniet hora consummationis ejus. Th. et figet tabernaculum suum in Ephadano inter maria in monte Sabaim sancto, et veniet usque ad partem ejus. Vul. Et figet tabernaculum suum Apadno inter maria, super montem inclytum et sanctum : et veniet usque ad summitatem ejus.

Notæ et variæ lectiones ad cap. XI Danielis.

V. 10. Ἄλλος, δυνάμεων πολλῶν. Drusius.

V. 16. Hieronymus : « *Terram inclytam* sive ut LXX interpretati sunt, *voluntatis*, hoc est, quæ complaceat Deo, Judæam significat, et proprie Jerusalem... pro *terra inclyta*, quod interpretatus est Aq. quem nos in hoc loco secuti sumus, Theodotio ipsum verbum Hebraicum posuit σαβίν, pro quo Sym. vertit, *terram fortitudinis*. » Ms. Corbeiensis habet *sabir*. Theodoretus item. Ἔνια τῶν ἀντιγράφων ἐν τῇ γῇ τοῦ Σαβαεὶμ ἔχει· τινὲς δὲ τὴν τῶν Ἑβραίων φωνὴν εἰς τὴν Ἑλλάδα μεταβεβληκότων, γῆν θελήσεως τὴν γῆν τοῦ Σαβεὶρ κεκλήκασι.

V. 29. Ὁ Σύρος, καὶ οὐ ποιήσει etc. Drusius.

V. 30. Hieron. : « *et percutietur;* sive ut alius interpretatus est, *et comminabuntur ei.* » Quæ pertinent ad vocem Hebraicam ונכאה, non autem ad וזעם, ut suspicatus est Drusius.

Ibid. Aq. et cogitabit etc. Hieronymus.

V. 31. Ἄλλος, καὶ βραχίονες. Drusius. Hieronymus vero : « Pro *brachiis*, alius interpretatus est *semina*. » [Alius legit זְרָעִים Drach.]

V. 36. Ἄλλος, καὶ ἐπὶ τὸν Θεόν etc. Drusius.

Ibid. Hieron. : « *perpetrata quippe definitio est.* Sive ut alius, *in ipso enim erit consummatio.* »

V. 37. Hieron. : « Quia vero in Hebraico pro eo

quod nos diximus : *et erit in concupiscentiis fœminarum*, ambigue positum est, dicente Aquila, qui verbum expressit e verbo, καὶ ἐπὶ Θεόν etc. » quibus interpretationem annectit, ut nos edidimus, et LXX versionem attulit.

V. 38. Hier. : « Pro *deo* MAOZIM, quod habetur in Hebraico, Aq. transtulit, *Deum fortitudinum*; LXX, *Deum fortissimum*. » [L. Bos : Aq., Θεὸν ἰσχύων. Drach.]

V. 39. Theodotionis versionem, sat diversam a Græco ejusdem textu hodierno, attulit Hieronymus : Et aget hæc, ut muniat præsidia cum deo alieno, et cum eis ostenderit, multiplicabit honorem, et dominari eos multis faciet, et terram dividet gratis. [Hæc ita affert Græce Lamb. Bos : Th., καὶ ποιήσει ταῦτα τοῦ στερεῶσαι τὰ ὀχυρώματα μετὰ θεοῦ ἀλλοτρίου, καὶ μετὰ τὸ ἐπιδεῖξαι αὐτοῖς πληθυνεῖ δόξαν. Reliqua desunt. S. Hier. docet Symmachum dixisse *confugia* pro *præsidiis*. Scilicet Theodotionis, qui Hebraicum *maozim* vertit in *præsidia*. Drach.]

V. 40. Ἄλλος, ἐν ταῖς κατακλύσεσι. In editionis Romanæ notis legitur.

V. 41. Θ., εἰς τὴν γῆν τοῦ Σαβαείμ. Theodoretus, καὶ εἰσελεύσεται εἰς τὴν γῆν τοῦ Σαβείρ. Πάλιν διὰ τοῦ Σαβεὶρ τὰ Ἱεροσόλυμα ἐδήλωσε. Vide supra ad versum 16.

Ibid. Hieronymus : « et multi corruent. Pro quo interpretatus est Symmachus : *et multa millia corruent*; Theodotio, *et multi infirmabuntur*. Multas autem corruere, juxta Aquilam, vel urbes, vel regiones, vel provincias intellige. » [Lamb. Bos : Pro πολλοὶ ἀσθενήσουσι, Th., καὶ χιλιάδες ἀσθενήσουσι. S., χιλιάδες συμπεσοῦνται. Drach.]

V. 45. Hieronymus : « Hunc locum Symm. ita interpretatus est : καὶ ἐκτενεῖ etc. (ut supra) quod in Latino sonat, *et extendet papiliones* etc. Theodotio, *et figet tabernaculum suum in* Ἀφαδανῷ. (Ms. Corb. *et figet tabernaculum suum* ΕΡΑΔΑΝΟ, secunda manu, ΕΡΕΔΝΟ) *inter maria in monte Saba sancto, et veniet usque ad partem ejus*. Aquila (addit ms. Corb. ita), *Et plantabit tabernaculum prætorii sui in* Ἀφαδανῷ (ms. Corb. *prætorii sui* ΑΡΕΔΝΟ,) *inter maria, in monte glorioso et sancto, et veniet usque ad finem ejus*. Soli LXX omni se nominis quæstione liberantes interpretati sunt : *Et statuet tabernaculum suum tunc inter maria, et montem voluntatis sanctum, et veniet hora consummationis ejus*. Quos Apollinarius secutus de nomine ΑΡΕΔΝΟ omnino conticuit. » Has autem Corbeiensis ms. lectiones confirmat infra Hieron. cum ait : « Notandum autem quod cum (ms. Corb. sequimur) P litteram Hebræus sermo non habeat, sed pro ipsa utatur f, cujus vim Græcum φ sonat, in isto tantum loco apud Hebræos scribatur quidem *fe*, sed legatur *pe*. » Observes autem in ms. Corbeiensi recte omitti *in* ante ερεδνο.

DANIELIS CAPUT XII.

3 והמשכילים יזהרו כזהר הרקיע ומצדיקי הרבים ככוכבים לעולם ועד O', Θ. καὶ οἱ συνιέντες λάμψουσιν ὡς ἡ λαμπρότης τοῦ στερεώματος, καὶ ἀπὸ τῶν δικαίων τῶν πολλῶν ὡς οἱ ἀστέρες εἰς τοὺς αἰῶνας καὶ ἔτι.

3. Hebr. et intelligentes fulgebunt sicut splendor firmamenti, et justificantes multos sicut stellæ in sæculum et perpetuum. LXX, Th. et intelligentes fulgebunt quasi splendor firmamenti, et de justis plurimi (al. plurimis) quasi stellæ in æternum et ultra. Vul. Qui autem docti fuerint, fulgebunt quasi splendor firmamenti, et qui ad justitiam erudiant multos, quasi stellæ in perpetuas æternitates.

7 למועד מועדים Ἄλλος, εἰς καιρὸν καὶ καιρούς. Θ. εἰς καιρὸν καιρῶν.

7. Hebr. ad tempus statutum tempora statuta. *Al.* Vul. in tempus et tempora. Th. in tempus temporum.

וככלות נפץ יד־עם־קדש תכלינה כל־אלה Θ. καὶ ἐν τῷ συντελεσθῆναι διασκορπισμὸν, γνώσονται πάντα ταῦτα. Ἄλλος, καὶ ἐν τῷ συντελεσθῆναι διασκορπισμὸν χειρὸς λαοῦ ἡγιασμένου, γνώσονται ἅγιον, καὶ συντελεσθήσεται ταῦτα πάντα.

H. et cum consummatum fuerit dispergere manus populi sanctitatis, consummabuntur omnia illa. Th. et cum consummata fuerit dispersio, cognoscent omnia hæc. *Alius*, et cum consummata fuerit dispersio manus populi sanctificati cognoscent sanctum, et consummabuntur omnia hæc. Vul. et cum completa fuerit dispersio manus populi sancti complebuntur universa hæc.

13 ואתה לך לקץ ותנוח ותעמד לגרלך לקץ הימין Θ. καὶ σὺ δεῦρο, καὶ ἀναπαύου· ἔτι γὰρ ἡμέραι καὶ ὧραι εἰς ἀναπλήρωσιν συντελείας, καὶ ἀναστήσῃ εἰς τὸν κλῆρόν σου εἰς συντέλειαν ἡμερῶν.

13. Heb. et tu vade ad finem, et requiesces, stabis in sorte tua in fine dierum. Th. tu autem vade et requiesce. Adhuc enim dies et horæ in completionem consummationis : et resurges in sorte tua in consummatione dierum. Vul. tu autem vade ad præfinitum : et requiesces, et stabis in sorte tua in finem dierum.

Notæ et variæ lectiones ad cap. XII Danielis.

V. 3. Hieronymus : « Quem locum Theodotio et Vulgata editio ita expressit : *Et intelligentes* etc. » ut supra.

V. 7. Ἄλλος, εἰς καιρόν etc. Drusius ex editione Romana.

Ibid. Ἄλλος, ἐν τῷ συντελεσθῆναι etc. Ex Joan. Chrysostomo in Danielem.

V. 13. Hieron. : « Pro quo Theodotio interpretatus est : *Tu autem vade et requiesce, et resurges in ordine tuo in consummatione dierum*. »

IN PROPHETAS MINORES

MONITUM.

Prophetarum Minorum Hexaplares lectiones collegimus ac multis in locis restauravimus ope manuscriptorum ac editorum, quorum catalogum subjicimus.

Codex Barberinus cujus lectiones suppeditavit Brianus Waltonus sexto Polyglottorum tomo, unde majorem interpretationum copiam eruimus, quam ex omnibus aliis.

Codex Marchalianus, nunc RR. PP. Jesuitarum, de quo superius passim actum est.

Codex Regius Bombycinus, de quo sæpius actum est.

Coislinianus Codex unus IX, *vel* X. *sæculi.*

Alter Coislinianus ubi Eclogæ quædam.

Colbertinus IX. sæculi στιχηρῶς *scriptus.*

Codex San-Germanensis S. Hieronymi in Prophetas minores.

Origenes in Matthæum semel adductus.

Eusebius de locis Hebraicis.

Ejusdem Demonstratio Evangelica.

Hieronymus in minores Prophetas.

Ejusdem Epist. ad Marcellam.

Theodoretus in minores Prophetas.

Procopius in Hesaiam.

Romanæ editionis ac Drusii notæ.

[*Ipsa lectionum natura nobis causa fuit edendi prophetas minores continua serie, ut dedimus supra Danielem hexaplarem.* DRACH.]

OSEE CAPUT PRIMUM.

ובפרשים 7 Ο', οὐδὲ ἐν ἱππεῦσι. Ἄλλος, οὐδὲ ἐν ἅρμασιν.

7. Heb. Vul. et in equitibus. LXX, neque in equitibus. *Alius*, neque in curribus.

Nota.

V. 7. Ἄλλος, οὔτε ἐν ἅρμασι. Sic quidam codices et Alexandrinus; quæ lectio vel alterius interpretis est, vel redundat. In Hebræo sane non habetur.

OSEE CAPUT II.

ריבו 2 Ἀ. Σ. δικάσασθε. Ο', κρίθητε.

צמרי 5 *Οἱ λοιποί*, τὰ ἔριά μου. Ο', τὰ ἱμάτιά μου.

חדשה ושבתה 11 Ο', τὰς νουμηνίας αὐτῆς. Θ. ⋇ καὶ τὰ σάββατα αὐτῆς.

וחליתה 13 Σ. καὶ τὰ περιτραχήλια αὐτῆς. Ο', καὶ τὰ καθόρμια αὐτῆς.

עכור 15 *Ὁ Σύρος*, Ἀχάρ. Ο', Ἀχώρ.

לפתח תקוה Σ. εἰς θύραν ἐλπίδος. Ο', διανοῖξαι σύνεσιν αὐτῆς. Θ. ἀνεῴξασθαι τὴν ὑπομονὴν αὐτῆς.

וענתה Σ. καὶ κακωθήσεται. Ο', καὶ ταπεινωθήσεται. Θ. καὶ ἀποκριθήσεται.

נעוריה Σ. Θ. νεότητος. Ο', νηπιότητος αὐτῆς.

תקראי אישי ולא־תקראי־לי עוד בעלי 16 Ἀ. [καλέσει με, ὁ ἀνήρ μου, καὶ οὐ καλέσει με ἔτι, ἔχων με.] Ο', καλέσει με, ὁ ἀνήρ μου, καὶ οὐ καλέσει με ἔτι, βααλείμ.

והשכבתים לבטח 8 Ἀ. καὶ κοιμήσω αὐτοὺς εἰς πεποίθησιν. Σ. καὶ κατοικήσω (al. κατοικίσω) αὐτοὺς ἐν εἰρήνῃ. Ο', καὶ κατοικιῶ σε ἐπ' ἐλπίδι. Θ. καὶ κατοικιῶ αὐτοὺς ἐν πεποιθήσει.

2. Heb. contendite. A. S. disceptate. LXX, judicemini. Vul. judicate.

5. Hebr. Vul. lanam meam. *Reliqui*, lanas meas. LXX, vestimenta mea.

11. H. Vul. neomeniam ejus et sabbatum ejus. LXX, neomenias ejus. Th. et sabbata ejus.

13. H. Vul. et monili suo. S. collaria sua. LXX, et monilia sua.

15. Heb. LXX, Vul. Achor. *Syrus*, Achar.

Heb. S. in ostium spei. LXX, ad aperiendam intelligentiam ejus. Th. ad aperiendam patientiam ejus. Vul. ad aperiendam spem.

Hebr. Th. et respondebit. S. et affligetur. LXX, humiliabitur. Vulg. canet.

Heb. adolescentiarum suarum. S. Th. Vul. juventutis. LXX, infantiæ suæ.

16. Heb. Vocabis (me) : Vir meus, et non vocabis me ultra Baali. A. vocabit me, vir meus, et non vocabit me, ultra habens me. LXX, Vocabit me, Vir meus, et non vocabit me ultra, Baalim. Vul. Vocabit me, vir meus, et non vocabit me ultra, Baali.

18. Hebr. et recumbere faciam eos in fiducia A. et dormire faciam eos in fiducia. S. et habitare faciam eos in pace. LXX, et habitare te faciam in spe. Th. et habitare faciam eos in fiducia. Vul. et dormire eos faciam fiducialiter.

וארשתיך 19 O', καὶ μνηστεύσομαί σε. Ἄλλος, καὶ λήψομαί σε.

19. H. et desponsabo te. LXX, Vul. et sponsabo te. *Alius*, et accipiam te.

Notæ et variæ lectiones ad cap. II Osee.

V. 2. Ἀ., Σ., δικάσασθε. Barberin.
V. 5. *Οἱ λοιποὶ*, τὰ ἐριά μου. Idem.
V. 11. Θ., ※ καὶ τὰ σάββατα αὐτῆς. Ms. Jes.
V. 13. Σ., καὶ τὰ περιτραχήλια. Barberin.
V. 15. *Ὁ Σύρος*, Ἀχάρ. Theodoretus.
Ibid. Σ., εἰς θύραν etc. Drusius ex Hieronymo.
Ibid. Σ., καὶ κακωθήσεται etc. Barberin. Hieronymus : « In Hebræo scriptum est ANATHA, quod Sym. interpretatus est *affligetur*, Th., *respondebit*, A., *obediet* i. e. ὑπακούσει : nos ab Hebræo κατὰ λέξιν magis accipimus. I. e. *præcinet*. » Et infra : « Interpretatio Aquilæ et Th. e quibus alter ὑπακούσει posuit, i. e. *audiet*, alter, ἀποκριθήσεται i. e. *respondebit*, nobiscum facit, quod præcinentibus aliis, alii respondeant concinentes. » Ὑπακούειν vero etiam *respondere* non infrequenter significat, ut exemplis comprobavimus in editione Athanasii et alibi.
Ibid. Σ., Θ., νεότητος. Barberin.
V. 16. Hieronymus : « Denique Aquila diligens et curiosus interpres, *Vocabit*, inquit, *me vir meus* etc. »
V. 18. Ἀ., καὶ κοιμήσω etc. Hasce trium lectiones exhibet Barberinus.
V. 19. *Ἄλλος*, καὶ λήψομαί σε. Barberinus, sine Interpretis nomine.

—

OSEE CAPUT III.

אשישי 1 Ἀ. παλαιά. Σ. ἀκάρπους. O', πέμματα.

1. Heb. dolia. A. antiqua. S. infructuosos. LXX, cotiones. Vul., vinacia.

וחמר שערים ולתך שערים 2 *Οἱ λοιποὶ*, κόρον καὶ ἡμίκορον. O', καὶ γομὸρ κριθῶν καὶ νέβελ οἴνου. Aliter Barberinus, ὁ *Ἑβρ*. ΟΜΟΡ ΣΕΩΡΙΜ ΟΥΛΕΘΧ ΣΕΩΡΙΜ. Ἀ. κόρου κριθῶν. Σ. καὶ θύλακος κριθῶν, καὶ ἀσκοῦ οἴνου. Θ. καὶ γομὸρ ἀλφίτων, καὶ νέβελ οἴνου.

2. Hebr. et chomer hordeorum, et lethech hordeorum. *Reliqui*, corum et semicorum. *Barberinus autem alio modo*. Heb. omor seorim ulethch seorim. A. cori hordeorum. S. et sacculi hordei et utris vini. Th. et gomor farinæ, et nebel vini. LXX, et gomor hordei et nebel vini. Vul. et coro hordei, et dimidio coro hordei.

ואין אפוד ותרפים 4 Σ. Θ. καὶ ἄνευ Ἐφώδ καὶ ἄνευ Θεραφίμ. O', οὐδὲ ἱερατείας οὐδὲ δήλων. Sed Barberinus sic, Ἀ. καὶ μορφωμάτων. Σ. οὐδὲ ἐπιλύσεως. Θ. οὐδὲ ἐπιλυομένου.

4. Heb. et non ephod et theraphim. S. Th. Vul. et sine ephod et sine theraphim. LXX, sine sacerdotio, et sine manifestationibus. *Barberinus sic* : A. et figurarum. S. neque solutionis. Th. neque soluti.

Notæ et variæ lectiones ad cap. III Osee.

V. 1. Hieron. : « Unde pro *vinaciis* quod Hebraice dicitur ASISE, A. interpretatus est παλαιά i. e. *vetera*, S., ἀκάρπους i. e. *steriles*. » Et infra : « Pro *pemmatibus* quæ LXX transtulerunt, et comeduntur cum uvis passis sive vinaciis, *placentas* Latine possumus dicere, vel *crustula* quæ idolis offeruntur et Græce appellantur πόπανα. »
V. 2. Hieron. : « Pro *Gomor* in Hebraico scriptum est OMER quod omnes Interpretes absque LXX *corum* interpretati sunt, sermone Græco, et maxime Palæstino, qui habet LXX modios. Et pro *nebel vini* in Hebraico legitur LETHECH SEORIM, quod cæteri interpretes ἡμίκορον *hordei* transtulerunt. I. e. *mediam partem cori*. » Barberinus longe diversas interpretationes adfert : ac S., LXX, Th. in postrema parte non conveniunt cum Hebræo. Forte putaverint שערים mendose repetitum, legendumque esse יין.
V. 4. Σ., Θ., ἄνευ Ἐφὼδ καὶ ἄνευ Θεραφίμ. Ex Hieronymo epist. ad Marcellam. Sed longe alio modo codex Barberinus : qui fortasse alteram Symmachi editionem exhibet.
תרפים S., Th., Theraphim. In hanc vocem Drusius : ἄνευ θεραφείμ, *vel si placet* θεραφείν, *ut Gen.* 31, 34. התרפים *A*., μορφώματα. *S*., θεραφείν. *Hieron. in libro quæstion. Hebraic*. THERAPHIM Aq., μορφώματα, id est, figuras et imagines interpretatur. *Idem in Comment. ad hunc locum*. THERAPHIM proprie appellantur μορφώματα, id est figuræ et simulacra. *Si eumdem recte capio, Aquila hoc loco* φωτισμούς *transtulit*, *id est*, *illuminationes* (imo transtulit μορφώματα ut habet Coislin. nam φωτισμούς, est אורים, *forte quod illuminando docerent ac patefacerent futura. Qua ratione vocantur a paraphraste Chaldæo Jonatha* מחוי, *id est*, indicantes, *et a Græcis* δῆλοι, *i e*., manifestationes : *alibi Chaldæus interpretatur* צלמניא, *id est*, simulacra, *et Græci* εἴδωλα : *id est*, idola. *De his Trismegistus in Asclepio*, Videsne, *inquit*, statuas animatas, sensu et spiritu plenas et talia facientes? statuas futurorum præscias etc. *Marsilius Ficinus in libello de Vita cælitus producenda cap*. 13. Trismegistus ait Ægyptios ex certis mundi materiis facere consuevisse imagines, et in eas oportune animas dæmonum inserere solitos atque animam avi sui Mercurii, itemque Phœbi cujusdam et Isidis Osiridisque sic in statuas descendisse, profuturas hominibus, vel etiam nocituras, *et quæ sequuntur. Vide et cap*. 16 *et* 18. *Idem cap*. 20. Arabes et Ægyptii tantum statuis et imaginibus attribuunt arte astronomica et magica fabricatis, ut spiritus stellarum in eis includi putent. Spiritus autem stellarum intelligunt alii quidem mirabiles cœlestium vires, alii vero dæmonas etiam stellæ hujus illiusve pedissequas. Spiritus igitur stellarum qualescumque sint, inseri statuis et imaginibus arbitrantur, non aliter ac dæmones soleant humana nonnunquam corpora occupare, perque illa loqui, moveri, movere, mirabilia perpetrare. Similia quædam per imagines facere stellarum spiritus arbitramur etc.

—

OSEE CAPUT IV.

תחת אלון ולבנה ואלה כי־טוב צלה 13 Ἀ. ὑποκάτω δρυὸς καὶ λεύκης καὶ τερεβίνθου. Σ. ὑπὸ τὴν δρῦν

13. Hebr. subtus quercum, et populum et terebinthum, quia bona umbra ejus. A. sub quercu et

καὶ πεύκην καὶ πλάτανον ἐπισκιάζουσαν. Ο', Θ, ὑποκάτω δρυὸς (Θ. κάτω) καὶ λεύκης (Θ. πεύκης). καὶ δένδρου συσκιάζοντος.

populo et terebintho. S. subtus quercum et pinum et platanum obumbrantem. LXX, Th. sub quercu et populo (Th. pino) et arbore adumbrante. Vul. subtus quercum, et populum, et terebinthum, quia bona erat umbra ejus.

יפרדו 14 'Α. ἐχωρίζοντο. Σ. ἠκολούθησαν Ο', συνεφύροντο. Θ. κατηριθμήθησαν

14. Hebr. diviserunt se. A. separabantur. S. sequuti sunt. LXX, commiscebantur. Th. connumerati sunt. Vul. conversabantur.

ועם־הקדשות יזבחו 'Α. καὶ μετὰ τῶν ἐνηλλαγμένων (al. διηλλαγμένων). Σ. καὶ μετὰ τῶν ἑταιρίδων (al. ἀκαθάρτων). Ο', καὶ μετὰ τῶν τετελεσμένων ἔθυον. Θ. καὶ μετὰ τῶν κεχωρισμένων (al. καὶ τοῖς βδελύγμασιν) ἔθυον.

H. et cum scortis sacrificaverunt. A. et cum immutatis. S. cum meretricibus, sive impuris. LXX, et cum initiatis immolabant. Th. cum separatis, (al. cum abominationibus) immolabant. Vul. et cum effeminatis sacrificabant.

אם־זנה אתה ישראל אל־יאשם יהודה 15 'Α. Σ. Θ. Ε', εἰ πορνεύεις σὺ Ἰσραὴλ, μὴ συμπλημμελήσῃ Ἰούδα. Ο', σὺ δὲ Ἰσραὴλ μὴ ἀγνόει, καὶ Ἰούδα μὴ εἰσπορεύεσθε.

15. H. Si fornicans tu Israel, ne delinquat Juda. A. S. Th. V, Si fornicaris tu Israel, ne una delinquat Juda. LXX, Tu autem Israel ne ignores, et Juda ne ingrediamini. Vul. Si fornicaris tu Israel, non delinquat saltem Juda.

בית און 'Α. Θ. οἶκον ἀνωφελῆ. Σ. οἶκον ἀθεΐας. Ὁ Σύρος, βηθαυέν. Ο', οἶκον Ὤν. In Barberino: 'Α. Σ. Θ. οἶκον ἀνωφελοῦς.

Heb. *Syrus*, Vulg. Beth-aven. A. Th. domum inutilem. S domum impietatis. LXX, domum On. *Barberin* A. S. Th. domum inutilis.

חבור עצבים אפרים הנח־לו סר סבאם 17 Σ. Ε', ἡνώθη εἰδώλοις Ἐφραῒμ . . . . ἐπέκλινε συμπόσιον. Ο', μέτοχος εἰδώλων Ἐφραῒμ, ἔθηκεν ἑαυτῷ σκάνδαλα, ᾑρέτισε Χαναναίους.

17. Hebr. socius dolorum Ephraim, dimitte eum: recessit potus eorum. S. V, unitus est idolis Ephraim.. declinavit convivium. LXX, particeps idolorum Ephraim, posuit sibi ipsi scandala, provocavit Chananæos. Vul. particeps idolorum Ephraim, dimitte eum. Separatum est convivium eorum.

צרר רוח אותה בכנפיה 19 Σ. ἔδησεν ἄνεμον ἐν πτέρυξιν ἀνέμου (l. αὐτοῦ). Ο', συστροφὴ πνεύματος σὺ εἶ ἐν ταῖς πτέρυξιν αὐτῆς.

19. Heb. ligavit spiritus eam in alis suis. S. ligavit ventum in alis suis. LXX, turbo spiritus tu es in alis ejus. Vul. ligavit eum spiritus in alis suis.

Notæ et variæ lectiones ad cap. IV Osee.

V. 13. 'Α., ὑποκάτω δρυὸς etc. Has lectiones exhibet Barberinus.

V. 14. Similiter trium lectiones ex Barberino.

Ibid. 'Α., μετὰ τῶν ἐν- etc. Drusius.

Hieronymus: « Sciendum autem quod in præsenti CADESOTH, *meretrices*, ἱερείας, i. e. sacerdotes Priapo mancipatas vocet. In aliis autem locis *viros exsectos libidine*, CADESIM legimus, Isaia dicente: *et illusores dominabuntur eorum*; pro quo in Hebræo dicitur, *et* CADESIM *dominabuntur eorum*, quod nos in *effeminatos* vertimus. A. autem ἐνδιηλλαγμένους interpretans, i. e. *mutatos*, hoc ostendere voluit, quod suam naturam mutaverint, et de viris facti sint feminæ. S. ἑταιρίδας proprie *meretrices* appellavit. LXX, τετελεσμένους, i. e. *consecratos* et *initiatos*, ut cultores idolorum ostenderent: Theodotion, κεχωρισμένους, i. e. *a populo separatos* etc. » Sic ex Hieronymo. Subjunctas vero lectiones versu 15 mutuamur ex Barberino.

V. 15. 'Α., Θ., οἶκον ἀνωφελῆ etc. Sed has lectiones confudit Barberinus, qui tribus Interpretibus unam versionem adscribit. Codex Reg. unus ex Theodoreto, ὁ μὲν γὰρ 'Ακ. καὶ ὁ Θ., οἶκον ἀνωφελῆ ἡρμηνεύκασιν, ὁ δὲ Σύμ. οἶκον ἀθεΐας. Similiterque in editione Rom. in notis legitur ὁ δὲ Σύμ. οἶκον ἀθεΐας, pergitur ibidem ex eodem Theodoreto, καὶ ὁ Σύρος δὲ αὐτὸ τὸ Ἑβραϊκὸν τέθεικεν ὄνομα, quæ nota in eodem Regio habetur. His non consonat Hieron. in Comment. qui ait: « Pro *domo* ὢν in quibusdam exemplaribus, et maxime in Theodotione legitur, *domus iniquitatis*; quod Aquila et Sym. interpretati sunt domum ἀνωφελοῦς, id est, *inutilem*, quæ nihil prosit, et alio verbo *idolum* nuncupetur. » In tanta lectionum varietate hæreo, et tamen puto illud Σ., οἶκον ἀθεΐας probe assertum et γνήσιον esse. Notes autem velim, illud Hieronymi de nominibus Hebraicis: « *On*, civitas Samariæ: pro qua in Hebraico scriptum est AUN quod A. et S. interpretantur *inutile*, Th., *iniquitatem*, » non repugnare iis quæ supra ex Commentario ejusdem attulimus. Nam in loco de nominibus Hebraicis jamjam allato, interpretationes illas adfert quæ in libris Josue et Regum usurpabantur ab Interpretibus: qui non semper in vertendi modo sibi constabant.

OSEE CAPUT V.

למצפה 1. 'Α. τῇ σκοπεύσει. Σ. πλατείᾳ. Ο', τῇ σκοπιᾷ.

1. Hebr. Maspa. A. Vul. speculationi. S. plateæ. LXX, speculæ.

על־תבור 'Α. Σ. Θ. ἐπὶ Θαβώρ. Ο', ἐπὶ τὸ Ἰταβύριον. Barberinus vero, ἐπὶ Θαβώρ ex 'Α. videlicet. Σ. ἐπὶ τὸ ὅριον. Θ. εἰς τὸν δρυμόν.

II. A. S. Th. Vul. super Thabor. LXX, super Itabyrium. *Barberin.* A. super Thabor. S. super terminum. Th. in sylvam.

לא־נכחד ממני 3 Α. οὐκ ἀπεκαλύφθη ἐξ ἐμοῦ. Σ. οὐκ ἐλάθησαν. Θ. καὶ Ο', οὐκ ἄπεστιν ἀπ' ἐμοῦ.

3. Hebr. non absconditus est a me. A non revelatus est ex me. S. non latuerunt. Th.

O' ἄλλως, οὐκ ἀπέστη ἀπ' ἐμοῦ.

מעלליהם 4 'A. τὰ ἐπιτηδεύματα αὐτῶν. Σ. τὰς βουλὰς αὐτῶν. O', τὰ διαβούλια αὐτῶν. Θ. τὴν γνώμην αὐτῶν.

גאון 5 'A. Θ. ἡ ἀλαζονεία. Σ. O', ἡ ὕβρις.

ילדו 7 'A. Θ. ἐγέννησαν. O' ἐγεννήθησαν.

חדש 'A. νεομηνία. Σ. Θ. μήν. O', ἡ ἐρυσίβη.

שופר 8 'A. Σ. κερατίνη. O', σάλπιγγι.

בית און 'A. Σ. εἰς οἶκον ἀνωφελοῦς. Σ. Θ "Ων. O'. ἐν τῷ οἴκῳ "Ων.

אחריך 'A. Σ. Θ. ὀπίσω σου. O'. ἐξέστη. E', κατὰ νώτου σου.

כמסיגי גבול 10 Σ. ὡς παρορμίζοντες. O', ὡς μετατιθέντες ὅρια. E', ὅμοιοι τοῖς ἀποτεμνομένοις ὅρια.

כמים עברתי *Oἱ λοιποί*, [τὴν ὀργήν μου] O', τὸ ὅρμημά μου. Barberinus sic : 'A. ἀνυπερθεσίαν μου. Σ. ὑδροκελίαν ὁρμήματός μου. Θ. ὡς ὕδωρ τὸν χόλον μου.

ירב 13 'A. δικαζόμενον. Σ. . . . . Θ. [κριτήν.] O', 'Ιαρείμ, *melius*, 'Ιαρείβ.

לרפא *Oἱ λοιποὶ* καὶ O', ἰάσασθαι. O' *ἄλλως*, ῥύσασθαι.

מזור 'A. ἐπίδεσις vel σύνδεσμος. O', ὀδύνη.

כשחל 14 'A. ὡς λέαινα. Σ. ὡς ἐπιβολὴ λεαίνης. O' ὡς πανθήρ. Θ. ὡς λίς.

et LXX, non abest a me. LXX *aliter*, non recessit a me. Vul. non est absconditus a me.

4. Heb. opera eorum. A. studia eorum. S. consilia eorum. LXX, Vul. cogitationes suas. Th. sententiam eorum

5. Hebr. superbia. A. Th. Vul. arrogantia. S. LXX, injuria.

7. Heb. A. Th. Vul. genuerunt. LXX, geniti sunt.

Heb. S. Th. Vul. mensis. A. neomenia. LXX, rubigo.

8. Hebr. Vulg. buccina. A. S. cornea. LXX, tuba.

Hebr. Beth-aven. A. S. in domum inutilitatis. S Th. On. LXX, in domo On. Vul. in Bethaven.

Hebr. A. S. Th. Vul. post te. LXX, mente excedit. V, ad tergum tuum.

10. Hebr. transferentes terminum. S. ut transmoventes. LXX, quasi transferentes terminos. V, similes abscindentibus terminos. Vul. quasi assumentes terminum.

Heb. quasi aquam indignationem meam. *Reliqui*, iram meam. LXX, impetum meum. *Barberin. sic*: A. celeritatem meam. S. hydroceliam impetus mei. Th. Vul. quasi aquam iram meam.

13. H. Iareb. A. disceptantem. Th. judicem. S. Vul. ultorem. LXX. Iarim, *melius* jarib.

Il. *Reliqui*, LXX, Vul. sanare. LXX *al.*, liberare.

Heb. purulentam plagam. A. colligationem vel vinculum. LXX, dolor. Vul. vinculum.

14. Heb. quasi panthera. A. Vul. quasi leæna. S. quasi irruptio leænæ. LXX, quasi panther. Th. quasi leo.

Notæ et variæ lectiones ad cap. V Osee.

V. 1. 'A. τῇ σκοπεύσει etc. Has lectiones exhibet Barberinus Cod.

Ibid. 'A. Σ. Θ. ἐπὶ Θαβώρ. Euseb. et Hieron. de locis Hebraicis. Hieronymus in Comment. hæc habet : « *LXX* 'Ιταβύριον transtulerunt. Hanc habentes consuetudinem, ut Hebræa nomina Græco sermone declinent, sicut Edom. . . . . Idumæam. » Longe aliud Barberinus, cui assentiendum est. Nam Eusebius de locis Hebraicis interpretationes adfert, quæ aliquando quidem, sed non ubique ab interpretibus usurpantur, ut jam vidimus

V. 3. 'A. οὐκ ἀπεκ- Ex Barberino.

V. 4. 'A. τὰ ἐπιτηδ- Ex eodem.

V. 5. 'A. Θ. ἡ ἀλαζονεία. Σ. O', ὕβρις. Drusius. Hieronymus vero : « Verbum GAON *LXX*, et *S* interpretantur *injuriam* : *A.* et *Th.*, *superbiam* »

V. 7. 'A. Θ. ἐγέννησαν. Sic unus.

Ibid. 'A. νεομηνία Σ. Θ. μήν. Drusius ex Hieron.

V. 8. 'A. Σ. κερατίνη. Drusius. Hieron. « Buccina pastoralis est, et cornu recurvo efficitur : unde et proprie Hebraice SOPHAR, Græce κερατίνη appellatur. »

Ibid. 'A. Σ. εἰς οἶκον ἀνωφελοῦς. Sic Barberinus, qui binas Symmachi lectiones adfert, et notam adjicit sic : 'A. Σ. εἰς οἶκον ἀνωφελοῦς, τουτέστιν εἰδώλου παντός, "Ων δέ ἐστιν ὁ ἥλιος. Σ. Θ. ὤν.

Ibid. 'A. Σ. Θ. ὀπίσω σου. Idem.

V. 10. Σ. ὡς παρόρμ. Idem.

Ibid. Hieronymus : « Pro ira *LXX* ὅρμημα, id est, *impetum* transtulerunt... sed rectius, ut omnes præter *LXX* transtulerunt, *ira* accipienda est, præsertim cum nomen effusionis et iræ conveniat, dicente Propheta ad Dominum, *Effunde super eos iram tuam.* » Hæc Hieronymus : at non video qua ratione hæc quadrare possint ad lectiones Barberini, quas adferimus.

V. 13. Hieronym. « *A. Th. Judicem* interpretati sunt. Quod autem IARIB *ultorem* significet et judicem, nomen Gedeonis ostendit, quem cum cultores Baal expeterent ad supplicium, eo quod lucos Baal arasque evertisset, respondit pater, *ulciscatur se Baal*, et appellatus est, inquit, *Jerobaal*, i. e. ulciscatur se Baal. » Sed Barberinus habet 'A. δικαζόμενον, et cum Hieronymo consonat.

Ibid. *Oἱ λοιπ.*, ἰάσασθαι. Ms. Jes.

Ibid. Binas Aquilæ interpretationes adfert Hieronymus, forte ex duabus ejusdem editionibus desumptas.

V. 14. 'A. ὡς λέαινα. Trium lectiones adfert Barberinus.

OSEE CAPUT VI.

טרף 1 Ο', ἥρπακε. Ἄλλος, πέπαικε.

וְיַחְבְּשֵׁנוּ Οἱ πάντες, καὶ μοτώσει ἡμᾶς. Barberinus. Σ. καὶ μαλαγματίσει ἡμᾶς. Σ. ἄλλως, ἐπιδήσει ἡμᾶς.

יחיינו 2 Ἀ. Σ. ἀναζωώσει ἡμᾶς. Ο', ὑγιάσει ἡμᾶς. Ε', ὑγιεῖς ἀποδείξει ἡμᾶς.

ונדעה נרדפה 3 Σ. γνῶμεν οὖν σπεῦσαι. Ο', καὶ γνωσόμεθα. Διώξωμεν. Ε', παιδευθῶμεν οὖν, καὶ ἐπειχθῶμεν.

כשחר נכון מוצאו Σ. ὅτι ὡς ὄρθρος βεβαία ἡ ἐπιφάνεια αὐτοῦ. Ο', ὡς ὄρθρον ἕτοιμον εὑρήσομεν αὐτόν.

וחסדכם 4 Ο', τὸ δὲ ἔλεος ὑμῶν. Ε', ὁ γὰρ περὶ ὑμᾶς οἰκτιρμός.

חצבתי 5 Ἀ. Θ. ἐλατόμησα. Σ. οὐκ ἐφεισάμην. Ο', ἀπεθέρισα. Ε', ἐξέκοψα.

ומשפטיך Ο'. καὶ τὸ κρίμα μου. Ἄλλος, ἡ δικαιοκρισία.

עקבה מדם 8 Ἀ. περικαμπὴς ἀπὸ αἵματος. Σ. διώκται ἀπὸ αἵματος. Ο', ταράσσουσα ὕδωρ. Ε', ὑποσκελίζουσα καὶ δολοφονοῦσα.

וכחכי איש גדודים 9 Σ. . . . . . ὑποκριτοῦ. Ἀ. εὐζώνων. Θ. πειρατοῦ. Ο', καὶ ἡ ἰσχύς σου ἀνδρὸς πειρατοῦ. Ε', ὡς λόχος πολυχειρίας ληστρικῆς.

חבר כהנים דרך ירצחו שכמה Ἀ. . . . Σ. . . . Ο', ἔκρυψαν ἱερεῖς ὁδὸν, ἐφόνευσαν Σίκιμα. Θ. . , .

1. Hebr. LXX, rapuit. *Alius*, percussit. Vul. cepit.

Hebr. et alligabit fasciis nos. *Omnes*, Vul. et curabit nos. *Barberinus*, S. malagmata apponet nobis. S. *aliter*, alligabit nos.

2. Heb. Vul. vivificabit nos. A. S. reviviscere faciet nos. LXX, sanos faciet nos. V, sanos demonstrabit nos.

3. Heb. et sciemus, sequemur. Vul. sciemus, sequemurque. S. sciamus igitur ad festinandum. LXX, et sciemus. Persequamur. V, erudiamur ergo, et inducamur.

Hebr. tamquam aurora præparatus egressus ejus. S. quia quasi diluculum firmum adventus ejus. LXX, quasi mane paratum inveniemus eum. Vul. quasi diluculum præparatus est egressus ejus.

4. Hebr. et misericordia vestra. LXX, misericordia autem vestra. V, nam miseratio erga vos. Vul. misericordia vestra.

5. Hebr. succidi. A. Th. cælavi. S. non peperci. LXX, demessui. V, excidi. Vul. dolavi.

Hebr. Vul. et judicia tua. LXX, et judicium meum. *Alius*, justum judicium.

8. Heb. fœdata a sanguine. A. deflexa a sanguine. S. persecutores a sanguine. LXX, conturbans aquam. V, supplantans et dolo occidens. Vul. supplantata sanguine.

9. Hebr. et juxta exspectare viros latrones. S. et fauces tuæ quasi viri insidiatoris. A. expeditorum. Th. piratæ. LXX, et fortitudo tua viri piratæ. V, quasi cohors magnæ catervæ prædatricis. Vul. et quasi fauces virorum latronum.

Hebr. societatem sacerdotum via interficiebant humerum. A. participatio sacerdotum in via occidebant humeros. S. societas sacerdotum in via occidebant Sichem. LXX, absconderunt sacerdotes viam, occiderunt Sicima. Th. absconderunt sacerdotes viam, interficiebant in dorso. Vul. particeps sacerdotum, in via interficientium pergentes de Sichem.

גם יהודה שת קציר לך 11 Barber. καὶ Ἰούδα ἀφῆκε θερισμὸν αὐτοῦ. Σ. καὶ σὺ, Ἰούδα, ἀπόκειται θερισμός. Ο', καὶ Ἰούδα. Ἄρχου τρυγᾷν σεαυτῷ. Ε', ἀλλὰ καὶ σὺ, Ἰούδα, παρεσκεύαζες αὐτὸν εἰς τὸ ἐκθερισθῆναι.

11. etiam Juda posuit messem tibi. *Barb.* et Juda dimisit messem suam. S. et tu, Juda, deposita est messis. LXX, et Juda. Incipe vindemiare tibi. V, etiam tu quoque, Juda, præparabas ipsum ut meteretur. Vul. Sed et, Juda, pone messem tibi.

Notæ et variæ lectiones ad cap. VI Osee.

V. 1. Ἄλλος, πέπαικε. Sic Barberinus.

Ibid. *Omnes*, μοτώσει. Hieronymus qui addit: « Proprie autem μότα appellantur linteola, quæ inferuntur vulneribus, ut putridas carnes comedant, extrahant purulentas. » At Barberinus codex binas easque diversas Symmachi interpretationes adfert, cui magis credendum: nam Hieronymus hic omnes pro majori parte posuit, ut et alibi.

Ibid. Ἀ., Σ., ἀναζωώσει etc. Barberin. [In Polyglottis Londin. sic legitur: Barb. in marg. Σ., ἐπιδήσω ὑμᾶς. Ἀ., Σ. (Lamb. Bos, Ἀ., Θ.), ἀναζωώσει. Et alias lectiones codicis B. a Montfauconio allatas correximus in textu. DRACH.]

V. 3. Hæ omnes versiones a tertio versu ad nonum ex Barberino prodeunt, qui in quinto versu ἐλατόμησα habet, sed perperam.

V. 8. Adde ex cod. B: Θ., ἡ πτέρνα αὐτῆς ἀφ' αἵματος. DRACH.

V. 9. S., *et fauces tuæ* etc. Hieron. Lectiones Græcæ ex Barberino prodeunt. Hic vides Hieronymum vocem ὑποκριτοῦ vertisse *insidiatoris*. [L. Bos exhibet lectiones Græcas alterius stichi hujus commatis, *societatem sacerdotum* etc. hoc modo: Ἀ., μετοχὴν τῶν ἱερέων ἐν ὁδῷ ἐφόνευον ὤμοις. Σ., ἑταιρία τῶν ἱερέων ἐν ὁδῷ ἐφόνευον Σιχήμ. Θ., ἔκρυψαν οἱ ἱερεῖς ὁδὸν, ἐφόνευον ἐν ὤμῳ. DRACH.]

V. 11. Barber., καὶ Ἰούδα ἀφῆκε. Sic in textu. Ad marg. vero Symmachi et Quintæ lectiones adfert. [In Symmachi lectione, pro σύ, quod habet B, posuit Montf. σοί. Non male, sed non vere. DRACH.]

OSEE CAPUT VII.

וגנב יבוא פשט גדוד בחוץ 1 Σ. καὶ κλέπτης μὲν εἰσῆλθεν, ἐκδύον δὲ ληστήριον ἔξω. Ο', καὶ κλέπτης πρὸς αὐτὸν εἰσελεύσεται, ἐκδιδύσκων λῃστὴς ἐν τῇ ὁδῷ αὐτοῦ. Ε', καὶ κλέπτης μέν ἐστιν ἔνδον, λωποδύτης δὲ λῃστεύει τὰ ἔξω.

1. Heb. et fur ingressus est, spoliavit latro foris. S. et fur quidem ingressus est, exuens autem turma latronum foris. LXX, et fur ad eum ingredietur, spolians latro in via ejus. V, et fur quidem est intus: prædo autem furatur ea quæ foris sunt. Vul. et fur ingressus est spolians, latrunculus foris.

ובל־יאמרו ללבבם כל־רעתם זכרתי 2 Ἀ. καὶ μήποτε εἴπωσι ταῖς καρδίαις αὐτῶν, πᾶσαν κακίαν αὐτῶν ἐμνήσθην. Ο', ὅπως συνᾴδωσιν ὡς ᾄδοντες τῇ καρδίᾳ αὐτῶν, πάσας τὰς κακίας αὐτῶν ἐμνήσθην.

2. Hebr. et non dicent in corde suo, omnis malitiæ eorum recordatus sum. A. et ne forte dicant cordibus suis, omnis malitiæ eorum recordatus sum. LXX, ut concinant quasi canentes corde suo: omnes malitias eorum recordatus sum. Vul. et ne forte dicant in cordibus suis, omnem malitiam eorum me recordatum.

מעלליהם Ἀ. Σ. τὰ ἐπιτηδεύματα. Ο', τὰ διαβούλια αὐτῶν. Ε', ἀσεβήματα.

Heb. A. S. studia eorum. LXX, deliberationes suæ. V, impietates. Vul. adinventiones suæ.

כלם מנאפים כמו תנור בערה מאפה ישבות מעיר 4
מלוש בצק עד־חמצתו Ο', πάντες μοιχεύοντες ὡς κλίβανος καιόμενος εἰς πέψιν κατακαύματος (Barb. κατακαύσει αὐτούς) ἀπὸ τῆς φλογὸς, ἀπὸ φυράσεως στέατος, ἕως τοῦ ζυμωθῆναι αὐτό. Ε', ἅπαντες εἰς τὸ μοιχεύειν ἐκπυρούμενοι, ὡς ὀπτάνιον ὑπὸ τοῦ πέσσοντος ⁝ ἐπαύσατο πρὸς ὀλίγον ἡ πόλις τοῦ φυράματος κοινωνίας, καὶ μετὰ μικρὸν πᾶσα ἐζυμώθη.

4. Hebr. omnes ipsi adulterantes, sicut clibanus succensus a coquente, cessabit ab excitando a subigendo pastam, donec fermentetur. LXX, omnes adulterantes quasi clibanus accensus ad coctionem deustionis (*Barb.* comburet eos,) a flamma, a commistione fermenti, donec fermentetur. *Quinta editio*, omnes ad adulterandum accensi, sicut fornax a pistore: cessavit ad modicum civitas a conspersione consortii, et post paululum tota fermentata est. Vul. omnes adulterantes, quasi clibanus succensus a coquente: quievit paululum civitas a commistione fermenti, donec fermentaretur totum.

יום מלכנו 5 Ο', ἡμέραι τῶν βασιλέων ἡμῶν. Θ. ἡμέρα βασιλέως.

5. Heb. Vul. dies regis nostri. LXX, dies regum nostrorum. Th. dies regis.

לצצים Ἀ. χλευαστῶν. Ο', λοιμῶν.

H. Vul. illusoribus. A. irrisoribus. LXX, pestilentibus.

קרבו 6. Ἀ. ἤγγισαν. Ο', ἀνεκαύθησαν.

6. Heb. Vul. applicuerunt. A. admoverunt. LXX, accensæ sunt.

בארבם Ἀ. Σ. Θ. ἐνεδρεύειν. Ο' ἐν τῷ καταράσσειν αὐτούς.

Heb. A. S. Th. in insidiando eos. LXX, cum ingruerent ipsi. Vul. cum insidiaretur eis.

ישן אפהם בקר Ἀ. ὕπνωσεν ὁ πέσσων πρωΐας. Ο', ὕπνου Ἐφραῒμ ἐνεπλήσθη.

Heb. Vul. dormivit coquens eos, mane. A. dormivit coquens mane. LXX, somno Ephraim repletus est.

היה עגה בלי הפוכה 8 Ο', ἐγένετο ἐγκρυφίας οὐ μεταστρεφόμενος. Ε', ἕως (l. ὡς) ἐν σποδιᾷ πεσσόμενος ἄρτος ἀμετατρέπτως.

8. Heb. fuit libum non versum. LXX, factus est subcinericius, qui non reversatur. V, quasi in cinere conspersus panis, qui non reversatur. Vul. factus est subcinericius panis, qui non reversatur.

לא ידע גם־שיבה זרקה בו 9 Ο', οὐκ ἔγνω, καὶ πολιαὶ ἐξήνθησαν αὐτῷ. Ε', οὐκ ᾔσθετο, καὶ ταῦτα πολιὸς ἤδη τυγχάνων.

9. H. nescivit etiam canities sparsit se in eo. LXX, nescivit, et cani effloruerunt ei. V, non sensit, et hæc cum jam canus esset. Vul. nescivit: sed et cani effusi sunt in eo.

גאון 10 Ο', ὕβρις. Θ. ὑπερηφανία.

10. H. Th. Vul. superbia. LXX, contumelia.

שבו Ο', ἐπέστρεψαν. Ε', μετενόησαν.

H. LXX, Vul. reversi sunt. V, pœnitentiam egerunt.

בקשהו Ο', ἐξεζήτησαν αὐτόν. Ε', ἐπεκαλέσαντο.

H. Vul. quæsierunt eum. LXX, exquisierunt eum. V, invocaverunt.

פותה 11 Ἀ. θελγομένη. Σ. ἀπατωμένη. Ο', ἄνους.

11. Heb. stolida. A. lactata. S. decepta. LXX, insipiens. Vul. seducta.

כשמע לעדתם 12 Ἀ. κατὰ ἀκοῆς τῆς συναγωγῆς. Σ. κατὰ ἀκοῆς τῆς μαρτυρίας. Ο', ἐν τῇ ἀκοῇ τῆς θλίψεως αὐτῶν.

12. Heb. juxta auditum cœtus eorum. A. secundum auditum synagogæ. S. secundum auditum testimonii. LXX, auditu tribulationis eorum. Vul. secundum auditionem cœtus eorum.

שד להם 13 Ἀ. προνομὴ αὐτοῖς. Σ. διαφθορά. Ο',

13. Hebr. A. vastitas eis. S. interitus. LXX,

δείλαιοί εἰσιν. Θ. . . . Ε', ἐκπορθήσονται.

14 כי יולילו על־משכבותם 'Α. ἀλλὰ ἀσελγῶς ἐλάλησαν. Σ. ἀλλ' ἢ ἐχρεμέτισαν ἐν ταῖς κατακλίσεσιν αὐτῶν. Ο', ἀλλ' ἢ ὠλόλυζον ἐν ταῖς κοίταις αὐτῶν.

על־דגן ותירוש יתגוררו יסורו בי Ο', ἐπὶ σίτῳ καὶ οἴνῳ κατετέμνοντο, ἐπαιδεύθησαν ἐν ἐμοί. Ε', ὑπὸ τρυφῆς καὶ πλησμονῆς σίτου καὶ οἴνου ἀπέστησάν μου. Ἄλλος, ἐξέκλιναν ἀπ' ἐμοῦ.

16 ישובו לא על Σ. ἀνέστρεψαν εἰς τὸ μὴ ἔχειν ζυγόν. Ο', ἀπεστράφησαν εἰς οὐδέν. Ε', ἀπέστησαν ἵνα διάγωσιν ἄνευ ζυγοῦ.

רמיה Σ. ἀνεστραμμένον. Ο', ἐντεταμένον. Ε', διάστροφον.

מזעם 'Α. Σ. δι' ἐμβρίμησιν. Ο', δι' ἀπαιδευσίαν. Ε', διὰ μανίαν.

זו לעגם בארץ מצרים 'Α. οὗτος ὁ μυχθισμὸς αὐτῶν ἐν γῇ Αἰγύπτῳ. Σ. τοῦτό ἐστιν ὃ ἐφθέγξαντο ἐν Αἰγύπτῳ. Ο', οὗτος ὁ φαυλισμὸς αὐτῶν ἐν γῇ Αἰγύπτῳ. Ε', αὕτην ἐβλασφήμησαν.

meticulosi sunt. Th. miseria. V, Vul. vastabuntur.

14. H. quia ulularunt super cubilibus suis. A. sed molliter locuti sunt. S. sed hinnierunt in cubilibus suis. LXX, Vul. sed ululabant in cubilibus suis.

Heb. super triticum et mustum congregaverunt se, defecerunt a me. LXX, super tritico et vino dissecabantur : eruditi sunt in me. V, a voluptate et abundantia tritici et vini defecerunt a me. *Al.* declinaverunt a me. Vul. super triticum et vinum ruminabant, recesserunt a me.

16. Hebr. revertentur absque jugo. S. Vulg. reversi sunt, ut essent absque jugo. LXX, conversi sunt in nihilum. V, defecerunt, ut degerent absque jugo.

H. doli. S. eversus. LXX, intensus. V, eversus. Vul. dolosus.

Heb. propter furorem. A. S. propter fremitum. LXX, propter imperitiam. V, propter insaniam. Vul. a furore.

Hebr. Vul. ista subsannatio eorum in terra Ægypti. A. ista subsannatio eorum in terra Ægypto. S. hoc est quod locuti sunt in Ægypto. LXX, hæc est subsannatio eorum in terra Ægypto. V, hanc blasphemati sunt.

Notæ et variæ lectiones ad cap. VII Osee.

V. 1. Σ., καὶ κλέπτης. Hæ lectiones prodeunt ex Barberino.

V. 2. 'Α., καὶ μήποτε etc. Ex eodem.

Ibid. 'Α., Σ., Θ., τὰ ἐπιτηδεύματα. Theodoretus. Barberinus id Symmacho tantum tribuit, et lectionem Quintæ effert.

V. 4. Hanc Quintæ lectionem habet Barberinus.

V. 5. Θ., ἡμέρα βασ- Barberinus.

Ibid. 'Α., χλευαστῶν. Idem. Et mox, 'Α., ἤγγισαν. Idem.

V. 6. 'Α., Σ., Θ., ἐνεδρεύειν. Ex edit. Romana.

Ibid. 'Α., ὕπνωσεν etc. Barberin.

Lectiones versus 8, 9 et 10 ex eodem.

V. 11. 'Α., θελγομένη. Σ., ἀπατωμένη. Hieron. Barberinus : 'Α., ἀπατωμένη ἀνοήτως, male.

V. 12. 'Α., κατὰ ἀκοῆς etc. Has lectiones habet Barberinus.

V. 13. S., interitus. Th., miseria. Hieronymus. Barberinus vero lectiones Aquilæ et Symmachi Græce adfert, ut nos edimus. [Lamb. Bos : Th., ταλαιπωρία. DRACH.]

V. 14. 'Α., Σ., ἀλλὰ ἀσελγῶς ἐλάλησαν. Editio Romana ex Victore Antiocheno. Sed longe præstat Barberinum sequi, qui ex ipsis, ut videtur, Hexaplis concinnatus est.

Ibid. Ε', ὑπὸ τρυφῆς etc. Hanc et sequentes usque in finem capitis lectiones ex Barberino mutuamur.

OSEE CAPUT VIII.

1 אל־חכך שפר 'Α. Σ. Θ. . . . . . . Ο', εἰς κόλπον αὐτῶν, ὡς γῆ.

5 זנח עגלך 'Α. ἀπώθησον μόσχους σου. Σ. ἀπεδλήθη ὁ μόσχος σου. Ο', ἀπότριψαι τὸν μόσχον σου (al. ἀπόῤῥιψον). Θ. ἀπόῤῥιψαι. Ε', ἀπόβλητός σού ἐστιν ὁ μόσχος.

נקין 'Α. ἀθωωθῆναι. Σ. καθαρθῆναι. Ο', καθαρισθῆναι.

6 חרש 'Α. τεχνίτης. Ο', τέκτων.

והוא חרש עשהו ולא אלהים הוא Ο', καὶ αὐτὸ τέκτων ἐποίησε, καὶ οὐ Θεός ἐστι. Ε', καὶ τὸ ὑπὸ τέκτονος γενόμενον οὐκ ἂν ᾖ Θεός.

שבבים 'Α. . . . . Σ. ἀκαταστατῶν. Ο', Θ. πλανῶν. Ε', ῥεμβεύων. Ἄλλος, παραπλησίως τῷ τῆς ἀράχνης ἱστῷ.

9 פרא בודד לו אפרים 'Α. ὄναγρος μονάζων ἑαυτῷ Ἐφραΐμ. Σ. καὶ οὐκ ἀνέθαλλεν ἐν ἐμοὶ Ἐφραΐμ. Ο', ἀνέθαλλε καθ' ἑαυτὸν Ἐφραΐμ. Θ. ὄναγρος μονάζων

1. H. ad palatum tuum tubam. A. S. Th. Vul. in gutture tuo sit tuba. LXX, in sinu eorum quasi terra.

5. Heb. rejecit vitulus tuus. A. expelle vitulum tuum. S. Vul. projectus est vitulus tuus. LXX, abole vitulum tuum. Th. projice. V, rejectus a te est vitulus.

Hebr. innocentiam. A. purgari. S. LXX, Vul. emundari.

6. Heb. A. LXX, Vul. artifex.

Heb. et ipse artifex fecit eum, et non Deus ipse (est). LXX, et hoc artifex fecit, et non est Deus. V, ab artifice factum, nequaquam fuerit Deus. Vul. et ipse est : artifex fecit illum, et non est Deus.

Heb. contritiones. A. errantibus, sive conversis. S. instabilis. LXX, Th. seducens. V, fluctuans. *Al.* quemadmodum aranearum tela. Vul. in aranearum telas.

9. H. A. Vul. onager solitarius sibi Ephraim. S. et non refloruit in me Ephraim. LXX, germinavit apud seipsum Ephraim. Th. onager solitarius apud

καθ' ἑαυτὸν Ἐφραΐμ. Ε', ὡς ὄναγρος μονάζων καθ' ἑαυτὸν διαιτώμενος.

seipsum Ephraim. V, quasi onager solitarius apud seipsum vitam agens.

גם כי־יתנו בגוים עתה אקבצם 10 Ο', διὰ τοῦτο παραδοθήσονται ἐν τοῖς ἔθνεσι. Νῦν εἰσδέξομαι αὐτούς. Ε', ἀλλὰ καὶ ὅταν μισθώσηται ἔθνη, εὐθέως περιστοιχειοῦμαι αὐτούς.

10. Hebr. Etiam quia munera miserunt ad gentes, nunc congregabo eas. LXX, Propter hoc tradentur in gentibus : nunc suscipiam eos. V, Etiam cum mercede conduxerint gentes, statim complectar eos. Vul. Sed et cum mercede conduxerint nationes, nunc congregabo eos.

ויחלו מעט ממשא מלך שרים 'Α. καὶ λιτανεύσωσιν ὀλίγον ἀπὸ ἄρματος βασιλέως καὶ ἀρχόντων. Σ. καὶ μενοῦσιν βραχοὶ (l. βραχὺ) ἀπὸ φόβου βασιλέων, καὶ διαλείψουσι τοῦ χρίειν. Ο', καὶ κοπάσουσι μικρὸν τοῦ χρίειν βασιλέα καὶ ἄρχοντας. Θ. καὶ διαλείψουσι τοῦ χρίειν.

Hebr. et dolebunt paululum propter onus regis principum. A. et supplicabunt paululum ab onere regis et principum. S. et manebunt brevi a timore regum, et desinent ungere. LXX, et cessabunt parum ab ungendo regem et principes. Th. et desinent ungere. Vul. et quiescent paulisper ab onere regis et principum.

אכתוב־לו רבו תורתי כמו־זר נחשבו 12 'Α. γράψω αὐτῷ πληθυνομένους νόμους, ὁμοίως ἀλλότριοι ἐλογίσθησαν. Σ. ἔγραψα αὐτῷ πλῆθος νόμων μου, ὡς ἀλλότριοι ἐλογίσθησαν. Ο', καταγράψω αὐτῷ πλῆθος, καὶ τὰ νόμιμα αὐτοῦ εἰς ἀλλότρια ἐλογίσθησαν.

12. H. Scribam ei præcipua legis meæ : sicut alienum reputata sunt. A. scribam ei multiplicatas leges : similiter alieni reputati sunt. S. scripsi ei multitudinem legum mearum, sicut alieni reputati sunt. LXX, scribam ei multitudinem, et legitima ejus in aliena reputata sunt. Vul. scribam ei multiplices leges meas, quæ velut alienæ computatæ sunt.

זבחי הבהבי יזבחו 13 'Α. θυσίας φέρε φέρε θυσιάζουσιν. Σ. θυσίας ἐπαλλήλους θυσιάζουσι. Ο', διότι ἐὰν θύσωσι θυσίαν. Θ. θυσίας μεταφορῶν ἐθυσίασαν.

13. Heb. sacrificia donorum meorum sacrificabunt. A. hostias, age, age, sacrificant. S. hostias frequentes sacrificant. LXX, quia si immolaverint hostiam. Th. hostias translationum immolaverunt. Vul. hostias offerent, immolabunt.

Notæ et variæ lectiones ad cap. VIII Osee.

V. 1. Hieron. : « *In gutture tuo sit tuba*. A., S., Th. similiter transtulerunt. » [Lamb. Bos : 'Α., Σ., Θ., ἐν λάρυγγί σου σάλπιγξ. Drach.]

V. 5. 'Α., ἀπώθησον etc. Has lectiones exhibet Barberinus.

Ibid. 'Α., ἀθωωθῆναι etc. Idem.

V. 6. 'Α., τεχνίτης. Barberinus. [In lectione V, B non habet ῇ, sed εἰ. Lamb. Bos : « B in margine, Σ., ἀκατάστατος, *aliter*, ἀκαταστατῶν. Ε', παραπλησίως τῷ τῆς ἀστραπῆς ἱστῷ. Aq. ed. 1. πλανωμένοις, ed. 2. ἀποστρεφομένοις. Th., ῥεμβεύων, quod Schol. Rom. quintam editionem habere docent. » Drach.]

Ibid. Ε', καὶ τὸ ὑπὸ τέκτονος etc. Idem.

Ibid. Hieron. : « In eo loco in quo nos posuimus, *aranearum telas*, in Hebraico scriptum est SABABIM, per IOD, litteram penultimam : non ut quidam false putant SABABUM, i. e. per VAU, quod LXX et Th. πλανῶν interpretati sunt, i. e. *seducens*, atque *decipiens* ; A., *errantibus*, sive *conversis* ; S., *inconstans* vel *instabile*, i. e. ἀκαταστατῶν, V ed. ῥεμβεύων, *vagus* et *fluctuans*. Nos ab Hebræo didicimus proprie nominari *aranearum fila* per aerem volantia. » At Barberinus sic habet : Σ., ἀκατάστατος. Ε', παραπλησίως τῷ τῆς ἀστραπῆς ἱστῷ ἀράχνης. Et hæc versio cum Vulgata consonat.

V. 9. Hujus et sequentium ad finem usque capitis versuum lectiones exhibet Barberinus.

V. 10. Pro βραχοί, potius legendum βραχύ.

OSEE CAPUT IX.

טמא 3 'Α. μεμιασμένα. Σ. ἀπόβλητα. Ο', ἀκάθαρτα.

3. Hebr. A. polluta. S. abjecta. LXX, impura. Vul. pollutum.

מועד 5 'Α. (καιρός.) Ο', πανηγύρεως.

5. Heb. solemnitatis. A. tempus. LXX, conventus. Vul. solemni.

מף 6 ('Α. ἐκ στόματος.) Ο', Μέμφις.

6. H. Moph. A. ex ore. LXX, Vul. Memphis.

מחמד 'Α. Σ. τὰ ἐπιθυμήματα. Ο', Μαχμάς.

Heb. desiderium. A. S. concupiscentiæ. LXX, Machmas. Vul. desiderabile.

משגע 7 'Α. ἐπίληπτος. Σ. ἐνεός. Ο', παρεξεστηκώς.

7. Heb. furiosus. A. epilepticus. S. mutus. LXX, insaniens. Vul. insanum.

משטמה 'Α. ἐγκότησις. Ο', μανία σου. Ἄλλος, ἔκστασις.

Hebr. odium. A. iracundia. LXX, amentia tua. *Alius*, excelsus mentis. Vul. amentiæ.

יקוש 8 'Α. ἐσκωλωμένη. Σ. ἐνέδρα. Ο', σκολιά.

8. Heb. aucupis. A. in offendiculum cadens. S. insidiæ. LXX, tortuosus. Vul. ruinæ.

בתאנה 10 Ο', ἐν συκῇ. Ἄλλος, ὡς σῦκον.

10. Hebr. LXX, in ficu. *Alius*, ut ficus. Vul. ficulneæ.

מלדה ומבטן ומהריון 11 'Α. Σ. Θ. Ε', ἀπὸ τοκετῶν,

11. Hebr. A. S. Th. V, Vul. a partu, et ab utero

καὶ ἀπὸ γαστρὸς, καὶ ἀπὸ συλλήψεως. Ο', ἐκ τόκων καὶ ὠδίνων καὶ συλλήψεων.

אוי להם בשורי מהם 12 'Α. ἐκκλίναντός μου ἀπ' αὐτῶν. Ο', οὐαὶ αὐτοῖς ἐστι· σάρξ μου ἐξ αὐτῶν. Θ. . . . . .

לצור שתולה בנוה 13 'Α. Σ. ὡς ἀκρότομον πεφυτευμένην ἐν κατοικίᾳ. Ο', εἰς θήραν παρέστησαν τὰ τέκνα αὐτῶν. Θ. εἰς πέτραν πεφυτευμένοι, οἱ υἱοὶ αὐτῆς.

et a conceptu. LXX, ex partu, et parturitionibus, et conceptibus.

12. Hebr. Væ eis in recedendo me ab eis. A. declinante me ab eis. LXX, Væ eis est: caro mea ex eis. Th. Væ illis, caro mea ex eis. Vul. Væ eis cum recessero ab eis.

13. Hebr. in Sur plantata in habitaculo. A. S. ut petra prærupta plantata in habitatione. LXX, in captionem præbuerunt filios suos. Th. in petra plantati filii ejus. Vul. Tyrus erat fundata in pulchritudine.

Notæ et variæ lectiones ad cap. IX Osee.

V. 1. 'Α., μεμιασμένα etc. Barberinus.

V. 5. A., *tempus*. Hieronymus.

V. 6. 'Α., ἐκ στόματος. Drusius qui unde acceperit ignorare se fatetur. Hieronymus vero: « Memphis, quod interpretatur, *ex ore*; » sed sine ulla Aquilæ mentione.

Ibid. Eusebius et Hieronymus de locis Hebr. 'Α., Σ., τὰ ἐπιθυμήματα. A., S., *concupiscentias*.

V. 7. 'Α., ἐπίληπτος etc. Barberin.

Ibid. 'Α., ἐγκότησις. Ex Agellio in psalmum 37. Illud vero, ἔκστασις adfert Barber. sine Interpretis nomine.

V. 8. 'Α., ἐσκωλωμένη etc. Barberinus.

V. 10. Ἄλλος, ὡς σῦκον. Sic quædam Exempl. et Cyrillus recte.

V. 11. 'Α., Σ., Θ., Ε', ἀπὸ τοκετῶν etc. Barberinus.

V. 12. Hieron.: « LXX et Th., *Væ eis, caro mea ex eis*. Quærensque causam cur sit tanta varietas, hanc mihi videor reperisse: *Caro mea* lingua Hebræa dicitur BASARI: rursum si dicamus, *recessio mea*, sive *declinatio mea*, dicitur BASORI. » Lectionem Aquilæ sequentem adfert Barberinus.

V. 13. 'Α., Σ., ὡς ἀκρότομον etc. Barberinus qui non repugnat sequenti Hieronymi notæ: nam ἀκρότομος est *petra*.

Ibid. Hieron.: « LXX interpretati sunt θήραν, i. e. *venationem*, sive *capturam*: A., S., Th., *petram durissimam*, i. e. *silicem*, quæ lingua Hebraica appellatur SUR. » LXX igitur *Daleth* pro *Res* legerunt, ut monet ibid. Hieronymus. [I. e., צוד, pro צור. Sed *venatio* vel *captura* dicitur Hebraice, ציד. DRACH.]

—

OSEE CAPUT X.

בוקק 1 'Α. ἔνυδρος. Σ. ὑλομανοῦσα. Ο', εὐκληματοῦσα.

דברים אלות שוא 4 Σ. ὅρκους ματαίους. Ο', ῥήματα προφάσεις ψευδεῖς.

לעגלות בית און יגורו 5 'Α. τὰς δαμάλεις τοῦ οἴκου ἃς ἐσεβάσθησαν. Ο', τῷ μόσχῳ τοῦ οἴκου Ὢν παροικήσουσι. Ἄλλος, τὸν μόσχον τοῦ οἴκου Ὢν ἐφοβήθησαν.

ירב 6 'Α. δικάζοντι. Σ. ὑπερμάχοντι. Ο', Ἰαρείμ.

כקצף 7 Σ. ὡς ἐπίζεμα. Ο', Θ. ὡς φρύγανον.

מימי הגבעה 9 Οἱ λοιποὶ, ἀπὸ ἡμερῶν Γαβαά. Ο', ἀφ' οὗ οἱ βουνοί.

על־טוב 11 'Α. ἐπὶ τὸ κάλλος. Σ. κάλλος. Ο', ἐπὶ τὸ κάλλιστον.

יחריש יהודה Οἱ λοιποὶ, ἀροτριάσει Ἰούδα. Ο', παρασιωπήσομαι Ἰούδαν.

קצרו 12 Ο', τρυγήσατε. Ἄλλος, θερίσατε.

חרשתם 13 Ο', παρεσιωπήσατε. Ἄλλος, ἐσπείρατε.

עולתה Ο', τὰς ἀδικίας αὐτῆς. Ἄλλος, τὸν καρπὸν αὐτῆς.

וכל־מבצריך יושד 14 Ο', τὰ περιτετειχισμένα σου οἰχήσεται. Ἄλλος, τετειχισμένα σου ἀφανισθήσεται.

1. Heb. vacua. A. inaquosa. S. frondibus exuberans. LXX, bonas habens propagines. Vul. frondosa.

4. Heb. verba jurando mendaciter. S. juramenta vana. LXX, verba, occasiones mendaces. Vul. verba visionis inutilis.

5. Hebr. ad vitulas Beth-aven pavebunt. A. vitulas domus, quas venerati sunt. LXX, apud vitulum domus On habitabunt. *Alius*, vitulum domus On timuerunt. Vul. vaccas Bethaven coluerunt.

6. Heb. jareb. A. disceptanti. S. propugnatori. LXX, jarim. Vul. ultori.

7. Heb. quasi spuma. S. sicut infervefactio *vel* ebullitio. LXX, Th. sicut cremium. Vul. quasi spumam.

9. Hebr. *Reliqui*, a diebus Gabaa. LXX, ex quo colles. Vul. ex diebus Gabaa.

11. Heb. super bonitatem. A. Vul. super pulcritudinem. S. pulcritudinem. LXX, super pulcherrimum.

Heb. *Reliqui*, arabit Juda. LXX, reticebo Judam. Vul. arabit Judas.

12. Hebr. *Alius*, Vul. metite. LXX, vindemiate.

13. Heb. Vul. arastis. LXX, reticuistis. *Alius*, seminastis.

II. Vul. iniquitatem. LXX, iniquitates ejus. *Alius*, fructum ejus.

14. H. Vul. et omnes munitiones tuæ vastabuntur. LXX, omnia murata tua abibunt. *Alius*, mœnia tua delebuntur.

Notæ et variæ lectiones ad cap. X Osee.

V. 1. Hieron. : « Pro *vite frondosa*, A., interpretatus est ἔνυδρον, quam nos *aquosam*, vel ἐξοινον possumus dicere, eo quod vini perdat saporem. S., ὑλομανοῦσαν, quæ tota in frondibus creverit. »

V. 4. Σ., ὅρκους ματαίους. Barberinus.

V. 5. Ἀ., τὰς δαμάλεις etc. Barberinus. Ubi illud ἂς pro און omnino vitiatum est, videturque legendum ἀνωφελοῦς : quo pacto vertit semper Aquila vocem און. [Non prætereunda nota codicis B in marg. : εἰς Αἴγυπτον et ἐν γῇ Αἰγύπτῳ. Ὁ Σύρος, ὡς Αἴγυπτον ᾤκησαν τὴν γῆν μου. Quod minime concinit cum Hebr. DRACH.]

V. 6. Σ., ὑπερμάχοντι. Hieronymus. V. supra v, 13. Barberinus habet ὑπερμαχοῦντι, et ad Aquilam δικάζοντι.

V. 7. Hieron. : « Pro *spuma* LXX et Th., φρύγανον, i. e. *cremium*, transtulerunt, aridas scilicet herbas siccaque virgulta, quæ camino et incendio præparantur. S. posuit ἐπίζεμα, volens ostendere ferventis ollæ superiores aquas, et in spumam bullasque assurgentes : quas Græci πομφόλυγας vocant. »

V. 9. Hanc et reliquas omnes lectiones ad finem usque capitis ex Barberino mutuamur. [In ℣ 9, B, λ̣ο, quod est, οἱ λοιποί. DRACH.]

OSEE CAPUT XI.

1 כי נער ישראל ואהבהו וממצרים קראתי לבני
Ἑβρ. χι νερ Ἰσραὴλ ουεαβηου ου μεμμεσραιμ καραθι
βανι. Ἀ. ὅτι παῖς Ἰσραὴλ, καὶ ἠγάπησα αὐτὸν, καὶ
ἀπὸ Αἰγύπτου ἐκάλεσα τὸν υἱόν μου. Σ. ὅτι παῖς Ἰσραὴλ καὶ ἠγαπημένος, ἐξ Αἰγύπτου κέκληται υἱός
μου. Ο', ὅτι νήπιος Ἰσραὴλ, καὶ ἐγὼ ἠγάπησα αὐτὸν,
καὶ ἐξ Αἰγύπτου μετεκάλεσα τὰ τέκνα αὐτοῦ. Θ. ὅτι
νήπιος Ἰσραὴλ, καὶ ἠγάπησα αὐτὸν, καὶ ἐκάλεσα υἱόν
μου ἐξ Αἰγύπτου.

1. H. A. Vul. quia puer Israel, et dilexi eum : et ex Ægypto vocavi filium meum. S. quia puer Israel et dilectus : ex Ægypto vocatus est filius meus. LXX, quia parvulus Israel, et ego dilexi eum, et ex Ægypto vocavi filios ejus. Th. quia parvulus Israel, et dilexi eum, et vocavi filium meum ex Ægypto.

4 בחבלי אדם אמשכם בעבתות אהבה Ἀ. Σ. Θ. . . . .
Ο', ἐν διαφθορᾷ ἀνθρώπων ἐξέτεινα αὐτοὺς, ἐν δεσμοῖς ἀγαπήσεώς μου.

4. Heb. in funibus hominis traham eos, in densis funibus charitatis. A. S. Th. in funiculis hominum traham eos, in funiculis charitatis. LXX, in corruptione hominum extendi eos, in vinculis charitatis meæ. Vul. in funiculis Adam traham eos, in vinculis charitatis.

ואהיה להם כמרימי על על לחיהם Σ. . . . . . Ο', καὶ ἔσομαι αὐτοῖς ὡς ῥαπίζων ἄνθρωπος ἐπὶ τὰς σιαγόνας αὐτοῦ.

Heb. et ero eis tamquam exaltantes jugum super maxillis eorum. S. et putaverunt quod imponerem jugum super maxillam eorum. LXX, et ero illis quasi dans alapas homo super maxillas ejus. Vul. et ero eis quasi exaltans jugum super maxillas eorum.

ואט אליו אוכיל Σ. . . . . . . Ο', καὶ ἐπιβλέψομαι πρὸς αὐτὸν, δυνήσομαι αὐτῷ.

H. et declinabo ad eum cibum. S. et declinavi ad eum cibos. LXX, et respiciam ad eum, prævalebo ei. Vul. et declinavi ad eum ut vesceretur.

6 וחלה Ἀ. . . . . . Σ. . . . . . Ο', καὶ ἠσθένησεν.

6. H. et impendebit. A. irruet. S. vulnerabit. LXX, et infirma fuit. Vul. cœpit.

בדיו Σ. . . . . Ο', ἐν ταῖς χερσὶν αὐτοῦ.

H. membra ejus. S. brachia illius. LXX, *in manibus ejus*. Vul. electos ejus.

8 אמגנך Ἀ. ὅπλῳ κυκλώσω σε. Σ. ἐκδώσω σε. Ο', ὑπερασπιῶ σου. Θ. ἀφοπλίσω σε.

8. Heb. S. tradam te. A. scuto circumdabo te. LXX, protegam te. Th. armis nudabo te. Vul. protegam te.

12 רד Ἀ. ἐπικράτεια. Ο', ἔγνω αὐτούς.

12. H. dominans. A. imperium. LXX, cognovit eos. Vul. descendit (cum Deo).

Notæ et variæ lectiones ad cap. XI Osee.

V. 1. Ἑβρ. χι νερ etc. Hæ lectiones prodeunt ex Eusebii Demonstr. evangelica, et ex Barberino codice, ubi hac forma disponuntur in margine secundum Hexaplorum morem. [Ubi Hebræus contextus suis elementis præponi debuit. DRACH.]

χι νερ Ισραηλ ουεαβηου ου μεμμεσραῖμ καραθι βανι	Ἀ. ὅτι παῖς Ἰσραὴλ, καὶ ἠγάπησα αὐτὸν, καὶ ἀπὸ Αἰγύπτου ἐκάλεσα τὸν υἱόν μου.	Σ. ὅτι παῖς Ἰσραὴλ καὶ ἠγαπημένος, ἐξ Αἰγύπτου κέκληται υἱός μου.	Οἱ Ο', διότι νήπιος Ἰσραὴλ ἐγὼ ἠγάπησα αὐτὸν, καὶ ἐξ Αἰγύπτου μετεκάλεσα τὰ τέκνα αὐτοῦ.	Θ. ὅτι νήπιος Ἰσραὴλ, ἐκάλεσα υἱόν μου.

Hanc vero notam adjicit Barber. : τούτῳ ἐχρήσατο ὁ Ματθαῖος, ὡς οὕτως ἔχοντος δηλονότι τοῦ Ἑβραϊκοῦ, ὡς καὶ ὁ Ἀ. ἡρμήνευσε.

V. 4. A., S., Th., *in funiculis* etc. Hieronymus.

Ibid. S., *et putaverunt* etc. Idem.

Ibid. S., *et declinavi* etc. Idem.

V. 6. A., *irruet*. S., *vulnerabit*. Idem.

Ibid. S., *brachia illius*. Idem. LXX qui verterunt ἐν ταῖς χερσὶν αὐτοῦ, legerunt haud dubie בידיו.

V. 8. Hieron. : « In Hebraico scriptum est AM-

MAGGENACH, quod A. transtulit ὅπλῳ κυκλώσω σε, i. e. *scuto circumdabo te*. Quod cum in bonam partem putaremus intelligi, et significare protectionem, ex edit. Symmachi contrarius nobis sensus subjicitur dicentis, ἐκδώσω σε, i. e. *tradam te*. Ex translatione Theodotionis non prospera, sed adversa demonstrantur : ἀφοπλίσω σε, quod significat : *Nudabo te*, et auferam a te ὅπλον, hoc est *scutum*, quo te ante protexeram. »

V. 12. Hieron. : « RAD enim et *descensionem* et *fortitudinem* significat ; pro quo Aquila transtulit, ἐπικράτεια. »

OSEE CAPUT XII.

רוח 1 'Α. Σ. ἄνεμον. Ο', πνεῦμα.

וברית 'Α. Σ. καὶ συνθήκην. Ο', καὶ διαθήκην.

בכה ויתחנן־לו בית־אל ימצאנו 4 'Α. Σ. Θ. ἔκλαυσε καὶ ἐδεήθη αὐτοῦ, καὶ ἐν Βαιθὴλ εὗρεν αὐτόν. Ο', ἔκλαυσαν, καὶ ἐδεήθησάν μου· ἐν τῷ οἴκῳ Ὢν εὕροσάν με.

און לי 8 'Α. ἀνωφελὲς αὐτῷ. Ο', ἀναψυχὴν ἐμαυτῷ.

כגלים 11 'Α. ὡς σωροί. Σ. . . . Σ. *ἄλλ.*, ὡς βάτραχοι. Ο', ὡς χελῶναι. Θ. . . . Θ. *ἄλλ.*, τῶν ἀλωπέκων.

1. Hebr. A. S. Vul. ventum. LXX, spiritus.

H. A. S. Vul. et fœdus. LXX, et testamentum.

4. H. Flevit et rogavit eum, Bethel invenit eum. A. S. Th. Flevit et deprecatus est eum, et in Bethel invenit eum. LXX, Fleverunt et deprecati sunt me : in domo On invenerunt me. Vul. Flevit, et rogavit eum : in Bethel invenit eum.

8. H. robur mihi. A. inutilitatem ei. LXX, requiem mihi. Vul. idolum mihi.

11. H. Vul. quasi acervi. A. velut acervi. S. acervi lapidum. S. *aliter*, ut ranæ. LXX, quasi testudines. Th. colles. *Aliter*, vulpium.

Notæ et variæ lectiones ad cap. XII Osee.

V. 1. 'Α., Σ., ἄνεμον. Barberinus.

Ibid. 'Α., Σ., καὶ συνθήκην. Idem.

V. 4. Theodoretus : τοῦτο οἱ ἄλλοι ἑρμηνευταὶ, 'Α., Σ., Θ., ὡς περὶ τοῦ 'Ιακὼβ εἰρημένον τεθείκασι, ἔκλαυσε etc.

V. 8. 'Α., ἀνωφελὲς αὐτῷ. Barberinus.

V. 11. Hieronymus : « Rursum ubi nos posuimus, *acervos*, qui Hebraice appellantur GALLIM ; et proprie θῖνας significant, hoc est, *ex arena tumulos congregatos*; qui maxime in deserto, in littoribus flante vento, vel augentur, vel minuuntur, LXX transtulerunt, *testudines* : pro quibus S., *acervos lapidum* interpretatus est; Theodotio, *colles*. » Sed longe diversas Symmachi et Theodotionis interpretationes adfert Barberinus, ut supra ; nimirum Σ., ὡς βάτραχοι, Θ., τῶν ἀλωπέκων. Illius est etiam Aquilæ versio.

OSEE CAPUT XIII.

רתת נשא הוא 1 'Α. φρίκην ἔλαβεν αὐτός. Σ. Θ. . . . Ο', δικαιώματα ἔλαβεν αὐτός.

זבחי אדם עגלים ישקון 2 'Α. . . . μόσχους καταφιλοῦντες. Σ. . . . μόσχους προσεκυνήσατε. Ο', θύσατε ἀνθρώπους, μόσχοι γὰρ ἐκλελοίπασι.

כמץ יסער מגרן 3 Ο', ὡς χνοῦς ἀποφυσώμενος ἀφ' ἅλωνος. *"Αλλος*, καὶ ὡς ἀράχνη ἀποφυσωμένη λαίλαπι.

מארבה 'Α. ἀπὸ τῆς καταράκτης. Σ. . . . . Ο', ἀπὸ δακρύων. Θ. ἀπὸ καπνοδόχης.

כמרעיתם וישבעו 6 Σ. κατὰ τὴν νομὴν αὐτῶν ἣν ἐνεπλήσθησαν. Ο', κατὰ τὰς νομὰς αὐτῶν, καὶ ἐνεπλήσθησαν.

שכול 8 Ο', ἀπορουμένη. *"Αλλος*, ἀτεκνουμένη.

ואקח 11 *Οἱ λοιποὶ*, ... Ο', καὶ ἔσχον.

צרור עון 12 Ο', συστροφὴν ἀδικίας. Θ. ἐνδεδεμένη ἀδικία αὐτοῦ.

לא חכם 13 Ο', ὁ φρόνιμος. *"Αλλος*, ὁ ἀνόητος.

אהי דבריך 14 'Α. Ε', ποῦ εἰσιν οἱ λόγοι σου; Σ.

1. Heb. terror, elevavit ipse. A. horrorem accepit ipse. S. Th. tremorem. LXX, justificationes accepit ipse. Vul. horror invasit.

2. Heb. Sacrificantes hominem, vitulos, osculabuntur. A...... vitulos osculantes. S. Immolate, homines vitulos adorate. LXX. Immolate homines: vituli enim defecerunt. Vul. Immolate homines vitulos adorantes.

3. Heb. sicut gluma exturbabitur ab area. LXX. sicut pulvis exsufflatus ab area. *Alius*, et sicut aranea exsufflata turbine. Vul. sicut pulvis turbine raptus ex area.

Heb. Th. Vul. de fumario. A. de cataracta. S. de foramine.

6. H. juxta pascuum suum, et saturati sunt. S. juxta pascuum suum quo adimpleti sunt. LXX, secundum pascua sua, et repleti sunt. Vul. juxta pascua sua adimpleti sunt.

8. H. orbatus. LXX, indigens. *Alius*, Vul. orbata catulis.

11. Hebr. *Reliqui*, et abstuli. LXX, et habui. Vul. et auferam.

12. Heb. ligata iniquitas. LXX, conglobationem iniquitatis. Th. ligata iniquitas ejus. Vul. colligata est iniquitas.

13. H. Vul. non sapiens. LXX, sapiens. *Alius*, stultus.

14. Hebr. ero pestis tua. A. V, ubi sunt sermo-

(ἔσομαι πληγή σου.) Ο', ποῦ ἡ δίκη σου ;

קטבך Σ. ἀπάντημά σου. Ο', τὸ κέντρον σου. Θ. Ε'. . . . .

nes tui? S. ero plaga tua. LXX, ubi est causa tua? Vul. ero mors tua.

Hebr. excisio tua. S. occursus tuus. LXX, aculeus tuus. Th. V, plaga et conclusio tua. Vul. morsus tuus.

Notæ et variæ lectiones ad cap. XIII Osee.

V. 1. Hieronym. : « Pro *horrore* qui Hebraice dicitur RATHAD, (*l.* Rathath) quem S. et Th. *tremorem* interpretati sunt, nescio quid volentes δικαιώματα, i. e., *justificationes* LXX transtulerunt.» Aquilæ vero lectionem adfert Barberinus.

V. 2. Hieron. : « Pro eo quod LXX interpretati sunt, *immolate homines, vituli enim defecerunt;* et nos vertimus, *immolate homines vitulos adorantes,* Symmachus interpretatus est, *immolate, homines vitulos adorent,* ut sit sensus : *Immolate,* hoc est *sacrificate idolis;* et hucusque distinctio sequatur, rationale animal homines, adorent vitulos muta animantia. » Et infra dicit Aquilam transtulisse καταφιλοῦντες, pro, *adorantes.* Barberinus vero sic habet, μόσχους καταφιλοῦντες. Σ., μόσχους προσκυνήσατε. Illud vero καταφιλοῦντες est Aquilæ secundum Hieronymum.

V. 3. Ἄλλος, καὶ ὡς ἀράχνη etc. Barberinus.

Ibid. Hieron. : « Quærimus autem quare LXX pro *fumario* quod Th. transtulit καπνοδόχην, *locustas* interpretati sunt? Apud Hebræos *locusta* et *fumarium* iisdem scribitur litteris ALEPH, RES, BETH, HE. Quod si legatur ARBE, *locusta* dicitur; OROBBA, *fumarium :* pro quo A., καταράκτην, S., *foramen* interpretati sunt. »

V. 6. Σ., κατὰ τὴν etc. Barberinus.

V. 8. Ἄλλος, ἀτεκνουμένη. Idem.

V. 11. Hieron. *Omnes,* et abstuli.

V. 12. Θ., ἐνδεδεμένη etc. Barberin.

V. 13. Ἄλλος, ἀνόητος. Idem. In LXX legendum videtur οὐ φρόνιμος.

V. 14. Hieron. : « In eo loco in quo LXX transtulerunt, *ubi est causa tua?* et nos diximus, *ero mors tua;* S. interpretatus est, *ero plaga tua.* V ed. et A., *ubi sunt sermones tui,* quod Hebraice legitur DABARACH : legentes DABAR, hoc est, *verbum,* pro DEBER, quod interpretatur *mors.* »

Ibid. Hieron. : « S., ἀπάντημα, i. e., *occursum.* Th. et V ed., *plagam* et *conclusionem* interpretati sunt. »

OSEE CAPUT XIV.

תאשם 1 Σ. μεταμελήσει. Ο', ἀφανισθήσεται.

יחיו 8 Ο', μεθυσθήσονται. Ἄλλος, στηριχθήσονται.

אני כברוש רענן 9 Ἀ. ἐγὼ ὡς ἐλάτη τις εὐθαλής. Ο', ἐγὼ ὡς ἄρκευθος πυκάζουσα.

1. Heb. desolabitur. S. aget pœnitentiam. LXX, disperdetur. Vul. pereat.

8. Hebr. vivificabunt. LXX, inebriabuntur. *Alius,* confirmabuntur. Vul. vivent.

9. Heb. A. ego ut abies frondosa. LXX, ego sicut juniperus condensa. Vul. ego ut abietem virentem.

Notæ et variæ lectiones ad cap. XIV Osee.

V. 1. Σ., μεταμελήσει. Hieronymus.

V. 8. Ἄλλος, στηριχθήσονται. Barberinus.

V. 9. Ἀ., ἐγὼ ὡς ἐλάτη etc. Idem, ubi legitur ἐλαία, male. [B in fine subjungit versuum numerum. Στίχοι φν' (550) · et Ὠσηὲ (cum aspero spiritu, ut Hebr. ה) λυπούμενος. Item, Ὠσηὲ σεσωσμένος ἢ συσκιάζων. Drach.]

JOELIS CAPUT PRIMUM.

הקיצו שכורים 5 Οἱ λοιποὶ καὶ Ο', ἐκνήψατε οἱ μεθύοντες.

יהוה 9 Ο', θυσιαστηρίῳ Κυρίου. Θ. Κυρίῳ.

הבישו 11 Ο', ἐξηράνθησαν. Ἄλλος, κατῃσχύνθησαν.

קציר Ο', τρυγητός. Ἄλλος, θερισμός.

עצרה 14 Ἀ. . . . . Σ. σύνοδον. Ο', θεραπείαν.

תערוג אליך 20 Ἀ. ἐπρασιώθη. Ο', ἀνέβλεψαν πρὸς σέ.

5. Hebr. Vul. Expergiscimini ebrii. Reliqui, et LXX evigilate qui ebrii estis.

9. Heb. Vul. Domini. LXX, altari Domini. Th. Domino.

11. H. pudore afficite. LXX, aruerunt. *Alius,* Vul. confusi sunt.

Heb. *Alius,* Vul. messis. LXX, vindemia.

14. Hebr. S. Vul. cœtum. A. diem collectæ. LXX, curationem.

20. H. vociferabitur ad te. A. imbrem sicut areola sitierunt. LXX, respexerunt ad te. Vul. quasi area sitiens imbrem suspexerunt ad te.

Notæ et variæ lectiones ad cap. I Joelis.

V. 5. Οἱ λοιπ., ἐκνήψατε etc. Drusius ex Hier.

V. 9. Θ., Κυρίῳ. Barber. Respicit ad postremam hujus versus vocem.

V. 11. Ἄλλος, κατῃσχ. Barberin.

Ibid. Ἄλλος, θερισμός. Idem.

V. 14. Hieron. : « In Hebraico legitur, ASARA : quod S., *synodum,* A., *diem collectæ,* interpretatus est. » [L. Bos : Aq., ἡμέραν συλλογῆς. Drach.]

V. 15. Ο', οἴμοι, οἴμοι, οἴμοι εἰς ἡμέραν. Ἀ., ἆ, ἆ εἰς ἡμέραν. Ex Lamb. Bos. Hebr.. heu diei. Vul., a, a, a, diei. Drach.

V 20. Ἀ., ἐπρασιώθη Hier. Vide psalm. xli, 1.

JOELIS CAPUT II.

ואחריו 2 Ο', καὶ μετ' αὐτοῦ (*al.* αὐτόν). Θ. καὶ μετ' αὐτόν.

2. Hebr. Th. Vul. et post eum. LXX, et cum eo. LXX *al.*, et post eum.

לפניו 3 *Οἱ λοιποί*, πρὸ προσώπου αὐτοῦ. Ο', τὰ ἔμπροσθεν αὐτοῦ.

3. Hebr. ad facies ejus. *Reliqui*, Vul. ante faciem ejus. LXX, quæ ante eum.

מחדרו 16 Ο', ἐκ τοῦ κοιτῶνος αὐτοῦ. *Ἄλλος*, ἐκ τοῦ νυμφῶνος αὐτοῦ.

16. Hebr. LXX, Vul. de cubili suo. *Alius*, de cubiculo nuptiali suo.

האלם 17 'Α. πρόδομον. Σ. προπύλαιον. Ο', τῆς κρηπῖδος. Θ. αὐλάμ.

17. Heb. A. S. Vul. vestibulum. LXX, crepidinem. Th. ulam

והדחתיו 20 Ο', καὶ ἐξώσω αὐτόν. *Ἄλλος*, καὶ ἐκβαλῶ αὐτόν. *Ἄλλος*, ἐξοίσω.

20. Heb. et expellere faciam eum. LXX, Vul. et expellam eum. *Alius*, et ejiciam eum. *Alius*, efferam.

נאות 22 Σ. ἡ νομή. Ο', τὰ πεδία.

22. Heb. pascua. S. pascuum. LXX, campi. Vul. speciosa.

את־המורה 23 Σ. τὸν ὑποδεικνύοντα. Ο', τὰ βρώματα.

23. Heb. Vul. doctorem. S. commonstrantem. LXX. escas.

אשפוך 28 *Πάντες*, ἐκχεῶ.

28. Heb. *Omnes*, effundam.

פליטה 32 Σ. . . . . Ο', ἀνασωζόμενος.

32. Heb. evasio. S. qui fugerit. LXX, salvatus. Vul. salvatio.

Notæ et variæ lectiones ad cap. II Joelis.

V. 2. Θ., καὶ μετ' αὐτόν. Ms. Jes.

V. 3. *Οἱ λοιπ.*, πρὸ προσώπου αὐτοῦ. Barberin.

V. 16. *Ἄλλος*, νυμφῶνος. Barberin.

V. 17. Hieron. : « LXX *crepidinem* interpretati sunt, S., προπύλαιον, A., πρόδομον, Th. ipsum verbum Hebraicum posuit ULAM. » [Hebr. et Vulg., inter vestibulum. Aq., ἀναμέσον τοῦ προδόμου. Sym., τοῦ προπυλαίου. Th., τοῦ Οὐλάμ. Quæ S. Hieron. ad seriem accommodavit suam. Drach.]

V. 20, 22 et 23. Lectiones ex Barberin.

V. 28. Hieron. : « Verbum effusionis, quod Hebraice dicitur ESPHOCH, et omnes similiter transtulerunt. »

V. 32. Hieron. : « In Hebraico scriptum est PHALETA. S. transtulit, *qui fugerit.* » [Symmachi lectio Græca est, ἐκφεύγων, ut testatur L. Bos. Drach.]

JOELIS CAPUT III.

אל־עמק יהושפט 2 Ο', εἰς τὴν κοιλάδα Ἰωσαφάτ. Θ. εἰς τὴν χώραν τῆς κρίσεως.

2. Hebr. LXX, Vul. in vallem Josaphat. Th. in regionem *vel* in locum judicii.

גלילות 4 'Α. θῖνες. Σ. . . . Ο', Γαλιλαία.

4. Heb. termini. A. littora. S. Vul. terminos. LXX, Galilæa.

לשבאים 8 'Α. Σ. τοῖς Σαβαείμ. Ο', εἰς αἰχμαλωσίαν.

8. Heb. A. S. Sabaim. LXX, in captivitatem. Vul. Sabæis.

החלש 10 'Α. Ο', ὁ ἀδύνατος.

10. Hebr. debilis. A. LXX, Vul. infirmus.

בעמק החרוץ 14 'Α. Σ. Ε', . . . Ο', ἐν τῇ κοιλάδι τῆς δίκης. Θ. ἐν τῇ κοιλάδι τῆς κρίσεως.

14. Hebr. A. S. V, Vul. in valle concisionis. LXX, in valle disceptationis. Th. in valle judicii.

את־נחל השטים 18 Σ. τὴν κοιλάδα τῶν ἀκανθῶν. Ο', τὸν χειμάῤῥουν τῶν σχοίνων.

18. H. torrentem Sittim. S. Vul. torrentem spinarum. LXX, torrentem juncorum. *Aliter*, funiculorum.

Notæ et variæ lectiones ad cap. III Joelis.

V. 2. Θ., εἰς τὴν χώραν etc. Drusius ex edit. Rom.

V. 4. Hieron. : « Pro *Galilæa* in Hebræo scriptum est GALILOTH, quod A., θῖνας, S., *terminos* transtulit. [Sym., ὅρια. Drach.]

V. 8. 'Α., Σ., τοῖς Σαβαείμ. Drusius ex Hieronymo. [Adde, ex L. Bos : Th., Σαβαίοις. Drach.]

V. 10. 'Α., Ο', ὁ ἀδύνατος. Ms. Jes.

V. 14. Ex Hieronymo.

V. 18. Σ., τὴν κοιλάδα etc. Drusius. [Sym. *aliter*, φάραγγα ἀκανθῶν. Drach.]

AMOS CAPUT PRIMUM.

בנקדים 1 'Α. ἐν ποιμνοτρόφοις. Σ. Ε', ἐν τοῖς ποιμέσι. Ο', ἐν Ἀκκαρείμ. Θ. ἐν νωκεδείμ.

1. Hebr. in pecuariis. A. in pastoribus. S. V, in pastoribus. LXX, in Accarim. Th. in nocedim. Vul. in pastoribus.

על ישראל 'Α. Σ. Θ. ἐπὶ Ἰσραήλ. Ο', ὑπὲρ Ἱερουσαλήμ.

Hebr. A. S. Th. Vul. super Israel. LXX, super Jerusalem.

הרעים 2 'Α. προβάτων νομέων. Ο', ποιμένων.

2. Hebr. LXX, Vul. pastorum. A. ovium pastorum.

אשיבנו 3 Σ. προσδέξομαι αὐτόν Ο', ἀποστραφήσομαι αὐτόν.

3. Hebr. Vul. convertam eum. S. excipiam eum. LXX, aversabor eum.

על־דושם בחרצות הברזל את־הגלעד Σ. ἀνθ' ὧν ἠλόη-

H. S. eo quod trituraverint in plaustris ferreis

σαν τροχοῖς σιδηροῖς τὴν Γαλαάδ. Ο', ἀνθ' ὧν ἔπριζον πρίοσι σιδηροῖς τὰς ἐν γαστρὶ ἐχούσας τῶν ἐν Γαλαάδ. Θ. τροχοῖς σιδηροῖς.

מבקעת־און 5 Ἀ. . . . ἀνωφελοῦς. Σ. Ε', . . . ἀδικίας. Ο', Θ. ἐκ πεδίου Ὤν.

מבית עדן Π., ἐξ οἴκου Ἔδεν. Ο', ἐξ ἀνδρῶν Χαῤῥάν.

קירה Ἀ. Κυρήνη. Ο', ἐπίκλητος.

גלות שלמה 6 Ἀ. 1. αἰχμαλωσίαν ἀπηρτισμένην. Ἀ. 2. αἰχμαλωσίαν ἀναπεπληρωμένην. Σ. Θ. αἰχμαλωσίαν τελείαν. Ο', αἰχμαλωσίαν τοῦ Σαλωμών.

פלשתים 8 Σ. Φυλιστιαίων. Ο', ἀλλοφύλων.

ושחת רחמיו 11 Ἀ. διέφθειρε σπλάγχνα αὐτοῦ. Σ. διέφθειρε σπλάγχνα ἴδια. Ο', ἐλυμήνατο μητέρα (ἄλλως, μήτραν) ἐπὶ γῆς.

ויטרף לעד אפו Σ. καὶ ἠγρευσεν αἰωνίως ἐν ὀργῇ αὐτοῦ. Ο', καὶ ἥρπασεν εἰς μαρτύριον φρίκην αὐτοῦ. Θ. καὶ ἥρπασεν εἰς μακρὸν τὸν θυμὸν αὐτοῦ.

ועברתו שמרה נצח Ἀ. καὶ ἀνυπερθεσίαν αὐτοῦ... Σ. καὶ τὴν μνήμην αὐτοῦ ἐφύλαξεν ἕως τέλος. Ο', καὶ τὸ ὅρμημα αὐτοῦ ἐφύλαξεν εἰς νῖκος. Θ. καὶ τὴν ὀργὴν αὐτοῦ ἐφύλαξεν εἰς τέλος.

ארמנות 12 Ἀ. Σ. βάρεις. Ο', θεμέλια. Θ. . . .

למען הרחיב 13 Ἀ. Θ. ὅπως ἐμπλατύνωσι. Ο', ὥστε ἐμπλατύναι.

והצתי אש 14 Σ. Ο', καὶ ἐξάψω πῦρ. Θ. ἀνάψω πῦρ.

ושריו 15 Π. ἱερεῖς τοῦ αὐτοῦ. Ο', οἱ ἱερεῖς αὐτῶν καὶ οἱ ἄρχοντες αὐτῶν.

ipsam Galaad. LXX, pro eo quod secuerunt serris ferreis prægnantes eorum, qui in Galaad. Th. rotis ferreis. Vul. eo quod trituraverint in plaustris ferreis Galaad.

5. H. de valle Aven. A.... inutilis. S. V, iniquitatis. LXX, Th. de campo On. Vul. de campo idoli.

H. et *Omnes*, de domo Eden. LXX, de viris Charran. Vul. de domo voluptatis.

Hebr. in Chir. A. Cyrene. LXX, nominatus. Vul. Cirenen.

6. Heb. A. 1. S. Th. Vul. captivitatem perfectam. A. 2. captivitatem completam. LXX, captivitatem Salomonis.

8 H. Pelisthim. S. Phylistæorum. LXX, alienigenarum. Vul. Philisthinorum.

11. Heb. et corruperit misericordias suas. A. corrupit viscera sua. S. corrupit viscera propria. LXX, violavit matrem (*aliter*, vulvam) super terram. Vul. violaverit misericordiam ejus.

H. et rapuerit in perpetuum furor ejus. S. et rapuit æternum in ira sua. LXX, et rapuit in testimonium horrorem suum. Th. et rapuit in diuturnum furorem suum. Vul. et tenuerit ultra furorem suum.

H. et iram suam servavit perpetuo. A. et celeritatem iræ suæ... S. et memoriam ejus custodivit usque ad finem. LXX, et impetum suum custodivit in victoriam. Th. et iram suam custodivit in finem. Vul. et indignationem suam servaverit usque in finem.

12. H. Vul. ædes. A. S. domos. LXX, fundamenta. Th. habitatores.

13. H. Vul. ad dilatandum. A. Th. ut dilatent. LXX, ut dilatarent.

14. H. S. LXX, Vul. et succendam ignem. Th. et accendam ignem.

15. Hebr. Vul., et principes ejus. *Omnes*, Sacerdotes ejusdem. LXX, Sacerdotes eorum et principes eorum.

Notæ et variæ lectiones ad cap. I Amos.

V. 1. Ex Hieronymo qui ait Hebraicum habere NOCEDIM.

Ibid. Ἀ., Σ., Θ., ἐπὶ Ἰσραήλ. Ex Hieronymo.

V. 2. Ἀ., προβάτων νομέων. Barberin.

V. 3. Σ., προσδέξομαι. Idem.

Ibid. Σ., ἀνθ' ὧν ἠλόησαν etc. Theodoretus et codex unus Regius, qui habet, καθὼς ἠλόησαν. Iidemque aiunt Aquilam et Theodotionem eodem sensu vertisse, τὴν αὐτὴν δὲ διάνοιαν καὶ ὁ Ἀκύλας καὶ ὁ Θεοδοτίων τεθείκασι. Hieronymus: « Pro *tribulis*, quæ Hebraice appellantur ARSOTH, et a Theodotione translatæ sunt *rotæ ferreæ*, quæ nos *plaustra ferrea* interpretati sumus, LXX transtulerunt *serris ferreis*. »

V. 5. Hieronymus : « Campum autem idoli, quod Hebraice dicitur AVEN, et LXX et Th. interpretati sunt Ὤν, Symmachus et V ed. transtulerunt *iniquitatem* : Aquila, ἀνωφελοῦς, i. e., *inutilem*. » Sic et Barber.

Ibid. Hieron. : « In eo quoque loco, ubi nos diximus, *de domo voluptatis*, quod Hebraice dicitur MEBBETH EDEN, et omnes similiter transtulerunt, LXX interpretati sunt *ex viris Charran*, DALETH mediam nominis litteram RES arbitrantes ; et juxta consuetudinem suam AIN primæ Hebraicæ litteræ CHI Græcum præponentes. » [Parum recte conjicit sanctus doctusque Scripturarum explanator ; certo enim certius est, pro עדן, LXX legisse חרן. DRACH.]

Ibid. Ἀ., Κυρήνη. Barberin.

V. 6. Hieron. : « Denique Aquila ἀπηρτισμένην transtulit et ἀναπεπληρωμένην, S. et Th., τελείαν, quod non *Salomonem*, sed *perfectam* significat atque *completam*; ut nullus remanserit captivorum qui non sit traditus Idumæis. » Symmachi lectionem affert item Barberinus.

V. 8. Σ., Φυλιστιαίων. Barberinus.

V. 11. Hieron. : « S., *viscera propria*. » Procopius vero in Hesaiam cap. 21, καὶ ἐλυμήνατο πατέρα ἐπὶ γῆς, κατὰ δὲ Σύμμαχον σπλάγχνα ἴδια. Barber. Ἀ., διέφθειρε σπλάγχνη (sic) αὐτοῦ. Σ., διέφθειρε σπλάγχνη ἴδια. [Ad ἄλλως, μήτραν, nihil adnotat Montf. Est autem lectio Alex., quæ etiam apud Theodoretum. S. Hier. sic affert Senum interpretationem : *et violaverit vulvam super terram*. Et in comment.: « Pro *misericordia*, Septuaginta *vulvam* transtulerunt, quia REHEM et *vulvam* et *misericordiam* significat. » Barber., μήτραν ἐπὶ τὴν γῆν. Sed in marg. μητέρα, ut Rom. DRACH.]

Ibid. Σ., καὶ ἠγρευσεν etc. Barberinus.

Ibid. Ἀ., καὶ ἀνυπερθεσίαν. Hanc et reliquas le-

ctiones adfert Barberinus. [In Sym., pro μνήμην, melius reponas μῆνιν, ut quadret ad Hebr. Drach.]
V. 12. Ἀ., Σ., βάρεις. Th., *habitatores*. Drusius. Scholion, βάρεις ἐπιχωρίως λέγονται παρὰ Σύροις αἱ μεγάλαι οἰκίαι. [Cf. notas ad Prov. xviii, 19, et Jerem. xvii, 27. Drach.]
V. 13. Ἀ., Θ., ὅπως ἐμπλατύνωσι. Ms. Jes.
V. 14. Σ., Ο', ἐξάψω πῦρ. Idem. [LXX habent ἀνάψω in omnibus exemplaribus nostris. Drach.]
V. 15. Π., ἱερεῖς τοῦ αὐτοῦ. Idem. Hic porro notes velim in ms. legi. Π., τοῦ αὐτοῦ, ὁμοίως οἱ Γ'. [S. Hieron. : « *Et principes ejus*, id est, sacerdotes ejus, pariter adducentur. *Sacerdotes* in Hebræo non habetur, sed *principes*. Addiderunt itaque Septuaginta *sacerdotes*, ut si velis scire qui sint illi principes, audias *sacerdotes*. » Drach.]

AMOS CAPUT II.

ארמנות 5 Ἀ. βάρεις. Ο', θεμέλια. Θ. οἰκήσεις.

הנזרים 12 Ο', ἡγιασμένους. Θ. Ναζωραίους.

אנכי מעיק תחתיכם כאשר תעיק העגלה 13 Ο', ἐγὼ κυλίω ὑποκάτω ὑμῶν ὃν τρόπον κυλίεται ἡ ἅμαξα. Ἄλλος, τριζήσω ὑποκάτω ὑμῶν καθὰ τρίζει ἡ ἅμαξα.

ואמיץ לבו בגבורים ערום ינוס 16 Ἀ. καὶ ὁ κραταιὸς καρδίαν αὐτοῦ ἐν δυνατοῖς γυμνὸς φεύξεται. Σ... ἐν τοῖς ἀνδρείοις γυμνὸς φεύξεται. Ο', καὶ ὁ κραταιὸς οὐ μὴ εὑρήσει τὴν καρδίαν αὐτοῦ ἐν δυναστείαις ὁ γυμνὸς διώξεται. Ἄλλος, καὶ εὑρεθῇ ἡ καρδία αὐτοῦ ἐν δυνάσταις.

5. Hebr. Vul. ædes. A. domos. LXX, fundamenta. Th. habitationes.

12. Hebr. Naziræos. LXX, sanctificatos. Th. Nazoræos. Vul. Nazaræis.

13. Heb. ego coarctans subter vos, quemadmodum coarctares plaustrum. LXX, Ego volvo subter vos, sicut volvitur plaustrum. *Alius*, Vul. Stridebo subter vos sicut stridet plaustrum.

16. Hebr. et roborator sui cordis in potentibus nudus fugiet. A. et robustus corde suo inter fortes nudus fugiet. S. in fortibus nudus fugiet. LXX, et fortis non inveniet cor ejus in potentatibus, nudus fugiet. *Alius*, et inventum est cor suum in potentibus. Vul. et robustus corde inter fortes nudus fugiet.

Notæ et variæ lectiones ad cap. II Amos.

V. 5. Ἀ. βάρεις. Θ. οἰκήσεις. Barberinus. [Qui perperam habet οἰκέσεις. Drach.]
V. 12. Θ. Ναζωραίους. Barberinus.
V. 13. Ἄλλος, τριζήσω etc. Idem.
V. 16. Ἄλλος, καὶ εὑρέθη etc. Sic legitur in quibusdam mss., lectiones vero Aquilæ et Symmachi adfert Barberinus.

AMOS CAPUT III.

עונתיכם 2 Ἀ. ἀνομίας ὑμῶν. Σ. ἀδικίας ὑμῶν. Ο', ἁμαρτίας ὑμῶν. Θ. ἀσεβείας ὑμῶν.

בלתי אם-נועדו 3 Ἀ. ἐὰν μὴ συντάξωνται. Ο', ἐὰν μὴ γνωρίσωσιν ἑαυτούς.

סוד 7 Ο', παιδείαν. Θ. τὴν βουλὴν αὐτοῦ.

צר 11 Ἀ. Ο', Τύρος. Σ. πολιορκία. Θ. ἰσχύς.

וסביב הארץ Σ. . . . Ο', κυκλόθεν ἡ γῆ σου.

ערש 12 Ἀ. . . . Ο', ἱερεῖς.

הצבאות 13 Ο', παντοκράτωρ. Ἄλλος, ὁ τῶν στρατιῶν.

והכיתי בית-החרף על-בית הקיץ 15 Ἀ. Σ. Θ. τὸν οἶκον χειμερινόν. Σ. καὶ πατάξω τὸν οἶκον τὸν χειμερινὸν ἐπὶ τοῦ οἴκου θερινοῦ. Ο', καὶ πατάξω τὸν οἶκον περίπτερον ἐπὶ τὸν οἶκον τὸν θερινόν.

2. Heb. A. Vul. iniquitates vestras. S. injustitias vestras. LXX, peccata vestra. Th. impietates vestras.

3. Hebr. nisi convenerint. A. nisi constituerint. LXX, nisi cognoverint se. Vul. nisi convenerit eis.

7. Heb. Vul. secretum suum. LXX, eruditionem. Th. concilium suum.

11. H. tribulatio. A. LXX, Tyrus. S. obsidio. Th. fortitudo. Vul. tribulabitur.

Hebr. circum terram. S. circumdatio terræ. LXX, in circuitu terra tua. Vul. et circuietur terra.

12. Heb. strati. A. grabatum. LXX, sacerdotes. Vul. grabato.

13. Hebr. *Alius*, Vul. exercituum. LXX, omnipotens.

15. H. et percutiam domum hyemis super domo æstatis. A. S. Th. domum hyemalem. S. et percutiam domum hyemalem super domo æstatis. LXX, et percutiam domum pinnatam super domum æstivam. Vul. et percutiam domum hyemalem cum domo æstiva.

Notæ et variæ lectiones ad cap. III Amos.

V. 1. Ἀ. ἀνομίας ὑμῶν etc. Barberinus.
V. 3. Ἀ. ἐὰν μὴ συντάξωνται. Ex edit. Rom.
V. 7. Θ. τὴν βουλὴν αὐτοῦ, ex eadem editione. Hanc Theodotionis lectionem adfert item codex regius ex Hesychio.
V. 10. Ad Senum vocem ταλαιπωρίαν, Hesychius : ὁ *Σύρος*, συνοχή. I. e. *pressura*, *angustia*. Drach.
V. 11. Hieronymus : « Pro *Tyro* quæ in Hebraico duabus litteris scripta est SADE et RES, et appellatur SOR : quod et A. et LXX similiter transtulerunt, Hebræus qui me in sanctis Scripturis erudivit, *tribulationem* interpretatus est, nec renuimus ejus sententiam ; quia et Symmachus, qui non solet verborum κακοζηλίαν, sed intelligentiæ ordinem sequi ait, *obsidio et circumdatio terræ*. Pro obsidione terræ, quæ ab eo dicitur πολιορκία, *fortitud-*

a Theodotione posita est, qui putavit non SAR et SOR, quod *tribulatio* vel *Tyrus*; sed SUR legendum : quod proprie refertur ad *petram durissimam*, quæ Græce appellatur ἀκρότομος, et quam nos Latine *silicem* dicere possumus. »

Ibid. S., *circumdatio terræ*. V. supra.

V. 12. Hieronymus : « Quod in principio Capituli juxta LXX positum est, *Sacerdotes*, in Hebraico non habetur, sed pro hoc verbo legitur ARES, quod Aquila interpretatus est *grabatum* : et puto LXX ipsum verbum posuisse Hebraicum, quod quidam non intelligentes, pro ARES legerunt ἱερεῖς i. e. *Sacerdotes*. » [Vox Hebraica est proprie *eres*, significatque, si κακοζηλίαν sequaris, ut modo dixit S. Hier., *sponda*, *lectus* (lit à baldaquin, à ciel. Cf. catholicum nostrum lex. Hebr.); juxta autem regulas punctorum masoreticorum effertur hoc in loco *ares* : fini enim versus præcedentis 12 annectitur in textu primitivo Hebraico. Senes ut nomen proprium accipientes, non insulse, scripserunt ἀρές, quod scribæ oscitantes vel temerarii mutarunt in ἱερεῖς. Ea de re disserit etiam L. Cappellus in critica sacra, lib. IV, cap. 13. Sed multum abest ut acu tetigerit. Barber. ita : ὁ (i. e., οἱ λοιποί), κλίνη, *lectus*. Drach]

V. 13. Ἄλλος, ὁ τῶν στρατιῶν. Barberinus.

V. 15. Ἀ. Σ. Θ. τὸν οἶκον etc. Theodoretus. Hieronymus vero : « Pro *domo hyemali*, οἶκον τὸν περίπτερον LXX transtulerunt : quod nos interpretati sumus *pinnatam*, eo quod ostiola habeat per fenestras et quasi *pinnas* ad magnitudinem frigoris repellendam. « Symmachi vero lectionem plenam habet Barberinus, ubi lapsu graphico legitur ἀντὶ τοῦ χειμερινοῦ pro θερινοῦ, quo pacto vertit alibi Symmachus vocem קיץ.

AMOS CAPUT IV.

פרות הבשן 1 Σ. αἱ βόες εὔτροφοι. Ο', δαμάλεις τῆς Βασανίτιδος. Ἀ. Θ. τοῦ Βασάν.

1. Hebr. vaccæ Basan. S. boves saginatæ. LXX, vaccæ Basanitidis. A. Th. ipsius Bazan. Vul. vaccæ pingues.

בקדשו 2 Σ. κατὰ τῆς ἁγιωσύνης αὐτοῦ. Ο', κατὰ τῶν ἁγίων αὐτοῦ.

2. Heb. in sanctitate sua. S. per sanctitatem suam. LXX, per sanctos suos. Vul. in sancto suo.

בצנות Ἀ. [ἐν θυρεοῖς.] Σ. Ο', ἐν ὅπλοις. Θ. ἐν δόρασι.

H. in spinis. A. in clypeis. S. LXX, in armis. Th. in hastis. Vul. in contis.

ואחריתכן Ο', καὶ τοὺς μεθ' ὑμῶν. Θ. καὶ τὰ ἔκγονα ὑμῶν.

Heb. et posteritates vestras. LXX, et eos qui vobiscum sunt. Th. et posteros vestros. Vul. et reliquias vestras.

בסירות דוגה Ἀ. . . . Ο', εἰς λέβητας ὑποκαιομένους ἐμβαλοῦσι.

Heb. in ollis piscis. A. in lebetibus pisciculorum. LXX, in ollas succensas injicient. Vul. in ollis ferventibus.

והשלכתנה ההרמונה 3 Ἀ. εἰς Ἀρμανὰ ὄρος ἀπάγοντες. Σ . . . εἰς Ἑρμηνίαν [*al.* εἰς Ἀρμενίαν]. Ο', καὶ ἀποῤῥιφήσεσθε εἰς τὸ ὄρος τὸ Ῥεμμάν. Θ. . . . . εἰς ὑψηλὸν ὄρος. Ε', . . . Μονά.

3. Hebr. et projicere facietis palatium. A. in Armana montem abducentes. S . . . in Armeniam. LXX, et projiciemini in montem Remman. Th. . . . in excelsum montem. V, . . . montem Mona. Vul. et projiciemini in Armon.

לשלשת ימים מעשרתיכם 4 Σ. (τῇ τρίτῃ ἡμέρᾳ...) Ο', εἰς τὴν τριημερίαν, τὰ ἐπιδέκατα ὑμῶν. Ἄλλος, εἰς τὴν τρίτην ἡμέραν.

4. Heb. Vul. tribus diebus decimas vestras. S. tertia die decimas vestras. LXX, in triduum decimas vestras. *Alius* in tertiam diem.

תודה 5 Ἀ. εὐχαριστίαν. Ο', νόμον.

5. H. confessionem. A. gratiarum actionem. LXX, legem. Vul. laudem.

נקיון שנים 6 Ἀ. Σ. Θ. καθαρισμὸν ὀδόντων. Ο', γομφιασμὸν ὀδόντων. Ἀ. *Barb.* πληγήν.

6. Hebr. A. S. Th. munditiam dentium. LXX, Vul. stuporem dentium. A. *Barb.* plagam.

חדשים לקציר 7 Ο', μηνῶν τοῦ τρυγητοῦ. Ἄλλος, μηνῶν τοῦ θερισμοῦ.

7. Heb. menses ad messem. LXX, menses vindemiæ. *Alius*, menses messis. Vul. (tres) menses superessent usque ad messem.

בשדפון 9 Ἀ. Σ. Θ. ἀνεμοφθορίᾳ. Ο', ἐν πυρώσει.

9. H. LXX, uredine. A. S. Th. vento vastante. Vul. in vento urente.

ובירקון *Π.* καὶ ἐν ἰκτέρῳ. Θ. καὶ ὠχριάσει.

Heb. et in rubigine. *Omnes*, Vul. et in aurugine. Th. et in pallore.

דבר 10 Ἀ. λοιμόν. Δ', πληγήν. Ο', θάνατον.

10. Hebr. A. pestilentiam. IV, plagam. LXX, Vul. mortem.

ואעלה באש מחניכם ובאפכם Ἀ. καὶ ἀνεβίβασα σαπρίαν. . . . . Σ. . . . . τὴν δυσοσμίαν τῶν παρεμβολῶν ὑμῶν εἰς τοὺς μυκτῆρας ὑμῶν. Ο', καὶ ἀνήγαγον ἐν πυρὶ τὰς παρεμβολάς ἐν τῇ ὀργῇ ὑμῶν.

Heb. et ascendere feci fœtorem castrorum vestrorum, et in nasum vestrum. A. et ascendere feci fœtorem...S... fœtorem castrorum vestrorum in nares vestras. LXX, et eduxi in igne castra in ira vestra. Vul. et ascendere feci putredinem castrorum vestrorum in nares vestras.

עקב 12 Ἀ. ὕστερον. Ο, πλὴν ὅτι. Θ. ἐσχάτως.

12. Heb. pro eo. A. postea. LXX, verumtamen Th. novissime. Vul. postquam.

הכון לקראת־אלהיך 'A. Σ. E', . . . O', ἑτοιμάζου τοῦ ἐπικαλεῖσθαι τὸν Θεόν σου.

Heb. præpara teipsum in occursum Dei tui. A. S. V, præparare ut adverseris Deo tuo. LXX, præparare ut invoces Deum tuum. Th. Vul. præparare in occursum Dei tui.

הרים 13 *Οἱ λοιποί*, ὄρη. O', βροντήν.

13. Heb. *Reliqui*, Vul. montes. LXX, tonitruum.

מה־שחו 'A. τίς ἡ ὁμιλία αὐτοῦ. Σ. τὸ φώνημα αὐτοῦ. O', τὸν Χριστὸν αὐτοῦ. Θ. τὸν λόγον αὐτοῦ. E', τὴν ἀδολεσχίαν αὐτοῦ.

Hebr. quid meditatio ejus. A. quæ conversatio ejus. S. quæ vociferatio ejus. LXX, Christum ejus. Th. sermonem ejus. V, exercitationem ejus. Vul. eloquium suum.

במותי O', ὑψηλά. *Ἄλλος*, ἄκρα. *Ἄλλος*, ὕψη.

H. LXX, Vul. excelsa. *Alius*, summa. *Alius*, cacumina.

Notæ et variæ lectiones ad cap. IV Amos.

V. 1. Hieronymus : « Pro *vaccis pinguibus*, LXX posuerunt *Basanitides*, A. et Th. ipsum verbum Hebraicum BASAN ; nos Symmachi interpretationem secuti, qui ait αἱ βόες εὔτροφοι, i. e. *boves saginatæ*, *vaccas pingues* interpretati sumus. »

V. 2. Σ., κατὰ τῆς ἁγιωσύνης αὐτοῦ. Theodoretus, et sic Barberinus.

Ibid. Hieronymus : « Pro *contis* quoque qui Hebraice dicuntur SANNOTH, A. interpretatus est *clypeos* : S. et LXX, *arma* : solus Th., δόρατα, quem nos sequuti, *contos* vel *hastas* interpretati sumus. »

Ibid. Θ., καὶ τὰ ἔκγονα ὑμῶν. Barberinus.

Ibid. A., *in lebetibus pisciculorum*. Ex Hieronymo.

V. 3. Hieron. : « Denique S. ita interpretatus est : *et projiciemini in Armenia* : pro quibus LXX, *montem Remmam* : A., *montem Armona*, Th., *montem Mona*, V ed., *excelsum montem*. » Eusebius de locis Hebraicis : Ῥεμμὰ, ὄρος ἐν Ἡσαΐᾳ ἐν Ῥεμμωνᾶ. Σ., εἰς Ἀρμενίαν. Suspicatur Drusius ista pertinere ad hunc locum Amos. Certe apud Hesaiam, qui citatur ab Eusebio nondum reperi. Ut ut sit hæc corrupta videntur, quemadmodum et altera lectio Græca εἰς Ἀρμανὰ ὄρος etc. quæ nonnisi ad Aquilam pertinere posse videtur. Barberinus id confirmat, qui habet : 'A., Ἀρμονᾶ. Σ., εἰς Ἑρμηνίαν, pro Ἀρμενίαν.

V. 4. Symm , *tertia die* etc. Hieronymus. Sed Barberinus sine Interpretis nomine, εἰς τὴν τρίτην ἡμέραν.

V. 5. 'A., εὐχαριστίαν. Hieronymus.

V. 6. Juxta Hieron. : A., S., *munditiam dentium*. Theodor., Σ , Θ., καθαρισμὸν ὀδόντων. Fortasse error in nominibus Interpretum apud alterutrum. Barberinus 'A., πληγή, sed errore ni fallor.

V. 7. *Ἄλλος*, μηνῶν τοῦ θερισμοῦ. Ms. Jes.

V. 9. 'A., Σ., Θ., ἀνεμοφθορίαν. Hieronymus pro ἀνεμοφθορίᾳ : nam casum de more seriei suæ adaptat.

Ibid. Hieronymus : « *Auruginem* autem omnes ἴκτερον similiter transtulerunt : absque Theodotione, qui solus ὠχρίασιν, quæ *pallorem* significat, interpretatus est. »

V. 10. A., λοιμόν. Δ', πληγήν. Quid autem significet τὸ Δ', jam sæpe diximus, nempe τετραπλᾶ, ut putamus.

Ibid. 'A., καὶ ἀνεβ- Lectiones Aquilæ et Symm. adfert Barberinus. [Qui ita : 'A., καὶ ἀνεβίβασα σαπρίαν παρεμβολῶν ὑμῶν. Σ., τὴν δυσοσμ. etc. Drach]

V. 12. Hieronymus : « Pro eo quod nos interpretati sumus *postquam*, et in Hebraico scriptum est ECEB, A. interpretatus est, ὕστερον, id est, *postea*, et Th., *novissime*, et LXX, *verumtamen*. »

Ibid. Hieron. : « Ubi LXX transtulerunt : *præparare ut invoces Deum tuum* : et nos juxta Theodotionem posuimus : *præparare in occursum Dei tui* : S. et V ed. transtulerunt : *præparare ut adverseris Deo tuo* : quod Hebraice dicitur, HECHIN LACERATH ELOAH. » Multis autem interpositis Hieron. : A., S., *hæc faciam tibi Israel, postea : et cum hæc fecero tibi, præpara te adversari Deo tuo.* » [Lamb. Bos : Sym., ὅπως ἐναντιώσῃς τῷ Θεῷ σου. Th., εἰς κατάντησιν Θεοῦ σου. Drach.]

Ibid. Hieron. : « Pro *montibus* quoque qui Hebraice dicuntur ARIM , soli LXX βροντήν, i. e., *tonitruum*, verterunt. »

V. 13. 'A., τίς ἡ ὁμιλία αὐτοῦ. Sic editio Rom. melius quam apud Hieronymum, ubi legitur, τὴν ὁμιλίαν αὐτοῦ. Cæteræ lectiones ex Hieronymo. [Ed. Rom. ita : Th., ὁ λόγος. Quinta editio, ἀδολεσχία, in casu recto. Cætera ut supra. Drach.]

AMOS CAPUT V.

כימה 8 'A. ἀρκτοῦρον. Σ. Θ. πλειάδας. O', πάντα.

8. Hebr. A. Vul. Arcturum. S. Th. Pleiades. LXX, omnia.

וכסיל 'A. καὶ ὠρίωνα. Σ. καὶ ἄστρα. O', καὶ μετασκευάζων. Θ. καὶ ἕσπερον.

Heb. A. Vul. et Orionem. S. et astra. LXX, et transformans. Th. et vesperum.

המבליג 9 'A. ὁ μειδιῶν. O', ὁ διαιρῶν.

9. Hebr. confortans. A. Vul. qui subridet. LXX, qui dividit. Th. vesperum.

ודבר תמים 10 Σ. (ῥῆμα ἄμωμον.) O', Θ. λόγον ὅσιον.

10. H. Vul. et loquentem perfecte. S. verbum immaculatum. LXX, Th. verbum sanctum.

בושסכם על־דל 11 O', κατεκονδύλιζον πτωχούς. *Ἄλλος*, κατεκονδυλίζετε εἰς κεφαλὰς πτωχῶν.

11. H. conculcare vos super tenuem. LXX, pugno percutiebant pauperes. *Alius*, percutiebatis in capita pauperum. Vul. diripiebatis pauperem.

כפר 12 *Οἱ λοιποί*, ἐξίλασμα. O', ἀλλάγματα.

12. H. propitiationem. *Reliqui*, propitiationes. LXX, commutationes. Vul. munus.

הטו Σ. . . . O', ἐκκλίνοντες.

Hebr. declinare fecerunt. S. oppresserunt. LXX, *. melius, declinare facientes. Vul. de-

ובכל־חוצות 16 Σ. καὶ ἐν πᾶσιν (sic) ἀμφόδοις. Ο', καὶ ἐν πάσαις ταῖς ὁδοῖς.

יודעי נהי Σ. τοὺς γινώσκοντας μέλος. Ο', εἰδότας θρῆνον.

נבליך 23 'Α. νάβλων σου. Ο', ὀργάνων σου.

ויגל 24 Σ. κεκύλισται γάρ. Ο', κυλισθήσεται. Θ. καὶ ἀποικισθήσεται.

את סכות 26 'Α. συσκιασμούς. Σ. Ο', τὴν σκηνήν. Ἄλλος, εἰκόνας. Θ. εἴδωλον ὑμῶν.

מלכבם 'Α. μελχόμ. Σ. Θ. (τοῦ βασιλέως ὑμῶν.) Ο', τοῦ Μολόχ.

ואת כיון 'Α. Σ. καὶ χιοῦν. Ο', καὶ τὸ ἄστρον. Θ. ἀμαύρωσιν.

ונשאתם את סכות מלכבם ואת כיון צלמיכם כוכב אלהיכם Ο', καὶ ἀνελάβετε τὴν σκηνὴν τοῦ Μολὸχ, καὶ τὸ ἄστρον τοῦ θεοῦ ὑμῶν Ῥαιφὰν, τοὺς τύπους αὐτῶν. Θ. καὶ ἤρατε τὴν ὅρασιν τοῦ βασιλέως ὑμῶν, ἀμαύρωσιν εἰδώλων, ἄστρον τοῦ θεοῦ ὑμῶν.

16. H. et in cunctis plateis. S. et in omnibus biviis. LXX, et in omnibus viis. Vul. et in cunctis quæ foris sunt.

Heb. scientes querimoniam. S. cognoscentes melodiam. LXX, scientes lamentationem. Vul. qui sciunt plangere.

23. Hebr. A. nablorum tuorum. LXX, organorum tuorum. Vul. lyræ tuæ.

24. Heb. evolvat se. S. convolutus est enim. LXX volvetur. Th. deportabitur. Vul. et revelabitur.

26. Heb. succhoth. A. umbracula. S. LXX, Vul. tabernaculum. *Alius*, imagines. Th. idolum vestrum.

H. regem vestrum. A. Melchom. S. Th. regis vestri. LXX, ipsius Moloch. Vul. Moloch vestro.

Heb. et Saturnum. A. S. et Chiun. LXX, et sidus. Th. obscuritatem. Vul. et imaginem.

Heb. et portastis Succhoth regem vestrum, et Chiun (Saturnum) imaginum vestrarum, stellam deorum vestrorum. LXX, et assumpsistis tabernaculum Moloch, et stellam dei vestri Ræphan, figuras eorum. Th. et portastis visionem regis vestri, et obscurationem, idolorum stellam dei vestri. Vul. et portastis tabernaculum Moloch vestro, et imaginem idolorum vestrorum, sidus dei vestri.

Notæ et variæ lectiones ad cap. V Amos.

V. 8. Hieron. : « *Arcturi* qui Hebraice CHIMA dicitur, et a S. et Th. εἰς πλειάδα vertitur : quem vulgo *Booten* vocant. » Codex Barberinus 'Α., ἀρκτοῦρον καὶ ὠρίωνα. Σ., πλειάδας καὶ ἄστρα.

Ibid. Hieron. : « *Oriona*, qui Hebraice dicitur CHASIL, S. absolute *stellas*, Th. interpretatus est *vesperum*. Hebræus autem qui nos in Scripturis sanctis erudivit, CHASIL interpretari putat *splendorem*, et significare generaliter *astra fulgentia*. »

V. 9. Hieron. : « A. interpretatus est ὁ μειδιῶν. Proprie autem μειδίαμα dicitur, quod nos *subrisionem* possumus appellare, quando quis irascitur, et apertis paululum labiis subridere se simulat, ut iræ ostendat magnitudinem.

V. 10. S., *verbum immaculatum*. LXX, Th., *sermonem sanctum*. Hieronymus.

V. 11. Ἄλλος, κατεκονδυλίζετε etc. Barberin.

V. 12. *Οἱ λοιποί*, ἐξίλασμα. Barber. S. autem Hier. « Omnes similiter ἐξίλασμα, id est, *propitionem* transtulerunt. Drach.

Ibid. S., *oppresserunt*. Hieron.

V. 16. Σ., καὶ ἐν πᾶσιν ἀμφόδοις. Barberin.

Ibid. Σ., τοὺς γινώσκοντας μέλος. Barberin.

V. 23. 'Α., νάβλων σου. Barberin.

V. 24. Σ., κεκύλισται γάρ. Idem.

V. 26. Ἄλλ., εἰκόνας. Θ., εἴδωλον ὑμῶν. Idem.

Ibid. In sequentes lectiones hæc Hieronymus: « In eo autem loco ubi Lucas (Act. VII, 43) posuit Μολόχ, et in Hebraico scriptum est MELCHEM; A. et LXX verterunt Μελχόμ; S. et Th., *reges vestri*. Pro eo quoque quod in LXX legitur *Rephan*; A. et S. ipsum Hebraicum transferentes posuerunt CHION, Th., ἀμαύρωσιν, i. e., *obscuritatem*. Rursum pro SOCHOTH, A., συσκιασμούς, i. e., *tabernacula*, S. et LXX, *tabernaculum*; Th. transtulit *visionem*. »

Ibid. Θ., καὶ ἤρατε etc. Barberinus.

AMOS CAPUT VI.

המנדים 3 'Α. οἱ ἀποκεχωρισμένοι. Σ. ἀφωρισμένοι. Ο', οἱ ἐρχόμενοι.

שמנים 6 Σ. τῶν μύρων. Ο', μύρα.

וסר מרזח סרוחים 7 Σ. καὶ περιαιρεθήσεται ἑταιρεία τρυφητῶν. Ο', καὶ ἐξαρθήσεται χρεμετισμὸς ἵππων ἐξ Ἐφραΐμ.

הס כי לא להזכיר בשם יהוה 11 'Α. ἡσυχώθητι τοῦ ἀναμνῆσαι ἐν ὀνόματι Κυρίου. Σ. σιώπα· οὐ γάρ ἐστιν ἀναμνῆσαι τὸ ὄνομα Κυρίου. Ο', σίγα ἕνεκα τοῦ μὴ ὀνομάσαι τὸ ὄνομα Κυρίου. Θ. ὅτι οὐκ εἰς (τὸ) ἀναμνῆσαι ἐν ὀνόματι Κυρίου.

אם־יחרוש בבקרים 13 'Α. εἰ ἀροτριαθήσεται . . . .

3. Hebr. elongantes. A. Vul. qui separati estis. S. segregati. LXX, venientes.

6. Hebr. S. unguentorum. LXX, unguentis. Vul. unguento.

7. Heb. et recedet convivium luxuriantium. S. et auferetur societas voluptuariorum. LXX, et auferetur hinnitus equorum ex Ephraïm. Vul. et auferetur factio lascivientium.

11. H. Tace, quia non ad memorandum in nomine Domini. A. Quiesce ad memorandum in nomine Domini. S. Sile, quia non est quod memoretur nomen Domini. LXX, Tace, ut non nomines nomen Domini. Th. quia non ad memorandum nomen Domini. Vul. Tace, et non recorderis nominis Domini.

13. H. num arabit in bobus. A. si arabitur...

Σ. . . . . . πέτρα διὰ βοῶν. Ο', εἰ παρασιωπήσονται ἐν θηλείαις.

S... petra per boves. LXX, si reticebunt ad feminas. Vul. aut arari potest in bubalis.

ללא דבר Σ. ἀλόγως. Ο', ἐπ' οὐδενὶ λόγῳ.

Hebr. in nullo verbo. S. temere. LXX, super nullo verbo. Vul. in nihilo.

הצבאות 14 Ο', τῶν δυνάμεων. Ἄλλος, στρατιῶν.

14. Heb. *Alius*, Vul. exercituum. LXX, virtutum.

מלבוא Σ. ἀπὸ εἰσόδου. Ο', τοῦ μὴ εἰσελθεῖν.

Hebr. S. Vul. ab introitu. LXX, ut non introeatis.

חמת Ο', Αἰμάθ. Ἄλλος, χόλον.

H. Hamath. LXX, Æmath. *Alius*, indignationem. Vul. Emath.

עד־נחל הערבה Ἀ. . . . . τῆς ὁμαλῆς. Σ. . . . . τῆς πεδιάδος. Ο', ἕως τοῦ χειμάῤῥου τῶν δυσμῶν. Θ. . . . . τῆς Ἀραβά.

Hebr. Vul. usque ad torrentem deserti. A. usque ad torrentem qui est in planitie. S. usque ad vallem campestrem. LXX, usque ad torrentem Occidentis. Th. usque ad torrentem Araba (*al.* Arabiæ).

Notæ et variæ lectiones ad cap. VI Amos.

V. 3. Ἀ., οἱ ἀποκεχωρισμένοι etc. Barberin.
V. 6. Σ., τῶν μύρων. Idem.
V. 7. Σ., καὶ περιαιρ- Idem.
V. 11. Trium lectiones adfert idem Barberinus.
V. 13. Ἀ., εἰ ἀροτρ- Idem.
Ibid. Σ., ἀλόγως. Hieronymus.
V. 14. Ἄλλ., στρατιῶν : et postea Σ., ἀπὸ εἰσόδου, deindeque, Ἄλλ., χόλον. Barberinus.
Ibid. Has quoque interpretationes Latine adfert Hieronymus : Græce imperfectas Barberinus.

AMOS CAPUT VII.

גבי 1 Ἀ. βοράδων. Ο', ἀκρίδων.

1. Heb. LXX, locustarum. A. boradum. Vul. locustæ.

הנה־לקש אחר גזי המלך Ἀ. ἰδοὺ ὄψιμος ὀπίσω τῆς Γάζης βασιλέως. Ο', ἰδοὺ βροῦχος εἷς Γὼγ ὁ βασιλεύς.

H. ecce herba serotina post tonsiones regis. A. ecce serotinus post Gazæ regem. LXX, ecce bruchus unus Gog rex. Vul. ecce serotinus post tonsionem regis.

מי יקום יעקב 2 Σ. τίς ὢν (sic) ὑποστήσεται Ἰακώβ. Ο', τίς ἀναστήσει τὸν Ἰακώβ.

2. H. LXX, Vul. quis suscitabit Jacob. S. quis ergo suscitabit Jacob.

נחם יהוה 3 Σ. παρεκλήθη Κύριος. Ο', μετανόησον, Κύριε.

3. H. pœnituit Dominum. S. revocatus est Dominus. LXX, pœniteat te, Domine. Vul. misertus est Dominus.

מי יקום 5 Σ. τίς ὢν (sic) ὑποστήσεται. Ο', τίς ἀναστήσει;

5. H. LXX, Vul. quis suscitabit? S. quis igitur suscitabit?

נחם 6 Ἀ. παρακλήθητι. Ο', μετανόησον.

6. H. pœnituit. A. miserere. LXX, pœniteat te. Vul. misertus est.

כה הראני והנה אדני 7 Σ. ὅτι ἐφάνη Κύριος. Ο', οὕτως ἔδειξέ μοι Κύριος. Θ. ἰδοὺ Ἀδωναῒ Κύριος.

7. H. Sic ostendit mihi, et ecce Dominus. S. Quia visus est Dominus. LXX, Sic ostendit mihi Dominus. Th. Ecce Adonai Dominus. Vul. Hæc ostendit mihi Dominus : et ecce Dominus.

אנך Ἀ. γάνωσις. Σ. Ο', ἀδάμας. Θ. τηκόμενον.

Hebr. perpendiculum. A. staunatura. S. LXX, adamas. Th. liquescens. Hieron. tabescens. Vul. trulla cæmentarii.

במות 9 Σ. τὰ ὑψηλά. Ο', βωμοί.

9. H. S. Vul. excelsa. LXX, aræ.

קשר 10 Ἀ. συνέδησεν. Σ. ἀνέπισεν. ' ἀναταράσσον. Ο', συστροφὰς ποιεῖται.

10. Heb. conjuravit. A. colligavit. S. conspiravit. LXX, congregationes facit. Vul. rebellavit.

בוקר 14 Ἀ. Σ. Θ. καὶ Ε', βουκόλος. Ο', αἰπολός.

14. Heb. Vul. armentarius. A. S. Th. et V, bubulcus. LXX, caprarius.

ובולס שקמים Ἀ. καὶ ἐρευνῶν συκομόρους. Σ. καὶ ἔχων συκομόρους. Ο', καὶ κνίζων συκάμινα. Θ. καὶ χαρακῶν συκαμίνους.

H. A. et scrutans sycomoros. S. et habens sycomoros. LXX, et vellens sycamina. Th. et vallans, *vel* fossa muniens sycamina. Vul. vellicans sycomoros.

ולא תטיף 16 Σ. . . . . . . Ο', καὶ οὐ μὴ ὀχλαγωγήσῃς.

16. Heb. Vul. et non stillabis. S. et non increpabis. LXX, et ne congreges turbas.

תזנה 17 Σ. πορνευθήσεται. Ο', πορνεύσει.

17. Heb. LXX, Vul. fornicabitur. S. fornicationem patietur.

Notæ et variæ lectiones ad cap. VII Amos.

V. 1. Ἀ., βοράδων. Barberinus.
Ibid. Hieron. : « Quid autem voluerit Aquila dicere : *ecce serotinus post Gazæ regem*; cum Gaza verbo Hebraico AZA appelletur, non satis intelliga-

[illegible]

Ibid. [illegible] et non cadet lapillus super terram LXX, et non cadet [illegible] super terram.

[illegible] Ibid. [illegible] arator. LXX, messis. Al. as, tritura.

Notæ et variæ lectiones ad cap. IX Amos.

V. 1. Σ., οἰκοδόμημα ἱλαστήριον. Barberin.
V. 3. Ἄλλος, εἰς τὰ θεμέλια. Idem.
V. 6. Οἱ λοιποί, καὶ τὴν δέσμην. Idem.
V. 7. Ἀ., μήτι etc. Idem. Et infra Ἀ., μήτι οὐ etc. Idem.
Ibid. Ἀ., ἀπὸ Καρά. Idem. Sed arbitror corruptum esse ex sequenti Κείρ.

Ibid. Hieron. : « Pro *Cyrene* Aq. et V ed. ipsum verbum Hebraicum posuerunt CIR ; LXX, *foveam*, i. e., βόθρον, Th., *parietem*. S., *Cyrenem*, quem et nos in hoc loco sequuti sumus. »

V. 9. Ἀ., Σ., καὶ κοσκινῶ. Barberinus. Similiterque sequentes omnes lectiones usque ad finem capitis.

ABDIAS.

וציר 1 Σ. καὶ ἀγγελίαν. Ο', καὶ περιοχήν. — 1. Hebr. et legatus. S. et legationem. LXX, et munitionem. Vul. et legatum.

והאבדתי 8 Ἀ. Θ. ἀπολῶ. Ο', ἀπολέσω. — 8. Hebr. et perdam A. Th. LXX, Vul. perdam.

למען יכרת־איש 9 Ο', ὅπως ἀρθῇ ἄνθρωπος. Θ. ὅπως ἐξαρθῇ ἄνθρωπος. — 9. Heb. ut succidatur vir. LXX, ut auferatur homo. Th. ut de medio tollatur homo. Vul. ut intereat vir.

אחיך 10 Σ. εἰς τὸν ἀδελφόν σου. Ο', ἀδελφοῦ σου. — 10. Heb. LXX, fratris tui. S. Vul. in fratrem tuum.

ביום אבדם 12 Οἱ Γ', ἐν ἡμέρᾳ ἀπωλείας αὐτοῦ. Ο', ἐν ἡμέρᾳ ἀπωλείας αὐτῶν. — 12. Heb. LXX, Vul. in die perditionis eorum. Tres Interp., in die perditionis ejus.

ולא־יהיה שריד 18 Ἀ. Θ. Ε', καὶ οὐκ ἔσται καταλελειμμένον. Σ. καὶ οὐκ ἔσται διασωζόμενον. Ο', καὶ οὐκ ἔσται πυροφόρος. — 18. Hebr. et non erit superstes. A. Th. V, et non erit residuum. S. et non erit servatum. LXX, et non erit frumentarius. Vul. et non erunt reliquiæ.

הנגב 19 Οἱ Γ', νότον. Ο', Ναγέβ. — 19. Heb. meridiem. Tres interp., Notum. LXX, Nageb. Vul. Austrum.

והשפלה Ἀ. καὶ πεδινή. Σ. καὶ κοιλάς. Ο', καὶ οἱ ἐν τῇ Σεφηλά. — Heb. et planitiem. A. et planities. S. et vallis. LXX, et qui in Sephela. Vul. et qui in campestribus.

בספרד 20 Ἀ. Σ. Θ. ἐν Σαφαράδ. Ο', ἕως Ἐφραθά. — 20. Hebr. A. S. Th. in Sapharad. LXX, usque Ephratha. Vul. in Bosphoro.

מושיעים 21 Ἀ. σεσωσμένοι. Σ. σώζοντες. Ο', Θ. ἀνασωζόμενοι. — Heb. Vul. salvatores. A. salvati. S. Salvantes. LXX, Th. qui salvi fuerint.

Notæ et variæ lectiones ad Abdiam.

V. 1. Σ., καὶ ἀγγελίαν. Sic Theodoretus.
V. 8. Ἀ., Θ., ἀπολῶ. Ms. Jes.
V. 9. Θ., ὅπως ἐξαρθῇ ἄνθρωπος. Idem.
V. 10. Σ., εἰς τὸν ἀδελφόν σου. Idem.
V. 12. Οἱ Γ', ἐν ἡμέρᾳ ἀπωλείας αὐτοῦ. Idem.
V. 18. Theodoretus, τὸν *πυρφόρον* ὁ μὲν Σύμμαχος *διασωζόμενον* εἴρηκεν· Ἀκύλας δὲ καὶ Θεοδοτίων *καταλελειμμένον*. Hieronymus vero : « Sed melius est ut ipsum sequamur Hebraicum, i. e., SARID, quod interpretatur vel *reliquus* juxta Aquilam ; vel *effugiens*, juxta Symmachum ; vel secundum Theodotionem, et quintam editionem *residuus*. »
V. 19. Theodoretus, καὶ τοῦτο δὲ συμφώνως οἱ τρεῖς ἑρμηνευταὶ *νότον* ἡρμηνεύκασιν· οὕτω γὰρ ὁ νότος ἑρμηνεύεται τῇ Ἑβραίων φωνῇ, scilicet ναγέβ.
Ibid. Eusebius de locis Hebraicis. Σεφηλά, ἐν Ἡσαΐᾳ. Ἀ., πεδινή. Σ., κοιλάς· καὶ εἰς ἔτι νῦν Σεφηλὰ καλεῖται. Suspicatur Drusius hic Hesaiam pro Abdia positum esse. In Hesaia tamen XXXII, 19 reperitur בשפלה ; sed LXX vertunt ἐν τῇ πεδινῇ, non σεφηλά, ut hic, quod forte Drusii conjecturæ faveat, nisi dicatur, ἐν τῇ πεδινῇ ibi ex Aquila remansisse, quod sæpe contigit.

V. 20. Hieronymus : « Ubi nos posuimus *Bosphorum*, in Hebraico habet SAPHARAD : quod nescio cur LXX *Ephratha* transferre voluerint, cum et A., et S., et Th. cum Hebraica veritate concordent. »

V. 21. Hieronymus : « Pro eo autem quod nos interpretati sumus, *et ascendent salvatores*, ac LXX transtulerunt, *hi qui salvi fuerint* : in Hebræo scriptum est MOSIM, qui non ut A., et LXX, et Th. passive σεσωσμένοι, vel ἀνασωζόμενοι, sed juxta Symmachum σώζοντες, i. e., active *salvatores* intelligendi sunt. »

JONÆ CAPUT PRIMUM.

רוח־גדולה 4 Σ. πνεῦμα μέγα. Ο', πνεῦμα. — 4. Heb. Vul. ventum magnum. S. spiritum magnum. LXX, spiritum.

להשבר Ο', τοῦ συντριβῆναι. Ἄλλ., τοῦ διαλυθῆναι. — Heb. LXX, Vul. conteri. *Alius*, dissolvi.

ויקרב 6 Ἀ. καὶ κατέβη. Ο', καὶ προσῆλθε. — 6. Heb. LXX, Vul. et accessit. A. et descendit.

קום *Οἱ λοιποί*, ἀνάστηθι. Ο', ἀνάστα. — Heb. *Reliqui*, LXX, Vul. surge.

ומאין תבוא 8 Ἄλλος, καὶ πόθεν ἔρχῃ, καὶ ποῦ πορεύῃ. Ο', καὶ πόθεν ἔρχῃ. — 8. Heb. LXX, et unde venis. *Al.* et unde venis, et quo vadis? Vul. et quo vadis?

Notæ et variæ lectiones ad cap. I Jonæ.

V. 1. Ο', τὸν τοῦ Ἀμαθί. Barber. in marg. : Θ., υἱόν. Drach.

V. 2. Νινευή. Barb. in margine : γονὴν ὡραιότητος. Δ', κατασκοπὴν χαρᾶς. Drach.

nisi forte ipsum sermonem GOZI posuit; et paulatim in *Gazam* errore corruptus est. » [Barber. ita habet: 'A., ὀψίμως (sero) ὀπίσω τῆς γάζης βασιλέως. Absque ἰδού. DRACH.]

V. 2. Σ., τίς ὢν pro τίς οὖν etc. Lectiones sequentes usque ad versum 7 habet Barberinus. [Τίς non legitur in cod. Barber. DRACH.]

V. 7. Hieron.: « Priusquam de *adamante* disseramus, quem S. et LXX pro eo quod in Hebraico ENACH scriptum est transtulerunt, dicendum est breviter, quod hoc verbum A., γάνωσιν. Th., τηκόμενον interpretati sunt: quorum alterum *stannaturam*, alterum *tabescentem* significat. » Hic autem loco τοῦ γάνωσιν, quod restituit Martianæus noster, veteres editi habebant ἀλείφωσιν. Barberinus vero lectionem illam γάνωσις tribuit Symmacho. [Bis comparet vox אנך in nostro versu. Trium interpretationes, ut videtur, pertinent ad alterum quod est in casu recto. DRACH.]

V. 9. Σ., τὰ ὑψηλά. Barberin.

V. 10. 'A., συνέδησεν. Barber. Lectio autem Symmachi corrupta duplex adfertur, sed ambæ æque vitio laborant. Primam ἀνέπισεν, puto sic restituendam ἀνέδησεν. Nam ille verbum קשר vertit alibi ἐνδέειν. Secundum ἀνταράσσον potuerunt Librarii ponere pro ἀντῆρεν: nam ille קשר nomen vertit ἄνταρσις. Hoc conjecturæ tantum loco ponimus.

V. 14. Hieronymus: « Pro *armentario*, qui Hebraice dicitur BOCER, A., S., Th. et V ed., βουκόλον transtulerunt, qui armenta pascit, non oves. Soli LXX αἰπόλον dixerunt. »

Ibid. 'A., καὶ ἐρευνῶν etc. Has lectiones Græce adfert Theodoretus, Latine Hieronymus.

V. 16. S., *et non increpabis*. Hieronymus.

V. 17. Hieronymus: « *fornicabitur*, quod melius interpretatus est S., πορνευθήσεται: non quod ipsa fornicetur, sed quod passivo genere ab aliis constuprata sustineat fornicationem. »

AMOS CAPUT VIII.

כלוב קיץ 1 Σ. κάλαθος ὀπώρας. Ο', ἄγγος ἰξευτοῦ.

1. Heb. canistrum æstatis. S. calathus autumni. LXX, vas aucupis. Vul. uncinus pomorum.

והילילו שירות 3 Σ. καὶ ὀλολύξουσιν αἱ ᾠδαί. Ο', καὶ ὀλολύξει τὰ φατνώματα.

3. H. S. et ululabunt cantica. LXX, et ululabunt laquearia. Vul. et stridebunt cardines.

ולשבית 4 Ο', καὶ καταδυναστεύοντες. Θ. λύοντες.

4. H. et ad abolendum. LXX, et opprimentes. Th. solventes. Vul. deficere facitis.

ומפל בר 6 Ο', καὶ ἀπὸ παντὸς γεννήματος. Ἄλλος, πάσης πράσεως.

6. H. et labile frumenti. LXX, et de omni genimine. *Alius*, de omni venditione. Vul. et quisquilias frumenti.

צמא 11 'A. Θ. Ο', δίψαν.

11. H. A. LXX, Th. Vul. sitim.

באשמת 14 Ο', κατὰ τοῦ ἱλασμοῦ. Ἄλλος, ἐν τῇ πλημμελείᾳ.

14. Hebr. *Alius*, Vul. in delicto. LXX, per propitiationem.

Notæ et variæ lectiones ad cap. VIII Amos.

V. 1. Σ., κάλαθος ὀπ- Barberinus.

V. 3. Σ., καὶ ὀλολύξουσιν etc. Idem.

V. 4. Θ., λύοντες. Idem.

V. 6. Ἄλλος, πάσης πράσεως. Idem. Ms. Jes.

V. 11. 'A., Θ., δίψαν. Mss. qui etiam in LXX habent δίψος

V. 14. Ἄλλος, ἐν τῇ πλημμελείᾳ. Barberinus.

AMOS CAPUT IX.

הכפתור 1 Σ. οἰκοδόμημα ἱλαστήριον. Ο', ἱλαστήριον.

1. Heb. sphærulam. S. ædificium *propitiatorium*. LXX, propitiatorium. Vul. cardinem.

בקרקע 3 Ο', εἰς τὰ βάθη. Ἄλλος, εἰς τὰ θεμέλια.

3. H. in pavimento. LXX, in *profunda*. *Alius*, in fundamenta. Vul. in profundo.

ואגודתו 6 Οἱ λοιποὶ, καὶ τὴν δέσμην αὐτοῦ. Ο', καὶ τὴν ἐπαγγελίαν αὐτοῦ.

6. Hebr. *Reliqui*, Vul. et fasciculum suum. LXX, et promissionem suam.

הלוא כבני 7 'A. Σ. μήτι οὐχ ὡς υἱοί. Ο', οὐχ ὡς υἱοί.

7. Hebr. LXX, Nonne sicut filii? A. S. Vul. Numquid non ut filii?

הלוא את־ישראל 'A. μήτι οὐ τὸν Ἰσραήλ. Σ. μὴ οὐχὶ τὸν Ἰσραήλ. Ο', οὐ τὸν Ἰσραήλ.

Heb. S. LXX, nonne Israel? A. Vul. numquid non Israel?

מכפתור 'A. ἀπὸ 'Καρά. Ο', ἐκ Καππαδοκίας.

H. de Chaphtbor. A. de 'Cara. LXX, Vul. de Cappadocia.

מקיר 'A. E'. ἀπὸ Κείρ. Σ. ἀπὸ Κυρήνης. Ο', ἐκ βόθρου. Θ. ἐκ τοῦ τοίχου.

Heb. A. V. de Kir. S. de Cyrene. LXX, de fovea. Th. de pariete. Vul. de Cyrene.

והנעותי 9 'A. Σ. καὶ κοσκινιῶ. Ο', καὶ λικμήσω.

9. H. A. S. et cribrabo. LXX, et ventilabo. Vul. et concutiam.

בכברה 'A. Σ. ἐν τῷ κοσκίνῳ. Ο', ἐν τῷ λικμῷ.

Heb. A. S. Vul. in cribro. LXX, in ventilabro.

ולא־יפול צרור ארץ 'A. καὶ οὐχ ἐμπεσεῖται δὲ ψηφίον ἐπὶ τὴν γῆν. Ο', καὶ οὐ μὴ πέσῃ σύντριμμα ἐπὶ τὴν γῆν.

Hebr. A. Vul. et non cadet lapillus super terram. LXX, et non cadet contritio super terram.

חרש 13 Ο', ἀμητός. Ἄλλος, ἀλοητός.

13. Heb. Vul. arator. LXX, messis. *Alius*, tritura.

Notæ et variæ lectiones ad cap. IX Amos.

V. 1. Σ., οἰκοδόμημα ἱλαστήριον. Barberin.
V. 3. Ἄλλος, εἰς τὰ θεμέλια. Idem.
V. 6. Οἱ λοιποὶ, καὶ τὴν δέσμην. Idem.
V. 7. Ἀ., μήτι etc. Idem. Et infra Ἀ., μήτι οὐ etc. Idem.
Ibid. Ἀ., ἀπὸ Καρά. Idem. Sed arbitror corruptum esse ex sequenti Κείρ.

Ibid. Hieron. : « Pro *Cyrene* Aq. et V ed. ipsum verbum Hebraicum posuerunt CIR ; LXX, *foveam*, i. e., βόθρον, Th., *parietem*. S., *Cyrenem*, quem et nos in hoc loco sequuti sumus. »
V. 9. Ἀ., Σ., καὶ κοσκινῷ. Barberinus. Similiterque sequentes omnes lectiones usque ad finem capitis.

—

ABDIAS.

וצִיר 1 Σ. καὶ ἀγγελίαν. Ο', καὶ περιοχήν.
1. Hebr. et legatus. S. et legationem. LXX, et munitionem. Vul. et legatum.

והאבדתי 8 Ἀ. Θ. ἀπολῶ. Ο', ἀπολέσω.
8. Hebr. et perdam A. Th. LXX, Vul. perdam.

למען יכרת־איש 9 Ο', ὅπως ἀρθῇ ἄνθρωπος. Θ. ὅπως ἐξαρθῇ ἄνθρωπος.
9. Heb. ut succidatur vir. LXX, ut auferatur homo. Th. ut de medio tollatur homo. Vul. ut intereat vir.

אחיך 10 Σ. εἰς τὸν ἀδελφόν σου. Ο', ἀδελφοῦ σου.
10. Heb. LXX, fratris tui. S. Vul. in fratrem tuum.

ביום אבדם 12 Οἱ Γ', ἐν ἡμέρᾳ ἀπωλείας αὐτοῦ. Ο', ἐν ἡμέρᾳ ἀπωλείας αὐτῶν.
12. Heb. LXX, Vul. in die perditionis eorum. Tres Interp., in die perditionis ejus.

ולא־יהיה שריד 18 Ἀ. Θ. Ε', καὶ οὐκ ἔσται καταλελειμμένον. Σ. καὶ οὐκ ἔσται διασωζόμενον. Ο', καὶ οὐκ ἔσται πυροφόρος.
18. Hebr. et non erit superstes. A. Th. V, et non erit residuum. S. et non erit servatum. LXX, et non erit frumentarius. Vul. et non erunt reliquiæ.

הנגב 19 Οἱ Γ', νότον. Ο', Ναγέβ.
19. Heb. meridiem. Tres interp., Notum. LXX, Nageb. Vul. Austrum.

והשפלה Ἀ. καὶ πεδινή. Σ. καὶ κοιλάς. Ο', καὶ οἱ ἐν τῇ Σεφηλᾷ.
Heb. et planitiem. A. et planities. S. et vallis. LXX, et qui in Sephela. Vul. et qui in campestribus.

בספרד 20 Ἀ. Σ. Θ. ἐν Σαφαράδ. Ο', ἕως Ἐφραθά·
20. Hebr. A. S. Th. in Sapharad. LXX, usque Ephratha. Vul. in Bosphoro.

מושיעים 21 Ἀ. σεσωσμένοι. Σ. σώζοντες. Ο', Θ. ἀνασωζόμενοι.
Heb. Vul. salvatores. A. salvati. S. Salvantes. LXX, Th. qui salvi fuerint.

Notæ et variæ lectiones ad Abdiam.

V. 1. Σ., καὶ ἀγγελίαν. Sic Theodoretus.
V. 8. Ἀ., Θ, ἀπολῶ. Ms. Jes.
V. 9. Θ., ὅπως ἐξαρθῇ ἄνθρωπος. Idem.
V. 10. Σ., εἰς τὸν ἀδελφόν σου. Idem.
V. 12. Οἱ Γ', ἐν ἡμέρᾳ ἀπωλείας αὐτοῦ. Idem.
V. 18. Theodoretus, τὸν *πυρφόρον* ὁ μὲν Σύμμαχος *διασωζόμενον* εἴρηκεν· Ἀκύλας δὲ καὶ Θεοδοτίων *καταλελειμμένον*. Hieronymus vero : « Sed melius est ut ipsum sequamur Hebraicum, i. e., SARID, quod interpretatur vel *reliquus* juxta Aquilam ; vel *effugiens*, juxta Symmachum ; vel secundum Theodotionem, et quintam editionem *residuus*. »
V. 19. Theodoretus, καὶ τοῦτο δὲ συμφώνως οἱ τρεῖς ἑρμηνευταὶ *νότον* ἡρμηνεύκασιν· οὕτω γὰρ ὁ νότος ἑρμηνεύεται τῇ Ἑβραίων φωνῇ, scilicet ναγέβ.
Ibid. Eusebius de locis Hebraicis. Σεφηλὰ, ἐν Ἡσαΐᾳ. Ἀ., πεδινή. Σ., κοιλάς· καὶ εἰς ἔτι νῦν Σεφηλὰ καλεῖται. Suspicatur Drusius hic Hesaiam pro Abdia positum esse. In Hesaia tamen XXXII, 19 reperitur בשפלה ; sed LXX vertunt ἐν τῇ πεδινῇ, non σεφηλά, ut hic, quod forte Drusii conjecturæ faveat, nisi dicatur, ἐν τῇ πεδινῇ ibi ex Aquila remansisse, quod sæpe contigit.
V. 20. Hieronymus : « Ubi nos posuimus *Bosphorum*, in Hebraico habet SAPHARAD : quod nescio cur LXX *Ephratha* transferre voluerint, cum et A., et S., et Th. cum Hebraica veritate concordent. »
V. 21. Hieronymus : « Pro eo autem quod nos interpretati sumus, *et ascendent salvatores*, ac LXX transtulerunt, *hi qui salvi fuerint* : in Hebræo scriptum est MOSIM, qui non ut A., et LXX, et Th. passive σεσωσμένοι, vel ἀνασωζόμενοι, sed juxta Symmachum σώζοντες, i. e., active *salvatores* intelligendi sunt. »

—

JONÆ CAPUT PRIMUM.

רוח־גדולה 4 Σ. πνεῦμα μέγα. Ο', πνεῦμα.
4. Heb. Vul. ventum magnum. S. spiritum magnum. LXX, spiritum.

להשבר Ο', τοῦ συντριβῆναι. Ἄλλ., τοῦ διαλυθῆναι.
Heb. LXX, Vul. conteri. *Alius*, dissolvi.

ויקרב 6 Ἀ. καὶ κατέβη. Ο', καὶ προσῆλθε.
6. Heb. LXX, Vul. et accessit. A. et descendit.

קום Οἱ λοιποὶ, ἀνάστηθι. Ο', ἀνάστα.
Heb. *Reliqui*, LXX, Vul. surge.

ומאין תבוא 8 Ἄλλος, καὶ πόθεν ἔρχῃ, καὶ ποῦ πορεύῃ. Ο', καὶ πόθεν ἔρχῃ.
8. Heb. LXX, et unde venis. *Al.* et unde venis, et quo vadis? Vul. et quo vadis?

Notæ et variæ lectiones ad cap. I Jonæ.

V. 1. Ο'. τὸν τοῦ Ἀμαθί. Barber. in marg. : Θ., υἱόν. Drach.

V. 2. Νινευή. Barb. in margine : γονὴν ὡραιότητος. Δ', κατασκοπὴν χαρᾶς. Drach.

V. 4. Σ, πνεῦμα μέγα. Barberin.
Ibid. Ἄλλος, τοῦ διαλυθῆναι. Idem.
V. 5. Ἐκάθευδε. Barb. in marg. : Ἀ., ἐκεῖ. Sed non habet Hebr. DRACH.
V. 6. Ἀ., κατέδη. Idem. Verum hæc lectio suspecta, aut alicunde translata videtur.

V. 8. Ἄλλος, καὶ πόθεν ἔρχῃ, καὶ ποῦ πορεύῃ. Hic ejusdem Hebraici dicti מאין תבוא duas interpretationes exhibent quædam τῶν Ο′ exemplaria. Postremam vero lectionem, καὶ ποῦ πορεύῃ, quæ videtur esse veteris cujusdam Interpretis, sequitur Vulgata quæ habet, *et quo vadis?*

JONÆ CAPUT II.

ותשליכני מצולה בלבב ימים 4 Ἀ. καὶ ἔῤῥιψάς με ἐν βυθῷ καρδίας θαλασσῶν. Ο′, ἀπέῤῥιψάς με εἰς βάθη καρδίας θαλάσσης. Θ. ἔῤῥιψάς με εἰς ἄβυσσον ἐν καρδίᾳ θαλασσῶν.

4. Hebr. et projecisti me profundum in cor marium. A. et projecisti me in profundum cordis marium. LXX, projecisti me in profunda cordis maris. Th. projecisti me in abyssum in cor marium. Vul. et projecisti me in profundum in corde maris.

משבריך Σ. γνόφοι σου. Ο′, μετεωρισμοί σου.

H. illisiones tuæ. S. caligines tuæ. LXX, elevationes tuæ. Vul. gurgites tui.

נגרשתי 5 Ἀ. ἐξέβην. Σ. Θ. ἐξεβλήθην. Ο′, ἀπῶσμαι.

5. Hebr. S. Th. expulsus sum. A. exii. LXX, Vul. abjectus sum.

אך אוסיף להביט אל־היכל קדשך Σ. ἴσως πάλιν προσβλέψω πρὸς ναὸν ἅγιόν σου; Ο′, ἆρα προσθήσω τοῦ ἐπιβλέψαι με πρὸς ναὸν τὸν ἅγιόν σου; Θ. πῶς ἐπιβλέψω πρὸς τὸν ναὸν τὸν ἅγιόν σου;

H. verumtamen addam respicere ad templum sanctitatis tuæ. S. forte iterum respiciam ad templum sanctum tuum. LXX, putasne addam, ut videam templum sanctum tuum? Th. quomodo respiciam ad templum sanctum tuum? Vul. verumtamen rursus videbo templum sanctum tuum.

ותהום 6 Σ. θάλασσα. Ο′, ἄβυσσος.
סוף Ἀ. ἐρυθρά. Σ. ἀπέραντος. Ο′, ἐσχάτη.

6. H. LXX, Vul. abyssus. S. mare.
H. carectum. A. rubrum. S. interminatum. LXX, novissima. Vul. pelagus.

ותעל משחת חיי 7 Οἱ λοιποί, ἀναβήτω ἐκ φθορᾶς ἡ ζωή μου. Ο′, ἀναβήτω φθορὰ ζωῆς μου.

7. Hebr. ascendere fecisti de fovea vitam meam. *Reliqui*, ascendat de corruptione vita mea. LXX, ascendat corruptio vitæ meæ. Vul. et sublevabis de corruptione vitam meam.

משמרים הבלי־שוא חסדם יעזבו 9 Ἀ. ἀποφυλασσόντων ματαιότητα εἰκῇ . . . . Σ. οἱ παραφυλάσσοντες ἀτμοὺς ματαίους τὸν ἔλεον αὐτῶν ἀπεβάλοντο. Ο′, φυλασσόμενοι μάταια καὶ ψευδῆ, ἔλεος αὐτῶν ἐγκατέλιπον.

9. H. custodientes vanitates mendacii, misericordiam suam derelinquent. A. custodientium vanitatem frustra..... S. observantes vapores vanos, misericordiam suam abjecerunt. LXX, qui custodiunt vana et mendacia misericordiam suam reliquerunt. Vul. qui custodiunt vanitates frustra, misericordiam suam reliquerent. Vul. qui custodiunt vanitates frustra, misericordiam suam derelinquunt.

Notæ et variæ lectiones ad cap. II Jonæ.

V. 4. Ἀ. et Θ. lectiones habet Coislin. noni vel decimi sæculi, ubi post Psalmos sunt Cantica Scripturæ cum expositionibus Patrum : qui codex sequentes etiam suppeditat usque ad versum 7.

V. 7. Οἱ λοιποί, ἀναβήτω ἐκ φθορᾶς etc. Hanc lectionem exhibet codex Reg. Bombycinus, necnon Colbertinus unus.

V. 9. Ἀ., ἀποφυλασσόντων etc. Ex codice Psalmorum Colbertino στιχηρῶς scripto, qui in fine habet canticum Jonæ cum cæteris Veteris Testamenti Canticis. Coislinianus has ipsas lectiones effert, et ad Symmachum habet, τὸν ἔλεον αὐτοῦ.

JONÆ CAPUT III.

עוד ארבעים יום 4 Ἀ. Σ. Θ. ὁ Σύρος καὶ ὁ Ἑβρ. ἔτι τεσσαράκοντα ἡμέραι. Ο′, ἔτι τρεῖς ἡμέραι.
וישבו 8 Ἀ. Θ. καὶ ἐπέστρεψαν. Ο′, ἀπέστρεψαν. Ἄλλ., ἀνέστρεψαν.

4. Heb. A. S. Th. *Syrus*, *Hebræus* et Vul. adhuc quadraginta dies. LXX, adhuc tres dies.
8. H. et convertantur. A. Th. et conversi sunt. LXX, et *Al.*, et reversi sunt.. Vul. et convertatur.

Notæ et variæ lectiones ad cap. III Jonæ.

V. 4. Lectionem Ἀ., Σ, Θ. itemque Syri et Hebræi adfert et asserit Theodoretus. Vide Hieronymum in hunc locum. Apud Justinum Dial. cum Tryphone legitur, ὅτι μετὰ (ἐν ἄλλοις τρεῖς) τεσσαράκοντα τρεῖς, ita ut ex duabus lectionibus una facta fuerit.

V. 8. Ἀ., Θ., καὶ ἐπέστρεψαν. Ms. Jes.

JONÆ CAPUT IV.

ההיטב חרה לך 4 Οἱ λοιποί, εἰ καλῶς ἐλυπήθης; Σ. ἆρα δικαίως ἐλυπήθης; Ο′, εἰ σφόδρα λελύπησαι σύ,

Heb. num bene faciendo ira est tibi? *Reliqui*, an bene contristatus es? S. Jurene tristatus es? LXX, si vehementer constristatus es tu? Vul. putasne bene irasceris tu?

קיקיון 6 'Α. καὶ οἱ λοιποί, κισσόν. Ο', κολοκύνθη. Barberin. 'Α. Θ. κυκεῶνα. Σ. κισσόν.

ההיטב חרה לך 9 Οἱ λοιποί, εἰ καλῶς ἐλυπήθης; Σ. ἆρα δικαίως ἐλυπήθης; Ο', εἰ σφόδρα λελύπησαι σύ;

6. H. ricinum. A. *Reliqui*, Vul. hederam. LXX, cucurbitæ. *Barber*. A. Th. cyceona. S. hederam.

9. H. num benefaciendo ira est tibi? *Reliqui*, an recte contristatus es tu? S. jurene tristatus es? LXX, si vehementer contristatus es tu? Vul. putasne bene irasceris tu?

Notæ et variæ lectiones ad cap. IV Jonæ.

V. 4. Οἱ λοιποί, εἰ καλῶς. Has versus 4 et 9 lectiones adfert Theodoretus.

V. 6. 'Α. καὶ οἱ λοιποί, κισσόν. Hieronymus in epistola quadam ad Augustinum, et in commentariis in Jonam, ubi de hedera et cucurbita fuse disputat. Sed Barberinus longe aliud habet, ut vides. 'Α., Θ., κυκεῶνα. Hoc nihil aliud est, quam vox Hebraica קיקיון græcis litteris expressa. [Alex. scribit κολοκύντη. Drach.]

V. 9. Οἱ λοιπ. etc. Theodoretus.

MICHÆÆ CAPUT PRIMUM.

לעד 2 Σ. μαρτυρῶν. Ο', εἰς μαρτύριον.

2. Heb. Vul. in testem. S. testificans. LXX, in testimonium.

כתנים 8 'Α. ὡς σειρήνων. Ο', ὡς δρακόντων. Θ. ὡς λεόντων.

8. H. sicut dracones. LXX, quasi draconum. Vul. velut draconum. A. sicut sirenarum. Th. sicut leonum

יענה 'Α. Σ. στρουθοκαμήλων. Ο', σειρήνων.

Hebr. ululæ. A. S. struthocamelorum. LXX, sirenarum. Vul. struthionum.

בבו 10 Οἱ λοιποί, κλαυθμόν. Ο', ἐν βαχείμ.

10. Heb. flere. *Reliqui*, fletum. LXX, in bachi. Vul. lacrymis.

לא יצאה יושבת צאנן מספד 11 'Α. . . . Σεννάαρ (*al.* Σαναών, ἢ εὐθηνοῦσα). Ο', οὐκ ἐξῆλθε κατοικοῦσα Σεννάαρ. Κόψασθε. Θ. . . . Σανιὼν εἰς κοπετόν.

11. H. Non est egressa habitatrix Sanaan planctum. A.... Sennaar (*al.* Sanaon, *vel* prospera). LXX, Non est egressa habitatrix Sennaar. Plangite, Th... Sanion in luctum. Vul. Non est egressa quæ habitat in exitu : planctum.

יושבת מרות 12 Σ. ἡ κατοικία ἡ παραπικραίνουσα. Ο', κατοικούσῃ ὀδύνας.

12. Hebr. habitatrix Maruth. S. habitatio exasperans. LXX, habitatrici dolorum. Vul. quæ habitat in amaritudinibus.

עד הירש אבי לך יושבת מרשה עד־עדלם יבא כבוד ישראל 15 Σ. ἔτι κληρονόμον ἄξω καί σοι κατοικία Μαρέσα, ἕως 'Οδολλὰμ ἥξει τῆς δόξης 'Ισραήλ. 'Α. κληρονόμον. Ο', ἕως τοὺς κληρονόμους ἀγάγωσι, κατοικοῦσα Λαχείς· κληρονομία ἕως 'Οδολλὰμ ἥξει, ἡ δόξα τῆς θυγατρὸς 'Ισραήλ.

15. H. Adhuc hæredem adducam tibi, habitatrix Maresa, usque ad Odollam veniet gloria Israel. S. Adhuc hæredem adducam, et tibi habitatio Maresa, usque Odollam veniet gloriæ Israel. A. hæredem. LXX, Donec hæredes adducant, quæ habitas Lachis; hæreditas usque Odollam veniet, gloria filiæ Israel. Vul. Adhuc hæredem adducam tibi quæ habitas in Maresa : usque ad Odollam veniet gloria Israel.

קרחתך 16 'Ο 'Εβρ. καὶ Ο', τὴν χηρείαν σου. 'Α. Σ. φαλάκρωσιν. 'Αλλ., ξύρησιν.

16. Heb. A. S. Vul. calvitium tuum. *Heb. int. et* LXX, cheriam tuam, *vel* viduitatem. *Alius*, tonsionem.

Notæ et variæ lectiones ad cap. I Michææ.

V. 2. Hieron. : « Symm., *testificans*. I. e., μαρτυρῶν. »

V. 3. Καὶ ἐπιβήσεται. Barb. in marg, 'Εβρ., καὶ ἀναβήσεται. Drach.

V. 8. 'Α., ὡς σειρήνων etc. Barberinus.

Ibid. 'Α., Σ., στρουθοκαμήλων. Idem.

V. 10. Οἱ λοιποί, κλαυθμόν. Hieron. in commentariis. Eusebius vero de locis Hebraicis, 'Εναχείμ, ἡ ἐν βαχεὶν, ἅ εἰσιν ἐν κλαυθμῷ. Ubi pro ἅ εἰσιν emenda 'Α. καὶ Σύμ. quod confirmat versio Hieronymi : « *Inachim*, sive *in Bachim* : pro quo Aquila et Symmachus transtulerunt, *in fletu*. » Potius crederem κλαυθμὸν vertisse, ut ait in Commentario Hieronymus, quam ἐν κλαυθμῷ, cum nulla sit in Hebræo præpositio. ['Εν Βαχείμ est lectio Ald. Montf. non accurate adscripsit Hebr. תבכו; refertur enim certe ad proxime præcedentem בכו, ut et lectio Reliquorum. Edit. Rom. : « Plerique τὴν ξύρησιν, et apud S. Hieron., *calvitium*. » Drach.]

V. 11. Eusebius de locis Hebraicis : Σενναὰρ ἐν Μιχαίᾳ. 'Α., Σεννάαρ, pro quo Hieronymus : « *Sennaar* : pro quo Aquila *Sennam*; S. interpretatur *uberem*. Meminit hujus Michæas propheta. » Barberinus vero ad marginem : 'Α., Σαναὼν ἢ εὐθυνοῦσα (sic). Θ., σανιὼν εἰς κοπετόν.

V. 12. Σ., ἡ κατοικία etc. Ex Drusio. Versionem vero Latinam adfert Hieronymus.

V. 15. Σ., ἔτι κληρονόμον etc. Ex Hieronymo. 'Α. item κληρονόμον habuit teste Theodoreto, qui hanc unam ejus vocem adfert. [Ad 'Ισραήλ, Barb. in marg., ό (λοιποί), Σιών. Drach.]

V. 16. Ex Barberino. Illud autem 'Εβρ. καὶ Ο', χηρείαν, denotat LXX ipsam vocem Hebraicam קרחה, illo χηρείαν expressisse. [Edit. Rom. vertit χηρείαν Latine, *tonsura*. Drach.]

MICHÆÆ CAPUT II.

הוי 1 'Α. Σ. οὐαί. Ο', ἐγένοντο.

כי ישׁ־לאל ידם 'Α. διότι ἰσχυρὸν χεὶρ αὐτοῦ. Σ. ὅτι ἴσχυεν ἡ χεὶρ αὐτοῦ. Ο', διότι οὐκ ἦραν πρὸς τὸν Θεὸν χεῖρας αὐτῶν.

1. Hebr. A. S. Vul. væ. LXX, facti sunt.

Heb. quia est in forti manus eorum. A. quia fortia est manus ejus. S. quia fortis erat manus ejus. LXX, quia non levaverunt ad Deum manus suas. Vul. quoniam contra Deum est manus eorum.

6 אל־תטפו יטיפון לא־יטפו לאלה לא יסג כלמות האמר 'Α. μὴ σταλάζετε σταλάζοντες, οὐ σταλάζετε εἰς τούτους, οὐ καταλήψῃ ἐντροπὰς ὁ λέγων. Σ. μὴ ἐπιτιμᾶτε ἐὰν ἐπιτιμήσητε, οὐκ ἐπιτιμῶντες οὐ κωλύει καταίσχυμμος. Ο', μὴ κλαίετε δάκρυσι, μηδὲ δακρυέτωσαν ἐπὶ τούτοις· οὐδὲ γὰρ ἀπώσεται ὀνείδη, ὁ λέγων.

6. Hebr. ne stilletis, stillabunt : non stillabunt istis : non comprehendet ignominias. O dicis [domus.] A. ne stilletis stillantes, non stilletis in hos, non comprehendes confusiones qui dicis. S. ne increpetis si increpetis : non increpantes non cohibet ignominia. LXX, nolite flere lacrymis, neque plorent super his, neque enim abjiciet opprobria qui dicit. Vul. ne loquamini loquentes, non stillabit super istos, non comprehendet confusio. Dicit.

8 ואתמול עמי לאויב יקומם 'Α. καὶ συναντῶν. Σ. πρὸ μιᾶς δὲ ὁ λαὸς . . . Ο', καὶ ἔμπροσθεν ὁ λαός μου εἰς ἔχθραν ἀντέστη.

8. Hebr. et heri populus meus in inimicum insurrexit. A. et occurrens... S. ante unam diem populus meus quasi inimicus restitit. LXX, et antea populus meus in inimicitia restitit. Vul. et e contrario populus meus in adversarium consurrexit.

Notæ et variæ lectiones ad cap. II Michææ.

V. 1. 'Α., Σ., οὐαί. Barberin. LXX qui vertunt, ἐγένοντο, legerunt haud dubie היו pro הוי.

Ibid. 'Α., διότι ἰσχυρόν etc. Has Aquilæ et Symmachi lectiones affert idem. Lectio autem Aquilæ videtur deficere. [Barb. exhibet pariter Theodotionis versionem, quæ fugit Montfauconii oculos : διότι ἔχουσιν ἰσχὺν τὴν χεῖρα αὐτῶν. Drach.]

V. 6. A., *ne stilletis stillantes*. Hieronymus. Barberinus vero lectiones Aquilæ et Symmachi Græce plenas adfert.

V. 8. Græca Aquilæ et Symmachi habet Barberinus. Hieronymus : « quia verbum MUL et *contrarium* et *diem hesternum* sonat, S. apertius transtulit, ut diceret : *ante unam diem* etc. »

MICHÆÆ CAPUT III.

1 וקציני בית ישראל *Οἱ λοιποὶ*, (καὶ οἱ ἡγούμενοι οἴκου Ἰσραήλ.) Ο', καὶ οἱ κατάλοιποι οἴκου Ἰσραήλ.

1. Heb. et gubernatores domus Israel. *Reliqui*, Vul. et duces domus Israel. LXX, et residui domus Israel.

8 ואולם אנכי מלאתי כח Σ. ἀλλὰ μὴν ἐγὼ ἐνεπλήσθην ἰσχύος. Ο', ἐὰν μὴ ἐγὼ ἐμπλήσω ἰσχύν.

8. H. et vere ego repletus sum fortitudine. S. verum ego repletus sum fortitudine. LXX, nisi ego implevero fortitudinem. Vul. verumtamen ego repletus sum fortitudine.

12 לכן בגללכם ציון שׂדה תחרשׁ וירושׁלם עיין תהיה 'Α. διὰ τοῦτο χάριν ὑμῶν Σιὼν χώρα ἀροτριαθήσεται, καὶ Ἱερουσαλὴμ λιθολογηθήσεται. Ο', διὰ τοῦτο δι' ὑμᾶς Σιὼν ὡς ἀγρὸς ἀροτριαθήσεται, καὶ Ἱερουσαλὴμ ὡς ὀπωροφυλάκιον ἔσται.

12. H. Idcirco propter vos Sion ager arabitur, et Jerusalem in acervos erit. A. *Ideo propter vos* Sion ager arabitur, et Jerusalem *in acervum lapidum* redigetur. LXX, Idcirco propter vos Sion quasi ager arabitur, et Jerusalem ut custodia pomarii erit. Vul. propter hoc, causa vestri, Sion quasi ager arabitur, et Jerusalem quasi acervus lapidum erit.

Notæ et variæ lectiones ad cap. III Michææ.

V. 1. Hieron. : « Pro *reliquis domus Israel*, exceptis LXX omnes, *duces domus Israel* transtulerunt. »

V. 8. Σ., ἀλλὰ μὴν etc. Barberinus.

V. 12. 'Α., Σ., διὰ τοῦτο χάριν etc. Eusebius in Demonstr. evangelica.

MICHÆÆ CAPUT IV.

3 וחניתתיהם Ο', καὶ τὰ δόρατα αὐτῶν. *Ἄλλος*, ζιβύνας αὐτῶν.

אל־גוי Σ. Θ. ἐπ' ἔθνος. Ο', πρὸς ἔθνος.

3. Heb. LXX, Vul. et hastas suas. *Alius*, lanceas suas.

H. LXX, contra gentem. S. Th. super gentem. Vul. adversus gentem.

8 עפל בת־ציון 'Α. σκοτώδης θυγάτηρ Σιών. Σ. ἀπόκρυφος θυγάτηρ Σιών. Ο', αὐχμώδης, θυγάτηρ Σιών.

8. Heb. editus locus filia Sion. A. tenebrosa filia Sion. S. abscondita ipsa est filia Sion. LXX, squallens, filia Sion. Vul. nebulosa filia Sion.

11 נאספו Σ. συνήχθησαν. Ο', ἐπισυνήχθησαν.

11. Heb. S. Vul. congregatæ sunt. LXX, una congregatæ sunt.

והחרמתי 13 Οἱ λοιποί, ἀναθεματίσεις. Ο', ἀναθήσεις.

בצעם Σ. τὸ κέρδος αὐτῶν. Ο', τὸ πλῆθος αὐτῶν. Θ, τὰ δῶρα αὐτῶν. Ε', ἡ ὠφέλεια.

13. H. anathematizabo. Reliqui, anathematizabis. LXX, consecrabis. Vul. interficies.

H. desiderium eorum. S. lucrum eorum. LXX, multitudinem eorum. Th. dona eorum. V, utilitas. Vul. rapinas eorum.

Notæ et variæ lectiones ad cap. IV Michææ.

V. 3. Ἄλλος, ζιβύνας. Barberin.
Ibid. Σ., Θ., ἐπ' ἔθνος. Ms. Jes.
V. 8. Hieronymus : « *Et hæc turris filia Sion*; sive ut Symmachus vertit in Græcum, *et ipsa est filia Sion*. » Quæ haud dubie vitiata videntur. Barberinus Ἀ., σκοτώδης. Σ., ἀπόκρυφος ; hæ videntur esse veræ lectiones.
V. 11. Σ., συνήχθησαν. Barberin.
V. 13. Οἱ λοιπ., ἀναθεματίσεις. Idem.
Ibid. Hæ lectiones prodeunt ex Hieronymo et ex edit. Romana.

MICHÆÆ CAPUT V.

עתה תתגודדי בת־גדוד 1 Ἀ. Σ. Θ. Ε'. . . . . Ο', νῦν ἐμφραχθήσεται θυγάτηρ ἐμφραγμῷ.

1. Hebr. nunc turmatim excurres, filia turmæ. A. S. Th. V, Vul. nunc vastaberis, filia latronis. LXX, nunc obstruetur filia obstructione.

יכו על־הלחי את שפט ישראל Ἀ. πλήξουσιν ἐπὶ σιαγόνα τὸν κριτὴν Ἰσραήλ. Σ. τύψουσι κατὰ σιαγόνας τὸν κριτὴν Ἰσραήλ. Ο', πατάξουσιν ἐπὶ σιαγόνας τὰς φυλὰς Ἰσραήλ. Θ. πατάξει ἐπὶ σιαγόνα τὸν κριτὴν Ἰσραήλ.

H. A. percutient super maxillam judicem Israel. S. percutient in maxillas judicem Israel. LXX, percutient in maxillas tribus Israel. Th. percutiet in maxillam judicem Israel. Vul. percutient maxillam judicis Israel.

שפט Οἱ Γ', τὸν κριτήν. Ο', τὰς φυλάς.

Hebr. Tres Interpret. Vul. judicem. LXX, tribus.

וישבו 4 Σ. . . . . Ο', ὑπάρξουσι.

4. H. et manebunt. S. et habitabunt. LXX, erunt. Vul. et convertentur.

שבעה רעים ושמנה נסיכי אדם 5 Ἀ. ἑπτὰ νομεῖς, καὶ ὀκτὼ καθεσταμένους ἀνθρώπους. Σ. ἑπτὰ ποιμένας, καὶ ὀκτὼ χριστοὺς ἀνθρώπων. Ο', ἑπτὰ ποιμένες, καὶ ὀκτὼ δήγματα ἀνθρώπων. Θ. ἑπτὰ ποιμένας, καὶ ὀκτὼ ἀρχηγοὺς ἀνθρώπων. Θ. ἄλλως, Ε', ἄρχοντες ἀνθρώπων.

5. H. Th. septem pastores, et octo principes hominum. A. septem pastores, et octo constitutos homines. S. septem pastores, et octo christos hominum. LXX, septem pastores, et octo morsus hominum. Th. *aliter*, V, principes hominum. Vul. septem pastores, et octo primates hominum.

ורעו את־ארץ אשור בחרב ואת־ארץ נמרוד 6 בפתחיה Σ. . . . Ο', καὶ ποιμανοῦσι τὸν Ἀσσοὺρ ἐν ῥομφαίᾳ, καὶ τὴν γῆν τοῦ Νεβρὼδ ἐν τῇ τάφρῳ αὐτῆς.

6. H. et depascent terram Assur in gladio, et terram Nemrod intra portas ejus. S. et pascent Assur in gladio, et terram Nemrod intra portas ejus. LXX, et pascent Assur in gladio, et terram Nebrod in fovea ejus. Vul. et pascent terram Assur in gladio, et terram Nemrod in lanceis ejus.

בפתחיה Ἀ. ἐν . . . . Σ. ἐντὸς πυλῶν αὐτῆς. Ο', ἐν τῇ τάφρῳ αὐτῆς. Θ. ἐν πύλαις αὐτῆς. Ε', ἐν παραξίφεσιν αὐτῶν.

Heb. in portis ejus. A. Vul. in lanceis ejus. S. intra portas ejus. LXX, in fovea ejus. Th. in portis ejus. V. in sicis eorum.

כרביבים עלי־עשב 7 Ἀ. καὶ ὡς ψεκάδες ἐπὶ πόαν (*al.* σπόρον). Ο', καὶ ὡς ἄρνες ἐπὶ ἄγρωστιν. Θ. καὶ ὡσεὶ νιφετὸς ἐπὶ χόρτον. Σ. ἐπὶ χόρτον.

7. Hebr. tamquam imbres super herbam. A. ut guttæ roris super herbam (*al.* semen). LXX, et sicut agni super gramen. Th. et sicut stillæ super fœnum. S. super fœnum. Vul. et quasi stillæ super herbam.

אשר לא־יקוה לאיש ולא ייחל לבני אדם Ἀ. ὃς οὐχ ὑπομενεῖ ἄνδρα, καὶ οὐ περὶ υἱοὺς ἀνθρώπων. Ο', ὅπως μὴ συναχθῇ μηδείς, μηδὲ ὑποστῇ ἐν υἱοῖς ἀνθρώπων. Θ. ὃς οὐ μενεῖ ἄνθρωπον, καὶ οὐχ ἐλπίσει ἐπὶ υἱῶν ἀνθρώπων.

H. quæ non exspectabit virum, nec præstolabitur filios hominis. A. quæ non exspectabit virum, nec circa filios hominum. LXX, ut non congregetur quisquam, neque sit in filiis hominum. Th. quæ non exspectabit hominem, neque sperabit in filios hominum. Vul. quæ non exspectat virum, et non præstolatur filios hominum.

ומעוננים 12 Ἀ. καὶ κληδονιζόμενοι. Σ. καὶ σημειοσκοπούμενοι. Ο', καὶ ἀποφθεγγόμενοι.

12. H. et præstigiatores. A. et hariolantes. S. et augures. LXX, et loquentes. Vul. et divinationes.

Notæ et variæ lectiones ad cap. V Michææ.

V. 1. Trium interpretationes ex eclogis Joannis monachi litera X in cod. Coislin.
Ibid. Οἱ Γ', τὸν κριτήν. Barberin.
V. 4. Hieron. : « *Et convertentur*; sive, ut melius interpretatus est Symmachus, *habitabunt*. JASUBU enim verbum Hebraicum utrumque significat. » In illa autem hujus versus verba καὶ στήσεται καὶ ὄψεται, notat ad marg. Ms. Jes., τὰ ὠβελισμένα εἰς τοὺς δύο τόπους οὐ κεῖνται ἐν τῷ ἑξασελίδῳ. I. e. *quæ obelo notantur in duobus locis non exstant in*

Hexaplo, scilicet, ut male posita.

V. 5. 'A., καθεσταμένους. Drusius ex editione Romana. Hieronymus vero sic habet : « Ubi nos posuimus *primates homines*, et in Hebraico scriptum est NESICHE ADAM, S. interpretatus est *christos hominum*, Th. et V ed., *principes hominum*, Aquila, *graves*, vel *constitutos homines*, i. e., καθεσταμένους. » Sed trium lectiones pleniores proferimus ex Barberino codice.

V. 6. Hieronymus : « Rursum in eo ubi ego et Aquila transtulimus, *in lanceis ejus*, ut subaudiatur, *terræ Nemrod* ; S. vertit, ἐντὸς πυλῶν αὐτῆς, i. e., *intra portas ejus*, Th. *in portis eorum*. V ed., ἐν παραξίφεσιν αὐτῶν, quod nos possumus dicere, *in sicis eorum* : in Hebræo autem positum est BAPHETHEE. »

Infra vero Hieronymus plenam Symmachi versionem adfert qualem nos edidimus.

V. 7. 'A., καὶ ὡς ψεκάδες ἐπὶ πόαν. Ex Euseb. Demonstr. evangelica. Barberin. 'A., σπόρον. Σ., Θ., χόρτον.

Ibid. 'A., ὃς οὐχ ὑπομενεῖ etc. Aquilæ et Theodotionis lectionem exhibet Euseb. in Demonstr. p. 82 ut supra.

V. 12. 'A., καὶ κληδονιζ- etc. Barberin.

MICHÆÆ CAPUT VI.

והאתנים מסדי ארץ 2 Σ. . . . . . Ο', καὶ αἱ φάραγγες θεμέλια τῆς γῆς. Ε'. . . . .

2. Heb. Vul. et fortia fundamenta terræ. S. et antiqua fundamenta terræ. LXX, et valles fundamenta terræ. V, ethanim fundamenta terræ.

מן־השטים 5 Οἱ λοιποὶ, ... Ο', ἀπὸ τῶν σχοίνων.

5. Hebr. *Reliqui*, Vul. de Setim. LXX, de schœnis.

צדקות Σ. (Ἔλεος). Ο', ἡ δικαιοσύνη.

Heb. Vul. justitias. S. misericordia. LXX, justitia.

והצנע לכת עם־אלהיך 8 Ο', καὶ ἕτοιμον εἶναι τοῦ πορεύεσθαι μετὰ Κυρίου Θεοῦ σου. Θ. καὶ ἀσφαλίζου τοῦ πορεύεσθαι μετὰ 'Ελωαΐχ. Ε', καὶ φροντίζειν.

8. H. et humiliare te ambulando cum Deo tuo. LXX, et paratus sis ambulare cum Domino Deo tuo. Th. et cave diligenter ut ambules cum Eloaich. V, et solicitum esse. Vul. et solicitum ambulare cum Deo tuo.

יקרא 9 Σ. βοήσει. Ο', ἐπικληθήσεται.

9. Heb. S. clamabit. LXX, vociferabitur. Vul. clamat.

וישחך בקרבך ותסג ולא תפליט 14 'Α. καὶ καταφυτεύσω ἐν ἐγκάτῳ σου, καὶ καταλήψῃ, καὶ οὐ μὴ διασωθῇς. Σ. ἀλλὰ καὶ διαφθερεῖς εἰς τὰ ἐντός σου, καὶ ἥξεις, καὶ οὐ μὴ διασωθῇς. Ο', καὶ συσκοτάσει ἐν σοὶ, καὶ ἐκνεύσει, καὶ οὐ μὴ διασωθῇς.

14. Hebr. et depressio tua in interiore tuo, et apprehendet, et non producet. A. et plantabo in interiori tuo, et comprehenderis, et non salvaberis. S. sed et corrumpes in intimo tuo, et venies, et non salvaberis. LXX, et contenebrescet in te, et declinabit, et non salvaberis. Vul. et humiliatio tua in medio tui : et apprehendes, et non salvabis.

מעשה 16 'Α. ποιήματα. Ο', ἔργα.

16. Heb. opus. A. facta. LXX, Vul. opus.

במעצותם Ο', ἐν ταῖς ὁδοῖς αὐτῶν. "Αλλος, ἐν ταῖς βουλαῖς αὐτῶν.

Hebr. *Alius*, in consiliis eorum. LXX, in viis eorum. Vul. in voluntatibus eorum.

Notæ et variæ lectiones ad cap. VI Michææ.

V. 2. Hieron. : « S. et Th. transtulerunt, *et antiqua fundamenta terræ*. Quinta autem ed. ipsum Hebraicum posuit, ETHANIM, *fundamenta terræ*. »

V. 5. Hieron. : « Pro *justitiis* sive *justitia*, *misericordia* interpretatus est S., et ubi LXX, *schœnis*, Omnes ipsum Hebraicum SETTIM transtulerunt. »

V. 8. Θ., καὶ ἀσφαλίζου τοῦ πορεύεσθαι μετὰ 'Ελωαΐχ. Sic restituit Martianæus, antea legebatur μετὰ Θεοῦ σου. V ed., καὶ φροντίζειν. Hieron.

V. 9. Σ., βοήσει. Barberin.

V. 14. 'Α., καὶ καταφυτεύσω etc. Lectiones Aquilæ et Sym. sic exhibet Barberin.

V. 16. 'Α., ποιήματα. Barb.

Ibid. "Αλλος, βουλαῖς. Idem.

MICHÆÆ CAPUT VII.

אבד 2 Οἱ λοιποὶ, ἐκλέλοιπεν. Ο', ἀπόλωλεν.

2. Hebr. LXX, Vul. periit. *Reliqui*, defecit.

מבוכתם 4 "Αλλ., πολιορκία αὐτῶν. "Αλλος, φρουρησις αὐτῶν. Ο', κλαυθμοὶ αὐτῶν.

4. Hebr. perplexitas eorum. *Alius*, obsidio eorum. *Al.* munitio eorum. LXX, fletus eorum. Vul. vastitas eorum.

חק 11 Σ. ἐπιταγή. Ο', νόμιμα. Θ. πρόσταγμα.

11. Heb. statutum. S. præceptum. LXX, legitima. Th. jussio. Vul. lex.

מצור 12 Π. περιοχή. καὶ περίφραγμα καὶ πολιορκία. Ο', ὀχυραί.

12. Heb. munitionis. *Omnes*, munitio, *et* circumvallatio, *et* obsidio. LXX, munitæ. Vul. munitas.

לעד 18 Οἱ λοιποὶ, εἰσαεί. Ο', Ε' εἰς μαρτύριον.

18. Heb. in perpetuum. *Reliqui*, in sempiternum. LXX, V, in testimonium. Vul. ultra.

קדם 20 Ο', ἀρχῆθεν. "Αλλως, ἔμπροσθεν.

20. H. quondam. LXX, a principio. *Al.* priores. Vul. antiquis.

Notæ et variæ lectiones ad cap. VII Michææ.

V. 2. Οἱ λοιπ., ἐκλέλοιπεν. Barberinus.

V. 4. Hieronymus : « *Vastatio tua venit : nunc erit vastitas eorum*, i. e., *habitatorum*, sive *obsidio:* MABUCHA enim magis πολιορκίαν et φρούρησιν, i. e., *obsidionem* et *custodiam*, quam *vastitatem* in Hebræo sonat. » Ubi haud dubie aliorum interpretum versionem tacito nomine adfert.

V. 11. S., Th., ἐπιταγὴν καὶ πρόσταγμα. Hieronymus.

V. 12. Hieron. : « MASOR : quod verbum si in præpositionem MA, et nomen SOR, dividatur, de Tyro, intelligitur : sin autem unus sermo sit, *munitionem* sonat. Denique omnes περιοχὴν, καὶ περίφραγμα, καὶ πολιορκίαν, non de Tyro, ut LXX, sed *munitionem* et *ambitum muratæ urbis* transtulerunt. » Ubi trium haud dubie lectionem adfert.

V. 18. Οἱ λοιποί, εἴσασι etc. Has lectiones ex codice Regio et ex Hieronymo mutuamur.

V. 20. Ἄλλως, ἔμπροσθεν. Sic quædam exemplaria.

NAHUM CAPUT PRIMUM.

משא 1 Ἀ. ἄρμα. Ο΄, λῆμμα.

1. Heb. A. Vul. onus. LXX, assumptio.

ובעל חמה 2 Ἀ. Θ. καὶ ἔχων θυμόν. Ο΄, μετὰ θυμοῦ.

2. Hebr. A. Th. Vul. et habens furorem. LXX, cum furore.

ותשא 5 Ἀ. καὶ ἔφριξεν. Σ. καὶ ἐκινήθη. Ο΄, καὶ ἀνεστάλη.

5. Heb. et conflagravit. A. et inhorruit. S. et commota est. LXX, et contracta est. Vul. et contremuit.

ומי יקום בחרון אפו 6 Ἀ. τίς ἀντιστήσεται . . . . Σ. . . . . . . Ο΄, καὶ τίς ἀντιστήσεται ἐν ὀργῇ θυμοῦ αὐτοῦ;

6. Heb. et quis stabit in ira furoris ejus? A. quis resistet. . . . . S. et quis sustinebit iram furoris ejus? LXX, Vul. et quis resistet in ira furoris ejus?

נתכה Ἀ. συνεχωνεύθη. Σ. Θ. ἔσταξεν. Ο΄, τήκει.

Heb. Vul. effusa est. A. conflata est. S. Th. stillavit. LXX, consumit, *sive* liquefacit.

ובשטף עבר כלה יעשה מקומה 8 Σ. . . . Ἀ. . . . . ἀπὸ τῶν ἀνισταμένων. Ο΄, καὶ κατακλυσμῷ πορείας συντέλειαν ποιήσεται· τοὺς ἐπεγειρομένους. Θ. . . . Ε΄. . . . .

8. Heb. et in inundatione transeunte consummationem faciet loci ejus. S. Vul. et in diluvio prætereunte consummationem faciet loci ejus. A . . . . a consurgentibus. LXX, et in diluvio transeunte consummationem faciet : transeuntes. Th. . . . . consurgentibus ei. V. . . . . a consurgentibus ei.

לא־תקום פעמים צרה 9 Σ. . . . . . Ο΄, οὐκ ἐκδικήσει δὶς ἐπιτοαυτὸ ἐν θλίψει. Θ. . . . .

7. Hebr. non consistet bis angustia. S. non sustinebunt impetum secundum angustiæ. LXX, non vindicabit bis in idipsum in tribulatione. Th. non consurget secunda tribulatio. Vul. non consurget duplex tribulatio.

רעה יעץ בליעל 11 Ἀ. κακίαν βουλευόμενος ἀποστασία. Ο΄, πονηρὰ βουλευόμενος ἐναντία.

11. Hebr. malum consulens Belial. A. malitiam deliberans apostasia. LXX, pessima cogitans contraria. Vul. malitiam : mente pertractans prævaricationem.

כי קלות 14 Ο΄, ὅτι ταχεῖς. Ε΄, ὅτι ὑβρίσθης.

14. Hebr. quia despectus fuisti. LXX quia veloces. V. quia contumelia affectus es. Vul. quia inhonoratus es.

Notæ et variæ lectiones ad cap. I Nahum.

V. 1. Ἀ., ἄρμα. Hieron. Prologo in Nahum. « LXX interpretantur λῆμμα. A., ἄρμα. Apud Hebræos MASSA. »

V. 2. Ἀ., Σ., καὶ ἔχων θυμόν. Drusius.

V. 5. Ἀ., καὶ ἔφριξεν etc. Theodoretus.

V. 6. Hieronymus : « Apertius interpretatus est Sym., *et quis sustinebit iram furoris ejus.* » Infra vero : « Porro verbum Hebraicum IACCUM, quod et A. et LXX transtulerunt, *resistet* etc. »

Ibid. Ἀ., συνεχωνεύθη etc. Hieronymus.

V. 8. Hieronymus : « Verbum MACOMA, quod nos interpretati sumus, *loci ejus*, omnes in duas orationis partes diviserunt ; ut MA, in præpositionem *de*, verterent, i. e. ἀπό, COMA, *surgentes* interpretarentur. Denique Aquila ἀπὸ ἀνισταμένων, inquit, i. e. *a consurgentibus;* LXX, *consurgentes;* Theodotio, *consurgentibus ei;* V ed., *a consurgentibus illi.* Solus Symmachus eum nostra interpretatione consentiens, ait : *Et in diluvio* etc. »

V. 9. S., Th. Lectiones adfert Hieronymus, ut nos edimus.

V. 11. Ἀ., κακίαν βουλευόμενος etc. Ms. Jes.

V. 14. Hieron. : « V editio, ὅτι ὑβρίσθης, LXX transtulerunt : *quia veloces*, quod in Hebraico legitur CHI CALLOTH. »

NAHUM CAPUT III.

פרק מלאה 1 Ἀ. ἐξαυχενισμοῦ πλήρης. Σ. 1. ἀποτομίας πλήρης. Σ. 2. μελοκοπίας πλήρης. Ο΄ ἀδικίας πλήρης.

1. Heb. extorsione plena. A. excervicatione plena. S. 1. crudelitate plena. S. 2. membrorum concisione plena. LXX, iniquitate plena. Vul. dilaceratione plena.

Hexaplo, scilicet, ut male posita.

V. 5. 'A., καθεσταμένους. Drusius ex editione Romana. Hieronymus vero sic habet : « Ubi nos posuimus *primates homines*, et in Hebraico scriptum est NESICHE ADAM, S. interpretatus est *christos hominum*, Th. et V ed., *principes hominum*, Aquila, *graves*, vel *constitutos homines*, i. e., καθεσταμένους. » Sed trium lectiones pleniores proferimus ex Barberino codice.

V. 6. Hieronymus : « Rursum in eo ubi ego et Aquila transtulimus, *in lanceis ejus*, ut subaudiatur, *terræ Nemrod* ; S. vertit, ἐντὸς πυλῶν αὐτῆς, i. e., *intra portas ejus*, Th. *in portis eorum*. V ed., ἐν παραξίφεσιν αὐτῶν, quod nos possumus dicere, *in sicis eorum* : in Hebræo autem positum est BAPHETHEE. »

Infra vero Hieronymus plenam Symmachi versionem adfert qualem nos edidimus.

V. 7. 'A., καὶ ὡς ψεκάδες ἐπὶ πόαν. Ex Eusebii Demonstr. evangelica. Barberin. 'A., σπόρον. Σ., Θ., χόρτον.

Ibid. 'A., ὃς οὐχ ὑπομενεῖ etc. Aquilæ et Theodotionis lectionem exhibet Euseb. in Demonstr. p. 82 ut supra.

V. 12. 'A., καὶ κληδονιζ- etc. Barberin.

MICHÆÆ CAPUT VI.

וְהָאֵתָנִים מֹסְדֵי אָרֶץ 2 Σ. . . . . . Ο', καὶ αἱ φάραγγες θεμέλια τῆς γῆς. Ε'. . . . .

2. Heb. Vul. et fortia fundamenta terræ. S. et antiqua fundamenta terræ. LXX, et valles fundamenta terræ. V, ethanim fundamenta terræ.

מִן־הַשִּׁטִּים 5 Οἱ λοιποί, ... Ο', ἀπὸ τῶν σχοίνων.

5. Hebr. *Reliqui*, Vul. de Setim. LXX, de schœnis.

צִדְקוֹת Σ. (ἔλεος). Ο', ἡ δικαιοσύνη.

Heb. Vul. justitias. S. misericordia. LXX, justitia.

וְהַצְנֵעַ לֶכֶת עִם־אֱלֹהֶיךָ 8 Ο', καὶ ἕτοιμον εἶναι τοῦ πορεύεσθαι μετὰ Κυρίου Θεοῦ σου. Θ. καὶ ἀσφαλίζου τοῦ πορεύεσθαι μετὰ 'Ελωαίχ. Ε', καὶ φροντίζειν.

8. H. et humiliare te ambulando cum Deo tuo. LXX, et paratus sis ambulare cum Domino Deo tuo. Th. et cave diligenter ut ambules cum Eloaich. V, et solicitum esse. Vul. et solicitum ambulare cum Deo tuo.

יִקְרָא 9 Σ. βοήσει. Ο', ἐπικληθήσεται.

9. Heb. S. clamabit. LXX, vociferabitur. Vul. clamat.

וְיֶשְׁחֲךָ בְּקִרְבֶּךָ וְתַסֵּג וְלֹא תַפְלִיט 14 'Α. καὶ καταφυτεύσω ἐν ἐγκάτῳ σου, καὶ καταλήψῃ, καὶ οὐ μὴ διασωθῇς. Σ. ἀλλὰ καὶ διαφθερεῖς εἰς τὰ ἐντός σου, καὶ ἥξεις, καὶ οὐ μὴ διασωθῇς. Ο', καὶ συσκοτάσει ἐν σοί, καὶ ἐκνεύσει, καὶ οὐ μὴ διασωθῇς.

14. Hebr. et depressio tua in interiore tuo, et apprehendet, et non producet. A. et plantabo in interiori tuo, et comprehenderis, et non salvaberis. S. sed et corrumpes in intimo tuo, et venies, et non salvaberis. LXX, et contenebrescet in te, et declinabit, et non salvaberis. Vul. et humiliatio tua in medio tui : et apprehendes, et non salvabis.

מַעֲשֵׂה 16 'Α. ποιήματα. Ο', ἔργα.

16. Heb. opus. A. facta. LXX, Vul. opera.

בְּמֹעֲצוֹתָם Ο', ἐν ταῖς ὁδοῖς αὐτῶν. "Αλλος, ἐν ταῖς βουλαῖς αὐτῶν.

Hebr. *Alius*, in consiliis eorum. LXX, in viis eorum. Vul. in voluntatibus eorum.

Notæ et variæ lectiones ad cap. VI Michææ.

V. 2. Hieron. : « S. et Th. transtulerunt, *et antiqua fundamenta terræ*. Quinta autem ed. ipsum Hebraicum posuit, ETHANIM, *fundamenta terræ*. »

V. 5. Hieron. : « Pro *justitiis* sive *justitia*, *misericordia* interpretatus est S., et ubi LXX, *schœnis*, Omnes ipsum Hebraicum SETTIM transtulerunt. »

V. 8. Θ., καὶ ἀσφαλίζου τοῦ πορεύεσθαι μετὰ ἐλωαίχ. Sic restituit Martianæus, antea legebatur μετὰ Θεοῦ σου. V ed., καὶ φροντίζειν. Hieron.

V. 9. Σ., βοήσει. Barberin.

V. 14. 'Α., καὶ καταφυτεύσω etc. Lectiones Aquilæ et Sym. sic exhibet Barberin.

V. 16. 'Α., ποιήματα. Barb.

Ibid. "Αλλος, βουλαῖς. Idem.

MICHÆÆ CAPUT VII.

אָבַד 2 Οἱ λοιποί, ἐκλέλοιπεν. Ο', ἀπόλωλεν.

2. Hebr. LXX, Vul. periit. *Reliqui*, defecit.

מְבוּכָתָם 4 "Αλλ., πολιορκία αὐτῶν. "Αλλος, φρούρησις αὐτῶν. Ο', κλαυθμοὶ αὐτῶν.

4. Hebr. perplexitas eorum. *Alius*, obsidio eorum. *Al.* munitio eorum. LXX, fletus eorum. Vul. vastitas eorum.

חֹק 11 Σ. ἐπιταγή. Ο', νόμιμα. Θ. πρόσταγμα.

11. Heb. statutum. S. præceptum. LXX, legitima. Th. jussio. Vul. lex.

מָצוֹר 12 Π. περιοχὴ, καὶ περίφραγμα καὶ πολιορκία. Ο', ὀχυραί.

12. Heb. munitionis. *Omnes*, munitio, *et* circumvallatio, *et* obsidio. LXX, munitæ. Vul. munitas.

לָעַד 18 Οἱ λοιποί, εἰσαεί. Ο', Ε' εἰς μαρτύριον.

18. Heb. in perpetuum. *Reliqui*, in sempiternum. LXX, V, in testimonium. Vul. ultra.

קֶדֶם 20 Ο', ἀρχῆθεν. "Αλλως, ἔμπροσθεν.

20. H. quondam. LXX, a principio. *Al.* priores. Vul. antiquis.

Notæ et variæ lectiones ad cap. VII Michææ.

V. 2. *Oἱ λοιπ.*, ἐκλέλοιπεν. Barberinus.

V. 4. Hieronymus : « *Vastatio tua venit : nunc erit vastitas eorum*, i. e., *habitatorum*, sive *obsidio:* MABUCHA enim magis πολιορκίαν et φρούρησιν, i. e , *obsidionem* et *custodiam*, quam *vastitatem* in Hebræo sonat. » Ubi haud dubie aliorum interpretum versionem tacito nomine adfert.

V. 11. S., Th., ἐπιταγὴν καὶ πρόσταγμα. Hieronymus.

V. 12. Hieron. : « MASOR : quod verbum si in præpositionem MA, et nomen SOR, dividatur, de Tyro, intelligitur : sin autem unus sermo sit, *munitionem* sonat. Denique omnes περιοχὴν, καὶ περίφραγμα, καὶ πολιορκίαν, non de Tyro, ut LXX, sed *munitionem* et *ambitum muratæ urbis* transtulerunt.» Ubi trium haud dubie lectionem adfert.

V. 18. *Oἱ λοιποὶ*, εἰσάει etc. Has lectiones ex codice Regio et ex Hieronymo mutuamur.

V. 20. Ἄλλως, ἔμπροσθεν. Sic quædam exemplaria.

—

NAHUM CAPUT PRIMUM.

משא 1 Ἀ. ἆρμα. Ο', λῆμμα.

1. Heb. A. Vul. onus. LXX, assumptio.

ובעל חמה 2 Ἀ. Θ. καὶ ἔχων θυμόν. Ο', μετὰ θυμοῦ.

2. Hebr. A. Th. Vul. et habens furorem. LXX, cum furore.

ותשא 5 Ἀ. καὶ ἔφριξεν. Σ. καὶ ἐκινήθη. Ο', καὶ ἀνεστάλη.

5. Heb. et conflagravit. A. et inhorruit. S. et commota est. LXX, et contracta est. Vul. et contremuit.

ומי יקום בחרון אפו 6 Ἀ. τίς ἀντιστήσεται . . . . Σ. . . . . Ο', καὶ τίς ἀντιστήσεται ἐν ὀργῇ θυμοῦ αὐτοῦ;

6. Heb. et quis stabit in ira furoris ejus? A. quis resistet. . . . . S. et quis sustinebit iram furoris ejus? LXX, Vul. et quis resistet in ira furoris ejus?

נתכה Ἀ. συνεχωνεύθη. Σ. Θ. ἔσταξεν. Ο', τήκει.

Heb. Vul. effusa est. A. conflata est. S. Th. stillavit. LXX, consumit, *sive* liquefacit.

ובשטף עבר כלה יעשה מקומה 8 Σ. . . . Ἀ. . . . . ἀπὸ τῶν ἀνισταμένων. Ο', καὶ κατακλυσμῷ πορείας συντέλειαν ποιήσεται· τοὺς ἐπεγειρομένους. Θ. . . . Ε'. . . . .

8. Heb. et in inundatione transeunte consummationem faciet loci ejus. S. Vul. et in diluvio prætereunte consummationem faciet loci ejus. A . . . . a consurgentibus. LXX, et in diluvio transeunte consummationem faciet : transeuntes. Th. . . . . consurgentibus ei. V. . . . . a consurgentibus ei.

לא־תקום פעמים צרה 9 Σ. . . . . . Ο', οὐκ ἐκδικήσει δὶς ἐπιτοαυτὸ ἐν θλίψει. Θ. . . . .

7. Hebr. non consistet bis angustia. S. non sustinebunt impetum secundum angustiæ. LXX, non vindicabit bis in idipsum in tribulatione. Th. non consurget secunda tribulatio. Vul. non consurget duplex tribulatio.

רעה יעץ בליעל 11 Ἀ. κακίαν βουλευόμενος ἀποστασίᾳ. Ο', πονηρὰ βουλευόμενος ἐναντία.

11. Hebr. malum consulens Belial. A. malitiam deliberans apostasia. LXX, pessima cogitans contraria. Vul. malitiam : mente pertractans prævaricationem..

כי קלות 14 Ο', ὅτι ταχεῖς. Ε', ὅτι ὑβρίσθης.

14. Hebr.. quia despectus fuisti. LXX quia veloces. V,. quia contumelia affectus es. Vul. quia inhonoratus es.

Notæ et variæ lectiones ad cap. I Nahum.

V. 1. Ἀ., ἆρμα. Hieron. Prologo in Nahum. « LXX interpretantur λῆμμα. A., ἆρμα. Apud Hebræos MASSA. »

V. 2. Ἀ., Σ., καὶ ἔχων θυμόν. Drusius.

V. 5. Ἀ., καὶ ἔφριξεν etc. Theodoretus.

V. 6. Hieronymus : « Apertius interpretatus est Sym., *et quis sustinebit iram furoris ejus.* » Infra vero : « Porro verbum Hebraicum IACCUM, quod et A. et LXX transtulerunt, *resistet* etc. »

Ibid. Ἀ., συνεχωνεύθη etc. Hieronymus.

V. 8. Hieronymus : « Verbum MACOMA, quod nos interpretati sumus, *loci ejus*, omnes in duas orationis partes diviserunt ; ut MA, in præpositionem *de*, verterent, i. e. ἀπό, COMA, *surgentes* interpretarentur. Denique Aquila ἀπὸ ἀνισταμένων, inquit, i. e. *a consurgentibus;* LXX, *consurgentes;* Theodotio, *consurgentibus ei;* V ed., *a consurgentibus illi*. Solus Symmachus eum nostra interpretatione consentiens, ait : *Et in diluvio* etc. »

V. 9. S., Th. Lectiones adfert Hieronymus, ut nos edimus.

V. 11. Ἀ., κακίαν βουλευόμενος etc. Ms. Jes.

V. 14. Hieron. : « V editio, ὅτι ὑβρίσθης, LXX transtulerunt : *quia veloces*, quod in Hebraico legitur CHI CALLOTH. »

—

NAHUM CAPUT III.

פרק מלאה 1 Ἀ. ἐξαυχενισμοῦ πλήρης. Σ. 1. ἀποτομίας πλήρης. Σ. 2. μελοκοπίας πλήρης. Ο' ἀδικίας πλήρης.

1. Heb. extorsione plena. A. excervicatione plena. S. 1. crudelitate plena. S. 2. membrorum concisione plena. LXX, iniquitate pler . tione plena.

לא ימיש טרף 1 Σ. . . . . Ο', οὐ ψηλαφηθήσεται θήρα.

Heb. non recedet præda. S. [illegible] est. LXX, non contrectabitur venatio. Vul. non recedet a te rapina.

וכשלו בגויתם 3 Σ. . . . . . . Ο', καὶ ἀσθενήσουσιν ἐν τοῖς σώμασιν αὐτῶν.

3. Hebr. impingent in corpora eorum. S. offendent in cadaveribus mortuorum. LXX, et infirmabuntur in corporibus eorum. Vul. et corruent in corporibus suis.

בעלת כשפים 4 Ἀ. Σ. . . . . Ο', ἡγουμένη φαρμάκων.

4. Heb. patronæ maleficiorum. A. S. habens maleficia. LXX, dux maleficiorum. Vul. habentis maleficia.

7 והיה כל־ראיך ידוד ממך ואמר שדדה נינוה מי ינוד לה Σ. . . . . Ο', καὶ ἔσται, πᾶς ὁ ὁρῶν σε καταβήσεται ἀπὸ σοῦ, καὶ ἐρεῖ, Δειλαία Νινευή, τίς στενάξει αὐτήν;

7. Heb. Et erit omnis qui viderit te recedet a te, et dicet, Vastata est Ninive, quis condolebit ei? S. Et omnis qui viderit te recedet a te, et dicet, Dissipata est Ninive, quis lugebit cum ea? LXX, et erit, omnis qui viderit te recedet a te, et dicet, Misera Ninive, quis gemet eam? Vul. et erit: omnis qui viderit te, resiliet a te, et dicet: Vastata est Ninive: quis commovebit super te caput?

מקבץ 18 Ἀ. Σ. Θ. ὁ συνάγων. Ο', ἐκδεχόμενος.

18. Heb. A. S. Th. Vul. qui congreget. LXX, qui suscipiat.

Notæ et variæ lectiones ad cap. III Nahum.

V. 1. Hieronymus: « Ubi nos posuimus *laceratione plena*, in Hebræo habetur PHEREC MALEA, quod interpretatus est A., ἐξαυχενισμοῦ πλήρης, i. e., *excervicatione plena*. Symmachus autem ἀποτομίας πλήρης, quod possumus dicere, *crudelitate vel severitate plena*. In altera ejus editione reperi, μελοκοπίας πλήρης, i. e., *sectionibus carnium, et frustis per membra concisis.* »

Ibid. S., *ubi indesinens* etc. Hieronymus.

V. 3. S., *et offendunt* etc. Drusius ex Hieronymo.

V. 4. A., S., *habens maleficia*. Hieronymus.

V. 7. S., *et omnis qui viderit* etc. Hieronymus.

HABACUC CAPUT PRIMUM.

המשא 1 Ἀ. ἆρμα. Σ. Ο', Θ. λῆμμα.

1. Heb. A. Vul. onus. S. LXX, Th. assumptio.

ראו בגוים 5 Ἀ. Σ. Θ. . . . . . . Ο', ἴδετε οἱ καταφρονηταί. Ἄλλος, . . . Ἄλλος, ...

5. Heb. videte in gentibus. A. S. Th. Vul. aspicite in gentibus. LXX, videte contemptores. *Alius*, videbitis calumniatores. *Alius*, videbitis declinantes.

כי־פעל פעל בימיכם לא תאמינו כי יספר Σ. . . . . Ο', διότι ἔργον ἐγὼ ἐργάζομαι ἐν ταῖς ἡμέραις ὑμῶν, ὃ οὐ μὴ πιστεύσητε ἐάν τις ἐκδιηγῆται.

H. Quia opus operans in diebus vestris, non credetis cum narrabitur. S. quia opus fiet in diebus vestris, quod nemo credet cum narrabitur. LXX, quia opus ego operor in diebus vestris quod non credetis, si quis narraverit. Vul. quia opus factum est in diebus vestris, quod nemo credet cum narrabitur.

7 הוא ממנו משפטו ושאתו יצא Σ. αὐτὸς ἑαυτῷ δικάσει, καὶ θέλημα τὸ ἑαυτοῦ ἐπεξελεύσεται. Ο', ἐξ αὐτοῦ τὸ κρίμα αὐτοῦ ἔσται, καὶ τὸ λῆμμα αὐτοῦ ἐξ αὐτοῦ ἐξελεύσεται.

7. Heb. Ipsa ex seipsa judicium ejus, et exaltatio ejus egredietur. S. Ipsa sibi judicabit, et decreto suo egredietur. LXX, ex ipsa judicium ejus erit, et assumptio ejus ex se egredietur. Vul. Ex semetipsa judicium, et onus ejus egredietur.

ופשו פרשיו 8 Σ. . . . . . . Ο', καὶ ἐξιππάσονται οἱ ἱππεῖς αὐτοῦ.

8. H. et late patebunt equites ejus. S. diffundentur equites ejus. LXX, et equitabunt equites ejus. Vul. et diffundentur equites ejus.

מזאבי ערב Ἀ. παρὰ παρδάλεις τῆς ἑσπέρας. Ο', ὑπὲρ τοὺς λύκους τῆς Ἀραβίας.

Hebr. præ lupis vesperæ. A. præ pardis vesperæ. LXX, lupis Arabiæ. Vul. (velociores) lupis vespertinis.

כלה לחמס יבוא 9 Σ. πάντα εἰς πλεονεξίαν ἥξει. Ο', συντέλεια εἰς ἀσεβεῖς ἥξει.

9. H. tota ipsa ad rapinam veniet. S. omnes ad avaritiam venient. LXX, consummatio in impios veniet. Vul. omnes ad prædam venient.

מגמת פניהם קדימה Σ. ἡ πρόσοψις τοῦ προσώπου αὐτῶν ἄνεμος καύσων. Ο', ἀνθεστηκότας προσώποις αὐτῶν ἐξεναντίας.

Heb. oppositio facierum eorum ad orientem. S. aspectus vultus eorum ventus urens. LXX, resistentes faciebus ipsorum ex adverso. Vul. facies eorum ventus urens.

ואשם 11 Ἀ. Σ. καὶ πλημμελήσει. Ο', καὶ ἐξιλάσεται.

[illegible] A. S. [illegible] LXX, et propitiabitur. [illegible]

12 הלוא אתה מקדם יהוה אלהי קדשי לא נמות יהוה למשפט שמתו וצור להוכיח יסדתו Ἀ. . . . . καὶ στερεὸν εἰς τὸ ἐλέγχειν ἐθεμελίωσας αὐτόν. . . . . εἰς τὸ κρίμα . . . . καὶ [illegible]

[illegible]

ταιδὸν εἰς τὸ ἐλέγχειν ἔστησας αὐτόν. Ο', οὐχὶ σὺ ἀπ' ἀρχῆς, Κύριε ὁ Θεὸς ὁ ἅγιός μου; καὶ οὐ μὴ ἀποθάνωμεν, Κύριε, εἰς κρίμα τέταχας αὐτὸ, καὶ ἔπλασέ με τοῦ ἐλέγχειν παιδείαν αὐτοῦ.

eum. S. Nonne tu a principio, Domine, Deus meus, sancte meus, ut non moreremur? Domine ad judicandum posuisti eum, et fortem ad corripiendum constituisti eum. LXX, Nonne tu a principio, Domine Deus sancte meus? et non moriemur: Domine, in judicium posuisti ipsum: et plasmavit me ut arguam disciplinam ejus. Vul. Numquid non tu a principio, Domine Deus meus, Sancte meus, et non moriemur? Domine in judicium posuisti eum: et fortem ut corriperes, fundasti eum.

13 תחריש בבלע רשע צדיק ממנו 'Α. Σ. Θ. παρασιωπᾷς καταπίνοντος ἀσεβοῦς τὸν δικαιότερον αὐτοῦ. Ο', παρασιωπήσῃ ἐν τῷ καταπίνειν ἀσεβῆ τὸν δίκαιον.

13. H. Tacebis in deglutiendo impio justum præ se. A. S. Th. Vul. Taces devorante impio justiorem se. LXX, Tacebis dum impius devorat justum.

Notæ et variæ lectiones ad cap. I Habacuc.

V. 1. Hieronymus in Prologo: « LXX, S., Th., λῆμμα. A., pondus, i. e., ἄρμα., » ut supra cap. 1 Nahum

V. 5. Hieron.: « Ubi in Hebraico scriptum est RAU BAGGOIM, et nos transtulimus, *aspicite in gentibus*, et LXX posuerunt, *Videte contemtores*, excepto Aquila et S. et Th. qui cum nostra interpretatione concordant, in alia quadam editione habetur, *videbitis calumniatores*, et in alia pariter absque auctoris titulo, *videbitis declinantes*. »

V. 6. Hieron.: « Symmachus pro eo quod diximus, *quia opus factum est in diebus vestris*, interpretatus est, *quia opus fiet in diebus vestris*: cætera similiter. »

V. 7. Σ., αὐτὸς ἑαυτῷ etc. Theodoretus. Codex vero Reg. habet ἑαυτόν. Hieronymus: « S., *ipsa sibi judicabit, et decreto suo egredietur.* »

V. 8. S., *effundentur equites ejus*. Hieron.

Ibid. 'Α., παρὰ παρδ. Barberinus.

V. 9. Σ., πάντα εἰς πλεονεξίαν ἥξει. Theodoretus et cod. Reg.

Ibid. Σ., ἡ πρόσοψις etc. Iidem.

V. 11. 'Α., καὶ πλημμελήσει. Hieronymus, qui sic habet: « *Et postea corruet*: pro quo A. et S. transtulerunt καὶ πλημμελήσει, i. e., *et delinquet*; hanc habente Scriptura sancta consuetudinem, ut VASAM, i. e. *delinquet*, ponat pro eo quod est, *desinet esse* quod fuerat. »

V. 12. S., *Nonne tu a principio* etc. Hieron. Græca vero Aquilæ et Symmachi ex Barberino mutuamur.

V. 13. 'Α., Σ., Θ., παρασιωπᾷς etc. Theodoretus et ms. Reg.

HABACUC CAPUT II.

1 על־משמרתי אעמדה ואתיצבה על־מצור ואצפה לראות מה־ידבר־בי ומה אשיב על־תוכחתי Σ. . . . . Ο', ἐπὶ τῆς φυλακῆς μου στήσομαι, καὶ ἐπιβήσομαι ἐπὶ πέτραν, καὶ ἀποσκοπεύσω τοῦ ἰδεῖν τί λαλήσει ἐν ἐμοὶ, καὶ τί ἀποκριθῶ ἐπὶ τὸν ἔλεγχόν μου.

1. Heb. Super custodiam meam stabo, et subsistam super munitionem, et contemplabor ad videndum quid loquatur in me, et quid respondeam super increpatione mea. S. Quasi custos super speculam stabo, et stabo velut inclusus, et contemplabor ut videam quid dicatur mihi, et quid respondeam, et contradicam adversum arguentem me. LXX, Super custodiam meam stabo, et ascendam super petram, et contemplabor ad videndum quid loquetur mihi, et quid respondeam ad correptionem meam. Vul. Super custodiam meam stabo, et figam gradum super munitionem: et contemplabor, ut videam quid dicatur mihi, et quid respondeam ad arguentem me.

מצור 'Α. Ε'. . . . Σ. . . . . . Ο', πέτραν Θ. . . . .

Heb. Vul. munitionem. A. V, circum. S. conclusum. LXX, petram. Th. gyrum.

2 חזון 'Α. ὁραματισμόν. Ο', ὅρασιν.

2. Hebr. LXX, visionem. A. Vul. visum.

הלוחות Σ. . . . . Ο', πυξίον.

Heb. Vul. tabulas. S. paginas. LXX, buxum.

ירוץ 'Α. Σ. τρέχῃ. Ο', διώκῃ.

Heb. Vul. percurrat. A. S. currat. LXX, persequatur.

3 ולא יכזב 'Α. Σ. καὶ οὐ διαψεύσεται. Ο', καὶ οὐκ εἰς κενόν.

3. Hebr. A. S. Vul. et non mentietur. LXX, et non in vanum.

אם־יתמהמה חכה־לו כי־בא יבא לא יאחר 'Α. ἐὰν δὲ μελλήσῃ, προσδέχου αὐτὸν, ὅτι ἐρχόμενος ἥξει (*al.* ἐλεύσεται) καὶ οὐ βραδυνεῖ. Σ. στραγγεύσεται. . . . . Ο', ἐὰν ὑστερήσῃ ὑπόμεινον αὐτὸν, ὅτι ἐρχόμενος ἥξει, καὶ οὐ μὴ χρονίσῃ.

H. si moram fecerit exspecta eum, quia veniendo veniet, non tardabit. A. si autem procrastinaverit, exspecta eum, quia veniens veniet, et non tardabit. S. coarctabit.... LXX, si moram fecerit, sustine eum, quia veniens veniet, et non tardabit. Vul. si moram fecerit, exspecta eum, quia veniens veniet, et non tardabit.

4 הנה עפלה לא־ישרה נפשו בו 'Α. ἰδοὺ νωχελευομένου οὐκ εὐθεῖα ἡ ψυχή μου ἐν αὐτῷ. Ο', ἐὰν ὑποστείληται, οὐκ εὐδοκεῖ ἡ ψυχή μου ἐν αὐτῷ.

4. H. Ecce elata est, non recta anima ejus in eo. A. Ecce tardante non recta anima mea in ipso. LXX, si retraxerit se, non placet anima mea in eo. Vul. Ecce qui incredulus est, non erit recta anima ejus in semetipso.

וצדיק באמונתו יחיה 'Α. καὶ δίκαιος ἐν πίστει αὐτοῦ ζήσεται. Σ. Θ. Ε', ς', Ζ', ὁ δὲ δίκαιος τῇ ἑαυτοῦ πί-

Heb. A. et justus in fide sua vivet. S. Th. V, VI, VII, justus autem fide sua vivet. LXX, justus

לא ימיש טרף Σ. . . . . Ο', οὐ ψηλαφηθήσεται θήρα.

Heb. non recedet præda. S. ubi indesinens præda est. LXX, non contrectabitur venatio. Vul. non recedet a te rapina.

3 יכשלו בגויתם Σ. . . . . . Ο', καὶ ἀσθενήσουσιν ἐν τοῖς σώμασιν αὐτῶν.

3. Hebr. impingent in corpora eorum. S. et offendunt in cadaveribus mortuorum. LXX, et infirmabuntur in corporibus eorum. Vul. et corruent in corporibus suis.

4 בעלת כשפים 'Α. Σ. . . . . Ο', ἡγουμένη φαρμάκων.

4. Heb. patronæ maleficiorum. A. S. habens maleficia. LXX, dux maleficiorum. Vul. habentis maleficia.

7 והיה כל־ראיך ידוד ממך ואמר שדדה נינוה מי ינוד לה Σ. . . . . Ο', καὶ ἔσται, πᾶς ὁ ὁρῶν σε καταβήσεται ἀπὸ σοῦ, καὶ ἐρεῖ, Δειλαία Νινευή, τίς στενάξει αὐτήν;

7. Heb. Et erit omnis qui viderit te vagabitur a te, et dicet, Vastata est Ninive, quis condolebit ei? S. Et omnis qui viderit te recedet a te, et dicet, Dissipata est Ninive, quis lugebit cum ea? LXX, Et erit, omnis qui viderit te recedet a te, et dicet, Misera Ninive, quis gemet eam? Vul. et erit: omnis, qui viderit te, resiliet a te, et dicet: Vastata est Ninive: quis commovebit super te caput?

18 מקבץ 'Α. Σ. Θ. ὁ συνάγων. Ο', ἐκδεχόμενος.

18. Heb. A. S. Th. Vul. qui congreget. LXX, qui suscipiat.

Notæ et variæ lectiones ad cap. III Nahum.

V. 1. Hieronymus: « Ubi nos posuimus *laceratione plena*, in Hebræo habetur PHEREC MALEA, quod interpretatus est A., ἐξαυχενισμοῦ πλήρης, i. e., *excervicatione plena*. Symmachus autem ἀποτομίας πλήρης, quod possumus dicere, *crudelitate* vel *severitate plena*. In altera ejus editione reperi, μελοκοπίας πλήρης, i. e., *sectionibus carnium*, *et frustis per membra concisis*. »

Ibid. S., *ubi indesinens* etc. Hieronymus.

V. 3. S., *et offendunt* etc Drusius ex Hieronymo.

V. 4. A., S., *habens maleficia*. Hieronymus.

V. 7. S., *et omnis qui viderit* etc. Hieronymus.

HABACUC CAPUT PRIMUM.

1 המשא 'Α. ἄρμα. Σ. Ο', Θ. λῆμμα.

1. Heb. A. Vul. onus. S. LXX, Th. assumptio.

5 ראו בגוים 'Α. Σ. Θ. . . . . . Ο', ἴδετε οἱ καταφρονηταί. Ἄλλος, . . . Ἄλλος, ...

5. Heb. videte in gentibus. A. S. Th. Vul. aspicite in gentibus. LXX, videte contemptores. *Alius*, videbitis calumniatores. *Alius*, videbitis declinantes.

כי־פעל פעל בימיכם לא תאמינו כי־יספר Σ. . . . . Ο', διότι ἔργον ἐγὼ ἐργάζομαι ἐν ταῖς ἡμέραις ὑμῶν, ὃ οὐ μὴ πιστεύσητε ἐάν τις ἐκδιηγῆται.

H. Quia opus operans in diebus vestris, non credetis cum narrabitur. S. quia opus fiet in diebus vestris, quod nemo credet cum narrabitur. LXX, quia opus ego operor in diebus vestris quod non credetis, si quis narraverit. Vul. quia opus factum est in diebus vestris, quod nemo credet cum narrabitur.

7 הוא ממנו משפטו ושאתו יצא Σ. αὐτὸς ἑαυτῷ δικάσει, καὶ δόγμα τὸ ἑαυτοῦ ἐπεξελεύσεται. Ο', ἐξ αὐτοῦ τὸ κρίμα αὐτοῦ ἔσται, καὶ τὸ λῆμμα αὐτοῦ ἐξ αὐτοῦ ἐξελεύσεται.

7. Heb. Ipsa ex seipsa judicium ejus, et exaltatio ejus egredietur. S. Ipsa sibi judicabit, et decretum suo egredietur. LXX, ex ipsa judicium ejus erit, et assumptio ejus ex se egredietur. Vul. Ex *semetipsa* judicium, et onus ejus egredietur.

8 ופשו פרשיו Σ. . . . . . Ο', καὶ ἐξιππάσονται οἱ ἱππεῖς αὐτοῦ.

8. H. et late patebunt equites ejus. S. effundentur equites ejus. LXX, et equitabunt equites ejus. Vul. et diffundentur equites ejus.

מזאבי ערב 'Α. παρὰ παρδάλεις τῆς ἑσπέρας. Ο', ὑπὲρ τοὺς λύκους τῆς Ἀραβίας.

Hebr. præ lupis vesperæ. A. præ pardis vesperæ. LXX, lupis Arabiæ. Vul. (velociores) lupis vespertinis.

9 כלה לחמס יבוא Σ. πάντα εἰς πλεονεξίαν ἥξει. Ο', συντέλεια εἰς ἀσεβεῖς ἥξει.

9. H. tota ipsa ad rapinam veniet. S. omnia in avaritiam venient. LXX, consummatio in impios veniet. Vul. omnes ad prædam venient.

מגמת פניהם קדימה Σ. ἡ πρόσοψις τοῦ προσώπου αὐτῶν ἄνεμος καύσων. Ο', ἀνθεστηκότας προσώποις αὐτῶν ἐξεναντίας.

Heb. oppositio facierum eorum ad orientem. S. aspectus vultus eorum ventus urens. LXX, resistentes faciebus ipsorum ex adverso. Vul. facies eorum ventus urens.

11 ואשם 'Α. Σ. καὶ πλημμελήσει. Ο', καὶ ἐξιλάσεται.

11. Hebr. A. S. et delinquet. LXX, et propitiabitur. Vul. et corruet.

12 הלוא אתה מקדם יהוה אלהי קדשי לא נמות יהוה למשפט שמתו וצור להוכיח יסדתו 'Α. . . . . καὶ στερεὸν εἰς τὸ ἐλέγχειν ἐθεμελίωσας αὐτόν. Σ. . . . . εἰς τὸ κρίνειν . . . . . . καὶ κρα-

12. H. Nonne tu a principio Dominus Deus meus sanctus meus? non moriemur, Domine, ad judicium posuisti eum, et petram ad increpandum fundasti eum. A..... et firmum ad arguendum fundasti

ταιὸν εἰς τὸ ἐλέγχειν ἔστησας αὐτόν. Ο', οὐχὶ σὺ ἀπ' ἀρχῆς, Κύριε ὁ Θεὸς ὁ ἅγιός μου ; καὶ οὐ μὴ ἀποθάνωμεν, Κύριε, εἰς κρίμα τέταχας αὐτὸ, καὶ ἔπλασέ με τοῦ ἐλέγχειν παιδείαν αὐτοῦ.

eum. S. Nonne tu a principio, Domine, Deus meus, sancte meus, ut non moreremur? Domine ad judicandum posuisti eum, et fortem ad corripiendum constituisti eum. LXX, Nonne tu a principio, Domine Deus sancte meus? et non moriemur : Domine, in judicium posuisti ipsum : et plasmavit me ut arguam disciplinam ejus. Vul. Numquid non tu a principio, Domine Deus meus, Sancte meus, et non moriemur? Domine in judicium posuisti eum: et fortem ut corriperes, fundasti eum.

תחריש בבלע רשע צדיק ממנו 13 'Α. Σ. Θ. παρασιωπᾷς καταπίνοντος ἀσεβοῦς τὸν δικαιότερον αὐτοῦ. Ο', παρασιωπήσῃ ἐν τῷ καταπίνειν ἀσεβῆ τὸν δίκαιον.

13. H. Tacebis in deglutiendo impio justum præ se. A. S. Th. Vul. Taces devorante impio justiorem se. LXX, Tacebis dum impius devorat justum.

Notæ et variæ lectiones ad cap. I Habacuc.

V. 1. Hieronymus in Prologo : « LXX, S., Th., λῆμμα. A., pondus, i. e., ἆρμα., » ut supra cap. 1 Nahum

V. 5. Hieron. : « Ubi in Hebraico scriptum est RAU BAGGOIM, et nos transtulimus, *aspicite in gentibus*, et LXX posuerunt, *Videte contemtores*, excepto Aquila et S. et Th. qui cum nostra interpretatione concordant, in alia quadam editione habetur, *videbitis calumniatores*, et in alia pariter absque auctoris titulo, *videbitis declinantes*. »

V. 6. Hieron. : « Symmachus pro eo quod diximus, *quia opus factum est in diebus vestris*, interpretatus est, *quia opus fiet in diebus vestris* : cætera similiter. »

V. 7. Σ., αὐτὸς ἑαυτῷ etc. Theodoretus. Codex vero Reg. habet ἑαυτόν. Hieronymus : « S., *ipsa sibi judicabit, et decreto suo egredietur.* »

V. 8. S., *effundentur equites ejus.* Hieron.

Ibid. 'Α., παρὰ παρδ. Barberinus.

V. 9. Σ., πάντα εἰς πλεονεξίαν ἥξει. Theodoretus et cod. Reg.

Ibid. Σ., ἡ πρόσοψις etc. Iidem.

V. 11. 'Α., καὶ πλημμελήσει. Hieronymus, qui sic habet : « *Et postea corruet :* pro quo A. et S. transtulerunt καὶ πλημμελήσει, i. e., *et delinquet* ; hanc habente Scriptura sancta consuetudinem, ut VASAM, i. e. *delinquet*, ponat pro eo quod est, *desinet esse* quod fuerat. »

V. 12. S., *Nonne tu a principio* etc. Hieron. Græca vero Aquilæ et Symmachi ex Barberino mutuamur.

V. 13. 'Α., Σ., Θ., παρασιωπᾷς etc. Theodoretus et ms. Reg.

HABACUC CAPUT II.

על־משמרתי אעמדה ואתיצבה על־מצור ואצפה 1
לראות מה־ידבר־בי ומה אשיב על־תוכחתי Σ. . . . .
. . . . . . Ο', ἐπὶ τῆς φυλακῆς μου στήσομαι, καὶ ἐπιβήσομαι ἐπὶ πέτραν, καὶ ἀποσκοπεύσω τοῦ ἰδεῖν τί λαλήσει ἐν ἐμοὶ, καὶ τί ἀποκριθῶ ἐπὶ τὸν ἔλεγχόν μου.

1. Heb. Super custodiam meam stabo, et subsistam super munitionem, et contemplabor ad videndum quid loquatur in me, et quid respondeam super increpatione mea. S. Quasi custos super speculam stabo, et stabo velut inclusus, et contemplabor ut videam quid dicatur mihi, et quid respondeam, et contradicam adversum arguentem me. LXX, Super custodiam meam stabo, et ascendam super petram, et contemplabor ad videndum quid loquetur mihi, et quid respondeam ad correptionem meam. Vul. Super custodiam meam stabo, et figam gradum super munitionem : et contemplabor, ut videam quid dicatur mihi, et quid respondeam ad arguentem me.

מצור 'Α. Ε'. . . . Σ. . . . . . Ο', πέτραν Θ. . . . .

Heb. Vul. munitionem. A. V, circum. S. conclusum. LXX, petram. Th. gyrum.

חזון 2 'Α. ὁραματισμόν. Ο', ὅρασιν.

2. Hebr. LXX, visionem. A. Vul. visum.

הלחות Σ. . . . . Ο', πυξίον.

Heb. Vul. tabulas. S. paginas. LXX, buxum.

ירוץ 'Α. Σ. τρέχῃ. Ο', διώκῃ.

Heb. Vul. percurrat. A. S. currat. LXX, persequatur.

ולא יכזב 3 'Α. Σ. καὶ οὐ διαψεύσεται. Ο', καὶ οὐκ εἰς κενόν.

3. Hebr. A. S. Vul. et non mentietur. LXX, et non in vanum.

אם־יתמהמה חכה־לו כי־בא יבא לא יאחר 'Α. ἐὰν δὲ μελλήσῃ, προσδέχου αὐτὸν, ὅτι ἀρχόμενος ἥξει (*al.* ἐλεύσεται) καὶ οὐ βραδυνεῖ. Σ. στραγγεύσεται. . . . . Ο', ἐὰν ὑστερήσῃ ὑπόμεινον αὐτὸν, ὅτι ἐρχόμενος ἥξει, καὶ οὐ μὴ χρονίσῃ.

H. si moram fecerit exspecta eum, quia veniendo veniet, non tardabit. A. si autem procrastinaverit, exspecta eum, quia veniens veniet, et non tardabit. S. coarctabit.... LXX, si moram fecerit, sustine eum, quia veniens veniet, et non tardabit. Vul. si moram fecerit, exspecta eum, quia veniens veniet, et non tardabit.

הנה עפלה לא־ישרה נפשו בו 4 'Α. ἰδοὺ νωχελευομένου οὐκ εὐθεῖα ἡ ψυχή μου ἐν αὐτῷ. Ο', ἐὰν ὑποστείληται, οὐκ εὐδοκεῖ ἡ ψυχή μου ἐν αὐτῷ.

4. H. Ecce elata est, non recta anima ejus in eo. A. Ecce tardante non recta anima mea in ipso. LXX, si retraxerit se, non placet anima mea in eo. Vul. Ecce qui incredulus est, non erit recta anima ejus in semetipso.

וצדיק באמונתו יחיה 'Α. καὶ δίκαιος ἐν πίστει αὐτοῦ ζήσεται. Σ. Θ. Ε', Ϛ', Ζ', ὁ δὲ δίκαιος τῇ ἑαυτοῦ πί-

Heb. A. et justus in fide sua vivet. S. Th. V, VI, VII, justus autem fide sua vivet. LXX, justus

στει ζήσει. Ο', ὁ δὲ δίκαιος ἐκ πίστεώς μου ζήσεται.

autem ex fide mea vivet. Vul. justus autem in fide sua vivet.

ולא ינוה 5 Σ. καὶ οὐκ εὐπορήσει (*al.* εὐπραγήσει). Ο', οὐθὲν μὴ περάνῃ.

5. Hebr. et non habitabit. S. et non abundabit [*al.* prosperabit]. LXX, nihil perducet ad finem. Vul. non decorabitur.

ויקצו 7 *Οἱ λοιποί*, καὶ ἐξυπνισθήσονται. Ο', καὶ ἐκνήψουσιν.

7. Heb. LXX, et evigilabunt. *Reliqui*, et expergiscentur. Vul. et suscitabuntur.

הוי 9 Σ. Οὐαί. Ο', ὦ.

9. Hebr. S. Vul. Væ. LXX, o.

כי־אבן מקיר תזעק וכפיס מעץ יעננה 11 *Ἄλλος*, ... *Ἄλλος*, ... Ο', διότι λίθος ἐκ τοίχου βοήσεται, καὶ κάνθαρος ἐκ ξύλου φθέγξεται αὐτά.

11. Hebr. quia lapis e pariete clamabit, et trabs de ligno respondebit ei. *Alius*, quia lapis in pariete clamabit, quasi vermis in ligno loquens. *Alius*, lapis enim de pariete vociferabitur, et σκώληξ de ligno loquetur ei. LXX, quoniam lapis de pariete clamabit, et scarabeus de ligno loquetur ea. Vul. quia lapis de pariete clamabit : et lignum, quod inter juncturas ædificiorum est, respondebit ei.

וכפיס מעץ יעננה 'Α. καὶ μάζα ἐκ ξύλου (ἀποκριθήσεται). Σ. καὶ σύνδεσμος οἰκοδομῆς ξύλινος ἀποφθέγξεται. Θ. Ε', καὶ σύνδεσμος ξύλου φθέγξεται αὐτά. Θ. *ἄλλως*, ἔνδεσμος. Barberinus.

Heb. et trabs de ligno respondebit ei. A. et massa de ligno respondebit. S. et colligatio ædificii lignea vocem dabit. Th. V Ed. et colligatio ligni vociferabitur ea. Vul. et lignum, quod inter juncturas ædificiorum est respondebit.

הוי משקה רעהו מספח חמתך 15 'Α. . . ἐξ ἐκπέμψεως. Barber. ἐξ ἐπιτρίψεως χόλου σου. Σ. . . . καὶ ἀφιὼν ἀκρίτως τὸν θυμὸν ἑαυτοῦ. Ο', Ὦ ὁ ποτίζων τὸν πλησίον αὐτοῦ ἀνατροπῇ θολερᾷ. Ε', ἐξ ἀπροσδοκήτου ἀνατροπῆς τῆς ὀργῆς σου. Θ. . . . . ἀπὸ χύσεως θυμοῦ σου. *Ἄλλος*, οὐαὶ τῷ ποτίζοντι τὸν ἑταῖρον αὐτοῦ ἀέλλην πετομένην. *Ἄλλος*, ... ἔκστασιν ὀχλουμένην.

15. Hebr. Væ propinanti socio suo, adjungenti venenum tuum. A. . . . . . ex emissione. *Barb.* attritione furoris tui. S. . . . . . et emittens absque judicio furorem suum. LXX, O qui propinat proximo suo subversionem turbidam. V, de insperata subversione iræ tuæ. Th. . . . . de effusione furoris tui. *Alius*, Væ qui potum dat amico suo turbinem volantem. *Alius*, Væ qui potum dat amico suo extasin turbidam. Vul. Væ qui potum dat amico suo, mittens fel suum.

מעוריהם 'Α. τὴν γύμνωσιν αὐτῶν. Σ. τὴν ἀσχημοσύνην αὐτῶν. Ο', τὰ σπήλαια αὐτῶν.

H. nuditates. A. nuditatem eorum. S. turpitudinem eorum. LXX, speluncas eorum,

והערל 16 'Α. καὶ καρώθητι. Ο', σαλεύθητι.

16. Heb. et denudare præputium. A. Vul. et consopire. LXX, commovere.

חמס 17 'Α. αἷμα. Σ. πλεονεξία. Ο', ἀσέβεια.

17. Heb. rapina. A. sanguis. S. avaritia. LXX, impietas Vul. iniquitas.

ושד בהמות 'Α. καὶ προνομὴ κτηνῶν. Σ. διαρπαγὴ κτηνῶν. Ο', ταλαιπωρία θηρίων.

H. A. et præda jumentorum. S. direptio jumentorum. LXX, miseria bestiarum. V, vastitas animalium.

יחיתן 'Α. καταπτήξει αὐτούς. Σ. ἡττήσει. Ο', πτοήσει σε.

Heb. conteret eas. A. Vul. deterrebit eos. S. superabit. LXX, terrebit te.

אלמים 18 Σ. ἄλαλα. Ο', κωφά.

18. Hebr. S. LXX, Vul. muta.

וכל־רוח אין בקרבו 19 'Α. . . . . Ο', καὶ πᾶν πνεῦμα οὐκ ἔστιν ἐν αὐτῷ.

19. Hebr. et omnis spiritus non in medio ejus A. et spiritus ejus non est in visceribus, sive in medio ejus. LXX, et omnis spiritus non est in eo. Vul. et omnis spiritus non est in visceribus ejus.

Notæ et variæ lectiones ad cap. II Habacuc.

V. 1. S., *quasi custos* etc. Hieronymus qui subdit: « Pro *munitione* et *petra*, in cujus locum Sym. interpretatus est, *conclusum*, in Hebræo ponitur MASUR, quod Th., *gyrum*, A. et V *circum* transtulerunt. »

V. 2. 'Α., ὁραματισμόν. Hieronymus.

Ibid. Hieronymus : « Pro *tabulis* et *buxo*, quod Hebraice dicitur ALLUOTH, S. interpretatus est *paginas*. « Forte σελίδας. Aquila vero πλάκας verterit de more. LXX, πυξίον, fortasse πυκτίον, librum.

Ibid. 'Α., Σ., τρέχῃ. Barberin.

V. 3. 'Α., Σ., καὶ οὐ διαψεύσεται. Eusebius in Demonstr. evang. p. 277, soli Aquilæ, Barberinus autem id Aquilæ et Symmacho tribuit.

Ibid. 'Α., ἐὰν δὲ μελλήσῃ etc. Ex eodem Euseb. Σ., στραγγεύσεται. Barberin.

V. 4. 'Α., ἰδοὺ νωχελευομένου etc. Ex eodem p. 278, ut et sequentia. 'Α., καὶ δίκαιος etc. ubi Hieronymus : « Et ubi LXX posuerunt, *justus autem ex fide mea vivet*, omnes æqualiter transtulerunt: *ex fide sua vivet*. Denique Symmachus significantius interpretans ait : *Justus autem per fidem propriam suam vivet :* quod Græce dicitur : ὁ δὲ δίκαιος τῇ ἑαυτοῦ πίστει ζήσει. (Hæc depravata sunt in editis, sed ex Eusebio restituuntur.) BAEMUNATHO quippe, quod interpretatur *in fide sua*, si IOD et non VAU litteram haberet in fine, ut LXX putaverunt, et legeretur BAEMUNATHI, recte transtulissent, *in fide mea*. »

V. 5. Σ., καὶ εὐπορήσει, i. e., *in rerum omnium erit penuria*, Hieron. Barberinus habet, εὐπραγήσει.

V. 7. *Οἱ λοιπ.*, καὶ ἐξυπν- Barberinus.

V. 9. Σ., οὐαί. Idem.

V. 11. Hæc ex Hieronymo prodeunt, qui sic habet : « Porro quod nos interpretati sumus : *Et lignum quod inter juncturas ædificiorum est respondebit* : pro quo LXX posuerunt : *Et scarabeus de ligno loquetur ea*, manifestius more suo transtulit Symm., καὶ σύνδεσμος etc. [ut supra in textu] : quæ et ipsæ interpretationes cum Symmachi et nostra interpretatione concordant : quod enim lingua Hebraica dicitur CHAPHIS, lignum significat, quod ad continendos parietes in medio structuræ ponitur ; et vulgo apud Græcos appellatur ἱμάντωσις. . . . . Reperi, exceptis quinque editionibus, i. e., A., S., LXX, Th. et V in duodecim Prophetis et duas alias editiones, in quarum una scriptum est : *quia lapis de pariete clamabit quasi vermis in ligno loquens* : et in altera *lapis enim de pariete vociferabitur, et σκώληξ de ligno loquetur ea*. Sed et Aquila aliud quiddam, quam nos diximus posuit, καὶ μάζα, i. e., *et massa de ligno respondebit*. » Illæ vero duæ editiones incerto auctore sunt sexta et septima, quas memorat supra Eusebius v. 4. De lignis ad structuræ murorum firmitatem usurpatis, hæc habet Flaminius Vacca, quem ex Italico vulgari idiomate Latine versum edidimus in Diario Italico p. 203 : « *Memini audivisse me ab Horatio Mario, ut exornaretur Monasterium quoddam Monialium, jam in foro Nervæ situm, in solum projecta fuisse quædam saxa peperina quadra, et inter duo quadra fuisse assulas ex quolibet latere, ad formam caudæ hirundinis. Sed, quod summopere miror, aiebat Horatius usque adeo sanas et sinceras esse, ut possent adhuc in opus admoveri. Nullusque lignarius faber ligni naturam novit.* »

V. 15. Has item omnes lectiones adfert Hieronymus ibid. quas hic repetere non est necesse. Ad Aquilam vero pro ἐκπέμψεως, Barberinus habet, ἐπιτρίψεως, non male.

Ibid. 'A., τὴν γύμνωσιν αὐτῶν etc. Barb.

V. 16. 'A., καὶ καρώθητι. Barb.

V. 17. 'A., αἷμα, forte αἱμάς; ita ut vocem Hebraicam græcis litteris expresserit, addita vocali i, post a, ut alibi.

Ibid. 'A., καὶ προνομὴ et cætera hujus versus ex Barberino.

V. 18. Σ., ἄλαλα. Hieron.

V. 19. Hieron. : « Unde et Aquila significantius vertit Hebraicum dicens : *Et spiritus* etc. »

HABACUC CAPUT III.

תפלה לחבקוק הנביא על שגינות 1 'A. Σ. E', Ὠδὴ . . . ἐπὶ ἀγνοημάτων. O', *καὶ ἄλλος*, προσευχὴ 'Αμβακοὺμ τοῦ προφήτου μετ' ᾠδῆς. Θ. . . . . . . ὑπὲρ τῶν ἑκουσιασμῶν.

1. Heb. Oratio Habacuc prophetæ super sigionoth. A. S. V, Canticum... super ignorantiis. LXX, *et Alius*, Oratio Ambacum prophetæ cum cantico. Th... pro voluntariis. Vul. Oratio Habacuc prophetæ pro ignorantiis.

יהוה שמעתי שמעך יראתי יהוה פעלך 2 O', Κύριε, εἰσακήκοα τὴν ἀκοήν σου, καὶ ἐφοβήθην. *Ἄλλος*, Κύριε, εἰσήκουσα τὴν ἀκοήν σου, καὶ εὐλαβήθην. *Ambo*, κατενόησα τὰ ἔργα σου, καὶ ἐξέστην.

2. Heb. Domine, audivi auditum tuum, timui, Domine, opus tuum. LXX, Domine, audivi auditum tuum, et timui. *Alius*, Domine, audivi auditum tuum, et reveritus sum. *Ambo*, consideravi opera tua et obstupui. Vul. Domine, audivi auditionem tuam, et timui, Domine, opus tuum.

בקרב שנים חייהו 'A. ἐν τῷ ἐγγίζειν τὰ ἔτη ζώωσον αὐτό. Σ. ἐντὸς τῶν ἐνιαυτῶν ἀναζώωσον αὐτό. O', *καὶ ἄλλος*, ἐν μέσῳ δύο ζώων γνωσθήσῃ. Θ. ἐν μέσῳ ἐτῶν ζώωσον αὐτό.

Heb. in interiori annorum vivifica illud. A. in appropinquando annos vivifica illud. S. intra annos revivifica illud. LXX, *et Alius*, in medio duorum animalium cognosceris. Th. Vul. in medio annorum vivifica illud.

בקרב שנים תודיע ברגז רחם תזכור O', *καὶ ἄλλ.*, ἐν τῷ ἐγγίζειν τὰ ἔτη ἐπιγνωσθήσῃ, ἐν τῷ παρεῖναι τὸν καιρὸν ἀναδειχθήσῃ.

Heb. in interiori annorum notum facies, in ira misericordiæ recordaberis. LXX, *et Alius*, cum appropinquaverint anni cognosceris, cum advenerit tempus demonstraberis. Vul. in medio annorum notum facies, cum iratus fueris, misericordiæ recordaberis.

אלוה מתימן יבוא וקדוש מהר־פארן 3 'A. Σ. E'. ὁ Θεὸς ἐκ Θαιμὰν ἥξει . . . . O', ὁ Θεὸς ἐκ Θαιμὰν ἥξει, καὶ ὁ ἅγιος ἐξ ὄρους Φαρὰν κατασκίου δασέος. Θ. ὁ Θεὸς (*al.* 'Ελωὰ) ἀπὸ νοτίου ἥξει, ἀπὸ ὄρους Φαράν. *Ἄλλος*, ὁ Θεὸς ἀπὸ λιβὸς ἥξει, καὶ ὁ ἅγιος ἐξ ὄρους Φαράν.

3. Hebr. Deus de Theman veniet, et sanctus de monte Pharan. A. S. V, Deus de Thæman veniet. LXX, Deus de Thæman veniet, et sanctus de monte Pharan, umbroso condenso. Th. Deus (*al.* Eloa) ab austro veniet, a monte Pharan. *Alius*, Vul. Deus ab austro veniet, et sanctus de monte Pharan.

סלה 'A. ἀεί. Σ. εἰς τὸν αἰῶνα. O', διάψαλμα. Θ. εἰς τέλος. E', σελά. *Ἄλλος*, μεταβολὴ διαψάλματος.

Heb. V, sela. A. semper. S. in sæculum. LXX, diapsalma. Th. in finem. *Alius*, mutatio diapsalmatis.

כסה שמים הודו ותהלתו מלאה הארץ 'A. Θ. ἀπεκάλυψεν οὐρανοὺς τὴν εὐπρέπειαν αὐτῆς, δόξης αὐτοῦ καὶ τῆς αἰνέσεως αὐτοῦ ἐπληρώθη ἡ οἰκουμένη. O', ἐκάλυψεν οὐρανοὺς ἡ ἀρετὴ αὐτοῦ, καὶ αἰνέσεως αὐτοῦ πλήρης ἡ γῆ. *Ἄλλος*, ἐκάλυψεν ὁ οὐρανὸς τὴν εὐπρέπειαν τῆς δόξης αὐτοῦ, καὶ τῆς αἰνέσεως αὐτοῦ ἐπλήσθη ἡ οἰκουμένη.

H. operuit cœlos decor ejus, et laudis ejus plena est terra. A. Th. revelavit cœlos decorem ejus, gloria ejus et laude ejus repletus est orbis. LXX, operuit cœlos virtus ejus, et laudis ejus plena est terra. *Alius*, operuit cœlum decorem gloriæ ejus, et laude ejus repletus est orbis. Vul. operuit cœlos gloria ejus : et laudis ejus plena est terra.

ונגה כאור תהיה קרנים מידו לו 4 Ο', καὶ φέγγος αὐτοῦ ὡς φῶς ἔσται, κέρατα ἐν χερσὶν αὐτοῦ. Ἄλλος, διαύγασμα φωτὸς ἔσται αὐτῷ, κέρατα ἐκ χειρὸς αὐτοῦ ὑπάρχει αὐτῷ. Hanc postremam lectionem τοῖς Ο' tribuit Coislin. in margine positam.

4. Heb. et splendor ut lux erat, cornua de manu ejus ei. LXX, et splendor ejus ut lux erit, cornua in manibus ejus. *Alius*, splendor lucis erit ei cornua de manu ejus sunt ipsi. Vul. splendor ejus ut lux erit : cornua in manibus ejus.

ושם חביון עזה 'Α. . . . . . Σ. . . . . Ο', καὶ ἔθετο ἀγάπησιν κραταιὰν ἰσχύος αὐτοῦ. Ἄλλος, ἐκεῖ ἐπεστήρικται ἡ δύναμις τῆς δόξης αὐτοῦ.

Heb. et ibi absconsio fortitudinis ejus. A. et posuit absconsionem fortitudinis suæ. S. et posuit absconditam fortitudinem suam. LXX, et posuit dilectionem robustam fortitudinis suæ. *Alius*, ibi firmata est virtus gloriæ ipsius. Vul. ibi abscondita est fortitudo ejus.

לפניו ילך דבר 5 'Α. . . . . Σ. . . . . Ο', πρὸ προσώπου αὐτοῦ πορεύσεται λόγος. Θ. λόγος. Ἄλλος, πρὸ προσώπου αὐτοῦ προελεύσεται πτῶσις.

5. H. ad facies ejus ibit pestis. A. ante faciem ejus ibit pestis. S. ante faciem ejus præcedet mors. LXX, ante faciem ejus ibit verbum. Th. verbum. *Alius*, ante faciem ejus præibit ruina. Vul. ante faciem ejus ibit mors.

ויצא רשף לרגליו 'Α. . . . . Σ. Θ. Ε'. . . . Ο', καὶ ἐξελεύσεται εἰς πεδία κατὰ πόδας αὐτοῦ. Ἄλλος, κατὰ πόδας αὐτοῦ ἀκολουθήσῃ τὰ μέγιστα τῶν πετηνῶν.

Heb. et egrediebatur carbo ad pedes ejus. A. . . . volatile. S. Th. V, volucris. LXX, et egredietur in campos ad pedes ejus. *Alius*, et ad pedes ejus sequeris maxima volucrium. Vul. et egredietur diabolus ante pedes ejus.

עמד ׀ וימדד ארץ ראה ויתר גוים ויתפצצו הררי־ 6
עד שחו גבעות עולם הליכות עולם לו Ο', ἔστη καὶ ἐσαλεύθη ἡ γῆ, ἐπέβλεψε καὶ διετάκη ἔθνη· διεθρύβη τὰ ὄρη βίᾳ, ἐτάκησαν βουνοὶ αἰώνιοι πορείας αἰωνίας αὐτοῦ. Ἄλλος, στὰς διεμέτρησε τὴν γῆν· κατανοήσας ἐξέλιπε τὰ ἔθνη· διεθρύβη, καὶ τὰ ὄρη θραυσθήσεται· ταπεινωθήσονται αἱ νάπαι ἐκ τοῦ αἰῶνος, αἱ ὁδοὶ αἱ ἐξ ἀρχῆς ἀλλοιωθήσονται· αὐτοῦ ἕνεκα σεισθήσεται ἡ οἰκουμένη.

6. Heb. Stetit et mensus est terram : vidit et exsilire fecit gentes ; et contriti sunt montes perpetuitatis, incurvaverunt se colles sæculi, itinera sæculi ei. LXX, Stetit et commota est terra : aspexit et tabuerunt gentes : contriti sunt montes violentia : tabuerunt montes sempiterni, itineris sempiterni ejus. *Alius*, Stans mensus est terram. cogitans effinxit gentes : contritæ sunt : et montes confringentur : humiliabuntur saltus a sæculo, viæ quæ ab initio immutabuntur : ejus causa commovebitur orbis. Vul. Stetit et mensus est terram : aspexit et dissolvit gentes, et contriti sunt montes sæculi, incurvati sunt colles mundi ab itineribus æternitatis ejus.

תחת און ראיתי אהלי כושן ירגזון יריעות ארץ 7
מדין Ο', ἀντὶ κόπων εἶδον σκηνώματα Αἰθιόπων, πτοηθήσονται καὶ αἱ σκηναὶ γῆς Μαδιάμ. Ἄλλος, κατανενόηκα τὰς σκηνὰς Αἰθιόπων, ταραχθήσονται οἱ κατοικοῦντες τὰς δέῤῥεις Μαδιάμ.

7. H. Pro iniquitate vidi tentoria Chusan, movebunt se cortinæ terræ Madian. LXX, Pro laboribus vidi tentoria Æthiopum : pavebunt et tabernacula terræ Madiam. *Alius*, Cogitavi tabernacula Æthiopum, turbabuntur inhabitantes pelles Madiam. Vul. Pro iniquitate vidi tentoria Æthiopiæ : turbabuntur pelles terræ Madian.

הבנהרים חרה יהוה אם־בנהרים אפך 8 Ο', *καὶ ἄλλος*, μὴ ἐν ποταμοῖς ὠργίσθης, Κύριε, ἢ ἐν ποταμοῖς ὁ θυμός σου;

8. H. Numquid in flumina iratus est Dominus? Num in flumina furor tuus? LXX, *et Alius*, Vulg. Numquid in fluminibus iratus es, Domine, aut in fluminibus furor tuus?

אם־בים עברתך כי תרכב על־סוסיך מרכבתיך
ישועה Ο', ἢ ἐν θαλάσσῃ τὸ ὅρμημά σου; ὅτι ἐπιβήσῃ ἐπὶ τοὺς ἵππους σου, καὶ ἡ ἱππασία σου σωτηρία. Ἄλλ., ἢ ἐν θαλάσσῃ ἡ ὀργή σου; ἀνέβης ἐπὶ τὰ ἅρματά σου· ἡ ἱππασία σου σωτηρία ὃ προέβης.

Hebr. num in mare ira tua? quia equitabis super equos tuos, quadrigas tuas, salutem. LXX, vel in mare impetus tuus : quia ascendes super equos tuos, et equitatio tua salus. *Alius*, aut in mari ira tua : ascendisti super currus tuos, equitatio tua salus, quod præcessisti. Vul. vel in mari indignatio tua. Qui ascendes super equos tuos, et quadrigæ tuæ salvatio.

עריה תעור קשתך שבעות מטות אמר 9 Ο', ἐντείνων ἐνέτεινας τόξον σου ἐπὶ σκῆπτρα, λέγει Κύριος. Ἄλλος, ἐξεγέρθη τὸ τόξον σου, ἐχόρτασας βολίδας τῆς φαρέτρας αὐτοῦ.

9. Hebr. Denudatione denudabitur arcus tuus, juramenta tribuum, dictum. LXX, Intendens intendisti arcum tuum super sceptra, dicit Dominus. *Alius*, excitatus est arcus tuus, satiasti jacula pharetræ ejus. Vul. Suscitans suscitabis arcum tuum, juramenta tribubus quæ locutus es.

סלה 'Α. ἀεί. Ο', Ἄλλος, διάψαλμα.

Hebr. sela. A. semper. LXX, *Alius*, diapsalma.

נהרות תבקע־ארץ Ο', ποταμῶν ῥαγήσεται γῆ. Ἀλ-

Heb. Vul. fluvios scindes terræ. LXX, fluviorum

λος, ποταμοὺς διασκεδάσεις, καὶ γῆν σώσεις.

scindetur terra. *Alius*, fluvios dissipabis, et terram salvabis.

10 ראוך יחילו הרים זרם מים עבר נתן תהום
קולו רום ידיהו נשא O', ὄψονταί σε καὶ ὠδινήσουσι
λαοὶ, σκορπίζων ὕδατα πορείας· ἔδωκεν ἡ ἄβυσσος
φωνὴν αὐτῆς, ὕψος φαντασίας αὐτῆς. *Ἄλλος*, ἐν τῷ
ἀντοφθαλμεῖν σε ταραχθήσονται τὰ ὄρη· ἐν τῷ τὸν
ἐξαίσιόν σου ὄμβρον διελθεῖν δι' αὐτῆς, ἡ ἄβυσσος
ἀνεφώνησε μεῖζον.

10. Heb. Viderunt te, tremuerunt montes; inundatio aquarum transiit. Dedit abyssus sonitum suum, altitudo manus suas elevavit. LXX, Videbunt te, et sicut parturiens dolebunt populi : dispergens aquas itineris. Dedit abyssus vocem suam, altitudo phantasiæ ejus. *Alius*, Cum contra respexeris, turbabuntur montes : cum ingens imber tuus pertransiret per eam abyssus magis resonavit. Vul. Viderunt te, et doluerunt montes : gurges aquarum transiit. Dedit abyssus vocem suam, altitudo manus suas levavit.

11 שמש ירח עמד זבלה לאור חציך יהלכו לנגה
ברק חניתך O', ἐπήρθη ὁ ἥλιος, καὶ ἡ σελήνη ἔστη
ἐν τῇ τάξει αὐτῆς, εἰς φῶς βολίδες σου πορεύσονται,
εἰς φέγγος ἀστραπῆς ὅπλων σου. *Ἄλλος*, φῶς τὸ
λαμπρὸν τοῦ ἡλίου ἐπέσχεν· τὸ δὲ φέγγος τῆς σελήνης ἐστάθη· κατὰ τὸ φέγγος τῶν βολίδων σου πορεύσονται, κατὰ τὸ φέγγος ἀστραπῆς μαχαίρας σου.

11. Heb. Sol, luna stetit tabernaculo suo, ad lucem sagittarum tuarum ibunt, ad splendorem fulguris hastæ tuæ. LXX, Elevatus est sol, et luna stetit in ordine suo, in luce jacula tua ibunt, in splendore coruscationis armorum tuorum. *Alius*, lux splendida solis continuit, splendor autem lunæ stetit, secundum splendorem jaculorum tuorum ibunt, secundum splendorem fulguris gladii tui. Vul. Sol et luna steterunt in habitaculo suo, in luce sagittarum tuarum, ibunt in splendore fulgurantis hastæ tuæ.

בזעם תצעד־ארץ באף תדוש גוים 12 O', ἐν ἀπειλῇ
ὀλιγώσεις γῆν, καὶ ἐν θυμῷ κατάξεις ἔθνη. *Ἄλλος*,
μετὰ θυμοῦ ἐγερθήσῃ ἐπὶ τὴν γῆν, μετ' ὀργῆς ἀλοήσεις ἔθνη.

12. Heb. in ira incedes terram, et in furore triturabis gentes. LXX, in comminatione imminues terram, et in furore detrahes gentes. *Alius*, cum furore excitaberis super terram, cum ira triturabis gentes. Vul. in fremitu conculcabis terram : in furore obstupefacies gentes.

יצאת לישע עמך לישע את־משיחך 13 'Α. Ε', ἐξῆλ-
θες εἰς σωτηρίαν λαοῦ σου, εἰς σωτηρίαν σὺν Χριστῷ σου. Σ. . . . . O', ἐξῆλθες εἰς σωτηρίαν λαοῦ σου τοῦ σῶσαι τὸν Χριστόν σου. Θ. . . . . Ϛ', ἐξῆλθες τοῦ σῶσαι τὸν λαόν σου διὰ Ἰησοῦν τὸν Χριστόν σου (l. διὰ Ἰησοῦ τοῦ Χριστοῦ σου). *Ἄλλος*, ἀνεφάνης ἐπὶ σωτηρίᾳ τοῦ λαοῦ σου, ῥύσασθαι τοὺς ἐκλεκτούς σου.

13. Hebr. A. V, Vul. Egressus es in salutem populi tui in salutem cum Christo tuo. S. LXX, Egressus es in salutem populi tui, ut salvares Christum tuum. Th. Egressus es salvare populum tuum, salvare Christum tuum. VI Ed. Egressus es salvare populum tuum per Jesum Christum tuum. *Alius*, Apparuisti super salute populi tui, ad liberandum electos tuos.

מחצת ראש מבית רשע ערות יסוד עד־צואר סלה
O', βαλεῖς εἰς κεφαλὰς ἀνόμων θάνατον, ἐξήγειρας δεσμοὺς ἕως τραχήλου, διάψαλμα. Θ. . . . . Ε'. . . . . . . *Ἄλλος*, κατετόξευσας κεφαλὰς ἀνθρώπων ὑπερηφάνων, ἕως ἀβύσσου τῆς θαλάσσης καταδύσονται.

Heb. transfixisti caput de domo impii, denudando fundamentum usque ad collum, sela. LXX, Mittes in capita iniquorum mortem, suscitasti vincula usque ad collum. Diapsalma. Th. . . . . . ornasti fundamentum usque ad collum. V Ed. . . . . . . denudasti, *sive* evacuasti fundamentum usque ad collum, sela. *Alius*, Sagittis confodisti capita hominum superborum, usque ad abyssum maris demergentur. Vul. Percussisti caput de domo impii; denudasti fundamentum ejus usque ad collum.

14 נקבת במטיו ראש פרזו יסערו להפיצני עליצתם
כמו־לאכל עני במסתר O', διέκοψας ἐν ἐκστάσει κεφαλὰς δυναστῶν, σεισθήσονται ἐν αὐτῇ, διανοίξουσι χαλινοὺς αὐτῶν ὡς ἔσθων πτωχὸς λάθρα. *Ἄλλος*, ἐξεδίκησας μετὰ δυνάμεώς σου τοὺς ἀρχηγοὺς τῶν ἁμαρτωλῶν· τοὺς πεποιθότας ἐπὶ τῇ αὐθαδείᾳ αὐτῶν, ἕνεκεν τοῦ καταφαγεῖν τοὺς πτωχοὺς λάθρα.

14. H. Perfodisti in baculis ejus caput paganorum ejus : turbinabunt ad dispergendum me : exsultatio eorum quasi ad comedendum afflictum in abscondito. LXX, Discidisti in stupore capita potentium : commovebuntur in eo : aperient frena sua sicut comedens pauper in abscondito. *Alius*, Ultus es cum virtute tua duces peccatorum, confidentes in arrogantia sua ut comederent pauperes clam. Vul. Maledixisti sceptris ejus, capiti bellatorum ejus, venientibus ut turbo ad dispergendum me. Exsultatio eorum, sicut ejus qui devorat pauperem in abscondito.

להפיצני עליצתם כמו־לאכל עני במסתר 'Α. τοῦ διασκορπίσαι, γαυριάματα αὐτῶν τοῦ φαγεῖν πένητας ἀποκρύφως. Σ. ἐπελθόντας σκορπίσαι γαυριῶντας ὥστε καταφαγεῖν κρυφίως. O', διανοίξουσι χαλινοὺς αὐτῶν ὡς ἔσθων πτωχὸς λάθρα.

H. ad dispergendum me : exsultatio eorum quasi ad comedendum afflictum in abscondito. A. ad dispergendum: exsultationes eorum ad comedendum pauperes clam. S. irruentes ad dispergendum eos qui exsultant ut devorent clam. LXX, aperient frena sua sicut comede[illegible] in abscondito.

MICHÆÆ CAPUT II.

הוי 1 'Α. Σ. οὐαί. Ο', ἐγένοντο.

כי ישׁ־לאל ידם 'Α. διότι ἰσχυρὸν χεὶρ αὐτοῦ. Σ. ὅτι ἴσχυεν ἡ χεὶρ αὐτοῦ. Ο', διότι οὐκ ἦραν πρὸς τὸν Θεὸν χεῖρας αὐτῶν.

1. Hebr. A. S. Vul. væ. LXX, facti sunt.

Heb. quia est in forti manus eorum. A. quia fortis est manus ejus. S. quia fortis erat manus ejus. LXX, quia non levaverunt ad Deum manus suas. Vul. quoniam contra Deum est manus eorum.

6 אל־תטיפו יטיפון לא־יטיפו לאלה לא יסג כלמות ואמר 'Α. μὴ σταλάζετε σταλάζοντες, οὐ σταλάζετε εἰς τούτους, οὐ καταλήψη ἐντροπὰς ὁ λέγων. Σ. μὴ ἐπιτιμᾶτε ἐὰν ἐπιτιμήσητε, οὐκ ἐπιτιμῶντες οὐ κωλύει καταισχυμμος. Ο', μὴ κλαίετε δάκρυσι, μηδὲ δακρυέτωσαν ἐπὶ τούτοις· οὐδὲ γὰρ ἀπώσεται ὀνείδη, ὁ λέγων.

6. Hebr. ne stilletis, stillabunt : non stillabunt istis : non comprehendet ignominias. O dicens [domus.] A. ne stilletis stillantes, non stilletis in hos, non comprehendes confusiones qui dicis. S. ne increpetis si increpetis : non increpantes non cohibet ignominia. LXX, nolite flere lacrymis, neque plorent super his, neque enim abjiciet opprobria qui dicit. Vul. ne loquamini loquentes, non stillabit super istos, non comprehendet confusio. Dicit.

8 ואתמול עמי לאויב יקומם 'Α. καὶ συναντῶν. Σ. πρὸ μιᾶς δὲ ὁ λαὸς . . . Ο', καὶ ἔμπροσθεν ὁ λαός μου εἰς ἔχθραν ἀντέστη.

8. Hebr. et heri populus meus in inimicum insurrexit. A. et occurrens... S. ante unam dicm populus meus quasi inimicus restitit. LXX, et antea populus meus in inimicitia restitit. Vul. et e contrario populus meus in adversarium consurrexit.

Notæ et variæ lectiones ad cap. II Michææ.

V. 1. 'Α., Σ., οὐαί. Barberin. LXX qui vertunt, ἐγένοντο, legerunt haud dubie היו pro הוי.

Ibid. 'Α., διότι ἰσχυρόν etc. Has Aquilæ et Symmachi lectiones affert idem. Lectio autem Aquilæ videtur deficere. [Barb. exhibet pariter Theodotionis versionem, quæ fugit Montfauconii oculos : διότι ἔχουσιν ἰσχὺν τὴν χεῖρα αὐτῶν. Drach.]

V. 6. A., *ne stilletis stillantes*. Hieronymus. Barberinus vero lectiones Aquilæ et Symmachi Græce plenas adfert.

V. 8. Græca Aquilæ et Symmachi habet Barberinus. Hieronymus : « quia verbum MUL et *contrarium* et *diem hesternum* sonat, S. apertius transtulit, ut diceret : *ante unam diem* etc. »

MICHÆÆ CAPUT III.

וקציני בית ישראל 1 Οἱ λοιποί, (καὶ οἱ ἡγούμενοι οἴκου 'Ισραήλ.) Ο', καὶ οἱ κατάλοιποι οἴκου 'Ισραήλ.

1. Heb. et gubernatores domus Israel. Reliqui. Vul. et duces domus Israel. LXX, et residui domus Israel.

8 ואולם אנכי מלאתי כח Σ. ἀλλὰ μὴν ἐγὼ ἐνεπλήσθην ἰσχύος. Ο', ἐὰν μὴ ἐγὼ ἐμπλήσω ἰσχύν.

8. H. et vere ego repletus sum fortitudine. S. verum ego repletus sum fortitudine. LXX, nisi ego implevero fortitudinem. Vul. verumtamen ego repletus sum fortitudine.

12 לכן בגללכם ציון שדה תחרש וירושלם עיין תהיה 'Α. διὰ τοῦτο χάριν ὑμῶν Σιὼν χώρα ἀροτριαθήσεται, καὶ 'Ιερουσαλὴμ λιθολογηθήσεται. Ο', διὰ τοῦτο δι' ὑμᾶς Σιὼν ὡς ἀγρὸς ἀροτριαθήσεται, καὶ 'Ιερουσαλὴμ ὡς ὀπωροφυλάκιον ἔσται.

12. H. Idcirco propter vos Sion ager arabitur, et Jerusalem in acervos erit. A. *Ideo propter vos* Sion ager arabitur, et Jerusalem *in acervum lapidum* redigetur. LXX, Idcirco propter vos Sion quasi ager arabitur, et Jerusalem ut custodia pomarii erit. Vul. propter hoc, causa vestri, Sion quasi ager arabitur, et Jerusalem quasi acervus lapidum erit.

Notæ et variæ lectiones ad cap. III Michææ.

V. 1. Hieron. : « Pro *reliquis domus Israel*, exceptis LXX omnes, *duces domus Israel* transtulerunt. »

V. 8. Σ., ἀλλὰ μὴν etc. Barberinus.

V. 12. 'Α., Σ., διὰ τοῦτο χάριν etc. Eusebius in Demonstr. evangelica.

MICHÆÆ CAPUT IV.

וחניתתיהם 3 Ο', καὶ τὰ δόρατα αὐτῶν. Ἄλλος, ζιβύνας αὐτῶν.

אל־גוי Σ. Θ. ἐπ' ἔθνος. Ο', πρὸς ἔθνος.

עפל בת־ציון 8 'Α. σκοτώδης θυγάτηρ Σιών. Σ. ἀπόκρυφος θυγάτηρ Σιών. Ο', αὐχμώδης, θυγάτηρ Σιών.

נאספו 11 Σ. συνήχθησαν. Ο', ἐπισυνήχθησαν.

3. Heb. LXX, Vul. et hastas suas. *Alius*, lanceas suas.

H. LXX, contra gentem. S. Th. super gentem. Vul. adversus gentem.

8. Heb. editus locus filia Sion. A. tenebrosa filia Sion. S. abscondita ipsa est filia Sion. LXX, squalleus, filia Sion. Vul. nebulosa filiæ Sion.

11. Heb. S. Vul. congregatæ sunt. LXX, una congregatæ sunt.

החרמתי 13 Οἱ Λοιποὶ, ἀναθεματίσεις. Ο', ἀναθήσεις.
בצעם Σ. τὸ κέρδος αὐτῶν. Ο', τὸ πλῆθος αὐτῶν. Θ, τὰ δῶρα αὐτῶν. Ε', ἡ ὠφέλεια.

13. H. anathematizabo. Reliqui, anathematizabis. LXX, consecrabis. Vul. interficies.
H. desiderium eorum. S. lucrum eorum. LXX, multitudinem eorum. Th. dona eorum. V, utilitas. Vul. rapinas eorum.

Notæ et variæ lectiones ad cap. IV Michææ.

V. 3. Ἄλλος, ζιβύνας. Barberin.
Ibid. Σ., Θ., ἐπ' ἔθνος. Ms. Jes.
V. 8. Hieronymus : « Et hæc turris filia Sion; sive ut Symmachus vertit in Græcum, et ipsa est filia Sion. » Quæ haud dubie vitiata videntur. Barberinus Ἀ., σκοτώδης. Σ., ἀπόκρυφος ; hæ videntur esse veræ lectiones.
V. 11. Σ., συνήχθησαν. Barberin.
V. 13. Οἱ Λοιπ., ἀναθεματίσεις. Idem.
Ibid. Hæ lectiones prodeunt ex Hieronymo et ex edit. Romana.

MICHÆÆ CAPUT V.

עתה תתגודדי בת־גדוד 1 Ἀ. Σ. Θ. Ε'. . . . . Ο', νῦν ἐμφραχθήσεται θυγάτηρ ἐμφραγμῷ.

1. Hebr. nunc turmatim excurres, filia turmæ. A. S. Th. V, Vul. nunc vastaberis, filia latronis. LXX, nunc obstruetur filia obstructione.

יכו על־הלחי את שפט ישראל Ἀ. πλήξουσιν ἐπὶ σιαγόνα τὸν κριτὴν Ἰσραήλ. Σ. τύψουσι κατὰ σιαγόνας τὸν κριτὴν Ἰσραήλ. Ο', πατάξουσιν ἐπὶ σιαγόνας τὰς φυλὰς Ἰσραήλ. Θ. πατάξει ἐπὶ σιαγόνα τὸν κριτὴν Ἰσραήλ.
שפט Οἱ Γ', τὸν κριτήν. Ο', τὰς φυλάς.
וישבו 4 Σ. . . . . Ο', ὑπάρξουσι.

H. A. percutient super maxillam judicem Israel. S. percutient in maxillas judicem Israel. LXX, percutient in maxillas tribus Israel. Th. percutiet in maxillam judicem Israel. Vul. percutient maxillam judicis Israel.
Hebr. Tres Interpret. Vul. judicem. LXX, tribus.
4. H. et manebunt. S. et habitabunt. LXX, erunt. Vul. et convertentur.

שבעה רעים ושמנה נסיכי אדם 5 Ἀ. ἑπτὰ νομεῖς, καὶ ὀκτὼ καθεσταμένους ἀνθρώπους. Σ. ἑπτὰ ποιμένας, καὶ ὀκτὼ χριστοὺς ἀνθρώπων. Ο', ἑπτὰ ποιμένες, καὶ ὀκτὼ δήγματα ἀνθρώπων. Θ. ἑπτὰ ποιμένας, καὶ ὀκτὼ ἀρχηγοὺς ἀνθρώπων. Θ. ἄλλως, Ε', ἄρχοντες ἀνθρώπων.

5. H. Th. septem pastores, et octo principes hominum. A. septem pastores, et octo constitutos homines. S. septem pastores, et octo christos hominum. LXX, septem pastores, et octo morsus hominum. Th. aliter, V, principes hominum. Vul. septem pastores, et octo primates hominum.

ורעו את־ארץ אשור בחרב ואת־ארץ נמרד 6 בפתחיה Σ. . . . Ο', καὶ ποιμανοῦσι τὸν Ἀσσοὺρ ἐν ῥομφαίᾳ, καὶ τὴν γῆν τοῦ Νεβρὼδ ἐν τῇ τάφρῳ αὐτῆς.

6. H. et depascent terram Assur in gladio, et terram Nemrod intra portas ejus. S. et pascent Assur in gladio, et terram Nemrod intra portas ejus. LXX, et pascent Assur in gladio, et terram Nebrod in fovea ejus. Vul. et pascent terram Assur in gladio, et terram Nemrod in lanceis ejus.

בפתחיה Ἀ. ἐν . . . . Σ. ἐντὸς πυλῶν αὐτῆς. Ο', ἐν τῇ τάφρῳ αὐτῆς. Θ. ἐν πύλαις αὐτῆς. Ε', ἐν παραξίφεσιν αὐτῶν.
כרביבים עלי־עשב 7 Ἀ. καὶ ὡς ψεκάδες ἐπὶ πόαν (al. σπόρον). Ο', καὶ ὡς ἄρνες ἐπὶ ἄγρωστιν. Θ. καὶ ὡσεὶ νιφετὸς ἐπὶ χόρτον. Σ. ἐπὶ χόρτον.

Heb. in portis ejus. A. Vul. in lanceis ejus. S. intra portas ejus. LXX, in fovea ejus. Th. in portis ejus. V. in sicis eorum.
7. Hebr. tamquam imbres super herbam. A. ut guttæ roris super herbam (al. semen). LXX, et sicut agni super gramen. Th. et sicut stillæ super fœnum. S. super fœnum. Vul. et quasi stillæ super herbam.

אשר לא־יקוה לאיש ולא ייחל לבני אדם Ἀ. ὃς οὐχ ὑπομενεῖ ἄνδρα, καὶ οὐ περὶ υἱοὺς ἀνθρώπων. Ο', ὅπως μὴ συναχθῇ μηδεὶς, μηδὲ ὑποστῇ ἐν υἱοῖς ἀνθρώπων. Θ. ὃς οὐ μενεῖ ἄνθρωπον, καὶ οὐχ ἐλπίσει ἐπὶ υἱῶν ἀνθρώπων.

H. quæ non exspectabit virum, nec præstolabitur filios hominis. A. quæ non exspectabit virum, nec circa filios hominum. LXX, ut non congregetur quisquam, neque sit in filiis hominum. Th. quæ non exspectabit hominem, neque sperabit in filios hominum. Vul. quæ non exspectat virum, et non præstolatur filios hominum.

ומעוננים 12 Ἀ. καὶ κληδονιζόμενοι. Σ. καὶ σημειοσκοπούμενοι. Ο', καὶ ἀποφθεγγόμενοι.

12. H. et præstigiatores. A. et hariolantes. S. et augures. LXX, et loquentes. Vul. et divinationes.

Notæ et variæ lectiones ad cap. V Michææ.

V. 1. Trium interpretationes ex eclogis Joannis monachi litera X in cod. Coislin.
Ibid. Οἱ Γ', τὸν κριτήν. Barberin.
V. 4. Hieron. : « Et convertentur ; sive, ut melius interpretatus est Symmachus, habitabunt. JASUBU enim verbum Hebraicum utrumque significat. » In illa autem hujus versus verba καὶ στήσεται καὶ ὄψεται, notat ad marg. Ms. Jes., τὰ ὠβελισμένα εἰς τοὺς δύο τόπους οὐ κεῖνται ἐν τῷ ἑξασελίδῳ. I. e. quæ obelo notantur in duobus locis non exstant in

Hexaplo, scilicet, ut male posita.

V. 5. Ἀ., καθεσταμένους. Drusius ex editione Romana. Hieronymus vero sic habet : « Ubi nos posuimus *primates homines*, et in Hebraico scriptum est NESICHE ADAM, S. interpretatus est *christos hominum*, Th. et V ed., *principes hominum*, Aquila, *graves*, vel *constitutos homines*, i. e., καθεσταμένους. » Sed trium lectiones pleniores proferimus ex Barberino codice.

V. 6. Hieronymus : « Rursum in eo ubi ego et Aquila transtulimus, *in lanceis ejus*, ut subaudiatur, *terræ Nemrod* ; S. vertit, ἐντὸς πυλῶν αὐτῆς, i. e., *intra portas ejus*, Th. *in portis eorum*. V ed., ἐν παραξίφεσιν αὐτῶν, quod nos possumus dicere, *in sicis eorum* : in Hebræo autem positum est BAPHETHEE. »

Infra vero Hieronymus plenam Symmachi versionem adfert qualem nos edidimus.

V. 7. Ἀ., καὶ ὡς ψεκάδες ἐπὶ πόαν. Ex Euseb. Demonstr. evangelica. Barberin. Ἀ., σπόρον. Σ., Θ., χόρτον.

Ibid. Ἀ., ὃς οὐχ ὑπομενεῖ etc. Aquilæ et Theodotionis lectionem exhibet Euseb. in Demonstr. p. 82 ut supra.

V. 12. Ἀ., καὶ κληδονιζ- etc. Barberin.

MICHÆÆ CAPUT VI.

והאתנים מסדי ארץ 2 Σ. . . . . . Ο', καὶ αἱ φάραγγες θεμέλια τῆς γῆς. Ε'. . . . .

2. Heb. Vul. et fortia fundamenta terræ. S. et antiqua fundamenta terræ. LXX, et valles fundamenta terræ. V, ethanim fundamenta terræ.

מן־השטים 5 Οἱ λοιποί, ... Ο', ἀπὸ τῶν σχοίνων.

5. Hebr. *Reliqui*, Vul. de Setim. LXX, de schœnis.

צדקות Σ. (ἔλεος). Ο', ἡ δικαιοσύνη.

Heb. Vul. justitias. S. misericordia. LXX, justitia.

והצנע לכת עם־אלהיך 8 Ο', καὶ ἕτοιμον εἶναι τοῦ πορεύεσθαι μετὰ Κυρίου Θεοῦ σου. Θ. καὶ ἀσφαλίζου τοῦ πορεύεσθαι μετὰ Ἐλωαίχ. Ε', καὶ φροντίζειν.

8. H. et humiliare te ambulando cum Deo tuo. LXX, et paratus sis ambulare cum Domino Deo tuo. Th. et cave diligenter ut ambules cum Eloaich. V, et solicitum esse. Vul. et solicitum ambulare cum Deo tuo.

יקרא 9 Σ. βοήσει. Ο', ἐπικληθήσεται.

9. Heb. S. clamabit. LXX, vociferabitur. Vul. clamat.

וישחך בקרבך ותסג ולא תפליט 14 Ἀ. καὶ καταφυτεύσω ἐν ἐγκάτῳ σου, καὶ καταλήψῃ, καὶ οὐ μὴ διασωθῇς. Σ. ἀλλὰ καὶ διαφθερεῖς εἰς τὰ ἐντός σου, καὶ ἥξεις, καὶ οὐ μὴ διασωθῇς. Ο', καὶ συσκοτάσει ἐν σοί, καὶ ἐκνεύσει, καὶ οὐ μὴ διασωθῇς.

14. Hebr. et depressio tua in interiore tuo, et apprehendet, et non producet. A. et plantabo in interiori tuo, et comprehenderis, et non salvaberis. S. sed et corrumpes in intimo tuo, et venies, et non salvaberis. LXX, et contenebrescet in te, et declinabit, et non salvaberis. Vul. et humiliatio tua in medio tui : et apprehendes, et non salvabis.

מעשה 16 Ἀ. ποιήματα. Ο', ἔργα.

16. Heb. opus. A. facta. LXX, Vul. opus.

במעצותם Ο', ἐν ταῖς ὁδοῖς αὐτῶν. Ἄλλος, ἐν ταῖς βουλαῖς αὐτῶν.

Hebr. *Alius*, in consiliis eorum. LXX, in viis eorum. Vul. in voluntatibus eorum.

Notæ et variæ lectiones ad cap. VI Michææ.

V. 2. Hieron. : « S. et Th. transtulerunt, *et antiqua fundamenta terræ*. Quinta autem ed. ipsum Hebraicum posuit, ETHANIM, *fundamenta terræ*. »

V. 5. Hieron. : « Pro *justitiis* sive *justitia*, *misericordia* interpretatus est S., et ubi LXX, *schœnis*, Omnes ipsum Hebraicum SETTIM transtulerunt. »

V. 8. Θ., καὶ ἀσφαλίζου τοῦ πορεύεσθαι μετὰ Ἐλωαίχ. Sic restituit Martianæus, antea legebatur μετὰ Θεοῦ σου. V ed., καὶ φροντίζειν. Hieron.

V. 9. Σ., βοήσει. Barberin.

V. 14. Ἀ., καὶ καταφυτεύσω etc. Lectiones Aquilæ et Sym. sic exhibet Barberin.

V. 16. Ἀ., ποιήματα. Barb.

Ibid. Ἄλλος, βουλαῖς. Idem.

MICHÆÆ CAPUT VII.

אבד 2 Οἱ λοιποί, ἐξέλοιπεν. Ο', ἀπόλωλεν.

2. Hebr. LXX, Vul. periit. *Reliqui*, defecit.

מבוכתם 4 Ἄλλ., πολιορκία αὐτῶν. Ἄλλος, φρούρησις αὐτῶν. Ο', κλαυθμοὶ αὐτῶν.

4. Hebr. perplexitas eorum. *Alius*, obsidio eorum. *Al.* munitio eorum. LXX, fletus eorum. Vul. vastitas eorum.

חק 11 Σ. ἐπιταγή. Ο', νόμιμα. Θ. πρόσταγμα.

11. Heb. statutum. S. præceptum. LXX, legitima. Th. jussio. Vul. lex.

מצור 12 Π. περιοχή, καὶ περίφραγμα καὶ πολιορκία. Ο', ὀχυραί.

12. Heb. munitionis. *Omnes*, munitio, *et* circumvallatio, *et* obsidio. LXX, munitæ. Vul. munitas.

לעד 18 Οἱ λοιποί, εἰσαεί. Ο', Ε' εἰς μαρτύριον.

18. Heb. in perpetuum. *Reliqui*, in sempiternum. LXX, V, in testimonium. Vul. ultra.

קדם 20 Ο', ἀρχῆθεν. Ἄλλος, ἔμπροσθεν.

20. H. quondam. LXX, a principio. *Al.* priores. Vul. antiquis.

Notæ et variæ lectiones ad cap. VII Michææ.

V. 2. *Οἱ λοιπ.*, ἐκλέλοιπεν. Barberinus.

V. 4. Hieronymus : « *Vastatio tua venit : nunc erit vastitas eorum*, i. e., *habitatorum*, sive *obsidio:* MABUCHA enim magis πολιορκίαν et φρούρησιν, i. e , *obsidionem* et *custodiam*, quam *vastitatem* in Hebræo sonat. » Ubi haud dubie aliorum interpretum versionem tacito nomine adfert.

V. 11. S., Th., ἐπιταγὴν καὶ πρόσταγμα. Hieronymus.

V. 12. Hieron. : « MASOR : quod verbum si in præpositionem MA, et nomen SOR, dividatur, de Tyro, intelligitur : sin autem unus sermo sit, *munitionem* sonat. Denique omnes περιοχὴν, καὶ περίφραγμα, καὶ πολιορκίαν, non de Tyro, ut LXX, sed *munitionem* et *ambitum muratæ urbis* transtulerunt.» Ubi trium haud dubie lectionem adfert.

V. 18. *Οἱ λοιποὶ*, εἰσαεὶ etc. Has lectiones ex codice Regio et ex Hieronymo mutuamur.

V. 20. Ἄλλως, ἔμπροσθεν. Sic quædam exemplaria.

NAHUM CAPUT PRIMUM.

משא 1 Ἀ. ἆρμα. Ο', λῆμμα.

1. Heb. A. Vul. onus. LXX, assumptio.

ובעל חמה 2 Ἀ. Θ. καὶ ἔχων θυμόν. Ο', μετὰ θυμοῦ.

2. Hebr. A. Th. Vul. et habens furorem. LXX, cum furore.

ותשא 5 Ἀ. καὶ ἔφριξεν. Σ. καὶ ἐκινήθη. Ο', καὶ ἀνεστάλη.

5. Heb. et conflagravit. A. et inhorruit. S. et commota est. LXX, et contracta est. Vul. et contremuit.

ומי יקום בחרון אפו 6 Ἀ. τίς ἀντιστήσεται . . . . Σ. . . . . . . Ο', καὶ τίς ἀντιστήσεται ἐν ὀργῇ θυμοῦ αὐτοῦ;

6. Heb. et quis stabit in ira furoris ejus? A. quis resistet. . . . . S. et quis sustinebit iram furoris ejus? LXX, Vul. et quis resistet in ira furoris ejus?

נתכה Ἀ. συνεχωνεύθη. Σ. Θ. ἔσταξεν. Ο', τήκει.

Heb. Vul. effusa est. A. conflata est. S. Th. stillavit. LXX, consumit, *sive* liquefacit.

ובשטף עבר כלה יעשה מקומה 8 Σ. . . . Ἀ. . . . . ἀπὸ τῶν ἀνισταμένων. Ο', καὶ κατακλυσμῷ πορείας συντέλειαν ποιήσεται· τοὺς ἐπεγειρομένους. Θ. . . . Ε'. . . . .

8. Heb. et in inundatione transeunte consummationem faciet loci ejus. S. Vul. et in diluvio prætereunte consummationem faciet loci ejus. A . . . . a consurgentibus. LXX, et in diluvio transeunte consummationem faciet : transeuntes. Th. . . . . consurgentibus ei. V. . . . . a consurgentibus ei.

לא־תקום פעמים צרה 9 Σ. . . . . . Ο', οὐκ ἐκδικήσει δὶς ἐπιτοαυτὸ ἐν θλίψει. Θ. . . . .

7. Hebr. non consistet bis angustia. S. non sustinebunt impetum secundum angustiæ. LXX, non vindicabit bis in idipsum in tribulatione. Th. non consurget secunda tribulatio. Vul. non consurget duplex tribulatio.

רעה יעץ בליעל 11 Ἀ. κακίαν βουλευόμενος ἀποστασία. Ο', πονηρὰ βουλευόμενος ἐναντία.

11. Hebr. malum consulens Belial. A. malitiam deliberans apostasia. LXX, pessima cogitans contraria. Vul. malitiam : mente pertractans prævaricationem..

כי קלות 14 Ο', ὅτι ταχεῖς. Ε', ὅτι ὑβρίσθης.

14. Hebr.. quia despectus fuisti. LXX quia veloces. V. quia contumelia affectus es. Vul. quia inhonoratus es.

Notæ et variæ lectiones ad cap. I Nahum.

V. 1. Ἀ., ἆρμα. Hieron. Prologo in Nahum. « LXX interpretantur λῆμμα. A., ἆρμα. Apud Hebræos MASSA. »

V. 2. Ἀ., Σ., καὶ ἔχων θυμόν. Drusius.

V. 5. Ἀ., καὶ ἔφριξεν etc. Theodoretus.

V. 6. Hieronymus : « Apertius interpretatus est Sym., *et quis sustinebit iram furoris ejus.* » Infra vero : « Porro verbum Hebraicum IACCUM, quod et A. et LXX transtulerunt, *resistet* etc. »

Ibid. Ἀ., συνεχωνεύθη etc. Hieronymus.

V. 8. Hieronymus : « Verbum MACOMA, quod nos interpretati sumus, *loci ejus*, omnes in duas orationis partes diviserunt ; ut MA, in præpositionem *de*, verterent, i. e. ἀπό, COMA, *surgentes* interpretarentur. Denique Aquila ἀπὸ ἀνισταμένων, inquit, i. e. *a consurgentibus;* LXX, *consurgentes;* Theodotio, *consurgentibus ei;* V ed., *a consurgentibus illi*. Solus Symmachus cum nostra interpretatione consentiens, ait : *Et in diluvio* etc. »

V. 9. S., Th. Lectiones adfert Hieronymus, ut nos edimus.

V. 11. Ἀ., κακίαν βουλευόμενος etc. Ms. Jes.

V. 14. Hieron. : « V editio, ὅτι ὑβρίσθης, LXX transtulerunt : *quia veloces*, quod in Hebraico legitur CHI CALLOTH. »

NAHUM CAPUT III.

פרק מלאה 1 Ἀ. ἐξαυχενισμοῦ πλήρης. Σ. 1. ἀποτομίας πλήρης. Σ. 2. μελοκοπίας πλήρης. Ο' ἀδικίας πλήρης.

1. Heb. extorsione plena. A. excervicatione plena. S. 1. crudelitate plena. S. 2. membrorum concisione plena. LXX, iniquitate plena. Vul. dilaceratione plena.

לא ימיש טרף Σ. . . . . Ο', οὐ ψηλαφηθήσεται θήρα.

Heb. non recedet præda. S. ubi indesinens præda est. LXX, non contrectabitur venatio. Vul. non recedet a te rapina.

3 יכשלו בגויתם Σ. . . . . . Ο', καὶ ἀσθενήσουσιν ἐν τοῖς σώμασιν αὐτῶν.

3. Hebr. impingent in corpora eorum. S. et offendunt in cadaveribus mortuorum. LXX, et infirmabuntur in corporibus eorum. Vul. et corruent in corporibus suis.

4 בעלת כשפים 'Α. Σ. . . . . Ο', ἡγουμένη φαρμάκων.

4. Heb. patronæ maleficiorum. A. S. habens maleficia. LXX, dux maleficiorum. Vul. habentis maleficia.

7 והיה כל־ראיך ידוד ממך ואמר שדדה נינוה מי ינוד לה Σ. . . . . Ο', καὶ ἔσται, πᾶς ὁ ὁρῶν σε καταβήσεται ἀπὸ σοῦ, καὶ ἐρεῖ, Δειλαία Νινευή, τίς στενάξει αὐτήν;

7. Heb. Et erit omnis qui viderit te vagabitur a te, et dicet, Vastata est Ninive, quis condolebit ei? S. Et omnis qui viderit te recedet a te, et dicet, Dissipata est Ninive, quis lugebit cum ea? LXX, Et erit, omnis qui viderit te recedet a te, et dicet, Misera Ninive, quis gemet eam? Vul. et erit: omnis, qui viderit te, resiliet a te, et dicet: Vastata est Ninive: quis commovebit super te caput?

18 מקבץ 'Α. Σ. Θ. ὁ συνάγων. Ο', ἐκδεχόμενος.

18. Heb. A. S. Th. Vul. qui congreget. LXX, qui suscipiat.

Notæ et variæ lectiones ad cap. III Nahum.

V. 1. Hieronymus: « Ubi nos posuimus *laceratione plena*, in Hebræo habetur PHEREC MALEA, quod interpretatus est A., ἐξαυχενισμοῦ πλήρης, i. e., *excervicatione plena*. Symmachus autem ἀποτομίας πλήρης, quod possumus dicere, *crudelitate* vel *severitate plena*. In altera ejus editione reperi, μελοκοπίας πλήρης, i. e., *sectionibus carnium*, *et frustis per membra concisis*. »

Ibid. S., *ubi indesinens* etc. Hieronymus.

V. 3. S., *et offendunt* etc. Drusius ex Hieronymo.

V. 4. A., S., *habens maleficia*. Hieronymus.

V. 7. S., *et omnis qui viderit* etc. Hieronymus.

HABACUC CAPUT PRIMUM.

1 המשא 'Α. ἄρμα. Σ. Ο', Θ. λῆμμα.

1. Heb. A. Vul. onus. S. LXX, Th. assumptio.

5 ראו בגוים 'Α. Σ. Θ. . . . . . Ο', ἴδετε οἱ καταφρονηταί *Ἄλλος*, . . . *Ἄλλος*, ...

5. Heb. videte in gentibus. A. S. Th. Vul. aspicite in gentibus. LXX, videte contemptores. *Alius*, videbitis calumniatores. *Alius*, videbitis declinantes.

כי־פעל פעל בימיכם לא תאמינו כי־יספר Σ. . . . . Ο', διότι ἔργον ἐγὼ ἐργάζομαι ἐν ταῖς ἡμέραις ὑμῶν, ὃ οὐ μὴ πιστεύσητε ἐάν τις ἐκδιηγῆται.

H. Quia opus operans in diebus vestris, non credetis cum narrabitur. S. quia opus fiet in diebus vestris, quod nemo credet cum narrabitur. LXX, quia opus ego operor in diebus vestris quod non credetis, si quis narraverit. Vul. quia opus factum est in diebus vestris, quod nemo credet cum narrabitur.

7 הוא ממנו משפטו ושאתו יצא Σ. αὐτὸς ἑαυτῷ δικάσει, καὶ δόγμα τὸ ἑαυτοῦ ἐπεξελεύσεται. Ο', ἐξ αὐτοῦ τὸ κρίμα αὐτοῦ ἔσται, καὶ τὸ λῆμμα αὐτοῦ ἐξ αὐτοῦ ἐξελεύσεται.

7. Heb. Ipsa ex seipsa judicium ejus, et exaltatio ejus egredietur. S. Ipsa sibi judicabit, et decretum suo egredietur. LXX, ex ipsa judicium ejus erit, et assumptio ejus ex se egredietur. Vul. Ex semetipsa judicium, et onus ejus egredietur.

8 ופשו פרשיו Σ. . . . . . Ο', καὶ ἐξιππάσονται οἱ ἱππεῖς αὐτοῦ.

8. H. et late patebunt equites ejus. S. effundentur equites ejus. LXX, et equitabunt equites ejus. Vul. et diffundentur equites ejus.

מזאבי ערב 'Α. παρὰ παρδάλεις τῆς ἑσπέρας. Ο', ὑπὲρ τοὺς λύκους τῆς Ἀραβίας.

Hebr. præ lupis vesperæ. A. præ pardis vesperæ. LXX, lupis Arabiæ. Vul. (velociores) lupis vespertinis.

9 כלה לחמס יבוא Σ. πάντα εἰς πλεονεξίαν ἥξει. Ο', συντέλεια εἰς ἀσεβεῖς ἥξει.

9. H. tota ipsa ad rapinam veniet. S. omnia in avaritiam venient. LXX, consummatio in impios veniet. Vul. omnes ad prædam venient.

מגמת פניהם קדימה Σ. ἡ πρόσοψις τοῦ προσώπου αὐτῶν ἄνεμος καύσων. Ο', ἀνθεστηκότας προσώποις αὐτῶν ἐξεναντίας.

Heb. oppositio facierum eorum ad orientem. S. aspectus vultus eorum ventus urens. LXX, resistentes faciebus ipsorum ex adverso. Vul. facies eorum ventus urens.

11 ואשם 'Α. Σ. καὶ πλημμελήσει. Ο', καὶ ἐξιλάσεται.

11. Hebr. A. S. et delinquet. LXX, et propitiabitur. Vul. et corruet.

12 הלוא אתה מקדם יהוה אלהי קדשי לא נמות יהוה למשפט שמתו וצור להוכיח יסדתו 'Α. . . . . καὶ στερεὸν εἰς τὸ ἐλέγχειν ἐθεμελίωσας αὐτόν. Σ. . . . . εἰς τὸ κρίνειν . . . . . . καὶ κρα-

12. H. Nonne tu a principio Dominus Deus meus sanctus meus? non moriemur, Domine, ad judicium posuisti eum, et petram ad increpandum fundasti eum. A..... et firmum ad arguendum fundasti

παιδὸν εἰς τὸ ἐλέγχειν ἔστησας αὐτόν. Ο', οὐχὶ σὺ ἀπ' ἀρχῆς, Κύριε ὁ Θεὸς ὁ ἅγιός μου; καὶ οὐ μὴ ἀποθάνωμεν, Κύριε, εἰς κρίμα τέταχας αὐτὸ, καὶ ἔπλασέ με τοῦ ἐλέγχειν παιδείαν αὐτοῦ.

eum. S. Nonne tu a principio, Domine, Deus meus, sancte meus, ut non moreremur? Domine ad judicandum posuisti eum, et fortem ad corripiendum constituisti eum. LXX, Nonne tu a principio, Domine Deus sancte meus? et non moriemur : Domine, in judicium posuisti ipsum : et plasmavit me ut arguam disciplinam ejus. Vul. Numquid non tu a principio, Domine Deus meus, Sancte meus, et non moriemur? Domine in judicium posuisti eum: et fortem ut corriperes, fundasti eum.

13 תחריש בבלע רשע צדיק ממנו 'Α. Σ. Θ. παρασιωπᾷς καταπίνοντος ἀσεβοῦς τὸν δικαιότερον αὐτοῦ. Ο', παρασιωπήσῃ ἐν τῷ καταπίνειν ἀσεβῆ τὸν δίκαιον.

13. H. Tacebis in deglutiendo impio justum præ se. A. S. Th. Vul. Taces devorante impio justiorem se. LXX, Tacebis dum impius devorat justum.

Notæ et variæ lectiones ad cap. I Habacuc.

V. 1. Hieronymus in Prologo : « LXX, S., Th., λῆμμα. A., *pondus*, i. e., ἄρμα., » ut supra cap. 1 Nahum

V. 5. Hieron. : « Ubi in Hebraico scriptum est RAU BAGGOIM, et nos transtulimus, *aspicite in gentibus*, et LXX posuerunt, *Videte contemtores*, excepto Aquila et S. et Th. qui cum nostra interpretatione concordant, in alia quadam editione habetur, *videbitis calumniatores*, et in alia pariter absque auctoris titulo, *videbitis declinantes*. »

V. 6. Hieron. : « Symmachus pro eo quod diximus, *quia opus factum est in diebus vestris*, interpretatus est, *quia opus fiet in diebus vestris* : cætera similiter. »

V. 7. Σ., αὐτὸς ἑαυτῷ etc. Theodoretus. Codex vero Reg. habet ἑαυτόν. Hieronymus : « S., *ipsa sibi judicabit, et decreto suo egredietur*. »

V. 8. S., *effundentur equites ejus*. Hieron.

Ibid. 'Α., παρὰ παρδ. Barberinus.

V. 9. Σ., πάντα εἰς πλεονεξίαν ἥξει. Theodoretus et cod. Reg.

Ibid. Σ., ἡ πρόσοψις etc. Iidem.

V. 11. 'Α., καὶ πλημμελήσει. Hieronymus, qui sic habet : « *Et postea corruet* : pro quo A. et S. transtulerunt καὶ πλημμελήσει, i. e., *et delinquet*; hanc habente Scriptura sancta consuetudinem, ut VASAM, i. e. *delinquet*, ponat pro eo quod est, *desinet esse* quod fuerat. »

V. 12. S., *Nonne tu a principio* etc. Hieron. Græca vero Aquilæ et Symmachi ex Barberino mutuamur.

V. 13. 'Α., Σ., Θ., παρασιωπᾷς etc. Theodoretus et ms. Reg.

HABACUC CAPUT II.

1 על־משמרתי אעמדה ואתיצבה על־מצור ואצפה לראות מה־ידבר־בי ומה אשיב על־תוכחתי Σ. . . . . Ο', ἐπὶ τῆς φυλακῆς μου στήσομαι, καὶ ἐπιβήσομαι ἐπὶ πέτραν, καὶ ἀποσκοπεύσω τοῦ ἰδεῖν τί λαλήσει ἐν ἐμοὶ, καὶ τί ἀποκριθῶ ἐπὶ τὸν ἔλεγχόν μου.

1. Heb. Super custodiam meam stabo, et subsistam super munitionem, et contemplabor ad videndum quid loquatur in me, et quid respondeam super increpatione mea. S. Quasi custos super speculam stabo, et stabo velut inclusus, et contemplabor ut videam quid dicatur mihi, et quid respondeam, et contradicam adversum arguentem me. LXX, Super custodiam meam stabo, et ascendam super petram, et contemplabor ad videndum quid loquatur mihi, et quid respondeam ad correptionem meam. Vul. Super custodiam meam stabo, et figam gradum super munitionem : et contemplabor, ut videam quid dicatur mihi, et quid respondeam ad arguentem me.

מצור 'Α. Ε'. . . . Σ. . . . . . Ο', πέτραν Θ. . . . .

Heb. Vul. munitionem. A. V, circum. S. conclusum. LXX, petram. Th. gyrum.

2 חזון 'Α. ὁραματισμόν. Ο', ὅρασιν.

2. Hebr. LXX, visionem. A. Vul. visum.

הלחות Σ. . . . . Ο', πυξίον.

Heb. Vul. tabulas. S. paginas. LXX, buxum.

ירוץ 'Α. Σ. τρέχῃ. Ο', διώκῃ.

Heb. Vul. percurrat. A. S. currat. LXX, persequatur.

3 ולא יכזב 'Α. Σ. καὶ οὐ διαψεύσεται. Ο', καὶ οὐκ εἰς κενόν.

3. Hebr. A. S. Vul. et non mentietur. LXX, et non in vanum.

אם־יתמהמה חכה־לו כי־בא יבא לא יאחר 'Α. ἐὰν δὲ μελλήσῃ, προσδέχου αὐτόν, ὅτι ἐρχόμενος ἥξει (*al.* ἐλεύσεται) καὶ οὐ βραδυνεῖ. Σ. στραγγεύσεται. . . . . Ο', ἐὰν ὑστερήσῃ ὑπόμεινον αὐτὸν, ὅτι ἐρχόμενος ἥξει, καὶ οὐ μὴ χρονίσῃ.

H. si moram fecerit exspecta eum, quia veniendo veniet, non tardabit. A. si autem procrastinaverit, exspecta eum, quia veniens veniet, et non tardabit. S. coarctabit.... LXX, si moram fecerit, sustine eum, quia veniens veniet, et non tardabit. Vul. si moram fecerit, exspecta eum, quia veniens veniet, et non tardabit.

4 הנה עפלה לא־ישרה נפשו בו 'Α. ἰδοὺ νωχελευομένου οὐκ εὐθεῖα ἡ ψυχή μου ἐν αὐτῷ. Ο', ἐὰν ὑποστείληται, οὐκ εὐδοκεῖ ἡ ψυχή μου ἐν αὐτῷ.

4. H. Ecce elata est, non recta anima ejus in eo. A. Ecce tardante non recta anima mea in ipso. LXX, si retraxerit se, non placet anima mea in eo. Vul. Ecce qui incredulus est, non erit recta anima ejus in semetipso.

וצדיק באמונתו יחיה 'Α. καὶ δίκαιος ἐν πίστει αὐτοῦ ζήσεται. Σ. Θ. Ε', Ϛ', Ζ', ὁ δὲ δίκαιος τῇ ἑαυτοῦ πί-

Heb. A. et justus in fide sua vivet. S. Th. V, VI, VII, justus autem fide sua vivet. LXX, justus

στει ζήσει. Ο', ὁ δὲ δίκαιος ἐκ πίστεώς μου ζήσεται.

autem ex fide mea vivet. Vul. justus autem in fide sua vivet.

ולא ינוה 5 Σ. καὶ οὐκ εὐπορήσει (al. εὐπραγήσει). Ο', οὐθὲν μὴ περάνῃ.

5. Hebr. et non habitabit. S. et non abundabit [al. prosperabit]. LXX, nihil perducet ad finem. Vul. non decorabitur.

ויקצו 7 Οἱ λοιποί, καὶ ἐξυπνισθήσονται. Ο', καὶ ἐκνήψουσιν.

7. Heb. LXX, et evigilabunt. Reliqui, et expergiscentur. Vul. et suscitabuntur.

הוי 9 Σ. Οὐαί. Ο', ὦ.

9. Hebr. S. Vul. Væ. LXX, o.

כי־אבן מקיר תזעק וכפיס מעץ יעננה 11 Ἄλλος, ... Ἄλλος, ... Ο', διότι λίθος ἐκ τοίχου βοήσεται, καὶ κάνθαρος ἐκ ξύλου φθέγξεται αὐτά.

11. Hebr. quia lapis e pariete clamabit, et trabs de ligno respondebit ei. Alius, quia lapis in pariete clamabit, quasi vermis in ligno loquens. Alius, lapis enim de pariete vociferabitur, et σκώληξ de ligno loquetur ei. LXX, quoniam lapis de pariete clamabit, et scarabeus de ligno loquetur ea. Vul. quia lapis de pariete clamabit: et lignum, quod inter juncturas ædificiorum est, respondebit ei.

וכפיס מעץ יעננה Ἀ. καὶ μάζα ἐκ ξύλου (ἀποκριθήσεται). Σ. καὶ σύνδεσμος οἰκοδομῆς ξύλινος ἀποφθέγξεται. Θ. Ε', καὶ σύνδεσμος ξύλου φθέγξεται αὐτά. Θ. ἄλλως, ἔνδεσμος. Barberinus.

Heb. et trabs de ligno respondebit ei. A. et massa de ligno respondebit. S. et colligatio ædificii lignea vocem dabit. Th. V Ed. et colligatio ligni vociferabitur ea. Vul. et lignum, quod inter juncturas ædificiorum est respondebit.

הוי משקה רעהו מספח חמתך 15 Ἀ. . . ἐξ ἐκπέμψεως. Barber. ἐξ ἐπιτρίψεως χόλου σου. Σ. . . . καὶ ἀφιὼν ἀκρίτως τὸν θυμὸν ἑαυτοῦ. Ο', Ὦ ὁ ποτίζων τὸν πλησίον αὐτοῦ ἀνατροπῇ θολερᾷ. Ε', ἐξ ἀπροσδοκήτου ἀνατροπῆς τῆς ὀργῆς σου. Θ. . . . . ἀπὸ χύσεως θυμοῦ σου. Ἄλλος, οὐαὶ τῷ ποτίζοντι τὸν ἑταῖρον αὐτοῦ ἀέλλην πετομένην. Ἄλλος, ... ἔκστασιν ὀχλουμένην.

15. Hebr. Væ propinanti socio suo, adjungenti venenum tuum. A. . . . . . ex emissione. Barb. attritione furoris tui. S. . . . . . et emittens absque judicio furorem suum. LXX, O qui propinat proximo suo subversionem turbidam. V, de insperata subversione iræ tuæ. Th. . . . . de effusione furoris tui. Alius, Væ qui potum dat amico suo turbinem volantem. Alius, Væ qui potum dat amico suo extasin turbidam. Vul. Væ qui potum dat amico suo, mittens fel suum.

מעוריהם Ἀ. τὴν γύμνωσιν αὐτῶν. Σ. τὴν ἀσχημοσύνην αὐτῶν. Ο', τὰ σπήλαια αὐτῶν.

H. nuditates. A. nuditatem eorum. S. turpitudinem eorum. LXX, speluncas eorum.

והערל 16 Ἀ. καὶ καρώθητι. Ο', σαλεύθητι.

16. Heb. et denudare præputium. A. Vul. et consopire. LXX, commovere.

חמס 17 Ἀ. αἷμα. Σ. πλεονεξία. Ο', ἀσέβεια.

17. Heb. rapina. A. sanguis. S. avaritia. LXX, impietas Vul. iniquitas.

ושד בהמות Ἀ. καὶ προνομὴ κτηνῶν. Σ. διαρπαγὴ κτηνῶν. Ο', ταλαιπωρία θηρίων.

H. A. et præda jumentorum. S. direptio jumentorum. LXX, miseria bestiarum. V, vastitas animalium.

יחיתן Ἀ. καταπτήξει αὐτούς. Σ. ἡττήσει. Ο', πτοήσει σε.

Heb. conteret eas. A. Vul. deterrebit eos. S. superabit. LXX, terrebit te.

אלמים 18 Σ. ἄλαλα. Ο', κωφά.

18. Hebr. S. LXX, Vul. muta.

וכל־רוח אין בקרבו 19 Ἀ. . . . . Ο', καὶ πᾶν πνεῦμα οὐκ ἔστιν ἐν αὐτῷ.

19. Hebr. et omnis spiritus non in medio ejus A. et spiritus ejus non est in visceribus, sive in medio ejus. LXX, et omnis spiritus non est in eo. Vul. et omnis spiritus non est in visceribus ejus.

Notæ et variæ lectiones ad cap. II Habacuc.

V. 1. S., *quasi custos* etc. Hieronymus qui subdit: « Pro *munitione* et *petra*, in cujus locum Sym. interpretatus est, *conclusum*, in Hebræo ponitur MASUR, quod Th., *gyrum*, A. et V *circum* transtulerunt. »

V. 2. Ἀ., ὁραματισμόν. Hieronymus.

Ibid. Hieronymus: « Pro *tabulis* et *buxo*, quod Hebraice dicitur ALLUOTH, S. interpretatus est *paginas*. « Forte σελίδας. Aquila vero πλάκας verterit de more. LXX, πυξίον, fortasse πυκτίον, librum.

Ibid. Ἀ., Σ., τρέχῃ. Barberin.

V. 3. Ἀ., Σ., καὶ οὐ διαψεύσεται. Eusebius in Demonstr. evang. p. 277, soli Aquilæ, Barberinus autem id Aquilæ et Symmacho tribuit.

Ibid. Ἀ., ἐὰν δὲ μελλήσῃ etc. Ex eodem Euseb. Σ., στραγγεύσεται. Barberin.

V. 4. Ἀ., ἰδοὺ νωχελευομένου etc. Ex eodem p. 278, ut et sequentia. Ἀ., καὶ δίκαιος etc. ubi Hieronymus: « Et ubi LXX posuerunt, *justus autem ex fide mea vivet*, omnes æqualiter transtulerunt: *ex fide sua vivet*. Denique Symmachus significantius interpretans ait: *Justus autem per fidem propriam suam vivet*: quod Græce dicitur: ὁ δὲ δίκαιος τῇ ἑαυτοῦ πίστει ζήσει. (Hæc depravata sunt in editis, sed ex Eusebio restituuntur.) BAEMUNATHO quippe, quod interpretatur *in fide sua*, si IOD et non VAU litteram haberet in fine, ut LXX putaverunt, et legeretur BAEMUNATHI, recte transtulissent, *in fide mea*. »

V. 5. Σ., καὶ εὐπορήσει, i. e., *in rerum omnium erit penuria*, Hieron. Barberinus habet, εὐπραγήσει.

V. 7. Οἱ λοιπ., καὶ ἐξυπν- Barberinus.

V. 9. Σ., οὐαί. Idem.

V. 11. Hæc ex Hieronymo prodeunt, qui sic habet : « Porro quod nos interpretati sumus : *Et lignum quod inter juncturas ædificiorum est respondebit* : pro quo LXX posuerunt : *Et scarabeus de ligno loquetur ea*, manifestius more suo transtulit Symm., καὶ σύνδεσμος etc. [ut supra in textu] : quæ et ipsæ interpretationes cum Symmachi et nostra interpretatione concordant : quod enim lingua Hebraica dicitur CHAPHIS, lignum significat, quod ad continendos parietes in medio structuræ ponitur ; et vulgo apud Græcos appellatur ἱμάντωσις. . . . . Reperi, exceptis quinque editionibus, i. e., A., S., LXX, Th. et V in duodecim Prophetis et duas alias editiones, in quarum una scriptum est : *quia lapis de pariete clamabit quasi vermis in ligno loquens* : et in altera *lapis enim de pariete vociferabitur, et* σκώληξ *de ligno loquetur ea*. Sed et Aquila aliud quiddam, quam nos diximus posuit, καὶ μάζα, i. e., *et massa de ligno respondebit*. » Illæ vero duæ editiones incerto auctore sunt sexta et septima, quas memorat supra Eusebius v. 4. De lignis ad structuræ murorum firmitatem usurpatis, hæc habet Flaminius Vacca, quem ex Italico vulgari idiomate Latine versum edidimus in Diario Italico p. 203 : « *Memini audivisse me ab Horatio Mario, ut exornaretur Monasterium quoddam Monialium, jam in foro Nervæ situm, in solum projecta fuisse quædam saxa peperina quadra, et inter duo quadra fuisse assulas ex quolibet latere, ad formam caudæ hirundinis. Sed, quod summopere miror, aiebat Horatius usque adeo sanas et sinceras esse, ut possent adhuc in opus admoveri. Nullusque lignarius faber ligni naturam novit.* »

V. 15. Has item omnes lectiones adfert Hieronymus ibid. quas hic repetere non est necesse. Ad Aquilam vero pro ἐκπέμψεως, Barberinus habet, ἐπιτρίψεως, non male.

Ibid. 'A., τὴν γύμνωσιν αὐτῶν etc. Barb.

V. 16. 'A., καὶ χαρώθητι. Barb.

V. 17. 'A., αἷμα, forte αἱμάς ; ita ut vocem Hebraicum græcis litteris expresserit, addita vocali i, post a, ut alibi.

Ibid. 'A., καὶ προνομή et cætera hujus versus ex Barberino.

V. 18. Σ., ἄλαλα. Hieron.

V. 19. Hieron. : « Unde et Aquila significantius vertit Hebraicum dicens : *Et spiritus* etc. »

HABACUC CAPUT III.

תפלה לחבקוק הנביא על שגינות 1 'A. Σ. E', Ὠδὴ . . . ἐπὶ ἀγνοημάτων. O', *καὶ ἄλλος*, προσευχὴ Ἀμβακοὺμ τοῦ προφήτου μετ' ᾠδῆς. Θ. . . . . . . ὑπὲρ τῶν ἑκουσιασμῶν.

1. Heb. Oratio Habacuc prophetæ super sigionoth. A. S. V, Canticum... super ignorantiis. LXX, *et Alius*, Oratio Ambacum prophetæ cum cantico. Th... pro voluntariis. Vul. Oratio Habacuc prophetæ pro ignorantiis.

יהוה שמעתי שמעך יראתי יהוה פעלך 2 O', Κύριε, εἰσακήκοα τὴν ἀκοήν σου, καὶ ἐφοβήθην. Ἄλλος, Κύριε, εἰσήκουσα τὴν ἀκοήν σου, καὶ εὐλαβήθην. *Ambo*, κατενόησα τὰ ἔργα σου, καὶ ἐξέστην.

2. Heb. Domine, audivi auditum tuum, timui, Domine, opus tuum. LXX, Domine, audivi auditum tuum, et timui. *Alius*, Domine, audivi auditum tuum, et reveritus sum. *Ambo*, consideravi opera tua et obstupui. Vul. Domine, audivi auditionem tuam, et timui, Domine, opus tuum.

בקרב שנים חייהו 'A. ἐν τῷ ἐγγίζειν τὰ ἔτη ζώωσον αὐτό. Σ. ἐντὸς τῶν ἐνιαυτῶν ἀναζώωσον αὐτό. O', *καὶ ἄλλος*, ἐν μέσῳ δύο ζώων γνωσθήσῃ. Θ. ἐν μέσῳ ἐτῶν ζώωσον αὐτό.

Heb. in interiori annorum vivifica illud. A. in appropinquando annos vivifica illud. S. intra annos revivifica illud. LXX, *et Alius*, in medio duorum animalium cognosceris. Th. Vul. in medio annorum vivifica illud.

בקרב שנים תודיע ברגז רחם תזכר O', *καὶ ἄλλ.*, ἐν τῷ ἐγγίζειν τὰ ἔτη ἐπιγνωσθήσῃ, ἐν τῷ παρεῖναι τὸν καιρὸν ἀναδειχθήσῃ.

Heb. in interiori annorum notum facies, in ira misericordiæ recordaberis. LXX, *et Alius*, cum appropinquaverint anni cognosceris, cum advenerit tempus demonstraberis. Vul. in medio annorum notum facies, cum iratus fueris, misericordiæ recordaberis.

אלוה מתימן יבוא וקדוש מהר־פארן 3 'A. Σ. E'. ὁ Θεὸς ἐκ Θαιμὰν ἥξει . . . . O', ὁ Θεὸς ἐκ Θαιμὰν ἥξει, καὶ ὁ ἅγιος ἐξ ὄρους Φαρὰν κατασκίου δασέος. Θ. ὁ Θεὸς (*al.* Ἐλωὰ) ἀπὸ νοτίου ἥξει, ἀπὸ ὄρους Φαράν. Ἄλλος, ὁ Θεὸς ἀπὸ λιβὸς ἥξει, καὶ ὁ ἅγιος ἐξ ὄρους Φαράν.

3. Hebr. Deus de Theman veniet, et sanctus de monte Pharan. A. S. V, Deus de Thæman veniet. LXX, Deus de Thæman veniet, et sanctus de monte Pharan, umbroso condenso. Th. Deus (*al.* Eloa) ab austro veniet, a monte Pharan. *Alius*, Vul. Deus ab austro veniet, et sanctus de monte Pharan.

סלה 'A. ἀεί. Σ. εἰς τὸν αἰῶνα. O', διάψαλμα. Θ. εἰς τέλος. E', σελά. Ἄλλος, μεταβολὴ διαψάλματος.

Heb. V, sela. A. semper. S. in sæculum. LXX, diapsalma. Th. in finem. *Alius*, mutatio diapsalmatis.

כסה שמים הודו ותהלתו מלאה הארץ 'A. Θ. ἀπεκάλυψεν οὐρανοὺς τὴν εὐπρέπειαν αὐτῆς, δόξης αὐτοῦ καὶ τῆς αἰνέσεως αὐτοῦ ἐπληρώθη ἡ οἰκουμένη. O', ἐκάλυψεν οὐρανοὺς ἡ ἀρετὴ αὐτοῦ, καὶ αἰνέσεως αὐτοῦ πλήρης ἡ γῆ. Ἄλλος, ἐκάλυψεν ὁ οὐρανὸς τὴν εὐπρέπειαν τῆς δόξης αὐτοῦ, καὶ τῆς αἰνέσεως αὐτοῦ ἐπλήσθη ἡ οἰκουμένη.

H. operuit cœlos decor ejus, et laudis ejus plena est terra. A. Th. revelavit cœlos decorem ejus, gloria ejus et laude ejus repletus est orbis. LXX, operuit cœlos virtus ejus, et laudis ejus plena est terra. *Alius*, operuit cœlum decorem gloriæ ejus, et laude ejus repletus est orbis. Vul. operuit cœlos gloria ejus : et laudis ejus plena est terra.

4 ונגה כאור תהיה קרנים מידו לו Ο', καὶ φέγγος αὐτοῦ ὡς φῶς ἔσται, κέρατα ἐν χερσὶν αὐτοῦ. Ἄλλος, διαύγασμα φωτὸς ἔσται αὐτῷ, κέρατα ἐκ χειρὸς αὐτοῦ ὑπάρχει αὐτῷ. Hanc postremam lectionem τοῖς Ο' tribuit Coislin. in margine positam.

4. Heb. et splendor ut lux erat, cornua de manu ejus ei. LXX, et splendor ejus ut lux erit, cornua in manibus ejus. *Alius*, splendor lucis erit ei, cornua de manu ejus sunt ipsi. Vul. splendor ejus ut lux erit : cornua in manibus ejus.

ושם חביון עזה Ἀ. . . . . . Σ. . . . . Ο', καὶ ἔθετο ἀγάπησιν κραταιὰν ἰσχύος αὐτοῦ. Ἄλλος, ἐκεῖ ἐπεστήρικται ἡ δύναμις τῆς δόξης αὐτοῦ.

Heb. et ibi absconsio fortitudinis ejus. A. et posuit absconsionem fortitudinis suæ. S. et posuit absconditam fortitudinem suam. LXX, et posuit dilectionem robustam fortitudinis suæ. *Alius*, ibi firmata est virtus gloriæ ipsius. Vul. ibi abscondita est fortitudo ejus.

5 לפניו ילך דבר Ἀ. . . . . Σ. . . . . Ο', πρὸ προσώπου αὐτοῦ πορεύσεται λόγος. Θ. λόγος. Ἄλλος, πρὸ προσώπου αὐτοῦ προελεύσεται πτῶσις.

5. H. ad facies ejus ibit pestis. A. ante faciem ejus ibit pestis. S. ante faciem ejus præcedet mors. LXX, ante faciem ejus ibit verbum. Th. verbum. *Alius*, ante faciem ejus præibit ruina. Vul. ante faciem ejus ibit mors.

ויצא רשף לרגליו Ἀ. . . . . Σ. Θ. Ε'. . . . Ο', καὶ ἐξελεύσεται εἰς πεδία κατὰ πόδας αὐτοῦ. Ἄλλος, κατὰ πόδας αὐτοῦ ἀκολουθήσῃ τὰ μέγιστα τῶν πετηνῶν.

Heb. et egrediebatur carbo ad pedes ejus. A. . . . volatile. S. Th. V, volucris. LXX, et egredietur in campos ad pedes ejus. *Alius*, et ad pedes ejus sequeris maxima volucrium. Vul. et egredietur diabolus ante pedes ejus.

6 עמד וימדד ארץ ראה ויתר גוים ויתפצצו הררי־עד ישחו גבעות עולם הליכות עולם לו Ο', ἔστη καὶ ἐσαλεύθη ἡ γῆ, ἐπέβλεψε καὶ διετάκη ἔθνη· διεθρύβη τὰ ὄρη βίᾳ, ἐτάκησαν βουνοὶ αἰώνιοι πορείας αἰωνίας αὐτοῦ. Ἄλλος, στὰς διεμέτρησε τὴν γῆν· κατανοήσας ἐξείκασε τὰ ἔθνη· διεθρύβη, καὶ τὰ ὄρη θραυσθήσεται· ταπεινωθήσονται αἱ νάπαι ἐκ τοῦ αἰῶνος, αἱ ὁδοὶ αἱ ἐξ ἀρχῆς ἀλλοιωθήσονται· αὐτοῦ ἕνεκα σεισθήσεται ἡ οἰκουμένη.

6. Heb. Stetit et mensus est terram : vidit et dissilire fecit gentes ; et contriti sunt montes perpetuitatis, incurvaverunt se colles sæculi, itinera sæculi ei. LXX, Stetit et commota est terra : aspexit et tabuerunt gentes : contriti sunt montes violentia : tabuerunt montes sempiterni, itineris sempiterni ejus. *Alius*, Stans mensus est terram : cogitans effinxit gentes : contritæ sunt : et montes confringentur : humiliabuntur saltus a sæculo, viæ quæ ab initio immutabuntur : ejus causa commovebitur orbis. Vul. Stetit et mensus est terram : aspexit et dissolvit gentes, et contriti sunt montes sæculi, incurvati sunt colles mundi ab itineribus æternitatis ejus.

7 תחת און ראיתי אהלי כושן ירגזון יריעות ארץ מדין Ο', ἀντὶ κόπων εἶδον σκηνώματα Αἰθιόπων, πτοηθήσονται καὶ αἱ σκηναὶ γῆς Μαδιάμ. Ἄλλος, κατανενόηκα τὰς σκηνὰς Αἰθιόπων, ταραχθήσονται οἱ κατοικοῦντες τὰς δέῤῥεις Μαδιάμ.

7. H. Pro iniquitate vidi tentoria Chusan, moverunt se cortinæ terræ Madian. LXX, Pro laboribus vidi tentoria Æthiopum : pavebunt et tabernacula terræ Madiam. *Alius*, Cogitavi tabernacula Æthiopum, turbabuntur inhabitantes pelles Madiam. Vul. Pro iniquitate vidi tentoria Æthiopiæ : turbabuntur pelles terræ Madian.

8 הבנהרים חרה יהוה אם־בנהרים אפך Ο', καὶ ἄλλος, μὴ ἐν ποταμοῖς ὠργίσθης, Κύριε, ἢ ἐν ποταμοῖς ὁ θυμός σου ;

8. H. Numquid in flumina iratus est Dominus? Num in flumina furor tuus? LXX, et *Alius*, Vulg. Numquid in fluminibus iratus es, Domine, aut in fluminibus furor tuus?

אם־בים עברתך כי תרכב על־סוסיך מרכבתיך ישועה Ο', ἢ ἐν θαλάσσῃ τὸ ὅρμημά σου ; ὅτι ἐπιβήσῃ ἐπὶ τοὺς ἵππους σου, καὶ ἡ ἱππασία σου σωτηρία. Ἄλλ., ἢ ἐν θαλάσσῃ ἡ ὀργή σου ; ἀνέβης ἐπὶ τὰ ἅρματά σου· ἡ ἱππασία σου σωτηρία ὃ προέβης.

Hebr. num in mare ira tua? quia equitabis super equos tuos, quadrigas tuas, salutem. LXX, vel in mare impetus tuus : quia ascendes super equos tuos, et equitatio tua salus. *Alius*, aut in mari ira tua : ascendisti super currus tuos, equitatio tua salus, quod præcessisti. Vul. vel in mari indignatio tua. Qui ascendes super equos tuos, et quadrigæ tuæ salvatio.

9 עריה תעור קשתך שבעות מטות אמר Ο', ἐντείνων ἐνέτεινας τόξον σου ἐπὶ σκῆπτρα, λέγει Κύριος. Ἄλλος, ἐξεγέρθη τὸ τόξον σου, ἐχόρτασας βολίδας τῆς φαρέτρας αὐτοῦ.

9. Hebr. Denudatione denudabitur arcus tuus, juramenta tribuum, dictum. LXX, Intendens intendisti arcum tuum super sceptra, dicit Dominus. *Alius*, excitatus est arcus tuus, satiasti jacula pharetræ ejus. Vul. Suscitans suscitabis arcum tuum, juramenta tribubus quæ locutus es.

סלה Ἀ. ἀεί. Ο', Ἄλλος, διάψαλμα.

Hebr. sela. A. semper. LXX, *Alius*, diapsalma.

נהרות תבקע־ארץ Ο', ποταμῶν ῥαγήσεται γῆ. Ἄλ-

Heb. Vul. fluvios scindes terræ. LXX, fluviorum

λεις, ποταμοὺς διασχεδάσεις, καὶ γῆν σώσεις.

scindetur terra. *Alius*, fluvios dissipabis, et terram salvabis.

10 ראוך יחילו הרים זרם מים עבר נתן תהום קולו רום ידיהו נשא O', ὄψονταί σε καὶ ὠδινήσουσι λαοί, σκορπίζων ὕδατα πορείας· ἔδωκεν ἡ ἄβυσσος φωνὴν αὐτῆς, ὕψος φαντασίας αὐτῆς. Ἄλλος, ἐν τῷ ἀντοφθαλμεῖν σε ταραχθήσονται τὰ ὄρη· ἐν τῷ τὸν ἐξαίσιόν σου ὄμβρον διελθεῖν δι' αὐτῆς, ἡ ἄβυσσος ἀνεφώνησε μεῖζον.

10. Heb. Viderunt te, tremuerunt montes; inundatio aquarum transiit. Dedit abyssus sonitum suum, altitudo manus suas elevavit. LXX, Videbunt te, et sicut parturiens dolebunt populi: dispergens aquas itineris. Dedit abyssus vocem suam, altitudo phantasiæ ejus. *Alius*, Cum contra respexeris, turbabuntur montes: cum ingens imber tuus pertransiret per eam abyssus magis resonavit. Vul. Viderunt te, et doluerunt montes: gurges aquarum transiit. Dedit abyssus vocem suam, altitudo manus suas levavit.

11 שמש ירח עמד זבלה לאור חציך יהלכו לנגה ברק חניתך O', ἐπήρθη ὁ ἥλιος, καὶ ἡ σελήνη ἔστη ἐν τῇ τάξει αὐτῆς, εἰς φῶς βολίδες σου πορεύσονται, εἰς φέγγος ἀστραπῆς ὅπλων σου. Ἄλλος, φῶς τὸ λαμπρὸν τοῦ ἡλίου ἐπέσχεν· τὸ δὲ φέγγος τῆς σελήνης ἐστάθη· κατὰ τὸ φέγγος τῶν βολίδων σου πορεύσονται, κατὰ τὸ φέγγος ἀστραπῆς μαχαίρας σου.

11. Heb. Sol, luna stetit tabernaculo suo, ad lucem sagittarum tuarum ibunt, ad splendorem fulguris hastæ tuæ. LXX, Elevatus est sol, et luna stetit in ordine suo, in luce jacula tua ibunt, in splendore coruscationis armorum tuorum. *Alius*, Lux splendida solis continuit, splendor autem lunæ stetit, secundum splendorem jaculorum tuorum ibunt, secundum splendorem fulguris gladii tui. Vul. Sol et luna steterunt in habitaculo suo, in luce sagittarum tuarum, ibunt in splendore fulgurantis hastæ tuæ.

12 בזעם תצעד־ארץ באף תדוש גוים O', ἐν ἀπειλῇ ὀλιγώσεις γῆν, καὶ ἐν θυμῷ κατάξεις ἔθνη. Ἄλλος, μετὰ θυμοῦ ἐγερθήσῃ ἐπὶ τὴν γῆν, μετ' ὀργῆς ἀλοήσεις ἔθνη.

12. Heb. in ira incedes terram, et in furore triturabis gentes. LXX, in comminatione imminues terram, et in furore detrahes gentes. *Alius*, cum furore excitaberis super terram, cum ira triturabis gentes. Vul. In fremitu conculcabis terram: in furore obstupefacies gentes.

13 יצאת לישע עמך לישע את־משיחך Ἀ. Ε', ἐξῆλθες εἰς σωτηρίαν λαοῦ σου, εἰς σωτηρίαν σὺν Χριστῷ σου. Σ. . . . . O', ἐξῆλθες εἰς σωτηρίαν λαοῦ σου τοῦ σῶσαι τὸν Χριστόν σου. Θ. . . . . ϛ', ἐξῆλθες τοῦ σῶσαι τὸν λαόν σου διὰ Ἰησοῦν τὸν Χριστόν σου (l. διὰ Ἰησοῦ τοῦ Χριστοῦ σου). Ἄλλος, ἀνεφάνης ἐπὶ σωτηρίᾳ τοῦ λαοῦ σου, ῥύσασθαι τοὺς ἐκλεκτούς σου.

13. Hebr. A. V, Vul. Egressus es in salutem populi tui in salutem cum Christo tuo. S. LXX, Egressus es in salutem populi tui, ut salvares Christum tuum. Th. Egressus es salvare populum tuum, salvare Christum tuum. VI Ed. Egressus es salvare populum tuum per Jesum Christum tuum. *Alius*, Apparuisti super salute populi tui, ad liberandum electos tuos.

מחצת ראש מבית רשע ערות יסוד עד־צואר סלה O', βαλεῖς εἰς κεφαλὰς ἀνόμων θάνατον, ἐξήγειρας δεσμοὺς ἕως τραχήλου, διάψαλμα. Θ. . . . . Ε'. . . . . . . Ἄλλος, κατετόξευσας κεφαλὰς ἀνθρώπων ὑπερηφάνων, ἕως ἀβύσσου τῆς θαλάσσης καταδύονται.

Heb. transfixisti caput de domo impii, denudando fundamentum usque ad collum, sela. LXX, Mittes in capita iniquorum mortem, suscitasti vincula usque ad collum. Diapsalma. Th. . . . . . ornasti fundamentum usque ad collum. V Ed. . . . . . . denudasti, *sive* evacuasti fundamentum usque ad collum, sela. *Alius*, Sagittis confodisti capita hominum superborum, usque ad abyssum maris demergentur. Vul. Percussisti caput de domo impii; denudasti fundamentum ejus usque ad collum.

14 נקבת במטיו ראש פרזו יסערו להפיצני עליצתם כמו־לאכל עני במסתר O', διέκοψας ἐν ἐκστάσει κεφαλὰς δυναστῶν, σεισθήσονται ἐν αὐτῇ, διανοίξουσι χαλινοὺς αὐτῶν ὡς ἔσθων πτωχὸς λάθρα. Ἄλλος, ἐξεδίκησας μετὰ δυνάμεώς σου τοὺς ἀρχηγοὺς τῶν ἁμαρτωλῶν· τοὺς πεποιθότας ἐπὶ τῇ αὐθαδείᾳ αὐτῶν, ἕνεκεν τοῦ καταφαγεῖν τοὺς πτωχοὺς λάθρα.

14. H. Perfodisti in baculis ejus caput paganorum ejus: turbinabunt ad dispergendum me: exsultatio eorum quasi ad comedendum afflictum in abscondito. LXX, Discidisti in stupore capita potentium: commovebuntur in eo: aperient fræna sua sicut comedens pauper in abscondito. *Alius*, Ultus es cum virtute tua duces peccatorum, confidentes in arrogantia sua ut comederent pauperes clam. Vul. Maledixisti sceptris ejus, capiti bellatorum ejus, venientibus ut turbo ad dispergendum me. Exsultatio eorum, sicut ejus qui devorat pauperem in abscondito.

להפיצני עליצתם כמו־לאכל עני במסתר Ἀ. τοῦ διασκορπίσαι, γαυριάματα αὐτῶν τοῦ φαγεῖν πένητας ἀποκρύφως. Σ. ἐπελθόντας σκορπίσαι γαυριῶντας ὥστε καταφαγεῖν κρυφίως. O', διανοίξουσι χαλινοὺς αὐτῶν ὡς ἔσθων πτωχὸς λάθρα.

H. ad dispergendum me: exsultatio eorum quasi ad comedendum afflictum in abscondito. A. ad dispergendum: exsultationes eorum ad comedendum pauperes clam. S. irruentes ad dispergendum eos qui exsultant ut devorent clam. LXX, aperient fræna sua sicut comedens pauper in abscondito.

15 דרכת בים סוסיך חמר מים רבים O', καὶ ἐπιβιβᾷς εἰς θάλασσαν τοὺς ἵππους σου, ταράσσοντας ὕδωρ πολύ. Ἄλλος, ἀνεβίβασας ἐπὶ θαλάσσας τοὺς ἵππους σου, ἐταράχθη τὰ ἐξαίσια ὕδατα τῆς ἀβύσσου.

15. Heb. Calcare fecisti in mare equos tuos, acervo aquarum multarum. LXX, Et ascendere facis in mare equos tuos, conturbantes aquam multam. *Alius*, Ascendere fecisti super maria equos tuos, conturbatæ sunt ingentes aquæ abyssi. Vul. Viam fecisti in mari equis tuis, in luto aquarum multarum.

16 שמעתי ותרגז בטני לקול צללו שפתי יבוא רקב בעצמי ותחתי ארגז אשר אנוח ליום צרה לעלות לעם יגודנו O', ἐφυλαξάμην καὶ ἐπτοήθη ἡ κοιλία μου, ἀπὸ φωνῆς προσευχῆς χειλέων μου, καὶ εἰσῆλθε τρόμος εἰς τὰ ὀστᾶ μου, καὶ ὑποκάτωθέν μου ἐταράχθη ἡ ἕξις μου (Σ. Θ. καὶ ὑποκάτω μου ἐταράχθη ἡ ἕξις μου). Ἀναπαύσομαι ἐν ἡμέρᾳ θλίψεως, τοῦ ἀναβῆναι εἰς λαὸν παροικίας μου. Ἄλλος, ἐταξάμην, καὶ ἀνεστατώθη τὰ σπλάγχνα μου, ἀπὸ τῆς φωνῆς τοῦ στόματός σου, ἀνέδυ τρόμος εἰς τὰ ὀστᾶ μου· κατ' ἐμαυτὸν ἐταράχθην· ταῦτα φυλάξεις ἐν ἡμέρᾳ θλίψεως, ἐπαγαγεῖν ἐπὶ ἔθνος πολεμοῦν τὸν λαόν σου.

16. Hebr. Audivi, et expavit venter meus, ad vocem palpitarunt labia mea. Ingressa est putredo in ossa mea, et subtus me expavi, qui requiescam in die angustiæ ascendendo ad populum, excidet eum. LXX, Custodivi et extimuit venter meus, a voce orationis labiorum meorum. Et ingressus est tremor in ossa mea: et subter me conturbata est habitudo mea (S. Th. et sub me conturbata est habitudo mea). Requiescam in die tribulationis, ut ascendam ad populum peregrinationis meæ. *Alius*, Ordinavi, et restituta sunt viscera mea, a voce oris tui, subiit tremor in ossa mea, in memetipso conturbatus sum. Hæc custodies in die tribulationis, ad reducendum super gentem impugnantem populum tuum. Vul. Audivi et conturbatus est venter meus: a voce contremuerunt labia mea. Ingrediatur putredo in ossibus meis, et subter me scateat. Ut requiescam in die tribulationis: ut ascendam ad populum accinctum nostrum.

17 כי־תאנה לא־תפרח ואין יבול בגפנים כחש מעשה־זית ושדמות לא־עשה אכל גזר ממכלה צאן ואין בקר ברפתים. O', διότι συκῆ οὐ καρποφορήσει, καὶ οὐκ ἔσται γεννήματα ἐν ταῖς ἀμπέλοις· ψεύσεται ἔργον ἐλαίας, καὶ τὰ πεδία οὐ ποιήσει βρῶσιν. Ἐξέλιπεν ἀπὸ βρώσεως πρόβατα, καὶ οὐχ ὑπάρχουσι βόες ἐπὶ φάτναις. Ἄλλος, ἡ συκῆ οὐ μὴ παραδῷ τὸν καρπὸν αὐτῆς, καὶ ἐν ταῖς ἀμπέλοις οὐκ ἔσται φορά. Ἡ ἐλαία ἐξίτηλος ἔσται, ἡ δὲ γῆ μὴ ἐκθάλῃ βοτάνην· ἐκλείψει ἐκ μάνδρας πρόβατα, καὶ βόες οὐχ ὑπάρξουσιν ἐπὶ φάτναις.

17. Hebr. Quia ficus non florebit, et non germen in vitibus: mentiebatur opus olivæ, et arva non fecerunt cibum: abscidit de ovili pecus, et non boves in bovilibus. LXX, Quia ficus non afferet fructum, et non erunt germina in vineis: mentietur opus olivæ, et campi non facient escam: defecerunt ab esca oves, et non sunt boves in præsepibus. *Alius*, ficus non tradet fructum suum, et in vineis non erit productio: oliva de medio tolletur, terra autem non emittet herbam: deficient ex ovili oves, et boves non erunt in præsepibus. Vul. Ficus enim non florebit, et non erit germen in vineis. Mentietur opus olivæ, et arva non afferent cibum. Abscindetur de ovili pecus, et non erit armentum in præsepibus.

18 ואני ביהוה אעלוזה אגילה באלהי ישעי O', Ἄλλος, ἐγὼ δὲ ἐν τῷ Κυρίῳ ἀγαλλιάσομαι, χαρήσομαι ἐπὶ τῷ Θεῷ τῷ σωτῆρί μου.

18. Heb. Et ego in Domino exsultabo, lætabor in Deo salute mea. LXX, *et Alius*, Ego *autem in Domino* exsultabo, gaudebo in Deo salvatore meo. Vul. Ego autem in Domino gaudebo et exsultabo in Deo Jesu meo.

19 יהוה אדני חילי וישם רגלי כאילות ועל־במותי ידרכני למנצח בנגינותי O', Κύριος ὁ Θεὸς δύναμίς μου, καὶ τάξει τοὺς πόδας μου εἰς συντέλειαν· ἐπὶ τὰ ὑψηλὰ ἐπιβιβᾷ με, τοῦ νικῆσαι ἐν τῇ ᾠδῇ αὐτοῦ. Ἄλλος, Κύριος ὁ Θεός μου ἔδωκέ μοι ἰσχύν, καὶ κατέστησε τοὺς πόδας μου ἀσφαλεῖς, καὶ ἐπὶ τοὺς τραχήλους τῶν ἐχθρῶν μου ἐπιβιβᾷ με· ταχίσας κατέπαύσατο.

19. H. Deus Dominus virtus mea, et ponet pedes meos tamquam cervorum: et super excelsa mea calcare faciet me, victorem in modulationibus meis. LXX, Dominus Deus virtus mea, et ponet pedes meos in consummationem: super excelsa ascendere facit me, ut vincam in cantico ejus. *Alius*, Dominus Deus meus dedit mihi fortitudinem, et constituit pedes meos firmos: et super colla inimicorum meorum ascendere facit me; cum festinasset requievit. Vul. Deus Dominus fortitudo mea: et ponet pedes meos quasi cervorum. Et super excelsa mea deducet me victor in psalmis canentem.

Notæ et variæ lectiones ad cap. III Habacuc.

V. 1. Hieronymus: « A. et S. et V ed. sicut nos *pro ignorationibus* transtulerunt: solus Th., ὑπὲρ τῶν ἑκουσιασμῶν, i. e., *pro voluntariis*, et *pro his qui sponte delinquunt*. Hoc propterea ut intelligamus, exceptis LXX, nullum *orationem cum cantico*, transtulisse. Nam et in Hebraico habet AL SEGIONOTH, quod dicitur, ἐπὶ ἀγνοημάτων, et nos transtulimus, *pro ignorationibus*. » In codice Barberino affertur interpretatio alia cantici Habacuc cum hac nota in fine, τὴν ᾠδὴν τοῦ Ἀμβακοὺμ οὐχ εὗρον συμφωνοῦσαν οὔτε τοῖς O', οὔτε Ἀκύλᾳ, οὔτε Συμ., οὔτε Θεοδοτίωνι. Ζητήσεις οὖν εἰ τῆς Ε' ἢ τῆς ς' ἐκδόσεώς ἐστι. I. e. *Canticum Ambacum nec cum LXX, nec cum Aq., nec cum Sym., nec cum Th. consentit. Quæres igitur an ad quintam vel ad sextam editionem pertineat.* Imo nec cum quinta nec cum sexta convenit, ut ex earum locis supra allatis liquidum est : quare ut incerti Interpretis postrema semper ponitur, præmissa voce, Ἄλλος, per totum Canticum. Esse vero septimam editionem vix est quod dubitemus. [In Th. pro ἐκουσιασμῶν potius legendum putamus ἀκουσιασμῶν, involuntariis; Hebr. enim שגיונות derivatur a שגה, idem quod שגג, cujus prima significatio est, erravit; involuntarie, i. e. per errorem et imprudentiam, deliquit. Sic nomen שגגה passim per ἀκούσιον redditur a LXX, ut Num. xv, 25. 24. Eccl. x, 5 alibique. Drach.]

V. 2. Ἀ., Ἀλλ' ἐν τῷ ἐγγίζειν. Ex Euseb. Demonstrat. evang. p. 279. [Ad Sym. et Th. habet Eus. non αὐτό, sed αὐτόν, eum. Edit. Rom. ex Theodor. etiam ad Aquilam dat αὐτόν. Drach.]

V. 3. Ἀ., Σ., Ε', ὁ Θεός etc. Has lectiones ex Eusebio, Theodoreto et Hieron. mutuamur ; qui postremus ait : « A. et S. et V ed. ipsum Hebraicum posuerunt THEMAN : solus Th. quid significaret Theman interpretatus est, dicens, ELOIM ab Austro veniet, et sanctus de monte Pharan in finem. » Drusius legit ἐλωὰ, vel ἐλοὰ, et Eusebius ὁ Θεός etiam ad Theodotionem.

Ibid. Hieronymus : « Sed et hoc quod LXX transtulerunt διάψαλμα, et nos posuimus, semper, S. interpretatus est, in æternum ; Th., in finem ; V ed. ipsum Hebraicum SELA. » Idipsumque haud dubie v. 9 et 13.

Ibid. Ἀ., Θ., ἀπεκάλυψεν οὐρανοὺς etc. Ex Colbert. στιχηρῶς scripto, qui continet Psalmos et Cantica Scripturæ. Coislinianus vero habet, Ἀ., Θ., ἀπεκάλυψεν ὁ οὐρανὸς etc.

V. 4. Ex Hieronymo, qui addit : « Verbum enim SAM pro qualitate loci, et posuit intelligitur, et ibi. »

V. 5. Hieron. : « Pro eo quod nos transtulimus mortem, in Hebræo tres litteræ positæ sunt DALETH, BETH, RES, absque ulla vocali : quæ si legantur DABAR, verbum significant; si DEBER pestem, quæ Græce dicitur λοιμός. Denique et A. sic interpretatus est ante etc. » ut supra.

Ibid. Hieronymus : « Ubi diximus : Egredietur diabolus ante pedes ejus ; et LXX aliter transtulerunt, juxta quos postea disputabimus ; Aquila pro diabolo transtulit, volatile. S. autem et Th. et V ed., volucrem, quod Hebraice dicitur, RESEPH. » Postea vero dicit Hieronymus Hebræos Reseph habere pro diabolo, qui principatum teneat inter alios.

V. 13. Ἀ., ἐξῆλθες etc. Lectionem Aquilæ exhibet Eusebius in Demonstr. evang. p. 188. Hieronymus vero : « Sciendum autem, ut supra diximus, quod ubi posuerunt LXX plurali numero, ut salvares christos tuos, ibi esse in Hebraico LAJESUA ETH MESSIACH, quod A. transtulit, in salutem cum Christo tuo : . . . . . V ed. similiter transtulit, Egressus es in salutem populi tui, in salutem cum Christo tuo. Theodotio autem vere quasi pauper et Ebionita; sed et Symmachus ejusdem dogmatis, pauperem sensum secuti, Judaice transtulerunt : Egressus es in salutem populi tui, ut salvares Christum tuum ; et, egressus es salvare populum tuum, salvare Christum tuum. Rem incredibilem dicturus sum, sed tamen veram : isti semichristiani Judaice transtulerunt ; et Judæus Aquila interpretatus est ut Christianus. VI editio prodens manifestissime sacramentum, ita vertit ex Hebræo, egressus es, etc. » ut supra.

Ibid. Theodotio, ornasti etc. Hieronymus qui etiam editionis quintæ lectionem adjicit, ut nos edimus.

V. 14. Ἀ., τοῦ διασκορπίσαι etc. Hanc Aquilæ et Symmachi lectionem effert Coislinianus codex. [Canticum hoc Habacuci, quia in codice Barber. admodum a Rom. cæterisque omnibus editionibus differt, ut dictum est in nota ad vers. 1, totum hic dare libet ex illo : Κύριε, εἰσήκουσα τὴν ἀκοήν σου, καὶ εὐλαβήθην· Κύριε, κατενόησα τὰ ἔργα σου, καὶ ἐξέστην· ἐν μέσῳ δύο ζώων γνωσθήσῃ, ἐν τῷ ἐγγίζειν τὰ ἔτη ἐπιγνωσθήσῃ· ἐν τῷ παρεῖναι τὸν καιρὸν ἀναδειχθήσῃ· ὁ Θεὸς ἀπὸ λιβὸς ἥξει, καὶ ὁ ἅγιος ἐξ ὄρους Φαράν. Μεταβολὴ διαψάλματος. Ἐκάλυψεν ὁ οὐρανὸς τὴν εὐπρέπειαν τῆς δόξης αὐτοῦ, καὶ τῆς αἰνέσεως αὐτοῦ ἐπλήσθη ἡ οἰκουμένη. Διαύγασμα φωτὸς ἔσται αὐτῷ· κέρατα ἐκ χειρὸς αὐτοῦ ὑπάρχει αὐτῷ· ἐκεῖ ἀπεστήρικται ἡ δύναμις τῆς δόξης αὐτοῦ· πρὸ προσώπου αὐτοῦ προελεύσεται πτῶσις, καὶ κατὰ πόδας αὐτοῦ ἀκολουθήσῃ (ἀκολουθήσει) τὰ μέγιστα τῶν πετηνῶν (πετεινῶν). Στὰς διεμέτρησεν τὴν γῆν, κατανοήσας ἐξείκασεν τὰ ἔθνη· διεθρύβη, καὶ τὰ ὄρη θραυσθήσεται· ταπεινωθήσονται αἱ νάπαι ἐκ τοῦ αἰῶνος· αἱ ὁδοὶ αἱ ἐξ ἀρχῆς ἀλλοιωθήσονται· αὐτοῦ ἕνεκα σεισθήσεται ἡ οἰκουμένη· κατανενόηκα τὰς σκηνὰς Αἰθιόπων· ταραχθήσονται οἱ κατοικοῦντες τὰς δέῤῥεις Μαδιάμ. Μὴ ἐν ποταμοῖς ὀργισθῇς, Κύριε; ἢ ἐν ποταμοῖς ὁ θυμός σου; ἢ ἐν θαλάσσῃ ἡ ὀργή σου; Ἀνέβης ἐπὶ τὰ ἅρματά σου· ἡ ἱππασία σου σωτηρία δ (οὐ?) προέβης· ἐξεγέρθη τὸ τόξον σου· ἐχόρτασας βολίδας τῆς φαρέτρας αὐτοῦ. Διάψαλμα. Ποταμοὺς διασκεδάσεις· καὶ γῆν σείσεις· ἐν τῷ αὐτοφθαλμεῖν (lege, ἀντοφθαλμεῖν) σε ταραχθήσονται τὰ ὄρη· ἐν τῷ τὸν ἐξαισιόν σου ὄμβρον διελθεῖν δι' αὐτῆς· ἡ ἄβυσσος ἀνεφώνησεν μεῖζον· φῶς τὸ λαμπρὸν τοῦ ἡλίου ἐπέσχεν· τὸ δὲ φέγγος τῆς σελήνης ἐστάθη· κατὰ τὸ φέγγος τῶν βολίδων σου πορεύσονται, κατὰ τὸ φέγγος ἀστραπῆς μαχαίρας σου· μετὰ θυμοῦ ἐγερθήσῃ ἐπὶ τὴν γῆν· μετ' ὀργῆς ἀλοήσεις ἔθνη· ἀνεφάνης ἐπὶ σωτηρίᾳ τοῦ λαοῦ σου, ῥύσασθαι τοὺς ἐκλεκτούς σου· κατετόξευσας κεφαλὰς ἀνθρώπων ὑπερηφάνων· ἕως ἀβύσσου τῆς θαλάσσης κατεδύσονται. Ἐξεδίκησας μετὰ δυνάμεώς σου τοὺς ἀρχηγοὺς τῶν ἁμαρτωλῶν· τοὺς πεποιθότας ἐπὶ τῇ αὐθαδείᾳ αὐτῶν, ἕνεκεν τοῦ καταφαγεῖν τοὺς πτωχοὺς λάθρα· ἀνεβίβασας ἐπὶ θαλάσσας τοὺς ἵππους σου· ἐταράχθη τὰ ἐξαίσια ὕδατα τῆς ἀβύσσου· ἐταξάμην, καὶ ἀνεστατώθη τὰ σπλάγχνα μου. Ἀπὸ τῆς φωνῆς τοῦ στόματός σου εἰσέδυ τρόμος εἰς τὰ ὀστᾶ μου, κατ' ἐμαυτὸν ἐταράχθην· ταῦτα φυλάξεις ἐν ἡμέρᾳ θλίψεως, ἐπαγαγεῖν ἐπὶ ἔθνος πολεμοῦν τὸν λαόν σου. Ἡ συκῆ οὐ μὴ παραδῷ τὸν καρπὸν αὐτῆς· καὶ ἐν ταῖς ἀμπέλοις οὐκ ἔσται φορά· ἡ ἐλαία ἐξίτηλος ἔσται· ἡ δὲ γῆ οὐ μὴ ἐκθάλῃ βοτάνην· ἐκλείψει ἐκ μάνδρας πρόβατα, καὶ βόες οὐχ ὑπάρξουσιν ἐπὶ φάτναις· ἐγὼ δὲ ἐν Κυρίῳ ἀγαλλιάσομαι, χαρήσομαι ἐπὶ τῷ Θεῷ τῷ σωτῆρί μου. Κύριος ὁ Θεός μου ἔδωκέ μοι ἰσχύν· καὶ κατέστησε τοὺς πόδας μου ἀσφαλεῖς· καὶ ἐπὶ τοὺς τραχήλους τῶν ἐχθρῶν μου ἐπιβᾷ με, ταχίσας κατεπαύσατο.

Præterea notæ editionis Rom. monent in uno vetustissimo libro, majoribus litteris exarato, a primo diapsalmate usque in finem capitis multas et insignes varietates esse. Quam partem ibi legas te monemus. Drach.]

SOPHONIÆ CAPUT PRIMUM.

3 והמכשלות את־הרשעים Σ. καὶ τὰ σκάνδαλα σὺν ἀσεβέσι. Ο', Θ. καὶ ἀσθενήσουσιν οἱ ἀσεβεῖς. Ε'. . . . .

3. Hebr. et offendicula cum impiis. S. et scandala cum impiis. LXX, Th. et infirmabuntur impii. V, et infirmitas cum impiis deficiet. Vul. et ruinæ impiorum erunt.

5 במלכם Ο', κατὰ τοῦ βασιλέως αὐτῶν. Ἄλλος, κατὰ τοῦ Μολόχ.

5. Heb. in Malcham. LXX, per regem suum. Alius, per Moloch. Vul. in Melchom.

כל־הדולג 9 Σ. ἐπιβαίνοντας. *In* O' *vacat.*

9. H. omnem transilientem. S. ascendentes. LXX *vacat*. Vul. omnem, qui arroganter ingreditur.

במכתש 11 'Α. εἰς τὸν ὅλμον. Barber. 'Α. Σ. τῶν ὅλμων. O', τὴν κατακεκομμένην. Θ. ἐν τῷ βάθει.

11. Hebr. Machthes. A. in mortarium. *Bar*. S. mortariorum. LXX, concisam. Th. in profundo. Vul. pilæ.

אחפש 12 *Οἱ λοιποί*, ἐκδικήσω. O', ἐξερευνήσω.

12. Heb. Vul. scrutabor. *Reliqui*, vindicabo. LXX, investigabo.

צרה 15 'Α. ταλαιπωρίας. O', θλίψεως.

15. Heb. Augustiæ. A. miseriæ. LXX, Vul. tribulationis.

יום שאה ומשואה 'Α. ἡμέρα συμφορᾶς καὶ ἄτης. O', ἡμέρα ἀωρίας καὶ ἀφανισμοῦ.

Hebr. dies tumultus et desolationis. A. dies calamitatis et infortunii. LXX, dies immaturitatis et perditionis. Vul. dies calamitatis et miseriæ.

אך־נבהלה 18 'Α. κατασπουδασμόν. Σ. μετὰ ἐπείξεως. O', καὶ σπουδήν.

18. H. profecto festinatam. A. festinationem (*al.* sollicitudinem). S. Vul. cum festinatione. LXX, et festinationem.

Notæ et variæ lectiones ad cap. I Sophoniæ.

V. 3. Hieron. : « Hoc quod posuimus in LXX, *et infirmabuntur impii*, de Theodotionis translatione additum est: pro quo S. interpretatus est, *et scandala cum impiis*, ut subaudiatur, *congregabuntur*, sive *deficient*. V autem ed., *et infirmitas cum impiis deficiet*. » Græca adfert Barberinus.

V. 5. *Ἄλλος*, κατὰ τοῦ Μολόχ. Barberinus.

V. 9. Σ., ἐπιβαίνοντας. Barber.

V. 11. Hieron. : « *Pila*, quæ Hebraice dicitur MACHTHES, et ab Aquila versa est, εἰς τὸν ὅλμον. » Theodotionis lectionem habet Barberinus.

V. 12. *Οἱ λοιπ.*, ἐκδικήσω. Barberin.

V. 15. 'Α., ταλαιπωρίας. Idem.

Ibid. 'Α., ἡμέρα συμφορᾶς καὶ ἄτης. Idem.

V. 18. 'Α., κατασπ- etc. Idem.

SOPHONIÆ CAPUT II.

וקושו 1 Σ. καὶ συλλεγῆτε. O', καὶ συνδέθητε.

1. Hebr. S. et congregamini. LXX, et colligamini. Vul. congregamini.

עזובה 4 *Οἱ λοιποί*, ἐγκαταλελειμμένη. O', διηρπασμένη.

4. Heb. *Reliqui*, derelicta. LXX, direpta. Vul. destructa.

גוי כרתים 5 'Α. Ε', ἔθνος ὀλέθριον. Σ. ἔθνος ὀλεθρευόμενον. O', πάροικοι Κρητῶν. Θ. ἔθνος ὀλεθρίας.

5. Hebr. genti Cerethim. A. V, gens perniciosa. S. gens perdita. LXX, advenæ Cretensium. Th. gens perniciei. Vul. gens perditorum.

והיתה חבל הים נות כרת רעים 6 'Α. . . . . τὸ σχοίνισμα τῆς ὡραιότητος . . . . . Σ. . . . . περίμετρον τὸ παράλιον. . . . . O', καὶ ἔσται Κρήτη νομὴ ποιμνίων, καὶ μάνδρα προβάτων.

6. H. et erit portus maris, habitacula caularum pastorum. A. . . . . funiculus speciei. . . . . S. . . . . mensura maritima. . . . . LXX, et erit Creta pascua gregum, et ovile pecorum. Vul. et erit funiculus maris requies pastorum.

קאת 14 'Α. πελεκᾶνοι. O', χαμαιλέοντες. Θ. κύκνοι.

14. Hebr. pelicanus. A. pelicani. LXX, chamæleones. Th. cycni. Vul. onocrotalus.

Notæ et variæ lectiones ad cap. II Sophoniæ.

V. 1. Σ., καὶ συλλεγῆτε. Barberin.

Ibid. *Οἱ λοιπ.*, ἐγκαταλελειμμένη. Idem.

V. 5. Hieronymus : « Ubi nos transtulimus, *gens perditorum*, illi (LXX) dixerunt, *advenæ Cretensium*, et quod Hebraice scriptum est GOI CHORETHIM, pro GOI, i. e., *gente*, legerunt GAR, hoc est, *advenam* : et pro CHORETHIM, quod dicitur, *perditorum*, nomen Cretæ insulæ putaverunt. Denique et A, et V ed. interpretati sunt ἔθνος ὀλέθριον; et Th., ἔθνος ὀλεθρίας; S. quoque, ἔθνος ὀλεθρευόμενον, quæ omnia cum interpretatione nostra faciunt. » In editis antea legebatur ad singulos γένος pro ἔθνος, sed ἔθνος restituit Martianæus, ut habent optimi mss.

V. 6. Hieronymus : « Rursum, ubi nos diximus : *Et erit funiculus maris requies pastorum*, et omnes interpretes huic translationi congruerunt; scribitur in LXX, *Et erit Creta pascua gregis*, *et ovile pecorum*. » Ita Hieronymus qui magis sensum quam verba respicit. Barberinus vero Aquilæ et Symmachi lectiones habet quales attulimus.

V. 14. 'Α., πελεκᾶνοι. Θ., κύκνοι, Barberinus. Hæc vero respiciunt vocem τῶν O', χαμαιλέοντες, non sequentem, ut notatur apud Waltonum.

SOPHONIÆ CAPUT III.

הוי מראה 1 O', ὢ ἡ ἐπιφανής. *Ἄλλος*, οὐαὶ ἡ ἀθετοῦσα.

1. Heb. Væ fœdatæ. LXX, O illustris. *Alius*, Væ contemnens. Vul. Væ provocatrix.

היונה Σ. ἀνόητος. O', ἡ περιστερά.

Heb. columbæ. S. stulta. LXX, Vul. columba.

פחזים 4 'Α. θαμβευταί. O', πνευματοφόροι.

4. Hebr. leves. A. stupentes. LXX, portantes spiritum (*i. e.* spiritu malo correpti). Vul. vesani.

לעד 8 Π. εἰς μαρτύριον.

8. Hebr. in spolium. *Omnes*, in testimonium. Vul. in futurum.

אז אהפך אל־עמים שפה ברורה 9 Ἀ. Θ. τότε στρέψω πρὸς πάντας τοὺς λαοὺς χεῖλος ἐξειλεγμένον. Σ. τότε μεταστρέψω ἐν τοῖς λαοῖς χεῖλος καθαρόν. Ο', τότε μεταστρέψω ἐπὶ λαοὺς γλῶσσαν εἰς γενεὰν αὐτῆς.

9. H. Tunc convertam ad populos labium purum. A. Th. Tunc vertam ad omnes populos labium electum. S. Tunc convertam in populis labium purum. LXX, Tunc convertam super populos linguam in generationem ejus. Vul. Tunc reddam populis labium electum.

מעבר לנהרי־כוש עתרי בת־פוצי יובלון מנחתי 10 Σ. πέραθεν ποταμῶν Αἰθιοπίας ἱκετεύοντά με, τέκνα τῶν διεσκορπισμένων ὑπ' ἐμοῦ ἐνέγκωσι δῶρον ἐμοί. Ο', ἐκ περάτων ποταμῶν Αἰθιοπίας προσδέξομαι εν διεσπαρμένοις μου· οἴσουσι θυσίας μοι.

10. Hebr. De trans flumina Chus Atharæi, filia dispersorum meorum, deferent munus meum. S. De trans flumina Æthiopiæ supplicantem mihi, filii dispersorum a me deferent donum mihi. LXX, De finibus fluviorum Æthiopiæ suspiciam in dispersis meis: efferent victimas mihi. Vul. Ultra flumina Æthiopiæ, inde supplices mei, filii dispersorum meorum deferent munus mihi.

היו 18 Ἀ. Οἱ. Ο', οὐαί.

18. Heb. fuerunt. A. Oi. LXX, Væ. Vul. erant.

Notæ et variæ lectiones ad cap. III Sophoniæ.

V. 1. Ἄλλος, οὐαὶ ἡ ἀθετοῦσα. Barberin.

Ibid. Σ., ἀνόητος. Item.

V. 4. Hic prius editi Hieronymi confictam vocem invexerant, nempe Ἀ., ἐνθουσιαζόμενοι, quæ in mss. non habetur. Alteram substituit Martianæus, nempe θαμπταί, vel θαμταί, quæ, ut testificatur ipse, in codicibus habetur: et hæc quidem lectio ad veritatem accedit; sed cum non omnino quadret, alteram ex ms. nostro noni sæculi adfero, quæ licet vitiata sit, veræ asserendæ lectioni admodum juvabit: legitur ibi *eaalbrutai*: ubi notes in his mss. Latinis, cum Græca verba occurrunt, Θ frequentissime per Є scribi, ob magnam harumce litterarum in codicibus uncialibus Græcis affinitatem, ubi sic scribebantur Є Θ., *al* vero sive ΑΛ Græce ex littera Μ factum est. Post B autem r ex e haud dubie factum; ita ut legi debeat ΘΑΜΒΕΥΤΑΙ. Quam lectionem veram esse liquet: nam Gen. XLIX, 3. Aquila vocem פחז, θαμβεύειν, vertit. Et hic פחזים θαμβευταί haud dubie transtulit.

V. 8. *Omnes*, εἰς μαρτύριον. Drusius ex Hieronymo.

V. 9. Ἀ. Θ., τότε στρέψω etc. Has lectiones exhibet Theodoretus. Hieronymus vero sic habet: « Notandum autem quod in eo loco, ubi nos interpretati sumus: *reddam populis labium electum*, pro *electo* LXX dixerunt, *in generationem ejus*, ut subaudiatur *terræ*. Et hinc error exortus est, quod verbum Hebraicum BARURA, quod A. et Th., *electum*, S. *mundum* interpretatus est, LXX legerunt BADURA, RES litteram DALETH existimantes, propter elementi nimiam similitudinem, quod parvo apice distinguitur. »

V. 10. Σ., πέραθεν etc. Eusebius in Demonstr. evang. libro II. Theodoretus et codex Reg.

AGGÆI CAPUT PRIMUM.

ביד־חגי 1 Σ. δι' Ἀγγαίου. Ο', ἐν χειρὶ Ἀγγαίου.

1. Heb. in manu Haggai. S. per Aggæum. LXX, Vul. in manu Aggæi.

פחת יהודה Ἀ. Σ. Θ. ἡγούμενον Ἰούδα. Ο', ἐκ φυλῆς Ἰούδα.

Hebr. A. S. Th. Vul. ducem Juda. LXX, de tribu Juda.

ספונים 4 Ἀ. ὠροφωμένοις. Ο', κοιλοστάθμοις.

4. H. A. Vul. laqueatis, LXX, concavis.

עליכם כלאו 10 Οἱ λοιποί, ἐφ' ὑμᾶς ξηρασία. *In Ο' vacat.*

10. Hebr. super vos clauserunt se. *Reliqui*, super vos siccitas. *In* LXX *vacat*. Vul. super vos prohibiti sunt.

במלאכות 13 Ο', ἐν ἀγγέλοις. Ἄλλος, ἐν ἀποστολῇ.

13. Heb. *Alius*, in legatione. LXX, in angelis. Vul. de nuntiis.

Notæ et variæ lectiones ad cap. I Aggæi.

V. 1. Σ., δι' Ἀγγαίου. Drusius qui reliquas usque ad versum 10 interpretationes adfert.

V. 10. Οἱ λοιποί, ἐφ' ὑμᾶς ξηρασία. Barberinus.

V. 13. Ἄλλος, ἐν ἀποστολῇ. Barberinus.

AGGÆI CAPUT II.

והשמדתי חזק ממלכות הגוים 23 Ἄλλος, Ο', καὶ ὀλοθρεύσω δύναμιν βασιλέων τῶν ἐθνῶν.

23. Heb. *Alius*, LXX, et disperdam fortitudinem regum gentium. Vul. et conteram fortitudinem regni gentium.

וירדו Οἱ λοιποί, καὶ καταβήσονται. Ἄλλος, καὶ ἀναβήσονται.

Heb. *Reliqui*, Vul. et descendent. *Alius*, et ascendent.

Notæ et variæ lectiones ad cap. II Aggæi.

V. 23. Ἄλλος, Ο', καὶ ὀλοθρεύσω etc. Hanc lectionem ex aliis Interpretibus, puta ex Theodotione, additam τοῖς Ο' fuisse ait Hieronymus.

Ibid. In textu codicis Jes. legitur, καὶ ἀναβήσονται; ad marg. vero, οἱ λοιποί, καὶ καταβήσονται· quo pacto habet hodie edit. Rom.

כל־ההולך 9 Σ. ἐπιβαίνοντας. *In* Ο' *vacat*.

9. H. omnem transilientem. S. ascendentes. *In* LXX *vacat*. Vul. omnem, qui arroganter ingreditur.

המכתש 11 Ἀ. εἰς τὸν ὅλμον. Barber. Ἀ. Σ. τῶν ὅλμων. Ο', τὴν κατακεκομμένην. Θ. ἐν τῷ βάθει.

11. Hebr. Machthes. A. in mortarium. *Barb.* A. S. mortariorum. LXX, concisam. Th. in profundo. Vul. pilæ.

אחפש 12 Οἱ λοιποί, ἐκδικήσω. Ο', ἐξερευνήσω.

12. Heb. Vul. scrutabor. *Reliqui*, vindicabo. LXX, investigabo.

צרה 15 Ἀ. ταλαιπωρίας. Ο', θλίψεως.

15. Heb. Augustiæ. A. miseriæ. LXX, Vul. tribulationis.

יום שאה ומשואה Ἀ. ἡμέρα συμφορᾶς καὶ ἄτης. Ο', ἡμέρα ἀωρίας καὶ ἀφανισμοῦ.

Hebr. dies tumultus et desolationis. A. dies calamitatis et infortunii. LXX, dies immaturitatis et perditionis. Vul. dies calamitatis et miseriæ.

אך־נבהלה 18 Ἀ. κατασπουδασμόν. Σ. μετὰ ἐπείξεως. Ο', καὶ σπουδήν.

18. H. profecto festinatam. A. festinationem (*al.* sollicitudinem). S. Vul. cum festinatione. LXX, et festinationem.

Notæ et variæ lectiones ad cap. I Sophoniæ.

V. 3. Hieron. : « Hoc quod posuimus in LXX, *et infirmabuntur impii*, de Theodotionis translatione additum est : pro quo S. interpretatus est, *et scandala cum impiis*, ut subaudiatur, *congregabuntur*, sive *deficient*. V autem ed., *et infirmitas cum impiis deficiet*. » Græca affert Barberinus.
V. 5. Ἄλλος, κατὰ τοῦ Μολόχ. Barberinus.
V. 9. Σ., ἐπιβαίνοντας. Barber.
V. 11. Hieron. : « *Pila*, quæ Hebraice dicitur MACHTHES, et ab Aquila versa est, εἰς τὸν ὅλμον. » Theodotionis lectionem habet Barberinus.
V. 12. Οἱ λοιπ., ἐκδικήσω. Barberin.
V. 15. Ἀ., ταλαιπωρίας. Idem.
Ibid. Ἀ., ἡμέρα συμφορᾶς καὶ ἄτης. Idem.
V. 18. Ἀ., κατασπ- etc. Idem.

SOPHONIÆ CAPUT II.

וקושו 1 Σ. καὶ συλλεγῆτε. Ο', καὶ συνδέθητε.

1. Hebr. S. et congregamini. LXX, et colligamini. Vul. congregamini.

עזובה 4 Οἱ λοιποί, ἐγκαταλελειμμένη. Ο', διηρπασμένη.

4. Heb. *Reliqui*, derelicta. LXX, direpta. Vul. destructa.

גוי כרתים 5 Ἀ. Ε', ἔθνος ὀλέθριον. Σ. ἔθνος ὀλεθρευόμενον. Ο', πάροικοι Κρητῶν. Θ. ἔθνος ὀλεθρίας.

5. Hebr. genti Cerethim. A. V, gens perniciosa. S. gens perdita. LXX, advenæ Cretensium. *Th.* gens perniciei. Vul. gens perditorum.

והיתה חבל הים נות כרת רעים 6 Ἀ. . . . . τὸ σχοίνισμα τῆς ὡραιότητος . . . . . Σ. . . . . περίμετρον τὸ παράλιον. . . . . Ο', καὶ ἔσται Κρήτη νομὴ ποιμνίων, καὶ μάνδρα προβάτων.

6. H. et erit portus maris, habitacula caularum pastorum. A. . . . . funiculus speciei. . . . . S. . . . . mensura maritima. . . . . LXX, et erit Creta pascua gregum, et ovile pecorum. Vul. et erit funiculus maris requies pastorum.

קאת 14 Ἀ. πελεκᾶνοι. Ο', χαμαιλέοντες. Θ. κύκνοι.

14. Hebr. pelicanus. A. pelicani. LXX, chamæleones. Th. cycni. Vul. onocrotalus.

Notæ et variæ lectiones ad cap. II Sophoniæ.

V. 1. Σ., καὶ συλλεγῆτε. Barberin.
Ibid. Οἱ λοιπ., ἐγκαταλελειμμένη. Idem.
V. 5. Hieronymus : « Ubi nos transtulimus, *gens perditorum*, illi (LXX) dixerunt, *advenæ Cretensium*, et quod Hebraice scriptum est GOI CHORETHIM, pro GOI, i. e., *gente*, legerunt GAR, hoc est, *advenam* : et pro CHORETHIM, quod dicitur, *perditorum*, nomen Cretæ insulæ putaverunt. Denique et A. et V ed. interpretati sunt ἔθνος ὀλέθριον; et Th., ἔθνος ὀλεθρίας; S. quoque, ἔθνος ὀλεθρευόμενον, quæ omnia cum interpretatione nostra faciunt. » In editis antea legebatur ad singulos γένος pro ἔθνος, sed ἔθνος restituit Martianæus, ut habent optimi mss.
V. 6. Hieronymus : « Rursum, ubi nos diximus : *Et erit funiculus maris requies pastorum*, et omnes Interpretes huic translationi congruerunt ; scribitur in LXX, *Et erit Creta pascua gregis, et ovile pecorum*. » Ita Hieronymus qui magis sensum quam verba respicit. Barberinus vero Aquilæ et Symmachi lectiones habet quales attulimus.
V. 14. Ἀ., πελεκᾶνοι. Θ., κύκνοι, Barberinus. Hæc vero respiciunt vocem τῶν Ο', χαμαιλέοντες, non sequentem, ut notatur apud Waltonum.

SOPHONIÆ CAPUT III.

הוי מוראה 1 Ο', ὢ ἡ ἐπιφανής. Ἄλλος, οὐαὶ ἡ ἀθετοῦσα.

1. Heb. Væ fœdatæ. LXX, O illustris. *Alius*, Væ contemnens. Vul. Væ provocatrix.

היונה Σ. ἀνόητος. Ο', ἡ περιστερά.

Heb. columbæ. S. stulta. LXX, Vul. columba.

פחזים 4 Ἀ. θαμβευταί. Ο', πνευματοφόροι.

4. Hebr. leves. A. stupentes. LXX, portantes spiritum (*i. e.* spiritu malo correpti). Vul. vesani.

לעד 8 Π. εἰς μαρτύριον.	8. Heb. in spolium. *Omnes*, in testimonium. Vul. in futurum.
אז אהפך אל־עמים שפה ברורה 9 Ἀ. Θ. τότε στρέψω πρὸς πάντας τοὺς λαοὺς χεῖλος ἐξειλεγμένον. Σ. τότε μεταστρέψω ἐν τοῖς λαοῖς χεῖλος καθαρόν. Ο', τότε μεταστρέψω ἐπὶ λαοὺς γλῶσσαν εἰς γενεὰν αὐτῆς.	9. H. Tunc convertam ad populos labium purum. A. Th. Tunc vertam ad omnes populos labium electum. S. Tunc convertam in populis labium purum. LXX, Tunc convertam super populos linguam in generationem ejus. Vul. Tunc reddam populis labium electum.
מעבר לנהרי־כוש עתרי בת־פוצי יובלון מנחתי 10 Σ. πέραθεν ποταμῶν Αἰθιοπίας ἱκετεύοντά με, τέκνα τῶν διεσκορπισμένων ὑπ' ἐμοῦ ἐνέγκωσι δῶρον ἐμοί. Ο', ἐκ περάτων ποταμῶν Αἰθιοπίας προσδέξομαι ἐν διεσπαρμένοις μου· οἴσουσι θυσίας μοι.	10. Hebr. De trans flumina Chus Atharæi, filia dispersorum meorum, deferent munus meum. S. De trans flumina Æthiopiæ supplicantem mihi, filii dispersorum a me deferent donum mihi. LXX, De finibus fluviorum Æthiopiæ suspiciam in dispersis meis : efferent victimas mihi. Vul. Ultra flumina Æthiopiæ, inde supplices mei, filii dispersorum meorum deferent munus mihi.
היו 18 Ἀ. Οἱ. Ο', οὐαί.	18. Heb. fuerunt. A. Oi. LXX, Væ. Vul. erant.

Notæ et variæ lectiones ad cap. III Sophoniæ.

V. 1. Ἄλλος, οὐαὶ ἡ ἀθετοῦσα. Barberin.

Ibid. Σ., ἀνόητος. Item.

V. 4. Hic prius editi Hieronymi confictam vocem invexerant, nempe Ἀ., ἐνθουσιαζόμενοι, quæ in mss. non habetur. Alteram substituit Martianæus, nempe θαμπταί, vel θαμταί, quæ, ut testificatur ipse, in codicibus habetur : et hæc quidem lectio ad veritatem accedit ; sed cum non omnino quadret, alteram ex ms. nostro noni sæculi adfero, quæ licet vitiata sit, veræ asserendæ lectioni admodum juvabit : legitur ibi *eaalbrutai :* ubi notes in his mss. Latinis, cum Græca verba occurrunt, Θ frequentissime per € scribi, ob magnam harumce litterarum in codicibus uncialibus Græcis affinitatem, ubi sic scribebantur € Θ., *al* vero sive ΑΛ Græce ex littera Μ factum est. Post Β autem r ex e haud dubie factum ; ita ut legi debeat ΘΑΜΒΕΥΤΑΙ. Quam lectionem veram esse liquet : nam Gen. XLIX, 3. Aquila vocem פחז, θαμβεύειν, vertit. Et hic פחזים θαμβευταί haud dubie transtulit.

V. 8. *Omnes*, εἰς μαρτύριον. Drusius ex Hieronymo.

V. 9. Ἀ. Θ., τότε στρέψω etc. Has lectiones exhibet Theodoretus. Hieronymus vero sic habet : « Notandum autem quod in eo loco, ubi nos interpretati sumus : *reddam populis labium electum*, pro *electo* LXX dixerunt, *in generationem ejus*, ut subaudiatur *terræ*. Et hinc error exortus est, quod verbum Hebraicum BARURA, quod A. et Th., *electum*, S. *mundum* interpretatus est, LXX legerunt BADURA, RES litteram DALETH existimantes, propter elementi nimiam similitudinem, quod parvo apice distinguitur. »

V. 10. Σ., πέραθεν etc. Eusebius in Demonstr. evang. libro II. Theodoretus et codex Reg.

AGGÆI CAPUT PRIMUM.

ביד־חגי 1 Σ. δι' Ἀγγαίου. Ο', ἐν χειρὶ Ἀγγαίου.	1. Heb. in manu Haggei. S. per Aggæum. LXX, Vul. in manu Aggæi.
פחת יהודה Ἀ. Σ. Θ. ἡγούμενον Ἰούδα. Ο', ἐκ φυλῆς Ἰούδα.	Hebr. A. S. Th. Vul. ducem Juda. LXX, de tribu Juda.
ספונים 4 Ἀ. ὠροφωμένοις. Ο', κοιλοσταθμοις.	4. H. A. Vul. laqueatis, LXX, concavis.
עליכם כלאו 10 Οἱ λοιποί, ἐφ' ὑμᾶς ξηρασία. *In* Ο' *vacat.*	10. Hebr. super vos clauserunt se. *Reliqui*, super vos siccitas. *In* LXX *vacat*. Vul. super vos prohibiti sunt.
במלאכות 13 Ο', ἐν ἀγγέλοις. Ἄλλος, ἐν ἀποστολῇ.	13. Heb. *Alius*, in legatione. LXX, in angelis. Vul. de nuntiis.

Notæ et variæ lectiones ad cap. I Aggæi.

V. 1. Σ., δι' Ἀγγαίου. Drusius qui reliquas usque ad versum 10 interpretationes adfert.

V. 10. Οἱ λοιποί, ἐφ' ὑμᾶς ξηρασία. Barberinus.

V. 13. Ἄλλος, ἐν ἀποστολῇ. Barberinus.

AGGÆI CAPUT II.

והשמדתי חזק ממלכות הגוים 23 Ἄλλος, Ο', καὶ ὀλοθρεύσω δύναμιν βασιλέων τῶν ἐθνῶν.	23. Heb. *Alius*, LXX, et disperdam fortitudinem regum gentium. Vul. et conteram fortitudinem regni gentium.
וירדו Οἱ λοιποί, καὶ καταβήσονται. Ἄλλος, καὶ ἀναβήσονται.	Heb. *Reliqui*, Vul. et descendent. *Alius*, et ascendent.

Notæ et variæ lectiones ad cap. II Aggæi.

V. 23. Ἄλλος, Ο', καὶ ὀλοθρεύσω etc. Hanc lectionem ex aliis Interpretibus, puta ex Theodotione, additam τοῖς Ο' fuisse ait Hieronymus.

Ibid. In textu codicis Jes. legitur, καὶ ἀναβήσονται ; ad marg. vero, οἱ λοιποί, καὶ καταβήσονται · quo pacto habet hodie edit. Rom.

כל־הדולג 9 Σ. ἐπιβαίνοντας. *In* O' *vacat.* — 9. H. omnem transilientem. S. ascendentes. In LXX *vacat.* Vul. omnem, qui arroganter ingreditur.

המכתש 11 Ἀ. εἰς τὸν ὅλμον. Barber. Ἀ. Σ. τῶν ὅλμων. O', τὴν κατακεκομμένην. Θ. ἐν τῷ βάθει. — 11. Hebr. Machthes. A. in mortarium. Barb. A. S. mortariorum. LXX, concisam. Th. in profundo. Vul. pilæ.

אחפש 12 *Οἱ λοιποί*, ἐκδικήσω. O', ἐξερευνήσω. — 12. Heb. Vul. scrutabor. *Reliqui*, vindicabo. LXX, investigabo.

צרה 15 Ἀ. ταλαιπωρίας. O', θλίψεως. — 15. Heb. Angustiæ. A. miseriæ. LXX, Vul. tribulationis.

יום שאה ומשואה Ἀ. ἡμέρα συμφορᾶς καὶ ἄτης. O', ἡμέρα ἀωρίας καὶ ἀφανισμοῦ. — Hebr. dies tumultus et desolationis. A. dies calamitatis et infortunii. LXX, dies immaturitatis et perditionis. Vul. dies calamitatis et miseriæ.

אך־נבהלה 18 Ἀ. κατασπουδασμόν. Σ. μετὰ ἐπιξέως. O', καὶ σπουδήν. — 18. H. profecto festinatam. A. festinationem (*al.* sollicitudinem). S. Vul. cum festinatione. LXX, et festinationem.

Notæ et variæ lectiones ad cap. I Sophoniæ.

V. 3. Hieron. : « Hoc quod posuimus in LXX, *et infirmabuntur impii*, de Theodotionis translatione additum est: pro quo S. interpretatus est, *et scandala cum impiis*, ut subaudiatur, *congregabuntur*, sive *deficient*. V autem ed., *et infirmitas cum impiis deficiet*. » Græca adfert Barberinus.
V. 5. *Ἄλλος*, κατὰ τοῦ Μολόχ. Barberinus.
V. 9. Σ., ἐπιβαίνοντας. Barber.

V. 11. Hieron. : « *Pila*, quæ Hebraice dicitur MACHTHES, et ab Aquila versa est, εἰς τὸν ὅλμον. » Theodotionis lectionem habet Barberinus.
V. 12. *Οἱ λοιπ.*, ἐκδικήσω. Barberin.
V. 15. Ἀ., ταλαιπωρίας. Idem.
Ibid. Ἀ., ἡμέρα συμφορᾶς καὶ ἄτης. Idem.
V. 18. Ἀ., κατασπ- etc. Idem.

SOPHONIÆ CAPUT II.

וקושו 1 Σ. καὶ συλλεγῆτε. O', καὶ συνδέθητε. — 1. Hebr. S. et congregamini. LXX, et colligamini. Vul. congregamini.

עזובה 4 *Οἱ λοιποί*, ἐγκαταλελειμμένη. O', διηρπασμένη. — 4. Heb. *Reliqui*, derelicta. LXX, direpta. Vul. destructa.

גוי כרתים 5 Ἀ. Ε', ἔθνος ὀλέθριον. Σ. ἔθνος ὀλεθρευόμενον. O', πάροικοι Κρητῶν. Θ. ἔθνος ὀλεθρίας. — 5. Hebr. genti Cerethim. A. V, gens perniciei. S. gens perdita. LXX, advenæ Cretensium. *Th.* gens perniciei. Vul. gens perditorum.

והיתה חבל הים נות כרת רעים 6 Ἀ. . . . . τὸ σχοίνισμα τῆς ὡραιότητος . . . . . Σ. . . . . περίμετρον τὸ παράλιον. . . . . O', καὶ ἔσται Κρήτη νομὴ ποιμνίων, καὶ μάνδρα προβάτων. — 6. H. et erit portus maris, habitacula caularum pastorum. A. . . . . funiculus speciei. . . . . S. . . . mensura maritima. . . . . LXX, et erit Creta pascua gregum, et ovile pecorum. Vul. et erit funiculus maris requies pastorum.

קאת 14 Ἀ. πελεκᾶνοι. O', χαμαιλέοντες. Θ. κύκνοι. — 14. Hebr. pelicanus. A. pelicani. LXX, chamæleones. Th. cycni. Vul. onocrotalus.

Notæ et variæ lectiones ad cap. II Sophoniæ.

V. 1. Σ., καὶ συλλεγῆτε. Barberin.
Ibid. *Οἱ λοιπ.*, ἐγκαταλελειμμένη. Idem.
V. 5. Hieronymus : « Ubi nos transtulimus, *gens perditorum*, illi (LXX) dixerunt, *advenæ Cretensium*, et quod Hebraice scriptum est GOI CHORETHIM, pro GOI, i. e., *gente*, legerunt GAR, hoc est, *advenam* : et pro CHORETHIM, quod dicitur, *perditorum*, nomen Cretæ insulæ putaverunt. Denique et A, et V ed. interpretati sunt ἔθνος ὀλέθριον; et Th., ἔθνος ὀλεθρίας; S. quoque, ἔθνος ὀλεθρευόμενον, quæ omnia cum interpretatione nostra faciunt. » In editis antea legebatur ad singulos γένος pro ἔθνος, sed ἔθνος restituit Martianæus, ut habent optimi mss.
V. 6. Hieronymus : « Rursum, ubi nos diximus : *Et erit funiculus maris requies pastorum*, et omnes Interpretes huic translationi congruerunt; scribitur in LXX, *Et erit Creta pascua gregis*, *et ovile pecorum.* » Ita Hieronymus qui magis sensum quam verba respicit. Barberinus vero Aquilæ et Symmachi lectiones habet quales attulimus.
V. 14. Ἀ., πελεκᾶνοι. Θ., κύκνοι, Barberinus. Hæc vero respiciunt vocem τῶν O', χαμαιλέοντες, non sequentem, ut notatur apud Waltonum.

SOPHONIÆ CAPUT III.

הוי מראה 1 O', ὢ ἡ ἐπιφανής. *Ἄλλος*, οὐαὶ ἡ ἀθετοῦσα. — 1. Heb. Væ fœdatæ. LXX, O illustris. *Alius*, Væ contemnens. Vul. Væ provocatrix.

היונה Σ. ἀνόητος. O', ἡ περιστερά. — Heb. columbæ. S. stulta. LXX, Vul. columba.

פחזים 4 Ἀ. θαμβευταί. O', πνευματοφόροι. — 4. Hebr. leves. A. stupentes. LXX, portantes spiritum (*i. e.* spiritu malo correpti). Vul. vesani.

לעד 8 Π. εἰς μαρτύριον.

אז אהפך אל־עמים שפה ברורה 9 'Α. Θ. τότε στρέψω πρὸς πάντας τοὺς λαοὺς χεῖλος ἐξειλεγμένον. Σ. τότε μεταστρέψω ἐν τοῖς λαοῖς χεῖλος καθαρόν. Ο', τότε μεταστρέψω ἐπὶ λαοὺς γλῶσσαν εἰς γενεὰν αὐτῆς.

10 מעבר לנהרי־כוש עתרי בת־פוצי יובלון מנחתי Σ. πέραθεν ποταμῶν Αἰθιοπίας ἱκετεύοντά με, τέκνα τῶν διεσκορπισμένων ὑπ' ἐμοῦ ἐνέγκωσι δῶρον ἐμοί. Ο', ἐκ περάτων ποταμῶν Αἰθιοπίας προσδέξομαι ἐν διεσπαρμένοις μου· οἴσουσι θυσίας μοι.

8. Heb. in spolium. *Omnes*, in testimonium. Vul. in futurum.

9. H. Tunc convertam ad populos labium purum. A. Th. Tunc vertam ad omnes populos labium electum. S. Tunc convertam in populis labium purum. LXX, Tunc convertam super populos linguam in generationem ejus. Vul. Tunc reddam populis labium electum.

10. Hebr. De trans flumina Chus Atharæi, filia dispersorum meorum, deferent munus meum. S. De trans flumina Æthiopiæ supplicantem mihi, filii dispersorum a me deferent donum mihi. LXX, De finibus fluviorum Æthiopiæ suspiciam in dispersis meis : efferent victimas mihi. Vul. Ultra flumina Æthiopiæ, inde supplices mei, filii dispersorum meorum deferent munus mihi.

היו 18 'Α. Οἰ. Ο', οὐαί.

18. Heb. fuerunt. A. Oi. LXX, Væ. Vul. erant.

Notæ et variæ lectiones ad cap. III Sophoniæ.

V. 1. Ἄλλος, οὐαὶ ἡ ἀθετοῦσα. Barberin.
Ibid. Σ., ἀνόητος. Item.

V. 4. Hic prius editi Hieronymi confictam vocem invexerant, nempe 'Α., ἐνθουσιαζόμενοι, quæ in mss. non habetur. Alteram substituit Martianæus, nempe θαμπταί, vel θαμταί, quæ, ut testificatur ipse, in codicibus habetur : et hæc quidem lectio ad veritatem accedit; sed cum non omnino quadret, alteram ex ms. nostro noni sæculi adfero, quæ licet vitiata sit, veræ asserendæ lectioni admodum juvabit : legitur ibi *eaalbrutai :* ubi notes in his mss. Latinis, cum Græca verba occurrunt, Θ frequentissime per Є scribi, ob magnam harumce litterarum in codicibus uncialibus Græcis affinitatem, ubi sic scribebantur Є Θ., *al* vero sive ΑΛ Græce ex littera M factum est. Post B autem r ex e haud dubie factum; ita ut legi debeat ΘΑΜΒΕΥΤΑΙ. Quam lectionem veram esse liquet : nam Gen. XLIX, 3. Aquila vocem פחז, θαμβεύειν, vertit. Et hic פוחזים θαμβευταί haud dubie transtulit.

V. 8. *Omnes*, εἰς μαρτύριον. Drusius ex Hieronymo.

V. 9. 'Α. Θ., τότε στρέψω etc. Has lectiones exhibet Theodoretus. Hieronymus vero sic habet : « Notandum autem quod in eo loco, ubi nos interpretati sumus : *reddam populis labium electum*, pro *electo* LXX dixerunt, *in generationem ejus*, ut subaudiatur *terræ*. Et hinc error exortus est, quod verbum Hebraicum BARURA, quod A. et Th., *electum*, S. *mundum* interpretatus est, LXX legerunt BADURA, RES litteram DALETH existimantes, propter elementi nimiam similitudinem, quod parvo apice distinguitur. »

V. 10. Σ., πέραθεν etc. Eusebius in Demonstr. evang. libro II. Theodoretus et codex Reg.

AGGÆI CAPUT PRIMUM.

ביד־חגי 1 Σ. δι' Ἀγγαίου. Ο', ἐν χειρὶ Ἀγγαίου.

פחת יהודה 'Α. Σ. Θ. ἡγούμενον Ἰούδα. Ο', ἐκ φυλῆς Ἰούδα.

ספונים 4 'Α. ὠροφωμένοις. Ο', κοιλοσταθμοις.

עליכם כלאו 10 *Οἱ λοιποί*, ἐφ' ὑμᾶς ξηρασία. *In* Ο' *vacat*.

במלאכות 13 Ο', ἐν ἀγγέλοις. Ἄλλος, ἐν ἀποστολῇ.

1. Heb. in manu Haggai. S. per Aggæum. LXX, Vul. in manu Aggæi.

Hebr. A. S. Th. Vul. ducem Juda. LXX, de tribu Juda.

4. H. A. Vul. laqueatis, LXX, concavis.

10. Hebr. super vos clauserunt se. *Reliqui*, super vos siccitas. *In* LXX *vacat*. Vul. super vos prohibiti sunt.

13. Heb. *Alius*, in legatione. LXX, in angelis. Vul. de nuntiis.

Notæ et variæ lectiones ad cap. I Aggæi.

V. 1. Σ., δι' Ἀγγαίου. Drusius qui reliquas usque ad versum 10 interpretationes adfert.

V. 10. *Οἱ λοιποί*, ἐφ' ὑμᾶς ξηρασία. Barberinus.
V. 13. Ἄλλος, ἐν ἀποστολῇ. Barberinus.

AGGÆI CAPUT II.

והשמדתי חזק ממלכות הגוים 23 Ἄλλος, Ο', καὶ ὀλοθρεύσω δύναμιν βασιλέων τῶν ἐθνῶν.

וירדו *Οἱ λοιποί*, καὶ καταβήσονται. Ἄλλος, καὶ ἀναβήσονται.

23. Heb. *Alius*, LXX, et disperdam fortitudinem regum gentium. Vul. et conteram fortitudinem regni gentium.

Heb. *Reliqui*, Vul. et descendent. *Alius*, et ascendent.

Notæ et variæ lectiones ad cap. II Aggæi.

V. 23. Ἄλλος, Ο', καὶ ὀλοθρεύσω etc. Hanc lectionem ex aliis Interpretibus, puta ex Theodotione, additam τοῖς Ο' fuisse ait Hieronymus.

Ibid. In textu codicis Jes. legitur, καὶ ἀναβήσονται; ad marg. vero, *οἱ λοιποί*, καὶ καταβήσονται· quo pacto habet hodie edit. Rom.

ZACHARIÆ CAPUT PRIMUM.

בין ההדסים 8 'Α. Σ. μυρσινεῶνας (al. μυρσινεώνων). D, ἀναμέσον τῶν ὀρέων.
שרקים 'Α. ξανθοί. Ο', ποικίλοι.

8. Heb. A. S. Vul. inter myrteta, al. myrtetorum. LXX, inter montes.
Hebr. nigri. A. rufi. LXX. Vul. varii.

Notæ et variæ lectiones ad cap. I Zachariæ.

V. 1. Τὸν τοῦ Βαραχίου. Barber. in marg., Σ., πάππος, avus. Drach.
V. 8. 'Α., Σ., μυρσινεῶνας. Theodoretus. Barberinus vero λοιπ., μυρσινεώνων. [Legerunt LXX, ההרים. Drach.]
Ibid. 'Α., ξανθοί. Barberinus. Sed posset fortasse referri ad vocem Hebraicam præcedentem אדמים, quam Vulg. vertit rufi; LXX, πυῤῥοί, ignei.

—

ZACHARIÆ CAPUT II.

פרזות 4 Σ. ἀτειχίστως. Ο', κατακάρπως. Θ. εἰς πλάτος.
ונלוו 11 Ο', καὶ καταφεύξονται. Ἄλλος, προστεθήσονται.
וידעת Ο', καὶ ἐπιγνώσῃ. Ἄλλος, καὶ γνώσονται.
חלקו 12 Ο', τῇ μερίδι αὐτοῦ. Ἄλλος, τὴν μερίδα αὐτοῦ.
ובחר Ο', καὶ αἱρετιεῖ. Ἄλλος, καὶ ἐκλέξεται.
ממעון קדשו 13 Ο', ἐκ νεφελῶν ἁγίων αὐτοῦ. Ἄλλος, ἐκ κατοικήσεως ἁγίας αὐτοῦ.

4. Hebr. villæ. S. Vul. absque muro. LXX, frugifere. Th. in latitudinem.
11. Hebr. et adhærebunt. LXX, et confugient. Alius, adjicientur. Vul. et applicabuntur.
Hebr. LXX, Vul. et scies. Alius, et scient.
12. Heb. Alius, Vul. partem suam. LXX, parti suæ.
Hebr. LXX, Alius, Vul. et eliget.
13. Heb. Alius, Vul. de habitaculo sancto suo. LXX, de nubibus sanctis suis.

Notæ et variæ lectiones ad cap. II Zachariæ.

V. 1. Σ., ἀτειχίστως. Has lectiones exhibet Barberinus.
V. 11. Ἄλλ., προστεθήσονται. Sic quædam exemplaria ex alio videlicet Interprete.
Ibid. Ἄλλος, καὶ γνώσονται. Sic quædam exemplaria ut etiam duas sequentes lectiones
V. 13. Ἄλλος, ἐκ κατοικήσεως ἁγίας. Barberin.

—

ZACHARIÆ CAPUT III.

והשטן 1 Οἱ λοιποί, καὶ σατάν. Ο', καὶ ὁ διάβολος.
הלוא זה אוד מצל מאש 2 'Α. μήτι οὐχὶ οὗτος δαλὸς ἐῤῥυσμένος ἀπὸ πυρός. Σ. οὐχ ὁρᾷς αὐτὸν ὡς δαλὸν ἐξῃρημένον ἐκ πυρός; Ο', οὐκ ἰδοὺ τοῦτο ὡς δαλὸς ἐξεσπασμένος ἐκ πυρός;
מופת 8 'Α. τέρατος. Σ. θαυμάσιοι. Ο', τερατοσκόποι.
מפתח פתחה 9 'Α. διαγλύψω ἄνοιγμα αὐτῆς. Σ. γλύψω γὰρ τὴν γλυφὴν αὐτοῦ. Θ. διαγλύψω τὴν γλυφὴν αὐτοῦ. Ο', ὀρύσσω βόθρον.

1. Hebr. Reliqui, Vul. et satan. LXX, et diabolus.
2. Heb. A. Nonne hic torris erutus de igne? S. Nonne vides eum ut torrem ablatum ex igne? LXX, Nonne ecce hoc ut torris erutus de igne? Vul. Numquid non iste torris est erutus de igne?
8. Hebr. A. portenti. S. admirabiles. LXX portentorum spectatores. Vul. portendentes
9. Hebr. aperiens apertionem ejus. A. sculpam aperturam ejus. S. sculpam enim sculpturam ejus. Th. sculpam sculpturam ejus. LXX, fodio foveam. Vul. cælabo sculpturam ejus.

Notæ et variæ lectiones ad cap. III Zachariæ.

V. 1. Οἱ λοιπ., καὶ σατάν. Barberinus.
V. 2. Lectiones Aquilæ et Sym. profert idem.
V. 8. 'Α., τέρατος. Σ., θαυμάσιοι. Idem.
V. 9. 'Α., Σ., Θ., διαγλύψω etc. Drusius. Barber. vero legit 'Α., διαγλύφω ἀνύγματα (l. ἀνοίγματα) αὐτῆς. Σ., γλύψω γὰρ τὴν γλυφὴν αὐτοῦ.

—

ZACHARIÆ CAPUT IV.

מוצקות 2 'Α. ἐπιρυταί. Σ. ἐπιχυτῆρες. Ο', ἐπαρυστρίδες.
את־האבן הראשה 7 'Α. τὸν λίθον τὸν πρωτεύοντα. Σ. τὸν λίθον τὸν ἄκρον. Ο', τὸν λίθον τῆς κληρονομίας. Θ. τὸν λίθον τὸν πρῶτον.
תשאות חן 'Α. ἐξισώσει χάριτος. Σ. πρὸς χάριν αὐτοῦ. Ο', ἰσότητα χάριτος. Θ. κατάπαυσις αὕτη.
אשר ביד שני צנתרות הזהב המריקים מעליהם 12 Σ. οἱ ἀνὰ χεῖρα τῶν δύο ἐπιχυτήρων (χρυσῶν) τῶν ἐκκενούντων ἀφ' ἑαυτῶν. Ο', οἱ ἐν ταῖς χερσὶ τῶν δύο μυξωτήρων τῶν χρυσῶν τῶν ἐπιχεόντων, καὶ ἐπαναγαγόντων τὰς ἐπαρυστρίδας.

2. Hebr. A. S. LXX, Vul. infusoria.
7. Hebr. A. Vul. lapidem primarium. S. lapidem summum. LXX, lapidem hæreditatis. Th. lapidem primum.
Heb. strepitibus gratia. A. adæquatione gratiæ. S. ad gratiam ejus. LXX, æqualitatem gratiæ. Th. requies hæc. Vul. et exæquabit gratiam gratiæ.
12. H. Quæ in manu duarum ampullarum sunt evacuantium desuper se. S. Quæ ad manum duarum ampullarum aurearum evacuantium a se ipsis. LXX, Qui sunt in manibus duorum emunctoriorum aureorum infundentium et reducentium suffusoria. Vul. Quæ sunt juxta duo rostra aurea, in quibus sunt suffusoria.

שני בני־היצהר 14 'Α. δύο υἱοὶ στιλπνότητος. Σ. δύο υἱοὶ ἐλαίου. Ο', δύο υἱοὶ τῆς πιότητος. Θ. δύο υἱοὶ λαμπρότητος.

14. Heb. S. Vul. duo filii olei. A. duo filii splendoris. LXX, duo filii pinguedinis. Th. duo filii claritatis.

Notæ et variæ lectiones ad cap. IV Zachariæ.

V. 2. Aq. et Symmachi lectiones habet Barber.
V. 7. Idem.
V. 12. Σ., οἱ ἀνὰ χεῖρα. Idem.
V. 14. Hieron. : « *Isti sunt duo filii olei*, ut Symmachus voluit, sive στιλπνότητος, ut interpretatus est Aquila, id est *splendoris*, vel πιότητος, hoc est, *pinguedinis*, ut verterunt LXX, aut λαμπρότητος, i. e., *claritatis*, ut Theodotio transtulit. » Vide etiam in epist. ad Nepotianum tom. IV, p. 255.

ZACHARIÆ CAPUT V.

מגלה 1 'Α. Θ. διφθέρα. Σ. κεφαλίς. Ο', δρέπανον.

1. Hebr. Vul. volumen. A. Th. diphthera. S. capitulum. LXX, falx.

נקה 3 Σ. δίκην δώσῃ (*sic*). Ο', ἐκδικηθήσεται.

3. Hebr. succisus est. S. pœnas dabit. LXX, ultionem subibit. Vul. judicabitur.

האיפה 6 Σ. οἰφί. Ο', τὸ μέτρον.

6. Hebr. epha. S. œphi. LXX, mensura. Vul. amphora.

זאת עינם Σ. πρὸς τοῦτο ἀποβλέπουσι. Ο', αὕτη ἡ ἀδικία αὐτῶν

Hebr. hæc oculus eorum. S. ad hoc respiciunt. LXX, hæc iniquitas eorum. Vul. hæc est oculus eorum.

וישלך אתה 8 Ο', καὶ ἔῤῥιψεν αὐτήν. Θ. . . . .

8. Hebr. LXX, Vul. et projecit eam. Th. et projecit sese.

את־אבן העפרת Ο', λίθον τοῦ μολίβδου. Θ. . . .

H. LXX, lapidem plumbi. Th. pondus plumbi. Vul. massam plumbi.

החסידה 9 'Α. Σ. Θ. ἐρωδιοῦ. Ο', ἔποπος.

Heb. ciconiæ. A. S. Th. herodionis. LXX, upupæ. Vul. milvi.

Notæ et variæ lectiones ad cap. V Zachariæ.

V. 1. Hieronymus : « *Volumen* . . . . . . Hebraice dicitur MEGELLA, et ab Aq. et Th. versum est διφθέρα; Symm., κεφαλίς, i. e., *capitulum*. »
V. 3. Σ., δίκην δώσῃ. Barberin.
V. 6. Hujus item versus lectiones adfert Barberinus.
V. 8. Th., *et projecit sese*. Drusius ex Hieronymo, ut et sequentem lectionem.
V. 9. A., S., Th., ἐρωδιὸν, soli LXX, ἔποπα. Hieronymus, qui casum seriei suæ accommodat. In vocem ἐρωδιὸς sic edisserit Drusius : « ἐρωδιὸς, Job. xxxix, 13. In Græcis Bibliis legitur ἀσίδα, ad quem locum Olympiodorus, ἀσίδα ὁ ἐρώδιός ἐστι κατὰ Ἀκύλαν. Sic etiam LXX interpretantur Psalm. CIII, 17, ubi Arnobius, *fulica*. Suidas : ἐρωδιὸς εἶδος ὀρνέου ὁ πελαργὸς λεγόμενος, ἢ ὅμοιος αὐτῷ· ἐλώθιός τις ὢν παρὰ τὸ ἐν ἕλεσι διατρίβειν, τουτέστι καθύγροις τόποις. De ciconia dissentit Olympiodorus : ἀσίδα, inquit, ὁ ἐρωδιὸς, ἢ πελαργὸς, ὥς τινες ἔφασαν, οὐ καλῶς νοήσαντες. Ecce manifestum discrimen ponit inter erodium et ciconiam : et negat חסידה ciconiam esse, aut saltem eos errare asserit qui hoc tradunt. De pietate erodii avis in pullos videndus Ælianus lib. XIII, cap. 22 *Hist. animalium* etc. »

ZACHARIÆ CAPUT VI.

אמצים 3 'Α. κρατεροί. Ο', ψαροί.

3. Heb. A. Vul. fortes. LXX, sturnini.

מחלדי מאת טוביה ומאת ידעיה 10 'Α. παρὰ 'Ολδὰ, καὶ παρὰ Τοβίας, καὶ παρὰ 'Ιδέα. Ο', παρὰ τῶν ἀρχόντων, καὶ παρὰ τῶν χρησίμων, καὶ παρὰ τῶν ἐπεγνωκότων αὐτήν.

10. Heb. ab Heldai de Tobiau, et de Jedaia. A. ab Olda et a Tobia et ab Idea. LXX, a principibus et ab utilibus, et ab iis qui cognoverunt eam. Vul. ab Holdai, et a Tobia, et ab Idaia.

צמח 12 'Α. ἀναφυή. Σ. βλάστημα. Ο', ἀνατολή.

12. Hebr. A. germen. S. surculus. LXX, Vul. oriens.

הוד 13 Ἄλλος, ἐπιδοξότητα. Ἄλλος, εὐπρέπειαν. Ἄλλος, δόξαν. Ο', ἀρετήν.

13. Heb. *Alius*, Vul. gloriam. *Alius*, conspicuitatem. *Alius*, decorem. LXX, virtutem.

Notæ et variæ lectiones ad cap. VI Zachariæ.

V. 3. 'Α., κρατεροί. Ex Hieronymo. [Lamb. Bos : Aq., κραταιοί. » Quæ lectio probabilior. DRACH.]
V. 10. 'Α., παρὰ 'Ολδὰ etc. Barberinus.
V. 12. Ἄλλος, ἀναφυή. Ἄλλος, βλάστημα. Ita Hieronymus. Prior vero lectio est Aquilæ, posterior Symmachi, qui sic vertere solet vocem צמח. Aquilæ primam, Symmacho alteram tribuit etiam Barberinus.
V. 13. Ἄλλος, ἐπιδοξότης etc. Has item lectiones exhibet Hieronymus. Prior videtur Aquilæ esse, qui ita vertit Psalm. CIII, 1.

ZACHARIÆ CAPUT VII.

לחדש התשעי 1 Ο', μηνὸς τοῦ ἐννάτου. Ἄλλος, μηνὸς ἕκτου.

1. Heb. LXX, Vul. mensis noni. sexti.

ושלוה 7 Ο', καὶ εὐθηνοῦσα. Ἄλλοι, καὶ εὐφραίνουσα.

7. Heb. et quietam. LXX, et abundans. Alius, et lætans. Vul. et esset opulenta.

Notæ et variæ lectiones ad cap. VII Zachariæ.

V. 1. Ἄλλος, μηνὸς ἕκτου. Sic quædam exemplaria.
V. 7. Ἄλλος, καὶ εὐφραίνουσα. Ita legitur in quibusdam exemplaribus: estque haud dubie alterius interpretis lectio.

ZACHARIÆ CAPUT VIII.

רעת 17 Π. κακίαν.

17. Heb. Omnes. Vul. malum.

19 צום הרביעי וצום החמישי וצום השביעי וצום העשירי Ἀ. Σ. Θ. νηστεία ἡ τοῦ τετάρτου, καὶ νηστεία ἡ τοῦ πέμπτου, καὶ νηστεία ἡ τοῦ ἑβδόμου, καὶ νηστεία ἡ τοῦ δεκάτου. Ο', νηστεία ἡ τετρὰς, καὶ νηστεία ἡ πέμπτη, καὶ νηστεία ἡ ἑβδόμη, καὶ νηστεία ἡ δεκάτη.

19. Hebr. A. S. Th. Vul. jejunium quarti, et jejunium quinti, et jejunium septimi, et jejunium decimi. LXX, jejunium quartum, et jejunium quintum, et jejunium septimum, et jejunium decimum.

Notæ et variæ lectiones ad cap. VIII Zachariæ.

V. 17. Hieronymus. Omnes, κακίαν.
V. 19. Ἀ., Σ., Θ., νηστεία etc. Ex Theodoreto.

ZACHARIÆ CAPUT IX.

1 משא דבר יהוה Ἀ. ἆρμα λόγου Κυρίου. Ο', λῆμμα λόγου Κυρίου.

1. Heb. A. Vul. onus verbi Domini. LXX, assumptio verbi Domini.

ודמשק מנחתו Ἀ. καὶ ἐν Δαμασκῷ ἀνάπαυσις αὐτοῦ. Ο', καὶ Δαμασκοῦ θυσία αὐτοῦ.

Hebr. et Damasci requiei ejus. A. et in Damasco requies ejus. LXX, et Damasci sacrificium ejus. Vul. et Damasci requiei ejus.

2 וגם־חמת תגבל־בה צר וצידון Ἀ. καίγε Ἡμὰθ ὁριοτεθήσεται ἐν αὐτῇ Τύρος καὶ Σιδών. Σ. ἔτι καὶ ἐν Ἡμὰθ τῇ ὁμορούσῃ, καὶ Τύρῳ καὶ Σιδῶνι. Ο', καὶ ἐν Ἡμὰθ, ἐν τοῖς ὁρίοις αὐτῆς, Τύρος καὶ Σιδών.

2. Heb. et etiam Hamath terminabit in ea Sor, et Sidon. A. etiam Hemath terminabitur in ea Tyrus et Sidon. S. etiam et in Hemath conterminæ, et Tyro et Sidone. LXX, et in Emath, in terminis ejus, Tyrus et Sidon. Vul. Emath quoque in terminis ejus, et Tyrus et Sidon.

8 מצבה מעבר Σ. κωλύων στρατείαν παράγοντος. Ο', ἀνάστημα τοῦ μὴ διαπορεύεσθαι.

8. Hebr. ab exercitu, a transeunte. S. impediens exercitum pertranseuntis. LXX, elevationem ut non pertranseat. Vul. ex his qui militant mihi euntes.

9 הוא עני ורכב על־חמור ועל־עיר בן־אתנות Ἀ. αὐτὸς πραῢς καὶ ἐπιβεβηκὼς ἐπὶ ὄνου καὶ πώλου υἱοῦ ὀνάδων. Σ. αὐτὸς πτωχὸς καὶ ἐπιβεβηκὼς ἐπὶ ὄνον καὶ πῶλον υἱὸν ὀνάδος. Ο', αὐτὸς πραῢς, καὶ ἐπιβεβηκὼς ἐπὶ ὑποζύγιον καὶ πῶλον νέον. Θ. αὐτὸς ἐπακούων καὶ ἐπιβεβηκὼς ἐπὶ ὄνον καὶ πῶλον υἱὸν ὄνου. Ε', αὐτὸς πτωχὸς καὶ ἐπιβεβηκὼς ἐπὶ ὑποζύγιον καὶ πῶλον υἱὸν ὄνων.

9. H. Ipse humilis et equitans super asinum, et super asellum, filium asinarum. A. Ipse mansuetus, et vectus super asino et pullo filio asinarum. S. Ipse pauper et vectus super asinum et pullum filium asinæ. LXX, Ipse mansuetus et vectus super subjugali et pullo juvene. Th. Ipse obediens, et vectus super asino et pullo filio asinæ. V, Ipse pauper et vectus super subjugali, et pullo filio asinarum. Vul. Ipse pauper, et ascendens super asinam, et super pullum filium asinæ.

10 ודבר שלום לגוים ומשלו מים עד־ים ומנהר עד־אפסי־ארץ Ὁ Ἑβραῖος, . . . καὶ ἀπὸ ποταμῶν ἕως τῶν περάτων τῆς γῆς. Ἀ. Σ. Θ. καὶ λαλήσει εἰρήνην τοῖς ἔθνεσι, καὶ ἡ ἐξουσία αὐτοῦ ἀπὸ θαλάσσης ἕως θαλάσσης, καὶ ἀπὸ ποταμοῦ ἕως περάτων τῆς γῆς. Ο', καὶ πλῆθος καὶ εἰρήνη ἐξ ἐθνῶν, καὶ κατάρξει ὑδάτων ἕως θαλάσσης καὶ ποταμῶν, διεκβολὰς γῆς.

10. Hebr. et loquetur pacem gentibus, et potestas ejus a mari usque ad mare, et a flumine usque ad fines terræ. Hebræus interp. et a fluminibus ad fines terræ. A. S. Th. Vul. et loquetur pacem gentibus, et potestas ejus a mari usque ad mare, et a flumine (Vul. fluminibus) usque ad fines terræ. LXX, et multitudo et pax ex gentibus: et dominabitur aquis usque ad mare et fluminibus, exitus terræ.

17 ותירוש Ἀ. καὶ οἰνία. Ο', καὶ οἶνος.

17. Hebr. et vinum novum. A. et vinum novum. LXX, Vul. et vinum.

Notæ et variæ lectiones ad cap. IX Zachariæ.

V. 1. Ἀ., ἆρμα λόγου Κυρίου, de more. Hieronymus Latine tantum: A., pondus et onus verbi Domini.
Ibid. Ἀ., καὶ ἐν Δαμασκῷ etc. Theodoretus.
V. 2. Ἀ., καίγε etc. Idem.
V. 5. Ἀκκάρων. Barber. in marg., σίρας (l. σιρὰς)

αὐτῆς. Δ', ἐξαναρίζωσις αὐτῆς. Drach.

V. 8. Σ., κωλύων etc. Theodoretus.

V. 9. 'Α., αὐτὸς πραῢς etc. Has omnes lectiones adfert Origenes in Matthæum.

V. 10. Ὁ Ἑβραῖος, καὶ ἀπὸ ποταμῶν etc. Has lectiones effert Eusebius in Demonstr. evang. pag. 458, et in Psalmos pag. 571. [In Sym. loco τῆς γῆς, Lamb. Bos dat, τῆς οἰκουμένης. — Barb. in marg.: λ/ο, καὶ λαλήσει εἰρήνην ἐν ἔθνεσι. Drach.]

V. 17. Hieron.: « Pro *vino*, quod Hebraice dicitur THIROS, Aquila οἰνίαν interpretatus est: quod et ipsum ad ubertatem vindemiæ referri potest. »

ZACHARIÆ CAPUT X.

נוגש 4 'Α. εἰσπράσσων. Ο', ἐξελαύνων.

4. Hebr. A. Vul. exactor. LXX, qui abigit

והיו כאשר לא־זנחתים 6 Σ. καὶ ἔσονται ὡς ἂν εἰ μὴ ἀπωσάμην αὐτούς. Ο', καὶ ἔσονται ὃν τρόπον οὐκ ἀπεστρεψάμην αὐτούς.

6. H. et erunt sicut quando non elongavi eos. S. et erunt ut si non repulissem eos. LXX, et erunt ac si non avertissem eos. Vul. et erunt sicut fuerunt quando non projeceram eos.

Notæ et variæ lectiones ad cap. X Zachariæ.

V. 4. Hieronymus: « In Hebraico scriptum est NOGES, et Aquila interpretatus est εἰσπράσσων. »

V. 6. Σ., καὶ ἔσονται etc. Theodoretus.

ZACHARIÆ CAPUT XI.

שני מקלות 7 Ἄλλος, δύο σκυτάλας. Ο,' δύο ῥάβδους.

7. Heb. LXX, Vul. duas virgas. *Alius*, duas scytalas.

לאחד קראתי נעם ולאחד קראתי חבלים 'Α. τὴν μίαν ἐκάλεσα εὐπρέπειαν, καὶ τὴν ἑτέραν ἐκάλεσα σχοίνισμα. Σ. τὴν μὲν ἐκάλεσα εὐπρέπειαν, τὴν δὲ μίαν ἐκάλεσα σχοίνισμα. Ο', τὴν μίαν ἐκάλεσα κάλλος, καὶ τὴν ἑτέραν ἐκάλεσα σχοίνισμα.

Heb. unam vocavi Noam, et unam vocavi Hobelim. A. Vul. unam vocavi decorem, et alteram vocavi funiculum. S. alteram quidem vocavi decorem, unam vero vocavi funiculum. LXX, unam vocavi pulchritudinem, et alteram vocavi funiculum.

ותקצר נפשי בהם 8 'Α. καὶ ἐκολοβώθη (*al.* ἐφοβήθη) ἡ ψυχή μου ἐπ' αὐτούς. Σ. καὶ ὠλιγοψύχησα ἐν αὐτοῖς. Ο', καὶ βαρυνθήσεται ἡ ψυχή μου ἐπ' αὐτούς. Θ. καὶ ὠλιγοψύχησεν ἡ ψυχή μου ἐπ' αὐτούς.

8. Heb. et abbreviata est anima mea in eis. A. et abbreviata est (*al.* timuit) anima mea in eis. S. et animo defeci in eis. LXX, et ingravescet anima mea super eos. Th. et animo defecit anima mea in eis. Vul. et contracta est anima mea in eis.

וגם־נפשם בחלה בי 'Α. καίγε ἡ ψυχὴ αὐτῶν ἐπέρκασεν ἐν ἐμοί. Σ. καὶ ἡ ψυχὴ αὐτῶν ἤκμασεν ἐν ἐμοί. Ο', καὶ γὰρ αἱ ψυχαὶ αὐτῶν ἐπωρύοντο ἐπ' ἐμέ.

H. et etiam anima eorum nauseavit in me. A. et quidem anima eorum maturuit in me. S. et anima eorum floruit in me. LXX, siquidem et animæ eorum rugiebant super me. Vul. siquidem et anima eorum variavit in me.

ואקח את־מקלי את־נעם ואגדע אתו 10 'Α. καὶ ἔλαβον τὴν ῥάβδον μου τὴν εὐπρέπειαν, καὶ περιέκοψα αὐτήν. Ο', καὶ λήψομαι τὴν ῥάβδον μου τὴν καλήν, καὶ ἀποῤῥίψω αὐτήν.

10. H. et tuli virgam meam Noam, et abscidi eam. A. et accepi virgam meam decorem, et circumcidi eam. LXX, et assumam virgam meam pulchram, et projiciam eam. Vul. et tuli virgam meam, quæ vocabatur decor, et abscidi eam.

עניי הצאן השמרים אתי 11 'Α. πτωχοὶ τοῦ ποιμνίου μου οἱ φυλασσόμενοί με. Ο', οἱ Χαναναῖοι τὰ πρόβατα τὰ φυλασσόμενά μοι.

11. Hebr. afflicti pecoris custodientes me. A. pauperes ovilis mei custodientes me. LXX, Chananæi oves custoditæ mihi. Vul. pauperes gregis qui custodiunt mihi.

וישקלו את־שכרי שלשים כסף 12 'Α. Ο', καὶ ἔστησαν τὸν μισθόν μου τριάκοντα ἀργυροῦς. Σ. καὶ ἐστάθμισαν τὸν μισθόν μου τριάκοντα ἀργυροῦς.

12. Heb. S. Vul. et appenderunt mercedem meam triginta argenteos. A. LXX, et statuerunt mercedem meam triginta argenteos.

ויאמר יהוה אלי השליכהו אל־היוצר אדר היקר אשר יקרתי מעליהם 'Α. καὶ εἶπε Κύριος πρός με, Ῥίψον αὐτὰ πρὸς τὸν πλάστην· ὑπερμεγέθης ἡ τιμὴ ἣν ἐτιμήθην ὑπ' αὐτῶν. Ο', καὶ εἶπε Κύριος πρός με, Κάθες αὐτοὺς εἰς τὸ χωνευτήριον, καὶ σκέψομαι εἰ δόκιμόν ἐστιν, ὃν τρόπον ἐδοκιμάσθην ὑπὲρ αὐτῶν.

13. Hebr. et ait Dominus ad me: Projice illud ad figulum, magnificentiam gloriæ, qua appretiatus sum desuper eis. A. et dixit Dominus ad me: Projice ea ad figulum; grandissimum pretium, quo æstimatus sum ab eis. LXX, et ait Dominus ad me: Depone eos in conflatorium: et considerabo, si probatum est, sicut probatus sum pro eis. Vul. et dixit Dominus ad me: Projice illud ad statuarium, decorum pretium quo appretiatus sum ab eis.

ואשליך אתו בית יהוה אל־היוצר 'Α. καὶ ἔῤῥιψα αὐτὸ ἐν οἴκῳ Κυρίου πρὸς τὸν πλάστην. Σ. καὶ ἔῤῥιψα αὐτὸ εἰς τὸν οἶκον Κυρίου εἰς τὸ χωνευτήριον. Ο', καὶ

Hebr. A. et projeci illud in domum Domini ad figulum. S. et projeci illud in dom[illegible] conflatorium. LXX, et injeci eo[illegible]

ושלוה 7 Ο', καὶ εὐθηνοῦσα. Ἄλλοι, καὶ εὐφραίνουσα.

7. Heb. et quietam. LXX, et abundans. Alius, exsultans. Vul. et esset opulenta.

Notæ et variæ lectiones ad cap. VII Zachariæ.

V. 1. Ἄλλος, μηνὸς ἕκτου. Sic quædam exemplaria.
V. 7. Ἄλλος, καὶ εὐφραίνουσα. Ita legitur in quibusdam exemplaribus : estque haud dubie alterius interpretis lectio.

ZACHARIÆ CAPUT VIII.

רעה 17 Π. κακίαν.

17. Heb. *Omnes*. Vul. malum.

צום הרביעי וצום החמישי וצום השביעי וצום 19 העשירי Ἀ. Σ. Θ. νηστεία ἡ τοῦ τετάρτου, καὶ νηστεία ἡ τοῦ πέμπτου, καὶ νηστεία ἡ τοῦ ἑβδόμου, καὶ νηστεία ἡ τοῦ δεκάτου. Ο', νηστεία ἡ τετρὰς, καὶ νηστεία ἡ πέμπτη, καὶ νηστεία ἡ ἑβδόμη, καὶ νηστεία ἡ δεκάτη.

19. Hebr. A. S. Th. Vul. jejunium quarti, et jejunium quinti, et jejunium septimi, et jejunium decimi. LXX, jejunium quartum, et jejunium quintum, et jejunium septimum, et jejunium decimum.

Notæ et variæ lectiones ad cap. VIII Zachariæ.

V. 17. Hieronymus. *Omnes*, κακίαν.
V. 19. Ἀ., Σ., Θ., νηστεία etc. Ex Theodoreto.

ZACHARIÆ CAPUT IX.

משא דבר יהוה 1 Ἀ. ἆρμα λόγου Κυρίου. Ο', λῆμμα λόγου Κυρίου.

1. Heb. A. Vul. onus verbi Domini. LXX, assumptio verbi Domini.

ודמשק מנחתו Ἀ. καὶ ἐν Δαμασκῷ ἀνάπαυσις αὐτοῦ. Ο', καὶ Δαμασκοῦ θυσία αὐτοῦ.

Hebr. et Damesec requiei ejus. A. et in Damasco requies ejus. LXX, et Damasci sacrificium ejus. Vul. et Damasci requiei ejus.

וגם־חמת תגבל־בה צר וצידון 2 Ἀ. καίγε Ἡμὰθ ὁριοτεθήσεται ἐν αὐτῇ Τύρος καὶ Σιδών. Σ. ἔτι καὶ ἐν Ἡμὰθ τῇ ὁμορούσῃ, καὶ Τύρῳ καὶ Σιδῶνι. Ο', καὶ ἐν Ἡμὰθ, ἐν τοῖς ὁρίοις αὐτῆς, Τύρος καὶ Σιδών.

2. Heb. et etiam Hamath terminabit in ea Sor, et Sidon. A. etiam Hemath terminabitur in ea Tyrus et Sidon. S. etiam et in Hemath conterminæ, et Tyro et Sidone. LXX, et in Emath, in terminis ejus, Tyrus et Sidon. Vul. Emath quoque in terminis ejus, et Tyrus et Sidon.

מצבה מעבר 8 Σ. κωλύων στρατείαν παράγοντος. Ο', ἀνάστημα τοῦ μὴ διαπορεύεσθαι.

8. Hebr. ab exercitu, a transeunte. S. impediens exercitum pertranseuntis. LXX, elevationem ut non pertranseat. Vul. ex his qui militant mihi euntes.

הוא עני ורכב על־חמור ועל־עיר בן־אתנות 9 Ἀ. αὐτὸς πραῢς καὶ ἐπιβεβηκὼς ἐπὶ ὄνου καὶ πώλου υἱοῦ ὀνάδων. Σ. αὐτὸς πτωχὸς καὶ ἐπιβεβηκὼς ἐπὶ ὄνον καὶ πῶλον υἱὸν ὀνάδος. Ο', αὐτὸς πραῢς, καὶ ἐπιβεβηκὼς ἐπὶ ὑποζύγιον καὶ πῶλον νέον. Θ. αὐτὸς ἐπακούων καὶ ἐπιβεβηκὼς ἐπὶ ὄνον καὶ πῶλον υἱὸν ὄνου. Ε', αὐτὸς πτωχὸς καὶ ἐπιβεβηκὼς ἐπὶ ὑποζύγιον καὶ πῶλον υἱὸν ὄνων.

9. H. Ipse humilis et equitans super asinum, et super asellum, filium asinarum. A. Ipse mansuetus, et vectus super asino et pullo filio asinarum. S. Ipse pauper et vectus super asinum et pullum filium asinæ. LXX, Ipse mansuetus et vectus super subjugali et pullo juvene. Th. Ipse obediens, et vectus super asino et pullo filio asinæ. V, Ipse pauper et vectus super subjugali, et pullo filio asinarum. Vul. Ipse pauper, et ascendens super asinam, et super pullum filium asinæ.

ודבר שלום לגוים ומשלו מים עד־ים ומנהר 10 עד־אפסי־ארץ Ὁ Ἑβραῖος, . . . καὶ ἀπὸ ποταμῶν ἕως τῶν περάτων τῆς γῆς. Ἀ. Σ. Θ. καὶ λαλήσει εἰρήνην τοῖς ἔθνεσι, καὶ ἡ ἐξουσία αὐτοῦ ἀπὸ θαλάσσης ἕως θαλάσσης, καὶ ἀπὸ ποταμοῦ ἕως περάτων τῆς γῆς. Ο', καὶ πλῆθος καὶ εἰρήνη ἐξ ἐθνῶν, καὶ κατάρξει ὑδάτων ἕως θαλάσσης καὶ ποταμῶν, διεκβολὰς γῆς.

10. Hebr. et loquetur pacem gentibus, et potestas ejus a mari usque ad mare, et a flumine usque ad fines terræ. *Hebræus interp.* et a fluminibus ad fines terræ. A. S. Th. Vul. et loquetur pacem gentibus, et potestas ejus a mari usque ad mare, et a flumine (Vul. fluminibus) usque ad fines terræ. LXX, et multitudo et pax ex gentibus : et dominabitur aquis usque ad mare et fluminibus, exitus terræ.

תירוש 17 Ἀ. καὶ οἰνία. Ο', καὶ οἶνος.

17. Hebr. et vinum novum. A. et vinum novum. LXX, Vul. et vinum.

Notæ et variæ lectiones ad cap. IX Zachariæ.

V. 1. Ἀ., ἆρμα λόγου Κυρίου, de more. Hieronymus Latine tantum : A., *pondus et onus verbi Domini.*
Ibid. Ἀ., καὶ ἐν Δαμασκῷ etc. Theodoretus.
V. 2. Ἀ., καίγε etc. Idem.
V. 5. Ἀκκάρων. Barber. in marg., σίρος (l. σιρὼ)

αὐτῆς. Δ', ἐξαναρίζωσις αὐτῆς. Drach.

V. 8. Σ., κωλύων etc. Theodoretus.

V. 9. 'Α., αὐτὸς πραῢς etc. Has omnes lectiones adfert Origenes in Matthæum.

V. 10. Ὁ 'Εβραῖος, καὶ ἀπὸ ποταμῶν etc. Has lectiones effert Eusebius in Demonstr. evang. pag. 458, et in Psalmos pag. 571. [In Sym. loco τῆς γῆς, Lamb. Bos dat, τῆς οἰκουμένης. — Barb. in marg. : λ/ο, καὶ λαλήσει εἰρήνην ἐν ἔθνεσι. Drach.]

V. 17. Hieron. : « Pro *vino*, quod Hebraice dicitur THIROS, Aquila οἰνίαν interpretatus est : quod et ipsum ad ubertatem vindemiæ referri potest. »

ZACHARIÆ CAPUT X.

בנגש 4 'Α. εἰσπράσσων. Ο', ἐξελαύνων.

4. Hebr. A. Vul. exactor. LXX, qui abigit

והיו כאשר לא־זנחתים 6 Σ. καὶ ἔσονται ὡς ἂν εἰ μὴ ἀπωσάμην αὐτούς. Ο', καὶ ἔσονται ὃν τρόπον οὐκ ἀπεστρεψάμην αὐτούς.

6. H. et erunt sicut quando non elongavi eos. S. et erunt ut si non repulissem eos. LXX, et erunt ac si non avertissem eos. Vul. et erunt sicut fuerunt quando non projeceram eos.

Notæ et variæ lectiones ad cap. X Zachariæ.

V. 4. Hieronymus : « In Hebraico scriptum est NOGES, et Aquila interpretatus est εἰσπράσσων. »

V. 6. Σ., καὶ ἔσονται etc. Theodoretus.

ZACHARIÆ CAPUT XI.

שני מקלות 7 Ἄλλος, δύο σκυτάλας. Ο,' δύο ῥάβδους.

7. Heb. LXX, Vul. duas virgas. *Alius*, duas scytalas.

לאחד קראתי נעם ולאחד קראתי חבלים 'Α. τὴν μίαν ἐκάλεσα εὐπρέπειαν, καὶ τὴν ἑτέραν ἐκάλεσα σχοίνισμα. Σ. τὴν μὲν ἐκάλεσα εὐπρέπειαν, τὴν δὲ μίαν ἐκάλεσα σχοίνισμα. Ο', τὴν μίαν ἐκάλεσα κάλλος, καὶ τὴν ἑτέραν ἐκάλεσα σχοίνισμα.

Heb. unam vocavi Noam, et unam vocavi Hobelim. A. Vul. unam vocavi decorem, et alteram vocavi funiculum. S. alteram quidem vocavi decorem, unam vero vocavi funiculum. LXX, unam vocavi pulchritudinem, et alteram vocavi funiculum.

ותקצר נפשי בהם 8 'Α. καὶ ἐκολοβώθη (*al.* ἐφοβήθη) ἡ ψυχή μου ἐπ' αὐτούς. Σ. καὶ ὠλιγοψύχησα ἐν αὐτοῖς. Ο', καὶ βαρυνθήσεται ἡ ψυχή μου ἐπ' αὐτούς. Θ. καὶ ὠλιγοψύχησεν ἡ ψυχή μου ἐπ' αὐτούς.

8. Heb. et abbreviata est anima mea in eis. A. et abbreviata est (*al.* timuit) anima mea in eis. S. et animo defeci in eis. LXX, et ingravescet anima mea super eos. Th. et animo defecit anima mea in eis. Vul. et contracta est anima mea in eis.

וגם־נפשם בחלה בי 'Α. καίγε ἡ ψυχὴ αὐτῶν ἐπέρκασεν ἐν ἐμοί. Σ. καὶ ἡ ψυχὴ αὐτῶν ἤκμασεν ἐν ἐμοί. Ο', καὶ γὰρ αἱ ψυχαὶ αὐτῶν ἐπωρύοντο ἐπ' ἐμέ.

H. et etiam anima eorum nauseavit in me. A. et quidem anima eorum maturuit in me. S. et anima eorum floruit in me. LXX, siquidem et animæ eorum rugiebant super me. Vul. siquidem et anima eorum variavit in me.

ואקח את־מקלי את־נעם ואגדע אתו 10 'Α. καὶ ἔλαβον τὴν ῥάβδον μου τὴν εὐπρέπειαν, καὶ περιέκοψα αὐτήν. Ο', καὶ λήψομαι τὴν ῥάβδον μου τὴν καλήν, καὶ ἀποῤῥίψω αὐτήν.

10. H. et tuli virgam meam Noam, et abscidi eam. A. et accepi virgam meam decorem, et circumcidi eam. LXX, et assumam virgam meam pulchram, et projiciam eam. Vul. et tuli virgam meam, quæ vocabatur decor, et abscidi eam.

עניי הצאן השמרים אתי 11 'Α. πτωχοὶ τοῦ ποιμνίου μου οἱ φυλασσόμενοί με. Ο', οἱ Χαναναῖοι τὰ πρόβατα τὰ φυλασσόμενά μοι.

11. Hebr. afflicti pecoris custodientes me. A. pauperes ovilis mei custodientes me. LXX, Chananæi oves custoditæ mihi. Vul. pauperes gregis qui custodiunt mihi.

וישקלו את־שכרי שלשים כסף 12 'Α. Ο', καὶ ἔστησαν τὸν μισθόν μου τριάκοντα ἀργυροῦς. Σ. καὶ ἐστάθμισαν τὸν μισθόν μου τριάκοντα ἀργυροῦς.

12. Heb. S. Vul. et appenderunt mercedem meam triginta argenteos. A. LXX, et statuerunt mercedem meam triginta argenteos.

ויאמר יהוה אלי השליכהו אל־היוצר אדר היקר אשר יקרתי מעליהם 'Α. καὶ εἶπε Κύριος πρὸς μὲ, 'Ρίψον αὐτὰ πρὸς τὸν πλάστην· ὑπερμεγέθης ἡ τιμὴ ἣν ἐτιμήθην ὑπ' αὐτῶν. Ο', καὶ εἶπε Κύριος πρὸς μὲ, Κάθες αὐτοὺς εἰς τὸ χωνευτήριον, καὶ σκέψομαι εἰ δόκιμόν ἐστιν, ὃν τρόπον ἐδοκιμάσθην ὑπὲρ αὐτῶν.

13. Hebr. et ait Dominus ad me : Projice illud ad figulum, magnificentiam gloriæ, qua appretiatus sum desuper eis. A. et dixit Dominus ad me : Projice ea ad figulum ; grandissimum pretium, quo æstimatus sum ab eis. LXX, et ait Dominus ad me : Depone eos in conflatorium : et considerabo, si probatum est, sicut probatus sum pro eis. Vul. et dixit Dominus ad me : Projice illud ad statuarium, decorum pretium quo appretiatus sum ab eis.

ואשליך אתו בית יהוה אל־היוצר 'Α. καὶ ἔῤῥιψα αὐτὸ ἐν οἴκῳ Κυρίου πρὸς τὸν πλάστην. Σ. καὶ ἔῤῥιψα αὐτὸ εἰς τὸν οἶκον Κυρίου εἰς τὸ χωνευτήριον. Ο', καὶ

Hebr. A. et projeci illud in domum Domini ad figulum. S. et projeci illud in domum Domini in conflatorium. LXX, et injeci eos in domum De-

ἐνέβαλον αὐτοὺς εἰς τὸν οἶκον Κυρίου εἰς τὸ χωνευτήριον.

את־האחוה 14 Ο', τὴν κατάσχεσιν. Ἄλλος, τὴν διαθήκην.

אולי 15 Ἀ. Σ. Θ. ἄφρονος. Ο', ἀπείρου.

mini in conflatorium. Vul. et projeci illos in domum Domini ad statuarium.

14. Hebr. fraternitatem. LXX, possessionem. Alius, testamentum. Vul. germanitatem.

15. Heb. A. S. Th. stulti. LXX, imperiti.

Notæ et variæ lectiones ad cap. XI Zachariæ.

V. 7. Hieron. : « *duas* σχυτάλας, i. e., *baculos*, qui Hebraice dicuntur MACALOTH. »

Ibid. Ἀ., τὴν μίαν etc. Eusebius in Demonstr. evangelica.

V. 8. Ἀ., καὶ ἐκολοβώθη, al. ἐφοβήθη etc. Idem p. 483.

V. 11. Ἀ., πτωχοί etc. Barberinus codex.

V. 12. Ἀ., καί etc. Eusebius ut et reliquas omnes hujus et sequentis versus lectiones.

V. 14. Ἄλλος, καὶ διαθήκην. Barberin.

V. 15. Ἀ., Σ., Θ., ἄφρονος. Eusebius.

ZACHARIÆ CAPUT XII.

כל־עמסיה שרוט ישרטו 3 Ἀ. ὁ βαστάζων αὐτὸν σπαρασσόμενος ἀμυχθήσεται. Ο', πᾶς ὁ καταπατῶν αὐτὴν ἐμπαίζων ἐμπαίξεται.

3. Heb. omnes onerantes se eo incidendo incidentur. A. qui gestat ipsum discerptus lacerabitur. LXX, omnis qui conculcaverit eam, illudens illudet. Vul. omnes, qui levabunt eam concisione lacerabuntur.

אמצה לי 5 Ἀ. καρτέρησόν μοι. Ο', εὑρήσομεν ἑαυτοῖς.

5. Hebr. robur mihi. A. conforta mihi. LXX, inveniemus nobis. Vulg. confortentur mihi.

והביטו אלי את אשר־דקרו וספדו עליו 10 Ἀ. . . . . οὖν ὃν ἐξεκέντησαν, καὶ κόψονται αὐτόν. Σ. . . . . . ἔμπροσθεν ἐπεξεκέντησαν, καὶ κόψονται αὐτόν. Ο', καὶ ἐπιβλέψονται πρὸς μὲ ἀνθ' ὧν κατωρχήσαντο, καὶ κόψονται ἐπ' αὐτόν. Θ. καὶ ἐπιβλέψονται πρὸς μὲ ὃν ἐξεκέντησαν, καὶ κόψονται αὐτόν.

10. Hebr. et aspicient ad me, quem confixerunt, et plangent super eum. A... quem confixerunt, et plangent eum. S... prius confixerunt, et plangent eum. LXX, et aspicient ad me pro eo quod insultaverunt: et plangent super eum. Th. et respicient ad me quem confixerunt, et plangent eum. *Vul. et* aspicient ad me quem confixerunt, et plangent eum.

Notæ et variæ lectiones ad cap. XII Zachariæ.

V. 3. Ἀ., ὁ βαστάζων etc. Barberinus.

V. 5. Ἀ., καρτέρησόν μοι. Hieronymus.

V. 10. Ἀ., Σ., Θ., ἐξεκέντησαν. Drusius. Hieronymus vero notat LXX qui verterunt κατωρχήσαντο legisse RACADU רקדו. Barberinus autem pleniores lectiones adfert quales nos damus, et hæc notat : Ἀνθ' ὧν κατωρχήσαντο· οὕτω μὲν οἱ Ο', ὁ δὲ Θεοδοτίων ἐποίησεν, καὶ ἐπιβλέψονται πρὸς μὲ ὃν ἐξεκέντησαν. Ἐσημειωσάμεθα δὲ ὅτι ἐπί τινων οἱ ἀπόστολοι τὸ Ἑβραϊκὸν, καὶ οὐ τὸ ἐν τῇ κοινῇ τεθείκασιν. Ῥομφαία, ἐξεγέρθητι ἐπὶ τοὺς ποιμένας μου, καὶ ἐπ' ἄνδρα πολίτην αὐτοῦ, λέγει Κύριος παντοκράτωρ· πατάξατε τοὺς ποιμένας, καὶ ἐκσπάσατε τὰ πρόβατα, καὶ ἐπάξω τὴν χεῖρά μου ἐπὶ τοὺς ποιμένας· καὶ ταῦτα πρὸς τοὺς φιλαργύρους. Ἐπειδὴ δὲ κεῖται ἐν τοῖς ἑξῆς πρὸς τῷ τέλει, ※ ἀντὶ σκαταβατοῦ (sic) ῥομφαία, ἐξεγέρθητι ἐπὶ τὸν ποιμένα μου, καὶ τὰ ἑξῆς, ὥπερ οὐκ ἐχρήσαντο οἱ περὶ τὸν Ἀκύλαν, οὐδὲ οἱ Ο', ἀναγκαίως ἐσημειωσάμεθα ἵνα γνωσθῇ ὅτι διαφόρως οἱ ἀπόστολοί ποτε τῇ τῶν Ο', ἄλλοτε τῇ κοινῇ, ἄλλοτε τῷ Ἑβραϊκῷ ἀκολουθοῦντες, παρατίθενται τὰς χρήσεις. I. e. « *Pro eo quod insultaverunt;* sic quidem LXX, Theodotio autem vertit, *et aspicient ad me, quem confixerunt.* Notavimus autem apostolos in quibusdam locis Hebraicum, non autem id quod in Vulgata habetur posuisse. *Framea, suscitare super pastores meos, et super virum concivem ejus, dicit Dominus omnipotens. Percutite pastores, et extrahite oves, et inducam manum meam super pastores.* Et hæc ad avaros. Quia vero legitur in sequentibus, sub fine, *Framea, suscitare super pastorem meum* etc. quo nec Aquila, nec LXX sunt usi, id necessario annotavimus, ut sciatur, Apostolos aliquando LXX versionem, aliquando Vulgatam, nonnumquam Hebraicum indifferenter secutos, locis posuisse. » Hæc non carent mendis. Verumtamen scriptoris mentem assequi, facile est. Ait igitur Apostolos modo Hebraicum, modo editionem τῶν Ο', Hexaplarem scilicet, modo Vulgatam, seu κοινήν sequi. Non quod editio illa τῶν Ο' Hexaplaris Apostolorum tempore exsisteret; sed quia illi lectiones usurparunt omnino similes illis quæ postea in editione illa Hexaplari positæ sunt.

ZACHARIÆ CAPUT XIII.

יהיה מקור נפתח לבית דויד 1 Ἀ. . . . φλὲψ ἀνοιγομένη . . . . . . Σ. Θ. ἔσται πηγὴ ἀνοιγομένη τῷ οἴκῳ Δαυίδ. Ο', ἔσται πᾶς τόπος διανοιγόμενος τῷ οἴκῳ Δαυίδ.

1. Hebr. Vul. erit fons patens domui David. A. vena aperta... S. Th. erit fons apertus domui David. LXX, erit omnis locus apertus domui David.

ולישבי ירושלם לחטאת ולנדה Ἀ. καὶ τοῖς καθημένοις ἐν Ἱερουσαλὴμ καὶ εἰς τὴν μετακίνησιν, (*al.* ἁμαρτίαν) καὶ εἰς τὸν ῥαντισμόν. Σ. . . . . . . πηγὴ εἰς περιαμαρτισμὸν, καὶ εἰς περιῤῥαντισμόν. Ο', καὶ τοῖς κατοικοῦσιν Ἱερουσαλὴμ εἰς τὴν μετακίνησιν, καὶ εἰς τὸν χωρισμόν.

Heb. et habitantibus Jerusalem in peccatum et in menstruum. A. et sedentibus in Jerusalem et in transmotionem (*al.* in peccatum) et in aspersionem. S. . . . . fontem in expiationem et in aspersionem circum. LXX, et habitantibus Jerusalem in transmutationem, et in separationem. Vul. et habitantibus Jerusalem in ablutionem peccatoris et menstruatæ.

ודקרהו 3 'Α. Σ. Θ. καὶ ἐξεκέντησαν αὐτόν. Ο', καὶ συμποδιοῦσιν αὐτόν.

חרב 7 'Α. Σ. μάχαιρα. Ο', ῥομφαία.

ועל־גבר עמיתי 'Α. καὶ ἐπ' ἄνδρα σύμφυλόν μου. Σ. καὶ ἐπ' ἄνδρα τοῦ λαοῦ μου. Ο', καὶ ἐπὶ ἄνδρα πολίτην μου. Θ. καὶ ἐπ' ἄνδρα πλησίον αὐτοῦ.

על־הצערים 'Α. ἐπὶ τοὺς ποιμένας βραχεῖς. Σ. Ο', ἐπὶ τοὺς μικρούς. Θ. ἐπὶ τοὺς νεωτέρους.

3. H. Vul. et configent eum. A. S. Th. et confixerunt eum. LXX, et compedient eum.

7. Heb. o framea. A. S. gladius. LXX, Vul. framea.

Hebr. et super virum proximum meum. LXX, super virum contribulem meum. A. et super virum contribulem meum. S. et super virum populi mei. LXX, et super virum civem meum. Th. et super virum proximum ejus. Vul. et super virum cohærentem mihi.

Heb. super parvulos. A. super pastores parvos. S. LXX, super parvos. Th. super juniores. Vul. ad parvulos.

Notæ et variæ lectiones ad cap. XIII Zachariæ.

V. 1. Barberinus sic habet, 'Α., φλὲψ ἀνοιγομένη. Σ., Θ., πηγὴ διανοιγομένη. Legitur etiam Σ., ἔσται ἀνοιγομένη in edit. Rom.

Ibid. Lectiones Aquilæ et Symmachi habet Barberinus. Illud autem εἰς μετακίνησιν ex LXX in Aquilam mendose inductum videtur. [Trium lectiones aliquanto accuratius quam Montf. descripsimus e cod. Barb. DRACH.]

V. 3. 'Α., Σ., Θ., ἐξεκέντησαν. Ex Hieronymo, ut supra.

V. 7. 'Α., Σ., μάχαιρα. Hieron. [Aq. et S., ut et LXX, in vocativo casu. DRACH.]

Ibid. 'Α., καὶ ἐπ' ἄνδρα etc. Theodoretus.

Ibid. 'Α., ἐπὶ τοὺς ποιμένας βραχεῖς etc. Ex Barberino.

ZACHARIÆ CAPUT XIV.

ונסתם גיא־הרי כי־יגיע גי־הרים אל־אצל ונסתם 5 Σ. καὶ ἐμφραχθήσεται ἡ φάραγξ τῶν ὀρέων μου, καὶ ἔτι ἐγγιεῖ ἡ φάραγξ πρὸς τὸ παρακείμενον, καὶ ἐμφραχθήσεται. Οἱ Λοιποί, ἐμφραχθήσεται. Ο', καὶ ἐμφραχθήσεται ἡ φάραγξ τῶν ὀρέων μου, καὶ ἐγκολληθήσεται φάραγξ ὀρέων ἕως 'Ιασόδ, καὶ ἐμφραχθήσεται.

5. Hebr. et fugietis in vallem montium, quia pertinget vallis montium ad Asal: et fugietis. S. et obturabitur vallis montium meorum, et adhuc appropinquabit vallis ad id quod adjacet, et obturabitur. *Reliqui*, obturabitur. LXX, et obturabitur vallis montium meorum: et adjungetur vallis montium usque Jasod, et obturabitur. Vul. et fugiet ad vallem montium eorum, quoniam conjungetur vallis montium usque ad proximum, et fugietis.

והיה ביום ההוא לא־יהיה אור יקרות יקפאון: 6, 7 והיה יום־אחד הוא יודע ליהוה לא־יום ולא־לילה והיה לעת־ערב יהיה אור Σ. καὶ ἐν τῇ ἡμέρᾳ ἐκείνῃ οὐκ ἔσται φῶς, ἀλλὰ ψύχος καὶ πάγος. "Εσται μίαν ἡμέραν, ἥτις ἔγνωσται τῷ Κυρίῳ, οὐχ ἡμέρα οὐδὲ νύξ, ἀλλ' ἔσται τὸ πρὸς ἑσπέραν φῶς. Ο', καὶ ἔσται ἐν ἐκείνῃ τῇ ἡμέρᾳ, οὐκ ἔσται φῶς, καὶ ψύχη καὶ πάγος, ἔσται μίαν ἡμέραν, καὶ ἡ ἡμέρα ἐκείνη γνωστὴ τῷ Κυρίῳ, καὶ οὐχ ἡμέρα καὶ οὐ νύξ, καὶ πρὸς ἑσπέραν ἔσται φῶς.

6. 7. Heb. Et erit in die illa, non erit lux pretiositatum et coagulationis. Et erit dies unus, ipse notus erit Domino, non dies, neque nox. Et erit in tempore vespere erit lux. S. et in die illa non erit lux, sed frigus et gelu. Erit una die, quæ nota est Domino, non dies, neque nox; sed erit ad vesperam lux. LXX, Et erit in illa die, non erit lux, et frigus, et gelu. Erit una die, et dies illa nota Domino, et non dies neque nox: et ad vesperam erit lux. Vul. Et erit in die illa non erit lux, sed frigus et gelu. Et erit dies una, quæ nota est Domino, non dies, neque nox: et in tempore vesperi erit lux.

וראמה 10 'Α Σ. Θ. καὶ ὑψωθήσεται. Ο', 'Ραμὰ δέ.

10. Heb. A. S. Th. Vul. et exaltabitur. LXX, Rhama vero.

ולא עליהם יהיה הגשם 17 'Α. Σ. Θ. (καὶ οὐκ ἔσται ἐπ' αὐτοὺς ὄμβρος). Ο', καὶ οὗτοι ἐκείνοις προστεθήσονται.

17. Hebr. et non super eos erit imber. A. S. Th. et non erit super eos imber. LXX, et isti illis apponentur. Vul. non erit super eos imber.

מצלות 20 'Α. Θ. βύθον. Σ. περίπατον σύσκιον. Ο', χαλινόν.

20. Heb. tintinnabula. A. Th. profundum. S. incessum umbrosum. LXX, Vul. frænum.

כנעני 21 'Α. (ἔμπορος). Ο', Χαναναῖος.

21. Heb. A. Vul. mercator. LXX, Chananæus.

Notæ et variæ lectiones ad cap. XIV Zachariæ.

V. 5. Σ., καὶ ἐμφραχθήσεται etc. Euseb. Demonst. evang. p. 290.

V. 6 et 7. Σ., καὶ ἐν τῇ ἡμέρᾳ etc. Euseb. Demonst. evang. p. 292.

V. 10. 'Α., Σ., Θ., καὶ ὑψωθήσεται. Eusebius et Hieronymus de locis Hebraicis: ubi Græce quidem legitur 'Ραβεδέ, Latine vero Ramale; sed mendose ut ibidem deprehenditur: nam agitur de Rama. Ibi tamen ὑψωθήσεται Aquilæ tantum tribuitur. At Hieronymus in Commentariis, Aquila et cæteri, *exaltabitur.*

V. 17. A., S., Th., *et non erit super eos imber.* Hieronymus.

V. 20. 'Α., Θ., βύθον. Σ., περίπατον σύσκιον. Hieron.

V. 21. A., *mercator*. Idem Hieron., i. e., ἔμπορος, ut alibi vertit Aquila.

MALACHIÆ CAPUT PRIMUM.

משא 1 'A. ἄρμα. Σ. O', Θ. λῆμμα.	1. Hebr. A. Vul. onus. S. LXX, Th. assump.
מלאכי Οἱ λοιποί, Μαλαχί. O', ἀγγέλου αὐτοῦ.	Heb. *Reliqui*, Malachi. LXX, angeli ejus, in hist. *autem*, Malachias. Vul. Malachiæ.
לתנות 3 'A. εἰς σειρῆνας. Σ. Θ. εἰς ἀνεπίβατα. O', εἰς δόματα.	3. H. Vul. in dracones. A. in sirenas. S. Th. inaccessa. LXX, in domata.
יכבד 6 Οἱ λοιποί, φοβηθήσεται. O', δοξάσει.	6. H. honorabit. *Reliqui*, timebit. LXX, glorificat. Vul. honorat.
בזינו 'A. ἐξουδενοῦντες. O', ἐφαυλίσαμεν.	Hebr. LXX, Vul. despeximus. A. vilipendentes.
מגאל 7 'A. Σ. μεμολυσμένους. O', ἠλισγημένους.	7. Heb. Vul. pollutum. A. S. LXX, pollutos.
הישא 8 'A. Θ. δυσωπηθήσεται. O', εἰ λήψεται.	8. Hebr. num suscipiet? A. Th reverebitur. LXX, si accipiet. Vul. si susceperit.
משחת 14 'A. Σ. ἔμμωμον. O', διεφθαρμένον.	14. Hebr. LXX, corruptum. A. S. maculosum. Vul. debile.
נורא O', ἐπιφανές. "Ἄλλος, ἐπίφοβος.	Heb. *Alius*, terribile. LXX, illustre. Vul. horribile.

Notæ et variæ lectiones ad cap. I Malachiæ.

V. 1. Hieron. : « Quid significet *onus*, id est, *pondus*, quod Hebraice MASSA, et ab Aquila ἄρμα dicitur; vel quid λῆμμα, i. e., *assumptio*, quod et LXX et cæteri Interpretes transtulerunt, in aliis Prophetis diximus. » In editis perperam legitur δραμα : sed ἄρμα legendum esse tum ipsa Hieronymi series, tum frequentissima quæ præcesserunt exempla comprobant.

Ibid. Οἱ λοιποί, Μαλαχί. Hieronymus : « Exceptis LXX alii Interpretes nomen MALACHI, ita ut in Hebræo legitur, transtulerunt. » Quod de primo versiculo, non autem de titulo libri intelligendum, ut indicat Hieron. initio Præfationis : « cujus nomen LXX transtulerunt, *angelus ejus*, dicentes : *Assumptio verbi Domini super Israel in manu angeli eorum*. » Et tamen Barberin. habet, 'A., Σ., Θ., Μαλαχί, sed mendose, ut puto.

V. 3. 'A., εἰς σειρῆνας etc. Barberin. [Qui scribit σιρῆνας. Drach.]

V. 6. Οἱ λοιποί, φοβηθήσεται. Idem.

Ibid. 'A., ἐξουδενοῦντες. Barberin.

V. 7. 'A., Σ., μεμολυσμένους. Theodoretus. [Barberin. : 'A., Σ., Θ., μεμολ. Drach.]

V. 8. 'A., Θ., δυσωπηθήσεται. Barberinus.

V. 14. 'A., Σ., ἔμμωμον. Barberin.

Ibid. "Ἄλλος, ἐπίφοβος. Barberin.

MALACHIÆ CAPUT II.

את־המארה 2 O', τὴν κατάραν. "Ἄλλος, σπάνιν.

2. Heb. LXX, maledictionem. *Alius*, Vul. egestatem.

3 הנני גער לכם את־הזרע וזריתי פרש על־פניכם פרש חגיכם 'A. Ἰδοὺ ἐγὼ ἐπιτιμῶ ὑμῖν σὺν τῷ βραχίονι, καὶ λικμήσω κόπρον ἐπὶ πρόσωπα ὑμῶν, κόπρον ἑορτῶν ὑμῶν. O', Ἰδοὺ ἐγὼ ἀφορίζω ὑμῖν τὸν ὦμον, καὶ σκορπιῶ ἔνυστρον ἐπὶ τὰ πρόσωπα ὑμῶν, ἔνυστρον ἑορτῶν ὑμῶν.

3. Heb. Ecce ego corripiens vobis semen, et spargam stercus super faciem vestram, stercus solennitatum vestrarum. A. Ecce ego increpo vobis cum brachio, et ventilabo stercus super facies vestras, stercus solennitatum vestrarum. LXX, Ecce ego separo vobis humerum, et dispergam ventriculum super facies vestras, ventriculum solennitatum vestrarum. Vul. ecce ego projiciam vobis brachium, et dispergam super vultum vestrum stercus solennitatum vestrarum.

בריתי 4 'A. τὴν συνθήκην μου. O', τὴν διαθήκην μου.

4. Heb. A. Vul. pactum meum. LXX, testamentum meum.

הכשלתם 8 'A. Σ. ἐσκανδαλίσατε. O', ἠσθενήσατε.

8. Hebr. offendiculo fuistis. A. S. Vul. scandalizastis. LXX, infirmari fecistis.

ונשאים פנים בתורה 9 Σ. ἐδυσωπεῖσθε πρόσωπα ἐν νόμῳ. O', ἐλαμβάνετε πρόσωπα ἐν νόμῳ.

9. Heb. et assumentes facies in lege. S. reveriti estis facies in lege. LXX, accipiebatis personas in lege. Vul. accepistis faciem in lege.

13 וזאת שנית תעשו כסות דמעה את־מזבח יהוה בכי ואנקה מאין עוד פנות אל־המנחה ולקחת רצון מידכם 'Ο Ἑβρ. ουζωθ. σηνιθ. θεσου. χεσσουθ. διμα. εθμασβηη. ΙΙΙΙΙ. βεχι. ουανακα. μηην. ωδ. φεννωθ ελ. αμμανα. ουλακεθ. ρασων. μειδηχεμ. 'A. καὶ τοῦτο δεύτερον ἐποιεῖτε, ἐκαλύπτετε δακρύῳ τὸ θυσιαστήριον, κλαυθμῷ καὶ οἰμωγῇ, ἀπὸ τοῦ μὴ εἶναι ἔτι νεῦσαι πρὸς τὸ δῶρον, καὶ λαβεῖν εὐδοκίαν ἀπὸ χειρὸς ὑμῶν. Σ. καὶ ταῦτα δεύτερον ἐποιεῖτε, καλύπτοντες ἐν δάκρυσι τὸ θυσιαστήριον, κλαίοντες καὶ οἰμώσσοντες ἀπὸ τοῦ μὴ εἶναι ἔτι νεύοντα πρὸς τὸ δῶρον, καὶ δέξασθαι τὸ εὐδοκημένον ἀπὸ χειρὸς ὑμῶν. O', καὶ ταῦτα, ἃ ἐμίσουν, ἐποιεῖτε, ἐκαλύ-

13. Hebr. Et hoc secundo facietis, operire lacryma altare Domini, fletu et clamore, a non ultra respiciendo ad munus, et ad capiendum beneplacitum de manu vestra. A. Et hoc secundo faciebatis, operiebatis lacryma altare, fletu et ululatu, quod non esset ultra respicere ad munus, et accipere beneplacitum de manu vestra. S. Et hæc secundo faciebatis, operientes in lacrymis altare, flentes et ululantes, eo quod non esset ultra qui respiceret ad donum et ad accipiendum beneplacitum de manu vestra. LXX, Et hæc quæ oderam, faciebatis; operiebatis lacrymis altare Domini, et planctu et gemitu de laboribus. Adhuc dignum respicere ad

πτετε δάκρυσι τὸ θυσιαστήριον Κυρίου, καὶ κλαυθμῷ καὶ στεναγμῷ ἐκ κόπων. Ἔτι ἄξιον ἐπιβλέψαι εἰς θυσίαν, ἢ λαβεῖν δεκτὸν ἐκ τῶν χειρῶν ὑμῶν. Θ. καὶ τοῦτο δεύτερον ἐποιήσατε· ἐκαλύπτετε δάκρυσι τὸ θυσιαστήριον, κλαίοντες καὶ στένοντες ἀπὸ τοῦ μὴ εἶναι ἔτι προσεγγίζοντα τὸ ὁλοκαύτωμα, καὶ λαβεῖν τέλειον ἐκ χειρῶν ὑμῶν.

sacrificium, aut suscipere acceptabile de manibus vestris. Th. et hoc secundo fecistis : operiebatis lacrymis altare, flentes et gementes; eo quod non esset ultra qui admoveret holocaustum, et acciperet perfectum de manibus vestris. Vul. Et hoc rursum fecistis, operiebatis lacrymis altare Domini, fletu et mugitu, ita ut non respiciam ultra ad sacrificium, nec accipiam placabile quid de manu vestra.

Notæ et variæ lectiones ad cap. II Malachiæ.

V. 2. Ἄλλος, σπάνιν. Barberinus.

V. 3. Ἀ., ἰδοὺ ἐγὼ ἐπιτιμῶ etc. Theodoretus. [In Aquila habes σὺν quod, ut de more, respondet Hebraico את. Sed hic significat cum, et non indicat casum accusativum. Auctor Latinæ Vulgatæ extulit הזרע cum aliis punctis, nimirum, *hazzeroa*. Drach.]

V. 4. Hieronymus : « Notandum quod BERITH verbum Hebraicum Aq., συνθήκην, id est, *pactum* interpretatur : LXX semper διαθήκην, i. e., *testamentum*. »

V. 8. Ἀ. Σ., ἐσκανδαλίσατε. Theodoretus. Barberinus vero ad Aquilam legit ἐσκανδαλώσατε. [Et ἐσκανδαλίσατε tribuit etiam Theodotioni. Drach.]

V. 9. Σ., ἐδυσωπεῖσθε etc. Theodoretus.

V. 13. Hujus versus lectiones omnes plenas exhibet Barberinus, quales edimus, cum punctis post voces Hebraicas Græce scriptas, quemadmodum scribitur in eodem codice. [In Barber. nonnulla Hebraica corrupte scripta sunt, quæ optime correxit Montf. Drach.]

MALACHIÆ CAPUT III.

1 ופנה Σ. καὶ σχολάζει. Ο', καὶ ἐπιβλέψεται. Θ. καὶ ἑτοιμάζει.

1. Heb. et parabit. S. et vacat. LXX, et respiciet. Th. et præparat. Vul. et præparabit.

2 מכבסים Σ. γναφέως. Ο', πλυνόντων.

2. Heb. Vul. fullonum. S. fullonis. LXX, lavantium.

5 גר Π. προσηλύτου.

5. Heb. Vul. peregrinum, *Omnes*, advenæ.

8 היקבע אדם אלהים כי אתם קבעים אתי ואמרתם במה קבענוך Ἀ. Σ. μὴ ἀποστερήσῃ ἄνθρωπος Θεόν, ὅτι ὑμεῖς ἀποστερεῖτέ με, καὶ εἴπατε, Ἐν τίνι ἀπεστερήσαμέν σε; Ο', μήτι πτερνιεῖ ἄνθρωπος Θεόν, διότι ὑμεῖς πτερνίζετέ με, καὶ ἐρεῖτε, Ἐν τίνι ἐπτερνίσαμέν σε;

8. Heb. Numquid auferet vi homo Deum? quia vos vi auferentes me. Et dixistis, In quo vi abstulimus te? A. S. Non fraudabit homo Deum, quia vos me fraudatis et dixistis : In quo fraudavimus te? LXX, Numquid supplantabit homo Deum, quia vos supplantatis me, et dicetis, In quo supplantavimus te? Vul. Si affiget homo Deum, quia vos configitis me? Et dixistis : In quo configimus te?

10 ובחנוני נא בזאת Ἀ. καὶ πειράσατε ἐν τούτῳ. Ο', ἐπιστρέψατε δὴ ἐν τούτῳ.

10. Heb. et probent me nunc in hoc. A. et probate in hoc. LXX, revertimini ergo in hoc. Vul. et probate me super hoc.

17 סגלה Ἀ. περιούσιον. Οἱ λοιποί, περιποίησιν.

17. Heb. Vul. peculium. A. peculiarem. *Reliqui*, acquisitionem.

וחמלתי עליהם כאשר יחמל איש על־בנו Ἀ. φείσομαι ὡς φείδεται ἄνθρωπος τοῦ υἱοῦ αὐτοῦ. Ο', καὶ αἱρετιῶ αὐτὸν ὃν τρόπον αἱρετίζει ἄνθρωπος τὸν υἱὸν αὐτοῦ.

Heb. et parcam super eis, sicut parcet vir super filio suo. A. parcam ut parcit homo filio suo. LXX, et eligam eum sicut eligit homo filium suum. Vul. et parcam ei sicut parcit vir filio suo.

Notæ et variæ lectiones ad caput III Malachiæ.

V. 1. Σ., καὶ σχολάζει. Θ., καὶ ἑτοιμάζει. Barberinus.

V. 2. Σ., γναφέως. Idem.

V. 5. Ms. Jes. Οἱ Γ', προσηλύτου. Idipsum habent et LXX.

V. 8. Ἀ., Σ., μὴ ἀποστερήσῃ etc. Theodoretus. Barberinus vero sic : Ἀ., μήτι ἀποστερήσει ἄνθρωπος Θεόν.

V. 10. Ἀ., καὶ πειράσατε. Idem. [Barb. in marg : Σ., πειράσατε δή μοι. Drach.]

V. 17. Hieronymus : « Pro *peculio* in Hebræo legitur SGOLLA, quod Aquila περιούσιον, et cæteri περιποίησιν interpretati sunt. »

Ibid. Ἀ., φείσομαι etc. Theodoretus.

MALACHIÆ CAPUT IV.

1 זדים (Ἀ. πάντας τοὺς ὑπερηφάνους.) Ο', πάντες οἱ ἀλλογενεῖς.

1. Heb. Vul. omnes superbi. A. omnes superbos. LXX, omnes alienigenæ.

Nota.

V. 1. A., *omnes superbos*. Drusius.

[Jam cum in eo simus, ut edendis Hexaplis Origenianis, longi sane laboris multique sudoris operi, finem imponamus, non possumus quin maximas ex imo corde grates agamus *Lehmanno*, ex Germania oriundo, viro doctissimo nobisque amicissimo. Is enim, in officina Rev. Migne, non tantum revisendis plagulis, quæ prelo tradi debent, omnino de Patrologia Græco-Latina optime meretur, sed etiam ea qua gaudet, ut pauci, litterarum Latinarum et Græcarum necnon Hebraicarum scientia, in redigendis nostris hujus operis adnotationibus, judicii subacti thesauros nobiscum communicans, perutilem haud raro nobis operam præstitit. Drach.]

ΩΡΙΓΕΝΟΥΣ

ΦΙΛΟΣΟΦΟΥΜΕΝΑ

Η

ΚΑΤΑ ΠΑΣΩΝ ΑΙΡΕΣΕΩΝ ΕΛΕΓΧΟΣ.

ORIGENIS

PHILOSOPHUMENA

SIVE

OMNIUM HÆRESIUM REFUTATIO.

E CODICE PARISINO

PRIMUS EDIDIT

EMMANUEL MILLER.

(Oxonii MDCCCLI.)

ABELI VILLEMAIN LITTERARUM IN GALLIA STATORI
CUJUS PROVIDENTIA
CUM COMPLURA ALIA TUM HOC QUOQUE INSIGNE ANTIQUITATIS MONUMENTUM
IN LUCEM SUNT REVOCATA
MEMOR GRATUSQUE D. D. D. EMMANUEL MILLER.

PRÆFATIO.

Codicum anno 1842 ex Græcia allatorum a *Mynoïde Myna*, publicis auspiciis thesauros ejusmodi exploratum misso, unus neglectus ac fere despectus est a viris eruditis qui depositos eos penes summum moderatorem institutionis publicæ examinabant. Indicabatur ille in recensu *Monitori universali* inserto die 5 Januarii 1844 a meque alibi (*a*) repetito, his verbis : *Manuscrit en papier de coton, du* XIV*e siècle, contenant une réfutation de toutes les hérésies. Cet ouvrage, d'un auteur anonyme, est divisé en dix livres, mais les trois premiers manquent ainsi que la fin.*

Codicibus illis (præter paucos quos sibi servavit Mynoïdes Mynas : Babrii apographum, Galeni Dialecticam ab ipso editam a. 1844, et Philostrati Gymnasticam jam, ut videtur, integram) in bibliothecam tum Regiam illatis, mihi provincia data est ut Supplementorum Catalogo illorum recensum notitiamque concisam adjicerem. Ibi eum de quo verba facere instituimus codicem sic relatum habes : « CCCCLIV. Codex bombycinus ex Græcia a Myna allatus, quo continetur anonymi sive potius Origenis Refutatio omnium hæresium decem libris divisa. Tres priores libri et initium quarti desiderantur. Is codex Michaelis manu, sæculo decimo quarto exaratus videtur. » Nec satis mirari queo, ex tanta doctorum hominum frequentia, qui quotidie codices nostros versant, neminem illius inspiciendi cupiditatem incessisse. Vel primum folium, in quo de Chaldæorum astrologia secundum Sextum philosophum scepticum disseritur, perlectum ad cognoscenda cætera unumquemque invitasset. Ita mihi relicta est thesauri hujus, non inventio, sed ἀνακάλυψις, thesauri, inquam, quem cum Babrio, poëta elegantissimo, jam omnes inter opima spolia numerabunt a Mynoïde Myna barbariæ tenebris erepta.

Est hic codex bombycinus, quadrata forma, foliorum 137, satis indiligenter exaratus, ineunte, ut videtur, sæculo XIV a Michaele quodam, qui subscripsit : Χερσὶ Μιχαὴλ ἥδε βίβλος τελέθει γραφεῖσα. Insunt septem libri postremi operis ab Origene scripti, quod penitus deperditum habebatur, postquam primus liber, Φιλοσοφουμένων inscriptus, inde fuerat avulsus. Ejus libri fine cum promittat auctor se veterum philosophorum sententias et doctrinæ systemata explicaturum, duobus minimum libris constitisse hoc opus apparebat. Jam hujus codicis beneficio ORIGENIANI OPERIS OCTO LIBROS possidemus, si paucas lacunas quarti libri initio et versus finem decimi excipias. Secundus tantummodo atque tertius, ex decem librorum opere, adhuc sunt in deperditis; atque adeo dudum illos prorsus periisse nec quicquam relictum esse spei olim inveniendorum, ex nostro codice intelligi posse videtur. Nimirum vel illo tempore quo integer erat priores tres libros ab illo abfuisse sic equidem colligo. Scriptus est quaternionibus octona folia complectentibus septemdecim, quorum priores novem litteris simpliciter indicantur, cæteri vocibus δέκατον, ἑνδέκατον, etc. Horum indiciorum primum Γ cernitur in folio 13 ; folio 5 Arabica cifra satis antiqua scriptum « 2 » : absunt igitur folia *quatuor*, procul dubio *quarti libri* cujus superstes folium primum in *media* disputatione versatur, ita ut aliquantum paginarum numerum præcessisse oporteat. Certum est igitur et indubitatum, amanuensem nostri codicis non habuisse libros præcedentes. Exemplar autem hic illic per vetustatem male habitum ab ipso exscriptum esse ostendit spatiolis vacuis quæ compluribus in locis reliquit. Post folium 132 interciderunt folia quædam, quorum unum in fine codicis habetur (fol. 137) a nobisque suo loco restitutum est. Origenianum opus excipiunt in fol. 135 *recto* inania quædam ac levia astrologici argumenti.

Origenes ipse testatum reliquit talem ab se institutam esse operis οἰκονομίαν, ut primis quatuor libris exponeret et judicaret veterum philosophorum cujusque sectæ placita ; subsequentibus libris quinque ostenderet Gnosticos et hæresiarchas non ex doctrina Christi, sed ex paganis philosophis hausisse dogmata sua, qua demonstratione a Christi nomine segregantur ; decimo denique libro singula operis capita paucis repeteret, in modum epitomes, et veritatis, qualem ipse concipiebat, delineatione post errores refutatos lectorem confirmaret. Hinc intelligitur duplex qui traditur titulus : Φιλοσοφούμενα ἢ Κατὰ πασῶν αἱρέσεων ἔλεγχος. Atque in nostro quoque codice quarto libro subscribitur Φιλοσοφουμένων δ' βιβλίον, ut vel hinc appareat primum librum Φιλοσοφουμένων jam olim cognitum sane ac vere esse exordium *Refutationis hæresium omnium.*

Atqui is ipse liber primus ab nonnullis magna auctoritate viris Origeni est abjudicatus. Quanquam nunc quidem, totius operis parte maxima tenebris feliciter erepta, vix ulla superest de auctore dubitatio, perstringamus tamen a nonnullis, Huetio præsertim, inde ductum argumentum, quod in proœmio Origenes sese *apostolorum successorem* ferret, cum nunquam sit consecratus episcopus, quibus solis honorifica illa appellatio conveniret. Relegatur velim locus ille, pag. 3, lin. 63, neque dubito quin statim intelligas in universum loqui, non de se ipso Origenem, cui præterea sacerdotium legitime collatum fuerat Cæsareæ, quanquam

(*a*) *Revue de Bibliographie analytique*, 1844, p. 91.

acriter resistente Demetrio. Sed ne hoc quidem necessarium est ut urgeatur, esse eum utpote sacerdotem quodammodo apostolorum successorem : cum in eodem illo loco ἀρχιερατείας vocabulo Origenes utatur tanquam opposito Judæorum ἀρχιερατείᾳ; nec qui hoc sensu de nostra ἀρχιερατείᾳ loquitur, opus est ut ipse quoque sit archiepiscopus. Apparet quam infirmum sit argumentum hoc negativum; positiva autem prorsus de conjectura petita sunt, quibus alii Didymo Alexandrino, alii Aetio, alii S. Hippolyto, alii S. Epiphanio attribuerunt Φιλοσοφούμενα, ac vel ipsi S. Irenæo, cujus Patris in nostris satis longum legitur excerptum. Quas conjecturas nunc si excutere aggrederemur, lectores nobis Ὕδωρ εἰς θάλασσαν, occinerent.

Jam supra demonstravimus libros septem quos luci damus, post intervallum continuare librum Φιλοσοφουμένων, qui titulus in quarti libri fine est repetitus. Hac re explanata, si in quacunque *continui* operis parte agnoscamus verum et genuinum Origenem, ab ipso scriptos esse decem libros certe demonstratum erit. Statim sese offert S. Callixti primi martyrium, quod libro IX auctor narrat ut brevi tempore consummatum postquam ipse Romæ egerit : constat autem Origenem in ea urbe annos aliquot commoratum esse pontifice maximo Zephyrino (cujus frequens mentio in illa narratione), quem Callixtus in pontificio munere anno 217 excepit. Hoc Origenis loco nunc prolato simul constitui potest *Fusciani Romæ præfecti* ætas, quem anno 178 per conjecturam assignaverat Corsinius (*a*), cum jam intelligatur fuisse anni 222. Quam narrationem satis longam sigillatim persequentes multa exhibere possemus indicia Origenis certissima, nisi inutiliter sane hic repeterentur quæ in alio loco hujus ipsius voluminis plene leguntur. Ipse etiam ille qui codicem scripsit, Origenianum se opus exarare sciebat : nam ubi philosophorum aut Gnosticorum placita enarrantur, ille ubique fere rubricatis litteris, aliquoties atris in margine adjecit nomen ejus cujus sententiæ in textu referuntur; tandemque ubi ad illam veritatis Christianæ professionem ventum est qua opus terminatur, in margine ponit Ὠριγένης καὶ Ὠριγένους δόξα (cf. p. 331), quanquam in textu non legitur. Non solum igitur re ipsa intelligitur opus nos possidere Origenianum, sed etiam habitum et lectum fuisse pro Origeniano, scribæ testimonio constat. Quid quod in epistola ab Eusebio inserta *Historiæ Eccl.* VI, cap. 19, Origenes scripsit : ἐπεὶ δὲ . . . . προσῄεσαν ὁτὲ μὲν αἱρετικοί, ὁτὲ δὲ ἀπὸ τῶν Ἑλληνικῶν μαθημάτων, καὶ μάλιστα τῶν ἐν φιλοσοφίᾳ, ἔδοξεν ἐξετάσαι τά τε τῶν αἱρετικῶν δόγματα καὶ τὰ ὑπὸ τῶν φιλοσόφων περὶ τῆς ἀληθείας λέγειν ἐπαγγελλόμενα, nonne est argumentum hujus operis ipsa Origenis manu delineatum? Ut sane supersedere possimus examini professionis fidei Origenianæ in fine positæ, an cum cæteris ejus scriptis et narrationibus aliorum consentiat : quale examen nemo nescit quot paginas sit sine ulla necessitate absumpturum. Neque Lemoynii quæstiones de libro Περὶ τῆς τοῦ παντὸς οὐσίας (*b*) (quem commemorat Origenes, p. 384, 79) excutiamus; nam quod ille edidit fragmentum et S. Hippolyto tribuit, nihil continet eorum quæ in loco allato respexit Origenes. Multo plures vero quæstiones et fructuosiores in historia, in philosophia, in litteris excitant ipsi quos edimus libri septem : quibus de quæstionibus aptiore loco quam in editione principe tractabimus, libro quem Gallice scribendum paramus de insigni hoc et ad omne litterarum genus utilissimo Origenis opere.

Animus erat primum in principe hac editione codicem ita repræsentare uti scriptus est, emendatione omni in inferiorem marginem relegata. Verum tam frequentes insunt librariorum aberrationes, ut ejusmodi textus sæpissime inhibuisset lectorem et perpetua quadam molestia fatigasset. Præterea in illis locis ubi Origenes Sextum Empiricum, Platonem, Josephum, S. Irenæum, alios ad verbum fere repetit, perspicue cognosci poterat quot et quanta vitia hoc opus per evidentem incuriam librariorum traxerat. Potius igitur et consultius visum est lectorum nostrorum commoditati prospicere quantum quidem sine ulla temeritatis culpa fieri poterat. Ubicunque sententia restituebatur levi mutatione atque tali qualem palæographiæ leges et mos librariorum ubique admittunt, emendatam et necessariam scripturam haud cunctanter in textu posuimus, inferius indicata codicis lectione, ita quidem ut vel vitiosissima et ex aperto lapsu orta nusquam præteriremus. At ubicunque dubitandi locus esse videbatur, conjecturam nostram in adnotatione critica protulimus. Experti autem sumus in scriptore quem primus in lucem emittas vel postrema legenti specimina novas subinde nasci emendationes. Quapropter diutius penes nos cohibere voluissemus libros novis usque curis relegendos, nisi delegati typographei academiæ Oxoniensis, egregii viri et bonis litteris sapienter promovendis nati, orbem litterarium hoc Origenis opere nimis diu occultato quantocius donare voluissent. Primum librum, ut par erat, præmisimus juxta magnam editionem Patris Delarue, excepta annotatione ad rem criticam spectante. Eumdem fere modum in cæteris quoque tenuimus, quæcunque ad explicationem pertinerent et ad infinitas illas quæstiones historicas, philosophicas, litterarias undecunque in his pullulantes, hæc omnia, quemadmodum dixi, alio loco aptiori reservantes.

Tu vero, benigne Lector, de pretiosissimo opere Origeniano post tot sæcula feliciter in lucem producto, præter reverendos viros delegatos typographei academiæ Oxoniensis, grates habebis viro ingeniosissimo, qui summam apud nos rem scholasticam sapienter moderatus per totam Europam monumenta vetera vel conquiri vel catalogis recenseri jussit, Abeli Villemain, et felici codicis repertori, Mynoidæ Mynæ; nostram denique qualemcunque operam petimus ut æqui bonique consulas.

Scribebam Parisiis Kalendis decembribus MDCCCL. EMMANUEL MILLER.

(*a*) *Præf. Urbis.* Pisis, 1763, in-4. p. 87.
(*b*) De hujus operis auctore cf. Photii *Biblioth.* cod. XLVIII.

LUD. DUNCKERI PRÆFATIO *.

(Fasciculo II præmissa.)

Cum ante hos octo annos in Nuntiis litterariis Gottingensibus (a) de opere, quod inscribitur *Origenis Philosophumena, sive omnium hæresium refutatio*, tum primum a viro doctissimo Emmanuele Millero e codice Parisino, qui paulo ante ex Græcia allatus erat, in lucem edito exponerem, neque a summo illo Ecclesiæ Alexandrinæ doctore, sed ab Hippolyto id esse scriptum probare studerem, sub finem commentarioli jam novam libri a Schneidewino, collega meo conjunctissimo, et meipso communibus studiis adornandam promisi editionem criticam. Haud mediocri animi ardore rem aggressi, iterum ac sæpius librum simul recognoscendo et perscrutando et communi consilio textum emendando ac versione Latina notisque illustrando per aliquot annos difficili labori insudavimus. Opus autem nostrum propter causas, quas enumerare longum est, præter voluntatem tardius processit, ita ut, cum Schneidewinus tribus fere abhinc annis inopinata ac præmatura morte et litteris et amicis eriperetur, nondum dimidia pars totius libri typis esset exscripta. Quo tristi casu socio operis solertissimo atque exoptatissimo orbatus cum iisdem diebus etiam benevolentissimum horum studiorum nostrorum fautorem atque adjutorem, Carolum Fridericum Hermannum, virum immortalis memoriæ, morte amisissem, jam, ne res hæresceret, priorem hujus libri fasciculum foras emittendum curavi, et dum ipse pro virili parte rem promovere studebam, Christianum Petersenium, professorem Hamburgensem, affinem meum dilectissimum, precibus adivi, ut in opere perficiendo benigno mihi consilio suo atque auxilio adesse vellet. Qui cum summa, qua est humanitate et erga me benevolentia, petenti mihi non deesset, sperabam fore, ut brevi tempore altera quoque libri pars e prelo prodiret. Sed præter exspectationem res evenit. Diuturno enim morbo impeditus, quominus adhuc fidem præstarem, nunc demum opus post varios casus tandem absolutum in publicum emitto, quod ut æque et benigne excipiant benevoli lectores vehementer cupio. Facere autem non possum, quin, oblata mihi occasione utar et omnibus, qui me in hoc libro edendo et consilio et re lubentissime et diligentissime adjuverunt, viris doctis summopere colendis maximas palam gratias agam, in primis Christiano Petersenio, amico charissimo, et Hermanno Sauppio, collegæ conjunctissimo, quorum ille postremam libri partem accuratissime mecum recensuit atque castigavit neque ut socius operis unquam mihi defuit, uterque autem singulas plagulas typis exscriptas diligenter perlustrando multa errata correxerunt, elegantissimas textus emendationes proposuerunt et præclaras notas ad scriptoris sententiam explicandam adjecerunt.

Quibus breviter de modo, quo hic liber confectus est, præmissis, non est quod multa de consilio novæ hujus editionis addam. De inscriptione, quam libro præfiximus, postquam olim in Nuntiis litterariis Gottingensibus strictim dixi, jam alio loco latius et uberius disputabo. In verbis scriptoris recensendis ab editione principe Oxoniensi Em. Milleri, cujus paginas sæpius a nobis in adnotatione laudatas signavimus, tanquam a fundamento profecti, quæcunque ad textum emendandum a primo editore meritissimo aliisque viris doctis (inter quos Bernaysium, Bunsenium, Rœperum, R. Scottum grato animo nomino) vel in libris editis universo orbi litterato publice commendata, vel consuetudine sive sermonis sive litterarum nobis privatim proposita sunt, diligenter examinavimus. Præterea summam dedimus operam, ut fontes, ex quibus auctor noster hausit, indagando et comparando ipsiusque verba inter se conferendo et veram ejus sententiam explorando, orationem ad nativam suam veritatem atque sinceritatem revocaremus. Sexcenta igitur librariorum menda, quibus innumeris liber scatebat, sustulimus multasque lacunas explevimus, emendationibus parum certis vel ad notas relegatis, vel versione Latina significatis, locos vero ultra spem salutis corruptos intactos relinquere quam emendandi periculo cupidius faciendo pessumdare maluimus.

Versionem, cujus postrema pars inde a libro septimo exeunte post Schneidewini obitum a me solo confecta est, tanquam commentarii loco textui adjungendam esse censuimus, ideoque non in eo potissimum laboravimus, ut eleganter, sed ut accurate et ad verbum Græca transferremus. Adnotationes vero, quibus librum explanaremus, non nisi rarissimas aspersimus, sufficiens esse rati eos auctoris nostri vel aliorum scriptorum locos attulisse, qui ad rem illustrandam facerent.

Indices, quibus opus instruxi, maximam partem cura atque solertia viri doctissimi Mülderi, doctoris Gottingensis, cujus optima opera jam in typographorum erroribus notandis usi sumus, conscripti sunt.

Scribebam Gottingæ, d. 30, m. Aug. a. MDCCCLIX. LUDOVICUS DUNCKER.

(a) *Göttingische gelehrte Anzeigen.* Jahrgang 1851. Stück. 152 — 155. S. 1513 — 1550.

* *S. Hippolyti episcopi et martyris Refutationis omnium hæresium librorum decem quæ supersunt. Recensuerunt, Latine verterunt, notas adjecerunt Lud. Duncker et F. G. Schneidewin, professores Gottingenses.* Fasciculus I, Gottingæ sumptibus Dieterichianis 1856; opus Schneidewino defuncto absolvit Ludovicus Duncker et edidit anno 1859.

INDEX NOTARUM.

—

M Millerus in editione principe Oxoniensi
C Codex Parisinus ll. IV — X operis nostri continens
B Codex Barberinus }
L Codex Mediceus }
O Codex Ottobonianus } librum I operis nostri continentes
T Codex Taurinensis }

ARGUMENTUM.

ΤΟΥ ΚΑΤΑ ΠΑΣΩΝ ΑΙΡΕΣΕΩΝ ΕΛΕΓΧΟΥ

ΒΙΒΛΙΟΝ Α'.

REFUTATIONIS OMNIUM HÆRESIUM

LIBER PRIMUS.

[1-2] Τάδε ἔνεστιν ἐν τῇ πρώτῃ τοῦ κατὰ πασῶν A αἱρέσεων ἐλέγχου.

Τίνα τὰ δόξαντα τοῖς φυσικοῖς [2] φιλοσόφοις [3] καὶ τίνες οὗτοι, καὶ τίνα τὰ τοῖς ἠθικοῖς [4] καὶ τίνες οὗτοι, καὶ τίνα τὰ τοῖς διαλεκτικοῖς καὶ τίνες οἱ διαλεκτικοί.

Φυσικοὶ μὲν οὖν Θαλῆς, Πυθαγόρας, Ἐμπεδοκλῆς, Ἡράκλειτος, Ἀναξίμανδρος, Ἀναξιμένης, Ἀναξαγόρας, Ἀρχέλαος, Παρμενίδης, Λεύκιππος, Δημόκριτος, Ξενοφάνης, Ἔκφαντος, Ἵππων.

Ἠθικοὶ Σωκράτης Ἀρχελάου μαθητὴς τοῦ φυσικοῦ, Πλάτων Σωκράτου [5] μαθητής· οὗτος τὰς τρεῖς φιλοσοφίας ἔμιξεν.

Διαλεκτικοὶ Ἀριστοτέλης Πλάτωνος μαθητής· οὗτος τὴν διαλεκτικὴν συνεστήσατο. Στωϊκοὶ δὲ Χρύσιππος, B Ζήνων.

Ἐπίκουρος δὲ σχεδὸν ἐναντίαν δόξαν πᾶσιν ἐπεχείρησεν. Πύῤῥων ὁ Ἀκαδήμιος [6]· οὗτος ἀκαταληψίαν τῶν πάντων λέγει. Βραχμᾶνες οἱ ἐν Ἰνδοῖς, Δρυΐδαι οἱ ἐν Κελτοῖς καὶ Ἡσίοδος.

[7] Οὐδένα [8] μῦθον τῶν παρ' Ἕλλησιν ὠνομασμένων [9] παραιτητέον. Πιστὰ γὰρ καὶ τὰ ἀσύστατα αὐτῶν δόγματα ἡγητέον διὰ τὴν ὑπερβάλλουσαν τῶν αἱρετικῶν μανίαν, οἳ διὰ τὸ [10] σιωπᾷν ἀποκρύπτειν τε τὰ ἄῤῥητα ἑαυτῶν μυστήρια ἐνομίσθησαν πολλοῖς Θεὸν σέβειν· ὧν καὶ πάλαι μετρίως τὰ δόγματα ἐξεθέμεθα, οὐ κατὰ λεπτὸν ἐπιδείξαντες, ἀλλὰ ἁδρομερῶς ἐλέγξαντες, μηδὲν ἄξιον [11] ἡγησάμενοι τὰ ἄῤῥητα αὐτῶν εἰς φῶς ἄγειν, ὅπως, δι' [p. 2, 3] αἰνιγμάτων ἡμῶν ἐκθεμένων τὰ δόξαντα αὐτοῖς, C αἰσχυνθέντες μήποτε καὶ τὰ ἄῤῥητα ἐξειπόντες ἀθέους ἐπιδείξωμεν, παύσωνταί τι τῆς ἀλογίστου γνώμης καὶ ἀθεμίτου ἐπιχειρήσεως [12]. Ἀλλ' ἐπεὶ ὁρῶ μὴ δυσωπουμένους αὐτοὺς τὴν ἡμετέραν ἐπιεί-

1-3 Hæc insunt in primo libro refutationis omnium hæresium.

Quænam placuerint physicis philosophis et quinam hi fuerint, et quænam ethicorum placita et quinam hi, et quænam dialecticorum decreta et quinam dialectici.

Physici igitur Thales, Pythagoras, Empedocles Heraclitus, Anaximander, Anaximenes, Anaxagoras, Archelaus, Parmenides, Leucippus, Democritus, Xenophanes, Ecphantus, Hippo.

Ethici Socrates Archelai discipulus physici, Plato Socratis discipulus. Hic tres philosophias miscuit.

Dialectici Aristoteles Platonis discipulus; hic dialecticam artem constituit; Stoici autem Chrysippus, Zeno.

Epicurus autem pene contrariam doctrinam omnibus molitus est. Pyrrho Academicus; hic incomprehensibilitatem omnium docet. Brachmanes in Indis, Druidæ in Celtis et Hesiodus.

Nullum commentum eorum qui apud Græcos philosophi appellati sunt spernendum est. Certæ enim vel absonæ eorum opiniones ducendæ sunt propter exsuperantem hæreticorum vesaniam, qui propter silentium et quia abscondunt arcana mysteria sua crediti sunt multis Deum colere. Quorum jam olim strictim placita exposuimus, non subtiliter explanantes, sed summatim perstringentes, non digna arbitrati eorum arcana, **4-5** quæ in lucem proferrentur, ut, ubi per ænigmata explicassemus placita eorum, illi reveriti, ne quando etiam arcanis per nos protractis atheos illos coargueremus, aliquantum desciscerent ab insana doctrina et impio conatu. Sed cum videam non revereri illos nostram

VARIÆ LECTIONES.

[1] Inscriptiones codd. hæ sunt : Ὠριγένους κατὰ πασῶν αἱρέσεων ἔλεγχος O in textu : Ὠριγένους φιλοσοφουμένων B, L, O in margine : Ὠριγένους πάντιμα τοῦ σοφωτάτου T. [2] φυσικοῖς om. pr. L. [3] φιλοσόφοις om. B, O. [4] τοῖς ἠθικοῖς — τοῖς διαλεκτικοῖς B : τῆς ἠθικῆς — τῆς διαλεκτικῆς L, O. [5] Σωκράτους M. [6] Ἀκαδήμιος Roeperus coll. Philostrat. *Vit. Apollon.* VII, 2 p. 280 : Ἀκάδημος B : Καδήμιος L, O : Καδίμιος T : Ἀκαδήμειος M : Ἀκαδημαϊκός Roeperus antea Philolog. vol. 7,513. [7] Ante οὐδένα. Προοίμιον præmittit B. [8] Quædam videntur intercidisse ante οὐδένα. [9] ὠνομασμένων. ὠνομασμένων φιλοσόφων? [10] διὰ τὸ Richterus : διὰ τοῦ vulgo. [11] μηδὲν ἄξιον. μὴ ἀνάξιον Gronovius : μὴ ἂν ἄξιον B, O, T : μὴ ὂν ἄξιον Roeperus. [12] τῆς ἀθεμίτου γνώμης καὶ ἀλόγου ἐπιχειρήσεως T.

modestiam, neque pensi habere Deum longanimem esse ab ipsis irrisum, ut aut præ pudore mutent mentem, aut si in errore perstabunt juste judicentur, coactus progredior, ostensurus arcana eorum mysteria, quæ initiatis magna cum fiducia tradunt, non prius confessi, nisi talem, ubi per tempus in suspenso tenuere contumeliosumque erga verum Deum reddidere, in servitutem redegerint et cupiditate flagrantem promissorum viderint. Atque tum cum exploratum habent vinculis peccati illigatum esse, initiant perfectum malorum tradentes, postquam juramentis vinxerunt, se neque evulgaturos neque cum quolibet communicaturos, nisi pariter servitutem subeat, quo simpliciter tradito non jam juramentum necessarium erat. Nam qui sustinuit pati et accipere perfecta eorum mysteria, satis ipsa re et ad conscientiam suam et ne aliis prodat erit vinctus. Nam si prodat alicui homini tale nefas, neque in hominibus censebitur neque qui lucem cernat dignus habebitur, si quidem vel ratione carentia tale nefas non conantur, sicuti suis locis dicemus. Sed quoniam nos cogit ratio in magnum profundum narrationis descendere, non tacendum arbitramur, sed omnium placitis singulatim enarratis nihil silebimus. Visum autem est, etiamsi longior erit sermo, non deficere. Non enim exiguum quoddam subsidium vitæ hominum relinquemus ad errores in posterum cavendos, cum manifesto omnes videbunt clandestina eorum et arcana orgia, quæ tanquam promi condi solis mystis tradunt. Hæc autem alius non refutabit nisi qui in Ecclesia traditur Spiritus sanctus, quem priores nacti apostoli impertiverunt rectam fidem professis, quorum nos qui successores sumus et ejusdem gratiæ participes et summi sacerdotii et magisterii et custodes ecclesiæ æstimati non oculo connivemus neque rectam doctrinam silemus; **6-7** sed ne omni quidem animo atque corpore laborantes deficimus digna digne Deo benefico nostro reddere conati, et ne sic quidem pro merito remunerantes, nisi quod in eis quæ nobis concredita sunt non deficiamus, sed nostræ opportunitatis modum impleamus, et quidquid præbebit sanctus Spiritus cum omnibus citra invidiam communicemus; non solum aliena confutando in lucem proferentes, sed etiam quidquid veritas per Patris gratiam acceptum hominibus ministravit, hæc et per sermonem significantes et per litteras testificantes sine rubore prædicamus. Quo igitur, sicut supra diximus, atheos illos ostendamus et ad sententiam et ad mores et ad opera, et unde conatus eorum profecti sint, nec quidquam eos ex

A κειαν μηδὲ [15] λογιζομένους, ὡς Θεὸς μακροθυμεῖ ὑπ' αὐτῶν βλασφημούμενος, ὅπως ἢ αἰδεσθέντες μετανοήσωσιν ἢ ἐπιμείναντες δικαίως κριθῶσι, βιασθεὶς πρόειμι δείξων αὐτῶν τὰ ἀπόῤῥητα μυστήρια, ἃ τοῖς μυουμένοις μετὰ μεγάλης ἀξιοπιστίας παραδιδόασιν οὐ πρότερον ὁμολογήσαντες, εἰ μὴ τὸ τοιοῦτον δουλώσωνται χρόνῳ [16] ἀνακρεμάσαντες καὶ βλάσφημον πρὸς τὸν ὄντως Θεὸν κατασκευάσαντες καὶ περιεργίᾳ [15] γλιχόμενον τῆς ἐπαγγελίας ἴδωσι. Καὶ τότε δοκιμάσαντες δέσμιον [16] εἶναι τῆς ἁμαρτίας μυοῦσι τὸ τέλειον τῶν κακῶν παραδιδόντες, ὅρκοις δήσαντες μήτε [17] ἐξειπεῖν μήτε τῷ τυχόντι μεταδοῦναι, εἰ μὴ ὁμοίως δουλωθείη, οὗ μόνον [18] παραδοθέντος, οὐκ ἔτι ὅρκος ἀναγκαῖος ἦν. Ὁ γὰρ ὑπομείνας παθεῖν [19] καὶ παραλαβεῖν τὰ τέλεια αὐτῶν μυστήρια B ἱκανῶς [20] αὐτῷ τῷ ἔργῳ πρός τε τὴν ἰδίαν συνείδησιν καὶ πρὸς τὸ ἑτέροις μὴ ἐξειπεῖν ἔσται δεδεμένος. Εἰ γὰρ ἐξείποι τινὶ ἀνθρώπων τὸ τοιοῦτον ἀνόμημα, οὔτε ἐν ἀνθρώποις λογισθήσεται, οὔτε τὸ φῶς ὁρᾷν ἄξιος ἡγηθήσεται, εἰ [21] καὶ ἄλογα ὄντα τοιοῦτον ἀνόμημα οὐκ ἐπιχειρεῖ, καθὼς ἐν τοῖς τόποις γενόμενοι ἐροῦμεν. Ἀλλ' ἐπεὶ ἀναγκάζει ἡμᾶς ὁ λόγος εἰς μέγαν βυθὸν διηγήσεως ἐπιβῆναι [22], οὐχ ἡγούμεθα σιγᾷν, ἀλλὰ τὰ πάντων δόγματα κατὰ λεπτὸν ἐκθέμενοι οὐδὲν σιωπήσομεν. Δοκεῖ δὲ, εἰ καὶ μακρότερος ἔσται λόγος, μὴ καμεῖν. Οὐδὲ γὰρ μικράν τινα βοήθειαν τῷ τῶν ἀνθρώπων βίῳ καταλείψομεν πρὸς τὸ μηκέτι πλανᾶσθαι, φανερῶς πάντων ὁρώντων τὰ κρύφια αὐτῶν καὶ ἄῤῥητα ὄργια, ἃ ταμιευόμενοι μόνοις τοῖς μύσταις παραδιδόασιν. C Ταῦτα δὲ ἕτερος οὐκ ἐλέγξει, ἢ τὸ ἐν Ἐκκλησίᾳ παραδοθὲν ἅγιον Πνεῦμα, οὗ τυχόντες πρότεροι οἱ ἀπόστολοι μετέδοσαν τοῖς ὀρθῶς πεπιστευκόσιν· ὧν ἡμεῖς διάδοχοι τυγχάνοντες τῆς τε αὐτῆς χάριτος μετέχοντες ἀρχιερατείας τε καὶ διδασκαλίας καὶ φρουροὶ τῆς Ἐκκλησίας λελογισμένοι οὐκ ὀφθαλμῷ νυστάζομεν [23], οὐδὲ λόγον ὀρθὸν [24] σιωπῶμεν, ἀλλ' οὐδὲ πάσῃ [p. 4, 5] ψυχῇ καὶ σώματι ἐργαζόμενοι κάμνομεν ἄξια ἀξίως Θεῷ τῷ εὐεργέτῃ ἀνταποδιδόναι πειρώμενοι, καὶ οὐδὲ οὕτως κατ' ἀξίαν ἀνταμειβόμενοι [25], πλὴν ἐν οἷς πεπιστεύμεθα μὴ ἀτονοῦντες, ἀλλὰ τοῦ ἰδίου καιροῦ τὰ μέτρα ἐπιτελοῦντες, καὶ ὅσα παρέξει τὸ ἅγιον Πνεῦμα πᾶσιν ἀφθόνως κοινωνοῦντες· οὐ μόνον ἀλλότρια δι' ἐλέγχου [26] εἰς φανερὸν [27] ἄγοντες, ἀλλὰ καὶ ὅσα ἡ ἀλήθεια ὑπὸ D τῆς τοῦ Πατρὸς [28] χάριτος παραλαβοῦσα ἀνθρώποις διηκόνησε, ταῦτα καὶ διὰ λόγου σημειούμενοι καὶ διὰ γραμμάτων ἐμμάρτυρα ποιούμενοι [29] ἀνεπαισχύντως κηρύσσομεν. Ἵνα οὖν, καθὼς φθάσαντες [30] εἴπομεν, ἀθέους αὐτοὺς ἐπιδείξωμεν καὶ κατὰ γνώμην καὶ κατὰ τρόπον καὶ κατὰ ἔργον, ὅθεν τε τὰ ἐπιχειρήματα αὐτοῖς γεγένηται, καὶ ὅτι μηθὲν ἐξ

VARIÆ LECTIONES.

[13] μήτε vulgo. [14] χρόνον L. [15] περιεργίᾳ T : περιεργείᾳ B, O : περιεργίαν Wolfius. [16] δεόμενον L. [17] μήτε L : τοίτε B, O. [18] μόνον Roeperus : μόνου vulgo. [19] παθεῖν. μαθεῖν Roeperus. [20] ἱκανὸν B, T : ἱκανὰ O. [21] εἰ Roeperus : ἃ vulgo : ὅτι Sancroftus. [22] ἐμβῆναι vel ἀναβῆναι Roeperus. [23] νυστάζομεν Richterus: νυστάξομεν vulgo. [24] λόγον ὀρθὸν B : λόγου ὅρους O, T : λόγου ὀργάνῳ Roeperus. [25] ἀνταμειβόμενοι Sancroftus : ἀναμειβόμενοι Gronovius : ἀμειβόμενοι B, O, T. [26] Ἔλεγχον L. [27] φανερὸν φορὰν T. [28] τοῦ Πνεύματος T. [29] ἐμμάρτυρα ποιούμενοι Sancroftus : ἐμμάρτυρα σημειούμενοι vulgo : ἐμμαρτυρησάμενοι Morus cf. Roeperum p. 515 sq [30] καθάπερ φθάντες L.

ἁγίων Γραφῶν λαβόντες ταῦτα ἐπεχείρησαν, ἤ τινος A ἁγίου διαδοχὴν φυλάξαντες ἐπὶ ταῦτα ὥρμησαν, ἀλλ' ἔστιν αὐτοῖς τὰ δοξαζόμενα ἀρχὴν μὲν [31] ἐκ τῆς Ἑλλήνων σοφίας λαβόντα, ἐκ δογμάτων φιλοσοφουμένων καὶ μυστηρίων ἐπικεχειρημένων καὶ ἀστρολόγων ῥεμβομένων· δοκεῖ οὖν πρότερον ἐκθεμένους τὰ δόξαντα τοῖς τῶν Ἑλλήνων φιλοσόφοις ἐπιδεῖξαι τοῖς ἐντυγχάνουσιν ὄντα τούτων παλαιότερα καὶ πρὸς τὸ θεῖον σεμνότερα· ἔπειτα συμβαλεῖν ἑκάστην αἵρεσιν ἑκάστῳ, ὡς τούτοις τοῖς ἐπιχειρήμασιν ἐπιβαλόμενος [32] ὁ πρωτοστάτης [33] τῆς αἱρέσεως ἐπλεονέκτησε λαβόμενος [34] τὰς ἀρχὰς καὶ [35] ἐκ τούτων ἐπὶ τὰ χείρονα ὁρμηθεὶς δόγμα συνεστήσατο. Ἔστι μὲν οὖν πόνου μεστὸν τὸ ἐπιχειρούμενον καὶ πολλῆς δεόμενον ἱστορίας· ἀλλὰ οὐκ ἐνδεήσομεν· ὕστερον B γὰρ εὐφρανεῖ ὡς ἀθλητὴν μετὰ πολλοῦ πόνου στεφάνου τυχόντα, ἢ ἔμπορον μετὰ μέγαν θαλάσσης σάλον κερδάναντα, ἢ γεωργὸν μετὰ ἱδρῶτα προσώπου καρπῶν ἀπολαύσαντα, ἢ προφήτην μετὰ ὀνειδισμοὺς καὶ ὕβρεις ὁρῶντα τὰ λαληθέντα ἀποβαίνοντα. Ἀρξάμενοι τοίνυν ἐροῦμεν, τίνες οἱ παρ' Ἕλλησι πρῶτον φιλοσοφίαν φυσικὴν ἐπιδείξαντες. Τούτων γὰρ μάλιστα γεγένηνται κλεψίλογοι οἱ τῶν αἱρέσεων πρωτοστατήσαντες, ὡς μετέπειτα ἐν τῇ πρὸς ἀλλήλους συμβολῇ ἐπιδείξομεν. Ἑκάστῳ δὲ τῶν προαρξαμένων τὰ ἴδια ἀποδιδόντες γυμνοὺς καὶ αἰσχήμονας τοὺς αἱρεσιάρχας παραστήσομεν [36].

sacris Scripturis mutuatos hæc periclitatos esse, aut sancti alicujus successionem observantes ad hæc delatos esse, sed decreta illorum principium ex Græcorum sapientia duxisse, ex dogmatis philosophis et mysteriis tentatis et astrologis circumvagantibus: placet igitur prius expositis Græcorum philosophorum placitis ostendere lecturis esse his antiquiora et ad divinum numen sanctiora, posthac conferre singulas hæreses cum singulis, quomodo his conatibus superveniens primus conditor hæresis lucri fecerit repetens principia et ex his ad deteriora delapsus dogma conflaxerit. Est igitur plenum laboris quod suscipimus multaque indiget quæstione. Sed non deficiemus, posthac enim exhilarabit, velut athletam multo cum labore coronam nactum, aut mercatorem post vehementem æstum maris lucrum adeptum, aut agricolam post sudorem frontis cum frugibus fruitur, aut vatem post convicia et conculcationes cum videt evenire quæ prædixerat. Principio igitur dicemus, quinam inter Græcos philosophiam naturalem primi instituerint. Horum enim potissimum decreta surripuerunt qui hæresium signiferi exstiterunt, ut posthac ubi inter se comparabimus ostendemus. Singulo autem cuique eorum qui principes doctrinæ exstiterunt tribuentes suum, nudos et inanes exhibebimus hæresiarchas.

1. [p. 5, 6] Λέγεται Θαλῆν τὸν Μιλήσιον ἕνα τῶν ἑπτὰ σοφῶν πρῶτον ἐπικεχειρηκέναι φιλοσοφίαν φυσικήν. Οὗτος ἔφη ἀρχὴν [36*] τοῦ παντὸς εἶναι καὶ C τέλος τὸ ὕδωρ [37]. Ἐκ γὰρ αὐτοῦ τὰ πάντα συνίστασθαι πηγνυμένου καὶ πάλιν διανιεμένου ἐπιφέρεσθαί τε αὐτῷ τὰ πάντα, ἀφ' οὗ καὶ σεισμοὺς καὶ πνευμάτων στροφὰς καὶ ἄστρων [37*] κινήσεις· καὶ τὰ πάντα φέρεσθαί [38] τε καὶ ῥεῖν τῇ τοῦ πρώτου ἀρχηγοῦ τῆς γενέσεως αὐτῶν φύσει συμφερόμενα. Θεῖον [38*], δὲ τοῦτο εἶναι, τὸ μήτ' ἀρχὴν μήτε τελευτὴν ἔχον. Οὗτος περὶ τὸν τῶν ἄστρων λόγον καὶ τὴν ζήτησιν ἀσχοληθεὶς Ἕλλησι ταύτης τῆς μαθήσεως αἴτιος πρῶτος γίγνεται, ὃς ἀποβλέπων πρὸς τὸν οὐρανὸν καὶ τὰ ἄνω ἐπιμελῶς κατανοεῖν λέγων εἰς φρέαρ ἐνέπεσεν, ὃν [39] ἐγγελῶσά τις θεραπαινὶς, Θρᾷττα τοὔνομα, ἔφη· Τὰ ἐν οὐρανῷ προθυμούμενος εἰδέναι [39*] τὰ ἐν ποσὶν οὐκ οἶδεν. Ἐγένετο δὲ κατὰ Κροῖσον.

8-9 I. Dicitur Thales Milesius unus de septem sapientibus primus philosophiæ physicæ auctor exstitisse. Hic dixit principium universi esse et finem aquam: ex ea enim omnia constare et concreta et rursus dissoluta, et ea sustineri omnia unde et terræ motus et fluminum conversiones et astrorum motus. Et omnia et ferri et fluere primi ortus ipsorum auctoris naturam secuta. Divinum autem id esse quod neque principium habeat neque finem. Hic circa astrorum rationem et investigationem versatus Græcis hujus doctrinæ primus auctor evadit, qui vultu in cœlum sublato et sublimia curiose perspicere jactans in puteum incidit, quem irridens ancilla quædam Thratta nomine dixit: Res cœlestes nisus novisse, quæ sunt ad pedes non novit. Floruit autem ætate Crœsi.

D

2. Ἔστι δὲ καὶ ἑτέρα φιλοσοφία οὐ μακρὰν τῶν αὐτῶν χρόνων, ἧς ἦρξε Πυθαγόρας, ὃν Σάμιόν τινες λέγουσιν. Ἣν Ἰταλικὴν προσηγόρευσαν διὰ τὸ τὸν Πυθαγόραν φεύγοντα Πολυκράτην τὸν Σάμιον [40] τύραννον οἰκῆσαι πόλιν τῆς Ἰταλίας κἀκεῖ τὸν βίον

2. Est autem etiam alia philosophia non longe distans ab iisdem temporibus, cujus auctor exstitit Pythagoras, quem Samium quidam ferunt; quam Italicam appellaverunt, propterea quod Pythagoras cum fugeret Polycratem Samiorum tyrannum

VARIÆ LECTIONES.

[31] ἀρχὴν μὲν cf. Roeperum p. 516, qui pro ἀρχὴν μὲν vestigiis codd. ἀφορμὴν commendari arbitratur. [32] ἐπιβαλόμενος Roeperus : ἐπιλαβόμενος vulgo. [33] πρωτοστάτης B, O : πρωτοστατήσας L. [34] λαβόμενος λαβών? [35] καὶ om. Gronovius. [36] παραστήσομεν Wolfius : προστήσομεν vulgo. [36*] τὴν ἀρχὴν B. [37] ὕδωρ vulgo. [37*] ἄστρων Roeperus : ἀέρων vulgo. [38] φέρεσθαι Roeperus : φύεσθαί vulgo. [38*] Θεῖον. Θεοῦ vulgo cf. Clem. Alex. Strom. V p. 594 D sqq. Sylb. τί ἐστι τὸ Θεῖον; Τὸ μήτε ἀρχὴν, ἔφη, μήτε τέλος ἔχον et Krische Forschungen auf dem Gebiete der alten Philosophie 1,38 sqq. [39] ὃν. ᾧ Wolfius : ὅτ' Roeperus. [39*] εἰδέναι Roeperus coll. Plat. Theæt. p. 174 A : ἰδεῖν vulgo. [40] Σαμίων? Roeperus.

habitaverit urbem Italiæ ibique vitam expleverit. Cujus doctrinam qui exceperunt non multum discrepuerunt ab eadem sententia. Et ipse vero res physicas rimatus miscuit astronomiam et geometriam et musicam et arithmeticam. Et sic monadem edixit esse deum, numeri autem naturam curiose cum perdidicisset, concinere dixit mundum et per harmoniam constare, et septem siderum primus motum in rhythmum et concentum redegit. Admiratus autem administrationem universorum voluit principio silere discipulos, cum quasi mystæ universi in mundum venissent; deinde, ubi satis illi visi sunt magnos progressus in disciplina sua fecisse et perite de sideribus et natura posse disputare, puros arbitratus tum demum jubet vocem mittere. Hic discipulos discriminavit cum alteros esotericos, exotericos alteros vocavit. Alteris autem altiora præcepta concredebat, alteris autem tenuiora. Attigit autem etiam magicam **10-11** artem, ut volunt, et physiognomonicam ipse invenit numeros quosdam et mensuras pro fundamento statuens, cum dicebat principium arithmeticæ philosophiam per compositionem continere in hunc modum. Numerus exstitit primum principium, quod quidem est infinitum, incomprehensibile, continens in se omnes qui in infinitum possunt venire numeros per multitudinem. Numerorum autem principium exstitit per substantiam prima monas, quæ est monas masculina gignens instar patris omnes reliquos numeros. Altero loco dyas femininus numerus, idem autem etiam par ab arithmeticis vocatur. Tertium trias numerus masculinus, hic etiam impar ab arithmeticis receptum est ut vocetur. Super omnes autem hos tetras femininus numerus, idem autem etiam par vocatur quia femininus est. Exsistunt igitur universi numeri sumpti generatim quatuor (numerus autem erat ad sexum indefinitus), unde constitit illis perfectus numerus decas. Etenim unum, duo, tria, quatuor efficiunt decem, ubi singulis numeris servabitur ex re domesticum nomen. Hanc Pythagoras appellavit sanctam tetractyn, fontem sempiternæ naturæ radices habentem in sese, et ex hoc numero reliquos omnes habere numeros principium. Numerus enim undenarius et duodenarius et qui sunt præterea principium exsistentiæ ex denario participant. Hujus denarii numeri, qui perfectus est, quatuor vocantur partes : numerus, monas, potentia, cubus.

A πληρῶσαι. Οὗ τὴν αἵρεσιν οἱ διαδεξάμενοι οὐ πολὺ διήνεγκαν τοῦ αὐτοῦ φρονήματος. Καὶ αὐτὸς δὲ περὶ φυσικῶν ζητήσας ἔμιξεν ἀστρονομίαν καὶ γεωμετρίαν καὶ μουσικὴν [καὶ ἀριθμητικήν [51].] Καὶ οὕτως μονάδα μὲν εἶναι ἀπεφήνατο τὸν Θεὸν, ἀριθμοῦ δὲ φύσιν περιέργως καταμαθὼν μελῳδεῖν ἔφη τὸν κόσμον καὶ ἁρμονίᾳ [51*] συγκεῖσθαι, καὶ τῶν ἑπτὰ ἄστρων [52] πρῶτος τὴν κίνησιν εἰς ῥυθμὸν καὶ μέλος ἤγαγεν [53]. Θαυμάσας δὲ τὴν διοίκησιν τῶν ὅλων ἠξίωσε τὰ πρῶτα σιγᾶν τοὺς μαθητὰς, οἱονεὶ μύστας τοῦ παντὸς εἰς τὸν κόσμον ἥκοντας· εἶτα ἐπειδὰν αὐτοῖς ἱκανῶς παιδείας τῆς τῶν λόγων δόξῃ μετεῖναι καὶ δυνατῶς περὶ ἄστρων καὶ φύσεως φιλοσοφήσωσι, καθαροὺς κρίνας τότε κελεύει φθέγγεσθαι. Οὗτος τοὺς μαθητὰς διεῖλε καὶ τοὺς μὲν ἐσωτερι- B κοὺς, τοὺς δὲ ἐξωτερικοὺς ἐκάλεσεν. Τοῖς δὲ τὰ τελεώτερα μαθήματα ἐπίστευε, τοῖς δὲ τὰ μετριώτερα. Ἐφήψατο [p. 6, 7] δὲ καὶ μαγικῆς, ὥς φασι, καὶ φυσιογνωμονικὴν [54] αὐτὸς [55] ἐξεῦρεν ἀριθμούς τινας καὶ μέτρα ὑποθέμενος, λέγων τὴν ἀρχὴν τῆς ἀριθμητικῆς [56] φιλοσοφίαν [57] κατὰ σύνθεσιν περιέχειν τόνδε τὸν τρόπον. Ἀριθμὸς γέγονε πρῶτος ἀρχὴ, ὅπερ ἐστὶν [58] ἀόριστον, ἀκατάληπτον [59], ἔχων ἐν ἑαυτῷ πάντας τοὺς ἐπ' ἄπειρον δυναμένους ἐλθεῖν ἀριθμοὺς κατὰ τὸ πλῆθος. Τῶν δὲ ἀριθμῶν ἀρχὴ γέγονε καθ' ὑπόστασιν [60] ἡ πρώτη μονὰς, ἥτις ἐστὶ μονὰς ἄρσην γεννῶσα πατρικῶς πάντας τοὺς ἄλλους ἀριθμούς. Δεύτερον ἡ δυὰς θῆλυς ἀριθμὸς, ὁ δὲ αὐτὸς καὶ ἄρτιος ὑπὸ τῶν ἀριθμητικῶν καλεῖται. Τρίτον ἡ τριὰς ἀριθμὸς ἄρσην, οὗτος καὶ περισσὸς ὑπὸ τῶν C ἀριθμητικῶν [61] νενομοθέτηται [62] καλεῖσθαι. Ἐπὶ πᾶσι δὲ τούτοις ἡ τετρὰς θῆλυς ἀριθμὸς, ὁ δὲ αὐτὸς καὶ ἄρτιος καλεῖται ὅτι θῆλύς ἐστιν. Γεγόνασιν οὖν οἱ πάντες ἀριθμοὶ ληφθέντες ἀπὸ γένους [63] τέσσαρες (ἀριθμὸς δ' ἦν γένος ἀόριστος [64]), ἀφ' ὧν ὁ τέλειος [65] αὐτοῖς συνέστηκεν ἀριθμὸς ἡ δεκάς. Τὸ γὰρ ἓν, δύο, τρία, τέσσαρα γίνεται δέκα, ἐὰν ἑκάστῳ τῶν ἀριθμῶν φυλάσσηται κατ' οὐσίαν τὸ οἰκεῖον ὄνομα. Ταύτην ὁ Πυθαγόρας ἔφη ἱερὰν τετρακτὺν πηγὴν [66] ἀεννάου φύσεως [67] ῥιζώματα ἔχουσαν ἐν ἑαυτῇ, καὶ ἐκ τούτου τοῦ ἀριθμοῦ πάντας ἔχειν τοὺς ἀριθμοὺς [68] τὴν ἀρχήν. Ὁ γὰρ ἕνδεκα καὶ ὁ δώδεκα καὶ οἱ λοιποὶ τὴν ἀρχὴν τοῦ εἶναι [69] ἐκ τοῦ δέκα μετέχουσι. Ταύτης τῆς δεκάδος, τοῦ τελείου ἀριθμοῦ, τὰ τέσσαρα καλεῖται μέρη ἀριθμὸς, μονὰς [70], δύναμις, D κύβος. Ὧν καὶ ἐπιπλοκαὶ καὶ μίξεις πρὸς γένεσιν αὐξήσεως γίνονται, κατὰ φύσιν τὸν γόνιμον ἀριθμὸν ἀποτελοῦσαι· ὅταν γὰρ δύναμις αὐτὴ [71] ἐφ' ἑαυτὴν

VARIÆ LECTIONES.

[50*] περὶ φύσεως B. [51] καὶ ἀριθμητικὴν add. Roeperus, quem cf. p. 520 sq. [51*] ἁρμονίᾳ κατ' ἁρμονίαν Roeperus p. 521. [52] ἀστέρων L. [53] ἀνήγαγεν Roeperus. [54] φυσιογνωμονικὴν B cf. Roeperus p. 521 sqq. : φυσιογονικὴν vulgo. [55] αὐτός. πρῶτος? Roeperus : πρῶτος αὐτός? [56] cf. p. 89, 14 sqq., ubi pene eadem iterantur. [57] φιλοσοφίας vulgo. [58] ἐστὶν ἓν vulgo, cf. infra p. 89, 16. [59] ἀόριστος, ἀκατάληπτος vulgo, cf. p. 89, 16. [60] ὑπόστασιν Codd : ὑπόθεσιν pr. L et vulgo. [61] ἀριθμῶν B, O. [62] νενομοθέτηται vulgo. [63] Infra p. 89, 27, ἀπὸ τοῦ γένους. [64] ἀόριστον vulgo; cf. infra p. 89, 28. [65] τέλειος. τρίτος B. [66] πηγὴν ἀεννάου φύσεως. ἀένναον φύσιν T. De scriptura ἀέννασς posterioris ætatis scriptoribus familiari dixit Lehrsius in Jahnii annalibus a. 1828. [67] φύσεως ὡς vulgo; cf. infra p. 90, 33. [68] Accuratius infra p. 90, 33. sq. τοὺς ἄλλους πάντας ἀριθμούς. [69] τοῦ εἶναι τῆς γενέσεως infra p. 90, 35. [70] ἀριθμὸς. μονάς. Roepero p. 531. ordo verborum ita mutandus videtur : μονάς, ἀριθμός. [71] αὐτή. αὐτὴ [illegible] Salvinius; cf. infra p. 90, 40.

κυβισθῇ [62], γέγονε δυναμοδύναμις· ὅταν δὲ δύναμις A ἐπὶ κύβον, γέγονε δυναμόκυβος [63], ὅταν δὲ κύβος ἐπὶ κύβον, γέγονε κυβόκυβος· ὡς γίνεσθαι τοὺς πάντας ἀριθμούς, ἐξ ὧν ἡ τῶν γινομένων [p. 7, 8] γένεσις γίνεται, ἑπτά· ἀριθμόν, μονάδα [64], δύναμιν, κύβον, δυναμοδύναμιν, δυναμόκυβον, κυβόκυβον.

Quorum etiam complexiones et mistiones ad generationem augmenti fiunt, per naturam genitalem numerum perficientes. Cum enim potentia ipsa secum ipsa multiplicabitur, fit dynamodynamis, cum autem potentia cum cubo, exsistit dynamocubus, cum autem cubus cum cubo, exsistit cubocubus, ut fiant omnes numeri, ex quibus **12-13** gignentium genitura oritur, septem : numerus, monas, potentia, cubus, dynamodynamis, dynamocubus, cubocubus.

Οὗτος καὶ ψυχὴν ἀθάνατον εἶπε καὶ μετενσωμάτωσιν· διὸ ἔλεγεν ἑαυτὸν πρὸ μὲν τῶν Τρωϊκῶν Αἰθαλίδην [65] γεγονέναι, ἐν δὲ τοῖς Τρωϊκοῖς Εὔφορβον, μετὰ δὲ ταῦτα Ἑρμότιμον Σάμιον, μεθ' ὃν Πύῤῥον Δήλιον, πέμπτον Πυθαγόραν. Διόδωρος [66] δὲ ὁ Ἐρετριεὺς καὶ Ἀριστόξενος ὁ μουσικός φασι πρὸς Ζαρά- B ταν τὸν Χαλδαῖον ἐληλυθέναι Πυθαγόραν· τὸν δὲ ἐκθέσθαι αὐτῷ δύο εἶναι ἀπ' ἀρχῆς τοῖς οὖσιν αἴτια, πατέρα καὶ μητέρα· καὶ πατέρα μὲν φῶς, μητέρα δὲ σκότος, τοῦ δὲ φωτὸς μέρη θερμόν, ξηρόν, κοῦφον, ταχύ· τοῦ δὲ σκότους ψυχρόν, ὑγρόν, βαρύ, βραδύ· ἐκ δὲ τούτων πάντα [67] τὸν κόσμον συνεστάναι, ἐκ θηλείας καὶ ἄῤῥενος. Εἶναι δὲ τὸν κόσμον φύσιν κατὰ [68] μουσικὴν ἁρμονίαν, διὸ καὶ τὸν ἥλιον ποιεῖσθαι τὴν περίοδον ἐναρμόνιον. Περὶ δὲ τῶν ἐκ γῆς καὶ κόσμου γινομένων τάδε φασὶ λέγειν τὸν Ζαράταν· δύο δαίμονας εἶναι, τὸν μὲν οὐράνιον, τὸν δὲ χθόνιον· καὶ τὸν μὲν χθόνιον ἀνιέναι τὴν γένεσιν ἐκ τῆς γῆς· εἶναι δὲ ὕδωρ· τὸν δὲ οὐράνιον πῦρ μετέχον τοῦ ἀέρος, θερμὸν τοῦ ψυχροῦ [69]· διὸ καὶ τούτων οὐδὲν C ἀναιρεῖν [70] οὐδὲ μιαίνειν φησὶ τὴν ψυχήν· ἔστι γὰρ ταῦτα οὐσία τῶν πάντων. Κυάμους δὲ λέγεται παραγγέλλειν μὴ ἐσθίειν, αἰτίᾳ τοῦ τὸν Ζαράταν εἰρηκέναι κατὰ τὴν ἀρχὴν καὶ σύγκρισιν τῶν πάντων συνισταμένης τῆς γῆς ἔτι καὶ συνσεσημμένης γενέσθαι τὸν κύαμον. Τούτου δὲ τεκμήριόν φησιν, εἴ τις καταμασησάμενος λεῖον τὸν κύαμον καταθείη πρὸς ἥλιον χρόνον τινὰ (τοῦτο γὰρ εὐθέως ἀντιλήψεται), προσφέρειν [71] ἀνθρωπίνου γόνου ὀδμήν. Σαφέστερον δὲ εἶναι καὶ ἕτερον παράδειγμα λέγει, εἰ ἀνθοῦντος τοῦ κυάμου λαβόντες τὸν κύαμον καὶ τὸ ἄνθος αὐτοῦ καὶ καταθέντες εἰς χύτραν ταύτην τε καταχρίσαντες εἰς γῆν κατορύξαιμεν καὶ μετ' ὀλίγας ἡμέρας ἀνακαλύψαιμεν, ἴδοιμεν αὐτὸ εἶδος ἔχον τὸ μὲν πρῶτον ὡς αἰσχύνην γυναικός, μετὰ δὲ ταῦτα κατανοού- D μενον παιδίου κεφαλὴν συμπεφυκυῖαν. Οὗτος ἐν Κρότωνι τῆς Ἰταλίας ἅμα τοῖς μαθηταῖς ἐμπυρισθεὶς διεφθάρη. Ἔθος δὲ τοῦτο ἦν παρ' αὐτῷ, ἐπειδὰν προσῄει τις μαθητευσόμενος, πιπράσκειν τὰ ὑπάρχοντα καὶ τὸ ἀργύριον κατατιθέναι [p. 9, 10] ἐσφραγισμένον παρὰ τῷ Πυθαγόρᾳ [72], καὶ ὑπέμεινε σιωπῶν ὅτε μὲν ἔτη τρία, ὅτε δὲ πέντε καὶ μανθάνων [73].

Hic etiam animam immortalem docuit et migrationem animarum. Quapropter dixit semet ante Trojana tempora Æthalidam exstitisse, Trojanis autem temporibus Euphorbum, posthac autem Hermotimum Samium, post quem Pyrrhum Delium, B quintum Pythagoram. Diodorus autem Eretriensis et Aristoxenus musicus dicunt ad Zaratam Chaldæum venisse Pythagoram, illum autem exposuisse ei duas esse a principio causas rerum, patrem et matrem, et patrem quidem lucem, matrem autem tenebras, lucis autem partes calidum, aridum, leve, citum; tenebrarum autem frigidum, humidum, grave, tardum; ex his autem omnem mundum constare, ex feminino et masculo. Esse autem mundum ad naturam suam musicum concentum, quapropter etiam solem facere circuitum per concentum. De iis autem quæ ex terra et mundo exsistunt hæc aiunt dicere Zaratam : duos genios esse, alterum cœlestem, alterum terrestrem, et terrestrem quidem submittere generationem ex terra, esse autem C aquam, cœlestem autem esse ignem participem aeris, calidum frigidi; quare etiam horum nihil interimere nec maculare ait animam; sunt enim hæc substantia omnium. Fabis autem dicitur vetare vesci propterea quod Zaratas dixerit in initio et concretione omnium, cum terra etiam tum concinnaretur et computresceret, ortam esse fabam. Hujus autem rei documentum esse ait, si quis nudatam siliquis fabam manducaverit et deposuerit adversus solem per tempus (id enim illico juvabit) afferre humani seminis odorem. Apertius autem etiam alterum ait documentum esse, si florescentem decerpserimus fabam floremque ejus eamque deposuerimus in olla et hanc circumlitam in terra D defoderimus et paucos post dies retexerimus, videbimus eam speciem præbere primum quidem ut pudendum muliebre, posthac autem accuratius consideratam infantis caput recens concretum. Hic Crotone Italiæ una cum discipulis igni concrematus periit. Institutum autem hoc erat apud eum, sicubi ad eum se conferebat quispiam disciplina **14-15** usurus, ut venderet quæ haberet pecuniam-

VARIÆ LECTIONES.

[62] κυβισθῇ Roeperus : κυβιστῇ vulgo : κυβισθήσεται infra p. 90, 40. [63] γέγονε δυναμόκυβος— κύβον in Codd. omissa restituimus ex p. 90, 41 sq., qualia fere jam Wolfius desideravit. [64] ἀριθμόν, μονάδα cf. Roeperum p. 531. [65] Θαλλίδην vulgo. [66] De Diodoro Eretriensi cf. Roeperum p. 532—35. [67] πάντα Roeperus : πάντων vulgo. [68] φύσιν κατὰ φύσιν καὶ vulgo : φησὶν καὶ L. M : τὴν κόσμου φύσιν καὶ Roeperus. [69] τοῦ ψυχροῦ Roeperus : καὶ ψυχρὸν vulgo : ὑγροῦ? [70] ἀναιρεῖ Roeperus. [71] προσφέρειν T : προσφέρει vulgo. [72] Πυθαγόρῃ vulgo. [73] μανθάνων Wolfius : μανθάνειν vulgo.

que deponeret signatam apud Pythagoram, et manebat silens, aliquando tres annos, interdum quinque, et discens; rursus autem solutus miscebatur cum reliquis et remanebat sectator et simul cœnabat, sin minus, recipiebat sua et rejiciebatur. Alteri igitur qui esoterici erant vocabantur Pythagorei, alteri autem Pythagoristæ. Ex discipulis autem ejus qui evaserunt conflagrationem Lysis erat et Archippus et Pythagoræ servus Zamolxis, qui etiam apud Celtas Druidas docuisse fertur Pythagorica philosophari. Numeros autem et mensuras ab Ægyptiis dicunt Pythagoram didicisse, qui admiratus sacerdotum gravem et speciosam et non nisi difficulter cum aliis communicatam sapientiam, imitatus et ipse pariter silentium imponebat, et in adytis subterraneis solitariam vitam agere discentes instituebat.

Empedocles autem, qui post hos natus est, etiam de geniorum natura dixit multa, ut versentur administrantes res mundanas, numero permulti. Hic universi principium discordiam et amicitiam dixit, et monadis igneam mente præditum Deum, et constitisse ex igni universa et in ignem resolutum iri. Cui fere et Stoici astipulantur decreto conflagrationem exspectantes. Maxime autem omnium consentit cum migratione animarum, sic fatus:

Profecto enim ego exstiti puerque puellaque
Frutexque alesque et ex mari exsul piscis.

Hic omnes animas in omnia animalia transmutari dixit. Etenim horum auctor Pythagoras dixit se Euphorbum fuisse, qui ad Trojam imperitavit, affirmans se recognoscere clypeum. Hæc quidem Empedocles.

Heraclitus autem physicus philosophus, Ephesius universas res lugebat inscitiam universæ vitæ coarguens et omnium hominum, miseratus mortalium vitam. Semet enim dicebat omnia cognovisse, reliquos autem homines nihil. Et ipse vero pene congrua Empedocli pronuntiavit, discordiam et amicitiam statuens universorum principium esse et ignem intelligibilem Deum, **16-17** conferrique universa invicem et non consistere, et sicut Empedocles omnem circa nos locum dixit malis confertum esse et usque ad lunam quidem pertingere mala ex loco circa tellurem porrecta, ulterius autem non progredi, quippe cum omnis supra lunam purior sit locus. Ita etiam Heraclito visum est.

Post hos exstiterunt etiam alii physici, quorum non necessarium arbitrati sumus decreta apponere, quippe quæ nihil ab iis quæ supra dicta sunt discrepent. Sed cum in universum non exigua exsti-

A Αὖθις δὲ λυθεὶς ἐμίσγετο τοῖς ἑτέροις καὶ παρέμενε μαθητὴς καὶ συνειστιᾶτο ἅμα, εἰ δ' οὔ, ἀπελάμβανε τὸ ἴδιον καὶ ἀπεβάλλετο. Οἱ μὲν οὖν ἐσωτερικοὶ ἐκαλοῦντο Πυθαγόρειοι, οἱ δὲ ἕτεροι Πυθαγορισταί. Τῶν δὲ μαθητῶν αὐτοῦ οἱ διαφυγόντες τὸν ἐμπρησμὸν Λῦσις [74] ἦν καὶ Ἄρχιππος καὶ ὁ τοῦ Πυθαγόρου οἰκέτης Ζάμολξις [75], ὃς καὶ τοὺς παρὰ Κελτοῖς Δρυΐδας λέγεται διδάξαι φιλοσοφεῖν τὴν Πυθαγόρειον φιλοσοφίαν. Τοὺς δὲ ἀριθμοὺς καὶ τὰ μέτρα παρὰ Αἰγυπτίων φασὶ τὸν Πυθαγόραν μαθεῖν, ὃς καταπλαγεὶς τῇ τῶν ἱερέων ἀξιοπίστῳ καὶ φαντασιώδει καὶ δυσχερῶς ἐξαγορευομένῃ σοφίᾳ, μιμησάμενος ὁμοίως καὶ αὐτὸς σιγᾷν προσέταξεν καὶ ἐν ἀδύτοις καταγείοις [76] ἐρημεῖν [77] ἐποίει μανθάνοντας [78-80].

B 3. Ἐμπεδοκλῆς δὲ μετὰ τούτους γενόμενος καὶ περὶ δαιμόνων φύσεως εἶπε πολλά, ὡς ἀναστρέφονται διοικοῦντες τὰ κατὰ τὴν γῆν ὄντες πλεῖστοι. Οὗτος τὴν τοῦ παντὸς ἀρχὴν νεῖκος καὶ φιλίαν ἔφη· καὶ τὸ τῆς μονάδος νοερὸν πῦρ τὸν Θεόν, καὶ συνεστάναι ἐκ πυρὸς τὰ πάντα καὶ εἰς πῦρ ἀναλυθήσεσθαι· ᾧ σχεδὸν καὶ οἱ Στωϊκοὶ συντίθενται δόγματι, ἐκπύρωσιν προσδοκῶντες. Μάλιστα δὲ πάντων συγκατατίθεται τῇ μετενσωματώσει, οὕτως εἰπών·

[1] *Ἤτοι μὲν γὰρ ἐγὼ γενόμην κοῦρός τε, κόρη τε,*
θάμνος [2] τ' οἰωνός τε, καὶ ἐξ ἁλὸς [3] ἔμπορος [4] ἰχθύς.

Οὗτος πάσας εἰς πάντα τὰ ζῶα μεταλλάττειν εἶπε τὰς ψυχάς. Καὶ γὰρ ὁ τούτων [5] διδάσκαλος Πυθαγόρας ἔφη ἑαυτὸν Εὔφορβον γεγονέναι τὸν ἐπὶ C Ἴλιον [6] στρατεύσαντα, φάσκων ἐπιγινώσκειν τὴν ἀσπίδα. Ταῦτα μὲν ὁ Ἐμπεδοκλῆς.

4. Ἡράκλειτος δὲ φυσικὸς φιλόσοφος, ὁ Ἐφέσιος, τὰ πάντα ἔκλαιεν ἄγνοιαν τοῦ παντὸς βίου καταγινώσκων καὶ πάντων ἀνθρώπων, ἐλεῶν δὲ [7] τὸν τῶν θνητῶν βίον. Αὑτὸν μὲν γὰρ ἔφασκε τὰ πάντα εἰδέναι, τοὺς δὲ ἄλλους ἀνθρώπους οὐδέν. Καὶ αὐτὸς δὲ σχεδὸν σύμφωνα τῷ Ἐμπεδοκλεῖ ἐφθέγξατο, στάσιν καὶ φιλίαν φήσας τῶν ἁπάντων ἀρχὴν εἶναι καὶ πῦρ νοερὸν [p. 10. 11.] τὸν Θεὸν συμφέρεσθαί [8] τε τὰ πάντα ἀλλήλοις καὶ οὐχ ἑστάναι, καὶ ὥσπερ ὁ Ἐμπεδοκλῆς, πάντα τὸν καθ' ἡμᾶς [9] τόπον ἔφη κακῶν μεστὸν εἶναι καὶ μέχρι μὲν [10] σελήνης τὰ κακὰ φθάνειν ἐκ τοῦ περὶ γῆν τόπου ταθέντα, περαιτέρω δὲ μὴ χωρεῖν, ἅτε καθαρωτέρου τοῦ ὑπὲρ D τὴν σελήνην παντὸς ὄντος τόπου. Οὕτω καὶ τῷ Ἡρακλείτῳ ἔδοξεν.

5. Μετὰ τούτους ἐγένοντο καὶ ἕτεροι φυσικοί, ὧν οὐκ ἀναγκαῖον ἡγησάμεθα τὰς δόξας εἰπεῖν, μηδὲν τῶν προειρημένων ἀπεμφαινούσας. Ἀλλ' ἐπεὶ καθόλου οὐ μικρὰ γεγένηται ἡ σχολὴ πολλοί τε οἱ

VARIÆ LECTIONES.

[74] Λύσις vulgo. [75] Ζαμίτος B. [76] καταγείοις Roeperus: κατάγων vulgo. [77] ἐρημεῖν Roeperus: ἠρεμεῖν vulgo. [78-80] μανθάνοντα vulgo. [1] Leguntur hi versus apud Karsten. v. 380. sq., apud Stein. v. 383 sq. [2] Θάμνος καὶ θὴρ Cedrenus, et profecto quadrupedis mentio desideratur. An ἀμνός? [3] ἐξ ἁλός. εἰν ἁλὶ alii. [4] ἔμπορος. Alii aliter; vide Karsten, et Stein. [5] τούτου ὧν Roeperus p. 606. [6] παρ' Ἴλιον Roeperus. [7] ἐλεῶν δὴ Roeperus. [8] συμφέρεσθαί Roeperus: ἐμφέρεσθαι vulgo. [9] καθ' ἡμῶν Gronovius. [10] μὲν Τ Roeperus: δὲ vulgo.

μετέπειτα φυσικοὶ ἐξ αὐτῶν γεγένηνται ἄλλοι ἄλλως περὶ φύσεως τοῦ παντὸς διηγούμενοι, καὶ δοκεῖ ἡμῖν τὴν ἀπὸ Πυθαγόρου ἐκθεμένους φιλοσοφίαν κατὰ διαδοχὴν ἀναδραμεῖν ἐπὶ τὰ δόξαντα τοῖς μετὰ Θαλῆν, καὶ ταῦτα ἐξειπόντας ἐλθεῖν ἐπί τε τὴν ἠθικὴν καὶ λογικὴν φιλοσοφίαν, ὧν ἦρξαν Σωκράτης μὲν ἠθικῆς [11], Ἀριστοτέλης δὲ διαλεκτικῆς.

6. Θαλοῦ τοίνυν Ἀναξίμανδρος γίνεται ἀκροατής. Ἀναξίμανδρος Πραξιάδου Μιλήσιος. Οὗτος ἀρχὴν ἔφη τῶν ὄντων φύσιν τινὰ τοῦ ἀπείρου, ἐξ ἧς γίνεσθαι τοὺς οὐρανοὺς καὶ τοὺς ἐν αὐτοῖς κόσμους [12]. Ταύτην δ' ἀΐδιαν εἶναι καὶ ἀγήρω, ἣν καὶ πάντας περιέχειν τοὺς κόσμους. Λέγει δὲ χρόνον ὡς ὡρισμένης τῆς γενέσεως καὶ τῆς οὐσίας καὶ τῆς φθορᾶς. Οὗτος μὲν ἀρχὴν καὶ στοιχεῖον εἴρηκε τῶν ὄντων τὸ ἄπειρον, πρῶτος τοὔνομα καλέσας τῆς ἀρχῆς. Πρὸς δὲ τούτῳ [13] κίνησιν ἀΐδιον εἶναι, ἐν ᾗ συμβαίνειν [14] γίνεσθαι τοὺς οὐρανούς [15]. Τὴν δὲ γῆν εἶναι μετέωρον ὑπ' οὐδενὸς [16] κρατουμένην, μένουσαν διὰ τὴν ὁμοίαν πάντων ἀπόστασιν. Τὸ δὲ σχῆμα αὐτῆς γυρὸν [16*], στρογγύλον, κίονι [17] λίθῳ παραπλήσιον. Τῶν δὲ ἐπιπέδων ᾧ μὲν ἐπιβεβήκαμεν [18], ὃ δὲ ἀντίθετον ὑπάρχει. Τὰ δὲ ἄστρα γίνεσθαι κύκλον πυρὸς, ἀποκριθέντα τοῦ κατὰ τὸν κόσμον πυρὸς, περιληφθέντα δ' ὑπὸ ἀέρος. Ἐκπνοὰς δ' ὑπάρξαι τινὰς ἀερώδεις, καθ' οὓς τόπους [19] φαίνεται τὰ ἄστρα· διὸ καὶ ἐπιφρασσομένων τῶν ἐκπνοῶν τὰς ἐκλείψεις γίνεσθαι. Τὴν δὲ σελήνην ποτὲ μὲν πληρουμένην φαίνεσθαι, ποτὲ δὲ μειουμένην κατὰ τὴν τῶν πόρων [p. 11. 12.] ἐπίφραξιν ἢ ἄνοιξιν. Εἶναι δὲ τὸν κύκλον τοῦ ἡλίου ἑπτακαιεικοσιπλασίονα [20] τῆς σελήνης, καὶ ἀνωτάτω μὲν εἶναι τὸν ἡλίου [21], κατωτάτω δὲ τοὺς τῶν ἀπλανῶν ἀστέρων κύκλους. Τὰ δὲ ζῶα γίνεσθαι ἐξατμιζόμενα ὑπὸ τοῦ ἡλίου. Τὸν δὲ ἄνθρωπον ἑτέρῳ ζώῳ γεγονέναι, τουτέστιν ἰχθύϊ, παραπλήσιον κατ' ἀρχάς. Ἀνέμους δὲ γίνεσθαι τῶν λεπτοτάτων ἀτμῶν τοῦ ἀέρος ἀποκρινομένων, καὶ ὅταν ἀθροισθῶσι κινουμένων, ὑετὸν δὲ ἐκ γῆς ἀναδιδομένης ἐκ τῶν ὑφ' ἥλιον [22]· ἀστραπὰς δὲ, ὅταν ἄνεμος ἐμπίπτων διιστᾷ τὰς νεφέλας. Οὗτος ἐγένετο κατὰ ἔτος τρίτον τῆς τεσσαρακοστῆς δευτέρας Ὀλυμπιάδος.

7. Ἀναξιμένης δὲ καὶ αὐτὸς ὢν Μιλήσιος, υἱὸς δ' Εὐρυστράτου, ἀέρα ἄπειρον ἔφη τὴν ἀρχὴν εἶναι, ἐξ οὗ τὰ γινόμενα, τὰ γεγονότα καὶ τὰ ἐσόμενα, καὶ θεοὺς καὶ θεῖα γίνεσθαι, τὰ δὲ λοιπὰ ἐκ τῶν τούτων [23] ἀπογόνων. Τὸ δὲ εἶδος τοῦ ἀέρος τοιοῦτον, ὅταν μὲν ὁμαλώτατος ᾖ, ὄψει ἄδηλον, δηλοῦσθαι δὲ τῷ ψυχρῷ, καὶ τῷ θερμῷ, καὶ τῷ νοτερῷ καὶ τῷ κινου-

A terit schola multique postea physici ex iis orti sint, alii aliter de natura universi disserentes, etiam videtur nobis exposita per successiones a Pythagora philosophia recurrere ad ea quæ placuerunt Thaletis successoribus, hisque enarratis accedere ad ethicam et logicam philosophiam, quarum auctores exstiterunt Socrates ethicæ, Aristoteles autem dialecticæ.

Thaletis igitur Anaximander fuit auditor; Anaximander Praxiadæ Milesius. Hic principium dixit rerum naturam quamdam infiniti, ex qua exsistere cœlos mundosque qui sunt in iis. Principium autem esse æternum et senii expers, quod universos contineat mundos. Dicit autem tempus ut finita generatione et exsistentia et interitu. Hic princi- B pium et fundamentum dixit rerum id quod infinitum est, primusque nuncupavit nomen principii. Præterea autem motum sempiternum esse, per quem fieri ut exsistant cœli. Terram autem pendulam esse, nulla re roboratam, manentem propter parem omnium distantiam. Figuram autem ejus curvam, rotundam, columnæ lapidi similem. Planitierum alteri insistimus, altera autem opposita est. Stellas autem esse orbem ignis, discretum ab igni qui est circa mundum, comprehensum autem ab aere. Exspirationes autem exstare quasdam aerias, per quæ loca lucent stellæ, quapropter etiam exspirationibus obstructis eclipses fieri. Lunam autem alias plenam apparere, aliquando autem minuen- C tem secundum tramitum obstructionem aut reclusionem. Esse autem orbem 18-19 solis septies et vicies majorem luna, et in supremo loco esse solis, in infimo autem non errantium stellarum orbes. Animalia autem gigni evaporata a sole. Hominem autem alii animali, hoc est pisci, consimilem ab initio. Ventos autem nasci tenuissimis vaporibus aeris secretis et cum congregati sunt se moventibus, pluviam autem exsistere ex nubibus, fulgura autem, quando ventus incidens discindat nubes. Hic natus est anno Olympiadis quadragesimæ secundæ tertio.

Anaximenes autem, qui et ipse fuit Milesius, D filius autem Eurystrati, aerem infinitum dixit principium esse, ex quo quæque sint, quæque fuerint, quæque futura sint, et deos et divina nasci, reliqua autem ex horum sobole. Speciem autem aeris talem esse : quando maxime æqualis sit non posse visu conspici, posse autem frigido et calido et hu-

VARIÆ LECTIONES.

[11] ἠθικὸς — διαλεκτικὸς Gronovius. [12] τοὺς — κόσμους H. Ritterus : τὸν — κόσμον vulgo. [13] τούτων B, T. [14] συμβαίνειν Roeperus : συμβαίνει vulgo. [15] οὐρανούς. ἀνθρώπους B. [16] μηδενὸς T. [16*] γυρὸν Roeperus : ὑγρὸν vulgo. [17] κίονι Wolfius : χίονι vulgo; cf. Roeperus p. 607. sq., qui ab Anaximandro ipso κιονέῃ profectum arbitratur. [18] ὃν ἐπιβεβήκαμεν, ὃ μὲν δὲ B. O : τῷ μὲν — τόδε Salvinius. [19] τόπους τινὰς ἀερώδεις καθ' οὓς φαίνεται vulgo; correxit Roeperus, p. 608. [20] ἑπτακαιεικοσιπλασίονα. Cf. Roeperus, qui ἑπτακοσιεικοσαπλασίονα commendat p. 609. [21] ἡλίου Roeperus : ἥλιον vulgo. [22] Fortasse in verbis τῶν ὑφ' ἥλιον latet τῶν νεφελῶν; cæterum cf. conamina Roeperi p. 610. [23] τούτων T : τούτου vulgo.

mido et motu, in motu autem esse semper, non enim mutari quæcunque mutentur, nisi motus accedat. Condensatum enim et extenuatum diversum apparere; quando enim in tenuius diffundatur, ignem exsistere, in medio autem statu rursus in aerem condensatum, ex aere nebulam gigni secundum coarctationem, magis autem etiam aquam, majorem in modum autem densatum terram et cum maxime densum lapides : ut primaria generationis principia sint contraria et calidum et frigidum. Terram autem planam esse in aere vectam, similiter autem etiam solem et lunam et reliquas stellas, omnes enim quæ igneæ sint vehi in aere per latitudinem. Natas autem esse stellas ex terra propterea quod humor ex hac surgat, quo tenuato ignem nasci, ex igne autem sursum lato stellas consistere. Esse autem etiam terrenas naturas in regione stellarum quæ una ferantur cum illis. Non moveri autem sub terram stellas dicit, sicut alii statuerunt, sed circum terram, quemadmodum circum nostrum caput vertitur pileus, et occultari solem, non infra terram delatum, sed **20-21** a partibus terræ altioribus obtectum et propter majorem a nobis distantiam quæ incidat. Stellas autem non calefacere propter magnitudinem distantiæ. Ventos autem nasci, quando condensatus aer extenuatus feratur, quando autem congressus sit et majorem in modum crassus, nubes nasci et ita in aquam converti. Grandinem autem fieri, quando aqua a nubibus delata concrescat; nivem autem, quando hæ ipsæ, humidiores cum sint, coalescant; fulmen autem, quando nubes discindantur per vim ventorum : his enim discedentibus lucidum et ignitum exsistere splendorem. Iridem autem nasci solaribus radiis in aerem consistentem cadentibus, motum autem terræ terra majorem in modum immutata per calefactionem et frigefactionem. Hæc igitur Anaximenes. Hic floruit circa annum primum quinquagesimæ octavæ Olympiadis.

Post hunc oritur Anaxagoras Hegesibuli Clazomenius. Hic dixit universi principium mentem et materiam, et mentem quidem efficientem, materiam autem fientem. Cum enim essent omnia simul, mens interveniens disposuit. Materialia autem principia infinita subesse et ad multitudinem et ad tenuitatem, etenim vel tenuiora infinita dicit. Motum autem pertinere ad omnia, a mente scilicet mota, congressaque esse quæ consimilia sint. Et cœlestia quidem ornata esse ab orbiculari motu. Densum igitur et humidum et obscurum et frigidum et omnia gravia congressa esse in medium, ex quibus concretis terram substitisse, contraria autem horum,

μένῳ, κινεῖσθαι δὲ ἀεί· οὐ γὰρ μεταβάλλειν ὅσα μεταβάλλει, εἰ μὴ κινοῖτο. Πυκνούμενον γὰρ καὶ ἀραιούμενον διάφορον φαίνεσθαι· ὅταν γὰρ [24] εἰς τὸ ἀραιότερον διαχυθῇ, πῦρ γίνεσθαι, μέσως δὲ πάλιν [25] εἰς ἀέρα πυκνούμενον ἐξ ἀέρος νέφος ἀποτελεῖσθαι [26] κατὰ τὴν πίλησιν [27], ἔτι δὲ μᾶλλον ὕδωρ, ἐπὶ πλεῖον πυκνωθέντα γῆν, καὶ εἰς τὸ μάλιστα πυκνώτατον λίθους. Ὥστε τὰ κυριώτατα τῆς γενέσεως ἐναντία εἶναι θερμόν τε καὶ ψυχρόν. Τὴν δὲ γῆν πλατεῖαν εἶναι [28] ἐπ' ἀέρος ὀχουμένην, ὁμοίως δὲ καὶ ἥλιον καὶ σελήνην καὶ τὰ ἄλλα ἄστρα· πάντα γὰρ πύρινα ὄντα ἐποχεῖσθαι [29] τῷ ἀέρι διὰ πλάτος. Γεγονέναι δὲ τὰ ἄστρα ἐκ γῆς διὰ τὸ τὴν ἰκμάδα ἐκ ταύτης ἀνίστασθαι, ἧς ἀραιουμένης τὸ πῦρ γίνεσθαι, ἐκ δὲ τοῦ πυρὸς μετεωριζομένου τοὺς ἀστέρας συνίστασθαι. Εἶναι δὲ καὶ γεώδεις φύσεις ἐν τῷ τόπῳ τῶν ἀστέρων συμφερομένας ἐκείνοις. Οὐ κινεῖσθαι δὲ ὑπὸ γῆν τὰ ἄστρα λέγει, καθὼς ἕτεροι ὑπειλήφασιν, ἀλλὰ περὶ γῆν, ὡσπερεὶ περὶ τὴν ἡμετέραν κεφαλὴν στρέφεται τὸ πιλίον, κρύπτεσθαί τε τὸν ἥλιον οὐχ [p. 13. 14.] ὑπὸ γῆν γενόμενον, ἀλλ' ὑπὸ τῶν τῆς γῆς ὑψηλοτέρων μερῶν σκεπόμενον, καὶ διὰ τὴν πλείονα ἡμῶν αὐτοῦ γενομένην ἀπόστασιν. Τὰ δὲ ἄστρα μὴ θερμαίνειν διὰ τὸ μῆκος τῆς ἀποστάσεως· ἀνέμους δὲ γεννᾶσθαι, ὅταν ἐκπεπυκνωμένος ὁ ἀὴρ ἀραιωθεὶς φέρηται, συνελθόντα δὲ καὶ ἐπὶ πλεῖον παχυθέντα [30] νέφη γεννᾶσθαι, καὶ οὕτως εἰς ὕδωρ μεταβάλλειν. Χάλαζαν δὲ γίνεσθαι, ὅταν ἀπὸ τῶν νεφῶν τὸ ὕδωρ καταφερόμενον παγῇ· χιόνα δὲ, ὅταν αὐτὰ ταῦτα ἐνυγρότερα ὄντα πῆξιν λάβῃ· ἀστραπὴν δ', ὅταν τὰ νέφη διιστῆται [31] βίᾳ πνευμάτων· τούτων γὰρ διισταμένων λαμπρὰν καὶ πυρώδη γίνεσθαι τὴν αὐγήν. Ἶριν δὲ γεννᾶσθαι τῶν ἡλιακῶν αὐγῶν εἰς ἀέρα συνεστῶτα πιπτουσῶν· σεισμὸν δὲ, τῆς γῆς ἐπὶ πλεῖον ἀλλοιουμένης ὑπὸ θερμασίας καὶ ψύξεως. Ταῦτα μὲν οὖν Ἀναξιμένης. Οὗτος ἤκμασε περὶ ἔτος πρῶτον τῆς πεντηκοστῆς ὀγδόης Ὀλυμπιάδος.

8. Μετὰ τοῦτον γίνεται Ἀναξαγόρας Ἡγησιβούλου [32] ὁ Κλαζομένιος. Οὗτος ἔφη τὴν παντὸς ἀρχὴν νοῦν καὶ ὕλην, τὸν μὲν νοῦν ποιοῦντα, τὴν δὲ ὕλην γινομένην. Ὄντων γὰρ πάντων ὁμοῦ, νοῦς ἐπελθὼν διεκόσμησεν. Τὰς δ' ὑλικὰς ἀρχὰς ἀπείρους ὑπάρχειν, καὶ τὰς σμικροτέρας αὐτῶν ἄπειρα λέγει [33]. Κινήσεως δὲ μετέχειν τὰ πάντα ὑπὸ τοῦ νοῦ κινούμενα, συνελθεῖν [34] τε τὰ ὅμοια. Καὶ τὰ μὲν κατὰ τὸν οὐρανὸν κεκοσμῆσθαι ὑπὸ τῆς ἐγκυκλίου κινήσεως. Τὸ μὲν οὖν πυκνὸν καὶ ὑγρὸν καὶ τὸ σκοτεινὸν καὶ ψυχρὸν καὶ πάντα τὰ βαρέα [35] συνελθεῖν ἐπὶ τὸ μέσον, ἐξ ὧν παγέντων τὴν γῆν ὑποστῆναι· τὰ δ' ἀντικείμενα τούτοις τὸ θερμὸν καὶ τὸ λαμπρὸν καὶ

VARIÆ LECTIONES.

[24] γὰρ Roeperus : δὲ vulgo [25] πάλιν Roeperus : ἐπὰν vulgo. [26] ἀποτελεῖσθαι Roeperus : ἀποτελεσθῆ vulgo. [27] πίλησιν Salvinius : πήλλησιν T : πόλησιν reliqui. [28] πλατεῖαν ἐπ' ἀέρος ὀχουμένην B, O : πλατεῖον εἶναι ἐπ' ἀέρος ἐχουμένην Gronovius [29] ἐπιχεῖσθαι L, O. [30] παχυνθέντα Salvinius. [31] διΐσταται vulgo. [32] Ἡγησιφόντου T. [33] Si contuleris locum Simplic. in Arist. Phys. fol. 33 B. Ἀναξαγόρας λέγων ἀπ' ἀρχῆς· Ὁμοῦ πάντα χρήματα ἦν, ἄπειρα καὶ πλῆθος καὶ σμικρότητα· καὶ γὰρ τὸ σμικρὸν ἄπειρον ἦν, apparebit auctorem nostrum hæc potius scripsisse : καὶ πλῆθος καὶ σμικρότητα· καὶ τὰ σμικρότερα γὰρ ἄπειρα λέγει. [34] συνελθεῖν δὲ L. [35] βαρέα Salvinius : βαρεῖα vulgo.

τὸ ξηρὸν καὶ τὸ κοῦφον εἰς τὸ πρόσω τοῦ αἰθέρος ὁρμῆσαι. Γῆν δὲ γῆν τῷ σχήματι πλατεῖαν εἶναι καὶ μένειν μετέωρον διὰ τὸ μέγεθος καὶ διὰ τὸ μηδὲν εἶναι κενὸν καὶ διὰ τὸ τὸν ἀέρα ἰσχυρότατον ὄντα φέρειν ἐποχουμένην τὴν γῆν. Τῶν δ' ἐπὶ γῆς ὑγρῶν τὴν μὲν θάλασσαν ὑπάρξαι, τά τε ἐν αὐτῇ ὕδατα ἐξατμισθέντα [36]..... ὑποστάντα οὕτως γεγονέναι καὶ ἀπὸ τῶν καταῤῥευσάντων ποταμῶν. Τοὺς δὲ ποταμοὺς καὶ ἀπὸ τῶν ὄμβρων λαμβάνειν τὴν ὑπόστασιν καὶ ἐξ ὑδάτων [37] τῶν ἐν τῇ γῇ. Εἶναι γὰρ αὐτὴν [p. 14, 15] κοίλην καὶ ἔχειν ὕδωρ ἐν τοῖς κοιλώμασιν. Τὸν δὲ Νεῖλον αὔξεσθαι κατὰ τὸ θέρος καταφερομένων εἰς αὐτὸν ὑδάτων ἀπὸ τῶν ἐν τοῖς ἀντοίκοις [38] χιόνων. Ἥλιον δὲ καὶ σελήνην καὶ πάντα τὰ ἄστρα λίθους εἶναι ἐμπύρους συμπεριληφθέντας ὑπὸ τῆς [39] αἰθέρος περιφορᾶς. Εἶναι δ' ὑποκάτω τῶν ἄστρων ἥλιον καὶ σελήνην [40], καὶ σώματά [41] τινα συμπεριφερόμενα ἡμῖν ἀόρατα· τῆς δὲ θερμότητος μὴ αἰσθάνεσθαι τῶν ἄστρων διὰ τὸ μακρὰν εἶναι [καὶ διὰ] [42] τὴν ἀπόστασιν τῆς γῆς· ἔτι δὲ οὐχ ὁμοίως θερμὰ τῷ ἡλίῳ διὰ τὸ χώραν ἔχειν ψυχροτέραν. Εἶναι δὲ τὴν σελήνην κατωτέρω τοῦ ἡλίου πλησιώτερον ἡμῶν. Ὑπερέχειν δὲ τὸν ἥλιον μεγέθει τὴν Πελοπόννησον. Τὸ δὲ φῶς τὴν σελήνην μὴ ἴδιον ἔχειν, ἀλλ' ἀπὸ τοῦ ἡλίου. Τὴν δὲ τῶν ἄστρων περιφορὰν ὑπὸ γῆν γίνεσθαι. Ἐκλείπειν δὲ τὴν σελήνην γῆς ἀντιφραττούσης, ἐνίοτε δὲ καὶ τῶν ὑποκάτω τῆς σελήνης, τὸν δὲ ἥλιον ταῖς νουμηνίαις σελήνης ἀντιφραττούσης. Τροπὰς δὲ ποιεῖσθαι καὶ ἥλιον καὶ σελήνην ἀπωθουμένους ὑπὸ τοῦ ἀέρος. Σελήνην δὲ πολλάκις τρέπεσθαι διὰ τὸ μὴ δύνασθαι κρατεῖν τοῦ ψυχροῦ. Οὗτος ἀφώρισε πρῶτος τὰ περὶ τὰς ἐκλείψεις καὶ φωτισμούς. Ἔφη δὲ γηΐνην εἶναι τὴν σελήνην ἔχειν τε ἐν αὐτῇ πεδία καὶ φάραγγας. Τὸν δὲ [43] γαλαξίαν ἀνάκλασιν εἶναι τοῦ φωτὸς τῶν ἄστρων τῶν μὴ καταλαμβανομένων [44] ὑπὸ τοῦ ἡλίου. Τοὺς δὲ μεταβαίνοντας ἀστέρας ὡσεὶ σπινθῆρας ἀφαλλομένους γίνεσθαι ἐκ τῆς κινήσεως τοῦ πόλου. Ἀνέμους δὲ γίνεσθαι λεπτυνομένου τοῦ ἀέρος ὑπὸ τοῦ ἡλίου καὶ τῶν ἐκκαιομένων πρὸς τὸν πόλον ὑποχωρούντων καὶ ἀποφερομένων. Βροντὰς δὲ [45] καὶ ἀστραπὰς ἀπὸ θερμοῦ γίνεσθαι ἐμπίπτοντος εἰς τὰ νέφη. Σεισμοὺς δὲ γίνεσθαι τοῦ ἄνωθεν ἀέρος εἰς τὸν ὑπὸ γῆν ἐμπίπτοντος [46]· τούτου γὰρ κινουμένου καὶ τὴν ὀχουμένην γῆν ὑπ' αὐτοῦ σαλεύεσθαι. Ζῶα δὲ τὴν μὲν ἀρχὴν ἐν ὑγρῷ γενέσθαι [47], μετὰ ταῦτα δὲ ἐξ ἀλλήλων, καὶ ἄῤῥενας μὲν γίνεσθαι, ὅταν ἀπὸ τῶν δεξιῶν μερῶν ἀποκριθὲν τὸ σπέρμα τοῖς δεξιοῖς μέρεσι τῆς μήτρας κολληθῇ, τὰ δὲ θήλεα κατὰ τοὐναντίον. Οὗτος ἤκμασεν ἔτους πρώτου τῆς ὀγδοηκοστῆς ὀγδόης Ὀλυμπιάδος, καθ' ὃν καιρὸν καὶ Πλάτωνα λέγουσι γεγενῆσθαι. Τοῦτον λέγουσι καὶ προγνωστικὸν γεγονέναι.

A calidum et clarum et aridum et leve in ulteriora ætheris nisa esse. Terram autem figura planam esse et manere pendulam propter magnitudinem, et propterea quod nullum adsit inane et quia aer, qui sit robustissimus, ferat invectam terram. Humidorum autem in terra primum mare exstitisse aquasque in eo exsiccatas..... substitisse et sic natum esse et ab amnibus qui in id defluxerint. Amnes autem et ab imbribus accipere subsistentiam
22-23 et ex aquis in terra; esse enim eam cavam et continere aquam in cavernis. Nilum autem augescere per æstatem, cum deferantur in eum aquæ a nivibus apud antœcos. Solem autem et lunam omnesque stellas lapides esse ignitos circumvolutos una ab ætheris rotatione. Esse autem subter
B stellas solem et lunam et corpora quædam una circumrotata nobis non conspecta; calorem autem non sentiri stellarum, quoniam longius distent a terra; præterea vero non parem soli calorem habere, quia locum obtineant frigidiorem. Esse autem lunam inferiorem sole propiorem nobis. Superare autem magnitudine solem Peloponnesum. Lumen autem non habere suum lunam, sed a sole. Stellarum autem conversionem sub terram fieri. Deficere autem lunam terra officiente, interdum autem etiam iis quæ sunt infra lunam, solem autem noviluniis luna officiente. Clinamina autem facere et solem et lunam, repulsa ab aere; lunam autem sæpe declinare propterea quod nequeat superare frigidum. Hic definivit primus doctrinam defectionum et illu-
C minationum. Dixit autem terrenam esse lunam habereque in se campos et saltus. Circulum autem lacteum repercussionem esse lucis stellarum non superatarum a sole; discurrentes autem stellas tanquam scintillas resultantes oriri ex motu poli. Ventos autem nasci, cum extenuetur aer a sole et partes exustæ ad polum subeant et deferantur. Tonitrua autem et fulgura a calido fieri quod incidat in nubes. Motus autem terræ fieri cum superior aer incidat in subterraneum; hoc enim moto etiam vectam in eo terram ab eo concuti. Animalia autem initio in humido nata esse, post illa autem ex se invicem, et masculina quidem fieri cum a dextris partibus secretum semen dextris partibus uteri adhærescat,
D feminina autem per contrarium. Hic floruit anno primo octogesimæ octavæ Olympiadis, quo tempore et Platonem dicunt natum esse. Hunc aiunt etiam rerum futurarum præsagum fuisse.

9. [p. 15. 16] Ἀρχέλαος τὸ μὲν γένος Ἀθηναῖος,

24-25 Archelaus stirpe Atheniensis filius autem

VARIÆ LECTIONES.

[36] Roeperus p. 610. 11 collatis aliorum scriptorum testimoniis lacunosa verba ita reficit: ἐξατμισθέντων ὑπὸ τοῦ ἡλίου ἐκείνων ὑποστάντα. [37] ὑδάτων Roeperus: αὐτῶν vulgo. [38] ἀντοίκοις Roeperus p. 611. 612: ἀρκτοῖς vulgo. [39] τῆς. τῆς τοῦ Brandis. [40] ἡλίου καὶ σελήνης vel καὶ ἡλίου κ. σ. conjicit Ruæus. [41] καὶ σώματα Brandis: σώματα vulgo; alia tentat Roeperus. [42] καὶ διὰ delenda esse tautologia demonstrat. Aliter Roeperus p. 614. [43] Τὸν δὲ Roeperus: Τόν τε vulgo. [44] καταλαμβανομένων — καταλαμπομένων Gronovius. [45] δὲ Roeperus: τε vulgo. [46] ἐμπίπτοντος Schaubach: ἐκπίπτοντος vulgo. [47] γεννᾶσθαι B.

Apollodori. Hic docuit misturam materiæ consimiliter Anaxagoræ principiaque eodem modo, hic autem in mente inesse quamdam statim mistionem. Esse autem principium motus secretionem a se calidi et frigidi, et calidum quidem moveri, frigidum autem quiescere. Liquefactam autem aquam in medium confluere, in quo exustam aerem fieri et terram, quorum alterum superne ferri, alterum autem subsistere infra. Terram igitur quiescere et frigidam consistere ob has causas, jacere autem in medio, quæ, si fas sit dicere, nulla sit pars universi, res edita ex incensione, a qua primum deusta stellarum sit natura, quarum maxima sit sol, altera autem luna, reliquarum autem aliæ minores, aliæ majores. Desuper autem incumbere cœlum ait et ita solem in terram fundere lucem atque aerem facere pellucidum et terram aridam. Lacum enim esse primum, quippe quæ in ambitu sit alta, media autem cava. Testimonium autem fert cavitatis, quod sol non simul et oriatur et occidat omnibus, id quod debebat evenire, si esset æquabilis. De animalibus autem dicit, calefacta terra primum in inferiore parte, ubi calidum et frigidum miscebatur, apparuisse et reliqua animalia multa et imparia, omnia eodem victu utentia, videlicet e luto nutrita, fuisse autem brevis ævi; posthac autem etiam ex semet invicem generationem exstitisse et discretos esse homines a reliquis animalibus et duces et leges et artes et oppida et reliqua constituisse. Mentem autem dicit innatam esse omnibus animalibus pariter; uti enim quodvis animal instar et corporum mente, nisi quod tardius alia, alia celerius.

Physica igitur philosophia a Thalete usque ad Archelaum duravit. Hujus exstitit Socrates auditor. Sunt autem etiam alii plurimi diversas sententias professi deque divino Numine universique natura, quorum si omnes sententias vellemus apponere, multam profecto silvam librorum oporteret conficere. Sed recordati illorum quorum oportebat, maxime illustrium eorumque **26-27** qui, si ita dicere licet, antesignani universis post illos philosophatis exstiterunt, quippe qui ad conatus suos reliquos instigaverint, ea quæ restant aggrediemur.

Etenim et Parmenides unum quidem universum ponit æternumque et non generatum et sphæriforme. Ne ipse quidem effugiens multitudinis opinionem, ignem dicens et terram universi principia, et terram quidem tanquam materiam, ignem autem tanquam efficientem et operantem, mundum dixit consumi, qua vero ratione non dixit. Idem autem dixit sempiternum esse universum et non natum et sphæri-

A υἱὸς δὲ Ἀπολλοδώρου. Οὗτος ἔφη τὴν μῖξιν τῆς ὕλης ὁμοίως Ἀναξαγόρᾳ, τάς τε ἀρχὰς ὡσαύτως, οὗτος δὲ τῷ νῷ ἐνυπάρχειν τι εὐθέως μῖγμα. Εἶναι δ' ἀρχὴν [28] τῆς κινήσεως τὸ ἀποκρίνεσθαι [29] ἀπ' ἀλλήλων τὸ θερμὸν καὶ τὸ ψυχρὸν, καὶ τὸ μὲν θερμὸν κινεῖσθαι, τὸ δὲ ψυχρὸν ἠρεμεῖν. Τηκόμενον δὲ τὸ ὕδωρ εἰς μέσον ῥεῖν, ἐν ᾧ κατακαιόμενον [30] ἀέρα γίνεσθαι καὶ γῆν, ὧν τὸ μὲν ἄνω φέρεσθαι, τὸ δὲ ὑφίστασθαι κάτω. Τὴν μὲν οὖν γῆν ἠρεμεῖν καὶ γενέσθαι διὰ ταῦτα, κεῖσθαι δ' ἐν μέσῳ [31] οὐδὲν μέρος οὖσαν, ὡς | εἰπεῖν, τοῦ παντὸς, ἐκδεδομένον ἐκ τῆς πυρώσεως, ἀφ' οὗ πρῶτον ἀποκαιομένου τὴν τῶν ἀστέρων εἶναι φύσιν, ὧν μέγιστον μὲν ἥλιον, δεύτερον δὲ σελήνην, τῶν δὲ ἄλλων τὰ μὲν ἐλάττω, τὰ δὲ μείζω. Ἐπικλιθῆναι δὲ τὸν οὐρανόν φησι, καὶ οὕτως
B τὸν ἥλιον ἐπὶ τῆς γῆς ποιῆσαι φῶς καὶ τόν τε ἀέρα ποιῆσαι διαφανῆ καὶ τὴν γῆν ξηράν. Λίμνην γὰρ εἶναι τὸ πρῶτον, ἅτε κύκλῳ μὲν οὖσαν ὑψηλὴν, μέσον [32] δὲ κοίλην. Σημεῖον δὲ φέρει τῆς κοιλότητος, ὅτι ὁ ἥλιος οὐχ ἅμα ἀνατέλλει τε καὶ δύεται πᾶσιν, ὅπερ ἔδει συμβαίνειν, εἴπερ ἦν ὁμαλή. Περὶ δὲ ζώων φησὶν ὅτι θερμαινομένης τῆς γῆς τὸ πρῶτον ἐν τῷ κάτω μέρει, [33], ὅπου τὸ θερμὸν καὶ τὸ ψυχρὸν ἐμίσγετο, ἀνεφαίνετο τά τε ἄλλα ζῶα πολλὰ καὶ ἀνόμοια πάντα τὴν αὐτὴν δίαιταν ἔχοντα ἐκ τῆς ἰλύος τρεφόμενα, ἦν δὲ ὀλιγοχρόνια· ὕστερον δὲ αὐτοῖς καὶ ἐξ ἀλλήλων γένεσις ἀνέστη [34], καὶ διεκρίθησαν ἄνθρωποι ἀπὸ τῶν ἄλλων, καὶ ἡγεμόνας, καὶ νόμους, καὶ τέχνας, καὶ πόλεις, καὶ τὰ ἄλλα συνέστησαν. Νοῦν
C δὲ λέγει πᾶσιν ἐμφύεσθαι ζώοις ὁμοίως. Χρήσασθαι γὰρ ἕκαστον καὶ τῶν σωμάτων ὅσῳ [35] τὸ μὲν [36] βραδυτέρως, τὸ δὲ ταχυτέρως.

10. Ἡ μὲν οὖν φυσικὴ φιλοσοφία ἀπὸ Θάλητος ἕως Ἀρχελάου διέμεινε· τούτου γίνεται Σωκράτης ἀκροατής. Εἰσὶ δὲ καὶ ἕτεροι πλεῖστοι διαφόρους δόξας προενεγκάμενοι [37] περί τε τοῦ θείου καὶ τῆς τοῦ παντὸς φύσεως. Ὧν εἰ πάσας τὰς δόξας ἐβουλόμεθα παραθεῖναι, πολλὴν ἂν ὕλην βιβλίων ἔδει κατασκευάζειν. Ὧν δὲ ἔδει μάλιστα ἐπ' ὀνόματος ὄντων καὶ ὡς εἰπεῖν [p. 17. 18] κορυφαίων πᾶσι τοῖς μετέπειτα φιλοσοφήσασι γενομένων ἀφορμὰς δεδωκότων πρὸς τὰ ἐπιχειρούμενα ὑπομνησθέντες ἐπὶ τὰ ἑξῆς ὁρμήσομεν [38].

D 11. Καὶ γὰρ καὶ Παρμενίδης ἓν μὲν τὸ πᾶν ὑποτίθεται ἀΐδιόν τε καὶ ἀγέννητον καὶ σφαιροειδές. Οὐδὲ αὐτὸς ἐκφεύγων τὴν τῶν πολλῶν δόξαν, πῦρ λέγων καὶ γῆν τὰς τοῦ παντὸς ἀρχὰς, τὴν μὲν γῆν ὡς ὕλην, τὸ δὲ πῦρ ὡς αἴτιον καὶ ποιοῦν, τὸν κόσμον ἔφη φθείρεσθαι, ᾧ δὲ τρόπῳ, οὐκ εἶπεν. Ὁ αὐτὸς δὲ εἶπεν ἀΐδιον εἶναι τὸ πᾶν καὶ οὐ γενόμενον, καὶ σφαιροειδὲς, καὶ ὅμοιον, οὐκ ἔχον δὲ [39]

VARIÆ LECTIONES.

[28] δ' ἀρχήν. ἀρχὴν Roeperus : ἀρχὰς vulgo. [29] τὸ ἀποκρίνεσθαι H. Ritterus : ἀποκρίνεσθαι vulgo. [30] κατακαιόμενον Roeperus : καὶ κατακαιόμενον vulgo. [31] Cf. de hoc loco Roeper. p. 614. [32] μέσον R, O : μέσου vulgo. [33] κάτω μέρει H. Ritterus : κατὰ μέρος vulgo. [34] συνέστη O, T. [35] ὅσα B, O. [36] An Χρήσασθαι δὲ ἕκαστον κατὰ τὴν τῶν σωμάτων διαφορὰν τὸ μὲν, κ. τ. λ.? Cf. de hoc loco Roeper. p. 615. [37] προσενεγκάμενοι vulgo. [38] ὁρμήσομεν Wolf.: ὁρμήσωμεν vulgo. [39] τόπον Brandis Comm. Eleatic. p. 146 : τύπον vulgo.

τόπον ἐν ἑαυτῷ, καὶ ἀκίνητον καὶ πεπερασμένον.

forme et æquabile, non autem habens locum in se, et immotum et finitum.

12. Λεύκιππος δὲ Ζήνωνος ἑταῖρος οὐ τὴν αὐτὴν δόξαν διετήρησεν, ἀλλά φησιν ἄπειρα εἶναι καὶ ἀεὶ κινούμενα καὶ γένεσιν καὶ μεταβολὴν συνεχῶς οὖσαν. Στοιχεῖα δὲ λέγει τὸ πλῆρες καὶ τὸ κενόν. Κόσμους δὲ γίνεσθαι [60] λέγει οὕτως [61]· ὅταν εἰς μέγα κενὸν [62] ἐκ τοῦ περιέχοντος ἀθροισθῇ πολλὰ σώματα καὶ συῤῥυῇ, προσκρούοντα ἀλλήλοις συμπλέκεσθαι τὰ ὁμοιοσχήμονα καὶ παραπλήσια τὰς μορφὰς, καὶ περιπλεχθέντων [63] εἰς ἕτερα γίνεσθαι, αὔξειν δὲ καὶ φθίνειν διά τινα [64] ἀνάγκην. Τίς δ' ἂν εἴη ἡ ἀνάγκη, οὐ διώρισεν.

Leucippus autem Zenonis sodalis non in eadem sententia perseveravit, sed dicit infinita esse et semper moventia et generationem commutationemque continuam. Elementa autem dicit plenum et inane. Mundos autem nasci dicit sic: cum in magnum inane ex continenti coacerventur multa corpora et confluant, illidentia ad se invicem complicari quæ sint simili specie et formis comparia, quæ autem non complicentur aliorsum ferri. Mundos autem augescere et perire secundum quamdam necessitatem; quænam autem sit necessitas non definivit.

13. Δημόκριτος δὲ Λευκίππου γίνεται γνώριμος. Δημόκριτος Δαμασίππου, Ἀβδηρίτης [65], πολλοῖς συμβαλὼν γυμνοσοφισταῖς ἐν Ἰνδοῖς, καὶ ἱερεῦσιν ἐν Αἰγύπτῳ, καὶ ἀστρολόγοις καὶ ἐν Βαβυλῶνι μάγοις. Λέγει δὲ ὁμοίως Λευκίππῳ περὶ στοιχείων, πλήρους καὶ κενοῦ, τὸ μὲν πλῆρες λέγων *ὄν*, τὸ δὲ κενὸν, *οὐκ ὄν*· ἔλεγε δὲ ὡς ἀεὶ κινουμένων τῶν ὄντων ἐν τῷ κενῷ· ἀπείρους δὲ εἶναι | κόσμους καὶ μεγέθει διαφέροντας, ἔν τισι δὲ μὴ εἶναι ἥλιον μηδὲ σελήνην, ἔν τισι δὲ μείζω τῶν παρ' ἡμῖν, καὶ ἔν τισι πλείω. Εἶναι δὲ τῶν κόσμων ἄνισα τὰ διαστήματα, καὶ τῇ μὲν πλείους, τῇ δὲ ἐλάττους, καὶ τοὺς μὲν αὔξεσθαι, τοὺς δὲ ἀκμάζειν, τοὺς δὲ φθίνειν, καὶ τῇ μὲν γίνεσθαι, τῇ δὲ λείπειν [66]. Φθείρεσθαι δὲ αὐτοὺς ὑπ' ἀλλήλων προσπίπτοντας. Εἶναι δὲ ἐνίους κόσμους ἐρήμους ζώων καὶ φυτῶν καὶ παντὸς ὑγροῦ. Τοῦ δὲ παρ' ἡμῖν κόσμου πρότερον [p. 18. 19] τὴν γῆν τῶν ἄστρων γενέσθαι, εἶναι δὲ τὴν μὲν σελήνην κάτω, ἔπειτα τὸν ἥλιον, εἶτα τοὺς ἀπλανεῖς ἀστέρας. Τοὺς δὲ πλάνητας οὐδ' αὐτοὺς ἔχειν ἴσον ὕψος. Ἀκμάζειν δὲ κόσμον, ἕως ἂν μηκέτι δύνηται ἔξωθέν τι προσλαμβάνειν. Οὗτος ἐγέλα πάντα, ὡς γέλωτος ἀξίων πάντων τῶν ἐν ἀνθρώποις.

Democritus autem Leucippi exstitit familiaris. Democritus Damasippi, Abderita, cum multis versatus gymnosophistis in Indis et sacerdotibus in Ægypto et astrologis et Babylone magis. Dicit autem consimiliter Leucippo de elementis, pleno et inani, id quod plenum est appellans *exsistens*, inane autem *non exsistens*; dicebat autem, quoniam moveantur semper ea, quæ exstent, in inani. Infinitos autem esse mundos et magnitudine differentes, in quibusdam autem non esse solem neque lunam, in quibusdam autem majores nostris, et in quibusdam plures. Esse autem mundorum inæquales distantias, et alicubi quidem esse plures mundos, alicubi autem pauciores, et alios quidem crescere, alios vigere, alios denique perire, et alicubi exsistere, alicubi deficere; perire autem a se invicem collidentes. Esse autem quosdam mundos orbos animalibus et plantis et quovis humido. Nostri autem mundi prius terram [28-29] natam esse quam stellas, esse autem lunam infra, deinde solem, deinceps immotas stellas. Errantes autem stellas nec ipsas habere æqualem altitudinem. Vigere autem mundum donec jam non possit extrinsecus aliquid assumere. Hic ridebat omnia, tanquam risu dignæ essent res humanæ omnes.

14. Ξενοφάνης δὲ ὁ Κολοφώνιος Ὀρθομένους υἱός. Οὗτος ἕως Κύρου διέμεινεν. Οὗτος ἔφη πρῶτος ἀκαταληψίαν εἶναι πάντων, εἰπὼν οὕτως·

Εἰ γὰρ καὶ τὰ μάλιστα τύχῃ τετελεσμένον εἰπὼν,
Αὐτὸς ὅμως οὐκ οἶδε, δόκος δ' ἐπὶ πᾶσι τέτυκται [67].

Λέγει δὲ ὅτι οὐδὲν γίνεται, οὐδὲ φθείρεται, οὐδὲ κινεῖται, καὶ ὅτι ἓν τὸ πᾶν ἐστιν ἔξω μεταβολῆς. Φησὶ δὲ καὶ τὸν Θεὸν εἶναι ἀΐδιον, καὶ ἕνα, καὶ ὅμοιον πάντη, καὶ πεπερασμένον [68], καὶ σφαιροειδῆ, καὶ πᾶσι τοῖς μορίοις αἰσθητικόν. Τὸν δὲ ἥλιον ἐκ μι-

Xenophanes autem Colophonius Orthomenis filius. Hic usque ad Cyrum vixit. Hic primus dixit esse incomprehensibilitatem omnium, his usus verbis:

Etenim si vel maxime attigerit dicendo id quod perfectum est,
Ipse tamen non novit, opinatio autem rebus in omnibus exstat.

Dicit autem nihil fieri neque perire neque moveri, et unum esse universum citra conversionem. Dicit autem etiam Deum esse æternum et unum et æquabilem ab omni parte et terminatum et orbicularem et omnis particulis sensibilem. Solem autem ex

VARIÆ LECTIONES.

[60] γίνεσθαι Roeperus: γενέσθαι vulgo. [61] οὕτως· ὅταν Roeperus: ὅταν vulgo. [62] μέγα κενὸν Roeperus: μετάκοινον vulgo. [63] Quid auctor dixerit colligitur ex loco Diogenis Laertii IX, 31 unde Roeperus τὰ δὲ μὴ περιπλεχθέντα suspicatur p. 617. [64] διά τινα Roepurus e Diogene Laertio IX, 32: διὰ τὴν vulgo. [65] Ἀβδηρίτης M: Αὐδηρίτης vulgo. [66] ἐκλείπειν H. Ritterus. [67] Karsten. fragm. XIV p. 51. [68] οὐ πεπερασμένον Wolfius.

parvis igniculis conglomeratis exsistere singulo quoque die, terram autem infinitam esse et neque ab aere neque a cœlo comprehendi. Et infinitos soles esse et lunas, omnia autem esse ex terra. Hic mare salsum dixit propterea quod plurimæ misturæ confluant in eo; Metrodorus autem, quia percoletur per terram, ex eo fieri salsum. Xenophanes autem olim exstitisse ait misturam terræ cum mari, eamque tempore ab humido solutam esse, hæc promens sententiæ suæ documenta: in media terra et in montibus reperiri conchas, veluti et Syracusis in lapicidinis dicit repertam esse imaginem piscis et phocarum, in Paro autem insula imaginem pisciculi in imo monte, in Melita autem crustas quorumvis marinorum animalium. Hæc autem ait facta esse, cum omnia luto obvolverentur olim, imaginem autem in luto arefactam esse; interimi autem omnes homines, quando terra delata in mare aliquando lutum exsistat, deinde rursus incipere fieri, idque omnibus mundis exsistere principium nascendi.

Ecphantus quidam Syracusanus dixit non licere veracem eorum quæ sint capere intellectum; definit autem, ut quisque **30-31** arbitratur. Prima individua esse corpora et commutationes eorum exsistere tres, magnitudinem, figuram, potentiam, ex quibus ea quæ sensibus percipiuntur fiant. Esse autem multitudinem eorum, definitorum in hunc modum, infinitam. Moveri autem corpora neque per pondus, neque per ictum, sed divina potestate, quam mentem et animam nuncupat. Hujus igitur mundum esse speciem, quare etiam orbicularem vi divina factum esse. Terram autem, medium mundi, moveri circa suum centrum versus Orientem.

Hippo autem Rheginus principia dixit frigidum aquam, et calidum ignem. Ortum autem ignem ab aqua devicisse genitricis potestatem constituisseque mundum. Animam autem aliquando dixit cerebrum esse, aliquando aquam, nam etiam semen esse, quod nobis appareat ex humido, unde ait animam nasci.

Et hæc quidem quæ apposuimus nobis sufficere videntur. Quapropter videtur nobis jam satis percursis physicorum placitis recurrere ad Socratem et Platonem, qui moralem potissimum partem excoluerunt.

A κρῶν πυριδίων ἀθροιζομένων γίνεσθαι καθ' ἑκάστην ἡμέραν, τὴν δὲ γῆν ἄπειρον εἶναι, καὶ μήτε ὑπ' ἀέρος μήτε ὑπὸ τοῦ οὐρανοῦ περιέχεσθαι. Καὶ ἀπείρους ἡλίους εἶναι καὶ σελήνας, τὰ δὲ πάντα εἶναι ἐκ γῆς. Οὗτος τὴν θάλασσαν ἁλμυρὰν ἔφη διὰ τὸ πολλὰ μίγματα συῤῥέειν ἐν αὐτῇ [69]· ὁ δὲ Μη | τρόδωρος διὰ τὸ ἐν τῇ γῇ διηθεῖσθαι, τούτου χάριν γίνεσθαι ἁλμυράν· ὁ δὲ Ξενοφάνης μῖξιν τῆς γῆς πρὸς τὴν θάλασσαν γενέσθαι [70] δοκεῖ καὶ τῷ χρόνῳ ἀπὸ τοῦ ὑγροῦ λύεσθαι, φάσκων τοιαύτας ἔχειν ἀποδείξεις, ὅτι ἐν μέσῃ γῇ καὶ ὄρεσιν εὑρίσκονται κόγχαι, καὶ ἐν Συῤῥακούσαις δὲ ἐν ταῖς λατομίαις λέγει εὑρῆσθαι τύπον ἰχθύος καὶ φωκῶν, ἐν δὲ Πάρῳ τύπον ἀφύης [71] ἐν τῷ βάθει τοῦ λίθου, ἐν δὲ Μελίτῃ [72] πλάκας συμπάντων θαλασσίων. Ταῦτα δέ φησι γενέσθαι, ὅτε πάντα B ἐπηλώθησαν [73] πάλαι, τὸν δὲ τύπον ἐν τῷ πηλῷ ξηρανθῆναι, ἀναιρεῖσθαι δὲ τοὺς ἀνθρώπους πάντας, ὅταν ἡ γῆ κατενεχθεῖσα εἰς τὴν θάλασσαν πηλὸς γένηται, εἶτα πάλιν ἄρχεσθαι τῆς γενέσεως, καὶ τοῦτο πᾶσι τοῖς κόσμοις γίνεσθαι καταβολήν [74].

15. Ἔκφαντός τις Συῤῥακούσιος ἔφη μὴ εἶναι ἀληθινὴν τῶν ὄντων λαβεῖν γνῶσιν. Ὁρίζει δὲ [75], ὡς νομίζει τὰ μὲν πρῶτα [p. 19. 20] ἀδιαίρετα εἶναι σώματα, καὶ παραλλαγὰς αὐτῶν τρεῖς ὑπάρχειν, μέγεθος, σχῆμα, δύναμιν, ἐξ ὧν τὰ αἰσθητὰ γίνεσθαι. Εἶναι δὲ τὸ πλῆθος αὐτῶν ὡρισμένον καὶ τοῦτο ἄπειρον [76]. Κινεῖσθαι δὲ τὰ σώματα μήτε ὑπὸ βάρους μήτε πληγῆς, ἀλλ' ὑπὸ θείας δυνάμεως, ἣν C νοῦν καὶ ψυχὴν προσαγορεύει. Τούτου [77] μὲν οὖν τὸν κόσμον εἶναι ἰδέαν [78], δι' ὃ καὶ σφαιροειδῆ ὑπὸ θείας [79] δυνάμεως γεγονέναι. Τὴν δὲ γῆν μέσον κόσμου κινεῖσθαι περὶ τὸ αὑτῆς κέντρον ὡς πρὸς Ἀνατολήν.

16. Ἵππων δὲ ὁ Ῥηγῖνος ἀρχὰς ἔφη ψυχρὸν τὸ ὕδωρ καὶ θερμὸν τὸ πῦρ. Γενόμενον [80] δὲ τὸ πῦρ ὑπὸ ὕδατος κατανικῆσαι [81] τὴν τοῦ γεννήσαντος δύναμιν, συστῆσαί τε τὸν κόσμον. Τὴν δὲ ψυχὴν ποτὲ μὲν ἐγκέφαλον ἔφη εἶναι [82], ποτὲ δὲ ὕδωρ· καὶ γὰρ [83] τὸ σπέρμα εἶναι, τὸ φαινόμενον ἡμῖν ἐξ ὑγροῦ, ἐξ οὗ φησι ψυχὴν γίνεσθαι.

17. Ταῦτα μὲν οὖν ἱκανῶς δοκοῦμεν παρατεθεικέναι. Διὸ δοκεῖ λοιπὸν αὐτάρκως διαδραμόντων ἡμῶν D τὰ τοῖς φυσικοῖς δόξαντα, ἀναδραμεῖν ἐπὶ Σωκράτην καὶ Πλάτωνα, οἳ τὸ ἠθικὸν μάλιστα προετίμησαν.

VARIÆ LECTIONES.

[69] σύρειν ἐν ἑαυτῇ. Roeperus. [70] γίνεσθαι vulgo. [71] ἀφύης Gronovius : δάφνης libri. [72] Μελίτῃ Kerstenius : Μελίτῳ vulgo. [73] ἀπηλάθησαν O : ἐπελάθησαν L. [74] καταβολὴν Roeperus p. 619 : καταβάλλειν vulgo : μεταβάλλειν Wolfius mendose. [75] Si quid tribuendum sit paraphrastæ, sequentia verba ὁρίζει δὲ ὡς νομίζει τὰ μὲν πρῶτα probationis loco ad priora referenda erunt, quibus Ecphantus dicebatur omnem veri sententiam sustulisse, quia unusquisque ita judicet, prout ipsius ferat opinio sive sententia. Paraphrastes enim ita habet : ὅτι καὶ Ἔκφαντος μὴ εἶναι γνῶσιν ἀληθῆ τῶν ὄντων λαβεῖν ἐδόξασεν, ἀλλ' ἕκαστος ὁρίζει ὡς νομίζει τὰ πράγματα. Et sane hæc rectius sibi constare videntur, quam si verba ista conjungantur tanquam scriptoris nostri cum sequentibus : ὁρίζει δὲ ὡς νομίζει τὰ μὲν πρῶτα, etc. Sic itaque excidisset vox ἕκαστος, sequentia autem ab his τελείᾳ στιγμῇ sejuncta Ecphanti doctrinas ordine exponere censenda essent : τὰ μὲν πρῶτα, etc. Wolfius. [76] Cf. Roeper. p. 619. 20. An ὡρισμένων κατὰ τοῦτο, ἄπειρον? [77] Τούτου Roeperus : τοῦ vulgo. [78] εἶναι ἰδέαν Roeperus p. 620 : εἰδέναι ἰδεῖν vulgo. [79] θείας· μιᾶς vulgo. [80] Γενόμενον Roeperus : Γεννώμενον vulgo. [81] κατανικῆσαι T : κατανικῆσαν reliqui. [82] ἔφη εἶναι Roeperus p. 621 : ἔχειν vulgo. [83] γὰρ Bakhuizen van den Brink varr. lection. ex hist. philos. ant. p. 47. 52 : παρὰ vulgo.

18. Ὁ μὲν οὖν Σωκράτης γίνεται Ἀρχελάου τοῦ A φυσικοῦ ἀκροατής· ὅς τό· *Γνῶθι σαυτόν*, προτιμήσας καὶ μεγάλην σχολὴν συστήσας ἔσχε πάντων τῶν μαθητῶν ἱκανώτερον τὸν Πλάτωνα, αὐτὸς μὲν μηδὲν σύγγραμμα [84] καταλιπών. Ὁ δὲ Πλάτων τὴν πᾶσαν αὐτοῦ σοφίαν ἀπομαξάμενος συνέστησε τὸ διδασκαλεῖον, μίξας ὁμοῦ φυσικήν, ἠθικήν, διαλεκτικήν. Ἃ δὲ ὁ Πλάτων ὁρίζει, ἐστὶ [85] ταῦτα.

19. Πλάτων ἀρχὰς εἶναι [86] τοῦ παντὸς Θεὸν καὶ ὕλην καὶ παράδειγμα· Θεὸν μὲν τὸν ποιητὴν καὶ διακοσμήσαντα τόδε τὸ πᾶν καὶ προνοούμενον αὐτοῦ· ὕλην δὲ τὴν πᾶσιν [87] ὑποκειμένην, ἣν καὶ [88] δεξαμενὴν καὶ τιθήνην καλεῖ, ἐξ ἧς διακοσμηθείσης γενέσθαι τὰ τέσσαρα στοιχεῖα, ἐξ ὧν συνέστηκεν ὁ κόσμος, πυρὸς, ἀέρος, γῆς, ὕδατος, ἐξ ὧν καὶ τὰ ἄλλα πάντα συγκρίματα [89] καλούμενα, ζῶά τε καὶ B φυτὰ συνεστηκέναι. Τὸ δὲ παράδειγμα τὴν διάνοιαν τοῦ Θεοῦ εἶναι, ὃ καὶ ἰδέας [90] καλεῖ, ᾧ οἷον [91] εἰκονίσματι προσέχων ἐν τῇ ψυχῇ ὁ Θεὸς τὰ πάντα ἐδημιούργει. Τὸν μὲν Θεόν φησιν ἀσώματόν τε καὶ ἀνείδεον καὶ μόνοις σοφοῖς ἀνδράσι καταληπτὸν εἶναι· τὴν δὲ ὕλην δυνάμει μὲν σῶμα, ἐνεργείᾳ δὲ οὐδέπω· ἀσχημάτιστον γὰρ αὐτὴν οὖσαν καὶ ἄποιον, προσλαβοῦσαν σχήματα καὶ ποιότητας γενέσθαι σῶμα. Τὴν μὲν οὖν ὕλην ἀρχὴν εἶναι καὶ σύγχρονον τῷ Θεῷ, ταύτῃ [92] καὶ ἀγέννητον τὸν κόσμον. Ἐκ γὰρ αὐτῆς [93] συνεστάναι φησὶν αὐτόν. Τῷ δὲ αγεννήτῳ ἀκολουθεῖν πάντως καὶ τὸ ἄφθαρτον. Ἧ δὲ σῶμά τε καὶ ἐκ πολλῶν ποιοτήτων καὶ ἰδεῶν συγκείμενον ὑποτίθεται, ταύτῃ καὶ γεννητὸν καὶ φθαρτόν. Τινὲς δὲ τῶν Πλατωνικῶν ἀμφότερα ἔμιξαν, χρησάμενοι παραδείγματι C τοιούτῳ· ὅτι, ὥσπερ ἅμαξα δύναται ἀεὶ διαμένειν ἄφθαρτος κατὰ μέρος ἐπισκευαζομένη, κἂν τὰ μέρη φθείρηται ἑκάστοτε, αὐτὴ δὲ ὁλόκληρος ἀεὶ μένει· τοῦτον τὸν τρόπον καὶ ὁ κόσμος κατὰ μέρη μὲν εἰ καὶ [94] φθείρεται, ἐπισκευαζομένων δὲ καὶ [95] ἀνταν-ισουμένων τῶν ἀφαιρουμένων ἀΐδιος μένει. Τὸν δὲ Θεὸν οἱ μὲν ἕνα φασὶν αὐτὸν εἰπεῖν ἀγέννητον καὶ ἄφθαρτον, ὡς λέγει ἐν τοῖς Νόμοις· *Ὁ μὲν δὴ* [96] *Θεός, ὥσπερ καὶ ὁ παλαιὸς λόγος ἀρχήν τε καὶ τελευτὴν καὶ μέσα τῶν ὄντων ἁπάντων* [97] *ἔχει* [98]. Οὕτως ἕνα αὐτὸν τὸν διὰ πάντων κεχωρηκότα ἀποφαίνεται. Οἱ δὲ καὶ πολλοὺς, ἀορίστως, ὅταν λέγῃ· *Θεὸς θεῶν, ὧν* [99] *ἐγὼ δημιουργός τε καὶ πατήρ*. Οἱ δὲ καὶ ὡρισμένους, ὅταν λέγῃ· *Ὁ μὲν δὴ μέγας* D *ἐν οὐρανῷ Ζεὺς πτηνὸν ἅρμα ἐλαύνων*, καὶ ὅταν γενεαλογῇ τοὺς Οὐρανοῦ παῖδας καὶ Γῆς. Οἱ δὲ συστήσασθαι μὲν αὐτὸν θεοὺς γενητοὺς [1], καὶ διὰ μὲν τὸ γεγενῆσθαι πάντως αὐτοὺς φθαρῆναι ἀνάγκην ἔχειν, διὰ δὲ τὴν βούλησιν τοῦ Θεοῦ ἀθανάτους εἶναι.

A Igitur Socrates Archelai physici factus est auditor. Qui dictum illud : *Nosce te ipsum*, maxime amplexus, magna schola aperta nactus est omnium discipulorum habilissimum Platonem. Ipse quidem nihil scripti reliquit. Plato autem universam ejus doctrinam reddens condidit scholam suam mista simul physica, ethica, dialectica philosophia. Quæ autem Plato definit, hæc sunt.

Plato principia universi dixit esse Deum et materiem et exemplar, et Deum quidem conditorem et qui disposuerit hocce universum prospiciatque illi, materiem autem rebus omnibus substratam, quam eamdem vocat receptaculum et nutricem, ex 32-33 qua exornata exstitisse quatuor elementa, unde exstitit mundus, igni, aere, terra, aqua, ex quibus B et reliqua omnia, quæ coagula vocentur, et animalia et plantas constitisse. Exemplar autem intellectum Dei esse, quod et idearum nomine appellat, quod tanquam effigiem respiciens in anima Deus universa fabricaverit. Deum quidem dicit incorporalem et ineffigiatum et a solis sapientibus viris comprehendi posse; materiem autem potentia quidem corpus esse, actu autem nondum; informem enim et carentem qualitatibus assumptis formis et qualitatibus exstitisse corpus. Materiem igitur ab initio esse et æqualem Deo, ab hac parte etiam mundum non natum; ex ea enim ait constitisse mundum, id autem quod natum non sit necessario sequi ut non pereat; quatenus autem et corpus et ex multis qualitatibus et speciebus compositum C ponit mundum, ita etiam natum et periturum. Quidam autem ex Platonicis utraque miscuerunt usi exemplo hoc : velut plaustrum potest semper permanere salvum, cum per partes reparatur, etiamsi partes pereunt singulis vicibus, ipsum autem integrum semper manet : hunc in modum etiam mundus etsi per partes perit, reparatis autem et compensatis iis quæ dempta sunt, sempiternum manet. Deum autem alii dicunt unum eum statuisse non natum et non periturum, ut dicit in Legibus : *Deus igitur, sicut etiam antiqua fabula est, et principium et finem et medium omnium eorum quæ sunt habet.* In hunc modum unum eum qui omnia pervaserit declarat. Alii autem etiam multos illum dicere, D quando dicat : *Deus deorum, quorum ego et opifex et pater.* Alii vero etiam definitos, quando dicat : *Igitur magnus in cælo Jupiter alatum currum agens*, et quando stirpem recenseat filiorum Cœli et Terræ. Alii autem constituisse eum deos generatos et propter generationem omnimodo perire eos neces-

VARIÆ LECTIONES.

[84] μηδὲν σύγγραμμα Roeperus : μηδὲ συγγράμματα vulgo. [85] ὁρίζει, ἐστὶ Roeperus : ὁρίζεται vulgo. [86] Excidit ne alicubi ἔφη vel φησίν? [87] πᾶσιν Roeperus : πᾶσαν vulgo. [88] ἣν δὲ καὶ L : ἣν δὴ καὶ Roeperus ; δεξαμενὴν L : δεξαμένην reliqui; cf. Lobeck. ad Phrynichum p. 322. [89] συγκρώματα T. [90] ἰδέαν Gronovius. [91] ᾧ οἷον Roeperus : οἷον vulgo. [92] ταύτῃ—ταύτην vulgo. [93] αὐτῆς Roeperus : αὐτοῦ vulgo. [94] μὲν εἰ καὶ—μένει καὶ vulgo : μὲν Roeperus. [95] δὲ καὶ Roeperus : καὶ vulgo. [96] δή. δὲ vulgo. [97] ὄντων ἁπάντων T et Plato Legg. IV p. 715 E. : ἁπάντων vulgo. [98] ἔχει Plato : ἔχων vulgo. [99] ὧν insertum ex Plat. Tim. p. 41 : Θεοὶ θεῶν, ὧν ἐγὼ δημιουργὸς πατήρ τε ἔργων, ἃ δι' ἐμοῦ γενόμενα ἄλυτα ἐμοῦ γε θέλοντος. Cf. paulo post I 19 — 21. [1] γενητοὺς et γεγενῆσθαι B . γεννητοὺς et γεγεννῆσθαι vulgo.

sitatem esse, per voluntatem autem Dei immortales esse, ubi hæc addit : *Deus deorum, quorum ego et opifex et pater, indissolubilia me quidem volente,* quoniam, si vellet dissolvi, facile dissolverentur. Dæmonum autem naturas accipit, et alios **34-35** quidem bonos esse dicit eorum, alios autem pravos. Et animam quidem nonnulli dicunt eum non generatam dicere et non perituram, quando dicat : *Anima quævis immortalis, nam quod semper movetur immortale est,* et quando per se ipsam moveri eam doceat eamque esse principium movendi. Alii autem generatam, non autem perituram per voluntatem Dei. Alii denique compositam et generatam et perituram ; etenim craterem ejus statuere eum, corpusque eam habere lucis simile, quidquid autem generatum sit necessario perire. Qui autem immortalem eam esse dicunt, iis potissimum nituntur, quibus etiam judicia esse ait post mortem et in Orco tribunalia, et bonas quidem animas mercedem consequi, pravas autem consentaneas pœnas. Jam quidam aiunt illum etiam migrationem animarum comprobare et transmigrare animas, quæ numero definitæ sint, alias in alia corpora, prouti singulæ quæque mereantur, et per quædam intervalla statuta remitti in hunc mundum rursus documentum exhibituras electionis suæ. Alii contra, locum adipisci prouti mereantur singulæ, utunturque testimonio, quod dicat cum Jove quosdam esse, alios autem cum aliis diis conversantes proborum virorum, alteros autem pœnas sufferre æternas, quotquot prava et injusta per hanc vitam perpetraverint. Dicunt autem eum alia, ἄμεσα dicere, alia ἔμμεσα, alia μέσα rerum. Vigilare et somniare ἄμεσα et quæ sunt ejusdemmodi, ἔμμεσα autem, veluti bona et mala, et *μέσα*, veluti inter candidum et nigrum fuscum vel aliquem alium colorem. Bona autem sola proprie dicere eum aiunt quæ pertinent ad animam, quæ autem sint corporis et extra, non jam proprie bona, sed appellata bona, sæpe autem etiam media appellavisse ea, licere enim illis et bene et male uti. Jam virtutes ex pretio ait summitates esse, re autem medietates. Pretiosius enim nihil virtute ; quidquid autem earum vel exsuperet vel deficiat in pravitatem terminari, veluti quatuor statuit esse virtutes : prudentiam, temperantiam, justitiam, fortitudinem. Harum unamquamque comitari duo vitia, per exsuperantiam et deminutionem, veluti prudentiam imprudentiam per deminutionem, calliditatem autem per exsuperantiam, temperantiam autem incontinentiam **36-37** per deminutionem, imbecillitatem per exsuperantiam, justitiam autem mionexiam per deminutionem, pleonexiam per exsuperantiam, fortitudinem

A ἐν ᾧ προσθεὶς λέγει· *Θεὸς θεῶν, ὧν ἐγὼ δημιουργός τε καὶ πατήρ, ἄλυτα ἐμοῦ γε θέλοντος,* ὡς ἂν εἰ λυθῆναι αὐτὰ θέλει, ῥᾳδίως λυθησόμενα. Δαιμόνων δὲ φύσεις ἀποδέχεται, καὶ τοὺς μὲν ἀγαθοὺς εἶναι [p. 22. 23] φησιν αὐτῶν, τοὺς δὲ φαύλους. Καὶ τὴν ψυχὴν οἱ μέν φασιν αὐτὸν[2] ἀγένητον λέγειν καὶ ἄφθαρτον, ὅταν λέγῃ· *Ψυχὴ πᾶσα ἀθάνατος· τὸ γὰρ ἀεικίνητον ἀθάνατον·* καὶ ὅταν αὐτοκίνητον αὐτὴν ἀποδεικνύῃ καὶ ἀρχὴν κινήσεως. Οἱ δὲ γενητὴν μὲν, ἄφθαρτον δὲ διὰ τὴν τοῦ Θεοῦ βούλησιν. Οἱ δὲ σύνθετον καὶ γενητὴν καὶ φθαρτήν· καὶ γὰρ κρατῆρα αὐτῆς ὑποτίθεσθαι[3], καὶ σῶμα αὐτὴν ἔχειν αὐγοειδὲς, τὸ δὲ γενόμενον πᾶν ἀνάγκην ἔχειν[4], φθαρῆναι. Οἱ δὲ ἀθάνατον αὐτὴν εἶναι λέγοντες μάλιστα ἐκείνοις[5] ἰσχυρίζονται, ὅσοις καὶ κρίσεις φη-
B σὶν[6] εἶναι μετὰ τελευτὴν, καὶ ἐν ᾅδου δικαστήρια, καὶ τὰς μὲν ἀγαθὰς ἀγαθοῦ μισθοῦ τυγχάνειν, τὰς δὲ πονηρὰς ἀκολούθων δικῶν. Τινὲς μὲν οὖν φασιν καὶ μετενσωμάτωσιν αὐτὸν ὁμολογεῖν καὶ μεταβαίνειν[7] τὰς ψυχὰς ὡρισμένας οὔσας ἄλλας εἰς ἄλλα σώματα κατ' ἀξίαν ἑκάστῃ καὶ κατά τινας περιόδους ὡρισμένας ἀναπέμπεσθαι εἰς τοῦτον τὸν κόσμον πάλιν πεῖραν παρεξομένας τῆς ἑαυτῶν προαιρέσεως. Οἱ δὲ οὔ, ἀλλὰ τόπον λαγχάνειν κατ' ἀξίαν ἑκάστῃ, καὶ χρῶνται μαρτυρίῳ, ὅτι φησὶ[8] μετὰ Διός τινας εἶναι, ἄλλους δὲ μετὰ ἄλλων θεῶν συμπεριπολοῦντας τῶν ἀγαθῶν ἀνδρῶν, τοὺς δὲ ἐν κολάσεσιν ὑπάρχειν αἰωνίοις[9], ὅσοι πονηρὰ καὶ ἄδικα παρὰ τοῦτον τὸν βίον εἰσὶν ἐξειργασμένοι. Φασὶ δὲ αὐτὸν τὰ μὲν ἄμεσα λέγειν, τὰ δὲ ἔμμεσα, τὰ δὲ μέσα τῶν πρα-
C γμάτων. Ἐγρήγορσιν μὲν καὶ ὕπνον ἄμεσα, καὶ ὅσα τοιαῦτα· ἔμμεσα δὲ, οἷον ἀγαθὰ καὶ κακά· καὶ μέσα, οἷον τοῦ λευκοῦ καὶ μέλανος τὸ φαιὸν ἤ τι ἄλλο χρῶμα. Ἀγαθὰ δὲ μόνα κυρίως λέγειν φασὶν αὐτὸν τὰ περὶ ψυχὴν, τὰ δὲ περὶ σῶμα καὶ τὰ ἐκτὸς οὐκ ἔτι κυρίως ἀγαθὰ, ἀλλὰ λεγόμενα ἀγαθὰ, πολλαχοῦ δὲ καὶ μέσα ὠνομακέναι αὐτά· εἶναι γὰρ αὐτοῖς καὶ καλῶς καὶ κακῶς χρῆσθαι. Τὰς μὲν οὖν ἀρετὰς κατὰ τιμὴν ἀκρότητας εἶναί φησι[10], κατὰ δὲ οὐσίαν μεσότητας· τιμιώτερον μὲν γὰρ οὐδὲν ἀρετῆς. Τὸ δὲ ὑπερβάλλον αὐτῶν ἢ ἐνδέον εἰς κακίαν τελευτᾷν, οἷον τέσσαράς φησιν[11] εἶναι ἀρετὰς φρόνησιν, σωφροσύνην, δικαιοσύνην, ἀνδρείαν. Τούτων ἑκάστῃ παρακολουθεῖν δύο κακίας, καθ' ὑπερβολὴν
D καὶ μείωσιν, οἷον τῇ μὲν φρονήσει ἀφροσύνην κατὰ μείωσιν, πανουργίαν [p. 23, 24] δὲ καθ' ὑπερβολήν, τῇ δὲ σωφροσύνῃ ἀκολασίαν κατὰ μείωσιν, σκαιότητα καθ' ὑπερβολήν, τῇ δὲ δικαιοσύνῃ μειονεξίαν κατὰ μείωσιν, πλεονεξίαν καθ' ὑπερβολήν, τῇ δὲ ἀνδρείᾳ δειλίαν κατὰ μείωσιν, θρασύτητα[12] καθ' ὑπερβολήν, ταύτας δὲ ἐγγενομένας τὰς ἀρετὰς ἀνθρώπῳ ἀπεργάζεσθαι αὐτὸν τέλειον καὶ παρέχειν αὐτῷ εὐδαιμονίαν. Τὴν δὲ εὐδαιμονίαν εἶναί φησιν ὁμοίωσιν

VARIÆ LECTIONES.

[2] αὐτὸν Wolfius : αὐτῶν reliqui. [3] ὑποτίθεσθαι T : ὑποτίθεται vulgo. [4] ἔχειν. εἶναι T. [5] ἐκείνοις — ὅσοις Roeperus : ἐκεῖνοι — ὅσοι vulgo : ἐκείνῳ — ὅτι R. Scholtus. [6] φησὶν Roeperus : φασὶν vulgo. [7] μεταβάλλειν O. [8] φησὶ Wolfius : φασὶ vulgo. [9] αἰωνίοις M : αἰωνιαίως O ; αἰωνίαις vulgo. [10] φησι Wolfius ; φασι vulgo. [11] φησιν Roeperus ; φασιν vulgo. [12] θρασύτητα B : θράσος vulgo.

Θεῷ κατὰ τὸ δυνατόν. Τὴν δὲ ὁμοίωσιν τῷ Θεῷ, ὅταν τις ὅσιός τε καὶ δίκαιος γένηται μετὰ φρονήσεως. Τέλος γὰρ τοῦτο τῆς ἄκρας σοφίας καὶ ἀρετῆς ὑποτίθεται. Λέγει δὲ ἀντακολουθεῖν τὰς ἀρετὰς ἀλλήλαις καὶ μονοειδεῖς εἶναι καὶ μηδέποτε ἐναντιοῦσθαι ἀλλήλαις. Τὰς δὲ κακίας πολυτρόπους τε εἶναι καὶ ποτὲ μὲν ἀντακολουθεῖν, ποτὲ δὲ ἐναντιοῦσθαι ἀλλήλαις. Εἱμαρμένην φησὶν [13] εἶναι, οὐ μὴν πάντα καθ' εἱμαρμένην γίνεσθαι, ἀλλ' εἶναί τι καὶ ἐφ' ἡμῖν, ἐν οἷς φησιν· *Αἰτία ἑλομένου, Θεὸς ἀναίτιος·* καί· *Θεσμός τε Ἀδραστείας ὅδε* [14]. Οἱ δὲ οὕτω τὸ καθ' εἱμαρμένην, οἱ δὲ καὶ τὸ ἐφ' ἡμῖν· ἀκούσια δέ φησιν εἶναι τὰ ἁμαρτήματα· εἰς γὰρ τὸ κάλλιστον τῶν ἐν ἡμῖν, ὅπερ ἐστὶν ἡ ψυχή, οὐκ ἄν τινα τὸ κακὸν παραδέξασθαι, τουτέστι τὴν ἀδικίαν· κατὰ ἄγνοιαν δὲ καὶ σφάλμα τοῦ ἀγαθοῦ, οἰομένους καλόν τι ποιεῖν, ἐπὶ τὸ κακὸν ἔρχεσθαι. Καὶ λέξις τούτου ἐμφανεστάτη ἐστὶν ἐν τῇ Πολιτείᾳ, ἐν ᾗ φησιν· *Πάλιν δὲ αὖ* [15] *τολμᾶτε λέγειν* [16] *ὡς αἰσχρὸν καὶ θεομισὲς ἡ κακία. Πῶς οὖν δή τις τὸ τοιοῦτον κακὸν αἱροῖτ' ἄν; Ἥττων ὃς ἂν ᾖ, φατέ* [17], *τῶν ἡδονῶν. Οὐκοῦν καὶ τοῦτο ἀκούσιον, εἴπερ τὸ νικᾶν ἑκούσιον; ὥστε ἐκ παντὸς λόγου τό γε ἀδικεῖν ἀκούσιον ὁ λόγος αἱρεῖ* [18]. Ἀντιτίθεται δέ τις αὐτῷ πρὸς τοῦτο· διὰ τί οὖν κολάζονται, εἰ ἀκουσίως ἁμαρτάνουσιν; Ὁ δὲ λέγει, Ἵνα τε αὐτὸς ὅτι τάχιστα ἀπαλλαγῇ κακίας, καὶ κόλασιν ὑπόσχῃ. Τὸ γὰρ κόλασιν ὑποσχεῖν οὐ κακὸν εἶναι ἀλλὰ ἀγαθόν, εἴπερ μέλλει κάθαρσις τῶν κακῶν γίνεσθαι· καὶ ἵνα μηδὲν [19] ἁμαρτάνωσιν οἱ λοιποὶ ἀκούοντες ἄνθρωποι, ἀλλὰ φυλάσσωνται τὴν τοιαύτην πλάνην. Κακοῦ δὲ φύσιν οὔτε ὑπὸ Θεοῦ γενέσθαι, οὔτε καθ' αὑτὴν ὑπόστασιν ἔχειν, ἀλλὰ κατ' ἐναντίωσιν [p. 24—26] καὶ παρακολούθησιν τοῦ ἀγαθοῦ γενέσθαι [20], ἢ καθ' ὑπερβολὴν ἢ κατὰ μείωσιν, ὡς περὶ τῶν ἀρετῶν προείπομεν. Ὁ μὲν οὖν Πλάτων, καθὼς προείπομεν, συναγαγὼν τὰ τρία μέρη τῆς κατὰ πάντα φιλοσοφίας, οὕτως ἐφιλοσόφησεν.

A autem ignaviam per deminutionem, audaciam per exsuperantiam. Has autem virtutes cum insint in homine reddere eum perfectum præbereque ei beatitatem. Beatitatem autem esse ait, cum quis assimiletur, quantum fieri possit, Deo. Assimilari autem quempiam Deo, cum sanctum et justum se præstet cum prudentia. Finem enim hunc summæ sapientiæ et virtutis statuit. Dicit autem societate quadam contineri virtutes et ejusdem speciei esse nec unquam adversari inter se. Vitia autem et multigenera esse et aliquando societate inter se contineri, aliquando autem adversari inter se. Fatum dicit esse, non vero omnia per fatum fieri, sed esse aliquid etiam in nostra potestate, cum dicit: *Culpa est ejus, qui elegit sibi, Deus non in culpa*, et: *Lex*

B *Adrasteæ hæcce.* Jam alii sic illum appellare quod per fatum fiat, alii et id quod in nostra potestate sit aiunt. Invita autem esse ait peccata In id enim, quod pulcherrimum est in nobis, id quod est anima, non facile quemquam malum recipere, hoc est pravitatem; per imprudentiam autem et lapsum boni qui opinentur se pulchrum aliquid facere devenire in malum. Cujus quidem sententiæ declaratio clarissima exstat in Civitate, in qua dicit: *Rursus autem audetis dicere, turpe esse diisque invisum pravitatem. Quomodo igitur tandem quispiam concupiscat tale malum? Qui inferior est, respondetis, voluptatibus? Non ergo et hoc invitum, siquidem vincere non invitum? ut ex omni ratione prave facere præter voluntatem fieri ratio vincat.* Opponit

C autem quidam ei contra hoc: quam ob causam igitur puniuntur qui inviti peccant? Is autem dicit: Ut et ipse quam celerrime liberetur pravitate et pœnas det. Nam pœnas dare non malum esse, sed bonum, siquidem futura sit purgatio malorum et ne quid peccent reliqui homines cognito exemplo, sed caveant ab ejusmodi errore. Mali autem naturam neque a Deo factam esse, neque per se consistere, sed per adversationem et comitatum **38-39** boni exstitisse, aut per diminutionem aut per exsuperantiam, uti de virtutibus ante diximus. Plato igitur, ut supra diximus, consociatis tribus partibus universalis philosophiæ in hunc modum philosophabatur.

20. Ἀριστοτέλης τούτου γενόμενος ἀκροατὴς εἰς τέχνην τὴν φιλοσοφίαν ἤγαγεν, καὶ λογικώτερος ἐγένετο, τὰ μὲν στοιχεῖα τῶν πάντων ὑποθέμενος οὐσίαν καὶ συμβεβηκός· τὴν μὲν οὐσίαν μίαν τὴν πᾶσιν ὑποκειμένην· τὰ δὲ συμβεβηκότα ἐννέα· ποσόν, ποιόν, πρός τι, ποῦ, πότε, ἔχειν, κεῖσθαι, ποιεῖν, πάσχειν. Τὴν μὲν οὖν οὐσίαν τοιαύτην εἶναι, οἷον Θεόν, ἄνθρωπον καὶ ἕκαστον τῶν τῷ ὁμοίῳ λόγῳ ὑποπεσεῖν δυναμένων. Περὶ δὲ τὰ συμβεβηκότα θεωρεῖται τὸ μὲν *ποιόν*, οἷον λευκόν, μέλαν· τὸ δὲ *ποσόν*, οἷον δίπηχυ, τρίπηχυ· τὸ δὲ *πρός τι*, οἷον

Aristoteles, qui hujus auditor fuit, in artem philosophiam redegit logicamque disciplinam magis

D excoluit, elementa universorum ponens substantiam et accidens, et substantiam quidem unam, quæ universis substrata sit, accidentia autem numero novem: quantum, quale, ad quid, ubi, quando, habere, situm esse, facere, pati. Jam substantiam hujusmodi esse, veluti Deum, hominem, et nihil non quod in eumdem censum veniat. Quod autem attinet ad accidentia, id quod *quale* dicit ostenditur veluti album, nigrum; *quantum* autem veluti duarum

VARIÆ LECTIONES.

[13] φασίν B, L, O. [14] ὅδε Roeperus addidit ex Plat. Phædr. p. 248. [15] Cf. Roeper. p. 623 Locus exstat in Clitophonte p. 407 sic scriptus: Πάλιν δ' αὖ τολμᾶτε λέγειν ὡς αἰσχρὸν καὶ θεομισὲς ἡ ἀδικία· πῶς οὖν δή τις τό γε τοιοῦτον κακὸν ἑκὼν αἱροῖτ' ἄν; ἥττων ὃς ἂν ᾖ, φατέ, τῶν ἡδονῶν· οὐκοῦν καὶ τοῦτ' ἀκούσιον, εἴπερ τὸ νικᾶν ἑκούσιον; ὥστε ἐκ παντὸς τρόπου τό γε ἀδικεῖν ἀκούσιον ὁ λόγος αἱρεῖ, κ. τ. λ. [16] αὐτῷ ἅμα τε λέγειν vulgo. [17] ἢ τῶν ὅσα δὴ φατε vulgo. [18] ὁ λόγος αἱρεῖ — λόγος αἱρεῖ M; λόγος ἐρεῖ vulgo. [19] μηδὲ vulgo. [20] γενήσεσθαι T.

triumve ulnarum; illud autem *ad quid*, velut pater, filius; *ubi* autem, velut Athenis, Megaris; *quando* autem, velut decima Olympiade; *habere* autem, velut possidere; *facere* autem, velut scribere et omnino patrare aliquid, *situm* autem *esse*, veluti humi jacere; *pati* autem, velut verberari. Ponit et ipse alia medium habere, alia non habere, ut diximus etiam de Platone. Et pene in rebus plurimis concordat cum Platone excepta de anima doctrina. Plato enim immortalem, Aristoteles autem permanere et post hæc et ipsam evanescere in quintum corpus, quod ponit esse cum reliquis quatuor, hoc est et igni et terra et aqua et aere tenuius, tanquam spiritum. Verum Plato sola bona reapse quæ pertineant ad animam dicit eaque sufficere ad beatitatem; Aristoteles autem trifariam divisa bona inducit negatque perfectum esse sapientem, nisi adsint ei etiam corporis bona et quæ sunt extra: quæ sunt pulchritudo, robur, vigor sensuum, integritas, sanitas, quæ autem sunt extra: divitiæ, nobilitas, gloria, potentia, pax, amicitia; quæ autem intus sunt circa animam, sicut etiam Platoni visum est, prudentiam, temperantiam, justitiam, fortitudinem. Mala autem etiam hic dicit per adversationem exstitisse bonorum et esse in eo loco, qui sub luna est, supra lunam autem non pertingere. Animam autem universi quidem mundi immortalem esse et ipsum mundum æternum, **40-41** singulorum autem, ut supra diximus, perire. Hic igitur in Lycæo versari solitus philosophabatur, Zeno autem in porticu quæ Pœcile vocabatur. Nacti autem sunt Zenonis discipuli a loco nomen, cum a *Stoa* Stoici vocati sint, Aristotelis autem ab opere; quoniam enim ambulantes in Lycæo commentabantur, hanc ob causam Peripatetici appellati sunt. Hæc igitur Aristotelis doctrina fuit.

Stoici et ipsi quidem syllogisticam partem philosophiæ amplificaverunt et pene terminis suis circumscripserunt, idem seculi et Chrysippus et Zeno, qui posuerunt et ipsi Deum quidem principium rerum, qui sit corpus purissimum, per omnia autem pervadere providentiam illius, et ipsi vero fato omnia fieri pro certo posuerunt, exemplo usi hocce: Veluti ad currum cum junctus sit canis, quando quidem velit sequi, et trahi et sequi sponte, cum faciat etiam quod voluntario faciat cum necessitate, tanquam fato; sin minus velit sequi, certe coactum iri. Idemque valere in hominibus. Etenim vel cum sequi nolunt, certe cogentur devenire in id quod fatum est. Animam autem dicunt permanere post mortem, esse autem corpus et ortum esse ex frigefactione aeris continentis, quapropter etiam vocari

A πατήρ, υἱός· τὸ δὲ *ποῦ*, οἷον Ἀθήνησι, Μεγαροῖ [21]· τὸ δὲ *πότε*, οἷον ἐπὶ τῆς δεκάτης Ὀλυμπιάδος· τὸ δὲ *ἔχειν*, οἷον κεκτῆσθαι· τὸ δὲ *ποιεῖν*, οἷον γράφειν καὶ ὅλως ἐνεργεῖν τι· τὸ δὲ *κεῖσθαι*, οἷον κατακεῖσθαι· τὸ δὲ *πάσχειν*, οἷον τύπτεσθαι. Ὑποτίθεται καὶ αὐτὸς τὰ μὲν μεσότητα ἔχειν, τὰ δὲ ἄμεσα εἶναι, ὡς εἴπομεν καὶ περὶ τοῦ Πλάτωνος. Καὶ σχεδὸν τὰ πλεῖστα τῷ Πλάτωνι σύμφωνός ἐστι πλὴν τοῦ περὶ ψυχῆς [22] δόγματος. Ὁ μὲν γὰρ Πλάτων ἀθάνατον, ὁ δὲ Ἀριστοτέλης ἐπιδιαμένειν καὶ μετὰ ταῦτα καὶ ταύτην ἐναφανίζεσθαι τῷ πέμπτῳ σώματι, ὃ [23] ὑποτίθεται εἶναι μετὰ τῶν ἄλλων τεσσάρων, τοῦ τε πυρὸς καὶ τῆς γῆς καὶ τοῦ ὕδατος καὶ τοῦ ἀέρος λεπτότερον, οἷον πνεῦμα. Ὁ μὲν οὖν [24] Πλάτων μόνα ἀγαθὰ ὄντως τὰ περὶ ψυχήν εἶναί φησιν, καὶ ἀρκεῖν
B πρὸς τὴν εὐδαιμονίαν. Ὁ δὲ Ἀριστοτέλης τριγένειαν τῶν ἀγαθῶν εἰσάγει, καὶ λέγει μὴ εἶναι τέλειον τὸν σοφὸν, ἐὰν μὴ παρῇ αὐτῷ καὶ τὰ τοῦ σώματος ἀγαθὰ καὶ τὰ ἐκτὸς, ἅ ἐστι κάλλος, ἰσχὺς, εὐαισθησία, ἀρτιότης· τὰ δὲ ἐκτὸς, πλοῦτος, εὐγένεια, δόξα, δύναμις, εἰρήνη [25], φιλία. Τὰ δὲ ἐντὸς περὶ ψυχὴν καθὼς καὶ Πλάτωνι ἔδοξε, φρόνησιν, σωφροσύνην, δικαιοσύνην, ἀνδρείαν. Τὰ δὲ κακά φησι καὶ οὗτος κατ' ἐναντίωσιν τῶν ἀγαθῶν γενέσθαι, καὶ εἶναι ὑπὸ τὸν περὶ σελήνην τόπον, ὑπὲρ δὲ σελήνην μηκέτι. Τὴν δὲ ψυχὴν τὴν μὲν [26] ὅλου τοῦ κόσμου ἀθάνατον εἶναι, καὶ αὐτὸν τὸν κόσμον [p. 26. 27] ἀΐδιον, τὴν δὲ καθ' ἕκαστον, ὡς προείπομεν, ἀφανίζεσθαι. Οὗτος μὲν οὖν ἐν τῷ Λυκείῳ ποιούμενος τὰς διατριβὰς ἐφιλοσόφει· ὁ δὲ Ζήνων ἐν τῇ Ποικίλῃ
C στοᾷ. Ἐκτήσαντο δὲ οἱ μὲν ἀπὸ τοῦ Ζήνωνος ἀπὸ τοῦ τόπου τὸ ὄνομα, τουτέστιν ἀπὸ τῆς *Στοᾶς* Στωϊκοὶ κληθέντες· οἱ δὲ ἀπὸ τοῦ Ἀριστοτέλους ἀπὸ τοῦ ἔργου. Ἐπειδὴ γὰρ περιπατοῦντες ἐν τῷ Λυκείῳ ἐζήτουν, διὰ τοῦτο Περιπατητικοὶ ἐκλήθησαν. Ταῦτα μὲν οὖν καὶ ὁ Ἀριστοτέλης.

21. Στωϊκοὶ καὶ αὐτοὶ [27] μὲν ἐπὶ τὸ συλλογιστικώτερον τὴν φιλοσοφίαν ηὔξησαν καὶ σχεδὸν ὅροις περιέλαβον, ὁμόδοξοι γενόμενοι ὅ τε Χρύσιππος καὶ Ζήνων, οἳ ὑπέθεντο καὶ αὐτοὶ ἀρχὴν μὲν θεὸν τῶν πάντων, σῶμα ὄντα τὸ καθαρώτατον, διὰ πάντων δὲ διήκειν τὴν πρόνοιαν αὐτοῦ, καὶ αὐτοὶ δὲ τὸ καθ' εἱμαρμένην εἶναι πάντη [28] διεβεβαιώσαντο παραδείγματι χρησάμενοι τοιούτῳ, ὅτι ὥσπερ ὀχήματος ἐὰν
D ᾖ ἐξηρτημένος κύων, ἐὰν μὲν βούληται ἕπεσθαι, καὶ ἕλκεται καὶ ἕπεται ἑκὼν, ποιῶν [29] καὶ τὸ αὐτεξούσιον μετὰ τῆς ἀνάγκης οἷον τῆς εἱμαρμένης· ἐὰν δὲ μὴ βούληται ἕπεσθαι, πάντως ἀναγκασθήσεται, τὸ αὐτὸ δή που καὶ ἐπὶ τῶν ἀνθρώπων· καὶ μὴ βουλόμενοι γὰρ ἀκολουθεῖν ἀναγκασθήσονται πάντως εἰς τὸ πεπρωμένον εἰσελθεῖν. Τὴν δὲ ψυχὴν λέγουσι μένειν μετὰ θάνατον [30], εἶναι δὲ σῶμα καὶ

VARIÆ LECTIONES.

[21] Μεγαροῖ Roeperus: Μεγάροισι vulgo. [22] ψυχῆς Menagius ad Diog. Laert. VII, 157: ψυχὴν vulgo. [23] ᾧ ὑποτίθεται L. [24] οὖν — αὖ Roeperus p. 621. [25] εἰρήνη, φιλία Roeperus coll. Joh. Stob. eclog. II p. 274, καὶ τῶν ἐκτὸς λεγομένων εὐγένειαν, πλοῦτον, δόξαν, εἰρήνην, ἐλευθερίαν, φιλίαν· ἐῤῥωμένη φιλία vulgo. [26] τὴν μὲν Roeperus; τοῦ μὲν vulgo. [27] Οἱ δὲ Στωϊκοὶ T. [28] πάντα T. [29] ἑκὼν ποιῶν Wolfius: ποιῶν vulgo: alia Roeperus p. 625. [30] μένειν μετὰ θάνατον Roeperus p. 625 sq.: μὲν ἀθάνατον vulgo.

γενέσθαι ἐκ τῆς περιψύξεως τοῦ ἀέρος τοῦ περιέχοντος, διὸ καὶ καλεῖσθαι ψυχήν. Ὁμολογοῦσι δὲ καὶ μετενσωματώσιν γίνεσθαι ὡρισμένων οὐσῶν τῶν ψυχῶν. Προσδέχονται δὲ ἐκπύρωσιν[31] ἔσεσθαι καὶ κάθαρσιν τοῦ κόσμου τούτου, οἱ μὲν παντὸς, οἱ δὲ μέρους, καὶ κατὰ μέρος δὲ αὐτὸν καθαίρεσθαι λέγουσιν· καὶ σχεδὸν τὴν φθορὰν καὶ τὴν ἑτέρου ἐξ αὐτῆς γένεσιν κάθαρσιν[32] ὀνομάζουσιν. Σώματα δὲ πάντα ὑπέθεντο, καὶ σῶμα διὰ σώματος μὲν χωρεῖν[33], ἀλλὰ ἀνάκλασιν[34] εἶναι καὶ πεπληρῶσθαι πάντα καὶ μηδὲν εἶναι κενόν. Ταῦτα καὶ οἱ Στωϊκοί.

22. Ἐπίκουρος δὲ σχεδὸν ἐναντίαν πᾶσι δόξαν ἔθετο. Ἀρχὰς μὲν τῶν ὅλων ὑπέθετο ἀτόμους καὶ κενόν. Κενὸν μὲν οἷον τόπον τῶν ἐσομένων, ἀτόμους δὲ τὴν ὕλην, ἐξ ἧς τὰ πάντα. Ἐκ δὲ τῶν ἀτόμων συνελθόντων γενέσθαι καὶ τὸν Θεὸν, καὶ [p. 27. 28] τὰ στοιχεῖα[35] πάντα, καὶ τὰ ἐν αὐτοῖς πάντα καὶ[36] ζῶα καὶ ἄλλα, ὡς μηδὲν γίνεσθαι μήτε συνεστάναι, εἰ μὴ ἐκ τῶν ἀτόμων εἴη. Τὰς δὲ ἀτόμους τὸ λεπτομερέστατον καὶ ἐφ'[37] οὗ οὐκ ἂν γένοιτο κέντρον οὐδὲ σημεῖον οὐδὲν οὐδὲ διαίρεσις οὐδεμία, ἔφη εἶναι, διὸ καὶ ἀτόμους αὐτὰς ὠνόμασε. Τὸν δὲ Θεὸν ὁμολογῶν εἶναι ἀΐδιον καὶ ἄφθαρτόν φησι μηδενὸς προνοεῖν, καὶ ὅλως πρόνοιαν μὴ εἶναι μηδὲ εἱμαρμένην, ἀλλὰ πάντα κατὰ αὐτοματισμὸν γίνεσθαι. Καθῆσθαι γὰρ τὸν Θεὸν ἐν τοῖς μετακοσμίοις, οὕτω καλουμένοις[38] ὑπ' αὐτοῦ· ἔξω γάρ τι τοῦ κόσμου οἰκητήριον τοῦ Θεοῦ ἔθετο εἶναι, λεγόμενον τὰ μετακόσμια, ἥδεσθαί τε καὶ ἡσυχάζειν ἐν τῇ ἀκροτάτῃ εὐφροσύνῃ, καὶ μήτε αὐτὸν πράγματα[39] ἔχειν μήτε ἄλλοις παρέχειν. Οἷς ἀκόλουθον καὶ τὸν περὶ τῶν σοφῶν ἀνδρῶν πεποίηται λόγον, λέγων τὸ τέλος τῆς σοφίας[40] εἶναι ἡδονήν. Ἄλλοι δὲ ἄλλως τὸ ὄνομα τῆς ἡδονῆς ἐξέλαβον· οἱ μὲν γὰρ κατενόησαν[41] τὰς ἐπιθυμίας, οἱ δὲ τὴν ἐπὶ τῇ ἀρετῇ ἡδονήν. Τὰς δὲ ψυχὰς τῶν ἀνθρώπων λύεσθαι ἅμα τοῖς σώμασιν, ὥσπερ καὶ συγγεννᾶσθαι αὐτοῖς τίθεται· αἷμα γὰρ αὐτὰς εἶναι, οὗ ἐξελθόντος ἢ τραπέντος ἀπόλλυσθαι ὅλον τὸν ἄνθρωπον, ᾧ ἀκολουθεῖ μήτε κρίσεις εἶναι ἐν ᾅδου, μήτε δικαστήρια, ὡς[42] ὅ τι ἂν δράσῃ τις ἐν τῷ βίῳ τούτῳ καὶ διαλάθῃ ἀνεύθυνον εἶναι παντελῶς. Οὕτως οὖν καὶ Ἐπίκουρος.

23. Ἄλλη δὲ αἵρεσις φιλοσόφων ἐκλήθη Ἀκαδημαϊκή, διὰ τὸ ἐν τῇ Ἀκαδημίᾳ τὰς διατριβὰς αὐτοὺς ποιεῖσθαι, ὧν ἄρξας ὁ Πύῤῥων, ἀφ' οὗ Πυῤῥώνειοι[43] ἐκλήθησαν φιλόσοφοι, τὴν ἀκαταληψίαν ἁπάντων πρῶτος εἰσήγαγεν, ὡς ἐπιχειρεῖν μὲν εἰς ἑκάτερα, μὴ μέντοι ἀποφαίνεσθαι μηδέν. Οὐδὲν γὰρ εἶναι οὔτε τῶν νοητῶν οὔτε τῶν αἰσθητῶν ἀληθὲς, ἀλλὰ δοκεῖν τοῖς ἀνθρώποις οὕτως ἔχειν. Ῥευστήν τε εἶναι τὴν οὐσίαν πᾶσαν καὶ μεταβλητὴν, καὶ μηδέποτε ἐν τῷ αὐτῷ μένειν. Οἱ μὲν οὖν τῶν Ἀκαδημαϊκῶν λέγουσι μὴ

psycham. Consentiunt autem etiam migrationem animarum exsistere, cum definitæ sint animæ. Sumunt autem conflagrationem fore et purgationem hujus mundi, alii universi, partis alii et per partem eum purgari aiunt, et pene interitum aliusque ex eo generationem purgationem appellant. Corpora autem universa ponunt et corpus penetrare quidem per corpus, sed refractionem esse, et impleta esse omnia nec quidquam esse vacuum. Hæc quidem et Stoici.

Epicurus autem pene contrariam universis doctrinam professus est. Principia omnium statuit atomos et inane: inane quidem tanquam spatium rerum futurarum, atomos autem materiem, ex qua universa. Ex congressis autem atomis exstitisse **42-43** etiam Deum et elementa [et mundos] et quæ sunt in eis omnia, et animalia et reliqua, ut nihil neque fiat neque exstiterit, nisi quod ex atomis natum sit. Atomos autem tenuissimum et in quo esse nequeat neque centrum, neque signum, nec denique divisio ulla dixit esse, quapropter et atomos eas vocavit. Deum autem perennem et immortalem confessus esse dicit nullius rei providentiam habere, neque omnino esse providentiam nec fatum, sed omnia fortuito fieri. Considere enim Deum in locis, quæ intermundia appellat; extra enim mundum quoddam Dei habitaculum esse statuit eaque intermundia vocari, lætarique et requiescere in extrema hilaritate, neque ipsum vel habere negotia vel præbere aliis. Quibus consentaneam et de sapientibus hominibus instituit disputationem, dicens finem sapientiæ esse voluptatem. Alii autem aliter vocem voluptatis interpretati sunt; alii enim intellexerunt cupiditates, alii autem eam voluptatem, quam habet virtus. Animas autem hominum solvi simul cum corporibus, sicuti etiam una gigni statuit, sanguinem enim eas esse, quo egresso aut mutato interire totum hominem, cui consectarium est, quod nulla esse statuit judicia in Orco neque tribunalia, ut, quidquid commiserit quispiam in hac vita et latuerit, plane impune illi sit. Ita igitur et Epicurus.

Alia schola philosophorum vocata est Academicorum, quia in Academia conversationes instituere solebant, quorum dux qui exstitit Pyrrho, a quo Pyrrhonei vocati sunt philosophi, incomprehensibilitatem omnium primus introduxit, ut aggrediantur quidem in utramque partem, non vero definiant quidquam. Nihil enim esse neque comprehensibilium neque sensibilium verum, sed videri hominibus ita esse, fluidamque esse materiem omnem et mutabilem nec unquam in eodem loco permanere. Jam

VARIÆ LECTIONES.

[31] ἐμπύρωσιν O. [32] κάθαρσιν Roeperus; καθάρσιον vulgo. [33] μὲν χωρεῖν. μὴ χωρεῖν vulgo. [34] ἀνάκλασιν H. Ritterus; ἀνάστασιν vulgo; ἀντίστασιν Salvinius. [35] Roeperus p. 626 ad doctrinam Epicuri congruenter ita scriptum malit: καὶ τὰ στοιχεῖα, καὶ τοὺς κόσμους, καὶ τὰ ἐν αὐτοῖς πάντα. [36] πάντα καὶ ante ζῶα om. T. [37] ἐφ' Roeperus; μεθ' vulgo. [38] καλουμένοις Gronovius; καλουμένου libri. [39] οὔτε αὐτὸν πρᾶγμα ἔχειν, οὔτε ἄλλῳ παρέχειν· ᾧ ἀκόλουθον T. [40] τῆς σοφίας, αὐτοῖς T. [41] κατενόησαν — κατὰ ἔθνη vulgo; κατ' αἴσθησιν Roeperus. [42] ὡς Roeperus; ὧν vulgo. [43] Πυῤῥώνιοι vulgo.

alii ex Academicis dicunt non oportere omnino de quoquam affirmare, sed tantum aggressos mittere. Alii autem illud *non magis* adjecerunt, his usi verbis; non magis ignis, **44 - 45** ignis quam quodvis aliud. Illud autem non declaraverunt, ignis ipse quid esset, sed in hunc modum.

Est autem etiam in Indis schola philosophantium in Brachmanis. Qui vitam cum abstinentem sectantur, animatis et igni coctis cibis omnibus abstinent acquiescuntque in frugibus arborum, et ne has quidem decerpentes, sed quæ ceciderunt in terram auferentes vivunt, aquam fluminis Tagabena bibentes. Per omnem autem vitam agunt nudi, corpus vestimentum animæ a Deo tributum esse affirmantes. Ii Deum lucem esse dictitant, non qualem quis cernit, nec qualis sol et ignis, sed est iis Deus Logus, non articulatus, sed cognitionis, per quem abscondita naturæ arcana cernuntur sapientibus. Hanc autem lucem, quam dicunt Logum Deum, semel solos novisse qui sint Brachmanes, quippe qui soli abjecerint vanam opinationem, quod est velamen animæ extremum. Ii mortem contemnunt, celebrant autem domestica lingua Deum, quem vocant eo nomine, quo supra diximus, hymnosque in sublime mittunt. Neque autem mulieres inter illos, neque procreant liberos. Qui autem similem illis vitam affectant, ex terra quæ trans flumen est transgressi illuc inter illos manent, nec unquam revertuntur, et ipsi autem Brachmanes vocantur. Vitam autem non eodem modo peragunt; sunt enim etiam mulieres in ea regione, ex quibus qui inhabitant ea loca et generantur et generant. Hunc autem Logum, quem Deum vocant, corporeum esse et vestitum corpore extra sese, tanquam cum quis pellem ovilem gestet, exuto autem corpore, quo vestitus sit, clare oculis patere. Bellum autem inesse in corpore, quo vestiantur, docent Brachmanes [et plenum esse corpus hostium arbitrantur], contra quod tanquam contra hostes justa acie depugnant, sicuti antea declaravimus. Omnes autem homines aiunt captivos esse congenitorum suorum hostium, ventris et pudendorum, gulæ, iræ, lætitiæ, luctus, cupiditatis et quæ sunt reliqua. Solus autem ad Deum graditur qui de his tropæum erexit. Quapropter Dandamin, ad quem Alexander Macedo accessit, **46 - 47** tanquam victorem belli, quod est in corpore, Brachmanes pro divino numine venerantur. Calanum autem insectantur, ut qui præter fas desciverit a philosophia sua. Deposito autem corpore Brachmanes tanquam ex aqua exsilientes pisces in purum aerem conspicantur solem.

A δεῖν τὴν ἀρχὴν περὶ μηδενὸς ἀποφαίνεσθαι, ἀλλ' ἁπλῶς ἐπιχειρήσαντας ἐᾶν· οἱ δὲ τὸ οὐ μᾶλλον [44] προσέθεσαν, λέγοντες οὐ μᾶλλον τὸ πῦρ πῦρ [45] εἶναι ἢ ἄλλο τι. Οὐ μέντοι ἀπεφήναντο αὐτὸ τί [46] ἐστιν, ἀλλὰ τὸ τοιόνδε.

24. Ἔστι δὲ καὶ παρὰ Ἰνδοῖς αἵρεσις φιλοσοφουμένων ἐν τοῖς Βραχμάναις, οἳ βίον μὲν αὐτάρκη προβάλλονται, ἐμψύχων δὲ καὶ τῶν διὰ πυρὸς βρωμάτων πάντων ἀπέχονται, ἀκροδρύοις ἀρκούμενοι, μηδὲ αὐτὰ ταῦτα τρυγῶντες, ἀλλὰ τὰ πίπτοντα εἰς τὴν γῆν [47] βαστάζοντες ζῶσιν, ὕδωρ ποταμοῦ Ταγαβενὰ πίνοντες. Διαβιοῦσι δὲ γυμνοί, τὸ σῶμα ἔνδυμα τῇ ψυχῇ ὑπὸ τοῦ Θεοῦ γεγονέναι λέγοντες. Οὗτοι [48] τὸν Θεὸν φῶς εἶναι λέγουσιν, οὐχ ὁποῖόν τις ὁρᾷ, οὐδ' B οἷον ἥλιος καὶ πῦρ, ἀλλά ἐστιν αὐτοῖς ὁ Θεὸς λόγος, οὐχ ὁ ἔναρθρος, ἀλλὰ ὁ τῆς γνώσεως, δι' οὗ τὰ κρυπτὰ τῆς φύσεως [49] μυστήρια ὁρᾶται σοφοῖς. Τοῦτο δὲ τὸ φῶς, ὅ φασι λόγον τὸν Θεὸν, αὐτοὺς μόνους εἰδέναι [50] Βραχμᾶνας [51] λέγουσι, διὰ τὸ ἀποῤῥίψαι μόνους τὴν κενοδοξίαν, ὃς [52] ἐστι χιτὼν τῆς ψυχῆς ἔσχατος. Οὗτοι θανάτου καταφρονοῦσιν· ἀεὶ δὲ ἰδίᾳ φωνῇ Θεὸν [53] ὀνομάζουσι, καθὼς προείπομεν, ὕμνους τε ἀναπέμπουσιν. Οὔτε δὲ γυναῖκες παρ' αὐτοῖς οὔτε τεκνοῦσιν. Οἱ δὲ τοῦ ὁμοίου αὐτοῖς βίου ὀρεχθέντες ἐκ τῆς ἀντιπέραν χώρας τοῦ ποταμοῦ διαπεράσαντες ἐκεῖσε ἐναπομένουσιν, ἀναστρέφοντες μηκέτι· καὶ αὐτοὶ δὲ Βραχμᾶνες καλοῦνται. Βίον [54] δὲ οὐχ ὁμοίως διάγουσιν· εἰσὶ γὰρ καὶ γυναῖκες ἐν τῇ χώρᾳ, ἐξ ὧνπερ οἱ ἐκεῖ κατοικοῦντες γεννῶνται C καὶ γεννῶσιν. Τοῦτον δὲ τὸν λόγον [55], ὃν Θεὸν ὀνομάζουσι, σωματικὸν εἶναι, περικείμενόν τε σῶμα ἔξωθεν ἑαυτοῦ, καθάπερ εἴ τις τὸ ἐκ τῶν προβάτων ἔνδυμα φορεῖ, ἀπεκδυσάμενον δὲ τὸ σῶμα, ὃ περίκειται, ὀφθαλμοφανῶς φαίνεσθαι. Πόλεμον δὲ εἶναι ἐν τῷ περικειμένῳ αὐτῶν σώματι οἱ Βραχμᾶνες λέγουσι [καὶ πλήρες [56] εἶναι πολεμίων [57] αὐτοῖς τὸ σῶμα νενομίκασι], πρὸς ὃ ὡς πρὸς πολεμίους παρατεταγμένοι μάχονται, καθὼς προδεδηλώκαμεν. Πάντας δὲ ἀνθρώπους λέγουσιν αἰχμαλώτους εἶναι τῶν ἰδίων συγγενῶν πολεμίων, γαστρὸς καὶ αἰδοίων, λαιμοῦ, ὀργῆς, χαρᾶς, λύπης, ἐπιθυμίας καὶ τῶν ὁμοίων. Μόνος δὲ πρὸς τὸν Θεὸν χωρεῖ ὁ κατὰ τούτων ἐγείρας τρόπαιον. Διὸ Δάνδαμιν μὲν, πρὸς ὃν Ἀλέξανδρος ὁ D Μακεδὼν εἰσῆλθεν, [p. 30. 31] ὡς νενικηκότα τὸν πόλεμον τὸν ἐν τῷ σώματι, Βραχμᾶνες θεολογοῦσι· Καλάνου δὲ καταφέρονται ὡς ἀσεβῶς ἀποστατήσαντος [58] τῆς κατ' αὐτοὺς φιλοσοφίας. Ἀποθέμενοι δὲ Βραχμᾶνες τὸ σῶμα ὥσπερ ἐξ ὕδατος ἰχθύες ἀνακύψαντες εἰς ἀέρα καθαρὸν ὁρῶσι τὸν ἥλιον.

VARIÆ LECTIONES.

[44] τὸ οὐ μᾶλλον — οὐ μᾶλλον Roeperus p. 628 Coll. Sext. Empir. Pyrrhon. hypotypos. I, 188—192; Diog. Laert. IX, 75; Gell. noctt. Att. XI, 5: τὸ μᾶλλον — τὸ μᾶλλον vulgo. [45] πῦρ πῦρ. πῦρ vulgo. [46] αὐτὸ τί. αὐτὸ τὸ τί Roeperus. [47] ἐν τῇ γῇ T. [48] Οὗτοι Roeperus: Αὐτοὶ vulgo. [49] φύσεως Roeperus p. 629: γνώσεως vulgo. [50] εἰδέναι. ἰδεῖν Roeperus. [51] Βραχμᾶνες Roeperus. [52] ὃς Roeperus: ὃ vulgo. [53] φωνῇ Θεόν. φῶς τὸν Θεὸν Roeperus. An ᾄδουσι δὲ ἰδίᾳ φωνῇ Θεὸν, ὃν ὀνομάζουσι, κ. τ. λ.? [54] Βίῳ Ruæus. [55] Immerito videtur de sinceritate horum verborum dubitare Roeperus. [56] Verba καὶ — νενομίκασι uncis inclusit Roeperus. [57] πολεμίων Roeperus; πολέμων vulgo. [58] ἀποστήσαντος B. O.

25. Δρυΐδαι οἱ ἐν Κελτοῖς τῇ Πυθαγορείῳ φιλοσοφίᾳ κατ' ἄκρον ἐγκύψαντες, αἰτίου αὐτοῖς γενομένου ταύτης τῆς ἀσκήσεως Ζαμόλξιδος [59] δούλου Πυθαγόρου, γένει Θρᾳκίου [60]· ὃς μετὰ τὴν Πυθαγόρου τελευτὴν ἐκεῖ χωρήσας αἴτιος τούτοις ταύτης τῆς φιλοσοφίας ἐγένετο [61]. Τούτους Κελτοὶ ὡς προφήτας καὶ προγνωστικοὺς δοξάζουσιν, διὰ τὸ ἐκ ψήφων καὶ ἀριθμῶν Πυθαγορικῇ τέχνῃ προαγορεύειν αὐτούς [62] τινα, ἧς καὶ αὐτῆς τέχνης τὰς ἐφόδους οὐ σιωπήσομεν, ἐπεὶ καὶ ἐκ τούτων τινὲς αἱρέσεις παρεισάγειν ἐτόλμησαν. Χρῶνται δὲ Δρυΐδαι καὶ μαγείαις [63].

A Druidæ, qui sunt in Celtis, Pythagoreæ philosophiæ summo studio sese dediderunt, postquam iis auctor hujus disciplinæ exstitit Zamolxis, qui servus fuit Pythagoræ, genere Thrax. Qui cum post Pythagoræ obitum eo se contulisset, auctor illis hujus philosophiæ exstitit. Hos Celtæ pro prophetis et futurorum vatibus habent, quandoquidem ex calculis et numeris ex arte Pythagorica vaticinantur quædam, cujus et ipsius artis vias non silebimus, quoniam et ex his hæreses inducere quidam conati sunt. Utuntur autem Druidæ etiam magicis artibus.

26. Ἡσίοδος δὲ ὁ ποιητὴς καὶ αὐτὸς περὶ φύσεως οὕτω λέγει ἀκηκοέναι παρὰ Μουσῶν. Διὸς δὲ εἶναι τὰς Μούσας θυγατέρας. Ἐννέα γὰρ νύκτας ὁμοῦ καὶ ἡμέρας δι' ὑπερβολὴν ἐπιθυμίας ἀδιαλείπτως [64] B συνευνηθέντος τῇ Μνημοσύνῃ τοῦ Διὸς, ἐννέα ταύτας τὴν Μνημοσύνην συλλαβεῖν ἐν μιᾷ γαστρὶ, ἐφ' ἑκάστης νυκτὸς ὑποδεξαμένην [65] μίαν. Καλέσας οὖν τὰς ἐννέα Μούσας ἀπὸ τῆς Πιερίας, τουτέστιν ἀπὸ τοῦ Ὀλύμπου, διδαχθῆναι παρεκάλει,

. . . . . ὡς τὰ πρῶτα [66] θεοὶ καὶ γαῖα γένοντο,
Καὶ ποταμοὶ καὶ πόντος ἀπείριτος οἴδμά τε πόντου,
Ἄστρα τε λαμπετόωντα [67], καὶ οὐρανὸς εὐρὺς ὕπερθεν,
Ὡς στέφανον [68] δάσσαντο [69], καὶ ὡς τιμὰς διέλοντο.
Ἠδὲ καὶ ὡς τὰ πρῶτα πολύπτυχον ἔσχον Ὄλυμπον.

Ταῦτά μοι, Μοῦσαι, φησὶν, *ἔσπετ'*
Ἐξ ἀρχῆς καὶ ἔπειθ' ὅτι περ πρῶτον γένετ' αὐτῶν. C

Ἤτοι μὲν πρώτιστα Χάος γένετ', αὐτὰρ ἔπειτα [70]
Γαῖ' εὐρύστερνος πάντων ἕδος ἀσφαλὲς αἰεὶ
Ἀθανάτων, οἳ ἔχουσι κάρην [71] νιφόεντος [72] Ὀλύμπου.
Τάρταρά τ' ἠνεμόεντα [73] μυχῷ χθονὸς εὐρυοδείης [74]
Ἠδ' Ἔρος, ὃς κάλλιστος ἐν ἀθανάτοισι θεοῖσι
Λυσιμελὴς πάντων τε θεῶν πάντων τ' ἀνθρώπων,

Δάμναται [75] ἐν στήθεσφι [76] νόον καὶ ἐπίφρονα βουλήν.
Ἐκ Χάεος δ' Ἔρεβός τε μέλαινά τε Νὺξ ἐγένοντο.
Νυκτὸς δ' αὖτ' Αἰθήρ τε καὶ Ἡμέρη ἐξεγένοντο.
Γαῖα δέ τοι πρώτη [77] μὲν ἐγείνατο ἶσον ἑαυτῇ
Οὐρανὸν ἀστερόενθ' ἵνα μιν [78] περὶ πάντα καλύπτοι [79],

Ὄφρα ἔη [80] μακάρεσσι θεοῖς ἕδος ἀσφαλὲς αἰεί.
Γείνατο δ' οὔρεα μακρὰ θεῶν [81] χαρίεντας ἐναύλους D
Νυμφέων [82], αἳ ναίουσι κατ' οὔρεα βησσήεντα.
Ἠδὲ καὶ ἀτρύγετον Πέλαγος τέκεν οἴδματι θῦον
Πόντον ἄτερ φιλότητος ἐφιμέρου, αὐτὰρ ἔπειτα
Οὐρανῷ εὐνηθεῖσα τέκ' Ὠκεανὸν βαθυδίνην
Κοῖόν τε Κρεῖόν θ', Ὑπερίονά τ', Ἰάπετόν τε

Hesiodus autem poeta et ipse de natura ita se dicit audivisse a Musis. Jovis autem Musas esse filias. Novem enim noctes simul et dies per exsuperantiam cupidinis cum perpetuo Jupiter cum Mnemosyna concubuisset, novem has Mnemosynam concepisse uno utero, singulis enim noctibus concepisse unam. Postquam igitur novem Musas invocavit ex Pieria hoc est ab Olympo, ut sese edocerent oravit,

...ut ab initio dii et terra exstiterint
Et flucti et mare immensum voragoque maris
Stellæque collucentes et cœlum vastum superne,
Utque divitias dispertiverint inter se et ut munera distribuerint,
Et ut ab initio multijugem occupaverint Olympum.

... Hæc mihi, Musæ, inquit, dicite
A principio et deinde quid tandem primum exstitit eorum.

Igitur omnium primum Chaos exstitit, verum postea
Tellus late patens, omnium sedes immota semper
Immortalium, qui obtinent cacumen nivosi Olympi,
48-49 *Tartarique tenebrosa sinu terræ vastæ,*
Atque Amor, qui pulcherrimus in immortalibus diis,
Levans curas omniumque deorum omniumque mortalium,
Domat in pectoribus mentem et prudens consilium.

Ex Chao autem et Erebus et atra Nox exstiterunt.
Ex Nocte autem rursus et Aer et Dies enati sunt.
Tellus autem primum peperit par sibimet ipsi
Cœlum stellatum, ut se circumquaque obtegeret,

Ut esset beatis diis sedes immota semper.
Peperit autem montes magnos dearum jucunda cubilia
Nympharum, quæ habitant per montes confragosos.
Præterea et sterile Mare peperit æstu fervens
Pontum sine amore jucundo, verum postea
Cælo juncta peperit Oceanum profundum
Cœumque et Crium Hyperionemque Japetumque

VARIÆ LECTIONES.

[59] Ζαμέτριδος B; Ζαμόλξιδος L. [60] γένει Θρᾳκίου om. B, O; γένει Θρᾳκός? an γένους Θρᾳκίου? [61] γένηται T. [62] αὐτούς O; αὐτοῖς vulgo. [63] μαγείαις Roeperus: μαγίαις vulgo. [64] ἀδιαλείπτως T; om. ceteri. [65] ὑποδεξαμένην Wolfius; ὑποδεξαμένης libri. [66] Hesiod., Theog. 108 seqq., ubi multa alia M. [67] λεπτέοντα O; λεπτόεντα B, T; λεπτήεντα L. [68] ὥς τ' ἄφενος Hesiod., Theog. v. 112. [69] δάσαντο codd. [70] ἔπειθ' Roeperus p. 632: ἔπειτα vulgo; καὶ εἴπαθ' ὅτι πρῶτον Hesiodus. [71] κάρη Hesiodus. [72] νιφόντος vulgo. [73] ἠερόεντα Hesiodus. [74] εὐρυοδίης L; εὐρωδίης B, O, T. [75] δάμνατε L, T. [76] στήθεσφι L, T, στήθεσσι vulgo. [77] πρώτη B, O; πρῶτα L; πρῶτον libri vulgati et Hesiodus. [78] ἵνα μιν δύναμιν codd. [79] καλύπτειν codd. [80] ὄφρ' ἔνι B; ὄφρ' ἔη Gron[illegible] [81] [illegible], ὅσα codd. [82] Νυμφαίων B, O; Νυμφάων L.

Thiamque Rheamque Theminque Mnemosynamque
Phœbamque aurea tænia Tethynque amabilem,
Post hos autem supremus natus est Saturnus vafer,
Ferocissimus filiorum, vegetum autem oderat parentem.
Peperit autem rursus Cyclopes trucem animum gerentes.

Et reliquos omnes a Saturno enumerat Gigantes. Post autem aliquando ex Rhea natum esse Jovem.

Hi igitur omnes de universi et natura et genitura hæc, sicut exposuimus, ex doctrina sua statuerunt. Universi autem degressi infra id, quod divinum est, de creaturarum rerum natura quæsiverunt, excellentias mundi admirati, quippe quas pro divino numine acciperent, cum alius aliam partem mundi anteferrent, Deum autem horum omnium et opificem ignorarent.

Igitur eorum, qui in Græcis philosophati sunt, decreta abunde exposita esse arbitror, a quibus profecti hæretici quæ paulo post dicentur aggressi sunt. Placet autem prius expositis mysticis etiam quæcunque operose de stellis quidam et spatiis commenti sunt dicere. Etenim ex ill s profecti hæretici **50-51** prodigia loqui censentur a multitudine. Tum deinceps futilia illorum commenta illustrabimus.

A Θεῖαν [33] τε Ῥεῖάν [34] τε, Θέμιν τε, Μνημοσύνην τε,
Φοίβην τε χρυσοστέφανον, Τηθύν τ' ἐρατεινήν.
Τοὺς δὲ μετ' ὀκρότατος [35] γένετο Κρόνος ἀγκυλομήτης [36],
Δεινότατος παίδων, θαλερὸν δ' ἤχθηρε τοκῆα.
Γείνατο δ' αὖ Κύκλωπας, ὑπέρβιον ἦτορ ἔχοντας.

Καὶ τοὺς ἄλλους πάντας ἀπὸ τοῦ Κρόνου καταριθμεῖ Γίγαντας. Ὕστερον δέ που ἐκ τῆς Ῥέας γεγονέναι τὸν Δία.

Οὗτοι μὲν οὖν πάντες περὶ τῆς τοῦ παντὸς φύσεώς τε καὶ γενέσεως ταῦτα καθὼς ἐξεθέμεθα τῇ αὐτῶν δόξῃ ἐξεῖπον. Οἱ δὲ πάντες κάτω τοῦ θείου χωρήσαντες περὶ τὴν τῶν γενομένων οὐσίαν ἠσχολήθησαν, τὰ μεγέθη τῆς κτίσεως καταπλαγέντες, καὶ
B αὐτὰ τὸ θεῖον εἶναι νομίσαντες, ἕτερος ἕτερον μέρος τῆς κτίσεως προκρίναντες, τὸν δὲ Θεὸν τούτων καὶ δημιουργὸν μὴ ἐπιγνόντες.

Τὰς μὲν οὖν τῶν καθ' Ἕλληνας φιλοσοφεῖν ἐπικεχειρηκότων δόξας ἱκανῶς ἐκτεθεῖσθαι νομίζω, παρ' ὧν τὰς ἀφορμὰς λαβόντες οἱ αἱρετικοὶ τὰ μετ' οὐ πολὺ ῥηθησόμενα ἐπεχείρησαν. Δοκεῖ δὲ πρότερον ἐκθεμένους τὰ μυστικὰ καὶ ὅσα περιέργως περὶ ἄστρα τινὲς ἢ μεγέθη ἐφαντάσθησαν, εἰπεῖν· καὶ γὰρ ἐξ [p. 32—34] αὐτῶν λαβόντες ἀφορμὰς τερατολογεῖν νομίζονται τοῖς πολλοῖς [37]· ἔπειτα ἀκολούθως τὰ ὑπ' αὐτῶν ἀδρανῆ δόγματα φανερώσομεν.

[33] Θίαν vulgo. [34] Ῥεῖαν vulgo. [35] ὀκρότατος codd.; ὁπλότατος Hesiodus. [36] ἀγκυλομήτις vulgo. [37] τοῖς πολλοῖς. πολλοὶ Roeperus; πολλοῖς vulgo.

ΤΟΥ ΚΑΤΑ ΠΑΣΩΝ ΑΙΡΕΣΕΩΝ ΕΛΕΓΧΟΥ

ΒΙΒΛΙΟΝ Δ'.

REFUTATIONIS OMNIUM HÆRESIUM

LIBER QUARTUS.

1. [Stellarum autem appellant terminos in unoquoque signo, in quibus unaquæque stella a quota parte ad quotam usque partem potest plurimum. De quibus non exigua] est apud illos secundum [tabulas suas diversitas. Stipari autem tanquam a satellitibus] stellas aiunt [quando mediæ sunt inter alias stellas in confiniis], signorum, veluti, quando [ejusdem signi stella aliqua primas occupat partes], alia [extremas, alia denique quæ sunt in medio], stipari a satellitibus dicitur ea quæ est

C 1. . . . . . . [38] [μοίρας ἐπὶ ποστὴν μοῖραν πλεῖστον δύναται. Περὶ ὧν οὐχ ἡ τυχοῦσα] παρ' αὐτοῖς ἐστι κατὰ [39] [τοὺς πίνακας διαφωνία. Δορυφορεῖσθαι δὲ] ἀστέρας λέγουσιν, ὅ[ταν μέσοι ὦσιν ἄλλων ἀστέρων ἐν συνεχείᾳ] ζῳδίων, οἷον, ἐὰν [40] τοῦ αὐτ[οῦ ζῳδίου ὃς μέν [41] τις ἀστὴρ τὰς πρώτας ἐπέχῃ μοίρας,] ὃς δὲ [42] [τὰς τελευταίας, ὃς δὲ τὰς ἐν μέσῳ, δορυφορεῖσθαι λέγεται ὁ ἐν] μέσῳ ὑπὸ τῶν τὰς ἐπ' ἄκρων ἐπεχόντων μοίρας.[Ἐπιβλέπειν δὲ [43] λέγονται ἀλλήλους καὶ συμφωνεῖν ἀλλήλοις] ὡς οἱ κατὰ τρίγωνον

VARIÆ LECTIONES.

[38] Quid exciderit, ex Sext. Empir. adv. Mathem. V, § 37, p. 345, quem secutus est auctor noster cognoscitur, apud quem hæc præcedunt: Ὅρια δὲ ἀστέρων προσαγορεύουσιν ἐν ἑκάστῳ ζῳδίῳ ἐν οἷς ἕκαστος τῶν ἀστέρων ἀπὸ ποστῆς. Uncis inclusa in cod. prorsus evanuerunt M. [39] καὶ κατὰ Sextus. [40] ἐὰν. ἀντὶ C. [41] . . . C, M. [42] Eadem iterantur p. 127, 17 sqq.

ἢ τετράγωνον [94] φαινόμενοι. Κατὰ τρίγωνον μὲν A οὖν [95] σχηματίζονται καὶ ἐπιθεωροῦσιν ἀλλήλους οἱ [96] ἐπὶ τριῶν ζῳδίων ἔχοντες τὸ μεταξὺ διάλειμμα [97], κατὰ τετράγωνον δὲ οἱ [98] δυεῖν [99]· κεφαλῇ [1] τὰ ὑποκείμενα μέρη συμπάσ[χει καὶ τοῖς ὑποκει]μένοις ἡ κεφαλὴ [2], οὕτω καὶ τοῖς ὑπερσεληναίοις [3] τὰ ἐπίγεια. Ἀλλά τις ἔστι τούτων διαφορὰ καὶ ἀσυμπάθεια, ὡς ἂν [4] μὴ μίαν καὶ τ[ὴν] αὐτὴν ἐχόντων ἕνωσιν. |

media ab iis, quæ obtinent eas partes, quæ sunt in extremo. [Aspectare autem dicuntur invicem et concinere inter se] utpote in figura triangulari aut quadrangulari apparentes. Atque triangula quidem figurantur forma et aspectant inter se, quæ trium signorum spatium habent interjectum, quadrangula autem, quæ duorum. Capiti humano subjectæ partes [compatiuntur et subjectis] caput, ita etiam superlunaribus partibus terrestres. Sed quædam harum est diversitas et incompatibilitas, ut quæ non unam eamdemque habeant juncturam.

2. Τούτοις χρησάμενοι Εὐφράτης ὁ Περ[ατικὸς] καὶ Ἀϐμεϐὴς [5] ὁ Καρύστιος καὶ ὁ λοιπὸς [6] τούτων χορὸς τῷ λόγῳ [τῷ] τῆς ἀληθείας ἐπονομάσαντες αἰώνων στάσιν καὶ ἀπόστασιν ἀ[γαθῶν] δυνάμεων εἰς κακὰ καὶ συμφωνίας ἀγαθῶν μετὰ πονηρῶν προσαγορεύουσι, B καλοῦντες τοπάρχας καὶ προαστείους καὶ ἄλλα πλεῖστα ὀνόματα, ὧν πᾶσαν τὴν ἐπικεχειρημένην αἵρεσιν ἐκθήσομαι [p. 34. 35] καὶ διελέγξω, ἐπὰν εἰς τὸν περὶ τούτων λόγον φθάσωμεν [7]. Νυνὶ δὲ, μή ποτέ τις νομίσῃ πιστὰ εἶναι καὶ ἀσφαλῆ τὰ τοῖς Χαλδαίοις νενομισμένα περὶ τὴν ἀστρολογικὴν μάθησιν, οὐκ ὀκνήσομεν τὸν πρὸς τούτους [8] ἔλεγχον δι' ὀλίγων παραθεῖναι, ἐπιδεικνύντες ματαίαν τὴν τέχνην καὶ πλανᾷν [9] μᾶλλον καὶ ἐξαφανίζειν ψυχὴν δυναμένην ἐλπίζουσαν μάταια, ἢ ὠφελεῖν. Οἷς οὐ κατὰ τέχνης ἐμπειρίαν ἐ[π]έχομεν [10], ἀλλ' ἐκ τῆς τῶν πρακτικῶν λόγων [γνώ]σεως. Οἱ ταύτην τὴν μάθησιν ἠσκηκότες Χαλδαίων γενόμενοι ὁμιληταὶ ὡς ξένα τοῖς ἀνθρώποις καὶ θαυμάσια μεταδιδόντες μυστήρια τοῖς ὀνόμασιν ἐναλλάξαντες αἵρεσιν ἔνθεν C συνεστήσαντο· ἀλλ' ἐπεὶ [11] τὴν τῶν ἀστρολόγων τέχνην ὡς δυνατὴν νομίσαντες ταῖς τε παρ' αὐτῶν μαρτυρίαις χρώμενοι τὰ ἐπιχειρούμενα δι' αὐτῶν πιστεύεσθαι θέλουσι, τανῦν [12] καθὼς ἔδοξε τὴν ἀστρολογικὴν ἐπιδείξομεν ἀσύστατον, αὖθις μέλλοντες καὶ τὴν περατικὴν ἀκυροῦν ὡς κλάδον ἐκ ῥίζης ἀσυστάτου πεφυκυῖαν.

2. Iis usi Euphrates Peraticus et Acembes Carystius reliquaque horum turba doctrinæ veritatis aliena affingentes ævorum discordiam et transgressionem bonarum potestatum in mala et concentus bonarum cum pravis loquuntur, vocantes toparchas et proastios aliasque plurimis nominibus, quorum universam, **52-53** quam moliti sunt, pravam doctrinam exponam et confutabo, cum in illum locum devenerimus. Nunc vero, ne forte quisquam opinetur fide digna et certa esse, quæ apud Chaldæos opinione recepta sunt circa astrologicam doctrinam, non cunctabimur horum refutationem paucis afferre, cum demonstramus futilem esse illorum artem et ita comparatam, ut decipiat potius funditusque tollat mentem sperantem vana, quam juvet. Quibuscum nobis non ex artis præceptis res erit, sed ex rationibus communis vitæ. Hanc doctrinam qui sectati sunt, Chaldæorum usi consuetudine, tanquam nova hominibus et mirabilia prodentes mysteria commutatis nominibus hæresin inde constituerunt. Sed quoniam astrologorum arti mirificam vim tribuentes illorumque usi testimoniis moliminibus suis fidem facere conantur, nunc, sicuti placuit, astrologicam artem quam sit inepta demonstrabimus, deinceps Peraticorum etiam doctrinam infirmaturi, tanquam ramum ex inepta radice propagatum.

3. [13] Ἀρχὴ μὲν οὖν καὶ ὥσπερ θεμέλιός ἐστι [14] στῆσαι τὸν | ὡροσκόπον. Ἀπὸ τούτου γὰρ τὰ λοιπὰ τῶν κέντρων λαμβάνεται τά τε ἀποκλίματα καὶ αἱ [15] ἐπαναφοραὶ τά τε τρίγωνα καὶ τὰ [16] τετράγωνα καὶ οἱ κατ' αὐτὰ σχηματισμοὶ τῶν ἀστέρων, ἀπὸ δὲ πάντων τούτων αἱ προαγορεύσεις. Ὅθεν ἀναιρεθέντος τοῦ ὡροσκόπου κατὰ ἀνάγκην οὐδὲ τὸ [17] μεσουρανοῦν [18] [ἢ [19] δῦνον ἢ ἀντιμεσουρανοῦν] ἐστι γνώριμον [20], D ἀκαταληπτουμένων [21] δὲ τούτων συναφανίζεται [22] πᾶσα [ἡ] [23] Χαλδαϊκὴ μέθοδος. Ὅτι δὲ ἀνεύρετον αὐτοῖς ἐστι [24] τὸ ὡροσκοποῦν ζῴδιον,

3. Principium igitur et quasi fundamentum est constituere horoscopum. Ab hoc enim reliqui cardinum sumuntur et declinationes et successiones et triangula et quadrata stellarumque ad ea conformationes, ab omnibus autem his prædictiones. Unde dempto horoscopo necessario neque id quod est in medio cœli aut occidens, aut quod est ex adverso ejus quod est in medio cœli cognosci potest; hæc autem cum comprehendi nequeunt, una tollitur universa Chaldæorum ars. Reperiri autem ab iis non posse horoscopi signum multifariam licet ostendere.

VARIÆ LECTIONES.

[94] κατὰ τρίγωνον ἢ τετράγωνον om. C, M. Cf. Sext. § 39. [95] κατὰ τρίγωνον μὲν οὖν σχηματίζονται καὶ ἐπιθεωροῦσιν Sextus: καὶ συσχηματίζοντες· ἐπιθεωροῦσι δὲ C, M. [96] οἱ Sextus: om. C, M. [97] διάστημα Sextus. [98] οἱ Sextus; εἰ C, M. [99] δυοῖν Sextus. [1] κεφαλὴ C. [2] ἐν κεφαλῇ C. [3] ὑπὲρ σεληναίοις C; ἐπουρανίοις Sextus. [4] συμπάθεια, ὡσὰν C. Cf. Sext. V, § 44, p. 345. [5] Ἀκεμϐής. Infra p 127 Κελϐής, p. 315 Ἀδέμης. [6] Cf. infra p. 127, 26 sqq., ubi eadem ampliora leguntur. [7] φράσωμεν C. [8] τούτοις C. [9] πλανὴν C. [10] [ἐν]έχομεν M. [11] ἐπὶ C. [12] τοίνυν C. [13] Quæ sequuntur apud Sextum leguntur § 50 sqq. p. 346 sqq. [14] ἐστὶ τὸ στῆσαι Sextus Bekkeri; ἐπιστῆναι C; ἐστι στῆναι M; ἐστὶ τὸ στῆναι Sextus ante Bekkerum. [15] αἱ om. Sextus ante Bekkerum. [16] τὰ om. C, M. [17] οὐδὲ τὸ Sextus; οὔτε τι C, M. [18] Uncis inclusa desunt in C. [19] ἢ — ἢ. οὔτε — οὔτε M. [20] ἐπιγνώριμον C. [21] ἀκαταληπτούντων C, M. [22] συναναφανίζεται D. [23] ἡ om. C. [24] ἔνεστι Sextus.

Ut enim hoc comprehendatur oportet primum genituram ejus, qui cadit sub considerationem, certo definitam esse; deinde autem horoscopium, quod illam significet, esse non fallax, postremo autem ascensionem signi accurate observatam esse. In pariendo enim ascensio signi in cœlo orientis observata **54-55** esse debet, quoniam horoscopi signum definientes Chaldæi ex ascensione configurationem stellarum instituunt, id quod dispositionem appellant, qua innixi prædictiones formant. Verum neque genituram eorum, qui sub considerationem cadunt, licet assequi, ut docebo, neque horoscopium infallax est, neque oriens signum satis accurate comprehenditur. Qua ratione igitur inepta sit Chaldæorum ars nunc ostendamus. Igitur genituram eorum qui sub considerationem cadent prius cum definierunt quærere, aut a seminis depositione et conceptione ducunt, aut a partu. Et quando quis a conceptione ducere periclitabitur, accurata horum ratio comprehendi nequit, quippe cum celeriter transvolet tempus; et probabiliter quidem; non enim habemus dicere, utrum una cum transfusione seminis facta sit conceptio annon. Potest enim vel momento cogitationis hoc contingere, sicut etiam farina aqua subacta ardentibus clibanis immissa statim conglutinatur; potest autem etiam post tempus. Spatio enim intercedente ab ore uteri usque ad fundum, ubi et conceptiones fieri aiunt medici, certe in aliquo tempore spatium hoc penetrare consentaneum est demissam naturam seminis. Tenentes igitur quantitatem temporis haud accurate Chaldæi nunquam conceptionem comprehendent. Cum semen aliquando recta injiciatur et ipsis incidat simul opportune ad conceptionem comparatis uteri [locis, aliquando autem multifariam disjectum incidat, ab ipsa autem quæ in utero est vi in unum locum congregari] possit: in ignoratione versatur, quando accidat prius, quando alterum, et quantum temporis in illam conceptionem consumatur, et quantum in hanc. Hæc autem cum ignorentur, sublata est et accurata comprehensio conceptionis. Sin vero, sicuti quidam physicorum dixerunt, coctum prius et ante commutatum in utero semen tum demum intrat in reserata ejus vasa, sicuti in terram semina terræ: hinc qui **56-57** ignorant quantitatem temporis ad mutationem necessarii ne conceptionis quidem tempus cognitum habebunt. Præterea vero etiam ut ad reliquas partes corporis differunt a se

A ποικίλως ἐστὶ διδάσκειν. Ἵνα γὰρ τοῦτο καταληφθῇ, δεῖ πρῶτον μὲν τὴν γένεσιν τοῦ πίπτοντος ὑπὸ τὴν ἐπίσκεψιν βεβαίως κατειλῆφθαι, δεύτερον [δὲ] [25] τὸ διασημαῖνον [26] ταύτην ὡροσκόπιον [ἀπλανὲς] [27] ὑπάρχειν, τρίτον δὲ τὴν ἀναφορὰν [28] τοῦ ζῳδίου πρὸς ἀκρίβειαν συνῶφθαι. Ἐπὶ [29] μὲν γὰρ τῆς ἀποτέξεως [30] ἡ ἀναφορὰ [31] τοῦ κατ' οὐρανὸν ἀνίσχοντος ζῳδίου τετηρήσθω [32], ἐπεὶ [33] τὸ ὡροσκοποῦν ὁριζόμενοι οἱ [p. 35-37] Χαλδαῖοι ἐπὶ τὴν ἀναφορὰν τὸν συσχηματισμὸν [34] τῶν ἄστρων ποιοῦνται, ὅπερ διάθεμα καλοῦσιν, ἐφ' ᾧ τὰς προαγορεύσεις δογματίζουσιν. Οὔτε δὲ τὴν γένεσιν τῶν ὑπὸ τὴν [35] ἐπίσκεψιν πιπτόντων λαμβάνειν δυνατόν ἐστιν, ὡς παραστήσω [36], οὔτε τὸ ὡροσκόπιον ἀπλανὲς καθέστηκεν, οὔτε τὸ ἀνίσχον ζῴδιον πρὸς ἀκρίβειαν καταλαμβάνεται. Πῶς οὖν B ἀσύστατος [37] ἡ τῶν Χαλδαίων μέθοδος νῦν λέγωμεν [38]. Τὴν δὴ [39] γένεσιν τῶν ὑπὸ τὴν ἐπίσκεψιν πεσουμένων πρότερον ὁρίσαντες [40] ἐπιζητεῖν ἤτοι ἀπὸ τῆς τοῦ σπέρματος καταβολῆς καὶ συλλήψεως λαμβάνουσιν ἢ ἀπὸ τῆς ἐκτέξεως. Καὶ εἰ μὲν ἀπὸ τῆς συλλήψεως λαμβάνειν ἐπιχειρήσει τις, ἄληπτός ἐστιν ὁ ἀκριβὴς περὶ τούτου λόγος, ταχὺς ὑπάρχων χρόνος· καὶ εἰκότως. Οὐ γὰρ ἔχομεν λέγειν, εἴτε ἅμα τῇ ματαθέσει [41] τοῦ σπέρματος γέγονεν ἡ σύλληψις εἴτε καὶ μή. Δύναται μὲν γὰρ καὶ ἅμα νοήματι τοῦτο συμβαίνειν, ὥσπερ καὶ τὸ προσαχθὲν τοῖς διαπύροις τῶν κλιβάνων στέαρ εὐθὺς κολλᾶται, δύναται δὲ καὶ μετὰ χρόνον. Διαστήματος γὰρ ὄντος ἀπὸ τοῦ στόματος τῆς μήτρας μέχρι τοῦ πυθμένος, C ἔνθα καὶ τὰς συλλήψεις λέγουσι γίνεσθαι ἰατροί, πάντως ἐν χρόνῳ τινὶ τὸ διάστημα τοῦτο ἀνύειν [42] πέφυκεν [43] ἡ καταβαλλομένη τοῦ σπέρματος [44] φύσις. Ἀγνοοῦντες οὖν τὴν ποσότητα τοῦ χρόνου κατὰ τὸ ἀκριβὲς οἱ Χαλδαῖοι οὐδέποτε τὴν σύλληψιν καταλήψονται. Τοῦ σπέρματος ὁτὲ μὲν εὐθυβολουμένου καὶ αὐτοῖς προσπίπτοντος [45] ὑφ' ἓν τοῖς εὐφυῶς ἔχουσι πρὸς σύλληψιν τῆς μήτρας [τόποις, ὁτὲ δὲ πολυσπόρως ἐμπίπτοντος, ὑπ' αὐτῆς δὲ τῆς ἐν τῇ μήτρᾳ δυνάμεως εἰς ἕνα τόπον συνάγεσθαι [46]] δυναμένου· τῶν ἀγνώστων τὸ πότε [47] γίνεται τὸ πρῶτον καὶ πότε τὸ δεύτερον, πόσος τε ὁ εἰς ἐκείνην τὴν σύλληψιν ἀναλισκόμενος χρόνος καὶ πόσος [ὁ] εἰς ταύτην [48] ἀγνοουμένων δὲ τούτων ἦρται [49] καὶ ἡ πρὸς ἀκρίβειαν τῆς συλλήψεως κατάληψις. Εἴπερ τε [50], ὥσπερ τινὲς D τῶν φυσικῶν εἰρήκασιν, ἐψόμενον [51] πρῶτον καὶ προμεταβαλλόμενον [52] ἐν μήτρᾳ τὸ σπέρμα τότε προσέρχεται τοῖς ἀναστομωθεῖσιν αὐτῆς ἀγγείοις, καθάπερ [53] τῇ γῇ τὰ τῆς γῆς σπέρματα· αὐτόθεν [54]

VARIÆ LECTIONES.

[25] δὲ om. C. [26] διασημαινόμενον C, M. [27] ἀπλανὲς om. C. [28] ἀναφορὰν Sextus; διαφορὰν C, M. [29] Ἐπὶ Sextus; Ἀπὸ C, M. [30] ἀποτάξεω, C et Sexti codd., C, S, V. [31] ἡ διαφορὰ—ἴσχοντος C. [32] τετηρείσθω C; τετήρηται Sextus. [33] ἐπὶ C. Uberius Sextus § 53. Τετήρηται, καθάπερ διακόνῳ πρὸς τὴν τήρησιν τοῦ ὡροσκόπου χρησαμένων τῶν Χαλδαίων· ἐπὶ δὲ τῇ ἀναφορᾷ ὁ συσχηματισμὸς τῶν ἄλλων ἀστέρων, ὅπερ διάθεμα καλοῦσι, καὶ ἐπὶ τῷ διαθέματι αἱ προαγορεύσεις. [34] σχηματισμὸν C, M. [35] ἐπὶ τὴν Sextus ante Bekkerum. [36] παραστήσομεν Sextus. [37] ἄστατος C. [38] λέγομεν C et Sexti cod R et ed. Gen. [39] Τὴν δὴ Sextus; Δεῖ τὴν C, M. [40] ὁρίσαντας C, M. [41] θέσει Sextus; an καταθέσει? [42] ἀνύειν ποιεῖν Sextus. [43] πέφυκεν ἡ Sextus; πέφυκε C, M. [44] τοῦ σπέρματος Sextus τὸ σπέρμα ἡ; C, M. [45] προσπίπτος C. [46] Uncis inclusa suppleta ex Sexto. [47] δυνάμεων· ἀγνώστων δὲ ὄντων πότε C, M. [48] πόσος εἰς αὐτὴν C. [49] ἦρται — οἴχεται Sextus. [50] τε. γε C. [51] ἐψόμενον Sextus; ἐμμένον C, M. [52] προμεταβάλλον Sextus. [53] καθάπερ — σπέρματα. Hæc, quæ parum ad rem facere videntur, omissa apud Sextum. [54] αὐτόθεν Sextus; ὅθεν C, M.

οἱ μὴ [55] εἰδότες τὴν ποσότητα τοῦ τῆς μεταβολῆς A [p. 37-39] χρόνου οὐκ εἴσονται οὐδὲ τὸν τῆς συλλήψεως καιρόν. Ἔτι δὲ καὶ [56] ὡς κατὰ τὰ λοιπὰ μέρη τοῦ σώματος διαφέρουσιν ἀλλήλων αἱ γυναῖκες κατὰ ἐνέργειάν τε καὶ τὰς λοιπὰς αἰτίας, οὕτως καὶ κατὰ τὴν τῆς μήτρας ἐνέργειαν τὰς μὲν θᾶττον συλλαμβανούσας τὰς δὲ βράδιον. Καὶ οὐ παράδοξον, ὅπου [57] καὶ αὐταὶ αὑταῖς [58] συγκρινόμεναι νυνὶ μὲν εὐσύλληπτοι θεωροῦνται, νυνὶ δὲ οὐδαμῶς. Τούτου δ' οὕτως ἔχοντος ἀδυνάτως [59] ἐστι λέγειν πρὸς ἀκρίβειαν πότε συνέχεται [60] τὸ καταβληθὲν σπέρμα, ἵνα ἀπὸ τούτου τοῦ χρόνου στήσωσιν [61] οἱ Χαλδαῖοι τῆς γενέσεως τὸν ὡροσκόπον.

4. Τούτῳ τῷ λόγῳ ἀδύνατόν ἐστιν ἐκ τῆς συλλήψεως στῆσαι τὸν ὡροσκόπον. Ἀλλ' οὐδὲ [62] ἐξ ἀποτέξεως [63]. Πρῶτον μὲν γὰρ ἄπορόν ἐστι τὸ πότε ῥηθήσεται ἀπότεξιν εἶναι· ἄρά γε ὅταν ἄρξηται B προκύπτειν εἰς τὸν ψυχρὸν ἀέρα τὸ ἀποτικτόμενον [64], ἢ ὅταν ὀλίγον [65] ἐξίσχῃ, ἢ ὅταν εἰς τὴν γῆν κατενεχθῇ [66]; οὐδ' ἐν ἑκάστῳ [67] τούτων δυνατόν ἐστι τὸ ἀκριβὲς τῆς ἀποτέξεως [68] καταλαβέσθαι ἢ χρόνον ὁρίζειν. Καὶ γὰρ διὰ παράστημα ψυχῆς καὶ δι' ἐπιτηδειότητα σώματος καὶ διὰ προαίρεσιν [69] τῶν τόπων καὶ δι' ἐμπειρίαν μαίας [70] καὶ ἄλλας ἀπείρους προφάσεις οὐχ ὁ αὐτός ἐστι χρόνος καθ' ὃν προκύπτει τὸ τικτόμενον ῥαγέντων τῶν ὑμένων, ἢ ἐκτὸς ὀλίγον [71] γίνεται, ἢ εἰς τὴν γῆν καταφέρεται, ἀλλ' ἄλλος ἐπ' ἄλλων [72]. Ὃν [73] πάλιν μὴ δυνάμενοι ὡρισμένως καὶ ἀκριβῶς σταθμήσασθαι [74-75] οἱ Χαλδαῖοι ἐκπεσοῦνται τοῦ δεόντως [76] τὴν τῆς ἀποτέξεως [77] ὥραν ὁρίζειν. Ὅτι μὲν οὖν ἐπαγγέλλονται ἐπὶ τοῖς τῆς ἀποτέξεως χρόνοις οἱ Χαλδαῖοι τὸν ὡροσκόπον C γινώσκειν, οὐκ ἴσασι [78] δὲ, ἐκ τούτων συμφανές· ὅτι δὲ οὐδὲ τὸ ὡροσκόπιον ἀπλανὲς αὐτοῖς ἐστι, πάρεστιν ἐπιλογίζεσθαι. Ὅταν γὰρ λέγωσιν ὅτι ὁ προσεδρεύων τῇ ὠδινούσῃ ἅμα τῇ ἀποτέξει [79] δίσκῳ σημαίνει τῷ ἀπὸ [80] τῆς ἀκρωρείας ἀστεροσκοποῦντι Χαλδαίῳ, κἀκεῖνος εἰς οὐρανὸν ἀποβλέπων παρασημαίνεται [81] τὸ ἀνίσχον [p. 39, 40] ζώδιον, τὸ μὲν πρῶτον ἐπιδείξωμεν [82] αὐτοῖς ὅτι τῆς ἀποτέξεως ἀορίστου τυγχανούσης, καθὼς μικροῦ πρότερον παρεστήσαμεν, οὐδὲ τῷ δίσκῳ ταύτην διασημαίνειν εὔκολον [83]. Εἶτ' ἔστω καὶ καταληπτὴν [84] ὑπάρχειν τὴν ἀπότεξιν, ἀλλ' οὔτιγε [85] πρὸς ἀκριβῆ χρόνον σημειοῦσθαι [86] ταύτην δυνατόν ἐστι· τὸν γὰρ τοῦ δίσκου ψόφον ἐν πλείονι [87] χρόνῳ καὶ ἐν συχνῷ [88] πρὸς αἴσθησιν δυνάμενον μερίζεσθαι κινεῖσθαι [89] συνέβη D

A mulieres et ad vigorem et reliqua, ita par est eas etiam ad vigorem uteri differre, ita ut aliæ citius concipiant, aliæ tardius. Nec absurdum, cum et ipsæ secum ipsis comparatæ aliquando pronæ ad concipiendum reperiantur, aliquando autem nequaquam. Quæ cum ita se habeant, accurate dici nequit, quando contineatur injectum semen, ut ab hoc tempore horoscopum Chaldæi constituant.

4. Propter hanc rationem fieri non potest, ut ex conceptione constituatur horoscopus. Sed ne ex enixione quidem. Primum enim arduum est affirmare quando jure dicatur enixio adesse. Anne B quando cœpit provolvi in frigidum aerem id quod paritur, an quando paululum emineat, an quando in terram delapsum sit? Neque in singulis his casibus potest fieri ut ipsum momentum enixionis comprehendatur aut tempus definiatur. Etenim per præsentiam animi et opportunitatem corporis et electionem locorum et scientiam obstetricis aliasque causas innumerabiles non idem est tempus, quo provolvitur partus ruptis membranis, aut paululum prominet, aut in terram defertur, sed in aliis aliter. Quod rursus tempus cum non possint definite et accurate statuere Chaldæi, excident facultate enixionis tempus, ut oportebat, definiendi. Profiteri quidem igitur in ipsis enixionis momentis Chaldæos C horoscopum sese cognoscere, non nosse autem ex his apertum est, esse autem nec horoscopium quidem iis certum, in promptu est rationem subducere. Quando enim dicunt eum, qui assideat parturienti, cum ipsa enixione disco significare Chaldæo ex edito loco stellas contemplanti; huncque in cœlum intuentem **58-59** notare oriens signum: primum demonstremus illis, cum enixio non definita sit, ut paulo superius exposuimus, hanc ne disco quidem significare facile esse. Porro vel esto comprehendi posse enixionem, at certe fieri nequit, ut ad accuratum tempus significetur; disci enim sonus longiore demum tempore ad sensum dividi cum possit, evenit ut ægre moveatur ad cacumen. Documentum autem est id, quod in iis qui in longin- D quo ligna cædunt observatur. Nam post satis diu-

VARIÆ LECTIONES.

[55] οἱ μὴ οὐκ Sextus. [56] Rectiora hæc exstant apud Sextum sic: Καὶ μὴν ὥσπερ κατὰ τὰ λοιπὰ μέρη τοῦ σώματος ἐν ταῖς τῶν μερῶν ἐνεργείαις διαφέρουσιν ἀλλήλων αἱ γυναῖκες, οὕτως εἰκὸς αὐτὰς καὶ κατὰ τὴν τῆς μήτρας ἐνέργειαν διαφέρειν, τὰς μὲν θᾶττον συλλαμβανούσας, τὰς δὲ βράδιον. [57] ὅπου ὅτε Sextus. [58] αὗται αὑταῖς C; αὗται αὐταῖς M: ἑαυταῖς Sextus. [59] τῶν ἀδυνάτων Sextus; ἀδύνατόν M. [60] τὸ πότε συνέσχηται Sextus. [61] συστήσωσιν Sextus ante Bekkerum. [62] ἀλλ' οὐδὲ ἄλλοι δὲ C: καὶ μὴν οὐδὲ Sext. V § 64 p. 348. [63] ἐξ ἀποτέξεως ἀπὸ τέξεως Sextus. [64] τὸν ψυχρὸν ἀέρα τὸ ἀποτικτόμενον Sextus; τὸν θυρεὸν C, M. [65] ὀλίγον Sextus; ὅλον C. [66] κατενεχθῇ Sextus; ἐνεχθῇ C, M. [67] οὐδ' ἐν ἑκάστῳ οὐδὲν ἑκάστῳ C: εἶτα οὐδὲ ἐφ' ἑκάστου Sextus. [68] ἀποτέξεως Sextus: ἀποδείξεως C, M. [69] καὶ πρὸς διάθεσιν Sextus. [70] μαίας Sextus: ἅμα C. [71] ὀλίγον Sextus: ὅλον, ante quod vocabulum duæ litteræ evanuerunt, C. [72] ἐπ' ἄλλων. [73] ὃν Sextus: ἐπ' ἄλλῳ ὧν C; ἐπ' ἄλλῳ, ὃν M. [74-75] σταθμίσεσθαι C. [76] δέοντος C. [77] ἀποτέξεως Sextus: ἀποδείξεως C, M. [78] οὐκ ἴσασι Sextus: οὐχ ἱστᾶσι C. [79] ἅμα τῇ ἀποτέξει τὴν ἀπότεξιν Sextus [80] ἐπὶ τῆς Sextus. [81] παρασημαίνεται ἐπισημαιοῦται Sextus. [82] ἐπιδείξωμεν C: ἐπιδείξομεν M; ὑποδείξομεν Sextus. [83] εὔκολον Sextus, εὔλογον C. [84] καὶ καταληπτὴν Sextus, καταληπτὴν C, M. [85] οὔ γε Sextus. [86] παρεπισημειοῦσθαι Sextus. [87] ἐν πλείονι Sextus, πλείονι C, M. [88] ἐν συχνῷ Sextus, οὐ συχνῷ C, συχνῷ M. [89] καὶ κινεῖσθαι C.

turnum tempus quam securis demissa est exauditur sonus ictus, quippe qui longiore intervallo penetret ad eum qui audit. Hanc ob rem igitur non licet accurate Chaldæis tempus exorientis signi et quod revera pro horoscopo habeatur assequi. Tametsi non solum majus temporis intervallum intercedit post partum, dum is, qui assidet parturienti, ferit disco, deinde, postquam feriit, audit qui sedet in cacumine: sed etiam dum circumspectat et cernit in quo signorum sit luna et reliquarum stellarum in quonam signo sit quæque, necessario consequitur ut diversa exsistat stellarum dispositio, cum poli motus ineffabili celeritate feratur antequam curiose observando accommodaverit ejus qui nascitur momento ea quæ in cœlo spectantur.

A ἐπὶ τὴν ἀκρώρειαν. Τεκμήριον δὲ [τὸ [90]] ἐκ πόρρω δενδροτομούντων θεωρούμενον· μετὰ γὰρ ἱκανὴν ὥραν τοῦ κατενεχθῆναι τὸν πέλεκυν ἀκούεται ἡ φωνὴ τῆς πληγῆς, ὡς ἂν ἐν [92] πλείονι φθάνουσα ἐπὶ τὸν ἀκούοντα. Καὶ διὰ τοίνυν οὐκ ἔστιν ἀκριβῶς τοῖς Χαλδαίοις τὸν [illegible] τοῦ ἀνίσχοντος ζωδίου καὶ κατ' ἀλήθειαν ὡροσκοποῦντος λαμβάνειν. Καὶ μὴν οὐ μόνον [94] πλείων διελθὼν [95] χρόνος μετὰ τὴν ἀπότεξιν τοῦ παρεδρεύοντος τῇ ὠδινούσῃ κρούσαντος τὸν δίσκω, εἶτα μετὰ τὸ κροῦσαι ἀκούσαντος τοῦ ἐπὶ τὴν ἀκρώρειαν, [ἀλλὰ [96]] καὶ περισκοποῦντος καὶ σκοποῦντος ἐν τίνι τῶν ζωδίων ἐστὶν ἡ σελήνη [97] καὶ τῶν λοιπῶν ἀστέρων ἐν τίνι ἕκαστος, φθάνει [98] ἀναγκαῖον [99] ἀλλοιότερον γενέσθαι τὸ περὶ τοὺς ἀστέρας διάθεμα, τῆς τοῦ πόλου κινήσεως ἀλέκτῳ [1] τάχει φερομένης [2], πρὶν τηρητικῶς [3] παραφυλάξασθαι τὴν τοῦ γεννηθέντος ὥραν κατ' οὐρανὸν βλεπομένην.

5. In hunc modum absurda ostendetur Chaldæorum ars. Sin vero dixerit quispiam ex interrogationibus ejus qui sciscitetur ex Chaldæo posse perspici genituram, manifestum est ne hac quidem ratione assequi illum posse accuratum tempus. Etenim si celebrata est tanta illorum dexteritas in arte sua, et ne ipsi quidem assequuntur accuratum tempus, sicuti demonstravimus, qui tandem qui rudis est illius artis comprehendit enixionis tempus accurate, unde edoctus Chaldæus horoscopum recte constituat? Verum ne ex contemplatione quidem horizontis ubique apparebit exoriens eadem stella, sed est ubi **60-61** pro horoscopo habebitur declinatio, ab altera parte erit ubi successio, prouti loca in conspectum cadunt vel editiora, vel depressiora: quapropter etiam ab hac parte non accuratam esse apparebit prædictionem, cum multi per universum orbem terrarum eadem hora nascantur, alius autem aliter stellas observet. Vana autem etiam est quæ per clepsydras celebratur comprehensio. Non enim pariter amphora fluet, cum erit plena quam cum erit seminanis, dum ipse polus ex illorum doctrina uno impetu pari celeritate fertur. Sin tergiversati dicent non se accuratum tempus sumere, sed prouti accidit in aliqua latitudine, ferme ab ipsis coarguentur apotelesmatis. Nam eodem tempore qui editi sunt non eamdem degerunt vitam, sed alii exempli gratia reges facti sunt, alii in vinculis consenuerunt. Nemo certe Alexandro Macedoni exstitit compar, quanquam multi per orbem terrarum una cum illo erant nati, nemo Platoni philosopho; ut

B 5. Οὕτως ἀσύστατος δειχθήσεται ἡ κατὰ Χαλδαίους τέχνη. Εἰ δὲ ἐξ ἐπερωτήσεων φάσκοι τις σκοπεῖσθαι τοῦ πυνθανομένου τὴν γένεσιν ἢ περὶ [4] οὗ ἐπερωτᾷ, μηδὲ κατὰ τοῦτον τὸν τρόπον δύνασθαι ἐφικνεῖσθαι ἐπὶ τὸ ἀκριβές. Εἰ γὰρ τοσαύτη τις ἐπιμέλεια [illegible]ρηται κατ' αὐτοὺς περὶ τὴν τέχνην καὶ μηδ' αὐτοὶ ἐφικνοῦνται ἐπὶ τὸ ἀκριβές, καθὼς ἐπεδείξαμεν, πῶς ὁ ἰδιώτης κατείληφε τῆς ἀποτέξεως τὸν χρόνον ἀκριβῶς, ἵνα παρὰ τούτου μαθὼν ὁ Χαλδαῖος στήσῃ τὸν ὡροσκόπον ἀληθῶς; Ἀλλ' οὐδὲ κατὰ τὴν τοῦ ὁρίζοντος ὄψιν πάντη ὁ αὐτὸς φανήσεται [p. 60-61] ἀνίσχων ἀστήρ, ἀλλ' ὅπου μὲν ὡροσκόπος νομισθήσεται τὸ ἀπόκλιμα, ὅπου δὲ ὡροσκόπος ἡ ἐπαναφορά, παρὰ τὴν τῶν τόπων ἐπιφάνειαν ὄντων ἢ [illegible]ρων ἢ ὑψηλοτέρων, ὥστε καὶ κατὰ τοῦτο τὸ μέρος
C οὐκ ἀκριβὴς φανήσεται ἡ προαγόρευσις, πολλῶν κατὰ πάντα τὸν κόσμον τῇ αὐτῇ ὥρᾳ γεννωμένων, ἄλλου ἄλλως τὰ ἄστρα θεωροῦντος. Ματαία [illegible] διὰ τῶν ὑ[δρι]ῶν νομιζομένη κατάληψις. Οὐ γὰρ ὁμοίως [ὁ] ἀμφορεὺς [6] το....... θεὶς ῥύσει πλήρης ὢν ὡς ἀπόκενος, αὐτοῦ τοῦ πόλου [7] κατὰ τὸν ἐκείνων λόγον ἑνὶ ὁρμήματι ἰσοταχῶς φερομένου. Εἰ δὲ ἀναστρέψαντες [8] λέγοιεν μὴ τὸν ἀκριβῆ χρόνον λαμβάνειν [9], ἀλλ' ὡς ἔτυχεν ἐν πλάτει, σχεδὸν ὑπ' αὐτῶν ἐλεγχθήσονται τῶν ἀποτελεσμάτων. Οἱ γὰρ ἐν τῷ αὐτῷ χρόνῳ γεννηθέντες οὐ τὸν αὐτὸν ἔζησαν βίον, ἀλλ' οἱ μέν, λόγου χάριν, ἐβασίλευσαν, οἱ δὲ ἐν πέδαις κατεγήρασαν. Οὐδεὶς γοῦν Ἀλεξάνδρῳ τῷ Μακεδόνι γέγονεν ἴσος πολλῶν κατὰ τὴν οἰκουμένην ὁμοίως
D ἀποτεχθέντων αὐτῷ, οὐθεὶς [10] Πλάτωνι τῷ φιλοσόφῳ. Ὥστε τὸν ἐν πλάτει [11] τῆς γενέσεως χρόνον ὁ Χαλδαῖος

VARIÆ LECTIONES.

[90] τὸ add. M. ex Sexto. [91] γὰρ Sextus, δὲ C. [92] ἂν ἐν Sextus, ἄνευ C. [93] κατ' ἀκρίβειαν Sextus. [94] φθάνει Sextus, φανεῖται C, M. [95] διελθεῖν Sextus. [96] ἀλλὰ Sextus, om. C. [97] ἐστὶν ἡ σελήνη Sextus, ἐστὶ σελήνη C, M. [98] φθάνει Sextus, φαίνεται C, M. [99] ἀναγκαῖον om. Sextus. [1] ἀλέκτῳ Sextus, ἀλλ' ἐν C. [2] φερομένης Sextus, φερόμενα C. [3] Sextus apertius: Πρὶν τηρητικῶς παραπλάσασθαι τῇ τοῦ γεννηθέντος ὥρᾳ τὰ κατ' οὐρανὸν βλεπόμενα § 70 p. 349. [4] ἢ περὶ C. Hæc gravius corrupta eam fere sententiam videntur habuisse, quam in versione expressimus. Cf. Sext. § 87. [5] τοῦ om. pr. C. [6] Rectius Sextus § 77, p. 350: Ὁ ἀμφορεὺς οὐχ ὡσαύτως ῥυήσεται πλήρης καθεστὼς, ὡσαύτως δὲ ἡμίκενος. [7] πόλου πολλὰ C. [8] ἀναστρέψαντες Sextus § 88, p. 352, διαστρέψαντες C. [9] λαμβάνεσθαι Sextus. [10] οὐδ' εἷς C, οὐδὲ Sextus. [11] Apertius Sextus § 89: Ὥστε εἰ τὸν ἐν πλάτει τῆς γενέσεως χρόνον ὁ Χαλδαῖος ἐπιστήσεται, οὐ δυνηθήσεται παγίως λέγειν ὅτι ὁ κ. τ. λ.

A ριβῶς οὐ δυνήσεται λέγειν, εἰ [ὁ] κατὰ τὸν αὐτὸν [12] όνον γεννηθεὶς εὐτυχήσει. Πολλοὶ γοῦν κατὰ τὸν τὸν χρόνον [13] γεννηθέντες [14] ἐδυστύχησαν, ὥστε αταία καὶ ἡ κατὰ τὰ διαθέματα ὁμοιότης. Διαφόρως ν [15] καὶ πολυτρόπως τὴν ματαιόπονον σκέψιν τῶν αλδαίων διελέγξαντες οὐδὲ τοῦτο παραλείψομεν, τες εἰς ἄπορον χωρήσουσιν αἱ προῤῥήσεις αὐτοῖς. l γὰρ τὸν ἐν τῇ ἀκίδι τοῦ [16] Τοξότου γεννηθέντα, ς οἱ μαθηματικοὶ λέγουσιν, ἀνάγκη σφαγήσεσθαι, τῶς αἱ τοσαῦται τῶν βαρβάρων μυριάδες ἀγωνιζό-ι εναι [17] πρὸς τοὺς [18] Ἕλληνας ἐν Μαραθῶνι ἢ Σαλα-μῖνι [19] ὑφ' ἓν κατεσφάγησαν; Οὐ γὰρ δή γε ἐπὶ πασῶν [20] ὁ αὐτὸς [21] ἦν ὡροσκόπος. Καὶ πάλιν εἰ [22] τὸν ἐν τῇ κάλπῃ τοῦ Ὑδροχόου γεννηθέντα ναυαγήσειν [23], πῶς οἱ [24] ἀπὸ Τροίας ἀναγόμενοι [25] τῶν B Ἑλλήνων περὶ τὰ κοῖλα τῆς Εὐβοίας συγκατεποντίσθησαν; Ἀπίθανον γὰρ πάντας μακρῷ χρόνῳ διαφέροντας ἀλλήλων ἐν τῇ κάλπῃ [26] τοῦ Ὑδροχόου γεγεννῆσθαι. Οὐ γὰρ ἔστι λέγειν ὅτι δι' ἕνα πολλάκις, [p. 42-44] ᾧ εἵμαρται κατὰ πέλαγος φθαρῆναι, πάντες οἱ ἐν τῇ νηῒ συναπολοῦνται [27]. Διατί γὰρ ἡ τούτου εἱμαρμένη τὰς πάντων νικᾷ, ἀλλ' οὐχὶ διὰ τὸν [28] ἕνα, ᾧ εἵμαρται ἐπὶ γῆς τελευτᾷν, πάντες περισώζονται;

6. Ἀλλ' ἐπεὶ καὶ περὶ τῆς τῶν ζωδίων ἐνεργείας λόγον ποιοῦνται, οἷς φασι προσομοιοῦσθαι τὰ ἀποτικτόμενα, οὐδὲ τοῦτον παραλείψομεν, οἷον τὸν ἐν Λέοντι γεννηθέντα ἀνδρεῖον ἔσεσθαι· ὁ δὲ ἐν Παρ- C θένῳ τετανόθριξ, [29] λευκόχρως [30], ἄπαις, αἰδήμων. Ταῦτα δὲ καὶ τὰ τούτοις ὅμοια γέλωτός ἐστι μᾶλλον ἄξια καὶ οὐ [31] σπουδῆς. Ἔστι γὰρ κατ' αὐτοὺς μηδένα Αἰθίοπα ἐν Παρθένῳ γεννᾶσθαι· εἰ δ' οὔ, δώσει [εἶναι] [32] τὸν τοιοῦτον λευκὸν, τετανότριχα καὶ τὰ ἕτερα. Οἶμαι δὲ μᾶλλον τοὺς ἀρχαίους [τὰ] [33] ὀνόματα τῶν κειμένων ζώων ἐπὶ κλητοῖς [34] ἄστροις προστεθεικέναι οἰκειώσεως χάριν, οὐχ ὁμοιοτρόπου φύσεως· τί γὰρ ἔχουσιν ὅμοιον ἄρκτῳ [35] οἱ ἑπτὰ ἀστέρες διεστῶτες ἀπ' ἀλλήλων; ἢ δράκοντος κεφαλῇ οἱ, ὥς φησιν ὁ Ἄρατος, πέντε [36];

Ἀλλὰ δύο [37] κροτάφοις, δύο δ' ὄμμασιν, εἷς δ' ὑπένερθεν
Ἐσχατιὴν ἐπέχει [38] γένυος δεινοῖο πελώρου.

D 7. Οὕτως [39] καὶ ταῦτα οὐκ ἄξια τοσούτου πόνου δείκνυται τοῖς εὖ φρονεῖν προῃρημένοις καὶ μὴ προσέχουσι τῇ τῶν Χαλδαίων ἐμφυσιώσει, οἳ καὶ βασιλεῖς ἐξαφανίζουσι δειλίαν καταρτίζοντες καὶ ἰδιώτας παραθαῤῥύνουσι μεγάλα τολμᾷν. Εἰ δὲ ἀποτύχοι

A cum minus accuratum natalium tempus sumet Chaldæus, accurate nequeat dicere, num qui eodem tempore natus est prospera usurus sit fortuna. Multi certe per idem tempus nati adversa fortuna sunt conflictati, unde apparet vanam esse etiam similitudinem secundum dispositūras. Confutata igitur diversis rationibus multisque modis inani sedulitate Chaldæorum ne hoc quidem prætermittemus, prædictiones eorum inexplicabiles difficultates habere. Si enim, ut mathematici dicunt, eum, qui est sub cuspide Sagittarii natus, oportebit jugulari, quomodo tandem tot barbarorum myriades, quæ certaverunt cum Græcis ad Marathonem vel ad Salaminem, simul jugulati sunt? Non enim profecto omnibus idem horoscopus illuxit. Et rursus si eum, B qui sub situla Aquarii natus est, naufragio uti oportebit, quomodo Græcorum ii, qui Troja redierunt, circa cava Eubœæ una in mare demersi sunt? Improbabile enim est omnes magno spatio temporis a se distantes sub situla Aquarii natos esse. Non enim licet dicere propter unum **62-63** sæpe, cui fatale est in mare demergi, omnes, qui eadem navi vehuntur, una demersum iri. Cur enim hujus fatum reliquorum omnium fata vincit, et non propter unum, cui fatale est in terra mori, reliqui omnes conservantur?

6. Sed quoniam et de signorum potestate sermonem instituunt, quibus aiunt assimilari quæ nascuntur, ne hunc quidem omittemus, veluti, qui sub Leone natus erit fortem fore; qui autem sub Vir- C gine promissis capillis, candida facie, carens liberis, verecundus. Hæc autem horumque similia risu potius digna et non studio. Fieri enim ex istorum ratione nequit, ut aliquis Æthiops sub Virgine nascatur; sin contra, dabit talem esse candidum, promissis capillis et reliqua. Opinor autem potius antiquos nomina receptorum animalium pro cognominibus posuisse stellis familiaritatis gratia, non similiter comparatæ naturæ. Quid enim habent commune cum ursa septem stellæ distantes inter se, aut cum draconis capite quinque quas dicit Aratus stellæ?

Tempora bina tenent, oculos duo, subtus et unum
Immanis monstri maxillæ extrema capessit.

D 7. Ita hæc quoque non digna tanto labore monstrantur iis, qui recte sentire gestiunt et non animum appellunt ad Chaldæorum gloriationes, qui et reges de medio tollunt ignaviam concinnantes, et homines privatos excitant ad magna facinora. Sin

VARIÆ LECTIONES.

[12] τὴν αὐτὸν Sextus, τοῦτον τὸν C, M. [13] αὐτὸν τὸν C [14] τούτῳ γεννηθέντες Sextus, [15] γοῦν C. [16] τόξου C. [17] ἀνταγωνιζόμεναι Sextus. [18] πρὸ τοὺς pr. C [19] ἢ Σαλαμῖνι om. Sextus § 92, p. 353. [20] πάντων Sextus. [21] ὁ αὐτὸς Sextus, αὐτῶν C. [22] εἰ om. C, M [23] ναυαγήγειν C. [24] πῶς οἱ Sextus, πόσοι C. [25] ἀνακομιζόμενοι Sextus. [26] ἐν τῇ κάλπιδι Sextus, ἐπὶ τῇ κάλπῃ C, M. [27] συναπόλλυνται Sextus. [28] διὰ τὴν ᾧ εἵμαρτο C. [29] Post τετανόθριξ Sextus § 95, p. 353 add χαροπός. [30] λευκόχρως Sextus; λευκόχρου; C, M. [31] καὶ οὐ ἢ Sextus. [32] εἶναι ex Sexto addidimus. [33] τὰ add. M. [34] ἐπίκλησιν τοῖς M recte, ut videtur. [35] ἄρκτῳ οἱ Sextus . 35 98§ 1; ἄρκτου C. [36] κεφαλαὶ ὥς φησιν ὁ Ἄρατος πέντε; C οἱ πέντε; ἐφ' ὧν φησιν ὁ Ἄρατος Sextus M. [37] Arat. Phænom. 56. [38] ἐσχάτη δ' ἐπέχει C. [39] Γ

quis ipse in errorem lapsus a vero aberraverit, tantum abest, ut exemplo suo reliquos doceat, ut ipsa repulsa hos fallere studentes in infinitum mentes eorum perturbent dicendo, non aliter earumdem stellarum configurationem ad idem pervenire posse quam per reversionem magni anni, per septem millia annorum et septingentos et septuaginta septem. Quomodo igitur poterit humana observatio congruere cum tot sæculis in una genitura? idque non semel, sed sæpe... Pluribus confutari Chaldæorum artem oportuit, quanquam ob **64-65** alias res meminimus ejus, non proprie ob ipsam. Sed postquam propositum fuit nihil ex placitis ethnicorum omittere propter multisonam hæresium versutiam, videamus quid dicant etiam ii, qui de magnitudinibus periclitati sunt dicere, qui perspecto plurimorum vano labore, cum alius aliter mentitus et celebritatem nactus esset, majus quid conati sunt eloqui, quo ab iis, qui parva mendacia magnificis laudibus extulissent, majoribus efferrentur. Hi orbes et mensuras triangulosque et quadrangulos duplaque et tripla ponunt. Multus autem de hac re sermo est, sed ut ad propositum nostrum non sit necessarius.

8. Sufficere igitur arbitror exponere quæ ipsi portenta loquuntur. Quamobrem usus epitomis eorum quæ ipsi docent ad ea quæ reliqua sunt me convertam. Docent autem hæc : Principatum dedit opifex mundi ejusdem ipsius similisque conversioni; eam namque solam indivisam reliquit, interiorem vero cum sexies divisisset, septemque orbes inæquales dupli et tripli intervallis effecisset, singula, cum tria sint utriusque, contrariis inter se cursibus orbes peragere jussit : et ex septem interioribus tres quidem pari celeritate, quatuor vero et ad se et ad reliquos tres celeritate quidem impari, justa tamen ratione converti. Principatum igitur datum esse ejusdem ipsius conversioni ait, non solum quoniam continet alterius conversionem, hoc est stellas erraticas, sed quia etiam tantum habet principatum, hoc est tantam vim, ut vel quæ in adversam partem, hoc est erraticæ, ab occasu ad orientem vertuntur ipsas propria potentia pariter etiam ab ortu ad occasum secum una circumagat. Unam autem eam et indivisam relictam esse ait hanc conversionem, primum quidem quia omnium fixarum stellarum pari temporis intervallo fiunt conversiones et non discretæ secundum amplius vel brevius tempus, deinde quia omnes habent eamdem apparentiam, quæ est extimæ conversionis, erraticæ

A αὐτὸς κακῶς περιπαρεὶς, οὐ πᾶσι γίνεται [illegible] ὁ βλαβεὶς, οὓς φρεναπατᾶν βουλόμενος τοῖς [illegible] μασιν εἰς ἄπειρον τὸν νοῦν αὐτῶν [illegible] λέγουσιν οὐχ ἄλλως [61] ἐπὶ τὸ αὐτὸ [62] δύνασθαι [illegible] σχηματισμὸν [63] τῶν αὐτῶν ἀστέρων γίνεσθαι [illegible] τῆς ἀποκαταστάσεως τοῦ μεγάλου ἐνιαυτοῦ [illegible] ἑπτακισχελίων [64] ἐτῶν καὶ ἑπτακοσίων [illegible] καὶ ἑπτά. Πῶς οὖν φθάσει ἀνθρωπίνη παρ[illegible] τοῖς τοσούτοις αἰῶσι συνδραμεῖν ἐπὶ μιᾶς γε[illegible] καὶ ταῦτα οὐχ ἅπαξ ἀλλὰ πολλάκις [65] οἶμαι [illegible] ἐλπίδα πλειόνων ἐληλέγχθαι τὴν Χαλδαϊκὴν [illegible] τέχνην ἔδει· καίτοι δι' ἕτερα αὐτῆς ἡμῶν [illegible] των, οὐχὶ ἰδίως δι' αὐτήν [66]. Ἀλλ' ἐπεὶ [illegible] μεθα [67] μηδὲν τῶν παρ' ἔθνεσι δογμάτων [illegible] πεῖν διὰ τὴν πολύφωνον τῶν αἱρέσεων [illegible]

B ἴδωμεν τί λέγουσι καὶ οἱ περὶ μεγεθῶν [illegible] τες, οἳ κατιδόντες τὴν τῶν πλειόνων μαται[illegible] ἄλλου ἄλλως διαψευσαμένου καὶ εὐδοκιμήσαντ[illegible] μεῖζόν τι ἐτόλμησαν εἰπεῖν, ὅπως ὑπὸ τῶν τὰ [illegible] ψεύσματα μεγάλως δοξασάντων μειζόνως [illegible] σιν. Οὗτοι κύκλους καὶ μέτρα τρίγωνά [illegible] τράγωνα διπλάσιά τε καὶ τριπλάσια [illegible] πολὺς δὲ ὁ περὶ τούτου λόγος, ἀλλ' οὐ πρὸς τὸ [illegible] κείμενον ἀναγκαῖος.

8. Ἱκανὸν οὖν λογίζομαι ἐξειπεῖν τὰ ὑπ' [illegible] τερατολογούμενα. Διὸ τοῖς ἐπιτόμοις [illegible] ὧν [68] αὐτοὶ λέγουσιν, ἐπὶ τὰ ἕτερα [illegible] Λέγουσι δὲ ταῦτα [69]· Κράτος ἔδωκεν ὁ δημιουργὸς [illegible] τῇ ταὐτοῦ καὶ ὁμοίου περιφορᾷ· μίαν γὰρ [illegible]

C ἄσχιστον εἴασε, τὴν δὲ ἐντὸς σχίσας [illegible] κύκλους ἀνίσους κατὰ τὴν τοῦ διπλασίου [illegible] πλασίου [71] διάστασιν ἑκάστην, [illegible] τριῶν, κατὰ τὰ ἐναντία μὲν ἀλλήλοις [illegible] ἰέναι τοὺς κύκλους, τάχει δὲ τρεῖς μὲν [illegible] τοὺς δὲ τέσσαρας ἀλλήλοις τε καὶ τοῖς τρισὶν [illegible] μοίως [72], ἐν λόγῳ δὲ φερομένους [73]. Κράτος μὲν [illegible] σθαι τῇ ταὐτοῦ φορᾷ φησιν, οὐ μόνον [illegible] χει τὴν θατέρου φορὰν, τουτέστι τοὺς πλανωμένους, ἀλλ' ὅτι καὶ τοσοῦτον ἔχει κράτος, τουτέστι τοσαύτην δύναμιν, ὥστε καὶ τοὺς ἐπὶ [74] τἀναντία, τοὺς πλανωμένους ἀπὸ δύσεως ἐπ' ἀνατολὴν φερομένους, αὐτοὺς τῇ οἰκείᾳ ἰσχύϊ ὁμοίως καὶ ἀπὸ ἀνατολῆς [illegible] δύσιν ἑαυτῷ συμπεριάγειν [76]. Μίαν δὲ καὶ ἄσχιστον εἰᾶσθαι [77] φησι ταύτην τὴν [78] φορὰν, πρῶτον μὲν

D ἐπειδὴ πάντων τῶν ἀπλανῶν ἰσόχρονοι αἱ περιφοραὶ καὶ οὐ διῃρημέναι κατὰ πλείους καὶ ἐλάττους χρόνους· ἔπειτα ὅτι μίαν πάντες ἔχουσιν [79] ἐπιφάνειαν τὴν τῆς ἐξωτάτω φορᾶς, οἱ δὲ πλανώμενοι καὶ [illegible] χρόνους πλείονας καὶ διαφόρους τῶν κινήσεων καὶ [illegible] ἀποστάσεις ἀπὸ γῆς ἀνίσους διῄρηνται· τὴν δὲ [illegible]

VARIÆ LECTIONES.

[60] συνωθοῦντα C. [61] οὐχ ἄλλως C. Fr. Hermannus. οὐ καλῶς C M. [62] ἐπιτοαυτὸ C. [63] σχηματισμὴν C. [64] δι' ἐννεακισχιλίων ἐνακοσίων καὶ ἑβδομήκοντα καὶ ἑπτὰ ἐτῶν Sextus § 105, p. 355. [65] Post vocabulum πολλάκις quædam desiderari arguit Sextus, idque suspicio ex ipsis verbis οἶμαι παρ' ἐλπίδα a librario esse significatum. Is enim ascripsisse videtur οἶμαι, παραλείπει sive τινὰ ἐλλείπει· tum auctor perrexerit : Διὰ πλειόνων, κ. τ. λ. [66] αὐτὴν M. [67] προχρίμεθα C. [68] ὡς C. [69] Plat. Tim. p. 36, C. [70] ἐξαγ[illegible] Plato, ἐξ αὐτῆς C. [71] καὶ τριπλασίου Plato cf. infra p. 66 init : om. C [72] ὁμοίους C. [73] ἀνομοίως C. [74] φερομένων C. [75] τοῖς ἐπὶ C, M. [76] συμπεριάγει C, M. [77] εἰ ἐᾶσθαι C, M. [78] ταύτην τὴν. ταύτην C, M. [79] ἔχουσιν C.

ρησὶν ἑξαχῆ εἰς ἑπτὰ κύκλους ἐσχίσθαι, εἰκότως. A σαι γὰρ ἂν ὦσιν ἑκάστου αἱ τομαὶ, μονάδι [60] ω τῶν τομῶν γίνεται τὰ τμήματα, οἷον ἐὰν μιᾷ διαιρεθῇ, δύο ἔσται τμήματα, [p. 45. 46.] ἂν τρία τμήματα· οὕτω δὴ κἂν ἑξαχῇ τι τμηθῇ, ἔσται τὰ τμήματα. Τὰς δὲ ἀποστάσεις αὐτῶν [61] διπλάσια καὶ τριπλάσια ἐναλλὰξ τετάχθαι ὶν, οὐσῶν ἑκατέρων τριῶν· ὅπερ καὶ ἐπὶ τῆς συ- σεως τῆς ψυχῆς, ἐπὶ τῶν ἑπτὰ ἀριθμῶν ἔδειξε. ὶς μὲν γάρ εἰσιν ἐν [62] αὐτοῖς διπλάσιοι ἀπὸ μο-

η'

ος β', δ', η' [63], τρεῖς δὲ [64].... μ' καὶ ρη' σταδίων.

η

ρίμετρος δὲ γῆς σταδίων μ [65] καὶ φμγ'· καὶ ἀπό- ημα δὲ ἀπὸ τῆς ἐπιφανείας τῆς γῆς ἐπὶ τὸν ληνιακὸν κύκλον ὁ μὲν Σάμιος Ἀρίσταρχος ἀνα- B

ρεη'

η

γράφει σταδίων μ, ὁ δὲ Ἀπολλώνιος μυριάδ. φ', ὁ δὲ Ἀρχιμήδης μυριάδ. [66] φνδ' καὶ μονάδ. δρλ', ἀπὸ δὲ τοῦ σεληνιακοῦ ἐπὶ τὸν τοῦ ἡλίου κύκλον σταδίων μυριάδ. ͵εχϛ' [67] καὶ μονάδ. ͵βξε'. Ἀπὸ τοῦδε ἐπὶ τὸν τῆς Ἀφροδίτης κύκλον σταδίων μυριάδ. [68] ͵βχζ' καὶ μονάδας ͵βξε'. ἀπὸ τοῦδε ἐπὶ τὸν τοῦ Ἑρμοῦ κύκλον σταδίων μυριάδ. ͵επα, μονάδ. ͵ζρξε' [69], ἀπὸ τούτου δὲ ἐπὶ τὸν τοῦ πυρόεντος κύκλον σταδίων μυριάδ. ͵δνδ' [70] μονάδ. ͵αρη'. ἀπὸ τούτου δὲ ἐπὶ τὸν τοῦ Διὸς κύκλον σταδίων μυριάδ. ͵βχζ', μονάδας ͵εξε', ἀπὸ τούτου δὲ ἐπὶ τὸν τοῦ Κρόνου κύκλον σταδίων μυριάδ. ͵δλζ', μονάδ. ͵βξε'· ἀπὸ τούτου δὲ ἐπὶ τὸν ζωδιακὸν καὶ τὴν ἐσχάτην περιφέρειαν σταδίων μυριάδ. ͵βη', μονάδ. ͵με' [71].

9. Τὰ μὲν ἀπ' ἀλλήλων διαστήματα τῶν κύκλων C καὶ τῶν σφαιρῶν βάθη τε [72] ὑπὸ τοῦ Ἀρχιμήδους ἀποδίδοται. Τοῦ δὲ ζωδιακοῦ τὴν περίμετρον λαμβάνει σταδίων δευτέρων ἀριθμῶν δ' καὶ μυριάδ. ͵δψλα'· ὥστε συμβαίνειν τὴν ἐκ τοῦ κέντρου τῆς γῆς [73] εὐθεῖαν ἄχρι τῆς ἐπιφανείας τῆς ἐσχάτης [74] τὸ ἕκτον εἶναι τοῦ λεχθέντος ἀριθμοῦ, τὴν [75] δὲ ἀπὸ τῆς ἐπιφανείας τῆς γῆς, ἐφ' ἧς [76] βεβήκαμεν, ἄχρι τοῦ ζωδιακοῦ, ἄρτι ῥηθέντος [77] ἕκτον τοῦ ἀριθμοῦ, λεῖπον τέτρασι μυριάσι σταδίων, ὃ ἐκ τοῦ κέντρου τῆς γῆς μέχρι τῆς ἐπιφανείας αὐτῆς· ἀπὸ τοῦ Κρόνου δὲ κύκλου ἐπὶ τὴν γῆν φησι τὸ διάστημα σταδίων δευτέρων ἀριθμῶν εἶναι [78] μονάδ. δύο καὶ μυριάδ. ͵βσξθ' καὶ μονάδ. ͵βψια'· ἀπὸ [p. 47, 48.] τοῦ δὲ [79] τοῦ Διὸς κύκλου ἐπὶ γῆν σταδίων δευτέρων ἀριθμῶν μονάδ. β' καὶ μυριάδ. σοζ' καὶ μονάδας [80] χμϛ'· D ἀπὸ δὲ τοῦ πυρόεντος κύκλου ἐπὶ γῆν δευτέρων ἀριθμῶν μονάδ. μίαν καὶ μυριάδ. ͵γσμα' καὶ μονάδ. ͵ηφπα'. Ἀφ' ἡλίου ἐπὶ γῆν δευτέρων ἀριθμῶν μονάδ. μίαν καὶ μυριάδ. ͵βρξ' καὶ μονάδας ͵δυνδ'· ἀπὸ δὲ τοῦ Στίλβοντος ἐπὶ τὴν γῆν μυριάδ. ͵εσξη', μονάδας ͵ησνθ'· ἀπὸ δὲ Ἀφροδίτης ἐπὶ γῆν μυριάδ, ͵επα', μονάδ. ͵αρξ'

A autem et in tempora plura et diversa conversionum et in distantias a terra inæquales divisæ sunt. Alterius autem conversionem ait sexfariam in septem orbes dissectam esse : 66-67 probabiliter; quotquot enim sunt cujusque sectiones, monade plura quam sectiones fiunt segmina, veluti quando una sectione dividetur, duo erunt segmina, quando duabus, tria segmina : sic igitur ubi et sexies quid secabitur, septem erunt segmina. Distantias autem eorum secundum dupla et tripla per vices ordinatas esse ait, cum utræque sint tres, id quod etiam de compositione animæ in septem numeris fundata demonstravit. Tres enim sunt in iis dupla a monade : 2, 4, 8, tres autem [tripla : 3, 9, 27]... [Diameter terræ] 80,108 stadiorum, perimeter autem B terræ 250,543 stadiorum. Et distantiam vero a superficie terræ ad lunarem orbem Samius Aristarchus quidem notat stadiorum..... Apollonius autem 5000000; Archimedes autem 5544130, e lunari autem ad solarem orbem stadiorum 50262065, ab eo autem ad Veneris orbem stadiorum 20272065, ab eo autem ad Mercurii orbem 50817165, ab hoc autem ad Martis orbem stadiorum 40541108, ab hoc autem ad Jovis orbem stadiorum 20275065, ab hoc autem ad Saturni orbem stadiorum 40372065, ab hoc autem ad Zodiacum et extimam peripheriam stadiorum 20082005.

9. Jam distantiæ a se invicem orbium et sphærarum profunditatesque ab Archimede redduntur. Zodiaci autem perimetrum sumit stadiorum 447310000, ut consequatur lineam ex centro terræ rectam usque ad extimam apparentiam sextam esse partem ejus numeri quem diximus, eam autem lineam, quæ est a superficie terræ in qua versamur usque ad Zodiacum, sextam partem ejus quem modo diximus esse numeri 68-69 demptis quatuor myriadibus stadiorum, quod efficitur ex centro terræ usque ad superficiem ejus. A Saturni autem orbe ad terram ait distantiam esse stadiorum 222692711; a Jovis autem orbe ad terram 202770646; a Martis autem orbe ad terram 132418581; a sole ad terram 121604454; a Mercurio autem ad terram 52688259; a Venere autem ad terram 50815160.

VARIÆ LECTIONES.

[60] μονάδι πλείω Roeperus, μονάδες λέγω C, M. [61] κατὰ Roeperus, καὶ τὰ C, M. [62] ἐν. ἐπ' C, M. [63] η' θ C. [64] τρεῖς δέ. Post hæc verba apertum est quædam excidisse. [65] μ' (η) καὶ φμγ. μ (υ) κε' καὶ φμγ' Roeperus. [66] Qui numeri Archimedis auctoritatem falso præ se ferunt, de qua re dubitari non posse intelligentissimus harum rerum arbiter M. A. Sternius, collega noster affirmat, ex parte corruptiores sunt quam qui certo restitui possint. [67] μυριάδ. ͵εχϛ'. Infra p. 70,16 μυριάδ. ͵εχζ'. [68] μυριάδ. ͵βχζ'. μυριάδ. ͵εχζ' C, M, cf. infra p. 70,17. [69] ͵ζρξε'. ͵ϛρξε' C. [70] ͵δνδ', μονάδ. ͵αρη'. ͵δφνδ', μονάδ. δρνδ' C, M; cf. infra p. 70, 20 sqq. [71] μυριάδ'. βη', μονάδ. ͵με'. Hæc vera esse nequeunt; nam monadum quadraginta millia efficiunt quatuor myriades, ut illud Hippolytus posuisse nequeat. An μυριάδ. ͵βη', μοναδ. ͵βε'? [72] τε. δὲ C. [73] τῆς γῆς M. A. Sternius, om. C, M. [74] ἐσχάτης γῆς C. [75] τὴν. τοῦ C, M. [76] φ' C, ἀφ' M. [77] ῥηθὲν C, M. [78] ἀριθμῶν εἶναι. ἀριθμεῖσθαι C. [79] τοῦ δέ. τοῦδε C, M. [80] μονάδες C, M.

10. De luna autem dictum est superius. Distantias igitur et profunditates sphærarum in hunc modum Archimedes reddit, aliter autem de iis Hipparchus dixit et aliter Apollonius mathematicus. Nobis autem sufficit Platonicam doctrinam secutis dupla et tripla erraticarum a se invicem distantias statuere. Conservatur enim ita doctrina, ex qua ex concentu conditum sit universum, ex rationibus concinentibus secundum has distantias. Numeri autem ab Archimede expositi et a reliquis de distantiis proditæ observationes si non in concinentibus essent rationibus, hoc est a Platone statutis duplis et triplis, extra concentus autem repertæ, non conservarent illam doctrinam, ex qua universum ex concentu conditum sit. Non enim neque credibile neque possibile, esse eorum distantias et irrationales et carere concentu congruisque rationibus, excepta fortasse luna sola propter defectus et umbram terræ, de cujus solius et fidem quispiam habeat Archimedi distantia, hoc est lunæ a terra. Hanc igitur secutis in facili erit secundum illud Platonicum ipsum ex duplo et triplo, sicut statuit Plato, et reliquas distantias numero complecti. Si quidem secundum Archimedem a superficie terræ luna distat stadiorum 5544130, facile est hos numeros augentem duplo et triplo et reliquorum reperire distantias, tanquam una parte sumpta eorum numero stadiorum, quot luna distat a terra. Reliquos autem numeros ab Archimede de distantia erraticarum stellarum positos non in congruis rationibus facile est intellectu, ubi perspexeris, quomodo inter se referantur et quibus nitantur in rationibus. Illud autem fieri nequit, ut non sint in **70-71** congruentia et concentu hæ, quæ sunt in congruentia consistentis mundi partes. Igitur cum primus numerus, quem distat sol a luna, qui sit 5544130, secundus numerus, quem distat sol a luna, qui sit 50272065, majore constat ratione quam nonupla. Ad hunc autem superior numerus, qui sit 20272065, ratione continetur [minore quam dimidia. Ad hunc autem superior numerus, qui sit 50817163, ratione continetur] majore quam dupla. Ad hunc autem superior numerus, qui sit 40541108, ratione continebitur minore quam superquarta. Ad hunc autem superior numerus qui sit 20275065, ratione continetur majore quam dimidia. Ad hunc autem supremus numerus, qui sit 40372065, ratione continetur minore quam dupla.

10. Περὶ σελήνης δὲ ἐλέχθη τὸ πρότερον. Τὰ οὖν ἀποστήματα καὶ βάθη τῶν σφαιρῶν οὕτως Ἀρχιμήδης ἀποδίδωσιν, ἑτέρως δὲ ὑπὲρ αὐτῶν Ἱππάρχῳ εἴρηται καὶ ἑτέρως Ἀπολλωνίῳ τῷ μαθηματικῷ. Ἡμῖν δὲ ἐξαρκεῖ τῇ Πλατωνικῇ δόξῃ[81] ἑπομένοις διπλάσια μὲν καὶ τριπλάσια οἴεσθαι τῶν πλανωμένων τὰ ἀπ' ἀλλήλων διαστήματα· σώζεται οὕτως[82] ὁ λόγος τοῦ καθ' ἁρμονίαν συγκεῖσθαι τὸ πᾶν ἐν λόγοις συμφώνοις κατὰ ταῦτα τὰ ἀποστήματα. Ο' δ' ἐκτεθέντες ὑπὸ Ἀρχιμήδους ἀριθμοὶ καὶ ὑπὸ τῶν ἄλλων περὶ τῶν ἀποστημάτων[83] λεγόμενοι λόγοι εἰ μὴ ἐν συμφώνοις εἶεν λόγοις, τουτέστι τοῖς ὑπὸ Πλάτωνος εἰρημένοις διπλασίοις καὶ τριπλασίοις, ἔξω δὲ συμφωνιῶν εὑρισκόμενοι, οὐκ ἂν σώζοιεν τὸ καθ' ἁρμονίαν[84] κατεσκευάσθαι τὸ πᾶν· οὐ γὰρ πιθανὸν οὐδὲ δυνατὸν ἄλογά τε[85] καὶ ἔξω συμφωνιῶν καὶ ἐναρμονίων λόγων εἶναι αὐτῶν τὰ ἀποστήματα[86], πλὴν ἴσως σελήνης μόνης ἐκ τῶν λείψεων καὶ τῆς σκιᾶς τῆς γῆς, περὶ ἧς μόνης καὶ πιστεύσειέ τις ἂν Ἀρχιμήδῃ ἀποστάσεως, τουτέστι τῆς σεληνιακῆς ἀπὸ γῆς· ταύτην δὲ λαβοῦσι ῥᾴδιον ἔσται κατὰ τὸ Πλατωνικὸν αὐτὸ τὰ[87] κατὰ τὸ διπλάσιον καὶ τριπλάσιον, ὡς ἀξιοῖ Πλάτων, καὶ τὰ λοιπὰ ἀποστήματα[88] ἀριθμῷ[89] περιλαβεῖν. Εἰ δὴ κατὰ τὸν Ἀρχιμήδην ἀπὸ τῆς ἐπιφανείας τῆς γῆς ἡ σελήνη ἀφέστηκε σταδίων μυριάδ. ,φνδ', σταδίους ,δρλ', ῥᾴδιον τούτους τοὺς ἀριθμοὺς αὔξοντας κατὰ τὸ διπλάσιον καὶ τριπλάσιον καὶ τὰ τῶν λοιπῶν εὑρεῖν ἀποστήματα, ὡς μιᾶς μοίρας λαμβανομένης τοῦ τῶν σταδίων ἀριθμοῦ οὓς ἡ σελήνη τῆς γῆς ἀφέστηκεν. Ὅτι δὲ οἱ λοιποὶ ἀριθμοὶ οἱ ὑπ' Ἀρχιμήδους περὶ τῆς ἀποστάσεως τῶν πλανωμένων λεγόμενοι οὐκ ἐν συμφώνοις λόγοις, ῥᾴδιον γνῶναι, πῶς ἔχουσι πρὸς ἀλλήλους καὶ ἐν τίσι λόγοις εἰσὶ κατανοήσαντα· μὴ εἶναι δὲ ἐν ἁρμονίᾳ καὶ συμφωνίᾳ ταῦτα τοῦ καθ' ἁρμονίαν συνεστῶτος [p. 48. 49.] κόσμου ὄντα μέρη ἀδύνατον. Τοῦ μὲν δὴ πρώτου ἀριθμοῦ ὃν ἀφέστηκεν ἡ σελήνη τῆς γῆς ὄντος μυριάδ. ,φνδ' μονάδων ,δρλ', ὁ δεύτερος ἀριθμὸς ὃν ἀφέστηκεν ἥλιος τῆς σελήνης ὢν μυριάδ. ,εκζ', μονάδων ,βξε', ἐν λόγῳ ἐστὶ πλείονι[90] ἢ ἔλασσον[91]· πρὸς δὲ τοῦτον ὁ ἀνωτέρω ἀριθμὸς ὢν μυριάδ. ,βκζ', μονάδ. ,βξε', ἐν λόγῳ ἐστὶ [ἐλάττονι[92] ἢ ἡμίσει. Πρὸς δὲ τοῦτον ὁ ἀνωτέρω ἀριθμὸς ὢν μυριάδ. ,επα μονάδων ,ζρξγ' ἐν λόγῳ ἐστὶ] πλείονι ἢ διπλασίῳ. Πρὸς δὲ τοῦτον[93] ὁ ἀνωτέρω ἀριθμὸς ὢν μυριάδ. ,δνδ, μονάδων ,αρη', ἐν λόγῳ ἔσται ἐλάττονι ἢ ἐπιτετάρτῳ[94]. Πρὸς δὲ τοῦτον ὁ ἀνωτέρω ἀριθμὸς ὢν μυριάδ. ,βκζ'[95] μονάδων ,εξε', ἐν λόγῳ ἐστὶ πλείονι ἢ ἡμίσει. Πρὸς δὲ τοῦτον[96] ὁ ἀνωτάτω ἀριθμὸς ὢν μυριάδ. ,δλζ', μονάδ. ,βξε', ἐν λόγῳ ἐστὶ ἐλάττονι ἢ διπλασίῳ.

11. Hæ igitur rationes et major quam nonupla et minor quam dimidia et major quam dupla et minor quam superquarta et major quam dimidia et minor quam dupla extra omnes sunt concentus, ex quibus

11. Οὗτοι δὴ οἱ λόγοι ὅ τε πλείων[97] ἢ [ἐννεαπλάσιος καὶ][98] ἐλάττων ἢ ἥμισυς καὶ πλείων ἢ διπλάσιος καὶ ἐλάττων ἢ ἐπιτέταρτος καὶ πλείων ἢ ἥμισυς καὶ ἐλάττων ἢ διπλάσιος ἔξω πασῶν εἰσι[99] συμφω-

VARIÆ LECTIONES.

[81] δόξα C. [82] οὕτος C. [83] ἀποστεμάτων pr. C. [84] κατ' ἁρμονίαν C. [85] ἄλογα δὲ C. [86] ἀποστέματα C. [87] τά. τὰς C, M. [88] ἀποστέματα C. [89] ἀριθμῶν C, M. [90] πλεῖον C. [91] ἔλασσον. An ἐννεαπλασίῳ? [92] Uncis inclusa supplenda esse admonuit Sternius. [93] τοῦτο C. [94] ἐπιτετάρτῳ ἐπὶ δὴ (sic) C. [95] βκζ'. ,βκζ' C, M. [96] τοῦτον. τούτῳ C. [97] πλεί... [98] ...is inclusa supplevimus. [99] εἰ C.

ὼν, ἐξ ὧν οὐκ ἐναρμόνιόν τι καὶ σύμφωνον σύστημ' ἂν γένοιτο[1]. Ὁ δ' ἅπας κόσμος καὶ τὰ τούτου μέρη κατὰ πάντα[2] ὁμοίως ἐναρμονίως καὶ συμφώνως σύγκειται. Οἱ δὲ ἐναρμόνιοι καὶ σύμφωνοι λόγοι σώζονται, καθάπερ προειρήκαμεν, τοῖς διπλασίοις καὶ τριπλασίοις διαστήμασιν. Εἰ δὴ πιστὸν τὸν Ἀρχιμήδην ἡγησάμεθα ἐν μόνῳ τῷ πρώτῳ ἀποστήματι τῷ ἀπὸ σελήνης μέχρι γῆς, ῥᾴδιον καὶ τὰ λοιπὰ κατὰ τὸ διπλάσιον καὶ τριπλάσιον αὔξοντα εὑρεῖν. Ἔστω δὴ κατὰ τὸν Ἀρχιμήδην τὸ ἀπὸ γῆς μέχρι σελήνης ἀπόστημα[3] σταδίων μυριάδ. φνδ' μονάδων ,δρλ', ἔσται μὲν δὴ τούτου διπλάσιος ἀριθμὸς σταδίων ὧν ἀφέστηκεν ὁ ἥλιος τῆς σελήνης μυριάδ ,αρη'[4] καὶ ,ησξ'. ἀπὸ δὲ τῆς γῆς ἀφέστηκεν ὁ ἥλιος σταδίων [μυριάδ.] ,αχξγ' καὶ ,βτη'[5]. καὶ Ἀφροδίτη δὲ ἀφέστηκεν ἀπὸ μὲν ἡλίου σταδίων μυριάδ. ,αχξγ' καὶ σταδίους ,βτη', ἀπὸ δὲ γῆς μυριάδων ,γτκς' σταδίους δψπ'. Ἑρμῆς δὲ Ἀφροδίτης μὲν ἀφέστηκε σταδίων μυριάδων ,βσιζ' σταδίων ,ςφκ', ἀπὸ δὲ γῆς μυριάδων ,ε πεντακόσια μδ σταδίους ,ατ'. Ἄρης δὲ Ἑρμοῦ μὲν ἀφέστηκε σταδ. μυριάδ. ,δϡπθ'[6], σταδίους ,ζρο', ἀπὸ δὲ γῆς μυριάδ. μυριάδα καὶ φλγ', σταδίους ,ηυο'. Ζεὺς δὲ Ἄρεως μὲν ἀφέστηκε μυριάδ. ,δυλε', σταδίους ,γμ'[7], ἀπὸ δὲ γῆς μυριάδ. [μυριάδα] καὶ ,δϡξθ'[8] [p. 49—51.] σταδίους ,αφι'. Κρόνος ἀπὸ μὲν Διὸς ἀφέστηκε σταδίων μυριάδ. μυριάδα καὶ δϡξθ[9], σταδίους ,αφι', ἀπὸ δὲ γῆς μυριάδ. μυριάδας β' καὶ[10] ,θϡλη', σταδίους ,γχ.

12. Τίς οὐ θαυμάσει τὴν τοσαύτην φροντίδα μετὰ τοσούτου πόνου γεγενημένην; οὐκ ἀχρεῖος δέ μοι οὑτοσὶ ὁ Πτολεμαῖος ὁ τούτων μεριμνητὴς δοκεῖ· τοῦτο δὲ μόνον λυπεῖ, ὡς πρόσφατος γεννηθεὶς οὐκ εὔχρηστος γεγένηται γιγάντων παισὶν[11], οἳ τὰ μέτρα ταῦτα ἠγνοηκότες ἐγγὺς νομίζοντες εἶναι ὕψη οὐρανοῦ πύργον μάτην ἐπεχείρησαν ποιεῖν, οἷς εἰ[12] κατ' ἐκεῖνο παρὼν τὰ μέτρα διηγήσατο, οὐκ ἂν μάτην τετολμήκεισαν. Εἰ δέ τις τούτῳ φάσκει ἀπιστεῖν, μετρήσας πειθέσθω· ταύτης γὰρ φανερωτέραν ἀπόδειξιν οὐκ ἔχει πρὸς τοὺς ἀπίστους. Ὦ ματαιοπόνου[13] ψυχῆς φυσιώσεως καὶ πίστεως ἀπίστου, ἵνα πάντως[14] Πτολεμαῖος σοφὸς νομίζηται παρὰ τοῖς τὴν ὁμοίαν σοφίαν ἠσκηκόσι.

13. Τούτοις ἐν μέρει ἐπισχόντες τινὲς ὡς μεγάλα κρίναντες καὶ λόγου ἄξια νομίσαντες αἱρέσεις ἀμέτρους καὶ ἀπείρους συνεστήσαντο. Ὧν εἷς μὲν Κολάρβασος, ὃς διὰ μέτρων καὶ ἀριθμῶν ἐκτίθεσθαι θεοσέβειαν ἐπιχειρεῖ[15]· καὶ ἕτεροι δὲ ὁμοίως οὓς ἐπιδείξομεν, ἐπὰν τὰ περὶ αὐτῶν ἀρξώμεθα λέγειν, οἳ Πυθαγορείῳ ψήφῳ ὡς δυνατῇ προσέχουσι καὶ τὴν ἀσφαλῆ φιλοσοφίαν δι' ἀριθμῶν καὶ στοιχείων σχεδιάζουσι μαντευόμενοι μάταια· ὧν ὁμοίως[16] λόγους ἐρανισάμενοί[17] τινες ἀποπλανῶσιν ἰδιώτας, προγνωστικοὺς[18] ἑαυτοὺς φάσκοντες ἔσθ' ὅτε διὰ τοῦ πολλὰ μαντεύεσθαι ἓν ἐπιτυγχάνοντες καὶ ἐπὶ μὲν τοῖς πολλοῖς ἀποτεύγμασι μὴ αἰδούμενοι, ἐπὶ δὲ τῷ ἑνὶ

non congruens quoddam et concinens exsistat systema. Universus autem mundus ejusque partes per omnia pariter congruenter et concinenter conditus est. Congruentes autem et concinentes rationes conservantur, sicuti prædiximus, duplis et triplis distantiis. Ergo si fidem adjunximus Archimedi in sola prima distantia, quæ est a luna ad terram, facile est et reliquas secundum duplum et triplum augentem reperire. Esto igitur secundum Archimedem distantia a terra ad lunam stadiorum 5544130, erit igitur hujus duplus numerus stadiorum, quæ distat sol a luna, 11088260, a terra autem distat sol stadiorum 16632390; et Venus vero distat a sole quidem stadiorum 16632390, a terra autem 33264780 stadia, Mercurius autem a Venere quidem distat stadiorum 22176520, a terra autem 55441300 stadia; Mars autem a Mercurio distat stadiorum 49897170, a terra autem 105338470 stadia; Jupiter autem a Marte quidem distat 44353040 72 - 73
stadia, a terra autem 149691510 stadia; Saturnus a Jove quidem distat stadiorum 149691510, a terra autem 299383020 stadia.

12. Quis non admirabitur tantam solertiam tanto cum labore peractam? Non inutilis autem mihi hicce Ptolemæus videtur harum rerum scrutator, nisi quod hoc tamen dolet, quod nuper admodum natus usui esse non potuit gigantum filiis, qui harum mensurarum ignari, prope abesse rati altitudinem cœli, turrem incassum periclitati sunt struere, quibus si illo tempore præsens mensuras exposuisset, non illi incassum periclitati forent. Sin vero quispiam se huic fidem non habere profitebitur, ipse mensus fidem habere discat; hac quidem apertiorem demonstrationem non habet incredulis. O frustra laborantem animi sufflationem et infidam fidem, ut quovis pacto Ptolemæus sapiens existimetur apud eos, qui parem sapientiam professi sunt.

13 Hæc sua quisque ratione secuti tanquam magna arbitrati et studio digna hæreses immensas et infinitas condiderunt. Ex quibus unus Colarbasus, qui per mensuras et numeros explicare religionem deorum conatur, et alii similiter, quos ostendemus, quando commenta eorum recensere ordiemur, qui Pythagoreum computum tanquam efficacem sequuntur et stabilem philosophiam per numeros et elementa comminiscuntur hariolati vana. Quorum tamen rationes suffurati quidam in errores agunt imperitos, cum se prognosticos appellant, qui quidem, cum multa vaticinantur, unum quoddam assequuntur, et in multis quæ non contigerunt haud erubescunt, in

VARIÆ LECTIONES.

[1] σύστημα γένοιτο C, M. [2] πάντας C, M. [3] ἀπόστεμα corr. C. [4] ,αριη' C. [5] ,βτς' C. [6] ,δτπθ' — βρο' C. [7] ,γμ'. τμ' C, M. [8] ,δτξθ' C. [9] δϡξθ'. ,δρξθ' C, ,δϡξθ' M. [10] μυριάδας β' καὶ ,θϡλη'. μυριάδα καὶ ,θτλη' C, μυριάδα καὶ ,θϡλη' M. [11] πᾶσιν C. [12] οἷς ὡς εἰ C. [13] ματαιοπόνου καὶ C. [14] πάντων C. [15] ἐχιρρεῖ C. [16] ὁμοίους C, M, an ὅμως? [17] ἐρανίσαμεν· οἵτι[…] [18] γνωστικοὺς C.

uno autem illo gloriantur. Ne horum quidem insipientem sapientiam prætermittam, sed, postquam exposuero, eos qui ex his religionem deorum constituere conantur coarguam infirmæ radicis et fraudum plenæ esse discipulos.

14. Igitur illi qui per calculos et numeros elementaque et nomina vaticinari opinantur ab hoc principio profecti artem suam condunt, cum dicunt esse fundum singuli cujusque numeri in chiliadibus quidem tot monades, quod sint chiliades, veluti **74-75** sex millium fundus est senarius numerus, septem millium septenarius, octo millium monades octo, et in reliquis pariter, eadem ratione et in hecatontadibus, quot sint hecatontades, tot monades est fundus earum, veluti septingentorum septem sunt hecatontades, fundus earum septem monades, sexcentorum sex hecatontades, fundus earum sex monades. Idem valet et in decadibus, numeri octogenarii monades octo, sexagenarii monades sex, quadragenarii monades quatuor, denarii monas una. In monadibus autem pro fundo sunt ipsæ monades, veluti novenarii numeri novem, octonarii octo, septenarii septem. Sic igitur etiam in litterarum elementis tenendum est. Unaquæque enim littera numero alicui respondet, veluti littera ν' quinquaginta monadum est; quinquaginta autem monadum fundus est quinarius, et litteræ ν' fundus est quinarius. Age vero, ex aliquo nomine fundos ejus sumamus: veluti nominis, quod est Ἀγαμέμνων, est litteræ α' monas una, γ' autem monades tres, alterius α' monas una, μ monades quatuor, ε' monades quinque, μ' monades quatuor, ν' monades quinque, ω' monades octo, ν' monades quinque, quæ in unum subducta erunt: 1, 3, 1, 4, 5, 4, 5, 8, 5; hæc conflata efficiunt monades 36. Rursus horum fundos sumunt et fiunt numeri tricenarii tres, senarii autem ipse senarius, conflata igitur tres et sex efficiunt novem, novenarii autem fundus novenarius. Acquievit igitur Agamemnonis nomen in fundo qui novem est. Licebit idem etiam in alio nomine tentare, quod est Ἕκτωρ. Id nomen habet litteras: ε' et κ' et τ' et ω' et ρ'. Harum fundi: 5, 2, 3, 8, 1, quæ conflata efficiunt monades 19. Rursus denarii numeri fundus monas est, novenarii novenarius, quæ conflata efficiunt decem, denarii numeri fit fundus monas. Computatum igitur nomen Hectoris effecit fundum monadem. Promptius autem est in hunc modum rem aggredi. Fundos ex elementis repertos, uti nunc nominis Hectoris reperimus monades 19, in novem seca et quod relinquitur pro fundis habeto. Veluti cum 19 divido in novem, relinquitur unum, novies enim duo efficiunt 18 et relinquitur 1; si enim subduxero

A ἐγκομπάζοντες. Οὐδὲ τούτων τὴν ἄσοφον σοφίαν παραπέμψομαι, ἀλλ' ἐκθέμενος τοὺς ἐκ τούτων ἐπιχειροῦντας θεοσέβειαν συνιστᾶν ἐλέγξω ῥίζης ἀστάτου καὶ πανουργίας [19] ἀναπλέου [20] ὄντας μαθητάς.

14. Οἱ μὲν οὖν διὰ ψήφων τε καὶ ἀριθμῶν στοιχείων τε καὶ ὀνομάτων μαντεύεσθαι νομίζοντες ταύτην ἀρχὴν ἐπιχειρήσεως τοῦ κατ' αὐτοὺς [21] λόγου ποιοῦνται, φάσκοντες πυθμένα εἶναι ἑκάστου τῶν ἀριθμῶν, ἐπὶ μὲν τῶν χιλιάδων τοσαύτας [p. 51. 52] μονάδας, ὅσαι ἂν ὦσι χιλιάδες, οἷον τῶν ἑξακισχιλίων ὁ πυθμὴν μονάδες ἕξ, τῶν ἑπτακισχιλίων μονάδες ἑπτά, τῶν ὀκτακισχιλίων μονάδες ὀκτώ, καὶ ἐπὶ τῶν λοιπῶν ὁμοίως κατὰ τὰ αὐτά, καὶ ἐπὶ τῶν ἑκατοντάδων ὅσαι ἂν ὦσιν αἱ ἑκατοντάδες, τοσαῦται μονάδες ὁ
B πυθμήν ἐστιν αὐτῶν, οἷον τῶν ἑπτακοσίων ἑπτά εἰσιν ἑκατοντάδες· ὁ πυθμὴν αὐτῶν ἑπτὰ μονάδες· τῶν ἑξακοσίων ἓξ ἑκατοντάδες [22]· ὁ πυθμὴν αὐτῶν τρεῖς [23] μονάδες. Τὸ ὅμοιον καὶ ἐπὶ τῶν δεκάδων· τῶν μὲν ὀγδοήκοντα μονάδες ὀκτώ, τῶν δὲ ἑξήκοντα μονάδες ἕξ, τῶν τεσσαράκοντα μονάδες τέσσαρες, τῶν δέκα μονὰς μία. Ἐπὶ δὲ τῶν μονάδων, πυθμὴν αὐταί εἰσιν αἱ μονάδες, οἷον τοῦ ἐννέα ὁ ἐννέα, τοῦ ὀκτὼ ὁ ὀκτώ, τοῦ ἑπτὰ ὁ ἑπτά. Οὕτως οὖν καὶ ἐπὶ τῶν στοιχείων ποιεῖν δεῖ· ἕκαστον γὰρ στοιχεῖον κατά τινα τέτακται ἀριθμόν, οἷον τὸ ν' πεντήκοντα [24] μονάδων ἐστίν· τῶν δὲ [25] πεντήκοντα μονάδων πυθμήν ἐστιν ὁ πέντε, καὶ τοῦ ν' στοιχείου | πυθμήν ἐστιν ὁ πέντε. Ἔστω ἔκ του [26] ὀνόματος τοὺς [27] τούτου πυθμένας λαβεῖν. Οἷον τοῦ Ἀγαμέμνων ὀνόματος γίνεται τοῦ
C μὲν [28] α' μονὰς μία, τοῦ δὲ γ' μονάδες τρεῖς, τοῦ ἄλλου α' μονὰς μία τοῦ μ' μονάδες δ', τοῦ ε' μονάδες ε', τοῦ μ' μονάδες δ', τοῦ ν' μονάδες πέντε, τοῦ ω' μονάδες η', τοῦ ν' μονάδες ε', ὁμοῦ ἐπὶ τὸ αὐτὸ ἔσονται α', γ', α', δ, ε, δ', ε' η', ε' [29]· ταῦτα συντεθέντα ποιεῖ μονάδας λς. Πάλιν τούτων πυθμένας λαμβάνουσι, καὶ γίνονται τῶν μὲν λ τρεῖς, τῶν δὲ ἓξ αὐτὰ τὰ ἕξ· συντεθέντα οὖν τὰ τρία καὶ τὰ ἓξ ποιεῖ ἐννέα, τῶν δὲ ἐννέα πυθμὴν ὁ ἐννέα. Κατέληξεν οὖν τὸ Ἀγαμέμνων ὄνομα εἰς τὸν ἐννέα πυθμένα. Ἔστω τὸ αὐτὸ καὶ ἐπὶ ἄλλου ὀνόματος ποιῆσαι τοῦ Ἕκτωρ. Τὸ Ἕκτωρ ὄνομα ἔχει στοιχεῖα ε' [30] καὶ κάππα καὶ ταῦ καὶ ω' καὶ ρ'. Τούτων πυθμένες ε', β', γ', η', α'· ταῦτα συντεθέντα ποιεῖ μονάδας ιθ'. Πάλιν τῶν δέκα πυθμὴν εἷς, τῶν ἐννέα ἐννέα, ἃ συντεθέντα ποιεῖ δέκα· τοῦ
D δέκα γίνεται πυθμὴν μονάς. Ψηφισθὲν οὖν τὸ Ἕκτωρ ὄνομα ἐποίησε πυθμένα μονάδα. Εὐκολώτερον δὲ ἔσται τὸ οὕτως ποιεῖν· τοὺς εὑρεθέντας ἐκ τῶν στοιχείων πυθμένας, ὡς νῦν ἐπὶ τοῦ Ἕκτορος ὀνόματος εὕρομεν μονάδας ιθ', εἰς ἐννέα μέριζε καὶ τὸ περιλειπόμενον πυθμένας λέγε· οἷον τὰ ιθ' ἐὰν εἰς ἐννέα μερίζω, [p. 52—54] περιλείπεται μονάς, ἐννάκις γὰρ δύο ιη,

VARIÆ LECTIONES.

[19] καὶ πανουργίας. καινουργίας C, καινουργία M. [20] ἀναπλέου ὄντας. ἀναπλέοντας C, ἀναπτεροῦντας τοὺς M. [21] αὐτὴν C. [22] ἑξηκοντάδες C. [23] τρεῖς. Leg. ἕξ, nisi exciderunt eadem verba de τριακόσιοι M. [24] τὸ ν' πεντήκοντα μονάδων ἐστίν. τὸν κατὰ μονάδων η' C, ἐὰν τὸν κατὰ μονάδων ἥ', M. [25] τῶν δέ. τῶν C, M. [26] ἔκ του C. [27] τούς. τινὰ C. [28] τοῦ μέν. τὸ μὲν C, M. [29] δ', ε', η', σ'. δ'. κε'. C. [30] στοιχεῖα ε' Roeperus: στοιχεῖα πέντε C, στοιχεῖα πέντε, ε' M.

καὶ λοιπὴ μονάς. Ἐὰν γὰρ ὑφέλω [31] τῶν ιθ τὰ δεκαοκτὼ, λοιπὴ μονάς· ὥστε τοῦ Ἕκτωρ ὀνόματος πυθμὴν ἔσται μονάς. Πάλιν τοῦ Πάτροκλος ὀνόματος πυθμένες εἰσὶν ἀριθμοὶ οὗτοι, η', α', γ', ζ', β', γ', ζ', β'· συντεθέντες | ποιοῦσι μονάδας λδ'. Τούτων τὸ λοιπὸν [32] μονάδες ἑπτὰ, τῶν λ' τρεῖς, καὶ τῶν δ' αὐταὶ αἱ δ'. Πυθμὴν οὖν εἰσι τοῦ Πάτροκλος ὀνόματος μονάδες ζ'. Οἱ μὲν οὖν κατὰ τὸν ἐννεαδικὸν κανόνα ψηφίζοντες [τὸ] [33] ἔνατον λαμβάνουσι τοῦ ἀθροισθέντος ἐκ τῶν πυθμένων ἀριθμοῦ, καὶ τὸ περιλειφθὲν πλῆθος τῶν πυθμένων ὁρίζονται, οἱ δὲ κατὰ τὸν ἑβδοματικὸν τὸ ἕβδομον· οἷον εὑρέθη ἐπὶ τοῦ Πάτροκλος ὀνόματος τὸ ἐπὶ τῶν πυθμένων ἄθροισμα μονάδες λδ'· τοῦτο μερισθὲν εἰς ἑβδομάδας ποιεῖ δ,' ὅ ἐστι κη' λοιπαὶ μονάδες ἕξ· λέγει ὅτι ὁ πυθμὴν τοῦ Πάτροκλος ὀνόματός εἰσιν ἓξ κατὰ τὸν ἑβδοματικόν. Εἰ δὲ ἔσται B μγ', τὸ ἕβδομον λέγει μβ', ἑπτάκις γὰρ ἓξ μβ', καὶ λοιπὸν ἕν. Μονὰς οὖν γίνεται ὁ πυθμὴν ὁ ἀπὸ τῶν μγ κατὰ τὸν ἑβδοματικόν. Δεῖ δὲ προσέχειν ἐὰν ὁ ληφθεὶς [34] ἀριθμὸς μεριζόμενος ἀπαρτίσῃ, οἷον ἐὰν ἔκ τινος ὀνόματος συντιθεὶς [35] τοὺς πυθμένας εὕρω λόγου χάριν μονάδας λς'. Ὁ δὲ ϛλ' μεριζόμενος εἰς τὸν ἐννέα δ ἀπαρτίζει ἐννεάδας (ἐννάκις γὰρ δ' λς', καὶ οὐδὲν περιλείπεται)· τὸν πυθμένα οὖν αὐτὸν τὸν θ' δῆλον εἶναι. Κἂν [36] πάλιν τὸν τεσσαράκοντα πέντε ἀριθμὸν μερίζοντες εὕρωμεν ἀπαρτίζοντα ἐννέα· καὶ γὰρ ἐννάκις πέντε με', καὶ λείπεται οὐδέν· ἐπὶ τῶν τοιούτων αὐτὸν τὸν ἐννέα λέγουσι πυθμένα. Καὶ ἐπὶ τοῦ ἑβδοματικοῦ [37] ὁμοίως, ἐὰν λόγου χάριν τὸν κη' εἰς τὸν ἑπτὰ μερίζοντες ἀπαρτίσωμεν (ἑπτάκις γὰρ δ' κη', καὶ περιλείπεται οὐδὲν), τὸν ἑπτὰ λέγουσι πυθμένα. C Ὅταν μέντοι ψηφίζῃ τὰ ὀνόματα καὶ εὑρίσκῃ [38] δὶς τὸ αὐτὸ γράμμα, ἅπαξ· αὐτὸ | ψηφίζει, οἷον τὸ Πάτροκλος ὄνομα [39] καὶ τὸ π' α' δὶς ἔχει καὶ τὸ σ' δὶς, ἅπαξ οὖν τὸ α' ψηφίζουσι καὶ ἅπαξ τὸ ο'. Κατὰ τοῦτο οὖν πυθμένες ἔσονται η, α', γ', α', ζ', β', γ', β', καὶ συντεθέντες ποιοῦσι μονάδας [40] κζ', καὶ ἔσται πυθμὴν τοῦ ὀνόματος κατὰ μὲν τὸν ἐννεαδικὸν αὐτὸς ὁ ἐννέα, κατὰ δὲ τὸν ἑβδοματικὸν ἕξ. Ὁμοίως [41] Σαρπηδὼν ψηφισθεὶς ποιεῖ μονάδας κατὰ [p. 54. 55] τὸν ἐννεαδικὸν δύο πυθμένα, Πάτροκλος δὲ ποιεῖ μονάδας θ'· νικᾷ Πάτροκλος. Ὅταν γὰρ ᾖ ὁ μὲν εἷς περισσὸς, ὁ δὲ ἕτερος ἄρτιος, ὁ περισσὸς νικᾷ, ἐὰν μείζων ᾖ. Πάλιν δὲ ἐὰν ᾖ ὀκτὼ ἄρτιος καὶ πέντε περισσὸς, ὁ ὀκτὼ νικᾷ, μείζων γάρ ἐστιν. Εἰ δέ D εἰσιν [42] ἀριθμοὶ δύο οἷον ἀμφότεροι ἄρτιοι ἢ ἀμφότεροι περισσοὶ, ὁ ἐλάσσων νικᾷ. Πῶς δὲ ὁ *Σαρπηδὼν* κατὰ τὸν ἐννεαδικὸν [43] ποιεῖ μονάδας δύο; Παραλείπεται [44] γὰρ τὸ ω' στοιχεῖον· ὅταν γὰρ ᾖ ἐν ὀνόματι στοιχεῖον ω καὶ η', παραλιμπάνουσι τὸ ω' ἑνὶ στοιχείῳ χρώμενοι· ἰσοδυναμεῖν γὰρ λέγουσι τὰ ἀμφότερα, δὶς δὲ τὸ αὐτὸ οὐ ψηφίζεται, ὡς ἄνωθεν εἴρηται.

A 76-77 ex 19—18, restabit 1, ita ut Hectoris nominis fundus sit 1. Rursus nominis quod est Πάτροκλος fundi sunt numeri hi: 8, 1, 3, 1, 7, 2, 3, 7, 2; conflati efficiunt monades 34. Horum quod relinquitur monades 7, tricenarii numeri ternarius et quaternarii ipse quaternarius. Fundus igitur Patrocli nominis monades 7. Qui igitur secundum novenariam normam computant, nonam partem sumunt ejus numeri, qui ex fundis collectus est, et id quod relictum est pro multitudine fundorum numerant, qui autem secundum septenariam normam, septimam partem: veluti reperta est in nomine Patrocli fundorum summa 34, quæ divisa in septimas partes efficit quatuor, quo efficiuntur 28; restant monades sex: ait fundum Patrocli nominis esse senarium B numerum secundum septenariam normam. Si autem erit 43, septies sumptum dicit 42, septies enim sex efficit 42 et restat unum. Monas igitur exsistit fundus numeri 43 secundum septenariam normam. Observandum autem est, cum sumptus numerus divisus nihil reliqui faciet, veluti cum ex quopiam numero componens fundos invenero, ut exemplo utar, monades 36. Numerus autem 36 divisus in novem accurate efficit quatuor enneades, novies enim quatuor efficit 36 nec quidquam reliqui fit. Apertum igitur est ipsum fundum esse 9. Et ubi rursus numerum 45 dividentes reperiemus numerum novenarium nihil reliqui facere (etenim novies quinque efficit 45 nec quidquam restat), in talibus dicunt ipsum novenarium numerum esse fundum. Et in septenario pariter; ubi, ut C exemplum ponamus, numerum 28 in numerum septenarium dividentes nihil reliqui facimus (septies enim quatuor efficit 28, nec quidquam relinquitur), septenarium dicunt fundum. Ille igitur cum computat nomina et reperit eamdem litteram bis positam, semel eam computat, veluti Πάτροκλος nomen et π α litteras bis habet et o litteram bis; semel igitur α computant, semel o. Secundum hoc igitur fundi erunt: 8, 1, 3, 1, 7, 2, 3, 2, et conflati efficiunt monades 27, et erit fundus nominis secundum novenariam normam ipse novenarius numerus, secundum septenariam 78-79 autem senarius. Pariter *Sarpedon* computatus efficit monades secundum novenariam normam binarium numerum pro fundo, D Patroclus autem efficit monades 9, vincit Patroclus. Nam cum est alter fundus impar, alter autem par, impar vincit, ubi major est. Rursus autem cum est octonarius par et quinarius impar, octonarius vincit, major enim est. Sin vero sunt numeri duo veluti uterque impar vel uterque par, inferior vincit. Qui autem Sarpedon secundum novenariam normam efficit monades duas? Nempe omittitur ω

VARIÆ LECTIONES.

[31] ὑφέλω Roeperus coll. p. 79, 31, ἀφελῶ C. M. [32] λοιπόν. Ἔλαττον C, M. [33] τὸ add. M coll. l. 28. [34] λειφθεὶς C, M. [35] συντεθεὶς C. [36] Κἂν. Καὶ C, M. [37] τοὺς ἑβδοματικοὺς C, M. [38] εὑρίσκει C. [39] Hæc valde turbata sunt. Ex calculo legam: Οἷον τὸ Πάτροκλος ὄνομα τὸ ο δὶς ἔχει· ἅπαξ οὖν τὸ ο ψηφίζουσι· κατὰ τοῦτο, κ. τ. λ. M, an iste Παπάτροκλος voluit? [40] μονάδες C. [41] Ὁμοίως. δμ. ἓξ C. [42] ἦσαν C, M. [43] ἐννεατικὸν C. [44] παραλείπονται C.

littera. Quando enim est in nomine littera ω et η omittunt ω, una littera usi, pari enim potestate esse dicunt utramque, bis autem idem non computatur, ut superius dictum est. Rursus Ajax efficit monades quatuor, Hector autem secundum novenariam normam facit monadem unam, et est quaternarius numerus par, monas autem impar, in tali autem causa diximus majorem vincere, vincit Ajax. Rursus Alexander et Menelaus. Alexander proprium habet nomen Paris, Paris autem efficit monades secundum novenariam normam 4, Menelaus autem secundum novenariam monades 9, vincunt autem novem quatuor; dictum enim est, quando alter impar sit, alter autem par, majorem vincere, quando autem uterque par aut uterque impar, inferiorem. Rursus Amycus et Polydeuces. Amycus quidem facit monades duas secundum novenariam normam et Polydeuces vero septem : vincit Polydeuces. Ajax et Odysseus luctabantur in certamine funebri. Ajax efficit secundum novenariam normam monades quatuor, Odysseus octo secundum novenariam. An vero Odyssei nomen epitheton et non proprium est? Vicit enim. Quanquam secundum numeros vincit Ajax, historia autem Odysseum tradit vicisse. Achilleus et Hector. Achilleus secundum novenariam normam facit quatuor, Hector unam : vincit Achilles. Rursus Achilleus et Asteropæus. Achilleus facit quatuor, Asteropæus tres : vincit Achilles. Rursus Menelaus et Euphorbus. Menelaus habet monades novem, Euphorbus octo : vincit Menelaus. Quidam autem septenaria norma usi solis vocalibus utuntur, alii autem seorsum collocant et vocales et semivocales et consonantes et tribus ordinibus constitutis sumunt fundos **80-81** seorsum et vocalium et semivocalium et consonantium et comparant seorsum unumquodque. Alii autem ne his quidem consuetis numeris utuntur, sed aliis, veluti, ut exemplo utar, π litteram negant fundum habere monades octo, sed quinque, et ξ litteram fundum monades quatuor, et omnes in partes quamvis se vertant, nihil sani exfundunt. Quanquam ubi secundum aliqui concertant, ab utroque nomine primam litteram demunt, quando autem tertium, duas utrinsque nominis, et reliquis computatis comparant.

A Πάλιν Αἴας ποιεῖ μονάδας τέσσαρας, Ἕκτωρ [65] κατὰ τὸν ἐννεαδικὸν ποιεῖ μονάδα μίαν. Καὶ ἔστιν ἡ μὲν τετρὰς ἄρτιος, ἡ μονὰς δὲ περισσή. Ἐπὶ δὲ τῶν τοιούτων τὸν μείζονα ἐλέγομεν νικᾷν, νικᾷ ὁ Αἴας. Πάλιν Ἀλέξανδρος καὶ Μενέλαος. Ἀλέξανδρος κύριον ἔχει ὄνομα [Πάρις] [66]. Πάρις δὲ ποιεῖ μονάδας κατὰ τὸν ἐννεαδικὸν [67] δ̅, Μενέλαος δὲ κατὰ τὸν ἐννεαδικὸν μονάδας θ̅, νικῶσι δὲ αἱ ἐννέα τὰς τέσσαρας· εἴρηται γὰρ, ὁπόταν ὁ μὲν περισσὸς ᾖ, ὁ δὲ ἄρτιος, ὁ μείζων νικᾷ, ὅταν δὲ ἀμφότεροι ἄρτιοι ἢ ἀμφότεροι περισσοὶ, ὁ ἐλάσσων. Πάλιν Ἄμυκος καὶ Πολυδεύκης. Ἄμυκος μὲν ποιεῖ μονάδας δύο κατὰ τὸν ἐννεαδικὸν, καὶ Πολυδεύκης δὲ ἑπτά· νικᾷ Πολυδεύκης. Αἴας καὶ Ὀδυσσεὺς ἐπάλαισαν ἐν τῷ ἐπιταφίῳ. Αἴας ποιεῖ κατὰ τὸν ἐννεαδικὸν μονάδας δ̅, Ὀδυσσεὺς ὀκτὼ B κατὰ τὸν ἐννεαδικόν [68]· ἆρα οὖν μήτι τὸ Ὀδυσσέως ἐπίθετον καὶ οὐ κύριόν ἐστιν; ἐνίκησε γάρ. Κατὰ μὲν τοὺς ἀριθμοὺς νικᾷ Αἴας, ἡ δ' ἱστορία Ὀδυσσέα παραδίδωσιν. Ἀχιλλεὺς καὶ Ἕκτωρ. Ἀχιλλεὺς κατὰ τὸν ἐννεαδικὸν ποιεῖ τέσσαρας, Ἕκτωρ μίαν· νικᾷ Ἀχιλλεύς. Πάλιν Ἀχιλλεὺς καὶ Ἀστεροπαῖος. Ἀχιλλεὺς ποιεῖ τέσσαρας, Ἀστεροπαῖος τρεῖς [69]. νικᾷ Ἀχιλλεύς. Πάλιν Μενέλαος καὶ Εὔφορβος. Μενέλαος ἔχει μονάδας ἐννέα, Εὔφορβος ὀκτώ· νικᾷ Μενέλαος. Τινὲς δὲ κατὰ τὸν ἑβδοματικὸν μόνοις τοῖς φωνήεσι [70] χρῶνται, ἄλλοι δὲ διαστέλλουσιν ἰδίᾳ μὲν τὰ φωνήεντα, ἰδίᾳ δὲ τὰ ἡμίφωνα, ἰδίᾳ δὲ τὰ ἄφωνα, καὶ τρεῖς τάξεις ποιήσαντες λαμβάνουσι τοὺς πυθμένας ἰδίᾳ μὲν τῶν [71] φωνηέντων, ἰδίᾳ δὲ τῶν ἡμιφώνων, ἰδίᾳ δὲ τῶν ἀφώνων, καὶ συγκρίνουσι [p. 55—57] C χωρὶς ἕκαστον. Ἄλλοι δὲ οὐδὲ τούτοις τοῖς νενομισμένοις ἀριθμοῖς χρῶνται, ἀλλ' ἄλλοις, οἷον ὑποδείγματος ἕνεκα τὸ π̅ οὐ θέλουσι πυθμένα ἔχειν μονάδας [72] η̅, ἀλλὰ ε̅, καὶ τὸ ξ στοιχεῖον πυθμένα μονάδας δ̅, καὶ παντοίως στρεφόμενοι οὐδὲν ὑγιὲς εὑρίσκουσιν. Ὅταν μέντοι δεύτερόν τινες ἀγωνίζονται, ἀφ' ἑκατέρου τῶν ὀνομάτων τὸ πρῶτον στοιχεῖον ἀφαιροῦσιν· ὅταν δὲ | τρίτον, τὰ δύο ἑκατέρωθεν, καὶ τὰ λοιπὰ ψηφίσαντες συγκρίνουσιν.

15. Arbitror autem perspicue declaratam esse et arithmeticorum mentem per numeros et nomina vitam discernere instituentium. Hos autem intelligo otiantes et in numerando exercitatos nisos esse, ut per artem a pueris sibi traditam illustres facti vates appellarentur : qui susque deque litterarum elementa metientes in ineptias abierunt. Quando enim non contigit, difficultatem rei prætendentes dicunt : Forsitan hoc nomen patrium non fuerit, sed ascititium, veluti etiam in Ulixis et Ajacis nomine lapsi insimulabant. Quis ex hac mirifica philosophia pro-

15. Οἶμαι δὲ ἐκδήλως ἐκτεθεῖσθαι καὶ τὴν τῶν D ἀριθμητικῶν ἐπίνοιαν δι' ἀριθμῶν καὶ ὀνομάτων τὸ ζῆν διακρίνειν νομιζόντων. Τούτους δὲ κατανοῶ σχολὴν ἄγοντας καὶ ψήφῳ γεγυμνασμένους τεθεληκέναι διὰ τῆς [73] παραδοθείσης αὐτοῖς ἐκ παίδων τέχνης [θέλειν] [74] εὐδοκιμοῦντας μάντεις προσαγορεύεσθαι [75]. οἳ ἄνω κάτω τὰ στοιχεῖα καταμετροῦντες εἰς λῆρον ἐχώρησαν. Ἐπὰν γὰρ ἀποτύχωσι, τὸ ἄπορον προβάλλοντες [76] λέγουσι, μήτι τοῦτο ὄνομα γενικὸν οὐκ ἐγένετο ἀλλὰ ἐπίθετον· ὡς καὶ ἐπὶ τοῦ Ὀδυσσέως καὶ Αἴαντος ἐκπεσόντες ἐνεκάλουν. Τίς ἐκ ταύτης τῆς

VARIÆ LECTIONES.

[65] Ἕκτωρ. ἕκτον C. [66] Πάρις add. M. [67] κατὰ τὸ ἐννεαδικὸν bis C. [68] τὸ ἐννεαδικόν C. Hic error in calculo M. [69] Error in calculo M. [70] φωνήεσσι C. [71] ἰδίᾳ τῶν ἀφ. C. [72] μονάδας add. M. [73] τῆς om. pr. C. [74] θέλειν uncis inclusit M. [75] προσαγορεύεσθαι C. [76] προβαλόντες C, M.

θαυμαστῆς φιλοσοφίας ἀφορμὰς λαβὼν καὶ θελήσας A αἱρεσιάρχης καλεῖσθαι οὐ δοξασθήσεται; Ἀλλ' ἐπεὶ καὶ ἑτέρα τις τέχνη βαθυτέρα ἐστὶ παρὰ τοῖς πανσόφοις Ἑλλήνων μεριμνηταῖς, οἷς εὔχονται μαθητεύειν οἱ αἱρετικοὶ διὰ τὸ [57] ταῖς αὐτῶν δόξαις χρῆσθαι πρὸς τὰ ὑπ' αὐτῶν ἐπιχειρούμενα, καθὼς ὑποδειχθήσεται μετ' οὐ πολὺ (αὕτη δέ ἐστι μετωποσκοπικὴ [58] μαντεία, μᾶλλον δὲ μανία), οὐδὲ ταύτην σιωπήσομεν. Εἰσὶν οἱ τοῖς ἄστροις ἀναφέρουσι τὰς μορφὰς τυποῦντας ἰδέας καὶ τὰς φύσεις τῶν ἀνθρώπων ἐπὶ τὰς κατὰ ἀστέρων γενέσεις ἀναλογιζόμενοι. Οὕτω δὲ [59] λέγουσιν· Οἱ ἐν Κριῷ [60] γεννώμενοι τοῖοι ἔσονται· κεφαλῇ ἐπιμήκει [61], τριχὶ πυῤῥᾷ [62] ὀφρύσι συνεζευγμέναις, μετώπῳ ὀξεῖ, ὀφθαλμοῖς γλαυκοῖς, ὑπὸ ἄλλοις [63], μήλοις καθειλκυσμένοις, ἐπίῤῥινοι [64], μυκτῆρσιν [65] ἠνεῳγμένοις, χείλεσι [66] λεπτοῖς γενείῳ B ὀξεῖ, στόματι ἐπιμήκει. Οὗτοι, φησὶ, μεθέξουσι φύσεως τοιαύτης· προνοητικοὶ, ποικίλοι, δειλοὶ [67], φρόνιμοι, προσχαριώδεις [68], ἥσυχοι, περίεργοι, βουλαῖς ἀποκρύφοις, παντὶ [p. 57. 58] πράγματι κατηρτισμένοι, πλεῖον φρονήσει ἢ ἰσχύϊ κρατοῦντες, τὸ παρὸν καταγελασταὶ, γεγραμματισμένοι, πιστοὶ, φιλόνεικοι, ἐν μάχῃ ἐρεθισταὶ [69], ἐπιθυμηταὶ, παιδεραστίᾳ νοσοῦντες [70], ἀπεστραμμένοι ἀπὸ τῶν ἰδίων οἴκων, ἀπαρέσκοντες [71] ἅπαντα, κατήγοροι, ἐν οἴνῳ μανιώδεις, ἐξουθενηταὶ, κατ' ἔπος [72] τι ἀποβάλλοντες, εἰς φιλίαν εὔχρηστοι διὰ τὴν ἀγαθωσύνην [73]· πλειστάκις ἐν ἀλλοτρίᾳ γῇ ἀποθνήσκουσιν.

16. Οἱ δὲ ἐν Ταύρῳ τύπῳ ἔσονται τῷδε· κεφαλῇ στρογγύλῃ, τριχὶ παχείᾳ, μετώπῳ πλατεῖ, τετραγώνῳ [74], ὀφθαλμοῖς καὶ ὀφρύσι μεγάλαις [75], μέλασιν, C ἐν τῷ λευκῷ φλέβες [76] λεπταὶ, αἱματώδεις, βλεφάροις μακροῖς, παχέσιν, ὠτίοις μεγάλοις, στόμασι στρογγύλοις, ῥώθωνι παχεῖ, μυκτῆρσι στρογγύλοις, χείλεσι παχέσι· τοῖς ὑπεράνω [77] μέρεσιν ἰσχύουσιν, ἐρθῶς γεγενημένος [78] ἀπὸ σκελῶν· οἱ αὐτοὶ δὲ φύσεως [79]· | ἀρέσκοντες, νοοῦντες, εὐφυεῖς, εὐσεβεῖς, δίκαιοι, ἄγροικοι, προσχαρεῖς, κοπιαταὶ, ἀπὸ ἐτῶν ιβ, ἐρεθισταὶ [80], νωθροί· τούτων ὁ στόμαχος μικρός ἐστι, πληροῦνται τάχα, πολλὰ βουλευόμενοι, φρόνιμοι, φειδωλοὶ εἰς ἑαυτοὺς, εἰς ἄλλους [81] δαψιλεῖς, ἀγαθοποιοὶ, σώματι βραδεῖ [82]· ἐν μέρει [83] εἰσὶ λυπηροὶ, ἀμελεῖς εἰς φιλίαν, ὠφέλιμοι διὰ τὸν νοῦν, κακοπαθεῖς.

17. Ἐν Διδύμοις τύπος· προσώπῳ κοκκίνῳ, μεγέθει οὐ λίαν μεγάλῳ, μέλεσιν ἴσοις, ὀφθαλμοῖς μέ- D λασιν ὡς ἠλειμμένοις, μήλοις κάτω [84] τεταμένοις, στόματι παχεῖ, ὀφρύσι συντεθειμέναις· συγκροτοῦσι [85] πάντα, ἔχουσιν, ἔσχατα πλούσιοι [86], σκνιφοὶ, φειδω-

A fectus et hæresiarcha appellari gestiens non celebrabitur? Sed quoniam etiam altera quædam ars profundior est penes omniscios Græcorum curiosos, quorum discipulos sese esse gloriantur hæretici, propterea quod illorum opiniones usurpant ad ea, quæ ab ipsis intentantur, uti demonstrabitur paulo post (hæc autem est frontispica vaticinatio, vel dicam vanitudo): ne hanc quidem silentio prætermittemus. Sunt qui ad stellas referant figuras formantes peculiares et naturas hominum, cum rationem referunt ad genituras a stellis aptas. Sic autem aiunt: Qui sub Ariete nati sunt tales erunt: capite obstipo, capillo rufo, palpebris conjugatis, fronte tenui, oculis cæsiis, subloquacibus, genis dependentibus, nasuti, naribus adapertis, labellis tenui- B bus, mento acuto, ore oblongo. Hi, inquit, tali erunt natura: cauti, varii, ignavi, prudentes, complacentes, tranquilli, seduli, clandestinis consiliis, cuivis operi apti, **82-83** plus prudentia quam robore pollentes, præsentium rerum irrisores, litterati, fidi, litigiosi, in pugna irritatores, libidinosi, puerorum amoribus insanientes, negligentes familiæ suæ, ad omnia morosi, incusatores, in vino vesani, omnia pro nihilo habentes, verbo aliquid abjicientes, ad amicitiam utiles propter bonitatem; ut plurimum in aliena terra moriuntur.

16. Qui autem sub Tauro, hac erunt specie: ca- C pite rotundo, capillo spisso, fronte lata, quadrata, oculis et superciliis magnis, nigris, in albo venæ exiguæ, sanguineæ, palpebris amplis, crassis, auriculis magnis, oribus rotundis, naso crasso, naribus rotundis, labris crassis; superioribus artubus valent, cum a cruribus infirmi sunt. Iidem autem natura sunt: placentes, intelligentes, habiles, pii, justi, duri, officiosi, laboriosi a duodecim annis, rixatores, stupidi. Horum stomachus exilis est, implentur celeriter, multa agitantes, solertes, parci in semetipsos, in alios largi, benefici, corpore tardo. Ex parte sunt tetrici, incuriosi amicitiæ, utiles propter mentem, calamitatibus obnoxii.

17. Sub Geminis species: facie coccina, magni- D tudine non admodum magna, membris parilibus, oculis nigris ut unctis, genis infra detortis, ore crasso, superciliis contractis, converrunt omnia, habent, summopere divites, sordidi, parci suorum,

VARIÆ LECTIONES.

[57] διὰ τοῦ C, M. [58] μετωπισκοπικὴ C. M. [59] δὲ om. C. [60] οἱ Κριῷ C. [61] ἐπιμήκη — τριχῇ — C. [62] Cod. 2494, 142 v. ὑπέρυθροι M. [63] ὑπὸ ἄλλοις. ὑποσάλοις susp. M, ὑπομέλασι Roeperus: an: ὑπολάλοις? [64] ἐπίρινος C. [65] Aliter in cod. 2494: μυκτῆρσι καθηλωμένοι M. [66] χείλη λεπτὰ ἔχοντες Cod. 2494. [67] δειλοί. δῆλοι C. δειλοὶ τῇ καρδίᾳ Cod. 2494. [68] προσχαριώδεις. χαροποιοὶ cod. 2494. [69] αἱρεθισταὶ C. [70] παιδεpασταὶ, νοσοῦντες C, M. [71] ἀπαρέσκονται C. [72] ἔπος. ἔτος C, M. [73] ἀγαθοσύνην C. [74] τετραγώνοις C, M. [75] ὀφθαλμοὺς μέλανας Cod. 2494, quo probabile fit Hippolyto reddendum esse: Ὀφθαλμοῖς μέλασιν, ὀφρύσι μεγάλαις. [76] βλέβες C. [77] ὑπὲρ ἄνω C. [78] νωθροὶ γεγεννημένοι M coll. Manil. Astronomic. IV, 150. [79] φύσεων C. [80] αἱρεθισταὶ C. [81] ἀλλήλους C. [82] βραχεῖ C, M. [83] μέρεσιν C, M. [84] κάτω τεταμένοις Roeperus: καλῶ τετεννημένων pr. C, M. καλῶ τετεννημένων corr. C. [85] συγκρατοῦσι C, M. [86] πλούσια C.

profusi in res venereas, modici, musici, mendaces. Iidem autem a natura : docti, intelligentes, curiosi, suo judicio, libidinosi, parci suorum, profusi, quieti, solertes, astuti, multa agitant, computatores, incusatores, importuni, non felices, a mulieribus expetuntur, mercatores, ad amicitiam non multum utiles.

84-85 18. Sub Cancro species : magnitudine non magna, capillo tanquam cæruleo, colore subrufo, ore angusto, capite rotundo, fronte acuta, oculis subcæsiis, satis pulchris, membris paululum variis. Iidem a natura : pravi, astuti, in fraudibus volutati, inexpleti, tenaces, ingratifici, illiberales, inutiles, immemores, neque reddunt alienum, neque reposcunt suum, ad amicitiam utiles.

19. Sub Leone species : capite rotundo, capillo subrufo, fronte magna crispa, auriculis crassis, cervicosi, ex parte subcalvi, rufi, oculis cæsiis, magnis maxillis, ore crasso, superioribus partibus crassi, pectore magno, inferioribus membris tenuibus. Iidem a natura : sui consilii, inconcinni, placentes sibi ipsis, iracundi, animosi, contemptores, confidentes, nihil secreti agitantes, paucorum verborum, male feriati, insociabiles, in res venereas effusi, adulteri, impudici, ad fidem infideles, rogatores, audaculi, sordidi, rapaces, in aliquo numero habendi, in communionem utiles, ad amicitiam inutiles.

20. Sub Virgine species : aspectu pulchro, oculis non magnis, pronis in Venerem, nigris, superciliis conductis, hilaribus, natantibus. Sunt autem tenues corpore . . . . . capillo pulchre composito, ampla fronte, naso prominente. Iidem natura : dociles, modici, cogitabundi, jocosi, prudentes, tardiloqui, multa volventes secum, ad gratiam exorabiles, studiosæ omnia observantes et dociles, quæ didicerunt tenent, modici, omnia pro nihilo habentes, amatores puerorum, sociabiles, animo magno, contemptores, negotiorum non gerentes, doctrinæ avidi, amabiliores in alienis quam in suis, ad amicitiam utiles.

21. Sub Libra species : capillo tenui prominente, subrufo, sublongo, fronte acuta, crispa, superciliis pulchris, conductis, oculis pulchris, pupillis nigris, auriculis longis, teneris, capite reclinato, ore magno.

A λοὶ ἐκ τοῦ ἰδίου, δαψιλεῖς [97] πρὸς τὰ ἀφροδισιακὰ, ἐπιεικεῖς, μουσικοὶ, ψεῦσται· οἱ αὐτοὶ δὲ φύσεως· δεδιδαγμένοι, νοοῦντες, περίεργοι [98], ἰδίᾳ ἀποφάσει, ἐπιθυμητικοὶ, φειδωλοὶ ἐκ τοῦ ἰδίου [99], δαψιλεῖς, ἥσυχοι, φρόνιμοι, δόλιοι, πολλὰ βουλεύονται, ψηφισταὶ, κατήγοροι, ἀκαίριμοι [90], οὐκ εὐτυχεῖς, ἀπὸ γυναικῶν φιλοῦνται, ἔμποροι, εἰς φιλίαν οὐκ ἐπὶ πολὺ ὠφέλιμοι.

[p. 58—60] 18. Ἐν Καρκίνῳ τύπος· μεγέθει οὐ μεγάλῳ, τριχὶ ὥσπερ κυανέῃ [91], χρώματι ὑποπύῤῥῳ, στόματι ὀλίγῳ, κεφαλῇ σ | τρογγύλῃ, μετώπῳ ὀξεῖ, ὀφθαλμοῖς ὑπογλαύκοις, ἱκανῶς καλοῖς, μέλεσιν ὑποποικίλοις [92]· οἱ αὐτοὶ φύσεως· κακοὶ, δόλιοι, βουλαῖς ἀπηρτισμένοι, ἄπληστοι, φειδωλοὶ, ἀχάριστοι, ἀνελεύθεροι, ἀνωφελεῖς, ἀμνήμονες, οὔτε ἀποδιδόα-
B σιν [93] ἀλλότριον οὔτε ἀπαιτοῦσιν ἴδιον, εἰς φιλίαν ὠφέλιμοι.

19. Ἐν Λέοντι τύπος· κεφαλῇ στρογγύλῃ [94], τριχὶ ὑποπύῤῥῳ [95], μετώπῳ μεγάλῳ ῥυσῷ, ὠτίοις παχέσι, τραχηλιῶται, ἐπὶ μέρει ὑποφάλακροι, πυῤῥοὶ, ὀφθαλμοῖς γλαυκοῖς, μεγάλαις γνάθοις, στόματι παχεῖ, τοῖς ἐπάνω [96] μέρεσι παχεῖς, στήθει μεγάλῳ, τοῖς ὑποκάτω μέλεσι λεπτοῖς· οἱ αὐτοὶ φύσεως· ἰδίας ἀποφάσεως, ἀσυγκέραστοι, ἀρέσκοντες ἑαυτοῖς, ὀργίλοι, θυμώδεις, καταφρονηταὶ, αὐθάδεις, μηδὲν βουλευόμενοι [97], ἄναλοι [98], κακόσχολοι [99], συνήθεις [1], εἰς πράγματα ἀφροδισιακὰ ἐκκεχυμένοι, μοιχοὶ, ἀναιδεῖς, πίστει ἀναληθεῖς, αἰτηταὶ, τολμηροὶ, σκαιοὶ, ἅρπαγες, ἀξιόλογοι, εἰς κοινωνίαν ὠφέλιμοι, εἰς φιλίαν [2] ἀνωφελεῖς.

C 20. Ἐν Παρθένῳ τύπος· ὁράσει καλῇ, ὀφθαλμοῖς οὐ μεγάλοις, ἐπαφροδίτοις, μέλασιν, ὀφρύσι [3] συντεθειμέναις, ἱλαροῖς, κολυμβῶσιν. Εἰσὶ [4] δὲ λεπτοὶ σώματι, ὑπὸ δὲ τοῦ ὄψει καλοῦ, τριχὶ καλῶς συντεθειμένῃ, μετώπῳ μεγάλῳ, ῥώθωνι προάλει. Οἱ αὐτοὶ φύσεως [5]· εὐμαθεῖς, μέτριοι, ἐννοηταὶ, παιγνιώδεις, λόγιοι, βραδυλαλοῦντες, πολλὰ βουλευόμενοι, πρὸς χάριν εὐπαραίτητοι [6], | ἡδέως πάντα παρατηροῦντες, καὶ μαθηταὶ εὐφυεῖς, ἃ ἔμαθον κρατοῦσι, μέτριοι, ἐξουθενηταὶ, παιδεράσται, συνήθεις, ψυχῇ μεγάλῃ, καταφρονηταὶ, πραγμάτων ἀμελεῖς, διδαχῇ προσέχοντες, καλλίονες ἐν ἄλλοις [7] ἢ τοῖς ἰδίοις, πρὸς φιλίαν ὠφέλιμοι.

21. Ἐν Ζυγῷ τύπος· τριχὶ λεπτῇ προαλεῖ, ὑπο-
D πύῤῥῳ, ὑπομήκει· μετώπῳ ὀξεῖ, ῥυσῷ, ὀφρύσι καλαῖς, συντεθειμέναις, ὀφθαλμοῖς [8] καλοῖς, κόραις μέλασιν, ὠτίοις μακροῖς, λεπτοῖς, κεφαλῇ ἐπικεκλι-

VARIÆ LECTIONES.

[97] δαψιλεῖς πραγμάτων ἀφροδισιακῶν, ἐπιεικεῖς, μουσικοὶ, πρὸς τὰ ἀφροδισιακὰ, ψεῦσται C. Scribendum : δαψιλεῖς πρὸς τὰ ἀφροδισιακά, unde πραγμάτων ἀφροδισιακῶν ortum ob solitam structuram cum genitivo, deinde in margine correctum fuerat, correctionem autem librarius alieno loco inseruit, ubi delenda. In sequentibus eadem expositio repetitur vel librariorum culpa qui hæc turbarunt, vel ipsius Origenis πολυγραφωτάτου qui bis eadem dictavit M. [98] περίεργα C. [99] ἀλλοτρίου addit M. [90] καίριμοι C. [91] κυνὶ ἀχρώματι C. κυνὶ, χρώματι M. [92] ὑπὸ ποικίλοις C. [93] ἀποδίδωσιν C. [94] κεφαλὴ στρογγύλη C. [95] ὑπόπυρρα C, γλαυκοὶ εἰσι καὶ πυῤῥότριχοι Cod. 2494. [96] τὰ ἄνω μείζονα τῶν κάτω ἔχοντες Cod. 2494. [97] βουλόμενοι C. [98] ἄναλοι. ἄλαλοι? [99] κακέσχολοι C. [1] ἀσυνήθεις? [2] φιλίαν. ὠφέλιαν C. [3] ὀφρύσι συντεθειμέναις ὀρθοῖς, συντεθειμένοις C, M. [4] εἰσὶ τῇ ἡλικίᾳ σύμμετροι, καὶ τὸ πᾶν σῶμα τέλειον καὶ ὄρθριον (ὄρθιον?) ἔχουσι Cod. 2494. [5] καλῶ C. [6] εὐπαραίτητοι Roeperus, ὡς οἱ παραιτηταὶ C, M. [7] ἄλλοις. ἀλλοτρίοις M. [8] εὐόφθαλμοι Cod. 2494 μελαίναις?

μένη, στόματι[9] μακρῷ. Οἱ αὐτοὶ φύσεως· νοοῦντες, θεοὺς τιμῶντες, ἀλλήλοις καταλαλοῦντες, ἔμποροι, κοπιαταὶ, [p. 60. 61] πορισμὸν μὴ κατέχοντες, ψεῦσται, μὴ φιλοῦντες ἐν πράγμασι νοήσει[10], ἀληθεῖς, ἐλευθερόγλωσσοι, ἀγαθοποιοὶ, ἀμαθεῖς, ψεῦσται[11], συνήθεις, ἀμελεῖς· [τούτοις οὐχ ἐμποιεῖ ἀδίκως ποιῆσαι μέρος[12].] Εἰσὶ καταφρονηταὶ, καταγελασταὶ[13], ὀξεῖς, ἔνδοξοι, ἀκουσταὶ[14], καὶ τούτοις οὐδὲν προχωρεῖ, πρὸς φιλίαν ὠφέλιμοι.

22. Ἐν Σκορπίῳ τύπος· προσώπῳ παρθενικῷ, εὐμόρφῳ, ἁλυκῷ, τριχὶ ὑπομέλανι[15], ὀφθαλμοῖς εὐμόρφοις, μετώπῳ οὐ πλατεῖ καὶ ῥώθωνι ὀξεῖ, ὠτίοις συντεθειμένοις μικροῖς, μετώπῳ ῥυσῷ, ὀφρύσι στεναῖς, μήλοις καθειλκυσμένοις[16]· οἱ αὐτοὶ φύσεως· δόλιοι, κατεστραμμένοι, ψεῦσται, ἴδια βουλεύματα μηδενὶ ἀνατιθέμενοι, διπλῇ ψυχῇ, κακοποιοὶ, ἐξουθενηταὶ, μοιχείας ἔνοχοι, εὐφυεῖς, εὐμαθεῖς, εἰς φιλίαν ἄχρηστοι. |

23. Ἐν Τοξότῃ τύπος· μήκει μεγάλῳ, μετώπῳ τετραγώνῳ[17], ὀφρύσι μεσταῖς[18], συγκρατουμέναις, τριχῶν τεθειμένη[19] προαλεῖ, ὑπόπυρροι. Οἱ αὐτοὶ φύσεως· προσχαρεῖς ὡς οἱ πεπαιδευμένοι, ἁπλοῖ, ἀγαθοποιοὶ, παιδερασταὶ, συνήθεις, κοπιαταὶ, φιληταὶ, φιλούμενοι, ἐν οἴνῳ ἱλαροὶ, καθάριοι, ὀργίλοι, ἀμελεῖς, κακοὶ, εἰς φιλίαν ἄχρηστοι, καταφρονηταὶ, ψυχαῖς μεγάλαις, ὑβριστικοὶ, ὑπόδουλοι, εἰς κοινωνίαν εὔχρηστοι.

24. Ἐν Αἰγοκέρῳ τύπος· σώματι ὑποπύρρῳ, τριχὶ ὑποπολιῷ προαλεῖ[20], στόματι στρογγύλῳ, ὀφθαλμοῖς ὡς ἀετοῦ, ὀφρύσι συντεθειμέναις, μετώπῳ ἠνοιγμένῳ, ὑποφάλακροι, τὰ ὑποκάτω μέρη τοῦ σώματος[21] ἰσχυρότερα[22]. Οἱ αὐτοὶ φύσεως· φιλόσοφοι, καταφρονηταὶ καὶ τὸ παρὸν καταγελασταὶ, ὀργίλοι, συγχωρηταὶ, καλοὶ, ἀγαθοποιοὶ, πράγματος μουσικοῦ φιληταὶ, ἐν οἴνῳ ὀργίλοι, γελοῖοι, συνήθεις, λάλοι, παιδερασταὶ, ἱλαροὶ, προσφιλεῖς, φιληταὶ, ἐρεθίζοντες, εἰς κοινωνίαν εὔχρηστοι.

25. Ἐν Ὑδροχόῳ τύπος· μεγέθει τετράγωνος, στόματι ὀλίγῳ, ὀφθαλμοῖς ὀξέσι, λεπτοῖς, γοργοῖς, ἐπιτάκτης, ἀχάριστος, ὀξύς, εὐχερῶς εὑρίσκων, πρὸς φιλίαν εὔχρηστος καὶ πρὸς κοινωνίαν. Ἔτι ἐξ ὑγρῶν[23] πραγμάτων πορίζουσι τοὺς πορισμοὺς ἀπόλλουσιν[24]· Οἱ αὐτοὶ φύσεως· σιγηροὶ, αἰσχυντηροὶ[25], συνήθεις, μοιχοὶ, σκνιφοὶ, πράγμασι ποιούμενοι[26], θορυβιασταὶ, [p. 61—63] καθάριοι, εὐφυεῖς, καλοὶ, ὀφρύσι μεγάλαις· πολλάκις ἐν λεπτοῖς πράγμασι γεννῶνται[27] καὶ δίφρων[28] πραγματείαν γυμνὰ | ζουσι. Τινὶ ἂν καλῶς ποιήσωσιν, οὐδεὶς αὐτοῖς χάριτας ἀποδιδοῖ.

26. Ἐν Ἰχθύσι τύπος· μήκει μέσῳ, ὡς ἰχθύες μετώπῳ ὀξεῖ, τριχὶ δασείᾳ· πολλάκις πολιοὶ ταχέως

A Iidem natura : intelligentes, deorum colentes, inter se conviciantes, mercatores, laboribus contriti, **86-87** opum conquisitarum non tenaces, mendaces, in negotiis non libenter volutati, veraces, liberi oris, benefici, a litteris alieni, mendaces, sociabiles. suorum negligentes . . . . Sunt contemptores, derisores, acres, illustres, auscultatores, nec quidquam his procedit, ad amicitiam utiles.

22. Sub Scorpio species : facie virginali, speciosa, salsa, capillo subnigro, oculis speciosis, fronte non ampla et naso acuto, auriculis conductis exiguis, fronte crispa, superciliis angustis, genis deductis. Iidem natura : astuti, intenti, mendaces, sua consilia cum nemine communicantes, B duplici anima, malefici, pro nihilo omnia habentes, adulterio constricti, natura habiles, dociles, ad amicitiam inutiles.

23. Sub Sagittario species : magnitudine magna, fronte quadrata, superciliis modicis. . . ., capillo composito prominenti, subrufi. Iidem natura : gratiosi utpote litteris exculti, simplices, benefici, puerorum amatores, sociabiles, labore contriti, amatores, amati, in vino hilares, mundi, iracundi, incuriosi, pravi, ad amicitiam inutiles, contemptores, animis magnis, injuriosi, subservi, ad communionem utiles.

24. Sub Capricorno species : corpore subrufo, capillo subcano prominenti, ore rotundo, oculis tanquam aquilinis, superciliis compositis, fronte C aperta, subcalvi, inferioribus partibus corporis infirmioribus. Iidem natura : philosophi, contemptores rerumque præsentium irrisores, iracundi, concessores, probi, benefici, rerum musicarum amantes, in vino iracundi, ludicri, sociabiles, garruli, puerorum amatores, jucundi, concinni, amatores, irritantes, ad communionem utiles.

25. Sub Aquario species : magnitudine quadratus, ore exiguo, oculis acribus tenuibus torvis, imperiosus, insuavis, acer, facile reperiens, ad amicitiam utilis et ad communionem . . . . Iidem natura : taciturni, verecundi, sociabiles, adulteri, sordidi, ... **88-89** mundi, pulchri, superciliis magnis. . . D . . . . si cui bene fecerint, nemo iis gratias reddit.

26. Sub Piscibus species : statura media, tanquam pisces fronte acuta, capillo denso ; sæpe canescunt

VARIÆ LECTIONES.

[9] στόματι — νοοῦντες hæc in margine M. [10] νοήσε. πονῆσαι? M. [11] διαλαλοῦντες ψευδῆ πιστευθήσονται Cod. 2494 [12] τούτοις — μέρος uncis inclusit M. [13] καταγέλαστοι C. [14] ὠτακουσταί? M. [15] ὑπομελαγχρίζοντες Cod. 2494. [16] καθελκυσμένοις C. ,, εἰσὶ τετράγωνοι Cod. 2494. [18] μεσταῖς. An μέσαις? R. Scottus. [19] τριχῶν τεθειμένη. τριχὶ συντεθειμένῃ M. [20] ὑπὸ πολιᾷ προάλεις C, ὑποπολιᾷ προάλεις M. [21] ἰσχυρότεροι M. [22] στόματι. σώματι C, M. [23] ὑγρῶν. ἀπόρων R. Scottus. [24] ἀπόλλουσιν. καὶ ἀπολλύουσιν M. [25] αἰσχυντηλοί? M. [26] πράγμασι ποιούμενοι, θορυβιασταὶ, πραγματικοὶ, εὐμενεῖς, εὐμενεῖς, οὐ βιασταί R. Scottus : πράγμασι πολιούμενοι, θορυβασταί M. [27] γεννῶνται. γίνονται R. Scottus. [28] δίφρων. διάφορον R. Scottus.

celeriter. Iidem natura : animo magno, simplices, iracundi, parci, garruli, prima ætate erunt somnolenti, per sese res gerere volunt, gloriæ avidi, audaces, æmulatores, accusatores, loci mutantes, amatores, saltatores, ad amicitiam utiles.

27. Postquam et horum admirabilem sapientiam exposuimus curiosamque per mirificam solertiam vaticinandi artem latere non sivimus, ne ea quidem, in quibus lapsi nugantur, silebimus. Siderum enim nominibus figuras et naturas hominum comparantes quam nihil valent! Sidera enim novimus eos, qui a principio nominaverunt, ex sua mente nominibus appellavisse, ut facilia significatu et cognitu essent. Quæ enim horum similitudo ad imaginem animalium, aut quæ similis natura agendi atque operandi, ut quis eum, qui est sub Leone, dicat iracundum, qui autem sub Virgine, modicum, aut sub Cancro malum, eos autem, qui sub...

28. ... scribere jubet sciscitantem quid ex dæmonibus sciscitari velit aqua solum. Deinde complicatam chartam puero tradens mittit igni cremandam, ut auferat fumus ad dæmones litteras. Is autem dum imperatum exsequitur, magus primum decerpit chartæ pares partes, plures autem quosdam simulat se inscribere Hebraicis litteris dæmones, deinde suffimento magorum Ægyptiorum, quod vocatur cyphi, sacrificato, hæc sublata suffimento admovet. Quod autem scripsit qui sciscitatur positum in carbonibus crematit. Deinde Spiritu concitari divino visus, irruens in angulum domus, magnum et dissonum vociferatur et omnibus incognitum...

90-91 puerum, multa ei incantant, partim Græcanico sermone, partim tanquam Hebraico, quæ sunt consueta magorum incantamenta. Ille autem abit sciscitaturus. Et intus phiala aqua repleta, in quam injiciens chalcanthum et liquefaciens medicamentum, chartulam scilicet evanidam factam illo illinens latentes et absconditas litteras rursus in lucem redire cogit, quarum ope cognoscit, quæ is qui sciscitatus est scripsit. Et si quis chalcantho scribet et comminuta galla suffumigabit, clare apparebunt absconditæ litteræ. Et lacte vero si quis conscribet, deinde chartam crematam et comminutam inspergens teret in litteris lacte scriptis, erunt manifestæ. Et urina vero et garum et tithymalli liquamen et ficus efficit idem. Postquam autem comperit quæstionem in hunc modum, in quem modum oporteat respondere providet. Et deinde

A γίνονται. Οἱ αὐτοὶ φύσεως· ψυχῇ μεγάλῃ, ἁπλοῖ, ὀργίλοι, φειδωλοὶ, λάλοι, πρώτῃ [29] ἡλικίᾳ ἔσονται ὑπνωτικοὶ, δι' ἑαυτῶν πραγματείαν πρᾶξαι θέλουσιν, ἔνδοξοι, τολμηροὶ, ζηλωτικοὶ, κατήγοροι, τόπον ἀλλάσσοντες, φιληταὶ, ὀρχησταὶ, εἰς φιλίαν ὠφέλιμοι.

κζ'. Ἐπεὶ καὶ τούτων τὴν θαυμαστὴν σοφίαν ἐξεθέμεθα τήν τε πολυμέριμνον αὐτῶν δι' ἐπινοίας [30] μαντικὴν οὐκ ἀπεκρύψαμεν, οὐδὲ ἐν οἷς σφαλλόμενοι ματαιάζουσι σιωπήσομεν [31]. Ἄστρων γὰρ ὀνόμασι εἴδη καὶ φύσεις ἀνθρώπων παραβάλλοντες [32] πῶς ἠσθένησαν! Τὰ μὲν γὰρ ἄστρα ἴσμεν τοὺς ἀπ' ἀρχῆς ὀνομάσαντας [33] ἰδίαν κατ' ἔννοιαν [34] ὀνόμασι κεκληκέναι πρὸς τὸ εὔσημα καὶ εὐεπίγνωστα τυγχάνειν. Τίς γὰρ τούτων ὁμοιότης πρὸς τὴν τῶν ζῳδίων εἰκόνα, ἢ τίς ὁμοία φύσις πράξεώς τε καὶ ἐνεργείας, B ἵνα τις τὸν ἐν Λέοντι φάσκῃ θυμικὸν, τὸν δὲ ἐν Παρθένῳ μέτριον ἢ ἐν Καρκίνῳ κακὸν, τοὺς δὲ ἐν....

κη'. ..... λαβὼν [35] καὶ γράψαι τὸν πυνθανόμενον ἀξιοῖ τί ἂν πυθέσθαι τῶν δαιμόνων θέλῃ [ὕδατι] [36] μόνον. Εἶτα συμπτύξας [37] τὸν χάρτην τῷ παιδὶ δοὺς ἀποπέμπει καυθησόμενον, ἵν' οἴχ[η]ται [38] φέρ[ων ὁ] καπνὸς τοῖς δαίμοσι τὰ γράμματα· τοῦ δὲ τὸ κελευσθὲν πράξον | τος [39] πρῶτα μὲν ἀφαιρεῖ τοῦ χάρτου μοίρας ἴσας· πλείονας δέ τινα σκήπτεται ἐγγράφειν ἑβραϊκοῖς γράμμασι δαίμονας, εἶτα [40] μάγων Αἰγυπτίων [41] θύσας τὸ καλούμενον κῦφι θυμίαμα ταῦτα μὲν ἐπαιωρήσας κατὰ τοῦ θυμιάματος φέρει· ὃ δ' ἔτυχε γράψας ὁ πυνθανόμενος θεὶς κατὰ τῶν ἀνθράκων ἔκαυ[σεν] [42], εἶτα θεοφορεῖσθαι δοκῶν, C εἰσπεσὼν τῷ μυχῷ μέγα καὶ ἀπηχὲς κέκραγε καὶ πᾶσιν ἀσύνετον· ... [π]ολὺ δὲ πάντας τοὺς παρόντας ..... καὶ τὸν φρῦν [43] [p. 63. 64] [χάρ]την ἐγγρα[φέντα] ἐπικαλοῦντες δαίμονα ἐπειδὰν εἰσελθόντες παραστῶσιν οἱ παρόντες ἐπὶ . .. βαλὼν [44] τὸν παῖδα πολλὰ ἐπιλέγει αὐτῷ, τοῦτο μὲν ἑλλάδι φωνῇ ταῦτα δὲ ὡς ἑβραΐδι, τὰς συνήθεις τοῖς μάγοις ἐπαοιδάς· ὁ δὲ ἐνάρχεται [45] προσπευσόμενος. Καὶ ἔνδον φιάλη ὕδατος πλήρης, ἧ ἐμβαλὼν [46] χάλκανθον καὶ τήξας τὸ φάρμακον τὸ δῆθεν ἐξαλειφθὲν χαρτίον δι' αὐτοῦ καταῤῥάνας τὰ φωλεύοντα καὶ κεκρυμμένα γράμματα πάλιν εἰς φῶς ἐλθεῖν ἀναγκάζει, δι' ὧν μανθάνει ἅπερ ὁ πυθόμενος [47] ἔγραψε. Καὶ διὰ τοῦ χαλκάνθου δέ τις [48] εἰ γράψειε καὶ τῆς κηκῖδος ὑποθυμιάσειε λελειωμένης, φανερὰ γένοιτ' ἂν τὰ D κεκρυμμένα γράμματα. Καὶ γάλακτι δὲ εἰ γράψειέ τις, εἶτα χάρτην [49] καύσας καὶ λειώσας ἐπιπάσας [50] τρίψειεν ἐπὶ τοῖς τῷ [51] γάλακτι γεγραμμένοις γράμμασιν, ἔσται πρόδηλα. Καὶ οὖρον [52] δὲ [53] καὶ γάρον

VARIÆ LECTIONES·

[29] τῇ πρώτῃ? [30] ἐπιπνοίας Roeperus. [31] σιωπήσομαι C. M. [32] παραβαλόντες M. [33] νομίσαντας C. M. [34] ἰδίαν κατ' ἔννοιαν. ἰδεῖν κατανοεῖν C, M. qui uncinis inclusit; ἰδίαν κατανοεῖν Roeperus coll. Sext. Emp. adv. math. 5, 97. [35] Hæc in marg. fol. 13 r. M. [36] ὕδατι Roeperus, αὐτὸν M : C h. l. evanidus. [37] συμπτύξας. συμψήσας C, M. [38] οἴχηται φέρων Roeperus et Scottus. οἰχ . . . . ων C, M, qui susp. ὀχῇ ἀναβαίνων. [39] πράξοντος Roeperus; πράξαντος C, M. [40] εἶτα. εἰς τὰ C. [41] Αἰγυπτίων ἢ C [42] ἔκαυ[σεν] Uncis inclusa supplevit M, ὁ παῖς et deinde l. 48 κελεύει pro πολὺ Roeperus. [43] καὶ τὸν φρῦν (vel φρῆν cf. l. 65) ἢ ὅντιν' ἔγρα[ψεν], aut φρῦν ἤ τιν' ἕτερον ἀποκαλοῦντες susp. M. Lacunam explet ex lin 65 Roeperus. [44] ἐπὶ κλίνην βαλὼν Roeperus. [45] ἐνάρχεται C, ἀνέρχεται M, ἀπέρχεται Roeperus. [46] ἧ ἐμβαλών. ἐμβαλὼν C, M. [47] ἅπερ ὑποθέμενος C. [48] δέ τισι C. [49] χάρτην C. [50] τρίψει C. [51] τῷ. τῶν C. [52] οὖρος C. [53] δὲ om. C, M.

καὶ τιθυμάλου ὀπὸς καὶ συκῆς ποιεῖ τὸ ὅμοιον. A Ἐπειδὴ δὲ ἔμαθε τὴν ἐρώτησιν οὕτως, | τίνα χρὴ τρόπον ἀποκρίνεσθαι προὐνόησε. Καὶ λοιπὸν εἴσω παρελθεῖν κελεύει τοὺς παρόντας δάφνας ἔχοντας καὶ σείοντας καὶ κεκραγότας καὶ τὸν φρῆν ἐπικαλοῦντας [54] δαίμονα· καὶ γὰρ ἐπικαλεῖν [55] τούτοις πρέπει καὶ τοῦτο αἰτεῖν παρὰ δαιμόνων ἄξιον [56], ὃ δι' αὐτῶν [57] παρέχειν οὐ θέλουσιν ἀπολέσαντες [58] τὰς φρένας. Τὸ δὲ ἄκοσμον τῆς βοῆς καὶ ὁ ψόφος οἷς ἐν ἀποῤῥήτῳ [59] πεποιηκέναι νομίζεται [60] παρακολουθεῖν ἐκώλυσε [61]. Τίνα δὲ ταῦτά ἐστι, καιρὸς λοιπὸν λέγειν. Πολὺ μὲν οὖν τυγχάνει τὸ σκότος. Λέγει γὰρ ἀδύνατον τὰ θεῖα ὁρᾷν θνητὴν φύσιν· ἱκανὸν γὰρ τὸ ὁμιλεῖν. Κατακλίνας δὲ τὸν παῖδα πρηνῆ καὶ δύο τῶν γραμματιδίων ἐκείνων, ἅπερ ἦν ἐγγεγραμμένα [62] Ἑβραϊκοῖς δῆθεν γράμμασιν ὡς δαιμόνων B ὀνόματα, πλευρᾷ παραθεὶς ἑκατέρᾳ [63] τὰ λοιπὰ τοῖς ὠσὶν ἐνθήσειν λέγει. Ἔστι δὲ τοῦτο αὐτὸ ἀναγκαῖον, ἵνα τι παραθῇ τοῖς ὠσὶ τοῦ παιδὸς ὄργανον, δι' οὗ πᾶν ἔστι σημᾶναι [64] θέλοντα· ἠχεῖ δὲ τὸ [65] πρῶτον ἵνα φοβηθῇ ὁ παῖς, καὶ δεύτερον ἐπιβομβεῖ [66], ἔπειτα τὸ τρίτον λαλεῖ διὰ τοῦ ὀργάνου, ἃ λέγειν τὸν παῖδα βούλεται, καὶ τὴν ἔκβασιν τοῦ πράγματος ὡς δοκεῖ [67], [p. 64—66] εἶτα τοὺς μὲν παρόντας ἡσυχάζειν ποιεῖ, τὸν δὲ ἃ παρὰ τῶν δαιμόνων ἤκουσε σημαίνειν ἀξιοῖ. Τὸ δὲ τοῖς ὠσὶ παρατεθὲν ὄργανον ἐστὶ φυσικὸν ὄργανον, τῶν μακροτραχήλων γεράνων ἢ πελαργῶν ἢ κύκνων ἀρτηρία· ὧν εἰ μηδέτερον παρῇ, ἔστι [68] καὶ ἕτερα τέχνης ὄργανα. | Αὐλίσκοι γάρ τινες χάλκεοι τὸν ἀριθμὸν δέκα εἰς ἀλλήλους χωροῦντες, εἰς στενὸν ἀπολήγοντες εὐάρμοστοι γίνονται, δι' ὧν πρὸς τὸ οὖς ὅσα C θέλει φθέγγεται. Καὶ ταῦτα ὁ παῖς κατακούων ἐμφόβως ὡς ὑπὸ δαιμόνων λαλούμενα κελευσθεὶς ἀποφθέγγεται. Εἰ δὲ καὶ σκῦτος τις ῥάβδῳ περιθεὶς ὑγρὸν ξηράνας καὶ συναγαγὼν προσαρμόσῃ καὶ [69] ἀποσπάσας τὴν ῥάβδον αὐλίσκου δίκην τὸ σκῦτος ἐργάσηται, τὸ ὅμοιον ποιεῖ. Εἰ δέ τι τούτων μὴ παρῇ, βίβλον λαβὼν ἐπισπασάμενος ἔνδοθεν ὅσον χρήζει ἐπὶ μῆκος ἐκτείνας, τὰ ὅμοια ἐνεργεῖ. Εἰ δὲ [70] προειδείη ὅστις [71] πάρεστι πευσόμενος, ἑτοιμότερος πρὸς πάντα γίνεται. Εἰ δὲ καὶ τὴν πεῦσιν προμάθῃ, γράφει τῷ φαρμάκῳ, καὶ ὡς ἐμπαράσκευος ἱκανώτερος νομίζεται [72] σαφῶς γράψας τὸ ἐρωτώμενον. Εἰ δὲ ἀγνοεῖ, ὑποτοπάζει [73] καὶ ἀμφίβολον καὶ ποικίλην [74] ἀποφαίνεταί τι δεχόμενον [75] μετάφρασιν, ἵνα τὴν μὲν ἀρχὴν ἄσημος οὖσα ἡ χρησμοδοσία εἰς πολλὰ ἔσται, ἐπὶ δὲ τῇ D ἐκβάσει τῶν συμβησομένων πρὸς τὸ συμβὰν πρόῤῥησις νομίζηται. Εἶτα λεκάνην πληρώσας ὕδατος ὡς ἄγραφον τὸν χάρτην [76] καθίησι συνεμβαλὼν χάλκανθον. Οὕτως γὰρ ἀνατέλλει [77], τὴν ἀπόκρισιν φέρων ὁ γραφεὶς χάρτης. Τῷ μὲν δὴ παιδίῳ καὶ φαντασίαι

introire jubet qui adsunt instructos ramis lauri et quatientes et vociferantes et Phren invocantes dæmonem; etenim invocare illum hos decet, et hoc a dæmonibus petere convenit, quod per se ipsi præbere nequeunt, quippe qui ipsi phrenetici sint. Immodica autem vociferatio et strepitus iis, quæ in secreto fieri mos est, mentem advertere impedit. Quæ qualia sint jam tempus est uberius persequi. Magna quidem est obscuritas. Negat enim cadere in humanam naturam divina perspicere, satis enim esse in commercium deorum venire. Reclinato autem puero in præceps duabusque tabellis istis, quæ erant Hebraicis scilicet litteris inscriptæ, utrique lateri oppositis, reliqua dæmonem in aures insusurraturum dicit. Est autem hoc necessarium, ut aliquid instrumenti apponat ad aures pueri, per quod licet omnia significare quæ quis volet. Sonat autem primum, ut in terrorem conjiciatur puer, deinde insuper tympanum movet, postremo tertium loquitur per instrumentum, quod puerum vult dicere, et exitum rei exspectat, deinde eos qui adsunt silere jubet, illum 92-93 autem quæ a dæmonibus acceperit profiteri. Quod autem auribus appositum est instrumentum, est naturale instrumentum, procero collo instructarum gruum vel ciconiarum vel cygnorum arteria, quorum si nullum ad manus erit, et alia ex arte instrumenta sunt. Tibiolæ enim quædam æneæ numero decem invicem in se coeuntes in angustum terminantes aptæ sunt, per quas ad aures quæcunque volet loquatur. Et hæc puer exaudiens, metu correptus quasi a dæmonibus dicta ex jussu proloquitur. Sin quis etiam corium circumplicans scipioni humidum idque arefactum contrahens consuet et detracto scipione tibiolæ in modum corium conficiet, idem facit. Sin quid horum non aderit, librum sumit eumque explicat et in quantam volet mensuram extendit, quo facto eumdem usum præstat. Sin autem noverit, quis sit is qui sciscitatum adsit, paratior ad omnia fit. Sin autem vel interrogationem antea compertam habebit, scribit pharmaco, et ut præparatus tanquam solertior celebratur, ut qui clare scripserit quod quæsitum est. Sin vero ignorat, conjecturam periclitatur et aliquid prodit, quod ancipitem et variam recipiat interpretationem, quo vaticinium a principio ambiguum in diversas possit partes trahi, in eventu autem quidquid evenerit, ad id quod contigerit prædictio accommodetur. Deinde pelvim ubi implevit aqua, tanquam inanem chartulam demittit una immisso chalcantho. Ita enim emergit responsum ferens scripta charta. Puero igitur et

VARIÆ LECTIONES.

[54] ἐπικαλοῦντες C. [55] ἐπικαλεῖν. ἐπιγελᾷν C, M. [56] ἀξιοῖ M. [57] αὐτῶν C. [58] ἀπωλέσαντες C. [59] ἐν ἀποῤῥήτως C. [60] ἐνόμιζε C. M. [61] ἐκώλυε C, M. [62] ἐγκεγραμμένα C. [63] ἑκάτερα C. [64] σημᾶναι [ἃ] sive ὅσα θέλει· κατηχεῖ τε πρῶτον conj. M. [65] ἠχεῖ δὲ τό. ἠχοῦντα C. [66] τι βομβῇ C. [67] ὡς δοκεῖ. δοκεύει M. [68] παρῇ. ἔστι. πάρεστι C. [69] καὶ ante ἀποσπ. add. M. [70] Εἰ δέ. οὐδὲ C. [71] ὅστις ὅτι C. M. [72] νομίζεται. ὀνομάζεται C, ὧν δοξάζεται γράψαι susp. M. [73] ὑποτοπάζει καί. ὑποπτάζεται C. [74] ποικίλην Roeperus, ποικίλον C, M. [75] τι δεχόμενον. ἐπιδεχόμενον C. M. [76] ὡς — χάρτην. ἀγράφου χάρτου C. [77] ἀνατέλλει Roeperus, ἀναπλεῖ C, M.

terriculamenta exsistunt sæpenumero. Etenim vel verbera incutit interdum quibus exterreat. Thus enim injiciens in ignem rursus operatur in hunc modum: Frustum salis qui dicitur fossilis cera Tusca circumvolvens simulque ipsum frustum thuris dissecans injicit salis granum, et rursus colligans et reponens in ardentibus prunis sinit. Quo concremato, sales exsilientes imaginem reddunt, quasi novum spectaculum et mirum fiat. Sanguineam autem reddit flammam Indicum atrum utpote inclusum in thure, sicuti supra diximus. Sanguineum autem liquorem facit cera anchusæ commista eaque, ut dixi, cera immista in **94-95** thus. Prunas autem moveri facit supposito secto alumine, quo soluto et instar bullarum ebulliente moventur prunæ.

29. Ova autem diversa ostentant in hunc modum: Cacumen perforans ab utraque parte et album subducens, rursus immergens injicito alteri minii, alteri autem scriptorii atramenti. Obserato autem foramina ramento ·vorum minuto, ope succi ficus adlinens.

30. Ii autem qui oves sibi amputare capita faciunt ipsa, hac ratione utuntur: Clanculum caustico medicamento illinens guttur relinquit appositum gladium; illa autem fricari cupiens irruens in gladium terendo jugulatur et parum abest quin caput abscindat. Est autem medicamentum bryonia et adarca et scilla æquis partibus mistæ. Ut autem lateat cum fert medicamentum, fert pyxidem duplicem corneam, cujus conspicua pars habet thus, obscura autem medicamentum. Sed etiam auribus morituræ injicit hydrargyrum; est autem mortiferum medicamentum.

31. Caprarum autem ubi quis obturavit cerato aures, dicunt paullo post mori, quoniam spiritum ducere prohibeantur. Viam enim hanc iis esse dicunt ducendi per respirationem spiritus. Arietem autem mori dicunt, si quis exadversus reflexerit solem. Domum autem faciunt conflagrare cujusdam ex marinis succo illitam, qui piscis vocatur dactylus. Præterea et id quod fit per aquam marinam est valde utile. Est autem spuma maris in testacea olla cum dulcibus cocta, cui ferventi ubi lumen admovebis incensum, arrepto igni incenditur et infusum capiti prorsus non comburit. Sin vero etiam . . . . . insperges ferventi, multo magis incenditur. Rectius autem erit, si quis etiam sulfuris aliquid assumet.

32. Tonitru fit pluribus modis. Nam et lapides complures et majores præcipites dejecti per tabulas ligneas incidunt infra in æneas laminas et

φοβεραὶ γίνονται πολλάκις· καὶ γὰρ πληγὰς ἐμβάλ[λει] εὐπόρως ἐκφοβῶν. Λίβανον γὰρ εἰς πῦρ ἐμβαλ[ὼν] πάλιν ποιεῖ τοῦτον τὸν τρόπον. Βῶλον [78] τῶν λεγ[ο]μένων ὀρυκτῶν ἁλῶν κηρῷ Τυῤῥηνικῷ περισκεπ[άσας] καὶ αὐτὸν δὲ λιβάνου βῶλον [79] διχοτομήσας ἐντίθ[ησι] τοῦ ἅλατος χόνδρον, καὶ πάλιν συγκολλήσας [ἐπὶ] ἀνθράκων καιομένων τιθεὶς ἐᾷ. Τοῦ δὲ συγκαέντος, [οἱ] ἅλες ἀναπηδῶντες φαντασίαν ἀπεργάζονται ὥσπ[ερ] ξένου θεάματος γινομένου· αἱματώδη δὲ φλόγα πο[ιεῖ] τὸ Ἰνδικὸν μέλαν ἐντεθὲν τῷ λιβανωτῷ [80] κα[θὼς] προείπαμεν. Αἱματώδη δὲ ὑγρασίαν ποιεῖ κη[ρὸν] ἀγχούσῃ ἀναμίξας καί, ὡς ἔφην, τῷ λιβανωτῷ [τὸν] κηρὸν [81] ἐνθέμενος· ἄνθρακας δὲ κινεῖσθαι [p. 66—67] ποιεῖ σχιστὴν ὑποθεὶς στυπτηρίαν, ἧς λυομένης κ[αὶ] δίκην πομφολύγων διοιδούσης κινοῦνται οἱ ἄνθρακ[ες].

κθ'. Ὠὰ δὲ διάφορα ἐπιδείκνυνται [82] τὸν τρόπ[ον] τόνδε· κορυφὴν τρυπήσας ἐξ ἑκατέρων [83] καὶ τὸ λ[ευ]κὸν ὑπεξαγαγὼν αὖθις βάψας ἔμβαλε τὸ μὲν τῆς [84] σινώπιδος, τὸ δὲ τοῦ γραφικοῦ [85] μέλανος. Ἀν[τι]φρασσε δὲ τὰς τρυμαλιὰς ξέσματι τῶν ὠῶν λείῳ [86] μετ' ὀποῦ συκῆς ἐμπλάσσας.

λ'. Τοῖς δὲ ἀμνοὺς [87] ἀποτέμνεσθαι τὰς κεφαλὰς ἑαυτῶν ποιοῦσιν οὗτος ὁ τρόπος. Κρύβδην καυστικῷ φαρμάκῳ χρίσας τὸν φάρυγγα ἐᾷ παραθεὶς [88] τὸ ξίφος· ὁ δὲ [89] κνήθεσθαι [90] θέλων προσπεσὼν τῇ μαχαίρᾳ θλίβων σφάζεται καὶ μικροῦ δεῖν ἀποτέμνει [91] τὴν κεφαλήν. Ἔστι δὲ τὸ φάρμακον βρυωνία καὶ ἀδάρκη καὶ σκίλλα κατ' ἴσον μεμιγμένα. Ἵνα δὲ λάθῃ φέρων τὸ φάρμακον, φέρει πυξίδα διπλῆν κερατίνην, ἧς τὸ [92] φανερὸν μέρος ἔχει λιβανωτόν [93], τὸ δὲ ἀφανὲς φάρμακον· ἀλλὰ καὶ τοῖς | ὠσὶ τοῦ τελευτ[ησ]ομένου ἐμβάλλει ὑδράργυρον [94]· ἔστι δὲ θανατηφόρον φάρμακον.

λα'. Αἰγῶν δὲ κἂν ἐπιπλάσῃ [95] τις κηρωτῇ τὰς ἀκοάς, φασὶ θνήσκειν μετ' ὀλίγον ἀναπνεῖν κωλυομένας· ὁδὸν γὰρ αὐταῖς ταύτην εἶναι λέγουσι τοῦ [δι'] ἀναπνοῆς ἑλκομένου πνεύματος. Κριὸν δὲ θνήσκειν φασίν, εἰ κατ' ἀντικρὺς τις ἀνακλάσειεν ἡλίου [96]. Οἶκον δὲ ποιοῦσι καίεσθαι τῶν θαλαττίων τινὸς ἰχῶρι χριόμενον [97] τοῦ καλουμένου δακτύλου. Καὶ τὸ διὰ τῆς ἅλμης δὲ πάνυ χρήσιμον. Ἔστι δὲ ἀφρὸς θαλάσσης ἐν ὀστρακίνῳ στάμνῳ μετὰ γλυκέων ἡψημένος [98], ᾧ ζέσαντι λύχνον ἐὰν προσάγῃς καιόμενον, ἁρπάσαν τὸ πῦρ ἐξάπτεται, καὶ καταχυθὲν τῆς κεφαλῆς οὐ καίει τὸ σύνολον. Εἰ δὲ καὶ μαννῇ [99] ἐπιπάσσεις ζέοντι [1], πολλῷ μᾶλλον ἐξάπτεται. Βέλτιον δὲ ἔσται, εἰ καὶ θείου τι προσλάβοι [2].

λβ'. Βροντὴ γίνεται τρόποις πλείοσι· λίθοι τε γὰρ πλείονες καὶ μείζονες κατὰ κρημνῶν φερόμενοι διὰ σανίδων ἐπικαταπίπτουσι χαλκοῖς ἐλάσμασι [3] καὶ

VARIÆ LECTIONES.

[78] Βώλων C. [79] λιβάνου βῶλον. λιβανωτόν? M. [80] λιβάνῳ τῷ C. [81] τὸν κηρόν. κηρῷ C. [82] ἐπιδεικνύντες C. [83] ἐξ ἑκατέρας? [84] τῆς. τοῦ C. [85] τοῦ γραφικοῦ. τῆς γραφικῆς C. [86] λείῳ. λειῶν C. [87] Τῶν δὲ ἀμνῶν C. [88] παραδοθεὶς C. [89] ὁ δέ. οὐδὲ C. [90] κνίθεσθαι C. [91] ἀποτέμνειν C, an ἀποτέμνεται? [92] ἧς τό. εἰς τὸ C. [93] λιβανωτοῦ C. [94] ὑδάργυρον C. [95] ἐπιπάσῃ C, M. [96] ἥλιον Roeperus. [97] χρειόμενον C in marg. [98] ἡψημένος C. [99] quid μαννῇ sibi velit ignoro. Fortasse resinacea quædam substantia intelligitur, cum manna apud Plinium proprium vocabulum sit quo appellantur grana thuris et aliarum resinarum M. [1] ζέοντι C. [2] τι προσλάβοι A. Meinekius, τινὸς λάβοι C, M. [3] Θλάσμασι C.

A βροντῇ παραπλήσιον τελοῦσι[1] [p. 67—69] ψόφον. Καὶ σανίδα δὲ λεπτὴν, ἥπερ οἱ γναφεῖς τὴν ἐσθῆτα πιέζουσι, σχοινίῳ λεπτῷ περιειλήσαντες, εἶτα ῥοίζῳ τὴν σχοῖνον ἐπισπώμενοι ῥομβοῦσι τὴν σανίδα, ἡ δὲ δονουμένη ἦχον βροντῆς ἀπεργάζεται. Ταῦτα μὲν οὕτως παίζεται. Ἕτερα δὲ ἃ καὶ αὐτὰ οἱ[2] | παιζόμενοι ὡς μεγάλα νομίζουσιν ἐκθήσομαι. Πίσσῃ λέβητα μεστὸν ἐπ' ἀνθράκων καιομένων τιθέντες, ἐπὰν βράσῃ, καθιέντες τὰς χεῖρας οὐ καίονται· ἀλλὰ καί[3] ἐπὶ ἀνθράκων πυρὸς περιπατοῦντες γυμνοῖς ποσὶν οὐ καίονται· ἀλλὰ καὶ πυραμίδα λιθίνην θεὶς ἐπὶ πυρὰν[7] καίεσθαι ποιεῖ· ἔκ τε τοῦ στόματος πολὺν καπνὸν προφέρει καὶ πυρώδη· εἶτα καὶ σινδόνα ἐπιθεὶς ἐπὶ λεκάνῃ ὕδατος, πολλοὺς[8] ἐπιβαλὼν ἄνθρακας καιομένους ἀκαυστον φυλάττει τὴν σινδόνα· B σκότος δὲ ἐν οἴκῳ ποιήσας ἐπεισάγειν φάσκει θεοὺς ἢ δαίμονας, καὶ εἴ πη ἀπαιτεῖ τις;[9] Ἀσκληπιὸν δεικνύναι, ἐπικαλεῖται οὕτως λέγων·

tonitru similem efficiunt strepitum. **96-97** Et tabellam vero tenuem, quali fullones vestes premunt, tenui laqueo circumvolventes, deinde cum stridore laqueum attrectantes versant tabellam, ea autem rotata sonum tonitru similem reddit. Hæc igitur in hunc modum luduntur. Alia autem, quæ et ipsa qui ludi fiunt pro magnis æstimant, exponam. Pice ahenum plenum prunis candentibus imponentes, ubi bulliet, dimittentes manus non amburuntur; sed etiam in carbonibus ignis ambulantes nudis pedibus non amburuntur; sed etiam pyramidem lapideam in foco impositam incendi facit, et ex ore multum effert fumum et igneum. Deinde etiam sindonem imponens in pelvi aquæ, multis injectis carbonibus candentibus, vel sic sindonem ab igni integrum servat. Tenebris autem in ædibus factis introducturum sese pollicetur deos dæmonesve, et si forte quis desiderat Æsculapium monstrari, devocat his verbis:

[10] Υἷα [11] πάλαι φθίμενον, πάλιν ἄμβροτον [12], [Ἀπόλλωνος [13]
Κικλήσκω λοιβαῖσι μολεῖν [14] ἐπίκουρον ἐμαῖσιν·
Ὅς ποτε [15] καὶ νεκύων ἀμενηνῶν μυρία φῦλα [16],
Ταρτάρου εὐρώεντος [17] ἀεικλαύτοισι [18] μελάθροις
Δύσνοστον πλώοντα [19] ῥόον, κέλαδόν [20] τε [δίαυλον
Πᾶσιν ἴσον τελέσαντ' ἄνδρεσσι [κατα]θνητοῖ-[σιν [21],
Λίμνῃ πὰρ γοόωντα [22] καὶ ἄλλιτα [23] κωκύοντα,
Αὐτὸς [24] ἀμειδήτοιο [25] ἐρύσαο [26] Φερσεφονείης·
Εἴτ' ἐφέπεις [27] Τρίκης [28] ἱερῆς ἕδος [29], εἴτ' ἐρα-[τεινὴν
C Πέργαμον, εἴτ' ἐπὶ [30] τοῖσιν Ἰαονίαν [31] Ἐπί-[δαυρον,
Δεῦρο, μάκαρ, καλέει σε μάγων [πρόμος] ὧδε [παρεῖναι] [32].

Gnatum olim peremptum, rursus immortalem Apol-[linis
Cieo libaminibus adesse auxiliatorem meis:
Qui aliquando et umbrarum levium innumeras gentes
Tartari vasti semper defletis in ædibus
Irremeabilem navigantes fluvium streperumque diau-[lum
Omnibus æqualem emensas hominibus mortalibus,
Juxta lacum gementes et implacabiliter lamentantes,
Ipse a ridendi nescia retraxisti Proserpina:
Sive incolis Triccæ sanctæ sedem, seu amœnam
Pergamum, sive inspicis Ioniam Epidaurum,
Huc, beate, vocat te magorum princeps hac adesse.

λγ'. Ἐπὰν [33] δὲ χλευάζων λήξῃ, φαίνεται κατὰ τοῦ ἐδάφους | πυρώδης [34] Ἀσκληπιός. Εἶτα θεὶς ἐν μέσῳ λεκάνην πλήρη [35] ὕδατος [p. 69. 70] πάντας καλεῖ τοὺς θεοὺς καὶ παραγίνονται. Ἐγκύψας γὰρ ὁ παρὼν ἐν τῇ λεκάνῃ ὄψεται πάντας καὶ τὴν Ἄρτεμιν ἅμα σκύλακας ὑλακτοῦντας ἄγουσαν [36]. Οὐκ ὀκνήσομεν δὲ καὶ τούτων τὴν ἱστορίαν ὡς ἐπιχειροῦσι διηγήσασθαι. Τῷ γὰρ λέβητι τῆς πίσσης [37] ὡς [38] ἐμβράσσοντι καθίησι τὰς χεῖρας· ὄξος δὲ [39] καὶ νίτρον ἐμβαλὼν καὶ πίσσαν ὑγρὰν ὑποκαίει τὸν λέβητα· τὸ δὲ ὄξος ἅμα τῷ νίτρῳ μιγὲν ἀντιλαμβανόμενον θέρμης μικρᾶς κινεῖ τὴν πίσσαν ὡς μέχρι τῆς

33. Postquam autem nugari destitit, apparet in solo igneus Æsculapius. Deinde posita in medio pelvi aqua plena omnes **98-99** advocat deos, et apparent. Inspectans enim quivis in pelvim videbit omnes et Dianam simul canes latrantes ducentem. Conabimur autem etiam horum historiam, quomodo negotia sua gerunt, enarrare. In ahenum enim pice repletum tanquam fervidum demittit manus; aceto autem et nitro in ahenum injecto et pice liquida succendit ahenum. Acetum autem cum nitro mistum ubi accepit exiguum calorem, movet picem, ut usque ad superficiem excitet bullas et speciem

VARIÆ LECTIONES.

[1] ἀποτελοῦσι? M. [2] ἃ καὶ αὐτὰ οἱ Roeperus. ἃ καὶ οἱ αὐτὰ οἱ C, ἃ καὶ αὐτοὶ οἱ M. [6] Ἀλλὰ καὶ — οὐ καίονται in marg. litteris rubricatis M. [7] πυρρὰν C. [8] πολλοὺς bis in C. [9] εἴ πη ἀπαιτεῖ τις. εἰπεῖν ἀπαίτης C. εἴ τις ἀπαιτῇ M. [10] dixit de his versibus A. Meinekius in Diar. antiq. Marburg. a. 1852, IV, p. 375, 376. [11] Υἷα M. Ζῆνα C. [12] ἄμβροτον M, μ' ἄβροτον C. [13] Ἀπόλλωνος om. pr. C. [14] κικλήσκω λοιβαῖσι μολεῖν Roeperus, κικλήσκοιο βαισιμολεῖν C, κικλήσκω θυσίαισι μολ. Meinekius, κικλ. Θήβαισι μολ. M. [15] ἐμαῖσιν ὅς ποτε C. [16] φύλλα C. [17] εὐρόεντος C. [18] ἀεικλαύτοισι Meinekius, qui simul conj. ἐνὶ κλαυτοῖσι, ἀεικαύστοισι C, M, ἀεικλειστοῖσι vel ἀεικλαυστοῖσι Roeperus. [19] πλώοντα Meinekius, ἐπλόεντα C, πλώσαντα Roeperus. an διαπλέοντα? [20] κελαδόν τε δίαυλον. κελαδὸν τε διαύλου Meinekius, qui simul conj. κελανόν (h. e. κελαινόν) τε δίαυλον. [21] ἅπασιν ἴσον τελέσ' ἀνδράσι θνητοῖσι C. [22] παργοόωντα C. [23] ἄλλυτα M, ἄκλυτα vel ἄκριτα susp. Meinekius. [24] αὐτός. αἴτις susp. Meinekius. [25] ἀμειδήτοιο. ἀμειδῆ τις C. [26] ἐρύσαο M. [27] φερσεφονίης ἔτ' ἐφέπεις C. [28] Τρίκης Meinekius, cf. Vindiciæ Strabon. p. 156. Θρήκης C, M. [29] ἕδος, εἴτ'. ἕδος εἰς C. [30] ἔτ' ἐπὶ C. [31] Ἀονίαν C, cf. Pausan. Corinth. 26. M. [32] πρόμος ὧδε παρεῖναι. ὧδε . . . . . C, ὅδε . . . . M, χορὸς ὧδε παρεῖναι Meinekius. [33] Ἐπὶ ἂν C. [34] πυρρώδης C. [35] πλήρην C. [36] ἄγουσιν C. [37] τῆς πίσσης. μεστῷ πίσσης? [38] φ. ὡς M ἐμβράσσοντι C. [39] ὄξος δέ. ὄξος C, M.

tantum præbeat ferventis. Antea autem etiam manus sæpe aqua salsa lavat, quo fit, ut non admodum concalefaciat, etiamsi reapse ferveat. Sin vero myrrhina et nitro et myrrha cum aceto mistis manus illitas abluet aqua salsa identidem, non uritur. Pedibus autem non aduritur ichthyocolla et salamandra illitus. Quod autem pyramis incenditur instar faculæ, quæ lapidea sit, causa hæc est. Cretica terra est ad figuram facta pyramidis modo, colore autem tanquam lapis lacteus, comparatur autem in hunc modum : Copia olei inungit frustumque imponit in prunis et cum torruit iterumque inunxit et exussit iterum et tertium et iteratis vicibus, efficit ut incendi possit, etiamsi aqua mergatur; habet enim in se multum olei. Inceuditur autem sponte, dum magus libat, focus calcem coctam habens pro cinere et thus minutum et copiosum et facularum inunctarum fasciculum gallarumque cavarum intus ignem absconditum habentium. Fumum autem exhalat ex ore per compluseulum tempus, cum et ignem injecit in gallam et stupa circumvolvit et conflat in ore. Sindonium autem quod superimpositum est pelvi, in quo imponit prunas, propter suppositam aquam salsam non adurebatur, et ipsum enim erat aqua salsa antea infectum, deinde inunctum albo ovi cum liquido alumine. Si quis autem liquorem sempervivi his cum aceto admiscuerit, et permulto tempore antea illinet, inunctum per medicamentum ignem prorsus non recipit.

34. Postquam igitur arcanorum istorum artium breviter potestates exposuimus facilemque viam eorum ad cognoscendum **100-101** ostendimus, ne hoc quidem visum est tacere, id quod necessarium est, quomodo solventes sigilla litteras obsignatas integris sigillis reddant. Picem et resinam et sulfur prætereaque asphaltum ex pari portione liquefacientes, collyrii figura formantes custodiunt. Tempus autem ubi est solvendi litterulas, linguam oleo humectantes et deinceps sigillum inungentes modico igni calefacientes medicamentum inferunt in sigillum, tum donec prorsus riguerit sinunt, et hoc instar anuli utuntur. Dicunt autem etiam ceram cum resina pinea similem vim habere, et mastichæ duas partes cum parte aridæ asphalti. Et sulfur autem solum sufficit et gypsi vero flos cum

A ἐπιφανείας κινεῖν πομφόλυγας [60] καὶ φαντασίαν μόνην παρέχειν ζέοντος [61]· φθάνει δὲ καὶ τὰς χεῖρας πολλάκις ἅλμῃ νιψάμενος, διὸ οὐ πάνυ τι καίει, καὶ ἀληθῶς ζέῃ· εἰ δὲ μυρσίνῃ [62] καὶ νίτρῳ καὶ σμύρνῃ μετ' ὄξους μίξας ἐπιχρίσας ἀπονίψει τὰς χεῖρας ἅλμῃ πλειστάκις, οὐ καίεται· τοὺς δὲ πόδας οὐ καίεται ἰχθυοκόλλᾳ [63] καὶ σαλαμάνδρᾳ χρισάμενος [64]. Τὸ δὲ τὴν πυραμίδα καίεσθαι δᾳδίου δίκην, οὖσαν λίθον, αὕτη αἰτία. Γῆ μέν ἐστι Κρητικὴ τὸ μὲν σχῆμα πεπλασμένη πυραμὶς, τὸ δὲ χρῶμα ὡς λίθος [65] γαλακτικὸς, κατασκευάζεται δὲ τοῦτον τὸν τρόπον· Βρέξας ἐλαίῳ πλείονι τὴν βῶλον, θεὶς ἐπ' ἀνθράκων, ὀπτήσας καὶ πάλιν βρέξας καὶ καύσας δεύτερον καὶ τρίτον καὶ πολλάκις καίεσθαι δύνασθαι παρασκευάζει, κἂν ὕδατι βραχῇ· ἔχει γὰρ ἐν ἑαυτῷ πολὺ τὸ

B ἔλαιον· ἀνάπτεται δὲ δι' αὐτοῦ, τοῦ μάγου σπεύδοντος [66], ἡ πυρὰ [67] τίτανον ὑποκαιομένην ἔχουσα ἀντὶ σποδιᾶς καὶ λιβανωτὸν λεπτὸν καὶ πολὺν [68]..... καὶ δᾳδίων κεχρισμένων αὐτορρύτων [69] κηκίδων τε κενῶν ἔνδον πῦρ ἐχουσῶν· καπνὸν δὲ ἐκ τοῦ στόματος ἀνίει ἐγχρονίσας καὶ πῦρ κηκῖδι [70] ἐμβαλὼν καὶ τῷ στυπείῳ συμπεριβαλὼν καὶ φυσῶν ἐν τῷ στόματι. Τό γε μὴν περικείμενον τῇ λεκάνῃ σινδόνιον, ἐφ' ὃ τίθησι τοὺς ἄνθρακας, διὰ τὴν ὑποκειμένην ἅλμην οὐκ ἐκαίετο, καὶ αὐτὸ δὲ ἦν ἅλμῃ προβεβρεγμένον, εἶτα κεχρισμένον ᾠοῦ τὸ λευκὸν μεθ' ὑγρᾶς στυπτηρίας. Εἰ δὲ καὶ χυλὸν ἀειζώου [71] τις τούτοις μετ' ὄξους ἐπιμίξειε καὶ πρὸ πολλοῦ σφόδρα καταχρίσαι χρόνου, βαφὲν τῷ φαρμάκῳ μένει [72] παντελῶς ἄκαυστον

C λδ'. Ἐπεὶ μὲν οὖν τῶν [73] παρ' αὐτοῖς ἀπορρήτων μαθημάτων συντόμως τὰς δυνάμεις ἐξεθέμεθα εὐχερῆ λόν τε τὴν μέθοδον [p. 70. 71] αὐτῶν [74] κατὰ γνῶσιν [75] ἐδείξαμεν, οὐδὲ τοῦτο σιωπᾶν βουλόμεθα ὂν ἀναγκαῖον, ὡς σφραγῖδας λύοντες [76] ἐσφραγισμένα τὰ γράμματα αὐταῖς ταῖς σφραγῖσιν ἀποδιδόασι· πίσσαν καὶ ῥητίνην καὶ θεῖον, ἔτι δὲ [77] ἄσφαλτον ἴσα τήξαντες κολλυρίου [78] σχήματι πλάσαντες φυλάττουσι· καιρὸς δὲ ὅταν ᾖ λύειν γραμματίδιον, τὴν γλῶσσαν ἐλαίῳ δεύσαντες, εἶτα ἐξ αὐτῆς τὴν σφραγῖδα χρίσαντες, πυρὶ συμμέτρῳ τὸ φάρμακον θερμάναντες ἐπιφέρουσι τῇ σφραγῖδι καὶ μέχρι ἂν παγῇ παντελῶς ἐῶσι, καὶ τούτῳ [79] δίκην σημάντρου χρῶνται. Φασὶ δὲ καὶ αὐτὸν κηρὸν μετὰ πευκίνης ῥητίνης τὸ παραπλήσιον

D ποιεῖν καὶ μαστίχης μέρη δύο μετὰ ξηρᾶς ἀσφάλτου μέρους. Καὶ θεῖον δὲ μόνον

VARIÆ LECTIONES.

[60] πομφόλυγγας C. [61] ξέοντος C. [62] μυρσήνη C. [63] ἰχθυοκόλας C. [64] χρησάμενος C. M. [65] ὡς λίθος bis in C fin. 15 r. et init. 15 v. [66] σπεύδοντος. συσκευάζοντος susp. M, an σπένδοντος? [67] πυρὰ C. [68] Lacunam esse post πολὺν susp. M, id quod confirmat infra l. 99, ubi τῷ στυπείῳ. [69] αὐτορρύτων. αὐτορύτων C, φορυτὸν susp. M. [70] κικίδι C. [71] ἀεὶ ζώου C. [72] An μενεῖ? [73] τῶν. παρὰ τῶν C, περὶ τῶν M. [74] μέθοδον αὐτῶν. μετ' αὐτοῖς C, μετ' αἰτίας M. [75] κατὰ γνῶσιν. κατάγνωσιν C, M. [76] sqq. Dixit de hoc loco C. Fr. Hermannus in Suppl. Nuntiorum Gottingensium Erud. a. 1852 p. 108 sqq., qui pulchre observavit hæc sumpta esse ex eodem libro Celsi, quo respexit Lucianus Alexandro, quem ille libellum ipsi Celso dedicavit. Ibi c. 21 sermo est de magorum artibus in recludendis epistolis, ex quibus hæc apponimus : Ἕτερος δὲ τρόπος ὁ διὰ τοῦ λεγομένου κολλυρίου. Σκευαστὸν δὲ τοῦτό ἐστιν ἐκ πίττης Βρεττίας καὶ ἀσφάλτου καὶ λίθου τοῦ διαφανοῦς τετριμμένου καὶ κηροῦ καὶ μαστίχης· ἐκ γὰρ τούτων ἁπάντων ἀναπλάσας τὸ κολλύριον καὶ θερμήνας πυρὶ, σιάλῳ τὴν σφραγῖδα προχρίσας, ἐπετίθει καὶ ἀπέματτε τὸν τύπον. Celsi libros ipsos statim commemorat Lucianus, ἐν οἷς κατὰ μάγων συνέγραψε καλλίστοις τε ἅμα καὶ ὠφελιμωτάτοις συγγράμμασιν, eosdemque Origenes c. Cels. I, 68, p. 383. A ed. Ruæi κατὰ μαγείας βιβλία πλείονα dicit. [77] ἔστι δὲ C. [78] κολλήριον C, κολλύριον M. [79] τοῦτο C.

ἐπιεικῶς ποιεῖ καὶ γύψου δὲ ἄνθος μεθ' ὕδατος διειμένον[60] καὶ κόμμεως[61], τοῦτο μὲν δὴ καὶ πρὸς τὸ σφραγῖσαι μόλιβδον τετηκότα ποιεῖ κάλλιστα. Καὶ τὸ[62] διὰ τοῦ Τυῤῥηνικοῦ δὲ κηροῦ καὶ ῥητίνης φορυκτῆς[63] καὶ[64] πίσσης καὶ ἀσφάλτου [καὶ] μαστίχης καὶ λείας μαρμάρου, ἴσων ἁπάντων ἑψομένων, τῶν μὲν ἄλλων ὧν ἔφην ἐστὶ μὲν βέλτιον, τὸ δὲ διὰ τῆς γύψου οὐκ ἔλαττον. Οὕτως μὲν οὖν καὶ τὰς σφραγῖδας λύειν ἐπιχειροῦσι τὰ ἔνδον γεγραμμένα μανθάνειν πειρώμενοι. Ταύτας δὲ[65] ὤκνουν τὰς μηχανὰς κατατάξαι ἐν τῇ βίβλῳ, ἐνορῶν μή ποτέ τις κακοῦργος ἀφορμὰς λαβὼν ἐπιχειρήσει· νῦν δὲ ἡ πολλῶν δυναμένων σωθῆναι νέων φροντὶς ἔπεισε διδάξαι καὶ προειπεῖν φυλακῆς ἕνεκεν· ὡς γὰρ χρήσεταί τις αὐταῖς πρὸς κακοῦ μάθησιν, οὕτω τις ἕτερος μαθὼν φυλάξεται, καὶ αὐτοὶ δὲ οἱ τοῦ βίου λυμεῶνες μάγοι αἰσχυνθήσονται τῇ τέχνῃ χρώμενοι. Μαθόντες δὲ ἀφ' ἡμῶν ταῦτα προ[διδαχθέντα][66] ἐμποδισθήσονται τυχὸν τῆς ἀπονοίας. Ἵνα δὲ μὴ λύηται ταύτῃ[67] ἡ σφραγὶς, στέαρ ὕειον καὶ τρίχας τῷ κηρῷ τις μίξας σφραγιζέτω.

A aqua percolatus et gummi; hoc vero etiam ad obsignandum plumbum liquefactum præstat optime. Et id quod fit per Tuscam vero ceram et admistam resinam et picem et asphaltum et mastichen et minutum marmor, cum ex pari portione omnia coquuntur, reliquis omnibus quæ dicebam medicamentis præstat, gypsinum autem non minus. Sic igitur et sigilla solvere intentant, quæ intus scripta sunt discere aventes. Has autem dubitabam machinas inserere in hunc librum, cavens ne forte quis maleficus hæc arriperet et usurparet. Nunc autem reputanti, quot juvenes his proditis servari possent, consilium fuit docere et prodere, ut caveretur. Ut enim usurpabit quispiam ad cognitionem mali, ita alius quis ubi didicerit cavebit, et B ipsos vero vitæ depravatores magos pudebit arte sua uti. Ubi autem didicerint hæc a nobis præmonstrata, fortasse prohibebuntur a dementia sua. Ne vero solvatur hac ratione sigillum, adipem suillum et crines ceræ admiscens obsignet.

λε'. Ἀλλ' οὐδὲ τὴν λεκανομαντείαν αὐτῶν οὖσαν πανούργημα σιωπήσομαι. Οἴκημα γάρ τι κεκλεισμένον σκευάσαντες καὶ [p. 71—73] κυανῷ τὸν ὄροφον[68] χρίσαντες εἰς δὴ[69] τὸ παρὸν ἐπάγονται σκεύη τινὰ κυάνεα καὶ ἀνατείνουσι, μέση δὲ λεκάνη κατὰ τῆς γῆς ὕδατος μεστὴ[70] τίθεται, ἣ | τὴν ἀντανάκλασιν τῆς κυανοῦ προσπεσοῦσαν δίκην οὐρανοῦ ἐνδείκνυσιν. Ἔχει δὲ καὶ στόμιόν τι τὸ ἔδαφος λεληθὸς, ᾧ ἐπικειμένη ἡ λεκάνη τὸν μὲν πυθμένα ἔχει ὑάλου, αὐτὴ δέ ἐστι πετρίνη[71], ὕπεστι[72] δὲ οἶκος λεληθὼς, εἰς ὃν συμπορευόμενοι οἱ συμπαῖκται σχήματα ὧν ἂν βούληται δεικνύναι ὁ μάγος θεῶν καὶ δαιμόνων ἐνδυσάμενοι ἐμφαίνουσιν, οὓς καθορῶν ὁ πλανώμενος τὸ πανούργημα καταπέπληγε τῶν μάγων, καὶ λοιπὸν πάντα πιστεύει τὰ ὑπ' αὐτοῦ ῥηθησόμενα. Δαίμονα δὲ ποιεῖ καίεσθαι, ἐν τοίχῳ διατυπώσας σχῆμα ὃ βούλεται, εἶτα λαθραίως ἐπιχρίει φαρμάκῳ μεμιγμένῳ τῷδε τῷ τρόπῳ· . . . . . Λακωνικῷ[73] καὶ ἀσφάλτῳ Ζακυνθίᾳ, εἶτα ὡς ἀποφοιβάζων τὴν λαμπάδα προσφέρει τῷ τοίχῳ. Τὸ δὲ φάρμακον ἐκλάμψαν καίεται. Ἑκάτην δὲ δοκεῖν ἔμπυρον διατρέχειν ἐν ἀέρι οὕτω τεχνάζεται· συμπαίκτην τινὰ κρύψας ἐν τόπῳ ᾧ βούλεται, παραλαβὼν τοὺς πλανωμένους πείθει λέγων δείξειν διιππεύουσαν[74] δι' ἀέρος ἔμπυρον τὴν δαίμονα, οἷς παραγγέλλει τὰς ὄψεις ταχὺ φυλάσσεσθαι ἡνίκα ἴδωσιν ἐν ἀέρι τὴν φλόγα, καλυψαμένους τε ἐπὶ πρόσωπον πίπτειν, ἕως αὐτὸς καλῇ[75], καὶ ταῦτα διδάξας ἐν ἀσελήνῳ νυκτὶ δι' ἐπῶν οὕτως φθέγγεται·

35. Sed ne vaticinationem quidem, quæ fit per pelvim, quæ est ex fraudibus eorum, silebo. Conclave enim clausum **102-103** instruentes et cyano lacunar inungentes, in præsentem usum admovent sibi instrumenta quædam cyanea et sustollunt, media autem pelvis plena aquæ deponitur in terra, quæ reflexionem cyani incidentem instar cœli reddit. Habet autem etiam aperturam quamdam latentem pavimentum, cui imposita pelvis fun- C dum habet vitri, dum ipsa est lapidea; subest autem conclave delitescens, in quod congregati collusores figuras quorum volet ostendere magus deorum dæmonumque induti ostendunt, quibus conspectis is, cui imponitur, ad fraudes magorum obstupefit et deinde omnibus fidem habet, quæ ab illo dicentur. Dæmonem autem facit flagrare igni, in pariete delineans speciem quam volet, deinde clam inungit medicamento misto in hunc modum... Laconico et asphalto Zacynthia; deinde tanquam illustrans admovet facem parieti, medicamentum autem effulgens incenditur. Hecate autem ut videatur ignita percurrere aerem hoc artificio assequitur: Collusorem aliquem cum abscondidit in loco, quo libuit, nactus quibus imponat inducit professus D sese monstraturum equitantem per aerem ignitam dæmonem, quos cohortatur ad oculos confestim custodiendos, dum cernant in aere flammam, utque obvoluto vultu in os procumbant, donec ipse vocet, et hæc postquam edocuit, in obscura nocte per versus ita fatur:

Νερτερίη χθονίη τε καὶ οὐρανίη μολὲ Βομβώ[76],

Infernalis terrenaque et cœlestis, veni, Bombo,

VARIÆ LECTIONES.

[60] διειμένου C. [61] κόμμεως. κόμμεως ὡς C. M. [62] τὸ om. C, M. [63] φορυκτῆς. φρικτῆς C, φρυκτῆς M. [64] καὶ add. M. [65] Ταύτας δ' οὐκ ἂν — κατατάξαιεν τῇ βίβλῳ C. [66] προδιδαχθέντα προ . . . . C, προδοθέντα s. προενεχθέντα s. προδηλωθέντα susp. M. [67] ταύτῃ. αὕτη C, M. [68] κυανωτὸν ὄροφον C. [69] δή. δὲ C, M. [70] μεστή. μέση C. [71] αὐτὴ δὲ ἐστὶ πρηνὴς C. [72] ὑπέστη C, M. [73] Ante Λακωνικῷ aliquot vocabula omissa M. [74] διισπεύουσαν C. [75] καλεῖ C. [76] Βαυβὼ susp. M, ῥόμβῳ Bergkius P. L. p. 1059, qui hoc carmen opinatur Theocrito obversari II, 13.

A *Compitalis, trivia, lucifera, noctivaga,*
Inimica lucis, noctis autem amica et socia,
Læta canum latratu atque sanguine flavo,
Per cadavera vadens per sepulcreta defunctorum,
Sanguinis desiderans, terrorem mortalibus ferens,
Gorgo et Mormo et Luna et multiformis,
Venias propitia ad nostras libationes.

Εἰνοδίη, τριοδῖτι [77], *φαεσφόρε, νυκτεροφοῖτι* [78],
Ἐχθρὴ [79] *μὲν φωτός, νυκτὸς δὲ φίλη καὶ ἑταίρη* [80],
Χαίρουσα σκυλάκων ὑλακῇ τε καὶ αἵματι φοινῷ,
Ἀννέκυας στείχουσα [81] *κατ' ἠρία τεθνηώτων,*
Αἵματος ἱμείρουσα, φόβον θνητοῖσι φέρουσα,
Γοργὼ καὶ Μορμὼ καὶ Μήνη [82] *καὶ πολύμορφε,*
Ἔλθοις εὐάντητος ἐφ' ἡμετέρῃσι θυηλαῖς.

36. Hæc locuto illo ignis conspicitur per aerem currens, illi autem cohorrescentes ad nec opinatum visum obvolutis oculis humi provolvuntur muti. Artis autem magnitudo hanc **104** **105** habet rationem. Collusor, quem dicebam absconditum, ubi exaudivit incantationem finitam esse, tenens milvum aut accipitrem circumvolutum stupa incendit et relaxat. Ille autem perculsus flamma sublimis avolat et incitatiorem volatum facit, quo conspecto insani, tanquam nescio quid divini spectaverint, sese abscondunt. Avis autem circumrotata per ignem quacunque contigit defertur, et modo domos incendit modo cortes. Talis est divinatio magorum.

λϛ'. Ταῦτ' εἰπόντος αὐτοῦ πῦρ δι' ἀέρος βλέπεται φερόμενον, οἱ δὲ φρίξαντες τὸ παράδοξον τῆς θέας καλύψαντες τοὺς ὀφθαλμοὺς ἐπὶ γῆς ῥιπτοῦνται ἄναυδοι. Τὸ δὲ τῆς τέχνης [p. 73. 74.] μέγεθος τοῦτον ἔχει τὸν τρόπον· Ὁ συμπαίκτης, ὃν ἔφην κεκρυμμένον, ἡνίκα ἀκούσῃ παυσαμένης τῆς ἐπαοιδῆς, ἔχων ἰκτῖνα [83] ἢ γῦπα περιειλημμένον στυπείῳ ἀνάψας ἀπολύει. Ὁ δὲ ὑπὸ τῆς φλογὸς ταρασσόμενος εἰς ὕψος ἐπαίρεται καὶ ὀξυτέραν τὴν πτῆσιν ποιεῖται· ὃ ἰδόντες οἱ μάταιοι ὥς τι θεῖον ἑωρακότες κρύπτονται. Τὸ δὲ πτηνὸν περιδινούμενον ὑπὸ τοῦ πυρὸς οὗ ἂν φθάσῃ καταφέρεται· καὶ ποτὲ μὲν οἰκίας καταφλέγει, ποτὲ δὲ καὶ αὐλάς. Τοιαύτη ἡ μάγων πρόγνωσις.

37. Lunam autem in lacunari apparere faciunt et stellas in hunc modum: In medio lacunari alligato speculo, posita in medio solo conclavis pelvi aquæ plena e regione, lucerna autem media obscurius lucente altius pelvi constituta, ita per reflexionem efficit ut luna luceat per speculum. Sed etiam tympanum sæpe de lacunari sublime suspenditur circumdatum vestimento aliquo, celatum per collusorem, ne ante tempus appareat, lumine pone posito: ubi autem signum dedit collusori, is tantum involucri aufert, quantum illi necessarium ad efficiendam imaginem, qualis per illud tempus figura lunæ est. Inungit autem perlucentes partes tympani cinnabari et gummi . . . . lapideæ lagenæ abscisso collo atque fundo, inserens lumen et circumplicans aliquid earum rerum, quæ sunt idoneæ ad pellucere faciendum figuras, quæ in sublimi ab aliquo celantur collusorum, postquam accepit signum, ex sublimi defundit machinas, ut videatur ex cœlo descendere luna. Idem autem etiam per ollam fit per silvestria loca. Per ollam autem etiam quæ in ædibus fiunt luduntur. Pone aram enim exstructam posita est olla tenens lumen flagrans. Cum autem plura sint lumina, nullum tale ostenditur. Postquam igitur invocavit magus lunam, omnia jubet lumina exstingui, unum autem obscurum relinqui, et tum reflectitur lux ex olla versus lacunar, quæ refert imaginem lunæ iis qui adsunt, recondito ore ollæ, quatenus tempus requirere videtur, ut lunæ

λζ'. Σελήνην δὲ ἐν ὀρόφῳ φαίνεσθαι δεικνύουσι [84] καὶ ἀστέρας τοῦτον τὸν τρόπον· Ἐν μέσῳ τῆς ὀροφῆς μέρει προσαρμόσας κάτοπτρον, τιθεὶς λεκάνην ὕδατος μεστὴν ἐν τῷ μέσῳ τῆς γῆς κατ' ἴσον [85], λύχνον δὲ μέσον φαίνοντα [86] ἀμαυρὸν μετεωρότερον τῆς λεκάνης θείς, οὕτως ἐκ τῆς ἀνταναχλάσεως ἀποτελεῖ σελήνην φαίνεσθαι διὰ τοῦ κατόπτρου· ἀλλὰ καὶ τύμπανον πολλάκις [87] ὑφ' ὑψηλοῦ πόρρωθεν ὄρθιον περιβαλὼν ἐσθῆτί τινι, σκεπόμενον ὑπὸ τοῦ C συμπαίκτου, ἵνα μὴ πρὸ καιροῦ φανῇ, ἐπιθεὶς λύχνον, ἐπὰν τὸ σύνθημα παράσχῃ τῷ συμπαίκτῃ, τοσοῦτον ἀφαιρεῖ τοῦ σκεπάσματος, ὅσον ἂν συνεργῆσαι [88] τὸ προσμίμημα κατὰ τὸν καιρὸν τῆς σελήνης τὸ σχῆμα. Χρίει δὲ τὰ διαφαίνοντα [89] τοῦ τυμπάνου μέρη κινναβάρει καὶ κόμμι [90].... καὶ τῆς [91] ἐτυμολογικῆς [92] δὲ λαγήνου περικόψας τὸν τράχηλον καὶ τὸν πυθμένα, ἐνθεὶς λύχνον καὶ περιθείς τι τῶν ἐπιτηδείων πρὸς τὸ διαυγεῖν σχῆμα [93], τὰς ἐφ' ὑψηλοῦ κρύβδην ὑπό τινος σκέπην τις τῶν συμπαικτῶν, μετὰ τὸ λαβεῖν τὸ σύνθημα ἐκ μετεώρου καταχεῖ τὰ μηχανήματα, ὥστε δοκεῖν [94] ἐξ οὐρανοῦ κατιέναι τὴν σελήνην. Τὸ δὲ ὅμοιον καὶ διὰ χύτρας γίνεται ἐν ὑλώδεσι τόποις. Διὰ δὲ τῆς χύτρας καὶ τὰ κατ' οἶκον παίζεται. Βωμοῦ γὰρ κειμένου D κατόπιν κεῖται ἡ χύτρα ἔχουσα λύχνον φαίνοντα· ὄντων δὲ πλειόνων λύχνων οὐδὲν τοιοῦτον δείκνυται. Ἐπὰν οὖν ἐπικαλέσηται ὁ ἐπαοιδὸς τὴν σελήνην, πάντας κελεύει τοὺς λύχνους σβέννυσθαι, ἕνα δὲ ἀμαυρὸν καταλιπεῖν, καὶ τότε ἀνταναχλᾷ τὸ φῶς τὸ

VARIÆ LECTIONES.

[77] τριοδείη C. [78] νυκτεροφοῖτι Meinekius in Annalibus Marburgensibus a. 1852, 4, p. 376: νυκτεροφοίτη C, M. [79] ἔχρη pr. C. [80] ἑτέρη pr. C. [81] ἀννέχυας στείχουσα. ανέλκυσι et susp. ἐννέκυσι στείχουσα C, ἐν νέκυσι στείχουσα M, ut nos, etiam Meinekius emendavit. [82] Μήνη. μνήμη C. [83] ἰκτῖν C, ἰκτῖν' M. [84] δεικνύνει C, δεικνύασι M. [85] κατ' ἴσον. κτίσον C. [86] φαίνων C. [87] πολλάκις [θεὶς] ἐφ' ὑψηλοῦ τορνωθὲν ὄρθιον . . . vel potius πόρρω τεθὲν ὄρθιον susp. M. [88] συνεργῇ αὐτῷ πρὸς μίμημα [ὄντ'] κατὰ susp. M. [89] διαφαίροντα C. [90] κιναβαρ καὶ κόμι C. [91] Ante καὶ τῆς lacunam indicavimus. [92] ἐτυμολογικῆς. ἐτι ὁλοκλήρου conj. M, ἑτοίμου ὄπισθε susp. R. Scottus [93] σχήματα & ἐφ' ὑψ. — σκέπεται susp. M. [94] ᾧ ἐδόκειν C.

ἐκ τῆς χύτρας εἰς τὸν ὄροφον καὶ παρέχει[95] φαντασίαν σελήνης τοῖς[96] παροῦσιν, ἐπισκεπασθέντος τοῦ στόματος τῆς χύτρας πρὸς ὃ ἀπαιτεῖν ὁ καιρὸς δοκεῖ, ὡς μηνοειδῆ δείκνυσθαι ἐν τῷ ὀρόφῳ τὴν φαντασίαν.

[p. 75—76] λη'. Ἀστέρας δὲ εἶναι δοκεῖν ποιοῦσι θρισσῶν ἢ ἱππούρου[97] φολίδας ὕδατι μετὰ κόμμεως[98] δεδευμέναι καὶ προσπεπλασμέναι τῷ ὀρόφῳ κατὰ διαλείμματα.

λθ'. Σεισμοῦ δὲ φαντασίαν ποιοῦσιν, ὡς δοκεῖν πάντα κινεῖσθαι, κόπρον ἰχνεύμονος ἅμα τῇ σιδηραγωγούσῃ λίθῳ ἐπ' ἀνθράκων πυρουμένην[99]. . . . .

μ'. Ἧπαρ δὲ δοκοῦν[1] ἐγγεγραμμένον δεικνύουσι· τῇ μὲν ἀριστερᾷ χειρὶ ἐπιγράφει ὃ βούλεται πρὸς τὴν πύστιν[2] ἁρμοσάμενος, τὰ δὲ γράμματα κηκῖδι[3] καὶ ὄξει δριμεῖ[4] γράφεται. Ἔπειτα ἀνελόμενος τὸ ἧπαρ ἐπαναπαύσας τῇ ἀριστερᾷ ἐγχρονίζει, τὸ δὲ σπᾷ τὸν τύπον καὶ ὡς γεγράφθαι νομίζεται.

μα'. Κρανίον δὲ λαλεῖν[5] ἐπὶ γῆς θέντες ἐπιτελοῦσι τούτῳ τῷ τρόπῳ[6]· Αὐτὸ μὲν πεποίηται ἐπιπλόου[7] βοείου, πεπλασμένον [δὲ][8] κηρῷ Τυρρηνικῷ καὶ γύψῳ ἀναπεποιημένῃ περιτεθέντος τοῦ ὑμένος ἔμφασιν κρανίου ἐνδείκνυται, ὃ πᾶσι[9] λαλεῖν δοκεῖ ἐνεργοῦντος τοῦ ὀργάνου, καθ' ὃν τρόπον καὶ ἐπὶ τοῖς παισὶ διηγησάμεθα· γεράνου ἤ τινος τοιούτου μακροτραχήλου ζώου φάρυγγα σκευάσας, προσθεὶς τῷ κρανίῳ λεληθότως ὁ συμπαίκτης ἃ θέλει φθέγγεται. Ὃ ἐπὰν[10] ἀφανὲς γενέσθαι θέλῃ[11], ἀνθράκων πλῆθος κύκλῳ περιθεὶς ὡς θυμιῶν ἐμφαίνεται, ὧν τῆς θέρμης ὁ κηρὸς ἀντιλαμβανόμενος λύεται, καὶ οὕτως ἀφανὲς τὸ κρανίον γεγονέναι νομίζεται.

μβ'. Ταῦτα μάγων ἔργα καὶ τοιάδε μυρία, ἃ τῇ τῶν ἐπῶν συμμετρίᾳ καὶ τῶν ἀξιοπίστως[12] δρωμένων ἔργων φαντασίᾳ πείθει τοὺς ἄφρονας· ὧν τὴν τέχνην καταπλαγέντες οἱ αἱρεσιάρχαι ἐμιμήσαντο, τὸ μὲν ἐν ἀποκρύφῳ καὶ σκότῳ παραδιδόντες τὰ δοκούμενα, τὰ δὲ καὶ παραφράζοντες ὡς ἴδια· τούτου χάριν ὑπομνῆσαι θέλοντες τοὺς πολλοὺς περιεργότεροι ἐγενήθημεν[13] πρὸς τὸ μὴ καταλιπεῖν τινα τόπον[14] τοῖς ἐθέλουσι πλανᾶσθαι· ἀπηνέχθημεν δὲ οὐκ ἀλόγως εἴς τινα τῶν μάγων ἀπόρρητα, ἃ πρὸς μὲν τὸ προκείμενον οὐ πάνυ ἀναγκαῖα ἦν, πρὸς δὲ τὸ φυλάσσεσθαι τὴν τῶν μάγων πανοῦργον καὶ[15] ἀσύστατον τέχνην εὔχρηστα ἐνομίζετο[16]. Ἐπεὶ τοίνυν, ὡς εἰκάσαι ἔστι, τὰς πάντων δόξας ἐξεθέμεθα, πολλὴν φροντίδα ποιήσαντες πρὸς τὸ φανερῶσαι τὰ ὡς ξένα ὑπὸ τῶν[17] αἱρεσιαρχῶν ἐπεισαγόμενα πρὸς [p. 76. 77] θεοσέβειαν ὄντα μάταια καὶ νόθα, οὐδὲ ἐν αὐτοῖς ἴσως[18] ἄξια λόγου τυγχάνοντα, δοκεῖ διὰ συντόμου λόγου ὑπομνησθῆναι κεφαλαιωδῶς τὰ προειρημένα.

μγ'. Πᾶσι τοῖς κατὰ τὴν οἰκουμένην φιλοσόφοις

A similis in lacunari appareat species.

106·107 38. Stellas autem apparere faciunt thrissarum vel hippuri squamæ aqua cum gummi rigatæ et affixæ lacunari per intervalla.

39. Terræ motus autem speciem efficiunt, ut videantur omnia moveri, stercus ichneumonis cum lapide ferrum attrahente in prunis incensum.....

40. Jecur autem quod videatur inscriptum esse ostendunt. Sinistræ manui inscribit quod libet, aptatum ad id quod quæsitum est, litteræ autem
B galla et aceto acri scribuntur. Deinde sublatum jecur per aliquod tempus retinet sinistra manu, illud autem trahit typum et quasi inscriptum videtur.

41. Cranium autem loqui positum in terra faciunt in hunc modum: Ipsum quidem factum est ex omento bovino, figuratum autem cera Tusca et gypso apparata, circumvoluto tegmine speciem cranii præ se fert, quod omnibus loqui videtur operante instrumento, quemadmodum etiam de pueris supra exposuimus. Gruis vel alicujus talis procero collo instructæ avis gutture apparato eoque apposito ad cranium latenter collusor quæ vult loquitur. Quod ubi evanescere vult, prunarum acervo cir-
C cumposito tanquam thurificans apparet, quarum calorem cum arripuit cera liquescit, et ita cranium evanuisse creditur.

42. Hæc magorum opera et talia sexcenta, quæ verborum congruentia et cum fide factorum operum specie deleniunt imperitos. Quorum artem obstupefacti hæresiarchæ imitati sunt, partim in abstruso et obscuro tradentes placita, partim etiam exornantes tanquam sua. Quam ob causam quo commonefaceremus vulgus laboriosius hæc exposuimus, ne ullum relinqueremus locum, si qui vellent seduci. Delati autem sumus non imprudenter in quædam magorum arcana, quæ in rem quidem præsentem non admodum necessaria erant, ad cavendam autem magorum fallacem et ineptam artem utilia
D videbantur. Postquam igitur, ut videtur, placita universorum exposuimus, multa adhibita cura ad illustrandum esse ea, quæ tanquam nova ab hæresiarchis invecta sunt, vana ad pietatem 108·109 et adulterina quæque ne inter ipsos quidem fortasse in aliquo honore habeantur, placet brevi sermone in pauca conferre quæ supra dicta sunt.

43. Quicunque ubique vel philosophi vel theologi

VARIÆ LECTIONES.

[95] παρέχειν C. [96] τοῖς. καὶ τοῖς C. [97] ἢ ἱππούρου. ἱππούρου C. [98] κόμεως C. [99] Post πυρουμένην nonnulla exciderunt M. [1] δοκεῖν C. M. [2] πύστην C. [3] κικῖδι C. [4] δριμεῖ om. pr. C. [5] λαλοῦν C. M. [6] τρόπῳ αὐτὸ μὲν om. pr. C. [7] ἐπίπλοος C. [8] δὲ add. M. [9] πᾶσι. φασὶ C. [10] Ὃ ἐπὰν — νομίζεται in margine Cod. M. [11] θέλει C. [12] ἀξιοπίστων C. [13] ἐγεννήθημεν C. [14] τρόπον C, M. [15] καὶ τὴν C. [16] ἐνομίζετο. νομίζει C, νομίζω M. [17] ἐπὶ τῶν C. [18] ἴσως. οἴσεις C.

quæsiverunt non concinunt de Deo, quid sit aut qualis. Alii enim dicunt esse ignem, alii spiritum, alii aquam, alii denique terram. Singula autem elementa aliqua ex parte deficiunt, alterumque ab altero superatur. Hoc autem accidit mundi sapientibus, id quod intelligentissimo cuique manifestum est, ut conspectis mundi summitatibus in rerum natura conturbarentur, majora hæc arbitrati quam quæ ab altero generationem reciperent, et ne conjunctum quidem universum ipsum esse Deum. Declaraverunt autem principium doctrinæ de Deo unam rerum visu perceptarum, cum quisque statueret quodcunque præstare opinabatur, et ita cum oculos fixissent in iis, quæ a Deo creata sunt quæque ad illius exsuperantem magnitudinem minima exstant, non possent autem in magnitudinem veri Dei extendere mentem, hæc in Dei locum suffecerunt. Persæ autem arbitrati se in penetralia veritatis progressos esse, dicebant Deum esse lucidum, lucem in aere contentam. Babylonii autem dicebant Deum esse tenebricosum, quod et ipsum alterius illius consequens videtur; noctem enim subsequitur dies, diem autem nox. Ægyptii autem omnium se esse antiquissimos rati divinam vim..... computantes has distantias partium ex divino afflatu dixerunt Deum esse monadem indivisam et ipsam semet generantem, ex eaque omnia constitisse. Hæc enim, inquit, cum ipsa non generata sit, numeros deinceps generat, veluti ad se monas superaddita generat dyadem et similiter superaddita generat triadem et tetradem usque ad decadem, quæ quidem principium et finis numerorum est, ita ut exsistat prima et decima monas, propterea quod etiam decas eamdem potestatem habet et numeratur pro monade, et hæc decies sumpta evadet hecatontas et rursus fit monas, et hecatontas decies sumpta faciet chiliadem et hæc erit monas. Ita et millia decies sumpta **110-111** cum accurate reddent myriadem, similiter erunt monas. Monadis autem per indivisorum comparationem cognati numeri comprehenduntur: 3, 5, 7, 9. Est autem etiam alius numeri cognatio ad monadem naturalior secundum sextuplicis orbis rationem, dyadis, secundum parilium positurum numerorum et divisionem. Cognatus autem est numerus 4 et 8. Hæc autem. progressa sunt usque ad quatuor elementa, dico autem spiritus et ignis aquæque et terræ, ex quibus et confecit mundum et masculo-femineum eum adornavit, et duo quidem elementa ad superius hemisphærium destinavit: spiritum ignemque, et vocatur hoc hemi-

A καὶ θεολόγοις ζητήσασιν οὐ συνεφώνησαν περὶ Θεοῦ, τί ἐστιν ἢ ποδαπός. Οἱ μὲν γὰρ αὐτὸν φάσιν εἶναι πῦρ, οἱ δὲ πνεῦμα, οἱ δὲ ὕδωρ, ἄλλοι δὲ γῆν. Ἕκαστον δὲ τῶν στοιχείων ἐλαττοῦν [19] ἔχει τι, καὶ ἕτερον ὑπὸ τοῦ ἑτέρου ἡττᾶται. Τοῦτο δὲ συνέβη τοῖς τοῦ κόσμου σοφοῖς, ὅπερ ἐστὶ τοῖς νοῦν ἔχουσι πρόδηλον, ὅτι [20] ἰδόντες τῆς κτίσεως τὰ μεγέθη τῇ τῶν ὄντων οὐσίᾳ ἐταράχθησαν, μείζονα ταῦτα νομίσαντες τοῦ ὑφ' ἑτέρου γένεσιν ἐπιδέξασθαι δύνασθαι, καὶ οὐδὲ ὁμοῦ τὸ σύμπαν αὐτὸ εἶναι Θεόν. Ἀπέφηναν δὲ τὸ [21] αἴτιον περὶ θεολογίας τῶν βλεπομένων, νομίσας [22] τις ὅπερ ἔκρινε, καὶ οὕτως ἐπὶ τοῖς ὑπὸ Θεοῦ γενομένοις καὶ κατ' ἐκείνου ὑπερβάλλουσαν μεγαλειότητα ἐλάττω ὑπάρχουσιν ἐνιδόντες, | μὴ δυνηθέντες δὲ εἰς τὸ μέγε-
B θος τοῦ ὄντως [23] Θεοῦ ἐκτεῖναι τὸν νοῦν, ταῦτα ἐθεολόγησαν. Οἱ δὲ ἐνδοτέρω τῆς ἀληθείας νομίσαντες γεγονέναι Πέρσαι ἔφασαν τὸν Θεὸν εἶναι φωτεινόν, φῶς ἐν ἀέρι συνεχόμενον. Οἱ δὲ Βαβυλώνιοι ἔφασαν τὸν Θεὸν σκοτεινὸν εἶναι, ὅπερ καὶ αὐτὸ [24] τοῦ ἑτέρου ἐπακολούθημα φαίνεται· νυκτὶ γὰρ ἐπακολουθεῖ ἡμέρα, τῇ δὲ ἡμέρᾳ νύξ. Αἰγύπτιοι δὲ πάντων ἀρχαιότεροι εἶναι νομίζοντες τὴν τοῦ Θεοῦ δύναμιν [25]..... ψηφίσαντες τάδε διαστήματα [26] τῶν μοιρῶν [27] ἐξ ἐπιπνοίας [28] θειοτάτης ἔφασαν τὸν Θεὸν εἶναι μονάδα ἀδιαίρετον καὶ αὐτὴν ἑαυτὴν γεννῶσαν καὶ ἐξ αὐτῆς τὰ πάντα κατεσκευάσθαι· αὕτη γάρ, φησίν [29], ἀγέννητος οὖσα τοὺς ἑξῆς ἀριθμοὺς γεννᾷ, οἷον ἐφ' ἑαυτὴν ἡ μονὰς ἐπιπροστεθεῖσα [30] γεννᾷ τὴν δυάδα καὶ ὁμοίως ἐπιπροστιθεμένη γεννᾷ τὴν
C τριάδα καὶ τετράδα μέχρι τῆς δεκάδος, ἥτις ἐστὶν [31] καὶ τὸ τέλος τῶν ἀριθμῶν, ἵνα γένηται πρώτη καὶ δεκάτη ἡ μονὰς διὰ τό. καὶ τὴν δεκάδα ἰσοδυναμεῖν καὶ ἀριθμεῖσθαι εἰς μονάδα, καὶ αὕτη δεκαπλασιασθεῖσα γένηται ἑκατοντάς [32]· καὶ πάλιν γίνεται μονάς, καὶ ἡ ἑκατοντὰς δεκαπλασιασθεῖσα ποιήσει [33] χιλιάδα, καὶ αὕτη ἔσται μονάς· οὕτως καὶ [p. 77 — 79.] τὰ χίλια δεκαπλασιασθέντα ἂν [35.36] ἀπαρτίσωσι τὴν μυριάδα, ὁμοίως ἔσται μονάς. Τῆς δὲ μονάδος κατὰ τὴν ἀδιαίρετον σύγκρισιν συγγενεῖς ἀριθμοὶ παραλαμβάνονται γ' ε' ζ' θ'. Ἔστι δὲ καὶ ἑτέρου ἀριθμοῦ συγγένεια πρὸς τὴν μονάδα φυσικωτέρα κατὰ τὴν τοῦ ἑξακύκλου ἕλικος [37] πραγματείαν, τῆς δυάδος κατὰ τὴν ἄρτιον θέσιν τῶν ἀρι-
D θμῶν καὶ διαίρεσιν. Συγγενὴς δὲ ὁ ἀριθμός ἐστι τοῦ δ' καὶ η'. Ταῦτα δὲ ἐκ τῆς μονάδος ἀριθμὸν [38] λαβόντα πρόνοιαν ἀρετῆς ἐχώρησε [39] μέχρι τῶν δ' στοιχείων, λέγω δὴ τοῦ πνεύματος καὶ πυρὸς ὕδατός τε καὶ γῆς· καὶ ἐκ τούτων ποιήσας [40] τὸν κόσμον ἀρρενόθηλυν αὐτὸν κατεσκεύασε, καὶ δύο μὲν στοιχεῖα εἰς τὸ ἄνω ἡμισφαίριον προσέταξε τό τε πνεῦμα

VARIÆ LECTIONES.

[19] ἐλάττω C. [20] ὅτι Roeperus, οἷ C, M. [21] ἀπέφηναν δὲ τό. ἀπεφήναντο C, M. [22] νομίσας τις. νομίσας C, M, qui putat omissum esse ἕκαστος post vel ante νομίσας. [23] ὄντος pr. C. [24] αὐτὸ τοῦ R. Scottus, ταῦτα C, αὐτὸ M. [25] Post δύναμιν signa lacunæ posuimus. [26] τά τε διαστ. M. [27] μυρῶν C. [28] ἐπινοίας C, M. [29] φασιν? M. [30] ἐπιπροσθεῖσα C. [31] ἡ ἀρχὴ coni. M. [32] καὶ ἡ ἑκατοντὰς Roeperus, κἂν ἡ ἑκατοντὰς C, M. [33] ποιήσῃ M. [35.36] ἂν om. C. lacuna relicta M. [37] τοῦ ἑξακύκλου ἕλικος τῆς ἑξακύκλου ἕλικος M, τοῦ ἑξακύκλου ὑλικοῦ Bunsenius I, 77. [38] ἀριθμόν. ἀριθμοῦ vel ἀρχὴν susp. M. [39] ἐχώρισε Roeperus. [40] ἐκ τούτων [ὁ] ποιήσας susp. M.

A καὶ τὸ πῦρ, καὶ καλεῖται τοῦτο τὸ ἡμισφαίριον [31] τῆς μονάδος ἀγαθοποιόν τε καὶ ἀνωφερὲς καὶ ἀρσενικόν· λεπτομερὴς γὰρ οὖσα ἡ μονὰς ποτᾶται εἰς τὸ λεπτότατον μέρος καὶ καθαρώτατον τοῦ αἰθέρος· τά τε ἄλλα δύο στοιχεῖα ὄντα παχύτερα ἀπένειμεν τῇ δυάδι, γῆν τε καὶ ὕδωρ, καὶ καλεῖται τοῦτο τὸ ἡμισφαίριον κατωφερὲς θηλυκόν τε καὶ κακοποιόν· καὶ αὐτὰ δὲ πάλιν τὰ ἄνω δύο στοιχεῖα ἑαυτοῖς συγκρινόμενα ἔχουσιν ἐν ἑαυτοῖς τὸ ἄῤῥεν καὶ τὸ θῆλυ πρὸς εὐκαρπίαν καὶ αὔξησιν τῶν ὅλων. Καὶ τὸ μὲν πῦρ ἄῤῥεν ἐστὶ, τὸ δὲ πνεῦμα θῆλυ· καὶ πάλιν τὸ ὕδωρ ἄῤῥεν ἐστὶν, ἡ δὲ γῆ θῆλυ. Καὶ οὕτως ἀπ' ἀρχῆς συνεβίωσε τὸ πῦρ τῷ πνεύματι, τῇ δὲ γῇ τὸ ὕδωρ. Ὥσπερ γὰρ δύναμις τοῦ πνεύματος ἐστὶ τὸ πῦρ, οὕτως καὶ τῆς γῆς τὸ ὕδωρ [32]. . . . B καὶ αὐτὰ δὲ τὰ στοιχεῖα ψηφιζόμενα καὶ ἀναλυόμενα [33] καθ' ὑφαίρεσιν ἐννάδων [34] λήγει οἰκείως, ἃ μὲν εἰς [35] τὸν ἀῤῥενικὸν ἀριθμὸν, ἃ δὲ εἰς τὸν θηλυκόν [36]· ὑφαιρεῖται δὲ πάλιν ἡ ἐννὰς διὰ ταύτην τὴν αἰτίαν, διὰ τὸ τὰς τριακοσίας ἑξήκοντα τοῦ ὅλου μοίρας ἐξ ἐννεάδων συνίστασθαι· καὶ διὰ τοῦτο τὰ τέσσαρα [37] κλινθέα τοῦ κόσμου ἐνενήκοντα μοιρῶν περιγεγράφθαι τελείων· προσῳκείωται [38] δὲ τῇ μονάδι τὸ φῶς, τῇ δὲ δυάδι τὸ σκότος, καὶ τῷ μὲν φωτὶ κατὰ φύσιν ἡ ζωὴ, τῇ δὲ δυάδι ὁ θάνατος· καὶ τῇ μὲν ζωῇ ἡ [39] δικαιοσύνη, τῷ δὲ θανάτῳ ἡ ἀδικία. Διὸ πᾶν γεννώμενον ἐν τοῖς ἀρσενικοῖς ἀριθμοῖς ἀγαθοποιόν ἐστι, τὸ δὲ ἐν τοῖς θηλυκοῖς κακοποιόν ἐστιν, οἷον [p. 79. 80.] ψηφίζουσι· μονὰς, ἵνα ἀπ' αὐτῆς ἀρξώμεθα [40], γίνεται τξα', ἃ λήγει εἰς C μονάδα τῆς ἐννεάδος ὑφαιρεθείσης. Ὁμοίως ψήφισον· δυάς· γίνεται χε', ὕφελε τὰς ἐννεάδας, λήγει εἰς δυάδα, καὶ ἀποκαθίσταται ἕκαστον εἰς τὸ ἴδιον.

μδ'. Τῇ οὖν μονάδι ἀγαθοποιῷ οὔσῃ [41] εἰς τὸν ἀπερίζυγον ἀριθμὸν [42] λήγοντα ὀνόματα ἀνωφερῆ [43] ἀγαθοποιὰ εἶναι παρατηρούμενοι λέγουσι· τὰ δὲ εἰς τὸν ἄρτιον ἀριθμὸν λήγοντα κατωφερῆ τε καὶ θηλυκὰ καὶ κακοποιὰ εἶναι νενόμισται. Τὴν γὰρ φύσιν ἐξ ἐναντίων [44] συνισταμένην λέγουσιν ἔκ τε καλοῦ καὶ κακοῦ, ὥσπερ δεξιὸν καὶ ἀριστερὸν, φῶς καὶ σκότος, νὺξ καὶ ἡμέρα, ζωὴ καὶ θάνατος. Ἔτι δὲ καὶ τοῦτο λέγουσιν ὡσεὶ τὸ Θεὸς ψηφίσας.... [45] καὶ μὴν εἰς πεντάδα, εἰς ἐννάδα καταντᾷ, ὅ ἐστιν ἄρτιον, ὃ ἐπιγραφὲν περιάψαντες θεραπεύουσιν. Οὑτωσὶ καὶ βοτάνη εἰς τοῦτο λήγουσα τοῦ ἀριθμοῦ ὁμοίως περι- D αφθεῖσα ἐνεργεῖ διὰ τὴν ὁμοίαν τοῦ ἀριθμοῦ ψῆφον. Ἀλλὰ καὶ ἰατρὸς ὁμοίᾳ [46] ψήφῳ ἀῤῥώστους θεραπεύει ῥᾳδίως. Τούτοις τοῖς ἀριθμοῖς προσέχοντες ὅσα ὅμοια ἢ λογίζονται κατὰ τόνδε τὸν νοῦν οἱ μὲν [47] κατὰ φωνήεντα μόνα, οἱ δὲ κατὰ πάντα τὸν

A phærium monadis beneficumque et sursum vergens et masculinum; cum enim tenui natura sit monas, effertur in tenuissimam et purissimam partem ætheris; reliquaque duo elementa, quæ sunt densiora, attribuit dyadi: terramque et aquam, et vocatur hoc hemisphærium deorsum vergens femineumque et maleficum. Et ipsa vero rursus superiora duo elementa inter se comparata habent in se masculum et femineum ad fertilitatem et incrementa universorum. Et ignis quidem masculum est, spiritus autem femineum, et rursus aqua masculum est, terra autem femineum. Et ita a principio consuevit ignis cum spiritu, cum terra autem aqua. Sicuti enim potentia spiritus est ignis, ita etiam terræ aqua..... Et ipsa vero elementa computata et divisa ex sub- B tractione enneadum desinunt proprie partim in masculum numerum, partim autem in femineum. Subtrahitur autem rursus enneas per hanc causam: propterea quod trecentæ sexaginta quæ sunt universi partes ex enneadibus constant ob eamque causam quatuor quæ sunt regiones mundi nonaginta partibus circumscriptæ sunt perfectis. Appropriatus autem est monadi ignis, dyadi autem sunt tenebræ, estque luci ex natura vita, dyadi autem mors, ei vitæ quidem justitia, morti autem pravitas. Quamobrem quidquid natum est in masculis numeris beneficum est, in femininis autem maleficum est, veluti computant **112-113**: μονάς, ut ab ea ordiamur, fit 361, qui numerus desinit in C monadem, subtracta enneade. Similem in modum computato: δυάς fit 605, subtrahito enneades, desinit in dyadem, et redit singulum quodque in suum.

44. Monadi igitur, quippe quæ sit benefica... in imparem numerum desinentia nomina sursum vergentia et mascula et benefica, recte observata, esse dicunt; quæ autem in parem numerum desinunt, deorsum vergentia et feminina et malefica esse credita sunt. Naturam enim aiunt ex contrariis conflatam esse et ex bono et ex malo, sicuti dextrum et sinistrum, lux et tenebræ, nox et dies, vita et mors. Præterea hoc quoque aiunt. . . . . quod est par, quod inscriptum litteris aptantes corpori medicantur. Ita etiam herba quæ- D dam, quæ desinit in hunc numerum, similiter aptata efficax est propter similem numeri computum. Verum etiam medicus simili numero ægrotos sanat; sin adversus erit numerus, non facile sanabit. His numeris observatis quæque sunt similia computant ex hac ratione alii quidem secundum vocales solas,

VARIÆ LECTIONES.

[31] τοῦτο ἡμισφαίριον C. [32] Inter ὕδωρ et καθ' ὑφαίρεσιν ἐννάδων lacuna esse videtur, quia in superioribus nihil de enneadis ratione dictum est M, sed cf. supra cap. 14. [33] ἀναλυόμενα Roeperus, ἀποδυόμενα C. M. [34] ἐνάδων C. [35] λέγει οἰκειωσαμένη εἰς C; λέγει· οἰκειῶσαι ἃ μὲν εἰς M. [36] θῆλυ C, θῆλυν M. [37] τέτταρα Roeperus. ἕτερα C, M. [38] προσοικείωται C. [39] ζωῇ ἡ. ζωῇ C, M. [40] ἀρξάμεθα C. [41] Post οὔσῃ fort. inserendum [ἀκολούθως τὰ] M. [42] ἀπερίζυγος ἀριθμὸς singulari modo dictum, sed fort. non mutandum; ἡ δυὰς enim περίζυξ ἀριθμὸς appellari potest, unde ἡ μονὰς erit ἀπερίζυγος; exspectes εἰς τὸν περιττὸν ἀρ. M, ἀριθμοῦ C. [43] Leg. ἀνωφερῆ [καὶ ἀρσενικὰ καὶ] ἀγαθοποιὰ — παρατηρούμενα, nisi plura turbata M. [44] ἐναντίου C. [45] Lacunam notavit M. [46] ὁμοίῳ C. [47] οἱ μέν. ὁ μὲν C.

alii autem secundum totum numerum. Talis etiam Ægyptiorum sapientia, per quam divinum numen celebrantes cognoscere opinantur.

45. Satis igitur et hæc a nobis videntur explicata. Verum prætere etiam arbitror nullam opinionem sapientiæ terrenæ et humi dejectæ prætermisisse, non inutilem autem video curam, quæ a nobis in eas res impensa est; non enim solum ad coarguendas hæreses utilem videmus exstitisse sermonem, sed etiam ad ipsos hujus doctrinæ sectatores, qui, ubi incident impensæ curæ nostræ, et studium nostrum admirabuntur et laboris assiduitatem non vilipendent nec stultos judicabunt Christianos, ubi perspicient, quibus rebus ipsi stulte fidem habeant. Adde quod etiam eos, qui veritati sese addixerunt discendi avidi, juvabit sermo, ut intelligentiores evadant non solum, ubi didicerint hæresium fundamenta, ad facilem refutationem eorum, qui seducere eos conabuntur, sed etiam ubi didicerint sapientum quæ dicuntur opiniones, quas **114-115** edocti neque ab ipsis turbabuntur tanquam ignari, neque ab aliquibus seducentur quasi vi quadam agentibus, sed etiam eos, qui se luci se patientur, cavebunt.

46. Expositis igitur quantum satis iis, quæ placuit exponi, jam ad consilium quod propositum est exsequendum transeamus, ut demonstrato quod constituimus de hæresibus et coacto, ut singulis sua reddantur, nudos hæresiarchas ostendamus, et inscitia obsequentium manifestata compellamus redire ad veritatis serenum portum. Quo autem apertiora ea quæ dicenda sunt lectoribus appareant, placet etiam ea, quæ ab Arato elaborata sunt de cœlestium siderum positura, in medium proferre, quandoquidem quidam cum doctrina sacræ Scripturæ comparantes illa sensum depravant, seducere mentes eorum qui aures præbent conati, cum persuasibilibus rationibus alliciunt eos ad quæ volunt, inauditum spectaculum ostentantes, quasi cœlo defixa sint quæ tradunt; isti autem fixis in inauditum spectaculum oculis vanorum mirantes capiuntur instar avis, quæ vocatur bubo, cujus simile convenit afferre propter ea quæ instant. Est autem animal hoc non multum dissimile aquilæ neque magnitudine neque figura, capitur autem in hunc modum: Auceps cum vidit catervam aliquo in loco desidentem, ex longinquo concutiens manus saltare se simulat et in hunc modum paulatim appropinquat avibus, illæ autem obstupefactæ novitate spectaculi ad omnia cæcutiunt. Alii autem ex iis, qui ad capturam parati sunt, a tergo supervenientes aves nullo negotio comprehendunt, cum contemplantur saltatorem. Quapropter precor, ne quis similibus spectaculis obstupefactus cœlum in-

A ἀριθμόν· τοιαύτη καὶ ἡ Αἰγυπτίων σοφία ἐξ-θεῖον δοξάζοντες [48] γινώσκειν νομίζουσιν.

μεʹ. Ἱκανῶς οὖν δοκεῖ ἡμᾶς καὶ ταῦτα ἐκτεθεῖσθαι. Ἀλλ' ἔτι [49] νομίζω μηδεμίαν δόξαν τῆς ἐπιγείου καὶ χαμαιπετοῦς σοφίας παραλελοιπέναι, ἄχρηστον δὲ τὴν εἰς αὐτὰ φροντίδα ὁρῶ ἡμῖν γεγενημένην· οὐδὲ γὰρ μόνον πρὸς ἔλεγχον τῶν αἱρέσεων εὔχρηστον ὁρῶμεν γεγονέναι τὸν λόγον, ἀλλὰ καὶ πρὸς αὐτοὺς τοὺς ταῦτα [50] δοξάζοντας, οἳ ἐντυχόντες τῇ γεγενημένῃ ἡμῶν πολυμεριμνίᾳ καὶ τὸ σπούδασμα θαυμάσουσι καὶ τὸ φιλόπονον οὐκ ἐξουθενήσουσι καὶ μωροὺς οὐκ ἀποφανοῦνται Χριστιανοὺς ἐνιδόντες οἷς αὐτοὶ μωρῶς πιστεύουσιν. Ἔτι δὲ καὶ τοὺς τῇ ἀληθείᾳ προσέχοντας φιλομαθεῖς προβιβάσει ὁ λόγος **B** φρονιμωτέρους πρὸς τὸ μὴ μόνον τὰς τῶν αἱρέσεων μαθόντας ἀρχὰς εὐκόλως ἀνατρέπειν τοὺς ταῦτα τετολμηκότας, ἀλλὰ καὶ τὰς τῶν σοφῶν λεγομένας δόξας, ὧν οὐκ ἄπειροι γενόμενοι, [p. 80-82] οὐθ' ὑπ' αὐτῶν ταραχθήσονται ὡς ἀμαθεῖς, οὐδ' ὑπό τινων πλανηθήσονται ὡς δυνάμει τινὶ δρώντων, ἀλλὰ καὶ τοὺς πλανωμένους ἐπιτηρήσουσιν.

μςʹ. Ἱκανῶς οὖν τὰ δόξαντα ἐκθέμενοι λοιπὸν ἐπὶ τὴν τοῦ προκειμένου πραγματείαν χωρήσωμεν, ὅπως ἃ τετάγμεθα περὶ τῶν αἱρέσεων ἐπιδείξαντες ἑκάστοις τε τὰ ἴδια ἀποδοῦναι ἀναγκάσαντες γυμνοὺς τοὺς αἱρεσιάρχας φανερώσομεν, καὶ ἀφροσύνην τῶν **C** πειθομένων κατηγορήσαντες πείσομεν παλινδρομεῖν ἐπὶ τὸν τῆς ἀληθείας εὔδιον λιμένα. Ἵνα δὲ σαφέστερα τοῖς ἐντυγχάνουσι τὰ ῥηθησόμενα φανῇ, δοκεῖ καὶ [τὰ [52]] τῷ Ἀράτῳ πεφροντισμένα περὶ τῆς κατὰ τῶν οὐρανίων ἄστρων διαθέσεως ἐξειπεῖν, ὅπως εἰς τὰ ὑπὸ τῶν Γραφῶν εἰρημένα ἀπεικονίζοντες αὐτὰ ἀλληγοροῦσι, μετάγειν [53] τὸν νοῦν τῶν προσεχόντων πειρώμενοι, πιθανοῖς λόγοις προσάγοντες αὐτοὺς πρὸς ἃ βούλονται, ξένον θαῦμα ἐνδεικνύμενοι ὡς κατηστερισμένων τῶν ὑπ' αὐτῶν λεγομένων. οἳ τῷ παραξένῳ θαύματι ἐνορῶντες μικροθαύμαστοι ἁλίσκονται δίκην ὀρνέου τοῦ λεγομένου ὤτου, οὗ τὸ παράδειγμα καλὸν ἐξειπεῖν διὰ τὰ μέλλοντα. Ἔστι δὲ τὸ ζῶον οὐ πολὺ ἀπεμφαῖνον ἀετοῦ οὔτε μεγέθει οὔτε μορφῇ· ἁλίσκεται δὲ τοῦτον τὸν τρόπον· Ὁ **D** ἀγρευτὴς [54] τῶν ὀρνίθων ἐπὰν ἴδῃ ἀγέλην που καταπτᾶσαν [55], πόρρωθεν ἀνακρουόμενος τὰς χεῖρας ὀρχεῖσθαι σκήπτεται, καὶ οὕτω πρὸς ὀλίγον ἐγγίζει τοῖς ὄρνισιν· οἱ δὲ τὴν παράξενον θέαν καταπεπληγότες ἀπερίβλεπτοι πάντων γίνονται. Ἕτεροι δὲ τῶν ἐπὶ τὴν ἄγραν παρεσκευασμένων ὄπισθεν ἐπελθόντες τοὺς ὄρνεις εὐκόλως συλλαμβάνονται θεωμένους τὸν ὀρχηστήν. Διὸ ἀξιῶ μή τις τοῖς ὁμοίοις θαύμασι καταπλαγεὶς ἐξηγουμένων [56] τὸν οὐρανὸν δίκην ὤτου συλληφθῇ· ὄρχησις [57] γὰρ καὶ λῆρος ἡ

VARIÆ LECTIONES.

[48] δοξάζειν C, M. [49] ἔτι. ἐπεὶ C, M. [50] ταῦτα. τὰ αὐτὰ C, M. [51] οὐδ' — οὐδ' C, M. [52] τὰ add. M. [53] μετάγειν. μετὰ C. ἀπατᾶν s. πλανᾶν susp. M. [54] De hac captura cf. Athen. IX, p. 390 D, M. [55] κατὰ πᾶσαν pr. C. [56] ἐξηγούμενον C. [57] ὀρχησία C.

τούτων πανουργία καὶ οὐκ ἀλήθεια [58]. Φησὶν Ἄρατος οὕτως·

ἐν [59] ὁμῶς πολέες τε καὶ ἄλλυδις [60] ἄλλοι [ἐόντες
ανῷ ἕλκονται πάντ' ἤματα συνεχὲς αἰεὶ (τουτέστιν οἱ πάντες ἀστέρες.)
ὑρ δ' ὀλίγον μετανίσσεται [61], ἀλλὰ μάλ' [αὔτως
ων αἰὲν ἄρηρεν [62], ἔχει δ' ἀτάλαντον ἁπάντη
σσηγὺς γαῖαν, περὶ δ' οὐρανὸν αὐτὸν ἀγινεῖ.

ιζ'. [p. 82, 83] Πολέας φησὶν [63] εἶναι τοὺς κατὰ οὐρανὸν ἀστέρας, τουτέστι στρεπτούς, διὰ τὸ ριέρχεσθαι ἀπὸ ἀνατολῆς εἰς δύσιν καὶ δύσεως εἰς ατολὴν ἀπαύστως σφαιροειδεῖ σχήματι. Εἱλεῖσθαι κατὰ τὰς ἄρκτους αὐτάς λέγει οἷόν τι ποταμοῦ ῦμα μέγα θαῦμα Δράκοντος [64] πελώρου, καὶ τοῦτ' ναι ὅ φησιν ἐν τῷ Ἰὼβ πρὸς Θεὸν [65] διάβολος [66] ρη· *Ἐμπεριπατήσας τὴν ὑπ' οὐρανὸν καὶ περιελθών* [67]· τουτέστι περιστραφεὶς καὶ περισκοπήσας ὰ γινόμενα. Τετάχθαι γὰρ νομίζουσι κατὰ τὸν ρκτικὸν πόλον τὸν Δράκοντα, τὸν ὄφιν, ἀπὸ τοῦ ψηλοτάτου πόλου πάντα ἐπιβλέποντα καὶ πάντα φορῶντα, ἵνα μηδὲν τῶν πραττομένων αὐτὸν λάθῃ· πάντων γὰρ δυνόντων τῶν [68] κατὰ τὸν οὐρανὸν ἀστέρων μόνος οὗτος ὁ πόλος οὐδέποτε δύνει, ἀλλὰ ἄνω ὑπὲρ τὸν ὁρίζοντα ἐρχόμενος πάντα περισκοπεῖ καὶ ἐπιβλέπει καὶ λαθεῖν αὐτὸν τῶν πραττομένων, φησὶ, δύναται οὐδέν.

Ἧχι μάλιστα [69]
Μίσγονται [70] *δύσιές* [71] *τε καὶ ἀντολαὶ ἀλλήλῃσι,*

τετάχθαι δή [72] φησιν αὐτοῦ τὴν κεφαλήν. Κατὰ γὰρ τὴν δύσιν καὶ ἀνατολὴν τῶν δύο ἡμισφαιρίων κεῖται τὸ κεφάλαιον τοῦ Δράκοντος, ἵνα, φησί, μηδὲν αὐτὸν λάθῃ κατὰ τὸ αὐτὸ μήτε τῶν ἐν τῇ δύσει, μήτε τῶν ἐν τῇ ἀνατολῇ, ἀλλὰ πάντα γινώσκῃ [73] τὸ Θηρίον ὁμοῦ. Ἔστι δὲ κατ' αὐτῆς κεφαλῆς τοῦ Δράκοντος ἰδέα [74] ἀνθρώπου διὰ ἄστρων θεωρουμένη, ὃ καλεῖ κεκμηκὸς εἴδωλον ὁ Ἄρατος καὶ μογέοντι ἐοικός· καλεῖται δὲ ὁ Ἐν γόνασιν. Ὁ μὲν οὖν Ἄρατος [75] οὐκ εἰδέναι φησὶν οὗτος τίς ἐστιν ὁ πόνος καὶ τὸ θαῦμα τοῦτο στρεφόμενον ἐν οὐρανῷ· οἱ διὰ τῆς τῶν ἄστρων ἱστορίας [76] αἱρετικοὶ θέλοντες τὰ ἑαυτῶν δόγματα συνιστᾷν, περιεργότερον τούτοις ἐπισχόντες, τὸν Ἐν γόνασί φασιν εἶναι τὸν Ἀδάμ, κατὰ πρόσταγμα, φησὶν, τοῦ Θεοῦ, καθὼς εἶπε Μωσῆς [76*],

A terpretantium instar bubonis ludificetur. Saltatio enim et nugæ talium mala fraus et non veritas. Ait igitur Aratus in hunc modum :

Illæ simul multæque et aliorsum aliæ
In cœlo vertuntur per omnes dies perpetuo (hoc est universæ stellæ),
Verum hæcce ne paulum quidem declinat, sed immota semper
Axis perpetuo manet, tenet autem fixam omnes in partes
In medio tellurem, circumagit autem ipsum cœlum.

116-117 47. Multas (πολέας) ait esse in cœlo stellas, hoc est vertentes, quia circumaguntur ab ortu ad occasum et occasu ad ortum perpetuo orB biculari figura. Volvi autem versus ipsas Ursas dicit quasi quoddam flumen omnis magnum miraculum immensi Serpentis, et hoc esse quod ait in Job ad Deum diabolus, qui dixit : *Perlustravi quæ sub cœlum est terram et circuivi*, hoc est circumegi me et undique contemplatus sum mundum. Constitutum enim esse arbitrantur versus borealem polum Draconem, serpentem, qui ab altissimo polo omnia inspectat et omnia intuetur, ne quid omnium quæ fiant eum fugiat. Cum enim omnes in cœlo stellæ occidant, solus hic polus nunquam occidit, sed in sublimi super horizontem vadens omnia circumspicit et inspectat, nec quidquam illorum quæ fiunt, ait, eum fugere potest.

C

Qua maxime
Miscentur et occasus et ortus secum,

constitutum esse ait ejus caput. Nam versus occasum et ortum amborum hemisphæriorum situm est caput Draconis, ne quid, inquit, eum fugiat per eumdem locum neque eorum, quæ sunt in occasu, neque quæ sunt in ortu, sed omnia cognoscat bellua simul. Est autem juxta ipsum caput Draconis species hominis per stellas conspicua, quam vocat Aratus imaginem labore attritam et ærumnosi similem, vocatur autem In genubus. Jam Aratus quidem ignorare ait, hic labor quis sit et miraculum hoc quod vertitur in cœlo, hæretici autem per D astrorum pervestigationem annisi doctrinas suas confirmare studiosius hæc scrutati illum, qui est in genubus, aiunt esse Adam, secundum imperatum Dei, sicuti dixit Moses, *observantem caput draconis*

VARIÆ LECTIONES.

[58] ἀλήθεια Roeperus coll. p. 124, 21 : ἀληθής C, M [59] Cf. Arat. *Phænom.* v. 19 sqq. [60] ἄλυδις C. [61] μετανίσεται pr. C, μετανείσσεται corr. C. [62] αἱ ἐνάρτησεν C. [63] φασὶν C. [64] Cf. Arat. *Phænom.* v. 45, 46 : Τὰς δὲ δι' ἀμφοτέρας οἵη ποταμοῖο ἀποῤῥὼξ | Εἱλεῖται μέγα θαῦμα, Δράκων, κ. τ. λ. [65] θεόν. τὸν C, M. [66] διάβολον ὡς C, M. [67] Cf. Job. I, 7 : Περιελθὼν τὴν γῆν καὶ ἐμπεριπατήσας τὴν ὑπ' οὐρανὸν πάρειμι. [68] τῶν οὐρανίων C. [69] Ἧχι μάλιστα C, ἧχί περ ἄκραι Aratus v. 61. [70] σμίγονται C. [71] δύσεις — ἀλλήλοισι C. [72] δή. δὲ C, τῇδε susp. M. [73] γινώσκει C. [74] ἰδέα. εἰ δὲ C. [75] Cf. Arat. v 63, 64. Τῇς δ' ἀγχοῦ μογέοντι κυλίνδεται ἀνδρὶ ἐοικὸς | εἴδωλον, κ. τ. λ. v. 65. sqq. ἀλλά μιν αὔτως | Ἐγγόνασιν καλέουσι· τὸ δ' αὔτ' ἐν γούνασι κάμνον | Ὀκλάζοντι ἔοικεν. [76] Cf. Arat. v. 64, 65 : τὸ μὲν οὔτις ἐπίσταται ἀμφαδὸν εἰπεῖν, | Οὐδ' ὅτινι κρέμαται κεῖνος πόνῳ, ἀλλά, κ. τ. λ. [76*] Cf. I Mos. III, 15 : Αὐτός σου τηρήσει (al. τερήσει vel τειρήσει) κεφαλὴν, καὶ σὺ τηρήσεις (al. τερήσεις vel τειρήσεις) αὐτοῦ πτέρναν.

et draconem calcem ejus. Ita enim inquit Aratus:

Dextri pedis vestigium habens inflexi Draconis.

118-119 48. Juxta positam autem esse ait ei utrinque (dico autem ei, qui est In genubus) Lyram et Coronam, ipsum autem genu flectere et passis manibus tanquam de peccato confitentem. Esse autem lyram musicum instrumentum, ab infante admodum etiamtum fabricatum logo, logum autem esse qui apud Græcos vocatur Hermes. Dicit autem Aratus de fabricatione lyræ:

Illam autem etiamtum in cunis vagiens
Mercurius terebravit, lyram autem edixit vocari.

Septem chordarum est, per septem chordas universam harmoniam et fabricam mundi concinentem significans. Nam in sex diebus mundus factus est et septimo requievit. Si igitur, inquit, confitens Adam et caput observans belluæ secundum imperatum Dei imitabitur lyram, hoc est obsequetur logo Dei, hoc est parens legi, appositam ei coronam accipiet. Ubi autem negliget, una deorsum feretur cum bellua, quæ subjacet, et sortem habebit, inquit, cum bellua. Videtur autem In genubus ab utraque parte injicere manus et ab altera parte attingere lyram, ab altera autem coronam, ut licet videre per ipsum habitum. Insidiis autem petit simul et attrectat coronam ejus alia bellua, minor draco, quæ est proles ejus qui observatur ab eo, qui est in genubus, pede. Homo autem astat utraque manu per vim constringens et retrahens a corona serpentem, nec patitur attingere coronam vehementer nitentem belluam. Anguitenentem autem appellat eum Aratus, quoniam detinet impetum serpentis, qui nititur assequi coronam. Logus autem, inquit, est figura hominis is qui impedit, quominus assequatur coronam, belluam, miseratus eum, cui insidiantur draco simul et proles ejus. Ipsæ autem Ursæ, aiunt, hebdomades sunt duæ, ex septem stellis constantes, duplicium creaturarum imagines. Prima enim, inquit, creatura est secundum Adam in ærumnis, quod est is, qui in genubus est conspicuus. Altera **120-121** autem creatura secundum Christum, per quam regeneramur, quod est Anguitenens, reluctans belluæ et impediens coronam attingere, quæ apparata est homini. Magna autem Ursa est Helica, inquit, magnæ creaturæ signum, ad quam navigationem dirigunt Græci, hoc est ad quam instituuntur et per fluctus vitæ portati

A *φυλάσσοντα τὴν κεφαλὴν τοῦ Δράκοντος, τὸν Δράκοντα τὴν πτέρναν αὐτοῦ.* Οὕτω φησὶν ὁ Ἄρατος·

Δεξιτεροῦ ποδὸς ἴχνος ἔχων[77] *σκολιοῖο Δράκοντος.*

μη΄. [p. 83, 84] Παρατετάχθαι[78] δὲ παρ' ἑκατέρωθεν (λέγω δὲ τῷ Ἐν γόνασι[78*]) Λύραν καὶ Στέφανον, αὐτὸν δὲ γόνυ κλίνειν καὶ ἐκτείνειν ἀμφοτέρας τὰς χεῖρας οἱονεὶ περὶ ἁμαρτίας ἐξομολογούμενον. Εἶναι[79] δὲ τὴν λύραν μουσικὸν ὄργανον ὑπὸ νηπίου ἔτι παντελῶς κατεσκευασμένον λόγου[79*]· λόγον δὲ εἶναι παρὰ τοῖς Ἕλλησι καλούμενον[80] τὸν Ἑρμῆν. Φησὶ δὲ ὁ Ἄρατος περὶ τῆς κατασκευῆς τῆς λύρας·

Τὴν δ' ἄρ'[81] *ἔτι καὶ παρὰ λίκνῳ*
B *Ἑρμείης ἐτόρησε, λύρην δ' εἶπεν*[82] *καλεῖσθαι.*

Ἑπτάχορδός ἐστι, διὰ τῶν ἑπτὰ χορδῶν τὴν πᾶσαν ἁρμονίαν καὶ κατασκευὴν ἐμμελῶς ἔχοντος κόσμου [σημαίνουσα[83]]· ἐν ἓξ ἡμέραις γὰρ ἐγένετο ὁ κόσμος, καὶ τῇ ἑβδόμῃ κατέπαυσεν. Εἰ οὖν, φησὶν, ἐξομολογούμενος ὁ Ἀδὰμ καὶ τὴν κεφαλὴν φυλάσσων τοῦ θηρίου κατὰ τὸ πρόσταγμα τὸ θεῖον ἐκμιμήσεται τὴν λύραν, τουτέστι κατακολουθήσει λόγῳ[84] τοῦ Θεοῦ, τουτέστι πειθόμενος τῷ νόμῳ, τὸν παρακείμενον αὐτῷ στέφανον λήψεται. Ἐὰν δὲ ἀμελήσῃ, συγκατενεχθήσεται τῷ ὑποκειμένῳ θηρίῳ καὶ τὸ μέρος ἕξει, φησὶ, μετὰ τοῦ θηρίου. Δοκεῖ δὲ ὁ Ἐν γόνασιν ἑκατέρωθεν ἐπιβάλλειν[85] τὰς χεῖρας, καὶ τοῦτο μὲν τῆς λύρας, τοῦτο δὲ τοῦ[86] στεφάνου ἐφάπτεσθαι [τοῦτο δὲ ἐξομολογεῖσθαι[87]], ὡς ἔστιν C ἰδεῖν δι' αὐτοῦ τοῦ σχήματος· ἐπιβουλεύεται δὲ ὁμῶς[88] καὶ ἀποσπᾶται ὁ στέφανος αὐτοῦ ὑπὸ ἄλλου θηρίου, μικροτέρου δράκοντος, ὅ ἐστι γέννημα τοῦ φυλασσομένου ὑπὸ τοῦ Ἐν γόνασι τῷ ποδί[89]. Ἄνθρωπος δὲ ἕστηκεν ἑκατέραις ταῖς χερσὶ κατασφίγγων καὶ εἰς τὰ ὀπίσω ἕλκων ἀπὸ τοῦ στεφάνου τὸν ὄφιν, καὶ οὐκ ἐᾷ ἐφάπτεσθαι βιαζόμενον τοῦ στεφάνου τὸ θηρίον· Ὀφιοῦχον δὲ αὐτὸν Ἄρατος καλεῖ, ὅτι κατέχει τὴν ὁρμὴν τοῦ ὄφεως ἐπὶ τὸν στέφανον ἐλθεῖν πειρωμένου. Λόγος δὲ, φησὶν, ἐστὶ σχήματι ἀνθρώπου ὁ κωλύων ἐπὶ τὸν στέφανον ἐλθεῖν τὸ θηρίον, οἰκτείρων τὸν ἐπιβουλευόμενον ὑπὸ τοῦ δράκοντος ὁμοῦ καὶ τοῦ γεννήματος ἐκείνου. Αὗται[90] δὲ αἱ Ἄρκτοι, φασὶν, ἑβδομάδες εἰσὶ δύο D ἐξ ἑπτὰ ἀστέρων[91] συγκείμεναι, δισσῶν κτίσεων εἰκόνες. Πρώτη γὰρ, φησὶν, κτίσις ἡ κατὰ τὸν Ἀδὰμ ἐν πόνοις, ὅ ἐστιν ὁ[92] ἐν γόνασιν [p. 84-86] ὁρώμενος. Δευτέρα δὲ ἡ κτίσις ἡ κατὰ Χριστὸν, δι' ἧς ἀναγεννώμεθα, ὅ ἐστιν ὁ Ὀφιοῦχος ἀνταγωνιζόμενος τῷ θηρίῳ καὶ κωλύων ἐπὶ τὸν στέφανον ἐλθεῖν τὸν ἡτοιμασμένον τῷ ἀνθρώπῳ. Μεγάλη δέ ἐστιν Ἄρκτος ἡ Ἑλίκη,

VARIÆ LECTIONES.

[77] Οὗτος pr. C. [77*] ποδὸς ἄκρον ἔχει Aratus v. 70. [78] Παρὰ τὸ τετάχθαι C. [78*] τὸ ἐν γόνασι C. [79] εἰδέναι C. [79*] λόγον R, Scottus, λόγῳ C, M. [80] ἀκουόμενον. καλούμενον R, Scottus. [81] Arat. v. 268 τὴν δ' ἀρετὴν καὶ παραλίκνῳ C. [82] ἐτέρησε λύρην δ' εἶπε C, δέ μιν εἶπε λέγεσθαι Aratus. [83] σημαίνουσα add. Roeperus. [84] τῷ λόγῳ. τοῖς C, τοῖς λόγοις M. [85] ἐπιβάλειν C. [86] τοῦ om. C, M. [87] τοῦτο — ἐξομολογεῖσθαι. Hæc ex p. 118, 14 interpolata esse vidit Roeperus. [88] ὅμως C, M. [89] τῷ παιδί C, cf. Arat. v. 70. [90] Αὗται. Αὗται C, M. [91] ἀστέρων Roeperus, ἀριθμῶν C, M. [92] ἐν πόνοις ὅ ἐστιν ὁ ἐν πόνοις ὃ C, ἣν ἐμφαίνει ἐν π. ὁ M, ἣν ἐμφαίνει ὁ C, Scottus.

A , μεγάλης κτίσεως σύμβολον, πρὸς ἣν πλέουσιν νες, τουτέστι πρὸς ἣν παιδεύονται καὶ διὰ τῶν ου φερόμενοι κυμάτων ἐπακολουθοῦσιν. ἑλίκην οὖσαν τὴν τοιαύτην κτίσιν ἢ διδασκαλίαν ν, εἰς τὰ ὀπίσω ἄγουσαν τοὺς ἑπομένους τῇ τῇ κτίσει. Στροφὴ γάρ τις τῆς Ἑλίκης προσ-ία καὶ ἀνακύκλωσις ἐπὶ [93] τὰ αὐτὰ εἶναι δοκεῖ. ὰ δέ τις ἡ ἑτέρα Ἄρκτος οἱονεί τις εἰκὼν τῆς ἑρας κτίσεως τῆς κατὰ Θεὸν κτισθείσης· ὀλίγοι φησὶν [94], εἰσὶν οἱ διὰ τῆς στενῆς ὁδοῦ πορευό-ι· στενὴν [95] δὲ λέγουσιν εἶναι τὴν Κυνοσουρίδα, ; ἣν ὁ Ἄρατός φησιν ὅτι οἱ Σιδόνιοι ναυτίλλον-[96]. Σιδονίους δὲ ἀπὸ μέρους εἴρηκεν ὁ Ἄρατος νικας διὰ τὸ εἶναι τὴν Φοινίκων σοφίαν θαυμα-ν, Φοίνικας δὲ εἶναι Ἕλληνες [97] λέγουσι τοὺς ἀπὸ
B Ἐρυθρᾶς θαλάσσης κατοικήσαντας εἰς τοῦτον τὸν ρον, οὗ καὶ νῦν οἰκοῦσι· τοῦτο γὰρ Ἡροδότῳ [98] ιεῖ. Κυνόσουρα δέ, φησίν, αὕτη ἡ Ἄρκτος, ἡ κτί-ἡ δευτέρα, ἡ μικρά, ἡ στενὴ ὁδός, καὶ οὐχὶ ἡ λίκη. Οὐ γὰρ εἰς τὰ ὀπίσω ἄγει, ἀλλ' εἰς τὰ ἔμ-οσθεν ἐπ' εὐθείας τοὺς ἑπομένους ὁδηγεῖ, κυνὸς [99] σα. Κύων γὰρ ὁ λόγος, τοῦτο μὲν φρουρῶν καὶ λάσσων τὸ ἐπιβουλευόμενον ὑπὸ τῶν λύκων ποί-νιον, τοῦτο δὲ ἀπὸ τῆς κτίσεως τὰ θηρία κυνηγῶν αὶ διαφθείρων, τοῦτο δὲ γεννῶν τὰ πάντα, καί, ὅ ἡ φησι, κύων, τουτέστι γεννῶν. Ἐντεῦθεν, φησίν, Ἄρατος περὶ τῆς τοῦ Κυνὸς ἀνατολῆς λέγων εἴρη-ιεν οὕτως· *Κυνὸς δὲ ἀνατείλαντος οὐκέτι φυτα-λιαὶ* [1] *ἐψεύσαντο*. Τοῦτό ἐστιν ὃ λέγει· Τὰ φυ-τευόμενα φυτὰ εἰς τὴν γῆν μέχρι τῆς τοῦ Κυνὸς
C ἀνατολῆς πολλάκις μὴ ῥιζοβολήσαντα ὅμως τέθηλε φύλλοις, καὶ ἐνδείκνυται τοῖς βλέπουσιν ὅτι ἔσται τελεσφόρα καὶ φαίνεται ζῶντα, οὐκ ἔχοντα ζωὴν ἀπὸ τῆς ῥίζης ἐν αὐτοῖς· ἐπειδὰν δ' ἡ [2] τοῦ Κυνὸς ἀνα-τολὴ γένηται, ὑπὸ τοῦ Κυνὸς τὰ ζῶντα ἀπὸ τῶν νε-κρῶν διακρίνεται· μαραίνεται γὰρ ὄντως ὅσα οὐκ ἐῤῥιζοβόλησεν. Οὗτος οὖν, φησίν, ὁ Κύων, λόγος τις ὢν θεῖος, ζώντων [p. 86, 87] καὶ νεκρῶν κριτὴς καθέστηκε, [καὶ [3]] καθάπερ τῶν φυτῶν [4] ὁ Κύων τὸ ἄστρον ἐπὶ τῆς κτίσεως θεωρεῖται, οὕτως ἐπὶ τῶν οὐρανίων φυτῶν, φησί, τῶν ἀνθρώπων, ὁ λόγος. Διὰ τὴν τοιαύτην οὖν αἰτίαν ἡ δευτέρα κτίσις, Κυνόσουρα, λογικῆς κτίσεως εἰκὼν ἕστηκεν ἐν οὐρανῷ· μέσος δὲ ὁ Δράκων τῶν δύο κτίσεων ὑποτείνεται, τὰ ἀπὸ τῆς μεγάλης κτίσεως κωλύων ἐπὶ τὴν μικρὰν κτίσιν
D μετελθεῖν, τά τε ἐν τῇ κτίσει καθεστηκότα, καθάπερ τὸν Ἐν γόνασι, παραφυλάσσων [5], τηρῶν πῶς καὶ τίνα τρόπον ἕκαστον ἐν τῇ μικρᾷ κτίσει καθέστηκε. Τηρεῖται δὲ καὶ αὐτὸς κατὰ τὴν κεφαλήν, φησίν, ὑπὸ τοῦ Ὀφιούχου. Αὕτη, φησίν, εἰκὼν [6] ἕστηκεν ἐν οὐρανῷ, σοφία τις οὖσα τοῖς [7] ἰδεῖν δυναμένοις. Εἰ

sequuntur, tanquam volutam quamdam talem creaturam vel disciplinam vel sapientiam retro ducentem eos qui sequuntur talem creaturam. Versio enim quædam Helicæ appellatio et revolutio ad eadem esse videtur. Exigua autem quædam altera Ursa tanquam imago quædam alterius creationis secundum Deum conditæ. Pauci enim, inquit, sunt, qui per angustum tramitem incedunt. Angustam autem dicunt esse Cynosuridem, ad quam Aratus Sidonios ait navigationem instituere. Sidonios autem ex parte Aratus dixit Phœnices, propterea quod Phœnicum sapientia admirabilis est. Phœnices autem esse Græci dicunt eos, qui ab Rubro mari sedes transtulerunt in eum locum, quem etiam nunc inhabitant; hoc enim Herodoto placet. Cynosura autem, inquit, hæc Ursa, creatura secunda, parva, angustus trames, et non Helica. Non enim retrorsum ducit, sed prorsus recta via eos qui sequuntur manuducit, quippe quæ sit κυνός. Κύων enim logus est, partim custodiens et servans gregem, cui insidiantur lupi, partim a creatura belluas tanquam canis venans et pessumdans, partim generans cuncta et, quod aiunt, κύων, hoc est generans. Hinc, aiunt, Aratus de ortu Canis loquens dixit hoc modo: *Cane autem orto non jam segetes mentitæ sunt.* Hoc est quod ait: semina conjecta in terram usque ad Canis ortum sæpe, cum radices non egerunt, tamen effloruerunt foliis et manifestant inspectantibus se fore fructuosa et apparent vigentia, non habentia vitam a radice in ipsis; ubi autem Canis ortus erit, a Cane quæ vivunt a mortuis discernuntur; arescunt enim revera quæcunque radices non egerunt. Hic igitur, inquit, Canis cum logus quidam sit divinus, vivorum et mortuorum judex exstitit, et sicuti plantarum Canis sidus in creatura sese exhibet, ita in cœlestibus

122-123

plantis, inquit, hominibus, logus. Propter hanc igitur causam altera creatura, Cynosura, logicæ creaturæ imago constitit in cœlo. Medius autem Draco inter ambas creaturas subtenditur, ea, quæ sunt magnæ creaturæ, impediens in exiguam creaturam transmigrare, eaque, quæ in creatura constiterunt, veluti eum, qui est in genubus, custodiens, observans, quomodo et quemadmodum singula in exigua creatura constiterint. Observatur autem et ipse ad caput, inquit, ab Anguitenente. Hæc, inquit, imago constitit in cœlo, sapientia quædam iis, qui videre possunt. Sin ab hac parte obscurum est, per aliam, inquit, imaginem creatura decet philosophari, de qua Aratus dixit in hunc modum:

VARIÆ LECTIONES.

[93] ἐπεὶ τὰ C. [94] Cf. Matth. VII, 14: Τί στενὴ [ἡ πύλη] καὶ τεθλιμμένη ἡ ὁδὸς ἡ ἀπάγουσα εἰς τὴν ζωήν, καὶ ὀλίγοι εἰσὶν οἱ εὑρίσκοντες αὐτήν. [95] στενοὶ C. [96] Cf. Arat. v. 44: Τῇ καὶ Σιδόνιοι ἰθύντατα ναυτίλλονται. [97] Ἕλληνας C. [98] Ἡρωδότῳ corr. C, cf. Herodot. *Hist.* I, 1 M. [99] κυνός. κτίσις C, M. [1] φιλαίτιαι C, Arat. v. 332 sqq.: Οὐκέτι κεῖνον (sc. Σείριον) ἅμ' ἠελίῳ ἀνιόντα | Φυταλιαὶ ψεύδονται ἀναλδέα φυλλιόωσαι· | Ῥεῖα γὰρ οὖν ἔκρινε διὰ στίχας ὀξὺς ἀΐξας, | Καὶ τὰ μὲν ἔῤῥωσεν, τῶν δὲ φλόον ὤλεσε πάντα. [2] δ' ἡ. δὲ C. [3] καὶ add. M. [4] τὸ φυτὸν C, M. [5] παραφυλάσσων Roeperus, παραφυλάσσειν C, παραφυλάσσει M. [6] In C vox εἰκών videtur erasa M. [7] τοῖς. τοῦ C.

δέ ἐστιν ἀσαφὲς κατὰ τοῦτο, δι' ἄλλης εἰκόνος, φησὶν, ἡ κτίσις διδάσκει φιλοσοφεῖν, περὶ ἧς ὁ Ἄρατος εἴρηκεν οὕτως·

Neque igitur Cephei genus ærumnosum Iasidæ.

49. Cepheus, inquit, ibi prope abest et Cassiepea et Andromeda et Perseus, magna creaturæ elementa iis qui cernere possunt. Cepheum enim ait esse Adam, Cassiepeam Evam, Andromedam utriusque horum animam, Perseum logum, alatam Jovis prolem, Cetum insidiantem belluam. Non ad alium quempiam horum, sed ad solam Andromedam vadit qui interfecit belluam, a qua et Andromedam sibi vindicans, quæ exposita erat vinculis constricta belluæ, logus, inquit, hoc est Perseus, liberat. Perseus autem est pennata axis penetrans utrumque polum per mediam terram et torquens mundum. Est autem etiam spiritus qui est in mundo avis Cygnus circa Ursas, musicum animal, divini imago Spiritus, quia in ipsis jam terminis constitutum vitæ tantum canere incipit cum bona spe discedens a prava creatura, hymnos edens Deo. Cancri autem et tauri et leones et arietes et capræ et hædi et quotquot alia animalia per astra nominantur in cœlo, imagines scilicet sunt, inquit, et exempla, unde mutabilis creatura nacta species talibus animalibus impletur.

124-125 50. Iis usi sermonibus opinantur multos decipere, quotquot operosius astrologis aurem præbent, hinc fidem Dei confirmare annisi, quæ quidem longe abludit ab horum opinationibus. Quapropter, dilecti, fugiamus illam vanorum mirationem avis bubonis; hæc enim et hujuscemodi alia saltatio sunt et non veritas. Etenim nullo pacto stellæ hæc ostendunt, sed de suo homines ad accuratiorem quarumdam stellarum appellationem nomina in hunc modum composuerunt, quo notabiles sibi fierent. Quid enim ursæ aut leonis aut hædorum aut aquarii aut Cephei aut Andromedæ aut spectrorum, quæ celebrantur in Orco, simile habent stellæ dispersæ per cœlum, cum multo post nati sint hi homines nominaque postquam hominum exstitit ortus: ut etiam hæretici perculsi spectaculo ita demum annitantur per tales sermones confirmare suas ipsorum doctrinas?

51. Sed quoniam pene nulla non hæresis per arithmeticam artem invenit hebdomadum mensuras et æonum quasdam propagines, cum alii aliter artem distraherent et solis nominibus variarent, horum autem magister iis exstitit Pythagoras, qui primus ex Ægypto hujusmodi numeros tradidit: placet

A *Οὐδ' ἄρα Κηφῆος μελεοὶ γένος Ἰασίδαο.*

μθ'. Ὁ Κηφεὺς, φησὶν, αὐτοῦ ἐστι πλησίον, καὶ Κασσιέπεια [9] καὶ Ἀνδρομέδα καὶ ὁ Περσεὺς, μεγάλης | κτίσεως γράμματα τοῖς ἰδεῖν δυναμένοις. Κηφέα γάρ φησιν εἶναι τὸν Ἀδὰμ, τὴν Κασσιέπειαν [10] Εὔαν, τὴν Ἀνδρομέδαν τὴν ἀμφοτέρων [11] τούτων ψυχὴν, Περσέα Λόγον, πτερωτὸν Διὸς ἔκγονον, τὸ Κῆτος τὸ ἐπίβουλον θηρίον. Οὐκ ἐπ' ἄλλον τινὰ τούτων, ἀλλ' ἐπὶ μόνην τὴν Ἀνδρομέδαν ἔρχεται ὁ ἀποκτείνων τὸ θηρίον, οὗ καὶ τὴν Ἀνδρομέδαν πρὸς ἑαυτὸν ἐκδεδομένην ἔκδοτον δεδεμένην τῷ θηρίῳ ὁ Λόγος, φησὶν, ὁ Περσεὺς ῥύεται. Περσεὺς δέ ἐστιν ὁ ὑπόπτερος ἄξων, ὁ περαίνων ἑκατέρους τοὺς πόλους διὰ μέσης τῆς γῆς καὶ στρέφων τὸν κόσμον. Ἔστι δὲ καὶ τὸ πνεῦμα τὸ

B ἐν τῷ κόσμῳ ὁ ὄρνις ὁ Κύκνος [12] παρὰ τὰς Ἄρκτους, [μουσι]κὸν ζῶον, τοῦ θείου σύμβολον Πνεύματος, ὅτι πρὸς αὐτοῖς ἤδη τοῖς τέρμασι [13] γενόμενον τοῦ βίου μόνον ᾄδειν πέφυκε, μετὰ ἀγαθῆς ἐλπίδος τῆς κτίσεως τῆς πονηρᾶς ἀπαλλασσόμενον ὕμνους ἀναπέμπον [14] τῷ Θεῷ. Καρκῖνοι δὲ καὶ ταῦροι καὶ λέοντες καὶ κριοὶ καὶ αἶγες καὶ ἔριφοι, καὶ ὅσα ἄλλα θηρία διὰ τῶν ἄστρων ὀνομάζεται κατὰ τὸν οὐρανὸν, εἰκόνες δὴ [15], φησὶν, εἰσὶ καὶ παραδείγματα, ἀφ' ὧν ἡ μεταβλητὴ κτίσις λαμβάνουσα τὰς ἰδέας τοιούτων ζώων γίνεται πλήρης.

ν'. [p. 87—89] Τούτοις χρώμενοι τοῖς λόγοις ἀπατᾶν νομίζουσι πολλοὺς, ὅσοι περιεργότερον [16] τοῖς ἀστρολόγοις προσέχουσιν, ἐντεῦθεν τὴν θεοσέβειαν συνιστᾶν πειρώμενοι μακρὰν ἀπεμφαίνουσαν τῆς

C τούτων ὑπολήψεως. Διὸ, ἀγαπητοὶ, φύγωμεν τὸ κενὸν χροθαύμαστον τοῦ ὄρνιθος τοῦ ὤτου· ταῦτα γὰρ [17] τὰ τοιάδε ὀρχησίς ἐστι καὶ οὐκ ἀλήθεια. Οὐδὲ [18] γὰρ ἄστρα ταῦτα δηλοῖ, ἀλλὰ ἰδίως οἱ ἄνθρωποι πρὸς ἐπισημείωσιν τινων ἄστρων ὀνόματα οὕτως ἐπεκάλεσαν, ἵνα αὐτοῖς ἐπίσημα [19] ᾖ. Τί γὰρ ἄρκτου, ἢ λέοντος, ἢ ἐρίφων, ἢ ὑδροχόου, ἢ Κηφέως, ἢ Ἀνδρομέδας, ἢ τῶν ἐν Ἅιδου ὀνομαζομένων εἰδώλων ὅμοιον ἔχουσιν ἀστέρες διεσπαρμένοι κατὰ τὸν οὐρανὸν, πολὺ μεταγενεστέρων γεγενημένων [20] τούτων τῶν ἀνθρώπων καὶ τῶν ὀνομάτων ἢ [21] τῶν ἀνθρώπων συνέστηκε γέννησις· ἵνα καὶ οἱ αἱρετικοὶ καταπλαγέντες τὸ θαῦμα οὕτως ἐξεργάσωνται διὰ τοιούτων λόγων τὰ ἴδια δόγματα συνιστᾶν;

D να'. Ἀλλ' ἐπεὶ σχεδὸν πᾶσα αἵρεσις διὰ τῆς ἀριθμητικῆς τέχνης ἐφεῦρεν ἑβδομάδων μέτρα καὶ αἰώνων τινὰς προβολὰς, ἄλλων ἄλλως [22] τὴν τέχνην διασπώντων καὶ τοῖς ὀνόμασι μόνον διαλλασσόντων [23], τούτων δὲ αὐτοῖς διδάσκαλος γίνεται Πυθαγόρας, πρῶτος εἰς Ἕλληνας ἀπ' Αἰγύπτου τοὺς τοιούτους

VARIÆ LECTIONES.

[8] εἰς ἀΐδαο C, cf. Arat. v. 179 [9] Κασιέπεια C. [10] Κασιέπειαν C. [11] τῶν ἀμφ. C, M. [12] τὸ Κῆτος Cf. Arat. v. 353 sq.: Τὴν δὲ καὶ οὐκ ὀλίγον περ ἀπόπροθι πεπτηυῖαν | Ἀνδρομέδην μέγα Κῆτος ἐπερχόμενον κατεπείγει. [13] τούτου C. [14] Cf. Schol. in Arat. v. 275: Τοῦτον τὸν ὄρνιν οἱ μὲν λέγουσιν ὅτι κύκνον καταστερισθῆναι εἰς τιμὴν τοῦ Ἀπόλλωνος ἅτε μουσικὸν ὄντα. [15] τοῖς σπέρμασι C. [16] ἀναπέμπων C. [17] δὴ. δὲ C, M. [18] περιεργότεροι C. [19] Οὐδὲ C, M. [20] ἐπισημαν῀ῇ C. [21] γεγεννημένων C. [22] ἢ C. [23] ἀλληνάλλως C. [24] διαλασσόντων C.

ριθμοὺς παραδούς· δοκεῖ μηδὲ τοῦτο παραλιπεῖν, A ἀλλὰ διὰ συντόμου δείξαντας ἐπὶ τὴν τῶν ζητουμένων ἀπόδειξιν χωρῆσαι. Γεγόνασιν ἀριθμητικοὶ καὶ γεωμέτραι [25], οἷς μάλιστα τὰς ἀρχὰς παρεσχηκέναι δοκεῖ πρῶτος Πυθαγόρας· καὶ οὗτοι [26] τῶν ἀριθμῶν εἰς ἄπειρον ἀεὶ προχωρεῖν δυναμένων τῷ πολυπλασιασμῷ καὶ τοῖς σχήμασι τὰς πρώτας ἔλαβον ἀρχὰς [27] μονεὶ θεωρητὰς μόνῳ τῷ λόγῳ. Γεωμετρίας γὰρ, ὡς ἔστιν ἐνιδεῖν, σημεῖόν ἐστιν ἀρχὴ ἀμερὲς, ἀπ' ἐκείνου δὲ τοῦ σημείου τῇ τέχνῃ ἡ τῶν ἀπείρων σχημάτων ἀπὸ τοῦ σημείου γένεσις εὑρίσκεται. Ῥυὲν γὰρ τὸ σημεῖον | ἐπὶ μῆκος γίνεται γραμμὴ μετὰ τὴν ῥύσιν, πέρας ἔχουσα σημεῖον, γραμμὴ δὲ ἐπὶ πλάτος ῥυεῖσα ἐπίπεδον γεννᾷ, πέρατα δὲ τοῦ ἐπιπέδου γραμμαὶ, ἐπίπεδον δὲ ῥυὲν εἰς βάθος γίνεται σῶμα· στερεοῦ δὲ ὑπάρξαντος, οὕτως ἐξ ἐλαχίστου B σημείου παντελῶς ἡ τοῦ μεγάλου σώματος ὑπέστη φύσις, καὶ τοῦτό ἐστιν ὃ λέγει Σίμων οὕτως [28]· *Τὸ μικρὸν μέγα* [p. 89. 90] *ἔσται οἱονεὶ σημεῖον ὂν, τὸ δὲ μέγα ἀπέραντον*, κατανολουθῶν [28*] τῷ γεωμετρουμένῳ σημείῳ [29]. Τῆς δὲ ἀριθμητικῆς κατὰ σύνθεσιν ἐχούσης τὴν φιλοσοφίαν ἀριθμὸς γέγονεν ἀρχὴ, ὅπερ ἐστὶν ἀόριστον, ἀκατάληπτον, ἔχων ἐν ἑαυτῷ πάντας τοὺς ἐπ' ἄπειρον ἐλθεῖν δυναμένους ἀριθμοὺς κατὰ τὸ πλῆθος. Τῶν δὲ ἀριθμῶν ἀρχὴ γέγονε καθ' ὑπόστασιν ἡ πρώτη μονὰς, ἥτις ἐστὶ μονὰς ἄρσην [29*], γεννῶσα πατρικῶς τοὺς ἄλλους πάντας ἀριθμούς. Δεύτερον ἡ δυὰς [30] θῆλυς ἀριθμὸς, ὁ δὲ αὐτὸς καὶ ἄρτιος ὑπὸ τῶν ἀριθμητικῶν καλεῖται. Τρίτον ἡ τριὰς ἀριθμὸς ἄρσην [31]· οὗτος καὶ περισσὸς ὑπὸ τῶν ἀριθμητικῶν νενομοθέτηται καλεῖσθαι. C Ἐφ' ἅπασι δὲ τούτοις ἡ τετρὰς θῆλυς ἀριθμὸς, ὁ δὲ αὐτὸς οὗτος καὶ ἄρτιος καλεῖται, ὅτι θῆλύς ἐστι. Γεγόνασιν οὖν οἱ πάντες ἀριθμοὶ ληφθέντες ἀπὸ γένους [32] τέσσαρες (ἀριθμὸς δὲ ἦν τὸ γένος ἀόριστος), ἀφ' ὧν ὁ τέλειος αὐτοῖς ἀριθμὸς συνέστηκεν ἡ δεκάς. Τὸ γὰρ ἕν, δύο, τρία, τέσσαρα γίνεται δέκα, ὡς προαποδέδεικται, ἐὰν ἑκάστῳ τῶν | ἀριθμῶν φυλάττηται κατ' οὐσίαν ὄνομα τὸ οἰκεῖον [33]. Αὕτη ἐστὶν ἡ κατὰ Πυθαγόραν ἱερὰ τετρακτὺς ἀεννάου φύσεως ῥιζώματ' ἔχουσα ἐν ἑαυτῇ, τουτέστι τοὺς ἄλλους πάντας ἀριθμούς· ὁ γὰρ [34] ἕνδεκα καὶ δώδεκα καὶ οἱ λοιποὶ τὴν ἀρχὴν τῆς γενέσεως ἀπὸ τῶν δέκα λαμβάνουσι. Ταύτης τῆς δεκάδος, τοῦ τελείου ἀριθμοῦ, τὰ τέσσαρα καλεῖται μέρη· ἀριθμὸς, μονὰς, δύναμις, κύβος, οἷς ἐπιπλοκαὶ D καὶ μίξεις πρὸς γένεσιν αὐξήσεως [35] γίνονται, κατὰ φύσιν τὸν γόνιμον ἀριθμὸν ἐπιτελοῦσαι· ὅταν γὰρ δύναμις αὐτὴ [36] ἐφ' ἑαυτὴν κυβισθήσεται, γέγονε δυναμοδύναμις, ὅταν δὲ δύναμις ἐπὶ κύβον, γέγονε δυναμόκυβος, ὅταν δὲ κύβος ἐπὶ κύβον, γέγονε κυβόκυβος [37]· ὡς γίνεσθαι τοὺς πάντας ἀριθμοὺς ἑπτὰ, ἵνα ἡ τῶν γενομένων γένεσις γένηται ἐξ ἑβδομάδος,

ne hoc quidem prætermittere, sed, ubi paucis ostenderimus, ad ea quæ consilium est demonstranda progredi. Exstiterunt arithmetici et geometræ, quibus præter cæteros fomenta præbuisse videtur primus Pythagoras, iique a numeris, qui in infinitum multiplicando progredi possunt, etiam figuris prima principia sumpserunt tanquam sola mente percipienda. Geometriæ enim, ut licet videre, punctum indivisum est principium; ab illo autem puncto per artem infinitarum figurarum a puncto genitura repetitur. Ubi enim processit punctum in longitudinem, exsistit linea post processum, quæ terminum habet punctum; linea autem cum in latitudinem processit, planitiem gignit, termini autem planitiei sunt lineæ; planities autem cum processit in altitudinem, exsistit corpus. Ubi autem firmum corpus exstitit, in hunc modum ex minimo puncto prorsus magni corporis fundata est natura, idque est quod Simon in hunc modum **126-127** effatur: *Exiguum magnum erit, tanquam punctum quod est, magnum autem infinitum*, quippe secutus punctum geometrarum. Arithmeticæ autem continentis per compositionem philosophiam numerus exstitit principium, id quod est infinitum, incomprehensum, habens in se omnes qui possunt in infinitum per multitudinem progredi numeros. Numerorum autem principium exstitit per substantiam prima monas, quæ quidem est monas virilis, procreans paterne reliquos omnes numeros. Altero loco dyas, femineus numerus, idem autem et par ab arithmeticis appellatur. Tertium trias, numerus virilis; hic et impar ab arithmeticis vocari solet. Præter hos omnes autem tetras, femineus numerus, idem autem hic et par vocatur, qui femineus est. Sunt igitur universi numeri sumpti generatim quatuor (numerus autem erat ad sexum indefinitus), unde perfectus illis numerus exstitit decas. Unum enim, duo, tria, quatuor efficiunt decem, ut supra demonstratum est, cum singulis numeris conservabitur ex re domesticum nomen. Hæc est illa Pythagoræ sacra tetractys perpetuæ naturæ continens in se radices, hoc est reliquos omnes numeros; undecimus enim numerus et duodecimus et reliqui principium generationis a numero qui est decem sumunt. Hujus decadis, perfecti numeri, quatuor vocantur partes: numerus, monas, potestas, cubus, quibus implexiones et mistiones ad generationem augmenti fiunt, ex natura generatorem numerum efficientes. Ubi enim potestas ipsa multiplicabitur secum ipsa, exsistit dynamodynamis, ubi autem potestas cum cubo, exstitit dynamocubus, ubi autem cubus cum cubo, exsistit cubocubus, ut omnes numeri fiant septem, quo eorum, quæ generata sunt,

VARIÆ LECTIONES.

[25] ἀριθμητικαὶ γεωμετρία C [26] οὗτοι. τούτων C, cf. Sext. Emp. p. 314 M. [27] sqq. Cf. infra l. VI, c. 23, p. 178, 179 ed. Oxon. [28] Cf. infra l. VI, c. 14, p. 167, 41 — 168, 14 et c. 17, p. 172, 50. [28*] καταχολουθοῦν C, M. [29] sqq. Prorsus similia leguntur supra l. I, c. 2, p. 10, 24—12, 52. [29*] ἄρσις C. [30] ἡ δυὰς bis C. [31] ἄρσις C. [32] ἀπὸ γένους. ἀπὸ τοῦ γένους C, M. [33] ὀνόματος οἰκεῖον C. [34] ὁ γάρ. τὸ γὰρ C, M. [35] γένεσιν αὐξήσεως. ἕνωσιν . . . ήσεως C, M; cf. supra p. 10, 46. [36] αὕτη C. [37] κυβόκυβος. δυναμόκυβος C.

generatio fiat ex hebdomade, quæ est numerus, monas, potestas, cubus, dynamodynamis, dynamocubus, cubocubus. Hanc hebdomadem Simon et Valentinus, nominibus commutatis, in miraculum exornaverunt, unde argumentum sibi arripuerunt. Simon enim ita appellat: *mens, intelligentia, nomen, vox, ratiocinatio, cogitatio, qui stat, stetit, stabit*. Et Valentinus: *mens, veritas, logus, vita, homo, ecclesia* et *pater* una numeratus, pariter **128-129** atque illi, qui arithmeticam philosophiam excoluerunt, quam tanquam incognitam multitudini admirati et imitati, hæreses a se excogitatas constituerunt. Quidam autem et ab arte medica conficere hebdomades periclitantur, stupefacti cerebri dissectione, cum dicunt universi substantiam et potestatem paternam et divinitatem a cerebri dispositione doceri. Cerebrum enim cum sit principalis pars universi corporis, superjacet fixum et immotum in se intus habens spiritum. Jam talis narratio non est incredibilis, sed ut longe dissideat ab horum conatu. Cerebrum enim resectum intus habet quod vocatur camarium, cujus ab utraque parte tenues sunt membranulæ, quas illi pterygia appellant, leniter a spiritu motæ et rursus depellentes spiritum versus cerebellum, qui percurrens per vasculum quoddam calami simile ad conarium meat, cui adjacet os cerebelli, excipiens permeantem spiritum et transfundens ad dorsalem quæ dicitur medullam, unde universum corpus accipit spirituale, cum omnes arteriæ instar rami ex hoc vasculo aptæ sint, cujus finis in genitalia vascula terminatur, unde et semina ex cerebro per femur meantia secernuntur. Est autem habitus cerebelli similis capiti serpentis, de quo multus sermo instituitur a magistris prave cognominatæ cognitionis, sicut demonstrabimus. Alteræ autem ex cerebro nascuntur sex conjunctiones, quæ circa caput porrectæ continent corpora, in ipso capite finitæ; septima autem ex cerebello permeat ad inferiores partes reliqui corporis, sicuti diximus. Et de hoc quoque multus fit sermo, unde et Simon et Valentinus reperientur et hinc doctrinæ suæ ansas sumpsisse et, etiamsi non confiteantur, esse primum mendaces, deinde hæretici. Cum autem hæc quoque satis a nobis videantur explicata, omnia autem, quæ videntur terrenæ philosophiæ placita, comprehensa sint in quatuor libris, placet proficisci ad horum discipulos, vel dicam expilatores.

A ἥτις ἐστίν· ἀριθμός, μονάς, δύναμις, κύβος, δυναμοδύναμις, δυναμόκυβος, κυβόκυβος. Ταύτην τὴν ἑβδομάδα Σίμων καὶ Οὐαλεντῖνος ὀνόμασιν ἐναλλάξαντες ἐτερατολόγησαν, ὑπόθεσιν ἑαυτοῖς ἐντεῦθεν σχεδιάσαντες. Ὁ μὲν γὰρ Σίμων οὕτως καλεῖ· νοῦς, ἐπίνοια, ὄνομα, φωνή, λογισμός, ἐνθύμησις, ὁ ἑστώς, στάς, στησόμενος· καὶ Οὐαλεντῖνος· νοῦς, ἀλήθεια, λόγος, ζωή, ἄνθρωπος, Ἐκκλησία καὶ ὁ πατὴρ συναριθμούμενος, κατὰ ταὐτὰ [38] [p. 91—92] τοῖς τὴν ἀριθμητικὴν ἠσκηκόσι φιλοσοφίαν, [ἣν] ὡς ἄγνωστον [τοῖς] [39] πολλοῖς θαυμάσαντες καὶ [40] κατακολουθήσαντες τὰς ὑπ' αὐτῶν ἐκτεθείσας αἱρέσεις συνεστήσαντο. Τινὲς μὲν οὖν καὶ ἀπὸ ἰατρικῆς συνιστᾶν τὰς ἑβδομάδας πειρῶνται ἐκπλαγέντες ἐπὶ τῇ τοῦ ἐγκεφάλου ἀνατομῇ, λέγοντες B τὴν τοῦ παντὸς οὐσίαν καὶ δύναμιν | πατρικὴν καὶ [41] θειότητα ἀπὸ τῆς τοῦ ἐγκεφάλου διαθέσεως διδάσκεσθαι. Ὁ γὰρ ἐγκέφαλος κύριον μέρος ὢν τοῦ παντὸς σώματος ἐπίκειται ἀτρεμὴς καὶ ἀκίνητος, ἐφ' ἑαυτοῦ ἔχων τὸ πνεῦμα. Ἔστι μὲν οὖν ἡ τοιαύτη ἱστορία οὐκ ἀπίθανος, μακρὰν δὲ τῆς τούτων ἐπιχειρήσεως. Ὁ μὲν γὰρ ἐγκέφαλος ἀνατμηθεὶς ἐντὸς ἔχει τὸ [42] καλούμενον καμάριον, οὗ ἑκατέρωθεν ὑμένες εἰσὶ λεπτοί, οὓς πτερύγια προσαγορεύουσιν, ἠρέμα ὑπὸ τοῦ πνεύματος κινούμενα καὶ πάλιν ἀπελαύνοντα τὸ πνεῦμα ἐπὶ τὴν παρεγκεφαλίδα [43]· ὃ διατρέχον [44] διά τινος ἀγγείου καλάμῳ ἐοικότος [45] ἐπὶ κωνάριον χωρεῖ, ᾧ πρόσκειται τὸ στόμιον τῆς παρεγκεφαλίδος ἐκδεχόμενον τὸ διατρέχον πνεῦμα καὶ ἀναδιδὸν ἐπὶ τὸν νωτιαῖον λεγόμενον μυελόν, ὅθεν ὅλον C τὸ σῶμα μεταλαμβάνει τὸ πνευματικὸν πασῶν τῶν ἀρτηριῶν δίκην κλάδου ἐκ τούτου τοῦ ἀγγείου ἐξηρτημένων, οὗ τὸ πέρας ἐπὶ τὰ γεννητικὰ ἀγγεῖα περατίζεται· ὅθεν καὶ τὰ σπέρματα ἐξ ἐγκεφάλου διὰ τῆς ὀσφύος χωροῦντα ἐκκρίνεται. Ἔστι δὲ τὸ σχῆμα τῆς παρεγκεφαλίδος ἐοικὸς κεφαλῇ δράκοντος, περὶ οὗ πολὺς ὁ λόγος τοῖς τῆς ψευδωνύμου γνώσεως γίνεται, καθὼς ἐπιδείξομεν [46]. Ἕτεραι δὲ ἐκ τοῦ ἐγκεφάλου φύονται ἓξ συζυγίαι, αἱ περὶ [47] τὴν κεφαλὴν διικνούμεναι συνέχουσι τὰ σώματα ἐν αὐτῇ περατούμεναι· ἡ δὲ ἑβδόμη ἐκ τῆς παρεγκεφαλίδος εἰς [48] τὰ κάτω τοῦ λοιποῦ σώματος, καθὼς εἴπομεν. Καὶ περὶ τούτου δὲ πολὺς ὁ λόγος, ὅθεν καὶ Σίμων καὶ Οὐαλεντῖνος εὑρεθήσονται καὶ ἐντεῦθεν ἀφορμὰς εἰληφότες, καὶ | εἰ μὴ ὁμολογοῖεν, ὄντες πρῶτον D ψεῦσται, εἶτα αἱρετικοί. Ἐπεὶ οὖν καὶ ταῦτα δοκεῖ ἱκανῶς ἡμᾶς ἐκτεθεῖσθαι, πάντα δὲ τὰ δοκοῦντα εἶναι τῆς ἐπιγείου φιλοσοφίας δόγματα περιείληπται ἐν τέσσαρσι βιβλίοις, δοκεῖ ἐπὶ τοὺς τούτων χωρεῖν μαθητάς, μᾶλλον δὲ κλεψιλόγους [49].

VARIÆ LECTIONES.

[38] κατὰ ταὐτὰ Roeperus : κατ' αὐτὰ C, M. [39] ἣν et τοῖς add. M. [40] καὶ om. C, M. [41] πατρικὴν καὶ] καὶ πατρικὴν C, M. [42] τό. τὸν C. [43] καρακεφαλίδα C. [44] ὁ διατρέχων C. [45] ἐοικότι C. [46] ἐπιδείξωμεν C. [47] αἱ περὶ C. [48] Ante εἰς voc. εἰσιν inserendum esse censet M. [49] Ad calcem hujus libri: φιλοσοφουμένων δ' βιβλίον M.

ΤΟΥ ΚΑΤΑ ΠΑΣΩΝ ΑΙΡΕΣΕΩΝ ΕΛΕΓΧΟΥ

ΒΙΒΛΙΟΝ Ε'.

REFUTATIONIS OMNIUM HÆRESIUM

LIBER QUINTUS.

α'. [p. 93. 94] Τάδε ἔνεστιν ἐν τῇ πέμπτῃ τοῦ A κατὰ πασῶν αἱρέσεων ἐλέγχου·

β'. Τίνα οἱ Ναασσηνοὶ [80] λέγουσιν οἱ ἑαυτοὺς γνωστικοὺς ἀποκαλοῦντες, καὶ ὅτι ἐκεῖνα δογματίζουσιν ἃ πρότερον οἱ Ἑλλήνων φιλόσοφοι ἐδογμάτισαν καὶ οἱ [81] τὰ μυστικὰ παραδόντες, ἀφ' ὧν τὰς ἀφορμὰς λαβόντες αἱρέσεις συνεστήσαντο.

γ'. Καὶ τίνα τὰ τοῖς Περάταις δοκοῦντα, καὶ ὅτι μὴ ἀπὸ τῶν ἁγίων Γραφῶν τὸ δόγμα αὐτοῖς συνίσταται, ἀλλὰ ἀπὸ ἀστρολογικῆς.

δ'. Τίς ὁ κατὰ τοὺς Σηθιανοὺς [82] λόγος, καὶ ὅτι ἀπὸ τῶν καθ' [83] Ἕλληνας σοφῶν κλεψιλογήσαντες [84] Μουσαίου [85] καὶ Λίνου καὶ Ὀρφέως τὸ δόγμα ἑαυτῶν συνεκάττυσαν.

ε'. Τίνα τὰ Ἰουστίνῳ δοκοῦντα, καὶ ὅτι μὴ ἀπὸ τῶν ἁγίων Γραφῶν τὸ δόγμα αὐτῷ [86] συνίσταται, B ἀλλ' ἐκ τῶν Ἡροδότου [87] τοῦ ἱστοριογράφου τερατολογιῶν. |

ς'. Πάνυ νομίζω πεπονημένως τὰ δόξαντα πᾶσι τοῖς καθ' [88] Ἕλληνάς τε καὶ βαρβάρους [φιλοσόφοις] [89] περί τε τοῦ Θείου καὶ τῆς τοῦ κόσμου δημιουργίας ἐκτεθεῖσθαι ἐν ταῖς [90] πρὸ ταύτης τέσσαρσι βίβλοις, ὧν οὐδὲ τὰ περίεργα παραλείψας [91] οὐ τὸν τυχόντα πόνον ἀναδέδειγμαι [92] τοῖς ἐντυγχάνουσι, προτρεπόμενος πολλοὺς πρὸς φιλομάθειαν καὶ ἀσφάλειαν τῆς περὶ τὴν ἀλήθειαν γνώσεως. Περιλείπεται τοίνυν ἐπὶ τὸν τῶν αἱρέσεων ἔλεγχον ὁρμᾶν, οὗ χάριν [93] καὶ τὰ προειρημένα ἡμῖν ἐκτεθείμεθα, ἀφ' ὧν τὰς ἀφορμὰς μετασχόντες [94] οἱ αἱρεσιάρχαι δίκην παλαιοῤῥάφων [συγκ]αττύσαντες [95] πρὸς τὸν ἴδιον C νοῦν τὰ τῶν παλαιῶν σφάλματα ὡς καινὰ [96] παρέθεσαν τοῖς πλανᾶσθαι δυναμένοις, ὡς ἐν τοῖς ἀκολούθοις δείξομεν. Τὸ λοιπὸν προκαλεῖται ἡμᾶς ὁ χρόνος ἐπὶ τὴν τῶν προκειμένων πραγματείαν χωρεῖν, ἄρξασθαι δὲ ἀπὸ τῶν τετολμηκότων τὸν αἴτιον τῆς πλάνης [p. 94. 95] γενόμενον ὄφιν ὑμνεῖν διά τινων

1. **130-131** Hæc insunt in quinto libro refutationis omnium hæresium :

2. Quæ Naasseni dicant, qui se gnosticos appellant : quos illa profiteri, quæ prius Græcorum philosophi et ii qui mystica tradiderunt professi sint, a quibus profecti hæreses condiderint.

3. Et quænam placita sint Peratarum, quorum dogma non manaverit a sacris Scripturis, sed ab astrologica.

4. Quæ doctrina sit Sethianorum, qui, surrepta Græcorum sapientum doctrina, Musæi, Lini, Orphei, suum dogma consarcinaverint.

5. Quæ sint placita Justini, cujus dogma non profectum sit a sacris Scripturis, sed ex Herodoti miraculosis narrationibus.

6. Satis opinor accurate quæ placuerint omnibus et inter Græcos et inter barbaros philosophis et de divino numine et de fabrica mundi exposita esse in quatuor libris proximis superioribus, quorum ne præstigiis quidem prætermissis non inanem laborem suscepi lecturis, incitans multos ad discendi cupiditatem et ad certam cognitionem veritatis. Relinquitur ergo refutationem hæresium aggredi, propter quam etiam supra a nobis dicta exposuimus, a quibus profecti hæresiarchæ instar veteramentariorum consarcinata ad ipsorum opinionem veterum errata tanquam nova proposuerunt iis qui in errorem induci possunt, ut in iis quæ sequuntur demonstrabimus. Jam provocat nos tempus ad eorum, quæ sunt nostri operis, tractationem accedere, initio ab eis ducto, qui ausi sunt erroris **132-133** auctorem serpentem celebrare per quasdam ipsius instinctu inventas dictiones. Igitur sacerdotes et antistites

VARIÆ LECTIONES.

[80] Νασσηνοὶ C, M. [81] καὶ οἱ καὶ ὅτι C, M. [82] Σηθειανοὺς C, M, quod ubique correximus. [83] κατ' C. [84] κλεψολογήσαντες C, supra p. 128, 20 dixit auctor κλεψιλόγους. Idem in libro primo p. 6, 86 τούτων γὰρ μάλιστα γεγένηνται κλεψίλογοι οἱ τῶν αἱρέσεων πρωτοστατήσαντες; quæ voces addendæ lexicis, M. [85] Μουσέου C. [86] αὐτῶν C. [87] Ἡρωδότου C. [88] κατ' C. [89] φιλοσόφοις om. C, M. [90] ταῖς. τοῖς C, M. [91] παραλείψας. ἀποκαλύψας C, M. [92] ἀναδέδειγμαι pr. C. [93] οὗ χάριν. τούτου χάριν M, qui in Add. voc. τούτου litteras in C prorsus ablatas dicit. [94] μετασχόντες. μεταλαβόντες susp. M. [95] [συγκ]αττύσαντες M in Add. : . . . . . αταττύσαντες C. [96] κενὰ L.

dogmatis exstiterunt primi qui Naasseni vocantur, lingua Hebraica ita appellati — naas autem *serpens* vocatur —; posthac autem cognominaverunt sese gnosticos, dicentes se solos profunda cognita habere. A quibus digressi multi multifariam fecerunt hæresin, quæ est una, diversis dogmatis eadem tradentes, ut arguet progrediens sermo. Hi universarum rerum principium celebrant hominem et eumdem filium hominis. Est autem hic homo mas idem et femina, vocatur autem Adamas apud eos; hymni autem facti sunt in eum multi et varii. Hymni autem, ut paucis defungamur, dicuntur apud eos in hunc ferme modum: *A te pater et per te mater, duo immortalia nomina, ævorum sator, civis cœli, inclyte homo.* Dividunt autem eum ut Geryonem trifariam. Est enim hujus, ut aiunt, partim rationale, partim animale, partim choicum, et censent cognitionem ejus esse initium cognitionis Dei, cum dicunt sic: *Initium perfectionis est cognitio hominis, Dei autem cognitio est absoluta perfectio.* Hæc autem omnia, inquit, rationalia et animalia et choica cesserunt et devenerunt in unum hominem simul, **134-135** Jesum ex Maria natum. Et loquebantur, inquit, simul una hi tres homines ex sua quisque specie ad suos. Sunt enim secundum eos tria genera universorum, angelicum, animale, choicum, et tres Ecclesiæ, angelica, animalis, choica, nomina autem earum: electa, vocata, captiva.

ἐφηυρημένων κατ' αὐτοῦ ἐνέργειαν λόγων. Οἱ δὲ ἱερεῖς καὶ προστάται τοῦ δόγματος γεγένηνται πρῶτοι οἱ[67] ἐπικληθέντες Ναασσηνοί, τῇ Ἑβραΐδι φωνῇ οὕτως ὠνομασμένοι· — ναὰς δὲ[68] ὁ ὄφις καλεῖται. — Μετὰ δὲ ταῦτα ἐπεκάλεσαν ἑαυτοὺς Γνωστικούς[70], φάσκοντες μόνοι τὰ βάθη γινώσκειν. Ἐξ ὧν ἀπομερισθέντες πολλοὶ πολυσχιδῆ τὴν αἵρεσιν ἐποίησαν οὖσαν[71] μίαν, διαφόροις δόγμασι τὰ αὐτὰ διηγούμενοι, ὡς διελέγξει προβαίνων ὁ λόγος. Οὗτοι τῶν ἄλλων ἁπάντων[72] παρὰ τὸν αὐτῶν λόγον τιμῶσιν ἄνθρωπον καὶ υἱὸν ἀνθρώπου. Ἔστι δὲ ἄνθρωπος οὗτος ἀρσενόθηλυς, καλεῖται δὲ Ἀδάμας[73] παρ' αὐτοῖς· ὕμνοι δὲ εἰς αὐτὸν γεγόνασι πολλοὶ καὶ ποικίλοι· οἱ δὲ ὕμνοι, ὡς δι' ὀλίγων[74] εἰπεῖν, λέγονται παρ' αὐτοῖς τοιοῦτόν τινα τρόπον[75]· *Ἀπὸ σοῦ πατὴρ*[76] *καὶ διὰ σὲ μήτηρ, τὰ δύο ἀθάνατα ὀνόματα, αἰώνων γονεῖς*[77], *πολῖτα οὐρανοῦ, μεγαλώνυμε ἄνθρωπε.* Διαιροῦσι δὲ αὐτόν, ὡς Γηρυόνην[78], τριχῆ. Ἔστι γὰρ τούτου, φασί, τὸ μὲν νοερόν, τὸ δὲ ψυχικόν, τὸ δὲ χοϊκόν· καὶ νομίζουσιν εἶναι τὴν γνῶσιν αὐτοῦ ἀρχὴν τοῦ δύνασθαι γνῶναι τὸν Θεόν, λέγοντες οὕτως· *Ἀρχὴ*[79] *τελειώσεως γνῶσις [ἀνθρώπου, Θεοῦ δὲ] γνῶσις ἀπηρτισμένη τελείωσις.* Ταῦτα δὲ πάντα, φησί, τὰ νοερὰ καὶ ψυχικὰ καὶ χοϊκὰ κεχώρηκε[80] καὶ κατ[ελήλυθεν εἰς][81] ἕνα ἄνθρωπον ὁμοῦ, Ἰησοῦν τὸν ἐκ [p. 95—97] τῆς Μαρίας γεγεννημένον· καὶ ἐλάλουν, φησίν, ὁμοῦ κατὰ τὸ αὐτὸ οἱ τρεῖς οὗτοι ἄνθρωποι ἀπὸ τῶν ἰδίων οὐσιῶν τοῖς ἰδίοις ἕκαστος. Ἔστι γὰρ τῶν ὅλων τρία γένη κατ' αὐτούς, ἀγγελικόν, ψυχικόν, χοϊκόν· καὶ τρεῖς ἐκκλησίαι, ἀγγελική, ψυχική, χοϊκή· ὀνόματα δὲ αὐταῖς ἐκλεκτή, κλητή[82], αἰχμάλωτος.

7. Hæc sunt multorum admodum commentorum capita, quæ dicit tradidisse Mariamnæ Jacobum Domini fratrem. Ne igitur diffament neque Mariamnam posthac impii illi, neque Jacobum, neque Salvatorem ipsum, veniamus ad mysteria (unde illis

Ϛ'. Ταῦτά ἐστιν ἀπὸ πολλῶν πάνυ λόγων τὰ κεφάλαια, ἅ φησι παραδεδωκέναι Μαριάμνῃ[83] τὸν Ἰάκωβον τοῦ Κυρίου τὸν ἀδελφόν. Ἵν' οὖν μήτε Μαριάμνης[84] ἔτι καταψεύδωνται οἱ ἀσεβεῖς, μήτε Ἰακώβου, μήτε τοῦ | Σωτῆρος αὐτοῦ, ἔλθωμεν ἐπὶ τὰς

VARIÆ LECTIONES.

[67] πρῶτοι οἱ. πρῶτοι C. [68] Cf. Theodoret. Quæst 49 in II, IV Regg. . . . οἱ δὲ λοιποὶ (sc. interpretantur) τὸν Νεεσθὰν νάας. Ἐντεῦθεν οἶμαι καὶ τοὺς Ὀφίτας, αἵρεσις δὲ αὕτη δυσσεβεστάτη, Ναασσηνοὺς ὀνομάζεσθαι. Ejusd. *Hær. fab.* 1. 13: Ἐκ τῶν Βαλεντίνου σπερμάτων τὸ τῶν Βαρβηλιωτῶν ἤγουν Βορβοριανῶν ἢ Ναασσινῶν (l. Ναασσηνῶν) ἢ Στρατιωτικῶν ἢ Φημιονιτῶν (Φιβιωνιτῶν?) καλουμένων ἐβλάστησε μύσος. [69] δέ. γὰρ Roeperus. [70] Γνωστικούς. Cf. Iren. *Cont. hær.* 1, 29, 1, p. 107, ed. Mass.: *Super hos autem ex his, qui prædicti sunt Simoniani, multitudo gnosticorum Barbelo exsurrexit et velut a terra fungi manifestati sunt* . . . Epiphan. hær. 25, 2: Καὶ ἐντεῦθεν ἄρχονται οἱ τῆς ψευδωνύμου γνώσεως κακῶς τῷ κόσμῳ ἐπιφύεσθαι· φημὶ δὲ Γνωστικοὶ καὶ Φιβιωνῖται καὶ οἱ τοῦ Ἐπιφάνους καλούμενοι Στρατιωτικοί τε καὶ Λευϊτικοὶ καὶ ἄλλοι πλείους· ἕκαστος γὰρ τούτων τὴν ἑαυτοῦ αἵρεσιν τοῖς πάθεσιν αὐτοῦ ἐπισπώμενος μυρίας ὁδοὺς ἐπενόησε κακίας. Ejusd. hær. 27, 1: Οἱ Ὀφῖται μὲν γάρ, ὡς προεῖπον, τὰς προφάσεις εἰλήφασιν ἀπὸ τῆς τοῦ Νικολάου καὶ γνωστικῶν καὶ τῶν πρὸ τούτων αἱρέσεων. [71] οὖσαν add. M. [72] Infra l. x, c. 9, p. 314, 99—2 ed. Oxon. sententia verbis: Ναασσηνοὶ ἄνθρωπον καλοῦσι τὴν πρώτην τῶν ὅλων ἀρχήν, τὸν αὐτὸν καὶ υἱὸν ἀνθρώπου aperte perscripta est, hunc autem locum manus male sedula glossematis inquinavit, veluti τῶν ἄλλων ἁπάντων videtur ortum esse, postquam τῶν ὅλων in τῶν ἄλλων abiit. Aberravit Bernaysius (ep. crit. ad Bunsenium), cum conjecit Οὗτοι τῶν ἄλλων ἁπάντων Πατέρα τῷ αὐτῷ λόγῳ τιμῶσι, κ. τ. λ. [73] Ἀδάμας. Cf. Iren. *Cont. hær.* 1, 29, 3, p. 108. *Confirmatis igitur sic omnibus, super hæc emittit Autogenes hominem perfectum et verum, quem et Adamantem vocant, quoniam neque ipse domatus est, neque ii ex quibus erat.* Theodoret. *Hær. fab.* 1, 13. Pistis Sophia, Latine ed. Berol. 1851, p. 27: *Magnus Adamus* (l. Adamas). τύραννος p. 88, 89 et passim. [74] ὀλίγον C. [75] Cfr Iren. *Cont. hær.* l. l.. *et refrigerant in hoc omnia hymnizare magnum Æona. Hinc autem dicunt manifestatam Matrem, Patrem, Filium*... [76] πατήρ. πάτερ C: cf. infra l. viii, c. 12, p. 269, 40, ed. Oxon. Αὕτη μήτηρ, αὕτη πατήρ, τὰ δύο ἀθάνατα ὀνόματα. [77] γενεῦ? [78] Γηρυόνην. Cf. infra c. 8, p. 107, 63, 64. ed. Oxon. [79] Lacunam explevit M ex c. 8, p. 115, 83—85. ed. Oxon. Ἀρχὴ γάρ, φησίν, τελειώσεως γνῶσις ἀνθρώπου· Θεοῦ δὲ γνῶσις ἀπηρτισμένη τελείωσις. [80] κεχώρηκε Bernaysius e l. x, c. 9, p. 314, 7 ed. Oxon.: καὶ ἐχώρησε C, κατεχώρησε M. [81] κατελήλυθεν εἰς. κατ. . . . . C, κατῆλθεν εἰς M. [82] κλητή Bernaysius e l. x, c. 9. l. l.: κλητική C, M. [83] Μαριάμμη C, Μαριάμμῃ M; cf. infra l. x, c. 9, ubi τῇ Μαριάμνῃ legitur, et Orig. c. Cels. 5, 62, p. 636 ed. Delarue. [84] Μαριάμμης C, M.

τελετὰς (ὅθεν αὐτοῖς οὗτος ὁ μῦθος), εἰ δοκεῖ, ἐπὶ A τὰς βαρβαρικάς τε καὶ Ἑλληνικὰς, καὶ ἴδωμεν ὡς τὰ κρυπτὰ καὶ ἀπόῤῥητα πάντων ὁμοῦ συνάγοντες οὗτοι μυστήρια τῶν ἐθνῶν καταψευδόμενοι τοῦ Χριστοῦ ἐξαπατῶσι τοὺς ταῦτα οὐκ εἰδότας τὰ τῶν ἐθνῶν ὄργια. Ἐπεὶ γὰρ ὑπόθεσις αὐτοῖς ὁ ἄνθρωπός ἐστιν Ἀδάμας, καὶ λέγουσι γεγράφθαι περὶ αὐτοῦ [85], *Τὴν γενεὰν αὐτοῦ τίς διηγήσεται;* μάθετε πῶς κατὰ μέρος παρὰ τῶν ἐθνῶν τὴν ἀνεξεύρητον [86] καὶ ἀδιάφορον τοῦ ἀνθρώπου γενεὰν λαβόντες ἐπιπλάσσουσι τῷ Χριστῷ. *Γῆ δὲ* [87], φασὶν οἱ Ἕλληνες, *ἄνθρωπον ἀνέδωκε πρώτη καλὸν ἐνεγκαμένη γέρας*, μὴ φυτῶν ἀναισθήτων μηδὲ θηρίων ἀλόγων, ἀλλὰ ἡμέρου | ζώου καὶ θεοφιλοῦς ἐθέλουσα μήτηρ γενέσθαι. *Χαλεπὸν δὲ*, φησὶν, *ἐξευρεῖν, εἴτε Βοιωτοῖς Ἀλαλκομενεὺς* [88] *ὑπὲρ λίμνης Κηφισίδος ἀνέσχε* B *πρῶτος ἀνθρώπων, εἴτε Κουρῆτες ἦσαν Ἰδαῖοι* [89], *θεῖον γένος*, [p. 97. 98] *ἢ Φρύγιοι Κορύβαντες, οὓς πρώτους* [90] *ἥλιος ἐπίδε* [91] *δενδροφυεῖς ἀναβλαστάνοντας, εἴτε προσεληναῖον* [92] *Ἀρκαδία Πελασγὸν, ἢ Ῥαρίας* [93] *οἰκήτορα Δίαυλον Ἐλευσὶν, ἢ Λῆμνος* [94] *καλλίπαιδα Κάβιρον ἀῤῥήτων ἐτέκνωσεν ὀργιασμῶν* [95], *εἴτε Πελλήνη Φλεγραῖον Ἀλκυονέα, πρεσβύτατον Γιγάντων. Λίβυες* [96] *δὲ Ἰάρβαντά φασι, πρωτόγονον αὐχμηρῶν ἀναδύντα πεδίων* [97] *γλυκείας ἀπάρξασθαι Διὸς βαλάνου. Αἰγυπτίων δὲ Νεῖλος ἰλὺν* [98] *ἐπιλιπαίνων μέχρι σήμερον ζωογονῶν*, φησὶν, *ὑγρᾷ σαρκούμενα* [99] *θερμότητι ζῶα σώματα* [1] *ἀναδίδωσιν.* Ἀσσύριοι δὲ Ὠαννὴν [2] ἰχθυοφάγον γενέσθαι παρ' αὐτοῖς, Χαλδαῖοι δὲ τὸν Ἀδάμ. Καὶ τοῦτον εἶναι C φάσκουσι τὸν ἄνθρωπον, ὃν ἀνέδωκεν ἡ γῆ μόνον,

A hic mythus), si placet, et barbarica et Græca, et videamus, ut abscondita et arcana omnium simul congerentes mysteria ethnicorum, diffamantes Christum, decipiant illos, qui hæc ignorant orgia ethnicorum. Cum enim argumentum illis sit homo Adamas et dicant scriptum esse de eo : *Generationem illius quis enarrabit?* discite, quomodo singulatim ab ethnicis inexploratam et æquivocam hominis generationem mutuati affingant Christo. *Terra autem*, aiunt Græci, *hominem edidit prima pulchrum ferens decus*, non stirpium sensu carentium, neque animalium ratione vacuorum, sed cicuris animantis et Dei amantis volens mater fieri. *Arduum autem*, ait, *reperire, utrum Bœotis Alalcomeneus super lacum Cephisidem surrexerit primus hominum, an Curetes* B *fuerint Idæi, divinum genus,* **136-137** *Phrygiive Corybantes, quos primos sol aspexerit arborum instar succrescentes, an proselenæum Arcadia Pelasgum, an Rariæ incolam Diaulum Eleusin, an Lemnus Cabirum procreaverit parentem pulchrorum arcanorum orgiorum, an Pallene Phlegræum Alcyoneum, antiquissimum gigantum. Libyes autem Jarbantem ferunt primigenium ex limosis exsurgentem campis vesci cœpisse a dulci Jovis quercu. Ægyptiorum autem Nilus limum infetans ad hunc diem*, inquit, *animantes gignens, humido carnata vapore viva corpora edit.* Assyrii autem Oannen piscivorum ortum esse apud se, Chaldæi autem Adamum. Et hunc dicunt fuisse hominem, quem terra ediderit solum; jacere autem eum inanimum, immotum, inconcus- C sum ut statuam, imaginem illius, qui supra est, celebrati Adamantis hominis factum a potestatibus

VARIÆ LECTIONES.

[85] Isa. LIII, 8. [86] ἀνεξεύρετον susp. M; ἀνεξερεύνητον? [87] Hoc carmen, quod Pindari esse suspicantur hymni in Jovem Ammonem, primus vulgavit Schneidewinus Philol. I, 421 sqq., post quem G. Hermannus et scripturam emendare et numeros restituere conatus est ibid. p. 584. Deinde Th. Bergkius hoc carmen, quod in Teubnerianam editionem Pindari p. 240 recepit Schneidewinus, tractavit in Annal. Antiq. Marburgenss. a. 1847, 1 sqq., iterum in Annal. Lyric. part. II, p. 14, postremo in altera editione Poett. Lyric. p. 1058 sq. Qui cum Schneidewini Hermannique conamina attulerit, nos Bergkii ipsius apposuimus redintegrationem, quæ hæc est :

Στρ. *Ἄνθρωπον* (ὡς) *ἀνέδωκε γαῖα πρῶτα ἐνεγκαμένα καλὸν γέρας,*
. . . . *τὸ δ' ἐξευρεῖν χαλεπὸν,*
Εἴτε Βοιωτοῖσιν Ἀλαλκομενεὺς λίμνας ὑπὲρ Καφισίδος
Πρῶτος ἀνθρώπων ἀνέσχεν,
Εἴτε Κουρῆτες ἔσαν γένος Ἰδαῖοι θεῶν,
Ἢ Φρύγιοι Κορύβαντες,
Οὓς Ἅλιος πρώτους ἐπεῖδεν δενδροφυεῖς ἀναβλαστόντας,
Εἴτ' Ἀρκαδία προσελαναῖον Πελασγὸν,
Ἢ Ῥαρίας Δίαυλον οἰκιστῆρ' Ἐλευσὶς,
Ἀντιστρ. *Ἢ καλλίπαιδα Λᾶμνος ἀῤῥήτων ἐτέκνωσε Κάβειρον ὀργίων,*
Εἴτε Πελλάνα Φλεγραῖον Ἀλκυονῆα Γιγάντων πρεσβύτατον
. . . .
Ἐπῳδ. . . . . *Φαντὶ δὲ πρωτόγονον Γαράμαντα*
Λίβυες αὐχμηρῶν πεδίων ἀναδύντα γλυκείας Διὸς ἀπάρξασθαι βαλάνου.
Νεῖλος δὲ. . . . .
Σαρκούμεν' ὑγρᾷ θερμότατι ζῶα σώματ' ἀναδιδοῖ.

Cæterum argumentum poetæ docte illustrat Prellerus in commentatione : *Die vorstellungen der alten, besonders der Griechen, von dem ursprunge und den ælteslen schicksalen des menschlichen geschlechts.* Philol. VIII, 1 sqq. [88] Ἀλκομενεὺς C. [89] ἦσαν Ἰδαῖοι. ἢ σανίδαι οἱ C. [90] πρῶτος C. [91] ἔφιδε pr. C. [92] πρὸς σεληναῖον Ἀρχάδα διὰ Πελασγὸν C. [93] ἢ Ῥαρίας G. Hermannus : ἡραρυίας C. [94] δίαυλον Ἐλ. ἢ Λῆμνος C. [95] ὀργιασμῷ C, ὀργίων Hermannus. [96] Λίβες δὲ Τάρβαντα C. [97] πεδίω C. [98] ἰλύν. ὕλην C. [99] ὀργᾶς ἀρχούμενα C. [1] ζῶα σώματα. ζῶα καὶ σῶμα C. [2] Ἰαννὴν C, M; cf. Berosi Chaldæorum Historiæ quæ supersunt ed. Richter. p. 48, 49.

multis, de quibus singulis longa exstat fabula. Ut A igitur penitus in potestatem redigatur magnus homo qui supra est, *a quo*, sicuti dicunt, *omnis paternitas nominata in terra et in cœlis* constituta est, data est ei etiam anima, ut per animam patiatur et puniatur in servitutem redactum plasma magni et pulcherrimi et perfecti hominis; etenim ita eum appellant. Quærunt igitur rursus quæ sit anima et unde et cujas origine, ut, ubi venerit in hominem et moverit, in servitutem redigat et puniat plasma perfecti hominis. Quærunt autem non a Scripturis, sed etiam hoc a mysticis. Esse autem dicunt animam difficilem inventu admodum et comprehensu arduam. Non enim manet in eodem habitu eademque figura usque neque affectione una, ut quis eam aut signo monstret aut re et facto assequatur. Mutatio- B nes autem has varias in Evangelio secundum Ægyptios scripto comprehensas habent. Ambigunt igitur sicuti reliqui omnes homines ethnicorum, utrum tandem ex Proonte sit, an ex Autogene, aut ex **138-139** effuso Chao. Et primum ad Assyriorum confugiunt mysteria, tripartitam divisionem hominis considerantes. Primi enim Assyrii animam tripartitam censent et unam. Animæ enim omnis natura, alia autem aliter cupiens est. Est enim anima omnium quæ fiunt causa; omnia quæcunque nutriuntur, inquit, atque augescunt, anima opus habent. Nihil enim neque nutrimentum, inquit, neque augmentum accipere potest, si absit anima. Etenim et lapides, inquit, sunt animati, habent C enim vim augescendi, auctus autem non unquam evenerit sine nutrimento. Per accessionem enim augescunt quæ augescunt, accessio autem nutrimentum est eorum quæ nutriuntur. Omnis igitur natura cœlestium, inquit, et terrenorum et inferorum cupiens est animæ. Vocant autem Assyrii tale Adonin aut Endymionem aut Attin, et sicubi Adonis vocatur, Venus, inquit, amat et concupiscit animam talis nominis. Venus autem generatio est secundum eos. Sicubi autem Proserpina sive Cora amat Adonin, moritura quædam, inquit, a Venere sejuncta (i. e. a generatione) est anima. Sin vero Luna in Endymionis cupidinem incidit et amorem formæ, sublimiorum, inquit, natura et ipsa concupiscit animam. Sin vero, inquit, mater deorum exsecat D Attin, et ipsa hunc habens amasium, supermundanorum et æternorum supra beata natura masculam potestatem animæ revocat ad se. Est enim, inquit, mas-femina homo. Ex hac igitur illis ratione valde turpe et prohibitum ex doctrina mulieris cum viro

A κεῖσθαι δὲ αὐτὸν ἄπνουν, ἀκίνητον, ἀσάλευτον, ὡς ἀνδριάντα [3], εἰκόνα ὑπάρχοντα ἐκείνου τοῦ ἄνω, τοῦ ὑμνουμένου Ἀδάμαντος ἀνθρώπου, γενόμενον ὑπὸ δυνάμεων τῶν πολλῶν, περὶ ὧν ὁ κατὰ μέρος λόγος ἐστὶ πολύς. Ἵν' οὖν τελέως ᾖ κεκρατημένος ὁ μέγας ἄνθρωπος ἄνωθεν [4], ἀφ' οὗ, καθὼς λέγουσι, πᾶσα *πατριὰ* [5] *ὀνομαζομένη ἐπὶ γῆς καὶ ἐν τοῖς οὐρανοῖς* συνέστηκεν, ἐδόθη αὐτῷ καὶ ψυχή, ἵνα διὰ τῆς ψυχῆς πάσχῃ καὶ κολάζηται καταδουλούμενον τὸ πλάσμα τοῦ μεγάλου καὶ καλλίστου καὶ τελείου ἀνθρώπου· καὶ γὰρ οὕτως αὐτὸν καλοῦσι. Ζητοῦσιν οὖν αὖ [6] πάλιν τίς ἐστιν ἡ ψυχὴ καὶ πόθεν καὶ ποταπὴ τὴν φύσιν, ἵν' ἐλθοῦσα εἰς τὸν ἄνθρωπον καὶ κινήσασα [7] καταδουλώσῃ καὶ κολάσῃ τὸ πλάσμα τοῦ τελείου ἀνθρώπου· ζητοῦσι δὲ οὐκ ἀπὸ τῶν B Γραφῶν, ἀλλὰ καὶ τοῦτο ἀπὸ τῶν μυστικῶν. Εἶναι δέ φασι τὴν ψυχὴν δυσεύρετον πάνυ καὶ δυσκατανόητον· οὐ γὰρ μένει ἐπὶ σχήματος οὐδὲ μορφῆς τῆς αὐτῆς πάντοτε οὐδὲ πάθους ἑνός, ἵνα τις αὐτὴν ἢ τύπῳ εἴπῃ ἢ οὐσίᾳ καταλήψεται. Τὰς δὲ ἐξαλλαγὰς ταύτας τὰς ποικίλας ἐν τῷ ἐπιγραφομένῳ κατ' Αἰγυπτίους Εὐαγγελίῳ κειμένας ἔχουσιν. Ἀποροῦσιν οὖν, καθάπερ οἱ ἄλλοι πάντες τῶν ἐθνῶν ἄνθρωποι, πότερόν ποτε ἐκ τοῦ προόντος ἐστίν, [ἢ] [8] ἐκ τοῦ αὐτογενοῦς [9], ἢ ἐκ τοῦ ἐκκεχυμένου χάους. Καὶ πρῶτον ἐπὶ τὰς Ἀσσυρίων καταφεύγουσι τελετὰς τὴν τριχῆ διαίρεσιν τοῦ [p. 98. 99] ἀνθρώπου κατανοοῦντες· πρῶτοι γὰρ Ἀσσύριοι τὴν ψυχὴν τριμερῆ νομίζουσιν εἶναι καὶ μίαν. Ψυχῆς [10] γάρ, φασί, C πᾶσα [11] φύσις, ἄλλη δὲ ἄλλως ὀρέγεται· ἔστι γὰρ ψυχὴ πάντων τῶν γινομένων αἰτία· πάντα ὅσα τρέφεται, φησί, καὶ αὔξει, ψυχῆς δεῖται. Οὐ γὰρ οὔτε τροφῆς, φησίν, οὔτε αὐξήσεως οἷόν τ' ἐστὶν [12] ἐπιτυχεῖν ψυχῆς μὴ παρούσης. Καὶ γὰρ οἱ λίθοι, φησίν, εἰσὶν ἔμψυχοι· ἔχουσι γὰρ τὸ αὐξητικόν· αὔξησις δὲ οὐκ ἄν ποτε γένοιτο χωρὶς τροφῆς· κατὰ προσθήκην γὰρ αὔξει τὰ αὐξανόμενα· ἡ δὲ προσθήκη τροφὴ τοῦ τρεφομένου. Πᾶσα οὖν φύσις ἐπουρανίων, φησί, καὶ ἐπιγείων καὶ καταχθονίων ψυχῆς ὀρέγεται. Καλοῦσι δὲ Ἀσσύριοι τὸ τοιοῦτον Ἄδωνιν ἢ Ἐνδυμίωνα [13]· καὶ ὅταν μὲν Ἄδωνις καλῆται, Ἀφροδίτη [14], φησίν, ἐρᾷ καὶ ἐπιθυμεῖ τῆς ψυχῆς τοῦ τοιούτου ὀνόματος. Ἀφροδίτη δὲ ἡ γένεσίς ἐστι κατ' αὐτούς. Ὅταν δὲ ἡ Περσεφόνη καὶ [15] ἡ Κόρη ἐρᾷ D τοῦ Ἀδώνιδος, θνητή, φησί, τις τῆς Ἀφροδίτης κεχωρισμένη [τῶν γενέσεώς] [16] ἐστιν ἡ ψυχή. Ἐὰν δὲ ἡ Σελήνη Ἐνδυμίωνος εἰς ἐπιθυμίαν ἔλθῃ καὶ ἔρωτα μορφῆς, ἡ τῶν ὑψηλοτέρων, φησί, φύσις [17] προσδεῖται καὶ ψυχῆς [18]. Ἐὰν δέ, φησίν, ἡ μήτηρ τῶν θεῶν ἀποκόψῃ τὸν Ἄττιν [19] καὶ αὐτὴ τοῦτον ἔχουσα

VARIÆ LECTIONES.

[3] ἀνδριάντος C. [4] ὁ ἄνωθεν? [5] Cf. Ephes. III, 15: Ἐξ οὗ. πᾶσα πατριὰ ἐν οὐρανοῖς καὶ ἐπὶ γῆς ὀνομάζεται. [6] αὖ. αὐτὸν C, M, qui susp. αὐτοί. [7] νικήσασα Roeperus; sed cf. supra l. 11 ἀκίνητον. [8] ἢ om. C. [9] αὐτογενοῦς Bunsenius, *Hippolytus and his age* 1854 t. I, p. 346: αὐτοῦ γένους C. M. [10] Ψυχὴ C, M. Tu cf. l. 42—44 et p. 117, 54—56 ed. Oxon.: Οὗτος, φησίν, ἐστὶν ὁ πολυώνυμος μυριόμματος ἀκατάληπτος, οὗ πᾶσα φύσις, ἄλλη δὲ ἄλλως ὀρέγεται. [11] φασί. πᾶσι C. [12] οἷόν ἐστιν C. [13] Ἐνδημίωνα C. Post Ἐνδυμίωνα excidisse videtur ἢ Ἄττιν, cf. infra lin. 50 sqq. καλεῖται C. [14] Ἀφροδίτης C. [15] καί. ἢ? [16] Fort. leg. κεχωρισμένη [ἤγουν γενέσεως] ἐστιν — Vocabula duo de glossa marginali videntur illata, ad vocem Ἀφροδίτης pertinentia M. [17] φύσις. κτίσις C. M. [18] καὶ αὐτὴ ψυχῆς susp. M. [19] Ἄπιν C.

ἐρώμενον, ἡ τῶν ὑπερκοσμίων, φησὶ, καὶ αἰωνίων A ἄνω μακαρία φύσις τὴν ἀῤῥενικὴν δύναμιν τῆς ψυχῆς ἀνακαλεῖται πρὸς αὐτήν. Ἔστι γὰρ, φησὶν, ἀρσενόθηλυς [20] ὁ ἄνθρωπος. Κατὰ τοῦτον οὖν [21] αὐτοῖς τὸν λόγον πάνυ πονηρὸν καὶ κεκωλυμένον [22] κατὰ τὴν διδασκαλίαν ἡ γυναικὸς πρὸς ἄνδρα δεδειγμένη καθέστηκεν ὁμιλία. Ἀπεκόπη γὰρ, φησὶν, ὁ Ἄττις, τουτέστιν ἀπὸ τῶν χοϊκῶν τῆς κτίσεως κάτωθεν μερῶν, καὶ ἐπὶ τὴν αἰωνίαν ἄνω μετελήλυθεν οὐσίαν, ὅπου, φησὶν, οὐκ ἔστιν οὔτε [23] θῆλυ οὔτε ἄρσεν, ἀλλὰ καινὴ κτίσις, καινὸς ἄνθρωπος, ὅς [24] ἐστιν ἀρσενόθηλυς [25]. Ποῦ δὲ ἄνω λέγουσι, κατὰ τὸν οἰκεῖον ἐλθὼν δείξω τόπον. Μαρτυρεῖν δέ φασιν αὐτῶν τῷ λόγῳ οὐχ ἁπλῶς μόνην τὴν Ῥέαν, ἀλλὰ γὰρ, ὡς ἔπος εἰπεῖν, ὅλην τὴν κτίσιν· καὶ τοῦτο εἶναι τὸ λεγόμενον ὑπὸ τοῦ λόγου διασαφοῦσι. *Τὰ* [p. 99—101] B *γὰρ* [26] *ἀόρατα αὐτοῦ ἀπὸ τῆς κτίσεως* | *τοῦ κόσμου τοῖς ποιήμασιν αὐτοῦ νοούμενα καθορᾶται, ἥ τε ἀΐδιος αὐτοῦ δύναμις καὶ θειότης, πρὸς τὸ εἶναι αὐτοὺς ἀναπολογήτους. Διότι γνόντες τὸν Θεὸν οὐχ ὡς Θεὸν ἐδόξασαν ἢ ηὐχαρίστησαν, ἀλλ' ἐματαιώθη ἡ ἀσύνετος αὐτῶν καρδία· φάσκοντες γὰρ εἶναι σοφοὶ ἐμωράνθησαν καὶ ἤλλαξαν τὴν δόξαν τοῦ ἀφθάρτου Θεοῦ ἐν ὁμοιώμασιν εἰκόνος φθαρτοῦ ἀνθρώπου καὶ πετεινῶν, καὶ τετραπόδων καὶ ἑρπετῶν· διὸ καὶ παρέδωκεν αὐτοὺς ὁ Θεὸς εἰς πάθη ἀτιμίας· αἵ* | *τε γὰρ θήλειαι αὐτῶν μετήλλαξαν τὴν φυσικὴν χρῆσιν εἰς τὴν παρὰ φύσιν*. Τί δέ ἐστιν ἡ φυσικὴ κατ' αὐτοὺς χρῆσις, ὕστερον ἐροῦμεν. *Ὁμοίως δὲ* [27] *καὶ οἱ ἄρσενες* C *ἀφέντες τὴν φυσικὴν χρῆσιν τῆς θηλείας ἐξεκαύθησαν ἐν τῇ ὀρέξει αὐτῶν εἰς ἀλλήλους, ἄρσενες ἐν ἄρσεσι τὴν ἀσχημοσύνην κατεργαζόμενοι* (ἀσχημοσύνη δέ ἐστιν ἡ πρώτη καὶ μακαρία κατ' αὐτοὺς ἀσχημάτιστος οὐσία, ἡ πάντων σχημάτων τοῖς σχηματιζομένοις αἰτία) *καὶ τὴν* [27] *ἀντιμισθίαν ἣν ἔδει τῆς πλάνης αὐτῶν ἐν ἑαυτοῖς ἀπολαμβάνοντες*. Ἐν γὰρ τούτοις τοῖς λόγοις, οἷς εἴρηκεν ὁ Παῦλος, ὅλον φασὶ συνέχεσθαι [28] τὸ κρύφιον αὐτῶν καὶ ἄῤῥητον τῆς μακαρίας μυστήριον ἡδονῆς. Ἡ γὰρ ἐπαγγελία τοῦ λουτροῦ οὐκ ἄλλη τίς ἐστι κατ' αὐτοὺς, ἢ τὸ εἰσαγαγεῖν εἰς τὴν ἀμάραντον ἡδονὴν τὸν λουόμενον κατ' αὐτοὺς ζῶντι ὕδατι καὶ χριόμενον ἀλάλῳ [29] χρίσματι. Οὐ μόνον δ' [30] αὐτῶν ἐπιμαρτυρεῖν [31] φασι τῷ λόγῳ τὰ Ἀσσυρίων μυστή-

demonstrata est consuetudo. Exsectus est enim, inquit, Attis, hoc est a choicis mundi infra partibus et ad æternam supra pervenit naturam, ubi, inquit, neque muliebre exstat, neque virile, sed nova creatura, novus homo, qui est mas-femina. Ubi autem supra dicant, suo loco ostendam. Attestari autem aiunt ipsorum narrationem non unam modo Rheam, sed pene universam creaturam, et hoc esse quod dicatur a Logo declarant : *Invisibilia enim ipsius*
140-141 *a creatura mundi ipsius factis intellecta conspiciuntur, sempiterna quoque ejus virtus et divinitas, ut sint inexcusabiles, quia cum cognovissent Deum, non sicut Deum glorificaverunt aut gratias egerunt, sed evanuit insipiens cor eorum. Dicentes enim se esse sapientes, stulti facti sunt et mutaverunt gloriam incorruptibilis Dei in similitudines imaginis corruptibilis hominis et volucrum et quadrupedum et serpentium. Propter quod etiam tradidit illos Deus in passiones ignominiæ. Nam feminæ eorum immutaverunt naturalem usum in eum usum qui est contra naturam.* Quid autem sit naturalis secundum eos usus, postea dicemus. *Similiter autem et masculi relicto naturali usu feminæ exarserunt in desideriis suis in vicem, masculi in masculos* ἀσχημοσύνην *operantes* (ἀσχημοσύνη autem est prima et beata secundum eos ἀσχημάτιστος natura, quæ est omnium schematum schematizatis causa), *et mercedem quam oportuit erroris sui in semetipsis recipientes*. In his enim verbis, quæ fecit Paulus, universum dicunt inesse secretem suum et arcanum beatæ mysterium voluptatis. Promissio enim lavacri non alia quædam est secundum illos, quam introducere in perennem voluptatem eum, qui lavatur secundum eos viva aqua et ungitur ineffabili unguento. Non solum autem fidem facere dicunt suæ narrationi Assyriorum mysteria, sed etiam Phrygum circa eorum, quæ fuerunt, quæque fiunt, quæque futura sunt posthac, beatam opertam simul et apertam naturam, quam quidem ait intus in homine quæsitum regnum cœlorum, de quo perspicue in Evangelio, quod secundum Thomam inscriptum est, tradunt, dicentes ita : *Me qui quærit inveniet in infantibus a septem annis, ibi enim in* **142-143**
quartodecimo ævo occultus in lucem edar. Hoc autem non est Christi, sed Hippocratis dicentis :

VARIÆ LECTIONES.

[20] ἀρενόθηλυς pr. C, ἀῤῥενόθηλυς corr. C, M. [21] οὖν add corr. C. [22] μεμολυσμένον C. F. Hermannus. [23] οὐδὲ . . . οὐδὲ C, M. [24] ὅ C, M. [25] Cf. Galat. III, 28; VI, 15 M et Clem. Rom. ep. II, 12 Ὅταν ἔσται τὰ δύο ἓν καὶ τὸ ἔξω ὡς τὸ ἔσω καὶ τὸ ἄρσεν μετὰ τῆς θηλείας, οὔτε ἄρσεν οὔτε θῆλυ Bunsenius l. l. [26] Cf. Rom. I, 20—26 : τὰ γὰρ ἀόρατα αὐτοῦ ἀπὸ κτίσεως κόσμου τοῖς ποιήμασιν νοούμενα καθορᾶται, ἥ τε ἀΐδιος αὐτοῦ δύναμις καὶ θειότης εἰς τὸ εἶναι αὐτοὺς ἀναπολογήτους, διότι γνόντες τὸν Θεὸν οὐχ ὡς Θεὸν ἐδόξασαν ἢ ηὐχαρίστησαν, ἀλλ' ἐματαιώθησαν ἐν τοῖς διαλογισμοῖς αὐτῶν καὶ ἐσκοτίσθη ἡ ἀσύνετος αὐτῶν καρδία· φάσκοντες εἶναι σοφοὶ ἐμωράνθησαν καὶ ἤλλαξαν τὴν δόξαν τοῦ ἀφθάρτου Θεοῦ ἐν ὁμοιώματι εἰκόνος φθαρτοῦ ἀνθρώπου καὶ πετεινῶν καὶ τετραπόδων καὶ ἑρπετῶν· διὸ παρέδωκεν αὐτοὺς ὁ Θεὸς ἐν ταῖς ἐπιθυμίαις τῶν καρδιῶν αὐτῶν εἰς ἀκαθαρσίαν τοῦ ἀτιμάζεσθαι τὰ σώματα αὐτῶν ἐν αὐτοῖς, οἵτινες μετήλλαξαν τὴν ἀλήθειαν τοῦ Θεοῦ ἐν τῷ ψεύδει καὶ ἐσεβάσθησαν καὶ ἐλάτρευσαν τῇ κτίσει παρὰ τὸν κτίσαντα, ὅς ἐστιν εὐλογητὸς εἰς τοὺς αἰῶνας. Ἀμήν. Διὰ τοῦτο παρέδωκεν αὐτοὺς ὁ Θεὸς εἰς πάθη ἀτιμίας· αἵ τε γὰρ θήλειαι αὐτῶν μετήλλαξαν τὴν φυσικὴν χρῆσιν εἰς τὴν παρὰ φύσιν. [27] Cf. Rom. I, 27. [28] συνέχεσθαι corr. C. [29] ἀλάλῳ M coll. p. 122, 69 ed. Oxon. καὶ χριόμενοι ἐκεῖ ἀλάλῳ χρίσματι, ἄλλῳ C. [30] δ' add M. [31] ἐπιμαρτύρει pr. C.

nis, et exsurge, et illuminabit tibi Christus. Hic est A Christus, in omnibus generatis Filius hominis effigiatus ab ineffigiato Logo. Hoc, inquit, est magnum et arcanum Eleusiniorum mysterium *Hye Cye.* Et ei omnia esse subjecta, et hoc est dictum illud: *In omnem terram exiit sonus eorum*, ut illud: *Virgam movens ducit Mercurius, illæ autem stridentes sequuntur* animæ continuo ita, ut per imaginem poeta ostendit dicens:

Ut autem cum vespertiliones in angulo specus divinæ,
Stridentes volant ubi quis decidit
Ex serie de rupe, et invicem continentur.

De rupe, inquit, de Adamante dicit. Hic, inquit, est B Adamas, *lapis summus, angularis factus, in caput anguli* (insertus in caput genitalis), — in capite enim esse formativum cerebrum essentiam, ex quo omnis paternitas formatur — *quem insero*, inquit, *adamantem in fundamenta Sion*; per figuram, inquit, figmentum hominis dicit. Insertus autem adamas cohibetur dentibus, **148-149** ut Homerus dicit: *Sepes dentium*, hoc est murus et munimentum, in quo est interior homo, qui illuc decidit a primore homine supra Adamanto, *sectus sine manibus secantibus* et delatus in figmentum oblivionis, choicum, figlinum. Et dicit stridentes animas ipsum sequi, hoc est Logum:

Sic illæ stridentes simul ibant, ducebat autem illas C

Mercurius mitis (ἀκάκητα) *per obscuros tramites.*

hoc est, inquit, in loca æterna ab omni malitia (κακίας) libera. Quo enim, inquit, venerunt?

Prætermeabant autem præter oceani fluctus et [*Leucadem petram*]
Et præter solis portas et gentem somniorum.

Hic inquit, est oceanus *generatio deorum generatioque hominum*, ex reciproca fluctuatione circumactus semper, mox sursum, mox deorsum. Sed ubi, inquit, deorsum fluit oceanus, generatio est hominum; ubi autem sursum in murum et munimentum et Leucadem petram, generatio est deorum. Hoc, inquit, est scriptum illud: *Ego dixi: Dii* D *estis et filii Altissimi omnes, ubi ex Ægypto fugere festinabitis et perveneritis trans mare Rubrum in desertum*, hoc est ab inferiore mistione in eam quæ

τὰς μνηστῆρας. Περὶ τούτων, φησὶν, ἡ Γραφὴ λέγει [83]· *Ἔγειραι, ὁ καθεύδων, καὶ ἐξεγέρθητι, καὶ ἐπιφαύσει σοι ὁ Χριστός.* Οὗτός ἐστιν ὁ Χριστὸς ἐν πᾶσι, φησὶ, τοῖς γενητοῖς Υἱὸς ἀνθρώπου κεχαρακτηρισμένος ἀπὸ τοῦ ἀχαρακτηρίστου Λόγου. Τοῦτο, φησὶν, ἐστὶ τὸ μέγα καὶ ἄῤῥητον Ἐλευσινίων μυστήριον *Ὕε Κύε* [84]· καὶ ὅτι, φησὶν, αὐτῷ πάντα ὑποτέτακται, καὶ τοῦτ' ἔστι τὸ εἰρημένον· *Εἰς πᾶσαν* [85] *τὴν γῆν ἐξῆλθεν ὁ φθόγγος αὐτῶν*· ὡς τὴν ῥάβδον ἄγει [86] *κινήσας ὁ Ἑρμῆς, αἱ δὲ τρίζουσαι ἕπονται αἱ ψυχαὶ* συνεχῶς οὕτως, ὡς διὰ τῆς εἰκόνος ὁ ποιητὴς ἐπιδέδειχε λέγων· |

Ὡς δ' ὅτε [87] *νυκτερίδες μυχῷ ἄντρου θεσπεσίοιο*
Τρίζουσαι [88] *ποτέονται, ἐπεί κέ* [89] *τις ἀποπέσῃσιν*
Ὁρμαθοῦ ἐκ πέτρης, ἀνά τ' ἀλλήλῃσιν [90] *ἔχονται.*

B *Πέτρης*, φησὶ, τοῦ Ἀδάμαντος λέγει. Οὗτος, φησὶν, ἐστὶν ὁ Ἀδάμας [91] *ὁ λίθος ὁ ἀκρογωνιαῖος εἰς κεφαλὴν γεγενημένος γωνίας* (ἐν κεφαλῇ γὰρ εἶναι τὸν χαρακτηριστικὸν ἐγκέφαλον τὴν οὐσίαν, ἐξ οὗ πᾶσα πατριὰ χαρακτηρίζεται), ὅν, φησὶν, ἐντάσσω *ἀδάμαντα εἰς τὰ θεμέλια Σιών*· ἀλληγορῶν, φησὶ, τὸ πλάσμα τοῦ ἀνθρώπου λέγει. Ὁ δὲ ἐντασσόμενος [p. 105. 106] ἀδάμας ἐστὶν [92] .... ὀδόντες, ὡς Ὅμηρος λέγει [93] *ἕρκος ὀδόντων*, τουτέστι τεῖχος καὶ χαράκωμα, ἐν ᾧ ἐστιν ὁ ἔσω ἄνθρωπος, ἐκεῖσε ἀποπεπτωκὼς ἀπὸ τοῦ ἀρχανθρώπου Ἀδάμαντος, ὁ *τμηθεὶς* [94] *ἄνευ χειρῶν τεμνόντων* καὶ κατενηνεγμένος εἰς τὸ πλάσμα τῆς λήθης, τὸ γήϊνον, τὸ ὀστράκινον· καὶ φησιν ὅτι τετριγυῖαι αὐτῷ ἠκολούθουν αἱ ψυχαὶ, τῷ λόγῳ·

C *Ὡς αὗται* [95] *τετριγυῖαι ἅμ' ἤισαν, ἦρχε δ' ἄρα σφιν* (τουτέστιν ἡγεῖτο,)
Ἑρμείας ἀκάκητα κατ' εὐρώεντα κέλευθα,
τουτέστι, φησὶν, εἰς τὰ πάσης κακίας ἀπηλλαγμένα αἰώνια χωρία. Ποῦ γὰρ, φησὶν, ἦλθον;

Πὰρ δ' ἴσαν [96] *ὠκεανοῦ τε ῥοὰς καὶ Λευκάδα πέτρην,*
Ἠδὲ παρ' [1] *ἠελίοιο πύλας καὶ δῆμον ὀνείρων.*

Οὗτος, φησὶν, ἐστὶν ὠκεανὸς *γένεσίς τε* [2] *θεῶν, γένεσίς τ'* | *ἀνθρώπων*, ἐκ παλιῤῥοίας στρεφόμενος αἰεὶ, ποτὲ ἄνω, ποτὲ κάτω. Ἀλλ' ὅταν, φησὶν, κάτω ῥέῃ ὁ ὠκεανὸς, γένεσίς ἐστιν ἀνθρώπων· ὅταν δὲ ἄνω ἐπὶ τὸ τεῖχος καὶ τὸ χαράκωμα καὶ τὴν Λευκάδα D πέτρην, γένεσίς ἐστι [3] θεῶν. Τοῦτό ἐστι, φησὶ, τὸ γεγραμμένον· *Ἐγὼ* [4] *εἶπα· Θεοί ἐστε καὶ υἱοὶ Ὑψίστου πάντες, ἐὰν ἀπὸ τῆς Αἰγύπτου φυγεῖν σπεύδητε καὶ γένησθε πέραν τῆς Ἐρυθρᾶς θαλάσσης εἰς τὴν ἔρημον*, τουτέστιν ἀπὸ τῆς κάτω

VARIÆ LECTIONES.

[83] Ephes. v, 14: Ἔγειρε (Ἔγειραι ς) ὁ καθεύδων καὶ ἀνάστα ἐκ τῶν νεκρῶν, καὶ ἐπιφαύσει σοι ὁ Χριστός. [84] λόγος C. [85] ὕε κύε. Cf. Plut. de Isid. et Os. c. 34 p. 364. [86] Rom. x, 18. [87] ἄγει om. C. [88] Cf. Hom. Od. xxiv, 5: Τῇ ῥ' ἄγε κινήσας, ταὶ δὲ τρίζουσαι ἕποντο. [89] Hom. Od. 24, 6 sqq. [90] τρίζουσι C. [91] ἐπεὶ καί τις C [92] ἀλλήλοισιν C. [93] Cf. Isa. xxviii, 16; psal. cxviii, 22. [94] Cf. Isa xxviii, 16. [95] Inter ἐστίν et ὀδόντες quædam excidisse videntur. [96] Hom. Il. iv, 350 et alibi. [97] ἐκεῖθεν C. [98] Cf. Daniel. ii, 45. [99] ὡς αἱ et ἤϊσαν Homer. Od. xxiv, 9 sqq. [100] παρὰ δ' ἴσαν C. [1] ἢ παρ' C. [2] γένεσίς τε, γένεσις C, M. Versus videtur conflatus esse ex Hom. Il. xiv, 201 Ὠκεανόν τε, θεῶν γένεσιν, καὶ μητέρα Τηθύν et v. 246, Ὠκεανοῦ, ὅσπερ γένεσις πάντεσσι τέτυκται. [3] ἐστι. τε C, M. [4] Ἐγὼ· πάντες. Psal. LXXXII, 6.

...ἕως ἐπὶ τὴν ἄνω Ἱερουσαλὴμ [5], ἥτις ἐστὶ μήτηρ A ...ντων, *ἐὰν δὲ πάλιν ἐπιστραφῆτε ἐπὶ τὴν Αἴ*...*πτον*, τουτέστιν ἐπὶ τὴν κάτω μῖξιν, *ὡς ἄνθρωποι* ...*ποθνήσκετε* [6]· θνητὴ γάρ, φησί, πᾶσα ἡ κάτω ...νεσις, ἀθάνατος δὲ ἡ ἄνω γεννωμένη· γεννᾶται ...ὰρ ἐξ ὕδατος μόνου καὶ πνεύματος, πνευματικός, ... σαρκικός· ὁ δὲ κάτω σαρκικός· τουτέστι, φησί, ... γεγραμμένον· *Τὸ γεγεννημένον* [7] *ἐκ τῆς σαρκὸς* ...*ἀρξ ἐστι, καὶ τὸ γεγεννημένον ἐκ τοῦ πνεύμα*...*ος πνεῦμά ἐστιν*. Αὕτη ἐστὶν ἡ κατ' αὐτοὺς πνευματικὴ γένεσις. Οὗτος, φησὶν [8], ἐστὶν ὁ μέγας Ἰορ...ιάνης, ὃν κάτω ῥέοντα καὶ κωλύοντα [9] ἐξελθεῖν τοὺς ...ιοὺς Ἰσραὴλ ἐκ γῆς Αἰγύπτου (ἤγουν ἐκ τῆς κάτω ...μίξεως· Αἴγυπτος γάρ ἐστι τὸ σῶμα κατ' αὐτούς) ...ἀνέστειλεν Ἰησοῦς καὶ ἐποίησεν ἄνω ῥέειν.

sursum est Jerusalem, quæ est mater vivorum. *Ubi autem rursus revertitis in Ægyptum*, hoc est in inferiorem mistionem, *ut homines morimini*. Mortalis enim, inquit, omnis inferior generatio, immortalis autem quæ sursum generatur; generatur enim ex aqua sola et spiritu spiritualis, non carnalis. Infra autem nascitur carnalis; hoc est, inquit, scriptum illud: *Quod natum est ex carne caro est, et quod natum est ex spiritu spiritus est*. Hæc est secundum illos spiritualis generatio. Hic, inquit, est magnus Jordanes, quem deorsum fluentem et impedientem ab exitu filios Israel ex terra Ægyptia (hoc est ex inferiore mistione; Ægyptus enim est corpus secundum eos) reflexit Jesus et fecit in sursum fluere.

[p. 106. 107] η'. Τούτοις καὶ τοῖς τοιούτοις ἑπόμενοι οἱ θαυμασιώτατοι Γνωστικοί, ἐφευρεταὶ καινῆς [10] τέχνης γραμματικῆς, τὸν ἑαυτῶν προφήτην Ὅμηρον ταῦτα προφαίνοντα ἀῤῥήτως δοξάζουσι καὶ τοὺς ἀμυήτους τὰς ἁγίας Γραφὰς εἰς τοιαύτας ἐννοίας συνάγοντες ἐνυβρίζουσι. Λέγουσι δέ· Ὁ λέγων τὰ πάντα ἐξ ἑνὸς συνεστάναι, πλανᾶται· ὁ | λέγων ἐκ τριῶν, ἀληθεύει καὶ περὶ τῶν ὅλων τὴν ἀπόδειξιν δώσει. Μία γάρ ἐστι, φησίν, ἡ μακαρία φύσις τοῦ μακαρίου ἀνθρώπου τοῦ ἄνω, τοῦ Ἀδάμαντος· μία δὲ ἡ θνητὴ κάτω· μία δὲ ἡ ἀβασίλευτος γενεὰ ἡ ἄνω γενομένη, ὅπου, φησίν, ἐστὶ Μαριὰμ ἡ ζητουμένη καὶ Ἰοθὼρ ὁ μέγας σοφὸς [11] καὶ Σεπφώρα ἡ βλέπουσα [12] καὶ Μωσῆς, οὗ γένεσις [13] οὐκ ἔστιν ἐν Αἰγύπτῳ· γεγόνασι γὰρ αὐτῷ παῖδες ἐν Μαδιάμ, C καὶ τοῦτο, φησίν, οὐδὲ τοὺς ποιητὰς λέληθε·

B 150-151 8. Hæc et talia secuti mirifici gnostici, inventores novæ grammaticæ artis, vatem suum Homerum hæc prodere per arcana profitentur et sacrarum Scripturarum expertes in talia commenta abducentes ludificantur. Dicunt autem: qui dicit omnia ex uno constare, devius errat; qui dicit ex tribus, recte dicit et universorum rationem aperiet. Una enim est, inquit, beata natura beati hominis, qui supra est, Adamantis, una autem mortalis, quæ infra est, unum autem irrex genus, quod sursus evectum est, ubi est, inquit, Mariam, quæ vestigatur, et Jothor, magnus sapiens, et Sephora, quæ cernit, et Moses, cujus genus non est in Ægypto; nati enim sunt ei filii in Madiam. Et hoc, inquit, ne poetas quidem fugit:

Τριχθὰ δὲ πάντα δέδασται, ἕκαστος δ' ἔμμορε [*τιμῆς* [14].

Trifuriam autem omnia divisa sunt, unusquisque au- [*tem nactus est honorem.*]

Δεῖ γάρ, φησί, λαλεῖσθαι τὰ μεγέθη, λαλεῖσθαι δὲ οὕτως ὑπὸ πάντων πανταχῇ, ἵνα ἀκούοντες [15] μὴ ἀκούωσι καὶ βλέποντες μὴ βλέπωσιν. Εἰ μὴ γὰρ ἐλαλεῖτο, φησί, τὰ μεγέθη, ὁ κόσμος συνεστάναι οὐκ ἠδύνατο. Οὗτοί εἰσιν οἱ τρεῖς ὑπέρογκοι λόγοι· *Καυλακαῦ, Σαυλασαῦ, Ζεησάρ* [16]. *Καυλακαῦ* τοῦ ἄνω, τοῦ [17] Ἀδάμαντος, *Σαυλασαῦ* τοῦ κάτω θνητοῦ, *Ζεησὰρ* τοῦ ἐπὶ τὰ ἄνω ῥεύσαντος Ἰορδάνου. Οὗτός ἐστι, φησίν, ὁ ἐν πᾶσιν ἀρσενόθηλυς ἄνθρωπος, ὃν οἱ ἀγνοοῦντες Γηρυόνην [18] καλοῦσι τρισώματον, ὡς ἐκ γῆς ῥέοντα Γηρυόνην, κοινῇ δὲ Ἕλληνες *ἐπουράνιον* [19] *Μηνὸς κέρας*, ὅτι καταμέμιχε καὶ κεκέρακε πάντα πᾶσι [20]. *Πάντα γὰρ* [21], φησί, *δι' αὐτοῦ ἐγένετο καὶ χωρὶς αὐτοῦ ἐγένετο οὐδὲ ἕν. Ὃ δὲ γέγονεν ἐν αὐτῷ ζωή ἐστιν*. Αὕτη, φησίν, ἐστὶν ἡ ζωή, ἡ ἄῤῥητος γενεὰ τῶν τελείων ἀνθρώπων, ἣ

Oportet enim dici magnitudines, dici autem sic ab omnibus ubique, ut audientes ne audiant et videntes non videant. Nam si non dicerentur, inquit, magnitudines, mundus constare non poterat. Hæ sunt tres illæ magnificentissimæ voces: *Caulacau, Saulasau, Zeesar*: *Caulacau* illius qui supra est Adamantis, *Saulasau* ejus qui infra est mortalis, *Zeesar* Jordanis qui sursum fluxit. Hic est, inquit, ille in omnibus (præsens) mas et femina simul homo, quem qui ignorant Geryonam appellant tricorporem, tanquam ex terra fluentem Terrifluum, communiter D autem Græci *cœleste cornu Menis*, quoniam commiscuit et conflavit omnia omnibus. *Omnia enim*, inquit, *per ipsum facta sunt, et sine ipso factum est nihil. Quod factum est in ipso, vita est*. Hæc, inquit, est vita ineffabilis generatio perfectorum hominum.

VARIÆ LECTIONES.

[5] Cf. Galat. IV, 26: Ἡ δὲ ἄνω Ἱερουσαλὴμ ἐλευθέρα ἐστίν, ἥτις ἐστὶν μήτηρ [πάντων] ἡμῶν. [6] ὡς ἄνθρωποι ἀποθνήσκετε. Psal. LXXXII. 7. [7] Ev. Joan. III, 6. [8] Cf. Jos. III, 7—17. [9] κωλύοντας C. [10] καινῆς. κενῆς C, M. [11] Ἰοθὼρ ὁ μέγας σοφός. Cf. II, Mos. XVIII, 14—23 et Cod. pseudepigraph. V. T. ed J. A. Fabricius ed. alter. Hamburg. 1722, tom. I, p. 855 sqq. [12] Σεπφώρα ἡ βλέπουσα. Cf. II Mos. IV, 24, 25. [13] Cf. II Mos. II, 21-23. [14] Hom. Il. XV, 189. [15] Matth. XIII, 13: Ὅτι βλέποντες οὐ βλέπουσιν καὶ ἀκούοντες οὐκ ἀκούουσιν οὐδὲ συνίουσιν; cf. Marc. IV, 13. Luc. VIII, 10: Ἵνα βλέποντες μὴ βλέπωσιν, καὶ ἀκούοντες μὴ συνιῶσιν. [16] καυλακαῦ, σαυλασαῦ, ζεησάρ. Isa. XXVIII, 10: כִּי צַו לָצָו צַו לָצָו קַו לָקָו קַו לָקָו זְעֵיר שָׁם זְעֵיר שָׁם: [17] τοῦ ἄνω, τοῦ. τοῦ ἀνωτάτω C, M. [18] Γηριόνην C. [19] ἀπουράνιον C, M: cf. infra c. 9 p. 118 ad. Oxon. [20] παντάπασι C. [21] Joan. I, 3. 4: Πάντα δι' αὐτοῦ ἐγένετο, καὶ χωρὶς αὐτοῦ ἐγένετο οὐδὲ ἕν, ὃ γέγονεν ἐν αὐτῷ ζωὴ ἐστιν.

sunt a proficiscente in Mesopotamiam (Mesopotamia autem est, inquit, magni oceani fluctus a medio fluens perfecto homine), et miratus est cœlestem portam fatus : *Quam horribilis hic locus. Non est hoc nisi ædis Dei et hæc porta cœli*. Propter hoc, inquit, dicit Jesus : *Ego sum porta vera*. Est autem hæc dicens ab ineffigiato supra, inquit, effigiatus perfectus homo. Non potest igitur, inquit, servari perfectus homo, nisi renascetur per hanc ingressus portam. Eumdem autem hunc, inquit, Phryges et *papam* appellant, quoniam omnia sedavit incondita et temere ante ipsius apparitionem mota. Nomen enim *papa*, inquit, omnium simul est et cœlestium et terrestrium et infernorum, dicentium : Seda, seda incongruentiam mundi et facito *pacem longe dissitis*, hoc est materialibus et choicis, et *pacem iis qui prope sunt*, hoc **158-159** est spiritualibus et rationalibus perfectis hominibus. Appellant autem Phryges hunc eumdem et *mortuum*, quasi in monumento et sepulcro infossum in corpore. Hoc, inquit, est dictum illud : *Sepulcra estis dealbata plena*, inquit, *intus ossibus mortuorum*, quoniam non inest in vobis homo vivus; et rursus inquit : *Exsilient ex monumentis mortui*, hoc est ex corporibus choicis renati spirituales, non carnales. Hæc, inquit, est resurrectio, quæ per portam fit cœlorum, per quam non ingressi, inquit, omnes manent mortui. Iidem autem Phryges, inquit, eumdem hunc rursus ex conversione appellant *Deum*. Fit enim, inquit, Deus, cum ex mortuis resuscitatus per talem portam intrabit in cœlum. Hanc, inquit, portam Paulus novit apostolus, revelans in mysterio et dicens, *se raptum esse ab angelo, et venisse usque ad secundum et tertium cœlum in paradisum ipsum, et vidisse quæ viderit et audivisse arcana verba, quæ non liceat homini loqui*. Hæc sunt, inquit, quæ arcana ab omnibus vocantur mysteria, *quæ et loquimur non in doctis humanæ sapientiæ verbis, sed in doctrina spiritus, spiritualibus spiritualia comparantes. Animalis autem homo non percipit ea quæ sunt Spiritus Dei; stultitia est enim illi*, et hæc, inquit, sunt spiritus arcana mysteria, quæ nos novimus soli. De his, inquit, dixit Salvator : *Nemo potest venire ad me, nisi quem traxerit Pater meus cœlestis*. Admodum enim, inquit, difficile est percipere et prehendere magnum hoc et arcanum mysterium. Et rursus, inquit, dixit Salvator : *Non omnis qui dicit mihi*

A *ἐστιν ὁ βασιλεὺς τῆς δόξης*, [53] *ὁ ἐν πολέμῳ δυνατός*. Πόλεμον δὲ λέγει τὸν ἐν σώματι, ὅτι ἐκ μαχίμων στοιχείων πέπλασται τὸ πλάσμα, καθὼς γέγραπται, φησί· *Μνήσθητι πόλεμον τὸν γενόμενον ἐν σώματι* [54]. Ταύτην, φησὶ, τὴν εἴσοδον καὶ ταύτην τὴν πύλην εἶδεν εἰς | Μεσοποταμίαν [55] πορευόμενος ὁ Ἰακὼβ, ὅπερ ἐστὶν ἀπὸ τοῦ παιδὸς ἔφηβος ἤδη γινόμενος καὶ ἀνὴρ, τουτέστιν ἐγνωρίσθη τῷ εἰς Μεσοποταμίαν πορευομένῳ. (Μεσοποταμία δὲ, φησὶν, ἐστὶν ἡ τοῦ μεγάλου ὠκεανοῦ ῥοὴ, ἀπὸ τῶν μέσων ῥέουσα τοῦ τελείου ἀνθρώπου), καὶ ἐθαύμασε τὴν οὐράνιον πύλην εἰπών· *Ὡς φοβερὸς* [56] *ὁ τόπος οὗτος. Οὐκ ἔστι τοῦτο, ἀλλ' ἢ οἶκος Θεοῦ, καὶ αὕτη ἡ πύλη τοῦ οὐρανοῦ*. Διὰ τοῦτο, φησὶ, λέγει ὁ Ἰησοῦς· *Ἐγώ εἰμι* [57] *ἡ πύλη ἡ ἀληθινή*. Ἔστι
B δὲ ὁ ταῦτα λέγων ὁ ἀπὸ τοῦ ἀχαρακτηρίστου, φησὶν, ἄνωθεν κεχαρακτηρισμένος τέλειος ἄνθρωπος. Οὐ δύναται οὖν, φησὶ, σωθῆναι ὁ τέλειος ἄνθρωπος, ἐὰν μὴ ἀναγεννηθῇ διὰ ταύτης εἰσελθὼν τῆς πύλης. Τὸν αὐτὸν δὲ τοῦτον, φησὶ, Φρύγες [58] καὶ *πάπαν* καλοῦσιν, ὅτι πάντα ἔπαυσεν ἀτάκτως καὶ πλημμελῶς πρὸ τῆς ἑαυτοῦ φανερώσεως κεκινημένα. Τὸ γὰρ ὄνομα, φησὶ, τοῦ *πάπα* πάντων ὁμοῦ ἐστι τῶν ἐπουρανίων καὶ ἐπιγείων καὶ καταχθονίων λεγόντων Παῦε, παῦε [59] τὴν ἀσυμφωνίαν τοῦ κόσμου καὶ ποίησον *εἰρήνην τοῖς μακρὰν* [60], τουτέστι τοῖς ὑλικοῖς καὶ χοϊκοῖς, καὶ *εἰρήνην τοῖς ἐγγὺς*, τουτέστι τοῖς [p. 111. 112] πνευματικοῖς καὶ νοεροῖς τελείοις ἀνθρώποις. Λέγουσι δὲ οἱ Φρύγες τοῦτον αὐτὸν καὶ *νέκυν*, οἱονεὶ ἐν μνήματι καὶ τάφῳ ἐγκατορωρυγμέ-
C νον [61] ἐν τῷ σώματι. Τοῦτο, φησὶν, ἐστὶ τὸ εἰρημένον· *Τάφοι ἐστὲ* [62] *κεκονιαμένοι, γέμοντες*, φησὶν, *ἔσωθεν ὀστέων νεκρῶν*, ὅτι οὐκ ἔστιν ἐν ὑμῖν ἄνθρωπος ὁ ζῶν· καὶ πάλιν, φησίν· Ἐξαλοῦνται [63] *ἐκ τῶν μνημείων οἱ νεκροὶ*, τουτέστιν ἐκ τῶν σωμάτων τῶν χοϊκῶν ἀναγεννηθέντες πνευματικοὶ, οὐ σαρκικοί. Αὕτη, φησὶν, ἐστὶν ἡ ἀνάστασις ἡ διὰ τῆς πύλης γινομένη τῶν οὐρανῶν, δι' ἧς οἱ μὴ εἰσελθόντες, φησὶ, πάντες μένουσι νεκροί. Οἱ δὲ αὐτοὶ, φησὶ, Φρύγες τὸν αὐτὸν τοῦτον πάλιν ἐκ μεταβολῆς λέγουσι *Θεόν*. Γίνεται γὰρ, φησὶ, θεὸς, ὅταν ἐκ νεκρῶν ἀναστὰς διὰ τῆς τοιαύτης πύλης εἰσελεύσεται εἰς τὸν οὐρανόν. Ταύτην, φησὶ, τὴν πύλην Παῦλος οἶδεν ὁ ἀπόστολος, παρανοίξας ἐν μυστηρίῳ καὶ εἰπὼν, *ἡρπάσθαι* [64] *ὑπὸ ἀγγέλου, καὶ γεγονέναι*
D *ἕως δευτέρου καὶ τρίτου οὐρανοῦ εἰς τὸν παράδεισον αὐτὸν, καὶ ἑωρακέναι ἃ ἑώρακε, καὶ ἀκη-*

VARIÆ LECTIONES.

[53] Psal. XXIII, 10 Αὐτός ἐστιν ὁ βασιλεὺς τῆς δόξης. V. 8 : Κύριος δυνατὸς ἐν πολέμῳ. [54] Cf. Job. II, 27 : Μνησθεὶς πολέμου τοῦ γιγνομένου ἐν τῷ σώματι αὐτοῦ, κ. τ. λ. [55] Cf. I Mos. XXVIII, 5 sqq. [56] I Mos. XXVIII, 17. [57] Cf. Ev. Joan. X, 9 : Ἐγώ εἰμι ἡ θύρα. Matth. VII, 13 : Εἰσέλθατε διὰ τῆς στενῆς πύλης (Clem. Rom. Hom. 3, 52 : Διὰ τοῦτο αὐτὸς ἀληθὴς ὢν προφήτης ἔλεγεν· Ἐγώ εἰμι ἡ πύλη τῆς ζωῆς· ὁ δι' ἐμοῦ εἰσερχόμενος εἰσέρχεται εἰς τὴν ζωήν). [58] τοῦτον φασι Φρύγες C. [59] παὲ, παὲ corr. C. [60] Cf. Ephes. II, 17 : Καὶ ἐλθὼν εὐηγγελίσατο εἰρήνην ὑμῖν τοῖς μακρὰν καὶ εἰρήνην τοῖς ἐγγύς. [61] ἐγκατωρυγμένον C, M. [62] Cf. Matth. XXIII, 27 : Ὁμοιάζετε τάφοις κεκονιαμένοις, οἵτινες ἔξωθεν μὲν φαίνονται ὡραῖοι, ἔσωθεν δὲ γέμουσιν ὀστέων καὶ πάσης ἀκαθαρσίας. [63] Cf. Matth. XXVII, 52, 53 : Καὶ τὰ μνημεῖα ἀνεῴχθησαν, καὶ πολλὰ σώματα τῶν κεκοιμημένων ἁγίων ἠγέρθησαν καὶ ἐξελθόντες ἐκ τῶν μνημείων, κ. τ. λ. Matth. XI, 5. Luc. VII, 22, νεκροὶ ἐγείρονται. [64] Cf. II Cor. XII, 2-4 : Οἶδα ἄνθρωπον ἐν Χριστῷ — — ἁρπαγέντα τὸν τοιοῦτον ἕως τρίτου οὐρανοῦ· καὶ οἶδα τὸν τοιοῦτον ἄνθρωπον — ὅτι ἡρπάγη εἰς τὸν παράδεισον καὶ ἤκουσεν ἄρρητα ῥήματα ἃ οὐκ ἐξὸν ἀνθρώπῳ λαλῆσαι.

ναι *ῥήματα ἄῤῥητα ἃ οὐκ ἐξὸν ἀνθρώπῳ εἰπεῖν*. Ταῦτά ἐστι, φησὶ, τὰ ἄῤῥητα ὑπὸ πάντων λεγόμενα μυστήρια ἃ [*καὶ λαλοῦμεν* [65]] *οὐκ ἐν διδακτοῖς ἀνθρωπίνης σοφίας λόγοις, ἀλλ' ἐν διδακτοῖς πνεύματος, πνευματικοῖς πνευματικὰ συγκρίνοντες, ψυχικὸς δὲ ἄνθρωπος οὐ δέχεται τὰ τοῦ Πνεύματος τοῦ Θεοῦ· μωρία γὰρ αὐτῷ ἐστι*· καὶ ταῦτα, φησὶν, ἐστὶ τὰ τοῦ πνεύματος ἄῤῥητα μυστήρια, ἃ ἡμεῖς ἴσμεν μόνοι. Περὶ τούτων, φησὶν, εἴρηκεν ὁ Σωτήρ· *Οὐδεὶς δύναται* [66] *ἐλθεῖν πρός με, ἐὰν μή τινα ἑλκύσῃ ὁ Πατήρ μου ὁ οὐράνιος*. Πάνυ γὰρ, φησὶ, δύσκολόν ἐστι παραδέξασθαι καὶ λαβεῖν τὸ μέγα τοῦτο καὶ ἄῤῥητον μυστήριον. Καὶ πάλιν, φησὶν, εἴρηκεν ὁ Σωτήρ· *Οὐ πᾶς ὁ λέγων* [67] *μοι, Κύριε, Κύριε, εἰσελεύσεται εἰς τὴν βασιλείαν τῶν οὐρανῶν, ἀλλ' ὁ ποιῶν τὸ θέλημα τοῦ Πατρός μου, τοῦ ἐν τοῖς οὐρανοῖς*. Ὃ δεῖ ποιήσαντας, οὐχὶ ἀκούσαντας μόνον, εἰς τὴν βασιλείαν εἰσελθεῖν τῶν οὐρανῶν. Καὶ πάλιν, φησὶν, εἴρηκεν· *Οἱ τελῶναι* [68] *καὶ αἱ πόρναι προάγουσιν ὑμᾶς εἰς τὴν βασιλείαν τῶν οὐρανῶν*. [p. 112—114] Τελῶναι γὰρ, φησὶν, εἰσὶν οἱ τὰ τέλη τῶν ὅλων λαμβάνοντες· ἡμεῖς | δὲ, φησὶν, ἐσμὲν οἱ τελῶναι, *εἰς οὓς* [69] *τὰ τέλη τῶν αἰώνων κατήντηκε*. Τέλη γὰρ, φησὶν, εἰσὶ τὰ ἀπὸ τοῦ ἀχαρακτηρίστου εἰς τὸν κόσμον κατεσπαρμένα σπέρματα, δι' ὧν ὁ πᾶς συντελεῖται κόσμος· διὰ γὰρ αὐτῶν καὶ ἤρξατο γενέσθαι. Καὶ τοῦτό ἐστι, φησὶ, τὸ εἰρημένον· *Ἐξῆλθεν ὁ σπείρων τοῦ* [70] *σπεῖραι· καὶ τὰ μὲν ἔπεσε παρὰ τὴν ὁδὸν καὶ κατεπατήθη· τὰ δὲ ἐπὶ τὰ πετρώδη καὶ ἐξανέτειλε*, φησὶ, *καὶ διὰ τὸ μὴ ἔχειν βάθος ἐξηράνθη καὶ ἀπέθανε· τὰ δὲ ἔπεσε*, φησὶν, *ἐπὶ τὴν γῆν τὴν καλὴν καὶ ἀγαθὴν, καὶ ἐποίει καρπὸν, ὁ μὲν ἑκατὸν, ὁ δὲ ἑξήκοντα, ὁ δὲ τριάκοντα. Ὁ ἔχων*, φησὶν, *ὦτα ἀκούειν ἀκουέτω*. Τουτέστι, φησὶν, οὐδεὶς τούτων τῶν μυστηρίων ἀκροατὴς γέγονεν εἰ μὴ μόνοι οἱ [71] γνωστικοὶ τέλειοι. Αὕτη, φησὶν, ἐστὶν ἡ γῆ ἡ καλὴ καὶ ἀγαθὴ, ἣν λέγει Μωϋσῆς· *Εἰσάξω* [72] *ὑμᾶς εἰς γῆν καλὴν καὶ ἀγαθὴν, εἰς γῆν ῥέουσαν γάλα καὶ μέλι*. Τοῦτο, φησὶν, ἐστὶ τὸ μέλι καὶ τὸ γάλα, οὗ γευσαμένους τοὺς τελείους ἀβασιλεύτους γενέσθαι καὶ μετασχεῖν τοῦ πληρώματος. Τοῦτο, φησὶν, ἐστὶ τὸ πλήρωμα, δι' οὗ πάντα γινόμενα γεννητὰ [73] ἀπὸ τοῦ ἀγεννήτου γέγονέ τε καὶ πεπλήρωται. Ὁ δὲ αὐτὸς οὗτος ὑπὸ [74] τῶν Φρυγῶν καὶ ἄκαρπος καλεῖται. Ἔστι γὰρ ἄκαρπος, ὅταν ᾖ σαρκικὸς καὶ τὴν ἐπιθυμίαν τῆς σαρκὸς ἐργάζηται. Τοῦτο, φησὶν, ἐστὶ τὸ εἰρημένον· *Πᾶν δένδρον* [75] *μὴ ποιοῦν καρπὸν καλὸν ἐκκόπτεται καὶ εἰς πῦρ βάλλεται*. Καρποὶ γὰρ οὗτοι, φησὶν, εἰσὶ μόνον οἱ λογικοὶ, οἱ [76] ζῶντες ἄνθρωποι, οἱ διὰ τῆς πύλης

A *Domine, Domine, intrabit in regnum cœlorum, sed qui facit voluntatem Patris mei qui in cœlis est*: quam oportet facientes, non audientes solum in regnum intrare cœlorum. Et rursus, inquit, dixit: *Publicani et meretrices præcedunt vos in regnum cœlorum*. Publicani (τελῶναι **160-161** enim, inquit, sunt qui omnium rerum vectigalia recipiunt, nos autem, inquit, sumus publicani, *in quos fines* (τὰ τέλη) *sæculorum devenerunt*. Τέλη enim, inquit, sunt ab ineffigiato in mundum disseminata semina, per quæ universus perficitur mundus; per ea enim et orsus est fieri. Et hoc, inquit, est dictum illud: *Exiit seminans ad seminandum, et alia ceciderunt secus viam et conculcata sunt, alia vero super petrosa, et exorta sunt*, inquit, *et quoniam non habebant altitu-* B *dinem terræ, aruerunt et demortua sunt; alia autem ceciderunt*, inquit, *in terram pulchram et bonam et faciebant fructum, aliud centesimum, aliud sexagesimum, aliud tricesimum. Qui habet aures audiendi audiat*. Hoc est, inquit, nemo horum mysteriorum auditor factus est, nisi soli perfecti gnostici. Hæc, inquit, est terra pulchra et bona, quam dicit Moses: *Inducam vos in terram pulchram et bonam, in terram affluentem lacte et melle*. Hoc, inquit, est mel et lac, quo gustato perfectos irreges fieri et impertiri plenitudine. Hæc, inquit, est plenitudo, per quam omnia exsistentia nata ab innato et facta sunt et impleta. Idem autem hic a Phrygibus etiam *sterilis* vocatur. Est enim sterilis, quando est carnalis et cupidinem carnis efficit. Hoc, inquit, est C dictum illud: *Omnis arbor, quæ non facit fructum bonum, exciditur et in ignem mittitur*. Fructus enim hi, inquit, sunt soli rationales, vivi homines, qui per portam ingrediuntur tertiam. Dicunt quippe: *Si mortua comedistis et viva fecistis, quid, si viva comederitis, facietis?* Viva autem dicunt et rationes et mentes et homines, margaritas illius ineffigiati dejectas in figmentum infra. Hoc est quod dicit, inquit: *Ne projiciatis sanctum canibus, neque margaritas porcis*, porcorum et canum opus dicentes esse mulieris cum viro consuetudinem. Eumdem autem hunc, inquit, Phryges appellant *caprarium*, non **162-163** inquit, quod pascebat capras et capros, ut psychici appellant, sed quia est, inquit, αἰπόλος, hoc est ὁ ἀεὶ πολῶν et vertens et circum- D agens universum mundum conversione. Πολεῖν enim significat id quod vertere et commutare res: unde, inquit, et ambo centra cœli universi appellant polos. Et porta dicit:

VARIÆ LECTIONES.

[65] καὶ λαλοῦμεν om. C, M; cf. I Cor. II, 13, 14. [66] Ev. Joan. VI, 44: Οὐδεὶς δύναται ἐλθεῖν πρός με, ἐὰν μὴ ὁ Πατὴρ ὁ πέμψας με ἑλκύσῃ αὐτόν. [67] Matth. VII, 21. [68] Matth. XXI, 31. [69] I Cor. X, 11. [70] Cf. Matth. XIII, 3-9; Marc. IV, 3-9; Luc. XVIII, 5-8. [71] μόνοι οἱ] μόνοι C, M. [72] Cf. V Mos. XXXI, 20. Εἰσάξω γὰρ αὐτοὺς εἰς τὴν γῆν τὴν ἀγαθὴν, ἣν ὤμοσα τοῖς πατράσιν αὐτῶν, γῆν ῥέουσαν καὶ μέλι, κ. τ. λ. II Mos III, 8: Καὶ κατέβην ἐξελέσθαι αὐτοὺς ἐκ τῆς γῆς Αἰγυπτίων, καὶ ἐξαγαγεῖν αὐτοὺς ἐκ τῆς γῆς ἐκείνης, καὶ εἰσαγαγεῖν αὐτοὺς εἰς γῆν ἀγαθὴν καὶ πολλὴν, εἰς γῆν ῥέουσαν γάλα καὶ μέλι, κ. τ. λ. [73] γένη τὰ C: γεννητὰ M. [74] ὑπό. ἀπὸ C, M. [75] Matth. III, 10; Luc. III, 9. [76] λογικοὶ. οἱ. λογικοὶ C, M.

εἰσερχόμενοι τῆς τρίτης. Λέγουσι γοῦν· *Εἰ νεκρὰ ἐφάγετε καὶ ζῶντα ἐποιήσατε* [77], *τί, ἂν ζῶντα φάγητε, ποιήσετε;* Ζῶντα δὲ λέγουσι καὶ λόγους καὶ νόας καὶ ἀνθρώπους, τοὺς μαργαρίτας ἐκείνου τοῦ ἀχαρακτηρίστου ἐῤῥιμμένους εἰς τὸ πλάσμα κάτω [78]. Τουτέστιν ὃ λέγει, φησί· *Μὴ βάλητε τὸ ἅγιον τοῖς κυσὶ μηδὲ τοὺς μαργαρίτας τοῖς χοίροις*, χοίρων καὶ κυνῶν ἔργον λέγοντες εἶναι τὴν γυναικὸς πρὸς ἄνδρα ὁμιλίαν. Τὸν αὐτὸν δὲ τοῦτον, φησίν, οἱ Φρύγες [p. 114. 115] καλοῦσιν αἰπόλον, οὐχ ὅτι, φησίν, ἔβοσκεν αἶγας καὶ τράγους, ὡς οἱ ψυχικοὶ ὀνομάζουσιν, ἀλλ' ὅτι [80], φησίν, ἐστὶν ἀείπολος, τουτέστιν ὁ ἀεὶ πωλῶν [81] καὶ στρέφων καὶ περιελαύνων τὸν κόσμον ὅλον στροφῇ. Πολεῖν γάρ ἐστι τὸ στρέφειν καὶ μεταβάλλειν τὰ πράγματα· ἔνθεν [82], φησί, καὶ τὰ δύο κέντρα τοῦ οὐρανοῦ ἅπαντες προσαγορεύουσι πόλους. Καὶ ὁ ποιητὴς δέ φησι·

Πωλεῖται quidem huc senex marinus verax
Immortalis Proteus Ægyptius,

A *Πωλεῖταί τις δεῦρο γέρων ἅλιος νημερτής,*
Ἀθάνατος Πρωτεὺς Αἰγύπτιος [83],

non venumdatur, inquit, sed versatur ibi tanquam et circumit. Jam urbes, in quibus habitamus, quia versamur et circumimus in iis, et πόλεις vocantur. Ita, inquit, Phryges *caprarium* (αἰπόλον) eum appellant, qui semper omnia in omnes partes vertit et commutat ad domestica. Vocant autem eum, inquit, et *feracem* Phryges, quia *plures*, inquit, *liberi viduæ potius quam ejus, quæ habet maritum*, hoc est renati immortales et semper permanentes sunt multi, etiamsi pauci sint nati; carnales autem, inquit, caduci omnes, etiamsi sint multi admodum nati. Propterea, inquit, *plorabat Rachel filios suos et nolebat*, inquit, *consolari deplorans eos; norat enim*, inquit, *non esse*. Luget autem etiam Jeremias quæ infra est Jerusalem, non Phœniciæ urbem, sed quæ infra est generationem caducam. Cognoverat enim, inquit, etiam Jeremias perfectum hominem, renatum ex aqua et spiritu, non carnalem. Ipse profecto Jeremias dicebat: *Homo est et quis cognoscet eum?* Ita, inquit, est admodum profunda et difficilis comprehensu perfecti hominis cognitio. Initium enim, inquit, perfectionis cognitio hominis; Dei autem cognitio absoluta perfectio. Dicunt autem eum, inquit, Phryges etiam *viridem aristam demessam* et post Phryges Athenienses, initiantes Eleusinia et demonstrantes epoptis magnum et mirabile et perfectissimum epopticum ibi mysterium per silentium, demessam aristam. Arista autem hæc est etiam apud Athenienses ab ineffigiato [delapsus filius] perfectus magnus, **164-165** sicuti ipse hierophanta, non excisus ille quidem, ut Attis, sed eunuchus factus per cicutam et aspernatus omnem carnalem generationem, noctu Eleusine inter multos ignes peragens magna et arcana mysteria clamat et vociferatur dicens: *Sacrum peperit alma puellum Brimo Brimum*, hoc est valida validum. Alma autem est, inquit, generatio spiritualis, cœ-

οὐ πιπράσκεται, φησίν, ἀλλὰ στρέφεται αὐτοῦ οἱονεὶ καὶ περιέρχεται. Ἔτι [84] καὶ πόλεις, ἐν αἷς οἰκοῦμεν, ὅτι στρεφόμεθα καὶ περιπολοῦμεν [85] αὐταῖς, καὶ καλοῦνται πόλεις. Οὕτως, φησί, Φρύγες *αἰπόλον* τοῦτον καλοῦσι τὸν πάντοτε πανταχῆ [86] στρέφοντα καὶ μεταβάλλοντα πρὸς οἰκεῖα. Καλοῦσι δὲ αὐτόν, φησί, καὶ πολύκαρπον οἱ Φρύγες, ὅτι *πλείονα* [87], φησί, *τὰ τέκνα τῆς ἐρήμου μᾶλλον ἢ τῆς ἐχούσης τὸν ἄνδρα*, τουτέστι τὰ ἀναγεννώμενα ἀθάνατα καὶ ἀεὶ διαμένοντα ἐστι πολλά, κἂν ὀλίγα ᾖ τὰ γεννώμενα· τὰ δὲ σαρκικά, φησίν, φθαρτὰ πάντα, κἂν ᾖ πολλὰ πάνυ γεννώμενα. Διὰ τοῦτο, φησίν [88], ἔκλαιε [89] *Ῥαχὴλ τὰ τέκνα*

B *καὶ οὐκ ἤθελε*, φησί, *παρακαλεῖσθαι κλαίουσα ἐπ' αὐτοῖς· ᾔδει γάρ*, φησίν, *ὅτι οὐκ εἰσί.* Θρηνεῖ δὲ καὶ Ἱερεμίας τὴν κάτω Ἱερουσαλήμ, οὐ τὴν Φοινίκη πόλιν, ἀλλὰ τὴν κάτω γένεσιν τὴν φθαρτήν. Ἔγνω γάρ, φησί, καὶ Ἱερεμίας τὸν τέλειον ἄνθρωπον, τὸν ἀναγεννώμενον ἐξ ὕδατος καὶ πνεύματος, οὐ σαρκικόν. Αὐτὸς γοῦν ὁ Ἱερεμίας ἔλεγεν· *Ἄνθρωπός ἐστι* [90] *καὶ τίς γνώσεται αὐτόν;* Οὕτως, φησίν, ἐστὶ πάνυ βαθεῖα καὶ δυσκατάληπτος ἡ τοῦ τελείου ἀνθρώπου γνῶσις. Ἀρχὴ γάρ [91], φησί, τελειώσεως γνῶσις ἀνθρώπου· Θεοῦ δὲ γνῶσις ἀπηρτισμένη τελείωσις. Λέγουσι δὲ αὐτόν, φησί, Φρύγες καὶ *χλοερὸν στάχυν τεθερισμένον*, καὶ μετὰ τοὺς Φρύγας Ἀθηναῖοι μυοῦντες Ἐλευσίνια καὶ ἐπιδεικνύντες τοῖς ἐποπτεύουσι τὸ μέγα καὶ θαυμαστὸν

C καὶ τελειότατον ἐποπτικὸν ἐκεῖ μυστήριον ἐν σιωπῇ, τεθερισμένον στάχυν. Ὁ δὲ στάχυς οὗτός ἐστι καὶ παρὰ Ἀθηναίοις ὁ παρὰ τοῦ ἀχαρακτηρίστου φωστὴρ τέλειος μέγας [92], [p. 115. 116.] καθάπερ αὐτὸς ὁ ἱεροφάντης, οὐκ ἀποκεκομμένος μέν, ὡς ὁ Ἄττις [93], εὐνουχισμένος δὲ διὰ κωνείου καὶ πᾶσαν παρῃτημένος [94] τὴν σαρκικὴν [95] γένεσιν, νυκτὸς ἐν Ἐλευσῖνι ὑπὸ πολλῷ πυρὶ τελῶν τὰ μεγάλα καὶ ἄῤῥητα μυστήρια βοᾷ καὶ κέκραγε λέγων· *Ἱερὸν ἔτεκε πότνια*

VARIÆ LECTIONES.

[77] ποιήσητε C, M. [78] κάτω. κάρπου C. [79] Matth. VII, 6. Μὴ δῶτε τὸ ἅγιον τοῖς κυσίν, μηδὲ βάλητε τοὺς μαργαρίτας ὑμῶν ἔμπροσθεν τῶν χοίρων, κ. τ. λ. [80] ἀλλ' ὅτι. ἀλλὰ τί C. [81] πωλῶν corr. C et M. [82] ἔνθε C, M. [83] Hom. Od. 4, 384 [84] Ἔτι. Λέγει C; Ἀμέλει M. [85] περιπολοῦμεν. πολοῦμεν C, M; πολούμεθα Roeperus [86] πάντα πανταχῆ. πανταχῆ C, M. [87] Isa LIV, 1 et Galat. IV, 27: Ὅτι πολλὰ τὰ τέκνα τῆς ἐρήμου μᾶλλον ἢ τῆς ἐχούσης τὸν ἄνδρα. [88] Cf. Matth. II, 18: Ῥαχὴλ κλαίουσα τὰ τέκνα αὐτῆς καὶ οὐκ ἤθελησεν παρακληθῆναι, ὅτι οὐκ εἰσίν. Jerem. XXXI. 15: Φωνὴ ἐν Ῥαμᾶ ἠκούσθη, — Ῥαχὴλ ἀποκλαιομένης ἐπὶ τῶν υἱῶν αὐτῆς, καὶ οὐκ ἤθελεν παρακληθῆναι, ὅτι οὐκ εἰσίν. [89] ἔκλαιε margo C, M.; Oeb. [90] Jerem. 17, 9 Βαθεῖα ἡ καρδία παρὰ πάντα, καὶ ἄνθρωπός ἐστιν· καὶ τίς γνώσεται αὐτόν; Ἀρχὴ τελειώσεως. Cf. supra p. 132, 60 sq. [92] Videntur quædam excidisse, quibuscum φωστῆρος commemoratio cohæreret. [93] Ἄττης corr. C. [94] παρῃτημένος. ἀπηρτισμένος. C, M. [95] σαρκικήν. σαρκίνην C, M.

κοῦρον Βριμὼ Βριμόν [65], τουτέστιν ἰσχυρὰ ἰσχυρόν. Πότνια δέ ἐστι, φησίν, ἡ γένεσις ἡ πνευματική, ἡ ἐπουράνιος, ἡ ἄνω· ἰσχυρὸς δέ ἐστιν ὁ οὕτω γεννώμενος. Ἔστι γὰρ λεγόμενον τὸ [67] μυστήριον Ἐλευσὶν καὶ ἀνακτόρειον· Ἐλευσὶν, ὅτι ἤλθομεν, φησίν, οἱ πνευματικοὶ ἄνωθεν ἀπὸ τοῦ Ἀδάμαντος ῥυέντες κάτω· ἐλεύσεσθαι γάρ, φησίν, ἐστιν ἐλθεῖν, τὸ δὲ ἀνακτόρειον τὸ ἀνελθεῖν ἄνω. Τοῦτο, φησίν, ἐστὶν ὃ λέγουσιν οἱ κατωργιασμένοι τῶν Ἐλευσινίων τὰ μυστήρια. Θέσμιον [68] δέ ἐστι τὰ μικρὰ μεμυημένους αὖθις τὰ μεγάλα μυεῖσθαι. Μόροι [69] γὰρ μείζονες μείζονας μοίρας λαγχάνουσι. Μικρὰ δέ, φησίν, ἐστὶ τὰ μυστήρια τὰ τῆς Περσεφόνης κάτω, περὶ ὧν μυστηρίων καὶ τῆς ὁδοῦ τῆς ἀγούσης ἐκεῖ, οὔσης πλατείας καὶ εὐρυχώρου καὶ φερούσης τοὺς ἀπολλυμένους ἐπὶ τὴν Περσεφόνην [1], ... καὶ ὁ ποιητὴς δέ φησιν·

A lestis, sublimis, validus autem est qui sic generatus est. Vocatur enim mysterium *Eleusin* et *Anactorium*. *Eleusin*, quia venimus, inquit, spirituales desuper ab Adamante delapsi infra; ἐλεύσεσθαι enim, inquit, est id quod ἐλθεῖν, *Anactoreum* autem id quod ἀνελθεῖν ἄνω. Hoc est, inquit, quod dicunt qui initiati sunt Eleusiniorum mysteriis. Statutum autem est, qui parvis initiati sunt ut rursus magnis initientur. Mortes enim majores majores sortes nanciscuntur. Parva autem, inquit, sunt mysteria Proserpinæ infra, de quibus mysteriis et semita ducente illuc, quæ est lata et spatiosa eademque fert intereuntes ad Proserpinam [Salvator dixit], et poeta vero ait:

B

Αὐτὰρ [2] ὑπ' αὐτήν ἐστιν ἀταρπιτὸς [3] ὀκριόεσσα [4],
Κοίλη, πηλώδης· ἡ δ' [5] ἡγήσασθαι ἀρίστη
Ἄλσος ἐς ἱμερόεν πολυτιμήτου Ἀφροδίτης.

Sed sub ipsam est semita aspera,
Cava, lutosa; ea autem ducere optima
Lucum in venustum summe honoratæ Veneris.

Ταῦτ' ἔστι, φησί, τὰ μικρὰ μυστήρια τὰ τῆς σαρκικῆς γενέσεως, ἃ μυηθέντες οἱ ἄνθρωποι μικρὰ παύσασθαι ὀφείλουσι καὶ μυεῖσθαι τὰ μεγάλα τὰ ἐπουράνια. Οἱ γὰρ τοὺς ἐκεῖ, φησί, λαχόντες μόρους [6] μείζονας μοίρας λαμβάνουσιν. Αὕτη γάρ [7], φησίν, ἐστὶν ἡ πύλη τοῦ οὐρανοῦ καὶ οὗτος ὁ οἶκος [8] Θεοῦ, ὅπου ὁ ἀγαθὸς Θεὸς κατοικεῖ μόνος, εἰς ὃν οὐκ εἰσελεύσεται, φησίν, ἀκάθαρτος οὐδείς, οὐ ψυχικός, οὐ σαρκικός, ἀλλὰ τηρεῖται πνευματικοῖς μόνοις, ὅπου δεῖ γενομένους βαλεῖν [9] τὰ ἐνδύματα καὶ [p. 116. 117] πάντας γενέσθαι νυμφίους ἀπηρσενωμένους διὰ τοῦ παρθενικοῦ πνεύματος. Αὕτη γάρ ἐστιν ἡ παρθένος [10] ἡ ἐν γαστρὶ ἔχουσα καὶ συλλαμβάνουσα καὶ τίκτουσα υἱόν, οὐ ψυχικόν, οὐ σωματικόν, ἀλλὰ μακάριον αἰῶνα αἰώνων [11]. Περὶ τούτων, φησί, διαρῥήδην εἴρηκεν ὁ Σωτήρ, ὅτι *Στενὴ καὶ* [12] *τεθλιμμένη ἐστὶν ἡ ὁδὸς ἡ ἀπάγουσα εἰς τὴν ζωήν, καὶ ὀλίγοι εἰσὶν οἱ εἰσερχόμενοι εἰς αὐτήν, πλατεῖα δὲ καὶ εὐρύχωρος ἡ ὁδὸς ἡ ἀπάγουσα εἰς τὴν ἀπώλειαν, καὶ πολλοί εἰσιν οἱ διερχόμενοι δι' αὐτῆς.*

Hæc, inquit, sunt parva mysteria carnalis generationis, quibus initiati homines parvis requiescere debent et initiari magnis, cœlestibus. Nam sortiti, inquit, qui sunt ibi sortes, majores partes nanciscuntur. Hæc enim, inquit, est porta cœli et hæc domus Dei, ubi bonus Deus inhabitat solus, in quam non intrabit, inquit, impurus ullus, non animalis, non carnalis, sed reservatur spiritualibus solis, quo qui pervenerint abjicere debent **166-167** vestes et omnes evadere sponsi demasculati per virginalem spiritum. Hæc enim est virgo in ventre gestans et concipiens et pariens filium, non animalem, non corporalem, sed beatum ævum æternum.

C

De his, inquit, diserte dixit Salvator: *Angusta et arcta est via quæ ducit ad vitam, et pauci sunt qui ingrediuntur eam; lata autem et spatiosa via quæ ducit ad perditionem, et multi sunt qui permeant per eam.*

9. Ἔτι δὲ οἱ Φρύγες λέγουσι τὸν πατέρα τῶν ὅλων εἶναι *ἀμύγδαλον*, οὐχὶ δένδρον, φησίν, ἀλλὰ εἶναι ἀμύγδαλον ἐκεῖνον τὸν προόντα, ὃς ἔχων ἐν ἑαυτῷ τὸν τέλειον καρπὸν οἱονεὶ διασφύζοντα [13] καὶ κινούμενον ἐν βάθει, διήμυξε [14] τοὺς κόλπους αὐτοῦ,

9. Præterea autem Phryges dicunt patrem universorum esse *amygdalum*, non arborem, inquit, sed esse amygdalum illum ante exsistentem, qui habens in se perfectum fructum tanquam pulsantem et se moventem in profundo, perrupit (διήμυξε)

VARIÆ LECTIONES.

[65] Βριμόν, quod Hesychius interpretatur ἰσχυρὸν M βριμὴ C. Versus fuerit hic Ἱρὸν δὴ Βριμὼ Βριμὸν τέκε πότνια κοῦρον. [67] λεγόμενον τό. τὸ λεγόμενον C, M. [68] Θέμιον C; Θεμιτὸν Jac. Bernaysius (*ep. critic. ad Bunsenium* in *Analect. Ante-Nicæn. ed. Bunsen.* vol. III, p. 350 sq.) [69] Μόροι — λαγχάνουσι. Heraclit. fr. 54 apud Schleiermacher. (*Fr. Schleiermachers sæmmtliche Werke. Dritte Abtheilung. Zur Philosophie.* Vol. II, p. 124); cf. Jac. Bernaysius l. l. Post Περσεφόνην videtur excidisse: ὁ Σωτὴρ εἴρηκεν, cum superiora aperte referantur ad locum Matth. VII, 13 ὅτι πλατεῖα ἡ πύλη καὶ εὐρύχωρος ἡ ὁδὸς ἡ ἀπάγουσα εἰς τὴν ἀπώλειαν, καὶ πολλοί εἰσιν οἱ εἰσερχόμενοι δι' αὐτῆς, quæ sequuntur autem opponi illis debebant. [2] Versus antea ignotos A. Meinekius (*Diar. antiq. Marburg.* a 1852. IV, p. 373 sq.) Parmenidi ascribit, Gœttlingius (*Progr. Acad. Jen. a.* 1853 p. 5) Pampho Atheniensi. Roeperus suspicatur idem exemplum Græci poetæ obversatum esse Apuleio *Metamorph.* IV, 18. Hild. [3] 80. ἀτραπητὸς C. [4] ὀκρυόεσσα C, M. [5] 81. ἡ δ'. ἧτ' C: ἧτ' M. [6] λαχόντες μόρους μείζονας ἔνθα μείζονας μοίρας λαμβ. Jac. Bernaysius l. l. Cf. supra p. 156, 45. sq. [8] ὁ οἶκος C, M. [9] βαλεῖν. λαβεῖν C, M. [10] Cf. Isa. VII. Ἰδοὺ ἡ παρθένος ἐν γαστρὶ ἕξει καὶ τέξεται υἱόν. [11] αἰῶνα αἰώνιον [12] Cf. Matth. VII, 13, 14. Εἰσέλθατε διὰ τῆς στενῆς πύλης, ὅτι πλατεῖα καὶ εὐρύχωρος ἡ ὁδὸς ἡ ἀπάγουσα — δι' αὐτῆς· τί στενὴ [ἡ πύλη] καὶ τεθλιμμένη ἡ ὁδὸς ἡ ἀπάγουσα εἰς τὴν ζωήν, καὶ ὀλίγοι εἰσὶν οἱ εὑρίσκοντες αὐτήν. [13] οἱονεὶ διασφύζοντα. οἷον ἰδίᾳ σφύζοντα C, M. [14] διήμυξε Roeperus: διέμυξε C, M.

sinus suos et generavit invisibilem et innominatum et ineffabilem filium suum, de quo loquimur. Ἀμύξαι enim significat tanquam rumpere et scindere, sicuti, inquit, de febricitantibus corporibus et habentibus in se quamdam convulsionem, ἀμυχάς dicunt medici resecantes. Sic, inquit, Phryges *amygdalum* vocant, a quo provenit et natus est invisibilis, *per quem omnia facta sunt, et sine ipso factum est nihil. Fistulatorem* autem dicunt esse Phryges quod inde natum est, quia spiritus enharmonius est quod natum est. *Spiritus enim est*, inquit, *Deus; quapropter*, inquit, *neque in monte hoc adorant, neque in Jerusalem veri adoratores, sed in spiritu. Spiritualis enim*, inquit, *est perfectorum adoratio, non carnalis.* Spiritus autem, inquit, ibi ubi et Pater appellatur et Filius ex hoc Patre ibi natus. Hic, inquit, est multinominis, innumeris instructus oculis, incomprehensibilis, cujus omnis natura, alia autem aliter cupiens est. Hoc, inquit, est Verbum Dei, quod est, inquit, verbum prædicationis magnæ potestatis. Quare erit obsignatum **168-169** et occultatum et absconditum in habitaculo, ubi radix omnium fundata est, ævorum, potestatum, cogitationum, deorum, angelorum, spirituum delegatorum, eorum quæ sunt quæque non sunt, natorum, non natorum, incomprehensibilium, comprehensibilium, annorum, mensium, dierum, horarum, puncti indivisi, ex quo exorditur minimum crescere per partes. Nihil exsistens, inquit, et ex nihilo constans punctum, indivisum cum sit, paulatim procedet in magnitudinem quamdam incomprehensibilem. Hæc, inquit, est regnum cœlorum, granum sinapis, quod indivisum inest in corpore punctum, quod novit, inquit, nemo nisi spirituales soli. Hoc, inquit, est dictum illud : *Non sunt sermones, neque loquelæ, quorum non audiuntur voces eorum.* Hæc sic confingunt, ab omnibus hominibus quæ vel dicuntur vel aguntur, ad suam mentem, spiritualia dictitantes omnia fieri. Quare et eos, qui in theatris artem profitentur, dicunt ne ipsos quidem sine numine quidquam loqui aut facere. Ergo igitur, inquit, cum populo in theatris congregato ingreditur quispiam indutus vestem insignem, citharam gestans et psallens, sic dicit canens magna mysteria,

A καὶ ἐγέννησε τὸν ἀόρατον καὶ ἀκατονόμαστον καὶ ἄρρητον [15] παῖδα ἑαυτοῦ, περὶ οὗ λαλοῦμεν. Ἀμύξαι γάρ ἐστιν οἱονεὶ ῥῆξαι καὶ διατεμεῖν, καθάπερ, φησὶν, ἐπὶ τῶν φλεγμαινόντων σωμάτων καὶ ἐχόντων ἐν ἑαυτοῖς τινα συστροφὴν ἀμυχὰς [16] οἱ ἰατροὶ λέγουσιν ἀνατεμόντες· οὕτως, φησὶ, Φρύγες τὸ *ἀμύγδαλον* καλοῦσιν, ἀφ' οὗ προῆλθε καὶ ἐγεννήθη ὁ ἀόρατος, δι' οὗ τὰ πάντα ἐγένετο καὶ χωρὶς αὐτοῦ ἐγένετο οὐδέν. *Συρικτὰν* δέ φασιν [17] εἶναι Φρύγες τὸ ἐκεῖθεν γεγεννημένον, ὅτι πνεῦμα ἐναρμόνιόν ἐστι τὸ γεγεννημένον. *Πνεῦμα γάρ* [18], φησὶν, *ἐστὶν ὁ Θεός· διὸ*, φησὶν, *οὔτε ἐν τῷ ὄρει τούτῳ προσκυνοῦσιν, οὔτε ἐν Ἱερουσαλὴμ οἱ ἀληθινοὶ προσκυνηταὶ, ἀλλὰ ἐν πνεύματι. Πνευματικὴ* γὰρ, φησὶν, *ἐστὶ τῶν τελείων ἡ προσκύνησις,* B *οὐ σαρκική.* Τὸ δὲ πνεῦμα, φησὶν, ἐκεῖ ὅπου [19] καὶ ὁ Πατὴρ, ὀνομάζεται καὶ ὁ Υἱὸς, ἐκ τούτου τοῦ Πατρὸς [ἐκεῖ] [20] γεννώμενος. Οὗτος, φησὶν, ἐστιν ὁ πολυώνυμος, μυριόμματος, ἀκατάληπτος, οὗ [21] πᾶσα φύσις, ἄλλη δὲ [22] ἄλλως ὀρέγεται. Τοῦτο [23], φησὶν, ἐστὶ τὸ [p. 117—119.] ῥῆμα τοῦ Θεοῦ, ὅ, φησὶν, ἐστὶ ῥῆμα ἀποφάσεως τῆς μεγάλης δυνάμεως· διὸ ἔσται ἐσφραγισμένον καὶ κεκρυμμένον καὶ κεκαλυμμένον κείμενον ἐν τῷ οἰκητηρίῳ, οὗ ἡ ῥίζα τῶν ὅλων τεθεμελίωται [ἀπό τε] [24] αἰώνων, δυνάμεων, ἐπινοιῶν, θεῶν, ἀγγέλων, πνευμάτων ἀπεσταλμένων, ὄντων, μὴ ὄντων, γεννητῶν, ἀγεννήτων [25], ἀκαταλήπτων, καταληπτῶν, ἐνιαυτῶν, μηνῶν, ἡμερῶν, ὡρῶν, στιγμῆς ἀμερίστου, ἐξ ἧς [26] ἐξάρχεται τὸ ἐλάχιστον αὔξεσθαι κατὰ μέρος· ἡ μηδὲν οὖσα, φησὶ, καὶ ἐκ μηδενὸς συνεστῶσα C στιγμὴ ἀμέριστος οὖσα γενήσεται ἑαυτῇ ἐπινοίᾳ [27] μέγεθός τι ἀκατάληπτον. Αὕτη, φησὶν, ἐστὶν ἡ βασιλεία τῶν οὐρανῶν, ὁ κόκκος τοῦ σινάπεως [28], ἡ ἀμέριστος ἐνυπάρχουσα τῷ σώματι στιγμὴ, ἣν οἶδε, φησὶν, οὐδεὶς ἢ οἱ πνευματικοὶ μόνοι. Τοῦτο, φησὶν, ἐστὶ τὸ εἰρημένον· *Οὐκ εἰσὶ λόγοι* [29] *οὐδὲ λαλιαὶ ὧν οὐχὶ ἀκούονται αἱ φωναὶ αὐτῶν.* Ταῦτα [30] οὕτως σχεδιάζουσι, τὰ ὑπὸ πάντων ἀνθρώπων λεγόμενά τε καὶ γινόμενα, πρὸς ἴδιον νοῦν, πνευματικὰ φάσκοντες πάντα γίνεσθαι. Ὅθεν καὶ τοὺς θεάτροις ἐπιδεικνυμένους λέγουσι μηδ' [31] αὐτοὺς ἀπρονοήτως τι λέγειν ἢ ποιεῖν. Τοιγαροῦν, φησὶν, ἐπὰν συνελθὼν ὁ δῆμος ἐν τοῖς θεάτροις εἰσίῃ [32] τις ἠμφιεσμένος στολὴν ἔξαλλον, κιθάραν φέρων καὶ

VARIÆ LECTIONES.

[15] καὶ ἄρρητον. ἄρρητον C, M. [16] ἀμυχάς. ἃς ἀμυχὰς C, M. [17] φησὶν C. [18] Cf. Joan. III, 21. sqq. Πίστευέ μοι ὅτι ἔρχεται ὥρα ὅτε οὔτε ἐν τῷ ὄρει τούτῳ οὔτε ἐν Ἱεροσολύμοις προσκυνήσετε τῷ Πατρί... ἀλλὰ ἔρχεται ὥρα καὶ νῦν ἐστιν, ὅτε οἱ ἀληθινοὶ προσκυνηταὶ προσκυνήσουσιν τῷ Πατρὶ ἐν Πνεύματι καὶ ἀληθείᾳ..... πνεῦμα ὁ Θεὸς, καὶ τοὺς προσκυνοῦντας αὐτὸν ἐν Πνεύματι καὶ ἀληθείᾳ δεῖ προσκυνεῖν. [19] Obscurum est quid sibi velit ἐκεῖ ὅπου. [20] ἐκεῖ abundare videtur. [21] οὐ ὀρέγεται. Cf. supra p. 134, sq. [22] δέ. τε C, M. [23] Cf. infra l. VI, 9 193, 83 — 90. ed. Oxon. Τοῦτο τὸ γράμμα ἀποφάσεως φωνῆς καὶ ὀνόματος ἐξ ἐπινοίας τῆς μεγάλης δυνάμεως τῆς ἀπεράντου. Διὸ ἔσται ἐσφραγισμένον, κεκρυμμένον, κεκαλυμμένον, κείμενον ἐν τῇ οἰκητηρίῳ, οὗ ἡ ῥίζα τῶν ὅλων τεθεμελίωται. [24] ἀπό τε uncis inclusimus. [25] γεννητῶν, ἀγεννήτων. γεγενότων, γεννητῶν. C, γεγονότων, ἀγεννήτων M. [26] ἐξ ἧς. ἐξῆς. C. [27] ἑαυτῇ ἐπινοίᾳ intelligi nequeunt : αὐτῇ τῇ ἐπινοίᾳ susp. M ; ἑαυτῆς ἐπινοίᾳ Roeperus [28] ὁ κόκκος τοῦ σινάπεως Cf. Matth. XIII, 31, 32; Marc. IV 31, 32; Luc. XIII, 19. [29] Psal. XAII, 4 : Οὐκ εἰσὶν λαλιαὶ οὐδὲ λόγοι, ὧν οὐχὶ ἀκούονται αἱ φωναὶ αὐτῶν. [30] De his et quæ sequuntur uberius disputatum est a Schneidewino in Philol. tom. II. p. 261 sqq., deinde a Godofredo Hermanno in *Berichte der kœnigl. sæchs. Gesellschaft der Wissenschafren in Leipzig* 1249, p. 1 sqq., cujus disputationem expendit Schneidewinus in *Nachrichten von der G. A. Universitæt und der Kœnigl. Gesellschaft der Wissenschaften zu Gœttingen* 1852, 7. p. 101 sqq. Postremo Th Bergius *Poett. Lyr.* p. 1045 carmen apposuit. [31] μηδ' μή C. [32] εἰσίοι C, M.

ἄλλων, οὕτως λέγει ᾄδων τὰ μεγάλα μυστήρια οὐκ εἰδὼς ἃ λέγει· *Εἴτε Κρόνου γένος, εἴτε Διὸς μάκαρος, εἴτε Ῥέας μεγάλης, χαῖρε, τὸ κατηφὲς ἄκρισμα*[33] *Ῥέας*, Ἄττι. *Σὲ καλοῦσι μὲν Ἀσσύριοι τριπόθητον Ἄδωνιν, καλεῖ δ'*[34] Αἴγυπτος *Ὄσιριν, ἐπουράνιον μηνὸς κέρας Ἕλληνες, σοφίαν*[35], *Σαμοθρᾶκες Ἄδαμνα*[36] *σεβάσμιον, Αἱμόνιοι*[37] *Κορύβαντα, καὶ οἱ Φρύγες ἄλλοτε μὲν Πάπαν, ποτὲ δὲ νέκυν, ἢ θεὸν, ἢ τὸν ἄκαρπον, ἢ αἰπόλον, ἢ χλοερὸν στάχυν ἀμηθέντα, ἢ ὃν πολύκαρπος ἔτικτεν ἀμύγδαλος ἀνέρα συρικτάν.* Τοῦτόν φησιν εἶναι πολύμορφον Ἄττιν, ὃν ὑμνοῦντες λέγουσιν οὕτως· *Ἄττιν ὑμνήσω* [p. 119. 120.] *τὸν Ῥείης, κωδώνων*[38] *σὺν βόμβοις*[39], *οὐδ' αὐλῶν Ἰδαίων Κουρήτων μύκτητα, ἀλλ' εἰς*[40] *Φοιβείαν μίξω μοῦσαν φορμίγγων, εὐοῖ, εὐάν*[41], *ὡς Πᾶν, ὡς Βακχεὺς, ὡς ποιμὴν λευκῶν ἄστρων.* Διὰ τούτους καὶ τοὺς τοιούτους λόγους παρεδρεύουσιν οὗτοι τοῖς λεγομένοις Μητρὸς μεγάλης μυστηρίοις, μάλιστα καθορᾶν νομίζοντες διὰ τῶν δρωμένων ἐκεῖ τὸ ὅλον μυστήριον. Οὐδὲν γὰρ ἔχουσι πλέον οὗτοι τῶν ἐκεῖ δρωμένων, πλὴν ὅτι οὐκ εἰσὶν ἀποκεκομμένοι, μόνον τὸ ἔργον τῶν ἀποκεκομμένων ἐκτελοῦσι. Πάνυ γὰρ πικρῶς καὶ πεφυλαγμένως παραγγέλλουσιν ἀπέχεσθαι ὡς ἀποκεκομμένοι τῆς πρὸς γυναῖκα ὁμιλίας. Τὸ δὲ λοιπὸν ἔργον, ὡς εἰρήκαμεν διὰ πολλῶν, ὥσπερ οἱ ἀπόκοποι δρῶσι· τιμῶσι δὲ οὐκ ἄλλο τι ἢ τὸν νάας οὗτοι, Νaασσηνοὶ καλούμενοι. Νάας δέ ἐστιν ὁ ὄφις, ἀφ' οὗ φησι πάντας εἶναι τοὺς ὑπὸ τὸν οὐρανὸν προσαγορευομένους ναοὺς, ἀπὸ τοῦ νάας· κἀκείνῳ μόνῳ τῷ νάας ἀνακεῖσθαι πᾶν ἱερὸν καὶ πᾶσαν τελετὴν καὶ πᾶν μυστήριον, καὶ καθόλου μὴ δύνασθαι τελετὴν εὑρεθῆναι ὑπὸ τὸν οὐρανὸν, ἐν ᾗ ναὸς οὐκ ἔστι, καὶ ὁ νάας ἐν αὐτῷ, ἀφ' οὗ ἔλαχε[42] ναὸς καλεῖσθαι. Εἶναι δὲ τὸν ὄφιν λέγουσιν οὗτοι τὴν ὑγρὰν οὐσίαν, καθάπερ καὶ Θαλῆς ὁ Μιλήσιος, καὶ μηδὲν δύνασθαι τῶν ὄντων ὅλως ἀθανάτων, ἢ θνητῶν, τῶν ἐμψύχων ἢ ἀψύχων συνεστηκέναι χωρὶς αὐτοῦ. Ὑποκεῖσθαι δὲ αὐτῷ τὰ πάντα, καὶ εἶναι αὐτὸν ἀγαθὸν, καὶ ἔχειν πάντα ἐν αὐτῷ ὥσπερ ἐν κέρατι ταύρου μονοκέρωτος[43], ὥστε[44] τὸ κάλλος [τῶν ἄλλων][45] καὶ τὴν ὡραιότητα ἐπιδιδόναι πᾶσι τοῖς οὖσι κατὰ φύσιν τὴν ἑαυτῶν καὶ οἰκειότητα, οἱονεὶ διὰ[46] πάντων ὁδεύοντα, *ὥσπερ*[47] *ἐκπορευόμενον ἐξ Ἐδὲμ καὶ σχιζόμενον εἰς ἀρχὰς τέσσαρας.* Ἐδὲμ δὲ εἶναι λέγουσι τὸν ἐγκέφαλον, οἱονεὶ δεδεμένον καὶ κατεσφιγμένον ἐν τοῖς περικειμένοις χιτῶσιν ὥσπερ οὐρανοῖς[48]· παράδεισον δ'[49] εἶναι νομίζουσι τὸν μέχρι μόνης τῆς κεφαλῆς ἄνθρωπον. *Ἐξερχόμενον*[50] *οὖν*

A ignarus quid dicat : *Sive Saturni genus, sive Jovis beati, sive Rheæ magnæ, salve debile mutilamen Rheæ, Attis. Te vocant Assyrii ter desideratum Adonin, vocat autem Ægyptus Osirin, cœleste Menæ cornu Græci, aut catum Mercurium, Samothraces Adamna venerabilem, Hæmonii Corybantem, et Phryges alias Papam, aliquando autem mortuum, aut deum, aut sterilem, aut caprarium, aut viridem aristam demessam, aut quem ferax pariebat amygdalus virum fistulatorem.* Hunc ait esse multiformem Attin, quem hymno celebrantes dicunt ita : *Attin cantabo Rheæ filium* **170-171** *non tubarum cum bombis nec rursus tibiarum Idæarum, quæ accinunt Curetibus, sed in Phœbeam miscebo musam cithararum, evoe evan, cum sit Pan, cum Bacchus, cum* B *pastor lucidorum astrorum.* Propter hæc et alia hujusmodi assident hi mysteriis quæ dicuntur magnæ Matris, maximè sese perspicere arbitrati per ea, quæ ibi peraguntur, totum mysterium. Nihil enim hi plus habent quam ea, quæ ibi aguntur, nisi quod non sunt excisi, sed quod excisorum est perficiunt. Valde enim austere et severe præcipiunt sese abstinere pariter atque excisi a consuetudine cum muliere. In reliquis, ut diximus pluribus, opus excisorum faciunt. Colunt autem nihil hi aliud quam Naas, Naasseni vocati. Naas autem est serpens, a quo ait esse omnia sub cœlo quæ vocantur templa (ναούς), a verbo quod est νάας, et illi soli Naas dedicatum esse omne sacrarium et omne initium et omne mysterium, et omnino non posse mysterium C reperiri ullum sub cœlo, in quo ναός non sit et νάας in eo, unde nactus est nomen ναός. Esse autem serpentem aiunt hi humidam materiem, sicuti etiam Thales Milesius, nec quidquam posse eorum quæ exsistant omnino, sive immortalium sive mortalium, sive animatorum sive inanimatorum constare sine eo. Subjecta autem ei esse omnia, et esse eum bonum et habere omnia in se sicuti in cornu tauri unicornis, adeo ut pulchritudinem et venustatem impertiat universis quæ exstant secundum naturam singulorum et proprietatem, tanquam per omnia permeantem, sicuti *profectum ex Edem et se findentem in capita quatuor.* Edem autem esse aiunt cerebrum, tanquam vinctum et constrictum D in circumplicatis vestibus uti cœlis. Paradisum autem esse arbitrantur capite solum tenus hominem. *Exeuntem igitur hunc fluvium ex Edem*, hoc est cerebro, *dividi in capita quatuor, vocari autem nomen primi* **172-173** *fluvii Phison ; ipse est qui circuit omnem terram Hevilath, ubi nascitur aurum. Et au-*

VARIÆ LECTIONES.

[33] ἄκρισμα G. Hermannus, ἄκουσμα C, M. [34] καλεῖ δ' Roeperus, ὅλη δ' C, M. [35] σοφίαν corruptum est. Desiderari Ἑρμοῦ mentionem apparet ex p. 444 sqq., nisi forte in voce σοφίαν latet Λόγιον. [36] Ἄδαμνα Th. Berghius l. l., coll. Hesych. s. v. Ἀδαμνεῖν : Ἀδὰμ C, M. [37] Αἱμόνιοι C, M. [38] κωδώνων οὐ ὠδινῶν C. [39] συμβόμβοις C. [40] εἰς. οἷς C. [41] εὐάν. εὐὼν C. [42] ἔλαχε. ἔλαβε C, M. [43] ἐν κέρατι ταύρου μονοκέρωτος. Cf. 5 Mos. 33, 17 : Πρωτότοκος ταύρου τὸ κάλλος αὐτοῦ, κέρατα μονοκέρωτος τὰ κέρατα αὐτοῦ, κ. τ. λ. [44] ὥστε om. C, M, qui post μονοκέρωτος lacunam esse arbitratur. [45] τῶν ἄλλων, quod sensu caret, uncis inclusimus. [46] οἱονεὶ διά. οἷον ἰδία C, M. [47] Cf. I Mos. II, 10 : Ποταμὸς δὲ ἐκπορεύεται ἐξ Ἐδὲμ ποτίζειν τὸν παράδεισον· ἐκεῖθεν ἀφορίζεται εἰς τέσσαρας ἀρχάς. [48] οὐρανοῖς. Οὐρανόν ? [49] δ' om. C. [50] Cf. I Mos. II, 10.

rum terræ illius optimum est; ibi invenitur bdellium et lapis onychinus. Hic, inquit, est oculus, honore et coloribus testificans id quod dicitur. *Nomen autem secundi fluvii Gehon; ipse est qui circuit omnem terram Æthiopiæ.* Hic est, inquit, auditus, cum sit perplexus quidam instar labyrinthi. *Et nomen tertio Tigris; ipse vadit ex adverso Assyriis.* Hic, inquit, est olfactus, acerrimo usus impetu fluminis. Vadit autem ex adverso Assyriis, quoniam exspiranti spiritui per respirationem spiritus extrinsecus ab aere tractus (ἀπὸ τοῦ ἀέρος συρόμενον) acrior et vehementior insuper ingreditur. Respirationis enim, inquit, hæc est natura. *Fluvius autem quartus est Euphrates.* Hunc dicunt os, per quod precationis exitus et nutrimenti introitus, quod mulcet (εὐφραίνει) et nutrit et effigiat spiritualem perfectum hominem. Hæc, inquit, est *aqua quæ est supra firmamentum*, de qua, inquit, dixit Salvator: *Si scires, quis est qui petit, tu forsitan petisses ab eo, et dedisset tibi bibere vivam aquam salientem.* Ad hanc, inquit, aquam omnis natura propinquat, suas quæque eligens essentias, et accedit cuique naturæ ab hac aqua, quod cuique proprium est, inquit, magis quam lapidi Herculeo ferrum et aurum marini accipitris spinæ et palea electro. Sin quis, inquit, est cæcus a natalibus nec conspicatus veram lucem, *quæ illuminat omnem hominem venientem in mundum*, per nos recipiat visum et cernat tanquam per paradisum quemdam omni arbore consertum et multis frugibus consitum aquam permeantem per omnes arbores et fruges, et videbit ex una eademque aqua sibi eligere et attrahere olivam oleum et vitem vinum et reliquarum generatim singularum quamque plantarum. **174-175** Est autem, inquit, homo ille ignobilis in mundo et pernobilis [in cœlis, proditus] ab ignorantibus eum iis qui ignorant, æstimatus ut gutta a cado; nos autem sumus, inquit, spirituales, qui nobis eligimus a viva aqua fluentis Euphratis per mediam Babylonem domesticum, per portam meantes veram, quæ est Jesus beatus. Et sumus ex omnibus hominibus nos Christiani soli in tertia porta perficientes mysterium et uncti ibi ineffabili unguento ex cornu ut David, non ex fictili olla, ut Saul, conversatus cum malo dæmone carnalis concupiscentiæ.

A *τοῦτον τὸν ποταμὸν ἐξ Ἐδὲμ*, τουτέστιν ἐκ τοῦ ἐγκεφάλου, *ἀφορίζεσθαι*[81] *εἰς ἀρχὰς τέσσαρας, καλεῖσθαι δὲ τὸ ὄνομα τοῦ πρώτου ποταμοῦ Φεισὼν, οὗτος ὁ κυκλῶν πᾶσαν* [p. 120. 121.] *τὴν γῆν Εὐιλάτ· ἐκεῖ οὗ*[82] *ἐστι τὸ χρυσίον, τὸ δὲ χρυσίον τῆς γῆς ἐκείνης καλὸν· καὶ ἐκεῖ ἐστιν ὁ ἄνθραξ καὶ ὁ λίθος ὁ πράσινος.* Οὗτος, φησὶν, ἐστὶν[83] ὀφθαλμὸς, τῇ τιμῇ καὶ τοῖς χρώμασι μαρτυρῶν τῷ λεγομένῳ. *Τὸ δὲ ὄνομα τοῦ δευτέρου ποταμοῦ Γεὼν, οὗτος ὁ κυκλῶν πᾶσαν τὴν γῆν Αἰθιοπίας.* Οὗτος, φησὶν, ἐστὶν ἀκοὴ, λαβυρινθώδης τις ὤν. *Καὶ ὄνομα τῷ τρίτῳ Τίγρις. Οὗτός*[85] *ἐστιν ὁ πορευόμενος κατέναντι Ἀσσυρίων.* Οὗτος, φησὶν[86] ἐστὶν ὄσφρησις, ὀξυτάτῃ χρώμενος τῇ φορᾷ τοῦ ῥεύματος· πορεύεται B δὲ κατέναντι Ἀσσυρίων, ὅτι ἐκπνέοντι τῷ πνεύματι κατὰ τὴν ἀναπνοὴν τὸ ἔξωθεν[87] ἀπὸ τοῦ ἀέρος συρόμενον ὀξύτερον καὶ βιαιότερον ἐπεισέρχεται πνεῦμα. Ἀναπνοῆς γὰρ, φησὶν, αὕτη φύσις. *Ὁ δὲ ποταμὸς*[88] *ὁ τέταρτος Εὐφράτης.* Τοῦτον λέγουσι στόμα, δι' οὗ ἡ τῆς προσευχῆς ἔξοδος, καὶ ἡ τῆς τροφῆς εἴσοδος, ἣ[89] εὐφραίνει καὶ τρέφει καὶ χαρακτηρίζει τὸν πνευματικὸν τέλειον ἄνθρωπον. Τοῦτο, φησὶν, *ἐστὶ τὸ ὕδωρ*[90] *τὸ ὑπεράνω τοῦ στερεώματος*, περὶ οὗ, φησὶν, εἴρηκεν ὁ Σωτήρ· *Εἰ ᾔδεις*[91] *τίς ἐστιν ὁ αἰτῶν, σὺ ἂν ᾔτησας παρ' αὐτοῦ, καὶ ἔδωκεν ἄν σοι πιεῖν ζῶν ὕδωρ ἁλλόμενον.* Ἐπὶ τοῦτο, φησὶ, τὸ ὕδωρ πᾶσα φύσις ἔρχεται[92] τὰς ἑαυτῆς οὐσίας ἐκλέγουσα, καὶ προσέρχεται ἑκάστῃ φύσει[93] C ἀπὸ τοῦ ὕδατος τούτου τὸ οἰκεῖον, φησὶ, μᾶλλον ἢ σίδηρος τῇ Ἡρακλείᾳ λίθῳ, καὶ ὁ χρυσὸς τῇ τοῦ θαλασσίου ἱέρακος κερκίδι, καὶ τὸ ἄχυρον τῷ ἠλέκτρῳ[94]. Εἰ δέ τις, φησὶν, ἐστὶ τυφλὸς ἐκ γενετῆς[95] καὶ μὴ τεθεαμένος φῶς[96] τὸ ἀληθινὸν, ὃ *φωτίζει πάντα ἄνθρωπον ἐρχόμενον εἰς τὸν κόσμον*, δι' ἡμῶν ἀναβλεψάτω καὶ ἰδέτω οἱονεὶ διά τινος παραδείσου παμφύτου[97] καὶ πολυσπερμάτου ὕδωρ διερχόμενον διὰ πάντων τῶν φυτῶν καὶ τῶν σπερμάτων, καὶ ὄψεται, ὅτι ἐξ ἑνὸς καὶ τοῦ αὐτοῦ ὕδατος ἐκλέγεται καὶ ἐπισπᾶται ἡ ἐλαία τὸ ἔλαιον καὶ ἡ ἄμπελος τὸν οἶνον καὶ τῶν ἄλλων κατὰ γένος ἕκαστον φυτόν. [p. 121. 122] Ἔστι δὲ, φησὶν, ὁ ἄνθρωπος ἐκεῖνος ἄτιμος ἐν τῷ κόσμῳ, καὶ πολύτιμος[98] . . . . . ὑπὸ τῶν οὐκ εἰδότων τοῖς οὐκ εἰδόσιν αὐτὸν, λελογισμένος ὡς[99] σταγὼν ἀπὸ κάδου· ἡμεῖς δ'[100] ἐσμὲν, φησὶ,

VARIÆ LECTIONES.

[81] Cf. 1 Mos. II, 11, 12: Ὄνομα τῷ ἑνὶ Φισὼν· οὗτος ὁ κυκλῶν πᾶσαν τὴν γῆν Εὐιλὰτ, ἐκεῖ οὗ ἐστι τὸ χρυσίον· τὸ δὲ χρυσίον τῆς γῆς ἐκείνης καλόν· καὶ ἐκεῖ ἐστιν ὁ ἄνθραξ καὶ ὁ λίθος ὁ πράσινος. [82] οὗ. οὖν C, M. [83] ἐστὶν om. C, M. [84] Cf. 1 Mos. II, 13: Καὶ ὄνομα τῷ ποταμῷ τῷ δευτέρῳ Γεών· οὗτος ὁ κυκλῶν πᾶσαν τὴν γῆν Αἰθιοπίας. [85] Cf. 1 Mos. II, 14: Καὶ ὁ ποταμὸς ὁ τρίτος Τίγρις, οὗτος ὁ προπορευόμενος κατέναντι Ἀσσυρίων. [86] φησίν. φασὶν C, M. [87] τὸ ἔξωθεν. τοῦ ἔξωθεν C, τὸ ἔξωθεν susp. M. [88] 1 Mos. II 14. [89] ἣ om. C, M. [90] τὸ ὕδωρ — στερεώματος. Cf. 1 Mos. I, 7: Καὶ διεχώρισεν ὁ Θεὸς ἀνὰ μέσον τοῦ ὕδατος ὃ ἦν ὑποκάτω τοῦ στερεώματος, καὶ ἀνὰ μέσον τοῦ ὕδατος τοῦ ἐπάνω τοῦ στερεώματος. [91] Cf. Joan. IV, 10: Εἰ ᾔδεις τὴν δωρεὰν τοῦ Θεοῦ, καὶ τίς ἐστιν ὁ λέγων σοι· Δός μοι πιεῖν, σὺ ἂν ᾔτησας αὐτὸν, καὶ ἔδωκεν ἄν σοι ὕδωρ ζῶν. Coll. v. 14: Τὸ ὕδωρ ὃ δώσω αὐτῷ γενήσεται ἐν αὐτῷ πηγὴ ὕδατος ἁλλομένου εἰς ζωὴν αἰώνιον. [92] ἔρχεται. εἰσέρχεται C, M. [93] ἑκάστῃ φύσει C. [94] τῷ ἀχύρῳ τὸ ἤλεκτρον C; cf. infra p. 137, 10 ed. Oxon. M. [95] ἐκ γεννητῆς C; cf. Joan. IX, 1: Καὶ παράγων εἶδεν ἄνθρωπον τυφλὸν ἐκ γενετῆς. [96] φῶς — κόσμον Ev. Joan. I. 9. [97] παμφύτου. συμφύτου C, M. [98] Post verbum πολύτιμος lacuna, quæ sic expleri potest: ἐν τῷ οὐρανῷ, προδεδομένος M. [99] λελογισμένος· ὡς γὰρ C, M, cf. Isa. XL, 15: Εἰ πάντα τὰ ἔθνη ὡς σταγὼν ἀπὸ κάδου καὶ ὡς ῥοπὴ ζυγοῦ ἐλογίσθησαν, κ. τ. λ. [100] κάδου· ἡμεῖς δ'· κάδου οἵτινες C, M, qui pro οἵτινες susp. οὕτως sive τινές.

σιν, οἱ πνευματικοὶ, οἱ ἐκλεγόμενοι ἀπὸ τοῦ ζῶντος ὕδατος τοῦ ῥέοντος Εὐφράτου διὰ τῆς Βαβυλῶνος μέσης τὸ οἰκεῖον, διὰ[71] τῆς πύλης ὁδεύοντες ἀληθινῆς, ἥτις ἐστὶν Ἰησοῦς ὁ μακάριος. Καὶ ἐσμὲν ἐξ ἁπάντων ἀνθρώπων ἡμεῖς Χριστιανοὶ μόνοι ἐν τῇ τρίτῃ πύλῃ ἀπαρτίζοντες τὸ μυστήριον καὶ χριόμενοι[72], ἐκεῖ ἀλάλῳ χρίσματι ἐκ κέρατος, ὡς[73] Δαβὶδ[74], οὐκ ὀστρακίνου φακοῦ[75], φησὶν, ὡς ὁ Σαοὺλ, ὁ συμπολιτευόμενος[76] τῷ πονηρῷ δαίμονι τῆς σαρκικῆς ἐπιθυμίας.

ι'. Ταῦτα μὲν οὖν ἐκ πολλῶν ὡς ὀλίγα παρεθέμεθα. Ἔστι γὰρ ἀναρίθμητα τῆς μωρίας ἐπιχειρήματα ὄντα φλύαρα καὶ μανιώδη· ἀλλ' ἐπειδὴ δυνάμει[77] τὴν ἄγνωστον αὐτῶν γνῶσιν ἐξεθέμεθα, καὶ τοῦτο ἔδοξε παραθεῖναι. Ψαλμὸς αὐτοῖς ἐσχεδίασται οὗτος[78], δι' οὗ πάντα αὐτοῖς τὰ τῆς πλάνης μυστήρια δοκοῦσιν ὑμνῳδεῖν[79] οὕτως·

[80] *Νόμος ἦν γενικὸς τοῦ παντὸς ὁ πρῶτος Νόος[81].*
Ὁ δὲ δεύτερος ἦν τοῦ πρωτοτόκου τὸ χυθὲν Χάος.
Τριτάτη[82] ψυχὴ δ' ἔλαβεν ἐργαζομένην[83] νόμον.
Διὰ τοῦτ' ἔλαφον[84] μορφὴν περικειμένη
Κοπιᾷ θανάτῳ μελέτημα κρατουμένη·
Ποτὲ βασιλείαν[85] ἔχουσα βλέπει τὸ φῶς,
Ποτὲ δ' εἰς ἔλεον[86] ἐρριμμένη[87] κλαίει,
Ποτὲ δὲ κλαίεται χαίρει,
Ποτὲ δὲ κλαίει κρίνεται,
Ποτὲ δὲ κρίνεται θνήσκει,
Ποτὲ δὲ γίνεται ἀνέξοδος ἡ μελέα κακῷ[88]
Λαβύρινθον εἰσῆλθε[89] πλανωμένη·
Εἶπεν δ' Ἰησοῦς, Ἐσόρ, Πάτερ,
[p. 123. 124.] *Ζήτημα κακῶν ἐπὶ[91] χθόνα*
Ἀπὸ σῆς πνοῆς ἐπιπλάζεται.
Ζητεῖ δὲ φυγεῖν τὸ πικρὸν Χάος,
Καὶ οὐκ οἶδε πῶς[92] διελεύσεται.
Τούτου με χάριν πέμψον, Πάτερ·
Σφραγῖδας ἔχων καταβήσομαι.
Αἰῶνας ὅλους διοδεύσω,
Μυστήρια πάντα διανοίξω[93],
Μορφὰς δὲ θεῶν ἐπιδείξω·
Καὶ τὰ κεκρυμμένα[94] τῆς ἁγίας ὁδοῦ
Γνῶσιν καλέσας, παραδώσω.

ια'. Ταῦτα μὲν οὖν οἱ Ναασσηνοὶ ἐπιχειροῦσιν, ἑαυτοὺς γνωστικοὺς ὀνομάζοντες· ἀλλ' ἐπεὶ πολυκέφαλός ἐστιν ἡ πλάνη καὶ πολυσχιδὴς[95] ὡς ἀληθῶς ἱστορουμένη ὕδρα, κατὰ μίαν ταύτης [τὰς] κεφαλὰς[96] πατάξαντες διὰ τοῦ ἐλέγξαι, τῇ τῆς ἀληθείας ῥάβδῳ χρησάμενοι, ἅπαν τὸ θηρίον ἀναιρήσομεν· οὐδὲ γὰρ αἱ λοιπαὶ αἱρέσεις πολὺ ταύτης ἀπεμφαίνουσι, συνεχόμεναι ἐν πλάνης πνεύματι. Ἀλλ' ἐπειδὴ τὰ ῥήματα καὶ τὰ ὀνόματα τοῦ ὄφεως ἐνδιαλλάξαντες πολλὰς εἶναι κεφαλὰς τοῦ ὄφεως ἠθέλησαν, οὐδὲ οὕτως ἐνδεήσομεν διελέγξαι ὡς βούλονται.

ιβ'. Ἔστι γοῦν[97] καὶ ἑτέρα τις Περατικὴ[98], ὧν πολλοῖς ἔτεσιν ἔλαθεν ἡ κατὰ Χριστοῦ δυσφημία· ὧν νῦν εἰς φανερὸν ἄγειν ἔδοξε τὰ ἀπόρρητα μυστήρια. Οὗτοι φάσκουσι τὸν κόσμον εἶναι ἕνα, τριχῇ[99]

A 10. Et hæc quidem ut pauca de multis apposuimus. Sunt enim innumerabilia stultitiæ conamina, inepta illa et vesana. Sed cum pro viribus insanientem eorum sapientiam exposuerimus, et hoc visum est apponere. Psalmus iis fusus est talis, per quem omnia sua erroris mysteria videntur cantu concelebrare in hunc modum :

Erat lex generatrix universi prima Mens,
Secunda autem erat primo parientis fusum Chaos;
Tertia anima accepit efficacem legem,
Propterea cervarium formam induta fatiscit,
Mortis laborem vincens.
Nunc imperio potens intuetur lumen,
Nunc in miseriam dejecta, flet,
Nunc fletur, gaudet;
Nunc flet, judicatur;
Nunc judicatur, moritur;
B *Nunc fit inexpedibilis, misera, malo,*
Labyrinthum ingressa est errabunda.
At Jesus dixit : Respice, Pater;
176-177 *Exquisitio malorum in terram*
A tuo flatu vagatur
Tentat fugere amarum Chaos,
Et nescit quomodo pertransibit;
Quapropter, mitte me, Pater,
Sigilla ferens descendam,
Sæcula cuncta transgrediar,
Mysteria omnia aperiam,
Formasque deorum demonstrabo,
Et arcana viæ sanctæ,
Scientiam appellans, tradam.

11. Et hæc quidem Naasseni conantur, semet ipsi gnosticos appellantes. Sed cum multiceps sit error eorum et multiplex, ut vere quæ in fabulis est C hydra, uno ictu capita ejus ubi percusserimus coarguendo, veritatis virga usi, totam bestiam tollemus; neque enim reliquæ hæreses multum ab hac abludunt, quippe quæ contineantur erroris spiritu. Sed cum verba et nomina serpentis commutantes multa esse capita serpentis voluerint, ne sic quidem omittemus coarguere, ut volunt.

12. Est certe etiam quoddam caput hydræ quod est Peratarum, quorum multis annis latuit erga Christum ludibrium, quorum nunc visum est in lucem prodere arcana mysteria. Illi dictitant mun-

VARIÆ LECTIONES

[71] διὰ—Ἰησοῦς ὁ μακάριος. Cf. supra p. 156, 48. [72] χριόμενοι—χρίσματι. Cf. supra . 140, 89. [73] ὡς. ᾧ C, M. [74] κέρατος—Δαβίδ. Cf. I Samuel. xvi, 13. Καὶ ἔλαβε Σαμουὴλ τὸ κέρας τοῦ ἐλαίου, καὶ ἔχρισεν αὐτὸν, κ. τ. λ. [75] ὀστρακίνου φακοῦ—Σαούλ. Cf. I Sam. x, 1 : Καὶ ἔλαβε Σαμουὴλ τὸν φακὸν τοῦ ἐλαίου, καὶ κατέχεεν ἐπὶ τὴν κεφαλὴν αὐτοῦ. [76] ὁ συμπολιτευόμενος—ἐπιθυμίας. Cf. I Sam. xvi, 14 : Καὶ πνεῦμα Κυρίου ἀπέστη ἀπὸ Σαούλ, καὶ ἔπνιγεν αὐτὸν πνεῦμα πονηρὸν παρὰ Κυρίου. [77] τῇ δυνάμει susp. M, ἐν δυνάμει? [78] οὗτος. οὕτως C. [79] δοκοῦσιν ὑμνῳδεῖν. δοκοῦσι διὰ ὕμνου ἀεὶ δοῦν C, δοκοῦσι διὰ ὕμνου ἀείδειν M. [80] Hunc hymnum citra spem salutis corruptum attrectare veriti sumus; ergo secuti sumus Millerum. [Interpretationem qualemcunque addimus. EDIT. PATR.] [81] ὁ πρώτιστος νόος susp. M. [82] τρίτατον M. [83] ἐργαζομένη M; δ' ἔλαβ' ἔνθ' ἐργ. susp. M. [84] τοῦτ' ἔλαφον. τοῦτο ἔλαφον C, τοῦτ' ἐλάφου susp. M. [85] ποτὲ μὲν βασιλείαν M. [86] ἔλεον. ἔλαιον C. [87] ἐρριμένη C. [88] κακῶν M. [89] ἐσῆλθε M. [90] εἶπεν δ' Ἰησοῦς, ἐσόρα, πάτερ M. [91] ἐπί. τόδ' ἐπὶ susp. M. [92] κοὐκ οἶδεν ὅπως M. [93] δ' ἀνοίξω M. [94] κεκρυμμένα. κρυπτά τε susp. M. [95] πολυσχεδής C. [96] τὰς κεφαλάς. κεφαλὴν C. [97] Cf. infra l. x, 10, pag. 315, 316 ed. Oxon. [98] Post Περατικὴ fort. desunt quædam M. Quæ desunt supplet Epitome l. x, 10 l. l. [99] τριχῇ. τριχῆς C.

dum esse unum, trifariam divisum. Est autem trifariæ divisionis apud eos quasi unum quoddam initium tanquam magnus fons, in infinita per rationem dissecabilis segmenta. Primum autem segmentum et potius secundum eos est trias, et una quidem pars appellatur bonum perfectum, magnitudo patria, secunda autem triadis eorum pars tanquam potestatum innumera quædam multitudo ex sese genitarum, tertia speciale. Et est prima quidem id quod non genitum est bonum, secunda autem bonum ex se genitum, tertia genitum, unde perspicue dicunt tres deos, tres logos, tres mentes, tres homines. Singulis enim partibus mundi, divisione discreta, tribuunt et deos et logos et mentes et homines et quæ reliqua sunt. Desuper autem ex non generatione et primo mundi segmento, **178-179** cum constitisset deinceps mundus ad consummationem, descendisse ob causas, quas postea reddemus, Herodis temporibus trinaturatum quemdam et tricorporem et tripotentem hominem vocatum Christum, in se habentem a tribus partibus mundi omnia concrementa et potestates. Et hoc ait esse quod dicitur · *Omnem plenitudinem complacuit inhabitare in ipso corporaliter*, et omnis inest in ipso divinitas sic divisæ triadis. Delata enim esse ait a superjacentibus mundis duobus, et non generato et ex se ipso generato, in hunc mundum, in quo versamur nos, omnifariarum potestatum semina. Qui autem sit modus descensionis eorum, posthac aperiemus. Devenisse igitur Christum dicit desuper a non generatione, ut per descensionem ejus omnia salventur trifariam divisa. Quæ enim, inquit, desuper devenerunt infra, ascendent per eum. Ea autem, quæ insidiata sunt delapsis desuper, abjiciuntur et punita ablegantur. Hoc est, inquit, quod dictum est : *Non enim venit Filius hominis in mundum ad perdendum mundum, sed ut salvetur mundus per ipsum.* Mundum, inquit, vocat duas illas partes, quæ superjacent, et non genitam et ex se ipsa genitam. Cum autem dicit, inquit : *Ut non cum mundo damnemur* Scriptura, tertiam partem dicit, qui est mundus specialis. Tertiam enim oportet perire, quam dicit mundum, reliquas autem duas sejungi ab interitu, superjacentes.

13. Videamus igitur primum, quomodo hanc doctrinam ab astrologis mutuati infament Christum,

A διῃρημένον. Ἔστι δὲ τῆς τριχῆ διαιρέσεως παρ' αὐτοῖς [τὸ μὲν ἓν μέρος][1] οἷον μία τις ἀρχὴ καθάπερ πηγὴ μεγάλη, εἰς ἀπείρους τῷ λόγῳ τμηθῆναι τομὰς δυναμένη. Ἡ δὲ πρώτη τομὴ καὶ προσεχεστέρα[2] κατ' αὐτούς ἐστιν ἡ τριάς[3], καὶ [τὸ μὲν ἓν μέρος][4] καλεῖται ἀγαθὸν τέλειον, μέγεθος πατρικόν· τὸ δὲ δεύτερον τῆς τριάδος αὐτῶν μέρος οἱονεὶ δυνάμεων ἄπειρόν τι πλῆθος ἐξ αὐτῶν γεγενημένων[5]· τὸ τρίτον ἰδικόν. Καὶ ἔστι τὸ μὲν πρῶτον ἀγέννητον, ὅπερ ἐστὶν ἀγαθόν· τὸ δὲ δεύτερον ἀγαθὸν αὐτογενές· τὸ τρίτον γεννητόν· ὅθεν διαῤῥήδην λέγουσι τρεῖς θεούς, τρεῖς λόγους, τρεῖς νοῦς, τρεῖς ἀνθρώπους. Ἑκάστῳ γὰρ μέρει τοῦ κόσμου τῆς διαιρέσεως διακεκριμένης[6] διδόασι [p. 124. 125.] καὶ θεοὺς καὶ λόγους, καὶ νοῦς, καὶ ἀνθρώπους, καὶ τὰ λοιπά. B Ἄνωθεν δὲ ἀπὸ τῆς ἀγεννησίας καὶ τῆς πρώτης[7] τοῦ κόσμου τομῆς, καθεστηκότος λοιπὸν τοῦ κόσμου ἐπὶ συντελείᾳ, κατεληλυθέναι δι' αἰτίας, ἃς ὕστερον ἐροῦμεν, ἐν τοῖς Ἡρώδου χρόνοις τριφυῆ τινα καὶ τρισώματον[8] καὶ τριδύναμον ἄνθρωπον καλούμενον Χριστόν, ἀπὸ τῶν τριῶν ἔχοντα τοῦ κόσμου μερῶν ἐν ἑαυτῷ πάντα τὰ συγκρίματα καὶ τὰς δυνάμεις. Καὶ τοῦτο εἶναί φησι τὸ λεγόμενον· *Πᾶν τὸ πλήρωμα*[9] *εὐδόκησε κατοικῆσαι ἐν αὐτῷ σωματικῶς*, *καὶ πᾶσά ἐστιν ἐν αὐτῷ ἡ θεότης* τῆς οὕτω διῃρημένης τριάδος. Κατενηνέχθαι γάρ[10] φησιν ἀπὸ τῶν ὑπερκειμένων κόσμων δύο, τοῦ τε ἀγεννήτου[11] καὶ τοῦ αὐτογενοῦς, εἰς τοῦτον τὸν κόσμον, ἐν ᾧ ἐσμεν ἡμεῖς, παντοίων δυνάμεων σπέρματα. Τίς δέ ἐστιν ὁ τρόπος τῆς καταβάσεως αὐτῶν, ὕστερον ἐροῦμεν. C Κατεληλυθέναι οὖν φησι τὸν Χριστὸν ἄνωθεν ἀπὸ τῆς ἀγεννησίας[12], ἵνα διὰ τῆς καταβάσεως αὐτοῦ πάντα σωθῇ τὰ τριχῆ διῃρημένα. Τὰ μὲν γάρ, φησίν, ἄνωθεν κατενηνεγμένα κάτω ἀνελεύσεται δι' αὐτοῦ· τὰ δὲ ἐπιβουλεύσαντα τοῖς κατενηνεγμένοις ἄνωθεν ἀφίεται καὶ[13] κολασθέντα ἀπολέγεται. Τοῦτ' ἔστι, φησί, τὸ εἰρημένον, *Οὐ γὰρ ἦλθεν*[14] *ὁ Υἱὸς τοῦ ἀνθρώπου εἰς τὸν κόσμον, ἀπολέσαι τὸν κόσμον, ἀλλ' ἵνα σωθῇ ὁ κόσμος δι' αὐτοῦ.* Κόσμον, φησί, καλεῖ τὰς δύο μοίρας τὰς ὑπερκειμένας, τήν τε ἀγέννητον καὶ τὴν αὐτογέννητον. Ὅταν δὲ λέγῃ, φησίν, *Ἵνα μὴ σὺν τῷ κόσμῳ κατακριθῶμεν*[15], ἡ Γραφή, τὴν τρίτην μοῖραν λέγει τοῦ κόσμου τοῦ ἰδικοῦ[16]. Τὴν μὲν γὰρ τρίτην δεῖ φθαρῆναι, ἣν λέγει κόσμον, τὰς δὲ δύο τῆς φθορᾶς ἀπαλλαγῆναι τὰς D ὑπερκειμένας.

ιγ'. Μάθωμεν οὖν πρῶτον, πῶς ταύτην τὴν διδαχὴν παρὰ τῶν ἀστρολόγων εἰληφότες ἐπηρεάζουσι

VARIÆ LECTIONES.

[1] τὸ μὲν ἓν μέρος ut aperte ab hoc loco alienum seclusimus. Cf. infra lin. 75. [2] προσεχεστέρα C, M. [3] ἐστιν ἡ τριάς. ἐστὶ τριάς C, M; cf. infra p. 315, 21 ed. Oxon. [4] τὸ μὲν ἓν μέρος. Verba hæc, quæ paulo ante delenda, in hunc locum reducenda esse videntur, ut ratio constet. [5] ἐξ αὐτῶν γεγενημένων Bernaysius *ep. crit. ad Bunsen.* l. l. p. 314, ἐξ αὐτῶν γεγενημένον C, M. [6] διακεχρημμένης C; cf. infra p. 315, 28 ed. Oxon [7] τῆς πρώτης. πρὸ τῆς C, M; cf. infra p. 315, 20 ed. Ox., πρώτης J. Bernaysius l. l. [8] τρίσωμον C, M., cf. infra p. 315, 32. [9] cf. Coloss. ii, 9: Ὅτι ἐν αὐτῷ κατοικεῖ πᾶν τὸ πλήρωμα τῆς θεότητος σωματικῶς; coll. col. i, 19. [10] γάρ. δὲ legitur infra p. 315, 37. [11] ἀγενήτου C. [12] ἀγενησίας C. [13] ἀφίεται καί. ἀφίει καὶ C, M, ἀφιεῖ εἰκῆ καὶ infra p. 316, 43 ed. Ox.: ἀφιεῖσθαι J. Bernaysius l. l. p. 314 sqq. [14] Cf. Ev. Joan. iii, 16: οὐ γὰρ ἀπέστειλεν ὁ Θεὸς τὸν Υἱὸν αὐτοῦ εἰς τὸν κόσμον ἵνα κρίνῃ τὸν κόσμον, ἀλλ' ἵνα σωθῇ ὁ κόσμος δι' αὐτοῦ. [15] I Cor. xi, 32. [16] τοῦ — ἰδικοῦ. τὸν κόσμον τὸν ἰδικόν J. Bernaysius l. l. p. 315.

Χριστὸν, ἐργαζόμενοι φθορὰν τοῖς ἑπομένοις αὐτοῖς A ἐν τῇ τοιαύτῃ πλάνῃ. Οἱ γὰρ ἀστρολόγοι ἕνα τὸν κόσμον εἰρηκότες διαιροῦσιν αὐτὸν εἰς τὰ ἀπλανῆ τῶν ζωδίων μέρη δώδεκα, καὶ καλοῦσι τὸν κόσμον τῶν ζωδίων τῶν ἀπλανῶν ἕνα κόσμον ἀπλανῆ· ἕτερον δὲ εἶναι τὸν τῶν πλανωμένων καὶ δυνάμει καὶ θέσει καὶ ἀριθμῷ κόσμον λέγουσιν, ὅς ἐστι μέχρι [17] σελήνης. Λαμβάνειν δὲ κόσμον ἀπὸ [p. 125. 126] κόσμου δύναμίν τινα καὶ μετουσίαν, καὶ μετέχειν ἀπὸ τῶν ὑπερκειμένων τὰ ὑποκείμενα. Ἵνα δὲ ἔσται τὸ λεγόμενον ἐμφανὲς, αὐταῖς ἐκείναις ταῖς τῶν ἀστρολόγων ἐκ μέρους χρήσομαι [18] φωναῖς ὑπομνήσων τοὺς ἐντυγχάνοντας τὰ προειρημένα ἐν τῷ τόπῳ, οὗ ἐξεθέμεθα τὴν τῶν ἀστρολόγων πᾶσαν τέχνην. Ἃ μὲν οὖν [19] ἐκείνοις δοκεῖ ἐστι τάδε· ἀπὸ τῆς τῶν ἄστρων ἀποῤῥοίας τὰς γενέσεις τῶν ὑποκειμένων ἀποτε- B λεῖσθαι. Περιεργότερον γὰρ ἀναβλέψαντες εἰς τὸν οὐρανὸν οἱ Χαλδαῖοι ἔφασαν [20] δραστικῶν μὲν αἰτιῶν ἐπέχειν λόγον | εἰς ἕκαστον τῶν καθ' ἡμᾶς συμβαινόντων [ἐκβαίνειν τοὺς ἑπτὰ ἀστέρας] [21], συνεργεῖν δὲ τὰ τῶν ἀπλανῶν ζωδίων μέρη. [Τὸν μὲν οὖν ζωδιακὸν κύκλον διαιροῦσιν εἰς μέρη] [22] δώδεκα, ἕκαστον δὲ ζώδιον εἰς μοίρας τριάκοντα, ἑκάστην δὲ μοῖραν εἰς ἑξήκοντα λεπτά· οὕτω γὰρ καλοῦσι τὰ ἐλάχιστα καὶ τὰ ἀμερῆ. Τῶν δὲ ζωδίων τὰ μὲν ἀῤῥενικὰ καλοῦσι, τὰ δὲ θηλυκά· καὶ τὰ μὲν δίσωμα, τὰ δὲ οὔ· καὶ τὰ μὲν τροπικὰ, τὰ δὲ στερεά [23]. Ἀῤῥενικὰ μὲν οὖν ἐστιν ἢ θηλυκὰ, ἅπερ συνεργὸν ἔχει φύσιν πρὸς ἀῤῥενογονίαν [ἢ θηλυγονίαν] [24]· Κριὸς γὰρ ἀῤῥενικόν ἐστι ζώδιον, Ταῦρος δὲ θηλυκὸν, καὶ τὰ λοιπὰ κατὰ τὴν αὐτὴν ἀναλογίαν ἃ μὲν C ἀῤῥενικὰ, ἃ δὲ θηλυκά. Ἀφ' ὧν οἶμαι οἱ Πυθαγορικοὶ [25] κινηθέντες τὴν μὲν μονάδα ἄῤῥεν προσαγορεύουσι, τὴν δὲ δυάδα θῆλυ, τὴν δὲ τριάδα πάλιν ἄῤῥεν· καὶ ἀναλόγως τοὺς λοιποὺς [26] τῶν τε ἀρτίων καὶ [27] περισσῶν ἀριθμῶν. Ἔνιοι δὲ καὶ ἕκαστον ζώδιον εἰς δωδεκατημόρια [28] διελόντες τῇ αὐτῇ σχεδὸν ἐφόδῳ χρῶνται, οἷον ἐπὶ Κριοῦ [τὸ μὲν πρῶτον δωδεκατημόριον αὐτοῦ Κριόν τε] [29] καλοῦσι καὶ ἄῤῥεν [30], τὸ δὲ δεύτερον Ταῦρόν τε [31] καὶ θῆλυ, τὸ δὲ τρίτον Διδύμους τε [32] καὶ ἄῤῥεν, καὶ ἐπὶ τῶν ἄλλων μοιρῶν δὲ [33] ὁ αὐτὸς λόγος. Δίσωμα δὲ εἶναι λέγουσι ζώδια [Διδύμους τε καὶ τὸν] [34] διαμετροῦντα τούτοις Τοξότην, Παρθένον τε καὶ Ἰχθύας· οὐ δίσωμα δὲ τὰ λοιπά. Καὶ ὡσαύτως D τροπικὰ [35] μὲν, ἐν οἷς γενόμενος ὁ ἥλιος μεταλλάσσει [p. 126. 127] καὶ ποιεῖ [36] τοῦ περιέχοντος τροπὰς, οἷόν ἐστι [37] ζώδιον ὅ τε Κριὸς καὶ ὁ τούτου διάμετρος [38], καθάπερ Ζυγὸς, Αἰγόκερώς [39] τε καὶ Καρ-

A afferentes perniciem iis, qui eos sequuntur in tali errore. Astrologi enim unum statuentes mundum dividunt eum in non errantes signorum animalium partes duodecim et vocant signorum non errantium mundum unum mundum non errantem; alterum autem esse errantium et vi et positura et numero mundum dicunt, qui est **180-181** usque ad lunam. Accipere autem mundum a mundo vim quamdam et communionem et participare a superjacentibus subjacentia. Ut autem quod diximus luculenter appareat, ipsis illis astrologorum singulatim utar vocibus, admoniturus lecturos eorum, quæ ante dicta sunt eo loco, ubi exposuimus astrologorum universam artem. Quæ igitur illis placent hæc sunt: ab astrorum defluxione genituras subja- B centium perfici. Curiosius enim contemplati cœlum Chaldæi dixerunt agentium causarum continere rationem ad singula quæque, quæ eveniat ut nobis accidant, septem stellas, adjuvare autem non errantium signorum partes. Zodiacum igitur orbem dividunt in partes duodecim, unumquodque autem signum in partes triginta, unamquamque autem partem in sexaginta minuta; sic enim appellant minima et indivisa. Signorum autem alia mascula appellant, alia feminea, et alia bicorpora, alia non, et alia tropica, alia fixa. Mascula igitur sunt aut feminina, quæcunque natura sua adjuvant masculam generationem aut femininam. Aries enim masculum est signum, Taurus autem femininum; et reliqua ad eamdem rationem vel mascula vel femini- C na. Unde, ut opinor, Pythagorici orsi monadem masculum quoddam appellant, dyadem autem femininum, triadem autem rursus masculum, et eadem ratione reliquos et parium et imparium numerorum. Quidam autem et unumquodque signum in duodenas partes dividentes eadem fere via utuntur: veluti in ariete primam duodecim ejus partium et arietem vocant et masculum, secundam autem et taurum et femininum, tertiam autem et geminos et masculum, et in reliquis etiam partibus consimiliter. Bicorpora autem esse aiunt signa et geminos et qui exadversum illis est Sagittarium, Virginemque et Pisces, non bicorpora autem reliqua. Et pa- D riter tropica quidem, in quibus cum constitit sol, **182-183** commutat et efficit ambientis conversiones, quale est signum et aries et qui est exadversum illi sicut Libra, Capricornusque et Cancer. In Ariete enim verna fit conversio, in Capricorno autem hiemalis, in Cancero autem æstiva, in Libra

VARIÆ LECTIONES.

[17] ὅς ἐστι μέχρι. ὃ ἐστι μέρος C, M. [18] χρήσωμαι C. [19] οὖν. οὖν ὡς C. Quæ sequuntur hausta sunt ex Sexto Empirico *adv. Mathem.* V. 5 sqq. p. 729 sqq. ed. Bekker. [20] ἔφθασαν C. [21] ἐκβαίνειν τοὺς ἑπτὰ ἀστέρας om. C, M, suppleta ex Sexto. [22] τὸν μὲν οὖν ζωδιακὸν κύκλον διαιροῦσιν εἰς μέρη suppeditavit Sextus omissa in C, M. [23] στερεὰ Sextus ἕτερα C, M. [24] ἢ θηλυγονίαν Sextus: om. C et Sexti cod. Cizensis. [25] 48 οἱ Πυθαγορικοὶ Sextus; Πυθαγορικοὶ C. [26] λοιποὺς Sextus, λόγους C, M. [27] ἀρτίων καὶ Sextus, ἀρτίων τε καί C. [28] δωδεκατημόρια Sextus, δωδεκατημόριον C, M. [29] τὸ μὲν πρῶτον — Κριόν τε Sextus, om. C, M. [30] καλοῦσι καὶ ἄῤῥεν Sextus, καλοῦσιν ἄῤῥεν C, M. [31] Ταῦρόν τε Sextus· Ταῦρον, ἄῤῥεν τε C, M. [32] Διδύμους τε Sextus, Διδύμους C, M. [33] μοιρῶν, δέ Sextus, μοιρῶν δὶς C, M. [34] ζώδια Διδύμους τε καὶ τὸν διαμ. Sextus, ζώδια τὰ διαμ., M. [35] τροπικὰ Sextus, τροπικάς C. [36] μεταλλάσσει καὶ ποιεῖ Sextus, μεγάλας ἐμπεριποιεῖ C, M. [37] τροπὰς, οἷόν ἐστι. Sextus ῥοπὰς. ἄῤῥεν ἐστὶ C, M. [38] τὸ τούτου διάμετρον Sextus. [39] Αἰγόκερως Sextus, ἀπόκερος C.

autem autumnalis. Hæc autem et doctrinam de his minutatim exposuimus in eo libro qui hunc antecedit, unde studiosis licet discere, quomodo Peraticæ sectæ signiferi, Euphrates Peraticus et Celbes Carystius, quæ hauserunt, nomine tantum tenus immutaverunt, re autem consimilia statuerunt, et ipsi ad tædium usque huic arti dediti. Etenim fines astrorum astrologi dicunt, in quibus plus posse aiunt imperantes stellas, veluti in aliis malefaciunt, in aliis bene, quarum alias maleficas vocant, alias beneficas. Aspicere autem dicuntur se invicem et concinere inter se, ut quæ in triangulari aut quadrata forma apparent. In triangulari forma igitur conformantur aspectantes se invicem stellæ, quæ trium signorum spatium habent interjectum, in quadrata autem quæ duorum. Sicuti autem in homine capiti subjacentes partes compatiantur, compatiatur autem etiam subjacentibus caput, sic etiam superlunaribus terrena. Verumenimvero quædam est horum differentia et incompatibilitas, ut quæ non unam eamdemque habeant unitionem. Hanc compositionem et divergentiam stellarum, quæ est Chaldaica, sibi arrogantes, quos ante diximus, nomini veritatis falso impertientes, tanquam Christi doctrinam venditant, ævorum statum et transitiones bonarum potestatum in mala et concentus bonorum **184-185** cum pravis vocantes. Appellantes igitur toparchas et proastios et alia plurima nomina confingentes sibi non suppeditantia, sed astrologorum omnem de stellis imaginationem præter artem in artem redigentes, magni erroris materiem superinducentes, coarguentur per nostram industriam. Componam enim supra dictæ Chaldaicæ arti nonnulla Peraticorum commentorum, unde licebit instituta comparatione perspicere, quomodo Peratica doctrina astrologis aperte debeatur, non Christo.

A κίνος. Ἐν Κριῷ μὲν γὰρ ἐαρινὴ γίνεται τροπὴ, ἐν Αἰγοκέρῳ δὲ χειμερινή, ἐν Καρκίνῳ δὲ θερινή, ἐν Ζυγῷ δὲ φθινοπωρινή. Ταῦτα δὲ καὶ τὸν περὶ τούτων[59] λόγον λεπτομερῶς ἐξεθέμεθα ἐν τῇ πρὸ ταύτης βίβλῳ, ὅθεν ἔστι μαθεῖν τὸν φιλομαθῆ, ὡς οἱ τῆς Περατικῆς αἱρέσεως ἀρχηγοὶ Εὐφράτης ὁ Περατικὸς καὶ Κέλβης[60] ὁ Καρύστιος, μεταγαγόντες ὀνόματι[61] μόνον διήλλαξαν, δυνάμει δὲ τὰ ὅμοια ἔθεντο, καὶ αὐτοὶ τῇ τέχνῃ κατακόρως προσέχοντες. Καὶ γὰρ[62] ὅρια τῶν ἀστέρων οἱ ἀστρολόγοι λέγουσιν[63], ἐν οἷς μᾶλλον δύνασθαι φάσκουσι τοὺς ἄρχοντας ἀστέρας, οἷον [ἐν τισι μὲν κακοποιοῦσιν], ἐν τισι δὲ ἀγαθοποιοῦσιν, ὧν καί τινας κακοποιοὺς λέγουσι, τινὰς δὲ ἀγαθοποιούς. Ἐπιβλέπειν[64] δὲ λέγονται ἀλλήλους καὶ συμφωνεῖν ἀλλήλοις, ὡς[65] οἱ κατὰ B τρίγωνον [ἢ τετράγωνον φαινόμενοι. Κατὰ τρίγωνον μὲν οὖν][66] σχηματίζονται[67] ἐπιθεωροῦντες[68] ἀλλήλους ἀστέρες, ἐπὶ[69] τριῶν ζωδίων ἔχοντες τὸ μεταξὺ διάλειμμα[70], κατὰ[71] τετράγωνον δὲ οἱ δυεῖν[72]. [Ὃν[73] δὲ τρόπον ἐν τῷ ἀνθρώπῳ] τῇ κεφαλῇ μὲν τὰ ὑποκείμενα[74] μέρη συμπάσχειν[75], συμπάσχειν δὲ καὶ τοῖς ὑποκειμένοις τὴν κεφαλήν, οὕτω καὶ τοῖς ὑπερσεληναίοις[76] τὰ ἐπίγεια. Ἀλλὰ γάρ τίς[77] ἐστι τούτων διαφορὰ καὶ ἀσυμπάθεια[78], ὡς ἂν μὴ[79] μίαν καὶ τὴν αὐτὴν ἐχόντων ἕνωσιν. Ταύτην τὴν σύστασιν[80] καὶ τὴν διαφορὰν τῶν ἀστέρων Χαλδαϊκὴν ὑπάρχουσαν πρὸς ἑαυτοὺς ἐπισπασάμενοι οὓς προείπομεν, ἐπιψευσάμενοι τῷ τῆς ἀληθείας ὀνόματι, ὡς Χριστοῦ λόγον κατήγγειλαν αἰώνων C στάσιν καὶ ἀποστασίας ἀγαθῶν δυνάμεων εἰς κακὰ καὶ συμφωνίας ἀγαθῶν μετὰ πονηρῶν προσαγορεύοντες [p. 127—129.] Καλοῦντες οὖν τοπάρχας[81] καὶ προαστείους καὶ ἄλλα πλεῖστα ὀνόματα ἀναπλάσσοντες ἑαυτοῖς[82] οὐχ ὑποκείμενα, ἀλλὰ τὴν τῶν ἀστρολόγων περὶ τοὺς ἀστέρας πᾶσαν φαντασίαν ἀτέχνως τεχνολογοῦντες, μεγάλης πλάνης ὕλην ἐπεισάγοντες, ἐξελεγχθήσονται σὺν τῇ ἡμετέρᾳ ἐπιμελείᾳ. Ἀντιπαραθήσω γὰρ τῇ προλελεγμένῃ τῶν ἀστρολόγων Χαλδαϊκῇ τέχνῃ ἔνια τῶν Περατικῶν συνταγμάτων, ἀφ' ὧν ὑπάρξει συγκρίναντας[83] κατανοῆσαι πῶς οἱ Περατικοὶ[84] λόγοι τῶν ἀστρολόγων ὁμολογουμένως εἰσίν, οὐ Χριστοῦ.

14. Visum est igitur apponere unum aliquem eorum librorum, qui iis approbati sunt, in quo dicit : *Ego vox expergefactionis in ævo noctis. De reliquo exordior nudare a chao redundantem po-*

ιδ'. Δοκεῖ οὖν παρατάξαι μίαν τινὰ τῶν παρ' αὐτοῖς δοξαζομένων βίβλων, ἐν ᾗ λέγει· Ἐγώ εἰμι *φωνὴ ἐξυπνισμοῦ ἐν τῷ αἰῶνι τῆς νυκτός· λοιπὸν ἄρχομαι γυμνοῦν τὴν ἀπὸ τοῦ χάους δύναμιν*

VARIÆ LECTIONES.

[59] τούτων. τοῦτον C, M. [60] Κέλβης. CF. supra p. 50, 16, 17 not. [61] ὀνόματι. ὀνόματα suspic. M. [62] Καὶ γάρ. Ἃ γάρ C, M. [63] Cf. Sext. V, 37, p. 734. Ὅρια δὲ ἀστέρων προσαγορεύουσιν ἐν ἑκάστῳ ζωδίῳ, ἐν οἷς ἕκαστος τῶν ἀστέρων ἀπὸ ποστῆς μοίρας ἐπὶ ποστὴν μοῖραν πλεῖστον δύναται. *Ibid.* § 39, p. 734 : Οὐ γὰρ τὴν αὐτὴν δύναμιν ἔχειν ἡγοῦνται τοὺς ἀστέρας πρὸς τὸ κακοποιεῖν ἢ μή, ἐπί τε τῶν κέντρων θεωρουμένους καὶ ἐπὶ ταῖς ἀναφοραῖς, κ. τ. λ. [64] Ἐπιβλέπειν, κ. τ. λ. hausta ex Sexto l. v, 39. p. 734 Bekker, unde auctorem nostrum correximus collatis supra p. 50 scriptis. [65] ὡς Sextus, om. C, M. Cf. supra p. 50, 9. [66] ἢ τετράγωνον — οὖν Sextus om. C, M. [67] σχηματίζονται Sextus, συσχηματίζονται C, M. [68] ἐπιθεωροῦντες. καὶ ἐπιθεωροῦσιν Sextus. [69] ἐπί. οἱ ἐπὶ Sextus. Cf. supra p. 50, 10. [70] τὸ — διάλειμμα. Cf. supra p. 50, 11 : τὰ — διαλείμματα C, M, τὸ — διάστημα Sextus. [71] κατὰ Sextus. Cf. supra p. 50, 11 : καὶ C, M. [72] οἱ δυεῖν. δυεῖν C, M, οἱ δυοῖν Sextus. [73] Hæc petita sunt ex Sexto V, 44, p. 735 Ὃν — ἀνθρώπῳ. μὲν τὰ ἄνω C, M. [74] κεφαλῇ — ὑποκείμενα. κεφαλή, τὰ δὲ ὑποκείμενα C, M, τῇ κεφαλῇ τὰ ὑποκείμενα Sextus, κεφαλῇ τὰ ὑποκείμενα auctor ipse supra p. 50, 12. [75] μέρη συμπάσχειν. μέρη πάσχειν συμπάσχειν C, M, μέρη συμπάσχειν Sextus. [76] ὑπερσεληναίοις. ἐπουρανίοις Sextus. [77] Ἀλλὰ γάρ τις. Ἄλλη γάρ τις C, M, ἀλλά τις Sextus et auctor noster p. 50, 14. [78] ἀσυμπάθεια iidem p. 50, 14 ; συμπάθεια C, M. [79] ὡς ἂν μὴ iidem p. 50, 14, 15, ὡς μὴ C, M. [80] Cf. supra p. 50, 16—23. [81] προσαγορεύουσι, καλοῦντες τοπάρχας C, M. [82] ἑαυτοῖς C. [83] συγκρίναντες C. [84] Περατικοί. Περάται C, Περατῶν M.

δύναμις[66] τοῦ ἀβυσσικοῦ θολοῦ[67], ἡ τὸν ιλὸν ἀναβαστάζουσα τοῦ ἀφθάρτου ἀχανοῦς ὑγρου, ἡ τοῦ σπάσματος ὅλη δύναμις ὑδατόρους ἀεικίνητος, φέρουσα τὰ μένοντα, κατέχουσα τὰ τρέμοντα, ἀπολύουσα τὰ ἐρχόμενα, κουφίζουσα τὰ μένοντα, καθαιροῦσα τὰ αὔξοντα, ιστὴ οἰκονόμος τοῦ ἴχνους τῶν ἀέρων, ἡ τὰ νερευγόμενα ἀπὸ τῶν δώδεκα ὀφθαλμῶν ἐντοῆς ἀπολαύουσα, σφραγῖδα δηλοῦσα πρὸς τὴν ετ' αὐτῶν οἰκονομοῦσαν τῶν ἐπιφερομένων ορἀτων ὑδάτων δύναμιν, ἐκλήθη Θάλασσα[68]. αὐτὴν τὴν δύναμιν ἡ ἀγνωσία ἐκάλεσε Κρόνον, δεσμοῖς φρουρούμενον, ἐπεὶ ἔσφιγγε τὸ σύμπλεγμα τοῦ[69] πυκνοῦ καὶ ὀμιχλώδους ἀδήλου σκοτεινοῦ ταρτάρου. Ταύτης ἐγένοντο κατ' εἰκόνα Κηφεύς, Προμηθεύς, Ἰαπετός. Δύναμις πεπιστευμένη τὴν Θάλασσαν ἀῤῥενόθηλυς ἢ[70] τὸν ἀνατρέχοντα συριγμὸν ἀπὸ τῶν δώδεκα στομάτων τοῖς δώδεκα αὐλίσκοις ἁρμόζουσα διαχύνει λεπτὴ οὖσα καὶ καθαιροῦσα τὴν κατέχουσαν λάβρον ἀναφορὰν, καὶ σφραγίζει ἀτραπῶν ὁδοὺς αὐτῆς, πρὸς τὸ μὴ πολεμῆσαι ἢ ἐναλλάξαι τὸ μηδὲ' αὐτῆς θυγάτηρ τυφωνικὴ πιστὴ φύλαξ ὑδάτων παντοίων. Ὄνομα αὐτῇ Χορζάρ· ταύτην ἡ ἀγνωσία ἐκάλεσε Ποσειδῶνα, οὗ κατ' εἰκόνα ἐγένετο Γλαῦκος, Μελικέρτης, [p. 129. 130] Ἰνώ[71], Νεβρόη[72]. Περιεσφαιρωκὼς τὴν δωδεκαγώνιον[73] πυραμίδα, πύλην εἰς πυραμίδα σκοτίζων ποικίλαις χρόαις καὶ ἀπαρτίζων πᾶσαν τὴν νυκτόχρουν. Τοῦτον ἡ ἀγνωσία ἐκάλεσε Κόρην, οὗ λειτουργοὶ πέντε· πρῶτος Οὔ, δεύτερος Ἀοαί, τρίτος Οὐώ, τέταρτος Οὐωάβ, πέμπτος[74]...... ἄλλοι πιστοὶ οἰκονόμοι αὐτοῦ τῆς τοπαρχίας ἡμέρας καὶ νυκτὸς οἱ ἀναπαυόμενοι ἐν τῇ ἐξουσίᾳ αὐτῶν. Τούτους ἡ ἀγνωσία ἐκάλεσε τοὺς πλανήτας ἀστέρας, ἐφ' ὧν ἡ φθαρτὴ γένεσις ἑώρηται[75]. Ἀέρος[76] ἀνατολῆς οἰκονόμος, Καρφακασημεοχείρ, Ἐκκαββάκαρα· τούτους ἐκάλεσεν ἡ ἀγνωσία Κουρῆτας· ἄρχων ἀνέμων τρίτος Ἀριήλ, οὗ κατ' εἰκόνα ἐγένετο Αἴολος, Βριάρης. Καὶ ἄρχων δωδεκαώρου νυκτερινῆς Σοκλὰν, ὃν ἐκάλεσεν ἡ ἀγνωσία Ὄσιριν· τούτου κατ' εἰκόνα ἐγένετο Ἄδμητος, Μήδεια, Ἕλλην, Αἴθουσα. Ἄρχων ἡμερινῆς δωδεκαώρου Εὐνώ· οὗτος οἰκονόμος τῆς πρωτοκαμάρου ἀνατολῆς καὶ αἰθερίου, ὃν[77] ἐκάλεσεν ἡ ἀγνωσία Ἶσιν. Τούτου σημεῖον τὸ κυνὸς ἄστρον, οὗ κατ' εἰκόνα ἐγένοντο Πτολεμαῖος ὁ Ἀρσινόης, Διδύμη, Κλεοπάτρα, Ὀλυμπιάς. Δύναμις Θεοῦ δεξιὰ, ἣν ἐκάλεσεν ἡ ἀγνωσία Ῥέαν, οὗ κατ' εἰκόνα ἐγένοντο

testatem. Potestas imi fundi sordidi turbamenti limum sursum portans incorrupti hiulci uliginosi, convulsionis universa potestas aquatico colore, semper mobilis, ferens manentia, cohibens trementia, absolvens euntia, levans manentia, tollens augescentia, fida dispensatrix vestigii aerum, eructatis a duodecim oculis injunctionis fruens, sigillum manifestans ad potestatem eum iis dispensantem aquarum, quæ inferuntur, invisibilium, vocata est Thalassa. Hanc potestatem ignorantia vocavit Cronum, vinculis custoditum, quoniam constringebat complexus densi et nebulosi cæci tenebricosi tartari. Hujus exstiterunt ad imaginem Cepheus, Prometheus, Japetus. Potestas, cui concredita est Thalassa, mas et femina, quæ enascentem sibilum a duodecim oribus duodecim tibiolis aptatum diffundit, tenuis natura sua et tollens detinentem vehementem anaphoram, et obsignat semitarum vias ejus, ad non bellandum aut commutandum . . . ejus filia typhonica fidelis custos aquarum omnigenarum. Nomen ejus Chorzar. Hanc ignorantia vocavit Neptunum, cujus ad imaginem exstitit Glaucus, Melicertes, Ino, **186-187** *Nebroe. Circumvolutam habens duodecim angulorum pyramidem, portam in pyramidem obscurans variis coloribus et perficiens totam nocticolorem. Hunc ignorantia vocavit Coram, cujus ministri quinque, primus U, secundus Aoai, tertius Uo, quartus Uoab, quintus . . . alii fideles dispensatores ejus toparchiæ diei et noctis requiescentes in facultate eorum. Hos ignorantia vocavit erraticas stellas, in quibus caduca generatio suspensa est. Stellæ ortus dispensator, Carphacasemeocheir, Eccabbacara. Hos ignorantia vocavit Curetas. Princeps ventorum tertius Ariel, cujus ad imaginem exstitit Æolus, Briares. Et princeps dodecahori nocturni Soclan, quem vocavit ignorantia Osirin; hujus ad imaginem exstitit Admetus, Medea, Hellen, Æthusa. Princeps dodecahori diurni Euno. Hic dispensator protocamari ortus et ætherii, quem vocavit ignorantia Isidem. Hujus signum canis astrum, cujus ad imaginem exstiterunt Ptolemæus, Arsinoe, Didyma, Cleopatra, Olympias. Potestas Dei dextra, quam vocavit ignorantia Rheam, cujus ad imaginem exstiterunt Attis, Mygdon, Œnone. Potestas sinistra victus facultatem habet, quam vocavit ignorantia Cererem, nomen ejus Bena. Hujus ad imaginem exstiterunt Celeus, Triptolemus, Misyr, Praxidica. Potestas dextra facultatem habet frugum; hunc ignorantia vocavit Lunum, cujus ad imaginem exstiterunt Bumegas, Ostanes, Mercurius Trismegistus, Curites, Petosiris, Zodarium, Berosus. Astrampsu-*

VARIÆ LECTIONES.

[66] Quæ sequuntur tam perplexa sunt, ut omnem medicinam respuant. [67] θόλου C. M. [68] Θάλασσα. Cf. Berosi *Chaldæor. Hist. quæ supersunt ed. Richter* p. 49. 50 : Γενέσθαι φησὶ χρόνον, ἐν ᾧ τὸ πᾶν σκότος καὶ ὕδωρ εἶναι, καὶ ἐν τούτοις ζῶα τερατώδη ἰδιοφυεῖς (*al.* εἰδιφυεῖς, *al.* διφυεῖς. . . . ἄρχειν δὲ τούτων πάντων γυναῖκα ᾗ ὄνομα Ὀμόρκα (*al.* Ὀμορώκα, *al.* Marcaia) εἶναι δὲ τοῦτο Χαλδαϊστὶ μὲν *Θαλάτθ*, Ἑλληνιστὶ δὲ μεθερμηνεύεσθαι *θάλαττα* (*al.* θάλασσα)· κατὰ δὲ ἰσόψηφον σελήνη (*al. om.*) Cf. *D. Friedrich Münter Religion der Babylonier*, Kopenhagen 1827. p. 35—46, et *D. F. C. Movers die Phönizier*, tom. I, p. 268—86. [69] τοῦ. τῆς C. [70] ἤ. ἡ C. 7. διαχύνει C. [71] Ἰνώ. Ἴη C. [72] Νεβρόη. Νεφέλη? M. [73] δωδεκαγώνιον pr. C. [74] Hic lacuna M. [75] αἰώρηται pr. C, ἑώρηται corr. C, ᾐώρηται M. [76] Ἀέρος, Ἀστέρος? [77] ὄν. ὃ C.

chus, Zoroastris. Potestas ignis sinistra; hunc ignorantia vocavit Vulcanum, cujus ad imaginem exstiterunt Erichthonius, Achilleus, Capaneus, Phaethon, Meleager, Tydeus, Enceladus, Raphael, Suriel, Omphale. Potestates tres mediæ ex aere suspensæ auctores generationis. Has ignorantia vocavit Parcas, quarum ad imaginem exstiterunt domus Priami, domus Laii, Ino, Autonoe, Agave, Athamas, Procne, Danaides, Peliades. Potestas mas et femina semper
188-189 *infans, non consenescens, auctrix pulchritudinis, voluptatis, vigoris, appetitus, concupiscentiæ, quem vocavit ignorantia Amorem, cujus ad imaginem exstiterunt Paris, Narcissus, Ganymedes, Endymion, Tithonus, Icarius, Leda, Amymone, Thetis, Hesperides, Iasion, Leander, Hero.* Hi sunt proastii usque ad ætherem; sic enim et inscribit librum.

A Ἄττις, Μύγδων [78], Οἰνώνη. Δύναμις ... τροφῆς ἐξουσιάζει, ἣν ἐκάλεσεν ἡ ἀγνωσία ... μητραν, ὄνομα αὐτῇ Βένα· τούτου κατ' εἰ... ἐγένοντο Κελεὸς, Τριπτόλεμος, Μίσυρ, ... ξία [79]. Δύναμις δεξιὰ ἐξουσιάζει καρπῶν· τ... ἡ ἀγνωσία ἐκάλεσε Μῆνα, οὗ κατ' εἰκόνα ἐγένοντο Βουμέγας, Ὀστάνης, Ἑρμῆς τρισμ... στος, Κουρίτης, Πετόσιρις, Ζωδάριον, Βηρ... Ἀστράμψουχος, Ζωρόαστρις. Δύναμις ... εὐώνυμος· τοῦτον ἡ ἀγνωσία ἐκάλεσεν ... στον, οὗ κατ' εἰκόνα ἐγένοντο Ἐριχθόνιος, Ἀ... λεὺς, Καπανεὺς, Φλέγων [80], Μελέαγρος, Τυ... κεν, Κέλαδος [81], Ῥαφαὴλ, Σουριὴλ, Ὀμφ... Δυνάμεις τρεῖς μέσαι τοῦ ἀέρος κρεμάμεναι ... γενέσεως. Ταύτας ἡ ἀγνωσία ἐκάλεσε Μ... B ὧν κατ' εἰκόνα ἐγένοντο οἶκος Πριάμου, ... Λαΐου, Ἰνὼ, Αὐτονόη, Ἀγαυὴ, Ἀθάμας [82], Π... κνη, Δαναΐδες, Πελιάδες. [p. 130. 131.] Δύναμις ἀρσενόθηλυς ἀεὶ νηπιάζουσα, ἀγήρατος, ... κάλλους, ἡδονῆς, ἀκμῆς, ὀρέξεως, ἐπιθυμίας, ὃν ἐκάλεσεν ἡ ἀγνωσία Ἔρωτα, οὗ κατ' εἰκ... ἐγένοντο Πάρις, Νάρκισσος, Γανυμήδης, Ἐνδυμίων, Τιθωνὸς, Ἰκάριος, Λήδα, Ἀμυμ... Θέτις, Ἑσπερίδες, Ἰασίων [83], Λέανδρος, Ἡρώ. Οὗτοί εἰσιν οἱ προάστειοι ἕως αἰθέρος· οὕτω ... καὶ ἐπιγράφει τὸ βιβλίον.

15. Perspicuum nemini non facile factum est Peratarum hæresin ab astrologorum translatam esse nominibus tenus. Eamdem autem rationem continent etiam reliqui libri eorum, si cui placuerit omnes perlustrare. Omnium enim, ut dixi, quæ nata sunt, causas statuunt esse non nata et superjacentia, et ortum esse per defluxionem mundum nostrum, quem specialem illi appellant, et has C omnes simul stellas, quæ conspiciuntur in cœlo, generationis auctores exstitisse hujus mundi, mutantes earum nomina, ut comparatione proastiorum instituta licet videre; deinde autem eumdem in modum, ut exstiterit mundus a defluxione desuper, sic res mundanas a defluxione stellarum genituram habere et interitum dicunt et administrari. Quandoquidem astrologi norunt horoscopum et mesuranema et occasum et antimesuranema, et, his stellis alias aliter moventibus propter conversionem semper universi, alias alias declinationes exsistere secundum centrum et centris successiones: aliorsum deflectentes astrologorum descriptionem, centrum quidem tanquam deum et monadem et dominum universæ genituræ adumbrant, declinationem autem sinistram, successionem autem dextram. Quando igitur quis, qui in libros eorum incidit, potestatem reperiet apud eos dictam dextram vel sinistram, recurrat ad centrum et declinationem et successionem, et perspiciet clare universam eorum disciplinam esse astrologorum doctrinam.

ιε'. Καταφανὴς [84] σύμπασιν εὐκόλως γεγένη... τῶν Περατῶν αἵρεσις ἀπὸ τῆς τῶν ἀστρολόγων ... ηρμοσμένη τοῖς ὀνόμασι μόνοις. Τὸν δὲ αὐτὸν ... κον περιέχει καὶ τὰ ἕτερα αὐτῶν βιβλία, εἴ ... φίλον εἴη διὰ πάντων ἐλθεῖν. Πάντων γὰρ, ὡς ἔφ... τῶν γεννητῶν τῆς γενέσεως αἴτια νομίζουσιν εἶναι ... ἀγέννητα καὶ τὰ ὑπερκείμενα, καὶ γεγονέναι ... C ἀπόρροιαν [85] τὸν κόσμον τὸν καθ' ἡμᾶς, ὃν ἰδικὸν ... νοι καλοῦσι, καὶ τούτους πάντας ὁμοῦ τοὺς ἀστέρας τοὺς θεωρουμένους ἐν τῷ οὐρανῷ τῆς γενέσεως αἰτίους γεγονέναι τοῦδε [86] τοῦ κόσμου, ἐναλλάξαντας [87] αὐτῶν τὸ ὄνομα, ὡς ἀπὸ τῶν προαστείων ἔστι ... ναντας εὑρεῖν· δεύτερον δὲ δὴ κατὰ τὸν αὐτὸν τρόπον, ὡς γέγονεν ὁ κόσμος ἀπὸ τῆς ἀπορροίας τῆς ἄνω, οὕτως τὰ ἐνθάδε ἀπὸ τῆς ἀπορροίας τῶν ἀστέρων γένεσιν ἔχειν καὶ φθορὰν λέγουσι καὶ διοικεῖσθαι. Ἐπεὶ γοῦν οἱ ἀστρολόγοι ἴσασιν ὡροσκόπον καὶ μεσουράνημα, καὶ δύσιν καὶ ἀντιμεσουράνημα, καὶ τούτων τῶν ἄστρων ἄλλοτε ἄλλως κινουμένων [88] διὰ τὴν στροφὴν ἀεὶ τοῦ παντὸς ἄλλοτε ἄλλα ἀποκλίματα ... κέντρον, καὶ κέντροις [89] ἐπαναφοράς, ἀλλ... τὴν διαταγὴν τῶν ἀστρολόγων τὸ μὲν κέντρον ... D θεὸν καὶ μονάδα καὶ κύριον τῆς πάσης γενέσεως ὑποτυποῦσι [90], τὸ δὲ ἀπόκλιμα ἀριστερὸν, τὴν δὲ ἐπαναφορὰν δεξιόν. Ὅταν οὖν τοῖς γράμμασιν αὐτῶν ἐντυχών τις δύναμιν εὑρίσκῃ παρ' αὐτοῖς λεγομένην δεξιὰν ἢ ἀριστερὰν, ἀνατρεχέτω ἐπὶ τὸ κέντρον καὶ τὸ ἀπόκλιμα καὶ τὴν ἐπαναφορὰν [91], καὶ κατόψεται [92] σαφῶς πᾶσαν αὐτῶν τὴν πραγματείαν ἀστρολογικὴν διδασκαλίαν καθεστῶσαν.

16. Appellant autem sese Peratas, nihil posse

ις'. Καλοῦσι δὲ αὐτοὺς Περάτας, μηδὲν δύνασθαι

VARIÆ LECTIONES.

[78] Μυγδώνη C, Μυγδόνη M. [79] Ἀπραξία. Πραξιδίκη? [80] Φλέγων. Φαέθων? [81] τὰ δύηκεν. Κέλαδος. Τάλως, Κέλαδος M, Τυδεύς, Ἐγκέλαδος? [82] Ἀθαμὰς C. [83] Ἰάσων C, M. [84] Καταφανῆ C. [85] ἀπορρίαν C. [86] τοῦδε. τοὺς δὲ C, M. [87] ἐναλλάξαντας M. [88] κινουμένων. γινομένων C. [89] κέντροις. κέντρων [90] ὑποτυποῦσι. ὑποτυποῦντες C, M. [91] ἀναφορὰν C. M. [92] καὶ κατόψεται. κατόψεται C, καὶ ὄψεται M.

ιζοντες τῶν ἐν γενέσει καθεστηκότων διαφυγεῖν ἀπὸ τῆς γενέσεως τοῖς γεγενημένοις ὡρισμένην ῥαν. Εἰ γάρ τι, φησί, [p. 131—133.] γεννητόν, ως καὶ φθείρεται[93], καθάπερ καὶ Σιβύλλῃ δοκεῖ. νοι δὲ[94], φησίν, ἡμεῖς οἱ τὴν ἀνάγκην τῆς γενέως ἐγνωκότες καὶ τὰς ὁδούς, δι' ὧν εἰσελήλυθεν ἄνθρωπος εἰς τὸν κόσμον, ἀκριβῶς δεδιδαγμένοι ελθεῖν καὶ περᾶσαι τὴν φθορὰν μόνοι δυνάμεθα. Ἔστι δὲ ἡ φθορά, φησί, τὸ ὕδωρ, οὐδὲ ἄλλῳ[95] τινί, ησίν, ἐφθάρη τάχιον ὁ κόσμος ἢ ὕδατι. Τὸ δὲ ὕδωρ στὶ τὸ περιεσφαιρωκὸς ἐν τοῖς προαστείοις, λέουσιν, ὁ Κρόνος· δύναμις γάρ, φησίν, ὑδατόχρους, ντινα δύναμιν, φησί, τουτέστι τὸν Κρόνον, οὐδεὶς ῶν ἐν γενέσει καθεστώτων διαφυγεῖν δύναται· άσῃ γὰρ γενέσει πρὸς τὸ ὑποπεσεῖν τῇ φθορᾷ ἴτιος ἐφίστηκεν ὁ Κρόνος, καὶ οὐκ ἂν γένοιτο ένεσις, ἐν ᾗ Κρόνος οὐκ ἐμποδίζει. Τοῦτό ἐστι, φησίν, ὃ καὶ οἱ ποιηταὶ λέγουσι τὸ καὶ τοὺς εοὺς ἐκψοφοῦν[96].

Ἴστω γὰρ[97], φησί, *τόδε γαῖα καὶ οὐρανὸς εὐρὺς [ὕπερθεν*
Καὶ τὸ κατειβόμενον[98] *Στυγὸς ὕδωρ ὅστε μέ[γιστος*
Ὅρκος δεινότατός τε πέλει μακάρεσσι[99] *θεοῖσιν.*

Οὐ μόνον δὲ τοῦτο, φησίν, οἱ ποιηταί, λέγουσιν, ἀλλ' ἤδη καὶ οἱ σοφώτατοι τῶν Ἑλλήνων, ὧν ἐστι καὶ Ἡράκλειτος[1] εἷς, λέγων[2]· *Ψυχῇσι γὰρ θάνατος ὕδωρ γενέσθαι.* Οὗτος, φησίν, ὁ θάνατος καταλαμβάνει τοὺς Αἰγυπτίους ἐν Ἐρυθρᾷ θαλάσσῃ μετὰ τῶν ἁρμάτων αὐτῶν. Πάντες δὲ οἱ ἀγνοοῦντες, φησίν, εἰσὶν Αἰγύπτιοι. Καὶ τοῦτό ἐστι, λέγουσι[3], τὸ ἐξελθεῖν ἐξ Αἰγύπτου, ἐκ τοῦ σώματος. Αἴγυπτον γὰρ εἶναι μικρὸν τὸ σῶμα νομίζουσι, καὶ περᾶσαι τὴν θάλασσαν τὴν Ἐρυθράν, τουτέστι τῆς φθορᾶς τὸ ὕδωρ, ὅ ἐστιν ὁ Χρόνος, καὶ γενέσθαι πέραν τῆς Ἐρυθρᾶς θαλάσσης, τουτέστι τῆς γενέσεως, καὶ ἐλθεῖν εἰς τὴν ἔρημον, τουτέστιν ἔξω γενέσεως γενέσθαι, ὅπου εἰσὶν ὁμοῦ πάντες οἱ θεοὶ τῆς ἀπωλείας καὶ ὁ θεὸς τῆς σωτηρίας. Εἰσὶ δέ, φησίν, οἱ θεοὶ τῆς ἀπωλείας οἱ ἀστέρες οἱ τῆς μεταβλητῆς γενέσεως ἐπιφέροντες τοῖς γινομένοις τὴν ἀνάγκην. Τούτους[4], φησίν, ἐκάλεσε Μωϋσῆς ὄφεις τῆς ἐρήμου δάκνοντας καὶ διαφθείροντας τοὺς πεπερακέναι νομίζοντας τὴν Ἐρυθρὰν θάλασσαν. Δακνομένοις[5] οὖν, φησίν, ἐν τῇ ἐρήμῳ τοῖς υἱοῖς Ἰσραὴλ [p. 133. 134] ἐπέδειξε Μωϋσῆς τὸν ἀληθινὸν ὄφιν τὸν τέλειον, εἰς ὃν οἱ πιστεύοντες οὐκ ἐδάκνοντο ἐν τῇ ἐρήμῳ, τουτέστιν ὑπὸ[6] τῶν δυνάμεων. Οὐδεὶς οὖν, φησίν, ὁ δυνάμενος σῶσαι καὶ ῥύσασθαι τοὺς ἐκπορευομένους ἐκ γῆς Αἰγύπτου, τουτέστιν ἐκ σώματος καὶ ἐκ

arbitrantes eorum quæ in genitura nituntur effugere sortem a genitura iis quæ genita sunt definitam. Nam si quid, inquit, natum, omnino **190-191** et perit, sicut etiam Sibyllæ placet. Soli autem, ait, nos, qui necessitatem genituræ perspexerimus et vias, quibus intravit homo in mundum, accurate cognitas habeamus, permeare et pervadere interitum possumus soli. Est autem interitus, ait, aqua, neque alia quaquam re citius periit mundus quam aqua. Aqua autem est id quod circumvolvit in proastiis, aiunt, Cronus; potestas enim, inquit, aquatico colore est ille, quam potestatem, inquit, hoc est Cronum nemo eorum, qui in genitura nituntur, effugere potest. Omni enim genituræ, ut succumbat interitui, in causa Cronus est, nec fieri potest, ut genitura exsistat, in qua Cronus non intercedat. Hoc est, inquit, quod etiam poetæ dicunt illud, quod vel ipsos deos terrore percutit:

Scito enim, inquit, hoc tellus et cœlum vastum superne
Et destillans Stygis aqua, quod quidem maximum
Jusjurandum et gravissimum est beatis diis.

Non solum autem, inquit, hoc poetæ dicunt, sed jam etiam sapientissimi Græcorum, quorum est etiam Heraclitus unus, dicens: *Animabus enim mors, aquam fieri* Hæc mors, inquit, deprehendit Ægyptios in mari Rubro cum curribus ipsorum. Omnes autem, qui illud ignorant, inquit, Ægyptii sunt. Et hoc, aiunt, est exiisse ex Ægypto, e corpore. Ægyptum enim esse parvum corpus arbitrantur, et transire mare Rubrum, hoc est interitus aquam, quæ est Cronus, et transiisse mare Rubrum, hoc est genituram, et pervenisse in desertum, hoc est extra genituram pervenisse, ubi sunt una omnes dii perniciei et deus salutis. Sunt autem, inquit, dii perniciei stellæ, commutabilis genituræ afferentes iis, quæ exsistunt, necessitatem. Hos, inquit, Moses vocavit serpentes deserti mordentes et perdentes eos, qui se mare Rubrum transgressos esse arbitrantur. **192-193** Morsis igitur, inquit, in deserto filiis Israel demonstravit Moses verum serpentem, perfectum, cui qui confiderent non mordebantur in deserto, hoc est a potestatibus. Nemo igitur, inquit, est qui possit salvare et conservare eos, qui exeunt ex terra Ægypto, hoc est ex corpore et ex hoc mundo, nisi solus perfectus et plenus plenorum serpens. In hoc, inquit, qui spem reposuit, a serpentibus deserti non perit, hoc est a diis genituræ.

VARIÆ LECTIONES.

[93] Cf. *Oracula Sibyllina ed. Friedlieb Fragm.* 2, vs. 1, p. 4 : Εἰ δὲ γεννητὸν ὅλως καὶ φθείρεται, οὐ δύνατ' ἀνδρὸς ἐκ μηρῶν μήτρας τε θεὸς τετυπωμένος εἶναι, κ. τ. λ. [94] δέ. Δή susp. M. [95] ἄλλῳ. ἄλλως C. [96] ἐκψοφοῦν. ἐκψοφέω, novum vocabulum, significat haud dubie *terreo*, nisi legendum ἐκφοβοῦν M. [97] Hom. Od. v, 184 sqq. Ἴστω νῦν τόδε, κ. τ. λ. [98] κατειβόμενον C. [99] μακάρεσσι C. [1] Ἡράκλειτος—ὕδωρ γενέσθαι J. Bernaysius in *Ep. critic. ad Bunsenium* l. 1. p. 331, collato Heracliteo fragmento 49 *Schleiermacher* p. 117 : Ψυχῇσι θάνατος ὕδωρ γενέσθαι, ὕδατι δὲ θάνατος γῆν γενέσθαι· ἐκ γῆς δὲ ὕδωρ γίνεται, ἐξ ὕδατος δὲ ψυχή. [2] Ἡράκλειτος, εἷς, λέγων. Ψυχῆς εἰ γὰρ — γενέσθαι C, M, qui pro εἰ γὰρ susp. εἴη ἄν. [3] ἐστι, λέγουσι. ἀπολέγουσι C. [4]. Cfr. IV Mos. XXI, 6 sqq. [5] δακνομένους — τοὺς υἱοὺς C. [6] ὑπό. ἀπὸ C, M.

Scriptum est, inquit, in libro Mosis : Hic, inquit, serpens est potestas, quæ comitata est Mosen, virga conversa in serpentem. Adversati enim erant, inquit, potestati Mosis in Ægypto magorum serpentes, dii perniciei, sed omnes eos subjecit et peremit virga Mosis. Universalis serpens, inquit, hic est sapiens Evæ sermo. Hoc, inquit, est mysterium Edem, hoc fluvius ex Edem, hoc signum impositum Cain, ne quis eum reperiens interimeret. Hic est, inquit, Cain, cujus sacrificium non recepit deus hujus mundi, cruentatum autem recepit Abelis; sanguinibus enim gaudet hujus mundi dominus. Hic est, inquit, is, qui extremis diebus specie humana apparuit temporibus Herodis, factus ad exemplar Josephi venditi ex manu fratrum, cujus solius velamen erat varium. Hic, inquit, est factus ille ad exemplar Esau, cujus vel non præsentis vesti benedictum est, qui non recepit, inquit, cæcam benedictionem, sed ditescebat extrinsecus, nihil a cæcutiente nactus, cujus vidit faciem Jacob, prout viderit homo faciem Dei. De hoc, inquit, scriptum est : *Ut Nebrod magnificus venator coram Domino.* Sunt autem hujus æmulatores multi, tot numero, quot conspecti sunt in deserto filiis Israel mordentes, a quibus conservavit morsos perfectus ille, quem statuit Moses. Hoc est, inquit, quod dictum est : *Et quemadmodum Moses exaltavit serpentem in deserto, ita exaltari oportet Filium hominis.* Hujus ad exemplar factus est serpens in deserto æneus, quem statuit Moses. Hujus, inquit, solius effigies in cœlo perpetuo est **194-195** in luce conspicua. Hic, inquit, est magnum principium, de quo scriptum est. De hoc, inquit, dictum est : *In principio erat Verbum, et Verbum erat apud Deum, et Deus erat Verbum. Hoc erat in principio apud Deum. Omnia per ipsum facta sunt, et sine ipso factum est nihil. Quod factum est in ipso, vita est.* In ipso autem, inquit, Eva facta est, Eva autem vita. Hæc autem est, inquit, Eva, mater omnium viventium, communis natura, hoc est deorum angelorum, immortalium mortalium, ratione carentium ratione præditorum; nam qui *omnium* dixit, inquit, omnium dixit. Et si cujus, inquit, oculi beati, hic videbit attollens oculos in cœlum serpentis pulchram imaginem in magno principio cœli sese vertentem et exsistentem principium omnis motus omnibus quæ fiunt, et cognoscet sine illo nihil neque cœlestium neque terrestrium neque infernalium constitisse. Non nox, non luna, non fruges, non genitura, non divitiæ, non migratio, nec omnino quidquam eorum quæ sunt est sine gubernatore illo. In hoc est, inquit, magnum miraculum, quod cernitur iis in cœlo, qui

A τοῦδε τοῦ κόσμου, εἰ μὴ μόνος ὁ τέλειος [illegible] τῶν πληρῶν ὄφις [7]. Ἐπὶ τούτου, φησίν, [illegible] ὑπὸ τῶν ὄφεων τῆς ἐρήμου οὐ διαφθείρεται [illegible] τῶν θεῶν τῆς γενέσεως. Γέγραπται, φησίν, [illegible] Μωσέως· Οὗτος, φησίν, ὁ ὄφις [8] ἐστὶν ἡ [illegible] παρακολουθήσασα τῷ Μωσεῖ, ἡ ῥάβδος ἡ [illegible] μένη εἰς ὄφιν. Ἀνθεστήκεισαν δέ, φησί, τῇ [illegible] Μωσέως ἐν [9] Αἰγύπτῳ τῶν μάγων οἱ ὄφεις [illegible] τῆς ἀπωλείας· ἀλλὰ πάντας αὐτοὺς ὑπέτα[ξε καὶ] διέφθειρεν ἡ ῥάβδος Μωσέως. Ὁ καθολικὸς [illegible] φησίν, οὗτός [10] ἐστιν ὁ σοφὸς τῆς Εὔας λόγος. [illegible] φησίν, ἐστὶ μυστήριον Ἐδέμ, τοῦτο πο[ταμὸς] Ἐδέμ, τοῦτο σημεῖον τὸ τεθὲν τῷ Κάϊν, ἵνα [illegible]

B εὑρίσκων αὐτὸν μὴ ἀποκτείνῃ. Οὗτος, φησίν, [illegible] Κάϊν [11], οὗ τὴν θυσίαν οὐ προσεδέξατο ὁ θεὸς [illegible] τοῦ κόσμου. Τὴν δὲ ᾑμαγμένην προσήκατο [illegible] αἵμασι γὰρ χαίρει ὁ τοῦδε τοῦ κόσμου δεσ[πότης]. Οὗτός ἐστι, φησίν [12], ὁ ἐν ἐσχάταις ἡμέραις [ἀν]θρώπου μορφῇ φανεὶς ἐν τοῖς χρόνοις Ἡρώδου, γενόμενος κατ' εἰκόνα Ἰωσὴφ [13] τοῦ πεπραμένου [ἐκ] χειρὸς ἀδελφῶν, οὗ μόνου [14] τὸ ἔνδυμα ἦν πο[ικίλον]. Οὗτός ἐστι, φησίν, ὁ κατ' εἰκόνα Ἠσαῦ, οὗ [καὶ μὴ] παρόντος ἡ στολὴ εὐλόγηται, ὃς οὐκ ἐδέξατο [15] τὴν ἀμβλυωπὸν [16] εὐλογίαν, ἀλλ' ἐπλούτησεν [17] [ἔξωθεν] οὐδὲν ἀπὸ τοῦ ἀμβλυωποῦντος λαβών, οὗ εἶδε [τὸ] πρόσωπον [18] Ἰακὼβ ὡς ἂν ἴδοι ἄνθρωπος [πρόσ]ωπον Θεοῦ. Περὶ τούτου, φησί, γέγραπται, ὡς *Νεβρὼδ γίγας κυνηγὸς ἔναντι Κυρίου* [19]. [illegible]

C φησί, τούτου ἀντίμιμοι πολλοί, τοσοῦτοι ὅσοι ἐ[φάνη]σαν ἐν τῇ ἐρήμῳ τοῖς υἱοῖς Ἰσραὴλ δάκνοντες, [ἀφ'] ὧν ἐρρύσατο τοὺς δακνομένους ὁ τέλειος ἐκεῖνος, [ὃν] ἔστησε Μωϋσῆς. Τοῦτό ἐστι, φησί, τὸ εἰρημένον· *Καὶ* [20] *ὃν τρόπον* [21] *ὕψωσε Μωϋσῆς τὸν ὄφιν ἐν τῇ ἐρήμῳ, οὕτως ὑψωθῆναι δεῖ τὸν Υἱὸν τοῦ ἀνθρώπου.* Τούτου κατ' εἰκόνα γέγονεν ὁ ὄφις [ὁ ἐν τῇ] ἐρήμῳ χαλκοῦς, ὃν ἔστησε Μωϋσῆς. Τούτου, φησί, μόνου τὸ ὁμοίωμα [p. 134. 135] ἐν τῷ οὐρανῷ διὰ παντός ἐστιν φωτὶ ὁρώμενον. Οὗτος, φησίν, ἐστὶν ἡ μεγάλη ἀρχή, περὶ ἧς γέγραπται. Περὶ τούτου, φησίν, εἴρηται· *Ἐν ἀρχῇ* [22] *ἦν ὁ λόγος, καὶ ὁ λόγος ἦν πρὸς τὸν Θεόν, καὶ Θεὸς ἦν ὁ λόγος. Οὗτος ἦν ἐν ἀρχῇ πρὸς τὸν Θεόν, πάντα δι' αὐτοῦ ἐγένετο, καὶ χωρὶς αὐτοῦ ἐγένετο οὐδὲ ἕν. Ὃ*

D *γέγονεν ἐν αὐτῷ, ζωή ἐστιν.* Ἐν αὐτῷ δέ, φησίν, ἡ Εὔα γέγονεν, ἡ Εὔα ζωή. Αὕτη δέ, φησίν, ἐστὶν Εὔα, μήτηρ πάντων τῶν ζώντων, κοινὴ φύσις, τουτέστι θεῶν ἀγγέλων, ἀθανάτων θνητῶν, ἀλόγων λογικῶν· ὁ γὰρ *πάντων*, φησίν, εἰπὼν εἴρηκε πάντων [23]· καὶ εἴ τινος, φησίν, οἱ ὀφθαλμοὶ μακάριοι, οὗτος ὄψεται ἀναβλέψας εἰς τὸν οὐρανὸν τοῦ ὄφεως τὴν καλὴν εἰκόνα ἐν τῇ μεγάλῃ ἀρχῇ τοῦ οὐρανοῦ στρεφομένην καὶ γινομένην ἀρχὴν πάσης κινήσεως

VARIÆ LECTIONES.

[7] ὄφις ὄφεις C. [8] Cf. II Mos. iv, 2-4, 17, c. vii, 9-13. [9] ἐν om. C. [10] Cf. I Mos. iii, [illegible] [11] Cf. I Mos. iv, 15. [12] Cf. I Mos. iv, 3-5. [13] φασίν C, M. [14] Cf. I Mos. 38, 3 28. [15] πεπραγμένου C. [16] μόνον C, M. [17] Cf. I Mos. xxvii, 15 sqq. [18] ἀμβλυωπόν. Cf. I Mos. xxvii, 1. [19] Cf. I Mos. xxxiii, 10 : Εἶδον τὸ πρόσωπόν σου, ὡς ἄν τις ἴδοι πρόσωπον θεοῦ. [20] I Mos. x, 9, ubi ἐναντίον pro ἔναντι. [21] Καὶ καθὼς Μωϋσῆς ὕψωσεν τὸν ὄφιν — ἀνθρώπου. καὶ καθ' M. [22] Ev. Joan. iii, 14. [23] Joan. i, 1-4. [24] εἴρηκε πάντων. εἴρηκε τούτων susp. M.

τοῖς γινομένοις, καὶ γνώσεται [25] ὅτι χωρὶς [οὐδὲν] [26] οὔτε τῶν οὐρανίων οὔτε τῶν ἐπι- .οὔτε τῶν καταχθονίων συνέστηκεν· οὐ νύξ, ήνη, οὐ καρποί, οὐ γένεσις, οὐ πλοῦτος, οὐχ .ρία, οὐδ' ὅλως τι τῶν ὄντων ἐστὶ δίχα σημαίνοντος ἐκείνου. Ἐπὶ τούτου, | φησὶν, ἐστὶ τὸ μέγα ι ὁρώμενον ἐν τῷ οὐρανῷ τοῖς δυναμένοις ἰδεῖν. Κατὰ γάρ, φησί, ταύτην τὴν ἄκραν αὐτοῦ τὴν ήν, ὅπερ πάντων ἀπιστότερον τοῖς οὐκ εἰδόσι, *μίσγονται* [27] *δύσις τε καὶ ἀνατολὴ ἀλλήλαις.* στι περὶ οὗ εἶπεν ἡ ἀγνωσία· *Ἐν οὐρανῷ*

εἶται [28] *μέγα θαῦμα Δράκων δεινοῖο πελώρου.*

τέρωθεν δὲ αὐτοῦ [29] παρατέτακται Στέφανος καὶ , καὶ κατ' αὐτὴν ἄνωθεν τὴν κεφαλὴν ἄκραν νὸς ἄνθρωπος, ὁ Ἐν γόνασίν ἐστιν ὁρώμενος,

ξιτεροῦ ποδὸς ἄκρον ἔχων [30] *σκολιοῖο Δρά- | κοντος.*

ὰ δὲ τὴν νῶτον τοῦ Ἐν γόνασίν ἐστιν ἀτελὴς ἀμφοτέραις ταῖς χερσὶ κατεσφιγμένος ὑπὸ τοῦ .ούχου, καὶ κωλυόμενος ἐφάψασθαι τοῦ στεφάνου ακειμένου τῷ τελείῳ ὄφει.

.7. Αὕτη ἡ παμποίκιλος σοφία τῆς [31] Περατικῆς .έσεως, ἣν ἐξειπεῖν πᾶσαν δυσχερές, οὕτως οὖσαν λιὰν διὰ τὸ ἐκ τῆς ἀστρολογικῆς δοκεῖν συν- ἀναι. Καθὸ οὖν δυνατὸν ἦν, δι' ὀλίγων πᾶσαν αὐτῆς δύναμιν ἐκτεθείμεθα. Ἵνα δὲ δι' [p. 135—137] τομῆς τὴν πᾶσαν αὐτῶν γνώμην ἐκθώμεθα, δοκεῖ οσθεῖναι ταῦτα. Ἔστι κατ' αὐτοὺς [32] τὸ πᾶν πα- ρ, υἱὸς, ὕλη· τούτων τῶν τριῶν ἕκαστον ἀπείρους ει δυνάμεις ἐν ἑαυτῷ. Καθέζεται οὖν μέσος τῆς .ης καὶ τοῦ πατρὸς ὁ υἱὸς, ὁ λόγος, ὁ ὄφις ἀεὶ νούμενος πρὸς ἀκίνητον τὸν πατέρα καὶ κινουμέ-]ν τὴν ὕλην, καὶ ποτε μὲν στρέφεται πρὸς τὸν ατέρα, καὶ ἀναλαμβάνει τὰς δυνάμεις εἰς τὸ πρόσ- .πον ἑαυτοῦ, ἀναλαβὼν δὲ τὰς δυνάμεις στρέφεται :ρὸς τὴν ὕλην, καὶ ἡ ὕλη ἄποιος οὖσα καὶ ἀσχημά- ιστος ἐκτυποῦται | τὰς ἰδέας ἀπὸ τοῦ υἱοῦ, ἃς ὁ υἱὸς ιπὸ τοῦ πατρὸς ἐτυπώσατο. Ἐκτυποῦται δὲ ὁ μὲν υἱὸς ἀπὸ τοῦ πατρὸς ἀῤῥήτως καὶ ἀλάλως καὶ ἀμε- ταστάτως, οὕτως ὥς φησι Μωϋσῆς ἀπὸ τῶν ῥάβδων τῶν ἀπὸ τῶν ποτιστηρίων ῥερευκέναι τὰ χρώματα τῶν ἐγκεκισσημένων. Ὁμοίως δ' αὖ καὶ ἀπὸ τοῦ υἱοῦ ἐπὶ τὴν ὕλην ῥερευκέναι τὰς δυνάμεις κατὰ τὸ ἐγκίσσημα τῆς δυνάμεως τῆς ἀπὸ τῶν ῥάβδων ἐπὶ τὰ ἐγκεκισσημένα· ἡ δὲ διαφορὰ τῶν χρωμάτων καὶ ἡ ἀνομοιότης ῥεύσασα ἀπὸ τῶν ῥάβδων διὰ τῶν ὑδάτων ἐπὶ τὰ πρόβατα διαφορὰ, φησὶ, γενέσεώς ἐστι φθαρτῆς καὶ ἀφθάρτου· μᾶλλον δὲ ὥσπερ ζωγραφῶν ἀπὸ τῶν ζώων μηδὲν ἀφαιρούμενος τῇ γραφίδι πάσας ἐπὶ τὸν πίνακα μεταφέρει τὰς ἰδέας ἐγγράφων, οὕτως ὁ υἱὸς τῇ δυνάμει τῇ ἑαυτοῦ ἀπὸ τοῦ πατρὸς ἐπὶ τὴν ὕλην τοὺς πατρικοὺς μεταφέρει χαρακτῆρας. Ἔστιν οὖν πάντα τὰ πατρικὰ ἐνθάδε καὶ οὐδέν. Εἰ γάρ τις, φησὶν, ἐξισχύσει τῶν ἐνθάδε κατανοηθῆναι [33] ὅτι ἔστι [34] πατρικὸς χαρακτὴρ ἄνωθεν

possunt cernere. Etenim ad summum ejus caput, quod maxime incredibile est iis qui nesciunt, *miscentur et occasus et ortus invicem.* Hoc est, de quo dixit ignorantia, in cœlo.

Volvitur magnum miraculum draco vasti portenti.

Ab utraque autem parte apposita est corona et lyra et ad ipsum superne summum caput miserabilis homo, qui est in genubus, est conspicuus,

Dextri pedis extremum habens juxta vastum dra- [conem.

Ad dorsum autem ejus, qui in genubus est, imperfectus est serpens, ambabus manibus constrictus ab ophiucho et prohibitus attingere coronam adjacentem perfecto serpenti.

17. Hæc pervaria sapientia hæresis Peraticæ, quam edicere universam arduum est, tam pravam illam, quia ex astrologorum arte videtur deducta esse. Quantum igitur fieri poterat, paucis omnem vim ejus exposuimus. Ut autem per compendium

196-197 omnem eorum doctrinam explicemus, placet addere hæc. Est secundum illos universum pater, filius, materia. Horum trium unumquodque infinitas habet potestates in sese. Consedit igitur medius inter materiam et patrem filius, logus, serpens, semper sese movens ad immotum patrem et sese moventem materiam, et aliquando vertitur ad patrem et recipit potestates in personam suam; postquam autem recepit potestates, vertitur ad materiam, et materia, carens qualitate et figura, in se effingit ideas a filio, quas filius a patre in se effinxit. Effingitur autem filius a patre ineffabiliter et invocaliter et intransitive sic uti dicit Moses a virgis ex potisteriis conspicuis fluxisse colores conceptorum fetuum. Similiter autem rursus etiam a filio in materiam fluxisse potestates ad instar infetationis potestatis quæ redundabat a virgis ad conceptus fetus. Differentia autem colorum et dissimilitudo, quæ fluxit a virgis per aquas ad oves, differentia, inquit, generationis est mortalis et immortalis. Potius autem sicut pingens ab animalibus nihil auferens stylo omnes in tabulam transfert species inscribendo, ita filius potestate sua ipsius a patre ad materiam paternas transfert notas. Sunt igitur omnia paterna hic, nec quidquam. Nam si quis, inquit, valebit eorum, qui hic sunt, perspexisse paternam se esse notam desuper translatam huc, incarnatam, quasi gravidatione redundante a virga, album quid factus est, ejusdem naturæ cum

VARIÆ LECTIONES.

[25] καὶ γνώσεται. γνώσετε C, γνώσεται M. [26] οὐδὲν om. C. [27] Cf. Arat. v. 62 et supra p. 116, 95: Μίσγονται δύσιές τε καὶ ἀντολαὶ ἀλλήλῃσιν. [28] Cf. Arat. v. 46: Εἵλεῖται μέγα θαῦμα, Δράκων, περί τ' ἀμφί τ' ἐαγὼς Μυρίος, et supra p. 116, 84: Μέγα θαῦμα Δράκοντος πελώρου [29] Cf. supra p. 118, 12. [30] ποδὸς ἄκρον ἔχει Aratus v. 70, ποδὸς ἴχνος ἔχων supra p. 116, 11. [31] τῆς om. C. [32] Cf. I Mos. xxx, 37 sqq. [33] κατανοηθῆναι, καὶ ἐννοηθῆναι C, ὡς ἐννοηθῆναι susp. M. [34] ἐστί. ἔσται C, M.

patre, qui est in cœlis, penitus, et illuc revertitur; sin autem carebit hac doctrina nec necessitatem genituræ intellexerit, ut abortivus, sub noctem natus, sub noctem perihit. Quando igitur, inquit, dicit Salvator : *Pater vester, qui est in cœlis*, illum dicit, a quo mutuatus filius notas translulit huc; quando autem dicit : *Vester pater ab initio homicida est*, principem et opificem materiæ dicit, qui recepit traditas a filio notas et hic generavit, qui est
198-199 ab initio homicida, nam quod opus ejus est, interitum et mortem gignit. Nemo igitur, inquit, potest servari absque filio nec reverti, qui est serpens. Ut enim detulit desuper paternas notas, sic rursus hinc refert ex somno excitatas et factas paternas notas substantiales ex non substantiali, hinc illuc transferens. Hoc est, inquit, illud quod dictum est : *Ego sum porta*. Transfert autem, inquit, ... ut naphtha ignem undique in se attrahens, vel potius sicuti Herculeus lapis ferrum, aliud autem nihil, vel sicut marini accipitris spina aurum, aliud autem nihil, vel sicuti ducitur ab electro palea, sic, inquit, a serpente retrahitur a mundo effigiatum perfectum genus ejusdem naturæ, aliud autem nihil, pronti ab eo demissum est. Ad hanc demonstrationem adhibent cerebri resectionem, ipsum quidem cerebrum assimilantes patri propter immobilitatem, cerebellum autem filio, propterea quod et movetur et serpentis simile est, quod arcano et obscuro modo attrahere ad se per glandulam dictitant ex camario emanantem spiritualem et genitalem vim, qua recepta cerebellum sicut filius tacite tradit materiæ ideas, hoc est in medullam dorsalem transmanant semina et genera generatorum carnaliter. Hoc exemplo usi scite videntur subintroducere arcana sua tacite tradita mysteria, quæ eloqui nobis nefas, tamen per ea quæ dicta sunt pervidere facile est.

A μετενηνεγμένος ἐνθάδε σωματοποιηθεὶς, ἐγκισσήματι τῷ [55] ἀπὸ τῆς ῥάβδου, λευκὸν [illegible] ὁμοούσιον τῷ πατρὶ τῷ ἐν τοῖς οὐρανοῖς ὅλος[56]· ἐκεῖ ἀνέρχεται [57]· ἐὰν δὲ μὴ τύχῃ τῆς [illegible] ταύτης, μηδὲ τὴν ἀνάγκην τῆς γενέσεως [illegible] ὥσπερ ἔκτρωμα ὑπὸ νύκτα γεννώμενον [illegible] ἀπολεῖται. Ὅταν οὖν, φησὶ, λέγῃ [58] ὁ Σωτήρ· *Πατὴρ ὑμῶν* [59] *ὁ ἐν τοῖς οὐρανοῖς*, ἐκεῖνο[illegible] ἀφ' οὗ ὁ υἱὸς μεταλαβὼν τοὺς χαρακτῆρας [illegible]νοχεν ἐνθάδε· ὅταν δὲ λέγῃ· *Ὁ ὑμέτερος* [illegible] *ἀπ' ἀρχῆς ἀνθρωποκτόνος ἐστὶ*, τὸν ἄρχοντα [illegible] δημιουργὸν τῆς ὕλης λέγει. Ὅς [61] ἀναλαβὼν τοὺς δοθέντας ἀπὸ τοῦ υἱοῦ χαρακτῆρας | ἐγέννησε ἐνθάδε, ὅς ἐστιν ἀπ' ἀρχῆς ἀνθρωποκτόνος· τὸ ἔργον αὐτοῦ φθορὰν καὶ θάνατον ἐργάζεται [illegible]

B 138] Οὐδεὶς οὖν, φησὶ, δύναται σωθῆναι ἄνευ υἱοῦ οὐδὲ ἀνελθεῖν, ὅς ἐστιν ὁ ὄφις. Ὡς γὰρ ἤνεγκεν ἄνωθεν τοὺς πατρικοὺς χαρακτῆρας, [illegible] πάλιν ἐντεῦθεν ἀναφέρει τοὺς ἐξυπνισμένους [63] γεγονότας πατρικοὺς χαρακτῆρας ὑποστάτους [illegible] ἀνυποστάτου ἐντεῦθεν ἐκεῖ μεταφέρων. Τοῦτο [illegible] φησὶ, τὸ εἰρημένον· *Ἐγώ εἰμι ἡ θύρα* [64]. Μεταφέρει [65] δὲ, φησὶ, ... καμμύουσιν ὀφθαλμοῖς [illegible]ρου, ὥσπερ ἡ νάφθας [66] τὸ πῦρ πανταχόθεν εἰς [illegible] τὸν ἐπισπώμενος, μᾶλλον δὲ ὥσπερ ἡ Ἡρακλεία λίθος τὸν σίδηρον ἄλλο [δὲ] [67] οὐδὲν, ἢ ὥσπερ [illegible] θαλασσίου ἱέρακος κερκὶς τὸ χρυσίον, ἕτερον δὲ [illegible]δέν· ἢ ὥσπερ ἄγεται ὑπὸ [68] τοῦ ἠλέκτρου τὸ ἄχυρον, οὕτω, φησὶν, ὑπὸ τοῦ ὄφεως ἄγεται πάλιν ἐκ τοῦ

C κόσμου τὸ ἐξεικονισμένον τέλειον γένος ὁμοούσιον, ἄλλο [69] δὲ οὐδὲν, καθὼς ὑπ' αὐτοῦ κατεπέμφθη. Πρὸς ταύτην [70] τὴν ἀπόδειξιν φέρουσι τὴν ἐγκεφάλου ἀνατομὴν, αὐτὸν μὲν τὸν ἐγκέφαλον [illegible]νίζοντες τῷ πατρὶ διὰ τὸ ἀκίνητον, τὴν δὲ παρεγκεφαλίδα τῷ υἱῷ διά τε τὸ κινεῖσθαι καὶ δρακοντοειδῆ ὑπάρχειν, ἣν ἀρρήτως καὶ ἀσημάντως [illegible] διὰ τοῦ κωναρίου φάσκουσι τὴν ἐκ τοῦ καμαρίου [71] ἀποῤῥέουσαν πνευματικὴν καὶ ζωογόνον οὐσίαν. ἣν ὑποδεξαμένη ἡ παρεγκεφαλὶς ὥσπερ ὁ υἱὸς ἀλλάλως [72] μεταδίδωσι τῇ ὕλῃ τὰς ἰδέας, τουτέστιν ἐπὶ τὸν νωτιαῖον μυελὸν διαῤῥεῖ τὰ σπέρματα καὶ τὰ γένη τῶν γεννωμένων [73] κατὰ σάρκα. Τούτῳ τῷ παραδείγματι χρώμενοι εὐφυῶς δοκοῦσι παρεισάγειν τὰ ἄῤῥητα αὐτῶν ἀλάλως [74] παραδιδόμενα μυστήρια, ἃ ἐξειπεῖν ἡμῖν οὐ θέμις, ὅμως [75] δὲ νοῆσαι διὰ τῶν εἰρημένων εὔκολον.

18. Verum cum Peraticam hæresim mihi videar aperte exposuisse et multis manifestam reddidisse latentem antea et omnia commiscentem cum omnibus celantemque virus suum, placet nihil jam ultra hæc arguere, cum sufficiant ad arguendos eos ipsorum placita.

ιη'. Ἀλλ' ἐπεὶ καὶ τὴν Περατικὴν αἵρεσιν [illegible]

D φανερῶς ἐκτεθεῖσθαι καὶ διὰ πολλῶν ἐκφανῆ πεποιηκέναι διαλαθοῦσαν [76] καὶ πάντα πᾶσι [77] συγκερασαμένην, ἀποκρύπτουσάν τε τὸν ἴδιον ἰὸν, δοκεῖ μηδὲν περαιτέρω τούτων κατηγορεῖν, ἱκανῶν ὄντων πρὸς κατηγορίαν αὐτῶν τῶν ὑπ' αὐτῶν δογματιζομένων.

VARIÆ LECTIONES.

[55] ἐγκισσήματι τῷ. ἐν κίσσημα τὸ C, ἐγκίσσημά τι τὸ M. [56] ὅλος C, M. [57] καὶ ἐκεῖ ἀνέρχεται [illegible] ἀνέρχεται C, κατ' οἰκείαν ἔρχεται M. [58] λέγῃ. λέγει C. [59] Cf. Matth. vii, 11; v, 48; alibi. [60] Cf. Ev. Joan. viii, 44 : Ὑμεῖς ἐκ τοῦ πατρὸς τοῦ διαβόλου ἐστὲ καὶ τὰς ἐπιθυμίας τοῦ πατρὸς ὑμῶν θέλετε ποιεῖν· ἐκεῖνος ἀνθρωποκτόνος ἦν ἀπ' ἀρχῆς κ. τ. λ. [61] ὅς. ὡς C. [62] δίχα. διὰ C, M. [63] ἐξυπνισμένους C. [64] Ev. Joan., x. 7. [65] Homœoteleuton verbi φησί in causa fuisse videtur, cur intermedia exciderint. [66] νάφθας· ἀνάφθας C, M. [67] δὲ om. C. [68] ὑπό. ἀπὸ C, M. [69] ἄλλο. ἄλλοι C. [70] Cf. supra p. 128 sqq. [71] καμαρίου. μακαρίου C, ἐγκρανίου sup. M. Tu cfr. supra p. 128 95, 96. Ὁ μὲν γὰρ ἐγκέφαλος ἀνατμηθεὶς ἔνδον ἔχει τὸ καλούμενον καμάριον, κ. τ. λ. [72] ἀλλαλλως C. [73] γενομένων C, M. [74] ἀλλάλως C. [75] ὅμως. πολλῶν C. πολλοῖς susp. M. [76] διαλαθοῦσαν, ἀεὶ λαθοῦσαν C ἕως ἄρτι λαθοῦσαν susp M. [77] πάντα πᾶσι. παντάπασι C, M.

Ἴδωμεν οὖν τί λέγουσιν οἱ Σηθιανοί. Τούτοις δοκεῖ τῶν ὅλων εἶναι τρεῖς ἀρχὰς περιωρισμένας, ἑκάστην δὲ τῶν ἀρχῶν ἀπείρους ἔχειν δυνάμεις. Δυνάμεις[59] αὐτῶν λεγόντων [p. 138 139] λογιζέσθω ὁ ἀκούων[60] αὐτοὺς λέγειν· Πᾶν ὅ τι νοήσει ἐπινοεῖς ἢ καὶ παραλείπεις μὴ νοηθὲν, τοῦτο ἑκάστη[61] τῶν ἀρχῶν πέφυκε γενέσθαι, ὡς ἐν ἀνθρωπίνῃ[62] ψυχῇ πᾶσα οὖν[63] διδασκομένη τέχνη· οἱονεὶ, φησὶ, γενήσεται[64] τοῦτο τὸ παιδίον αὐλητὴς, ἐγχρονίσαν αὐλητῇ, γεωμέτρης γεωμέτρῃ, γραμματικῷ γραμματικὸς, τέκτων τέκτονι, καὶ ταῖς ἄλλαις ἁπάσαις τέχναις ἐγγινόμενον ὁμοίως συμβήσεται. Αἱ δὲ τῶν ἀρχῶν, φησὶν, οὐσίαι φῶς καὶ σκότος· τούτων δέ ἐστιν ἐν μέσῳ πνεῦμα ἀκέραιον· τὸ δὲ πνεῦμα τὸ | τεταγμένον ἐν μέσῳ τοῦ σκότους, ὅπερ ἐστὶ κάτω, καὶ τοῦ φωτὸς, ὅπερ ἐστὶν ἄνω, οὐκ ἔστι πνεῦμα, ὡς ἀνέμου ῥιπὴ[65] ἢ λεπτή τις αὔρα νοηθῆναι δυναμένη, ἀλλ' οἱονεὶ μύρου τις ὀσμὴ ἢ θυμιάματος ἐκ συνθέσεως κατεσκευασμένου λεπτὴ, διοδεύουσα δύναμις ἀνεπινοήτῳ τινὶ καὶ κρείττονι ἢ λόγῳ ἐστὶν ἐξειπεῖν φορᾷ εὐωδίας[66]. Ἐπειδὴ δὲ[67] ἄνω ἐστὶ τὸ φῶς καὶ κάτω τὸ[68] σκότος, καὶ τούτων, ὡς ἔφην, τοιοῦτον τρόπον[69] μέσον τὸ πνεῦμα, τὸ δὲ φῶς[70] πέφυκε καθάπερ ἀκτὶς ἡλίου[71] ἄνωθεν ἐλλάμπειν[72] εἰς τὸ ὑποκείμενον σκότος, ἀνάπαλιν δὲ ἡ τοῦ πνεύματος εὐωδία μέσην ἔχουσα[73] τάξιν ἐκτείνεται καὶ φέρεται πανταχῇ, ὡς ἐπὶ τῶν ἐν πυρὶ θυμιαμάτων τὴν εὐωδίαν πανταχῇ φερομένην ἐπεγνώκαμεν· τοιαύτης δὲ οὔσης τῆς δυνάμεως τῶν διῃρημένων[74] τριχῶς, τοῦ πνεύματος καὶ τοῦ φωτὸς ὁμοῦ ἡ δύναμίς ἐστιν ἐν τῷ σκότει τῷ[75] κάτωθεν αὐτῶν τεταγμένῳ. Τὸ δὲ σκότος ὕδωρ ἐστὶ φοβερὸν, εἰς ὃ κατέσπασται καὶ μετενήνεκται εἰς τὴν τοιαύτην φύσιν μετὰ τοῦ πνεύματος τὸ φῶς. Τὸ δὲ σκότος ἀσύνετον οὐκ ἔστιν, ἀλλὰ φρόνιμον παντελῶς, καὶ οἶδεν[76] ὅτι, ἂν ἀπαρθῇ τὸ φῶς ἀπὸ τοῦ σκότους, μένει τὸ σκότος ἔρημον, ἀφανὲς, ἀλαμπὲς, ἀδύναμον, ἄπρακτον, ἀσθενές. Διὸ πάσῃ φρονήσει καὶ συνέσει βιάζεται κατέχειν εἰς ἑαυτὸ[77] τὴν λαμπηδόνα καὶ τὸν σπινθῆρα[78] τοῦ φωτὸς μετὰ τῆς τοῦ πνεύματος εὐωδίας. Καὶ τούτων ἔστιν ἰδεῖν τῆς φύσεως εἰκόνα κατὰ πρόσωπον ἀνθρώπου, κόρην ὀφθαλμοῦ, σκοτεινὴν ἐκ τῶν ὑποκειμένων ὑδάτων, πεφωτισμένην πνεύματι. [p. 139—141] Ὡς οὖν ἀντιποιεῖται τὸ σκότος τῆς λαμπηδόνος, ἵνα ἔχῃ τὸν σπινθῆρα δουλεύοντα καὶ βλέπῃ[79], οὕτως ἀντιποιεῖται τὸ φῶς καὶ τὸ πνεῦμα τῆς δυνάμεως τῆς ἑαυτῶν· καὶ σπεύδουσιν ἆραι καὶ ἀνακομίσασθαι πρὸς ἑαυτὰς[80] τὰς μεμιγμένας αὐτῶν δυνάμεις εἰς τὸ ὑποκείμενον ὕδωρ σκοτεινὸν

19\. Videamus igitur, quid dicant Sethiani. His placet universi esse tria principia descripta, singula autem principia infinitas **200-201** habere potestates. Cum autem potestates dicunt, reputet qui audit hoc eos dicere: Quodcunque cognitione cognoscis, vel forte prætermittis incognitum, hoc unumquodque principiorum fieri potest, ut in humana anima omnis quæ docetur ars, veluti, inquit, evadet hic infans tibicen per tempus usus institutione tibicinis, aut geometra geometræ, grammatici grammaticus, faber fabri, et in cæterarum omnium artium consortium adductus similiter cadet. Principiorum autem, inquit, naturæ lux et tenebræ, harum autem intermedius spiritus impermistus. Spiritus autem intermedius positus inter tenebras, quæ sunt infra, et lucem, quæ est supra, non est spiritus ut venti vis aut tenuis quædam aura, quæ sentiri potest, sed tanquam unguenti quidam odor vel suffimenti ex mistura fabricati, tenuis, permeans potestas insensibili quadam et vehementiori, quam quæ verbis exprimatur, vi odoraminis. Quandoquidem autem supra est lux et infra tenebræ et harum intermedius, ut dicebam, in hunc modum spiritus, lux autem ita nata est, ut tanquam radius solis desuper illucescat in subjectas tenebras, rursus autem spiritus odoramentum, medium tenens locum, expanditur et fertur in omnes partes, ut in suffimentis igni impositis odoramentum in omnes partes sese diffundens cognovimus; — cum hæc igitur sit potestas trifariam divisorum principiorum: spiritus et lucis simul potestas est in tenebris infra ipsa positis. Tenebræ autem sunt aqua terribilis, in quam derepta est et translata in talem naturam cum spiritu lux. Tenebræ autem mente non carent, sed prudentes prorsus sunt, et norunt, ubi abstrahatur lux a tenebris, manere tenebras desolatas, sine luce, sine splendore, sine vi, sine efficacia, debiles. Quapropter omni ratione et cogitatione nituntur continere in sese splendorem et scintillam lucis cum spiritus odoramento. Et horum est videre naturæ imaginem in facie hominis, pupillam oculi, tenebrosam ex subjacentibus aquis, illustratam **202-203** spiritu. Sicuti igitur sectantur tenebræ splendorem, ut habeant scintillam servientem et cernant, ita sectatur lux et spiritus potestatem sui ipsorum, et nituntur tollere et recipere ad sese mistas ipsorum potestates in subjacentem aquam tenebrosam et terribilem. Omnes autem potestates trium principiorum, quæ sunt numero infinities in-

VARIÆ LECTIONES.

[58] Cf. epitom. infra l. x. c. 11, p. 316—18. ed. Oxon. [59] Δυνάμεις — λογιζέσθω. Δύναται δὲ αὐτῶν λεγόντων λογίζεσθαι l. Bernaysius in *Ep. crit. ad Bunsenium* p. 318. [60] δ', δι' C. [61] ἑκάστην C. ἑκάστη M, Bernaysius. Cfr. infra p. 316, 62 ed. Oxon. [62] ἀνθρωπί (sic) ψυχῇ C. [63] ἥτις οὖν C. [64] γένηται C. γένοιτο Bernaysius. [65] ἀνέμου ῥιπή. ἄνεμος ἢ ῥιπὴ C, M. [66] φορᾷ εὐωδίας. εὐωδίᾳ C, M. cfr. infra p. 316, 62 ed. Ox. [67] Ἐπειδὴ δέ. Ἐπειδὴ, Ἐπεὶ δὴ M. [68] τὸ om. C. [69] τρόπον, τρόπον ὃν C., τρόπον ὃν M. cfr. p. 316, 63 ed. Ox. [70] τὸ δὲ φῶς. τὸ φῶς M; cfr. infra l. l. [71] ἀκτὶς ἡλίου. δή τις ἡλίου C, δή τις ἥλιος M; cfr. infra p. 316, 64. [72] ἐλλάμπειν ἐλάμπει M. [73] εὐωδία διαμέση ἔχουσαν C; cfr. p. 316, 65. [74] διῃρημένων. εἰρημένων C. M.; cfr. p. 316, 66. [75] τοῦ κάτωθεν C. [76] 85. οἶδεν. οὐδὲν C. [77] εἰς ἑαυτὸν C. [78] τὸν σπινθῆρα. σπινθῆρα C, M; cfr. p. 317, 76. [79] δουλεύονται C. [80] βλέπει C. [81] ἑαυταῖς 59 C, M.

finitæ, sunt singulæ secundum naturam suam mente præditæ et intelligentia. Innumerabiles autem multitudine et mente præditæ cum sint intelligentiaque, ubi manebunt per se, quiescunt omnes; ubi autem propinquabit potestas potestati, dissimilitudo juxtapositionis efficit motum quemdam et actionem a motu figuratam per concursum juxtapositionis congressarum potestatum. Fit enim potestatum concursus tanquam figura sigilli per concursum reddita consimiliter effiguranti eas quæ admoventur essentias. Cum igitur infinitæ numero trium principiorum sint potestates exque infinitis potestatibus infiniti concursus, necessario nascuntur infinitorum sigillorum imagines. Nascitur igitur ex primo trium principiorum concursu magni magna quædam species sigilli, cœlum et terra. Formam autem habent cœlum et terra utero consimilem, umbilicum habenti medium, et si quis, inquit, sub oculos subjicere volet hanc formam, gravidum uterum cujuscunque voluerit animalis per artem scrutetur et reperiet effigiem cœli et terræ eorumque, quæ in medio omnium incommutabiliter subjacent. Facta autem est cœli et terræ forma talis quasi utero consimilis per primum concursum. Rursus autem in medio cœli et terræ exstiterunt infiniti potestatum concursus. Et unusquisque concursus non aliud quidquam effecit et effiguravit quam sigillum cœli et terræ consimile utero. In terra autem rursus enatæ sunt ex infinitis sigillis diversorum animalium infinitæ multitudines. In hanc **204-205** autem omnem quæ sub cœlo est in diversis animalibus infinitatem dispersum est et divisum cum luce spiritus superne odoramentum. Natum igitur est ex aqua primigenium principium, ventus gravis et vehemens et omnis generationis auctor. Fervorem enim quemdam incutiens aquis ab aquis excitat undas. Undarum autem motus qui quasi quidam impetus est..... gravidam factam esse hominis aut mentis, quando sub spiritus impetu intenditur. Ubi autem hæc unda a vento ex aqua excitata et gravida facta ad naturam suam generamen femellæ concepit in sese, continet lucem superne desparsam cum spiritus odoramento, hoc est mentem figuratam in diversis speciebus suis, quæ lux est perfectus Deus, qui ex non genita superne luce et spiritu delatus in humanam naturam tanquam in templum vi naturæ et venti motu, generatus ex

A καὶ φοβερόν. Πᾶσαι δὲ αἱ δυνάμεις τῶν τριῶν ἀρχῶν, οὖσαι κατ' ἀριθμὸν ἄπειροι ἀπείρως, ἑκάστη κατὰ τὴν οὐσίαν τὴν ἑαυτῆς φρόνιμοι καὶ νοεραί, ἀναρίθμητοι δὲ τὸ πλῆθος [82], οὖσαι φρόνιμοι καὶ νοεραί, ἐπειδὰν μένωσι κατ' αὐτὰς ἠρεμοῦσι πᾶσαι· ἐὰν δὲ πλησιάζῃ δύναμις δυνάμει, ἡ ἀνομοιότης τῆς παραθέσεως ἐργάζεται κίνησίν τινα καὶ ἐνέργειαν ἀπὸ τῆς κινήσεως μεμορφωμένην κατὰ τὴν συνδρομὴν τῆς παραθέσεως τῶν συνελθουσῶν δυνάμεων. Γίνεται γὰρ τῶν δυνάμεων οἱονεὶ [85] τις τύπος σφραγῖδος κατὰ συνδρομὴν ἀποπληγεὶς [86] παραπλησίως πρὸς τὴν ἐκτυποῦσαν τὰς ἐπιφερομένας οὐσίας. Ἐπεὶ οὖν ἄπειροι κατ' ἀριθμὸν τῶν τριῶν ἀρχῶν αἱ δυνάμεις, ἐκ δὲ τῶν δυνάμεων ἄπειροι συνδρομαί, ἀναγκαίως γεγόνασιν B ἀπείρων σφραγίδων εἰκόνες. Αὗται οὖν εἰσιν αἱ εἰκόνες αἱ τῶν διαφόρων ζώων ἰδέαι. Γέγονεν οὖν ἐκ τῆς πρώτης τῶν τριῶν ἀρχῶν συνδρομῆς μεγάλη τις ἰδέα σφραγῖδος, οὐρανὸς καὶ γῆ [87]. Σχῆμα δὲ ἔχουσιν ὁ οὐρανὸς καὶ ἡ γῆ μήτρᾳ παραπλήσιον τὸν ὀμφαλὸν ἐχούσῃ μέσον. Καὶ εἰ, φησίν, ὑπ' ὄψιν ἀγαγεῖν θέλει τις τὸ σχῆμα τοῦτο, ἐγκύμονα ὁποίου βούλεται ζώου τεχνικῶς ἐρευνησάτω, καὶ εὑρήσει τὸ ἐκτύπωμα τοῦ οὐρανοῦ καὶ τῆς γῆς καὶ τῶν ἐν μέσῳ πάντων ἀπαραλλάκτως [89] ὑποκειμένων [90]· γέγονε δὲ οὐρανοῦ καὶ γῆς τὸ σχῆμα οἱονεὶ μήτρᾳ παραπλήσιον [91] κατὰ τὴν πρώτην συνδρομήν [92]. Ἐν δ' αὖ τῷ μέσῳ τοῦ οὐρανοῦ καὶ τῆς γῆς [93] γεγόνασιν ἄπειροι δυνάμεων συνδρομαί. C Καὶ ἑκάστη συνδρομὴ οὐκ ἄλλο τι εἰργάσατο καὶ ἐξετύπωσεν ἢ σφραγῖδα οὐρανοῦ καὶ γῆς [94] παραπλήσιον μήτρᾳ. Ἐν αὖ γῇ [95] δὲ ἀπείρων ἐξ ἀπείρων σφραγίδων διαφόρων ζώων ἄπειρα πλήθη [96]. Εἰς δὲ ταύτην πᾶσαν τὴν [97] ὑπὸ τὸν οὐρανὸν ἐν διαφόροις ζώοις ἀπειρίαν [98] [p. 141. 142] κατέσπαρται καὶ καταμεμέρισται μετὰ τοῦ φωτὸς ἡ τοῦ πνεύματος ἄνωθεν εὐωδία. Γέγονεν οὖν ἐκ τοῦ ὕδατος πρωτόγονος ἀρχὴ ἄνεμος σφοδρὸς καὶ λάβρος καὶ πάσης γενέσεως αἴτιος. Βρασμὸν γάρ τινα ἐμποιεῖ τοῖς ὕδασιν ἀπὸ τῶν ὑδάτων διεγείρει κύματα· ἡ δὲ τῶν κυμάτων κίνησις [99], οἱονεί τις ὁρμή [1] . . . . . ἐγκύμονα γεγονέναι τοῦ ἀνθρώπου ἢ τοῦ νοῦ [2], ὁπόταν ὑπὸ τῆς τοῦ πνεύματος ὁρμῆς ὀργήσασα [3] ἐπείγηται. Ἐπὰν δὲ τοῦτο τὸ ὑπὸ τοῦ ἀνέμου D ἐκ τοῦ ὕδατος ἐγερθὲν καὶ ἔγκυμον εἰργασμένον [4] τὴν φύσιν γέννημα θηλείας εἰλήφῃ [5], ἐν ἑαυτῷ κατέχει [6] τὸ κατεσπαρμένον φῶς ἄνωθεν μετὰ

VARIÆ LECTIONES.

[82] φρόνιμοι, νοεραί, ἀναρίθμητοι τὸ πλῆθος C, M. [83] τε. δὲ C, M. [84] ἡσυχάζουσαι C. [85] οἱονεί. εἶναι Bernaysius. [86] ἀποπληγεὶς. ἀπὸ πληγῆς C, M; ἀποπλάσῃ Bernaysius. [87] ἰδέα, σφραγὶς οὐρανοῦ καὶ C, M. ἰδέα σφραγῖδος οὐρανοῦ καὶ γῆς Bernaysius. [88] Cf. infra p. 317, 89 ed. Ox. [89] ἀπαραλλάκτως. [90] ὑποκείμενον C, M. Bernaysius. [91] παραπλήσιον κατά. παραπλήσιον. Κατὰ C, M. [92] συνδρομήν. συνδρομὴν ἐν C, M. [93] Ἐν δ' αὖ τῷ μέσῳ τοῦ οὐρανοῦ καὶ τῆς γῆς Bernaysius: αὐτῷ μέσῳ τῷ οὐρανῷ καὶ τῇ γῇ C, M. [94] οὐρανῷ καὶ γῇ C. [95] αὖ γῇ. αὐτῇ C, M. [96] πλήθη. πλεῖον C. [97] πᾶσαν τὴν Bernaysius: πᾶσαν ἡ C: πᾶσα ἡ susp. M. [98] ἀπειρίαν Bernaysius; ἀπειρία C. M. [99] κίνησις. γένεσις C. M. Bernaysius. Cf. infra p. 317, 96 ed. Ox. Ἐκ τῆς τῶν ὑδάτων κινήσεως. [1] Post ὁρμή quædam excidisse ex reputationis manifestum fit, idque confirmat Epitome iis, quæ de serpentis sibilo apponit. [2] 31. τοῦ ἀνθρώπου ἢ τοῦ νοῦ Bernaysius; τὸν ἄνθρωπον. ἢ τὸν θοῦν C, M. [3] ὀργήσασα. ὁρμήσασα C, M. Cf. infra p. 317, 98 ed. Ox. [4] ἔγκυμον εἰργασμένον ἐγκύμονα ἐργασάμενον C, M, Bernaysius. [5] εἰλήφῃ Bernaysius; εἰληφὸς corr. C, M; εἰληφὼς pr C. [6] κατέχει Bernaysius καὶ ἔχον C, M.

...ύματος εὐωδίας, τουτέστι[7], νοῦν μεμορφω-
...ν τοῖς διαφόροις εἴδεσιν, ὅ ἐστι τέλειος θεὸς[8],
...αγεννήτου φωτὸς ἄνωθεν καὶ πνεύματος κατ-
...μένος[9] εἰς ἀνθρωπίνην φύσιν, ὥσπερ εἰς
... φορᾷ φύσεως καὶ ἀνέμου κινήματι, γεννηθεὶς
...κτος, συγκεκραμένος[10] καὶ καταμεμιγμένος
...σώμασιν οἱονεὶ ἅλας τῶν[11] γενομένων ὑπάρ-
... καὶ φῶς τοῦ σκότους, ἀπὸ τῶν σωμάτων
...ων[12] λυθῆναι καὶ μὴ δυνάμενος τὴν λύσιν εὑ-
... καὶ τὴν διέξοδον ἑαυτοῦ· καταμέμικται γὰρ
...θήρ τις ἐλάχιστος ἀπ . . . .
... ἄνωθεν ἀ . . . . νος δίκην ἐν τὸ
. . . . λυσυγκρίτοις πολλῶν, ὡς, φησίν[14], ἐν
ψαλμῷ λέγει. Πᾶσα οὖν φροντὶς καὶ ἐπιμέλεια
φωτὸς ἄνωθέν ἐστι[15], πῶς καὶ τίνα τρόπον ἀπὸ
θανάτου τοῦ πονηροῦ καὶ σκοτεινοῦ σώματος
...λυθείη[16] ὁ νοῦς ἀπὸ τοῦ πατρὸς τοῦ κάτωθεν, ὅ
...ν ὁ ἄνεμος ἐν βρασμῷ[17] καὶ ταράχῳ ἐπεγείρας
...ατα καὶ γεννήσας νοῦν τέλειον υἱὸν ἑαυτοῦ, οὐκ
...κ ἴδιον ἑαυτοῦ κατ' οὐσίαν. Ἄνωθεν γὰρ ἦν ἀκτὶς
... τοῦ τελείου φωτὸς ἐκείνου, ἐν τῷ σκοτεινῷ[18]
... φοβερῷ καὶ πικρῷ καὶ μιαρῷ ὕδατι κεκρατη-
...νος[19], ὅπερ ἐστὶ πνεῦμα φωτεινὸν ἐπιφερόμενον
...νω τοῦ ὕδατος[20]· ἐπεὶ οὖν . . . . ημά-
...ν κύματα. . . . . διαφόροις γ . . . .
142. 143] . . . εσι μήτρα τίς . . . . κατ-
παρμέν. . . . . ὡς ἐπὶ πάντων τῶν ζώων
...ωρεῖται. Ὁ δὲ ἄνεμος λάβρος ὁμοῦ καὶ σφοδρὸς[20*]
...ρόμενός ἐστι τῷ συρίγματι[21] ὄφει παραπλήσιος[22].
...ρῶτον οὖν ἀπὸ τοῦ ἀνέμου, τουτέστιν ἀπὸ τοῦ
...ρεως, ἡ ἀρχὴ τῆς γεννήσεως τὸν εἰρημένον τρόπον
...έγονε, πάντων ὁμοῦ τὴν ἀρχὴν τῆς γεννήσεως εἰ-
...ηφότων. Ἐπεὶ οὖν κατείληπται τὸ φῶς καὶ τὸ
...πνεῦμα εἰς τὴν ἀκάθαρτον, φησί, καὶ πολυπήμονα
...μήτραν ἄτακτον, εἴσω[23] ὁ ὄφις εἰσερχόμενος, ὁ
ἄνεμος τοῦ σκότους, ὁ πρωτόγονος τῶν ὑδάτων,
γεννᾷ τὸν ἄνθρωπον, καὶ ἄλλο οὐδὲν εἶδος οὔτε ἀγαπᾷ
οὔτε γνωρίζει ἡ ἀκάθαρτος μήτρα. Ὁμοιωθεὶς οὖν ὁ
ἄνωθεν τοῦ φωτὸς τέλειος λόγος τῷ θηρίῳ τῷ ὄφει,
εἰσῆλθεν[24] εἰς τὴν ἀκάθαρτον μήτραν, ἐξαπατήσας
αὐτὴν τοῦ θηρίου τῷ ὁμοιώματι, ἵνα λύσῃ τὰ δεσμὰ
τὰ περικείμενα τῷ τελείῳ νοὶ τῷ γεννωμένῳ ἐν ἀκα-
θαρσίᾳ μήτρας ὑπὸ | τοῦ πρωτοτόκου[25] τοῦ ὕδατος,
ὄφεως, ἀνέμου. Θηρίου[26] αὕτη, φησίν, ἐστὶν ἡ τοῦ δούλου μορφή[27], καὶ αὕτη ἡ ἀνάγκη τοῦ κατελθεῖν τὸν Λόγον τοῦ Θεοῦ εἰς μήτραν παρθένου. Ἀλλ' οὐκ ἔστι, φησίν, ἀρκετὸν τὸ εἰσεληλυθέναι τὸν τέλειον ἄνθρωπον, λόγον, εἰς μήτραν παρθένου καὶ λῦσαι τὰς ὠδῖνας[28] τὰς ἐν ἐκείνῳ τῷ σκότει· ἀλλὰ γὰρ μετὰ τὸ τὰ ἐν μήτρᾳ[29] μυστήρια μυσαρὰ[30] εἰσελθεῖν ἀπελούσατο καὶ ἔπιε τὸ ποτήριον[31] ζῶντος

A aqua, conflatus et commistus corporibus tanquam sal quidam eorum quæ exsistunt, et lux tenebrarum, a corporibus nitens liberari nec valens liberationem reperire et exitum suum; immista est enim scintilla quædam tenuissima. . . . .
. . . .
ut, inquit, in Psalmo dicit. Omnis igitur cura et cogitatio lucis superne delatæ est, quomodo et qua ratione a morte mali et tenebrosi corporis liberetur mens a patre qui inferne est, quod est ventus, qui in fervore et turba excitavit undas et generavit mentem perfectam filium suum, non illum proprium suum ad naturam. Superne enim erat, scintilla a perfecta luce illa, in tenebrosa et terribili et amara et fœda aqua superatus, quod est spiritus
B lucidus illatus super aquam. Cum igitur. . . . . .
. . . .
. . . . **206-207** ut in omnibus animalibus conspicitur. Ventus autem acer simul et vehemens sese inferens, sibilo suo est consimilis serpentis. Primum igitur a vento, hoc est a serpente principium generationis in eum quem diximus modum exstitit omnium simul, quæ principium generationis ceperunt. Postquam igitur comprehensa est lux et spiritus in impurum, inquit, et calamitosum uterum inconditum, intus serpens intrans ventus tenebrarum, primigenius aquarum, generat hominem, nec aliam ullam speciem nec amat nec cognoscit impurus uterus. Assimilatus igitur superne deveniens lucis perfectus logus bestiæ ser-
C penti intravit in impurum uterum fallens eum similitudine bestiæ, ut solvat vincula circumjecta perfectæ menti generatæ in impuritate uteri a primigenio aquæ, serpente, vento. Bestiæ, inquit, hæc est servi forma et hæc necessitas, cur descenderet logus Dei in uterum Virginis. Sed non, inquit, sufficiens est intrasse perfectum hominem, logum, in uterum Virginis et solvisse graves dolores qui sunt in illis tenebris; at enim postquam in fœda uteri mysteria intravit, ablutus est et bibit poculum vivæ aquæ salientis, quod oportet omnino bibere eum, qui volet exuere servilem formam et superinduere indumentum cœleste.

VARIÆ LECTIONES.

[7] τουτέστιν οὖν. [8] Θεὸς, ὅς. θεὸς C, M, Bernaysius. [9] κατενηνεγμένον C. [10] συγκεκραμένος. συγκεκρυμμένος C, M; συγκεκριμένος Bernaysius. Cf. infra p. 145, 38. 40; 146, 63. 73 ed. Ox. [11] ἅλας τῶν Bernaysius: ἀλλήλων C, M. [12] ὑπάρχον C, M. [13] σπεῦδον C. [14] ὡς, φησίν—λέγει. Recte Bernaysius hæc verba, quæ Millerus ad sequentia referebat, pertinuisse ad ea, quæ interciderunt, perspexit. [15] ἐστί. Πῶς καὶ τίνα τρόπον; M. [16] ἀπολυθείη Bernaysius; ἀπολυθεὶς C, M. [17] βρασμῷ. βρόμῳ C. M, Bernaysius. Cf. infra p. 318, 11 ed. Ox. [18] σκοτεινῷ. σκολιῷ C, M; σκοτίῳ Bernaysius. [19] κεκρατημένον C, M. [20] ὕδατος Bernaysius; φωτός. C, M. [20*] σφοδρός. φοβερὸς C, M, Bernaysius. [21] συρίγματι. σύρματι C, M, Bernaysius. Cf. infra p. 317, 97 ed. Ox. [22] παραπλήσιος. Πρῶτον οὖν. παραπλήσιος πτερωτός C, Bernaysius; παραπλήσιος πτερωτῷ· ὡς susp. M. [23] εἴσω. εἰς ἣν C, M, Bernaysius. [24] εἰσῆλθεν Bernaysius; εἰσελθὼν C, M. [25] πρωτοτόκου τοῦ Bernaysius; πρωτοτόκου C, M. [26] Θηρίου M jungit cum ἀνέμου, θηρίου. Αὕτη κ. τ. λ. [27] ἡ τοῦ δούλου μορφή. Cf. Philipp. II, 7 μορφὴν δούλου λαβών, et infra p. 318, 16—18 ed. Ox. [28] λῦσαι τὰς ὠδῖνας. Cf. Act. II, 24. [29] τὸ τὰ ἐν μήτρᾳ. τὸ ἐν μήτρᾳ C; τὰ ἐν μήτρᾳ et paulo post ἐξελθὼν pro εἰσελθεῖν susp. M. [30] μυσαρὰ C. [31] Cf. Ev. Joan. IV, 7-14.

ὕδατος ἀλλομένου, ὃ δεῖ πάντως πιεῖν [32] τὸν μέλλοντα ἀποδιδύσκεσθαι τὴν δουλικὴν μορφὴν καὶ ἐπενδύσασθαι ἔνδυμα οὐράνιον.

20. Hæc sunt quæ dicunt, ut licet paucis complecti, præsides Sethianæ doctrinæ. Est autem doctrina eorum conflata ex naturalibus et in alium finem comparatis dictis, quæ in suam doctrinam transferentes exponunt sicuti demonstravimus. Dicunt autem etiam Mosen auxiliari suæ doctrinæ, quando dicat: *Tenebræ et caligo et turbo*, hæc, inquit, tria verba, aut quando dicat in paradiso exstitisse tres, Adam, Evam, serpentem, aut quando dicat tres, Cain, Abel, Seth, et rursus tres, Sem, Cham, Japheth, aut quando dicat tres patriarchas, Abraham, Isaac, Jacob, aut quando dicat tres dies ante **208-209** solem et lunam exstitisse, aut quando dicat tres leges, vetantem, permittentem, pœnæ constituentem. Vetans autem est lex: *Ab omni ligno in paradiso vesceris comedendo, ab eo autem ligno quod est cognoscendo bonum et malum nolite edere*. Cum autem dicit: *Egredere de terra tua et de cognatione tua, et huc veni in terram, quam monstrabo tibi*, permittens, inquit, hæc lex est; nam volenti licet egredi, nolenti autem manere. Pœnæ autem constituens lex est quæ dicit: *Non mœchaberis, non occides, non furtum facies*: constituta est enim singulis peccatis sua pœna. Est autem eis omnis ratio disciplinæ suæ ab antiquis theologis, Musæo et Lino et ab eo, qui lustrationes potissimum et mysteria tradidit, Orpheo. Etenim eorum de utero et Orphei doctrina est, et umbilicus, qui est concentus, perspicue ita habetur in Bacchicis Orphei. Initiata autem hæc sunt et tradita hominibus ante Celei et Triptolemi et Cereris et Proserpinæ et Bacchi Eleusine initia Phliunte Atticæ. Ante mysteria enim Eleusinia exstant Phliunte Magnæ sic dictæ orgia. Est autem porticus in ea, in porticu autem inscripta est ad hunc diem horum omnium quæ dicta sunt imago. Jam multa quidem sunt inscripta in porticu illa, de quibus et Plutarchus instituit sermones in decem quos adversus Empedoclem scripsit libris. Est autem in compluribus etiam senex quidam inscriptus, canus,

A κ'. Ταῦτά ἐστιν ἃ λέγουσιν, ὡς δι' ὀλίγου ἔστιν εἰπεῖν, οἱ προστάται [33] τῶν Σηθιανῶν λόγων. Ἔστι δὲ ὁ λόγος αὐτῶν συγκείμενος ἐκ φυσικῶν καὶ πρὸς ἕτερα εἰρημένων ῥημάτων, ἃ εἰς τὸν ἴδιον [34] λόγον μετάγοντες διηγοῦνται, καθάπερ εἴπομεν. Λέγουσι δὲ καὶ Μωσέα αὐτῶν συναίρεσθαι τῷ λόγῳ, ἐπὰν εἴπῃ *σκότος καὶ γνόφος καὶ θύελλα* [35]· οὗτοι, φησίν, οἱ τρεῖς λόγοι· ἢ ὅταν εἴπῃ ἐν Παραδείσῳ γεγενῆσθαι τρεῖς, Ἀδάμ, Εὔαν, ὄφιν· ἢ ὅταν λέγῃ τρεῖς, Κάϊν, Ἄβελ, Σήθ, καὶ πάλιν τρεῖς, Σήμ, Χάμ, Ἰάφεθ· ἢ ὅταν λέγῃ τρεῖς πατριάρχας, Ἀβραάμ, Ἰσαάκ, [p. 143. 144] Ἰακώβ· ἢ ὅταν λέγῃ τρεῖς ἡμέρας πρὸ ἡλίου καὶ σελήνης γεγονέναι· ἢ ὅταν λέγῃ τρεῖς νόμους, ἀπαγορευτικόν, ἐφετικόν, διατιμητικόν. Ἀπαγορευτικὸς δέ ἐστι νόμος· *Ἀπὸ παν*B*τὸς* [36] *ξύλου τοῦ ἐν τῷ Παραδείσῳ βρώσει φαγῇ* [37], *ἀπὸ δὲ τοῦ ξύλου τοῦ γινώσκειν καλὸν καὶ πονηρόν, οὐ μὴ φάγητε*. Ἐν δὲ τῷ λέγειν· *Ἔξελθε ἐκ τῆς γῆς* [38] *σου καὶ ἐκ τῆς συγγενείας σου, καὶ δεῦρο εἰς γῆν, ἣν ἄν σοι δείξω*, ἐφετικός, φησίν, οὗτος ὁ νόμος· ἐλομένῳ γάρ ἐστιν ἐξελθεῖν, μὴ | ἐλομένῳ δὲ μένειν. Διατιμητικὸς δὲ νόμος ἐστὶν ὁ λέγων· *Οὐ μοιχεύσεις, οὐ φονεύσεις, οὐ κλέψεις* [39]· διατετίμηται γὰρ ἑκάστου τῶν ἀδικημάτων ζημία. Ἔστι δὲ αὐτοῖς ἡ πᾶσα διδασκαλία τοῦ λόγου ἀπὸ [40] τῶν παλαιῶν θεολόγων, Μουσαίου καὶ Λίνου, καὶ τοῦ τὰς τελετὰς μάλιστα καὶ τὰ μυστήρια καταδείξαντος Ὀρφέως. Ὁ γὰρ περὶ [41] τῆς μήτρας [42] αὐτῶν καὶ τοῦ Ὀρφέως [43] λόγος, καὶ ὁ ὀμφαλός [44], ὅπερ ἐστὶν ἁρμονία [45], διαῤῥήδην οὕτως ἐστὶν ἐν C τοῖς Βακχικοῖς τοῦ Ὀρφέως. Τετέλεσται δὲ ταῦτα καὶ παραδέδοται ἀνθρώποις πρὸ τῆς Κελεοῦ καὶ Τριπτολέμου καὶ Δήμητρος καὶ Κόρης καὶ Διονύσου ἐν Ἐλευσῖνι τελετῆς, ἐν Φλιοῦντι τῆς Ἀττικῆς [46]. Πρὸ γὰρ τῶν Ἐλευσινίων μυστηρίων ἐστὶν ἐν τῇ Φλιοῦντι [47] τῆς λεγομένης Μεγάλης ὄργια [48]. Ἔστι δὲ παστὰς ἐν αὐτῇ, ἐπὶ δὲ τῆς παστάδος ἐγγέγραπται [49] μέχρι σήμερον ἡ πάντων [50] τῶν εἰρημένων λόγων ἰδέα. Πολλὰ μὲν οὖν ἐστι τὰ ἐπὶ τῆς παστάδος ἐκείνης ἐγγεγραμμένα, περὶ ὧν καὶ Πλούταρχος ποιεῖται λό-

VARIÆ LECTIONES.

[32] πιεῖν. ποιεῖν C. [33] προστάται C; πρωτοστάται M. [34] ἴδιον. ἀΐδιον C, M. [35] Cf. II Mos. x, 22. [36] I Mos. ii, 16, 17: Ἀπὸ παντὸς ξύλου τοῦ ἐν τῷ παραδείσῳ βρώσει φαγῇ· ἀπὸ δὲ τοῦ ξύλου τοῦ γινώσκειν καλὸν καὶ πονηρὸν οὐ φάγεσθε ἀπ' αὐτοῦ. [37] φαγῇ. φαγεῖν C, M. [38] I Mos. xii, 1. Ἔξελθε ἐκ τῆς γῆς σου, καὶ ἐκ τῆς συγγενείας σου, καὶ ἐκ τοῦ οἴκου τοῦ πατρός σου, καὶ δεῦρο εἰς τὴν γῆν, ἣν ἄν σοι δείξω. [39] Cf. II Mos. xx, 13-15 et V Mos. v, 17: Οὐ φονεύσεις. Οὐ μοιχεύσεις. Οὐ κλέψεις. [40] ἀπὸ. ὑπὸ C, M. [41] De his et quæ sequuntur conferendus commentarius in *Nuntiis litterariis Gottingensibus* a. 1852. *Nachrichten* n. 7 p. 95-99, et quæ scripsit B. ten Brink in *Mnemosyne* 2. p. 383 sqq. [42] μήτρας. μητρὸς Brinkius cogitans de Athenagoræ (*Legat. pro Christ. c.* 20) narratione, quæ est de matre Rhea, quam Jupiter venatur: quæ tamen ab hoc loco abhorrent. [43] Ὀρφέως. ὄφεως olim Schneidewinus et Brinkius. [44] ὁ ὀμφαλός Brinkius: ὀμφαλός C. M. [45] ἁρμονία. ἀνδρεία C, M, ἕδρανον coll. hymno Orphico 17, 4 Brinkius. Cf. infra l. 20. [46] Φλιοῦντι τῆς Ἀττικῆς. Φλοιοῦντι τ. Ἀ. C, Φλυῆσιν vel Φλυῇ vel Φλυοῖ τ. A. olim Schneidewinus, Φλυείᾳ τ. A. Brinkius coll. Harpocratione s. v., Φλιοῦντι τῆς Ἀχαΐας A. Meineke *Vindic. Strab.* p. 242. Videtur ipse Hippolytus Phlyam Atticæ cum nobiliore urbe Achaiæ confudisse. [47] Φλοιοῦντι C. [48] τῆς λεγομένης Μεγάλης ὄργια. λεγομένη μεγαληγορία C, λεγομένη μεγάλη ἑορτή suspicatus M, ἔστιν τὰ Φλυῆσι λεγόμενα μεγάλα ὄργια olim Schneidewinus: μεγάλα ὄργια Bunsenius (*Hippolytus and his age.* 2 ed. *London* 1854, I, p. 347) λεγόμενα μεγάλα vel μεγάλης ὄργια R. Scottus: ἦν τὰ τῆς ἐν Φλυείᾳ λεγομένης μεγάλης [θεᾶς] ὄργια Brinkius: τὰ λεγόμενα Μεγάλης ὄργια A. Meinekius l. l. Cf. Pausan. i, 31, 2. [Vide notam Chr. Petersen in Addendis.] [49] ἐγκέγραπται C. [50] ἡ πάντων. ἡ τὰ τῶν πάντων C.

ους ἐν ταῖς [51] πρὸς [52] Ἐμπεδοκλέα δέκα βίβλοις. A Ἔστι δ' ἐν τοῖς [53] πλείοσι [54] καὶ πρεσβύτης τις ἐγγεγραμμένος πολιὸς πτερωτὸς [55] ἐντεταμένην ἔχων τὴν αἰσχύνην, [p. 144—146] γυναῖκα ἀποφεύγουσαν διώκων κυανοειδῆ [56]. Ἐπιγέγραπται δὲ ἐπὶ τοῦ πρεσβύτου, φάος ῥυέντης [57], ἐπὶ δὲ τῆς γυναικός, περεηφικόλα [58]. Ἔοικε δὲ εἶναι κατὰ τὸν Σηθιανῶν λόγον ὁ φάος ῥυέντης [59] τὸ φῶς, τὸ δὲ σκοτεινὸν ὕδωρ [60] ἡ φικόλα [61], τὸ δὲ ἐν μέσῳ τούτων διάστημα ἁρμονία | πνεύματος μεταξὺ τεταγμένου. Τὸ δὲ ὄνομα τοῦ φάος ῥυέντου [62] τὴν ῥύσιν ἄνωθεν τοῦ φωτός, ὡς λέγουσι, δηλοῖ κάτω [63]. Ὥστε εὐλόγως ἄν τις εἴποι τοὺς Σηθιανοὺς ἐγγύς που τελεῖν παρ' αὐτοῖς τὰ τῆς Μεγάλης Φλυῆσιν ὄργια [64]. Τῇ δὲ διαιρέσει τῇ τριχῇ μαρτυρεῖν ἔοικε καὶ ὁ ποιητὴς λέγων· B *Τριχθὰ δὲ πάντα* [65] *δέδασται, ἕκαστα δ' ἔμμορε τιμῆς*· τουτέστι τῶν τριχῇ διῃρημένων ἕκαστον εἴληφε δύναμιν. Καὶ τὸ ὕδωρ δὲ τὸ ὑποκείμενον κάτω σκοτεινόν, ὅτι δέδυκε τὸ φῶς, καὶ ἀνακομίσασθαι καὶ λαβεῖν ἄνωθεν δεῖ τὸν κατενηνεγμένον σπινθῆρα ἀπ' αὐτοῦ, οὕτως ἐοίκασιν οἱ πάνσοφοι Σηθιανοὶ παρ' Ὁμήρου λαβόντες λέγειν·

Ἴστω γὰρ (φησὶ) *τόδε γαῖα καὶ οὐρανὸς εὐρὺς ὕπερθεν,*
Καὶ τὸ κατειβόμενον Στυγὸς ὕδωρ, ὅς τε μέγιστος
Ὅρκος δεινότατός τε πέλει μακάρεσσι θεοῖσι [66].

τουτέστιν ἀποτρόπαιόν τι καὶ φρικτὸν οἱ θεοὶ καθ' Ὅμηρον εἶναι τὸ ὕδωρ νομίζουσιν, ὅπερ ὁ λόγος τῶν Σηθιανῶν φοβερὸν [67] εἶναί φησι τῷ νοΐ [68].

κα'. Ταῦτ' ἐστὶν ἃ λέγουσι καὶ τοιούτοις παραπλήσια ἐν ἀπείροις συγγράμμασι· C πείθουσι δὲ ἐντυγχάνειν τῷ περὶ κράσεως καὶ μίξεως λόγῳ τοὺς μαθητευομένους, ὃς [69] μεμελέτηται πολλοῖς, ἀλλὰ καὶ Ἀνδρονίκῳ τῷ περιπατητικῷ. Λέγουσιν οὖν οἱ Σηθιανοὶ τὸν περὶ κράσεως καὶ μίξεως λόγον συνεστάναι τῷδε τῷ τρόπῳ· τὴν ἀκτῖνα τὴν φωτεινὴν ἄνωθεν ἐγκεκρᾶσθαι, καὶ τὸν σπινθῆρα τὸν ἐλάχιστον ἐν τοῖς σκοτεινοῖς ὕδασι κάτω καταμεμῖχθαι λεπτῶς καὶ συνηνῶσθαι καὶ γεγονέναι ἐν ἑνὶ φυράματι, ὡς μίαν ὀσμὴν ἐκ πολλῶν καταμεμιγμένων ἐπὶ τοῦ πυρὸς θυμιαμάτων, καὶ δεῖ τὸν ἐπι | στήμονα, τῆς ὀσφρήσεως ἔχοντα [p 146. 147] κριτήριον εὐαγές, ἀπὸ τῆς μιᾶς τοῦ θυμιάματος ὀσμῆς διακρίνειν λεπτῶς ἕκαστον τῶν καταμεμιγμένων ἐπὶ τοῦ πυρὸς θυμιαμάτων, οἱονεὶ στύρακα καὶ σμύρναν καὶ λίβανον, ἢ εἴ τι ἄλλο εἴη D μεμιγμένον. Χρῶνται δὲ καὶ ἑτέροις παραδείγμασι, λέγοντες καταμεμῖχθαι καὶ χρυσίῳ χαλκὸν [70], καὶ

alatus, intentum habens **210-211** pudendum, mulierem aufugientem persequens cæruleam. Adscriptum autem est ad senem φάος ῥυέντης, ad mulierem autem περεηφικόλα. Videtur autem esse secundum Sethianorum doctrinam ille φάος ῥυέντης lux, tenebricosa autem aqua φικόλα illa, spatium autem, quod est intermedium eorum, concentus spiritus interpositi. Nomen autem illius φάος ῥυέντου fluxionem desuper lucis, ut aiunt, significat in inferius : ut congruenter quispiam dicat Sethianos consimiliter fere obire apud se Magnæ Phlyasiorum orgia. Divisionem autem tripertitam attestari etiam poeta videtur cum dicit : *Trifariam autem omnia divisa sunt, singula autem sortita sunt honorem*, hoc est trifariam divisorum singulum quodque accepit potestatem. Et vero aquam infra subjacentem tenebrosam, quoniam in eam occidit lux, et recipere ad se et assumere debet delatam scintillam a sese, ita videntur omniscii Sethiani ab Homero mutuati dicere :

Scito enim, inquit, *hoc tellus et cælum amplum superne,*
Et destillans Stygis aqua, quod quidem maximum
Juramentum gravissimumque exstat beatis diis,

hoc est aversandum quoddam et horrendum aquam secundum Homerum arbitrantur dii, quam quidem doctrina Sethianorum formidabilem dicit menti.

21. Hæc sunt quæ dicunt et his comparia in infinitis commentariis. Suadent autem cognoscere de mistione et conflatione doctrinam eis, qui ipsorum scholam sequuntur, quam scripto exsecuti sunt multi, maxime autem Andronicus Peripateticus. Dicunt igitur Sethiani de mistione et conflatione doctrinam constitisse in hunc modum. Radium lucidum desuper immistum esse scintillamque tenuissimam in tenebrosis aquis infra infusam esse tenuiter et adunatam et venisse in unam farraginem, ut unum odorem ex multis permistis in igni suffimentis, et oportet intelligentem, olfactus si modo habet subtile **212-213** indicium, ab uno suffimenti odore discernere subtiliter singulum quodque permistorum igni suffimentorum, veluti storacem et myrrham et libanum aut si quid aliud est permistum. Utuntur autem et aliis exemplis, dicentes permistum esse etiam auro æs, et ars quæ-

VARIÆ LECTIONES.

[51] ταῖς. τοῖς C. [52] Pro πρὸς dicere debebat εἰς, quod intelligitur ex Lamprias catalogo (Fabric. Bibl. Gr. t. V, p. 160) qui habet εἰς Ἐμπεδοκλέα περὶ τῆς ε' οὐσίας βιβλία ε'. M. [53] δ' ἐν τοῖς. δὲ τοῖ, C. [54] πλείοσι. πυλεῶσι susp. M. [55] πτερωτός. πετρωτὸς C. [56] κυανοειδῆ. κυνοειδῆ C, M. [57] φάος ῥυέντης. Φάνης ῥυεὶς Brinkius coll. hymno Orphico V, 7 : Πάντη δινηθεὶς πτερύγων ῥιπαῖς κατὰ κόσμον· Λαμπρὸν ἄγων φάος ἁγνόν, ἀφ' οὗ σε Φάνητα κικλήσκω, Ἠδὲ Πρίηπον ἄνακτα. [58] περεηφικόλα. Περσεφόνη Φλυὰ Brinkius. [59] Φάνης ῥυεὶς Brinkius. [60] τὸ δὲ σκοτεινὸν ὕδωρ. τὸ σκοτεινόν· ὕδωρ δὲ C, M. [61] φικόλα. Περσεφόνη Φλυὰ Brinkius. [62] Φάνητος ῥυέντος Brinkius. [63] κάτω. πρὸς τὸ κάτω Brinkius præter necessitatem [64] τὰ τῆς Μεγάλης Φλυῆσιν ὄργια. τ. τ. μεγάλης Φλοιᾶς ἰονόργια C, M, qui susp. συνόργια· τ. τ. M. Φλιασίας ὄργια Bunsenius l. l. : τ. τ. M. Φλιασίων ὄργια R. Scottus et Meinekius, qui addit : *Videtur igitur Dia vel Hebe apud Phliasios, serioribus fortasse demum temporibus, Magnæ deæ nomine culta esse* : τὰ τῆς μεγάλης θεᾶς Φλυᾶς Φλυῆσιν ὄργια Brinkius. [65] Hom. Il, xv, 189, ubi ἕκαστος pro ἕκαστα. [66] Hom. Il, xv, 36-38. Od. v, 185-87. [67] φοβερὸς C. [68] τῷ νοΐ. τὸν οι' C. M. qui susp. στοιχεῖον. [69] ὅς. ὡς C. [70] χαλκός C.

dam inventa est, quæ discernit æs ab auro. Pariter autem etiam si forte in argento cassiteron aut æs aut aliquid ejusdem generis inveniatur, mistura potiore quadam arte et hæc discernuntur. Jam autem vel quis aquam vino permistam discernit. Ita, inquiunt, universa quæ commista sunt discernuntur. Imo vero vel ab animalibus, inquit, discito. Defuncto enim animali singula quæque discernuntur, et soluto animali sic animal evanescit. Hoc, inquit, est quod dictum est: *Non veni pacem mittere in terram, sed gladium*, hoc est separare et discernere commista. Separantur enim et discernuntur singula quæque commistorum cum suum locum occupant. Ut est enim locus commistionis omnibus animalibus unus, ita etiam secretionis constitit unus, quem novit nemo, inquit, præter nos solos, qui renati sumus spirituales, non carnales, quorum est civitas in cœlis supra. Ita clanculum subreptantes corrumpunt auscultantes, tum abusi dictis, in quodcunque volunt male detorquentes bene dicta, absconduntque suum peccatum per quascunque lubuit comparationes. Omnia igitur, inquit, sicuti dictum est, commista suum habent locum curruntque ad domestica sua, ut ferrum ad lapidem Herculeum, et palea prope electrum, et centro marini accipitris propinquat aurum. Ita permistus aquæ luminis radius, domesticum locum ex disciplina et institutione adeptus, festinat ad logum superne degressum in imagine servili, et exsistit cum logo logus illic, ubi logus est, vehementius quam ferrum ad Herculeum lapidem. Et hæc ita sese habere, inquit, omniaque discerni in domesticis locis permista discito. Puteus est in Persis in urbe Ampa juxta Tigrim fluvium. Exstructum autem est ad **214-215** caput putei receptaculum quoddam habens tres carceres a sese. Ex quo puteo ubi quis hauserit cadoque extraxerit ex puteo haustum quodcunque tandem est infudit in adjacens receptaculum. Fusum autem ubi venit ad carceres, in uno vasculo receptum discernitur, et in primo quidem sal concretus exhibetur, in altero autem carcerum asphaltus, in tertio autem oleum. Atrum autem est oleum, ut, inquit, etiam Herodotus narrat, et odorem præbens gravem, rhadinacen autem id Persæ vocant. Sufficiebat, inquiunt Sethiani, ad demonstrandum id quod propositum est putei similitudo magis quam omnia quæ antea dicta sunt.

22. Abunde videtur nobis declarata esse Sethianorum sententia. Sin quis omnem secundum eos

A τέχνη τις εὕρηται[71] ἡ διακρίνουσα τὸν χαλκὸν καὶ [illegible] χρυσίου. Ὁμοίως δὲ κἂν ἐν ἀργύρῳ κασσίτερος ἢ χαλκὸς ἤ τι τῶν ὁμογενῶν καταμεμιγμένον εὑρεθῇ, μίξεως τινὶ τέχνῃ κρείττονι καὶ ταῦτα διακρίνεται. Ἤδη δέ τις καὶ ὕδωρ μεμιγμένον οἴνῳ διακρίνει[72]. Οὕτω, φασὶ, κἂν[73] πάντα τὰ συγκεχραμένα[74] [illegible] κρίνεται. Καὶ δὴ ἀπὸ τῶν ζώων, φησὶ, κατάμανθανε[75]. Τελευτήσαντος γὰρ τοῦ ζώου ἕκαστα διακρίνεται, καὶ λυθέντος οὕτω τὸ[76] ζῶον ἀφανίζεται. Τοῦτό ἐστι, φησὶ, τὸ εἰρημένον· *Οὐκ ἦλθον*[77] *εἰρήνην βαλεῖν ἐπὶ τὴν γῆν, ἀλλὰ μάχαιραν*, τουτέστι τὸ διχάσαι καὶ χωρίσαι τὰ συγκεχραμένα[78]. [illegible] ζεται γὰρ καὶ διακρίνεται ἕκαστα τῶν συγκεχραμένων[79] οἰκείου χωρίου τυχόντα. Ὡς γάρ ἐστι [illegible] συγκράσεως τοῖς ζώοις ἅπασιν ἓν, οὕτω καὶ B διακρίσεως καθέστηκεν ἕν, ὃ οἶδεν οὐδεὶς, φησὶ, [illegible] μόνοι ἡμεῖς, οἱ ἀναγεννώμενοι πνευματικοὶ, οὐ [illegible] κικοὶ, ὧν ἐστι τὸ πολίτευμα ἐν οὐρανοῖς ἄνω. [illegible] παρεισδύοντες διαφθείρουσι τοὺς ἀκροωμένους, [illegible] μὲν ἀποχρώμενοι ῥητοῖς, εἰς ὃ θέλουσι συνάγοντες κακῶς τὰ καλῶς εἰρημένα, φωλεύουσί τε τὸ [illegible] ἀδίκημα διὰ παραβολῶν ὧν βούλονται. Πάντα [illegible] φησὶ, καθὼς εἴρηται, τὰ συγκεκραμένα [illegible] ρίον[81] ἴδιον καὶ τρέχει πρὸς τὰ οἰκεῖα, ὡς [illegible] πρὸς[82] τὴν Ἡρακλείαν λίθον, καὶ τὸ ἄχυρον [illegible] πλησίον, καὶ τῷ κέντρῳ[83] τοῦ θαλασσίου [illegible] χρυσίον. Οὕτως ἡ τοῦ καταμεμιγμένου τῷ [illegible] φωτὸς ἀκτὶς, οἰκείου[84] χωρίου ἐκ διδασκαλίας [illegible] μαθήσεως μεταλαβοῦσα, σπεύδει πρὸς τὸν [illegible] ἄνωθεν ἐλθόντα ἐν εἰκόνι δουλικῇ, καὶ γίνεται [illegible] C τοῦ λόγου λόγος ἐκεῖ, ὅπου λόγος ἐστὶ, μᾶλλον [illegible] σίδηρος πρὸς τὴν Ἡρακλείαν λίθον. Καὶ ὅτι [illegible] οὕτως ἔχει, φησὶ, καὶ πάντα διακρίνεται ἐπὶ τῶν οἰκείων τόπων τὰ συγκεχραμένα[85], μάνθανε. Φρέαρ ἐστὶν ἐν Πέρσαις ἐν Ἄμπῃ[86] πόλει [illegible] τὸν Τίγριν ποταμόν· ᾠκοδόμηται δὲ [p. 147. 16.] παρὰ τὸ φρέαρ ἄνω δεξαμενή τις ἔχουσα τρεῖς [illegible] τηρίας ἀπ' αὐτῆς. Οὗ φρέατος ἀντλήσας [illegible] ἀνενέγκας τὸ ἀπὸ τοῦ φρέατος ἀντληθὲν ὅ τι ποτ' ἐστιν, ἔχεεν εἰς τὴν παρακειμένην δεξαμενήν· τὸ δὲ χυθὲν ἐλθὸν ἐπὶ τὰς ἀφετηρίας ἐν ἑνὶ σκεύει [illegible] ληφθὲν διακρίνεται. Καὶ ἐν μὲν πρώτῃ ἅλας[87] [illegible] νύμενον δείκνυται, ἐν ἑτέρᾳ δὲ τῶν ἀφετηριῶν ἄσφαλτος, ἐν δὲ τῇ τρίτῃ ἔλαιον. Μέλαν δέ ἐστι τὸ ἔλαιον, ὥς, φησὶ[88], καὶ Ἡρόδοτος ἱστορεῖ, καὶ ὀσμὴν D παρεχόμενον βαρεῖαν· ῥαδινάκην δὲ αὐτὸ οἱ Πέρσαι καλοῦσιν. Ἤρκει, φασὶν οἱ Σηθιανοὶ, πρὸς ἀπόδειξιν τοῦ προκειμένου ἡ τοῦ φρέατος ὁμοιότης [illegible] μᾶλλον τῶν προειρημένων.

κβ'. Ἱκανῶς δοκεῖ ἡμῖν σεσαφηνίσθαι[89] ἡ τῶν Σηθιανῶν γνώμη. Εἰ δέ τις ὅλην τὴν κατ' αὐτοὺς

VARIÆ LECTIONES.

[71] εὑρέθη C. [72] οἴνῳ διακρίνει. αἰνωδία κρήνη C, M. [73] κἂν. καὶ κἂν C, M. [74] συγκεχραμμένα C. [75] κατεμάνθανε C. [76] οὕτω τὸ τὸ C. [77] Cf. Matth. x, 34: Μὴ νομίσητε ὅτι ἦλθον βαλεῖν εἰρήνην ἐπὶ τὴν γῆν· οὐκ ἦλθον βαλεῖν εἰρήνην, ἀλλὰ μάχαιραν. [78] συγκεχραμμένα C. [79] συγκεχραμμένων C. [80] ὅτε C. [81] χωρίον οὖν C ῥοῦν M. [82] σίδηρος πρός. σίδηρος C. [83] τῷ κέντρῳ. Supra p. 172, 11 τῇ κερκίδι et p. 198, 36 ἡ κερκίς. [84] ἀκτὶς, οἰκείου οἰκείου C, δύναμις οἰκείου supp. M. [85] συγκεχριμένα C. [86] Ἄμπῃ. Ἄμη C, M. Cfr. Herodot. vi, 20. [87] ἐν μὲν πρώτῃ ἅλας. ἐν μὲν ἅλας C, M. [88] ὥς φησι C. Herodot. vi, 119. [89] σεσαφηνεῖσθαι C.

πραγματείαν βούλεται μαθεῖν, ἐντυχέτω βιβλίῳ [90] ἐπιγραφομένῳ Παρά | φρασις Σήθ· πάντα γὰρ τὰ ἀπόῤῥητα αὐτῶν ἐκεῖ εὑρήσει ἐγκείμενα. Ἀλλ' ἐπεὶ τὰ κατὰ τοὺς Σηθιανοὺς ἐξεθέμεθα, ἴδωμεν τίνα ἐστὶ καὶ τὰ Ἰουστίνῳ δοκοῦντα.

κγ'. Ἰουστῖνος πάντη ἐναντίος τῇ τῶν ἁγίων Γραφῶν γενόμενος διδαχῇ, προσέτι δὲ καὶ τῇ τῶν μακαρίων εὐαγγελιστῶν ἐγγράφῳ [91] φωνῇ, ὡς ἐδίδασκεν ὁ Λόγος τοὺς μαθητὰς λέγων· *Εἰς ὁδὸν ἐθνῶν μὴ ἀπέλθητε* [92], ὅπερ δηλοῖ μὴ προσέχειν τῇ τῶν ἐθνῶν ματαίᾳ διδασκαλίᾳ, οὗτος ἐπὶ τὰ ἐθνῶν τερατολογούμενα καὶ διδασκόμενα ἀναγαγεῖν πειρᾶται τοὺς ἀκροωμένους, αὐτολεξεὶ τὰ παρ' Ἕλλησι μυθευόμενα διηγούμενος, οὔτε πρότερον διδάξας οὔτε παραδοὺς τὸ τέλειον αὐτοῦ μυστήριον, εἰ μὴ ὅρκῳ δήσῃ τὸν πλανώμενον. Ἔπειτα τοὺς μύθους παρατίθησι ψυχαγωγίας χάριν, ὅπως οἱ ἐντυγχάνοντες τῇ τῶν βίβλων ἀναρίθμῳ φλυαρίᾳ παραμύθιον ἔχωσι τὰ μυθευόμενα (ὃν τρόπον εἴ τις ὁδὸν μακρὰν βαδίζων, παρατυχὼν καταλύματι [93] ἀναπαύεσθαι δοκεῖ), καὶ οὕτως πάλιν ἐπὶ τὴν τῶν ἀναγνωσμάτων τραπέντες πολυμάθειαν μὴ μισήσωσιν, ἕως ἐπὶ τὸ ὑπ' αὐτοῦ τεχναζόμενον ἀνόμημα διὰ πλειόνων ἐξηχηθέντες ὁρμήσωσι τετυφωμένοι [94], οὓς φρικτοῖς καταδήσας πρότερον ὅρκοις μήτε ἐξειπεῖν μήτε ἀποστῆναι ὁμολογεῖν ἀναγκάσας, οὕτω παραδίδωσι τὰ ὑπ' αὐτοῦ ἐφευρημένα μετὰ ἀσεβείας μυστήρια, πῇ μὲν, καθὰ προείπομεν, μύθοις Ἑλληνικοῖς χρησάμενος, πῇ [p. 148—150] δὲ παραπεποιημένοις βιβλίοις κατά τι παρεμφαίνουσι ταῖς προειρημέναις αἱρέσεσιν. Οἱ πάντες γὰρ ἑνὶ πνεύματι συνωθούμενοι εἰς ἕνα βυθὸν ἀμάρας συνάγονται, ἄλλοι ἄλλως τὰ αὐτὰ διηγούμενοι καὶ μυθεύοντες· οὗτοι δὲ ἰδίως οἱ πάντες γνωστικοὺς ἑαυτοὺς | ἀποκαλοῦσι, τὴν θαυμασίαν γνῶσιν τοῦ τελείου καὶ ἀγαθοῦ μόνοι καταπεπωκότες [95].

κδ'. Ὄμνυε δὲ, φησὶν Ἰουστῖνος, εἰ γνῶναι θέλεις, *ἃ ὀφθαλμὸς* [96] *οὐκ εἶδε, καὶ οὖς οὐκ ἤκουσεν, οὐδὲ ἐπὶ καρδίαν ἀνθρώπου ἀνέβη*, τὸν ἐπάνω πάντων ἀγαθὸν, [97], τὸν ἀνώτερον, ἄῤῥητα φυλάξαι τὰ τῆς διδασκαλίας σιγώμενα· καὶ γὰρ καὶ ὁ πατὴρ ἡμῶν, ἰδὼν τὸν ἀγαθὸν καὶ τελεσθεὶς παρ' αὐτῷ, τὰ τῆς σιγῆς ἄῤῥητα ἐφύλαξε, καὶ ὤμοσε καθὼς γέγραπται· *Ὤμοσε Κύριος καὶ οὐ μεταμεληθήσεται* [98]. Ταῦτα τοίνυν οὕτω κατασφραγισάμενος πλείοσι μύθοις ψυχαγωγεῖ διὰ πλειόνων βιβλίων, καὶ οὕτως ἐπὶ τὸν ἀγαθὸν [99] ἄγει, τελειῶν τοὺς μύστας τὰ ἄλαλα [1] μυστήρια. Ἵνα δὲ [2] μὴ διὰ πλειόνων ὁδεύσωμεν, ἐκ μιᾶς αὐτοῦ βίβλου τὰ ἄῤῥητα ἐπιδείξομεν, οὔσης καθὼς νομίζει ἐνδόξου. Αὕτη δὲ ἐπιγράφεται Βαρούχ· ἐν ᾗ μίαν τῶν πολλῶν μυθολογίαν ἐκτιθεμένην ὑπ' αὐτοῦ δηλώσομεν, οὖσαν παρὰ Ἡροδότῳ, ἣν ὡς καινὴν [3] τοῖς ἀκροαταῖς παραπλάσας διηγεῖται, ἐξ αὐτῆς πᾶσαν σύστασιν τοῦ κατ' αὐτὸν διδασκαλείου [4] ποιούμενος.

doctrinam volet cognoscere, inspiciat librum, qui inscribitur Paraphrasis Seth. Omnia enim arcana eorum ibi inveniet reposita. Sed postquam Sethianorum decreta enarravimus, videamus etiam ea, quæ Justino placuerunt.

23. Justinus ab omni parte sacrarum Scripturarum doctrinæ, præterea autem etiam beatorum evangelistarum adversatus scripto conceptæ voci, ut docebat Logus discipulos dicens: *In viam gentium ne abieritis*, quod quidem significat, ne quis aures præbeat ethnicorum vanæ doctrinæ, — hic ad ethnicorum miraculosa commenta et placita retrahere nititur auscultantes, ipsis verbis apud Græcos fabulose narrata edisserens, neque prius docens, neque tradens perfectum suum mysterium, nisi jurejurando astrinxerit seductum. Deinde fabulas apponit delinimenti gratia, ut, qui cognoverint infinitam librorum inanitatem, solamentum habeant fabulas (quemadmodum si quis viam longam faciens, cum incidit in diversorium, requiescere in animum inducit), et ita rursus in lectionum conversi diffusam cognitionem ne aspernentur, donec ad dolose confictum ejus deliramentum per plura (ambages) excantati ruant sufflati, quos cum horribilibus prius juramentis obstrinxit et neque eloqui neque desciscere sese addicere coegit, sic tradit a sese reperta per impietatem arcana, tum, ut prædiximus, **216-217** fabulis usus Græcanicis, tum suppositiitis libris aliqua ex parte similitudinem referentibus hæresium supra dictarum. Universi enim uno spiritu concussi in unum fundum sentinæ conducuntur, alii aliter eadem edisserentes et fabulantes. Hi autem peculiariter omnes Gnosticos sese appellant, quippe qui mirificam cognitionem perfecti et boni soli combiberint.

24. Jura autem, ait Justinus, si cognovisse voles, *quæ oculus non vidit, nec auris audivit, nec in cor hominis ascenderunt*, eum qui est super omnia bonum, superiorem, te indicta custoditurum disciplinæ silenda. Etenim et pater noster, ubi conspexit Bonum initiatus apud eum, silenda custodivit indicta et juravit, sicuti scriptum est: *Juravit Dominus, nec pœnitebit eum*. Hæc igitur in hunc modum postquam obsignavit, pluribus fabulis delinit per plures libros, et ita ad Bonum ducit initians mystas ineffabilibus mysteriis. Sed ne per plura pergamus, ex uno ejus libro ineffabilia ostendemus, qui est, ut ipse opinatur, illustris. Hic autem inscribitur Baruch, in quo unam de multis fabulosam narrationem expositam ab eo declarabimus, quæ est apud Herodotum, quam tanquam novam auditoribus aliunde detortam enarrat, ex ipsa omnem orbem doctrinæ suæ duci ratus.

VARIÆ LECTIONES.

[90] βίβλῳ C. [91] εὐαγγελιστῶν ἐγγράφῳ. εὐαγγελίων γραφῇ ἢ C, M. [92] Matth. x, 5. [93] κατάλυμά τι C. [94] τετυπωμένοι C. [95] καταπεπτωκότες C. [96] I Cor. II, 9: Ἃ ὀφθαλμὸς οὐκ εἶδεν, καὶ οὖς οὐκ ἤκουσεν, καὶ ἐπὶ καρδίαν ἀνθρώπου οὐκ ἀνέβη. [97] ἀγαθῶν C, M. [98] Psal. CIX, 4. [99] τὸν ἀγαθόν. τῶν ἀγαθῶν C. [1] ἄλαλα. ἄλλα C, τ' ἄλλα susp. M. [2] δέ. καὶ C. [3] καινήν. ξένην C, M. [4] διδασκαλίου C.

constituta. Quando autem imperium tenet locorum Phison, fames, angustiæ, miseria in illa parte terræ oriuntur. Parca (φειδωλὸν) enim juxta-collocatio horum angelorum. Pariter etiam singularum partium quatuor illarum ex singularum vi et natura mala tempora et morborum irritationes. Et hoc in perpetuum secundum imperia illorum quadrantium tanquam amnium flumen malitiæ ex voluntate Edem nunquam intermisso cursu mundum circumit. Exstitit autem malitiæ necessitas ex tali quadam causa. Cum comparasset et fabricatus esset Elohim ex communi complacito mundum, ascendere voluit in alta cœli et contemplari, num aliquid desideraretur in rebus a se conditis, assumptis una secum angelis suis (ferebatur enim sursum), relicta Edem infra; terra enim quoniam erat, sequi sursum conjugem nolebat. Postquam igitur venit Elohim ad extremum supra cœli et aspexit lucem superiorem illa, quam ipsa fabricaverat, dixit: *Aperite mihi portas, ut, ubi intravero, confitear Domino; opinabar enim ego Dominus esse.* Vox ei ab luce reddita est dicens: *Hæc porta Domini, justi intrant per eam*, et patefacta est illico porta, et intravit pater absque angelis ad Bonum et vidit, *quæ oculus non vidit nec auris audivit, nec in cor hominis ascenderunt.* Tum dicit ei Bonus: *Conside ad dexteram meam.* Pater autem dicit Bono: *Sine me, Domine, pervertere mundum, quem feci; spiritus enim meus illigatus est in homines, et volo eum recipere.* Tum dicit ei Bonus: *Nihil potes mali facere, cum apud* **224-225** *me sis; ex communi enim complacito fecistis mundum et tu et Edem; sinito igitur Edem habere mundum donec volet, tu autem mane apud me.* Tum intelligens Edem se desertam esse ab Elohim, dolore correpta ad latus suum posuit suos sibi angelos et decore ornavit sese, si forte Elohim in cupiditatem sui veniens descenderet ad se. Ubi autem victus a Bono Elohim non jam descendit ad Edem, imperavit Edem Babel, quæ est Venus, adulteria et divortia nuptiarum instituere in hominibus, ut, sicut ipsa repudiata sit ab Elohim, sic etiam spiritus Elohim, qui est in hominibus, divortiis ejusmodi vexetur atque angatur et patiatur eadem, qualia et Edem derelicta. Et largitur Edem magnam potentiam tertio angelo suo Naas, ut omnibus pœnis puniat spiritum Elohim, qui est in hominibus, ut per spiritum puniatur Elohim, qui deseruit contra pactiones inter eos factas conjugem. Hæc cum vidit pater Elohim, emittit Baruch, tertium angelorum suorum, in auxilium spiritus, qui est in hominibus. Rursus igitur Baruch constitit in mediis angelis Edem, hoc est

A σατραπικήν [57] τινα ἔχοντες κατὰ τοῦ κόσμου περὶ τῆς Ἐδὲμ ἐξουσίαν. Μένουσι δὲ οὐκ ἀεὶ ἐπὶ τῶν τόπων τῶν αὐτῶν, ἀλλ' οἱονεὶ ἐν χορῷ κυκλικῷ ἐμπεριέρχονται [58], | ἀλλάσσοντες τόπον ἐκ τόπου καὶ παραχωροῦντες ἐν χρόνοις καὶ διαστήμασι τοὺς τόπους τεταγμένους [59] ἑαυτοῖς. Ὅταν δὲ ἐπικρατῇ τῶν τόπων ὁ Φεισὼν, λιμὸς, στενοχωρία, θλῖψις ἐν ἐκείνῳ τῷ μέρει τῆς γῆς γίνεται· φειδωλὸν γὰρ τὸ παράταγμα τῶν ἀγγέλων τούτων· ὁμοίως καὶ ἑκάστου μέρους τῶν τεσσάρων, κατὰ τὴν ἑκάστου δύναμιν καὶ φύσιν, κακοὶ καιροὶ καὶ νόσων στάσεις. Καὶ τοῦτο εἰσαεὶ κατὰ τὴν ἐπικράτησιν [60] τῶν τεταρτημορίων ὡσπερεὶ [61] ποταμῶν ῥεῦμα κακίας κατὰ βούλησιν τῆς Ἐδὲμ ἀδιαλείπτως τὸν κόσμον περιέρχεται. Γέγονε δὲ ἡ τῆς κακίας ἀνάγκη ἐκ τοιαύτης τινὸς B αἰτίας· κατασκευάσας καὶ δημιουργήσας Ἐλωεὶμ ἐκ κοινῆς εὐαρεστήσεως τὸν κόσμον, ἀναβῆναι ἠθέλησεν εἰς τὰ ὑψηλὰ μέρη τοῦ οὐρανοῦ καὶ θεάσασθαι μή τι γέγονε τῶν κατὰ τὴν κτίσιν ἐνδεῶς, συμπαραλαβὼν τοὺς ἰδίους ἀγγέλους μετ' αὐτοῦ, ἦν γὰρ ἀνωφερὴς, καταλιπὼν τὴν Ἐδὲμ κάτω, γῆ [62] γὰρ οὖσα [63] ἐπακολουθεῖν ἄνω τῷ συζύγῳ οὐκ ἠθέλησεν. Ἐλθὼν οὖν ὁ Ἐλωεὶμ ἐπὶ τὸ πέρας ἄνω τοῦ οὐρανοῦ καὶ θεασάμενος φῶς κρεῖττον ὑπὲρ ὃ αὐτὸς ἐδημιούργησεν εἶπεν· *Ἀνοίξατέ μοι* [64] *πύλας, ἵνα εἰσελθὼν ἐξομολογήσωμαι τῷ Κυρίῳ·* ἐδόκουν γὰρ ἐγὼ *Κύριος εἶναι.* Φωνὴ αὐτῷ ἀπὸ τοῦ φωτὸς ἐδόθη λέγουσα· *Αὕτη ἡ πύλη τοῦ Κυρίου, δίκαιοι εἰσέρχονται δι' αὐτῆς*· καὶ ἀνεῴχθη παραχρῆμα ἡ πύλη, καὶ εἰσῆλθεν ὁ πατὴρ δίχα τῶν ἀγγέλων πρὸς τὸν C Ἀγαθὸν καὶ εἶδεν, *ἃ ὀφθαλμὸς* [65] *οὐκ εἶδε, καὶ οὖς οὐκ ἤκουσε, καὶ ἐπὶ καρδίαν ἀνθρώπου οὐκ ἀνέβη.* Τότε λέγει αὐτῷ ὁ Ἀγαθός· *Κάθου ἐκ δεξιῶν μου* [66]. Ὁ δὲ πατὴρ λέγει πρὸς τὸν Ἀγαθόν· *Ἔασόν με, Κύριε, καταστρέψαι τὸν κόσμον* [67], *ὃν* | *πεποίηκα· τὸ πνεῦμα γάρ μου ἐνδέδεται εἰς τοὺς ἀνθρώπους* [68], *καὶ θέλω αὐτὸ ἀπολαβεῖν.* Τότε λέγει αὐτῷ ὁ Ἀγαθός· *Οὐδὲν δύνασαι* [p. 154-155] *κακοποιῆσαι παρ' ἐμοὶ γενόμενος, ἐκ κοινῆς γὰρ εὐαρεστήσεως ἐποιήσατε τὸν κόσμον σύ τε καὶ ἡ Ἐδέμ. Ἔασον οὖν τὴν Ἐδὲμ ἔχειν τὴν κτίσιν μέχρις οὗ* [69] *βούλεται· σὺ δὲ μένε παρ' ἐμοί.* Τότε γνοῦσα ἡ Ἐδὲμ ὅτι καταλέλειπται ὑπὸ τοῦ Ἐλωεὶμ, λυπηθεῖσα παρέστησεν αὐτῇ τοὺς ἰδίους ἀγγέλους D καὶ εὐπρεπῶς ἐκόσμησεν ἑαυτὴν, εἴ πως εἰς ἐπιθυμίαν ἐλθὼν ὁ Ἐλωεὶμ κατέλθῃ πρὸς αὐτήν. Ὡς δὲ κρατηθεὶς τῷ ἀγαθῷ ὁ Ἐλωεὶμ οὐκέτι [70] κατῆλθε πρὸς τὴν Ἐδὲμ, προσέταξεν ἡ Ἐδὲμ τῇ Βάβελ, ἥτις ἐστὶν Ἀφροδίτη, μοιχείας καὶ χωρισμοὺς γάμων κατασκευάσαι ἐν ἀνθρώποις, ἵνα ὡς αὐτὴ κεχώρισται ἀπὸ τοῦ Ἐλωεὶμ, οὕτω καὶ τὸ πνεῦμα [71] τὸ

VARIÆ LECTIONES.

[57] ἀστραπικὴν C. [58] ἐμπεριέχονται C, M. [59] τεταγμένων C. [60] ἐπικράτησιν. ἐπίκρασιν […] [61] ὡσπερεί. ὡς περὶ C, ὥσπερ M. [62] Ἐδὲμ κάτω, γῆ. Ἐδὲμ κατώγη C, Ἐδὲμ, κατωφερὴς […] [63] οὖσαν C. [64] Cf. Psal. CXVII, 19, 20: Ἀνοίξατέ μοι πύλας δικαιοσύνης· εἰσελθὼν ἐν αὐταῖς ἐξομολογήσομαι τῷ Κυρίῳ. Αὕτη ἡ πύλη τοῦ Κυρίου· δίκαιοι εἰσελεύσονται ἐν αὐτῇ. [65] I Cor. 2, 9. Cf. supra p. 216, 24 sqq. ubi οὐδὲ pro καὶ—οὐκ legitur. [66] Psal. CIX, 1. [67] τὸν κόσμον. Ἐς τὸν κόσμον susp. […] [68] ἀνθρώπους Bernaysius […] C, M. [69] μέχρις οὗ. μέχρι C, M. [70] Καὶ οὐκέτι C. [71] πνεῦμα […] om. C, M. Cf. infra […]

Ἐλωεὶμ τὸ ὂν ἐν τοῖς ἀνθρώποις τοῖς χωρισμοῖς τοῖς τοιούτοις βασανίζηται [52] λυπούμενον, καὶ πάσχῃ τὰ αὐτὰ ὁποῖα καὶ ἡ Ἐδὲμ καταλελειμμένη. Καὶ δίδωσιν ἐξουσίαν ἡ Ἐδὲμ μεγάλην τῷ τρίτῳ ἀγγέλῳ αὐτῆς τῷ Νάας, ἵνα πάσαις κολάσεσι κολάζῃ τὸ πνεῦμα τοῦ Ἐλωεὶμ τὸ ὂν ἐν τοῖς ἀνθρώποις, ἵνα διὰ τοῦ πνεύματος ᾖ κολαζόμενος ὁ Ἐλωεὶμ ὁ καταλιπὼν παρὰ τὰς συνθήκας τὰς γενομένας αὐτῶν [53] τὴν σύζυγον. Ἰδὼν ταῦτα ὁ πατὴρ Ἐλωεὶμ ἐκπέμπει τὸν Βαροὺχ, τὸν τρίτον ἄγγελον τῶν ἑαυτοῦ, εἰς βοήθειαν τῷ πνεύματι τῷ ὄντι ἐν τοῖς ἀνθρώποις. Πάλιν ἐλθὼν [54] οὖν ὁ Βαροὺχ ἔστη ἐν μέσῳ τῶν ἀγγέλων τῆς Ἐδὲμ, τουτέστιν ἐν μέσῳ τοῦ παραδείσου (παράδεισος γὰρ οἱ ἄγγελοι, ὧν μέσος ἔστη), καὶ παρήγγειλε τῷ ἀνθρώπῳ *ἀπὸ παντὸς ξύλου* [55] *τοῦ ἐν τῷ παραδείσῳ βρώσει φαγεῖν, ἀπὸ δὲ τοῦ* [*ξύλου τοῦ*] [56] *γινώσκειν τὸ καλὸν καὶ τὸ πο* | *νηρὸν μὴ φαγεῖν*, ὅπερ ἐστὶν ὁ Νάας, τουτέστι τοῖς μὲν ἄλλοις ἀγγέλοις πείθεσθαι τοῖς ἕνδεκα τῆς Ἐδὲμ, πάθη μὲν γὰρ ἔχουσιν οἱ ἕνδεκα, παρανομίαν δὲ οὐκ ἔχουσιν· ὁ δὲ Νάας παρανομίαν ἔσχε· προσῆλθε γὰρ τῇ Εὔᾳ ἐξαπατήσας αὐτὴν καὶ ἐμοίχευσεν αὐτὴν, ὅπερ ἐστὶ παράνομον· προσῆλθε δὲ καὶ τῷ Ἀδὰμ καὶ ἔσχεν αὐτὸν ὡς παῖδα, ὅπερ ἐστὶ καὶ αὐτὸ παράνομον· ἔνθεν γέγονε μοιχεία καὶ ἀρσενοκοιτία. Ἀπὸ τότε ἐπεκράτησε τὰ κακὰ τοῖς ἀνθρώποις καὶ τὰ ἀγαθὰ ἐκ μιᾶς ἀρχῆς γενόμενα τῆς τοῦ πατρός. Ἀναβὰς γὰρ πρὸς τὸν Ἀγαθὸν ὁ πατὴρ ὁδὸν ἔδειξε τοῖς ἀναβαίνειν θέλουσιν. Ἀποστὰς δὲ τῆς Ἐδὲμ ἀρχὴν κακῶν ἐποίησε τῷ πνεύματι τῷ ἐν τοῖς [p. 155-156] ἀνθρώποις [57]. Ἐπέμφθη οὖν ὁ Βαροὺχ πρὸς τὸν Μωσέα, καὶ δι' αὐτοῦ ἐλάλησε τοῖς υἱοῖς Ἰσραὴλ, ὅπως ἐπιστραφῶσι πρὸς τὸν Ἀγαθόν. Ὁ δὲ τρίτος ὁ [58]. . . . διὰ τῆς ψυχῆς ἀπὸ τῆς Ἐδὲμ οἰκούσης [59] εἰς τὸν Μωσέα, ὥσπερ καὶ εἰς πάντας ἀνθρώπους, τὰς ἐντολὰς τοῦ Βαροὺχ ἐπεσκίασε καὶ τὰς ἰδίας ἐποίησεν ἀκούεσθαι· διὰ τοῦτο ἡ ψυχὴ [60] κατὰ τοῦ πνεύματος τέτακται, καὶ τὸ πνεῦμα κατὰ τῆς ψυχῆς. Ἡ μὲν γὰρ ψυχή ἐστιν Ἐδὲμ, τὸ δὲ πνεῦμα Ἐλωεὶμ, ἑκάτερα ὄντα ἐν πᾶσιν ἀνθρώποις καὶ θήλεσι καὶ ἄῤῥεσι. Πάλιν μετὰ ταῦτα ἐπέμφθη ἐπὶ τοὺς προφήτας ὁ Βαροὺχ, ἵνα διὰ τῶν προφητῶν ἀκούσῃ τὸ πνεῦμα τὸ ἐν τοῖς ἀνθρώποις [61] κατοικοῦν καὶ φύγῃ [62] τὴν Ἐδὲμ καὶ τὴν πλάσιν τὴν πονηρὰν, ὥσπερ ἔφυγεν ὁ πατὴρ Ἐλωείμ· ὁμοίως καὶ [διὰ τῶν προφητῶν] [63] τῇ αὐτῇ ἐπινοίᾳ ὁ Νάας διὰ τῆς ψυχῆς [64] τῆς ἐνοικούσης ἐν τῷ ἀνθρώπῳ σὺν τῷ πνεύματι τοῦ πατρὸς ὑπέσυρε [65] τοὺς προφήτας, καὶ ὑπεσύρησαν [66] | πάντες, καὶ οὐκ ἠκολούθησαν τοῖς λόγοις [67] τοῦ Βαροὺχ, οὓς ἐνετείλατο Ἐλωείμ. Τὸ

in medio paradiso (paradisus enim angeli, quibus in mediis constitit), et annuntiavit homini: *Ab omni ligno paradisi edendo vesceris, ab eo autem, quod est cognoscendo bonum et malum, noli vesci*, id quod est Naas, hoc est, obsequendum esse reliquis angelis undecim Edem, passiones enim habent undecim illi, injustitiam autem non habent; Naas autem injustitiam habuit, accessit enim ad Evam deceptam a sese et vitiavit eam, id quod est injustum, accessit autem etiam ad Adam abususque eo est tanquam puero, id quod et ipsum est injustum. Hinc venit scortatio et masculorum concubitus. Exinde dominata sunt mala in hominibus, et bona ex eodem fonte orta patris. Postquam enim ascendit ad Bonum pater, viam monstravit ascensuris; postquam autem discessit ab Edem principium malorum fecit spiritui, qui est in hominibus. Missus **226-227** igitur est Baruch ad Mosen et per eum locutus est filiis Israel, ut converterentur ad Bonum. Tertius autem (angelus Edem) per animam ab Edem habitantem in Mose, sicut etiam in omnibus hominibus, præcepta Baruch obscuravit et sua ipsius fecit ut audirentur. Propterea anima exadversum spiritui collocata est et spiritus animæ. Anima enim est Edem, spiritus autem Elohim, quorum utrumque est in omnibus hominibus et feminis et masculis. Rursus post hæc missus est ad prophetas Baruch, ut per prophetas audiret spiritus in hominibus habitans et fugeret Edem et ficturam pravam, uti fugit pater Elohim. Pariter etiam eodem consilio Naas per animam inhabitantem in homine cum spiritu patris allexit prophetas, et allecti sunt omnes et non obsecuti sunt dictis Baruch, quæ injunxerat Elohim. Ad extremum e præputio prophetam delegit Elohim Herculem et misit ut duodecim angelos Edem luctando devinceret et liberaret patrem a duodecim angelis creaturæ pravis. Hi sunt duodecim labores Herculis, quos peregit Hercules ordine, a primo ad extremum, devincens leonem et hydram et aprum, et deinceps. Ethnicorum enim esse hæc nomina, quæ repetita esse aiunt ab opera maternorum angelorum. Ubi autem sibi visus est omnes labores peregisse, sese applicat ad eum Omphale, quæ quidem est Babel sive Venus, et blandiendo capit Herculem et exuit potestatem ejus, præcepta Baruch, quæ mandaverat Elohim, et redinduit suam ipsius vestem, hoc est potestatem Edem, infra potestatis, et ita eventu caruerunt Herculis prophetia et opera ejus. Ad extremum autem diebus Herodis regis mittitur Ba-

VARIÆ LECTIONES.

[52] βασανίζεται C. [53] αὐτῶν. αὐτῷ C, M. [54] ἀνθρώποις. Πάλιν ἐλθών. ἀνθρώποις πᾶσιν. Ἐλθὼν C, M. [55] I Mos. II, 17. Cfr. supra p. 208, 91 sqq. [56] τοῦ ξύλου τοῦ. τοῦ C, τοῦ τοῦ M. [57] τῷ πνεύματι τῷ ἐν τοῖς ἀνθρώποις. τῷ πνεύματι τοῦ Πατρὸς τοῦ ἐν τοῖς οὐρανοῖς C, τῷ πνεύματι τ. Πατρ. τοῦ ἐν τοῖς ἀνθρώποις susp. M. τῷ πνεύματι τοῦ Πατρ. τῷ ἐν τοῖς ἀνθρώποις Bernaysius. [58] Post verba τρίτος ὁ quædam excidisse videntur. [59] Οἰκούσης C, ἠκούσης M. [60] Cf. Galat. v, 17: Ἡ γὰρ σὰρξ ἐπιθυμεῖ (στρατεύεται Orig. 3, 330 d) κατὰ τοῦ πνεύματος, τὸ δὲ πνεῦμα κατὰ τῆς σαρκός. ταῦτα γὰρ ἀλλήλοις ἀντίκειται, κ. τ. λ. [61] ἀνθρώποις. Bernaysius: οὐρανοῖς C, M. [62] φύγῃ. φυγὸν C, M. διὰ τῶν προφητῶν, uncis inclusimus, quippe quæ sententiam turbent, fortasse male iterata ex superioribus. [64] ψυχῆς. εὐχῆς C, M. [65] ὑπέσυρε. ἐπέσυρε C, ἐπεσύρετο susp. M. [66] ὑπεσύρησαν. ἐπεσύρησαν C. [67] τοῖς λόγοις [illegible]

ὕδατος ἀλλομένου, ὃ δεῖ πάντως πιεῖν [32] τὸν μέλλοντα ἀποδιδύσκεσθαι τὴν δουλικὴν μορφὴν καὶ ἐπενδύσασθαι ἔνδυμα οὐράνιον.

20. Hæc sunt quæ dicunt, ut licet paucis com- A plecti, præsides Sethianæ doctrinæ. Est autem doctrina eorum conflata ex naturalibus et in alium finem comparatis dictis, quæ in suam doctrinam transferentes exponunt sicuti demonstravimus. Dicunt autem etiam Mosen auxiliari suæ doctrinæ, quando dicat : *Tenebræ et caligo et turbo*, hæc, inquit, tria verba, aut quando dicat in paradiso exstitisse tres, Adam, Evam, serpentem, aut quando dicat tres, Cain, Abel, Seth, et rursus tres, Sem, Cham, Japheth, aut quando dicat tres patriarchas, Abraham, Isaac, Jacob, aut quando dicat tres dies ante **208-209** solem et lunam exstitisse, aut quando dicat tres leges, vetantem, permittentem, pœnæ constituentem. Vetans autem est lex : *Ab omni ligno in paradiso vesceris comedendo, ab eo* B *autem ligno quod est cognoscendo bonum et malum nolite edere*. Cum autem dicit : *Egredere de terra tua et de cognatione tua, et huc veni in terram, quam monstrabo tibi*, permittens, inquit, hæc lex est; nam volenti licet egredi, nolenti autem manere. Pœnæ autem constituens lex est quæ dicit : *Non mœchaberis, non occides, non furtum facies* : constituta est enim singulis peccatis sua pœna. Est autem eis omnis ratio disciplinæ suæ ab antiquis theologis, Musæo et Lino et ab eo, qui lustrationes potissimum et mysteria tradidit, Orpheo. Etenim eorum de utero et Orphei doctrina est, et umbilicus, qui est concentus, perspicue ita habetur in Bacchicis Orphei. Initiata autem hæc sunt et tradita hominibus ante Celei et Triptolemi et Cereris et C Proserpinæ et Bacchi Eleusine initia Phliunte Atticæ. Ante mysteria enim Eleusinia exstant Phliunte Magnæ sic dictæ orgia. Est autem porticus in ea, in porticu autem inscripta est ad hunc diem horum omnium quæ dicta sunt imago. Jam multa quidem sunt inscripta in portico illa, de quibus et Plutarchus instituit sermones in decem quos adversus Empedoclem scripsit libris. Est autem in compluribus etiam senex quidam inscriptus, canus,

κ'. Ταῦτά ἐστιν ἃ λέγουσιν, ὡς δι' ὀλίγου ἔστιν εἰπεῖν, οἱ προστάται [33] τῶν Σηθιανῶν λόγων. Ἔστι δὲ ὁ λόγος αὐτῶν συγκείμενος ἐκ φυσικῶν καὶ πρὸς ἕτερα εἰρημένων ῥημάτων, ἃ εἰς τὸν ἴδιον [34] λόγον μετάγοντες διηγοῦνται, καθάπερ εἴπομεν. Λέγουσι δὲ καὶ Μωσέα αὐτῶν συναίρεσθαι τῷ λόγῳ, ἐπὰν εἴπῃ *σκότος καὶ γνόφος καὶ θύελλα* [35]· οὗτοι, φησίν, οἱ τρεῖς λόγοι· ἢ ὅταν εἴπῃ ἐν Παραδείσῳ γεγενέναι τρεῖς, Ἀδὰμ, Εὔαν, ὄφιν· ἢ ὅταν λέγῃ τρεῖς, Κάϊν, Ἄβελ, Σήθ. καὶ πάλιν τρεῖς, Σὴμ, Χὰμ, Ἰάφεθ· ἢ ὅταν λέγῃ τρεῖς πατριάρχας, Ἀβραὰμ, Ἰσαὰκ, [p. 143. 144] Ἰακώβ· ἢ ὅταν λέγῃ τρεῖς ἡμέρας πρὸ ἡλίου καὶ σελήνης γεγονέναι· ἢ ὅταν λέγῃ τρεῖς νόμους, ἀπαγορευτικὸν, ἐφετικὸν διατιμητικόν. Ἀπαγορευτικὸς δέ ἐστι νόμος· *Ἀπὸ παντὸς* [36] *ξύλου τοῦ ἐν τῷ Παραδείσῳ βρώσει φαγῇ* [37], *ἀπὸ δὲ τοῦ ξύλου τοῦ γινώσκειν καλὸν καὶ πονηρὸν, οὐ μὴ φάγητε*. Ἐν δὲ τῷ λέγειν· *Ἔξελθε ἐκ τῆς γῆς* [38] *σου καὶ ἐκ τῆς συγγενείας σου, καὶ δεῦρο εἰς γῆν, ἣν ἄν σοι δείξω*, ἐφετικὸς, φησίν, οὗτος ὁ νόμος· ἐλομένῳ γάρ ἐστιν ἐξελθεῖν, μὴ | ἐλομένῳ δὲ μένειν. Διατιμητικὸς δὲ νόμος ἐστὶν ὁ λέγων· *Οὐ μοιχεύσεις, οὐ φονεύσεις, οὐ κλέψεις* [39]· διατετίμηται γὰρ ἑκάστου τῶν ἀδικημάτων ζημία. Ἔστι δὲ αὐτοῖς ἡ πᾶσα διδασκαλία τοῦ λόγου ἀπὸ [40] τῶν παλαιῶν θεολόγων, Μουσαίου καὶ Λίνου, καὶ τοῦ τὰς τελετὰς μάλιστα καὶ τὰ μυστήρια καταδείξαντος Ὀρφέως. Ὁ γὰρ περὶ [41] τῆς μήτρας [42] αὐτῶν καὶ τοῦ Ὀρφέως [43] λόγος, καὶ ὁ ὀμφαλός [44], ὅπερ ἐστὶν ἁρμονία [45], διαῤῥήδην οὕτως ἐστὶν ἐν τοῖς Βακχικοῖς τοῦ Ὀρφέως. Τετέλεσται δὲ ταῦτα καὶ παραδέδοται ἀνθρώποις πρὸ τῆς Κελεοῦ καὶ Τριπτολέμου καὶ Δήμητρος καὶ Κόρης καὶ Διονύσου ἐν Ἐλευσῖνι τελετῆς, ἐν Φλιοῦντι τῆς Ἀττικῆς [46]. Πρὸ γὰρ τῶν Ἐλευσινίων μυστηρίων ἔστιν ἐν τῇ Φλιοῦντι [47] τῆς λεγομένης Μεγάλης ὄργια [48]. Ἔστι δὲ παστὰς ἐν αὐτῇ, ἐπὶ δὲ τῆς παστάδος ἐγγέγραπται [49] μέχρι σήμερον ἡ πάντων [50] τῶν εἰρημένων λόγων ἰδέα. Πολλὰ μὲν οὖν ἐστι τὰ ἐπὶ τῆς παστάδος ἐκείνης ἐγγεγραμμένα, περὶ ὧν καὶ Πλούταρχος ποιεῖται λό-

VARIÆ LECTIONES.

[32] πιεῖν. ποιεῖν C. [33] προστάται C; πρωτοστάται M. [34] ἴδιον. ἀΐδιον C, M. [35] Cf. II Mos. x, 22. [36] I Mos. ii, 16, 17 : Ἀπὸ παντὸς ξύλου τοῦ ἐν τῷ παραδείσῳ βρώσει φαγῇ· ἀπὸ δὲ τοῦ ξύλου τοῦ γινώσκειν καλὸν καὶ πονηρὸν οὐ φάγεσθε ἀπ' αὐτοῦ. [37] φαγῇ. φαγεῖν C, M. [38] I Mos. xii, 1. Ἔξελθε ἐκ τῆς γῆς σου, καὶ ἐκ τῆς συγγενείας σου, καὶ ἐκ τοῦ οἴκου τοῦ πατρός σου, καὶ δεῦρο εἰς τὴν γῆν, ἣν ἄν σοι δείξω. [39] Cf. II Mos. xx, 13-15 et V Mos. v, 17 : Οὐ φονεύσεις Οὐ μοιχεύσεις. Οὐ κλέψεις. [40] ἀπὸ. ὑπὸ C, M. [41] De his et quæ sequuntur conferendus commentarius in *Nuntiis litterariis Gottingensibus* an. 1852. *Nachrichten* n. 7 p. 95-99, et quæ scripsit B. ten Brink in *Mnemosyne* 2. p. 383 sqq. [42] μήτρας. μητρὸς Brinkius cogitans de Athenagoræ (*Legat. pro Christ.* c. 20) narratione, quæ est de matre Rhea, [illegible] Jupiter venatur : quæ tamen ab hoc loco abhorrent. [43] Ὀρφέως. ὄφεως olim Schneidewinus et Brinkius. [44] ὁ ὀμφαλός Brinkius : ὀμφαλός C. M. [45] ἁρμονία. ἀνδρεία C, M, ἕδρανον coll. hymno Orphico xxv, 4 Brinkius. Cf. infra l. 20. [46] Φλιοῦντι τῆς Ἀττικῆς. Φλοιοῦντι τ. Ἀ. C, Φλυῆσιν vel Φλυῇ vel Φλυᾷ τ. A. olim Schneidewinus, Φλυείᾳ τ. A. Brinkius coll. Harpocratione s. v., Φλιοῦντι τῆς Ἀχαΐας A. Meinekius *Vindic. Strab.* p. 242. Videtur ipse Hippolytus Phlyam Atticæ cum nobiliore urbe Achaiæ confudisse. [47] Φλοιοῦντι C. [48] τῆς λεγομένης Μεγάλης ὄργια λεγομένη μεγαληγορία C, λεγομένη μεγάλη ἑορτὴ susp. M, ἔστιν τὰ Φλυῆσι λεγόμενα μεγάλα ὄργια olim Schneidewinus : μεγάλα ὄργια Bunsenius (*Hippolytus and his age*. 2 ed. *London* 1854, I, p. 347) λεγόμενα μεγάλα vel μεγάλης ὄργια R. Scottus : ἦν τὰ τῆς ἐν Φλυείᾳ λεγομένης μεγάλης [θεᾶς] ὄργια Brinkius : τὰ λεγόμενα Μεγάλης ὄργια A. Meinekius l. l. Cf. Pausan. i, 31, 2. [Vide notam Chr. Petersen in Addendis.] [49] ἐγκέγραπται C. [50] ἡ πάντων. ἢ τὰ τῶν πάντων C.

γους ἐν ταῖς [51] πρὸς [52] Ἐμπεδοκλέα δέκα βίβλοις. A Ἔστι δ' ἐν τοῖς [53] πλείοσι [54] καὶ πρεσβύτης τις ἐγγεγραμμένος πολιὸς πτερωτὸς [55] ἐντεταμένην ἔχων τὴν αἰσχύνην, [p. 144—146] γυναῖκα ἀποφεύγουσαν διώκων κυανοειδῆ [56]. Ἐπιγέγραπται δὲ ἐπὶ τοῦ πρεσβύτου, φάος ῥυέντης [57], ἐπὶ δὲ τῆς γυναικὸς, περηφικόλα [58]. Ἔοικε δὲ εἶναι κατὰ τὸν Σηθιανῶν λόγον ὁ φάος ῥυέντης [59] τὸ φῶς, τὸ δὲ σκοτεινὸν ὕδωρ [60] ἡ φικόλα [61], τὸ δὲ ἐν μέσῳ τούτων διάστημα ἁρμονία | πνεύματος μεταξὺ τεταγμένου. Τὸ δὲ ὄνομα τοῦ φάος ῥυέντου [62] τὴν ῥύσιν ἄνωθεν τοῦ φωτὸς, ὡς λέγουσι, δηλοῖ κάτω [63]. Ὥστε εὐλόγως ἄν τις εἴποι τοὺς Σηθιανοὺς ἐγγύς που τελεῖν παρ' αὐτοῖς τὰ τῆς Μεγάλης Φλυῆσιν ὄργια [64]. Τῇ δὲ διαιρέσει τῇ τριχῇ μαρτυρεῖν ἔοικε καὶ ὁ ποιητὴς λέγων· *Τριχθὰ δὲ πάντα* [65] *δέδασται, ἕκαστα δ' ἔμμορε* B *τιμῆς*· τουτέστι τῶν τριχῇ διῃρημένων ἕκαστον εἴληφε δύναμιν. Καὶ τὸ ὕδωρ δὲ τὸ ὑποκείμενον κάτω σκοτεινὸν, ὅτι δέδυκε τὸ φῶς, καὶ ἀνακομίσασθαι καὶ λαβεῖν ἄνωθεν δεῖ τὸν κατενηνεγμένον σπινθῆρα ἀπ' αὐτοῦ, οὕτως ἐοίκασιν οἱ πάνσοφοι Σηθιανοὶ παρ' Ὁμήρου λαβόντες λέγειν·

Ἴστω γὰρ (φησὶ) *τόδε γαῖα καὶ οὐρανὸς εὐρὺς [ὕπερθεν,*
Καὶ τὸ κατειβόμενον Στυγὸς ὕδωρ, ὅς τε μέγιστος
Ὅρκος δεινότατός τε πέλει μακάρεσσι θεοῖσι [66].

τουτέστιν ἀποτρόπαιόν τι καὶ φρικτὸν οἱ θεοὶ καθ' Ὅμηρον εἶναι τὸ ὕδωρ νομίζουσιν, ὅπερ ὁ λόγος τῶν Σηθιανῶν φοβερὸν [67] εἶναί φησι τῷ νοΐ [68].

κα'. Ταῦτ' ἐστὶν ἃ λέγουσι καὶ τοιούτοις παραπλήσια ἐν ἀπείροις συγγράμμασι· πείθουσι δὲ ἐντυγχάνειν τῷ περὶ κράσεως καὶ μίξεως λόγῳ τοὺς C μαθητευομένους, ὃς [69] μεμελέτηται πολλοῖς, ἀλλὰ καὶ Ἀνδρονίκῳ τῷ περιπατητικῷ. Λέγουσιν οὖν οἱ Σηθιανοὶ τὸν περὶ κράσεως καὶ μίξεως λόγον συνεστάναι τῷδε τῷ τρόπῳ· τὴν ἀκτῖνα τὴν φωτεινὴν ἄνωθεν ἐγκεκρᾶσθαι, καὶ τὸν σπινθῆρα τὸν ἐλάχιστον ἐν τοῖς σκοτεινοῖς ὕδασι κάτω καταμεμῖχθαι λεπτῶς καὶ συνηνῶσθαι καὶ γεγονέναι ἐν ἑνὶ φυράματι, ὡς μίαν ὀσμὴν ἐκ πολλῶν καταμεμιγμένων ἐπὶ τοῦ πυρὸς θυμιαμάτων, καὶ δεῖ τὸν ἐπι | στήμονα, τῆς ὀσφρήσεως ἔχοντα [p. 146. 147] κριτήριον εὐαγὲς, ἀπὸ τῆς μιᾶς τοῦ θυμιάματος ὀσμῆς διακρίνειν λεπτῶς ἕκαστον τῶν καταμεμιγμένων ἐπὶ τοῦ πυρὸς θυμιαμάτων, οἱονεὶ στύρακα καὶ σμύρναν καὶ λίβανον, ἢ εἴ τι ἄλλο εἴη D μεμιγμένον. Χρῶνται δὲ καὶ ἑτέροις παραδείγμασι, λέγοντες καταμεμῖχθαι καὶ χρυσίῳ χαλκὸν [70], καὶ

alatus, intentum habens **210-211** pudendum, mulierem aufugientem persequens cæruleam. Adscriptum autem est ad senem φάο; ῥυέντης, ad mulierem autem περηφικόλα. Videtur autem esse secundum Sethianorum doctrinam ille φάος ῥυέντης lux, tenebricosa autem aqua φικόλα illa, spatium autem, quod est intermedium eorum, concentus spiritus interpositi. Nomen autem illius φάος ῥυέντου fluxionem desuper lucis, ut aiunt, significat in inferius: ut congruenter quispiam dicat Sethianos consimiliter fere obire apud se Magnæ Phlyasiorum orgia. Divisionem autem tripertitam attestari etiam poeta videtur cum dicit: *Trifariam autem omnia divisa sunt, singula autem sortita sunt honorem*, hoc est trifariam divisorum singulum quodque accepit potestatem. Et vero aquam infra subjacentem tenebrosam, quoniam in eam occidit lux, et recipere ad se et assumere debet delatam scintillam a sese, ita videntur omniscii Sethiani ab Homero mutuati dicere:

Scito enim, inquit, *hoc tellus et cœlum amplum superne,*
Et destillans Stygis aqua, quod quidem maximum
Juramentum gravissimumque exstat beatis diis,

hoc est aversandum quoddam et horrendum aquam secundum Homerum arbitrantur dii, quam quidem doctrina Sethianorum formidabilem dicit menti.

21. Hæc sunt quæ dicunt et his comparia in infinitis commentariis. Suadent autem cognoscere de mistione et conflatione doctrinam eis, qui ipsorum scholam sequuntur, quam scripto exsecuti sunt multi, maxime autem Andronicus Peripateticus. Dicunt igitur Sethiani de mistione et conflatione doctrinam constitisse in hunc modum. Radium lucidum desuper immistum esse scintillamque tenuissimam in tenebrosis aquis infra infusam esse tenuiter et adunatam et venisse in unam farraginem, ut unum odorem ex multis permistis in igni suffimentis, et oportet intelligentem, olfactus si modo habet subtile **212-213** indicium, ab uno suffimenti odore discernere subtiliter singulum quodque permistorum igni suffimentorum, veluti storacem et myrrham et libanum aut si quid aliud est permistum. Utuntur autem et aliis exemplis, dicentes permistum esse etiam auro æs, et ars quæ-

VARIÆ LECTIONES.

[51] ταῖς. τοῖς C. [52] Pro πρὸς dicere debebat εἰς, quod intelligitur ex Lamprie catalogo (Fabric. Bibl. Gr. t. V, p. 160) qui habet εἰς Ἐμπεδοκλέα περὶ τῆς ε' οὐσίας βιβλία ε'. M. [53] δ' ἐν τοῖς. δὲ τοῖ, C. [54] πλείοσι. πυλεῶσι susp. M. [55] πτερωτός. πετρωτὸς C. [56] κυανοειδῆ. κυνοειδῆ C, M. [57] φάος ῥυέντης. Φάνης ῥυεὶς Brinkius coll. hymno Orphico V, 7: Πάντη δινηθεὶς πτερύγων ῥιπαῖς κατὰ κόσμον· Λαμπρὸν ἄγων φάος ἁγνὸν, ἀφ' οὗ σε Φάνητα κικλήσκω, Ἠδὲ Πρίηπον ἄνακτα. [58] περηφικόλα. Περσεφόνη Φλυά Brinkius. [59] Φάνης ῥυεὶς Brinkius. [60] τὸ δὲ σκοτεινὸν ὕδωρ. τὸ σκοτεινόν· ὕδωρ δὲ C, M. [61] φικόλα. Περσεφόνη Φλυά Brinkius. [62] Φάνητος ῥυέντος Brinkius. [63] κάτω. πρὸς τὸ κάτω Brinkius præter necessitatem [64] τὰ τῆς Μεγάλης Φλυῆσιν ὄργια. τ. τ. μεγάλης Φλοιᾶς ἰονόργια C, M, qui susp. συνόργια· τ. τ. M. Φλιασίας ὄργια Bunsenius l. l.: τ. τ. M. Φλιασίων ὄργια R. Scottus et Meinekius, qui addit: *Videtur igitur Dia vel Hebe apud Phliasios, serioribus fortasse demum temporibus, Magnæ deæ nomine culta esse*: τὰ τῆς μεγάλης θεᾶς Φλυᾶς Φλυῆσιν ὄργια Brinkius. [65] Hom. Il, xv, 189, ubi ἕκαστος pro ἕκαστα. [66] Hom. Il, xv, 36-38. Od. v, 185-87. [67] φοβερὸς C. [68] τῷ νοΐ. τὸν οἱ C. M. qui susp. στοιχεῖον. [69] ὅς. ὡς C. [70] χαλκός C.

dem inventa est, quæ discernit æs ab auro. Pariter autem etiam si forte in argento cassiteron aut æs aut aliquid ejusdem generis inveniatur, mistura potiore quadam arte et hæc discernuntur. Jam autem vel quis aquam vino permistam discernit. Ita, inquiunt, universa quæ commista sunt discernuntur. Imo vero vel ab animalibus, inquit, discito. Defuncto enim animali singula quæque discernuntur, et soluto animali sic animal evanescit. Hoc, inquit, est quod dictum est: *Non veni pacem mittere in terram, sed gladium*, hoc est separare et discernere commista. Separantur enim et discernuntur singula quæque commistorum cum suum locum occupant. Ut est enim locus commistionis omnibus animalibus unus, ita etiam secretionis constitit unus, quem novit nemo, inquit, præter nos solos, qui renati sumus spirituales, non carnales, quorum est civitas in cœlis supra. Ita clanculum subreptantes corrumpunt auscultantes, tum abusi dictis, in quodcunque volunt male detorquentes bene dicta, abscondunt que suum peccatum per quascunque lubuit comparationes. Omnia igitur, inquit, sicuti dictum est, commista suum habent locum currunt que ad domestica sua, ut ferrum ad lapidem Herculeum, et palea prope electrum, et centro marini accipitris propinquat aurum. Ita permistus aquæ luminis radius, domesticum locum ex disciplina et institutione adeptus, festinat ad logum superne degressum in imagine servili, et existit cum logo logus illic, ubi logus est, vehementius quam ferrum ad Herculeum lapidem. Et hæc ita sese habere, inquit, omniaque discerni in domesticis locis permista discito. Puteus est in Persis in urbe Ampa juxta Tigrim fluvium. Exstructum autem est ad **214-215** caput putei receptaculum quoddam habens tres carceres a sese. Ex quo puteo ubi quis hauserit cadoque extraxerit ex puteo haustum quodcunque tandem est infudit in adjacens receptaculum. Fusum autem ubi venit ad carceres, in uno vasculo receptum discernitur, et in primo quidem sal concretus exhibetur, in altero autem carcerum asphaltus, in tertio autem oleum. Atrum autem est oleum, ut, inquit, etiam Herodotus narrat, et odorem præbens gravem, rhadinacen autem id Persæ vocant. Sufficiebat, inquiunt Sethiani, ad demonstrandum id quod propositum est putei similitudo magis quam omnia quæ antea dicta sunt.

22. Abunde videtur nobis declarata esse Sethianorum sententia. Sin quis omnem secundum eos

A τέχνη τις εὕρηται ἡ διακρίνουσα τὸν χαλκὸν ἀπὸ τοῦ χρυσίου. Ὁμοίως δὲ κἂν ἐν ἀργύρῳ κασσίτερος ἢ χαλκὸς ἤ τι τῶν ὁμογενῶν καταμεμιγμένον εὑρεθῇ[71], μίξεως τινὶ τέχνῃ κρείττονι καὶ ταῦτα διακρίνεται. Ἤδη δέ τις καὶ ὕδωρ μεμιγμένον οἴνῳ διακρίνει[72]. Οὕτω, φασὶ, κἂν[73] πάντα τὰ συγκεκραμένα[74] διακρίνεται. Καὶ δὴ ἀπὸ τῶν ζώων, φησὶ, κατάμανθανε[75]. Τελευτήσαντος γὰρ τοῦ ζώου ἕκαστα διακρίνεται, καὶ λυθέντος οὕτω τὸ[76] ζῶον ἀφανίζεται. Τοῦτό ἐστι, φησὶ, τὸ εἰρημένον· *Οὐκ ἦλθον*[77] *εἰρήνην βαλεῖν ἐπὶ τὴν γῆν, ἀλλὰ μάχαιραν*, τουτέστι τὸ διχάσαι καὶ χωρίσαι τὰ συγκεκραμένα[78]. Διχάζεται γὰρ καὶ διακρίνεται ἕκαστα τῶν συγκεκραμένων[79] οἰκείου χωρίου τυχόντα. Ὡς γάρ ἐστι χωρίον συγκράσεως τοῖς ζώοις ἅπασιν ἓν, οὕτω καὶ τῆς B διακρίσεως καθέστηκεν ἓν, ὃ οἶδεν οὐδεὶς, φησὶν, ἢ μόνοι ἡμεῖς, οἱ ἀναγεννώμενοι πνευματικοὶ, οὐ σαρκικοὶ, ὧν ἔστι τὸ πολίτευμα ἐν οὐρανοῖς ἄνω. Οὕτω παρεισδύοντες διαφθείρουσι τοὺς ἀκροωμένους, ἐπὶ[80] μὲν ἀποχρώμενοι ῥητοῖς, εἰς ὃ θέλουσι συνάγοντες κακῶς τὰ καλῶς εἰρημένα, φωλεύουσί τε τὸ ἑαυτῶν ἀδίκημα διὰ παραβολῶν ὧν βούλονται. Πάντα οὖν, φησὶ, καθὼς εἴρηται, τὰ συγκεκραμένα ἔχει χωρίον[81] ἴδιον καὶ τρέχει πρὸς τὰ οἰκεῖα, ὡς σίδηρος πρὸς[82] τὴν Ἡρακλείαν λίθον, καὶ τὸ ἄχυρον ἠλέκτρου πλησίον, καὶ τῷ κέντρῳ[83] τοῦ θαλασσίου ἱέρακος τὸ χρυσίον. Οὕτως ἡ τοῦ καταμεμιγμένου τῷ ὕδατι φωτὸς ἀκτὶς, οἰκείου[84] χωρίου ἐκ διδασκαλίας καὶ μαθήσεως μεταλαβοῦσα, σπεύδει πρὸς τὸν λόγον τὸν ἄνωθεν ἐλθόντα ἐν εἰκόνι δουλικῇ, καὶ γίνεται μετὰ C τοῦ λόγου λόγος ἐκεῖ, ὅπου λόγος ἐστὶ, μᾶλλον ἢ ὁ σίδηρος πρὸς τὴν Ἡρακλείαν λίθον. Καὶ ὅτι ταῦθ' οὕτως ἔχει, φησὶ, καὶ πάντα διακρίνεται ἐπὶ τῶν οἰκείων τόπων τὰ συγκεκραμένα[85], μάνθανε. Φρέαρ ἐστὶν ἐν Πέρσαις ἐν Ἄμπῃ[86] πόλει παρὰ τὸν Τίγριν ποταμόν· ᾠκοδόμηται δὲ [p. 147. 148] παρὰ τὸ φρέαρ ἄνω δεξαμενή τις ἔχουσα τρεῖς ἀφετηρίας ἀπ' αὐτῆς. Οὗ φρέατος ἀντλήσας κάδῳ ἀνενέγκας τὸ ἀπὸ τοῦ φρέατος ἀντληθὲν ὅ τι ποτέ ἐστιν, ἔχεεν εἰς τὴν παρακειμένην δεξαμενήν· τὸ δὲ χυθὲν ἐλθὸν ἐπὶ τὰς ἀφετηρίας ἐν ἑνὶ σκεύει ἀναληφθὲν διακρίνεται. Καὶ ἐν μὲν πρώτῃ ἅλας[87] πηγνύμενον δείκνυται, ἐν ἑτέρᾳ δὲ τῶν ἀφετηριῶν ἄσφαλτος, ἐν δὲ τῇ τρίτῃ ἔλαιον. Μέλαν δέ ἐστι τὸ ἔλαιον, ὥς, φησὶ[88], καὶ Ἡρόδοτος ἱστορεῖ, καὶ ὀσμὴν D παρεχόμενον βαρεῖαν· ῥαδινάκην δὲ αὐτὸ οἱ Πέρσαι καλοῦσιν. Ἤρκει, φασὶν οἱ Σηθιανοὶ, πρὸς ἀπόδειξιν τοῦ προκειμένου ἡ τοῦ φρέατος ὁμοιότης πάντων μᾶλλον τῶν προειρημένων.

κβ'. Ἱκανῶς δοκεῖ ἡμῖν σεσαφηνίσθαι[89] ἡ τῶν Σηθιανῶν γνώμη. Εἰ δέ τις ὅλην τὴν κατ' αὐτοὺς

VARIÆ LECTIONES.

[71] εὑρέθη C. [72] οἴνῳ διακρίνει· αἰνωδία κρήνη C, M. [73] κἂν. καὶ κἂν C, M. [74] συγκεκραμμένα C. [75] κατεμάνθανε C. [76] οὕτω τὸ τὸ C. [77] Cf. Matth. x, 34: Μὴ νομίσητε ὅτι ἦλθον βαλεῖν εἰρήνην ἐπὶ τὴν γῆν· οὐκ ἦλθον βαλεῖν εἰρήνην, ἀλλὰ μάχαιραν. [78] συγκεκραμμένα C. [79] συγκεκραμμένων C. [80] ἐπὶ ὅτε C. [81] χωρίον οὖν C ῥοῦν M. [82] σίδηρος πρός. σίδηρος C. [83] τῷ κέντρῳ. Supra p. 172, 11 τῇ κερκίδι et p. 198, 36 ἡ κερκίς. [84] ἀκτὶς, οἰκείου οἰκείου C, δύναμις οἰκείου susp. M. [85] συγκεκριμένα C, M. [86] Ἄμπῃ. Ἄμῃ C, M. Cfr. Herodot. vi, 20. [87] ἐν μὲν πρώτῃ ἅλας. ἐν μὲν ἅλας C, M. [88] ὅς φησι C. Cf. Herodot. vi, 119. [89] σεσαφηνεῖσθαι C.

πραγματείαν βούλεται μαθεῖν, ἐντυχέτω βιβλίῳ [90] ἐπιγραφομένῳ Παρά | φρασις Σήθ· πάντα γὰρ τὰ ἀπόῤῥητα αὐτῶν ἐκεῖ εὑρήσει ἐγκείμενα. Ἀλλ' ἐπεὶ τὰ κατὰ τοὺς Σηθιανοὺς ἐξεθέμεθα, ἴδωμεν τίνα ἐστὶ καὶ τὰ Ἰουστίνῳ δοκοῦντα.

κγ'. Ἰουστῖνος πάντη ἐναντίος τῇ τῶν ἁγίων Γραφῶν γενόμενος διδαχῇ, προσέτι δὲ καὶ τῇ τῶν μακαρίων εὐαγγελιστῶν ἐγγράφῳ [91] φωνῇ, ὡς ἐδίδασκεν ὁ Λόγος τοὺς μαθητὰς λέγων· *Εἰς ὁδὸν ἐθνῶν μὴ ἀπέλθητε* [92], ὅπερ δηλοῖ μὴ προσέχειν τῇ τῶν ἐθνῶν ματαίᾳ διδασκαλίᾳ, οὗτος ἐπὶ τὰ ἐθνῶν τερατολογούμενα καὶ διδασκόμενα ἀναγαγεῖν πειρᾶται τοὺς ἀκροωμένους, αὐτολεξεὶ τὰ παρ' Ἕλλησι μυθευόμενα διηγούμενος, οὔτε πρότερον διδάξας οὔτε παραδοὺς τὸ τέλειον αὐτοῦ μυστήριον, εἰ μὴ ὅρκῳ δήσῃ τὸν πλανώμενον. B Ἔπειτα τοὺς μύθους παρατίθησι ψυχαγωγίας χάριν, ὅπως οἱ ἐντυγχάνοντες τῇ τῶν βίβλων ἀναρίθμῳ φλυαρίᾳ παραμύθιον ἔχωσι τὰ μυθευόμενα (ὃν τρόπον εἴ τις ὁδὸν μακρὰν βαδίζων, παρατυχὼν καταλύματι [93] ἀναπαύεσθαι δοκεῖ), καὶ οὕτως πάλιν ἐπὶ τὴν τῶν ἀναγνωσμάτων τραπέντες πολυμάθειαν μὴ μισήσωσιν, ἕως ἐπὶ τὸ ὑπ' αὐτοῦ τεχναζόμενον ἀνόμημα διὰ πλειόνων ἐξηχηθέντες ὁρμήσωσι τετυφωμένοι [94], οὓς φρικτοῖς καταδήσας πρότερον ὅρκοις μήτε ἐξειπεῖν μήτε ἀποστῆναι ὁμολογεῖν ἀναγκάσας, οὕτω παραδίδωσι τὰ ὑπ' αὐτοῦ ἐφευρημένα μετὰ ἀσεβείας μυστήρια, πῇ μὲν, καθὰ προείπομεν, μύθοις Ἑλληνικοῖς χρησάμενος, πῇ [p. 148—150] δὲ παραπεποιημένοις βιβλίοις κατά τι παρεμφαίνουσι ταῖς προειρημέναις αἱρέσεσιν. C Οἱ πάντες γὰρ ἐνὶ πνεύματι συνωθούμενοι εἰς ἕνα βυθὸν ἁμάρας συνάγονται, ἄλλοι ἄλλως τὰ αὐτὰ διηγούμενοι καὶ μυθεύοντες· οὗτοι δὲ ἰδίως οἱ πάντες γνωστικοὺς ἑαυτοὺς | ἀποκαλοῦσι, τὴν θαυμασίαν γνῶσιν τοῦ τελείου καὶ ἀγαθοῦ μόνοι καταπεπωκότες [95].

κδ'. Ὄμνυε δὲ, φησὶν Ἰουστῖνος, εἰ γνῶναι θέλεις, *ἃ ὀφθαλμὸς* [96] *οὐκ εἶδε, καὶ οὖς οὐκ ἤκουσεν, οὐδὲ ἐπὶ καρδίαν ἀνθρώπου ἀνέβη*, τὸν ἐπάνω πάντων ἀγαθὸν, [97], τὸν ἀνώτερον, ἄῤῥητα φυλάξαι τὰ τῆς διδασκαλίας σιγώμενα· καὶ γὰρ καὶ ὁ πατὴρ ἡμῶν, ἰδὼν τὸν ἀγαθὸν καὶ τελεσθεὶς παρ' αὐτῷ, τὰ τῆς σιγῆς ἄῤῥητα ἐφύλαξε, καὶ ὤμοσε καθὼς γέγραπται· *Ὤμοσε Κύριος καὶ οὐ μεταμεληθήσεται* [98]. D Ταῦτα τοίνυν οὕτω κατασφραγισάμενος πλείοσι μύθοις ψυχαγωγεῖ διὰ πλειόνων βιβλίων, καὶ οὕτως ἐπὶ τὸν ἀγαθὸν [99] ἄγει, τελειῶν τοὺς μύστας τὰ ἄλαλα [1] μυστήρια. Ἵνα δὲ [2] μὴ διὰ πλειόνων ὁδεύσωμεν, ἐκ μιᾶς αὐτοῦ βίβλου τὰ ἄῤῥητα ἐπιδείξομεν, οὔσης καθὼς νομίζει ἐνδόξου. Αὕτη δὲ ἐπιγράφεται Βαρούχ· ἐν ᾗ μίαν τῶν πολλῶν μυθολογίαν ἐκτιθεμένην ὑπ' αὐτοῦ δηλώσομεν, οὖσαν παρὰ Ἡροδότῳ, ἣν ὡς καινὴν [3] τοῖς ἀκροαταῖς παραπλάσας διηγεῖται, ἐξ αὐτῆς πᾶσαν σύστασιν τοῦ κατ' αὐτὸν διδασκαλείου [4] ποιούμενος.

A doctrinam volet cognoscere, inspiciat librum, qui inscribitur *Paraphrasis Seth*. Omnia enim arcana eorum ibi inveniet reposita. Sed postquam Sethianorum decreta enarravimus, videamus etiam ea, quæ Justino placuerunt.

23. Justinus ab omni parte sacrarum Scripturarum doctrinæ, præterea autem etiam beatorum evangelistarum adversatus scripto conceptæ voci, ut docebat Logus discipulos dicens: *In viam gentium ne abieritis*, quod quidem significat, ne quis aures præbeat ethnicorum vanæ doctrinæ, — hic ad ethnicorum miraculosa commenta et placita retrahere nititur auscultantes, ipsis verbis apud Græcos fabulose narrata edisserens, neque prius docens, neque tradens perfectum suum mysterium, nisi B jurejurando astrinxerit seductum. Deinde fabulas apponit delinimenti gratia, ut, qui cognoverint infinitam librorum inanitatem, solamentum habeant fabulas (quemadmodum si quis viam longam faciens, cum incidit in diversorium, requiescere in animum inducit), et ita rursus in lectionum conversi diffusam cognitionem ne aspernentur, donec ad dolose conflictum ejus deliramentum per plura (ambages) excantati ruant sufflati, quos cum horribilibus prius juramentis obstrinxit et neque eloqui neque desciscere sese addicere coegit, sic tradit a sese reperta per impietatem arcana, tum, ut prædiximus, **216-217** fabulis usus Græcanicis, tum supposititiis libris aliqua ex parte similitudinem C referentibus hæresium supra dictarum. Universi enim uno spiritu concussi in unum fundum sentinæ conducuntur, alii aliter eadem edisserentes et fabulantes. Hi autem peculiariter omnes Gnosticos sese appellant, quippe qui mirificam cognitionem perfecti et boni soli combiberint.

24. Jura autem, ait Justinus, si cognovisse voles, *quæ oculus non vidit, nec auris audivit, nec in cor hominis ascenderunt*, eum qui est super omnia bonum, superiorem, te indicta custoditurum disciplinæ silenda. Etenim et pater noster, ubi conspexit Bonum initiatus apud eum, silenda custodivit indicta et juravit, sicuti scriptum est: *Juravit Dominus, nec pœnitebit eum*. Hæc igitur in hunc modum postquam D obsignavit, pluribus fabulis delinit per plures libros, et ita ad Bonum ducit initians mystas ineffabilibus mysteriis. Sed ne per plura pergamus, ex uno ejus libro ineffabilia ostendemus, qui est, ut ipse opinatur, illustris. Hic autem inscribitur Baruch, in quo unam de multis fabulosam narrationem expositam ab eo declarabimus, quæ est apud Herodotum, quam tanquam novam auditoribus aliunde detortam enarrat, ex ipsa omnem orbem doctrinæ suæ duci ratus.

VARIÆ LECTIONES.

[90] βίβλῳ C. [91] εὐαγγελιστῶν ἐγγράφῳ. εὐαγγελίων γραφῇ ἢ C. M. [92] Matth. x, 5. [93] κατάλυμά τι C. [94] τετυπωμένοι C. [95] καταπεπτωκότες C. [96] I Cor. ii, 9: Ἃ ὀφθαλμὸς οὐκ εἶδεν, καὶ οὖς οὐκ ἤκουσεν, καὶ ἐπὶ καρδίαν ἀνθρώπου οὐκ ἀνέβη. [97] ἀγαθῶν C. M. [98] Psal. cix, 4. [99] τὸν ἀγαθόν. τῶν ἀγαθῶν C. [1] ἄλαλα. ἄλλα C., τ' ἄλλα susp. M. [2] δέ. καὶ C. [3] καινήν. ξένην C, M. [4] διδασκαλίου C.

25. Herodotus igitur Herculem narrat ab Erythea Geryonis armenta agentem in Scythiam venisse, fessum autem peregrinando in desertum locum degressum parumper obdormivisse; somno autem sopito illo non comparuisse equum in quo insidens peregit longam viam. Expergefactus autem quæstionem faciebat in deserto diligentem, reperire connisus equum. Et equum quidem non reperit, puellam autem quamdam semivirginem in deserto conspicatus interrogabat, an forte vidisset equum. Puella autem respondit se vidisse quidem, neque tamen monstraturam illi, nisi prius in consuetudinem secum congrederetur Hercules. Erant autem, ut ait Herodotus, superiora ejus inguinibus tenus virginis, omne autem infra corpus post **218-219** inguina horribile quoddam spectrum viperæ. Cupidine autem reperiendi equi obsequitur beluæ Hercules; cognovit enim eam et fecit gravidam, et prædixit ei post cognitionem habere illam ex se in utero tres simul filios, qui quidem futuri sint illustres. Jussit autem ubi nati forent nomina illis ponere parentem Agathyrsum, Gelonum et Scytham. Nactus autem hujus muneris gratiam equum a bestiali virgine discedebat cum bobus suis. Longa autem post hæc fabula est Herodoto, valeat autem in præsens. Quæ autem Justino placeant transferenti fabulam illam in universorum creationem nos enarrabimus.

26 Hic ait: Erant tria principia universorum ingenerata, mascula duo, femininum unum. Masculorum autem unum vocatur Bonus, ipsum hoc solum vocatus, præsciens universorum. Alterum autem pater omnium generatorum, non præsciens et ignarus et visu carens. Femininum autem non præsciens, iracundum, bimens, bicorpor, per omnia virgini quæ est in Herodotea fabula simile, inguinibus tenus virgo, vipera autem infra, ut ait Justinus. Vocatur autem hæc virgo Edem et Israel. Hæc, inquit, principia universorum, radices et fontes, unde omnia exstiterunt, aliud autem erat nihil. Cum igitur vidit semivirginem illam pater non præsciens ille Edem, venit in cupiditatem ejus. Elohim autem vocatur hic pater. Non autem minus et Edem tenebatur cupiditate Elohim, et conduxit eos cupiditas in unum amoris congressum. Generat autem ex congressu tali pater ex Edem sibimet ipsi angelos duodecim. Nomina autem sunt paternorum angelorum hæc: Michael, Amen, Baruch, Gabriel, Essaddæus.... Et maternorum angelorum quos peperit Edem similiter subjuncta sunt nomina. Sunt autem hæc: Babel, Achamoth, Naas, Bel, Belias, Satan, Sael,

κε'. Ἡρόδοτος [5] μὲν οὖν τὸν Ἡρακλέα φησὶν ἀπὸ τῆς Ἐρυθείας [6] τοῦ Γηρυόνου τὰς βοῦς ἄγοντα εἰς τὴν Σκυθίαν ἐλθεῖν, κεκμηκότα δὲ ἀπὸ τῆς πορείας εἰς ἔρημόν τι χωρίον κατακλιθέντα κοιμηθῆναι ὀλίγον· ὑπνώσαντος δὲ αὐτοῦ ἀφανῆ γενέσθαι τὸν ἵππον, ἐφ' οὗ καθεζόμενος διώδευσε τὴν μακρὰν ὁδόν· περιεγερθεὶς δὲ ζήτησιν ἐποιεῖτο ἐπὶ τῆς ἐρημίας πολλήν, εὑρεῖν πειρώμενος τὸν ἵππον. Καὶ τοῦ μὲν [7] ἵππου διαμαρτάνει, κόρην δέ τινα μιξοπάρθενον εὑρὼν ἐπὶ τῆς ἐρημίας ἐπηρώτα, εἰ εἴη | που τεθεαμένη τὸν ἵππον. Ἡ δὲ κόρη φησὶν εἰδέναι μέν, μὴ δείξειν δὲ πρότερον αὐτῷ, εἰ μὴ πρὸς μῖξιν φιλίας συνέλθῃ αὐτῇ ὁ Ἡρακλῆς. Ἦν δέ, φησὶν ὁ Ἡρόδοτος, τὰ ἄνω αὐτῆς μέχρι βουβῶνος παρθένου, πᾶν δὲ τὸ κάτω σῶμα [p. 150. 151] μετὰ βουβῶνα φρικτόν τι θέαμα ἐχίδνης. Σπουδῇ δὲ τῆς περὶ τὸν ἵππον εὑρέσεως ὁ Ἡρακλῆς πείθεται τῷ θηρίῳ· ἔγνω γὰρ αὐτὴν καὶ ἐποίησεν ἐγκύμονα, καὶ προεῖπεν αὐτῇ μετὰ τὴν γνῶσιν, ὅτι ἔχει κατὰ γαστρὸς ἐξ αὐτοῦ τρεῖς ὁμοῦ παῖδας, οἵτινες ἔσονται ἐπιφανεῖς. Ἐκέλευσε δὲ αὐτοῖς γεννωμένοις ὀνόματα θεῖναι τὴν τεκοῦσαν Ἀγάθυρσον, Γελωνὸν καὶ Σκύθην. Λαβὼν δὲ τούτου μισθὸν τὸν ἵππον παρὰ τῆς θηριώδους κόρης, ἀπηλλάττετο [8] φέρων καὶ τὰς βοῦς. Μακρὸς δὲ ὁ μετὰ ταῦτα μῦθος Ἡροδότῳ, χαιρέτω δὲ τὰ νῦν [9]. Τίνα δὲ τὰ Ἰουστίνῳ δοκοῦντα, μετάγοντι [10] τὸν μῦθον εἰς τὴν τῶν ὅλων γέννησιν, ἡμεῖς διηγησόμεθα.

κϛ'. Οὗτος φησίν· Ἦσαν τρεῖς [11] ἀρχαὶ τῶν ὅλων ἀγέννητοι, ἀῤῥενικαὶ δύο, θηλυκὴ μία. Τῶν δὲ ἀῤῥενικῶν ἡ [12] μέν τις καλεῖται Ἀγαθός, αὐτὸ μόνον οὕτως λεγόμενος [13], προγνωστικὸς τῶν ὅλων. Ἡ δὲ ἑτέρα Πατὴρ [14] πάντων τῶν γεννητῶν, ἀπρόγνωστος [καὶ ἄγνωστος] [15] καὶ ἀόρατος. Ἡ δὲ θήλεια [16] ἀπρόγνωστος, ὀργίλη, δίγνωμος [17], δίσωμος, κατὰ πάντα τῇ κατὰ τὸν Ἡροδότου μῦθον ἐμφερής, μέχρι βουβῶνος παρθένος, ἔχιδνα δὲ τὰ κάτω, ὥς φησιν Ἰουστῖνος. Καλεῖται δὲ Ἐδὲμ αὕτη ἡ κόρη καὶ Ἰσραήλ. Αὗται, φησίν, αἱ ἀρχαὶ τῶν ὅλων, ῥίζαι καὶ πηγαί, ἀφ' ὧν τὰ πάντα [18] ἐγένετο· ἄλλο δὲ ἦν οὐδέν. Ἰδὼν οὖν ὁ πατὴρ τὴν μιξοπάρθενον ἐκείνην ἀπρόγνωστος ὢν τὴν Ἐδέμ, ἦλθεν εἰς ἐπιθυμίαν αὐτῆς· Ἐλωεὶμ δέ, φησίν, καλεῖται οὗτος | ὁ πατήρ· οὐδὲν δ' [19] ἧττον ἐπεθύμησε καὶ ἡ Ἐδὲμ τοῦ Ἐλωείμ, καὶ συνήγαγεν αὐτοὺς ἡ ἐπιθυμία εἰς μίαν φιλίας εὔνοιαν [20]. Γεννᾷ δὲ ἀπὸ τῆς συνόδου τῆς τοιαύτης ὁ πατὴρ ἐκ τῆς Ἐδὲμ ἑαυτῷ ἀγγέλους δώδεκα. Ὀνόματα δέ ἐστι τῶν πατρικῶν ἀγγέλων τάδε· Μιχαήλ, Ἀμήν, Βαρούχ, Γαβριήλ, Ἠσαδδαῖος.... Καὶ τῶν μητρικῶν ἀγγέλων, ὧν ἐποίησεν ἡ Ἐδέμ, ὁμοίως ὑποτέτακται τὰ ὀνόματα· ἔστι δὲ ταῦτα, Βάβελ,

VARIÆ LECTIONES.

[5] Cf. Herodot. IV, 8-10. [6] Ἐρυθρᾶς, C, M. [7] τοῦ μέν. τῆς μὲν C, M. [8] ἀπηλλάττετο C. [9] τὸ νῦν. τὸν νοῦν C. [10] μετάγοντα C. [11] Cfr. Epitomen infra l. X, 15, p. 322-26 ed. Ox. [12] ἡ. εἰ C. [13] λεγόμενος. λεγόμενον infra, p. 322, 37. [14] πατήρ. μήτηρ C. M. Cf. infra p. 322. 38. [15] καὶ ἄγνωστος Epitome p. 322, 39: om. C, M. [16] θήλεια Epitome p. 322, 40, θῆλυς C, M. [17] δίγνωμος Epitome p. 322, 41, ἀγνώμων C, M. [18] πάντα Epitome p. 323, 46, ὄντα C. M. [19] δ' om. C. [20] εὔνοιαν. εὐνὴν R. Scottus. Videtur vox integra esse; nam Hippolytus respexerit Scripturam receptam in loco I Cor. VII, 3 jam a Scotto laudatam: ὀφειλομένην εὔνοιαν, qui euphemismus quidam erat pro voc. ὀφειλήν.

Ἀχαμὼθ [21], Νάας, Βὴλ, Βελίας, Σατὰν, Σαὴλ, Ἀδωναῖος, Καυΐθαν [22], Φαραὼ [23], Καρκαμενὼς, Λάθεν. Τούτων τῶν εἰκοσιτεσσάρων ἀγγέλων οἱ μὲν πατρικοὶ τῷ πατρὶ συναίρονται [24] καὶ πάντα ποιοῦσι κατὰ τὸ θέλημα [p. 151. 152] αὐτοῦ· οἱ δὲ μητρικοὶ τῇ μητρὶ Ἐδέμ· τούτων δὲ τῶν ἀγγέλων ὁμοῦ πάντων τὸ πλῆθος ὁ παράδεισος, φησὶν, ἐστὶ, περὶ οὗ λέγει Μωσῆς· *Ἐφύτευσεν ὁ Θεὸς* [25] *παράδεισον ἐν Ἐδὲμ κατὰ ἀνατολὰς*, τουτέστι κατὰ πρόσωπον τῆς Ἐδὲμ, ἵνα βλέπῃ τὸν παράδεισον ἡ Ἐδὲμ, τουτέστι τοὺς ἀγγέλους, διὰ παντός. Τούτου τοῦ παραδείσου ἀλληγορικῶς οἱ ἄγγελοι κέκληνται ξύλα, καὶ ἔστι τὸ ξύλον τῆς ζωῆς ὁ τρίτος τῶν πατρικῶν ἀγγέλων Βαρούχ, τὸ δὲ ξύλον τοῦ εἰδέναι γνῶσιν καλοῦ καὶ πονηροῦ ὁ τρίτος τῶν μητρικῶν ἀγγέλων, ὁ Νάας. B Οὕτως [26] γὰρ λέγει δεῖν [27] τὰ Μωσέως ἑρμηνεύειν, λέγων· περιεσταλμένως [28] αὐτὰ εἶπεν ὁ Μωϋσῆς διὰ τὸ μὴ πάντας χωρεῖν τὴν ἀλήθειαν. Γενομένου δὲ, φησὶ, τοῦ παραδείσου ἐξ εὐαρεστήσεως κοινῆς Ἐλωεὶμ καὶ Ἐδὲμ, οἱ τοῦ Ἐλωεὶμ ἄγγελοι λαβόντες ἀπὸ τῆς καλλίστης γῆς, τουτέστιν οὐκ ἀπὸ τοῦ θηριώδους μέρους τῆς Ἐδὲμ, ἀλλὰ ἀπὸ τῶν ὑπὲρ [29] βουβῶνα ἀνθρωποειδῶν καὶ ἡμέρων χωρίων | τῆς γῆς ποιοῦσι τὸν ἄνθρωπον. Ἐκ δὲ τῶν θηριωδῶν μερῶν, φησὶ, γίνονται τὰ θηρία καὶ τὰ λοιπὰ ζῶα. Τὸν ἄνθρωπον οὖν ἐποίησαν [30] σύμβολον τῆς ἑνότητος αὐτῶν καὶ εὐνοίας, καὶ κατατίθενται τὰς ἑαυτῶν δυνάμεις εἰς αὐτὸν [31], Ἐδὲμ μὲν τὴν ψυχὴν, Ἐλωεὶμ δὲ τὸ πνεῦμα. Καὶ γίνεται οἱονεὶ σφραγίς τις αὕτη καὶ φιλίας ὑπόμνημα καὶ σύμβολον αἰώνιον τοῦ γά- C μου τῆς Ἐδὲμ καὶ τοῦ Ἐλωεὶμ ἄνθρωπος, ὁ Ἀδάμ. Ὁμοίως δὲ καὶ ἡ Εὔα γέγονε, φησὶν, ὥσπερ Μωσεῖ γέγραπται, εἰκὼν καὶ σύμβολον, σφραγὶς εἰς αἰῶνα φυλαχθησομένη [32] τῆς Ἐδέμ· κατετέθη τε ὁμοίως καὶ ἐν τῇ Εὔᾳ τῇ εἰκόνι ψυχὴ μὲν ἀπὸ τῆς Ἐδὲμ, πνεῦμα δὲ ἀπὸ τοῦ Ἐλωεὶμ. Καὶ ἐδόθησαν ἐντολαὶ αὐτοῖς· *Αὐξάνεσθε* [33] *καὶ πληθύνεσθε, καὶ κατακληρονομήσατε τὴν γῆν*, τουτέστι τὴν Ἐδὲμ, οὕτω γὰρ θέλει γεγράφθαι. Πᾶσαν γὰρ τὴν ἑαυτῆς δύναμιν οἱονεί τινα οὐσίαν ἐν γάμῳ ἡ Ἐδὲμ προσήνεγκε τῷ Ἐλωείμ. Ὅθεν, φησὶ, κατὰ μίμησιν ἐκείνου τοῦ πρώτου γάμου προῖκα προσφέρουσι μέχρι σήμερον αἱ γυναῖκες τοῖς ἀνδράσι, θείῳ τινὶ [34] καὶ πατρικῷ νόμῳ πειθόμεναι τῷ γενομένῳ πρὸς Ἐλωεὶμ τῆς D Ἐδέμ. Κτισθέντων δὲ πάντων, ὡς γέγραπται παρὰ τῷ Μωϋσῇ, οὐρανοῦ τε καὶ γῆς καὶ τῶν ἐν αὐτῇ [35], εἰς τέτταρας ἀρχὰς διῃρέθησαν οἱ δώδεκα τῆς μητρὸς ἄγγελοι, καὶ καλεῖται τούτων ἕκαστον τεταρτημόριον [p. 152—154] ποταμὸς, Φεισὼν καὶ Γεὼν καὶ Τίγρις καὶ Εὐφράτης, ὡς, φησὶ, λέγει Μωϋσῆς· οὗτοι ἐμπεριέρχονται [36] οἱ δώδεκα ἄγγελοι εἰς τέτταρα μέρη συμπεριπεπλεγμένοι καὶ διέπουσι τὸν κόσμον,

A Adonæus, Leviathan, Pharao, Carcamenos, Lathen. Horum viginti quatuor angelorum paterni patrem comitantur **220-221** et omnia perficiunt ex voluntate ejus, materni autem matrem Edem. Horum autem angelorum simul omnium multitudo paradisus est, inquit, de quo ait Moses: *Plantavit Deus paradisum in Edem orientem versus*, hoc est versus faciem Edem, ut spectet paradisum Edem, hoc est angelos, in perpetuum. Hujus paradisi allegorice angeli vocantur ligna, et est lignum vitæ tertius paternorum angelorum, Baruch; lignum autem habendi cognitionem boni et mali tertius maternorum angelorum, Naas. Ita enim ait Mosis verba interpretanda esse dicens: Circumloquendo ea extulit Moses, quippe cum non omnes assequantur verita- B tem. Facto autem, inquit, paradiso ex complacito communi Elohim et Edem, Elohim angeli, sumentes a pulcherrima terra, hoc est non a bestiali parte Edem, sed ex partibus supra inguina homini similibus et cicuribus terræ faciunt hominem. Ex bestialibus autem partibus, inquit, gignuntur bestiæ et reliqua animalia. Hominem igitur fecerunt exemplum unitatis suæ et charitatis et deponunt suas uterque potestates in eo, et Edem quidem animum, Elohim autem spiritum. Et exsistit hoc tanquam sigillum quoddam et amoris monimentum et exemplum æternum nuptiarum Edem et Elohim, homo, qui est Adam. Pariter autem etiam Eva facta est, inquit, ut scriptum est Mosi, imago et exemplum, sigillum C in perpetuum custodiendum illius Edem. Depositaque est pariter etiam in Eva, imagine, anima quidem ab illa Edem, spiritus autem ab Elohim, et data sunt imperata iis: *Augemini et multiplicamini, et sortimini terram*, hoc est Edem; sic enim vult scriptum esse. Omnem enim potestatem suam tanquam aliquam dotem in nuptiis Edem attulit Elohim. Unde, inquit, per imitationem primarum illarum nuptiarum dotem afferunt hodieque mulieres viris divinæ cuidam et patriæ legi obsecutæ, quæ lex sancita est inter Edem et Elohim. Conditis autem omnibus, ut scriptum est apud Mosen, et cœlo et terra et iis, quæ in eis insunt, in quatuor imperia divisi sunt duodecim **222-223** matris angeli, et vocatur horum quodque quadrans amnis Phison D et Gehon et Tigris et Euphrates, ut, inquit, dicit Moses. Ili circumvagantur duodecim angeli in quatuor partes inter se complicati et gubernant mundum, satrapicam quamdam obtinentes in mundum ab Edem acceptam potestatem. Manent autem non semper in locis iisdem, sed tanquam in choro cyclico circumvagantur, mutantes locum ex loco et cedentes certis temporibus et intervallis loca sibi

VARIÆ LECTIONES.

[21] Βαβελαχαμῶς C, Βάβελ, Ἀχαμῶς M. [22] Καυΐθαν. Λευΐαθάν? [23] Φαραώθ C, M. [24] συναιροῦνται C. [25] I Mos. II, 8. [26] Οὗτος C, M. [27] λέγει δεῖν· λέγεται C, M. [28] περιεσταλμένος C. [29] τῶν ὑπέρ. τὸν ὑπέρ. [30] ἐποίησε C, M. [31] αὐτόν. ἑαυτόν C. [32] φυλαχθησόμενος C. [33] I Mos. I, 28: Αὐξάνεσθε καὶ πληθύνεσθε καὶ πληρώσατε τὴν γῆν καὶ κατακυριεύσατε αὐτῆς, κ. τ. λ. [34] θείῳ τινὶ bis in cod M. [35] αὐτῇ R. Scottus: ἀρχῇ C, M. [36] ἐμπεριέχονται C, M.

constituta. Quando autem imperium tenet locorum Phison, fames, angustiæ, miseria in illa parte terræ oriuntur. Parca (φειδωλὸν) enim juxta-collocatio horum angelorum. Pariter etiam singularum partium quatuor illarum ex singularum vi et natura mala tempora et morborum irritationes. Et hoc in perpetuum secundum imperia illorum quadrantium tanquam amnium flumen malitiæ ex voluntate Edem nunquam intermisso cursu mundum circuimit. Exstitit autem malitiæ necessitas ex tali quadam causa. Cum comparasset et fabricatus esset Elohim ex communi complacito mundum, ascendere voluit in alta cœli et contemplari, num aliquid desideraretur in rebus a se conditis, assumptis una secum angelis suis (ferebatur enim sursum), relicta Edem infra; terra enim quoniam erat, sequi sursum conjugem nolebat. Postquam igitur venit Elohim ad extremum supra cœli et aspexit lucem superiorem illa, quam ipsa fabricaverat, dixit: *Aperite mihi portas, ut, ubi intravero, confitear Domino; opinabar enim ego Dominus esse.* Vox ei ab luce reddita est dicens: *Hæc porta Domini, justi intrant per eam*, et patefacta est illico porta, et intravit pater absque angelis ad Bonum et vidit, *quæ oculus non vidit nec auris audivit, nec in cor hominis ascenderunt.* Tum dicit ei Bonus: *Conside ad dexteram meam.* Pater autem dicit Bono: *Sine me, Domine, pervertere mundum, quem feci; spiritus enim meus illigatus est in homines, et volo eum recipere.* Tum dicit ei Bonus: *Nihil potes mali facere, cum apud* **224-225** *me sis; ex communi enim complacito fecistis mundum et tu et Edem; sinito igitur Edem habere mundum donec volet, tu autem mane apud me.* Tum intelligens Edem se desertam esse ab Elohim, dolore correpta ad latus suum posuit suos sibi angelos et decore ornavit sese, si forte Elohim in cupiditatem sui veniens descenderet ad se. Ubi autem victus a Bono Elohim non jam descendit ad Edem, imperavit Edem Babel, quæ est Venus, adulteria et divortia nuptiarum instituere in hominibus, ut, sicut ipsa repudiata sit ab Elohim, sic etiam spiritus Elohim, qui est in hominibus, divortiis ejusmodi vexetur atque angatur et patiatur eadem, qualia et Edem derelicta. Et largitur Edem magnam potentiam tertio angelo suo Naas, ut omnibus pœnis puniat spiritum Elohim, qui est in hominibus, ut per spiritum puniatur Elohim, qui deseruit contra pactiones inter eos factas conjugem. Hæc cum vidit pater Elohim, emittit Baruch, tertium angelorum suorum, in auxilium spiritus, qui est in hominibus. Rursus igitur Baruch constitit in mediis angelis Edem, hoc est

A σατραπικὴν [37] τινα ἔχοντες κατὰ τοῦ κόσμου πᾶσαν τῆς Ἐδὲμ ἐξουσίαν. Μένουσι δὲ οὐκ ἀεὶ ἐπὶ τῶν τόπων τῶν αὐτῶν, ἀλλ' οἱονεὶ ἐν χορῷ κυκλικῷ ἐμπεριέρχονται [38], | ἀλλάσσοντες τόπον ἐκ τόπου καὶ παραχωροῦντες ἐν χρόνοις καὶ διαστήμασι τοὺς τόπους τεταγμένους [39] ἑαυτοῖς. Ὅταν δὲ ἐπικρατῇ τῶν τόπων ὁ Φεισὼν, λιμὸς, στενοχωρία, θλῖψις ἐν ἐκείνῳ τῷ μέρει τῆς γῆς γίνεται· φειδωλὸν γὰρ τὸ παράταγμα τῶν ἀγγέλων τούτων· ὁμοίως καὶ ἑκάστου μέρους τῶν τεσσάρων, κατὰ τὴν ἑκάστου δύναμιν καὶ φύσιν, κακοὶ καιροὶ καὶ νόσων στάσεις. Καὶ τοῦτο εἰσαεὶ κατὰ τὴν ἐπικράτησιν [40] τῶν τεταρτημορίων ὡσπερεὶ [41] ποταμῶν ῥεῦμα κακίας κατὰ βούλησιν τῆς Ἐδὲμ ἀδιαλείπτως τὸν κόσμον περιέρχεται. Γέγονε δὲ ἡ τῆς κακίας ἀνάγκη ἐκ τοιαύτης τινὸς B αἰτίας· κατασκευάσας καὶ δημιουργήσας Ἐλωεὶμ ἐκ κοινῆς εὐαρεστήσεως τὸν κόσμον, ἀναβῆναι ἠθέλησεν εἰς τὰ ὑψηλὰ μέρη τοῦ οὐρανοῦ καὶ θεάσασθαι, μή τι γέγονε τῶν κατὰ τὴν κτίσιν ἐνδεῶς, συμπαραλαβὼν τοὺς ἰδίους ἀγγέλους μετ' αὐτοῦ, ἦν γὰρ ἀνωφερὴς, καταλιπὼν τὴν Ἐδὲμ κάτω, γῆ [42] γὰρ οὖσα [43] ἐπακολουθεῖν ἄνω τῷ συζύγῳ οὐκ ἠθέλησεν. Ἐλθὼν οὖν ὁ Ἐλωεὶμ ἐπὶ τὸ πέρας ἄνω τοῦ οὐρανοῦ, καὶ θεασάμενος φῶς κρεῖττον ὑπὲρ ὃ αὐτὸς ἐδημιούργησεν εἶπεν· *Ἀνοίξατέ μοι* [44] *πύλας, ἵνα εἰσελθὼν ἐξομολογήσωμαι τῷ Κυρίῳ· ἐδόκουν γὰρ ἐγὼ Κύριος εἶναι.* Φωνὴ αὐτῷ ἀπὸ τοῦ φωτὸς ἐδόθη λέγουσα· *Αὕτη ἡ πύλη τοῦ Κυρίου, δίκαιοι εἰσέρχονται δι' αὐτῆς·* καὶ ἀνεῴχθη παραχρῆμα ἡ πύλη, καὶ εἰσῆλθεν ὁ πατὴρ δίχα τῶν ἀγγέλων πρὸς τὸν C Ἀγαθὸν καὶ εἶδεν, *ἃ ὀφθαλμὸς* [45] *οὐκ εἶδε, καὶ οὖς οὐκ ἤκουσε, καὶ ἐπὶ καρδίαν ἀνθρώπου οὐκ ἀνέβη.* Τότε λέγει αὐτῷ ὁ Ἀγαθός· *Κάθου ἐκ δεξιῶν μου* [46]. Ὁ δὲ πατὴρ λέγει πρὸς τὸν Ἀγαθόν· *Ἔασόν με, Κύριε, καταστρέψαι τὸν κόσμον* [47], *ὃν* | *πεποίηκα· τὸ πνεῦμα γάρ μου ἐνδέδεται εἰς τοὺς ἀνθρώπους* [48], *καὶ θέλω αὐτὸ ἀπολαβεῖν.* Τότε λέγει αὐτῷ ὁ Ἀγαθός· *Οὐδὲν δύνασαι* [p. 154-155] *κακοποιῆσαι παρ' ἐμοὶ γενόμενος, ἐκ κοινῆς γὰρ εὐαρεστήσεως ἐποιήσατε τὸν κόσμον σύ τε καὶ ἡ Ἐδέμ. Ἔασον οὖν τὴν Ἐδὲμ ἔχειν τὴν κτίσιν μέχρις οὗ* [49] *βούλεται· σὺ δὲ μένε παρ' ἐμοί.* Τότε γνοῦσα ἡ Ἐδὲμ ὅτι καταλέλειπται ὑπὸ τοῦ Ἐλωεὶμ, λυπηθεῖσα παρέστησεν αὐτῇ τοὺς ἰδίους ἀγγέλους D καὶ εὐπρεπῶς ἐκόσμησεν ἑαυτὴν, εἴ πως εἰς ἐπιθυμίαν ἐλθὼν ὁ Ἐλωεὶμ κατέλθῃ πρὸς αὐτήν. Ὡς δὲ κρατηθεὶς τῷ ἀγαθῷ ὁ Ἐλωεὶμ οὐκέτι [50] κατῆλθε πρὸς τὴν Ἐδὲμ, προσέταξεν ἡ Ἐδὲμ τῇ Βάβελ, ἥτις ἐστὶν Ἀφροδίτη, μοιχείας καὶ χωρισμοὺς γάμων κατασκευάσαι ἐν ἀνθρώποις, ἵνα ὡς αὐτὴ κεχώρισται ἀπὸ τοῦ Ἐλωεὶμ, οὕτω καὶ τὸ πνεῦμα [51] τὸ

VARIÆ LECTIONES.

[37] ἀστραπικὴν C. [38] ἐμπεριέχονται C, M. [39] τεταγμένων C. [40] ἐπικράτησιν. ἐπίκρασιν C. [41] ὡσπερεί. ὡς περὶ C, ὥσπερ M. [42] Ἐδὲμ κάτω, γῆ. Ἐδὲμ κατώγη C, Ἐδὲμ, κατωφερὴς M. [43] οὖσαν C. [44] Cf. Psal. CXVII, 19, 20: Ἀνοίξατέ μοι πύλας δικαιοσύνης· εἰσελθὼν ἐν αὐταῖς ἐξομολογήσομαι τῷ Κυρίῳ. Αὕτη ἡ πύλη τοῦ Κυρίου· δίκαιοι εἰσελεύσονται ἐν αὐτῇ. [45] I Cor. 2, 9. Cf. supra p. 216, 24 sqq. ubi οὐδὲ pro καὶ—οὐκ legitur. [46] Psal. CIX. 1. [47] τὸν κόσμον. Ἐς τὸν κόσμον susp. M. [48] ἀνθρώπους Bernaysius: οὐρανοὺς C, M. [49] μέχρις οὗ. μέχρι C, M. [50] Καὶ οὐκέτι C. [51] πνεῦμα om. C, M. Cf. infra lin. 72.

Ἐλωεὶμ τὸ ὂν ἐν τοῖς ἀνθρώποις τοῖς χωρισμοῖς τοῖς τοιούτοις βασανίζηται [52] λυπούμενον, καὶ πάσχῃ τὰ αὐτὰ ὁποῖα καὶ ἡ Ἐδὲμ καταλελειμμένη. Καὶ δίδωσιν ἐξουσίαν ἡ Ἐδὲμ μεγάλην τῷ τρίτῳ ἀγγέλῳ αὐτῆς τῷ Νάας, ἵνα πάσαις κολάσεσι κολάζῃ τὸ πνεῦμα τοῦ Ἐλωεὶμ τὸ ὂν ἐν τοῖς ἀνθρώποις, ἵνα διὰ τοῦ πνεύματος ᾖ κολαζόμενος ὁ Ἐλωεὶμ ὁ καταλιπὼν παρὰ τὰς συνθήκας τὰς γενομένας αὐτῶν [53] τὴν σύζυγον. Ἰδὼν ταῦτα ὁ πατὴρ Ἐλωεὶμ ἐκπέμπει τὸν Βαροὺχ, τὸν τρίτον ἄγγελον τῶν ἑαυτοῦ, εἰς βοήθειαν τῷ πνεύματι τῷ ὄντι ἐν τοῖς ἀνθρώποις. Πάλιν ἐλθὼν [54] οὖν ὁ Βαροὺχ ἔστη ἐν μέσῳ τῶν ἀγγέλων τῆς Ἐδὲμ, τουτέστιν ἐν μέσῳ τοῦ παραδείσου (παράδεισος γὰρ οἱ ἄγγελοι, ὧν μέσος ἔστη), καὶ παρήγγειλε τῷ ἀνθρώπῳ *ἀπὸ παντὸς ξύλου* [55] *τοῦ ἐν τῷ παραδείσῳ βρώσει φαγεῖν, ἀπὸ δὲ τοῦ* [*ξύλου τοῦ*][56] *γινώσκειν τὸ καλὸν καὶ τὸ πο* | *νηρὸν μὴ φαγεῖν*, ὅπερ ἐστὶν ὁ Νάας, τουτέστι τοῖς μὲν ἄλλοις ἀγγέλοις πείθεσθαι τοῖς ἕνδεκα τῆς Ἐδὲμ, πάθη μὲν γὰρ ἔχουσιν οἱ ἕνδεκα, παρανομίαν δὲ οὐκ ἔχουσιν· ὁ δὲ Νάας παρανομίαν ἔσχε· προσῆλθε γὰρ τῇ Εὔᾳ ἐξαπατήσας αὐτὴν καὶ ἐμοίχευσεν αὐτὴν, ὅπερ ἐστὶ παράνομον· προσῆλθε δὲ καὶ τῷ Ἀδὰμ καὶ ἔσχεν αὐτὸν ὡς παῖδα, ὅπερ ἐστὶ καὶ αὐτὸ παράνομον· ἔνθεν γέγονε μοιχεία καὶ ἀρσενοκοιτία. Ἀπὸ τότε ἐπεκράτησε τὰ κακὰ τοῖς ἀνθρώποις καὶ τὰ ἀγαθὰ ἐκ μιᾶς ἀρχῆς γενόμενα τῆς τοῦ πατρός. Ἀναβὰς γὰρ πρὸς τὸν Ἀγαθὸν ὁ πατὴρ ὁδὸν ἔδειξε τοῖς ἀναβαίνειν θέλουσιν. Ἀποστὰς δὲ τῆς Ἐδὲμ ἀρχὴν κακῶν ἐποίησε τῷ πνεύματι τῷ ἐν τοῖς [p. 155-156] ἀνθρώποις [57]. Ἐπέμφθη οὖν ὁ Βαροὺχ πρὸς τὸν Μωσέα, καὶ δι' αὐτοῦ ἐλάλησε τοῖς υἱοῖς Ἰσραὴλ, ὅπως ἐπιστραφῶσι πρὸς τὸν Ἀγαθόν. Ὁ δὲ τρίτος ὁ [58]. . . . διὰ τῆς ψυχῆς ἀπὸ τῆς Ἐδὲμ οἰκούσης [59] εἰς τὸν Μωσέα, ὥσπερ καὶ εἰς πάντας ἀνθρώπους, τὰς ἐντολὰς τοῦ Βαροὺχ ἐπεσκίασε καὶ τὰς ἰδίας ἐποίησεν ἀκούεσθαι· διὰ τοῦτο ἡ ψυχὴ [60] κατὰ τοῦ πνεύματος τέτακται, καὶ τὸ πνεῦμα κατὰ τῆς ψυχῆς. Ἡ μὲν γὰρ ψυχή ἐστιν Ἐδὲμ, τὸ δὲ πνεῦμα Ἐλωεὶμ, ἑκάτερα ὄντα ἐν πᾶσιν ἀνθρώποις καὶ θήλεσι καὶ ἄῤῥεσι. Πάλιν μετὰ ταῦτα ἐπέμφθη ἐπὶ τοὺς προφήτας ὁ Βαροὺχ, ἵνα διὰ τῶν προφητῶν ἀκούσῃ τὸ πνεῦμα τὸ ἐν τοῖς ἀνθρώποις [61] κατοικοῦν καὶ φύγῃ [62] τὴν Ἐδὲμ καὶ τὴν πλάσιν τὴν πονηρὰν, ὥσπερ ἔφυγεν ὁ πατὴρ Ἐλωείμ· ὁμοίως καὶ [διὰ τῶν προφητῶν] [63] τῇ αὐτῇ ἐπινοίᾳ ὁ Νάας διὰ τῆς ψυχῆς [64] τῆς ἐνοικούσης ἐν τῷ ἀνθρώπῳ σὺν τῷ πνεύματι τοῦ πατρὸς ὑπέσυρε [65] τοὺς προφήτας, καὶ ὑπεσύρησαν [66] | πάντες, καὶ οὐκ ἠκολούθησαν τοῖς λόγοις [67] τοῦ Βαροὺχ, οὓς ἐνετείλατο Ἐλωείμ. Τὸ

in medio paradiso (paradisus enim angeli, quibus in mediis constitit), et annuntiavit homini: *Ab omni ligno paradisi edendo vesceris, ab eo autem, quod est cognoscendo bonum et malum, noli vesci*, id quod est Naas, hoc est, obsequendum esse reliquis angelis undecim Edem, passiones enim habent undecim illi, injustitiam autem non habent; Naas autem injustitiam habuit, accessit enim ad Evam deceptam a sese et vitiavit eam, id quod est injustum, accessit autem etiam ad Adam abususque eo est tanquam puero, id quod et ipsum est injustum. Hinc venit scortatio et masculorum concubitus. Exinde dominata sunt mala in hominibus, et bona ex eodem fonte orta patris. Postquam enim ascendit ad Bonum pater, viam monstravit ascensuris; postquam autem discessit ab Edem principium malorum fecit spiritui, qui est in hominibus. Missus **226-227** igitur est Baruch ad Mosen et per eum locutus est filiis Israel, ut converterentur ad Bonum. Tertius autem (angelus Edem) per animam ab Edem habitantem in Mose, sicut etiam in omnibus hominibus, præcepta Baruch obscuravit et sua ipsius fecit ut audirentur. Propterea anima exadversum spiritui collocata est et spiritus animæ. Anima enim est Edem, spiritus autem Elohim, quorum utrumque est in omnibus hominibus et femininis et masculis. Rursus post hæc missus est ad prophetas Baruch, ut per prophetas audiret spiritus in hominibus habitans et fugeret Edem et fluturam pravam, uti fugit pater Elohim. Pariter etiam eodem consilio Naas per animam inhabitantem in homine cum spiritu patris allexit prophetas, et allecti sunt omnes et non obsecuti sunt dictis Baruch, quæ injunxerat Elohim. Ad extremum e præputio prophetam delegit Elohim Herculem et misit ut duodecim angelos Edem luctando devinceret et liberaret patrem a duodecim angelis creaturæ pravis. Illi sunt duodecim labores Herculis, quos peregit Hercules ordine, a primo ad extremum, devincens leonem et hydram et aprum, et deinceps. Ethnicorum enim esse hæc nomina, quæ repetita esse aiunt ab opera maternorum angelorum. Ubi autem sibi visus est omnes labores peregisse, sese applicat ad eum Omphale, quæ quidem est Babel sive Venus, et blandiendo capit Herculem et exuit potestatem ejus, præcepta Baruch, quæ mandaverat Elohim, et redinduit suam ipsius vestem, hoc est potestatem Edem, infra potestatis, et ita eventu caruerunt Herculis prophetia et opera ejus. Ad extremum autem diebus Herodis regis mittitur Ba-

VARIÆ LECTIONES.

[52] βασανίζεται C. [53] αὐτῶν αὐτῷ C, M. [54] ἀνθρώποις. Πάλιν ἐλθών. ἀνθρώποις πᾶσιν. Ἐλθὼν C, M. [55] I Mos. II, 17. Cfr. supra p. 208, 91 sqq. [56] τοῦ ξύλου τοῦ. τοῦ C, τοῦ τοῦ M. [57] τῷ πνεύματι τῷ ἐν τοῖς ἀνθρώποις. τῷ πνεύματι τοῦ Πατρὸς τοῦ ἐν τοῖς οὐρανοῖς C, τῷ πνεύματι τ. Πατρ. τοῦ ἐν τοῖς ἀνθρώποις susp. M. τῷ πνεύματι τοῦ Πατρ. τῷ ἐν τοῖς ἀνθρώποις Bernaysius. [58] Post verba τρίτος ὁ quædam excidisse videntur. [59] Οἰκούσης C, ἠκούσης M. [60] Cf. Galat. v, 17: Ἡ γὰρ σὰρξ ἐπιθυμεῖ (στρατεύεται Orig. 3, 330 d) κατὰ τοῦ πνεύματος, τὸ δὲ πνεῦμα κατὰ τῆς σαρκός, ταῦτα γὰρ ἀλλήλοις ἀντίκειται, κ. τ. λ. [61] ἀνθρώποις. Bernaysius: οὐρανοῖς C, M. [62] φύγῃ. φυγὸν C, M. διὰ τῶν προφητῶν, uncis inclusimus, quippe quæ sententiam turbent, fortasse male iterata ex superioribus. [64] ψυχῆς. εὐχῆς C, M. [65] ὑπέσυρε. ἐπέσυρε C, ἐπεσύρετο susp. M. [66] ὑπεσύρησαν. ἐπεσύρησαν C. [67] τοῖς λόγοις. οἱ λόγοι C.

ruch, demissus rursus ab Elohim, et cum advenit Nazareth, reperit Jesum, filium Josephi et Mariæ, pascentem oves, puerulum duodecim annorum, et annuntiat ei ab initio omnia quæcunque facta sunt ab Edem et Elohim et posthac futura, et dixit: *Omnes ante te prophetæ* **228-229** *capti sunt. Operam igitur dato, Jesu, fili hominis, ne capiaris, sed nuntiato hunc sermonem hominibus et renuntiato illis quæ sunt patris et quæ sunt Boni, et ascende ad Bonum et considito illic cum omnium nostrum Patre Elohim.* Et obediit angelo Jesus fatus: *O Domine, faciam omnia,* et renuntiavit. Decipere igitur Naas etiam hunc voluit, [sed Jesus obedire ei noluit], fidelis enim mansit Baruch. Iratus igitur Naas, quod eum decipere non potuit, fecit ut in crucem suffigeretur. Ille autem, relicto corpore Edem in cruce, ascendit ad Bonum. Dicens autem ad Edem: *Mulier, habes tuum tibi filium*, hoc est animalem hominem et choicum; ipse autem deposito in manus patris spiritu ascendit ad Bonum. Bonus autem est Priapus, is qui antequam quidquam esset fecit. Propter hoc vocatur Priapus, quoniam prius fecit omnia. Propterea, inquit, in omni templo statuitur, ab omni natura honoratus et in viis portans fructus autumnales a se suspensas, hoc est fructus creaturæ, quorum auctor exstitit, quoniam prius fecit creaturam antea non exsistentem. Ubi igitur audietis, inquit, dicentes homines cygnum venisse ad Ledam et generasse ex ea, cygnus est Elohim et Leda Edem. Et cum dicunt homines aquilam venisse ad Ganymedem, aquila est Naas, Ganymedes autem Adam, et ubi dicunt aurum venisse ad Danaam et generasse ex ea, aurum est Elohim, Danae autem est Edem. Similiter autem in eumdem modum omnes tales sermones, fabulas consimiles juxta ponentes, tradunt. Quando igitur prophetæ dicunt: *Audi cœlum et aures arrige, terra, Dominus locutus est*, cœlum dicit, inquit, spiritum qui est in homine ab Elohim, terram autem animam quæ est in homine cum spiritu, Dominum autem Baruch, Israel autem Edem. Edem enim vocatur et Israel conjux Elohim. *Non cognovit me,* inquit, *Israel; si enim cognovisset me apud Bonum esse, non puniturus* **230-231** *erat spiritum, qui est in hominibus per paternam ignorantiam.*

τελευταῖον ἐξ ἀκροβυστίας προφήτην ἐπελέξατο Ἐλωεὶμ τὸν Ἡρακλέα καὶ ἔπεμψεν, ἵνα τοὺς δώδεκα ἀγγέλους τῆς Ἐδὲμ καταγωνίσηται καὶ ἐλευθερώσῃ τὸν πατέρα ἀπὸ τῶν δώδεκα ἀγγέλων τῆς κτίσεως τῶν πονηρῶν. Ταῦτά ἐστι τὰ δώδεκα ἆθλα τοῦ Ἡρακλέους, ἃ κατηγωνίσατο ὁ Ἡρακλῆς τῇ τάξει, ἀπὸ τοῦ πρώτου ἕως ἐσχάτου, λέοντα καὶ ὕδραν καὶ κάπρον καὶ τὰ ἑξῆς. Τῶν ἐθνῶν γὰρ εἶναι ταῦτα τὰ ὀνόματα, ἃ μετωνόμασται, φασίν, ἀπὸ τῆς ἐνεργείας τῶν μητρικῶν ἀγγέλων. Ὡς δ' [68] ἐδόκει κατηγωνίσθαι, προσπλέκεται αὐτῷ ἡ Ὀμφάλη, ἥτις ἐστὶ Βάβελ ἢ [69] Ἀφροδίτη, καὶ ὑποσύρει τὸν Ἡρακλέα καὶ ἀποδιδύσκει τὴν δύναμιν αὐτοῦ, τὰς ἐντολὰς τοῦ Βαρούχ, ἃς ἐνετείλατο Ἐλωεὶμ, καὶ μετενδιδύσκει τὴν ἰδίαν αὐτῆς στολήν, τουτέστι τὴν δύναμιν τῆς Ἐδὲμ, τῆς κάτω δυνάμεως, καὶ οὕτως ἀτελὴς ἐγένετο τοῦ Ἡρακλέους ἡ προφητεία καὶ τὰ ἔργα αὐτοῦ. Τὸ δὲ τελευταῖον ἐν ταῖς ἡμέραις Ἡρώδου τοῦ βασιλέως πέμπεται ὁ Βαρούχ, καταπεμφθεὶς πάλιν ὑπὸ τοῦ Ἐλωείμ, καὶ ἐλθὼν εἰς Ναζαρὲτ εὗρε τὸν Ἰησοῦν, υἱὸν τοῦ Ἰωσὴφ καὶ Μαρίας, βόσκοντα πρόβατα, παιδάριον δυωδεκαετὲς, καὶ ἀναγγέλλει αὐτῷ ἀπ' ἀρχῆς πάντα ὅσα ἐγένετο ἀπὸ τῆς Ἐδὲμ [p. 156—158] καὶ τοῦ Ἐλωεὶμ καὶ τὰ [70] μετὰ ταῦτα ἐσόμενα, καὶ εἶπε· *Πάντες οἱ πρὸ σοῦ προφῆται ὑπεσύρησαν* [71]. *Πειράθητι οὖν, Ἰησοῦ, υἱὲ ἀνθρώπου, μὴ ὑποσυρῆναι, ἀλλὰ κήρυξον τοῦτον τὸν λόγον τοῖς ἀνθρώποις καὶ ἀνάγγειλον αὐτοῖς τὰ περὶ τοῦ πατρὸς καὶ τὰ περὶ τοῦ Ἀγαθοῦ, καὶ ἀνάβαινε πρὸς τὸν Ἀγαθὸν καὶ κάθου ἐκεῖ μετὰ τοῦ πάντων ἡμῶν πατρὸς Ἐλωείμ.* Καὶ ὑπήκουσε τῷ ἀγγέλῳ ὁ Ἰησοῦς εἰπὼν, ὅτι *Κύριε, ποιήσω πάντα*· καὶ ἐκήρυξεν. Ὑποσῦραι οὖν ὁ Νάας καὶ τοῦτον ἠθέλησε [72].... πιστὸς γὰρ ἔμεινε τῷ Βαρούχ. Ὀργισθεὶς οὖν ὁ Νάας, ὅτι αὐτὸν ὑποσῦραι οὐκ ἠδυνήθη, ἐποίησεν αὐτὸν σταυρωθῆναι. Ὁ δὲ καταλιπὼν τὸ σῶμα τῆς Ἐδὲμ πρὸς τὸ ξύλον, ἀνέβη πρὸς τὸν Ἀγαθόν. Εἰπὼν δὲ τῇ Ἐδέμ· *Γύναι, ἀπέχεις σου τὸν υἱόν* [73], τουτέστι τὸν ψυχικὸν ἄνθρωπον καὶ τὸν χοϊκὸν, αὐτὸς δὲ εἰς χεῖρας παραθέμενος τὸ πνεῦμα τοῦ πατρὸς, ἀνῆλθε πρὸς τὸν Ἀγαθόν. Ὁ δὲ Ἀγαθός ἐστι Πρίαπος, ὁ πρίν τι εἶναι ποιήσας· διὰ τοῦτο καλεῖται Πρίαπος, ὅτι ἐπριοποίησε τὰ πάντα. Διὰ τοῦτο, φησίν, εἰς πάντα ναὸν ἵσταται, ὑπὸ πάσης τῆς κτίσεως τιμώμενος καὶ ἐν ταῖς ὁδοῖς βαστάζων τὰς ὀπώρας ἐπάνω αὐτοῦ, τουτέστι τοὺς καρποὺς τῆς κτίσεως, ὧν αἴτιος ἐγένετο, πριοποιήσας τὴν κτίσιν πρότερον [74] οὐκ οὖσαν. Ὅταν οὖν, φησίν, ἀκούσητε λεγόντων ἀνθρώπων, ὅτι κύκνος ἐπὶ τὴν Λήδαν ἦλθε καὶ ἐτεκνοποίησεν ἐξ αὐτῆς, ὁ κύκνος ἐστὶν ὁ Ἐλωείμ, ἡ Λήδα ἡ Ἐδέμ. Καὶ ὅταν λέγωσιν οἱ ἄνθρωποι, ὅτι ἀετὸς ἦλθεν ἐπὶ τὸν Γανυμήδην [75], ὁ ἀετός ἐστιν ὁ Νάας, ὁ δὲ Γανυμήδης ὁ Ἀδάμ· καὶ ὅταν λέγωσιν, ὅτι ὁ χρυσὸς ἦλθεν ἐπὶ τὴν Δανάην καὶ ἐπαιδοποίησεν ἐξ αὐτῆς, ὁ χρυσός ἐστιν ὁ Ἐλωείμ, Δανάη δέ ἐστιν ἡ Ἐδέμ. Ὁμοίως δὲ κατὰ τὸν αὐτὸν τρόπον πάντας τοὺς τοιούτους λόγους μύθους ἐμφερεῖς ὄντας [76] παρατιθέμενοι διδάσκουσιν. Ὅταν οὖν προφῆται λέγωσιν [77]· *Ἄκουε, οὐρανὲ* [78], *καὶ ἐνωτίζου, ἡ γῆ, Κύριος ἐλάλησεν*, οὐρανὸν λέγει, | φησί, τὸ πνεῦμα τὸ ἐν τῷ ἐν

VARIÆ LECTIONES.

[68] δ' om. C, M. [69] ἢ. ἡ C. M. [70] καὶ τὰ om., C. [71] ὑπεσύρησαν C. [72] Post ἠθέλησε fort. addendum: ἀλλὰ Ἰησοῦς ἀκολουθῆσαι αὐτῷ οὐκ ἠθέλησε M. [73] Cf. Ev. Joan. XIX, 26: Γύναι, ἴδε ὁ υἱός σου. [74] πρότερον. πρῶτον C, M. [75] Γαννυμήδην bis C. [76] Μύθους ἐμφερεῖς ὄντας. Μύθους ἐμφέροντας C, μύθοις ἐμφέροντας M. [77] λέγουσιν C. [78] Isa. I, 2: Ἄκουε, οὐρανὲ, καὶ ἐνωτίζου, γῆ, ὅτι Κύριος ἐλάλησεν.

θρώπῳ [79], τὸ τοῦ Ἐλωεὶμ, γῆν δὲ τὴν ψυχὴν τὴν ἐν τῷ ἀνθρώπῳ σὺν τῷ πνεύματι, Κύριον δὲ τὸν Βαροὺχ, Ἰσραὴλ δὲ τὴν Ἐδέμ· Ἐδὲμ γὰρ λέγεται καὶ Ἰσραὴλ ἡ σύζυγος τοῦ Ἐλωεὶμ. *Οὐκ ἔγνω* [80] *με* [81] φησὶν, *Ἰσραὴλ εἰ γὰρ ἐγνώκει, ὅτι πρὸς* [p. 158, 159] *τῷ ἀγαθῷ εἰμι, οὐκ ἂν ἐκόλαζε τὸ πνεῦμα τὸ ἐν τοῖς ἀνθρώποις* [82] *διὰ τὴν πατρικὴν ἄγνοιαν*. . . . . . . —

κζ'. Ἐντεῦθεν [83] γέγραπται δὲ καὶ ὅρκος ἐν τῷ πρώτῳ βιβλίῳ τῷ ἐπιγραφομένῳ Βαροὺχ, ὃν ὁρκίζουσι τοὺς κατακούειν μέλλοντας τούτων τῶν μυστηρίων καὶ τελεῖσθαι παρὰ τῷ Ἀγαθῷ· ὃν ὅρκον, φησὶν, ὤμοσεν [84] ὁ πατὴρ ἡμῶν Ἐλωεὶμ παρὰ τῷ Ἀγαθῷ γενόμενος, καὶ οὐ μετεμελήθη ὀμόσας, περὶ οὗ γέγραπται, φησίν· *Ὤμοσε Κύριος* [85] *καὶ οὐ μεταμεληθήσεται*. Ἔστι δὲ ὁ ὅρκος οὗτος [86]. *Ὀμνύω τὸν ἐπάνω πάντων, τὸν Ἀγαθὸν* [87], *τηρῆσαι τὰ μυστήρια ταῦτα καὶ ἐξειπεῖν μηδενὶ, μηδὲ ἀνακάμψαι ἀπὸ τοῦ Ἀγαθοῦ ἐπὶ τὴν κτίσιν*. Ἐπειδὰν δὲ ὀμόσῃ τοῦτον τὸν ὅρκον, εἰσέρχεται πρὸς τὸν Ἀγαθὸν καὶ βλέπει, *ὅσα ὀφθαλμὸς* [88] *οὐκ εἶδε, καὶ οὖς οὐκ ἤκουσε, καὶ ἐπὶ καρδίαν ἀνθρώπου οὐκ ἀνέβη*, καὶ πίνει ἀπὸ τοῦ ζῶντος ὕδατος, ὅπερ ἐστὶ λουτρὸν αὐτοῖς, ὡς νομίζουσι, πηγὴ ζῶντος ὕδατος ἀλλομένου [89]. Διακεχώρισται γὰρ [90], φησὶν, ἀνὰ μέσον ὕδατος, καὶ ὕδατος, καὶ ἔστιν ὕδωρ τὸ ὑποκάτω τοῦ στερεώματος τῆς πονηρᾶς κτίσεως, ἐν ᾧ λούονται οἱ χοϊκοὶ καὶ ψυχικοὶ ἄνθρωποι, καὶ ὕδωρ ἐστὶν ὑπεράνω [91] τοῦ στερεώματος τοῦ Ἀγαθοῦ ζῶν, ἐν ᾧ λούονται οἱ πνευματικοὶ ζῶντες ἄνθρωποι, ἐν ᾧ ἐλούσατο Ἐλωεὶμ καὶ λουσάμενος οὐ μετεμελήθη. Καὶ ὅταν λέγῃ, φησὶν, ὁ προφήτης *Λαβεῖν ἑαυτῷ* | *γυναῖκα πορνείας* [92], *διότι πορνεύουσα ἐκπορνεύσει ἡ γῆ ἀπὸ ὄπισθε τοῦ Κυρίου*, τουτέστιν ἡ Ἐδὲμ ἀπὸ τοῦ Ἐλωεὶμ, ἐν τούτοις, φησὶν, ὁ προφήτης σαφῶς λαλεῖ τὸ ὅλον μυστήριον, καὶ οὐκ ἀκούεται διὰ τὴν κακίαν τοῦ Νάας. Κατὰ τὸν αὐτὸν ἐκεῖνον τρόπον καὶ τὰς ἄλλας λαλιὰς [93] προφητικὰς ὁμοίως παράδουσι [94] διὰ πλειόνων βιβλίων· ἔστι δὲ αὐτοῖς προηγουμένως βιβλίον ἐπιγραφόμενον Βαροὺχ, ἐν ᾧ ὅλην τὴν τοῦ μύθου αὐτῶν διαγωγὴν ὁ ἐντυχὼν [95] γνώσεται. Πολλαῖς μὲν οὖν αἱρέσεσιν ἐντυχὼν, ἀγαπητοὶ, οὐδενὶ τούτου κακῷ χείρονι ἐνέτυχον. Ἀληθῶς δὲ, ὥσπερ λέγεται [96], κατὰ τὸν αὐτοῦ Ἡρακλέα δεῖ μιμησαμένους ἐκκαθᾶραι τὴν Αὐγείου κόπρον, μᾶλλον δὲ ἀμάραν, εἰς ἣν ἐμπεσόντες οἱ τούτου ἐχόμενοι [97] οὐ πώποτε ἀποπλυθήσονται [98], ἀλλ' οὐδὲ ἀνακύψαι δυνήσονται.

27. Hinc autem scriptum est etiam jusjurandum in primo libro qui inscribitur Baruch, quo obstringunt eos, qui audire volunt hæc mysteria et initiari apud Bonum, quod jusjurandum, inquit, juravit pater noster Elohim, cum ad Bonum venisset, nec pœnituit eum jurisjurandi, quo de patre scriptum est, inquit : *Juravit Dominus, nec pœnitebit eum*. Est autem jusjurandum hocce : *Juro per eum, qui est super omnia, Bonum, me custoditurum hæc mysteria nec cuiquam edicturum, nec reflexurum a Bono ad creaturam*. Ubi autem hoc jusjurandum juravit, intrat ad Bonum et cernit *quidquid oculus non vidit nec auris audivit, nec in cor hominis ascendit* et bibit a viva aqua, id quod est lavacrum illis, ut arbitrantur, fons vivæ aquæ salientis. Discretum enim est inter aquam et aquam, et est aqua infra firmamentum pravæ creaturæ, in quo lavantur choici et animales homines, et aqua est supra firmamentum Boni viva, in qua lavantur spirituales vivi homines, in qua lavabatur Elohim, et postquam laverat non pœnituit eum. Et quando, inquit, dicit propheta : *Sumito tibi mulierem scortationis, quoniam scortando divortium faciet terra a Domino*, hoc est Edem ab Elohim, in his, inquit, propheta aperte eloquitur omne mysterium, nec auditur propter malitiam Naas. Ad eumdum illum modum etiam alia dicta prophetica similiter deflectunt per complures libros. Est autem iis præcipue liber inscriptus Baruch, in quo omnem fabulæ eorum expositionem reperient qui incident. Quanquam igitur in multas incidi hæreses, dilecti, in nullum hoc malo sævius incidi. Revera autem, sicuti dicitur, secundum illius Herculem oportet imitatos Augiæ expurgare stabulum, vel ut rectius dicam, sentinam, in quam cum inciderunt qui sunt ab eo non unquam abluentur, imo ne caput quidem tollere poterunt.

κη'. [p. 159—161] Ἐπεὶ γοῦν καὶ τὰ Ἰουστίνου τοῦ ψευδογνωστικοῦ ἐπιχειρήματα ἐξεθέμεθα, δοκεῖ καὶ τὰς τῶν ἀκολούθων αἱρέσεων δόξας ἐν ταῖς ἑξῆς βίβλοις ἐκθέσθαι, μηδένα δὲ καταλιπεῖν ἀνέλεγκτον [99] αὐτῶν, τῶν ὑπ' αὐτῶν [1] λεγομένων παρατιθεμένων, ὄντων ἱκανῶν πρὸς παραδειγματισμὸν, εἰ καὶ μόνον ἐκρηθείη [2] τὰ ἀπόκρυφα παρ' αὐτοῖς [3] καὶ

232-233 28. Postquam igitur etiam Justini pseudognostici conamina exposuimus, placet etiam comparium hæresium opiniones in libris deinceps exponere, nullum autem relinquere irrefutatum eorum, dum apponimus ab iis dicta, sufficientia illa ad exemplum, etiamsi solum edicantur recondita apud eos et arcana, quæ ægre cum multo labore in-

VARIÆ LECTIONES.

[79] ἀνθρώπῳ. οὐρανῷ C, M. [80] Cf. Is. I, 3 : Ἰσραὴλ δέ με οὐκ ἔγνω. [81] ἔγνω με. ἐγνώκει C. M. [82] ἀνθρώποις Bernaysius, οὐρανοῖς C, M. [83] Ἐντεῦθεν quod claudebat caput superius huc retraximus. [84] ὤμοσεν. ὠνόμασεν C. [85] Psal. CIX, 4. [86] οὗτος. οὕτως C, M. [87] πάντων, τὸν ἀγαθόν. pr. C. πάντων. τῶν ἀγαθῶν corr. C, M. [88] I Cor. II, 9. [89] πηγὴ — ἀλλομένου. Ev. Joan. IV, 14. Coll. V. 10. [90] Cf. I Mos. I, 6, 7. [91] ὑπεράνω. ὑπὸ ἄνω C. [92] Ose I, 2 : Βάδιζε, λάβε σεαυτῷ γυναῖκα πορνείας καὶ τέκνα πορνείας, διότι ἐκπορνεύουσα ἐκπορνεύσει ἡ γῆ ἀπὸ ὄπισθεν τοῦ Κυρίου. [93] ἄλλας λαλιάς. ἄλλας C, M. [94] παράδουσι. παραδιδοῦσι C, M. [95] ὁ ἐντυχών. ὁ εὖ τυχὼν C. [96] λέγεται. λέγει καὶ ὁ C. M, qui καλὸς susp. pro κατά. [97] ἀνεχόμενοι C, M. [98] ἀποπληθήσονται C. [99] ἀνέλεκτον C. [1] ὑπ' αὐτῶν. ὑπ' αὐτὸν C. [2] ἐκκριθείη C. [3] παρ' αὐτῆς C.

[...]iliantur imprudentes. Videamus igitur quid etiam Simon dicat.

A ἄῤῥητα, ἃ μόλις μετὰ πολλοῦ πόνου μυοῦνται[1] οἱ ἄφρονες. Ἴδωμεν οὖν τί καὶ Σίμων λέγει.

ΤΟΥ ΚΑΤΑ ΠΑΣΩΝ ΑΙΡΕΣΕΩΝ ΕΛΕΓΧΟΥ

ΒΙΒΛΙΟΝ ϛ'.

REFUTATIONIS OMNIUM HÆRESIUM

LIBER SEXTUS.

1. Hæc insunt in sexto libro refutationis omnium B hæresium.

2. Quænam sint Simonis conamina, et ejus dogma ex magicis et poeticis vim habere.

3. Quænam Valentinus doceat, cujus dogma non constare ex Scripturis, sed ex Platonicis et Pythagoreis placitis.

4. Et quænam placuerint Secundo et Ptolemæo et Heracleoni, ut et ipsi iisdem quibus Græcorum philosophi usi sint, sed aliis verbis.

5. Quænam Marci et Colarbasi decreta fuerint, et quosdam eorum ad magicas artes et numeros Pythagoreos sese applicuisse.

6. Quotquot igitur sententiæ placuerint iis, qui a serpente initia doctrinæ suæ assumpserunt et progressu temporum in apertum commenta sua C sponte prodiderunt, in eo libro, qui hunc præcedit isque refutationis hæresium quintus est, exposui. Jam vero ne eorum quidem qui subsecuti sunt sententias silebo, sed ne unam quidem irrefutatam omittam, si quidem fieri potest, ut omnes commemorem eorumque arcana orgia, quæ merito orgia appellanda sunt; non enim profecto **234-235** longe absunt ab ira (divina) qui talia conati sunt, ut etiam veriloquio utar.

7. Placet igitur etiam Simonis Gittenensis, qui vicus est Samariæ, nunc exponere placita, a quo etiam sectatores demonstrabimus initiis sumptis aliis nominibus consimilia conatos esse. Hic Simon magicæ artis peritus et partim multos decipiens D Thrasymedis arte, quomodo supra exposuimus, partim etiam ope dæmonum mala machinatus deificare semet instituit, homo præstigiator et plenus ineptiarum, quem in Actis apostoli convicerunt,

B α'. Τάδε ἔνεστιν ἐν τῇ ἕκτῃ τοῦ κατὰ πασῶν αἱρέσεων ἐλέγχου.

β'. Τίνα τὰ Σίμωνι τετολμημένα, καὶ ὅτι ἐκ μαγικῶν καὶ ποιητικῶν τὸ δόγμα κρατύνει.

γ'. Τίνα ὁ Οὐαλεντῖνος δογματίζει, καὶ ὅτι ἐκ Γραφῶν οὐ συνίσταται αὐτοῦ τὸ δόγμα, ἀλλ' ἐκ τῶν Πλατωνικῶν καὶ Πυθαγορικῶν δογμάτων.

δ'. Καὶ τίνα τὰ Σεκούνδῳ καὶ Πτολεμαίῳ καὶ Ἡρακλέωνι δοκοῦντα, ὡς καὶ αὐτοὶ τοῖς αὐτοῖς, οἷς οἱ Ἕλληνες σοφοὶ, ἐχρήσαντο ἄλλοις[2] ῥήμασι.

ε'. Τίνα τὰ Μάρκῳ καὶ Κολαρβάσῳ νομισθέντα, καὶ ὅτι τινὲς αὐτῶν μαγείαις καὶ ἀριθμοῖς Πυθαγορείοις ἔσχον[3].

ϛ'. Ὅσα μὲν οὖν ἐδόκει τοῖς ἀπὸ τοῦ ὄφεως τὰς ἀρχὰς παρειληφόσι[7] καὶ κατὰ τελείωσιν τῶν χρόνων C εἰς φανερὸν τὰς δόξας ἑκουσίως[8] προσενηνεγμένοις[9], ἐν τῇ πρὸ ταύτης βίβλῳ οὔσῃ πέμπτῃ τοῦ ἐλέγχου[10] τῶν αἱρέσεων ἐξεθέμην. Νυνὶ δὲ καὶ τῶν ἀκολούθων τὰς γνώμας οὐ | σιωπήσω, ἀλλ' οὐδὲ μίαν ἀνέλεγκτον καταλείψω, εἴγε δυνατὸν πάσας ἀπομνημονεῦσαι καὶ τὰ τούτων ἀπόῤῥητα ὄργια, ἃ δικαίως ὄργια κλητέον, οὐ γὰρ [p. 161-162] μακρὰν ἀπέχουσι ὀργῆς τοιαῦτα τετολμηκότες, ἵνα καὶ τῇ ἐτυμολογίᾳ χρήσωμαι.

ζ'. Δοκεῖ οὖν καὶ τὰ Σίμωνος τοῦ Γιττηνοῦ[11] κώμης τῆς Σαμαρείας, νῦν ἐκθέσθαι, παρ' οὗ καὶ τοὺς ἀκολούθους δείξομεν ἀφορμὰς λαβόντας ἑτέροις ὀνόμασιν ὅμοια τετολμηκέναι. Οὗτος ὁ Σίμων μαγείας[12] ἔμπειρος ὢν καὶ τὰ μὲν παίξας πολλοὺς D κατὰ τὴν Θρασυμήδους τέχνην, ᾧ τρόπῳ ἄνωθεν[13] ἐξεθέμεθα, τὰ δὲ καὶ διὰ δαιμόνων κακουργήσας θεοποιῆσαι ἑαυτὸν ἐπεχείρησεν[14], ἄνθρωπος γόης καὶ μεστὸς ἀπονοίας, ὃν ἐν ταῖς Πράξεσιν οἱ ἀπ[...]

VARIÆ LECTIONES.

[1] μύονται C. [2] ἄλλοις. ἀλλ' ἄλλοις? quanquam sententia potius requirere videtur: ἀλλ' ἄλλος ἄλλοις [...] [3] ἔσχον. ἐνέσχον vel ἐσχόλαζον M. προσέσχον? [7] περειληφόσι C. τελείωσιν Bunsenius (*Hippolytus and his age* 2. ed. 1, 350): μείωσιν C, M. [8] ἑκουσίως. ἀνοσίως Bunsenius l. l. [9] προσενεγκαμένοις C, M. [10] τοὺς ἐλέγχους C, M. [11] [...] Γειττηνοῦ corr. C, M. Γειττινοῦ pr. C. Cf. Steph. Byz. et Jo. Cler. ad *Constitutt. apost.* [...]ίαν C. [13] Cf. supra l. IV, 28—41, p. 80 sqq. [14] Cf. Act. VIII, 9—2[...]

στολοι ἤλεγξαν· οὐ πολλῷ σοφώτερον καὶ μετριώτερον Ἄψεθος ὁ Λίβυς [16] ὀρεχθεὶς θεὸς νομισθῆναι ἐν Λιβύῃ ἐπιχείρησεν, οὗ τὸν μῦθον οὐ πολύ τι ἀπεμφαίνοντα τῆς Σίμωνος τοῦ ματαίου ἐπιθυμίας, δοκεῖ διηγήσασθαι ὄντα ἄξιον τῆς τούτου ἐπιχειρήσεως.

η'. Ἄψεθος ὁ Λίβυς ἐπεθύμησε θεὸς γενέσθαι· ὡς δὲ πολυπραγμονῶν πάνυ ἀπετύγχανε τῆς ἐπιθυμίας, ἠθέλησε κἂν δοκεῖν γεγονέναι, καὶ ἔδοξέ γε ὡς ἀληθῶς χρόνῳ πλείονι γεγονέναι θεός. Ἔθυον γὰρ οἱ ἀνόητοι Λίβυες αὐτῷ ὡς [16] θείᾳ τινὶ δυνάμει, νομίζοντες ἄνωθεν ἐξ οὐρανοῦ πεπιστευκέναι φωνῇ. Συναθροίσας γὰρ εἰς ἕνα καὶ τὸν αὐτὸν οἰκίσκον ὄρνιθας πλείστους ψιττακοὺς κατέκλεισεν· εἰσὶ δὲ πλεῖστοι κατὰ τὴν Λιβύην ψιττακοί, καὶ ἐναργῶς μιμούμενοι πάνυ τὴν ἀνθρωπίνην φωνήν. Οὗτος χρόνῳ διαθρέψας τοὺς ὄρνεις ἐδίδαξε | λέγειν· *Ἄψεθος θεός ἐστιν.* Ὡς δὲ ἤσκησαν οἱ ὄρνιθες χρόνῳ πολλῷ καὶ τοῦτο ἔλεγον, ὅπερ ᾤετο [17] λεχθὲν θεὸν εἶναι ποιήσειν νομίζεσθαι τὸν Ἄψεθον, τότε ἀνοίξας τὸ οἴκημα εἴασεν ἄλλον ἀλλαχόσε τοὺς ψιττακούς. Πετομένων δὲ τῶν ὀρνίθων ἐξῆλθεν ὁ φθόγγος εἰς πᾶσαν τὴν Λιβύην, καὶ τὰ ῥήματα αὐτῶν διῆλθε μέχρι τῆς Ἑλληνικῆς γῆς, καὶ οὕτως οἱ Λίβυες καταπλαγέντες ἐπὶ τῇ τῶν ὀρνίθων φωνῇ τό τε πραχθὲν ὑπὸ τοῦ Ἀψέθου πανούργευμα μὴ ἐννοήσαντες [18], θεὸν εἶχον τὸν Ἄψεθον. Τῶν δὲ Ἑλλήνων τις ἀκριβῶς ἐννοήσας τὸ σόφισμα τοῦ νενομισμένου θεοῦ διὰ τῶν αὐτῶν ἐκείνων ψιττακῶν οὐκ [p. 1621-63.] ἐλέγχει μόνον, ἀλλὰ καὶ ἀφανίζει τὸν ἀλαζόνα καὶ φορτικὸν ἐκεῖνον ἄνθρωπον. Μετεδίδαξε δὲ ὁ Ἕλλην καθείρξας πολλοὺς ἀπὸ τῶν ψιττακῶν λέγειν· *Ἄψεθος ἡμᾶς κατακλείσας ἠνάγκασε λέγειν· Ἄψεθος θεός ἐστιν.* Ἀκούσαντες δὲ οἱ Λίβυες τῆς παλινῳδίας τῶν ψιττακῶν, πάντες ὁμοθυμαδὸν συνελθόντες κατέκαυσαν τὸν Ἄψεθον.

θ'. Οὕτως ἡγητέον Σίμωνα τὸν μάγον ἀπεικάζοντας τῷ Λίβυϊ τάχιον ἀνθρώπῳ [19] γενομένῳ οὕτως θεῷ. Εἰ δὲ ἔχει τὰ τῆς εἰκόνος ἀκριβῶς, καὶ πέπονθεν ὁ μάγος πάθος τι παραπλήσιον Ἀψέθῳ, ἐπιχειρήσωμεν μεταδιδάσκειν τοῦ Σίμωνος τοὺς ψιττακούς, ὅτι Χριστὸς οὐκ ἦν Σίμων ὁ ἑστώς, στάς, στησόμενος· ἀλλ' ἄνθρωπος ἦν ἐκ σπέρματος, γέννημα γυναικός, ἐξ αἱμάτων καὶ ἐπιθυμίας σαρκικῆς καθάπερ καὶ οἱ λοιποὶ γεγεννημένος· καὶ ὅτι ταῦθ' οὕτως ἔχει, προϊόντος τοῦ λόγου ῥᾳδίως ἐπιδείξομεν. Λέγει δὲ ὁ Σίμων μεταφράζων [20] τὸν νόμον Μωϋσέως [21] ἀνοήτως τε καὶ κακοτέχνως. Μωσέως γὰρ λέγοντος, *ὅτι ὁ Θεὸς πῦρ* [22] *φλέγον* [23] *ἐστὶ καὶ καταναλίσκον*, δεξάμενος τὸ λεχθὲν ὑπὸ Μωσέως οὐκ

A quo multo sapientius et modestius Apsethus Libys concupiscens pro deo haberi in Libya aggressus est, cujus fabulam non admodum illam a Simonis vani illius cupiditate abludentem placet enarrare, quippe quæ digna sit hujusce conamine.

8. Apsethus Libys concupivit deus fieri; cum autem nihil non conatus prorsus excidisset ausis, nitebatur vel videri factus esse, et visus est profecto revera lapsu temporis factus esse deus. Sacrificabant enim insani Libyes illi tanquam divinæ cuidam potestati, opinati superne de cœlo lapsæ voci se credere. Congregavit enim in unam eamdemque ædiculam aves plurimas psittacos easque inclusit. Sunt autem permulti per Libyam psittaci et accurate admodum humanam vocem imitantes. Hic satis diu aves postquam nutrivit docuit fari: *Apsethus deus est.* Postquam autem exercuerunt aves satis diu idque fabantur quod ille opinabatur dictum effecturum esse, ut crederetur deus esse Apsethus, tum aperta ædicula alium aliorsum avolare psittacos sivit. Volantibus autem avibus exiit vox in omnem Libyam et voces illorum penetraverunt usque ad Græcam terram, et ita Libyes perculsi avium voce et fraudem ab Apsetho commissam ignorantes pro deo habebant Apsethum. Græcorum autem quidam accurate perspectis malis artibus hominis pro deo scilicet venditati per eosdem illos **236-237** psittacos non coarguit modo, sed etiam perimit hominem illum gloriosum et inanem. Contra autem docuit homo Græcus, qui multos ex psittacis in cavea inclusisset, dicere: *Apsethus cum nos inclusisset coegit dicere, Apsethus deus est.* Audita autem Libyes recantatione psittacorum omnes unanimiter congressi combusserunt Apsethum.

9. Eodem modo statuendum est de Simone, quem citius comparaveris cum Libye illo, quam cum aliquo revera deo, sed qui assumpserit humanam speciem. Sin autem hæc comparatio accurate quadrat et passus est magus passionem quamdam Apsetho similem, experiamur redocere Simonis psittacos Christum non fuisse Simonem, qui stat, stetit, stabit, sed hominem illum fuisse ex semine, subolem mulieris, ex sanguine et concupiscentia carnali sicuti etiam reliquos natum; et hæc ita sese habere procedente sermone facile evincemus. Dicit autem Simon traducens legem Moysis insipienter et malitiose. Cum Moses enim dicit: *Deus ignis comburens et consumens est*, assumpto eo, quod Moses dixerat,

VARIÆ LECTIONES.

[15] Ἄψεθος ὁ Λίβυς. Cf. Apostolius *Proverbb.* s. v. Ψαφῶν M. Maximus Tyrius *Diss.* xxxv prorsus similia de Psaphone quodam Libye narrat, nisi quod ultima desiderantur. Maximum Tyrium exscripsit Apostolius *Cent.* xviii, 48. p. 730. *ed. Leutsch*, qui similem narrationem affert de Hannone Carthaginiensi ex Æliano V. *Hist.* xiv, 30. Cf. etiam Justin. xxi, 4 et Plin. *Nat. Hist.* viii, 16. [16] αὐτῷ ὡς. αὐτῷ C, M. qui δυνάμει delendum esse censet. [17] ᾤετο. ᾤετο τὸ C. [18] ἐνοήσαντες C. [19] Nisi amplior corruptela subest, legendum certe τάχιον [ἢ] ἀνθρώπῳ γενομένῳ ὄντως Θεῷ, de Christo; confer sequentia, M. [20] μεταφράζων. μεταφράσσων C μεταφράσων M. [21] Μωϋσέως. Μωύσεος C. [22] Cf. v Mos. iv, 24: Ὅτι Κύριος ὁ Θεός σου πῦρ καταναλίσκον ἐστὶν αὐτός, Θεὸς ζηλωτής. c. ix, 3, ii, xxiv, 17. [23] φλέγων — καταναλίσκων pr. C, φλέγων — καταναλίσκον corr. C.

non recte, ignem dicit principium esse omnium, non perspecto eo, quod dictum est, Deum non ignem, sed ignem comburentem et consumentem esse, in quo non solum legem Mosis pervertit, sed etiam tenebricosum Heraclitum compilavit. Infinitam autem esse potestatem Simon appellat universorum principium his verbis usus: *Hic liber revelationis vocis et nominis ex intelligentia magnæ potestatis infinitæ. Quapropter erit obsignatus, absconditus, velatus, repositus in habitaculo, ubi radix universorum fundata est.* Habitaculum autem dicit esse hominem hunc ex sanguine natum, et inhabitare in eo infinitam illam potestatem, quam radicem esse universorum ait. Est autem infinita potestas, quæ est ignis, secundum Simonem non simplex quiddam sicuti plerique, qui dicunt simplicia esse quatuor elementa, et ignem simplicem esse censuerunt, sed ignis scilicet duplicem esse quamdam **238-239** naturam, ejusque duplicis quidem naturæ alterum vocat absconditum, alterum manifestum; latere autem abscondita illa in manifestis ignis et manifesta ignis ab absconditis exstitisse. Est autem hoc idem, quod Aristoteles *potestate* et *efficientia* vocat, vel Plato *intelligibile* et *sensibile*. Et manifestum quidem ignis habet in se quæcunque quis percipiet aut forte prætermiserit rerum sensibilium; absconditum autem quidquid quis percipiet intelligibile et effugiens sensum; vel etiam prætermittit, quia non perspexit. Universe autem licet dicere: omnium quæ exstant, et sensibilium et intelligibilium, quæ ille abscondita et manifesta appellat, thesaurus est ignis supercœlestis, veluti arbor vasta tanquam ea, quæ per somnium apparuit Nabuchodonosori, ex qua omnis caro nutritur. Et manifestum quidem ignis arbitratur esse stirpem, ramos, folia, extrinsecus eam cingentem corticem. Omnia, inquit, hæc magnæ illius arboris incensa ab omnia comburenti ignis pessumdantur flamma. Sed fructus arboris ubi effigiatus erit et suam speciem nactus erit, in apotheca reponitur, non abjicitur in ignem. Nascitur enim, inquit, fructus qui in apotheca reponatur, palea autem, ut traducatur igni, quæ est stirps, non sui causa, sed propter fructum nata.

A ὀρθῶς, πῦρ εἶναι[24] τῶν ὅλων λέγει τὴν ἀρχή[ν], οὐ νοήσας τὸ εἰρημένον, ὅτι Θεὸς οὐ πῦρ, ἀλλὰ πῦρ φλέγον[25] καὶ καταναλίσκον, οὐκ ... διασπῶν μόνον τὸν νόμον Μωσέως, ἀλλὰ καὶ τὸ[ν] σκοτεινὸν Ἡράκλειτον συλαγωγῶν[26]. Ἀπέραν[τον] δὲ εἶναι δύναμιν ὁ Σίμων προσαγορεύει τῶν ὅλων τ[ὴν] ἀρχὴν, λέγων οὕτως· *Τοῦτο τὸ γράμμα*[27] *ἀπο[φά]σεως φωνῆς*[28] *καὶ ὀνόματος ἐξ ἐπινοίας τ[ῆς] μεγάλης δυνάμεως τῆς ἀπεράντου*[29]. *Διὸ ἔσ[ται] ἐσφραγισμένον, κεκρυμμένον, κεκαλυμμέν[ον,] κείμενον ἐν τῷ οἰκητηρίῳ, οὗ ἡ ῥίζα τῶν ὅλ[ων] τεθεμελίωται.* Οἰκητήριον δὲ λέγει εἶναι τὸν ἄ[ν]θρωπον τοῦτον τὸν ἐξ αἱμάτων γεγεννημένον, ... κατοικεῖν ἐν αὐτῷ τὴν ἀπέραντον δύναμιν, ἣν ῥίζ[αν] εἶναι τῶν ὅλων φησίν. Ἔστι δὲ ἡ ἀπέραντος δύνα-

B μις, τὸ πῦρ, κατὰ τὸν Σίμωνα οὐδὲν ἁπλοῦν, καθά-περ οἱ πολλοὶ ἁπλᾶ λέγοντες εἶναι τὰ τέσσαρ[α] στοιχεῖα καὶ τὸ πῦρ ἁπλοῦν εἶναι νενομίκασιν, ... γὰρ εἶναι τὴν τοῦ πυρὸς διπλῆν τινα [p. 163—16.] τὴν φύσιν, καὶ τῆς διπλῆς ταύτης καλεῖ τὸ μὲν κρυπτὸν, τὸ δέ τι φανερόν· κεκρύφθαι δὲ τὰ κρυπ[τὰ] ἐν τοῖς φανεροῖς τοῦ πυρὸς, καὶ τὰ φανερὰ τοῦ πυ-ρὸς ὑπὸ τῶν κρυπτῶν γεγονέναι. Ἔστι δὲ τοῦτ[ο] ὅπερ Ἀριστοτέλης δυνάμει καὶ ἐνεργείᾳ καλεῖ [ἢ] Πλάτων[30] νοητὸν καὶ αἰσθητόν. Καὶ τὸ μὲν φανερὸ[ν] τοῦ πυρὸς πάντα ἔχει ἐν ἑαυτῷ ὅσα ἄν τις ἐπινοήση ἢ καὶ λάθῃ παραλιπὼν τῶν ὁρατῶν[31]. Τὸ δὲ κρυ-πτὸν πᾶν | ὅ τι ἐννοήσει τις νοητὸν καὶ πεφευγὸς[32] τὴν αἴσθησιν ἢ[33] καὶ παραλείπει μὴ διανοηθ[είς].

C Καθόλου δὲ ἔστιν εἰπεῖν, πάντων τῶν ὄντων[34] αἰσθη-τῶν τε καὶ νοητῶν, ὧν ἐκεῖνος κρυφίων καὶ φανε-ρῶν[35] προσαγορεύει, ἔστι θησαυρὸς τὸ πῦρ ὑπερουράνιον, οἱονεὶ δένδρον μέγα ὡς τὸ[36] δι' ὀνεί-ρου βλεπόμενον τῷ Ναβουχοδονόσορ[37], ἐξ οὗ π[ᾶσα] σὰρξ τρέφεται. Καὶ τὸ μὲν φανερὸν εἶναι τοῦ πυ[ρὸς] νομίζει τὸ πρέμνον, τοὺς κλάδους, τὰ φύλλα, τ[ὸν] ἔξωθεν αὐτῷ[38] περικείμενον φλοιόν. Ἅπαντα, ... ταῦτα τοῦ μεγάλου δένδρου ἀναφθέντα ἀπὸ παμφάγου τοῦ πυρὸς ἀφανίζεται φλογός. Ὁ δὲ [καρ]πὸς τοῦ δένδρου ἐὰν ἐξεικονισθῇ καὶ τὴν ἑ[αυτοῦ] μορφὴν ἀπολάβῃ[40], εἰς ἀποθήκην τίθεται, οὐ[κ εἰς] τὸ πῦρ. Γέγονε μὲν γὰρ[41], φησὶν, ὁ καρπὸς, ἵ[να εἰς] τὴν ἀποθήκην τεθῇ, τὸ δὲ ἄχυρον, ἵνα παραδοθῇ τῷ πυρὶ, ὅπερ ἐστὶ πρέμνον, οὐχ αὐτοῦ χάριν, ἀλλὰ [τοῦ] καρποῦ γεγενημένον[42].

10. Et hoc, ait, est illud quod scriptum est in Scriptura: *Vinea enim Domini Sabaoth domus Israel est, et vir Juda germen ejus delectabile.* Sin homo Juda germen delectabile, demonstratum est, inquit, arborem nihil esse aliud nisi hominem. Sed de secretione ejus et discretione satis, inquit, dixit Scriptura, et ad instructionem sufficit iis, qui effigiati sunt, id quod dictum est: *Omnis caro fenum et*

D ι'. Καὶ τοῦτό ἐστι, φησὶ, τὸ γεγραμμένον [ἐν τῇ] Γραφῇ· *Ὁ γὰρ ἀμπελὼν*[43] *Κυρίου Σαβαὼθ οἶκος τοῦ Ἰσραὴλ ἐστι, καὶ ἄνθρωπος τοῦ Ἰούδα νεό-φυτον ἠγαπημένον.* Εἰ δὲ ἄνθρωπος τοῦ [Ἰούδα] νεόφυτον ἠγαπημένον, δέδεικται, φησὶν, ὅτι [τὸ ξύλον] οὐκ ἄλλο τι ἀλλ' ἢ ἄνθρωπός ἐστιν. Ἀλλὰ περὶ [τῆς] ἐκκρίσεως αὐτοῦ καὶ διακρίσεως ἱκανῶς ... εἴρηκεν ἡ Γραφὴ, καὶ πρὸς διδασκαλίαν ἀρκ[εῖ]

VARIÆ LECTIONES.

[24] Cf. cum his et sequentibus Theodoret. *Hær. fab.* 1, 1 et Epitomen infra l. x, 12 p. 518. 519 ... [25] φλέγων — καταναλίσκων pr. C, φλέγον — καταναλίσκων corr. C. [26] συλλαγωγῶν C. ... supra p. 168, 22 — 25. [28] φωνῆς — ἐπινοίας. Cf infra c. 12. p. 240, 35, 36. [29] τοῦ ἀπεράν[του] ... [30] Πλάττων C. [31] τῶν ὁρατῶν. τὸν | ἀόρατον C. [32] πεφευγῶς C. [33] ἢ. εἰ C. M. [34] ὄντων. ὅλων C. ... φίως — φανερῶς C, M. [36] ὡς τό. ὡς C. [37] τὸν Ναβουχοδονόσορ C. Cf. Daniel. 4, 7—9. [38] τόν ... [39] αὐτῷ. αὐτῶν C, M. [40] ... C. [41] Cf. Matth. III, 12, Luc. III, 17. [42] γεγεν... corr. C. [43] Isa. v, 7.

ἐξεικονισμένοις τὸ λεχθέν· Ὅτι Πᾶσα σὰρξ [44] χόρτος, καὶ πᾶσα δόξα σαρκὸς ὡς ἄνθος χόρτου. Ἐξηράνθη ὁ χόρτος, καὶ τὸ ἄνθος αὐτοῦ ἐξέπεσε· τὸ δὲ ῥῆμα Κυρίου μένει εἰς τὸν αἰῶνα. Ῥῆμα δὲ, φησὶν, ἐστὶ | Κυρίου τὸ ἐν στόματι γεννώμενον ῥῆμα καὶ Λόγος· ἄλλη δὲ [45-55] χωρίον γενέσεως οὐκ ἔστι.

A omnis gloria carnis tanquam flos feni. Exaruit fenum et flos ejus decidit; verbum autem Domini manet in æternum. Verbum autem, inquit, Domini est in ore quod natum est Verbum et Logus, alias autem sedes generationis non exstat.

ια'. Τοιούτου δὲ ὄντος, ὡς δι' ὀλίγων [56] εἰπεῖν, κατὰ τὸν [p. 165-166] Σίμωνα τοῦ πυρὸς, καὶ πάντων τῶν ὄντων ὁρατῶν καὶ ἀοράτων, ὡσαύτως [57] ἐνήχων καὶ ἀνήχων [58], ἀριθμητῶν καὶ [59] ἀριθμῶν, ἐν τῇ Ἀποφάσει τῇ μεγάλῃ καλεῖ τέλειον νοερὸν [60], οὕτως ὡς ἕκαστον τῶν ἀπειράκις ἀπείρως ἐπινοηθῆναι δυναμένων καὶ λαλεῖν καὶ διανοεῖσθαι καὶ ἐνεργεῖν, οὕτως ὥς φησιν Ἐμπεδοκλῆς·

11. Cum autem, ut paucis defungamur, ex sententia Simonis **240-241** ita comparatus sit ignis, cumque sit omnia vel visibilia vel non visibilia, pariterque vocalia et non vocalia, numerabiliaque et numeri: in Revelatione magna appellat perfectum rationale, ita ut unumquodque eorum, quæ infinitis vicibus comprehendi cogitatione possunt, et loquatur et intelligat et agat, ita ut ait Empedocles:

Γαίῃ μὲν γὰρ [51] γαῖαν ὀπώπαμεν, ὕδατι δ' ὕδωρ [52],
Αἰθέρι δ' αἰθέρα [δῖον] [53], ἀτὰρ πυρὶ πῦρ ἀΐδηλον,
Καὶ [στοργῇ] [54], στοργήν, νεῖκος δέ τε [55] νείκεϊ λυγρῷ.

B
Terra enim terram conspicimus, aqua autem aquam,
Æthere autem ætherem divinum, sed igni ignem sævum,
Et amicitiam amicitia, discordiam autem pariter discordia tristi.

ιβ'. Πάντα γὰρ, φησὶν, ἐνόμιζε τὰ μέρη τοῦ πυρὸς τὰ ὁρατὰ καὶ τὰ [56] ἀόρατα φρόνησιν ἔχειν καὶ νώματος αἶσαν [57]. Γέγονεν οὖν ὁ κόσμος ὁ γεννητὸς ἀπὸ τοῦ ἀγεννήτου πυρός. Ἤρξατο δὲ, φησὶ, γενέσθαι τοῦτον τὸν τρόπον. Ἓξ ῥίζας τὰς πρώτας τῆς ἀρχῆς τῆς γεννήσεως λαβὼν ὁ γεννητὸς [58] ἀπὸ τῆς ἀρχῆς τοῦ πυρὸς ἐκείνου· γεγονέναι δὲ τὰς ῥίζας φησὶ κατὰ συζυγίας [59] ἀπὸ τοῦ πυρὸς, ἅστινας ῥίζας καλεῖ νοῦν καὶ ἐπίνοιαν, φωνὴν καὶ ὄνομα [60], λογισμὸν καὶ ἐνθύμησιν· εἶναι δὲ ἐν ταῖς ἓξ ῥίζαις ταύταις πᾶσαν ὁμοῦ τὴν ἀπέραντον δύναμιν δυνάμει, οὐκ ἐνεργείᾳ. Ἥντινα ἀπέραντον δύναμίν φησι τὸν ἑστῶτα, στάντα [61], στησόμενον. Ὃς [62] ἐὰν μὲν ἐξεικονισθῇ ὢν ἐν ταῖς ἓξ δυνάμεσιν, ἔσται οὐσίᾳ, δυνάμει, μεγέθει, ἀπο | τελέσματι μία καὶ ἡ αὐτὴ τῇ ἀγεννήτῳ καὶ ἀπεράντῳ δυνάμει, καὶ [63] οὐδὲν ὅλως ἔχουσα ἐνδεέστερον ἐκείνης τῆς ἀγεννήτου καὶ ἀπαραλλάκτου [64] καὶ [65] ἀπεράντου δυνάμεως· ἐὰν δὲ μείνῃ τῇ δυνάμει μόνον ἐν ταῖς ἓξ δυνάμεσι καὶ μὴ ἐξεικονισθῇ, ἀφανίζεται, φησὶ, καὶ ἀπόλλυται οὕτως ὡς ἡ δύναμις ἡ γραμματικὴ ἢ [66] γεωμετρικὴ ἐν ἀνθρώπου ψυχῇ. Προσλαβοῦσα γὰρ ἡ δύναμις τέχνην φῶς τῶν γινομένων γίνεται, μὴ προσλαβοῦσα δὲ ἀτεχνία καὶ σκότος, καὶ ὡς ὅτε [67] οὐκ ἦν, ἀποθνήσκοντι τῷ ἀνθρώπῳ συνδιαφθείρεται.

12. Omnes enim, inquit, arbitrabatur partes ignis et visibiles et invisibiles sensum habere et intelligentiæ sortem. Exstitit igitur mundus qui generatus est a non generato igni. Cœptus autem est fieri, inquit, in hunc modum. Sex radices easque primas principii generationis sumpsit is qui generatus est a principio ignis illius. Exstitisse autem ait radices per conjugationem ab igni, quas quidem radices appellat *mentem* et *intelligentiam*, *vocem* et *nomen*, *ratiocinationem* et *cogitationem*. Esse autem in sex his C radicibus omnem simul infinitam illam potestatem potestate, non effectione. Quam infinitam potestatem dicit eum qui stat, stetit, stabit. Qui cum effigiatus erit ubi erit in sex illis potestatibus, erit re, vi, magnitudine, perfectione una eademque quæ est non generata et infinita potestas et nullo modo non-generatæ illi et non-mutabili et infinitæ potestati. Sin autem manebit sola potestate in sex potestatibus et non effigiabitur, evanescit, inquit, et perit ita ut potestas grammatica vel geometrica in animo hominis. Adepta enim potestas artem lux rerum generatarum exsistit, non autem adepta inertia et tenebræ, et pariter atque tum cum non erat cum moriente homine simul perit.

ιγ'. Τῶν δὲ ἓξ δυνάμεων τούτων καὶ τῆς ἑβδόμης τῆς μετὰ τῶν ἓξ καλεῖ τὴν πρώτην συζυγίαν νοῦν καὶ ἐπίνοιαν, οὐρανὸν καὶ γῆν· καὶ τὸν μὲν ἄρσενα ἄνωθεν ἐπιβλέπειν καὶ [p. 166—167] προνοεῖν τῆς συζύγου,

13. Potestatum autem harum sex et septimæ illius, D quæ est cum his, appellat primam conjugationem mentem et intelligentiam, cœlum et terram, et illud quidem, quod virilis **242-243** sexus sit, desuper

VARIÆ LECTIONES.

[44] I Petr. I, 24, ubi legitur διότι pro ὅτι et δόξα αὐτῆς pro δόξα σαρκός. [45-55] ἄλλη δὲ ἀλλ' ἡ C. ἄλλο δὲ sive οὗ vel ᾧ ἄλλο M. [56] ὀλίγον C. [57] ὡσαύτως. ὧν αὐτὸς C, M. [58] ἀνήχων. ἤχων C. M. [59] ἀριθμητῶν καὶ. καὶ ἀριθμητῶν C, M. [60] τέλειον νοερόν. τελείων νοερῶν C, M. [51] Vs. 321 sqq. Karsten, vs. 333 sqq. Stein. [52] δὲ ὕδωρ. C. [53] δῖον om. C. [54] στοργῇ om. C. [55] δέ τε. ἐπὶ C. [56] ὁρατὰ καὶ τὰ om. C, M. Cf. infra p. 319, 30, 31 ed. Ox. [57] νώματος αἶσαν. γνώμην ἴσην C. M. Cf. infra l. VII, 29. p. 252, 9 ed. Ox. [58] Post γεννητὸς fort. add. γέγονεν M. Sed obstat, quod infra p. 319, 33, 34 prorsus eadem recurrunt. [59] συζυγίας. Infra p. 319, 35, 36 συζυγίαν. [60] ὄνομα. ἔννοιαν Theodoretus l. l. [61] στάντα om. C. Cf. infra p. 242, 60 et alibi. [62] Ὅς. Ὡς C, M. [63] καὶ ante οὐδὲν in marg C. [64] ἀπαραλάκτου C. [65] καὶ ante ἀπεράντου om. C, M. Cf. infra p. 319, 43. [66] ἤ. ἡ C, M. Cf. infra p. 319, 46. [67] ὅτε. ὅτι C.

non recte, ignem dicit principium esse omnium, non perspecto eo, quod dictum est, Deum non ignem, sed ignem comburentem et consumentem esse, in quo non solum legem Mosis pervertit, sed etiam tenebricosum Heraclitum compilavit. Infinitam autem esse potestatem Simon appellat universorum principium his verbis usus : *Hic liber revelationis vocis et nominis ex intelligentia magnæ potestatis infinitæ. Quapropter erit obsignatus, absconditus, velatus, repositus in habitaculo, ubi radix universorum fundata est.* Habitaculum autem dicit esse hominem hunc ex sanguine natum, et inhabitare in eo infinitam illam potestatem, quam radicem esse universorum ait. Est autem infinita potestas, quæ est ignis, secundum Simonem non simplex quiddam sicuti plerique, qui dicunt simplicia esse quatuor elementa, et ignem simplicem esse censuerunt, sed ignis scilicet duplicem esse quamdam **238-239** naturam, ejusque duplicis quidem naturæ alterum vocat absconditum, alterum manifestum ; latere autem abscondita illa in manifestis ignis et manifesta ignis ab absconditis exstitisse. Est autem hoc idem, quod Aristoteles *potestate* et *efficientia* vocat, vel Plato *intelligibile* et *sensibile*. Et manifestum quidem ignis habet in se quæcunque quis percipiet aut forte prætermiserit rerum sensibilium ; absconditum autem quidquid quis percipiet intelligibile et effugiens sensum ; vel etiam prætermittit, quia non perspexit. Universe autem licet dicere : omnium quæ exstant, et sensibilium et intelligibilium, quæ ille abscondita et manifesta appellat, thesaurus est ignis supercœlestis, veluti arbor vasta tanquam ea, quæ per somnium apparuit Nabuchodonosori, ex qua omnis caro nutritur. Et manifestum quidem ignis arbitratur esse stirpem, ramos, folia, extrinsecus eam cingentem corticem. Omnia, inquit, hæc magnæ illius arboris incensa ab omnia comburenti ignis pessumdantur flamma. Sed fructus arboris ubi effigiatus erit et suam speciem nactus erit, in apotheca reponitur, non abjicitur in ignem. Nascitur enim, inquit, fructus qui in apotheca reponatur, palea autem, ut traducatur igni, quæ est stirps, non sui causa, sed propter fructum nata.

10. Et hoc, ait, est illud quod scriptum est in Scriptura : *Vinea enim Domini Sabaoth domus Israel est, et vir Juda germen ejus delectabile.* Sin homo Juda germen delectabile, demonstratum est, inquit, arborem nihil esse aliud nisi hominem. Sed de secretione ejus et discretione satis, inquit, dixit Scriptura, et ad instructionem sufficit iis, qui effigiati sunt, id quod dictum est : *Omnis caro fenum et*

ὀρθῶς, πῦρ εἶναι [24] τῶν ὅλων λέγει τὴν ἀρχήν, οὐ νοήσας τὸ εἰρημένον, ὅτι Θεὸς οὐ πῦρ, ἀλλὰ πῦρ φλέγον [25] καὶ καταναλίσκον, οὐκ αὐτὸν διασπῶν μόνον τὸν νόμον Μωσέως, ἀλλὰ καὶ τὸν σκοτεινὸν Ἡράκλειτον συλαγωγῶν [26]. Ἀπέραντον δὲ εἶναι δύναμιν ὁ Σίμων προσαγορεύει τῶν ὅλων τὴν ἀρχήν, λέγων οὕτως· *Τοῦτο τὸ γράμμα* [27] *ἀποφάσεως φωνῆς* [28] *καὶ ὀνόματος ἐξ ἐπινοίας τῆς μεγάλης δυνάμεως τῆς ἀπεράντου* [29]. *Διὸ ἔσται ἐσφραγισμένον, κεκρυμμένον, κεκαλυμμένον, κείμενον ἐν τῷ οἰκητηρίῳ, οὗ ἡ ῥίζα τῶν ὅλων τεθεμελίωται.* Οἰκητήριον δὲ λέγει εἶναι τὸν ἄνθρωπον τοῦτον τὸν ἐξ αἱμάτων γεγεννημένον, καὶ κατοικεῖν ἐν αὐτῷ τὴν ἀπέραντον δύναμιν, ἣν ῥίζαν εἶναι τῶν ὅλων φησίν. Ἔστι δὲ ἡ ἀπέραντος δύναμις, τὸ πῦρ, κατὰ τὸν Σίμωνα οὐδὲν ἁπλοῦν, καθάπερ οἱ πολλοὶ ἁπλᾶ λέγοντες εἶναι τὰ τέσσαρα στοιχεῖα καὶ τὸ πῦρ ἁπλοῦν εἶναι νενομίκασιν, ἀλλὰ γὰρ εἶναι τὴν τοῦ πυρὸς διπλῆν τινα [p. 163—165] τὴν φύσιν, καὶ τῆς διπλῆς ταύτης καλεῖ τὸ μέν τι κρυπτόν, τὸ δέ τι φανερόν· κεκρύφθαι δὲ τὰ κρυπτὰ ἐν τοῖς φανεροῖς τοῦ πυρός, καὶ τὰ φανερὰ τοῦ πυρὸς ὑπὸ τῶν κρυπτῶν γεγονέναι. Ἔστι δὲ τοῦτο, ὅπερ Ἀριστοτέλης δυνάμει καὶ ἐνεργείᾳ καλεῖ ἢ Πλάτων [30] νοητὸν καὶ αἰσθητόν. Καὶ τὸ μὲν φανερὸν τοῦ πυρὸς πάντα ἔχει ἐν ἑαυτῷ ὅσα ἄν τις ἐπινοήσῃ ἢ καὶ λάθῃ παραλιπὼν τῶν ὁρατῶν [31]. Τὸ δὲ κρυπτὸν πᾶν | ὅ τι ἐννοήσει τις νοητὸν καὶ πεφευγὸς [32] τὴν αἴσθησιν ἢ [33] καὶ παραλείπει μὴ διανοηθείς. Καθόλου δὲ ἔστιν εἰπεῖν, πάντων τῶν ὄντων [34] αἰσθητῶν τε καὶ νοητῶν, ὧν ἐκεῖνος κρυφίων καὶ φανερῶν [35] προσαγορεύει, ἔστι θησαυρὸς τὸ πῦρ τὸ ὑπερουράνιον, οἱονεὶ δένδρον μέγα ὡς τὸ [36] δι' ὀνείρου βλεπόμενον τῷ Ναβουχοδονόσορ [37], ἐξ οὗ πᾶσα σὰρξ τρέφεται. Καὶ τὸ μὲν φανερὸν εἶναι τοῦ πυρὸς νομίζει τὸ πρέμνον, τοὺς κλάδους, τὰ φύλλα, τὸν [38] ἔξωθεν αὐτῷ [39] περικείμενον φλοιόν. Ἅπαντα, φησί, ταῦτα τοῦ μεγάλου δένδρου ἀναφθέντα ἀπὸ τῆς παμφάγου τοῦ πυρὸς ἀφανίζεται φλογός. Ὁ δὲ καρπὸς τοῦ δένδρου ἐὰν ἐξεικονισθῇ καὶ τὴν ἑαυτοῦ μορφὴν ἀπολάβῃ [40], εἰς ἀποθήκην τίθεται, οὐκ εἰς τὸ πῦρ. Γέγονε μὲν γάρ [41], φησίν, ὁ καρπὸς, ἵνα εἰς τὴν ἀποθήκην τεθῇ, τὸ δὲ ἄχυρον, ἵνα παραδοθῇ τῷ πυρί, ὅπερ ἐστὶ πρέμνον, οὐκ αὐτοῦ χάριν, ἀλλὰ τοῦ καρποῦ γεγενημένον [42].

ι'. Καὶ τοῦτό ἐστι, φησί, τὸ γεγραμμένον ἐν τῇ Γραφῇ· *Ὁ γὰρ ἀμπελὼν* [43] *Κυρίου Σαβαὼθ οἶκος τοῦ Ἰσραὴλ ἐστι, καὶ ἄνθρωπος τοῦ Ἰούδα νεόφυτον ἠγαπημένον.* Εἰ δὲ ἄνθρωπος τοῦ Ἰούδα νεόφυτον ἠγαπημένον, δέδεικται, φησίν, ὅτι ξύλον οὐκ ἄλλο τι ἀλλ' ἢ ἄνθρωπός ἐστιν. Ἀλλὰ περὶ τῆς ἐκκρίσεως αὐτοῦ καὶ διακρίσεως ἱκανῶς, φησίν, εἴρηκεν ἡ Γραφή, καὶ πρὸς διδασκαλίαν ἀρκεῖ τοῖς

VARIÆ LECTIONES.

[24] Cf. cum his et sequentibus Theodoret. *Hær. fab.* 1, 1 et Epitomen infra l. x, 12 p. 318. 319 ed. Ox. [25] φλέγων — καταναλίσκων pr. C, φλέγον — καταναλίσκων corr. C. [26] συλλαγωγῶν C. [27] Cf. supra p. 168, 22 — 25. [28] φωνῆς — ἐπινοίας. Cf infra c. 12. p. 240, 35, 36. [29] τοῦ ἀπεράντου C. [30] Πλάττων C. [31] τῶν ὁρατῶν. τὸν|ἀόρατον C. [32] πεφευγὼς C. [33] ἢ. εἰ C, M. [34] ὄντων. ὅλων C. [35] κρυφίως — φανερῶς C, M. [36] ὡς τό. ὡς C. [37] τὸν Ναβουχοδονόσορ C. Cf. Daniel. 4, 7—9. [38] τόν. τῶν C. [39] αὐτῷ. αὐτῶν C, M. [40] ἀπολάβῃ, ἀπολαύῃ C. [41] Cf. Matth. III, 12; Luc. III, 17. [42] γεγεννημένον corr. C. [43] Isa

ἐξεικονισμένοις τὸ λεχθέν· Ὅτι Πᾶσα σὰρξ [54] χόρτος, καὶ πᾶσα δόξα σαρκὸς ὡς ἄνθος χόρτου. Ἐξηράνθη ὁ χόρτος, καὶ τὸ ἄνθος αὐτοῦ ἐξέπεσε· τὸ δὲ ῥῆμα Κυρίου μένει εἰς τὸν αἰῶνα. Ῥῆμα δὲ, φησὶν, ἐστὶ | Κυρίου τὸ ἐν στόματι γεννώμενον ῥῆμα καὶ Λόγος· ἄλλη δὲ [55-55] χωρίον γενέσεως οὐκ ἔστι.

ια'. Τοιούτου δὲ ὄντος, ὡς δι' ὀλίγων [56] εἰπεῖν, κατὰ τὸν [p. 165 166] Σίμωνα τοῦ πυρὸς, καὶ πάντων τῶν ὄντων ὁρατῶν καὶ ἀοράτων, ὡσαύτως [57] ἐνήχων καὶ ἀνήχων [58], ἀριθμητῶν καὶ [59] ἀριθμῶν, ἐν τῇ Ἀποφάσει τῇ μεγάλῃ καλεῖ τέλειον νοερὸν [60], οὕτως ὡς ἕκαστον τῶν ἀπειράκις ἀπείρως ἐπινοηθῆναι δυναμένων καὶ λαλεῖν καὶ διανοεῖσθαι καὶ ἐνεργεῖν, οὕτως ὥς φησιν Ἐμπεδοκλῆς·

Γαίῃ μὲν γὰρ [31] γαῖαν ὀπώπαμεν, ὕδατι δ' ὕδωρ [32],
Αἰθέρι δ' αἰθέρα [δῖον] [33], ἀτὰρ πυρὶ πῦρ ἀΐδηλον,
Καὶ [στοργῇ] [34], στοργὴν, νεῖκος δέ τε [35] νείκεϊ λυγρῷ.

ιβ'. Πάντα γὰρ, φησὶν, ἐνόμιζε τὰ μέρη τοῦ πυρὸς τὰ ὁρατὰ καὶ τὰ [36] ἀόρατα φρόνησιν ἔχειν καὶ νώματος αἶσαν [37]. Γέγονεν οὖν ὁ κόσμος ὁ γεννητὸς ἀπὸ τοῦ ἀγεννήτου πυρός. Ἤρξατο δὲ, φησὶ, γενέσθαι τοῦτον τὸν τρόπον. Ἓξ ῥίζας τὰς πρώτας τῆς ἀρχῆς τῆς γεννήσεως λαβὼν ὁ γεννητὸς [38] ἀπὸ τῆς ἀρχῆς τοῦ πυρὸς ἐκείνου· γεγονέναι δὲ τὰς ῥίζας φησὶ κατὰ συζυγίας [39] ἀπὸ τοῦ πυρὸς, ἅστινας ῥίζας καλεῖ νοῦν καὶ ἐπίνοιαν, φωνὴν καὶ ὄνομα [40], λογισμὸν καὶ ἐνθύμησιν· εἶναι δὲ ἐν ταῖς ἓξ ῥίζαις ταύταις πᾶσαν ὁμοῦ τὴν ἀπέραντον δύναμιν δυνάμει, οὐκ ἐνεργείᾳ. Ἥντινα ἀπέραντον δύναμίν φησι τὸν ἑστῶτα, στάντα [41], στησόμενον. Ὃς [42] ἐὰν μὲν ἐξεικονισθῇ ὢν ἐν ταῖς ἓξ δυνάμεσιν, ἔσται οὐσίᾳ, δυνάμει, μεγέθει, ἀπο | τελέσματι μία καὶ ἡ αὐτὴ τῇ ἀγεννήτῳ καὶ ἀπεράντῳ δυνάμει, καὶ [43] οὐδὲν ὅλως ἔχουσα ἐνδεέστερον ἐκείνης τῆς ἀγγεννήτου καὶ ἀπαραλλάκτου [44] καὶ [45] ἀπεράντου δυνάμεως· ἐὰν δὲ μείνῃ τῇ δυνάμει μόνον ἐν ταῖς ἓξ δυνάμεσι καὶ μὴ ἐξεικονισθῇ, ἀφανίζεται, φησὶ, καὶ ἀπόλλυται οὕτως ὡς ἡ δύναμις ἡ γραμματικὴ ἢ [46] γεωμετρικὴ ἐν ἀνθρώπου ψυχῇ. Προσλαβοῦσα γὰρ ἡ δύναμις τέχνην φῶς τῶν γινομένων γίνεται, μὴ προσλαβοῦσα δὲ ἀτεχνία καὶ σκότος, καὶ ὡς ὅτε [47] οὐκ ἦν, ἀποθνήσκοντι τῷ ἀνθρώπῳ συνδιαφθείρεται.

ιγ'. Τῶν δὲ ἓξ δυνάμεων τούτων καὶ τῆς ἑβδόμης τῆς μετὰ τῶν ἓξ καλεῖ τὴν πρώτην συζυγίαν νοῦν καὶ ἐπίνοιαν, οὐρανὸν καὶ γῆν· καὶ τὸν μὲν ἄρσενα ἄνωθεν ἐπιβλέπειν καὶ [p. 166—167] προνοεῖν τῆς συζύγου,

A *omnis gloria carnis tanquam flos feni. Exaruit fenum et flos ejus decidit; verbum autem Domini manet in æternum.* Verbum autem, inquit, Domini est in ore quod natum est Verbum et Logus, alias autem sedes generationis non exstat.

11. Cum autem, ut paucis defungamur, ex sententia Simonis **240-241** ita comparatus sit ignis, cumque sit omnia vel visibilia vel non visibilia, pariterque vocalia et non vocalia, numerabiliaque et numeri: in Revelatione magna appellat perfectum rationale, ita ut unumquodque eorum, quæ infinitis vicibus comprehendi cogitatione possunt, et loquatur et intelligat et agat, ita ut ait Empedocles:

B *Terra enim terram conspicimus, aqua autem aquam,*
Æthere autem ætherem divinum, sed igni ignem sævum,
Et amicitiam amicitia, discordiam autem pariter discordia tristi.

12 Omnes enim, inquit, arbitrabatur partes ignis et visibiles et invisibiles sensum habere et intelligentiæ sortem. Exstitit igitur mundus qui generatus est a non generato igni. Cœptus autem est fieri, inquit, in hunc modum. Sex radices easque primas principii generationis sumpsit is qui generatus est a principio ignis illius. Exstitisse autem ait radices per conjugationem ab igni, quas quidem radices appellat *mentem* et *intelligentiam*, *vocem* et *nomen*, *ratiocinationem* et *cogitationem*. Esse autem in sex his C radicibus omnem simul infinitam illam potestatem potestate, non effectione. Quam infinitam potestatem dicit eum qui stat, stetit, stabit. Qui cum effigiatus erit ubi erit in sex illis potestatibus, erit re, vi, magnitudine, perfectione una eademque quæ est non generata et infinita potestas et nullo modo non-generatæ illi et non-mutabili et infinitæ potestati. Sin autem manebit sola potestate in sex potestatibus et non effigiabitur, evanescit, inquit, et perit ita ut potestas grammatica vel geometrica in animo hominis. Adepta enim potestas artem lux rerum generatarum exsistit, non autem adepta inertia et tenebræ, et pariter atque tum cum non erat cum moriente homine simul perit.

13. Potestatum autem harum sex et septimæ illius, D quæ est cum his, appellat primam conjugationem mentem et intelligentiam, cœlum et terram, et illud quidem, quod virilis **242-243** sexus sit, desuper

VARIÆ LECTIONES.

[54] I Petr. I, 24, ubi legitur διότι pro ὅτι et δόξα αὐτῆς pro δόξα σαρκός. [55-55] ἄλλη δὲ ἀλλ' οὐ C. ἄλλο δὲ sive οὗ vel ᾧ ἄλλο M. [56] ὀλίγον C. [57] ὡσαύτως. ὢν αὐτὸς C, M. [58] ἀνήχων. ἔχων C. M. [59] ἀριθμητῶν καί. καὶ ἀριθμητῶν C, M. [60] τέλειον νοερόν. τελείων νοερῶν C, M. [31] Vs. 321 sqq. Karsten, vs. 333 sqq. Stein. [32] δὲ ὕδωρ. C. [33] δῖον om. C. [34] στοργῇ om. C. [35] δέ τε. ἐπὶ C. [36] ὁρατὰ καὶ τὰ om. C, M. Cf. infra p. 319, 30, 31 ed. Ox. [37] νώματος αἶσαν. γνώμην ἴσην C. M. Cf. infra l. VII, 29. p. 252, 9 ed. Ox. [38] Post γεννητὸς fort. add. γέγονεν M. Sed obstat, quod infra p. 319, 33, 34 prorsus eadem recurrunt. [39] συζυγίας. Infra p. 319, 35, 36 συζυγίαν. [40] ὄνομα. ἔννοιαν Theodoretus l. l. [41] στάντα om. C. Cf. infra p. 242, 60 et alibi. [42] Ὃς. Ὦς C, M. [43] καὶ ante οὐδὲν in marg. C. [44] ἀπαραλάκτου C. [45] καὶ ante ἀπεράντου om. C, M. Cf. infra p. 319, 43. [46] ἤ. ἡ C, M. Cf. infra p. 319, 46. [47] ὅτε. ὅτι C.

aspicere et curam gerere comparis, terram autem A recipere infra qui a cœlo rationales deferantur terræ cognatos fructus. Hanc ob causam, inquit, despectans sæpenumero logus ad ea, quæ nascuntur ex mente et intelligentia, hoc est ex cœlo et terra, dicit : *Audite, cœli, et auribus percipe, terra, quoniam Dominus locutus est : Filios generavi et exaltavi, ipsi autem spreverunt me.* Qui autem hæc dicit, ait, septima potestas est, is qui stat, stetit, stabit ; ipse enim auctor horum bonorum, quæ laudavit Moses et dixit valde bona. Vox autem et nomen sol et luna. Ratiocinatio autem et cogitatio aer et aqua. In his autem omnibus immista et temperata est, ut dixi, magna illa potestas infinita, stans.

14. Cum Moses igitur dixerit : *Sex diebus in quibus Deus fecit cœlum et terram, et septimo die requievit* B *ab omnibus operibus suis*, eo quo diximus modo hæc Simon aliter dispensando semet deificat. Quando igitur dicunt (Simoniani) tres esse dies ante solem et lunam natos, indigitant mentem et intelligentiam, hoc est cœlum et terram, et septimam potestatem infinitam illam. Hæ enim tres potestates sunt ante reliquas omnes natæ. Quando autem dicunt : *Ante omnia sæcula generat me*, de septima, inquit, potestate hæc dicuntur valere. Septima autem hæc potestas, quæ erat potestas exsistens in infinita illa potestate, quæ quidem exstitit ante omnia sæcula, hæc, inquit, est septima illa potestas, de qua dicit Moses : *Et Spiritus Dei ferebatur super aquas*, hoc est, inquit, Spiritus habens in se omnia, imago C infinitæ illius potestatis, de qua Simon dicit : *Imago ex incorrupta forma, sola ordinans omnia.* Hæc enim potestas, quæ fertur super aquas, ex incorrupta, inquit, nata forma sola ordinat omnia. Cum igitur talis quædam et consimilis fabrica mundi illis exstiterit, finxit, inquit, Deus hominem limo sumpto de terra, finxit autem non simplicem sed duplicem ad imaginem et similitudinem. Imago autem est spiritus qui fertur super aquas, qui ubi non effigiatus erit, cum mundo peribit, cum potestate tantum maneat et **244-245** non efficientia exsistat. Hoc, inquit, est illud quod dictum est : *Ne una cum mundo condemnemur.* Ubi autem effigiabitur et exsistet a puncto indiviso, sicuti scriptum est in Revelatione, parvum evadet magnum. Magnum au- D tem illud erit in omne ævum et immutatum, utpote quod amplius non fiat. Qui igitur et quomodo, inquit, fingit hominem Deus? In paradiso, sic enim ei placet. Esto, inquit, paradisus uterus, idque esse verum Scriptura docebit, quando dicit : *Ego sum qui formo te in utero matris tuæ.* Etenim hoc ita scriptum vult. Paradisum, inquit, per allegoriam

A τὴν δὲ γῆν ὑποδέχεσθαι [78] κάτω τοὺς ἀπὸ τοῦ οὐρανοῦ νοεροὺς καταφερομένους τῇ γῇ συγγενεῖς καρπούς. Διὰ τοῦτο, φησὶν, ἀποβλέπων πολλάκις ὁ λόγος πρὸς τὰ ἐκ νοὸς καὶ ἐπινοίας [79] γεγεννημένα, τουτέστιν ἐξ οὐρανοῦ καὶ γῆς, λέγει· *Ἄκουε, οὐρανέ* [80], *καὶ ἐνωτίζου, γῆ, ὅτι Κύριος ἐλάλησεν. Υἱοὺς ἐγέννησα καὶ ὕψωσα, αὐτοὶ δέ με ἠθέτησαν.* Ὁ δὲ λέγων ταῦτα, φησὶν, ἡ ἑβδόμη δύναμίς ἐστιν, ὁ [81] ἑστὼς, στὰς, στησόμενος· αὐτὸς γὰρ αἴτιος τούτων τῶν καλῶν, ὧν ἐπῄνεσε Μωσῆς [82] καὶ εἶπε καλὰ λίαν. Ἡ δὲ φωνὴ καὶ τὸ ὄνομα, ἥλιος καὶ σελήνη. Ὁ δὲ λογισμὸς καὶ ἡ ἐνθύμησις, ἀὴρ καὶ ὕδωρ. Ἐν δὲ τούτοις ἅπασιν ἐμμέμικται καὶ κέκραται, ὡς ἔφην, ἡ μεγάλη δύναμις ἡ ἀπέραντος, ὁ ἑστώς.

ιδ'. Μωσέως οὖν εἰρηκότος· *Ἓξ ἡμέραις* [83] *ἐν αἷς* B *ὁ Θεὸς* | *ἐποίησε τὸν οὐρανὸν καὶ τὴν γῆν, καὶ τῇ ἑβδόμῃ κατέπαυσεν ἀπὸ πάντων τῶν ἔργων αὐτοῦ*, τὸν εἰρημένον τρόπον μετοικονομήσας ὁ Σίμων ἑαυτὸν θεοποιεῖ. Ὅταν οὖν λέγωσιν, ὅτι εἰσὶ τρεῖς ἡμέραι πρὸ ἡλίου καὶ σελήνης γεγενημέναι, αἰνίσσονται νοῦν καὶ ἐπίνοιαν, τουτέστιν οὐρανὸν καὶ γῆν, καὶ τὴν ἑβδόμην δύναμιν τὴν ἀπέραντον. Αὗται γὰρ αἱ τρεῖς δυνάμεις εἰσὶ πρὸ πασῶν τῶν ἄλλων γενόμεναι. Ὅταν δὲ λέγωσι· *Πρὸ πάντων* [84] *τῶν αἰώνων γεννᾷ με*, περὶ τῆς ἑβδόμης, φησὶ, δυνάμεως τὰ τοιαῦτα λέγεται εἶναι. Ἑβδόμη δὲ αὕτη δύναμις, ἥτις ἦν δύναμις ὑπάρχουσα ἐν τῇ ἀπεράντῳ δυνάμει, ἥτις γέγονε πρὸ πάντων τῶν αἰώνων, αὕτη ἐστὶ, φησὶν, ἡ ἑβδόμη δύναμις, περὶ ἧς λέγει Μωσῆς· *Καὶ Πνεῦμα Θεοῦ* [85] *ἐπεφέρετο ἐπάνω τοῦ ὕδατος*· τουτέστι, C φησὶ, τὸ Πνεῦμα τὸ πάντα ἔχον [86] ἐν ἑαυτῷ, εἰκὼν τῆς ἀπεράντου δυνάμεως, περὶ ἧς ὁ Σίμων λέγει· *Εἰκὼν ἐξ ἀφθάρτου μορφῆς, κοσμοῦσα μόνη πάντα.* Αὕτη γὰρ ἡ δύναμις, ἡ ἐπιφερομένη ἐπάνω τοῦ ὕδατος ἐξ ἀφθάρτου, φησὶ, γεγενημένη μορφῆς κοσμεῖ μόνη πάντα. Τοιαύτης οὖν τινος καὶ παραπλησίου τῆς κατασκευῆς τοῦ κόσμου γενομένης παρ' αὐτοῖς, ἔπλασε [87], φησὶν, ὁ Θεὸς τὸν ἄνθρωπον χοῦν ἀπὸ τῆς γῆς λαβών· ἔπλασε δὲ οὐχ ἁπλοῦν, ἀλλὰ διπλοῦν κατ' εἰκόνα καὶ [p. 167—169] καθ' ὁμοίωσιν. Εἰκὼν δέ ἐστι τὸ πνεῦμα τὸ ἐπιφερόμενον [88] ἐπάνω τοῦ ὕδατος, ὃ ἐὰν μὴ ἐξεικονισθῇ, μετὰ τοῦ κόσμου ἀπολεῖται, δυνάμει μεῖναν μόνον καὶ μὴ ἐνεργείᾳ γενόμενον. Τοῦτό ἐστι, φησὶ, τὸ εἰρημένον· *Ἵνα* D *μὴ* [89] *σὺν τῷ κόσμῳ κατακριθῶμεν.* Ἐὰν δὲ ἐξεικονισθῇ καὶ γένηται ἀπὸ στιγμῆς ἀμερίστου, ὡς γέγραπται ἐν τῇ | Ἀποφάσει, τὸ μικρὸν μέγα γενήσεται. Τὸ δὲ μέγα ἔσται εἰς τὸν ἄπειρον αἰῶνα καὶ ἀπαράλλακτον [90] τὸ μηκέτι γινόμενον. Πῶς οὖν καὶ τίνα τρόπον, φησὶ, πλάσσει [91] τὸν ἄνθρωπον ὁ Θεός; Ἐν παραδείσῳ, οὕτως γὰρ αὐτῷ δοκεῖ. Ἔστω, φησὶ, παράδεισος ἡ μήτρα, καὶ ὅτι τοῦτό ἐστιν ἀλη-

VARIÆ LECTIONES.

[78] ὑποδέχεται C. [79] ἐπιννοίας C. [80] Isa. I, 2. [81] ὁ ante ἑστώς om. C, M. [82] Cf. I Mos. I, 31. [83] I Mos. II, 2 : Καὶ συνετέλεσεν ὁ Θεὸς ἐν τῇ ἡμέρᾳ τῇ ἕκτῃ τὰ ἔργα αὐτοῦ, ἃ ἐποίησε, καὶ κατέπαυσε τῇ ἡμέρᾳ τῇ ἑβδόμῃ ἀπὸ πάντων τῶν ἔργων αὐτοῦ, ὧν ἐποίησε, coll. II Mos. XX, 11 : Ἐν γὰρ ἓξ ἡμέραις ἐποίησε Κύριος τὸν οὐρανὸν καὶ τὴν γῆν καὶ τὴν θάλασσαν καὶ πάντα τὰ ἐν αὐτοῖς, καὶ κατέπαυσε τῇ ἡμέρᾳ τῇ ἑβδόμῃ. [84] Fort. e Proverb. Salom. VIII, 23-25. [85] I Mos. I, 2. [86] τὸ πάντα ἔχον. τῷ πάντα ἔχειν C. [87] Cf. II Mos. II, 7; coll. I Mos. I, 26, 27. [88] τοῦ ἐπιφερομένου C. [89] I Cor. XI, 32. [90] ἀπαράλακτον C. [91] πλάσεις C.

θὼς ἡ Γραφὴ διδάξει ὅτε λέγει· *Ἐγώ εἰμι*[62] *ὁ πλάσσων*[63] *σε ἐν μήτρᾳ μητρός σου.* Καὶ τοῦτο γὰρ οὕτω θέλει γεγράφθαι. Τὸν παράδεισον, φησὶν, ἀλληγορῶν ὁ Μωσῆς τὴν μήτραν εἴρηκεν, εἴπερ δεῖ τῷ λόγῳ πιστεύειν. Εἰ δὲ πλάσσει ὁ Θεὸς ἐν μήτρᾳ μητρὸς τὸν ἄνθρωπον, τουτέστιν ἐν παραδείσῳ, ὡς ἔφην, ἔστω παράδεισος ἡ μήτρα, Ἐδὲμ δὲ τὸ χωρίον, *ποταμὸς ἐκπορευόμενος*[64] *ἐξ Ἐδὲμ ποτίζειν*[65] *τὸν παράδεισον* ὁ ὀμφαλός. Οὗτος, φησὶν, ἀφορίζεται ὁ ὀμφαλὸς εἰς τέσσαρας ἀρχὰς, ἑκατέρωθεν γὰρ τοῦ ὀμφαλοῦ δύο εἰσὶν ἀρτηρίαι παρατεταμέναι[66], ὀχετοὶ πνεύματος, καὶ δύο φλέβες, ὀχετοὶ αἵματος. Ἐπειδὰν[67] δὲ, φησὶν, ἀπὸ τοῦ Ἐδὲμ χωρίου ἐκπορευόμενος ὁ ὀμφαλὸς ἐμφυῇ τῷ γενομένῳ κατὰ τὸ ἐπιγάστριον, ὃν κοινῶς πάντες προσαγορεύουσιν ὀμφαλὸν[68].... αἱ δὲ δύο φλέβες, δι' ὧν ῥεῖ καὶ φέρεται ἀπὸ τοῦ Ἐδὲμ τοῦ χωρίου τὸ αἷμα κατὰ τὰς καλουμένας πύλας τοῦ ἥπατος, αἵτινες τὸ γεννώμενον τρέφουσιν· αἱ δὲ ἀρτηρίαι, ἅ, ἔφημεν ὀχετοὺς εἶναι πνεύματος, ἑκατέρωθεν περιλαβοῦσαι[69] τὴν κύστιν κατὰ τὸ πλατὺ ὀστοῦν, πρὸς τὴν μεγάλην συνάπτουσιν ἀρτηρίαν, τὴν κατὰ ῥάχιν καλουμένην ἀορτὴν, καὶ οὕτως διὰ τῶν παραθύρων ἐπὶ τὴν καρδίαν ὁδεῦσαν τὸ πνεῦμα κίνησιν ἐργάζεται τῶν ἐμβρύων. Πλαττόμενον γὰρ τὸ βρέφος ἐν τῷ παραδείσῳ οὔτε τῷ στόματι τροφὴν | λαμβάνει, οὔτε ταῖς ῥισὶν ἀναπνέει· ἐν ὑγροῖς γὰρ ὑπάρχοντι αὐτῷ παρὰ πόδας ἦν ὁ θάνατος εἰ ἀνέπνευσεν· ἐπεσπάσατο γὰρ ἂν ἀπὸ τῶν ὑγρῶν καὶ ἐφθάρη. Ἀλλὰ γὰρ ὅλον περιέσφιγκται τῷ καλουμένῳ χιτῶνι ἀμνίῳ, τρέφεται δὲ δι' ὀμφαλοῦ καὶ διὰ τῆς κατὰ ῥάχιν, ὡς ἔφην, τὴν τοῦ πνεύματος οὐσίαν λαμβάνει.

Moses uterum dixit, siquidem licet logo credere. Si vero format Deus in utero matris hominem, hoc est in paradiso, ut dicebam, esto paradisus uterus, Edem autem regio illa, fluvius egrediens ex Edem ad irrigandum paradisum umbilicus. Hic, inquit, dividitur umbilicus in quatuor capita. Ab utraque enim parte umbilici quæ sunt arteriæ juxta tensæ, canales spiritus, et duæ venæ, canales sanguinis. Ubi autem, inquit, ex Edem regione egrediens umbilicus increscet nascenti circa epigastrium, quem communi usu universi appellant umbilicum . . . . duæ autem illæ venæ, per quas fluit et fertur ab Edem regione sanguis per portas, quæ dicuntur hepatis, quæ nascens alunt; arteriæ autem illæ, quas diximus canales esse sanguinis, ab utraque parte amplexæ vesicam circa pelvim magnam arteriam contingunt, hoc est quæ per dorsum vocatur aortam, et ita per ostia in cor permeans spiritus motum efficit uterinorum. Dum enim formatur infans in paradiso, neque ore alimentum accipit, neque naribus respirat; in humidis enim versanti erat ei ante pedes mors si respiraret, duxisset enim ex humidis et peremptus esset. Verumenimvero circumvolutus est totus tunica, quæ dicitur amnium, alitur autem per umbilicum, et per dorsalem, ut dicebam, arteriam spiritus essentiam accipit.

[p. 169. 170] ιε'. Ὁ οὖν ποταμὸς, φησὶν, ὁ ἐκπορευόμενος ἐξ Ἐδὲμ εἰς τέσσαρας ἀφορίζεται ἀρχὰς, ὀχετοὺς τέσσαρας, τουτέστιν εἰς τέσσαρας αἰσθήσεις τοῦ γεννωμένου, ὅρασιν, ἀκοὴν[70], ὄσφρησιν, γεῦσιν καὶ ἁφήν. Ταύτας γὰρ ἔχει μόνας τὰς αἰσθήσεις ἐν τῷ παραδείσῳ πλασσόμενον τὸ παιδίον. Οὗτος, φησὶν, ἐστὶν ὁ νόμος, ὃν ἔθηκε Μωσῆς, καὶ πρὸς τοῦτον αὐτὸν τὸν νόμον γέγραπται τῶν βιβλίων ἕκαστον, ὡς αἱ[71] ἐπιγραφαὶ δηλοῦσι. Τὸ πρῶτον βιβλίον Γένεσις· ἤρκει, φησὶ, πρὸς γνῶσιν τῶν ὅλων ἡ ἐπιγραφὴ τοῦ βιβλίου. Αὕτη γὰρ, φησὶν, ἐστὶν ἡ Γένεσις ὅρασις, εἰς ἣν ἀφορίζεται ποταμοῦ σχίσις ἡ μία. Ἐθεάθη γὰρ ὁ κόσμος ἐν ὁράσει. Ἡ ἐπιγραφὴ[72] βιβλίου δευτέρου Ἔξοδος. Ἔδει γὰρ τὸ γεννηθὲν, τὴν Ἐρυθρὰν διοδεῦσαν θάλασσαν[73], ἐλθεῖν ἐπὶ τὴν ἔρημον (Ἐρυθρὰν δὲ λέγει, φασὶ, τὸ αἷμα), καὶ γεύσασθαι πικρὸν ὕδωρ. Πικρὸν γὰρ, φησὶν, ἐστὶ τὸ ὕδωρ τὸ μετὰ τὴν Ἐρυθρὰν θάλασσαν, ὅπερ ἐστὶν ὁδὸς τῆς κατὰ τὸν βίον γνώσεως τῶν ἐπιπόνων ὁδευομένη καὶ πικρῶν. Στραφὲν δὲ ὑπὸ Μωσέως,

246-247 15. Fluvius igitur, inquit, egrediens ex Edem dividitur in quatuor capita, canales quatuor, hoc est in quatuor sensus nati, visum, auditum, olfactum, gustum et tactum. Hos enim solos habet sensus in paradiso figuratus infans. Hæc est, inquit, lex quam posuit Moses et ad hanc ipsam legem scripti sunt singuli libri, ut inscriptiones declarant. Primus liber Genesis. Sufficiebat, inquit, ad cognitionem universæ rei inscriptio libri. Hæc enim, inquit, est Genesis visus, in quem dividitur fluvii sectio una. Conspectus enim est mundus per visum. Inscriptio rursus alterius libri Exodus. Oportebat enim id quod natum erat permeato mari Rubro pervenire in desertum (mare Rubrum autem, inquiunt, dicit sanguinem) et gustare amaram aquam. Amara enim, inquit, est aqua, quæ est post mare Rubrum, quæ quidem est quod conficitur iter per vitam cognitionis aerumnosorum et amarorum. Conversum autem a Mose, hoc est a logo, amarum illud evadet dulce. Et hæc ita se habere vulgo licet ab universis

VARIÆ LECTIONES.

[62] Fort. cfr. Jerem. I, 5: Πρὸ τοῦ με πλάσαι σε ἐν κοιλίᾳ. [63] ὁ πλάσων C. [64] Cf. I Mos. II, 10: Ποταμὸς δὲ ἐκπορεύεται ἐξ Ἐδὲμ ποτίζειν τὸν παράδεισον· ἐκεῖθεν ἀφορίζεται εἰς τέσσαρας ἀρχάς. [65] ποτίζει C. [66] παρατεταγμέναι C, M. [67] Ἔπειτα — ἐμφύεται signo lacunæ omisso susp. Christ. Petersen, coll. Galeno in *Hippocr. De Alimento* p. 290 *ed. Chart.* VI, p. 387 *Kühn.* XV. [68] Signavimus lacunam hoc potius loco quam post ἐπιγάστριον, ubi M. [69] περιλαβοῦσαι. μὲν λαβοῦσαι C, συλλαβοῦσαι M, μεταλαβοῦσαι R. Scottus. [70] Delendum ἀκοήν, ut ex sequentibus liquido apparet. M; quod secus est. [71] αἱ ante ἐπιγραφαὶ om. C, M. [72] Ἡ ἐπιγραφή. Αὖ γραφὴ C, Αὖ ἐπιγραφὴ susp. M. [73] Cf. cum his II Mos. XV, 22-26.

exaudire, qui poetas secuti dicunt :

Radice quidem atrum erat, lacti autem simile flore;
Moly autem id vocant dii, arduum autem est ad effodiendum.
Hominibus certe mortalibus; dii autem profecto omnia possunt.

16. Sufficit, inquit, quod dictum est a gentibus ad cognitionem universæ rei iis, qui habent aures auditus. Nam hunc, inquit, fructum qui gustavit, a Circe non in bestiam mutatus est solus, verum etiam eos, qui jam mutati erant, viribus talis fructus usus in primam illam peculiarem eorum reformavit et refinxit et revocavit speciem. Fidelis autem vir isque dilectus a venefica illa per lacteum et divinum illum fructum, inquit, invenitur. Leviticus similiter tertius liber, qui quidem est olfactus vel respiratio. Sacrificiorum enim et oblationum est universus iste liber. Ubicunque autem est sacrificium, odor quidam suavis odoramenti a sacrificio per suffimenta exsistit, circa quod odoramentum olfactum esse experimentum. Numeri, quartus **248-249** librorum, gustum dicit, ubi sermo operatur. Propterea enim quod loquitur omnia, appellatione numeri vocatur. Deuteronomium autem, inquit, est ad tactum formati infantis inscriptum. Sicuti enim tactus ea, quæ a reliquis sensibus conspecta sunt, tangendo recapitulat et confirmat, durum aut calidum aut lubricum probans, ita quintus liber legis recapitulatio est quatuor superiorum librorum.

Omnia igitur, inquit, non generata exstant in nobis per potestatem, non efficientia, ut ars grammatica aut geometrica. Ubi igitur nacta erunt institutionem idoneam et informationem, et convertetur amarum in dulce, hoc est lanceæ in falces et gladii in vomeres : Non erunt paleæ et ligna nata igni, sed fructus perfectus, effigiatus, ut dicebam, similis et compar non generatæ et infinitæ potestati. Ubi autem manebit arbor sola fructum non ferens, non effigiata deletur. Prope enim, inquit, securis est ad radices arboris. Omnis, inquit, arbor non ferens bonum fructum exciditur et in ignem conjicitur.

17. Est igitur secundum Simonem beatum illud et indelebile in quovis absconditum potestate, non efficientia, id quod est is qui stat, stetit, stabit, qui stat supra in non generata potestate, qui stetit infra in flumine aquarum, in imagine generatus, qui stabit supra juxta beatam infinitam potestatem, si effigia-

A τουτέστι τοῦ λόγου, τὸ πικρὸν [74] ἐκεῖνο γίνεται γλυκύ. Καὶ ὅτι ταῦθ' οὕτως ἔχει, κοινῇ πάντων ἔστιν ἀκοῦσαι κατὰ τοὺς ποιητὰς λεγόντων·

Ῥίζῃ μὲν [75] μέλαν [ἔσκε] [76], γάλακτι δὲ εἴκελον ἄνθος·
Μῶλυ δέ μιν καλέουσι θεοί· χαλεπὸν δέ τ' ὀρύσσειν
Ἀνδράσι γε θνητοῖσι· θεοὶ δέ τε πάντα δύνανται [77].

ιϛ'. Ἀρκεῖ, φησὶ, τὸ [78] λεχθὲν ὑπὸ τῶν ἐθνῶν πρὸς ἐπίγνωσιν τῶν ὅλων τοῖς ἔχουσιν ἀκοὰς [τῆς ἀ]κοῆς [79]· τούτου γὰρ, φησὶν, ὁ γευσάμενος τοῦ καρποῦ ὑπὸ τῆς Κίρκης οὐκ ἀπεθηριώθη μόνος, ἀλλὰ καὶ τοὺς ἤδη τεθηριωμένους τῇ δυνάμει χρώμενος τοῦ τοιούτου καρποῦ εἰς τὸν πρῶτον ἐκεῖνον τὸν ἴδιον αὐτῶν ἀνέπλασε [80] καὶ ἀνετύπωσε καὶ ἀνεκαλέσατο χαρα-
B κτῆρα. Πιστὸς δὲ ἀνὴρ καὶ ἀγαπώμενος ὑπὸ τῆς φαρμακίδος ἐκείνης διὰ τὸν γαλακτώδη καὶ θεῖον ἐκεῖνον καρπὸν, φησὶν, εὑρίσκεται. Λευιτικὸν ὁμοίως τὸ τρίτον βιβλίον, ὅπερ ἐστὶν ἡ ὄσφρησις ἢ [81] ἀναπνοή. Θυσιῶν γάρ ἐστι καὶ προσφορῶν ὅλον ἐκεῖνο τὸ βιβλίον. Ὅπου δέ ἐστι θυσία, ὀσμή τις εὐωδίας ἀπὸ τῆς θυσίας διὰ τῶν θυμιαμάτων γίνεται· περὶ ἣν εὐωδίαν ὄσφρησιν [p. 170. 171] εἶναι δ[οκιμα-στή]ριον. Ἀριθμοὶ τὸ τέταρτον τῶν βιβλίων γεῦσιν λέγει, ὅπου λόγος ἐνεργεῖ. Διὰ γὰρ τοῦ λαλεῖν πάντα ἀριθμοῦ τάξει καλεῖται. Δευτερονόμιον δὲ, φησὶν, ἐστὶ πρὸς τὴν ἁφὴν τοῦ πεπλασμένου παιδίου ἐπιγεγραμμένον. Ὥσπερ γὰρ ἡ ἁφὴ τὰ ὑπὸ τῶν ἄλλων αἰσθήσεων ὁραθέντα θιγοῦσα ἀνακεφαλαιοῦται καὶ βεβαιοῖ, σκληρὸν ἢ θερμὸν ἢ γλίσχρον δοκιμάσασα,
C οὕτως τὸ πέμπτον βιβλίον τοῦ νόμου ἀνακεφαλαίωσίς ἐστι τῶν πρὸ αὐτοῦ γραφέντων τεσσάρων.

Πάντα οὖν, φησὶ, τὰ ἀγέννητά ἐστιν ἐν ἡμῖν δυνάμει, οὐκ ἐνεργείᾳ, ὡς ἡ γραμματικὴ ἢ γεωμετρική [82]· Ἐὰν οὖν τύχῃ τοῦ λόγου τοῦ προσήκοντος καὶ διδασκαλίας, καὶ στραφήσεται τὸ πικρὸν εἰς γλυκὺ, | τουτέστιν αἱ ζιβύναι [83] εἰς δρέπανα καὶ αἱ μάχαιραι εἰς ἄροτρα, οὐκ ἔσται ἄχυρα καὶ ξύλα τὰ γεννώμενα πυρὶ, ἀλλὰ καρπὸς τέλειος ἐξεικονισμένος, ὡς ἔφην, ἴσος καὶ ὅμοιος τῇ ἀγεννήτῳ καὶ ἀπεράντῳ δυνάμει. Ἐὰν δὲ μείνῃ δένδρον μόνον, καρπὸν μὴ ποιοῦν, μὴ [84] ἐξεικονισμένον ἀφανίζεται. Ἐγγύς γάρ που [85], φησὶν, ἡ ἀξίνη παρὰ τὰς ῥίζας τοῦ δένδρου· πᾶν δένδρον, φησὶ, μὴ ποιοῦν καρπὸν
D καλὸν ἐκκόπτεται καὶ εἰς πῦρ βάλλεται.

ιζ'. Ἔστιν οὖν κατὰ τὸν Σίμωνα τὸ μακάριον καὶ ἄφθαρτον ἐκεῖνο ἐν παντὶ κεκρυμμένον δυνάμει, οὐκ ἐνεργείᾳ, ὅπερ ἐστὶν ὁ ἑστὼς, στὰς, στησόμενος· ἑστὼς ἄνω ἐν τῇ ἀγεννήτῳ δυνάμει· στὰς κάτω ἐν τῇ ῥοῇ τῶν ὑδάτων ἐν εἰκόνι γεννηθεὶς, στησόμενος ἄνω, παρὰ τὴν μακαρίαν ἀπέραντον δύναμιν ἐὰν

VARIÆ LECTIONES.

[74] πικρὸν C. [75] Od. x, 304 sqq. [76] ἔσκε om. C. [77] δύνανταί τε C. [78] τὸ om. C. [79] ἀκοὰς ..... κοῆς C, ἀκοὰς ὑπακοῆς conj. M. Cf. II Mos. xv, 26 : Ἐὰν ἀκοῇ ἀκούσῃς, κ. τ. λ. et supra lin. 27, ubi post ὄρασιν legitur ἀκοήν. [80] ἐνέπλασε C. [81] ἢ om. C. [82] ἡ γεωμετρική. ἡ γεωμετρικὴ C, M. [83] Cf. Isa. ii, 4 : Καὶ συγκόψουσιν τὰς μαχαίρας αὐτῶν εἰς ἄροτρα καὶ τὰς ζιβύνας αὐτῶν εἰς δρέπανα, κ. τ. λ. [84] μὴ ante ἐξεικονισμένον om. C, M. [85] Matth. v, 10 : Ἤδη δὲ ἡ ἀξίνη πρὸς τὴν ῥίζαν]radices a b c d Lucif. 120] τῶν δένδρων κεῖται· πᾶν οὖν δένδρον μὴ ποιοῦν καρπὸν καλὸν ἐκκόπτεται καὶ εἰς πῦρ βάλλεται. Cf. Luc. iii, 9.

ἐξεικονισθῇ. Τρεῖς γάρ, φησίν, εἰσὶν ἑστῶτες, καὶ ἄνευ τοῦ τρεῖς εἶναι ἑστῶτας αἰῶνας οὐ κοσμεῖται ὁ γέννητος[86] ὁ κατ' αὐτοὺς ἐπὶ τοῦ ὕδατος φερόμενος, ὁ καθ' ὁμοίωσιν ἀναπεπλασμένος τέλειος ἐπ[ουράνιος], κατ' οὐδεμίαν[87] ἐπίνοιαν ἐνδεέστερος τῆς ἀγεννήτου δυνάμεως γενόμενος, τουτέστιν ὃ λέγουσιν· Ἐγὼ καὶ σὺ ἕν, πρὸ ἐμοῦ σύ, τὸ[88] μετὰ σὲ ἐγώ. Αὕτη, φησίν, ἐστὶ δύναμις μία, διῃρημένη ἄνω, κάτω, αὐτὴν γεννῶσα, αὐτὴν αὔξουσα, αὐτὴν ζητοῦσα, αὐτὴν εὑρίσκουσα, αὐτῆς μήτηρ οὖσα, αὐτῆς πατήρ, αὐτῆς ἀδελφή, αὐτῆς σύζυγος, αὐτῆς θυγάτηρ, αὐτῆς υἱός, μήτηρ, πατήρ, ἕν, οὖσα[89] ῥίζα τῶν ὅλων.

Καὶ ὅτι, φησίν, ἀπὸ πυρὸς ἡ ἀρχὴ τῆς γενέσεώς ἐστι τῶν [p. 171—173.] γεννωμένων, τοιοῦτον κατανόει[90] τινὰ τρόπον· Πάντων, ὅσων γένεσίς ἐστιν, ἀπὸ πυρὸς ἡ ἀρχὴ τῆς ἐπιθυμίας τῆς γενέσεως[91] γίνεται. Τοιγαροῦν πυροῦσθαι τὸ | ἐπιθυμεῖν τῆς μεταβλητῆς γενέσεως ὀνομάζεται. Ἓν δὲ ὂν[92] τὸ πῦρ τροπὰς στρέφεται δύο[93]. Στρέφεται γάρ, φησίν, ἐν τῷ ἀνδρὶ τὸ αἷμα, καὶ θερμὸν καὶ ξανθὸν ὡς πῦρ τυπούμενον, εἰς σπέρμα, ἐν δὲ τῇ γυναικὶ τὸ αὐτὸ τοῦτο αἷμα εἰς γάλα. Καὶ γίνεται ἡ τοῦ ἄρρενος τροπὴ γένεσις[94], ἡ δὲ τῆς θηλείας τροπὴ τροφὴ[95] τῷ γεννωμένῳ. Αὕτη, φησίν, ἐστὶν ἡ *φλογίνη ῥομφαία*[96] *ἡ στρεφομένη φυλάσσειν τὴν ὁδὸν τοῦ ξύλου τῆς ζωῆς*. Στρέφεται γὰρ τὸ αἷμα εἰς σπέρμα καὶ γάλα, καὶ γίνεται ἡ δύναμις αὕτη μήτηρ καὶ πατήρ, πατὴρ τῶν[97] γινομένων, καὶ αὔξησις τῶν τρεφομένων, ἀπροσδεής, αὐτάρκης. Φυλάσσεται δέ, φησί, τὸ ξύλον τῆς ζωῆς διὰ τῆς στρεφομένης φλογίνης ῥομφαίας, ὡς εἰρήκαμεν, ἡ δύναμις ἡ ἑβδόμη ἡ ἐξ αὐτῆς, ἡ πάντας ἔχουσα, ἡ ἐν ταῖς ἓξ κατακειμένη δυνάμεσιν. Ἐὰν γὰρ μὴ στρέφηται ἡ φλογίνη ῥομφαία, φθαρήσεται καὶ ἀπολεῖται τὸ καλὸν ἐκεῖνο ξύλον· ἐὰν δὲ στρέφηται[98] εἰς σπέρμα καὶ γάλα, ὁ δυνάμει ἐν τούτοις κατακείμενος λόγου[99] τοῦ προσήκοντος καὶ τόπου Κυρίου, ἐν ᾧ γεννᾶται λόγος, τυχὼν[1], ἀρξάμενος ὡς[2] ἀπὸ σπινθῆρος ἐλαχίστου, παντελῶς μεγαλυνθήσεται καὶ αὐξήσει καὶ ἔσται δύναμις ἀπέραντος, ἀπαράλλακτος, [ἴση καὶ ὁμοία] αἰῶνι ἀπαραλλάκτῳ[3] μηκέτι γινομένῳ εἰς τὸν ἀπέραντον αἰῶνα.

ιη'. Γέγονεν οὖν ὁμολογουμένως κατὰ τοῦτον τὸν λόγον τοῖς ἀνοήτοις Σίμων θεός, ὥσπερ ὁ Λίβυς ἐκεῖνος ὁ καὶ Ἄψεθος, γεννητὸς μὲν καὶ παθητός, ὅταν[4] ᾖ ἐν δυνάμει, ἀπαθὴς δὲ ἐκ γεννητοῦ, ὅταν ἐξεικονισθῇ καὶ γενό | μενος τέλειος ἐξέλθῃ τῶν δυνάμεων τῶν πρώτων δύο, τουτέστιν οὐρανοῦ καὶ γῆς. Λέγει γὰρ Σίμων διαρρήδην περὶ τούτου ἐν τῇ Ἀποφάσει οὕτως· *Ὑμῖν οὖν λέγω ἃ λέγω καὶ γράφω ἃ*

bitur. Tres enim sunt, inquit, qui stant, nec, quin sint tres æones qui stant, adornatur generatus is, qui secundum illos super aquam fertur, tanquam ad similitudinem refictus perfectus cœlestis, qui nulla ratione inferior quam non generata potestas factus est. Hoc est quod aiunt: Ego et tu unum, ante me tu, id quod post te ego. Hæc, inquit, est potestas una, divisa, superne, inferne, semet gignens, semet alens, semet quærens, semet reperiens, sui ipsius mater, sui ipsius pater, sui ipsius soror, sui ipsius conjux, sui ipsius filia, sui ipsius filius, mater, pater, unum, cum sit radix omnium.

Et ex igne oriri principium generationis eorum quæ generantur **250-251** in hunc fere definit modum: Omnium, quorumcunque generatio exstat, ab igne principium cupidinis generationis exsistit. Quippe igne corripi appellatur id quod est concupiscere commutabilem genituram. Unum autem cum sit ignis, conversiones vertitur duas. Convertitur enim, inquit, in viro sanguis, et calidus et fulvus, ut ignis effigiatus, in semen, in muliere contra idem hic sanguis in lac. Et fit masculi conversio generatio, feminæ autem conversio nutritio ei quod generatur. Hic, inquit, est *flammeus ensis, qui vibratur ad custodiendam viam ligni vitæ*. Convertitur enim sanguis in semen et lac et fit hæc potestas mater et pater, pater eorum quæ nascuntur, et altura eorum quæ nutriuntur, nullius indiga, sui compos. Custoditur autem, inquit, lignum vitæ per vibratum flammeum ensem, sicut diximus, potestas septima, quæ est ex semet prognata, quæ omnes continet, quæ in sex reposita est potestatibus. Nam cum non vibrabitur flammeus ensis, pessumdabitur et interibit pulchrum illud lignum; cum autem convertetur in semen et lac, qui potestate in his repositus est, informationem idoneam et locum justum, in quo generatur verbum, nactus, ortus tanquam a scintilla tenuissima prorsus grandescet et augescet et erit potestas infinita immutabilis, [similis et compar] ævo immutabili, quod amplius non fit in infinitum ævum.

18. Exstitit igitur haud dubie secundum hanc rationem stultis Simon deus sicut Libys ille, dico Apsethum, generatus quidem et patibilis, quando est in potestate, impatibilis autem ex generato, quando effigiatus est et factus perfectus egressus est potestates primas duas, hoc est cœlum et terram. Ait enim Simon ipsis verbis de hac re in Revelatione in hunc modum: *Vobis igitur dico, quæ dico et scribo,*

VARIÆ LECTIONES.

[86] ὁ γέννητος. ὁ ἀγέννητος C, M. Cf. supra p. 242, 73-83. [87] κατ' οὐδεμίαν. κατὰ δὲ μίαν C, M. [88] τό. τῷ C. [89] ἕν, οὖσα. ἑνοῦσα C. [90] κατανοεῖ C. [91] γεννέσεως corr. C. [92] Ἓν δὲ ὄν. Ἐνδέον C, M. [93] τροπὰς στρέφεται δύο. τροφὰς τρέφεται. Διὸ C, M. [94] γέννεσις corr. C. [95] τροφή. τρυφὴ C. [96] I Mos. III, 24: Καὶ ἔταξε τὰ Χερουβὶμ καὶ τὴν φλογίνην ῥομφαίαν τὴν στρεφομένην φυλάσσειν τὴν ὁδὸν τοῦ ξύλου τῆς ζωῆς. [97] πατὴρ τῶν. παρὰ τῶν C, M. [98] στρέφεται C. [99] λόγου. λόγος C, M. Cf. supra p. 248, 5, 6. [1] τυχών. ψυχῶν C, M. [2] ὡς. ἴον C, M. [3] ἀπαράλλακτος, ἴση καὶ ὁμοία αἰῶνι ἀπαραλλάκτῳ. ἀπαράλακτος αἰῶνι ἀπαραλάκτῳ C, ἀπαράλλακτος αἰῶνι ἀπαραλλάκτῳ M. Cf. supra p. 248, 9, 10, et p. 244, 93, 94. [4] ὅτε ἂν C.

A *quæ scribo. Scriptura hæcce: duo sunt turiones inter universos æones, qui neque principium neque finem habent, ex una radice, quæ quidem potestas est silentium invisibile, incomprehensibile, quorum* **252-253** *alter apparet superne, quæ quidem est magna potestas, mens universorum, administrans omnia, genere mascula; alter autem inferne, intelligentia magna, genere feminea, gignens omnia. Unde respondentes sibi invicem conjugium habent et mediam distantiam manifestant, aerem incomprehensibilem, neque principium neque finem habentem. In hoc autem Pater, qui sustinet omnia et alit quæ principium et finem habent. Hic est qui stat, stetit, stabit, potestas mas simul et femina secundum eam quæ antea exstitit potestatem infinitam, quæ quidem neque principium habet neque finem, eamque in unitate constantem.* B *Ab hac enim congressa quæ est in unitate intelligentia facta est duo. Et ille erat unus, habens enim illam in se erat solus, quanquam non primus, tametsi ante exsistens, manifestatus autem ipsi ex se ipso exstitit alter. Sed ne pater quidem appellatus est antequam ipsa illum appellaret patrem. Ut igitur ipse semetipsum per se producens manifestavit sibi propriam intelligentiam, sic et manifestata intelligentia non fecit, sed conspicata illum abscondidit patrem in sese, hoc est potestatem, et ita est masculofeminea potestas etiam intelligentia, unde sibi invicem respondent (nihil enim differt potestas ab intelligentia) quoniam unum sunt. Etenim ex iis, quæ supra sunt, reperitur potestas, ex iis autem, quæ infra, intelli-* C *gentia. Ita igitur fit, ut manifestatum ab illis, cum unum sit, reperiatur duplex, masculofemineus habens femineam in sese. In hunc modum est mens in intelligentia, quæ sejuncta a se invicem, cum sint unum, reperiuntur duo.*

19. Hæc igitur commentus Simon non solum dicta Mosis per malas artes detorsit in ea quæ libuit, sed etiam poetarum. Etenim et equum ligneum aliorsum deflectit et Helenam cum lampade et alia permulta, quæ ille traducens in ea quæ pertinent ad se et ad intelligentiam fabulatur. Esse autem hanc dicebat ovem quæ aberravit, quæ quidem semper commorans in mulieribus turbabat potestates quæ sunt in mundo **254-255** propter insuperabilem pulchritudinem suam. Unde etiam Trojanum bellum per illam con- D flatum est. In Helena enim, quæ illo ævo generata erat, inhabitavit hæc Intelligentia, et ita, cum omnes potestates illam sibi arrogarent, discordia et bellum exortum est in quibuscunque apparuit populis. In hunc certe modum Stesichorum, qui per carmina

A *γράφω. Τὸ γράμμα τοῦτο· δύο εἰσὶ παραφυάδες τῶν ὅλων αἰώνων, μήτε ἀρχὴν μήτε πέρας ἔχουσαι, ἀπὸ μιᾶς ῥίζης, ἥτις ἐστὶ δύναμις σιγὴ ἀόρατος, ἀκατάληπτος, ὧν ἡ μία*[5] *φαίνεται ἄνωθεν, ἥτις ἐστὶ μεγάλη δύναμις, νοῦς τῶν ὅλων, διέπων τὰ πάντα, ἄρσην, ἡ δὲ* [p. 173. 174] *ἑτέρα κάτωθεν, ἐπίνοια μεγάλη, θήλεια, γεννῶσα τὰ πάντα. Ἔνθεν ἀλλήλοις ἀντιστοιχοῦσαι συζυγίαν ἔχουσι, καὶ τὸ μέσον διάστημα ἐμφαίνουσιν ἀέρα ἀκατάληπτον, μήτε ἀρχὴν μήτε πέρας ἔχοντα. Ἐν δὲ τούτῳ Πατὴρ ὁ*[6] *βαστάζων πάντα καὶ τρέφων τὰ*[7] *ἀρχὴν καὶ πέρας ἔχοντα. Οὗτός ἐστιν ὁ ἑστὼς, στὰς, στησόμενος, ὢν ἀρσενόθηλυς δύναμις κατὰ τὴν προϋπάρχουσαν δύναμιν ἀπέραντον, ἥτις οὔτ' ἀρχὴν* B *οὔτε πέρας ἔχει, ἐν μονότητι οὖσαν· ἀπὸ γὰρ ταύτης προελθοῦσα ἡ ἐν μονότητι ἐπίνοια ἐγένετο δύο. Κἀκεῖνος ἦν εἷς· ἔχων γὰρ ἐν ἑαυτῷ αὐτὴν ἦν μόνος, οὐ μέντοι πρῶτος, καίπερ προϋπάρχων, φανεὶς δὲ αὐτῷ*[8] *ἀπὸ ἑαυτοῦ, ἐγένετο δεύτερος. Ἀλλὰ οὐδὲ πατὴρ ἐκλήθη πρὶν αὐτὴν*[9] *αὐτὸν ὀνομάσαι*[10] *πατέρα. Ὡς οὖν αὐτὸς ἑαυτὸν ὑπὸ ἑαυτοῦ προαγαγὼν ἐφανέρωσεν ἑαυτῷ τὴν ἰδίαν ἐπίνοιαν, οὕτως καὶ ἡ φανεῖσα ἐπίνοια οὐκ ἐποίησεν, ἀλλὰ ἰδοῦσα αὐτὸν ἐνέκρυψε τὸν πατέρα ἐν ἑαυτῇ, τουτέστι τὴν δύναμιν, καὶ ἔστιν ἀρσενόθηλυς δύναμις καὶ ἐπίνοια, ὅθεν ἀλλήλοις ἀντιστοιχοῦσιν (οὐδὲν γὰρ διαφέρει δύναμις ἐπινοίας) ἓν ὄντες. Ἐκ μὲν τῶν ἄνω εὑρίσκεται | δύναμις, ἐκ δὲ τῶν κάτω ἐπίνοια.* C *Ἔστιν οὖν οὕτως καὶ τὸ φανὲν ἀπ' αὐτῶν*[11]*, ἓν ὄν, δύο εὑρίσκεσθαι, ἀρσενόθηλυς ἔχων τὴν θήλειαν ἐν ἑαυτῷ. Οὕτως*[13] *ἐστὶ νοῦς ἐν ἐπινοίᾳ, ἃ χωριστὰ*[14] *ἀπ' ἀλλήλων, ἓν ὄντες, δύο εὑρίσκονται.*

ιθ'. Ταῦτα μὲν οὖν ὁ Σίμων ἐφευρὼν οὐ μόνον τὰ Μωσέως κακοτεχνήσας εἰς ὃ ἐβούλετο μεθηρμήνευσεν, ἀλλὰ καὶ τὰ τῶν[15] ποιητῶν. Καὶ γὰρ δουράρειον ἵππον ἀλληγορεῖ καὶ τὴν Ἑλένην ἅμα τῇ λαμπάδι[16] καὶ ἄλλα πλεῖστα ὅσα μεταγαγὼν εἰς τὰ αὐτοῦ[17] καὶ τῆς ἐπινοίας πλαστολογεῖ[18]. Εἶναι δ' ἔλεγε[19] ταύτην τὸ πρόβατον τὸ πεπλανημένον, ἥτις ἀεὶ καταγινομένη ἐν γυναιξὶν ἐτάρασσε τὰς ἐν κόσμῳ δυνάμεις διὰ τὸ ἀνυπέρβλητον [p. 174. 175] αὐτῆς κάλλος, ὅθεν καὶ ὁ Τρωϊκὸς πόλεμος δι' αὐτὴν γεγέ- D νηται. Ἐν γὰρ τῇ κατ' ἐκεῖνο[20] καιροῦ γενομένῃ[21] Ἑλένῃ ἐνῴκησεν αὕτη[22] ἡ ἐπίνοια, καὶ οὕτως πασῶν ἐπιδικαζομένων αὐτῆς τῶν ἐξουσιῶν, στάσις καὶ πόλεμος ἐπανέστη, ἐν οἷς ἐφάνη ἔθνεσιν. Οὕτω γοῦν τὸν Στησίχορον διὰ τῶν ἐπῶν λοιδορήσαντα

VARIÆ LECTIONES.

[5] ὧν, ἡ μία C. [6] πατὴρ ὁ. πατέρα C. [7] τρέφων τά. τρέφοντα C. [8] αὐτῷ. αὐτὸς M. [9] αὐτ... αὐτὴ C, M. [10] ὀνομάσαι. ὀνομάσει C, ὀνομάσειε M. [11] ἐπίνοια. ἐπίνοιαν C. [12] ἀπ' αὐτῶν. ἂν αὐτῶν... [13] Οὗτος C. M. [14] ἃ χωριστά. ἀχώριστα C, ἀχώριστα δ' s. γὰρ M. [15] τὰ τῶν. τὰς τῶν C. [16] Cf. Epiph. hær. 21, 3. [17] μεταγ . . . . . . τὲ αὐτοῦ C, μεταγγίζων εἰς τὰ αὐτοῦ M. [18] πλαστολογεῖ Roeperus, ... τους λέγει C, ἀπάγων s. ἀποστάσας λέγει susp. M. [19] Εἶναι δ' ἔλεγε. εἶν . . . . ετε C. Cf. cum his et ... quentibus Just. Mart. Ap. I, 26. p. 69. E. Iren. c. hær. 1, 23, 2 sqq. *Massuet.* Theodoret. *Hæret. fab.* 1. Epiphan. hær. 11, 2, 3. [20] κατ' ἐκείνου C. [21] γενομένου C. [22] ἐνῴκησεν αὕτη R. Scottus, ἐνῴκ... ἐν αὐτῇ C, M

αὐτὴν τὰς ὄψεις τυφλωθῆναι· αὖθις δὲ, μεταμελη- A
θέντος αὐτοῦ καὶ γράψαντος τὰς παλινῳδίας, ἐν αἷς
ὕμνησεν αὐτὴν, ἀναβλέψαι· μετενσωματουμένην δὲ [23]
ὑπὸ τῶν ἀγγέλων καὶ τῶν κάτω ἐξουσιῶν, οἳ καὶ
τὸν κόσμον, φησὶν, ἐποίησαν, ὕστερον ἐπὶ τέγους [24]
ἐν Τύρῳ τῆς Φοινίκης πόλει στῆναι, ἣν κατελθὼν
εὗρεν. Ἐπὶ γὰρ τὴν ταύτης πρώτην ζήτησιν ἔφη
παραγεγονέναι. ὅπως ῥύσηται αὐτὴν τῶν δεσμῶν, ἣν
λυτρωσάμενος ἅμα ἑαυτῷ περιῆγε, φάσκων | τοῦτο
εἶναι τὸ ἀπολωλὸς πρόβατον, ἑαυτὸν δὲ λέγων τὴν
ὑπὲρ πάντα δύναμιν εἶναι. Ὁ δὲ ψυδρὸς [25] ἐρασθεὶς
τοῦ γυναίου τούτου, Ἑλένης καλουμένης, ὠνησάμενος
εἶχε, καὶ τοὺς μαθητὰς αἰδούμενος τοῦτον τὸν μῦθον
ἔπλασεν. Οἱ δὲ αὖθις μιμηταὶ τοῦ πλάνου καὶ Σίμωνος Μάγου γινόμενοι τὰ ὅμοια δρῶσιν, ἀλογίστως
φάσκοντες δεῖν μίγνυσθαι, λέγοντες· Πᾶσα γῆ γῆ, B
καὶ οὐ διαφέρει ποῦ τις [26] σπείρει, πλὴν ἵνα σπείρῃ.
ἀλλὰ καὶ μακαρίζουσιν ἑαυτοὺς ἐπὶ τῇ [κοινῇ] [27]
μίξει, ταύτην εἶναι λέγοντες τὴν τελείαν ἀγάπην,
καὶ τὸ, Ἅγιος ἁγίων . . λλη . . ος [28] ἁγιασθήσεται· οὐ
γὰρ μὴ κρατεῖσθαι αὐτοὺς ἐπί τινι νομιζομένῳ
κακῷ, λελύτρωνται γάρ. Τὴν δὲ Ἑλένην [29] λυτρω-
σάμενος οὕτως τοῖς ἀνθρώποις σωτηρίαν παρέσχε διὰ
τῆς ἰδίας ἐπιγνώσεως. Κακῶς γὰρ διοικούντων τῶν
ἀγγέλων τὸν κόσμον διὰ τὸ φιλαρχεῖν αὐτοὺς, εἰς
ἐπανόρθωσιν ἐληλυθέναι αὐτὸν ἔφη μεταμορφούμε-
νον καὶ ἐξομοιούμενον ταῖς ἀρχαῖς καὶ ταῖς ἐξου-
σίαις καὶ τοῖς ἀγγέλοις, ὡς καὶ ἄνθρωπον φαίνεσθαι αὐτὸν μὴ ὄντα ἄνθρωπον, καὶ παθεῖν δὲ ἐν
τῇ Ἰουδαίᾳ δεδοχηκέναι [30] μὴ πεπονθότα, ἀλλὰ
φανέντα Ἰουδαίοις [p. 175, 176] μὲν ὡς *Υἱόν* [31], ἐν C
δὲ τῇ Σαμαρείᾳ ὡς ***Πατέρα***, ἐν δὲ τοῖς λοιποῖς
ἔθνεσιν ὡς ***Πνεῦμα ἅγιον***, ὑπομένειν δὲ αὐτὸν καλεῖσθαι οἵῳ ἂν ὀνόματι καλεῖν βούλωνται [32] οἱ
ἄνθρωποι. Τοὺς δὲ προφήτας ἀπὸ τῶν κοσμοποιῶν
ἀγγέλων ἐμπνευσθέντας εἰρηκέναι τὰς προφητείας [33].
διὸ μὴ φροντίζειν αὐτῶν τοὺς εἰς τὸν Σίμωνα καὶ
τὴν Ἑλένην πεπιστευκότας ἕως νῦν, πράσσειν τε
ὅσα [34] βούλονται ὡς ἐλευθέρους, κατὰ γὰρ τὴν αὐτοῦ
χάριν σώζεσθαι αὐτοὺς φάσκουσι [35]. Μηδὲν [36] γὰρ
εἶναι αἴτιον δίκης εἰ | πράξει [37] τις κακῶς [38], οὐ γὰρ

dilaceravisset eam, oculis captum esse, rursus autem pœnitentia commotum scriptis palinodiis, in quibus celebravit illam, visum recepisse. Incorporatam autem ab angelis et infernis potestatibus, qui et mundum, inquit, fabricati sunt, postea in fornice Tyri, urbe Phœniciæ, prostitisse, quam ubi descendit reperit. Ad hujus enim inprimis investigationem dixit advenisse, ut liberaret illam de vinculis, quam in libertatem assertam secum circumagebat dicens hanc esse deperditam ovem, semet autem potestatem esse quæ supra omnia sit. Mendax autem ille, amore captus mulierculæ istius, Helenæ nomine, emptam habebat et commotus pudore discipulorum hanc fabulam confinxit. Illi autem rursus imitatores præstigiatoris et Simonis scilicet Magi facti æqualia agunt, nullo discrimine aientes oportere misceri, his usi verbis : Omnis terra terra, nec differt ubi quis serat, modo serat, verum etiam sese beatos prædicant propter communem mistionem hanc dicentes esse perfectam agapen; et illud : Sanctus sanctorum . . . . . . sanctificabitur. Non enim teneri sese malo aliquo, quod vulgo habeatur pro malo, exsoluti enim sunt. Helenam autem ubi exsolvit ita hominibus salutem præbuit per suam scientiam. Male enim administrantibus angelis mundum propter cupidinem imperandi ad reparationem semet advenisse dixit transfiguratum et assimilatum imperiis et potestatibus et angelis, ut et homo appareret, cum non esset homo et pati in Judæa visus sit non passus, sed **256-257** patefactus Judæis tanquam *Filius*, in Samaria autem tanquam *Pater*, in reliquis autem gentibus tanquam *Spiritus sanctus*. Sustinere autem sese appellari quocunque nomine appellare velint homines. Prophetas autem ab angelis mundi fabricatoribus inspiratos effatos esse vaticinationes. Quapropter non curare eos, qui in Simonem et Helenam credant, ad hunc diem facereque quæcunque libeat ut liberos; ex illius enim gratia servari sese aiunt. Non enim esse cur quis puniatur, si quis male faciat; non enim est natura malum, sed positione. Posuerunt enim, inquit, angeli

VARIÆ LECTIONES.

[23] δὲ Roeperus, om. C, M. [24] τέγους. τε τοὺς C, M. Cf. Just. Mart. et Theodoret. l. l. [25] ψυδρὸς Roeperus, ψυχρὸς C, M, μιαρὸς Bunsenius (*Hippolytus and his age* I. p. 351) : ψευδόχριστος? R. Scholtus. [26] ποῦ τι C. [27] κοινῇ. ξένῃ M, qui vocem in C prorsus evanuisse dicit. [28] . . λλη. ος. Ἅγιος ἅγιος (s. Ἅγιον ἁγίων) καὶ Ἀλλήλους ἁγιάζετε Bunsenius l. l. p. 352 : ἀγαπητὸς? [29] Cf. Iren. c. hær. 1, 23, 3 *Massuet*. Quapropter et ipsum venisse, uti eam assumeret primam et liberaret eam a vinculis, hominibus autem salutem præstaret per suam agnitionem. Cum enim male moderarentur angeli mundum, quoniam unusquisque eorum concupisceret principatum, ad emendationem venisse rerum, et descendisse eum transfiguratum et assimilatum virtutibus et potestatibus et angelis : ut et in hominibus homo appareret ipse, cum non esset homo, et passum autem in Judæa putatum, cum non esset passus. Cf. etiam Theodoret. l. l. 1, 1 [30] καὶ δεδοχηκέναι C, M. [31] Iren. l. l, § 1 . . . et docuit semetipsum esse, qui inter Judæos quidem quasi Filius apparuerit, in Samaria autem quasi Pater descenderit, in reliquis vero gentibus quasi Spiritus sanctus adventaverit. Esse autem se sublimissimam virtutem, hoc est eum qui sit super omnia Pater, et sustinere vocari se, quodcunque eum vocant homines. Cf. etiam Theodoret. l. l. 1, 1. [32] βούλονται C. [33] Cf. Iren. l. l. § 3 : Prophetas autem a mundi fabricatoribus angelis inspiratos dixisse prophetias, quapropter nec ulterius curarent eos hi, qui in eum et Helenam ejus spem habeant, et ut liberos agere quæ velint. secundum enim ipsius gratiam salvari homines cæt. [34] τε ὅσα τὰ σὰ C, τὰ ἃ vel ὅσα M. [35] Iren l. l. § 3. Nec enim esse naturaliter operationes justas, sed ex accidenti, quemadmodum posuerunt qui mundum fecerunt angeli, per hujusmodi præcepta in servitutem deducentes homines. Quapropter et solvi mundum, et liberari eos, qui sunt ejus. ab imperio eorum qui mundum fecerunt repromisit. [36] Μηδένα susp. Bunsenius l. l. p. 353. [37] πράξει C. [38] τις κακῶς. τι κακόν conj. Bunsenius l. l.

mundi fabricatores quidquid voluerunt, ejusmodi dictis opinati in servitutem redigere sibi auscultantes. Solutionem autem rursus docent mundi ad liberationem privorum hominum suorum.

20. Hujus igitur discipuli præstigiis utuntur et incantationibus, philtraque et illecebras et qui dicuntur somnia adducentes dæmones immittunt ad irritandos quos volunt. Verum etiam paredros, quos vocant, exercent, imaginemque Simonis habent in Jovis figuram et Helenæ effigie Minervæ, hasque adorant alterum vocantes dominum, dominam alteram. Si quis autem nomine vocabit apud illos conspicatus imagines illas vel Simonis vel Helenæ, repudiatur ut qui ignoret mysteria. Hic Simon multos in Samaria præstigiis in errorem agens ab apostolis convictus est et execrationibus devotus, sicuti in Actis scriptum est, postea spreta fide hæc aggressus est. Verum vel usque ad Romam progressus incidit in apostolos, cui multum Petrus adversatus est præstigiis seducenti multos. Hic **258-259** postremo delatus in : . . . . . sub platano considens docebat. Et vero ad extremum cum in eo esset ut plane convinceretur propter diuturniorem commorationem, dixit se, si vivus cooperiretur, surrecturum esse tertio die. Denique fossam postquam jussit effodi a discipulis suis jussit se cooperiri. Illi igitur quod jussum erat perfecerunt, ille autem abfuit ad hunc diem; non enim erat Christus. Hæcce autem et de Simone fabula, unde Valentinus profectus aliis nominibus nuncupat. *Mens* enim et *veritas* et *logus* et *vita* et *homo* et *ecclesia*, Valentini æones, aperte sunt Simonis sex radices: *mens*, *intelligentia*, *vox*, *nomen*, *ratiocinatio* et *cogitatio*. Sed quoniam videmur nobis satis exposuisse Simonis commenta fabularum, videamus quid et Valentinus dicat.

21. Est autem Valentini secta ita comparata, ut Pythagoricam referat et Platonicam doctrinam. Etenim Plato in *Timæo* penitus expressit Pythagoram; ideo Timæus et ipse est ei Pythagoreus hospes. Quapropter placet commemoratis paucis quibusdam Pythagoreæ et Platonicæ doctrinæ ad Valentini decreta exponenda transire. Etenim tametsi in eis quæ prius confecimus libris insunt et Pythagoræ et Platoni quæ placuerunt, tamen etiam nunc non præter rem commemorabo per epitomen et summatim placita eorum, quo facilius recognoscantur Valentini decreta per propiorem juxtapositionem et parilem comparationem, cum illi quidem olim ab

ἐστι [59] φύσει κακὸν [60], ἀλλὰ θέσει. Ἔθεντο γὰρ, φησὶν, οἱ ἄγγελοι οἱ τὸν κόσμον ποιήσαντες ὅσα ἐβούλοντο, διὰ τῶν τοιούτων λόγων δουλοῦν νομίζοντες τοὺς αὐτῶν ἀκούοντας. Λύσιν δὲ αὖθις [61] λέγουσι τοῦ κόσμου [62] ἐπὶ λυτρώσει τῶν ἰδίων ἀνθρώπων.

κ'. Οἱ οὖν τούτου μαθηταὶ μαγείας ἐπιτελοῦσι [63] καὶ ἐπαοιδὰς [64], φίλτρα τε καὶ ἀγώγιμα καὶ τοὺς λεγομένους ὀνειροπόμπους δαίμονας ἐπιπέμπουσι πρὸς τὸ ταράσσειν οὓς βούλονται· ἀλλὰ καὶ παρέδρους τοὺς λεγομένους ἀσκοῦσιν, εἰκόνα τε τοῦ Σίμωνος ἔχουσιν εἰς Διὸς μορφὴν καὶ τῆς Ἑλένης ἐν μορφῇ Ἀθηνᾶς, καὶ ταύτας προσκυνοῦσι, τὸν μὲν καλοῦντες κύριον, τὴν δὲ κυρίαν. Εἰ δέ τις ὀνόματι καλέσει παρ' αὐτοῖς ἰδὼν τὰς εἰκόνας ἢ Σίμωνος ἢ Ἑλένης, ἀπόβλητος γίνεται, ὡς ἀγνοῶν τὰ μυστήρια. Οὗτος ὁ Σίμων πολλοὺς πλανῶν ἐν τῇ Σαμαρείᾳ μαγείαις ὑπὸ τῶν ἀποστόλων ἠλέγχθη, καὶ ἐπάρατος γενόμενος, καθὼς ἐν ταῖς Πράξεσι γέγραπται, ὕστερον ἀπευδοκήσας ταῦτα ἐπεχείρησεν· ἕως [65] καὶ τῆς Ῥώμης ἐπιδημήσας ἀντέπεσε [p. 176, 178] τοῖς ἀποστόλοις· πρὸς ὃν πολλὰ Πέτρος ἀντικατέστη μαγείαις πλανῶντα πολλούς. Οὗτος ἐπὶ τέλει ἐλθὼν ἐν τ . . . . τη, ὑπὸ πλάτανον καθεζόμενος ἐδίδασκε. Καὶ δὴ λοιπὸν ἐγγὺς τοῦ ἐλέγχεσθαι γινόμενος διὰ [66] τὸ ἐγχρονίζειν, ἔφη, ὅτι εἰ χωσθείη ζῶν, ἀναστήσεται τῇ τρίτῃ ἡμέρᾳ. Καὶ δὴ τάφρον κελεύσας ὀρυγῆναι ὑπὸ τῶν μαθητῶν ἐκέλευσε χωσθῆναι. Οἱ μὲν οὖν τὸ προσταχθὲν ἐποίησαν, ὁ δὲ ἀπέμεινεν ἕως νῦν· οὐ γὰρ ἦν ὁ Χριστός. Οὗτος δὴ καὶ ὁ κατὰ τὸν Σίμωνα μῦθος, ἀφ' οὗ Οὐαλεντῖνος τὰς ἀφορμὰς λαβὼν ἄλλοις ὀνόμασι καλεῖ. Ὁ γὰρ *νοῦς* καὶ ἡ *ἀλήθεια* καὶ *λόγος* καὶ *ζωὴ* καὶ *ἄνθρωπος* καὶ *ἐκκλησία*, οἱ Οὐαλεντίνου αἰῶνες, ὁμολογουμένως εἰσὶν αἱ [67] Σίμωνος ἓξ ῥίζαι, *νοῦς*, *ἐπίνοια*, *φωνή*, *ὄνομα*, *λογισμὸς* καὶ *ἐνθύμησις*. Ἀλλ' ἐπεὶ ἱκανῶς ἡμῖν δοκεῖ ἐκτεθεῖσθαι τὴν Σίμωνος μυθοποιΐαν, ἴδωμεν τί λέγει καὶ Οὐαλεντῖνος.

κα'. Ἔστι μὲν οὖν ἡ Οὐαλεντίνου αἵρεσις Πυθαγορικὴν ἔχουσα καὶ Πλατωνικὴν τὴν ὑπόθεσιν. Καὶ γὰρ Πλάτων ὅλως [68] ἐν τῷ *Τιμαίῳ* τὸν Πυθαγόραν ἀπεμάξατο [69]· τοιγαροῦν καὶ ὁ Τίμαιος αὐτός ἐστιν αὐτῷ Πυθαγόρειος ξένος. Διὸ δοκεῖ ὀλίγα τῆς Πυθαγορείου καὶ Πλατωνικῆς [70] ὑπομνησθέντας ὑποθέσεως ἄρξασθαι καὶ τὰ Οὐαλεντίνου λέγειν. Εἰ γὰρ [71] καὶ ἐν τοῖς πρότερον ὑφ' ἡμῶν πεπονημένοις ἔγκεινται καὶ τὰ Πυθαγόρᾳ καὶ Πλάτωνι δεδογμένα, ἀλλά γε καὶ νῦν οὐκ ἀλόγως ὑπομνησθήσομαι δι' ἐπιτομῆς καὶ κορυφαιότατα τῶν αὐτοῖς ἀρεσκομένων, πρὸς τὸ εὐεπίγνωστα γενέσθαι τὰ Οὐαλεντίνῳ δόξαντα διὰ τῆς ἐγγίονος παραθέσεως καὶ ὁμοίας

VARIÆ LECTIONES.

[59] ἐστι. ἐστί τι Bunsenius l. l. [60] κακόν. κακὸς C, M. [61] Λύσιν δὲ αὖθις. Φύσιν δὲ αὖθις C, M, Λύσειν δὲ αὐτὸν Bunsenius l. l. p. 354. [62] τοῦ κόσμου. τὸν κόσμον C, M, Bunsenius l. l. [63] Iren. l. l. § 4. Igitur horum mystici sacerdotes libidinose quidem vivunt, magias autem perficiunt, quemadmodum potest unusquisque ipsorum. Exorcismis et incantationibus utuntur. Amatoria quoque et agogima et qui dicuntur paredri et oniropompi et quæcunque sunt alia perierga apud eos studiose exercentur. Imaginem quoque Simonis habent factam ad figuram Jovis, et Helenæ in figuram Martis, et has adorant, cæt. [64] μαγείαις — ἐπαοιδαῖς C, M. [65] ἕως. ἕως δὲ? [66] διά. δὶς C. [67] οἱ C, M. [68] ὅλος pr. C. [69] ἀπομάξατο C. [70] Πλατωνικὴν pr. C. Πλάτωνος corr. C. [71] Cf. supra l. I, c. 2, p. 8 14; c. 19, p. 30-38; l. IV, c. 51, p. 124 sqq.

συγκρίσεως τῶν μὲν πάλαι ἀπ' Αἰγυπτίων ταῦτα A παραλαβόντων καὶ εἰς Ἕλληνας μεταδιδαξάντων, τοῦ δὲ παρὰ τούτων, ὅτι δὲ [52] παρ' αὐτῶν, διαψευσαμένου ἰδίαν τε δόξαν συστῆσαι πεπειραμένου, . . [53] σπαράξαντα μὲν τὰ ἐκείνων ὀνόμασι καὶ ἀριθμοῖς, ἰδίως δὲ καλέσαντα καὶ μέτροις διορίσαντα, ὅπως αἵρεσιν Ἑλληνικὴν ποικίλην μὲν, ἀσύστατον δὲ καὶ οὐκ ἀνήκουσαν Χριστῷ συστήσῃ.

κβ'. Ἡ μὲν οὖν ἀρχὴ τῆς ὑποθέσεώς ἐστιν [54] ἐν τῷ | *Τιμαίῳ* τῷ Πλάτωνι [55] σοφία Αἰγυπτίων· ἐκεῖθεν γὰρ ὁ Σόλων [56] τὴν ὅλην ὑπόθεσιν περὶ τῆς κόσμου γεννήσεως καὶ φθορᾶς παλαιῷ τινι [p. 178, 179] λόγῳ καὶ προφητικῷ, ὥς φησιν ὁ Πλάτων, τοὺς Ἕλληνας ἐδίδαξε, παῖδας νέους ὄντας καὶ πρεσβύτερον ἐπισταμένους μάθημα οὐδὲν θεολογούμενον. Ἵν' οὖν παρακολουθήσωμεν τοῖς λόγοις, οἷς καταβέβληται B Οὐαλεντῖνος, προεκθήσομαι νῦν, τίνα ἐστὶν ἃ Πυθαγόρας ὁ Σάμιος μετὰ τῆς ὑμνουμένης ἐκείνης παρὰ τοῖς Ἕλλησι [57] σιγῆς φιλοσοφεῖ, εἶθ' οὕτως ταῦτα, ἃ [58] Πυθαγόρου λαβὼν καὶ Πλάτωνος Οὐαλεντῖνος σεμνολογῶν ἀνατίθησι Χριστῷ [59] καὶ πρὸ τοῦ Χριστοῦ τῷ Πατρὶ τῶν ὅλων καὶ σιγῇ τῇ συνεζευγμένῃ τῷ Πατρί.

κγ'. Πυθαγόρας τοίνυν ἀρχὴν τῶν ὅλων ἀγέννητον ἀπεφήνατο τὴν μονάδα, γεννητὴν δὲ τὴν δυάδα καὶ πάντας τοὺς ἄλλους ἀριθμούς. Καὶ τῆς μὲν δυάδος πατέρα φησὶν εἶναι τὴν μονάδα, πάντων δὲ τῶν γεννωμένων μητέρα δυάδα, γεννητὴν γεννητῶν. Καὶ Ζαράτας [60] ὁ Πυθαγόρου διδάσκαλος ἐκάλει τὸ μὲν *ἓν πατέρα*, τὸ δὲ *δύο μητέρα*. Γεγέννηται γὰρ ἐκ μὲν C μονάδος δυὰς κατὰ τὸν Πυθαγόραν, καὶ ἔστιν ἡ μὲν μονὰς ἄῤῥεν καὶ πρώτη, ἡ δὲ δυὰς θῆλυ. Παρὰ τῆς δυάδος δὲ πάλιν, ὡς ὁ Πυθαγόρας λέγει, ἡ τριὰς καὶ οἱ ἐφεξῆς ἀριθμοὶ μέχρι τῶν δέκα. Τοῦτον γὰρ οἶδε μόνον τέλειον ἀριθμὸν Πυθαγόρας τὸν δέκα· τὸν γὰρ ἕνδεκα καὶ δώδεκα προσθήκην καὶ ἐπαναποδισμὸν τῆς δεκάδος, οὐκ ἄλλου τινὸς ἀριθμοῦ γέννησιν τὸ προστιθέμενον. Πάντα δὲ [61] σώματα [62] στερεὰ ἐξ ἀσωμάτων γεννᾷ. Τῶν τε γὰρ σωμάτων καὶ ἀσωμάτων ὁμοῦ στοιχεῖον [63] εἶναί φησι καὶ ἀρχὴν τὸ | σημεῖον ὅ ἐστιν ἀμερὲς, γίνεται δὲ, φησὶν, ἐκ σημείου γραμμὴ, καὶ [ἐκ γραμμῆς ἐπιφάνεια] [64] ἐπιφάνεια δὲ ῥυεῖσα εἰς βάθος στερεὸν ὑφέστηκε, φησὶ, σῶμα. Ὅθεν καὶ ὅρκος τίς ἐστι τοῖς Πυθαγορικοῖς ἡ τῶν τεσσάρων στοιχείων συμφωνία. Ὀμνύουσι D δ' οὕτως·

Ναὶ [65] *μὰ τὸν ἀμετέρᾳ κεφαλᾷ* [66] *παραδόντα τετρακτὺν,*
Πηγὴν ἀενάου [67] *φύσεως* [*ῥιζώματ'*] [68] *ἔχουσαν.*

Ἔστι δὲ ἡ τετρακτὺς τῶν φυσικῶν καὶ στερεῶν

Ægyptiis hæc mutuati sint et Græcos edocuerint, ille autem ab illis, nisi quod celarit sua ab illis esse accepta, quippe qui peculiarem sectam condere conatus fuerit . . . . namque ille commutavit illorum decreta nominibus et numeris, singulari autem modo appellavit et mensuris descripsit, ut hæresin Græcam variam quidem, sed inconcinnam et quæ non cadat in Christum conderet.

22. Igitur principium doctrinæ in *Timæo* est Platoni sapientia Ægyptiorum. Illinc enim Solo universam doctrinam de mundi ortu et occasu vetusta quadam fama et fatidica, ut ait **260-261** Plato, Græcos docuit, etiam tum infantes nec antiquius decretum quod ad doctrinam de Deo referretur cognitum habentes. Ut igitur persequamur decreta, quæ pro fundamento posuit Valentinus, prius edisseram nunc, quæ sint illa, quæ Pythagoras Samius juncto sibi celebrato illo Græcis hominibus silentio philosophatur, tum ita hæc, quæ a Platone sumpta et Pythagora Valentinus sublimem in speciem refert ad Christum et ante Christum ad Patrem universi et ad Silentium conjugatum cum Patre.

23. Pythagoras igitur tanquam principium universorum non generatum posuit monadem, genitam autem dyadem reliquosque numeros omnes. Et dyadis autem patrem ait esse monadem, omnium autem quæ generantur matrem dyadem, generatam generatorum. Et Zaratas, Pythagoræ magister, *unum* vocabat *patrem*, *duo* autem *matrem*. Generata enim est ex monade dyas secundum Pythagoram, et monas quidem est masculum et prima, dyas autem femininum. A dyade autem rursus, ut Pythagoras dicit, trias et deinceps numeri ad decimum. Hunc enim solum novit Pythagoras perfectum numerum decimum; undecimum enim et duodecimum appendicem et reiterationem decimi, non alius cujuspiam numeri generationem id quod apponatur. Omnia autem corpora solida ex incorporeis generat. Namque et corporum et incorporeorum simul elementum esse ait et principium punctum quod est indivisum, nascitur autem, inquit, ex puncto linea et ex linea superficies, superficies vero procedens in altitudinem solidum exstitit, inquit, corpus. Unde et jusjurandum quoddam est Pythagoreis quatuor elementorum concentus. Jurant autem in hunc modum:

Per eum, qui tradidit nostro capiti quaternarium,
Fontem sempiternæ naturæ radices habentem.

Est autem quaternarius naturalium et solidorum

VARIÆ LECTIONES.

[52] ὅτι δέ. ὅτι C, M. [53] Ante σπαράξαντα (παραλλάξαντα?) videtur aliquid excidisse. [54] ἐστιν. ἐστιν ἡ M. [55] Πλάτωνος M. [56] Σολομῶν C. Cf. Plat. *Tim.* p. 21 sqq. [57] Ἕλλησι σιγῆς. Ἕλλησι γῆς C, M. [58] ἃ. ἀπὸ susp. M, παρὰ Roeperus, R. Schottus. [59] Χριστῷ. Χριστοῦ C. [60] Cf. Plutarch. *De animæ procreatione in Timæo Platon.* p. 1012: Καὶ Ζαράτας, ὁ Πυθαγόρου διδάσκαλος, ταύτην μὲν (sc. δυάδα) ἐκάλει τοῦ ἀριθμοῦ μητέρα, τὸ δὲ ἓν πατέρα. [61] δέ. τε C. [62] Cf. supra p. 124, 42 sqq. et Philop. in l. *de An.* p. 2. [63] στοιχεῖον. σημεῖον C, M. [64] ἐκ γραμμῆς ἐπιφάνεια om. C, M. Cf. supra l. l. [65] De his duobus versibus cf. Fabricius in *Sext. Emp.*, p. 332, M. [66] ἁμάτερα κεφαλή (sic) C. [67] ἀεννάου C. [68] ῥιζώματ'. om C spatio relicto.

corporum principium, ut monas intelligibilium. Et quaternarium autem generare, **262-263** ait, perfectum numerum, ut in intelligibilibus monadem, denarium, doceat hoc modo : Si quis incipiens numerare dicit : *unum*, et addit *duo*, tum pariter *tria*, erunt hæc *sex*, ad hæc autem etiam *quatuor*, erit pariter totum *decem*. *Unum* enim, *duo*, *tria*, *quatuor* sunt *decem*, qui est perfectus numerus. Sic, ait, per omnia imitatus est quaternarius intelligibilem monadem, perfectum numerum generare valentem.

24. Duo igitur secundum Pythagoram sunt mundi, alter intelligibilis, qui monadem habet principium, alter autem sensibilis, hujus autem est quaternarius habens iota, unam virgulam, numerum perfectum; et est secundum Pythagoreos ι illud, quæ est una virgula, prima et præcipua et intelligibilium essentia . . . . accidentia incorporea novem, quæ seorsum ab essentia esse nequeunt, *quale* et *quantum* et *ad quid* et *ubi* et *quando* et *situm esse* et *habere* et *agere* et *pati*. Sunt igitur novem accidentia, quæ essentiæ adnumerata continent perfectum numerum denarium. Quapropter diviso universo, ut diximus, in intelligibilem et sensibilem mundum habemus etiam nos ab intelligibili rationem, ut ratione intelligibilium et incorporeorum et divinorum aspectemus essentiam, sensus autem, inquit, habemus quinque : olfactum, visum, auditum, gustum et tactum, quibus in sensibilium pervenimus cognitionem ; et ita divisus est, inquit, sensibilis ab intelligibili mundo. Et habere nos cognitionis instrumentum ad utrumvis eorum hinc perspicimus. Nihil, ait, intelligibilium in cognitionem nostram cadere potest per sensum ; illud enim neque oculus aspexit, neque auris audivit, neque percepit, ait, reliquorum sensuum quilibet. Nec rursus ratione ad cognitionem cujuscunque sensibilium perveniri potest, sed oportet videre aliquid album esse et gustare esse dulce et sonorum esse aut insonorum auditu cognoscere, et utrum quid odorum sit suaveolens an insuave, olfactus est, non rationis. Idem cadit in tactum. Durum enim aut tenerum, vel **264-265** calidum aut frigidum fieri non potest ut auditu percipias, sed talium judicium est tactus. Hæc cum ita comparata sint, adornatio eorum, quæ facta sunt quæque fiunt, tanquam per numeros facta intelligitur. Nam sicut a monade orsi secundum appositionem monadum vel triadum et deinceps confectorum numerorum unum aliquod systema facimus maximum numeri, deinde rursus a numero ex compositione confecto subtractione aliqua et reiteratione solutionem compositorum arith-

A σωμάτων ἀρχή, ὡς ἡ μονὰς τῶν νοητῶν. Ὅτι δὲ ἡ τετρακτὺς γεννᾷ, φησὶ, τὸν τέλειον ἀριθμὸν, ὡς ἐν τοῖς νοητοῖς [ἡ μονάς], [69] τὸν δέκα, [p. 179.] διδάσκουσιν οὕτως· Εἰ ἀρξάμενος ἀριθμεῖν λέγει ὅτι· *ἕν*, καὶ ἐπιφέρει *δύο*, ἔπειτα ὁμοίως *τρία*, ἔσται ταῦτα ἕξ· πρὸς δὲ τούτοις ἔτι *τέσσαρα*, ἔσται ... τὸ πᾶν *δέκα*. Τὸ γὰρ *ἕν*, *δύο*, *τρία*, *τέσσαρα* ... *δέκα* [70], ὁ τέλειος ἀριθμός. Οὕτως, φησὶ, κατὰ πάντα ἐμιμήσατο ἡ τετρακτὺς τὴν νοητὴν μονάδα, τὸν τέλειον ἀριθμὸν γεννῆσαι δυνηθεῖσαν.

κδʹ. Δύο οὖν κατὰ τὸν Πυθαγόραν εἰσὶ κόσμοι, εἷς μὲν νοητὸς, ὃς ἔχει τὴν μονάδα ἀρχὴν, εἷς δὲ αἰσθητὸς, τούτου [71] δέ ἐστι τετρακτὺς ἔχουσα ἰῶτα, τὴν μίαν κεραίαν [72], ἀριθμὸν τέλειον· καὶ ἔστι κατὰ τοὺς Πυθαγορικοὺς τὸ ι', ἡ μία κεραία, πρώτη καὶ B κυριωτάτη [73] καὶ τῶν [74] νοητῶν οὐσία νοητῶς ... αἰσθητῶς λαμβανομένη [75]· συμβεβηκότα ... ἀσώματα ἐννέα, ἃ χωρὶς εἶναι τῆς οὐσίας οὐ δύναται, *ποιὸν* καὶ *ποσὸν* καὶ *πρός τι* καὶ *ποῦ* καὶ *πότε* καὶ *κεῖσθαι* καὶ *ἔχειν* καὶ *ποιεῖν* καὶ *πάσχειν*. Ἔστιν οὖν ἐννέα τὰ συμβεβηκότα τῇ οὐσίᾳ, ᾗ συναριθμουμένη [77] συνέχει τὸν τέλειον ἀριθμὸν, τὸν ι'. Διόπερ διῃρημένου | τοῦ παντὸς, ὡς εἴπομεν, εἰς νοητὸν καὶ αἰσθητὸν κόσμον, ἔχομεν καὶ ἡμεῖς ἀπὸ τοῦ νοητοῦ τὸν λόγον, ἵνα τῷ λόγῳ τὴν τῶν νοητῶν καὶ ἀσωμάτων καὶ θείων ἐποπτεύωμεν [78] οὐσίαν, αἰσθήσεις δὲ, φησὶν, ἔχομεν πέντε, ὄσφρησιν, ὅρασιν, ἀκοὴν, γεῦσιν καὶ ἀφὴν, ἐν αἷς τῶν αἰσθητῶν ἐρχόμεθα εἰς γνῶσιν· καὶ οὕτω, φησὶν, ἐστὶ διῃρημένος ὁ αἰσθητὸς [79] ἀπὸ τοῦ νοητοῦ κόσμου. Καὶ C ὅτι ἔχομεν γνώσεως ὄργανον πρὸς ἑκάτερον αὐτῶν, ἐντεῦθεν κατανοῶμεν. Οὐδὲν, φησὶ, τῶν νοητῶν γνωστὸν ἡμῖν δύναται γενέσθαι δι' αἰσθήσεως· ἐκεῖνο γὰρ οὔτε ὀφθαλμὸς εἶδεν, οὔτε οὖς ἤκουσεν, οὔτε ἔγνω, φησὶ, τῶν ἄλλων αἰσθήσεων οἱαδηποτοῦν. Οὐδὲ αὖ πάλιν τῷ λόγῳ εἰς γνῶσιν τῶν αἰσθητῶν ... τε ἐλθεῖν τινος, ἀλλὰ δεῖ ὅτι λευκόν ἐστιν ἰδεῖν, καὶ γεύσασθαι ὅτι γλυκὺ, καὶ ὅτι ᾠδικὸν ἢ ἀπῳδικὸν [80] ἀκούσαντας εἰδέναι, καὶ εἴ τι τῶν ὀσμῶν ἐστιν εὐώδες ἢ ἀηδὲς, ὀσφρήσεως ἔργον, οὐ λόγου. Ὡσαύτως δὲ ἔχει καὶ τὰ τῆς ἀφῆς· σκληρὸν γὰρ ἢ ἁπαλὸν, θερμὸν, ἢ ψυχρὸν οὐχ οἷόν τέ ἐστιν ἀκούσαντα εἰδέναι, ἀλλὰ γὰρ τῶν τοιούτων ἐστὶ [p. 180. 181] κρίσις ἡ ἀφή. Τούτων οὕτως ὑφεστηκότων, ἡ διακόσμησις τῶν γεγονότων καὶ γινομένων ἀριθμητικῶς D γινομένη θεωρεῖται. Ὃν γὰρ τρόπον ἀπὸ μονάδος ἀρξάμενοι κατὰ προσθήκην μονάδων ἢ τριάδων καὶ τῶν ἑξῆς ἀθροιζομένων ἀριθμῶν ἕν τι σύστημα ποιοῦμεν μέγιστον ἀριθμοῦ, εἶτα πάλιν ἀπὸ τοῦ κατὰ τὴν σύνθεσιν ἀθροισθέντος ἀφαιρέσει [81] τινὶ καὶ ἀναποδισμῷ [82] λύσιν τῶν συνεστώτων ἀριθμῶν

VARIÆ LECTIONES.

[69] ἡ μονὰς om. C. [70] δέκα. δὲ καὶ C. [71] τοῦτο C, M. [72] ἰῶτα, τὴν μίαν κεραίαν Cf. *Matth.* v, 18 et Iren. *Adv. hær.* I, 3, 2 *Massuet* : Καὶ τοὺς δέκα αἰῶνας ὡσαύτως διὰ τοῦ ἰῶτα γράμματος .... σημαίνουσι λέγεσθαι· καὶ διὰ τοῦτο εἰρηκέναι τὸν Σωτῆρα, Ἰῶτα ἕν, ἢ μία κεραία οὐ μὴ παρέλθῃ, ἕως ἂν πάντα γένηται. [73] In hoc loco quædam excidisse sententiarum series fidem facit. [74] καὶ τῶν. ἡ τῶν Roeperus. [75] λαμβανομένη. λαμβανομένη· ἢ M, λαμβανομένη· καὶ Roeperus. [76] γένη C, δὲ γένη Chr. Petersen. [77] ἃ τῇ οὐσίᾳ συναριθμούμενα? οἷς συναριθμουμένη ἔχει Roeperus. [78] ἐποπτεύωμεν C. [79] ὁ αἰσθητός. αἰσθητὸς C. [80] ᾠδικὸν ἢ ἀπῳδικόν. δίκαιον ἢ ἄδικον C, M. [81] ἀφαιρέσει Roeperus, ἀναιρέσει C, M. [82] ἀναποδισμῷ Roeperus, ἀναλογισμῷ C, M.

ῶς ἐργαζόμεθα· (κε'.) οὕτω [83] φησὶ καὶ τὸν A σμον ἀριθμητικῷ τινι καὶ μουσικῷ δεσμῷ δεδεμέν ἐπιτάσει καὶ ἀνέσει καὶ προσ | θήκῃ καὶ ἀφαισει ἀεὶ καὶ διὰ παντὸς ἀδιάφθορον φυλαχθῆναι. οιγαροῦν καὶ περὶ τῆς διανομῆς [84] τοῦ κόσμου ἀποαίνονται τοιοῦτόν τινα τρόπον οἱ Πυθαγορικοί [85-86]·

Ἦ [87] *γὰρ καὶ πάρος ἦν τε* [88] *καὶ ἔσσεται* [89], *[οὐδέ ποτ', οἴω* [90],
οὕτων ἀμφοτέρων κενεώσεται [91] *ἄσπετος* [92] *αἰών.*

ίνων δὲ τούτων; Τοῦ νείκους καὶ τῆς φιλίας. Ἀπεργάζεται δὲ αὐτοῖς ἡ φιλία ἄφθαρτον, ἀΐδιον ὸν κόσμον, ὡς ὑπονοοῦσιν· ἔστι γὰρ ἡ οὐσία καὶ κόσμος ἕν· τὸ δὲ νεῖκος διασπᾷ καὶ διαφέρει καὶ πολλὰ πειρᾶται καταδιαιροῦσα τὸν κόσμον ποιεῖν· ὥσπερ εἴ τις ἀριθμητικῶς τὴν μυριάδα εἰς χιλιάδας καὶ ἑκατοντάδας καὶ δεκάδας, καὶ δραχμὰς εἰς ὀβο- B λοὺς [93] καὶ κοδράντας μικροὺς κατακερματίσας τέμνει, οὕτω τὸ νεῖκος τὴν [94] οὐσίαν τοῦ κόσμου, φησί, τέμνει εἰς ζῶα, φυτά, μέταλλα [95] καὶ τὰ τούτοις παραπλήσια· καὶ ἔστι τῆς γενέσεως τῶν γινομένων πάντων κατ' αὐτοὺς δημιουργὸς τὸ νεῖκος, ἡ δ' αὖ φιλία ἐπιτροπεύουσα καὶ προνοουμένη τοῦ παντὸς ἵνα μένῃ, καὶ εἰς τὸ ἓν τὰ [96] διῃρημένα καὶ τοῦ παντὸς ἀπεσπασμένα συνάγουσα καὶ ἐξάγουσα τοῦ βίου, συνάπτει [97] καὶ προστίθησι τῷ παντί, ἵνα μένῃ, καὶ ἔστιν ἕν. Οὐ παύσεται οὖν οὔτε τὸ νεῖκος τὸν κόσμον διαιροῦν οὔτε ἡ φιλία τὰ διῃρημένα τῷ κόσμῳ προσνέμουσα. Αὕτη τίς ἐστιν, ὡς ἔοικε, κατὰ Πυθαγόραν ἡ τοῦ κόσμου διανομή. Λέγει δὲ Πυθαγόρας εἶναι ἀποῤῥαγάδας τοῦ ἡλίου τοὺς ἀστέρας, C καὶ τὰς ψυχὰς τῶν ζώων ἀπὸ τῶν [p. 181—183] ἄστρων φέρεσθαι· εἶναι δὲ αὐτὰς θνητὰς μέν, ὅταν ὦσιν [98] ἐν τῷ σώματι, οἱονεὶ ἐγκατορωρυγμένας ὡς ἐν | τάφῳ, ἀνίστασθαι δὲ καὶ γίνεσθαι ἀθανάτους, ὅταν τῶν σωμάτων ἀπολυθῶμεν. Ὅθεν ὁ Πλάτων ἐρωτηθεὶς ὑπό τινος, τί ἐστι φιλοσοφία, ἔφη· Χωρισμὸς ψυχῆς ἀπὸ σώματος, (κϛ'.) Πυθαγόρου [99] καὶ τούτων [1] τῶν λόγων γενόμενος μαθητής, ἐν οἷς [2] λέγει καὶ δι' αἰνιγμάτων καὶ τοιούτων λόγων· *Ἐκ τῆς ἰδίας* [3] *ἐὰν ἀποδημῇς, μὴ ἐπιστρέφου· εἰ δὲ μή, Ἐριννύες Δίκης ἐπίκουροί σε μετελεύσονται· ἰδίην* [4] καλῶν τὸ σῶμα, *Ἐριννύας* δὲ τὰ πάθη. Ἐὰν οὖν, φησίν, ἀποδημῇς, τουτέστιν ἐὰν ἐξέρχῃ ἐκ τοῦ σώματος, μὴ αὐτοῦ ἀντιποιοῦ· ἐὰν δὲ ἀντιποιήσῃ, πάλιν σε τὰ πάθη καθείρξουσιν εἰς σῶμα. D Εἶναι γὰρ οὗτοι τῶν ψυχῶν μετενσωματώσιν νομίζουσιν, ὡς καὶ ὁ Ἐμπεδοκλῆς πυθαγορίζων λέγει.

A metice efficimus : (25.) ita dicit etiam mundum numerali aliquo et musico vinculo vinctum intentione et remissione et additione et sublatione semper et perpetuo integrum conservatum esse. Igitur etiam de dispensatione mundi in hunc modum decernunt Pythagorei :

Profecto enim et prius erat et erit, nec unquam, [opinor,
Ilis ambobus vacuabitur immensum ævum.

Quibus autem his? Discordia et amore. Efficit autem illis amor indelebilem, æternum mundum, ut sibi persuadent ; est enim essentia et mundus unum ; discordia autem dissipat et differt et multa experitur dividendo mundum facere. Tanquam si quis numerando myriadem in chiliades et centena et de- B cades et drachmas in obolos et quadrantes exiguos dirimens secat : ita discordia essentiam mundi, inquit, secat in animalia, plantas, metalla et quæ sunt his similia, et est generationis eorum quæ nascuntur omnium secundum eos artifex discordia, amor autem rursus administra et custos universi ut maneat, et in unum dissecta et ab universo abscissa conducens et educens ex vita connectit et apponit toti, ut maneat, et est unum. Non desinet igitur neque discordia distrahere mundum neque amor ea quæ distracta sunt mundo attribuere. Hæc est, ut videtur, secundum Pythagoram mundi dispensatio. Dicit autem Pythagoras fragmina solis esse stellas et animas animalium **266-267** a stellis ferri. Esse C autem eas morti obnoxias, cum sunt in corpore, quasi defossas tanquam in sepulcro, resurgere autem et evadere immortales, cum a corporibus liberamur. Unde Plato interrogatus a quopiam quid esset philosophia, respondit : Discessus animæ a corpore, (26.) quippe qui Pythagoræ et horum sermonum exstitisset discipulus, in quibus sermocinatur et per ænigmata et hujusmodi dicta ; *Ex proprio ubi abieris, noli reverti ; sin vero, Furiæ, Justitiæ auxiliatrices, te persequentur, proprium* appellans corpus, *Furias* autem affectiones. Cum igitur, inquit, abis, hoc est excedis ex corpore, noli illud concupiscere ; ubi autem concupisces, rursus te affectus compingent in corpus. Esse enim isti animarum transmigrationem in corpora statuunt, ut etiam Empedocles Py- D thagorizans ait. Oportet enim, inquit, voluptarias animas, ut Plato dicit, cum humanam conditionem passæ non philosophabuntur, per omnia animalia

VARIÆ LECTIONES.

[83] ἐργαζόμεθα· οὕτω. ἐργαζόμεθα. Οὕτω C, M. [84] διανομῆς. διαμονῆς C, M. Cf. infra l. 50. [85] Infra l. VII, c. 29. p. 248 ed. Ox. vero nomine auctoris affert hæc Empedoclea. [86] Versus Empedocleos antea incognitos Steinius inseruit v. 110. 111. Cf. Philolog. VI. p. 160 et infra l. VII, 29' p. 248, 94, 95 ed Oxon. [87] ἦ. ἦν C, et infra [88] ἦν τε. ἦν C, M, ἦε Roeperus. [89] ἔσσεται· ἔσται C. [90] οὐδέπω τοίω C. [91] κενεώσεται Roeperus; coll. Empedocl. v. 183 Sturz. 63 Krst.' καινὸς ἔσται C, κενὸς ἔσται M, qui susp. κεινώσεται, κενώσεται C infra. [92] ἄσπετος. ἄσβεστος C. [93] εἰς ὀβολοὺς Roeperus, καὶ ὀβολοὺς C, M. [94] τὸ νεῖκος τὴν Roeperus, τὸν εἰκοστὴν C, τὴν εἰκαστὴν susp. M. [95] μετ' ἄλλα C. [96] τὰ om. C. Cf. infra. [97] συνάπτει. συνάγει C, M. [98] ὦσιν. εἰσὶν C. [99] σώματος, Πυθαγόρου καὶ τούτων Roeperus, σώματος. Πυθαγόρας οὖν καὶ τούτων C, M. [1] Ad ea quæ sequuntur conferendus est libellus academicus C. Goettlingii Jenæ a. 1852 ed. *Additamentum ad symbola Pythagorica.* [2] ἐν οἷς. ἔνια Goettlingius. [3] Jamblich. *Protrept.* p. 340. *Kiessl.* ita : Ἀποδημῶν τῆς μὴ ἐπιστρέφου· Ἐρινύες γὰρ μετέρχονται. [4] ἰδίην. De Ionismo vide Goettlingii Opusc. varr. p

meare et plantas rursus in humanum corpus, et A cum quidem philosophabitur in eodem corpore ter, in cognatæ stellæ naturam ascendere, sin non philosophabitur, rursus ad eadem. Posse igitur inquit interdum animam etiam mortalem evadere, cum a Furiis superetur, hoc est ab affectibus, et immortalem, cum Furias effugiat, qui sunt affectus.

Δεῖ γάρ, φησί, τὰς φιληδόνους ψυχάς, ὥς ὁ [illegible] λέγει [5], ἐὰν ἐν ἀνθρώπου πάθει γενόμεναι [illegible] σοφήσωσι, διὰ πάντων ζώων ἐλθεῖν καὶ φυτῶν εἰς ἀνθρώπινον σῶμα, καὶ ἐὰν μὲν φιλοσοφήσῃ τὸ αὐτὸ τρίς, εἰς τὴν τοῦ συννόμου ἄστρου [illegible] ἀνελθεῖν, ἐὰν δὲ μὴ φιλοσοφήσῃ, πάλιν ἐπὶ τὰ [illegible]. Δύνασθαι οὖν φησί ποτε τὴν ψυχὴν καὶ θνη[illegible]νέσθαι, ἐὰν ὑπὸ τῶν Ἐριννύων κρατῆται [6], τουτέστι τῶν παθῶν, καὶ ἀθάνατον, ἐὰν τὰς Ἐριννῦς [illegible] ἃ ἐστι πάθη.

27. Sed quoniam etiam obscure a Pythagora dicta ad discipulos per symbola orsi sumus dicere, placet etiam reliqua attingere, propterea quod etiam hæresiarchæ similiter conati sunt uti symbolis, idque non suis, sed Pythagorea mutuati dicta. Docet igitur Pythagoras discipulos suos his verbis : *Fasciculum* B *vestis stragulæ colligato ;* quoniam qui peregrinari instituunt in lorum colligant vestimenta sua ad usum itineris : ita paratos esse vult discipulos, quia quovis momento mors appropinquare possit, ne quid iis desit eorum, quæ disciplina percipienda sunt. Quapropter ex necessitate ubi primum lucebat
268-269 docebat exhortari inter se Pythagoreos colligare fasciculum vestis stragulæ, hoc est paratos esse ad mortem. *Ignem gladio noli scrutari*, iratum hominem dicendo noli irritare; igni enim similis est iratus, gladio autem sermo. *Verriculum noli supergredi*, noli parvam rem despicere. *Palmam in ædibus noli plantare*, æmulationem in ædibus noli excitare; pugnæ enim et discordiæ est palma signum. *A sedili noli edere*, illiberalem artem noli C tractare, ne servias corpori quod est caducum, sed confice tibi victum a litteris; poteris enim et alere corpus et animam efficere meliorem. *A solido pane noli mordere*, opes tuas ne minueris, sed ab reditu vive, custodito autem opes tuas tanquam panem illibatum. *Fabis noli vesci*, regimen urbis ne acceperis ; fabis enim sortiebantur magistratus illo tempore.

κζ'. Ἀλλ' ἐπεὶ καὶ τὰ σκοτεινῶς ὑπὸ τοῦ [illegible]γόρου λεγόμενα πρὸς τοὺς μαθητὰς δι' ὑ[illegible] ἐνηρξάμεθα [7] λέγειν, δοκεῖ καὶ τῶν ἑτέρων [illegible]νησθῆναι διὰ τὸ καὶ τοὺς αἱρεσιάρχας τοι[illegible] τρόπῳ ἐπικεχειρηκέναι ὁμιλεῖν διὰ ὑποσ[illegible] καὶ τοῦτο οὐκ ἰδίων [8], ἀλλὰ Πυθαγορείων [illegible]τήσαντες λόγων. Διδάσκει οὖν ὁ Πυθαγόρας [illegible] μαθητὰς λέγων· *Τὸν στρωματό*|*δεσμον δέσμει*, ἐπεὶ οἱ ὁδοιπορεῖν μέλλοντες εἰς δέρμα δεσμεύ[illegible] ἱμάτια αὐτῶν πρὸς ἑτοιμασίαν τῆς ὁδοῦ· [illegible]μους εἶναι θέλει [10] τοὺς μαθητάς, ὡς καθ' ἑκ[illegible] στιγμὴν τοῦ θανάτου ἐφεστηκέναι μέλλοντ[illegible] ἔχοντας [11] τῶν μαθητῶν ἐνδεές. Διόπερ ἐξ ἀν[illegible] ἅμα τῷ [p. 183. 184] ἡμέραν γενέσθαι [illegible] διακελεύεσθαι αὐτοῖς [12] τοὺς Πυθαγορείους [illegible] τὸν στρωματόδεσμον, τουτέστιν ἑτοίμους [illegible] θάνατον. *Πῦρ μαχαίρῃ μὴ σκάλευε*, [illegible]μένον ἄνθρωπον, λέγων, μὴ ἐρέθιζε· πυρ[illegible] ὁ θυμούμενος, μαχαίρᾳ [13] δὲ λόγος. *Σάρον* [14] *μὴ ὑπέρβαινε*, Μικροῦ πράγματος μὴ [illegible] C *Φοίνικα* [15] *ἐν οἰκίᾳ μὴ φύτευε*, Φιλονεικίαν [illegible] μὴ κατασκεύαζε· μάχης γὰρ καὶ διαφορᾶς [16] [illegible] ὁ φοῖνιξ σημεῖον. *Ἀπὸ δίφρου* [17] *μὴ ἔσθιε*, [illegible]σον τέχνην μὴ μεταχειρίζου, ἵνα μὴ δουλεύῃς [illegible] σώματι ὄντι φθαρτῷ, ἀλλὰ ποιοῦ τὸν βίον [illegible]γων [18]· ἐνέσται γάρ σοι καὶ τρέφειν τὸ σῶμα καὶ τὴν ψυχὴν ποιεῖν κρείττονα. *Ἀπὸ ὅλου ἄρτου* [19] *μὴ ἀπόδακνε*· τὰ ὑπάρχοντά σου μὴ μειοῦ, ἀλλ' [illegible] τῆς προσόδου ζῆθι, φύλασσε δὲ τὴν οὐσίαν ὡς ἄρτον ὁλόκληρον. *Κυάμους μὴ ἔσθιε*· ἀρχὴν πόλεως μὴ ἀποδέχου· κυάμοις γὰρ ἐκληροῦντο τὰς ἀρχὰς κατ' ἐκεῖνον τὸν χρόνον [20].

28. Hæc igitur et his similia Pythagorei docent, quos imitati hæretici magna quædam quibusdam videntur dicere. Conditorem autem esse universo- D rum quæ facta sunt dicit Pythagorea doctrina magnum geometram et arithmetam solem, eumque fixum esse in universo mundo veluti in corporibus animam, ut ait Plato. Ignis enim est sol ut anima, corpus autem terra. Seorsum autem ab igne nihil unquam cerni posset neque comprehendi sine ali-

κη'. Ταῦτα μὲν οὖν καὶ τὰ τοιαῦτα οἱ Πυθαγόρειοι λέγουσιν, οὓς μιμούμενοι οἱ αἱρετικοὶ μεγάλα [illegible]ζονταί τισι λέγειν. Δημιουργὸν δὲ εἶναι τῶν [illegible]νων [21] πάντων φησὶν ὁ Πυθαγόρειος λόγος τὸν μέγαν γεωμέτρην καὶ ἀριθμητὴν ἥλιον, καὶ ἐστηρίχθαι τοῦτον ἐν ὅλῳ τῷ κόσμῳ, καθάπερ ἐν τοῖς σώμασι ψυχήν, ὥς φησιν ὁ | Πλάτων. Πῦρ γάρ ἐστιν ἥλιος ὡς [22] ψυχή, σῶμα δὲ [23] γῆ. Χωρισθὲν [24] δὲ πυρὸς οὐδὲν ἄν ποτε ὁρατὸν γένοιτο, οὐδὲ ἁπτὸν ἄνευ τινὸς

VARIÆ LECTIONES.

[5] Plat. *Phaedr*. p. 249 b. M. [6] κρατεῖται pr. C. [7] ἐνηρξάμεθα. ἐνήρμεθα C, ἀνηρήμεθα susp. M, ἐνήργμεθα Goettlingius et Roeperus. [8] οὐχ ἰδίων C. [9] Diogenes et Jamblichus : τὰ στρώματα ἀεὶ συνδεδεσμένα ἔχειν. [10] θέλειν C. [11] μηδὲν ἔχοντας τῶν παθητῶν ἐν δέει susp. M. [12] διακελεύεσθε αὐτοῖς C. [13] μαχαίρᾳ. μάχαιρα C. M. [14] Plutarch. *Sympos.* VIII, 7 et *Quæst. Rom.* 112 : Μὴ σάρον ὑπερβαίνειν. Σάρον Roeperus coll. Lobeckio *ad Phrynich*. p. 83 : Ἄσαρον C, M. [15] Plutarch. *De Isid. et Osir.* 10 : Μὴ φοίνικα φυτεύειν. [16] διάφορας Roeperus, διαφθορᾶς C, M. [17] Cf. Plutarch *Quæst. Rom.* 112. [18] τῶν βίων ἀπόλογον C. [19] Suidas s. v. Ἀναξίμανδρος : Ἀπὸ ὁλοχλήρου ἄρτου μὴ ἐσθίειν. [20] ἐκείνων τῶν χρόνων C. [21] γενομένων. λεγομένων C, M. [22] ἥλιος ὡς Roeperus, ἥλιος C, ἥλιος καὶ s. ἡ susp. M. [23] σῶμα δὲ γῆ Roeperus, σῶμα σελήνη C, M. [24] χωρισθέντων C.

πυρὸς, στερεὸν δὲ οὐκ ἄνευ γῆς. Ὅθεν ἐκ πυρὸς καὶ γῆς ἀέρα τε ὁ Θεὸς ἐν μέσῳ θέμενος τὸ τοῦ παντὸς ἐδημιούργησε σῶμα. Ἀριθμεῖ δὲ, φησὶ, καὶ γεωμετρεῖ τὸν κόσμον ὁ ἥλιος τοιοῦτόν τινα τρόπον. Ὁ μὲν κόσμος ἐστὶν ὁ αἰσθητὸς εἷς, περὶ οὗ λέγομεν νῦν. Διῄρηκε δ' αὐτὸν ἀριθμητικός τις ὢν καὶ γεωμέτρης εἰς μοίρας ιβ'. Καὶ ἔστι ταῖς μοίραις ταύταις ὀνόματα· Κριὸς, Ταῦρος, Δίδυμοι [35], Καρκίνος, Λέων, Παρθένος, Ζυγὸς, Σκορπίος, Τοξότης, Αἰγόκερως, Ὑδροχόος, Ἰχθύες. Πάλιν τῶν δώδεκα μοιρῶν ἑκάστην διαιρεῖ εἰς μοίρας τριάκοντα, αἵτινές εἰσιν ἡμέραι μηνός. Πάλιν αὖ τῶν [36] τριάκοντα μοιρῶν ἑκάστην μοῖραν διαιρεῖ [p. 184. 185] εἰς λεπτὰ ἑξήκοντα, καὶ τῶν λεπτῶν λεπτὰ καὶ ἔτι λεπτότερα. Καὶ τοῦτο ἀεὶ ποιῶν καὶ μὴ παυόμενος, ἀλλ' ἀθροίζων ἐκ τούτων τῶν [37] μοιρῶν τῶν διῃρημένων καὶ ποιῶν ἐνιαυτὸν, καὶ αὖθις ἀναλύων καὶ διαιρῶν τὸ συγκείμενον τὸν μέγαν ἐνιαυτὸν ἀπεργάζεται κόσμου [38].

quo solido, solidum autem nil sine terra: unde ex igne et terra, aere in medio collocato, Deus universi condidit corpus. Numerat autem, inquit, et metitur mundum sol in hunc fere modum. Mundus visibilis est unus, de quo nunc loquimur. Divisit autem eum tanquam arithmeticus quidam et geometra in partes duodecim. Suntque his partibus nomina: Aries, Taurus, Gemini, Cancer, Leo, Virgo, Libra, Scorpius, Sagittarius, Capricornus, Aquarius, Pisces. Rursus duodecim partium quamque dividit in partes triginta, quæ quidem sunt dies mensis. Rursus triginta partium quamque **270-271** partem dividit in minuta sexaginta et minutorum minuta et vel minima. Et hoc semper faciens nec intermittens unquam, sed coacervans ex divisis his partibus et conficiens annum et rursus resolvens et dividens compositum magnum annum efficit mundi.

κθ'. Τοιαύτη τις, ὡς ἐν κεφαλαίοις εἰπεῖν ἐπελθόντα, ἡ Πυθαγόρου καὶ Πλάτωνος συνέστηκε δόξα, ἀφ' ἧς Οὐαλεντῖνος, οὐκ ἀπὸ τῶν Εὐαγγελίων τὴν αἵρεσιν τὴν ἑαυτοῦ συναγαγὼν, ὡς ἐπιδείξομεν, δικαίως Πυθαγορικὸς καὶ Πλατωνικὸς, οὐ Χριστιανὸς λογισθείη. Οὐαλεντῖνος τοίνυν, καὶ Ἡρακλέων, καὶ Πτολεμαῖος, καὶ πᾶσα ἡ τούτων σχολὴ, οἱ Πυθαγόρου καὶ Πλάτωνος μαθηταὶ, ἀκολουθήσαντες τοῖς καθηγησαμένοις, ἀριθμητικὴν τὴν | διδασκαλίαν τὴν ἑαυτῶν κατεβάλοντο. Καὶ γὰρ τούτων [29] ἐστὶν ἀρχὴ τῶν πάντων μονὰς ἀγέννητος [30], ἄφθαρτος, ἀκατάληπτος, ἀπερινόητος, γόνιμος καὶ πάντων τῆς γενέσεως αἰτία τῶν γενομένων· καλεῖται δὲ ὑπ' αὐτῶν ἡ προειρημένη μονὰς Πατήρ. Διαφορὰ δέ [31] τις εὑρίσκεται πολλὴ παρ' αὐτοῖς· οἱ μὲν γὰρ αὐτῶν, ἵν' ᾖ παντάπασι καθαρὸν τὸ δόγμα τοῦ Οὐαλεντίνου Πυθαγορικὸν, ἄθηλυν [32] καὶ ἄζυγον καὶ μόνον τὸν πατέρα νομίζουσιν εἶναι· οἱ δὲ ἀδύνατον νομίζοντες δύνασθαι ἐξ ἄῤῥενος μόνου γένεσιν ὅλως τῶν γεγενημένων γενέσθαι τινὸς, καὶ τῷ Πατρὶ τῶν ὅλων, ἵνα γένηται πατὴρ, σιγὴν ἐξ ἀνάγκης συναριθμοῦσι τὴν σύζυγον. Ἀλλὰ περὶ μὲν σιγῆς, πότερόν ποτε σύζυγός ἐστιν ἢ οὐκ ἔστιν, αὐτοὶ πρὸς αὐτοῖς [33] τοῦτον ἐχέτωσαν τὸν ἀγῶνα. Τὰ δὲ νῦν αὐτοὶ [34] ἡμεῖς φυλάττοντες τὴν Πυθαγόρειον ἀρχὴν, μίαν οὖσαν [35] καὶ ἄζυγον, ἄθηλυν [36], ἀπροσδεῆ, μνημονεύσαντες ὡς ἐκεῖνοι διδάσκουσιν ἐροῦμεν. Ἦν ὅλως [37], φησὶ, γεννητὸν [38] οὐδὲν, Πατὴρ δὲ ἦν μόνος ἀγέννητος, οὐ τόπον ἔχων, οὐ χρόνον, οὐ σύμβουλον, οὐκ ἄλλην τινὰ κατ' οὐδένα τῶν τρόπων νοηθῆναι δυναμένην οὐσίαν· ἀλλὰ ἦν μόνος, ἠρεμῶν [39], ὡς λέγουσι, καὶ

29. Talis quædam, si quidem semel eo delapsi res summas attigimus, Pythagoræ et Platonis constat ratio, a qua Valentinus, non ex Evangeliis hæresin suam concinnans, ut demonstrabimus, jure suo Pythagoreus et Platonicus, non Christianus existimabitur. Valentinus igitur et Heracleo et Ptolemæus et universa horum schola, Pythagoræ et Platonis discipuli, secuti duces suos arithmeticam pro fundamento disciplinæ suæ posuerunt. Etenim horum est principium rerum universarum monas non generata, non intercidens, non comprehensa, cogitatione non percipienda, genitrix omniumque quæ exstant causa exsistentiæ. Vocatur autem ab iis quam diximus monas Pater. Diversitas autem quædam satis magna reperitur apud eos. Alii enim eorum, ut sit prorsus purum Valentini dogma Pythagoreum, infemineum et injugum et solum Patrem statuunt esse, alii autem arbitrati fieri non posse, ut ex solo masculo quodam generatio omnino generatorum exstitit, et Patri universorum, quo exsistat pater, Sigen necessario adnumerant conjugem. Sed de Sige utrum tandem conjux sit necne, ipsi inter se hoc habento certamen. Nunc vero ipsi nos custodientes Pythagoreum principium, quod unum est et injugum, infemineum, inegenum, commemorantes ut illi docent ostendemus. Erat omnino, inquit, generatum nihil, Pater autem erat solus ingeneratus, non locum habens, non tempus, non consiliatorem, non aliam ullam quæ aliqua ratione percipi cogitatione posset essentiam. Sed erat solus, solitarius **272-273** ut dicunt, et requiescens ipse in semetipso solus.

VARIÆ LECTIONES.

[35] δίδυμος C. [36] αὖ τῶν. αὐτῶν τῶν C. [37] ἐκ τούτων τῶν. ἐκ τοῦ τῶν C. ἐκ τούτων M. [38] ἐνιαυτὸν — κόσμου Roeperus, ἀθάνατον — κόσμον C, M. [29] τούτοις? [30] Cum his et quæ sequuntur cf. Epitome infra l. x, c. 13. p. 319. sq. ed. Ox. et Iren. c. hær. 1, 1 sqq. [31] Cf. Iren. I, 11. 5. p. 56 ed. *Massuet*: Καὶ γὰρ περὶ αὐτοῦ τοῦ βυθοῦ (qui idem est ac πατήρ, cf. infra p. 319) πολλαὶ καὶ διάφοροι γνῶμαι παρ' αὐτοῖς· οἱ μὲν γὰρ αὐτὸν ἄζυγον λέγουσιν, μήτε ἄῤῥενα, μήτε θήλειαν, μήτε ὅλως ὄντα τι· ἄλλοι δὲ ἀῤῥενόθηλυν αὐτὸν λέγουσιν εἶναι, ἑρμαφροδίτου φύσιν αὐτῷ περιάπτοντες. Σιγὴν δὲ πάλιν ἄλλοι συνευνέτιν αὐτῷ προσάπτουσιν, ἵνα γένηται πρώτη συζυγία. [32] ἄθηλυν Roeperus, ἄθηλυ C, M. [33] πρὸς αὐτοῖς. πρὸς ἑαυτοὺς M, an παρ' αὐτοῖς? [34] αὐτοί. αὐτοῖς C. [35] οὖσαν. οὐσίαν C. M. [36] ἄθηλυ C, M. [37] ἐροῦμεν. Ἦν ὅλως. ἐροῦμέν τε ὅλως C, ἐροῦμεν. Ὅλως M· [38] γεννητὸν C. [39] ἠρεμῶν — μόνος. Iren. 1, 1: Ἐν ἡσυχίᾳ καὶ ἠρεμίᾳ πολλῇ γεγονέναι. κ. τ. λ.

meare et plantas rursus in humanum corpus, et A cum quidem philosophabitur in eodem corpore ter, in cognatæ stellæ naturam ascendere, sin non philosophabitur, rursus ad eadem. Posse igitur inquit interdum animam etiam mortalem evadere, cum a Furiis superetur, hoc est ab affectibus, et immortalem, cum Furias effugiat, qui sunt affectus.

Δεῖ γάρ, φησί, τὰς φιληδόνους ψυχάς. [illegible] λέγει [5], ἐὰν ἐν ἀνθρώπου πάθει γενόμεναι [illegible] σοφήσωσι, διὰ πάντων ζώων ἐλθεῖν καὶ [illegible] εἰς ἀνθρώπινον σῶμα, καὶ ἐὰν μὲν φιλοσοφ[illegible] τὸ αὐτὸ τρὶς, εἰς τὴν τοῦ συννόμου [illegible] ἀνελθεῖν, ἐὰν δὲ μὴ φιλοσοφήσῃ, πάλιν ἐπὶ [illegible] Δύνασθαι οὖν φησί ποτε τὴν ψυχὴν καὶ θν[illegible] νέσθαι, ἐὰν ὑπὸ τῶν Ἐριννύων κρατῆται [6], τουτέστι τῶν παθῶν, καὶ ἀθάνατον, ἐὰν τὰς Ἐριννῦς [illegible] ἅ ἐστι πάθη.

27. Sed quoniam etiam obscure a Pythagora dicta ad discipulos per symbola orsi sumus dicere, placet etiam reliqua attingere, propterea quod etiam hæresiarchæ similiter conati sunt uti symbolis, idque non suis, sed Pythagorea mutuati dicta. Docet igitur B Pythagoras discipulos suos his verbis : *Fasciculum vestis stragulæ colligato ;* quoniam qui peregrinari instituunt in lorum colligant vestimenta sua ad usum itineris : ita paratos esse vult discipulos, quia quovis momento mors appropinquare possit, ne quid iis desit eorum, quæ disciplina percipienda sunt. Quapropter ex necessitate ubi primum lucebat **268-269** docebat exhortari inter se Pythagoreos colligare fasciculum vestis stragulæ, hoc est paratos esse ad mortem. *Ignem gladio noli scrutari*, iratum hominem dicendo noli irritare; igni enim similis est iratus, gladio autem sermo. *Verriculum noli supergredi*, noli parvam rem despicere. *Palmam in ædibus noli plantare*, æmulationem in ædibus noli excitare; pugnæ enim et discordiæ est palma C signum. *A sedili noli edere*, illiberalem artem noli tractare, ne servias corpori quod est caducum, sed confice tibi victum a litteris; poteris enim et alere corpus et animam efficere meliorem. *A solido pane noli mordere*, opes tuas ne minueris, sed ab reditu vive, custodito autem opes tuas tanquam panem illibatum. *Fabis noli vesci*, regimen urbis ne acceperis ; fabis enim sortiebantur magistratus illo tempore.

κζ'. Ἀλλ' ἐπεὶ καὶ τὰ σκοτεινῶς ὑπὸ τοῦ [illegible] γόρου λεγόμενα πρὸς τοὺς μαθητὰς δι' [illegible] ἐνηρξάμεθα [7] λέγειν, δοκεῖ καὶ τῶν ἑτέρων [illegible] νησθῆναι διὰ τὸ καὶ τοὺς αἱρεσιάρχας τοιο[illegible] τρόπῳ ἐπικεχειρηκέναι ὁμιλεῖν δι[illegible] καὶ τοῦτο οὐκ ἰδίων [8], ἀλλὰ Πυθαγορείων [illegible] τήσαντες λόγων. Διδάσκει οὖν ὁ Πυθαγόρας [illegible] μαθητὰς λέγων· *Τὸν στρωματόδεσμον ἐπί*[illegible] ἐπεὶ οἱ ὁδοιπορεῖν μέλλοντες εἰς δέρμα δεσμ[illegible] ἱμάτια αὐτῶν πρὸς ἑτοιμασίαν τῆς ὁδοῦ [illegible] μους εἶναι θέλει [10] τοὺς μαθητάς, ὡς καθ' [illegible] στιγμὴν τοῦ θανάτου ἐφεστηκέναι μέλλοντας [illegible] ἔχοντας [11] τῶν μαθητῶν ἐνδεές. Διόπερ ἐξ [illegible] ἅμα τῷ [p. 183. 184] ἡμέραν γενέσθαι [illegible] διακελεύεσθαι αὐτοῖς [12] τοὺς Πυθαγορείους [illegible] τὸν στρωματόδεσμον, τουτέστιν ἑτοίμους [illegible] θάνατον. *Πῦρ μαχαίρῃ μὴ σκάλευε*, [illegible] μένον ἄνθρωπον, λέγων, μὴ ἐρέθιζε· [illegible] ὁ θυμούμενος, μαχαίρᾳ [13] δὲ λόγος. *Σάρον μὴ* [14] *ὑπέρβαινε*, Μικροῦ πράγματος μὴ κατα[illegible] *Φοίνικα* [15] *ἐν οἰκίᾳ μὴ φύτευε*, Φιλονεικίαν [illegible] μὴ κατασκεύαζε· μάχης γὰρ καὶ διαφορᾶς [16] [illegible] ὁ φοῖνιξ σημεῖον. *Ἀπὸ δίφρου* [17] *μὴ ἔσθιε*, [illegible] σον τέχνην μὴ μεταχειρίζου, ἵνα μὴ δουλεύῃς [illegible] σώματι ὄντι φθαρτῷ, ἀλλὰ ποιοῦ τὸν βίον [illegible] γων [18]· ἐνέσται γάρ σοι καὶ τρέφειν τὸ σῶμα [illegible] τὴν ψυχὴν ποιεῖν κρείττονα. *Ἀπὸ ὅλου ἄρτου* [19] *μὴ ἀπόδακνε*· τὰ ὑπάρχοντά σου μὴ μειοῦ, [illegible] τῆς προσόδου ζῆθι, φύλασσε δὲ τὴν οὐσίαν [illegible] ὁλόκληρον. *Κυάμους μὴ ἔσθιε*· ἀρχὴν πόλεως μὴ ἀποδέχου· κυάμοις γὰρ ἐκληροῦντο τὰς ἀρχὰς [illegible] ἐκεῖνον τὸν χρόνον [20].

28. Hæc igitur et his similia Pythagorei docent, quos imitati hæretici magna quædam quibusdam D videntur dicere. Conditorem autem esse universorum quæ facta sunt dicit Pythagorea doctrina magnum geometram et arithmetam solem, eumque fixum esse in universo mundo veluti in corporibus animam, ut ait Plato. Ignis enim est sol ut anima, corpus autem terra. Seorsum autem ab igne nihil unquam cerni posset neque comprehendi sine ali-

κη'. Ταῦτα μὲν οὖν καὶ τὰ τοιαῦτα οἱ Πυθαγόρειοι λέγουσιν, οὓς μιμούμενοι οἱ αἱρετικοὶ μεγάλα [illegible] ζονταί τισι λέγειν. Δημιουργὸν δὲ εἶναι τῶν γεν[illegible] νων [21] πάντων φησὶν ὁ Πυθαγόρειος λόγος τὸν μέγαν γεωμέτρην καὶ ἀριθμητὴν ἥλιον, καὶ ἐστηρίχθαι τοῦτον ἐν ὅλῳ τῷ κόσμῳ, καθάπερ ἐν τοῖς σώμασι ψυχήν, ὥς φησιν ὁ Πλάτων. Πῦρ γάρ ἐστιν [illegible] ὡς [22] ψυχή, σῶμα δὲ [23] γῆ. Χωρισθὲν [24] δὲ πυρὸς οὐδὲν ἄν ποτε ὁρατὸν γένοιτο, οὐδὲ ἁπτὸν ἄνευ τινὸς

VARIÆ LECTIONES.

[5] Plat. *Phaedr.* p. 249 b. M. [6] κρατεῖται pr. C. [7] ἐνηρξάμεθα. ἐνήρμεθα C, ἀνῃρήμεθα susp. M, ἐνηργμεθα Goettlingius et Roeperus. [8] οὐχ ἰδίων C. [9] Diogenes et Jamblichus : τὰ στρώματα ἀεὶ συνδεδεμένα ἔχειν. [10] θέλειν C. [11] μηδὲν ἔχοντας τῶν παθητῶν ἐν δέει susp. M. [12] διακελεύεσθε αὐτοῖς C. [13] μαχαίρᾳ. μάχαιρα C, M. [14] Plutarch. *Sympos.* VIII, 7 et *Quæst. Rom.* 112 : Μὴ σάρον ὑπερβαίνειν. Σάρον Roeperus coll. Lobeckio *ad Phrynich.* p. 83 : Ἄσαρον C, M. [15] Plutarch. *De Isid. et Osir.* 10 : Μὴ φοίνικα φυτεύειν. [16] διάφορας Roeperus, διαφθορᾶς C, M. [17] Cf. Plutarch *Quæst. Rom.* 112. [18] τῶν βίων ἀπόλογον C. [19] Suidas s. v. Ἀναξίμανδρος : Ἀπὸ ὁλοκλήρου ἄρτου μὴ ἐσθίειν. [20] ἐκείνων τῶν χρόνων C. [21] γενομένων. λεγομένων C, M. [22] ἥλιος ὡς Roeperus, ἥλιος C, ἥλιος καὶ ε. ἡ susp. M. [23] σῶμα δὲ γῆ Roeperus, σῶμα σελήνη C, M. [24] χωρισθέντων C.

ρεοῦ, στερεὸν δὲ οὐκ ἄνευ γῆς. Ὅθεν ἐκ πυρὸς ι γῆς ἀέρα τε ὁ Θεὸς ἐν μέσῳ θέμενος τὸ τοῦ ντὸς ἐδημιούργησε σῶμα. Ἀριθμεῖ δὲ, φησὶ, καὶ ωμετρεῖ τὸν κόσμον ὁ ἥλιος τοιοῦτόν τινα τρόπον. μὲν κόσμος ἐστὶν ὁ αἰσθητὸς εἷς, περὶ οὗ λέγομεν νῦν. Διῄρηκε δ' αὐτὸν ἀριθμητικός τις ὢν καὶ γεω-:τρης εἰς μοίρας ιβ'. Καὶ ἔστι ταῖς μοίραις ταύταις όματα· Κριὸς, Ταῦρος, Δίδυμοι [25], Καρκίνος, Λέων, ɔρθένος, Ζυγὸς, Σκορπίος, Τοξότης, Αἰγόκερως, Γδροχόος, Ἰχθύες. Πάλιν τῶν δώδεκα μοιρῶν ἑκάσ-η· διαιρεῖ εἰς μοίρας τριάκοντα, αἵτινές εἰσιν ἡμέ-αι μηνός. Πάλιν αὖ τῶν [26] τριάκοντα μοιρῶν ἑκάσ-:ην μοῖραν διαιρεῖ [p. 184. 185] εἰς λεπτὰ ἑξήκοντα, αὶ τῶν λεπτῶν λεπτὰ καὶ ἔτι λεπτότερα. Καὶ τοῦτο εὶ ποιῶν καὶ μὴ παυόμενος, ἀλλ' ἀθροίζων ἐκ τού-ων τῶν [27] μοιρῶν τῶν διῃρημένων καὶ ποιῶν ἐνιαυ-ὸν, καὶ αὖθις ἀναλύων καὶ διαιρῶν τὸ συγκείμενον ὸν μέγαν ἐνιαυτὸν ἀπεργάζεται κόσμου [28].

κθ'. Τοιαύτη τις, ὡς ἐν κεφαλαίοις εἰπεῖν ἐπελ-θόντα, ἡ Πυθαγόρου καὶ Πλάτωνος συνέστηκε δόξα, ἀφ' ἧς Οὐαλεντῖνος, οὐκ ἀπὸ τῶν Εὐαγγελίων τὴν αἵρεσιν τὴν ἑαυτοῦ συναγαγὼν, ὡς ἐπιδείξομεν, δι-καίως Πυθαγορικὸς καὶ Πλατωνικὸς, οὐ Χριστιανὸς λογισθείη. Οὐαλεντῖνος τοίνυν, καὶ Ἡρακλέων, καὶ Πτολεμαῖος, καὶ πᾶσα ἡ τούτων σχολὴ, οἱ Πυθαγόρου καὶ Πλάτωνος μαθηταὶ, ἀκολουθήσαντες τοῖς καθη-γησαμένοις, ἀριθμητικὴν τὴν | διδασκαλίαν τὴν ἑαυ-τῶν κατεβάλοντο. Καὶ γὰρ τούτων [29] ἐστὶν ἀρχὴ τῶν πάντων μονὰς ἀγέννητος [30], ἄφθαρτος, ἀκατά-ληπτος, ἀπερινόητος, γόνιμος καὶ πάντων τῆς γενέ-σεως αἰτία τῶν γενομένων· καλεῖται δὲ ὑπ' αὐτῶν ἡ προειρημένη μονὰς Πατήρ. Διαφορὰ δέ [31] τις εὑ-ρίσκεται πολλὴ παρ' αὐτοῖς· οἱ μὲν γὰρ αὐτῶν, ἵν' ᾖ παντάπασι καθαρὸν τὸ δόγμα τοῦ Οὐαλεντίνου Πυθαγορικὸν, ἄθηλυν [32] καὶ ἄζυγον καὶ μόνον τὸν πατέρα νομίζουσιν εἶναι· οἱ δὲ ἀδύνατον νομίζοντες δύνασθαι ἐξ ἄῤῥενος μόνου γένεσιν ὅλως τῶν γεγε-νημένων γενέσθαι τινὸς, καὶ τῷ Πατρὶ τῶν ὅλων, ἵνα γένηται πατὴρ, σιγὴν ἐξ ἀνάγκης συναριθμοῦσι τὴν σύζυγον. Ἀλλὰ περὶ μὲν σιγῆς, πότερόν ποτε σύζυ-γός ἐστιν ἢ οὐκ ἔστιν, αὐτοὶ πρὸς αὐτοῖς [33] τοῦτον ἐχέτωσαν τὸν ἀγῶνα. Τὰ δὲ νῦν αὐτοὶ [34] ἡμεῖς φυ-λάττοντες τὴν Πυθαγόρειον ἀρχὴν, μίαν οὖσαν [35] καὶ ἄζυγον, ἄθηλυν [36], ἀπροσδεῆ, μνημονεύσαντες ὡς ἐκεῖνοι διδάσκουσιν ἐροῦμεν. Ἦν ὅλως [37], φησὶ, γεν-νητὸν [38] οὐδὲν. Πατὴρ δὲ ἦν μόνος ἀγέννητος, οὐ τόπον ἔχων, οὐ χρόνον, οὐ σύμβουλον, οὐκ ἄλλην τινὰ κατ' οὐδένα τῶν τρόπων νοηθῆναι δυναμένην οὐσίαν· ἀλλὰ ἦν μόνος, ἠρεμῶν [39], ὥς λέγουσι, καὶ

quo solido, solidum autem nil sine terra : unde ex igne et terra, aere in medio collocato, Deus universi condidit corpus. Numerat autem, inquit, et metitur mundum sol in hunc fere modum. Mundus visibilis est unus, de quo nunc loquimur. Divisit autem eum tanquam arithmeticus quidam et geometra in partes duodecim. Suntque his partibus nomina : Aries, Taurus, Gemini, Cancer, Leo, Virgo, Libra, Scorpius, Sagittarius, Capricornus, Aquarius, Pisces. Rursus duodecim partium quamque dividit in partes triginta, quæ quidem sunt dies mensis. Rursus triginta partium quamque **270-271** partem dividit in minuta sexaginta et minutorum minuta et vel minima. Et hoc semper faciens nec intermittens unquam, sed coacervans ex divisis his partibus et conficiens annum et rursus resolvens et dividens compositum magnum annum efficit mundi.

29. Talis quædam, si quidem semel eo delapsi res summas attigimus, Pythagoræ et Platonis constat ratio, a qua Valentinus, non ex Evangeliis hæresin suam concinnans, ut demonstrabimus, jure suo Pythagoreus et Platonicus, non Christianus existimabitur. Valentinus igitur et Heracleo et Ptolemæus et universa horum schola, Pythagoræ et Platonis discipuli, secuti duces suos arithmeticam pro fundamento disciplinæ suæ posuerunt. Etenim horum est principium rerum universarum monas non generata, non intercidens, non comprehensa, cogitatione non percipienda, genitrix omniumque quæ exstant causa exsistentiæ. Vocatur autem ab iis quam diximus monas Pater. Diversitas autem quædam satis magna reperitur apud eos. Alii enim eorum, ut sit prorsus purum Valentini dogma Pythagoreum, infemineum et injugum et solum Patrem statuunt esse, alii autem arbitrati fieri non posse, ut ex solo masculo quodam generatio omnino generatorum exstitit, et Patri universorum, quo exsistat pater, Sigen necessario adnumerant conjugem. Sed de Sige utrum tandem conjux sit necne, ipsi inter se hoc habento certamen. Nunc vero ipsi nos custodientes Pythagoreum principium, quod unum est et injugum, infemineum, inegenum, commemorantes ut illi docent ostendemus. Erat omnino, inquit, generatum nihil, Pater autem erat solus ingeneratus, non locum habens, non tempus, non consiliatorem, non aliam ullam quæ aliqua ratione percipi cogitatione posset essentiam. Sed erat solus, solitarius **272-273** ut dicunt, et requiescens ipse in semetipso solus.

VARIÆ LECTIONES.

[25] δίδυμος C. [26] αὖ τῶν. αὐτῶν τῶν C. [27] ἐκ τούτων τῶν. ἐκ τοῦ τῶν C. ἐκ τούτων M. [28] ἐνιαυτὸν — κόσμου Roeperus, ἀθάνατον — κόσμον C, M. [29] τούτοις? [30] Cum his et quæ sequuntur cf. Epitome infra l. x, c. 13. p. 319. sq. ed Ox. et Iren. c. hær. 1, 1 sqq. [31] Cf. Iren. I, 11. 5. p. 56 ed. Massuet; Καὶ γὰρ περὶ αὐτοῦ τοῦ βυθοῦ (qui idem est ac πατὴρ, cf. infra p. 319) πολλαὶ καὶ διάφοροι γνῶμαι παρ' αὐτοῖς· οἱ μὲν γὰρ αὐτὸν ἄζυγον λέγουσιν, μήτε ἄρρενα, μήτε θήλειαν, μήτε ὅλως ὄντα τι· ἄλλοι δὲ ἀῤῥενόθηλυν αὐτὸν λέγουσιν εἶναι, ἑρμαφροδίτου φύσιν αὐτῷ περιάπτοντες. Σιγὴν δὲ πάλιν ἄλλοι συνευνέτιν αὐτῷ προσάπτουσιν, ἵνα γένηται πρώτη συζυγία. [32] ἄθηλυν Roeperus, ἄθηλυ C, M. [33] πρὸς αὐτοῖς. πρὸς ἑαυτοὺς M, an παρ' αὐτοῖς? [34] αὐτοί. αὐτοῖς C. [35] οὖσαν. οὐσίαν C, M. [36] ἄθηλυ C, M. [37] ἐροῦμεν. Ἦν ὅλως. ἐροῦμέν τε ὅλως C, ἐροῦμεν. Ὅλως M. [38] γεννητὸν C. [39] ἠρεμῶν — μόνος. Iren. 1, 1 : Ἐν ἡσυχίᾳ καὶ ἠρεμίᾳ πολλῇ γεγονέναι. κ. τ. λ.

Quoniam autem erat genitalis, placuit ei aliquando pulcherrimum et perfectissimum, quod habebat in ipso, generare et producere; amans enim solitudinis non erat. Amor enim, inquit, erat totus, amor autem non est amor, nisi sit quod ametur. Projecit igitur et generavit ipse Pater, uti erat solus, Mentem et Veritatem, hoc est dyadem, quæ quidem domina et principium exstitit et mater omnium qui intus in pleromate ab iis computantur æonum. Projecta autem Mens et Veritas a Patre, a genitali genitalis, projecit et ipsa Logum et Vitam Patrem imitata. Logus autem et Vita projiciunt Hominem et Ecclesiam. Mens autem et Veritas cum viderent suam prolem genitalem genitam esse, grates egerunt Patri omnium et offerunt ei perfectum numerum, æones decem. Hoc enim, inquit, numero perfectiorem Mens et Veritas Patri afferre non potuerunt. Oportebat enim Patrem, qui perfectus esset, numero celebrari perfecto, perfectus autem est denarius, quia primus eorum qui pluraliter confluunt hic est perfectus. Perfectior autem Pater, quia ingeneratus cum sit solus, per primam unam conjugationem Mentis et Veritatis omnes eorum quæ exsistunt projicere valuit radices.

30. Cum videret igitur et ipse Logus et Vita Mentem et Veritatem celebravisse Patrem omnium numero perfecto, celebrare et ipse Logus cum Vita voluit suum patrem et matrem Mentem et Veritatem. Quoniam autem generata erat Mens et Veritas, neque habebat paternum perfectum, illud non generatum esse, non jam perfecto numero Logus et Vita celebrant suum patrem Mentem, verum imperfecto; duodecim æones enim offerunt Logus et Vita Menti et Veritati. Hæ enim primæ secundum Valentinum æonum radices exstiterunt: Mens et Veritas, Logus et Vita, Homo et Ecclesia, decem autem Mentis et Veritatis, duodecim autem Logi et Vitæ, viginti et octo cuncti. Quibus ponuntur nomina hæcce: Bythius et Mixis, Ageratus et Henosis, **274-275** Autophyes et Hedone, Acinetus et Syncrasis, Monogenes et Macaria. Hi sunt decem illi æones, quos alii quidem a Mente et Veritate repetunt, alii autem a Logo et Vita. Alii rursus duodecim illos ab Homine et Ecclesia, alii a Logo et Vita, quibus hæc nomina gratificantur: Paracletus et Pistis, Patricus et Elpis, Metricus et Agape, Æinus et Synesis, Ecclesiasticus et Macariotes, Theletus et Sophia. Ex duodecim au-

A ἀναπαυόμενος αὐτὸς [p. 185—187] ἐν ἑαυ[illegible] Ἐπεὶ δὲ ἦν γόνιμος, ἔδοξεν αὐτῷ ποτε τὸ κά[illegible] καὶ τελεώτατον, ὃ [40] εἶχεν ἐν αὐτῷ, γενν[illegible] προαγαγεῖν· φιλέρημος γὰρ οὐκ ἦν. Ἀγάπ[illegible] φησίν, ἦν ὅλος [41], ἡ δὲ ἀγάπη οὐκ ἔστιν [illegible] ἐὰν μὴ ᾖ [42] τὸ ἀγαπώμενον. Προέβαλεν [illegible] ἐγέννησεν [43] αὐτὸς [44] ὁ Πατὴρ, ὥσπερ ἦν [illegible] Νοῦν καὶ Ἀλήθειαν, τουτέστι δυάδα, ἥτις [illegible] καὶ ἀρχὴ γέγονε | καὶ μήτηρ πάντων τῶν [illegible] πληρώματος καταριθμουμένων [45] αἰώνων ὑπ' [illegible] Προβληθεὶς δὲ ὁ Νοῦς καὶ ἡ Ἀλήθεια ἀπὸ τ[illegible] τρὸς, ἀπὸ γονίμου γόνιμος, προέβαλε καὶ α[illegible] γον καὶ Ζωὴν, τὸν Πατέρα μιμούμενος· ὁ [illegible] καὶ ἡ Ζωὴ προβάλλουσιν Ἄνθρωπον καὶ Ἐκ[illegible] Ὁ δὲ νοῦς καὶ ἡ Ἀλήθεια, ἐπεὶ εἶδον [τοῦ [illegible]

B καὶ τῆς Ζωῆς] [46] τὰ ἴδια γεννήματα γεγε[illegible] νημένα, ηὐχαρίστησαν τῷ Πατρὶ τῶν ὅλων κα[illegible] φέρουσιν αὐτῷ τέλειον ἀριθμὸν, αἰῶνας δέκα. [illegible] γὰρ, φησὶ, τελειότερον ἀριθμοῦ ὁ Νοῦς καὶ ἡ [illegible] θεια τῷ Πατρὶ προσενεγκεῖν οὐκ ἠδυνήθησαν [illegible] γὰρ τέλειον ὄντα τὸν Πατέρα ἀριθμῷ δοξ[illegible] τελείῳ, τέλειος δέ ἐστιν ὁ δέκα, ὅτι πρῶτος τῶν [illegible] πλῆθος γενομένων οὗτός ἐστι τέλειος. Τελειότερ[illegible] ὁ Πατὴρ, ὅτι ἀγέννητος ὢν μόνος διὰ πρώτ[illegible] μιᾶς συζυγίας τοῦ Νοῦ καὶ τῆς Ἀληθείας [illegible] τὰς τῶν γενομένων προβαλεῖν εὐπόρησε ῥίζ[illegible]

λ'. Ἰδὼν οὖν καὶ αὐτὸς ὁ Λόγος καὶ ἡ Ζω[illegible] Νοῦς καὶ ἡ Ἀλήθεια δεδόξακαν τὸν Πατέρα [illegible] ὅλων ἐν ἀριθμῷ τελείῳ, δοξάσαι καὶ αὐτὸς ὁ [illegible]

C μετὰ τῆς Ζωῆς ἠθέλησε τὸν ἑαυτοῦ πατέρα καὶ [illegible] μητέρα, τὸν Νοῦν καὶ τὴν Ἀλήθειαν. Ἐπεὶ δὲ γε[illegible] νητὸς [47] ἦν ὁ Νοῦς καὶ ἡ Ἀλήθεια καὶ οὐκ εἶχ[illegible] πατρικὸν [48] τέλειον τὴν ἀγεννησίαν, οὐκέτι τ[illegible] ἀριθμῷ ὁ Λόγος καὶ ἡ Ζωὴ δοξάζουσι τὸν [49] ἑαυτ[illegible] πατέρα τὸν Νοῦν, ἀλλὰ γὰρ ἀτελεῖ [50]· δώδεκα γ[illegible] αἰῶνας [51] προσφέρουσιν [52] ὁ Λόγος καὶ ἡ Ζωὴ [illegible] Νοΐ καὶ τῇ Ἀληθείᾳ. Αὗται γὰρ πρῶται κατ[illegible] Οὐαλεντῖνον ῥίζαι τῶν αἰώνων γεγόνασι, Νοῦς καὶ Ἀλήθεια, Λόγος καὶ Ζωὴ, Ἄνθρωπος καὶ Ἐκκλη[illegible] σία, δέκα [53] δὲ οἱ τοῦ | Νοὸς καὶ τῆς Ἀληθείας [illegible] καὶ δέκα δὲ οἱ τοῦ Λόγου καὶ τῆς Ζωῆς, εἴκοσι καὶ ὀκτὼ οἱ πάντες· οἷς καλοῦσιν ὀνόματα ταῦτα· Βύ[illegible] θιος [54] καὶ Μῖξις, Ἀγήρατος [55] καὶ [p. 187. 188] Ἕνωσις, Αὐτοφυὴς καὶ Ἡδονὴ, Ἀκίνητος καὶ Σύγ[illegible]

D κρασις [56], Μονογενὴς καὶ Μακαρία. Οὗτοι οἱ δέκα [57] αἰῶνες, οὓς τινες μὲν ὑπὸ τοῦ Νοῦ καὶ τῆς Ἀλη[illegible] θείας λέγουσι, τινὲς δὲ ὑπὸ τοῦ Λόγου καὶ τῆς Ζωῆς [58]. Ἕτεροι δὲ τοὺς δώδεκα [59] ὑπὸ τοῦ Ἀνθρώ[illegible] που καὶ τῆς Ἐκκλησίας, ἕτεροι δὲ ὑπὸ τοῦ Λόγου

VARIÆ LECTIONES.

[40] ὅ. ὃν C. [41] ὅλως pr. C. [42] ᾖ. ἦν C. [43] ἐγέννησεν C. [44] αὐτός. αὐτὴν C. [45] καταριθμουμένων C. [46] Uncinis septa interpretatio vv. τὰ ἴδια esse videntur. [47] [illegible] C. [48] τὸν πατρικόν C. [49] τὸν ἑαυτῶν C. [50] ἀτελεῖ. ἀνατελεῖ C. M. [51] αἰώνων C, M. [52] προσφέρουσιν [illegible] C. M. [53] δέκα. δώδεκα C, M. [54] βύθιος. βυθὸς C, M. Cf. Iren., hær. I, 1, 2. [55] ἀγήρατος. ἀκήρατος C, M. Cf. Iren. l. l. [56] σύγκρασις. συγκρισις C, M. Cf. Iren. l. l. [57] οἱ δέκα. δώδεκα C, M. [58] τινὲς δὲ — ζωῆς. Cf. Iren. l. l.: Τὸν μὲν λόγον καὶ τὴν ζωὴν μετὰ τὸ προβαλέσθαι τὸν ἄνθρωπον καὶ τὴν Ἐκκλησίαν, ἄλλους δέκα αἰῶνας (sc. προβαλεῖν), ὧν τὰ ὀνόματα λέγουσι ταῦτα· βύθιος καὶ μῖξις, κ. τ. λ. Οὗτοι δέκα αἰῶνες, οὓς καὶ φάσκουσιν ἐκ λόγου καὶ ζωῆς προβεβλῆσθαι. [59] Ἕτεροι δὲ τοὺς δώδεκα. — Ἐκκλησίας. Cf. Iren. l. l.: Τὸν δὲ ἄνθρωπον καὶ αὐτὸν προβαλεῖν μετὰ τῆς Ἐκκλησίας αἰῶνας δώδεκα, οἷς ταῦτα τὰ ὀνόματα χαρίζονται· παράκλητος καὶ πίστις, κ. τ. λ.

τῆς Ζωῆς, οἷς ταῦτα τὰ ὀνόματα χαρίζονται· A Παράκλητος καὶ Πίστις, Πατρικὸς [60] καὶ Ἐλπίς, Μητρικὸς [61] καὶ Ἀγάπη, Ἀείνους [62] καὶ Σύνεσις, Ἐκκλησιαστικὸς καὶ Μακαριότης [63], Θελητὸς καὶ Σοφία. Ἀπὸ δὲ τῶν δεκαδύο ὁ δωδέκατος καὶ νεώτατος πάντων τῶν εἰκοσιοκτὼ αἰώνων, θῆλυς ὢν καὶ καλούμενος Σοφία, κατενόησε τὸ πλῆθος καὶ τὴν δύναμιν τῶν γεγεννηκότων [64] αἰώνων καὶ ἀνέδραμεν εἰς τὸ βάθος τὸ τοῦ Πατρὸς, καὶ ἐνόησεν, ὅτι οἱ μὲν ἄλλοι πάντες αἰῶνες γεννητοὶ ὑπάρχοντες κατὰ συζυγίαν γεννῶσιν, ὁ δὲ Πατὴρ μόνος ἄζυγος ἐγέννησεν. Ἠθέλησε [65] μιμήσασθαι τὸν Πατέρα καὶ γεννῆσαι [66] καθ' ἑαυτὴν δίχα τοῦ συζύγου, ἵνα μηδὲν ᾖ [67] ἔργον ὑποδεέστερον τοῦ Πατρὸς εἰργασμένη, ἀγνοοῦσα ὅτι ὁ μὲν ἀγέννητος, ὑπάρχων ἀρχὴ τῶν ὅλων καὶ ῥίζα καὶ βάθος καὶ βυθὸς, δυνατῶς ἔχει γεννῆσαι B μόνος, γεννητὴ [68] δὲ οὖσα ἡ Σοφία καὶ μετὰ πλείονας γενομένη, τὴν τοῦ ἀγεννήτου δύναμιν οὐ δύναται ἔχειν. Ἐν μὲν γὰρ τῷ ἀγεννήτῳ [69], φησὶν, ἔστι πάντα ὁμοῦ, ἐν δὲ τοῖς γεννητοῖς [70] τὸ μὲν θῆλύ ἐστιν οὐσίας προβλητικὸν, τὸ δὲ ἄῤῥεν μορφωτικὸν τῆς ὑπὸ τοῦ θήλεως προβαλλομένης οὐσίας. Προέβαλεν [71] οὖν ἡ σοφία τοῦτο μόνον ὅπερ | ἠδύνατο, οὐσίαν ἄμορφον [72], καὶ ἀκατασκεύαστον [73]. Καὶ τοῦτό ἐστι, φησὶν, ὃ λέγει Μωϋσῆς· *Ἡ δὲ γῆ [74] ἦν ἀόρατος καὶ ἀκατασκεύαστος.* Αὕτη ἐστὶ, φησὶν, ἡ ἀγαθὴ, ἡ ἐπουράνιος Ἱερουσαλὴμ, εἰς ἣν ἐπηγγείλατο ὁ Θεὸς εἰσαγαγεῖν τοὺς υἱοὺς Ἰσραὴλ, λέγων· *Εἰσάξω ὑμᾶς [75] εἰς γῆν ἀγαθὴν ῥέουσαν μέλι καὶ γάλα.*

λα'. Γενομένης οὖν ἐντὸς πληρώματος ἀγνοίας κατὰ τὴν σοφίαν καὶ ἀμορφίας κατὰ τὸ γέννημα τῆς σοφίας, [p. 188. 189] θόρυβος ἐγένετο ἐν τῷ πληρώματι [76] C [οἱ αἰῶνες οἱ γενόμενοι], ὅτι παραπλησίως ἄμορφα καὶ ἀτελῆ γενήσεται τῶν αἰώνων τὰ γεννήματα καὶ φθορά τις καταλήψεται οὐκ εἰς μακράν ποτε τοὺς αἰῶνας. Κατέφυγον οὖν πάντες οἱ αἰῶνες ἐπὶ δέησιν τοῦ Πατρὸς, ἵνα λυπουμένην τὴν Σοφίαν ἀναπαύσῃ· ἔκλαιε [77] γὰρ καὶ κατωδύρετο ἐπὶ τῷ γεγενημένῳ ὑπ' αὐτῆς ἐκτρώματι· οὕτω γὰρ καλοῦσιν. Ἐλεήσας οὖν ὁ Πατὴρ τὰ δάκρυα τῆς Σοφίας καὶ προσδεξάμενος τῶν αἰώνων τὴν δέησιν, ἐπιπροβαλεῖν κελεύει· οὐ γὰρ αὐτὸς, φησὶ, προέβαλεν, ἀλλὰ ὁ Νοῦς καὶ ἡ Ἀλήθεια, Χριστὸν καὶ Πνεῦμα ἅγιον εἰς μόρφωσιν καὶ διαίρεσιν τοῦ ἐκτρώματος καὶ παραμυθίαν καὶ διανάπαυσιν τῶν τῆς Σοφίας στεναγμῶν. Καὶ γίνονται τριάκοντα αἰῶνες μετὰ τοῦ Χριστοῦ καὶ τοῦ ἁγίου Πνεύματος. Τινὲς μὲν οὖν αὐτῶν ταύτην εἶναι D θέλουσι τὴν τριακοντάδα τῶν αἰώνων, τινὲς δὲ συνυπάρχειν τῷ Πατρὶ Σιγὴν [78-79] καὶ σὺν αὐτοῖς καταριθμεῖσθαι τοὺς αἰῶνας θέλουσιν. Ἐπιπροβληθεὶς οὖν ὁ Χριστὸς καὶ τὸ ἅγιον Πνεῦμα ὑπὸ τοῦ Νοῦ καὶ τῆς Ἀληθείας, εὐθέως τὸ ἔκτρωμα τὸ ἄμορφον τοῦτο

A tem illis duodecimus et natu minimus omnium viginti octo æonum, qui femininus est et nomine vocatus Sophia, contemplatus multitudinem et potestatem æonum, qui generavere, recurrit in profunditatem Patris, et sensit reliquos omnes æones, utpote generatos, per conjugationem generare, patrem autem solum injugum generavisse. Voluit igitur imitari Patrem et generare per se seorsum a conjuge, ut ne quid inferius Patre opus perfecisset, quippe ignorans, non generatum illum, cum exsistat principium universorum et radix et profunditas et imum, posse generare per se ipsum, Sophiam autem, quæ sit generata et post plures orta, non generati potestatem habere non posse. In non generato enim, inquit, sunt omnia simul, in generatis autem femiB ninum est essentiæ projecticium, masculum autem formativum essentiæ a feminino projectæ. Projecit igitur Sophia hoc solum quod potuit, essentiam informem et inconditam. Et hoc est, inquit, quod ait Moses : *Terra autem erat invisibilis et incondita.* Hæc, inquit, est bona illa et cœlestis Jerusalem, in quam promisit Deus se introducturum filios Israel dicens : *Inducam vos in terram bonam fluentem melle et lacte.*

31. Orta igitur intus in pleromate ignorantia circa Sophiam et informitate circa partum SoC phiæ, tumultus exstitit in **276**.-**277** pleromate, ne pariter informia et imperfecta evaderent ea, quæ ab æonibus erant generata, et interitus aliquis corriperet post non multum tempus aliquando æones. Confugerunt igitur omnes æones ad precationem Patris, ut mœrentem Sophiam placaret. Plorabat enim et ingemebat propter abortivum a se generatum ; sic enim appellant. Miseratus igitur Pater lacrymas Sophiæ accepta precatione æonum insuper projicere jubet. Non enim ipse, inquit, projecit, sed Mens et Veritas Christum et Spiritum sanctum in formationem et discretionem abortivi et consolationem et placationem Sophiæ lamentorum. Et exsistunt triginta æones cum Christo et Spiritu sancto. Jam quidam eorum hanc esse volunt triaD contadem æonum, alii autem una exsistere cum Patre Sigen cum iisque computari æones volunt. Insuper projectus igitur a Mente et Veritate Christus et Spiritus sanctus statim abortivum informem hunc Sophiæ a se sola et seorsum a conjuge genitum segregat ab universis æonibus, ne cernentes illum per-

VARIÆ LECTIONES.

[60] πατρικῶς C, M. Cfr. Iren. l. l. [61] μητρικῶς C, M. Cf. Iren. l. l. [62] ἀεινοῦς. αἰῶνος C, M. Cf. Iren. l. l. [63] μακαριστὸς C, M. [64] γεγενηκότων C. [65] Ἠθέλησε δὲ? an Ἠθέλησε οὖν? [66] γεννῆσαι Roeperus, ἐγέννησε C, M. [67] ἦν. ἡ C. [68] γενητὴ C. [69] ἀγενήτῳ C. [70] γενητοῖς C. [71] προσέβαλεν C, M. [72] εὔμορφον C, M. [73] ἀκατασκεύαστον. εὐκατάσβεστον C, εὐκατασκεύαστον M. [74] I Mos. I, 2. [75] II Mos. XXXIII, 3 : Καὶ εἰσάξω σε εἰς γῆν ῥέουσαν γάλα καὶ μέλι, coll. cap. III, 8 : Καὶ εἰσαγαγεῖν αὐτοὺς εἰς γῆν ἀγαθὴν καὶ πολλὴν, εἰς γῆν ῥέουσαν γάλα καὶ μέλι, κ. τ. λ. [76] Seclusi[illegible] ad explicandum vocabulum πλήρωμα ex margine irrepsisse videntur : Ἐφοβοῦντο γὰρ οἱ αἰ[illegible]νώμενοι vel simile quid susp. M. [77] ἔκλασε C. [78-79] Σιγήν. εἰς γῆν C, M.

turbentur per informitatem perfecti æones. Ut igitur plane non compareat perfectis æonibus abortivi informitas, rursus et Pater insuper projicit unum æonem Staurum, qui cum evasisset magnus, ut a Patre magno et perfecto, in custodiam et munimentum æonum projectus, Terminus evadit pleromatis, habens in se omnes simul triginta æones; hi enim sunt illi qui projecti sunt. Appellatur autem hic Terminus, quoniam extra disterminat a pleromate hysterema; Particeps autem, quoniam participat etiam hysterema; Palus autem, quoniam fixus est immotus et firmus, ut non possit quidquam hysterematis devenire prope æones, qui sunt intus in pleromate. Extra igitur Terminum, Palum, Participem est quæ vocatur ab iis Ogdoas, eaque est Sophia quæ extra pleroma est, quam Christus insuper projectus a Mente et Veritate formavit effecitque, ut perfectus æon, nulla ex parte iis, qui sunt **278-279** intus in pleromate, inferior habitus evaderet. Postquam igitur formata erat extra pleroma Sophia, nec fieri poterat, ut pariter Christus et Spiritus sanctus ex Mente projecti et Veritate extra pleroma manerent, recurrit a formata illa Christus et Spiritus sanctus ad Mentem et Veritatem intra Terminum, una cum reliquis æonibus magnificans Patrem.

τῆς Σοφίας μονογενὲς | καὶ δίχα συζύγου [illegible] νον [80] ἀποχωρίζει τῶν ὅλων αἰώνων ἵνα [illegible] αὐτὸ ταράσσωνται διὰ τὴν ἀμορφίαν οἱ τέλειοι [illegible] Ἵν' οὖν μηδ' ὅλως τοῖς αἰῶσι τοῖς τελείοις [illegible] τοῦ ἐκτρώματος ἡ ἀμορφία, πάλιν καὶ ὁ Πατὴρ προβάλλει [81] αἰῶνα ἕνα τὸν Σταυρὸν [82], ὃς [illegible] μένος μέγας, ὡς μεγάλου καὶ τελείου Πατρὸς φρουρὰν καὶ χαράκωμα τῶν αἰώνων προβεβλημένος Ὅρος γίνεται τοῦ πληρώματος, ἔχων ἐντὸς [illegible] πάντας ὁμοῦ τοὺς τριάκοντα αἰῶνας· οὗτοι [illegible] οἱ προβεβλημένοι. Καλεῖται δὲ Ὅρος μὲν ὅτι ἀφορίζει ἀπὸ τοῦ πληρώματος ἔξω τὸ ὑστέρημα· Μετοχεὺς [83] δὲ, ὅτι μετέχει καὶ τοῦ ὑστερήματος· Σταυρὸς δὲ, ὅτι πέπηγεν ἀκλινῶς καὶ ἀμετανοήτως [84] [illegible] ὡς μὴ δύνασθαι μηδὲν τοῦ ὑστερήματος [illegible] σθαι [85] ἐγγὺς [86] τῶν ἐντὸς πληρώματος αἰώνων. [illegible] οὖν τοῦ Ὅρου, τοῦ Σταυροῦ, τοῦ Μετοχέως ἐστὶν ἡ καλουμένη κατ' αὐτοὺς Ὀγδοάς, ἥτις ἐστὶν ἡ [illegible] πληρώματος Σοφία, ἣν ὁ Χριστὸς ἐπιπροβληθεὶς [illegible] τοῦ Νοῦ καὶ τῆς Ἀληθείας [88] ἐμόρφωσε καὶ ἀπειργάσατο τέλειον αἰῶνα, οὐδενὶ [89] τῶν ἐντὸς [p. 190] πληρώματος χείρονουν. . . . ον [90] γεν[illegible] Ἐπειδὴ δὲ μεμόρφωτο ἡ Σοφία ἔξω [91] καὶ οὐχ [illegible] τε ἦν ἴσον τὸν Χριστὸν καὶ τὸ ἅγιον [Πνεῦμα [92]] ἐκ τοῦ Νοὸς προβεβλημένα καὶ τῆς Ἀληθείας ἔξω τοῦ πληρώματος μένειν, ἀνέδραμεν ἀπὸ τῆς μεμορφωμένης ὁ Χριστὸς καὶ τὸ ἅγιον Πνεῦμα πρὸς τὸν Νοῦν καὶ τὴν Ἀλήθειαν ἐντὸς τοῦ Ὅρου [93] μετὰ τῶν ἄλλων αἰώνων δοξάζων τὸν Πατέρα.

32. Postquam igitur exstitit una quædam pax et concordia omnium intra pleroma æonum, placuit iis non solum per conjugationem magnificavisse illum, verum magnificare etiam per oblationem frugum aptarum Patri. Omnes igitur consenserunt triginta æones unum projicere æonem tanquam communem pleromatis fructum, ut esset unitatis illorum et consensionis et pacis signum. Et solus ab omnibus æonibus projectus Patri hic est, qui appellatur ab illis *communis pleromatis fructus*. Hæc igitur intra pleroma ita erant comparata. Et projectus est communis pleromatis fructus, Jesus (hoc enim nomen illi), pontifex magnus. Quæ autem est extra pleroma Sophia requirens Christum, qui formavit, et Spiritum sanctum, in magnum metum conjecta est, ne periret seorsum ab eo, qui formavisset sese et firmavisset. Et mœrore affecta est et in multa consternatione versata, reputans, quis esset formator, quis sanctus Spiritus, quo abiisset, quis impediisset quominus adesset, quis invidisset pulchrum illud et divinum spectaculum. In his constituta affectibus vertitur in precationem et supplicationem ejus, qui sese dereliquisset. Precantem igitur illam miseratus est Christus, qui intra pleroma est, reliquique omnes æones et

λβ'. Ἐπεὶ οὖν μία τις ἦν εἰρήνη καὶ συμφωνία πάντων τῶν ἐντὸς πληρώματος αἰώνων, ἔδοξεν αὐτοῖς μὴ μόνον | κατὰ συζυγίαν δεδοξακέναι αὐτὸν, δοξάσαι [δὲ] [94] καὶ διὰ προσφορᾶς καρπῶν πρεπόντων τῷ Πατρί. Πάντες οὖν ηὐδόκησαν [95] οἱ τριάκοντα αἰῶνες ἕνα προβαλεῖν αἰῶνα, κοινὸν τοῦ πληρώματος καρπὸν, ἵν' ᾖ τῆς ἑνότητος [96] αὐτῶν καὶ τῆς ὁμοφροσύνης καὶ εἰρήνης [97]. Καὶ μόνος ὑπὸ πάντων αἰώνων προβεβλημένος τῷ Πατρὶ οὗτός ἐστιν ὁ καλούμενος παρ' αὐτοῖς *κοινὸς τοῦ πληρώματος καρπός*. Ταῦτα μὲν οὖν ἐντὸς πληρώματος ἦν οὕτως. Καὶ προβέβλητο ὁ κοινὸς τοῦ πληρώματος καρπὸς, Ἰησοῦς (τοῦτο γὰρ ὄνομα αὐτῷ), ὁ ἀρχιερεὺς ὁ μέγας. Ἡ δὲ ἔξω τοῦ πληρώματος Σοφία ἐπιζητοῦσα τὸν Χριστὸν τὸν μεμορφωκότα καὶ τὸ ἅγιον Πνεῦμα, ἐν φόβῳ μεγάλῳ κατέστη, ὅτι ἀπολεῖται κεχωρισμένου τοῦ μορφώσαντος αὐτὴν καὶ στηρίξαντος. Καὶ ἐλυπήθη καὶ ἐν ἀπορίᾳ ἐγένετο πολλῇ λογιζομένη, τίς ἦν ὁ μορφώσας, τί τὸ ἅγιον Πνεῦμα, ποῦ ἀπῆλθε, τίς ὁ κωλύσας αὐτοὺς συμπαρεῖναι, τίς ἐφθόνησε τοῦ καλοῦ καὶ μακαρίου θεάματος ἐκείνου. Ἐπὶ [98] τούτοις καθεστῶσα [99] τοῖς πάθεσι τρέπεται ἐπὶ δέησιν καὶ ἱκετείαν τοῦ ἀπολιπόντος αὐτήν. Δεομένης οὖν αὐτῆς κατηλέησεν ὁ Χριστὸς ὁ ἐντὸς πληρώματος ὢν καὶ οἱ ἄλλοι πάντες αἰῶνες, καὶ ἐκ-

VARIÆ LECTIONES.

[80] γεγενημένον C. [81] ἐπεὶ προβάλλει C. [82] τὸν σταυρὸς C, M. De Stauro sive Horo cfr. Iren. c. *hær.* I, 2, 2. 4. et c. 3. [83] μετοχεύς. μεταγωγεύς appellatur ab Irenæo l. I. 1. 2, 4 et c. 3, 1. [84] ἀμετανοήτως. ἀμετακινήτως Roeperus, ἀμεταβλήτως? [85] καὶ γενέσθαι C, M. [86] ἐγγύς. ἐντὸς ἐγγὺς pr. C. [87] ὑπό. ἀπὸ C, M. [88] Cf. Iren. l. I. 4, 1. [89] οὐδενί τι? [90] χείρονουν... ον. χείρονα γενομισμένον? [91] ἔξω. ἡ ἔξω? M. [92] πνεῦμα add. M. [93] ὅρου ἢ C. [94] αὐτόν. τὸν υἱὸν C, M. δὲ add. M. [95] ηὐδόκησαν C. [96] ἑνότητος. νεότητος C, M. [97] Post εἰρήνης exciderit σύμβολον. [98] Ἐπί. Ἐπεὶ C. [99] καθεσπῶσα C.

μπουσιν ἔξω τοῦ πληρώματος τὸν κοινὸν τοῦ πληρώματος καρπὸν, σύζυγον τῆς ἔξω Σοφίας καὶ ὀρθωτὴν παθῶν, ὧν ἔπαθεν ἐπιζητοῦσα τὸν Χριστόν. Γενόμενος οὖν ἔξω τοῦ πληρώματος [1] καρπὸς καὶ εὑρὼν αὐτὴν ἐν πάθεσι τοῖς πρώτοις τέτρασι, καὶ φόβῳ καὶ λύπῃ καὶ ἀπορίᾳ καὶ δεήσει, διωρθώσατο [2] τὰ πάθη αὐτῆς, διορθούμενος δὲ ἑώρα, ὅτι ἀπολέσθαι αὐτὰ αἰώνια ὄντα καὶ τῆς Σοφίας ἴδια οὐ καλὸν, οὔτε ἐν [p. 190—192] πάθεσιν εἶναι τὴν Σοφίαν τοιούτοις, ἐν φόβῳ καὶ λύπῃ, | ἱκετείᾳ, ἀπορίᾳ. Ἐποίησεν οὖν, ὡς τηλικοῦτος αἰὼν καὶ παντὸς τοῦ πληρώματος ἔκγονος, ἐκστῆναι τὰ πάθη ἀπ' αὐτῆς, καὶ ἐποίησεν αὐτὰ ὑποστατικὰς [3] οὐσίας, καὶ τὸν μὲν φόβον ψυχικὴν ἐποίησεν οὐσίαν [4], τὴν δὲ λύπην ὑλικὴν, τὴν δὲ ἀπορίαν δαιμόνων, τὴν ἐπιστροφὴν, καὶ δέησιν, καὶ ἱκετείαν ἄνοδον,[5] καὶ μετάνοιαν καὶ δύναμιν ψυχικῆς οὐσίας, ἥτις καλεῖται δεξιά. Ὁ Δημιουργὸς ἀπὸ τοῦ φόβου· τουτέστιν ὃ λέγει, φησὶν, ἡ Γραφή· *Ἀρχὴ σοφίας φόβος Κυρίου* [6]. Αὕτη γὰρ ἀρχὴ τῶν τῆς Σοφίας παθῶν· ἐφοβήθη γὰρ, εἶτα ἐλυπήθη, εἶτα ἠπόρησε, καὶ οὕτως ἐπὶ δέησιν καὶ ἱκετείαν κατέφυγεν. Ἔστι δὲ πυρώδης, φησίν, ἡ ψυχικὴ οὐσία, καλεῖται δὲ καὶ τόπος [μεσότητος] [7] ὑπ' αὐτῶν καὶ ἑβδομὰς [8] καὶ Παλαιὸς τῶν ἡμερῶν [9]· καὶ ὅσα τοιαῦτα λέγουσι περὶ τούτου, ταῦτα εἶναι τοῦ ψυχικοῦ, ὅν φασιν [10] εἶναι τοῦ κόσμου δημιουργόν· ἔστι δὲ πυρώδης. Λέγει, φησὶ, καὶ Μωϋσῆς· *Κύριος ὁ Θεός σου πῦρ ἐστι φλέγον καὶ καταναλίσκον* [11]. Καὶ γὰρ τοῦτο οὕτως γεγράφθαι θέλει. Διπλῆ δέ τίς ἐστι, φησὶν, ἡ δύναμις τοῦ πυρός· ἔστι γὰρ πῦρ παμφάγον, κατασβεσθῆναι μὴ δυνάμενον [12]..... Κατὰ τοῦτο τοίνυν τὸ μέρος θνητή τίς ἐστιν ἡ ψυχὴ, μεσότης τις οὖσα· ἔστι γὰρ ἑβδομὰς [13] καὶ κατάπαυσις [14]. Ὑποκάτω γάρ ἐστι τῆς ὀγδοάδος, ὅπου ἐστὶν ἡ Σοφία, ἡμέρα μεμορφωμένη [15], καὶ ὁ κοινὸς τοῦ πληρώματος καρπὸς, ὑπεράνω δὲ τῆς ὕλης, ἧς [16] ἐστι δημιουργός. Ἐὰν οὖν [17] ἐξομοιωθῇ τοῖς ἄνω, τῇ ὀγδοάδι, ἀθάνατος ἐγένετο καὶ ἦλθεν εἰς τὴν ὀγδοάδα, ἥτις ἐστὶ, φησὶν, Ἱερουσαλὴμ ἐπουράνιος· ἐὰν δὲ ἐξομοιωθῇ τῇ ὕλῃ, τουτέστι τοῖς πάθεσι τοῖς ὑλικοῖς, φθαρτή ἐστι [18] καὶ ἀπώλετο.

A emittunt extra pleroma communem pleromatis fructum, conjugem extraneæ Sophiæ et correctorem passionum, quas perpessa est requirens Christum. Egressus igitur e pleromate communis pleromatis fructus cum reperisset illam in quatuor primis affectibus, et metu et mœrore et consternatione et precatione, correxit affectiones ejus; corrigens autem videbat interire illas, quæ æternæ essent et propriæ Sophiæ, non decere, neque in affectionibus esse Sophiam hujuscemodi, in metu et mœrore, supplicatione, consternatione. Fecit igitur, **280 281** ut tantus æon et universi pleromatis soboles, ut discederent affectiones ab illa, reddiditque illas substantiales essentias, et metum quidem animalem reddidit essentiam, mœrorem B autem materialem, consternationem autem dæmonum, conversionem autem et precationem et supplicationem reddidit redditionem et pœnitentiam et potestatem animalis essentiæ, quæ vocatur dextra. Demiurgus a metu; hoc est quod ait, inquit, scriptura : *Timor Domini principium Sophiæ*. Hoc enim principium Sophiæ affectuum. Timebat enim, tum mœrebat, deinde consternabatur et ita ad precationem et supplicationem confugit. Est autem ignea, inquit, animalis essentia, appellatur autem et locus medietatis ab iis et hebdomas et vetustus dierum; et quæ alia ejusdemmodi de hoc dicunt, hæc valere de animali, quem aiunt esse mundi demiurgum; est autem igneus. Dicit, inquit, et Moses : *Dominus Deus tuus ignis est comburens et* C *consumens*. Etenim hoc ita scriptum vult. Duplex autem quædam, inquit, est potestas ignis; est enim ignis omnivorus qui exstingui nequeat..... Ex hac igitur parte mortalis quædam est anima, cum medietas quædam sit; est enim hebdomas et requies. Est autem subter ogdoadem, ubi est Sophia, dies formatus, et communis pleromatis fructus, supra materiem autem, cujus est demiurgus. Ubi igitur assimilabitur superioribus illis, hoc est ogdoadi, immortalis evadit venitque in ogdoadem, quæ quidem, inquit, est Jerusalem cœlestis; ubi autem assimilabitur materiæ, hoc est affectibus materialibus, fluxa erit et interit.

λγ'. Ὥσπερ οὖν τῆς ψυχικῆς οὐσίας ἡ πρώτη καὶ μεγίστη δύναμις γέγονεν [19]..... εἰκὼν διάβολος, ὁ ἄρχων τοῦ κόσμου τούτου· τῆς δὲ τῶν δαιμόνων οὐσίας, ἥτις ἐστὶν ἐκ τῆς ἀπορίας, ὁ Βεελζεβοὺλ, ἡ Σοφία ἄνωθεν ἀπὸ τῆς ὀγδοάδος ἐνεργοῦσα [p. 192. 193] ἕως τῆς ἑβδομάδος [20]. Οὐδὲν οἶδεν, λέγουσιν, ὁ

33. Sicuti igitur animalis essentiæ prima et maxima potestas exsistit..... imago diabolus, rex D mundi hujus, dæmonum autem essentiæ, quæ quidem est e consternatione, Beelzebul, Sophia superne ab ogdoade operans usque ad hebdomadem. **282-283** Nihil plane novit, inquiunt, demiur-

VARIÆ LECTIONES.

[1] Ante καρπὸς excidisse videtur ὁ κοινὸς τοῦ πληρώματος. [2] διορθώσατο C. [3] ὑποστατικάς. ὑποστάτας C, M. [4] οὐσίαν. ἐπιθυμίαν C, M. [5] ἄνοδον. ὁδὸν C. M. [6] Psal. cx, 10; Prov. i, 7, 9, 10. [7] μεσότητος. om. C, M. Cf. infra l. 10 et Iren. I. I. 5, 3, ubi Ogdoas medietatis locum tenere dicitur. [8] εὐδομὰς C. [9] Παλαιὸς τῶν ἡμερῶν Cf. Daniel. vii, 9. 13. 22 [10] φασιν. φησιν C, M. [11] Cf. supra p. 236, 69. [12] Lacunam signavimus post δυνάμενον, quæ alteram naturam ignis hausit. [13] εὐδομὰς C. [14] ἑβδομὰς καὶ κατάπαυσις Cf. I Mos. ii, 2 : Καὶ συνετέλεσεν ὁ Θεὸς ἐν τῇ ἡμέρᾳ τῇ ἕκτῃ τὰ ἔργα αὐτοῦ, ἃ ἐποίησε, καὶ κατέπαυσε τῇ ἡμέρᾳ τῇ ἑβδόμῃ ἀπὸ πάντων τῶν ἔργων αὐτοῦ, ὧν ἐποίησε. [15] ἡμέρα μεμορφωμένη. ἡμέρα μορφωμένη C, ἡ μεμορφωμένη R. Scottus. Cf. Ep. Barnab. Cap. 15. et Ignat. Ep. ad Magnes. cap. 9. [16] ἧς. ἧ C. M. [17] οὖν. om. C, M. [18] ἔσται ἐστὶ Roeperus. [19] Exciderunt quædam ob ὁμοιοτέλευτον, ut videtur. M. [20] εὐδομάδος C. M.

turbentur per informitatem perfecti æones. Ut igitur plane non compareat perfectis æonibus abortivi informitas, rursus et Pater insuper projicit unum æonem Staurum, qui cum evasisset magnus, ut a Patre magno et perfecto, in custodiam et munimentum æonum projectus, Terminus evadit pleromatis, habens in se omnes simul triginta æones; hi enim sunt illi qui projecti sunt. Appellatur autem hic Terminus, quoniam extra disterminat a pleromate hysterema; Particeps autem, quoniam participat etiam hysterema; Palus autem, quoniam fixus est immotus et firmus, ut non possit quidquam hysterematis devenire prope æones, qui sunt intus in pleromate. Extra igitur Terminum, Palum, Participem est quæ vocatur ab iis Ogdoas, eaque est Sophia quæ extra pleroma est, quam Christus insuper projectus a Mente et Veritate formavit effecitque, ut perfectus æon, nulla ex parte iis, qui sunt **278-279** intus in pleromate, inferior habitus evaderet. Postquam igitur formata erat extra pleroma Sophia, nec fieri poterat, ut pariter Christus et Spiritus sanctus ex Mente projecti et Veritate extra pleroma manerent, recurrit a formata illa Christus et Spiritus sanctus ad Mentem et Veritatem intra Terminum, una cum reliquis æonibus magnificans Patrem.

A τῆς Σοφίας μονογενὲς | καὶ δίχα συζύγου γεγενημένον [80] ἀποχωρίζει τῶν ὅλων αἰώνων ἵνα μὴ βλέποντες αὐτὸ ταράσσωνται διὰ τὴν ἀμορφίαν οἱ τέλειοι αἰῶνες. Ἵν' οὖν μηδ' ὅλως τοῖς αἰῶσι τοῖς τελείοις καταφανὴς ᾖ τοῦ ἐκτρώματος ἡ ἀμορφία, πάλιν καὶ ὁ Πατὴρ ἐπιπροβάλλει [81] αἰῶνα ἕνα τὸν Σταυρὸν [82], ὃς γεγενημένος μέγας, ὡς μεγάλου καὶ τελείου Πατρὸς φρουρὰν καὶ χαράκωμα τῶν αἰώνων προβεβλημένος, Ὅρος γίνεται τοῦ πληρώματος, ἔχων ἐντὸς ἑαυτοῦ πάντας ὁμοῦ τοὺς τριάκοντα αἰῶνας· οὗτοι γάρ εἰσιν οἱ προβεβλημένοι. Καλεῖται δὲ Ὅρος μὲν οὗτος, ὅτι ἀφορίζει ἀπὸ τοῦ πληρώματος ἔξω τὸ ὑστέρημα· Μετοχεὺς [83] δέ, ὅτι μετέχει καὶ τοῦ ὑστερήματος· Σταυρὸς δέ, ὅτι πέπηγεν ἀκλινῶς καὶ ἀμετανοήτως [84], ὡς μὴ δύνασθαι μηδὲν τοῦ ὑστερήματος καταγενέσθαι [85] ἐγγὺς [86] τῶν ἐντὸς πληρώματος αἰώνων. B Ἔξω οὖν τοῦ Ὅρου, τοῦ Σταυροῦ, τοῦ Μετοχέως ἐστὶν ἡ καλουμένη κατ' αὐτοὺς Ὀγδοάς, ἥτις ἐστὶν ἡ ἐκτὸς πληρώματος Σοφία, ἣν ὁ Χριστὸς ἐπιπροβληθεὶς ὑπὸ τοῦ Νοῦ καὶ τῆς Ἀληθείας [87] ἐμόρφωσε καὶ ἀπειργάσατο τέλειον αἰῶνα, οὐδενὶ [89] τῶν ἐντὸς [p. 190] πληρώματος χείρονουν.... ον [90] γενέσθαι. Ἐπειδὴ δὲ μεμόρφωτο ἡ Σοφία ἔξω [91] καὶ οὐχ οἷόν τε ἦν ἴσον τὸν Χριστὸν καὶ τὸ ἅγιον [Πνεῦμα] [92] ἐκ τοῦ Νοὸς προβεβλημένα καὶ τῆς Ἀληθείας ἔξω τοῦ πληρώματος μένειν, ἀνέδραμεν ἀπὸ τῆς μεμορφωμένης ὁ Χριστὸς καὶ τὸ ἅγιον Πνεῦμα πρὸς τὸν Νοῦν καὶ τὴν Ἀλήθειαν ἐντὸς τοῦ Ὅρου [93] μετὰ τῶν ἄλλων αἰώνων δοξάζων τὸν Πατέρα.

32. Postquam igitur exstitit una quædam pax et concordia omnium intra pleroma æonum, placuit iis non solum per conjugationem magnificavisse illum, verum magnificare etiam per oblationem frugum aptarum Patri. Omnes igitur consenserunt triginta æones unum projicere æonem tanquam communem pleromatis fructum, ut esset unitatis illorum et consensionis et pacis signum. Et solus ab omnibus æonibus projectus Patri hic est, qui appellatur ab illis *communis pleromatis fructus*. Hæc igitur intra pleroma ita erant comparata. Et projectus est communis pleromatis fructus, Jesus (hoc enim nomen illi), pontifex magnus. Quæ autem est extra pleroma Sophia requirens Christum, qui formavit, et Spiritum sanctum, in magnum metum conjecta est, ne periret seorsum ab eo, qui formavisset sese et firmavisset. Et mœrore affecta est et in multa consternatione versata, reputans, quis esset formator, quis sanctus Spiritus, quo abiisset, quis impediisset quominus adesset, quis invidisset pulchrum illud et divinum spectaculum. In his constituta affectibus vertitur in precationem et supplicationem ejus, qui sese dereliquisset. Precantem igitur illam miseratus est Christus, qui intra pleroma est, reliquique omnes æones et

λβ'. Ἐπεὶ οὖν μία τις ἦν εἰρήνη καὶ συμφωνία πάντων τῶν ἐντὸς πληρώματος αἰώνων, ἔδοξεν αὐτοῖς μὴ μόνον | κατὰ συζυγίαν δεδοξακέναι αὐτόν, C δοξάσαι [δὲ] [94] καὶ διὰ προσφορᾶς καρπῶν πρεπόντων τῷ Πατρί. Πάντες οὖν ηὐδόκησαν [95] οἱ τριάκοντα αἰῶνες ἕνα προβαλεῖν αἰῶνα, κοινὸν τοῦ πληρώματος καρπόν, ἵν' ᾖ τῆς ἑνότητος [96] αὐτῶν καὶ τῆς ὁμοφροσύνης καὶ εἰρήνης [97]. Καὶ μόνος ὑπὸ πάντων αἰώνων προβεβλημένος τῷ Πατρὶ οὗτός ἐστιν ὁ καλούμενος παρ' αὐτοῖς *κοινὸς τοῦ πληρώματος καρπός*. Ταῦτα μὲν οὖν ἐντὸς πληρώματος ἦν οὕτως. Καὶ προβέβλητο ὁ κοινὸς τοῦ πληρώματος καρπὸς Ἰησοῦς (τοῦτο γὰρ ὄνομα αὐτῷ), ὁ ἀρχιερεὺς μέγας. Ἡ δὲ ἔξω τοῦ πληρώματος Σοφία ἐπιζητοῦσα τὸν Χριστὸν τὸν μεμορφωκότα καὶ τὸ ἅγιον Πνεῦμα, ἐν φόβῳ μεγάλῳ κατέστη, ὅτι ἀπόλοιτο κεχωρισμένου τοῦ μορφώσαντος αὐτὴν καὶ στηρίσαντος. Καὶ ἐλυπήθη καὶ ἐν ἀπορίᾳ ἐγένετο πολλῇ, D λογιζομένη, τίς ἦν ὁ μορφώσας, τί τὸ ἅγιον Πνεῦμα, ποῦ ἀπῆλθε, τίς ὁ κωλύσας αὐτοὺς συμπαρεῖναι, τίς ἐφθόνησε τοῦ καλοῦ καὶ μακαρίου θεάματος ἐκείνου. Ἐπὶ [98] τούτοις καθεστῶσα [99] τοῖς πάθεσι τρέπεται ἐπὶ δέησιν καὶ ἱκετείαν τοῦ ἀπολιπόντος αὐτήν. Δεομένης οὖν αὐτῆς κατηλέησεν ὁ Χριστὸς ὁ ἐντὸς πληρώματος ὢν καὶ οἱ ἄλλοι πάντες αἰῶνες, καὶ ἐκ-

VARIÆ LECTIONES.

[80] γεγενημένον C. [81] ἐπεὶ προβάλλει C. [82] τὸν σταυρὸς C, M. De Stauro sive Horo cfr. Iren. *c. hær.* I, 2, 2. 4 et c. 3. [83] μετοχεύς. μεταγωγεύς appellatur ab Irenæo I. 1. 1. 2, 4 et c. 3, 1. [84] ἀμετανοήτως. ἀμετακινήτως Roeperus, ἀμεταβλήτως? [85] καὶ γενέσθαι C, M. [86] ἐγγύς. ἐντὸς ἐγγὺς pr. C. [87] ὑπό. ἀπὸ C, M. [88] Cf. Iren. l. l. 4, 1. [89] οὐδενί τι? [90] χείρονουν... ον. χείρονα νενομισμένον? [91] ἔξω. ἢ ἔξω? M. [92] πνεῦμα add. M. [93] ὅρου ἢ C. [94] αὐτόν. τὸν υἱὸν C, M. δὲ add. M. [95] ηὐδίκησαν C. [96] ἑνότητος. νεότητος C, M. [97] Post εἰρήνης exciderit σύμβολον. [98] Ἐπί. Ἐπεὶ C. [99] καθεσπῶσα C.

ἐκπέμπουσιν ἔξω τοῦ πληρώματος τὸν κοινὸν τοῦ A πληρώματος καρπὸν, σύζυγον τῆς ἔξω Σοφίας καὶ διορθωτὴν παθῶν, ὧν ἔπαθεν ἐπιζητοῦσα τὸν Χριστόν. Γενόμενος οὖν ἔξω τοῦ πληρώματος [1] καρπὸς καὶ εὑρὼν αὐτὴν ἐν πάθεσι τοῖς πρώτοις τέτρασι, καὶ φόβῳ καὶ λύπῃ καὶ ἀπορίᾳ καὶ δεήσει, διωρθώσατο [2] τὰ πάθη αὐτῆς, διορθούμενος δὲ ἑώρα, ὅτι ἀπολέσθαι αὐτὰ αἰώνια ὄντα καὶ τῆς Σοφίας ἴδια οὐ καλὸν, οὔτε ἐν [p. 190—192] πάθεσιν εἶναι τὴν Σοφίαν τοιούτοις, ἐν φόβῳ καὶ λύπῃ, | ἱκετείᾳ, ἀπορίᾳ. Ἐποίησεν οὖν, ὡς τηλικοῦτος αἰὼν καὶ παντὸς τοῦ πληρώματος ἔκγονος, ἐκστῆναι τὰ πάθη ἀπ' αὐτῆς, καὶ ἐποίησεν αὐτὰ ὑποστατικὰς [3] οὐσίας, καὶ τὸν μὲν φόβον ψυχικὴν ἐποίησεν οὐσίαν [4], τὴν δὲ λύπην ὑλικὴν, τὴν δὲ ἀπορίαν δαιμόνων, τὴν ἐπιστροφὴν, καὶ δέησιν, καὶ ἱκετείαν ἄνοδον [5] καὶ μετάνοιαν καὶ δύ- B ναμιν ψυχικῆς οὐσίας, ἥτις καλεῖται δεξιά. Ὁ Δημιουργὸς ἀπὸ τοῦ φόβου· τουτέστιν ὃ λέγει, φησὶν, ἡ Γραφή· *Ἀρχὴ σοφίας φόβος Κυρίου* [6]. Αὕτη γὰρ ἀρχὴ τῶν τῆς Σοφίας παθῶν· ἐφοβήθη γὰρ, εἶτα ἐλυπήθη, εἶτα ἠπόρησε, καὶ οὕτως ἐπὶ δέησιν καὶ ἱκετείαν κατέφυγεν. Ἔστι δὲ πυρώδης, φησὶν, ἡ ψυχικὴ οὐσία, καλεῖται δὲ καὶ τόπος [μεσότητος] [7] ὑπ' αὐτῶν καὶ ἑβδομὰς [8] καὶ Παλαιὸς τῶν ἡμερῶν [9]· καὶ ὅσα τοιαῦτα λέγουσι περὶ τούτου, ταῦτα εἶναι τοῦ ψυχικοῦ, ὅν φασιν [10] εἶναι τοῦ κόσμου δημιουργόν· ἔστι δὲ πυρώδης. Λέγει, φησὶ, καὶ Μωϋσῆς· *Κύριος ὁ Θεός σου πῦρ ἐστι φλέγον καὶ καταναλίσκον* [11]. Καὶ γὰρ τοῦτο οὕτως γεγράφθαι θέλει. Διπλῆ δέ τίς ἐστι, φησὶν, ἡ δύναμις τοῦ πυρός· ἔστι γὰρ πῦρ παμφάγον, κατασβεσθῆναι μὴ δυνάμενον [12]..... Κατὰ τοῦτο C τοίνυν τὸ μέρος θνητή τίς ἐστιν ἡ ψυχὴ, μεσότης τις οὖσα· ἔστι γὰρ ἑβδομὰς [13] καὶ κατάπαυσις [14]. Ὑποκάτω γάρ ἐστι τῆς ὀγδοάδος, ὅπου ἐστὶν ἡ Σοφία, ἡμέρα μεμορφωμένη [15], καὶ ὁ κοινὸς τοῦ πληρώματος καρπὸς, ὑπεράνω δὲ τῆς ὕλης, ἧς [16] ἐστι δημιουργός. Ἐὰν οὖν [17] ἐξομοιωθῇ τοῖς ἄνω, τῇ ὀγδοάδι, ἀθάνατος ἐγένετο καὶ ἦλθεν εἰς τὴν ὀγδοάδα, ἥτις ἐστὶ, φησὶν, Ἱερουσαλὴμ ἐπουράνιος· ἐὰν δὲ ἐξομοιωθῇ τῇ ὕλῃ, τουτέστι τοῖς πάθεσι τοῖς ὑλικοῖς, φθαρτή ἐσται [18] καὶ ἀπώλετο.

λγ'. Ὥσπερ οὖν τῆς ψυχικῆς οὐσίας ἡ πρώτη καὶ μεγίστη δύναμις γέγονεν [19]..... εἰκὼν διάβολος, ὁ D ἄρχων τοῦ κόσμου τούτου· τῆς δὲ τῶν δαιμόνων οὐσίας, ἥτις ἐστὶν ἐκ τῆς ἀπορίας, ὁ Βεελζεβοὺλ, ἡ Σοφία ἄνωθεν ἀπὸ τῆς ὀγδοάδος ἐνεργοῦσα [p. 192. 193] ἕως τῆς ἑβδομάδος [20]. Οὐδὲν οἶδεν, λέγουσιν, ὁ

A emittunt extra pleroma communem pleromatis fructum, conjugem extraneæ Sophiæ et correctorem passionum, quas perpessa est requirens Christum. Egressus igitur e pleromate communis pleromatis fructus cum reperisset illam in quatuor primis affectibus, et metu et mœrore et consternatione et precatione, correxit affectiones ejus; corrigens autem videbat interire illas, quæ æternæ essent et propriæ Sophiæ, non decere, neque in affectionibus esse Sophiam hujuscemodi, in metu et mœrore, supplicatione, consternatione. Fecit igitur, **280 281** ut tantus æon et universi pleromatis soboles, ut discederent affectiones ab illa, reddiditque illas substantiales essentias, et metum quidem animalem reddidit essentiam, mœrorem B autem materialem, consternationem autem dæmonum, conversionem autem et precationem et supplicationem reddidit redditionem et pœnitentiam et potestatem animalis essentiæ, quæ vocatur dextra. Demiurgus a metu; hoc est quod ait, inquit, scriptura : *Timor Domini principium Sophiæ.* Hoc enim principium Sophiæ affectuum. Timebat enim, tum mœrebat, deinde consternabatur et ita ad precationem et supplicationem confugit. Est autem ignea, inquit, animalis essentia, appellatur autem et locus medietatis ab iis et hebdomas et vetustus dierum; et quæ alia ejusdemmodi de hoc dicunt, hæc valere de animali, quem aiunt esse mundi demiurgum; est autem igneus. Dicit, inquit, et Moses : *Dominus Deus tuus ignis est comburens et* C *consumens.* Etenim hoc ita scriptum vult. Duplex autem quædam, inquit, est potestas ignis; est enim ignis omnivorus qui exstingui nequeat..... Ex hac igitur parte mortalis quædam est anima, cum medietas quædam sit; est enim hebdomas et requies. Est autem subter ogdoadem, ubi est Sophia, dies formatus, et communis pleromatis fructus, supra materiem autem, cujûs est demiurgus. Ubi igitur assimilabitur superioribus illis, hoc est ogdoadi, immortalis evadit venitque in ogdoadem, quæ quidem, inquit, est Jerusalem cœlestis; ubi autem assimilabitur materiæ, hoc est affectibus materialibus, fluxa erit et interit.

33. Sicuti igitur animalis essentiæ prima et maxima potestas exsistit..... imago diabolus, rex D mundi hujus, dæmonum autem essentiæ, quæ quidem est e consternatione, Beelzebul, Sophia superne ab ogdoade operans usque ad hebdomadem. **282-283** Nibil plane novit, inquiunt, demiur-

VARIÆ LECTIONES.

[1] Ante καρπὸς excidisse videtur ὁ κοινὸς τοῦ πληρώματος. [2] διορθώσατο C. [3] ὑποστατικάς. ὑποστάτας C, M. [4] οὐσίαν. ἐπιθυμίαν C, M. [5] ἄνοδον. ὁδὸν C, M. [6] Psal. cx, 10; Prov. i, 7, 9, 10. [7] μεσότητος. om. C, M. Cf. infra l. 10 et Iren. l. I. 5, 3, ubi Ogdoas medietatis locum tenere dicitur. [8] εὐδομὰς C. [9] Παλαιὸς τῶν ἡμερῶν Cf. Daniel. vii, 9. 13. 22. [10] φασιν. φησὶν C, M. [11] Cf. supra p. 236, 69. [12] Lacunam signavimus post δυνάμενον, quæ alteram naturam ignis hausit. [13] εὐδομὰς C. [14] ἑβδομὰς καὶ κατάπαυσις Cf. I Mos. ii, 2 : Καὶ συνετέλεσεν ὁ Θεὸς ἐν τῇ ἡμέρᾳ τῇ ἕκτῃ τὰ ἔργα αὐτοῦ, ἃ ἐποίησε, καὶ κατέπαυσε τῇ ἡμέρᾳ τῇ ἑβδόμῃ ἀπὸ πάντων τῶν ἔργων αὐτοῦ, ὧν ἐποίησε. [15] ἡμέρα μεμορφωμένη. ἡμέρα μορφωμένη C, ἡ μεμορφωμένη R. Scottus. Cf. Ep. Barnab. Cap. 15. et Ignat. Ep. ad Magnes. cap. 9. [16] ἧς. ἡ C. M. [17] οὖν. om. C, M. [18] ἔσται. ἐστὶ Roeperus. [19] Exciderunt quædam ob ὁμοιοτέλευτον, ut videtur. M. [20] εὐδομάδος C. M.

gus, sed est insipidus et stultus secundum eos, et quod facit aut parat non intelligit. Ignoranti autem illi quodcunque facit Sophia operatur omnia et robur indit, illaque operante ipsum suis opibus fabricari se mundum opinatus est: unde orsus est dicere: *Ego sum Deus et præter me alter non est.*

34. Est igitur secundum Valentinum tetractys *fons sempiternæ naturæ radices habens*, et Sophia, unde conditio animalis et materialis consistit. Vocatur autem Sophia *spiritus*, demiurgus autem *anima*, diabolus autem *rex mundi*, Beelzebul autem *dæmonum*. Hæc sunt quæ dicunt. Præterea autem arithmeticam facientes suam doctrinam, ut antea dixi, statuunt eos, qui sunt in pleromate, æones triginta rursus insuper projecisse sibi ex eadem ratione æones alios, ut esset pleroma numero perfecto coactum. Ut enim Pythagorei diviserunt in duodecim et triginta et sexaginta: sic hi quæ sunt in pleromate subdividunt. Subdivisa autem sunt etiam ea, quæ sunt in ogdoade, et projecerunt Sophiam, quæ est mater omnium animantium secundum eos, et communis pleromatis fructus 70 logos, qui sunt angeli cœlestes, incolentes in Jerusalem, quæ supra est et in cœlis. Hæc enim Jerusalem est Sophia, quæ extra est, et sponsus ejus communis pleromatis fructus. Projecit etiam demiurgus animas; hæc enim essentia animarum. Hic est secundum eos Abraham et Abrahæ hæc soboles. Ex materiali igitur essentia et diabolica fecit demiurgus animabus corpora. Hoc est illud dictum: *Et formavit Deus hominem limo de terra sumpto, et inspiravit in faciem ejus spiraculum vitæ, et factus est homo in animam viventem.* Hic est secundum eos *interior homo*, animalis, in corpore habitans materiali, quod est *materialis*, caducus, imperfectus, e diabolica essentia formatus. Est autem hic *materialis homo* secundum eos tanquam deversorium vel habitaculum modo animæ solius, modo animæ et **284-285** dæmonum, modo animæ et logorum, qui quidem logi sunt superne inspersi a communi pleromatis fructu et Sophia in hunc mundum, habitantes in corpore choico cum anima, quando dæmones non cohabitant cum anima. Hoc est, inquit, quod scriptum est in Scriptura: *Hujus rei gratia flecto genua mea ad Deum et Patrem et Dominum Domini nostri Jesu Christi, ut det vobis Deus habitare Christum in interiore homine*, hoc est animali, non corporali, *ut possitis intelligere, quid sit profundum*, quod est Pater universorum, *et quæ*

A δημιουργὸς ὅλως, ἀλλ' ἔστιν ἄνους καὶ μωρὸς κατ' αὐτούς, καὶ τί πράσσει ἢ ἐργάζεται, οὐκ οἶδε. Ἀγνοοῦντι δὲ αὐτῷ, ὅτι δὴ[21] ποιεῖ, ἡ Σοφία ἐνήργησε πάντα καὶ ἐνίσχυσε, καὶ ἐκείνης ἐνεργούσης αὐτὸς ᾤετο ἀφ' ἑαυτοῦ ποιεῖν τὴν κτίσιν τοῦ κόσμου· ὅθεν ἤρξατο λέγειν· *Ἐγὼ*[22] *ὁ Θεός, καὶ πλὴν ἐμοῦ ἄλλος οὐκ ἔστιν.*

34. Ἔστιν οὖν ἡ[23] κατὰ Οὐαλεντῖνον τετρακτὺς *πηγή τις*[24] *ἀενάου φύσεως ῥιζώματ'*[25] ἔχουσα καὶ ἡ Σοφία, ἀφ' ἧς ἡ κτίσις ἡ ψυχικὴ καὶ ὑλικὴ συνέστηκε νῦν. Καλεῖται δὲ ἡ μὲν Σοφία *πνεῦμα*, ὁ δὲ δημιουργὸς *ψυχή*, ὁ διάβολος δὲ *ὁ ἄρχων τοῦ κόσμου*, Βεελζεβοὺλ δ'[26] ὁ *τῶν δαιμόνων*. Ταῦτά ἐστιν ἃ λέγουσιν. Ἔτι [δὲ][27] πρὸς τούτοις, ἀριθμητικὴν ποιούμενοι τὴν πᾶσαν αὐτῶν διδασκαλίαν, ὡς προεῖπον, τοὺς[28] ἐντὸς πληρώματος αἰῶνας τριάκοντα πάλιν ἐπιπροβεβληκέναι[29] αὐτοῖς κατὰ ἀναλογίαν αἰῶνας ἄλλους, ἵν' ᾖ τὸ πλήρωμα ἐν ἀριθμῷ τελείῳ συνηθροισμένον. Ὡς γὰρ οἱ Πυθαγόρειοι διεῖλον εἰς δώδεκα καὶ τριάκοντα καὶ ἑξήκοντα [καὶ λεπτὰ λεπτῶν εἰσιν ἐκείνοις, δεδήλωται][30], οὕτως οὗτοι τὰ ἐντὸς πληρώματος ὑποδιαιροῦσιν. Τὰ διῄρηται δὲ καὶ τὰ ἐν τῇ ὀγδοάδι, καὶ προβεβλήκασιν[31] ἡ Σοφία, ἥτις ἐστὶ μήτηρ πάντων τῶν ζώντων[32] κατ' αὐτούς, καὶ ὁ κοινὸς τοῦ πληρώματος καρπὸς ο' λόγους[33] οἵτινές εἰσιν ἄγγελοι ἐπουράνιοι πολιτευόμενοι ἐν Ἱερουσαλὴμ τῇ ἄνω, τῇ ἐν οὐρανοῖς, αὕτη γάρ ἐστιν Ἱερουσαλὴμ ἡ ἔξω Σοφία, καὶ ὁ νυμφίος αὐτῆς ὁ κοινὸς[34] τοῦ πληρώματος καρπός. Προέβαλε καὶ ὁ δημιουργὸς ψυχάς· αὕτη γὰρ οὐσία ψυχῶν· οὗτός ἐστι κατ' αὐτοὺς Ἀβραὰμ[35] καὶ ταῦτα τοῦ Ἀβραὰμ τὰ τέκνα. Ἐκ τῆς ὑλικῆς οὐσίας οὖν καὶ διαβολικῆς ἐποίησεν ὁ δημιουργὸς ταῖς ψυχαῖς τὰ σώματα. Τοῦτό ἐστι τὸ εἰρημένον· *Καὶ ἔπλασεν ὁ Θεὸς*[36] *τὸν ἄνθρωπον, χοῦν ἀπὸ τῆς γῆς λαβών*[37], *καὶ ἐνεφύσησεν εἰς τὸ πρόσωπον αὐτοῦ πνοὴν ζωῆς· καὶ ἐγένετο ὁ ἄνθρωπος εἰς ψυχὴν ζῶσαν.* Οὗτός ἐστι κατ' αὐτοὺς ὁ ἔσω ἄνθρωπος, ὁ ψυχικός, ἐν τῷ [p. 193. 194] σώματι κατοικῶν τῷ ὑλικῷ, ὅ ἐστιν *ὁ ὑλικὸς*[38], φθαρτός, ἀτέλειος[39], ἐκ τῆς διαβολικῆς οὐσίας πεπλασμένος. Ἔστι δὲ οὗτος ὁ ὑλικὸς *ἄνθρωπος* οἱονεὶ κατ' αὐτοὺς πανδοχεῖον ἢ κατοικητήριόν ποτε μὲν ψυχῆς μόνης, ποτὲ δὲ ψυχῆς καὶ D δαιμόνων, ποτὲ δὲ ψυχῆς καὶ λόγων, οἵτινές εἰσι λόγοι ἄνωθεν κατεσπαρμένοι ἀπὸ τοῦ κοινοῦ τοῦ πληρώματος καρποῦ καὶ τῆς Σοφίας εἰς τοῦτον τὸν κόσμον, κατοικοῦντες ἐν [σώμα]τι χοϊκῷ μετὰ ψυχῆς, ὅταν δαίμονες μὴ συνοικῶσι τῇ ψυχῇ. Τοῦτο ἐστι, φησί, τὸ γεγραμμένον ἐν τῇ Γραφῇ·

VARIÆ LECTIONES.

[21] ὅ τι δή. ὅτι δὲ C. [22] Cf. Isa. XLV, 5: Ὅτι ἐγὼ Κύριος ὁ Θεός, καὶ οὐκ ἔστιν ἔτι πλὴν ἐμοῦ Θεός. V Mos. IV, 35. 32, 9. [23] Articulus ante κατὰ Οὐαλεντῖνον fort. rectius deletur. [24] πηγή τις. πηγὴ τῆς C, M. Cf. supra p. 200, 83. [25] ῥίζωμά τε C. [26] δ' Roeperus, om. C, M. [27] δὲ add. M. [28] τοὺς Roeperus, om. C, προβεβηκέναι M. [29] ἐπιπροβεβηκέναι C, M. [30] Quæ uncis inclusimus, in quibus post ἐκείνοις exciderit ὡς, e margine irrepserunt. [31] προβεβήκασιν M. [32] ζώντων. ζῴων τῶν C, M. [33] ο' λόγους. ὁ λόγος C, M. [34] κοινός. κοινωνὸς C, M. [35] Ἀβρὰμ C. [36] I Mos. II, 7. [37] λαβών. om. I Mos. II, 7. [38] ὁ ὑλικός. ὑλικὸς C, M. [39] ἀτέλειος. τέλειος C, τελέως susp. M.

Τούτου χάριν[60] *κάμπτω τὰ γόνατά μου πρὸς τὸν Θεὸν καὶ Πατέρα καὶ Κύριον τοῦ Κυρίου ἡμῶν Ἰησοῦ Χριστοῦ, ἵνα δῴη ὑμῖν*[61] *ὁ Θεὸς κατοικῆσαι τὸν Χριστὸν εἰς τὸν ἔσω ἄνθρωπον*, τουτέστι τὸν ψυχικὸν, οὐ τὸν σωματικὸν, *ἵνα ἐξισχύσητε νοῆσαι, τί τὸ βάθος*, ὅπερ ἐστὶν ὁ *Πατὴρ* τῶν ὅλων, *καὶ τί τὸ πλάτος*, ὅπερ ἐστὶν ὁ Σταυρὸς, ὁ ὅρος τοῦ πληρώματος, *ἢ τί τὸ μῆκος*, τουτέστι τὸ πλήρωμα τῶν αἰώνων. Διὰ | τοῦτο *ψυχικὸς*, φησὶν, *ἄνθρωπος οὐ δέχεται*[62] *τὰ τοῦ πνεύματος τοῦ Θεοῦ· μωρία γὰρ αὐτῷ ἐστι·* μωρία δὲ, φησὶν, ἐστὶν ἡ δύναμις τοῦ δημιουργοῦ, μωρὸς γὰρ ἦν καὶ ἄνους, καὶ ἐνόμιζεν αὐτὸς δημιουργεῖν τὸν κόσμον, ἀγνοῶν, ὅτι πάντα ἡ Σοφία, ἡ μήτηρ, ἡ ὀγδοὰς ἐνεργεῖ αὐτῷ πρὸς τὴν κτίσιν τοῦ κόσμου οὐκ εἰδότι.

A *sit latitudo*, quæ est Staurus, terminus pleromatis, *aut quæ longitudo*, hoc est pleroma æonum. Propterea *animalis*, inquit, *homo non percipit ea quæ sunt spiritus Dei; stultitia est enim illi*. Stultitia autem, inquit, est potestas demiurgi; stultus enim erat et insipidus et opinabatur se ipsum fabricari mundum, ignorans omnia Sophiam, matrem, ogdoadem operari sibi ad fabricationem mundi nihil sentienti.

λε'. Πάντες οὖν οἱ προφῆται καὶ ὁ νόμος ἐλάλησαν ἀπὸ τοῦ δημιουργοῦ, μωροῦ λέγει Θεοῦ, μωροὶ οὐδὲν εἰδότες[63]. Διὰ τοῦτο, φησὶ, λέγει ὁ Σωτήρ· *Πάντες*[64] *οἱ πρὸ ἐμοῦ ἐληλυθότες κλέπται καὶ λῃσταί εἰσι·* καὶ ὁ Ἀπόστολος· *Τὸ μυστήριον*[65] *ὃ ταῖς προτέραις γενεαῖς οὐκ ἐγνωρίσθη*. Οὐδεὶς γὰρ, φησὶ, τῶν προφητῶν εἴρηκε περὶ τούτων οὐδὲν, ὧν ἡμεῖς λέγομεν· ἠγνοεῖτο γάρ· πάντα[66]..... ἅτε δὴ ἀπὸ μόνου τοῦ δημιουργοῦ λελαλημένα. Ὅτε οὖν τέλος ἔλαβεν ἡ κτίσις, καὶ ἔδει λοιπὸν γενέσθαι τὴν ἀποκάλυψιν τῶν υἱῶν τοῦ Θεοῦ, τουτέστι τοῦ δημιουργοῦ, τὴν ἐγκεκαλυμμένην, ἥν, φησὶν, ἐγκεκάλυπτο ὁ ψυχικὸς ἄνθρωπος, καὶ εἶχε κάλυμμα ἐπὶ τὴν καρδίαν· ὁπότε οὖν ἔδει ἀρθῆναι τὸ κάλυμμα καὶ ὀφθῆναι ταῦτα τὰ μυστήρια, γεγέννηται[67] ὁ Ἰησοῦς διὰ Μαρίας τῆς Παρθένου [p. 194, 195] κατὰ τὸ εἰρημένον· *Πνεῦμα ἅγιον*[68] *ἐπελεύσεται ἐπὶ σέ*. Πνεῦμά ἐστιν ἡ Σοφία· *καὶ δύναμις Ὑψίστου ἐπισκιάσει σοι·* Ὕψιστός ἐστιν ὁ δημιουργός· *διὸ τὸ γεννώμενον ἐκ σοῦ ἅγιον κληθήσεται*. Γεγέννηται[69] γὰρ οὐκ ἀπὸ Ὑψίστου μόνου[70] ὥσπερ οἱ κατὰ τὸν Ἀδὰμ κτισθέντες ἀπὸ μόνου ἐκτίσθησαν τοῦ Ὑψίστου, τουτέστι [τῆς Σοφίας καὶ][71] τοῦ δημιουργοῦ· ὁ δὲ Ἰησοῦς ὁ καινὸς | ἄνθρωπος ἀπὸ[72] Πνεύματος ἁγίου, τουτέστι τῆς Σοφίας καὶ τοῦ δημιουργοῦ, ἵνα τὴν μὲν πλάσιν καὶ κατασκευὴν τοῦ σώματος αὐτοῦ ὁ δημιουργὸς καταρτίσῃ, τὴν δὲ οὐσίαν αὐτοῦ τὸ Πνεῦμα παράσχῃ τὸ ἅγιον, καὶ γένηται Λόγος ἐπουράνιος ἀπὸ τῆς ὀγδοάδος γεννηθεὶς[73] διὰ Μαρίας. Περὶ τούτου ζήτησις μεγάλη ἐστὶν αὐτοῖς καὶ σχισμάτων καὶ διαφορᾶς ἀφορμή. Καὶ γέγονεν ἐντεῦθεν ἡ διδασκαλία αὐτῶν διῃρημένη, καὶ καλεῖται ἡ μὲν ἀνατο-

35. Omnes igitur prophetæ et lex locuti sunt per B demiurgum, stultum, inquit, Deum, stulti nil sentientes. Propterea, inquit, ait Soter: *Omnes, qui ante me venerunt, fures sunt et latrones*, et Apostolus: *Mysterium, quod prioribus ævis non innotuit*. Nemo enim, inquit, ex prophetis dixit de his quidquam, quæ nos dicimus, ignorabantur enim; omnia..... utpote per solum demiurgum dicta. Postquam igitur ad finem pervenit creatio, et oportuit deinceps revelari filios Dei, hoc est demiurgi, hoc est conditionem velatam, qua, inquit, obvelatus erat animalis homo habuitque velamen super cor — postquam igitur oportuit tolli velamen conspicique hæc mysteria, natus est Jesus per Mariam virginem secundum id quod scriptum est: *Spiritus sanctus superveniet in te* (Spiritus est Sophia), C **286-287** *et virtus Altissimi obumbrabit tibi:* (altissimus est demiurgus), *ideoque quod nascetur ex te sanctum vocabitur*. Generatus enim est non ab altissimo solo, sicut ii, qui secundum Adam creati sunt, a solo creati sunt Altissimo, hoc est demiurgo; Jesus autem, novus homo, a Spiritu sancto, hoc est Sophia, et demiurgo, ut fabricam quidem et apparitionem corporis ejus demiurgus exornaverit, essentiam autem ejus spiritus præstiterit sanctus, et exstiterit logus cœlestis ab ogdoade generatus per Mariam. De hoc quæstio magna est illis et dissidiorum dissensionisque causa, et hinc exstitit eorum doctrina bifariam divisa, quarum altera vocatur orientalis secundum eos, altera Italica. Et D ii quidem, qui sunt ab Italia, quorum Heracleo est et Ptolemæus, animale dicunt exstitisse corpus Jesu, et propterea in baptismo spiritus tanquam colum-

VARIÆ LECTIONES.

[60] Cf. Ephes. III, 14, 16-18: Τούτου χάριν κάμπτω τὰ γόνατά μου πρὸς τὸν Πατέρα (τοῦ Κυρίου ἡμῶν Ἰησοῦ Χριστοῦ add. al.: παρὰ τῷ Θεῷ καὶ Πατρὶ τοῦ Κυρίου ἡμῶν Ἰησοῦ Χριστοῦ Orig.) . . . ἵνα δῷ (δῴη al.) ὑμῖν κατὰ τὸ πλοῦτος τῆς δόξης αὐτοῦ δυνάμει κραταιωθῆναι διὰ τοῦ πνεύματος αὐτοῦ εἰς τὸν ἔσω ἄνθρωπον, κατοικῆσαι τὸν Χριστὸν διὰ τῆς πίστεως ἐν ταῖς καρδίαις ὑμῶν, ἐν ἀγάπῃ ἐῤῥιζωμένοι καὶ τεθεμελιωμένοι, ἵνα ἐξισχύσητε καταλαβέσθαι (γνῶναι Orig.) σὺν πᾶσιν τοῖς ἁγίοις, τί τὸ πλάτος καὶ μῆκος καὶ ὕψος καὶ βάθος . . . [61] ὑμῖν. ἡμῖν C. [62] 70-72. I Cor. II, 14. [63] οἱ δότες C. [64] Ev. Joan. X, 8: Πάντες ὅσοι ἦλθον πρὸ ἐμοῦ, κλέπται εἰσὶν καὶ λῃσταί. [65] Cf. Ephes. III, 9, 10, Rom. XVI, 25. [66] Post πάντα quædam excidisse videntur. [67] γεγένηται C. [68] Luc. I, 35: Πνεῦμα ἅγιον ἐπελεύσεται ἐπὶ σὲ, καὶ δύναμις ὑψίστου ἐπισκιάσει σοι, διὸ καὶ *quapropter* Iren., Cypr., Hilar. Pict.) τὸ γεννώμενον [ἐκ σοῦ] (Cod. reg. Ephræm. rescr., Cod. Vercellensis evangeliorum Latinus, Cod. Veronensis Lat., Iren., Cypr., Hilar. Pict.) ἅγιον κληθήσεται υἱὸς Θεοῦ. [69] Γεγένηται C, M. [70] μόνου. μόνον C, M. [71] τῆς σοφίας καὶ ex inferiore loco prave repetita videntur, id quod etiam Millero visum est, nisi quod is δὲ ante v. Ἰησοῦς delet. [72] ἀπό. ὁ ἀπὸ C, M. [73] γεννηθεὶς C.

meare et plantas rursus in humanum corpus, et cum quidem philosophabitur in eodem corpore ter, in cognatæ stellæ naturam ascendere, sin non philosophabitur, rursus ad eadem. Posse igitur inquit interdum animam etiam mortalem evadere, cum a Furiis superetur, hoc est ab affectibus, et immortalem, cum Furias effugiat, qui sunt affectus.

A Δεῖ γὰρ, φησὶ, τὰς φιληδόνους ψυχὰς, ὡς ὁ Πλάτων λέγει [6], ἐὰν ἐν ἀνθρώπου πάθει γενόμεναι μὴ φιλοσοφήσωσι, διὰ πάντων ζώων ἐλθεῖν καὶ φυτῶν πάλιν εἰς ἀνθρώπινον σῶμα, καὶ ἐὰν μὲν φιλοσοφήσῃ κατὰ τὸ αὐτὸ τρὶς, εἰς τὴν τοῦ συννόμου ἄστρου φύσιν ἀνελθεῖν, ἐὰν δὲ μὴ φιλοσοφήσῃ, πάλιν ἐπὶ τὰ αὐτά. Δύνασθαι οὖν φησί ποτε τὴν ψυχὴν καὶ θνητὴν γενέσθαι, ἐὰν ὑπὸ τῶν Ἐριννύων κρατῆται [6], τουτέστι τῶν παθῶν, καὶ ἀθάνατον, ἐὰν τὰς Ἐριννῦς ἐκφύγῃ, ἅ ἐστι πάθη.

27. Sed quoniam etiam obscure a Pythagora dicta ad discipulos per symbola orsi sumus dicere, placet etiam reliqua attingere, propterea quod etiam hæresiarchæ similiter conati sunt uti symbolis, idque non suis, sed Pythagorea mutuati dicta. Docet igitur Pythagoras discipulos suos his verbis: *Fasciculum vestis stragulæ colligato*; quoniam qui peregrinari instituunt in lorum colligant vestimenta sua ad usum itineris: ita paratos esse vult discipulos, quia quovis momento mors appropinquare possit, ne quid iis desit eorum, quæ disciplina percipienda sunt. Quapropter ex necessitate ubi primum lucebat

268-269 docebat exhortari inter se Pythagoreos colligare fasciculum vestis stragulæ, hoc est paratos esse ad mortem. *Ignem gladio noli scrutari*, iratum hominem dicendo noli irritare; igni enim similis est iratus, gladio autem sermo. *Vetriculum noli supergredi*, noli parvam rem despicere. *Palmam in ædibus noli plantare*, æmulationem in ædibus noli excitare; pugnæ enim et discordiæ est palma signum. *A sedili noli edere*, illiberalem artem noli tractare, ne servias corpori quod est caducum, sed confice tibi victum a litteris; poteris enim et alere corpus et animam efficere meliorem. *A solido pane noli mordere*, opes tuas ne minueris, sed ab reditu vive, custodito autem opes tuas tanquam panem illibatum. *Fabis noli vesci*, regimen urbis ne acceperis; fabis enim sortiebantur magistratus illo tempore.

κζ'. Ἀλλ' ἐπεὶ καὶ τὰ σκοτεινῶς ὑπὸ τοῦ Πυθαγόρου λεγόμενα πρὸς τοὺς μαθητὰς δι' ὑποσυμβόλων ἐνηρξάμεθα [7] λέγειν, δοκεῖ καὶ τῶν ἑτέρων ὑπομνησθῆναι διὰ τὸ καὶ τοὺς αἱρεσιάρχας τοιούτῳ τινὶ τρόπῳ ἐπικεχειρηκέναι ὁμιλεῖν διὰ ὑποσυμβόλων, B καὶ τοῦτο οὐκ ἰδίων [8], ἀλλὰ Πυθαγορείων πλεονεκτήσαντες λόγων. Διδάσκει οὖν ὁ Πυθαγόρας τοὺς μαθητὰς λέγων· *Τὸν στρωματό* | *δεσμον δῆσον* [9]· ἐπεὶ οἱ ὁδοιπορεῖν μέλλοντες εἰς δέρμα δεσμοῦσι τὰ ἱμάτια αὐτῶν πρὸς ἑτοιμασίαν τῆς ὁδοῦ· οὕτως ἑτοίμους εἶναι θέλει [10] τοὺς μαθητάς, ὡς καθ' ἑκάστην στιγμὴν τοῦ θανάτου ἐφεστηκέναι μέλλοντος, μηδὲν ἔχοντας [11] τῶν μαθητῶν ἐνδεές. Διόπερ ἐξ ἀνάγκης ἅμα τῷ [p. 183. 184] ἡμέραν γενέσθαι ἐδίδασκε διακελεύεσθαι αὐτοῖς [12] τοὺς Πυθαγορείους δεσμεύειν τὸν στρωματόδεσμον, τουτέστιν ἑτοίμους εἶναι πρὸς θάνατον. *Πῦρ μαχαίρῃ μὴ σκάλευε*, Τὸν τεθυμωμένον ἄνθρωπον, λέγων, μὴ ἐρέθιζε· πυρὶ γὰρ ἔοικεν ὁ θυμούμενος, μαχαίρᾳ [13] δὲ λόγος. *Σάρον μὴ* [14] *ὑπέρβαινε*, Μικροῦ πράγματος μὴ καταφρόνει. C *Φοίνικα* [15] *ἐν οἰκίᾳ μὴ φύτευε*, Φιλονεικίαν ἐν οἰκίᾳ μὴ κατασκεύαζε· μάχης γὰρ καὶ διαφορᾶς [16] ἐστιν ὁ φοῖνιξ σημεῖον. *Ἀπὸ δίφρου* [17] *μὴ ἔσθιε*, Βάναυσον τέχνην μὴ μεταχειρίζου, ἵνα μὴ δουλεύσῃς τῷ σώματι ὄντι φθαρτῷ, ἀλλὰ ποιοῦ τὸν βίον ἀπὸ λόγων [18]· ἐνέσται γάρ σοι καὶ τρέφειν τὸ σῶμα καὶ τὴν ψυχὴν ποιεῖν κρείττονα. *Ἀπὸ ὅλου ἄρτου* [19] *μὴ ἀπόδακνε*· τὰ ὑπάρχοντά σου μὴ μειοῦ, ἀλλὰ ἀπὸ τῆς προσόδου ζῆθι, φύλασσε δὲ τὴν οὐσίαν ὡς ἄρτον ὁλόκληρον. *Κυάμους μὴ ἔσθιε*· ἀρχὴν πόλεως μὴ ἀποδέχου· κυάμοις γὰρ ἐκληροῦντο τὰς ἀρχὰς κατ' ἐκεῖνον τὸν χρόνον [20].

28. Hæc igitur et his similia Pythagorei docent, quos imitati hæretici magna quædam quibusdam videntur dicere. Conditorem autem esse universorum quæ facta sunt dicit Pythagorea doctrina magnum geometram et arithmetam solem, eumque fixum esse in universo mundo veluti in corporibus animam, ut ait Plato. Ignis enim est sol ut anima, corpus autem terra. Seorsum autem ab igne nihil unquam cerni posset neque comprehendi sine ali-

κη'. Ταῦτα μὲν οὖν καὶ τὰ τοιαῦτα οἱ Πυθαγόρειοι λέγουσιν, οὓς μιμούμενοι οἱ αἱρετικοὶ μεγάλα νομίζονταί τισι λέγειν. D Δημιουργὸν δὲ εἶναι τῶν γενομένων [21] πάντων φησὶν ὁ Πυθαγόρειος λόγος τὸν μέγαν γεωμέτρην καὶ ἀριθμητὴν ἥλιον, καὶ ἐστηρίχθαι τοῦτον ἐν ὅλῳ τῷ κόσμῳ, καθάπερ ἐν τοῖς σώμασι ψυχὴν, ὥς φησιν ὁ | Πλάτων. Πῦρ γάρ ἐστιν ἥλιος ὡς [22] ψυχὴ, σῶμα δὲ [23] γῆ. Χωρισθὲν [24] δὲ πυρὸς οὐδὲν ἄν ποτε ὁρατὸν γένοιτο, οὐδὲ ἁπτὸν ἄνευ τινὸς

VARIÆ LECTIONES.

[5] Plat. *Phaedr.* p. 249 b. M. [6] κρατεῖται pr. C. [7] ἐνηρξάμεθα. ἐνήρμεθα C, ἀνηρήμεθα susp. M, ἐνηργμεθα Goettlingius et Roeperus. [8] οὐχ ἰδίων C. [9] Diogenes et Jamblichus: τὰ στρώματα ἀεὶ συνδεδεμένα ἔχειν. [10] θέλειν C. [11] μηδὲν ἔχοντας τῶν παθητῶν ἐν δέει susp. M. [12] διακελεύεσθε αὐτοῖς C. [13] μαχαίρᾳ. μάχαιρα C. M. [14] Plutarch. *Sympos.* VIII, 7 et *Quæst. Rom.* 112: Μὴ σάρον ὑπερβαίνειν. Σάρον Roeperus coll. Lobeckio *ad Phrynich.* p. 83: Ἄσαρον C. M. [15] Plutarch. *De Isid. et Osir.* 10: Μὴ φοίνικα φυτεύειν. [16] διάφορας Roeperus, διαφθορᾶς C, M. [17] Cf. Plutarch *Quæst. Rom.* 112. [18] τῶν βίων ἀπόλογον C. [19] Suidas s. v. Ἀναξίμανδρος: Ἀπὸ ὁλοκλήρου ἄρτου μὴ ἐσθίειν. [20] ἐκείνων τῶν χρόνων C. [21] γενομένων. λεγομένων C. M. [22] ἥλιος ὡς Roeperus, ἥλιος C, ἥλιος καὶ s. ἢ susp. M. [23] σῶμα δὲ γῆ Roeperus, σῶμα σελήνη C, M. [24] χωρισθέντων C.

στερεοῦ, στερεὸν δὲ οὐκ ἄνευ γῆς. Ὅθεν ἐκ πυρὸς A καὶ γῆς ἀέρα τε ὁ Θεὸς ἐν μέσῳ θέμενος τὸ τοῦ παντὸς ἐδημιούργησε σῶμα. Ἀριθμεῖ δὲ, φησὶ, καὶ γεωμετρεῖ τὸν κόσμον ὁ ἥλιος τοιοῦτόν τινα τρόπον. Ὁ μὲν κόσμος ἐστὶν ὁ αἰσθητὸς εἷς, περὶ οὗ λέγομεν τανῦν. Διῄρηκε δ' αὐτὸν ἀριθμητικός τις ὢν καὶ γεωμέτρης εἰς μοίρας ιβ'. Καὶ ἔστι ταῖς μοίραις ταύταις ὀνόματα· Κριὸς, Ταῦρος, Δίδυμοι [25], Καρκίνος, Λέων, Παρθένος, Ζυγὸς, Σκορπίος, Τοξότης, Αἰγόκερως, Ὑδροχόος, Ἰχθύες. Πάλιν τῶν δώδεκα μοιρῶν ἑκάστη διαιρεῖ εἰς μοίρας τριάκοντα, αἵτινές εἰσιν ἡμέραι μηνός. Πάλιν αὖ τῶν [26] τριάκοντα μοιρῶν ἑκάστην μοῖραν διαιρεῖ [p. 184. 185] εἰς λεπτὰ ἑξήκοντα, καὶ τῶν λεπτῶν λεπτὰ καὶ ἔτι λεπτότερα. Καὶ τοῦτο ἀεὶ ποιῶν καὶ μὴ παυόμενος, ἀλλ' ἀθροίζων ἐκ τούτων τῶν [27] μοιρῶν τῶν διῃρημένων καὶ ποιῶν ἐνιαυ- B τὸν, καὶ αὖθις ἀναλύων καὶ διαιρῶν τὸ συγκείμενον τὸν μέγαν ἐνιαυτὸν ἀπεργάζεται κόσμου [28].

quo solido, solidum autem nil sine terra : unde ex igne et terra, aere in medio collocato, Deus universi condidit corpus. Numerat autem, inquit, et metitur mundum sol in hunc fere modum. Mundus visibilis est unus, de quo nunc loquimur. Divisit autem eum tanquam arithmeticus quidam et geometra in partes duodecim. Suntque his partibus nomina : Aries, Taurus, Gemini, Cancer, Leo, Virgo, Libra, Scorpius, Sagittarius, Capricornus, Aquarius, Pisces. Rursus duodecim partium quamque dividit in partes triginta, quæ quidem sunt dies mensis. Rursus triginta partium quamque **270-271** partem dividit in minuta sexaginta et minutorum minuta et vel minima. Et hoc semper faciens nec intermittens unquam, sed coacervans ex divisis his partibus et conficiens annum et rursus resolvens et dividens compositum magnum annum efficit mundi.

κθ'. Τοιαύτη τις, ὡς ἐν κεφαλαίοις εἰπεῖν ἐπελθόντα, ἡ Πυθαγόρου καὶ Πλάτωνος συνέστηκε δόξα, ἀφ' ἧς Οὐαλεντῖνος, οὐκ ἀπὸ τῶν Εὐαγγελίων τὴν αἵρεσιν τὴν ἑαυτοῦ συναγαγὼν, ὡς ἐπιδείξομεν, δικαίως Πυθαγορικὸς καὶ Πλατωνικὸς, οὐ Χριστιανὸς λογισθείη. Οὐαλεντῖνος τοίνυν, καὶ Ἡρακλέων, καὶ Πτολεμαῖος, καὶ πᾶσα ἡ τούτων σχολὴ, οἱ Πυθαγόρου καὶ Πλάτωνος μαθηταὶ, ἀκολουθήσαντες τοῖς καθηγησαμένοις, ἀριθμητικὴν τὴν | διδασκαλίαν τὴν ἑαυτῶν κατεβάλοντο. Καὶ γὰρ τούτων [29] ἐστὶν ἀρχὴ τῶν πάντων μονὰς ἀγέννητος [30], ἄφθαρτος, ἀκατάληπτος, ἀπερινόητος, γόνιμος καὶ πάντων τῆς γενέσεως αἰτία τῶν γενομένων· καλεῖται δὲ ὑπ' αὐτῶν C ἡ προειρημένη μονὰς Πατήρ. Διαφορὰ δέ [31] τις εὑρίσκεται πολλὴ παρ' αὐτοῖς· οἱ μὲν γὰρ αὐτῶν, ἵν' ᾖ παντάπασι καθαρὸν τὸ δόγμα τοῦ Οὐαλεντίνου Πυθαγορικὸν, ἄθηλυν [32] καὶ ἄζυγον καὶ μόνον τὸν πατέρα νομίζουσιν εἶναι· οἱ δὲ ἀδύνατον νομίζοντες δύνασθαι ἐξ ἄῤῥενος μόνου γένεσιν ὅλως τῶν γεγενημένων γενέσθαι τινὸς, καὶ τῷ Πατρὶ τῶν ὅλων, ἵνα γένηται πατὴρ, σιγὴν ἐξ ἀνάγκης συναριθμοῦσι τὴν σύζυγον. Ἀλλὰ περὶ μὲν σιγῆς, πότερόν ποτε σύζυγός ἐστιν ἢ οὐκ ἔστιν, αὐτοὶ πρὸς αὐτοῖς [33] τοῦτον ἐχέτωσαν τὸν ἀγῶνα. Τὰ δὲ νῦν αὐτοὶ [34] ἡμεῖς φυλάττοντες τὴν Πυθαγόρειον ἀρχὴν, μίαν οὖσαν [35] καὶ ἄζυγον, ἄθηλυν [36], ἀπροσδεῆ, μνημονεύσαντες ὡς ἐκεῖνοι διδάσκουσιν ἐροῦμεν. Ἦν ὅλως [37], φησὶ, γεν- D νητὸν [38] οὐδέν. Πατὴρ δὲ ἦν μόνος ἀγέννητος, οὐ τόπον ἔχων, οὐ χρόνον, οὐ σύμβουλον, οὐκ ἄλλην τινὰ κατ' οὐδένα τῶν τρόπων νοηθῆναι δυναμένην οὐσίαν· ἀλλὰ ἦν μόνος, ἠρεμῶν [39], ὡς λέγουσι, καὶ

29. Talis quædam, si quidem semel eo delapsi res summas attigimus, Pythagoræ et Platonis constat ratio, a qua Valentinus, non ex Evangeliis hæresin suam concinnans, ut demonstrabimus, jure suo Pythagoreus et Platonicus, non Christianus existimabitur. Valentinus igitur et Heracleo et Ptolemæus et universa horum schola, Pythagoræ et Platonis discipuli, secuti duces suos arithmeticam pro fundamento disciplinæ suæ posuerunt. Etenim horum est principium rerum universarum monas non generata, non intercidens, non comprehensa, cogitatione non percipienda, genitrix omniumque quæ exstant causa exsistentiæ. Vocatur autem ab iis quam diximus monas Pater. Diversitas autem quædam satis magna reperitur apud eos. Alii enim eorum, ut sit prorsus purum Valentini dogma Pythagoreum, infemineum et injugum et solum Patrem statuunt esse, alii autem arbitrati fieri non posse, ut ex solo masculo quodam generatio omnino generatorum exstitit, et Patri universorum, quo exsistat pater, Sigen necessario adnumerant conjugem. Sed de Sige utrum tandem conjux sit necne, ipsi inter se hoc habento certamen. Nunc vero ipsi nos custodientes Pythagoreum principium, quod unum est et injugum, infemineum, inegenum, commemorantes ut illi docent ostendemus. Erat omnino, inquit, generatum nihil, Pater autem erat solus ingeneratus, non locum habens, non tempus, non consiliatorem, non aliam ullam quæ aliqua ratione percipi cogitatione posset essentiam. Sed erat solus, solitarius **272-273** ut dicunt, et requiescens ipse in semetipso solus.

VARIÆ LECTIONES.

[25] διδυμος C. [26] αὖ τῶν. αὐτῶν τῶν C. [27] ἐκ τούτων τῶν. ἐκ τοῦ τῶν C, ἐκ τούτων M. [28] ἐνιαυτὸν — κόσμου Roeperus, ἀθάνατον — κόσμον C, M. [29] τούτοις? [30] Cum his et quæ sequuntur cf. Epitome infra l. x, c. 13. p. 319. sq. ed Ox. et Iren. c. hær. 1, 1 sqq. [31] Cf. Iren. I, 11. 5. p. 56 ed. *Massuet* ; Καὶ γὰρ περὶ αὐτοῦ τοῦ βυθοῦ (qui idem est ac πατήρ, cf. infra p. 319) πολλαὶ καὶ διάφοροι γνῶμαι παρ' αὐτοῖς· οἱ μὲν γὰρ αὐτὸν ἄζυγον λέγουσιν, μήτε ἄῤῥενα, μήτε θήλειαν, μήτε ὅλως ὄντα τι· ἄλλοι δὲ ἀῤῥενόθηλυν αὐτὸν λέγουσιν εἶναι, ἑρμαφροδίτου φύσιν αὐτῷ περιάπτοντες. Σιγὴν δὲ πάλιν ἄλλοι συνευνέτιν αὐτῷ προσάπτουσιν, ἵνα γένηται πρώτη συζυγία. [32] ἄθηλυν Roeperus, ἄθηλυ C, M. [33] πρὸς αὐτοῖς. πρὸς ἑαυτούς M, an παρ' αὐτοῖς? [34] αὐτοί. αὐτοῖς C. [35] οὖσαν. οὐσίαν C, M. [36] ἄθηλυ C, M. [37] ἐροῦμεν. Ἦν ὅλως. ἐροῦμέν τε ὅλως C, ἐροῦμεν. Ὅλως M· [38] γενητὸν C. [39] ἠρεμῶν — μόνος. Iren. 1, 1 : Ἐν ἡσυχίᾳ καὶ ἠρεμίᾳ πολλῇ γεγονέναι. κ. τ. λ.

Quoniam autem erat genitalis, placuit ei aliquando A pulcherrimum et perfectissimum, quod habebat in ipso, generare et producere; amans enim solitudinis non erat. Amor enim, inquit, erat totus, amor autem non est amor, nisi sit quod ametur. Projecit igitur et generavit ipse Pater, uti erat solus, Mentem et Veritatem, hoc est dyadem, quæ quidem domina et principium exstitit et mater omnium qui intus in pleromate ab iis computantur æonum. Projecta autem Mens et Veritas a Patre, a genitali genitalis, projecit et ipsa Logum et Vitam Patrem imitata. Logus autem et Vita projiciunt Hominem et Ecclesiam. Mens autem et Veritas cum viderent suam prolem genitalem genitam esse, grates egerunt Patri omnium et offerunt ei perfectum numerum, æones decem. B Hoc enim, inquit, numero perfectiorem Mens et Veritas Patri afferre non potuerunt. Oportebat enim Patrem, qui perfectus esset, numero celebrari perfecto, perfectus autem est denarius, quia primus eorum qui pluraliter confluunt hic est perfectus. Perfectior autem Pater, quia ingeneratus cum sit solus, per primam unam conjugationem Mentis et Veritatis omnes eorum quæ exsistunt projicere valuit radices.

30. Cum videret igitur et ipse Logus et Vita Mentem et Veritatem celebravisse Patrem omnium numero perfecto, celebrare et ipse Logus cum Vita voluit suum patrem et matrem Mentem et Veritatem. C Quoniam autem generata erat Mens et Veritas, neque habebat paternum perfectum, illud non generatum esse, non jam perfecto numero Logus et Vita celebrant suum patrem Mentem, verum imperfecto; duodecim æones enim offerunt Logus et Vita Menti et Veritati. Hæ enim primæ secundum Valentinum æonum radices exstiterunt: Mens et Veritas, Logus et Vita, Homo et Ecclesia, decem autem Mentis et Veritatis, duodecim autem Logi et Vitæ, viginti et octo cuncti. Quibus ponuntur nomina hæcce: Bythius et Mixis, Ageratus et Henosis, **274-275** Autophyes et Hedone, Acinetus et Syncrasis, Monogenes et Macaria. Hi sunt decem illi æones, quos alii quidem a Mente et Veritate repetunt, alii autem a Logo et Vita. D Alii rursus duodecim illos ab Homine et Ecclesia, alii a Logo et Vita, quibus hæc nomina gratificantur: Paracletus et Pistis, Patricus et Elpis, Metricus et Agape, Æinus et Synesis, Ecclesiasticus et Macariotes, Theletus et Sophia. Ex duodecim au-

A ἀναπαυόμενος αὐτὸς [p. 185—187] ἐν ἑαυτῷ μόνος. Ἐπεὶ δὲ ἦν γόνιμος, ἔδοξεν αὐτῷ ποτε τὸ κάλλιστον καὶ τελεώτατον, ὃ [60] εἶχεν ἐν αὐτῷ, γεννῆσαι καὶ προαγαγεῖν· φιλέρημος γὰρ οὐκ ἦν. Ἀγάπη γὰρ, φησὶν, ἦν ὅλος [61], ἡ δὲ ἀγάπη οὐκ ἔστιν ἀγάπη, ἐὰν μὴ ᾖ [62] τὸ ἀγαπώμενον. Προέβαλεν οὖν καὶ ἐγέννησεν [63] αὐτὸς [64] ὁ Πατὴρ, ὥσπερ ἦν μόνος, Νοῦν καὶ Ἀλήθειαν, τουτέστι δυάδα, ἥτις κυρία καὶ ἀρχὴ γέγονε | καὶ μήτηρ πάντων τῶν ἐντὸς πληρώματος καταριθμουμένων [65] αἰώνων ὑπ' αὐτῶν. Προβληθεὶς δὲ ὁ Νοῦς καὶ ἡ Ἀλήθεια ἀπὸ τοῦ Πατρὸς, ἀπὸ γονίμου γόνιμος, προέβαλε καὶ αὐτὸς Λόγον καὶ Ζωὴν, τὸν Πατέρα μιμούμενος· ὁ δὲ Λόγος καὶ ἡ Ζωὴ προβάλλουσιν Ἄνθρωπον καὶ Ἐκκλησίαν. Ὁ δὲ νοῦς καὶ ἡ Ἀλήθεια, ἐπεὶ εἶδον [τοῦ Λόγου B καὶ τῆς Ζωῆς] [66] τὰ ἴδια γεννήματα γόνιμα γεγεννημένα, ηὐχαρίστησαν τῷ Πατρὶ τῶν ὅλων καὶ προσφέρουσιν αὐτῷ τέλειον ἀριθμὸν, αἰῶνας δέκα. Τούτου γὰρ, φησὶ, τελειότερον ἀριθμοῦ ὁ Νοῦς καὶ ἡ Ἀλήθεια τῷ Πατρὶ προσενεγκεῖν οὐκ ἠδυνήθησαν. Ἔδει γὰρ τέλειον ὄντα τὸν Πατέρα ἀριθμῷ δοξάζεσθαι τελείῳ, τέλειος δέ ἐστιν ὁ δέκα, ὅτι πρῶτος τῶν κατὰ πλῆθος γενομένων οὗτός ἐστι τέλειος. Τελειότερος δὲ ὁ Πατὴρ, ὅτι ἀγέννητος ὢν μόνος διὰ πρώτης τῆς μιᾶς συζυγίας τοῦ Νοῦ καὶ τῆς Ἀληθείας πάσας τὰς τῶν γενομένων προβαλεῖν εὐπόρησε ῥίζας.

λ'. Ἰδὼν οὖν καὶ αὐτὸς ὁ Λόγος καὶ ἡ Ζωὴ, ὅτι ὁ Νοῦς καὶ ἡ Ἀλήθεια δεδόξακαν τὸν Πατέρα τῶν ὅλων ἐν ἀριθμῷ τελείῳ, δοξάσαι καὶ αὐτὸς ὁ Λόγος C μετὰ τῆς Ζωῆς ἠθέλησε τὸν ἑαυτοῦ πατέρα καὶ τὴν μητέρα, τὸν Νοῦν καὶ τὴν Ἀλήθειαν. Ἐπεὶ δὲ γεννητὸς [67] ἦν ὁ Νοῦς καὶ ἡ Ἀλήθεια καὶ οὐκ εἶχε τὸ πατρικὸν [68] τέλειον τὴν ἀγεννησίαν, οὐκέτι τελείῳ ἀριθμῷ ὁ Λόγος καὶ ἡ Ζωὴ δοξάζουσι τὸν [69] ἑαυτῶν πατέρα τὸν Νοῦν, ἀλλὰ γὰρ ἀτελεῖ [70]· δώδεκα γὰρ αἰῶνας [71] προσφέρουσιν [72] ὁ Λόγος καὶ ἡ Ζωὴ τῷ Νοῒ καὶ τῇ Ἀληθείᾳ. Αὗται γὰρ πρῶται κατὰ Οὐαλεντῖνον ῥίζαι τῶν αἰώνων γεγόνασι, Νοῦς καὶ Ἀλήθεια, Λόγος καὶ Ζωὴ, Ἄνθρωπος καὶ Ἐκκλησία, δέκα [73] δὲ οἱ τοῦ | Νοὸς καὶ τῆς Ἀληθείας, δώδεκα δὲ οἱ τοῦ Λόγου καὶ τῆς Ζωῆς, εἴκοσι καὶ ὀκτὼ οἱ πάντες· οἷς καλοῦσιν ὀνόματα ταῦτα· Βύθιος [74] καὶ Μῖξις, Ἀγήρατος [75] καὶ [p. 187. 188] Ἕνωσις, Αὐτοφυὴς καὶ Ἡδονὴ, Ἀκίνητος καὶ Σύγκρασις [76], Μονογενὴς καὶ Μακαρία. D Οὗτοι οἱ δέκα [77] αἰῶνες, οὓς τινες μὲν ὑπὸ τοῦ Νοῦ καὶ τῆς Ἀληθείας λέγουσι, τινὲς δὲ ὑπὸ τοῦ Λόγου καὶ τῆς Ζωῆς [78]. Ἕτεροι δὲ τοὺς δώδεκα [79] ὑπὸ τοῦ Ἀνθρώπου καὶ τῆς Ἐκκλησίας, ἕτεροι δὲ ὑπὸ τοῦ Λόγου

VARIÆ LECTIONES.

[60] ὅ. ὃν C. [61] ὅλως pr. C. [62] ᾖ. ἦν C. [63] ἐγένησεν C. [64] αὐτός. αὐτὴν C. [65] καταριθμουμένων C. [66] Uncinis septa interpretatio vv. τὰ ἴδια esse videntur. [67] γενητὸς C. [68] τὸν πατρικὸν C. [69] τῶν ἑαυτῶν C. [70] ἀτελεῖ. ἀνατελεῖ C. M. [71] αἰώνων C, M. [72] προφέρουσιν C, M. [73] δέκα. δώδεκα C. M. [74] βύθιος. βυθὸς C, M. Cf. Iren., hær. I, 1, 2. [75] ἀγήρατος. ἀκήρατος C, M. Cf. Iren. l. l. [76] σύγκρασις. σύγκρισις C, M. Cf. Iren. l. l. [77] οἱ δέκα. δώδεκα C, M. [78] τινὲς δὲ — ζωῆς. Cf. Iren. l. l.: Τὸν μὲν λόγον καὶ τὴν ζωὴν μετὰ τὸ προβαλέσθαι τὸν ἄνθρωπον καὶ τὴν Ἐκκλησίαν, ἄλλους δέκα αἰῶνας (sc. προβαλεῖν), ὧν τὰ ὀνόματα λέγουσι ταῦτα· βύθιος καὶ μῖξις, κ. τ. λ. Οὗτοι δέκα αἰῶνες, οὓς καὶ φάσκουσιν ἐκ λόγου καὶ ζωῆς προβεβλῆσθαι. [79] Ἕτεροι δὲ τοὺς δώδεκα. — Ἐκκλησίας. Cf. Iren. l. l.: Τὸν δὲ ἄνθρωπον καὶ αὐτὸν προβαλεῖν μετὰ τῆς Ἐκκλησίας αἰῶνας δώδεκα, οἷς ταῦτα τὰ ὀνόματα χαρίζονται· παράκλητος καὶ πίστις, κ. τ. λ.

καὶ τῆς Ζωῆς, οἷς ταῦτα τὰ ὀνόματα χαρίζονται· A Παράκλητος καὶ Πίστις, Πατρικὸς [60] καὶ Ἐλπὶς, Μητρικὸς [61] καὶ Ἀγάπη, Ἀείνους [62] καὶ Σύνεσις, Ἐκκλησιαστικὸς καὶ Μακαριότης [63], Θελητὸς καὶ Σοφία. Ἀπὸ δὲ τῶν δεκαδύο ὁ δωδέκατος καὶ νεώτατος πάντων τῶν εἰκοσιοκτὼ αἰώνων, θῆλυς ὢν καὶ καλούμενος Σοφία, κατενόησε τὸ πλῆθος καὶ τὴν δύναμιν τῶν γεγεννηκότων [64] αἰώνων καὶ ἀνέδραμεν εἰς τὸ βάθος τὸ τοῦ Πατρὸς, καὶ ἐνόησεν, ὅτι οἱ μὲν ἄλλοι πάντες αἰῶνες γεννητοὶ ὑπάρχοντες κατὰ συζυγίαν γεννῶσιν, ὁ δὲ Πατὴρ μόνος ἄζυγος ἐγέννησεν. Ἠθέλησε [65] μιμήσασθαι τὸν Πατέρα καὶ γεννῆσαι [66] καθ' ἑαυτὴν δίχα τοῦ συζύγου, ἵνα μηδὲν ᾖ [67] ἔργον ὑποδεέστερον τοῦ Πατρὸς εἰργασμένη, ἀγνοοῦσα ὅτι ὁ μὲν ἀγέννητος, ὑπάρχων ἀρχὴ τῶν ὅλων καὶ ῥίζα καὶ βάθος καὶ βυθὸς, δυνατῶς ἔχει γεννῆσαι B μόνος, γεννητὴ [68] δὲ οὖσα ἡ Σοφία καὶ μετὰ πλείονας γενομένη, τὴν τοῦ ἀγεννήτου δύναμιν οὐ δύναται ἔχειν. Ἐν μὲν γὰρ τῷ ἀγεννήτῳ [69], φησὶν, ἔστι πάντα ὁμοῦ, ἐν δὲ τοῖς γεννητοῖς [70] τὸ μὲν θῆλύ ἐστιν οὐσίας προβλητικὸν, τὸ δὲ ἄῤῥεν μορφωτικὸν τῆς ὑπὸ τοῦ θήλεως προβαλλομένης οὐσίας. Προέβαλεν [71] οὖν ἡ σοφία τοῦτο μόνον ὅπερ | ἠδύνατο, οὐσίαν ἄμορφον [72], καὶ ἀκατασκεύαστον [73]. Καὶ τοῦτό ἐστι, φησὶν, ὃ λέγει Μωϋσῆς· *Ἡ δὲ γῆ* [74] *ἦν ἀόρατος καὶ ἀκατασκεύαστος*. Αὕτη ἐστὶ, φησὶν, ἡ ἀγαθὴ, ἡ ἐπουράνιος Ἱερουσαλὴμ, εἰς ἣν ἐπηγγείλατο ὁ Θεὸς εἰσαγαγεῖν τοὺς υἱοὺς Ἰσραὴλ, λέγων· *Εἰσάξω ὑμᾶς* [75] *εἰς γῆν ἀγαθὴν ῥέουσαν μέλι καὶ γάλα.*

λα'. Γενομένης οὖν ἐντὸς πληρώματος ἀγνοίας κατὰ τὴν σοφίαν καὶ ἀμορφίας κατὰ τὸ γέννημα τῆς σοφίας, [p. 188. 189] θόρυβος ἐγένετο ἐν τῷ πληρώματι [76] C [οἱ αἰῶνες οἱ γενόμενοι], ὅτι παραπλησίως ἄμορφα καὶ ἀτελῆ γενήσεται τῶν αἰώνων τὰ γεννήματα καὶ φθορά τις καταλήψεται οὐκ εἰς μακράν ποτε τοὺς αἰῶνας. Κατέφυγον οὖν πάντες οἱ αἰῶνες ἐπὶ δέησιν τοῦ Πατρὸς, ἵνα λυπουμένην τὴν Σοφίαν ἀναπαύσῃ· ἔκλαιε [77] γὰρ καὶ κατωδύρετο ἐπὶ τῷ γεγενημένῳ ὑπ' αὐτῆς ἐκτρώματι· οὕτω γὰρ καλοῦσιν. Ἐλεήσας οὖν ὁ Πατὴρ τὰ δάκρυα τῆς Σοφίας καὶ προσδεξάμενος τῶν αἰώνων τὴν δέησιν, ἐπιπροβαλεῖν κελεύει· οὐ γὰρ αὐτὸς, φησὶ, προέβαλεν, ἀλλὰ ὁ Νοῦς καὶ ἡ Ἀλήθεια, Χριστὸν καὶ Πνεῦμα ἅγιον εἰς μόρφωσιν καὶ διαίρεσιν τοῦ ἐκτρώματος καὶ παραμυθίαν καὶ διανάπαυσιν τῶν τῆς Σοφίας στεναγμῶν. Καὶ γίνονται τριάκοντα αἰῶνες μετὰ τοῦ Χριστοῦ καὶ τοῦ ἁγίου Πνεύματος. Τινὲς μὲν οὖν αὐτῶν ταύτην εἶναι D θέλουσι τὴν τριακοντάδα τῶν αἰώνων, τινὲς δὲ συνυπάρχειν τῷ Πατρὶ Σιγὴν [78-79] καὶ σὺν αὐτοῖς καταριθμεῖσθαι τοὺς αἰῶνας θέλουσιν. Ἐπιπροβληθεὶς οὖν ὁ Χριστὸς καὶ τὸ ἅγιον Πνεῦμα ὑπὸ τοῦ Νοῦ καὶ τῆς Ἀληθείας, εὐθέως τὸ ἔκτρωμα τὸ ἄμορφον τοῦτο

tem illis duodecimus et natu minimus omnium viginti octo æonum, qui femininus est et nomine vocatus Sophia, contemplatus multitudinem et potestatem æonum, qui generavere, recurrit in profunditatem Patris, et sensit reliquos omnes æones, utpote generatos, per conjugationem generare, patrem autem solum injugum generavisse. Voluit igitur imitari Patrem et generare per se seorsum a conjuge, ut ne quid inferius Patre opus perfecisset, quippe ignorans, non generatum illum, cum exsistat principium universorum et radix et profunditas et imum, posse generare per se ipsum, Sophiam autem, quæ sit generata et post plures orta, non generati potestatem habere non posse. In non generato enim, inquit, sunt omnia simul, in generatis autem femininum est essentiæ projecticium, masculum autem formativum essentiæ a feminea projectæ. Projecit igitur Sophia hoc solum quod potuit, essentiam informem et inconditam. Et hoc est, inquit, quod ait Moses: *Terra autem erat invisibilis et incondita.* Hæc, inquit, est bona illa et cœlestis Jerusalem, in quam promisit Deus se introducturum filios Israel dicens: *Inducam vos in terram bonam fluentem melle et lacte.*

31. Orta igitur intus in pleromate ignorantia circa Sophiam et informitate circa partum Sophiæ, tumultus exstitit in **276 - 277** pleromate, ne pariter informia et imperfecta evaderent ea, quæ ab æonibus erant generata, et interitus aliquis corriperet post non multum tempus aliquando æones. Confugerunt igitur omnes æones ad precationem Patris, ut mœrentem Sophiam placaret. Plorabat enim et ingemebat propter abortivum a se generatum; sic enim appellant. Miseratus igitur Pater lacrymas Sophiæ accepta precatione æonum insuper projicere jubet. Non enim ipse, inquit, projecit, sed Mens et Veritas Christum et Spiritum sanctum in formationem et discretionem abortivi et consolationem et placationem Sophiæ lamentorum. Et exsistunt triginta æones cum Christo et Spiritu sancto. Jam quidam eorum hanc esse volunt triacontadem æonum, alii autem una exsistere cum Patre Sigen cum iisque computari æones volunt. Insuper projectus igitur a Mente et Veritate Christus et Spiritus sanctus statim abortivum informem hunc Sophiæ a se sola et seorsum a conjuge genitum segregat ab universis æonibus, ne cernentes illum per-

VARIÆ LECTIONES.

[60] πατρικῶς C, M. Cfr. Iren. l. l. [61] μητρικῶς C, M. Cf. Iren. l. l. [62] ἀεινοῦς. αἰῶνος C, M. Cf. Iren. l. l. [63] μακαριστὸς C, M. [64] γεγενηκότων C. [65] Ἠθέλησε δέ? an Ἠθέλησε οὖν? [66] γεννῆσαι Roeperus, ἐγέννησε C, M. [67] ἦν. ἢ C. [68] γενητὴ C. [69] ἀγενήτῳ C. [70] γενητοῖς C. [71] προσέβαλεν C, M. [72] εὔμορφον C, M. [73] ἀκατασκεύαστον. εὐκατάσβεστον C, εὐκατασκεύαστον M. [74] I Mos. I, 2. [75] II Mos. XXXIII, 3: Καὶ εἰσάξω σε εἰς γῆν ῥέουσαν γάλα καὶ μέλι, coll. cap. III, 8: Καὶ εἰσαγαγεῖν αὐτοὺς εἰς γῆν ἀγαθὴν καὶ πολλὴν, εἰς γῆν ῥέουσαν γάλα καὶ μέλι, κ. τ. λ. [76] Seclusimus quæ ad explicandum vocabulum πλήρωμα ex margine irrepsisse videntur: Ἐφοβοῦντο γὰρ οἱ αἰῶνες οἱ γενόμενοι vel simile quid susp. M. [77] ἔκλαι C. [78-79] Σιγήν. εἰς γῆν C, M.

turbentur per informitatem perfecti æones. Ut igitur plane non compareat perfectis æonibus abortivi informitas, rursus et Pater insuper projicit unum æonem Staurum, qui cum evasisset magnus, ut a Patre magno et perfecto, in custodiam et munimentum æonum projectus, Terminus evadit pleromatis, habens in se omnes simul triginta æones; hi enim sunt illi qui projecti sunt. Appellatur autem hic Terminus, quoniam extra disterminat a pleromate hysterema; Particeps autem, quoniam participat etiam hysterema; Palus autem, quoniam fixus est immotus et firmus, ut non possit quidquam hysterematis devenire prope æones, qui sunt intus in pleromate. Extra igitur Terminum, Palum, Participem est quæ vocatur ab iis Ogdoas, eaque est Sophia quæ extra pleroma est, quam Christus insuper projectus a Mente et Veritate formavit effecitque, ut perfectus æon, nulla ex parte iis, qui sunt **278-279** intus in pleromate, inferior habitus evaderet. Postquam igitur formata erat extra pleroma Sophia, nec fieri poterat, ut pariter Christus et Spiritus sanctus ex Mente projecti et Veritate extra pleroma manerent, recurrit a formata illa Christus et Spiritus sanctus ad Mentem et Veritatem intra Terminum, una cum reliquis æonibus magnificans Patrem.

τῆς Σοφίας μονογενὲς | καὶ δίχα συζύγου γεγενημένον [80] ἀποχωρίζει τῶν ὅλων αἰώνων ἵνα μὴ βλέποντες αὐτὸ ταράσσωνται διὰ τὴν ἀμορφίαν οἱ τέλειοι αἰῶνες. Ἵν' οὖν μηδ' ὅλως τοῖς αἰῶσι τοῖς τελείοις καταφαίνηται τοῦ ἐκτρώματος ἡ ἀμορφία, πάλιν καὶ ὁ Πατὴρ ἐπιπροβάλλει [81] αἰῶνα ἕνα τὸν Σταυρὸν [82], ὅς γεγενημένος μέγας, ὡς μεγάλου καὶ τελείου Πατρὸς, εἰς φρουρὰν καὶ χαράκωμα τῶν αἰώνων προβεβλημένος Ὅρος γίνεται τοῦ πληρώματος, ἔχων ἐντὸς ἑαυτοῦ πάντας ὁμοῦ τοὺς τριάκοντα αἰῶνας· οὗτοι γάρ εἰσιν οἱ προβεβλημένοι. Καλεῖται δὲ Ὅρος μὲν οὗτος, ὅτι ἀφορίζει ἀπὸ τοῦ πληρώματος ἔξω τὸ ὑστέρημα· Μετοχεὺς [83] δὲ, ὅτι μετέχει καὶ τοῦ ὑστερήματος· Σταυρὸς δὲ, ὅτι πέπηγεν ἀκλινῶς καὶ ἀμετανοήτως [84], ὡς μὴ δύνασθαι μηδὲν τοῦ ὑστερήματος κατεγγίσθαι [85] ἐγγὺς [86] τῶν ἐντὸς πληρώματος αἰώνων. Ἔξω οὖν τοῦ Ὅρου, τοῦ Σταυροῦ, τοῦ Μετοχέως ἐστὶν ἡ καλουμένη κατ' αὐτοὺς Ὀγδοὰς, ἥτις ἐστὶν ἡ ἐκτὸς πληρώματος Σοφία, ἣν ὁ Χριστὸς ἐπιπροβληθεὶς ὑπὸ [87] τοῦ Νοῦ καὶ τῆς Ἀληθείας [88] ἐμόρφωσε καὶ ἀπειργάσατο τέλειον αἰῶνα, οὐδενὶ [89] τῶν ἐντὸς [p. 189. 190] πληρώματος χείρονουν. . . . ον [90] γενέσθαι. Ἐπειδὴ δὲ μεμόρφωτο ἡ Σοφία ἔξω [91] καὶ οὐχ οἷόν τε ἦν ἴσον τὸν Χριστὸν καὶ τὸ ἅγιον [Πνεῦμα] [92], ἐκ τοῦ Νοὸς προβεβλημένα καὶ τῆς Ἀληθείας, ἔξω τοῦ πληρώματος μένειν, ἀνέδραμεν ἀπὸ τῆς μεμορφωμένης ὁ Χριστὸς καὶ τὸ ἅγιον Πνεῦμα πρὸς τὸν Νοῦν καὶ τὴν Ἀλήθειαν ἐντὸς τοῦ Ὅρου [93] μετὰ τῶν ἄλλων αἰώνων δοξάζων τὸν Πατέρα.

32. Postquam igitur exstitit una quædam pax et concordia omnium intra pleroma æonum, placuit iis non solum per conjugationem magnificavisse illum, verum magnificare etiam per oblationem frugum aptarum Patri. Omnes igitur consenserunt triginta æones unum projicere æonem tanquam communem pleromatis fructum, ut esset unitatis illorum et consensionis et pacis signum. Et solus ab omnibus æonibus projectus Patri hic est, qui appellatur ab illis *communis pleromatis fructus*. Hæc igitur intra pleroma ita erant comparata. Et projectus est communis pleromatis fructus, Jesus (hoc enim nomen illi), pontifex magnus. Quæ autem est extra pleroma Sophia requirens Christum, qui formavit, et Spiritum sanctum, in magnum metum conjecta est, ne periret seorsum ab eo, qui formavisset sese et firmavisset. Et mœrore affecta est et in multa consternatione versata, reputans, quis esset formator, quis sanctus Spiritus, quo abiisset, quis impediisset quominus adesset, quis invidisset pulchrum illud et divinum spectaculum. In his constituta affectibus vertitur in precationem et supplicationem ejus, qui sese dereliquisset. Precantem igitur illam miseratus est Christus, qui intra pleroma est, reliquique omnes æones et

λβ'. Ἐπεὶ οὖν μία τις ἦν εἰρήνη καὶ συμφωνία πάντων τῶν ἐντὸς πληρώματος αἰώνων, ἔδοξεν αὐτοῖς μὴ μόνον | κατὰ συζυγίαν δεδοξακέναι αὐτὸν, δοξάσαι [δὲ] [94] καὶ διὰ προσφορᾶς καρπῶν πρεπόντων τῷ Πατρί. Πάντες οὖν ηὐδόκησαν [95] οἱ τριάκοντα αἰῶνες ἕνα προβαλεῖν αἰῶνα, κοινὸν τοῦ πληρώματος καρπὸν, ἵν' ᾖ τῆς ἑνότητος [96] αὐτῶν καὶ τῆς ὁμοφροσύνης καὶ εἰρήνης [97]. Καὶ μόνος ὑπὸ πάντων αἰώνων προβεβλημένος τῷ Πατρὶ οὗτός ἐστιν ὁ καλούμενος παρ' αὐτοῖς *κοινὸς τοῦ πληρώματος καρπός*. Ταῦτα μὲν οὖν ἐντὸς πληρώματος ἦν οὕτως. Καὶ προβέβλητο ὁ κοινὸς τοῦ πληρώματος καρπὸς, ὁ Ἰησοῦς (τοῦτο γὰρ ὄνομα αὐτῷ), ὁ ἀρχιερεὺς ὁ μέγας. Ἡ δὲ ἔξω τοῦ πληρώματος Σοφία, ἐπιζητοῦσα τὸν Χριστὸν τὸν μεμορφωκότα καὶ τὸ ἅγιον Πνεῦμα, ἐν φόβῳ μεγάλῳ κατέστη, ὅτι ἀπόλοιτο κεχωρισμένου τοῦ μορφώσαντος αὐτὴν καὶ στηρίσαντος. Καὶ ἐλυπήθη καὶ ἐν ἀπορίᾳ ἐγένετο πολλῇ, λογιζομένη, τίς ἦν ὁ μορφώσας, τί τὸ ἅγιον Πνεῦμα, ποῦ ἀπῆλθε, τίς ὁ κωλύσας αὐτοὺς συμπαρεῖναι, τίς ἐφθόνησε τοῦ καλοῦ καὶ μακαρίου θεάματος ἐκείνου. Ἐπὶ [98] τούτοις καθεστῶσα [99] τοῖς πάθεσι τρέπεται ἐπὶ δέησιν καὶ ἱκετείαν τοῦ ἀπολιπόντος αὐτήν. Δεομένης οὖν αὐτῆς κατηλέησεν ὁ Χριστὸς ὁ ἐντὸς πληρώματος ὢν καὶ οἱ ἄλλοι πάντες αἰῶνες, καὶ ἐκ-

VARIÆ LECTIONES.

[80] γεγενημένον C. [81] ἐπεὶ προβάλλει C. [82] τὸν σταυρὸς C, M. De Stauro sive Horo cfr. Iren. c. *hær.* I, 2, 2. 4. et c. 3. [83] μετοχεύς. μεταγωγεύς appellatur ab Irenæo l. l. I, 2, 4 et c. 3, 1. [84] ἀμετανοήτως. ἀμετακινήτως Roeperus, ἀμεταβλήτως? [85] καὶ γενέσθαι C, M. [86] ἐγγύς. ἐντὸς ἐγγὺς pr. C. [87] ὑπό. ἀπὸ C., M. [88] Cf. Iren. l. l. 4, 1. [89] οὐδενί τι? [90] χείρονουν... ον. χείρονα νενομισμένον? [91] ἔξω. ἡ ἔξω? M. [92] πνεῦμα add. M. [93] ὅρου ἢ C. [94] αὐτόν. τὸν υἱὸν C, M. δὲ add. M. [95] ηὐδίκησαν C. [96] ἑνότητος. νεότητος C, M. [97] Post εἰρήνης exciderit σύμβολον. [98] Ἐπί. Ἐπεὶ C. [99] καθεσπῶσα C.

A πέμπουσιν ἔξω τοῦ πληρώματος τὸν κοινὸν τοῦ πληρώματος καρπὸν, σύζυγον τῆς ἔξω Σοφίας καὶ διορθωτὴν παθῶν, ὧν ἔπαθεν ἐπιζητοῦσα τὸν Χριστόν. Γενόμενος οὖν ἔξω τοῦ πληρώματος [1] καρπὸς καὶ εὑρὼν αὐτὴν ἐν πάθεσι τοῖς πρώτοις τέτρασι, καὶ φόβῳ καὶ λύπῃ καὶ ἀπορίᾳ καὶ δεήσει, διωρθώσατο [2] τὰ πάθη αὐτῆς, διορθούμενος δὲ ἑώρα, ὅτι ἀπολέσθαι αὐτὰ αἰώνια ὄντα καὶ τῆς Σοφίας ἴδια οὐ καλὸν, οὔτε ἐν [p. 190—192] πάθεσιν εἶναι τὴν Σοφίαν τοιούτοις, ἐν φόβῳ καὶ λύπῃ, | ἱκετείᾳ, ἀπορίᾳ. Ἐποίησεν οὖν, ὡς τηλικοῦτος αἰὼν καὶ παντὸς τοῦ πληρώματος ἔκγονος, ἐκστῆναι τὰ πάθη ἀπ' αὐτῆς, καὶ ἐποίησεν αὐτὰ ὑποστατικὰς [3] οὐσίας, καὶ τὸν μὲν φόβον ψυχικὴν ἐποίησεν οὐσίαν [4], τὴν δὲ λύπην ὑλικὴν, τὴν δὲ ἀπορίαν δαιμόνων, τὴν ἐπιστροφὴν, καὶ δέησιν, καὶ ἱκετείαν ἄνοδον, [5] καὶ μετάνοιαν καὶ δύ- B ναμιν ψυχικῆς οὐσίας, ἥτις καλεῖται δεξιά. Ὁ Δημιουργὸς ἀπὸ τοῦ φόβου· τουτέστιν ὃ λέγει, φησὶν, ἡ Γραφή· *Ἀρχὴ σοφίας φόβος Κυρίου* [6]. Αὕτη γὰρ ἀρχὴ τῶν τῆς Σοφίας παθῶν· ἐφοβήθη γὰρ, εἶτα ἐλυπήθη, εἶτα ἠπόρησε, καὶ οὕτως ἐπὶ δέησιν καὶ ἱκετείαν κατέφυγεν. Ἔστι δὲ πυρώδης, φησὶν, ἡ ψυχικὴ οὐσία, καλεῖται δὲ καὶ τόπος [μεσότητος] [7] ὑπ' αὐτῶν καὶ ἑβδομὰς [8] καὶ Παλαιὸς τῶν ἡμερῶν [9]· καὶ ὅσα τοιαῦτα λέγουσι περὶ τούτου, ταῦτα εἶναι τοῦ ψυχικοῦ, ὅν φασιν [10] εἶναι τοῦ κόσμου δημιουργόν· ἔστι δὲ πυρώδης. Λέγει, φησὶ, καὶ Μωϋσῆς· *Κύριος ὁ Θεός σου πῦρ ἐστι φλέγον καὶ καταναλίσκον* [11]. Καὶ γὰρ τοῦτο οὕτως γεγράφθαι θέλει. Διπλῆ δέ τίς ἐστι, φησὶν, ἡ δύναμις τοῦ πυρός· ἔστι γὰρ πῦρ παμφάγον, κατασβεσθῆναι μὴ δυνάμενον [12]..... Κατὰ τοῦτο C τοίνυν τὸ μέρος θνητή τίς ἐστιν ἡ ψυχὴ, μεσότης τις οὖσα· ἔστι γὰρ ἑβδομὰς [13] καὶ κατάπαυσις [14]. Ὑποκάτω γάρ ἐστι τῆς ὀγδοάδος, ὅπου ἐστὶν ἡ Σοφία, ἡμέρα μεμορφωμένη [15], καὶ ὁ κοινὸς τοῦ πληρώματος καρπὸς, ὑπεράνω δὲ τῆς ὕλης, ἧς [16] ἐστι δημιουργός. Ἐὰν οὖν [17] ἐξομοιωθῇ τοῖς ἄνω, τῇ ὀγδοάδι, ἀθάνατος ἐγένετο καὶ ἦλθεν εἰς τὴν ὀγδοάδα, ἥτις ἐστὶ, φησὶν, Ἱερουσαλὴμ ἐπουράνιος· ἐὰν δὲ ἐξομοιωθῇ τῇ ὕλῃ, τουτέστι τοῖς πάθεσι τοῖς ὑλικοῖς, φθαρτή ἔσται [18] καὶ ἀπώλετο.

λγ'. Ὥσπερ οὖν τῆς ψυχικῆς οὐσίας ἡ πρώτη καὶ μεγίστη δύναμις γέγονεν [19]..... εἰκὼν διάβολος, ὁ D ἄρχων τοῦ κόσμου τούτου· τῆς δὲ τῶν δαιμόνων οὐσίας, ἥτις ἐστὶν ἐκ τῆς ἀπορίας, ὁ Βεελζεβοὺλ, ἡ Σοφία ἄνωθεν ἀπὸ τῆς ὀγδοάδος ἐνεργοῦσα [p. 192. 193] ἕως τῆς ἑβδομάδος [20]. Οὐδὲν οἶδεν, λέγουσιν, ὁ

emittunt extra pleroma communem pleromatis fructum, conjugem extraneæ Sophiæ et correctorem passionum, quas perpessa est requirens Christum. Egressus igitur e pleromate communis pleromatis fructus cum reperisset illam in quatuor primis affectibus, et metu et mœrore et consternatione et precatione, correxit affectiones ejus; corrigens autem videbat interire illas, quæ æternæ essent et propriæ Sophiæ, non decere, neque in affectionibus esse Sophiam hujuscemodi, in metu et mœrore, supplicatione, consternatione. Fecit igitur, **280 281** ut tantus æon et universi pleromatis soboles, ut discederent affectiones ab illa, reddiditque illas substantiales essentias, et metum quidem animalem reddidit essentiam, mœrorem autem materialem, consternationem autem dæmonum, conversionem autem et precationem et supplicationem reddidit redditionem et pœnitentiam et potestatem animalis essentiæ, quæ vocatur dextra. Demiurgus a metu; hoc est quod ait, inquit, scriptura: *Timor Domini principium Sophiæ.* Hoc enim principium Sophiæ affectuum. Timebat enim, tum mœrebat, deinde consternabatur et ita ad precationem et supplicationem confugit. Est autem ignea, inquit, animalis essentia, appellatur autem et locus medietatis ab iis et hebdomas et vetustus dierum; et quæ alia ejusdemmodi de hoc dicunt, hæc valere de animali, quem aiunt esse mundi demiurgum; est autem igneus. Dicit, inquit, et Moses: *Dominus Deus tuus ignis est comburens et consumens.* Etenim hoc ita scriptum vult. Duplex autem quædam, inquit, est potestas ignis; est enim ignis omnivorus qui exstingui nequeat..... Ex hac igitur parte mortalis quædam est anima, cum medietas quædam sit; est enim hebdomas et requies. Est autem subter ogdoadem, ubi est Sophia, dies formatus, et communis pleromatis fructus, supra materiem autem, cujus est demiurgus. Ubi igitur assimilabitur superioribus illis, hoc est ogdoadi, immortalis evadit venitque in ogdoadem, quæ quidem, inquit, est Jerusalem cœlestis; ubi autem assimilabitur materiæ, hoc est affectibus materialibus, fluxa erit et interit.

33. Sicuti igitur animalis essentiæ prima et maxima potestas exsistit..... imago diabolus, rex mundi hujus, dæmonum autem essentiæ, quæ quidem est e consternatione, Beelzebul, Sophia superne ab ogdoade operans usque ad hebdomadem. **282-283** Nihil plane novit, inquiunt, demiur-

VARIÆ LECTIONES.

[1] Ante καρπὸς excidisse videtur ὁ κοινὸς τοῦ πληρώματος. [2] διορθώσατο C. [3] ὑποστατικάς. ὑποστάτας C, M. [4] οὐσίαν. ἐπιθυμίαν C, M. [5] ἄνοδον. ὁδὸν C, M. [6] Psal. cx, 10; Prov. i, 7, 9, 10. [7] μεσότητος. om. C, M. Cf. infra l. 10 et Iren. l. l. 5, 3, ubi Ogdoas medietatis locum tenere dicitur. [8] εὐδομὰς C. [9] Παλαιὸς τῶν ἡμερῶν Cf. Daniel. vii, 9. 13. 22. [10] φασιν. φησιν C, M. [11] Cf. supra p. 236, 69. [12] Lacunam signavimus post δυνάμενον, quæ alteram naturam ignis hausit. [13] εὐδομὰς C. [14] ἑβδομὰς καὶ κατάπαυσις Cf. 1 Mos. ii, 2: Καὶ συνετέλεσεν ὁ Θεὸς ἐν τῇ ἡμέρᾳ τῇ ἕκτῃ τὰ ἔργα αὐτοῦ, ἃ ἐποίησε, καὶ κατέπαυσε τῇ ἡμέρᾳ τῇ ἑβδόμῃ ἀπὸ πάντων τῶν ἔργων αὐτοῦ, ὧν ἐποίησε. [15] ἡμέρα μεμορφωμένη. ἡμέρα μορφωμένη C, ἡ μεμορφωμένη R. Scottus. Cf. Ep. Barnab. Cap. 15. et Ignat. Ep. ad Magnes. cap. 9. [16] ἧς. ἣ C. M. [17] οὖν. om. C, M. [18] ἔσται. ἐστὶ Roeperus. [19] Exciderunt quædam ob ὁμοιοτέλευτον, ut videtur. M. [20] εὐδομάδος C. M.

gus, sed est insipidus et stultus secundum eos, et quod facit aut parat non intelligit. Ignoranti autem illi quodcunque facit Sophia operatur omnia et robur indit, illaque operante ipsum suis opibus fabricari se mundum opinatus est: unde orsus est dicere: *Ego sum Deus et præter me alter non est.*

34. Est igitur secundum Valentinum tetractys *fons sempiternæ naturæ radices habens*, et Sophia, unde conditio animalis et materialis consistit. Vocatur autem Sophia *spiritus*, demiurgus autem *anima*, diabolus autem *rex mundi*, Beelzebul autem *dæmonum*. Hæc sunt quæ dicunt. Præterea autem arithmeticam facientes suam doctrinam, ut antea dixi, statuunt eos, qui sunt in pleromate, æones triginta rursus insuper projecisse sibi ex eadem ratione æones alios, ut esset pleroma numero perfecto coactum. Ut enim Pythagorei diviserunt in duodecim et triginta et sexaginta: sic hi quæ sunt in pleromate subdividunt. Subdivisa autem sunt etiam ea, quæ sunt in ogdoade, et projecerunt Sophiam, quæ est mater omnium animantium secundum eos, et communis pleromatis fructus 70 logos, qui sunt angeli cœlestes, incolentes in Jerusalem, quæ supra est et in cœlis. Hæc enim Jerusalem est Sophia, quæ extra est, et sponsus ejus communis pleromatis fructus. Projecit etiam demiurgus animas; hæc enim essentia animarum. Hic est secundum eos Abraham et Abrahæ hæc soboles. Ex materiali igitur essentia et diabolica fecit demiurgus animabus corpora. Hoc est illud dictum: *Et formavit Deus hominem limo de terra sumpto, et inspiravit in faciem ejus spiraculum vitæ, et factus est homo in animam viventem.* Hic est secundum eos *interior homo*, animalis, in corpore habitans materiali, quod est *materialis*, caducus, imperfectus, e diabolica essentia formatus. Est autem hic *materialis homo* secundum eos tanquam deversorium vel habitaculum modo animæ solius, modo animæ et **284-285** dæmonum, modo animæ et logorum, qui quidem logi sunt superne inspersi a communi pleromatis fructu et Sophia in hunc mundum, habitantes in corpore choico cum anima, quando dæmones non cohabitant cum anima. Hoc est, inquit, quod scriptum est in Scriptura: *Hujus rei gratia flecto genua mea ad Deum et Patrem et Dominum Domini nostri Jesu Christi, ut det vobis Deus habitare Christum in interiore homine*, hoc est animali, non corporali, *ut possitis intelligere, quid sit profundum*, quod est Pater universorum, *et quæ*

A δημιουργὸς ὅλως, ἀλλ' ἔστιν ἄνους καὶ μωρὸς κα[τ'] αὐτούς, καὶ τί πράσσει ἢ ἐργάζεται, οὐκ οἶδε. Ἀγνοοῦντι δὲ αὐτῷ, ὅτι δὴ[21] ποιεῖ, ἡ Σοφία ἐνή[ρ]γησε πάντα καὶ ἐνίσχυσε, καὶ ἐκείνης ἐνεργ[ούσης] αὐτὸς ᾤετο ἀφ' ἑαυτοῦ ποιεῖν τὴν κτίσιν τοῦ κ[ό]σμου· ὅθεν ἤρξατο λέγειν· *Ἐγὼ*[22] *ὁ Θεός, καὶ πλ[ὴν] ἐμοῦ ἄλλος οὐκ ἔστιν.*

34. Ἔστιν οὖν ἡ[23] κατὰ Οὐαλεντῖνον τετρακ[τὺς] *πηγή τις*[24] *ἀεινάου φύσεως ῥιζώματ'*[25] ἔχο[υσα], καὶ ἡ Σοφία, ἀφ' ἧς ἡ κτίσις ἡ ψυχικὴ καὶ ὑ[λικὴ] συνέστηκε νῦν. Καλεῖται δὲ ἡ μὲν Σοφία *πνεῦμ[α]*, δὲ δημιουργὸς *ψυχή*, ὁ διάβολος δὲ *ὁ ἄρχων [τοῦ] κόσμου*, Βεελζεβοὺλ δ'[26] ὁ *τῶν δαιμόνων*. Ταῦ[τά] ἐστιν ἃ λέγουσιν. Ἔτι [δὲ][27] πρὸς τούτοις, ἀρ[ιθμη]τικὴν ποιούμενοι τὴν πᾶσαν αὐτῶν διδασκαλί[αν], B προεῖπον, τοὺς[28] ἐντὸς πληρώματος αἰῶνας τρ[ιά]κοντα πάλιν ἐπιπροβεβληκέναι[29] αὐτοῖς κατὰ ἀνα[λο]γίαν αἰῶνας ἄλλους, ἵν' ᾖ τὸ πλήρωμα ἐν ἀρι[θμῷ] τελείῳ συνηθροισμένον. Ὡς γὰρ οἱ Πυθαγ[όρειοι] διεῖλον εἰς δώδεκα καὶ τριάκοντα καὶ ἑξήκοντα [...] λεπτὰ λεπτῶν εἰσιν ἐκείνοις, δεδήλωται |[30] [...] οὗτοι τὰ ἐντὸς πληρώματος ὑποδιαιροῦσιν. Τ[...] διῄρηται δὲ καὶ τὰ ἐν τῇ ὀγδοάδι, καὶ προβέβ[λη]σιν[31] ἡ Σοφία, ἥτις ἐστὶ μήτηρ πάντων τῶν ζώντ[ων] κατ' αὐτούς, καὶ ὁ κοινὸς τοῦ πληρώματος καρ[πὸς] ο' λόγους[32] οἵτινές εἰσιν ἄγγελοι | ἐπουράν[ιοι] πολιτευόμενοι ἐν Ἱερουσαλὴμ τῇ ἄνω, τῇ ἐν οὐ[ρα]νοῖς, αὕτη γάρ ἐστιν Ἱερουσαλὴμ ἡ ἔξω Σο[φία], καὶ ὁ νυμφίος αὐτῆς ὁ κοινὸς[33] τοῦ πληρώ-

C ματος καρπός. Προέβαλε καὶ ὁ δημιουργὸς ψυχ[άς]· αὕτη γὰρ οὐσία ψυχῶν· οὗτός ἐστι κατ' αὐτοὺς Ἀβραὰμ[35] καὶ ταῦτα τοῦ Ἀβραὰμ τὰ τέκνα. Ἐκ τῆς ὑλικῆς οὐσίας οὖν καὶ διαβολικῆς ἐποίησεν ὁ δημιουργὸς ταῖς ψυχαῖς τὰ σώματα. Τοῦτό ἐστι τὸ εἰρημένον· *Καὶ ἔπλασεν ὁ Θεὸς*[36] *τὸν ἄνθρωπον, χοῦν ἀπὸ τῆς γῆς λαβὼν*[37], *καὶ ἐνεφύσησεν εἰ[ς] τὸ πρόσωπον αὐτοῦ πνοὴν ζωῆς· καὶ ἐγένετο ὁ ἄνθρωπος εἰς ψυχὴν ζῶσαν.* Οὗτός ἐστι κα[τ'] αὐτοὺς ὁ ἔσω ἄνθρωπος, ὁ ψυχικός, ἐν τῷ [p. 193. 194] σώματι κατοικῶν τῷ ὑλικῷ, ὅ ἐστιν ὁ [ὑ]λικὸς[38], φθαρτός, ἀτέλειος[39], ἐκ τῆς διαβολικῆς οὐσίας πεπλασμένος. Ἔστι δὲ οὗτος ὁ [ὑλι]κὸς *ἄνθρωπος* οἱονεὶ κατ' αὐτοὺς πανδοχεῖον ἢ κατοικ[η]τήριόν ποτε μὲν ψυχῆς μόνης, ποτὲ δὲ ψυχῆς κα[ὶ]

D δαιμόνων, ποτὲ δὲ ψυχῆς καὶ λόγων, οἵτινές ε[ἰσι] λόγοι ἄνωθεν κατεσπαρμένοι ἀπὸ τοῦ κοινοῦ τ[οῦ] πληρώματος καρποῦ καὶ τῆς Σοφίας εἰς τοῦτ[ον] τὸν κόσμον, κατοικοῦντες ἐν [σώμα]τι χοϊκῷ με[τὰ] ψυχῆς, ὅταν δαίμονες μὴ συνοικῶσι τῇ ψυχ[ῇ]. Τοῦτο ἐστί, φησί, τὸ γεγραμμένον ἐν τῇ Γραφ[ῇ]·

VARIÆ LECTIONES.

[21] ὅ τι δή. ὅτι δὲ C. [22] Cf. Isa. XLV, 5: Ὅτι ἐγὼ Κύριος ὁ Θεός, καὶ οὐκ ἔστιν ἔτι πλὴν ἐμοῦ Θεός. V M[...] -IV, 35. 32, 9. [23] Articulus ante κατὰ Οὐαλεντῖνον fort. rectius deletur. [24] πηγή τις. πηγὴ τῆς C. [...] Cf. supra p. 200, 83. [25] ῥίζωμά τε C. [26] δ' Roeperus, om. C, M. [27] δὲ add. M. [28] τοὺς Roeperus, om. C, προβεβηκέναι M. [29] ἐπιπροβεβηκέναι C, M. [30] Quæ uncis inclusimus, in quibus post τα[...]νοις exciderit ὡς, e margine irrepserunt. [31] προβεβήκασιν M. [32] ζώντων. ζῴων τῶν C, M. [33] ο' λόγους. ὁ λόγος C, M. [34] κοινός. κοινωνὸς C, M. [35] Ἀβραὰμ C. [36] I Mos. II, 7. [37] λαβών. om. I Mos. II, 7. [38] ὁ ὑλικός. ὑλικὸς C, M. [39] ἀτέλειος. τέλειος C, τελέως susp. M.

Τούτου χάριν[60] *κάμπτω τὰ γόνατά μου πρὸς* A *τὸν Θεὸν καὶ Πατέρα καὶ Κύριον τοῦ Κυρίου ἡμῶν Ἰησοῦ Χριστοῦ, ἵνα δῴη ὑμῖν*[61] *ὁ Θεὸς κατοικῆσαι τὸν Χριστὸν εἰς τὸν ἔσω ἄνθρωπον*, τουτέστι τὸν ψυχικὸν, οὐ τὸν σωματικὸν, *ἵνα ἐξισχύσητε νοῆσαι, τί τὸ βάθος*, ὅπερ ἐστὶν *ὁ Πατὴρ* τῶν ὅλων, *καὶ τί τὸ πλάτος*, ὅπερ ἐστὶν ὁ Σταυρὸς, ὁ ὅρος τοῦ πληρώματος, *ἢ τί τὸ μῆκος*, τουτέστι τὸ πλήρωμα τῶν αἰώνων. Διὰ | τοῦτο *ψυχικὸς*, φησὶν, *ἄνθρωπος οὐ δέχεται*[62] *τὰ τοῦ πνεύματος τοῦ Θεοῦ· μωρία γὰρ αὐτῷ ἐστι·* μωρία δὲ, φησὶν, ἐστὶν ἡ δύναμις τοῦ δημιουργοῦ, μωρὸς γὰρ ἦν καὶ ἄνους, καὶ ἐνόμιζεν αὐτὸς δημιουργεῖν τὸν κόσμον, ἀγνοῶν, ὅτι πάντα ἡ Σοφία, ἡ μήτηρ, ἡ ὀγδοὰς ἐνεργεῖ αὐτῷ πρὸς τὴν κτίσιν τοῦ κόσμου οὐκ εἰδότι.

sit latitudo, quæ est Staurus, terminus pleromatis, *aut quæ longitudo*, hoc est pleroma æonum. Propterea *animalis*, inquit, *homo non percipit ea quæ sunt spiritus Dei; stultitia est enim illi*. Stultitia autem, inquit, est potestas demiurgi; stultus enim erat et insipidus et opinabatur se ipsum fabricari mundum, ignorans omnia Sophiam, matrem, ogdoadem operari sibi ad fabricationem mundi nihil sentienti.

λε'. Πάντες οὖν οἱ προφῆται καὶ ὁ νόμος ἐλάλησαν ἀπὸ τοῦ δημιουργοῦ, μωροῦ λέγει Θεοῦ, μωροὶ B οὐδὲν εἰδότες[63]. Διὰ τοῦτο, φησὶ, λέγει ὁ Σωτήρ· *Πάντες*[64] *οἱ πρὸ ἐμοῦ ἐληλυθότες κλέπται καὶ λῃσταί εἰσι·* καὶ ὁ Ἀπόστολος· *Τὸ μυστήριον*[65] *ὃ ταῖς προτέραις γενεαῖς οὐκ ἐγνωρίσθη*. Οὐδεὶς γὰρ, φησὶ, τῶν προφητῶν εἴρηκε περὶ τούτων οὐδὲν, ὧν ἡμεῖς λέγομεν· ἠγνοεῖτο γάρ· πάντα[66]..... ἅτε δὴ ἀπὸ μόνου τοῦ δημιουργοῦ λελαλημένα. Ὅτε οὖν τέλος ἔλαβεν ἡ κτίσις, καὶ ἔδει λοιπὸν γενέσθαι τὴν ἀποκάλυψιν τῶν υἱῶν τοῦ Θεοῦ, τουτέστι τοῦ δημιουργοῦ, τὴν ἐγκεκαλυμμένην, ἣν, φησὶν, ἐγκεκάλυπτο ὁ ψυχικὸς ἄνθρωπος, καὶ εἶχε κάλυμμα ἐπὶ τὴν καρδίαν· ὁπότε οὖν ἔδει ἀρθῆναι τὸ κάλυμμα καὶ ὀφθῆναι ταῦτα τὰ μυστήρια, γεγέννηται[67] ὁ Ἰησοῦς διὰ Μαρίας τῆς Παρθένου [p. 194, 195] κατὰ τὸ εἰρημένον· *Πνεῦμα ἅγιον*[68] *ἐπελεύσεται* C *ἐπὶ σέ*. Πνεῦμά ἐστιν ἡ Σοφία· *καὶ δύναμις Ὑψίστου ἐπισκιάσει σοι·* Ὕψιστός ἐστιν ὁ δημιουργός· *διὸ τὸ γεννώμενον ἐκ σοῦ ἅγιον κληθήσεται*. Γεγέννηται[69] γὰρ οὐκ ἀπὸ Ὑψίστου μόνου[70] ὥσπερ οἱ κατὰ τὸν Ἀδὰμ κτισθέντες ἀπὸ μόνου ἐκτίσθησαν τοῦ Ὑψίστου, τουτέστι [τῆς Σοφίας καὶ][71] τοῦ δημιουργοῦ· ὁ δὲ Ἰησοῦς ὁ καινὸς | ἄνθρωπος ἀπὸ[72] Πνεύματος ἁγίου, τουτέστι τῆς Σοφίας καὶ τοῦ δημιουργοῦ, ἵνα τὴν μὲν πλάσιν καὶ κατασκευὴν τοῦ σώματος αὐτοῦ ὁ δημιουργὸς καταρτίσῃ, τὴν δὲ οὐσίαν αὐτοῦ τὸ Πνεῦμα παράσχῃ τὸ ἅγιον, καὶ γένηται Λόγος ἐπουράνιος ἀπὸ τῆς ὀγδοάδος γεννηθεὶς[73] διὰ Μαρίας. Περὶ τούτου ζήτησις μεγάλη ἐστὶν αὐτοῖς καὶ σχισμάτων D καὶ διαφορᾶς ἀφορμή. Καὶ γέγονεν ἐντεῦθεν ἡ διδασκαλία αὐτῶν διῃρημένη, καὶ καλεῖται ἡ μὲν ἀνατο-

35. Omnes igitur prophetæ et lex locuti sunt per demiurgum, stultum, inquit, Deum, stulti nil sentientes. Propterea, inquit, ait Soter: *Omnes, qui ante me venerunt, fures sunt et latrones*, et Apostolus: *Mysterium, quod prioribus ævis non innotuit*. Nemo enim, inquit, ex prophetis dixit de his quidquam, quæ nos dicimus, ignorabantur enim; omnia..... utpote per solum demiurgum dicta. Postquam igitur ad finem pervenit creatio, et oportuit deinceps revelari filios Dei, hoc est demiurgi, hoc est conditionem velatam, qua, inquit, obvelatus erat animalis homo habuitque velamen super cor — postquam igitur oportuit tolli velamen conspicique hæc mysteria, natus est Jesus per Mariam virginem secundum id quod scriptum est: *Spiritus sanctus superveniet in te* (Spiritus est Sophia), **286-287** *et virtus Altissimi obumbrabit tibi:* (altissimus est demiurgus), *ideoque quod nascetur ex te sanctum vocabitur*. Generatus enim est non ab altissimo solo, sicut ii, qui secundum Adam creati sunt, a solo creati sunt Altissimo, hoc est demiurgo; Jesus autem, novus homo, a Spiritu sancto, hoc est Sophia, et demiurgo, ut fabricam quidem et apparitionem corporis ejus demiurgus exornaverit, essentiam autem ejus spiritus præstiterit sanctus, et exstiterit logus cœlestis ab ogdoade generatus per Mariam. De hoc quæstio magna est illis et dissidiorum dissensionisque causa, et hinc exstitit eorum doctrina bifariam divisa, quarum altera vocatur orientalis secundum eos, altera Italica. Et ii quidem, qui sunt ab Italia, quorum Heracleo est et Ptolemæus, animale dicunt exstitisse corpus Jesu, et propterea in baptismo spiritus tanquam colum-

VARIÆ LECTIONES.

[60] Cf. Ephes. III, 14, 16-18: Τούτου χάριν κάμπτω τὰ γόνατά μου πρὸς τὸν Πατέρα (τοῦ Κυρίου ἡμῶν Ἰησοῦ Χριστοῦ add. al.: παρὰ τῷ Θεῷ καὶ Πατρὶ τοῦ Κυρίου ἡμῶν Ἰησοῦ Χριστοῦ Orig.) . . . ἵνα δῷ (δῴη al.) ὑμῖν κατὰ τὸ πλοῦτος τῆς δόξης αὐτοῦ δυνάμει κραταιωθῆναι διὰ τοῦ πνεύματος αὐτοῦ εἰς τὸν ἔσω ἄνθρωπον, κατοικῆσαι τὸν Χριστὸν διὰ τῆς πίστεως ἐν ταῖς καρδίαις ὑμῶν, ἐν ἀγάπῃ ἐῤῥιζωμένοι καὶ τεθεμελιωμένοι, ἵνα ἐξισχύσητε καταλαβέσθαι (γνῶναι Orig.) σὺν πᾶσιν τοῖς ἁγίοις, τί τὸ πλάτος καὶ μῆκος καὶ ὕψος καὶ βάθος . . . [61] ὑμῖν. ἡμῖν C. [62] 70-72. I Cor. II, 14. [63] οἰδότες C. [64] Ev. Joan. X, 8: Πάντες ὅσοι ἦλθον πρὸ ἐμοῦ, κλέπται εἰσὶν καὶ λῃσταί. [65] Cf. Ephes. III, 9, 10, Rom. XVI, 25. [66] Post πάντα quædam excidisse videntur. [67] γεγένηται C. [68] Luc. I, 35: Πνεῦμα ἅγιον ἐπελεύσεται ἐπὶ σὲ, καὶ δύναμις ὑψίστου ἐπισκιάσει σοι, διὸ καὶ *quapropter* Iren., Cypr., Hilar. Pict.) τὸ γεννώμενον [ἐκ σοῦ] (Cod. reg. Ephræm. rescr., Cod. Vercellensis evangeliorum Latinus, Cod. Veronensis Lat., Iren., Cypr., Hilar. Pict,) ἅγιον κληθήσεται υἱὸς Θεοῦ. [69] Γεγένηται C, M. [70] μόνου. μόνον C, M. [71] τῆς σοφίας καὶ ex inferiore loco prave repetita videntur, id quod etiam Millero visum est, nisi quod is δὲ ante v. Ἰησοῦς delet. [72] ἀπό. ὁ ἀπὸ C, M. [73] γεννηθεὶς C.

ba devenit, hoc est logus matris supernæ Sophiæ, et cessit animali et suscitavit eum ex mortuis. Hoc est, inquit, illud quod dictum est : *Qui suscitavit Christum a mortuis, vivificabit et mortalia corpora vestra*, quæ sunt animalia. Limus enim sub devotionem venit. *Pulvis enim es*, inquit, *et in pulverem reverteris*. Rursus illi qui sunt ab oriente dicunt, quorum est Axionicus et Bardesanes, spirituale fuisse corpus Salvatoris; Spiritus enim sanctus venit super Mariam, hoc est Sophia, et potestas Supremi, demiurgica ars, ut conformaretur quod Spiritus Mariæ dedisset.

A λιχή τις διδασκαλία [54] κατ' αὐτούς, ἡ δὲ Ἰταλιωτική. Οἱ μὲν ἀπὸ τῆς Ἰταλίας, ὧν ἐστιν Ἡρακλέων καὶ Πτολεμαῖος, ψυχικόν φασι τὸ σῶμα τοῦ Ἰησοῦ γεγονέναι, καὶ διὰ τοῦτο ἐπὶ τοῦ βαπτίσματος τὸ Πνεῦμα ὡς περιστερὰ κατελήλυθε, τουτέστιν ὁ λόγος ὁ τῆς μητρὸς ἄνωθεν τῆς Σοφίας, καὶ γέγονε [55] τῷ ψυχικῷ καὶ ἐγήγερκεν αὐτὸν ἐκ νεκρῶν. Τοῦτό ἐστι, φησὶ, τὸ εἰρημένον· *Ὁ ἐγείρας* [56] *Χριστὸν ἐκ νεκρῶν, ζωοποιήσει καὶ τὰ θνητὰ σώματα ὑμῶν*, ἤτοι [57] ψυχικά. Ὁ χοῦς γὰρ ὑπὸ κατάραν ἐλήλυθε. *Γῆ γὰρ* [58], φησὶν, *εἶ, καὶ εἰς γῆν ἀπελεύσῃ*. Οἱ δ' αὖ ἀπὸ τῆς ἀνατολῆς λέγουσιν, ὧν ἐστιν Ἀξιόνικος [59] καὶ Ἀρδησιάνης [60] ὅτι πνευματικὸν ἦν τὸ σῶμα τοῦ Σωτῆρος· Πνεῦμα γὰρ ἅγιον ἦλθεν ἐπὶ τὴν Μαρίαν, τουτέστιν ἡ Σοφία, καὶ ἡ δύναμις τοῦ Ὑψίστου, ἡ δημιουργικὴ τέχνη, ἵνα διαπλασθῇ τὸ ὑπὸ τοῦ Πνεύματος τῇ Μαρίᾳ δοθέν.

36. Hæc igitur illi exquirunto inter se et si cui præter eos curæ sit exquisivisse. Verum superaddit : Ut emendata erant peccata, quæ pertinebant ad æones qui intra sunt, prætereaque emendata erant peccata quæ pertinebant ad ogdoadem, Sophiam quæ extra est, emendata autem etiam quæ ad hebdomadem (edoctus enim est per Sophiam demiurgus ipsum non esse unum solum deum, ut opinabatur, et **288-289** præter se non esse alium, sed intellexit edoctus a Sophia superiorem, institutus est enim ab ea atque initiatus et edoctus magnum Patris et æonum mysterium, et elocutus est illud nemini; hoc est, ut ait, quod dicit ad Mosem : *Ego Deus Abraham et Deus Isaac et Deus Jacob, et nomen Dei non indicavi eis*, hoc est mysterium non dixi, nec explicavi quis sit Deus, sed custodivi mecum in absconditio mysterium quod audivi a Sophia) : — oportebat igitur emendatis supernis secundum eamdem necessitatem emendari etiam quæ hic sunt. In hanc gratiam natus est Jesus Salvator per Mariam, ut emendaret quæ hic sunt veluti Christus, qui erat superne superprojectus a Mente et Veritate, emendavit passiones Sophiæ quæ extra est, hoc est abortivi, et rursus natus per Mariam Salvator venit emendaturus passiones animæ. Sunt igitur secundum illos tres Christi : qui est superprojectus a Mente et Veritate una cum Spiritu sancto, et communis pleromatis fructus, conjunx Sophiæ quæ extra est, quæ et ipsa vocatur Spiritus sanctus inferior primo, et tertius is, qui natus est per Mariam ad emendationem conditionis quæ est secundum nos.

B λς'. Ταῦτα οὖν ἐκεῖνοι ζητείτωσαν [61] κατ' αὐτοὺς καὶ εἴ τινι ἄλλῳ γένηται φίλον ζητεῖν. Ἀλλ' ἐπιλέγει [62]· Ὡς διώρθωτο μὲν τὰ κατὰ τοὺς αἰῶνας ἔσω σφάλματα, διώρθωτο δὲ καὶ κατὰ τὴν ὀγδοάδα, τὴν ἔξω Σοφίαν, διώρθωτο δὲ καὶ κατὰ τὴν ἑβδομάδα (ἐδιδάχθη γὰρ ὑπὸ τῆς Σοφίας ὁ Δημιουργὸς ὅτι [p. 195—197] οὐκ ἔστιν αὐτὸς Θεὸς μόνος, ὡς ἐνόμιζε, καὶ πλὴν αὐτοῦ ἕτερος οὐκ ἔστιν, ἀλλ' ἔγνω διδαχθεὶς ὑπὸ τῆς Σοφίας τὸν κρείττονα· κατηχήθη [63] γὰρ ὑπ' αὐτῆς καὶ ἐμυήθη καὶ ἐδιδάχθη τὸ μέγα τοῦ Πατρὸς καὶ τῶν αἰώνων μυστήριον, καὶ ἐξεῖπεν αὐτὸ οὐδενί, τουτέστιν, ὥς φησιν, ὃ λέγει πρὸς Μωϋσῆν· *Ἐγὼ ὁ Θεὸς* [64] *Ἀβραὰμ, καὶ ὁ Θεὸς Ἰσαὰκ, καὶ ὁ Θεὸς Ἰακὼβ, καὶ τὸ ὄνομα Θεοῦ* [65] *οὐκ ἀπήγγειλα αὐτοῖς*, τουτέστι, Τὸ μυστήριον οὐκ εἶπα, οὐδὲ ἐξηγησάμην, *τίς ἐστιν ὁ* C Θεὸς, ἀλλ' ἐφύλαξα παρ' ἐμαυτῷ ἐν ἀποκρύφῳ τὸ μυστήριον, ὃ ἤκουσα παρὰ τῆς Σοφίας)· ἔδει οὖν διωρθωμένων [66] τῶν ἄνω κατὰ τὴν αὐτὴν ἀκολουθίαν καὶ τὰ ἐνθάδε τυχεῖν διορθώσεως. Τούτου χάριν ἐγεννήθη Ἰησοῦς ὁ Σωτὴρ διὰ τῆς Μαρίας, ἵνα διορθώσηται τὰ [67] ἐνθάδε, ὥσπερ ὁ Χριστὸς, ὁ ἄνωθεν ἐπιπροβληθεὶς ὑπὸ τοῦ Νοὸς καὶ τῆς Ἀληθείας, διωρθώσατο τὰ πάθη [68] τῆς ἔξω Σοφίας, τουτέστι τοῦ ἐκτρώματος· καὶ πάλιν ὁ διὰ Μαρίας γεγεννημένος ὁ Σωτὴρ ἦλθε διορθώσασθαι τὰ πάθη τῆς ψυχῆς. Εἰσὶν οὖν [κατ' αὐτοὺς] τρεῖς Χριστοί· ὁ ἐπιπροβληθεὶς ὑπὸ τοῦ Νοὸς καὶ τῆς Ἀληθείας μετὰ τοῦ ἁγίου Πνεύματος, καὶ ὁ κοινὸς τοῦ πληρώματος καρπὸς, ἰσόζυγος, τῆς ἔξω Σοφίας, ἥτις καλεῖται D καὶ αὐτὴ [69] Πνεῦμα ἅγιον ὑποδεέστερον τοῦ πρώτου, καὶ τρίτος ὁ διὰ Μαρίας γεννηθεὶς εἰς ἐπανόρθωσιν τῆς κτίσεως τῆς καθ' ἡμᾶς.

VARIÆ LECTIONES.

[54] ἀνατολική τις διδασκαλία. Cf. Clem. Alex *Fragm.* p. 966 sqq. *Pott.* [55] γέγονε. γέγονε φωνὴ Roeperus. [56] Rom. VIII, 11. [57] ἤτοι. καὶ τὰ C. M. [58] I Mos. III, 19. [59] Ἀξιόνικος. Cf. Tert. *adv. Valentinian.* c. 4. [60] Ἀρδησιάνης. Βαρδησιάνης potius, vel Βαρδησάνης. [61] ζητήτωσαν C. [62] ἐπιλέγει. ἐπὶ λέγει C. [63] κατηχήθη. κατήχθη C. M. [64] Cf. II Mos. VI, 2, 3 : Ἐγὼ Κύριος, καὶ ὤφθην πρὸς Ἀβραὰμ καὶ Ἰσαὰκ καὶ Ἰακὼβ, Θεὸς ὢν αὐτῶν, καὶ τὸ ὄνομά μου Κύριος οὐκ ἐδήλωσα αὐτοῖς. Infra l. VII, c. 25, p. 238, 35 *ed. Ox* locus his verbis recurrit : Ἐγὼ ὁ Θεὸς Ἀβραὰμ, καὶ Ἰσαὰκ καὶ Ἰακὼβ, καὶ τὸ ὄνομα τοῦ Θεοῦ οὐκ ἐδήλωσα αὐτοῖς. [65] θεοῦ. μου C. M. [66] διορθωμένων C. [67] διορθώσηται τὰ, Roeperus, διορθώσηται C, M. [68] πάθη. πλήθη C, M. [69] αὐτή. αὐτη C.

λζ'. Διὰ πλειόνων νομίζω αὐτάρκως τὴν Οὐαλεντίνου αἵρεσιν Πυθαγόρειον οὖσαν ὑποτετυπῶσθαι. Δοκεῖ δὲ καὶ δι' ἐλέγχων[59-60] τὰ δοκοῦντα αὐτοῖς ἐκθέμενον παύσασθαι. Πλάτων τοίνυν περὶ τοῦ παντὸς ἐκτιθέμενος μυστήρια γράφει πρὸς Διονύσιον τοιοῦτόν τινα τρόπον λέγων· | *Φραστέον δή σοι*[61] *δι' αἰνιγμάτων*[62], *ἵν' ἄν τι ἡ*[63] *δέλτος ἢ πόντου [ἢ γῆς]*[64] *ἐν πτυχαῖς πάθῃ, ὁ ἀναγνοὺς μὴ γνῷ· ὧδε γὰρ ἔχει· περὶ τὸν πάντων βασιλέα πάντα ἐστὶ, κἀκείνου*[65] *ἕνεκα πάντα, κἀκεῖνος αἴτιος πάντων*[66] *τῶν καλῶν. Δεύτερον περὶ*[67] *τὰ δεύτερα, καὶ τρίτον περὶ τὰ τρίτα. Τοῦ δὲ βασιλέως*[68] *πέρι [καὶ] ὧν*[69] *εἶπον οὐδέν ἐστι τοιοῦτον. Τὸ δὲ*[70] *μετὰ τοῦτο*[71] *ἡ ψυχὴ ἐπιζητεῖ μαθεῖν ὁποῖα* [p. 197. 198] *ἄττα ἐστὶ, βλέπουσα εἰς τὰ ἑαυτῆς συγγενῆ, ὧν οὐδὲν ἱκανῶς ἔχει. Τουτέστιν, ὦ παῖ Διονυσίου καὶ Δωρίδος, τὸ ἐρώτημα, ὃ πάντων αἴτιόν ἐστι κακῶν· μᾶλλον δὲ ἡ περὶ τούτου φροντὶς*[72] *ἐν τῇ ψυχῇ ἐγγινομένη*[73], *ἣν ἐὰν μή τις ἐξαιρεθῇ*[74], *τῆς ἀληθείας ὄντως οὐ μή ποτε τύχῃ*[75]. *Ὃ δὲ θαυμαστὸν αὐτοῦ γέγονεν, [ἄκουσον]*[76]. *Εἰσὶ γὰρ ἄνδρες*[77] *ταῦτα ἀκηκοότες*[78] *μαθεῖν [μὲν δυνατοὶ]*[79], *δυνατοὶ δὲ μνημονεῦσαι καὶ βασανίσαντες*[80] *πάντῃ πάντως κρῖναι γέροντες*[81] *ἤδη*[82], *οἵ φασι τὰ μὲν τότε πιστὰ εἶναι δόξαντα, νῦν ἄπιστα, τὰ δὲ τότε ἄπιστα, νῦν τοὐναντίον. Πρὸς ταῦτα οὖν σκοπῶν εὐλαβοῦ, μή ποτέ σοι μεταμελήσῃ τῶνδε*[83] *ἀναξίως ἐκπεσόντων. Διὰ τοῦτο ἐγὼ περὶ τούτων*[84] *γέ[γραφα οὐ]δὲν, οὐδὲ ἔστι Πλάτωνος σύγγραμμα οὐδὲν, οὐδὲ ἔσται πώποτε. Τὰ δὲ*[85] *νῦν λεγόμενα Σωκράτους ἐστὶ καλοῦ καὶ νέου γεγονότος.* Τούτοις περιτυχὼν Οὐαλεντῖνος ὑπεστήσατο τὸν πάντων βασιλέα, ὃν ἔφη Πλάτων, οὗτο Πατέρα καὶ Βυθὸν καὶ πᾶσι γῆν[86] τῶν ὅλων αἰώνων. *Δεύτερον* | *περὶ τὰ δεύτερα* τοῦ Πλάτωνος εἰρηκότος, τὰ δεύτερα Οὐαλεντῖνος τοῦ ἐντὸς Ὅρου τὸν Ὅρον[87] ὑπέθετο πάντας αἰῶνας, καὶ τρίτον περὶ τὰ τρίτα τὴν ἔξω τοῦ ὅρου καὶ τοῦ πληρώματος διαταγὴν συνέθηκε πᾶσαν. Καὶ δεδήλωκεν αὐτὴν δι' ἐλαχίστων[88] Οὐαλεντῖνος ἐν ψαλμῷ κάτωθεν ἀρξάμενος, οὐχ ὥσπερ ὁ Πλάτων ἄνωθεν, λέγων οὕτως· *Αἰθέρος*[89] *πάντα κρεμάμενα πνεύματι βλέπω, πάντα δ' ὀχούμενα*[90] *πνεύματι νοῶ· σάρκα μὲν ἐκ*

37. Satis superque arbitror Valentini hæresin, quæ Pythagorea est, adumbratam esse. Placet autem etiam per exempla placitis eorum expositis finem facere. Igitur Plato de universo exponens mysteria scribit ad Dionysium in hunc fere modum : *Dicendum est igitur tibi per ænigmata, ut si quid tabellæ vel mari vel terra accidet, qui eam legerit non intelligat. Sic enim se habet. Circa omnium regem cuncta sunt, et illius gratia omnia, et ille auctor omnium pulchrorum. Circa secundum secunda, tertia circa tertium. Sed circa regem ipsum* **290-291** *et hæc quæ dixi nihil est tale. Quod autem post hoc est, animus affectat discere qualia illa sint, aspiciens in ea quæ sibi cognata sunt, quorum nihil sufficienter se habet. Hæc est, o fili Dionysii et Doridis, quæstio, quæ malorum omnium causa est, imo vero cura de hoc in animo insidens, quam si quis non sustulerit, profecto nunquam veritatem assequetur. Quod autem mirabile in eo factum est, audito. Sunt enim homines, qui hæc audiverunt, pollentes acumine, pollentes memoria, et in examinando et judicando solertes, provecti jam ætate, qui affirmant quæ olim sibi credibilia visa sint nunc incredibilia esse, tum autem incredibilia visa nunc contra sibi videri. Hæc igitur intuens cave, ne quando te pœniteat horum, quæ tibi præter dignitatem exciderint. Propterea ego de hac re conscripsi nihil, nec Platonis exstat scriptum ullum, neque exsistet unquam ; quæ autem modo dicuntur Socratis sunt, qui virtute conspicuus exstitit vel cum juvenis esset.* His cum incidisset Valentinus, pro fundamento posuit quem omnium regem dicit Plato, ipse Patrem et Bythum et Proarcham omnium æonum. Deinde cum Plato dixerit, *circa secundum secunda*, Valentinus *secunda* Terminum posuit omnesque intra Terminum æones, et *tertia circa tertium*, quæ est extra Terminum et pleroma dispositionem constituit omnem. Et declaravit Valentinus eam brevissime per psalmum, ab imo orsus, non ut Plato a supremo, his verbis : *Ab æthere omnia suspensa spiritu tueor, omnia autem vecta spiritu percipio ; carnem quidem ab anima suspensam, animam autem aere evectam, aerem autem ex æthere suspensum, e Bytho autem fructus nascentes, ex utero autem fetum crescentem*, sic hæc sentiens:

VARIÆ LECTIONES.

59-60 διελέγχων C. 61 Plat. *Epist.* 2, p. 312 d. 62 αἰνιγμῶν Pl. 63 ἐν † ἡ (sic) C. 64 ἢ γῆς ex Pl. add. M. 65 πάντ' ἐστὶ, καὶ ἐκείνου Pl. 66 καὶ ἐκεῖνο αἴτιον ἁπάντων Pl. 67 δεύτερον δὲ περὶ Pl. 68 Ἡ οὖν ἀνθρωπίνη ψυχὴ περὶ αὐτὰ ὀρέγεται μαθεῖν ποῖ' ἄττα ἐστὶ, βλέπουσα εἰς τὰ αὑτῆς συγγενῆ, ὧν οὐδὲν ἱκανῶς ἔχει. Τοῦ δὴ βασιλέως πέρι καὶ ὧν εἶπον, οὐδέν ἐστι τοιοῦτο. Τὸ δὴ μετὰ τοῦτο ἡ ψυχή φησιν. Ἀλλὰ ποῖόν τι μὴν τοῦτ' ἔστιν, ὦ παῖ Διονυσίου, κ. τ. λ. 69 πέρι καὶ ὧν. περὶ ὧν C. 70 Τοῦ δὲ C. 71 μετὰ τοῦτον C. 72 φροντὶς ὠδὶς Pl. 73 ἐνγινομένη C, ἐγγιγνομένη Pl. 74 εἰ μή τις ἐξαιρεθήσεται Pl. 75 τύχοι Pl. Hoc loco non exigua pars epistolæ silentio prætermissa est. 76 ἄκουσον ex Pl. add. M. 77 ἄνδρες. ἄνθρωποι Pl. 78 ἀκηκοότες καὶ πλείους Pl. 79 μὲν δυνατοὶ om. C, δυνατοὶ μὲν μαθεῖν Pl. 80 βασανίσαι C. 81 κρίνει γέροντος C. 82 γέροντες ἤδη καὶ οὐκ ἐλάττω τριάκοντα ἐτῶν ἀκηκοότες· οἳ νῦν ἄρτι σφίσι φασὶ, τὰ μὲν τότε ἀπιστότατα δόξαντα εἶναι νῦν πιστότατα καὶ ἐναργέστατα φαίνεσθαι· ἃ δὲ τότε πιστότατα νῦν τοὐναντίον Pl. 83 τῶνδε τῶν νῦν Pl. 84 ἐκπεσόντων. Μεγίστη δὲ φυλακὴ τὸ μὴ γράφειν, ἀλλ' ἐκμανθάνειν· οὐ γάρ ἐστι τὰ γραφέντα μὴ οὐκ ἐκπεσεῖν. Διὰ ταῦτα οὐδὲν πώποτ' ἐγὼ περὶ τούτων γέγραφα, οὐδ' ἔστι σύγγραμμα Πλάτωνος οὐδέν, οὐδ' ἔσται. Pl. 85 τὰ δέ. Ἃ δὲ C. 86 πᾶσι γῆν. σιγὴν Bernaysius et Roeperus, πλάστην R. Schottus, προαρχὴν? 87 τοὺς ἐντὸς ὅρου ὑπέθετο susp. Roeperus. Verum ægre desideratur ipsius ὅρου commemoratio, et in Roeperi conjectura articulus τοῦ ante ὅρου vix potest abesse. 88 καὶ αὐτὴν διελεγχί τοῦ pr. C. 89 Αἰθέρος. Θέρος C, Θέρους susp. M, Ἀέρος R. Schottus. 90 δοχούμενα C.

Caro est materia, secundum illos, quæ pendet ab anima demiurgi; anima 292-293 autem ex aere evehitur, hoc est demiurgus e spiritu, qui extra pleroma est; aer autem ex æthere evehitur, hoc est Sophia, quæ est extra, ex illa, quæ est intra Terminum, et ex universo pleromate; ex Bytho autem fructus nascuntur, quæ est ex Patre omnis æonum progenies facta. Quæ igitur Valentino placuerunt satis exposita sunt. . . . . quorum alii aliter conformaverunt placita sua.

A ψυχῆς κρεμαμένην, ψυχὴν δὲ ἀέρος ἐξοχουμένην [91], ἀέρα δὲ ἐξ αἰθέρος [92] κρεμάμενον, ἐκ δὲ Βυθοῦ καρποὺς φερομένους, ἐκ μήτρας δὲ βρέφος φερόμενον· οὕτως ταῦτα νοῶν· σάρξ ἐστιν ἡ ὕλη κατ' αὐτούς, ἥτις κρέμαται ἐκ τῆς ψυχῆς τοῦ δημιουργοῦ. [p. 198. 199.] Ψυχὴ δὲ ἀέρος ἐξοχεῖται, τουτέστιν ὁ δημιουργὸς τοῦ πνεύματος ἔξω πληρώματος. Ἀὴρ δὲ αἰθέρος [93] ἐξοχεῖται [94], τουτέστιν ἡ ἔξω Σοφία τῆς [95] ἐντὸς ὅρου [96] καὶ παντὸς πληρώματος. Ἐκ δὲ Βυθοῦ καρποὶ φέρονται, ἡ ἐκ τοῦ Πατρὸς πᾶσα προβολὴ τῶν αἰώνων γενομένη [97]. Τὰ μὲν οὖν τῷ Οὐαλεντίνῳ δοκοῦντα ἱκανῶς λέλεκται [98]...... σχολῆς προκόψασιν [99] ἐξειπεῖν, ἄλλου ἄλλως δογματίσαντος τὰ δόξαντα αὐτοῖς.

38. Secundus quidam, qui æqualis fuit Ptolemæo, ita dicit: tetradem esse dextram et tetradem sinistram, et lumen et tenebras, et potestatem vero, quæ discessit et defecit, non a triginta illis æonibus dicit ortam esse, sed a fructibus eorum. Alius autem quidam, Epiphanes, magister eorum ita dicit: Erat primum principium incomprehensibile atque inenarrabile et innominabile, quod Monoteta vocat, cum hac autem una exsistere potestatem, quam vocat Henoteta. Hæc Henotes et hæc Monotes non projiciendo ex se projecerunt principium rerum omnium intelligibile et non genitum et invisibile, quod Monada appellat; cum hac autem potestate 294-295 una exsistit potestas ejusdem cum ea essentiæ, quam et ipsam voco τὸ ἕν. Hæ quatuor potestates ex se projecerunt reliquas æonum emissiones. Alii autem rursus eorum primam

λη'. Σεκοῦνδος [1] μέν τις κατὰ τὸ αὐτὸ ἅμα τῷ Πτολεμαίῳ γενόμενος οὕτως λέγει [2]· τετράδα εἶναι δεξιὰν καὶ τετράδα ἀριστεράν, καὶ φῶς καὶ σκότος· καὶ τὴν ἀποστᾶσαν δὲ καὶ ὑστερήσασαν δύναμιν οὐκ ἀπὸ τῶν τριάκοντα αἰώνων λέγει γεγενῆσθαι, ἀλλ' ἀπὸ τῶν καρπῶν αὐτῶν. Ἄλλος δέ [3] τις Ἐπιφάνης [4], διδάσκαλος αὐτῶν, οὕτως λέγει· Ἦν ἡ πρώτη ἀρχὴ ἀνεννόητος [5], ἄῤῥητός τε καὶ [6] ἀνονόμαστος [7], ἣν Μονότητα [8] καλεῖ· ταύτῃ [δὲ συνυπάρχ]ειν δύναμιν, ἣν ὀνομάζει Ἑνό[τητα]. Αὕτη ἡ Ἑνότης ἥ τε [9] Μονότης προήκαντο μὴ προέμεναι ἀρχὴν ἐπὶ πάντων νοητήν [10] ἀγέννητόν [11] τε καὶ ἀόρατον, ἣν Μονάδα [12] καλεῖ. Ταύτῃ τῇ δυνάμει συνυπάρχει δύναμις ὁμοούσιος [13] αὐτῇ, ἣν [14] καὶ αὐτὴν [p. 199.] ὀνομάζω τὸ ἕν. Αὗται αἱ τέσσαρες δυνάμεις προήκαντο τὰς λοιπὰς τῶν αἰώνων προβολάς [15]. Ἄλλοι δὲ πάλιν αὐτῶν C τὴν πρώτην καὶ ἀρχέγονον [16] ὀγδοάδα τούτοις τοῖς

—

Iren. *C. hær.* I, 11, 2. Secundus autem primam ogdoadem sic tradidit dicens: Quaternationem esse dextram et quaternationem sinistram et lumen et tenebras, et discedentem autem et destitutam virtutem non a triginta æonibus dicit fuisse, sed a fructibus eorum.

3. Alius vero quidam, qui et clarus est magister ipsorum, in majus sublime et quasi in majorem agnitionem extensus, primam quaternationem dixit sic: Est quidem ante omnes Proarche proanennoetos et inenarrabilis et innominabilis, quam ego Monotetem voco; cum hac Monotete est virtus, quam et ipsam voco Henotetem. Hæc Henotes et Monotes cum sint unum, emiserunt, cum nihil emiserint, principium omnium noeton et agenneton et aoraton, quam archem sermo Monada vocat. Cum hac Monade est virtus ejusdem substantiæ ei, quam et eam voco Hen. Hæ autem virtutes, id est, Monotes et Henotes et Monas et Hen emiserunt reliquas emissiones æonum.

5. Alii autem rursus ipsorum primam et arche-

Iren. ap. Epiphan. *Hær.* 32, 1. Σεκοῦνδος..... λέγει εἶναι τὴν πρώτην ὀγδοάδα τετράδα δεξιὰν καὶ τετράδα ἀριστεράν, οὕτως παραδιδοὺς καλεῖσθαι, τὴν μὲν μίαν φῶς, τὴν δὲ ἄλλην σκότος, τὴν δὲ ἀποστᾶσάν τε καὶ ὑστερήσασαν δύναμιν μὴ εἶναι ἀπὸ τῶν τριάκοντα αἰώνων, ἀλλὰ μετὰ τοὺς τριάκοντα αἰῶνας κ. τ. λ.

§ 5. Φασὶ δὲ καὶ οὗτοι, ὡς ἐπὶ τὸ ὑψηλότερον καὶ γνωστικώτερον ἐπεκτεινόμενοι τὴν πρώτην τετράδα οὕτως· Ἔστι τις πρὸ πάντων προαρχὴ προανεννόητος, ἄῤῥητός τε καὶ ἀνονόμαστος, ἣν ἐγὼ Μονότητα ἀριθμῶ· ταύτῃ τῇ Μονότητι συνυπάρχει δύναμις, ἣν καὶ αὐτὴν ὀνομάζω Ἑνότητα. Αὕτη ἡ Ἑνότης ἥ τε Μονότης τὸ ἓν οὖσαι προήκαντο μὴ προέμεναι ἀρχὴν ἐπὶ πάντων νοητὴν ἀγέννητόν τε καὶ ἀόρατον, D ἣν ἀρχὴν ὁ λόγος Μονάδα καλεῖ. Ταύτῃ τῇ Μονάδι συνυπάρχει δύναμις ὁμοούσιος αὐτῇ, ἣν καὶ αὐτὴν ὀνομάζω τὸ Ἕν. Αὗται αἱ δυνάμεις, ἥ τε Μονότης καὶ Ἑνότης Μονάς τε, καὶ τὸ Ἓν προήκαντο τὰς λοιπὰς προβολὰς τῶν αἰώνων.

§ 5. Ἄλλοι δὲ πάλιν αὐτῶν τὴν πρώτην καὶ ἀρχέ-

VARIÆ LECTIONES.

[91] ἐξειχουμένην C. [92] αἰθέρος. αἴθρης C, M. [93] αἰθέρος. αἴθρης C, M. [94] ἐξοχεῖται. ἐξέχεται C, M. [95] τῆς. τοῦ C, M. [96] ὅρου. σοροῦ C. [97] Excidisse videtur membrum, quod pertinebat ad explicationem verborum psalmi. [98] Post λέλεκται lacunam signavimus. [99] προκόψασιν. προκυψασιν C. M. [1] Sequentia Hippolytus transtulit ex Irenæo, C. *hær.* I, 11, 2, p. 53 sqq. *ed. Massuet.*, cujus ipsa verba ex Epiphanii hæres. 32, 1 sqq. deprompta versionemque veteris interpretis sub textu Hippolyti et nostra versione apposuimus. Cf. etiam Tert. *Adv. Valentinian.* c. 38, et Theodoret. *Hær. fab.* I, 8. [2] γενόμενος· οὗτος λέγει C, M. [3] Cf. etiam Tert. l. l. c. 27. [4] Ἐπιφάνης. ἐπιφανὴς C, M. [5] ἀννενόητος C. [6] ἄῤῥητός τε καὶ. ἄρεντος δὲ καὶ C. [7] ἀνωνόμαστος C, M. [8] ἣν μονότατα C. [9] ἥ τε. εἴτε C. [10] νοητήν. νοητῶν C, M. [11] ἀγένητον C. [12] ἣν ἀρχὴν ὁ λόγος μονάδα Epiphan., quocum consentit vetus interpres Iren. et Tert. l. l.: quod sermo Monada vocavit. [13] ὁμοούσιος αὐτῇ. ὁμοούσιος· αὕτη C, M. [14] ἣν — ὀνομάζων C. [15] προσβολάς C, 7. sqq. Cf. Tert. l. l. c. 35. [16] ἀρχέγονον. ἀρχαιόγονον C, M.

ὀνόμασιν ἐκάλεσαν· [πρῶτον προαρχὴν, ἔπειτα Ἀνεννόητον, τὴν δὲ τρίτην Ἄῤῥητον, καὶ τὴν][17] τετάρτην Ἀόρατον. Καὶ ἐκ μὲν τῆς πρώτης Προαρχῆς προβεβλῆσθαι πρώτῳ καὶ πέμπτῳ τόπῳ Ἀρχὴν, ἐκ δὲ τῆς Ἀνεννοήτου δευτέρῳ καὶ ἕκτῳ [τόπῳ][18] Ἀκατάληπτον, ἐκ δὲ τῆς Ἀῤῥήτου τρίτῳ καὶ ἑβδόμῳ τόπῳ Ἀνονόμαστον[19], ἐκ δὲ τῆς Ἀοράτου Ἀγέννητον, πλήρωμα τῆς πρώτης ὀγδοάδος. Ταύτας βούλονται τὰς δυνάμεις προϋπάρχειν τοῦ Βυθοῦ καὶ τῆς Σιγῆς[20]. Πολλαὶ[21] δὲ περὶ αὐτοῦ τοῦ Βυθοῦ καὶ διάφοροι γνῶμαι. Οἱ μὲν[22] αὐτὸν ἄζυγον λέγουσι, μήτε ἄῤῥενα μήτε θῆλυν, ἄλλοι δὲ τὴν Σιγὴν θήλειαν αὐτῷ συμπαρεῖναι[23] καὶ εἶναι ταύτην πρώτην συζυγίαν. Οἱ δὲ περὶ τὸν Πτολεμαῖον[24] δύο συζύγους αὐτὸν ἔχειν λέγουσιν, ἃς καὶ διαθέσεις καλοῦσιν, Ἔννοιαν καὶ Θέλησιν· πρῶτον[25] γὰρ ἐνενοήθη τι προβαλεῖν, ὥς φασιν, ἔπειτα ἠθέλησε. Διὸ καὶ τῶν δύο τούτων διαθέσεων καὶ δυνάμεων[26] [p. 199. 200.] τῆς τε Ἐννοίας καὶ τῆς Θελήσεως, ὥσπερ συγκραθεισῶν[27] εἰς ἀλλήλας ἡ προβολὴ τοῦ τε Μονογενοῦς καὶ τῆς Ἀληθείας κατὰ συζυγίαν ἐγένετο, οὕστινας[28] τύπους καὶ εἰκόνας τῶν δύο διαθέσεων τοῦ Πατρὸς διελθεῖν[29] ἐκ τῶν ἀοράτων ὁρατὰς, τοῦ μὲν Θελήματος τὸν Νοῦν, τῆς δὲ Ἐννοίας τὴν Ἀλήθειαν· καὶ | διὰ τοῦτο τοῦ ἐπιγεννητοῦ Θελήματος ὁ ἄῤῥην εἰκών[30], τῆς δὲ ἀγεννήτου Ἐννοίας ὁ θῆλυς, ἐπεὶ[31] τὸ Θέλημα

A et primigeniam ogdoadem his nominibus appellaverunt: primum Proarcham, deinde Anennoetum, tertiam Arrhetum, et quartam Ahoratum. Et ex prima quidem Proarcha emissam esse primo et quinto loco Archam, ex Anennoeto autem secundo et sexto loco Acataleptum, ex Arrheto autem tertio et septimo loco Anonomastum, ex Ahorato autem Agennetum, complementum primæ ogdoadis. Has volunt potestates exsistere ante Bythum et Sigen. Multæ autem de ipso Bytho et diversæ sententiæ. Alii enim eum injugum dicunt, neque masculum neque femininum, alii autem Sigen femineam cum ipso adesse et esse hanc primam conjugationem. Ptolemæus autem et qui sunt ab eo duas conjuges eum habere dicunt, quas et dispositiones vocant, B Cogitationem et Voluntatem; primum enim cogitavit aliquid projicere, ut aiunt, deinde voluit. Quapropter et his duabus **296-297** dispositionibus et potestatibus, et Cogitatione et Voluntate, tanquam commistis inter se emissio et Monogenis et Veritatis secundum conjugationem facta est, quos quidem typos et imagines duarum illarum dispositionum Patris provenisse ex invisibilibus visibiles, et ex Voluntate quidem Nun, ex Cogitatione autem Veritatem. Et ob hoc adventitiæ Voluntatis masculus est imago, non-natæ autem Cogitationis femininus,

---

γονον ὀγδοάδα τούτοις τοῖς ὀνόμασι κεκλήκασι· πρῶτον Προαρχὴν, ἔπειτα Ἀνεννόητον, τὴν δὲ τρίτην Ἄῤῥητον, καὶ τὴν τετάρτην Ἀόρατον. Καὶ ἐκ μὲν τῆς πρώτης Προαρχῆς προβεβλῆσθαι πρώτῳ καὶ πέμπτῳ Ἀρχὴν, ἐκ δὲ [τῆς Ἀρχῆς] τῆς Ἀνεννοήτου δευτέρῳ καὶ ἕκτῳ τόπῳ Ἀκατάληπτον, ἐκ δὲ τῆς Ἀῤῥήτου τρίτῳ καὶ ἑβδόμῳ τόπῳ Ἀνονόμαστον, ἐκ δὲ τῆς Ἀοράτου Ἀγέννητον, πλήρωμα τῆς πρώτης ὀγδοάδος. Ταύτας βούλονται τὰς δυνάμεις προϋπάρχειν τοῦ Βυθοῦ καὶ τῆς Σιγῆς..... καὶ γὰρ περὶ αὐτοῦ τοῦ Βυθοῦ πολλαὶ καὶ διάφοροι γνῶμαι παρ' αὐτοῖς. Οἱ μὲν γὰρ αὐτὸν ἄζυγον λέγουσι, μήτε ἄῤῥενα, μήτε θήλειαν, μήτε ὅλως ὄντα τι, ἄλλοι δὲ ἀῤῥενόθηλυν αὐτὸν λέγουσιν εἶναι, ἑρμαφροδίτου φύσιν αὐτῷ περιάπτοντες· Σιγὴν δὲ πάλιν ἄλλοι συνευνέτιν αὐτῷ προσάπτουσιν, ἵνα γένηται πρώτη συζυγία...

Hær. 33, 1... Δύο γὰρ οὗτος (sc. ὁ Πτολεμαῖος) συζύγους τῷ θεῷ τῷ παρ' αὐτοῖς Βυθῷ καλουμένῳ ἐπενόησέ τε καὶ ἐχαρίσατο. Ταύτας δὲ καὶ διαθέσεσιν (διάθεσιν cod. reg.) ἐκάλεσεν, Ἔννοιάν τε καὶ Θέλημα· καὶ τὴν μὲν Ἔννοιαν ἀεὶ συνυπάρξασαν ἐν αὐτῷ, ἐννοουμένην ἀεὶ τὸ τί προβαλέσθαι, τὸ δὲ Θέλημα ἐν αὐτῷ ἐπιγινόμενον· πρῶτον γὰρ ἐνενοήθη προβαλεῖν, εἶτα, φησὶν, ἠθέλησε. Διὸ καὶ τῶν δύο διαθέσεων τούτων ἢ καὶ δυνάμεων, δυνάμεις γὰρ αὐτὰς πάλιν καλεῖ, τῆς Ἐννοίας καὶ τῆς Θελήσεως ὥστε (ὥς γε?) συγκραθεισῶν εἰς ἀλλήλας τῇ προβολῇ τοῦ Μονογενοῦς καὶ τῆς Ἀληθείας κατὰ συζυγίαν ἐγένετο, οὕστινας τύπους καὶ εἰκόνας τῶν δύο διαθέσεων τοῦ Πατρὸς προελθεῖν τῶν ἀοράτων ὁρατὰς, τοῦ μὲν Θελήματος τὴν Ἀλήθειαν, τῆς δὲ Ἐννοίας τὸν Νοῦν, καὶ διὰ τούτου τοῦ Θελήματος ὁ μὲν ἄῤῥην εἰκὼν τῆς ἀγεννήτου Ἐννοίας γέγονεν, ὁ

gonon octonationem his nominibus nominaverunt: C primum Proarchen, deinde Anennoeton, tertiam autem Arrheton et quartam Aoraton. Et de prima quidem Proarche emissum esse primo et quinto loco Archen, ex Anennoeto secundo et sexto loco Acatalepton, et de Arrheto tertio et septimo loco Anonomaston, et de Aorato autem quarto et octavo loco Agenneton. Pleroma hoc primæ ogdoadis. Has volunt virtutes fuisse ante Bython et Sigen. . . . . Etenim de ipso Bytho variæ sunt sententiæ apud eos. Quidam enim sine conjugatione dicunt eum, neque masculum neque feminam neque omnino aliquid esse, alii autem et masculum et feminam eum dicentes esse hermaphroditi genesim ei donant; Sigen autem rursus alii conjugem ei addunt, ut fiat prima conjugatio.

Cap. 12, 1. Hi vero qui sunt circa Ptolemæum scientiores duas conjuges habere eum Bython dicunt, quas et dispositiones vocant, Ennœan et Thelesin. Primo enim mente concepit quidquam emittere, sicut dicunt, post deinde voluit. Qua- D propter duobus his affectibus et virtutibus, id est, Ennœas et Theleseos velut commistis in invicem, emissio Monogenis et Aletheiæ secundum conjugationem facta est, quos typos et imagines duorum affectuum Patris egressas esse, invisibilium visibiles, Thelematis quidem Nun, Ennœas autem Aletheian, et propter hoc adventitiæ Voluntatis masculus est imago, innatæ vero Ennœæ femininus, quoniam

VARIÆ LECTIONES.

[17] Uncinis inclusa ex Irenæo supplevimus. [18] τόπῳ om. C. [19] ἀνωνόμαστον C, M. [20] σιγῆς. γῆς C, M. [21] Πολλαὶ — γνῶμαι. Ἄλλοι δὲ περὶ αὐτοῦ τοῦ βυθοῦ αδιαφόρως κινούμενοι C, M. qui susp. διαφόρως μυούμενοι. [22] Post μὲν ex Irenæo fort. inserendum γάρ. Cf. etiam Tert. l. l. c. 24. [23] σὺν παρεῖναι C. [24] Cf. Tert. l. l. c. 33. [25] Πρῶτος C. [26] διαθέσεως καὶ δυνάμεως C. [27] ὥσπερ συγκραθεισῶν. ὡς περικραθεὶς C, ὥσπερ κραθεισῶν M. [28] οὕς τινας. ὥς τινας C, M. [29] διελθεῖν. προελθεῖν? [30] ὁ ἄῤῥην εἰκών. ὁ ἀῤῥενικὸς C, M. [31] ἐπεί. ἐπὶ C, M.

quoniam Voluntas tanquam potestas exstitit Cogitationis. Cogitabat enim Cogitatio semper emissionem, neque tamen ipsa poterat emittere per sese, sed cogitabat; postquam autem Voluntatis potestas advenit, tunc quod cogitabat emisit.

39. Alius autem eorum magister Marcus, magicæ peritus, partim per præstigias peragens, partim autem etiam per dæmones decepit multos. Hic dicebat esse in se summam virtutem ab invisibilibus et innominatis locis redundantem. Et sæpe poculum sumens tanquam consecrans, et longius producens sermonem invocationis effecit, ut mistura purpurea appareret et aliquando rubra, ut opinarentur ii, qui decipiebantur, **298-299** gratiam quamdam descendere et sanguinolentam potestatem præbere potui. Vafer autem ille tum quidem multos decepit, nunc autem convictus desinet. Medicamentum enim, quod talem quemdam potest colorem præbere, clam immittens in misturam, multum nugans exspectabat, ut affectum humido liquesceret et admistum inficeret potum. Medicamenta autem quæ hoc efficere possunt, in eo libro, qui est contra magos, prædiximus, ubi exposuimus, quomodo multos decipientes seducant, quibus si cordi erit accuratius ad ea, quæ dicta sunt, animum advertere, cognoscent Marci fraudes.

A ὥσπερ δύναμις ἐγένετο τῆς Ἐννοίας. Ἐνενοεῖτο[32] μὲν γὰρ ἀεὶ ἡ Ἔννοια τὴν προβολὴν, οὐ μέντοι γε προβάλλειν αὐτὴ κατ' αὐτὴν ἠδύνατο, ἀλλὰ ἐνενοεῖτο, ὅτε δὲ ἡ τοῦ Θελήματος δύναμις [ἐπεγένετο][33], τότε [ὃ][34] ἐνενοεῖτο προβάλλει.

λθ'. Ἄλλος δέ τις[35] διδάσκαλος αὐτῶν Μάρκος, μαγικῆς ἔμπειρος ἃ μὲν διὰ κυβείας ἐνεργῶν[36], ἃ δὲ καὶ διὰ δαιμόνων ἠπάτα πολλούς. Οὗτος ἔλεγεν ἐν αὐτῷ τὴν μεγίστην ἀπὸ τῶν ἀοράτων καὶ ἀκατονομάστων[37] τόπων εἶναι δύναμιν. Καὶ δὴ πολλάκις λαμβάνων ποτήριον ὡς εὐχαριστῶν, καὶ ἐπὶ πλεῖον ἐκτείνων τὸν λόγον τῆς ἐπικλήσεως πορφύρεον τὸ κέρασμα ἐποίει [p. 200. 201.] φαίνεσθαι καί ποτε ἐρυθρὸν, ὡς δοκεῖν τοὺς ἀπατωμένους χάριν τινὰ κατιέναι καὶ αἱματώδη δύναμιν παρέχειν τῷ πόματι. B Ὁ δὲ πανοῦργος τότε μὲν πολλοὺς ἔλαθε, νυνὶ δὲ ἐλεγχόμενος παύσεται· φάρμακον γάρ τι τοιαύτην δυνάμενον χρόαν παρασχεῖν λαθραίως[38] ἐνιεὶς τῷ κεράσματι ἐπιπολὺ φλυαρῶν ἀνέμενεν, ὅπως τῆς ὑγρότητος μεταλαβὸν[39] λυθῇ καὶ ἀναμιγὲν ἐπιχρωτίσῃ[40] τὸ πόμα. Τὰ δὲ δυνάμενα τοῦτο παρασχεῖν φάρμακα ἐν τῇ κατὰ μάγων βίβλῳ προείπομεν ἐκθέμενοι, ὡς πολλοὺς πλανῶντες ἀφανίζουσιν, οἷς εἰ φίλον περιεργότερον τῷ εἰρημένῳ προσεπισχεῖν, εἴσονται τὴν Μάρκου πλάνην.

40. Qui et poculum minus miscens dabat mulierculæ ad consecrandum, ipse assistens et alterum manu tenens illo majus idque vacuum, et postquam consecravit mulier decepta, sumens infundebat in majus et identidem transfundens alterum in alterum addebat hæc verba: *Illa, quæ est ante omnia, incomprehensibilis et ineffabilis gratia impleat tuum intus hominem et augeat in te intelligentiam sui, inspargens granum sinapis in bonam terram.* Et talia quædam affatus atque obstupefaciens et deceptam illam et qui adsunt tanquam miraculorum effector habebatur, cum majus poculum ex minore impleretur, ut vel superfunderetur abundans. Atque hujus quoque artem in eo libro, quem prædiximus, exposuimus, ubi demonstravimus plurima medicamenta posse augmentum præbere, cum in illum modum admista sint humoribus, maxime vino temperato. Quorum unum aliquod medicamentum in vacuo poculo clanculum

μ. Ὃς καὶ ποτήριον μικρότερον[41] κιρνῶν ἐδίδου γυναικὶ εὐχαριστεῖν, αὐτὸς παρεστὼς καὶ ἕτερον κρατῶν ἐκείνου μεῖζον κενὸν, καὶ εὐχαριστησάσης C τῆς ἀπατωμένης δεξά|μενος ἐπέχει εἰς τὸν μείζω, καὶ πολλάκις ἀντεπιχέων ἕτερον εἰς ἕτερον ἐπέλεγεν οὕτως· *Ἡ πρὸ τῶν ὅλων*[42], *[ἡ] ἀνεννόητος*[43] *καὶ ἄῤῥητος χάρις πληρῶσαι σου τὸν ἔσω ἄνθρωπον καὶ πληθύναι ἐν σοὶ τὴν γνῶσιν αὐτῆς, ἐγκατασπείρουσα τὸν κόκκον τοῦ σινάπεως εἰς τὴν ἀγαθὴν γῆν.* Καὶ τοιαῦτά τινα ἐπειπὼν καὶ ἐκστήσας τήν τε ἀπατωμένην καὶ τοὺς παρόντας ὡς θαυματοποιὸς ἐνομίζετο, τοῦ μείζονος ποτηρίου πληρουμένου ἐκ τοῦ μικροτέρου ὡς καὶ ὑπερχεῖσθαι πλεονάζον. Καὶ τούτου δὲ τὴν τέχνην ὁμοίως ἐν[44] τῇ προειρημένῃ βίβλῳ ἐξεθέμεθα δείξαντες πλεῖστα φάρμακα δυνάμενα αὔξησιν παρασχεῖν ἐπιμιγέντα οὕτως ὑγραῖς οὐσίαις, μάλιστα οἴνῳ κεκερασμένῳ, ὧν ἕν τι φάρμακον ἐν τῷ κενῷ ποτηρίῳ κρύβδην ἐ...ος..... D χρισ..[45] ὡς μηδὲν ἔχον δείξας, ἐπιχέων ἐκ τ.......[46]

Voluntas velut virtus facta est Ennœæ. Cogitabat enim Ennœa semper emissionem, non tamen emittere ipsa per semetipsam poterat quæ cogitabat; cum autem Voluntatis virtus advenit, tunc quod cogitabat emisit.

δὲ θῆλυς τοῦ Θελήματος. Τὸ Θέλημα τοίνυν δύναμις ἐγένετο τῆς Ἐννοίας. Ἐνενόει μὲν γὰρ ἡ Ἔννοια τὴν προβολὴν, οὐ μέντοι προβαλεῖν αὐτὴ καθ' ἑαυτὴν ἠδύνατο ἃ ἐνενόει, ὅτε δὲ ἡ τοῦ Θελήματος δύναμις ἐπεγένετο, τότε ὃ ἐνενόει προέβαλε.

VARIÆ LECTIONES.

[32] Ἐνενοεῖτο. Ἐννοεῖν C, M. [33] ἐπεγένετο supplevimus ex Irenæo. [34] ὃ add. M. [35] Cf. Iren. C. hær. I, 13, p. 59 sqq. ed. *Massuet.* [36] ἐνεργῶν Christ. Petersen, δώρων C, M. [37] ἀκαταονομάστων C. [38] λαθρέως C. [39] μεταβαλὼν C. [40] ἐπιχωρίσῃ C. [41] μικρότερον. παρ' ἑτέρου C, M. [42] Hæc iisdem verbis apud Iren. *c. hær.* I, 13, 2. p. 61. [43] ἡ ἀνεννόητος. ἀνεννόητος C, M. Cf. Iren. [44] ὁμοίως ἐν. ὡμοίωσε. [45] Fort. ἔμπροσθεν ἐπιχρίσας ... [46] Fort. τοῦ ἑτέρου ὀλίγον. M, τοῦ μικροτέρου ?

καὶ ἐπαναχέων, ἀναλυομένου [47] τοῦ φαρμάκου ὑπὸ τῆς τοῦ ὑγροῦ μίξεως, ὄντος φυσώδους, πλεονασμὸς τοῦ κεράσματος ἐγίνετο καὶ ἐπὶ τοσοῦτον ηὔξανεν, ἐς ὅσον ἐπαναχυνόμενον ἐκινεῖτο, τοιαύτης οὔσης τῆς τοῦ φαρμάκου φύσεως· ὃ εἰ ἀπόθοιτό [48] τις πληρωθὲν, μετ' οὐ πολὺ εἰς τὸ κατὰ φύσιν μέτρον πάλιν τραπήσεται, τῆς τοῦ φαρμάκου δυνάμεως σβεσθείσης τῇ τοῦ ὑγροῦ παραμονῇ. Διὸ μετὰ σπουδῆς τοῖς παροῦσι προσεδίδου πίνειν, οἱ δὲ ὡς θεῖόν τι καὶ θεῷ μεμελετημένον φρίσσοντες ἅμα καὶ σπεύδοντες ἔπινον.

[p. 201-203.] μα'. Τοιαῦτα δὲ καὶ ἕτερα ἐπεχείρει, ὁ πλάνος ποιεῖν· διὸ ὑπὸ τῶν ἀπατωμένων ἐδοξάζετο, καὶ ποτὲ [49] αὐτὸς ἐνομίζετο προφητεύειν, ποτὲ δὲ καὶ ἑτέρους ἐποίει, ὅτε μὲν καὶ διὰ δαιμόνων ταῦτα ἐνεργῶν, ὅτε δὲ καὶ κυβεύων, | ὡς προείπομεν. Πολλοὺς [50] τοίνυν ἐξαφανίσας, καὶ πολλοὺς τοιούτους μαθητὰς αὐτοῦ γενομένους προεβίβασεν εὐχόλους μὲν εἶναι διδάξας πρὸς τὸ ἁμαρτάνειν, ἀκινδύνους δὲ διὰ τὸ εἶναι [51] τῆς τελείας δυνάμεως καὶ μετέχειν τῆς ἀνεννοήτου ἐξουσίας· οἷς καὶ μετὰ τὸ βάπτισμα ἕτερον ἐπαγγέλλονται, ὃ καλοῦσιν *ἀπολύτρωσιν*, καὶ ἐν τούτῳ ἀναστρέφοντες κακῶς τοὺς αὐτοῖς παραμένοντας ἐπ' ἐλπίδι τῆς ἀπολυτρώσεως, ὡς [52] δυναμένους μετὰ τὸ ἅπαξ βαπτισθέντας πάλιν [53] τυχεῖν ἀφέσεως, διὰ τοῦ [54] τοιούτου πανουργήματος συνέχειν δοκοῦσι τοὺς ἀκροατὰς, οὓς ἐπὰν νομίσωσι δεδοκιμάσθαι καὶ δύνασθαι φυλάσσειν αὐτοῖς τὰ πιστὰ, τότε ἐπὶ τοῦτο ἄγουσι μηδὲ τούτῳ μόνῳ ἀρκούμενοι, ἀλλὰ καὶ ἕτερόν τι ἐπαγγελλόμενοι [55] πρὸς τὸ συγκρατεῖν αὐτοὺς τῇ ἐλπίδι, ὅπως ἀχώριστοι ὦσι. Λέγουσι γάρ τι φωνῇ ἀῤῥήτῳ, ἐπιτιθέντες χεῖρα τῷ τὴν ἀπολύτρωσιν λαβόντι, ὃ φάσκουσιν ἐξειπεῖν εὐκόλως μὴ δύνασθαι, εἰ μή τις εἴη ὑπερδόκιμος, ἢ ὅτε τελευτᾷ πρὸς τὸ οὖς ἐλθὼν λέγει ὁ ἐπίσκοπος. Καὶ τοῦτο δὲ πανούργημα πρὸς τὸ ἀεὶ παραμένειν τοὺς μαθητὰς τῷ ἐπισκόπῳ, γλιχομένους μαθεῖν τὸ τί ποτε εἴη τοῦτο ἐπ' ἐσχάτων λεγόμενον, δι' οὗ [τῶν] [56] τελείων ἔσται ὁ μανθάνων· ἃ τούτου χάριν ἐσιώπησα, μή ποτέ τις κακοηθίζεσθαί [57] με αὐτοὺς νομίσῃ, καὶ γὰρ οὐ τοῦτο ἡμῖν πρόκειται, ἀλλ' ἢ τὸ δεῖξαι, ὅθεν τὰς ἀφορμὰς λαβόντες αὐτοῖς τὰ δόξαντα ἐνεστήσαντο [58].

λβ'. Καὶ γὰρ καὶ ὁ μακάριος πρεσβύτερος Εἰρηναῖος παῤῥησιαίτερον τῷ ἐλέγχῳ προσενεχθεὶς τὰ τοιαῦτα λούσματα καὶ ἀπολυτρώσεις ἐξέθετο [59], ἁδρομερέστερον εἰπὼν ἃ πράσσουσιν, οἷς ἐντυχόντες [60] τινὲς αὐτῶν ἠρνην | ται οὕτως παρειληφέναι, ἀεὶ ἀρνεῖσθαι μανθάνοντες. Διὸ φροντὶς ἡμῖν γεγένηται ἀκριβέστερον ἐπιζητῆσαι καὶ ἀνευρεῖν λεπτομερῶς, ἃ καὶ ἐν τῷ πρώτῳ λουτρῷ παραδιδόασι, τὸ τοιοῦτο

A postquam sublevit, idque tanquam nihil insit monstravit, et affudit ex minore et rursus affudit, resoluto per misturam humidi medicamento utpote flatuoso: abundavit mistura et in tantum crevit, in quantum id quod affusum est movebatur, quoniam ista est medicamenti natura. Quod si quis seponat, non multo post in naturalem mensuram rursus abibit, medicamenti vi exstincta humidi remansione. Ideo properanter iis qui aderant præbebat potum, illi autem tanquam divinum quiddam et Deo meditatum horrentes simul et aventes bibebant.

300-301 41. Talia vero et alia conabatur præstigiator ille facere, quapropter in eorum quos decepit admiratione erat, et aliquando ipse credebatur vaticinari, aliquando autem et alios instiB tuebat, cum tum per dæmones hæc peragebat, tum vero et præstigiis, ut prædiximus. Multos igitur, quos deceperat, multosque qui tales discipuli ejus exstiterunt, promovebat pronos esse ad peccandum edocens, immunes autem periculi, quia profiterentur perfectam virtutem et participes essent incomprehensibilis potestatis. Quibus etiam post baptismum alterum pollicentur, quam vocant *redemptionem*, et in hoc male corrumpentes eos, qui apud se remanserunt spe redemptionis, tanquam qui semel baptizati in peccatum relapsi denuo possint absolvi: tali fraude attinere videntur auditores suos, quos ubi arbitrantur probatos esse posseque ipsis arcana sua custodire, tum eo adC ducunt, et ne in eo quidem acquiescentes, sed etiam aliud quiddam pollicentes ad illos spe mulcendos, ut in perpetuum vinciantur. Loquuntur enim aliquid voce arcana manu imposita ei qui redemptionem accepit, quod aiunt se facile eloqui non posse, nisi si quis sit maximopere probatus, aut quando moriatur, in aurem insusurret episcopus. Et hæc vero fraus eo spectat, ut perpetuo remaneant discipuli apud episcopum, aventes discere, quid tandem sit illud quod in extremo prodatur, quo percepto in ordinem perfectorum evehatur discipulus. Quæ eam ob causam tramisi, ne quis me illis obtrectare arbitretur; etenim non hoc nobis propositum est, præterquam ostendere, unde profecti placita sua condiderint.

42. Etenim et beatus presbyter Irenæus liberius
D coarguere illos aggressus tales lavationes et redemptiones exposuit, magis strictim elocutus quæ patrant, quibus cum incidissent nonnulli eorum, inficiati sunt ita esse recepisse, quippe qui semper doceantur inficiari. Quamobrem nobis oborta est cura accuratius investigandi et indagandi singulatim, quæ et in primo lavacro tradunt, quod ita

VARIÆ LECTIONES.

[47] ἀναλυομένου Roeperus, ἀναδυομένου C, M. [48] ἀποίθοιτο C. [49] ποτέ. ποτὲ μὲν M. [50] Πολλὰς C. [51] τὸ κυρίους εἶναι susp. Roeperus. [52] ἀπολυτρώσεως, ὡς Roeperus, ἀπολυτρώσεως C, M. [53] Fort. βαπτισθέντας πεσεῖν πάλιν, M. [54] διὰ τοῦ Roeperus, καὶ διὰ τοῦ C, M. [55] ἐπαγγελόμενοι C. [56] τῶν add. M. [57] κακοηθεῖζεσθαι C. [58] συνεστήσαντο susp. Roeperus. [59] Iren. c. *hær.* I, 21. [60] οἷς ἐντυχόντες. οἱ ἐντυχόντες C. M. qui et καὶ post ἐντ. inserendum censet.

appellant, et in altero, quod redemptionem vocant. Sed ne secretum quidem eorum nos fugit. Hæc autem concessa sunto Valentino ejusque assectis. **302-303** Marcus autem imitatus præceptorem et ipse confingit visionem, arbitratus se hoc modo celebratum iri. Etenim Valentinus ait sese vidisse infantem recens natum, quem explorans inquirit quisnam sit, is autem respondit affirmavitque sese Logum esse; deinde addens tragicam quamdam fabulam ex hac constare vult quam instituit hæresin. Cui similia conatus Marcus ait ad sese venisse Tetradem habitu muliebri (quandoquidem, inquit, virile ejus mundus ferre non potuit), et ostendisse sese quæ esset, et universorum ortum, quem nemini unquam neque deorum neque hominum revelavisset, huic soli enarravisse, his verbis usam : Cum principio Pater [cujus pater nemo est], incomprehensibilis ille et insubstantialis, qui neque masculum neque femineum est, vellet ineffabile suum fieri effabile et invisibile figurari, aperuit os et protulit sermonem similem sui, qui prope astitit et monstravit ei quid esset, idemque invisibilis illius figura apparuit. Elocutio autem nominis talis quædam exstitit : locutus est vocem primam nominis ejus, quæ quidem erat ἀρχή, et erat syllaba ejus elementorum quatuor, deinde adjunxit secundam, eaque erat et ipsa quatuor litterarum. **304-305** deinceps locutus est tertiam, quæ quidem erat elementorum decem, quartamque elocutus est, eaque erat et ipsa duodecim elementorum. Erat igitur totius nominis elocutio elementorum triginta, syllabarum autem quatuor. Unumquodque autem elementorum suas litteras et suam speciem et suum

A καλοῦντες, καὶ ἐν τῷ δευτέρῳ, ὃ ἀπολύτρωσιν καλοῦσιν. Ἀλλ' οὐδὲ τὸ ἄῤῥητον αὐτῶν ἔλαθεν ἡμᾶς. Ταῦτα δὲ συγκεχωρήσθω Οὐαλεντίνῳ καὶ τῇ αὐτοῦ [p. 203. 204.] σχολῇ. Ὁ δὲ Μάρκος μιμούμενος τὸν διδάσκαλον καὶ αὐτὸς ἀναπλάσσει ὅραμα, νομίζων οὕτως δοξασθήσεσθαι. Καὶ γὰρ Οὐαλεντῖνος φάσκει ἑαυτὸν ἑωρακέναι παῖδα νήπιον ἀρτιγέννητον [61], οὗ πυθόμενος ἐπιζητεῖ τίς ἂν εἴη [62], ὁ δὲ ἀπεκρίνατο λέγων, ἑαυτὸν [63] εἶναι τὸν λόγον· ἔπειτα προσθεὶς τραγικόν τινα [64] μῦθον ἐκ τούτου συνιστᾷν βούλεται τὴν ἐπικεχειρημένην αὐτῷ αἵρεσιν. Τούτῳ [65] τὰ ὅμοια τολμῶν ὁ Μάρκος λέγει ἐληλυθέναι πρὸς αὐτὸν σχήματι γυναικείῳ τὴν τετράδα, ἐπειδή, φησί, τὸ ἄῤῥεν αὐτῆς ὁ κόσμος φέρειν οὐκ ἠδύνατο, καὶ μηνῦσαι αὐτὴν ἥτις ἦν, καὶ τὴν τῶν πάντων γένεσιν, ἣν οὐ-
B δενὶ πώποτε οὔτε θεῶν οὔτε ἀνθρώπων ἀπεκάλυψε, τούτῳ μόνῳ διηγήσασθαι οὕτως εἰποῦσαν [66]· Ὅτε τὸ πρῶτον ὁ Πατὴρ αὐτοῦ [67] ὁ ἀνεννόητος [68] καὶ ἀνούσιος, ὁ μήτε ἄῤῥεν μήτε θῆλυ, ἠθέλησεν αὐτοῦ τὸ ἄῤῥητον ῥητὸν γενέσθαι καὶ τὸ ἀόρατον μορφωθῆναι, ἤνοιξε τὸ στόμα καὶ προήκατο λόγον ὅμοιον αὐτῷ, ὃς παραστὰς ἐπέδειξεν αὐτῷ ὃ ἦν, αὐτὸς τοῦ ἀοράτου | μορφὴ [69] φανείς. Ἡ δὲ ἐκφώνησις τοῦ ὀνόματος ἐγένετο τοιαύτη· ἐλάλησε λόγον τὸν πρῶτον τοῦ ὀνόματος αὐτοῦ, ἥτις ἦν ἀρχή, καὶ ἦν ἡ συλλαβὴ αὐτοῦ στοιχείων τεσσάρων, ἔπειτα συνῆψε τὴν δευτέραν, καὶ ἦν [p. 204. 205.] καὶ αὐτὴ στοιχείων τεσσάρων, ἑξῆς ἐλάλησε [70] τὴν τρίτην, ἥτις ἦν στοιχείων [71] δέκα, καὶ τὴν τετάρτην ἐλάλησε, καὶ ἦν καὶ αὐτὴ στοιχείων δώδεκα. Ἐγένετο οὖν τοῦ ὀνόματος ὅλου ἡ
C ἐκφώνησις στοιχείων [μὲν] [72] τριάκοντα, συλλαβῶν δὲ τεσσάρων· ἕκαστον δὲ τῶν στοιχείων ἴδια γράμματα καὶ ἴδιον χαρακτῆρα καὶ ἰδίαν ἐκφώνησιν καὶ

Iren. *C. hær.*, I, 14, 1..... Illam quæ est a summis et ab invisibilibus et innominabilibus locis quaternationem descendisse figura muliebri ad eum, (quoniam, inquit, ejus masculinum mundus ferre non poterat) et ostendisse quoque semetipsam quæ esset, et universorum genesim, quam nemini unquam neque deorum neque hominum revelavit, huic soli enarrasse ita dicentem : Quando primum Pater, cujus pater nemo est, qui est inexcogitabilis et insubstantivus, qui neque masculus neque femina est, voluit suum inenarrabile narrabile fieri, et quod invisibile sibi est formari, aperuit os et protulit Verbum simile sibi, quod assistens ostendit ei quod erat ipse, cum invisibilis forma apparuisset. Enuntiatio autem nominis facta est talis : Locutus est verbum primum nominis ejus : fuit ἀρχή, et syllaba ejus litterarum quatuor, conjunxit et secundam, et fuit hæc litterarum quatuor ; post locutus est et tertiam, et fuit hæc litterarum X, et eam quæ est post hæc locutus est, et fuit ipsa litterarum XII. Facta est ergo enuntiatio universi nominis litterarum XXX, syllabarum autem quatuor; unumquodque autem elementorum suas litteras et suum characterem et suam enuntiationem et figurationes et imagines ha-

Epiphan., *hær*. 34, δ'. .... αὐτὴν τὴν πανυπερτάτην ἀπὸ τῶν ἀοράτων καὶ ἀκατονομάστων τόπων τετράδα κατεληλυθέναι σχήματι γυναικείῳ πρὸς αὐτόν, ἐπειδή, φησί, τὸ ἄῤῥεν αὐτῆς ὁ κόσμος φέρειν οὐκ ἠδύνατο, καὶ μηνῦσαι αὐτὴ τίς ἦν, καὶ τὴν τῶν πάντων γένεσιν, ἣν οὐδενὶ πώποτε οὐδὲ θεῶν οὐδὲ ἀνθρώπων ἀπεκάλυψε, τούτῳ μονωτάτῳ διηγήσασθαι οὕτως εἰποῦσαν· Ὅτε τὸ πρῶτον ὁ Πατὴρ ὠδίνεν ὁ ἀνεννόητος καὶ ἀνούσιος, ὁ μήτε ἄῤῥεν μήτε θῆλυ, ἠθέλησεν αὐτοῦ τὸ ἄῤῥητον γεννηθῆναι καὶ τὸ ἀόρατον μορφωθῆναι, ἤνοιξε τὸ στόμα καὶ προήκατο λόγον ὅμοιον αὐτῷ, ὃς παραστὰς ἐπέδει-
D ξεν αὐτῷ ὃ ἦν, αὐτὸς τοῦ ἀοράτου μορφὴ φανείς. Ἡ δὲ ἐκφώνησις τοῦ ὀνόματος ἐγένετο τοιαύτη· ἐλάλησε λόγον τὸν πρῶτον τοῦ ὀνόματος αὐτοῦ, ἥτις ἦν ἀρχή, καὶ ἦν ἡ συλλαβὴ αὐτοῦ στοιχείων τεσσάρων, ἐπισυνῆψε τὴν δευτέραν, καὶ ἦν καὶ αὐτὴ στοιχείων τεσσάρων, ἑξῆς ἐλάλησε τὴν τρίτην, καὶ ἦν καὶ αὐτὴ στοιχείων δέκα, καὶ τὴν μετὰ ταῦτα ἐλάλησε, καὶ ἦν καὶ αὐτὴ στοιχείων δεκαδύο. Ἐγένετο οὖν ἡ ἐκφώνησις τοῦ ὅλου ὀνόματος στοιχείων μὲν τριάκοντα, συλλαβῶν δὲ τεσσάρων· ἕκαστον δὲ τῶν στοιχείων ἴδια γράμματα καὶ ἴδιον χαρακτῆρα καὶ ἰδίαν ἐκφώνησιν καὶ σχήματα καὶ εἰκόνας ἔχειν,

VARIÆ LECTIONES.

[61] ἄρτι γένητον C. [62] εἴη. εἶναι C. [63] ἑαυτῶν C. [64] τινα. λέγων pr. C. [65] Quæ sequuntur Hippolytus ex Irenæo exscripsit, cujus ipsa verba versionemque veterem textui supposuimus. [66] εἰποῦσα C, M. [67] αὐτοῦ. ὠδίνεν Epiphanius. Sed Irenæi lat. textus vitium arguit, cum offert : *cujus pater nemo est*, hoc est : οὗ πατὴρ οὐδεὶς ἦν. [68] ἀνενόητος C. [69] μορφῇ C. [70] ἑξῆς ἐλάλησε. ἐξελάλησε C. [71] στοιχείω C. [72] μὲν om. C.

A σχήματα καὶ εἰκόνας ἔχειν, καὶ μηθὲν αὐτῶν εἶναι, ὃ τὴν ἐκείνου καθορᾷ μορφήν, οὗπερ αὐτὸς[73] στοιχεῖόν ἐστιν, οὐδὲ μὴν[74] τὴν τοῦ πλησίον αὐτοῦ ἕκαστον ἐκφώνησιν γινώσκειν, ἀλλ' ὃ αὐτὸς ἐκφωνεῖ[75], ὡς τὸ πᾶν ἐκφωνοῦντα τὸ ὅλον[76] ἡγεῖσθαι ὀνομάζειν αὐτόν· ἕκαστον γὰρ αὐτῶν μέρος ὄντα τοῦ ὅλου τὸν ἴδιον ἦχον ὡς τὸ πᾶν ὀνομάζειν καὶ μὴ παύσασθαι[77] ἠχοῦντα, μέχρις ὅτου ἐπὶ τὸ ἔσχατον γράμμα τοῦ ἐσχάτου στοιχείου μονογλωττήσαντα[78] καταντῆσαι. Τότε δὲ [καὶ][79] τὴν ἀποκατάστασιν τῶν ὅλων ἔφη γενέσθαι, ὅταν τὰ πάντα κατελθόντα εἰς τὸ ἓν γράμμα μίαν καὶ τὴν αὐτὴν ἐκφώνησιν ἠχήσῃ, | τῆς τε ἐκφωνήσεως[80] εἰκόνα τὸ *Ἀμὴν* ὁμοῦ λεγόντων ἡμῶν ὑπέθετο εἶναι. Τοὺς δὲ [φθόγγους][81] ὑπάρχειν τοὺς [p. 205 206.] μορφοῦντας τὸν ἀνούσιον καὶ ἀγέννητον[82] αἰῶνα, καὶ εἶναι B τούτους μορφάς, ἃς ὁ Κύριος ἀγγέλους εἴρηκε, τὰς διηνεκῶς βλεπούσας τὸ πρόσωπον τοῦ Πατρός[83].

μγ'. Τὰ δὲ ὀνόματα τῶν στοιχείων τὰ κοινὰ καὶ ῥητὰ[84] *αἰῶνας* καὶ *λόγους* καὶ *ῥίζας* καὶ *σπέρματα* καὶ *πληρώματα* καὶ *καρπούς* ὠνόμασε· τὰ δὲ καθ' ἕνα αὐτῶν[85] καὶ ἑκάστου ἴδια[86] ἐν τῷ ὀνόματι τῆς *Ἐκ[κλησίας]* ἐμπεριεχόμενα νοεῖσθαι. Ὧν στοιχείων τοῦ[87] ἐσχάτου στοιχείου τὸ ὕστερον [γράμμα][88] φωνὴν προήκατο τὴν ἑαυτοῦ, οὗ ὁ ἦχος ἐξελθὼν [κατ'] εἰκόνα[89] τῶν στοιχείων στοιχεῖα ἴδια ἐγέννησεν, ἐξ ὧν τά τε ἐνταῦθα διακεκοσμῆσθαί[90] φησι, καὶ τὰ πρὸ τούτων γεγενῆσθαι. Τὸ μέντοι γράμμα αὐτό, οὗ

sonum et figuras et imagines habere, neque ullum eorum esse, quod illius pervideat speciem, cujus ipse elementum est, neque vero vicini sui quemque elocutionem nosse, sed, quod ipse eloquatur, tanquam universum elocutum totum arbitrari appellare eum. Unumquemque enim eorum, cum pars sit universi, suum sonum tanquam totum appellare, nec desinere sonantem, donec ad extremam litteram extremi elementi singulatim eloquens deveniat. Tum autem et redintegrationem universorum dixit fieri, cum cuncta degressa in unam litteram unam eamdemque elocutionem sonarent, elocutionisque imaginem *Amen* simul dicentibus nobis statuit esse. Sonos autem esse eos, qui figurent **306-307** insubstantialem et non generatum æonem, et esse hos figuras, quas Dominus angelos dixit, quæ perpetuo cernant faciem Patris.

43. Nomina autem elementorum communia et effabilia *æones* et *logos* et *radices* et *semina* et *pleromata* et *fructus* appellavit, singula autem eorum et uniuscujusque propria in nomine Ecclesiæ una comprehensa intelligi. Quorum elementorum ultimi posterior littera vocem edidit suam, cujus sonus egressus ad instar elementorum elementa propria generavit, ex quibus et ea quæ hic sunt exornata esse ait, et generata quæ erant ante hæc. Ipsam quidem litteram, cujus sonus simul sequebatur so-

—

C καὶ μηδὲν αὐτῶν εἶναι, ὃ τὴν ἐκείνου καθορᾷ μορφήν, οὗπερ αὐτὸς στοιχεῖόν ἐστιν, ἀλλὰ οὐδὲ γινώσκει αὐτόν, οὐδὲ μὴν τὴν τοῦ πλησίον αὐτοῦ ἕκαστον ἐκφώνησιν πολιορκεῖ, ἀλλὰ ὃ αὐτὸς ἐκφωνεῖ, ὡς τὸ πᾶν ἐκφωνοῦντα τὸ ὅλον ἡγεῖσθαι ὀνομάζειν· ἕκαστον γὰρ αὐτῶν μέρος ὂν τοῦ ὅλου τὸν ἴδιον ἦχον ὡς τὸ πᾶν ὀνομάζειν καὶ μὴ παύσασθαι ἠχοῦντα, μέχρις ὅτου ἐπὶ τὸ ἔσχατον γράμμα τοῦ ἑκάστου στοιχείου μονογλωσσήσαντος καταστῆσαι. Τότε δὲ καὶ τὴν ἀποκατάστασιν τῶν ὅλων ἔφη γενέσθαι, ὅταν τὰ πάντα κατελθόντα εἰς τὸ ἓν γράμμα μίαν καὶ τὴν αὐτὴν ἐκφώνησιν ἠχήσῃ, ἧς ἐκφωνήσεως εἰκόνα τὸ *Ἀμὴν* ὁμοῦ λεγόντων ἡμῶν ὑπέθετο εἶναι. Τοὺς δὲ φθόγγους ὑπάρχειν τοὺς μορφοῦντας τὸν ἀνούσιον καὶ ἀγέννητον αἰῶνα, καὶ εἶναι τούτους μορφάς, ἃς ὁ Κύριος ἀγγέλους εἴρηκε, τὰς δὲ διηνεκῶς βλεπούσας τὸ πρόσωπον τοῦ Πατρός Τὰ δὲ ὀνόματα τῶν στοιχείων τὰ ῥητὰ καὶ κοινὰ *αἰῶνας* καὶ *λόγους* καὶ *ῥίζας* καὶ *σπέρματα* καὶ *πληρώματα* καὶ *καρπούς* ὠνόμασε· τὰ δὲ D καθ' ἕνα αὐτῶν καὶ ἑκάστου ἴδια ἐν τῷ ὀνόματι τῆς *Ἐκκλησίας* ἐμπεριεχόμενα νοεῖσθαι ἔφη, ὡς στοιχείου τὸ ὕστερον γράμμα φωνὴν προήκατο τὴν αὐτοῦ, οὗ ἦχος ἐξελθὼν κατ' εἰκόνα τῶν στοιχείων στοιχεῖα ἴδια ἐγέννησεν, ἐξ ὧν τά τε ἐνταῦθα κατακεκοσμῆσθαί φησι καὶ τῶν πρὸ τούτων γεγενῆσθαι. Τὸ μέντοι γράμμα αὐτὸ τὸ [sic] ἦχος τῷ ἤχει, οὗ ὁ

bere, et nihil eorum esse, quod illius videat formam, quod ipsum super elementum est, sed nec cognoscere eum, sed ne quidem proximi ejus unumquodque enuntiationem scire, sed quod ipse enuntiat, ita omne quod enuntiat, illud quod est totum nominet. Unumquodque enim ipsorum, pars exsistens totius, suum sonum quasi omne nominare, et non cessare sonantia, quoad usque ad novissimam litteram novissimi elementi singulariter enuntiata deveniant. Tunc autem et redintegrationem universorum dicit futuram, quando omnia devenientia in unam litteram unam et eamdem consonationem sonant, cujus exclamationis imaginem esse *Amen* simul dicentibus nobis tradidit. Sonos autem eos esse, qui formant insubstantivum et ingenitum æona, et esse hos formas, quas Dominus angelos dixit, quæ sine intermissione vident faciem Patris.

2. Nomina autem elementorum communia et enarrabilia *æonas* et *verba* et *radices* et *semina* et *plenitudines* et *fructus* vocavit. Singula autem ipsorum et uniuscujusque propria in nomine Ecclesiæ contineri et intelligi ait. Quorum elementorum novisssimi elementi ultima littera vocem emisit suam, cujus sonus exiens secundum imaginem elementorum elementa propria generavit, ex quibus et quæ sunt hic disposita dicit, et ea, quæ sunt ante hæc, generata. Ipsam quidem litteram, cujus sonus erat consequens

VARIÆ LECTIONES.

[73] οὗπερ αὐτός. οὗπερ αὐτὸ C, M. Cf. Iren. [74] ἐστιν. οὐδὲ μήν. ἐστι, τόνου δὲ μὴν C. [75] ἀλλ' ὃ αὐτὸς ἐκφωνεῖ. ἄλλο μηδὲ ἐκφωνεῖν C, ἀλλὰ μηδὲ ἐκφωνεῖν M. Cf. Iren. [76] τὸ ὅλον. ὅτι τὸ C, Cf. Iren. [77] παύσας C. [78] μονογλωττήσαντι C, M. Cf. Iren. lat. [79] καὶ om. C, M. Cf. Iren. [80] ἐκφώνησιν ἠχήσῃ, τήν τε ἐκφώνησιν ἠχήσῃ (sic) C. [81] φθόγγους om. C. [82] ἀγένητον C. [83] Cf. Matth. XVIII, 10. [84] ῥητά. ῥήματα C, M. [85] ὠνόμασε· τὰ δὲ καθ' ἕνα αὐτῶν. τὸ καθ' ἑαυτῶν C. [86] ἴδια. ἰδίᾳ C, M. [87] νοεῖσθαι. Ὧν στοιχείων τοῦ. νοεῖσθαι τῶν στοιχείων. Τοῦ C, M. [88] γράμμα om. C. [89] κατ' εἰκόνα. ἱκανὰ C, εἰκόνας M. [90] διακεκομεῖσθαι C.

num deorsum, a syllaba ipsius receptam esse sursum dicit ad complementum universi, mansisse autem sonum inferne demissum tanquam foras projectum. Elementum autem ipsum, a quo littera cum pronuntiatione sua devenit deorsum, litterarum ait esse triginta, et unamquamque triginta illarum litterarum in sese habere alias litteras, per q as **308 309** nomen litteræ appellatur, rursus autem alias illas litteras per alias appellari litteras, et alias has per alias, ut in infinitum evadat multitudo singulatim litteris scriptis. In hunc autem modum apertius discat quispiam id quod dicimus : Delta elementum constat litteris quinque, Δ, E, Λ, T, A, et hæ ipsæ litteræ aliis scribuntur litteris, et hæ aliæ rursus aliis. Si igitur universa substantia litteræ Delta in infinitum evadit, cum semper aliæ litteræ alias generent et sese excipiant invicem, quanto magis illius elementi esse majus mare litterarum? Et si una sola littera sic infinita, videte universi nominis profunditatem litterarum, ex quibus Propatorem Marci laboriositas, vel dicam prava sedulitas, vult constare. Quapropter Patrem, qui nosset se comprehendi non posse, dedisse elementis, quæ et æones vocat, unicuique illorum proprium sonum effari, quandoquidem unus non possit universum eloqui.

A ὁ ἦχος ἦν συνεπακολουθῶν τῷ ἤχῳ κάτω[91], … τῆς συλλαβῆς τῆς ἑαυτοῦ ἀνειλῆφθαι ἄνω λέγει … ἀναπλήρωσιν τοῦ ὅλου[92], μεμενηκέναι δὲ εἰς … κάτω τὸν ἦχον, ὥσπερ ἔξω ῥιφέντα. Τὸ δὲ στοιχ… αὐτὸ, ἀφ' οὗ τὸ γράμμα σὺν τῇ[93] ἐκφωνήσει τῇ … τοῦ κατῆλθε | κάτω, γραμμάτων φησὶν εἶναι τρι… κοντα[94] καὶ ἓν ἕκαστον τῶν τριάκοντα γραμμ… ἐν [p. 206.] ἑαυτῷ ἔχειν ἕτερα γράμματα, δι' ὧν … ὄνομα τοῦ γράμματος ὀνομάζεται καὶ μὴν … τὰ ἕτερα δι' ἄλλων ὀνομάζεσθαι γραμμ… καὶ τὰ ἄλλα δι' ἄλλων, ὥστε εἰς ἄπειρον ἐκπί… τὸ πλῆθος, ἰδίᾳ τῶν γραμμάτων γραφέντων[95]. Οὕτως δ' ἂν σαφέστερον μάθοι τις τὸ λεγόμεν… Τὸ δέλτα στοιχεῖον γράμματα ἔχει[96] ἐν ἑαυ… πέντε, τὸ δέλτα, καὶ τὸ εἶ[97], καὶ τὸ λάμβδα[98] B καὶ τὸ ταῦ, καὶ τὸ ἄλφα, καὶ αὐτὰ ταῦτα τὰ γράμματα δι' ἄλλων [γράφεται γραμμάτων, καὶ τὰ ἄλλα δι' ἄλλων][99]. Εἰ οὖν ἡ πᾶσα ὑπόστασις τοῦ … εἰς ἄπειρον ἐκπίπτει, ἀεὶ ἄλλων ἄλλα γράμματα … νώντων καὶ διαδεχομένων ἄλληλα, πόσῳ μᾶλ… ἐκείνου τοῦ στοιχείου μεῖζον' εἶναι τὸν πόντον[1] … γραμμάτων; Καὶ εἰ τὸ ἓν γράμμα ἄπειρον οὕτω… ὁρᾶτε[2] ὅλου τοῦ ὀνόματος τὸν βυθὸν τῶν γραμμάτ… ἐξ ὧν τὸν προπάτορα ἡ Μάρκου φιλοπονία, μᾶλ… δὲ ματαιοπονία βούλεται συνιστᾷν. Διὸ καὶ τὸν Πατέρα ἐπιστάμενον[3] τὸ ἀχώρητον αὐτοῦ δεδωκέναι τοῖς στοιχείοις, ἃ καὶ αἰῶνας καλεῖ, ἑνὶ ἑκάστῳ αὐτῶν[4] τὴν ἰδίαν ἐκφώνησιν ἐκβοᾷν, διὰ τὸ μὴ δύνασθαι ἕνα τὸ ὅλον ἐκφωνεῖν.

41. His autem expositis Tetractyn ei dixisse : Jam volo **310-311** ipsam tibi Veritatem osten-

μδ'. Ταῦτα δὲ σαφηνίσασαν αὐτῷ τὴν τετρακτὺν εἰπεῖν[5]. | [p. 207.] Θέλω δή[6] σοι καὶ αὐτὴν ἐπιδεῖξαι …

---

sonum deorsum, a syllaba sua sursum receptam dicit ad impletionem universi, remansisse autem deorsum sonum quasi foras projectum. Elementum autem ipsum, ex quo littera cum enuntiatione sua descendit deorsum, litterarum ait esse XXX, et unamquamque ex his XXX litteris in semetipsa habere alias litteras, per quas nomen litteræ nominatur, et rursus alias per alias nominari litteras, et alias per alias, ita ut in immensum decidat multitudo litterarum. Sic autem planius disces quod dicitur : Delta elementum litteras habet in se quinque, et ipsum Δ et E et Λ et T et A, et hæ rursus litteræ per alias scribuntur litteras, et aliæ per alias. Si ergo universa substantia Deltæ in immensum decidit, aliis alias litteras generantibus et succedentibus alterutrum, quanto magis illius elementi majus esse pelagus litterarum? Et si una littera sic immensa est, vide totius nominis profundum litterarum, ex quibus Propatora Marci Silentium constare docuit. Quapropter et Patrem scientem incapabile suum dedisse elementis, quæ et æonas vocat, unicuique eorum suam enuntiationem exclamare, eo quod non possit unum illud quod est totum enuntiare.

3. Hæc itaque exponentem ei quaternationem dixisse : Volo autem tibi et ipsam ostendere Veri-

C ἦχος ἦν συνεπακολουθῶν τῷ ἤχει, καὶ τὸ ὑπὸ τῆς συλλαβῆς τῆς ἑαυτοῦ ἀνειλῆφθαι ἄνω λέγει … ἀναπλήρωσιν τοῦ ὅλου, μεμενηκέναι δὲ εἰς τὰ κάτω τὸν ἦχον, ὥσπερ ἔξω ῥιφέντα. Τὸ δὲ στοιχεῖον αὐτὸ ἀφ' οὗ τὸ γράμμα σὺν τῇ ἐκφωνήσει τῇ ἑαυτοῦ συγκατῆλθε κάτω, ὃ γραμμάτων εἶναί φησι τριάκοντα, καὶ ἓν ἕκαστον τῶν τριάκοντα γραμμάτων ἐν ἑαυτῷ ἔχειν ἕτερα γράμματα, δι' οὗ τὸ ὄνομα τοῦ γράμματος ὀνομάζεται, καὶ αὖ πάλιν τὰ ἕτερα δι' ἄλλων ὀνομάζεσθαι γραμμάτων, καὶ τὰ ἄλλα δι' ἄλλων, ὡς εἰς ἄπειρον ἐκπίπτειν τὸ πλῆθος τῶν γραμμάτων. Οὕτω δ' ἂν σαφέστερον μάθοις τὸ λεγόμενον.

ε'. Τὸ δέλτα στοιχεῖον γράμματα ἐν ἑαυτῷ ἔχει πέντε, αὐτὸ δὲ τὸ δέλτα καὶ τὸ ε καὶ τὸ λάμβδα καὶ τὸ ταῦ καὶ τὸ ἄλφα, καὶ ταῦτα πάλιν τὰ γράμματα δι' ἄλλων γράφεται γραμμάτων, καὶ τὰ ἄλλα δι' ἄλλων. Εἰ οὖν ἡ πᾶσα ὑπόστασις τοῦ δέλτα εἰς ἄπειρον ἐκπίπτει, ἀεὶ ἄλλων ἄλλα γράμματα γεννώντων καὶ διαδεχομένων ἄλληλα, πόσῳ μᾶλλον D ἐκείνου τοῦ στοιχείου μεῖζον εἶναι τὸ πέλαγος τῶν γραμμάτων; καὶ εἰ τὸ ἓν γράμμα οὕτως ἄπειρον, ὅρα ὅλου τοῦ ὀνόματος τὸν βυθὸν τῶν γραμμάτων, ἐξ ὧν τὸν Προπάτορα ἡ Μάρκου σιγὴ συνεστάναι ἐδογμάτισε. Διὸ καὶ τὸν Πατέρα ἐπιστάμενον τὸ ἀχώρητον αὐτοῦ δεδωκέναι τοῖς στοιχείοις, ἃ καὶ αἰῶνας καλεῖ, ἑνὶ ἑκάστῳ αὐτῶν τὴν ἰδίαν ἐκφώνησιν ἐκβοᾷν, διὰ τὸ μὴ δύνασθαι ἕνα τὸ ὅλον ἐκφωνεῖν. Ταῦτα δὲ σαφηνίσασαν αὐτῷ τὴν τετρακτὺν εἰπεῖν· Θέαν δή σοι καὶ αὐτὴν ἐπιδεῖξαι τὴν Ἀλήθειαν …

VARIÆ LECTIONES.

[91] κάτω. καὶ τῷ C. [92] τοῦ ὅλου· τούτου ὅλου C. [93] σὺν τῇ. συνέστη C. [94] τριάκοντα. τριάκοντα γραμμάτων, C. [95] ἰδίᾳ — γραφέντων. διὰ τῶν γραμμάτων γραφέντος C. Cf. Iren. [96] ἔχει. ἔχειν C, M. [97] εἶ C, τὸ ε M. [98] τὸ λάβδα C. [99] Uncinis inclusa ex Irenæo suppleta om. C, M. [1] μεῖζον' εἶναι τὸν πόντον. μεῖζον εἶναι τὸν τόπον C, μεῖζον εἶναι τὸ πέλαγος M Irenæum secutus. [2] οὕτως, ὁρᾶτε. οὕτως ὁρᾶται C, Cf. Iren. [3] ἐπιστάμενος C. [4] τὸ ὅλων. [5] εἶπαι. εἶπε C, M. [6] δή. δὲ C, M.

ἰαν Ἀλήθειαν· κατήγαγον γὰρ αὐτὴν ἐκ τῶν ὑπερθεν δωμάτων [7], ἵνα ἴδῃς αὐτὴν γυμνὴν καὶ καταμάθῃς αὐτῆς τὸ κάλλος, ἀλλὰ καὶ ἀκούσῃς αὐτῆς λαλούσης καὶ θαυμάσῃς τὸ φρόνημα αὐτῆς. Ὅρα τὴν κεφαλήν, φησίν, ἄνω τὸ πρῶτον ἄλφα ω, τράχηλον τὸ δὲ [8] βψ, ὤμους [ἅμα χερσὶ] [9] γχ, στήθη δέλτα φ', [δια]φράγμα [10] ευ [11], κοιλίαν ζτ [12], αἰδοῖα ησ [13], μηροὺς θρ, γόνατα ιπ, κνήμας κο, σφυρὰ λξ, πόδας μν. Τουτέστι τὸ σῶμα τῆς κατὰ τὸν Μάρκον Ἀληθείας, τοῦτο τὸ σχῆμα τοῦ στοιχείου, οὗτος ὁ χαρακτὴρ τοῦ γράμματος. Καὶ καλεῖ τὸ στοιχεῖον τοῦτο Ἄνθρωπον· εἶναί τε πηγήν φησι [14] παντὸς λόγου, καὶ ἀρχὴν πάσης φωνῆς, καὶ παντὸς ἀῤῥήτου ῥῆσιν, καὶ τῆς σιωπωμένης Σιγῆς στόμα. Καὶ τοῦτο τὸ σῶμα αὐτῆς. Σὺ δὲ μετάρσιον ἐγείρας τῆς διανοίας [15] νόημα, τὸν [αὐτο]γεννήτορα [16] καὶ πατροδότορα [17] λόγον ἀπὸ στομάτων Ἀληθείας ἄκουε.

με'. Ταῦτα δὲ ταύτης εἰπούσης, προσβλέψασαν αὐτῷ τὴν Ἀλήθειαν καὶ ἀνοίξασαν τὸ στόμα λαλῆσαι λόγον, τὸν δὲ λόγον [p. 207. 208.] ὄνομα γενέσθαι, καὶ τὸ ὄνομα εἶναι τοῦτο, ὃ γινώσκομεν καὶ λαλοῦμεν, Χριστὸν Ἰησοῦν, ὃ καὶ ὀνομάσασαν αὐτὴν παραυτίκα σιωπῆσαι. Προσδο|κῶντος [18] δὲ τοῦ Μάρκου πλεῖον αὐτὴν μέλλειν τι λέγειν, πάλιν ἡ τετρακτὺς παρελθοῦσα εἰς τὸ μέσον φησίν· Οὕτως [19] εὐήθη ἡγήσω τὸν λόγον τοῦτον, [ὃν] [20] ἀπὸ στομάτων τῆς Ἀληθείας ἤκουσας· οὐ τοῦτο, ὅπερ [21] οἶδας καὶ δοκεῖς ἔχειν πάλαι, τουτέστιν ὄνομα· φωνὴν γὰρ

dere; deduxi enim eam ex supernis ædibus, ut conspiceres eam nudam et cognosceres ejus pulchritudinem, verum etiam auscultares ei loquenti ejusque prudentiam admirarere. Specta igitur caput primum superne ΑΩ, cervicem ΒΨ, humeros [una cum manibus] ΓΧ, pectus ΔΦ, præcordia ΕΥ, ventrem ΖΤ, verenda ΗΣ, lumbos ΘΡ, genua ΙΠ, tibias ΚΟ, talos ΛΞ, pedes ΜΝ. Hoc est corpus secundum Marcum Veritatis, hæc species elementi, hæc indoles litteræ. Et vocat hoc elementum Hominem, et esse dicit fontem universi sermonis et principium omnis vocis et universi ineffabilis dictionem Silentiique, quod tacetur, os. Et hoc corpus ejus. Tu vero sublimem excitans mentis intelligentiam accipe genialem et patrium sermonem ex ore Veritatis.

45. Hæc cum illa dixisset, intuentem eum Veritatem ore aperto locutam esse sermonem, sermonem autem nomen exstitisse, **312-313** et nomen esse hoc, quod novimus et loquimur, Christum Jesum, quod elocutam illam illico conticuisse. Exspectante autem Marco plura eam locuturam, rursus Tetractys in medium progressa dicit: Tam exilem arbitratus es hunc sermonem, quem ex ore Veritatis audiisti; non hoc, quod nosti viderisque tibi dudum tenere, hoc est nomen; vocem enim solam tenes ejus, vim autem ignoras. Jesus enim est in-

---

θειαν· κατήγαγον γὰρ αὐτὴν ἐκ τῶν ὕπερθεν δομάτων, ἵν' ἐσίδῃς αὐτὴν γυμνὴν καὶ καταμάθοις τὸ κάλλος αὐτῆς, ἀλλὰ καὶ ἀκούσῃς αὐτῆς λαλούσης καὶ θαυμάσῃς τὸ φρόνημα αὐτῆς. Ὅρα οὖν κεφαλὴν ἄνω τὸ ἄλφα καὶ τὸ ω, τράχηλον δὲ β καὶ ψ, ὤμους ἅμα χερσὶ γ καὶ χ, στήθη δ καὶ φ, διάφραγμα ε καὶ υ, νῶτον ζ καὶ τ, κοιλίαν η καὶ σ, μηροὺς θ καὶ ρ, γόνατα ι καὶ π, κνήμας κ καὶ ο, σφυρὰ λ καὶ ξ, πόδας μ καὶ ν. Τοῦτό ἐστι τὸ σῶμα τῆς κατὰ τὸν μάγον Ἀληθείας, τοῦτο τὸ σχῆμα τοῦ στοιχείου, οὗτος ὁ χαρακτὴρ τοῦ γράμματος. Καὶ καλεῖ τὸ στοιχεῖον τοῦτο Ἄνθρωπον· εἶναί τε πηγήν φησιν αὐτὸ παντὸς λόγου καὶ ἀρχὴν πάσης φωνῆς καὶ παντὸς ἀῤῥήτου ῥῆσιν καὶ τῆς σιωπωμένης Σιγῆς στόμα. Καὶ τοῦτο μὲν τὸ σῶμα αὐτῆς. Σὺ δὲ μετάρσιον ἐγείρας διανοίας νόημα τὸν αὐτὸν γεννήτορα καὶ πατροδότορα λόγον ἀπὸ στομάτων Ἀληθείας ἄκουε.

ς'. Ταῦτα δὲ ταύτης εἰπούσης, προσβλέψασαν αὐτῷ τὴν Ἀλήθειαν καὶ ἀνοίξασαν τὸ στόμα λαλῆσαι λόγον, τὸν δὲ λόγον ὄνομα γενέσθαι, καὶ τὸ ὄνομα γενέσθαι τοῦτο, ὃ γινώσκομεν καὶ λαλοῦμεν, Χριστὸν Ἰησοῦν, ὃ καὶ ὀνομάσασαν αὐτὴν παρ' αὐτῇ κάλ σιωπήν. Προσδοκῶντος δὲ τοῦ Μάρκου πλεῖόν τι μέλλειν αὐτὴν λέγειν, πάλιν ἡ τετρακτὺς παρελθοῦσα εἰς τὸ μέσον φησίν. Ὡς εὐκαταφρόνητον ἡγήσω τὸν λόγον, ὃν ἀπὸ στομάτων τῆς Ἀληθείας ἤκουσας· οὐ τοῦθ' ὅπερ οἶδας καὶ δοκοῖς (δοκεῖς cod. reg.) παλαιόν ἐστιν ὄνομα· φωνὴν γὰρ μόνον ἔχεις

tatem; deposui enim illam de superioribus ædificiis, ut circumspicias eam nudam et intuearis formositatem ejus, sed et audias eam loquentem et admireris sapientiam ejus. Vide quid igitur in caput ejus sursum primum Α et Ω, collum autem Β et Ψ, humeros cum manibus Γ et Χ, pectus Δ et Φ, cinctum Ε et Υ, ventrem Ζ et Τ, verenda Η et Σ, femora Θ et Ρ, genua Ι et Π, tibias Κ et Ο, crura Λ et Ξ, pedes Μ et Ν. Hoc est corpus ejus quæ est secundum magum Veritatis, hæc figura elementi, hic character litteræ. Et vocat elementum hoc Hominem; esse autem fontem ait eum omnis verbi et initium universæ vocis et omnis inenarrabilis enarrationem et taciti Silentii os. Et hoc quidem corpus ejus. Tu autem sublimius allevans sensus intelligentiam autogenitora et patrodotora verbum ab ore Veritatis audi.

4. Hæc autem cum dixisset illa, attendentem ad eum Veritatem et aperientem os locutam esse verbum, verbum autem nomen factum, et nomen esse hoc, quod scimus et loquimur, Christum Jesum, quod cum nominasset statim tacuit. Cum autem putaret Marcus plus aliquid eam dicturam, rursus quaternatio veniens in medium ait: Tanquam contemptibile putasti esse verbum, quod ab ore Veritatis audisti. Non hoc, quod scis et putas habere olim est nomen; vocem enim tantum habes ejus, virtutem autem ignoras. Jesus autem est insigne

VARIÆ LECTIONES.

[7] δομάτων C, M. [8] τὸ δέ. an τὸ δεύτερον? [9] ἅμα χερσὶ om. C, M. [10] φράγμα C, M. [11] ευ. ε C, M. [12] ζτ. βτ C, M. [13] ησ. κσ C, M. [14] φήσει C. [15] τὸ τῆς διανοίας M, qui spatium vacuum esse in C ait. [16] αὐτογεννήτορα. γεννήτορα C, M. [17] πατροδότορα προπάτορα C, M. [18] Προσδοκοῦντος C. [19] φησίν· Οὕτως εὐήθη ἡγήσω R. Scholtius, φησὶν οὕτως· Ἡπηθνήγησω C, φησὶν οὕτως· Ἠ πηλὸν ἡγήσω M. [20] ὃν add M. [21] ἀληθείας. Ἤκουσά σου τοῦτο ὅπερ. C.

signe nomen, sex habens litteras, ab omnibus, qui sunt ex vocatis, invocatum Alterum autem (h. e. Christus), quod est apud Æones pleromatis multiplex, alia est facie et diversa forma, quod cognoscitur ab illis cognatis, quorum magnitudines sunt apud eum perpetuo.

46. Has vestras viginti quatuor litteras scito tanquam imagines emanavisse ex illis tribus potestatibus, quæ amplectuntur elementorum quæ superne sunt universum numerum. Novem enim mutas litteras tibi persuade esse Patris et Veritatis, **314-315** propterea quod muti sunt, hoc est ineffabiles et indicti; semi-vocales autem, quæ octo sint, Logi esse et Vitæ, quoniam sint tanquam mediæ inter mutas et vocales acceperintque superiorum emanationem, eorum autem, quæ sunt inferne, reversionem; vocales autem, quæ et ipsæ septem sint, Hominis esse et Ecclesiæ, quandoquidem per Hominem egressa vox figuraverit universa; sonus enim vocis figuram iis circumdedit. Est igitur Logus habens et Vita octo illas litteras, Homo autem et Ecclesia illas septem, Pater autem et Veritas novem illas. In defectu igitur computi is, qui de sede remotus inest in Patre, descendit emissus ad eum, a quo segregatus erat, ad corrigenda ea, quæ acta erant, ut pleromatum unitas in bono constans fructum ferat unam in omnibus, quæ est ex omnibus, potestatem. Et ita qui est illarum septem, octo illa-

A ἔχεις μόνον αὐτοῦ, τὴν δὲ δύναμιν ἀγνοεῖς· Ἰησοῦς μὲν γάρ ἐστιν ἐπίσημον ὄνομα, ἓξ ἔχον γράμματα, ὑπὸ πάντων τῶν τῆς [22] κλήσεως ἐπικαλούμενον. Τὸ δὲ παρὰ τοῖς [πέντε] [23] αἰῶσι τοῦ πληρώματος πολυμερὲς τυγχάνον ἄλλης ἐστὶ μορφῆς καὶ ἑτέρου τύπου, γινωσκόμενον ὑπ' ἐκείνων τῶν συγγενῶν, ὧν τὰ μεγέθη παρ' αὐτῷ ἐστι διὰ παντός.

μς'. Ταῦτα τὰ παρ' ὑμῖν εἰκοσιτέσσαρα γράμματα ἀποῤῥοίας γίνωσκε ὑπάρχειν τῶν τριῶν δυνάμεων [εἰκονικ]ὰς [25] τῶν ἐμπεριεχουσῶν τὸν ὅλον [26] τῶν ἄνω στοιχείων ἀριθμόν. Τὰ μὲν γὰρ ἄφωνα γράμματα ἐννέα νόμισον εἶναι τοῦ Πατρὸς καὶ τῆς Ἀληθείας διὰ τὸ ἀφώνους αὐτοὺς εἶναι, τουτέστιν ἀῤῥήτους [p. 208. 209.] καὶ ἀνεκλαλήτους· τὰ δὲ ἡμίφωνα, ὀκτὼ ὄντα, τοῦ Λόγου καὶ τῆς Ζωῆς διὰ

B τὸ μέσα [28] ὥσπερ ὑπάρχειν τῶν τε ἀφώνων καὶ τῶν φωνηέντων, καὶ ἀναδεδέχθαι τῶν μὲν ὑπερθεν τὴν ἀπόῤῥοιαν [29], τῶν δὲ ὑπ' αὐτὰ [30] τὴν ἀναφοράν· τὰ δὲ | φωνήεντα, καὶ αὐτὰ ἑπτὰ ὄντα, τοῦ Ἀνθρώπου καὶ τῆς Ἐκκλησίας, ἐπεὶ διὰ [31] τοῦ Ἀνθρώπου φωνὴ προελθοῦσα ἐμόρφωσε τὰ ὅλα· ὁ γὰρ ἦχος τῆς φωνῆς μορφὴν αὐτοῖς περιεποίησεν. Ἔστιν οὖν ὁ μὲν Λόγος ἔχων καὶ ἡ Ζωὴ τὰ [32] ὀκτώ, ὁ δὲ Ἄνθρωπος καὶ ἡ Ἐκκλησία τὰ ἑπτά, ὁ δὲ Πατὴρ καὶ ἡ Ἀλήθεια τὰ ἐννέα. Ἐπὶ δὲ τοῦ ὑστερήσαντος [33] λόγου ὁ ἀφεδρασθεὶς ἐν τῷ Πατρὶ κατῆλθεν, ἐκπεμφθεὶς ἐπὶ τὸν ἀφ' οὗ ἐχωρίσθη [34], ἐπὶ διορθώσει τῶν πραχθέντων, ἵνα ἡ τῶν πληρωμάτων ἑνότης ἐν τῷ ἀγαθῷ οὖσα καρποφορῇ μίαν ἐν πᾶσι τὴν ἐκ πάντων

nomen, sex habens litteras, ab omnibus qui sunt vocationis cognitum. Illud autem, quod est apud æonas pleromatis, cum sit multifariam exsistens, alterius est formæ et alterius typi, quod intelligitur ab ipsis, qui sunt cognati ejus, quorum magnitudines apud eum sunt semper.

5. Has igitur, quæ apud nos sunt viginti quatuor litteræ, emanationes esse intellige trium virtutum imaginales, earum quæ continent universum quæ sunt sursum elementorum numerum. Mutas enim litteras novem puta esse Patris et Veritatis, quoniam sine voce sint, hoc est et inenarrabiles et ineloquibiles; semivocales autem, cum sint octo, Logi esse et Zoes, quoniam quasi mediæ sint inter mutas et vocales, et recipere eorum quidem, quæ supersint, emanationem, eorum vero, quæ subsint, elevationem. Vocales autem et ipsas septem esse Anthropi et Ecclesiæ, quoniam per Anthropum vox progrediens formavit omnia; sonus enim vocis formam eis circumdedit. Est igitur Logos habens et Zoe octo, Anthropos autem et Ecclesia septem, Pater autem et Alethia novem. Ex minori autem computatione qui erat apud Patrem descendit, emissus illuc, unde fuerat separatus, ad emendationem factorum, ut pleromatum unitas æqualitatem habens fructificet unam in omnibus, quæ est ex omnibus virtus. Et sic is qui est numeri septem

C αὐτοῦ, τὴν δὲ δύναμιν ἀγνοεῖς. Ἰησοῦς μὲν γάρ ἐστιν ἐπίσημον ὄνομα, ἓξ ὧν γράμματα, ὑπὸ πάντων τῶν τῆς κλήσεως γινωσκόμενον. Τὸ δὲ παρὰ τοῖς αἰῶσι τοῦ πληρώματος πολυμερὲς τυγχάνον ἄλλης ἐστὶ μορφῆς καὶ ἑτέρου τύπου, γινωσκόμενον ὑπ' ἐκείνων τῶν συγγενῶν, ὧν τὰ μεγέθη παρ' αὐτῶν ἐστι διαπαντός.

ε'. Ταῦτ' οὖν τὰ παρ' ὑμῖν εἰκοσιτέσσαρα γράμματα ἀποῤῥοίας ὑπάρχειν γίνωσκε τῶν τριῶν δυνάμεων εἰκονικὰς τῶν περιεχουσῶν τὸν ὅλον τῶν ἄνω στοιχείων τὸν ἀριθμόν. Τὰ μὲν γὰρ ἄφωνα γράμματα ἐννέα νόμισον εἶναι τοῦ Πατρὸς καὶ τῆς Ἀληθείας διὰ τὸ ἀφώνους αὐτοὺς εἶναι, τουτέστιν ἀῤῥήτους καὶ ἀνεκλαλήτους· τὰ δὲ ἡμίφωνα, ὀκτὼ ὄντα, τοῦ Λόγου καὶ τῆς Ζωῆς διὰ τὸ μέσα ὥσπερ ὑπάρχειν τῶν τε ἀφώνων καὶ τῶν φωνηέντων, καὶ ἀναδέχεσθαι τῶν μὲν ὕπερθεν τὴν ἀπόῤῥοιαν, τῶν δὲ ὑπ' αὐτὰ τὴν ἀναφοράν· τὰ δὲ φωνήεντα, καὶ αὐτὰ ἑπτὰ ὄντα, τοῦ Ἀνθρώπου καὶ τῆς Ἐκκλησίας, ἐπεὶ διὰ τοῦ Ἀνθρώπου φωνὴ προελθοῦσα ἐμόρφωσε τὰ ὅλα· ὁ

D γὰρ ἦχος τῆς φωνῆς μορφὴν αὐτοῖς περιεποίησεν. Ἔστιν ὁ μὲν Λόγος ἔχων καὶ ἡ Ζωὴ τὰ ὀκτώ, ὁ δὲ Ἄνθρωπος καὶ ἡ Ἐκκλησία τὰ ἑπτά, ὁ δὲ Πατὴρ καὶ ἡ Ἀλήθεια τὰ ἐννέα. Ἐπειδὴ τοῦ ὑστερήσαντος λόγου ὁ ἀφεδρασθεὶς ἐν τῷ Πατρὶ κατῆλθε, πεμφθεὶς ἐπὶ τὸν ἀφ' οὗ ἐχωρίσθη ἐπὶ διορθώσει τῶν πραχθέντων, ἵνα ἡ τῶν πληρωμάτων ἑνότης ἰσότητα ἔχουσα καρποφορῇ μίαν ἐν πᾶσι τὴν ἐκ πάντων δύναμιν. Καὶ

VARIÆ LECTIONES.

[22] πάντων τῆς omisso τῶν C, M. [23] ἐπικαλούμενον. ἐγκαλούμενα C, M. [24] πέντε, quod neque Epiphanius neque Irenæus lat. norunt, per errorem irrepsit in C. [25] εἰκονικάς. [καὶ εἰκόν]ας M. [26] ὅλον. ὅρον C, M. [27] καὶ uncinis inclusimus Ante τῶν inserendum esse τὸν censet M. [28] μέσας C, M. [29] ἀπόῤῥοιαν. ἀπόῤῥοιαν C. [30] ὑπ' αὐτά. ὑπὲρ αὐτὴν Iren. græc. : quæ subsint Iren. lat. : ὑπενέρθεν susp. Massuetus : an ὑποκάτω? [31] διά. καὶ C, M. [32] ὁ ἔχων καὶ ἡ ζωὴ ἡ τὰ C. [33] ὑστερήσαντος C. [34] ἐχωρήθη C. [35] ἀγαθῷ. an καθαρῷ? καρποφορεῖ C.

ιιν. Καὶ οὕτως ὁ τῶν ἑπτὰ τὴν τῶν ὀκτὼ [36] μίσατο δύναμιν, καὶ ἐγένοντο οἱ τρεῖς τόποι ιοι τοῖς ἀριθμοῖς, ὀγδοάδες ὄντες· οἵτινες τρεῖς ἑαυτοὺς [37] ἐλθόντες τὸν τῶν εἰκοσιτεσσάρων ἔδειξαν [38] ἀριθμόν. Τὰ μέντοι τρία στοιχεῖα, ([ἃ] [38*] **209. 210.**] φησιν αὐτὸς [39] τῶν τριῶν ἐν συζυγίᾳ ·άμεων ὑπάρχειν, ἅ ἐστιν ἕξ, ἀφ' ὧν ἀπεῤῥύη [40] εἰκοσιτέσσαρα στοιχεῖα), τετραπλασιασθέντα τῷ ; ἀῤῥήτου τετράδος λόγῳ [41] τὸν αὐτὸν αὐτοῖς [42] ιθμὸν ποιεῖ, ἅπερ φησὶ τοῦ Ἀνονομάστου [43] άρχειν. Φορεῖσθαι δὲ αὐτὰ ὑπὸ τῶν ἕξ δυνάμεων ; ὁμοιότητα τοῦ Ἀοράτου [44], ὧν στοιχείων εἰκό-ς [45] εἰκόνων [46] | ἕξ διπλᾶ γράμματα ὑπάρχειν, ἃ ναριθμούμενα τοῖς εἰκοσιτέσσαρσι στοιχείοις δυμει τῇ [47] κατὰ ἀνολογίαν τὸν τῶν τριάκοντα ποιται ἀριθμόν.

A rum nactus est potestatem, et facti sunt tres loci illi æquales numeris, utpote ogdoades, qui quidem tres sibi additi viginti quatuor illarum ostenderunt numerum. Tria autem elementa **316-317** illa (quæ ipse dicit esse ternarum in conjugatione potestatum, quæ sunt sex, unde emanarunt viginti quatuor elementa) quadruplicata ineffabilis quaternionis computo eumdem atque illa numerum faciunt, quæ esse ait Innominati. Ferri autem illa a sex potestatibus in similitudinem Invisibilis, quorum elementorum imagines imaginum sex duplices litteras exsistere, quæ adnumeratæ viginti quatuor elementis ex potestate analoga numerum tricenarium efficiunt.

B

μζ'. Τούτου τοῦ λόγου καὶ τῆς οἰκονομίας [48] ταύ-ης καρπόν φησιν ἐν ὁμοιώματι εἰκόνος πεφηνέναι ιεῖνον τὸν μετὰ τὰς ἕξ ἡμέρας τέταρτον ἀναβάντα ·ς τὸ ὄρος [49], καὶ γενόμενον ἕκτον, τὸν καταβάντα αὶ κρατηθέντα ἐν τῇ ἑβδομάδι, ἐπίσημον ὀγδοάδα πάρχοντα καὶ ἔχοντα ἐν ἑαυτῷ τὸν ἀριθμὸν ἅπαντα ῶν στοιχείων, ὃν ἐφανέρωσεν, ἐλθόντος αὐτοῦ ἐπὶ ὸ βάπτισμα, ἡ τῆς περιστερᾶς κάθοδος, ἥτις ἐστὶν · καὶ [50] ἄλφα, δι' ἀριθμοῦ δηλουμένου ὀκτακοσίων νός, καὶ διὰ τοῦτο Μωσέα ἐν τῇ ἕκτῃ ἡμέρᾳ λέγειν ὸν ἄνθρωπον γεγονέναι. Καὶ τὴν οἰκονομίαν [p. 210. 211.] δὲ τοῦ πάθους ἐν τῇ ἕκτῃ τῶν ἡμερῶν, ἥτις στὶν ἡ παρασκευή [51], τὸν ἔσχατον ἄνθρωπον εἰς ἀναγέννησιν τοῦ πρώτου ἀνθρώπου πεφηνέναι. Ταύ-της τῆς οἰκονομίας ἀρχὴν καὶ τέλος τὴν ἕκτην ὥραν εἶναι, ἐν ᾗ προσηλώθη τῷ ξύλῳ. Τὸν γὰρ τέλειον νοῦν, ἐπιστάμενον τὸν τῶν ἕξ ἀριθμὸν δύναμιν [52] ποιήσεως καὶ ἀναγεννήσεως ἔχοντα, φανερῶσαι τοῖς

47. Hujus computi hujusque dispensationis fructum ait in similitudine imaginis apparuisse illum, qui post sex dies quartus ipse ascenderit in montem et factus sit sextus, qui descenderit et detentus sit in hebdomade, cum esset insignis ogdoas et in se haberet universum numerum elementorum, quem manifestaverit, cum ad baptismum venisset, columbæ descensus, quæ sit ω' et α', per numerum, qui ostenditur 801, et propterea Mosem dicere in sexto die hominem factum esse. Et dispensationem vero passionis in sexto die, quæ est parasceve, **318-319** ultimum hominem ad regenerationem primi hominis apparuisse. Hujus dispensationis initium et finem sextam esse horam, in qua affixus est C cruci. Perfectam enim Mentem intelligentem senarium numerum, qui potestatem haberet creationis et regenerationis, manifestavisse filiis lucis per eum, qui apparuit insignis, eam, quæ per ipsum

—

οὕτως ὁ τῶν ἑπτὰ τὴν τῶν ὀκτὼ ἐκομίσατο δύναμιν, καὶ ἐγένοντο οἱ τόποι ὅμοιοι τοῖς ἀριθμοῖς, ὀγδοάδες ὄντες· οἵτινες τρεῖς ἐφ' ἑαυτοὺς ἐλθόντες τὸν τῶν εἰκοσιτεσσάρων ἀνέδειξαν ἀριθμόν. Τὰ μέντοι τρία στοιχεῖα ἀφίησιν αὐτὸς τῶν τριῶν ἐν συζυγίᾳ δυνάμεων ὑπάρχειν, ἃ ἐστιν ἕξ, ἀφ' ὧν ἀπεῤῥύη τὰ εἰκοσιτέσσαρα στοιχεῖα, τετραπλασιασθέντα τῷ τῆς ἀῤῥήτου τετράδος λόγῳ τὸν αὐτὸν αὐτοῖς ἀριθμὸν ποιεῖ, ἅπερ φησὶ τοῦ Ἀνονομάστου ὑπάρχειν. Φορεῖσθαι δὲ αὐτὰ ὑπὸ τῶν τριῶν δυνάμεων εἰς ὁμοιότητα τοῦ Ἀοράτου, ὧν στοιχείων εἰκόνες εἰκόνων τὰ παρ' D ἡμῖν διπλᾶ γράμματα ὑπάρχειν, ἃ συναριθμούμενα τοῖς εἰκοσιτέσσαρσι στοιχείοις δυνάμει τῶν κατὰ ἀναλογίαν τῶν τριάκοντα ποιεῖ ἀριθμόν.

ζ'. Τούτου τοῦ λόγου καὶ τῆς οἰκονομίας ταύτης καρπόν φησιν ἐν ὁμοιώματι εἰκόνος πεφυκέναι (πεφηνέναι cod. Reg.) ἐκεῖνον τὸν μετὰ τὰς ἕξ ἡμέρας τέταρτον ἀναβάντα εἰς τὸ ὄρος, καὶ γενόμενον ἕκτον, τὸν κρατηθέντα καὶ καταβάντα ἐν τῇ ἑβδομάδι, ἐπίσημον ὀγδοάδα ὑπάρχοντα καὶ ἔχοντα ἐν ἑαυτῷ τὸν ἅπαντα τῶν στοιχείων ἀριθμόν, ἐφανέρωσεν

eorum qui sunt octo accepit virtutem, et facta sunt tria loca similia numeris, cum sint octonationes: quæ ter in se venientia viginti quatuor ostenderunt numerum. Et tria quidem elementa (quæ dicit ipse trium in conjugatione virtutum exsistere, quæ fiunt sex, ex quibus emanaverunt viginti quatuor litteræ), quadripertita inenarrabilis quaternationis ratione eumdem numerum faciunt, quæ quidem dicit illius, qui est innominabilis, exsistere. Indui autem ea a tribus virtutibus in similitudinem illius, qui est invisibilis: quorum elementorum imagines imaginum esse eas, quæ sunt apud nos duplices litteræ, quas cum viginti quatuor litteris adnumerantes, virtute quæ est secundum analogiam, triginta faciunt numerum.

6. Hujus rationis et dispositionis fructum dicit in similitudinem imaginis apparuisse illum, qui post VI dies quartus ascendit in montem, et factus est sextus, qui descendit et detentus est in hebdomade, cum esset insignis octonatio, et haberet in se omnem elementorum numerum, quem manifestavit, cum ipse venisset ad baptismum, columbæ

VARIÆ LECTIONES.

[36] τῶν ὀκτώ. τῷ νοητῷ C. [37] ἀφ' ἑαυτοὺς C. [38] ἀνεδέξαντο C. Cf. Iren. et infra p. 324, 9, 10. [38*] ἃ add. M. [39] αὐτός. αὐτῶν C. [40] ἀπερύη C. [41] τῷ — λόγῳ. τῶν — λόγων C. [42] αὐτοῖς τοῖς C. [43] ἀνωνομάστου C. [44] ἀοράτον C. [45] εἰκόνας. εἰκόνες C, M. [46] εἰκόνων. εἰκόνων ὧν C. [47] δυνάμει τῇ. δύναμιν τὴν C. [48] οἰκονομίας. ἀναλογίας C, M. [49] Cf. Matth. XVII, 1 sqq. Marc. IX, 2 sqq. [50] ω καί. ο καὶ C. [51] παρασκευή, ἡ C. [52] ἀριθμῶν, δύναμιν ποιῆσαι καὶ ἀναγεννῆσαι ὧν ἔχοντα C.

signe nomen, sex habens litteras, ab omnibus, qui sunt ex vocatis, invocatum Alterum autem (h. e. Christus), quod est apud Æones pleromatis multiplex, alia est facie et diversa forma, quod cognoscitur ab illis cognatis, quorum magnitudines sunt apud eum perpetuo.

46. Has vestras viginti quatuor litteras scito tanquam imagines emanavisse ex illis tribus potestatibus, quæ amplectuntur elementorum quæ superne sunt universum numerum. Novem enim mutas litteras tibi persuade esse Patris et Veritatis, **314-315** propterea quod muti sunt, hoc est ineffabiles et indicti; semi-vocales autem, quæ octo sint, Logi esse et Vitæ, quoniam sint tanquam mediæ inter mutas et vocales acceperintque superiorum emanationem, eorum autem, quæ sunt inferne, reversionem; vocales autem, quæ et ipsæ septem sint, Hominis esse et Ecclesiæ, quandoquidem per Hominem egressa vox figuraverit universa; sonus enim vocis figuram iis circumdedit. Est igitur Logus habens et Vita octo illas litteras, Homo autem et Ecclesia illas septem, Pater autem et Veritas novem illas. In defectu igitur computi is, qui de sede remotus inest in Patre, descendit emissus ad eum, a quo segregatus erat, ad corrigenda ea, quæ acta erant, ut pleromatum unitas in bono constans fructum ferat unam in omnibus, quæ est ex omnibus, potestatem. Et ita qui est illarum septem, octo illa-

A ἔχεις μόνον αὐτοῦ, τὴν δὲ δύναμιν ἀγνοεῖς. Ἰησοῦς μὲν γάρ ἐστιν ἐπίσημον ὄνομα, ἓξ ἔχον γράμματα, ὑπὸ πάντων τῶν τῆς [22] κλήσεως ἐπικαλούμενον. Τὸ δὲ παρὰ τοῖς [πέντε] [24] αἰῶσι τοῦ πληρώματος πολυμερὲς τυγχάνον ἄλλης ἐστὶ μορφῆς καὶ ἑτέρου τύπου, γινωσκόμενον ὑπ' ἐκείνων τῶν συγγενῶν, ὧν τὰ μεγέθη παρ' αὐτῷ ἐστι διὰ παντός.

μϛ'. Ταῦτα τὰ παρ' ὑμῖν εἰκοσιτέσσαρα γράμματα ἀποῤῥοίας γίνωσκε ὑπάρχειν τῶν τριῶν δυνάμεων [εἰκονικ]ὰς [25] τῶν ἐμπεριεχουσῶν τὸν ὅλον [26] τῶν ἄνω στοιχείων ἀριθμόν. Τὰ μὲν γὰρ ἄφωνα γράμματα ἐννέα νόμισον εἶναι τοῦ Πατρὸς καὶ τῆς Ἀληθείας διὰ τὸ ἀφώνους αὐτοὺς εἶναι, τουτέστιν ἀῤῥήτους [p. 208. 209.] καὶ ἀνεκλαλήτους· τὰ δὲ ἡμίφωνα, ὀκτὼ ὄντα, τοῦ Λόγου καὶ τῆς Ζωῆς, B τὸ μέσα [28] ὥσπερ ὑπάρχειν τῶν τε ἀφώνων καὶ τῶν φωνηέντων, καὶ ἀναδεδέχθαι τῶν μὲν ὑπερθεν ἀπόῤῥοιαν [29], τῶν δὲ ὑπ' αὐτὰ [30] τὴν ἀναφοράν· τὰ δὲ | φωνήεντα, καὶ αὐτὰ ἑπτὰ ὄντα, τοῦ Ἀνθρώπου καὶ τῆς Ἐκκλησίας, ἐπεὶ διὰ [31] τοῦ Ἀνθρώπου φωνὴ προελθοῦσα ἐμόρφωσε τὰ ὅλα· ὁ γὰρ ἦχος τῆς φωνῆς μορφὴν αὐτοῖς περιεποίησεν. Ἔστιν οὖν ὁ μὲν Λόγος ἔχων καὶ ἡ Ζωὴ τὰ [32] ὀκτώ, ὁ δὲ Ἄνθρωπος καὶ ἡ Ἐκκλησία τὰ ἑπτά, ὁ δὲ Πατὴρ καὶ ἡ Ἀλήθεια τὰ ἐννέα. Ἐπὶ δὲ τοῦ ὑστερήσαντος λόγου ὁ ἀφεδρασθεὶς ἐν τῷ Πατρὶ κατῆλθεν, ἐκπεμφθεὶς ἐπὶ τὸν ἀφ' οὗ ἐχωρίσθη [34], ἐπὶ διορθώσει τῶν πραχθέντων, ἵνα ἡ τῶν πληρωμάτων ἑνότης ἐν τῷ ἀγαθῷ οὖσα καρποφορῇ μίαν ἐν πᾶσι τὴν ἐκ πάντων

---

nomen, sex habens litteras, ab omnibus qui sunt vocationis cognitum. Illud autem, quod est apud æonas pleromatis, cum sit multifariam exsistens, alterius est formæ et alterius typi, quod intelligitur ab ipsis, qui sunt cognati ejus, quorum magnitudines apud eum sunt semper.

5. Has igitur, quæ apud nos sunt viginti quatuor litteræ, emanationes esse intellige trium virtutum imaginales, earum quæ continent universum quæ sunt sursum elementorum numerum. Mutas enim litteras novem puta esse Patris et Veritatis, quoniam sine voce sint, hoc est inenarrabiles et ineloquibiles; semivocales autem, cum sint octo, Logi esse et Zoes, quoniam quasi mediæ sint inter mutas et vocales, et recipere eorum quidem, quæ supersint, emanationem, eorum vero, quæ subsint, elevationem. Vocales autem et ipsas septem esse Anthropi et Ecclesiæ, quoniam per Anthropum vox progrediens formavit omnia; sonus enim vocis formam eis circumdedit. Est igitur Logos habens et Zoe octo, Anthropos autem et Ecclesia septem, Pater autem et Alethia novem. Ex minori autem computatione qui erat apud Patrem descendit, emissus illuc, unde fuerat separatus, ad emendationem factorum, ut pleromatum unitas æqualitatem habens fructificet unam in omnibus, quæ est ex omnibus virtus. Et sic is qui est numeri septem

C αὐτοῦ, τὴν δὲ δύναμιν ἀγνοεῖς. Ἰησοῦς μὲν γάρ ἐστιν ἐπίσημον ὄνομα, ἓξ ὧν γράμματα, ὑπὸ πάντων τῶν τῆς κλήσεως γινωσκόμενον. Τὸ δὲ παρὰ τοῖς αἰῶσι τοῦ πληρώματος πολυμερὲς τυγχάνον ἄλλης ἐστὶ μορφῆς καὶ ἑτέρου τύπου, γινωσκόμενον ὑπ' ἐκείνων τῶν συγγενῶν, ὧν τὰ μεγέθη παρ' αὐτῷ ἐστι διὰ παντός.

ε'. Ταῦτ' οὖν τὰ παρ' ὑμῖν εἰκοσιτέσσαρα γράμματα ἀποῤῥοίας ὑπάρχειν γίνωσκε τῶν τριῶν δυνάμεων εἰκονικὰς τῶν περιεχουσῶν τὸν ὅλον τῶν ἄνω στοιχείων τὸν ἀριθμόν. Τὰ μὲν γὰρ ἄφωνα γράμματα ἐννέα νόμισον εἶναι τοῦ Πατρὸς καὶ τῆς Ἀληθείας διὰ τὸ ἀφώνους αὐτοὺς εἶναι, τουτέστιν ἀῤῥήτους καὶ ἀνεκλαλήτους· τὰ δὲ ἡμίφωνα, ὀκτὼ ὄντα, τοῦ Λόγου καὶ τῆς Ζωῆς διὰ τὸ μέσα ὥσπερ ὑπάρχειν τῶν τε ἀφώνων καὶ τῶν φωνηέντων, καὶ ἀναδέχεσθαι τῶν μὲν ὕπερθεν τὴν ἀπόῤῥοιαν, τῶν δὲ ὑπ' αὐτὰ τὴν ἀναφοράν· τὰ δὲ φωνήεντα, καὶ αὐτὰ ἑπτὰ ὄντα, τοῦ Ἀνθρώπου καὶ τῆς Ἐκκλησίας, ἐπεὶ διὰ τοῦ Ἀνθρώπου φωνὴ προελθοῦσα ἐμόρφωσε τὰ ὅλα· ὁ γὰρ ἦχος τῆς φωνῆς μορφὴν αὐτοῖς περιεποίησε. D Ἔστιν ὁ μὲν Λόγος ἔχων καὶ ἡ Ζωὴ τὰ ὀκτώ, ὁ δὲ Ἄνθρωπος καὶ ἡ Ἐκκλησία τὰ ἑπτά, ὁ δὲ Πατὴρ καὶ ἡ Ἀλήθεια τὰ ἐννέα. Ἐπειδὴ τοῦ ὑστερήσαντος λόγου ὁ ἀφεδρασθεὶς ἐν τῷ Πατρὶ κατῆλθε, πεμφθεὶς ἐπὶ τὸν ἀφ' οὗ ἐχωρίσθη ἐπὶ διορθώσει τῶν πραχθέντων, ἵνα ἡ τῶν πληρωμάτων ἑνότης ἰσότητα ἔχουσα καρποφορῇ μίαν ἐν πᾶσι τὴν ἐκ πάντων δύναμιν. Κα-

VARIÆ LECTIONES.

[22] πάντων τῆς omisso τῶν C, M. [23] ἐπικαλούμενον. ἐγκαλούμενα C, M. [24] πέντε, quod neque Epiphanius neque Irenæus lat. norunt, per errorem irrepsit in C. [25] εἰκονικάς. [καὶ εἰκόν]ας M. [26] ὅλον. ὅρον C, M. [27] καὶ uncinis inclusimus Ante τῶν inserendum esse τὸν censet M. [28] μέσας C, M. [29] ἀπόῤῥοιαν. ἀπορίαν C. [30] ὑπ' αὐτά. ὑπὲρ αὐτὴν Iren. græc. : quæ subsint Iren. lat. : ὑπενέρθεν susp. Massuetus : an ὑποκάτω? [31] διά. καὶ C, M. [32] ὁ ἔχων καὶ ἡ ζωὴ ἡ τὰ C. [33] ὑστερίσαντος C. [34] ἐχωρήθη C. [35] ἀγαθῷ. an καθαρῷ? καρποφορεῖ C.

ειν. Καὶ οὕτως ὁ τῶν ἑπτὰ τὴν τῶν ὀκτὼ [36] μίσατο δύναμιν, καὶ ἐγένοντο οἱ τρεῖς τόποι ιοι τοῖς ἀριθμοῖς, ὀγδοάδες ὄντες· οἵτινες τρεῖς ἑαυτοὺς [37] ἐλθόντες τὸν τῶν εἰκοσιτεσσάρων έδειξαν [38] ἀριθμόν. Τὰ μέντοι τρία στοιχεῖα, ([ἃ] [38*] **209. 210.**] φησιν αὐτὸς [39] τῶν τριῶν ἐν συζυγίᾳ νάμεων ὑπάρχειν, ἅ ἐστιν ἕξ, ἀφ' ὧν ἀπεῤῥύη [40] εἰκοσιτέσσαρα στοιχεῖα), τετραπλασιασθέντα τῷ ς ἀῤῥήτου τετράδος λόγῳ [41] τὸν αὐτὸν αὐτοῖς [42] ιθμὸν ποιεῖ, ἅπερ φησὶ τοῦ Ἀνονομάστου [43] άρχειν. Φορεῖσθαι δὲ αὐτὰ ὑπὸ τῶν ἓξ δυνάμεων ς ὁμοιότητα τοῦ Ἀοράτου [44], ὧν στοιχείων εἰκό- ς [45] εἰκόνων [46] | ἓξ διπλᾶ γράμματα ὑπάρχειν, ἃ ναριθμούμενα τοῖς εἰκοσιτέσσαρσι στοιχείοις δυ- μει τῇ [47] κατὰ ἀνολογίαν τὸν τῶν τριάκοντα ποι- ται ἀριθμόν.

μζʹ. Τούτου τοῦ λόγου καὶ τῆς οἰκονομίας [48] ταύ- ης καρπόν φησιν ἐν ὁμοιώματι εἰκόνος πεφηνέναι εῖνον τὸν μετὰ τὰς ἓξ ἡμέρας τέταρτον ἀναβάντα ς τὸ ὄρος [49], καὶ γενόμενον ἕκτον, τὸν καταβάντα αὶ κρατηθέντα ἐν τῇ ἑβδομάδι, ἐπίσημον ὀγδοάδα πάρχοντα καὶ ἔχοντα ἐν ἑαυτῷ τὸν ἀριθμὸν ἅπαντα ῶν στοιχείων, ὃν ἐφανέρωσεν, ἐλθόντος αὐτοῦ ἐπὶ ὸ βάπτισμα, ἡ τῆς περιστερᾶς κάθοδος, ἥτις ἐστὶν ω καὶ [50] ἄλφα, δι' ἀριθμοῦ δηλουμένου ὀκτακοσίων νός, καὶ διὰ τοῦτο Μωσέα ἐν τῇ ἕκτῃ ἡμέρᾳ λέγειν ὸν ἄνθρωπον γεγονέναι. Καὶ τὴν οἰκονομίαν [p. 210. 211.] δὲ τοῦ πάθους ἐν τῇ ἕκτῃ τῶν ἡμερῶν, ἥτις ἐστὶν ἡ παρασκευή [51], τὸν ἔσχατον ἄνθρωπον εἰς ἀναγέννησιν τοῦ πρώτου ἀνθρώπου πεφηνέναι. Ταύ- της τῆς οἰκονομίας ἀρχὴν καὶ τέλος τὴν ἕκτην ὥραν εἶναι, ἐν ᾗ προσηλώθη τῷ ξύλῳ. Τὸν γὰρ τέλειον νοῦν, ἐπιστάμενον τὸν τῶν ἓξ ἀριθμὸν δύναμιν [52] ποιήσεως καὶ ἀναγεννήσεως ἔχοντα, φανερῶσαι τοῖς

A rum nactus est potestatem, et facti sunt tres loci illi æquales numeris, utpote ogdoades, qui quidem tres sibi additi viginti quatuor illarum ostenderunt numerum. Tria autem elementa **316-317** illa (quæ ipse dicit esse ternarum in conjugatione potestatum, quæ sunt sex, unde emanarunt viginti quatuor elementa) quadruplicata ineffabilis quaternionis computo eumdem atque illa numerum faciunt, quæ esse ait Innominati. Ferri autem illa a sex potestatibus in similitudinem Invisibilis, quorum elementorum imagines imaginum sex duplices litteras exsistere, quæ adnumeratæ viginti quatuor elementis ex potestate analoga numerum tricenarium efficiunt.

B

47. Hujus computi hujusque dispensationis fructum ait in similitudine imaginis apparuisse illum, qui post sex dies quartus ipse ascenderit in montem et factus sit sextus, qui descenderit et detentus sit in hebdomade, cum esset insignis ogdoas et in se haberet universum numerum elementorum, quem manifestaverit, cum ad baptismum venisset, columbæ descensus, quæ sit ω' et α', per numerum, qui ostenditur 801, et propterea Mosem dicere in sexto die hominem factum esse. Et dispensationem vero passionis in sexto die, quæ est parasceve, **318-319** ultimum hominem ad regenerationem primi hominis apparuisse. Hujus dispensationis initium et finem sextam esse horam, in qua affixus est

C cruci. Perfectam enim Mentem intelligentem senarium numerum, qui potestatem haberet creationis et regenerationis, manifestavisse filiis lucis per eum, qui apparuit insignis, eam, quæ per ipsum

—

οὕτως ὁ τῶν ἑπτὰ τὴν τῶν ὀκτὼ ἐκομίσατο δύναμιν, καὶ ἐγένοντο οἱ τόποι ὅμοιοι τοῖς ἀριθμοῖς, ὀγδοάδες ὄντες· οἵτινες τρεῖς ἐφ' ἑαυτοὺς ἐλθόντες τὸν τῶν εἰκοσιτεσσάρων ἀνέδειξαν ἀριθμόν. Τὰ μέντοι τρία στοιχεῖα ἀφίησιν αὐτό; τῶν τριῶν ἐν συζυγίᾳ δυνάμεων ὑπάρχειν, ἅ ἐστιν ἕξ, ἀφ' ὧν ἀπεῤῥύη τὰ εἰκοσιτέσσαρα στοιχεῖα, τετραπλασιασθέντα τῷ τῆς ἀῤῥήτου τετράδος λόγῳ τὸν αὐτὸν αὐτοῖς ἀριθμὸν ποιεῖ, ἅπερ φησὶ τοῦ Ἀνονομάστου ὑπάρχειν. Φορεῖσθαι δὲ αὐτὰ ὑπὸ τῶν τριῶν δυνάμεων εἰς ὁμοιότητα τοῦ Ἀοράτου, ὧν στοιχείων εἰκόνες εἰκόνων τὰ παρ' ἡμῖν διπλᾶ γράμματα ὑπάρχειν, ἃ συναριθμούμενα τοῖς εἰκοσιτέσσαρσι στοιχείοις δυνάμει τῶν κατὰ ἀναλογίαν τῶν τριάκοντα ποιεῖ ἀριθμόν.

ζʹ. Τούτου τοῦ λόγου καὶ τῆς οἰκονομίας ταύτης καρπόν φησιν ἐν ὁμοιώματι εἰκόνος πεφυκέναι (πεφηνέναι cod. Reg.) ἐκεῖνον τὸν μετὰ τὰς ἓξ ἡμέρας τέταρτον ἀναβάντα εἰς τὸ ὄρος, καὶ γενόμενον ἕκτον, τὸν κρατηθέντα καὶ καταβάντα ἐν τῇ ἑβδομάδι, ἐπίσημον ὀγδοάδα ὑπάρχοντα καὶ ἔχοντα ἐν ἑαυτῷ τὸν ἅπαντα τῶν στοιχείων ἀριθμόν, ἐφανέρωσεν

eorum qui sunt octo accepit virtutem, et facta sunt tria loca similia numeris, cum sint octonationes: quæ ter in se venientia viginti quatuor ostenderunt numerum. Et tria quidem elementa (quæ dicit ipse trium in conjugatione virtutum exsistere, quæ fiunt sex, ex quibus emanaverunt viginti quatuor litteræ), quadripertita inenarrabilis quaternationis ratione eumdem numerum faciunt, quæ quidem dicit illius, qui est innominabilis, exsistere. Indui autem ea a tribus virtutibus in similitudinem illius, qui est invisibilis: quorum elementorum imagines

D imaginum esse eas, quæ sunt apud nos duplices litteræ, quas cum viginti quatuor litteris adnumerantes, virtute quæ est secundum analogiam, triginta faciunt numerum.

6. Hujus rationis et dispositionis fructum dicit in similitudinem imaginis apparuisse illum, qui post VI dies quartus ascendit in montem, et factus est sextus, qui descendit et detentus est in hebdomade, cum esset insignis octonatio, et haberet in se omnem elementorum numerum, quem manifestavit, cum ipse venisset ad baptismum, columbæ

VARIÆ LECTIONES.

[36] τῶν ὀκτώ. τῷ νοητῷ C. [37] ἀφ' ἑαυτοὺς C. [38] ἀνεδέξαντο C. Cf. Iren. et infra p. 324, 9, 10. [38*] ἃ add. M. [39] αὐτός. αὐτῶν C. [40] ἀπερύη C. [41] τῷ — λόγῳ. τῶν — λόγων C. [42] αὐτοῖς τοῖς C. [43] ἀνωνομάστου C. [44] ἀοράτον C. [45] εἰκόνας. εἰκόνες C, M. [46] εἰκόνων. εἰκόνων ὧν C. [47] δυνάμει τῇ. δύναμιν τὴν C. [48] οἰκονομίας. ἀναλογίας C, M. [49] Cf. Matth. XVII, 1 sqq. Marc. IX, 2 sqq. [50] ω καί. ο καὶ C. [51] παρασκευή, ἣ C. [52] ἀριθμῶν, δύναμιν ποιῆσαι καὶ ἀναγεννῆσαι ὡς ἔχοντα C.

postea accessit, regenerationem. Unde etiam duplices litteras insignem numerum habere ait; insignis enim numerus commistus viginti quatuor litteris triginta litterarum nomen effecit.

48. Usus autem est ministra septem numerorum magnitudine, ut consilii a semetipso consulti manifestaretur fructus. Insignem autem in præsenti, ait, intellige eum, qui die insigni formatus est, qui quasi dispertitus est et extra mansit, qui ipsius potestate et intelligentia per ipsius propaginem hunc septem potestatum imitatione septemplicis potestatis animavit mundum, cumque animam constituit esse universi visibilis. Utitur **320-321** igitur et hic hoc opere tanquam sponte a se facto, illa vero ministrant, cum sint imitamenta rerum imitatione non expressarum, cogitationis matris. Et primum quidem cœlum fatur A, alterum autem E, tertium autem H, quartum autem, quod est medium inter septem, I litteræ potestatem, quintum autem O, sextum autem Υ, septimum autem, quod est quartum a medio, Ω. Potestatesque omnes in unum complicatæ sonant et glorificant illum, a quo pro-

A υἱοῖς τοῦ φωτὸς [τὴν] [53] διὰ τοῦ φανέντος ἐπ[ισήμου] [εἰς] τὴν δι' αὐτοῦ ἐπιγενομένην ἀναγέννησ[ιν]. καὶ τὰ διπλᾶ γράμματα [54] τὸν ἀριθμὸν ἐπ[ίσημον] ἔχειν φησίν· ὁ γὰρ ἐπίσημος ἀριθμὸς συγ[κραθεὶς] τοῖς εἰκοσιτέσσαρσι στοιχείοις τὸ τριακ[οντα]γράμματον ὄνομα ἀπετέλεσε.

μη'. Κέχρηται δὲ διακόνῳ τῷ τῶν ἑπτὰ ἀ[ριθμῶν] μεγέθει, ἵνα τῆς αὐτοβουλήτου [βουλῆς] [56] φα[νερωθῇ] ὁ καρπός. Τὸν μέντοι ἐπίσημον ἐπὶ τοῦ π[αρόντος], φησὶ, τὸν ἐπὶ τοῦ ἐπισήμου μορφωθέντα νό[ει], ὥσπερ μερισθέντα καὶ ἔξω μείναντα, ὃς τ[ῇ] δυνάμει τε καὶ φρονήσει διὰ τῆς ἑαυτοῦ π[ροβολῆς] τοῦτον τὸν [τὴν ζωὴν] τῶν [57] ἑπτὰ δυνάμεω[ν κατὰ μίμησιν] τῆς ἑπταδυνάμου δυνάμεως ἐψύχωσε κόσ[μον καὶ] ψυχὴν [p. 211. 212.] ἔθετο εἶναι τοῦ ὁρωμ[ένου παν]-
B τός. Κέχρηται [58] μὲν οὖν καὶ οὗτος τῷδε τ[ῷ ἔργῳ] ὡς αὐθαιρέτως ὑπ' αὐτοῦ γενομένῳ [59], τ[ὰ δὲ δια]κονεῖ [60], μιμήματα ὄντα τῶν ἀμιμήτων, τ[ὴν ἐνθύ]μήσεως τῆς μητρός. Καὶ ὁ μὲν πρῶτος [οὐρανὸς] φθέγγεται [62] τὸ ἄλφα, ὁ δὲ μετὰ τοῦτον τὸ ε[ἶ], [ὁ δὲ] τρίτος τὸ ἦτα, ὁ δὲ τέταρτος, ὁ καὶ μέσ[ος τῶν] ἑπτὰ, τὴν τοῦ ἰῶτα δύναμιν, ὁ δὲ πέμπτος [τὸ οὖ], ἕκτος δὲ τὸ ύ, ἕβδομος δὲ καὶ τέταρτος ἀπὸ [τοῦ μέσου] τὸ ω'. Αἵ τε δυνάμεις πᾶσαι εἰς ἓν συμπ[λακεῖσαι]

descensio, quæ est Ω et A; numerus enim ipsius unum et DCCC, et propter hoc Mosen in sexta die dixisse hominem factum. Et dispositionem autem in sexta die, quæ est in cœna pura, novissimum hominem in regenerationem primi hominis apparuisse, cujus dispositionis initium et finem sextam horam, in qua affixus est ligno. Perfectum enim sensum scientem eum numerum, qui est sex, virtutem fabricationis et regenerationis habentem, manifestasse filiis luminis eam generationem, quæ facta est per eum, qui manifestatus est insignis, in eum numerum. Hinc etiam et duplices litteras numerum insignem habere ait. Insignis enim numerus commistus viginti quatuor elementis XXX litterarum nomen explicuit.

7. Usus est autem diacono septem numerorum magnitudine, quemadmodum dicit Marci Sige, ut ab se cogitatæ cogitationis manifestetur fructus. Et insignem quidem hunc numerum in præsenti ait eum, qui ab insigni figuratus est, intelligi, eum, qui quasi in partes divisus est aut præcisus et foris perseveravit, qui sua virtute et prudentia per eam, quæ est ab eo, emissionem hunc, qui est septem virtutum secundum imitationem hebdomadis virtutis, animavit mundum, et animam posuit esse hujus universi, quod videtur. Utitur autem et ipse hic hoc opere quasi spontanee ab ipso facto, reliqua vero ministrant, cum sint imitationes inimitabilium, enthymesin matris. Et primum quidem cœlum sonat A, quod autem est post illum E, tertium autem H, quartum vero et medium numeri VII Iotæ virtutem enarrat, quintum vero O, sextum autem Υ, septimum autem et IV a medio Ω elementum exclamat, quemadmodum Marci Sige, quæ multa quidem loquacius exsequitur, nihil autem ve-

ἐλθόντος αὐτοῦ ἐπὶ τὸ βάπτισμα [illegible] κάθοδος, ἥτις ἐστὶν Ω καὶ A· ὁ γὰρ [illegible] μία καὶ ὀκτακόσιαι· καὶ διὰ τοῦτο Μω[σέα] ἕκτῃ τῶν ἡμερῶν εἰρηκέναι τὸν ἄνθρωπον [illegible]. Καὶ τὴν οἰκονομίαν δὲ ἐν τῇ ἕκτῃ τῶν ἡμ[ερῶν], ἥ ἐστι Παρασκευή, τὸν ἔσχατον ἄνθρωπον [εἰς ἀναγέν]νησιν τοῦ πρώτου ἀνθρώπου πεφηνέναι. [illegible]
C ἀρχὴν καὶ τέλος καὶ τὴν ἕκτην ὥραν, ἐν ᾗ [illegible] τῷ ξύλῳ. Τὸν γὰρ τέλειον νοῦν, ἐπιστάμεν[ον] ἓξ ἀριθμὸν δύναμιν ποιήσεως καὶ ἀνα[γεννήσεως] ἔχοντα, φανερῶσαι τοῖς υἱοῖς τοῦ φωτὸς τ[ὴν διὰ] τοῦ φανέντος ἐπισήμου εἰς αὐτὸν δι' αὐτο[ῦ (εἰς] τὸν ἀριθμὸν cod. Reg.) γενομένην ἀνα[γέννησιν]. Ἔνθεν καὶ τὰ διπλᾶ γράμματα τὸν ἀριθμὸν [ἐπίσημον] ἔχειν φησίν· ὁ γὰρ ἐπίσημος ἀριθμὸς σ[υγκραθεὶς] τοῖς εἰκοσιτέσσαρσι στοιχείοις τὸ τριακ[οντα]γράμματον ὄνομα ἀπετέλεσε. Κέχρηται δὲ διακό[νῳ τῷ τῶν] ἑπτὰ ἀριθμῶν μεγέθει, ὥς φησιν ἡ Μάρκ[ου Σιγή], ἵνα τῆς αὐτοβουλήτου βουλῆς φανερωθῇ ὁ [καρπός]. Τὸν μέντοι ἐπίσημον τοῦτον ἀριθμὸν ἐπὶ το[ῦ παρόν]τος, φησὶ, τὸν ἐπὶ τοῦ ἐπισήμου μορφωθέντα [νοεῖν], τὸν ὥσπερ μερισθέντα ἢ διχοτομηθέντα καὶ [ἔξω μεί]ναντα, ὃς τῇ ἑαυτοῦ δυνάμει τε καὶ φρονήσει [διὰ τῆς] ἀπ' αὐτοῦ προβολῆς τοῦτον τὸν τῶν ἑπτὰ δ[υνάμεων] καὶ (κατὰ cod. Reg.) μίμησιν τῆς ἑβδομάδ[ος δυνά]μεως ἐψύχωσε κόσμον καὶ ψυχὴν ἔθετο ε[ἶναι τοῦ] ὁρωμένου παντός. Κέχρηται μὲν οὖν καὶ αὐτ[ὸς]
D τῷδε τῷ ἔργῳ ὡς αὐθαιρέτως ὑπ' αὐτοῦ γεν[ομένῳ, τὰ δὲ λοι]πὰ διακονεῖ μιμήματα ὄντα τῶν ἀμιμήτ[ων, τὴν] ἐνθύμησιν τῆς μητρός. Καὶ ὁ μὲν πρῶτος ο[ὐρανὸς] φθέγγεται τὸ α, ὁ δὲ μετὰ τοῦτον τὸ ε, ὁ δὲ τρ[ίτος τὸ η, ὁ] τέταρτος δὲ καὶ μέσος τῶν ἑπτὰ τὴν τοῦ ι [illegible] ἐκφωνεῖ, ὁ δὲ πέμπτος τὸ ο', ἕκτος δὲ τὸ υ, ἕ[βδομος] καὶ τέταρτος ἀπὸ μέρους τὸ ω στοιχεῖον [illegible] καθὼς ἡ Μάρκου Σιγή, ἡ πολλὰ μὲν φλυαρ[οῦσα]

VARIÆ LECTIONES.

[53] τὴν et εἰς uncinis inclusimus. [54] ἐπισήμου. ἐπισήμως C. [55] γράμματα. πράγματα C. [56] [illegible] add. M coll. Iren. [57] τοῦτον τὸν [τὴν ζωὴν] τῶν. τοῦτον τὴν ζωὴν τῶν C, τὴν ζωὴν ex margine illata videtur, pertinens fortasse ad ψυχὴν lin. 70. M. [58] κέχριται C. [59] τῷδε ἔργῳ C. [60] γενόμενα C. M. [illegible] δὲ διακονεῖ. τὰ δι' εἰκόνων C, M. [61] Cf. Jo Laurent. Philadelphen. Lydus *De mensibus* II, 2, p. [illegible] Roether. [62] φθέγγεται. φαίνεται C. [63] εἰ. ει C, M. [64] ὁ καὶ μέσος R. Schottus, καὶ ὁ μέσος C, M. [illegible] οὖ. τὸ ου C, τὸ ο M.

τε καὶ δοξάζουσιν ἐκεῖνον, ὑφ' οὗ προεβλήθη- A σαν· ἡ δὲ δόξα τῆς ἠχήσεως ἀνεπέμφθη πρὸς τὸν Προπάτορα. Ταύτης μέντοι τῆς δοξολογίας τὸν ἦχον, εἰς τὴν γῆν φερόμενον, φησὶ πλάστην γίνεσθαι καὶ γεννήτορα τῶν ἐπὶ τῆς γῆς· τὴν δὲ [67] ἀπόδειξιν ἀπὸ τῶν ἄρτι γεννωμένων [68] βρεφῶν, ὧν ἡ ψυχὴ ἅμα τῷ ἐκ μήτρας προελθεῖν ἐπιβοᾷ ὁμοίως ἑνὸς ἑκάστου τῶν στοιχείων τούτων τὸν ἦχον [69]. Καθὼς οὖν [αἱ] ἑπτά, φησί, δυνάμεις δοξάζουσι τὸν Λόγον, οὕτω καὶ ἡ ψυχὴ ἐν τοῖς βρέφεσι κλαίουσα. [p. 212. 213] Διὰ τοῦτο δέ φησι καὶ τὸν Δαβὶδ εἰρηκέναι· *Ἐκ στόματος νηπίων* [70-80] *καὶ θηλαζόντων κατηρτίσω* [81] *αἶνον·* καὶ πάλιν· *Οἱ οὐρανοὶ διηγοῦνται δόξαν Θεοῦ* [82]. Ὅταν δὲ ἐν πόνοις γένηται ἡ ψυχή, ἐπιβοᾷ [83] οὐδὲν ἕτερον ἢ τὸ Ω, ἐφ' ᾧ ἀνιᾶται, [ὅπως [84] γνωρίσασα ἡ ἄνω ψυχὴ τὸ συγγενὲς αὐτῆς βοηθὸν αὐτῇ κατα- B πέμψῃ [85].

Μθ'. Καὶ περὶ τούτων μὲν οὕτως. Περὶ δὲ τῆς τῶν εἰκοσιτεσσάρων στοιχείων γενέσεως οὕτως λέγει· Τῇ Μονότητι συνυπάρχειν Ἑνότητα, ἐξ ὧν δύο προβολαί, Μονάς τε καὶ τὸ Ἕν, δὶς δύο οὖσαι [86] τέσσαρες ἐγένοντο· δὶς γὰρ | δύο τέσσαρες. Καὶ πάλιν αἱ δύο καὶ τέσσαρες εἰς τὸ αὐτὸ συντεθεῖσαι [87] τὸν τῶν ἓξ ἐφανέρωσαν ἀριθμόν, οὗτοι δὲ οἱ ἓξ τετραπλασιασ-

latæ sunt, glorificatio autem sonorum sursum missa est ad Propatorem. Hujus autem glorificationis sonum in terram delatum ait fictorem exstitisse et genitorem rerum terrenarum; documentum autem repeti a recens natis infantibus, quorum anima, simul atque ex utero emersit, exclamat pariter uniuscujusque horum elementorum sonum. Sicuti igitur, inquit, septem illæ potestates glorificant Logum, ita etiam anima in infantibus lacrymans. **322-323** Propterea autem et David ait dixisse: *Ex ore infantium et lactentium perfecisti laudem*, et rursus: *Cœli enarrant gloriam Dei*. Quando autem in ærumnis versabitur anima, exclamat nihil aliud nisi Ω, quandoquidem cruciatur, ut anima, quæ supra est, ubi cognovit id quod sibi cognatum est, adjutorem ei demittat.

49. Et de his quidem hactenus. De viginti quatuor litterarum autem origine hæc docet: Una cum Solitate exstare Unitatem, ex quibus duæ propagines, hoc est Monas et Unum, quæ additæ quatuor exstiterunt; bis enim duo quatuor. Et rursus duo et quatuor in unum composita senarium numerum monstraverunt, hæc sex autem quadruplicata illas

---

ἐκεῖνον δὲ ἀληθὲς λέγουσα διαβεβαιοῦται· αἵτινες δυνάμεις ὁμοῦ, φησί, πᾶσαι εἰς ἀλλήλας συμπλακεῖσαι ἠχοῦσι καὶ δοξάζουσιν ἐκεῖνον, ὑφ' οὗ προεβλήθησαν. Ἡ δὲ δόξα τῆς ἠχῆς ἀναπέμπεται εἰς τὸν Προπάτορα. Ταύτης μέντοι τῆς δοξολογίας τὸν ἦχον C εἰς τὴν γῆν φερόμενόν φησι πλάστην γενέσθαι καὶ γεννήτορα τῶν ἐπὶ τῆς γῆς.

Η'. Τὴν δὲ ἀπόδειξιν φέρει ἀπὸ τῶν ἄρτι γεννωμένων βρεφῶν, ὧν ἡ ψυχὴ ἅμα τῷ ἐκ μήτρας προελθεῖν ἐπιβοᾷ ὁμοίως ἑκάστου τῶν στοιχείων τούτων τὸν ἦχον. Καθὼς οὖν αἱ ἑπτά, φησι, δυνάμεις δοξάζουσι τὸν Λόγον, οὕτως καὶ ἡ ψυχὴ ἐν τοῖς βρέφεσι κλαίουσα καὶ θρηνοῦσα Μάρκον δοξάζει αὐτόν. Διὰ τοῦτο δὲ καὶ τὸν Δαβὶδ εἰρηκέναι· *Ἐκ στόματος νηπίων καὶ θηλαζόντων κατηρτίσω αἶνον·* καὶ πάλιν· *Οἱ οὐρανοὶ τῶν οὐρανῶν διηγοῦνται δόξαν Θεοῦ.* Καὶ διὰ τοῦτο ἔν τε πόνοις καὶ ταλαιπωρίαις ψυχὴ γενομένη εἰς διυλισμὸν αὐτῆς ἐπιφωνεῖ τὸ Ω εἰς σημεῖον αἰνέσεως, ἵνα γνωρίσασα ἡ ἄνω ψυχὴ τὸ συγγενὲς αὐτῆς βοηθὸν αὐτῇ καταπέμψῃ.

Θ'. Καὶ περὶ μὲν τοῦ παντὸς ὀνόματος τριάκοντα ὄντος γραμμάτων τούτου, καὶ τοῦ Βυθοῦ τοῦ αὐξάνοντος ἐκ τῶν τούτου γραμμάτων, ἔτι τε τῆς Ἀληθείας σώματος δωδεκαμελοῦς ἐκ δύο γραμμάτων συνεστῶτος, καὶ τῆς φωνῆς αὐτῆς, ἣν προσομιλήσασα, καὶ D περὶ τῆς ἐπιλύσεως τοῦ μὴ λαληθέντος ὀνόματος καὶ περὶ τῆς τοῦ κόσμου ψυχῆς καὶ ἀνθρώπου καθὰ ἔχουσι τὴν κατ' εἰκόνα οἰκονομίαν, οὕτως ἐλήρησεν. Κ. τ. λ.

Οὕτως οὖν ἀπαγγέλλει ἡ πάνσοφος αὐτῷ Σιγὴ τὴν γένεσιν τῶν εἰκοσιτεσσάρων στοιχείων· Τῇ Μονότητι συνυπάρχειν Ἑνότητι, ἐξ ὧν δύο προβολαί, καθ' ἃ προείρηται, μονάς τε καὶ τὸ ἓν ἐπὶ δύο οὖσαι τέσσαρα ἐγένοντο· δὶς γὰρ δύο τέσσαρες. Καὶ πάλιν αἱ δύο καὶ τέσσαρες εἰς τὸ αὐτὸ συντεθεῖσαι τὸν τῶν ἓξ ἐφανέρωσαν ἀριθμόν, οὗτοι δὲ οἱ ἓξ τετραπλα-

rum loquens affirmat. Quæ virtutes, ait, omnes simul in invicem complexæ sonant et glorificant illum, a quo emissæ sunt. Gloria autem soni mittitur in Propatorem. Hujus autem glorificationis sonum in terram delatum ait plasmatorem factum et generatorem eorum quæ sunt in terra.

8. Ostensionem autem affert ab iis, qui nunc nascuntur infantibus, quorum anima, simul ut de vulva progressa est, exclamat uniuscujusque elementi hunc sonum. Sicut ergo septem virtutes, inquit, glorificant Verbum, sic et anima in infantibus plorans et plangens Marcum glorificat eum. Propter hoc autem et David dixisse: *Ex ore infantium et lactentium perfecisti laudem;* et iterum: *Cœli enarrant gloriam Dei*. Et propter hoc, quando in doloribus et calamitatibus anima fuerit, in relevationem suam dicit Ω in signum laudationis, ut cognoscens illa, quæ sursum est, anima quod est cognatum suum adjutorium ei deorsum mittat.

9. Et de omni quidem nomine, quod est XXX litterarum, et de Bytho, qui augmentum accipit ex hujus litteris, adhuc etiam de Veritatis corpore, quod est duodecim membrorum, unoquoque membro ex duabus litteris constante, et de voce ejus, quam locuta est non locuta, et de resolutione ejus nominis, quod non est enarratum, et de mundi anima et hominis, secundum quæ habent illam, quæ est ad imaginem, dispositionem, sic deliravit, etc.

Cap. 15, 1. Sic autem annuntiat perquam sapiens eorum Sige generationem XXIV elementorum: Cum Solitate esse Unitatem, ex quibus duæ sunt emissiones, sicut prædictum est, Monas et Hen, quæ duplicatæ IV factæ sunt; bis enim duo quatuor. Et rursus duo et quatuor in id ipsum compositæ VI manifestaverunt numerum, hi autem sex quadru-

VARIÆ LECTIONES.

[67] τὴν δὲ. τῶν δὲ C. [68] γενωμένων C. [69] τοῦτον τὸν ἦχον C, M. αἱ add. M. [70-80] Psalm. VIII, 3. [81] κατηρτήσω C. [82] Psal. XVIII, 2. [83] ὡς ἐπιβοᾷ C, ὡς abunda[illegible] ex margine illatum videtur, ubi ad ὀπίσω aliquis notaverit correctionem ὡς, ut legatur ὅτ[illegible] ὀπίσω C. [85] καταπέμψει C. [86] δὶς δύο οὖσαι. δὶς δύο οὐσίαι C, an αἱ συνοῦσαι? [87] συ[illegible]

postea accessit, regenerationem. Unde etiam duplices litteras insignem numerum habere ait; insignis enim numerus commistus viginti quatuor litteris triginta litterarum nomen effecit.

48. Usus autem est ministra septem numerorum magnitudine, ut consilii a semetipso consulti manifestaretur fructus. Insignem autem in præsenti, ait, intellige eum, qui die insigni formatus est, qui quasi dispertitus est et extra mansit, qui ipsius potestate et intelligentia per ipsius propaginem hunc septem potestatum imitatione septemplicis potestatis animavit mundum, cumque animam constituit esse universi visibilis. Utitur **320-321** igitur et hic hoc opere tanquam sponte a se facto, illa vero ministrant, cum sint imitamenta rerum imitatione non expressarum, cogitationis matris. Et primum quidem cœlum fatur A, alterum autem E, tertium autem H, quartum autem, quod est medium inter septem, I litteræ potestatem, quintum autem O, sextum autem Υ, septimum autem, quod est quartum a medio, Ω. Potestatesque omnes in unum complicatæ sonant et glorificant illum, a quo pro-

A υἱοῖς τοῦ φωτὸς [τὴν] [83] διὰ τοῦ φανέντος ἐπ[ισήμου] [εἰς] τὴν δι' αὐτοῦ ἐπιγενομένην ἀναγέννη[σιν] καὶ τὰ διπλᾶ γράμματα [84] τὸν ἀριθμὸν [ἐπίσημον] ἔχειν φησίν· ὁ γὰρ ἐπίσημος ἀριθμὸς συγ[κραθεὶς] τοῖς εἰκοσιτέσσαρσι στοιχείοις τὸ τριακ[οντα]ματον ὄνομα ἀπετέλεσε.

μη'. Κέχρηται δὲ διακόνῳ τῷ τῶν ἑπτὰ ἀ[ριθμῶν] μεγέθει, ἵνα τῆς αὐτοβουλήτου [βουλῆς] [85] φ[ανερωθῇ] ὁ καρπός. Τὸν μέντοι ἐπίσημον ἐπὶ τοῦ π[αρόντος] φησὶ, τὸν ἐπὶ τοῦ ἐπισήμου μορφωθέντα νό[ει], ὥσπερ μερισθέντα καὶ ἔξω μείναντα, ὃς [τῇ] δυνάμει τε καὶ φρονήσει διὰ τῆς ἑαυτο[ῦ προβολῆς] τοῦτον τὸν [τὴν ζωὴν] τῶν [87] ἑπτὰ δυνάμε[ων] τῆς ἑπταδυνάμου δυνάμεως ἐψύχωσε κό[σμον, καὶ] ψυχὴν [p. 211. 212.] ἔθετο εἶναι τοῦ ὁρωμ[ένου παν]τός. Κέχρηται [88] μὲν οὖν καὶ οὗτος τῷδ[ε τῷ ἔργῳ] ὡς αὐθαιρέτως ὑπ' αὐτοῦ γενομένῳ [89], τ[ὰ δὲ δια]κονεῖ [91], μιμήματα ὄντα τῶν ἀμιμήτων, [τὴν ἐνθύ]μήσεως τῆς μητρός. Καὶ ὁ μὲν πρῶτος [οὐρανὸς] φθέγγεται [92] τὸ ἄλφα, ὁ δὲ μετὰ τοῦτον τὸ [ε, ὁ δὲ] τρίτος τὸ ἦτα, ὁ δὲ τέταρτος, ὁ καὶ μέσος τῶν ἑπτὰ, τὴν τοῦ ἰῶτα δύναμιν, ὁ δὲ πέμπτος τὸ ο', ἕκτος δὲ τὸ υ', ἕβδομος δὲ καὶ τέταρτος ἀπὸ [μέσου] τὸ ω'. Αἵ τε δυνάμεις πᾶσαι εἰς ἓν συμπ[λακεῖσαι]

B

descensio, quæ est Ω et A; numerus enim ipsius unum et DCCC, et propter hoc Mosen in sexta die dixisse hominem factum. Et dispositionem autem in sexta die, quæ est in cœna pura, novissimum hominem in regenerationem primi hominis apparuisse, cujus dispositionis initium et finem sextam horam, in qua affixus est ligno. Perfectum enim sensum scientem eum numerum, qui est sex, virtutem fabricationis et regenerationis habentem, manifestasse filiis luminis eam generationem, quæ facta est per eum, qui manifestatus est insignis, in eum numerum. Hinc etiam et duplices litteras numerum insignem habere ait. Insignis enim numerus commistus viginti quatuor elementis XXX litterarum nomen explicuit.

7. Usus est autem diacono septem numerorum magnitudine, quemadmodum dicit Marci Sige, ut ab se cogitatæ cogitationis manifestetur fructus. Et insignem quidem hunc numerum in præsenti ait eum, qui ab insigni figuratus est, intelligi, eum, qui quasi in partes divisus est aut præcisus et foris perseveravit, qui sua virtute et prudentia per eam, quæ est ab eo, emissionem hunc, qui est septem virtutum secundum imitationem hebdomadis virtutis, animavit mundum, et animam posuit esse hujus universi, quod videtur. Utitur autem et ipse hic hoc opere quasi spontanee ab ipso facto, reliqua vero ministrant, cum sint imitationes inimitabilium, enthymesin matris. Et primum quidem cœlum sonat A, quod autem est post illum E, tertium autem H, quartum vero et medium numeri VII Iotæ virtutem enarrat, quintum vero O, sextum autem Υ, septimum autem et IV a medio Ω elementum exclamat, quemadmodum Marci Sige, quæ multa quidem loquacius exsequitur, nihil autem ve-

ἐλθόντος αὐτοῦ ἐπὶ τὸ βάπτισμα ἡ τ[ῆς περιστερᾶς] κάθοδος, ἥτις ἐστὶν Ω καὶ Α· ὁ γὰρ [ἀριθμὸς αὐτῆς] μία καὶ ὀκτακόσιαι· καὶ διὰ τοῦτο [Μωσέα ἐν τῇ] ἕκτῃ τῶν ἡμερῶν εἰρηκέναι τὸν ἄνθρω[πον γεγονέναι]. Καὶ τὴν οἰκονομίαν δὲ ἐν τῇ ἕκτῃ τῶν ἡμ[ερῶν, ἥτις] ἐστὶ Παρασκευὴ, τὸν ἔσχατον ἄνθρωπον [εἰς ἀναγέν]νησιν τοῦ πρώτου ἀνθρώπου πεφηνέναι, [ἧς οἰκονομίας] ἀρχὴν καὶ τέλος καὶ τὴν ἕκτην ὥραν, ἐν ᾗ [προσηλώθη] τῷ ξύλῳ. Τὸν γὰρ τέλειον νουν, ἐπιστάμ[ενον τὸν τῶν]

C

ἓξ ἀριθμὸν δυναμιν ποιήσεως καὶ ἀν[αγεννήσεως] ἔχοντα, φανερῶσαι τοῖς υἱοῖς τοῦ φωτὸς [τὴν] δι' αὐτοῦ φανέντος ἐπισήμου εἰς αὐτὸν [εἰς] τὸν ἀριθμὸν cod. Reg.) γενομένην ἀν[αγέννησιν]. Ἔνθεν καὶ τὰ διπλᾶ γράμματα τὸν ἀριθμὸν [ἐπίσημον] ἔχειν φησίν· ὁ γὰρ ἐπίσημος ἀριθμὸς συγ[κραθεὶς] τοῖς εἰκοσιτέσσαρσι στοιχείοις τὸ τριακο[ντάγράμ]ματον ὄνομα ἀπετέλεσε. Κέχρηται δὲ διακόν[ῳ τῷ τῶν] ἑπτὰ ἀριθμῶν μεγέθει, ὥς φησιν ἡ Μάρκ[ου Σιγή], ἵνα τῆς αὐτοβουλήτου βουλῆς φανερωθῇ ὁ [καρπός]. Τὸν μέντοι ἐπίσημον τοῦτον ἀριθμὸν ἐπὶ τ[οῦ παρόν]τος, φησὶ, τὸν ἐπὶ τοῦ ἐπισήμου μορφωθέντα [νοεῖσθαι], τὸν ὥσπερ μερισθέντα ἢ διχοτομηθέντα καὶ [ἔξω μεί]ναντα, ὃς τῇ ἑαυτοῦ δυνάμει τε καὶ φρονή[σει διὰ τῆς] ἀπ' αὐτοῦ προβολῆς τοῦτον τὸν τῶν ἑπτὰ δ[υνάμεων] καὶ (κατὰ cod. Reg.) μίμησιν τῆς ἑβδομάδ[ος δυνά]μεως ἐψύχωσε κόσμον καὶ ψυχὴν ἔθετο [εἶναι] τοῦ ὁρωμένου παντός. Κέχρηται μὲν οὖν καὶ αὐτὸ[ς] τῷδε τῷ ἔργῳ ὡς αὐθαιρέτως ὑπ' αὐτοῦ γεν[ομένῳ, τὰ δὲ]

D

τάδε διακονεῖ μιμήματα ὄντα τῶν ἀμιμή[των τὴν] ἐνθύμησιν τῆς μητρός. Καὶ ὁ μὲν πρῶτος [οὐρανὸς] φθέγγεται τὸ α, ὁ δὲ μετὰ τοῦτον τὸ ε, ὁ δὲ τρ[ίτος τὸ η, ὁ δὲ] τέταρτος δὲ καὶ μέσος τῶν ἑπτὰ τὴν τοῦ ἰ[ῶτα δύναμιν] ἐκφωνεῖ, ὁ δὲ πέμπτος τὸ ο', ἕκτος δὲ τὸ υ, [ἕβδομος δὲ] καὶ τέταρτος ἀπὸ μέρους τὸ ω στοιχεῖον [ἐκβοᾷ], καθὼς ἡ Μάρκου Σιγὴ, ἡ πολλὰ μὲν φλυαρ[οῦσα]

VARIÆ LECTIONES.

[83] τὴν et εἰς uncinis inclusimus. [84] ἐπισήμου. ἐπισήμως C. [85] γράμματα. πράγματα C. [86] [illegible] add. M coll. Iren. [87] τοῦτον τὸν [τὴν ζωὴν] τῶν. τοῦτον τὴν ζωὴν τῶν C, τὴν ζωὴν ex margine illatum videtur, pertinens fortasse ad ψυχὴν lin. 70. M. [88] κέχρηται C. [89] τῷδε ἔργῳ C. [90] γενόμενα C, M. [91] [illegible] δὲ διακονεῖ. τὰ δι' εἰκόνων C, M. [92] Cf. Jo Laurent. Philadelphen. Lydus *De mensibus* II, [illegible] Roether. [93] φθέγγεται. φαίνεται C. [94] εἰ. ει C, M. [95] ὁ καὶ μέσος R. Scholtus, καὶ ὁ μέσος C, M. [96] οὐ. τὸ ου C, τὸ ο M.

τε καὶ δοξά | ζουσιν ἐκεῖνον, ὑφ' οὗ προεβλήθη- ἡ δὲ δόξα τῆς ἠχήσεως ἀνεπέμφθη πρὸς τὸν άτορα. Ταύτης μέντοι τῆς δοξολογίας τὸν ἦχον, ἡν γῆν φερόμενον, φησὶ πλάστην γίνεσθαι καὶ ήτορα τῶν ἐπὶ τῆς γῆς· τὴν δὲ [67] ἀπόδειξιν ἀπὸ ἄρτι γεννωμένων [68] βρεφῶν, ὧν ἡ ψυχὴ ἅμα κ μήτρας προελθεῖν ἐπιβοᾷ ὁμοίως ἑνὸς ἑκάστου στοιχείων τούτων τὸν ἦχον [69]. Καθὼς οὖν [αἱ] ι, φησὶ, δυνάμεις δοξάζουσι τὸν Λόγον, οὕτω καὶ ψυχὴ ἐν τοῖς βρέφεσι κλαίουσα. [p. 212. 213] Διὰ ο δέ φησι καὶ τὸν Δαβὶδ εἰρηκέναι· *Ἐκ στόματος ίων* [70-80] *καὶ θηλαζόντων κατηρτίσω* [81] *αἶνον*· πάλιν· *Οἱ οὐρανοὶ διηγοῦνται δόξαν Θεοῦ* [82]. ὰν δὲ ἐν πόνοις γένηται ἡ ψυχὴ, ἐπιβοᾷ [83] οὐδὲν ρον ἢ τὸ Ω, ἐφ' ᾧ ἀνιᾶται, ἵπως [84] γνωρίσασα ἡ ψυχὴ τὸ συγγενὲς αὐτῆς βοηθὸν αὐτῇ κατα-ψη [85].

ιθ'. Καὶ περὶ τούτων μὲν οὕτως. Περὶ δὲ τῆς τῶν οσιτεσσάρων στοιχείων γενέσεως οὕτως λέγει· Τῇ νότητι συνυπάρχειν Ἑνότητα, ἐξ ὧν δύο προβο-, Μονάς τε καὶ τὸ Ἕν, δὶς δύο οὖσαι [86] τέσσαρες ένοντο· δὶς γὰρ | δύο τέσσαρες. Καὶ πάλιν αἱ δύο ι τέσσαρες εἰς τὸ αὐτὸ συντεθεῖσαι [87] τὸν τῶν ἓξ ανέρωσαν ἀριθμὸν, οὗτοι δὲ οἱ ἓξ τετραπλασιασ-

A latæ sunt, glorificatio autem sonorum sursum missa est ad Propatorem. Hujus autem glorificationis sonum in terram delatum ait fictorem exstitisse et genitorem rerum terrenarum; documentum autem repeti a recens natis infantibus, quorum anima, simul atque ex utero emersit, exclamat pariter uniuscujusque horum elementorum sonum. Sicuti igitur, inquit, septem illæ potestates glorificant Logum, ita etiam anima in infantibus lacrymans. **322-323** Propterea autem et David ait dixisse : *Ex ore infantium et lactentium perfecisti laudem*, et rursus : *Cœli enarrant gloriam Dei*. Quando autem in ærumnis versabitur anima, exclamat nihil aliud nisi Ω, quandoquidem cruciatur, ut anima, quæ supra est, ubi cognovit id quod sibi cognatum est, B adjutorem ei demittat.

49. Et de his quidem hactenus. De viginti quatuor litterarum autem origine hæc docet : Una cum Solitate exstare Unitatem, ex quibus duæ propagines, hoc est Monas et Unum, quæ additæ quatuor exstiterunt; bis enim duo quatuor. Et rursus duo et quatuor in unum composita senarium numerum monstraverunt, hæc sex autem quadruplicata illas

—

ὲν δὲ ἀληθὲς λέγουσα διαβεβαιοῦται· αἵτινες νάμεις ὁμοῦ, φησὶ, πᾶσαι εἰς ἀλλήλας συμπλα-ῖσαι ἠχοῦσι καὶ δοξάζουσιν ἐκεῖνον, ὑφ' οὗ προεβλή-σαν. Ἡ δὲ δόξα τῆς ἠχῆς ἀναπέμπεται εἰς τὸν οπάτορα. Ταύτης μέντοι τῆς δοξολογίας τὸν ἦχον C ς τὴν γῆν φερόμενόν φησι πλάστην γενέσθαι καὶ ννήτορα τῶν ἐπὶ τῆς γῆς.

η'. Τὴν δὲ ἀπόδειξιν φέρει ἀπὸ τῶν ἄρτι γεννωμένων ρεφῶν, ὧν ἡ ψυχὴ ἅμα τῷ ἐκ μήτρας προελθεῖν ἐπιβοᾷ ίως ἑκάστου τῶν στοιχείων τούτων τὸν ἦχον. Καθὼς οὖν αἱ ἑπτὰ, φησι, δυνάμεις δοξάζουσι τὸν λόγον, οὕτως καὶ ἡ ψυχὴ ἐν τοῖς βρέφεσι κλαίουσα καὶ ορ νοῦσα Μάρκον δοξάζει αὐτόν. Διὰ τοῦτο δὲ καὶ ὸν Δαβὶδ εἰρηκέναι· *Ἐκ στόματος νηπίων καὶ θηλαζόντων κατηρτίσω αἶνον*· καὶ πάλιν· *Οἱ οὐρανοὶ τῶν οὐρανῶν διηγοῦνται δόξαν Θεοῦ.* Καὶ διὰ τοῦτο ἔν τε πόνοις καὶ ταλαιπωρίαις ψυχὴ ενομένη εἰς διυλισμὸν αὐτῆς ἐπιφωνεῖ τὸ Ω εἰς σημεῖον αἰνέσεως, ἵνα γνωρίσασα ἡ ἄνω ψυχὴ τὸ συγγενὲς αὐτῆς βοηθὸν αὐτῇ καταπέμψῃ.

θ'. Καὶ περὶ μὲν τοῦ παντὸς ὀνόματος τριάκοντα ντος γραμμάτων τούτου, καὶ τοῦ Βυθοῦ τοῦ αὔξανος ἐκ τῶν τούτου γραμμάτων, ἔτι τε τῆς Ἀληθείας ώματος δωδεκαμελοῦς ἐκ δύο γραμμάτων συνεστῶτος, καὶ τῆς φωνῆς αὐτῆς, ἣν προσομιλήσασα, καὶ D περὶ τῆς ἐπιλύσεως τοῦ μὴ λαληθέντος ὀνόματος καὶ περὶ τῆς τοῦ κόσμου ψυχῆς καὶ ἀνθρώπου καθὰ ἔχουσι τὴν κατ' εἰκόνα οἰκονομίαν, οὕτως ἐληρησεν. Κ. τ. λ.

Οὕτως οὖν ἀπαγγέλλει ἡ πάνσοφος αὐτῶν Σιγὴ τὴν γένεσιν τῶν εἰκοσιτεσσάρων στοιχείων· Τῇ Μονότητι συνυπάρχειν Ἑνότητι, ἐξ ὧν δύο προβολαὶ, καθ' ἃ προείρηται, μονάς τε καὶ τὸ ἓν ἐπὶ δύο οὖσαι τέσσαρα ἐγένοντο· δὶς γὰρ δύο τέσσαρες. Καὶ πάλιν αἱ δύο καὶ τέσσαρες εἰς τὸ αὐτὸ συντεθεῖσαι τὸν τῶν ἓξ ἐφανέρωσαν ἀριθμὸν, οὗτοι δὲ οἱ ἓξ τετραπλα-

rum loquens affirmat. Quæ virtutes, ait, omnes simul in invicem complexæ sonant et glorificant illum, a quo emissæ sunt. Gloria autem soni mittitur in Propatorem. Hujus autem glorificationis sonum in terram delatum ait plasmatorem factum et generatorem eorum quæ sunt in terra.

8. Ostensionem autem affert ab iis, qui nunc nascuntur infantibus, quorum anima, simul ut de vulva progressa est, exclamat uniuscujusque elementi hunc sonum. Sicut ergo septem virtutes, inquit, glorificant Verbum, sic et anima in infantibus plorans et plangens Marcum glorificat eum. Propter hoc autem et David dixisse : *Ex ore infantium et lactentium perfecisti laudem;* et iterum : *Cœli enarrant gloriam Dei.* Et propter hoc, quando in doloribus et calamitatibus anima fuerit, in relevationem suam dicit Ω in signum laudationis, ut cognoscens illa, quæ sursum est, anima quod est cognatum suum adjutorium ei deorsum mittat.

9. Et de omni quidem nomine, quod est XXX litterarum, et de Bytho, qui augmentum accipit ex hujus litteris, adhuc etiam de Veritatis corpore, quod est duodecim membrorum, unoquoque membro ex duobus litteris constante, et de voce ejus, quam locuta est non locuta, et de resolutione ejus nominis, quod non est enarratum, et de mundi anima et hominis, secundum quæ habent illam, quæ est ad imaginem, dispositionem, sic deliravit, etc.

Cap. 15, 1. Sic autem annuntiat perquam sapiens eorum Sige generationem XXIV elementorum : Cum Solitate esse Unitatem, ex quibus duæ sunt emissiones, sicut prædictum est, Monas et Hen, quæ duplicatæ IV factæ sunt; bis enim duo quatuor. Et rursus duo et quatuor in id ipsum compositæ VI manifestaverunt numerum, hi autem sex quadru-

VARIÆ LECTIONES.

[67] τὴν δὲ, τῶν δὲ C. [68] γενωμένων C. [69] τοῦτον τὸν ἦχον C, M. αἱ add. M. [70-80] Psalm. VIII, 3. [81] κατηρτήσω C. [82] Psal. XVIII, 2. [83] ὡς ἐπιβοᾷ C, ὡς abundans hoc loco ex margine illatum videtur, nisi ad ὀπίσω aliquis notaverit correctionem ως· ut legatur ὅπως. M. [84] ὅπως, ὀπίσω C. [85] καταπέμψει C. [86] δὶς δύο οὖσαι. δὶς δύο οὐσίαι C, an αἱ συνοῦσαι? [87] συντεθῆσαι C.

viginti quatuor (sc. litteras). Et primi quidem quaternionis nomina, quæ 324-325 sancta sanctorum intelligantur et quæ pronuntiari nequeant, cognosci a solo Filio. Hæc Pater novit quæ sint. Ea autem, quæ cum sacro silentio et cum fide enuntiantur, hæc sunt : Arrhetus et Sige, Pater et Aletheia. Hujus autem quaternionis universus numerus viginti quatuor est elementorum. Arrhetus (Ἄρρητος) enim habet septem elementa, Sige (Σειγή) quinque, et Pater (Πατήρ) quinque, et Aletheia (Ἀλήθεια) septem. Pariter autem etiam alter quaternio, Logos et Zoe, Anthropus et Ecclesia, eumdem numerum elementorum reddiderunt. Et Salvatoris effabile nomen, hoc est Jesum (Ἰησοῦν), litterarum esse sex, ineffabile autem numeratis singulatim litteris litterarum viginti quatuor est', υἱὸς autem Χριστός (Χρειστός) duodecim. Ineffabile autem in Christo nomen triginta elementorum et ipsum est secundum litteras, quæ in eo insunt, elementis singulatim numeratis. *Christus* (Χρειστός) enim nomen elementorum octo est. Χεῖ (Χ) enim littera trium elementorum est, 326-327 P (rho) autem duorum, et εἶ (E) duorum, et I (iota) quatuor, Σ (sigma) quinque, et T (tau) trium, οὖ (O) autem duorum et σάν trium. Ita id quod in Christo est ineffabile dicunt triginta esse elementorum. Et propter hoc aiunt eum dicere : *Ego A et Ω*, ostendentem columbam quæ hunc habet numerum, qui est octingenta unum.

50. Et Jesus vero hanc habet ineffabilem originem. Etenim a matre universorum, prima tetrade, instar filiæ provenit altera tetras, et exstitit ogdoas,

A θέντες τὰς εἰκοσιτέσσαρας. Καὶ τὰ μὲν [88] [illegible]της] [89] τετράδος [p. 213. 214] ὀνόματα, [illegible] νοούμενα καὶ μὴ δυνάμενα λεχθῆναι, [illegible] ὑπὸ [90] μόνου τοῦ Υἱοῦ· ταῦτα ὁ Πατὴρ [illegible] ἐστί. Τὰ μετὰ σιωπῆς [92] καὶ μετὰ πίστεως [illegible]μενα παρ' αὐτῷ ἐστι ταῦτα· Ἄῤῥητος κ[αὶ Σιγή,] Πατὴρ καὶ Ἀλήθεια. Ταύτης δὲ τῆς [illegible] σύμπας ἀριθμός ἐστι στοιχείων εἰκοσιτεσ[σάρων·] γὰρ Ἄῤῥητος ἔχει στοιχεῖα ἑπτά, ἡ Σιγὴ πέντε, καὶ ὁ Πατὴρ πέντε, καὶ ἡ Ἀλήθ[εια] Ὡσαύτως δὲ καὶ ἡ δευτέρα τετράς, Λόγος κ[αὶ Ζωή,] Ἄνθρωπος καὶ Ἐκκλησία τὸν αὐτὸν ἀρ[ιθμὸν] στοιχείων ἀνέδειξαν. Καὶ τὸ τοῦ Σωτῆρ[ος] ὄνομα [τουτέστι τὸν Ἰησοῦν] [93] γραμμά[των ἔ]χειν [94] ἕξ, τὸ δ' ἄῤῥητον [95] αὐτοῦ ἐπ' ἀρ[ιθμὸν]

B κατὰ ἓν γραμμάτων [96] στοιχείων ἐστὶν εἰκοσιτεσσά[ρων], Υἱὸς δὲ Χριστὸς (Χρειστὸς) δώδεκα· [τὸ δὲ] ἐν τῷ Χριστῷ ἄῤῥητον γραμμάτων τριάκο[ντα,] αὐτὸ τοῖς [98] ἐν αὐτῷ γράμμασι κατὰ ἓν [στοι]χείων ἀριθμουμένων [99]. Τὸ γὰρ Χρειστὸς [ὄνομα] ἐστι στοιχείων ὀκτώ. Τὸ μὲν | γὰρ χεῖ [1] [τριῶν,] [p. 214 215] δὲ ῥ' δύο, καὶ τὸ εἶ [2] δύο, [τὸ ἰῶτα τεσσά]ρων, τὸ σ' πέντε, καὶ τὸ τ' τριῶν, τὸ δὲ οὖ [3] [δύο,] τὸ σὰν [4] τριῶν. Οὕτως τὸ ἐν τῷ Χριστῷ ἄῤ[ῥητον ἔ]χουσι στοιχείων τριάκοντα. Καὶ διὰ τοῦτο [φασὶν] αὐτὸν λέγειν· *Ἐγὼ τὸ ἄλφα καὶ τὸ ὦ*, [μη]νύοντα τὴν περιστερὰν τοῦτον ἔχουσαν τὸν [ἀριθμόν,] ὅ ἐστιν ὀκτακόσια ἕν.

ν'. Ὁ δὲ Ἰησοῦς ταύτην μὲν ἔχει [illegible] γένεσιν. Ἀπὸ γὰρ τῆς μητρὸς τῶν ὅλων [illegible]

C τῆς τετράδος, ἐν θυγατρὸς τρόπῳ [illegible]

---

plicati viginti quatuor generaverunt figuras. Et quidem quæ sunt primæ quaternationis nomina sancta sanctorum intelliguntur, quæ non possunt enarrari; intelliguntur autem a solo Filio, quæ Pater scit quænam sunt. Alia vero, quæ cum gravitate et honore et fide nominantur, apud eum sunt hæc : ἄρρητος et σιγή, πατὴρ et ἀλήθεια. Hujus autem quaternationis universus numerus est litterarum viginti quatuor. Ἄρρητος enim nomen litteras habet in se septem, σειγή quinque et πατὴρ quinque et ἀλήθεια VII, quæ composita in se, bis quinque et bis septem, XXIIII numerum adimpleverunt. Similiter et secunda quaternatio Logos et Zoe, Anthropos et Ecclesia eumdem numerum elementorum ostenderunt. Et Salvatoris quoque narrabile nomen Ἰησοῦς litterarum est sex, inenarrabile autem ejus litterarum viginti quatuor, Υἱὸς et Χριστὸς litterarum XII, quod est autem in Christo inenarrabile, litterarum XXX. Et propter hoc ait eum A et Ω, ut περιστερὰν manifestet, cum hunc numerum habeat hæc avis.

2. Jesus autem hanc habet, inquit, inenarrabilem genesim. A matre enim universorum, id est primæ quaternationis, in filiæ locum processit secunda

σιασθέντες τὰς εἰκοσιτέσσαρας ἀπε[illegible] Καὶ τὰ μὲν τῆς πρώτης τετράδος ἅγια ἁγίων νοούμενα καὶ μὴ δυνάμενα λέγεσθαι ὑπὸ μόνου τοῦ Υἱοῦ, ἃ ὁ Πατὴρ [illegible] Τὰ δὲ σεμνὰ καὶ μετὰ πίστεως ὀνομ[αζόμενα παρ'] αὐτῷ ἐστι ταῦτα· Ἄῤῥητος καὶ Σιγή, [Πατὴρ] καὶ Ἀλήθεια. Ταύτης δὲ τῆς τετράδος [ὁ σύμπας] ἀριθμός ἐστι στοιχείων εἰκοσιτεσσάρων. [Τὸ γὰρ Ἄῤ]ῥητος ὄνομα γράμματα ἔχει ἐν ἑαυτῷ [ἑπτά, ἡ] Σιγὴ πέντε καὶ ὁ Πατήρ, καὶ ἡ Ἀλήθεια [ἑπτά, ἃ] συντεθέντα ἐπὶ τὸ αὐτό, τὰ δὶς πέντε καὶ [δὶς ἑπτὰ,] τὸν τῶν εἰκοσιτεσσάρων ἀριθμὸν ἀν[επλήρωσεν.] Ὡσαύτως δὲ καὶ ἡ δευτέρα τετράς, Λόγος κ[αὶ Ζωή,] Ἄνθρωπος καὶ Ἐκκλησία, τὸν αὐτὸν ἀρ[ιθμὸν] στοιχείων ἀνέδειξαν. Καὶ τὸ μὲν τοῦ Σωτῆρος ὄνομα (ὀκτὼ καὶ δέκα) γραμμάτων ὑπάρχει [illegible] (sic) δ' ἄῤῥητον αὐτοῦ γραμμάτων εἰκοσι[τεσσάρων.] Υἱὸς Χριστὸς γραμμάτων δώδεκα, τὸ δὲ ἐν [Χριστῷ] ἄῤῥητον γραμμάτων τριάκοντα. Καὶ διὰ τ[οῦτό φα]

D σιν αὐτὸν Α καὶ Ω, ἵνα τὴν περιστερὰν [μηνύσῃ,] τοῦτον ἔχοντος τὸν ἀριθμὸν τούτου τοῦ ὀρν[έου.]

θ'. Ὁ δὲ Ἰησοῦς ταύτην ἔχει, φησί, τὴν [illegible] γένεσιν. Ἀπὸ γὰρ τῆς μητρὸς τῶν ὅλων, τῆς [πρώτης] τετράδος, ἐν θυγατρὸς τρόπῳ προῆλθεν ἡ [illegible]

VARIÆ LECTIONES.

[88] τὰ μέν. ταῦτα μὲν C, M. [89] πρώτης om. C, M. [90] ὑπό. δὲ ὑπὸ C, M. [91] οἶδε. δὲ C. [92] μετὰ [illegible]πῆς. An μετὰ σεμνότητος coll. Iren ? [93] τουτέστι τὸν Ἰησοῦν. Hæc verba, quæ lin. 12 exponuntur, transponenda esse videntur. Cf. Iren. [94] ὑπάρχει M. [95] τὸ δ' ἄῤῥητον. τὸ δὲ ῥητὸν C. [96] ἐν γραμμάτων. ἐγγραμμάτων C. Post γραμμάτων C, M addunt τουτέστι τὸν Ἰησοῦν. [97] τὸ δέ. τῷ δὲ C. [98] καὶ [illegible] Hæc et quæ sequuntur usque ad lin. 19. Καὶ διὰ τοῦτο desunt in Irenæo. [99] τῶν στοιχείων ἀριθμ[ουμέ]νων στοιχείον ἀριθμούμενον C, M. [1] χεῖ. γρι C, χει M. [2] εἶ. ει C, M. [3] οὖ. ου C. M. [4] σάν. ν C [illegible] xxii, 13. Cf ibid. 1, 8. 21, 6. [6] προσῆλθεν C.

τέρα τετρὰς, καὶ ἐγένετο ὀγδοὰς, ἐξ ἧς προῆλθεν δεκάς· οὕτως ἐγένετο δεκαοκτώ [7]. Ἡ οὖν δεκὰς συνελθοῦσα [8] τῇ ὀγδοάδι καὶ δεκαπλασίονα αὐτὴν ποιήσασα τὸν τῶν ὀγδοήκοντα [προεβίβασεν ἀριθμὸν, καὶ τὰ ὀγδοήκοντα] [9] πάλιν δεκαπλασιάσασα [10] τὸν τῶν ὀκτακοσίων ἀριθμὸν ἐγέννησεν [11], ὥστε εἶναι τὸν ἅπαντα τῶν γραμμάτων ἀριθμὸν ἀπὸ ὀγδοάδος [12] εἰς δεκάδα προελθόντα [13], [εἶναι] [14] η' [15] καὶ π' καὶ ω', ὅ ἐστιν Ἰησοῦς· τὸ γὰρ *Ἰησοῦς* ὄνομα κατὰ τὸν ἐν τοῖς γράμμασιν ἀριθμόν ἐστιν ὀκτακόσια ὀγδοηκονταοκτώ. Καὶ τὸ ἀλφάβητον δὲ τὸ Ἑλληνικὸν ἔχει μονάδας ὀκτὼ [καὶ δεκάδας | ὀκτὼ] [16] καὶ ἑκατοντάδας ὀκτὼ, τὴν τῶν ὀκτακοσίων ὀγδοηκονταοκτὼ [p. 215] ψῆφον ἐπιδεικνύον [17], τουτέστι τὸν Ἰησοῦν, τὸν ἐκ πάντων συνεστῶτα τῶν [18] ἀριθμῶν. Καὶ διὰ τοῦτο ἄλφα [καὶ ω'] [19] ὀνομάζεσθαι αὐτὸν, τὴν ἐκ πάντων γένεσιν σημαίνοντα.

A unde provenit decas : ita exstiterunt octodecim. Decas igitur congressa cum ogdoade, postquam decuplicavit eam, octogenarium numerum produxit, et octogenarium rursus postquam decuplicavit, numerum qui est octingentorum genuit, ut sit universus numerus litterarum ab ogdoade secundum decadem progressus 888, quod est Jesus; *Jesus* enim nomen ex numero litterarum est 888. Et alphabetum vero Græcorum habet monades octo et decades octo et hecatontades octo, numerum octingentorum octoginta octo exhibens, **328-329** hoc est Jesum, qui ex omnibus numeris constat, propterea que eum se vocare A et Ω, generationem suam ex omnibus ortam indicantem.

να'. Περὶ δὲ τῆς τούτου δημιουργίας οὕτως λέγει· Ἀπὸ τῆς τετράδος τῆς δευτέρας δυνάμεις ἀποῤῥυείσας δεδημιουργηκέναι [20] τὸν ἐπὶ γῆς φανέντα Ἰησοῦν, καὶ τοῦ Λόγου [21] τὴν τόπον [22] ἀναπεπληρωκέναι τὸν ἄγγελον Γαβριὴλ, τῆς δὲ ζωῆς τὸ ἅγιον πνεῦμα, τοῦ δὲ Ἀνθρώπου τὴν τοῦ Ὑψίστου δύναμιν, τῆς δὲ Ἐκκλησίας τὴν παρθένον. Οὕτως ὁ κατ' οἰκονομίαν διὰ τῆς Μαρίας γενεσιουργεῖται παρ' αὐτῷ [23] ἄνθρωπος. Ἐλθόντος δὲ αὐτοῦ εἰς τὸ ὕδωρ, κατελθεῖν εἰς

B 51. De fabricatione autem hujus ita dicit : A quaternione altero potestates emanasse, quæ fabricaverint Jesum qui in terris apparuit, et Logi obtinuisse locum angelum Gabriel, Vitæ autem spiritum sanctum, Hominis autem Altissimi virtutem, Ecclesiæ autem virginem. Ita qui est ex dispensatione homo per Mariam editur secundum eum. Cum autem venisset in aquam, descendisse in eum tanquam columbam illam, qui ascendit superne et duodecimum

---

τετρὰς, καὶ ἐγένετο ὀγδοὰς, ἐξ ἧς προῆλθε δεκάς· οὕτως ἐγένετο δεκὰς καὶ ὀγδοάς. Ἡ οὖν δεκὰς ἐπισυνελθοῦσα τῇ ὀγδοάδι καὶ δεκαπλασίονα αὐτὴν ποιήσασα τὸν τῶν ὀγδοήκοντα προεβίβασεν ἀριθμὸν, καὶ τὰ ὀγδοήκοντα πάλιν δεκαπλασιάσασα τὸν τῶν ὀκτακοσίων ἀριθμὸν ἐγέννησεν, ὥστε εἶναι τὸν ἅπαντα τῶν γραμμάτων ἀριθμὸν ἀπὸ ὀγδοάδος εἰς δεκάδα προελθόντα, η καὶ π καὶ ω, ὅ ἐστι δεκαοκτώ· τὸ γὰρ C Ἰησοῦ ὄνομα καὶ τὸν ἐν τοῖς γράμμασιν ἀριθμὸν ω ἔστιν ὀγδοηκονταοκτώ. Ἔχει σαφῶς καὶ τὴν ὑπερουράνιον τοῦ η καὶ τοῦ σ κατ' αὐτοὺς γένεσιν. Διὸ καὶ τὸν ἀλφάβητον τῶν Ἑλλήνων ἔχειν μονάδας ὀκτὼ καὶ δεκάδας ὀκτὼ καὶ ἑκατοντάδας ὀκτὼ, τὴν τῶν ὀκτακοσίων ὀγδοηκονταοκτὼ ψῆφον [ἔπειτα] δεικνύοντα, τουτέστι τὸ ειη, τὸν ἐκ πάντων συνεστῶτα τῶν ἀριθμῶν, καὶ διὰ τοῦ ἄλφα καὶ ω ὀνομάζεσθαι αὐτὸν, τὴν ἐκ πάντων γένεσιν σημαίνοντα. Καὶ πάλιν οὕτως· Τῆς πρώτης τετράδος κατὰ πρόσβασιν ἀριθμοῦ εἰς αὐτὴν συντιθεμένης ὁ τῶν δέκα ἀνεφάνη ἀριθμὸς, κ. τ. λ.

γ'. Ἀπὸ τετράδος γὰρ προῆλθον οἱ αἰῶνες· ἦν δὲ ἐν τῇ τετράδι Ἄνθρωπος καὶ Ἐκκλησία, Λόγος καὶ Ζωή. Ἀπὸ τούτων οὖν δυνάμεις, φησὶν, ἀποῤῥυεῖσαι ἐγενεσιούργησαν τὸν ἐπὶ γῆς φανέντα Ἰησοῦν, καὶ τοῦ μὲν Λόγου ἀναπεπληρωκέναι τὸν τόπον τὸν ἄγγελον Γαβριὴλ, τῆς δὲ ζωῆς τὸ ἅγιον Πνεῦμα, τοῦ δὲ Ἀνθρώπου τὴν δύναμιν τοῦ Υἱοῦ, τὸν δὲ τῆς D Ἐκκλησίας τόπον ἡ Παρθένος ἐπέδειξεν [ἔδειξεν cod. Reg.]. Οὕτως τε ὁ κατ' οἰκονομίαν διὰ τῆς Μαρίας γενεσιουργεῖται παρ' αὐτῷ ἄνθρωπος, ὃν ὁ Πατὴρ τῶν ὅλων διελθόντα διὰ μήτρας ἐξελέξατο

quaternatio, et facta est octonatio, ex qua progressa est decas; sic factum est XVIII. Decas itaque adjuncta octonationi et decuplam eam faciens LXXX fecit numerum, et rursus octuagies decies octingentorum numerum fecit, ut sit universus litterarum numerus ab octonatione in decadem progrediens octo et octuaginta et DCCC, quod est Jesus; *Jesus* enim nomen secundum Græcarum litterarum computum DCCC sunt LXXXVIII. Habes manifeste et supercœlestis Jesu secundum eos genesim. Quapropter et A B Græcorum habere monadas octo et decadas VIII et hecatontadas VIII, DCCCLXXXVIII numerum ostendentia, hoc est Jesum, qui est ex omnibus constans numeris, et propter hoc A et Ω nominari eum, cum significent ex omnibus ejus generationem. Et iterum ita : Primæ quaternationis secundum progressionem numeri in semet ipsam compositæ X apparuit numerus, etc.

3. A quaternatione enim progressi sunt æones. Erat autem in quaternatione Anthropos et Ecclesia, Logos et Zoe. Ab iis igitur virtutes, ait, emanatæ generaverunt eum, qui in terra manifestatus est, Jesum, et Logi quidem locum adimplesse angelum Gabriel, Zoes autem Spiritum sanctum, Anthropi autem Altissimi virtutem, Ecclesiæ autem locum Virgo ostendit. Et sic ille, qui est secundum dispositionem, per Mariam generatur apud eum homo, quem Pater omnium transeuntem per vulvam elegit per Verbum ad agnitionem suam. Cum autem ve-

VARIÆ LECTIONES.

[7] δεκαοκτώ. ἰῶτα, εἶτα δεκαοκτώ. C, quod M mutavit in δέκα, εἶτα δεκαοκτώ. Nimirum non perspexit librarium, cum in libro suo reperisset ιη, depravasse in ἰῶτα εἶτα [ἦτα], et deinde numerum ipsum denuo addidisse. [8] ἐπισυνελθοῦσα. ἔστη συνελθοῦσα C. [9] προεβίβασεν — ὀγδοήκοντα om. C. [10] δεκαπλασιάσαντα C. [11] ἐγέννησαν C. [12] ὀγδοάδος. ὀγδοάδα C. [13] προελθόντα προσελθόντα C, M. [14] εἶναι delendum esse jam M suspicatus est. [15] η. ἦτα C, M. [16] καὶ — ὀκτὼ supplevit M. [17] ἐπιδεικνύοντα C, M. [18] συνεστῶτα τῶν. τῶν συνεστώτων C, M. [19] καὶ ω om. C, M. [20] ἀπερυεῖσα δεδημιουργικέναι C. [21] Cf. Luc. I, 26-38. [22] τὸν τόπον. τοῦτον C, M. [23] αὐτῷ. αὐτῶν C, M.

signe nomen, sex habens litteras, ab omnibus, qui sunt ex vocatis, invocatum Alterum autem (h. e. Christus), quod est apud Æones pleromatis multiplex, alia est facie et diversa forma, quod cognoscitur ab illis cognatis, quorum magnitudines sunt apud eum perpetuo.

46. Has vestras viginti quatuor litteras scito tanquam imagines emanavisse ex illis tribus potestatibus, quæ amplectuntur elementorum quæ superne sunt universum numerum. Novem enim mutas litteras tibi persuade esse Patris et Veritatis, **314-315** propterea quod muti sunt, hoc est ineffabiles et indicti; semi vocales autem, quæ octo sint, Logi esse et Vitæ, quoniam sint tanquam mediæ inter mutas et vocales acceperintque superiorum emanationem, eorum autem, quæ sunt inferne, reversionem; vocales autem, quæ et ipsæ septem sint, Hominis esse et Ecclesiæ, quandoquidem per Hominem egressa vox figuraverit universa; sonus enim vocis figuram iis circumdedit. Est igitur Logus habens et Vita octo illas litteras, Homo autem et Ecclesia illas septem, Pater autem et Veritas novem illas. In defectu igitur computi is, qui de sede remotus inest in Patre, descendit emissus ad eum, a quo segregatus erat, ad corrigenda ea, quæ acta erant, ut pleromatum unitas in bono constans fructum ferat unam in omnibus, quæ est ex omnibus, potestatem. Et ita qui est illarum septem, octo illa-

A ἔχεις μόνον αὐτοῦ, τὴν δὲ δύναμιν ἀγνοεῖς. Ἰησοῦς μὲν γάρ ἐστιν ἐπίσημον ὄνομα, ἓξ ἔχον γράμματα, ὑπὸ πάντων τῶν τῆς [22] κλήσεως ἐπικαλούμενον [23]. Τὸ δὲ παρὰ τοῖς [πέντε] [24] αἰῶσι τοῦ πληρώματος πολυμερὲς τυγχάνον ἄλλης ἐστὶ μορφῆς καὶ ἑτέρου τύπου, γινωσκόμενον ὑπ' ἐκείνων τῶν συγγενῶν, ὧν τὰ μεγέθη παρ' αὐτῷ ἐστι διὰ παντός.

μϛ'. Ταῦτα τὰ παρ' ὑμῖν εἰκοσιτέσσαρα γράμματα ἀποῤῥοίας γίνωσκε ὑπάρχειν τῶν τριῶν δυνάμεων [εἰκονικ]ὰς [25] τῶν ἐμπεριεχουσῶν τὸν ὅλον [26] [καὶ] [27] τῶν ἄνω στοιχείων ἀριθμόν. Τὰ μὲν γὰρ ἄφωνα γράμματα ἐννέα νόμισον εἶναι τοῦ Πατρὸς καὶ τῆς Ἀληθείας διὰ τὸ ἀφώνους αὐτοὺς εἶναι, τουτέστιν ἀῤῥήτους [p. 208. 209.] καὶ ἀνεκλαλήτους· τὰ δὲ ἡμίφωνα, ὀκτὼ ὄντα, τοῦ Λόγου καὶ τῆς Ζωῆς, διὰ
B τὸ μέσα [28] ὥσπερ ὑπάρχειν τῶν τε ἀφώνων καὶ τῶν φωνηέντων, καὶ ἀναδεδέχθαι τῶν μὲν ὕπερθεν τὴν ἀπόῤῥοιαν [29], τῶν δὲ ὑπ' αὐτὰ [30] τὴν ἀναφοράν· τὰ δὲ | φωνήεντα, καὶ αὐτὰ ἑπτὰ ὄντα, τοῦ Ἀνθρώπου καὶ τῆς Ἐκκλησίας, ἐπεὶ διὰ [31] τοῦ Ἀνθρώπου ἡ φωνὴ προελθοῦσα ἐμόρφωσε τὰ ὅλα· ὁ γὰρ ἦχος τῆς φωνῆς μορφὴν αὐτοῖς περιεποίησεν. Ἔστιν οὖν ὁ μὲν Λόγος ἔχων καὶ ἡ Ζωὴ τὰ [32] ὀκτώ, ὁ δὲ Ἄνθρωπος καὶ ἡ Ἐκκλησία τὰ ἑπτά, ὁ δὲ Πατὴρ καὶ ἡ Ἀλήθεια τὰ ἐννέα. Ἐπὶ δὲ τοῦ ὑστερήσαντος [33] λόγου ὁ ἀφεδρασθεὶς ἐν τῷ Πατρὶ κατῆλθεν, ἐκπεμφθεὶς ἐπὶ τὸν ἀφ' οὗ ἐχωρίσθη [34], ἐπὶ διορθώσει τῶν πραχθέντων, ἵνα ἡ τῶν πληρωμάτων ἑνότης ἐν τῷ ἀγαθῷ [35] οὖσα καρποφορῇ μίαν ἐν πᾶσι τὴν ἐκ πάντων δύ-

---

nomen, sex habens litteras, ab omnibus qui sunt vocationis cognitum. Illud autem, quod est apud æonas pleromatis, cum sit multifariam exsistens, alterius est formæ et alterius typi, quod intelligitur ab ipsis, qui sunt cognati ejus, quorum magnitudines apud eum sunt semper.

5. Has igitur, quæ apud nos sunt viginti quatuor litteræ, emanationes esse intellige trium virtutum imaginales, earum quæ continent universum quæ sunt sursum elementorum numerum. Mutas enim litteras novem puta esse Patris et Veritatis, quoniam sine voce sint, hoc est et inenarrabiles et ineloquibiles; semivocales autem, cum sint octo, Logi esse et Zoes, quoniam quasi mediæ sint inter mutas et vocales, et recipere eorum quidem, quæ supersint, emanationem, eorum vero, quæ subsint, elevationem. Vocales autem et ipsas septem esse Anthropi et Ecclesiæ, quoniam per Anthropum vox progrediens formavit omnia; sonus enim vocis formam eis circumdedit. Est igitur Logos habens et Zoe octo, Anthropos autem et Ecclesia septem, Pater autem et Alethia novem. Ex minori autem computatione qui erat apud Patrem descendit, emissus illuc, unde fuerat separatus, ad emendationem factorum, ut pleromatum unitas æqualitatem habens fructificet unam in omnibus, quæ est ex omnibus virtus. Et sic is qui est numeri septem

C αὐτοῦ, τὴν δὲ δύναμιν ἀγνοεῖς. Ἰησοῦς μὲν γάρ ἐστιν ἐπίσημον ὄνομα, ἓξ ὧν γράμματα, ὑπὸ πάντων τῶν τῆς κλήσεως γινωσκόμενον. Τὸ δὲ παρὰ τοῖς αἰῶσι τοῦ πληρώματος πολυμερὲς τυγχάνον ἄλλης ἐστὶ μορφῆς καὶ ἑτέρου τύπου, γινωσκόμενον ὑπ' ἐκείνων τῶν συγγενῶν, ὧν τὰ μεγέθη παρ' αὐτῷ ἐστι διαπαντός.

ε'. Ταῦτ' οὖν τὰ παρ' ὑμῖν εἰκοσιτέσσαρα γράμματα ἀποῤῥοίας ὑπάρχειν γίνωσκε τῶν τριῶν δυνάμεων εἰκονικὰς τῶν περιεχουσῶν τὸν ὅλον τῶν ἄνω στοιχείων τὸν ἀριθμόν. Τὰ μὲν γὰρ ἄφωνα γράμματα ἐννέα νόμισον εἶναι τοῦ Πατρὸς καὶ τῆς Ἀληθείας διὰ τὸ ἀφώνους αὐτοὺς εἶναι, τουτέστιν ἀῤῥήτους καὶ ἀνεκλαλήτους· τὰ δὲ ἡμίφωνα, ὀκτὼ ὄντα, τοῦ Λόγου καὶ τῆς Ζωῆς διὰ τὸ μέσα ὥσπερ ὑπάρχειν τῶν τε ἀφώνων καὶ τῶν φωνηέντων, καὶ ἀναδέχεσθαι τῶν μὲν ὕπερθεν τὴν ἀπόῤῥοιαν, τῶν δὲ ὑπὲρ αὐτὴν τὴν ἀναφοράν· τὰ δὲ φωνήεντα, καὶ αὐτὰ ἑπτὰ ὄντα, τοῦ Ἀνθρώπου καὶ τῆς Ἐκκλησίας, ἐπεὶ διὰ τοῦ Ἀνθρώπου φωνὴ προελθοῦσα ἐμόρφωσε τὰ ὅλα· ὁ
D γὰρ ἦχος τῆς φωνῆς μορφὴν αὐτοῖς περιεποίησεν. Ἔστιν ὁ μὲν Λόγος ἔχων καὶ ἡ Ζωὴ τὰ ὀκτώ, ὁ δὲ Ἄνθρωπος καὶ ἡ Ἐκκλησία τὰ ἑπτά, ὁ δὲ Πατὴρ καὶ ἡ Ἀλήθεια τὰ ἐννέα. Ἐπειδὴ τοῦ ὑστερήσαντος λόγου ὁ ἀφεδρασθεὶς ἐν τῷ Πατρὶ κατῆλθε, πεμφθεὶς ἐπὶ τὸν ἀφ' οὗ ἐχωρίσθη ἐπὶ διορθώσει τῶν πραχθέντων, ἵνα ἡ τῶν πληρωμάτων ἑνότης ἰσότητα ἔχουσα καρποφορῇ μίαν ἐν πᾶσι τὴν ἐκ πάντων δύναμιν. Καὶ

VARIÆ LECTIONES.

[22] πάντων τῆς omisso τῶν C, M. [23] ἐπικαλούμενον. ἐγκαλούμενα C, M. [24] πέντε, quod neque Epiphanius neque Irenæus lat. norunt, per errorem irrepsit in C. [25] εἰκονικάς. [καὶ εἰκόν]ας M. [26] ὅλον. ὅρον C, M. [27] καὶ uncinis inclusimus Ante τῶν inserendum esse τὸν censet M. [28] μέσας C, M. [29] ἀπόῤῥοιαν. ἀπορίαν C. [30] ὑπ' αὐτά. ὑπὲρ αὐτὴν Iren. græc. : quæ subsint Iren. lat. : ὑπενέρθεν susp. Massuetus : an ὑποκάτω? [31] διὰ. καὶ C, M. [32] ὁ ἔχων καὶ ἡ ζωὴ ἡ τὰ C. [33] ὑστερίσαντος C. [34] ἐχωρήθη C. [35] ἀγαθῷ. an καθαρῷ? καρποφορεῖ C.

ναμιν. Καὶ οὕτως ὁ τῶν ἑπτὰ τὴν τῶν ὀκτὼ [36] ἐκομίσατο δύναμιν, καὶ ἐγένοντο οἱ τρεῖς τόποι ὅμοιοι τοῖς ἀριθμοῖς, ὀγδοάδες ὄντες· οἵτινες τρεῖς ἐφ' ἑαυτοὺς [37] ἐλθόντες τὸν τῶν εἰκοσιτεσσάρων ἀνέδειξαν [38] ἀριθμόν. Τὰ μέντοι τρία στοιχεῖα, ([ἃ] [38*] [p. 209. 210.] φησιν αὐτὸς [39] τῶν τριῶν ἐν συζυγίᾳ δυνάμεων ὑπάρχειν, ἅ ἐστιν ἕξ, ἀφ' ὧν ἀπεῤῥύη [40] τὰ εἰκοσιτέσσαρα στοιχεῖα), τετραπλασιασθέντα τῷ τῆς ἀῤῥήτου τετράδος λόγῳ [41] τὸν αὐτὸν αὐτοῖς [42] ἀριθμὸν ποιεῖ, ἅπερ φησὶ τοῦ Ἀνονομάστου [43] ὑπάρχειν. Φορεῖσθαι δὲ αὐτὰ ὑπὸ τῶν ἓξ δυνάμεων εἰς ὁμοιότητα τοῦ Ἀοράτου [44], ὧν στοιχείων εἰκόνας [45] εἰκόνων [46] | ἓξ διπλᾶ γράμματα ὑπάρχειν, ἃ συναριθμούμενα τοῖς εἰκοσιτέσσαρσι στοιχείοις δυνάμει τῇ [47] κατὰ ἀνολογίαν τὸν τῶν τριάκοντα ποιεῖται ἀριθμόν.

μζ'. Τούτου τοῦ λόγου καὶ τῆς οἰκονομίας [48] ταύτης καρπόν φησιν ἐν ὁμοιώματι εἰκόνος πεφηνέναι ἐκεῖνον τὸν μετὰ τὰς ἓξ ἡμέρας τέταρτον ἀναβάντα εἰς τὸ ὄρος [49], καὶ γενόμενον ἕκτον, τὸν καταβάντα καὶ κρατηθέντα ἐν τῇ ἑβδομάδι, ἐπίσημον ὀγδοάδα ὑπάρχοντα καὶ ἔχοντα ἐν ἑαυτῷ τὸν ἀριθμὸν ἅπαντα τῶν στοιχείων, ὃν ἐφανέρωσεν, ἐλθόντος αὐτοῦ ἐπὶ τὸ βάπτισμα, ἡ τῆς περιστερᾶς κάθοδος, ἥτις ἐστὶν ω καὶ [50] ἄλφα, δι' ἀριθμοῦ δηλουμένου ὀκτακοσίων ἑνὸς, καὶ διὰ τοῦτο Μωσέα ἐν τῇ ἕκτῃ ἡμέρᾳ λέγειν τὸν ἄνθρωπον γεγονέναι. Καὶ τὴν οἰκονομίαν [p. 210. 211.] δὲ τοῦ πάθους ἐν τῇ ἕκτῃ τῶν ἡμερῶν, ἥτις ἐστὶν ἡ παρασκευὴ [51], τὸν ἔσχατον ἄνθρωπον εἰς ἀναγέννησιν τοῦ πρώτου ἀνθρώπου πεφηνέναι. Ταύτης τῆς οἰκονομίας ἀρχὴν καὶ τέλος τὴν ἕκτην ὥραν εἶναι, ἐν ᾗ προσηλώθη τῷ ξύλῳ. Τὸν γὰρ τέλειον νοῦν, ἐπιστάμενον τὸν τῶν ἓξ ἀριθμὸν δύναμιν [52] ποιήσεως καὶ ἀναγεννήσεως ἔχοντα, φανερῶσαι τοῖς

rum nactus est potestatem, et facti sunt tres loci illi æquales numeris, utpote ogdoades, qui quidem tres sibi additi viginti quatuor illarum ostenderunt numerum. Tria autem elementa **316-317** illa (quæ ipse dicit esse ternarum in conjugatione potestatum, quæ sunt sex, unde emanarunt viginti quatuor elementa) quadruplicata ineffabilis quaternionis computo eumdem atque illa numerum faciunt, quæ esse ait Innominati. Ferri autem illa a sex potestatibus in similitudinem Invisibilis, quorum elementorum imagines imaginum sex duplices litteras exsistere, quæ adnumeratæ viginti quatuor elementis ex potestate analoga numerum tricenarium efficiunt.

47. Hujus computi hujusque dispensationis fructum ait in similitudine imaginis apparuisse illum, qui post sex dies quartus ipse ascenderit in montem et factus sit sextus, qui descenderit et detentus sit in hebdomade, cum esset insignis ogdoas et in se haberet universum numerum elementorum, quem manifestaverit, cum ad baptismum venisset, columbæ descensus, quæ sit ω' et α', per numerum, qui ostenditur 801, et propterea Mosem dicere in sexto die hominem factum esse. Et dispensationem vero passionis in sexto die, quæ est parasceve, **318-319** ultimum hominem ad regenerationem primi hominis apparuisse. Hujus dispensationis initium et finem sextam esse horam, in qua affixus est cruci. Perfectam enim Mentem intelligentem senarium numerum, qui potestatem haberet creationis et regenerationis, manifestavisse filiis lucis per eum, qui apparuit insignis, eam, quæ per ipsum

---

οὕτως ὁ τῶν ἑπτὰ τὴν τῶν ὀκτὼ ἐκομίσατο δύναμιν, καὶ ἐγένοντο οἱ τόποι ὅμοιοι τοῖς ἀριθμοῖς, ὀγδοάδες ὄντες· οἵτινες τρεῖς ἐφ' ἑαυτοὺς ἐλθόντες τὸν τῶν εἰκοσιτεσσάρων ἀνέδειξαν ἀριθμόν. Τὰ μέντοι τρία στοιχεῖα ἀφίησιν αὐτό; τῶν τριῶν ἐν συζυγίᾳ δυνάμεων ὑπάρχειν, ἅ ἐστιν ἕξ, ἀφ' ὧν ἀπεῤῥύη τὰ εἰκοσιτέσσαρα στοιχεῖα, τετραπλασιασθέντα τῷ τῆς ἀῤῥήτου τετράδος λόγῳ τὸν αὐτὸν αὐτοῖς ἀριθμὸν ποιεῖ. ἅπερ φησὶ τοῦ Ἀνονομάστου ὑπάρχειν. Φορεῖσθαι δὲ αὐτὰ ὑπὸ τῶν τριῶν δυνάμεων εἰς ὁμοιότητα τοῦ Ἀοράτου, ὧν στοιχείων εἰκόνες εἰκόνων τὰ παρ' ἡμῖν διπλᾶ γράμματα ὑπάρχειν, ἃ συναριθμούμενα τοῖς εἰκοσιτέσσαρσι στοιχείοις δυνάμει τῶν κατὰ ἀναλογίαν τῶν τριάκοντα ποιεῖ ἀριθμόν.

ζ'. Τούτου τοῦ λόγου καὶ τῆς οἰκονομίας ταύτης καρπόν φησιν ἐν ὁμοιώματι εἰκόνος πεφυκέναι (πεφηνέναι cod. Reg.) ἐκεῖνον τὸν μετὰ τὰς ἓξ ἡμέρας τέταρτον ἀναβάντα εἰς τὸ ὄρος, καὶ γενόμενον ἕκτον, τὸν κρατηθέντα καὶ καταβάντα ἐν τῇ ἑβδομάδι, ἐπίσημον ὀγδοάδα ὑπάρχοντα καὶ ἔχοντα ἐν ἑαυτῷ τὸν ἅπαντα τῶν στοιχείων ἀριθμὸν, ἐφανέρωσεν

eorum qui sunt octo accepit virtutem, et facta sunt tria loca similia numeris, cum sint octonationes: quæ ter in se venientia viginti quatuor ostenderunt numerum. Et tria quidem elementa (quæ dicit ipse trium in conjugatione virtutum exsistere, quæ fiunt sex, ex quibus emanaverunt viginti quatuor litteræ), quadripertita inenarrabilis quaternationis ratione eumdem numerum faciunt, quæ quidem dicit illius, qui est innominabilis, exsistere. Indui autem ea a tribus virtutibus in similitudinem illius, qui est invisibilis: quorum elementorum imagines imaginum esse eas, quæ sunt apud nos duplices litteræ, quas cum viginti quatuor litteris adnumerantes, virtute quæ est secundum analogiam, triginta faciunt numerum.

6. Hujus rationis et dispositionis fructum dicit in similitudinem imaginis apparuisse illum, qui post VI dies quartus ascendit in montem, et factus est sextus, qui descendit et detentus est in hebdomade, cum esset insignis octonatio, et haberet in se omnem elementorum numerum, quem manifestavit, cum ipse venisset ad baptismum, columbæ

VARIÆ LECTIONES.

[36] τῶν ὀκτώ. τῷ νοητῷ C. [37] ἀφ' ἑαυτοὺς C. [38] ἀνεδέξαντο C. Cf. Iren. et infra p. 324, 9, 10. [38*] ἃ add. M. [39] αὐτός. αὐτῶν C. [40] ἀπερύη C. [41] τῷ — λόγῳ. τῶν — λόγων C. [42] αὐτοῖς τοῖς C. [43] ἀνωνομάστου C. [44] ἀοράτον C. [45] εἰκόνας. εἰκόνες C, M. [46] εἰκόνων. εἰκόνων ὧν C. [47] δυνάμει τῇ. δύναμιν τὴν C. [48] οἰκονομίας. ἀναλογίας C, M. [49] Cf. Matth. XVII, 1 sqq. Marc. IX, 2 sqq. [50] ω καί. ο καὶ C. [51] παρασκευή, ἡ C. [52] ἀριθμῶν, δύναμιν ποιῆσαι καὶ ἀναγεννῆσαι ὡς ἔχοντα C.

signe nomen, sex habens litteras, ab omnibus, qui sunt ex vocatis, invocatum. Alterum autem (h. e. Christus), quod est apud Æones pleromatis multiplex, alia est facie et diversa forma, quod cognoscitur ab illis cognatis, quorum magnitudines sunt apud eum perpetuo.

46. Has vestras viginti quatuor litteras scito tanquam imagines emanavisse ex illis tribus potestatibus, quæ amplectuntur elementorum quæ superne sunt universum numerum. Novem enim mutas litteras tibi persuade esse Patris et Veritatis, **314-315** propterea quod muti sunt, hoc est ineffabiles et indicti; semi-vocales autem, quæ octo sint, Logi esse et Vitæ, quoniam sint tanquam mediæ inter mutas et vocales acceperintque superiorum emanationem, eorum autem, quæ sunt inferne, reversionem; vocales autem, quæ et ipsæ septem sint, Hominis esse et Ecclesiæ, quandoquidem per Hominem egressa vox figuraverit universa; sonus enim vocis figuram iis circumdedit. Est igitur Logus habens et Vita octo illas litteras, Homo autem et Ecclesia illas septem, Pater autem et Veritas novem illas. In defectu igitur computi is, qui de sede remotus inest in Patre, descendit emissus ad eum, a quo segregatus erat, ad corrigenda ea, quæ acta erant, ut pleromatum unitas in bono constans fructum ferat unam in omnibus, quæ est ex omnibus, potestatem. Et ita qui est illarum septem, octo illa-

A ἔχεις μόνον αὐτοῦ, τὴν δὲ δύναμιν ἀγνοεῖς. Ἰησοῦς μὲν γάρ ἐστιν ἐπίσημον ὄνομα, ἓξ ἔχον γράμματα, ὑπὸ πάντων τῶν τῆς [22] κλήσεως ἐπικαλούμενον [23]. Τὸ δὲ παρὰ τοῖς [πέντε] [24] αἰῶσι τοῦ πληρώματος πολυμερὲς τυγχάνον ἄλλης ἐστὶ μορφῆς καὶ ἑτέρου τύπου, γινωσκόμενον ὑπ' ἐκείνων τῶν συγγενῶν, ὧν τὰ μεγέθη παρ' αὐτῷ ἐστι διὰ παντός.

μς'. Ταῦτα τὰ παρ' ὑμῖν εἰκοσιτέσσαρα γράμματα ἀποῤῥοίας γίνωσκε ὑπάρχειν τῶν τριῶν δυνάμεων [εἰκονικ]ὰς [25] τῶν ἐμπεριεχουσῶν τὸν ὅλον [26] [καὶ] [27] τῶν ἄνω στοιχείων ἀριθμόν. Τὰ μὲν γὰρ ἄφωνα γράμματα ἐννέα νόμισον εἶναι τοῦ Πατρὸς καὶ τῆς Ἀληθείας διὰ τὸ ἀφώνους αὐτοὺς εἶναι, τουτέστιν ἀῤῥήτους [p. 208. 209.] καὶ ἀνεκλαλήτους· τὰ δὲ ἡμίφωνα, ὀκτὼ ὄντα, τοῦ Λόγου καὶ τῆς Ζωῆς, διὰ B τὸ μέσα [28] ὥσπερ ὑπάρχειν τῶν τε ἀφώνων καὶ τῶν φωνηέντων, καὶ ἀναδεδέχθαι τῶν μὲν ὕπερθεν τὴν ἀπόῤῥοιαν [29], τῶν δὲ ὑπ' αὐτά [30] τὴν ἀναφοράν· τὰ δὲ | φωνήεντα, καὶ αὐτὰ ἑπτὰ ὄντα, τοῦ Ἀνθρώπου καὶ τῆς Ἐκκλησίας, ἐπεὶ διά [31] τοῦ Ἀνθρώπου ἡ φωνὴ προελθοῦσα ἐμόρφωσε τὰ ὅλα· ὁ γὰρ ἦχος τῆς φωνῆς μορφὴν αὐτοῖς περιεποίησεν. Ἔστιν οὖν ὁ μὲν Λόγος ἔχων καὶ ἡ Ζωὴ τὰ [32] ὀκτώ, ὁ δὲ Ἄνθρωπος καὶ ἡ Ἐκκλησία τὰ ἑπτά, ὁ δὲ Πατὴρ καὶ ἡ Ἀλήθεια τὰ ἐννέα. Ἐπὶ δὲ τοῦ ὑστερήσαντος [33] λόγου ὁ ἀφεδρασθεὶς ἐν τῷ Πατρὶ κατῆλθεν, ἐκπεμφθεὶς ἐπὶ τὸν ἀφ' οὗ ἐχωρίσθη [34], ἐπὶ διορθώσει τῶν πραχθέντων, ἵνα ἡ τῶν πληρωμάτων ἑνότης ἐν τῷ ἀγαθῷ [35] οὖσα καρποφορῇ μίαν ἐν πᾶσι τὴν ἐκ πάντων δύ-

---

nomen, sex habens litteras, ab omnibus qui sunt vocationis cognitum. Illud autem, quod est apud æonas pleromatis, cum sit multifariam exsistens, alterius est formæ et alterius typi, quod intelligitur ab ipsis, qui sunt cognati ejus, quorum magnitudines apud eum sunt semper.

5. Has igitur, quæ apud nos sunt viginti quatuor litteræ, emanationes esse intellige trium virtutum imaginales, earum quæ continent universum quæ sunt sursum elementorum numerum. Mutas enim litteras novem puta esse Patris et Veritatis, quoniam sine voce sint, hoc est et inenarrabiles et ineloquibiles; semivocales autem, cum sint octo, Logi esse et Zoes, quoniam quasi mediæ sint inter mutas et vocales, et recipere eorum quidem, quæ supersint, emanationem, eorum vero, quæ subsint, elevationem. Vocales autem et ipsas septem esse Anthropi et Ecclesiæ, quoniam per Anthropum vox progrediens formavit omnia; sonus enim vocis formam eis circumdedit. Est igitur Logos habens et Zoe octo, Anthropos autem et Ecclesia septem, Pater autem et Alethia novem. Ex minori autem computatione qui erat apud Patrem descendit, emissus illuc, unde fuerat separatus, ad emendationem factorum, ut pleromatum unitas æqualitatem habens fructificet unam in omnibus, quæ est ex omnibus virtus. Et sic is qui est numeri septem

C αὐτοῦ, τὴν δὲ δύναμιν ἀγνοεῖς. Ἰησοῦς *μὲν γάρ ἐστιν* ἐπίσημον ὄνομα, ἓξ ὧν γράμματα, ὑπὸ *πάντων τῶν* τῆς κλήσεως γινωσκόμενον. Τὸ δὲ *παρὰ* τοῖς αἰῶσι τοῦ πληρώματος πολυμερὲς τυγχάνον ἄλλης ἐστὶ μορφῆς καὶ ἑτέρου τύπου, γινωσκόμενον ὑπ' ἐκείνων τῶν συγγενῶν, ὧν τὰ μεγέθη παρ' αὐτῷ ἐστι διαπαντός.

ε'. Ταῦτ' οὖν τὰ παρ' ὑμῖν εἰκοσιτέσσαρα γράμματα ἀποῤῥοίας ὑπάρχειν γίνωσκε τῶν τριῶν δυνάμεων εἰκονικὰς τῶν περιεχουσῶν τὸν ὅλον τῶν ἄνω στοιχείων τὸν ἀριθμόν. Τὰ μὲν γὰρ ἄφωνα γράμματα ἐννέα νόμισον εἶναι τοῦ Πατρὸς καὶ τῆς Ἀληθείας διὰ τὸ ἀφώνους αὐτοὺς εἶναι, τουτέστιν ἀῤῥήτους καὶ ἀνεκλαλήτους· τὰ δὲ ἡμίφωνα, ὀκτὼ ὄντα, τοῦ Λόγου καὶ τῆς Ζωῆς διὰ τὸ μέσα ὥσπερ ὑπάρχειν τῶν τε ἀφώνων καὶ τῶν φωνηέντων, καὶ ἀναδέχεσθαι τῶν μὲν ὕπερθεν τὴν ἀπόῤῥοιαν, τῶν δὲ ὑπὲρ αὐτὴν τὴν ἀναφοράν· τὰ δὲ φωνήεντα, καὶ αὐτὰ ἑπτὰ ὄντα, τοῦ Ἀνθρώπου καὶ τῆς Ἐκκλησίας, ἐπεὶ διὰ τοῦ Ἀνθρώπου φωνὴ προελθοῦσα ἐμόρφωσε τὰ ὅλα· ὁ γὰρ ἦχος τῆς φωνῆς μορφὴν αὐτοῖς περιεποίησεν. D Ἔστιν ὁ μὲν Λόγος ἔχων καὶ ἡ Ζωὴ τὰ ὀκτώ, ὁ δὲ Ἄνθρωπος καὶ ἡ Ἐκκλησία τὰ ἑπτά, ὁ δὲ Πατὴρ καὶ ἡ Ἀλήθεια τὰ ἐννέα. Ἐπειδὴ τοῦ ὑστερήσαντος λόγου ὁ ἀφεδρασθεὶς ἐν τῷ Πατρὶ κατῆλθε, πεμφθεὶς ἐπὶ τὸν ἀφ' οὗ ἐχωρίσθη ἐπὶ διορθώσει τῶν πραχθέντων, ἵνα ἡ τῶν πληρωμάτων ἑνότης ἰσότητα ἔχουσα καρποφορῇ μίαν ἐν πᾶσι τὴν ἐκ πάντων δύναμιν. Καὶ

VARIÆ LECTIONES.

[22] πάντων τῆς omisso τῶν C, M. [23] ἐπικαλούμενον. ἐγκαλούμενα C, M. [24] πέντε, quod neque Epiphanius neque Irenæus lat. norunt, per errorem irrepsit in C. [25] εἰκονικάς. [καὶ εἰκόν]ας M. [26] ὅλον. ὅρον C, M. [27] καὶ uncinis inclusimus. Ante τῶν inserendum esse τὸν censet M. [28] μέσας C, M. [29] ἀπόῤῥοιαν. απορίαν C. [30] ὑπ' αὐτά. ὑπὲρ αὐτὴν Iren. græc. : quæ subsunt Iren. lat. : ὑπενέρθεν susp. Massuetus : an ὑποκάτω? [31] διά. καὶ C, M. [32] ὁ ἔχων καὶ ἡ ζωὴ ἡ τὰ C. [33] ὑστερήσαντος C. [34] ἐχωρήθη C. [35] ἀγαθῷ. an καθαρῷ? καρποφορεῖ C

A ναμιν. Καὶ οὕτως ὁ τῶν ἑπτὰ τὴν τῶν ὀκτὼ [34] ἐκομίσατο δύναμιν, καὶ ἐγένοντο οἱ τρεῖς τόποι ὅμοιοι τοῖς ἀριθμοῖς, ὀγδοάδες ὄντες· οἵτινες τρεῖς ἐφ' ἑαυτοὺς [37] ἐλθόντες τὸν τῶν εἰκοσιτεσσάρων ἀνέδειξαν [38] ἀριθμόν. Τὰ μέντοι τρία στοιχεῖα, ([ἃ] [38]· [p. 209. 210.] φησιν αὐτὸς [39] τῶν τριῶν ἐν συζυγίᾳ δυνάμεων ὑπάρχειν, ἅ ἐστιν ἕξ, ἀφ' ὧν ἀπεῤῥύη [40] τὰ εἰκοσιτέσσαρα στοιχεῖα), τετραπλασιασθέντα τῷ τῆς ἀῤῥήτου τετράδος λόγῳ [41] τὸν αὐτὸν αὐτοῖς [42] ἀριθμὸν ποιεῖ, ἅπερ φησὶ τοῦ Ἀνονομάστου [43] ὑπάρχειν. Φορεῖσθαι δὲ αὐτὰ ὑπὸ τῶν ἓξ δυνάμεων εἰς ὁμοιότητα τοῦ Ἀοράτου [44], ὧν στοιχείων εἰκόνας [45] εἰκόνων [46] | ἓξ διπλᾶ γράμματα ὑπάρχειν, ἃ συναριθμούμενα τοῖς εἰκοσιτέσσαρσι στοιχείοις δυνάμει τῇ [47] κατὰ ἀναλογίαν τὸν τῶν τριάκοντα ποιεῖται ἀριθμόν.

rum nactus est potestatem, et facti sunt tres loci illi æquales numeris, utpote ogdoades, qui quidem tres sibi additi viginti quatuor illarum ostenderunt numerum. Tria autem elementa **316-317** illa (quæ ipse dicit esse ternarum in conjugatione potestatum, quæ sunt sex, unde emanarunt viginti quatuor elementa) quadruplicata ineffabilis quaternionis computo eumdem atque illa numerum faciunt, quæ esse ait Innominati. Ferri autem illa a sex potestatibus in similitudinem Invisibilis, quorum elementorum imagines imaginum sex duplices litteras exsistere, quæ adnumeratæ viginti quatuor elementis ex potestate analoga numerum tricenarium efficiunt.

B

μζ'. Τούτου τοῦ λόγου καὶ τῆς οἰκονομίας [48] ταύτης καρπόν φησιν ἐν ὁμοιώματι εἰκόνος πεφηνέναι ἐκεῖνον τὸν μετὰ τὰς ἓξ ἡμέρας τέταρτον ἀναβάντα εἰς τὸ ὄρος [49], καὶ γενόμενον ἕκτον, τὸν καταβάντα καὶ κρατηθέντα ἐν τῇ ἑβδομάδι, ἐπίσημον ὀγδοάδα ὑπάρχοντα καὶ ἔχοντα ἐν ἑαυτῷ τὸν ἀριθμὸν ἅπαντα τῶν στοιχείων, ὃν ἐφανέρωσεν, ἐλθόντος αὐτοῦ ἐπὶ τὸ βάπτισμα, ἡ τῆς περιστερᾶς κάθοδος, ἥτις ἐστὶν ω καὶ [50] ἄλφα, δι' ἀριθμοῦ δηλουμένου ὀκτακοσίων ἑνός, καὶ διὰ τοῦτο Μωσέα ἐν τῇ ἕκτῃ ἡμέρᾳ λέγειν τὸν ἄνθρωπον γεγονέναι. Καὶ τὴν οἰκονομίαν [p. 210. 211.] δὲ τοῦ πάθους ἐν τῇ ἕκτῃ τῶν ἡμερῶν, ἥτις ἐστὶν ἡ παρασκευή [51], τὸν ἔσχατον ἄνθρωπον εἰς ἀναγέννησιν τοῦ πρώτου ἀνθρώπου πεφηνέναι. Ταύτης τῆς οἰκονομίας ἀρχὴν καὶ τέλος τὴν ἕκτην ὥραν εἶναι, ἐν ᾗ προσηλώθη τῷ ξύλῳ. Τὸν γὰρ τέλειον νοῦν, ἐπιστάμενον τὸν τῶν ἓξ ἀριθμὸν δύναμιν [52] ποιήσεως καὶ ἀναγεννήσεως ἔχοντα, φανερῶσαι τοῖς

47. Hujus computi hujusque dispensationis fructum ait in similitudine imaginis apparuisse illum, qui post sex dies quartus ipse ascenderit in montem et factus sit sextus, qui descenderit et detentus sit in hebdomade, cum esset insignis ogdoas et in se haberet universum numerum elementorum, quem manifestaverit, cum ad baptismum venisset, columbæ descensus, quæ sit ω' et α', per numerum, qui ostenditur 801, et propterea Mosem dicere in sexto die hominem factum esse. Et dispensationem vero passionis in sexto die, quæ est parasceve, **318-319** ultimum hominem ad regenerationem primi hominis apparuisse. Hujus dispensationis initium et finem sextam esse horam, in qua affixus est

C cruci. Perfectam enim Mentem intelligentem senarium numerum, qui potestatem haberet creationis et regenerationis, manifestavisse filiis lucis per eum, qui apparuit insignis, eam, quæ per [...]

οὕτως ὁ τῶν ἑπτὰ τὴν τῶν ὀκτὼ ἐκομίσατο δύναμιν, καὶ ἐγένοντο οἱ τόποι ὅμοιοι τοῖς ἀριθμοῖς, ὀγδοάδες ὄντες· οἵτινες τρεῖς ἐφ' ἑαυτοὺς ἐλθόντες τὸν τῶν εἰκοσιτεσσάρων ἀνέδειξαν ἀριθμόν. Τὰ μέντοι τρία στοιχεῖα ἀφίησιν αὐτὸς τῶν τριῶν ἐν συζυγίᾳ δυνάμεων ὑπάρχειν, ἅ ἐστιν ἕξ, ἀφ' ὧν ἀπεῤῥύη τὰ εἰκοσιτέσσαρα στοιχεῖα, τετραπλασιασθέντα τῷ τῆς ἀῤῥήτου τετράδος λόγῳ τὸν αὐτὸν αὐτοῖς ἀριθμὸν ποιεῖ, ἅπερ φησὶ τοῦ Ἀνονομάστου ὑπάρχειν. Φορεῖσθαι δὲ αὐτὰ ὑπὸ τῶν τριῶν δυνάμεων εἰς ὁμοιότητα τοῦ Ἀοράτου, ὧν στοιχείων εἰκόνες εἰκόνων τὰ παρ' ἡμῖν διπλᾶ γράμματα ὑπάρχειν, ἃ συναριθμούμενα τοῖς εἰκοσιτέσσαρσι στοιχείοις δυνάμει τῶν κατὰ ἀναλογίαν τῶν τριάκοντα ποιεῖ ἀριθμόν.

ζ'. Τούτου τοῦ λόγου καὶ τῆς οἰκονομίας [...] καρπόν φησιν ἐν ὁμοιώματι εἰκόνος [...] (πεφηνέναι cod. Reg.) ἐκεῖνον τὸν μετὰ τὰς ἓξ [...] τέταρτον ἀναβάντα εἰς τὸ ὄρος, καὶ γεν[...] τὸν κρατηθέντα καὶ καταβάντα ἐν τῇ [...] ἐπίσημον ὀγδοάδα ὑπάρχοντα καὶ [...] τὸν ἅπαντα τῶν στοιχείων ἀριθμὸν, [...]

eorum qui sunt octo accepit virtutem, et facta sunt tria loca similia numeris, [...] quæ ter in se venientia [...] runt numerum. Et tria [...] ipse trium in conjuga[...] fiunt sex, ex q[...] litteræ), quadruplicat[...] ratione eumdem [...] dicit illius, qui est [...] autem ea a tribus [...] qui est Invisibilis [...]

D imaginum esse [...] d[...]plices litteræ, [...] numerum, [...] tricenarium.

6. Hujus [...] dicit in similitudine [...] illum, qui post sex dies [...], et factus [...] est in hebdomade, [...] et haberet in [...] quem manifestaverit [...] baptismum, columbæ

[34] τῶν ὀκτώ. τῷ [...] C. [...] add. M. [39] αὐτός. [...] C. [...] νομάστου C. [44] [...] C. [...] μιν τὴν C. [48] οἰκονομίας [...] [51] παρασκευή. [...] C. [...]

postea accessit, regenerationem. Unde etiam duplices litteras insignem numerum habere ait; insignis enim numerus commistus viginti quatuor litteris triginta litterarum nomen effecit.

48. Usus autem est ministra septem numerorum magnitudine, ut consilii a semetipso consulti manifestaretur fructus. Insignem autem in præsenti, ait, intellige eum, qui die insigni formatus est, qui quasi dispertitus est et extra mansit, qui ipsius potestate et intelligentia per ipsius propaginem hunc septem potestatum imitatione septemplicis potestatis animavit mundum, cumque animam constituit esse universi visibilis. Utitur **320-321** igitur et hic hoc opere tanquam sponte a se facto, illa vero ministrant, cum sint imitamenta rerum imitatione non expressarum, cogitationis matris. Et primum quidem cœlum fatur A, alterum autem E, tertium autem H, quartum autem, quod est medium inter septem, I litteræ potestatem, quintum autem O, sextum autem Y, septimum autem, quod est quartum a medio, Ω. Potestatesque omnes in unum complicatæ sonant et glorificant illum, a quo pro-

A υἱοῖς τοῦ φωτὸς [τὴν] [53] διὰ τοῦ φανέντος ἐπισήμου [εἰς] τὴν δι' αὐτοῦ ἐπιγενομένην ἀναγέννησιν. Ἔνθεν καὶ τὰ διπλᾶ γράμματα [55] τὸν ἀριθμὸν ἐπίσημον ἔχειν φησίν· ὁ γὰρ ἐπίσημος ἀριθμὸς συγκραθεὶς τοῖς εἰκοσιτέσσαρσι στοιχείοις τὸ τριακονταγράμματον ὄνομα ἀπετέλεσε.

μη'. Κέχρηται δὲ διακόνῳ τῷ τῶν ἑπτὰ ἀριθμῶν μεγέθει, ἵνα τῆς αὐτοβουλήτου [βουλῆς] [56] φανερωθῇ ὁ καρπός. Τὸν μέντοι ἐπίσημον ἐπὶ τοῦ παρόντος, φησὶ, τὸν ἐπὶ τοῦ ἐπισήμου μορφωθέντα νόησον, ὥσπερ μερισθέντα καὶ ἔξω μείναντα, ὃς τῇ αὐτοῦ δυνάμει τε καὶ φρονήσει διὰ τῆς ἑαυτοῦ προβολῆς τοῦτον τὸν [τὴν ζωὴν] τῶν [57] ἑπτὰ δυνάμεων μιμήσει τῆς ἑπταδυνάμου δυνάμεως ἐψύχωσε κόσμον, καὶ ψυχὴν [p. 211. 212.] ἔθετο εἶναι τοῦ ὁρωμένου παντός. Κέχρηται [58] μὲν οὖν καὶ οὗτος τῷδε τῷ ἔργῳ ὡς αὐθαιρέτως ὑπ' αὐτοῦ γενομένῳ [60], τὰ δὲ διακονεῖ [61], μιμήματα ὄντα τῶν ἀμιμήτων, τῆς ἐνθυμήσεως τῆς μητρός. Καὶ ὁ μὲν πρῶτος [62] οὐρανὸς φθέγγεται [63] τὸ ἄλφα, ὁ δὲ μετὰ τοῦτον τὸ εἶ [64], ὁ δὲ τρίτος τὸ ἦτα, ὁ δὲ τέταρτος, ὁ καὶ μέσος [65] τῶν ἑπτὰ, τὴν τοῦ ἰῶτα δύναμιν, ὁ δὲ πέμπτος τὸ οὖ [66], ἕκτος δὲ τὸ υ', ἕβδομος δὲ καὶ τέταρτος ἀπὸ τοῦ μέσου τὸ ω'. Αἵ τε δυνάμεις πᾶσαι εἰς ἓν συμπλακεῖσαι

B

descensio, quæ est Ω et A; numerus enim ipsius unum et DCCC, et propter hoc Mosen in sexta die dixisse hominem factum. Et dispositionem autem in sexta die, quæ est in cœna pura, novissimum hominem in regenerationem primi hominis apparuisse, cujus dispositionis initium et finem sextam horam, in qua affixus est ligno. Perfectum enim sensum scientem eum numerum, qui est sex, virtutem fabricationis et regenerationis habentem, manifestasse filiis luminis eam generationem, quæ facta est per eum, qui manifestatus est insignis, in eum numerum. Hinc etiam et duplices litteras numerum insignem habere ait. Insignis enim numerus commistus viginti quatuor elementis XXX litterarum nomen explicuit.

7. Usus est autem diacono septem numerorum magnitudine, quemadmodum dicit Marci Sige, ut ab se cogitatæ cogitationis manifestetur fructus. Et insignem quidem hunc numerum in præsenti ait eum, qui ab insigni figuratus est, intelligi, eum, qui quasi in partes divisus est aut præcisus et foris perseveravit, qui sua virtute et prudentia per eam, quæ est ab eo, emissionem hunc, qui est septem virtutum secundum imitationem hebdomadis virtutis, animavit mundum, et animam posuit esse hujus universi, quod videtur. Utitur autem et ipse hic hoc opere quasi spontanee ab ipso facto, reliqua vero ministrant, cum sint imitationes inimitabilium, enthymesin matris. Et primum quidem cœlum sonat A, quod autem est post illum E, tertium autem H, quartum vero et medium numeri VII Iotæ virtutem enarrat, quintum vero O, sextum autem Y, septimum autem et IV a medio Ω elementum exclamat, quemadmodum Marci Sige, quæ multa quidem loquacius exsequitur, nihil autem ve-

ἐλθόντος αὐτοῦ ἐπὶ τὸ βάπτισμα ἡ τῆς περιστερᾶς κάθοδος, ἥτις ἐστὶν Ω καὶ Α· ὁ γὰρ ἀριθμὸς αὐτῆς μία καὶ ὀκτακόσιαι· καὶ διὰ τοῦτο Μωϋσέα ἐν τῇ ἕκτῃ τῶν ἡμερῶν εἰρηκέναι τὸν ἄνθρωπον γεγονέναι. Καὶ τὴν οἰκονομίαν δὲ ἐν τῇ ἕκτῃ τῶν ἡμερῶν, ἥτις ἐστὶ Παρασκευὴ, τὸν ἔσχατον ἄνθρωπον εἰς ἀναγέννησιν τοῦ πρώτου ἀνθρώπου πεφηνέναι. Ἧς οἰκονομίας

C ἀρχὴν καὶ τέλος καὶ τὴν ἕκτην ὥραν, ἐν ᾗ προσηλώθη τῷ ξύλῳ. Τὸν γὰρ τέλειον νοῦν, ἐπιστάμενον τὸν τῶν ἓξ ἀριθμὸν δύναμιν ποιήσεως καὶ ἀναγεννήσεως ἔχοντα, φανερῶσαι τοῖς υἱοῖς τοῦ φωτὸς τὴν δι' αὐτοῦ φανέντος ἐπισήμου εἰς αὐτὸν δι' αὐτοῦ (εἰς αὐτὸν ἀριθμὸν cod. Reg.) γενομένην ἀναγέννησιν. Ἔνθεν καὶ τὰ διπλᾶ γράμματα τὸν ἀριθμὸν ἐπίσημον ἔχειν φησίν· ὁ γὰρ ἐπίσημος ἀριθμὸς συγκραθεὶς τοῖς εἰκοσιτέσσαρσι στοιχείοις τὸ τριακοντάγράμματον ὄνομα ἀπετέλεσε. Κέχρηται δὲ διακόνῳ τῷ τῶν ἑπτὰ ἀριθμῶν μεγέθει, ὡς φησιν ἡ Μάρκου Σιγὴ, ἵνα τῆς αὐτοβουλήτου βουλῆς φανερωθῇ ὁ καρπός. Τὸν μέντοι ἐπίσημον τοῦτον ἀριθμὸν ἐπὶ τοῦ παρόντος, φησὶ, τὸν ἐπὶ τοῦ ἐπισήμου μορφωθέντα νόησον, τὸν ὥσπερ μερισθέντα ἢ διχοτομηθέντα καὶ ἔξω μείναντα, ὃς τῇ ἑαυτοῦ δυνάμει τε καὶ φρονήσει διὰ τῆς ἀπ' αὐτοῦ προβολῆς τοῦτον τὸν τῶν ἑπτὰ δυνάμεων καὶ (κατὰ cod. Reg.) μίμησιν τῆς ἑβδομάδος δυνάμεως ἐψύχωσε κόσμον καὶ ψυχὴν ἔθετο εἶναι τοῦ ὁρωμένου παντός. Κέχρηται μὲν οὖν καὶ αὐτὸς οὗτος

D τῷδε τῷ ἔργῳ ὡς αὐθαιρέτως ὑπ' αὐτοῦ γενομένῳ, τὰ δὲ διακονεῖ μιμήματα ὄντα τῶν ἀμιμήτων τὴν ἐνθύμησιν τῆς μητρός. Καὶ ὁ μὲν πρῶτος οὐρανὸς φθέγγεται τὸ α, ὁ δὲ μετὰ τοῦτον τὸ ε, ὁ δὲ τρίτος τὸ η, τέταρτος δὲ καὶ μέσος τῶν ἑπτὰ τὴν τοῦ ι δύναμιν ἐκφωνεῖ, ὁ δὲ πέμπτος τὸ ο', ἕκτος δὲ τὸ υ, ἕβδομος καὶ τέταρτος ἀπὸ μέρους τὸ ω στοιχεῖον ἐκβοᾷ, καθὼς ἡ Μάρκου Σιγὴ, ἡ πολλὰ μὲν φλυαροῦσα,

VARIÆ LECTIONES.

[53] τὴν et εἰς uncinis inclusimus. [54] ἐπισήμου. ἐπισήμως C. [55] Γράμματα. πράγματα C. [56] βουλῆς add. M coll. Iren. [57] τοῦτον τὸν [τὴν ζωὴν] τῶν. τοῦτον τὴν ζωὴν τῶν C, τὴν ζωὴν ex margine illatum videtur, pertinens fortasse ad ψυχὴν lin. 70. M. [58] κέχριται C. [59] τῷδε ἔργῳ C. [60] γενόμενα C, M. [61] τὰ δὲ διακονεῖ. τὰ δι' εἰκόνων C, M. [62] Cf. Jo Laurent. Philadelphen. Lydus *De mensibus* II, 2. p. 38 ed. Roether. [63] φθέγγεται. φαίνεται C. [64] εἶ. ει C, M. [65] ὁ καὶ μέσος R. Schottus, καὶ ὁ μέσος C, M. [66] οὖ. τὸ ου C, τὸ ο M.

ἠχοῦσι καὶ δοξά | ζουσιν ἐκεῖνον, ὑφ' οὗ προεβλήθησαν, ἡ δὲ δόξα τῆς ἠχήσεως ἀνεπέμφθη πρὸς τὸν Προπάτορα. Ταύτης μέντοι τῆς δοξολογίας τὸν ἦχον, εἰς τὴν γῆν φερόμενον, φησὶ πλάστην γίνεσθαι καὶ γεννήτορα τῶν ἐπὶ τῆς γῆς· τὴν δὲ [67] ἀπόδειξιν ἀπὸ τῶν ἄρτι γεννωμένων [68] βρεφῶν, ὧν ἡ ψυχὴ ἅμα τῷ ἐκ μήτρας προελθεῖν ἐπιβοᾷ ὁμοίως ἑνὸς ἑκάστου τῶν στοιχείων τούτων τὸν ἦχον [69]. Καθὼς οὖν [αἱ] ἑπτά, φησί, δυνάμεις δοξάζουσι τὸν Λόγον, οὕτω καὶ ἡ ψυχὴ ἐν τοῖς βρέφεσι κλαίουσα. [p. 212. 213] Διὰ τοῦτο δέ φησι καὶ τὸν Δαβὶδ εἰρηκέναι· *Ἐκ στόματος νηπίων* [79-80] *καὶ θηλαζόντων κατηρτίσω* [81] *αἶνον*· καὶ πάλιν· *Οἱ οὐρανοὶ διηγοῦνται δόξαν Θεοῦ* [82]. Ἐπὰν δὲ ἐν πόνοις γένηται ἡ ψυχή, ἐπιβοᾷ [83] οὐδὲν ἕτερον ἢ τὸ Ω, ἐφ' ᾧ ἀνιᾶται, ὅπως [84] γνωρίσασα ἡ ἄνω ψυχὴ τὸ συγγενὲς αὐτῆς βοηθὸν αὐτῇ καταπέμψῃ [85].

A latæ sunt, glorificatio autem sonorum sursum missa est ad Propatorem. Hujus autem glorificationis sonum in terram delatum ait fictorem exstitisse et genitorem rerum terrenarum; documentum autem repeti a recens natis infantibus, quorum anima, simul atque ex utero emersit, exclamat pariter uniuscujusque horum elementorum sonum. Sicuti igitur, inquit, septem illæ potestates glorificant Logum, ita etiam anima in infantibus lacrymans. **322-323** Propterea autem et David ait dixisse: *Ex ore infantium et lactentium perfecisti laudem*, et rursus: *Cœli enarrant gloriam Dei*. Quando autem in ærumnis versabitur anima, exclamat nihil aliud nisi Ω, quandoquidem cruciatur, ut anima, quæ supra est, ubi cognovit id quod sibi cognatum est, B adjutorem ei demittat.

μθ'. Καὶ περὶ τούτων μὲν οὕτως. Περὶ δὲ τῆς τῶν εἰκοσιτεσσάρων στοιχείων γενέσεως οὕτως λέγε· Τῇ Μονότητι συνυπάρχειν Ἑνότητα, ἐξ ὧν δύο προβολαί, Μονάς τε καὶ τὸ Ἕν, δὶς δύο οὖσαι [86] τέσσαρες ἐγένοντο· δὶς γὰρ | δύο τέσσαρες. Καὶ πάλιν αἱ δύο καὶ τέσσαρες εἰς τὸ αὐτὸ συντεθεῖσαι [87] τὸν τῶν ἓξ ἐφανέρωσαν ἀριθμόν, οὗτοι δὲ οἱ ἓξ τετραπλασιασ-

49. Et de his quidem hactenus. De viginti quatuor litterarum autem origine hæc docet: Una cum Solitate exstare Unitatem, ex quibus duæ propagines, hoc est Monas et Unum, quæ additæ quatuor exstiterunt; bis enim duo quatuor. Et rursus duo et quatuor in unum composita senarium numerum monstraverunt, hæc sex autem quadruplicata illas

—

μηδὲν δὲ ἀληθὲς λέγουσα διαβεβαιοῦται· αἵτινες δυνάμεις ὁμοῦ, φησί, πᾶσαι εἰς ἀλλήλας συμπλακεῖσαι ἠχοῦσι καὶ δοξάζουσιν ἐκεῖνον, ὑφ' οὗ προεβλήθησαν. Ἡ δὲ δόξα τῆς ἠχῆς ἀναπέμπεται εἰς τὸν Προπάτορα. Ταύτης μέντοι τῆς δοξολογίας τὸν ἦχον C εἰς τὴν γῆν φερόμενόν φησι πλάστην γενέσθαι καὶ γεννήτορα τῶν ἐπὶ τῆς γῆς.

η'. Τὴν δὲ ἀπόδειξιν φέρει ἀπὸ τῶν ἄρτι γεννωμένων βρεφῶν, ὧν ἡ ψυχὴ ἅμα τῷ ἐκ μήτρας προελθεῖν ἐπιβοᾷ ἑνὸς ἑκάστου τῶν στοιχείων τούτων τὸν ἦχον. Καθὼς οὖν αἱ ἑπτά, φησι, δυνάμεις δοξάζουσι τὸν λόγον, οὕτως καὶ ἡ ψυχὴ ἐν τοῖς βρέφεσι κλαίουσα καὶ θρηνοῦσα Μάρκον δοξάζει αὐτόν. Διὰ τοῦτο δὲ καὶ τὸν Δαβὶδ εἰρηκέναι· *Ἐκ στόματος νηπίων καὶ θηλαζόντων κατηρτίσω αἶνον*· καὶ πάλιν· *Οἱ οὐρανοὶ τῶν οὐρανῶν διηγοῦνται δόξαν Θεοῦ*. Καὶ διὰ τοῦτο ἔν τε πόνοις καὶ ταλαιπωρίαις ψυχὴ γενομένη εἰς διυλισμὸν αὐτῆς ἐπιφωνεῖ τὸ Ω εἰς σημεῖον αἰνέσεως, ἵνα γνωρίσασα ἡ ἄνω ψυχὴ τὸ συγγενὲς αὐτῆς βοηθὸν αὐτῇ καταπέμψῃ.

θ'. Καὶ περὶ μὲν τοῦ παντὸς ὀνόματος τριάκοντα ὄντος γραμμάτων τούτου, καὶ τοῦ Βυθοῦ τοῦ αὔξαντος ἐκ τῶν τούτου γραμμάτων, ἔτι τε τῆς Ἀληθείας σώματος δωδεκαμελοῦς ἐκ δύο γραμμάτων συνεστῶτος, καὶ τῆς φωνῆς αὐτῆς, ἣν προσομιλήσασα, καὶ D περὶ τῆς ἐπιλύσεως τοῦ μὴ λαληθέντος ὀνόματος καὶ περὶ τῆς τοῦ κόσμου ψυχῆς καὶ ἀνθρώπου καθὰ ἔχουσι τὴν κατ' εἰκόνα οἰκονομίαν, οὕτως ἐλήρησεν. Κ. τ. λ.

Οὕτως οὖν ἀπαγγέλλει ἡ πάνσοφος αὐτῷ Σιγὴ τὴν γένεσιν τῶν εἰκοσιτεσσάρων στοιχείων· Τῇ Μονότητι συνυπάρχειν Ἑνότητι, ἐξ ὧν δύο προβολαί, καθ' ἃ προείρηται, μονάς τε καὶ τὸ ἓν ἐπὶ δύο οὖσαι τέσσαρα ἐγένοντο· δὶς γὰρ δύο τέσσαρες. Καὶ πάλιν αἱ δύο καὶ τέσσαρες εἰς τὸ αὐτὸ συντεθεῖσαι τὸν τῶν ἓξ ἐφανέρωσαν ἀριθμόν, οὗτοι δὲ οἱ ἓξ τετραπλα-

rum loquens affirmat. Quæ virtutes, ait, omnes simul in invicem complexæ sonant et glorificant illum, a quo emissæ sunt. Gloria autem soni mittitur in Propatorem. Hujus autem glorificationis sonum in terram delatum ait plasmatorem factum et generatorem eorum quæ sunt in terra.

8. Ostensionem autem affert ab iis, qui nunc nascuntur infantibus, quorum anima, simul ut de vulva progressa est, exclamat uniuscujusque elementi hunc sonum. Sicut ergo septem virtutes, inquit, glorificant Verbum, sic et anima in infantibus plorans et plangens Marcum glorificat eum. Propter hoc autem et David dixisse: *Ex ore infantium et lactentium perfecisti laudem*; et iterum: *Cœli enarrant gloriam Dei*. Et propter hoc, quando in doloribus et calamitatibus anima fuerit, in relevationem suam dicit Ω in signum laudationis, ut cognoscens illa, quæ sursum est, anima quod est cognatum suum adjutorium ei deorsum mittat.

9. Et de omni quidem nomine, quod est XXX litterarum, et de Bytho, qui augmentum accipit ex hujus litteris, adhuc etiam de Veritatis corpore, quod est duodecim membrorum, unoquoque membro ex duabus litteris constante, et de voce ejus, quam locuta est non locuta, et de resolutione ejus nominis, quod non est enarratum, et de mundi anima et hominis, secundum quæ habent illam, quæ est ad imaginem, dispositionem, sic deliravit, etc.

Cap. 15, 1. Sic autem annuntiat perquam sapiens eorum Sige generationem XXIV elementorum: Cum Solitate esse Unitatem, ex quibus duæ sunt emissiones, sicut prædictum est, Monas et Hen, quæ duplicatæ IV factæ sunt; bis enim duo quatuor. Et rursus duo et quatuor in id ipsum compositæ VI manifestaverunt numerum, hi autem sex quadru-

VARIÆ LECTIONES.

[67] τὴν δέ. τῶν δὲ C. [68] γενωμένων C. [69] τοῦτον τὸν ἦχον C, M. αἱ add. M. [79-80] Psalm. VIII, 3. [81] κατηρτήσω C. [82] Psal. XVIII, 2. [83] ὡς ἐπιβοᾷ C, ὡς abundans hoc loco ex margine illatum videtur, ubi ad ὀπίσω aliquis notaverit correctionem ως. ut legatur ὅπως. M. [84] ὅπως. ὀπίσω C. [85] καταπέμψει C. [86] δὶς δύο οὖσαι. δὶς δύο οὐσίαι C, an αἱ συνοῦσαι? [87] συντεθῆσαι C.

viginti quatuor (sc. litteras). Et primi quidem quaternionis nomina, quæ **324-325** sancta sanctorum intelligantur et quæ pronuntiari nequeant, cognosci a solo Filio. Hæc Pater novit quæ sint. Ea autem, quæ cum sacro silentio et cum fide enuntiantur, hæc sunt : Arrhetus et Sige, Pater et Aletheia. Hujus autem quaternionis universus numerus viginti quatuor est elementorum. Arrhetus (Ἄρρητος) enim habet septem elementa, Sige (Σειγή) quinque, et Pater (Πατήρ) quinque, et Aletheia (Ἀλήθεια) septem. Pariter autem etiam alter quaternio, Logos et Zoe, Anthropus et Ecclesia, eumdem numerum elementorum reddiderunt. Et Salvatoris effabile nomen, hoc est Jesum (Ἰησοῦν), litterarum esse sex, ineffabile autem numeratis singulatim litteris litterarum viginti quatuor est', υἱὸς autem Χριστός (Χρειστός) duodecim. Ineffabile autem in Christo nomen triginta elementorum et ipsum est secundum litteras, quæ in eo insunt, elementis singulatim numeratis. *Christus* (Χρειστός) enim nomen elementorum octo est. Χεῖ (Χ) enim littera trium elementorum est, **326-327** P (rho) autem duorum, et εἶ (E) duorum, et I (iota) quatuor, Σ (sigma) quinque, et T (tau) trium, οὖ (O) autem duorum et σάν trium. Ita id quod in Christo est ineffabile dicunt triginta esse elementorum. Et propter hoc aiunt eum dicere : *Ego* A *et* Ω, ostendentem columbam quæ hunc habet numerum, qui est octingenta unum.

50. Et Jesus vero hanc habet ineffabilem originem. Etenim a matre universorum, prima tetrade, instar filiæ provenit altera tetras, et exstitit ogdoas,

A θέντες τὰς εἰκοσιτέσσαρας. Καὶ τὰ μὲν [88] τῆς [πρώ-της] [89] τετράδος [p. 213. 214] ὀνόματα, ἅγια ἁγί[ων] νοούμενα καὶ μὴ δυνάμενα λεχθῆναι, γινώσκε[σθαι] ὑπὸ [90] μόνου τοῦ Υἱοῦ· ταῦτα ὁ Πατὴρ οἶδε [91] τί[να] ἐστί. Τὰ μετὰ σιωπῆς [92] καὶ μετὰ πίστεως ὀνομα[ζό]μενα παρ' αὐτῷ ἐστι ταῦτα· Ἄρρητος καὶ Σ[ιγή], Πατὴρ καὶ Ἀλήθεια. Ταύτης δὲ τῆς τετράδο[ς ὁ] σύμπας ἀριθμός ἐστι στοιχείων εἰκοσιτεσσάρων. [Ὁ] γὰρ Ἄρρητος ἔχει στοιχεῖα ἑπτά, ἡ Σιγὴ (σ...) πέντε, καὶ ὁ Πατὴρ πέντε, καὶ ἡ Ἀλήθεια ἑπ[τά]. Ὡσαύτως δὲ καὶ ἡ δευτέρα τετρὰς, Λόγος καὶ Ζω[ή], Ἄνθρωπος καὶ Ἐκκλησία τὸν αὐτὸν ἀριθμὸν [τῶν] στοιχείων ἀνέδειξαν. Καὶ τὸ τοῦ Σωτῆρος ἐ[ρη]τὸν ὄνομα [τουτέστι τὸν Ἰησοῦν] [93] γραμμάτων ὑπ[άρ]χειν [94] ἕξ, τὸ δ' ἄῤῥητον [95] αὐτοῦ ἐπ' ἀριθμῷ [τῶν]
B κατὰ ἓν γραμμάτων [96] στοιχείων ἐστὶν εἰκοσιτεσσάρων, Υἱὸς δὲ Χριστὸς (Χρειστὸς) δώδεκα, τὸ δὲ ἐν τῷ Χριστῷ ἄῤῥητον γραμμάτων τριάκοντα καὶ αὐτὸ τοῖς [97] ἐν αὐτῷ γράμμασι κατὰ ἓν τῶν στοιχείων ἀριθμουμένων [98]. Τὸ γὰρ Χριστὸς (Χρειστὸς) ἐστι στοιχείων ὀκτώ. Τὸ μὲν | γὰρ χεῖ [1] τριῶν, [p. 214 215] δὲ ρ' δύο, καὶ τὸ εἶ [2] δύο, καὶ ι' τεσσάρων, τὸ σ' πέντε, καὶ τὸ τ' τριῶν, τὸ δὲ οὖ [3] δύο, καὶ τὸ σὰν [4] τριῶν. Οὕτως τὸ ἐν τῷ Χριστῷ ἄῤῥητον φάσκουσι στοιχείων τριάκοντα. Καὶ διὰ τοῦτο δὲ, φασὶν, αὐτὸν λέγειν· *Ἐγὼ τὸ ἄλφα καὶ τὸ ω* [5], ἐπιδεικνύντα τὴν περιστερὰν τοῦτον ἔχουσαν τὸν ἀριθμὸν, ὅ ἐστιν ὀκτακόσια ἕν.

ν'. Ὁ δὲ Ἰησοῦς ταύτην μὲν ἔχει τὴν ἄῤῥητον
C γένεσιν. Ἀπὸ γὰρ τῆς μητρὸς τῶν ὅλων, τῆς πρώτης τετράδος, ἐν θυγατρὸς τρόπῳ προῆλθεν [6] ἡ

---

plicati viginti quatuor generaverunt figuras. Et quidem quæ sunt primæ quaternationis nomina sancta sanctorum intelliguntur, quæ non possunt enarrari; intelliguntur autem a solo Filio, quæ Pater scit quænam sunt. Alia vero, quæ cum gravitate et honore et fide nominantur, apud eum sunt hæc : ἄρρητος et σιγή, πατὴρ et ἀλήθεια. Hujus autem quaternationis universus numerus est litterarum viginti quatuor. Ἄρρητος enim nomen litteras habet in se septem, σειγὴ quinque et πατὴρ quinque et ἀλήθεια VII, quæ composita in se, bis quinque et bis septem, XXIIII numerum adimpleverunt. Similiter et secunda quaternatio Logos et Zoe, Anthropos et Ecclesia eumdem numerum elementorum ostenderunt. Et Salvatoris quoque narrabile nomen Ἰησοῦς litterarum est sex, inenarrabile autem ejus litterarum viginti quatuor, Υἱὸς et Χριστὸς litterarum XII, quod est autem in Christo inenarrabile, litterarum XXX. Et propter hoc ait eum A et Ω, ut περιστερὰν manifestet, cum hunc numerum habeat hæc avis.

2. Jesus autem hanc habet, inquit, inenarrabilem genesim. A matre enim universorum, id est primæ quaternationis, in filiæ locum processit secunda

σιασθέντες τὰς εἰκοσιτέσσαρας ἀπεκύησαν μορφάς. Καὶ τὰ μὲν τῆς πρώτης τετράδος ὀνόματα, ἅγια ἁγίων νοούμενα καὶ μὴ δυνάμενα λεχθῆναι, γινώσκεσθαι ὑπὸ μόνου τοῦ Υἱοῦ, ἃ ὁ Πατὴρ οἶδε τίνα ἐστί. Τὰ δὲ σεμνὰ καὶ μετὰ πίστεως ὀνομαζόμενα παρ' αὐτῷ ἐστι ταῦτα· Ἄῤῥητος καὶ Σιγή, Πατὴρ καὶ Ἀλήθεια. Ταύτης δὲ τῆς τετράδος ὁ σύμπας ἀριθμός ἐστι στοιχείων εἰκοσιτεσσάρων. Ὁ γὰρ Ἄῤῥητος ὄνομα γράμματα ἔχει ἐν ἑαυτῷ ἑπτά, ἡ Σιγὴ πέντε καὶ ὁ Πάτηρ, καὶ ἡ Ἀλήθεια ἑπτά, ἃ συντεθέντα ἐπὶ τὸ αὐτὸ, τὰ δὶς πέντε καὶ δὶς ἑπτὰ τὸν τῶν εἰκοσιτεσσάρων ἀριθμὸν ἀνεπλήρωσαν. Ὡσαύτως δὲ καὶ ἡ δευτέρα τετρὰς, Λόγος καὶ Ζωή, Ἄνθρωπος καὶ Ἐκκλησία, τὸν αὐτὸν ἀριθμὸν τῶν στοιχείων ἀνέδειξαν. Καὶ τὸ μὲν τοῦ Σωτῆρος ῥητὸν ὄνομα (ὀκτὼ καὶ δέκα) γραμμάτων ὑπάρχειν ἕξ, τὸ (sic) δ' ἄῤῥητον αὐτοῦ γραμμάτων εἰκοσιτεσσάρων, Υἱὸς Χριστὸς γραμμάτων δώδεκα, τὸ δὲ ἐν Χριστῷ ἄῤῥητον γραμμάτων τριάκοντα. Καὶ διὰ τοῦτο φα-
D σιν αὐτὸν Α καὶ Ω, ἵνα τὴν περιστερὰν μηνύσῃ, τοῦτον ἔχοντος τὸν ἀριθμὸν τούτου τοῦ ὀρνέου.

θ'. Ὁ δὲ Ἰησοῦς ταύτην ἔχει, φησί, τὴν ἄῤῥητον γένεσιν. Ἀπὸ γὰρ τῆς μητρὸς τῶν ὅλων, τῆς πρώτης τετράδος, ἐν θυγατρὸς τρόπῳ προῆλθεν ἡ δευτέρα

VARIÆ LECTIONES.

[88] τὰ μέν. ταῦτα μὲν C, M. [89] πρώτης om. C, M. [90] ὑπὸ. δὲ ὑπὸ C, M. [91] οἶδε. δὲ C. [92] μετὰ σιωπῆς. An μετὰ σεμνότητος coll. Iren ? [93] τουτέστι τὸν Ἰησοῦν. Hæc verba, quæ lin. 12 expunximus, ... transponenda esse videntur. Cf. Iren. [94] ὑπάρχει M. [95] τὸ δ' ἄῤῥητον. τὸ δὲ ῥητὸν C. [96] ἐν γραμμάτων. ἐγγραμμάτων C. Post γραμμάτων C, M addunt τουτέστι τὸν Ἰησοῦν. [97] τὸ δέ. τῷ δὲ C. [98] καὶ αὐτὸ τοῖς. Hæc et quæ sequuntur usque ad lin. 19. Καὶ διὰ τοῦτο desunt in Irenæo. [99] τῶν στοιχείων ἀριθμουμένων στοιχεῖον ἀριθμούμενον C, M. [1] χεῖ. χρι C, χει M. [2] εἶ. ει C, M. [3] οὖ. ου C. M. [4] σάν. ν C [5] Apoc. XXII, 13. Cf ibid. 1, 8. 21, 6. [6] προσῆλθεν C.

δευτέρα τετρὰς, καὶ ἐγένετο ὀγδοὰς, ἐξ ἧς προῆλθεν ἡ δεκάς· οὕτως ἐγένετο δεκαοκτώ [7]. Ἡ οὖν δεκὰς ἐπισυνελθοῦσα [8] τῇ ὀγδοάδι καὶ δεκαπλασίονα αὐτὴν ποιήσασα τὸν τῶν ὀγδοήκοντα [προεβίβασεν ἀριθμὸν, καὶ τὰ ὀγδοήκοντα] [9] πάλιν δεκαπλασιάσασα [10] τὸν τῶν ὀκτακοσίων ἀριθμὸν ἐγέννησεν [11], ὥστε εἶναι τὸν ἅπαντα τῶν γραμμάτων ἀριθμὸν ἀπὸ ὀγδοάδος [12] εἰς δεκάδα προελθόντα [13], [εἶναι] [14] η′ [15] καὶ π′ καὶ ω′, ὅ ἐστιν Ἰησοῦς· τὸ γὰρ *Ἰησοῦς* ὄνομα κατὰ τὸν ἐν τοῖς γράμμασιν ἀριθμόν ἐστιν ὀκτακόσια ὀγδοηκονταοκτώ. Καὶ τὸ ἀλφάβητον δὲ τὸ Ἑλληνικὸν ἔχει μονάδας ὀκτὼ [καὶ δεκάδας | ὀκτὼ] [16] καὶ ἑκατοντάδας ὀκτὼ, τὴν τῶν ὀκτακοσίων ὀγδοηκονταοκτὼ [p. 215] ψῆφον ἐπιδεικνύον [17], τουτέστι τὸν Ἰησοῦν, ἐκ πάντων συνεστῶτα τῶν [18] ἀριθμῶν. Καὶ διὰ τοῦτο ἄλφα [καὶ ω′] [19] ὀνομάζεσθαι αὐτὸν, τὴν ἐκ πάντων γένεσιν σημαίνοντα.

A unde provenit decas : ita exstiterunt octodecim. Decas igitur congressa cum ogdoade, postquam decuplicavit eam, octogenarium numerum produxit, et octogenarium rursus postquam decuplicavit, numerum qui est octingentorum genuit, ut sit universus numerus litterarum ab ogdoade secundum decadem progressus 888, quod est Jesus; *Jesus* enim nomen ex numero litterarum est 888. Et alphabetum vero Græcorum habet monades octo et decades octo et hecatontades octo, numerum octingentorum octoginta octo exhibens, **328-329** hoc est Jesum, qui ex omnibus numeris constat, propterea que eum se vocare A et Ω, generationem suam ex omnibus ortam indicantem.

να′. Περὶ δὲ τῆς τούτου δημιουργίας οὕτως λέγει· Ἀπὸ τῆς τετράδος τῆς δευτέρας δυνάμεις ἀποῤῥυείσας δεδημιουργηκέναι [20] τὸν ἐπὶ γῆς φανέντα Ἰησοῦν, καὶ τοῦ Λόγου [21] τὸν τόπον [22] ἀναπεπληρωκέναι τὸν ἄγγελον Γαβριὴλ, τῆς δὲ ζωῆς τὸ ἅγιον πνεῦμα, τοῦ δὲ Ἀνθρώπου τὴν τοῦ Ὑψίστου δύναμιν, τῆς δὲ Ἐκκλησίας τὴν παρθένον. Οὕτως ὁ κατ' οἰκονομίαν διὰ τῆς Μαρίας γενεσιουργεῖται παρ' αὐτῷ [23] ἄνθρωπος. Ἐλθόντος δὲ αὐτοῦ εἰς τὸ ὕδωρ, κατελθεῖν εἰς

B 51. De fabricatione autem hujus ita dicit : A quaternione altero potestates emanasse, quæ fabricaverint Jesum qui in terris apparuit, et Logi obtinuisse locum angelum Gabriel, Vitæ autem spiritum sanctum, Hominis autem Altissimi virtutem, Ecclesiæ autem virginem. Ita qui est ex dispensatione homo per Mariam editur secundum eum. Cum autem venisset in aquam, descendisse in eum tanquam columbam illam, qui ascendit superne et duodecimum

---

τετρὰς, καὶ ἐγένετο ὀγδοὰς, ἐξ ἧς προῆλθε δεκάς· οὕτως ἐγένετο δεκὰς καὶ ὀγδοάς. Ἡ οὖν δεκὰς ἐπισυνελθοῦσα τῇ ὀγδοάδι καὶ δεκαπλασίονα αὐτὴν ποιήσασα τὸν τῶν ὀγδοήκοντα προεβίβασεν ἀριθμὸν, καὶ τὰ ὀγδοήκοντα πάλιν δεκαπλασιάσασα τὸν τῶν ὀκτακοσίων ἀριθμὸν ἐγέννησεν, ὥστε εἶναι τὸν ἅπαντα τῶν γραμμάτων ἀριθμὸν ἀπὸ ὀγδοάδος εἰς δεκάδα προελθόντα, η καὶ π καὶ ω, ὅ ἐστι δεκαοκτώ· τὸ γὰρ Ἰησοῦ ὄνομα καὶ τὸν ἐν τοῖς γράμμασιν ἀριθμὸν ω ἔστιν ὀγδοηκονταοκτώ. Ἔχει σαφῶς καὶ τὴν ὑπερουράνιον τοῦ η καὶ τοῦ σ κατ' αὐτοὺς γένεσιν Διὸ καὶ τὸν ἀλφάβητον τῶν Ἑλλήνων ἔχειν μονάδας ὀκτὼ καὶ δεκάδας ὀκτὼ καὶ ἑκατοντάδας ὀκτὼ, τὴν τῶν ὀκτακοσίων ὀγδοηκονταοκτὼ ψῆφον [ἔπειτα] δεικνύοντα, τουτέστι τὸ ειη, τὸν ἐκ πάντων συνεστῶτα τῶν ἀριθμῶν, καὶ διὰ τοῦ ἄλφα καὶ ω ὀνομάζεσθαι αὐτὸν, τὴν ἐκ πάντων γένεσιν σημαίνοντα. Καὶ πάλιν οὕτως· Τῆς πρώτης τετράδος κατὰ πρόσβασιν ἀριθμοῦ εἰς αὐτὴν συντιθεμένης ὁ τῶν δέκα ἀνεφάνη ἀριθμὸς, κ. τ. λ.

quaternatio, et facta est octonatio, ex qua progressa est decas; sic factum est XVIII. Decas itaque adjuncta octonationi et decuplam eam faciens LXXX fecit numerum, et rursus octuagies decies octingentorum numerum fecit, ut sit universus litterarum numerus ab octonatione in decadem progrediens octo et octuaginta et DCCC, quod est Jesus; C *Jesus* enim nomen secundum Græcarum litterarum computum DCCC sunt LXXXVIII. Habes manifeste et supercœlestis Jesu secundum eos genesim. Quapropter et A B Græcorum habere monadas octo et decadas VIII et hecatontadas VIII, DCCCLXXXVIII numerum ostendentia, hoc est Jesum, qui est ex omnibus constans numeris, et propter hoc A et Ω nominari eum, cum significent ex omnibus ejus generationem. Et iterum ita : Primæ quaternationis secundum progressionem numeri in semet ipsam compositæ X apparuit numerus, etc.

γ′. Ἀπὸ τετράδος γὰρ προῆλθον οἱ αἰῶνες· ἦν δὲ ἐν τῇ τετράδι Ἄνθρωπος καὶ Ἐκκλησία, Λόγος καὶ Ζωή. Ἀπὸ τούτων οὖν δυνάμεις, φησὶν, ἀποῤῥυεῖσαι ἐγενεσιούργησαν τὸν ἐπὶ γῆς φανέντα Ἰησοῦν, καὶ τοῦ μὲν Λόγου ἀναπεπληρωκέναι τὸν τόπον τὸν ἄγγελον Γαβριὴλ, τῆς δὲ ζωῆς τὸ ἅγιον Πνεῦμα, τοῦ δὲ Ἀνθρώπου τὴν δύναμιν τοῦ Υἱοῦ, τὸν δὲ τῆς Ἐκκλησίας τόπον ἡ Παρθένος ἐπέδειξεν [ἔδειξεν cod. Reg.]. Οὕτως τε ὁ κατ' οἰκονομίαν διὰ τῆς Μαρίας γενεσιουργεῖται παρ' αὐτῷ ἄνθρωπος, ὃν ὁ Πατὴρ τῶν ὅλων διελθόντα διὰ μήτρας ἐξελέξατο

3. A quaternatione enim progressi sunt æones. Erat autem in quaternatione Anthropos et Ecclesia, Logos et Zoe. Ab iis igitur virtutes, ait, emanatæ generaverunt eum, qui in terra manifestatus est, Jesum, et Logi quidem locum adimplesse angelum Gabriel, Zoes autem Spiritum sanctum, Anthropi autem Altissimi virtutem, D Ecclesiæ autem locum Virgo ostendit. Et sic ille, qui est secundum dispositionem, per Mariam generatur apud eum homo, quem Pater omnium transeuntem per vulvam elegit per Verbum ad agnitionem suam. Cum autem ve-

VARIÆ LECTIONES.

[7] δεκαοκτώ. Ἰῶτα, εἶτα δεκαοκτώ. C, quod M mutavit in δέκα, εἶτα δεκαοκτώ. Nimirum non perspexit librarium, cum in libro suo reperisset ιη, depravasse in Ἰῶτα εἶτα [ἦτα], et deinde numerum ipsum denuo addidisse. [8] ἐπισυνελθοῦσα. ἔστη συνελθοῦσα C. [9] προεβίβασεν — ὀγδοήκοντα om. C. [10] δεκαπλασιάσαντα C. [11] ἐγέννησαν C. [12] ὀγδοάδος. ὀγδοάδα C. [13] προελθόντα προσελθόντα C, M. [14] εἶναι delendum esse jam M suspicatus est. [15] η. ἦτα C, M. [16] καὶ — ὀκτὼ supplevit M. [17] ἐπιδεικνύοντα C, M. [18] συνεστῶτα τῶν. τῶν συνεστώτων C, M. [19] καὶ ω om. C, M. [20] ἀπερυεῖσα δεδημιουργικέναι C. [21] Cf. Luc. I, 26-38. [22] τὸν τόπον. τοῦτον C, M. [23] αὐτῷ. αὐτῶν C, M.

appellant, et in altero, quod redemptionem vocant. Sed ne secretum quidem eorum nos fugit. Hæc autem concessa sunto Valentino ejusque assedis.
302-303 Marcus autem imitatus præceptorem et ipse confingit visionem, arbitratus se hoc modo celebratum iri. Etenim Valentinus ait sese vidisse infantem recens natum, quem explorans inquirit quisnam sit, is autem respondit affirmavitque sese Logum esse; deinde addens tragicam quamdam fabulam ex hac constare vult quam instituit hæresin. Cui similia conatus Marcus ait ad sese venisse Tetradem habitu muliebri (quandoquidem, inquit, virile ejus mundus ferre non potuit), et ostendisse sese quæ esset, et universorum ortum, quem nemini unquam neque deorum neque hominum revelavisset, huic soli enarravisse, his verbis usam: Cum principio Pater [cujus pater nemo est], incomprehensibilis ille et insubstantialis, qui neque masculum neque femineum est, vellet ineffabile suum fieri effabile et invisibile figurari, aperuit os et protulit sermonem similem sui, qui prope astitit et monstravit ei quid esset, idemque invisibilis illius figura apparuit. Elocutio autem nominis talis quædam exstitit: locutus est vocem primam nominis ejus, quæ quidem erat ἀρχή, et erat syllaba ejus elementorum quatuor, deinde adjunxit secundam, eaque erat et ipsa quatuor litterarum. 304-305 deinceps locutus est tertiam, quæ quidem erat elementorum decem, quartamque elocutus est, eaque erat et ipsa duodecim elementorum. Erat igitur totius nominis elocutio elementorum triginta, syllabarum autem quatuor. Unumquodque autem elementorum suas litteras et suam speciem et suum

A καλοῦντες, καὶ ἐν τῷ δευτέρῳ, ὃ ἀπολύτρωσιν καλοῦσιν. Ἀλλ' οὐδὲ τὸ ἄῤῥητον αὐτῶν ἔλαθεν ἡμᾶς. Ταῦτα δὲ συγκεχωρήσθω Οὐαλεντίνῳ καὶ τῇ αὐτοῦ [p. 203. 204.] σχολῇ. Ὁ δὲ Μάρκος μιμούμενος τὸν διδάσκαλον καὶ αὐτὸς ἀναπλάσσει δρᾶμα, νομίζων οὕτως δοξασθήσεσθαι. Καὶ γὰρ Οὐαλεντῖνος φάσκει ἑαυτὸν ἑωρακέναι παῖδα νήπιον ἀρτιγέννητον [61], οὗ πυθόμενος ἐπιζητεῖ τίς ἂν εἴη [62], ὁ δὲ ἀπεκρίνατο λέγων, ἑαυτὸν [63] εἶναι τὸν λόγον· ἔπειτα προσθεὶς τραγικόν τινα [64] μῦθον ἐκ τούτου συνιστᾷν βούλεται τὴν ἐπικεχειρημένην αὐτῷ αἵρεσιν. Τούτῳ [65] τὰ ὅμοια τολμῶν ὁ Μάρκος λέγει ἐληλυθέναι πρὸς αὐτὸν σχήματι γυναικείῳ τὴν τετράδα, ἐπειδή, φησί, τὸ ἄῤῥεν αὐτῆς ὁ κόσμος φέρειν οὐκ ἠδύνατο, καὶ μηνῦσαι αὐτὴν ἥτις ἦν, καὶ τὴν τῶν πάντων γένεσιν, ἣν οὐ-
B δενὶ πώποτε οὔτε θεῶν οὔτε ἀνθρώπων ἀπεκάλυψε, τούτῳ μόνῳ διηγήσασθαι οὕτως εἰποῦσαν [66]· Ὅτε τὸ πρῶτον ὁ Πατὴρ αὐτοῦ [67] ὁ ἀνεννόητος [68] καὶ ἀνούσιος, ὁ μήτε ἄῤῥεν μήτε θῆλυ, ἠθέλησεν αὐτοῦ τὸ ἄῤῥητον ῥητὸν γενέσθαι καὶ τὸ ἀόρατον μορφωθῆναι, ἤνοιξε τὸ στόμα καὶ προήκατο λόγον ὅμοιον αὐτῷ, ὃς παραστὰς ἐπέδειξεν αὐτῷ ὃ ἦν, αὐτὸς τοῦ ἀοράτου μορφὴ [69] φανείς. Ἡ δὲ ἐκφώνησις τοῦ ὀνόματος ἐγένετο τοιαύτη· ἐλάλησε λόγον τὸν πρῶτον τοῦ ὀνόματος αὐτοῦ, ἥτις ἦν ἀρχή, καὶ ἦν ἡ συλλαβὴ αὐτοῦ στοιχείων τεσσάρων, ἔπειτα συνῆψε τὴν δευτέραν, καὶ ἦν [p. 204. 205.] καὶ αὐτὴ στοιχείων τεσσάρων, ἑξῆς ἐλάλησε [70] τὴν τρίτην, ἥτις ἦν στοιχείων [71] δέκα, καὶ τὴν τετάρτην ἐλάλησε, καὶ ἦν καὶ αὐτὴ στοιχείων δώδεκα. Ἐγένετο οὖν τοῦ ὀνόματος ὅλου ἡ
C ἐκφώνησις στοιχείων [μὲν] [72] τριάκοντα, συλλαβῶν δὲ τεσσάρων· ἕκαστον δὲ τῶν στοιχείων ἴδια γράμματα καὶ ἴδιον χαρακτῆρα καὶ ἰδίαν ἐκφώνησιν καὶ

Iren. *C. hær.*, I, 14, 1..... Illam quæ est a summis et ab invisibilibus et innominabilibus locis quaternationem descendisse figura muliebri ad eum, (quoniam, inquit, ejus masculinum mundus ferre non poterat) et ostendisse quoque semetipsam quæ esset, et universorum genesim, quam nemini unquam neque deorum neque hominum revelavit, huic soli enarrasse ita dicentem: Quando primum Pater, cujus pater nemo est, qui est inexcogitabilis et insubstantivus, qui neque masculus neque femina est, voluit suum inenarrabile narrabile fieri, et quod invisibile sibi est formari, aperuit os et protulit Verbum simile sibi, quod assistens ostendit ei quod erat ipse, cum invisibilis forma apparuisset. Enuntiatio autem nominis facta est talis: Locutus est verbum primum nominis ejus: fuit ἀρχή, et syllaba ejus litterarum quatuor, conjunxit et secundam, et fuit hæc litterarum quatuor; post locutus est et tertiam, et fuit hæc litterarum X, et eam quæ est post hæc locutus est, et fuit ipsa litterarum XII. Facta est ergo enuntiatio universi nominis litterarum XXX, syllabarum autem quatuor; unumquodque autem elementorum suas litteras et suum characterem et suam enuntiationem et figurationes et imagines ha-

Epiphan., *hær.* 34, δ'. .... αὐτὴν τὴν πανυπερτάτην ἀπὸ τῶν ἀοράτων καὶ ἀκατονομάστων τούτων τετράδα κατεληλυθέναι σχήματι γυναικείῳ πρὸς αὐτόν, ἐπειδή, φησί, τὸ ἄῤῥεν αὐτῆς ὁ κόσμος φέρειν οὐκ ἠδύνατο, καὶ μηνῦσαι αὐτὴ τίς ἦν, καὶ τὴν τῶν πάντων γένεσιν, ἣν οὐδενὶ πώποτε οὐδὲ θεῶν οὐδὲ ἀνθρώπων ἀπεκάλυψε, τούτῳ μονωτάτῳ διηγήσασθαι οὕτως εἰποῦσαν· Ὅτε τὸ πρῶτον ὁ Πατὴρ ὤδινεν ὁ ἀνεννόητος καὶ ἀνούσιος, ὁ μήτε ἄῤῥεν μήτε θῆλυ, ἠθέλησεν αὐτοῦ τὸ ἄῤῥητον γεννηθῆναι καὶ τὸ ἀόρατον μορφωθῆναι, ἤνοιξε τὸ στόμα καὶ προήκατο λόγον ὅμοιον αὐτῷ, ὃς παραστὰς ὑπέδει-
D ξεν αὐτῷ ὃ ἦν, αὐτὸς τοῦ ἀοράτου μορφὴ φανείς. Ἡ δὲ ἐκφώνησις τοῦ ὀνόματος ἐγένετο τοιαύτη· ἐλάλησε λόγον τὸν πρῶτον τοῦ ὀνόματος αὐτοῦ, ἥτις ἦν ἀρχή, καὶ ἦν ἡ συλλαβὴ αὐτοῦ στοιχείων τεσσάρων, ἐπισυνῆψε τὴν δευτέραν, καὶ ἦν καὶ αὐτὴ στοιχείων τεσσάρων, ἑξῆς ἐλάλησε τὴν τρίτην, καὶ ἦν καὶ αὐτὴ στοιχείων δέκα, καὶ τὴν μετὰ ταῦτα ἐλάλησε, καὶ ἦν καὶ αὐτὴ στοιχείων δεκαδύο. Ἐγένετο οὖν ἡ ἐκφώνησις τοῦ ὅλου ὀνόματος στοιχείων μὲν τριάκοντα, συλλαβῶν δὲ τεσσάρων· ἕκαστον δὲ τῶν στοιχείων ἴδια γράμματα καὶ ἴδιον χαρακτῆρα καὶ ἰδίαν ἐκφώνησιν καὶ σχήματα καὶ εἰκόνας ἔχειν,

VARIÆ LECTIONES.

[61] ἄρτι γένητον C. [62] εἴη. εἶναι C. [63] ἑαυτῶν C. [64] τινα. λέγων pr. C. [65] Quæ sequuntur Hippolytus ex Irenæo exscripsit, cujus ipsa verba versionemque veterem textui supposuimus. [66] εἰποῦσα C, M. [67] αὐτοῦ. ὤδινεν Epiphanius. Sed Irenæi lat. textus vitium arguit, cum offert: *cujus pater nemo est*, hoc est: οὗ πατὴρ οὐδεὶς ἦν. [68] ἀνενόητος C. [69] μορφῇ C. [70] ἑξῆς ἐλάλησε. ἐξελάλησε C. [71] στοιχείῳ C. [72] μὲν om. C.

σχήματα καὶ εἰκόνας ἔχειν, καὶ μηθὲν αὐτῶν εἶναι, ὃ τὴν ἐκείνου καθορᾷ μορφὴν, οὗπερ αὐτὸς[73] στοιχεῖόν ἐστιν, οὐδὲ μὴν[74] τὴν τοῦ πλησίον αὐτοῦ ἕκαστον ἐκφώνησιν γινώσκειν, ἀλλ' ὃ αὐτὸς ἐκφωνεῖ[75], ὡς τὸ πᾶν ἐκφωνοῦντα τὸ ὅλον[76] ἡγεῖσθαι ὀνομάζειν αὐτόν· ἕκαστον γὰρ αὐτῶν μέρος ὄντα τοῦ ὅλου τὸν ἴδιον ἦχον ὡς τὸ πᾶν ὀνομάζειν καὶ μὴ παύσασθαι[77] ἠχοῦντα, μέχρις ὅτου ἐπὶ τὸ ἔσχατον γράμμα τοῦ ἐσχάτου στοιχείου μονογλωττήσαντα[78] καταντῆσαι. Τότε δὲ [καὶ][79] τὴν ἀποκατάστασιν τῶν ὅλων ἔφη γενέσθαι, ὅταν τὰ πάντα κατελθόντα εἰς τὸ ἓν γράμμα μίαν καὶ τὴν αὐτὴν ἐκφώνησιν ἠχήσῃ, | τῆς τε ἐκφωνήσεως[80] εἰκόνα τὸ *Ἀμὴν* ὁμοῦ λεγόντων ἡμῶν ὑπέθετο εἶναι. Τοὺς δὲ [φθόγγους][81] ὑπάρχειν τοὺς [p. 205 206.] μορφοῦντας τὸν ἀνούσιον καὶ ἀγέννητον[82] αἰῶνα, καὶ εἶναι B τούτους μορφὰς, ἃς ὁ Κύριος ἀγγέλους εἴρηκε, τὰς διηνεκῶς βλεπούσας τὸ πρόσωπον τοῦ Πατρός[83].

μγ'. Τὰ δὲ ὀνόματα τῶν στοιχείων τὰ κοινὰ καὶ ῥητὰ[84] *αἰῶνας* καὶ *λόγους* καὶ *ῥίζας* καὶ *σπέρματα* καὶ *πληρώματα* καὶ *καρποὺς* ὠνόμασε· τὰ δὲ καθ' ἕνα αὐτῶν[85] καὶ ἑκάστου ἴδια[86] ἐν τῷ ὀνόματι τῆς *Ἐκ[κλησίας]* ἐμπεριεχόμενα νοεῖσθαι. Ὧν στοιχείων τοῦ[87] ἐσχάτου στοιχείου τὸ ὕστερον [γράμμα][88] φωνὴν προήκατο τὴν ἑαυτοῦ, οὗ ὁ ἦχος ἐξελθὼν [κατ'] εἰκόνα[89] τῶν στοιχείων στοιχεῖα ἴδια ἐγέννησεν, ἐξ ὧν τά τε ἐνταῦθα διακεκοσμῆσθαί[90] φησι, καὶ τὰ πρὸ τούτων γεγενῆσθαι. Τὸ μέντοι γράμμα αὐτὸ, οὗ

A sonum et figuras et imagines habere, neque ullum eorum esse, quod illius pervideat speciem, cujus ipse elementum est, neque vero vicini sui quemque elocutionem nosse, sed, quod ipse eloquatur, tanquam universum elocutum totum arbitrari appellare eum. Unumquemque enim eorum, cum pars sit universi, suum sonum tanquam totum appellare, nec desinere sonantem, donec ad extremam litteram extremi elementi singulatim eloquens deveniat. Tum autem et redintegrationem universorum dixit fieri, cum cuncta degressa in unam litteram unam eamdemque elocutionem sonarent, elocutionisque imaginem *Amen* simul dicentibus nobis statuit esse. Sonos autem esse eos, qui figurent **306-307** insubstantialem et non generatum æonem, et esse hos figu- B ras, quas Dominus angelos dixit, quæ perpetuo cernant faciem Patris.

43. Nomina autem elementorum communia et effabilia *æones* et *logos* et *radices* et *semina* et *pleromata* et *fructus* appellavit, singula autem eorum et uniuscujusque propria in nomine Ecclesiæ una comprehensa intelligi. Quorum elementorum ultimi posterior littera vocem edidit suam, cujus sonus egressus ad instar elementorum elementa propria generavit, ex quibus et ea quæ hic sunt exornata esse ait, et generata quæ erant ante hæc. Ipsam quidem litteram, cujus sonus simul sequebatur so-

C καὶ μηδὲν αὐτῶν εἶναι, ὃ τὴν ἐκείνου καθορᾷ μορφὴν, οὗπερ αὐτὸς στοιχεῖόν ἐστιν, ἀλλὰ οὐδὲ γινώσκει αὐτὸν, οὐδὲ μὴν τὴν τοῦ πλησίον αὐτοῦ ἕκαστον ἐκφώνησιν πολιορκεῖ, ἀλλὰ ὃ αὐτὸς ἐκφωνεῖ, ὡς τὸ πᾶν ἐκφωνοῦντα τὸ ὅλον ἡγεῖσθαι ὀνομάζειν· ἕκαστον γὰρ αὐτῶν μέρος ὂν τοῦ ὅλου τὸν ἴδιον ἦχον ὡς τὸ πᾶν ὀνομάζειν καὶ μὴ παύσασθαι ἠχοῦντα, μέχρις ὅτου ἐπὶ τὸ ἔσχατον γράμμα τοῦ ἑκάστου στοιχείου μονογλωσσήσαντος καταστῆσαι. Τότε δὲ καὶ τὴν ἀποκατάστασιν τῶν ὅλων ἔφη γενέσθαι, ὅταν τὰ πάντα κατελθόντα εἰς τὸ ἓν γράμμα μίαν καὶ τὴν αὐτὴν ἐκφώνησιν ἠχήσῃ, ἧς ἐκφωνήσεως εἰκόνα τὸ *Ἀμὴν* ὁμοῦ λεγόντων ἡμῶν ὑπέθετο εἶναι. Τοὺς δὲ φθόγγους ὑπάρχειν τοὺς μορφοῦντας τὸν ἀνούσιον καὶ ἀγέννητον αἰῶνα, καὶ εἶναι τούτους μορφὰς, ἃς ὁ Κύριος ἀγγέλους εἴρηκε, τὰς δὲ διηνεκῶς βλεπούσας τὸ πρόσωπον τοῦ Πατρός. Τὰ δὲ ὀνόματα τῶν στοιχείων τὰ ῥητὰ καὶ κοινὰ *αἰῶνας* καὶ *λόγους* καὶ *ῥίζας* καὶ *σπέρματα* καὶ *πληρώματα* καὶ *καρποὺς* ὠνόμασε· τὰ δὲ καθ' ἕνα αὐτῶν καὶ ἑκάστου ἴδια ἐν τῷ ὀνόματι τῆς *Ἐκκλησίας* ἐμπεριεχόμενα νοεῖσθαι ἔφη, ὡς στοιχείου τὸ ὕστερον γράμμα φωνὴν προήκατο τὴν αὐτοῦ, οὗ ἦχος ἐξελθὼν κατ' εἰκόνα τῶν στοιχείων στοιχεῖα ἴδια ἐγέννησεν, ἐξ ὧν τά τε ἐνταῦθα κατακεκοσμῆσθαί φησι καὶ τῶν πρὸ τούτων γεγενῆσθαι. Τὸ μέντοι γράμμα αὐτὸ τὸ [sic] ἦχος τῷ ἤχει, οὗ ὁ

bere, et nihil eorum esse, quod illius videat formam, quod ipsum super elementum est, sed nec cognoscere eum, sed ne quidem proximi ejus unum quodque enuntiationem scire, sed quod ipse enuntiat, ita omne quod enuntiat, illud quod est totum nominet. Unumquodque enim ipsorum, pars exsistens totius, suum sonum quasi omne nominare, et non cessare sonantia, quoad usque ad novissimam litteram novissimi elementi singulariter enuntiata deveniant. Tunc autem et redintegrationem universorum dicit futuram, quando omnia devenientia in unam litteram unam et eamdem consonationem sonant, cujus exclamationis imaginem esse *Amen* simul dicentibus nobis tradidit. Sonos autem eos esse, qui formant insubstantivum et ingenitum æona, et esse hos formas, quas Dominus angelos dixit, quæ sine intermissione vident faciem Patris.

2. Nomina autem elementorum communia et enarrabilia *æonas* et *verba* et *radices* et *semina* et *plenitu-* D *dines* et *fructus* vocavit. Singula autem ipsorum et uniuscujusque propria in nomine Ecclesiæ contineri et intelligi ait. Quorum elementorum novissimi elementi ultima littera vocem emisit suam, cujus sonus exiens secundum imaginem elementorum elementa propria generavit, ex quibus et quæ sunt hic disposita dicit, et ea, quæ sunt ante hæc, generata. Ipsam quidem litteram, cujus sonus erat consequens

VARIÆ LECTIONES.

[73] οὗπερ αὐτός. οὗπερ αὐτὸ C, M. Cf. Iren. [74] ἐστιν. οὐδὲ μήν. ἐστι, τόνου δὲ μὴν C. [75] ἀλλ' ὃ αὐτὸς ἐκφωνεῖ. ἄλλο μηδὲ ἐκφωνεῖν C, ἀλλὰ μηδὲ ἐκφωνεῖν M. Cf. Iren. [76] τὸ ὅλον. ὅτι τὸ C, Cf. Iren. [77] παύσας C. [78] μονογλωττήσαντι C, M. Cf. Iren. lat. [79] καὶ om. C, M. Cf. Iren. [80] ἐκφώνησιν ἠχήσῃ, τήν τε ἐκφώνησιν ἠχήσῃ (sic) C. [81] φθόγγους om. C. [82] ἀγένητον C. [83] Cf. Matth. xviii, 10. [84] ῥητά. ῥήματα C, M. [85] ὠνόμασε· τὰ δὲ καθ' ἕνα αὐτῶν. τὸ καθ' ἑαυτῶν C. [86] ἴδια. ἰδίᾳ C, M. [87] νοεῖσθαι. Ὧν στοιχείων τοῦ. νοεῖσθαι τῶν στοιχείων. Τοῦ C, M. [88] γράμμα om. C. [89] κατ' εἰκόνα. ἱκανὰ C, εἰκόνας M. [90] διακεκομεῖσθαι C.

num deorsum, a syllaba ipsius receptam esse sursum dicit ad complementum universi, mansisse autem sonum inferne demissum tanquam foras projectum. Elementum autem ipsum, a quo littera cum pronuntiatione sua devenit deorsum, litterarum ait esse triginta, et unamquamque triginta illarum litterarum in sese habere alias litteras, per quas
308 309 nomen litteræ appellatur, rursus autem alias illas litteras per alias appellari litteras, et alias has per alias, ut in infinitum evadat multitudo singulatim litteris scriptis. In hunc autem modum apertius discat quispiam id quod dicimus : Delta elementum constat litteris quinque, Δ, Ε, Λ, Τ, Α, et hæ ipsæ litteræ aliis scribuntur litteris, et hæ aliæ rursus aliis. Si igitur universa substantia litteræ Delta in infinitum evadit, cum semper aliæ litteræ alias generent et sese excipiant invicem, quanto magis illius elementi esse majus mare litterarum? Et si una sola littera sic infinita, videte universi nominis profunditatem litterarum, ex quibus Propatorem Marci laboriositas, vel dicam prava sedulitas, vult constare. Quapropter Patrem, qui nosset se comprehendi non posse, dedisse elementis, quæ et æones vocat, unicuique illorum proprium sonum effari, quandoquidem unus non possit universum eloqui.

A ὁ ἦχος ἦν συνεπακολουθῶν τῷ ἤχῳ κάτω [91], ὑπὸ τῆς συλλαβῆς τῆς ἑαυτοῦ ἀνειλῆφθαι ἄνω λέγει εἰς ἀναπλήρωσιν τοῦ ὅλου [92], μεμενηκέναι δὲ εἰς τὰ κάτω τὸν ἦχον, ὥσπερ ἔξω ῥιφέντα. Τὸ δὲ στοιχεῖον αὐτὸ, ἀφ' οὗ τὸ γράμμα σὺν τῇ [93] ἐκφωνήσει τῇ ἑαυτοῦ κατῆλθε | κάτω, γραμμάτων φησὶν εἶναι τριάκοντα [94] καὶ ἓν ἕκαστον τῶν τριάκοντα γραμμάτων ἐν [p. 206.] ἑαυτῷ ἔχειν ἕτερα γράμματα, δι' ὧν τὸ ὄνομα τοῦ γράμματος ὀνομάζεται καὶ μὴν πάλιν τὰ ἕτερα δι' ἄλλων ὀνομάζεσθαι γραμμάτων, καὶ τὰ ἄλλα δι' ἄλλων, ὥστε εἰς ἄπειρον ἐκπίπτειν τὸ πλῆθος, ἰδίᾳ τῶν γραμμάτων γραφέντων [95]. Οὕτως δ' ἂν σαφέστερον μάθοι τις τὸ λεγόμενον· Τὸ δέλτα στοιχεῖον γράμματα ἔχει [96] ἐν ἑαυτῷ πέντε, τὸ δέλτα, καὶ τὸ εἶ [97], καὶ τὸ λάμβδα [98]
B καὶ τὸ ταῦ, καὶ τὸ ἄλφα, καὶ αὐτὰ ταῦτα τὰ γράμματα δι' ἄλλων [γράφεται γραμμάτων, καὶ τὰ ἄλλα δι' ἄλλων] [99]. Εἰ οὖν ἡ πᾶσα ὑπόστασις τοῦ δέλτα εἰς ἄπειρον ἐκπίπτει, ἀεὶ ἄλλων ἄλλα γράμματα γεννώντων καὶ διαδεχομένων ἄλληλα, πόσῳ μᾶλλον ἐκείνου τοῦ στοιχείου μείζον' εἶναι τὸν πόντον [1] τῶν γραμμάτων; Καὶ εἰ τὸ ἓν γράμμα ἄπειρον οὕτως, ὁρᾶτε [2] ὅλου τοῦ ὀνόματος τὸν βυθὸν τῶν γραμμάτων, ἐξ ὧν τὸν προπάτορα ἡ Μάρκου φιλοπονία, μᾶλλον δὲ ματαιοπονία βούλεται συνιστᾷν. Διὸ καὶ τὸν Πατέρα ἐπιστάμενον [3] τὸ ἀχώρητον αὐτοῦ δεδωκέναι τοῖς στοιχείοις, ἃ καὶ αἰῶνας καλεῖ, ἑνὶ ἑκάστῳ αὐτῶν [4] τὴν ἰδίαν ἐκφώνησιν ἐκβοᾷν, διὰ τὸ μὴ δύνασθαι ἕνα τὸ ὅλον ἐκφωνεῖν.

41. His autem expositis Tetractyn ei dixisse : Jam volo **310-311** ipsam tibi Veritatem ostendere

μδ'. Ταῦτα δὲ σαφηνίσασαν αὐτῷ τὴν τετρακτὺν εἰπαι [5]. | [p. 207.] Θέλω δή [6] σοι καὶ αὐτὴν ἐπιδεῖξαι

---

sonum deorsum, a syllaba sua sursum receptam dicit ad impletionem universi, remansisse autem deorsum sonum quasi foras projectum. Elementum autem ipsum, ex quo littera cum enuntiatione sua descendit deorsum, litterarum ait esse XXX, et unamquamque ex his XXX litteris in semetipsa habere alias litteras, per quas nomen litteræ nominatur, et rursus alias per alias nominari litteras, et alias per alias, ita ut in immensum decidat multitudo litterarum. Sic autem planius disces quod dicitur : Delta elementum litteras habet in se quinque, et ipsum Δ et Ε et Λ et Τ et Α, et hæ rursus litteræ per alias scribuntur litteras, et aliæ per alias. Si ergo universa substantia Deltæ in immensum decidit, aliis alias litteras generantibus et succedentibus alterutrum, quanto magis illius elementi majus esse pelagus litterarum? Et si una littera sic immensa est, vide totius nominis profundum litterarum, ex quibus Propatora Marci Silentium constare docuit. Quapropter et Patrem scientem incapabile suum dedisse elementis, quæ et æonas vocat, unicuique eorum suam enuntiationem exclamare, eo quod non possit unum illud quod est totum enuntiare.

3. Hæc itaque exponentem ei quaternationem dixisse : Volo autem tibi et ipsam ostendere Veri-

C ἦχος ἦν συνεπακολουθῶν τῷ ἤχει, καὶ τὸ ὑπὸ τῆς συλλαβῆς τῆς ἑαυτοῦ ἀνειλῆφθαι ἄνω λέγειν εἰς ἀναπλήρωσιν τοῦ ὅλου, μεμενηκέναι δὲ εἰς τὰ κάτω τὸν ἦχον, ὥσπερ ἔξω ῥιφέντα. Τὸ δὲ στοιχεῖον αὐτὸ, ἀφ' οὗ τὸ γράμμα σὺν τῇ ἐκφωνήσει τῇ ἑαυτοῦ συγκατῆλθε κάτω, ὃ γραμμάτων εἶναί φησι τριάκοντα, καὶ ἓν ἕκαστον τῶν τριάκοντα γραμμάτων ἐν ἑαυτῷ ἔχειν ἕτερα γράμματα, δι' οὗ τὸ ὄνομα τοῦ γράμματος ὀνομάζεται, καὶ αὖ πάλιν τὰ ἕτερα δι' ἄλλων ὀνομάζεσθαι γραμμάτων, καὶ τὰ ἄλλα δι' ἄλλων, ὡς εἰς ἄπειρον ἐκπίπτειν τὸ πλῆθος τῶν γραμμάτων. Οὕτω δ' ἂν σαφέστερον μάθοις τὸ λεγόμενον.

ε'. Τὸ δέλτα στοιχεῖον γράμματα ἐν ἑαυτῷ ἔχει πέντε, αὐτὸ δὲ τὸ δέλτα καὶ τὸ ε καὶ τὸ λάμβδα καὶ τὸ ταῦ καὶ τὸ ἄλφα, καὶ ταῦτα πάλιν τὰ γράμματα δι' ἄλλων γράφεται γραμμάτων, καὶ τὰ ἄλλα δι' ἄλλων. Εἰ οὖν ἡ πᾶσα ὑπόστασις τοῦ δέλτα εἰς ἄπειρον ἐκπίπτει, ἀεὶ ἄλλων ἄλλα γράμματα γεν-
D νώντων καὶ διαδεχομένων ἄλληλα, πόσῳ μᾶλλον ἐκείνου τοῦ στοιχείου μεῖζον εἶναι τὸ πέλαγος τῶν γραμμάτων; καὶ εἰ τὸ ἓν γράμμα οὕτως ἄπειρον, ὅρα ὅλου τοῦ ὀνόματος τὸν βυθὸν τῶν γραμμάτων, ἐξ ὧν τὸν Προπάτορα ἡ Μάρκου σιγὴ συνεστάναι ἐδογμάτισε. Διὸ καὶ τὸν Πατέρα ἐπιστάμενον τὸ ἀχώρητον αὐτοῦ δεδωκέναι τοῖς στοιχείοις, ἃ καὶ αἰῶνας καλεῖ, ἑνὶ ἑκάστῳ αὐτῶν τὴν ἰδίαν ἐκφώνησιν ἐκβοᾷν, διὰ τὸ μὴ δύνασθαι ἕνα τὸ ὅλον ἐκφωνεῖν. Ταῦτα δὲ σαφηνίσασαν αὐτῷ τὴν τετρακτὺν εἰπεῖν· Θέαν δή σοι καὶ αὐτὴν ἐπιδεῖξαι τὴν Ἀλη-

VARIÆ LECTIONES.

[91] κάτω. καὶ τῷ C. [92] τοῦ ὅλου· τούτου ὅλου C. [93] σὺν τῇ. συνέστη C. [94] τριάκοντα. τριάκοντα γραμμάτων, C. [95] ἰδίᾳ — γραφέντων. διὰ τῶν γραμμάτων γραφέντος C. Cf. Iren. [96] ἔχει. ἔχειν C. M. [97] τὸ ει C, τὸ ε M. [98] τὸ λάβδα C. [99] Uncinis inclusa ex Irenæo suppleta om. C, M. [1] μείζον' εἶναι τὸν πόντον. μεῖζον εἶναι τὸν τόπον C, μεῖζον εἶναι τὸ πέλαγος M Irenæum secutus. [2] οὕτως, ὁρᾶτε. οὕτως ὡς ὁρᾶται C, Cf. Iren. [3] ἐπιστάμενος C. [4] τὸ ὅλων. [5] εἶπαι. εἶπε C, M. [6] δή. δὲ C, M.

τὴν Ἀλήθειαν· κατήγαγον γὰρ αὐτὴν ἐκ τῶν ὕπερθεν δωμάτων [7], ἵνα ἴδῃς αὐτὴν γυμνὴν καὶ καταμάθῃς αὐτῆς τὸ κάλλος, ἀλλὰ καὶ ἀκούσῃς αὐτῆς λαλούσης καὶ θαυμάσῃς τὸ φρόνημα αὐτῆς. Ὅρα οὖν κεφαλὴν, φησὶν, ἄνω τὸ πρῶτον ἄλφα ω, τράχηλον τὸ δὲ [8] βψ, ὤμους [ἅμα χερσὶ] [9] γχ, στήθη δέλτα φ', [δια]φράγμα [10] ευ [11], κοιλίαν ζτ [12], αἰδοῖα ησ [13], μηροὺς θρ, γόνατα ιπ, κνήμας κο, σφυρὰ λξ, πόδας μν. Τουτέστι τὸ σῶμα τῆς κατὰ τὸν Μάρκον Ἀληθείας, τοῦτο τὸ σχῆμα τοῦ στοιχείου, οὗτος ὁ χαρακτὴρ τοῦ γράμματος. Καὶ καλεῖ τὸ στοιχεῖον τοῦτο Ἄνθρωπον· εἶναί τε πηγήν φησι [14] παντὸς λόγου, καὶ ἀρχὴν πάσης φωνῆς, καὶ παντὸς ἀῤῥήτου ῥῆσιν, καὶ τῆς σιωπωμένης Σιγῆς στόμα. Καὶ τοῦτο τὸ σῶμα αὐτῆς. Σὺ δὲ μετάρσιον ἐγείρας τῆς διανοίας [15] νόημα, τὸν [αὐτο]γεννήτορα [16] καὶ πατροδότορα [17] λόγον ἀπὸ στομάτων Ἀληθείας ἄκουε.

με'. Ταῦτα δὲ ταύτης εἰπούσης, προσβλέψασαν αὐτῷ τὴν Ἀλήθειαν καὶ ἀνοίξασαν τὸ στόμα λαλῆσαι λόγον, τὸν δὲ λόγον [p. 207. 208.] ὄνομα γενέσθαι, καὶ τὸ ὄνομα εἶναι τοῦτο, ὃ γινώσκομεν καὶ λαλοῦμεν, Χριστὸν Ἰησοῦν, ὃ καὶ ὀνομάσασαν αὐτὴν παραυτίκα σιωπῆσαι. Προσδοκῶντος [18] δὲ τοῦ Μάρκου πλεῖον αὐτὴν μέλλειν τι λέγειν, πάλιν ἡ τετρακτὺς παρελθοῦσα εἰς τὸ μέσον φησίν· Οὕτως [19] εὐήθη ἡγήσω τὸν λόγον τοῦτον, [ὃν] [20] ἀπὸ στομάτων τῆς Ἀληθείας ἤκουσας· οὐ τοῦτο, ὅπερ [21] οἶδας καὶ δοκεῖς ἔχειν πάλαι, τουτέστιν ὄνομα· φωνὴν γὰρ

A dere; deduxi enim eam ex supernis ædibus, ut conspiceres eam nudam et cognosceres ejus pulchritudinem, verum etiam auscultares ei loquenti ejusque prudentiam admirarere. Specta igitur caput primum superne ΑΩ, cervicem ΒΨ, humeros [una cum manibus] ΓΧ, pectus ΔΦ, præcordia ΕΥ, ventrem ΖΤ, verenda ΗΣ, lumbos ΘΡ, genua ΙΠ, tibias ΚΟ, talos ΛΞ, pedes ΜΝ. Hoc est corpus secundum Marcum Veritatis, hæc species elementi, hæc indoles litteræ. Et vocat hoc elementum Hominem, et esse dicit fontem universi sermonis et principium omnis vocis et universi ineffabilis dictionem Silentique, quod tacetur, os. Et hoc corpus ejus. Tu vero sublimem excitans mentis intelligentiam accipe genialem et patrium sermonem ex ore B Veritatis.

45. Hæc cum illa dixisset, intuentem eum Veritatem ore aperto locutam esse sermonem, sermonem autem nomen exstitisse, **312-313** et nomen esse hoc, quod novimus et loquimur, Christum Jesum, quod elocutam illam illico conticuisse. Exspectante autem Marco plura eam locuturam, rursus Tetractys in medium progressa dicit : Tam exilem arbitratus es hunc sermonem, quem ex ore Veritatis audiisti; non hoc, quod nosti viderisque tibi dudum tenere, hoc est nomen; vocem enim solam tenes ejus, vim autem ignoras. Jesus enim est in-

---

θειαν· κατήγαγον γὰρ αὐτὴν ἐκ τῶν ὕπερθεν δωμάτων, ἵν' ἐσίδῃς αὐτὴν γυμνὴν καὶ καταμάθοις τὸ κάλλος αὐτῆς, ἀλλὰ καὶ ἀκούσῃς αὐτῆς λαλούσης καὶ θαυμάσῃς τὸ φρόνημα αὐτῆς. Ὅρα οὖν κεφαλὴν ἄνω τὸ ἄλφα καὶ τὸ ω, τράχηλον δὲ β καὶ ψ, ὤμους ἅμα χερσὶ γ καὶ χ, στήθη δ καὶ φ, διάφραγμα ε καὶ υ, νῶτον ζ καὶ τ, κοιλίαν η καὶ σ, μηροὺς θ καὶ ρ, γόνατα ι καὶ π, κνήμας κ καὶ ο, σφυρὰ λ καὶ ξ, πόδα, μ καὶ ν. Τοῦτό ἐστι τὸ σῶμα τῆς κατὰ τὸν μάγον Ἀληθείας, τοῦτο τὸ σχῆμα τοῦ στοιχείου, οὗτος ὁ χαρακτὴρ τοῦ γράμματος. Καὶ καλεῖ τὸ στοιχεῖον τοῦτο Ἄνθρωπον· εἶναί τε πηγήν φησιν αὐτὸ παντὸς λόγου καὶ ἀρχὴν πάσης φωνῆς καὶ παντὸς ἀῤῥήτου ῥῆσιν καὶ τῆς σιωπωμένης Σιγῆς στόμα. Καὶ τοῦτο μὲν τὸ σῶμα αὐτῆς. Σὺ δὲ μετάρσιον ἐγείρας διανοίας νόημα τὸν αὐτὸν γεννήτορα καὶ πατροδότορα λόγον ἀπὸ στομάτων Ἀληθείας ἄκουε.

ς'. Ταῦτα δὲ ταύτης εἰπούσης, προσβλέψασαν αὐτῷ τὴν Ἀλήθειαν καὶ ἀνοίξασαν τὸ στόμα λαλῆσαι λόγον, τὸν δὲ λόγον ὄνομα γενέσθαι, καὶ τὸ ὄνομα γενέσθαι τοῦτο, ὃ γινώσκομεν καὶ λαλοῦμεν, Χριστὸν Ἰησοῦν, ὃ καὶ ὀνομάσασαν αὐτὴν παρ' αὐτῇ κάλ σιωπήν. Προσδοκῶντος δὲ τοῦ Μάρκου πλεῖόν τι μέλλειν αὐτὴν λέγειν, πάλιν ἡ τετρακτὺς παρελθοῦσα εἰς τὸ μέσον φησίν. Ὡς εὐκαταφρόνητον ἡγήσω τὸν λόγον, ὃν ἀπὸ στομάτων τῆς Ἀληθείας ἤκουσας· οὐ τοῦθ' ὅπερ οἶδας καὶ δοκοῖς (δοκεῖς cod. reg.) παλαιόν ἐστιν ὄνομα· φωνὴν γὰρ μόνον ἔχεις

C tatem; deposui enim illam de superioribus ædificiis, ut circumspicias eam nudam et intuearis formositatem ejus, sed et audias eam loquentem et admireris sapientiam ejus. Vide quid igitur in caput ejus sursum primum Α et Ω, collum autem Β et Ψ, humeros cum manibus Γ et Χ, pectus Δ et Φ, cinctum Ε et Υ, ventrem Ζ et Τ, verenda Η et Σ, femora Θ et Ρ, genua Ι et Π, tibias Κ et Ο, crura Λ et Ξ, pedes Μ et Ν. Hoc est corpus ejus quæ est secundum magum Veritatis, hæc figura elementi, hic character litteræ. Et vocat elementum hoc Hominem; esse autem fontem ait eum omnis verbi et initium universæ vocis et omnis inenarrabilis enarrationem et taciti Silentii os. Et hoc quidem corpus ejus. Tu autem sublimius allevans sensus intelligentiam autogenitora et patrodotora verbum ab ore Veritatis audi.

4. Hæc autem cum dixisset illa, attendentem ad eum Veritatem et aperientem os locutam esse verbum, D verbum autem nomen factum, et nomen esse hoc, quod scimus et loquimur, Christum Jesum, quod cum nominasset statim tacuit. Cum autem putaret Marcus plus aliquid eam dicturam, rursus quaternatio veniens in medium ait : Tanquam contemptibile putasti esse verbum, quod ab ore Veritatis audisti. Non hoc, quod scis et putas habere olim est nomen; vocem enim tantum habes ejus, virtutem autem ignoras. Jesus autem est insigne

VARIÆ LECTIONES.

[7] δομάτων C, M. [8] τὸ δέ. an τὸ δεύτερον? [9] ἅμα χερσὶ om. C, M. [10] φράγμα C, M. [11] ευ. ε C, M. [12] ζτ. βτ C, M. [13] ησ. κσ C, M. [14] φήσει G. [15] τὸ τῆς διανοίας M, qui spatium vacuum esse in C ait. [16] αὐτογεννήτορα. γεννήτορα C, M. [17] πατροδότορα προπάτορα C, M. [18] Προσδοκοῦντος C. [19] φησίν· Οὕτως εὐήθη ἡγήσω R. Scholtus, φησὶν οὕτως· Ἡπηθνήγησω C, φησὶν οὕτως· Ἢ πηλὸν ἡγήσω M. [20] ὃν add. M. [21] ἀληθείας. Ἤκουσά σου τοῦτο ὅπερ. C.

signe nomen, sex habens litteras, ab omnibus, qui sunt ex vocatis, invocatum Alterum autem (h. e. Christus), quod est apud Æones pleromatis multiplex, alia est facie et diversa forma, quod cognoscitur ab illis cognatis, quorum magnitudines sunt apud eum perpetuo.

46. Has vestras viginti quatuor litteras scito tanquam imagines emanavisse ex illis tribus potestatibus, quæ amplectuntur elementorum quæ superne sunt universum numerum. Novem enim mutas litteras tibi persuade esse Patris et Veritatis, **314-315** propterea quod muti sunt, hoc est ineffabiles et indicti; semi-vocales autem, quæ octo sint, Logi esse et Vitæ, quoniam sint tanquam mediæ inter mutas et vocales acceperintque superiorum emanationem, eorum autem, quæ sunt inferne, reversionem; vocales autem, quæ et ipsæ septem sint, Hominis esse et Ecclesiæ, quandoquidem per Hominem egressa vox figuraverit universa; sonus enim vocis figuram iis circumdedit. Est igitur Logus habens et Vita octo illas litteras, Homo autem et Ecclesia illas septem, Pater autem et Veritas novem illas. In defectu igitur computi is, qui de sede remotus inest in Patre, descendit emissus ad eum, a quo segregatus erat, ad corrigenda ea, quæ acta erant, ut pleromatum unitas in bono constans fructum ferat unam in omnibus, quæ est ex omnibus, potestatem. Et ita qui est illarum septem, octo illa-

ἔχεις μόνον αὐτοῦ, τὴν δὲ δύναμιν ἀγνοεῖς. Ἰησοῦς μὲν γάρ ἐστιν ἐπίσημον ὄνομα, ἓξ ἔχον γράμματα, ὑπὸ πάντων τῶν τῆς [22] κλήσεως ἐπικαλούμενον [23]. Τὸ δὲ παρὰ τοῖς [πέντε] [24] αἰῶσι τοῦ πληρώματος πολυμερὲς τυγχάνον ἄλλης ἐστὶ μορφῆς καὶ ἑτέρου τύπου, γινωσκόμενον ὑπ' ἐκείνων τῶν συγγενῶν, ὧν τὰ μεγέθη παρ' αὐτῷ ἐστι διὰ παντός.

μϛ'. Ταῦτα τὰ παρ' ὑμῖν εἰκοσιτέσσαρα γράμματα ἀποῤῥοίας γίνωσκε ὑπάρχειν τῶν τριῶν δυνάμεων [εἰκονικ]ὰς [25] τῶν ἐμπεριεχουσῶν τὸν ὅλον [26] [καὶ] [27] τῶν ἄνω στοιχείων ἀριθμόν. Τὰ μὲν γὰρ ἄφωνα γράμματα ἐννέα νόμισον εἶναι τοῦ Πατρὸς καὶ τῆς Ἀληθείας διὰ τὸ ἀφώνους αὐτοὺς εἶναι, τουτέστιν ἀῤῥήτους [p. 208. 209.] καὶ ἀνεκλαλήτους· τὰ δὲ ἡμίφωνα, ὀκτὼ ὄντα, τοῦ Λόγου καὶ τῆς Ζωῆς, διὰ τὸ μέσα [28] ὥσπερ ὑπάρχειν τῶν τε ἀφώνων καὶ τῶν φωνηέντων, καὶ ἀναδεδέχθαι τῶν μὲν ὕπερθεν τὴν ἀπόῤῥοιαν [29], τῶν δὲ ὑπ' αὐτὰ [30] τὴν ἀναφοράν· τὰ δὲ | φωνήεντα, καὶ αὐτὰ ἑπτὰ ὄντα, τοῦ Ἀνθρώπου καὶ τῆς Ἐκκλησίας, ἐπεὶ διὰ [31] τοῦ Ἀνθρώπου φωνὴ προελθοῦσα ἐμόρφωσε τὰ ὅλα· ὁ γὰρ ἦχος τῆς φωνῆς μορφὴν αὐτοῖς περιεποίησεν. Ἔστιν οὖν ὁ μὲν Λόγος ἔχων καὶ ἡ Ζωὴ τὰ [32] ὀκτώ, ὁ δὲ Ἄνθρωπος καὶ ἡ Ἐκκλησία τὰ ἑπτά, ὁ δὲ Πατὴρ καὶ ἡ Ἀλήθεια τὰ ἐννέα. Ἐπὶ δὲ τοῦ ὑστερήσαντος [33] λόγου ὁ ἀφεδρασθεὶς ἐν τῷ Πατρὶ κατῆλθεν, ἐκπεμφθεὶς ἐπὶ τὸν ἀφ' οὗ ἐχωρίσθη [34], ἐπὶ διορθώσει τῶν πραχθέντων, ἵνα ἡ τῶν πληρωμάτων ἑνότης ἐν τῷ ἀγαθῷ [35] οὖσα καρποφορῇ μίαν ἐν πᾶσι τὴν ἐκ πάντων δύ-

---

nomen, sex habens litteras, ab omnibus qui sunt vocationis cognitum. Illud autem, quod est apud æonas pleromatis, cum sit multifariam exsistens, alterius est formæ et alterius typi, quod intelligitur ab ipsis, qui sunt cognati ejus, quorum magnitudines apud eum sunt semper.

5. Has igitur, quæ apud nos sunt viginti quatuor litteræ, emanationes esse intellige trium virtutum imaginales, earum quæ continent universum quæ sunt sursum elementorum numerum. Mutas enim litteras novem puta esse Patris et Veritatis, quoniam sine voce sint, hoc est et inenarrabiles et ineloquibiles; semivocales autem, cum sint octo, Logi esse et Zoes, quoniam quasi mediæ sint inter mutas et vocales, et recipere eorum quidem, quæ supersint, emanationem, eorum vero, quæ subsint, elevationem. Vocales autem et ipsas septem esse Anthropi et Ecclesiæ, quoniam per Anthropum vox progrediens formavit omnia; sonus enim vocis formam eis circumdedit. Est igitur Logos habens et Zoe octo, Anthropos autem et Ecclesia septem, Pater autem et Alethia novem. Ex minori autem computatione qui erat apud Patrem descendit, emissus illuc, unde fuerat separatus, ad emendationem factorum, ut pleromatum unitas æqualitatem habens fructificet unam in omnibus, quæ est ex omnibus virtus. Et sic is qui est numeri septem

αὐτοῦ, τὴν δὲ δύναμιν ἀγνοεῖς. Ἰησοῦς μὲν γάρ ἐστιν ἐπίσημον ὄνομα, ἓξ ὧν γράμματα, ὑπὸ πάντων τῶν τῆς κλήσεως γινωσκόμενον. Τὸ δὲ παρὰ τοῖς αἰῶσι τοῦ πληρώματος πολυμερὲς τυγχάνον ἄλλης ἐστὶ μορφῆς καὶ ἑτέρου τύπου, γινωσκόμενον ὑπ' ἐκείνων τῶν συγγενῶν, ὧν τὰ μεγέθη παρ' αὐτῷ ἐστι διαπαντός.

ε'. Ταῦτ' οὖν τὰ παρ' ὑμῖν εἰκοσιτέσσαρα γράμματα ἀποῤῥοίας ὑπάρχειν γίνωσκε τῶν τριῶν δυνάμεων εἰκονικὰς τῶν περιεχουσῶν τὸν ὅλον τῶν ἄνω στοιχείων τὸν ἀριθμόν. Τὰ μὲν γὰρ ἄφωνα γράμματα ἐννέα νόμισον εἶναι τοῦ Πατρὸς καὶ τῆς Ἀληθείας διὰ τὸ ἀφώνους αὐτοὺς εἶναι, τουτέστιν ἀῤῥήτους καὶ ἀνεκλαλήτους· τὰ δὲ ἡμίφωνα, ὀκτὼ ὄντα, τοῦ Λόγου καὶ τῆς Ζωῆς διὰ τὸ μέσα ὥσπερ ὑπάρχειν τῶν τε ἀφώνων καὶ τῶν φωνηέντων, καὶ ἀναδέχεσθαι τῶν μὲν ὕπερθεν τὴν ἀπόῤῥοιαν, τῶν δὲ ὑπὲρ αὐτὴν τὴν ἀναφοράν· τὰ δὲ φωνήεντα, καὶ αὐτὰ ἑπτὰ ὄντα, τοῦ Ἀνθρώπου καὶ τῆς Ἐκκλησίας, ἐπεὶ διὰ τοῦ Ἀνθρώπου φωνὴ προελθοῦσα ἐμόρφωσε τὰ ὅλα· ὁ γὰρ ἦχος τῆς φωνῆς μορφὴν αὐτοῖς περιεποίησε. Ἔστιν ὁ μὲν Λόγος ἔχων καὶ ἡ Ζωὴ τὰ ὀκτώ, ὁ δὲ Ἄνθρωπος καὶ ἡ Ἐκκλησία τὰ ἑπτά, ὁ δὲ Πατὴρ καὶ ἡ Ἀλήθεια τὰ ἐννέα. Ἐπειδὴ τοῦ ὑστερήσαντος λόγου ὁ ἀφεδρασθεὶς ἐν τῷ Πατρὶ κατῆλθε, πεμφθεὶς ἐπὶ τὸν ἀφ' οὗ ἐχωρίσθη ἐπὶ διορθώσει τῶν πραχθέντων, ἵνα ἡ τῶν πληρωμάτων ἑνότης ἰσότητα ἔχουσα καρποφορῇ μίαν ἐν πᾶσι τὴν ἐκ πάντων δύναμιν. Καὶ

VARIÆ LECTIONES.

[22] πάντων τῆς omisso τῶν C, M. [23] ἐπικαλούμενον. ἐγκαλούμενα C, M. [24] πέντε, quod neque Epiphanius neque Irenæus lat. norunt, per errorem irrepsit in C. [25] εἰκονικάς. [καὶ εἰκόν]ας M. [26] ὅλον. ὅρον C, M. [27] καὶ uncinis inclusimus Ante τῶν inserendum esse τὸν censet M. [28] μέσας C, M. [29] ἀπόῤῥοιαν. ἀπορίαν C. [30] ὑπ' αὐτά. ὑπὲρ αὐτὴν Iren. græc. : quæ subsint Iren. lat. : ὑπενέρθεν susp. Massuetus : an ὑποκάτω? [31] διά. καὶ C, M. [32] ὁ ἔχων καὶ ἡ ζωὴ ἡ τὰ C. [33] ὑστερίσαντος C. [34] ἐχωρήθη C. [35] ἀγαθῷ. an καθαρῷ? κα-

ναμιν. Καὶ οὕτως ὁ τῶν ἑπτὰ τὴν τῶν ὀκτὼ [36] ἐκομίσατο δύναμιν, καὶ ἐγένοντο οἱ τρεῖς τόποι ὅμοιοι τοῖς ἀριθμοῖς, ὀγδοάδες ὄντες· οἵτινες τρεῖς ἐφ' ἑαυτοὺς [37] ἐλθόντες τὸν τῶν εἰκοσιτεσσάρων ἀνέδειξαν [38] ἀριθμόν. Τὰ μέντοι τρία στοιχεῖα, ([ἃ] [38*] [p. 209. 210.] φησιν αὐτὸς [39] τῶν τριῶν ἐν συζυγίᾳ δυνάμεων ὑπάρχειν, ἅ ἐστιν ἕξ, ἀφ' ὧν ἀπεῤῥύη [40] τὰ εἰκοσιτέσσαρα στοιχεῖα), τετραπλασιασθέντα τῷ τῆς ἀῤῥήτου τετράδος λόγῳ [41] τὸν αὐτὸν αὐτοῖς [42] ἀριθμὸν ποιεῖ, ἅπερ φησὶ τοῦ Ἀνονομάστου [43] ὑπάρχειν. Φορεῖσθαι δὲ αὐτὰ ὑπὸ τῶν ἓξ δυνάμεων εἰς ὁμοιότητα τοῦ Ἀοράτου [44], ὧν στοιχείων εἰκόνας [45] εἰκόνων [46] | ἓξ διπλᾶ γράμματα ὑπάρχειν, ἃ συναριθμούμενα τοῖς εἰκοσιτέσσαρσι στοιχείοις δυνάμει τῇ [47] κατὰ ἀνολογίαν τὸν τῶν τριάκοντα ποιεῖται ἀριθμόν.

μζ'. Τούτου τοῦ λόγου καὶ τῆς οἰκονομίας [48] ταύτης καρπόν φησιν ἐν ὁμοιώματι εἰκόνος πεφηνέναι ἐκεῖνον τὸν μετὰ τὰς ἓξ ἡμέρας τέταρτον ἀναβάντα εἰς τὸ ὄρος [49], καὶ γενόμενον ἕκτον, τὸν καταβάντα καὶ κρατηθέντα ἐν τῇ ἑβδομάδι, ἐπίσημον ὀγδοάδα ὑπάρχοντα καὶ ἔχοντα ἐν ἑαυτῷ τὸν ἀριθμὸν ἅπαντα τῶν στοιχείων, ὃν ἐφανέρωσεν, ἐλθόντος αὐτοῦ ἐπὶ τὸ βάπτισμα, ἡ τῆς περιστερᾶς κάθοδος, ἥτις ἐστὶν ω καὶ [50] ἄλφα, δι' ἀριθμοῦ δηλουμένου ὀκτακοσίων ἑνός, καὶ διὰ τοῦτο Μωσέα ἐν τῇ ἕκτῃ ἡμέρᾳ λέγειν τὸν ἄνθρωπον γεγονέναι. Καὶ τὴν οἰκονομίαν [p. 210. 211.] δὲ τοῦ πάθους ἐν τῇ ἕκτῃ τῶν ἡμερῶν, ἥτις ἐστὶν ἡ παρασκευή [51], τὸν ἔσχατον ἄνθρωπον εἰς ἀναγέννησιν τοῦ πρώτου ἀνθρώπου πεφηνέναι. Ταύτης τῆς οἰκονομίας ἀρχὴν καὶ τέλος τὴν ἕκτην ὥραν εἶναι, ἐν ᾗ προσηλώθη τῷ ξύλῳ. Τὸν γὰρ τέλειον νοῦν, ἐπιστάμενον τὸν τῶν ἓξ ἀριθμὸν δύναμιν [52] ποιήσεως καὶ ἀναγεννήσεως ἔχοντα, φανερῶσαι τοῖς

A rum nactus est potestatem, et facti sunt tres loci illi æquales numeris, utpote ogdoades, qui quidem tres sibi additi viginti quatuor illarum ostenderunt numerum. Tria autem elementa **316-317** illa (quæ ipse dicit esse ternarum in conjugatione potestatum, quæ sunt sex, unde emanarunt viginti quatuor elementa) quadruplicata ineffabilis quaternionis computo eumdem atque illa numerum faciunt, quæ esse ait Innominati. Ferri autem illa a sex potestatibus in similitudinem Invisibilis, quorum elementorum imagines imaginum sex duplices litteras exsistere, quæ adnumeratæ viginti quatuor elementis ex potestate analoga numerum tricenarium efficiunt.

B 47. Hujus computi hujusque dispensationis fructum ait in similitudine imaginis apparuisse illum, qui post sex dies quartus ipse ascenderit in montem et factus sit sextus, qui descenderit et detentus sit in hebdomade, cum esset insignis ogdoas et in se haberet universum numerum elementorum, quem manifestaverit, cum ad baptismum venisset, columbæ descensus, quæ sit ω' et α', per numerum, qui ostenditur 801, et propterea Mosem dicere in sexto die hominem factum esse. Et dispensationem vero passionis in sexto die, quæ est parasceve, **318-319** ultimum hominem ad regenerationem primi hominis apparuisse. Hujus dispensationis initium et finem sextam esse horam, in qua affixus est C cruci. Perfectam enim Mentem intelligentem senarium numerum, qui potestatem haberet creationis et regenerationis, manifestavisse filiis lucis per eum, qui apparuit insignis, eam, quæ per ipsum

---

οὕτως ὁ τῶν ἑπτὰ τὴν τῶν ὀκτὼ ἐκομίσατο δύναμιν, καὶ ἐγένοντο οἱ τόποι ὅμοιοι τοῖς ἀριθμοῖς, ὀγδοάδες ὄντες· οἵτινες τρεῖς ἐφ' ἑαυτοὺς ἐλθόντες τὸν τῶν εἰκοσιτεσσάρων ἀνέδειξαν ἀριθμόν. Τὰ μέντοι τρία στοιχεῖα ἀφίησιν αὐτὸς τῶν τριῶν ἐν συζυγίᾳ δυνάμεων ὑπάρχειν, ἅ ἐστιν ἕξ, ἀφ' ὧν ἀπεῤῥύη τὰ εἰκοσιτέσσαρα στοιχεῖα, τετραπλασιασθέντα τῷ τῆς ἀῤῥήτου τετράδος λόγῳ τὸν αὐτὸν αὐτοῖς ἀριθμὸν ποιεῖ, ἅπερ φησὶ τοῦ Ἀνονομάστου ὑπάρχειν. Φορεῖσθαι δὲ αὐτὰ ὑπὸ τῶν τριῶν δυνάμεων εἰς ὁμοιότητα τοῦ Ἀοράτου, ὧν στοιχείων εἰκόνες εἰκόνων τὰ παρ' ἡμῖν διπλᾶ γράμματα ὑπάρχειν, ἃ συναριθμούμενα τοῖς εἰκοσιτέσσαρσι στοιχείοις δυνάμει τῶν κατὰ ἀναλογίαν τῶν τριάκοντα ποιεῖ ἀριθμόν.

ζ'. Τούτου τοῦ λόγου καὶ τῆς οἰκονομίας ταύτης καρπόν φησιν ἐν ὁμοιώματι εἰκόνος πεφυκέναι (πεφηνέναι cod. Reg.) ἐκεῖνον τὸν μετὰ τὰς ἓξ ἡμέρας τέταρτον ἀναβάντα εἰς τὸ ὄρος, καὶ γενόμενον ἕκτον, τὸν κρατηθέντα καὶ καταβάντα ἐν τῇ ἑβδομάδι, ἐπίσημον ὀγδοάδα ὑπάρχοντα καὶ ἔχοντα ἐν ἑαυτῷ τὸν ἅπαντα τῶν στοιχείων ἀριθμόν, ἐφανέρωσεν

eorum qui sunt octo accepit virtutem, et facta sunt tria loca similia numeris, cum sint octonationes: quæ ter in se venientia viginti quatuor ostenderunt numerum. Et tria quidem elementa (quæ dicit ipse trium in conjugatione virtutum exsistere, quæ fiunt sex, ex quibus emanaverunt viginti quatuor litteræ), quadripertita inenarrabilis quaternationis ratione eumdem numerum faciunt, quæ quidem dicit illius, qui est innominabilis, exsistere. Indui autem ea a tribus virtutibus in similitudinem illius, qui est invisibilis: quorum elementorum imagines D imaginum esse eas, quæ sunt apud nos duplices litteræ, quas cum viginti quatuor litteris adnumerantes, virtute quæ est secundum analogiam, triginta faciunt numerum.

6. Hujus rationis et dispositionis fructum dicit in similitudinem imaginis apparuisse illum, qui post VI dies quartus ascendit in montem, et factus est sextus, qui descendit et detentus est in hebdomade, cum esset insignis octonatio, et haberet in se omnem elementorum numerum, quem manifestavit, cum ipse venisset ad baptismum, columbæ

VARIÆ LECTIONES.

[36] τῶν ὀκτώ. τῷ νοητῷ C. [37] ἀφ' ἑαυτοὺς C. [38] ἀνεδέξαντο C. Cf. Iren. et infra p. 324, 9, 10. [38*] ἃ add. M. [39] αὐτός. αὐτῶν C. [40] ἀπερύη C. [41] τῷ — λόγῳ. τῶν — λόγων C. [42] αὐτοῖς τοῖς C. [43] ἀνωνομάστου C. [44] ἀοράτον C. [45] εἰκόνας. εἰκόνες C, M. [46] εἰκόνων. εἰκόνων ὧν C. [47] δυνάμει τῇ. δύναμιν τὴν C. [48] οἰκονομίας. ἀναλογίας C, M. [49] Cf. Matth. XVII, 1 sqq. Marc. IX, 2 sqq. [50] ω καί. ο καὶ C. [51] παρασκευή, ᾗ C. [52] ἀριθμῶν, δύναμιν ποιῆσαι καὶ ἀναγεννῆσαι ὡς ἔχοντα C.

postea accessit, regenerationem. Unde etiam duplices litteras insignem numerum habere ait; insignis enim numerus commistus viginti quatuor litteris triginta litterarum nomen effecit.

48. Usus autem est ministra septem numerorum magnitudine, ut consilii a semetipso consulti manifestaretur fructus. Insignem autem in præsenti, ait, intellige eum, qui die insigni formatus est, qui quasi dispertitus est et extra mansit, qui ipsius potestate et intelligentia per ipsius propaginem hunc septem potestatum imitatione septemplicis potestatis animavit mundum, eumque animam constituit esse universi visibilis. Utitur **320-321** igitur et hic hoc opere tanquam sponte a se facto, illa vero ministrant, cum sint imitamenta rerum imitatione non expressarum, cogitationis matris. Et primum quidem cœlum fatur A, alterum autem E, tertium autem H, quartum autem, quod est medium inter septem, I litteræ potestatem, quintum autem O, sextum autem Υ, septimum autem, quod est quartum a medio, Ω. Potestatesque omnes in unum complicatæ sonant et glorificant illum, a quo pro-

A υἱοῖς τοῦ φωτὸς [τὴν] [53] διὰ τοῦ φανέντος ἐπισήμου [54] [εἰς] τὴν δι' αὐτοῦ ἐπιγενομένην ἀναγέννησιν. Ἔνθεν καὶ τὰ διπλᾶ γράμματα [55] τὸν ἀριθμὸν ἐπίσημον ἔχειν φησίν· ὁ γὰρ ἐπίσημος ἀριθμὸς συγκραθεὶς τοῖς εἰκοσιτέσσαρσι στοιχείοις τὸ τριακονταγράμματον ὄνομα ἀπετέλεσε.

μη'. Κέχρηται δὲ διακόνῳ τῷ τῶν ἑπτὰ ἀριθμῶν μεγέθει, ἵνα τῆς αὐτοβουλήτου [βουλῆς] [56] φανερωθῇ ὁ καρπός. Τὸν μέντοι ἐπίσημον ἐπὶ τοῦ παρόντος φησὶ, τὸν ἐπὶ τοῦ ἐπισήμου μορφωθέντα νόησον, τὸν ὥσπερ μερισθέντα καὶ ἔξω μείναντα, ὃς τῇ ἑαυτοῦ δυνάμει τε καὶ φρονήσει διὰ τῆς ἑαυτοῦ προβολῆς τοῦτον τὸν [τὴν ζωὴν] τῶν [57] ἑπτὰ δυνάμεων μιμήσει τῆς ἑπταδυνάμου δυνάμεως ἐψύχωσε κόσμον, καὶ ψυχὴν [p. 211. 212.] ἔθετο εἶναι τοῦ ὁρωμένου παντός. Κέχρηται [58] μὲν οὖν καὶ οὗτος τῷδε τῷ ἔργῳ ὡς αὐθαιρέτως ὑπ' αὐτοῦ γενομένῳ [60], τὰ δὲ διακονεῖ [61], μιμήματα ὄντα τῶν ἀμιμήτων, τῆς ἐνθυμήσεως τῆς μητρός. Καὶ ὁ μὲν πρῶτος [62] οὐρανὸς φθέγγεται [63] τὸ ἄλφα, ὁ δὲ μετὰ τοῦτον τὸ εἶ [64], ὁ δὲ τρίτος τὸ ἦτα, ὁ δὲ τέταρτος, ὁ καὶ μέσος [65] τῶν ἑπτὰ, τὴν τοῦ ἰῶτα δύναμιν, ὁ δὲ πέμπτος τὸ ὦ [66], ἕκτος δὲ τὸ ὖ, ἕβδομος δὲ καὶ τέταρτος ἀπὸ τοῦ μέσου τὸ ὦ. Αἵ τε δυνάμεις πᾶσαι εἰς ἓν συμπλακεῖσαι

descensio, quæ est Ω et A; numerus enim ipsius unum et DCCC, et propter hoc Mosen in sexta die dixisse hominem factum. Et dispositionem autem in sexta die, quæ est in cœna pura, novissimum hominem in regenerationem primi hominis apparuisse, cujus dispositionis initium et finem sextam horam, in qua affixus est ligno. Perfectum enim sensum scientem eum numerum, qui est sex, virtutem fabricationis et regenerationis habentem, manifestasse filiis luminis eam generationem, quæ facta est per eum, qui manifestatus est insignis, in eum numerum. Hinc etiam et duplices litteras numerum insignem habere ait. Insignis enim numerus commistus viginti quatuor elementis XXX litterarum nomen explicuit.

7. Usus est autem diacono septem numerorum magnitudine, quemadmodum dicit Marci Sige, ut ab se cogitatæ cogitationis manifestetur fructus. Et insignem quidem hunc numerum in præsenti ait eum, qui ab insigni figuratus est, intelligi, eum, qui quasi in partes divisus est aut præcisus et foris perseveravit, qui sua virtute et prudentia per eam, quæ est ab eo, emissionem hunc, qui est septem virtutum secundum imitationem hebdomadis virtutis, animavit mundum, et animam posuit esse hujus universi, quod videtur. Utitur autem et ipse hic hoc opere quasi spontanee ab ipso facto, reliqua vero ministrant, cum sint imitationes inimitabilium, enthymesin matris. Et primum quidem cœlum sonat A, quod autem est post illum E, tertium autem H, quartum vero et medium numeri VII Iotæ virtutem enarrat, quintum vero O, sextum autem Υ, septimum autem et IV a medio Ω elementum exclamat, quemadmodum Marci Sige, quæ multa quidem loquacius exsequitur, nihil autem ve-

ἐλθόντος αὐτοῦ ἐπὶ τὸ βάπτισμα ἡ τῆς περιστερᾶς κάθοδος, ἥτις ἐστὶν Ω καὶ A· ὁ γὰρ ἀριθμὸς αὐτῆς μία καὶ ὀκτακόσιαι· καὶ διὰ τοῦτο Μωϋσέα ἐν τῇ ἕκτῃ τῶν ἡμερῶν εἰρηκέναι τὸν ἄνθρωπον γεγονέναι. Καὶ τὴν οἰκονομίαν δὲ ἐν τῇ ἕκτῃ τῶν ἡμερῶν, ἥτις ἐστὶ Παρασκευὴ, τὸν ἔσχατον ἄνθρωπον εἰς ἀναγέννησιν τοῦ πρώτου ἀνθρώπου πεφηνέναι. Ἧς οἰκονομίας ἀρχὴν καὶ τέλος καὶ τὴν ἕκτην ὥραν, ἐν ᾗ προσηλώθη
C τῷ ξύλῳ. Τὸν γὰρ τέλειον νοῦν, ἐπιστάμενον τὸν τῶν ἓξ ἀριθμὸν δύναμιν ποιήσεως καὶ ἀναγεννήσεως ἔχοντα, φανερῶσαι τοῖς υἱοῖς τοῦ φωτὸς τὴν διὰ τοῦ φανέντος ἐπισήμου εἰς αὐτὸν δι' αὐτοῦ (εἰς αὐτὸν ἀριθμὸν cod. Reg.) γενομένην ἀναγέννησιν. Ἔνθεν καὶ τὰ διπλᾶ γράμματα τὸν ἀριθμὸν ἐπίσημον ἔχειν φησίν· ὁ γὰρ ἐπίσημος ἀριθμὸς συγκραθεὶς τοῖς εἰκοσιτέσσαρσι στοιχείοις τὸ τριακονταγράμματον ὄνομα ἀπετέλεσε. Κέχρηται δὲ διακόνῳ τῷ τῶν ἑπτὰ ἀριθμῶν μεγέθει, ὥς φησιν ἡ Μάρκου Σιγὴ, ἵνα τῆς αὐτοβουλήτου βουλῆς φανερωθῇ ὁ καρπός. Τὸν μέντοι ἐπίσημον τοῦτον ἀριθμὸν ἐπὶ τοῦ παρόντος, φησὶ, τὸν ἐπὶ τοῦ ἐπισήμου μορφωθέντα νόησον, τὸν ὥσπερ μερισθέντα ἢ διχοτομηθέντα καὶ ἔξω μείναντα, ὃς τῇ ἑαυτοῦ δυνάμει τε καὶ φρονήσει διὰ τῆς ἀπ' αὐτοῦ προβολῆς τοῦτον τὸν τῶν ἑπτὰ δυνάμεων καὶ (κατὰ cod. Reg.) μίμησιν τῆς ἑβδομάδος δυνάμεως ἐψύχωσε κόσμον καὶ ψυχὴν ἔθετο εἶναι τοῦ ὁρωμένου παντός. Κέχρηται μὲν οὖν καὶ αὐτὸς οὗτος
D τῷδε τῷ ἔργῳ ὡς αὐθαιρέτως ὑπ' αὐτοῦ γενομένῳ, τὰ δὲ διακονεῖ μιμήματα ὄντα τῶν ἀμιμήτων, τὴν ἐνθύμησιν τῆς μητρός. Καὶ ὁ μὲν πρῶτος οὐρανὸς φθέγγεται τὸ α, ὁ δὲ μετὰ τοῦτον τὸ ε, ὁ δὲ τρίτος τὸ η, τέταρτος δὲ καὶ μέσος τῶν ἑπτὰ τὴν τοῦ ι δύναμιν ἐκφωνεῖ, ὁ δὲ πέμπτος τὸ ο', ἕκτος δὲ τὸ υ, ἕβδομος καὶ τέταρτος ἀπὸ μέρους τὸ ω στοιχεῖον ἐκβοᾷ, καθὼς ἡ Μάρκου Σιγὴ, ἡ πολλὰ μὲν φλυαροῦσα,

VARIÆ LECTIONES.

[53] τὴν et εἰς uncinis inclusimus. [54] ἐπισήμου. ἐπισήμως C. [55] γράμματα. πράγματα C. [56] βουλῆς add. M coll. Iren. [57] τοῦτον τὸν [τὴν ζωὴν] τῶν. τοῦτον τὴν ζωὴν τῶν C, τὴν ζωὴν ex margine illatum videtur, pertinens fortasse ad ψυχὴν lin. 70. M. [58] κέχρηται C. [59] τῷδε ἔργῳ C. [60] γενόμενα C. M. [61] τὰ δὲ διακονεῖ. τὰ δι' εἰκόνων C, M. [62] Cf. Jo Laurent. Philadelphen. Lydus *De mensibus* II, 2. p. 38 ed. Roether. [63] φθέγγεται. φαίνεται C. [64] εἶ. ει C, M. [65] ὁ καὶ μέσος R. Schottus, καὶ ὁ μέσος C, M. [66] ὦ. τὸ ου C, τὸ ο M

ἠχοῦσι καὶ δοξά | ζουσιν ἐκεῖνον, ὑφ' οὗ προεβλήθησαν, ἡ δὲ δόξα τῆς ἠχήσεως ἀνεπέμφθη πρὸς τὸν Προπάτορα. Ταύτης μέντοι τῆς δοξολογίας τὸν ἦχον, εἰς τὴν γῆν φερόμενον, φησὶ πλάστην γίνεσθαι καὶ γεννήτορα τῶν ἐπὶ τῆς γῆς· τὴν δὲ [67] ἀπόδειξιν ἀπὸ τῶν ἄρτι γεννωμένων [68] βρεφῶν, ὧν ἡ ψυχὴ ἅμα τῷ ἐκ μήτρας προελθεῖν ἐπιβοᾷ ὁμοίως ἑνὸς ἑκάστου τῶν στοιχείων τούτων τὸν ἦχον [69]. Καθὼς οὖν [αἱ] ἑπτά, φησί, δυνάμεις δοξάζουσι τὸν Λόγον, οὕτω καὶ ἡ ψυχὴ ἐν τοῖς βρέφεσι κλαίουσα. [p. 212. 213] Διὰ τοῦτο δέ φησι καὶ τὸν Δαβὶδ εἰρηκέναι· *Ἐκ στόματος νηπίων* [70-80] *καὶ θηλαζόντων κατηρτίσω* [81] *αἶνον*· καὶ πάλιν· *Οἱ οὐρανοὶ διηγοῦνται δόξαν Θεοῦ* [82]. Ἐπὰν δὲ ἐν πόνοις γένηται ἡ ψυχή, ἐπιβοᾷ [83] οὐδὲν ἕτερον ἢ τὸ Ω, ἐφ' ᾧ ἀνιᾶται, ἵ(ν') ὅπως [84] γνωρίσασα ἡ ἄνω ψυχὴ τὸ συγγενὲς αὐτῆς βοηθὸν αὐτῇ καταπέμψῃ [85].

latæ sunt, glorificatio autem sonorum sursum missa est ad Propatorem. Hujus autem glorificationis sonum in terram delatum ait fictorem exstitisse et genitorem rerum terrenarum; documentum autem repeti a recens natis infantibus, quorum anima, simul atque ex utero emersit, exclamat pariter uniuscujusque horum elementorum sonum. Sicuti igitur, inquit, septem illæ potestates glorificant Logum, ita etiam anima in infantibus lacrymans. **322-323** Propterea autem et David ait dixisse: *Ex ore infantium et lactentium perfecisti laudem*, et rursus: *Cœli enarrant gloriam Dei*. Quando autem in ærumnis versabitur anima, exclamat nihil aliud nisi Ω, quandoquidem cruciatur, ut anima, quæ supra est, ubi cognovit id quod sibi cognatum est, adjutorem ei demittat.

μθ'. Καὶ περὶ τούτων μὲν οὕτως. Περὶ δὲ τῆς τῶν εἰκοσιτεσσάρων στοιχείων γενέσεως οὕτως λέγει· Τῇ Μονότητι συνυπάρχειν Ἑνότητα, ἐξ ὧν δύο προβολαί, Μονάς τε καὶ τὸ Ἕν, δὶς δύο οὖσαι [86] τέσσαρες ἐγένοντο· δὶς γὰρ | δύο τέσσαρες. Καὶ πάλιν αἱ δύο καὶ τέσσαρες εἰς τὸ αὐτὸ συντεθεῖσαι [87] τὸν τῶν ἓξ ἐφανέρωσαν ἀριθμόν, οὗτοι δὲ οἱ ἓξ τετραπλασιασ-

49. Et de his quidem hactenus. De viginti quatuor litterarum autem origine hæc docet: Una cum Solitate exstare Unitatem, ex quibus duæ propagines, hoc est Monas et Unum, quæ additæ quatuor exstiterunt; bis enim duo quatuor. Et rursus duo et quatuor in unum composita senarium numerum monstraverunt, hæc sex autem quadruplicata illas

μηδὲν δὲ ἀληθὲς λέγουσα διαβεβαιοῦται· αἵτινες δυνάμεις ὁμοῦ, φησί, πᾶσαι εἰς ἀλλήλας συμπλακεῖσαι ἠχοῦσι καὶ δοξάζουσιν ἐκεῖνον, ὑφ' οὗ προεβλήθησαν. Ἡ δὲ δόξα τῆς ἠχῆς ἀναπέμπεται εἰς τὸν Προπάτορα. Ταύτης μέντοι τῆς δοξολογίας τὸν ἦχον εἰς τὴν γῆν φερόμενόν φησι πλάστην γενέσθαι καὶ γεννήτορα τῶν ἐπὶ τῆς γῆς.

rum loquens affirmat. Quæ virtutes, ait, omnes simul in invicem complexæ sonant et glorificant illum, a quo emissæ sunt. Gloria autem soni mittitur in Propatorem. Hujus autem glorificationis sonum in terram delatum ait plasmatorem factum et generatorem eorum quæ sunt in terra.

η'. Τὴν δὲ ἀπόδειξιν φέρει ἀπὸ τῶν ἄρτι γεννωμένων βρεφῶν, ὧν ἠχὴ ἅμα τῷ ἐκ μήτρας προελθεῖν ἐπιβοᾷ ἑνὸς ἑκάστου τῶν στοιχείων τούτων τὸν ἦχον. Καθὼς οὖν αἱ ἑπτά, φησι, δυνάμεις δοξάζουσι τὸν λόγον, οὕτως καὶ ἡ ψυχὴ ἐν τοῖς βρέφεσι κλαίουσα καὶ θρηνοῦσα Μάρκον δοξάζει αὐτόν. Διὰ τοῦτο δὲ καὶ τὸν Δαβὶδ εἰρηκέναι· *Ἐκ στόματος νηπίων καὶ θηλαζόντων κατηρτίσω αἶνον*· καὶ πάλιν· *Οἱ οὐρανοὶ τῶν οὐρανῶν διηγοῦνται δόξαν Θεοῦ*. Καὶ διὰ τοῦτο ἔν τε πόνοις καὶ ταλαιπωρίαις ψυχὴ γενομένη εἰς διυλισμὸν αὐτῆς ἐπιφωνεῖ τὸ Ω εἰς σημεῖον αἰνέσεως, ἵνα γνωρίσασα ἡ ἄνω ψυχὴ τὸ συγγενὲς αὐτῆς βοηθὸν αὐτῇ καταπέμψῃ.

8. Ostensionem autem affert ab iis, qui nunc nascuntur infantibus, quorum anima, simul ut de vulva progressa est, exclamat uniuscujusque elementi hunc sonum. Sicut ergo septem virtutes, inquit, glorificant Verbum, sic et anima in infantibus plorans et plangens Marcum glorificat eum. Propter hoc autem et David dixisse: *Ex ore infantium et lactentium perfecisti laudem*; et iterum: *Cœli enarrant gloriam Dei*. Et propter hoc, quando in doloribus et calamitatibus anima fuerit, in relevationem suam dicit Ω in signum laudationis, ut cognoscens illa, quæ sursum est, anima quod est cognatum suum adjutorium ei deorsum mittat.

θ'. Καὶ περὶ μὲν τοῦ παντὸς ὀνόματος τριάκοντα ὄντος γραμμάτων τούτου, καὶ τοῦ Βυθοῦ τοῦ αὔξαντος ἐκ τῶν τούτου γραμμάτων, ἔτι τε τῆς Ἀληθείας σώματος δωδεκαμελοῦς ἐκ δύο γραμμάτων συνεστῶτος, καὶ τῆς φωνῆς αὐτῆς, ἣν προσομιλήσασα, καὶ περὶ τῆς ἐπιλύσεως τοῦ μὴ λαληθέντος ὀνόματος καὶ περὶ τῆς τοῦ κόσμου ψυχῆς καὶ ἀνθρώπου καθὰ ἔχουσι τὴν κατ' εἰκόνα οἰκονομίαν, οὕτως ἐλήρησεν. Κ. τ. λ.

9. Et de omni quidem nomine, quod est XXX litterarum, et de Bytho, qui augmentum accipit ex hujus litteris, adhuc etiam de Veritatis corpore, quod est duodecim membrorum, unoquoque membro ex duabus litteris constante, et de voce ejus, quam locuta est non locuta, et de resolutione ejus nominis, quod non est enarratum, et de mundi anima et hominis, secundum quæ habent illam, quæ est ad imaginem, dispositionem, sic deliravit, etc.

Οὕτως οὖν ἀπαγγέλλει ἡ πάνσοφος αὐτῷ Σιγὴ τὴν γένεσιν τῶν εἰκοσιτεσσάρων στοιχείων· Τῇ Μονότητι συνυπάρχειν Ἑνότητι, ἐξ ὧν δύο προβολαί, καθ' ἃ προείρηται, μονάς τε καὶ τὸ ἓν ἐπὶ δύο οὖσαι τέσσαρα ἐγένοντο· δὶς γὰρ δύο τέσσαρες. Καὶ πάλιν αἱ δύο καὶ τέσσαρες εἰς τὸ αὐτὸ συντεθεῖσαι τὸν τῶν ἓξ ἐφανέρωσαν ἀριθμόν, οὗτοι δὲ οἱ ἓξ τετραπλα-

Cap. 15, 1. Sic autem annuntiat perquam sapiens eorum Sige generationem XXIV elementorum: Cum Solitate esse Unitatem, ex quibus duæ sunt emissiones, sicut prædictum est, Monas et Hen, quæ duplicatæ IV factæ sunt; bis enim duo quatuor. Et rursus duo et quatuor in id ipsum compositæ VI manifestaverunt numerum, hi autem sex quadru-

VARIÆ LECTIONES.

[67] τὴν δέ. τῶν δὲ C. [68] γενωμένων C. [69] τοῦτον τὸν ἦχον C, M. αἱ add. M. [70-80] Psalm. VIII, 3. [81] κατηρτήσω C. [82] Psal. XVIII, 2. [83] ὡς ἐπιβοᾷ C, ὡς abundans hoc loco ex margine illatum videtur, ubi ad ὀπίσω aliquis notaverit correctionem ὡς. ut legatur ὅπως. M. [84] ὅπως. ὀπίσω C. [85] καταπέμψει C. [86] δὶς δύο οὖσαι. δὶς δύο οὐσίαι C, an αἱ συνοῦσαι? [87] συντεθῆται C.

viginti quatuor (sc. litteras). Et primi quidem quaternionis nomina, quæ **324-325** sancta sanctorum intelligantur et quæ pronuntiari nequeant, cognosci a solo Filio. Hæc Pater novit quæ sint. Ea autem, quæ cum sacro silentio et cum fide enuntiantur, hæc sunt : Arrhetus et Sige, Pater et Aletheia. Hujus autem quaternionis universus numerus viginti quatuor est elementorum. Arrhetus (Ἄρρητος) enim habet septem elementa, Sige (Σειγή) quinque, et Pater (Πατήρ) quinque, et Aletheia (Ἀλήθεια) septem. Pariter autem etiam alter quaternio, Logos et Zoe, Anthropus et Ecclesia, eumdem numerum elementorum reddiderunt. Et Salvatoris effabile nomen, hoc est Jesum (Ἰησοῦν), litterarum esse sex, ineffabile autem numeratis singulatim litteris litterarum viginti quatuor est', υἱὸς autem Χριστός (Χρειστός) duodecim. Ineffabile autem in Christo nomen triginta elementorum et ipsum est secundum litteras, quæ in eo insunt, elementis singulatim numeratis. *Christus* (Χρειστός) enim nomen elementorum octo est. Χεῖ (X) enim littera trium elementorum est, **326-327** P (rho) autem duorum, et εἶ (E) duorum, et I (iota) quatuor, Σ (sigma) quinque, et T (tau) trium, οὗ (O) autem duorum et σάν trium. Ita id quod in Christo est ineffabile dicunt triginta esse elementorum. Et propter hoc aiunt eum dicere : *Ego A et Ω*, ostendentem columbam quæ hunc habet numerum, qui est octingenta unum.

50. Et Jesus vero hanc habet ineffabilem originem. Etenim a matre universorum, prima tetrade, instar filiæ provenit altera tetras, et exstitit ogdoas,

θέντες τὰς εἰκοσιτέσσαρας. Καὶ τὰ μὲν [88] τῆς [πρώ-της] [89] τετράδος [p. 213. 214] ὀνόματα, ἅγια ἁγίων νοούμενα καὶ μὴ δυνάμενα λεχθῆναι, γινώσκεσθαι ὑπὸ [90] μόνου τοῦ Υἱοῦ· ταῦτα ὁ Πατὴρ οἶδε [91] τίνα ἐστί. Τὰ μετὰ σιωπῆς [92] καὶ μετὰ πίστεως ὀνομαζόμενα παρ' αὐτῷ ἐστι ταῦτα· Ἄῤῥητος καὶ Σιγή, Πατὴρ καὶ Ἀλήθεια. Ταύτης δὲ τῆς τετράδος ὁ σύμπας ἀριθμός ἐστι στοιχείων εἰκοσιτεσσάρων· ὁ γὰρ Ἄῤῥητος ἔχει στοιχεῖα ἑπτά, ἡ Σιγὴ (Σειγὴ) πέντε, καὶ ὁ Πατὴρ πέντε, καὶ ἡ Ἀλήθεια ἑπτά. Ὡσαύτως δὲ καὶ ἡ δευτέρα τετρὰς, Λόγος καὶ Ζωὴ, Ἄνθρωπος καὶ Ἐκκλησία τὸν αὐτὸν ἀριθμὸν στοιχείων ἀνέδειξαν. Καὶ τὸ τοῦ Σωτῆρος ῥητὸν ὄνομα [τουτέστι τὸν Ἰησοῦν] [93] γραμμάτων ὑπάρχειν [94] ἕξ, τὸ δ' ἄῤῥητον [95] αὐτοῦ ἐπ' ἀριθμῷ τῷ κατὰ ἓν γραμμάτων [96] στοιχείων ἐστὶν εἰκοσιτεσσάρων, Υἱὸς δὲ Χριστὸς (Χρειστὸς) δώδεκα, τὸ δὲ ἐν τῷ Χριστῷ ἄῤῥητον γραμμάτων τριάκοντα καὶ αὐτὸ τοῖς [98] ἐν αὐτῷ γράμμασι κατὰ ἓν τῶν στοιχείων ἀριθμουμένων [99]. Τὸ γὰρ Χριστὸς (Χρειστὸς) ἐστι στοιχείων ὀκτώ. Τὸ μὲν | γὰρ χεῖ [1] τριῶν, [p. 214 215] δὲ ρ' δύο, καὶ τὸ εἶ [2] δύο, καὶ ι' τεσσάρων, τὸ σ' πέντε, καὶ τὸ τ' τριῶν, τὸ δὲ οὗ [3] δύο, τὸ σὰν [4] τριῶν. Οὕτως τὸ ἐν τῷ Χριστῷ ἄῤῥητον ἔχουσι στοιχείων τριάκοντα. Καὶ διὰ τοῦτο δὲ, φασὶν αὐτὸν λέγειν· *Ἐγὼ τὸ ἄλφα καὶ τὸ ω* [5], ἐπιδεικνύντα τὴν περιστερὰν τοῦτον ἔχουσαν τὸν ἀριθμὸν, ὅ ἐστιν ὀκτακόσια ἕν.

ν'. Ὁ δὲ Ἰησοῦς ταύτην μὲν ἔχει τὴν ἄῤῥητον γένεσιν. Ἀπὸ γὰρ τῆς μητρὸς τῶν ὅλων, τῆς πρώτης τετράδος, ἐν θυγατρὸς τρόπῳ προῆλθεν [6] ἡ

---

plicati viginti quatuor generaverunt figuras. Et quidem quæ sunt primæ quaternationis nomina sancta sanctorum intelliguntur, quæ non possunt enarrari; intelliguntur autem a solo Filio, quæ Pater scit quænam sunt. Alia vero, quæ cum gravitate et honore et fide nominantur, apud eum sunt hæc : ἄρρητος et σιγή, πατὴρ et ἀλήθεια. Hujus autem quaternationis universus numerus est litterarum viginti quatuor. Ἄρρητος enim nomen litteras habet in se septem, σειγὴ quinque et πατὴρ quinque et ἀλήθεια VII, quæ composita in se, bis quinque et bis septem, XXIIII numerum adimpleverunt. Similiter et secunda quaternatio Logos et Zoe, Anthropos et Ecclesia eumdem numerum elementorum ostenderunt. Et Salvatoris quoque narrabile nomen Ἰησοῦς litterarum est sex, inenarrabile autem ejus litterarum viginti quatuor, Υἱὸς et Χριστὸς litterarum XII, quod est autem in Christo inenarrabile, litterarum XXX. Et propter hoc ait eum A et Ω, ut περιστερὰν manifestet, cum hunc numerum habeat hæc avis.

9. Jesus autem hanc habet, inquit, inenarrabilem genesim. A matre enim universorum, id est primæ quaternationis, in filiæ locum processit secunda

σιασθέντες τὰς εἰκοσιτέσσαρας ἀπεκύησαν μορφάς. Καὶ τὰ μὲν τῆς πρώτης τετράδος ὀνόματα, ἅγια ἁγίων νοούμενα καὶ μὴ δυνάμενα λεχθῆναι, γινώσκεσθαι ὑπὸ μόνου τοῦ Υἱοῦ, ἃ ὁ Πατὴρ οἶδε τίνα ἐστί. Τὰ δὲ σεμνὰ καὶ μετὰ πίστεως ὀνομαζόμενα παρ' αὐτῷ ἐστι ταῦτα· Ἄῤῥητος καὶ Σιγή, Πατὴρ καὶ Ἀλήθεια. Ταύτης δὲ τῆς τετράδος ὁ σύμπας ἀριθμός ἐστι στοιχείων εἰκοσιτεσσάρων. Ὁ γὰρ Ἄῤῥητος ὄνομα γράμματα ἔχει ἐν ἑαυτῷ ἑπτά, ἡ Σιγὴ πέντε καὶ ὁ Πάτηρ, καὶ ἡ Ἀλήθεια ἑπτά, ἃ συντεθέντα ἐπὶ τὸ αὐτὸ, τὰ δὶς πέντε καὶ δὶς ἑπτά, τὸν τῶν εἰκοσιτεσσάρων ἀριθμὸν ἀνεπλήρωσαν. Ὡσαύτως δὲ καὶ ἡ δευτέρα τετρὰς, Λόγος καὶ Ζωὴ, Ἄνθρωπος καὶ Ἐκκλησία, τὸν αὐτὸν ἀριθμὸν στοιχείων ἀνέδειξαν. Καὶ τὸ μὲν τοῦ Σωτῆρος ῥητὸν ὄνομα (ὀκτὼ καὶ δέκα) γραμμάτων ὑπάρχειν ἕξ, (sic) δ' ἄῤῥητον αὐτοῦ γραμμάτων εἰκοσιτεσσάρων. Υἱὸς Χριστὸς γραμμάτων δώδεκα, τὸ δὲ ἐν Χριστῷ ἄῤῥητον γραμμάτων τριάκοντα. Καὶ διὰ τοῦτό φασιν αὐτὸν Α καὶ Ω, ἵνα τὴν περιστερὰν μηνύσῃ, τοῦτον ἔχοντος τὸν ἀριθμὸν τούτου τοῦ ὀρνέου.

θ'. Ὁ δὲ Ἰησοῦς ταύτην ἔχει, φησὶ, τὴν ἄῤῥητον γένεσιν. Ἀπὸ γὰρ τῆς μητρὸς τῶν ὅλων, τῆς πρώτης τετράδος, ἐν θυγατρὸς τρόπῳ προῆλθεν ἡ δευτέρα

VARIÆ LECTIONES.

[88] τὰ μέν. ταῦτα μὲν C, M. [89] πρώτης om. C, M. [90] ὑπό. δὲ ὑπὸ C. M. [91] οἶδε. δὲ C. [92] μετὰ σιωπῆς. An μετὰ σεμνότητος coll. Iren ? [93] τουτέστι τὸν Ἰησοῦν. Hæc verba, quæ lin. 12 expunximus, transponenda esse videntur. Cf. Iren. [94] ὑπάρχει M. [95] τὸ δ' ἄῤῥητον. τὸ δὲ ῥητὸν C. [96] ἐν γραμμάτων. ἐγγραμμάτων C. Post γραμμάτων C, M addunt τουτέστι τὸν Ἰησοῦν. [97] τὸ δέ. τῷ δὲ C. [98] καὶ αὐτὸ τοῖς. Hæc et quæ sequuntur usque ad lin. 19. Καὶ διὰ τοῦτο desunt in Irenæo. [99] τῶν στοιχείων ἀριθμουμένων. στοιχεῖον ἀριθμούμενον C, M. [1] χεῖ. χρι C, χει M. [2] εἶ. ει C, M. [3] οὗ. ου C. M. [4] σάν. ν C [5] Apoc. XXII, 13. Cf ibid. 1, 8. 21, 6. [6] προσῆλθεν C.

δευτέρα τετρὰς, καὶ ἐγένετο ὀγδοὰς, ἐξ ἧς προῆλθεν ἡ δεκάς· οὕτως ἐγένετο δεκαοκτώ [7]. Ἡ οὖν δεκὰς ἐπισυνελθοῦσα [8] τῇ ὀγδοάδι καὶ δεκαπλασίονα αὐτὴν ποιήσασα τὸν τῶν ὀγδοήκοντα [προεβίβασεν ἀριθμὸν, καὶ τὰ ὀγδοήκοντα] [9] πάλιν δεκαπλασιάσασα [10] τὸν τῶν ὀκτακοσίων ἀριθμὸν ἐγέννησεν [11], ὥστε εἶναι τὸν ἅπαντα τῶν γραμμάτων ἀριθμὸν ἀπὸ ὀγδοάδος [12] εἰς δεκάδα προελθόντα [13], [εἶναι] [14] η' [15] καὶ π' καὶ ω', ὅ ἐστιν Ἰησοῦς· τὸ γὰρ *Ἰησοῦς* ὄνομα κατὰ τὸν ἐν τοῖς γράμμασιν ἀριθμόν ἐστιν ὀκτακόσια ὀγδοηκονταοκτώ. Καὶ τὸ ἀλφάβητον δὲ τὸ Ἑλληνικὸν ἔχει μονάδας ὀκτὼ [καὶ δεκάδας | ὀκτὼ] [16] καὶ ἑκατοντάδας ὀκτὼ, τὴν τῶν ὀκτακοσίων ὀγδοηκονταοκτὼ [p. 215] ψῆφον ἐπιδεικνύον [17], τουτέστι τὸν Ἰησοῦν, ἐκ πάντων συνεστῶτα τῶν [18] ἀριθμῶν. Καὶ διὰ τοῦτο ἄλφα [καὶ ω'] [19] ὀνομάζεσθαι αὐτὸν, τὴν ἐκ πάντων γένεσιν σημαίνοντα.

unde provenit decas : ita exstiterunt octodecim. Decas igitur congressa cum ogdoade, postquam decuplicavit eam, octogenarium numerum produxit, et octogenarium rursus postquam decuplicavit, numerum qui est octingentorum genuit, ut sit universus numerus litterarum ab ogdoade secundum decadem progressus 888, quod est Jesus; *Jesus* enim nomen ex numero litterarum est 888. Et alphabetum vero Græcorum habet monades octo et decades octo et hecatontades octo, numerum octingentorum octoginta octo exhibens, **328-329** hoc est Jesum, qui ex omnibus numeris constat, propterea que eum se vocare A et Ω, generationem suam ex omnibus ortam indicantem.

να'. Περὶ δὲ τῆς τούτου δημιουργίας οὕτως λέγει· Ἀπὸ τῆς τετράδος τῆς δευτέρας δυνάμεις ἀποῤῥυείσας δεδημιουργηκέναι [20] τὸν ἐπὶ γῆς φανέντα Ἰησοῦν, καὶ τοῦ Λόγου [21] τὸν τόπον [22] ἀναπεπληρωκέναι τὸν ἄγγελον Γαβριὴλ, τῆς δὲ ζωῆς τὸ ἅγιον πνεῦμα, τοῦ δὲ Ἀνθρώπου τὴν τοῦ Ὑψίστου δύναμιν, τῆς δὲ Ἐκκλησίας τὴν παρθένον. Οὕτως ὁ κατ' οἰκονομίαν διὰ τῆς Μαρίας γενεσιουργεῖται παρ' αὐτῷ [23] ἄνθρωπος. Ἐλθόντος δὲ αὐτοῦ εἰς τὸ ὕδωρ, κατελθεῖν εἰς

51. De fabricatione autem hujus ita dicit : A quaternione altero potestates emanasse, quæ fabricaverint Jesum qui in terris apparuit, et Logi obtinuisse locum angelum Gabriel, Vitæ autem spiritum sanctum, Hominis autem Altissimi virtutem, Ecclesiæ autem virginem. Ita qui est ex dispensatione homo per Mariam editur secundum eum. Cum autem venisset in aquam, descendisse in eum tanquam columbam illam, qui ascendit superne et duodecimum

---

τετρὰς, καὶ ἐγένετο ὀγδοὰς, ἐξ ἧς προῆλθε δεκάς· οὕτως ἐγένετο δεκὰς καὶ ὀγδοάς. Ἡ οὖν δεκὰς ἐπισυνελθοῦσα τῇ ὀγδοάδι καὶ δεκαπλασίονα αὐτὴν ποιήσασα τὸν τῶν ὀγδοήκοντα προεβίβασεν ἀριθμὸν, καὶ τὰ ὀγδοήκοντα πάλιν δεκαπλασιάσασα τὸν τῶν ὀκτακοσίων ἀριθμὸν ἐγέννησεν, ὥστε εἶναι τὸν ἅπαντα τῶν γραμμάτων ἀριθμὸν ἀπὸ ὀγδοάδος εἰς δεκάδα προελθόντα, η καὶ π καὶ ω, ὅ ἐστι δεκαοκτώ· τὸ γὰρ Ἰησοῦ ὄνομα καὶ τὸν ἐν τοῖς γράμμασιν ἀριθμὸν ω ἔστιν ὀγδοηκονταοκτώ. Ἔχει σαφῶς καὶ τὴν ὑπερουράνιον τοῦ η καὶ τοῦ σ κατ' αὐτοὺς γένεσιν Διὸ καὶ τὸν ἀλφάβητον τῶν Ἑλλήνων ἔχειν μονάδας ὀκτὼ καὶ δεκάδας ὀκτὼ καὶ ἑκατοντάδας ὀκτὼ, τὴν τῶν ὀκτακοσίων ὀγδοηκονταοκτὼ ψῆφον [ἔπειτα] δεικνύοντα, τουτέστι τὸ ειη, τὸν ἐκ πάντων συνεστῶτα τῶν ἀριθμῶν, καὶ διὰ τοῦ ἄλφα καὶ ω ὀνομάζεσθαι αὐτὸν, τὴν ἐκ πάντων γένεσιν σημαίνοντα. Καὶ πάλιν οὕτως· Τῆς πρώτης τετράδος κατὰ πρόσβασιν ἀριθμοῦ εἰς αὐτὴν συντιθεμένης ὁ τῶν δέκα ἀνεφάνη ἀριθμὸς, κ. τ. λ.

quaternatio, et facta est octonatio, ex qua progressa est decas; sic factum est XVIII. Decas itaque adjuncta octonationi et decuplam eam faciens LXXX fecit numerum, et rursus octuagies decies octingentorum numerum fecit, ut sit universus litterarum numerus ab octonatione in decadem progrediens octo et octuaginta et DCCC, quod est Jesus; *Jesus* enim nomen secundum Græcarum litterarum computum DCCC sunt LXXXVIII. Habes manifeste et supercœlestis Jesu secundum eos genesim. Quapropter et A B Græcorum habere monadas octo et decadas VIII et hecatontadas VIII, DCCCLXXXVIII numerum ostendentia, hoc est Jesum, qui est ex omnibus constans numeris, et propter hoc A et Ω nominari eum, cum significent ex omnibus ejus generationem. Et iterum ita : Primæ quaternationis secundum progressionem numeri in semet ipsam compositæ X apparuit numerus, etc.

γ'. Ἀπὸ τετράδος γὰρ προῆλθον οἱ αἰῶνες· ἦν δὲ ἐν τῇ τετράδι Ἄνθρωπος καὶ Ἐκκλησία, Λόγος καὶ Ζωή. Ἀπὸ τούτων οὖν δυνάμεις, φησὶν, ἀποῤῥυεῖσαι ἐγενεσιούργησαν τὸν ἐπὶ γῆς φανέντα Ἰησοῦν, καὶ τοῦ μὲν Λόγου ἀναπεπληρωκέναι τὸν τόπον τὸν ἄγγελον Γαβριὴλ, τῆς δὲ ζωῆς τὸ ἅγιον Πνεῦμα, τοῦ δὲ Ἀνθρώπου τὴν δύναμιν τοῦ Υἱοῦ, τὸν δὲ τῆς Ἐκκλησίας τόπον ἡ Παρθένος ἐπέδειξεν [ἔδειξεν cod. Reg.]. Οὕτως τε ὁ κατ' οἰκονομίαν διὰ τῆς Μαρίας γενεσιουργεῖται παρ' αὐτῷ ἄνθρωπος, ὃν ὁ Πατὴρ τῶν ὅλων διελθόντα διὰ μήτρας ἐξελέξατο

3. A quaternatione enim progressi sunt æones. Erat autem in quaternatione Anthropos et Ecclesia, Logos et Zoe. Ab iis igitur virtutes, ait, emanatæ generaverunt eum, qui in terra manifestatus est, Jesum, et Logi quidem locum adimplesse angelum Gabriel, Zoes autem Spiritum sanctum, Anthropi autem Altissimi virtutem, Ecclesiæ autem locum Virgo ostendit. Et sic ille, qui est secundum dispositionem, per Mariam generatur apud eum homo, quem Pater omnium transeuntem per vulvam elegit per Verbum ad agnitionem suam. Cum autem ve-

VARIÆ LECTIONES.

[7] δεκαοκτώ. ἰῶτα, εἶτα δεκαοκτώ, C, quod M mutavit in δέκα, εἶτα δεκαοκτώ. Nimirum non perspexit librarium, cum in libro suo reperisset ιη, depravasse in ἰῶτα εἶτα [ἦτα], et deinde numerum ipsum denuo addidisse. [8] ἐπισυνελθοῦσα. ἔστη συνελθοῦσα C. [9] προεβίβασεν — ὀγδοήκοντα om. C. [10] δεκαπλασιάσαντα C. [11] ἐγέννησαν C. [12] ὀγδοάδος. ὀγδοάδα C. [13] προελθόντα προσελθόντα C, M. [14] εἶναι delendum esse jam M suspicatus est. [15] η. ἦτα C, M. [16] καὶ — ὀκτὼ supplevit M. [17] ἐπιδεικνύοντα C, M. [18] συνεστῶτα τῶν. τῶν συνεστώτων C, M. [19] καὶ ω om. C, M. [20] ἀπορυεῖσα δεδημιουργικέναι C. [21] Cf. Luc. I, 26-38. [22] τὸν τόπον. τοῦτον C, M. [23] αὐτῷ. αὐτῶν C, M.

numerum impleverat, in quo exstat semen eorum, qui sunt una cum eo sati et una descenderunt et ascenderunt. Hanc autem potestatem, quæ descendit in eam, semen ait esse pleromatis, habens in se et Patrem et **330-331** Filium et eam, quæ per hos cognoscitur, innominabilem potestatem Sigæ et universos æones. Et hoc (sc. semen) esse Spiritum in eo, locutum per os Filii, confessum semet esse Filium hominis, et qui manifestaverit Patrem, postquam autem descendisset in Jesum, unitum esse cum eo. Et dejecit quidem mortem, aiunt, qui ex dispensatione est Salvator, notum autem fecit Patrem Christum [Jesum]. Esse igitur ait *Jesum* quidem nomen hominis, qui ex dispensatione est, positum autem esse ad assimilandum et adumbrandum illum hominem, qui erat in ipsum descensurus, quem in se recipiendo habuerit, et esse ipsum Hominem, ipsum Logum, ipsum Patrem et Arrhetum et Sigen et Veritatem et Ecclesiam et Vitam.

A αὐτὸν ὡς περιστερὰν τὸν ἀναβαίνοντα [24] ἄνω καὶ πληρώσαντα τὸν δωδέκατον ἀριθμὸν, ἐν ᾧ ὑπάρχει τὸ σπέρμα τούτων τῶν συγκατασπαρέντων αὐτῷ καὶ συγκαταβάντων καὶ συναναβάντων. Ταύτην δὲ τὴν δύναμιν τὴν καταβᾶσαν εἰς αὐτὸν [σπέρμα] [25], φησὶν εἶναι τοῦ [p. 215. 216.] πληρώματος, ἔχον ἐν ἑαυτῷ καὶ τὸν Πατέρα καὶ τὸν Υἱὸν τήν τε διὰ τούτων γινωσκομένην ἀνονόμαστον | δύναμιν τῆς Σιγῆς καὶ τοὺς ἅπαντας αἰῶνας. Καὶ τοῦτο [26] εἶναι τὸ πνεῦμα τὸ ἐν αὐτῷ, φωνῆσαν [27] διὰ τοῦ στόματος τοῦ Υἱοῦ [28], τὸ ὁμολογῆσαν ἑαυτὸν Υἱὸν Ἀνθρώπου καὶ φανερώσαν τὸν Πατέρα, κατελθὸν μέντοιγε εἰς τὸν Ἰησοῦν ἡνῶσθαι αὐτῷ. Καὶ καθεῖλε [29] μὲν τὸν θάνατον, φασὶν, ὁ ἐκ τῆς οἰκονομίας [30] Σωτὴρ, ἐγνώρισε δὲ τὸν Πατέρα Χριστὸν [Ἰησοῦν] [31]. Εἶναι οὖν τὸν Ἰησοῦν B ὄνομα μὲν τοῦ ἐκ τῆς οἰκονομίας ἀνθρώπου, τεθεῖσθαι δὲ ἐξομοίωσιν καὶ μόρφωσιν τοῦ μέλλοντος εἰς αὐτὸν κατέρχεσθαι Ἀνθρώπου, ὃν χωρήσαντα [32] ἐσχηκέναι αὐτὸν, αὐτόν τε εἶναι τὸν Ἄνθρωπον, αὐτὸν τὸν Λόγον, αὐτὸν τὸν Πατέρα καὶ [τὸν] [33] Ἄρρητον καὶ τὴν Σιγὴν καὶ τὴν Ἀλήθειαν καὶ Ἐκκλησίαν καὶ Ζωήν.

52. Et hæc quidem manifestum esse opinor omnibus, qui sunt sana mente, quam sint inepta longeque remota a cognitione veræ fidei, cum sint frustula astrologicæ inventionis et Pythagoricæ artis arithmeticæ, sicuti discendi studiosi prospicietis, cum in iis, quæ antehac elucubravimus, hæc placita exposita sint. Sed quo apertius ostendamus hos non Christi esse discipulos, sed Pythagoræ: etiam eorum, quæ de meteoris astrorum ab iis decantantur, quan-

νβ'. Ταῦτα μὲν οὖν πρόδηλα εἶναι πᾶσιν ὑπολαμβάνω τοῖς ὑγιαίνοντα νοῦν κεκτημένοις ὄντα ἄχυρα καὶ μακρὰν τῆς κατὰ θεοσέβειαν γνώσεως, ὄντα μέρη ἀστρολογικῆς ἐφευρέσεως καὶ ἀριθμητικῆς Πυθαγορείου, καθὼς οἱ φιλομαθεῖς εἴσεσθε, ἐν τοῖς προμεμεριμνηθεῖσιν [34] ἡμῖν ἐκκειμένων τούτων τῶν δογμάτων. Ἵνα δὲ σαφέστερον τούτους ἐπιδείξωμεν οὐ Χριστοῦ μαθητὰς [35], ἀλλὰ Πυθαγόρου, καὶ τῶν περὶ C τὰ μετέωρα τῶν ἄστρων [p. 216. 217.] απ .... λη-

—

nisset ipse ad aquam, descendisse in eum quasi columbam eum, qui recucurrit sursum, et implevit XII numerum, in quo inerat semen eorum, qui conseminati sunt cum eo et condescenderunt et coascenderunt. Ipsam autem virtutem, quæ descendit, semen dicit esse Patris, habens in se et Patrem et Filium et eam, quæ per eos cognoscitur innominabilis virtus Siges, et omnes æonas. Et hunc esse Spiritum, qui locutus est per os Jesu, qui se confessus est Filium hominis et manifestavit Patrem, descendens quidem in Jesum, unitus est. Et destruxit quidem mortem, ait, qui fuit ex dispositione Salvator Jesus, agnovit autem Patrem Christum. Jesum esse ergo nomen quidem ejus, qui est ex dispositione homo, dicit, positum autem esse in assimilationem et figurationem ejus, qui incipit in eum descendere, Hominis, quem capientem habere et ipsum Hominem et ipsum Logon et Patrem et Arrheton et Sigen et Alethian et Ecclesiam et Zoen, etc.

διὰ Λόγου εἰς ἐπίγνωσιν αὐτοῦ. Ἐλθόντος δὲ αὐτοῦ εἰς τὸ ὕδωρ, κατελθεῖν εἰς αὐτὸν ὡς περιστερὰν τὴν ἀναδραμόντα ἄνω καὶ πληρώσαντα τὸν δωδέκατον ἀριθμὸν, ἐν ᾧ ὑπάρχει τὸ σπέρμα τούτων τῶν συσπαρέντων αὐτῷ καὶ συγκαταβάντων καὶ συναναβάντων. Αὐτὴν δὲ τὴν δύναμιν κατελθοῦσαν σπέρμα φασὶν εἶναι τοῦ Πατρὸς, ἔχον ἐν ἑαυτῷ καὶ τὸν Πατέρα καὶ τὸν Υἱὸν τήν τε διὰ τούτων γινωσκομένην ἀνονόμαστον δύναμιν τῆς Σιγῆς καὶ τοὺς ἅπαντας αἰῶνας. Καὶ τοῦτ' εἶναι τὸ πνεῦμα τὸ λαλῆσαν διὰ τοῦ Ἰησοῦ, τὸ ὁμολογῆσαν ἑαυτὸν Υἱὸν Ἀνθρώπου καὶ φανερώσαντα τὸν Πατέρα, κατελθὸν μὲν εἰς τὸν Ἰησοῦν, ἡνῶσθαι δ' αὐτῷ. Καὶ καθεῖλε μὲν τὸν θάνατον, φησὶν, ὁ ἐκ τῆς οἰκονομίας Σωτὴρ, ἐγνώρισε δὲ τὸν Πατέρα Χριστόν. Εἶναι οὖν τὸν Ἰησοῦν ὄνομα μὲν τοῦ ἐκ τῆς οἰκονομίας ἀνθρώπου λέγει, τεθεῖσθαι δὲ εἰς ἐξομοίωσιν καὶ μόρφωσιν τοῦ μέλλοντος εἰς αὐτὸν κατέρχεσθαι Ἀνθρώπου, τὸν χωρήσαντα αὐτὸν, ἐσχηκέναι δὲ αὐτόν τε τὸν Ἄνθρωπον, αὐτόν τε τὸν Λόγον καὶ τὸν Πατέρα καὶ τὸν Ἄρρητον καὶ τὴν Σιγὴν καὶ τὴν Ἀλήθειαν καὶ Ἐκκλησίαν καὶ Ζωήν. Κ. τ. λ. D

Cap. 16, 1. Generationem itaque æonem et errorem ovis et adinventionem adunantes in unum mystice audent annuntiare hi, qui in numeros omnia deduxerunt, de monade et dualitate dicentes omnia constare. Et a monade usque ad quatuor numerantes

ιβ'. Τὴν οὖν γένεσιν τῶν αἰώνων αὐτῶν καὶ τὴν πλάνην τοῦ προβάτου καὶ ἀνεύρεσιν ἑνώσαντες εἰς τὸ αὐτὸ μυστικώτερον ἐπιχειροῦσιν ἀπαγγέλλειν οὗτοι οἱ εἰς ἀριθμοὺς τὰ πάντα κατάγοντες, ἐκ μονάδος καὶ δυάδος φάσκοντες τὰ ὅλα συνεστηκέναι.

VARIÆ LECTIONES.

[24] ἀναβαίνοντα. ἀναβάντα? [25] σπέρμα om. C, M, qui scribendum esse opinatur: τοῦ πληρώματος [σπέρμα] ἔχον. [26] τοῦτο. τοῦτον C, M. [27] φωνῆσαν. ἔφασαν C. [28] υἱοῦ. an Ἰησοῦ? [29] Καὶ καθεῖλε. καθεῖλε C, M. [30] ἐκ τῆς οἰκ. ἐκ οἰκ. C, ἐξ οἰκ. M. [31] Ἰησοῦν uncinis inclusimus. [32] χωρίσαντα C, M [33] τὸν add. M. [34] προμεριμνηθεῖσιν C. [35] οὐχὶ ῥηθῆτε, C.

μένων [36] ὅσα ἐπιτομῇ [37] δυνατόν ἐστιν ἐκθήσομαι. Λέγουσι γὰρ ταῦτα· Ἐκ μονάδος καὶ δυάδος [38] τὰ ὅλα συνεστάναι, καὶ ἀπὸ μὲν μονάδος ἕως τῶν τεσσάρων ἀριθμοῦντες, οὕτως γεννῶσι τὴν δεκάδα. Πάλιν δ' αὖ δυὰς προελθοῦσα ἕως τοῦ ἐπισήμου, οἷον δύο καὶ τέσσαρα καὶ ἕξ, τὴν δωδεκάδα ἀπέδειξε [39]. Καὶ πάλιν ἀπὸ τῆς δυάδος ἀριθμούντων ἡμῶν ἕως τῶν δέκα ἡ τριακοντὰς [40] ἀνεδείχθη, ἐν ᾗ ὀγδοὰς καὶ δεκὰς καὶ δωδεκάς. Τὴν οὖν δωδεκάδα [41] διὰ τὸ ἐπίσημον ἐσχηκέναι συνεπακολουθῆσαν [42] αὐτῇ τὸ ἐπίσημον πάθος, καὶ διὰ τοῦτο περὶ τὸν δωδέκατον ἀριθμὸν τοῦ σφάλματος γενομένου τὸ πρόβατον ἀποσκιρτῆσαν πεπλανῆσθαι [43]. ..... [44] ὁμοίως δὲ καὶ ἐκ τῆς δεκάδος. Καὶ ἐπὶ τούτων τὴν δραχμὴν λέγουσιν, ἣν [45] ἀπολέσασα γυνὴ ἅψασα λύχνον ἐζήτει, τήν τε ἐπὶ ἑνὶ προβάτῳ ἀπώλειαν, καὶ τὴν τῶν ἐνενήκοντα ἐννέα συντιθέντες ἑαυτοῖς [46] ἀριθμοὺς μυθεύουσιν [p. 217. 218.] ὡς τῶν ἕνδεκα ἐπισυμπλεκομένων τοῖς ἐννέα ποιεῖν τὸν τῶν ἐνενήκοντα ἐννέα ἀριθμόν, καὶ τούτου χάριν λέγεσθαι τὸ *Ἀμήν*, περιέχον ἀριθμὸν ἐνενήκοντα ἐννέα· ἄλλον δὲ ἀριθμὸν [47]..... οὕτω λέγουσι· Τὸ *ἦτα* στοιχεῖον σὺν τῷ ἐπισήμῳ ὀγδοάδα εἶναι, ἀπὸ τοῦ *ἄλφα* ὀγδόῳ [48] κείμενον τόπῳ· εἶτα πάλιν ἄνευ τοῦ ἐπισήμου ψηφίζοντες τὸν ἀριθμὸν

tum per compendium **332-333** licebit exponam. Dicunt quippe hæc: Ex monade et dyade cuncta constare, et a monade quidem usque ad quatuor numerantes ita generant decadem. Rursus autem dyas progressa ad insigne (id est ϛ), scilicet duo et quatuor et sex, duodecadem effecit. Et rursus numerantibus nobis a binario ad denarium numerus tricenarius efficitur, in quo ogdoas et decas et dodecas. Duodecadem igitur propter insigne habuisse comitem suum insignem passionem, et propterea cum circa duodecimum numerum erratum esset, ovem a grege palatam in errorem actam esse..... similiter vero etiam ex decade. Atque hæc respicientes drachmam loquuntur, quam perditam mulier accensa lucerna quærebat, et illud quod in una ove accidit damnum, et nonaginta novem inter se componentes **334-335** numeros fabulantur, undecim complicatis cum novem effici nonaginta et novem numerum, et hujus rei gratia dici illud Amen complexum numerum nonaginta novem. Alium autem numerum..... ita aiunt: Litteram *H* una cum episemo ogdoadem esse, quoniam ab *A* octavo sita sit loco: deinde rursus sine episemo computantes numerum ipsarum litterarum et componentes usque

---

Καὶ ἀπὸ μονάδος ἕως τῶν τεσσάρων ἀριθμοῦντες οὕτω γεννῶσι τὴν δεκάδα· μία γὰρ καὶ δύο καὶ τρεῖς καὶ τέσσαρες συντεθεῖσαι ἐπὶ τὸ αὐτὸ τὸν τῶν δέκα αἰώνων ἀπεκύησαν ἀριθμόν. Πάλιν δ' αὖ ἡ δυὰς ἀπ' αὐτῆς προελθοῦσα ἕως τοῦ ἐπισήμου, οἷον δύο καὶ τέσσαρες καὶ ἕξ, τὴν δωδεκάδα ἀπέδειξε. Καὶ πάλιν ἀπὸ τῆς δυάδος ὁμοίως ἀριθμούντων ἡμῶν ἕως τῶν δέκα ἡ λ' ἀνεδείχθη, ἐν ᾗ ὀκτὼ καὶ δέκα καὶ δώδεκα. Τὴν οὖν δωδεκάδα διὰ τὸν ἐπίσημον συνεσχηκέναι, διὰ τὸ συνεπακολουθήσασαν αὐτῇ τὸ ἐπίσημον πάθος λέγουσι, καὶ διὰ τοῦτο περὶ τὸν δωδέκατον ἀριθμὸν τοῦ σφάλματος γενομένου τὸ πρόβατον ἀποσκιρτῆσαν πεπλανῆσθαι, ἐπειδὴ τὴν ἀπόστασιν ἀπὸ δωδεκάδος γεγενῆσθαι φάσκουσι. Τῷ αὐτῷ τρόπῳ καὶ ἀπὸ τῆς δωδεκάδος ἀπόστασιν μίαν δύναμιν ἀπολωλέναι μαντεύονται, καὶ ταύτην εἶναι τὴν γυναῖκα τὴν ἀπολέσασαν τὴν δραχμήν, καὶ ἅψασαν λύχνον, καὶ εὑροῦσαν αὐτήν. Οὕτως οὖν καὶ [ἐπὶ] τοὺς ἀριθμοὺς τοὺς καταλειφθέντας, ἐπὶ μὲν τῆς δραχμῆς τοὺς ἐννέα, ἐπὶ δὲ τοῦ προβάτου τοὺς ἕνδεκα ἐπιπλεκομένους ἀλλήλοις τὸν τῶν ἐνενηκονταεννέα τίκτειν ἀριθμόν, ἐπεὶ ἐννάκις τὰ ἕνδεκα ἐνενηκονταεννέα γίνεται· διὸ καὶ τὸ *Ἀμὴν* τοῦτον λέγουσιν ἔχειν τὸν ἀριθμόν.

β. Οὐκ ὀκνήσω δέ σοι καὶ ἄλλως ἐξηγουμένων αὐτῶν ἀπαγγεῖλαι, ἵνα πανταχόθεν κατανοήσῃς τὸν καρπὸν αὐτῶν. Τὸ γὰρ στοιχεῖον τὸ η' σὺν μὲν τῷ ἐπισήμῳ ὀγδοάδα εἶναι θέλουσιν, ἀπὸ τοῦ πρώτου ὀγδόου κείμενον τόπου· εἶτα πάλιν ἄνευ τοῦ ἐπισήμου ψηφίζοντες τὸν ἀριθμὸν αὐτῶν τῶν στοιχείων καὶ ἐπισυνθέντες μέχρι τοῦ η', τὴν τριακοντάδα ἐπιδεικνύουσιν. Ἀρξάμενος γὰρ ἀπὸ τοῦ ἄλφα καὶ τελευτῶν εἰς τὸ η, τῷ ἀριθμῷ τῶν στοιχείων, ὑπεξαιρούμενος δὲ τὸ

sic generant decadem. Unum enim et duo et tres et quatuor in unum compositæ decem æonum generaverunt numerum. Rursus autem dualitas ab ea progressa usque ad episemon, duo et quatuor et sex, duodecadem ostendit. Et rursus a dualitate similiter numerantibus nobis usque ad X, XXX numerus ostensus est, in quo est ogdoas et decas et duodecas. Duodecadem igitur, eo quod episemon habuerit consequentem sibi, propter episemon passionem vocant, et propter hoc circa XII numerum cum labes quædam facta fuisset, ovem luxuriatam aberrasse, quoniam apostasiam a duodecade factam dicunt. Similiter et a duodecade abscedentem unam virtutem perisse divinant, et hanc esse mulierem, quæ perdiderit drachmam et accenderit lucernam et invenerit eam. Sic igitur et numeros reliquos, in drachma qui sunt novem, in ove vero undecim, perplexos sibimet ipsis, XCIX numerum generare, quoniam novies undecim XCIX fiant; quapropter et *Amen* hunc habere dicunt numerum.

2. Non pigritabor autem tibi et aliter eos interpretantes annuntiare, ut undique conspicias fructum eorum. Litteram enim *H* cum episemo ogdoadem esse volunt, cum ab Alpha beta octavo sit posita loco; rursus iterum sine episemo computantes numerum ipsarum litterarum et componentes usque ad *H*, triacontadem ostendunt. Incipiens enim quis ab *A* et perfiniens in *H*, per numeros litterarum, abstrahens autem episemum et insuper con-

VARIÆ LECTIONES.

[36] ἀπ' αὐτοῦ (vel potius ἀπὸ τούτου) εἰλημμένων M, an ἀπ' αὐτῶν τεθρυλλημένων vel εἰλεγμένων? [37] ἐπιτομῇ. ἐπὶ τὸ μὴ C. [38] Cf. Iren. Contra Hær. I, 16, 1 sqq. [39] ἐπέδειξε C. [40] ἡ τριακοντάς. ἡ τριάκοντα C, ἡ λ M. [41] Cf. Iren. et quæ Massuetus ad hunc locum adnotavit his usus verbis: *A duodenario numero abstracto semel episemo, qui quidem in litterarum ordinem et numerum non venit, supersunt undecim litteræ duntaxat. Hinc in duodecade* πάθος, *seu, quod alibi dicunt hæretici,* ὑστέρημα, *defectus unius litteræ: figura defectus seu passionis, quæ abscedente uno æone postremæ æonum duodecadi contigit.* [42] συνεπηκολούθησεν C. [43] Cf. Luc. XV, 4 10 [44] Ante ὁμοίως lacunam signavimus coll. Irenæo. [45] δραχμὴν λέγουσιν, ἣν C. [46] ἑαυτοῖς. ἑαυτοὺς C, M. [47] Post ἀριθμὸν quædam excidisse videntur. [48] ὀγδόῳ. ἐν ὀγδόῳ M.

ad *H* triginta numerum edunt. Profectus enim quispiam ab Alpha usque ad Eta numerum litterarum dempto episemo reperiet triginta numerum. Quoniam igitur ex tribus potestatibus unitus est numerus triginta, ter ipse repetitus numerum nonaginta effecit; ter enim triginta nonaginta. Ita ogdoas numerum nonaginta novem peperit ex prima ogdoade et decade et duodecade, cujus modo in integrum cogentes numerum faciunt triacontadem, modo duodecimum dementes numerant undecim: similiter et decimum faciunt novem; **336 - 337** hæc autem complicantes et decuplicantes numerum efficiunt nonaginta novem. Quandoquidem autem duodecimus æon relictis undecim ipse digressus deorsum abiit, aiunt consequenter et hoc. Figura enim litterarum docet; undecimo enim litterarum loco positam esse litteram *Λ*, quæ numerum significat triginta, et positam esse eam secundum imaginem dispensationis quæ superne est, quoniam ab Alpha littera citra episemum ipsarum litterarum numerus usque ad *Λ* computatus ex adauctione litterarum cum ipso *Λ* nonaginta novem efficit numerum. Lambda autem undecimo positum loco ad investigationem ejus qui est sui consimilis descendisse, ut numerum impleret duodecimum, eoque reperto completum esse, apertum esse ex ipsa figura elementi. Lambda enim tanquam ad investigationem ejus qui sui consimilis est egressum ubi invenit et subripuit, duodecimi implevit locum elementi *M*, geminatis *Λ* compositi. Quam ipsam ob causam etiam sese (id est, Marcosios) effugisse per co-

A αὐτῶν τῶν στοιχείων καὶ συντιθέντες μέχρι τοῦ ἦτα, τὸν τριάκοντα ἀριθμὸν ἐπι | δεικνύουσιν. Ἀρξάμενος γάρ τις ἀπὸ τοῦ ἄλφα ἕως τοῦ ἦτα, τὸν ἀριθμὸν τῶν στοιχείων, ὑπεξαιρούμενος τὸν ἐπίσημον, εὑρήσει [τὸν] [79] τριάκοντα ἀριθμόν. Ἐπεὶ οὖν ἐκ τῶν τριῶν δυνάμεων ἥνωται ὁ τῶν τριάκοντα ἀριθμὸς, [τρὶς] [80] αὐτὸς γενόμενος τὰ ἐνενήκοντα ἐποίησε· τρὶς γὰρ τριάκοντα ἐνενήκοντα. Οὕτως ἡ ὀγδοὰς τὸν τῶν ἐνενήκοντα ἐννέα ἀπεκύησεν ἀριθμὸν ἐκ πρώτης ὀγδοάδος καὶ δεκάδος καὶ δωδεκάδος, ἣ, [p. 218. 219.] ποτὲ μὲν εἰς ὁλόκληρον συνάγοντες τὸν ἀριθμὸν ποιοῦσι τριακοντάδα, ποτὲ δὲ τὴν δωδέκατον ὑφαιροῦντες ψηφίζουσιν ἕνδεκα· ὁμοίως καὶ τὸν δέκατον ποιοῦσιν ἐννέα· ταῦτα δὲ ἐπισυμπλέκοντες καὶ δεκαπλασιάσαντες ἀριθμὸν ἐπιτελοῦσι τὸν B ἐνενήκοντα ἐννέα. Ἐπειδὴ δὲ ὁ δωδέκατος αἰὼν καταλείψας τοὺς [81] ἕνδεκα καὶ ἀποστὰς κάτω ἐχώρησε, φάσκουσι κατάλληλον καὶ τοῦτο [82]. Ὁ γὰρ τύπος τῶν γραμμάτων διδάσκει· ἐνδέκατον γὰρ τῶν γραμμάτων κεῖσθαι τὸ λ', ὅ ἐστιν ἀριθμὸς τῶν τριάκοντα, καὶ κεῖσθαι [83] αὐτὸ κατ' εἰκόνα τῆς ἄνω οἰκονομίας, ἐπειδὴ ἀπὸ τοῦ ἄλφα, χωρὶς τοῦ ἐπισήμου, αὐτῶν τῶν γραμμάτων ὁ ἀριθμὸς ἕως τοῦ λ' συντεθειμένος κατὰ [84] τὴν παραύξησιν τῶν γραμμάτων σὺν αὐτῷ τῷ λ' τὸν ἐνενηκονταεννέα ποιεῖται ἀριθμόν. Ὅτι δὲ τὸ λ' ἐνδεκάτῳ [85] κείμενον τόπῳ ἐπὶ τὴν τοῦ ὁμοίου αὐτῷ κατῆλθε ζήτησιν, ἵνα ἀναπληρώσῃ | τὸν δωδέκατον ἀριθμὸν, καὶ εὑρὸν [86] αὐτὸν ἐπληρώθη, φανερὸν εἶναι ἐξ αὐτοῦ τοῦ σχήματος τοῦ στοιχείου. Τὸ γὰρ λάμβδα [87] ὥσπερ ἐπὶ τὴν τοῦ ὁμοίου αὐτῷ ζήτησιν παραγενόμενον, καὶ εὑρὸν καὶ ἀναρπάσαν [88],

jungens incrementum litterarum, inveniet tricenarium numerum. Usque enim ad *E* litteram XV fiunt, post deinde appositus iis VII numerus II et XX perficit, cum autem appositum est iis *H*, quod est VIII, admirabilem triacontadem adimplevit, et hinc ostendunt ogdoadem matrem triginta æonem. Quoniam igitur ex tribus virtutibus unitus est tricenarius numerus, ter idem factus XC fecit. Et ipsa autem trias in se composita VIIII generavit. Sic ogdoas XCIX generavit numerum. Et quoniam duodecimus æon absistens reliquit sursum XI, consequenter dicunt typum litterarum in figura Logi positum esse (undecimam enim in litteris esse Λ, qui est numerus XXX), et secundum imaginem positum esse superioris dispositionis, quoniam ab Alpha sine episemo ipsarum litterarum numerus usque ad Λ compositus secundum augmentum litterarum cum ipso Λ XC et IX facit numerum. Quoniam autem Λ, quæ est undecimo loco in ordine, ad similis sui descendit inquisitionem, ut impleret XII numerum, et cum invenisset eum adimpleta est, manifestum esse ex ipsa figuratione litteræ. Λ enim quasi ad sui similis inquisitionem adveniens et inveniens et in semet rapiens ipsum, duodecimum adimplevit locum, *M* littera ex duobus Lambdis ΛΛ consistente. Quapropter et fugere eos per agnitionem XCIX locum,

ἐπίσημον καὶ ἐπισυντιθεὶς τὴν ἐπαύξησιν τῶν γραμμάτων, εὑρήσει τὸν τῶν τριάκοντα ἀριθμόν. Μέχρι γὰρ τοῦ θ' (sic) στοιχείου πεντεκαίδεκα γίνονται· ἔπειτα προστεθεὶς αὐτοῖς ὁ τῶν ἑπτὰ ἀριθμὸς β' καὶ κ' ἀπετέλεσε, προσελθὼν τούτοις τὸ η', ὅ ἐστιν ὀκτὼ, τὴν θαυμασιωτάτην τριακοντάδα ἀνεπλήρωσε, καὶ ἐντεῦθεν ἀποδεικνύουσι τὴν ὀγδοάδα μητέρα τῶν τριάκοντα αἰώνων. Ἐπεὶ οὖν ἐκ τριάκοντα δυνάμεων ἥνωται ὁ τῶν λ' ἀριθμὸς, τρεῖς αὐτὸς γενόμενος τὰ ἐνενήκοντα ἐποίησε· τρεῖς γὰρ τριάκοντα ἐνενήκοντα. Καὶ αὐτὴ δὲ ἡ τριὰς ἐφ' ἑαυτῆς συντεθεῖσα ἐννέα ἐγέννησεν. Οὕτως δὲ ἡ ὀγδοὰς τὸν τῶν ἐνενήκοντα ἐννέα παρ' αὐτοῖς ἀπεκύησεν ἀριθμόν. Καὶ ἐπεὶ ὁ δωδέκατος αἰὼν ἀποστὰς κατέλειψε τοὺς ἄνω ἕνδεκα, κατάλληλον λέγουσι τὸν τύπον τῶν γραμμάτων τῷ σχήματι τοῦ Λόγου κεῖσθαι (ἐνδέκατον γὰρ τῶν γραμμάτων κεῖται τὸ λ', ὅ ἐστιν ἀριθμὸς τῶν λ'), καὶ κατ' εἰκόνα κεῖσθαι τῆς ἄνω οἰκονομίας, ἐπειδὴ ἀπὸ τοῦ D ἄλφα, χωρὶς τοῦ ἐπισήμου, αὐτῶν τῶν γραμμάτων ὁ ἀριθμὸς ἕως τοῦ λ' συντιθέμενος κατὰ τὴν παραύξησιν τῶν γραμμάτων σὺν αὐτῷ τῷ λ' τὸν τῶν ἐνενηκονταεννέα ποιεῖται ἀριθμόν. Ὅτι δὲ τὸ λ', ἑνδέκατον ὂν τῇ τάξει, ἐπὶ τὴν τοῦ ὁμοίου αὐτοῦ κατῆλθε ζήτησιν, ἵνα ἀναπληρώσῃ τὸν δωδέκατον ἀριθμὸν καὶ εὑρὸν αὐτὸν ἐπληρώθη, φανερὸν εἶναι ἐξ αὐτοῦ τοῦ σχήματος τοῦ στοιχείου. Τὸ γὰρ Λ ὥσπερ ἐπὶ τὴν

VARIÆ LECTIONES.

[79] τὸν ante τριάκοντα om. C, τῶν M. [80] τρὶς add. M. [81] τούς. τὸν C, M. [82] Et hæc et quæ Epiphanius interpresque Latinus habent depravata sunt. Billius et Massuetus recte monent in Irenæi verbis loco λόγου substituendam esse litteram Λ. [83] καὶ κεῖσθαι. κεῖσθαι C, κεῖσθαι δ' M. [84] κατὰ om. C, M. [85] ἐνδεκάτῳ. ἐν δεκάτῳ C, M. [86] εὑρὸν C. [87] λάβδα C. [88] καὶ ἀναρπάσαν. ἀναρπάσαν C, ἀναρπάσαντα M.

τὴν τοῦ δωδεκάτου ἀνεπλήρωσε χώραν τοῦ Μ στοιχείου, ἐκ δύο *λάμβδα* συγκειμένου. Διὸ δὴ καὶ φυγεῖν αὐτοὺς διὰ τῆς [p. 219.] γνώσεως τὴν τῶν ἐνενηκονταεννέα χώραν, τουτέστι τὸ ὑστέρημα, τύπον ἀριστερᾶς χειρὸς, μεταδιώκειν δὲ τὸ ἓν [59], ὃ προστεθὲν τοῖς ἐνενηκονταεννέα εἰς τὴν δεξιὰν αὐτοῦ χεῖρα μετέστησε.

νγ'. Κατεσκευάσθαι δὲ διὰ [60] τῆς μητρὸς λέγουσι πρῶτον μὲν τὰ τέσσαρα στοιχεῖα, ἅ φησιν, πῦρ, ὕδωρ, γῆν, ἀέρα, εἰκόνα προβεβλῆσθαι τῆς ἄνω τετράδος· τάς τε ἐνεργείας αὐτῶν [61] συναριθμοῦντες, οἷον θερμὸν, ψυχρὸν, ὑγρὸν, ξηρὸν, λέγουσιν ἀκριβῶς ἐξεικονίζειν τὴν ὀγδοάδα. Ἑξῆς δὲ [62] ι' δυνάμεις οὕτω καταριθμοῦσιν· ἑπτὰ σώματα κυκλοειδῆ, ἃ καὶ οὐρανοὺς καλοῦσιν, ἔπειτα τὸν περιεκτικὸν αὐτῶν κύκλον, ὃν καὶ ὄγδοον οὐρανὸν ὀνομάζουσι, πρὸς δὲ τούτοις ἥλιόν τε καὶ σελήνην. Καὶ ταῦτα ι' [63] ὄντα τὸν ἀριθμὸν εἰκόνας λέγουσιν εἶναι τῆς [p. 219. 220.] ἀοράτου δεκάδος, τῆς ἀπὸ Λόγου καὶ Ζωῆς· τὴν δωδεκάδα [δὲ μηνύεσθαι] [64] διὰ τοῦ ζωδιακοῦ κύκλου καλουμένου. | Ταῦτα γὰρ δώδεκα ζώδια φανερώτατα τὴν τοῦ Ἀνθρώπου καὶ τῆς Ἐκκλησίας θυγατέρα, δωδεκάδα ἀποσκιάζειν [65] λέγουσι. Καὶ ἐπεὶ ἀντεπεζεύχθη [66], φησὶ, τῇ τῶν ὅλων φορᾷ [67], ὠκυτάτῃ ὑπαρχούσῃ, ὁ ὕπερθεν οὐρανὸς, ὁ πρὸς αὐτῷ τῷ κύτει βαρύνων καὶ ἀντιταλαντεύων τὴν ἐκείνου ὠκύτητα

gnitionem numeri, qui est nonaginta novem, sedem, hoc est defectum, imaginem sinistræ manus, **338-339** aucupari autem unum, quod additum ad nonaginta novem in dextram ejus manum transtulit.

Effecta autem esse per matrem aiunt (53) primum quatuor elementa, quæ ait, scilicet ignem, aquam, terram, aerem, imaginem projecta esse illius quæ est superne tetradis, potentiasque eorum una numerantes, veluti calidum, frigidum, humidum, siccum, dicunt accurate reddere ogdoadem. Deinceps autem decem potestates in hunc modum computant: septem corpora orbicularia, quæ et cœlos vocant, deinde orbem illum, qui illos complectitur, quem et octavum appellant cœlum, super eos autem et solem et lunam. Et hæc, quæ numero **340-341** decem sunt, imagines aiunt esse invisibilis decadis, quæ est a Logo et Vita; duodecadem autem declarari per zodiacum qui vocatur orbem. Hæc enim duodecim signa animalium manifestissime Hominis et Ecclesiæ filiam duodecadem adumbrare dicunt. Et quoniam ex adverso junctum est, inquit, universorum conversioni, quæ est celerrima, quod superne est cœlum, quod in ipsa concavitate gravat et exæ-

---

τοῦ ὁμοίου αὐτῷ ζήτησιν παραγενόμενον καὶ εὑρὸν καὶ εἰς ἑαυτὸν ἁρπάσαν αὐτὸν τὴν τοῦ δωδεκάτου ἀνεπλήρωσε χώραν, τοῦ Μ στοιχείου ἐκ δύο Λ συγκειμένου. Διό καὶ φεύγειν αὐτοῦ διὰ τῆς γνώσεως τὴν τῶν ϞΘ' χώραν, τουτέστι τὸ ὑστέρημα, τύπον ἀριστερᾶς χειρὸς, μεταδιώκειν δὲ τὸ ἓν, ὃ προστεθὲν τοῖς ἐνενηκονταεννέα εἰς τὴν δεξιὰν αὐτοῦ χεῖρα μετέστησε.

ιγ'. Σὺ μὲν ταῦτα διερχόμενος, ἀγαπητὲ, εὖ οἶδα ὅτι γελάσεις πολλὰ τὴν τοιαύτην αὐτῶν οἰησίσοφον μωρίαν, κ. τ. λ.

ιδ'. Βούλομαι δέ σοι καὶ ὡς αὐτὴν τὴν κτίσιν κατ' εἰκόνα τῶν ἀοράτων ὑπὸ τοῦ δημιουργοῦ, ὡς ἀγνοοῦντος αὐτοῦ, κατεσκευάσθαι διὰ τῆς μητρὸς λέγουσι, διηγήσασθαι. Πρῶτον μὲν τὰ τέσσαρα στοιχεῖά φασι, πῦρ, ὕδωρ, γῆν, ἀέρα, εἰκόνα προβεβλῆσθαι τῆς ἄνω πρώτης τετράδος· τάς τε ἐνεργείας αὐτῶν συναριθμουμένας, οἷον θερμόν τε καὶ ψυχρὸν, ξηρόν τε καὶ ὑγρὸν, ἀκριβῶς ἐξεικονίζειν τὴν ὀγδοάδα. Ἑξῆς δέκα δυνάμεις οὕτως καταριθμοῦσιν· ἑπτὰ μὲν σωματικὰ κυκλοειδῆ, ἃ καὶ οὐρανοὺς καλοῦσιν, ἔπειτα τὸν περιεκτικὸν αὐτῶν κύκλον, ὃν καὶ ὄγδοον οὐρανὸν ὀνομάζουσι, πρὸς δὲ τούτοις ἥλιόν τε καὶ σελήνην. Ταῦτα δέκα ὄντα τὸν ἀριθμὸν εἰκόνας λέγουσιν εἶναι τῆς ἀοράτου δεκάδος, τῆς ἀπὸ Λόγου καὶ Ζωῆς προελθούσης· τὴν δὲ δωδεκάδα μηνύεσθαι διὰ τοῦ ζωδιακοῦ τοῦ καλουμένου κύκλου. Τὰ γὰρ δώδεκα ζώδια φανερώτατα τὴν τοῦ Ἀνθρώπου καὶ τῆς Ἐκκλησίας θυγατέρα, δωδεκάδα σκιαγραφεῖν λέγουσι. Καὶ ἐπεὶ ἀντεπεζεύχθη, φασὶ, τὴν τῶν ὅλων φορὰν,

hoc est deminorationem, typum sinistræ manus, sectari autem unum, quod additum super XCIX in dexteram eos manum transtulit.

3. Tu quidem hæc pertransiens, dilectissime, optime scio quoniam ridebis multum tantam illorum in tumore sapientem stultitiam. Etc.

Cap. 17, 1. Volo autem tibi referre quemadmodum et ipsam conditionem secundum imaginem invisibilium a demiurgo, quasi ignorante eo, fabricatam per matrem dicunt. Primo quidem quatuor elementa dicunt, ignem, aquam, terram et aerem, imaginem emissam esse superioris quaternationis; et operationes eorum cum eis adnumeratas, id est calidum et frigidum, humectum et aridum, diligenter imaginare ogdoadem, ex qua decem virtutes sic enumerant: septem quidem corpora circumlata, quæ etiam cœlos vocant, post deinde continentem eos circulum, quem octavum cœlum vocant, post deinde solem et lunam. Hæc cum sint decem numero, imagines dicunt esse invisibis decadis ejus, quæ a Logo et Zoe progressa sit; duodecadem autem ostendi per eum, qui zodiacus vocatur circulus. XII enim signa manifestissime hominis et Ecclesiæ filiam duodecadem quasi per quamdam umbram pinxisse dicunt. Et e contrario superjunctum, in-

VARIÆ LECTIONES.

[59] His lucem afferunt quæ Cassianus collat. 24, cap. 26, ait: *Centenarius numerus de sinistra transfertur in dexteram, et licet eamdem in supputatione digitorum figuram tenere videatur, nimium tamen quantitatis magnitudine supercrescit.* Veteres siquidem utebantur manuum digitis ut numerarent, et læva indicabant omnes numeros infra centenarium digitis varie conformatis, dextera vero numeros supra centenarium. Hinc illud Juvenalis de Nestore, Sat. x: *Atque suos jam dextera computat annos*, id est, vixit jam amplius centum annis. Et Sidonius Apollinaris lib. IX, epist. 9, *Ad Faustum*, in fine: *Quandoquidem tuos annos jam dextera numeraverit*, id est jam centesimum annum attigisti vel superasti. Massuetus. Cf. J. Wower, *De polymathia*, c. 7, 5. [60] μετέστησε. Κατεσκευάσθαι δὲ διά. μετασκευάσθαι διὰ C, M. Ante verbum κατεσκευάσθαι Hippolytus non pauca prætermisit, quæ apud Epiphanium et interpret. Lat. exstant. Hinc in C, M perperam hæc ita cohærent: χεῖρα μετασκευάσθαι διὰ τῆς μητρὸς λέγουσι. Πρῶτον, κ. τ. λ. [61] τάς τε ἐνεργείας αὐτῶν. τοῖς δὲ ενεργείοις αὐτῷ C. [62] Ἑξῆς δέ. Ἐξ ἧς C. M. [63] ι'. μι' C. [64] δὲ μηνύεσθαι om. C, δὲ M. [65] ἀποσκιάζειν. ἐπισκιάζειν C, M. [66] ἀντεπεζεύχθη. ἀνεζεύχθη C, M. [67] φορᾷ. ἀναφορᾷ C, M.

quæ illius celeritatem suamet tarditate, ut intra triginta annos circuitionem a signo ad signum faciat; imaginem illud (id est cœlum) esse dicunt Termini, qui matrem eorum, quæ triginta nominum est, amplectitur; lunamque rursus, cœlum ambeuntem intra triginta dies, per dierum numerum exprimere æonum; et solem vero, intra duodecim menses circumplectentem et terminantem orbicularem suam reversionem, duodecadem monstrare; et ipsos vero dies, duodecim horarum mensuram habentes, imaginem vacuæ duodecadis esse; et ipsius vero **342-343** zodiaci orbis circuitum esse partium trecentarum sexaginta; unumquodque enim signum partes habere triginta. In hunc igitur modum et per orbem imaginem cognationis, quæ intercedat inter numerum, qui est duodecim, et eum, qui est triginta, custoditam esse dicunt. Insuper autem et terram in duodecim plagas divisam dicentes, et secundum unamquamque plagam singulam quamque potestatem ex cœlis per demissionem suscipientem, et ad similitudinem parientem liberos demittenti per emanationem potestati, imaginem esse ejus, quæ superne est duodecadis.

54. Ad hæc autem conatum demiurgum ejus, quæ superne est ogdoadis imitari infinitum et æternum

A τῇ ἑαυτοῦ βραδυτῆτι, ὡς ἐν τριάκοντα ἔτεσι τὴν περίοδον ἀπὸ σημείου ἐπὶ σημεῖον ποιεῖσθαι, εἰκόνα λέγουσιν αὐτὸν τοῦ Ὅρου, τοῦ τὴν τριακοντώνυμον μητέρα αὐτῶν περιέχοντος· τὴν σελήνην τε πάλιν τὸν οὐρανὸν ἐκπεριερχομένην[68] ἐν τριάκοντα ἡμέραις, διὰ τῶν ἡμερῶν τὸν ἀριθμὸν τῶν αἰώνων [illegible] τυποῦν[69]· καὶ τὸν ἥλιον δὲ, ἐν δώδεκα μησὶν ἐμπεριεχόμενον[70] καὶ τερματίζοντα τὴν κυκλικὴν αὐτοῦ ἀποκατάστασιν, τὴν δωδεκάδα φανεροῦν· καὶ αὐτὰς δὲ τὰς ἡμέρας, δώδεκα ὡρῶν τὸ μέτρον ἐχούσας[71], τύπον τῆς κενῆς [p. 220. 221.] δωδεκάδος εἶναι· καὶ αὐτοῦ δὲ τοῦ ζωδιακοῦ κύκλου τὴν περίμετρον εἶναι μοιρῶν τριακοσίων ἑξήκοντα· ἕκαστον γὰρ[72] ζώδιον μοίρας ἔχειν τριάκοντα. Οὕτω δὴ καὶ διὰ τοῦ κύκλου τὴν εἰκόνα τῆς συναφείας τῆς δώδεκα πρὸς τὰ τριά-
B κοντα[73] τετηρῆσθαι[74] λέγουσιν· ἔτι μὴν καὶ τὴν γῆν[75] εἰς δώδεκα κλίματα διῃρῆσθαι[76] φάσκοντες, καὶ καθ' ἓν ἕκαστον κλίμα ἀνὰ μίαν δύναμιν ἐκ τῶν οὐρανῶν κατὰ κάθετον[77] ὑποδεχομένην καὶ [illegible] ὁμοίωμα[78] τίκτουσαν τέκνα τῇ καταπεμπούσῃ κατὰ τὴν ἀπόῤῥοιαν δυνάμει[79] τύπον [εἶναι][80] τῆς ἄνω δωδεκάδος.

νδ'. Πρὸς δὲ τούτοις θελήσαντα τὸν δημιουργὸν τῆς ἄνω ὀγδοάδος τὸ ἀπέραντον καὶ αἰώνιον καὶ ἀχ-

---

quiunt, universorum oneri cum sit velocissimum quod superpositum est cœlum, qui (sic!) ad ipsam concavationem aggravat, et ex contrarietate moderatur illorum velocitatem sua tarditate, ita ut in XXX annis circuitum a signo in signum faciat, imaginem dicunt eum hori ejus, qui tricesimam nominis illorum matrem circumcontinet. Lunam quoque rursus suum cœlum circumeuntem XXX diebus per dies numerum XXX æonum significare. Et solem autem in duodecim mensibus circumeuntem et perficientem circularem suam apocatastasin, per duodecim menses duodecadem manifestare. Et ipsos autem dies duodecim horarum mensuram habentes typum non apparentis duodecadis esse; sed et horam dicunt, quod est duodecimum diei, ex triginta partibus adornatam propter imaginem triacontadis, et ipsius autem zodiaci circuli circummensurationem esse partium CCCLX; quodque enim signorum partes habere XXX. Sic quoque per circulum imaginem copulationis eorum, quæ sunt duodecim, ad XXX custoditam dicunt. Adhuc etiam et terram in XII climata divisam dicentes, et in unoquoque climate unamquamque virtutem ex cœlis secundum demissionem suscipientem et similes generantem filios ei virtuti, quæ demiserit distillationem, typum esse duodecadis et filiorum ejus manifestissimum asseverant.

2. Ad hæc autem volentem aiunt demiurgum superioris ogdoadis interminabile et æternum et infi-

ὠκυτάτην ὑπάρχουσαν, οὗπερ ὁ χρόνος (sic) ὁ περὶ
C αὐτῷ τῷ κύτει βαρύνων καὶ ἀντιταλαντεύων τὴν ἐκείνων ὠκύτητα τῇ ἑαυτοῦ βραδυτῆτι, ὥστε αὐτὸν ἐν τριάκοντα ἔτεσι τὴν περίοδον ἀπὸ σημείου ἐπὶ σημεῖον ποιεῖσθαι, εἰκόνα λέγουσι αὐτὸν τοῦ ὅρου, τοῦ τὴν τριακοντώνυμον μητέρα αὐτῶν περιέχοντος· τὴν σελήνην τε πάλιν ἑαυτῆς οὐρανὸν ἐμπεριεχομένην τριάκοντα ἡμέραις, διὰ τῶν ἡμερῶν τὸν ἀριθμὸν τῶν τριάκοντα αἰώνων ἐκτυποῦν· καὶ τὸν ἥλιον δὲ ἐν δώδεκα μησὶ περιεχόμενον καὶ τερματίζοντα τὴν κυκλικὴν αὐτοῦ ἀποκατάστασιν, διὰ τῶν δώδεκα μηνῶν τὴν δωδεκάτην φανερὰν ποιεῖν· τὰς δὲ ἡμέρας δεκαδύο ὡρῶν τὸ μέτρον ἐχούσας τύπον τῆς φαεινῆς δωδεκάδος εἶναι· ἀλλὰ μὴν καὶ τὴν ὥραν φασὶ τὸ δωδέκατον τῆς ἡμέρας ἐκ τριάκοντα μοιρῶν κεκοσμῆσθαι διὰ τὴν εἰκόνα τῆς τριακοντάδος· καὶ αὐτοῦ δὲ τοῦ ζωδιακοῦ κύκλου τὴν περίμετρον εἶναι μοιρῶν τριακοσίων ἑξήκοντα· ἕκαστον γὰρ ζώδιον μοίρας ἔχειν τριάκοντα. Οὕτως δὲ καὶ διὰ τοῦ κύκλου τὴν εἰκόνα τῆς συναφείας τῶν δώδεκα πρὸς τὰ τριάκοντα τετηρῆσθαι λέγουσιν. Ἔτι μὴν καὶ τὴν γῆν εἰς δώδεκα κλίματα διῃρῆσθαι φάσκοντες, καὶ καθ' ἕκαστον κλίμα δύναμιν ἐκ τῶν οὐρανῶν κατὰ κάθετον ὑποδεχομένην, ἐοικότα τίκτουσαν τέκνα τῇ καταπεμ-
D πούσῃ τὴν ὑπόῤῥοιαν δύναμιν (sic), τύπον εἶναι τῆς δωδεκάδος καὶ τῶν τέκνων αὐτῆς σαφέστατα διαβεβαιοῦνται. Πρὸς δὲ τούτοις θελήσαντά φασι τὸν δημιουργὸν τῆς ἄνω ὀγδοάδος τὸ ἀπέραντον καὶ αἰώνιον καὶ ἀόριστον καὶ ἄχρονον μιμήσασθαι, καὶ

VARIÆ LECTIONES.

[68] ἐκπεριερχομένην. ἐκπεριεχομένην C, M. [69] ἐκτυποῦν. ἐκτυποῦσαν C, M. [70] ἐμπεριεχόμενον ἐμπεριερχόμενον vel ἐκπεριερχόμενον? [71] ἡμέρας δώδεκα ὡρῶν τὸ μέτρον ἐχούσας. Recte observat Petavius horam apud Epiphanium duas æquinoctiales continere. Quod evidentius indicat id, quod statim subjungitur: Τὴν ὥραν, τὸ δωδέκατον τῆς ἡμέρας, ἐκ τριάκοντα μοιρῶν κεκοσμῆσθαι, *Horam, quæ diei duodecima pars est, ex triginta partibus constare.* Sol enim diebus singulis circulum describit, qui in XII partes tricenarias divisus gradibus constat CCCLX, ac proinde singulis horis æquinoctialis XV gradus, duabus horis sive XII diei parte, XXX gradus conficit. MASSUETUS. [72] γὰρ om. C. [73] τὰ τριάκοντα. τριάκοντα C, M. [74] τετηρῆσθαι. μετρῆσθαι C, μετρεῖσθαι M. [75] τὴν γῆν. τὴν αὐτὴν C [76] διῃρῆσθαι. ἀντρτῆσθαι C. [77] κατὰ κάθετον. καθ' ἕκαστον C. [78] καὶ καθ' ὁμοίωμα. καὶ ὁμοίωμα C, M. [79] δυνάμει. δύναμιν C, M. [80] εἶναι om. C, M.

στον καὶ ἄχρονον μιμήσασθαι, καὶ μὴ δυνηθέντα, τὸ μόνιμον[81] αὐτῆς καὶ τὸ ἀΐδιον ἐκτυπῶσαι διὰ τὸ καρπὸν αὐτὸν εἶναι ὑστερήματος, εἰς τοῦτο χρόνους καὶ καιροὺς ἀριθμούς τε πολυετεῖς πρὸς τὸ αἰώνιον αὐτῆς τεθεῖσθαι, οἰόμενον[82] ἐν τῷ πλήθει τῶν χρόνων μιμήσασθαι αὐτῆς τὸ ἀόρατον[83]. Ἐνταῦθα δὲ λέγουσιν, ἐκφυγούσης [p. 221—223.] αὐτὸν τῆς Ἀληθείας ἐπηκολουθηκέναι[84] τὸ ψεῦδος, καὶ διὰ τοῦτο πληρωθέντων τῶν χρόνων κατάλυσιν λαβεῖν αὐτοῦ τὸ ἔργον.

νε'. Ταῦτα μὲν οὖν οἱ ἀπὸ τῆς Οὐαλεντίνου σχολῆς περί τε τῆς κτίσεως καὶ περὶ τοῦ παντὸς λέγουσιν, ἑκάστοτε καινότερα[85] ἐπιγεννῶντες, καὶ τοῦτο καρποφορίαν νομίζουσιν, εἴ τις μεῖζον ὁμοίως[86] ἐφευρὼν τερατουργεῖν δόξει. Καὶ ἐκ τῶν Γραφῶν ἕκαστα πρὸς τοὺς προειρημένους ἀριθμοὺς ἐφευρίσκοντες σύμφωνα κατηγοροῦσι Μωσέως | καὶ τῶν προφητῶν, φάσκοντες ἀλληγορικῶς[87] αὐτοὺς τὰ μέτρα τῶν αἰώνων λέγειν, ἃ παρατιθέναι μοι οὐκ ἔδοξεν, ὄντα φλύαρα[88] καὶ ἀσύστατα, ἤδη τοῦ μακαρίου πρεσβυτέρου Εἰρηναίου δεινῶς καὶ πεπονημένως τὰ[89] δόγματα αὐτῶν διελέγξαντος, παρ' οὗ καὶ αὐτῶν ἐφευρήματα [παρειλήφαμεν][90], ἐπιδεικνύντες, αὐτοὺς Πυθαγορείου φιλοσοφίας καὶ ἀστρολόγων περιεργίας ταῦτα σφετερισαμένους[91] ἐγκαλεῖν Χριστῷ[92] ταῦτα[93] παραδεδωκέναι[94]. Ἀλλ' ἐπεὶ ἱκανῶς νομίζω καὶ τὰ τούτων φλύαρα δόγματα ἐκτεθεῖσθαι σαφῶς τε ἐπιδεδεῖχθαι, τίνων εἶεν μαθηταὶ Μάρκος τε καὶ Κολάρβασος, οἱ τῆς Οὐαλεντίνου σχολῆς διάδοχοι γενόμενοι, ἴδωμεν τί λέγει[95] καὶ Βασιλείδης. |

A et interminum et intemporale, et imparem ejus sempiterno et indelebili effingendo, quoniam fructus sit defectus, in hunc finem tempora et momenta numerosque multennes ad æternum ejus de suo posuisse, opinantem in longinquitate temporum sese imitari posse ejus æternum. Ibi vero dicunt, cum effugisset **344-345** eum Veritas, consecutum esse mendacium, et propterea expletis temporibus dissolutum esse ipsius opus.

55. Hæc igitur qui sunt a schola Valentini et de creatione et de universo dicunt, singulis vicibus magis nova adgenerantes, et hoc in fructu deputant, si quis novas rerum appellationes commentus miracula edere videbitur. Et ex Scripturis singula B quæque ad numeros, qui memorati sunt, accommodantes criminantur Mosem et prophetas, cum dicunt allegorice mensuras æonum illos dicere: quæ apponere mihi visum non est, utpote nugatoria et vana, cum jam beatus presbyter Irenæus graviter et curate placita eorum excusserit, a quo et eorum inventa [accepimus], demonstrantes eos ex Pythagorica philosophia et astrologorum curiositate hæc mutuatos imputare Christo illum hæc tradidisse. Sed quoniam arbitror etiam horum vana commenta abunde exposita esse aperteque demonstratum, quorum sint discipuli Marcus et Colarbasus, Valentinianæ scholæ successores, videamus, quid dicat et Basilides.

μὴ δυνηθέντα τὸ μόνιμον αὐτῆς ἀΐδιον ἐκτυπῶσαι διὰ τὸ καρπὸν εἶναι ὑστερήματος, εἰς χρόνους καὶ καιροὺς ἀριθμούς τε πολυετεῖς τὸ αἰώνιον αὐτῆς κατατεθεῖσθαι, οἰόμενον ἐν τῷ πλήθει τῶν χρόνων μιμήσασθαι αὐτῆς τὸ ἀπέραντον. Ἐνταῦθά τε λέγουσιν ἐκφυγούσης αὐτὸν τῆς ἀληθείας ἐπηκολουθηκέναι τὸ ψεῦδος, καὶ διὰ τοῦτο κατάλυσιν πληρωθέντων τῶν C χρόνων λαβεῖν αὐτοῦ τὸ ἔργον.

ιε'. Καὶ περὶ μὲν τῆς κτίσεως τοιαῦτα λέγοντες, καθ' ἑκάστην ἡμέραν ἐπιγεννᾷ ἕκαστος αὐτῶν καθὼς δύναται καινότερον· τέλειος γὰρ οὐδεὶς ὁ μὴ μεγάλα ψεύσματα παρ' αὐτοῖς καρποφορήσας, κ. τ. λ.

nitum et intemporale imitari, et cum non potuisset perseverabile ejus et perpetuum deformare, ideo quod fructus sit labis, in temporum spatia et tempora et numeros multorum annorum æternitatem ejus deposuisse, existimantem in multitudine temporum imitari ejus interminatum. Hic dicunt, cum effugisset eum Veritas, subsecutum mendacium, et propter hoc destructionem adimpletis temporibus accipere ejus opus.

Cap. 18, 1. Et de conditione quidem talia dicentes, quotidie adinvenit unusquisque eorum, quemadmodum potest, aliquid novi; perfectus enim nemo, nisi qui maxima mendacia apud eos fructificaverit. Etc.

VARIÆ LECTIONES.

[81] μόνιμον. ἄμωμον C, M. [82] οἰόμενον. γενόμενον μὲν οὖν C, M. [83] ἀόρατον. An ἀπέραντον? [84] ἐπικολουθηκέναι C. [85] καινότερα. κενώτερα C, M. [86] μεῖζον ὁμοίως. μείζονας αἰῶνας Bunsenius (*Analecta Ante-Nicæna*, vol. I, 360: an μετωνυμίας vel ἀλαζονείας? [87] ἀληγορικῶς C. [88] ἔδοξε τὰ φλύαρα C. [89] πεπονημένως ὡς τὰ C. [90] παρειλήφαμεν om. C, M, μετειλήφαμεν Bunsenius. [91] σφετερησαμένους C. [92] Χριστῷ. Χριστῷ ὡς C, M. [93] ταῦτα. ταυτὰ Bunsenius. [94] παραδεδωκέναι. παραδεδωκότι servato ὡς Bunsenius et R. Scottus. [95] λέγειν C.

ΤΟΥ ΚΑΤΑ ΠΑΣΩΝ ΑΙΡΕΣΕΩΝ ΕΛΕΓΧΟΥ

ΒΙΒΛΙΟΝ Ζ΄.

REFUTATIONIS OMNIUM HÆRESIUM

LIBER SEPTIMUS.

Hæc insunt in septimo libro refutationis omnium A hæresium :

346 347 2. Quænam doctrina Basilidæ, quem Aristotelis placitis percussum ex illis hæresin constituisse.

3. Et quæ Saturnilus doceat Basilidæ pene æqualis.

4. Quomodo autem Menander aggressus sit docere ab angelis mundum factum esse.

5. Quæ Marcionis vesania, cujus doctrinam non esse novam, neque ex sacris Scripturis, sed ab Empedocle sumptam.

6. Quomodo Carpocrates ineptiat, qui et ipse dicit ab angelis mundum factum esse.

7. Cerinthum nihil ex Scripturis, sed ex Ægyptiorum placitis doctrinam conflavisse.

8. Quænam sint Ebionæorum placita, qui Judæorum potius ritibus sese applicent.

9. Quomodo et Theodotus aberraverit, qui alia ab Ebionæis corrasit, alia a Cerintho.

10. Et quænam Cerdoni visa sint, qui et ipse Empedoclea recoxit et male viam munivit Marcioni.

11. Et quomodo Lucianus, qui ex Marcionis disciplina prodiit, pudore deposito pariter Deum proscindere ausus sit.

12. Cujus et Apelles disciplina usus non eadem quæ magister docuit, sed ex physicis profectus placitis naturam universi pro fundamento posuit.

13. Mari jactato per impetum ventorum consimilia cernentes hæreticorum placita debebant auditores prænavigare circumspicientes portum tranquillum. Tale enim mare est belluosum et innavigabile, tanquam, ut hoc utamur, Siculum, in quo perhibetur Cyclops et Charybdis et Scylla et scopulus Sirenum, quod pervagatum esse Ulixem

α΄. Τάδε ἔνεστιν ἐν τῇ ἑβδόμῃ τοῦ κατὰ πασῶν αἱρέσεων ἐλέγχου [96].

[p. 223. 224] β΄. Τίς ἡ δόξα Βασιλείδου, καὶ ὅτι ταῖς Ἀριστοτέλους δόγμασι καταπλαγεὶς ἐξ αὐτῶν τὴν αἵρεσιν συνέστησε.

γ΄. Καὶ τίνα Σατορνεῖλος [97] λέγει ὁ Βασιλείδῃ [σχεδὸν] συνακμάσας [98].

δ΄. Πῶς δὲ Μένανδρος [99] ἐπεβάλετο [1] εἰπεῖν ὑπὸ ἀγγέλων τὸν κόσμον γεγονέναι.

ε΄. Τίς ἡ Μαρκίωνος ἀπόνοια, καὶ ὅτι τὸ δόγμα αὐτοῦ [2] οὐ καινὸν, οὐδὲ ἐξ ἁγίων Γραφῶν, ἀλλὰ Ἐμπεδοκλέους τυγχάνει.

ς΄. Πῶς Καρποκράτης ματαιάζει, καὶ αὐτὸς ὑπὸ ἀγγέλων τὰ ὄντα φάσκων γεγενῆσθαι.

ζ΄. Ὅτι Κήρινθος μηδὲν ἐκ Γραφῶν [3], ἀλλ' ἐκ τῶν B Αἰγυπτίοις δοξάντων δόξαν συνεστήσατο [4].

η΄. Τίνα τὰ τοῖς Ἐβιωναίοις [5] δοκοῦντα, καὶ ὅτι ἤθεσιν Ἰουδαϊκοῖς [6] μᾶλλον προσέχουσι.

θ΄. Πῶς καὶ ὁ Θεόδοτος πεπλάνηται, ἃ μὲν τῶν Ἐβιωναίων [7] ἐρανισάμενος [ἃ δὲ τοῦ Κηρίνθου] [8].

ι΄. Καὶ τίνα Κέρδωνι [9] ἔδοξε, καὶ αὐτῷ τὰ Ἐμπεδοκλέους εἰπόντι καὶ κακῶς προβιβάσαντι τὸν Μαρκίωνα.

ια΄. Καὶ πῶς Λουκιανὸς, μαθητὴς γενόμενος Μαρκίωνος, ἀπηρυθρίασεν ὁμοίως τὸν Θεὸν βλασφημῆσαι [10].

ιβ΄. Οὗ καὶ [11] Ἀπελλῆς γενόμενος μαθητὴς οὐ τὰ αὐτὰ τῷ διδασκάλῳ ἐδογμάτισεν, ἀλλὰ ἐκ φυσικῶν δογμάτων κινηθεὶς τὴν οὐσίαν τοῦ παντὸς ὑπέθετο.

ιγ΄. Πελάγει κλυδωνιζομένῳ ὑπὸ βίας ἀνέμων C ἐοικότα ὁρῶντας [12] τὰ τῶν αἱρετικῶν δόγματα ἐχρῆν τοὺς ἀκροατὰς παραπλεῖν ἐπιζητοῦντας τὸν εὔδιον λιμένα. Τὸ γὰρ τοιοῦτον πέλαγός ἐστι καὶ θηριῶδες καὶ δύσβατον, ὡς εἰπεῖν τὸ Σικελιωτικὸν, ἐν ᾧ μυθεύεται Κύκλωψ καὶ Χάρυβδις καὶ Σκύλλα [13]..... καὶ τὸ Σειρήνων ὄρος, ὃ διαπλεῦσαι φάσκουσι τὸν Ὀδυσ-

VARIÆ LECTIONES.

[96] ἐλλέγχου C. [97] Σατρονεῖλος C. [98] Βασιλείδῃ σχεδὸν συνακμάσας. Βασιλείδης λέων ἀκμάσας C, Βασιλείδῃ συνακμάσας susp. M. [99] Μένανδρος. ἀνδρὸς C. [1] ἐπεβάλετο. ἐπέβαλε τὸ C, M, qui pro τὸ susp. τῷ. [2] αὐτοῦ. αὐτὸ C. [3] ἐκ Γραφῶν. ἐγγράφων C. [4] συνεστήσαντο C. [5] Ἐβιωναίοις. σεωναίος, βι suprascr., C. [6] Ἰουδαϊκοῖς C. [7] Ἐβιωναίων, ευι suprascr., C. [8] Uncinis inclusa om. C. Cfr. infra cap. 35, p. 257 ed. Oxon. [9] Κέρδωνι. Σαχέρδωνι C, M. [10] ἀπηρυθρίασεν ὁμοίως τ. θ. βλασφημῆσαι. ἀπηρυθρίασε μόνος τ. θ. ἐβλασφήμησεν C, καὶ μόνος vel βλασφημῆσαι susp. M. [11] Οὗ καί. Ὅτι καὶ C. [12] ὁρῶντες C. [13] Σκύλλα C, Et: ἔα inserendum arbitratur M, σκόπελος Roeperus.

σία Ἑλλήνων οἱ ποιηταὶ πανούργως χρησάμενον τῇ A τῶν παραξένων θηρίων [15] δεινότητι· διάφορος γὰρ ἡ τούτων ὠμότης πρὸς τοὺς διαπλέοντας ἦν. Αἱ δὲ Σειρῆνες λιγὺ ᾄδουσαι καὶ μουσικὸν [p. 224—226.] ἠπάτων τοὺς παραπλέοντας, πείθουσαι ἡδείᾳ [16] φωνῇ προσάγειν τοὺς ἀκροωμένους. Τοῦτο μαθόντα φασὶ τὸν Ὀδυσσέα καταχηρῶσαι τὰς ἀκοὰς τῶν ἑταίρων, ἑαυτὸν δὲ τῷ ξύλῳ προσδήσαντα παραπλεῦσαι ἀκινδύνως τὰς Σειρῆνας κατακούσαντα τῆς τούτων ᾠδῆς. Ὃ ποιῆσαι τοῖς ἐντυγχάνουσιν συμβουλὴ [ἐμὴ] [16], καὶ ἢ τὰ ὦτα καταχηρώσαντας δι' ἀσθένειαν διαπλεῦσαι τὰ τῶν αἱρέ | σεων δόγματα μηδὲ [17] κατακούσαντας πείθειν εὐκόλως δυνάμενα πρὸς ἡδονήν, ὡς λιγυρὸν ᾆσμα Σειρήνων, ἢ ἑαυτὸν τῷ ξύλῳ Χριστοῦ προσδήσαντα πιστῶς κατακούσαντα μὴ ταραχθῆναι, πεποιθότα ᾧ προσέσφιγκται [18], καὶ ἑστη- B κέναι [19] ὀρθῶς.

ιδ'. Ἐπειδὴ οὖν ἐν ταῖς πρὸ ταύτης [20] βίβλοις ἐξ ἐκτεθείμεθα τὰ πρότερα, δοκεῖ νῦν τὰ Βασιλείδου μὴ σιωπῆν, ὄντα [21] Ἀριστοτέλους τοῦ Σταγειρίτου δόγματα, οὐ Χριστοῦ. Ἀλλ' εἰ καὶ πρότερον ἔκκειται τὰ Ἀριστοτέλει δοκοῦντα, οὐδὲ νῦν ὀκνήσομεν προϋποθέσθαι ἐν συντόμῳ, πρὸς τὸ τοὺς ἐντυγχάνοντας διὰ τῆς τούτων ἔγγιον [22] ἀντιπαραθέσεως συνιδεῖν εὐκόλως τὰ ὑπὸ Βασιλείδου ὄντα Ἀριστοτελικὰ σοφιστεύματα.

ιε'. Ἀριστοτέλης μὲν οὖν τὴν οὐσίαν διαιρεῖ τριχῶς. Ἔστι γὰρ αὐτῆς τὸ μέν τι *γένος* τὸ δέ τι *εἶδος*, ὡς ἐκεῖνος λέγει, τὸ δέ τι *ἄτομον*· ἄτομον δὲ οὐ διὰ σμικρότητα σώματος, ἀλλὰ φύσει τομὴν [23] ἀναδέξασθαι μηδ' ἥντινα οὖν δυνάμενον. Τὸ δὲ γένος C ἐστὶν οἱονεὶ [24] σωρός τις ἐκ πολλῶν καὶ διαφόρων καταμεμιγμένος σπερμάτων, ἀφ' οὗ γένους οἱονεί [25] τινος σωροῦ πάντα τὰ τῶν γεγονότων εἴδη διάκειν-ται [26]. Καὶ ἔστι τὸ γένος [αἴτι]ον [27] πᾶσι τοῖς γεγενημένοις ἀρκοῦν. Ἵνα δὲ σαφὲς ἔσται τὸ λεγόμενον, δείξω διά του [28] παραδείγματος, δι' οὗ ἐπὶ τὴν ὅλην τοῦ Περιπάτου θεωρίαν ἀναδραμεῖν ἔσται.

ις'. Λέγομεν εἶναι ζῶον ἁπλῶς, οὐχί τι ζῶον. Ἔστι δὲ τοῦτο τὸ ζῶον οὐ βοῦς, οὐχ ἵππος, οὐχ ἄνθρωπος, οὐ θεός, οὐχ ἄλλο τι τῶν ὁτιδήποτε [29] ἔστι δηλοῦν, ἀλλὰ ἁπλῶς ζῶον. Ἀπὸ τούτου τοῦ ζώου αἱ πάντων τῶν κατὰ | μέρος ζώων ἰδέαι τὴν ὑπόστασιν ἔχουσι. Καὶ ἔστιν ὑπόστασις [30] τοῖς ζώοις τοῖς D [p. 226. 227.] γεγενημένοις ἐν εἴδεσι [31] τοῦτο τὸ ἀνείδεον [32] ζῶον καὶ τῶν γεγενημένων οὐδέν. Ἔστι γὰρ ἄνθρωπος ζῶον ἀπ' ἐκείνου τοῦ ζώου λαμβάνον τὴν ἀρχήν, καὶ ζῶον ἵππος ἀπ' ἐκείνου τοῦ ζώου λαμβάνον [33] τὴν ἀρχήν. Ὁ ἵππος καὶ βοῦς καὶ κύων

narrant Græcorum poetæ astute usum inhospitalium belluarum crudelitate; insignis enim earum sævitia erat adversus eos, qui mare pernavigarent. Sirenes autem suaviter canentes et canorum **348-349** pelliciebant præternavigantes, suadentes suavi cantu appellere eos qui auscultarent. Quo more comperto, aiunt Ulixem cera oblivisse aures sociorum, ipsum autem malo religatum prætervectum esse tuto Sirenas et exaudivisse illarum cantum. Id quod facere eos qui hæc attingent, cohortor, et aut auribus oblitis propter infirmitatem pernavigare hæresium placita, ne exauditis quidem iis, quæ allicere facile possint ad voluptatem, veluti suavis cantus sirenum, aut ad lignum Christi religatum fideliter auscultantem non conturbari, reposita fide in eo, ad quem astrictus est, et firmo pede consistere.

14. Quandoquidem igitur in sex libris prioribus exposuimus priora, placet nunc Basilidæ doctrinam non prætermittere, quæ sunt Aristotelis Stagiritæ placita, non Christi. Sed tametsi etiam superius explicata sunt Aristotelis placita, tamen ne nunc quidem cunctabimur ea antea paucis attingere, quo lectores ex illorum propiore juxtapositione illico percipiant Basilidæ placita esse Aristotelis argutias.

15. Igitur Aristotelis substantiam dividit trifariam. Est enim ejus aliud quoddam *genus*, aliud *species*, ut ille ait, aliud *individuum*; *individuum* autem non propter exiguitatem corporis, sed quod natura dividi nullo pacto possit. Genus autem est tanquam acervus quidam ex multis et diversis commistus seminibus, a quo genere tanquam quodam acervo universæ eorum, quæ exsistunt, species dispositæ sunt. Et est genus universis, quæ exstiterunt, causa sufficiens. Ut autem apertum fiat, quod dico, ostendam exemplo, per quod ad omnem Peripateticorum doctrinam pervenire licebit.

16. Dicimus animal simpliciter, non aliquod animal. Est autem hoc animal non bos, non equus, non homo, non deus, non denique aliud quidquam eorum quæ exstant significans, **350-351** sed simpliciter animal. Ab hoc animali singulorum quorumque animalium species principium habent. Et est principium animalibus specialiter generatis hoc specie carens animal, et generatorum nullum. Est enim homo animal, quod ab illo animali principium ducit, et animal equus ab illo animali habens principium. Equus et bos et canis et quodcunque

VARIÆ LECTIONES.

[15] παραξένων θηρίων. πράξεων θηρῶν C, παραδόξων θηρῶν susp. M, ἐμπλάστων κηρῶν Roeperus. [16] ἡδείᾳ. ἰδίᾳ C, M [16] ἐμὴ om. C. [17] μηδέ. μὴ δὲ C. [18] προσεσφίγγει C. [19] ἑστηκέναι Roeperus, ἑστηκεν C, M. [20] προταύταις C. [21] ὄντα. τὰ C, M. [22] τούτων ἔγγιον. τῶν ἔγγιον ὧν C, M, qui susp. τῶν ἐγγιζόντων. [23] τομήν. τὸ μὴν C. [24] οἱωνεὶ C. [25] οἱωνεὶ C. [26] διάκεινται. διακέκριται? Roeperus. [27] αἴτιον..... ον C, M, qui vestigia voce. θεὸς ὂν superesse dicit: πρῶτον Ferd. Christ. Baur in Annalib. theologic. Tubingensib. a. 1850. Fasc. I, p. 147. [28] διά του. διὰ τοῦ C, M. [29] ὅτι δήποτε C. [30] ἔστιν ὑπόστασις. ἔστι πᾶσις, ο suprascr., C, ἔστι πᾶσι M, qui susp. βάσις. [31] ἴδεσι C. [32] ἀνίδεον C. [33] λαμβάνον. λαμβάνων C.

reliquorum animalium ab animali simplici habet principium, quod est horum nullum. (17). Sin autem horum nullum est illud animal, ex non exsistentibus exstitit secundum Aristotelem eorum, quæ generata sunt, exsistentia; etenim animal, unde hæc sumpta sunt singula, est nullum; nullum autem cum sit, exstitit eorum, quæ sunt, unum aliquod principium. Quis autem sit ille, qui posuit hanc substantiam eorum quæ postea exstiterunt principium, cum devenerimus in eum locum, qui his destinatus est, prodemus.

18. Quoniam autem substantia trifariam divisa est, ut dicebam, in genus, speciem, individuum, et posuimus genus esse animal, hominem autem esse speciem a grege animalium jam secretam, at confusam tamen etiamnum, nec jam figuratam in speciem peculiaris substantiæ: cum nomine figuravero hominem a genere sumptum, appellans Socratem aut Diogenem aut uno aliquo ex multis quæ sunt nominibus, et nomine comprehendero hominem, qui species generis factus est, individuum appello talem substantiam. Sectum est enim genus in speciem, species autem in individuum, individuum autem ubi nomine comprehensum erit, nequit secari in aliud quiddam, sicut secabamus eorum, quæ antea dicta sunt, unumquodque. Hanc Aristoteles primitus et potissimum et maxime proprie substantiam appellat, quæ neque *de subjecto* aliquo dicitur, neque *in subjecto* est. *De subjecto* autem dicit veluti genus, quod dicebam animal, quod de omnibus singulatim subjectis animalibus, veluti bove, equo et quæ sunt reliqua, communi nomine dicitur. Verum est enim dicere hominem animal esse **352-353** et equum animal et animal esse bovem et reliquorum quodque. Hoc est quod dicitur *de subjecto*, id quod potest, cum unum sit, de multis et diversis ad speciem pariter dici. Nihil enim differt equus ab homine, qua animal est, neque bos; definitio enim animalis est, quod in omnia animalia quadrare pariter dicitur. Quid enim est animal? Cum definiemus, omnia animalia comprehendet communis definitio. Animal enim est substantia animata, sensibilis, veluti bos, homo, equus, reliquorum quodque. *In subjecto* autem, inquit, est, quod in aliquo non tanquam pars exsistens, non potest seorsum esse ab eo, in quo est, veluti est, substantiæ accidentium quodque, quod vocatur *qualitas*, secundum quod *quales* quidam

A καὶ τῶν ἄλλων ζώων ἕκαστον ἀπὸ τοῦ ζώου τοῦ ἁπλοῦ λαμβάνει τὴν ἀρχήν, ὅ ἐστι τούτων οὐδὲ ἕν. (ιζ'.) Εἰ δὲ οὐκ ἔστι τούτων οὐδὲ ἓν ἐκεῖνο τὸ ζῶον, ἐξ οὐκ ὄντων γέγονεν ἡ τῶν γεγενημένων κατὰ Ἀριστοτέλην ὑπόστασις· καὶ γὰρ [34] τὸ ζῶον, ὅθεν ταῦτα ἐλήφθη κατὰ μέρος, ἐστὶν οὐδὲ ἕν· οὐδὲ ἓν δὲ ὂν γέγονε τῶν ὄντων μία τις ἀρχή. Τίς δὲ ὁ ταύτην καταβεβλημένος τὴν οὐσίαν τῶν γεγονότων ὕστερον ἀρχήν, ἐπὶ τὸν οἰκεῖον ἐρχόμενοι τοιούτων [36] λόγον ἐροῦμεν.

ιη'. Ἐπειδὴ δέ [37] ἐστιν ἡ οὐσία τριχῇ [διῃρημένη] [38], ὡς ἔφην, γένος, εἶδος, ἄτομον, καὶ ἐθέμεθα τὸ γένος εἶναι ζῶον, τὸν δὲ ἄνθρωπον εἶδος τῶν πολλῶν ζώων ἤδη κεχωρισμένον, συγκεχυμένον [39] B δὲ ὅμως ἔτι καὶ μήπω μεμορφωμένον εἰς εἶδος οὐσίας ὑποστατικῆς [40], ὀνόματι μορφώσας τὸν ἐκ τοῦ γένους ληφθέντα ἄνθρωπον ὀνομάζων Σωκράτη ἢ Διογένην, ἤ τι τῶν πολλῶν ὀνομάτων ἕν, καὶ [41] ἐπειδὰν ὀνόματι καταλάβω τὸν ἄνθρωπον εἶδος γένους γεγενημένον, ἄτομον καλῶ τὴν τοιαύτην οὐσίαν. Ἐτμήθη γὰρ τὸ μὲν γένος εἰς εἶδος, τὸ δὲ εἶδος εἰς ἄτομον, τὸ δὲ ἄτομον ἐπειδὰν γένηται ὀνόματι κατειλημμένον, οὐχ οἷόν τε [42] τμηθῆναι κατὰ φύσιν εἰς ἄλλο τι, ὡς ἐτέμομεν τῶν προλελεγμένων ἕκαστον. Ταύτην Ἀριστοτέλης [43] πρώτως [44] καὶ μάλιστα καὶ κυριώτατα [45] [οὐσίαν καλεῖ] [46], μήτε *καθ'* | *ὑποκειμένου* τινὸς λεγομένην, μήτε *ἐν ὑποκειμένῳ* οὖσαν. *Καθ' ὑποκειμένου* δὲ [47] λέγει, οἱονεὶ [48] τὸ γένος, ὅπερ ἔφην [49] ζῶον κατὰ πάντων C τῶν κατὰ μέρος ὑποκειμένων ζώων, οἷον βοός, ἵππου καὶ τῶν ἐφεξῆς, κοινῷ [50] ὀνόματι λεγόμενον [51]. Ἀληθὲς γάρ ἐστιν εἰπεῖν, [p. 227. 228.] ὅτι ζῶον ἄνθρωπός ἐστι, καὶ ζῶον ἵππος, καὶ ζῶόν ἐστι βοῦς, καὶ τῶν ἄλλων ἕκαστον· τουτέστι τὸ *καθ' ὑποκειμένου* [52], τὸ ἓν ὂν κατὰ πολλῶν καὶ διαφόρων τοῖς εἴδεσι [53] δυνάμενον ὁμοίως λέγεσθαι. Οὐδὲν [54] γὰρ διαφέρει ἵππος ἀνθρώπου ᾗ ζῶον, οὐδὲ [55] βοῦς· ὅρος γὰρ ὁ τοῦ ζώου τὸ πᾶσιν [56] ἁρμόζειν τοῖς ζώοις ὁμοίως λεγόμενον [57]. Τί γάρ ἐστι ζῶον; Ἂν ὁριζώμεθα, πάντα ζῶα κοινὸς καταλήψεται ὅρος. Ζῶον γάρ ἐστιν οὐσία ἔμψυχος, αἰσθητική· τοῦτο [58] βοῦς, ἄνθρωπος, ἵππος, τῶν ἄλλων ἕκαστον. *Ἐν ὑποκειμένῳ* δέ, φησίν, ἐστίν, ὃ ἔν τινι μὴ ὡς μέρος ὑπάρχον [59], ἀδύνατον χωρὶς εἶναι τοῦ ἐν ᾧ ἐστι [60], D [ὃ] ἐστι τῶν συμβεβηκότων ἕκαστον τῇ οὐσίᾳ, ὃ καλεῖται *ποιότης*, καθὸ *ποιοί* τινες λεγόμεθα, οἷον λευκοί, γλαυκοί, μέλανες, δίκαιοι, ἄδικοι, σώφρονες καὶ τὰ

VARIÆ LECTIONES.

[34] ὑπόστασις· καὶ γάρ. ὑπόστασις γὰρ C, M, qui post voc. ὑπόστασις aliquid excidisse putat. [35] οὐδὲ ἕν· οὐδὲ ἓν δὲ ὄν. οὐδὲ ἕν, οὐδὲ ἕν. Οὐδὲ ἐνδέον C, M. [36] τοιούτων. τοιοῦτον C, M. [37] Ἐπειδὴ δέ. Ἐπειδὴ C, M. [38] διῃρημένη om. C, M. Cf. infra p. 352, 15. [39] συγκεχυμένον. ἔτι συγκεχυμένον C. [40] ὑποστατικῆς C, M. [41] καὶ delendum censet Roeperus. [42] οἷόν τε. οἷον C. [43] Ante oculos habuisse videtur Hippolytus hæc Aristotelis *Cat.* 5: Οὐσία δέ ἐστιν ἡ κυριώτατά τε καὶ πρώτως καὶ μάλιστα λεγομένη, ἣ μήτε καθ' ὑποκειμένου τινὸς λέγεται, μήτ' ἐν ὑποκειμένῳ τινί ἐστιν, οἷον ὁ τὶς ἄνθρωπος ἢ ὁ τὶς ἵππος, eodemque redit infra p. 352, 15, 16. [44] πρώτως. πρώτην C, M. [45] κυριώτατα. κυριωτάτην C, M. [46] Lacunam in C explevit M. [47] δὲ om. C, M. [48] οἱονεί. οἷον εἰ C, M. [49] ἔφην Roeperus: ἔφη C, M. [50] κοινῶν C. [51] λεγόμενον. λεγομένων C, M. [52] τοῦ καθυποκειμένου C. [53] ἴδεσι C. [54] Οὐδέν. Οὐδὲ C, M. [55] οὐδέ. ὁ δὲ C. [56] τὸ πᾶσιν. πᾶσιν C. [57] ζώου πᾶσιν ἁρμόζει τ. ζ. ὁ. λεγόμενος s. λεγομένοις susp. Roeperus. [58] τοῦτο. οἷον susp. M. [59] ὑπάρχων C. [60] ᾧ ἐστιν. ὅ ἐστι Roeperus, ᾧ ἐστι C, M.

τούτων παραπλήσια. Τούτων δὲ ἓν αὐτὸ καθ' αὑτὸ ἀδύνατόν [61] ἐστι γενέσθαι, ἀλλὰ δεῖ ἔν τινι εἶναι. Εἰ δὲ οὔτε τὸ ζῶον, ὃ κατὰ πάντων λέγω τῶν καθ' ἕκαστα ζώων, οὔτε τὰ [62] συμβεβηκότα, ἃ ἐν πᾶσιν οἷς συμβέβηκεν εὑρίσκεται, δυνατὸν αὐτὰ καθ' αὑτὰ γενέσθαι, ἐκ τούτων δὲ συμπληροῦται τὰ ἄτομα, ἐκ τῶν [63] οὐκ ὄντων καθέστηκεν [64] ἡ τριχῇ [65] διῃρημένη οὐσία οὐκ ἐξ ἄλλων συνεστῶσα. Πρώτως [66] ἄρα καὶ κυριώτατα [67] καὶ μάλιστα λεγομένη οὐσία εἰ ἐκ [68] τούτων ὑπάρχει, ἐξ οὐκ ὄντων κατὰ τὸν Ἀριστοτέλην ἐστίν.

ιθ'. Ἀλλὰ περὶ μὲν τῆς οὐσίας ἀρκέσει τὰ λεγόμενα νῦν. Οὐ μόνον δὲ ἡ οὐσία καλεῖται γένος [69], εἶδος, ἄτομον, ἀλλὰ καὶ ὕλη καὶ εἶδος καὶ στέρησις. Διαφέρει [70] δὲ οὐδὲν [71] ἐν τούτοις μενούσης τῆς τομῆς. Τοιαύτης δὲ οὔσης τῆς οὐσίας, ἔστιν ἡ τοῦ κόσμου διαταγὴ γεγενημένη κατ' αὐτὸν τοιοῦτόν τινα τρόπον. Ὁ κόσμος ἐστὶ κατὰ Ἀριστοτέλην διῃρημένος εἰς μέρη πλείονα καὶ [διάφορα· καὶ] [72] ἔστι τοῦ κόσμου μέρος τοῦθ', ὅπερ ἐστὶν ἀπὸ τῆς γῆς μέχρι τῆς σελήνης, ἀπρονόητον, ἀκυβέρνητον, ἀρκούμενον μόνῃ τῇ φύσει τῇ ἑαυτοῦ, τὸ δὲ μετὰ τὴν σελήνην ἐν πάσῃ τάξει καὶ προνοίᾳ καὶ κυβερνήσει τεταγμένον [73], μέχρι τῆς ἐπιφανείας τοῦ οὐρανοῦ· ἡ δὲ ἐπιφάνεια, πέμπτη τις [p. 228, 229.] οὖσα οὐσία, φυσικῶν ἀπηλλαγμένη στοιχείων πάντων, ἀφ' ὧν ὁ κόσμος τὴν σύστασιν ἔχει, καὶ ἔστιν αὕτη τις ἡ πέμπτη κατὰ τὸν Ἀριστοτέλην οὐσία, οἱονεὶ οὐσία τις ὑπερκόσμιος. Καὶ γέγονεν αὐτῷ κατὰ τὴν διαίρεσιν τοῦ κόσμου καὶ ὁ τῆς φιλοσοφίας διῃρημένος λόγος. *Φυσικὴ* γάρ τις *ἀκρόασις* αὐτῷ γέγονεν, ἐν ᾗ πεπόνηται [74] περὶ τῶν φύσει καὶ οὐ προνοίᾳ διοικουμένων ἀπὸ τῆς γῆς μέχρι τῆς σελήνης πραγμάτων. Γέγονε δὲ αὐτῷ καὶ μετὰ τὰ φυσικὰ περὶ τῶν μετὰ σελήνην ἰδία τις ἄλλη οὕτως ἐπιγραφομένη πραγματεία λόγων· γέγονε δὲ αὐτῷ *Περὶ πέμπτης οὐσίας* ἴδιος λόγος, ὅς ἐστιν αὐτῷ θεολογούμενος. Τοιαύτη τις καὶ ἡ διαίρεσις τῶν ὅλων, ὡς τύπῳ περιλαβεῖν, [καὶ τῆς] [75] κατὰ Ἀριστοτέλην φιλοσοφίας [76]. Ὁ δὲ *Περὶ ψυχῆς* αὐτῷ λόγος ἐστὶν ἀσαφής. Ἐν τρισὶ γὰρ συγγράμμασιν ὅλοις οὐκ ἔστιν εἰπεῖν σαφῶς, ὅ τι φρονεῖ περὶ ψυχῆς | Ἀριστοτέλης. Ὃν [77] γὰρ ἀποδίδωσι τῆς ψυχῆς ὅρον ἐστὶν εἰπεῖν ῥᾴδιον, τὸ δὲ ὑπὸ ὅρου δεδηλωμένον ἐστὶ δυσεύρετον. Ἔστι γὰρ [78], φησί, ψυχὴ φυσικοῦ σώματος ὀργανικοῦ ἐντελέχεια, ἥτις [79] ποτέ ἐστι, λόγων [πάνυ πολλῶν] [80] δεῖται καὶ μεγάλης ζητήσεως. Ὁ δὲ Θεός, ὁ πάντων τούτων τῶν ὄντων καλῶν αἴτιος, οὗτος τῆς ψυχῆς

A dicimur, ut albi, cæsii, nigri, justi, injusti, modesti et quæ sunt horum similia. Horum autem unum aliquod per se exstare nequit, sed oportet in aliquo esse. Si autem neque animal, quod de omnibus dico quæ singula exsistunt animalibus, neque accidentia, quæ in omnibus, quibus accidunt, reperiuntur, possunt ipsa per se exsistere, ex his autem confiunt individua: ex non exsistentibus constat trifariam divisa substantia, quæ non ex aliis conflata est. Ergo si primitus et maxime proprie et potissimum appellata substantia ex his exstat, ex non exsistentibus, si Aristotelem audimus, est.

19. Sed de substantia quidem satis erunt, quæ nunc diximus. Substantia autem non solum genus, B species, individuum appellatur, sed etiam materia et species et privatio. Differt autem nihil, cum maneat in his divisio. Talis autem cum sit substantia, mundi descriptio facta est secundum eum in hunc fere modum. Mundus secundum Aristotelem divisus est in partes complures et diversas, estque mundi pars, quæ est a terra usque ad lunam, carens providentia, gubernatione, contenta sola natura sua; illa autem, quæ est post lunam, in omni ordine et providentia et gubernatione constituta usque ad superficiem cœli; superficies autem, quæ est quinta **354-355** quædam substantia, a naturalibus elementis soluta est omnibus, unde mundus fabricam habet, estque hæc substantia C quædam secundum Aristotelem quinta, tanquam substantia quædam supermundana. Atque est ei secundum divisionem mundi et philosophiæ sermo divisus. *Physica* enim quædam *auscultatio* ab illo elaborata est, in qua accurate egit de rebus, quæ natura et non providentia administrentur a terra usque ad lunam. Conscriptum autem est ab eo etiam post physica aliud quoddam peculiare opus de iis, quæ sunt post lunam, quod exinde *Metaphysicorum* nomen accepit. Conscriptus autem est ab eo *de quinta substantia* peculiaris liber, qui est ei liber de Deo rebusque divinis. Talis quædam est descriptio universorum, ut universe complectamur, et philosophiæ Aristotelicæ. Disputatio autem ejus *de anima* obscura est. In tribus enim integris D libris, non licet aperte dicere, quid tandem de anima sentiat Aristoteles. Nam quam reddat definitionem animæ, facile est dicere, quid autem definitione illa significatum sit, arduum est requirere. Est enim, inquit, anima naturalis corporis organici entelechia, quæ quid tandem sibi velit, disputa-

VARIÆ LECTIONES.

[61] αὐτὸ τῷ δυνατόν C. [62] οὔτε τά. οὔτε C. M. [63] ἐκ τῶν. τῶν C, M. [64] καθέστηκεν. καὶ ἔστιν C, M. qui καὶ delendum esse censet. [65] τριχῆ C. [66] Πρώτως. Πρώτη C, M. [67] κυριώτατα. κυριωτάτη C, M. [68] εἰ ἐκ Roeperus, ἐκ C, M. [69] γένος. τὸ γένος C. [70] Διαφέρει. Οὐ διαφέρει Roeperus. [71] οὐδέν. οὐδὲ C, M. [72] Lacunam in C explevit M. [73] τεταγμένον. τεταγμένη C. [74] πεπόνηται. πεποίηται C, M. [75] καὶ τῆς Roeperus, om. C, M. [76] φιλοσοφίας Roeperus, φιλοσοφῆσαι C, M, qui conj. φιλοσοφήσαντα. [77] Ὃν· Ἣν pr. C. [78] Vide Aristot. *De anima* II, c. 1. M. [79] ἥ τις. ἥτις C. [80] λόγων πάνυ πολλῶν. λέγων C, λόγων M, redintegravit locum Roeperus, cum πάνυ πολλῶν ex l. 48 huc retrahenda esse perspexit. Nos ἐλέγχων conjeceramus.

tione eget uberrima et magna quæstione. Deus autem, omnium horum quæ sunt bona auctor, hic ipsa anima difficilior est ad cognoscendum vel otiosius contemplanti. Definitio autem, quam Aristoteles reddit de Deo, cognitu quidem non est difficilis, sed quæ penitus perspici nequeat. *Cogitatio enim*, inquit, *est cogitationis*, quod est omnino non exsistens. Mundus autem perennis, æternus est secundum Aristotelem; nihil enim habet in se vitiosi, quippe qui providentia et natura gubernetur. Instituit autem Aristoteles non solum de natura et mundo et providentia et Deo disputationes, verum compositum est ab eo etiam opus quoddam ethicorum, inscribit autem hos *Ethicorum libros*, per quos rectos ex pravis reddit auscultantium mores. Cum igitur Basilides deprehendetur non sola vi, sed etiam ipsis verbis et nominibus Aristotelis placita in evangelicam et salutarem nostram doctrinam transferens, quid relinquetur, nisi **356-357** ut redditis, quæ aliunde sumpsit, declaremus hujus viri discipulis, eos, ut qui ethnici sint, a Christo nihil adjutum iri?

20. Basilides igitur et Isidorus, Basilidæ filius genuinus et discipulus, aiunt dixisse sibi Matthiam sermones absconditos, quos audiverit a Salvatore peculiariter edoctus. Videamus igitur quam aperte Basilides simul et Isidorus omnisque eorum cohors non simpliciter unum Matthiam calumnietur, verum etiam Salvatorem ipsum. Erat, inquit, cum erat nihil, sed ne nihil quidem illud erat aliquid ex iis quæ sunt, sed plane et candide, remoto omni sophismate, erat prorsus nihil. Cum autem dico, inquit, *erat*, non dico quod erat, sed ut declarem quid mihi velim, aio, inquit, fuisse prorsus nihil. Est enim illud, inquit, non prorsus ineffabile, quod ineffabile nominatur; quippe ineffabile hoc vocamus, illud autem ne ineffabile quidem; etenim id, quod ne ineffabile quidem est, non ineffabile nominatur, sed est, inquit, supra omne nomen, quod nominatur Etenim ne mundo quidem sufficiunt nomina, ita est multifariam divisus, sed deficiunt; nec fieri potest, inquit, ut omnium nomina reperiantur propria, sed oportet mente ex iisdem nominibus eorum, quæ nominantur, proprietates ineffabiliter intelligere. Æquabilitas enim nominum perturbationem incussit et commutationem rerum

ἔστι [81] καὶ μακροτέρῳ λόγῳ θεωροῦντι γνωσθῆναι χαλεπώτερος. Ὁ δὲ ὅρος, ὃν Ἀριστοτέλης ἀποδίδωσι περὶ τοῦ Θεοῦ, χαλεπὸς μὲν οὐκ ἔστι γνωσθῆναι, νοηθῆναι δέ ἐστιν ἀμήχανος. *Νόησις γάρ*, φησίν, *ἐστι νοήσεως*, ὅπερ ἐστὶ παντάπασιν οὐκ ὄν. Ὁ δὲ κόσμος ἄφθαρτος, ἀΐδιος κατὰ Ἀριστοτέλην ἐστίν· οὐδὲν γὰρ ἔχει πλημμελὲς ἐν αὐτῷ, προνοίᾳ καὶ φύσει κυβερνώμενος. Καταβέβληται δὲ Ἀριστοτέλει οὐ μόνον περὶ φύσεως καὶ κόσμου καὶ προνοίας καὶ Θεοῦ λόγους, ἀλλὰ γὰρ γέγονεν αὐτῷ καὶ πραγματεία λόγων τις ἠθικῶν, ἐπιγράφει δὲ ταῦτα *Ἠθικὰ βιβλία*, δι' ὧν σπουδαῖον ἐκ φαύλου τὸ τῶν ἀκροωμένων ἦθος ἐργάζεται. Ἐὰν [οὖν] [82] ὁ Βασιλείδης εὑρεθῇ μὴ τῇ δυνάμει μόνῃ, ἀλλὰ καὶ τοῖς λέξεσιν αὐτοῖς καὶ τοῖς ὀνόμασι τὰ τοῦ Ἀριστοτέλους δόγματα εἰς τὸν εὐαγγελικὸν καὶ σωτήριον ἡμῶν λόγον μεθαρμοζόμενος, τί λείψει [83], ἢ τὰ [p. 229-231] ἀλλότρια ἀποδόντας | ἐπιδεικνύναι τοῖς [84] τούτου μαθηταῖς, ὅτι ἐθνικοὺς ὄντας αὐτοὺς Χριστὸς οὐδὲν ὠφελήσει;

κ'. [85] Βασιλείδης τοίνυν καὶ Ἰσίδωρος, ὁ Βασιλείδου παῖς γνήσιος καὶ μαθητής, φασὶν [86] εἰρηκέναι Ματθίαν [87] αὐτοῖς λόγους ἀποκρύφους, οὓς ἤκουσε παρὰ τοῦ Σωτῆρος κατ' ἰδίαν διδαχθείς. Ἴδωμεν οὖν πῶς καταφανῶς Βασιλείδης ὁμοῦ καὶ Ἰσίδωρος καὶ πᾶς ὁ τούτων χορὸς οὐχ ἁπλῶς καταψεύδεται μόνου Ματθίου, ἀλλὰ γὰρ καὶ τοῦ Σωτῆρος αὐτοῦ. Ἦν, φησίν, ὅτε [88] ἦν οὐδέν, ἀλλ' οὐδὲ τὸ οὐδὲν ἦν τι τῶν ὄντων, ἀλλὰ ψιλῶς καὶ ἀνυπονοήτως ἄρα παντὸς σοφίσματος ἦν ὅλως οὐδὲ ἕν. Ὅταν δὲ λέγω, φησί [89], τὸ ἦν, οὐχ ὅτι ἦν λέγω, ἀλλ' ἵνα σημάνω [90] τοῦτο ὅπερ βούλομαι δεῖξαι, λέγω, φησίν, ὅτι ἦν ὅλως οὐδέν. Ἔστι γάρ, φησίν, ἐκεῖνο οὐχ ἁπλῶς ἄρρητον, ὃ ὀνομάζεται [91]· ἄρρητον γοῦν αὐτὸ [92] καλοῦμεν, ἐκεῖνο δὲ οὐδὲ ἄρρητον· καὶ γὰρ τὸ οὐδ' ἄρρητον [93] οὐκ [94] ἄρρητον ὀνομάζεται, ἀλλὰ ἐστί, φησίν, ὑπεράνω παντὸς ὀνόματος ὀνομαζομένου. *Οὐδὲ* [95] γὰρ τῷ κόσμῳ, φησίν, ἐξαρκεῖ τὰ ὀνόματα, οὕτως ἐστὶ πολυσχιδής, ἀλλὰ ἐπιλέλοιπε· καὶ οὐ δέχομαι [96], φησί, κατὰ πάντων εὑρεῖν κυρίως ὀνόματα, ἀλλὰ δεῖ [97] τῇ διανοίᾳ αὐτοῖς ὀνόματα [98] τῶν ὀνομαζομένων τὰς ἰδιότητας ἀῤῥήτως ἐκλαμβάνειν [99]. Ἡ γὰρ ὁμωνυμία ταραχὴν ἐμπεποίηκε [1] καὶ πλάνην τῶν πραγμάτων τοῖς ἀκροωμένοις. Τοῦτο πρῶτον ...

VARIÆ LECTIONES.

[81] ἔστι. ἔστι πάνυ πολλῶν C, M qui pro πολλῶν susp. πολλῷ. [82] Ἐὰν οὖν. Ἐὰν C. [83] λείψει. λήψει C. [84] ἐπιδεικνύναι τοῖς. ἐπιδεικνῦν αὐτοῖς C, ἐπιδεικνύναι αὐτοῖς M. [85] Quæ c. 20—27 sequuntur de doctrina Basilidis recensuit Bunsenius in *Analectis Ante-Nicænis*, vol. I, p. 57 sqq. [86] φησὶν C. [87] Ματθαῖον (sic) M. [88] φησίν, ὅτε. φησὶ τότε C. [89] λέγω, φησί. λέγῃ, φησὶ C, L. Correxit jam Jacobius, *Basilidis philosophi gnostici sententiæ. Berol.* MDCCCLII. [90] σημάνω. σημανῶ? Roeperus. [91] ἄρρητον, ὃ ὀνομάζεται Bunsenius secutus Bernaysium: ἄρρητον ὀνομάζεται C. M. [92] αὐτό. αὐτὸν τὸν ἄρχοντα conj. Gerh. Uhlhornius in libro *Das Basilidianische System mit besonderer Rucksicht auf die Angaben des Hippolytus dargestellt.*, Gottingæ 1855: Nos antea τὸ ὂν conjeceramus. [93] τὸ οὐδ' ἄρρητον· τὸ οὐκ ἄρρητον C, M. [94] οὐκ ante ἄρρητον delendum censet Uhlhornius. [95] Οὐδέ. Οὐδὲν C M, Bunsenius. [96] οὐ δέχομαι. An οὐκ ἐνδέχεται, quod etiam Roeperus conjecit? [97] δεῖ. δὴ C. M. [98] αὐτοῖς ὀνόματα. αὐτοῖς ὀνόμασι susp. M, οὐ τοῖς ὀνόμασι Bunsenius Bernaysium secutus: αὐτῇ [ἄνευ vel χωρὶς] ὀνομάτων Roeperus. Sententia desiderare videtur ἐκ τῶν αὐτῶν ὀνομάτων. [99] In ἐκλαμβάνειν extremam litteram delere voluisse videtur librarius. M. [1] ἐμπεποίηκε C.

τέρισμα καὶ κλέμμα τοῦ Περιπάτου λαβόντες ἀπατῶσι τὴν ἄνοιαν τῶν συναγελαζομένων ἅμα αὐτοῖς· πολλαῖς γὰρ γενεαῖς Ἀριστοτέλης Βασιλείδου γεγενημένος πρότερος [a] τὸν περὶ τῶν ὁμωνύμων ἐν ταῖς *Κατη* | *γορίαις* καταβέβληται λόγον, ὃν ὡς ἴδιον οὗτοι καὶ καινόν τινα καὶ τῶν [b] Ματθίου [c] λόγων κρυφίων τινὰ ἕνα διασαφοῦσιν [d].

κα'. [p. 231, 232.] Ἐπεὶ οὐν οὐδὲν ἦν [e], οὐχ ὕλη, οὐκ οὐσία, οὐκ ἀνούσιον, οὐχ ἁπλοῦν, οὐ σύνθετον [7], οὐκ ἀνόητον, οὐκ ἀναίσθητον [8], οὐκ ἄνθρωπος, οὐκ ἄγγελος, οὐ θεὸς, οὐδὲ ὅλως τι τῶν ὀνομαζομένων ἢ δι' αἰσθήσεως λαμβανομένων ἢ νοητῶν πραγμάτων, ἀλλ' οὕτω καὶ ἔτι λεπτομερεστέρως [9] πάντων ἁπλῶς περιγεγραμμένων, οὐκ ὢν Θεὸς [10] (ὃν Ἀριστοτέλης καλεῖ νόησιν νοήσεως, οὗτοι δὲ οὐκ ὄντα) ἀνοήτως, ἀναισθήτως, ἀβούλως, ἀπροαιρέτως, ἀπαθῶς, ἀνεπιθυμήτως κόσμον ἠθέλησε ποιῆσαι. Τὸ δὲ *ἠθέλησε* λέγω, φησὶ, σημασίας χάριν, ἀθελήτως καὶ ἀνοήτως καὶ ἀναισθήτως· κόσμον δὲ οὐ τὸν κατὰ πλάτος καὶ διαίρεσιν γεγενημένον ὕστερον καὶ διεστῶτα, ἀλλὰ γὰρ σπέρμα κόσμου. Τὸ δὲ σπέρμα τοῦ κόσμου πάντα εἶχεν ἐν ἑαυτῷ ὡς ὁ τοῦ σινάπεως κόκκος ἐν ἐλαχίστῳ συλλαβὼν ἔχει πάντα [11] ὁμοῦ, τὰς ῥίζας, τὸ πρέμνον, τοὺς κλάδους, τὰ φύλλα, τὰ ἀνεξαρίθμητα [μετὰ] τῶν κόκκων [12] [ἀπ]ὸ [13] τοῦ φυτοῦ γεννώμενα σπέρματα πάλιν ἄλλων καὶ ἄλλων πολλάκις φυτῶν κεχυμένων [14]. Οὕτως οὐκ ὢν [15] Θεὸς ἐποίησε κόσμον οὐκ ὄντα [17] ἐξ οὐκ ὄντων, καταβαλόμενος [18] καὶ ὑποστήσας σπέρμα τι [19] ἓν ἔχον πᾶσαν ἐν ἑαυτῷ τὴν τοῦ κόσμου πανσπερμίαν. Ἵνα δὲ καταφανέστερον ποιήσω τοῦτο ὅπερ ἐκεῖνοι λέγουσι· καθάπερ ᾠὸν [20] ὄρνιθος εὐποικίλου [21] τινὸς καὶ πολυχρωμάτου, οἱονεὶ τοῦ ταῶνος ἢ ἄλλου τινὸς ἔτι μᾶλλον πολυμόρφου καὶ πολυχρωμάτου, ἓν ὂν ὄντως [22] ἔχει ἐν ἑαυτῷ πολλὰς οὐσιῶν πολυμόρφων | καὶ πολυχρωμάτων καὶ πολυσυστάτων ἰδέας, οὕτως ἔχει τὸ καταβληθὲν, φησὶν, ὑπὸ τοῦ οὐκ ὄντος Θεοῦ οὐκ ὂν σπέρμα [πανσπερμίαν] [23] τοῦ κόσμου πολύμορφον ὁμοῦ καὶ πολυούσιον.

κβ'. Πάντα οὖν, ὅσα ἐστὶν εἰπεῖν καὶ ἔτι μὴ εὑρόντα παραλιπεῖν, ὅσα [24] τῷ μέλλοντι κόσμῳ γενέσθαι [25] ἀπὸ τοῦ σπέρματος [p. 232, 233.] ἔμελλεν ἁρμόζειν [26], ἀναγκαίοις καιροῖς ἰδίως [27] κατὰ προσ-

iis qui audiunt. Hoc primum plagium et furtum e schola Peripateticorum sumentes decipiunt insipientiam eorum, qui ad eos se congregant. Nam cum Aristoteles multas generationes Basilidem ætate antecesserit, sermonem de homonymis in categoriarum libris exsecutus est, quem hi tanquam proprium quemdam et novum et unum ex Matthiæ absconditis sermonibus jactant.

358-359 21. Quandoquidem igitur nihil erat, non substantia, non insubstantiale, non simplex, non compositum, non incomprehensibile, non insensuale, non homo, non angelus, non deus, neque omnino quidquam eorum, quæ nomine appellantur, sive sensu percipiuntur seu mente, sed ita et vel subtilius omnibus prorsus sublatis : non-ens Deus (quem Aristoteles vocat cogitationem cogitationis, hi autem non-entem) sine cogitatione, sine sensu, sine consilio, sine proposito, sine passione, sine cupiditate mundum voluit facere. *Voluit* autem cum dico, inquit, significationis gratia dico, sine voluntate et sine cogitatione et sine sensu, *mundum* autem non illum, qui per latitudinem et separationem postea factus est et diremptus, verum semen mundi. Semen autem mundi omnia habebat in se ipso, ut granum sinapeos in minimo comprehensa habet omnia simul : radices, stirpem, ramos, folia, innumerabilia granorum a planta generata semina plantarum, quæ aliæ et sæpenumero aliæ inde funduntur. Ita non-ens Deus fecit mundum non-entem ex non-entibus, cum dejiceret et supponeret semen quoddam unum, quod continebat in se mundi universa semina. Quo autem planius faciam, quod illi dicunt : sicuti ovum avis pervariæ cujusdam et multicoloris, veluti pavonis aut alius cujusdam etiam magis variæ et versicoloris, cum unum sit, revera continet in se multas multiformium substantiarum et multicolorum et multiplicium formas : ita habet dejectum, inquit, a non-ente Deo non-ens semen omnia mundi semina multiformia simul et multifaria in sese.

22. Omnia igitur, quæcunque licet dicere quæque non reperta prætermittere, quæque futuro mundo a semine erant 360-361 secretura, necessariis temporibus peculiariter per accessionem augescen-

VARIÆ LECTIONES.

[a] πρότερος. πρῶτος C, M, Bunsenius. [b] καὶ τῶν. ἐκ τῶν Bunsenius. [c] Ματθίου. Ματθαίου M. [d] κρυφίων τινὰ ἕνα διασ. C, κρύφιόν τινα ἐνδιασ. C. κρύφιόν τινα ἔννοιαν διασ. conj. M, κρυφίων ἐνδιασ. Bunsenius. [e] Ἐπεὶ οὖν οὐδὲν ἦν. Ἐπεὶ οὐδὲν C, M, Ἐπεὶ οὐδὲν ἦν Bunsenius secutus Bernaysium. [7] οὐ σύνθετον. οὐκ ἀσύνθετον C. [8] οὐκ ἀνόητον, οὐκ ἀναίσθητον. οὐ νοητὸν, οὐκ αἰσθητὸν susp. Jacobius : οὐ νοητὸν, οὐκ ἀναίσθητον Bunsenius : an οὐ νοητὸν, οὐκ ἀνόητον, οὐκ αἰσθητὸν, οὐκ ἀναίσθητον, quod etiam Uhlhornius conjecit? [9] λεπτομερεστέρως. λεπτομερῶς C, M, λεπτομερστέρως Bernaysius et Bunsenius, λεπτοτέρων conj. Roeperus et Uhlhornius. [10] οὐκ ὢν θεός. ὁ οὐκ ὢν θεὸς Roeperus coll. lin. 14, 25, 59, p. 366, 42. [11] οὗτοι. οὕτως susp. M. [11] πάντα. πάσας C, M, Bunsenius. [12] ἀνεξαρίθμητα τῶν κόκκων. ἀνεξαρίθμητα, μετὰ τὸν κόκκον C, M, Bunsenius, ἀνεξ., εἶτα τὸν καρπὸν Roeperus. [13] ἀπό.. ὁ C, τὰ ἀπὸ M, Bunsenius, καὶ τὰ ἀπὸ Roeperus. [14] κεχυμένων. κεχυμένα C, κεκρυμμένα Bernaysius et Bunsenius. [15] οὐκ ὤν. ὁ οὐκ ὢν Roeperus. [17] ὄντα. ὢν C, M, Bunsenius. Cf. infra lin. 14, et p. 320, 75 ed. Oxon. Ut nos etiam Jacobius correxit. [18] καταβαλλόμενος C, M, Bunsenius. [19] σπέρμα τι. σπέρματα C, M. [20] ᾠιὸν C. [21] εὐποικίλου. ἐκ ποικίλου C, ἐκ ποικίλου M, ἐκποικιλλομένου Bernaysius et Bunsenius. [22] ὄντως. οὕτως C, ὅμως M, Bunsenius. [23] πανσπερμίαν Uhlhornius inseruit, om. C, M, Bunsenius. Cf. cum antecedentibus doctrinam cosmogonicam, quam Appion exponit in *Homiliis Clementis Rom.* hom. 6, c. 3-5. [24] ὅσα ante τῷ om. Bernaysius et Bunsenius. [25] γενέσθαι. γενήσεσθαι Roeperus. [26] ἁρμόζειν. ἁρμόζει conj. M. [27] ἀναγκαίοις καιροῖς ἰδίως. ἀναγκαίοις καιροῖς ἰδίους C, ἀναγκαίως καιροῖς ἰδίοις Bernaysius et Bunsenius, sicuti etiam M conjecerat.

tia, ut a tanto et tali Deo, qualem nec dicere neque cogitatione percipere poterat creatura, inerant recondita in semine, tanquam recens nato infanti dentes posthac cernimus et patricam accrescere substantiam et intellectum et quæcunque augescenti ex puero paulatim homini cum prius non essent accedunt. Quandoquidem autem non poterat dici projectionem exstitisse aliquam non entis Dei aliquid non-ens — refugit enim admodum et aversatur eorum quæ per projectionem exsistunt substantias Basilides — qualis enim projectionis usus, aut qualis materiæ suppositio, ut mundum deus fabricaret, tanquam aranea fila, aut mortalis homo æs aut lignum aut aliquid demum materiale operans sumit? Verum dixit, inquit, et factum est, et hoc est, ut aiunt isti homines, quod dictum est a Mose: *Fiat lux, et facta est lux.* Unde, inquit, exstitit lux? E nihilo; non enim scriptum est, inquit, unde, sed ipsum solum *e voce dicentis;* is autem qui dixit, inquit, non erat, neque id quod factum est fuit. Factum est, inquit, ex non-entibus semen mundi, verbum, quod dictum est: *Fiat lux,* et hoc, inquit, est quod dictum est in Evangeliis: *Erat lux vera, quæ illuminat omnem hominem venientem in mundum.* Capit principia a semine illo et illuminatur. Hoc est semen, quod habet in se universa semina, quod Aristoteles ait genus esse in infinitas divisum species, veluti dividimus ab animali bovem, equum, hominem, quod quidem est non-ens. Cum igitur tanquam fundamentum substratum sit mundanum semen, illi dicunt: Quidquid dico, inquit, post hæc factum esse, noli quærere unde. Habebat enim omnia semina recondita in se et reposita tanquam non-entia et a non ente deo ut fierent præmeditata. Videamus igitur, quid dicant primum, aut quid **362-363** secundum, aut quid tertium id quod a mundano semine exstitit. Erat, inquit, in ipso semine filietas tripartita, per omnia non-enti Deo consubstantialis, generata ex non-ente. Hujus filietatis trifariam divisæ aliud erat subtile, aliud crassum, aliud purgationis indigens. Subtile igitur statim ubi primum exstitit seminis prima dejectio a non-ente perrupit et surrexit et escendit ab inferno in superum poetica quadam usum celeritate

tanquam penna aut cogitatio,

et devenit, inquit, ad non-entem. Illum enim pro-

A θήκην αὐξανόμενα [28], ὡς ὑπὸ τηλικούτου καὶ τοιούτου Θεοῦ, ὁποῖον οὐκ εἰπεῖν οὐδὲ νοῆσαι [29] δύναται γέγονε χωρῆσαι ἡ κτίσις, [καὶ] [30] ἐνυπῆρχε τεθησαυρισμένα τῷ σπέρματι, καθάπερ νεογενεῖ παιδίῳ ὀδόντας ὕστερον ὁρῶμεν καὶ πατρικὴν προσγενέσθαι οὐσίαν [31] καὶ φρένας καὶ ὅσα παραυξανομένῳ ἐκ νέου κατὰ μικρὸν ἀνθρώπῳ ἃ μὴ πρότερον ἦν γίνεται. Ἐπεὶ δὲ ἦν ἄπορον εἰπεῖν προβολήν τινα τοῦ μὴ ὄντος Θεοῦ γεγονέναι τι οὐκ ὄν, — φεύγει γὰρ πάνυ καὶ δέδοικε τὰς κατὰ προβολὴν τῶν γεγονότων οὐσίας ὁ Βασιλείδης — ποίας γὰρ προβολῆς χρεία, ἢ ποίας ὕλης ὑποθέσεως [32], ἵνα κόσμον Θεὸς ἐργάσηται, καθάπερ ὁ ἀράχνης τὰ μηρύματα, ἢ θνητὸς ἄνθρωπος χαλκὸν ἢ ξύλον ἤ τι τῶν τῆς ὕλης μερῶν ἐργαζόμενος λαμβάνει; Ἀλλ' εἶπε, B φησί, καὶ ἐγένετο, καὶ τοῦτό ἐστιν, ὡς [33] λέγουσιν ἄνδρες οὗτοι, τὸ λεχθὲν ὑπὸ Μωσέως· *Γενηθήτω φῶς, καὶ ἐγένετο φῶς* [34]. Πόθεν, φησί, γέγονε τὸ φῶς; Ἐξ οὐδενός· οὐ γὰρ γέγραπται, φησί, πόθεν, ἀλλ' αὐτὸ μόνον, ἐκ τῆς φωνῆς τοῦ λέγοντος. ὁ δὲ λέγων, φησίν, οὐκ ἦν, οὐδὲ τὸ γενόμενον [35] ἦν. Γέγονε, φησίν, ἐξ οὐκ ὄντων τὸ σπέρμα τοῦ κόσμου, ὁ λόγος ὁ λεχθεὶς [37], *Γενηθήτω φῶς*, καὶ τοῦτο, φησίν, ἐστὶ τὸ λεγόμενον ἐν τοῖς Εὐαγγελίοις· *Ἦν τὸ φῶς τὸ ἀληθινὸν, ὃ φωτίζει πάντα ἄνθρωπον ἐρχόμενον εἰς τὸν | κόσμον*. Λαμβάνει τὰς ἀρχὰς ἀπὸ τοῦ σπέρματος ἐκείνου καὶ φωτίζεται. Τοῦτό ἐστι τὸ σπέρμα, ὃ ἔχει ἐν ἑαυτῷ πᾶσαν τὴν πανσπερμίαν, ὅ φησιν Ἀριστοτέλης γένος εἶναι εἰς ἀπείρους τεμνόμενον ἰδέας, ὡς τέμνομεν ἀπὸ τοῦ ζώου βοῦν, ἵππον, C ἄνθρωπον, ὅπερ ἐστὶν οὐκ ὄν. Ὑποκειμένου τοίνυν τοῦ κοσμικοῦ σπέρματος, ἐκεῖνοι λέγουσιν, ὅτι [38] ἂν λέγω, φησίν, μετὰ ταῦτα γεγονέναι, μὴ ἐπιζήτει πόθεν. Εἶχε γὰρ πάντα τὰ σπέρματα ἐν ἑαυτῷ τεθησαυρισμένα καὶ κατακείμενα, οἷον οὐκ ὄντα [39], ὑπό τε τοῦ οὐκ [41] ὄντος Θεοῦ γενέσθαι προβεβουλευμένα. Ἴδωμεν οὖν, τί λέγουσι πρῶτον ἢ τί δεύτερον ἢ τί τρίτον [p. 233. 234.] τὸ [42] ἀπὸ τοῦ σπέρματος τοῦ κοσμικοῦ γεγενημένον. Ἦν, φησίν, ἐν αὐτῷ [43] τῷ σπέρματι υἱότης τριμερής, κατὰ πάντα τῷ οὐκ ὄντι Θεῷ ὁμοούσιος [44], γενητὴ ἐξ οὐκ ὄντων. Ταύτης τῆς υἱότητος τῆς τριχῆ διῃρημένης τὸ μέν τι ἦν λεπτομερὲς, τὸ δὲ [παχυμερὲς, τὸ δὲ] [45] ἀποκαθάρσεως δεόμενον. Τὸ μὲν οὖν λεπτομερὲς εὐθέως D πρῶτον ἅμα τῷ γενέσθαι τοῦ σπέρματος τὴν πρώτην καταβολὴν ὑπὸ τοῦ οὐκ ὄντος [46] διέσφυξε καὶ ἀνῆλθε καὶ ἀνέδραμε κάτωθεν ἄνω, ποιητικῷ τινι χρησάμενον [47] τάχει,

ὡσεὶ [48] *πτερὸν ἠὲ νόημα* [49],

καὶ ἐγένετο, φησί, πρὸς τὸν οὐκ ὄντα· ἐκείνου γὰρ

VARIÆ LECTIONES.

[28] αὐξανόμενα. αὐξανομένου C, αὐξανομένῳ Bernaysius et Bunsenius. [29] οὐδὲ νοῆσαι Bernaysius et Bunsenius. οὐ νοῆσαι C, M. Nos antea γέγονεν οὐδὲ χωρῆσαι conjeceramus. [30] καὶ uncinis inclusimus, δεῖ Bernaysius et Bunsenius. [31] προσγενέσθαι οὐσίαν. προσγένεσιν οὐσίας C, M, προσγίνεσθαι οὐσίαν Bernaysius et Bunsenius. [32] παραυξανομένου C. [33] ὕλης ὑπόθεσις. ὑλικῆς ὑποθέσεως Bernaysius et Bunsenius. [34] ὡς. ὃ C, M, om. Bunsenius. [35] I Mos. I, 3. [36] γενόμενον. λεγόμενον Roeperus. [37] ὁ λεχθεὶς. ἐλεχθεὶς C. [38] Ev. Joan. I, 9. [39] ὅτι C, M. [40] οὐκ ὄντα. οὐκ ὂν C, M, Bunsenius. Cf. infra, l. x, c. 14, p. 520. 80-82 ed. Oxon.: Ἔχειν γὰρ ἐν ἑαυτῷ τὰ πάντα, οἷον (τὸν C, M,) οὐκ ὄντα, ὑπὸ [τε] τοῦ οὐκ ὄντος Θεοῦ γενέσθαι προβεβουλευμένα. [41] οὐκ ante ὄντος om. corr. C. [42] τό. ὃ C. M, om. Bunsenius. [43] αὐτῷ. ἑαυτῷ C. M. Cf. infra p. 520, 83. ed. Ox. [44] Θεῷ ὁμοούσιος. θεομορούσιος C. [45] Uncis inclusa supplevimus coll. p. 521, 86, om. C, M. [46] οὐκ ὄντος. ὄντος C, M. Cf. infra p. 521, 85, 89. [47] χρησάμενος C, M, Bunsenius. [48] Hom. Od. VII, 36. [49] ἠὲ νόημα. ἢ ἐνόημα C.

δι' ὑπερβολὴν κάλλους καὶ ὡραιότητος πᾶσα φύσις A ὀρέγεται, ἄλλη δὲ ἄλλως. Ἡ δὲ παχυμερεστέρα ἔτι μένουσα ἐν τῷ σπέρματι, μιμητική τις οὖσα, ἀναδραμεῖν μὲν οὐκ ἠδυνήθη· πολὺ γὰρ ἐνδεεστέρα τῆς λεπτομερείας [60] ἧς εἶχεν ἡ δι' αὐτῆς υἱότης ἀναδραμοῦσα [61], ἀπελείπετο. Ἐπτέρωσεν οὖν αὐτὴν ἡ υἱότης ἡ παχυμερεστέρα τοιούτῳ τινὶ πτερῷ, ὁποίῳ διδάσκαλος ὢν [62] Πλάτων Ἀριστοτέλους ἐν Φαίδρῳ [63] τὴν ψυχὴν πτεροῖ, | καὶ καλεῖ τὸ τοιοῦτο Βασιλείδης οὐ πτερὸν, ἀλλὰ Πνεῦμα ἅγιον, ὃ εὐεργετεῖ ἡ υἱότης ἐνδυσαμένη καὶ εὐεργετεῖται. Εὐεργετεῖ [64] μὲν, ὅτι καθάπερ ὄρνιθος πτερὸν αὐτὸ κατ' αὐτὸ τοῦ ὄρνιθος ἀπηλλαγμένον οὐκ ἂν γένοιτό ποτε ὑψηλὸν οὐδὲ μετάρσιον, οὐδ' αὖ ὄρνις ἀπολελυμένος τοῦ πτεροῦ οὐκ ἄν ποτε γένοιτο ὑψηλὸς οὐδὲ μετάρσιος. Τοιοῦτόν τινα τὸν λόγον ἔσχεν ἡ B υἱότης πρὸς τὸ Πνεῦμα τὸ ἅγιον καὶ τὸ Πνεῦμα πρὸς τὴν υἱότητα. Ἀναφερομένη γὰρ ὑπὸ [65] τοῦ Πνεύματος ἡ υἱότης ὡς ὑπὸ πτεροῦ ἀναφέρει τὸ πτερὸν, τουτέστι τὸ Πνεῦμα, καὶ πλησίον γενομένη τῆς λεπτομεροῦς υἱότητος καὶ τοῦ Θεοῦ τοῦ οὐκ ὄντος [66] καὶ δημιουργήσαντος ἐξ οὐκ ὄντων, ἔχειν μὲν αὐτὸ μετ' αὐτῆς οὐκ ἠδύνατο· ἦν γὰρ οὐχ ὁμοούσιον, οὐδὲ [67] φύσιν εἶχε μετὰ [68] τῆς υἱότητος· ἀλλὰ ὥσπερ ἐστὶ παρὰ φύσιν καὶ ὀλέθριος τοῖς ἰχθύσιν ἀὴρ καθαρὸς καὶ ξηρὸς, οὕτω τῷ Πνεύματι τῷ ἁγίῳ ἦν παρὰ φύσιν ἐκεῖνο τὸ ἀῤῥήτων [69] ἀῤῥητότερον καὶ πάντων ἀνώτερον ὀνομάτων τοῦ οὐκ ὄντος ὁμοῦ Θεοῦ χωρίον [70] καὶ τῆς υἱότητος. Κατέλιπεν [p. 234. 235] οὖν αὐτὸ πλησίον ἡ υἱότης [71] ἐκείνου τοῦ μακαρίου καὶ νοηθῆναι μὴ δυναμένου μηδὲ [72] χαρακτηρισθῆναί C τινι λόγῳ χωρίου οὐ παντάπασιν ἔρημον οὐδὲ ἀπηλλαγμένον τῆς υἱότητος· ἀλλὰ γὰρ ὥσπερ εἰς ἄγγος ἐμβληθὲν μύρον [73] εὐωδέστατον εἰ καὶ ὅτι μάλιστα ἐπιμελῶς ἐκκενωθείη, ὅμως ὀσμή τις ἔτι μένει τοῦ μύρου καὶ καταλείπεται, κἂν ᾖ κεχωρισμένον τοῦ ἀγγείου, καὶ μύρου ὀσμὴν τὸ ἀγγεῖον ἔχει, εἰ [74] καὶ μὴ μύρον [75], οὕτως τὸ Πνεῦμα τὸ ἅγιον μεμένηκε τῆς | υἱότητος ἄμοιρον καὶ ἀπηλλαγμένον, ἔχει δὲ ἐν ἑαυτῷ μύρου παραπλησίως τὴν δύναμιν, [τῆς υἱότητος] [76] ὀσμήν· καὶ τοῦτό ἐστι τὸ λεγόμενον· *Ὡς μύρον ἐπὶ κεφαλῆς τὸ καταβαῖνον ἐπὶ τὸν πώγωνα τοῦ Ἀαρών* [77], ἡ ἀπὸ τοῦ Πνεύματος τοῦ ἁγίου φερομένη ὀσμὴ ἄνωθεν κάτω μέχρι τῆς ἀμορφίας καὶ τοῦ διαστήματος τοῦ καθ' ἡμᾶς, ὅθεν D ἤρξατο ἀνελθεῖν ἡ υἱότης οἱονεὶ ἐπὶ πτερύγων ἀετοῦ [78], φησὶ, καὶ τῶν μεταφρένων ἐνεχθεῖσα. Σπεύδει γὰρ, φησὶ, πάντα κάτωθεν ἄνω, ἀπὸ τῶν χειρόνων ἐπὶ τὰ κρείττονα· οὐδὲν δὲ οὕτως ἀνόη-

pter exsuperantiam pulchritudinis et formositatis omnis natura expetit, alia autem aliter. Crassior autem illa adhuc manens in semine, utpote imitabilis quædam, escendere quidem non potuit; multo enim inferior subtilitate, quam habuit filietas, quæ sua ope escendit, relicta est. Instruxit igitur filietas crassior talibus sese quibusdam alis, qualibus Plato, is qui magister erat Aristotelis, in *Phædro* animam instruxit, et vocat tale Basilides non alas, sed Spiritum sanctum, quem induta beneficio afficit filietas et vicissim beneficio afficitur. Quippe beneficio afficit, quando veluti avis alæ ipsæ per se, remotæ ab avi, non facile in sublime ferrentur, nec rursus avis, remota ab alis, non facile ferretur in altum. Talem quamdam rationem habebat filietas ad Spiritum sanctum et Spiritus ad filietatem. Sublata enim a Spiritu filietas tanquam ab alis tollit alas, hoc est Spiritum, et ubi appropinquavit subtili filietati et Deo non-enti et qui fabricavit ex non-entibus, attinere quidem illum secum non poterat; erat enim non consubstantialis, nec naturam habebat cum filietate; sed sicuti contra naturam est piscibus et perniciosus aer purus et aridus, ita Spiritui sancto erat contra naturam ille ineffabilibus ineffabilior et omnibus superior nominibus non-entis dei simul locus et filietatis. Reliquit igitur eum filietas prope locum illum beatum et qui mente comprehendi **364-365** aliquove verbo designari nequeat, non penitus desertum nec sejunctum a filietate; sed veluti in vasculum infusum unguentum fragrantissimum si vel diligentissima cura evacuabitur, tamen odor quidam unguenti etiamtum manet et relinquitur, etiamsi a vasculo separatum sit et unguenti odorem retinet vas, etsi non unguentum: ita Spiritus sanctus remansit a filietate remotus et sejunctus, habet autem in se unguenti similiter vim suam, filietatis odorem, et hoc est, quod dictum est: *Sicut unguentum in capite, quod descendit in barbam Aaron*, a Spiritu sancto delatus odor ex alto in imum usque ad informitatem et gradum nostrum, unde corperat surgere filietas, tanquam in alis aquilæ, inquit, ejusque dorso sublata. Nituntur enim omnia, inquit, ex imo in altum, a deterioribus in meliora; nihil autem adeo ineptum est eorum, quæ in melioribus sunt, ut ne descendat in imum (hoc est, non descendit quidquam eorum, quæ in alto sunt, in imum). Tertia autem filietas, inquit, ea quæ purgatione eget, immansit in magno universorum seminum acervo beneficia et edens et

VARIÆ LECTIONES.

[60] λεπτομερίας C. [61] ἀναδραμοῦσα. ἀναδραμοῦσα, ἀναδραμοῦσα δὲ Bernaysius et Bunsenius. [62] ὢν. ὧ C, ὁ M, Bunsenius. [63] Φαίδρῳ. Φαίδωνι C, M. [64] ἐδεργετεῖται C. [65] γὰρ ὑπό. γὰρ ἀπὸ C, M, Bunsenius. [66] οὐκ ὄντος. οἰκοῦντος C, διοικοῦντος conj. M. Correxit Jacobius. [67] οὐδέ. οὐσ (sic) δὲ C, οὐσίας δὲ M. Correxit Jacobius. [68] μετά. αὐτῆς Bunsenius. [69] ἀῤῥήτων. ἄῤῥητον G, M, Correxit Jacob. [70] θεοχωρίον C. [71] ἡ υἱότης. υἱότητος C, M. [72] μηδέ. μὴ μὴ δὲ C. [73] μῦρον C. [74] ἔχει εἰ. εἰ C, ἔχει conj. M. [75] μῦρον C. [76] τῆς υἱότητος add. Uhlhornius coll. l. 46. 47 et p. 321, 2 ed. Ox.: om. C, M, Bunsenius Jacobius, qui pro ὀσμὴν legendum esse censet ὀσμῆς. [77] Cf. psal. CXXXII, 2. Ὡς μύρον ἐπὶ κεφαλὴν [κεφαλῆς] τὸ καταβαῖνον ἐπὶ πώγωνα, τὸν πώγωνα τὸν Ἀαρὼν, κ. τ. λ. [78] Cf. V Mos. XXXII, 11. Ὡς ἀετὸς σκεπάσαι νοσσιὰν ἑαυτοῦ, καὶ ἐπὶ τοῖς νεοσσοῖς αὐτοῦ ἐπεπόθησε, διεὶς τὰς πτέρυγας αὐτοῦ ἐδέξατο αὐτοὺς, καὶ ἀνέλαβεν αὐτοὺς ἐπὶ τῶν μεταφρένων αὐτοῦ. Cf. II Mos. XIX, 4.

recipiens. Quem autem in modum beneficia edat et recipiat, posthac dicemus, ubi ad locum ei rei proprium devenerimus.

23. Cum igitur exstiterit prima et altera escensio filietatis et manserit ibi Spiritus sanctus eo quo diximus modo, firmamentum in medio supramundanorum et mundi collocatum — divisa enim sunt a Basilide quæque sunt in duas præcellentes et principes classes, et vocatur secundum eum alterum quoddam *mundus*, alterum autem quoddam *supramundana*, quod autem in medio est mundi et supramundanorum *conterminus Spiritus* ille, is qui est et sanctus et filietatis habet manentem in sese odorem — cum igitur sit firmamentum, quod est super cœlum, erupit et generatus est a mundano semine et seminario acervi *magnus archon*, caput mundi, pulchritudo **366 367** quædam et magnitudo et potestas indissolubilis. Ineffabilibus enim, inquit, est ineffabilior et potentibus potentior et sapientibus sapientior et quidquid dices omni pulchritudine præstantior. Hic postquam generatus est in altum, sese sustulit et sublimis abiit et sublatus est totus superne usque ad firmamentum; sed escensionis et sublationis firmamentum finem esse arbitratus, nec quidquam omnino esse post hæc opinatus, exstitit quidem subjacentibus omnibus, quæcunque restabant mundana, sapientior, potentior, illustrior, splendidior, denique quidquid dixeris eminens pulchrum præter solam filietatem, quæ etiam tum relicta erat in seminario. Ignorabat enim eam esse semet sapientiorem et potentiorem et superiorem. Arbitratus igitur se demum esse dominum et imperatorem et intelligentem architectum vertitur ad singularum quarumque partium fabricam mundi. Et primum quidem decrevit non manere solus, sed fecit sibi et generavit ex subjacentibus filium se ipso longe superiorem et sapientiorem. Hæc enim omnia antea secum statuerat non-ens Deus, cum seminarium poneret. Postquam igitur vidit filium, miratus est et adamavit et perculsus est; talis enim quædam pulchritudo filii apparuit magno archonti; et considere jussit eum ad dexteram suam archon. Hæc est quæ secundum illos vocatur ogdoas, ubi considet magnus archon. Omnem igitur cœlestem fabricam, hoc est æthercam, ipse fabricavit demiurgus, magnus sapiens, vigorem autem ei indebat

A τόν[69] ἐστι τῶν [ἐν][70] τοῖς κρείττοσιν, ἵνα μὴ κατέλθῃ κάτω. Ἡ δὲ τρίτη υἱότης, φησίν, ἡ ἀποκαθάρσεως δεομένη ἐμμεμένηκε[71] τῷ μεγάλῳ τῆς πανσπερμίας σωρῷ εὐεργετοῦσα καὶ εὐεργετουμένη. Τίνα δὲ τὸν τρόπον εὐεργετεῖται, καὶ εὐεργετεῖ, ὕστερον ἐροῦμεν κατὰ τὸν οἰκεῖον αὐτοῦ γενόμενοι λόγον.

κγ'. Ἐπεὶ οὖν γέγονε πρώτη καὶ δευτέρα ἀναδρομὴ τῆς υἱότητος καὶ μεμένηκεν αὐτοῦ[72] Πνεῦμα τὸ ἅγιον τὸν[73] εἰρημένον τρόπον, στερέωμα τῶν[74] ὑπερκοσμίων καὶ τοῦ κόσμου μεταξὺ τεταγμένον — διῄρηται γὰρ ὑπὸ Βασιλείδου τὰ ὄντα εἰς δύο τὰς προσεχεῖς[75] καὶ πρώτας διαιρέσεις, καὶ καλεῖται κατ' αὐτὸν τὸ μέν τι *κόσμος*, τὸ δέ τι *ὑπερκόσμια*, τὸ δὲ μεταξὺ τοῦ κόσμου καὶ τῶν ὑπερκοσμίων *μεθόριον*[76] *Πνεῦμα* τοῦτο, ὅπερ ἐστὶ B καὶ ἅγιον καὶ τῆς υἱότητος ἔχει μένουσαν ἐν ἑαυτῷ τὴν ὀσμήν — ὄντος[77] οὖν τοῦ στερεώματος, ὅ ἐστιν ὑπεράνω τοῦ οὐρανοῦ, διέσφυξε καὶ ἐγεννήθη[78] ἐκ τοῦ κοσμικοῦ σπέρματος καὶ τῆς πανσπερμίας τοῦ σωροῦ ὁ μέγας ἄρχων, ἡ κεφαλὴ τοῦ [p. 231-233] κόσμου, κάλλος τι καὶ μέγεθος καὶ δύναμις λαληθῆναι[79] μὴ δυναμένη. Ἀρρήτων[80] γάρ, | φησίν, ἐστὶν ἀρρητότερος καὶ δυνατῶν δυνατώτερος καὶ σοφῶν σοφώτερος καὶ ὅ τι ἂν εἴπῃς πάντων τῶν καλῶν κρείττων· οὗτος γεννηθεὶς ἐπῆρεν ἑαυτὸν καὶ[81] μετεώρισε καὶ ἠνέχθη[82] ὅλος ἄνω μέχρι τοῦ στερεώματος, τῆς δὲ[83] ἀναδρομῆς καὶ τοῦ ὕψους τὸ στερέωμα τέλος εἶναι νομίσας, καὶ μηδὲ εἶναι[84] μετὰ ταῦτα ὅλως μηδὲν ἐπινοήσας, ἐγένετο μὲν τῶν ὑποκειμένων πάντων, ὅσα ἦν λοιπὸν κοσμικά, σοφώτερος, C δυνατώτερος, ἐκπρεπέστερος, φωτεινότερος, πᾶν ὅ τι ἂν εἴπῃς καλὸν διαφέρον χωρὶς μόνης τῆς ὑπολελειμμένης[85] υἱότητος ἔτι ἐν τῇ πανσπερμίᾳ· ἠγνόει γὰρ ὅτι ἐστὶν αὐτοῦ[86] σοφωτέρα καὶ δυνατωτέρα[87] καὶ κρείττων[88]. Νομίσας οὖν αὐτὸς εἶναι κύριος καὶ δεσπότης καὶ σοφὸς ἀρχιτέκτων τρέπεται εἰς τὴν καθ' ἕκαστα κτίσιν τοῦ κόσμου. Καὶ πρῶτον μὲν ἠξίωσε μὴ εἶναι μόνος, ἀλλὰ ἐποίησεν ἑαυτῷ καὶ ἐγέννησεν ἐκ τῶν ὑποκειμένων υἱὸν[89] ἑαυτοῦ πολὺ κρείττονα καὶ σοφώτερον. Ταῦτα γὰρ ἦν πάντα προβεβουλευμένος ὁ οὐκ ὢν Θεός, ὅτε τὴν πανσπερμίαν κατέβαλεν. Ἰδὼν οὖν τὸν υἱὸν ἐθαύμασε καὶ ἠγάπησε καὶ κατεπλάγη· τοιοῦτον γάρ τι κάλλος ἐφαίνετο[90] υἱοῦ τῷ μεγάλῳ ἄρχοντι· καὶ ἐκάθισεν αὐτὸν ἐκ δεξιῶν ὁ ἄρχων. Αὕτη ἐστὶν ἡ κατ' αὐτοὺς[91] D ὀγδοὰς λεγομένη, ὅπου ἐστὶν ὁ μέγας ἄρχων καθήμενος. Πᾶσαν οὖν τὴν ἐπουράνιον κτίσιν, τουτέστι τὴν αἰθέριον, αὐτὸς εἰργάσατο ὁ δημιουργὸς ὁ μέγας σοφός· ἐνήργει δὲ αὐτῷ καὶ ὑπετίθετο ὁ υἱὸς

VARIÆ LECTIONES.

[69] ἀνόητόν. ἀκίνητόν Bunsenius. [70] ἐν add. M, om. C. [71] ἐμμεμένηκε Roeperus, μεμένηκε C, M, Bunsenius. [72] αὐτοῦ. αὐτὸ conj. Uhlhornius. [73] τόν. τῶν τὸν Uhlhornius. [74] στερέωμα τῶν. στερεωμάτων Uhlhornius, στερεωμάτων, M Bunsenius. [75] προσεχεῖς C, Bunsenius. [76] μενθόριον C. [77] ὄντος. ἔστι Bernaysius et Bunsenius. [78] ἐγενήθη C. [79] λυθῆναι. λαληθῆναι Bernaysius et Bunsenius, coll. p. 231, 5 ed. Ox. κάλλει καὶ μεγέθει ἀνεκλαλήτῳ. [80] Ἄρρητον C. [81] καὶ ante μετεώρισε om. C Bunsenius. [82] μετεώρισε καὶ ἠνέχθη. μετεωρίσας καὶ ἐνεχθεὶς Uhlhornius. [83] στερεώματος, τῆς δὲ. στερεώματος ἔστη, τῆς δὲ C, Uhlhornius, στερεώματος· ἔστη δὲ, τῆς Bunsenius. [84] ὅλως μηδὲν εἶναι C. [85] μον. τῆς ὑπολελυμμένης. C. [86] ἐστιν αὐτοῦ. ἐστι νῦν τοῦ. [87] σοφώτερα καὶ δυνατώτερα C, M, Bunsenius. [88] κρείττων. κρείττω M, Bunsenius. [89] υἱῶν C. [90] ἐφαίνετο Bunsenius, ἐγένετο C, M, Jacobius, qui scribendum esse censet: κ. ἐγένετο τῷ υἱῷ τοῦ μεγάλου ἄρχοντος. [91] αὐτούς. αὐτοῦ C, αὐτὸν sup. M Bunsenius.

τούτου γενόμενος, ὧν αὐτοῦ τοῦ δημιουργοῦ πολὺ σοφώτερος.

κδ'. Αὕτη ἐστὶν ἡ κατὰ Ἀριστοτέλην σώματος φυσικοῦ | ὀργανικοῦ ἐντελέχεια, ψυχὴ ἐνεργοῦσα τῷ σώματι, ἧς δίχα τὸ σῶμα ἐργάζεσθαι οὐδὲν δύναται μεῖζον καὶ ἐπιφανέστερον καὶ δυνατώτερον καὶ σοφώτερον τοῦ σώματος[92]. Ὃν λόγον οὖν Ἀριστοτέλης ἀποδέδωκε περὶ τῆς ψυχῆς καὶ τοῦ σώματος πρότερος, Βασιλείδης περὶ τοῦ μεγάλου ἄρχοντος καὶ τοῦ κατ' αὐτὸν υἱοῦ διασαφεῖ. Τόν τε γὰρ υἱὸν ὁ ἄρχων κατὰ Βασιλείδην [p. 237. 238.] γεγέννηκε[93], τήν τε ψυχὴν[94] ἔργον καὶ ἀποτέλεσμά φησιν[95] εἶναι ὁ Ἀριστοτέλης φυσικοῦ σώματος ὀργανικοῦ ἐντελέχειαν. Ὡς οὖν ἡ ἐντελέχεια διοικεῖ τὸ σῶμα, οὕτως ὁ υἱὸς διοικεῖ κατὰ Βασιλείδην τὸν ἀῤῥήτων ἀῤῥητότερον θεόν. Πάντα οὖν ἐστι προνοούμενα καὶ διοικούμενα ὑπὸ τῆς ἐντελεχείας[96] τοῦ ἄρχοντος τοῦ μεγάλου τὰ αἰθέρια, ἅτινα μέχρι σελήνης ἐστίν· ἐκεῖθεν γὰρ ἀὴρ αἰθέρος[97] διακρίνεται. Κεκοσμημένων[98] οὖν πάντων τῶν αἰθερίων πάλιν ἀπὸ τῆς πανσπερμίας ἄλλος ἄρχων ἀνέβη, μείζων μὲν[99] πάντων τῶν ὑποκειμένων, χωρὶς μέντοι τῆς καταλελειμμένης υἱότητος, πολὺ δὲ ὑποδεέστερος τοῦ πρώτου ἄρχοντος. Ἔστι δὲ καὶ οὗτος ἄῤῥητος[1] ὑπ' αὐτῶν λεγόμενος. Καὶ καλεῖται ὁ τόπος οὗτος ἑβδομάς, καὶ πάντων τῶν ὑποκειμένων οὗτός ἐστι διοικητὴς καὶ δημιουργὸς ποιήσας καὶ αὐτὸς ἑαυτῷ υἱὸν ἐκ τῆς πανσπερμίας, καὶ αὐτὸς ἑαυτοῦ[2] φρονιμώτερον καὶ σοφώτερον, παραπλησίως τοῖς ἐπὶ τοῦ πρώτου λελεγμένοις. Τὸ δὲ ἐν τῷ διαστήματι τούτῳ ὁ σωρὸς αὐτός ἐστι, φησί, καὶ ἡ πανσπερμία, καὶ γίνεται κατὰ φύσιν τὰ γινόμενα ὡς φθάσαν τεχθῆναι ὑπὸ τοῦ τὰ μέλλοντα λέγεσθαι[3], ὅτε δεῖ καὶ οἷα[4] δεῖ καὶ ὡς δεῖ λελογισμένῳ[5]. Καὶ τούτων ἐστὶν ἐπιστάτης ἢ φροντιστὴς ἢ δημιουργὸς οὐδείς· ἀρκεῖ γὰρ αὐτοῖς ὁ[6] λογισμὸς ἐκεῖνος, ὃν ὁ οὐκ ὢν ὅτε[7] ἐποίει ἐλογίζετο[8]. |

κε'. Ἐπεὶ οὖν τετέλεσται κατ' αὐτοὺς ὁ κόσμος ὅλος καὶ τὰ ὑπερκόσμια καὶ ἔστιν ἐνδεὲς οὐδέν, λείπεται δὲ[9] ἐν τῇ πανσπερμίᾳ ἡ υἱότης ἡ τρίτη, ἡ καταλελειμμένη εὐεργετεῖν καὶ εὐεργετεῖσθαι[10] ἐν τῷ σπέρματι, καὶ ἔδει[11] τὴν ὑπολελειμμένην υἱότητα ἀποκαλυφθῆναι καὶ ἀποκατασταθῆναι ἄνω ἐκεῖ ὑπὲρ τὸ μεθόριον πνεῦμα πρὸς τὴν υἱότητα τὴν λεπτομερῆ καὶ μιμητικὴν καὶ τὸν οὐκ ὄντα, ὡς γέγραπται, φησί· *Καὶ ἡ κτίσις*[12] *αὐτὴ συστενάζει*[13] *καὶ συνωδίνει τὴν ἀποκάλυψιν τῶν υἱῶν τοῦ Θεοῦ ἐκδεχομένη*. Υἱοὶ δέ, φησιν, ἐσμὲν ἡμεῖς οἱ πνευματικοί, ἐνθάδε καταλελειμμένοι διακοσμῆσαι

A et suggerebat filius ab ipso ortus, qui erat ipso demiurgo longe sapientior.

24. Hæc est illa secundum Aristotelem corporis naturalis organici entelechia, anima efficax in corpore, sine qua corpus operari nequit, majus quoddam et illustrius et potentius et sapientius corpore. Quam igitur rationem Aristoteles reddidit de anima et corpore prior, Basilides de magno archonte et eo quem statuit filio illustrat. Etenim et filium archon secundum Basilidem generavit, et animam opus et effectum **368-369** ait esse Aristoteles naturalis organici corporis entelechiam. Sicut igitur entelechia regit corpus, ita filius regit secundum Basilidem ineffabilibus ineffabiliorem deum. Om-

B nia igitur sunt provisa et recta ab entelechia magni archontis ætherea, quæ quidem usque ad lunam pertinent; inde enim aer ab æthere discernitur. Ornatis igitur universis æthereis rursus a seminario alius archon surrexit, major quidem omnibus subjacentibus præter relictam filietatem, multo autem inferior primo archonte. Est autem hic quoque ineffabilis ab iis dictus. Et vocatur hic locus hebdomas, omniumque subjacentium est hic rector et opifex, qui sibi et ipse fecit filium ex seminario, et ipse semet sapientiorem et intelligentiorem similiter iis, quæ de primo diximus. Illud autem quod est in hoc gradu acervus ipse est, inquit, et seminarium, et exsistunt secundum naturam ea quæ exsistunt, ut supra dictum est, ab eo, qui

C futura quando oportet et qualia oportet et quomodo oportet meditatus est. Et horum est præfectus aut curator aut opifex nemo. Sufficit enim iis ratiocinatio illa, quam non-ens, cum faciebat, inibat.

25. Quoniam igitur perfectus est secundum illos universus mundus et quæ sunt supramundana, nec quidquam deest ad perfectionem, relinquitur autem in seminario filietas tertia illa, quæ relicta est ad benefaciendum et benepatiendum in semine: oportebat etiam relictam filietatem revelari et re-

D volvi superne illuc super conterminum spiritum ad filietatem subtilem et imitabilem et ad non-entem, ut scriptum est, inquit: *Et creatura ipsa congemiscit et parturit revelationem filiorum Dei exspectans.* Filii autem, inquit, sumus nos spirituales, qui sumus hic relicti ad ordinandas et effingendas

VARIÆ LECTIONES.

[92] τοῦ σώματος. τῆς ψυχῆς C, M, Bunsenius. [93] γεγένηκε C. [94] τήν τε ψυχήν. τῆς τε ψυχῆς Bunsenius. [95] φησίν, ὡς φησιν C, M. Correxit Bunsenius. [96] ἐντελεχείας. μεγάλης C, μεγαλειότητος susp. M, Bunsenius. [97] αἰθέρος. αἰθέριος C, M, Bunsenius. [98] κεκοσμημένων C. [99] μέν. μέντοι C, M. [1] καὶ οὗτος ἄῤῥητος. οὗτος καὶ ὁ ῥητὸς Bunsenius coll. p. 370, 89. [2] αὐτὸς ἑαυτοῦ. αὐτὸν ἑαυτοῦ susp. M, Bunsenius. [3] φθάσαν — λέγεσθαι. Locum desperatum ita tentat Roeperus, ut proponat φθάσαν ἐλέχθη — γενήσεσθαι, Uhlhornius autem φθάσαντα — λέγεσθαι, R. Scottus λεχθῆναι pro τεχθῆναι, a reliquis abstinens, Bunsenius ἔφθασε — γίνεσθαι. [4] δεῖ καὶ οἷα. δικαιοῖ ἃ C, M. [5] λελογισμένου. λελογισμένῳ C, M. [6] ὃν ὁ. ὁ C, M. Correxit Jacobius. [7] ὅτε. ὅτι C. [8] καὶ ἐλογίζετο susp. M. [9] δέ. δὴ conj. M. [10] ἐδεργετεῖσθαι C. [11] ἔδει. δὴ C, M, δεῖ Bunsenius. [12] Cf. Rom. VIII, 19: Ἡ γὰρ ἀποκαραδοκία τῆς κτίσεως τὴν ἀποκάλυψιν τῶν υἱῶν τοῦ Θεοῦ ἀπεκδέχεται. 22. οἴδαμεν γὰρ ὅτι πᾶσα ἡ κτίσις συστενάζει καὶ συνωδίνει ἄχρι τοῦ νῦν. [13] συνστενάζει C.

370 371 et corrigendas et perficiendas animas, quæ ita compositæ sunt natura, ut infra in hoc gradu permaneant : *Usque igitur ad Mosen ab Adam regnavit peccatum*, sicuti scriptum est; regnavit enim magnus archon, qui habet fines suos usque ad firmamentum, arbitratus semet solum deum esse nec quidquam super se esse ; omnia enim erant custodita abscondito silentio. Hoc, inquit, est mysterium, quod prioribus sæculis non intellectum est, sed erat illis temporibus rex et dominus, ut videbatur, universorum magnus archon, ogdoas. Erat autem et hujus gradus rex et dominus hebdomas, et est ogdoas ineffabilis, effabilis autem hebdomas. Hic est, inquit, hebdomadis archon, qui locutus est ad Moysen et dixit : *Ego Deus Abraham et Isaac et Jacob, et nomen Dei non indicavi eis* (ita enim volunt scriptum esse), hoc est ineffabilis ogdoadis archontis dei. Omnes igitur prophetæ, qui erant ante Salvatorem, inquit, illinc locuti sunt. Quando igitur oportebat revelari, inquit, nos, qui sumus filii Dei, de quibus ingemuit, inquit, creatura et parturiit exspectans revelationem, venit Evangelium in mundum et pervenit per omnem principatum et potestatem et dominationem et omne nomen quod nominatur. Venit autem revera, tametsi nihil devenit superne nec secessit beata filietas ab incomprehensibili illo et beato non-ente Deo. Verum enim sicuti naphtha Indica conspecta tantum e satis longinquo spatio ducit ignem, ita ex infero ab informitate acervi pertingunt potestates supra usque ad filietatem. Captat enim et ducit cogitationes ad instar naphthæ Indicæ, quasi captator (ἄφθας) quidam, magni ogdoadis archontis filius a beata illa post id, quod conterminum est, filietate. Quæ enim est in medio sancti Spiritus in contermino filietatis potestas fluentes et ruentes cogitationes filietatis communicat cum filio magni archontis.

372-373 26. Venit igitur Evangelium primum a filietate, inquit, per assidentem archonti filium ad archontem, et didicit archon se non esse deum universorum, sed generatum et habentem super se ineffabilis et innominabilis non-entis et filietatis repositum thesaurum, et conversus est et metuit, intelligens in qua esset inscitia. Hoc, inquit, est id quod dictum est : *Principium sapientiæ timor Domini*. Incepit enim sapiens fieri institutus ab assidente Christo, doctus quis esset non-ens, quæ

A καὶ διατυπῶσαι [p. 238. 239.] καὶ διορθώσασθαι καὶ τελειῶσαι τὰς ψυχὰς κάτω[16] φύσιν ἐχούσας ... ἐν τούτῳ τῷ διαστήματι. *Μέχρι μὲν οὖν Μωσέως ἀπὸ Ἀδὰμ ἐβασίλευσεν ἡ ἁμαρτία*[17], ὡς γέγραπται· ἐβασίλευσε γὰρ ὁ μέγας ἄρχων ὁ ἔχων τὸ τέλος αὐτοῦ μέχρι στερεώματος, νομίζων αὐτὸς εἶναι θεὸς μόνος, καὶ ὑπὲρ αὐτὸν εἶναι μηδέν· πάντα γὰρ ἦν φυλασσόμενα ἀποκρύφῳ σιωπῇ. Τοῦτο, φησίν, ἐστὶ τὸ μυστήριον, ὃ ταῖς προτέραις γενεαῖς οὐκ ἐγνωρίσθη[18], ἀλλὰ ἦν ἐν ἐκείνοις τοῖς χρόνοις βασιλεὺς καὶ κύριος ὡς ἐδόκει τῶν ὅλων ὁ μέγας ἄρχων, ἡ ὀγδοάς. Ἦν δὲ καὶ τούτου τοῦ διαστήματος βασιλεὺς καὶ κύριος ἡ ἑβδομάς, καὶ ἔστιν ἡ μὲν ὀγδοὰς ἄρρητος, ῥητὸν[19] δὲ ἡ ἑβδομάς. Οὗτος ἐστι, φησὶν, ὁ τῆς ἑβδομάδος ἄρχων ὁ λαλήσας

B Μωϋσῇ καὶ εἰπών· *Ἐγὼ ὁ Θεὸς Ἀβραὰμ, καὶ Ἰσαὰκ καὶ Ἰακὼβ, καὶ τὸ ὄνομα τοῦ Θεοῦ οὐκ ἐδήλωσα αὐτοῖς*[18] (οὕτως γὰρ θέλουσι γεγράφθαι), τουτέστι τοῦ ἀῤῥήτου τῆς ὀγδοάδος ἄρχοντος Θεοῦ. Πάντες οὖν οἱ προφῆται οἱ πρὸ τοῦ Σωτῆρος, φησὶν, ἐκεῖθεν ἐλάλησαν. Ἐπεὶ οὖν ἔδει ἀποκαλυφθῆναι, φησίν, ἡμᾶς τὰ τέκνα τοῦ Θεοῦ, | περὶ ὧν ἐστέναξε, φησίν, ἡ κτίσις καὶ ὤδινεν, ἀπεκδεχομένη τὴν ἀποκάλυψιν, ἦλθε τὸ Εὐαγγέλιον εἰς τὸν κόσμον, καὶ διῆλθε διὰ πάσης ἀρχῆς καὶ ἐξουσίας καὶ κυριότητος[20] καὶ παντὸς[21] ὀνόματος ὀνομαζομένου· ἦλθε δὲ ὄντως, καίπερ[22] οὐδὲν κατῆλθεν ἄνωθεν, οὐδὲ ἐξέστη ἡ μακαρία υἱότης ἐκείνου τοῦ ἀπερινοήτου καὶ μακαρίου οὐκ ὄντος Θεοῦ. Ἀλλὰ γὰρ καθάπερ ὁ νάφθας ὁ Ἰνδικὸς, ὀφθεὶς[23] μόνον ἀπὸ πάνυ πολλοῦ διαστή-

C ματος συνάπτει πῦρ, οὕτω κάτωθεν ἀπὸ τῆς ἀμορφίας τοῦ σωροῦ διήκουσιν[24] αἱ δυνάμεις μέχρι τῆς ἄνω τῆς υἱότητος. Ἅπτει μὲν γὰρ καὶ λαμβάνει τὰ νοήματα κατὰ τὸν νάφθαν[25] τὸν Ἰνδικὸν, ὥσπερ ἅφθας[26] τις ὢν ὁ τοῦ μεγάλου τῆς ὀγδοάδος ἄρχοντος υἱὸς ἀπὸ τῆς μετὰ τὸ μεθόριον μακαρίας υἱότητος. Ἡ γὰρ ἐν μέσῳ τοῦ ἁγίου Πνεύματος ἐν τῷ μεθορίῳ τῆς υἱότητος δύναμις ῥέοντα καὶ φερόμενα[27] τὰ νοήματα τῆς υἱότητος μεταδίδωσι τῷ υἱῷ τοῦ μεγάλου ἄρχοντος.

[p. 239. 240.] κς'. Ἦλθεν οὖν τὸ Εὐαγγέλιον πρῶτον ἀπὸ τῆς υἱότητος, φησὶ, διὰ τοῦ παρακαθημένου τῷ ἄρχοντι υἱοῦ πρὸς[28] τὸν ἄρχοντα, καὶ ἔμαθεν ὁ ἄρχων, ὅτι οὐκ ἦν θεὸς τῶν ὅλων, ἀλλ' ἦν γεννητὸς, καὶ ἔχει ὑπὲρ

D αὐτοῦ ὑπεράνω τὸν τοῦ[29] ἀῤῥήτου καὶ ἀκατονομάστου[30] οὐκ ὄντος καὶ τῆς υἱότητος κατακείμενον θησαυρὸν, καὶ ἐπέστρεψε καὶ ἐφοβήθη, συνιεὶς ἐν οἵᾳ ἦν ἀγνοίᾳ. Τοῦτό ἐστι, φησὶ, τὸ εἰρημένον· *Ἀρχὴ σοφίας φόβος Κυρίου*[31]. Ἤρξατο γὰρ σοφίζεσθαι κατηχούμενος ὑπὸ τοῦ παρακαθημένου Χριστοῦ

VARIÆ LECTIONES.

[16] κάτω. κατὰ C, M, τὰς Bunsenius. [17] Cf. Rom. v, 13, 14 : Ἄχρι γὰρ νόμου ἁμαρτία ἦν ἐν κόσμῳ... ἀλλ' ἐβασίλευσεν ὁ θάνατος ἀπὸ Ἀδὰμ μέχρι Μωϋσέως, κ. τ. λ. [18] Alludere videntur verba ad Coloss. i, 26; Ephes. iii, 5 et i, 26, 27. [19] ῥητόν. ῥητὸς Bunsenius. [18] Cf. II Mos. vi, 2, 3 : Ἐγὼ Κύριος, καὶ ὤφθην τῷ Ἀβραὰμ καὶ Ἰσαὰκ καὶ Ἰακὼβ, Θεὸς ὢν αὐτῶν, καὶ τὸ ὄνομά μου Κύριος οὐκ ἐδήλωσα αὐτοῖς. [20] Ephes. i, 21 : Ὑπεράνω πάσης Ἀρχῆς, καὶ Ἐξουσίας, καὶ Δυνάμεως, καὶ Κυριότητος, καὶ παντὸς ὀνόματος ὀνομαζομένου, κ. τ. λ. [20] καὶ κυριότητος. κυριότητος C. [21] καὶ παντός. παντὸς C, M. [22] ὄντως Uhlhornius, οὕτως C, M, Bunsenius. [22] καίπερ. καὶ C, M, Bunsenius, καίτοι Uhlhornius. [23] ὀφθείς. ἁφθεὶς susp. M. [24] διήγησιν C. [25] ἄφθας C, [26] νάφθας M, Bunsenius. [26] ἅφθας s. ἀνάφθας conj. R. Scottus. [27] φερόμενα. φερόμενον C. [28] πρός. τὸ πρὸς C, M. [29] αὐτοῦ ὑπεράνω τὸν τοῦ. τὸν ὑπὲρ ἄνω τοῦ C, τὸν ὑπεράνω τοῦ M, ὑπεράνω τὸν τοῦ Uhlhornius, ὑπεράνω ἑαυτοῦ τὸν τοῦ Roeperus, τὸν τοῦ Bunsenius secutus P. Boetticherum. [30] ἀκατονομάστου C. [31] Prov. i, 7.

διδασκόμενος τίς ἐστιν ὁ οὐκ ὤν, τίς ἡ υἱότης, τί τὸ ἅγιον Πνεῦμα, τίς ἡ τῶν [34] ὅλων κατασκευή, ποῦ ταῦτα ἀποκατασταθήσεται· αὕτη ἐστὶν ἡ σοφία ἐν μυστηρίῳ λεγομένη, περὶ ἧς, φησίν, ἡ Γραφὴ λέγει· *Οὐκ ἐν διδακτοῖς ἀνθρωπίνης σοφίας λόγοις, ἀλλ' ἐν διδακτοῖς Πνεύματος* [35]. Κατηχηθεὶς οὖν, φησίν, ὁ ἄρχων καὶ διδαχθεὶς καὶ φοβηθεὶς ἐξωμολογήσατο [36] περὶ ἁμαρτίας, ἧς ἐποίησε μεγαλύνων ἑαυτόν. Τοῦτό ἐστι, φησί, τὸ εἰρημένον. *Τὴν ἁμαρτίαν μου ἐγνώρισα, καὶ τὴν ἀνομίαν μου ἐγὼ γινώσκω, ὑπὲρ ταύτης ἐξομολογήσομαι εἰς τὸν αἰῶνα* [37]. Ἐπεὶ οὖν κατήχητο μὲν ὁ μέγας ἄρχων, κατήχητο δὲ καὶ δεδίδακτο πᾶσα ἡ τῆς ὀγδοάδος κτίσις καὶ ἐγνωρίσθη τοῖς ἐπουρανίοις τὸ μυστήριον, ἔδει λοιπὸν καὶ ἐπὶ τὴν ἑβδομάδα [38] ἐλθεῖν τὸ Εὐαγγέλιον, ἵνα καὶ ὁ τῆς ἑβδομάδος παραπλησίως ἄρχων διδαχθῇ καὶ εὐαγγελισθήσεται [39]. Ἐπέλαμψεν [οὖν] [40] ὁ υἱὸς τοῦ μεγάλου ἄρχοντος τῷ υἱῷ τοῦ ἄρχοντος τῆς ἑβδομάδος [41] τὸ φῶς, ὃ εἶχεν ἅψας αὐτὸς [42] ἄνωθεν ἀπὸ τῆς υἱότητος, καὶ ἐφωτίσθη ὁ υἱὸς τοῦ ἄρχοντος τῆς ἑβδομάδος, καὶ εὐηγγελίσατο τὸ Εὐαγγέλιον τῷ ἄρχοντι τῆς ἑβδομάδος, καὶ ὁμοίως κατὰ τὸν πρῶτον λόγον καὶ αὐτὸς ἐφοβήθη καὶ ἐξωμολογήσατο [43]. Ἐπεὶ οὖν καὶ τὰ ἐν τῇ ἑβδομάδι πάντα πεφώτιστο καὶ διήγγελτο τὸ Εὐαγγέλιον αὐτοῖς (κτίσεις γάρ εἰσι κατ' [44] αὐτὰ τὰ διαστήματα κατ' αὐτοὺς ἄπειροι, καὶ ἀρχαί, καὶ δυνάμεις, καὶ ἐξουσίαι, περὶ ὧν μακρός ἐστι κατ' αὐτοὺς πάνυ λόγος λεγόμενος διὰ πολλῶν, ἔνθα καὶ τριακοσίους ἑξήκοντα πέντε οὐρανοὺς φάσκουσι, καὶ τὸν μέγαν ἄρχοντα αὐτῶν εἶναι τὸν Ἀβρασὰξ διὰ τὸ περιέχειν τὸ ὄνομα αὐτοῦ ψῆφον [p. 240—242] τξε', ὥστε [45] τοῦ ὀνόματος τὴν ψῆφον περιέχειν πάντα, καὶ διὰ τοῦτο [46] τὸν ἐνιαυτὸν τοσαύταις ἡμέραις συνεστάναι)· | ἀλλ' ἐπεί, φησί, ταῦθ' οὕτως ἐγένετο, ἔδει λοιπὸν καὶ τὴν ἀμορφίαν [47] καθ' ἡμᾶς φωτισθῆναι καὶ τῇ υἱότητι τῇ ἐν τῇ ἀμορφίᾳ καταλελειμμένῃ οἱονεὶ ἐκτρώματι ἀποκαλυφθῆναι τὸ μυστήριον, ὃ ταῖς προτέραις γενεαῖς οὐκ ἐγνωρίσθη, καθὼς γέγραπται, φησί· *Κατὰ ἀποκάλυψιν ἐγνωρίσθη μοι τὸ μυστήριον* [48]· καί, *Ἤκουσα ἄῤῥητα ῥήματα, ἃ οὐκ ἐξὸν ἀνθρώπῳ εἰπεῖν* [49]. Κατῆλθεν [οὖν] [50] ἀπὸ τῆς ἑβδομάδος τὸ φῶς, τὸ κατελθὸν ἀπὸ τῆς ὀγδοάδος ἄνωθεν τῷ υἱῷ τῆς ἑβδομάδος, ἐπὶ τὸν Ἰησοῦν τὸν υἱὸν τῆς Μαρίας, καὶ ἐφωτίσθη συνεξαφθεὶς τῷ φωτὶ τῷ λάμψαντι εἰς αὐτόν. Τοῦτό ἐστι, φησί, τὸ εἰρημένον· *Πνεῦμα ἅγιον ἐπελεύσεται ἐπὶ σέ* [51], τὸ ἀπὸ τῆς υἱότητος διὰ τοῦ μεθορίου πνεύματος ἐπὶ τὴν ὀγδοάδα καὶ τὴν ἑβδομάδα διελθὸν μέχρι τῆς Μαρίας, *καὶ δύναμις Ὑψί-*

filietas, quis Spiritus sanctus, quæ universorum fabrica, quo hæc evasura sint. Hæc est sapientia in mysterio dicta, de qua, inquit, Scriptura dicit : *Non in doctis humanæ sapientiæ verbis, sed in doctis Spiritus.* Institutus igitur, inquit, archon et doctus et in timorem conjectus confessus est de peccato, quod commisit magnificans sese. Hoc, inquit, est, quod dictum est : *Peccatum meum intellexi et delictum meum agnosco, de hoc confitebor in æternum.* Postquam igitur institutus est magnus archon, instituta autem est et erudita omnis ogdoadis creatura et intellectum est cœlestibus mysterium, oportebat posthac etiam ad hebdomadem venire Evangelium, ut etiam hebdomadis similiter archon edoceretur et evangelizaretur. Incendit igitur filius magni archontis filio archontis hebdomadis lumen, quod ipse habebat incensum e sublimi a filietate, et illuminatus est filius archontis hebdomadis, et nuntiavit Evangelium archonti hebdomadis, et pariter ad priorem modum et ipse in metum conjectus et confessus est. Postquam igitur etiam in hebdomade omnia illuminata sunt et nuntiatum est Evangelium iis (creaturæ enim sunt per ipsos gradus ex illorum opinione infinitæ et imperia et potestates et dominationes, de quibus admodum longus est sermo secundum eos multis conceptus verbis, ubi et trecentos sexaginta quinque cœlos loquuntur magnumque archontem eorum esse Abrasax, quando nomen ejus contineat calculum 365, ut nominis **374-375** calculus comprehendat omnia, eamque ob causam annum totidem dies comprehendere) : postquam igitur, inquit, hæc in hunc modum facta sunt, oportebat posthac et deformitatem in nostra plaga illuminari et filietati in deformitate relictæ tanquam abortivæ revelari mysterium, quod superioribus generationibus non innotuit, sicut scriptum est, inquit : *Secundum revelationem notum mihi factum est mysterium*; et : *Audivi arcana verba, quæ non licet homini loqui.* Devenit igitur ab hebdomade lumen, quod descendit ab ogdoade desuper ad filium hebdomadis, ad Jesum filium Mariæ, et illuminatus est una incensus cum lumine, quod illuxit in eum. Hoc, inquit, est, quod dictum est : *Spiritus sanctus superveniet in te*, hoc est, ille qui a filietate per conterminum spiritum ad ogdoadem et hebdomadem devenit usque ad Mariam, *et virtus Altissimi obumbrabit tibi*, hoc est potestas unctionis a cacumine desuper per demiurgum usque ad creaturam, quod est ad Filium. Eo usque autem

VARIÆ LECTIONES.

[34] τίς ἡ τῶν. τίς ὁ τῶν C. [35] I Cor. II, 13. [36] ἐξομολογήσατο C, M. [37] Cf. Psal. XXXI, 5 : Τὴν ἀνομίαν μου ἐγνώρισα, καὶ τὴν ἁμαρτίαν μου οὐκ ἐκάλυψα, εἶπα· Ἐξαγορεύσω κατ' ἐμοῦ τὴν ἀνομίαν μου τῷ Κυρίῳ. [38] ἑβδομάδα C. [39] εὐαγγελισθήσηται. M, Bunsenius. [40] οὖν om. C, M, Bunsenius. [41] εὐδομάδος, et sic semper. M. [42] αὐτός. αὐτοὺς C. [43] ἐξομολογήσατο C. [44] κατ'. καὶ κατ' C, Uhlhornius, qui post αὐτοὺς excidisse putat τοὺς τόπους τῶν ἀρχόντων vel simile quid. [45] ὥστε. ὡς δὴ C, M, Bunsenius. [46] διὰ τοῦτο. διὰ τούτων C, M, διὰ τοῦτον Bunsenius. [47] ἀμορφίαν τὴν susp. Roeperus. [48] Ephes. III, 3, 5 : Κατὰ ἀποκάλυψιν ἐγνωρίσθη μοι τὸ μυστήριον..... ὃ ἑτέραις γενεαῖς οὐκ ἐγνωρίσθη τοῖς υἱοῖς τῶν ἀνθρώπων, κ. τ. λ. [49] II Cor. XII, 4 : Καὶ ἤκουσεν ἄῤῥητα ῥήματα, ἃ οὐκ ἐξὸν ἀνθρώπῳ λαλῆσαι. [50] οὖν om. C, M, Bunsenius. [51] Luc. I, 35.

ait constare mundum in hunc modum, quousque omnis filietas, quæ relicta sit ad benefaciendum animis in deformitate et bene patiendum, conformata secuta sit Jesum et escendat et veniat emaculata; et fit subtilissima, ut possit per se escendere sicut prima. Omnem enim habet potestatem in unum coactam naturaliter cum lumine, quod illuxit desuper deorsum.

27. Cum igitur venerit, inquit, omnis filietas et erit super id quod conterminum est, hoc est Spiritum, tum misericordiam experietur creatura; gemit enim adhuc et excruciatur et manet revelationem filiorum Dei, ut omnes escendat hinc filietatis homines. Postquam igitur hoc factum erit, adducet, inquit, Deus in universum mundum magnam ignorantiam, ut maneant omnia secundum naturam, nec quidquam appetat ea quæ sunt contra naturam. Verum enim omnes animæ hujus gradus, **376-377** quotquot ita comparatæ sunt, ut in hoc immortales maneant solo, manebunt nihil intelligentes, quod hunc gradum superet, neque melius quid, et ne fama quidem erit eorum, quæ superjacent, in iis, quæ subjacent, nec cognitio, ne impossibilia aventes subjacentes animæ crucientur, veluti piscis in montibus cupiens cum ovibus pasci; foret enim, inquit, iis talis cupido pernicies. Sunt igitur, inquit, immortalia omnia, quæ in loco suo manent, mortalia vero, cum ex iis, quæ sunt secundum naturam, transilire et evagari volent. Ita archon hebdomadis nihil intelliget eorum quæ superjacent; deprehendet enim hunc quoque magna ista ignorantia, ut desistat ab eo mœror et dolor et gemitus; concupiscet enim nihil eorum quæ sunt impossibilia, nec dolebit. Occupabit autem pariter et magnum archontem ogdoadis hæc ignorantia omnesque subjacentes ei creaturas similiter, ut nihil a nulla parte concupiscat quidquam eorum, quæ sunt contra naturam, neve doleat; et ita restitutio erit omnium, quæ sunt secundum naturam fundata quidem in semine universorum in principio, disposita autem erunt temporibus suis. Suum autem cuique rei esse tempus, inquit, idoneus testis Salvator est cum dicit: *Nondum venit hora mea*, et magi stellam conspicati; erat enim, inquit, et ipse sub genituram stellarum et horarum disposi-

A *στου ἐπισκιάσει* [52] *σοι*, ἡ δύναμις τῆς κρίσεως [53] ἀπὸ τῆς ἀκρωρείας ἄνωθεν [διὰ] τοῦ [54] δημιουργοῦ μέχρι τῆς κτίσεως, ὅ ἐστι τοῦ υἱοῦ. Μέχρι δὲ [illegible] φησὶ συνεστηκέναι τὸν κόσμον οὕτως, μέχρις οὗ [55] πᾶσα ἡ υἱότης ἡ καταλελειμμένη εἰς τὸ εὐεργετεῖν τὰς ψυχὰς ἐν ἀμορφίᾳ καὶ εὐεργετεῖσθαι διαμορφουμένη κατακολουθήσῃ τῷ Ἰησοῦ καὶ ἀναδράμῃ καὶ ἔλθῃ ἀποκαθαρισθεῖσα· καὶ γίνεται λεπτομερεστάτη, ὡς δύνασθαι δι' αὐτῆς ἀναδραμεῖν ὥσπερ ἡ πρώτη. Πᾶσαν γὰρ ἔχει τὴν δύναμιν συνεστηριγμένην φυσικῶς τῷ φωτὶ τῷ λάμψαντι ἄνωθεν κάτω.

κζ΄. Ὅταν οὖν ἔλθῃ, φησί, πᾶσα υἱότης καὶ ἔσται ὑπὲρ τὸ μεθόριον, τὸ Πνεῦμα, τότε ἐλεηθήσεται ἡ κτίσις· στένει γὰρ [56] μέχρι τοῦ νῦν καὶ βασανίζεται καὶ μένει τὴν ἀποκάλυψιν τῶν υἱῶν τοῦ Θεοῦ, ἵνα B πάντες ἀνέλθωσιν ἐντεῦθεν οἱ τῆς υἱότητος ἄνθρωποι· ἐπειδὰν [οὖν] [57] γένηται τοῦτο, ἐπάξει [58], φησίν, ὁ Θεὸς ἐπὶ τὸν κόσμον ὅλον τὴν μεγάλην ἄγνοιαν, ἵνα μένῃ [59] πάντα κατὰ φύσιν καὶ μηδὲν μηδενὸς τῶν παρὰ φύσιν ἐπιθυ[μήσῃ] [60]. Ἀλλὰ γὰρ πᾶσαι ψυχαὶ τούτου τοῦ διαστήματος, [p. 242. 243.] ὅσαι φύσιν ἔχουσιν ἐν τούτῳ ἀθάνατοι διαμένειν μόνῳ, μενοῦσιν [61] οὐδὲν ἐπιστάμεναι τούτου [62] τοῦ διαστήματος διάφορον [63] οὐδὲ βέλτιον [64], οὐδὲ ἀκοή τις ἔσται τῶν ὑπερκειμένων ἐν τοῖς ὑποκειμένοις [65] οὐδὲ γνῶσις, ἵνα μὴ τῶν ἀδυνάτων αἱ ὑποκείμεναι ψυχαὶ ὀρεγόμεναι βασανίζωνται [66], καθάπερ ἰχθὺς ἐπιθυμήσας ἐν τοῖς ὄρεσι μετὰ τῶν προβάτων νέμεσθαι· ἐγένετο [γὰρ] [67] ἄν, φησίν, αὐτοῖς ἡ τοιαύτη ἐπιθυμία φθορά. Ἔστιν οὖν, φησίν, ἄφθαρτα πάντα τὰ C κατὰ χώραν μένοντα, φθαρτὰ δέ, ἐὰν ἐκ τοῦ κατὰ φύσιν ὑπερπηδᾷν καὶ ὑπερβαίνειν βούλοιντο. Οὕτως οὐδὲν [68] ὁ ἄρχων τῆς ἑβδομάδος γνώσεται τῶν ὑπερκειμένων· καταλήψεται γὰρ καὶ τοῦτον ἡ μεγάλη ἄγνοια, ἵνα ἀποστῇ ἀπ' αὐτοῦ λύπη καὶ ὀδύνη καὶ στεναγμός· ἐπιθυμήσει γὰρ οὐδενὸς τῶν ἀδυνάτων οὐδὲ λυπηθήσεται. Καταλήψεται δὲ ὁμοίως καὶ τὸν μέγαν ἄρχοντα τῆς ὀγδοάδος ἡ ἄγνοια αὕτη καὶ πάσας τὰς ὑποκειμένας αὐτῷ κτίσεις παραπλησίως, ἵνα μηδὲν κατὰ μηδὲν [69] ὀρέγηται τῶν παρὰ [70] φύσιν τινὸς μηδὲ ὀδυνῆται· καὶ οὕτως ἡ ἀποκατάστασις ἔσται πάντων κατὰ φύσιν τεθεμελιωμένων μὲν ἐν τῷ σπέρματι τῶν ὅλων ἐν ἀρχῇ, ἀποκατασταθησομένων [71] δὲ καιροῖς [72] ἰδίοις. Ὅτι δέ, φησίν, ἕκαστον ἰδίους ἔχει καιρούς, ἱκανὸς [73] ὁ Σωτὴρ λέγων· *Οὔπω ἥκει* D *ἡ ὥρα* | *μου* [74], καὶ οἱ μάγοι τὸν ἀστέρα τεθεαμένοι· ἦν γὰρ [75], φησί, καὶ αὐτὸς ὑπὸ γένεσιν ἀστέρων [76] καὶ ὡρῶν ἀποκαταστάσεως ἐν τῷ μεγάλῳ προλελογισμένος...

VARIÆ LECTIONES.

[52] ἐπισκειάσει C. [53] κρίσεως. An χρίσεως? ὀγδοάδος susp. Roeperus. [54] διὰ τοῦ. τοῦ C, M, Bunsenius. [55] μέχρις οὗ. μέχρι σοῦ C. [56] Cf. Rom. VIII, 19, 22: Ἡ γὰρ ἀποκαραδοκία τῆς κτίσεως τὴν ἀποκάλυψιν τῶν υἱῶν τοῦ Θεοῦ ἀπεκδέχεται..... οἴδαμεν γὰρ ὅτι πᾶσα ἡ κτίσις συστενάζει καὶ συνωδίνει ἄχρι τοῦ νῦν. [57] οὖν om. C, M, Bunsenius. [58] ἐπάξει. ἐπαύξει C. [59] μένῃ Uhlhornius, Bernaysius et Bunsenius, coll. lin. 78, μὴ C, ἢ M. [60] ἐπιθῦ (sic) C in fine versus. M. [61] μενοῦσιν Roeperus, quocum consentire videtur Bunsenius, μένουσιν C, M. [62] ἐπιστάμεναι τούτου. εἰστάμεναι. Τούτου C, ἐπιστάμεναι. Τούτου M, [63] διάφορον. διάφορα C, M· [64] οὐδὲ βέλτιον R. Scottus, Bunsenius, οὐ βέλτιον C, M, οὐ γὰρ βέλτιον Roeperus. [65] ὑποκειμένοις C. [66] βασανίζονται C. [67] γὰρ om. C, Bunsenius. [68] οὐδέν. οὐδὲ C, Roeperus, quo servato Roeperus post γνώσεται inserendum censet τι. [69] κατὰ μηδέν. κατὰ μηδένα C, M, [70] παρά. κατὰ C. [71] ἀποκατασταθησομένων Roeperus, ἀποκατασταμένων C, M, Bunsenius. [72] καιροῖς. καιρὸς C. [73] ἱκανῶς C, unde conjicias ἱκανῶς μαρτυρεῖ: μάρτυς ἱκανὸς Bunsenius. [74] Ev. Joan. II, 4. [75] Cf. Matth. II, 1, 2. [76] [illegible] δι' ἀστέρων Bunsenius: κατὰ γ. ὑπ' ἀστ. Jacobius.

γισμένος σωρῷ [77]. Οὗτός ἐστιν ὁ κατ' αὐτοὺς νενοημένος ἔσω ἄνθρωπος πνευματικὸς ἐν τῷ ψυχικῷ (ὅ ἐστιν υἱότης ἐνταῦθα ἀπολιποῦσα τὴν ψυχὴν, οὐ θνητὴν ἀλλὰ αὐτοῦ μένουσαν κατὰ φύσιν, ἧπερ [78] ἄνω λέλοιπεν [79] ἡ πρώτη υἱότης τὸ ἅγιον Πνεῦμα τὸ μεθόριον ἐν οἰκείῳ τόπῳ), ἰδίαν τότε περιβεβλημένος ψυχήν.

Ἵνα δὲ μηδὲν τῶν κατ' αὐτοὺς [80] παραλείπωμεν, ὅσα καὶ περὶ Εὐαγγελίου λέγουσιν ἐκθήσομαι. Εὐαγγέλιόν ἐστι κατ' αὐτοὺς ἡ τῶν ὑπερκοσμίων γνῶσις, ὡς δεδήλωται, ἣν ὁ μέγας ἄρχων οὐκ ἠπίστατο. Ὡς οὖν ἐδηλώθη αὐτῷ, ὅτι καὶ τὸ Πνεῦμα ἅγιόν [p. 243. 244.] ἐστι, τουτέστι τὸ μεθόριον, καὶ ἡ υἱότης καὶ Θεὸς ὁ τούτων αἴτιος πάντων ὁ οὐκ ὤν, ἐχάρη ἐπὶ τοῖς λεχθεῖσι καὶ ἠγαλλιάσατο [81]· τουτέστι κατ' αὐτοὺς τὸ Εὐαγγέλιον. Ὁ δὲ Ἰησοῦς γεγένηται κατ' αὐτοὺς ὡς προειρήκαμεν. Γεγενημένης δὲ τῆς γενέσεως τῆς προδεδηλωμένης, γέγονε πάντα ὁμοίως κατ' αὐτοὺς τὰ περὶ τοῦ Σωτῆρος ὡς ἐν τοῖς Εὐαγγελίοις γέγραπται. Γέγονε δὲ ταῦτα, φησὶν, ἵνα ἀπαρχὴ [82] τῆς φυλοκρινήσεως [83] γένηται τῶν συγκεχυμένων ὁ Ἰησοῦς. Ἐπεὶ γάρ ἐστιν ὁ κόσμος διῃρημένος εἰς ὀγδοάδα, ἥτις ἐστὶν ἡ κεφαλὴ τοῦ παντὸς κόσμου (κεφαλὴ δὲ τοῦ παντὸς κόσμου [84] ὁ μέγας ἄρχων), καὶ εἰς ἑβδομάδα, ἥτις ἐστὶν ἡ κεφαλὴ τῆς ἑβδομάδος, ὁ δημιουργὸς [85] τῶν ὑποκειμένων, καὶ εἰς τοῦτο τὸ διάστημα τὸ καθ' ἡμᾶς, ὅπου ἐστὶν ἡ ἀμορφία, ἀναγκαῖον ἦν τὰ συγκεχυμένα φυλοκρινηθῆναι [86] διὰ τῆς τοῦ Ἰησοῦ διαιρέσεως. Ἔπαθεν οὖν τοῦτο ὅπερ ἦν | αὐτοῦ σωματικὸν μέρος, ὃ ἦν τῆς ἀμορφίας, καὶ ἀπεκατέστη εἰς τὴν ἀμορφίαν· ἀνέστη δὲ τοῦτο ὅπερ ἦν ψυχικὸν αὐτοῦ μέρος, ὅπερ ἦν τῆς ἑβδομάδος, καὶ ἀπεκατέστη εἰς τὴν ἑβδομάδα· ἀνέστησε δὲ τοῦτο ὅπερ ἦν τῆς ἀκρωρείας οἰκεῖον τοῦ μεγάλου ἄρχοντος καὶ ἔμεινε παρὰ τὸν ἄρχοντα τὸν μέγαν· ἀνήνεγκε δὲ μέχρις ἄνω τοῦτο ὅπερ ἦν τοῦ μεθορίου πνεύματος καὶ ἔμεινεν ἐν τῷ μεθορίῳ Πνεύματι· ἀπεκαθάρθη δὲ ἡ υἱότης ἡ τρίτη δι' αὐτοῦ, ἡ ἐγκαταλελειμμένη πρὸς τὸ εὐεργετεῖν καὶ εὐεργετεῖσθαι, καὶ ἀνῆλθε πρὸς τὴν μακαρίαν υἱότητα διὰ πάντων τούτων διελθοῦσα. Ὅλη γὰρ αὐτῶν ἡ ὑπόθεσις σύγχυσις [87] οἱονεὶ πανσπερμίας καὶ φυλοκρίνησις καὶ ἀποκατάστασις τῶν συγκεχυμένων εἰς τὰ οἰκεῖα. Τῆς οὖν φυλοκρινήσεως ἀπαρχὴ γέγονεν ὁ Ἰησοῦς, καὶ τὸ πάθος οὐκ ἄλλου τινὸς χάριν γέγονεν ὑπὸ [88] τοῦ φυλοκρινηθῆναι [89] τὰ συγκεχυμένα. Τούτῳ γὰρ τῷ τρόπῳ φησὶν ὅλην τὴν υἱότητα τὴν καταλελειμμένην [90] εἰς τὴν ἀμορφίαν πρὸς τὸ εὐεργετεῖν καὶ εὐεργετεῖσθαι δεῖν φυλοκρινηθῆναι [91], ᾧ τρόπῳ καὶ ὁ Ἰησοῦς πεφυλοκρίνηται. Ταῦτα μὲν οὖν ἐστιν ἃ

A tionis in magno acervo ratione præconceptus. Hic est, qui secundum illos intelligitur internus homo spiritualis in animali (quod est filietas, quæ hic reliquit animam, non mortalem sed ibi manentem secundum naturam, qua ratione supra liquit prima filietas Spiritum sanctum, hoc est id quod conterminum est, in suo loco) sua tum indutus anima.

Verum ne quid doctrinæ eorum prætermittamus, quæcunque etiam de Evangelio docent exponam. Evangelium est secundum eos supramundanorum intelligentia, ut declaratum est, quam magnus archon non intellexit. Cum igitur declaratum **378** **379** esset ei esse etiam Spiritum sanctum, hoc est id quod conterminum est, et filietatem, et esse Deum, horum auctorem omnium, eum qui non est, B lætatus est iis quæ dicta erant et exsultavit; hoc est secundum eos Evangelium. Jesus autem generatus est secundum eos, ut antea diximus. Facta autem quæ antea declarata est generatione, facta sunt omnia, quæ pertinent ad Salvatorem, similiter secundum eos atque in Evangeliis scriptum est. Facta autem hæc sunt, inquit, ut primitiæ divisionis classium eorum quæ commista erant evaderet Jesus. Cum igitur mundus distributus sit in ogdoadem, quæ est caput universi mundi (caput autem ogdoadis magnus archon), et in hebdomadem (caput autem hebdomadis opifex subjacentium), et in hunc gradum qui pertinet ad nos, ubi est deformitas: oportebat ea quæ confusa erant ex classibus separari per Jesu divisionem. Passum igitur C est id quod erat ejus corporalis pars, quæ erat deformitatis, et redacta est in deformitatem; resuscitatum autem est id quod erat in eo animale, id quod erat ab hebdomade, et redilt in hebdomadem; resuscitavit autem id quod erat domesticum summi cacuminis, magni archontis, et mansit apud magnum archontem; extulit autem usque ad id quod supra est illud quod erat contermini Spiritus, et mansit in contermino Spiritu; purgata autem est filietas tertia per eum, quæ relicta erat ad bene faciendum et bene patiendum, et escendit ad beatam filietatem, postquam per omnia hæc pervasit. Omne enim eorum argumentum est tanquam seminarii confusio et classium divisio et restitutio D confusorum in loca domestica. Classium igitur divisionis primitiæ factus est Jesus, et passio non alius cujusdam gratia facta est per divisionem classium eorum quæ confusa erant. Ea enim ratione ait omnem filietatem, quæ relicta erat in deformitate ad bene faciendum et bene patiendum,

VARIÆ LECTIONES.

[77] σωρῷ. σάρῳ M. [78] ἧπερ. καίπερ C, M. Bunsenius, καθάπερ Jacobius. [79] λέλοιπεν. λέλυπεν C. [80] αὐτούς. αὐτοῦ C, M, Bunsenius. [81] ἠγαλλιάσατο C [82] ἀπαρχή. ἀπ' ἀρχῆς C, M. Cf. infra lin. 35. [83] φυλοκρίνης ἕως C. [84] κεφαλὴ δὲ τοῦ παντὸς κόσμου om. Bunsenius, an κεφαλὴ δὲ τῆς ὀγδοάδος? [85] ἥτις ἐστὶν ἡ κεφαλὴ τῆς ἑβδομάδος, ὁ δημιουργός. ἥτις ἐστὶν ὁ δημιουργὸς Bunsenius, an κεφαλὴ δὲ τῆς ἑβδομάδος ὁ δημιουργός? [86] φυλοκριθῆναι C, Bunsenius. [87] σύγχυσις. σύγχησις C. [88] ὑπό. ἡ ὑπὸ M, Bunsenius, ἡ Roeperus, Jacobius. [89] φυλοκριθῆναι Bunsenius. [90] καταλελειμμένην. καταλελεγμένην C, Bunsenius. [91] δεῖν φυλοκρινηθῆναι. διαφυλοκριθῆναι R. Bunsenius, διαφυλοκρινηθῆναι M.

oportere in classes dividi, qua ratione et Jesus per classes divisus est. Hæc igitur sunt, quæ et Basilides fabulatur, qui docuit per Ægyptum, et ab iis tantam sapientiam edoctus tales fructus tulit.

380-381 28. Saturnilus autem quidam, qui per idem tempus quo Basilides viguit, degit autem Antiochiæ, urbi Syriæ, docuit talia qualia etiam Menander. Ait autem unum Patrem incognitum universitati rerum exsistere, eum qui creaverit Angelos, Archangelos, Potestates, Vires. A septem autem angelis mundum exstitisse omniaque in eo, et ipsum hominem angelorum esse opus, cum simul desuper ab authentia lucida imago apparuisset, quam cum detinere nequivissent, propterea quod illico, inquit, recurrit sublime, cohortati sunt inter se his verbis: *Faciamus hominem secundum imaginem et similitudinem*, quo nato, inquit, cum figmentum sese erigere non posset ob debilitatem angelorum, sed vermis instar reperet: miserata eum superna potestas propterea quod in similitudinem ejus factus erat, misit scintillam vitæ, quæ suscitavit hominem effecitque ut viveret. Hanc igitur scintillam vitæ post obitum recurrere ad ea quæ sint contribulia ait, et reliqua, ex quibus natus sit, in illa resolvi. Salvatorem autem ingeneratum statuit esse et incorporalem et figura carentem, per speciem autem apparuisse hominem. Et Judæorum Deum unum angelorum esse ait, et quoniam voluerit Pater dominatu privare omnes dominantes, 382-383 advenisse Christum ad privandum dominatu Judæorum Deum et ad salvandos eos qui sibi obsequerentur, esse autem hos eos qui haberent scintillam vitæ in semetipsis. Duo enim genera hominum ab angelis ficta esse ait, alterum malum, alterum bonum, et cum auxiliaren-

A καὶ Βασιλείδης μυθεύει σχολάσας κατὰ τὴν [illegible]πτον [92]. καὶ παρ' αὐτῶν τὴν τοσαύτην σοφί[illegible] δαχθεὶς ἐκαρποφόρησε τοιούτους καρπούς.

[p. 244. 245.] κη'. [93] Σατορνεῖλος [94] δέ τις συνακ[illegible]σας τῷ Βασιλείδῃ κατὰ τὸν αὐτὸν χρόνον, διατρί[illegible] δὲ ἐν Ἀντιοχείᾳ τῆς Συρίας, ἐδογμάτισε τοια[illegible] ὁποῖα καὶ Μένανδρος. Λέγει δὲ ἕνα πατέρα ἄγνω[illegible] τοῖς πᾶσιν ὑπάρχειν, τὸν ποιήσαντα [95] Ἀγγέλ[illegible] Ἀρχαγγέλους, Δυνάμεις, Ἐξουσίας. Ἀπὸ δὲ [illegible] τινων ἀγγέλων τὸν κόσμον γεγενῆσθαι καὶ πάντ[illegible] ἐν αὐτῷ, καὶ τὸν ἄνθρωπον δὲ Ἀγγέλων [illegible] ποίημα, ἄνωθεν ἀπὸ τῆς αὐθεντίας [96] φωτειν[illegible] εἰκόνος ἐπιφανείσης, ἣν [98] κατασχεῖν μὴ δυν[illegible] διὰ τὸ παραχρῆμα, φησίν, ἀναδραμεῖν ἄν[illegible]

B ἐκέλευσαν ἑαυτοῖς λέγοντες· *Ποιήσωμεν ἄνθρω[illegible] κατ' εἰκόνα καὶ καθ' ὁμοίωσιν*· οὗ γενομένου, [illegible] καὶ [μὴ] [2] δυναμένου ἀνορθοῦσθαι τοῦ πλάσ[illegible] διὰ τὸ ἀδρανὲς τῶν ἀγγέλων, ἀλλὰ ὡς σκω[illegible] σκαρίζοντος, οἰκτείρασα αὐτὸν ἡ ἄνω δύναμις [illegible] ἐν ὁμοιώματι αὐτῆς γεγονέναι, ἔπεμψε [3] σπ[illegible] ζωῆς, ὃς διήγειρε τὸν ἄνθρωπον καὶ ζῆν [illegible] Τοῦτον οὖν τὸν σπινθῆρα τῆς ζωῆς μετὰ τὴν [illegible] τὴν ἀνατρέχειν πρὸς τὰ ὁμόφυλα λέγει, καὶ τὰ [illegible] ἐξ ὧν ἐγένετο, εἰς ἐκεῖνα ἀναλύεσθαι. Τὸν δὲ [illegible] ἀγέννητον [4] ὑπέθετο καὶ ἀσώματον καὶ ἀν[illegible] δοκήσει δὲ ἐπιπεφηνέναι ἄνθρωπον. Καὶ τ[illegible] Ἰουδαίων Θεὸν ἕνα τῶν ἀγγέλων εἶναί φησ[illegible] τὸ [5] βούλεσθαι τὸν Πατέρα καταλῦσαι [illegible] ἄρχοντας, παραγενέσθαι τὸν [p. 245. 246.] [illegible]

C ἐπὶ καταλύσει τοῦ τῶν Ἰουδαίων Θεοῦ καὶ [illegible]ρίᾳ τῶν πειθομένων αὐτῷ· εἶναι δὲ [illegible] ἔχοντας τὸν σπινθῆρα τῆς ζωῆς ἐν αὐτ[illegible] γένη τῶν ἀνθρώπων ὑπὸ τῶν ἀγγέλων [illegible] ἔφη, τὸ μὲν πονηρόν, τὸ δὲ [7] ἀγαθὸν καὶ [illegible]

Iren. *C. hæres.* I, 24, 1. . . . Saturninus quidem similiter ut Menander unum Patrem incognitum omnibus ostendit, qui fecit Angelos, Archangelos, Virtutes, Potestates. A septem autem quibusdam angelis mundum factum et omnia quæ in eo. Hominem autem angelorum esse facturam, desursum a summa potestate lucida imagine apparente, quam cum tenere non potuissent, inquit, eo quod statim recurrerit sursum, adhortati sunt semetipsos dicentes: *Faciamus hominem ad imaginem et similitudinem:* qui cum factus esset et non potuisset erigi plasma propter imbecillitatem angelorum, sed quasi vermiculus scarizaret, miserantem ejus desuper virtutem, quoniam in similitudinem ejus

D esset factus, emisisse scintillam vitæ, quæ erexit hominem et articulavit et vivere fecit. Hanc igitur scintillam vitæ post defunctionem recurrere ad ea, qui sunt ejusdem generis, dicit, et reliqua ex quibus facta sunt illa (sic!) resolvi.

2. Salvatorem autem innatum demonstravit et incorporalem et sine figura, putative autem visum hominem; et Judæorum Deum unum ex angelis esse dixit. Et propter hoc quod dissolvere voluerit Patrem ejus omnes principes, advenisse Christum ad destructionem Judæorum Dei et ad salutem credentium ei; esse autem hos, qui habent scintillam vitæ ejus. Duo enim genera hic primus hominum plasmata esse ab angelis dixit, alterum quidem [illegible]

VARIÆ LECTIONES.

[92] τὴν Αἴγυπτον. τὸν Περίπατον Bernaysius et Bunsenius; sed cf. Euseb. *H. E.* IV, 7..... Σατορνῖλόν τε Ἀντιοχέα τὸ γένος καὶ Βασιλείδην Ἀλεξανδρέα, ὧν ὁ μὲν κατὰ Συρίαν, ὁ δὲ κατ' Αἴγυπτον συνεστήσαντο θεομισῶν αἱρέσεων διδασκαλεῖα. Epiphan. hæres. 24, 1: Βασιλείδης μὲν οὖν .. ἐν τῇ τῶν Αἰγυπτίων [illegible] στειλάμενος τὴν πορείαν ἐκεῖσε τὰς διατριβὰς ἐποιεῖτο, κ. τ. λ. [93] Cum his quæ sequuntur cf. Epiphan. hæres. 23. Theodoret. *Fab. hær.* I, 3, et Iren. *C. hær.* I, 24, cujus ipsa verba, quæ Hippolytus exscripsit, a vetere interprete Latine versa textui supposuimus. [94] Σατορνεῖλος. Σατορνῖλος Epiphanius et Theodoretus, Σατορνῖνος Eusebius. [95] τὸν ποιήσαντα. τοῦτον ποιήσαντα C. [96] αὐθεντίας. Cf. infra cap. 33, p. 404, 46. [97] φωτεινῆς. φωνῆς C, M, κατὰ τὴν μορφὴν τῆς ἄνωθεν παρακυψάσης φωτεινῆς Epiphanius. [98] ἥν. ἦν C. [99] ἄνω Roeperus, ἄνωθεν C, M. [1] Cf. I Mos. I, 26: Ποιήσωμεν ἄνθρωπον κατ' εἰκόνα ἡμετέραν καὶ καθ' ὁμοίωσιν, κ. τ. λ. [2] μὴ add. M. [3] ἔπεμψε. πέμψαι C. [4] Σωτῆρα ἀγέννητον. Πατέρα ἀγέννητον C, M. [5] διὸ C, M. [6] τούτους τούς. τούτους C, M.

δαίμονες τοῖς πονηροῖς ἐβοήθουν, ἐληλυθέναι τὸν A Σωτῆρα ἐπὶ καταλύσει [8] τῶν φαύλων ἀνθρώπων καὶ δαιμόνων, ἐπὶ σωτηρίᾳ δὲ τῶν ἀγαθῶν. Τὸ δὲ γαμεῖν καὶ γεννᾷν [9] ἀπὸ τοῦ Σατανᾶ φησιν εἶναι· οἱ πλείους τε [10] τῶν ἀπ' ἐκείνου καὶ ἐμψύχων ἀπέχονται, διὰ τῆς προσποιήτου [11] ταύτης ἐγκρατείας [12].... τὰς δὲ προφητείας ἃς μὲν ἀπὸ τῶν κοσμοποιῶν ἀγγέλων λελαλῆσθαι, ἃς | δὲ ἀπὸ τοῦ Σατανᾶ, ὃν καὶ αὐτὸν ἄγγελον ἀντιπράττοντα τοῖς κοσμικοῖς ὑπέθετο [13], μάλιστα δὲ τῷ τῶν Ἰουδαίων Θεῷ [14]. Ταῦτα μὲν οὖν ὁ Σατορνεῖλος.

κθ'. Μαρκίων δὲ ὁ Ποντικὸς πολὺ τούτων μανικώτερος, τὰ πολλὰ τῶν πλειόνων παραπεμψάμενος ἐπὶ τὸ ἀναιδέστερον ὁρμήσας δύο ἀρχὰς τοῦ παντὸς ὑπέθετο, ἀγαθόν τινα λέγων καὶ τὸν ἕτερον πονηρόν· καὶ αὐτὸς δὲ νομίζων καινόν τι παρεισαγαγεῖν σχο- B λὴν ἐσκεύασεν ἀπονοίας γέμουσαν [15] καὶ κυνικοῦ βίου, ὤν τις μάχιμος. Οὗτος [16] νομίζων λήσεσθαι τοὺς πολλοὺς, ὅτι μὴ Χριστοῦ τυγχάνοι μαθητὴς ἀλλ' Ἐμπεδοκλέους πολὺ αὐτῷ προγενεστέρου τυγχάνοντος, ταυτὰ [18] ὁρίσας ἐδογμάτισε δύο εἶναι τὰ τοῦ παντὸς αἴτια, νεῖκος καὶ φιλίαν. Τί γάρ φησιν ὁ [p. 246. 247.] Ἐμπεδοκλῆς περὶ τῆς τοῦ κόσμου διαγωγῆς; Εἰ καὶ προείπομεν [19], ἀλλά γε καὶ νῦν πρὸς τὸ ἀντιπαραθεῖναι τῇ τοῦ κλεψιλόγου αἱρέσει οὐ σιωπήσομαι. Οὗτός φησιν εἶναι τὰ πάντα στοιχεῖα, ἐξ ὧν ὁ κόσμος συνέστηκε καὶ ἔστιν, ἕξ, δύο μὲν ὑλικὰ, γῆν καὶ ὕδωρ· δύο δὲ ὄργανα, οἷς τὰ ὑλικὰ κοσμεῖται καὶ μεταβάλλεται, πῦρ καὶ ἀέρα· δύο δὲ τὰ ἐργαζόμενα τοῖς ὀργάνοις τὴν ὕλην καὶ δημιουργοῦντα, νεῖκος καὶ φιλίαν, λέγων ὧδέ πως·

Τέσσαρα [20] τῶν πάντων ῥιζώματα πρῶτον ἄκουε·
Ζεὺς [ἀργὴς] [21], Ἥρη τε φερέσβιος, ἠδ' Ἀϊδωνεύς,
Νῆστίς γε [22] ἣ δακρύοις [23] τέγγει [24] κρουνῷ μακρό-
[γιον [25].

Ζεύς ἐστι τὸ πῦρ, Ἥρη δὲ φερέσβιος ἡ γῆ ἡ φέρουσα

tur dæmones malis, venisse Salvatorem ad tollendos malos homines et dæmones, ad salvandos autem bonos. Ducere autem uxorem et procreare prolem a Satana inquit esse; pleriqne autem eorum, qui sunt ab eo, etiam animantibus abstinent per eamque affectatam continentiam multos seducunt. Vaticinationes autem partim ab angelis mundificibus prædicatas esse, partim autem a Satana, quem et ipsum angelum statuit esse, qui adversetur iis qui sunt in mundo angelis, maxime autem Deo Judæorum. Hæc igitur Saturnilus.

29. Marcion autem Ponticus, multo his vesanior, plerisque ex plurimis omissis in majorem impudentiam progressus, duo principia universi statuit, cum bonum unum ponit, alterum malum. Et ipse opinatus sese novum quiddam subintroduxisse, scholam constituit vesania abundantem et canina vita, quippe furiosus quidam erat. Hic arbitratus oblituros esse homines se non esse Christi discipulum sed Empedoclis, qui multo ante ipsum fuit, eadem definiit et docuit duas esse universi causas: discordiam et amicitiam. Quid enim docet **384-385** Empedocles de mundi administratione? Etiamsi antea diximus, tamen etiamnunc in comparationem hæreseos hominis doctrinam suam suffurati non silebimus. Hic omnia elementa, ex quibus mundus constitit et exstat, sex esse ait, quorum duo sint materialia, terram et aquam, duo autem instrumenta, quibus materialia instruantur et commutentur, ignem et aerem, duo autem quæ operentur C instrumentis materiem et dispensent, discordiam et amicitiam, cum dicit sic fere:

Quatuor universorum radices primum audi.
Jupiter [lucidus] Junoque alma et Aidoneus
Nestisque quæ lacrymis humectat scaturiginem
[humanam.

Jupiter est ignis, Juno autem alma terra, quæ fert

---

quam, alterum autem bonum. Et quoniam dæmones pessimos adjuvant, venisse Salvatorem ad dissolutionem malorum hominum et dæmoniorum, ad salutem autem bonorum. Nubere autem et generare a Satana dicunt esse. Multi autem ex iis, qui sunt ab eo, et ab animalibus abstinent, per fictam hujusmodi continentiam seducentes multos. Prophetias autem quasdam quidem ab iis angelis, qui mundum fabricaverint, dictas, quasdam autem a Satana, quem et ipsum angelum adversarium mundi fabricatoribus ostendit, maxime autem Judæorum Deo.

VARIÆ LECTIONES.

[7] τὸ μὲν — τὸ δέ. τὸν μὲν — τὸν δὲ C, M. [8] ἐπικαταλύσει C. [9] γενᾷν C. [10] πλείους τε. πλείους δὲ scribendum censet M, qui verba οἱ πλείους — ἐγκρατείας lunulis inclusit. [11] πρὸς ποιητοῦ C. [12] Post ἐγκρατείας lacunam signavimus; videntur excidisse verba πλανῶντες πολλούς: ὅθεν καὶ οἱ πλείους αὐτῶν ἐμψύχων ἀπέχονται, ὅπως διὰ τῆς προσποιητῆς δῆθεν πολιτείας αὐτῶν τινὰς ἐπαγάγωνται εἰς τὴν αὐτῶν ἀπάτην Epiphanius, l. l. § 2. [13] ὑπέθετο. ὑπέθεντο C, M. [14] τῷ — Θεῷ. τὸν θεὸν C, M. [15] γέμουσαν. γέμουσα C. [16] ὤν τις μάχιμος. ὤν τις μάχλος conj. M, R. Scotto hæc ex glossa marginali nata videntur ὤν τις sive εἷς Μάξιμος, quæ spectare arbitratur ad Maximum Cynicum, qui a concilio Constantinopolitano damnatus est: an μανικός? [17] Οὗτος. ὅτι C. [18] ταυτά· ταυτα C, M. [19] Cf. supra p. 14, 1 — 14. Empedoclea ab Hippolyto conservata accuratius tractavit Schneidewinus *Philol.* vol. VI, p. 155 sqq. et Bern. ten Brink, *ibid.* p. 730 sqq. Recepit in *Fragmenta Empedoclis* Heur. Stein (*Bonnæ*, 1852). Post Steinium eosdem versus variis conjecturis tentaverunt Th. Bergkius in censura Steiniani libelli in *Jahnii Nov. Annal. philol.* a. 1853, tom. LXVIII, p. 21 sqq. A Mullachius in *Quæst. Empedocl. spec. secundo Berolini* 1853 edito, et Guil. Hollenberg in *Empedocleis Berol.* eodem anno editis. [20] Empedocl. vss. 55—57. Karsten.; vss. 33 — 35. Stein., qui reliquorum scriptorum testimonia apponunt. Redeunt iidem versus infra, l. x, c. 7, p. 313 ed. Ox. [21] ἀργής om. C, ἀὴρ infra p. 313. [22] ἠδ'. ἡ δὲ C. [23] γε. δὲ infra, l. l. [24] ἣ δακρύοις. ἡδακτοῖς infra l. l. [25] τέγγει. σπονδε (sic) infra. [26] μακρόγιον. μαθρόντιον infra. Steinius ex aliis fontibus versum ita edidit: Νῆστίς θ' ἣ δακρύοις τέγγει κρούνωμα βρότειον, quem alii aliter tentaverunt, veluti B. Brinkius in *Philol.* VI, p. 730 sqq.: Νῆστις δακρυόεσσά τ' ἐπὶ κρουνῶν μακρογείων.

oportere in classes dividi, qua ratione et Jesus per classes divisus est. Hæc igitur sunt, quæ et Basilides fabulatur, qui docuit per Ægyptum, et ab iis tantam sapientiam edoctus tales fructus tulit.

380-381 28. Saturnilus autem quidam, qui per idem tempus quo Basilides viguit, degit autem Antiochiæ, urbi Syriæ, docuit talia qualia etiam Menander. Ait autem unum Patrem incognitum universitati rerum exsistere, eum qui creaverit Angelos, Archangelos, Potestates, Vires. A septem autem angelis mundum exstitisse omniaque in eo, et ipsum hominem angelorum esse opus, cum simul desuper ab authentia lucida imago apparuisset, quam cum detinere nequivissent, propterea quod illico, inquit, recurrit sublime, cohortati sunt inter se his verbis: *Faciamus hominem secundum imaginem et similitudinem*, quo nato, inquit, cum figmentum sese erigere non posset ob debilitatem angelorum, sed vermis instar reperet: miserata eum superna potestas propterea quod in similitudinem ejus factus erat, misit scintillam vitæ, quæ suscitavit hominem effecitque ut viveret. Hanc igitur scintillam vitæ post obitum recurrere ad ea quæ sint contribulia ait, et reliqua, ex quibus natus sit, in illa resolvi. Salvatorem autem ingeneratum statuit esse et incorporalem et figura carentem, per speciem autem apparuisse hominem. Et Judæorum Deum unum angelorum esse ait, et quoniam voluerit Pater dominatu privare omnes dominantes, **382-383** advenisse Christum ad privandum dominatu Judæorum Deum et ad salvandos eos qui sibi obsequerentur, esse autem hos eos qui haberent scintillam vitæ in semetipsis. Duo enim genera hominum ab angelis ficta esse ait, alterum malum, alterum bonum, et cum auxiliaren-

A καὶ Βασιλείδης μυθεύει σχολάσας κατὰ τὴν Αἴγυπτον [92], καὶ παρ' αὐτῶν τὴν τοσαύτην σοφίαν διδαχθεὶς ἐκαρποφόρησε τοιούτους καρπούς.

[p. 244. 245.] κη'. [93] Σατορνεῖλος [94] δέ τις συνακμάσας τῷ Βασιλείδῃ κατὰ τὸν αὐτὸν χρόνον, διατρίψας δὲ ἐν Ἀντιοχείᾳ τῆς Συρίας, ἐδογμάτισε τοιαῦτα ὁποῖα καὶ Μένανδρος. Λέγει δὲ ἕνα πατέρα ἄγνωστον τοῖς πᾶσιν ὑπάρχειν, τὸν ποιήσαντα [95] Ἀγγέλους, Ἀρχαγγέλους, Δυνάμεις, Ἐξουσίας. Ἀπὸ δὲ ἑπτά τινων ἀγγέλων τὸν κόσμον γεγενῆσθαι καὶ πάντα τὰ ἐν αὐτῷ, καὶ τὸν ἄνθρωπον δὲ Ἀγγέλων εἶναι ποίημα, ἄνωθεν ἀπὸ τῆς αὐθεντίας [96] φωτεινῆς [97] εἰκόνος ἐπιφανείσης, ἣν [98] καταδχεῖν μὴ δυνηθέντα διὰ τὸ παραχρῆμα, φησὶν, ἀναδραμεῖν ἄνω [99] B ἐκέλευσαν ἑαυτοῖς λέγοντες· *Ποιήσωμεν ἄνθρωπον κατ' εἰκόνα καὶ καθ' ὁμοίωσιν*· οὗ γενομένου, φησὶ, καὶ [μὴ] [2] δυναμένου ἀνορθοῦσθαι τοῦ πλάσματος διὰ τὸ ἀδρανὲς τῶν ἀγγέλων, ἀλλὰ ὡς σκώληκος σκαρίζοντος, οἰκτείρασα αὐτὸν ἡ ἄνω δύναμις διὰ τὸ ἐν ὁμοιώματι αὐτῆς γεγονέναι, ἔπεμψε [3] σπινθῆρα ζωῆς, ὃς διήγειρε τὸν ἄνθρωπον καὶ ζῆν ἐποίησε. Τοῦτον οὖν τὸν σπινθῆρα τῆς ζωῆς μετὰ τὴν τελευτὴν ἀνατρέχειν πρὸς τὰ ὁμόφυλα λέγει, καὶ τὰ λοιπὰ ἐξ ὧν ἐγένετο, εἰς ἐκεῖνα ἀναλύεσθαι. Τὸν δὲ Σωτῆρα ἀγέννητον [4] ὑπέθετο καὶ ἀσώματον καὶ ἀνείδεον, δοκήσει δὲ ἐπιπεφηνέναι ἄνθρωπον. Καὶ τὸν τῶν Ἰουδαίων Θεὸν ἕνα τῶν ἀγγέλων εἶναί φησι, καὶ διὰ τὸ [5] βούλεσθαι τὸν Πατέρα καταλῦσαι πάντας τοὺς ἄρχοντας, παραγενέσθαι τὸν [p. 245. 246.] Χριστὸν C ἐπὶ καταλύσει τοῦ τῶν Ἰουδαίων Θεοῦ καὶ ἐπὶ σωτηρίᾳ τῶν πειθομένων αὐτῷ· εἶναι δὲ τούτους [6] τοὺς ἔχοντας τὸν σπινθῆρα τῆς ζωῆς ἐν αὐτοῖς. Δύο γὰρ γένη τῶν ἀνθρώπων ὑπὸ τῶν ἀγγέλων πεπλάσθαι ἔφη, τὸ μὲν πονηρὸν, τὸ δὲ [7] ἀγαθὸν καὶ ἐπειδὴ οἱ

Iren. *C. hæres.* I, 24, 1. . . . Saturninus quidem similiter ut Menander unum Patrem incognitum omnibus ostendit, qui fecit Angelos, Archangelos, Virtutes, Potestates. A septem autem quibusdam angelis mundum factum et omnia quæ in eo. Hominem autem angelorum esse facturam, desursum a summa potestate lucida imagine apparente, quam cum tenere non potuissent, inquit, eo quod statim recurrerit sursum, adhortati sunt semetipsos dicentes: *Faciamus hominem ad imaginem et similitudinem*: qui cum factus esset et non potuisset erigi plasma propter imbecillitatem angelorum, sed quasi vermiculus scarizaret, miserantem ejus desuper virtutem, quoniam in similitudinem ejus D esset factus, emisisse scintillam vitæ, quæ erexit hominem et articulavit et vivere fecit. *Hanc igitur scintillam vitæ post defunctionem recurrere ad ea*, qui sunt ejusdem generis, dicit, et reliqua ex quibus facta sunt illa (sic!) resolvi.

2. Salvatorem autem innatum demonstravit et incorporalem et sine figura, putative autem visum hominem; et Judæorum Deum unum ex angelis esse dixit. Et propter hoc quod dissolvere voluerint Patrem ejus omnes principes, advenisse Christum ad destructionem Judæorum Dei et ad salutem credentium ei; esse autem hos, qui habent scintillam vitæ ejus. Duo enim genera hic primus hominum plasmata esse ab angelis dixit, alterum quidem n

VARIÆ LECTIONES.

[92] τὴν Αἴγυπτον. τὸν Περίπατον Bernaysius et Bunsenius; sed cf. Euseb. *H. E.* IV, 7..... Σατορνῖνόν τε Ἀντιοχέα τὸ γένος καὶ Βασιλείδην Ἀλεξανδρέα, ὧν ὁ μὲν κατὰ Συρίαν, ὁ δὲ κατ' Αἴγυπτον συνεστήσαντο θεομισῶν αἱρέσεων διδασκαλεῖα. Epiphan. hæres. 24, 1: Βασιλείδης μὲν οὖν .. ἐν τῇ τῶν Αἰγυπτίων χώρᾳ στειλάμενος τὴν πορείαν ἐκεῖσε τὰς διατριβὰς ἐποιεῖτο, κ. τ. λ. [93] Cum his quæ sequuntur cf. Epiphan. hæres. 23. Theodoret. *Fab. hær.* I, 3, et Iren. *C. hær.* I, 24, cujus ipsa verba, quæ Hippolytus exscripsit, a vetere interprete Latine versa textui supposuimus. [94] Σατορνεῖλος. Σατορνῖλος Epiphanius et Theodoretus, Σατορνῖνος Eusebius. [95] τὸν ποιήσαντα. τοῦτον ποιήσαντα C. [96] αὐθεντίας. Cf. infra cap. 33, p. 404, 46. [97] φωτεινῆς. φωνῆς C, M, κατὰ τὴν μορφὴν τῆς ἄνωθεν παρακυψάσης φωτός Epiphanius. [98] ἥν. ἦν C. [99] ἄνω Roeperus, ἄνωθεν C, M. [1] Cf. I Mos. I, 26: Ποιήσωμεν ἄνθρωπον κατ' εἰκόνα ἡμετέραν καὶ καθ' ὁμοίωσιν, κ. τ. λ. [2] μὴ add. M. [3] ἔπεμψε. πέμψαι C. [4] Σωτῆρα ἀγέννητον. Πατέρα ἀγέννητον C, M. [5] διὰ τό. διὰ τοῦτο C, M. [6] τούτους τούς. τούτους C, M.

δαίμονες τοῖς πονηροῖς ἐβοήθουν, ἐληλυθέναι τὸν A Σωτῆρα ἐπὶ καταλύσει [8] τῶν φαύλων ἀνθρώπων καὶ δαιμόνων, ἐπὶ σωτηρίᾳ δὲ τῶν ἀγαθῶν. Τὸ δὲ γαμεῖν καὶ γεννᾷν [9] ἀπὸ τοῦ Σατανᾶ φησιν εἶναι· οἱ πλείους τε [10] τῶν ἀπ' ἐκείνου καὶ ἐμψύχων ἀπέχονται, διὰ τῆς προσποιήτου [11] ταύτης ἐγκρατείας [12].... τὰς δὲ προφητείας ἃς μὲν ἀπὸ τῶν κοσμοποιῶν ἀγγέλων λελαλῆσθαι, ἃς | δὲ ἀπὸ τοῦ Σατανᾶ, ὃν καὶ αὐτὸν ἄγγελον ἀντιπράττοντα τοῖς κοσμικοῖς ὑπέθετο [13], μάλιστα δὲ τῷ τῶν Ἰουδαίων Θεῷ [14]. Ταῦτα μὲν οὖν ὁ Σατορνεῖλος.

κθ'. Μαρκίων δὲ ὁ Ποντικὸς πολὺ τούτων μανικώτερος, τὰ πολλὰ τῶν πλειόνων παραπεμψάμενος ἐπὶ τὸ ἀναιδέστερον ὁρμήσας δύο ἀρχὰς τοῦ παντὸς ὑπέθετο, ἀγαθόν τινα λέγων καὶ τὸν ἕτερον πονηρόν· καὶ αὐτὸς δὲ νομίζων καινόν τι παρεισαγαγεῖν σχο- B λὴν ἐσκεύασεν ἀπονοίας γέμουσαν [15] καὶ κυνικοῦ βίου, ὤν τις μάχιμος. Οὗτος [17] νομίζων λήσεσθαι τοὺς πολλοὺς, ὅτι μὴ Χριστοῦ τυγχάνοι μαθητὴς ἀλλ' Ἐμπεδοκλέους πολὺ αὐτῷ προγενεστέρου τυγχάνοντος, ταυτὰ [18] ὁρίσας ἐδογμάτισε δύο εἶναι τὰ τοῦ παντὸς αἴτια, νεῖκος καὶ φιλίαν. Τί γάρ φησιν ὁ [p. 246. 247,] Ἐμπεδοκλῆς περὶ τῆς τοῦ κόσμου διαγωγῆς; Εἰ καὶ προείπομεν [19], ἀλλά γε καὶ νῦν πρὸς τὸ ἀντιπαραθεῖναι τῇ τοῦ κλεψιλόγου αἱρέσει οὐ σιωπήσομαι. Οὗτός φησιν εἶναι τὰ πάντα στοιχεῖα, ἐξ ὧν ὁ κόσμος συνέστηκε καὶ ἔστιν, ἕξ, δύο μὲν ὑλικὰ, γῆν καὶ ὕδωρ· δύο δὲ ὄργανα, οἷς τὰ ὑλικὰ κοσμεῖται καὶ μεταβάλλεται, πῦρ καὶ ἀέρα· δύο δὲ τὰ ἐργαζόμενα τοῖς ὀργάνοις τὴν ὕλην καὶ δημιουργοῦντα, νεῖκος καὶ φιλίαν, λέγων ὧδέ πως· C

Τέσσαρα [20] *τῶν πάντων ῥιζώματα πρῶτον ἄκουε·*
Ζεὺς [ἀργὴς] [21], *Ἥρη τε φερέσβιος, ἠδ'* [22] *Ἀϊδωνεύς,*
Νῆστίς γε [23] *ἣ δακρύοις* [24] *τέγγει* [25] *κρουνῷ μακρόγιον* [26].

Ζεύς ἐστι τὸ πῦρ, Ἥρη δὲ φερέσβιος ἡ γῆ ἡ φέρουσα

tur dæmones malis, venisse Salvatorem ad tollendos malos homines et dæmones, ad salvandos autem bonos. Ducere autem uxorem et procreare prolem a Satana inquit esse; plerique autem eorum, qui sunt ab eo, etiam animantibus abstinent per eamque affectatam continentiam multos seducunt. Vaticinationes autem partim ab angelis mundificibus prædicatas esse, partim autem a Satana, quem et ipsum angelum statuit esse, qui adversetur iis qui sunt in mundo angelis, maxime autem Deo Judæorum. Hæc igitur Saturnilus.

29. Marcion autem Ponticus, multo his vesanior, plerisque ex plurimis omissis in majorem impudentiam progressus, duo principia universi statuit, cum bonum unum ponit, alterum malum. Et ipse B opinatus sese novum quiddam subintroduxisse, scholam constituit vesania abundantem et canina vita, quippe furiosus quidam erat. Hic arbitratus oblituros esse homines se non esse Christi discipulum sed Empedoclis, qui multo ante ipsum fuit, eadem definiit et docuit duas esse universi causas: discordiam et amicitiam. Quid enim docet 384-385 Empedocles de mundi administratione? Etiamsi antea diximus, tamen etiamnunc in comparationem hæreseos hominis doctrinam suam suffurati non silebimus. Hic omnia elementa, ex quibus mundus constitit et exstat, sex esse ait, quorum duo sint materialia, terram et aquam, duo autem instrumenta, quibus materialia instruantur et commutentur, ignem et aerem, duo autem quæ operentur C instrumentis materiem et dispensent, discordiam et amicitiam, cum dicit sic fere:

Quatuor universorum radices primum audi.
Jupiter [lucidus] Junoque alma et Aidoneus
Nestisque quæ lacrymis humectat scaturiginem [humanam.

Jupiter est ignis, Juno autem alma terra, quæ fert

quam, alterum autem bonum. Et quoniam dæmones pessimos adjuvant, venisse Salvatorem ad dissolutionem malorum hominum et dæmoniorum, ad salutem autem bonorum. Nubere autem et generare a Satana dicunt esse. Multi autem ex iis, qui sunt ab eo, et ab animalibus abstinent, per fictam hujusmodi continentiam seducentes multos. Prophetias autem quasdam quidem ab iis angelis, qui mundum fabricaverint, dictas, quasdam autem a Satana, quem et ipsum angelum adversarium mundi fabricatoribus ostendit, maxime autem Judæorum Deo.

VARIÆ LECTIONES.

[7] τὸ μὲν — τὸ δέ. τὸν μὲν — τὸν δὲ C, M. [8] ἐπικαταλύσει C. [9] γενᾷν C. [10] πλείους τε. πλείους δὲ scribendum censet M, qui verba οἱ πλείους — ἐγκρατείας lunulis inclusit. [11] πρὸς ποιητοῦ C. [12] Post ἐγκρατείας lacunam signavimus; videntur excidisse verba πλανῶντες πολλούς: ὅθεν καὶ οἱ πλείους αὐτῶν ἐμψύχων ἀπέχονται, ὅπως διὰ τῆς προσποιητῆς δῆθεν πολιτείας αὐτῶν τινὰς ἐπαγάγωνται εἰς τὴν αὐτῶν ἀπάτην Epiphanius, l. l. § 2. [13] ὑπέθετο. ὑπέθεντο C, M. [14] τῷ — Θεῷ. τὸν θεὸν C, M. [15] γέμουσαν. γέμουσα C. [16] ὤν τις μάχιμος. ὤν τις μάχλος conj. M, R. Scotto hæc ex glossa marginali nata videntur ὤν τις sive εἷς Μάξιμος, quæ spectare arbitratur ad Maximum Cynicum, qui a concilio Constantinopolitano damnatus est: an μανικός? [17] Οὗτος. ὅτι C. [18] ταυτά· ταῦτα C, M. [19] Cf. supra p. 14, 1 — 14. Empedoclea ab Hippolyto conservata accuratius tractavit Schneidewinus *Philol.* vol. VI, p. 155 sqq. et Bern. ten Brink, *ibid.* p. 730 sqq, Recepit in *Fragmenta Empedoclis* Heur. Stein (*Bonnæ*, 1852). Post Steinium eosdem versus variis conjecturis tentaverunt Th. Bergkius in censura Steinani libelli in *Jahnii Nov. Annal. philol.* a. 1853, tom. LXVIII, p. 21 sqq. A Mullachius in *Quæst. Empedocl. spec. secundo Berolini* 1853 edito, et Guil. Hollenberg in *Empedocleis Berol.* eodem anno editis. [20] Empedocl. vss. 55—57. Karsten.; vss. 33 — 35. Stein., qui reliquorum scriptorum testimonia apponunt. Redeunt iidem versus infra, l. x, c. 7, p. 313 ed. Ox. [21] ἀργής om. C, ἀὴρ infra p. 313. [22] ἠδ'. ἡ δὲ C. [23] γε. δὲ infra, l. l. [24] ἣ δακρύοις. ἣ δακτοῖς infra l. l. [25] τέγγει. σπονδε (sic) infra. [26] μακρόγιον. μαβρόντιον infra. Steinius ex aliis fontibus versum ita edidit: Νῆστίς θ' ἣ δακρύοις τέγγει κρούνωμα βρότειον, quem alii aliter tentaverunt, veluti B. Brinkius in *Philol.* VI, p. 730 sqq.: Νῆστις δακρυόεσσά τ' ἐπὶ κρουνῶν μακρογείων.

fruges ad victum necessarias, Aidoneus autem aer, A quoniam omnia per eum videntes ipsum non conspicimus, Nestis autem aqua; solum enim hoc vehiculum, quod nutritionem efficit iis quæ aluntur, cum ipsum per se nequeat nutrire ea quæ aluntur. Si enim nutriret, inquit, nunquam fame corriperentur animalia, cum aqua in mundo semper abundet. Propterea Nestin vocat aquam, quia cum efficiat nutritionem nutrire nequeat ea quæ aluntur. Hæc igitur sunt, ut primis lineamentis adumbremus, quæ mundi continent universam speciem: aqua et terra, ex quibus ea quæ nascuntur, ignis et spiritus, instrumenta et agentia, discordia autem et amicitia, ea quæ operantur per artem. Et amicitia quidem pax quædam est et consensio et charitas, quæ eo nititur, ut unus perfectus et consummatus sit B mundus; discordia autem semper distrahit unum illum et dirimit vel reddit ex uno multa. Est igitur discordia causa universi mundi, quam ait οὐλόμενον esse, id est perniciosam; curæ enim ei est, ut mundus per omne ævum idem **386-387** consistat; et est omnium generatorum generationis dispensator et effector discordia perniciosa, exitus autem ex mundo eorum, quæ generata sunt, et commutationis et in unum restitutionis amicitia: de quibus Empedocles, scilicet esse immortalia duo et ingenerata et quæ initium nascendi nunquam ceperint, alio loco dicit in hunc fere modum:

τοὺς πρὸς τὸν βίον καρποὺς, Ἀϊδωνεὺς δὲ ... ὅτι πάντα δι' αὐτοῦ βλέποντες [37] μόνον αὐτὸν οὐ ... ορῶμεν, Νῆστις δὲ τὸ ὕδωρ· μόνον γὰρ τοῦτο ... τροφῆς αἴτιον γινόμενον πᾶσι τοῖς τρεφομένοις, ... καθ' αὑτὸ [38] τρέφειν οὐ δυνάμενον τὰ τρεφόμ... Εἰ γὰρ ἔτρεφε, φησὶν, οὐκ ἄν ποτε λιμῷ κατεί... τὰ ζῶα, ὕδατος ἐν τῷ κόσμῳ πλεονάζοντος ἀεί. ... τοῦτο Νῆστιν καλεῖ τὸ ὕδωρ, ὅτι τροφῆς αἴτιον ... μενον τρέφειν οὐκ εὐτονεῖ τὰ τρεφόμενα. Τὰ μὲν οὖν ἐστιν ὡς τύπῳ περιλαβεῖν τοῦ κόσμου συνέχοντα τὴν ὅλην ὑπόθεσιν· ὕδωρ καὶ γῆ, ἐξ ... τὰ γινόμενα, πῦρ καὶ πνεῦμα, τὰ ὄργανα κ... δραστήρια, νεῖκος δὲ καὶ φιλία, τὰ δημιουργ... τεχνικῶς. Καὶ ἡ μὲν φιλία εἰρήνη τίς ἐστι καὶ ... νοια καὶ στοργὴ ἕνα τέλειον κατηρτισμένον [39] ... προαιρουμένη τὸν κόσμον, τὸ δὲ νεῖκος ἀεὶ ... τὸν ἕνα καὶ κατακερματίζει ἢ ἀπεργάζεται ἐξ ... πολλά. Ἔστι μὲν οὖν τὸ μὲν νεῖκος αἴτιον τῆς ... σεως πάσης, ὅ φησιν οὐλόμενον [30] εἶναι, τ... ὀλέθριον· μέλει γὰρ αὐτῷ, ὅπως διὰ παντὸς ... ἡ κτίσις αὐτὴ [31] συνεστήκῃ [32]· καὶ ἔστι πάντων [p. 247—249.] γεγονότων τῆς γενήσεως δημ... καὶ ποιητὴς τὸ νεῖκος τὸ ὀλέθριον, τῆς δὲ ... κόσμου τῶν γεγονότων ἐξαγωγῆς καὶ μεταβ... εἰς τὸν ἕνα [33] ἀποκαταστάσεως ἡ φιλία· π... Ἐμπεδοκλῆς ὅτι ἔστιν ἀθάνατα δύο καὶ ἀγέν... καὶ ἀρχὴν τοῦ γενέσθαι μηδέποτε εἰληφότα, ... χοῦ [35] λέγει τοιοῦτόν τινα τρόπον·

Profecto enim et prius erat et erit nec unquam, opinor, C
His ambobus vacuabitur immensum ævum.

[36] *Ἦ* [37] *γὰρ καὶ πάρος ἦν τε* [38] *καὶ ἔσσεται* [39]*, οὐδέ ποτ' οἴω,*
Τούτων ἀμφοτέρων κενεώσεται [41] *ἄσπετος* [42] *αἰών.*

Quibusnam his? Discordia et amicitia; non enim cœperunt esse, sed ante erant et erunt in æternum, quoniam, cum generata non sint, perniciem subire nequeunt. Ignis autem [et aqua] et terra et aer morientia sunt et in vitam redeuntia. Cum enim mortua sunt hæc, quæ a discordia oriuntur, comprehendens ea amicitia adducit et apponit et conciliat universo, ut universum permaneat unum, ab amicitia semper dispositum in unum eumdemque modum eademque ratione. Quando autem amicitia ex multis effecit unum, et ea quæ distracta sunt conciliavit uni, rursus discordia abstrahit ab uno D et reddit multa, hoc est ignem, aquam, terram, aerem, quæ ex his generantur animalia et sata et quascunque partes mundi conspicimus. Et de mundi

Τίνων τούτων; Τοῦ νείκους καὶ τῆς φιλίας· οὐ γὰρ ἤρξαντο [43] γενέσθαι, ἀλλὰ προῆσαν καὶ ἔσονται ἀεὶ διὰ τὴν ἀγεννησίαν φθορὰν ὑπομεῖναι μὴ δυνάμενα. Τὸ δὲ πῦρ [καὶ τὸ ὕδωρ] [44] καὶ ἡ γῆ καὶ ὁ ἀὴρ θνήσκοντα καὶ ἀναβιοῦντα [45]. Ὅταν μὲν γὰρ ἀποθάνῃ ταῦτα ὑπὸ τοῦ νείκους γινόμενα, παραλαμβάνουσα αὐτὰ ἡ φιλία προσάγει καὶ προστίθησι καὶ προσοικειοῖ τῷ παντὶ, ἵνα μένῃ τὸ πᾶν ἓν, ὑπὸ τῆς φιλίας ἀεὶ διακοσμούμενον [46] μονοτρόπως καὶ μονοειδῶς. Ὅταν δὲ ἡ φιλία ἐκ πολλῶν ποιήσῃ [47] τὸ ἓν καὶ τὰ διεσπασμένα προσοικειώσῃ [48] τῷ ἑνὶ, πάλιν τὸ νεῖκος ἀπὸ τοῦ ἑνὸς ἀποσπᾷ καὶ ποιεῖ πολλὰ, τουτέστι πῦρ, ὕδωρ, γῆν, ἀέρα, τὰ [49] ἐκ τούτων γεννώμενα ζῶα καὶ φυτὰ καὶ ὅσα μέρη τοῦ κόσμου κατανοοῦμεν. Καὶ περὶ μὲν τῆς τοῦ κόσμου ἰδέας, ὁποία τίς ἐστι

VARIÆ LECTIONES.

[27] βλέποτες C. [28] καθ' αὐτὸ C. [29] κατηρτισμένον. κατειρτισμένον C, fort. καὶ κατηρτισμένον M. [30] οὐλόμενον. Cf. infra p. 313, 74 ed. Ox. [31] αὐτή. αὐτὴ C, M. [32] συνεστήκῃ. συνέστηκε C, M. [33] τὸν ἕνα. τὸ [ἓν? Sauppius. [34] ἀγένητα C, M. Cf. infra p. 390, 3. [35] ἀλλαχοῦ. ἀλλὰ C, M. qui ἀλλὰ delendum arbitratur, nisi quid exciderit: ἄλλῃ τε λέγει καὶ τοῦτον τὸν τρόπον Roeperus. [36] Cf. supra p. 264, 32.33, et quæ ibi adnotavimus. [37] ἦ. εἰ C, M. [38] τε. om. C, M. [39] ἔσσεται. ἔσται C. [40] οὐδέ ποτ' οἴω. οὐδέπω τοίω C, οὐδέποτ', οἴω M. [41] κενεώσεται. κενώσεται C, κεινώσεται M, κεκενώσεται Sauppius. [42] ἄσπετος. ἄσβεστος C. [43] ἤρξαντο. ἤρξατο C. [44] καὶ τὸ ὕδωρ om. C, M. Cf. lin. 32. [45] θνήσκοντα καὶ ἀναβιοῦντα. θνήσκουσι καὶ ἀναβιοῦσι susp. Sauppius. [46] διακοσμούμενον. διὰ κοσμομούμενον C. [47] ποιήσῃ. ποιήσει. C [48] προσοικειώσῃ Roeperus, προσοιχονομήσει C, προσοικονομήσῃ M. [49] τὰ καὶ τὰ susp. Sauppius.

ὑπὸ τῆς φιλίας κοσμουμένη [50], λέγει τοιοῦτόν τινα A τρόπον·

Οὐ γὰρ [51] ἀπὸ νώτοιο [52] δύο κλάδοι ἀΐσσονται [53],
Οὐ πόδες, οὐ θοὰ γοῦνατ', οὐ μήδεα γενήεντα [54],
Ἀλλὰ σφαῖρος [55] ἔην καὶ ἴσός ἐστιν αὐτῷ.

Τοιοῦτόν τι καὶ κάλλιστον εἶδος τοῦ κόσμου ἡ φιλία ἐκ πολλῶν ἓν ἀπεργάζεται· τὸ δὲ νεῖκος, τὸ τῆς τῶν [56] κατὰ μέρος διακοσμήσεως αἴτιον, ἐξ ἑνὸς ἐκείνου ἀποσπᾷ | καὶ ἀπεργάζεται πολλά. Καὶ τοῦτό ἐστιν ὃ λέγει περὶ τῆς ἑαυτοῦ γεννήσεως ὁ Ἐμπεδοκλῆς·

[p. 249. 250.] *Τῶν [57] καὶ ἐγὼ νῦν [58] εἰμι φυγὰς θεόθεν καὶ ἀλήτης,*

τουτέστιν *Θεὸν* καλῶν τὸ ἓν καὶ τὴν ἐκείνου ἑνότητα, ἐν ᾧ ἦν πρὶν ὑπὸ τοῦ νείκους ἀποσπασθῆναι καὶ γενέσθαι ἐν τοῖς πολλοῖς τούτοις τοῖς κατὰ τὴν τοῦ B νείκους διακόσμησιν·

Νείκεϊ γάρ, φησὶ, *μαινομένῳ πίσυνος.*

νεῖκος μαινόμενον [59] τεταραγμένον [60] καὶ ἄστατον τὸν δημιουργὸν τοῦδε [61] τοῦ κόσμου ὁ Ἐμπεδοκλῆς ἀποκαλῶν. Αὕτη γάρ ἐστιν ἡ καταδίκη καὶ ἀνάγκη τῶν ψυχῶν, ὧν ἀποσπᾷ τὸ νεῖκος ἀπὸ τοῦ ἑνὸς καὶ δημιουργεῖ καὶ ἐργάζεται, λέγων [62] τοιοῦτόν τινα τρόπον·

Ὅς καὶ [63] ἐπίορκον ἁμαρτήσας ἐπομώσει,
Δαιμόνιοί τε [63] μακραίωνος λελάχασι βίοιο [64],

δαίμονας τὰς ψυχὰς λέγων μακραίωνας, [65] ὅτι εἰσὶν ἀθάνατοι καὶ μακροὺς ζῶσιν αἰῶνας·

Τρίς [66] μέν [67] μυρίας ὥρας ἀπὸ μακάρων ἀλάλησθαι [68], C

μάκαρας καλῶν τοὺς συνηγμένους ὑπὸ τῆς [70] φιλίας ἀπὸ τῶν πολλῶν εἰς τὴν ἑνότητα τοῦ κόσμου τοῦ νοητοῦ. Τούτους οὖν φησιν *ἀλάλησθαι* καὶ

[71] Φυομένους [72] παντοῖα διὰ χρόνου [73] εἴδεα [74] θνητῶν,

quidem specie, qualis quædam sit ab amicitia disposita, dicit in hunc fere modum :

Non enim a tergo duo rami surgunt,
Non pedes, non vegeta genua, non inguina genitalia,
Verum globus est et ab omni parte æqualis sibi.

Talem quamdam et pulcherrimam speciem mundi amicitia ex multis unam efficit; discordia autem, quæ causa est per partam dispositionis, ex uno illo distrahit et efficit multa. Et hoc est, quod de sua generatione dicit Empedocles :

388-389. *Quorum et ego nunc sum exsul divinitus et erro,*

hoc est, *Deum* appellans quod unum est et illius unitatem, in quo erat, antequam a discordia abstraheretur et versaretur in multis his, quæ sunt secundum discordiæ dispositionem ;

Discordia enim, inquit, *insaniente fretus,*

discordiam insanientem perturbatum et instabilem demiurgum hujus mundi appellans Empedocles. Hæc enim est damnatio et necessitas animarum, quas abstrahit discordia ab eo quod unum est et administrat, cum ait in hunc fere modum :

Qui et scelere commisso pejeravit
Dæmon, qui longævam nacti sunt vitam,

dæmonas appellans longævas animas, quia sunt immortales et longa vivunt æva :

Triginta millia eos annorum a beatis segregatos errare,

beatos appellans eos, qui per amicitiam coacti sunt a multis illis in unitatem mundi intelligibilis. Hos igitur ait *errare* et

Nascentes omnigenas per tempus species mortalium,
Difficiles vitæ mutantes vias ;

VARIÆ LECTIONES.

[50] κοσμομουμένη λέγει, λέγει (sic) C. [51] Empedocl. vss. 360—62. Karsten., vss. 348—50. Stein., qui collatis aliis testibus hæc ita conformavit :

Οὐ μὲν ἀπαὶ νώτοιο δύο κλάδοι ἀΐσσονται,
Οὐ πόδες, οὐ θοὰ γοῦν', οὐ μήδεα λαχνήεντα,
Ἀλλὰ φρὴν ἱερὴ καὶ ἀθέσφατος ἔπλετο μοῦνον, κ. τ. λ.

[52] νότοιο C. [53] ἀΐσονται C. [54] μήδεα γεννήεντα Sauppius. [55] ἀλλὰ σφαῖρος ἔεις πάντοθεν ἴσος ἑαυτῷ Schneidewin. l. l.: ἀλλὰ σφαῖρος ἔην καὶ πάντ' ἴσος ἐστὶν ἑαυτῷ conj. M : ἔην tuetur v. Empedocl. Karsten. ; si vere, videndum an pro ἐστὶν substituas ἔσκεν, ac si Empedocles ἴσος dixerit pro ἶσος, ut Karstenius vult, an in καὶ lateat πάντῃ δ' (de ἑαυτῷ enim nihil dubium), ipsum versum autem Hippolytus aliunde assuerit. Roeperus. [56] τῶν delendum esse censet Sauppius. [57] vs. 7. Karsten., vs. 381 Stein., qui edidit : τῶν καὶ ἐγὼ νῦν εἰμι, φυγὰς θεόθεν καὶ ἀλήτης. [58] νῦν om. C, M, additum ex aliis fontibus [59] *Νείκεϊ γὰρ, φησὶ, μαινομένῳ πίσυνος, Νεῖκος μαινόμενον.* Νείκη γὰρ φησὶ μαινόμενον καὶ C, M : Νεῖκος γάρ φησι μαινόμενον καὶ Mullachius. Verba Empedoclis ipsa latere docet locus integrior apud Stein. vs. 382, Karsten. vs. 8. [60] τεταραγμένον. τεταγμένον C. [61] τοῦδε Roeperus, τὸ δὲ C, τόνδε M. [62] λέγων. ὃ λέγει susp. Sauppius. [62-63] Empedocl. vs. 372 sq. Stein., qui primus priorem versum Empedoclis inseruit. Edidit autem Steinius :

Εὖτέ τις ἀμπλακίῃσι φόνῳ γυῖα μιήνῃ
Αἵματος ἢ ἐπίορκον ἁμαρτήσας ἐπομόσσῃ.

Contra Schneidewinus l. l. p. 162 proposuit :

Εὖτέ τις ἀμπλακίῃσι φρενῶν φίλα μιήνῃ
Αἵμασιν, ἢ ἐπίορκον ἁμαρτήσας ἐπομόσσῃ

[63] Empedocl. vs. 4. Karst. : οἵτε μακραίωνος λελάχασι βίοιο, Steinius. Cf. Philolog. l. l. p. 162, 165, ubi Schneidewinus λελάχασι ex Hesychio defendit : λελάχωσι susp. M, δαίμων, οἵτε βίοιο λελόγχασι μακραίωνος Mullachius. [64] βίοιο. βίοις C. [65] μακρεῶνας C. [66] Empedocl. vs. 5. Karst , vs. 374. Stein. [67] μέν. μιν Steinius, quanquam etiam Origenes habet μέν. [68] ἀλάλησθε C, M. [69] μάκαρας. μακαρίας C, M. [70] ὑπὸ τῆς. ἀπὸ τῆς C.

Difficiles vias ait esse animarum in corpora commutationes et transfigurationes. Hoc est quod ait:

Difficiles vitæ mutantes vias;

mutant enim animæ corpus ex corpore, cum a discordia commutantur et puniuntur et vetantur manere in uno; puniri vero omnibus pœnis a discordia animas commutatas corpus ex corpore.

Ætherea enim (inquit) *vis animas versus mare fugat,*

390-391 *Mare autem in terræ solum expuit, terra*
[*autem in radios*
Splendentis solis, is autem ætheris injecit verticibus;
Alius autem ex alio accipit, oderunt autem universi.

Hæc est pœna, qua punit demiurgus, tanquam faber, qui ferrum transformat et ex igne in aquam transmergit; ignis enim est æther, unde in mare transfert animas demiurgus, tellus autem terra; quare ait: ex aqua in terram, ex terra autem in aerem, hoc est quod ait:

Terra autem in radios
Splendentis solis, is autem ætheris injecit verticibus,
Alius autem ex alio accipit, oderunt autem universi.

Invisas igitur animas et cruciatas et punitas in hoc mundo secundum Empedoclem congregat amicitia, cum sit bona quædam et miseretur gemitum earum et inordinatam et pravam *discordiæ insanientis* dispositionem, et educere brevi e mundo et conciliare uni nitatur et laboret, ut omnia in unitatem cedant a se ducta. Propter hanc igitur perniciabilis discordiæ dispensationem hujus dispertiti mundi ab omnibus animatis abstinere discipulos suos jubet Empedocles; esse enim ait corpora animalium quæ comeduntur punitarum animarum habitacula; docetque eos, qui talibus dictis obtemperant, sese continere a muliebri consuetudine, ne participes fiant et consortes operum, quæ dispensat discordia, quæ opus amicitiæ solvat semper et distrahat. Hanc ait Empedocles esse summam legem administrationis universi, cum dicit sic fere:

Est necessitatis res, deorum statutum priscum,

Immortale, stabilibus obsignatum juramentis,

Necessitatem vocans ex uno in multa per discordiam et ex multis in unum per amicitiam commutationem;

A *Ἀργαλέας*[71] *βιότοιο μεταλλάσσοντα κελεύθ*... Ἀργαλέας *κελεύθους* φησὶν εἶναι τῶν ψυχῶν εἰς τὰ σώματα[76] μεταβολὰς καὶ μετακοσμήσεις. Τοῦτ' ἔστιν ὃ λέγει·

Ἀργαλέας βιότοιο μεταλλάσσοντα κελεύθους·

μεταλλάσσουσι γὰρ αἱ ψυχαὶ σῶμα ἐκ σώματος ὑπὸ τοῦ νείκους μεταβαλλόμεναι καὶ κολαζόμεναι καὶ οὐκ ἐώμεναι μένειν εἰς τὸ ἕν· ἀλλὰ κολάζεσθαι ἐν πάσαις κολάσεσιν ὑπὸ τοῦ νείκους τὰς ψυχὰς μεταβαλλομένας σῶμα ἐκ σώματος.

Αἰθέριόν γε[79], φησὶ, *μένος ψυχὰς πόντονδε*...

[p. 250. 251.] *Πόντος δ' ἐς χθονὸς*[81] *οὖδας*[82] ...
[*ἔπτυσε*[83], *γαῖα δ' ἐς*[84] ...
Ἠελίου φαέθοντος[85], *ὁ δ' αἰθέρος ἔμβαλε* ...
B *Ἄλλος δ' ἐξ ἄλλου δέχεται, στυγέουσι δὲ* ...

Αὕτη ἐστὶν ἡ κόλασις ἣν κολάζει ὁ δημιουργὸς, ὥσπερ χαλκεύς τις μετακοσμῶν σίδηρον καὶ ἐκ πυρὸς εἰς ὕδωρ μεταβάπτων· πῦρ γάρ ἐστιν ὁ αἰθὴρ, ὅθεν εἰς πόντον μεταβάλλει τὰς ψυχὰς ὁ δημιουργὸς, χθὼν δὲ ἡ γῆ· ὅθεν φησίν· Ἐξ ὕδατος εἰς γῆν, ἐκ γῆς εἰς τὸν ἀέρα, τουτέστιν ὃ λέγει·

Γαῖα δ' ἐς[86] ...
Ἠελίου φαέθοντος, ὁ δ' αἰθέρος ἔμβαλε ...
Ἄλλος δ' ἐξ[87] *ἄλλου δέχεται, στυγέουσι* ...

Μισουμένας οὖν τὰς ψυχὰς καὶ βασανιζομένας καὶ κολαζομένας ἐν τῷδε τῷ κόσμῳ κατὰ τὸν Ἐμπεδοκλέα συνάγει ἡ φιλία, ἀγαθή τις οὖσα καὶ κατοικτείρουσα τὸν στεναγμὸν αὐτῶν καὶ τὴν ἄτακτον καὶ C πονηρὰν τοῦ *νείκους τοῦ μαινομένου* κατασκευὴν, καὶ ἐξάγειν κατ' ὀλίγον ἐκ τοῦ κόσμου καὶ προσοικειοῦν τῷ ἑνὶ σπεύδουσα καὶ κοπιῶσα, ὅπως τὰ πάντα εἰς τὴν ἑνότητα καταντήσῃ ὑπ' αὐτῆς ἀγόμενα. Διὰ τὴν τοιαύτην οὖν τοῦ ὀλεθρίου νείκους διακόσμησιν τοῦδε τοῦ μεμερισμένου κόσμου πάντων ἐμψύχων ὁ Ἐμπεδοκλῆς τοὺς ἑαυτοῦ μαθητὰς ἀπέχεσθαι παρακαλεῖ· εἶναι γάρ φησι τὰ σώματα τῶν ζώων τὰ ἐσθιόμενα ψυχῶν κεκολασμένων οἰκητήρια· καὶ ἐγκρατεῖς εἶναι τοὺς τῶν τοιούτων λόγων ἀκροωμένους τῆς πρὸς γυναῖκα ὁμιλίας[89] ..., ἵνα μὴ συνεργάζωνται[91] καὶ συνεπιλαμβάνωνται τῶν ἔργων, ὧν δημιουργεῖ τὸ νεῖκος, τὸ ... ἔργον λύον ἀεὶ καὶ διασπῶν. Τοῦτον εἶναί φησιν ὁ Ἐμπεδοκλῆς νόμον μέγιστον τῆς τοῦ παντὸς διοικήσεως, λέγων ὧδέ πως·

D[93] *Ἔστιν ἀνάγκης*[94] *χρῆμα, θεῶν ψήφισμα* ...

Ἀΐδιον, πλατέεσσι κατεσφρηγισμένον ὅρκοις[95].

ἀνάγκην καλῶν τὴν ἐξ ἑνὸς εἰς πολλὰ κατὰ τὸ νεῖκος καὶ ἐκ πολλῶν εἰς ἓν κατὰ τὴν φιλίαν μεταβολήν·

VARIÆ LECTIONES.

[71] Empedocl. vs. 6. Karsten., vs. 375. Stein. [72] φυομένους. φυόμενον Steinius, γεινόμενον Mullach. [73] χρόνου. χρόνον C, M. [74] εἴδεα. ἴδεα C. [75] Empedocl. vs. 376. Stein. [76] τὰς σώματα C. [77] μετακοσμίσεις C. [78] Empedocl. vss. 16—19. Karsten., vss. 377—300. Stein. [79] Αἰθέριον μὲν γὰρ σφε μένος πόντονδε διώκει Karstenius et Steinius. [80] πόντονδε διώκει. πόντον δὲς χθονὸς διώκει C. [81] χθονὸς· δ(ε)ις. (una littera exesa) χθονὸς C. [82] οὖδας. οὔδας C. [83] ἀπέπτυσε. ἀνέπτυσε Karsten. [84] ἐς. γέα δ' εἰς C. [85] φαέθοντος. ἀκάμαντος Karstenius et Steinius ex Plutarcho. [86] εἰς C. [87] δ' ἐξ. ἐξ. C. M. [88] ὁμιλίας. ὁμιλήσας C. [89] διδάσκειν C. [90] συνεργάζονται C. [91] συνεπιλαμβάνονται C. [92] Empedocl. vss. 1, 2. Karsten., vss. 369. 70. Stein. [93] Ἔστιν Ἀνάγκης. Ἔστι τί ἀνάγκη C. [94] πλατέεσι κατεσφραγισμένον C.

Θεοὺς δὲ, ὡς ἔφην, τέσσαρας μὲν θνητοὺς, πῦρ, ὕδωρ, γῆν, ἀέρα, δύο δὲ ἀθανάτους, ἀγεννήτους, πολεμίους ἑαυτοῖς διὰ παντὸς, τὸ νεῖκος καὶ τὴν φιλίαν· καὶ τὸ μὲν νεῖκος ἀδικεῖν διὰ παντὸς καὶ [p. 251. 252.] πλεονεκτεῖν καὶ ἀποσπᾷν τὰ τῆς φιλίας καὶ ἑαυτῷ προσνέμειν, τὴν δὲ φιλίαν ἀεὶ καὶ διὰ παντὸς, ἀγαθήν τινα οὖσαν καὶ τῆς ἑνότητος ἐπιμελουμένην, τὰ ἀπεσπασμένα τοῦ παντὸς καὶ βεβασανισμένα καὶ κεκολασμένα ἐν τῇ κτίσει ὑπὸ τοῦ δημιουργοῦ ἀνακαλεῖσθαι καὶ προσάγειν καὶ ἓν ποιεῖν [96]. Τοιαύτη τις ἡ κατὰ τὸν Ἐμπεδοκλέα ἡμῖν ἡ τοῦ κόσμου γένεσις καὶ φθορὰ καὶ σύστασις ἐξ ἀγαθοῦ καὶ κακοῦ συνεστῶσα φιλοσοφεῖται. Εἶναι δέ φησι καὶ νοητὴν [97] τρίτην τινὰ δύναμιν, ἣν [98] καὶ ἐκ τούτων ἐπινοεῖσθαι δύνασθαι, λέγων ὧδέ πως.

[99] Εἰ γάρ καί ἐν [1] σφαδίνῃσιν [2] ὑπὸ πραπίδεσσιν ἐρείσας
Εὐμενέως καθαρῇσιν ἐποπτεύεις [3] μελέτῃσιν,
Ταῦτα δέ σοι μάλα [4] πάντα δι' αἰῶνος παρέσονται.
Ἄλλα τε πόλλ' ἀπὸ τῶνδε κτ [5] ..... αὐτὰ γὰρ αὔξει [6]
Ταῦτ' εἰς ἔθος [7] ἕκαστον, ὅπῃ φύσις ἐστὶν ἑκάστῳ.
Εἰ δὲ σὺ τἄλλ' οἵων ἐπιρέξεις οἷα κατ' ἄνδρας
Μυρία δῆλα πέλονται τάτ' ἀμβλύνουσι μέριμναι,
Σῆς ἄφαρ ἐκλείψουσι περιπλομένοιο [8] χρόνοιο,
Σφῶν αὐτῶν ποθέοντα φίλην ἐπὶ γέναν [9] ἱκέσθαι.
Πάντα γὰρ ἴσθι φρόνησιν ἔχειν καὶ γνωματόσισον [10].

λ'. Ἐπειδὰν οὖν Μαρκίων ἢ τῶν ἐκείνου κυνῶν τις ὑλακτῇ κατὰ τοῦ δημιουργοῦ, τοὺς ἐκ τῆς ἀντιπαραθέσεως ἀγαθοῦ καὶ κακοῦ [11] προφέρων λόγους, δεῖ αὐτοῖς λέγειν, ὅτι τούτους οὔτε Παῦλος ὁ ἀπόσ-

deos autem, ut dicebam, quatuor mortales, ignem, aquam, terram, aerem, duo autem immortales, ingenitos, hostiles sibimet ipsis perpetuo, discordiam et amicitiam; et discordiam quidem injuste agere perpetuo et majora concupiscere et abstrahere ea, quæ **392-393** sunt amicitiæ, sibique ipsi arrogare, amicitiam autem semper et perpetuo, cum bona quædam sit et unitati consulat, ea, quæ abstracta sint ab universo et cruciata et punita in creatione a demiurgo, revocare ad se et adducere et unum reddere. Talis quædam secundum Empedoclem nobis mundi generatio et pernicies et conditio ex bono et malo constans exhibetur. Esse autem ait et tertiam quamdam intelligibilem potestatem, quam etiam ex his subintelligi posse, his fere verbis usus:

Nam si ea densis præcordiis substratis
Benevole puris observabis meditationibus,
Et hæc tibi valde multa per ævum præsto erunt,
Et alia multa ab hisce orta descendunt; sponte enim augescunt
Hæc in peculiarem indolem, prouti nata est natura singulorum.
Sin vero tu diversa inter se venaberis, qualia per homines
Sexcenta misera obvia sunt, quæ obtundunt curas,
Profecto te cito deficient vertentibus annis,
Suam ipsorum concupiscentia charam ad gentem redire.
Omnia enim scito sensum habere et sortem intellectus.

30. Quando igitur Marcion vel quis ex canibus ejus allatrat demiurgum, dum profert ex contrapositione boni et mali rationes, oportet iis dicere, hæc neque Paulum apostolum, neque Marcum digi-

VARIÆ LECTIONES.

[96] ἓν ποιεῖν. ἐμποιεῖν C, ἑνοποιεῖν conj. M. [97] καὶ νοητήν. καινὸν τὴν C. [98] ἥν. ἦν C. [99] sqq. Hos versus, qui ex solo Hippolyto innotuerunt, ita refingere periclitatus est Schneidewinus *Philolog.*, VI, 166.

Εἰ γάρ μέν σφ' ἀδινῇσιν ὑπὸ πραπίδεσσιν ἐρείσας
Εὐμενέως καθαρῇσιν ἐποπτεύσῃς μελέτῃσιν,
Ταῦτά τέ σοι μάλα πάντα δι' αἰῶνος παρέσονται
Ἄλλα τε πόλλ' ἀπὸ τῶνδε κατερχόμεν'· αὐτὰ γὰρ αὔξει
Ταῦτ' εἰς ἦθος ἕκαστον, ὅπῃ φύσις ἐστὶν ἑκάστῳ.
Εἰ δὲ σύ γ' ἀλλοίων ἐπορέξεαι, οἷα κατ' ἄνδρας
Μυρία δειλ' ἀπάλαμνα, τά τ' ἀμβλύνουσι μερίμνας,
Ἴσ' ἄφαρ ἐκλείψουσι περιπλομένοιο χρόνοιο,
Σφῶν αὐτῶν ποθέοντα φίλην ἐπὶ γένναν ἱκέσθαι.
Πάντα γὰρ ἴσθι φρόνησιν ἔχειν καὶ νώματος αἶσαν.

Quem universo secutus est Steinius vs. 222 sqq., nisi quod vs. 225 ex emendat. Ritschelii, in quam etiam Meinekius incidit, dedit: τῶν κεκτῆσθαι, vs. 228 δειλὰ πέλονται, vs. 239 ζῆν (vel γῆν) ἄφαρ. Alia experti sunt alii, veluti A. Meinekius in *Diar. antiq. Marburg.* a. 1852, IV, p. 376, vs. 227 sqq.:

Εἰ δὲ σύ γ' ἀλλοίων ἐπορέξεαι οἷα κατ' ἄνδρας,
Μυρία δεινὰ πέλει τά τ' ἀπαμβλύνουσι μέριμναι,
Ἦ σ' ἄφαρ ἐκλείψουσι,

Roeperus vs. 223 mallit ἐμμενέως, vs. 228 πέλοντο, vs. 231 γνώματος αἶσαν coll. Diog. Laert. III, 16, Bergkius (in censura ed. Steinianæ in *Jahnii nov. annalibus philol.* a. 1853, p. 25) vs. 224 ταῦτα δέ, vs. 225 τῶνδε κατόψεαι, vs. 227 τ' ἄλλ' οἵων ἐπιδέρκεαι, vs. 228 μυρί' ἄδηλ' ἔμπαια, vs. 229 ἥ σ' ἄφαρ ut Meinekius. [1] καὶ ἐν. κεν susp. etiam. M. [2] σφαδίνῃσιν. σφαδανῇσιν conj. M. [3] ἐποπτεύεις. ἐποπτεύῃς susp. M. [4] μάλα. μᾶλλα. C. [5] Leg. κατέρχεται. Terminationis vestigia supersunt. M, κατάσσεται Schneidewinus *Philol.*, X, 364. [6] αὔξει. ἥξει conj. M. [7] ἔθος. ἦθος conj. etiam M. [8] περιπλομένοις C. [9] Corrig. sive γένναν sive γαῖαν M. [10] γνωματόσισον. γνώματος ἰσχὺν conj. M. Cf. Sext. Emp. *Adv. math.* 8, 286, unde vera scriptura νώματος αἶσαν petita est, quam etiam supra p. 240, 50 restituimus. [11] κακοῦ καλοῦ C, M.

tis mutilatum renuntiavisse (horum **394 - 395** enim nihil in Evangelio Marci scriptum est), sed Empedoclem Metonis Agrigentinum, quem expilans ad hoc usque tempus opinabatur fugere omnes sese dispositionem universæ suæ hæresis a Sicilia in evangelicas rationes transferre ipsis verbis. Age enim, o Marcion, sicuti contrapositionem instituisti boni et mali, contraponam et ipse hodie, secutus tua, quæ opinaris, dogmata. Demiurgum ais mundi esse malum; exinde nonne erubescis Empedoclis doctrinas Ecclesiam te docere? Bonum esse ais Deum dissolventem demiurgi figmenta; exinde non aperte Empedoclis amicitiam Evangelii loco profiteris coram iis, qui auribus accipiunt bonum tuum? Vetas nubere, liberos procreare, abstinere a cibis, quos Deus creavit ad percipiendum fidelibus et his qui cognoverunt veritatem; Empedoclis lates lustrationes docens? Secutus enim reapse per omnia hunc cibos recusare doces discipulos tuos, ne vescantur corpore aliquo, quod reliquum sit animæ a demiurgo punitæ. Solvis a Deo consociata matrimonia Empedoclis secutus doctrinam, ut tibi conservetur amicitiæ opus unum indiscretum. Discernit enim matrimonium secundum Empedoclem id quod unum est et facit multa, sicut demonstravimus.

31. Ergo primam et maxime germanam Marcionis hæresin, ex bono et malo conflatam, Empedocleam esse nobis declaratum est. Quoniam autem hoc nostro ævo novi aliquid et mirabilius conatus est Marcionista quidam nomine Prepon Assyrius, qui ad Bardesianem Armenium scripto fecit verba de hæresi, ne hoc quidem silebo. Tertium professus principium **396 - 397** id quod justum est et in medio inter bonum et malum positum, ne sic quidem Prepon valuit Empedoclis doctrinas effugere. Mundum enim ait esse Empedocles eum, qui a discordia mala gubernetur, et alterum intelligibilem, qui ab amicitia, et esse hæc diversa principia duo boni et mali, mediam autem esse diversorum principiorum justam rationem, qua colligantur discreta a discordia et adjungantur per amicitiam uni. Hanc

A τολος, οὔτε Μάρκος ὁ κολοβοδάκτυλος [12] ἀνήγγ[...] [p. 252. 253.] (τούτων γὰρ οὐδὲν [13] ἐν τῷ κα[τὰ] Μάρκον Εὐαγγελίῳ γέγραπται), ἀλλὰ Ἐμπεδο[κλέα] Μίωνος [15] Ἀκραγαντῖνος, ὃν συλαγωγῶν μέχρι [...] λανθάνειν ὑπελάμβανε τὴν διαταγὴν πάσης τῆς [...] αὐτὸν αἱρέσεως ἀπὸ τῆς Σικελίας εἰς τοὺς εὐαγ[γελι]κοὺς λόγους μεταφέρων αὐταῖς λέξεσι. Φέρε γ[ὰρ,] Μαρκίων, καθάπερ τὴν ἀντιπαράθεσιν πεποί[ηκας] ἀγαθοῦ καὶ κακοῦ, ἀντιπαραθῶ κἀγὼ σήμερον [κα]τακολουθῶν τοῖς σοῖς, ὡς ὑπολαμβάνεις, δόγ[μασι.] Δημιουργὸν φῂς εἶναι τοῦ κόσμου πονηρόν· εἶτ[α οὐκ] ἐγκαλύπτῃ [16] τοὺς Ἐμπεδοκλέους λόγους τὴν Ἐκ[κλη]σίαν κατηχῶν; Ἀγαθὸν φῂς εἶναι Θεὸν καταλύον[τα] τὰ τοῦ | δημιουργοῦ ποιήματα· εἶτ' οὐ [17] κατα[φανῶς] τὴν Ἐμπεδοκλέους φιλίαν εὐαγγελίζῃ [18] τοῖς ἀκρ[οω]-

B μένοις τὸν ἀγαθόν; Κωλύεις γαμεῖν [19], τεκνο[ποιεῖν,] ἀπέχεσθαι βρωμάτων, ὧν ὁ Θεὸς ἔκτισεν εἰς με[τά]ληψιν τοῖς πιστοῖς καὶ ἐπεγνωκόσι τὴν ἀλήθ[ειαν·] τοὺς Ἐμπεδοκλέους λανθάνεις διδάσκων καθαρ[μούς.] Ἑπόμενος γὰρ ὡς ἀληθῶς κατὰ πάντα τού[τῳ τὰ] βρώματα παραιτεῖσθαι τοὺς ἑαυτοῦ μαθητὰς [διδά]σκεις, ἵνα μὴ φάγωσι σῶμά τι λείψανον ψυ[χῆς] τοῦ δημιουργοῦ κεκολασμένης [20]· λύεις τοὺς [ὑπὸ τοῦ] Θεοῦ συνηρμοσμένους γάμους τοῖς Ἐμπεδοκ[λέους] ἀκολουθῶν δόγμασιν, ἵνα σοι φυλαχθῇ τὸ τῆς [φιλίας] ἔργον ἓν ἀδιαίρετον. Διαιρεῖ γὰρ ὁ γάμος κα[τὰ] Ἐμπεδοκλέα τὸ ἓν καὶ ποιεῖ πολλά, ὡς ἐπεδεί[ξαμεν.]

λα'. Ἡ μὲν οὖν πρώτη καὶ καθαρωτάτη Μαρκίω-

C νος αἵρεσις, ἐξ ἀγαθοῦ καὶ κακοῦ τὴν σύστασιν ἔχουσα, Ἐμπεδοκλέους ἡμῖν εἶναι πεφανέρωται. ἐπεὶ δὲ [21] ἐν τοῖς καθ' ἡμᾶς χρόνοις νῦν καινότερόν [22] τι ἐπεχείρησε Μαρκιωνιστής τις [23] Πρέπων Ἀσσύριος [24], πρὸς Βαρδησιάνην [25] τὸν Ἀρμένιον [ἐγγρά]φως ποιήσας [26] λόγους περὶ τῆς αἱρέσεως, [οὐδὲ] τοῦτο σιωπήσομαι. Τρίτην φάσκων [p. 253. 254.] δίκαιον εἶναι ἀρχὴν καὶ μέσην ἀγαθοῦ καὶ κακοῦ τεταγμένην, οὐδ' οὕτως [27] δὴ [28] ὁ Πρέπων τὰς Ἐμπε[δο]δοκλέους διαφυγεῖν ἴσχυσε δόξας [29]. Κόσμον γὰρ φησιν εἶναι ὁ Ἐμπεδοκλῆς τὸν ὑπὸ τοῦ νείκους διοι[κού]μενον τοῦ πονηροῦ, καὶ ἕτερον νοητὸν τὸν [ὑπὸ] τῆς φιλίας, καὶ εἶναι ταύτας τὰς διαφερούσας ἀρχὰς δύο ἀγαθοῦ καὶ κακοῦ, μέσον δὲ εἶναι τῶν διαφόρων ἀρχῶν δίκαιον λόγον, καθ' ὃν συγκρίνεται τὰ [...]

VARIÆ LECTIONES.

[12] κολοβοδάκτυλος. Epitheton a viris doctis infeliciter attrectatum vindicavit. J. S. W. in *Journal of cassical and sacred philology. Cambridge. March* 1855, p. 87, allatis his ex præfatione quæ dicitur Hieronymi ad Evangelium Marci in cod. Amiatino: *Denique amputasse sibi post fidem pollicem dicitur, ut sacerdotio reprobus haberetur*, cet. Eadem narratio legitur etiam in codice [...]bino, quem Fleischerus descripsit in *Zeitschrift der Deutschen morgenlændischen Gesellschaft., Leipz.* 1854, vol. VIII, p. 586, quod testimonium H. Ewaldo debemus. Videtur autem Hippolytus hac appellatione ideo usus esse, ut simul alluderet ad mutilatum, quo Marcion uteretur, Evangelium, quod [...] Lucæ esset, Hippolytus prave Marco ascribebat. Idem, cum Paulum Marco consociet, Marcioneum [Novi] Fœderis canonem complectitur universum. [13] οὐδέν. οὐδὲ C. [14] κατὰ om. C. [15] Μίωνος. Recte [Με]τωνος. Cf. Sturzii Empedocl. p. 4. [16] ἐγκαλύπτῃ. ἐγκαταλύπτῃ C. [17] εἶτ' οὐ. εἰ τοῦ C, εἶτα M. [18] [εὐ]αγγελήζῃ C. [19] Cf. I Tim. IV, 3: Κωλυόντων γαμεῖν, ἀπέχεσθαι βρωμάτων, ἃ (sic pr. C, ὧν corr. C) ὁ Θεὸς ἔκτισεν εἰς μετάληψιν μετὰ εὐχαριστίας τοῖς καὶ ἐπεγνωκόσιν τὴν ἀλήθειαν, κ. τ. λ. [20] κεκολασμένης. καὶ κολασμένης C. [21] Ἐπεὶ δέ. Ἐπὶ δὲ C. [22] καινότερόν. κενώτερόν C. [23] Μαρκιωνιστής [...] Μαρκίων, νῆστίς τις C, M, qui pro Μαρκίων legendum esse censet Μαρκίωνος. [24] Ἀσσύριος. ἀσύριος [...] [25] Prima litera nominis Βαρδ. exesa. M. [26] ποιήσας. R. Scotus, ποιήσασθαι C, M. Latetne in θαι [nu]merus librorum, veluti θ? [27] οὕτως. οὗτος C, M. [28] δή. δὲ C. [29] τὰς Ἐμπεδοκλέους — δόξας. τῆς Ἐμ[πε]δοκλέους — δόξης C, M.

[ε]ἰρημένα ὑπὸ τοῦ νείκους καὶ προσαρμόζεται κατὰ τὴν φιλίαν τῷ ἑνί. Τοῦτον δὲ αὐτὸν | τὸν δίκαιον λόγον τὸν τῇ φιλίᾳ συναγωνιζόμενον [30] Μοῦσαν ὁ Ἐμπεδοκλῆς προσαγορεύων, καὶ αὐτὸς αὐτῷ [31] συναγωνίζεσθαι παρακαλεῖ, λέγων ὧδέ πως·

[32] Εἰκάραι φημερίων [33] ἕνεκέν τινος, ἄμβροτε Μοῦσα,
Ἡμετέρας μελέτας διὰ φροντίδος ἐλθεῖν
Εὐχομένων, νῦν αὖτε παρίστασο, Καλλιόπεια,
Ἀμφὶ θεῶν μακαρίων [34] ἀγαθὸν λόγον ἐμφαίνοντι.

Τούτοις [35] κατακολουθῶν Μαρκίων τὴν γένεσιν τοῦ Σωτῆρος ἡμῶν παντάπασι παρῃτήσατο, ἄτοπον εἶναι νομίζων ὑπὸ τὸ πλάσμα τοῦ ὀλεθρίου τούτου [36] νείκους γεγονέναι τὸν λόγον τὸν τῇ φιλίᾳ [37] συναγωνιζόμενον [38], τουτέστι τῷ ἀγαθῷ, ἀλλὰ χωρὶς γενέσεως ἔτει πεντεκαιδεκάτῳ [39] τῆς ἡγεμονίας Τιβερίου [40] Καίσαρος κατεληλυθότα αὐτὸν ἄνωθεν, μέσον ὄντα κακοῦ καὶ ἀγαθοῦ, διδάσκειν ἐν ταῖς συναγωγαῖς. Εἰ γὰρ μέσος τίς [41] ἐστιν, ἀπήλλακται, φησὶ, πάσης τῆς τοῦ κακοῦ φύσεως· κακὸς δ' ἐστὶν, ὡς λέγει ὁ δημιουργὸς καὶ τούτου τὰ ποιήματα. Διὰ τοῦτο ἀγέννητος [42] κατῆλθεν ὁ Ἰησοῦς, φησὶν, ἵνα ᾖ πάσης ἀπηλλαγμένος κακίας. Ἀπήλλακται δὲ, φησὶ, καὶ τῆς τοῦ ἀγαθοῦ φύσεως, ἵνα ᾖ μέσος τις [43], ὥς φησιν ὁ Παῦλος, καὶ ὡς αὐτὸς ὁμολογεῖ· *Τί με* [44] *λέγετε* [p. 254. 255.] *ἀγαθόν; Εἷς* [45] *ἐστιν ἀγαθός.* Ταῦτα μὲν οὖν τὰ Μαρκίωνι δόξαντα, δι' ὧν ἐπλάνησε πολλοὺς τοῖς Ἐμπεδοκλέους λόγοις χρησάμενος, καὶ τὴν ὑπ' ἐκείνου ἐφηυρημένην φιλοσοφίαν ἰδίᾳ δόξῃ μετάγων αἵρεσιν ἄθεον συνεστήσατο, ἣν ἱκανῶς ἠλέγχθαι [46] ὑφ' ἡμῶν νομίζω μηθέν τε καταλελεῖφθαι, ὧν κλεψιλογήσαντες παρ' Ἑλλήνων τοὺς Χριστοῦ μαθητὰς ἐπηρεάζουσιν, ὡς τούτων αὐτοῖς γενομένους διδασκάλους. Ἀλλ' ἐπεὶ καὶ τὰ τούτου ἱκανῶς ἡμῖν δοκεῖ ἐκτεθεῖσθαι, ἴδωμεν τί λέγει καὶ Καρποκράτης [47].

ipsam justam rationem, quæ auxilietur amicitiæ, Musam Empedocles appellans et ipse sibi auxilio advocat in hunc fere modum:

Si enim circa mortales res, immortalis Musa,
Cordi tibi fuit meditationes in nostram mentem venire:
Precanti nunc rursus adesto, Calliopea,
Circa deos beatos integram doctrinam aperienti.

Hæc secutus Marcion generationem Salvatoris nostri prorsus respuit, absonum esse arbitratus sub figmentum perniciosæ hujus discordiæ venisse rationem, quæ auxilietur amicitiæ, hoc est bono; sed seorsum a generatione anno decimo quinto imperii Tiberii Cæsaris delapsum eum superne, intermedium inter bonum et malum, docuisse in synagogis. Si enim medius quidam est, remotus est, inquit, ab omni natura mali; malus autem est, sicuti ait, demiurgus hujusque opera. Propterea, inquit, non-generatus descendit Jesus, ut esset ab omni remotus malitia. Remotus autem est, inquit, etiam a boni natura, ut sit medius quidam, ut ait Paulus, et ut ipse confitetur: *Quid me dicitis bonum? unus est bonus.* Hæc quidem **398-399** sunt quæ Marcioni placuerunt, per quæ in errorem duxit multos usus Empedoclis decretis, et ab illo inventam philosophiam ad suam opinionem traducens impiam hæresin constituit, quam nobis videmur satis coarguisse, nec quidquam reliqui fecisse eorum, quæ Græcis suffurati Christi discipulos diffamant, quasi horum ipsis exstiterint magistri. Sed quoniam hujus quoque doctrinam satis videmur nobis exposuisse, videamus quid et Carpocrates dicat.

VARIÆ LECTIONES.

[30] συναγονιζόμενον C. [31] αὐτῷ C. [32] Hos versus, quos ex Hippolyto demum cognovimus, Schneidewinus ita redintegravit l. l. p. 167:

Εἰ γὰρ ἐφημερίων ἕνεκέν τί σοι, ἄμβροτε Μοῦσα,
Ἡμετέρης ἔμελεν μελέτας διὰ φροντίδος ἐλθεῖν,
Εὐχομένῳ νῦν αὖτε παρίστασο, Καλλιόπεια,
Ἀμφὶ θεῶν μακάρων καθαρὸν λόγον ἀμφαίνοντι.

Ab his Steinius, cui sunt versus 338—341, ita discessit, ut versu ultimo ἐμφαίνοντι servaret; Bergkius tamen l. l. p. 26, negans posse ista ferri, quanquam certo restitui locum non posse confessus, hæc excogitavit

Εἰ γὰρ ἐφημερίων ἕνεκέν τινος, ἄμβροτε Μοῦσα.
Ἡμετέρας μελέτας ἀδινῆς (s. καθαρῆς) διὰ φροντίδος ἐλθεῖν
(Εὐμενέως . . . . . τὸ πάρος ποτ' ἔδωκας)
Εὐχομένῳ· νῦν αὖτε παρίστασο, Καλλιόπεια,
Ἀμφὶ θεῶν μακάρων ἀγαθὸν λόγον ἐμφαίνοντι.

[33] εἰ γὰρ ἐφημερίων ἔμελεν, sc. σοι conj. M. [34] μακάρων M. [35] Recensius hæc verba Bunsenius in *Analect. Ante-Nicaen.* Vol. I, 99. [36] τούτου. τὰ τοῦ C. [37] Cf. cum his initium Evangelii Marcionitici. [38] συναγονιζόμενον C. [39] ἔτει πεντεκαιδεκάτῳ. ἔτη πέντε καὶ δεκάτω C. [40] Τιβερίου. τηβερίου C. [41] μέσος τις. μεσότης C, M. μεσίτης Bunsenius coll. Galat. III, 19. [42] ἀγένητος C, M. [43] ἢ μέσος τις. ἡ μεσότης C, ἡ μεσότης M, ᾖ μεσίτης Roeperus et Bunsenius. [44] Cf. Luc. XVIII, 19; Marc. X, 18: Τί με λέγεις ἀγαθόν; Οὐδεὶς ἀγαθὸς εἰ μὴ εἷς ὁ Θεός. Matth. XIX, 17: Τί με ἐρωτᾷς περὶ τοῦ ἀγαθοῦ; Εἷς ἐστιν ὁ ἀγαθός. Cf. Angerum in *Synopsis Evv. Matthæi, Marci, Lucæ, Lipsiæ*, 1852. [45] εἷς. εἰ C. [46] ἠλέγχθαι ἤλεγχεν C. [47] καὶ Καρποκράτης. Καρποκράτης C, M.

32. Carpocrates mundum et quæ sunt in eo ab A angelis multo inferioribus non-generato Patre fabricatum esse dicit, Jesum autem ex Josepho genitum esse, et consimilis cum esset hominibus, justiorem reliquis exstitisse, animam autem ejus, firma et pura cum nata fuerit, recordatam esse ea, quæ viderit in circumlatione cum non - generato Deo, proptereaque ab illo ipsi demissam esse potestatem, ut per eum mundi fabros illos effugere valeret: quam et per omnia transgressam in omnibusque **400-401** liberatam rursus ascendisse ad eum, pariterque eam animam, quæ paria ipsi amplecteretur. Jesu autem animam dicunt ex lege exercitatam in Judaicis institutis despexisse illa, et propter hoc potestates accepisse, per quas destruxerit passiones, quæ ad puniendos homines B comparatæ sint. Eam igitur animam, quæ similiter atque Christi anima possit despicere mundifabros archontes, similiter accipere potestatem ad efficienda similia. Quare etiam eo superbiæ devenerunt, ut alios pares ipsi esse Jesu dicant, alios autem vel etiam ab aliqua parte potentiores quosdam, quique etiam præstantiores sint illius discipulis, veluti Petro et Paulo et reliquis apo-

λβʹ. [48] Καρποκράτης τὸν μὲν κόσμον καὶ τὰ ἐν αὐτῷ ὑπὸ ἀγγέλων πολὺ ὑποβεβηκότων τοῦ ἀγεννήτου Πατρὸς γεγενῆσθαι λέγει, τὸν δὲ Ἰησοῦν ἐξ Ἰωσὴφ γεγεννῆσθαι [49], καὶ ὅμοιον τοῖς ἀνθρώποις γεγονότα δικαιότερον τῶν λοιπῶν γενέσθαι, τὴν δὲ ψυχὴν αὐτοῦ εὔτονον καὶ καθαρὰν γεγονυῖαν διαμνημονεῦσαι τὰ ὁρατὰ μὲν αὐτῇ ἐν τῇ μετὰ τοῦ ἀγεννήτου Θεοῦ περιφορᾷ, καὶ διὰ τοῦτο ὑπ' ἐκείνου αὐτῇ [50] καταπεμφθῆναι δύναμιν, ὅπως τοὺς κοσμοποιοὺς ἐκφυγεῖν δι' αὐτῆς δυνηθῇ· ἣν καὶ διὰ πάντων [p. 255.] χωρήσασαν ἐν πᾶσί τε ἐλευθερωθεῖσαν ἀνεληλυθέναι [51] πρὸς αὐτὸν, [καὶ ὁμοίως τὴν] τὰ ὅμοια αὐτῇ [52] ἀσπαζομένην. Τὴν δὲ τοῦ Ἰησοῦ λέγουσι ψυχὴν ἐννόμως ἠσκημένην ἐν Ἰουδαϊκοῖς ἔθεσι καταφρονῆσαι αὐτῶν, καὶ διὰ τοῦτο δυνάμεις εἰληφέναι [53] δι' ὧν κατήργησε τὰ ἐπὶ κολάσεσι [54] πάθη προσόντα τοῖς ἀνθρώποις. Τὴν οὖν ὁμοίως ἐκείνῃ τῇ τοῦ Χριστοῦ ψυχῇ δυναμένην καταφρονῆσαι τῶν κοσμοποιῶν ἀρχόντων ὁμοίως λαμβάνειν δύναμιν πρὸς τὸ πρᾶξαι τὰ ὅμοια. Διὸ καὶ εἰς τοῦτο τὸ τῦφος κατεληλύθασιν, ὥστε τοὺς [55] μὲν ὁμοίους [56] αὐτῷ εἶναι λέγειν τῷ Ἰησοῦ, τοὺς δὲ καὶ ἔτι κατά τι [57] δυνατωτέρους τινὰς, ὄντας δὲ [58] καὶ διαφορωτέρους τῶν ἐκείνου μαθητῶν, οἷον Πέτρου καὶ Παύλου καὶ τῶν [illegible]

Iren., *C. hæres.* I, 25, 1. Carpocrates autem et qui ab eo mundum quidem et ea quæ in eo sunt ab angelis multo inferioribus ingenito Patre factum esse dicunt. Jesum autem e Joseph natum, et cum similis reliquis hominibus fuerit, distasse a reliquis secundum id, quod anima ejus, firma et munda C cum esset, commemorata fuerit, quæ visa essent sibi in ea circumlatione, quæ fuisset ingenito Deo, et propter hoc ab eo missam esse ei virtutem, uti mundi fabricatores effugere posset, et per omnes transgressa et in omnibus liberata ascenderet ad eum, et eas, quæ similiter ei amplecterentur, similiter. Jesu autem dicunt animam in Judæorum consuetudine nutritam contempsisse eos et propter hoc virtutes accepisse, per quas evacuavit quæ fuerunt in pœnis passiones, quæ inerant hominibus.

Epiphan. hæres. 27, 2. Οὗτος δὲ πάλιν [illegible] μίαν ἀρχὴν λέγει καὶ Πατέρα τῶν ὅλων καὶ [illegible] στον καὶ ἀκατονόμαστον, ἴσα τοῖς ἄλλοις [illegible] βουλόμενος. Τὸν δὲ κόσμον καὶ τὰ ἐν τῷ κόσμῳ [illegible] ἀγγέλων γεγεννῆσθαι, τῶν πολύ τι ὑπὸ τοῦ [illegible] τοῦ ἀγνώστου ὑποβεβηκότων· τούτους γὰρ [illegible] ἀποστάντας ἀπὸ τῆς ἄνω δυνάμεως οὕτω τὸν κόσμον πεποιηκέναι. Ἰησοῦν δὲ τὸν Κύριον ἡμῶν [illegible] Ἰωσὴφ λέγει γεγενῆσθαι, καθάπερ καὶ [illegible] ἄνθρωποι ἐκ σπέρματος ἀνδρὸς καὶ γυναικὸς [illegible] θησαν, εἶναι δὲ αὐτὸν ὅμοιον τοῖς πᾶσι, [illegible] διενηνοχέναι σωφροσύνῃ τε καὶ ἀρετῇ καὶ βίου [illegible] καιοσύνης. Ἐπειδὴ δὲ, φησὶν, εὔτονον ἔσχε [illegible] παρὰ τοὺς ἄλλους ἀνθρώπους καὶ ἐμνημόνευσε [illegible] ὁραθέντα ὑπ' αὐτῆς ἄνω, ὅτε ἦν ἐν τῇ περιφορᾷ [illegible] ἀγνώστου Πατρὸς, ἀπεστάλθαι ὑπὸ τοῦ [illegible] πρὸς, φησὶν, εἰς τὴν αὐτοῦ ψυχὴν δυνάμεις, ὅπως τὰ ὁραθέντα αὐτῇ ἀναμνημονεύσασα καὶ ἐνδυναμωθεῖσα φύγῃ τοὺς κοσμοποιοὺς ἀγγέλους ἐν τῷ διὰ πάντων χωρῆσαι τῶν ἐν τῷ κόσμῳ πραγμάτων καὶ πράξεων τῶν ὑπὸ τῶν ἀνθρώπων γινομένων καὶ ἐν παραβύστῳ ἀτόπων ἔργων καὶ ἀθεμίτων, καὶ ἐκ [illegible] πασῶν τῶν πράξεων ἐλευθερωθεῖσα ἡ αὐτὴ ψυχὴ, φησὶ, τοῦ Ἰησοῦ ἀνέλθῃ πρὸς τὸν αὐτὸν [illegible] ἄγνωστον, τὸν δυνάμεις αὐτῇ ἀποστείλαντα ἄνωθεν, ἵνα πασῶν τῶν πράξεων χωρήσασα καὶ ἐλευθερωθεῖσα διέλθοι πρὸς αὐτὸν ἄνω. Οὐ μὴν δὲ ἀλλὰ καὶ τὰς ὁμοίας αὐτῇ ψυχὰς, τὰ ἴσα αὐτῇ ἀσπαζομένας, τὸν αὐτὸν τρόπον ἐλευθερωθείσας ἄνω πτῆναι πρὸς τὸν ἄγνωστον Πατέρα ἐν τῷ τὰς πάσας πράξεις πραξάσας ὁμοίως τῶν πάντων ἀπαλλαγείσας λοιπὸν ἐλευθερωθῆναι.

2. Eam igitur, quæ similiter atque illa Jesu anima potest contemnere mundi fabricatores archontas, similiter accipere virtutes ad operandum similia. Quapropter et ad tantum elationis provecti sunt, ut quidam quidem similes sese dicant Jesu, quidam autem adhuc et secundum aliquid illo fortiores, qui sunt distantes amplius quam illius discipuli, ut puta quam Petrus et Paulus et reliqui apostoli, hos au-

D βʹ. Τὴν δὲ ψυχὴν τοῦ Ἰησοῦ ἐν τοῖς τῶν Ἰουδαίων ἔθεσιν ἀνατραφεῖσαν καταφρονῆσαι αὐτῶν καὶ διὰ τοῦτο δυνάμεις εἰληφέναι, δι' ὧν τὰ ἐπὶ κολάσει πάθη προσόντα τοῖς ἀνθρώποις δυνηθῆς [illegible] ὑπερβῆναι τοὺς κοσμοποιοὺς ἴσχυσεν. Οὐ μόνον αὐτὴν τὴν ψυχὴν τοῦ Ἰησοῦ τοῦτο δεδυνῆσθαι, [illegible] καὶ τὴν δυναμένην διὰ τῶν πράξεων χωρῆσαι [illegible] ὑπερβῆναι τοὺς κοσμοποιοὺς αὐτοὺς ἀγγέλους, [illegible] αὐτὴ, ἐὰν λάβῃ δυνάμεις, καὶ τὰ ὅμοια πράξῃ καθάπερ τοῦ Ἰησοῦ, ὡς προεῖπον. Ὅθεν εἰς τῦφον [illegible] ἐληλακότες μέγαν οἱ ὑπὸ τοῦ ἀπατεῶνος τούτου ἀπατηθέντες ἑαυτοὺς προκριτέους ἡγοῦνται καὶ [illegible] τοῦ τοῦ Ἰησοῦ· ἄλλοι δὲ ἐξ αὐτῶν οὐκ Ἰησοῦ φασιν, ἀλλὰ Πέτρου, καὶ Ἀνδρέου, καὶ Παύλου, καὶ [illegible]

VARIÆ LECTIONES.

[48] Quæ sequuntur Hippolytus ex Irenæo hausit, cujus ipsa verba cum deperdita sint, et veterem Irenæi versionem et quæ Latinis Irenæi verbis Græca apud Epiphanium fere respondent, textui supposuimus. Cf. etiam cum his Theodoret. *Hær. fab.* I, 5. [49] γεγενῆσθαι C, M. [50] αὐτῇ. αὐτῷ M, qui in [illegible] ultimam litteram exesam testatur. [51] ἐλευθερωθεῖσαν ἀνεληλυθέναι. ἐλευθερωθεῖσαν ἐληλυθέναι C, M. [52] καὶ ὁμοίως τὴν τὰ ὅμοια αὐτῇ. τὰ ὅμοια αὐτῆς C, M. [53] εἰληφέναι ἐπιτετελεκέναι C, M. [54] κολάσεσι. κολάσει C, M [55] τούς. αὐτοὺς C, M. [56] ὁμοίους. ὁμοίως C. [57] καὶ ἔτι κατά τι. καὶ ἔτι C, M. [58] δυνατωτέρους τινὰς, ὄντας δέ. δυνατωτέρους, τινὰς δὲ C, M.

A ἀποστόλων, τούτους δὲ κατὰ μηδὲν [59] ἀπολείπεσθαι [p. 255. 256.] τοῦ Ἰησοῦ. Τὰς δὲ ψυχὰς αὐτῶν ἐκ τῆς ὑπερκειμένης ἐξουσίας παρούσας, καὶ διὰ τοῦτο ὡσαύτως καταφρονούσας [60] τῶν κοσμοποιῶν [61], | τῆς αὐτῆς ἠξιῶσθαι δυνάμεως καὶ αὖθις εἰς τὸ αὐτὸ χωρῆσαι· εἰ δέ τις ἐκείνου πλέον καταφρονήσειεν τῶν ἐνταῦθα, δύνασθαι διαφορώτερον αὐτοῦ ὑπάρχειν. Τέχνας οὖν μαγικὰς ἐξεργάζονται [62] καὶ ἐπαοιδάς, φίλτρα τε καὶ χαριτήσια [63], παρέδρους τε καὶ ὀνειροπόμπους καὶ τὰ λοιπὰ κακουργήματα, φάσκοντες ἐξουσίαν ἔχειν πρὸς τὸ κυριεύειν ἤδη τῶν ἀρχόντων καὶ ποιητῶν τοῦδε τοῦ κόσμου, οὐ μὴν ἀλλὰ καὶ τῶν ἐν αὐτῷ ποιημάτων ἁπάντων· οἵτινες καὶ αὐτοὶ εἰς διαβολὴν τοῦ θείου τῆς ἐκκλησίας ὀνόματος πρὸς τὰ ἔθνη ὑπὸ τοῦ Σατανᾶ προεβλήθησαν, ἵνα κατ' ἄλλον καὶ ἄλλον τρόπον τὰ ἐκείνων ἀκούοντες ἄνθρωποι, B καὶ δοκοῦντες ἡμᾶς πάντας τοιούτους ὑπάρχειν ἀποστρέφωσι τὰς ἀκοὰς αὐτῶν ἀπὸ τοῦ τῆς ἀληθείας κηρύγματος, ἢ καὶ [64] βλέποντες τὰ ἐκείνων ἅπαντας [65] ἡμᾶς βλασφημῶσιν [66]. Εἰς τοσοῦτον [67] δὲ μετενσωματοῦσθαι φάσκουσι τὰς ψυχάς, ὅσον [69] πάντα τὰ ἁμαρτήματα πληρώσωσιν· ὅταν δὲ μηδὲν λείπῃ, τότε ἐλευθερωθεῖσαν [70] ἀπαλλαγῆναι πρὸς ἐκεῖνον τὸν ὑπεράνω τῶν κοσμοποιῶν ἀγγέλων Θεόν, καὶ οὕτως σωθήσεσθαι πάσας τὰς ψυχάς. Τινὲς [71] δὲ φθάσασαι ἐν μιᾷ παρουσίᾳ ἀναμιγῆναι [72] πάσαις [p. 256. 257.] ἁμαρτίαις οὐκέτι μετενσωματοῦνται, ἀλλὰ πάντα ὁμοῦ ἀποδοῦσαι τὰ ὀφλήματα ἐλευθερωθήσονται τοῦ μηκέτι γενέσθαι ἐν σώματι. Τούτων τινὲς καὶ καυτηριάζουσι τοὺς ἰδίους μαθητὰς ἐν τοῖς ὀπίσω μέρεσι τοῦ λοβοῦ τοῦ δεξιοῦ ὠτός. Καὶ C εἰκόνας δὲ κατασκευάζουσι τοῦ Χριστοῦ λέγοντες ὑπὸ Πιλάτου τῷ καιρῷ ἐκείνῳ γενέσθαι.

A stolis, hos autem a nulla parte inferiores esse Jesu. Animas autem **402-403** eorum ex superjacente potestate ortas, et ideo æque despicientes mundi fabros, dignas habitas esse eadem potestate et rursus in idem transire. Si quis autem magis quam ille despiceret res terrenas, posse eum præstantiorem evadere quam illum. Artes igitur magicas usurpant et incantationes philtraque et charitesia paredrosque et somniorum auctores reliquaque maleficia, profitentes sese potestatem habere, qua jam superiores evadant dominantibus et conditoribus hujus mundi, imo vero vel operibus in eo universis: cum quidem et ipsi ad diffamationem divini Ecclesiæ nominis coram gentibus a Satana progeniti sint, ut homines in hunc atque illum modum B præcepta illorum audientes, ratique nos omnes tales esse, avertant aures suas a præconio veritatis, vel etiam intuentes quæ sunt illorum omnibus nobis maledicant. In tantum autem aiunt migrare in corpora animas, donec omnia peccata impleant; ubi autem nihil reliqui sit, tunc liberatam (*sc.* animam) abscedere ad illum, qui mundi fabris angelis superior sedeat, Deum, **404-405** et in hunc modum omnes salvatum iri animas. Quædam autem, prævertentes in una præsentia repleri omnibus peccatis, non jam transcorporantur, sed omnia simul reddentes debita liberabuntur, ut jam non in corpora transeant. Horum quidam etiam inurunt discipulos suos in posteriore parte dextræ auriculæ. C Et imagines etiam conficiunt Christi, dicentes a Pilato illo tempore factas esse.

λοιπῶν ἀποστόλων ἑαυτοὺς ὑπερφερεστέρους εἶναι διὰ τὴν ὑπερβολὴν τῆς γνώσεως καὶ τὸ περισσότερον τῆς διαπράξεως διαφόρων διεξόδων· ἄλλοι δὲ ἐξ αὐτῶν φάσκουσι μηδὲν διενηνοχέναι τοῦ Κυρίου ἡμῶν Ἰησοῦ Χριστοῦ. Αἱ γὰρ ψυχαὶ ἐκ τῆς αὐτῆς περιφορᾶς εἰσι καὶ ὁμοίως κατὰ τὴν τοῦ Ἰησοῦ πάντων

tem in nullo deminorari a Jesu. Animas enim ipsorum ex eadem circumlatione devenientes, et ideo similiter contemnentes mundi fabricatores, eadem dignas habitas esse virtute, et rursus in idem abire. Si quis autem plus quam ille contempserit ea, quæ sunt hic, posse meliorem quam illum esse.

καταφρόνησιν ποιησάμεναι. Καὶ αἱ πᾶσαι, φασί, ψυχαὶ τῆς αὐτῆς δυνάμεως ἠξιώθησαν, ἧς καὶ τοῦ Ἰησοῦ ἠξίωται· διὸ καὶ ταύτας φασὶ χωρεῖν διὰ πάσης πράξεως, καθάπερ ἀμέλει καὶ ἡ τοῦ Ἰησοῦ διελήλυθεν. Εἰ δὲ καί τις πάλιν δυνηθείη ὑπὲρ τὸν Ἰησοῦν καταφρονῆσαι, διαφορώτερος ἔσται αὐτοῦ.

3. Artes enim magicas operantur et ipsi et incantationes, philtra quoque et charitesia et paredros et oniropompos et reliquas malignationes, dicentes se potestatem habere ad dominandum jam principibus et fabricatoribus hujus mundi; non solum autem, sed et his omnibus, quæ in eo sunt facta. Qui et ipsi ad detractionem divini Ecclesiæ nominis, quemadmodum et gentes a Satana præmissi sunt, uti secundum alium et alium modum quæ sunt illorum audientes homines, et putantes omnes nos tales esse, avertant aures suas a præconio veritatis, aut et videntes, quæ sunt illorum, omnes nos blasphement in nullo eis communicantes cet.

4. Et id quod ait: *Non exies inde, quoadusque novissimum quadrantem reddas*, interpretantur, quasi non exeat quis a potestate angelorum eorum qui mundum fabricaverunt; sic (*al.* sed sit) transcorporatum semper, quoadusque in omni omnino operatione, quæ in mundo, est fiat, et cum nihil defuerit ei, tum liberatam ejus animam elevari (*al.* eliberari) ad illum deum, qui est supra angelos mundi fabricatores. Sic quoque salvari et omnes animas, sive ipsæ præoccupantes in uno adventu in omnibus misceantur operationibus, sive de corpore in corpus transmigrantes, vel immissæ in unaquaque specie vitæ adimplentes et reddentes debita liberari, uti jam non faciant (*al.* fiant) in corpore.

VARIÆ LECTIONES.

[59] μηδέν. μηδένα C, M. [60] καταφρονούσας. καταφρονεῖν C, M. [61] κοσμοποιῶν. κοσμοποιῶν διὰ C, κοσμοποιῶν διὰ τὸ M. [62] ἐξεργάζονται. ἐξεργαζόμενον C, ἐξεργαζόμενοι M. [63] χαρητήσια C. [64] ἢ καὶ om. C, M. [65] ἅπαντας Sauppius, ἅπαντα C, M. [66] βλασφημοῦσιν C. [67] Irenæi versionem veterem textui supposuimus. Cf. cum his etiam Epiphanium. [68] [69] ὅσον. ἕως ἂν susp. Sauppius. [70] ἐλευθερωθείσας susp. M. [71] Τινές. Εἴ τινες C, M. [72] ἀναμιγῆναι. ἀνεμίγησαν Bunsenius in *Hippolytus and his age*. London 1854, p. 372.

33. Cerinthus autem quidam, ipse Ægyptiorum disciplina excultus, dicebat non a primo Deo factum esse mundum, sed a virtute quadam, quæ separata sit ab ea potestate, quæ sit super omnia, ignoretque Deum, qui sit super omnia. Jesum autem statuit non ex Virgine natum esse, natum autem esse eum ex Josepho et Maria filium consimiliter reliquis hominibus omnibus, justioremque exstitisse et sapientiorem. Et post baptismum devenisse in eum ab ea principalitate, quæ est super omnia, Christum in figura columbæ, et tum nuntiavisse incognitum patrem et virtutes perfecisse, sub finem autem avolasse Christum a Jesu, Jesumque passum esse et resurrexisse, Christum autem a patiendo liberum permansisse, cum esset spiritualis.

406-407 34. Ebionæi autem consentiunt quidem mundum ab eo, qui revera Deus est, factum esse, quæ autem ad Christum pertinent, consimiliter Cerintho et Carpocrati fabulantur. Moribus Judaicis utuntur, secundum legem dictitantes sese justificari, et Jesum dicentes justificatum esse, cum observaverit legem; quapropter et Christum (unctum) Dei vocatum esse eum et Jesum, cum nemo ex reliquis observaverit legem; etenim si quis alius fecisset, quæ in lege præscripta sunt, ille evasisset Christus. Posse autem et semetipsos, similiter cum fecerint, christos evadere; etenim et ipsum hominem æque atque omnes esse dicunt.

35. Theodotus autem quidam natione Byzantius introduxit hæresin novam, docens ea, quæ sunt de origine universi, congrua ex parte doctrinæ veræ Ecclesiæ, cum a Deo omnia profecta esse consentit, Christum autem, e Gnosticorum et Cerinthi Ebionisque schola avellens, ait tali quodam modo apparuisse: et Jesum quidem esse hominem ex Virgine natum secundum voluntatem Patris, cum vixisset autem eodem quo universi homines modo et cum piissimus fuisset, postea in baptismo ad Jordanem cepisse

A λγ'. Κήρινθος δέ τις [73], αὐτὸς [74] Αἰγυπτίων παιδείᾳ ἀσκηθεὶς, ἔλεγεν οὐχ ὑπὸ τοῦ πρώτου Θεοῦ γεγονέναι τὸν κόσμον, | ἀλλ' ὑπὸ δυνάμεώς τινος κεχωρισμένης τῆς ὑπὲρ τὰ ὅλα ἐξουσίας καὶ ἀγνοούσης τὸν ὑπὲρ πάντα Θεόν. Τὸν δὲ Ἰησοῦν ὑπέθετο μὴ ἐκ παρθένου γεγενῆσθαι, γεγονέναι δὲ αὐτὸν ἐξ Ἰωσὴφ καὶ Μαρίας υἱὸν [76] ὁμοίως τοῖς λοιποῖς πᾶσιν ἀνθρώποις, καὶ δικαιότερον γεγονέναι καὶ σοφώτερον. Καὶ μετὰ τὸ βάπτισμα κατελθεῖν εἰς αὐτὸν ἐκ [77] τῆς ὑπὲρ τὰ ὅλα αὐθεντίας τὸν Χριστὸν ἐν εἴδει περιστερᾶς, καὶ τότε κηρῦξαι τὸν ἄγνωστον [78] πατέρα, καὶ δυνάμεις ἐπιτελέσαι, πρὸς δὲ τῷ τέλει ἀποπτῆναι [79] τὸν Χριστὸν ἀπὸ τοῦ Ἰησοῦ [80], καὶ τὸν Ἰησοῦν πεπονθέναι καὶ ἐγηγέρθαι, τὸν δὲ Χριστὸν ἀπαθῆ διαμεμενηκέναι πνευματικὸν [81] ὑπάρχοντα.

B λδ'. [p. 257. 258] Ἐβιωναῖοι δὲ [81'] ὁμολογοῦσι μὲν [82] τὸν κόσμον ὑπὸ τοῦ ὄντως Θεοῦ γεγονέναι, τὰ δὲ περὶ τὸν Χριστὸν ὁμοίως τῷ Κηρίνθῳ καὶ Καρποκράτει μυθεύουσιν. Ἔθεσιν Ἰουδαϊκοῖς ζῶσι κατὰ νόμον φάσκοντες δικαιοῦσθαι [83], καὶ τὸν Ἰησοῦν λέγοντες δεδικαιῶσθαι [84] ποιήσαντα τὸν νόμον· διὸ καὶ Χριστὸν αὐτὸν [85] τοῦ Θεοῦ ὠνομάσθαι καὶ Ἰησοῦν, ἐπεὶ μηδεὶς τῶν [ἑτέρων] [86] ἐτέλεσε τὸν νόμον· εἰ γὰρ καὶ ἕτερός τις πεποιήκει τὰ ἐν νόμῳ προστεταγμένα, ἦν ἂν ἐκεῖνος ὁ Χριστός. Δύνασθαι δὲ καὶ ἑαυτοὺς ὁμοίως ποιήσαντας Χριστοὺς γενέσθαι· καὶ γὰρ καὶ αὐτὸν ὁμοίως ἄνθρωπον εἶναι πᾶσι λέγουσιν.

λε'. Θεόδοτος δέ τις ὢν [87] Βυζάντιος εἰσηγήσατο αἵρεσιν καινὴν [88], φάσκων τὰ περὶ μὲν τῆς τοῦ C παντὸς ἀρχῆς σύμφωνα ἐκ μέρους τοῖς τῆς ἀληθοῦς Ἐκκλησίας, ὑπὸ τοῦ Θεοῦ πάντα ὁμολογῶν γεγονέναι, τὸν δὲ Χριστὸν ἐκ τῆς τῶν Γνωστικῶν καὶ Κηρίνθου καὶ Ἐβίωνος σχολῆς ἀποσπάσας φάσκει τοιούτῳ τινὶ τρόπῳ πεφηνέναι· καὶ | τὸν [89] μὲν Ἰησοῦν εἶναι ἄνθρωπον ἐκ Παρθένου γεγενημένον κατὰ βουλὴν τοῦ Πατρὸς, βιώσαντα δὲ κοινῶς πᾶσιν ἀνθρώποις καὶ εὐσεβέστατον γεγονότα ὕστερον ἐπὶ

6. Alii vero ex ipsis signant cauteriantes suos discipulos in posterioribus partibus exstantiæ dextræ auris..... Gnosticos se autem vocant, et imagines quasdam quidem depictas, quasdam autem et de reliqua materia fabricatas habent, dicentes formam Christi factam a Pilato illo in tempore, quo fuit Jesus cum hominibus.

Iren., *C. hæres.* I, 26, 1. Et Cerinthus autem quidam in Asia non a primo deo factum esse mundum docuit, sed a virtute quadam valde separata et distante ab ea principalitate, quæ est super universa, et ignorante eum, qui est super omnia deum. Jesum autem subjecit non ex Virgine natum (impossibile enim hoc ei visum est), fuisse autem eum Joseph et Mariæ filium, similiter ut reliqui omnes homines, et plus potuisse justitia et prudentia et sapientia ab hominibus. Et post baptismum descendisse in eum ab ea principalitate, quæ est super omnia, Christum figura columbæ, et tunc annuntiasse incognitum Patrem et virtutes perfecisse, in fine autem revolasse iterum Christum de Jesu, et Jesum passum esse et resurrexisse, Christum autem impassibilem perseverasse exsistentem spiritualem.

2. Qui autem dicuntur Ebionæi, consentiunt quidem mundum a Deo factum, ea autem, quæ sunt erga Dominum, non similiter (*l.* consimiliter) ut Cerinthus et Carpocrates opinantur, cet.

VARIÆ LECTIONES.

[73] Hæc quoque Hippolytus ex Irenæo transtulit, cujus veterem versionem exscripsimus. *Cf.* etiam Theodoret., *Hær.fab.* II, 3, et infra l. X, c. 21, p. 327, sq. ed. Ox. [74] αὐτός. καὶ αὐτός M et Bunsenius l. l. p. 373. [75] Θεοῦ. om. C, M. [76] υἱόν. οἷον C, M. [77] ἐκ. τὸν C, M, τὸν ἐκ R. Scottus. [78] ἄγνωστον. γνωστὸν C, M. [79] ἀποπτῆναι. ἀποστῆσαι C, M. [80] Ἰησοῦ Χριστοῦ C, M. [81] πνευματικόν. πατρικὸν C, M. [81'] Cf. Irenæum, cujus veterem versionem textui supposuimus. [82] μὲν om. C, M. [83] δικαιοῦσθε C. [84] δεδικαιῶσθαι. δὲ δικαιῶσθαι C. [85] Χριστὸν τὸν τοῦ Θεοῦ ὠνομάσθαι Ἰησοῦν Bunsenius. [86] τῶν ἑτέρων. τῶν C, αὐτῶν M, τῶν ἄλλων R. Scottus, τῶν πρὸ αὐτῶν Bunsenius. [87] ὤν. ἦν C, M. [88] εἰσήγαγεν εἰσήγαγε δ' susp. M. [89] καινήν. κενὴν C. [90] καὶ τόν. τὸν susp. Sauppius.

τοῦ βαπτίσματος ἐπὶ τῷ Ἰορδάνῃ κεχωρηκέναι τὸν Χριστὸν ἄνωθεν κατεληλυθότα ἐν εἴδει περιστερᾶς, ὅθεν οὐ πρότερον τὰς δυνάμεις ἐν αὐτῷ ἐνηργηκέναι, ἢ ὅτε [91] κατελθὸν ἀνεδείχθη ἐν αὐτῷ τὸ πνεῦμα, ὃ εἶναι τὸν Χριστὸν προσαγορεύει. Θεὸν δὲ οὐδέποτε τοῦτον γεγονέναι οὗτοι [92] θέλουσιν ἐπὶ τῇ καθόδῳ τοῦ Πνεύματος, ἕτεροι δὲ μετὰ τὴν ἐκ νεκρῶν ἀνάστασιν.

λϛ'. Διαφόρων δὲ γενομένων ἐν αὐτοῖς ζητήσεων ἐπεχείρησέ [93] τις καὶ αὐτὸς Θεόδοτος καλούμενος, τραπεζίτης τὴν τέχνην, λέγειν δύναμίν τινα τὸν Μελχισεδὲκ εἶναι μεγίστην, καὶ τοῦτον εἶναι μείζονα τοῦ Χριστοῦ, οὗ κατ' εἰκόνα φάσκουσι [94] τὸν Χριστὸν τυγχάνειν, καὶ αὐτοὶ ὁμοίως τοῖς προειρημένοις Θεοδοτιανοῖς [p. 258. 259.] ἄνθρωπον εἶναι λέγουσι τὸν Ἰησοῦν, καὶ κατὰ τὸν αὐτὸν λόγον τὸν Χριστὸν εἰς αὐτὸν κατεληλυθέναι.

Γνωστικῶν δὲ διάφοροι γνῶμαι [95], ὧν οὐκ ἄξιον καταριθμεῖν τὰς φλυάρους δόξας ἐκρίναμεν, οὔσας πολλὰς ἀλόγους [96] τε καὶ βλασφημίας γεμούσας, ὧν πάνυ σεμνότεροι [97] περὶ [98] τὸ θεῖον οἱ φιλοσοφήσαντες ἀφ' [99] Ἑλλήνων ἠλέγχθησαν [1]. Πολλῆς δὲ [2] αὐτοῖς [3] συστάσεως κακῶν αἴτιος γεγένηται Νικόλαος, εἷς τῶν ἑπτὰ εἰς διακονίαν ὑπὸ τῶν ἀποστόλων κατασταθείς, ὃς ἀποστὰς τῆς κατ' εὐθεῖαν διδασκαλίας ἐδίδασκεν ἀδιαφορίαν βίου τε καὶ βρώσεως [4], οὗ τοὺς μαθητὰς ἐνυβρίζοντας τὸ [5] ἅγιον Πνεῦμα διὰ τῆς ἀποκαλύψεως Ἰωάννης [6] ἤλεγχε πορνεύοντας καὶ εἰδωλόθυτα ἐσθίοντας.

λζ'. Κέρδων δέ [7] τις καὶ αὐτὸς ἀφορμὰς ὁμοίως παρὰ τούτων λαβὼν καὶ Σίμωνος, λέγει τὸν ὑπὸ Μωσέως καὶ προφητῶν Θεὸν κεκηρυγμένον μὴ εἶναι Πατέρα Ἰησοῦ Χριστοῦ. Τοῦτον μὲν γὰρ ἐγνῶσθαι, τὸν δὲ τοῦ Χριστοῦ πατέρα εἶναι ἄγνωστον, καὶ τὸν μὲν εἶναι δίκαιον, τὸν δὲ ἀγαθόν. Τούτου δὲ τὸ

Christum superne delapsum in specie columbæ. quapropter non prius potestates in eo viguisse, quam postquam is, qui delapsus erat, emicuerit in illo Spiritus, quem esse Christum appellat. Deum autem nunquam hunc factum esse volunt per descensum Spiritus; alii autem (sc. volunt Deum factum esse) post resurrectionem a mortuis.

36. Cum autem diversæ inter illos ortæ essent quæstiones, aggressus est quidam, et ipse nomine Theodotus, nummulariam professus, dicere potestatem quamdam Melchisedec esse maximam, et hunc esse majorem Christo, cujus imaginem aiunt Christum referre, et ipsi consimiliter quos supra **408-409** diximus Theodotianis hominem aiunt esse Jesum, et secundum eamdem rationem Christum in eum descendisse.

Gnosticorum autem diversæ sunt sententiæ, quorum indignas arbitrati sumus quas referremus sententias, quippe quæ multæ sint et male sanæ plenæque blasphemiæ, quibus admodum graviores circa numen divinum qui a Græcis philosophabantur convicti sunt. Multifariæ autem catervæ malorum auctor illis exstitit Nicolaus, unus ex septem illis ab apostolis ad diaconiam institutis, qui spreta quæ ex recto erat disciplina docebat indifferentiam vitæ et cibi, cujus discipulos illudentes sancto Spiritui per Apocalypsin Joannes coarguit scortantes et idolothytis vescentes.

37. Cerdon autem quidam, et ipse simili modo ab his profectus et Simone, ait eum, qui a Mose et prophetis prædicetur Deum, non esse Patrem Jesu Christi. Illum enim cognosci, Christi autem patrem incognitum esse, et illum esse justum, hunc autem bonum. Hujus autem doctrinam corroborat Marcion,

Euseb. *H. E.* IV, 11. Ἔν γε μὴν τῷ πρώτῳ αὖθις περὶ τοῦ Κέρδωνος ταῦτα διέξεισι (sc. ὁ Εἰρηναῖος). Κέρδων δέ τις ἀπὸ τῶν περὶ τὸν Σίμωνα τὰς ἀφορμὰς λαβών, καὶ ἐπιδημήσας ἐν τῇ Ῥώμῃ ἐπὶ Ὑγίνου, ἔνατον κλῆρον τῆς ἐπισκοπικῆς διαδοχῆς ἀπὸ τῶν ἀποστόλων ἔχοντος, ἐδίδαξε τὸν ὑπὸ τοῦ νόμου καὶ προφητῶν κεκηρυγμένον Θεὸν μὴ εἶναι Πατέρα τοῦ Κυρίου ἡμῶν Ἰησοῦ Χριστοῦ. Τὸν μὲν γὰρ γνωρίζεσθαι, τὸν δὲ ἀγνῶτα εἶναι, καὶ τὸν μὲν δίκαιον, τὸν δὲ ἀγαθὸν ὑπάρχειν. Διαδεξάμενος δὲ αὐτὸν Μαρκίων ὁ Ποντικὸς ηὔξησε τὸ διδασκαλεῖον ἀπηρυθριασμένως βλασφημῶν.

Iren. *C. hæres.*, I, 27, 1. Et Cerdon autem quidam ab iis, qui sunt erga Simonem occasionem accipiens, cum venisset Romam sub Hygino, qui octavum locum episcopatus per successionem ab apostolis habuit, docuit eum, qui a lege et prophetis annuntiatus sit deus, non esse patrem Domini nostri Christi Jesu. Hunc enim cognosci, illum autem ignorari et alterum quidem justum, alterum autem bonum esse.

2. Succedens autem ei Marcion Ponticus adampliavit doctrinam, impudorate blasphemans eum, qui a lege et prophetis annuntiatus est deus, malorum factorem et bellorum concupiscentem et inconstantem quoque sententia et contrarium sibi ipsum dicens.

VARIÆ LECTIONES.

[91] ἢ ὅτε. ἢ ὥστε C. [92] οὗτοι. αὐτὸν C. [93] πεχείρησε C. [94] φάσκουσι omittendum putat Sauppius. [95] γνῶμαι. εἰσὶ γνῶμαι susp. M. [96] πολλὰς ἀλόγους. πολλῆς ἀλογίας Roeperus. [97] σεμνότερον C. [98] περί. πρὸς conj. Bunsenius (*Hippolytus and his age* 1, 377. [99] ἀφ'. ἐξ? Sauppius. [1] ἠλέγχθησαν Roeperus, ἠλέχθησαν C, M. [2] Cf. cum his Iren. C. *hæres.* I, 26, 3: Nicolaitæ autem magistrum quidem habent Nicolaum, unum ex VII, qui primi ad diaconium ab apostolis ordinati sunt: qui indiscrete vivunt. Plenissime autem per Joannis Apocalypsin manifestantur qui sint, nullam differentiam esse docentes in mœchando et idolothyton edere. Quapropter dixit et de iis sermo: *Sed hoc habes, quod odisti opera Nicolaitarum, quæ et ego odi.* (Apoc. II, 6.) [3] Πολλῆς δὲ αὐτοῖς. Πολλῆς δὲ αὐτῶν C, M, Πολλοῖς δ' αὖ τῶν Bunsenius l. l. p. 378, qui p. 377 idem quod nos conjecerat. [4] βρώσεως. γνώσεως C, M. Sicut nos etiam Bunsenius conjecit, l. l. p. 378. [5] ἐνυβρίζον τὸ C. [6] Ἰωάννου C. [7] Cf. cum his Iren. *c. hær.* I, 27, 1, cujus Græca, ex Eusebio sumpta veteremque versionem textui supposuimus, et Theodoret. *Hær. fabul.* I, 24.

qui et contrapositiones conabatur et quæcunque A
410-411 placebant contra fabricatorem universi diffamabat. Consimiliter autem etiam Lucianus, hujus discipulus.

38. Appelles autem ab his ortus ait in hunc modum esse Deum quemdam bonum, sicuti etiam Marcion supponebat, eum autem, qui universa creaverit esse justum, qui fabricatus sit ea, quæ facta sunt, et tertium esse, qui cum Mose locutus sit, hunc autem esse igneum, esse autem etiam alium quartum, malorum auctorem; hos autem angelos nominat. Legem autem et prophetas proscindit, cum humana et mendacia dicat esse quæ scripta sunt, ex Evangeliis autem vel Apostolo quæ ipsi placet sibi eligit. Philumenæ autem cujusdam sermonibus sese applicat tanquam prophetissæ revelationibus. B
Christum autem a superna potestate descendisse, hoc est a bono, illiusque ipsum esse filium, hunc autem non ex virgine esse natum, neque carne caruisse eum qui apparuerit ait, sed ex substantia universi cum partes ceperit corpus sibi confecisse, hoc est calidi et frigidi et humidi et sicci, et in hoc corpore latentem mundanas potestates vixisse tempus, quod vixerit in mundo; rursus autem a Judæis crucifixum eum mortuum esse, et post tres dies resuscitatum apparuisse discipulis, et monstrata figura clavorum et lateris sui persuasisse iis semetipsum esse et non phantasma, sed carnem sese habere. Carnem, inquit, postquam monstravit reddidit terræ, qua ex substantia erat, nihil alieni aucupatus, sed ad tempus usus singulis sua reddidit, C
vinculum corporis solvens, calido calidum, frigido frigidum, humido humidum, sicco siccum, et ita abiit ad bonum patrem relicto semine vitæ in mundo per discipulos credentibus.

39. Videmur nobis et hæc satis exposuisse; quoniam autem nihil irrefutatum prætermittere decrevimus eorum, quæ a quibuscunque docta sunt, videamus quid etiam a Docetis inventum sit.

δόγμα ἐκράτυνε Μαρκίων, τάς τε ἀντιπαραθέσεις ἐπιχειρήσας, καὶ ὅσα αὐτῷ ἔδοξεν εἰς τὸν τῶν ἁπάντων δημιουργὸν [p. 259. 260.] δυσφημήσας[8]. Ὁμοίως δὲ καὶ[9] Λουκιανὸς ὁ τούτου μαθητής.

λη'. [10] Ἀπελλῆς[11] δὲ ἐκ τούτων γενόμενος οὕτως λέγει· Εἶναί τινα Θεὸν ἀγαθὸν, καθὼς καὶ Μαρκίων ὑπέθετο, τὸν δὲ πάντα κτίσαντα εἶναι δίκαιον, ὃς τὰ γενόμενα ἐδημιούργησε, καὶ τρίτον τὸν Μωσεῖ λαλήσαντα, πύρινον δὲ τοῦτον εἶναι, εἶναι δὲ καὶ τέταρτον ἕτερον, κακῶν αἴτιον· τούτους δὲ ἀγγέλους ὀνομάζει. Νόμον δὲ καὶ προφήτας δυσφημεῖ, ἀνθρώπινα καὶ ψευδῆ φάσκων εἶναι τὰ γεγραμμένα· τῶν δὲ Εὐαγγελίων ἢ τοῦ Ἀποστόλου τὰ ἀρέσκοντα αὐτῷ αἱρεῖται. Φιλουμένης δέ τινος λόγοις προσέχει ὡς προφήτιδος φανερώσεσι[13]. Τὸν δὲ Χριστὸν ἐκ τῆς ὑπερθεν δυνάμεως κατεληλυθέναι, τουτέστι τοῦ ἀγαθοῦ, κἀκείνου αὐτὸν εἶναι υἱὸν, τοῦτον δὲ οὐκ ἐκ παρθένου γεγεννῆσθαι, οὐδὲ ἄσαρκον εἶναι τὸν φανέντα[14] λέγει, ἀλλ' ἐκ τῆς τοῦ παντὸς οὐσίας μεταλαβόντα μερῶν σῶμα πεποιηκέναι, τουτέστι θερμοῦ καὶ ψυχροῦ καὶ ὑγροῦ καὶ ξηροῦ, καὶ ἐν τούτῳ τῷ σώματι λαθόντα[15] τὰς κοσμικὰς ἐξουσίας βεβιωκέναι ὃν ἐβίωσε χρόνον ἐν κόσμῳ· αὖθις δὲ ὑπὸ Ἰουδαίων ἀνασκολοπισθέντα θανεῖν, καὶ μετὰ τρεῖς ἡμέρας ἐγερθέντα φανῆναι τοῖς μαθηταῖς, δείξαντα τοὺς τύπους[16] τῶν ἥλων καὶ τῆς πλευρᾶς, πείθοντα ὅτι αὐτὸς εἴη καὶ οὐ φάντασμα, ἀλλὰ ἔνσαρκος. Σάρκα, φησὶ, δείξας ἀπέδωκε γῇ, ἐξ ἧσπερ ἦν οὐσίας, μηδὲν ἀλλότριον[17] πλεονεκτῶν, ἀλλὰ πρὸς καιρὸν χρησάμενος, ἑκάστοις τὰ ἴδια ἀποδοὺς, λύσας πάλιν τὸν δεσμὸν τοῦ σώματος, θερμῷ τὸ θερμὸν, ψυχρῷ τὸ ψυχρὸν, ὑγρῷ τὸ ὑγρὸν, ξηρῷ τὸ ξηρόν. καὶ οὕτως ἐπορεύθη πρὸς τὸν ἀγαθὸν πατέρα, καταλιπὼν τὸ τῆς ζωῆς σπέρμα εἰς τὸν κόσμον διὰ τῶν μαθητῶν τοῖς πιστεύουσι.

λθ'. Δοκεῖ ἡμῖν καὶ ταῦτα ἱκανῶς ἐκτεθεῖσθαι· ἀλλ' ἐπεὶ μηδὲν παραλιπεῖν ἀνέλεγκτον ἐκρίναμεν τῶν ὑπό τινων δεδογματισμένων, ἴδωμεν τί καὶ τοῖς[18] Δοκηταῖς ἐπινενοημένον.

VARIÆ LECTIONES.

[8] δυσφημίσας C. [9] δὲ καί. τε καὶ C, M. [10] Cf. Pseudo-Tertullian. *adv. omnes hær.* c. 6. Tertull. *De præscript. hæret.* 30. Euseb. *H. E.* v, 13. Theodoret. *Hær. fab.* I, 25. [11] Ἀπελῆς C. [12] δὲ καί. τὲ καὶ C. [13] φανερώσεσι. φανερῶς C, M. [14] Cf. infra l. x, c. 20. p. 327. ed. Ox. [14] τὸν φανέντα. φανέντα C, M. [15] λαθόντα. λαβόντα M. [16] Cf. Ev. Joan. xx, 25 et Luc. xxiv, 39. [17] ἀλλότριον. ἀλτριον C. [18] τοῖς. τῆς C.

ΤΟΥ ΚΑΤΑ ΠΑΣΩΝ ΑΙΡΕΣΕΩΝ ΕΛΕΓΧΟΥ

ΒΙΒΛΙΟΝ Η'.

REFUTATIONIS OMNIUM HÆRESIUM

LIBER OCTAVUS.

α'. [p. 261, 262] Τάδε ἔνεστιν ἐν τῇ ὀγδόῃ τοῦ A κατὰ πασῶν αἱρέσεων ἐλέγχου·

β. Τίνα τοῖς Δοκηταῖς [19] τὰ δοκοῦντα, καὶ ὅτι ἐκ φυσικῆς φιλοσοφίας ἃ λέγουσιν ἐδογμάτισαν.

γ'. Πῶς ὁ Μονόϊμος [20] ληρεῖ [21] ποιηταῖς καὶ γεωμέτραις καὶ ἀριθμητικοῖς προσέχων.

δ'. Πῶς Τατιανὸς γεγένηται [22] ἐκ τῶν Οὐαλεντίνου [23] καὶ Μαρκίωνος δοξῶν τὰς ἑαυτοῦ συνιστῶν [24], ὁ δὲ Ἑρμογένης τοῖς Σωκράτους δόγμασι κέχρηται, οὐ τοῖς Χριστοῦ.

ε'. Πῶς πλανῶνται οἱ τὸ Πάσχα τῇ τεσσαρεσκαιδεκάτῃ ἐπιτελεῖν φιλονεικοῦντες.

ς'. Τίς ἡ πλάνη τῶν Φρυγῶν, νομιζόντων Μοντανὸν καὶ Πρισκίλλαν καὶ Μαξιμίλλαν προφήτας.

ζ'. Τίς ἡ τῶν Ἐγκρατιτῶν [25] κενοδοξία, καὶ ὅτι B ἐξ αὐτῶν καὶ [26] οὐχ ἐξ ἁγίων Γραφῶν τὰ δόγματα αὐτῶν συνέστηκεν, [ἀλλ' ἐκ τῶν παρ' Ἰνδοῖς γυμνοσοφιστῶν [27].]

η'. Ἐπεὶ οἱ πολλοὶ [28] τῇ τοῦ Κυρίου συμβουλίᾳ μὴ χρώμενοι, τὴν δοκὸν ἐν τῷ ὀφθαλμῷ ἔχοντες, ὁρᾷν ἐπαγγέλλονται [29] τυφλώττοντες, δοκεῖ ἡμῖν μηδὲ τὰ τούτων δόγματα σιωπᾷν, ὅπως κἂν διὰ τοῦ ὑφ' ἡμῶν γινομένου ἐλέγχου πρὸς αὐτῶν [30] αἰδεσθέντες ἐπιγνῶσι, πῶς συνεβούλευσεν ὁ Σωτὴρ ἐξαιρεῖν τὴν δοκὸν πρῶτον, εἶτα διαβλέπειν τὸ κάρφος τὸ ἐν τῷ ὀφθαλμῷ τοῦ ἀδελφοῦ. Αὐτάρκως οὖν καὶ ἱκανῶς ἐκθέμενοι τὰ τῶν πλειόνων ἐν ταῖς πρὸ ταύτης βίβλοις ἑπτὰ, νῦν τὰ ἀκόλουθα οὐ σιωπήσομεν, τὸ ἄφθονον τῆς χάριτος τοῦ ἁγίου Πνεύματος ἐπιδεικνύντες, C καὶ τοὺς τῷ δοκεῖν ἀσφάλειαν λόγων κεκτῆσθαι [31] ἐλέγξομεν, οἵγε [32] ἑαυτοὺς Δοκητὰς ἀπεκάλεσαν, [p. 262, 263] δογματίζοντες ταῦτα· Θεὸν εἶναι τὸν πρῶτον [33] οἱονεὶ [34] σπέρμα συκῆς, μεγέθει μὲν ἐλάχιστον παντελῶς, δυνάμει δὲ ἄπειρον [35], τα-

412-413 1. Hæc insunt in octavo libro refutationis omnium hæresium :

2. Quænam Opinarii (Docetæ) opinati sint, quos a naturali philosophia profectos doctrinam suam professos esse.

3. Quomodo Monoimus ineptiat poetis et geometris arithmeticisque sese applicans.

4. Quomodo Tatianus profectus sit a Valentini et Marcionis sententiis suas ipsius constituens, Hermogenes autem Socratis placitis usus sit, non Christi.

5. Quomodo aberrent, qui ut Pascha die decima quarta celebrent litigiose contendant.

6. Quisnam sit error Phrygum, qui Montanum et Priscillam Maximillamque prophetas esse putent.

7. Quænam Continentium (Encratitarum) sit inanis gloria, quorum præcepta ex ipsis, non ex sacris Scripturis profecta esse, [sed ex gymnosophistis apud Indos.]

8. Quoniam plerique consilio Domini non usi trabem in oculo habentes se videre profitentur, cum cæcutiant, placet nobis ne horum quidem dogmata silere, ut vel per refutationem a nobis factam ex se ipsis pudentes cognoscant, quomodo consilium dederit Salvator eximendæ trabis primo, tum perspiciendæ festucæ in oculo fratris. Sufficienter igitur satisque postquam exposuimus plurimorum doctrinas in septem qui hunc præcedunt libris, nunc quæ sequuntur non silebimus, monstrantes liberalitatem gratiæ Spiritus sancti, illosque qui opinando securitatem sermonum sese nactos esse putant, coarguemus, qui quidem semetipsos Docetas appellaverunt, 414-415 talia professi : Deum primum esse, tanquam semen sit arboris fici, magnitudine quidem prorsus minimum, potentia autem infinitum, homi-

VARIÆ LECTIONES.

[19] Δοκήταις C, M, qui codicis accentum variantem in Δοχῆται et Δοκηταί servavit. [20] ὁ Μονόϊμος. ὁ μὲν Νόϊμος corr. C, sicut infra l. x, c. 17, p. 325 ed. Ox. Οἱ δὲ κατὰ Νόϊμον, Μονόϊμος Theodoret. *Hær. fab.* I, 18. [21] ληρεῖ. ληροῖ C, M. [22] γεγένηται. αἱρετικὸς γεγένηται conj. M, an. κεκίνηται? Cf. supra p. 346,24. [23] Οὐαλεντιανοῦ C. [24] δοξῶν τὰς ἑαυτοῦ συνιστῶν Roeperus, δόξας ἑαυτὴν συνιστᾷν C, δόξας ἑαυτῷ συνιστῶν conj. M. [25] Ἐγκρατητῶν C, M. [26] ἐξ αὐτῶν καὶ delenda esse censet M. [27] ἀλλ'—γυμνοσοφιστῶν uncinis inclusimus. [28] Cf. Matth. VII, 3, 4. Luc. VI, 41, 42. [29] ἐπαγγέλονται C. [30] πρὸς αὐτῶν. αὐτῶν? [31] Post κεκτῆσθαι excidit οἰομένους vel tale quid. M. [32] οἵγε. οἷς C, οἱ M. [33] τὸν πρῶτον. τὸ πρῶτον conj. M; sed cf. infra l. x, c. 16, p. 324 init. ed. Ox. [34] οἰωνεὶ C. [35] ἄπειρον om. C, M.

lis magnitudo, innumera multitudine, ad generationem sufficiens, metuentium refugium, nudorum tegumentum, pudendi velamentum, fructus quæsitus, ad quem venit quærens, inquit, ter et non invenit; propterea maledixit, inquit, arbori fici, quia dulcem illum fructum non invenit in ea, fructum quæsitum. Talis autem cum sit, ut strictim dicamus, tantusque, hoc est parvus et minutus secundum illos deus, mundus factus est, ut illis placet, in hunc fere modum. Postquam rami arboris fici teneri facti sunt, provenerunt folia, sicuti videre licet, deinde autem fructus, in quo infinitum et innumerabile reconditum custoditur semen ficus. Tria igitur esse opinamur, quæ primo a semine ficulneo exstiterint: stirpem quæ est arbor fici, folia et fructum, hoc est ficum, ut antea diximus. Ita, inquit, tres exstiterunt æones, a primo principio universi principia; et hoc, inquit, ne Moses quidem siluit, cum dicat voces Dei tres esse: *Tenebræ, caligo, turba*, *nihilque addidit*. Nihil enim, inquit, Deus tribus addidit æonibus, sed ipsi omnia universis quæ nata sunt præstiterunt atque præstant. Manet autem Deus ipse per se longe a tribus æonibus remotus. Horum, inquit, æonum principium generationis nactus, ut dictum est, quisque paulatim crevit et auctus est et evasit perfectus. Perfectum autem esse opinantur id, quod numeratur decem. Cum igitur numero et perfectione pares inter se evaserint æones, ut illi opinantur, triginta exstiterunt æones universi, quisque eorum decade absolutus. Sunt autem a se invicem discreti et honorem habent invicem unum, cum positione tantum differant, quia aliud primum est, aliud secundum, aliud eorum tertium. Positio autem iis differentiam potentiæ exhibuit; qui enim **416-417** proxime a primo deo, qui tanquam semen est, positionem nactus est, genitaliorem reliquis habuit potestatem, decies semet magnitudine mensus ipse immensus; qui autem positione primi factus est secundus, sexies semet comprehendit incomprehensibilis ille; is autem, qui jam tertius positione, in infinitam distantiam propter incrementa fratrum delatus, cum ter semet cogitaret, tanquam vinculum quoddam unitatis semetipsum vinxit æonum.

9. Et hoc opinantur hi esse id, quod dictum est a Salvatore: *Exiit seminans ad seminandum, et id, quod cecidit in terram pulchram et bonam, faciebat aliud centum, aliud sexaginta, aliud triginta.* Et

πεινὸν μέγεθος, ἀνήριθμον ἐν πλήθει, πρὸς γένεσιν ἀπροσδεὲς [36], φοβουμένων καταφυγὴ [37], γυμνῶν σκέπη, αἰσχύνης [38] ἐπικάλυμμα [39], ζητούμενος [40] καρπὸς, ἐφ' ὃν ἦλθεν ὁ ζητῶν, φησὶ, τρὶς [41] καὶ οὐχ εὗρε, διὸ κατηράσατο, φησὶ, τῇ συκῇ, ὅτι τὸν γλυκὺν ἐκεῖνον καρπὸν οὐχ εὗρεν ἐν αὐτῇ, καρπὸν [42] ζητούμενον. Τοιούτου δὲ ὄντος, ὡς εἰπεῖν τύπῳ [43], καὶ τηλικούτου, μικροῦ καὶ ἀμεγέθους [44] κατ' ἐκείνους τοῦ θεοῦ, γέγονεν ὁ κόσμος, ὡς ἐκείνοις δοκεῖ, τοιοῦτόν τινα τρόπον· Ἀπαλῶν γενομένων [45] τῶν κλάδων τῆς συκῆς προῆλθε φύλλα, ὥσπερ ἐστὶν ὁρώμενον, ἑπομένως δὲ ὁ καρπὸς, ἐν ᾧ τὸ ἄπειρον καὶ τὸ ἀνεξαρίθμητον θησαυριζόμενον φυλάσσεται σπέρμα συκῆς. Τρία οὖν εἶναι δοκοῦμεν τὰ πρώτως ὑπὸ τοῦ σπέρματος γενόμενα τοῦ συκίνου· πρέμνον, ὅπερ ἐστὶν ἡ συκῆ, φύλλα, καὶ καρπὸς, τὸ σῦκον, ὡς προειρήκαμεν. Οὕτως [46], φησὶ, τρεῖς γεγόνασιν αἰῶνες, ἀπὸ τῆς πρώτης | ἀρχῆς τῶν ὅλων ἀρχαί· καὶ τοῦτο, φησὶν, οὐκ ἐσιώπησεν οὐδὲ Μωϋσῆς λέγων, ὅτι οἱ λόγοι τοῦ Θεοῦ τρεῖς εἰσιν· *Σκότος*, [47] *γνόφος*, *θύελλα* [48], *καὶ οὐ προσέθηκεν*. Οὐδὲν γὰρ, φησὶν, ὁ Θεὸς τοῖς τρισὶ προσέθηκεν αἰῶσιν, ἀλλ' αὐτοὶ πάντα τοῖς γενητοῖς πᾶσιν ἐπήρκεσαν καὶ ἐπαρκοῦσι. Μένει δὲ ὁ Θεὸς αὐτὸς καθ' ἑαυτὸν πολὺ τῶν τριῶν αἰώνων κεχωρισμένος. Τούτων, φησὶ, τῶν αἰώνων ἀρχὴν γενέσεως λαβὼν, ὡς λέλεκται, κατ' ὀλίγον [49] ηὔξησε, καὶ ἐμεγαλύνθη, καὶ ἐγένετο τέλειος. Τὸ δὲ τέλειον εἶναι δοκοῦσιν ἀριθμούμενον δέκα. Ἴσων οὖν γεγονότων ἀριθμῷ [50] καὶ τελειότητι τῶν αἰώνων, ὡς ἐκεῖνοι δοκοῦσι, τριάκοντα γεγόνασιν αἰῶνες οἱ πάντες, ἕκαστος αὐτῶν ἐν δεκάδι πληρούμενος. Εἰσὶ δὲ ἀλλήλων διαίρετοι καὶ [51] τιμὴν ἔχοντες οἱ τρεῖς πρὸς ἑαυτοὺς μίαν, θέσει μόνῃ διαφέροντες, ὅτι τὸ μὲν ἔστι πρῶτον, τὸ δὲ δεύτερον, τὸ δὲ τούτων τρίτον. Ἡ δὲ θέσις αὐτοῖς διαφορὰν δυνάμεως παρέσχεν [p. 263, 264] ὁ μὲν γὰρ ἔγγιστα τῷ πρώτῳ θεῷ, τῷ οἱονεὶ σπέρματι, θέσεως [52] τυχὼν τῶν ἄλλων γονιμωτέραν ἔσχε δύναμιν, δεκάκις αὐτὸς αὐτὸν μεγέθει μετρήσας ὁ ἀμέτρητος· ὁ δὲ τῇ θέσει τοῦ πρώτου γενόμενος δεύτερος, ἑξάκις αὐτὸν [53] κατέλαβεν ὁ ἀκατάληπτος· ὁ δὲ ἤδη τρίτος τῇ θέσει, εἰς ἄπειρον διάστημα διὰ τὴν αὔξησιν τῶν ἀδελφῶν γενόμενος, τρὶς νοήσας ἑαυτὸν, οἱονεὶ δεσμόν τινα τῆς ἑνότητος αὐτὸν [54] ἔδησεν αἰώνιον [55].

θ'. Καὶ τοῦτο εἶναι δοκοῦσιν οὗτοι τὸ λελεγμένον ὑπὸ τοῦ Σωτῆρος· *Ἐξῆλθεν* [56] *ὁ σπείρων τοῦ σπεῖραι*, *καὶ* [τὸ] [57] *πεσὸν εἰς τὴν γῆν τὴν καλὴν καὶ ἀγαθὴν ἐποίει ὃ μὲν ἑκατὸν, ὃ δὲ ἑξήκοντα*

VARIÆ LECTIONES.

[36] Cf. I Mos. III, 7. [37] καταφυγήν, — σκέπην Sauppius. [38] Luc. XIII, 6, 7; Matth. XXI, 19, 20; Marc. XI, 13, 14, 20, 21. [39] ἐπικάλυμα C. [40] ζητούμενον καρπόν Sauppius. [41] τρίς. κύριος Roeperus, sed cf. Luc. XIII, 6, 7. [42] καρπὸν aut delendum aut in τὸν mutandum esse putat M, καρπὸν ζητούμενον delendum esse censet Sauppius. [43] τύπῳ. τόπῳ C. [44] ἀμεγέθους. μεγέθους C. [45] Cf. Matth. XXIV, 32, Marc. XIII, 28. [46] Οὕτως. Οὗτος C, Οὗτοι susp. R. Scottus. [47] Cf. V Mos. V, 19. Τὰ ῥήματα ταῦτα ἐλάλησε Κύριος πρὸς πᾶσαν συναγωγὴν ὑμῶν ἐν τῷ ὄρει ἐκ μέσου τοῦ πυρὸς (σκότος, γνόφος, θύελλα, φωνὴ μεγάλη, καὶ οὐ προσέθηκε), καὶ ἔγραψεν αὐτὰ ἐπὶ δύο πλάκας λιθίνας καὶ ἔδωκεν ἐμοί. [48] θύελα C. [49] Ante κατ' ὀλίγον inserendum videtur, ἕκαστος. [50] ἀριθμῷ. ἀριθμῶν C. [51] διαίρετοι καί. διαιρετικοὶ C, M, qui διαίρετοι καὶ minus recte susp. [52] θέσεως τυχών. θέσεως, τυχὸν C, M. [53] αὐτόν. αὐτὸν C, M. [54] αὐτόν. αὐτὸν C, M. [55] αἰώνιον. αἰώνων? [56] Cf. Matth. XIII, 3, 8, Marc. IV, 3, 8; Luc. VIII, 5, 8. [57] τὸ ante πεσὸν om. C, M, qui τὸ σπέρμα excidi-

ὃ δὲ *τριάκοντα*. Καὶ διὰ τοῦτο | εἴρηκε, φησίν· *Ὁ* A *ἔχων* [58] *ὦτα ἀκούειν ἀκουέτω*, ὅτι ταῦτα οὐκ ἔστι πάντων [59] ἀκούσματα. Οὗτοι πάντες οἱ αἰῶνες οἵ τε τρεῖς καὶ οἱ ἀπ' αὐτῶν ἀπειράκις ἄπειροι πάντες εἰσὶν αἰῶνες ἀρσενοθήλυες. Αὐξηθέντες οὖν καὶ μεγαλυνθέντες καὶ γενόμενοι [60] οὗτοι πάντες ἐξ ἑνὸς ἐκείνου τοῦ πρώτου σπέρματος [61], τῆς συμφωνίας αὐτῶν καὶ τῆς ἑνότητος οἱ πάντες, εἰς ἕνα ὁμοῦ γενόμενοι αἰῶνα τὸν μέσον αὐτῶν, γέννημα [62] κοινὸν οἱ πάντες ἐγέννησαν ἐκ παρθένου μιᾶς, τὸν ἐν μεσότητι Μαρίας Σωτῆρα πάντων [63], ἰσοδύναμον κατὰ πάντα τῷ σπέρματι τῷ συκίνῳ, πλὴν ὅτι γεννητὸς [64] οὗτος, τὸ δὲ πρῶτον σπέρμα ἐκεῖνο, ὅθεν γέγονεν ἡ συκῆ, ἐστὶν ἀγέννητον. Κεκοσμημένων [65] οὖν τῶν τριῶν αἰώνων ἐκείνων παναρέτως καὶ παναγίως, ὡς δοκοῦσιν οὗτοι διδάσκοντες, καὶ τοῦ παιδὸς ἐκείνου B τοῦ μονογενοῦς (γέγονε γὰρ μόνος τοῖς ἀπείροις αἰῶσιν ἐκ τριγενοῦς· τρεῖς γὰρ αὐτὸν ἐγέννησαν ὁμοφρονοῦντες αἰῶνες ἀμέτρητοι [66])· κεκόσμητο μὲν ἀνενδεὴς πᾶσα ἡ νοητὴ φύσις, φῶς δὲ ἦν ἅπαντα ἐκεῖνα τὰ νοητὰ καὶ αἰώνια, φῶς δὲ οὐκ ἄμορφον οὐδὲ ἀργὸν, οὐδὲ οἱονεί τινος ἐπιποιοῦντος δεόμενον, ἀλλ' ἔχον ἐν ἑαυτῷ κατὰ τὸ πλῆθος τῶν ἀπειράκις ἀπείρων κατὰ [67] τὸ παράδειγμα τῆς συκῆς ἀπείρους ἰδέας ζώων τῶν ἐκεῖ πολυποικίλων, κατέλαμψεν ἄνωθεν εἰς τὸ ὑποκείμενον χάος. Τὸ δὲ φωτισθὲν ὁμοῦ καὶ μορφωθὲν [p. 264—266] ἐκείναις ἄνωθεν ταῖς πολυποικίλοις ἰδέαις, πῆξιν ἔλαβε καὶ ἀνεδέξατο τὰς ἰδέας τὰς ἄνωθεν ἁπάσας ἀπὸ τοῦ τρίτου αἰῶνος τοῦ τριπλασιάσαντος αὐτόν [68]. Ὁ δὲ αἰὼν οὗτος ὁ C τρίτος τοὺς χαρακτῆρας βλέπων πάντας ἀθρόως τοὺς ἑαυτοῦ εἰς τὸ ὑποκείμενον κάτω σκότος κατειλημμένους, τήν τε δύναμιν τοῦ σκότους οὐκ ἀγνοῶν | καὶ τὸ ἀφελὲς [69] τοῦ φωτὸς ὁμοῦ καὶ ἄφθονον, οὐκ εἴασεν ἐπὶ πολὺ τοὺς φωτεινοὺς χαρακτῆρας ἄνωθεν ὑπὸ τοῦ σκότους κάτω κατασπασθῆναι· ἀλλὰ γὰρ ὑπέταξε τοῖς αἰῶσι [στερέωμα]. Στερεώσας οὖν [70] κάτωθεν, *καὶ* [71] *διεχώρισεν ἀνὰ μέσον τοῦ σκότους καὶ ἀνὰ* [72] *μέσον τοῦ φωτὸς, καὶ ἐκάλεσε τὸ φῶς ἡμέραν, ὃ ἦν ὑπεράνω τοῦ στερεώματος, καὶ τὸ σκότος ἐκάλεσε νύκτα*. Πασῶν [73] οὖν, ὡς ἔφην, τῶν ἀπείρων τοῦ τρίτου αἰῶνος ἰδεῶν ἀπειλημμένων ἐν τούτῳ τῷ κατωτάτῳ σκότῳ, καὶ αὐτοῦ τοῦ τοιούτου αἰῶνος ἐναπεσφράγισται μετὰ τῶν λοιπῶν D τὸ ἐκτύπωμα, πῦρ ζῶν ἀπὸ φωτὸς γενόμενον, ὅθεν ὁ μέγας ἄρχων ἐγένετο, περὶ οὗ λέγει Μωϋσῆς [74]

A propterea dixit, inquit: *Qui habet aures audiendi audiat*, quia hæc non ab omnibus audiuntur. Omnes hi æones, et tres illi et qui ab iis orti sunt infinities infiniti universi sunt æones masculo-feminei. Cum igitur creverunt et aucti sunt et exstiterunt hi omnes ex uno illo primo semine, concentus sui atque unitatis cuncti simul, in unum congressi æonem ipsorum medium, partum communem universi genuerunt ex virgine una, Salvatorem eorum, qui in medietate sunt, omnium, ejusdem ab omni parte potentiæ atque semen ficulneum, nisi quod hic genitus sit, illud autem primum semen, unde fici arbor exstitit, non genitum. Postquam igitur ornati sunt tres illi æones omni virtute et sanctitate, ut opinantur hi docentes, et B filius ille unigenitus (genitus enim est solus infinitis illis æonibus ex trigenito; tres enim eum genuerunt consentientes æones immensi): ornata erat absoluta omnis natura intelligibilis; lux autem erant universa illa intelligibilia et æterna, lux autem non informis neque ignava, neque tanquam indigens aliquo, qui subveniat; sed cum habeat in semetipsa secundum multitudinem illorum infinities infinitorum ad exemplum ficus infinitas animalium, quæ illic sunt, pervariorum species, luxit desuper in subjacens chaos. Id autem collustratum simul et conformatum illis, **418 419** quæ supra sunt pervariis speciebus, concrevit et accepit species supernas omnes a tertio æone, qui semetipsum triplicavit. C Æon autem hic tertius cum notas suas videret universas simul in subjacentes infra tenebras susceptas, cumque potestatem tenebrarum non ignoraret et simplicitatem lucis simul et liberalitatem, non passus est diu lucidas notas desuper a tenebris deorsum deripi; at enim substruxit æonibus firmamentum cœli. Postquam igitur firmavit inferne, *et divisit tenebras a luce appellavitque lucem diem, quæ erat super firmamentum, et tenebras appellavit noctem*. Universis igitur, ut dixi, infinitis tertii æonis ideis deprehensis in infimis his tenebris, etiam ipsius hujusce æonis cum reliquis expressa est imago, ignis vivus a luce genitus, unde magnus archon exstitit, de quo Moses ait: *In principio* D *creavit Deus cœlum et terram*. Hunc dicit Moses igneum Deum, qui e rubo (ἀπὸ τοῦ βάτου) locutus sit, hoc est e tenebricoso aere (βάτος enim est uni-

VARIÆ LECTIONES.

[58] Matth. XIII, 9; Marc. IV, 9; Luc. VIII, 8. [59] πάντων. πάντως C. [60] γενόμενοι. An τέλειοι γενόμενοι? Cf. supra p. 263, 55. [61] Cf. supra p. 278, 66 sqq. [62] γέννημα — ἐγένησαν C. [63] μιᾶς, τὸν ἐν μεσότητι Μαρίας σωτῆρα πάντων. μιᾶς, Μαρίας, σωτῆρα, τὸν ἐν μεσότητι πάντων R. Scottus: Μαρίας delendum esse putat Sauppius. An μιᾶς, τῶν ἐν μεσότητι Σωτῆρα πάντων? Cf. infra l. X, c. 16, p. 324. ed. Ox. γεννῆσαι ἐκ Παρθένου Μαρίας Σωτῆρα τῶν πάντων. [64] γεννητὸς — ἀγένητον C, M. [65] κεκοσμημένων. καικεκοσμιμένων C, κατακεκοσμημένων R. Scottus. [66] ἀμέτριτοι C. [67] κατά. καὶ κατὰ conj. M. [68] αὐτόν. αὑτόν C, M. [69] ἀφελές. ἀσφαλὲς C, M. Cf. infra l. X, c. 16, p. 324 ed. Ox. Correxit jam Bernaysius in *Ep. critic. ad Bunsenium* (Bunsenii *Analecta Ante-Nicæna* vol. III, p. 307, 8 not.) [70] αἰῶσι στερέωμα. Στερεώσας οὖν. αἰῶσι. Στερεώσας οὖν C, M, αἰῶσι στερέωμα οὐρανοῦ Bernaysius l. l. Cf. infra p. 324 ed. Ox. Ἐποίησεν οὐρανὸν, καὶ μέσον πήξας, κ. τ. λ. [71] Cf. I Mos. I, 4, 5, 7: Καὶ διεχώρισεν ὁ Θεὸς ἀνὰ μέσον τοῦ φωτὸς καὶ ἀνὰ μέσον τοῦ σκότους. Καὶ ἐκάλεσεν ὁ Θεὸς τὸ φῶς ἡμέραν καὶ τὸ σκότος ἐκάλεσε νύκτα. Καὶ ἐποίησεν ὁ Θεὸς τὸ στερέωμα καὶ διεχώρισεν ἀνὰ μέσον τοῦ ὕδατος, ὃ ἦν ὑποκάτω τοῦ στερεώματος, καὶ ἀνὰ μέσον τοῦ ὕδατος τοῦ ἐπάνω τοῦ στερεώματος. [72] διεχώρησεν C. [73] Πασῶν. Πάντων C, M. Cf. infra p. 325 ed. Ox. [74] I Mos. I, l. 1.

versus aer tenebris subjacens), βάτον autem, inquit, dixit Moses, quia desuper deorsum omnes pertransierunt lucis species, quibus aer permeabilis (βατός) est. Non autem minus etiam nobis verbum a rubo notum fit, vox enim, significans verbum, est aer pulsatus, quo dempto verbum humanum non cognoscitur. Non solum autem verbum nobis a rubo, hoc est ab aere leges dat et nobiscum versatur, sed enim et odores et colores per aerem nobis facultates suas manifestant.

10. Hic igitur deus igneus, qui ignis a luce exstitit, mundum fecit ita ut Moses ait, ipse cum non subsistat tenebris tanquam substantia utens, perpetuo contumeliis afficiens æternas illas desuper inferne susceptas lucis notas. Usque **420-421** igitur ad Salvatoris apparitionem a deo lucis igneæ, demiurgo, multa quædam erat erratio animarum; animæ (ψυχαί) enim ideæ appellantur, quia refrigeratæ a supernis in tenebris peragunt, transmutatæ e corporibus in corpora a demiurgo custodita. Hæc autem ita esse, inquit, licet etiam ex Job intelligere, cum dicit: *Et ego sum erro et in locum e locis transiens et in domum ex domo*, et cum Salvator dicit: *Et si vultis recipere, ipse est Elias, qui venturus est. Qui habet aures audiendi audiat.* Inde autem a Salvatore migratio animarum cessavit, fides vero prædicatur ad remissionem peccatorum. Tali quodam modo unigenitus filius ille, cum æonum, qui supra sunt, ideas videret desuper transmutatas in tenebricosis corporibus, liberare eas descendens voluit. Cum autem sciret, ut pleroma universorum æonum simul viderent, ne æones quidem valere, sed consternatos eos corruptibiles corruptionem pati, magnitudine et splendore potestatis correptos: coegit se tanquam fulgur maximum in minimo corpore, imo vero tanquam lumen oculi sub palpebris coactum, et pervenit usque ad cœlum, stellisque, quæ ibi sunt, contactis rursus se cogit sub palpebris oculi quando vult. Idemque cum facit lumen oculi, quod et ubique exsistit et omnia, nobis est occultum, cernimus autem nos nil nisi oculi palpebras, angulos candidos, membranam laxam, sinuosam, venosam, tunicam corneam, sub ea autem pupillam racemosam, reticulatam, orbiculatam, et si quæ aliæ luminis oculi sunt tunicæ, quibus vestitum occultatum est. Ita, inquit, unigenitus filius superne æternus, superindutus secundum singulos quosque tertii æonis æones, cum exstitit in triacontade æonum, intro-

Ἐν ἀρχῇ ἐποίησεν ὁ Θεὸς τὸν οὐρανὸν καὶ τὴν γῆν. Τοῦτον λέγει Μωϋσῆς [75] πύρινον Θεὸν ἀπὸ τοῦ βάτου λαλήσαντα, τουτέστιν ἀπὸ τοῦ σκοτεινοῦ ἀέρος· βάτος γάρ ἐστι πᾶς ὁ σκότει ὑποκείμενος ἀήρ· βάτον δὲ, φησὶν, εἴρηκε Μωϋσῆς, ὅτι ἄνωθεν κάτω πᾶσαι διέβησαν τοῦ φωτὸς αἱ ἰδέα. βατὸν [76] ἔχουσαι τὸν ἀέρα. Οὐδὲν δὲ ἧττον καὶ ἡμῖν ὁ λόγος ἀπὸ τοῦ βάτου γνωρίζεται· φωνὴ γάρ ἐστι σημαντικὴ τοῦ λόγου πλησσόμενος ἀήρ, οὗ δίχα λόγος ἀνθρώπινος οὐ γνωρίζεται. Οὐ μόνον δὲ ὁ λόγος ἡμῖν ἀπὸ τοῦ βάτου, τουτέστιν ἀέρος, νομοθετεῖ καὶ συμπολιτεύεται, ἀλλὰ γὰρ καὶ ὀσμαὶ καὶ χρώματα διὰ τοῦ ἀέρος ἡμῖν τὰς δυνάμεις τὰς ἑαυτοῦ ἐμφανίζουσιν.

ι'. Οὗτος οὖν ὁ πυροειδὴς θεὸς [77], ὁ πῦρ ἀπὸ φωτὸς γενόμενος πεποίηκε τὸν κόσμον οὕτως, ὥς φησι Μωϋσῆς, αὐτὸς ὢν ἀνυπόστατος, σκότος ἔχων τὴν οὐσίαν, ἐνυβρίζων ἀεὶ τοῖς κατειλημμένοις ἄνωθεν κάτω τοῦ | φωτὸς αἰωνίοις [p. 266, 267] χαρακτῆρα. Μέχρι μὲν οὖν τῆς τοῦ Σωτῆρος φανερώσεως ὑπὸ τοῦ Θεοῦ τοῦ φωτὸς τοῦ πυρώδους, τοῦ δημιουργοῦ, πολλή τις ἦν πλάνη τῶν ψυχῶν· ψυχαὶ γὰρ αἱ ἰδέαι καλοῦνται, ὅτι ἀποψυγεῖσαι τῶν ἄνω ἐν σκότει διατελοῦσι, μεταβαλλόμεναι ἐκ σωμάτων εἰς σώματα, ὑπὸ τοῦ δημιουργοῦ φρουρούμενα. Ὅτι δὲ ταῦθ' οὕτως ἔχει, φησὶν, ἔνεστιν [78] καὶ ἐκ τοῦ Ἰὼβ κατανοῆσαι λέγοντος· *Καὶ ἐγὼ [79] πλανῆτις [80] καὶ τόπον ἐκ τόπων μεταβαίνουσα καὶ οἰκίαν ἐξ οἰκίας*, καὶ τοῦ Σωτῆρος λέγοντος· *Καὶ εἰ θέλετε [81] δέξασθαι, αὐτός ἐστιν Ἠλίας ὁ μέλλων ἔρχεσθαι. Ὁ ἔχων ὦτα ἀκούειν ἀκουέτω.* Ἀπὸ δὲ τοῦ Σωτῆρος μετενσωμάτωσις πέπαυται, πίστις δὲ κηρύσσεται εἰς ἄφεσιν ἁμαρτιῶν. Τοιοῦτόν τινα τρόπον ὁ μονογενὴς Υἱὸς ἐκεῖνος, ὁ τῶν αἰώνων ἄνωθεν τὰς ἰδέας βλέπων τὰς ἄνωθεν μεταβαλλομένας ἐν τοῖς σκοτεινοῖς σώμασι, ῥύσασθαι κατελθὼν ἠθέλησεν. Εἰδὼς δὲ, ὅτι τὸ πλήρωμα τῶν ὅλων αἰώνων οὐδὲ οἱ αἰῶνες ἀθρόον [82] ἰδεῖν ὑπομένουσιν, ἀλλὰ καταπλαγέντες οἱ [83] φθαρτοὶ φθορὰν ὑπομένουσι, μεγέθει καὶ δόξῃ δυνάμεως κατειλημμένοι, συστείλας ἑαυτὸν ὡς ἀστραπὴν μεγίστην ἐν ἐλαχίστῳ σώματι, μᾶλλον δὲ ὡς φῶς ὄψεως ὑπὸ τοῖς βλεφάροις συνεσταλμένον, ἐξικνεῖται μέχρις οὐρανοῦ, καὶ τῶν ἀστέρων ἐπιψαύσας τῶν [84] ἐκεῖ πάλιν ἑαυτὸν συστέλλει ὑπὸ τοῖς βλεφάροις τῆς ὄψεως ὅτε βούλεται. Καὶ τοῦτο [85] ποιοῦν τὸ φῶς τῆς ὄψεως, καὶ πανταχῇ γινόμενον καὶ πάντα, ἡμῖν ἐστιν ἀφανὲς, μόνον δὲ ὁρῶμεν ἡμεῖς ὄψεως βλέφαρα, κανθοὺς λευκοὺς, ὑμένα εὐρὺν [86] πολύπτυχον πολυκτηδόνα [87], χιτῶνα κερατοειδῆ, ὑπὸ δὲ τοῦτον κόρην ῥαγοειδῆ, ἀμφιβληστροειδῆ, δισκοειδῆ, καὶ εἴ τινες ἄλλοι τοῦ φωτὸς τῆς ὄψεώς εἰσι χιτῶνες, οὓς ἐστολισμένη κέκρυπται. Οὕτως, φησὶν, ὁ μονογενὴς παῖς ἄνωθεν αἰώνιος

VARIÆ LECTIONES.

[75] Cf. II Mos. III, 2. [76] βατόν. βάτον C, M, qui jam observavit Docetas hic in verbali βατόν ludere: βατὸν si non scribendum, at certe audiendum esse putat Roeperus. [77] Voc. Θεὸς exesum, sed compendii reliquiæ apparent. M. [78] ἔνεστι C. [79] Job II, 9. . . καὶ ἐγὼ πλανῆτις καὶ λάτρις τόπον ἐκ τόπου περιερχομένη καὶ οἰκίαν ἐξ οἰκίας, κ. τ. λ. [80] πλανῆτις. πλανήτης C. [81] Matth. XI, 14, 15. [82] ἀθρόον. οἱ ἀθρόον C, οἱ ἀθρόοι Chr. Petersenius. [83] οἱ. ὡς? Chr. Petersenius. [84] ἐπιψαύσας τῶν. ἐπιψαυσάντων C, ἐπιψαυσάντων M. [85] τοῦτο. ταὐτό? [86] ὑμένα εὐρύν. ὑμένας ῥὶν C, ὑμένα σάρκινον Roeperus. [87] πολυκτηδόνα. πολύκτηνον pr. C, eadem manu mutatum in πολυκτηνδόνα.

ἐπενδυσάμενος κατὰ ἕνα ἕκαστον τοῦ τρίτου αἰῶνος [88] αἰῶνα, καὶ γενόμενος ἐν τριακοντάδι αἰώνων εἰσῆλθεν εἰς τόνδε τὸν [89] κόσμον τηλικοῦτος ὤν, ἡλίκον εἴπομεν, ἀφανής, ἄγνωστος, ἄδοξος, ἀπιστούμενος. Ἵν' οὖν, φασὶν οἱ Δοκηταί, καὶ τὸ σκότος ἐπενδύσηται τὸ ἐξώτερον, τὴν σάρκα φησίν, ἄγγελος συνοδεύσας αὐτῷ ἄνωθεν τὴν Μαριὰμ εὐηγγελίσατο, φησίν, ὡς γέγραπται. Ἐγεννήθη [90] τὸ ἐξ αὐτῆς ὡς γέγραπται. Γεννηθὲν δὲ [p. 267. 268] ἐνεδύσατο αὐτὸ ἄνωθεν [91] ἐλθών, καὶ πάντα ἐποίησεν οὕτως, ὡς ἐν τοῖς Εὐαγγελίοις γέγραπται, ἐλούσατο εἰς τὸν Ἰορδάνην, ἐλούσατο δὲ τύπον καὶ σφράγισμα λαβὼν ἐν τῷ ὕδατι τοῦ γεγεννημένου [92] σώματος ἀπὸ τῆς Παρθένου, ἵν', ὅταν ὁ ἄρχων κατακρίνῃ τὸ ἴδιον πλάσμα θανάτῳ, τῷ σταυρῷ, ψυχὴ [93] ἐκείνη ἐν τῷ σώματι τραφεῖσα, ἀπεκδυσαμένη τὸ σῶμα [94] καὶ προσηλώσασα πρὸς τὸ ξύλον, καὶ θριαμβεύσασα [95] δι' αὐτοῦ τὰς ἀρχὰς καὶ τὰς ἐξουσίας μὴ εὑρεθῇ γυμνή [96], ἀλλ' ἐνδύσηται τὸ ἐν τῷ ὕδατι, ὅτε ἐβαπτίζετο, ἀντὶ τῆς σαρκὸς ἐκείνης ἐκτετυπωμένον σῶμα. Τοῦτό ἐστι, φησίν, ὃ λέγει ὁ Σωτήρ· *Ἐὰν μή τις* [97] *γεννηθῇ ἐξ ὕδατος καὶ πνεύματος, οὐκ εἰσελεύσεται εἰς τὴν βασιλείαν τῶν οὐρανῶν· ὅτι τὸ γεγεννημένον* [98] *ἐκ τῆς σαρκὸς σάρξ ἐστιν*. Ἀπὸ τῶν τριάκοντα οὖν αἰώνων τριάκοντα ἰδέας ἐνεδύσατο· διὰ τοῦτο ἐπὶ τριάκοντα ἔτη γέγονεν ἐπὶ τῆς γῆς ὁ αἰώνιος ἐκεῖνος, ἑκάστου αἰῶνος ἰδίᾳ ἐνιαυτῷ φανερουμένου [99]. | Εἰσὶ [1] δὲ καὶ ἀπὸ ἑκάστου τῶν τριάκοντα αἰώνων ἅπασαι ἰδέαι [2] κατειλημμέναι ψυχαί, καὶ φύσιν ἔχει τούτων ἑκάστη νοεῖν [3] τὸν κατὰ φύσιν Ἰησοῦν, ὃν ἐκεῖνος ὁ μονογενὴς ὁ αἰώνιος ἀπὸ τῶν αἰωνίων τόπων ἐνεδύσατο· εἰσὶ δὲ οὗτοι διάφοροι. Διὰ τοῦτο τοσαῦται αἱρέσεις ζητοῦσι τὸν Ἰησοῦν περιμαχήτως, καὶ ἔστι πάσαις οἰκεῖος αὐταῖς, ἄλλῃ δὲ ἄλλος [4] ὁρώμενος ἀπ' ἄλλου τόπου [5], ἐφ' ὃν ἑκάστη [6] φέρεται, φησίν, καὶ σπεύδει δοκοῦσα τοῦτον εἶναι μόνον, ὅς ἐστιν αὐτῆς συγγενὴς ἴδιος καὶ πολίτης, ὃν ἰδοῦσα πρῶτον [7] ἴδιον ἐγνώρισε μὲν ὡς [8] ἀδελφόν, τοὺς δὲ ἄλλους νόθους. Οἱ μὲν οὖν ἐκ τῶν ὑποκάτω τόπων τὴν φύσιν ἔχοντες τὰς ὑπὲρ αὐτοὺς ἰδέας τοῦ Σωτῆρος ἰδεῖν οὐ δύνανται, οἱ δὲ ἄνωθεν, φησίν, ἀπὸ τῆς [p. 268. 269] δεκάδος τῆς μέσης καὶ τῆς ὀγδοάδος τῆς ἀρίστης [9], ὅθεν ἐσμὲν ἡμεῖς, λέγουσιν, οὐχ ἐκ μέρους, ἀλλ' ὅλον αὐτοὶ τὸν Ἰησοῦν τὸν Σωτῆρα ἴσασι, καὶ εἰσὶν ἄνωθεν τέλειοι μόνοι, οἱ δὲ ἄλλοι πάντες ἐκ μέρους.

A ivit in hunc mundum tantus, quantum diximus, occultus, ignotus, obscurus, non creditus. Ut igitur, inquiunt Docetæ, etiam tenebris indueretur exterioribus, — carnem dicit — angelus, qui ei comitatus est superne, Mariæ lætum nuntium attulit, inquit, sicuti scriptum est. Generatum est id, quod ex ea est generatum, **422-423** ut scriptum est. Generato autem hoc ipso indutus est is, qui superne venit, et omnia fecit ita, ut in Evangeliis scriptum est, lavatus est in Jordane, lavatus autem imaginem et sigillum expressit aqua corporis a Virgine nati, ut, simul atque archon addixerit suum figmentum morti, cruci, anima illa in illo corpore nutrita, cum corpus deposuisset et affixisset ad lignum et triumphasset per ipsum principatus et potestates, ne B nuda inveniretur, sed indueretur corpore, quod aqua, cum baptizabatur, loco carnis illius effictum est. Hoc, inquit, est, quod ait Salvator: *Nisi quis renatus fuerit ex aqua et Spiritu, non introibit in regnum cælorum; quod enim natum est ex carne caro est*. A triginta igitur æonibus triginta ideas induit; propterea ad triginta annos exstitit in terris æternus ille, cum quisque æon peculiariter per annum manifestaretur. Sunt autem etiam a singulis quibusque triginta illorum æonum cunctæ ideæ susceptæ animæ, quarum quæque ita nata est, ut intelligat Jesum eum, qui ipsius naturæ par est, quem unigenitus ille æternus ex æternis locis induit; sunt autem hi diversi. Propterea tot hæreses quærunt Jesum summo studio, et est ille iis omni- C bus proprius, alii autem tanquam alius apparens ab alio loco, ad quem quæque fertur, inquit, et festinat opinans hunc esse solum, qui ipsius cognatus germanus popularisque sit, quem primum conspectum tanquam fratrem germanum agnovit, reliquos autem tanquam spurios. Qui igitur ex inferioribus locis naturam habent, ideas Salvatoris, quæ supra ipsos sunt, cernere non possunt, **424-425** qui autem superne, inquit, a decade media et ogdoade optima, unde nos sumus, inquiunt, non ex parte, sed totum ipsi Jesum Salvatorem norunt et sunt superne perfecti soli, reliqui autem omnes ex parte.

VARIÆ LECTIONES.

[88] αἰῶνος. αἰῶνες C, M. [89] τόνδε τόν. τὸν δέκατον C, M. [90] Ἐγενήθη C. [91] αὐτὸ ἄνωθεν. αὐτό; ἄνωθεν? αὐτὸ ὁ ἄνωθεν? [92] γεγενημένου C. [93] ψυχῇ. αὐτῇ C, M. [94] Cf. Col. II, 11, 14, 15. . . . ἐν τῇ ἀπεκδύσει τοῦ σώματος τῆς σαρκός . . . ἐξαλείψας τὸ καθ' ἡμῶν χειρόγραφον τοῖς δόγμασιν, ὃ ἦν ὑπεναντίον ἡμῖν, καὶ αὐτὸ ἦρκεν ἐκ τοῦ μέσου, προσηλώσας αὐτὸ τῷ σταυρῷ, ἀπεκδυσάμενος τὰς ἀρχὰς καὶ τὰς ἐξουσίας ἐδειγμάτισεν ἐν παῤῥησίᾳ, θριαμβεύσας αὐτοὺς ἐν αὐτῷ. [95] θριαμβεύσας C. [96] Cf. II Cor. v, 3.... Εἴπερ καὶ ἐνδυσάμενοι οὐ γυμνοὶ εὑρεθησόμεθα. [97] Ev. Joan. III, 5. 6. Ἀμὴν, ἀμὴν λέγω σοι, ἐὰν μή τις γεννηθῇ ἐξ ὕδατος καὶ πνεύματος, οὐ δύναται εἰσελθεῖν εἰς τὴν βασιλείαν τοῦ Θεοῦ· τὸ γεγεννημένον ἐκ τῆς σαρκὸς σάρξ ἐστιν, κ. τ. λ. [98] γεγενημένον C. [99] ἰδίᾳ ἐνιαυτῷ φανερουμένου. ἰδίᾳ ἐνὶ αὐτῷ φανερούμενος C, ἐνὶ αὐτῶν (sc. τῶν ἐτῶν) φανερουμένου conj. M, ἰδέᾳ ἐνιαυτῷ φανερούμενος Roeperus, ἰδίῳ ἐνιαυτῷ φανερουμένου, vel ἰδίᾳ ἐνιαυτὸν φανερουμένου R. Scottus, ἰδέᾳ ἐνὶ ἐν αὐτῷ φανερούμενος Chr. Petersenius. [1] Εἰσί. Εἴη C, M. [2] ἅπασαι ἰδέαι. ἅπασα ἰδέα C, M, ἐν ἁπάσῃ ἰδέᾳ Roeperus. [3] φύσιν ἔχει τούτων ἑκάστη νοεῖν. φύσιν ἔχει τούτων ἑκάστην ὃ ἦν C, M, qui initio aliquid excidisse putat et ἔχειν τούτων ἑκάστην οἷον conj., φησίν, ἔχει τούτων ἑκάστη νόημα Roeperus. [4] ἄλλος. ἄλλως pr. C. [5] τόπου. τύπου C, M. Sicuti nos etiam Roeperus et R. Scottus corrigendum esse censent. [6] ἑκάστη. ἕκαστα C. [7] πρῶτον. πρῶτος C, an πρώτως? [8] ἐγνώρισε μὲν ὡς. ἐγνωρισμένος C, M: an μὲν ὡς non recto loco insertum et ante ἴδιον transponendum est? Chr. Petersenius. [9] Cf. doctrinam Valentinianorum supra p. 272, et apud Irenæum.

11. Hæc igitur sufficere arbitror prudentibus ad cognoscendam Docetarum perplexam et dissolutam hæresin, qui cum de materia inaccessa et incomprehensa audaciter disputarent, Docetas semetipsos appellaverunt, quorum non opinionem semet esse aliquos nuncupamus ineptientes, sed trabem ex tanta materia in oculo gestam coarguimus, si forte perspicere possint; sin non, certe ne alios obcæcent: quorum dogma olim Græcorum sapientes antea commenti sunt magnam partem, sicuti cognoscere licet lectoribus. Hæc igitur sunt, quæ Docetis placuerunt. Quænam autem et Monoimo placeant non silebimus.

12. Monoimus Arabs longe a magnisonantis poetæ gloria discessit, talem quemdam esse hominem arbitratus, qualem poeta Oceanum, cum ait in hunc fere modum:

Oceanus et origo deorum et origo hominum.

Hæc aliis verbis commutans hominem ait esse universum (quod est principium rerum omnium) non genitum, immortalem, æternum, et filium hominis supra dicti genitum et passibilem, non tempore factum, non consilio, non prædestinatione. Talis enim est, inquit, potestas illius hominis. Hujusmodi autem cum sit potentia, natum esse filium celerius cogitatione et voluntate. Et hoc, inquit, est quod dictum est in Scripturis: *Erat et exstitit*, quod est: erat homo et exstitit filius ejus, quasi quis dicat: erat ignis et exstitit lux, non tempore nec voluntate nec prædestinatione, simul atque ignis erat. Hic autem homo una monas est non composita non divisa, composita divisa, plane amica, plane pacata, plane pugnax, plane adversus **426-427** semetipsam hostilis, dissimilis consimilis, tanquam harmonia quædam musica omnia in semet continens, quæcunque aliquis dicat prætermittatque cum non cogitaverit, omnia exhibens, omnia generans. Hæc mater, hæc pater, duo immortalia nomina. Exempli autem gratia perfecti hominis considera, inquit, maximam imaginem iota unum, unum illum apicem, qui est apex unus, non compositus, simplex, monas sincera ex nihilo prorsus composita, compositus, multifidus, multipartitus. Indivisus ille unus, inquit, est unus multis faciebus et innumeris oculis instructus innumerisque nominibus litteræ iota apex, qui imago est perfecti illius hominis invisibilis.

A ια'. Ταῦτα μὲν οὖν αὐτάρκη νομίζω εἶναι τοῖς εὖ πεφρονηκόσι πρὸς ἐπίγνωσιν τῆς τῶν Δοκητῶν πολυπλόκου [10] καὶ ἀσυστάτου αἱρέσεως. οἳ περὶ ὕλης [11] μὲν ἀβάτου καὶ ἀκαταλήπτου λόγους ἐπικεχειρημένους ποιήσαντες, Δοκητὰς [12] ἑαυτοὺς προσηγόρευσαν, ὧν οὐ τὸ δοκεῖν εἶναί τινας κατανοοῦμεν [13] ματαΐζοντας [14], ἀλλὰ τὴν ἐκ τοσαύτης [15] ὕλης δοκὸν ἐν ὀφθαλμῷ φερομένην διελέγχομεν εἴ πως διαβλέψαι δυνηθῶσιν, εἰ δ' οὔ, κἂν τὸ μὴ ἑτέρους τυφλῶσαι· ὧν τὸ δόγμα πάλαι οἱ [17] Ἑλλήνων σοφισταὶ προεσοφίσαντο κατὰ [18] πολλά, ὡς ἔστιν ἐπιγνῶναι τοὺς ἐντυγχάνοντας. Ταῦτα μὲν οὖν τοῖς Δοκηταῖς τὰ δόξαντα. Τίνα δὲ καὶ Μονοΐμῳ δοκεῖ, οὐ σιωπήσομεν.

B ιβ'. Μονόϊμος ὁ Ἄραψ μακρὰν τῆς τοῦ μεγαλοφώνου ποιητοῦ δόξης γεγένηται, τοιοῦτόν τινα τὸν ἄνθρωπον νομίσας, ὁποῖον ὁ ποιητὴς τὸν Ὠκεανόν, οὕτω πως λέγων·

Ὠκεανὸς γένεσίς τε θεῶν γένεσίς τ' ἀνθρώπων [19].

Ταῦτα ἄλλοις λόγοις μεταστήσας λέγει ἄνθρωπον εἶναι τὸ πᾶν [20] (ὅ ἐστιν [21] ἀρχὴ τῶν ὅλων), ἀγέννητον [22], ἄφθαρτον, ἀΐδιον, καὶ υἱὸν ἀνθρώπου τοῦ προειρημένου γεννητὸν [23] καὶ παθητόν, ἀχρόνως γενόμενον, ἀβουλήτως [24] ἀπροορίστως. Τοιαύτη γάρ, φησίν, ἡ δύναμις ἐκείνου τοῦ ἀνθρώπου. Οὕτως ὄντος αὐτοῦ τῇ δυνάμει γενέσθαι τὸν υἱὸν λογισμοῦ καὶ βουλήσεως τάχιον. Καὶ τοῦτό ἐστι, φησί, τὸ εἰρημένον ἐν ταῖς Γραφαῖς· *Ἦν καὶ ἐγένετο* [25], ὅπερ ἐστίν [26]· ἦν ἄνθρωπος, καὶ ἐγένετο υἱὸς αὐτοῦ, ὥς
C τις εἴποι· ἦν πῦρ καὶ ἐγένετο φῶς, ἀχρόνως, καὶ ἀβουλήτως, καὶ ἀπροορίστως ἅμα τῷ εἶναι τὸ πῦρ. Ὁ δὲ ἄνθρωπος οὗτος μία μονάς ἐστιν ἀσύνθετος ἀδιαίρετος, συνθετὴ διαιρετή, πάντα φίλη, πάντα εἰρηνική [27], πάντα μαχίμη, πάντα πρὸς [p. 269. 270.] ἑαυτὴν πολέμιος, ἀνόμοιος ὁμοία, οἱονεί τις ἁρμονία μουσικὴ πάντα ἔχουσα ἐν ἑαυτῇ, ὅσα ἄν [28] τις εἴπῃ καὶ παραλείπῃ μὴ νοήσας, πάντα ἀναδεικνύουσα, πάντα γεννῶσα. Αὕτη μήτηρ, αὕτη πατήρ, τὰ δύο ἀθάνατα ὀνόματα [29]. Ὑποδείγματος δὲ χάριν τοῦ τελείου ἀνθρώπου κατανόει, φησί, μεγίστην εἰκόνα ἰῶτα ἕν, τὴν μίαν κεραίαν [30], ἥτις ἐστὶ κεραία μία ἀσύνθετος, ἁπλῆ, μονὰς εἰλικρινὴς ἐξ οὐδενὸς ὅλως τὴν σύνθεσιν ἔχουσα, συνθετή, πολυειδής, πολυσχιδής [31], πολυμερής. Ἡ ἀμερὴς | ἐκείνη [32] μία, φησίν,
D ἐστὶν ἡ πολυπρόσωπος καὶ μυριόμματος καὶ μυριώνυμος [33] μία τοῦ ι' κεραία, ἥτις ἐστὶν εἰκὼν τοῦ τελείου ἀνθρώπου ἐκείνου τοῦ ἀοράτου.

VARIÆ LECTIONES.

[10] πολυπλόκων pr. C. [11] περὶ ὕλης Chr. Petersenius: πολλῆς C, M, qui susp. ἀπὸ δόξης. Cf. infra lin. 95. [12] Δοκητάς. δοκῆτας C, Δοχήτας M. [13] κατανοοῦμεν. κατονομάζομεν? [14] ματαΐζοντας C. [15] τοιαύτης susp. Sauppius. [16] εἰ δ' οὔ, κἂν τὸ μὴ ἑτέρους τυφλῶσαι. εἰδόσαι τομηνετέρους τυφλῶσαι C, M, qui εἰ δὲ (pro εἰ δὲ μή), οὐκ ἂν τοὺς ἡμετέρους τυφλῶσαιεν susp.: εἰ δ' οὐχ, ἀλλὰ μὴ ἑτέρους τυφλῶσαι Roeperus, εἰ δ' οὐκ ἄν, τὸ μὴ ἑτέρους τυφλῶσαι R. Scottus. [17] πάλαι οἱ. παλαιοὶ C, M. [18] κατά. καὶ τὰ C, M. Sicuti nos etiam R. Scottus correxit. [19] Cf. hom. Ξ. 201, 246, et supra p. 148, 10 not. [20] ὃ — ὅλων lunulis inclusimus. [21] ὅ ἐστιν. ἔστιν C. [22] ἀγέννητον C, M. [23] γενητὸν C, M. [24] ἀβουλήτως. ἀβασιλεύτως C. Cf. lin. 14, 15. [25] Alludere videtur ad initium Evangelii Joannis. [26] ἐστίν. ἦν Roeperus, ἐστὶν ὃ ἦν C, M. [27] εἰρηνική C. [28] ὅσα ἄν. ὡς ἂν C. [29] Αὕτη μήτηρ — ὀνόματα. Cf. supra p. 132, 63, 64. [30] Cf. Matth. v, 18; Luc. xvi, 17. [31] πολυσχιδής C, M. Corr. Sauppius. [32] πολυμερής. Ἡ ἀμερὴς ἐκείνη. πολυμερὴς ἡ ἀμερής. Ἐκείνη C, M. [33] μυριόμματος καὶ μυριώνυμος. Cf. supra p. 166, 20.

ιγ'. Ἔστιν οὖν, φησὶν, ἡ μονὰς, ἡ μία κεραία, A καὶ δεκάς· δύναμις γὰρ αὐτῇ τὸ ι' [34] τῆς μιᾶς κεραίας, καὶ δυὰς, καὶ τριὰς, καὶ τετρὰς, καὶ πεντὰς, καὶ ἑξὰς, καὶ ἑπτὰς, καὶ ὀγδοὰς, καὶ ἐννεὰς [35], μέχρι τῶν δέκα· οὗτοι γὰρ, φησὶν, εἰσὶν οἱ πολυσχιδεῖς [36] ἀριθμοὶ ἐν ἐκείνῃ κατοικοῦντες τῇ ἁπλῇ καὶ ἀσυνθέτῳ τοῦ ἰῶτα κεραίᾳ μιᾷ [37]. Καὶ τοῦτό ἐστι τὸ εἰρημένον. *Ὅτι πᾶν* [38] *τὸ* [39] *πλήρωμα ηὐδόκησε κατοικῆσαι ἐπὶ τὸν Υἱὸν τοῦ ἀνθρώπου σωματικῶς*· αἱ γὰρ τοιαῦται τῶν ἀριθμῶν συνθέσεις ἐξ ἁπλῆς καὶ ἀσυνθέτου τῆς μιᾶς κεραίας τοῦ ἰῶτα σωματικαὶ γεγόνασι, φησὶν, ὑποστάσεις. Γέγονεν οὖν, φησὶν, ἀπὸ τοῦ τελείου ἀνθρώπου ὁ Υἱὸς τοῦ ἀνθρώπου, ὃν ἔγνωκεν οὐδεὶς, φαντάζεται δὲ, φησὶν, ὡς [40] γέννημα [41] θηλείας ἡ κτίσις πᾶσα τὸν υἱὸν ἀγνοοῦσα, οὗ υἱοῦ ἀκτῖνες [42] ἀμυδραὶ πάνυ ἐμπε- B λάζουσαι τῷδε τῷ κόσμῳ συνέχουσι καὶ συγκρατοῦσι τὴν μεταβολὴν, τὴν γένεσιν. Τὸ δὲ κάλλος ἐκείνου τοῦ υἱοῦ τοῦ ἀνθρώπου μέχρι νῦν πᾶσίν ἐστιν ἀκατάληπτον ἀνθρώποις, ὅσοι περὶ τὸ γέννημα [43] τῆς θηλείας εἰσὶ πεπλανημένοι. Γέγονεν οὖν, φησὶν, ἀπὸ τοῦ ἀνθρώπου ἐκείνου οὐδὲν τῶν ἐνθάδε, οὐδὲ ἔσται πώποτε, τὰ δὲ γεγονότα πάντα οὐκ ἀπὸ ὅλου, ἀλλὰ ἀπὸ μέρους τινὸς γέγονε τοῦ Υἱοῦ τοῦ ἀνθρώπου. Ἔστι γὰρ, φησὶν, ὁ Υἱὸς τοῦ ἀνθρώπου ἰῶτα ἓν, μία κεραία, ῥυεῖσα [p. 270—272.] ἄνωθεν [44] πλήρης [45], ἀποπληροῦσα πάντας, ἔχουσα ἐν ἑαυτῇ, ὅσα καὶ ὁ ἄνθρωπος ἔχει, ὁ Πατὴρ τοῦ Υἱοῦ τοῦ ἀνθρώπου.

13. Est igitur, inquit, monas, apex unus, etiam decas, hæc enim potentia inest litteræ iota . . . unius apicis et dyas et trias et tetras et pentas et hexas et heptas et ogdoas et enneas usque ad decem; hi enim, inquit, sunt multifidi numeri, qui in simplice illo et non composito inhabitant litteræ iota apice uno. Et hoc est quod dictum est: *Quia omnem plenitudinem complacuit habitare in filium hominis corporaliter*. Tales enim numerorum compositiones ex simplice et non composito illo uno apice litteræ iota corporales exstiterunt, inquit, naturæ. Ortus igitur est, inquit, a perfecto homine filius hominis, quem novit nemo; fingit autem sibi, inquit, tanquam partum feminæ creatura universa filium, quem ignorat, cujus filii radii valde obscuri accedentes huic mundo continent et cohibent conversionem, generationem. Pulchritudo autem illius filii hominis adhuc omnibus incomprehensibilis est hominibus, quotquot circa partum femineæ aberraverunt. Factum est igitur, inquit, ab homine illo nihil eorum, quæ hic sunt, neque fiet unquam. Quæ autem facta sunt universa non a toto, sed a parte quadam facta sunt filii hominis. Est enim, inquit, filius hominis iota unum, unus apex, qui processit superne, **428-429** plenus, complens omnes, habens in semetipso, quæcunque etiam homo habet, pater filii hominis.

ιδ'. Γέγονεν οὖν κόσμος [46], ὥς φησι Μωϋσῆς, ἐν ἓξ ἡμέραις, | τουτέστιν ἐν ἓξ δυνάμεσι ταῖς ἐν τῇ μιᾷ C κεραίᾳ τοῦ ἰῶτα· ἑβδόμη κατάπαυσις καὶ Σάββατον [46*] ἀπὸ τῆς ἑβδομάδος γέγονε τῆς ἐκεῖ [47].... γῆς καὶ ὕδατος καὶ πυρὸς, καὶ ἀέρος, ἐξ ὧν ὁ κόσμος ἀπὸ τῆς κεραίας γέγονε τῆς μιᾶς. Οἵ τε γὰρ [48] κύβοι, καὶ τὰ ὀκτάεδρα καὶ αἱ [49] πυραμίδες, καὶ πάντα τὰ τούτοις παραπλήσια σχήματα, ἐξ ὧν συνέστηκε πῦρ, ἀὴρ, ὕδωρ, γῆ, ἀπὸ τῶν ἀριθμῶν γεγόνασι τῶν κατειλημμένων ἐν ἐκείνῃ τῇ ἁπλῇ τοῦ ἰῶτα κεραίᾳ, ἥτις ἐστὶν Υἱὸς ἀνθρώπου τελείου τέλειος. Ὅταν οὖν, φησὶν, ῥάβδον [50] λέγῃ Μωϋσῆς στρεφομένην ποικίλως εἰς τὰ πάθη τὰ κατὰ τὴν Αἴγυπτον, ἅτινα, φησὶν, ἐστὶ τῆς κτίσεως ἀλληγορούμενα [51] σύμβολα, οὐκ εἰς πλείονα πάθη τῶν δέκα [52] σχηματίζει τὴν ῥάβδον [53], ἥτις ἐστὶν ἡ μία [54] κεραία. Διπλῆ, ποικίλη αὕτη, φησὶν, ἐστὶν ἡ δεκάπληγος, ἡ κοσμικὴ D κτίσις. Πάντα γὰρ πλησσόμενα [55] γεννᾶται καὶ καρ-

14. Factus igitur est mundus, ut inquit Moses, sex diebus, hoc est sex potestatibus, quæ in uno apice litteræ iota insunt; septima, requies et Sabbatum, ab hebdomade, quæ illic est, facta est . . . . terræ et aquæ et ignis et aeris, ex quibus mundus ab apice exstitit uno. Etenim et cubi et octaedra et pyramides et omnes hisce consimiles formæ, ex quibus constat ignis, aer, aqua, terra, a numeris, orti sunt comprehensis in illo simplice litteræ iota apice, qui est filius hominis perfecti perfectus. Quando igitur, inquit, virgam dicit Moses varie vibratam ad plagas Ægyptiacas, quæ quidem, inquit, sunt creaturæ per allegoriam dicta symbola, non ad plures quam decem plagas format virgam, quæ est unus ille apex. Duplex, varia hæc, inquit, est decuplagus, mundana creatura. Omnia enim cum percutiuntur generantur et fructum ferunt veluti vites. Homo ex homine erumpit, inquit, et divelli-

VARIÆ LECTIONES.

[34] αὐτῇ τὸ ι. αὕτη τῷ ι? αὕτη τοῦ ι susp. Sauppius, αὖ τούτου τοῦ ι? Chr. Petersenius. Fort. ante τῆς μιᾶς κεραίας aliquid excidit. [35] ἐννεάς. ἐνὰς C. [36] πολυσχεδεῖς C, M. [37] μιᾷ. μία C. [38] Coloss. I, 19: Ὅτι ἐν αὐτῷ εὐδόκησεν (ηὐδόκησεν) πᾶν τὸ πλήρωμα κατοικῆσαι, coll. Col. II, 9: Ὅτι ἐν αὐτῷ κατοικεῖ πᾶν τὸ πλήρωμα τῆς θεότητος σωματικῶς (εἰς ὃν εὐδόκησεν ἅπαν (πᾶν) τὸ πλήρωμα τῆς θεότητος κατοικῆσαι σωματικῶς Orig.) Cf. supra p. 178, 90-92 et infra l. x, c. 10, p. 315, 36, 37 ed. Ox. et quæ l. Bernaysius de his locis disputavit in *Epist. crit.* l. l. p. 317, 318. [39] πᾶν τὸ παντὸς C. [40] ὡς. εἰς C, M. [41] γένημα C. [42] ἀκτῖνες. καί τινες C. [43] γένημα C. [44] ἰῶτα ἕν, μία κεραία, ῥυεῖσα ἄνωθεν. ἰῶτα ἐν μιᾷ κεραίᾳ, ῥυείσῃ ἄνωθεν C, M. Cf. infra l. x, c. 17. p. 325, 20, 21 ed. Ox. [45] πλήρης. πλήρεις C. [46] Cf. l. x, c. 17, p. 325, 23 sqq. ed. Ox. [46*] Σάββατον. Σαββάτου C. [47] Inter ἐκεῖ et γῆς lacunam signavimus, cum major pars argumentationis interiisse videatur. Cf. ea, quæ supra p. 426, 36-38 leguntur, cum iis, quæ infra l. x, c. 17, p. 325, 19 exstant. [48] Cf. cum his Plato *Tim.* p. 53 C sqq. [49] καὶ αἱ. καὶ C, M. Cf. infra l. l. [50] ῥάυδον C. Cf. cum his et quæ sequuntur II Mos. VII sqq. [51] ἀλληγορούμενα. ἀλληγόρου C. [52] δέκα. δώδεκα C, M. [53] σχηματίζῃ τὴν ῥάυδον C. [54] ἡ μία. ι μία C, M. [55] πλεισσόμενα C.

tur plaga quadam separatus, ut fiat et dicat legem quam tulit Moses a Deo acceptam. Secundum apicem illum unum lex est decalogus allegorice significans divina verborum mysteria. Omnis enim, inquit, scientia universorum decuplagus est et decalogus, quam novit nemo eorum, qui circa partum muliebris aberraverunt. Vel si Pentateuchum dicas totam legem, orta est a pentade in uno illo apice comprehensa. Totum autem, inquit, iis, qui non prorsus perfectum habent intellectum, est mysterium, novum et quod non antiquatur festum, lege constitutum, æternum in generationes nostras, Domini Dei Pascha, observatum ab iis, qui cernere valent, incipiente **430-431** die decima, quod est initium decadis, a quo, inquit, numerant. Monas enim usque ad decimam quartam summa est illius unius apicis perfecti numeri. Unum enim, duo, tria, quatuor fiunt decem, quod est unus apex. A decima quarta autem, inquit, usque ad vicesimam primam hebdomadem dicit exstantem in uno apice mundi creaturam azymam in his omnibus. Quid enim indiguerit, inquit, unus apex substantia aliqua tanquam fermento extrinsecus ad Pascha Domini, æternum festum, quod est in generationes datum? Universus enim mundus et omnes creationis causæ Pascha sunt, festum Domini. Gaudet enim Deus creationis conversione, quæ a decem plagis apicis efficitur unius, qui est Mosis virga a Deo data in manum Mosis, qua percutiens Ægyptiis convertit corpora, sicuti aquam in sanguinem et reliqua hisce consimiliter, ut locustas, quod quidem est fenum, elementorum in carnem conversionem dicit : *Omnis enim caro fenum*, inquit. Nihilo autem secius et totam legem viri hi in talem quemdam modum accipiunt, forsitan secuti, ut ego opinor, Græcos, qui dicunt esse *substantiam* et *quale* et *quantum* et *ad quid* et *ubi* et *quando* et *situm esse* et *facere* et *habere* et *pati*.

πoφορεῖ, καθάπερ αἱ ἄμπελοι. Ἄνθρωπος ἐξ ἀνθρώπου ἐξέσσυται [56], φησὶ, καὶ ἀποσπᾶται πληγῇ τινι μεριζόμενος, ἵνα γένηται καὶ εἴπῃ νόμον, ὃν ἔθηκε Μωϋσῆς παρὰ Θεοῦ λαβών. Κατὰ τὴν κεραίαν ἐκείνην ὁ νόμος ἐστὶ τὴν μίαν ἡ δεκάλογος ἀλληγοροῦσα τὰ θεῖα τῶν λόγιων μυστήρια. Πᾶσα γὰρ, φησὶν, ἡ γνῶσις τῶν ὅλων δεκάπληγός ἐστι καὶ δεκάλογος, ἣν οἶδεν οὐδεὶς τῶν περὶ τὸ γέννημα [57] τῆς θηλείας πεπλανημένων. Κἂν εἴπῃς πεντάτευχον ὅλον τὸν νόμον, ἔστιν ἀπὸ τῆς πεντάδος τῆς ἐν τῇ μιᾷ κατειλημμένης κεραίᾳ. Τὸ δὲ ὅλον ἐστὶ, φησὶ, τοῖς μὴ πεπληρωμένοις παντελῶς τὴν διάνοιαν μυστήριον, καινὴ καὶ μὴ παλαιουμένη [58] ἑορτὴ, νόμιμος, αἰώνιος εἰς τὰς γενεὰς ἡμῶν, Κυρίου τοῦ Θεοῦ Πάσχα [59], διατηρούμενον [60] τοῖς δυναμένοις βλέπειν ἐναρχομένης τῆς [p. 272. 273] δεκάτης, ἥτις [61] ἐστὶν ἀρχὴ δεκάδος, ἀφ' ἧς, φησὶν, ἀριθμοῦσιν. Ἡ γὰρ μονὰς ἕως τῆς τεσσαρεσκαιδεκάτης ἐστὶ τὸ κεφάλαιον τῆς μιᾶς [κεραίας] [62] τοῦ τελείου ἀριθμοῦ. Τό τε γὰρ ἓν, δύο, τρία, τέσσαρα γίνεται δέκα, ὅπερ ἐστὶν ἡ μία κεραία. Ἀπὸ δὲ τῆς τεσσαρεσκαιδεκάτης [63], φησὶν, ἕως μιᾶς καὶ εἰκάδος ἑβδομάδα λέγει ὑπάρχουσαν ἐν τῇ μιᾷ κεραίᾳ τοῦ κόσμου τὴν κτίσιν ἄζυμον ἐν τούτοις ἅπασιν. Τί γὰρ [64] δεηθείη, φησὶν, ἡ μία κεραία οὐσίας τινὸς οἱονεὶ ζύμης ἔξωθεν εἰς τὸ Πάσχα τοῦ Κυρίου, τὴν αἰώνιον ἑορτὴν, ἥτις ἐστὶν εἰς τὰς γενεὰς δεδομένη; Ὅλος γὰρ ὁ κόσμος καὶ πάντα τὰ [65] τῆς κτίσεως αἴτια Πάσχα ἐστὶν, ἑορτὴ Κυρίου. Χαίρει γὰρ ὁ Θεὸς τῆς κτίσεως τῇ μεταβολῇ, ἥτις ὑπὸ τῶν δέκα πληγῶν [66] τῆς κεραίας ἐνεργεῖται τῆς μιᾶς, ἥτις ἐστὶ Μωσέως ῥάβδος [67] ὑπὸ τοῦ Θεοῦ δεδομένη, ᾗ τῆς Αἰγυπτίοις πλήσσειν *μεταβάλλειν* [68] τὰ σώματα, καθάπερ τὴν χεῖρα Μωσέως [69], τὸ ὕδωρ εἰς αἷμα [70], καὶ τὰ λοιπὰ τούτοις παραπλησίως, [ὡς] [71] ἀκρίδας, ὅπερ ἐστὶ χόρτος, τῶν [72] στοιχείων εἰς σάρκα μεταβολὴν λέγει· *Πᾶσα γὰρ σὰρξ* [73] *χόρτος*, φησίν. Οὐδὲν δὲ ἧττον καὶ τὸν ὅλον νόμον οἱ ἄνδρες οὗτοι τοιοῦτόν τινα τρόπον ἐκδέχονται, τάχα που κατακολουθήσαντες, ὡς ἐγὼ δοκῶ, Ἑλλήνων τοῖς λέγουσιν [74] *οὐσίαν* εἶναι καὶ *ποιὸν* καὶ *ποσὸν* [75] καὶ *πρός τι* καὶ *ποῦ* καὶ *πότε* καὶ *κεῖσθαι* καὶ *ποιεῖν* καὶ *ἔχειν* καὶ *πάσχειν*.

15. Itaque enim Monoimus ipse in epistola ad Theophrastum ait ipsis verbis : *Desinens quærere Deum et creationem et hisce consimilia ; quære eum a te ipso et disce, quisnam sit, qui in te omnia omnino sibi ipsi arrogat et ait : Deus meus, mens mea, in-*

ιε'. Τοιγαροῦν Μονόϊμος αὐτὸς, ἐν τῇ πρὸς Θεόφραστον ἐπιστολῇ διαῤῥήδην λέγει· *Καταλιπὼν ζητεῖν Θεὸν καὶ κτίσιν καὶ τὰ τούτοις παραπλήσια, ζήτησον αὐτὸν ἀπὸ σεαυτοῦ* [76], *καὶ μάθε, τίς ἐστιν ὁ πάντα ἀπαξαπλῶς ἐν σοὶ* | *ἐξιδιοποιού-*

VARIÆ LECTIONES.

[56] ἐξέσσυται Roeperus, ἐξέσυται C, M. Sententia Democriti apud Stob. *Floril.* vi, 57 : Ξυνουσίη ἀποπληξίη σμικρή· ἐξέσσυται γὰρ ἄνθρωπος ἐξ ἀνθρώπου. (Mullach, *Fragmm. Democr.* iii, 50, p. 174) Roeperus. [57] γένημα C. [58] Cf. cum his II Mos. xii. [59] II Mos. xii, 11. Πάσχα ἐστὶ Κυρίῳ (al. Κυρίου). Vs. 14. Καὶ ἔσται ἡ ἡμέρα αὕτη μνημόσυνον καὶ ἑορτάσετε αὐτὴν ἑορτὴν Κυρίῳ εἰς πάσας τὰς γενεὰς ὑμῶν· νόμιμον αἰώνιον ἑορτάσετε αὐτήν. [60] II Mos. xii, 3, 6. Τῇ δεκάτῃ τοῦ μηνὸς τούτου λαβέτωσαν ἕκαστος πρόβατον .... Καὶ ἔσται ὑμῖν διατετηρημένον ἕως τῆς τεσσαρεσκαιδεκάτης τοῦ μηνὸς τούτου, κ. τ. λ. [61] ἥτις. εἴ τις C. [62] μιᾶς κεραίας. μιᾶς C. [63] II Mos. xii, 18, 19. Ἐναρχόμενοι τῇ τεσσαρεσκαιδεκάτῃ ἡμέρᾳ τοῦ μηνὸς τοῦ πρώτου ἀφ' ἑσπέρας ἔδεσθε ἄζυμα ἕως ἡμέρας μιᾶς καὶ εἰκάδος τοῦ μηνὸς ἕως ἑσπέρας. Ἑπτὰ ἡμέρας ζύμη οὐχ εὑρεθήσεται ἐν ταῖς οἰκίαις ὑμῶν. [64] Τί γὰρ Roeperus. Εἰ γὰρ C, M, Τί γὰρ ἂν? Sauppius. [65] πάντα τὰ Sauppius, πάντα C, M. [66] πληγῶν Roeperus, αὐλιτῶν C. M. qui susp. ὅλων. [67] ῥάυδος C. [68] ᾗ τῆς — μεταβάλλειν. ἣν τοῖς Αἰγυπτίοις πλήξει μεταβάλλειν conj. M. An ᾗ τοῖς Αἰγυπτίοις πλήσσων μεταβάλλει? Chr. Petersenius. [69] τὴν χεῖρα Μωσέως. An hæc verba transponenda sunt post δεδομένη [εἰς]? [70] Sententiarum nexus interruptus esse videtur. [71] ὡς Chr. Petersenius, om. C, M. [72] τῶν. τὴν τῶν? M. [73] Cf. Isa. xl, 6. Πᾶσα σὰρξ χόρτος, κ. τ. λ. [74] Cf. supra p. 38, 96-98, p. 262, 99 2. [75] πόσον C. [76] σεαυτοῦ. ἑαυτοῦ C, M. Cf. infra, l. x, c. 17, p. 326, 34 ed. Ox.

μενος καὶ λέγων· Ὁ Θεός μου, ὁ νοῦς μου, ἡ διάνοιά μου, ἡ ψυχή μου, τὸ σῶμά μου· καὶ μάθε, πόθεν ἐστὶ τὸ λυπεῖσθαι, καὶ τὸ χαίρειν, καὶ τὸ ἀγαπᾷν, καὶ τὸ μισεῖν, καὶ τὸ γρηγορεῖν μὴ θέλοντα, καὶ τὸ νυστάζειν μὴ θέλοντα, καὶ τὸ ὀργίζεσθαι μὴ θέλοντα, καὶ τὸ φιλεῖν μὴ θέλοντα, καὶ ἂν ταῦτα, φησὶν, *ἐπιζητήσῃς ἀκριβῶς, εὑρήσεις αὐτὸν ἐν ἑαυτῷ* [77] [p. 273. 274] *ἓν καὶ πολλὰ κατὰ τὴν κεραίαν ἐκείνην, ἀφ' ἑαυτοῦ τὴν διέξοδον εὑρόντα* [78]. Ταῦτα μὲν οὖν ἐκεῖνοι, οἷς οὐκ ἀνάγκην ἔχομεν τὰ παρ' Ἕλλησι προμεμεριμνημένα παρατιθέναι οὖσι προδήλοις τοῖς ὑπ' αὐτῶν λεγομένοις τὴν σύστασιν ἔχειν [79] ἐκ γεωμετρικῆς τέχνης καὶ ἀριθμητικῆς, ἣν [80] γενναιότερον οἱ Πυθαγόρου μαθηταὶ διέθεντο, καθὼς ἔστι τοῖς ἐντυγχάνουσιν ἐπιγνῶναι ἐν τοῖς τόποις, οἷς προδιηγησάμεθα περὶ πάσης σοφίας Ἑλλήνων. Ἀλλ' ἐπεὶ καὶ τὰ [81] Μονοΐμου αὐτάρκως διελήλεγκται, ἴδωμεν τίνα καὶ οἱ λοιποὶ τεχνάζονται ἑαυτοῖς βουλόμενοι ὄνομα μάταιον ὑψοῦν.

ιϛʹ. Τατιανὸς δὲ [82], καὶ αὐτὸς γενόμενος μαθητὴς Ἰουστίνου τοῦ μάρτυρος, οὐχ ὅμοια τῷ διδασκάλῳ ἐφρόνησεν, ἀλλὰ καινά τινα ἐπιχειρήσας ἔφη αἰῶνάς τινας ἀοράτους [83] ὁμοίως τοῖς ἀπὸ Οὐαλεντίνου μυθολογήσας [84]. Γάμον δὲ φθορὰν εἶναι παραπλησίως Μαρκίωνι λέγει. Τὸν δὲ Ἀδὰμ φάσκει μὴ σώζεσθαι διὰ τὸ ἀρχηγὸν παρακοῆς γεγονέναι. Καὶ ταῦτα μὲν Τατιανός.

ιζʹ. Ἑρμογένης δέ τις [85] καὶ αὐτὸς νομίσας τι καινὸν φρονεῖν ἔφη τὸν Θεὸν ἐξ ὕλης συγχρόνου καὶ ἀγεννήτου [86] πάντα πεποιηκέναι· ἀδυνάτως γὰρ ἔχειν τὸν Θεὸν μὴ οὐκ ἐξ ὄντων τὰ γινόμενα ποιεῖν. Εἶναι δὲ τὸν Θεὸν ἀεὶ Κύριον καὶ ἀεὶ ποιητὴν, τὴν δὲ ὕλην ἀεὶ δούλην καὶ | γινομένην, οὐ πᾶσαν δέ. [p. 274. 275] Ἀεὶ γὰρ ἀγρίως καὶ ἀτάκτως φερομένην ἐκόσμησε τούτῳ τῷ λόγῳ· δίκην χυτρίου [87] ὑποκαιομένου βράζουσαν ἰδὼν ἐχώρισε [88] κατὰ μέρος, καὶ τὸ μὲν ἐκ τοῦ παντὸς λαβὼν ἡμέρωσε, τὸ δὲ εἴασεν ἀτάκτως φέρεσθαι, καὶ τὸ ἡμερωθὲν τοῦτο

telligentia mea, anima mea, corpus meum, et disce, contristari et gaudere et diligere et odisse et vigilare non volentem et dormitare non volentem et irasci non volentem et amare non volentem unde oriatur, et cum hæc, inquit, *requisiveris accurate, reperies eum in te ipso secundum apicem illum unum et multa, qui a se ipso exordium* **432-433** *repererit.* Hæc igitur illi, quibus non opus habemus ea, quæ apud Græcos antea meditata sunt, juxtaponere, cum aperte, quæ ab iis dicuntur, profecta sint ex geometrica arte et arithmetica, quam Pythagoræ discipuli gnavius exposuerunt, sicuti lecturis cognoscere licet in locis, quibus antea de universa sapientia Græcorum commentati sumus. Quoniam autem et Monoimi doctrina satis coarguta est, videamus, quænam et reliqui comminiscantur sibimetipsis nomen vanum extollere cupientes.

16. Tatianus autem, cum et ipse discipulus exstiterit Justini martyris, haud consimilia atque magister sensit, sed nova quædam conatus dixit æones quosdam invisibilis similiter atque Valentiniani confingens. Nuptias autem corruptelam esse similiter atque Marcion dicit. Adam autem salvari negat propterea quod dux inobedientiæ exstiterit. Et hæc quidem Tatianus.

17. Hermogenes autem quidam, et ipse arbitratus se novum quiddam sentire, dixit Deum ex materia coæva et non genita universa fecisse; fieri enim non posse quin Deus ex entibus faciat ea quæ fiunt. Esse autem Deum semper Dominum et semper factorem, materiam autem semper servam et **434 435** quæ fiat, non autem totam. Semper enim turbulenter et incondite motam eam composuit hac ratione : instar ollæ igne subjecto ebullientem eam cum videret, divisit ex parte, et aliud ex toto sumptum domuit, aliud incondite moveri

VARIÆ LECTIONES ET NOTÆ.

Iren. apud Euseb. H. E. IV, 29. Καὶ τοῦτο νῦν ἐξευρέθη παρ' αὐτοῖς (sc. apud Continentes), Τατιανοῦ τινος πρώτως ταύτην εἰσενέγκαντος τὴν βλασφημίαν· ὃς Ἰουστίνου ἀκροατὴς γεγονὼς, ἐφ' ὅσον μὲν συνῆν ἐκείνῳ, οὐδὲν ἐξέφηνε τοιοῦτον, μετὰ δὲ τὴν ἐκείνου μαρτυρίαν ἀποστὰς τῆς ἐκκλησίας, οἰήματι διδασκάλου ἐπαρθεὶς καὶ τυφωθεὶς ὡς διαφέρων τῶν λοιπῶν, ἴδιον χαρακτῆρα διδασκαλείου συνεστήσατο, αἰῶνάς τινας ἀοράτους ὁμοίως τοῖς ἀπὸ Οὐαλεντίνου μυθολογήσας, τὸν γάμον τε φθορὰν καὶ πορνείαν παραπλησίως Μαρκίωνι καὶ Σατορνίνῳ ἀναγορεύσας, τῇ δὲ τοῦ Ἀδὰμ σωτηρίᾳ παρ' ἑαυτοῦ τὴν αἰτιολογίαν (l. ἀντιλογίαν) ποιησάμενος.

Iren. *C. hæres.* I, 28, 1. Et hoc nunc adinventum est apud eos (sc. Continentes), Tatiano quodam primo hanc introducente blasphemiam. Qui cum esset Justini auditor, in quantum quidem apud eum erat, nihil enarravit tale : post vero illius martyrium absistens ab Ecclesia, et præsumptione magistri elatus et inflatus, quasi præ cæteris esset, proprium characterem doctrinæ constituit, æones quosdam invisibiles similiter atque hi qui a Valentino sunt, velut fabulam enarrans, nuptiarum autem corruptelas et fornicationes similiter ut Marcion et Saturninus dicens, Adæ autem saluti ex se contradictionem faciens.

[77] ἑαυτῷ. σεαυτῷ? [78] εὑρόντα. εὑρὼν C, M. [79] ἔχειν. Roeperus, ἔχει C, M, qui post λεγομένοις addit οἵαν vel ὅθεν. [80] ἥν. ἦν C. [81] καὶ τά. κατὰ C, M. [82] Cf. cum his Irenæum, C. *hæres.* I, 28, 1, cujus Græca verba ex Eusebio hausta, veteremque versionem Latinam textui supposuimus. [83] ἀοράτους. παρὰ τοὺς C, M. [84] μυθολογήσας. μυθολογήσασι C, M, qui conj. μυθολογήσαντας. [85] De Hermogene cf. Tertull. *Adv. Hermogenem*; Clem. Alex. *Eclog. prophetic.* § 56; Euseb. *H. E.* IV, 24; Theodoret. *Fab. hær.* I, 19. [86] ἀγενήτου C, M. [87] χυτρίου. χ. . . τος tribus litteris evanidis C, χωνεύματος M, qui putat in C scriptum fuisse κώματος. Cf. Tertull. *Adv. Hermogen.* c. 41 : Inconditus et inconfusus et turbulentus fuit materiæ motus. Sic enim et ollæ undique ebullientis similitudine opponis (al. apponis : χ[εύμα]τος conj. Sauppius. [88] ἐχώρισε. ἐχώρησε C, M.

sivit, et quod domitum est, hoc esse mundum ait, aliud autem ferum manere et materiam appellari inconditam. Hanc substantiam esse universorum dicit, quasi novum ferens dogma discipulis suis; non autem cogitabat Socraticam hanc esse fabulam, a Platone melius quam ab Hermogene excultam. Christum autem filium esse fatetur Dei, qui universum creaverit, eumque e virgine natum esse et Spiritu confitetur secundum Evangeliorum vocem; quem, postquam passus sit, resuscitatum in corpore apparuisse discipulis et in cœlos revertentem in sole corpus reliquisse, ipsum vero ad Patrem migravisse. Testimonio autem utitur arbitrans defendi se per effatum, quod psalmista David dicit: *In sole posuit tabernaculum suum, et ipse tanquam sponsus procedens de thalamo suo, exsultabit ut gigas ad currendam viam.* Hæc igitur et Hermogenes aggrediebatur.

18. Alii autem quidam natura litigiosi, scientia indocti, moribus pugnaciores declarant oportere Pascha die quarta decima primi mensis observari secundum legis institutum, in quamcunque diem (sc. hebdomadis) inciderit, suspicientes id, quod scriptum est in lege, maledictum fore eum qui non ita observaturus sit, ut præcipitur, non attendentes ad id, quod lex constituta est Judæis verum Pascha sublaturis, quod ad gentes transiit et fide intelligitur, non littera nunc observatur: qui ad hoc unum attendentes præceptum non respiciunt id, quod dictum est ab Apostolo: *Testificor omni homini circumcidenti se, quoniam debitor est universæ legis faciendæ.* In reliquis autem hi concinunt cum omnibus, quæ Ecclesiæ ab apostolis tradita sunt.

436-437 19. Alii autem et ipsi natura magis hæretici, genere Phryges, præoccupati a mulierculis decepti sunt, Priscilla quadam et Maximilla vocatis, quas prophetissas esse putant, dicentes in eas cessisse Paracletum Spiritum; et quemdam ante ipsas Montanum simili modo celebrant tanquam prophetam, quorum libros infinitos habentes aberrant, cum neque quæ ab iis dicta sunt ratione judicent, neque ad eos, qui judicare possunt, sese applicent, sed sine judicio fiducia in iis collocata adducantur, plura quædam per eos dicentes semet didicisse quam ex lege et prophetis evangeliisque. Supra apostolos autem et quodcunque charisma hasce mulierculas extollunt, ita ut quidam eorum audeant majus aliquod quam Christum dicere in eis exstitisse. Hi quidem patrem universi Deum omniumque rerum creatorem consimiliter atque Ecclesia confi-

εἶναι κόσμον λέγει, τὸ δὲ ἄγριον μένειν καὶ ὕλην καλεῖσθαι ἄκοσμον. Ταύτην οὐσίαν εἶναι τῶν ἁπάντων λέγει, ὡς καινὸν [89] φέρων δόγμα τοῖς αὐτοῦ μαθηταῖς, οὐκ ἐνενόει δὲ, ὅτι Σωκρατικὸς ὁ μῦθος οὗτος τυγχάνει, ὑπὸ Πλάτωνος ἐξειργασμένος βέλτιον ἢ ὑπὸ Ἑρμογένους. Τὸν δὲ Χριστὸν υἱὸν εἶναι ὁμολογεῖ τοῦ τὰ πάντα κτίσαντος Θεοῦ, καὶ αὐτὸν [90] ἐκ παρθένου γεγενῆσθαι καὶ πνεύματος συνομολογεῖ [91] κατὰ τὴν τῶν Εὐαγγελίων φωνὴν, ὃν μετὰ τὸ πάθος ἐγερθέντα ἐν σώματι πεφηνέναι [92] τοῖς μαθηταῖς, καὶ ἀνερχόμενον εἰς τοὺς οὐρανοὺς ἐν τῷ ἡλίῳ τὸ σῶμα καταλελοιπέναι [93], αὐτὸν δὲ πρὸς τὸν Πατέρα πεπορεῦσθαι. Μαρτυρίᾳ δὲ χρῆται [94] νομίζων ὑπὸ τοῦ ῥητοῦ συνηγορεῖσθαι οὗπερ ὁ ψαλμῳδὸς Δαβὶδ λέγει· *Ἐν τῷ ἡλίῳ* [95] *ἔθετο τὸ σκήνωμα αὐτοῦ, καὶ αὐτὸς ὡς νυμφίος ἐκπορευόμενος ἐκ παστοῦ αὐτοῦ, ἀγαλλιάσεται ὡς γίγας δραμεῖν ὁδόν.* Ταῦτα μὲν οὖν καὶ Ἑρμογένης ἐπεχείρει.

ιη'. Ἕτεροι δέ τινες φιλόνεικοι τὴν φύσιν, ἰδιῶται τὴν γνῶσιν, μαχιμώτεροι τὸν τρόπον, συνιστάνουσι [96] δεῖν τὸ Πάσχα τῇ τεσσαρεσκαιδεκάτῃ τοῦ πρώτου μηνὸς φυλάσσειν κατὰ τὴν τοῦ νόμου διαταγὴν, ἐν ᾗ ἂν ἡμέρᾳ ἐμπέσῃ, ὑφορώμενοι [97] τὸ γεγραμμένον ἐν νόμῳ [98], ἐπικατάρατον ἔσεσθαι τὸν μὴ φυλάξαντα οὕτως ὡς [99] διαστέλλεται, οὐ προσέχοντες ὅτι Ἰουδαίοις ἐνομοθετεῖτο τοῖς μέλλουσι τὸ ἀληθινὸν Πάσχα ἀναιρεῖν, τὸ εἰς ἔθνη χωρῆσαν [1] καὶ πίστει νοούμενον, οὐ γράμματι νῦν τηρούμενον· οἱ μιᾷ ταύτῃ προσέχοντες ἐντολῇ οὐκ ἀφορῶσιν εἰς τὸ εἰρημένον ὑπὸ τοῦ Ἀποστόλου, ὅτι *Διαμαρτύρομαι* [2] *παντὶ περιτεμνομένῳ, ὅτι ὀφειλέτης ἐστὶ τοῦ πάντα τὸν νόμον ποιῆσαι.* Ἐν δὲ τοῖς ἑτέροις οὗτοι συμφωνοῦσι πρὸς πάντα τὰ τῇ Ἐκκλησίᾳ ὑπὸ τῶν ἀποστόλων παραδεδομένα.

[p. 275. 276.] Ἕτεροι δὲ καὶ αὐτοὶ αἱρετικώτεροι τὴν φύσιν, Φρύγες τὸ γένος, προληφθέντες ὑπὸ γυναίων ἠπάτηνται, Πρισκίλλης τινὸς καὶ Μαξιμίλλης καλουμένων, ἃς προφήτιδας νομίζουσιν, ἐν ταύταις τὸ Παράκλητον Πνεῦμα κεχωρηκέναι λέγοντες, καί τινα πρὸ αὐτῶν Μοντανὸν ὁμοίως δοξάζουσιν ὡς προφήτην, ὧν βίβλους ἀπείρους ἔχοντες πλανῶνται, μήτε τὰ ὑπ' αὐτῶν λελαλημένα λόγῳ κρίναντες, μήτε τοῖς κρῖναι δυναμένοις προσέχοντες, ἀλλ' ἀκρίτως τῇ πρὸς αὐτοὺς πίστει προσφέρονται, πλεῖόν τι δι' αὐτῶν φάσκοντες [ὡς] [3] μεμαθηκέναι ἢ ἐκ νόμου καὶ προφητῶν καὶ τῶν Εὐαγγελίων. Ὑπὲρ δὲ ἀποστόλους καὶ πᾶν χάρισμα ταῦτα τὰ γύναια δοξάζουσιν, ὡς τολμᾷν πλεῖόν τι Χριστοῦ ἐν τούτοις λέγειν τινὰς αὐτῶν γεγονέναι. Οὗτοι τὸν μὲν Πατέρα τῶν ὅλων Θεὸν καὶ πάντων κτίστην ὁμοίως τῇ Ἐκκλησίᾳ ὁμολογοῦσι καὶ ὅσα τὸ Εὐαγγέλιον περὶ τοῦ Χριστοῦ

VARIÆ LECTIONES.

[89] καινόν. κενὸν C. [90] αὐτόν. ὅτι C, M, qui dicit verbum in C magna parte exesum esse, sed apparere hoc fuisse, non τὸ. quare mox γεγένηται scribendum. [91] συνομολογεῖ. μὲν ὁμολογεῖ C. [92] πεφηνέναι. πεφηκέναι C. [93] καταλελοιπέναι. καταλελυπέναι C. [94] χρῆται. χρᾶται C, M. [95] Psal. XVIII, 5, 6. [96] συνιστάνουσι. συσταίνουσι C. [97] ὑφορώμενοι. ὑφορούμενοι C. [98] νόμῳ. νόμῳ, ὡς C, M. Correxit Sauppius. [99] ὡς. om. C. [1] χωρῆσαν. χωρήσαν C, χωρῆσον susp. M. [2] Galat. V, 3: Μαρτύρομαι δὲ πάλιν (πάλιν al. om.) παντὶ ἀνθρώπῳ περιτεμνομένῳ, ὅτι ὀφειλέτης ἐστὶν ὅλον τὸν νόμον ποιῆσαι. [3] ὡς Millerus recte delendum putat: ἢ ὡς Roeperus.

μαρτυρεῖ, καινίζουσι δὲ [5] νηστείας, καὶ ἑορτὰς, καὶ A ξηροφαγίας, καὶ ῥαφανοφαγίας φάσκοντες ὑπὸ τῶν γυναίων δεδιδάχθαι. Τινὲς δὲ αὐτῶν τῇ τῶν Νοητιανῶν αἱρέσει συντιθέμενοι τὸν Πατέρα αὐτὸν εἶναι τὸν Υἱὸν λέγουσι, καὶ τοῦτον ὑπὸ γένεσιν καὶ πάθος καὶ θάνατον ἐληλυθέναι. Περὶ τούτων αὖθις λεπτομερέστερον ἐκθήσομαι· πολλοῖς γὰρ ἀφορμὴ κακῶν γεγένηται ἡ τούτων αἵρεσις. Ἱκανὰ μὲν οὖν καὶ τὰ περὶ τούτων εἰρημένα κρίνομεν, δι' ὀλίγων τὰ πολλὰ φλύαρα αὐτῶν βιβλία τε καὶ ἐπιχειρήματα πᾶσιν ἐπιδείξαντες ἀσθενῆ ὄντα καὶ μηδενὸς λόγου ἄξια, οἷς οὐ χρὴ προσέχειν τοὺς ὑγιαίνοντα νοῦν κεκτημένους [8].

κ'. Ἕτεροι δὲ ἑαυτοὺς ἀποκαλοῦντες Ἐγκρατίτας τὰ μὲν περὶ τοῦ Θεοῦ καὶ τοῦ Χριστοῦ ὁμοίως καὶ τῇ B Ἐκκλησίᾳ ὁμολογοῦσι, περὶ δὲ πολιτείαν πεφυσιωμένοι ἀναστρέφονται, ἑαυτοὺς διὰ βρωμάτων δοξάζειν νομίζοντες ἀπεχόμενοι ἐμψύχων, ὑδροποτοῦντές [6] καὶ γαμεῖν κωλύοντες, καὶ τῷ λοιπῷ βίῳ καταξήρως προσέχοντες, μᾶλλον Κυνικοὶ ἢ Χριστιανοὶ οἱ τοιοῦτοι κρινόμενοι, οὐ προσέχοντες τοῖς διὰ τοῦ ἀποστόλου Παύλου εἰς αὐτοὺς προειρημένοις, ὃς προφητεύων [7] τὰ μέλλοντα ὑπό τινων μάτην καινίζεσθαι οὕτως ἔφη· *Τὸ δὲ πνεῦμα* [8] *ῥητῶς λέγει* [9]· *Ἐν ὑστέροις καιροῖς ἀποστήσονταί τινες τῆς ὑγιαινούσης διδασκαλίας* [10], *προσέχοντες πνεύμασι πλάνοις* [p. 176—278] *καὶ διδασκαλίαις δαιμονίων, ἐν ὑποκρίσει ψευδολόγων, κεκαυτηριασμένων τὴν ἰδίαν συνείδησιν, κωλυόντων γαμεῖν, ἀπέχεσθαι βρωμάτων, ἃ ὁ Θεὸς ἔκτισεν εἰς μετάληψιν μετὰ* C *εὐχαριστίας τοῖς πιστοῖς καὶ ἐπεγνωκόσι τὴν ἀλήθειαν, ὅτι πᾶν κτίσμα Θεοῦ καλὸν, καὶ οὐδὲν ἀπόβλητον μετὰ εὐχαριστίας λαμβανόμενον. Ἁγιάζεται γὰρ διὰ λόγου Θεοῦ καὶ ἐντεύξεως.* Ἱκανὴ μὲν οὖν αὕτη ἡ φωνὴ τοῦ μακαρίου Παύλου πρὸς ἔλεγχον [11] τῶν οὕτως βιούντων καὶ σεμνυνομένων δικαίων εἰς τὸ δεῖξαι ὅτι καὶ τοῦτο αἵρεσις. Εἰ δὲ καὶ ἕτεραί τινες αἱρέσεις ὀνομάζονται [12] Καϊνῶν [13], Ὀφιτῶν ἢ Νοχαϊτῶν [14] καὶ ἑτέρων τοιούτων, οὐκ ἀναγκαῖον ἥγημαι τὰ ὑπ' αὐτῶν λεγόμενα ἢ γινόμενα ἐκθέσθαι, ἵνα μὴ κἂν ἐν τούτῳ τινὰς αὐτοὺς ἢ λόγου ἀξίους ἡγῶνται [15]. Ἀλλ' ἐπεὶ καὶ τὰ περὶ τούτων αὐτάρκη δοκεῖ εἶναι, παρέλθωμεν ἐπὶ τὴν πᾶσι τῶν κακῶν αἰτίαν αἵρεσιν Νοητιανῶν, τήν τε ῥίζαν D αὐτῆς ἀναπτύξαντες, καὶ τὸν ἔνδον ὄντα ἰὸν [16] φανερὸν ἐλέγξαντες, παύσωμεν τῆς τοιαύτης πλάνης τοὺς ἐπαγομένους [17] ὑπὸ πνεύματος βιαίου, δίκην χειμάρρου [18].

A tentur et quæcunque Evangelium de Christo testatur, novant autem jejunia et festa et xerophagias et raphanophagias, dictitantes a mulierculis semet doctos esse. Quidam autem eorum Noetianorum hæresi assentientes Patrem ipsum esse filium aiunt, et hunc generationem et passionem et mortem subiisse. De his deinde subtilius exponam, multis enim malorum causa exstitit horum hæresis. Idonea igitur et ea, quæ de his dicta sunt, censemus, postquam per pauca multos ineptos eorum et libros et conatus omnibus demonstravimus, utpote infirmos nulloque verbo dignos, quibus non sese applicare oportet eos, qui sana mente prædili sunt.

20. Alii autem semet appellantes Encratitas ea, quæ ad Deum et Christum pertinent, similiter atque B etiam Ecclesia confitentur, quoad vitæ institutionem autem inflati versantur, cum arbitrantes sese per cibos gloriari abstineant animatis, aquam potent et nubere prohibeant et reliquæ vitæ peraridæ studeant, Cynici qui potius quam Christiani judicantur, non attendentes ad ea, quæ per Paulum apostolum in eos prædicta sunt, qui prædicens ea, quæ frustra quidam novaturi essent, dixit in hunc modum: *Spiritus autem manifeste dicit: In novissimis temporibus discedent quidam a sana doctrina attendentes spiritibus erroris et doctrinis dæmoniorum,* **438-439** *in hypocrisi loquentium mendacium et cauteriatam habentium suam conscientiam, prohibentium nubere, abstinere a cibis, quos Deus creavit ad* C *percipiendum cum gratiarum actione fidelibus et his qui cognoverunt veritatem, quia omnis creatura Dei bona et nihil rejiciendum, quod cum gratiarum actione percipitur: sanctificatur enim per Verbum Dei et orationem.* Idonea igitur hæc vox beati Pauli ad refutandos eos, qui ad hunc modum vitam agunt et se justos jactant, ut demonstretur hoc quoque esse hæresin. Sin vero et aliæ quædam hæreses appellantur Cainorum, Ophitarum vel Noachitarum et reliquorum hujusmodi, haud necessarium duco quæ ab eis dicta vel facta sunt exponere, ne forsitan ideo semet aliquos vel verbo dignos existiment. Quoniam autem et ea, quæ ad hos pertinent, sufficere videntur, transeamus ad eam, quæ omnibus malorum causa exstitit, Noetianorum hæresin, ejus- D que radice explicita et veneno, quod intus est, manifeste demonstrato, coerceamus a tali errore eos, qui a violento spiritu instar torrentis ducuntur.

VARIÆ LECTIONES.

[5] δέ τε C. [6] τοὺς — κεκτημένους. τοῖς- κεκτημένος C. [6] ὑδρωποτοῦντες C, [7] προφητεῦον C. [8] I Tim. IV, 1 5. [9] λέγει. λέγει, ὅτι Paulus l. l. [10] ὑγιαινούσης διδασκαλίας. πίστεως Paulus l. l.: Τῆς ὑγιοῦς πίστεως apud Origenem. [11] προσελλέγχον C. [12] ὀνομάζονται. ὀνομάζοντο C, ὠνομάζοντο M. [13] Καϊνῶν. καινῶν C. [14] ἢ Νοχαϊτῶν, ἢ Νοαχιτῶν? ἢ Ἐνωχετῶν? [15] τινὰς αὐτοὺς ἢ λόγου ἀξίους ἡγῶνται. τινὰς αὐτοὺς ἢ λ. ἀ. ἡγῶμαι C, τινὲς αὐτοὺς λόγου ἀξίους ἡγῶνται Bunsenius in *Hippolytus and his age. Lond.* 1854. Vol. I, p. 385 not., τινὸς αὐτοὺς λόγου ἀξίους ἡγῶμαι susp. Sauppius. [16] ἔνδον ὄντα ἰόν. ἐνδύνοντα οἱονεὶ C, M. qui pro οἱονεὶ susp. ὄφιν, sive potius ἰόν. [17] ἐπαγομένους. ἀπαγομένους. conj. M. [18] χειμάρου C.

ΤΟΥ ΚΑΤΑ ΠΑΣΩΝ ΑΙΡΕΣΕΩΝ ΕΛΕΓΧΟΥ

ΒΙΒΛΙΟΝ Θ'.

REFUTATIONIS OMNIUM HÆRESIUM

LIBER NONUS.

α'. Τάδε ἔνεστιν ἐν τῇ ἐννάτῃ τοῦ κατὰ πασῶν αἱρέσεων ἐλέγχου [19].

β'. Τίς ἡ Νοητοῦ βλάσφημος ἀφροσύνη, καὶ ὅτι δόγμασιν Ἡρακλείτου τοῦ σκοτεινοῦ προσέσχεν, οὐ τοῖς Χριστοῦ.

γ'. Καὶ πῶς Κάλλιστος μίξας τὴν Κλεομένους μαθητοῦ Νοητοῦ καὶ Θεοδότου αἵρεσιν, ἑτέραν καινοτέραν αἵρεσιν συνέστησε, καὶ τίς ὁ τούτου βίος.

δ'. Τίς ἡ καινὴ [20] ἐπιδημία τοῦ ξένου δαίμονος Ἠλχασαΐ, [p. 278. 279.] καὶ ὅτι σκέπη τῶν ἰδίων σφαλμάτων τὸ δοκεῖν προσέχειν νόμῳ, τῷ δὲ ὄντι [21] γνωστικοῖς δόγμασιν ἢ καὶ ἀστρολογικοῖς καὶ μαγείαις [22] πρόσκειται.

ε'. Τίνα παρὰ [23] Ἰουδαίοις ἔθη καὶ πόσαι τούτων διαφοραί.

ς'. Πολλοῦ [24] τοίνυν [25] τοῦ περὶ πασῶν *αἱρέσεων* γενομένου ἡμῖν ἀγῶνος μηθέν γε [26] *ἀνεξέλεγκτον* καταλιποῦσι, περιλείπεται νῦν ὁ μέγιστος ἀγών, ἐκδιηγήσασθαι καὶ διελέγξαι τὰς ἐφ' ἡμῖν ἐπαναστάσας αἱρέσεις [27], δι' ὧν τινες ἀμαθεῖς καὶ τολμηροὶ διασκεδαννύειν [28] ἐπεχείρησαν τὴν Ἐκκλησίαν, μέγιστον τάραχον κατὰ πάντα τὸν κόσμον ἐν πᾶσι τοῖς [29] πιστοῖς ἐμβάλλοντες. Δοκεῖ γὰρ ἐπὶ [30] τὴν ἀρχηγὸν τῶν κακῶν γενομένην γνώμην ὁρμήσαντας διελέγξαι, τίνες αἱ ταύτης ἀρχαί, ὅπως εὐγνωστοι αἱ ἐκφυάδες αὐτῆς ἅπασι γενόμεναι καταφρονηθῶσι.

ζ'. Γεγένηταί τις ὀνόματι Νοητὸς, τῷ γένει Σμυρναῖος. Οὗτος εἰσηγήσατο αἵρεσιν ἐκ τῶν Ἡρακλείτου δογμάτων· οὗ διάκονος καὶ μαθητὴς γίνεται Ἐπίγονός τις τοὔνομα, ὃς τῇ Ῥώμῃ [31] ἐπιδημήσας ἐπέσπειρε τὴν ἄθεον γνώμην. Ὧ μαθητεύσας Κλεομένης, καὶ βίῳ καὶ τρόπῳ ἀλλότριος τῆς Ἐκκλησίας, ἐκράτυνε τὸ δόγμα, κατ' ἐκεῖνο καιροῦ Ζεφυρίνου διέπειν νομίζοντος τὴν Ἐκκλησίαν, ἀνδρὸς ἰδιώτου καὶ αἰσχροκερδοῦς· [ὃς] [32] τῷ κέρδει προσφερομένῳ πειθόμενος συνεχώρει τοῖς προσιοῦσι τῷ Κλεομένει [33] μα-

1. Hæc insunt in nono libro refutationis omnium hæresium :

2. Quænam sit Noeti blasphema insipientia, qui Heracliti obscuri placitis sese applicuerit, non Christi.

3. Et quomodo Callistus Cleomenis, Noeti discipuli, et Theodoti hæresi commista aliam hæresin conflaverit, et quænam fuerit ejus vita.

4. Quinam fuerit recens adventus mirabilis dæmonis Elchasai, **440-441**, tegumentumque propriorum errorum esse speciem, qua legi sese applicet, re vera autem gnosticis placitis vel etiam astrologicis artibusque magicis eum incumbere.

5. Quinam apud Judæos sint mores quotque eorum differentiæ.

6. Multum igitur cum de omnibus hæresibus certamen exstiterit nobis, qui certe nullam irrefutatam omisimus, jam relinquitur maximum certamen enarrandarum refutandarumque hæresium, quæ nostra ætate insurrexerunt, per quas indocti quidam et temerarii Ecclesiam dilacerare aggressi sunt, maximam perturbationem per totum mundum omnibus fidelibus injicientes. Placet enim ut in sententiam, quæ auctor malorum exstitit, irruentes coarguamus quænam ejus principia sint, ut turiones ejus ab omnibus bene cogniti contemnantur.

7. Exstitit vir quidam, cui nomen Noeto, genere Smyrnæus. Hic introduxit hæresin ex Heracliti placitis; cujus minister et discipulus fit Epigonus quidam vocatus, qui Romæ degens superseminabat impiam illam sententiam. Cujus discipulus factus Cleomenes, et vita et moribus alienus ab ecclesia, corroborabat doctrinam, Zephyrino illa ætate se administrare arbitrante ecclesiam, viro indocto et turpis lucri cupido, qui lucro oblato persuasus indulgebat adeuntibus, ut Cleomenis discipuli fierent,

VARIÆ LECTIONES.

[19] ἐλλέγχου C. [20] καινή. κενὴ C, M. [21] νόμῳ, τῷ δὲ ὄντι. νόμῳ τῷ δέοντι, C, M, qui κἂν γνωστ. et προσκέηται conj. [22] μαγίας C. [23] παρά. τὰ C, M. Fort. Ἰουδαίων, sive τὰ delendum. M. τὰ παρὰ conj. Sauppius. [24] capp. 6-12, recensuit Bunsenius in *Analecta Ante Nicæna* Vol. I, p. 363 sqq. [25] πολλοὶ τοίνυν C. [26] μηθέν γε Christ. Petersenius, μηθέν τε C, M, μέθην τε Roeperus, μηθὲν δὲ Bunsenius. [27] αἱρέσεις om. Bunsenius. [28] διασκεδαννύειν C. [29] πᾶσι τοῖς. πᾶσις C. [30] ἐπί. ἐπεὶ Bunsenius. [31] τῇ Ῥώμην C. [32] ὃς add· M, οἳ Bunsenius. [33] Κλεομένει. Κλεομένη C.

θητεύεσθαι, καὶ αὐτὸς ὑποσυρόμενος τῷ χρόνῳ ἐπὶ τὰ αὐτὰ ὥρμητο, συμβούλου [34] καὶ συναγωνιστοῦ [35] τῶν κακῶν ὄντος αὐτῷ [36] Καλλίστου, οὗ τὸν βίον καὶ τὴν ἐφευρεθεῖσαν αἵρεσιν μετ' οὐ πολὺ ἐκθήσομαι. Τούτων κατὰ διαδοχὴν διέμεινε τὸ διδασκαλεῖον κρατυνόμενον καὶ ἐπαῦξον διὰ τὸ συναίρεσθαι [37] αὐτοῖς τὸν Ζεφυρῖνον καὶ τὸν Κάλλιστον, καίτοι ἡμῶν μηδέποτε συγχωρησάντων, ἀλλὰ πλειστάκις ἀντικαθεστώτων [38] πρὸς αὐτοὺς καὶ διελεγξάντων [39] καὶ ἄκοντας βιασαμένων τὴν ἀλήθειαν ὁμολογεῖν· οἳ πρὸς μὲν ὥραν αἰδούμενοι καὶ ὑπὸ τῆς ἀληθείας συναγόμενοι ὡμολόγουν, μετ' οὐ πολὺ δὲ ἐπὶ τὸν αὐτὸν βόρβορον ἀνεκυλίοντο [40].

η'. [p. 280, 281] Ἀλλ' ἐπεὶ τῆς γενεαλογίας αὐτῶν τὴν διαδοχὴν ἐπεδείξαμεν, δοκεῖ λοιπὸν καὶ τῶν δογμάτων τὴν κακοδιδασκαλίαν ἐκθέσθαι, [καὶ] [41] πρότερον τὰ Ἡρακλείτῳ τῷ σκοτεινῷ δόξαντα παραθεμένους [42], ἔπειτα [43] καὶ τὰ τούτων μέρη [44] Ἡρακλείτεια ὄντα φανερῶσαι, ἃ τυχόντες οἱ νῦν προστάται τῆς αἱρέσεως οὐκ ἴσασιν [45] ὄντα τοῦ σκοτεινοῦ, νομίζοντες εἶναι Χριστοῦ. Οἷς εἰ ἐνέτυχον, κἂν οὕτω δυσωπηθέντες παύσονται τῆς ἀθέου δυσφημίας. Ἀλλ' εἰ καὶ πρότερον ἔκκειται ὑφ' ἡμῶν ἐν τοῖς Φιλοσοφουμένοις [46] ἡ δόξα Ἡρακλείτου, ἀλλά γε δοκεῖ προσαναπαραχθῆναι [47] καὶ νῦν, ὅπως διὰ τοῦ ἐγγίονος ἐλέγχου [48] φανερῶς διδαχθῶσιν οἱ τούτου νομίζοντες Χριστοῦ εἶναι μαθητὰς, οὐκ ὄντας [49], ἀλλὰ τοῦ σκοτεινοῦ.

θ'. Ἡράκλειτος [50] μὲν οὖν [51] φησιν εἶναι τὸ πᾶν διαιρετὸν ἀδιαίρετον, γενητὸν ἀγένητον, θνητὸν ἀθάνατον, λόγον, αἰῶνα, Πατέρα Υἱὸν, Θεὸν δίκαιον. *Οὐκ ἐμοῦ* [52] *ἀλλὰ τοῦ λόγου* [53] *ἀκούσαντας ὁμολογέειν* [54] *σοφόν ἐστιν,* [55] *ἓν* [56] *πάντα εἰδέναι* [57], ὁ Ἡράκλειτός φησι, καὶ ὅτι τοῦτο οὐκ ἴσασι [58] πάντες οὐδὲ ὁμολογοῦσιν, ἐπιμέμφεται ὧδέ πως· *Οὐ ξυνίασιν* [59] *ὅκως διαφερόμενον ἑωυτῷ ὁμολογέει* [60]· *παλίντροπος ἁρμονίη ὅκωσπερ τόξου καὶ λύρης.* Ὅτι δὲ λόγος ἐστὶν ἀεὶ τὸ πᾶν καὶ διὰ παντὸς ὤν [61], οὕτως λέγει· *Τοῦ δὲ λόγου* [62] *τοῦδε ἐόντος* [63] *ἀεὶ ἀξύνετοι* [64] *γίνονται ἄνθρωποι καὶ πρόσθεν ἢ ἀκοῦσαι καὶ ἀκούσαντες* [65] *τὸ πρῶτον· γινομένων* [66] *γὰρ πάντων κατὰ τὸν λόγον τόνδε ἀπείροισιν* [67] *ἐοίκασι πειρώμενοι καὶ ἐπέων*

et ipse allectus postmodum in eadem ruebat, dum ei consultor et adjutor malorum erat Callistus, cujus vitam et adinventam hæresin paulo post exponam. Horum secundum successionem permansit schola corroborans se et accrescens, propterea quod eis auxiliabantur Zephyrinus et Callistus, quanquam nos nunquam morem eis gessimus, sed creberrime obstitimus eis eosque coarguimus et invitos coegimus veritatem confiteri : qui ad tempus quidem pudentes et a veritate coacti confitebantur, paulo post autem ad idem cœnum revolvebantur.

442-443 8. Quoniam autem genealogiæ eorum successionem ostendimus, placet jam et dogmatum pravam doctrinam exponere, et Heracliti obscuri placitis prius allatis, tum etiam nonnulla eorum esse Heraclitea demonstrare, quæ fortasse qui nunc hæresi præsunt non norunt esse Obscuri, cum Christi esse arbitrentur. Quæ si legerent, vel hoc modo pudore confusi desistent ab impio convicio. Tametsi etiam prius a nobis exposita est in Philosophumenis sententia Heracliti, nihilominus placet etiam nunc eam e contrario juxtaponere, ut per propiorem confutationem aperte doceantur hujus qui semet Christi arbitrantur esse discipulos, non esse, sed obscuri illius.

9. Heraclitus igitur [unum] ait esse universum divisum indivisum, genitum non genitum, mortale immortale, verbum, ævum, patrem filium, Deum justum. *Eos, qui non mihi sed verbo auscultaverunt, confiteri sapiens est, semel novisse universum unum esse,* ait Heraclitus, et quod hoc non omnes norint neque confiteantur, reprehendit in hunc fere modum : *Non intelligunt, quomodo differens sibi consentiat; reflexa harmonia sicuti arcus et lyræ.* Rationem autem esse semper, cum sit universum et per universum, ait in hunc modum : *Rationis autem hujusce, quæ semper est, non intelligentes exsistunt homines et antequam audiverunt et cum primum audiverunt; omnium enim quæ secundum hanc rationem fiunt imperitis similes sunt, dum periclitantur et verba*

VARIÆ LECTIONES.

[34] συμβόλου pr. C. [35] συναναγωνιστοῦ Bunsenius. [36] αὐτῷ. αὐτοῦ Bunsenius. [37] συναίρεσθαι. συναιρεῖσθαι C, M. Correxit etiam Bunsenius. [38] ἀντικαθεστότων C. [39] διελλεγξάντων C. [40] Cf. II Petr. II, 22... κύων ἐπιστρέψας ἐπὶ τὸ ἴδιον ἐξέραμα, καὶ ὗς λουσαμένη εἰς κύλισμα (al. κυλισμὸν) βορβόρου. [41] καὶ Sauppius, om. C. M. [42] παραθειμένους Bunsenius. [43] ἔπειτα. ἐπεὶ C. [44] μέρη. An delendum? [45] εἴσασιν C. [46] Φιλοσοφουμένοις. φιλοσοφουμένους C. Cf. supra lib. I, c. 4, p. 14, 16. [47] προσαναπαραχθῆναι. πρὸς ἀνπαραχθῆναι C, προσαντιπαραταχθῆναι? [48] ἀγγίονος ἐλλέγχου C. [49] οἱ τοιοῦτοι — μαθηταὶ, οὐκ ὄντες conj. Sauppius. [50] Cum sequentibus cf. J. Bernaysii *Ep. crit. ad Bunsenium* et *Adnotationes ad Heraclitea fragmenta* in Bunsenii *Analect. Ante-Nicæn.* vol. III, p. 331 sqq. Ejusdem *Neue Bruchstücke des Heraklit von Ephesus* in *Rheinisches Museum fur Philologie. Neue Folge 9ter Jahrgang* 1853. p. 241 sqq. [51] μὲν οὖν. μὲν οὖν ἓν susp. Bernaysius in *Mus. Rhenan.* p. 250. [52] Cf. Bernaysius l. l. 248 sqq. [53] λόγου Bernaysius et Bunsenius, δόγματος C, M. [54] ὁμολογέειν Bernaysius, ὁμολογεῖν C, M. Bunsenius. [55] ἐστιν. ἐστι καὶ susp. Sauppius. [56] ἕν. ἐν C. [57] εἰδέναι. εἶναι M, falso; cf. Bernaysius l. l. Etiamsi Heraclitus ἓν pro subjecto acceperit, Hippolytus certe ἓν pro parte objecti, quæ πάντα explicaret, habuit. [58] εἴσασιν C. [59] Cf. Schleiermacher, *Herakleitos der Dunkle* in *Wolf und Buttmann Museum der Alterthumswissenschaft* p. 410 sqq. Bernaysius in *Mus. Rhenan. Jahrgang* 7, p. 94 not. [60] ὁμολογέει. ὁμολογέειν C. [61] ὤν. ὧν C, αἰῶνος Bernaysius et Bunsenius. [62] Cf. Fragm. 47 ap. Schleiermacherum. [63] τοῦδε ἐόντος. τοῦ δέοντος C, M. [64] ἀξύνετοι. ξετοὶ C. [65] ἀκούσαντας C. [66] γινόμενον C. [67] ἀπείροισιν Bernaysius et Bunsenius, ἄπειροι εἰσὶν C, M, ἄπειροι Schleiermacherus.

et opera talia, qualia ego perago dividens secundum naturam atque declarans quomodo sese habeant. Puerum (filium) autem esse universum et per ævum æviternum regem universi ait in **444-445** hunc modum : *Ævum puer est ludens, calculos in alea movens; pueri est regnum.* Omnium autem quæ exstiterunt patrem esse genitum non genitum, creaturam conditorem, audimus ex illo dicente : *Bellum omnium pater est, omnium rex, et alios deos ostendit alios homines, alios servos fecit alios liberos.* Esse autem. . . . . *harmonia sicuti arcus et lyræ.* Quod autem . . . . occultus, invisibilis, incognitus hominibus, his ait verbis : *Harmonia occulta manifesta melior.* Collaudat et admiratur præ iis quæ cognoscuntur ea quæ sunt incognita et invisibilia ejus potestatis. Esse autem eum visibilem hominibus et non ininvestigabilem, his ait verbis : *Quorumcunque est visus, auditus, intellectus, hæc ego profero*, inquit, hoc est visibilia præ invisibilibus. . . . . ex hujusmodi ejus sermonibus facile est cognitu : *Falsi sunt*, inquit, *homines quoad scientiam rerum manifestarum similiter atque Homerus, qui omnium Græcorum fuit sapientissimus. Etenim illum pueri pediculos interficientes fefellerunt dicentes : Quæquæ vidimus et deprehendimus, hæc derelinquimus, quæquæ autem neque vidimus neque prehendimus, hæc ferimus.*

10. Ita Heraclitus in eodem loco ponit et æstimat manifesta atque occulta, quasi unum idemque manifestum atque occultum sine controversia exstet. *Est enim*, inquit, *harmonia occulta manifesta melior*; et : *Quorumcunque est visus, auditus, intellectus* (hoc est organa), *hæc*, inquit, *ego profero*, non occulta proferens. Igitur neque tenebras neque lucem, nec malum nec bonum aliud ait esse Heraclitus, imo vero unum idemque. **446-447** Vituperat igitur Hesiodum, quod diem et noctem [non] noverit; dies enim, inquit, et nox idem est, his fere verbis usus : *Magister autem plerorumque Hesiodus; hunc putant plurima novisse, qui diem et noctem non cognovit; est enim unum.* Et bonum et malum : *Me-*

καὶ ἔργων τοιουτέων, ὁκοῖα [68] *ἐγὼ διηγεῦμαι, διαιρέων* [69] *κατὰ φύσιν καὶ φράζων ὅκως* [70] *ἔχει.* Ὅτι δέ ἐστι Παῖς τὸ πᾶν καὶ δι' αἰῶνος αἰώνιος [p. 281, 282] βασιλεὺς τῶν ὅλων οὕτως λέγει· *Αἰὼν Παῖς* [71] *ἐστι παίζων, πεττεύων· Παιδὸς ἡ βασιληΐη.* Ὅτι δέ ἐστιν ὁ [72] Πατὴρ πάντων τῶν γεγονότων γενητὸς [73] ἀγένητος, κτίσις [74] δημιουργὸς, ἐκείνου λέγοντος ἀκούομεν [75]· *Πόλεμος πάντων* [76] *μὲν Πατήρ ἐστι, πάντων δὲ βασιλεὺς, καὶ τοὺς μὲν θεοὺς ἔδειξε* [77] *τοὺς δὲ ἀνθρώπους, τοὺς μὲν δούλους ἐποίησε τοὺς δὲ ἐλευθέρους.* Ὅτι δὲ ἐστιν [78] . . . . . . *ἁρμονίη ὅκως περ τόξου καὶ λύρης.* Ὅτι δὲ [79] . . . ἀφανὴς ὁ ἀόρατος ἄγνωστος ἀνθρώποις, ἐν τούτοις λέγει· *Ἁρμονίη ἀφανὴς φανερῆς κρείττων* [80]. Ἐπαινεῖ καὶ προθαυμάζει πρὸ τοῦ γινωσκομένου τὸ ἄγνωστον αὐτοῦ καὶ ἀόρατον τῆς δυνάμεως. Ὅτι δέ ἐστιν ὁρατὸς ἀνθρώποις [81] καὶ οὐκ ἀνεξεύρετος [82] ἐν τούτοις λέγει· *Ὅσων* [83] *ὄψις, ἀκοὴ, μάθησις, ταῦτα ἐγὼ προτιμέω*, φησὶ, τουτέστι τὰ ὁρατὰ [84] τῶν ἀοράτων . . ἀπὸ τῶν [85] τοιούτων αὐτοῦ λόγων κατανοεῖν ῥᾴδιον· *Ἐξηπάτηνται*, [86] φησὶν, *οἱ ἄνθρωποι πρὸς τὴν γνῶσιν τῶν φανερῶν παραπλησίως Ὁμήρῳ, ὃς ἐγένετο τῶν Ἑλλήνων σοφώτερος πάντων. Ἐκεῖνόν τε γὰρ παῖδες φθεῖρας κατακτείνοντες ἐξηπάτησαν εἰπόντες· Ὅσα εἴδομεν, καὶ κατελάβομεν, ταῦτα ἀπολείπομεν· ὅσα δὲ οὔτε εἴδομεν οὔτ' ἐλάβομεν, ταῦτα φέρομεν.*

ι'. Οὕτως Ἡράκλειτος ἐν ἴσῃ μοίρᾳ τίθεται καὶ τιμᾷ τὰ ἐμφανῆ τοῖς ἀφανέσιν, ὡς ἕν τι τὸ ἐμφανὲς καὶ | τὸ ἀφανὲς ὁμολογουμένως ὑπάρχον. *Ἔστι γὰρ* [87], φησὶν, *ἁρμονίη* [88] *ἀφανὴς φανερῆς κρείττων* καὶ, *Ὅσων* [89] *ὄψις, ἀκοὴ, μάθησις* (τουτέστι τὰ ὄργανα), *ταῦτα*, φησὶν, *ἐγὼ προτιμέω*, οὐ τὰ ἀφανῆ προτιμήσας [91]. Τοιγαροῦν οὐδὲ [90] σκότος οὐδὲ φῶς, οὐδὲ πονηρὸν οὐδὲ ἀγαθὸν ἕτερόν φησιν εἶναι ὁ Ἡράκλειτος, ἀλλὰ ἓν καὶ τὸ αὐτό. [p. 282, 283] Ἐπιτιμᾷ γοῦν Ἡσιόδῳ, ὅτι ἡμέραν καὶ νύκτα οἶδεν [92]· ἡμέρα γὰρ, φησὶ, καὶ νύξ ἐστιν ἕν, λέγων ὧδέ πως· *Διδάσκαλος δὲ πλείστων Ἡσίοδος* [93]· *τοῦτον ἐπίστανται πλεῖστα εἰδέναι, ὅστις ἡμέρην καὶ εὐφρόνην* [94] *οὐκ ἐγίνωσκεν* [95]· ἔστι γὰρ ἕν.

VARIÆ LECTIONES.

[68] ὁποῖα C. [69] διήγευμαι, διερέων C. [70] ὅπως C. [71] Cf. Schleiermacher. ad fragm. 38, p. 429 sq. et Bernaysius in *Rhein. Museum Jahrg.* 7, p. 108 sqq. [72] Ὅτι δὲ ἔστιν ὁ. Ὅτι δέ ἐστιν ὁ πόλεμος M. Cf. J. Bernays *Ep. crit.* in Bunsenii *Analectis Ante-Nicænis*, vol. III, p. 352 sq. [73] γενητὸς Bernaysius l. l. p. 353, et Bunsenius, γενητῶν C, M. [74] κτίσις. κτίσεως susp. M. Cf. Bernays. l. l. [75] ἀκούομεν. ἀκούωμεν M et Bernaysius. [76] Cf. Schleiermacher. ad fragm. 32, p. 408, et Bernays. *Rhein. Museum*, 9, p. 258 not. 2. [77] ἔδειξε ἀνέδειξε susp. Roeperus. [78] Post ἔστιν lacunam signavimus cum Bernaysio et Bunsenio; hoc loco aliquid excidisse vidit jam M. [79] Post δὲ vocula verme exesa in C, quam lacunam M explevit voc. ἔστιν. [80] Cf. Schleiermacher. fragm. 36, p. 420. [81] Alludit fort. ad Rom. I, 19, 20. [82] ἀνεξεύρετος. ἂν ἐξευρετὸν C. [83] Ὅσων. Ὅσον C. [84] τὰ ὁρατά. Bernaysius et Bunsenius inter τὰ et ὁρατὰ lacunam signaverunt. [85] ἀπὸ τῶν. Bunsenius commate posito ante ἀπὸ hæc arctius conjungit cum prioribus : M ante ἀπὸ aliquid excidisse censet. [86] Cf. Vitarum Scriptt. Gr. min. Ed. Westermann. Vit. Homeri p. 18, 23, 25, 29. [87] Ἔστι γὰρ M, Τίς γὰρ C, Τί γάρ; Bernaysius et Bunsenius. [88] ἁρμονίη. ἁρμονία ἡ C, Bernaysius et Bunsenius. [89] ὅσων. ὅσον C. [90] οὔτε—οὔτε—οὔτε—οὔτε conj. Sauppius. [91] Post προτιμήσας Bernaysius et Bunsenius signum interrogationis posuerunt. [92] οἶδεν. οὐκ οἶδεν? Cf. lin 98, 99, et Hesiod. *Theogon.* v. 123 sq. 748 sqq. [93] Cf. *Ed. Zeller, Die Philosophie der Griechen in ihrer geschichtlichen Entwicklung. Erster Theil. Tubingen* 1856, p. 455, not. 2. [94] εὐφρόνην. εὐφροσύνην C. [95] ἐγίνωσκεν· ἔστι γὰρ ἕν. Καὶ ἀγαθὸν καὶ κακὸν Bernaysius et Bunsenius, ἐγίνωσκεν. Ἔστι γὰρ ἓν ἀγαθὸν καὶ κακὸν C, M, ἐγίνωσκεν, ἔστι γὰρ ἓν καὶ ἀγαθὸν καὶ κακὸν

Καὶ ἀγαθὸν καὶ κακόν· *Οἱ γοῦν ἰατροί*, φησὶν ὁ Ἡράκλειτος, *τέμνοντες, καίοντες, πάντῃ βασανίζοντες κακῶς τοὺς ἀῤῥωστοῦντας, ἐπαιτιῶνται* [95] *μηδὲν* [96] *ἄξιον μισθὸν* [97] *λαμβάνειν παρὰ τῶν ἀῤῥωστούντων, ταῦτα ἐργαζόμενοι* [98] *τὰ ἀγαθὰ καὶ τὰς* [99] *νόσους*. Καὶ εὐθὺ δέ, φησί, καὶ στρεβλὸν τὸ αὐτό ἐστι. *Γναφέων*,[1] φησίν, *ὁδὸς εὐθεῖα καὶ σκολιὴ* (ἡ τοῦ ὀργάνου τοῦ καλουμένου κοχλίου [2] ἐν τῷ γναφείῳ [3] περιστροφὴ εὐθεῖα καὶ σκολιή· ἄνω γὰρ ὁμοῦ καὶ κύκλῳ περιέρχεται [4]) *μία ἐστί*, φησί, *καὶ ἡ αὐτή* [5]. Καὶ τὸ ἄνω καὶ τὸ κάτω ἕν ἐστι [6] καὶ τὸ αὐτό [7]. *Ὁδὸς* [8] *ἄνω* [9] *κάτω μίη* [10] *καὶ ὡυτή* [11]. Καὶ τὸ μιαρόν φησι καὶ τὸ καθαρὸν ἓν καὶ ταυτὸν εἶναι, καὶ τὸ πότιμον καὶ τὸ ἄποτον ἓν καὶ τὸ αὐτὸ εἶναι· *Θάλασσα*, φησίν, *ὕδωρ καθαρώτατον καὶ μιαρώτατον, ἰχθύσι μὲν πότιμον καὶ σωτήριον, ἀνθρώποις δὲ ἄποτον καὶ ὀλέθριον*. Λέγει δὲ ὁμολογουμένως τὸ ἀθάνατον εἶναι θνητὸν καὶ τὸ θνητὸν ἀθάνατον διὰ τῶν τοιούτων λόγων· *Ἀθάνατοι θνητοί* [12], *θνητοὶ ἀθάνατοι, ζῶντες τὸν ἐκείνων θάνατον, τὸν δὲ ἐκείνων βίον τεθνεῶτες*. Λέγει δὲ | καὶ σαρκὸς ἀνάστασιν ταύτης φανερᾶς ἐν ᾗ γεγενήμεθα, καὶ τὸν θεὸν οἶδε ταύτης τῆς ἀναστάσεως αἴτιον οὕτως λέγων· *Ἔνθα* [13] *δ' ἐόντι ἐπανίστασθαι καὶ φύλακας* [14] *γίνεσθαι ἐγερτιζόντων* [15] *καὶ νεκρῶν*. Λέγει δὲ καὶ τοῦ κόσμου κρίσιν καὶ πάντων τῶν ἐν αὐτῷ διὰ πυρὸς γίνεσθαι λέγων οὕτως· *Τὰ* [16] *δὲ* [17] *πάντα* [p. 283, 284] *οἰακίζει* [18] *κεραυνός*, τουτέστι κατευθύνει· κεραυνὸν τὸ πῦρ λέγων τὸ αἰώνιον. Λέγει δὲ καὶ φρόνιμον τοῦτο εἶναι τὸ πῦρ καὶ τῆς διοικήσεως τῶν ὅλων αἴτιον· καλεῖ [19] δὲ αὐτὸ χρησμοσύνην καὶ κόρον· χρησμοσύνη δέ ἐστιν ἡ διακόσμησις κατ' αὐτόν, [20] ἡ δὲ ἐκπύρωσις κόρος· *Πάντα γάρ*, φησί, *τὸ πῦρ ἐπελθὸν κρινεῖ καὶ καταλήψεται*. Ἐν δὲ τούτῳ τῷ κεφαλαίῳ [21] πάντα ὁμοῦ τὸν ἴδιον νοῦν ἐξέθετο, ἅμα δὲ καὶ τὸν τῆς Νοητοῦ αἱρέσεως, δι' ὀλίγων ἐπέδειξα [22] οὐκ ὄντα Χριστοῦ ἀλλὰ Ἡρακλείτου μαθητήν. Τὸν γὰρ ποιητὸν [23] κόσμον αὐτὸν δημιουργὸν ποιητὴν καὶ ἑαυτοῦ γινόμενον οὕτω λέγει· *Ὁ θεὸς ἡμέρη εὐφρόνη, χειμὼν θέρος, πόλεμος εἰρήνη, κόρος λιμός* (τἀναντία ἅπαντα· οὗτος ὁ νοῦς·) *ἀλλοιοῦται δὲ ὅκωσπερ ὁκόταν* [24] *συμμιγῇ* [25] [*θύωμα*] *θυώμασιν* [26]· *ὀνομάζεται* [27] *καθ'*

A *dici certe*, inquit Heraclitus, *dum cædunt, urunt, omnimodo male cruciant ægrotantes, causantur, quod non dignam mercedem accipiant ab ægrotis, dum hæc faciunt bona et morbos*. Et vero rectum et intortum idem est. *Fullonum*, inquit, *via recta et curva* — instrumenti, quod dicitur cochleæ in fullonica conversio recta et curva; sursum enim simul et in orbem circumagitur — *una est*, inquit, *eademque*. Et sursum et deorsum unum est idemque. *Via sursum deorsum una eademque*. Et impurum ait et purum unum idemque esse et potabile et non potabile unum et idem esse. *Mare*, inquit, *aqua purissima et impurissima, piscibus quidem potabilis et salubris, hominibus vero impotabilis et perniciosa*. Dicit autem sine controversia immortale esse mortale et mortale im- B mortale verbis hujusmodi : *Immortales mortales, mortales immortales, viventes illorum mortem, illorum vero vitam mortui*. Profitetur autem et resurrectionem carnis hujus sensibilis, in qua nati sumus, et Deum novit hujus resurrectionis auctorem his verbis : — — — — — — — — — — — — — — — — Dicit autem et mundi judicium omniumque quæ in eo sunt per ignem fieri his verbis : *Omnia autem dirigit fulmen*, hoc est corrigit, fulmen **448-449** ignem dicens æternum. Dicit autem et sapientem esse hunc ignem et administrationis universi causam; vocat autem id inopiam et expletionem. Inopia autem mundi descriptio est ex ejus sententia, deflagratio autem expletio. *Omnia enim*, inquit, *ignis invadens judicabit et corripiet*. C In hoc autem capitulo universam simul sententiam suam exposuit, simul autem et hæreseos Noeti, [quem] paucis ostendi non Christi esse, sed Heracliti discipulum. Creatum enim mundum ipsum opificem sui et creatorem esse dicit in hunc modum : *Deus dies nox, hiems æstas, bellum pax, expletio fames* — contraria universa : hic sensus — *mutatur autem perinde quasi commistum sit suffimentum cum suffimentis; nominatur autem ad cujusque libitum*. Manifestum autem omnibus est insipientes Noeti successores et hæreseos antistites, etiamsi Heracliti eos auditores fuisse neges, certe tamen, cum Noeti placita amplectantur, aperte eadem confiteri. Sic

VARIÆ LECTIONES.

[95] ἐπαιτιῶνται. ἐπαιτέονται Bernaysius et Bunsenius. [96] μηδένα conj. Sauppius. [97] ἄξιον μισθόν. ἄξιον μισθῶν C, M, Zellerus, ἄξιοι μισθῶν Bernaysius et Bunsenius. [98] ταὐτὰ ἐργαζόμενοι τἀγαθὰ καὶ [τὰ κακὰ] τὰς νόσους conj. Sauppius. [99] καὶ τάς. κατὰ τὰς susp. Petersenius. [1] Γναφέων. Γραφέων C, M, Γραφείῳ Bernaysius, Bunsenius et Zellerus. [2] Post κοχλίου M, Bernaysius et Bunsenius ponunt colon. [3] γναφείῳ Bernaysius et Bunsenius, γραφείῳ C, M. [4] περιέρχεται Roeperus, περιέχεται C, M, περιέλκεται Bernaysius et Bunsenius. [5] Post ἡ αὐτή comma apud M. [6] Post ἐστι M ponit punctum. [7] καὶ τὸ αὐτὸ M conjungit cum sequentibus. [8] Ὁδὸς — μίη. Cf. Schleiermacher. fragm. 28, p. 383. [9] Post ἄνω M add. καί. [10] μίη. μία C, M. [11] Post ὡυτή M comma ponit. [12] Cf. Schleirmacher. fr. 51, p. 498 sqq. [13] Ἔνθα δ' ἐόντι. Ἔνθα διὰ θεόν τε Bernaysius in *ep. crit. ad Bunsenium*, Ἔνθαδε ἐόντας Bernaysius in *Adnotatt. ad Heraclitea fragmenta* et in *Rhein. Museum* 9, p. 241 et Bunsenius, Ἔνθαδε ἐστι vel Ἐν θεῷ δέον τι susp. Petersenius, Ἔνθα θεὸν δεῖ Sauppius. [14] φύλακα Sauppius. [15] ἐγερτιζόντων. ἐγερτὶ ζώντων Bernaysius (Cf. *ep. crit.* p. 333 sq.) et Bunsenius : An ἔνερθε ζώντων? Petersenius. [16] Cf. Bernaysius in *Ep. crit.* p. 334 sq. [17] Τὰ δέ. Τάδε susp. Sauppius. [18] οἰακίζει Cf. Bernaysius in *Rhein. Mus.* 9, p. 234 sq. et Schleiermacher. fr 49, p. 493. [19] καλεῖ. καλεῖς C. [20] κατ' αὐτὸ susp. Sauppius. [21] sqq. Cf. Bernaysius in *Adnotatt. ad Heraclitea fragmenta*, p. 339 sqq. [22] δι' ὀλίγων ἐπέδειξα. δι' ὀλ. ἐπέδειξε Bernaysius et Bunsenius, ὃν δι' ὀλ. ἐπέδειξα? [23] ποιητὸν Bernaysius et Bunsenius, πρῶτον C, M. [24] ὁκόταν. ὁπόταν C. [25] συμμιγέα θυώμα[τα διαφόροις ὀνόμα[σιν ὀνομάζεται conj. R. Scotus. [26] θύωμα θυώμασιν Bernaysius et Bunsenius, θυώμασιν C, M, ὕδωρ θυώμασιν susp. Zellerus. [27] ὀνομάζεται. οἰνόμελι susp. Roeperus.

enim dictitant : Unum eumdemque Deum esse omnium opificem et patrem, ubi autem ipsi visum sit, apparuisse priscis hominibus justis invisibilem ipsum; quando enim non videtur, invisibilis erat, quando autem videtur, visibilis, incomprehensibilis autem, quando comprehendi non vult, comprehensibilis autem, quando comprehenditur : sic eadem ratione insuperabilis et superabilis, non genitus et genitus, immortalis et mortalis. Quin Heracliti tales ostendentur discipuli? Nonne ea ipsis verbis antea philosophatus est obscurus ille? Eum autem dicere eumdem esse filium et patrem nemo nescit. Dicit autem in hunc modum : *Quando igitur non factus fuerat pater, juste pater appellatus erat, quando autem ei libuit genituram sustinere, genitus filius factus est suimetipsius, non alius.* Sic enim opinatur monarchiam **450-451** probari, unum idemque esse dicens patrem et filium appellatum, non alium ex alio, sed ipsum ex semetipso, nomine quidem patrem et filium appellatum secundum temporum vicissitudines, unum autem illum esse, qui apparuerit et generationem e virgine sustinuerit et homo inter homines versatus sit, filium se ipsum conspicientibus confiteatur propter factam generationem, patrem autem semet esse etiam iis, qui comprehendunt, non dissimulaverit. Hunc, qui passioni ligni affixus sit et sibimet spiritum tradiderit, qui mortuus sit et non mortuus, quique semet tertia die resuscitaverit sepulcro conditum et lancea vulneratum clavisque perfixum, hunc esse universi Deum et patrem ait Cleomenes ejusque chorus, Heraclitcas tenebras multis afferentes.

A *ἡδονὴν ἑκάστου.* Φανερὸν δὲ πᾶσι τοὺς ἀνοήτους [28] Νοητοῦ διαδόχους καὶ τῆς αἱρέσεως προστάτας, εἰ καὶ Ἡρακλείτου λέγοις ἂν αὐτοὺς [29] μὴ γεγονέναι ἀκροατὰς, ἀλλά γε τὰ [30] Νοητῷ δόξαντα αἱρουμένους ἀναφανδὸν ταυτὰ [31] ὁμολογεῖν. Λέγουσι γὰρ οὕτως· ἕνα καὶ τὸν αὐτὸν Θεὸν εἶναι πάντων δημιουργὸν καὶ Πατέρα, εὐδοκήσαντα δὲ πεφηνέναι [32] τοῖς ἀρχῆθεν δικαίοις ὄντα ἀόρατον· ὅτε μὲν γὰρ οὐχ ὁρᾶται ἦν ἀόρατος, [ὅτε δὲ ὁρᾶται ὁρατὸς,] [33] ἀχώρητος δὲ ὅτε μὴ χωρεῖσθαι θέλει, χωρητὸς δὲ ὅτε χωρεῖται· οὕτως κατὰ τὸν αὐτὸν λόγον ἀκράτητος [34] [καὶ κρατητὸς,] ἀγέννητος [καὶ γεννητὸς,] ἀθάνατος καὶ θνητός. Πῶς οὐχ Ἡρακλείτου οἱ τοιοῦτοι δειχθήσονται μαθηταί; Μὴ αὐτῇ [35] τῇ λέξει διαφθάσας [36] ἐφιλοσόφησεν ὁ σκοτεινός; Ὅτι
B δὲ καὶ τὸν αὐτὸν Υἱὸν εἶναι λέγει καὶ Πατέρα οὐδεὶς ἀγνοεῖ. Λέγει δὲ οὕτως· *Ὅτε μὲν οὖν μὴ γεγένητο* [37] *ὁ Πατὴρ, δικαίως Πατὴρ προσηγόρευτο· ὅτε δὲ ηὐδόκησεν γένεσιν ὑπομεῖναι, γεννηθεὶς* [38] *ὁ Υἱὸς ἐγένετο αὐτὸς ἑαυτοῦ, οὐχ ἑτέρου.* [p. 284, 285] Οὕτως γὰρ δοκεῖ μοναρχίαν συνιστᾷν, ἓν καὶ τὸ αὐτὸ φάσκων ὑπάρχειν Πατέρα καὶ Υἱὸν καλούμενον, οὐχ ἕτερον ἐξ ἑτέρου, ἀλλ' αὐτὸν ἐξ ἑαυτοῦ, ὀνόματι μὲν Πατέρα καὶ Υἱὸν καλούμενον κατὰ χρόνων τροπὴν, ἕνα δὲ εἶναι τοῦτον τὸν φανέντα καὶ γένεσιν ἐκ Παρθένου ὑπομείναντα καὶ ἐν ἀνθρώποις ἄνθρωπον ἀναστραφέντα [39], Υἱὸν μὲν ἑαυτὸν τοῖς ὁρῶσιν ὁμολογοῦντα διὰ τὴν γενομένην γένεσιν, Πατέρα δὲ εἶναι καὶ τοῖς χωροῦσιν μὴ ἀποκρύψαντα.
C Τοῦτον πάθει ξύλου προσπαγέντα καὶ ἑαυτῷ τὸ πνεῦμα παραδόντα, ἀποθανόντα καὶ μὴ ἀποθανόντα, καὶ ἑαυτὸν τῇ τρίτῃ ἡμέρᾳ ἀναστήσαντα, τὸν ἐν μνημείῳ ταφέντα, καὶ λόγχῃ τρωθέντα, καὶ ἥλοις καταπαγέντα, τοῦτον τὸν τῶν ὅλων Θεὸν καὶ Πατέρα εἶναι λέγει Κλεομένης καὶ ὁ τούτου χορὸς, Ἡρακλείτειον σκότος ἐπεισάγοντες πολλοῖς.

11. Hanc hæresin corroborabat Callistus, vir malitiæ callidus et vafer ad seducendum, qui episcopi cathedram venabatur. Zephyrino autem, viro indocto et illitterato definitionumque ecclesiasticarum ignaro, quem mulcendo donis et postulationibus vetitis ducebat ad quodcunque volebat, cum donorum acceptor esset pecuniæque avidus, persuadebat, ut assidue rixas moveret inter fratres, dum ipse utriusque partis voluntatem postea astutis verbis sibimet conciliabat, et tum quidem illis, qui recte sentiebant, privatim se eadem sentire dicens

ια'. Ταύτην τὴν αἵρεσιν ἐκράτυνε Κάλλιστος, ἀνὴρ ἐν κακίᾳ πανοῦργος καὶ ποικίλος [40] πρὸς πλάνην, θηρώμενος [41] τὸν τῆς ἐπισκοπῆς θρόνον. Τὸν Ζεφυρῖνον [42], ἄνδρα ἰδιώτην καὶ ἀγράμματον καὶ ἄπειρον τῶν ἐκκλησιαστικῶν ὅρων, ὃν πείθων δόμασι [43] καὶ ἀπαιτήσεσιν [44] ἀπειρημέναις [45], ἦγεν εἰς ὃ ἐβούλετο [46], ὄντα δωρολήπτην καὶ φιλάργυρον, ἔπειθεν ἀεὶ στάσεις ἐμβαλεῖν ἀναμέσον [47] τῶν ἀδελφῶν, αὐτὸς τὰ ἀμφότερα μέρη ὕστερον κερκωπείοις [48] λόγοις πρὸς ἑαυτοῦ φιλίαν [49] κατασκευάζων, καὶ τοῖς μὲν ἀλήθειαν [50] [λέγων ὅμοια] [51] φρονοῦσί ποτε

VARIÆ LECTIONES.

[28] ἀνοήτους. νοητοὺς C, M. [29] λέγοις ἂν αὐτοὺς Bernaysius et Bunsenius, λέγοισαν ἑαυτοὺς C, M, qui susp. λέγουσιν vel λέγοιεν. [30] τά. τῷ C. [31] ταὐτά. ταῦτα C, M. Bernaysius et Bunsenius. [32] πεφηνέναι. πεφηκέναι C. [33] ὅτε δὲ ὁρᾶται ὁρατός. om. C, M, Bernaysius et Bunsenius. Cf. infra l. X, c. 27, p. 329, 61 ed. Ox. [34] ἀκράτητος καὶ κρατητός, ἀγέννητος καὶ γεννητός. ἀκράτητος ἀκράτητος, ἀγένητος C. ἀκράτητος, ἀγένητος M, ἀκράτητος κ. κρατ., ἀγένητος κ. γενητὸς Bernaysius et Bunsenius. Cf. infra p. 329 ed. Ox. [35] μὴ αὐτῇ τῇ λέξει. μηδὲ λέξει C, qui utrique vocabulo suprascribit τῇ τῇ. [36] λεξειδίᾳ φθάσας susp. Roeperus, qui μὴ vix ferri posse censet. [37] γεγένητο. γένητο C. [38] γεννηθείς. γενηθεὶς C. [39] ἀναστρεφέντα C. [40] ποικῖλος C. [41] θηρόμενος C. [42] Τὸν Ζεφυρῖνον. Οὗτος τὸν Ζεφυρῖνον Roeperus, Τὸν γὰρ vel Τὸν δὲ Z.? [43] δόμασι. δόγμασι C, M, Bunsenius, δωρήμασι Bernaysius in *Rhein. Mus.* 9, p. 249 not., et Roeperus. [44] ἀπαιτήσεσιν. ἀπαιτήσεσιν Bernaysius l. l. [45] ἀπειρημέναις. ἀπεράμνοις, nisi forte ἀφειρεσίοις Roeperus. [46] ὃ βούλετο. ὃ βούλετο C. [47] ἀναμέσων C. [48] κερκώποις C. [49] ἑαυτοὺς φιλίαν C. [50] μὲν ἀλήθειαν. μὲν ἐν ἀληθείᾳ susp. M. [51] λέγων ὅμοια. Hæc verba uncinis inclusimus suadente Bunsenio. Cf. *Hippolytus and his age*, vol. I, p. 393 not.

κατ' ἰδίαν [52] τὰ ὅμοια φρονεῖν [λέγων] ἠπάτα [53], πάλιν δ' αὐτοῖς [54] τὰ Σαβελλίου ὁμοίως, ὃν καὶ αὐτὸν ἐξέστησε δυνάμενον [55] κατορθοῦν. Ἐν γὰρ τῷ ὑφ' ἡμῶν παραινεῖσθαι οὐκ ἐσκληρύνετο, ἡνίκα δὲ σὺν τῷ Καλλίστῳ ἐμόναζεν, ὑπ' αὐτοῦ ἀνεσείετο πρὸς τὸ δόγμα τὸ Κλεομένους ῥέπειν [56] φάσκοντος τὰ ὅμοια φρονεῖν. Ὁ δὲ τότε μὲν τὴν πανουργίαν αὐτοῦ οὐκ ἐνόει, αὖθις δὲ ἔγνω, ὡς διηγήσομαι μετ' οὐ πολύ. Αὐτὸν δὲ τὸν Ζεφυρῖνον προάγων δημοσίᾳ ἔπειθε λέγειν· Ἐγὼ οἶδα ἕνα Θεὸν Χριστὸν Ἰησοῦν, καὶ πλὴν αὐτοῦ [p. 285, 286] ἕτερον οὐδένα γενητὸν καὶ παθητόν· ποτὲ δὲ λέγων· Οὐχ ὁ Πατὴρ ἀπέθανεν, ἀλλὰ ὁ Υἱός· οὕτως ἄπαυστον τὴν στάσιν ἐν τῷ λαῷ διετήρησεν· οὗ τὰ νοήματα γνόντες ἡμεῖς οὐ συνεχωροῦμεν, ἐλέγχοντες [57] καὶ ἀντικαθιστάμενοι ὑπὲρ τῆς ἀληθείας· ὃς εἰς ἀπόνοιαν χωρῶν διὰ τὸ πάντας αὐτοῦ τῇ ὑποκρίσει συντρέχειν, ἡμᾶς δὲ οὔ, ἀπεκάλει ἡμᾶς διθέους, ἐξεμῶν παρὰ βίαν [58] τὸν ἐνδομυχοῦντα [59] αὐτῷ ἰόν. Τούτου τὸν βίον δοκεῖ ἡμῖν ἀγαπητὸν ἐκθέσθαι, ἐπεὶ κατὰ τὸν αὐτὸν χρόνον ἡμῖν ἐγεγόνει, ὅπως διὰ τοῦ φανῆναι τοῦ τοιούτου τὴν ἀναστροφὴν εὐεπίγνωστος καὶ τάχα [60] τοῖς νοῦν ἔχουσιν εὐήθης γένηται ἡ διὰ τούτου ἐπικεχειρημένη [61] αἵρεσις. Οὗτος ἐμαρτύρησεν ἐπὶ Φουσκιανοῦ ἐπάρχου ὄντος Ῥώμης· ὁ δὲ τρόπος τῆς αὐτοῦ μαρτυρίας τοιόσδε ἦν· |

ιβ'. Οἰκέτης ἐτύγχανε Καρποφόρου τινὸς ἀνδρὸς πιστοῦ ὄντος ἐκ τῆς Καίσαρος οἰκίας. Τούτῳ ὁ Καρποφόρος, ἅτε δὴ ὡς πιστῷ, χρῆμα οὐκ ὀλίγον κατεπίστευσεν, ἐπαγγειλάμενος κέρδος προσοίσειν ἐκ πραγματείας τραπεζιτικῆς· ὃς λαβὼν τράπεζαν ἐπεχείρησεν ἐν τῇ λεγομένῃ πισκινῇ πουπλικῇ [62], ᾧ οὐκ ὀλίγαι παραθῆκαι τῷ χρόνῳ ἐπιστεύθησαν ὑπὸ χηρῶν καὶ ἀδελφῶν προσχήματι τοῦ Καρποφόρου. Ὁ δὲ ἐξαφανίσας [63] τὰ πάντα ἠπόρει. Οὗ ταῦτα πράξαντος, οὐκ ἔλιπεν [64] ὃς ἀπαγγείλῃ [65] τῷ Καρποφόρῳ· ὁ δὲ ἔφη ἀπαιτεῖν λόγους παρ' αὐτοῦ. Ταῦτα συνιδὼν ὁ Κάλλιστος καὶ τὸν παρὰ τοῦ δεσπότου κίνδυνον ὑφορώμενος, ἀπέδρα τὴν φυγὴν κατὰ θάλασσαν ποιούμενος· ὃς εὑρὼν πλοῖον ἐν τῷ Πόρτῳ ἕτοιμον πρὸς ἀναγωγήν, ὅπου [66] ἐτύγχανε πλέον [67], ἀνέβη πλευσόμενος. Ἀλλ' οὐδὲ οὕτως λαθεῖν δεδύνηται· οὐ γὰρ ἔλιπεν ὃς ἀπαγγείλῃ τῷ Καρποφόρῳ τὸ γεγενημένον. Ὁ δὲ ἐπιστὰς κατὰ τὸν λιμένα ἐπειρᾶτο ἐπὶ τὸ πλοῖον ὁρμᾷν κατὰ [τὰ] [68] μεμηνυμένα [69]· τοῦτο δὲ ἦν ἑστὸς ἐν μέσῳ τῷ λιμένι. Τοῦ δὲ πορθ-

A eos fallebat, rursus autem iterum iis, qui Sabellii sententiam sequebantur, consimiliter, quem et ipsum pervertit, cum posset ille rectus esse. Dum enim a nobis admonebatur, non obdurescebat, ubi autem cum Callisto solitarius agebat, ab eo sollicitabatur, ut ad Cleomenis doctrinam vergeret, cum is similiter se sentire diceret. Ille autem tum quidem ejus fraudulentiam non intelligebat, postea vero cognovit, sicut paulo post enarrabo. Ipsum autem Zephyrinum provehens adducebat, ut palam populo diceret : Ego novi unum Deum Christum Jesum, nec præter eum ullum **452-453** alium generatum et passibilem ; tum vero dicens : Non pater mortuus est, sed filius : tali modo perpetuam rixam in plebe sustinuit. Cujus consilia cum cognovisse- B mus, nos non concedebamus coarguentes et resistentes pro veritate : qui delatus ad dementiam, propterea quod omnes ejus simulationi assentiebant, nos autem non, ditheos nos vocabat, sponte evomens virus, quod in intimis ejus visceribus latebat. Hujusce vitam placet nobis exponere, quia eadem ætate qua nos exstitit, ut moribus talis viri patefactis facile perspiciatur et jam ab iis, qui mente præditi sunt, vilipendatur hæresis per eum suscepta. Hic martyrium fecit Fusciano præfecto urbis Romæ. Modus autem ejus martyrii fuit hujusmodi :

12. Servus erat Carpophori cujusdam viri fidelis e familia Cæsaris. Carpophorus ei, quippe fideli, pretium non parvum concredidit, jussitque eum sibimet lucrum parare ex argentaria : qui accepto C pretio argentariam instituit in piscina, quæ vocatur publica, cui temporis progressu non parva deposita a viduis et fratribus concredita sunt prætextu Carpophori. Is autem omnibus consumptis in angustiis erat. Qui cum ea fecisset, non defuit, qui Carpophoro renuntiaret ; hic autem dixit se rationem reposcere ab eo. Harum rerum conscius Callistus et periculum a domino instans suspicatus, se abstulit fugam ad mare versus faciens : qui cum navem in portu invenisset ad exeundum expeditam, profecturus, quo illa erat profectura, ascendit. Sed ne sic quidem latere potuit ; non enim defuit, qui renuntiaret Carpophoro quæ facta erant. Is autem astans ad portum conabatur in navem ferri nuntium se- D cutus, ea autem collocata erat in medio portu. Portitore autem morante Callistus, qui e longinquo

VARIÆ LECTIONES.

[52] κατ' ἰδίαν. καθ' ἡδίαν C, M, qui conj. λέγων τὰ ὅμοια φρονεῖν ἠπάτα· πάλιν δὲ αὐτοῖς φρονοῦσι ποτὲ κατ' ἰδίαν τὰ Σαβ., κατ' ἰδέαν Wordsworthius. [53] λέγων ἠπάτα Bunsenius, ἠπάτα C, M. [54] αὖ τοῖς. αὐτοῖς C, M. [55] δυνάμενον. δυνάμενος susp. M, Bunsenius. [56] ῥαπεῖν. ῥέπειν vel τραπῆναι susp. M, ῥοπεῖν. nisi ipsum ῥαπεῖν est aorist. 2. Roeperus. [57] ἐλλέγχοντες C. [58] παραβίαν C. [59] ἐνδομοιχεῦντα C. [60] τάχα — εὐήθης Bunsenius Wordsworthium secutus, ταχεῖα — εὐθὴς C, ταχεῖα — εὐθὺς M. [61] ἐπικεχειρημέναι C. [62] πισκινῇ πουπλικῇ. πισκίνῃ πουπλ. susp. Sauppius Cf. Festus s. v. ed. Lindemann. p. 198; ed. Müller. p. 213. Piscina publica erat regio urbis XII inter Aventinum et Cœlium sita. Cf. W. A. Becker *Rom. Antiqq.* I, p. 520 et 715. [63] ἐξαφανήσας C. [64] ἔλιπεν. ἔλειπεν C, sed ἔλιπεν his infra lin. 9 et 37, M, *non defuit*, flagrans Latinismus, qui bis recurrit in proxime sequentibus. Bunsenius. [65] ἀπαγγείλῃ. ἀπαγγείλειε, itemque lin. 9; sed cfr. lin. 20 et fort. huic vel scriptori vel ætati condonandum aliquid in modis usurpandis ac permutandis licentiæ. Roeperus. [66] ὅπου. ὅποι Roeperus [67] πλέον Roeperus, πλέων C, M, Bunsenius. [68] κατὰ τά. κατὰ C, M, Bunsenius. [69] μεμηνυμένα. Syllabæ μην exesæ tenuia vestigia supersunt M.

conspexit herum, cum esset in navi atque cognovisset se esse captum, vitam abjecit et hæc extrema esse putans se in mare præcipitavit. **454-455** Nautæ autem postquam in scaphas desiluerunt, in vitum eum eripuerunt, dum ii, qui in terra erant, magna voce clamabant : et in hunc modum hero traditus Romam reductus est, quem herus in pistrinum dedit. Tempore autem elapso, ut forte evenit, fratres accedentes Carpophorum adhortabantur, ut pœnæ eximeret fugitivum, dicentes confiteri eum se pecuniam apud quosdam conditam habere. Carpophorus autem, utpote pius, suam rem se omittere dixit, deposita autem sibi curæ esse — multi enim flentes ei dicebant, se ejus prætextu concredidisse Callisto quæ concrediderant — precibusque motus jussit eum educi. Ille autem cum nihil haberet quod restitueret, et iterum aufugere non posset, quia custodiebatur, artificium mortis commentus est, et Sabbato simulans se ad debitores ire, ruit ad conventum Judæorum congregatorum, et astans turbam inter eos faciebat. Illi autem turbati ab eo contumeliis verberibusque eum affectum truserunt ad Fuscianum, præfectum urbis. Responderunt autem hæcce : Romani nobis concesserunt patrias leges publice recitandas ; iste vero ad nos ingressus impediebat nos obturbans, dictitans se esse Christianum. Fuscianus autem cum pro tribunali esset, et per ea, quæ a Judæis dicebantur, in Callistum irasceretur, non defuit qui Carpophoro res gestas renuntiaret. Is autem ad tribunal præfecti festinavit clamavitque : Peto, domine Fusciane, ne tu ei fidem habeas, non enim Christianus est, ansam vero mortis quærit, postquam pecuniam mihi magnam perdidit, sicuti probabo. Judæi autem cum hoc fraudem esse arbitrarentur, quasi Carpophorus hoc prætextu eum liberare studeret, infestius etiam præfectum inclamabant. Is autem ab iis motus, flagellis eum cæsum tradidit in metallum Sardiniæ. Tempore autem elapso, cum alii illic essent martyres, Marcia volens facinus aliquod bonum facere, quippe quæ Commodi erat pellex dei amans, arcessivit beatum Victorem, qui illo tempore episcopus Ecclesiæ erat, et sciscitabatur quinam in **456-457** Sardinia essent martyres. Is autem cum omnium nomina traderet, Callisti non dedit, quia novit ejus conatus. Marcia igitur compos facta sui voti per Commodum dimissionis litteras dat Hyacintho, spadoni cuidam presbytero, qui acceptis litteris in Sardiniam transnavigavit, et postquam eas illi, qui tunc temporis ei terræ præerat, tradidit, dimisit martyres excepto Callisto. Is autem genua flectens lacrymansque sup-

A μέως βραδύνοντος, ἰδὼν πόῤῥωθεν [70] ὁ Κάλλιστος τὸν δεσπότην, ὢν ἐν τῷ πλοίῳ καὶ γνοὺς ἑαυτὸν συνειλῆφθαι [71], [p. 286—287] ἠφείδησε τοῦ ζῆν, καὶ ἔσχατα ταῦτα λογισάμενος ἔῤῥιψεν ἑαυτὸν εἰς τὴν θάλασσαν. Οἱ δὲ ναῦται καταπηδήσαντες εἰς τὰ σκάφη ἄκοντα αὐτὸν ἀνείλοντο, τῶν δὲ [72] ἀπὸ τῆς γῆς μεγάλα βοώντων· καὶ οὕτως [73] τῷ δεσπότῃ παραδοθεὶς ἐπανήχθη εἰς τὴν Ῥώμην, ὃν ὁ δεσπότης εἰς πιστρινον [74] κατέθετο. Χρόνου δὲ διελθόντος, ὡς συμβαίνει γίνεσθαι, προσελθόντες ἀδελφοὶ παρεκάλουν τὸν Καρποφόρον, ὅπως ἐξαγάγῃ τῆς κολάσεως τὸν δραπέτην, φάσκοντες αὐτὸν ὁμολογεῖν ἔχειν παρά τισι χρῆμα ἀποκείμενον. Ὁ δὲ | Καρποφόρος, ὡς εὐλαβὴς, τοῦ μὲν ἰδίου ἔλεγεν ἀφειδεῖν, τῶν δὲ παραθηκῶν φροντίζειν (πολλοὶ γὰρ αὐτῷ ἀπέκλαιον

B λέγοντες, ὅτι τῷ αὐτοῦ [75] προσχήματι ἐπίστευσαν τῷ Καλλίστῳ, ἃ πεπιστεύκεισαν), καὶ πεισθεὶς ἐκέλευσεν ἐξαγαγεῖν αὐτόν. Ὁ δὲ μηδὲν ἔχων ἀποδόναι, καὶ πάλιν ἀποδιδράσκειν μὴ δυνάμενος διὰ τὸ φρουρεῖσθαι [76], τέχνην θανάτου ἐπενόησε, καὶ Σαββάτῳ σκηψάμενος [77] ἀπιέναι ὡς ἐπὶ χρεώστας, ὥρμησεν ἐπὶ τὴν συναγωγὴν τῶν Ἰουδαίων συνηγμένων, καὶ στὰς [78] κατεστασίαζεν αὐτῶν. Οἱ δὲ καταστασιασθέντες ὑπ' αὐτοῦ, ἐνυβρίσαντες αὐτῷ καὶ πληγὰς ἐμφορήσαντες ἔσυρον ἐπὶ τὸν Φουσκιανὸν ἔπαρχον ὄντα τῆς πόλεως. Ἀπεκρίναντο δὲ τάδε· Ῥωμαῖοι συνεχώρησαν ἡμῖν τοὺς πατρῴους νόμους δημοσίᾳ ἀναγινώσκειν, οὗτος δὲ ἐπεισελθὼν ἐκώλυε καταστασιάζων ἡμῶν, φάσκων εἶναι Χριστιανός. Τοῦ

C δὲ Φουσκιανοῦ [79] πρὸ βήματος τυγχάνοντος, καὶ τοῖς ὑπ' Ἰουδαίων λεγομένοις κατὰ τοῦ Καλλίστου ἀγανακτοῦντος, οὐκ ἔλιπεν ὁ ἀπαγγείλας [80] τῷ Καρποφόρῳ τὰ πρασσόμενα. Ὁ δὲ σπεύσας ἐπὶ τὸ βῆμα τοῦ ἐπάρχου ἐβόα· Δέομαι, κύριε Φουσκιανὲ, μὴ σὺ αὐτῷ [81] πίστευε, οὐ γάρ ἐστι Χριστιανὸς, ἀφορμὴν δὲ ζητεῖ θανάτου χρήματά μου πολλὰ ἀφανίσας, ὡς ἀποδείξω. Τῶν δὲ Ἰουδαίων ὑποβολὴν τοῦτο νομισάντων, ὡς ζητοῦντος τοῦ Καρποφόρου ταύτῃ τῇ προφάσει ἐξελέσθαι αὐτὸν, μᾶλλον ἐπιφθόνως κατεβόων τοῦ ἐπάρχου. Ὁ δὲ κινηθεὶς ὑπ' αὐτῶν, μαστιγώσας αὐτὸν ἔδωκεν εἰς μέταλλον Σαρδονίας. Μετὰ χρόνον δὲ [82] ἑτέρων ἐκεῖ ὄντων μαρτύρων, θελήσασα ἡ Μαρκία ἔργον τι ἀγαθὸν ἐργάσασθαι, οὖσα φιλόθεος παλλακὴ [83] Κομόδου [84], προσκαλεσαμένη τὸν

D μακάριον | Οὐΐκτορα, ὄντα ἐπίσκοπον τῆς ἐκκλησίας κατ' ἐκεῖνο καιροῦ, ἐπηρώτα, τίνες [p. 288 ?] εἶεν ἐν Σαρδονίᾳ μάρτυρες. Ὁ δὲ πάντων ἀναδοὺς τὰ ὀνόματα, τὸ τοῦ Καλλίστου οὐκ ἔδωκεν, εἰδὼς τὰ τετολμημένα [85] παρ' αὐτοῦ. Τυχοῦσα οὖν τῆς ἀξιώσεως ἡ Μαρκία παρὰ τοῦ Κομόδου, δίδωσι τὴν ἀπολύσιμον [86] ἐπιστολὴν Ὑακίνθῳ τινὶ σπάδοντι πρε-

VARIÆ LECTIONES.

[70] πόῤῥοθεν C. [71] συνειλῆφθαι. συνηλεῖφθαι C, M. [72] τῶν δέ. τῶν susp. Saupplus. [73] οὕτως: Bunsenius, οὗτος C, M. [74] πιστρῖνον susp. Sauppius. [75] τῷ αὐτοῦ. τῷ αὐτῷ C. [76] φρουρεῖσθαι. φθορεῖσθαι C. [77] σκεψάμενος C. [78] στάς. ἐπιστάς? [79] φοσκιανοῦ C. [80] ἀπαγγείλας Roeperus, ἐπαγγείλας C, M, Bunsenius. Cf. supra p. 455, 3. 9. [81] σὺ αὐτῷ. ἑαυτῷ C. [82] Cf. cum his Dio Cass. l. LXXII, c. 4 : Ἱστορεῖται δὲ αὕτη πολλά τε ὑπὲρ τῶν Χριστιανῶν σπουδάσαι καὶ πολλὰ αὐτοὺς εὐηργετηκέναι, ἅτε καὶ παρὰ τῷ Κομμόδῳ πᾶν δυναμένη. [83] παλακὴ C. [84] Κομόδου. Κομμόδου? [85] τετολμημένα. τολμημένα C. [86] ἀπολύσιμον. ἀπολυσίμην C, M, Bunsenius.

σδυτέρῳ, δς λαδὼν διέπλευσεν εἰς τὴν Σαρδονίαν, καὶ ἀποδοὺς τῷ κατ' ἐκεῖνο καιροῦ τῆς χώρας ἐπιτροπεύοντι ἀπέλυσε τοὺς μάρτυρας πλὴν τοῦ Καλλίστου. Ὁ δὲ γονυπετῶν καὶ δακρύων ἱκέτευε καὶ αὐτὸς τυχεῖν ἀπολύσεως. Δυσωπηθεὶς οὖν ὁ Ὑάκινθος ἀξιοῖ τὸν ἐπίτροπον [87]..., φάσκων θρέψας [88] εἶναι Μαρκίας, τασσόμενος [89] αὐτῷ τὸ ἀκίνδυνον· ὁ δὲ πεισθεὶς ἀπέλυσε καὶ τὸν Κάλλιστον. Οὗ παραγενομένου ὁ Οὐΐκτωρ πάνυ ἤχθετο ἐπὶ τῷ γεγονότι, ἀλλ' ἐπεὶ εὔσπλαγχνος ἦν, ἡσύχασε· φυλασσόμενος δὲ τὸν ὑπὸ πολλῶν ὄνειδον [90] (οὐ γὰρ ἦν μακρὰν τὰ ὑπ' αὐτοῦ τετολμημένα), ἔτι δὲ καὶ τοῦ Καρποφόρου ἀντιπίπτοντος, πέμπει αὐτὸν καταμένειν ἐν Ἀνθείῳ [91], ὁρίσας αὐτῷ μηνιαῖόν τι ἐκτροφῆς [92]. Μεθ' οὗ κοίμησιν [93] Ζεφυρῖνος συναράμενον [94] αὐτὸν σχὼν πρὸς τὴν κατάστασιν [95] τοῦ κλήρου, ἐτίμησε τῷ ἰδίῳ κακῷ, καὶ τοῦτον μεταγαγὼν ἀπὸ τοῦ Ἀνθείου εἰς τὸ κοιμητήριον κατέστησεν. Ὧ ἀεὶ συνὼν καὶ, καθὼς φθάσας προεῖπον, ὑποκρίσει αὐτὸν θεραπεύων, ἐξηφάνισε [96] μήτε κρῖναι τὰ λεγόμενα δυνάμενον μήτε νοοῦντα τὴν τοῦ Καλλίστου ἐπιβουλὴν, πάντα αὐτῷ πρὸς ἃ ἥδετο ὁμιλοῦντος. Οὕτω μετὰ τὴν τοῦ Ζεφυρίνου τελευτὴν νομίζων τετυ | χηκέναι οὗ ἐθηρᾶτο, τὸν Σαβέλλιον ἀπέωσεν ὡς μὴ φρονοῦντα ὀρθῶς δεδοικὼς ἐμὲ καὶ νομίζων οὕτω δύνασθαι ἀποτρίψασθαι τὴν πρὸς τὰς Ἐκκλησίας κατηγορίαν, ὡς μὴ ἀλλοτρίως φρονῶν. Ἦν οὖν γόης καὶ πανοῦργος καὶ ἐπὶ χρόνῳ συνήρπασε πολλούς. Ἔχων δὲ καὶ τὸν ἰὸν ἐγκείμενον ἐν τῇ καρδίᾳ, καὶ εὐθέως [96] μηδὲν φρονῶν, ἅμα δὲ καὶ αἰδούμενος τὰ ἀληθῆ λέγειν, διὰ τὸ δημοσίᾳ ἡμῖν ὀνειδίζοντα [p. 289. 290] εἰπεῖν· *Δίθεοί ἐστε*· ἀλλὰ καὶ διὰ τὸ ὑπὸ τοῦ Σαβελλίου συχνῶς κατηγορεῖσθαι ὡς παραβάντα [97] τὴν πρώτην πίστιν, ἐφεῦρεν αἵρεσιν τοιάνδε, λέγων τὸν Λόγον αὐτὸν εἶναι Υἱὸν, αὐτὸν καὶ Πατέρα ὀνόματι μὲν καλούμενον [98], ἓν δὲ ὂν τὸ [99] Πνεῦμα ἀδιαίρετον· οὐκ ἄλλο [1] εἶναι Πατέρα, ἄλλο δὲ Υἱὸν, ἓν δὲ καὶ τὸ αὐτὸ ὑπάρχειν· καὶ τὰ πάντα γέμειν [2] τοῦ θείου Πνεύματος τά τε ἄνω καὶ κάτω· καὶ εἶναι τὸ ἐν τῇ Παρθένῳ σαρκωθὲν Πνεῦμα οὐχ ἕτερον παρὰ τὸν Πατέρα, ἀλλὰ ἓν καὶ τὸ αὐτό. Καὶ τοῦτο εἶναι τὸ εἰρημένον· *Οὐ πιστεύεις* [3] *ὅτι ἐγὼ ἐν τῷ Πατρὶ καὶ ὁ Πατὴρ ἐν ἐμοί;* Τὸ μὲν γὰρ βλεπόμενον, ὅπερ ἐστὶν ἄνθρωπος, τοῦτο εἶναι τὸν Υἱὸν, τὸ δὲ ἐν τῷ Υἱῷ χωρηθὲν Πνεῦμα τοῦτο εἶναι τὸν Πατέρα· Οὐ γὰρ, φησὶν, ἐρῶ

plicabat, ut et ipse dimissionem acciperet. Hyacinthus igitur precibus commotus postulat ut præses [eum dimittat], dictitans se altorem esse Marciæ, stipulans ei securitatem; ille autem persuasus dimisit et Callistum. Qui cum adesset, Victor molestissime ferebat quæ facta erant, quoniam autem misericors erat, quietum se tenuit; cavens vero probra a multis facienda (non enim longo intervallo aberant ejus conatus), cum etiam Carpophorus adversaretur, dimittit eum commoraturum Antii, definito ei menstruo aliquo ad victum. Cujus post obitum Zephyrinus, consecutus eum socium et ministrum ad reprimendum clerum, ornavit eum suo damno, et Antio traductum in cœmeterio constituit. Cui cum semper adesset, et sicuti modo ante dixi, simulate eum coleret, perdidit virum, qui neque dicta judicare poterat, neque Callisti insidias sentiebat, quippe qui omnia cum eo colloquebatur, quæ illi grata erant. Sic post Zephyrini obitum arbitratus se esse nactum quod venabatur, Sabellium extrusit, utpote non recte sentientem, timens me et arbitrans se in hunc modum abstergere posse criminationem apud Ecclesias, quasi non aliena sentiat. Erat igitur præstigiator et ad fraudem acutus et tempore procedente multos secum abripuit. Cum autem et virus cordi insitum haberet nihilque recte sentiret, simul vero etiam verecundaretur vera dicere, propterea quod coram populo nobis convicians dicebat: **458-459** *dithei estis*, verum etiam propterea quod a Sabellio continenter accusabatur, tanquam primam fidem migraverit, adinvenit talem quamdam hæresin, dicens Logum ipsum esse Filium, eumdem etiam Patrem nomine quidem vocatum, revera autem unum esse Spiritum indivisum; non aliud esse Patrem, aliud Filium, sed unum et idem esse, omniaque esse repleta divino Spiritu et superiora et inferiora, Spiritumque in Virgine carne indutum non esse aliud atque Patrem, sed unum idemque. Et hoc esse id quod dictum est: *Non credis quia ego in Patre et Pater in me est?* Visibile enim, quod quidem est homo, Filium esse, Spiritum autem, qui in Filium cesserit, esse Patrem; non enim, inquit, profitebor duos deos, Patrem et Filium, sed unum. Pater enim, qui in eo exstitit, carnem postquam assumpsit, deificavit sibi unitum et fecit

VARIÆ LECTIONES.

[87] Post ἐπίτροπον lacunam signavimus: ἐπίτροπον ἀπολύειν Bunsenius antea in ep. ad Harium data (*Hippolytus and his age* Vol. I, p. 392 not.): ἀπολύσεως Bunsenius postea in *Analecta Ante-Nicæna.* [88] θρέψας. In θρέψας vocabulum latere videtur significans negligentiam (*un oubli*). M, θρέψας *altor*, ut φύσας *genitor* Roeperus, quocum consentiunt R. Scottus collato vocabulo ὁ τρέσας, et Bunsenius, qui antea in ep. ad Harium data conjeceral φάσκων ἑαυτῷ μὲν τοῦτο ἐπιτρέψαι Μαρκίαν. [89] τασσόμενος αὐτῷ τὸ ἀκίνδυνον. τὸ τασσόμενον, αὐτῷ δὲ εἶναι ἀκίνδυνον Bunsenius antea l. l., πραξομένης (vel ταξομένης) αὐτῷ τὸ ἀκίνδυνον Bunsenius postea l. l. [90] τὸν — ὄνειδον. τὸ — ὄνειδος? [91] Ἀνθείῳ. Apud Steph. Byz. Ἄνθεια — ἔστι καὶ Ἰταλίας Ῥώμης πλησίον, ἥτις καὶ Ἄντιον μετωνομάσθη. [92] ἐκτροφῆς, ἐκτροφῆς pr. C. ἐκτροφάς corr. C, M, Bunsenius. [93] κύμησιν C. [94] συναράμενον... αράμενον C duabus litteris excisis, quarum prior σ fuisse cognoscitur. M, συναράμενον = ἀρηγόν, socium. Bunsenius. [95] κατάστασιν. καταστασίασιν susp. Sauppius. [96] ἐξηφάνισε Roeperus, ἐξεφάνισε C, M, Bunsenius. [96] εὐθέως, εὐθέος susp. R. Scottus. [97] παραβάντα. παραβάντος C, M, qui ante ὡς subaudiendum putat αὐτοῦ. [98] Excidisse aliquid h. l. potius quam depravatum esse putat M. [99] ὂν τό. Fort. ὄντα secundum Bunsenium, sed non necessarium videtur esse. [1] οὐχ ἄλο C. [2] γεμεῖν C. [3] Ev. Joan. xiv, 11: Πιστεύετέ μοι, ὅτι ἐγὼ ἐν τῷ Πατρὶ καὶ ὁ Πατὴρ ἐν ἐμοί.

unum, ita ut Pater et Filius vocetur unus Deus, et hanc personam, cum una sit, non posse esse duas, et sic Patrem compassum esse cum Filio; non enim dicere vult Patrem esse passum unamque esse personam, ut effugiat blasphemiam in Patrem insipidus iste vaferque, qui sursum deorsum spargens blasphemias, modo ut contra veritatem loqui videatur, tum in Sabellii doctrinam incidens, tum in Theodoti non erubescit. Talia conatus præstigiator ille scholam constituit adversus Ecclesiam ita docendo, et primus ea, quæ ad voluptates faciunt, hominibus concedere ausus est, dicens omnibus a semet dimitti peccata. Nam si forte qui apud alium quem congregatur et Christianus vocatur quid peccaverit, aiunt, non imputatur ei peccatum, modo Callisti scholæ accedat. Cujus definitionem amplectentes multi, conscientia morsi simulque etiam a multis sectis rejecti, nonnulli vero et per condemnationem a nobis ex ecclesia ejecti, ad eos transgressi ejus scholam repleverunt. Hic præcepit, tametsi episcopus peccet, etiamsi ad mortem, eum non oportere loco suo moveri. Hujus ætate inceperunt episcopi et **460-461** presbyteri et diaconi bigami et trigami in ordines ascisci. Verum etiam si quis in ordine constitutus matrimonium ineat, manere talem hominem in ordine quasi non peccaverit; de hoc perhibens dictum esse, quod ab Apostolo dictum est : *Tu quis es qui judices alienum servum?* Verum etiam parabolam de zizaniis ad hoc pertinere : *Sinite zizania crescere cum tritico*, hoc est in Ecclesia peccantes. Verum etiam arcam Noachi in similitudinem Ecclesiæ dixit factam esse, in qua canes et lupi et corvi omniaque munda immundaque fuerunt, sic dictitans in Ecclesia oportere esse consimiliter; et quæcunque ad hoc congerere poterat, in hunc modum interpretatus est. Cujus auditores delectati placitis permanent illudentes et sibimet ipsis et multis, quorum turbæ ad scholam illam confluunt. Propterea et augentur superbientes turbis propter voluptates, quas non permisit Christus, quo contempto nullum peccatum prohibent, dictitantes eum ignoscere volentibus. Etenim et mulieribus permisit, ut, si innuptæ essent flagrarentque amore ætate indigna, vel dignitatem suam perdere nollent legitimo matrimonio, haberent unum, quemcunque elegerint, concubinum, sive servum sive liberum, eumque haberet pro marito non legitime

A δύο θεοὺς, Πατέρα καὶ Υἱὸν, ἀλλ' ἕνα. Ὁ γὰρ ἐν αὐτῷ γενόμενος Πατὴρ προσλαβόμενος τὴν σάρκα ἐθεοποίησεν ἑνώσας ἑαυτῷ, καὶ ἐποίησεν ἕν, ὡς καλεῖσθαι Πατέρα καὶ Υἱὸν ἕνα Θεὸν, καὶ τοῦτο ἓν ὂν πρόσωπον μὴ δύνασθαι εἶναι δύο, καὶ οὕτως τὸν Πατέρα συμπεπονθέναι[6] τῷ Υἱῷ· οὐ γὰρ θέλει λέγειν τὸν Πατέρα πεπονθέναι καὶ ἓν εἶναι πρόσωπον...[7] ἐκφυγεῖν τὴν εἰς τὸν Πατέρα βλασφημίαν ὁ ἀνόητος καὶ | ποικίλος, ὁ ἄνω, κάτω σκεδάζων[7] βλασφημίας, ἵνα μόνον κατὰ τῆς ἀληθείας λέγειν δοκῇ, ποτὲ μὲν εἰς τὸ Σαβελλίου δόγμα ἐμπίπτων, ποτὲ δὲ εἰς τὸ Θεοδότου οὐκ αἰδεῖται[8]. Τοιαῦτα ὁ γόης τολμήσας συνεστήσατο διδασκαλεῖον κατὰ τῆς Ἐκκλησίας οὕτω διδάξας, καὶ πρῶτος τὰ πρὸς τὰς ἡδονὰς τοῖς ἀνθρώποις συγχωρεῖν[9] ἐπενόησε, λέγων πᾶσιν ὑπ' αὐτοῦ
B ἀφίεσθαι ἁμαρτίας. Ὁ γὰρ παρ' ἑτέρῳ τινὶ συναγόμενος καὶ λεγόμενος Χριστιανὸς εἴ τι[10] ἂν ἁμάρτῃ, φασὶν, οὐ λογίζεται αὐτῷ ἡ ἁμαρτία, εἰ προσδράμῃ τῇ τοῦ Καλλίστου σχολῇ. Οὗ τῷ ὅρῳ ἀρεσκόμενοι πολλοὶ συνείδησιν πεπληγότες ἅμα τε καὶ ὑπὸ πολλῶν αἱρέσεων ἀποβληθέντες, τινὲς δὲ καὶ ἐπὶ καταγνώσει ἔκβλητοι[11] τῆς Ἐκκλησίας ὑφ' ἡμῶν γενόμενοι, προσχωρήσαντες αὐτοῖς ἐπλήθυναν τὸ διδασκαλεῖον αὐτοῦ. Οὗτος ἐδογμάτισεν ὅπως εἰ ἐπίσκοπος ἁμάρτοι τι, εἰ καὶ πρὸς θάνατον, [p. **290. 291**] μὴ δεῖν κατατίθεσθαι. Ἐπὶ τούτου ἤρξαντο ἐπίσκοποι καὶ πρεσβύτεροι καὶ διάκονοι δίγαμοι καὶ τρίγαμοι καθίστασθαι εἰς κλήρους· εἰ δὲ καί τις ἐν κλήρῳ ὢν γαμοίη[12], μένειν τὸν τοιοῦτον ἐν τῷ κλήρῳ ὡς μὴ
C ἡμαρτηκότα· ἐπὶ τούτῳ φάσκων εἰρῆσθαι τὸ ὑπὸ τοῦ Ἀποστόλου ῥηθέν· *Σὺ τίς εἶ*[13] *ὁ κρίνων ἀλλότριον οἰκέτην;* Ἀλλὰ καὶ παραβολὴν τῶν ζιζανίων πρὸς τοῦτο[14] ἔφη λέγεσθαι. *Ἄφετε τὰ ζιζάνια συναύξειν τῷ σίτῳ*[15] τουτέστιν ἐν τῇ Ἐκκλησίᾳ τοὺς ἁμαρτάνοντας. Ἀλλὰ καὶ τὴν κιβωτὸν τοῦ Νῶε εἰς ὁμοίωμα Ἐκκλησίας ἔφη γεγονέναι, ἐν ᾗ καὶ κύνες καὶ λύκοι καὶ κόρακες καὶ πάντα τὰ καθαρὰ καὶ ἀκάθαρτα· οὕτω φάσκων δεῖν εἶναι ἐν Ἐκκλησίᾳ[16] ὁμοίως· καὶ ὅσα | πρὸς τοῦτο δυνατὸς ἦν συνάγειν οὕτως ἡρμήνευσεν, οὗ οἱ ἀκροαταὶ ἡσθέντες τοῖς δόγμασι διαμένουσιν ἐμπαίζοντες[17] ἑαυτοῖς τε καὶ πολλοῖς, ὧν τῷ διδασκαλείῳ[18] συῤῥέουσιν ὄχλοι. Διὸ καὶ πληθύνονται, γαυριώμενοι ἐπὶ ὄχλοις διὰ τὰς ἡδονὰς, ἃς οὐ συνεχώρησεν ὁ Χριστός· οὗ καταφρο-
D νήσαντες οὐδὲν[19] ἁμαρτεῖν κωλύουσι, φάσκοντες αὐτὸν[20] ἀφιέναι τοῖς εὐδοκοῦσι. Καὶ γὰρ καὶ γυναιξὶν ἐπέτρεψεν, εἰ ἄνανδροι εἶεν[21] καὶ ἡλικίᾳ

VARIÆ LECTIONES.

[6] συνπεπονθέναι C. [7] Ante ἐκφυγεῖν quædam omissa esse apparet, M, οὕτω πῶς ἐλπίζων supplevit Bernscnius, Fort. excedit πῶς. [7] ὃς ἄνω? [7] σκεδάζων R. Scottus, Bunsenius, σχεδιάζων C, M. [8] Cf. infra l. x, c. 27, p. 330, 58, 59, ed. Ox., ubi loco Sabellii nomen Noëti legitur. [9] συγχωρεῖν. συγχαρεῖν C. [10] εἴ τι ἐὰν susp. M. [11] ἔκβλητοι ἔκκλητοι C. [12] ὢν γαμοίη ὢν γνώμη C. [13] Rom. xiv, 4. [14] πρὸς τοῦτο τῷ τούτῳ C, Bunsenius. [15] Cf. Matth. xiii, 29, 30 : Οὐ μήποτε συλλέγοντες τὰ ζιζάνια ἐκριζώσητε ἅμα αὐτοῖς τὸν σῖτον· ἄφετε συναυξάνεσθαι ἀμφότερα ἕως τοῦ θερισμοῦ. [16] Ante ὁμοίως distinguitur in C, M. [17] ἐμπέζοντες C. [18] διδασκαλείων C. [19] οὐδέν. οὐδένα Bunsenius. [20] αὐτόν. αὐτῷ C, αὐτοὺς Bunsenius. [21] εἰ ἄνανδροι εἶεν καὶ ἡλικίᾳ τε τε καίοντα ἐναξία ἡ ἑαυτῶν ἀξίαν ἣν μὴ βούλοιντο καθαίρειν. Διὰ τὸ νομίμως γαμηθῆναι ἔχει ἕνα C, M, qui, nisi gravior corruptio insit, post ἐπέτρεψεν supplendum esse putat ἁμαρτεῖν et scribendum : Ἡλικίᾳ καίοιντο αἱ ἐν ἀξίᾳ, τὴν ἑαυτῶν ἀξίαν ἣν (sive potius εἰ) μὴ βούλοιντο καθαιρεῖν : εἰ ἄνανδροι εἶεν καὶ ἡλικιώτῃ καίοιντο ἀναξίῳ, ἢ ἑαυτῶν ἀξίαν μὴ βούλοιντο καθαίρειν, εἰ τοῦτο νομίμως γαμηθῆναι ἐκείνῳ ὃν ἂν αἱρήσωνται [illegible] Wordsworthius. Εἰ ἄνανδροι εἶεν καὶ ἡλικίᾳ

ἐκκαίοιντο ἀναξίᾳ, ἢ ἑαυτῶν ἀξίαν μὴ βούλοιντο καθαιρεῖν διὰ τὸ νομίμως γαμηθῆναι, ἔχειν ἕνα ὃν ἂν αἱρήσωνται σύγκοιτον, εἴτε οἰκέτην, εἴτε ἐλεύθερον, καὶ τοῦτον κρίνειν ἀντὶ ἀνδρὸς μὴ νόμῳ γεγαμημένην. Ἔνθεν ἤρξαντο [22] ἐπιχειρεῖν πισταὶ λεγόμεναι ἀτοκίοις φαρμάκοις καὶ περιδεσμεῖσθαι [23] πρὸς τὸ τὰ συλλαμβανόμενα καταβάλλειν, διὰ τὸ μήτε ἐκ δούλου βούλεσθαι ἔχειν τέκνον μήτε ἐξ εὐτελοῦς, διὰ τὴν συγγένειαν καὶ ὑπέρογκον οὐσίαν. Ὁρᾶτε εἰς ὅσην ἀσέβειαν ἐχώρησεν ὁ ἄνομος μοιχείαν καὶ φόνον ἐν τῷ αὐτῷ διδάσκων· καὶ ἐπὶ τούτοις τοῖς τολμήμασιν [24] [p. 291. 292] ἑαυτοὺς οἱ ἀπηρυθριασμένοι [25] καθολικὴν Ἐκκλησίαν ἀποκαλεῖν ἐπιχειροῦσι, καί τινες νομίζοντες εὖ πράττειν συντρέχουσιν αὐτοῖς [26]. Ἐπὶ τούτου πρώτως τετόλμηται [27] δεύτερον αὐτοῖς βάπτισμα [28]. Ταῦτα μὲν οὖν ὁ θαυμασιώτατος Κάλλιστος συνεστήσατο, οὗ διαμένει τὸ διδασκαλεῖον φυλάσσον τὰ ἔθη καὶ τὴν παράδοσιν, μὴ διακρῖνον, τίσι δεῖ κοινωνεῖν, πᾶσι δ' ἀκρίτως [29] προσφέρον [30] τὴν κοινωνίαν· ἀφ' οὗ καὶ τὴν τοῦ ὀνόματος μετέσχον ἐπίκλησιν καλεῖσθαι διὰ τὸν πρωτοστατήσαντα τῶν τοιούτων ἔργων Κάλλιστον Καλλιστιανοί.

nupta. Exinde mulieres, quæ dicebantur fideles, medicamenta tentare cœperunt, quæ steriles faciunt, fasciasque ad partus abigendos, propterea quod nolebant e servo infantem habere neque e viro tenuiore propter gentilitatem nimiamque rem familiarem. Videte, quoad impietatis processerit improbus ille adulterium cædemque simul docendo : **462-463** et inter hæc conamina impudentes illi catholicam Ecclesiam semet appellare aggrediuntur, nonnullique rem bene geri arbitrantes eis astipulantur. Hujus ætate primo baptismus iteratus ab iis tentatus est. Hæc igitur mirificentissimus Callistus condidit, cujus schola permanet custodiens mores traditionemque, non discernens, quibuscum oporteat communicare, sed omnibus sine discrimine communionem afferens : a quo etiam cognominis traxerunt nuncupationem, ut propter antesignanum harum rerum Callistum appellarentur Callistiani.

ιγ'. Τούτου κατὰ πάντα τὸν κόσμον [31] διηχηθείσης τῆς διδασκαλίας, ἐνιδὼν τὴν πραγματείαν ἀνὴρ δόλιος καὶ ἀπονοίας γέμων, Ἀλκιβιάδης [32] τις καλούμενος, οἰκῶν ἐν Ἀπαμείᾳ τῆς Συρίας, γοργότερον ἑαυτὸν καὶ εὐφυέστερον ἐν κυβείαις κρίνας τοῦ Καλλίστου, ἐπῆλθε τῇ Ῥώμῃ φέρων βίβλον τινά, φάσκων ταύτην ἀπὸ Σηρῶν [33] τῆς Παρθίας παρειληφέναι τινὰ ἄνδρα δίκαιον Ἠλχασαΐ [34], ἣν παρέδωκέ τινι λεγομένῳ Σοβιαΐ, χρηματισθεῖσαν ὑπὸ ἀγγέλου, οὗ τὸ ὕψος σχοίνων [35] κδ', ὃ γίνεται μίλια ϟϛ', τὸ δὲ πλάτος αὐτοῦ σχοίνων [35] δ', καὶ ἀπὸ ὤμου εἰς ὦμον σχοίνων ϛ', τὰ δὲ ἴχνη τῶν ποδῶν αὐτοῦ ἐπὶ μῆκος σχοίνων [35] γ' ἡμίσους, ἃ γίνεται μίλια δεκατέσσαρα, τὸ δὲ πλάτος σχοίνου ἑνὸς ἡμίσους, τὸ δὲ ὕψος ἡμισχοινίου [36]. Εἶναι δὲ σὺν αὐτῷ καὶ θήλειαν, ἧς τὰ μέτρα κατὰ τὰ προειρημένα εἶναι λέγει· καὶ τὸν μὲν ἄρσενα Υἱὸν εἶναι τοῦ Θεοῦ, τὴν δὲ θήλειαν καλεῖσθαι ἅγιον Πνεῦμα. Ταῦτα τερατολογῶν νομίζει ταράσσειν τοὺς μωρούς, λέγων λόγον [37] τοῦτον· εὐηγγελίσθαι τοῖς ἀνθρώποις καινὴν ἄφεσιν ἁμαρτιῶν ἐπὶ Τραϊανοῦ βασιλείας τρίτῳ, καὶ βάπτισμα ὁρίζει, ὃ καὶ αὐτὸ [38] διηγήσομαι, φάσκων τοὺς ἐν πάσῃ ἀσελγείᾳ [39] καὶ μιασμῷ καὶ ἀνομήμασιν ἐμφυρέντας, εἰ καὶ πιστὸς

13. Hujus viri doctrina per totum mundum divulgata, vir quidam astutus et pravitatis plenus, cui nomen Alcibiadis, habitans Apameæ Syriæ, postquam machinationem vidit, acriorem semet et ingeniosiorem ad fraudulentias quam Callistum ratus, prodiit Romæ ferens librum, dictitans hunc ex oppido Seris Parthiæ accepisse virum quemdam justum Elchasai, quem tradiderit cuidam, cui nomen Sobiai, suggestum ab angelo, cujus altitudo viginti quatuor schœnorum, quod efficit nonaginta sex milliaria, ejus latitudo autem schœnorum quatuor, et ab humero ad humerum schœnorum sex; vestigia autem pedum ejus in longitudinem schœnorum trium et dimidii, quæ efficiunt quatuordecim milliaria, latitudo autem schœni unius et dimidii, altitudo autem schœni dimidiati. Esse autem cum eo et femineam, cujus modulos cum iis, quæ modo dicta sunt, convenire ait; et masculum esse Filium Dei, femineam autem Spiritum sanctum appellari. Hæc miraculosa enarrans arbitratur se stultos obruere dicens hanc vocem : annuntiatam esse hominibus novam remissionem peccatorum anno Trajani regnantis tertio, et baptismum definit, quem et ipsum enarrabo, dictitans

VARIÆ LECTIONES.

[21] ἐκκαίοιντο (ἀνάξιαι αἱ ἑαυτῶν ἀξίαν μὴ βούλοιντο καθαιρεῖν), διὰ τοῦτο νομίμως γαμηθῆναι ἔχει ἐνὶ ὃν ἂν αἱρήσωνται, κ. τ. λ. Bunsenius. Εἰ ἄνανδροι εἶεν καὶ ἡλικίᾳ καίονται (s. καίοιντο), ἀναξίᾳ, τὴν ἑαυτῶν ἀξίαν ἣν μὴ βούλοιντο καθαίρειν. Διά, κ. τ. λ. I. Doellingerus in libro *Hippolytus und Kallistus ; oder die Roemische Kirche in der ersten Hælfte des dritten Jahrhunderts. Regensburg* 1853. Εἰ ἄνανδροι εἶεν καὶ ἡλικίᾳ τινὸς καίοιντο ἀναξίου τῆς ἑαυτῶν ἀξίας, ἣν μὴ βούλοιντο καθαιρεῖν διὰ τοῦτο, νομίμως γαμηθῆναι ἔχειν, κ. τ. λ. Roeperus. [22] ἤρξατο C. [23] ἀτοκίοις φαρμάκοις καὶ περιδεσμεῖσθαι. ἀτοκίᾳ περιδεσμεῖσθαι καὶ φαρμάκοις C, M, ἀτοκίοις φαρμάκοις καὶ τῷ περιδεσμεῖσθαι Bunsenius, ἐπ' ἀτοκίᾳ περιδεσμεῖσθαι (amuletis) καὶ φαρμακεύεσθαι Roeperus. [24] τολμήσασιν C. [25] ἀπερυθριασμένοι C. [26] αὐτοῖς. τούτοις Roeperus. [27] τε τόλμηται. Litteræ ὀλμ in C exesæ. M. [28] βάπτησμα C. [29] πᾶσι δ' ἀκρίτως. πᾶσιν ἀκρίτως C. [30] προσφέρων C, M. [31] Cum sequentibus capp. 13-17. cf. Epiphan. *Hæres*, 19, 30, 17, 53. Origen. apud Euseb. *H. E.* VI, 38. Theodoret. *Hær. fab.* II, 7 et quæ nuper de secta Elcesaitarum disputavit A. Ritsch in *Zeitschrift fur die historische Theologie, herausgegeben von Dr. Christ. Wilh. Niedner. Jahrgang* 1853. *Heft* 4, p. 573 sqq. [32] Ἀλχηβιάδης C. [33] ἀποσηρῶν C. [34] Ἠλχασαΐ. Ἠλξαΐ Epiphanius, Ἐλχεσαΐ Theodoretus, quocum consentire videtur Origenes, a quo secta appellatur ἡ τῶν Ἐλκεσαϊτῶν (al. Ἐλχεσαϊτῶν) αἵρεσις. [35] σχοίνων Roeperus, σχοινίων C, M, Bunsenius. [36] ἡμισχοινίου Roeperus, ἡμισχοίνου C, M, Bunsenius. [37] λέγων λόγον R. Scottus, λέγων, λέγων C, λέγων M, Bunsenius. [38] αὐτό. αὐτῷ C. [39] ἀσγεία C.

eos, qui omni lasciviæ et immunditiæ et sceleribus A immisti sint, etiamsi fidelis sit, ubi sit conversus et 464-465 libro obediverit et crediderit, definit ut baptismo accipiat remissionem peccatorum. Hos autem dolos nectere conatus est, occasionem nactus a schola antea dicta, cui præfuit Callistus. Multos enim cum animadverterit tali promissione captos, opportunum arbitratus est rem aggredi. Et nos vero, qui huic restitimus, non sivimus diutius seduci multos, cum coargueremus, esse hoc spiritus spurii efficaciam commentumque cordis inflati, istumque instar lupi excitatum esse adversus oves errantes multas, quas seducendo dispersit Callistus. Sed quoniam initium fecimus, neque hujus placita silebimus; et ubi prius vitæ rationem in lucem protulerimus ostenderimusque studium pietatis, quod B putatur esse simulatum, rursus etiam dictorum ejus præcipua capita juxta ponam, ut in ejus scriptis lector oculis defixis cognoscat, quæ et qualis sit hæresis ab hoc tentata.

14. Hic legis disciplinam prætendit blandimenti gratia, dictitans oportere circumcidi et legi convenienter vivere eos, qui crediderint, avellens nonnulla ex hæresibus supra dictis. Christum vero ait hominem eodem modo quo universos homines factum esse, hunc autem non nunc primo e Virgine esse natum, sed etiam prius, et rursus pluries natum cum et nascentem apparuisse et exsistere, commutantem genituras et in alia corpora migrantem, Pythagoreo illo dogmate usus. Eo autem superbiæ venerunt, ut et futuri præscios sese dicant, scilicet modulis nu- C merisque artis modo dictæ Pythagoreæ tanquam fundamento usi. Hi etiam mathematicis et astrologicis et magicis sese applicant velut certis, quibus usi imprudentes perturbant, ut ipsos verbi potentis compotes esse arbitrentur; incantationesque et epilogos quosdam docent ad eos, qui a canibus morsi sunt, et ad dæmoniacos aliisque morbis conflictatos, quorum ne hæc quidem silebimus. Postquam igitur satis origines eorum exposui causasque conatuum, transeam adhuc enarraturus scripta, per quæ cognoscent lectores et nugas illas et impia eorum molimina.

466-467 15. Baptismum igitur gregalibus suis in hunc modum tradit, talia quædam dicens seductis: D *Si quis igitur, filii, coivit cum qualicunque bestia vel masculo vel sorore vel filia, vel adulteravit vel scortatus est, vultque remissionem peccatorum nancisci,*

A εἴη [89], ἐπιστρέψαντα [90] καὶ τῆς βίβλου κατακούσαντα [91] καὶ πιστεύσαντα, ὁρίζει [92] [p. 293 - 294] βαπτισθέντα λαμβάνειν ἄφεσιν [93] ἁμαρτιῶν. Ταῦτα δὲ [illegible] τεχνᾶσαι τὰ πανουργήματα ἀπὸ τοῦ προειρημένου δόγματος ἀφορμὴν λαβὼν, οὗ προεστήσατο [94] Κάλλιστος. Ἡδομένους [ ] γὰρ κατανοήσας πολλοὺς ἐπὶ τοιαύτῃ ἐπαγγελίᾳ εὐκαίρως ἐνόμισεν [95] ἐπιχειρεῖν. Καὶ τούτῳ δὲ ἡμεῖς ἀντιστάντες οὐκ εἰάσαμεν ἐπὶ πολὺ πλανηθῆναι πολλοὺς [97], ἐλέγξαντες [98] εἶναι τοῦ πνεύματος νόθου ἐνέργειαν καὶ ἐπίνοιαν πεφυσιωμένης καρδίας, καὶ τοῦτον λύκου δίκην ἐπανεστηκότα [illegible] πλανωμένοις προβάτοις πολλοῖς, ἃ ἀποπλανῶν [99] διεσκόρπισεν ὁ Κάλλιστος. Ἀλλ' ἐπεὶ ἠρξάμεθα, καὶ τὰ τούτου δόγματα οὐ σιωπήσομεν· εἰς φανερὸν δὲ [1] ἀγαγόντες πρότερον τὸν βίον, καὶ δείξαντες [2] τὴν νομιζομένην ἄσκησιν προσποιητὴν ὑπάρχουσαν, αὖθις καὶ τῶν ῥητῶν κεφάλαια παραθήσομαι, ἵνα τῆς αὐτοῦ ἐγγράφοις ὁ ἐντυγχάνων ἐνατενίσας ἐπιγνῷ, τίς καὶ ὁποία εἴη ἡ τούτῳ τετολμημένη αἵρεσις.

ιδ'. Οὗτος νόμου πολιτείαν προβάλλεται δελέατος δίκην, φάσκων δεῖν περιτέμνεσθαι καὶ κατὰ νόμον ζῆν τοὺς πεπιστευκότας, ἀποσπῶν τινα [illegible] προειρημένων αἱρέσεων. Τὸν Χριστὸν δὲ λέγει ἄνθρωπον κοινῶς πᾶσι γεγονέναι, τοῦτον δὲ οὐ νῦν πρώτως ἐκ Παρθένου γεγεννῆσθαι [3], ἀλλὰ καὶ πρότερον καὶ αὖθις πολλάκις γεννηθέντα καὶ γεννώμενον πεφηνέναι καὶ φύεσθαι, ἀλλάσσοντα γενέσεις καὶ μετενσωματούμενον, ἐκείνῳ τῷ Πυθαγορείῳ δόγματι χρώμενος. Τοσοῦτον δὲ πεφυσίωνται, ὥς καὶ προγνωστικοὺς ἑαυτοὺς λέγειν, δηλονότι [4] μέτροις καὶ ἀριθμοῖς τῆς προειρημένης Πυθαγορείου τέχνης ἀφορμαῖς [5] χρωμένους. Οὗτοι καὶ μαθηματικοῖς καὶ ἀστρολογικοῖς καὶ μαγικοῖς προσέχουσιν ὡς ἀληθέσι, καὶ τούτοις χρώμενοι ταράσσουσι τοὺς ἄφρονας, νομίζειν [6] αὐτοὺς λόγου δυνατοῦ μετέχειν· ἐπαοιδὰς τε καὶ [ ] ἐπιλόγους τινὰς διδάσκουσι πρός τε κυνοδήκτους καὶ δαιμονιῶντας καὶ ἑτέραις νόσοις κατεχομένους, ὧν οὐδὲ ταῦτα σιωπήσομεν. Ἱκανῶς οὖν τὰς ἀρχὰς αὐτῶν διηγησάμενος τάς τε αἰτίας τῶν τολμημάτων, παρελεύσομαι ἐπιδιηγησόμενος [7] τὰ ἔγγραφα, δι' ὧν εἴσονται οἱ ἐντυγχάνοντες τόν τε λῆρον καὶ τὰ ἄθεα αὐτῶν ἐπιχειρήματα.

[p. 294. 295] ιε'. Τὸ μὲν οὖν βάπτισμα τοῖς ὑπ' αὐτ' ..... ένοις [8] οὕτως παραδίδωσι, τοιάδε λέγων τοῖς ἀπατωμένοις· *Εἴ τις οὖν, τέκνα, ἐπλησίασεν οἱῳδήποτε [9] ζώῳ, ἢ ἄρσενι, ἢ ἀδελφῇ, ἢ θυγατρὶ, ἢ ἐμοίχευσεν ἢ ἐπόρνευσε, καὶ θέλει ἄφεσιν λαβεῖν*

VARIÆ LECTIONES.

[89] εἰ καὶ πιστὸς εἴη. Vocis πιστὸς litteras στο in C exesas esse dicit M, qui addendum censet τις: ὡς πιστοὺς εἶναι, καὶ Bunsenius, εἴ τις πιστὸς εἴη susp. Sauppius. [90] ἐπιστρέψαντα. ἐπιτρέψαντα C, ἐπιστρέψαντας Ritschl l. l. [91] κατακούσαντα. ἀκούσαντα Bunsenius, κατακούσαντας Ritschl. [92] πιστεύσαντα ὁρίζει. πιστεύσαντας Ritschl. [93] ἄφεσιν. ἄφεσιν ἄφεσιν C. [94] προεστήσατο Bunsenius, παρεστήσατο C, M. [95] ἐνόμησεν C. [97] πλανηθῆναι πολλούς. πλανηθῆναι, πολλοὺς C. [98] ἐλλέγξαντες C. [99] ἃ ἀποπλανῶν. ἀποπλανῶν C, Bunsenius. [1] φανερὸν τί C. φανερὸν δὲ susp. Sauppius. [2] καὶ δείξαντες. δείξαντες καὶ C, Bunsenius. [3] γεγενῆσθαι C. [4] δηλονότι. δῆλον C. [5] ἀφορμαῖς. ἀφορμὰς pr. C. ἀφορμαῖς corr. C. [6] νομίζειν. An ὡς νομίζειν, ut jam M conjecit? [7] ἐπιδιηγησόμενος. ἐπιδιηγησάμενος C, M. [8] ἀπ' αὐτ...... ένοις. ὑπ' αὐτοῦ ἀπαγομένοις R. Scottus, ὑπ' ἑαυτοῦ ἀγομένοις vel ἀπ' αὐτοῦ γενομένοις? [9] οὖν, τέκνα, πλησίασεν οἱῳδήποτε R. Scottus, οὖν τέκνα πλησιάσει, ἢ οἱῳδήποτε C οὖν τέκνῳ πλησιάσει, ἢ οἱῳδ. conj. M, οὖν τέκνῳ ἐπλησίασεν, ἢ οἱῳδ. Roeperus.

σειν τῶν ἁμαρτιῶν, ἀφ' οὗ [59] ἂν ἀκούσῃ τῆς βί-βλου ταύτης, βαπτισάσθω ἐκ δευτέρου ἐν ὀνόματι τοῦ μεγάλου καὶ ὑψίστου Θεοῦ καὶ ἐν ὀνόματι Υἱοῦ αὐτοῦ, τοῦ [60] μεγάλου βασιλέως, καὶ καθαρισάτω [61] καὶ ἁγνευσάτω καὶ ἐπιμαρτυρησάσθω ἑαυτῷ τοὺς ἑπτὰ μάρτυρας γεγραμμένους ἐν τῇ βίβλῳ ταύτῃ, τὸν οὐρανὸν, καὶ τὸ ὕδωρ [62], καὶ τὰ πνεύματα τὰ ἅγια, καὶ τοὺς ἀγγέλους τῆς προσευχῆς καὶ τὸ ἔλαιον καὶ τὸ ἅλας καὶ τὴν γῆν. Ταῦτα τὰ θαυμάσια μυστήρια τοῦ Ἠλχασαΐ [63] τὰ ἀπόῤῥητα καὶ μεγάλα, ἃ παραδίδωσι τοῖς ἀξίοις μαθηταῖς· οἷς οὐκ ἀρκεῖται ὁ ἄνομος, ἀλλ' ἐπὶ δύο καὶ τριῶν μαρτύρων ἐνσφραγίζει τὰ ἑαυτοῦ κακὰ, πάλιν οὕτως λέγων· *Πάλιν λέγω, ὦ μοιχοὶ, καὶ μοιχαλίδες, καὶ ψευδοπροφῆται, ἐὰν θέλητε [64] ἐπιστρέψαι ἵνα ἀφεθήσωνται ὑμῖν αἱ ἁμαρτίαι, καὶ ὑμῖν εἰρήνη καὶ μέρος μετὰ τῶν δικαίων, ἀφ' οὗ ἂν ἀκούσητε τῆς βίβλου ταύτης καὶ βαπτισθῆτε ἐκ δευτέρου σὺν τοῖς ἐνδύμασιν* [65]. Ἀλλ' ἐπεὶ ἐπαοιδαῖς τούτους εἴπομεν χρῆσθαι ἐπί τε κυνοδήκτων καὶ ἑτέρων, δείξομεν. Λέγει δὲ οὕτως· *Ἄν τιν' οὖν* [66] *ἄνδρα, ἢ γυναῖκα, ἢ νεώτερον* |, *ἢ νεωτέραν, κύων λυσσῶν καὶ μαινόμενος, ἐν ᾧ ἐστι πνεῦμα διαφθορᾶς, δάκῃ ἢ περισχίσῃ* [67], *ἢ προσψαύσῃ, ἐν αὐτῇ τῇ ὥρᾳ δραμέτω σὺν παντὶ τῷ φορέματι, καὶ καταβὰς εἰς ποταμὸν ἢ εἰς πηγὴν, ὅπου ἂν* [68] *ᾖ τόπος βαθὺς, βαπτισάσθω* [σὺν] [69] *παντὶ τῷ φορέματι αὐτοῦ καὶ προσευξάσθω* [70] *τῷ μεγάλῳ καὶ ὑψίστῳ Θεῷ ἐν καρδίας πίστει, καὶ τότε ἐπιμαρτυρησάσθω* [71] *τοὺς ἑπτὰ μάρτυρας τοὺς γεγραμμένους ἐν τῇ βίβλῳ ταύτῃ. Ἰδοὺ μαρτύρομαι τὸν οὐρανὸν, καὶ τὸ ὕδωρ, καὶ τὰ πνεύματα* [72] *τὰ ἅγια, καὶ τοὺς ἀγγέλους τῆς προσευχῆς, καὶ τὸ ἔλαιον, καὶ τὸ ἅλας, καὶ τὴν γῆν. Τούτους τοὺς ἑπτὰ* [p. 295. 296] *μάρτυρας μαρτύρομαι, ὅτι οὐκέτι ἁμαρτήσω, οὐ μοιχεύσω, οὐ κλέψω, οὐκ ἀδικήσω, οὐ πλεονεκτήσω, οὐ μισήσω, οὐκ ἀθετήσω, οὐδὲ ἐν πᾶσι πονηροῖς εὐδοκήσω. Ταῦτα οὖν εἰπὼν βαπτισάσθω σὺν παντὶ τῷ φορέματι* [73] *αὐτοῦ ἐν ὀνόματι τοῦ μεγάλου καὶ ὑψίστου Θεοῦ.*

A *immergitor iterum in nomine magni et altissimi Dei et in nomine Filii ejus, magni regis, et purgator et mundator et contestator sibi septem istos testes in hoc libro scriptos : cœlum et aquam et spiritus sanctos et angelos precationis et oleum et salem et terram.* Ea sunt mirifica mysteria Elchasai arcana illa magnaque, quæ tradit dignis discipulis ; in quibus haud acquiescit impius iste, sed coram duobus tribusque testibus consignat mala sua rursus ita dicendo : *Rursus aio, o adulteri et adulteræ et pseudoprophetæ, si converti vultis, ut peccata vobis remittantur : et vobis pax erit et sors cum justis, simul ac primum hunc librum audiveritis et iterum immersi fueritis cum indumentis vestris.* Sed quoniam incantationibus illos uti diximus ad eos, qui a canibus morsi sunt, aliosB que, ostendemus : ait autem in hunc modum : *Si igitur quem virum vel mulierem vel adolescentem vel puellam canis rabiosus et furens, in quo est spiritus perniciei, momorderit vel vestes disciderit vel attigerit, currito eadem hora cum toto vestitu et ubi descenderit in fluvium vel in fontem, ubivis sit locus profundus, immergitor cum toto vestitu suo et preces facito ad magnum altissimumque Deum ex cordis fide, tumque contestator septem illos in hoc libro scriptos testes : Ecce contestor cœlum et aquam et spiritus sanctos et angelos precationis et oleum et salem et terram. Septem hos testes* **468-469** *contestor, quod non amplius peccabo, neque adulterabo, nec furabor, neque injuriam faciam, neque circumveniam, neque odium habebo, neque contemnam, neque* C *ullis pravis delectabor. Hæc igitur dicens immergitor cum toto suo vestitu in nomine magni et altissimi Dei.*

ις'. Ἕτερα δὲ πλεῖστα φλυαρεῖ, ταὐτὰ [74] καὶ ἐπὶ φθισικοῖς [75] ἐπιλέγειν διδάσκων καὶ βαπτίζεσθαι ἐν ψυχρῷ τεσσαρακοντάκις ἐπὶ ἡμέρας ἑπτὰ ὁμοίως καὶ ἔτι δαιμονῶντας [76]. Ὦ σοφίας ἀμιμήτου καὶ ἐπαοιδῶν δυνάμεων [77] μεμεστωμένων! Τίς οὐκ ἐκπλαγήσεται τῇ τοιαύτῃ καὶ τοσαύτῃ δυνάμει τῶν λόγων; Ἀλλ' ἐπειδὴ καὶ ἀστρολογικῇ πλάνῃ κεχρῆσθαι αὐτοὺς ἔφημεν, ἐξ αὐτῶν [78] δείξομεν· φησὶ γὰρ οὕτως· *Εἰσὶν ἀστέρες πονηροὶ τῆς ἀσεβείας. Τοῦτο νῦν ὑμῖν* [79] *εἴρηται, εὐσεβεῖς καὶ μαθηταί· φυλάσσεσθε ἀπὸ τῆς ἐξουσίας τῶν ἡμερῶν ἀρχῆς αὐτῶν, καὶ*

16. Alia autem plurima ineptit, eadem etiam ad phthisicos cantari præcipiens, et immergi frigidis aquis quadragies per septem dies consimiliter etiam dæmoniacos. O sapientiam inimitabilem et incantationes viribus refertas? Quis non obstupescet in tali tantaque vi verborum? Sed quoniam et astrologico D errore eos usos esse diximus, ex ipsis ostendemus ; ait enim in hunc modum : *Sunt stellæ malæ impietatis. Hoc jam vobis dictum est, pii et discipuli : Cavete a potestate dierum, quibus imperium tenent, neque initium facite operum diebus earum, neque im-*

VARIÆ LECTIONES.

[59] ἀφ' οὗ. ἀφ' ἧς C, M. Sicuti nos correxerunt etiam Roeperus et R. Scottus. Cf. lin. 19. [60] αὐτοῦ, τοῦ. αὐτοῦ C, M. [61] καὶ καθαρισάτω, καθαρισάτω C, M. [62] Cf. Epiphan. hær. XIX, 1 : Ποτὲ δὲ πάλιν ἄλλους μάρτυρας ἑπτὰ ὁρισάμενος, τὸν οὐρανόν φησι, καὶ τὸ ὕδωρ, καὶ πνεύματά φησιν, καὶ ἁγίους τοὺς ἀγγέλους τῆς προσευχῆς, καὶ τὸ ἔλαιον, καὶ τὸ ἅλας, καὶ τὴν γῆν. [63] Ἐλχασαΐ C. [64] θέλετε C. [65] ἐνδύμασιν. λύμασιν susp. Ritschl l. l. [66] Ἄν τιν' οὖν. Ἄν τινῶν C, M, Ὄντιν' οὖν R. Scottus. [67] περισχίσῃ. Cod περι..ίσῃ cum parvo ductu, qui videtur ultima pars litteræ χ. M, περισχάσῃ Roeperus. [68] ὅπου ἄν. ὅπου ἐὰν C, M. [69] σύν. om. C, M. [70] προσευξάσθω. προσδεξάσθω C. [71] ἐπιμαρτυρήσθω C. [72] Voc. πνεύματα lacuna absorptum. M [73] φερέματι C. [74] ταὐτὰ Roeperus, ταῦτα C, M. [75] φθητικοῖς C. [76] ἔτι δαιμονῶντας. ἐπὶ δαιμονῶντας C, M, qui vel δαιμονῶσι scribendum, vel delendam esse præpositionem putat : πρὸς δαιμονῶντας conj Roeperus. [77] δυνάμεων. δυνάμεως susp. M. [78] ἐξ αὐτῶν. ἐαυτῆς Roeperus. [79] ὑμῖν. ἡμῖν C.

mergite vivum vel mulierem diebus potestatis earum, quando luna eas transit et congreditur cum iis. Ipsum diem cavete, donec egreditur ab iis, et tum immergite et inchoate quodcunque initium operum vestrorum. Adhuc autem diem Sabbati honorate, quoniam est dies unus . . . . Verum etiam diem tertium hebdomadis cavete ne initium faciatis, quoniam rursus expletis tribus annis Trajani Cæsaris, posteaquam Parthos suæ potestati subjecit, ubi tres anni expleti sunt, exardescit bellum inter angelos impietatis aquilonis : propterea perturbantur omnia regna impietatis.

A *μὴ ποιεῖτε*[86] *τὴν κατάρχην τῶν ἔργων ἐν ταῖς ἡμέραις | αὐτῶν, καὶ μὴ βαπτίζετε ἄνδρα ἢ γυναῖκα ἐν ταῖς ἡμέραις τῆς ἐξουσίας αὐτῶν, ὁπόταν διαπορεύηται*[87] *ἐξ*[88] *αὐτῶν ἡ σελήνη καὶ συνοδεύῃ αὐτοῖς. Αὐτὴν τὴν ἡμέραν φυλάσσεσθε, ἕως οὗ ἐκπορεύεται ἀπ' αὐτῶν, καὶ τότε βαπτίζετε καὶ ἐνάρχεσθε ἐν πάσῃ ἀρχῇ*[89] *τῶν ἔργων ὑμῶν. Ἔτι δὲ τιμήσατε τὴν ἡμέραν τοῦ Σαββάτου, ἐπειδή ἐστιν ἡμέρα μία ἐξ αὐτῶν*[90]*. Ἀλλὰ καὶ τὴν τρίτην Σαββάτου φυλάσσεσθε μὴ κατάρχεσθαι*[91]*, ἐπειδὴ πάλιν πληρουμένων τριῶν ἐτῶν Τραϊανοῦ Καίσαρος, ἀφότε ὑπέταξεν ἑαυτοῦ τῇ ἐξουσίᾳ τοὺς Πάρθους*[92]*, [ὅτε ἐπληρώθη τρία ἔτη]*[93] *ἀγρίζεται*[94] *ὁ πόλεμος μεταξὺ τῶν ἀγγέλων τῆς ἀσεβείας τῶν ἄρκτων· διὰ τοῦτο ταράσσονται πᾶσαι βασιλεῖαι τῆς ἀσεβείας.*

17. Hæc igitur magna arcanaque mysteria cum absurdum putet conculcari vel multis tradi, consilium dat ut tanquam margaritæ pretiosæ custodiantur his verbis : *Hunc autem librum nolite* **470-471** *recitare omnibus hominibus, et hæc præcepta diligenter custodite, quia non omnes viri fideles sunt neque omnes mulieres rectæ.* Hæc vero neque Ægyptiorum sapientes in adytis perceperunt, neque sapiens Græcorum Pythagoras percepit. Si enim forte illa ætate exstitisset Elchasai : cur oportuisset Pythagoram vel Thaletem vel Solonem vel sapientem Platonem vel etiam reliquos Græcorum sapientes Ægyptiorum sacerdotum discipulos fieri, qui talem tantamque sapientiam habent ex sententia Alcibiadis, utpote mirificentissimi interpretis perditi Elchasai? Jam igitur quæ de horum dementia dicta sunt ad cognoscendum sufficere videntur iis, qui sana mente præditi sunt; quare pluribus dictis non placuit uti, quippe quæ plurima sint derisuque digna. Sed quoniam ne hæc quidem prætermisimus, quæ nostra ætate exsurrexerunt, neque ea, quæ ante nos, siluimus : placet, ut omnia exsecuti simus neque quidquam inenarratum relinquamus, dicere quinam et Judæorum sint mores et quænam horum differentiæ; hæc enim adhuc relinqui arbitror, quæ ubi ne ipsa quidem siluero, ad monstrandam veritatis doctrinam veniam, ut post longum certamen disputationis contra omnes hæreses habitæ, regni coronam consectati pie vera credentes ne conturbemur.

B ιζ'. Ταῦτα τοίνυν τὰ μεγάλα[95] καὶ ἀπόῤῥητα μυστήρια ἄλογον ἡγούμενος καταπατεῖσθαι ἢ εἰς πολλοὺς παραδίδοσθαι, συμβουλεύει[96] ὡς πολυτελεῖς μαργαρίτας φυλάσσειν οὕτω λέγων· [p. 296. 57] *Τοῦτον δὲ τὸν λόγον μὴ ἀναγινώσκετε πᾶσιν ἀνθρώποις, καὶ ταύτας τὰς ἐντολὰς φυλάξατε ἐπιμελῶς, ὅτι οὐ πάντες ἄνδρες πιστοὶ οὐδὲ πᾶσαι γυναῖκες ὀρθαί.* Ταῦτα δὲ οὐδὲ Αἰγυπτίων σοφοὶ ἐν ἀδύτοις ἐχώρησαν, οὐδὲ ὁ σοφὸς Ἑλλήνων Πυθαγόρας ἐχώρησεν. Εἰ γὰρ τετυχήκει κατ' ἐκεῖνο καιροῦ Ἠλχασαΐ[97], τίς ἀνάγκη Πυθαγόραν, ἢ Θαλῆν[98] ἢ Σόλωνα, ἢ τὸν σοφὸν Πλάτωνα, ἢ καὶ τοὺς λοιποὺς Ἑλλήνων σοφοὺς μαθητεύειν Αἰγυπτίων ἱερεῦσιν ἔχουσι τὴν τοιαύτην καὶ τοσαύτην σοφίαν κατὰ Ἀλκιβιάδη, ἃ[99] τῷ θαυμασιωτάτῳ ἑρμηνεῖ τοῦ C δυστήνου Ἠλχασαΐ; Δοκεῖ | τοίνυν ἱκανὰ εἶναι πρὸς ἐπίγνωσιν τὰ εἰρημένα τῆς τούτων μανίας τοῖς ὑγιαίνοντα νοῦν κεκτημένοις· διὸ πλείοσι ῥητοῖς οὐκ ἔδοξε χρῆσθαι, οὖσι πλείστοις καὶ[100] καταγελάστοις. Ἀλλ' ἐπεὶ μηδὲ ταῦτα παρελείπομεν τὰ ἐφ' ἡμῶν ἐπεγηγερμένα, τά τε πρὸ ἡμῶν οὐκ ἐσιωπήσαμεν, δοκεῖ, ἵνα διὰ πάντων ὦμεν πεπορευμένοι [καὶ] μηδὲν ἀνεκδιήγητον καταλείπωμεν[101], εἰπεῖν τίνα καὶ τῶν Ἰουδαίων [ἔθη][102], καὶ τίνες αἱ ἐν τούτοις διαφοραί· ἔτι γὰρ ταῦτα νομίζω παραλείπεσθαι, ἃ μηδὲ αὐτὰ σιωπήσας ἐπὶ τὴν ἀπόδειξιν τοῦ περὶ ἀληθείας λόγου χωρήσω[103], ὅπως, μετὰ τὸν πολὺν ἀγῶνα τοῦ κατὰ πασῶν αἱρέσεων λόγου ἐπὶ [τὸν] τῆς[104] βασιλείας στέφανον ὁρμήσαντες εὐσεβῶς[1] τὰ ἀληθῆ πιστεύοντες[2] μὴ ταρασσώμεθα.

18. Judæorum quidem antiquitus unus erat mos; unus enim a Deo illis datus magister Moses unaque per hunc lata lex, una autem regio deserta et unus mons Sina, unus enim eorum legislator Deus. Rur-

D ιη'. Ἰουδαίων μὲν ἀρχῆθεν ἓν ἦν ἔθος[3]· εἷς γὰρ τούτοις δοθεὶς παρὰ Θεοῦ διδάσκαλος Μωσῆς, καὶ ὁ διὰ τούτου νόμος, μία δὲ ἔρημος χώρα, καὶ ἓν ὄρος τὸ Σινᾶ· εἷς γὰρ ὁ τούτοις νομοθετήσας Θεός. Αὖθις

VARIÆ LECTIONES.

[86] ποιεῖτε. ποιῆτε C, M. [87] διαπορεύεται C. [88] ἐξ. διὰ ξ? [89] πάσῃ ἀρχῇ. πᾶσιν ἀρχήν? [90] ἐξ αὐτῶν. Litterarum ἐξ αὐ vestigia tantum supersunt. M. Σαββάτων? ἐξουσίας αὐτῶν? [91] φυλάσσεσθε μὴ κατάρχεσθαι. πύλας ἔσεσθαι μὴ κατάρχεσθε C. [92] ὑπέταξεν ἑαυτοῦ τῇ ἐξουσίᾳ τοὺς Πάρθους Roeperus, qui addit, tertio post subjectos Parthos anno fato defunctum esse Trajanum, motusque in Orientis regionibus ortos Adrianum cedere provinciis coegisse : ὑπέταξε ἐκ τοῦ τῆς ἐξουσίας τοῦ Πάρθου C, ὑπέταξεν ἔκτου [καὶ δεκάτου] τῇ ἐξουσίας τὸν Πάρθον susp. M. [93] ὅτε—ἔτη fort. glossema ad verba quæ præcedunt lin. 60. [94] ἀγγίζεται. [95] Vocum τὰ μεγάλα tenuia sunt in C vestigia. M. [96] Cf. Matth. VII, 6. [97] Ἠλχασαΐ, τίς ἀνάγκη — Ἠλχασαΐ; Ἠλχασαΐ τις, ἀνάγκη — Ἠλχασαΐ C, M. Sicuti nos etiam Roeperus conjecit. [98] Θαλῆν. Θαλλῆν C [99] ἃ Delendum esse putat M. An ἅτε? [100] καὶ deleri vult Roeperus coll. Diog. Laert. II, 24. [101] καὶ om. C. [101] καταλείπομεν C. [102] ἔθη om. C, M. Cf. supra p. 440, 12. [103] χωρήσα C. [104] τὸν τῆς. τῆς C. [1] Vox εὐσεβῶς in C prorsus evanida. M. [2] πιστεύοντες C. [3] ἔθος. ἔθνος C, M.

διαβάντες τὸν Ἰορδάνην ποταμὸν καὶ τὴν δορύκτητον γῆν κληρονομήσαντες διαφόρως τὸν τοῦ Θεοῦ νόμον διέσπασαν, ἄλλος ἄλλως ἐπινοῶν τὰ εἰρημένα, καὶ οὕτως διδασκάλους ἑαυτοῖς ἐπεγείραντες, δόξας αἱρέσεων ἐφευρόντες εἰς μερισμὸν ἐχώρησαν, ὧν τὴν διαφορὰν ἐκθήσομαι. Εἰ δὲ καὶ εἰς πλεῖστα μέρη διεσπάσθησαν τῷ μακρῷ χρόνῳ, ἀλλά γε τὰ κεφαλαιωδέστερα αὐτῶν ἐκθήσομαι, δι' ὧν καὶ τὰ λοιπὰ οἱ φιλομαθεῖς εἴσονται εὐκόλως. Τρία γὰρ [4] παρ' αὐτοῖς εἴδη διαιρεῖται, καὶ τοῦ μὲν αἱρετισταί εἰσι [p. 297. 298] Φαρισαῖοι, τοῦ δὲ Σαδδουκαῖοι, ἕτεροι δὲ Ἐσσηνοί [5]. Οὗτοι τὸν βίον σεμνότερον ἀσκοῦσι φιλάλ | ληλοι ὄντες καὶ ἐγκρατεῖς, πάσης τε ἐπιθυμίας ἔργον ἀποστρέφονται, ἀπεχθῶς καὶ πρὸς [τὸ] τὰ [6] τοιαῦτα ἀκοῦσαι ἔχοντες, γάμον τε ἀπαγορεύουσι· τοὺς δὲ ἀλλοτρίους παῖδας ἀναλαμβάνοντες τέκνα ποιοῦνται [7] καὶ, πρὸς τὰ ἴδια ἤθη ἄγουσιν, οὕτως ἀνατρέφοντες καὶ ἐπὶ τοῖς μαθήμασι προβιβάζοντες, οὐ τὸ γαμεῖν κωλύοντες, ἀλλ' αὐτοὶ γάμου ἀπεχόμενοι. Γυναῖκας δὲ, εἰ καὶ τῇ αὐτῇ προαιρέσει βούλοιντο προσέχειν, οὐ προσδέχονται, κατὰ μηδένα τρόπον γυναιξὶ πιστεύοντες.

ιθ'. Καταφρονοῦσι δὲ πλούτου, καὶ τὸ πρὸς τοὺς δεομένους κοινωνεῖν οὐκ ἀποστρέφονται, ἀλλ' οὐδέ τις παρ' αὐτοῖς ὑπὲρ τὸν ἕτερον πλουτεῖ. Νόμος γὰρ παρ' αὐτοῖς τὸν προσιόντα τῇ αἱρέσει τὰ ὑπάρχοντα πωλοῦντα τῷ κοινῷ προσφέρειν, ἃ ὑποδεχόμενος [ὁ] [8] ἄρχων διανέμει ἅπασι πρὸς τὰ δέοντα. Οὕτως οὐδεὶς ἐνδεὴς παρ' αὐτοῖς. Ἐλαίῳ δὲ οὐ χρῶνται, μολυσμὸν ἡγούμενοι τὸ ἀλείφεσθαι [9]. Χειροτονοῦνται δὲ οἱ ἐπιμεληταὶ οἱ πάντων κοινῶν φροντίζοντες [10], πάντες δὲ ἀεὶ λευχειμονοῦσι.

κ'. Μία δὲ αὐτῶν οὐκ ἔστι πόλις, ἀλλ' ἐν ἑκάστῃ μετοικοῦσι πολλοί. Καὶ εἴ τις ἀπὸ ξένης παρῇ τῶν αἱρετιστῶν, [p. 298. 299] πάντα αὐτῷ κοινὰ ἡγοῦνται, καὶ οὓς οὐ πρότερον | ᾔδεσαν [11], ὡς οἰκείους καὶ συνήθεις προσδέχονται. Περιίασι δὲ τὴν πατρῴαν

sus autem transgressi Jordanem fluvium nactique bello captam terram vario modo Dei legem disciderunt, cum alius aliter acciperet quæ dicta erant, et in hunc modum postquam magistros sibi excitaverunt opinionesque hæresium adinvenerunt, ad divisionem venerunt, quorum differentiam exponam. Etsi vero in plurimas partes discissi sunt longo tempore, sed tamen potissima eorum exponam, per quæ et reliqua discendi cupidi facile cognoscent. Tria enim apud eos genera discernuntur, et unius sectatores Pharisæi **472-473** sunt, alterius Sadducæi, alii autem Esseni. Hi vitam graviorem colunt, se invicem diligentes continentesque, et a cujusque concupiscentiæ opere abhorrent, aversantes etiam talia audire, nuptiisque renuntiant, alienos autem pueros suscipientes suos liberos reddunt, et ad suos mores deducunt, in hunc modum nutrientes eos et in litteris promoventes, non prohibentes nubere, ipsi vero nuptiis abstinentes. Mulieres autem etiamsi idem consilium capere velint, non recipiunt, nullo modo mulieribus confidentes.

19. Contemnunt autem divitias, neque indigentibus de re familiari impertiri aversantur; imo vero nemo apud illos alterum divitiis superat; est enim lex apud illos, ut qui ad sectam accedat opes suas vendat et societati offerat, quas accipiens magister dispensat universis, prout opus est. Sic nullus egenus apud illos. Oleo autem non utuntur, cum pro inquinamento habeant unctionem. Constituuntur autem procuratores, qui omnium rerum communium curam gerunt; omnes autem semper candidis vestibus induti sunt.

20. Non autem illis una est civitas, sed in singulis quibusque tanquam metœci habitant multi. Et si quis sectæ **474-475** assectarum e terra extera adest, omnia ei communia habent, et quos non antea cognoverant, tanquam domesticos et familiares

Fl. Josep. *De bello Jud.* II, 8 : β'. Τρία γὰρ παρὰ Ἰουδαίοις εἴδη φιλοσοφεῖται, καὶ τοῦ μὲν αἱρετισταὶ Φαρισαῖοι, τοῦ δὲ Σαδδουκαῖοι, τρίτον δὲ, ὃ δὴ καὶ δοκεῖ σεμνότητα ἀσκεῖν, Ἐσσηνοὶ καλοῦνται, Ἰουδαῖοι μὲν γένος ὄντες, φιλάλληλοι δὲ καὶ τῶν ἄλλων πλέον. Οὗτοι τὰς μὲν ἡδονὰς ὡς κακίαν ἀποστρέφονται, τὴν δὲ ἐγκράτειαν καὶ τὸ μὴ τοῖς πάθεσιν ὑποπίπτειν ἀρετὴν ὑπολαμβάνουσι. Καὶ γάμου μὲν ὑπεροψία παρ' αὐτοῖς, τοὺς δὲ ἀλλοτρίους παῖδας ἐκλαμβάνοντες, ἁπαλοὺς ἔτι πρὸς τὰ μαθήματα, συγγενεῖς ἡγοῦνται, καὶ τοῖς ἤθεσι τοῖς ἑαυτῶν ἐντυποῦσι· τὸν μὲν γάμον καὶ τὴν ἐξ αὐτοῦ διαδοχὴν οὐκ ἀναιροῦντες, τὰς δὲ τῶν γυναικῶν ἀσελγείας φυλασσόμενοι, καὶ μηδεμίαν τηρεῖν πεπεισμένοι τὴν πρὸς ἕνα πίστιν.

γ'. Καταφρονηταὶ δὲ πλούτου, καὶ θαυμάσιον παρ' αὐτοῖς τὸ κοινωνητικὸν (κοινωνικὸν Porphyr. *De Abst.* IV, 11), οὐδὲ ἔστιν εὑρεῖν κτήσει τινὰ παρ' αὐτοῖς ὑπερέχοντα. Νόμος γὰρ τοὺς εἰς τὴν αἵρεσιν εἰσιόντας δημεύειν τῷ τάγματι τὴν οὐσίαν, ὥστε ἐν ἅπασι μήτε πενίας ταπεινότητα φαίνεσθαι, μήθ' ὑπεροχὴν πλούτου, τῶν δὲ ἑκάστου κτημάτων ἀναμεμιγμένων μίαν ὥσπερ ἀδελφοῖς ἅπασιν οὐσίαν εἶναι. Κηλῖδα δὲ ὑπολαμβάνουσι τὸ ἔλαιον, κἂν ἀλιφῇ τις ἄκων, σμήχεται τὸ σῶμα· τὸ γὰρ αὐχμεῖν ἐν καλῷ τίθενται, λευχειμονεῖν τε διαπαντός. Χειροτονητοὶ δὲ οἱ τῶν κοινῶν ἐπιμεληταὶ, καὶ ἀδιαίρετοι πρὸς ἁπάντων εἰς τὰς χρείας ἕκαστοι.

δ'. Μία δὲ οὐκ ἔστιν αὐτῶν πόλις, ἀλλ' ἐν ἑκάστῃ κατοικοῦσι (μετοικοῦσι Porphyr. l. l.) πολλοί. Καὶ τοῖς ἑτέρωθεν ἥκουσιν αἱρετισταῖς (αἱρεσιώταις Porphr. l. l.) ἀναπέπταται τὰ παρ' αὐτοῖς ὁμοίως ὥσπερ ἴδια.

VARIÆ LECTIONES.

[4] Quæ sequuntur Hippolytus e Flavio Josepho (*De bello Judaico*, II. 8), cujus verba textui supposuimus, hausisse videtur, nisi uterque unum eumdemque auctorem secutus est. [5] Ἐσσηνοί. C ubique Ἐσηνοί. M. [6] τὸ τά. τὰ C. [7] τέκνα ποιοῦνται. τεκνοποιοῦνται C, M. [8] ὁ om. C. [9] ἀλείψεσθαι C. [10] κοινῶν φροντίζοντες. Supersunt litteræ κοινω. . . . . ζοντες cum obscuris vestigiis litterarum ν; et accentu. M. [11] ᾔδεσαν. εἴδεσαν C.

recipiunt. Peragrant autem patriam terram, semper proficiscentes nihil gestantes præter arma. Habent autem etiam in singula quaque civitate præsidem, qui ea, quæ ad hoc congeruntur, expendit vestes cibosque iis apparando. Vestitus autem eorum et habitus verecundus; tunicas autem duas vel duplicia calceamenta non sibi comparant; quando autem ea, quibus utuntur, vetustate obsoleverunt, tum alia admittunt. Nihil autem omnino neque emunt neque vendunt, quod autem quis habeat non habenti dans, quod ipse non habet accipit.

21. Permanent autem composite et assidue precantes inde a prima luce, nihil prius vociferati quam Deum hymnis celebraverunt, et in hunc modum progressi singuli quique ad quod volunt operantur, et postquam usque ad quintam horam operati sunt, requiescunt. Tum rursus congressi in unum locum et perizoniis linteis accincti ad obtegenda pudenda, in hunc modum frigida aqua abluuntur, et postquam ita purgati sunt, in unum conclave coeunt (nemo autem cum aliquo qui alienam sententiam amplectitur convenit in hac domo), et ad prandium accedunt. Postquam autem ordine consederunt cum tranquillitate **476-477** edunt panem, tum unum aliquod obsonium, ex quo cuique sufficiens pars. Non autem prius aliquis eorum gustat, quam precatus est benedicens sacerdos. Post prandium autem ubi iterum precatus est, incipientes et rursus desinentes hymnis Deum celebrant. Tum vestes, quibus intus convivantes induuntur, postquam deposuerunt tanquam sanctas—sunt vero linteæ—illas, quæ in vestibulo sunt, rursus recipientes ad grata opera festinant usque ad crepusculum. Cœnant autem consimiliter iis quæ antea dicta sunt omnia facientes. Nemo autem unquam clamitabit, neque alia aliqua

A γῆν, ἑκάστοτε [11] ἀποδημοῦντες μηδὲν φέροντες πλὴν ὅπλου. Ἔχουσι δὲ καὶ κατὰ πόλεις προεστῶτα, ὃς τὰ συναγόμενα εἰς τοῦτο ἀναλίσκει, ἐσθῆτα καὶ τροφὰς αὐτοῖς παρασκευάζων. Καταστολὴ δὲ αὐτῶν καὶ σχῆμα κόσμιον· χιτῶνας δὲ δύο ἢ διπλᾶς ὑποδέσεις οὐ κτῶνται· ἐπὰν δὲ τὰ παρόντα παλαιωθῇ, τότε ἕτερα προσίενται. Οὐδὲν δὲ ὅλως οὔτε ἀγοράζουσιν οὔτε πωλοῦσιν, ὃ δ' ἂν ἔχῃ τις τῷ μὴ ἔχοντι δοὺς, ὃ οὐκ ἔχει λαμβάνει.

κα'. Παραμένουσι δὲ εὐτάκτως [12] καὶ ἐπιμόνως εὐχόμενοι ἕωθεν, μηδὲν πρότερον φθεγξάμενοι εἰ μὴ τὸν Θεὸν ὑμνήσωσι· καὶ οὕτω προελθόντες ἕκαστοι ἐφ' ὃ βούλονται πράττουσι, καὶ ἕως ὥρας πέμπτης D πράξαντες ἐπανίασιν. Ἔπειτα πάλιν συνελθόντες εἰς ἕνα τόπον, περιζώμασί τε λινοῖς περιζωσάμενοι πρὸς τὸ καλύψασθαι τὴν αἰσχύνην, οὕτως ὕδατι ψυχρῷ ἀπολούονται, καὶ μετὰ τὸ οὕτως ἁγνίσασθαι εἰς ἓν οἴκημα συνίασιν (οὐδεὶς δὲ ἑτεροδόξῳ σύνεισιν ἐν τῷ οἴκῳ), καὶ περὶ ἀριστοποιίαν χωροῦσι. Καθισάντων [14] δὲ κατὰ τάξιν μεθ' ἡσυχίας προσφέρονται [p. 299. 300] ἄρτον, ἔπειτα ἕν τι προσφάγιον, ἐξ οὗ ἑκάστῳ τὸ αὔταρκες μέρος. Οὐ πρότερον δὲ γεύεταί τις αὐτῶν, εἰ μὴ [15] ἐπεύξεται εὐλογῶν ὁ ἱερεύς. Μετὰ δὲ τὸ ἄριστον ἐπευξαμένου πάλιν, ἀρχόμενοί τε καὶ [16] πάλιν παυόμενοι [17] ὑμνοῦσι τὸν Θεόν. Ἔπειτα τὰς ἐσθῆτας, ἃς | ἔνδον συνεστιώμενοι ἀμφιέννυνται [18], ἀποθέμενοι ὡς ἱερὰς, εἰσὶ δὲ λιναῖ [19], τὰς ἐν τῇ προόδῳ πάλιν ἀναλαμβάνοντες ἐπὶ τὰ φίλα ἔργα C ὁρμῶσιν ἕως δείλης. Δειπνοῦσι δὲ ὁμοίως τοῖς προειρημένοις πάντα ποιήσαντες. Οὐδεὶς δὲ πώποτε κραυγάσει, ἤ τις ἑτέρα θορυβώδης ἀκουσθήσεται [20] φωνὴ, ἠρέμα δὲ ἕκαστοι λαλοῦντες, εὐσχημόνως ἕτερος τῷ ἑτέρῳ τὴν ὁμιλίαν συγχωρεῖ [21], ὡς τοῖς ἔξωθεν μυ-

καὶ πρὸς οὓς οὐ πρότερον εἶδον εἰσίασιν ὡς συνηθεστάτους. Διὸ καὶ ποιοῦνται τὰς ἀποδημίας οὐδὲν μὲν ὅλως ἐπικομιζόμενοι, διὰ δὲ τοὺς λῃστὰς ἔνοπλοι. Κηδεμὼν δὲ ἐν ἑκάστῃ πόλει τοῦ τάγματος ἐξαιρέτως τῶν ξένων ἀποδείκνυται, ταμιεύων ἐσθῆτα καὶ τὰ ἐπιτήδεια. Καταστολὴ δὲ καὶ σχῆμα σώματος ὅμοιον τοῖς μετὰ φόβου παιδαγωγουμένοις παισίν. ('Αναπέπταται τὰ παρ' ἀλλήλοισιν, καὶ οἱ πρῶτον ἰδόντες ἴσασιν ὥσπερ συνήθεις. Διὸ οὐδὲν ἐπικομιζόμενοι ἀποδημοῦσιν ἀναλωμάτων ἕνεκα Porphyr. l. l.) Οὔτε δὲ ἐσθῆτας οὔτε ὑποδήματα ἀμείβουσι πρὶν ἢ διαῤῥαγῆναι τὸ πρότερον παντάπασιν ἢ δαπανηθῆναι τῷ χρόνῳ. Οὐδὲν δὲ ἐν ἀλλήλοις οὔτε ἀγοράζουσιν οὔτε (οὐδ' ἀγοράζουσί τι οὐδὲ Porph.) πωλοῦσιν, ἀλλὰ τῷ χρῄζοντι διδοὺς ἕκαστος τὰ παρ' αὐτοῦ (τὸ παρ' ἑαυτῷ Porph.), τὸ παρ' ἐκείνου χρήσιμον ἀντικομίζεται. Καὶ χωρὶς δὲ τῆς ἀντιδόσεως ἀκώλυτος ἡ μετάληψις αὐτοῖς, παρ' ὧν ἂν ἐθελήσωσι (θέλωσιν Porph).

ε'. Πρός γε μὴν τὸ Θεῖον ἰδίως εὐσεβεῖς· πρὶν γὰρ ἀνασχεῖν τὸν ἥλιον οὐδὲν φθέγγονται τῶν βεβήλων, πατρίους δέ τινας εἰς αὐτὸν εὐχὰς ὥσπερ ἱκετεύοντες ἀνατεῖλαι. Μετὰ ταῦτα πρὸς ἃς ἕκαστοι τέχνας ἴσασιν ὑπὸ τῶν ἐπιμελητῶν διαφίενται (ἰέναι ἀφίενται Porphyr. l. l. § 12), καὶ μέχρι πέμπτης ὥρας ἐργασάμενοι συντόνως, ἔπειτα πάλιν εἰς ἓν ἀθροίζονται χωρίον, ζωσάμενοί τε σκεπάσμασι λινοῖς οὕτως ἀπολούονται τὸ σῶμα ψυχροῖς ὕδασι· καὶ μετὰ ταύτην τὴν ἁγνείαν εἰς ἴδιον οἴκημα συνίασιν, ἔνθα μηδενὶ τῶν ἑτεροδόξων ἐπιτέτραπται παρελθεῖν· αὐτοί τε καθαροὶ καθάπερ εἰς ἅγιόν τι τέμενος παραγίνονται τὸ δειπνητήριον. Καὶ καθισάντων (καθισάντων δὲ Porphyr.) μεθ' ἡσυχίας ὁ μὲν σιτοποιὸς ἐν τάξει παρατίθησιν ἄρτους, ὁ δὲ μάγειρος ἓν ἀγγεῖον ἐξ ἑνὸς ἐδέσματος ἑκάστῳ παρατίθησι. Προκατεύχεται δὲ ὁ ἱερεὺς τῆς τροφῆς (ἁγνῆς οὔσης καὶ καθαρᾶς add. Porphyr.), καὶ γεύσασθαί τινα πρὸ (τινα πρὶν Porph.) τῆς εὐχῆς ἀθέμιτον· ἀριστοποιησάμενος (ἀριστοποιησαμένοις δὲ Porph.) ἐπεύχεται πάλιν· ἀρχόμενοί τε καὶ παυόμενοι γεραίρουσι τὸν Θεὸν ὡς χορηγὸν τῆς τροφῆς. Ἔπειτα ὡς ἱερὰς καταθέμενοι τὰς ἐσθῆτας πάλιν ἐπ' ἔργα μέχρι δείλης τρέπονται. Δειπνοῦσι (πίνουσι Porph.) δὲ ὑποστρέψαντες ὁμοίως συγκαθεζομένων τῶν ξένων, οἳ (εἰ Porph.) τύχοιεν αὐτοῖς παρόντες. Οὐδὲ (Οὔτε δὲ Porph.) κραυγή ποτε τὸν οἶκον οὔτε θόρυβος μολύνει, τὰς δὲ λαλιὰς ἐν τάξει παραχωροῦσιν ἀλλήλοις. Καὶ τοῖς ἔξωθεν ὡς μυστήριόν τι φρικτὸν ἡ τῶν ἔνδον σιωπή

VARIÆ LECTIONES.

[11] ἑκάστοτε. Ἕκαστός τε C, ἕκαστός τις susp. M. [12] εὐτάκτως. ἀτάκτως C. Correxit M coll. lin. 41, κατὰ τάξιν. [14] καθησάντων C. [15] εἰ μή. εἰμὶ C. [16] τε καί. δὲ καὶ C. [17] παυόμενοι C. [18] ἀμφιέννυνται C. [19] λίναι C. [20] ἀκουσθήσεται. ἀκολουθήσει [illegible] [21] συνεχώρει C.

στήριόν τι καταφαίνεσθαι τὴν τῶν ἔνδον σιωπήν. Νήφουσι δὲ πάντοτε, πάντα μέτρῳ καὶ ἐσθίοντες καὶ πίνοντες.

A tumultuosa audietur vox; leniter autem singuli quique loquentes, honeste alter alteri sermonem concedit, ita ut iis, qui foris sunt, mysterium videatur eorum, qui intus sunt, silentium. Semper autem sobrii sunt, omnia modice et edentes et bibentes.

κβ'. Πάντες μὲν οὖν τῷ προεστῶτι προσέχουσι, καὶ ὅσα κελεύσει [22] ὡς νόμῳ πείθονται. Ἐσπουδάκασι γὰρ πρὸς τὸ ἐλεεῖν καὶ βοηθεῖν τοῖς καταπονουμένοις. Πρὸ δὲ πάντων ὀργῆς ἀπέχουσι καὶ θυμοῦ καὶ πάντων τῶν ὁμοίων, ἐπίβουλα ταῦτα τοῦ ἀνθρώπου κρίνοντες. Οὐδεὶς δὲ ὄμνυσι παρ' αὐτοῖς, ὅσα δ' ἂν τις εἴπῃ, τοῦτο ὅρκου ἰσχυρότερον κρίνεται. Εἰ δὲ ὀμόσει [23] τις, καταγινώσκεται ὡς μὴ πιστευθείς. Σπουδάζουσι δὲ περὶ τὰς τοῦ νόμου ἀναγνώσεις καὶ προφητῶν, ἔτι δὲ καὶ εἴ τι σύνταγμα [p. 300. 301] εἴη πιστῶν. Πάνυ δὲ περιέργως ἔχουσι περὶ βοτάνας καὶ λίθους, περιεργότεροι ὄντες πρὸς τὰς τούτων ἐνεργείας, φάσκοντες μὴ μάτην ταῦτα γεγονέναι.

22. Omnes igitur ad præsidem se applicant, et quæcunque jusserit, tanquam legi obediunt. Studuerunt enim misereri et auxiliari afflictis. Præ omnibus autem ab ira se avertunt et iracundia omnibusque consimilibus, insidiosa hæc homini judicantes. Nemo autem jurat apud eos, quæcunque autem quis dicat, firmius hoc juramento æstimatur. Si vero quis juraverit, damnatur quasi qui fidem non habeat. Incumbunt autem legis lectionibus et prophetarum, præterea autem **478-479** B etiam si quod scriptum sit fidelium. Admodum autem curiosi sunt circa herbas et lapides, curiosiores efficaciæ eorum, cum dicant haud frustra hæc esse facta.

κγ'. Τοῖς δὲ βουλομένοις τῇ αἱρέσει μαθητεύειν οὐκ εὐθέως τὰς [24] παραδόσεις ποιοῦνται, εἰ μὴ πρότερον δοκιμάσωσιν, ἐπ' ἐνιαυτὸν δὲ τὰς ὁμοίας τροφὰς παρατιθέασιν ἔξω τῆς ἑαυτῶν συνόδου [25] οὖσιν ἐν ἑτέρῳ οἴκῳ, ἀξινάριόν τε | καὶ τὸ λινοῦν περίζωμα καὶ λευκὴν ἐσθῆτα δόντες. Ἐπειδὰν τούτῳ τῷ χρόνῳ πεῖραν ἐγκρατείας δῷ, πρόσεισιν ἔγγιον [26] τῇ διαίτῃ, καὶ καθαρωτέρως ἀπολούεται [27] ἢ τὸ πρότερον· οὐδέπω [28] δὲ σὺν αὐτοῖς τροφῆς μεταλαμβάνει. Μετὰ γὰρ τὸ δεῖξαι εἰ ἐγκρατεύεσθαι δύναται, ἐπὶ ἔτη ἄλλα δύο δοκιμάζεται τοῦ τοιούτου [29] τὸ ἦθος, καὶ φανεὶς ἄξιος οὕτως εἰς αὐτοὺς κρίνεται. Πρὶν δὲ αὐτοῖς συνεστιαθῇ, ὅρκοις φρικτοῖς ὁρκίζεται, πρῶτον μὲν εὐσεβήσειν τὸ Θεῖον, ἔπειτα τὰ πρὸς ἀνθρώπους δίκαια φυλάξειν καὶ κατὰ μηδένα τρόπον ἀδικήσειν τινὰ, μηδένα δὲ μήτε ἀδικοῦντα μήτε ἐχθρὸν μισήσειν, προσεύχεσθαι δὲ ὑπὲρ αὐτῶν, συναγωνίζεσθαι ἀεὶ [30] τοῖς δικαίοις, τὸ πιστὸν πᾶσι παρέξειν, μά-

23. Iis autem, qui sectæ discipuli fieri volunt, non continuo præcepta sua tradunt, nisi antea eos probaverint; per annum autem iis consimiles cibos apponunt extra ipsorum conventum in alia domo degentibus, postquam et dolabellam et linteum illud perizonium et vestem album tradiderunt. Ubi hoc tempore documentum continentiæ dedit, propius ad vitam victumque accedit puriusque abluitur quam antea, nondum vero cum iis cibum sumit. Postquam enim ostendit, an se continere possit, per duos alios annos tentantur ejusdem mores, et C dignus ubi visus est, ita inter eos censetur. Priusquam autem cum iis convivatur, terribilibus juramentis obstringitur, fore ut primum quidem divinum numen pie colat, tum erga homines justitiam custodiat nulloque modo quemquam injuria afficiat, neminem autem, neque injuriosum neque hostem, odio habeat, preces vero pro iis faciat, adjuvet

---

καταφαίνεται· τούτου δὲ αἴτιον ἡ διηνεκὴς νῆψις καὶ τὸ μετρεῖσθαι παρ' αὐτοῖς τροφὴν καὶ ποτὸν μέχρι κόρου.

ς'. Τῶν μὲν οὖν ἄλλων οὐκ ἔστιν ὅ τι μὴ τῶν ἐπιμελητῶν προσαξάντων ἐνεργοῦσι· δύο δὲ ταῦτα παρ' αὐτοῖς αὐτεξούσια, ἐπικουρία καὶ ἔλεος· βοηθεῖν τε γὰρ τοῖς ἀξίοις, ὁπόταν δέωνται, καὶ κατ' αὐτοὺς ἀφίεται καὶ τροφὰς ἀπορουμένοις ὀρέγειν· τὰς δὲ εἰς τοὺς συγγενεῖς μεταδόσεις οὐκ ἔξεστι ποιεῖσθαι δίχα τῶν ἐπιτρόπων. Ὀργῆς ταμίαι δίκαιοι, θυμοῦ καθεκτικοί, πίστεως προστάται, εἰρήνης ὑπουργοί, καὶ πᾶν μὲν τὸ ῥηθὲν ὑπ' αὐτῶν ἰσχυρότερον ὅρκου· τὸ δὲ ὀμνύειν αὐτοῖς περιίσταται, χεῖρόν τι τῆς ἐπιορκίας ὑπολαμβάνοντες· ἤδη γὰρ ἤδη κατεγνῶσθαί φασι τὸν ἀπιστούμενον δίχα Θεοῦ. Σπουδάζουσι δὲ ἐκτόπως περὶ τὰ τῶν παλαιῶν συγγράμματα, μάλιστα τὰ πρὸς ὠφέλειαν ψυχῆς καὶ σώματος ἐκλέγοντες. Ἔνθεν αὐτοῖς πρὸς θεραπείαν παθῶν ῥίζαι τε ἀλεξιτήριοι καὶ λίθων ἰδιότητες ἀνερευνῶνται.

ζ'. Τῷ δὲ ζηλοῦντι (Τοῖς δὲ ζηλοῦσι Porph.) τὴν αἵρεσιν αὐτῶν οὐκ εὐθὺς ἡ πάροδος, ἀλλ' ἐπ' ἐνιαυτὸν ἔξω μένοντι τὴν αὐτὴν ὑποτίθενται δίαιταν, ἀξινάριόν τε καὶ τὸ προειρημένον περίζωμα καὶ λευκὴν ἐσθῆτα δόντες. Ἐπειδὰν δὲ τούτῳ τῷ χρόνῳ πεῖραν ἐγκρατείας δῷ, πρόσεισι μὲν ἔγγιον τῇ διαίτῃ καὶ καθαρωτέρων τῶν πρὸς ἁγνείαν ὑδάτων μεταλαμβάνει, παραλαμβάνεται δὲ εἰς τὰς συμβιώσεις οὐδέπω. Μετὰ γὰρ τὴν τῆς καρτερίας ἐπίδειξιν δυσὶν ἄλλοις ἔτεσι τὸ ἦθος δοκιμάζεται (κομίζεται Porph.), καὶ φανεὶς ἄξιος οὕτως εἰς τὸν ὅμιλον ἐγκρίνεται. Πρὶν δὲ τῆς κοινῆς ἅψασθαι τροφῆς ὅρκους αὐτοῖς ὄμνυσι φρικώδεις, πρῶτον μὲν εὐσεβήσειν τὸ Θεῖον, ἔπειτα τὰ πρὸς ἀνθρώπους δίκαια φυλάξειν (διαφυλάξειν Porph.), καὶ μήτε κατὰ γνώμην βλάψειν τινὰ μήτε ἐξ ἐπιτάγματος, μισήσειν δὲ ἀεὶ τοὺς ἀδίκους καὶ συναγωνιεῖσθαι (συναγωνίζεσθαι Porph.) τοῖς δικαίοις, τὸ πιστὸν ἀεὶ (πᾶσι μὲν Porph.) παρέξειν πᾶσι, μάλιστα δὲ τοῖς κρα-

VARIÆ LECTIONES.

[22] ὅσα κελεύσει. ὅσ' ἂν κελεύσῃ, vel ὅσα κελεύει susp. M; sed propter usum futuri latiorem apud Hippolytum esse retinendum videtur. [23] ὀμόσει. ὠμόσει C. [24] τάς. τοῖς C. [25] συνόδου. Syllabarum συνοδ. tenuissima in C vestigia. M. [26] ἔγγιον. ἐγγίῳ C, ἐγγίω M. [27] καθαρωτέρως ἀπολούεται. καθαρωτέρως ἀπολαύεται C, M. [28] οὐδέπω. οὐδενέω C. [29] τοιούτου. τοιούτου γὰρ C. [30] ἀεί. αὐτῶν C, M.

semper justos, fidem omnibus servet, maxime iis, qui imperium teneant — non enim sine Deo accidere cuiquam dominationem — et si ipse dominetur, ut nunquam superbiat potestate, neque prodigus sit vel ornatu majore quam mos sit utatur; veritatem autem amet, eum vero, **480 481** qui mentiatur, redarguat, neque furtum faciat, neque conscientiam iniquo quæstu polluat, ut nihil celet sectæ suæ consortes, aliis autem ut nihil prodat, etiamsi ad mortem usque crucietur. Præterea jurat nemini se placita aliter traditurum atque ipse receperit.

24. Hujusmodi igitur juramentis eos, qui ipsis accedunt, devinciunt. Sin vero quis peccati alicujus convictus fuerit, ex ordine ejicitur, ejectus autem nonnunquam terribili morte absumitur. Juramentis enim et ritibus constrictus ne convictus quidem, quo reliqui fruuntur, particeps esse potest. Nonnunquam igitur corpus fame consumunt; quare, ubi ad extrema ventum est, interdum miserentur multorum jam morientium, sufficientem eorum ad mortem usque pœnam existimantes.

25. Quoad judicia autem diligentissimi sunt et justi; judicant autem congregati haud pauciores quam centeni, quod autem definitum est ab iis, immotum est. Venerantur autem legislatorem post Deum, et si quis ei maledixerit, punitur. Principibus autem et senioribus obedire docentur; sin vero decem eodem loco considunt, nemo eorum loquetur, nisi novem reliquis placeat. Et ne exspuant in mediam et in dexteram **482-483** partem cavent; ut vero die Sabbati ab opere se abstineant, curant magis quam omnes Judæi. Nam non solum cibos sibi præparant uno die ante, quominus ignem accendant, sed ne vas quidem loco movent, neque

A λιστα τοῖς κρατοῦσιν· οὐ γὰρ δίχα Θεοῦ συμβαίνειν [31] τινὶ τὸ ἄρχειν· κἂν αὐτὸς ἄρχῃ, μηδέποτε ὑπερηφανεύσασθαι [32] ἐν ἐξουσίᾳ, μηδὲ ἀπειθήσειν [33] ἤ τινι κόσμῳ πλεῖον τοῦ ἔθους χρήσασθαι· φιλαλήθη [p. 301. 302] δὲ εἶναι, τὸν δὲ ψευδόμενον ἐλέγχειν, μηδὲ κλέπτειν, μηδὲ συνείδησιν ἐπὶ ἀνόμῳ κέρδει μολύνειν, μηδὲν ἀποκρύπτειν τοὺς συναιρεσιώτας [34], ἑτέροις δὲ μηδὲν ἐξειπεῖν, κἂν μέχρι θανάτου τις βιάζηται. Πρὸς τούτοις ὄμνυσι μηδενὶ μεταδοῦναι τῶν δογμάτων ἑτέρως ἢ ὡς αὐτὸς μετέλαβε. |

κδ'. Τοιούτοις οὖν ὅρκοις δεσμεύουσι τοὺς προσερχομένους. Εἰ δέ τις ἐν ἁμαρτήματί τιν[ι κατεγνωσθ]ῇ [35], ἀποβάλλεται τοῦ τάγματος [36], ὁ δὲ ἀποβληθεὶς δεινῷ μόρῳ ἔσθ' ὅτε διαφθείρεται. B Τοῖς γὰρ ὅρκοις καὶ τοῖς ἔθεσιν ἐνδεδεμένος οὐδὲ [37] τῆς παρὰ τοῖς ἄλλοις τροφῆς δύναται μεταλαμβάνειν. Ἔσθ' ὅτε οὖν τὸ σῶμα λιμῷ διαφθείρουσιν, [ὅθ]εν [38] ἐν ἐσχάτοις ποτὲ ἐλεοῦσι [39] πολλοὺς ἤδη ἐκλείποντας, αὐτῶν [40] ἱκανὴν μέχρι θανάτου ἐπιτιμίαν ἡγούμενοι.

κε'. Περὶ δὲ τὰς κρίσεις ἀκριβέστατοι καὶ δίκαιοι· δικάζουσι δὲ συνελθόντες οὐκ ἐλάττους τῶν ἑκατόν, τὸ δὲ ὁρισθὲν ὑπ' [41] αὐτῶν ἀκίνητον. Τιμῶσι δὲ τὸν νομοθέτην μετὰ τὸν Θεόν, καὶ εἴ τις εἰς τοῦτον βλασφημήσει, κολάζεται. Τοῖς δὲ ἄρχουσι καὶ πρεσβυτέροις ὑπακούειν διδάσκονται. Εἰ δὲ ἐπὶ τὸ αὐτὸ δέκα καθέζονται, οὐ λαλήσει εἷς, εἰ μὴ τοῖς ἐννέα δόξει. Καὶ [p. 302. 303] τὸ πτύσαι δὲ εἰς μέσον C καὶ τὸ δεξιὸν μέρος φυλάττονται [42]· τὸ δὲ τῷ Σαββάτῳ ἀπέχεσθαι ἔργου φροντίζουσι μᾶλλον πάντων Ἰουδαίων. Οὐ μόνον γὰρ τροφὰς αὐτοῖς [43] προπαρασκευάζονται [44] μιᾶς ἡμέρας πρὸς τὸ μὴ πῦρ ἅπτειν, ἀλλ' οὐδὲ σκεῦος μετατιθέασιν, οὐδὲ ἀπο-

—

τοῦσιν· οὐ γὰρ δίχα Θεοῦ περιγίνεσθαί τινι (τισι Porph.) τὸ ἄρχειν· κἂν αὐτὸς ἄρχῃ (ἄρχει Porph.), μηδέπώποτε ἐξυβρίζειν (ἐξυβρίσαι Porph.) εἰς τὴν ἐξουσίαν, μηδὲ (μὴ Porph.) ἐσθῆτι ἤ τινι πλείονι κόσμῳ τοὺς ὑποτεταγμένους ὑπερλαμπρύνεσθαι· τὴν ἀλήθειαν ἀγαπᾷν ἀεὶ καὶ τοὺς ψευδομένους ἐλέγχειν (om. Porph.) προβάλλεσθαι· χεῖρας κλοπῆς καὶ ψυχὴν ἀνοσίου κέρδους καθαρὰν φυλάξειν, καὶ μήτε κρύψειν τι τοὺς αἱρετιστάς, μήτε ἑτέροις αὐτῶν τι μηνύσειν, κἂν μέχρι θανάτου τις βιάζηται. Πρὸς (δὲ add. Porph.) τούτοις ὀμνύουσι (ὄμνυσι Porph.) μηδενὶ μὲν μεταδοῦναι τῶν δογμάτων ἑτέρως ἢ ὡς αὐτὸς μετέλαβεν (παρέλαβεν Porph.)· ἀφέξεσθαι δὲ λῃστείας, καὶ συντηρήσειν ὁμοίως τά τε τῆς (τῆς om. Porph.) αἱρέσεως αὐτῶν βιβλία καὶ τὰ τῶν ἀγγέλων ὀνόματα. Τοιούτοις μὲν ὅρκοις τοὺς προσιόντας ἐξασφαλίζονται.

η'. Τοὺς δὲ ἐπ' ἀξιοχρέοις ἁμαρτήμασιν ἁλόντας ἐκβάλλουσι τοῦ τάγματος, ὁ δὲ ἐκκριθεὶς οἰκτίστῳ πολλάκις μόρῳ διαφθείρεται. Τοῖς γὰρ ὅρκοις καὶ τοῖς ἔθεσιν ἐνδεδεμένος (ἐνδεδεμένοι Porph.) οὐδὲ τῆς παρὰ τοῖς ἄλλοις τροφῆς δύναται (δύνανται Porph.) μεταλαμβάνειν, ποηφαγῶν (ποηφαγοῦντες Porph.) δὲ καὶ λιμῷ τὸ σῶμα τηκόμενος διαφθείρεται (διαφθειρόμενοι ἀπόλλυνται Porph.). Διὸ δὴ πολλοὺς ἐλεήσαντες ἐν ταῖς ἐσχάταις ἀναπνοαῖς ἀνέλαβον (ἀνάγκαις ἔλαβον Porph.), ἱκανὴν (τιμωρίαν δεδωκέναι νομίζοντες add. Porph.) ἐπὶ τοῖς ἁμαρτήμασιν αὐτῶν (αὐτῶν om. Porph.) τὴν μέχρι θανάτου βάσανον ἡγούμενοι (ἡγ. om. Porph.).

θ'. Περὶ δὲ τὰς κρίσεις ἀκριβέστατοι καὶ δίκαιοι· καὶ δικάζουσι μὲν οὐκ ἐλάττους τῶν ἑκατὸν συνελθόντες, τὸ δὲ ὁρισθὲν ὑπ' αὐτῶν ἀκίνητον. Σέβας δὲ μέγιστον παρ' αὐτοῖς μετὰ τὸν Θεὸν τὸ ὄνομα τοῦ νομοθέτου, κἂν βλασφημήσῃ τις εἰς τοῦτον, κολάζεσθαι θανάτῳ. Τοῖς δὲ πρεσβυτέροις ὑπακούειν καὶ τοῖς πλείοσιν ἐν καλῷ τίθενται. Δέκα γοῦν συγκαθεζομένων οὐκ ἂν λαλήσειέ τις ἀκόντων τῶν ἐννέα. Καὶ τὸ πτύσαι δὲ εἰς μέσους ἢ τὸ δεξιὸν μέρος φυλάσσονται· καὶ ταῖς ἑβδομάσιν ἔργων ἐφάπτεσθαι διαφορώτατα Ἰουδαίων ἁπάντων. Οὐ μόνον γὰρ τροφὰς ἑαυτοῖς πρὸ ἡμέρας μιᾶς παρασκευάζουσιν, ὡς μηδὲ πῦρ ἐναύοιεν

VARIÆ LECTIONES.

[31] συμβαίνειν. συμβαίνει C, M. [32] ὑπερηφανεύσασθαι. ὑπερηφανεύσεσθαι R. Scottus. [33] ἀπειθήσειν. An ἀφειδήσειν? vel ἐσθῆσει cum adjectivo, quod latet in syllaba ἀπ? [34] Voce συναιρεσιώτης carent lexica. M. Nova Stephani editio exempla affert ex Photii *Bibliotheca*. [35] Litteras uncis inclusas prorsus ablatas e C supplevit M. [36] τάγματος. δόγματος C. [37] Vox οὐδὲ pene tota periit. M. [38] ὅθεν. In C duæ litteræ desunt. M. [39] ἐλεοῦσι. ἐλεῶσι C. [40] αὐτῶν. αὐτῷ C. [41] ὑπ'. ἀπ' C. [42] φυλάττωνται C. [43] αὐτοῖς. αὐτοῖς C. [44] προπαρασκευάζονται. παρασκευάζονται C, M.

πατίζουσι, τινὲς δὲ οὐδὲ | κλινιδίου χωρίζονται. Ταῖς δὲ ἄλλαις ἡμέραις ἐπὰν ἀποπατίσαι [45] θέλοιεν, βόθρον ὀρύξαντες ποδιαῖον τῇ σκαλίδι (τοιοῦτον γάρ ἐστι τὸ ἀξινόριον, ὃ τοῖς προσιοῦσι μαθητεύεσθαι πρώτως διδόασι), καὶ περικαλύψαντες τὸ ἱμάτιον ἱζάνουσι, φάσκοντες μὴ δεῖν ὑβρίζειν τὰς αὐγὰς, ἔπειτα τὴν ἀνασκαφεῖσαν γῆν ἐπεμβάλλουσιν εἰς τὸν βόθρον, καὶ τοῦτο ποιοῦσιν ἐκλε[γό]μενοι [τοὺς] [46] ἐρημοτέρους τόπους. Ἐπὰν δὲ τοῦτ[ο ποιήσωσ]ιν, εὐθὺς ἀπολούονται ὡς μιαινούσης [47] τῆς ἐκκρίσεως [48].

A alvum exonerant, nonnulli autem ne surgunt quidem e lectulo. Cæteris vero diebus si alvum exonerare velint, scrobem pedalem postquam foderunt rastro — nam talis quædam dolabella illa est, quam iis, qui ad disciplinam accedunt, primo tradunt — circumtexeruntque pallio, subsidunt dictitantes non contumeliam luci esse faciendam, deinde effossam terram superinjiciunt in scrobem, idque faciunt eligentes sibi loca desertiora. Ubi autem id fecerunt, continuo abluuntur, quasi egestio polluat.

κς'. Διῄρηνται δὲ [κα]τὰ [χρ]όνον καὶ οὐχ ὁμοίως τὴν ἄσκησιν φυλάττουσιν, εἰς τέσσαρα μέρη διαχωρισθέντες. Ἕτεροι γὰρ αὐτῶν τὰ ὑπὲρ τὸ δέον ἀσκοῦσιν, ὡς μηδὲ νόμισμα βαστάζειν, λέγοντες μὴ δεῖν εἰκόνα ἢ φέρειν ἢ ὁρᾷν ἢ ποιεῖν. Διὸ οὐδὲ εἰς πόλιν τις αὐτῶν εἰσπορεύεται, ἵνα μὴ διὰ πύλης εἰσέλθῃ, ἐφ' ᾗ [49] ἀνδριάντες ἔπεισιν, ἀθέμιτον τοῦτο ἡγούμενοι τὸ ὑπὸ εἰκόνας παρελθεῖν. Ἕτεροι δὲ ἐπὰν ἀκούσωσί τινος περὶ Θεοῦ διαλεγομένου καὶ τῶν τούτου νόμων, εἰ ἀπερίτμητος εἴη, παραφυλάξας τὸν τοιοῦτον ἐν τόπῳ τινὶ μόνον, φονεύειν ἀπειλεῖ εἰ μὴ [50] περιτμηθείη· ὃς εἰ μὴ βούλοιτο πείθεσθαι, οὐ φείδεται, ἀλλὰ καὶ σφάζει. Ὅθεν ἐκ τοῦ συμβαίνοντος τὸ ὄνομα προσέλαβον, Ζηλωταὶ καλούμενοι, ὑπό τινων δὲ Σικάριοι. Ἕτεροι δὲ αὐτῶν οὐδένα Κύριον ὀνομάζουσι πλὴν τὸν Θεὸν, εἰ καὶ αἰκίζοιτό τις ἢ καὶ ἀναιροῖτο. Τοσοῦτον δὲ οἱ μετέπειτα [p. 303. 304.] ἐλάττους τῇ ἀσκή | σει γεγένηνται [51], ὥστε τοὺς τοῖς ἀρχαίοις ἔθεσιν ἐμμένοντας μηδὲ προσψαύειν [52] αὐτῶν, ὧν εἰ ψαύσαιεν [53], εὐθέως ἀπολούονται, ὥς τινος ἀλλοφύλου ψαύσαντες. Εἰσὶ δὲ καὶ μακρόβιοι οἱ πλεῖστοι, ὥστε καὶ πλέον ἑκατὸν [54] ἔτεσι ζῇν. Φασὶν οὖν εἶναι αἴτιον [55] τό τε τῆς ἄκρας θεοσεβείας καὶ τῷ καταγνωσθῆναι [56] ἀμέτρως προσφέρεσθαι ἐγκρατιστὰς εἶναι καὶ ἀοργήτους. Θανάτου δὲ καταφρονοῦσι χαίροντες, ἡνίκα μετὰ συνειδήσεως ἀγαθῆς τελευτῶσιν· εἰ δὲ καὶ αἰκίζοιτό τις τοὺς τοιούτους, ἵνα ἢ τὸν νόμον δυσφημήσῃ ἢ εἰδωλόθυτον φάγῃ, οὐ

26. Discreti autem sunt temporis progressu, neque eodem modo disciplinam custodiunt, in quatuor partes cum sint divisi. Alii enim eorum nimis religiosi sunt, ita ut ne numisma quidem tractent, B dicentes non oportere quemquam imaginem, neque ferre, neque spectare, neque conficere. Quapropter ne ingreditur quidem in oppidum quisquam eorum, ne per portam intret, cui statuæ impositæ sint, quia nefas esse existimant sub imaginibus prælerire. Alii autem ubi audiverunt aliquem de Deo disserentem ejusque legibus, si non sit circumcisus, cum deprehenderit talem hominem alicubi solum, necem comminatur, nisi circumcidatur, cui, nisi obtemperare velit, non parcit, imo vero et trucidat eum. Quare ex accidenti cognomen traxerunt, Zelotæ appellati, a quibusdam autem Sicarii. Alii autem eorum neminem Dominum appellant præter Deum, etiamsi quis eos cruciet vel etiam interimat. C Adeo **484-485** autem ætate posteriores a disciplinæ severitate defecerunt, ut ii, qui in priscis moribus permanent, eos ne attingant quidem; quos si forte contigerint, illico abluuntur, quasi alienigenam quem contigerint. Sunt autem et longævi plerique, ita ut vel plus quam centum annos vivant. Aiunt igitur causam esse eximiæ istius pietatis immodicique, quo ad martyrium feruntur, studii, quod continentes sint iræque temperent. Mortem autem contemnunt, gaudentque quando bonæ mentis sibi

—

ἐκείνῃ τῇ ἡμέρᾳ, ἀλλ' οὐδὲ σκεῦός τι μετακινῆσαι θαῤῥοῦσιν, οὐδὲ ἀποπατεῖν. Ταῖς δὲ ἄλλαις ἡμέραις βόθρον ὀρύσσοντες βάθος ποδιαῖον τῇ σκαλίδι — τοιοῦτον γάρ ἐστι τὸ διδόμενον ὑπ' αὐτῶν ἀξινίδιον τοῖς νεοσυστάτοις — καὶ περικαλύψαντες θοιματίῳ, ὡς μὴ τὰς αὐγὰς ὑβρίζοιεν τοῦ Θεοῦ, θακεύουσιν εἰς αὐτὸν, ἔπειτα τὴν ἀνορυχθεῖσαν γῆν ἐφέλκουσιν εἰς τὸν βόθρον, καὶ τοῦτο ποιοῦσι τοὺς ἐρημοτέρους τόπους ἐκλεγόμενοι. Καίπερ δὲ φυσικῆς οὔσης τῆς τῶν σωματικῶν λυμάτων ἐκκρίσεως, ἀπολούεσθαι μετ' αὐτὴν καθάπερ μεμιαμμένοις ἔθιμον.

ι'. Διῄρηνται δὲ κατὰ χρόνον τῆς ἀσκήσεως εἰς μοίρας τέσσαρας· καὶ τοσοῦτον οἱ μεταγενέστεροι τῶν προγενεστέρων ἐλαττοῦνται, ὥστε, εἰ ψαύσειαν αὐτῶν, ἐκείνους ἀπολούεσθαι, καθάπερ ἀλλοφύλῳ συμφυρέντας. Καὶ μακρόβιοι μὲν, ὡς τοὺς πολλοὺς ὑπὲρ ἑκατὸν παρατείνειν ἔτη, διὰ τὴν ἁπλότητα τῆς διαίτης, ἔμοιγε δοκεῖν, καὶ τὴν εὐταξίαν. Καταφρονηταὶ δὲ τῶν δεινῶν, καὶ τὰς μὲν ἀλγηδόνας νικῶντες τοῖς φρονήμασι. τὸν δὲ θάνατον, εἰ μετ' εὐκλείας προσίοι, νομίζοντες ἀθανασίας ἀμείνω. Διήλεγξε δ' αὐτῶν ἐν ἅπασι τὰς ψυχὰς ὁ πρὸς Ῥωμαίους πόλεμος· ἐν ᾧ στρεβλούμενοι καὶ λυγιζόμενοι καιόμενοί τε καὶ κλώμενοι καὶ διὰ πάντων ὁδεύοντες τῶν βασανιστηρίων ὀργάνων, ἵνα ἢ βλασφημήσωσι τὸν νομοθέτην, ἢ φάγωσί τι τῶν ἀσυνήθων, οὐδέτερόν τι ὑπέμειναν παθεῖν, ἀλλ' οὐδὲ κολακεῦσαί ποτε τοὺς αἰκιζομένους ἢ δακρῦσαι.

VARIÆ LECTIONES.

[45] ἀποπατίσαι. ἀποπατῖσαι C, ἀποπατῆσαι susp. M. [46] Uncis inclusa in C prorsus ablata sunt. M. [47] μιαινούσης. μὴ αἰνούσης C. [48] Sequentia non habet Josephus. M. [49] ἐφ' ᾗ. ἐφ' ἣν C. [50] εἰ μή. εἰμὶ C. [51] γεγένηται C. [52] προσψαύειν. πρὸς ψάβειν C. [53] ψαύσαιεν Sauppius, ψαύσοιεν C, M. [54] ἑκατόν. ἑκτὸν C. [55] αἴτιον — ἐγκρατιστάς. αἴτιον τῆς ἄκρας θ. καὶ τοῦ τῷ κατ. ἀ. πρ. τὸ ἐγκρατιστάς? αἴτιον τό τε τ. ἀ. θ. καὶ τὸ κατὰ [πάντα] ἀγ ὡς δὴ καὶ εὐμέτρως πρ. καὶ ἐγκρατιστὰς ingeniose conj. Sauppius. [56] καταγνωσθῆναι. καταγνωσθῇ C.

consciî diem obeunt. Etiamsi vero quis cruciet hosce, ut vel legi maledicat, vel comedat, quod idolis immolatum est, non faciet, sustinens mori et cruciatus perferre, ne conscientiam suam violet.

27. Valet autem apud eos et resurrectionis dogma; profitentur enim et carnem resurrecturam immortalemque esse futuram, quomodo jam immortalis sit anima, quam separatam nunc aiunt in uno loco bene ventilato et luculento quiescere usque ad judicium, quem locum Græci cum audiverint beatorum insulas appellaverunt. Sed et alia eorum dogmata postquam sibi vindicaverunt multi Græcorum, suas opiniones conflaverunt. **486-487** Est enim eorum cultus divini numinis vetustior omnibus populis, ita ut appareat omnes, qui de Deo loqui ausi sunt vel de mundi fabrica, non aliunde tradita accepisse initia, quam a Judaica legislatione, quorum in primis Pythagoras et Stoici apud Ægyptios ab iis edocti acceperunt. Dicunt autem et judicium esse futurum et universi deflagrationem et injustos punitum iri in æternum. Colitur autem inter eos vaticinatio et prædictio rerum futurarum.

28. Est igitur et alius Essenorum ordo, qui iisdem moribus et victu utuntur, hac una autem in re ab iis differunt, quod matrimonium ineunt, cum dicant aliquid immane facere eos, qui matrimonium abrogaverint; in vitæ interitum id cedere, neque esse excidendam liberorum successionem dictitantes, cum, si omnes idem sentirent, facile excideretur universum genus hominum. Tentant tamen per triennium nuptas, cum autem ter purgatæ sint, ad explorandum, num parere possint, ita eas in matrimonium ducunt. Cum gravidis rem non habent,

A π[οι]ήσει [57] ὑπομένων θανεῖν καὶ βασάνους βαστάσαι, ἵνα τὸ συνειδὸς μὴ παρέλθῃ.

κζ'. Ἔῤῥωται δὲ παρ' αὐτοῖς καὶ ὁ τῆς ἀναστάσεως λόγος· ὁμολογοῦσι γὰρ καὶ τὴν σάρκα ἀναστήσεσθαι καὶ ἔσεσθαι ἀθάνατον, ὃν τρόπον ἤδη ἀθάνατός ἐστιν ἡ ψυχὴ, ἣν χωρισθεῖσαν νῦν φασιν [58] εἰς ἕνα χῶρον εὔπνουν καὶ φωτεινὸν ἀναπαύεσθαι ἕως κρίσεως, ὃν χῶρον Ἕλληνες ἀκούσαντες μακάρων νήσους ὠνόμασαν. Ἀλλὰ καὶ ἕτερα τούτων δόγματα πολλοὶ τῶν Ἑλλήνων σφετερισάμενοι ἰδίας δόξας συνεστήσαντο. Ἔστι [p. 304. 305] γὰρ ἡ κατὰ τούτους ἄσκησις περὶ τὸ θεῖον ἀρχαιοτέρα πάντων ἐθνῶν, ὡς δείκνυσθαι πάντας τοὺς περὶ θεοῦ
B εἰπεῖν τετολμηκότας ἢ περὶ τῆς [59] τῶν ὄντων δημιουργίας μὴ ἑτέρωθεν παρειληφέναι τὰς ἀρχὰς ἢ ἀπὸ τῆς Ἰουδαϊκῆς νομοθεσίας. ὧν μάλιστα Πυθαγόρας καὶ οἱ ἀπὸ τῆς Στοᾶς παρ' Αἰγυπτίοις τούτοις μαθητευθέντες παρέλαβον. Λέγουσι δὲ καὶ κρίσιν ἔσεσθαι καὶ τοῦ παντὸς ἐκπύρωσιν, καὶ τοὺς ἀδίκους κολασθήσεσθαι εἰσαεί. Ἀσκεῖται δὲ ἐν αὐτοῖς τὸ προφητεύειν [60] καὶ προλέγειν τὰ ἐσόμενα.

κη'. Ἔστι μὲν οὖν καὶ ἕτερον Ἐσσηνῶν [61] τάγμα, τοῖς μὲν αὐτοῖς ἤθεσι καὶ διαίτῃ χρώμενοι, ἐν ἑνὶ δὲ τούτων ἐνδιαλλάττουσι [62], τῷ γαμεῖν, δεινόν τι λέγοντες [63], δρᾷν τοὺς ἀ[πο]ποιήσαντας [64] γάμον· πρὸς τὴν ἀναίρεσιν τοῦ βίου γίνεσθαι τοῦτο, καὶ μὴ δεῖν ἐκκόπτειν τὴν τῶν τέκνων διαδοχὴν φάσκοντες,
C ὡς εἰ πάντες τοῦτο φρονήσειαν, ἐκκοπήσεσθαι ῥᾳδίως τὸ πᾶν γένος ἀνθρώπων. Δοκιμάζουσι μέντοι τριετίᾳ τὰς γαμετάς· ἐπὰν δὲ τρὶς καθαρθῶσιν εἰς [πεῖρα]ν [65] τοῦ δύνασθαι τίκτειν, οὕτως ἄγονται. Ταῖς δὲ ἐγκύμοσιν οὐχ ὁμιλοῦσιν, ἐπιδεικνύμενοι τὸ μὴ δι'

Μειδιῶντες δὲ ἐν ταῖς ἀλγηδόσι καὶ κατειρωνευόμενοι τῶν τὰς βασάνους προσφερόντων εὔθυμοι τὰς ψυχὰς ἠφίεσαν, ὡς πάλιν κομιούμενοι.

ια'. Καὶ γὰρ ἔῤῥωται παρ' αὐτοῖς ἥδε ἡ δόξα· φθαρτὰ μὲν εἶναι τὰ σώματα καὶ τὴν ὕλην οὐ μόνιμον αὐτοῖς, τὰς δὲ ψυχὰς ἀθανάτους ἀεὶ διαμένειν, καὶ συμπλέκεσθαι μὲν, ἐκ τοῦ λεπτοτάτου φοιτώσας αἰθέρος, ὥσπερ εἱρκταῖς τοῖς σώμασιν ἴυγγί τινι φυσικῇ κατασπωμένας· ἐπειδὰν δὲ ἀνεθῶσι τῶν κατὰ σάρκα δεσμῶν, οἷα δὴ μακρᾶς δουλείας ἀπηλλαγμένας, τότε χαίρειν καὶ μετεώρους φέρεσθαι. Καὶ ταῖς μὲν ἀγαθαῖς ὁμοδοξοῦντες παισὶν Ἑλλήνων ἀποφαίνονται τὴν ὑπὲρ Ὠκεανὸν δίαιταν ἀποκεῖσθαι καὶ χῶρον οὔτε ὄμβροις, οὔτε νιφετοῖς, οὔτε καύμασι βαρυνόμενον, ἀλλ' ὃν ἐξ Ὠκεανοῦ πραΰς ἀεὶ ζέφυρος ἐπιπνέων ἀναψύχει· ταῖς δὲ φαύλαις ζοφώδη καὶ χειμέριον ἀφορίζονται μυχὸν, γέμοντα τιμωριῶν ἀδιαλείπτων. Δοκοῦσι δέ μοι κατὰ τὴν αὐτὴν ἔννοιαν Ἕλληνες τοῖς τε ἀνδρείοις αὐτῶν, οὓς ἥρωας καὶ ἡμιθέους καλοῦσι, τὰς μακάρων νήσους ἀνατεθεικέναι, ταῖς δὲ τῶν πονηρῶν ψυχαῖς καθ' ᾅδου τὸν ἀσεβῶν χῶρον, ἔνθα καὶ κολαζομένους τινὰς μυθολογοῦσι, Σισύφους, καὶ Ταντάλους, καὶ Ἰξίονας, καὶ Τιτυούς, πρῶτον μὲν ἀϊδίους ὑφιστάμενοι τὰς ψυχὰς, ἔπειτα εἰς προτροπὴν ἀρετῆς καὶ κακίας ἀποτροπήν· τούς τε γὰρ ἀγαθοὺς γίνεσθαι κατὰ τὸν βίον ἀμείνους ἐλπίδι τιμῆς καὶ μετὰ τὴν τελευτὴν, τῶν τε κακῶν ἐμποδίζεσθαι τὰς ὁρμὰς δέει, προσδοκώντων, εἰ καὶ λάθοιεν ἐν τῷ ζῆν, μετὰ τὴν διάλυσιν ἀθάνατον τιμωρίαν ὑφέξειν. Τάδε μὲν οὖν Ἐσσηνοὶ περὶ ψυχῆς θεολογοῦσιν, ἄφυκτον δέλεαρ τοῖς ἅπαξ γευσαμένοις τῆς σοφίας αὐτῶν ἐγκαθιέντες.

ιβ'. Εἰσὶ δὲ ἐν αὐτοῖς, οἳ καὶ τὰ μέλλοντα προγινώσκειν ὑπισχνοῦνται, βίβλοις ἱεραῖς καὶ διαφόροις ἁγνείαις καὶ προφητῶν ἀποφθέγμασιν ἐμπαιδοτριβούμενοι, σπάνιον δὲ εἴ ποτε ἐν ταῖς προαγορεύσεσιν ἀστοχήσουσιν.

ιγ'. Ἔστι δὲ καὶ ἕτερον Ἐσσηνῶν τάγμα, ὃ δίαιταν μὲν καὶ ἔθη καὶ νόμιμα τοῖς ἄλλοις ὁμοφρονοῦν, διεστὸς δὲ τῇ κατὰ γάμον δόξῃ. Μέγιστον γὰρ ἀποκόπτειν οἴονται τοῦ βίου μέρος, τὴν διαδοχὴν, τοὺς μὴ γαμοῦντας, μᾶλλον δὲ, εἰ πάντες τὸ αὐτὸ φρονήσειαν, ἐκλιπεῖν ἅπαν τὸ γένος τάχιστα. Δοκιμάζοντες μέντοι τριετίᾳ τὰς γαμετὰς, ἐπειδὰν τρὶς καθαρθῶσιν εἰς πεῖραν τοῦ δύνασθαι τίκτειν, οὕτως ἄγονται. Ταῖς δὲ ἐγκύμοσιν οὐχ ὁμιλοῦσιν, ἐνδεικνύμενοι τὸ μὴ δι' ἡδονὴν ἀλλὰ τέκνων χρείαν γαμεῖν. Λουτρὰ δὲ ταῖς γυ-

VARIÆ LECTIONES.

[57] ποιήσει. π . . ήσει duabus litteris ablatis C, πονήσει M. [58] φασιν. ἔστιν C, M. [59] περὶ τῆς. τῆς περὶ C, M. [60] τὸ προφ. καὶ τὸ προφ.? Sauppius. [61] Ἐσηνῶν C. [62] ἐνδιαλάττουσι C. [63] λέγοντες. λέγοντος C. [64] ἀ[πο]ποιήσαντας. Litteræ πο prorsus ablatæ. M. [65] [πεῖρα]ν. Lacuna ex Josepho expleta.

ἡδονὴν γαμεῖν, ἀλλὰ διὰ τέκνων χρείαν. Ὁμοίως δὲ καὶ αἱ γυναῖκες ἀπολούονται καὶ αὗται ἐπένδυμα [66] ἐνδυόμεναι λινοῦν, ὃν τρόπον οἱ ἄνδρες τὰ περιζώματα. Ταῦτα μὲν οὖν [τὰ] [67] κατὰ Ἐσσηνούς [68].

Ἕτεροι δὲ καὶ αὐτοὶ τῶν Ἰουδαίων ἐθῶν [69] ἀσκηταὶ καὶ κατὰ γένος [p. 305. 306] καὶ κατὰ νόμους Φαρισαῖοι καλούμενοι, ὧν τὸ μὲν πλεῖστον μέρος ἐστὶ κατὰ πάντα τόπον, πάντων μὲν Ἰουδαίων καλουμένων, διὰ δὲ τὰς ἰδίως δοξαζομένας γνώμας ὀνόμασι κυρίοις [70] ἐπικαλουμένων. Οὗτοι μὲν οὖν τὴν ἀρχαίαν παράδοσιν διακρατοῦντες, ἐπὶ τοῖς κατὰ νόμον καθαροῖς καὶ μὴ καθαροῖς ἐπὶ νεῖκος [71] ἐξετάζοντες διαμένουσι· τά τε τοῦ νόμου ἑρμηνεύουσι, διδασκάλους εἰς ταῦτα προβιβάζοντες. Οὗτοι εἱμαρμένην εἶναι λέγουσι, καὶ τινὰ μὲν κατ' ἐξουσίαν εἶναι, τινὰ δὲ κατὰ τὴν | εἱμαρμένην, ὡς τινὰ μὲν ἐφ' ἡμῖν, τινὰ δὲ τῆς εἱμαρμένης, Θεὸν δὲ πάντων εἶναι αἴτιον, καὶ μηδὲν ἄνευ θελήματος αὐτοῦ διοικεῖσθαι ἢ συμβαίνειν. Οὗτοι καὶ σαρκὸς ἀνάστασιν ὁμολογοῦσι, καὶ ψυχὴν ἀθάνατον, καὶ κρίσιν ἐσομένην, καὶ ἐκπύρωσιν, καὶ δικαίους μὲν ἀφθάρτους ἔσεσθαι, ἀδίκους δὲ εἰσαεὶ κολασθήσεσθαι ἐν πυρὶ ἀσβέστῳ.

κθ'. Ταῦτα μὲν οὖν καὶ Φαρισσαῖοι. Σαδδουκαῖοι δὲ τὴν μὲν εἱμαρμένην ἀναιροῦσι, [καὶ] τὸ[ν Θεὸν] [72] μηδέν τι κακὸν δρᾷν ἢ ἐφορᾷν ὁμολογοῦσιν, εἶναι δὲ ἐξ ἀνθρώπων ἐξουσίας [73] τὸ αἱρεῖσθαι τὸ ἀγαθὸν ἢ κακόν. Ἀνάστασιν δὲ ἀρνοῦνται οὐ μόνον σαρκὸς, ἀλλὰ καὶ ψυχὴν μὴ διαμένειν νομίζουσι· [ταύτῃ δὲ] [74] εἶναι μόνον τὸ ζῆν, καὶ τοῦτο δὲ εἶναι οὗ χάριν ἐγένετο ἄνθρωπος, ἐν δὲ τούτῳ [75] πληροῦσθαι τὸν τῆς ἀναστάσεως λόγον, ἐν τῷ καταλείψαντας ἐπὶ γῆς τὰ τέκνα τελευτᾷν· μετὰ δὲ θάνατον μηδὲν ἐλπίζειν παθεῖν ἢ κακὸν ἢ ἀγαθόν· λύσιν γὰρ ἔσεσθαι καὶ ψυχῆς καὶ σώματος, καὶ εἰς τὸ μὴ εἶναι χωρεῖν τὸν ἄνθρωπον, καθ' ὃ καὶ τὰ λοιπὰ ζῷα. Ὅ τι δ' ἂν δράσῃ ἄνθρωπος ἐν [76] τῷ βίῳ κακὸν, ἀνθρώποις κἂν [77] διαλλαχθῇ [78], [p. 306. 307] κεκέρδηκε, τὴν ὑπὸ ἀνθρώπων διαφυγὼν [79] κόλασιν· ὅ τι δ' ἂν κτήσηται καὶ πλουτήσας δοξασθῇ, τοῦτο κεκέρδηκε· μέλειν [80] δὲ Θεῷ μηδὲν τῶν κατὰ ἕνα [81]. Καὶ οἱ μὲν Φαρισαῖοι

ostendentes se non voluptatis causa matrimonium inire, sed propter liberorum usum. Simili autem modo etiam mulieres abluuntur ipsa quoque veste indutæ lintea, sicuti viri perizoniis. Hæc igitur sunt, quæ ad Essenos spectant.

Alii autem et ipsi Judæorum mores colunt et quoad genus **488-489** et quoad leges Pharisæi appellati, quorum maxima pars omnibus locis est, cum omnes quidem Judæi appellentur, propter singulares autem opiniones suas propriis nominibus vocentur. Hi igitur vetustam traditionem firmiter tenentes de iis, quæ secundum legem munda sint immundaque, non desinunt litigiose disceptare, legisque sententiam interpretantur magistros ad ista studia producentes. Hi fatum esse aiunt, et aliqua arbitrio esse relicta, aliqua autem fato regi, ita ut aliqua penes nos sint, aliqua autem e fato pendeant. Deum autem universarum rerum esse auctorem nihilque sine ejus voluntate dispensari vel evenire. Hi etiam carnis resurrectionem profitentur et animam esse immortalem et judicium futurum et deflagrationem, et justos nunquam perituros esse, injustos autem in perpetuum punitum iri in igne inexstinguibili.

29. Hæc igitur et Pharisæi. Sadducæi autem fatum tollunt, et Deum nihil mali agere vel providere profitentur, esse autem in hominum potestate electionem boni aut mali. Resurrectionem vero negant non solum carnis, sed etiam animam non permanere opinantur; hic autem tantum esse vitam, et hanc esse causam cur homo factus sit, hac autem re expleri resurrectionis notionem, quod relictis in terra filiis vitam finiamus; post mortem autem nullam esse spem patiendi vel malum vel bonum, solutum enim iri et animam et corpus et ad nihilum venire hominem sicuti etiam reliqua animantia. Quidquid autem homo in hac vita fecerit mali, dummodo hominibus reconciliatus sit, lucrifecit, cum hominum **490-491** pœnam subterfugerit; quidquid autem quæsiverit et ditescens excelluerit, hoc lucrifecit; nihil autem curare Deum eorum quæ ad singulos attinent. Et Pharisæi quidem sui invicem

---

ναιξὶν ἀμπεχομέναις ἐνδύματα, καθάπερ τοῖς ἀνδράσιν ἐν περιζώματι. Τοιαῦτα μὲν ἔθη τοῦδε τοῦ τάγματος.

ιδ'. Δύο δὲ τῶν προτέρων Φαρισαῖοι μὲν, οἱ δοκοῦντες μετὰ ἀκριβείας ἐξηγεῖσθαι τὰ νόμιμα καὶ τὴν πρώτην ἐπάγοντες αἵρεσιν, εἱμαρμένῃ τε καὶ Θεῷ προσάπτουσι πάντα, καὶ τὸ μὲν πράττειν τὰ δίκαια καὶ μὴ κατὰ τὸ πλεῖστον ἐπὶ τοῖς ἀνθρώποις κεῖσθαι, βοηθεῖν δὲ εἰς ἕκαστον καὶ τὴν εἱμαρμένην, ψυχήν δὲ πᾶσαν μὲν ἄφθαρτον, μεταβαίνειν δὲ εἰς ἕτερον σῶμα τὴν τῶν ἀγαθῶν μόνην, τὴν δὲ τῶν φαύλων ἀϊδίῳ τιμωρίᾳ κολάζεσθαι. Σαδδουκαῖοι δὲ, τὸ δεύτερον τάγμα, τὴν μὲν εἱμαρμένην παντάπασιν ἀναιροῦσι καὶ τὸν Θεὸν ἔξω τοῦ δρᾷν τι κακὸν ἢ μὴ δρᾷν τίθενται· φασὶ δὲ ἐπ' ἀνθρώπων ἐκλογῇ τό τε καλὸν καὶ τὸ κακὸν προκεῖσθαι, καὶ τὸ κατὰ γνώμην ἑκάστῳ τούτων ἑκατέρῳ προσιέναι. Ψυχῆς τε τὴν διαμονὴν καὶ τὰς καθ' ᾅδου τιμωρίας καὶ τιμὰς ἀναιροῦσι. Καὶ Φαρισαῖοι μὲν φιλάλληλοί τε καὶ τὴν εἰς τὸ κοινὸν ὁμόνοιαν

VARIÆ LECTIONES.

[66] ἐπένδυμα. ἐπ' ἕνα C. [67] τὰ om. C, M. [68] Ἐσηνούς C. [69] ἐθῶν. ἐθνῶν C. [70] κυρίοις. καιρίοις C. [71] ἐπὶ νεῖκος. ἐπιεικὸς C, ἐπιεικῶς M. [72] Litterarum uncis inclusarum tenuissima vestigia in C supersunt. Restituimus ex Josepho. M. [73] ἐξουσίας. ἐξουσίαν C, M, qui corrigendum esse putat τοῦ αἱρ. [74] ταύτῃ δὲ R. Scottus, ταύτην δὲ C, M, qui exesorum vocabulorum satis certa vestigia adesse affirmat: ἐπὶ γῆς? [75] ἐν δὲ τούτῳ. ἐν δὲ τῷ C, ἐνὶ δὲ τῷ M. Sicuti nos etiam R. Scottus conjecit. [76] ἄνθρωπος ἐν. ἄνθρωπον ἐν susp. M. [77] ἀνθρώποις κἂν. ἄνθρωπος καὶ C, M, ἀνθρώποις ἂν Bunsenius. [78] διαλαχθῇ C. [79] διαφυγών. διὰ φυγῶν. [80] μέλειν. μέλλειν C. [81] κατὰ ἕνα. Fortasse κατὰ γῆν vel κάτω.

amantes sunt, Sadducæi autem sui ipsorum. Hæc A secta in Samaria admodum prævaluit. Et ipsi vero ad legis mores se applicant, dicentes oportere quemque ita vivere, ut pulchre vivat et filios in terra relinquat. Ad prophetas autem non se applicant, neque ad ullos alios sapientes, nisi solum ad Mosis legem, nihil interpretantes. Hæc igitur sunt, quæ et Sadducæi diligunt.

30. Quoniam igitur et quæ inter Judæos sunt differentias exposuimus, congruens mihi esse videtur, etiam cultum eorum divinum silentio non prætermittere. Est igitur apud Judæos in universum doctrina de cultu divino quadruplex: theologica, naturalis, moralis, hierurgica. Et deum quidem unum esse aiunt, et opificem universi et Dominum, qui fecerit universa, cum antea non fuerint neque B ex subjacente quadam substantia coæva, sed volens et creans, et esse angelos eosque factos ad ministrandum rebus creatis, verum esse etiam spiritum quemdam potentem ad celebrandum et laudandum apud Deum semper permanentem; omnia autem in rebus creatis sensum habere, nihilque esse inanime. Et moribus student honestis modestæque vitæ, sicuti ex legibus cognoscere licet. Hæc autem olim accurate definita erant apud ipsos, qui antiquitus, non nuper legem traditam acceperunt, ita ut lector stupescat in tanta modestia et accurata diligentia morum homini lege sanctorum. Hierurgicum autem ministerium summopere excultum est apud eos, decenter numini divino accommodatum, C sicuti iis qui volunt, si librum, qui de his rebus agit, legunt, **492-493** facile est cognitu, quam honeste et religiose Deo offerentes primitias eorum, quæ ab ipso in usum et commodum hominum donata sunt, ejus jussu ordinate et assidue ministraverint. Horum autem aliqua Sadducæi negant; nolunt enim angelos vel spiritus exstare. Omnes autem simili modo Christum exspectant, cum lex et prophetæ adventurum prænuntiaverint, Judæi autem tempus ejus adventus non agnoverint, ita ut remaneat suspicio putantibus, ea, quæ de adventu ejus dicta sunt, non esse impleta, exspectent autem jam adventurum Christum, quia eum cum advenit non agnoverint, et signa temporum quod jam adfuerit D videntes perturbentur et pudeat eos confiteri eum venisse, quoniam suis manibus eum necaverint, indignati cum ab eo convincerentur, quod legibus non obedivissent. Et eum, qui ita missus est a Deo,

A φιλάλληλοι, οἱ δὲ Σαδδουκαῖοι φίλαυτοι. Αὕτη ἡ αἵρεσις περὶ τὴν Σαμάρειαν μᾶλλον ἐκρατύνθη. Καὶ αὐτοὶ δὲ τοῖς τοῦ νόμου ἔθεσι προσέχουσι, λέγοντες δεῖν οὕτω ζῆν, ἵνα καλῶς βιώσῃ καὶ | τέκνα ἐπὶ γῆς καταλείπῃ. Προφήταις δὲ οὐ προσέχουσιν, ἀλλ' οὐδὲ ἑτέροις τισὶ σοφοῖς, πλὴν μόνῳ τῷ διὰ Μωσέως νόμῳ, μηδὲν ἑρμηνεύοντες. Ταῦτα μὲν οὖν, ἃ καὶ οἱ Σαδδουκαῖοι αἱρετίζουσιν.

λ'. Ἐπεὶ τοίνυν καὶ τὰς παρὰ Ἰουδαίοις διαφορὰς ἐκτεθείμεθα [81], εὔλογον δοκεῖ καὶ τὴν ἄσκησιν τῆς τούτων θεοσεβείας μὴ παρασιωπᾷν. Ἔστι μὲν οὖν ἡ κατὰ πάντας Ἰουδαίους κατὰ τὴν θεοσέβειαν πραγματεία τετραχῆ, θεολογική, φυσική, ἠθική, ἱερουργική. Καὶ τὸν μὲν Θεὸν ἕνα εἶναι λέγουσι, δημιουργόν τε τοῦ παντὸς καὶ Κ[ύριον] [82], ποιήσαντα πάντα οὐ B πρότερον ὄ[ντα] [83], οὐδὲ ἔκ τινος ὑποκειμένης συγχρόνου οὐσίας, ἀ[λλὰ θ]ελήσαντα καὶ κτίσαντα, εἶναί τε ἀγγέλους, καὶ τούτους γενομένους πρὸς λειτουργίαν τῆς κτίσεως, ἀλλὰ καὶ πνεῦμα ἐξουσιαστικὸν πρὸς δόξαν καὶ αἶνον Θεῷ ἀεὶ παραμένον [84]· τὰ πάντα δὲ ἐν τῇ κτίσει αἴσθησιν ἔχειν καὶ μηδὲν εἶναι ἄψυχον. Ἤθους τε ἀντιποιοῦνται σεμνοῦ καὶ σώφρονος βίου, καθὼς ἔστιν ἐκ τῶν νόμων ἐπιγνῶναι. Ταῦτα δὲ πάλαι ἀκριβαζόμενα ἦν παρ' αὐτοῖς, ἀρχῆθεν, [οὐ] νεωστὶ [85] τὸν νόμον παρειληφόσιν, ὡς τὸν ἐντυγχάνοντα καταπλαγῆναι ἐπὶ τοσαύτῃ σωφροσύνῃ καὶ ἐπιμελείᾳ τοῦ περὶ τὸν ἄνθρωπον νομοθετουμένου ἤθους. Ἱερουργικὴ δὲ λειτουργία ἄκρως ἐξήσκηται παρ' αὐτοῖς εὐσχημόνως πρὸς τὸ θεῖον προσφερομένη, C καθὼς τοῖς βουλομένοις ῥᾴδιόν ἐστιν ἐντυχοῦσι τῇ περὶ τούτων ἐξαγορευούσῃ βίβλῳ μαθεῖν, ὡς σεμνῶς [p. 307—309] καὶ ὁσίως τῷ Θεῷ ἀπαρχόμενοι τῶν παρ' αὐτοῦ δεδωρημένων εἰς χρῆσιν καὶ ἀπόλαυσιν ἀνθρώπων, κελευόμενοι εὐτάκτως καὶ παραμόνως ἐλειτούργουν. Τούτων δέ τινα οἱ Σαδδουκαῖοι ἀπαγορεύουσιν· οὐ γὰρ βούλονται [86] ἀγγέλους ἢ πνεύματα ὑπάρχειν. Οἱ δὲ πάντες ὁμοίως Χριστὸν προσδέχονται, τοῦ μὲν νόμου καὶ τῶν προφητῶν [87] παρεσόμενον προχηρυξάντων, τῶν [88] δὲ Ἰουδαίων τὸν καιρὸν τῆς παρουσίας μὴ ἐπιγνόντων, [ὡς] [89] ἐπιμένειν τὴν ὑπόνοιαν τοῦ δοκεῖν μὴ τὰ εἰ[ρημένα] [90] περὶ τῆς παρουσίας τετελέσθαι, προσδοκᾷν δὲ ἤδη Χριστὸν παρεσόμενον διὰ τὸ παρόντα [91] μὴ ἐπεγνωκέναι, καὶ τὰ σύμβολα τῶν καιρῶν τοῦ ἤδη παραγεγονέναι ὁρῶντας ταράττεσθαι, αἰδεῖσθαί τε ὁμολογεῖν ἐληλυθέναι [92], ἐπεὶ [93] αὐτόχειρες αὐτοῦ γεγένηνται ἀγανακτοῦντες ἐλεγχόμενοι ὑπ' αὐτοῦ, ὅτι τοῖς νόμοις μὴ ὑπήκουσαν. Καὶ τὸν μὲν οὕτως ἀποσταλέντα ὑπὸ

ἀσκοῦντες, Σαδδουκαίων δὲ καὶ πρὸς ἀλλήλους τὸ ἔθος ἀγριώτερον, αἵ τε ἐπιμιξίαι πρὸς τοὺς ὁμοίους ἀπηνεῖς, ὡς πρὸς ἀλλοτρίους. Τοιαῦτα μὲν περὶ τῶν ἐν Ἰουδαίοις φιλοσοφούντων εἶχον εἰπεῖν

VARIÆ LECTIONES.

[81] ἐκτεθήμεθα C [82] Κύριον. κτίστην susp. R. Scottus, κόσμον Roeperus: καὶ fortasse bis exaratum fuisse putat M. [83] ὄντα. Lacunam explevit M. [84] παραμένον· τά. παραμένοντα· C, M. [85] παρ' αὐτοῖς, ἀρχῆθεν, οὐ νεωστὶ Sauppius, παρὰ τοῖς ἀρχῆθεν νεοστὶ C, M, qui in hoc verbo latere suspicatur ἐνδρεῖ. [86] βούλονται. βούλοινται C. [87] προφητῶν. προφητῶν τόν? Sauppius. [88] προχηρυξάντων, τῶν. προχηρυξάντων. Τῶν C, M. [89] ἐπιγνόντων, ὡς. ἐπιγνόντων C, M, ἐπιγνόντων, ἐγένετο conj. Roeperus. [90] Syllabæ ρημένα ablatæ. M. [91] τὸ παρόντα, τὸ τὸν παρόντα? [92] Scripsimus ἐληλυθέναι. Initio lacunæ ἐ, in fine αι, et paulo ante accentur M. [93] ἐπεί. ἐπὶ C.

τοῦ Θεοῦ, Χριστὸν οὐκ εἶναι τοῦτον λέγουσιν· ἐλεύσεσθαι δὲ ἕτερον, τὸν οὐκ ὄντα, εἰς ὃν τὰ [95] μὲν σύμβολα ἐκ μέρους [96], ὅσα ὁ νόμος καὶ οἱ προφῆται προέφηναν, ὁμολογοῦσι, τινὰ δὲ καὶ πλανώμενοι [97] νομίζουσι· γένεσιν μὲν γὰρ αὐτοῦ ἐσομένην λέγουσιν ἐκ γένους Δαβὶδ, ἀλλ' οὐκ ἐκ Παρθένου καὶ ἁγίου Πνεύματος, ἀλλ' ἐκ γυναικὸς καὶ ἀνδρὸς, ὡς πᾶσιν ὅρος γεννᾶσθαι [98] ἐκ σπέρματος, φάσκοντες τοῦτον ἐσόμενον βασιλέα ἐπ' αὐτοὺς, ἄνδρα πολεμιστὴν καὶ δυνατὸν, ὃς ἐπισυνάξας τὸ πᾶν ἔθνος Ἰουδαίων, πάντα τὰ ἔθνη πολεμήσας, ἀναστήσει αὐτοῖς τὴν Ἱερουσαλὴμ πόλιν βασιλίδα, εἰς ἣν ἐπισυνάξει ἅπαν τὸ ἔθνος, καὶ πάλιν ἐπὶ τὰ ἀρχαῖα ἔθη ἀποκαταστήσει βασιλεῦον καὶ ἱερατεῦον καὶ κατοικοῦν ἐν πεποιθήσει ἐν χρόνοις ἱκανοῖς· ἔπειτα ἐπαναστῆναι κατ' αὐτῶν πόλεμον ἐπισυναχθέντων· ἐν ἐκείνῳ τῷ πολέμῳ πεσεῖν τὸν Χριστὸν ἐν μαχαίρῃ [99], ἔπειτα μετ' οὐ πολὺ τὴν συντέλειαν καὶ ἐκπύρωσιν τοῦ παντὸς ἐπιστῆναι, καὶ οὕτως τὰ περὶ τὴν ἀνάστασιν | δοξαζόμενα ἐπιτελεσθῆναι, τάς τε ἀμοιβὰς ἑκάστῳ κατὰ τὰ πεπραγμένα ἀποδοθῆναι.

λα'. Δοκεῖ μὲν ἡμῖν ἱκανῶς τὰ πάντων Ἑλλήνων τε καὶ βαρβάρων δόγματα ἐκτεθεῖσθαι [1], μηδὲν δὲ ἀπολελοιπέναι [2] μήτε [p. 309, 310] τῶν φιλοσοφουμένων μήτε τῶν ὑπὸ αἱρετικῶν φ[ασκο]μένων [3] ἀναπόδεικτον, οἷς ἐξ αὐτῶν τῶν ἐκτεθέντων φανερὸς γεγένηται ὁ ἔλεγχος ἢ κλεψιλογησάντων ἤ τινα ἐρανισαμένων αὐτὰ τὰ ὑπὸ Ἑλλήνων πεπονημένα παραθεμένων ὡς θεῖα. Διὰ πάντων οὖν διαδραμόντες καὶ μετὰ πολλοῦ πόνου ἐν ταῖς ἐννέα βίβλοις [4] τὰ πάντα δόγματα ἐξειπόντες, πᾶσί τε ἀνθρώποις ἐφόδιον ἐν βίῳ μικρὸν καταλιπόντες, καὶ τοῖς παροῦσιν οὐκ ὀλίγης [5] χαρᾶς καὶ θυμηδίας [6] φιλομάθειαν παρασχόντες, εὔλογον ἡγούμεθα ὥσπερ κορυφὴν τοῦ παντὸς [τὸν] [7] περὶ ἀληθείας λόγον ἐπενέγκαι, καὶ τοῦτον ἐν μιᾷ βίβλῳ τῇ δεκάτῃ περιγράψαι, ὅπως ὁ ἐντυγχάνων μὴ μόνον ἀνατροπὴν τῶν τετολμηκότων αἱρέσεις συστήσασθαι ἐπιγνοὺς καταφρονήσῃ τῶν ματαίων, ἀλλὰ καὶ τὴν τῆς ἀληθείας δύναμιν ἐπιγνοὺς ἀξίως Θεῷ πιστεύσας σωθῆναι δυνηθῇ. |

A hunc Christum non esse dicunt, venturum autem esse alium, qui nondum exstet, in quem cadere signa ex parte, quotquot lex et prophetæ præmonstraverunt, confitentur, aliqua autem etiam errabundi opinantur; namque generationem ejus futuram esse dicunt ex genere David, non autem e Virgine et Spiritu sancto, sed e muliere et viro, sicuti omnibus definitum sit generari ex semine, fatentes hunc futurum esse regem super ipsos, virum belligerantem ac potentem, qui, ubi congregaverit universum populum Judæorum omnesque populos bello persecutus fuerit, instaurabit iis Hierosolyma urbem regiam, in quam congregabit universum populum et rursus ad priscos mores reducet fungentem regio et sacerdotali munere et habitantem in
B confidentia per satis longa tempora; tum insurrecturum esse bellum contra eos congregatos; in illo bello casurum esse Christum per gladium; tum haud ita multo post successuram esse consummationem ac deflagrationem universi, et ita quæ de resurrectione opinantur perfectum iri, mercedesque cuique prout egerit tributum iri.

31. Videntur nobis sufficienter omnium et Græcorum et Barbarorum placita esse exposita, nihilque remansisse irrefutatum **494-495** neque philosophumenorum neque eorum, quæ ab hæreticis dicta sunt, qui ex ipsis expositis manifeste arguti sunt vel expilando vel quædam corrogando ea ipsa, quæ a Græcis elaborata sunt, proposuisse tanquam divina. Postquam igitur per
C omnia percurrimus et magno labore novem his libris omnia placita ediximus, omnibusque hominibus parvum in vita viaticum reliquimus, et præsentibus haud parvæ lætitiæ et oblectationis studium discendi præbuimus, commodum arbitramur tanquam fastigium totius operis sermonem de veritate afferre eumque in uno libro decimo delineare, ut lector non solum cum refutationem eorum qui hæreses condere ausi sunt, cognoverit, inania spernat, sed etiam, cum veritatis vim cognoverit, digne ubi Deo crediderit, salvari possit.

VARIÆ LECTIONES.

[95] εἰς ὃν τά. εἰς ὄντα C, M. [96] ἐκ μέρους. Exciditne vocabulum ἀναφέρεσθαι vel tale quid? [97] πλανώμενοι. πλανώμενον C. [98] γενᾶσθαι C. [99] μαχαίρῃ. μαχαίρᾳ? [1] ἐκτεθῆσθαι C. [2] ἀπολελοιπέναι. ἀπολελυπέναι C, ἀπολελειπέναι M. [3] Litteræ suppletæ lacunam exacte implent; supersunt vestigia litterarum α ει κ. M. [4] ταῖς ἐννέα βίβλοις. τοῖς ἐννέα βίβλοις C, vel τοῖς ἐννέα βιβλίοις. [5] ὀλίγης Roeperus, ὀλίγοις C, M. [6] θυμιδίας C. [7] τὸν add. M.

ΤΟΥ ΚΑΤΑ ΠΑΣΩΝ ΑΙΡΕΣΕΩΝ ΕΛΕΓΧΟ

ΒΙΒΛΙΟΝ Ι'.

REFUTATIONIS OMNIUM HÆRESIUM

LIBER DECIMUS.

1. Hæc insunt in decimo libro refutationis omnium hæresium :

2. Summarium omnium philosophorum,

3. Summarium omnium hæresium,

4. Et denique post omnia, quænam sit veritatis doctrina.

5. Labyrinthum hæresium postquam non violenter disrupimus, sed sola refutatione veritatis vi dissolvimus, ad veritatis demonstrationem aggredimur. Tum enim erroris artificiosa sophismata male nexa manifesta fient, quando veritatis definitio ostensa fuerit, non a sapientia Græcorum principium nacta, neque Ægyptiorum placita, vana illa inter ipsos cum fiducia culta, tanquam arcana edocta, neque Chaldæorum dissoluta curiositate inducta, neque Babyloniorum stulta vesania per efficaciam dæmonum perculsa, sed quo exstat 496-497 modo definitio vera exsistens et ingenua et sincera, quæ, dummodo apparuerit, refutabit errorem. Cujus etsi sæpissime rationem aperuimus satisque veritatis regulam liberaliter iis qui volunt ostendimus : sed tamen nunc etiam non absonum arbitrati sumus post omnia Græcorum et hæreticorum placita tanquam fastigium librorum hanc afferre demonstrationem per decimum librum.

6. Complexi igitur omnium apud Græcos sapientum placita in quatuor libris, ea autem, quæ hæresiarchis placuerunt in quinque, jam veritatis doctrinam in uno ostendemus, recapitulantes primum omnium placita. Græcorum enim dogmatistæ cum philosophiam trifariam diviserint, ita philosophati sunt, alii physicen, alii ethicen, alii dialecticen nuncupantes. Et qui physicen, fuerunt hi, in

A α'. Τάδε ἔνεστιν ἐν τῇ δεκάτῃ τοῦ κατὰ [...] αἱρέσεων ἐλέγχου·

β'. Ἐπιτομὴ πάντων τῶν φιλοσόφων,

γ'. Ἐπιτομὴ [8] πασῶν [τῶν] [9] αἱρέσεων,

δ'. Καὶ ἐπὶ πᾶσι, τίς ὁ τῆς ἀληθείας λόγος.

ε'. Τὸν λαβύρινθον τῶν αἱρέσεων οὐ βίᾳ [...] τες, ἀλλὰ μόνῳ ἐλέγχῳ ἀληθείας δυνάμει [...] πρόσιμεν [10] ἐπὶ τὴν τῆς ἀληθείας ἀπό[...] γὰρ τῆς πλάνης ἔντεχνα σοφίσματα ἀσ[...] ρωθήσεται, ἐπὰν ὁ τῆς ἀληθείας ὅρος ἐπιδ[...] ἀπὸ σοφίας Ἑλλήνων ἀρχὰς μεταλαβών, [...] πτίων δόγματα, τὰ ἐν αὐτοῖς μετ' ἀξιοπιστ[...] σκευόμενα μάταια, ὡς ἄῤῥητα διδαχθείς, [...] δαίων ἀσυστάτῳ περιεργίᾳ σοφισθείς, [...] B νίων ἀλογίστῳ μανίᾳ [p. 310. 311] δι' ἐνέ[...] δαιμόνων καταπλαγείς, ἀλλ' ᾧ [12] ὑπάρχ[...] ὅρος ἀληθὴς [13] ὢν ἀφύλακτός τε καὶ ἀκαλ[...] ὃς [14] μόνον φανεὶς ἐλέγξει τὴν πλάνην. [...] καὶ πλειστάκις ἀποδείξεις ἐποιήσαμεν καὶ [...] τὸν τῆς | ἀληθείας κανόνα ἀφθόνως τοῖς [...] νοις ἐπεδείξαμεν, ἀλλά γε καὶ νῦν οὐκ ἀλο[...] ναμεν ἐπὶ πᾶσι τοῖς Ἕλλησι δεδοχημένοις [...] ρετικοῖς ὡσεὶ κορωνίδα τῶν βίβλων ἐπεν[...] την τὴν ἀπόδειξιν διὰ τῆς δεκάτης βίβλου.

ς'. Συμπεριλαβόντες τοίνυν τὰ πάντων [...] Ἕλλησι σοφῶν δόγματα ἐν τέσσαρσι βιβλ[...] δὲ τοῖς αἱρεσιάρχαις [16] ἐν πέντε, νῦν τὸν [...] θείας λόγον ἐν α' [17] ἐπιδείξομεν, ἀνακεφαλ[...] πρῶτον τὰ πᾶσι δεδοχημένα. Οἱ μὲν γὰρ [...] C νων δογματισταὶ τὴν φιλοσοφίαν τριχῇ [...] οὕτως ἐφιλοσόφησαν, οἱ μὲν φυσικήν, οἱ δ[...] οἱ δὲ διαλεκτικὴν προσαγορεύσαντες. Καὶ [...]

Sext. Empir. *Adv. Physic.* x, § 310 sqq. p. 684 sqq. : Περὶ γενέσεως καὶ φθορᾶς. Ἡ μὲν [...] καὶ φθορᾶς ζήτησις συνίσταται τοῖς Σκεπτικοῖς πρὸς τοὺς Φυσικοὺς σχεδόν τι περὶ τῶν ὅλων· [...] σκεψαμένων περὶ τῆς τοῦ παντὸς συστάσεως οἱ μὲν ἐξ ἑνὸς ἐγέννησαν τὰ πάντα, οἱ δ' ἐκ [...] καὶ τῶν ἐξ ἑνὸς οἱ μὲν ἐξ ἀποίου, οἱ δὲ ἐκ ποιοῦ· καὶ τῶν ἐκ ποιοῦ οἱ μὲν ἐξ ἀέρος, οἱ δ' ἐξ ὕδατος [...]

VARIÆ LECTIONES.

[8] Ἐπιτομή. Ἐπὶ τῷ μὴ C. [9] τῶν om. C. [10] πρόσιμεν. πρόσειμεν C. [11] Lacunam explevit M. [...] ᾧ. ἀλλ' ὡς C. [13] ἀληθὴς [...] [14] ἀκαλλώπιστος, ὅς. ἀκαλλώπιστος C. M. [15] βιβλίοις. [...] [16] Post αἱρεσιάρχαις c[...] [...]serendum esse videtur; confer autem infra p. 502, 88, [...] recurrunt. [17] ἐν α' [...] crit. ad Bunsenium : ἕνα C. M, qui ἐνὶ legendum esse [...]

τὴν φυσικὴν οὗτοι γεγένηνται, οὕτως δὲ διηγήσαντο· οἱ μὲν [18] ἐξ ἑνὸς τὰ πάντα, οἱ δὲ ἐκ πλειόνων· καὶ τῶν ἐξ ἑνὸς οἱ μὲν ἐξ ἀποίου, οἱ δὲ ἐκ [τοῦ] ποιοῦ [19]· καὶ τῶν ἐκ ποιοῦ οἱ μὲν ἐκ πυρὸς, οἱ δὲ ἐξ ἀέρος, οἱ δὲ ἐξ ὕδατος, ἄλλοι δὲ ἐκ γῆς· καὶ τῶν ἐκ πλειόνων οἱ μὲν ἐξ ἀριθμητῶν, [οἱ δὲ ἐξ ἀπείρων· καὶ τῶν ἐξ ἀριθμητῶν] [20] οἱ μὲν ἐκ δυοῖν, οἱ δὲ ἐκ τεσσάρων, οἱ δὲ ἐκ ε', οἱ δὲ ἐκ ς'· καὶ τῶν ἐξ ἀπείρων οἱ μὲν ἐξ ὁμοίων τοῖς γεννωμένοις, οἱ δὲ ἐξ ἀνομοίων· καὶ τούτων [21] οἱ μὲν ἐξ [ἀπα]θῶν, οἱ δὲ ἐκ παθητῶν. Ἐξ ἀποίου [22] μὲν οὖν καὶ ἑνὸς σώματος τὴν τῶν ὅλων συνεστήσαντο γένεσιν οἱ Στωϊκοί. Ἀρχὴ [p. 311, 312] γὰρ τῶν ὅλων κατ' αὐτούς ἐστιν ἡ ἄποιος ὕλη καὶ δι' ὅλων τρεπτή [23]· μεταβαλλούσης δὲ αὐτῆς γίνεται πῦρ, ἀὴρ, ὕδωρ, γῆ. Ἐξ ἑνὸς δὲ καὶ ποιοῦ γεγενῆσθαι τὰ πάντα | θέλουσιν οἵ τε [24] περὶ τὸν Ἵππασον καὶ Ἀναξίμανδρον καὶ Θαλῆ τὸν Μιλήσιον. Ἵππασος [25] μὲν ὁ Μεταποντῖνος καὶ Ἡράκλειτος ὁ Ἐφέσιος ἐκ πυρὸς ἀπεφήναντο τὴν γένεσιν, Ἀναξίμανδρος δὲ ἐξ ἀέρος. Θαλῆς δὲ ἐξ ὕδατος. Ξενοφάνης δὲ ἐκ γῆς. *Ἐκ γῆς* [26] *γάρ*, φησὶ, *πάντα ἐστὶ, καὶ εἰς γῆν* [27] *πάντα τελευτᾷ.*

hunc autem modum disputaverunt: alteri ex uno omnia (sc. generaverunt), alteri ex pluribus; et ex iis, qui ex uno, alteri ex nulla qualitate prædito, alteri ex aliqua prædito qualitate; et ex iis, qui ex aliqua prædito qualitate, alii ex igne, alii ex aere, alii ex aqua, alii e terra; et ex iis, qui ex pluribus, alteri ex numerabilibus, alteri ex infinitis; et ex iis, qui ex numerabilibus, alii ex duobus, alii ex quatuor, alii ex quinque, alii ex sex; et ex iis, qui ex infinitis, alteri ex similibus eorum quæ generantur, alteri ex dissimilibus; et ex his alteri ex impatibilibus, alteri ex patibilibus. Ex corpore igitur nulla qualitate prædito eoque uno universitatis originem constituerunt Stoici. Principium 498-499 enim universi ex eorum sententia est materia nulla prædita qualitate et omni ex parte mutabilis; ea autem cum convertitur, nascuntur ignis, aer, aqua, terra. Ex uno autem eoque qualitate prædito facta esse volunt omnia et Hippasi et Anaximandri et Thaletis Milesii scholæ. Hippasus quidem Metapontius et Heraclitus Ephesius ex igne declaraverunt esse rerum originem, Anaximander autem ex aere, Thales autem ex aqua, Xenophanes autem ex terra. *Ex terra enim*, inquit, *omnia sunt, et in terram omnia desinunt*

ζ'. Ἐκ πλειόνων δὲ καὶ ἀριθμητῶν [28], δυεῖν μὲν, γῆς τε καὶ ὕδατος, τὰ ὅλα συνεστηκέναι φησὶν [29] ὁ ποιητὴς Ὅμηρος, ὁτὲ μὲν λέγων·

Ὠκεανόν [30] *τε θεῶν γένεσιν καὶ μητέρα Τηθύν* [31],

ποτὲ δέ·

Ἀλλ' ὑμεῖς [32] *μὲν* [33] *πάντες ὕδωρ καὶ γαῖα γένοισθε.*

Συμφέρεσθαι [34] δ' αὐτῷ δοκεῖ καὶ ὁ Κολοφώνιος Ξενοφάνης· φησὶ γάρ·

Πάντες [35] [*γὰρ*] *γαίης* [*τε*] [36] *καὶ ὕδατος ἐκγενόμεσθα* [37].

7. Ex pluribus autem et numerabilibus, duobus quidem, terra et aqua universum constare ait poeta Homerus, tum quidem dicens:

Oceanumque deorum originem et matrem Tethyn,

tum vero:

Sed vos omnes aqua et terra fiatis.

Concinere autem cum eo videtur etiam Xenophanes Colophonius: ait enim:

Nos omnes enim ex terra et aqua exorti sumus.

—

ἐκ πυρὸς, ἄλλοι ἐκ γῆς· καὶ τῶν ἐκ πλειόνων οἱ μὲν ἐξ ἀριθμητῶν, οἱ δὲ ἐξ ἀπείρων· καὶ τῶν ἐξ ἀριθμητῶν οἱ μὲν ἐκ δύο, οἱ δ' ἐκ τεσσάρων, οἱ δ' ἐκ πέντε, οἱ δ' ἐξ ἕξ· καὶ τῶν ἐξ ἀπείρων οἱ μὲν ἐξ ὁμοίων τοῖς γεννωμένοις, οἱ δὲ ἐξ ἀνομοίων· καὶ τούτων οἱ μὲν ἐξ ἀπαθῶν, οἱ δ' ἐκ παθητῶν. Ἐξ ἀποίου μὲν οὖν καὶ ἑνὸς σώματος τὴν τῶν ὅλων ὑπεστήσαντο γένεσιν οἱ Στωϊκοί. Ἀρχὴ γὰρ τῶν ὄντων κατ' αὐτούς ἐστιν ἡ ἄποιος ὕλη καὶ δι' ὅλων τρεπτή, μεταβαλλούσης τε ταύτης γίνεται τὰ τέσσαρα στοιχεῖα, πῦρ καὶ ἀὴρ, ὕδωρ καὶ γῆ. Ἐξ ἑνὸς δὲ καὶ ποιοῦ γεγενῆσθαι τὰ πάντα θέλουσιν οἵ τε περὶ τὸν Ἵππασον καὶ Ἀναξίμανδρον καὶ Θαλῆ· ὧν Ἵππασος μὲν καὶ κατά τινας Ἡράκλειτος ὁ Ἐφέσιος ἐκ πυρὸς ἀπέλιπον τὴν γένεσιν, Ἀναξίμανδρος δὲ ἐξ ἀέρος, Θαλῆς δὲ ἐξ ὕδατος. Ξενοφάνης δὲ κατ' ἐνίους ἐκ γῆς·

Ἐκ γαίης γὰρ πάντα καὶ εἰς γῆν πάντα τελευτᾷ.

Ἐκ πλειόνων δὲ καὶ ἀριθμητῶν δυοῖν μὲν, γῆς τε καὶ ὕδατος, ὁ ποιητὴς Ὅμηρος ὁτὲ μὲν λέγων·

Ὠκεανόν τε θεῶν γένεσιν καὶ μητέρα Τηθύν·

ὁτὲ δέ·

Ἀλλ' ὑμεῖς μὲν πάντες ὕδωρ καὶ γαῖα γένοισθε.

Συμφέρεσθαι δ' αὐτῷ δοκεῖ κατ' ἐνίους καὶ ὁ Κολοφώνιος Ξενοφάνης· φησὶ γάρ·

Πάντες γὰρ γαίης τε καὶ ὕδατος ἐκγενόμεσθα.

VARIÆ LECTIONES.

[18] Quæ sequuntur, hausta sunt ex Sexto Empirico, cujus verba textui supposuimus [19] ἐκ ποιοῦ. ἐκ τοῦ ποιοῦ C, M. [20] οἱ δὲ ἐξ ἀπείρων· καὶ τῶν ἐξ ἀριθμητῶν om. C. [20*] γεννωμένοις. γενομένοις C, M. [21] τούτων. πρὸς τούτοις C, M. [22] παθητῶν. Ἐξ ἀποίου. παθητικῶν. Ἀποίου C, M. [23] τρεπτή. τρέπει D. [24] οἵ τε. οἱ δὲ C. [25] Μιλήσιον. Ἵππασος. Μιλήσιον. ὧν Ἵππασος? [26] Apud Karsten. fr. 8, p. 45. Fort. versus restituendus qui apud Sextum. M. [27] γῆν. τὴν γῆν C, M. [28] ἀριθμητῶν. ἀριθμῶν C. [29] φησὶ C. [30] Hom. Il. xiv, 201. [31] Τηθύν. τιθὲν C. [32] Hom. Il. vii, 99. [33] μὲν om. C. [34] Συμφέρεσθαι. Συμφερὲς, posito ς super φε C. [35] Fragm. 9, p. [36] γὰρ γαίης τε. γαίης C, M. [37] ἐκγενόμεσθα. ἐγενόμεθα C, M.

A Ex terra autem et æthere Euripides, ut licet cognoscere ex eo quod dicit :

Æthera et terram universorum genitricem canto.

Ex quatuor autem Empedocles, cum ait in hunc modum :

500-501 *Quatuor universorum radices primum [audi.*
Jupiter lucidus Junoque alma et Aidoneus
Nestisque quæ lacrymis humectat scaturiginem humanam.

Ex quinque autem Ocellus Lucanus et Aristoteles ; simul enim cum quatuor elementis assumpserunt quintum idque in orbem motum corpus, ex quo dicunt esse cœlestia. Ex sex autem universi ortum posuit Empedoclis schola. Cum enim ait : *Quatuor universorum radices primum audi*, ex quatuor statuit B esse originem ; quando autem addit :

Discordia perniciosa præter illos, ex omni parte [æquabilis,
Et amicitia cum his, par ad longitudinem et latitu- [dinem,

sex tradit universorum principia, quatuor quidem materialia, terram, aquam, ignem, aera, duo autem agentia, amicitiam et discordiam. Ex infinitis autem opinati sunt universorum esse originem Anaxagoræ Clazomenii et Democriti et Epicuri scholæ aliique permulti, quorum antea ex parte mentionem fecimus. Sed Anaxagoras quidem ex similibus eorum quæ generantur, Democriti autem schola et Epicuri ex dissimilibus iisque impatibilibus, hoc est ex individuis, C Heraclidis autem Pontici et Asclepiadis scholæ ex dissimilibus quidem, sed patibilibus, sicuti ex inconcinnis corpusculis, Platonis autem schola ex tribus ; hæc esse dicunt Deum et materiam et exemplum. Materiam autem dividit in quatuor principia :

A 'Εκ γῆς δὲ καὶ αἰθέρος [38] Εὐριπίδης, ὡς πάρεστιν ἐπιγνῶναι ἐκ τοῦ λέγειν αὐτόν·

Αἰθέρα [39] *καὶ γαῖαν πάντων γενέτειραν ἀείδω.*

'Εκ τεσσάρων δὲ 'Εμπεδοκλῆς, οὕτως λέγων

[p. 313, 314] *Τέσσαρα* [40] *τῶν πάντων ῥιζώματα [πρῶτον ἄκουε*
Ζεὺς ἀὴρ, Ἥρη τε φερέσβιος, ἠδ' Ἀϊδωνεύς.
Νῆστις δὲ ἡ δακτοῖς σπόνδε κρουνῷ μειβεζέντεισι.

'Εκ πέντε δὲ Ὄκελλος [41] ὁ Λευκανὸς καὶ 'Αριστοτέλης· συμπαρέλαβον γὰρ τοῖς τέσσαρσι στοιχείοις τὸ πέμπτον καὶ κυκλοφορητικὸν σῶμα, ἐξ οὗ [42] λέγουσιν εἶναι τὰ οὐράνια. 'Εκ δὲ τῶν ς' τὴν τῶν πάντων ὑπέθεντο γένεσιν οἱ περὶ τὸν 'Εμπεδοκλέα. 'Εν B οἷς μὲν γὰρ λέγει· δ' *τῶν* [43] *πάντων ῥιζώματα πρῶτον ἄκουε*, ἐκ τεσσάρων ποιεῖ τὴν γένεσιν· ὅταν δὲ προσθῇ·

Νεῖκός τ' οὐλόμενον [44] *δίχα τῶν, ἀτάλαντον* [45] *[ἁπάντη,*
Καὶ φιλίη μετὰ τοῖσιν [46]*, ἴση μῆκός τε πλάτος τε,*

ἐξ [47] παραδίδωσι τὰς τῶν ὅλων ἀρχὰς, δ' μὲν ὑλικὰς, γῆν, ὕδωρ, πῦρ, ἀέρα, δύο δὲ τὰς δραστηρίους, φιλίαν καὶ νεῖκος. 'Εξ ἀπείρων δὲ ἐδογμάτισαν τὴν τῶν πάντων γένεσιν οἱ περὶ 'Αναξαγόραν τὸν Κλαζομένιον, καὶ Δημόκριτον, καὶ 'Επίκουρον, καὶ ἄλλοι παμπληθεῖς, ὧν ἐκ μέρους πρότερον ἐμνήσθημεν. 'Αλλ' ὁ μὲν 'Αναξαγόρας ἐξ ὁμοίων τοῖς γινωμένοις, οἱ δὲ περὶ τὸν Δημόκριτον καὶ 'Επίκουρον C ἐξ ἀνομοίων τε καὶ ἀπαθῶν, τουτέστιν ἐκ τῶν ἀτόμων, οἱ δὲ περὶ τὸν Ποντικὸν 'Ηρακλείδην καὶ 'Ασκληπιάδην ἐξ ἀνομοίων [μὲν], [48], παθητῶν [δὲ, καθάπερ τῶν ἀνάρμων [49] ὄγκων, οἱ δὲ περὶ τὸν Πλάτωνα ἐκ τριῶν· εἶναι ταῦτα λέγουσι θεὸν, καὶ ὕλην καὶ παράδειγμα. Τὴν δὲ ὕλην μερίζει εἰς τέσσαρας

'Εκ γῆς δὲ καὶ αἰθέρος Εὐριπίδης, ὡς πάρεστιν ἐκδέξασθαι ἐκ τοῦ λέγειν αὐτόν·

Αἰθέρα καὶ γαῖαν πάντων γενέτειραν ἀείδω.

'Εκ τεσσάρων δὲ ὁ 'Εμπεδοκλῆς·

Τέσσαρα γὰρ πάντων ῥιζώματα πρῶτον ἄκουε·
Ζεὺς ἀργὴς Ἥρη τε φερέσβιος ἠδ' Ἀϊδωνεύς,
Νῆστίς θ' ἣ δακρύοις τέγγει κρούνωμα βρότειον.

'Εκ πέντε δὲ Ὄκελλος ὁ Λευκανὸς καὶ 'Αριστοτέλης· συμπαρέλαβον γὰρ τοῖς τέσσαρσι στοιχείοις τὸ πέμπτον καὶ κυκλοφορητικὸν σῶμα, ἐξ οὗ λέγουσιν εἶναι τὰ οὐράνια. 'Εκ δὲ τῶν ἓξ τὴν πάντων ὑπέθεντο γένεσιν οἱ περὶ τὸν 'Εμπεδοκλέα. 'Εν οἷς μὲν γὰρ λέγει *τέσσαρα τῶν πάντων ῥιζώματα*, ἐκ τεσσάρων ποιεῖ τὴν γένεσιν· ὅταν δὲ προσθῇ·

Νεῖκός τ' οὐλόμενον δίχα τῶν, ἀτάλαντον ἁπάντη,
καὶ φιλίη μετὰ τοῖσιν, ἴσον μῆκός τε πλάτος τε,

ἓξ παραδίδωσι τὰς τῶν ὄντων ἀρχὰς, τέσσαρας μὲν τὰς ὑλικὰς, γῆν, ὕδωρ, ἀέρα, πῦρ, δύο δὲ τὰς δραστηρίους, φιλίαν καὶ νεῖκος. 'Εξ ἀπείρων δὲ ἐδόξασαν τὴν τῶν πραγμάτων γένεσιν οἱ περὶ 'Αναξαγόραν τὸν Κλαζομένιον, καὶ Δημόκριτον, καὶ 'Επίκουρον, καὶ ἄλλοι παμπληθεῖς. 'Αλλ' ὁ μὲν 'Αναξαγόρας ἐξ ὁμοίων τοῖς γεννωμένοις· οἱ δὲ περὶ τὸν Δημόκριτον καὶ 'Επίκουρον ἐξ ἀνομοίων τε καὶ ἀπαθῶν, τουτέστι τῶν ἀτόμων· οἱ δὲ περὶ τὸν Ποντικὸν 'Ηρακλείδην καὶ 'Ασκληπιάδην ἐξ ἀνομοίων μὲν, παθητῶν δὲ, καθάπερ

VARIÆ LECTIONES.

[38] αἰθέρος. ἀέρος C. M. [39] De hoc versu, quem ex Euripidis hymnis repetitum esse putat I. A. Fabricius, cf. quæ vir clariss. disputavit ad locum Sexti. [40] Cf. quæ supra p. 384 sq. ad hos versus adnotavimus. [41] Ὄκελλος ὁ Λευκανός. ὁ κη. γλος λευκανός C. [42] ἐξ οὗ. καὶ C, M. [43] δ' τῶν. δὲ τῶν C. [44] Empedocl. vss. 106 sq. Karsten., 79 sq. Stein. [45] δίχα τῶν ἀταλαντον. διχάζων ἀταλλάττων C. [46] φιλίη μετὰ τοῖσιν. φιλία μετὰ οἷσιν C. [47] ἓξ. ἐξ καὶ C, M. [48] μὲν om. C, M. [49] ἀνάρμων. ἀνάρχων C, M.

ἀρχὰς, πῦρ, ὕδωρ, γῆν, [p. 314, 315] ἀέρα· Θεὸν A δὲ τὸν ταύτης εἶναι δημιουργὸν, τὸ δὲ παράδειγμα νοῦν.

η'. Πεπεισμένοι τοίνυν ὅτι πᾶσι τούτοις ὁμολογουμένως ἄπορος εὑρίσκεται ὁ τῆς φυσιολογίας λόγος, αὐτοὶ περὶ τῶν τῆς ἀληθείας παραδειγμάτων ὡς ἔστι[80] καὶ πεπιστεύκαμεν, ἀόκνως ἐροῦμεν, πλ[ὴν][81] καὶ τὰ τοῖς αἱρεσιάρχαις[82] ἐπιτομῇ πρότερον ἐκθέμενοι, ἵνα καὶ διὰ τούτου εὔγνωστα τὰ πάντων δόγματα παραστήσαντες φανερὰν καὶ εὔγνωστον τὴν ἀλήθειαν ἐπιδείξωμεν.

θ'. Ἀλλ'[83] ἐπεὶ οὕτως δοκεῖ, ἀρξώμεθα πρῶτον ἀπὸ τῶν τοῦ ὄφεως λειτουργῶν. Νaασσηνοὶ[84] ἄνθρωπον καλοῦσι τὴν πρώτην τῶν ὅλων ἀρχὴν, τὸν αὐτὸν καὶ υἱὸν ἀνθρώπου· τοῦτον δὲ τριχῆ διαιροῦσιν. B Ἔστι μὲν γὰρ αὐτοῦ, φασὶ, τὸ μὲν νοερὸν, τὸ δὲ ψυχικὸν, τὸ δὲ χοϊκόν. Καλοῦσι δὲ αὐτὸν Ἀδάμαν, καὶ νομίζουσι τὴν εἰς αὐτὸν[85] εἶναι γνῶσιν ἀρχὴν τοῦ δύνασθαι γνῶναι Θεόν. Καὶ ταῦτα πάντα τὰ νοερὰ, καὶ τὰ ψυχικὰ, καὶ τὰ χοϊκὰ κεχωρηκέναι εἰς τὸν Ἰησοῦν, καὶ ὁμοῦ δι' αὐτοῦ λελαληκέναι τὰς τρεῖς οὐσίας τοῖς τρισὶ γένεσι. Τοῦ παντὸς οὗτοι[86] φάσκουσι τρία γένη[87], ἀγγελικὸν, ψυχικὸν, χοϊκὸν, καὶ τρεῖς εἶναι ἐκκλησίας, ἀγγελικὴν, ψυχικὴν, χοϊκήν· ὀνόματα δὲ αὐταῖς, ἐκλεκτὴ, κλητὴ, αἰχμάλωτος. Ταῦτά ἐστι τὰ κατ' αὐτοὺς κεφάλαια, ὡς ἐν ὀλίγῳ ἔστι καταλαβεῖν. Ταῦτά φασι[88] παραδεδωκέναι τὸν Ἰάκωβον τὸν ἀδελφὸν τοῦ Κυρίου τῇ Μαριάμνῃ, καταψευδόμενοι ἀμφοτέρων. |

ι'. Οἱ δὲ[89] Περάται[90], Ἀδέμης[91] ὁ Καρύστιος[92] C καὶ Εὐφράτης ὁ Περατικὸς[93], λέγουσιν ἕνα εἶναι κόσμον τινὰ, οὕτως καλοῦντες τοῦτον, τριχῆ διῃρημένον. Ἔστι δὲ [τῆς] τριχῆ[94] διαιρέσεως [p. 315] παρ' αὐτοῖς [τὸ μὲν ἓν μέρος,][95] οἷον ἡ[96] μία ἀρχὴ καθάπερ πηγὴ μεγάλη, εἰς ἀπείρους τομὰς τῷ λόγῳ τμηθῆναι δυναμένη. Ἡ δὲ πρώτη τομὴ καὶ προεχεστέρα[97] κατ' αὐτούς ἐστιν ἡ τριὰς, καὶ [τὸ μὲν ἓν μέρος][98] καλεῖται ἀγαθὸν τέλειον, μέγεθος πατρικόν· τὸ δὲ δεύτερον μέρος τῆς τριάδος οἱονεὶ δυνάμεων

ignem, aquam, **502 - 503** terram, aera; Deum autem esse ejus opificem, exemplum autem mentem.'

8. Persuasi igitur ab his omnibus sine dubio parum firmam inveniri physiologiæ rationem, ipsi de veritatis exemplis, quomodo sint et prout nos confidamus, impavide loquemur, insuper et hæresiarcharum placitis summatim prius expositis, ut, ubi etiam hoc modo perspecta omnium dogmata exposuerimus, apertam et perspectam veritatem ostendamus.

9. Sed quoniam ita placet, initium ducamus primum a serpentis cultoribus. Naasseni hominem vocant primum universorum principium, ipsumque et filium hominis, eum autem trifariam dividunt. Est enim ejus, inquiunt, aliud rationale, aliud animale, aliud choicum. Vocant autem eum Adaman atque censent cognitionem ejus esse initium cognitionis Dei. Et hæc omnia rationalia et animalia et choica cessisse in Jesum et simul una per eum locutas esse has tres substantias tribus generibus. Universi hi dictitant tria genera, angelicum, animale, choicum, tresque esse ecclesias, angelicam, animalem, choicam; nomina autem earum: electa, vocata, captiva. Ea sunt doctrinæ eorum capita, sicuti breviter complecti licet. Hæc dicunt tradidisse Jacobum Domini fratrem Mariamnæ, diffamantes ambos.

10. Peratæ autem, Ademes Carystius et Euphrates Peraticus, dicunt esse unum aliquem mundum, ita vocantes huncce, trifariam divisum. Est autem trifariæ divisionis apud eos **504 - 505** [una pars] quasi unum initium tanquam magnus fons, in infinita per rationem dissecabilis segmenta. Primum autem segmentum et potius secundum eos est trias, et una quidem pars appellatur bonum perfectum, magnitudo patria; secunda autem pars triadis tanquam potestatum innumera quædam multitudo;

—

τῶν ἀνάρμων ὄγκων. Προειληφότες οὖν ὅτι πᾶσι τούτοις ἄπορος δείκνυται ὁ τῆς φυσιολογίας τρόπος ἀναιρεθείσης τῆς γενέσεως καὶ τῆς φθορᾶς, προθυμότερον ἁπτώμεθα τῶν λόγων· καίτοι γε ἐὰν ἐξετάζωμεν, διὰ τῶν ἔμπροσθεν αὐτάρκως ἤδη συμβεβίβασται τὸ κεφάλαιον.

Theodoret. *Hær. fab.* I, 17. Ἀδέμης δὲ ὁ Καρύστιος καὶ ὁ Περατικὸς Εὐφράτης, ἀφ' οὗ Περάται προσηγορεύθησαν οἱ τούτων ὁμόφρονες, ἕνα κόσμον εἶναί φασι τριχῆ διῃρημένον. Καὶ τὸ μὲν ἓν μέρος οἷόν τινα πηγὴν εἶναι μεγάλην, εἰς ἄπειρα διαιρεθῆναι τῷ λόγῳ δυνάμενον. Τὴν δὲ πρώτην τομὴν τριάδα προσαγορεύουσι καὶ καλοῦσιν αὐτὴν ἀγαθὸν τέλειον, μέγεθος πατρικόν. Τὸ δὲ δεύτερον δυνάμεων ἀπείρων τὸ πλῆθος·

VARIÆ LECTIONES.

[80] ἔστι. ἔσται C. [81] Lacunam explevit M. [82] τὰ τοῖς αἱρεσιάρχαις. Supplendum esse videtur δεδοκημένα. Cf. supra p. 311, 25, 26. [83] Ἀλλ' — ἀμφοτέρων. Cf. supra p. 132, 134 et Bernaysium l. l, p. 309-11. [84] Νaασηνοὶ C. [85] εἰς αὐτόν. Scribendum videtur esse αὐτοῦ, quod sententia postulari jam Jac. Bernaysius vidit l. l. Cf. supra, p. 132, 68. [86] γένεσι. Τοῦ παντὸς οὗτοι. γένεσι τοῦ παντὸς, οὕτω C, M, γένεσι τοῦ παντός. Τούτου Bernaysius. [87] τρία γένη. τριγενῆ C, M. Sicut nos Bernaysius quoque et R. Scottus correxerunt. [88] φασι. φησιν C. [89] οἱ δὲ Περάται — Περάται. Cf. supra p. 176, 178, Bernaysium l. l. p. 311-18 et Theodoret. *Hær. fab.* I, 17, cujus verba ex Hippolyto hausta textui supposuimus. [90] Περάται. Περᾶται C, M, Bernaysius. [91] Ἀδέμης. Cf. supra p. 51 not. ad l. 16, 17. [92] Καρύστιος. Καροίστιος, C. [93] Εὐφράτης ὁ Περατικός. Ἐφράτης Περατικὸς C. [94] τῆς τριχῆ. τριχῆς C, cf. supra p. 176, 72. [95] τὸ μὲν ἓν μέρος. Hæc verba h. l. delenda et lin. 13. ante καλεῖται inserenda esse videntur, ut ratio constet, quanquam dubitari nequit Hippolytum ipsum ita scripsisse ut textus habet, cum Theodoretus quoque cum eo concinat. Cf. supra p. 176, 73, 75, 76. [96] οἷον ἡ. οἱονεὶ? Sicuti nos etiam M, conjecit. [97] προεχεστέρα. προσεχεστέρα C, M. Cf. supra p. 176, 75. [98] τὸ μὲν ἓν μέρος om. C, M, Bernaysius.

tertia speciale. Et est prima quidem id quod non A genitum est bonum, secunda autem bonum ex se genitum, tertia genitum: unde perspicue dicunt tres Deos, tres logos, tres mentes, tres homines. Singulis enim partibus mundi, divisione discreta, tribuunt et Deos et logos et homines et quæ reliqua sunt. Desuper autem ex non generatione et primo mundi segmento, cum ad consummationem deinceps mundus constitisset, descendisse Herodis temporibus trinaturatum quemdam hominem et tricorporem et tripotentem, vocatum Christum, in se habentem a tribus partibus mundi omnia concrementa et potestates. Et hoc esse volunt quod dicitur: *In quo inhabitat omnis plenitudo divinitatis corporaliter.* Delata autem esse a superjacentibus mundis duobus, et non generato et ex se ipso generato, in hunc modum, in quo B versamur nos, omnifariarum potestatum semina. Devenisse autem Christum desuper a non generatione, ut per descensionem ejus omnia salvarentur trifariam divisa. Quæ enim, inquit, desuper devenerunt, ascendent per eum, quæ vero insidiata
506-507 sunt delapsis, abjiciuntur et punita ablegantur. Duas autem esse partes dicit, quæ salventur, superjacentes, sejunctas ab interitu, tertiam autem perire, quem mundum specialem vocat. Hæc et Peratæ.

ἄπειρόν [69] τι πλῆθος· τρίτον ἰδικόν. Καὶ ἔστι τὸ μὲν πρῶτον ἀγέννητον [ὅπερ [70] ἐστὶν ἀγαθόν· τὸ δὲ δεύτερον ἀγαθὸν αὐτογενές· τὸ τρίτον γεννητόν·] ὅθεν διαῤῥήδην λέγουσι τρεῖς θεούς, τρεῖς λόγους, τρεῖς νοῦς, τρεῖς ἀνθρώπους. Ἑκάστῳ γὰρ μέρει τοῦ κόσμου, τῆς διαιρέσεως διακεκριμένης, διδόασι καὶ θεοὺς καὶ λόγους καὶ ἀνθρώπους καὶ τὰ λοιπά. Ἄνωθεν δὲ ἀπὸ τῆς ἀγεννησίας καὶ τῆς τοῦ κόσμου πρώτης τομῆς, ἐπὶ συντελείᾳ λοιπὸν τοῦ κόσμου καθεστηκότος, κατεληλυθέναι ἐπὶ τοῖς Ἡρώδου χρόνοις τριφυῆ [71] τινα ἄνθρωπον καὶ τρισώματον καὶ τριδύναμον, καλούμενον Χριστὸν, ἀπὸ τῶν τριῶν ἔχοντα τοῦ κόσμου μερῶν ἐν αὐτῷ [72] πάντα τὰ [τοῦ κόσμου] [73] συγκρίματα καὶ τὰς δυνάμεις. Καὶ τοῦτο εἶναι θέλουσι τὸ εἰρημένον· *Ἐν ᾧ* [74] *κατοικεῖ πᾶν τὸ πλήρωμα τῆς θεότητος σωματικῶς* [75]. Κατενεχθῆναι δὲ ἀπὸ τῶν ὑπερκειμένων κόσμων δύο, τοῦ τε ἀγεννήτου καὶ τοῦ αὐτογεννήτου, εἰς τοῦτον τὸν κόσμον, ἐν ᾧ ἐσμεν ἡμεῖς, παντοίων [76] δυνάμεων σπέρματα. Κατεληλυθέναι δὲ τὸν Χριστὸν ἄνωθεν ἀπὸ ἀγεννησίας [77], ἵνα διὰ τῆς καταβάσεως αὐτοῦ πάντα σωθῇ [78] τὰ τριχῇ διῃρημένα. Ἃ μὲν γάρ, φησιν, ἐστὶν ἄνωθεν κατενηνεγμένα, ἀνελεύσεται δι' αὐτοῦ, [p. 315. 316] τὰ δὲ ἐπιβουλεύσαντα τοῖς κατενηνεγμένοις | ἀφίεται καὶ [79] κολασθέντα ἀποκέκριται. Δύο δὲ εἶναι μέρη τὰ σωζόμενα λέγει, τὰ ὑπερκείμενα, ἀπαλλαγέντα τῆς φθορᾶς, τὸ δὲ τρίτον ἀπόλλυσθαι [80], ὃν κόσμον ἰδικὸν [81] καλεῖ. Ταῦτα καὶ οἱ Περάται [82].

11. Sethianis autem placet universi esse tria prin- C cipia descripta. Unumquodque autem principium . . . . fieri potest, ut in humana anima omnis quæ docetur ars, veluti cum prope accesserit infans tibicini, posse eum tibiis cantare, vel geometræ, geometrica callere, vel alicui arti consimiliter. Principiorum autem, inquiunt, naturæ sunt lux et tenebræ, harum autem intermedius est spiritus intermistus. Spiritus autem intermedius positus

ια'. Τοῖς δὲ [83] Σηθιανοῖς [84] δοκεῖ, ὅτι τῶν ὅλων εἰσὶ τρεῖς ἀρχαὶ περιωρισμέναι. Ἑκάστη δὲ τῶν ἀρχῶν [85] . . . . πέφυκε [δύνασθαι] [86] γενέσθαι, ὡς ἐν ἀνθρωπίνῃ ψυχῇ πᾶσα ἡτισοῦν ἐδασκομένη τέχνη, οἱονεὶ [87] γένοιτο παιδίον αὐλητῇ γενέσθαι αὐλεῖν, ἢ γεωμέτρῃ γεωμετρεῖν, ἢ τῇ τέχνῃ ὁμοίως. Αἱ δὲ τῶν ἀρχῶν, φασὶν, οὐσίαι εἰσὶ φῶς καὶ σκότος· τούτων δέ ἐστιν ἐν μέσῳ πνεῦμα ἀκέραιον· τὸ δὲ πνεῦμα τὸ τεταγμένον ἐν μέσῳ τοῦ

τὸ δὲ τρίτον καλοῦσιν ἰδικόν. Καὶ τὸ μὲν πρῶτον ἀγέννητον λέγουσι καὶ ὀνομάζουσι τρεῖς θεούς, τρεῖς λόγους, τρεῖς νοῦς, τρεῖς ἀνθρώπους. Ἄνωθεν δὲ ἀπὸ τῆς ἀγεννησίας καὶ τῆς πρώτης τοῦ κόσμου διαιρέσεως παρ' αὐτὴν τὴν τοῦ κόσμου συντέλειαν, ἐν τοῖς Ἡρώδου χρόνοις κατεληλυθέναι τριφυῆ τινα ἄνθρωπον καὶ τρίσωμον καὶ τριδύναμον, καλούμενον Χριστὸν, καὶ διελθεῖν τόν τε ἀγέννητον κόσμον καὶ τὸν αὐτογενῆ, καὶ ἐλθεῖν εἰς τόνδε τὸν κόσμον, ἐν ᾧ ἐσμεν. Κατελθὼν δὲ ὁ Χριστὸς τὰ μὲν ἄνωθεν κατενηνεγμένα ἐπανελθεῖν ἄνω παρασκευάσει, τὰ δὲ τούτοις ἐπιβουλεύσαντα παραδώσει κολάσει. Καὶ τὸν μὲν ἀγέννητον κόσμον καὶ τὸν αὐτογενῆ σωθήσεσθαι λέγουσι, τοῦτον δὲ τὸν κόσμον ἀπόλλυσθαι, ὃν ἰδικὸν ὀνομάζουσι.

VARIÆ LECTIONES.

[69] ἄπειρόν. ἀπείρων C, M. Cf. supra p. 176, 77. [70] ὅπερ — γεννητόν. om. C, M, Bernaysius. Cf. supra p. 176, 79, 80. [71] τριφυῆ. τριφυὴν C. [72] αὐτῷ. αὐτῷ C, M. [73] τοῦ κόσμου. Hæc verba delenda esse jam Bernaysius vidit. Cf. supra p. 178, 89. [74] Coloss. II, 9. [75] σωματικῶς. σώματι C. [76] παντοίων. παντοῖα C, M. Sicuti nos etiam Bernaysius correxit. Cf. supra p. 178, 95. [77] ἀγεννησίας. τῆς ἀγεννησίας? Cf. supra p. 178, 97. [78] σωθῇ. σωθεῖ C. [79] ἀφίεται καί. ἀφιεῖ εἰκῆ καὶ C, M, ὀφιοειδῆ Bernaysius, ἀφίεται εἰκῆ conj. Sauppius. Cf. supra p. 178, 1. [80] ἀπόλυσθαι C. [81] ἰδικόν. ἴδιον C, M, correxit jam Bernaysius. Cf. supra p. 178, 8. [82] Περᾶται C, M, Bernaysius. [83] Τοῖς δὲ — οὗτοι λέγουσιν. Cf. supra p. 198, 57-206, 89; et Bernaysium l. l. p. 518 sqq. [84] Σηθιανοῖς. Σιθιανοῖς C, M. [85] Post ἀρχῶν lacunam signavimus. Recte enim Bernaysius (l. l. p. 329) perspexit, vel ipsum Hippolytum excerpendi festinatione abreptum, vel librarium negligentem, utrumque autem homœoteleuto deceptum a p. 198, 58, 59 ἑκάστην δὲ τῶν ἀρχῶν aberrasse ad p. 200, 61, 62, ἑκάστη τῶν ἀρχῶν πέφυκε, et ita factum esse, ut omitterentur verba interque ea periret subjectum πᾶν ὅτι, κ. τ. λ. p. 200, 60, quod pertinet ad πέφυκε. [86] δύνασθαι uncinis inclusimus suadente Bernaysio, qui hanc vocem ab initio ascriptam emendandi causa ad alterum γενέσθαι, quod exstat lin. 41, 42, per errorem insertam esse ante prius γενέσθαι putat. [87] οἷον, εἰ ἐγγὺς γένοιτο παιδίον αὐλητῇ, δύνασθαι αὐλεῖν, κ. τ. λ. Bernaysius: οἱονεὶ γένοιτο παιδίον [ἐγχρονίσαν] αὐλητῇ γενέσθαι αὐλητὴν, ἢ γεωμέτρῃ γεωμέτρην, ἢ ἡτινιοῦν τέχνῃ ὁμοίως. M: οἷον, εἰ γένοιτο παιδίον αὐλητῇ ἐγγύς, εἴσεται αὐλεῖν, κ. τ. λ.?

σκότους, ὅπερ ἐστὶ κάτω, καὶ τοῦ φωτὸς, ὅπερ ἐστὶν ἄνω, λέγουσιν, οὐκ ἔστι πνεῦμα ὡς ἀνέμου ῥιπὴ [88] ἢ λεπτή τις αὔρα νοηθῆναι δυναμένη, ἀλλ' οἱονεί τις ὀσμὴ μύρου ἢ θυμιάματος ἐκ συνθέσεως κατασκευαζομένου λεπτὴ, διοδεύουσα [89] δύναμις ἀνεπινοήτῳ τινὶ καὶ κρείττονι λόγου φορᾷ [90] εὐωδίας. Ἐπεὶ τοίνυν ἐστὶν ἄνω τὸ φῶς καὶ κάτω τὸ σκότος καὶ τούτων μέσον τὸ πνεῦμα, τὸ δὲ φῶς [ὡς] [91] ἀκτὶς ἡλίου ἄνωθεν ἐλλάμπουσα [92] εἰς τὸ ὑποκείμενον σκότος, ἡ δὲ τοῦ πνεύματος εὐωδία φέρεται μέσην ἔχουσα τάξιν καὶ ἐξικνεῖται, ὥσπερ ἡ τῶν θυμιαμάτων ὀσμὴ ἐπὶ τῷ πυρὶ φέρεται, τοιαύτης δὲ οὔσης τῆς δυνάμεως τῶν διῃρημένων τριχῶς, τοῦ πνεύματος καὶ τοῦ φωτὸς ὁμοῦ ἐστι κάτω ἡ δύναμις ἐν τῷ σκότει τῷ ὑποτεταγμένῳ. Τὸ δὲ σκότος ὕδωρ εἶναί φασι φοβερὸν, εἰς ὃ κατέσπασται [p. 316—318] [καὶ] [93] μετενήνεκται B 508-509 εἰς τοιαύτην φύσιν μετὰ τοῦ πνεύματος τὸ φῶς. Φρόνιμον οὖν τὸ σκότος | ὂν καὶ γινῶσκον, ὅτι, ἂν ἀπαρθῇ ἀπ' αὐτοῦ τὸ φῶς, μένει [94] τὸ σκότος ἔρημον, ἀφανὲς, ἀλαμπὲς, ἀδύναμον, ἄπρακτον, ἀσθενὲς, τῷδε [95] πάσῃ συνέσει καὶ φρονήσει βιάζεται κατέχειν εἰς ἑαυτὸ τὴν λαμπηδόνα καὶ τὸν σπινθῆρα τοῦ φωτὸς μετὰ τῆς τοῦ πνεύματος εὐωδίας. Εἰκόνα τούτου ταύτην παρεισάγουσι, λέγοντες· Ὥσπερ ἡ κόρη τοῦ ὀφθαλμοῦ [ὑπὸ] ὑποκειμένων [96] ὑδάτων σκοτεινὴ φαίνεται, φωτίζεται δὲ ὑπὸ τοῦ πνεύματος, οὕτως ἀντιποιεῖται τὸ σκότος τοῦ πνεύματος, ἔχει δὲ παρ' ἑαυτῷ πάσας τὰς δυνάμεις βουλομένας ἀφίστασθαι καὶ ἀνιέναι. Εἰσὶ δὲ αὗται ἀπειράκις ἄπειροι, ἐξ ὧν τὰ πάντα τυποῦται [97] καὶ γίνεται ἐπιμιγνυμένων δίκην σφραγίδων. Ὥσπερ γὰρ σφραγὶς ἐπικοινωνήσασα C κηρῷ [98] τὸν τύπον ἐποίησεν αὐτὴ [99] παρ' ἑαυτῇ ἡτισοῦν [ἦν] [1] μένουσα, οὕτως καὶ αἱ δυνάμεις ἐπικοινωνήσασαι τὰ πάντα ἀπεργάζονται γένη ζώων ἄπειρα. Γεγονέναι [2] οὖν ἀπὸ τῆς πρώτης συνδρομῆς τῶν τριῶν ἀρχῶν μεγάλης σφραγῖδος ἰδέαν [3], οὐρανὸν καὶ γῆν [4], εἶδος ἔχουσαν παραπλήσιον [5] μήτρᾳ ὀμφαλὸν ἐχούσῃ μέσον. Οὕτως δὲ καὶ τὰς λοιπὰς ἐκτυπώσεις τῶν πάντων ἐκτετυπῶσθαι ὥσπερ οὐρανὸν καὶ γῆν μήτρᾳ παραπλησίους. Ἐκ δὲ τοῦ ὕδατος γεγονέναι φασὶ πρωτόγονον ἀρχὴν, ἄνεμον σφοδρὸν [6] καὶ λάβρον καὶ πάσης γενέσεως αἴτιον [7], βρασμόν τινα καὶ κίνησιν ἐργαζόμενον τῷ κόσμῳ ἐκ τῆς τῶν ὑδάτων κινήσεως. Τοῦτον δὲ ἐπιτελεῖν εἶδος συρίγματι [8] ὄφεως παραπλήσιον, φέρων ὅθεν ἦν ὁ φορῶν [9] ὁ κόσμος πρὸς γένεσιν ὁρμᾷ ὀργήσας ὡς μήτρα, καὶ ἐντεῦθεν θέλουσι D συνίστασθαι τὴν τῶν | ὅλων γένεσιν. Τοῦτον δὲ εἶναι πνεῦμα ἀνέμου [10] λέγουσι τέλειον Θεὸν ἐκ τῆς τῶν

A inter tenebras, quæ sunt infra, et lucem, quæ est supra, aiunt, non est spiritus ut venti vis aut tenuis quædam aura, quæ sentiri potest, sed tanquam odor quidam unguenti vel suffimenti ex mistura fabricati tenuis, permeans potestas insensibili quadam et vehementiori, quam quæ verbis exprimatur, vi odoramenti. Quoniam igitur supra est lux et infra tenebræ et harum intermedius spiritus, lux autem ut radius solis desuper illucescens in subjectas tenebras, spiritus autem odoramentum sese diffundit medium tenens locum et porrigitur, sicuti suffimentorum odor super igni sese diffundit; — cum hæc igitur sit potestas trifariam divisorum: spiritus et lucis simul est infra potestas in tenebris subjectis. Tenebras autem aquam esse aiunt terribilem, B 508-509 in quam derepta sit et translata in talem naturam cum spiritu lux. Mente autem cum prædítæ sint tenebræ et cognoscant, ubi abstrahatur ipsis lux, manere tenebras desolatas, sine luce, sine splendore, sine vi, sine efficacia, debiles: ideo omni ratione et cogitatione nituntur continere in sese splendorem et scintillam lucis cum spiritus odoramento. Hujus imaginem hanc introducunt, dicentes: sicuti pupilla oculi sub subjacentibus aquis tenebrosa apparet, illustratur autem spiritu, ita sectantur tenebræ spiritum, habent autem apud se omnes potestates, quæ volunt recedere et redire. Sunt autem ipsæ infinities infinitæ, ex quibus omnia figurantur et nascuntur, cum instar sigillorum contingant. Sicuti enim sigillum cera contactum effigiem C efficit, ipsum per se manens quodquod fuit, ita quoque potestates contagione sua efficiunt omnia genera animalium infinita. Nata igitur esse ex primo concursu trium principiorum magni sigilli speciem, cœlum et terram, formam habentem consimilem utero umbilicum habenti medium. Ita autem et reliquas figuras universorum effiguratas esse sicuti cœlum et terram utero consimiles. Ex aqua autem natum esse primigenium principium, ventum gravem et vehementem et omnis generationis auctorem, fervorem quemdam et motum efficientem mundo ex aquarum motu. Hunc autem perficere ..... sibilo serpentis consimilem alati, in quem suspiciens mundus ad generationem ruit intensus sicuti uterus, et hinc volunt manasse universorum originem. Hunc D autem esse spiritum venti dicunt perfectum Deum ex aquarum et spiritus odoramento et lucis splendore natum esse, et esse generamen femellæ men-

VARIÆ LECTIONES.

[88] ἀνέμου ῥιπή. ἄνεμος ἢ ῥιπὴ C, M. Bernaysius. [89] λεπτὴ διοδεύουσα. λεπτῆς, διοδεύσασα C, M; cf. supra p. 200, 72. [90] φορᾷ. φορᾶς C. [91] φῶς ὡς. φῶς C. M. Sicuti nos etiam Bernaysius correxit. [92] ἐλλάμπουσα. ἐκλάμπουσα C, M; cf. supra p. 200, 76. [93] καὶ om. C. [94] μένει. μενεῖ Roeperus, qui ita etiam supra p. 200, 86 corrigendum esse censet. [95] τῷδε. τῷ δὲ C, τόδε M, ἐπὶ τῷδε Roeperus, οὕτω δὴ Bernaysius, ὧδε? Sauppius. [96] ὑπὸ ὑποκειμένων Bernaysius, ὑποκειμένων C. M. [97] τυποῦται Bernaysius: κυκλοῦται C, M. [98] κηρῷ. κλήρῳ C. [99] αὐτή. αὐτῇ C. [1] ἦν. om. C, M, Bernaysius. [2] Γεγονέναι. Γέγονεν C. [3] ἰδέαν. εἰδέαν C. [4] οὐρανὸν καὶ γῆν. οὐρανοῦ καὶ γῆς Bernaysius. [5] παραπλήσιον. παραπλησίαν C. [6] ἄνεμον σφοδρόν. ἀνεμόφθορον C; cf. supra p. 204, 28. [7] αἴτιον. ἀγγεῖον 1.; cf. supra l. l. [8] ἐπιτελεῖν εἶδος συρίγματι. ἐπὶ τέλειον εἶδος σύρματι Bernaysius. [9] παραπλήσιον, φέρων ὅθεν ἦν ὁ φορῶν. παραπλήσιον, φέρων ὅθεν ἦν, ὃ φορῶν Roeperus, παραπλήσιον μορφωθῆναι, ὃ ἀφορῶν Bernaysius, παραπλήσιον πτερωτοῦ, ἐς ὃν ὑφορῶν? [10] ἀνέμου. ἄνεμον C, M. Bernaysius.

tem; superne devenientem scintillam infra permistam cum appendicibus corporis niti effugere, effugientem **510-511** discedere neque liberationem reperire, cum aquis sit vincta. Propterea vociferata est ex aquarum mistura secundum Psalmistam, ut aiunt. Omnis igitur cura lucis supernæ est, ut liberet scintillam, quæ infra est, a patre, qui infra est; vento, qui excitat fervorem et turbam sibique mentem filium generavit, qui, inquiunt, non proprius illius est, quem, ubi viderit perfectum logum lucis supernæ, mutata forma sub specie serpentis cessisse in uterum, ut mentem illam, lucis scintillam, recipere posset. Et hoc esse id quod dictum est: *Qui cum in forma Dei esset, non rapinam arbitratus est esse se æqualem Deo, sed semetipsum exinanivit formam servi accipiens.* Et hanc esse servilem formam miseri volunt ac pestiferi Sethiani. Hæc igitur et hi dicunt.

ὑδάτων καὶ τῆς τοῦ πνεύματος εὐωδίας καὶ φωτὸς λαμπηδόνος γεγονέναι [11] καὶ εἶναι γέννημα [12] θηλείας νοῦν [13]· τὸν ἄνωθεν σπινθῆρα κάτω ἀναμεμιγμένον σὺν τοῖς περισυγκρίτοις [14] σώματος [15] σπεύδειν ἐκφεύγειν [16], ἐκφυγόντα [17] [p. 318. 319] πορεύεσθαι καὶ τὴν λύσιν οὐχ εὑρίσκειν διὰ τὴν ἐν τοῖς ὕδασι δέσιν. Διὸ ἐβόα [18] ἐκ τῆς τῶν ὑδάτων μίξεως κατὰ τὸν Ψαλμῳδὸν, ὡς λέγουσι. Πᾶσα οὖν ἡ φροντὶς τοῦ ἄνω φωτός ἐστιν, ὅπως ῥύσηται τὸν κάτω σπινθῆρα ἀπὸ τοῦ κάτω πατρὸς, ἀνέμου ἐπεγείροντος βρασμὸν καὶ τάραχον καὶ ἑαυτῷ νοῦν υἱοποιήσαντος [19] οὐκ ὄντα αὐτοῦ, φάσκουσιν, [ἴδιον, ὃν] ἰδόντα [20] τὸν τέλειον λόγον τοῦ ἄνωθεν φωτὸς αὐτὸν ἀπομορφώσαντα εἴδει ὄφεως κεχωρηκέναι ἐν μήτρᾳ [21], ἵνα τὸν νοῦν ἐκεῖνον, τὸν ἐκ τοῦ φωτὸς σπινθῆρα, ἀναλαβεῖν δυνηθῇ. Καὶ τοῦτο εἶναι τὸ εἰρημένον· *Ὃς ἐν μορφῇ* [22] *Θεοῦ ὑπάρχων οὐχ ἁρπαγμὸν ἡγήσατο τὸ εἶναι ἴσα Θεῷ, ἀλλ' ἑαυτὸν ἐκένωσε μορφὴν δούλου λαβών.*

Καὶ ταύτην εἶναι τὴν [δουλικὴν] [23] μορφὴν οἱ κακοδαίμονες θέλουσι καὶ πολυπή[μονες] [24] Σηθιανοί [25]. Ταῦτα μὲν οὖν καὶ οὗτοι λέγουσιν.

12. Sapientissimus autem Simon dicit in hunc modum: infinitam esse potestatem, hanc esse radicem universorum. Est autem, inquit, infinita potestas, quæ est ignis, secundum eum non simplex quiddam, sicuti plerique, qui dicunt simplicia esse quatuor elementa, et ignem simplicem esse censuerunt, sed esse ignis naturam duplicem, ejusque duplicis quidem naturæ alterum vocat absconditum, alterum manifestum; latere autem abscondita illa in manifestis ignis et manifesta ignis ab absconditis exstitisse. Omnes autem, inquit, partes ignis visibiles et invisibiles habitæ sunt sensum habere. Exstitit igitur, inquiunt, mundus qui generatus est a non generato igni. Cœptus autem est fieri, inquit, in hunc modum: Sex radices easque primas principii generationis sumens is qui generatus est a principio ignis illius; has enim radices exstitisse per conjugationes ab igne, quas quidem appellat Mentem et Intelligentiam, Vocem et Nomen, Ratiocinationem et Cogitationem. Esse autem in sex his radicibus infinitam simul illam **512-513** potestatem, quam esse dicit eum qui stat, stetit, stabit, qui cum effigiatus erit in sex illis potestatibus, erit re, vi, magnitudine, perfectione una eademque quæ est non generata et infinita potestas, nulla omnino ex

ιβ'. Ὁ δὲ πάνσοφος [26] Σίμων οὕτως λέγει· ἀπέραντον εἶναι δύναμιν, ταύτην ῥίζωμα τῶν ὅλων εἶναι. Ἔστι δὲ, φησὶν, ἡ ἀπέραντος δύναμις, τὸ πῦρ, κατ' αὐτὸν [27] οὐδὲν ἁπλοῦν, καθάπερ οἱ πολλοὶ ἁπλᾶ λέγοντες εἶναι τὰ [δὲ] [28] τέσσαρα στοιχεῖα καὶ τὸ πῦρ ἁπλοῦν εἶναι νενομίκασιν, ἀλλ' εἶναι τοῦ πυρὸς τὴν φύσιν διπλῆν, καὶ τῆς διπλῆς ταύτης καλεῖ τὸ μέν τι [29] κρυπτὸν τὸ δὲ φανερόν· κεκρύφθαι δὲ τὰ κρυπτὰ ἐν τοῖς φανεροῖς τοῦ πυρὸς, [30], καὶ τὰ φανερὰ τοῦ πυρὸς ὑπὸ τῶν κρυπτῶν γεγονέναι. Πάντα δὲ, φησὶ, νενόμισται τὰ μέρη τοῦ πυρὸς ὁρατὰ καὶ ἀόρατα φρόνησιν ἔχειν. Γέγονεν οὖν, φασὶν, [31], ὁ κόσμος ὁ γεννητὸς [32] ἀπὸ τοῦ ἀγεννήτου πυρός. Ἤρξατο δὲ, φησὶν, οὕτως γίνεσθαι· ἓξ ῥίζας τὰς πρώτας τῆς ἀρχῆς τῆς γενέσεως ὁ γεννητὸς [33] ἀπὸ τῆς ἀρχῆς τοῦ πυρὸς ἐκείνου λαβών· ταύτας γὰρ ῥίζας γεγονέναι κατὰ συζυγίας [34] ἀπὸ τοῦ πυρὸς, ἅστινας καλεῖ *Νοῦν* καὶ *Ἐπίνοιαν*, *Φωνὴν* καὶ *Ὄνομα*, *Λογισμὸν* καὶ *Ἐνθύμησιν*. Εἶναι δὲ ἐν ταῖς ἓξ ῥίζαις ὁμοῦ τὴν ἀπέραντον δύναμιν, [ἣν] εἶναί [35] φησι τὸν ἑστῶτα, στάντα [36], στησόμενον, [p. 319. 320] ὃς [ἐὰν] [37] ἐξεικονισθῇ ἐν ταῖς ἓξ δυνάμεσιν, ἔσται οὐσίᾳ, δυνάμει, μεγέθει, ἀποτελέσματι μία καὶ [ἡ] αὐτὴ [38] τῇ ἀγεννήτῳ καὶ ἀπεράντῳ δυνάμει, οὐδὲν ὅλως ἔχουσα ἐνδεέστερον ἐκείνης τῆς ἀγεννήτου καὶ ἀπαραλλάκτου [39]

VARIÆ LECTIONES.

[11] γεγονέναι. γεγονότα, Roeperus. [12] γέννημα, γένημα C. [13] νοῦν. νοῦν δὲ Roeperus. [14] περισυγκρίτοις Bernaysius et Roeperus, περὶ συνκρίτοις C, περὶ συγκρίτοις M. [15] σώματος. τοῦ σώματος Roeperus. [16] ἐκφεύγειν Bernaysius, καὶ φεύγειν C, M. [17] ἐκφυγόντα. καὶ ἐκφυγοντα Bernaysius, ἐκφυγόντα δὲ Roeperus. [18] Διὸ ἐβόα — μίξεως. Hæc verba ad psal. xxix, 3, alludere Bernaysius monuit. [19] νοῦν υἱοποιήσαντος Roeperus, νοῦν ποιήσαντος C, M. Bernaysius. [20] φάσκουσιν, ἴδιον, ὃν ἰδόντα. φάσκουσιν, ἰδόντα C, M, ὃ, φάσκουσιν, ἰδόντα Bernaysius, φάσκουσιν, ἴδιον· εἶτα Roeperus. [21] ἐν μήτρᾳ. ἐς μήτραν Bernaysius. [22] Philipp. ii, 6, 7. [23] δουλικὴν Roeperus inseruit, om. C, M. Bernaysius. [24] πολυπήμονες. Cernuntur vestigia literæ η et compendii ες. M. [25] Σηθιανοί. Σιθιανοί C, M. [26] Cf. supra p. 236 sqq. [27] κατ' αὐτόν. καθ' αὐτὸν C, M. Cf. supra p. 286, 83. [28] δὲ ex δ' ortum esse delendum monuit jam M. [29] μέν τι. μέν τοι C. Cf. supra p. 238, 86. [30] τοῦ πυρός. τὸ πῦρ C, M. Siculi nos etiam R. Scottus correxit. Cf. supra p. 238, 87, 88. [31] φασίν. φησὶν susp. M. [32] ὁ γεννητός. ἀγέννητος C. M. Cf. supra, p. 240, 31. [33] γεννητός. ἀγέννητος C, M. Cf. supra p. 240, 33. [34] συζυγίας. συζυγίαν C, M. Cf. supra p. 240, 35. [35] δύναμιν, ἣν εἶναι. δύναμιν· εἶναι C, M, Bernaysius coll. libro sexto, p. 240, 38 per homœoteleuton verba δυνάμει, οὐκ ἐνεργείᾳ· ἥντινα ἀπέραντον δύναμιν ante εἶναί φησι excidisse putat. [36] στάντα. πάντα C. [37] ἐὰν om. C. Cf. supra p. 240, 39. [38] ἡ αὐτή. αὔτη C, αὐτὴ M. Cf. supra p. 240, 41. [39] ἀπαραλλάκτου C.

καὶ ἀπεράντου δυνάμεως· ἐὰν δὲ μείνῃ δυνάμει [60] μόνον ἐν ταῖς ἓξ δυνάμεσι καὶ μὴ ἐξεικονισθῇ, ἀφανίζεται, φησὶ, καὶ ἀπόλλυται οὕτως ὡς ἡ δύναμις ἡ γραμματικὴ ἢ γεωμετρικὴ [ἐν] [61] ἀνθρώπου ψυχῇ ὑπάρξασα [62] μὴ προσλαβοῦσα τεχνίτην τὸν διδάξαντα [63]. Αὐτὸν [64] δὲ εἶναι ὁ Σίμων λέγει τὸν ἑστῶτα, στάντα, στησόμενον, ὄντα δύναμιν τὴν ὑπὲρ τὰ πάντα. Ταῦτα τοίνυν καὶ ὁ Σίμων.

ιγ'. Ὁ δὲ Οὐαλεντῖνος [65] καὶ οἱ ἀπὸ τῆς τούτου σχολῆς εἶναι λέγουσι τὴν τοῦ παντὸς ἀρχὴν Πατέρα, καὶ ἐναντίᾳ δὲ δόξῃ προσφέρονται. Οἱ μὲν γὰρ αὐτῶν μόνον εἶναι καὶ γεννητικὸν, οἱ δὲ ἀδυνάτως ἔχειν γεννᾷν ἄνευ θηλείας καὶ τούτου σύζυγον προστιθέασι Σιγὴν, Βυθὸν αὐτὸν ὀνομάσαντες. Ἐκ τούτου τινὲς καὶ τῆς συζύγου προβολὰς γεγονέναι ἕξ, Νοῦν καὶ Ἀλήθειαν, Λόγον καὶ Ζωὴν, Ἄνθρωπον καὶ Ἐκκλησίαν, καὶ εἶναι ταύτην τὴν ὀγδοάδα πρωτογενέτειραν· τάς τε ἐντὸς τοῦ Ὅρου [66] προβολὰς γεγενημένας πάλιν καλεῖσθαι ἐντὸς [67] πληρώματος, δεύτερα δὲ τὰ ἐκτὸς πληρώματος, καὶ τρίτα [68] τὰ ἐκτὸς τοῦ Ὅρου, ὧν ἡ γέννησις τὸ ὑστέρημα ὑπάρχει. Τὸ δὲ ἕκτου ἐν ὑστερήματι προβληθέντος αἰῶνος γεγονέναι [69], καὶ τοῦτον εἶναι δημιουργὸν λέγει, μὴ βουλόμενος [70] αὐτὸν πρῶτον εἶναι θεὸν, ἀλλὰ δυσφημῶν τε [71] αὐτὸν καὶ τὰ ὑπ' αὐτοῦ γεγενημένα, τὸν δὲ Χριστὸν ἐκ τοῦ ἐντὸς πληρώματος κατεληλυθέναι ἐπὶ σωτηρίᾳ τοῦ ἀποπλανηθέντος πνεύματος, ὃ κατοικεῖ [72] ἐν τῷ ἔσω ἡμῶν ἀνθρώπῳ, ὃν σωζόμενόν φασι τούτου χάριν τοῦ ἐνοικοῦντος. Τὴν δὲ σάρκα μὴ σώζεσθαι θέλει, δερμάτινον χιτῶνα ἀποκαλῶν καὶ ἄνθρωπον φθειρόμενον. Ταῦτα ἐν ἐπιτομῇ [p. 320. 321] ἐξεῖπον, πολλῆς ὕλης κατ' αὐτοὺς τυγχανούσης καὶ διαφόρων γνωμῶν. Οὕτως οὖν δοκεῖ καὶ τῇ Οὐαλεντίνου σχολῇ.

ιδ'. Βασιλείδης δὲ [73] καὶ αὐτὸς [74] λέγει εἶναι Θεὸν οὐκ ὄντα, πεποιημένον κόσμον ἐξ οὐκ ὄντων οὐκ ὄντα [75], οὐκ ὂν καταβαλλόμενόν [76] τι σπέρμα, ὡσεὶ κόκκον σινάπεως [77] ἔχοντα ἐν ἑαυτῷ τὸ πρέμνον, τὰ φύλλα, τοὺς κλάδους, τὸν καρπὸν, ἢ ὡς ᾠὸν ταοῦ ἔχον [78] ἐν ἑαυτῷ τὴν τῶν χρωμάτων ποικίλην πληθύν· καὶ τοῦτο εἶναί φασι [79] τὸ τοῦ κόσμου σπέρμα, ἐξ οὗ τὰ πάντα γέγονεν. Ἔχειν γὰρ ἐν ἑαυτῷ τὰ πάντα οἷον οὐκ ὄντα [80] ὑπό [τε] τοῦ οὐκ ὄντος Θεοῦ γενέσθαι προβεβουλευμένα. Ἦν οὖν, φασὶν, [81], ἐν αὐτῷ [82] τῷ σπέρματι υἱότης τριμερὴς, κατὰ πάντα

A parte inferior quam non generata illa et immutabilis et infinita potestas; sin vero manebit sola potestate in sex potestatibus et non effigiabitur, evanescit, inquit, et perit ita ut potestas grammatica vel geometrica in animo hominis exstans, non adepta artificem qui doceat. Se ipsum autem esse Simon dicit eum qui stat, stetit, stabit, cum sit potestas illa quæ est super omnia. Hæc igitur et Simon.

13. Valentinus autem et qui eum sectantur esse dicunt universarum rerum principium Patrem, in contrarias autem sententias abeunt. Alii enim eorum solum esse et genitalem (sc. eum putant), alii autem non posse generare sine femina, ejusque conjugem addunt Sigen, Bythum ipsum appellantes. Ex ipso B quidam ejusque conjuge projectiones factas esse sex Mentem et Veritatem, Logum et Vitam, Hominem et Ecclesiam, et esse hanc ogdoadem primogenitricem; et eas, quæ intra Terminum exstiterunt projectiones, rursus appellari, ea quæ intus in pleromate sunt, secunda autem, ea quæ extra pleroma; et tertia, ea quæ extra Terminum, quorum generatio hysterema exstat . . . . et hunc esse demiurgum dicit, nolens eum primum esse deum, sed maledicens et ei et iis, quæ ab eo facta sunt; Christum autem ex iis, quæ intus in pleromate sunt, descendisse ad salvandum spiritum, qui aberravit, qui habitat in interiori nostro homine, quem salvari dicunt hujusce eum inhabi- C tantis gratia. Carnem autem non salvari vult, pelliciam tunicam eam denominans et hominem pereuntem. Hæc summatim effatus sum, cum magna **514-515** sit doctrinæ eorum materia variæque sententiæ. Sic igitur placet et Valentini Scholæ.

14. Basilides autem et ipse dicit esse Deum nonentem, qui sibi mundum fecerit ex non-entibus non-entem, cum non-ens dejecerit semen quoddam, veluti granum sinapeos habens in se ipso stirpem, folia, ramos, fructum, vel sicuti ovum pavonis habens in se ipso colorum variam copiam, et hoc esse dicunt mundi semen, ex quo res universæ exstiterunt. Habere enim in se ipso universa tanquam non-entia et a non-ente deo ut fierent præmeditata. D Fuit igitur, inquiunt, in ipso semine filietas tripertita, per omnia non-enti Deo consubstantialis, ge-

VARIÆ LECTIONES.

[60] δυνάμει. δύναμις C, M. Cf. supra p. 240, 44. [61] ἐν om. C. [62] ὑπάρξασα. ὑπάρξαι C, M, qui hoc vocabulum, quod supra non legatur, nostrum locum turbare monet. [63] διδάξαντα. διδάξοντα susp. Roeperus. [64] Αὐτόν. Αὐτὸν C, M. [65] Cf. quæ Hippolytus supra p. 270 sqq. de Valentinianis exposuit, a quibus vero ea, quæ hic leguntur, admodum discrepant. [66] ἐντὸς τοῦ ὅρου. ἐνὸς τοῦ ὅρου C, M. Sicuti nos etiam R. Scottus correxit. [67] ἐντός. τὰ ἐντὸς susp. M. [68] τρίτα· τρία C. [69] Τὸ δὲ ἕκτου — γεγονέναι. Το δὲ ἕκτον — γεγονέναι M, Τοῦ δὲ ἐκτὸς — γεγονέναι R. Scottus. Inter Τὸ δὲ et ἕκτου, pro quo fort. ἐκ τοῦ legendum est, lacuna esse videtur. [70] βουλόμενος. βουλόμενον pr. C et R, Scottus. [71] δυσφημῶν τε. δύσφημόν τε C, M, δυσφημοῦντα R. Scottus. [72] κατοικεῖ. κατομεῖ C. [73] Cf. supra p. 356 sqq. [74] καὶ αὐτός. καὶ υἱὸς αὐτοῦ? [75] ἐξ οὐκ ὄντων οὐκ ὄντα, οὐκ ὂν—σπέρμα Uhlhornius l. l. ἐξ οὐκ ὄντων, οὐκ ὄντα, οὐκ ὤν,—σπέρμα C, M. cf. supra p. 358, 6, 7, 14, 15. [76] καταβαλόμενον. καταβαλλόμενον C, M. [77] συνάπεως C. [78] ἔχον. ἔχοντα C. [79] φασί. φησὶ susp. M. [80] οἷον οὐκ ὄντα, — Ἦν οὖν. τὸν οὐκ ὄντα ὑπὸ τοῦ οὐκ ὄντος θεοῦ γενέσθαι. Προβεβουλευμένα ἦν οὖν C, τὸν οὐκ ὄντα ὑπὸ τοῦ οὐκ ὄ. θ. γ. Προβεβουλευμένη ἦν οὖν M. Cf. supra p. 360, 48, 49. [81] φασίν. φησὶν susp. M [82] αὐτῷ. ἑαυτῷ C.

nerata ex non-entibus. Hujus filietatis trifariam divisæ aliud erat subtile, aliud crassum, aliud purgationis indigens. Subtile igitur statim, ubi primum exstitit seminis prima dejectio a non ente, perrupit et escendit in superum et devenit ad non-entem; illum enim omnis natura expetit propter exsuperantiam pulchritudinis, alia autem aliter. Crassior autem illa adhuc manens in semine, utpote imitabilis quædam, escendere quidem non potuit — multo enim inferior erat subtiliore — instruxit autem se ipsam tanquam alis Spiritu sancto; hunc enim beneficio afficit filietas induta et vicissim beneficio afficitur. Tertia autem filietas purgatione eget; hæc mansit in universorum seminum acervo, et ipsa beneficia edens et recipiens. Esse autem quiddam, quod vocetur *mundus*, alterum autem *supermundana*; dividuntur enim ab eo quæque sunt in duas principes classes. Quod autem horum intermedium est, vocat *conterminum Spiritum sanctum*, qui odorem filietatis habet. A seminario acervi mundani seminis erupit et generatus est magnus archon, caput mundi, pulchritudine et magnitudine ineffabili. Hic postquam in **516 517** altum sese extulit usque ad firmamentum, putavit non esse supra semet ipsum ullum alium, et exstitit subjacentibus omnibus splendidior et potentior præter relictam filietatem, quam ignorabat esse semet sapientiorem. Hic igitur ad fabricam mundi versus primum generat sibi filium se ipso superiorem, et hunc ad dexteram suam considere jussit; atque hanc hi dictitant esse ogdoadem. Ipse igitur cœlestem fabricam universam fabricatur. Alius autem archon a seminario surrexit, major quidem omnibus subjacentibus præter relictam filietatem, multo autem inferior priore, quem vocant hebdomadem. Hic est omnium, quæ subter ipso sunt, factor et opifex et rector, et ipse sibi fecit filium sapientiorem et intelligentiorem. Hæc autem omnia secundum præmeditationem esse illius non-entis dicunt, esse autem mundos et gradus infinitos. Ad Jesum autem ex Maria natum venisse Evangelii potestatem, quæ deverit et illuminaverit et ogdoadis filium et hebdomadis, ad illuminandum et ex classibus separandam et purgandam filietatem relictam ad benefaciendum animis et bene patiendum. Et semet esse filios aiunt, qui eam ob causam sint in mundo, ut docendo animas purgent et simul cum filietate escendant ad supernum patrem, quo prima venerit filietas, et eo usque constare dictitant mundum, quousque omnes animæ simul cum filietate illuc ve-

A τῷ [63] οὐκ ὄντι Θεῷ ὁμοούσιος, γεννητὴ [64] ἐξ οὐκ ὄντων. Ταύτης τῆς | υἱότητος τριχῆ διῃρημένης [65] τὸ μέν τι ἦν λεπτομερές, τὸ δὲ παχυμερές, τὸ δὲ ἀποκαθάρσεως δεόμενον. Τὸ μὲν οὖν λεπτομερὲς εὐθέως πρῶτον ἅμα [66] τῷ γενέσθαι τοῦ σπέρματος τὴν πρώτην καταβολὴν ὑπὸ τοῦ οὐκ ὄντος διέσφυξε καὶ ἀνῆλθεν ἄνω, καὶ ἐγένετο πρὸς τὸν οὐκ ὄντα· ἐκείνου γὰρ πᾶσα φύσις ὀρέγεται δι' ὑπερβολὴν κάλλους, ἄλλη [67] δὲ ἄλλως. Ἡ δὲ παχυμερεστέρα ἔτι μένουσα ἐν τῷ σπέρματι, μιμητική τις οὖσα, ἀναδραμεῖν μὲν οὐκ ἠδυνήθη (πολὺ γὰρ ἐνδεεστέρα ἦν τῆς λεπτομεροῦς), ἀνεπτέρωσε δὲ αὑτὴν τῷ Πνεύματι τῷ ἁγίῳ· τοῦτο γὰρ εὐεργετεῖ ἡ υἱότης ἐνδυσαμένη [68] καὶ εὐεργετεῖται [69]. Ἡ δὲ τρίτη υἱότης ἀποκαθάρσεως δεῖται· αὕτη μεμένηκεν ἐν τῷ τῆς B πανσπερμίας σωρῷ, καὶ αὐτὴ [70] εὐεργετοῦσα καὶ εὐεργετουμένη. Εἶναι δέ τι καλούμενον κόσμον [71], τὸ δὲ *ὑπερκόσμια* [72]· διαιρεῖται γὰρ ὑπ' αὐτοῦ [τὰ ὄντα] [73] εἰς δύο τὰς πρώτας διαιρέσεις. Τὸ δὲ μεταξὺ μέσον καλεῖ *μεθόριον* [74] *Πνεῦμα ἅγιον*, ἔχον τὴν ὀσμὴν τῆς υἱότητος. Ἀπὸ τῆς πανσπερμίας τοῦ σωροῦ τοῦ κοσμικοῦ σπέρματος διέσφυξε [75] καὶ ἐγεννήθη ὁ μέγας ἄρχων, ἡ κεφαλὴ τοῦ κόσμου, κάλλει καὶ μεγέθει ἀνεκλαλήτῳ. Οὗτος ὑψώσας [p. 365-366] ἑαυτὸν ἄχρι τοῦ στερεώματος ᾠήθη μὴ εἶναι ἑαυτοῦ ἐπάνω ἕτερον, καὶ ἐγένετο πάντων τῶν ὑποκειμένων φωτεινότερος καὶ δυνατώτερος πλὴν τῆς ὑπολελειμμένης υἱότητος, ἣν ἠγνόει οὖσαν αὐτοῦ σοφωτέραν. Οὗτος οὖν [76] τραπεὶς ἐπὶ τὴν τοῦ κόσμου C δημιουργίαν πρῶτον γεννᾷ υἱὸν αὑτῷ αὐτοῦ κρείττονα, καὶ τοῦτον ἐκ δεξιῶν αὐτοῦ ἐκάθισε· καὶ ταύτην οὗτοι φάσκουσι τὴν ὀγδοάδα. Αὐτὸς [77] οὖν τὴν οὐράνιον κτίσιν ἅπασαν ἐργάζεται. Ἕτερος δὲ ἄρχων ἀπὸ τῆς παν | σπερμίας ἀνέβη, μείζων μὲν πάντων τῶν ὑποκειμένων χωρὶς τῆς ἐγκαταλελειμμένης υἱότητος, πολὺ δὲ ἐλάττων [78] τοῦ προτέρου, ὃν καλοῦσιν ἑβδομάδα. Αὐτός [79] ἐστι πάντων τῶν ὑφ' αὑτὸν ποιητὴς καὶ δημιουργὸς καὶ διοικητής, καὶ οὗτος ἑαυτῷ ἐποίησεν υἱὸν φρονιμώτερον καὶ σοφώτερον. Ταῦτα δὲ πάντα κατὰ προλογισμὸν εἶναι ἐκείνου τοῦ οὐκ ὄντος λέγουσιν, εἶναι δὲ κόσμους καὶ διαστήματα ἄπειρα. ['Επὶ] τὸν δὲ [80] Ἰησοῦν ἀπὸ τῆς Μαρίας κεχωρηκέναι τὴν Εὐαγγελίου δύναμιν, τὴν κατελθοῦσαν καὶ φωτίσασαν τόν τε τῆς ὀγδοάδος D υἱὸν καὶ [τὸν] τῆς [81] ἑβδομάδος, ἐπὶ τῷ φωτίσαι καὶ φυλοκρινῆσαι καὶ καθαρίσαι τὴν καταλελειμμένην υἱότητα εἰς τὸ εὐεργετεῖν τὰς ψυχὰς καὶ εὐεργετεῖσθαι. Καὶ αὐτοὺς εἶναι υἱούς [82] φασιν, οἱ τούτου [83] χάριν εἰσὶν ἐν κόσμῳ, ἵνα διδάξαντες τὰς ψυχὰς καθαρίσωσι καὶ ἅμα τῇ υἱότητι ἀνέλθω-

VARIÆ LECTIONES.

[63] πάντα τῷ. πάντων C, πάντα M. Cf. supra p. 362, 51, 52. [64] γεννητή. γενητὴ supra l. l. ἐξ ὀν. [65] διῃρημένης. διῃρημένου C. [66] πρῶτον ἅμα. ἅμα πρῶτον C, M. Cf. supra, p. 362, 55. [67] ἄλλη. ἄλλα C, M. Cf. supra, p. 362, 60. [68] ἐνδυσαμένη. ἐναυξομένη C, M. Cf. supra p. 362, 6?. [69] εὐεργετεῖται. εὐεργετοῦσα C, M. Cf. supra l. l. [70] καὶ αὐτή. καὶ αὕτη C. [71] κόσμον. κόσμος M. [72] ὑπερκόσμια. ὑπερκόσμιον C, M. Cf. supra p. 364, 10. [73] τὰ ὄντα om. C, M. Cf. supra p. 36?, 8. [74] μεθόριον. καλλιμεθόριον C. [75] διέσφιξε C. [76] Οὗτος οὖν. Οὗτος ὁ C, M. [77] Αὐτός. Οὗτος conj. S... sed cf. supra p. 366, 38. [78] ἐλάττων. ἐλάττω C. [79] Αὐτὸς — οὗτος. Οὗτος — αὐτός? Cf. supra p. 36?, 59-61. [80] Ἐπὶ τὸν δέ. Τὸν δὲ C, M. [81] τὸν τῆς. τῆς C, M. [82] υἱούς. αἰτίους C, M. [83] οἱ τούτου. ὅτι τούτου C, M.

πρὸς τὸν ἄνω πατέρα, οὗ ἡ πρώτη ἐχώρησεν υἱότης· καὶ ἕως τούτου συνεστάναι φάσκουσι τὸν κόσμον, ἕως πᾶσαι αἱ ψυχαὶ ἅμα τῇ υἱότητι χωρήσωσι [84]. Ταῦτα δὲ καὶ Βασιλείδης τερατολογῶν οὐκ αἰσχύνεται.

ιε'. Ἰουστῖνος δὲ [85] καὶ αὐτὸς ὅμοια τούτοις [86] τολμῶν οὕτως λέγει· τρεῖς εἶναι ἀρχὰς τῶν ὅλων ἀγεννήτους, ἀῤῥενικὰς δύο, θηλυκὴν [87] μίαν. Τῶν δὲ ἀῤῥενικῶν ἡ μέν τις ἀρχὴ καλεῖται Ἀγαθὸς, αὐτὸ μόνον οὕτω λεγόμενος [88], προγνώστης τῶν ὅλων· ἡ δὲ ἑτέρα πατὴρ πάντων τῶν γεννητῶν, ἀπρόγνωστος καὶ ἄγνωστος καὶ ἀόρατος, Ἐλωεὶμ δὲ καλεῖται, φησίν. Ἡ [δὲ] θήλεια [89] ἀπρόγνωστος, ὀργίλη, δίγνωμος, δισώματος, καθὼς ἐν τοῖς περὶ αὐτοῦ λόγοις λεπτομερῶς διηγησάμεθα, τὰ μὲν ἄνω αὐτῆς μέχρι βουβῶνος εἶναι παρθένον, ἀπὸ δὲ βουβῶνος τὰ κάτω [90] ἔχιδναν [91]. [p. 322 | 324] Καλεῖται δὲ ἡ τοιαύτη Ἐδὲμ καὶ Ἰσραήλ. Ταύτας φάσκει ἀρχὰς εἶναι τῶν ὅλων, ἀφ' | ὧν τὰ πάντα ἐγένετο. Τὸν Ἐλωεὶμ δὲ ἀπρογνώστως ἐλθεῖν εἰς ἐπιθυμίαν τῆς μιξοπαρθένου, καὶ ἐπιμιγέντα γεννῆσαι ἀγγέλους δώδεκα. Τούτων τὰ ὀνόματα [92] .... καὶ οἱ μὲν πατρικοὶ [τῷ πατρὶ] [93] συναίρονται [94], οἱ δὲ μητρικοὶ τῇ μητρί. Τούτους εἶναι τοῦ [95] ..... ἀλληγορικῶς εἰρηκότος Μωσέως τὰ ἐν τῷ νόμῳ γεγραμμένα. Πεποιῆσθαι δὲ τὰ πάντα ὑπὸ τοῦ Ἐλωεὶμ καὶ τῆς Ἐδὲμ, καὶ τὰ μὲν ζῶα ἅμα τοῖς λοιποῖς ἀπὸ τοῦ θηριώδους μέρους, τὸν δὲ ἄνθρωπον ἀπὸ τῶν ἄνωθεν τοῦ βουβῶνος. Καὶ ἡ [96] μὲν Ἐδὲμ κατατεθεῖσθαι ἐν αὐτῷ τὴν ψυχὴν, ἥτις αὐτῆς δύναμις ἦν [Ἐλωεὶμ δὲ τὸ πνεῦμα] [97]. Τοῦτον δὲ φάσκει μαθόντα ἀνεληλυθέναι πρὸς τὸν ἀγαθὸν καὶ καταλελοιπέναι [98] τὴν Ἐδέμ· ἐφ' ᾧ ὀργισθεῖσαν ταύτην πᾶσαν τὴν [99] ἐπιβουλὴν ποιεῖσθαι κατὰ τοῦ πνεύματος τοῦ Ἐλωεὶμ, ὅπερ κατέθετο ἐν τῷ ἀνθρώπῳ. Καὶ τούτου χάριν ἀπεσταλκέναι τὸν πατέρα τὸν Βαροὺχ διατασσόμενον τοῖς προφήταις, ἵνα ῥυσθῇ τὸ πνεῦμα τοῦ Ἐλωεὶμ, καὶ πάντας ὑποσεσύρθαι ὑπὸ [1] τῆς Ἐδέμ. Ἀλλὰ καὶ τὸν Ἡρακλέα φάσκει προφήτην γεγονέναι, ἡττῆσθαι δὲ αὐτὸν ὑπὸ τῆς Ὀμφάλης [2], τουτέστιν ὑπὸ τῆς Βάβελ, ἣν Ἀφροδίτην ὀνομάζουσιν. Ὕστερον δὲ ἐν ταῖς ἡμέραις Ἡρώδου γεγονέναι τὸν [δὲ] [3] Ἰησοῦν υἱὸν Μαρίας καὶ Ἰωσήφ, ᾧ τὸν Βαροὺχ φάσκει λελαληκέναι· καὶ τούτῳ δὲ ἐπιβεβουλευκέναι τὴν Ἐδὲμ, μὴ δεδυνῆσθαι δὲ αὐτὸν ἀπατῆσαι, καὶ τούτου χάριν πεποιηκέναι σταυρωθῆναι· οὗ τὸ πνεῦμα ἀνεληλυθέναι πρὸς τὸν Ἀγαθὸν λέγει.

A nerint. Hæc igitur et Basilides mirabilia narrans non erubescit.

15. Justinus autem et ipse consimilia his conatus ait in hunc modum: tria esse principia universorum non generata, mascula duo, femininum unum. Masculorum autem unum principium vocatur Bonus, ipsum hoc solum vocatus, præscius universorum; alterum autem pater omnium generatorum, non præscius et ignarus et visu carens, Elohim autem vocatur, inquit. Femininum autem non præsciens, iracundum, bimens, bicorpor, sicuti in nostra de eo disputatione subtiliter exposuimus, superiora ejus B inguinibus tenus esse virginem, inferiora **518-519** autem ab inguinibus inde viperam. Vocatur autem hæc talis Edem et Israel. Hæc dictitat principia esse universorum, unde omnia exstiterint. Elohim autem non præscientem venisse in cupiditatem semivirginis illius, et corporibus commistis generavisse duodecim angelos. Horum nomina . . . . et paterni quidem patrem comitantur, materni autem matrem. Hos esse . . . . . cum allegorice dixerit Moses ea, quæ in lege scripta sunt. Facta autem esse omnia ab Elohim et Edem, et animalia quidem simul cum reliquis e bestiali parte, hominem autem ex partibus supra inguina. Et Edem quidem deposuit in eo animam, quæ ipsius potestas erat [Elohim autem spiritum]. Hunc autem dictitat, postquam didicerit, escendisse ad Bonum et C deseruisse Edem; propter quod iratam eam omnes insidias facere spiritui Elohim, quem hic deposuit in homine. Et hanc ob causam patrem legavisse Baruch, mandata dantem prophetis, ut liberaret spiritum Elohim, et omnes allectos esse ab Edem. Sed et Herculem dictitat prophetam exstitisse, superatum autem eum esse ab Omphale, hoc est a Babel, quam Venerem nominant. Postea autem diebus Herodis exstitisse Jesum, filium Mariæ et Josephi, ad quem Baruch illum dictitat esse locutum; et huic vero insidiatam esse Edem, non autem potuisse eum seducere, et propterea fecisse, ut in crucem suffigeretur; cujus spiritum escendi se ad Bonum dicit. Et omnium vero, qui ita stultis illis D et debilibus sermonibus obtemperant, spiritum quidem salvatum iri, corpus autem et animam Edem

VARIÆ LECTIONES.

[84] χωρήσωσι. χρήσωσι C. [85] Cf. supra p. 218 sqq. [86] τούτοις. Ad Sethianos respicere videtur, quos Justinus excepit libro V 23. [87] θηλυκήν. θῆλυν C, M Cf. supra p. 218, 64. [88] λεγόμενος. λεγόμενον C. M. Cf. supra p. 218 65. [89] Ἡ δὲ θήλεια. Ἡ θήλεια C., M. Cf. supra p 218. 67. [90] τὰ κάτω. καὶ κάτω C. M. Cf. supra p. 218, 69. [91] ἔχιδναν. ἔχιδνα C. [92] Lacunam signavit jam M. Plura hic omissa esse videntur. Cf. supra, p 218, 79 83. [93] τῷ πατρί om. C. Cf. supra p. 218, 84. [94] συναίρονται. συναιροῦνται C, M. Cf. supra l. l. [95] Post τοῦ lacunam signavimus respicientes ad p 220, 90, 91 Fort. inserendum: παραδείσου ξύλα. [96] Καὶ ἡ. Καὶ τῇ M καὶ τὴν Roeperus, καὶ ἡ — κατατέθειται susp Sauppius. Cf. supra p 220, 4. [97] Ἐλωεὶμ δὲ τὸ πνεῦμα om. C, M. Verba hæc ex p. 220, 5 sumpta hic esse inserenda jam Roeperus monuit. [98] καταλελοιπέναι. καταλελυπηκέναι C, M Cf supra p. 222, 41 et 224, 61. [99] πᾶσαν τήν. Fort. delendum τήν M. [1] ὑπό. ἀπὸ C, M. [2] Ὀμφαλῆς C, ut libro V. M. [3] τὸν δέ. Delendum potius videtur δὲ quam scribendum τόνδε M.

illius derelinqui, quam et terram Justinus demens vocat.

16. Docetæ autem talia dicunt: Esse primum Deum tanquam semen arboris fici, ab hac autem profectos esse tres æones, tanquam stirpem et folia et fructum; hos autem projecisse **520-521** triginta æones, unumquemque decem; unitos autem esse eos secundum decades omnes, solum autem positionibus differre, ut alii aliis sint priores. Projectos autem esse infinities infinitos æones, et esse universos masculofemineos. Hos autem consilio capto simul congressos ex [cum] medio æone genuisse ex virgine Maria Salvatorem omnium, ab omni parte consimilem primo Deo, qui tanquam semen ficulneum sit, hac re autem inferiorem, quod genitus sit, semen enim, unde fici arbor, non-genitum. Erat igitur magna æonum lux tota, nullam insuper recipiens ornationem, habens in semetipsa omnium animalium species. Hanc, cum intraverit in subjacens chaos, causam præbuisse iis, quæ exstiterunt et sunt, et deveniens superne specierum æternarum expressit infra in chao formas. Tertius enim æon, qui se ipsum triplicaverat, cum videret notas suas universas detractas in tenebras, quæ infra sunt, cumque neque tenebrarum immanitatem ignoraret, neque lucis simplicitatem, fecit cœlum, et postquam intermedium firmavit, divisit tenebras a luce. Universis igitur speciebus tertii æonis . . . . . et ejus ipsius imaginem superari ait a tenebris, quæ ignis vivus a luce ortus exstitit, unde dictitant magnum archontem exstitisse, de quo Moses disputat, cum dicit esse hunc deum igneum et demiurgum, qui etiam ideas omnium transmutat continuo in corpora, hoc est animas, quapropter dictitant Salvatorem supergeneratum esse, qui monstret viam, qua effugient superatæ animæ, Jesu autem indutum fuisse potestatem illam unigenitam; ideo non potuisse spectari ab aliquo propter exsuperantem magnitudinem splendoris. Omnia autem accidisse ei dicunt, sicuti in Evangeliis scriptum est.

522-523 17. Qui autem Monoimum Arabem

A Καὶ [4] πάντων δὲ τῶν οὕτως τοῖς μωροῖς καὶ [illegible] λόγοις πειθομένων [τὸ μὲν πνεῦμα] [5] σωθῇ [illegible], τὸ δὲ σῶμα καὶ τὴν ψυχὴν τῆς Ἐδὲμ καταλείπεσθαι, ἣν καὶ γῆν Ἰουστῖνος ὁ ἄφρων καλεῖ.

ιϛ'. Οἱ δὲ [6] Δοκηταὶ [7] τοιαῦτα λέγουσιν· εἶναι πρῶτον Θεὸν ὡς σπέρμα συκῆς, ἐκ δὲ τούτου [illegible] θέναι τρεῖς αἰῶνας, ὡς τὸ πρέμνον καὶ τὰ φύλλα [illegible] τὸν καρπόν· τούτους δὲ προβεβληκέναι [p. [illegible] 325] λ' αἰῶνας, ἕκαστον ι'· ἡνῶσθαι [8] δὲ αὐτοὺς [illegible] δέκα πάντας, μόνον δὲ διαθέσεσι [9] διαφέρειν [illegible] τινῶν πρώτους [10]. Προβεβλῆσθαι δὲ ἀπειράκις [illegible]ρους αἰῶνας, καὶ εἶναι τοὺς πάντας ἀῤῥενοθήλεις. Τούτους δὲ βουλευσαμένους ὁμοῦ συνελθόντας [illegible] μέσου αἰῶνος [11] γεννῆσαι ἐκ Παρθένου Μαρίας [illegible]τῆρα τῶν πάντων, κατὰ πάντα ὅμοιον τῷ [illegible]

B σώματι ἐν σπέρματι [12] συκίνῳ [13], ἐν τούτῳ δὲ ἥττονα τῷ [14] γεννητὸν εἶναι [15], τὸ γὰρ σπέρμα, ὅθεν ἡ [illegible] ἀγέννητον. Ἦν οὖν τὸ μέγα τῶν αἰώνων φῶς [illegible] οὐδεμίαν ἐπιδεχόμενον κόσμησιν, ἔχον ἐν [illegible] πάντων τῶν ζώων ἰδέας· τοῦτο ἐπιφοιτῆσαν [illegible] ὑποκείμενον χάος παρεσχηκέναι αἰτίαν τοῖς [illegible] καὶ οὖσι, καταβάν τε ἄνωθεν ἰδεῶν [16] αἰωνίων [illegible]εμάξατο [17] κάτω [εἰς] τὸ χάος [18] τὰς μορφάς. Ὁ γὰρ τρίτος αἰὼν, ὁ ἑαυτὸν τριπλασιάσας, ὁρῶν τοὺς χαρακτῆρας αὐτοῦ πάντας κατασπωμένους εἰς τὸ [illegible] σκότος, οὐκ ἀγνοῶν τήν τε τοῦ σκότους δεινότητα καὶ τὴν τοῦ φωτὸς ἀφελότητα, ἐποίησεν οὐρανὸν [illegible] μέσον πήξας διεχώρισεν ἀναμέσον τοῦ σκότους [illegible] ἀναμέσον τοῦ φωτός. Πασῶν οὖν τῶν ἰδεῶν [19] [illegible] τρίτου αἰῶνος [20] ..... καὶ αὐτοῦ τὸ ἐκτύπωμα [illegible]

C τεῖσθαί φησιν ὑπὸ τοῦ σκότους [21], πῦρ [22] [illegible] ζῶν ὑπὸ τοῦ φωτὸς γενόμενον ὑπῆρξεν, ἐξ [23] φάσκουσι τὸν μέγαν ἄρχοντα γεγονέναι, περὶ [illegible] Μωϋσῆς ὁμιλεῖ, λέγων εἶναι τοῦτον θεὸν πύρινον [illegible] δημιουργὸν, ὃς καὶ τὰς ἰδέας πάντων μεταβάλλει ἀεὶ εἰς σῶμα. Ταύτας τὰς [24] ψυχὰς [25], οὗ χάριν φάσκουσι [26] τὸν Σωτῆρα παραγεννηθῆναι [27], [illegible]κνύντα τὴν ὁδὸν, δι' ἧς φεύξονται αἱ κρατούμεναι ψυχαί, ἐνδεδύσθαι δὲ τὸν Ἰησοῦν τὴν δύναμιν [illegible] τὴν μονογενῆ· διὸ μὴ δύνασθαι θεαθῆναι [illegible] διὰ τὸ μεθαλλόμενον [28] μέγεθος τῆς δόξης. Πάντα δὲ συμβεβηκέναι αὐτῷ φασι καθὰ ἐν τοῖς Εὐαγγελίοις γέγραπται.

[p. 325. 326] ιζ'. Οἱ δὲ [29] κατὰ Μονόϊμον [30] [illegible]

VARIÆ LECTIONES.

[4] Καὶ — πειθομένων. Καὶ πάντα δὲ τὸν — πειθόμενον Roeperus. [5] τὸ μὲν πνεῦμα om. C, M, qui jam vidit post πειθομένων nonnulla excidisse. [6] Cf. supra p. 412 sqq. [7] Δοκηταί. Δοχῖται C. Δοκ[illegible] [8] λ' αἰῶνας, ἕκαστον ι' ἡνῶσθαι. λ' αἰῶνας ἕκαστον· ἡνῶσθαι C, M. [9] διαθέσεσι. θέσεσι? Cf. supra p. 414, [illegible] [10] πρώτους. Malim πρωτεύοντας. M. [11] ἐκ τοῦ μέσου αἰῶνος. εἰς τὸν μέσον αἰῶνα? Cf. supra p. 41[illegible], 75, 76. [12] σώματι ἐν σπέρματι. σώματι ἐν πάρματι C, θεῷ, τῷ οἱονεὶ σπέρματι? Cf. supra p. 416, [illegible] [13] συκίνῳ. ἐκείνῳ C. Cf. supra p. 416, 78. [14] ἥττονα, τῷ. ἧττον, διὰ τὸ C. Ex ultima syllaba voc. ἥττονα factum ΔΙΑ M. [15] γεννητὸν εἶναι. ἀγέννητον εἶναι C. Cf. supra p. 416, 79. [16] ἰδέων C. [17] ἀπεμάξατο. ἀπεμάξαντο. C. [18] εἰς τὸ χάος. τὸ χάος C, M, qui vocabula a librario serius inter lineas scripta uncinis inclusit. [19] ἰδέων C. [20] Forte post αἰῶνος nonnulla exciderunt. Cf. supra p. 3-5. [21] Post σκότους lacunam signavit M. [22] πῦρ — ὑπῆρξεν. πῦρ ζῶν ἀπὸ τοῦ φωτὸς γενόμενον, οὗ καὶ σφραγὶς (et transpositis ὢν αὖθις facta) ὑπῆρξεν conj. Rœperus coll. iis, quæ supra leguntur, p. 418, 6, 7: ὃ πῦρ ὂν αὐτοῖς ζῶν ἀπὸ τ. φ. γ. ὑπῆρξεν? vel ὃ πῦρ ζῶν ἀπὸ τ. φ. γ. ὑπῆρξεν? [23] ἐξ ἧς. ἐξῆς susp. M, ἐξ οὗ? [illegible] Cf. supra, p. 418, 7. [24] σῶμα. Ταύτας τάς. σώματα. Ταύτας τάς susp. M, σώματα, τουτέστι τάς? : σώματα· εἶναι δὲ ταῦτα] conj. Roeperus, qui fort. etiam ἐκ σωμάτων post σώματα addendum esse putat. [25] Post ψυχὰς lacunam signavit M. [26] οὗ χάριν φάσκουσι ex conjectura M, οὗ χάριν ἀσκοῦσι C. [27] παραγενηθῆναι pr. C. [28] μεταλλόμενον C. [29] Cf. supra p. 424 sqq. [30] Μονόϊμον. Νόϊμον C, M. Cf., quæ supra ad p. 112, 5 adnotavimus.

Ἀραβά φασιν εἶναι τὴν τοῦ παντὸς ἀρχὴν πρῶτον ἄνθρωπον καὶ υἱὸν ἀνθρώπου, καὶ τὰ γενόμενα, καθὼς Μωϋσῆς[31] λέγει, μὴ ὑπὸ τοῦ πρώτου ἀνθρώπου γεγονέναι, ἀλλὰ ὑπὸ τοῦ υἱοῦ τοῦ ἀνθρώπου, οὐχ ὅλου, ἀλλ' ἐκ μέρους αὐτοῦ. Εἶναι δὲ τὸν υἱὸν τοῦ ἀνθρώπου ἰῶτα, ὅ ἐστι δεκὰς, κύριος ἀριθμὸς, ἐν ᾧ ἐστιν ἡ τοῦ παντὸς ἀριθμοῦ ὑπόστασις, δι' οὗ πᾶς ἀριθμὸς συνέστηκε, καὶ ἡ τοῦ παντὸς γένεσις, πῦρ, ἀὴρ, ὕδωρ, γῆ. Τούτου δὲ ὄντος ἰῶτα[32] ἓν[32] καὶ κεραία μία, τέλειον ἐκ τελείου, ῥυεῖσα κεραία ἄνωθεν, πάντα ἔχουσα ὅσα καὶ αὐτὴ[33], ὅσα καὶ ὁ ἄνθρωπος ἔχει, ὁ πατὴρ τοῦ υἱοῦ τοῦ ἀνθρώπου,— γεγονέναι οὖν φησι τὸν κόσμον Μωϋσῆς ἐν ἓξ ἡμέραις, τουτέστιν ἐν ἓξ δυνάμεσιν, ἐξ ὧν ὁ κόσμος ἀπὸ τῆς κεραίας γέγονε τῆς μιᾶς. Οἵ τε γὰρ κύβοι καὶ τὰ ὀκτάεδρα καὶ αἱ πυραμίδες καὶ πάντα τὰ τούτοις παραπλήσια σχήματα ἰσεπιφανῆ[35], ἐξ ὧν συνέστηκε | πῦρ, ἀὴρ, ὕδωρ, γῆ, ἀπὸ τῶν ἀριθμῶν γεγόνασι τῶν κατειλημμένων ἐν ἐκείνῃ τῇ ἁπλῇ[36] τοῦ ἰῶτα κεραίᾳ, ἥτις ἐστὶν υἱὸς ἀνθρώπου. Ὅταν οὖν, φησὶ, ῥάβδον λέγῃ[37] Μωϋσῆς στρεφομένην εἰς Αἴγυπτον τὰ πάθη, καταλέγει τὸν κόσμον τοῦ ἰῶτα ἀλληγορουμένως[38], οὐδὲ πλείονα τῶν δέκα[39] παθῶν ἐσχημάτισεν. Εἰ δὲ, φησὶ, θέλεις ἐπιγνῶναι τὸ πᾶν, ἐν σεαυτῷ ζήτησον τίς ὁ λέγων· Ἡ ψυχή μου, ἡ σάρξ μου, ὁ νοῦς μου, καὶ ἓν ἕκαστον κατιδιοποιούμενος ὡς ἕτερος αὐτῷ· τοῦτον νόει τέλειον ἐκ τελείου, πάντα ἴδια ἡγούμενον οὐκ ὄντα τὰ καλούμενα καὶ τὰ πάντα ὄντα. Ταῦτα μὲν οὖν καὶ Μονοΐμῳ δοκεῖ.

ιη'. Τατιανὸς[40] δὲ παραπλησίως τῷ Οὐαλεντίνῳ καὶ τοῖς ἑτέροις φησὶν αἰῶνας εἶναί τινας ἀοράτους[41], ἐξ ὧν[42] ὑπό τινος κάτω[43] τὸν κόσμον δεδημιουργῆσθαι καὶ τὰ ὄντα. Κυνικωτέρῳ [p. 326. 327] δὲ βίῳ ἀσκεῖται[44] καὶ σχεδὸν οὐδὲν Μαρκίωνος ἀπεμφαίνει πρός τε τὰς δυσφημίας[45] καὶ τὰς περὶ γάμων νομοθεσίας.

ιθ'. Μαρκίων δὲ[46] ὁ Ποντικὸς καὶ Κέρδων ὁ τούτου διδάσκαλος καὶ αὐτοὶ ὁρίζουσιν εἶναι τρεῖς τὰς τοῦ παντὸς[47] ἀρχὰς, ἀγαθὸν δίκαιον, ὕλην· τινὲς δὲ τούτων μαθηταὶ προστιθέασι [δ'[48]] λέγοντες ἀγαθὸν, δίκαιον, πονηρὸν, ὕλην. Οἱ δὲ πάντες[49] τὸν μὲν ἀγαθὸν οὐδὲν ὅλως[50] πεποιηκέναι, τὸν δὲ δίκαιον οἱ μὲν τὸν πονηρὸν[51], οἱ δὲ μόνον δίκαιον ὀνομάζουσι, πεποιηκέναι δὲ τὰ πάντα φάσκουσιν ἐκ τῆς ὑποκειμέ-

A sectantur, aiunt esse universorum principium hominem primum et filium hominis, et ea, quæ facta sunt, sicuti Moses dicit, non a primo homine orta esse, sed a filio hominis, non toto illo, sed ex parte ejus. Esse autem filium hominis litteram iota, quæ est decas, principalis numerus, in quo est universi numeri substantia, per quem quisque numerus constat et universi origo, ignis, aer, aqua, terra. Hic autem cum sit iota unum et apex unus, perfectum ex perfecto, apex, qui processit superne, omnia habens in semetipso, quæcunque etiam homo habet, pater filii hominis; — factum igitur esse ait mundum Moses sex diebus, hoc est sex potestatibus, ex quibus mundus ab apice illo exstitit uno. Etenim et cubi et octaedra et pyramides et omnes

B hisce consimiles formæ comparium superficierum, ex quibus constat ignis, aer, aqua, terra, a numeris ortæ sunt comprehensis in illo simplice litteræ iota apice, qui est filius hominis. Quando igitur, inquit, virgam dicit Moses vibratam ad plagas Ægyptiacas, recenset mundum litteræ iota allegorice, neque plures quam decem plagas formavit. Sin vero, inquit, vis cognoscere universa, in te ipso quære quisnam sit, qui ait: anima mea, caro mea, mens mea, et qui unumquodque sibi ipsi arrogat quasi alius quis. Hunc intellige esse perfectum ex perfecto, omnia sua propria existimantem non-entia quæ vocantur omniaque entia. Hæc igitur et Monoimo placent.

C 18. Tatianus autem consimiliter Valentino cæterisque ait æones esse quosdam invisibiles, ex quibus a quodam inferiore mundum esse fabricatum et ea quæ sunt. Vitæ autem admodum **524-525** cynicæ studet et nullo fere modo a Marcione differt quod et ad diffamationes attinet et ad leges de nuptiis latas.

19. Marcion autem Ponticus Cerdoque hujus magister et ipsi definiunt esse tria universi principia: bonum, justum, materiam; quidam autem eorum discipuli addunt [quartum] dicentes, bonum, justum, malum, materiam. Cuncti autem (sc. dicunt) bonum omnino nihil fecisse, justum autem alii malum, alii autem solum justum nominant, fecisse autem universa dictitant ex subjacente materia; non enim

VARIÆ LECTIONES.

[31] Μωσῆς C. [32] ἰῶτα ἓν καὶ κεραία μία. ἰῶτα ἐν κεραίᾳ μιᾷ legendum esse censet M. coll. p. 426, 49, ubi C. habet ἰῶτα ἐν μιᾷ κεραίᾳ. [33] Verba ἰῶτα — ἀνθρώπου parenthesin esse putat Roeperus, continuata sic oratione: γεγονέναι, ὥς φησι Μωϋσῆς, τὸν κόσμον. [34] ἔχουσα ὅσα καὶ αὐτή. ἔχουσα ἐν ἑαυτῇ? Cf. supra p. 428, 50. [35] ἰσεπιφανῆ Roeperus, ἴσα ἦν C. M, qui hæc verba coll. p. 428, 58 uncinis inclusit. [36] ἁπλῇ. διπλῇ C. Cf. supra, p. 428, 59. [37] λέγῃ. λέγει C. [38] εἰς Αἴγυπτον — ἀλληγορουμένως. εἰς Αἴγυπτον, τὰ παθη καταλέγει τοῦ κόσμου τῷ ἰῶτα ἀλλ'. conj. M et Bernaysius, εἰς τὰ κατὰ τὴν Αἴγυπτον παθη, κατ. τ. κ. τ. ἰ. ἀλλ'. Roeperus, εἰς τα κατ' Αἴγυπτον πάθη, λέγει τὸν κόσμον τοῦ ἰῶτα ἀλλ. susp. R. Scottus, εἰς τὰ κατὰ τὴν Αἴγυπτον πάθη, λέγει τὸν κόσμον τῷ ἰῶτα ἀλληγορουμένως. ὡς (ἀλληγορούμενον, ὡς)? Cf. supra p. 428, 61-63. [39] πλείονα τῶν δέκα. πλειόνων δὲ C, πλείονα τῶν δώδεκα legendum esse putat M coll. p. 428, 63. Sicuti nos etiam Bernaysius correxit. [40] Τατιανὸς—νομοθεσίας. Cf. supra p. 432, 22 27. [41] ἀοράτους. ποτὲ τοὺς C, M. Cf. supra p. 432, 24, ubi παρὰ τοὺς legitur in C, et verba Irenæi illic textui supposita. [42] ἐξ ὧν. ἐκ τῶν C, M. [43] κάτω. τῶν κάτω? Sauppius. [44] ἀσκεῖται καί. ἀσκεῖσθαι C, M. [45] τὰς δυσφημίας. τῆς δυσφ. C. [46] Μαρκίων δὲ, κ. τ. λ. Quæ noster supra p. 382-394 de Marcione et p. 408 sq: de Cerdone scripsit, valde ab iis, quæ hic leguntur, abhorrent. [47] τοῦ παντός. τοὺς παντὸς C. [48] δ' Sauppius, om. C, M. [49] πάντες. πάντα C. [50] ὅλως. ἄλλως C, M. [51] τὸν πονηρόν. καὶ τὸν πον.? Sauppius. μόνον. μόνον τόν? Sauppius.

bene fecisse, sed irrationabiliter, necesse enim esse ut ea, quæ orta sint, similia sint ei, qui fecerit. Quapropter etiam parabolis evangelicis in hunc modum utuntur dicentes: *Non potest arbor bona fructus malos facere*, et quæ sequuntur, ad hoc dictitans pronuntiata esse, quæ ab ipso male censentur. Christum autem filium esse boni et ab eo missum esse ad salvandum animas, quem interiorem hominem vocat, dicens eum tanquam hominem apparuisse, cum non sit homo, et tanquam carnem habentem, cum non habeat carnem, qui specie apparuerit neque genituram sustinuerit neque passionem, verum specie tantum. Carnem autem non vult resurgere, matrimonium autem perniciem esse dicens ad vitam admodum cynicam adducit discipulos, in B his putans se ægre facere demiurgo, si iis, quæ ab illo facta sunt vel constituta, se abstineat.

20. Apelles autem, hujus discipulus, cum ipsi improbarentur quæ a magistro dicta sunt, sicuti antea diximus, nova doctrina supposuit quatuor esse deos, quorum unum dicit bonum, quem neque prophetæ cognoverint, cujus esse filium Christum; alium autem opificem universi, quem non deum esse vult, alium autem igneum, qui apparuerit, alium autem malum, quos angelos vocat, addens vero Christum et quintum dicet. Sese autem applicat libro, quem Revelationes appellat Philumenæ cujusdam, quam prophetissam esse arbitratur. Carnem autem Christum non ex Virgine sit assumpsisse, sed ex adjacente mundi substantia. In hunc modum contra leges et **526-527** prophetas opera C concinnavit, dissolvere eos conatus, quasi qui mendacia locuti sint neque Deum cognoverint; carnesque perire consimiliter Marcioni dicit.

21. Cerinthus autem, ipse in Ægypto excultus, non a primo deo factum esse mundum voluit, sed a virtute quadam angelica longe separata et distante ab ea principalitate, quæ est super universa, et ignorante deum, qui est super omnia. Jesum autem dicit non ex Virgine esse generatum, natum autem esse eum ex Josepho et Maria filium consimiliter reliquis hominibus, et excelluisse justitia et prudentia et intelligentia supra omnes reliquos. Et post baptismum devenisse in eum ab ea principalitate, quæ est super omnia, Christum in figura columbæ, et tum nuntiavisse incognitum patrem et virtutes D perfecisse, sub finem autem passionis avolasse Christum a Jesu; passum esse Jesum, Christum autem a patiendo liberum mansisse, cum esset Spiritus Domini.

A νης ὕλης· πεποιηκέναι γὰρ οὐ καλῶς, ἀλλ' ἀλόγως· ἀνάγκη γὰρ τὰ γενόμενα ὅμοια εἶναι τῷ πεποιηκότι. Διὸ καὶ ταῖς παραβολαῖς ταῖς εὐαγγελικαῖς οὕτω χρῶνται λέγοντες· *Οὐ δύναται δένδρον* [88] *καλὸν καρποὺς πονηροὺς ποιεῖν*, καὶ τὰ ἑξῆς, εἰς τοῦτο λέγων εἰρῆσθαι τὸ ὑπ' αὐτοῦ κακῶς νομιζόμενα. Τὸν δὲ Χριστὸν υἱὸν εἶναι τοῦ ἀγαθοῦ καὶ ὑπ' αὐτοῦ πέμφθαι ἐπὶ σωτηρίᾳ τῶν ψυχῶν, ὃν [89] ἔσω ἄνθρωπον καλεῖ, ὡς ἄνθρωπον φανέντα λέγων οὐκ ὄντα ἄνθρωπον καὶ ὡς ἔνσαρκον οὐκ ἔνσαρκον, δοκήσει πεφηνότα οὔτε γένεσιν ὑπομείναντα οὔτε πάθος, ἀλλὰ [90] τῷ δοκεῖν. Σάρκα δὲ οὐ θέλει ἀνίστασθαι, γάμον δὲ φθορὰν εἶναι λέγων κυνικωτέρῳ βίῳ προσάγει [91] τοὺς μαθητάς, ἐν τούτοις νομίζων λυπεῖν τὸν δημιουργόν, εἰ τῶν ὑπ' αὐτοῦ γεγονότων ἢ ὡρισμένων ἀπέχοιτο.

κ'. Ἀπελλῆς [92] δὲ ὁ τούτου μαθητὴς ἀπαρεσθεὶς τοῖς ὑπὸ τοῦ διδασκάλου εἰρημένοις, καθὰ προείπομεν, ἄλλῳ λόγῳ ὑπέθετο τέσσαρας εἶναι θεούς· ὧν ἕνα φάσκει [ἀγαθὸν] [93], ὃν οὔτε οἱ προφῆται ἔγνωσαν, οὗ εἶναι υἱὸν τὸν Χριστόν· ἕτερον δὲ τὸν δημιουργὸν τοῦ παντός, ὃν οὐ θεὸν εἶναι θέλει, ἕτερον δὲ πύρινον τὸν φανέντα, ἕτερον δὲ πονηρόν, οὓς ἀγγέλους καλεῖ, προσθεὶς δὲ τὸν Χριστὸν καὶ πέμπτον ἐρεῖ. Προσέχει δὲ βίβλῳ, ἣν [94] Φανερώσεις καλεῖ Φιλουμένης τινός, ἣν προφῆτιν [95] νομίζει. Τὴν δὲ σάρκα τὸν Χριστὸν οὐκ ἐκ τῆς Παρθένου λέγει προσειληφέναι, ἀλλ' ἐκ τῆς παρακειμένης τοῦ κόσμου οὐσίας. [p. 327. 328] Οὕτως κατὰ τοῦ νόμου C καὶ τῶν προφητῶν συντάγματα ἐποίησε [96], καταλύειν αὐτοὺς ἐπιχειρῶν ὡς ψευδῆ λελαληκότας καὶ θεὸν μὴ ἐγνωκότας· σάρκας [97] τε ἀπόλλυσθαι [98] ὁμοίως Μαρκίωνι λέγει.

κα'. Κήρινθος δὲ [99], ὁ ἐν τῇ Αἰγύπτῳ ἀσκηθεὶς αὐτός, οὐχ ὑπὸ τοῦ πρώτου θεοῦ τὸν κόσμον γεγενῆσθαι ἠθέλησεν, ἀλλ' ὑπὸ δυνάμεώς τινος ἀγγελικῆς, πολὺ κεχωρισμένης καὶ διεστώσης τῆς ὑπὲρ τὰ ὅλα αὐθεντίας καὶ ἀγνοούσης τὸν ὑπὲρ πάντα θεόν. Τὸν δὲ Ἰησοῦν λέγει μὴ ἐκ Παρθένου γεγενῆσθαι [1], γεγονέναι δὲ αὐτὸν ἐξ Ἰωσὴφ καὶ Μαρίας υἱὸν ὁμοίως [2] τοῖς λοιποῖς ἀνθρώποις, καὶ δυνηθῆναι ἐν δικαιοσύνῃ καὶ σωφροσύνῃ καὶ συνέσει ὑπὲρ πάντας τοὺς λοιπούς. Καὶ μετὰ τὸ βάπτισμα κατεληλυθέναι εἰς αὐτὸν ἐκ τῆς ὑπὲρ τὰ ὅλα αὐθεντίας τὸν D Χριστὸν ἐν εἴδει περιστερᾶς, καὶ τότε [3] κηρύξαι τὸν ἄγνωστον πατέρα καὶ [4] δυνάμεις ἐπιτελέσαι, πρὸς δὲ τῷ τέλει τοῦ πάθους ἀποπτῆναι τὸν Χριστὸν ἀπὸ τοῦ Ἰησοῦ [5]· πεπονθέναι τὸν Ἰησοῦν, τὸν δὲ Χριστὸν ἀπαθῆ μεμενηκέναι, Πνεῦμα Κυρίου ὑπάρχοντα.

VARIÆ LECTIONES.

[88] Cf. Matth. VII, 18. Οὐ δύναται δένδρον ἀγαθὸν καρποὺς πονηροὺς ποιεῖν κ. τ. λ. [89] ὃν. ὃν τίνι? [90] ἀλλά. ἀλλ' ἢ? Sauppius. [91] προσάγει. προσάγων C. [92] Ἀπελλῆς — Χριστόν. Cf. supra p. 410, 5—21. [93] ἕνα φάσκει ἀγαθόν. ἕνα φάσκων C M, ἕνα εἶναι φάσκων Roeperus. [94] Προσέχει — ἥν. Προσέχειν — ἥ C, Προσέχειν — ἣν susp. M. [95] προφῆτιν. προφήτην C. [96] Cf. Matth. v, 17. [97] σάρκας. σάρκα? [98] ἀπόλυσθαι C. [99] Cf. supra p. 484, 39-51. [1] γεγενῆσθαι C. [2] ὁμοίως. ὅμοιον C. M. Cf. supra p 404, 44. [3] τότε. τοῦτον? Sauppius; sed cf. supra p. 484, 47. [4] καί. καὶ τὰς? Sauppius; sed cf. supra p. 404, 48. [5] Ἰησοῦ. υἱοῦ C. M. Sicuti nos etiam R. Scottus correxit. Cf. supra p. 404, 49.

κβ'. [69] Ἐβιωναῖοι [70] δὲ τὸν μὲν κόσμον ὑπὸ τοῦ ὄντως [71] Θεοῦ γεγονέναι λέγουσι, τὸν δὲ Χριστὸν ὁμοίως Κηρίνθῳ. Ζῶσι δὲ πάντα κατὰ νόμον Μωϋσοῦ [72], οὕτω φάσκοντες δικαιοῦσθαι. A

22. Ebionæi autem mundum quidem ab eo, qui revera Deus est, factum esse dicunt, Christum autem consimiliter Cerintho. Vitam autem agunt per omnia secundum legem Mosis, ita dictitantes sese justificari.

κγ'. Θεόδοτος δὲ ὁ Βυζάντιος εἰσηγήσατο [73] αἵρεσιν τοιάνδε, φάσκων τὰ μὲν ὅλα ὑπὸ τοῦ ὄντως [74] Θεοῦ γεγονέναι, τὸν δὲ Χριστὸν ὁμοίως τοῖς προειρημένοις γνωστικοῖς φάσκει τοιούτῳ τινὶ τρόπῳ πεφηνέναι· εἶναι δὲ τὸν Χριστὸν κ[οιν]ὸν [75] ἄνθρωπον [76] πᾶσιν, ἐν δὲ τούτῳ διαφέρειν, ὅτι κατὰ βουλὴν Θεοῦ γεγένηται ἐκ Παρθένου, ἐπισκιάσαντος τοῦ ἁγίου Πνεύματος, οὐχ ἐν τῇ Παρθένῳ σαρκωθέντα· ὕστερον δὲ ἐπὶ τοῦ βαπτίσματος κατεληλυθέναι τὸν Χριστὸν ἐπὶ τὸν Ἰησοῦν ἐν εἴδει περιστερᾶς, ὅθεν φασὶ μὴ πρότερον τὰς δυνάμεις αὐτῷ ἐνεργηθῆναι. Θεὸν δὲ οὐχ B εἶναι τὸν Χριστὸν θέλει. Καὶ τοιαῦτα Θεόδοτος.

23. Theodotus autem Byzantius introduxit hæresin hujuscemodi, dicens universa quidem ab eo, qui revera Deus est, profecta esse, Christum autem consimiliter supra dictis gnosticis ait tali quodam modo apparuisse: esse autem Christum ejusdem generis atque omnes homines, hac re autem esse diversum, quod secundum consilium Patris natus sit ex Virgine, cui obumbraverit Spiritus sanctus, non in Virgine incarnatum; postea vero in baptismo delapsum esse Christum super Jesum in specie columbæ, quapropter aiunt non prius potestates in eo viguisse. Deum autem non esse Christum vult. Et talia Theodotus.

κδ'. Ἕτεροι δὲ [77] καὶ ὡσαύτως [78] πάντα τοῖς προειρημένοις [p. 328—330] λέγουσιν [79], ἐν μόνον ἐνδιαλλάξαντες ἐν τῷ τὸν Μελχισεδὲκ ὡς δύναμίν τινα [80] ὑπειληφέναι, φάσκοντες αὐτὸν ὑπὲρ πᾶσαν δύναμιν ὑπάρχειν, οὗ κατ' εἰκόνα [81] [δὲ] [82] εἶναι τὸν Χριστὸν θέλουσιν.

24. Alii autem etiam omnia eodem modo, quo ii, qui antea dicti sunt, loquuntur, una 528-529 tantum re differentes, quod Melchisedech tanquam pro potestate quadam [maxima] habent, dicentes eum supra quamque potestatem esse, cujus imaginem referre Christum volunt.

κε'. Οἱ δὲ Φρύγες [83] ἐκ Μοντανοῦ [84] τινος καὶ Πρισκίλλης καὶ Μαξιμίλλης τὰς ἀρχὰς τῆς αἱρέσεως λαβόντες, προφήτιδας τὰ γύναια νομίζοντες καὶ προφήτην τὸν Μοντᾶνον [85], τὰ δὲ [86] περὶ τῆς τοῦ παντὸς ἀρχῆς καὶ δημιουργίας ὀρθῶς λέγειν νομίζουσι [87], καὶ τὰ περὶ τὸν Χριστὸν οὐκ ἀλλοτρίως προσειλήφασιν, σὺν [88] δὲ τοῖς προειρημένοις σφάλλονται, ὧν τοῖς λόγοις ὑπὲρ τὰ Εὐαγγέλια προσέχοντες πλανῶνται, νηστείας καινὰς [89] καὶ παραδόξους [90] ὁρίζοντες. C

25. Phryges autem ex Montano quodam et Priscilla Maximillaque initia hæresis suæ nacti, prophetissas esse mulierculas illas putantes et prophetam Montanum, et quæ ad universi originem et fabricam attinent, recte dicere solent, et quæ ad Christum, non inepte amplexi sunt, falluntur autem cum supra dictis, ad quorum verba magis quam ad Evangelia sese applicantes errant, jejunia nova et monstruosa definientes.

κς'. Ἕτεροι δὲ [91] αὐτῶν τῇ τῶν Νοητιανῶν αἱρέσει προσκείμενοι τὰ μὲν περὶ τὰ γύναια καὶ [92] Μοντᾶνον [93] ὁμοίως δοκοῦσι, τὰ δὲ περὶ [τὸν] τῶν [94] ὅλων Πατέρα δυσφημοῦσιν, αὐτὸν εἶναι Υἱὸν καὶ Πατέρα λέγοντες, ὁρατὸν καὶ ἀόρατον, γεννητὸν καὶ ἀγέννητον, θνητὸν καὶ ἀθάνατον· οὗτοι τὰς ἀφορμὰς ἀπὸ Νοητοῦ τινος λαβόντες.

26. Alii autem eorum Noetianorum hæresi studentes ea, quæ ad mulierculas illas atque Montanum pertinent, consimiliter sentiunt, quæ autem ad universorum Patrem, diffamant, ipsum esse Filium et Patrem dicentes visibilem et invisibilem, generatum et non generatum, mortalem et immortalem; hi a Noeto quodam profecti.

κζ'. Ὁμοίως δὲ [95] καὶ Νοητὸς, τῷ μὲν γένει ὢν Σμυρναῖος, ἀνὴρ ἀκριτόμυθος καὶ ποικίλος [96], εἰσηγήσατο τοιάνδε αἵρεσιν, ἐξ Ἐπιγόνου τινὸς εἰς Κλεομένην χωρήσασαν, καὶ οὕτως ἕως νῦν ἐπὶ τοὺς διαδόχους διαμείναταν, λέγων ἕνα τὸν Πατέρα καὶ Θεὸν D τῶν ὅλων· τοῦτον πάντα πεποιηκότα ἀφανῆ μὲν τοῖς οὖσι γεγονέναι ὅτε ἠβούλετο, φανῆναι δὲ τότε ὅτε ἠθέλησε· καὶ τοῦτον εἶναι ἀόρατον, ὅτε μὴ ὁρᾶται,

27. Consimiliter autem et Noetus, genere quidem Smyrnæus, vir ungax et vafer, introduxit hancce hæresin, quæ ad Epigono quodam ad Cleomenem venit et sic usque adhuc in successores permansit, dicens unum esse Patrem et Deum universorum; hunc, qui omnia fecerit, occultum rebus creatis redditum esse, quando voluerit, apparuisse autem tum, cum voluerit; eumque esse invisibilem, quando

VARIÆ LECTIONES.

[69] Cf. supra 406, 52-61. [70] Ἐβιωναῖοι. Εὐιαιωναῖοι C. [71] ὄντως. ὄντος C, M. Cf. supra p. 406, 53. [72] Μωϋσοῦ. Μωϋσῇ C, M. Cf. supra, p. 406, 62-75. [73] εἰσηγήσατο. ἐξηγήσατο C, M, εἰσήγαγεν supra l. l. [74] ὄντως. ὄντος C, M. [75] κοινόν. Litteræ οιν prorsus evanidæ. M. [76] ἄνθρωπον. ἀνθρώποις? [77] Cf. supra p. 406, 76-408, 83. [78] ὡσαύτως Sauppius, ἐξ αὐτῶν C, M. [79] λέγουσι C. [80] δύναμίν τινα. δύναμίν τινα μεγίστην? Cf. supra p. 406, 78. [81] οὗ κατ' εἰκόνα R. Scottus, οὐ κατ' εἰκόνα C. M. [82] δὲ uncinis inclusimus suadente R. Scotto. [83] Cf. supra p. 436, 65-80. [84] Μοντανοῦ. Μοντάνου M; sed cf. supra l. l. [85] Μοντᾶνον. Μοντανόν? [86] τὰ δέ. τά τε? [87] νομίζουσι. νομίζονται susp. M. [88] σὺν Sauppius, ἐν C, M. [89] καινάς. κενάς C, M. [90] παραδόξους. παραδόσεις C, M. [91] Cf. supra p. 436, 80-88. [92] καί. κατὰ susp. M. [93] Μοντᾶνον. Μοντανόν? [94] τὸν τῶν Sauppius, τῶν C, M. [95] Cf. supra p. 440, 22 sqq. et p. 448, 41 sqq. [96] ποικίλος C.

bene fecisse
ut ea, quæ
Quapropter
dum utuntur
etus malos fa
tans pronun
Christum au
esse ad salva
nem vocat, d
ruisse, cum
bentem, cum
rueritneque g
verum specie
surgere, matr
ad vitam adm
his putans se
illo facta sunt

20. Apelles
improbarentu
antea diximu
esse deos, qu
prophetæ cog
alium autem
esse vult,
alium auten
vero Chris
cat libro,
cujusdam,
nem aute
psisse, se
modum
concinn
mendac
carnesq

21.
non a
virtut
ab e
ignor
dicit
esse
rel
de

VARIÆ LECTIONES.

τε δὲ Χαναανῖτιν, περὶ ἧς καὶ κατὰ A τὸν λόγον οὐκ ἀμελῶς παρεδώκαμεν ·. Διὰ τοῦτο τοίνυν γίνεται ἡ καταρχὴ ιουδαίαν αὐξήσεως, ἥτις τὴν προση- ν [τοῦ ὀνόματος] [20] ἐξ Ἰούδα, παιδὸς) τετάρτου, οὗ καὶ . . . . [21]) ἐξ αὐτοῦ τὸ βασιλικὸν γένος [εἶναι. .τοικεῖ τῆς Μεσοποταμίας . . . . . [22] ·) γενόμενος [γεννᾷ τὸν Ἰσαάκ· ὁ δὲ ' γενόμενος ζ' γεννᾷ τὸν Ἰακώβ· ὁ δὲ ·ς' [26] γεννᾷ τὸν Λευΐ· ὁ δὲ Λευῒ ἐτῶν μ' ·άθ· ὁ δὲ Καὰθ ἐτῶν [ἐγένετο δ'] [27], ηλθε τῷ Ἰακὼβ εἰς Αἴγυπτον. Γίνεται ρόνος, ὃν παρῴκησεν Ἀβραὰμ καὶ πᾶν ; κατὰ τὸν Ἰσαὰκ [τῇ] [28] ἐν τῇ τότε Χα- ιανίτιδι γῇ, ἔτη σιε'. Τούτου δὲ γίνεται B ιῤῥα, τούτου Ναχὼρ, τούτου Σεροὺχ [30], αῦ, τούτου Φαλὲγ, τούτου Ἔβερ] [31], Ἑβραίους καλεῖσθαι. . . . . [32] ἦσαν καὶ τὰ ὀνόματα ἐκτεθείμεθα [33] ἐν ἑτέραις ; τοῦτο παραλιπόντες κατὰ τόπον [34], βου- οῖς φιλομαθέσιν ἐπιδεικνύναι ἣν ἔχομεν τερὶ τὸ Θεῖον τήν τε [36] ἀδίστακτον γνῶ- πόνοις κεκτήμεθα περὶ τὴν ἀλήθειαν. οὗ Ἔβερ [37] γίνεται πατὴρ Σαλὰ, τούτου ·, τούτου δὲ Ἀρφαξὰδ [39], οὗ γίνεται Σὴμ, Ὤε, ἐφ' οὗ ὁ κατὰ πάντα κόσμον γίνεται ὸς, οὗ οὔτε Αἰγύπτιοι, οὔτε Χαλδαῖοι, νες μέμνηνται, οἷς κατὰ τόπους οἵ τε [40] :γύγου καὶ Δευκαλίωνος γεγένηνται κατα- C .ἰσὶν οὖν καὶ ἐπὶ τούτων γενεαὶ ε', ἔτη υϟε'. :εβέστατος γενόμενος καὶ θεοφιλὴς μόνος .κὶ καὶ τέκνοις καὶ ταῖς τούτων τρισὶ γυ- 332. 333.] διέφυγε τὸν γενόμενον κατακλυ- ιβωτῷ διασωθεὶς, ἧς καὶ τὰ μέτρα [41] καὶ τὰ καθὼς ἐκτεθείμεθα, ἕως νῦν ἀποδείκνυται , Ἀραρὰδ καλουμένοις, οὖσι πρὸς τὴν τῶν ῶν χώραν. Ἐνιδεῖν οὖν ἔστι τοῖς φιλοπό- ιρεῖν βουλομένοις, ὡς φανερῶς ἐπιδέδεικται θεοσεβῶν γένος ἀρχαιότερον [ὄν] [42] πάντων ον, Αἰγυπτίων, Ἑλλήνων. Τί δὲ καὶ τοὺς τοῦ Νῶε καὶ θεοσεβεῖς καὶ Θεοῦ ὁμιλητὰς ιν νῦν χρὴ, ἱκανῆς οὔσης [43] πρὸς τὸ προκεί-

A latam, tunc vero Canaanitidem, de qua et hac ex parte rationem haud negligenter reddidimus in aliis libris. Propterea igitur fit exordium incrementi (sc. populi) in Judæa, quæ nomen nacta est ex Juda, filio Jacob quarto, cujus (sc. Jacob) etiam [Israel nomen] vocatum est, quia ex illo regia gens [est. Abraham] commigrat ex Mesopotamia [annos 75 natus, et] centum annos natus [gignit Isaac; Isaac autem annos] natus 60 gignit Jacob; Jacob autem annorum 86 gignit Levi; Levi autem annorum 40 gignit Caath; Caath autem annos [quatuor erat natus], quando cum Jacob descendit in Ægyptum. Fit igitur universum tempus, per quod peregrinatus est Abraham omnisque ejus gens secundum Isaac in terra tunc Canaanitide vocata, anni 215. B Hujus autem fit [pater] Thare, hujus Nachor, hujus Sarug, [hujus Reu, hujus Phaleg, hujus Heber], unde etiam fit, ut Hebræorum nomine vocentur [Judæi; temporibus autem Phaleg orta est dispersio gentium]; erant autem hæ 72 gentes, quarum etiam nomina exposuimus in aliis libris, ne hoc quidem prætermittentes suo loco, cupientes discendi studiosis demonstrare amorem, quem habemus erga divinum numen, et indubitatam cognitionem, quam cum laboribus nobis paravimus circa veritatem. Hujus autem Heber fit pater Sale, hujus autem Cainan, hujus autem Arphaxad, cujus fit Sem, hujus autem Noe, cujus tempore totius terræ fit inundatio, cujus neque Ægyptii neque Chaldæi C neque Græci meminerunt, quibus in singulis locis illæ et Ogygis et Deucalionis temporibus factæ inundationes acciderunt. Sunt igitur et horum generationes 5, anni 495. Hic cum piissimus esset et Dei amicus, solus una cum muliere et **534-535** liberis horumque tribus mulieribus effugit diluvium quod factum est, in arca servatus, cujus et mensuræ et reliquiæ, sicuti exposuimus, adhuc usque monstrantur in montibus Ararat vocatis, qui sunt Adiabenorum regionem versus. Intelligere igitur licet iis, qui studiose spectare volunt, quam aperte demonstrata sit Dei cultorum gens vetustior omnibus Chaldæis, Ægyptiis, Græcis. Quid autem eos quoque, qui ante Noe fuerunt, et cultores et disci-

VARIÆ LECTIONES.

[20] τοῦ ὀνόματος. Lacunam explevit Roeperus: Spatium vacuum litterarum 11 in Cod. M. [21] Spatium ...m litt. 13. M, κληρονομία αὕτη susp. Roeperus, Ἰσραὴλ τὸ ὄνομα? [22] εἶναι· Ἀβραάμ. Lacunam ...arum 11 explevit Roeperus. [23] Spatium vacuum litterarum 26. M: καὶ γεννᾷ τὸν Ἰσαάκ, susp. Roe...s, ἐτῶν γενόμενος οε', καί? [24] ἑκατοντούτης. ἑκατὸν τούτης C. [25] γεννᾷ τὸν Ἰσαάκ· ὁ δὲ Ἰσαὰκ ἐτῶν. ...ium vacuum litterarum 22. M, ὁ δὲ Ἰσαὰκ ἐτῶν Roeperus, qui dubitat an numeri 26 et 22 apud Mil...m perperam pro 16 et 12 expressa sint, cum nihil amplius desideretur. [26] πς' πζ' C, M. [27] ἐγένετο δ'. ...una litterarum 9. M, ἐγένετο χη' susp. Roeperus. [28] τῇ post Ἰσαὰκ uncinis inclusit M. [29] πατήρ. La...a litterarum 3. M. Sicuti nos etiam Roeperus et Bunsenius (*Hippolytus and his age* 2 ed. vol. I, p. 399 ...†) lacunam expleverunt. [30] Σερούχ. Σερούρ C, M. [31] τούτου Ῥαγαῦ, τούτου Φαλὲγ, τούτου. Ἔβερ, .. C, M. Sicuti nos etiam Roeperus et Bunsenius omissa suppleverunt. [32] Lacuna litterarum fere 23. τοὺς ἀπὸ Σὴμ γενομένους coll. Gen. x, 21, susp. Roeperus, τοὺς Ἰουδαίους· ἐπὶ δὲ τοῦ Φαλὲκ ἐγένετο ἡ ...ν ἐθνῶν διασπορά conj. Bunsenius. [33] ἐκτεθήμεθα C. [34] παραλιπόντες κατὰ τόπον, βουλ. καταλιπόντες, ...τὰ τρόπον βουλ. C, M. [35] βουλόμενοι. βουλόμενος, C. [36] τήν τε. τὴν δὲ C, M. [37] Ἔβερ. Ἔβερ, , M. [38] Καϊνάν. Καϊνάν C, M. [39] Ἀρφαξάδ. ἀφὰξδ (sic) C. [40] οἵ τε. ὅτε C. [41] ἧς καὶ τὰ μέτρα — ...ποδείκνυται. ἧς καὶ τὰ μέτρα σαφῶς ἐκτεθείμεθα, καὶ τὰ λείψανα ἕως νῦν ἀποδείκνυται susp. R. Scottus. [42] ὃν Sauppius coll. lin. 69, om. C, M. [43] οὔσης. οὔσης τῆς. C M.

non videatur, visibilem autem, quando videatur; A non genitum autem, quando non gignatur, genitum autem, quando gignatur ex Virgine; impassibilem et immortalem, quando non patiatur et non moriatur, ubi autem passiones subiverit, pati et mori. Hunc Patrem ipsum Filium arbitrantur pro temporibus vocari secundum accidentia.

ὁρατὸν δὲ, ὅταν ὁρᾶται· ἀγέννητον δὲ, ὅταν μὴ γεννᾶται, γεννητὸν δὲ, ὅταν γεννᾶται ἐκ Παρθένου· ἀπαθῆ καὶ ἀθάνατον, ὅτε[97] μὴ πάσχῃ μήτε θνήσκῃ, ἐπὰν δὲ πάθη προσέλθῃ, πάσχειν καὶ θνήσκειν. Τοῦτον[98] τὸν Πατέρα αὐτὸν[99] Υἱὸν νομίζουσι κατὰ καιροὺς καλούμενον πρὸς τὰ συμβαίνοντα.

Horum hæresin corroborabat Callistus, cujus vitam exposuimus diligenter, qui et ipse hæresin peperit; a quibus initia 530-531 nactus et ipse profitens unum esse Patrem et Deum, hunc opificem mundi, hunc vero esse Filium nomine quidem dictum et nominatum, re autem [unum] esse Spiritum]; Spiritus enim, inquit, Deus non alius est quam Logus, vel Logus quam Deus. Una igitur B hæc persona nomine quidem divisa, nec vero re. Hunc logum unum esse Deum arbitratur et incarnatum esse dicit. Et eum quidem, qui secundum carnem visus est et comprehensus, Filium esse vult, eum autem, qui inhabitat, Patrem, tum quidem ad Noeti doctrinam delapsus, tum vero ad Theodoti, nihil firmi tenens. Hæc igitur Callistus.

Τούτων τὴν αἵρεσιν[1] ἐκράτυνε Κάλλιστος, οὗ τὸν βίον ἐκτεθείμεθα ἀσφαλῶς[2], ὃς καὶ αὐτὸς αἵρεσιν ἀπεγέννησεν· ἐξ ὧν [p. 330. 331] ἀφορμὰς λαβὼν καὶ αὐτὸς ὁμολογῶν ἕνα εἶναι τὸν Πατέρα καὶ[3] Θεὸν τοῦτον[4] δημιουργὸν τοῦ παντὸς, τοῦτον δὲ εἶναι Υἱὸν ὀνόματι μὲν λεγόμενον καὶ ὀνομαζόμενον, οὐσίᾳ δὲ [ἓν][5] εἶναι [Πνεῦμα][6], Πνεῦμα γὰρ, φησὶν, ὁ Θεὸς οὐχ ἕτερόν ἐστι παρὰ τὸν Λόγον, ἢ ὁ Λόγος παρὰ τὸν Θεόν. Ἓν οὖν τοῦτο πρόσωπον, ὀνόματι μὲν μεριζόμενον, οὐσίᾳ δὲ οὔ. Τοῦτον τὸν Λόγον ἕνα εἶναι Θεὸν ὀνομάζει καὶ σεσαρκῶσθαι λέγει. Καὶ τὸν μὲν κατὰ σάρκα ὁρώμενον καὶ κρατούμενον[7] Υἱὸν εἶναι θέλει[8], τὸν δὲ ἐνοικοῦντα Πατέρα, ποτὲ μὲν τῷ Νοητοῦ[9] δόγματι περιῤῥηγνύμενος[10], ποτὲ δὲ τῷ Θεοδότου, μηδὲν ἀσφαλὲς κρατῶν. Ταῦτα τοίνυν Κάλλιστος.

28. Hermogenes autem quidam et ipse cum vellet aliquid dicere, dixit Deum ex materia coæva et subjacente universa fecisse; fieri enim non posse, Deus ex entibus faciat ea quæ facta sunt.

κη'. Ἑρμογένης δέ τις[11] καὶ αὐτὸς θελήσας τι λέγειν, ἔφη τὸν Θεὸν ἐξ ὕλης συγχρόνου καὶ ὑποκειμένης τὰ πάντα πεποιηκέναι· ἀδυνάτως γὰρ ἔχειν τὸν Θεὸν μὴ οὐχὶ ἐξ ὄντων τὰ γενόμενα ποιεῖν.

29. Alii autem quidam quasi novum aliquod subintroducentes ex omnibus hæresibus corrogatum, mirabili libro confecto ex Elchasai quodam nomi- C nato, hi principia universi consimiliter profitentur a Deo exstitisse, Christum vero unum non profitentur, sed esse superiorem quidem unum, eumdem vero transfundi in corpora multa sæpenumero, et nunc vero in Jesu; consimiliter tum quidem ex Deo eum natum esse, tum autem spiritum exstitisse, tum autem ex Virgine, tum autem non; et hunc vero postea semper in corpora transfundi et in multis per tempora apparere. Utuntur autem incantationibus et baptismis, in quibus elementa profitentur. Superbiunt autem astrologia et mathesi et magicis artibus. Futuri autem præscios sese dicunt.

κθ'. Ἕτεροι δέ τινες[12] ὡς καινόν τι παρεισάγοντες ἐκ πασῶν αἱρέσεων ἐρανισάμενοι, ξένην βίβλον σκευάσαντες Ἡλχασαΐ τινος ἐπονομαζομένην, οὗτοι τὰς μὲν ἀρχὰς τοῦ παντὸς ὁμοίως ὁμολογοῦσιν ὑπὸ τοῦ Θεοῦ γεγονέναι, Χριστὸν δὲ ἕνα οὐχ ὁμολογοῦσιν, ἀλλ' εἶναι τὸν μὲν ἄνω ἕνα, αὐτὸν δὲ μεταγγιζόμενον ἐν σώμασι πολλοῖς[13] πολλάκις, καὶ νῦν δὲ ἐν τῷ Ἰησοῦ, ὁμοίως [π]οτὲ μὲν ἐκ τοῦ Θεοῦ γεγενῆσθαι, ποτὲ δὲ πνεῦμα γεγονέναι, ποτὲ δὲ ἐκ Παρθένου, ποτὲ δὲ οὔ· καὶ τοῦτον δὲ μετέπειτα ἀεὶ ἐν σώμασι μεταγγίζεσθαι καὶ ἐν πολλοῖς κατὰ καιροὺς δείκνυσθαι. Χρῶνται δὲ ἐπα[οι]δαῖς καὶ βαπτίσμασιν ἐπὶ τῇ τῶν στοιχείων ὁμολογίᾳ. Σεσόβηνται δὲ περὶ ἀστρολογίαν[14] καὶ μαθηματικὴν, καὶ μαγικοῖς[15]. Προγνωστικοὺς δὲ ἑαυτοὺς λέγουσιν.

30. . . . . [Abraham jussi] Dei commigrat ex Mesopotamiæ urbe Haran in regionem nunc D quidem Palæstinam 532-533 et Judæam appel-

λ'. . . . . [16] τοῦ Θεοῦ[17] μετοικεῖ[18] ἐκ[19] Μεσοποταμίας πόλεως Χαῤῥὰν εἰς τὴν νῦν μὲν Παλαιστίνην καὶ [p. 331. 332] Ἰουδαίαν προσαγορευο-

VARIÆ LECTIONES.

[97] ὅτε. ὅταν? Sauppius. [98] θνήσκειν. Τοῦτον τὸν πατέρα αὐτόν. θνήσκειν τοῦτον τὸν πατέρα· αὐτὸν C. M. [99] αὐτόν. αὐτὸν καί? Sauppius. [1] Cf. supra p. 450 sqq. [2] ἀσφαλῶς. σαφῶς susp. M. [3] Hoc loco aliqua excidisse ex sequentibus lin. 4—7, sicuti ex iis, quæ supra p. 458, 80 sqq. leguntur, apparet, cum τοῦ λόγου mentio hic desideretur. [4] θεὸν τοῦτον. θεὸν τόν? Sauppius. [5] ἓν add. M. [6] εἶναι πνεῦμα. εἶναι C. M. supra p. 458, 81. [7] κρατούμενον. σταυρόμενον susp. R. Scottus. [8] θέλει. θέλειν C. [9] Νοητοῦ. Νοητῷ C. [10] περιῤῥηγνύμενος. περιρηγ...μενος, duabus litteris evanidis, C. M. [11] Cf. supra p. 432, 28 sqq. [12] Cf. supra p. 462, 47 sqq. [13] Vocis πολλοῖς vestigia exstant, sed non prorsus certa. M. [14] ἀστρολογίαν. Litteræ ἀστρ plane evanidæ. M. [15] Post μαγικοῖς excidisse ἐπτόηνται susp. M: μαγικήν? Sauppius. [16] Post lin. 28, qua fol. 132 cod. terminatur, aliqua folia interciderunt ordoque reliquorum foliorum turbatus est, cum fol. 137; hic inserendum sit, quod infra, p. 333, 55, fol. 133, excipit. [17] Cf. Chronicon Hippolyto tributum, quod typis describi fecit Jo. Alb. Fabricius, in edit. opp. S. Hippolyti. Tom. I, p. 49 sqq. sect. 9, p. 53. [18] De Abrah[illegible] Dei jussu ex Mesopotamia in Palæstinam commigrante hic sermonem fieri sequentia aperte demons[illegible] C. M, qui pro πόλεως lin. 30, susp. πόλιν.

μένην χώραν, τότε δὲ Χαναανῖτιν, περὶ ἧς καὶ κατὰ τοῦτο τὸ μέρος τὸν λόγον οὐκ ἀμελῶς παρεδώκαμεν ἐν ἑτέροις λόγοις. Διὰ τοῦτο τοίνυν γίνεται ἡ καταρχὴ τῆς κατὰ τὴν Ἰουδαίαν αὐξήσεως, ἥτις τὴν προσηγορίαν μετέσχεν [τοῦ ὀνόματος] [20] ἐξ Ἰούδα, παιδὸς τοῦ Ἰακὼβ τοῦ τετάρτου, οὗ καὶ . . . . [21] κέκληται, διὰ τὸ ἐξ αὐτοῦ τὸ βασιλικὸν γένος [εἶναι. Ἀβραὰμ] [22] μετοικεῖ τῆς Μεσοποταμίας . . . . . [23] ἑκατοντούτης [24] γενόμενος [γεννᾷ τὸν Ἰσαάκ· ὁ δὲ Ἰσαὰκ ἐτῶν] [25] γενόμενος ξ' γεννᾷ τὸν Ἰακώβ· ὁ δὲ Ἰακὼβ ἐτῶν πς' [26] γεννᾷ τὸν Λευΐ· ὁ δὲ Λευῒ ἐτῶν μ' γεννᾷ τὸν Καάθ· ὁ δὲ Καὰθ ἐτῶν [ἐγένετο δ'] [27], ἡνίκα συγκατῆλθε τῷ Ἰακὼβ εἰς Αἴγυπτον. Γίνεται τοίνυν πᾶς ὁ χρόνος, ὃν παρῴκησεν Ἀβραὰμ καὶ πᾶν τὸ αὐτοῦ γένος κατὰ τὸν Ἰσαὰκ [τῇ] [28] ἐν τῇ τότε καλουμένῃ Χαναανίτιδι γῇ, ἔτη σιε'. Τούτου δὲ γίνεται [πατὴρ] [29] Θάῤῥα, τούτου Ναχὼρ, τούτου Σεροὺχ [30], [τούτου Ῥαγαῦ, τούτου Φαλὲγ, τούτου Ἔβερ] [31], ὅθεν καὶ τὸ Ἑβραίους καλεῖσθαι. . . . . [32] ἦσαν οβ' ἔθνη, ὧν καὶ τὰ ὀνόματα ἐκτεθείμεθα [33] ἐν ἑτέραις βίβλοις, μηδὲ τοῦτο παραλιπόντες κατὰ τόπον [34], βουλόμενοι [35] τοῖς φιλομαθέσιν ἐπιδεικνύναι ἣν ἔχομεν στοργὴν περὶ τὸ θεῖον τήν τε [36] ἀδίστακτον γνῶσιν, ἣν ἐν πόνοις κεκτήμεθα περὶ τὴν ἀλήθειαν. Τούτου δὲ τοῦ Ἔβερ [37] γίνεται πατὴρ Σαλὰ, τούτου δὲ Καϊνᾶν [38], τούτου δὲ Ἀρφαξὰδ [39], οὗ γίνεται Σὴμ, τούτου δὲ Νῶε, ἐφ' οὗ ὁ κατὰ πάντα κόσμον γίνεται κατακλυσμὸς, οὗ οὔτε Αἰγύπτιοι, οὔτε Χαλδαῖοι, οὔτε Ἕλληνες μέμνηνται, οἷς κατὰ τόπους οἵ τε [40] ἐπὶ τοῦ Ὠγύγου καὶ Δευκαλίωνος γεγένηνται κατακλυσμοί. Εἰσὶν οὖν καὶ ἐπὶ τούτων γενεαὶ ε', ἔτη υϟε'. Οὗτος εὐσεβέστατος γενόμενος καὶ θεοφιλὴς μόνος ἅμα γυναικὶ καὶ τέκνοις καὶ ταῖς τούτων τρισὶ γυναιξὶ [p. 332. 333.] διέφυγε τὸν γενόμενον κατακλυσμὸν ἐν κιβωτῷ διασωθεὶς, ἧς καὶ τὰ μέτρα [41] καὶ τὰ λείψανα, καθὼς ἐκτεθείμεθα, ἕως νῦν ἀποδείκνυται ἐν ὄρεσιν Ἀραρὰδ καλουμένοις, οὖσι πρὸς τὴν τῶν Ἀδιαβηνῶν χώραν. Ἐνιδεῖν οὖν ἔστι τοῖς φιλοπόνως ἱστορεῖν βουλομένοις, ὡς φανερῶς ἐπιδέδεικται τὸ τῶν θεοσεβῶν γένος ἀρχαιότερον [ὂν] [42] πάντων Χαλδαίων, Αἰγυπτίων, Ἑλλήνων. Τί δὲ καὶ τοὺς ἐπάνω τοῦ Νῶε καὶ θεοσεβεῖς καὶ Θεοῦ ὁμιλητὰς ὀνομάζειν νῦν χρὴ, ἱκανῆς οὔσης [43] πρὸς τὸ προκει-

latam, tunc vero Canaanitidem, de qua et hac ex parte rationem haud negligenter reddidimus in aliis libris. Propterea igitur fit exordium incrementi (sc. populi) in Judæa, quæ nomen nacta est ex Juda, filio Jacob quarto, cujus (sc. Jacob) etiam [Israel nomen] vocatum est, quia ex illo regia gens [est. Abraham] commigrat ex Mesopotamia [annos 75 natus, et] centum annos natus [gignit Isaac; Isaac autem annos] natus 60 gignit Jacob; Jacob autem annorum 86 gignit Levi; Levi autem annorum 40 gignit Caath; Caath autem annos [quatuor erat natus], quando cum Jacob descendit in Ægyptum. Fit igitur universum tempus, per quod peregrinatus est Abraham omnisque ejus gens secundum Isaac in terra tunc Canaanitide vocata, anni 215. Hujus autem fit [pater] Thare, hujus Nachor, hujus Sarug, [hujus Reu, hujus Phaleg, hujus Heber], unde etiam fit, ut Hebræorum nomine vocentur [Judæi; temporibus autem Phaleg orta est dispersio gentium]; erant autem hæ 72 gentes, quarum etiam nomina exposuimus in aliis libris, ne hoc quidem prætermittentes suo loco, cupientes discendi studiosis demonstrare amorem, quem habemus erga divinum numen, et indubitatam cognitionem, quam cum laboribus nobis paravimus circa veritatem. Hujus autem Heber fit pater Sale, hujus autem Cainan, hujus autem Arphaxad, cujus fit Sem, hujus autem Noe, cujus tempore totius terræ fit inundatio, cujus neque Ægyptii neque Chaldæi neque Græci meminerunt, quibus in singulis locis illæ et Ogygis et Deucalionis temporibus factæ inundationes acciderunt. Sunt igitur et horum generationes 5, anni 495. Hic cum piissimus esset et Dei amicus, solus una cum muliere et **534-535** liberis horumque tribus mulieribus effugit diluvium quod factum est, in arca servatus, cujus et mensuræ et reliquiæ, sicuti exposuimus, adhuc usque monstrantur in montibus Ararat vocatis, qui sunt Adiabenorum regionem versus. Intelligere igitur licet iis, qui studiose spectare volunt, quam aperte demonstrata sit Dei cultorum gens vetustior omnibus Chaldæis, Ægyptiis, Græcis. Quid autem eos quoque, qui ante Noe fuerunt, et cultores et disci-

VARIÆ LECTIONES.

[20] τοῦ ὀνόματος. Lacunam explevit Roeperus: Spatium vacuum litterarum 11 in Cod. M. [21] Spatium vacuum litt. 13. M, κληρονομία αὐτῇ susp. Roeperus, Ἰσραὴλ τὸ ὄνομα? [22] εἶναι· Ἀβραάμ. Lacunam litterarum 11 explevit Roeperus. [23] Spatium vacuum litterarum 26. M: καὶ γεννᾷ τὸν Ἰσαὰκ, susp. Roeperus, ἐτῶν γενόμενος οε', καί? [24] ἑκατοντούτης. ἑκατὸν τούτης C. [25] γεννᾷ τὸν Ἰσαάκ· ὁ δὲ Ἰσαὰκ ἐτῶν. Spatium vacuum litterarum 22. M, ὁ δὲ Ἰσαὰκ ἐτῶν Roeperus, qui dubitat an numeri 26 et 22 apud Millerum perperam pro 16 et 12 expressa sint, cum nihil amplius desideretur. [26] πς' πζ' C, M. [27] ἐγένετο δ'. Lacuna litterarum 9. M, ἐγένετο κη' susp. Roeperus. [28] τῇ post Ἰσαὰκ uncinis inclusit M. [29] πατήρ. Lacuna litterarum 3. M. Sicuti nos etiam Roeperus et Bunsenius (*Hippolytus and his age* 2 ed. vol. I, p. 399 not. †) lacunam expleverunt. [30] Σερούχ. Σερούρ C, M. [31] τούτου Ῥαγαῦ, τούτου Φαλὲγ, τούτου. Ἔβερ, om. C, M. Sicuti nos etiam Roeperus et Bunsenius omissa suppleverunt. [32] Lacuna litterarum fere 25. M, τοὺς ἀπὸ Σὴμ γενομένους coll. Gen. x, 21, susp. Roeperus, τοὺς Ἰουδαίους· ἐπὶ δὲ τοῦ Φαλὲκ ἐγένετο ἡ τῶν ἐθνῶν διασπορά conj. Bunsenius. [33] ἐκτεθείμεθα C. [34] παραλιπόντες κατὰ τόπον, βουλ. καταλιπόντες, κατὰ τρόπον βουλ. C, M. [35] βουλόμενοι. βουλόμενος, C. [36] τήν τε. τὴν δὲ C, M. [37] Ἔβερ· Ἔβερ· C, M. [38] Καϊνᾶν. Καϊνάν C, M. [39] Ἀρφαξάδ. ἀφάξδ (sic) C. [40] οἵ τε. ὅτε C. [41] ἧς καὶ τὰ μέτρα — ἀποδείκνυται. ἧς καὶ τὰ μέτρα σαφῶς ἐκτεθείμεθα, καὶ τὰ λείψανα ἕως νῦν ἀποδείκνυται susp. R. Scottus. [42] ὂν Sauppius coll. lin. 69, om. C, M. [43] οὔσης. οὔσης τῆς. C M.

pulos Dei nominare nunc oportet, cum sufficiat quoad rem propositam hoc de vetustate testimonium?

31. Sed quoniam non præter rem esse videtur demonstrare has in sapientiæ studiis versatas gentes posteriores esse quam Dei cultores, ex re est dicere, et unde genus eorum, et quando ipsæ commigrantes in has regiones nomen non ex ipsis regionibus acceperint, sed ipsæ adjecerint ex iis, qui primo orti sunt et incoluerunt. Nascuntur Noe tres pueri Sem, Cham, Japheth; ex his universum genus hominum completum est et quæque regio incolitur; verbum enim Dei erga eos invaluit dicentis: *Crescite et multiplicamini et replete terram*. Tantum cum valuerit unum verbum, generantur ex tribus illis pueri in genere 72, ex Sem 25, ex Japheth 15, e Cham 32. Cham autem nascuntur pueri ex prædictis 32 hi: Chanaan, ex quo Chananæi, Mesraim, ex quo Ægyptii, Chus, ex quo Æthiopes, Phuth, ex quo Libyes. Hi ipsorum lingua adhuc usque proavorum nomine vocantur, Græce autem quibus nunc nominibus vocati sunt nominantur. Sin vero neque horum regiones antea incultæ sunt, neque a principio genus hominum ostenditur, hi autem filii Noe viri Dei cultoris fiunt, qui et ipse discipulus factus est virorum Dei cultorum, qua de causa effugit magnam aquæ temporariam comminationem: quidni vetustiores erant Dei cultores quam universi Chaldæi, Ægyptii, Græci, quorum pater ex hoc Japheth generatur, nomine Javan, ex quo Græci et Iones? Sin vero gentes circa philosophiæ studium versatæ multo juniores quam gens **536-537** Dei cultorum et quam diluvium utique ostenduntur: quidni et barbaræ et quotquot in mundo et cognitæ sunt et incognitæ juniores his apparebunt? Hujus igitur doctrinæ potiti discite, Græci, Ægyptii, Chaldæi omneque genus hominum, quid Numen divinum quæque hujus bene composita sit fabrica, a nobis, Dei amicis, et qui non jactanter hoc coluimus, sed veritatis scientia usuque modestiæ ad eum demonstrandum sermones facimus.

32. Deus unus, primus et solus et universorum creator et Dominus, coævum habuit nihil, non chaos infinitum, non aquam immensam vel terram solidam, non aera densum, non ignem calidum, non

A μενον ταύτης τῆς περὶ ἀρχαιότητος μαρτυρίας;

λα'. Ἀλλ' ἐπεὶ οὐκ ἄλογον δοκεῖ ἐπιδεῖξαι ταῦτα τὰ περὶ σοφίαν ἠσχολημένα ἔθνη μεταγενέστερα ὄντα τῶν Θεὸν σεβασάντων, εὔλογον εἰπεῖν καὶ πόθεν τὸ γένος αὐτοῖς καὶ πότε μετοικήσαντες ταύταις [44] ταῖς χώραις, οὐ τὸ [45] ὄνομα ἐξ αὐτῶν τῶν χωρῶν μετέσχον, ἀλλ' αὐτοὶ προσεποίησαν ἐκ τῶν πρώτως ἀρξάντων καὶ κατοικησάντων. Γίνονται τῷ Νῶε τρεῖς παῖδες Σὴμ, Χὰμ, Ἰάφεθ· ἐκ τούτων πᾶν γένος ἀνθρώπων πεπλήθυνται καὶ πᾶσα χώρα κατοικεῖται· ῥῆμα γὰρ Θεοῦ ἐπ' αὐτοὺς ἴσχυσεν | εἰπόντος· *Αὐξάνεσθε* [46] *καὶ πληθύνεσθε καὶ πληρώσατε τὴν γῆν*. Τοσοῦτον δυνηθέντος ἑνὸς ῥήματος γεννῶνται B ἐκ τῶν τριῶν παῖδες κατὰ γένος οβ', ἐκ μὲν τοῦ Σὴμ κε', ἐκ δὲ τοῦ Ἰάφεθ ιε', ἐκ δὲ τοῦ Χὰμ λβ'. Τῷ δὲ Χὰμ γίνονται παῖδες ἐκ τῶν προειρημένων λβ' οὗτοι [47]· Χαναὰν [48], ἐξ οὗ Χαναναῖοι, Μεσραΐμ [49], ἐξ οὗ Αἰγύπτιοι, Χοῦς, ἐξ οὗ Αἰθίοπες, Φούδ, ἐξ οὗ Λίβυες. Οὗτοι τῇ κατ' αὐτοὺς φωνῇ ἕως νῦν τῇ τῶν προγόνων προσηγορίᾳ καλοῦνται· εἰς δὲ τὸ Ἑλληνικὸν οἷς νῦν ὀνόμασι κέκληνται ὀνομάζονται. Εἰ δὲ [50] μηδὲ τὸ οἰκεῖσθαι τὰς τούτων χώρας πρότερον ἦν, μηδὲ ἀρχὴν γένος [51] ἀνθρώπων δείκνυται, οὗτοι δὲ υἱοὶ τοῦ Νῶε ἀνδρὸς γίνονται θεοσεβοῦς, ὃς καὶ αὐτὸς μαθητὴς γεγένηται ἀνδρῶν θεοσεβῶν, οὗ χάριν διέφυγε πολλὴν ὕδατος πρόσκαιρον ἀπειλήν· πῶς οὐ προγενέστεροι ἦσαν θεοσεβεῖς [52] πάντων Χαλδαίων, Αἰγυπτίων, Ἑλλήνων, ὧν πατὴρ ἐκ τούτου Ἰάφεθ C γεννᾶται, ὄνομα Ἰωύαν, ἐξ οὗ Ἕλληνες καὶ Ἴωνες. Εἰ δὲ τὰ περὶ φιλοσοφίας ἐναποσχοληθέντα [53] ἔθνη πολλῷ μεταγενέστερα τοῦ τῶν [p. 333. 334.] θεοσεβῶν γένους καὶ κατακλυσμοῦ [54] πάντως [55] δείκνυται, πῶς οὐχὶ καὶ βάρβαρα καὶ ὅσα ἐν κόσμῳ γνωστά τε καὶ ἄγνωστα νεώτερα τούτων φανήσεται; Τούτου τοίνυν τοῦ λόγου κρατήσαντες, μάθετε [56], Ἕλληνες, Αἰγύπτιοι, Χαλδαῖοι καὶ πᾶν γένος ἀνθρώπων, τί τὸ θεῖον [57] καὶ [τίς] ἡ [58] τούτου εὔτακτος δημιουργία, παρ' ἡμῶν τῶν φίλων τοῦ Θεοῦ, καὶ μὴ κομπολόγῳ [59] τοῦτο ἠσκηκότων, ἀλλ' ἐν [60] ἀληθείας γνώσει καὶ ἀσκήσει σωφροσύνης εἰς ἀπόδειξιν αὐτοῦ λόγους ποιουμένων. |

λβ'. Θεὸς εἷς [61], ὁ πρῶτος καὶ μόνος καὶ ἁπάντων ποιητὴς καὶ Κύριος, σύγχρονον ἔσχεν οὐδέν, οὐ χάος D ἄπειρον, οὐχ ὕδωρ ἀμέτρητον ἢ γῆν στερράν, οὐκ ἀέρα πυκνόν, οὐ πῦρ θερμόν, οὐ πνεῦμα λεπτόν, οὐκ

VARIÆ LECTIONES.

[44] ταύταις. ἐν ταύταις? Sauppius. [45] οὐ τό. οὗ τὸ C. [46] I Mos. I, 28. [47] λβ' οὗτοι. λβ'· τούτου C. [48] Χαναάν. Χάρι C. [49] Μεσραΐμ. Μετραείμ C, Μεζραείμ, M. [50] Sequentia recensuit Bunsenius in *Analect. Ante-Nicæn.* vol. I, p. 831 sqq. [51] γένος. γένους C. [52] θεοσεβεῖς. οἱ θεοσεβεῖς susp. Sauppius coll. lin. 69. [53] ἐναποσχοληθέντα. ἀναπασχοληθέντα C. [54] κατακλυσμοῦ. κατὰ λογισμοῦ C. [55] πάντως Bunsenius, παντὸς C, M. [56] μάθετε Bunsenius secutus Ilarium: μαθηταὶ C, M, qui post ἡμῶν lin. 98 vel alio loco hujus periodi excidisse putat ἔλαβον. [57] Post vocabulum θεῖον, quo fol. 137 cod. clauditur, interpunctio maxima a recentiore manu addita est. A voce καὶ fol. 133 incipit. Cf. Bunsenius (*Hippolytus and his age*. vol. I, p. 399). [58] καὶ τίς ἡ Bunsenius: καὶ ἡ, C, M. [59] κομπολόγῳ. κομπολόγως M, Bunsenius, κομπολόγως vel εἰς κόμπον λόγων, κομψολόγως, κομψῷ λόγῳ coll. lin. 20, 21., κλεψιλόγως coll. p. 544, 27 susp. R. Scottus: κομπῷ λόγῳ? Cf. H. Stephan. lex. vol. IV, p. 1792 (ed. Didot.) [60] τις Sauppius, ἡ C, M, Bunsenius. [61] Cum his et sequentibus cf. Ὁμιλία Ἱππολύτου εἰς τὴν αἵρεσιν Νοητοῦ τινός, § 9 sqq. (*S. Hippolyti Opp. ed. Jo. Alb. Fabricius*, vol. II, p. 12 sqq. — *Hippolyti Romani quæ feruntur omnia Græce e recognitione Pauli Antonii de Lagarde, Lips. et Londin.* 1858, p. 50 sqq.)

οὐρανοῦ μεγάλου κυανέαν ὀροφήν [62]. ἀλλ' ἦν εἷς μόνος ἑαυτῷ, ὅς θελήσας ἐποίησε τὰ ὄντα οὐκ ὄντα πρότερον, πλὴν ὅτι [63] ἠθέλησε ποιεῖν ὡς ἔμπειρος ὢν τῶν ἐσομένων· πάρεστι γὰρ αὐτῷ καὶ πρόγνωσις. Διαφόρους δὲ [64] τοῖς ἐσομένοις ἀρχὰς πρότερον ἐδημιούργει, πῦρ καὶ πνεῦμα, ὕδωρ καὶ γῆν, ἐξ ὧν διαφόρων τὴν ἑαυτοῦ κτίσιν ἐποίει, καὶ τὰ μὲν μονοούσια, τὰ δὲ ἐκ δύο, τὰ δὲ ἐκ τριῶν, τὰ δὲ ἐκ τεσσάρων συνεδέσμει. Καὶ τὰ μὲν ἐξ ἑνὸς ἀθάνατα ἦν· λύσις [65] γὰρ οὐ παρακολουθεῖ· τὸ γὰρ ἓν οὐ λυθήσεται πώποτε· τὰ δὲ ἐκ δύο ἢ τριῶν ἢ τεσσάρων λυτά, διὸ καὶ θνητὰ ὀνομάζεται· θάνατος γὰρ τοῦτο κέκληται, ἡ τῶν δεδεμένων λύσις. Ἱκανὸν οὖν [οἶμαι] [66] νῦν τοῖς εὖ φρονοῦσιν ἀποκεκρίσθαι, οἳ, εἰ φιλομαθήσουσι καὶ τὰς τούτων οὐσίας καὶ τὰς αἰτίας τῆς κατὰ πάντα δημιουργίας ἐπιζητήσουσιν, εἴσονται ἐντυχόντες ἡμῶν βίβλῳ περιεχούσῃ *Περὶ τῆς τοῦ παντὸς οὐσίας*· τὸ δὲ νῦν ἱκανὸν εἶναι [67] ἐκθέσθαι τὰς αἰτίας, ἃς οὐ γνόντες [68] Ἕλληνες κομψῷ [69] τῷ λόγῳ τὰ μέρη τῆς κτίσεως ἐδόξασαν, τὸν κτίσαντα ἀγνοήσαντες· ὧν ἀφορμὰς σχόντες οἱ αἱρεσιάρχαι ὁμοίοις [70] λόγοις τὰ [p. 334. 335.] ὑπ' ἐκείνων [71] προειρημένα μετασχηματίσαντες, αἱρέσεις καταγελάστους συνεστήσαντο.

λγ'. Οὗτος οὖν μόνος καὶ κατὰ πάντων Θεὸς Λόγον πρῶτον ἐννοηθεὶς ἀπογεννᾷ, οὐ Λόγον ὡς φωνήν, ἀλλ' ἐνδιάθετον τοῦ παντὸς λογισμόν. Τοῦτον μόνον ἐξ ὄντων ἐγέννα, τὸ γὰρ ὂν αὐτὸς ὁ Πατὴρ ἦν, ἐξ οὗ τὸ [72] γεννηθέν. Αἴτιον τοῖς γινομένοις Λόγος ἦν, ἐν ἑαυτῷ [73] φέρων τὸ θέλειν τοῦ γεγεννηκότος [74], οὐκ ἄπειρος τῆς τοῦ Πατρὸς ἐννοίας· ἅμα γὰρ τῷ [75] ἐκ τοῦ γεννήσαντος προελθεῖν, πρωτότοκος τούτου γενόμενος φωνή [76], ἔχει [77] ἐν ἑαυτῷ τὰς ἐν τῷ Πατρὶ προεννοηθείσας [78] ἰδέας, ὅθεν κελεύοντος Πατρὸς γίνεσθαι κόσμον τὸ κατὰ ἓν Λόγος ἀπετελεῖτο ἀρέσκων Θεῷ. Καὶ τὰ μὲν ἐπὶ γενέσει πληθύνοντα ἄρσενα καὶ θήλεα εἰργάζετο· ὅσα δὲ πρὸς ὑπηρεσίαν καὶ λειτουργίαν, ἢ ἄρσενα θηλειῶν [79] μὴ προσδεόμενα, ἢ οὔτε ἄρσενα οὔτε θήλεα. Καὶ γὰρ αἱ τούτων πρῶται οὐσίαι ἐξ οὐκ ὄντων γενόμεναι, πῦρ καὶ πνεῦμα, ὕδωρ καὶ γῆ, οὔτε ἄρσενα οὔτε θήλεα ὑπάρχουσιν, [οὔτ' ἐξ] ἑκάστης τούτων δύναται [80] προελθεῖν ἄρσενα καὶ θήλεα, πλὴν εἰ βούλοιτο ὁ κελεύων Θεὸς ἵνα Λόγος ὑπουργῇ [81]. Ἐκ πυρὸς εἶναι ἀγγέλους ὁμολογῶ, καὶ οὐ τούτοις παρεῖναι θηλείας λέγω. Ἥλιον δὲ καὶ σελήνην καὶ ἀστέρας ὁμοίως ἐκ πυρὸς καὶ πνεύματος, καὶ οὔτε ἄρσενας οὔτε θηλείας νενόμικα, ἐξ

A spiritum tenuem, non cœli magni cyaneam cameram; sed erat unus, solus pro se, qui, dum voluit, fecit omnia quæ sunt, quæ non erant antea, nisi quod voluit ea facere, utpote gnarus futurorum; adest enim ei et præscientia. Diversa autem rebus futuris principia prius fabricabatur, ignem et spiritum, aquam et terram, ex quibus diversis suam creaturam faciebat, et alia quidem unius substantiæ, alia ex duabus, alia ex tribus, alia ex quatuor colligabat. Et ea quidem, quæ ex uno, immortalia erant; solutio enim non consequitur; unum enim quod est nunquam dissolvetur; quæ autem ex duobus vel tribus vel quatuor, solubilia, propterea et mortalia nominantur; mors enim hoc vocata est, ligatorum solutio. Sufficienter igitur [puto] me jam B sana mente præditis respondisse, qui, si discendi cupidi erunt et horum substantias causasque universalis fabricæ anquirent, cognoscent lecturi nostrum librum, qui scriptus est *De universi substantia;* nunc autem sufficiens esse exposuisse causas, quarum ignari Græci jactanter partes creaturæ glorificaverunt, creatorem cum ignorarent; a quibus occasiones nacti hæresiarchæ **538 - 539** consimilibus doctrinis transformantes, quæ ab illis antea dicta sunt, hæreses deridiculas confecerunt.

33. Hic igitur solus et super omnia Deus Logum primum cogitando egignit, non Logum veluti vocem, sed interiorem universi ratiocinationem. Hunc solum ex entibus genuit; ens enim ipse pater erat, ex C quo id quod genitum est. Causa eorum quæ exsistunt Logus erat, in semetipso gestans voluntatem genitoris, haud ignarus paternæ cogitationis. Nam simul atque ex genitore processit, primogenita ejus facta vox, habet in semetipso ideas in Patre præcogitatas, quare, Patre jubente fieri mundum, singula Logus perficiebat placens Deo. Et ea quidem, quæ nativitate multiplicantur, mascula et feminea fabricabantur; quæcunque autem auxilio sunt et ministerio, vel mascula femineorum haud indigentia, vel neque mascula neque feminea. Etenim primæ horum substantiæ, quæ ex non entibus factæ sunt, ignis et spiritus, aqua et terra, neque mascula neque feminea sunt, neque ex ulla earum procedere possunt mascula et feminea, nisi si velit jubens Deus, D ut Logus inserviat. Ex igne esse angelos profiteor, neque his adesse femineas dico. Solem autem lunamque et stellas consimiliter ex igne et spiritu et neque masculas neque femineas esse arbitratus sum;

VARIÆ LECTIONES.

[62] ὀροφήν R. Scottus, μορφήν C, M, Bunsenius. [63] πλὴν ὅτι. πλὴν ὅτε C. M, Bunsenius. [64] δέ. τε C, M, Bunsenius. [65] λύσις. λῦσις C ubique. M. [66] οὖν οἶμαι. οὖν C, M, Bunsenius, qui post εἶναι lin. 20 οἶμαι vel ἡγοῦμαι vel simile quid excidisse putat. [67] ἱκανὸν εἶναι. εἶναι ἱκανὸν conj. Roeperus. [68] γνῶντες C. [69] κομψῷ. κομπῷ? [70] ὁμοίοις. οἰκείοις susp. R. Scottus. [71] ὑπ' ἐκείνων. ὑπέκεινα C. [72] οὗ τό. οὗ τοῦ susp. Roeperus. [73] γεννηθέν. Αἴτιον τ. γινομένοις λ. ἦν, ἐν ἑαυτῷ. γεννηθῆναι αἴτιον τ. γινομένοις. Λόγος ἦν ἐν αὐτῷ C, M Bunsenius. [74] γεγενηκότος C. [75] γαρ τῷ. γὰρ τὸ C. [76] γενόμενος φωνή Bunsenius, γενόμενος, φωνὴν C, M. [77] ἔχει. ἔχειν C. [78] ἐν τῷ πατρὶ προεννοηθείσας Christ. Petersenius, ἐν τῷ πατρικῷ ἐννοηθείσας C, M, Bunsenius, ἐν νοῒ (vel νῷ) πατρικῷ ἐννοηθείσας susp. R. Scottus. [79] ἄρσενα θηλειῶν. ἄρσενα ἢ θηλειῶν C. [80] ὑπάρχουσιν, [οὔτ' ἐξ] ἑκάστης τούτων δύναται. ὑπάρχειν ἑκάστη τούτων δῦνται C, ὑπάρχει· ἑκάστης τούτων δύναται, aut ὑπάρχουσιν οὔτε ἑκάστης τούτων δύναται conj. M, ὑπάρχει· οὔτ' ἐξ ἑκάστης τούτων δύναται Bunsenius. [81] ὑπουργῇ corr C, ὑπουργεῖ pr. C.

ex aqua autem animalia natantia esse volo et pennata, mascula et feminea; sic enim jussit Deus qui voluit genitalem esse humidam substantiam. Consimiliter ex terra reptilia et bestias omniumque generum animalium mascula et feminea: sic enim admittebat rerum factarum natura. Quæcunque enim voluit, faciebat Deus. Hæc per Logum fabricabantur, quæ aliter fieri non possunt atque facta sunt. Quando autem sicuti voluit etiam fecit ea, nomine vocando significavit. Super hæc universorum principem fabricans ex omnibus compositis substantiis confecit; non Deum **540-541** volens facere fefellit, neque angelum (ne erra), sed hominem. Nam si Deum te voluisset facere, poterat; habes Logi exemplum; hominem volens, hominem te fecit; sin vero vis et Deus fieri, obedi ei, qui te fecit, neque obnitere nunc, ut super parvum fideli tibi reperto magnum etiam concredi possit. Hujus Logus solus ex ipso; ideo et Deus, substantia cum sit Dei; mundus autem ex nihilo; ideo non Deus; hic admittit etiam solutionem, quando vult qui eum creavit. Deus autem, qui creavit, malum non faciebat neque facit; [facit] honestum et bonum, bonus enim qui facit. Qui autem factus est homo animal suæ potestatis erat, non dominantem mentem habens, non consilio et imperio et potestate omnia superans, sed servum et omnia habens adversaria; qui cum suæ potestatis sit, malum adgenerat, quod ex accidenti perficitur, cum sit nihil, nisi facias; dum enim volumus et arbitramur aliquod malum, malum nominatur, quod non est a principio, sed adnascitur. Qui cum suæ potestatis sit, lex a Deo definiebatur haud frustra; nam si non posset homo velle et nolle, cur etiam lex definiretur? Lex enim animali rationis experti non definietur, sed frenum et flagellum, homini vero præceptum et pœna faciendi quod jussum est et non faciendi. Huic lex definita est per justos viros antiquitus; propius a nostra ætate per ante dictum Mosem, virum pium et a Deo dilectum, lex definiebatur plena gravitate et justitia. Cuncta autem regit Logus Dei, primogenitus Patris puer, vox lucifer, quæ ante stellam Veneris est. Postea justi viri exstiterunt amici Dei · hi prophe-

A ὕδατος δὲ ζῶα νηκτὰ εἶναι θέλω[82] καὶ πτηνά, ἄρσενα καὶ θήλεα· οὕτω γὰρ ἐκέλευσεν ὁ θελήσας Θεὸς γόνιμον εἶναι τὴν ὑγρὰν οὐσίαν. Ὁμοίως ἐκ γῆς ἑρπετὰ καὶ θηρία καὶ παντοδαπῶν ζώων ἄρσενα καὶ θήλεα· οὕτως γὰρ ἐνεδέχετο ἡ τῶν γεγονότων φύσις. Ὅσα γὰρ ἠθέλησεν, ἐποίει ὁ Θεός. Ταῦτα Λόγῳ ἐδημιούργει, ἑτέρως γενέσθαι μὴ δυνάμενα, ἢ ὡς ἐγένετο. Ὅτε δὲ[83] ὡς ἠθέλησε καὶ ἐποίησε, ὀνόματι καλέσας ἐσήμηνεν[84]. Ἐπὶ τούτοις τὸν πάντων ἄρχοντα δημιουργῶν[85] ἐκ πασῶν συνθέτων οὐσιῶν ἐσκεύασεν· οὐ Θεὸν θέλων [p. 335—337.] ποιεῖν | ἔσφηλεν, οὐδὲ ἄγγελον (μὴ πλανῶ), ἀλλ' ἄνθρωπον. Εἰ γὰρ Θεόν σε ἠθέλησε ποιῆσαι, ἐδύνατο· ἔχεις τοῦ Λόγου τὸ παράδειγμα· ἄνθρωπον θέλων, ἄνθρωπόν σε ἐποίησεν· εἰ δὲ θέλεις καὶ Θεὸς γενέσθαι,

B ὑπάκουε τῷ πεποιηκότι, καὶ μὴ ἀντίβαινε νῦν, ἵνα ἐπὶ τῷ μικρῷ πιστὸς εὑρεθεὶς καὶ τὸ μέγα πιστευθῆναι δυνηθῇς[86]. Τούτου[87] ὁ Λόγος μόνος ἐξ αὐτοῦ· διὸ καὶ Θεὸς, οὐσία ὑπάρχων Θεοῦ· ὁ δὲ κόσμος ἐξ οὐδενός· διὸ οὐ Θεός· οὗτος ἐπιδέχεται καὶ λύσιν, ὅτε βούλεται ὁ κτίσας. Ὁ δὲ κτίσας Θεὸς κακὸν οὐκ ἐποίει οὐδὲ ποιεῖ· [ποιεῖ] καλὸν[88] καὶ ἀγαθὸν, ἀγαθὸς γὰρ ὁ ποιῶν. Ὁ δὲ γενόμενος ἄνθρωπος ζῶον αὐτεξούσιον ἦν, οὐκ ἄρχοντα νοῦν[89] ἔχον, οὐκ ἐπινοίᾳ καὶ ἐξουσίᾳ καὶ δυνάμει πάντων κρατοῦν[90], ἀλλὰ δοῦλον καὶ πάντα ἔχον τὰ[91] ἐναντία· ὃς τῷ αὐτεξούσιον ὑπάρχειν τὸ κακὸν ἐπιγεννᾷ, ἐκ συμβεβηκότος ἀποτελούμενον, [ὃν] μὲν οὐδὲν[92], ἐὰν μὴ ποιῇς· ἐν γὰρ τῷ θέλειν καὶ νομίζειν τι κακὸν τὸ κακὸν ὀνομάζεται, οὐκ ὂν ἀπ' ἀρχῆς, ἀλλ' ἐπιγινό-

C μενον[93]. Οὗ[94] αὐτεξουσίου ὄντος νόμος ὑπὸ Θεοῦ ὡρίζετο οὐ μάτην· εἰ γὰρ μὴ[95] εἶχεν ὁ ἄνθρωπος τὸ θέλειν καὶ τὸ μὴ θέλειν, τί καὶ νόμος ὡρίζετο[96]; Ὁ νόμος γὰρ ἀλόγῳ ζώῳ οὐχ ὁρισθήσεται, ἀλλὰ χαλινὸς καὶ μάστιξ[97], ἀνθρώπῳ δὲ ἐντολὴ καὶ πρόστιμον τοῦ ποιεῖν τὸ προστεταγμένον καὶ μὴ ποιεῖν. Τούτῳ νόμος ὡρίσθη διὰ δικαίων ἀνδρῶν ἐπάνωθεν, ἔγγιον ἡμῶν διὰ[98] τοῦ προειρημένου Μωϋσέως[98*], ἀνδρὸς εὐλαβοῦς, καὶ θεοφιλοῦς, νόμος ὡρίζετο πλήρης σεμνότητος καὶ δικαιοσύνης. Τὰ δὲ πάντα διοικεῖ ὁ Λόγος ὁ Θεοῦ, ὁ πρωτόγονος Πατρὸς Παῖς, ἡ πρὸ ἑωσφόρου φωσφόρος φωνή[99]. Ἔπειτα | δίκαιοι ἄνδρες[1] γεγένηνται φίλοι Θεοῦ·

VARIÆ LECTIONES.

[82] θέλω. θέλων C, M, λέγω susp. Roeperus. Sicuti nos etiam Bunsenius correxit. [83] Ὅτε δέ. Ὅτε δὲ ἢ C. [84] ἐσήμηνεν. Ἐπὶ—ἄρχοντα. ἐσήμηνεν ἐπὶ—ἄρχοντα ὃν Bunsenius. [85] δημιουργῶν Roeperus, Bunsenius, R. Scottus, δημιουργὸν C, M. [86] Cf. Matth. xxv, 21 et 23: Εὖ, δοῦλε ἀγαθὲ καὶ πιστέ, ἐπὶ ὀλίγα ἧς πιστός, ἐπὶ πολλῶν σε καταστήσω. Cf. etiam Luc. xix, 17. [87] Τούτου. Τούτων Roeperus. [88] Οὐδὲ ποιεῖ· ποιεῖ καλὸν Bunsenius suadente Wordsworthio, οὐδὲ ποιεῖ· καλὸν C, M, qui post ποιεῖ inserendum esse putat εἰ μὴ vel ἤ, οὐδὲ ποιεῖ, ἀλλὰ καλὸν Roeperus, οὐδέν· ποιεῖ δὲ καλὸν R. Scottus. [89] ἄρχοντα νοῦν Bunsenius. ἄρχον, οὐ νοῦν C, M, ἄρχον ὄν, νοῦν Wordsworthius. [90] κρατοῦν. κρατῶν C. [91] ἔχον τά. ἔχοντα C. [92] ἀποτελούμενον, ὃν μὲν οὐδέν. ἀποτελούμενον μὲν οὐδέν C, ἀποτελούμενον, ὃν οὐδὲν susp. M. [93] ἐπιγενόμενον. ἐπιγενόμενον Bunsenius. [94] Vox Οὗ prorsus evanida. M. [95] εἰ γὰρ μή. οὐ γὰρ μὴ C, οὐ γὰρ εἰ μὴ Roeperus. [96] θέλειν, τί καὶ νόμος ὡρίζετο. θέλειν τι, καὶ νόμος ὡρίζετο C, M. [97] μάστιγξ C. [98] ἐπάνωθεν, ἔγγιον ἡμῶν διά. ἐπάνωθεν κινουμένων, ὡς διά? [98*] Μωϋσέος C. [99] Cf. II Petr. i, 18, 19. Καὶ ταύτην τὴν φωνὴν ἡμεῖς ἠκούσαμεν ἐξ οὐρανοῦ ἐνεχθεῖσαν σὺν αὐτῷ ὄντες ἐν τῷ ὄρει τῷ ἁγίῳ, καὶ ἔχομεν βεβαιότερον τὸν προφητικὸν λόγον, ᾧ καλῶς ποιεῖτε προσέχοντες ὡς λύχνῳ φαίνοντι ἐν αὐχμηρῷ τόπῳ, ἕως οὗ ἡμέρα διαυγάσῃ καὶ φωσφόρος ἀνατείλῃ ἐν ταῖς καρδίαις ὑμῶν, κ. τ. λ. [1] Cf. cum his Hippolyti librum de Christo et Antichristo [illegible] Paul. Anton. de Lagarde, p. 2; ed. Jo. Alb. Fabric. p. 5): Ἐπειδὴ γὰρ οἱ μακάριοι προφ[illegible] ὧν ἐγένοντο, προορῶντες διὰ πίστεως τὰ τοῦ Λόγου μυστήρια· τινα (ἅτινα codd.) καὶ τα[illegible] γενεαῖς διηκόνησαν, οὐ μόνον τὰ παρῳχηκότα εἰπόντες, ἀλλὰ καὶ τὰ

οὗτοι προφῆται κέκληνται τὸ διὰ προφαίνειν τὰ μέλλοντα. A [p. 337. 338.] Οἷς οὐχ ἑνὸς καιροῦ λόγος ἐγένετο, ἀλλὰ διὰ πασῶν γενεῶν αἱ τῶν προλεγομένων φωναὶ εὐαπόδεικτοι παρίσταντο· οὐκ ἐκεῖ μόνον, ἡνίκα τοῖς παροῦσιν ἀπεκρίναντο, ἀλλὰ καὶ διὰ πασῶν γενεῶν τὰ ἐσόμενα προεφήναντο· ὁτὲ [2] μὲν τὰ [3] παρῳχημένα λέγοντες ὑπεμίμνησκον τὴν ἀνθρωπότητα· τὰ δὲ ἐνεστῶτα δεικνύντες, μὴ ῥαθυμεῖν ἔπειθον· τὰ δὲ μέλλοντα προλέγοντες, τὸν κατὰ ἕνα ἡμῶν ὁρῶντας πρὸ πολλοῦ προειρημένα ἐμφόβους καθίστων [4], προσδοκῶντας καὶ τὰ μέλλοντα. Τοιαύτη ἡ καθ' ἡμᾶς πίστις, ὦ πάντες ἄνθρωποι, οὐ κενοῖς ῥήμασι πειθομένων, οὐδὲ σχεδιάσμασι καρδίας συναρπαζομένων, οὐδὲ πιθανότητι εὐεπείας λόγων θελγομένων, ἀλλὰ δυνάμει θείᾳ λόγοις λελαλημένοις οὐκ ἀπειθούντων. Καὶ ταῦτα Θεὸς ἐκέλευε Λόγῳ. B Ὁ δὲ Λόγος ἐφθέγγετο λέγων, δι' αὐτῶν [5] ἐπιστρέφων τὸν ἄνθρωπον ἐκ παρακοῆς, οὐ βίᾳ ἀνάγκης δουλαγωγῶν, ἀλλ' ἐπ' ἐλευθερίαν ἑκουσίῳ προαιρέσει [6] καλῶν. Τοῦτον τὸν Λόγον ἐν ὑστέροις ἀπέστελλεν ὁ Πατὴρ, οὐκέτι διὰ προφήτου λαλεῖν, οὐ σκοτεινῶς κηρυσσόμενον ὑπονοεῖσθαι θέλων, ἀλλ' αὐτοψεὶ φανερωθῆναι τοῦτον λέγων, ἵνα [7] κόσμος ὁρῶν δυσωπηθῇ οὐκ ἐντελλόμενον διὰ προσώπου προφητῶν, οὐδὲ δι' ἀγγέλου φοβοῦντα ψυχὴν, ἀλλ' αὐτὸν παρόντα τὸν λελαληκότα. Τοῦτον ἔγνωμεν ἐκ Παρθένου σῶμα ἀνειληφότα καὶ τὸν παλαιὸν ἄνθρωπον διὰ καινῆς πλάσεως πεφορηκότα [8], ἐν βίῳ διὰ πάσης ἡλικίας ἐληλυθότα, ἵνα πάσῃ ἡλικίᾳ αὐτὸς νόμος γενηθῇ καὶ σκοπὸν τὸν ἴδιον ἄνθρωπον πᾶσιν ἀνθρώποις ἐπιδείξῃ παρὼν, C καὶ δι' αὐτοῦ ἐλέγξῃ, ὅτι μηδὲ ἐποίησεν ὁ Θεὸς πονηρὸν, καὶ ὡς αὐτεξούσιος ὁ ἄνθρωπος ἔχων [9] τὸ θέλειν καὶ τὸ μὴ θέλειν, δυνατὸς ὢν ἐν ἀμφοτέροις· τοῦτον ἄνθρωπον [10] ἴσμεν [ἐκ] τοῦ [11] καθ' ἡμᾶς φυράματος γεγονέναι [12]. Εἰ γὰρ μὴ ἐκ τοῦ αὐτοῦ ὑπῆρξε, μάτην νομοθετεῖ [13] μιμεῖσθαι τὸν διδάσκαλον. Εἰ γὰρ ἐκεῖνος ὁ ἄνθρωπος ἑτέρας ἐτύγχανεν οὐσίας, τί τὰ ὅμοια κελεύει ἐμοὶ τῷ ἀσθενεῖ πεφυκότι, καὶ πῶς οὗτος ἀγαθὸς καὶ δίκαιος; Ἵνα δὲ μὴ ἕτερος παρ' ἡμᾶς νομισθῇ, καὶ [p. 338. 339.] κάματον ὑπέμεινε, καὶ πεινῆν ἠθέλησε, καὶ διψῆν [14] οὐκ ἠρνήσατο, καὶ ὕπνῳ ἠρέμησε, καὶ πάθει οὐκ ἀντεῖπε, καὶ θανάτῳ ὑπήκουσε, καὶ ἀνάστασιν ἐφανέρωσεν, ἀπαρξάμενος ἐν πᾶσι τούτοις τὸν ἴδιον ἄνθρωπον, ἵνα σὺ πάσχων μὴ ἀθυμῇς, D ἀλλ' ἄνθρωπον [15] σεαυτὸν ὁμολογῶν, προσδοκᾷς [16] καὶ σὺ ὃ τούτῳ παρέσχες [17].

læ vocati sunt, quia præmonstrant futura. Quibus non **542-543** una ætate sermo factus est, sed per omnes generationes ante dictorum voces conspicuæ aderant: non tum solum, quando præsentibus respondebant, sed etiam per omnes generationes futura præmonstrata sunt: tum quidem præterita dicentes in memoriam eorum reducebant genus humanum: præsentia autem monstrantes ne incuriosi essent suadebant, futura autem prædicentes singulos nostrum oculis cernentes ea, quæ multo tempore ante prædicta sunt, perterritos reddebant, exspectantes et futura. Talis nostra est fides, o homines universi, qui non vanis verbis fidem habemus, neque subitariis cordis motibus abripimur, neque blanditiis facundiæ sermonum mulcemur, sed vi divina verbis dictis fidem non denegamus. Et hæc Deus Logo imperabat. Logus autem loquebatur, per verba convertens hominem ab inobedientia, non vi necessitatis in servitutem redigens, sed ad libertatem voluntario consilio vocans. Hunc Logum posterioribus temporibus mittebat Pater, non amplius per prophetam loqui neque obscure prædicatum subintelligi eum volens, sed ipso visu apparuisse hunc dico, ut mundus eum videns revereretur non per prophetas præcipientem, neque per angelum terrentem animum, sed ipsum præsentem qui locutus est. Hunc cognovimus ex Virgine corpus assumpsisse et veterem hominem per novam formationem gestasse, in vita per quamque ætatem venisse, ut cuique ætati ipse lex fieret, finemque suum proprium hominem omnibus hominibus ostenderet præsens, et per semetipsum argueret nihil fecisse Deum mali, et suæ potestatis esse hominem, qui possit velle et nolle, cum ad utrumque valeat; hunc hominem scimus ex nostra massa factum esse. Nisi enim ex eadem exstitit, frustra legem fert imitandi præceptorem. Si enim ille homo alius forte erat substantiæ, cur similia imperat mihi debili nato, et quomodo hic bonus et justus? Ne autem diversus a nobis censeretur, etiam laborem sustinuit et **544-545** esurire voluit et sitire non recusavit et somno quievit et passioni non repugnavit et morti obtemperavit et resurrectionem manifestavit, tanquam primitias offerens in his omnibus proprium suum hominem, ut tu patiens ne animum despondeas, sed hominem temetipsum profitens exspectes et tu, quæ huic exhibuisti.

VARIÆ LECTIONES.

ἐνεστῶτα καὶ τὰ μέλλοντα ἀπαγγείλαντες (εἶπον — ἀπήγγειλαν Gudianum msc.), ἵνα μὴ μόνον πρόσκαιρος εἶναι ὁ προφήτης δειχθῇ, ἀλλὰ καὶ πάσαις γενεαῖς προλέγων τὰ μέλλοντα ἀληθῶς (ὡς codd.) προφήτης εἶναι νομισθῇ. [2] ὁτὲ R. Scottus, ὅτι C, M, Bunsenius, ἔτι Wordsworthius. [3] μὲν τά. τὰ μὲν susp. Roeperus. [4] καθιστῶν C. [5] λέγων, δι' αὐτῶν. δι' αὐτῶν τῶν λόγων Bunsenius. λέγων, διὰ λόγων? [6] ἐπ' ἐλευθερίαν ἑκουσίῳ προαιρέσει R. Scottus, quem secutus est Bunsenius, ἐπ' ἐλευθερίᾳ ἑκουσίῳ, προαιρέσει C, M. [7] φανερωθῆναι τοῦτον λέγων, ἵνα. φανερωθῆναι· τοῦτον, λέγω, [ἀπέστελλεν] ἵνα Bunsenius et R. Scottus, φανερωθῆναι τοῦτον λέγω, ἵνα? [8] πεφορηκότα. πεφυρηκότα? Sauppius. [9] ἔχων. ἔχῃ susp. M. [10] τοῦτον ἄνθρωπον. οὗ τὸν ἄνθρωπον C, αὐτὸν ἄνθρωπον Roeperus, υἱὸν ἀνθρώπου conj. R. Scottus [11] ἴσμεν ἐκ τοῦ Bunsenius, εἰς μὲν τοῦ C, ἐκ μὲν τοῦ M, Roeperus. [12] γεγονέναι. Latinismus, nisi scribæ debetur pro γεγονότα. Bunsenius. [13] νομοθετεῖ. ἐνομοθέτει susp. M. [14] διψῆν. διψεῖν C. [15] ἄνθρωπον. ἀμάνθρωπον conj. Wordsworthius. [16] προσδοκᾷς. προσδοκῶν C. [17] παρέσχες. πατὴρ παρέσχεν Bunsenius, παρέστιν susp. Roeperus.

illius derelinqui, quam et terram Justinus demens vocat.

16. Docetæ autem talia dicunt: Esse primum Deum tanquam semen arboris fici, ab hac autem profectos esse tres æones, tanquam stirpem et folia et fructum; hos autem projecisse **520-521** triginta æones, unumquemque decem; unitos autem esse eos secundum decades omnes, solum autem positionibus differre, ut alii aliis sint priores. Projectos autem esse infinities infinitos æones, et esse universos masculofemineos. Hos autem consilio capto simul congressos ex [eum] medio æone genuisse ex virgine Maria Salvatorem omnium, ab omni parte consimilem primo Deo, qui tanquam semen ficulneum sit, hac re autem inferiorem, quod genitus sit, semen enim, unde fici arbor, non-genitum. Erat igitur magna æonum lux tota, nullam insuper recipiens ornationem, habens in semetipsa omnium animalium species. Hanc, cum intraverit in subjacens chaos, causam præbuisse iis, quæ exstiterunt et sunt, et deveniens superne specierum æternarum expressit infra in chao formas. Tertius enim æon, qui se ipsum triplicaverat, cum videret notas suas universas detractas in tenebras, quæ infra sunt, cumque neque tenebrarum immanitatem ignoraret, neque lucis simplicitatem, fecit cœlum, et postquam intermedium firmavit, divisit tenebras a luce. Universis igitur speciebus tertii æonis . . . . . et ejus ipsius imaginem superari ait a tenebris, quæ ignis vivus a luce ortus exstitit, unde dictitant magnum archontem exstitisse, de quo Moses disputat, cum dicit esse hunc deum igneum et demiurgum, qui etiam ideas omnium transmutat continuo in corpora, hoc est animas, quapropter dictitant Salvatorem supergeneratum esse, qui monstret viam, qua effugient superatæ animæ, Jesu autem indutum fuisse potestatem illam unigenitam; ideo non potuisse spectari ab aliquo propter exsuperantem magnitudinem splendoris. Omnia autem accidisse ei dicunt, sicuti in Evangeliis scriptum est.

522-523 17. Qui autem Monoimum Arabem

A Καὶ [4] πάντων δὲ τῶν οὕτως τοῖς μωροῖς καὶ ἀδρανέσι λόγοις πειθομένων [τὸ μὲν πνεῦμα] [5] σωθῇ | σεσθαι, τὸ δὲ σῶμα καὶ τὴν ψυχὴν τῆς Ἐδὲμ καταλείπεσθαι, ἣν καὶ γῆν Ἰουστῖνος ὁ ἄφρων καλεῖ.

ιϛ'. Οἱ δὲ [6] Δοκηταὶ [7] τοιαῦτα λέγουσιν· εἶναι τὸν πρῶτον Θεὸν ὡς σπέρμα συκῆς, ἐκ δὲ τούτου ἐληλυθέναι τρεῖς αἰῶνας, ὡς τὸ πρέμνον καὶ τὰ φύλλα καὶ τὸν καρπόν· τούτους δὲ προβεβληκέναι [p. 324. 325] λ' αἰῶνας, ἕκαστον ι'· ἡνῶσθαι [8] δὲ αὐτοὺς κατὰ δέκα πάντας, μόνον δὲ διαθέσεσι [9] διαφέρειν τινὰς τινῶν πρώτους [10]. Προβεβλῆσθαι δὲ ἀπειράκις ἀπείρους αἰῶνας, καὶ εἶναι τοὺς πάντας ἀῤῥενοθήλεας. Τούτους δὲ βουλευσαμένους ὁμοῦ συνελθόντας ἐκ τοῦ μέσου αἰῶνος [11] γεννῆσαι ἐκ Παρθένου Μαρίας Σωτῆρα τῶν πάντων, κατὰ πάντα ὅμοιον τῷ πρώτῳ B σώματι ἐν σπέρματι [12] συκίνῳ [13], ἐν τούτῳ δὲ ἥττονα, τῷ [14] γεννητὸν εἶναι [15], τὸ γὰρ σπέρμα, ὅθεν ἡ συκῆ, ἀγέννητον. Ἦν οὖν τὸ μέγα τῶν αἰώνων φῶς ὅλον, οὐδεμίαν ἐπιδεχόμενον κόσμησιν, ἔχον ἐν ἑαυτῷ πάντων τῶν ζώων ἰδέας· τοῦτο ἐπιφοιτῆσαν εἰς τὸ ὑποκείμενον χάος παρεσχηκέναι αἰτίαν τοῖς γεγονόσι καὶ οὖσι, καταβάν τε ἄνωθεν ἰδεῶν [16] αἰωνίων ἀπεμάξατο [17] κάτω [εἰς] τὸ χάος [18] τὰς μορφάς. Ὁ γὰρ τρίτος αἰὼν, ὁ ἑαυτὸν τριπλασιάσας, ὁρῶν τοὺς χαρακτῆρας αὐτοῦ πάντας κατασπωμένους εἰς τὸ κάτω σκότος, οὐκ ἀγνοῶν τήν τε τοῦ σκότους δεινότητα καὶ τὴν τοῦ φωτὸς ἀφελότητα, ἐποίησεν οὐρανὸν καὶ μέσον πήξας διεχώρισεν ἀναμέσον τοῦ σκότους καὶ ἀναμέσον τοῦ φωτός. Πασῶν οὖν τῶν ἰδεῶν [19] τοῦ τρίτου αἰῶνος [20] ..... καὶ αὐτοῦ τὸ ἐκτύπωμα κρα | C τεῖσθαί φησιν ὑπὸ τοῦ σκότους [21], πῦρ [22] ὢν αὖθις ζῶν ὑπὸ τοῦ φωτὸς γενόμενον ὑπῆρξεν, ἐξ ἧς [23] φάσκουσι τὸν μέγαν ἄρχοντα γεγονέναι, περὶ οὗ Μωϋσῆς ὁμιλεῖ, λέγων εἶναι τοῦτον θεὸν πύρινον καὶ δημιουργὸν, ὃς καὶ τὰς ἰδέας πάντων μεταβάλλει ἀεὶ εἰς σῶμα. Ταύτας τὰς [24] ψυχὰς [25], οὗ χάριν φάσκουσι [26] τὸν Σωτῆρα παραγεννηθῆναι [27], ἐπιδεικνύντα τὴν ὁδὸν, δι' ἧς φεύξονται αἱ κρατούμεναι ψυχαὶ, ἐνδεδῦσθαι δὲ τὸν Ἰησοῦν τὴν δύναμιν ἐκείνην τὴν μονογενῆ· διὸ μὴ δύνασθαι θεαθῆναι ὑπό τινος διὰ τὸ μεθαλλόμενον [28] μέγεθος τῆς δόξης. *Πάντα* δὲ συμβεβηκέναι αὐτῷ φασι καθὰ ἐν τοῖς Εὐαγγελίοις γέγραπται

[p. 325. 326] ιζ'. Οἱ δὲ [29] κατὰ Μονόϊμον [30] τὸν

VARIÆ LECTIONES.

[4] Καὶ — πειθομένων. Καὶ πάντα δὲ τὸν — πειθόμενον Roeperus. [5] τὸ μὲν πνεῦμα om. C, M, qui jam vidit post πειθομένων nonnulla excidisse. [6] Cf. supra p. 412 sqq. [7] Δοκηταί. Δοκῖται C. Δοκῆται M. [8] λ' αἰῶνας, ἕκαστον ι' ἡνῶσθαι. λ' αἰῶνας ἕκαστον· ἡνῶσθαι C, M. [9] διαθέσεσι. θέσεσι? Cf. supra p. 414, 56. [10] πρώτους. Malim πρωτεύοντας. M. [11] ἐκ τοῦ μέσου αἰῶνος. εἰς τὸν μέσον αἰῶνα? Cf. supra p. 416, 75, 76. [12] σώματι ἐν σπέρματι. σώματι ἐν πάρματι C, θεῷ, τῷ οἱονεὶ σπέρματι? Cf. supra p. 416, 61. [13] συκίνῳ. ἐκείνῳ C. Cf. supra p. 416, 78. [14] ἥττονα, τῷ. ἧττον, διὰ τὸ C. Ex ultima syllaba voc. ἥττονα factum ΔΙΑ M. [15] γεννητὸν εἶναι. ἀγέννητον εἶναι C. Cf. supra p. 416, 79. [16] ἰδέων C. [17] ἀπεμάξατο. ἀπεμάξαντο C. [18] εἰς τὸ χάος τὸ χάος C, M, qui vocabula a librario serius inter lineas scripta uncinis inclusit. [19] ἰδέων C. [20] Forte post αἰῶνος nonnulla exciderunt. Cf. supra p. 3.5. [21] Post σκότους lacunam signavit M. [22] πῦρ — ὑπῆρξεν. πῦρ ζῶν ἀπὸ τοῦ φωτὸς γενόμενον, οὗ καὶ σφραγὶς (ex transpositis ὢν αὖθις facta) ὑπῆρξεν conj. Rœperus coll. iis, quæ supra leguntur, p. 418, 6, 7: ὃ πῦρ ὂν αὐτοῖς ζῶν ἀπὸ τ. φ. γ. ὑπῆρξεν? vel ὃ πῦρ ζῶν ἀπὸ τ. φ. γ. ὑπῆρξεν? [23] ἐξ ἧς. ἐξῆς susp. M, ἐξ οὗ? ὅθεν? Cf. supra, p. 418, 7. [24] σῶμα. Ταύτας τάς. σώματα. Ταύτας τὰς susp. M, σώματα, τουτέστι τάς? σώματα· εἶναι δὲ ταῦτα·] conj. Roeperus, qui fort. etiam ἐκ σωμάτων post σώματα addendum esse putat. [25] Post ψυχὰς lacunam signavit M. [26] οὗ χάριν φάσκουσι ex conjectura M, οὗ χάριν ἀσκοῦσι C. [27] παραγενηθῆναι pr. C. [28] μεταλλόμενον C. [29] Cf. supra p. 421 sqq. [30] Μονόϊμον. Νόϊμον C, M. Cf., quæ supra ad p. 112,

Ἀραβά φασιν εἶναι τὴν τοῦ παντὸς ἀρχὴν πρῶτον A ἄνθρωπον καὶ υἱὸν ἀνθρώπου, καὶ τὰ γενόμενα, καθὼς Μωϋσῆς [31] λέγει, μὴ ὑπὸ τοῦ πρώτου ἀνθρώπου γεγονέναι, ἀλλὰ ὑπὸ τοῦ υἱοῦ τοῦ ἀνθρώπου, οὐχ ὅλου, ἀλλ' ἐκ μέρους αὐτοῦ. Εἶναι δὲ τὸν υἱὸν τοῦ ἀνθρώπου ἰῶτα, ὅ ἐστι δεκὰς, κύριος ἀριθμὸς, ἐν ᾧ ἐστιν ἡ τοῦ παντὸς ἀριθμοῦ ὑπόστασις, δι' οὗ πᾶς ἀριθμὸς συνέστηκε, καὶ ἡ τοῦ παντὸς γένεσις, πῦρ, ἀὴρ, ὕδωρ, γῆ. Τούτου δὲ ὄντος ἰῶτα [32] ἓν [33] καὶ κεραία μία, τέλεεαν ἐκ τελείου, ῥυεῖσα κεραία ἄνωθεν, πάντα ἔχουσα ὅσα καὶ αὐτὴ [34], ὅσα καὶ ὁ ἄνθρωπος ἔχει, ὁ πατὴρ τοῦ υἱοῦ τοῦ ἀνθρώπου,— γεγονέναι οὖν φησι τὸν κόσμον Μωϋσῆς ἐν ἓξ ἡμέραις, τουτέστιν ἐν ἓξ δυνάμεσιν, ἐξ ὧν ὁ κόσμος ἀπὸ τῆς κεραίας γέγονε τῆς μιᾶς. Οἵ τε γὰρ κύβοι καὶ τὰ ὀκτάεδρα καὶ αἱ πυραμίδες καὶ πάντα τὰ τούτοις B παραπλήσια σχήματα ἰσεπιφανῆ [35], ἐξ ὧν συνέστηκε | πῦρ, ἀὴρ, ὕδωρ, γῆ, ἀπὸ τῶν ἀριθμῶν γεγόνασι τῶν κατειλημμένων ἐν ἐκείνῃ τῇ ἁπλῇ [36] τοῦ ἰῶτα κεραίᾳ, ἥτις ἐστὶν υἱὸς ἀνθρώπου. Ὅταν οὖν, φησὶ, ῥάβδον λέγῃ [37] Μωϋσῆς στρεφομένην εἰς Αἴγυπτον τὰ πάθη, καταλέγει τὸν κόσμον τοῦ ἰῶτα ἀλληγορουμένως [38], οὐδὲ πλείονα τῶν δέκα [39] παθῶν ἐσχημάτισεν. Εἰ δὲ, φησὶ, θέλεις ἐπιγνῶναι τὸ πᾶν, ἐν σεαυτῷ ζήτησον τίς ὁ λέγων· Ἡ ψυχή μου, ἡ σάρξ μου, ὁ νοῦς μου, καὶ ἓν ἕκαστον κατιδιοποιούμενος ὡς ἕτερος αὐτῷ· τοῦτον νόει τέλειον ἐκ τελείου, πάντα ἴδια ἡγούμενον οὐκ ὄντα τὰ καλούμενα καὶ τὰ πάντα ὄντα. Ταῦτα μὲν οὖν καὶ Μονοΐμῳ δοκεῖ.

ιη'. Τατιανὸς [40] δὲ παραπλησίως τῷ Οὐαλεντίνῳ καὶ τοῖς ἑτέροις φησὶν αἰῶνας εἶναί τινας ἀοράτους [41], C ἐξ ὧν [42] ὑπό τινος κάτω [43] τὸν κόσμον δεδημιουργῆσθαι καὶ τὰ ὄντα. Κυνικωτέρῳ [p. 326. 327] δὲ βίῳ ἀσκεῖται [44] καὶ σχεδὸν οὐδὲν Μαρκίωνος ἀπεμφαίνει πρός τε τὰς δυσφημίας [45] καὶ τὰς περὶ γάμων νομοθεσίας.

ιθ'. Μαρκίων δὲ [46] ὁ Ποντικὸς καὶ Κέρδων ὁ τούτου διδάσκαλος καὶ αὐτοὶ ὁρίζουσιν εἶναι τρεῖς τὰς τοῦ παντὸς [47] ἀρχὰς, ἀγαθὸν δίκαιον, ὕλην· τινὲς δὲ τούτων μαθηταὶ προστιθέασι [δ' [48]] λέγοντες ἀγαθὸν, δίκαιον, πονηρὸν, ὕλην. Οἱ δὲ πάντες [49] τὸν μὲν ἀγαθὸν οὐδὲν ὅλως [50] πεποιηκέναι, τὸν δὲ δίκαιον οἱ μὲν τὸν πονηρὸν [51], οἱ δὲ μόνον δίκαιον ὀνομάζουσι, πεποιηκέναι δὲ τὰ πάντα φάσκουσιν ἐκ τῆς ὑποκειμέ-

sectantur, aiunt esse universorum principium hominem primum et filium hominis, et ea, quæ facta sunt, sicuti Moses dicit, non a primo homine orta esse, sed a filio hominis, non toto illo, sed ex parte ejus. Esse autem filium hominis litteram iota, quæ est decas, principalis numerus, in quo est universi numeri substantia, per quem quisque numerus constat et universi origo, ignis, aer, aqua, terra. Hic autem cum sit iota unum et apex unus, perfectum ex perfecto, apex, qui processit superne, omnia habens in semetipso, quæcunque etiam homo habet, pater filii hominis; — factum igitur esse ait mundum Moses sex diebus, hoc est sex potestatibus, ex quibus mundus ab apice illo exstitit uno. Etenim et cubi et octaedra et pyramides et omnes hisce consimiles formæ comparium superficierum, ex quibus constat ignis, aer, aqua, terra, a numeris ortæ sunt comprehensis in illo simplice litteræ iota apice, qui est filius hominis. Quando igitur, inquit, virgam dicit Moses vibratam ad plagas Ægyptiacas, recenset mundum litteræ iota allegorice, neque plures quam decem plagas formavit. Sin vero, inquit, vis cognoscere universa, in te ipso quære quisnam sit, qui ait : anima mea, caro mea, mens mea, et qui unumquodque sibi ipsi arrogat quasi alius quis. Hunc intellige esse perfectum ex perfecto, omnia sua propria existimantem non-entia quæ vocantur omniaque entia. Hæc igitur et Monoimo placent.

18. Tatianus autem consimiliter Valentino cæterisque ait æones esse quosdam invisibiles, ex quibus a quodam inferiore mundum esse fabricatum et ea quæ sunt. Vitæ autem admodum **524-525** cynicæ studet et nullo fere modo a Marcione differt quod et ad diffamationes attinet et ad leges de nuptiis latas.

19. Marcion autem Ponticus Cerdoque hujus magister et ipsi definiunt esse tria universi principia: bonum, justum, materiam; quidam autem eorum discipuli addunt [quartum] dicentes, bonum, justum, malum, materiam. Cuncti autem (sc. dicunt) bonum omnino nihil fecisse, justum autem alii malum, alii autem solum justum nominant, fecisse autem universa dictitant ex subjacente materia; non enim

VARIÆ LECTIONES.

[31] Μωσῆς C. [32] ἰῶτα ἓν καὶ κεραία μία. ἰῶτα ἐν κεραίᾳ μιᾷ legendum esse censet M. coll. p. 426, 49, ubi C. habet ἰῶτα ἐν μιᾷ κεραίᾳ. [33] Verba ἰῶτα — ἀνθρώπου parenthesin esse putat Roeperus, continuata sic oratione : γεγονέναι, ὥς φησι Μωϋσῆς, τὸν κόσμον. [34] ἔχουσα ὅσα καὶ αὐτή. ἔχουσα ἐν ἑαυτῇ? Cf. supra p. 428, 50. [35] ἰσεπιφανῆ Roeperus, ἴσα ἦν C. M, qui hæc verba coll. p. 428, 58 uncinis inclusit. [36] ἁπλῇ. διπλῇ C. Cf. supra, p. 428, 59. [37] λέγῃ. λέγει C. [38] εἰς Αἴγυπτον — ἀλληγορουμένως. εἰς Αἴγυπτον, τὰ πάθη καταλέγει τοῦ κόσμου τῷ ἰῶτα ἀλλ'. conj. M et Bernaysius, εἰς τὰ κατὰ τὴν Αἴγυπτον πάθη, κατ. τ. κ. τ. ἰ. ἀλλ'. Roeperus, εἰς τα κατ' Αἴγυπτον πάθη, λέγει τὸν κόσμον τοῦ ἰῶτα ἀλλ. susp. R. Scottus, εἰς τὰ κατὰ τὴν Αἴγυπτον πάθη, λέγει τὸν κόσμον τῷ ἰῶτα ἀλληγορουμένως. ὡς (ἀλληγορούμενον, ὡς)? Cf. supra p. 428, 61-63. [39] πλείονα τῶν δέκα. πλειόνων δὲ C, πλείονα τῶν δώδεκα legendum esse putat M coll. p. 428, 63. Sicuti nos etiam Bernaysius correxit. [40] Τατιανὸς—νομοθεσίας. Cf. supra p. 432, 22 27. [41] ἀοράτους. ποτὲ τοὺς C, M. Cf. supra p. 432, 24, ubi παρὰ τοὺς legitur in C, et verba Irenæi illic textui supposita. [42] ἐξ ὧν. ἐκ τῶν C, M. [43] κάτω. τῶν κάτω? Sauppius. [44] ἀσκεῖται καί. ἀσκεῖσθαι C, M. [45] τὰς δυσφημίας. τῆς δυσφ. C. [46] Μαρκίων δὲ, κ. τ. λ. Quæ noster supra p. 382-394 de Marcione et p. 408 sq. de Cerdone scripsit, valde ab iis, quæ hic leguntur, abhorrent. [47] τοῦ παντός. τοὺς παντὸς C. [48] δ' Sauppius, om. C, M. [49] πάντες. πάντα C. [50] ὅλως. ἄλλως C, M. [51] τὸν πονηρόν. καὶ τὸν πον.? Sauppius. μόνον. μόνον τόν? Sauppius.

bene fecisse, sed irrationabiliter, necesse enim esse ut ea, quæ orta sunt, similia sint ei, qui fecerit. Quapropter etiam parabolis evangelicis in hunc modum utuntur dicentes: *Non potest arbor bona fructus malos facere*, et quæ sequuntur, ad hoc dictitans pronuntiata esse, quæ ab ipso male censentur. Christum autem filium esse boni et ab eo missum esse ad salvandum animas, quem interiorem hominem vocat, dicens eum tanquam hominem apparuisse, cum non sit homo, et tanquam carnem habentem, cum non habeat carnem, qui specie apparuerit neque genituram sustinuerit neque passionem, verum specie tantum. Carnem autem non vult resurgere, matrimonium autem perniciem esse dicens ad vitam admodum cynicam adducit discipulos, in his putans se ægre facere demiurgo, si iis, quæ ab illo facta sunt vel constituta, se abstineat.

20. Apelles autem, hujus discipulus, cum ipsi improbarentur quæ a magistro dicta sunt, sicuti antea diximus, nova doctrina supposuit quatuor esse deos, quorum unum dicit bonum, quem neque prophetæ cognoverunt, cujus esse filium Christum; alium autem opificem universi, quem non deum esse vult, alium autem igneum, qui apparuerit, alium autem malum, quos angelos vocat, addens vero Christum et quintum dicet. Sese autem applicat libro, quem Revelationes appellat Philumenæ cujusdam, quam prophetissam esse arbitratur. Carnem autem Christum non ex Virgine sit assumpsisse, sed ex adjacente mundi substantia. In hunc modum contra leges et **526-527** prophetas opera concinnavit, dissolvere eos conatus, quasi qui mendacia locuti sint neque Deum cognoverint; carnesque perire consimiliter Marcioni dicit.

21. Cerinthus autem, ipse in Ægypto excultus, non a primo deo factum esse mundum voluit, sed a virtute quadam angelica longe separata et distante ab ea principalitate, quæ est super universa, et ignorante deum, qui est super omnia. Jesum autem dicit non ex Virgine esse generatum, natum autem esse eum ex Josepho et Maria filium consimiliter reliquis hominibus, et excelluisse justitia et prudentia et intelligentia supra omnes reliquos. Et post baptismum devenisse in eum ab ea principalitate, quæ est super omnia, Christum in figura columbæ, et tum nuntiavisse incognitum patrem et virtutes perfecisse, sub finem autem passionis avolasse Christum a Jesu; passum esse Jesum, Christum autem a patiendo liberum mansisse, cum esset Spiritus Domini.

A νης ὕλης· πεποιηκέναι γὰρ οὐ καλῶς, ἀλλ' ἀλόγως· ἀνάγκη γὰρ τὰ γενόμενα ὅμοια εἶναι τῷ πεποιηκότι. Διὸ καὶ ταῖς παραβολαῖς ταῖς εὐαγγελικαῖς οὕτως χρῶνται λέγοντες· *Οὐ δύναται δένδρον* [52] *καλὸν καρποὺς πονηροὺς ποιεῖν*, καὶ τὰ ἑξῆς, εἰς τοῦτο φάσκων | εἰρῆσθαι τὰ ὑπ' αὐτοῦ κακῶς νομιζόμενα. Τὸν δὲ Χριστὸν υἱὸν εἶναι τοῦ ἀγαθοῦ καὶ ὑπ' αὐτοῦ πεπέμφθαι ἐπὶ σωτηρίᾳ τῶν ψυχῶν, ὃν [53] ἔσω ἄνθρωπον καλεῖ, ὡς ἄνθρωπον φανέντα λέγων οὐκ ὄντα ἄνθρωπον, καὶ ὡς ἔνσαρκον οὐκ ἔνσαρκον, δοκήσει πεφηνότα οὔτε γένεσιν ὑπομείναντα οὔτε πάθος, ἀλλὰ [54] τῷ δοκεῖν. Σάρκα δὲ οὐ θέλει ἀνίστασθαι, γάμον δὲ φθορὰν εἶναι λέγων κυνικωτέρῳ βίῳ προσάγει [55] τοὺς μαθητὰς, ἐν τούτοις νομίζων λυπεῖν τὸν δημιουργὸν, εἰ τῶν ὑπ' αὐτοῦ γεγονότων ἢ ὡρισμένων ἀπέχοιτο.

B

κ'. Ἀπελλῆς [56] δὲ ὁ τούτου μαθητὴς ἀπαρεσθεὶς τοῖς ὑπὸ τοῦ διδασκάλου εἰρημένοις, καθὰ προείπομεν, ἄλλῳ λόγῳ ὑπέθετο τέσσαρας εἶναι θεούς, ὧν ἕνα φάσκει [ἀγαθὸν] [57], ὃν οὔτε οἱ προφῆται ἔγνωσαν, οὗ εἶναι υἱὸν τὸν Χριστόν· ἕτερον δὲ τὸν δημιουργὸν τοῦ παντὸς, ὃν οὐ θεὸν εἶναι θέλει, ἕτερον δὲ πύρινον τὸν φανέντα, ἕτερον δὲ πονηρὸν, οὓς ἀγγέλους καλεῖ, προσθεὶς δὲ τὸν Χριστὸν καὶ πέμπτον ἐρεῖ. Προσέχει δὲ βίβλῳ, ἣν [58] Φανερώσεις καλεῖ Φιλουμένης τινὸς, ἣν προφῆτιν [59] νομίζει. Τὴν δὲ σάρκα τὸν Χριστὸν οὐκ ἐκ τῆς Παρθένου λέγει προσειληφέναι, ἀλλ' ἐκ τῆς παρακειμένης τοῦ κόσμου οὐσίας. [p. 327. 328] Οὕτως κατὰ τοῦ νόμου

C καὶ τῶν προφητῶν συντάγματα ἐποίησε [60], καταλύειν αὐτοὺς ἐπιχειρῶν ὡς ψευδῆ λελαληκότας καὶ θεὸν μὴ ἐγνωκότας· σάρκας [61] τε ἀπόλλυσθαι [62] ὁμοίως Μαρκίωνι λέγει.

κα'. Κήρινθος δὲ [63], ὁ ἐν τῇ Αἰγύπτῳ ἀσκηθεὶς αὐτὸς, οὐχ ὑπὸ τοῦ πρώτου θεοῦ τὸν κόσμον γεγονέναι ἠθέλησεν, ἀλλ' ὑπὸ δυνάμεώς τινος ἀγγελικῆς, πολὺ κεχωρισμένης καὶ διεστώσης τῆς ὑπὲρ τὰ ὅλα αὐθεντίας καὶ ἀγνοούσης | τὸν ὑπὲρ πάντα θεόν. Τὸν δὲ Ἰησοῦν λέγει μὴ ἐκ Παρθένου γεγενῆσθαι [64], γεγονέναι δὲ αὐτὸν ἐξ Ἰωσὴφ καὶ Μαρίας υἱὸν ὁμοίως [65] τοῖς λοιποῖς ἀνθρώποις, καὶ διενηνοχέναι ἐν δικαιοσύνῃ καὶ σωφροσύνῃ καὶ συνέσει ὑπὲρ πάντας τοὺς λοιπούς. Καὶ μετὰ τὸ βάπτισμα κατεληλυθέναι εἰς αὐτὸν ἐκ τῆς ὑπὲρ τὰ ὅλα αὐθεντίας τὸν

D Χριστὸν ἐν εἴδει περιστερᾶς, καὶ τότε [66] κηρύξαι τὸν ἄγνωστον πατέρα καὶ [67] δυνάμεις ἐπιτελέσαι, πρὸς δὲ τῷ τέλει τοῦ πάθους ἀποπτῆναι τὸν Χριστὸν ἀπὸ τοῦ Ἰησοῦ [68]· πεπονθέναι τὸν Ἰησοῦν, τὸν δὲ Χριστὸν ἀπαθῆ μεμενηκέναι, Πνεῦμα Κυρίου ὑπάρχοντα.

VARIÆ LECTIONES.

[52] Cf. Matth. VII, 18. Οὐ δύναται δένδρον ἀγαθὸν καρποὺς πονηροὺς ποιεῖν κ. τ. λ. [53] ὄν. ὂν τόν? [54] ἀλλά. ἀλλ' ἤ? Sauppius. [55] προσάγει. προσάγων C. [56] Ἀπελλῆς — Χριστόν. Cf. supra p. 410, 5—28. [57] ἕνα φάσκει ἀγαθόν. ἕνα φάσκων C M, ἕνα εἶναι φάσκων Roeperus. [58] Προσέχει — ἥν. Προσέχειν — ἣ C, Προσέχειν — ἣν susp. M. [59] προφῆτιν. προφήτην C. [60] Cf. Matth. V, 17. [61] σάρκα.. σάρκας? [62] ἀπόλλυσθαι C. [63] Cf. supra p. 484, 39-51. [64] γεγενῆσθαι C. [65] ὁμοίως. ὅμοιον C. M. Cf. supra p. 404, 44. [66] τότε. τοῦτον? Sauppius: sed cf. supra p. 484, 47. [67] καί. καὶ τάς? Sauppius; sed cf. supra p. 404, 48. [68] Ἰησοῦ. υἱοῦ C. M. Sicuti nos etiam R. Scottus correxit. Cf. supra p. 404, 49.

κβ'. [69] Ἐβιωναῖοι [70] δὲ τὸν μὲν κόσμον ὑπὸ τοῦ A ὄντως [71] Θεοῦ γεγονέναι λέγουσι, τὸν δὲ Χριστὸν ὁμοίως Κηρίνθῳ. Ζῶσι δὲ πάντα κατὰ νόμον Μωϋσοῦ [72], οὕτω φάσκοντες δικαιοῦσθαι.

κγ'. Θεόδοτος δὲ ὁ Βυζάντιος εἰσηγήσατο [73] αἵρεσιν τοιάνδε, φάσκων τὰ μὲν ὅλα ὑπὸ τοῦ ὄντως [74] Θεοῦ γεγονέναι, τὸν δὲ Χριστὸν ὁμοίως τοῖς προειρημένοις γνωστικοῖς φάσκει τοιούτῳ τινὶ τρόπῳ πεφηνέναι· εἶναι δὲ τὸν Χριστὸν κ[οιν]ὸν [75] ἄνθρωπον [76] πᾶσιν, ἐν δὲ τούτῳ διαφέρειν, ὅτι κατὰ βουλὴν Θεοῦ γεγένηται ἐκ Παρθένου, ἐπισκιάσαντος τοῦ ἁγίου Πνεύματος, οὐκ ἐν τῇ Παρθένῳ σαρκωθέντα· ὕστερον δὲ ἐπὶ τοῦ βαπτίσματος κατεληλυθέναι τὸν Χριστὸν ἐπὶ τὸν Ἰησοῦν ἐν εἴδει περιστερᾶς, ὅθεν φασὶ μὴ πρότερον τὰς δυνάμεις αὐτῷ ἐνεργηθῆναι. Θεὸν δὲ οὐκ B εἶναι τὸν Χριστὸν θέλει. Καὶ τοιαῦτα Θεόδοτος.

κδ'. Ἕτεροι δὲ [77] καὶ ὡσαύτως [78] πάντα τοῖς προειρημένοις [p. 328—330] λέγουσιν [79], ἐν μόνον ἐνδιαλλάξαντες ἐν τῷ τὸν Μελχι | σεδὲκ ὡς δύναμίν τινα [80] ὑπειληφέναι, φάσκοντες αὐτὸν ὑπὲρ πᾶσαν δύναμιν ὑπάρχειν, οὗ κατ' εἰκόνα [81] [δὲ] [82] εἶναι τὸν Χριστὸν θέλουσιν.

κε'. Οἱ δὲ Φρύγες [83] ἐκ Μοντανοῦ [84] τινος καὶ Πρισκίλλης καὶ Μαξιμίλλης τὰς ἀρχὰς τῆς αἱρέσεως λαβόντες, προφήτιδας τὰ γύναια νομίζοντες καὶ προφήτην τὸν Μοντᾶνον [85], τὰ δὲ [86] περὶ τῆς τοῦ παντὸς ἀρχῆς καὶ δημιουργίας ὀρθῶς λέγειν νομίζουσι [87], καὶ τὰ περὶ τὸν Χριστὸν οὐκ ἀλλοτρίως προσειλήφασιν, σὺν [88] δὲ τοῖς προειρημένοις σφάλλον- C ται, ὧν τοῖς λόγοις ὑπὲρ τὰ Εὐαγγέλια προσέχοντες πλανῶνται, νηστείας καινὰς [89] καὶ παραδόξους [90] ὁρίζοντες.

κς'. Ἕτεροι δὲ [91] αὐτῶν τῇ τῶν Νοητιανῶν αἱρέσει προσκείμενοι τὰ μὲν περὶ τὰ γύναια καὶ [92] Μοντᾶνον [93] ὁμοίως δοκοῦσι, τὰ δὲ περὶ [τὸν] τῶν [94] ὅλων Πατέρα δυσφημοῦσιν, αὐτὸν εἶναι Υἱὸν καὶ Πατέρα λέγοντες, ὁρατὸν καὶ ἀόρατον, γεννητὸν καὶ ἀγέννητον, θνητὸν καὶ ἀθάνατον· οὗτοι τὰς ἀφορμὰς ἀπὸ Νοητοῦ τινος λαβόντες.

κζ'. Ὁμοίως δὲ [95] καὶ Νοητὸς, τῷ μὲν γένει ὢν Σμυρναῖος, ἀνὴρ ἀκριτόμυθος καὶ ποικίλος [96], εἰσηγήσατο τοιάνδε αἵρεσιν, ἐξ Ἐπιγόνου τινὸς εἰς Κλεομένην χωρήσασαν, καὶ οὕτως ἕως νῦν ἐπὶ τοὺς διαδόχους διαμείνασαν, λέγων ἕνα τὸν Πατέρα καὶ Θεὸν D τῶν ὅλων· τοῦτον πάντα πεποιηκότα ἀφανῆ μὲν τοῖς οὖσι γεγονέναι ὅτε ἠβούλετο, φανῆναι δὲ τότε ὅτε ἠθέλησε· καὶ τοῦτον εἶναι ἀόρατον, ὅτε μὴ ὁρᾶται,

22. Ebionæi autem mundum quidem ab eo, qui revera Deus est, factum esse dicunt, Christum autem consimiliter Cerintho. Vitam autem agunt per omnia secundum legem Mosis, ita dictitantes sese justificari.

23. Theodotus autem Byzantius introduxit hæresin hujuscemodi, dicens universa quidem ab eo, qui revera Deus est, profecta esse, Christum autem consimiliter supra dictis gnosticis ait tali quodam modo apparuisse : esse autem Christum ejusdem generis atque omnes homines, hac re autem esse diversum, quod secundum consilium Patris natus sit ex Virgine, cui obumbraverit Spiritus sanctus, non in Virgine incarnatum; postea vero in baptismo delapsum esse Christum super Jesum in specie columbæ, quapropter aiunt non prius potestates in eo viguisse. Deum autem non esse Christum vult. Et talia Theodotus.

24. Alii autem etiam omnia eodem modo, quo ii,
528-529 qui antea dicti sunt, loquuntur, una tantum re differentes, quod Melchisedech tanquam pro potestate quadam [maxima] habent, dicentes eum supra quamque potestatem esse, cujus imaginem referre Christum volunt.

25. Phryges autem ex Montano quodam et Priscilla Maximillaque initia hæresis suæ nacti, prophetissas esse mulierculas illas putantes et prophetam Montanum, et quæ ad universi originem et fabricam attinent, recte dicere solent, et quæ ad Christum, non inepte amplexi sunt. falluntur autem cum supra dictis, ad quorum verba magis quam ad Evangelia sese applicantes errant, jejunia nova et monstruosa definientes.

26. Alii autem eorum Noetianorum hæresi studentes ea, quæ ad mulierculas illas atque Montanum pertinent, consimiliter sentiunt, quæ autem ad universorum Patrem, diffamant, ipsum esse Filium et Patrem dicentes visibilem et invisibilem, generatum et non generatum, mortalem et immortalem: hi a Noeto quodam profecti.

27. Consimiliter autem et Noetus, genere quidem Smyrnæus, vir ungax et vafer, introduxit hancce hæresin, quæ ad Epigono quodam ad Cleomenem venit et sic usque adhuc in successores permansit, dicens unum esse Patrem et Deum universorum; hunc, qui omnia fecerit, occultum rebus creatis redditum esse, quando voluerit, apparuisse autem tum, cum voluerit; eumque esse invisibilem, quando

VARIÆ LECTIONES.

[69] Cf. supra 406, 52-61. [70] Ἐβιωναῖοι. Εὐιαιωναῖοι C. [71] ὄντως. ὄντος C, M. Cf. supra p. 406, 53. [72] Μωϋσοῦ. Μωϋσῇ C, M. Cf. supra. p. 406, 62-75. [73] εἰσηγήσατο. ἐξηγήσατο C, M, εἰσήγαγεν supra l. l. [74] ὄντως. ὄντος C, M. [75] κοινόν. Litteræ οιν prorsus evanidæ. M. [76] ἄνθρωπον. ἀνθρώποις? [77] Cf. supra p. 406, 76-408, 82. [78] ὡσαύτως Sauppius, ἐξ αὐτῶν C, M. [79] λέγουσι C. [80] δύναμίν τινα. δύναμίν τινα μεγίστην? Cf. supra p. 406, 78. [81] οὗ κατ' εἰκόνα R. Scottus, οὐ κατ' εἰκόνα C, M. [82] δὲ uncinis inclusimus suadente R. Scotto. [83] Cf. supra p. 436, 65-80. [84] Μοντανοῦ. Μοντάνου M; sed cf. supra l. l. [85] Μοντᾶνον. Μοντανόν? [86] τὰ δέ. τά τε? [87] νομίζουσι. νομίζονται susp. M. [88] σὺν Sauppius, ἐν C, M. [89] καινάς. κενὰς C, M. [90] παραδόξους. παραδόσεις C, M. [91] Cf. supra p. 436, 80-88. [92] καί. κατὰ susp. M. [93] Μοντᾶνον. Μοντανόν? [94] τὸν τῶν Sauppius, τῶν C, M. [95] Cf. supra p. 440, 22 sqq. et p. 448, 41 sqq. [96] ποικῖλος C.

non videatur, visibilem autem, quando videatur; non genitum autem, quando non gignatur, genitum autem, quando gignatur ex Virgine; impassibilem et immortalem, quando non patiatur et non moriatur, ubi autem passiones subiverit, pati et mori. Hunc Patrem ipsum Filium arbitrantur pro temporibus vocari secundum accidentia.

Horum hæresin corroborabat Callistus, cujus vitam exposuimus diligenter, qui et ipse hæresin peperit; a quibus initia **530-531** nactus et ipse profitens unum esse Patrem et Deum, hunc opificem mundi, hunc vero esse Filium nomine quidem dictum et nominatum, re autem [unum] esse Spiritum]; Spiritus enim, inquit, Deus non alius est quam Logus, vel Logus quam Deus. Una igitur hæc persona nomine quidem divisa, nec vero re. Hunc logum unum esse Deum arbitratur et incarnatum esse dicit. Et eum quidem, qui secundum carnem visus est et comprehensus, Filium esse vult, eum autem, qui inhabitat, Patrem, tum quidem ad Noeti doctrinam delapsus, tum vero ad Theodoti, nihil firmi tenens. Hæc igitur Callistus.

28. Hermogenes autem quidam et ipse cum vellet aliquid dicere, dixit Deum ex materia coæva et subjacente universa fecisse; fieri enim non posse, Deus ex entibus faciat ea quæ facta sunt.

29. Alii autem quidam quasi novum aliquod subintroducentes ex omnibus hæresibus corrogatum, mirabili libro confecto ex Elchasai quodam nominato, hi principia universi consimiliter profitentur a Deo exstitisse, Christum vero unum non profitentur, sed esse superiorem quidem unum, eumdem vero transfundi in corpora multa sæpenumero, et nunc vero in Jesu; consimiliter tum quidem ex Deo eum natum esse, tum autem spiritum exstitisse, tum autem ex Virgine, tum autem non; et hunc vero postea semper in corpora transfundi et in multis per tempora apparere. Utuntur autem incantationibus et baptismis, in quibus elementa profitentur. Superbiunt autem astrologia et mathesi et magicis artibus. Futuri autem præscios sese dicunt.

30. . . . . [Abraham jussi] Dei commigrat ex Mesopotamiæ urbe Haran in regionem nunc quidem Palæstinam **532-533** et Judæam appel-

ὁρατὸν δὲ, ὅταν ὁρᾶται· ἀγέννητον δὲ, ὅταν μὴ γεννᾶται, γεννητὸν δὲ, ὅταν γεννᾶται ἐκ Παρθένου· ἀπαθῆ καὶ ἀθάνατον, ὅτε [97] μὴ πάσχῃ μήτε θνήσκῃ, ἐπὰν δὲ πάθει προσέλθῃ, πάσχειν καὶ θνήσκειν. Τοῦτον [98] τὸν Πατέρα αὐτὸν [99] Υἱὸν νομίζουσι κατὰ καιροὺς καλούμενον πρὸς τὰ συμβαίνοντα.

Τούτων τὴν αἵρεσιν [1] ἐκράτυνε Κάλλιστος, οὗ τὸν βίον ἐκτεθείμεθα ἀσφαλῶς [2], ὃς καὶ αὐτὸς αἵρεσιν ἀπεγέννησεν· ἐξ ὧν [p. 330. 331] ἀφορμὰς λαβὼν καὶ αὐτὸς ὁμολογῶν ἕνα εἶναι τὸν Πατέρα καὶ [3] Θεὸν τοῦτον [4] δημιουργὸν τοῦ παντὸς, τοῦτον δὲ εἶναι Υἱὸν ὀνόματι μὲν λεγόμενον καὶ ὀνομαζόμενον, οὐσίᾳ δὲ [ἓν] [5] εἶναι [Πνεῦμα] [6]. Πνεῦμα γάρ, φησίν, ὁ Θεὸς οὐχ ἕτερόν ἐστι παρὰ τὸν Λόγον, ἢ ὁ Λόγος παρὰ τὸν Θεόν. Ἓν οὖν τοῦτο πρόσωπον, ὀνόματι μὲν μεριζόμενον, οὐσίᾳ δὲ οὔ. Τοῦτον τὸν Λόγον ἕνα εἶναι Θεὸν ὀνομάζει καὶ σεσαρκῶσθαι λέγει. Καὶ τὸν μὲν κατὰ σάρκα ὁρώμενον καὶ κρατούμενον [7] Υἱὸν εἶναι θέλει [8], τὸν δὲ ἐνοικοῦντα Πατέρα, ποτὲ μὲν τῷ Νοητοῦ [9] δόγματι περιῤῥηγνύμενος [10], ποτὲ δὲ τῷ Θεοδότου, μηδὲν ἀσφαλὲς κρατῶν. Ταῦτα τοίνυν Κάλλιστος.

κη'. Ἑρμογένης δέ τις [11] καὶ αὐτὸς θελήσας τι λέγειν, ἔφη τὸν Θεὸν ἐξ ὕλης συγχρόνου καὶ ὑποκειμένης τὰ πάντα πεποιηκέναι· ἀδυνάτως γὰρ ἔχειν τὸν Θεὸν μὴ οὐχὶ ἐξ ὄντων τὰ γενόμενα ποιεῖν.

κθ'. Ἕτεροι δέ τινες [12] ὡς καινόν τι παρεισάγοντες ἐκ πασῶν αἱρέσεων ἐρανισάμενοι, ξένην βίβλον σκευάσαντες Ἠλχασαΐ τινος ἐπονομαζομένην, οὗτοι τὰς μὲν ἀρχὰς τοῦ παντὸς ὁμοίως ὁμολογοῦσιν ὑπὸ τοῦ Θεοῦ γεγονέναι, Χριστὸν δὲ ἕνα οὐχ ὁμολογοῦσιν, ἀλλ' εἶναι τὸν μὲν ἄνω ἕνα, αὐτὸν δὲ μεταγγιζόμενον ἐν σώμασι πολλοῖς [13] πολλάκις, καὶ νῦν δὲ ἐν τῷ Ἰησοῦ, ὁμοίως [π]οτὲ μὲν ἐκ τοῦ Θεοῦ γεγενῆσθαι, ποτὲ δὲ πνεῦμα γεγονέναι, ποτὲ δὲ ἐκ Παρθένου, ποτὲ δὲ οὔ· καὶ τοῦτον δὲ μετέπειτα ἀεὶ ἐν σώμασι μεταγγίζεσθαι καὶ ἐν πολλοῖς κατὰ καιροὺς δείκνυσθαι. Χρῶνται δὲ ἐπα[οι]δαῖς καὶ βαπτίσμασιν ἐπὶ τῇ τῶν στοιχείων ὁμολογίᾳ. Σεσόβηνται δὲ περὶ ἀστρολογίαν [14] καὶ μαθηματικὴν, καὶ μαγικοῖς [15]. Προγνωστικοὺς δὲ ἑαυτοὺς λέγουσιν.

λ'. . . . . [16] τοῦ Θεοῦ [17] μετοικεῖ [18] ἐκ [19] Μεσοποταμίας πόλεως Χαῤῥὰν εἰς τὴν νῦν μὲν Παλαιστίνην καὶ [p. 331. 332] Ἰουδαίαν προσαγορευο-

VARIÆ LECTIONES.

[97] ὅτε. ὅταν? Sauppius. [98] θνήσκειν. Τοῦτον τὸν πατέρα αὐτόν. θνήσκειν τοῦτον τὸν πατέρα· αὐτὸν C. M. [99] αὐτόν. αὐτὸν καί? Sauppius. [1] Cf. supra p. 450 sqq. [2] ἀσφαλῶς σαφῶς susp. M. [3] Hoc loco aliqua excidisse ex sequentibus lin. 4—7, sicuti ex iis, quæ supra p. 458, 80 sqq. leguntur, apparet, cum τοῦ λόγου mentio hic desideretur. [4] θεὸν τοῦτον. θεὸν τόν? Sauppius. [5] ἓν add. M. [6] εἶναι πνεῦμα. εἶναι C. M. supra p. 458, 81. [7] κρατούμενον. σταυρόμενον susp. R. Scottus. [8] θέλει. θέλειν C. [9] Νοητοῦ. Νοητῷ C. [10] περιῤῥηγνύμενος. περιρηγ...μενος, duabus litteris evanidis, C. M. [11] Cf. supra p. 432, 28 sqq. [12] Cf. supra p. 462, 47 sqq. [13] Vocis πολλοῖς vestigia exstant, sed non prorsus certa. M. [14] ἀστρολογίαν. Litteræ ἀστρ plane evanidæ. M. [15] Post μαγικοῖς excidisse ἐπτόηνται susp. M : μαγικήν? Sauppius. [16] Post lin. 28, qua fol. 132 cod. terminatur, aliqua folia interciderunt ordoque reliquorum foliorum turbatus est, cum fol. 137; hic inserendum sit, quod infra, p. 333, 55, fol. 133, excipit. [17] Cf. Chronicon Hippolyto tributum, quod typis describi fecit Jo. Alb. Fabricius, in edit. opp. S. Hippolyti. Tom. I, p. 49 sqq. sect. 9, p. 53. [18] [illegible] Dei jussu ex Mesopotamia in Palæstinam commigrante hic sermonem fieri sequentia ape[illegible] ἐκ. εἰς C, M, qui pro πόλεως lin. 30, susp. πόλιν.

μένην χώραν, τότε δὲ Χαναανῖτιν, περὶ ἧς καὶ κατὰ τοῦτο τὸ μέρος τὸν λόγον οὐκ ἀμελῶς παρεδώκαμεν ἐν ἑτέροις λόγοις. Διὰ τοῦτο τοίνυν γίνεται ἡ καταρχὴ τῆς κατὰ τὴν Ἰουδαίαν αὐξήσεως, ἥτις τὴν προσηγορίαν μετέσχεν [τοῦ ὀνόματος] [20] ἐξ Ἰούδα, παιδὸς τοῦ Ἰακὼβ τοῦ τετάρτου, οὗ καὶ . . . . [21] κέκληται, διὰ τὸ ἐξ αὐτοῦ τὸ βασιλικὸν γένος [εἶναι. Ἀβραὰμ] [22] μετοικεῖ τῆς Μεσοποταμίας . . . . . [23] ἑκατοντούτης [24] γενόμενος [γεννᾷ τὸν Ἰσαάκ· ὁ δὲ Ἰσαὰκ ἐτῶν] [25] γενόμενος ζ' γεννᾷ τὸν Ἰακώβ· ὁ δὲ Ἰακὼβ ἐτῶν πς' [26] γεννᾷ τὸν Λευΐ· ὁ δὲ Λευΐ ἐτῶν μ' γεννᾷ τὸν Καάθ· ὁ δὲ Καὰθ ἐτῶν [ἐγένετο δ'] [27], ἡνίκα συγκατῆλθε τῷ Ἰακὼβ εἰς Αἴγυπτον. Γίνεται τοίνυν πᾶς ὁ χρόνος, ὃν παρῴκησεν Ἀβραὰμ καὶ πᾶν τὸ αὐτοῦ γένος κατὰ τὸν Ἰσαὰκ [τῇ] [28] ἐν τῇ τότε καλουμένῃ Χαναανίτιδι γῇ, ἔτη σιε'. Τούτου δὲ γίνεται [πατὴρ] [29] Θάῤῥα, τούτου Ναχὼρ, τούτου Σεροὺχ [30], [τούτου Ῥαγαῦ, τούτου Φαλὲγ, τούτου Ἔβερ] [31], ὅθεν καὶ τὸ Ἑβραίους καλεῖσθαι. . . . . [32] ἦσαν οβ' ἔθνη, ὧν καὶ τὰ ὀνόματα ἐκτεθείμεθα [33] ἐν ἑτέραις βίβλοις, μηδὲ τοῦτο παραλιπόντες κατὰ τόπον [34], βουλόμενοι [35] τοῖς φιλομαθέσιν ἐπιδεικνύναι ἣν ἔχομεν στοργὴν περὶ τὸ Θεῖον τήν τε [36] ἀδίστακτον γνῶσιν, ἣν ἐν πόνοις κεκτήμεθα περὶ τὴν ἀλήθειαν. Τούτου δὲ τοῦ Ἔβερ [37] γίνεται πατὴρ Σαλὰ, τούτου δὲ Καϊνᾶν [38], τούτου δὲ Ἀρφαξὰδ [39], οὗ γίνεται Σὴμ, τούτου δὲ Νῶε, ἐφ' οὗ ὁ κατὰ πάντα κόσμον γίνεται κατακλυσμὸς, οὗ οὔτε Αἰγύπτιοι, οὔτε Χαλδαῖοι, οὔτε Ἕλληνες μέμνηνται, οἷς κατὰ τόπους οἵ τε [40] ἐπὶ τοῦ Ὠγύγου καὶ Δευκαλίωνος γεγένηνται κατακλυσμοί. Εἰσὶν οὖν καὶ ἐπὶ τούτων γενεαὶ ε', ἔτη υϟε'. Οὗτος εὐσεβέστατος γενόμενος καὶ θεοφιλὴς μόνος ἅμα γυναικὶ καὶ τέκνοις καὶ ταῖς τούτων τρισὶ γυναιξὶ [p. 332. 333.] διέφυγε τὸν γενόμενον κατακλυσμὸν ἐν κιβωτῷ διασωθεὶς, ἧς καὶ τὰ μέτρα [41] καὶ τὰ λείψανα, καθὼς ἐκτεθείμεθα, ἕως νῦν ἀποδείκνυται ἐν ὄρεσιν Ἀραρὰδ καλουμένοις, οὖσι πρὸς τὴν τῶν Ἀδιαβηνῶν χώραν. Ἐνιδεῖν οὖν ἔστι τοῖς φιλοπόνως ἱστορεῖν βουλομένοις, ὡς φανερῶς ἐπιδέδεικται τὸ τῶν θεοσεβῶν γένος ἀρχαιότερον [ὂν] [42] πάντων Χαλδαίων, Αἰγυπτίων, Ἑλλήνων. Τί δὲ καὶ τοὺς ἐπάνω τοῦ Νῶε καὶ θεοσεβεῖς καὶ Θεοῦ ὁμιλητὰς ὀνομάζειν νῦν χρὴ, ἱκανῆς οὔσης [43] πρὸς τὸ προκεί-

latam, tunc vero Canaanitidem, de qua et hac ex parte rationem haud negligenter reddidimus in aliis libris. Propterea igitur fit exordium incrementi (sc. populi) in Judæa, quæ nomen nacta est ex Juda, filio Jacob quarto, cujus (sc. Jacob) etiam [Israel nomen] vocatum est, quia ex illo regia gens [est. Abraham] commigrat ex Mesopotamia [annos 75 natus, et] centum annos natus [gignit Isaac; Isaac autem annos] natus 60 gignit Jacob; Jacob autem annorum 86 gignit Levi; Levi autem annorum 40 gignit Caath; Caath autem annos [quatuor erat natus], quando cum Jacob descendit in Ægyptum. Fit igitur universum tempus, per quod peregrinatus est Abraham omnisque ejus gens secundum Isaac in terra tunc Canaanitide vocata, anni 215. Hujus autem fit [pater] Thare, hujus Nachor, hujus Sarug, [hujus Reu, hujus Phaleg, hujus Heber], unde etiam fit, ut Hebræorum nomine vocentur [Judæi; temporibus autem Phaleg orta est dispersio gentium]; erant autem hæ 72 gentes, quarum etiam nomina exposuimus in aliis libris, ne hoc quidem prætermittentes suo loco, cupientes discendi studiosis demonstrare amorem, quem habemus erga divinum numen, et indubitatam cognitionem, quam cum laboribus nobis paravimus circa veritatem. Hujus autem Heber fit pater Sale, hujus autem Cainan, hujus autem Arphaxad, cujus fit Sem, hujus autem Noe, cujus tempore totius terræ fit inundatio, cujus neque Ægyptii neque Chaldæi neque Græci meminerunt, quibus in singulis locis illæ et Ogygis et Deucalionis temporibus factæ inundationes acciderunt. Sunt igitur et horum generationes 5, anni 495. Hic cum piissimus esset et Dei amicus, solus una cum muliere et **534-535** liberis horumque tribus mulieribus effugit diluvium quod factum est, in arca servatus, cujus et mensuræ et reliquiæ, sicuti exposuimus, adhuc usque monstrantur in montibus Ararat vocatis, qui sunt Adiabenorum regionem versus. Intelligere igitur licet iis, qui studiose spectare volunt, quam aperte demonstrata sit Dei cultorum gens vetustior omnibus Chaldæis, Ægyptiis, Græcis. Quid autem eos quoque, qui ante Noe fuerunt, et cultores et disci-

VARIÆ LECTIONES.

[20] τοῦ ὀνόματος. Lacunam explevit Roeperus: Spatium vacuum litterarum 11 in Cod. M. [21] Spatium vacuum litt. 13. M, κληρονομία αὐτῆ susp. Roeperus, Ἰσραὴλ τὸ ὄνομα? [22] εἶναι· Ἀβραάμ. Lacunam litterarum 11 explevit Roeperus. [23] Spatium vacuum litterarum 26. M: καὶ γεννᾷ τὸν Ἰσαὰκ, susp. Roeperus, ἐτῶν γενόμενος οε', καί? [24] ἑκατοντούτης. ἑκατὸν τούτης C. [25] γεννᾷ τὸν Ἰσαάκ· ὁ δὲ Ἰσαὰκ ἐτῶν. Spatium vacuum litterarum 22. M, ὁ δὲ Ἰσαὰκ ἐτῶν Roeperus, qui dubitat an numeri 26 et 22 apud Millerum perperam pro 16 et 12 expressa sint, cum nihil amplius desideretur. [26] πς' πζ' C, M. [27] ἐγένετο δ'. Lacuna litterarum 9. M, ἐγένετο κη' susp. Roeperus. [28] τῇ post Ἰσαὰκ uncinis inclusit M. [29] πατήρ. Lacuna litterarum 3. M. Sicuti nos etiam Roeperus et Bunsenius (*Hippolytus and his age* 2 ed. vol. I, p. 399 not. †) lacunam expleverunt. [30] Σερούχ. Σερούρ C, M. [31] τούτου Ῥαγαῦ, τούτου Φαλὲγ, τούτου. Ἔβερ, om. C, M. Sicuti nos etiam Roeperus et Bunsenius omissa suppleverunt. [32] Lacuna litterarum fere 23. M, τοὺς ἀπὸ Σὴμ γενομένους coll. Gen. x, 21, susp. Roeperus, τοὺς Ἰουδαίους· ἐπὶ δὲ τοῦ Φαλὲκ ἐγένετο ἡ τῶν ἐθνῶν διασπορά conj. Bunsenius. [33] ἐκτεθείμεθα C. [34] παραλιπόντες κατὰ τόπον, βουλ. καταλιπόντες, κατὰ τρόπον βουλ. C, M. [35] βουλόμενοι. βουλόμενος, C. [36] τήν τε. τὴν δὲ C, M. [37] Ἔβερ· Ἔβερ· C, M. [38] Καϊνᾶν. Καϊνάν C, M. [39] Ἀρφαξάδ. ἀφὰξδ (sic) C. [40] οἵ τε. ὅτε C. [41] ἧς καὶ τὰ μέτρα — ἀποδείκνυται. ἧς καὶ τὰ μέτρα σαφῶς ἐκτεθείμεθα, καὶ τὰ λείψανα ἕως νῦν ἀποδείκνυται susp. R. Scottus. [42] ὂν Sauppius coll. lin. 69, om. C, M. [43] οὔσης. οὔσης τῆς. C M.

pulos Dei nominare nunc oportet, cum sufficiat quoad rem propositam hoc de vetustate testimonium?

31. Sed quoniam non præter rem esse videtur demonstrare has in sapientiæ studiis versatas gentes posteriores esse quam Dei cultores, ex re est dicere, et unde genus eorum, et quando ipsæ commigrantes in has regiones nomen non ex ipsis regionibus acceperint, sed ipsæ adjecerint ex iis, qui primo orti sunt et incoluerunt. Nascuntur Noe tres pueri Sem, Cham, Japheth; ex his universum genus hominum completum est et quæque regio incolitur; verbum enim Dei erga eos invaluit dicentis: *Crescite et multiplicamini et replete terram.* Tantum cum valuerit unum verbum, generantur ex tribus illis pueri in genere 72, ex Sem 25, ex Japheth 15, ex Cham 32. Cham autem nascuntur pueri ex prædictis 32 hi: Chanaan, ex quo Chananæi, Mesraim, ex quo Ægyptii, Chus, ex quo Æthiopes, Phuth, ex quo Libyes. Hi ipsorum lingua adhuc usque proavorum nomine vocantur, Græce autem quibus nunc nominibus vocati sunt nominantur. Sin vero neque horum regiones antea incultæ sunt, neque a principio genus hominum ostenditur, hi autem filii Noe viri Dei culloris fiunt, qui et ipse discipulus factus est virorum Dei cultorum, qua de causa effugit magnam aquæ temporariam comminationem: quidni vetustiores erant Dei cultores quam universi Chaldæi, Ægyptii, Græci, quorum pater ex hoc Japheth generatur, nomine Javan, ex quo Græci et Iones? Sin vero gentes circa philosophiæ studium versatæ multo juniores quam gens **536-537** Dei cultorum et quam diluvium utique ostenduntur: quidni et barbaræ et quotquot in mundo et cognitæ sunt et incognitæ juniores his apparebunt? Hujus igitur doctrinæ potiti discite, Græci, Ægyptii, Chaldæi omneque genus hominum, quid Numen divinum quæque hujus bene composita sit fabrica, a nobis, Dei amicis, et qui non jactanter hoc colimus, sed veritatis scientia usuque modestiæ ad eum demonstrandum sermones facimus.

A μενον ταύτης τῆς περὶ ἀρχαιότητος μαρτυρίας;

λα'. Ἀλλ' ἐπεὶ οὐκ ἄλογον δοκεῖ ἐπιδεῖξαι ταῦτα τὰ περὶ σοφίαν †ἠσχολημένα ἔθνη μεταγενέστερα ὄντα τῶν Θεὸν σεβασάντων, εὔλογον εἰπεῖν καὶ πόθεν τὸ γένος αὐτοῖς καὶ πότε μετοικήσαντες ταύταις [64] ταῖς χώραις, οὐ τὸ [65] ὄνομα ἐξ αὐτῶν τῶν χωρῶν μετέσχον, ἀλλ' αὐτοὶ προσεποίησαν ἐκ τῶν πρώτως ἀρξάντων καὶ κατοικησάντων. Γίνονται τῷ Νῶε τρεῖς παῖδες Σὴμ, Χὰμ, Ἰάφεθ· ἐκ τούτων πᾶν γένος ἀνθρώπων πεπλήθυνται καὶ πᾶσα χώρα κατοικεῖται· ῥῆμα γὰρ Θεοῦ ἐπ' αὐτοὺς ἴσχυσεν | εἰπόντος· *Αὐξάνεσθε* [66] *καὶ πληθύνεσθε καὶ πληρώσατε τὴν γῆν.* Τοσοῦτον δυνηθέντος ἑνὸς ῥήματος γεννῶνται B ἐκ τῶν τριῶν παῖδες κατὰ γένος οβ', ἐκ μὲν τοῦ Σὴμ κε', ἐκ δὲ τοῦ Ἰάφεθ ιε', ἐκ δὲ τοῦ Χὰμ λβ'. Τῷ δὲ Χὰμ γίνονται παῖδες ἐκ τῶν προειρημένων λβ' οὗτοι [67]· Χαναὰν [68], ἐξ οὗ Χαναναῖοι, Μεσραῒμ [69], ἐξ οὗ Αἰγύπτιοι, Χοὺς, ἐξ οὗ Αἰθίοπες, Φούδ, ἐξ οὗ Λίβυες. Οὗτοι τῇ κατ' αὐτοὺς φωνῇ ἕως νῦν τῇ τῶν προγόνων προσηγορίᾳ καλοῦνται· εἰς δὲ τὸ Ἑλληνικὸν οἷς νῦν ὀνόμασι κέκληνται ὀνομάζονται. Εἰ δὲ [60] μηδὲ τὸ οἰκεῖσθαι τὰς τούτων χώρας πρότερον ἦν, μηδὲ ἀρχὴν γένος [61] ἀνθρώπων δείκνυται, οὗτοι δὲ υἱοὶ τοῦ Νῶε ἀνδρὸς γίνονται θεοσεβοῦς, ὃς καὶ αὐτὸς μαθητὴς γεγένηται ἀνδρῶν θεοσεβῶν, οὗ χάριν διέφυγε πολλὴν ὕδατος πρόσκαιρον ἀπειλήν· πῶς οὐ προγενέστεροι ἦσαν θεοσεβεῖς [62] πάντων Χαλδαίων, Αἰγυπτίων, Ἑλλήνων, ὧν πατὴρ ἐκ τούτου Ἰάφεθ C γεννᾶται, ὄνομα Ἰωύαν, ἐξ οὗ Ἕλληνες καὶ Ἴωνες; Εἰ δὲ τὰ περὶ φιλοσοφίας ἐναποσχοληθέντα [63] ἔθνη πολλῷ μεταγενέστερα τοῦ τῶν [p. 333. 334.] θεοσεβῶν γένους καὶ κατακλυσμοῦ [64] πάντως [65] δείκνυται, πῶς οὐχὶ καὶ βάρβαρα καὶ ὅσα ἐν κόσμῳ γνωστά τε καὶ ἄγνωστα νεώτερα τούτων φανήσεται; Τούτου τοίνυν τοῦ λόγου κρατήσαντες, μάθετε [66], Ἕλληνες, Αἰγύπτιοι, Χαλδαῖοι καὶ πᾶν γένος ἀνθρώπων, τί τὸ Θεῖον [67] καὶ [τίς] ἡ [68] τούτου εὔτακτος δημιουργία, παρ' ἡμῶν τῶν φίλων τοῦ Θεοῦ, καὶ μὴ κομπολόγῳ [69] τοῦτο ἠσκηκότων, ἀλλ' ἐν [70] ἀληθείας γνώσει καὶ ἀσκήσει σωφροσύνης εἰς ἀπόδειξιν αὐτοῦ λόγους ποιουμένων. |

32. Deus unus, primus et solus et universorum creator et Dominus, coævum habuit nihil, non chaos infinitum, non aquam immensam vel terram solidam, non aera densum, non ignem calidum, non

λβ'. Θεὸς εἷς [71], ὁ πρῶτος καὶ μόνος καὶ ἁπάντων ποιητὴς καὶ Κύριος, σύγχρονον ἔσχεν οὐδὲν, οὐ χάος D ἄπειρον, οὐχ ὕδωρ ἀμέτρητον ἢ γῆν στεῤῥὰν, οὐκ ἀέρα πυκνὸν, οὐ πῦρ θερμὸν, οὐ πνεῦμα λεπτὸν, οὐκ

VARIÆ LECTIONES.

[64] ταύταις. ἐν ταύταις? Sauppius. [65] οὐ τό. οὗ τὸ C. [66] I Mos. I, 28. [67] λβ' οὗτοι. λβ'· τούτου C, M. [68] Χαναάν. Χάρι C. [69] Μεσραῒμ. Μετραεὶμ C, Μεζραεὶμ, M. [60] Sequentia recensuit Bunsenius in *Analect. Ante-Nicæn.* vol. I, p. 331 sqq. [61] γένος. γένους C. [62] θεοσεβεῖς. οἱ θεοσεβεῖς susp. Sauppius coll. lin. 69. [63] ἐναποσχοληθέντα. ἀναπασχοληθέντα C. [64] κατακλυσμοῦ. κατὰ λογισμοῦ C. [65] πάντως Bunsenius, παντὸς C, M. [66] μάθετε Bunsenius secutus Barium: μαθηταὶ C, M, qui post ἡμῶν lin. 98 vel alio loco hujus periodi excidisse putat ἔλαβον. [67] Post vocabulum θεῖον, quo fol. 137 cod. clauditur, interpunctio maxima a recentiore manu addita est. A voce καὶ fol. 133 incipit. Cf. Bunsenius (*Hippolytus and his age.* vol. I, p. 399). [68] καὶ τίς ἡ Bunsenius: καὶ ἡ, C, M. [69] κομπολόγῳ. κομπολόγως M. Bunsenius, κομπολόγως vel εἰς κόμπον λόγων, κομψολόγως, κομψῷ λόγῳ coll. lin. 20, 21., κλεψιλόγως coll. p. 544, 27 susp. R. Scottus: κομπῷ λόγῳ? Cf. H. Stephan. lex. vol. IV, p. 1792 (ed. Didot.) [70] ἐν Sauppius, ἡ C, M, Bunsenius. [71] Cum his et sequentibus cf. Ὁμιλία Ἱππολύτου εἰς τὴν αἵρεσιν Νοητοῦ τινός, § 9 sqq. (S. Hippol… …b. Fabricius, vol. II, p. 12 sqq. — Hippolyti Romani quæ feruntur omnia Græce … Antonii de Lagarde, Lips. et London. 1858, p. 50 sqq.)

οὐρανοῦ μεγάλου κυανέαν ὀροφὴν [62]. ἀλλ' ἦν εἷς μόνος ἑαυτῷ, ὃς θελήσας ἐποίησε τὰ ὄντα οὐκ ὄντα πρότερον, πλὴν ὅτι [63] ἠθέλησε ποιεῖν ὡς ἔμπειρος ὢν τῶν ἐσομένων· πάρεστι γὰρ αὐτῷ καὶ πρόγνωσις. Διαφόρους δὲ [64] τοῖς ἐσομένοις ἀρχὰς πρότερον ἐδημιούργει, πῦρ καὶ πνεῦμα, ὕδωρ καὶ γῆν, ἐξ ὧν διαφόρων τὴν ἑαυτοῦ κτίσιν ἐποίει, καὶ τὰ μὲν μονοούσια, τὰ δὲ ἐκ δύο, τὰ δὲ ἐκ τριῶν, τὰ δὲ ἐκ τεσσάρων συνεδέσμει. Καὶ τὰ μὲν ἐξ ἑνὸς ἀθάνατα ἦν· λύσις [65] γὰρ οὐ παρακολουθεῖ· τὸ γὰρ ἓν οὐ λυθήσεται πώποτε· τὰ δὲ ἐκ δύο ἢ τριῶν ἢ τεσσάρων λυτὰ, διὸ καὶ θνητὰ ὀνομάζεται· θάνατος γὰρ τοῦτο κέκληται, ἡ τῶν δεδεμένων λύσις. Ἱκανὸν οὖν [οἶμαι] [66] νῦν τοῖς εὖ φρονοῦσιν ἀποκεκρίσθαι, οἵ, εἰ φιλομαθήσουσι καὶ τὰς τούτων οὐσίας καὶ τὰς αἰτίας τῆς κατὰ πάντα δημιουργίας ἐπιζητήσουσιν, εἴσονται ἐντυχόντες ἡμῶν βίβλῳ περιεχούσῃ *Περὶ τῆς τοῦ παντὸς οὐσίας*· τὸ δὲ νῦν ἱκανὸν εἶναι [67] ἐκθέσθαι τὰς αἰτίας, ἃς οὐ γνόντες [68] Ἕλληνες κομψῷ [69] τῷ λόγῳ τὰ μέρη τῆς κτίσεως ἐδόξασαν, τὸν κτίσαντα ἀγνοήσαντες· ὧν ἀφορμὰς σχόντες οἱ αἱρεσιάρχαι ὁμοίοις [70] λόγοις τὰ [p. 334. 335.] ὑπ' ἐκείνων [71] προειρημένα μετασχηματίσαντες, αἱρέσεις καταγελάστους συνεστήσαντο.

λγ'. Οὗτος οὖν μόνος καὶ κατὰ πάντων Θεὸς Λόγον πρῶτον ἐννοηθεὶς ἀπογεννᾷ, οὐ Λόγον ὡς φωνὴν, ἀλλ' ἐνδιάθετον τοῦ παντὸς λογισμόν. Τοῦτον μόνον ἐξ ὄντων ἐγέννα, τὸ γὰρ ὂν αὐτὸς ὁ Πατὴρ ἦν, ἐξ οὗ τὸ [72] γεννηθέν. Αἴτιον τοῖς γινομένοις Λόγος ἦν, ἐν ἑαυτῷ [73] φέρων τὸ θέλειν τοῦ γεγεννηκότος [74], οὐκ ἄπειρος τῆς τοῦ Πατρὸς ἐννοίας· ἅμα γὰρ τῷ [75] ἐκ τοῦ γεννήσαντος προελθεῖν, πρωτότοκος τούτου γενόμενος φωνὴ [76], ἔχει [77] ἐν ἑαυτῷ τὰς ἐν τῷ Πατρὶ προεννοηθείσας [78] ἰδέας, ὅθεν κελεύοντος Πατρὸς γίνεσθαι κόσμον τὸ κατὰ ἓν Λόγος ἀπετελεῖτο ἀρέσκων Θεῷ. Καὶ τὰ μὲν ἐπὶ γενέσει πληθύνοντα ἄρσενα καὶ θήλεα εἰργάζετο· ὅσα δὲ πρὸς ὑπηρεσίαν καὶ λειτουργίαν, ἢ ἄρσενα θηλειῶν [79] μὴ προσδεόμενα, ἢ οὔτε ἄρσενα οὔτε θήλεα. Καὶ γὰρ αἱ τούτων πρῶται οὐσίαι ἐξ οὐκ ὄντων γενόμεναι, πῦρ καὶ πνεῦμα, ὕδωρ καὶ γῆ, οὔτε ἄρσενα οὔτε θήλεα ὑπάρχουσιν, [οὔτ' ἐξ] ἑκάστης τούτων δύναται [80] προελθεῖν ἄρσενα καὶ θήλεα, πλὴν εἰ βούλοιτο ὁ κελεύων Θεὸς ἵνα Λόγος ὑπουργῇ [81]. Ἐκ πυρὸς εἶναι ἀγγέλους ὁμολογῶ, καὶ οὐ τούτοις παρεῖναι θηλείας λέγω. Ἥλιον δὲ καὶ σελήνην καὶ ἀστέρας ὁμοίως ἐκ πυρὸς καὶ πνεύματος, καὶ οὔτε ἄρσενας οὔτε θηλείας νενόμικα, ἐξ

A spiritum tenuem, non cœli magni cyaneam cameram; sed erat unus, solus pro se, qui, dum voluit, fecit omnia quæ sunt, quæ non erant antea, nisi quod voluit ea facere, utpote gnarus futurorum; adest enim ei et præscientia. Diversa autem rebus futuris principia prius fabricabatur, ignem et spiritum, aquam et terram, ex quibus diversis suam creaturam faciebat, et alia quidem unius substantiæ, alia ex duabus, alia ex tribus, alia ex quatuor colligabat. Et ea quidem, quæ ex uno, immortalia erant; solutio enim non consequitur; unum enim quod est nunquam dissolvetur; quæ autem ex duobus vel tribus vel quatuor, solubilia, propterea et mortalia nominantur; mors enim hoc vocata est, ligatorum solutio. Sufficienter igitur [puto] me jam B sana mente præditis respondisse, qui, si discendi cupidi erunt et horum substantias causasque universalis fabricæ anquirent, cognoscent lecturi nostrum librum, qui scriptus est *De universi substantia;* nunc autem sufficiens esse exposuisse causas, quarum ignari Græci jactanter partes creaturæ glorificaverunt, creatorem cum ignorarent; a quibus occasiones nacti hæresiarchæ **538 - 539** consimilibus doctrinis transformantes, quæ ab illis antea dicta sunt, hæreses derldiculas confecerunt.

33. Hic igitur solus et super omnia Deus Logum primum cogitando egignit, non Logum veluti vocem, sed interiorem universi ratiocinationem. Hunc solum ex entibus genuit; ens enim ipse pater erat, ex C quo id quod genitum est. Causa eorum quæ exsistunt Logus erat, in semetipso gestans voluntatem genitoris, haud ignarus paternæ cogitationis. Nam simul atque ex genitore processit, primogenita ejus facta vox, habet in semetipso ideas in Patre præcogitatas, quare, Patre jubente fieri mundum, singula Logus perficiebat placens Deo. Et ea quidem, quæ nativitate multiplicantur, mascula et feminea fabricabantur; quæcunque autem auxilio sunt et ministerio, vel mascula femineorum haud indigentia, vel neque mascula neque feminea. Etenim primæ horum substantiæ, quæ ex non entibus factæ sunt, ignis et spiritus, aqua et terra, neque mascula neque feminea sunt, neque ex ulla earum procedere possunt mascula et feminea, nisi si velit jubens Deus, D ut Logus inserviat. Ex igne esse angelos profiteor, neque his adesse femineas dico. Solem autem lunamque et stellas consimiliter ex igne et spiritu et neque masculas neque femineas esse arbitratus sum;

VARIÆ LECTIONES.

[62] ὀροφὴν R. Scottus, μορφὴν C, M, Bunsenius. [63] πλὴν ὅτι. πλὴν ὅτε C, M, Bunsenius. [64] δέ. τε C, M, Bunsenius. [65] λύσις. λῦσις C ubique. M. [66] οὖν οἶμαι. οὖν C, M, Bunsenius, qui post εἶναι lin. 20 οἶμαι vel ἡγοῦμαι vel simile quid excidisse putat. [67] ἱκανὴν εἶναι. εἶναι ἱκανὸν conj. Roeperus. [68] γνῶντες C. [69] κομψῷ. κομπῷ? [70] ὁμοίοις. οἰκείοις susp. R. Scottus. [71] ὑπ' ἐκείνων. ὑπέκεινα C. [72] οὗ τό. οὗ τοῦ susp. Roeperus. [73] γεννηθέν. Αἴτιον τ. γινομένοις λ. ἦν, ἐν ἑαυτῷ. γεννηθῆναι αἴτιον τ. γινομένοις. Λόγος ἦν ἐν αὐτῷ C, M Bunsenius. [74] γεγενηκότος C. [75] γαρ τῷ. γὰρ τὸ C. [76] γενόμενος φωνὴ Bunsenius, γενόμενος, φωνὴν C, M. [77] ἔχει. ἔχειν C. [78] ἐν τῷ πατρὶ προεννοηθείσας Christ. Petersenius, ἐν τῷ πατρικῷ ἐννοηθείσας C, M, Bunsenius, ἐν νοΐ (vel νῷ) πατρικῷ ἐννοηθείσας susp. R. Scottus. [79] ἄρσενα θηλειῶν. ἄρσενα ἢ θηλειῶν C. [80] ὑπάρχουσιν, [οὔτ' ἐξ] ἑκάστης τούτων δύναται. ὑπάρχειν ἑκάστη τούτων δῦνται C, ὑπάρχει· ἑκάστης τούτων δύναται, aut ὑπάρχουσιν οὔτε ἑκάστης τούτων δύναται conj. M, ὑπάρχει· οὔτ' ἐξ ἑκάστης τούτων δύναται Bunsenius. [81] ὑπουργῇ corr C, ὑπουργεῖ pr. C.

A ex aqua autem animalia natantia esse volo et pennata, mascula et feminea; sic enim jussit Deus qui voluit genitalem esse humidam substantiam. Consimiliter ex terra reptilia et bestias omniumque generum animalium mascula et feminea: sic enim admittebat rerum factarum natura. Quæcunque enim voluit, faciebat Deus. Hæc per Logum fabricabantur, quæ aliter fieri non possunt atque facta sunt. Quando autem sicuti voluit etiam fecit ea, nomine vocando significavit. Super hæc universorum principem fabricans ex omnibus compositis substantiis confecit; non Deum **540-541** volens facere fefellit, neque angelum (ne erra), sed hominem. Nam si Deum te voluisset facere, poterat; habes Logi exemplum; hominem volens, hominem te fecit; sin vero vis et Deus fieri, obedi ei, qui te fecit, B neque obnitere nunc, ut super parvum fideli tibi reperto magnum etiam concredi possit. Hujus Logus solus ex ipso; ideo et Deus, substantia cum sit Dei; mundus autem ex nihilo; ideo non Deus; hic admittit etiam solutionem, quando vult qui eum creavit. Deus autem, qui creavit, malum non faciebat neque facit; [facit] honestum et bonum, bonus enim qui facit. Qui autem factus est homo animal suæ potestatis erat, non dominantem mentem habens, non consilio et imperio et potestate omnia superans, sed servum et omnia habens adversaria; qui cum suæ potestatis sit, malum adgenerat, quod ex accidenti perficitur, cum sit nihil, nisi facias; dum enim volumus et arbitramur aliquod malum, malum C nominatur, quod non est a principio, sed adnascitur. Qui cum suæ potestatis sit, lex a Deo definiebatur haud frustra; nam si non posset homo velle et nolle, cur etiam lex definiretur? Lex enim animali rationis experti non definietur, sed frenum et flagellum, homini vero præceptum et pœna faciendi quod jussum est et non faciendi. Huic lex definita est per justos viros antiquitus; propius a nostra ætate per ante dictum Mosem, virum pium et a Deo dilectum, lex definiebatur plena gravitate et justitia. Cuncta autem regit Logus Dei, primogenitus Patris puer, vox lucifer, quæ ante stellam Veneris est. Postea justi viri exstiterunt amici Dei · hi prophe-

ὕδατος δὲ ζῶα νηκτὰ εἶναι θέλω [82] καὶ πτηνά, ἄρσενα καὶ θήλεα· οὕτω γὰρ ἐκέλευσεν ὁ θελήσας Θεὸς γόνιμον εἶναι τὴν ὑγρὰν οὐσίαν. Ὁμοίως ἐκ γῆς ἑρπετὰ καὶ θηρία καὶ παντοδαπῶν ζώων ἄρσενα καὶ θήλεα· οὕτως γὰρ ἐνεδέχετο ἡ τῶν γεγονότων φύσις. Ὅσα γὰρ ἠθέλησεν, ἐποίει ὁ Θεός. Ταῦτα Λόγῳ ἐδημιούργει, ἑτέρως γενέσθαι μὴ δυνάμενα, ἢ ὡς ἐγένετο. Ὅτε δὲ [83] ὡς ἠθέλησε καὶ ἐποίησε, ὀνόματι καλέσας ἐσήμηνεν [84]. Ἐπὶ τούτοις τὸν πάντων ἄρχοντα δημιουργῶν [85] ἐκ πασῶν συνθέτων οὐσιῶν ἐσκεύασεν· οὐ Θεὸν θέλων [p. 335—337.] ποιεῖν | ἔσφηλεν, οὐδὲ ἄγγελον (μὴ πλανῶ), ἀλλ' ἄνθρωπον. Εἰ γὰρ Θεόν σε ἠθέλησε ποιῆσαι, ἐδύνατο· ἔχεις τοῦ Λόγου τὸ παράδειγμα· ἄνθρωπον θέλων, ἄνθρωπόν σε ἐποίησεν· εἰ δὲ θέλεις καὶ Θεὸς γενέσθαι, B ὑπάκουε τῷ πεποιηκότι, καὶ μὴ ἀντίβαινε νῦν, ἵνα ἐπὶ τῷ μικρῷ πιστὸς εὑρεθεὶς καὶ τὸ μέγα πιστευθῆναι δυνηθῇς [86]. Τούτου [87] ὁ Λόγος μόνος ἐξ αὐτοῦ· διὸ καὶ Θεός, οὐσία ὑπάρχων Θεοῦ· ὁ δὲ κόσμος ἐξ οὐδενός· διὸ οὐ Θεός· οὗτος ἐπιδέχεται καὶ λύσιν, ὅτε βούλεται ὁ κτίσας. Ὁ δὲ κτίσας Θεὸς κακὸν οὐκ ἐποίει οὐδὲ ποιεῖ· [ποιεῖ] καλὸν [88] καὶ ἀγαθόν, ἀγαθὸς γὰρ ὁ ποιῶν. Ὁ δὲ γενόμενος ἄνθρωπος ζῶον αὐτεξούσιον ἦν, οὐκ ἄρχοντα νοῦν [89] ἔχον, οὐκ ἐπινοίᾳ καὶ ἐξουσίᾳ καὶ δυνάμει πάντων κρατοῦν [90], ἀλλὰ δοῦλον καὶ πάντα ἔχον τὰ [91] ἐναντία· ὃς τῷ αὐτεξούσιον ὑπάρχειν τὸ κακὸν ἐπιγεννᾷ, ἐκ συμβεβηκότος ἀποτελούμενον, [ὃν] μὲν οὐδὲν [92], ἐὰν μὴ ποιῇς· ἐν γὰρ τῷ θέλειν καὶ νομίζειν τι κακὸν τὸ C κακὸν ὀνομάζεται, οὐκ ὂν ἀπ' ἀρχῆς, ἀλλ' ἐπιγινόμενον [93]. Οὗ [94] αὐτεξουσίου ὄντος νόμος ὑπὸ Θεοῦ ὡρίζετο οὐ μάτην· εἰ γὰρ μὴ [95] εἶχεν ὁ ἄνθρωπος τὸ θέλειν καὶ τὸ μὴ θέλειν, τί καὶ νόμος ὡρίζετο [96]; Ὁ νόμος γὰρ ἀλόγῳ ζώῳ οὐχ ὁρισθήσεται, ἀλλὰ χαλινὸς καὶ μάστιξ [97], ἀνθρώπῳ δὲ ἐντολὴ καὶ πρόστιμον τοῦ ποιεῖν τὸ προστεταγμένον καὶ μὴ ποιεῖν. Τούτῳ νόμος ὡρίσθη διὰ δικαίων ἀνδρῶν ἐπάνωθεν, ἔγγιον ἡμῶν διὰ [98] τοῦ προειρημένου Μωϋσέως, ἀνδρὸς εὐλαβοῦς, καὶ θεοφιλοῦς, νόμος ὡρίζετο πλήρης σεμνότητος καὶ δικαιοσύνης. Τὰ δὲ πάντα διοικεῖ ὁ Λόγος ὁ Θεοῦ, ὁ πρωτόγονος Πατρὸς Παῖς, ἡ πρὸ ἑωσφόρου φωσφόρος φωνή [99]. Ἔπειτα | δίκαιοι ἄνδρες [1] γεγένηνται φίλοι Θεοῦ·

VARIÆ LECTIONES.

[82] θέλω. θέλων C, M, λέγω susp. Roeperus. Sicuti nos etiam Bunsenius correxit. [83] Ὅτε δέ. Ὅτε δὲ ἢ C. [84] ἐσήμηνεν. Ἐπὶ—ἄρχοντα. ἐσήμηνεν ἐπὶ—ἄρχοντα ὃν Bunsenius. [85] δημιουργῶν Roeperus, Bunsenius, R. Scottus, δημιουργὸν C, M. [86] Cf. Matth. xxv, 21 et 23: Εὖ, δοῦλε ἀγαθὲ καὶ πιστέ, ἐπὶ ὀλίγα ἦς πιστός, ἐπὶ πολλῶν σε καταστήσω. Cf. etiam Luc. xix, 17. [87] Τούτου. Τούτων Roeperus. [88] Οὐδὲ ποιεῖ· ποιεῖ καλὸν Bunsenius suadente Wordsworthio, οὐδὲ ποιεῖ· καλὸν C, M, qui post ποιεῖ inserendum esse putat εἰ μὴ vel ἤ, οὐδὲ ποιεῖ, ἀλλὰ καλὸν Roeperus, οὐδέν· ποιεῖ δὲ καλὸν R. Scottus. [89] ἄρχοντα νοῦν Bunsenius, ἄρχον, οὐ νοῦν C, M, ἄρχον ὄν, νοῦν Wordsworthius. [90] κρατοῦν. κρατῶν C. [91] ἔχον τά. ἔχοντα C. [92] ἀποτελούμενον, ὃν μὲν οὐδέν. ἀποτελούμενον μὲν οὐδέν C, ἀποτελούμενον, ὃν οὐδὲν susp. M. [93] ἐπιγινόμενον. ἐπιγενόμενον Bunsenius. [94] Vox Οὗ prorsus evanida. M. [95] εἰ γὰρ μή. οὐ γὰρ μὴ C, οὐ γὰρ εἰ μὴ Roeperus. [96] θέλειν, τί καὶ νόμος ὡρίζετο. θέλειν τι, καὶ νόμος ὡρίζετο C, M. [97] μάστιγξ C. [98] ἐπάνωθεν, ἔγγιον ἡμῶν διά. ἐπάνωθεν κινουμένων, ὡς διά? [98*] Μωϋσέος C. [99] Cf. II Petr. I, 18, 19. Καὶ ταύτην τὴν φωνὴν ἡμεῖς ἠκούσαμεν ἐξ οὐρανοῦ ἐνεχθεῖσαν σὺν αὐτῷ ὄντες ἐν τῷ ὄρει τῷ ἁγίῳ, καὶ ἔχομεν βεβαιότερον τὸν προφητικὸν λόγον, ᾧ καλῶς ποιεῖτε προσέχοντες ὡς λύχνῳ φαίνοντι ἐν αὐχμηρῷ τόπῳ, ἕως οὗ ἡμέρα διαυγάσῃ καὶ φωσφόρος ἀνατείλῃ ἐν ταῖς καρδίαις ὑμῶν, κ. τ. λ. [1] Cf. cum his Hippolyti librum de Christo et Antichristo § 2 (ed. Paul. Anton. de Lagarde, p. 2; ed. Jo. Alb. Fabric. p. 5): Ἐπειδὴ γὰρ οἱ μακάριοι προφῆται ὀφθαλμοὶ ἡμῶν ἐγένοντο, προορῶντες διὰ πίστεως τὰ τοῦ Λόγου μυστήρια· τινα (ἅτινα codd.) καὶ ταῖς μετα- διηχήνησαν, οὐ μόνον τὰ παρῳχηκότα εἰπόντες, ἀλλὰ καὶ τὰ

οὗτοι προφῆται κέκληνται τὸ διὰ προφαίνειν τὰ μέλ- A λοντα. [p. 337. 338.] Οἷς οὐχ ἑνὸς καιροῦ λόγος ἐγένετο, ἀλλὰ διὰ πασῶν γενεῶν αἱ τῶν προλεγομένων φωναὶ εὐαπόδεικτοι παρίσταντο· οὐκ ἐκεῖ μόνον, ἡνίκα τοῖς παροῦσιν ἀπεκρίναντο, ἀλλὰ καὶ διὰ πασῶν γενεῶν τὰ ἐσόμενα προεφήναντο· ὁτὲ [2] μὲν τὰ [3] παρῳχημένα λέγοντες ὑπεμίμνησκον τὴν ἀνθρωπότητα· τὰ δὲ ἐνεστῶτα δεικνύντες, μὴ ῥᾳθυμεῖν ἔπειθον· τὰ δὲ μέλλοντα προλέγοντες, τὸν κατὰ ἕνα ἡμῶν ὁρῶντας πρὸ πολλοῦ προειρημένα ἐμφόβους καθίστων [4], προσδοκῶντας καὶ τὰ μέλλοντα. Τοιαύτη ἡ καθ' ἡμᾶς πίστις, ὦ πάντες ἄνθρωποι, οὐ κενοῖς ῥήμασι πειθομένων, οὐδὲ σχεδιάσμασι καρδίας συναρπαζομένων, οὐδὲ πιθανότητι εὐεπείας λόγων θελγομένων, ἀλλὰ δυνάμει θείᾳ λόγοις λελαλημένοις οὐκ ἀπειθούντων. Καὶ ταῦτα Θεὸς ἐκέλευε Λόγῳ. B Ὁ δὲ Λόγος ἐφθέγγετο λέγων, δι' αὐτῶν [5] ἐπιστρέφων τὸν ἄνθρωπον ἐκ παρακοῆς, οὐ βίᾳ ἀνάγκης δουλαγωγῶν, ἀλλ' ἐπ' ἐλευθερίαν ἑκουσίῳ προαιρέσει [6] καλῶν. Τοῦτον τὸν Λόγον ἐν ὑστέροις ἀπέστελλεν ὁ Πατὴρ, οὐκέτι διὰ προφήτου λαλεῖν, οὐ σκοτεινῶς κηρυσσόμενον ὑπονοεῖσθαι θέλων, ἀλλ' αὐτοψεὶ φανερωθῆναι τοῦτον λέγων, ἵνα [7] κόσμος ὁρῶν δυσωπηθῇ οὐκ ἐντελλόμενον διὰ προσώπου προφητῶν, οὐδὲ δι' ἀγγέλου φοβοῦντα ψυχὴν, ἀλλ' αὐτὸν παρόντα τὸν λελαληκότα. Τοῦτον ἔγνωμεν ἐκ Παρθένου σῶμα ἀνειληφότα καὶ τὸν παλαιὸν ἄνθρωπον διὰ καινῆς πλάσεως πεφορηκότα [8], ἐν βίῳ διὰ πάσης ἡλικίας ἐληλυθότα, ἵνα πάσῃ ἡλικίᾳ αὐτὸς νόμος γενηθῇ καὶ σκοπὸν τὸν ἴδιον ἄνθρωπον πᾶσιν ἀνθρώποις ἐπιδείξῃ παρὼν, καὶ δι' αὐτοῦ ἐλέγξῃ, ὅτι μηδὲ C ἐποίησεν ὁ Θεὸς πονηρὸν, καὶ ὡς αὐτεξούσιος ὁ ἄνθρωπος ἔχων [9] τὸ θέλειν καὶ τὸ μὴ θέλειν, δυνατὸς ὢν ἐν ἀμφοτέροις· τοῦτον ἄνθρωπον [10] ἴσμεν [ἐκ] τοῦ [11] καθ' ἡμᾶς φυράματος γεγονέναι [12]. Εἰ γὰρ μὴ ἐκ τοῦ αὐτοῦ ὑπῆρξε, μάτην νομοθετεῖ [13] μιμεῖσθαι τὸν διδάσκαλον. Εἰ γὰρ ἐκεῖνος ὁ ἄνθρωπος ἑτέρας ἐτύγχανεν οὐσίας, τί τὰ ὅμοια κελεύει ἐμοὶ τῷ ἀσθενεῖ πεφυκότι, καὶ πῶς οὗτος ἀγαθὸς καὶ δίκαιος; Ἵνα δὲ μὴ ἕτερος παρ' ἡμᾶς νομισθῇ, καὶ [p. 338. 339.] κάματον ὑπέμεινε, καὶ πεινῆν ἠθέλησε, καὶ διψῆν [14] οὐκ ἠρνήσατο, καὶ ὕπνῳ ἠρέμησε, καὶ πάθει οὐκ ἀντεῖπε, καὶ θανάτῳ ὑπήκουσε, καὶ ἀνάστασιν ἐφανέρωσεν, ἀπαρξάμενος ἐν πᾶσι τούτοις τὸν ἴδιον ἄνθρωπον, ἵνα σὺ πάσχων μὴ ἀθυμῇς, D ἀλλ' ἄνθρωπον [15] σεαυτὸν ὁμολογῶν, προσδοκᾷς [16] καὶ σὺ ὃ τούτῳ παρέσχες [17].

A læ vocati sunt, quia præmonstrant futura. Quibus non **542-543** una ætate sermo factus est, sed per omnes generationes ante dictorum voces conspicuæ aderant: non tum solum, quando præsentibus respondebant, sed etiam per omnes generationes futura præmonstrata sunt: tum quidem præterita dicentes in memoriam eorum reducebant genus humanum: præsentia autem monstrantes ne incuriosi essent suadebant, futura autem prædicentes singulos nostrum oculis cernentes ea, quæ multo tempore ante prædicta sunt, perterritos reddebant, exspectantes et futura. Talis nostra est fides, o homines universi, qui non vanis verbis fidem habemus, neque subitariis cordis motibus abripimur, neque blanditiis facundiæ sermonum mulcemur, B sed vi divina verbis dictis fidem non denegamus. Et hæc Deus Logo imperabat. Logus autem loquebatur, per verba convertens hominem ab inobedientia, non vi necessitatis in servitutem redigens, sed ad libertatem voluntario consilio vocans. Hunc Logum posterioribus temporibus mittebat Pater, non amplius per prophetam loqui neque obscure prædicatum subintelligi eum volens, sed ipso visu apparuisse hunc dico, ut mundus eum videns revereretur non per prophetas præcipientem, neque per angelum terrentem animum, sed ipsum præsentem qui locutus est. Hunc cognovimus ex Virgine corpus assumpsisse et veterem hominem per novam formationem gestasse, in vita per quamque ætatem venisse, ut cuique ætati ipse lex fieret, C finemque suum proprium hominem omnibus hominibus ostenderet præsens, et per semetipsum argueret nihil fecisse Deum mali, et suæ potestatis esse hominem, qui possit velle et nolle, cum ad utrumque valeat; hunc hominem scimus ex nostra massa factum esse. Nisi enim ex eadem exstitit, frustra legem fert imitandi præceptorem. Si enim ille homo alius forte erat substantiæ, cur similia imperat mihi debili nato, et quomodo hic bonus et justus? Ne autem diversus a nobis censeretur, etiam laborem sustinuit et **544-545** esurire voluit et sitire non recusavit et somno quievit et passioni non repugnavit et morti obtemperavit et resurrectionem manifestavit, tanquam primitias offerens in D his omnibus proprium suum hominem, ut tu patiens ne animum despondeas, sed hominem temetipsum profitens exspectes et tu, quæ huic exhibuisti.

VARIÆ LECTIONES.

ἐνεστῶτα καὶ τὰ μέλλοντα ἀπαγγείλαντες (εἶπον — ἀπήγγειλαν Gudianum msc.), ἵνα μὴ μόνον πρόσκαιρος εἶναι ὁ προφήτης δειχθῇ, ἀλλὰ καὶ πάσαις γενεαῖς προλέγων τὰ μέλλοντα ἀληθῶς (ὡς codd.) προφήτης εἶναι νομισθῇ. [2] ὁτὲ R. Scottus, ὅτι C, M. Bunsenius, ἔτι Wordsworthius. [3] μὲν τά. τὰ μὲν susp. Roeperus. [4] καθιστῶν C. [5] λέγων, δι' αὐτῶν. δι' αὐτῶν τῶν λόγων Bunsenius. λέγων, διὰ λόγων? [6] ἐπ' ἐλευθερίαν ἑκουσίῳ προαιρέσει R. Scottus, quem secutus est Bunsenius, ἐπ' ἐλευθερίᾳ ἑκουσίῳ, προαιρέσει C, M. [7] φανερωθῆναι τοῦτον λέγων, ἵνα. φανερωθῆναι· τοῦτον, λέγω, [ἀπέστελλεν] ἵνα Bunsenius et R. Scottus, φανερωθῆναι τοῦτον λέγω, ἵνα? [8] πεφορηκότα. πεφυρηκότα? Sauppius. [9] ἔχων. ἔχῃ susp. M. [10] τοῦτον ἄνθρωπον. οὐ τὸν ἄνθρωπον C, αὐτὸν ἄνθρωπον Roeperus, υἱὸν ἀνθρώπου conj. R. Scottus [11] ἴσμεν ἐκ τοῦ Bunsenius, εἰς μὲν τοῦ C, ἐκ μὲν τοῦ M, Roeperus. [12] γεγονέναι. Latinismus, nisi scribæ debetur pro γεγονότα. Bunsenius. [13] νομοθετεῖ. ἐνομοθέτει susp. M. [14] διψῆν. διψεῖν C. [15] ἄνθρωπον. ἀμάνθρωπον conj. Wordsworthius. [16] προσδοκᾷς. προσδοκῶν C. [17] παρέσχες. πατὴρ παρέσχεν Bunsenius, παρέστιν susp. Roeperus.

34. Talis de Numine divino vera est doctrina, o homines Græci et Barbari, Chaldæi et Assyrii, Ægyptii et Libyes, Indi et Æthiopes, Celtæ et imperium tenentes Latini, omnesque Europæ Asiæque et Libyæ incolæ, quibus consiliarius ego fio, dum humani logi exsto discipulus et ipse humanus, ut accurrentes doceamini a nobis, quisnam sit verus Deus hujusque bene ordinata fabrica, non vos applicantes ad sophismata artificiosorum sermonum, neque ad vanas promissiones fallacium hæreticorum, sed ad veritatis non grandiloquæ simplicitatem gravem, per quam cognitionem effugietis instantem ignis judicii comminationem et Tartari caliginosi vultum illuminum, a logi voce non collustratum, et æstum sempiterni stagni gehennæ flammæ, et Tartarum tenentium angelorum punitorum vultum semper minitantem, et vermem ad corporis substantiam admotum, ad exæstuans corpus tanquam ad cibum. Et hæc quidem effugies Deum verum doctus, habebis autem immortale corpus et incorruptum una cum anima, et regnum cœlorum nancisceris, tu qui in terra degisti et cœlestem regem cognovisti, eris autem consors Dei et cohæres Christi, non concupiscentiis vel passionibus vel morbis obstrictus. Factus enim es Deus; quæcunque enim sustinuisti mala homo cum sis, hæc dabat, quia homo es; quæcunque **546 - 547** autem subsequuntur Deum, hæc præbere promisit Deus, quia deificatus es, immortalis generatus. Hoc est illud, Cognosce te ipsum, dum agnoscis Deum qui te fecit. Si quis enim se ipsum cognovit, contigit ei, qui ab illo vocatus est, ut cognosceretur (sc. a Deo). Ne contendatis igitur adversus vos invicem, homines, neque dubitate redire. Christus enim est Deus super omnia, qui peccatum ab hominibus abluere constituit, novum perficiens veterem hominem, postquam imaginem eum vocavit ab initio, per effigiem quam erga te habet ostendens charitatem, cujus præceptis ubi obediveris gravibus et boni bonus factus fueris imitator, eris ejus consimilis ab eo honoratus. Non enim mendicus est Deus, qui et te deum fecit ad ipsius gloriam.

λδ'. Τοιοῦτος ὁ περὶ τὸ Θεῖον ἀληθὴς λόγος, ὦ ἄνθρωποι Ἕλληνές τε καὶ βάρβαροι, Χαλδαῖοί τε καὶ Ἀσσύριοι, Αἰγύπτιοί τε καὶ Λίβυες, Ἰνδοί τε καὶ Αἰθίοπες, Κελτοί τε καὶ οἱ στρατηγοῦντες Λατῖνοι, πάντες τε οἱ τὴν Εὐρώπην Ἀσίαν τε καὶ Λιβύην κατοικοῦντες, οἷς σύμβουλος ἐγὼ γίνομαι, φιλανθρώπου λόγου ὑπάρχων μαθητὴς καὶ φιλάνθρωπος, ὅπως προσδραμόντες διδαχθῆτε παρ' ἡμῶν, τίς ὁ ὄντως Θεὸς καὶ ἡ τούτου εὔτακτος δημιουργία, μὴ προσέχοντες σοφίσμασιν ἐντέχνων λόγων, μηδὲ ματαίοις ἐπαγγελίαις κλεψιλόγων αἱρετικῶν, ἀλλ' ἀληθείας ἀκόμπου ἁπλότητι σεμνῇ, δι' ἧς ἐπιγνώσεως ἐκφεύξεσθε [18] ἐπερχομένην πυρὸς κρίσεως ἀπειλὴν καὶ Ταρτάρου ζοφεροῦ [19] ὄμμα ἀφώτιστον, ὑπὸ Λόγου φωνῆς [20] μὴ καταλαμφθὲν [21], καὶ βρασμὸν ἀεννάου λίμνης | γεέννης φλογὸς [22], καὶ ταρταρούχων ἀγγέλων κολαστῶν ὄμμα ἀεὶ μένον [23] ἐν ἀπειλῇ, καὶ σκώληκα σώματος ἀπουσίαν ἐπιστρεφόμενον, ἐπὶ τὸ ἐκβράσαν σῶμα ὡς ἐπιστρέφων [24]. Καὶ ταῦτα μὲν ἐκφεύξῃ Θεὸν τὸν ὄντα διδαχθεὶς, ἕξεις δὲ ἀθάνατον τὸ σῶμα καὶ ἄφθαρτον ἅμα ψυχῇ, [καὶ] [25] βασιλείαν οὐρανῶν ἀπολήψῃ, ὁ ἐν γῇ βιοὺς καὶ ἐπουράνιον βασιλέα ἐπιγνοὺς, ἔσῃ δὲ ὁμιλητὴς Θεοῦ καὶ συγκληρονόμος Χριστοῦ, οὐκ ἐπιθυμίαις ἢ πάθεσι καὶ νόσοις δουλούμενος. Γέγονας γὰρ Θεός· ὅσα γὰρ ὑπέμεινας πάθη ἄνθρωπος ὢν, ταῦτα ἐδίδου [26], ὅτι ἄνθρωπος εἶς, ὅσα δὲ παρακολουθεῖ [p. 339.] Θεῷ, ταῦτα παρέχειν ἐπήγγελται Θεὸς, ὅτι [27] ἐθεοποιήθης [28], ἀθάνατος γεννηθείς. Τουτέστι τὸ, Γνῶθι σεαυτὸν, ἐπιγνοὺς [29] τὸν πεποιηκότα Θεόν. Τὸ γὰρ [30] ἐπιγνῶναι ἑαυτὸν ἐπιγνωσθῆναι συμβέβηκε τῷ καλουμένῳ ὑπ' αὐτοῦ. Μὴ φιλεχθρήσητε [31] τοίνυν ἑαυτοῖς, ἄνθρωποι, μηδὲ τὸ παλινδρομεῖν [32] διστάσητε· Χριστὸς γάρ ἐστιν ὁ κατὰ πάντων Θεὸς, ὃς τὴν [33] ἁμαρτίαν ἐξ ἀνθρώπων ἀποπλύνειν προσέταξε, νέον τὸν παλαιὸν ἄνθρωπον ἀποτελῶν, εἰκόνα τοῦτον καλέσας ἀπ' ἀρχῆς διὰ τύπου τὴν εἰς σε ἐπιδεικνύμενος στοργὴν, οὗ [34] προστάγμασιν ὑπακούσας σεμνοῖς, καὶ ἀγαθοῦ ἀγαθὸς γενόμενος μιμητὴς ἔσῃ ὅμοιος ὑπ' αὐτοῦ τιμηθεὶς [35]. Οὐ γὰρ πτωχεύει Θεὸς καὶ σὲ θεὸν ποιήσας εἰς δόξαν αὐτοῦ.

VARIÆ LECTIONES.

[18] ἐκφεύξεσθε. ἐκφεύξεσθαι C. [19] ζοφεροῦ Roeperus; ζωφερὸν C, ζοφερὸν M, Bunsenius. [20] Cf. cum his fragmentum ex libro Hippolyti *Adv. Platonem de causa universi* (p. 220 ed Fabric.; p. 68 ed. de Lagarde). [21] καταλαμφθέν. καταλαμφὲν C. [22] γεέννης φλογὸς Bunsenius et R. Scottus, γεννητρος (sine accentu) φλογὸς C, γεννήτορος φλογὸς M, γεννητρίας φλογὸς Roeperus, γεέννης, γεννήτορα φλογὸς susp. Bunsenius. R. Scottus ingeniose conjicit librarium quemdam ad veram lectionem γεέννης φλογὸς in margine ascripsisse πρὸς i. e. πυρός, ad rariorem illam formulam explicandam, et inde cml. lectionem esse natam. [23] μένον. μένων C, φοβερῷ ὄμματι ἐπαπειλοῦντες Hippolytus, l. l. [24] σκώληκα σώματος ἀπουσίαν ἐπιστρεφόμενον, ἐπὶ τὸ ἐκβράσαν σῶμα ὡς ἐπιστρέφων. σκώληκα ἀπαύστως ἐπιστρεφόμενον ἐπὶ τὸ ἐκβράσαν σῶμα ὡς ἐπὶ τροφὴν Bunsenius, cui astipulatur R. Scottus, σκώληκα. σώματος ἀπουσίαν, ἐπιστρεφόμενον ἐπὶ τὸ ἐκβράσαν σῶμα ὡς ἐπιτρέφον Wordsworthius, σκώληκα ὡς ἐπὶ σώματος ἀλουσίᾳ ἐπὶ τὸ ἐκβράσαν σῶμα ἐπιστρεφόμενον, Roeperus, σκώληκα σώματος ἐπ' οὐσίαν ἐπιστρεφόμενον, ἐπὶ τὸ ἐκβράσαν σῶμα ὡς ἐπὶ τροφήν? [25] καὶ ante βασιλείαν om. C. [26] ἐδίδου. δίδου C, M, ἐδίδω Bunsenius, διὰ σοῦ Wordsworthius, ἰδοὺ Roeperus. [27] ὅτι R. Scottus et Bunsenius, ὅτε C, M. [28] ἐθεοποιήθης Sauppius, θεοποιηθῇς C, M, Bunsenius. [29] ἐπιγνούς. ἐπιγνῶναι Bunsenius. [30] Τὸ γάρ. Τῷ γάρ, M. [31] φιλεχθήσητε Bunsenius, φιλεχθήσητε C, M. Alludit ad Proverb. III. 30. Bunsenius [32] τὸ παλινδρομεῖν. τῷ παλινδρομεῖν Roeperus. Cf. supra p. 114, 52. [33] ὁ κατὰ πάντων Θεὸς, ὃς τήν. ᾧ ὁ κατὰ πάντων Θεὸς τὴν Bunsenius Cf. Rom. IX, 5 ἐξ ὧν ὁ Χριστὸς τὸ κατὰ σάρκα, ὁ ὢν ἐπὶ πάντων Θεὸς εὐλογητὸς εἰς τοὺς αἰῶνας et Hippolyti fragmentum *Contra hæresin Noeti cujusdam* § 6 (Tom. II, p. 10 ed. Fabric.; p. 47, 48 ed. de Lagarde). [34] οὗ. οὐ C. [35] τιμηθείς. Οὐ. τιμηθεὶς. Σοῦ C, M, Bunsenius. Sicuti nos etiam Roeperus correxit.

ADNOTATIONES ET ADDENDA.

P. 2. Proœmium recensuit Bunsenius in *Analectis Ante Nicænis*, vol. 1, p. 349-352, cujus lectiones discrepantes hoc loco addendæ esse videntur : B 15 μηδὲν ἄξιον] μὴ ἀνάξιον. C 8 μηδὲ] μήτε. A 13. μόνον] μόνου. B 3 εἰ] ὅτι C 7 νυστάζομεν] νυστάξομεν D. ποιούμενοι] σημειούμενοι A 4 (col. 3021) ἐκ δογμάτων] ἐκ δὲ δογμάτων. A 10 ἐπιβαλόμενος] ἐπιλαθόμενος.

P. 100, B 2 (col. 3097). Alfred Maury, qui de pluribus auctoris nostri locis disseruit in Ephemeridibus quæ inscriptæ sunt : *Revue archéologique* (*Etudes sur les documents mythologiques contenus dans les Philosophumena d'Origène. Année VIII, Paris* 1851, p. 233, 364 et 635. *Année IX, Paris* 1852, p. 144), totum hunc locum interpretatus est l. l. IX, p. 152. — Christ. PETERSEN.

Ibid. C 9. Maury Plinii locum *H. N.* XXXV, 51, respiciens, pro Λακωνικῷ legendum censet Σικελικῷ. l. l. IX, p. 152, n. 3. — Christ. PETERSEN.

P. 104, B 7. Totum locum interpretatus est Maury (l. l. IX, p. 154), respiciens ad Plinii locum *H. N.* XXX, 2, 2. — Christ. PETERSEN.

P. 106, B sqq. Totum locum interpretatus est Maury. l. l. IX, p. 155. — Christ. PETERSEN.

P. 138, D 1. Pro θνητή Maury (l. l. VIII, p. 241, n. 2) proponit legendum θνητοῦ, cum Adonis, non Venus, sit mortalis. — Christ. PETERSEN.

P. 140, C 14 Pro χριόμενον ἀλάλῳ χρίσματι Maury (l. l. VIII, p. 642, n. 1) legendum censet χρ. ἀλλ καὶ χρίσματι. — Christ. PETERSEN.

P. 140. A 5 sqq. Cum verba ab auctore nostro ex Evangelio secundum Thomam allata non legantur in Evangelio quod ejus nomine exstat, Maury (l. l. VIII, p. 643, n. 1) suspicatur illud esse diversum ab hoc quod jam antea possidebamus, sed idem, quod sæpius allegatur in opere Πίστις Σοφία inscripto, nuper edito a Petermanno. — Christ. PETERSEN.

P. 142, A 13. Etiam Maury pro αἰθρίους scripsit αἰθερίους l. l. VIII, p. 639, n. 4. — Christ. PETERSEN.

P. 152, C 2. Pro ἀνακτόριῳ Maury (l. l. VIII, p. 244, n. 1) legendum censet ἀνακείῳ. — Christ. PETERSEN.

Ibid. 5. De Mercurii in monte Cyllene simulacro cf. Pausanias VIII, 17, 1-2. — Christ. PETERSEN.

P. 158, B 5. De voce Πάπαν Maury (l. l. VIII, p. 644, n. 1.) lectorem rejicit ad Pollucem III, 7 ; Suidam s. v. Æschyli *Supplic.*, v. 905, Herod. IV, 57. — Christ. PETERSEN.

Ibid. 14. De hac Phrygum doctrina, quæ etiam p. 146 commemoratur, tractans Maury (l. l. VIII, p. 644, n. 2) lectorem rejicit ad Plutarchum *De Iside et Osiride*, c. 69. — Christ. PETERSEN.

P. 164, Cult. De hoc loco disseruit Maury (l. l. IX, p. 147. — Christ. PETERSEN.

Ibid. A 10. Maury etiam Θέσμιον pro Θέμιον scripsit l. l. IX, p. 150. — Christ. PETERSEN.

Ibid. B. Equidem versus ex hymno aliquo, qui Homero ascribebatur, in Venerem desumptos crediderim. De Veneris et Proserpinæ affinitate cf. Gerhard (*Auserlesene Vasenbilder* I, p. 46) et vetus epigramma apud Aristotelem servatum, quod commentatus est Welckerus in *Sylloge epigrammatum*. *Bonnæ* 1828, n. 203, p. 254. — Christ. PETERSEN.

P. 168, A 7. Maury (l. l. VIII, p. 243, n. 4,) nomen 'Αδὰμ Samothraciæ habet pro apocope vocis 'Αδαμον, quod poetæ usurpent pro ἀδάμαστον, quo cognomine ornari dicit Cabirum magnum, alibi etiam Herculem, Plutonem atque Martem. — Christ. PETERSEN.

Ibid. 11. De verbis ἀνέρα συριχτάν cf. Maury l. l. VIII, p. 645 n. 2. — Christ. PETERSEN.

P. 178, B. Maury (l. l. VIII, p. 366, n. 1) pro τῆς πρώτης τοῦ κόσμου τομῆς legendum censet, τῆς τοῦ κόσμου πρώτης τομῆς, sicuti legitur p. 504.—Christ. PETERSEN.

Ibid. D 2. De hoc loco commentatus est Maury l. l. VIII, p. 366. — Christ. PETERSEN.

P. 180, B 5. Maury (l. l. VIII, p. 366, n. 5) supplevit τοὺς ἑπτὰ ἀστέρας, omisso ἐκβαίνειν.—Christ. PETERSEN.

Ibid. 6. Τὸν μὲν οὖν κ. τ. λ, Idem supplevit Maury l. l. VIII, p. 366, n. 4. Christ. PETERSEN.

Ibid. 12. Στερεά etiam Maury restituit l. l. VIII, p. 367, n. 1. Christ. PETERSEN.

Ibid. C 7. Maury etiam δωδεκατημόρια restituit ex Sexto Emp. l. l. VIII, p. 367, n. 2. — Christ. PETERSEN.

Ibid. 13. Διδύμους κ. τ. λ. Idem restituit Maury l. l. VIII, p. 367, n. 4. Christ. PETERSEN.

Ibid. D 2. τροπικὰ μέν. Idem restituit Maury l. l. VIII, p. 367, n. 5. — Christ. PETERSEN.

P. 182, A 7. Pro Κέλβης et p. 50, pro 'Ακέμβης Maury (l. l. VIII, p. 368) legendum censet 'Αδάμης, sicuti legitur in cod. p. 502, et apud Theodoretum loco ibi allato. — Christ. PETERSEN.

Ibid. B 5. Pro Ὃν δὲ τρόπον — ἀνθρώπῳ Maury (l. l. VIII, p. 365, n. 2) virgula post δυεῖν posita legendum censet, τὰ μὲν ἄνω κεφαλὴν πάσχειν, τὰ δὲ ὑποκείμενα μέρη συμπάσχειν. — Christ. PETERSEN.

P. 208, C 1. De Bacchicis Orphei cf. Gieseke, *Das Verzeichniss der Werke des Orpheus bei Suidas* in Museo Rhenano. *N. F.* VIII, 1853, p. 110 et 119. — Christ. PETERSEN.

Ibid. 4. Videtur quidem, ut Dunckerus et Schneidewinus adnotarunt, auctor noster Phlyam Atticæ cum nobiliore urbe Achaiæ confudisse, sed non ita, ut Phliunta pro Phlya poneret, sed τῆς 'Αττικῆς scriberet pro τῆς 'Αχαΐας, nisi manuscripti est vitium. Nam etiam Phliunte Eleusinia celebrabantur atque juxta templum Cereris picturæ erant antiquæ. Paus. II, 12, 4, et 13, 5. — Christ. PETERSEN.

Ibid. 6. Pro λεγομένη μεγαληγορία, quæ cod. exhibet, non legendum est τῆς λεγομένης Μεγάλης ὄργια, sed ἡ λεγομένη μεγάλη Φλοιά. vel τῆς λεγομένης μεγάλης Φλοιᾶς ὄργια, sicuti recte cod. exhibet p. 210, 23 : τὰ τῆς μεγάλης Φλοιᾶς [ιον] ὄργια, ubi tantum litteræ ιον vel omittendæ vel mutandæ sunt in ἱερὰ vel σεμνά. Nam Φλοιά etiam alibi cognomen Proserpinæ est e. g. Spartæ. Hesychius de ea hanc præbet glossam : Φλοιὰν τὴν Κόρην τὴν θεὸν οὕτω καλοῦσι Λάκωνες. Vim vocabuli explicat Plutarchus *Sympos.* V, 8, 3. Cf. Stephani *Thes.* s. v. φλέω. Totus vero locus Latine reddendus est ita : Pro Eleusiniis mysteriis Phliunte sunt magnæ, quæ dicitur, Phloeæ orgia.

De hoc loco disserens Maury (l. l. IX, p. 149) respiciendum monet ad tabulas Acacesii, urbe Arcadiæ, servatas, de quibus loquitur Pausanias VIII, 37, 2. — Christ. PETERSEN.

P. 213. not. ad lin. 85-87. Pro 2. *Mos.* 2, 7 lege 1. *Mos.* 2, 7.

Col. 3255 A 6 usque ad 3260 B 2. Etiam hunc locum Bunsenius recensuit in *Analectis Ante-Nicæ-*

nis Vol. I, p. 355-359, cujus lectiones discrepantes hoc loco adjicio : 296, ἐνεργῶν] δρῶν, recte quidem, ut videtur. 296, δὴ] δὲ 298, ἐνιῶν] ἐνιῶν, recte. 298, μικρότερον] παρ' ἑτέρου 298, ἡ ἀνεννόητος] ἀνεννόητος 298, κεκερασμένῳ] κεκερασμένα 298, ἐκ τοῦ ἑτέρου πολλάκις 298, ἀναλυομένου] ἀναδυομένου 298, μέτρον om. 300, ποτὲ] πότε μὲν 300, βαπτισθέντας] βαπτισθῆναι 300, ἀφέσεως, δια] ἀφέσεως· καὶ διὰ 300, γλιχομένους] γλιχόμενος 302, μηνῦσαι] μηνῦσαν 302, εἰποῦσαν] εἰποῦσα.

INDICES

IN

ΦΙΛΟΣΟΦΟΥΜΕΝΑ

INDEX LOCORUM EX SCRIPTURA SACRA.

INDEX LOCORUM EX SCRIPTIS PROFANIS.

—

INDEX NOMINUM.

—

ORDO RERUM

QUÆ IN TOMI XVI PARTE TERTIA CONTINENTUR.

ORIGENES.

HEXAPLORUM QUÆ SUPERSUNT.

PHILOSOPHUMENA sive OMNIUM HÆRESIUM REFUTATIO.

FINIS PARTIS TERTIÆ TOMI DECIMI SEXTI.

Parisiis. — Ex typis MIGNE.

ORDO RERUM

QUÆ IN TOMI XVI PARTE TERTIA CONTINENTUR.

ORIGENES.

HEXAPLORUM QUÆ SUPERSUNT.

PHILOSOPHUMENA SIVE OMNIUM HÆRESIUM REFUTATIO.

FINIS PARTIS TERTIÆ TOMI DECIMI SEXTI.

Parisiis. — Ex typis MIGNE.

Lightning Source UK Ltd.
Milton Keynes UK
UKHW012146081218
333475UK00008B/1022/P

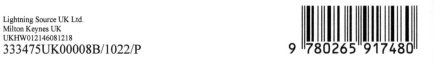